चरकसंहिता

चरकसंहिता

महर्षिणा भगवताग्निवेशेन प्रणीता

महामुनिना चरकेण प्रतिसंस्कृता

(पूर्वो भागः)

आयुर्वेदाचार्यश्रीजयदेवविद्यालङ्कारेण प्रणीतया

तन्त्रार्थदीपिकाख्यया हिन्दीव्याख्यया टिप्पण्या

च समन्विता

मोतीलाल बनारसीदास

दिल्ली वाराणसी पटना बंगलौर मद्रास

नवम संस्करण : दिल्ली, १९७५
पुनर्मुद्रण : दिल्ली, १९७९, १९८६, १९९४

बंगलो रोड, जवाहरनगर, दिल्ली ११० ००७
१२० रॉयपेट्टा हाई रोड, मैलापुर, मद्रास ६०० ००४
१६ सेन्ट मार्क्स रोड, बंगलौर ५६० ००१
अशोक राजपथ, पटना ८०० ००४
चौक, वाराणसी २२१ ००१

मूल्य [illegible] ल्द)
[illegible] ल्द)

नरेन्द्र प्रकाश जैन, मोतीलाल बनारसीदास, बंगलो रोड,
दिल्ली ११० ००७ द्वारा प्रकाशित तथा जैनेन्द्र प्रकाश जैन, श्री जैनेन्द्र प्रेस,
ए-४५ नारायणा, फेज़-१, नई दिल्ली ११० ०२८ द्वारा मुद्रित

प्रथम संस्करण की भूमिका

आयुर्वेद के उपलब्ध ग्रन्थों में प्राचीनतम ग्रन्थ चरकसंहिता और सुश्रुतसंहिता हैं। इनमें से चरकसंहिता कायचिकित्साप्रधान तन्त्र है और सुश्रुत शल्यचिकित्साप्रधान। हमको यहाँ चरकसहिता के सम्बन्ध में ही कुछ कहना है। चरकसंहिता के निर्माण के समय अन्य भी आयुर्वेद के तन्त्र विद्यमान थे। चरकसंहिता में स्पष्ट कहा है कि इस समय भी विविध चिकित्साशास्त्र प्रचलित हैं। परन्तु कालवशात् वे इस समय उपलब्ध नहीं। कारण इसका यही है कि चरकतन्त्र का प्रचार होने पर इसके अधिक उपयोगी होने से उनकी उपेक्षा की गयी। वाग्भट के समय चरक और सुश्रुत का ही अधिक प्रचार था। तभी उसने कहा है कि—

"ऋषिप्रणीते प्रीतिश्चेन्मुक्त्वा चरकसुश्रुतौ।
मेलाद्याः किं न पठ्यन्ते तस्माद् ग्राह्यं सुभाषितम् ॥"

इसी प्रकार हर्ष आदि कवियों ने भी सुचिकित्सक होने के लिये इन दोनों ग्रन्थों के पारायण का होना आवश्यक बताया है। विदेशी विद्वान् भी चरकसंहिता को आदर की दृष्टि से देखते हैं। इस संहिता के अनुवाद फारसी और अरबी में ईसा की मृत्यु के पश्चात् लगभग ८ वीं वा ९ वीं शताब्दी में हुए बताये जाते हैं। अलबरूनी ने भी इसका जिक्र किया है। अभिप्राय यह है कि यह बहुत प्राचीन ग्रन्थ है। इस तन्त्र का आदि प्रणेता अग्निवेश है। सूत्रस्थान के पूर्वाध्याय में कहे ऐतिह्य से यह सुविदित ही है। कालान्तर में इसका प्रतिसंस्कार चरक मुनि ने किया। संस्कर्ता का कार्य दृढ़बल ने—

'विस्तारयति लेशोक्तं संक्षिपत्यतिविस्तरम्।
संस्कर्ता कुरुते तन्त्रं पुराणं च पुनर्नवम् ॥'

इस श्लोक द्वारा बताया है। कालान्तर में जिस प्रकार रहन-सहन खान-पान आचार-व्यवहारों में परिवर्तन हो जाते हैं उसी प्रकार रोगों के स्वरूपों और उनकी चिकित्सा में भी थोड़ी २ भिन्नता आ जाती है। कई रोग पूर्व होते थे और आजकल देखने में नहीं आते, कई पूर्व नहीं थे और आजकल दिखाई देते हैं। संस्कर्ता पुरुष सर्वमान्य सिद्धान्तों पर कुठाराघात न करते हुए तन्त्रों को उस काल के उपयोगी बना देते हैं। इसी प्रकार पूर्वकाल में मुद्रण आदि का कार्य न होने से उनके पाठों में भी भेद आ जाता था जो कि स्वाभाविक है; वह भी संस्कर्ता ठीक कर देते थे। जैसे चन्द्रट ने सुश्रुत के पाठ की शुद्धि की। तीसटकृत चिकित्साकलिका की टीका के अन्त में चन्द्रट ने स्वयं कहा है—

'चिकित्साकलिकाटीकां योगरत्नसमुच्चयम्।
सुश्रुते पाठशुद्धिश्च तृतीयां चन्द्रटो व्यधात् ॥'

आजकल जब मुद्रण का कार्य अति सावधानी से होता है तब भी अशुद्धियाँ रह ही जाती हैं। कालान्तर में वे ही अशुद्धियाँ बहुत सख्या में हो सकती हैं जिनका संशोधन करना आवश्यक हो जाता है। संस्कर्ता संक्षेप से विस्तार, और अनुचित विस्तार के संक्षेप तथा कालोपयोगी विषयों के सन्निवेश से पुराने तन्त्र को फिर से नया बना देता है। दृढ़बल के काल में चरक द्वारा संस्कृत अग्निवेशतन्त्र पूर्ण उपलब्ध नहीं होता था। यह आवश्यक समझा गया कि इस कमी को पूरा कर दिया जाय। उसने तन्त्रान्तरों से उस उस न्यून विषय की पूर्ति के लिये सामग्री इकट्ठी की और जैसा जहाँ उचित समझा उसके सन्निवेश से उसे पूर्ण और अधिक उपयोगी बना दिया।

अग्निवेश ने आयुर्वेद का अध्ययन पुनर्वसु आत्रेय से किया था। अग्निवेश के सहपाठी भेल आदि पाँच और थे। प्रत्येक ने अपने नाम से संहिता का निर्माण किया। परन्तु उन तन्त्रों में से सबसे अधिक

प्रचार अग्निवेशतन्त्र का हुआ। यद्यपि अग्निवेशतन्त्र असली रूप में नहीं मिलता तो भी उसके नाम से वे उद्धरण ग्रन्थों में मिलते हैं जो आजकल उपलब्ध चरकसंहिता में नहीं हैं। भगवान् आत्रेय की जन्मभूमि और काल का बताना बड़ा ही कठिन है। परन्तु—

'गान्धारदेशे राजर्षिर्नग्नजित् स्वर्णमार्गदः।
संगृह्य पादौ पप्रच्छ चान्द्रभागं पुनर्वसुम्॥
न च स्त्रीभ्यो न चास्त्रीभ्यो न भृत्येभ्योऽस्ति मे भयम्॥
अन्यत्र विषयोगेभ्यः सोऽत्र मे शरणं भवान्॥
एवमुक्तस्तथा तस्मै महर्षिः पार्थिवर्षये।
विषयोगेषु विज्ञानं प्रोवाच वदतां वरः॥'

इस भेलसंहिता के वचन से कई उसे गान्धार देश का मानते हैं। कम से कम उसका वह निवासस्थान तो मानते ही हैं। भेल भी आत्रेय का शिष्य था। परन्तु गान्धार देश के राजा नग्नजित् को विषतन्त्र का उपदेश देने से उसे वहाँ का निवासी नहीं माना जा सकता। वे तो सदा विहार किया करते थे। चरकसंहिता आदि में उनके पाञ्चालक्षेत्र चैत्रस्थवन पञ्चगङ्ग धनेशायतन कैलाश हिमालय के उत्तर पार्श्व त्रिविष्टप आदि में विहार का वर्णन है। सम्भवतः जब वे गान्धारदेश में गये हों तब वहाँ का राजर्षि नग्नजित् उन्हें मिलने आया हो और विषसम्बन्धी ज्ञान-प्राप्ति के लिये उनका शिष्य होना स्वीकार किया हो। नग्नजित् ने भी आयुर्वेद ग्रन्थ की रचना की थी यह कहीं-कहीं उपलब्ध उद्धरणों से पता लगता है। सम्भवतः आत्रेय की जन्मभूमि चन्द्रभागा (चुनाव) नदी के किनारे किसी नगर में हो। क्योंकि इसे चान्द्रभाग नाम से भी स्मरण किया है। चरकसंहिता सू० अ० १३ में तथा भेलसंहिता में इसे चान्द्रभागी या चान्द्रभाग नाम से कहा है। कइयों का मत यह है कि चन्द्रभागा उनकी माता का नाम है, परन्तु इसका भी प्रमाण और कोई नहीं मिलता। विन्सेन्ट स्मिथ कहता है कि भेल के वचन में जो 'स्वर्णमार्गदः' यह राजर्षि नग्नजित् का विशेषण दिया है उससे शायद राजर्षि नग्नजित् दारायस के काल में जीवित होगा। क्योंकि उस समय १ मिलियन स्वर्ण का सिक्का कररूप में कन्धार के मार्ग से उसे भेजा जाता था। वह कर सिन्धुनदी के निकासस्थान से लेकर कालाबाग पर्यन्त और उत्तरपश्चिमसीमान्त देश के कुछ भाग से जो उसके आधीन था एकत्रित किया जाता था। दारायस पर्शिया का राजा था। उसका राज्यकाल ५२१ B. C. से ४८५ B. C. ऐतिहासिक मानते हैं। यदि 'स्वर्णमार्गदः' का यही अभिप्राय हो तो आत्रेय और उसके शिष्य अग्निवेश का जीवनकाल ईसा से लगभग ५०० वर्ष पूर्व सिद्ध होता है।

अग्निवेशतन्त्र के स्थूलरूप से कालनिर्णय के लिये हमारे पास एक और भी साधन है। वह यह कि अग्निवेश के काल में रवि सोम आदि वारों की गणना का प्रकार शायद नहीं था। क्योंकि कहीं भी आचार्य ने वारों के अनुसार शुभाशुभ-निर्देश नहीं किया। परन्तु तिथि करण नक्षत्र अयन पक्ष आदि द्वारा शुभाशुभ का वर्णन ग्रन्थ में उपलब्ध है। भारतवर्ष में वारगणना का प्रचार शकारम्भकाल से हजार वर्ष पूर्व हुआ—यह शङ्करबालकृष्ण दीक्षित ने स्वरचित भारतीय ज्योतिःशास्त्र के इतिहास में बताया है। इस प्रकार भी अग्निवेश को उस काल से पूर्व ही होना चाहिये।

भगवान् पुनर्वसु आत्रेय को कृष्णात्रेय नाम से कहा जाता है। सम्भव है कृष्णात्रेय नाम से और भी कोई शालाक्यतन्त्र आदि का प्रणेता हो, पर आत्रेय को भी कृष्णात्रेय कहा गया है। च० सू० अध्याय ११ में—

'त्रित्वेनाष्टौ समुद्दिष्टाः कृष्णात्रेयेण धीमता।'

भेलसंहिता में भी कहा है—

'कृष्णात्रेयं पुरस्कृत्य कथाश्चक्रुर्महर्षयः॥'

ग्रन्थप्रणेता अपने गुरु को सब से उच्च पद पर बैठाते हैं। यही बात चरक में भी देखेंगे। भेल का गुरु पुनर्वसु आत्रेय है अतएव कृष्णात्रेय भी उसी का नाम प्रतीत होता है। भगवान् व्यास ने भी चिकित्सा (कायचिकित्सा) का प्रवर्तक कृष्णात्रेय को ही बताया है। महाभारत के शान्तिपर्व में कहा गया है—

'गान्धर्वं नारदो वेदं भरद्वाजो पुनर्वसुम्।
देवर्षिचरितं गार्ग्यः कृष्णात्रेयश्चिकित्सितम्॥'

चरकसंहिता में उक्त आयुर्वेद की प्रवृत्ति के ऐतिह्य से भी यह स्पष्ट है। अतः कम से कम आत्रय और उसके शिष्य अग्निवेश आदि महाभारत ग्रन्थ के रचनाकाल से पूर्व होने चाहिये। महाभारत का रचनाकाल विदेशी विद्वान् ईस्वी सन् के प्रारम्भ से २५० वर्ष पूर्व ठहराते हैं।

चरक ने अग्निवेशतन्त्र का प्रतिसंस्कार किया और तब से उस ग्रन्थ का नाम चरकसंहिता प्रचलित हुआ। कई लोग चरक और पतञ्जलि को एक ही मानते हैं। परन्तु प्राचीनतम टीकाकारों ने कहीं भी चरक और पतञ्जलि को एक नहीं कहा। सर्वत्र चरक ही नाम लिया है, पतञ्जलि नाम से कहीं उसका ग्रहण नहीं किया गया। ग्रन्थ को पूर्ण करनेवाले दृढ़बल ने भी चरक नाम से ही कहा है। अत्यन्त प्राचीन टीकाकार भट्टारहरिचन्द्र ने भी चरक नाम से ही उल्लेख किया है। वाग्भट में भी चरक नाम से ही उल्लेख है।

चीन से प्राप्त संयुक्तरत्नपिटकसूत्र वा श्रीधर्मपिटकसंप्रदायनिदान नामक बौद्धग्रन्थों में चरक को महाराज कनिष्क का राजवैद्य कहा है। कनिष्क का राज्यकाल ईस्वी सन् ८३ से ११९ तक है। परन्तु इसमें भी कई प्रकार की आपत्ति की जाती है। कनिष्क बौद्धमतावलम्बी था, परन्तु यहाँ कहीं भी बुद्धमत की ओर थोड़ा सा भी सङ्केत नहीं है।

चरकसंहिता में ज्वरचिकित्साप्रकरण में विष्णुसहस्रनाम के जप का विधान है। यह महाभारत में कहे विष्णुसहस्रनाम की ओर ही निर्देश होगा। महाभारत से पूर्व के किसी ग्रन्थ में विष्णुसहस्रनाम की उपलब्धि नहीं। अतः चरकमुनि महाभारत के पश्चात् काल का ही है। महाभारत का रचनाकाल पूर्व कह ही दिया है।

यदि पतञ्जलि और चरक को एक माना जाय तो आज से लगभग २१०० वर्ष पूर्व होना सिद्ध होता है। पतञ्जलि पुष्यमित्र के राज्यकाल में जीवित था। परन्तु चीन से उपलब्ध त्रिपिटकों के अनुसार वह लगभग उससे ३०० वर्ष अर्वाचीन है। इसके पश्चात् दृढ़बल के काल आदि का निर्णय करना है। दृढ़बल के अपने लेख से यह स्पष्ट है कि उसके पिता का नाम कपिलबल था। कपिलबल भी आयुर्वेद का विद्वान् था। उसके उद्धरण अष्टाङ्गसंग्रह में मिलते हैं। दृढ़बल पञ्चनदपुर का रहनेवाला था-यह भी उसने स्वयं कहा है। कई पञ्चनद से पञ्जाब लेते थे परन्तु पञ्जाब 'पुर' नहीं। कई काशी समझते थे। काशी को पञ्चनदतीर्थ भी कहा जाता है। क्योंकि पाँच गङ्गायें यहाँ मिलती हैं। जैसे काशीखण्ड में कहा है—

'किरणा धूतपापा च पुण्यतोया सरस्वती।
गंगा च यमुना चैव पञ्चनद्योऽत्र कीर्तिताः॥
अतः पञ्चनदं नाम तीर्थं वै लोकविश्रुतम्॥'

परन्तु आजकल यह विचार प्रबल है कि नदियों के संगम को पवित्र स्थान मानने से भारत में बहुत से पञ्चनद स्थान हैं। परन्तु वह पञ्चनद जो दृढ़बल का जन्मस्थान है काश्मीर में है। काश्मीर में चरक का प्रचार बहुत रहा है। इसमें स्थान-स्थान पर काश्मीरपाठ उपलब्ध है। एक पञ्चनद पूर्व समय काश्मीर में था जहाँ वितस्ता (झेलम) और सिन्धुनदी का संगम था। आजकल उस स्थान के पास ही पञ्जनौर नाम का ग्राम है। पञ्जनौर अपभ्रंश शब्द है। इसका शब्दार्थ पाँच जल है। यह ग्राम सम्भवतः पहिले उसी संगम पर था। पीछे से वहाँ से हटकर दूरी पर आ बसा है। अवन्तिवर्मन् के

समय यह प्रसिद्ध स्थान रहा है। अवन्तिवर्मन् ईसा की मृत्यु के पश्चात् नवीं शताब्दी के पिछले भाग में जीवित था। अतः इसका काल भी वही है। काश्मीर के पञ्चनद का वर्णन राजतरंगिणी में है—

'तेन कङ्कणवर्षस्य रससिद्धस्य सोदरः।
चङ्कणो नाम भूःखार (बुखारा) देशानीतो गुणोन्नतः॥
स रसेन समातन्वन् कोशे बहुसुवर्णताम्।
पद्माकर इवाब्जस्य भूभृतोऽभूच्छुभावहः॥
रुद्धः पञ्चनदे जातु दुस्तरैः सिन्धुसङ्गमैः।
तटे स्तम्भितसैन्योऽभूद्राजा चिन्तापरः क्षणम्॥' इ०

चरकसंहिता की कई संस्कृतटीकायें हो चुकी हैं। परन्तु उनमें से चक्रपाणि और गंगाधर की टीका पूर्णरूप से मिलती हैं। अर्वाचीन टीकाओं में योगीन्द्रनाथ सेन की टीका भी प्रसिद्ध है। भट्टारहरिचन्द्र, जेज्जट, शिवदास, नरसिंह, स्वामी कुमार आदि बहुत से टीकाकारों की टीकायें हो चुकी हैं। परन्तु कई तो मिलती ही नहीं और कई त्रुटित रूप में मिलती हैं।

हिन्दीभाषा जाननेवालों के लिये भी इसकी दो तीन टीकायें हो चुकी हैं। परन्तु उनके त्रुटिबहुल होने से और प्रकाशक के अनुरोध से मुझे इसकी व्याख्या करनी पड़ी। मैंने जहाँ तक हो सका है इसे सुगम बनाने का प्रयत्न किया है। ऐसे ग्रन्थ की अच्छी व्यवस्था करना मेरे जैसे अल्पबुद्धि पुरुष के लिये कठिन ही था। परन्तु श्रद्धेय गुरु कविराज नरेन्द्रनाथ जी मित्र के उचित परामर्शों और आशीर्वाद से यह व्याख्या पूर्ण हुई है। अशुद्धियाँ इसमें रह ही गयी होंगी, क्योंकि मनुष्य का स्वभाव ही ऐसा है। कुछ तो मेरी अज्ञता से और कुछ उपलब्ध पाठ की अशुद्धियों के कारण। जहाँ तक बन पड़ा है अशुद्धपाठों को मूल में ही शोधने का साहस किया है, परन्तु वे पाठ कथञ्चित् अशुद्ध भी हो सकते हैं। पाठान्तर टिप्पणी में दे ही दिये हैं। उपलब्ध मूलपाठ की अशुद्धि का एक उदाहरण ग्रहणी चिकित्सिताधिकार में है और वह वहाँ वैसा ही रखा है जैसा मिलता है। वह पाठ 'तेजो रसानां सर्वेषां मनुजानां यदुच्यते' है, यदि 'सर्वेषां मनुजानां' के स्थान पर 'सर्वेषामम्बुजानां' हो तो पाठ शुद्ध होगा। इसकी ओर ध्यान मुझे मित्रवर पं० हरिदत्त जी आयुर्वेदाचार्य ने मुद्रण होने के पश्चात् दिलाया है, मैं उनका धन्यवाद करता हूँ।

इसमें जहाँ भी योग दिये हैं वहाँ उनकी सविस्तर व्याख्या की है और उसके साथ ही उनकी उचित आधुनिक मात्रायें भी दे दी हैं। प्रयत्न तो यही किया है कि जटिल विषय सुलझ जायँ, प्रत्येक वैद्य वा आयुर्वेदके विद्यार्थी उससे पूरा लाभ उठा सकें। इस विषय में मैं सफल रहा हूँ वा असफल इसका निर्णय मेरा कार्य नहीं। अन्त में सद्वैद्यों से आशा करता हूँ कि वे स्खलित स्थलों पर उचित संशोधन कर लेंगे और मुझे भी उचित परामर्श देंगे, जिससे आगामी आवृत्ति में उसे शोधा जा सके और अधिक उपयोगी बनाया जा सके।

देव औषधालय
सैदमिट्ठा बाजार, लाहौर
२५ आश्विन, १९९३

जयदेव विद्यालंकार
आयुर्वेदाचार्य

॥ श्रीः ॥

चरकसंहिता–विषयानुक्रमणिका

१९ अष्टोदरीय अध्याय

२० महारोगाध्याय

२१ अष्टौनिन्दितीय अध्याय

विमानस्थान

१ रसविमान

२ त्रिविधकुक्षीय विमान

शारीरस्थान

१ कतिधापुरुषीय शारीर

२. अतुल्यगोत्रीय शारीर

इन्द्रियस्थान

१ वर्णस्वरीय इन्द्रिय

२ पुष्पितक इन्द्रिय

३ परिमर्शनीय इन्द्रिय

४ इन्द्रियानीक इन्द्रिय

५ पूर्वरूपीय इन्द्रिय

॥ श्रीगणेशाय नमः ॥

चरकसंहिता

सूत्रस्थानम्

प्रथमोऽध्याय

अथातो 'दीर्घञ्जीवितीयमध्यायं व्याख्यास्यामः ॥१॥
इति ह स्माह भगवानात्रेयः ॥२॥

आयुर्वेद का उपदेश देने के लिये सबसे प्रथम उपक्रम स्वरूप 'दीर्घञ्जीवितीय' नामक अध्याय का वर्णन करते हैं। 'अथ' शब्द मङ्गलवाची है। स्मृतिग्रन्थों में लिखा भी है

ओङ्कारश्चाथशब्दश्च द्वावेतौ ब्रह्मणः पुरा।
कण्ठं भित्त्वा विनिर्यातौ तस्मान्माङ्गलिकावुभौ ॥

अथवा 'अथ' शब्द आनन्तर्यार्थ का वाचक है। अर्थात् जब आत्रेय मुनि शिष्यों की यथावत् परीक्षा कर चुके और उन्होंने शिष्यों को अध्यापन योग्य[2] समझा तब उन्हें पढ़ाने के लिए सबसे पूर्व इस अध्याय का व्याख्यान किया। अथवा शिष्यों में दीर्घजीवन प्राप्त करने की जिज्ञासा को देखकर उन्होंने उपदेश किया। अतः महर्षि अग्निवेश ने अपने ग्रन्थ की उपादेयता को दिखाने के लिये—'अब हम दीर्घञ्जीवितीय नामक अध्याय का वर्णन करते हैं ऐसा भगवान् आत्रेय मुनि ने कहा' इस प्रकार कहा है!

यह संहिता वस्तुतः महर्षि अग्निवेशने रची है। परन्तु इस ग्रन्थ की उपादेयता को जताने के लिये तथा परम्परागत आयुर्वेदशास्त्र का ही यहाँ वर्णन है, इस बात को समझाने के लिये अपने गुरु भगवान् आत्रेय का नाम लिया गया है ॥१—२॥

दीर्घं जीवितमन्विच्छन् भरद्वाज उपागमत्।
इन्द्रमुग्रतपा बुद्ध्वा शरण्यममरेश्वरम् ॥३॥

दीर्घजीवन की कामना से महातपस्वी भरद्वाज मुनि देवों के अधिपति इन्द्र के पास उसे शरण्य (शरणमें आये हुए के लिये हितकारी) जानकर गये। अर्थात् वह हमें आयुर्वेद का यथावत् ज्ञान कराकर हमारी माँग को पूरी करेंगे, यह जानते हुए भरद्वाज ऋषि उनके पास पढ़ने की इच्छा से गये ॥ ३ ॥

ब्रह्मणा हि यथाप्रोक्तमायुर्वेदं प्रजापतिः।
जग्राह निखिलेनादावश्विनौ तु पुनस्ततः ॥४॥
अश्विभ्यां भगवाञ्छक्रः प्रतिपेदे ह केवलम्।
ऋषिप्रोक्तो भरद्वाजस्तस्माच्छक्रमुपागतम् ॥५॥

सब से प्रथम दक्ष प्रजापति ने इस समग्र आयुर्वेद नामक शास्त्र को ब्रह्मा से पढ़कर यथावत् ग्रहण किया था। तदनन्तर प्रजापति से देववैद्य अश्विनीकुमारों ने, और अश्विनीकुमारों से भगवान् इन्द्र ने समग्र रूप में ही इसे पढ़ा। अतएव ऋषियों के कहने से भरद्वाज मुनि इन्द्र के पास गये। इस ऐतिह्य से आयुर्वेद का अनादित्व तथा उपादेयत्व बताया गया है ॥४—५॥

विघ्नभूता यदा रोगाः प्रादुर्भूताः शरीरिणाम्।
तपोपवासाध्ययनब्रह्मचर्यव्रतायुषाम् ॥६॥
तदा भूतेष्वनुक्रोशं पुरस्कृत्य महर्षयः।
समेताः पुण्यकर्माणः पार्श्वे हिमवतः शुभे ॥७॥

जिस समय तपश्चर्या, उपवास, अध्ययन, ब्रह्मचर्य व्रत प्रभृति उत्तमोत्तम कार्यों में जीवन व्यतीत करनेवाले पुरुषों में भी नाना प्रकार के विघ्नों को पैदा करनेवाले रोग उत्पन्न होने लगे, उस समय पुण्यकर्मा महर्षि प्राणियों पर अनुकम्पा के विचार से हिमालय पर्वत के समीप सुरम्य प्रदेश में एकत्रित हुए। 'तपोपवासाध्ययनब्रह्मचर्यव्रताजुषाम्' इस पाठान्तर के होने पर 'जो तप आदि का पालन नहीं करते' ऐसा अर्थ करना चाहिये ॥६—७॥

अङ्गिरा जमदग्निश्च वशिष्ठः काश्यपो भृगुः।
आत्रेयो गौतमः सांख्यः पुलस्त्यो नारदोऽसितः ॥८॥

१—दीर्घञ्जीवितशब्दोऽस्मिन्नस्तीति मत्वर्थे 'अध्यायानुवाकयोर्लुक् च' इति श प्रत्ययः, यदि वा दीर्घञ्जीवितमधिकृत्य कृतो ग्रन्थोऽध्यायरूपस्तन्त्ररूपो वा इत्यस्यां विवक्षायामधिकृत्य कृते ग्रन्थे इत्यधिकारात् 'शिशुक्रन्दयमसभ'—इत्यादिना छः।

२—अध्यापने कृतबुद्धिराचार्यः शिष्यमादितः परीक्षेत। तद्यथा—प्रशान्तमार्यप्रकृतिमक्षुद्रकर्माणमृजुचक्षुर्मुखनासावंशं तनुरक्तविशदजिह्वमविकृतदन्तौष्ठमभिन्निणं धृतिमन्तमनहङ्कृतं मेधाविनं वितर्कस्मृतिसम्पन्नमुदारसत्त्वं तद्विद्यकुलजमथवा तद्विद्यवृत्तं तत्त्वाभिनिवेशनमव्यङ्गमव्यापन्नेन्द्रियं निभृतमनुद्धतवेशमव्यसनिनं शीलशौचाचारानुरागदाक्ष्यप्रादक्षिण्योपपन्नमध्ययनाभिकाममर्थविज्ञाने कर्मदर्शने चानन्यकार्यमलुब्धमनलसं सर्वभूतहितैषिणमाचार्यसर्वानुशिष्टिप्रतिपत्तिकरमनुरक्तमेवंगुणसमुदितमध्याप्यमेवाहुः।
विमान० ८।२।

अगस्त्यो वामदेवश्च मार्कण्डेयाश्वलायनौ ।
पारीक्षिर्भिक्षुरात्रेयो भरद्वाजः कपिञ्जलः[1] ॥९॥
विश्वामित्राश्वरथ्यौ च भार्गवश्च्यवनोऽभिजित् ।
गार्ग्यः शाण्डिल्यकौण्डिन्यौ वार्क्षिर्देवलगालवौ ॥१०॥
साङ्कृत्यो बैजवापिश्च कुशिको बादरायणः ।
बडिशः शरलोमा च काप्यकात्यायनावुभौ ॥११॥
काङ्कायनः कैकशेयो धौम्यो मारीचिकाश्यपौ ।
शर्कराक्षो हिरण्याक्षो लोकाक्षः पैङ्गिरेव च ॥१२॥
शौनकः शाकुनेयश्च मैत्रेयो मैमतायनिः ।
वैखानसा बालखिल्यास्तथा चान्ये [2]महर्षयः ॥१३॥

अङ्गिरा, जमदग्नि, वशिष्ठ, काश्यपगोत्रीय भृगु, आत्रेय, गौतम, सांख्य, पुलस्त्य, नारद, असित, अगस्त्य, वामदेव, मार्कण्डेय, आश्वलायन, पारीक्षि, भिक्षु आत्रेय, भरद्वाज, कपिञ्जल, विश्वामित्र, आश्मरथ्य, भार्गव, च्यवन, अभिजित् , गार्ग्य, शाण्डिल्य, कौण्डिन्य, वार्क्षि, देवल, गालव, साङ्कृत्य, बैजवापि, कुशिक, बादरायण, बडिश, [3]शरलोमा, काप्य, कात्यायन, काङ्कायन, कैकशेय, धौम्य, मारीचि, काश्यप, शर्कराक्ष, हिरण्याक्ष, लोकाक्ष, पैङ्गि, शौनक, शाकुनेय, मैत्रेय, मैमतायनि, वैखानस, बालखिल्य तथा अन्य बड़े-बड़े महर्षि एकत्रित हुए ॥८-१३॥

ब्रह्मज्ञानस्य निधयो दमस्य[4] नियमस्य च ।
तपसस्तेजसा दीप्ता हूयमाना इवाग्नयः ॥१४॥

वे अङ्गिरा प्रभृति महर्षि ब्रह्मज्ञान; दम तथा नियम के अखण्ड कोष थे और तप के तेज से ऐसे देदीप्यमान थे जैसे आहुति देने से अग्नि ॥१४॥

सुखोपविष्टास्ते तत्र पुण्यां चक्रुः कथामिमाम् ।
धर्मार्थकाममोक्षाणामारोग्यं मूलमुत्तमम् ॥
रोगास्तस्यापहर्तारः[5] श्रेयसो जीवितस्य च ॥१५॥

वे सुखपूर्वक बैठकर इस पुण्य कथा को करने लगे—कि धर्म, अर्थ, काम एवं मोक्ष; चतुर्विध पुरुषार्थ के साधन का आरोग्य ही श्रेष्ठ कारण है। और रोग उस श्रेय (आरोग्य अथवा सुख अथवा चतुर्विध पुरुषार्थ) तथा जीवन को हरनेवाले हैं ॥१५॥

प्रादुर्भूतो मनुष्याणामन्तरायो महानयम् ।
कः स्यात्तेषां शमोपाय इत्युक्त्वा ध्यानमास्थिताः ॥१६॥

मनुष्यों के धर्म आदि के साधन में ये रोग महान् विघ्न स्वरूप उत्पन्न हो गये हैं ; इनके शान्त करने का क्या उपाय है ? यह कह-कर ध्यान में स्थित हो गये। अर्थात् प्रत्येक महर्षि इस प्रश्न के विचार में ध्यानपूर्वक लग गया ॥१६॥

अथ ते शरणं शक्रं ददृशुर्ध्यानचक्षुषा ।
स वक्ष्यति शमोपायं यथावदमरप्रभुः ॥१७॥

इसके बाद उन्होंने ध्यान-चक्षुओं से देखा कि अत्र इन्द्र की ही शरण में जाना चाहिये। वही देवराज इन्द्र हमें रोग-शान्ति का यथावत् उपाय बतावेंगे ॥१७॥

कः सहस्राक्षभवनं गच्छेत्प्रष्टुं शचीपतिम् ।
अहमर्थे नियुज्येयमत्रेति प्रथमं वचः ॥
भरद्वाजोऽब्रवीत्तस्मादृषिभिः स नियोजितः ॥१८॥

अत्र महर्षियों की सभा में यह प्रश्न उपस्थित हुआ कि इन्द्र से रोग-शान्ति का उपाय पूछने के लिये इन्द्र-भवन को कौन जाय ! भरद्वाज ने कहा—कि मुझे इस कार्य के लिये नियुक्त कीजिये। चूँकि भरद्वाज ने सबसे प्रथम अपनी नियुक्ति के लिये कहा अतः सब ऋषियों ने (एक मत होकर) भरद्वाज को ही इस कार्य के लिये नियुक्त किया ॥१८॥

स शक्रभवनं गत्वा सुरर्षिगणमध्यगम् ।
ददर्श बलहन्तारं दीप्यमानमिवानलम् ॥१९॥

भरद्वाज ने इन्द्र-भवन में जाकर देवों तथा ऋषियों के मध्य में बैठे हुए, बल नामक असुर का नाश करनेवाले, अग्नि के समान देदीप्यमान इन्द्र को देखा ॥१९॥

सोऽभिगम्य जयाशीर्भिरभिनन्द्य सुरेश्वरम् ।
प्रोवाच भगवान् धीमानृषीणां वाक्यमुत्तमम् ॥२०॥
व्याधयो हि समुत्पन्नाः सर्वप्राणिभयङ्कराः ।
तद्ब्रूहि मे शमोपायं यथावदमरप्रभो ॥२१॥

इसके बाद इन्द्र के समीप जाकर "आप की जय हो" इस प्रकार आशीर्वादों से अभिनन्दन करके बुद्धिमान् भगवान् भरद्वाज ने ऋषियों का उत्तम वाक्य कहा अर्थात् सन्देश सुनाया कि—हे देव· राज इन्द्र ! सम्पूर्ण प्राणिमात्र के लिये भय को उत्पन्न करनेवाले नाना प्रकार के रोग उत्पन्न हो गये हैं। अतः उनके शान्त करने का यथोचित उपाय कृपया मुझे बता दीजिये। इससे आयुर्वेद का प्रयोजन बताया है। अर्थात् यहाँ कहा गया है कि व्याधियाँ उत्पन्न हो गयी हैं—अतः उनकी उत्पत्ति को रोकने का उपाय बताइये और

१—'कापिष्ठलः' इति पाठान्तरम् ।

२—आत्रेयोऽत्र कृष्णात्रिपुत्रः पुनर्वसुः । गौतमः सांख्यः इति बौद्धविशेषगौतमव्यावृत्तये सांख्य इति । पुलस्त्यो नारदोऽसित इति यस्यौरसः शूद्रायां देवर्षिर्नारदो जातः । अगस्त्यः सतीदेहोद्भवो वामदेवः । पारिक्षिर्नामभिक्षुर्दण्डी स आत्रेय एव नत्वन्यस्य पुत्रः । भरद्वाजः कपिष्ठलो न तु कुमारशिरः प्रभृतिर्भरद्वाजः । शुनकपुत्रः शौनकः । शाकुनेयो नाम ब्राह्मणः । मैत्रेयो मैमतायनिः । बालखिल्या वैखानसा वानप्रस्थाः । तथा चान्ये महर्षयः भद्रकाप्यादय इति । गङ्गाधरः ।

३—'शवलोमा' इति पाठान्तरम् ।

४—'यमस्य' इति पाठान्तरम् । यमाश्च दश—आनृशंस्यं क्षमा सत्यमहिंसा दानमार्जवम् । प्रीतिःप्रसादश्चाचौर्यं मार्दवञ्च यमा दश ॥ नियमा अपि दश—शौचमिज्या तपो ध्यानं स्वाध्यायोपस्थ-मह्रौ । व्रतमौनोपवासाश्च स्नानञ्च नियमा दश ॥

५—'स्तस्यापहन्तारः' इति पाठान्तरम् ।

जब उत्पन्न हो जायँ तब उनकी शान्ति का उपाय क्या होना चाहिये ? यह भी बताइये । सुश्रुत में कहा भी है—"इह खल्वायुर्वेदप्रयोजनं व्याध्युपसृष्टानां व्याधिपरिमोक्षः स्वस्थस्य स्वास्थ्यरक्षणं च" ॥२०—२१॥

तस्मै प्रोवाच भगवानायुर्वेदं शतक्रतुः ।
पदैरल्पैर्मतिं बुद्ध्वा विपुलां परमर्षये ॥२२॥

तत्पश्चात् भगवान् इन्द्र ने भरद्वाज की विपुल बुद्धि को जानकर उसे थोड़े से ही पदों से अर्थात् संक्षेप में आयुर्वेद का उपदेश किया ॥२२॥

हेतुलिङ्गौषधज्ञानं स्वस्थातुरपरायणम् ।
त्रिसूत्रं शाश्वतं पुण्यं बुबुधे यं पितामहः ॥२३॥

इन्द्र ने उस आयुर्वेद शास्त्र का उपदेश दिया जो स्वस्थ और आतुर (रोगी) सम्बन्धी हेतुज्ञान, लिङ्ग (लक्षण) ज्ञान, औषध ज्ञान; अतएव त्रिसूत्र तथा शाश्वत (निरन्तर रहनेवाला, अविनाशी) एवं पुण्यजनक है, और जिस आयुर्वेद शास्त्र को ब्रह्मा ने जाना था। अर्थात् आयुर्वेद शास्त्र के तीन ही मूलसूत्र हैं, शेष व्याख्या स्वरूप है अथवा यह कह सकते हैं कि तीन ही स्तम्भ हैं जिन पर आयुर्वेद शास्त्र खड़ा हुआ है। इससे–प्राणियों के स्वस्थ होने के क्या कारण हैं ? रुग्ण होने के क्या कारण (Causes) हैं ? स्वस्थ के लक्षण क्या हैं ? रुग्ण के लक्षण (Symptoms) क्या हैं ? स्वस्थ रहने की क्या औषध (पथ्य आदि भी इसी के अन्तर्गत समझने चाहिये) है ? रुग्ण की क्या औषध (Treatment) है ? पता लगता है। "बुबुधे यं पितामहः (जिसे ब्रह्मा ने जाना था)" यह कहने का अभिप्राय यह है कि इसमें अभी तक कोई विकार पैदा नहीं हुआ था। जैसा ब्रह्मा ने उपदेश किया था वैसा ही इन्द्र को अविकृत रूप से ज्ञान प्राप्त हुआ और इन्द्र ने भी यथावत् ही भरद्वाज को उपदेश किया ॥२३॥

सोऽनन्तपारं त्रिस्कन्धमायुर्वेदं महामतिः ।
यथावदचिरात्सर्वं बुबुधे तन्मना मुनिः ॥२४॥

महामति भरद्वाज मुनि ने एकाग्र चित्त से अध्ययन कर अल्प ही समय में अनन्तपार (जिसका पार नहीं है) एवं त्रिस्कन्ध (त्रिसूत्र स्वरूप) समग्र आयुर्वेद शास्त्र का यथावत् ज्ञान प्राप्त कर लिया ॥२४॥

तेनायुरमितं लेभे भरद्वाजः सुखान्वितम् ।
ऋषिभ्योनधिकं तच्च [1]शशंसानवशेषयन् ॥२५॥

उस आयुर्वेद शास्त्र के ज्ञान से भरद्वाज ने सुखमय दीर्घजीवन प्राप्त किया। इन्द्र द्वारा ज्ञान प्राप्त करने के पश्चात् भरद्वाज ने अन्य ऋषियों को न अधिक और न कम अर्थात् यथावत् उपदेश कर दिया। न अधिक कहने का अभिप्राय यह है कि अपनी ओर से उसमें कुछ नहीं बढ़ाया गया और न कम कहने का अभिप्राय यह है कि जो उपदेश मिला उसके बताने में भी कुछ कमी नहीं की गयी जैसा कि आजकल के अल्पज्ञ वैद्य किया करते हैं ॥२५॥

१—'शशास' इति पाठान्तरेऽप्यवशापनेन ददावित्यर्थः ।

ऋषयश्च भरद्वाजाज्जगृहुस्तं प्रजाहितम् ।
दीर्घमायुश्चिकीर्षन्तो वेदं वर्धनमायुषः ॥२६॥

ऋषियों ने भी दीर्घ आयु की इच्छा से प्रजा के हितकर एवं आयुर्वर्धक वेद अर्थात् आयुर्वेद को भरद्वाज से ग्रहण किया ॥२६॥

महर्षयस्ते ददृशुर्यथावज्ज्ञानचक्षुषा ।
सामान्यं च विशेषं च गुणान् द्रव्याणि कर्म च ॥२७॥
समवायं च, तज्ज्ञात्वा तन्त्रोक्तं विधिमास्थिताः ।
लेभिरे परमं शर्म जीवितं चाप्यनश्वरम्[1] ॥२८॥

महर्षियों ने भी अपने ज्ञानचक्षुओं से सामान्य, विशेष, गुण, द्रव्य, कर्म, समवाय प्रभृति को यथावत् जान लिया और जानकर आयुर्वेदोक्त विधि का अवलम्बन करके अर्थात् अपथ्य त्याग और पथ्य ग्रहण प्रभृति नियमों का पालन करके परम सुख तथा अनश्वर जीवन को प्राप्त किया ॥२७—२८॥

अथ मैत्रीपरः पुण्यमायुर्वेदं पुनर्वसुः ।
शिष्येभ्यो दत्तवान् षड्भ्यः सर्वभूतानुकम्पया ॥२९॥

इसके पश्चात् प्राणिमात्र पर प्रीतिभाव रखनेवाले भरद्वाज के शिष्य पुनर्वसु आत्रेय ने समग्र प्राणियों पर अनुकम्पा की इच्छा से छः शिष्यों को पुण्यजनक आयुर्वेद का उपदेश दिया ॥२९॥

अग्निवेशश्च भेडश्च जतूकर्णः पराशरः ।
हारीतः क्षारपाणिश्च जगृहुस्तन्मुनेर्वचः ॥३०॥

उन छः शिष्यों के नाम ये हैं। १–अग्निवेश २–भेल ३–जतूकर्ण ४–पराशर ५–हारीत ६–क्षारपाणि । इन छः शिष्यों ने आत्रेय मुनि के उपदेश को ग्रहण किया ॥३०॥

बुद्धेर्विशेषस्तत्रासान्नोपदेशान्तरं मुनेः ।
तन्त्रस्य कर्त्ता प्रथममग्निवेशो यतोऽभवत् ॥३१॥

इन शिष्यों में परस्पर बुद्धि की विशेषता (उत्कर्षापकर्ष) थी; पुनर्वसु के उपदेश में कोई भेद नहीं था। चूँकि अग्निवेश की बुद्धि सर्वोत्कृष्ट थी अतएव इन शिष्यों में से उसने सबसे प्रथम आयुर्वेद का ग्रन्थ बनाया। इससे इस ग्रन्थ की महत्ता को दिखाया है यह ग्रन्थ किसी मूर्ख का बनाया नहीं अपितु विद्वान् का बनाया हुआ है। अतः आयुर्वेद के जिज्ञासुओं को इस ग्रन्थ का अध्ययन अवश्य करना चाहिये ॥३१॥

अथ भेडादयश्चक्रुः स्वं स्वं तन्त्रं, कृतानि च ।
श्रावयामासुरात्रेयं सर्षिसङ्घं सुमेधसः ॥३२॥

तदनन्तर बुद्धिमान् भेल आदि अवशिष्ट पांच शिष्यों ने भी अपने अपने नाम से तन्त्र रचे। अर्थात् भेल ने भेल संहिता, जतूकर्ण ने जतूकर्ण संहिता, पराशर ने पराशर-संहिता, हारीत ने हारीत-संहिता, क्षारपाणि ने क्षारपाणि-संहिता नाम से ग्रन्थों का निर्माण किया। पश्चात् शिष्यों ने स्वनिर्मित ग्रन्थों को ऋषियों के समूह में बैठे हुए आत्रेय मुनि को सुनाया ॥३२॥

१—अनिश्वरमिति पाठेऽगमनशीलम् ।

श्रुत्वा सूत्रणमर्थानामृषयः पुण्यकर्मणाम् ।
यथावत्सूत्रितमिति प्रहृष्टास्तेऽनुमेनिरे ॥३३॥
सर्व एवास्तुवंस्तांश्च सर्वभूतहितैषिणः ।
साधु[1] भूतेष्वनुक्रोश इत्युच्चैरब्रुवन् समम् ॥३४॥

इन पुण्यकर्मा शिष्यों द्वारा ग्रन्थ में किये गये विषयों के समावेश को सुनकर सब ऋषियों ने प्रसन्न होकर कहा—कि आपने विषयों का यथावत् ही समावेश किया है और सम्पूर्ण प्राणियों के हितैषी सब ऋषियों ने उनकी प्रशंसा की तथा ऊँचे स्वर से कहा—कि आपने प्राणियों पर दया करके बड़ा अच्छा कार्य किया है ॥ ३३—३४॥

तं पुण्यं शुश्रुवुः शब्दं दिवि देवर्षयः स्थिताः ।
सामराः परमर्षीणां श्रुत्वा मुमुदिरे परम् ॥ ३५ ॥

इन महर्षियों के इस पुण्य शब्द को द्युलोक स्थित देवर्षि तथा देवों ने सुना और सुनकर अत्यन्त मुदित हुए। अर्थात् इस पुण्यकार्य से तीनों लोकों में आनन्द ही आनन्द छा गया ॥३५॥

अहो साध्विति निर्घोषो[2] लोकांस्त्रीनन्ववादयत् ।
नभसि स्निग्धगम्भीरो हर्षाद्भूतैरुदीरितः ॥३६॥

प्राणियों की हर्ष से की हुई अहो ! साधु ! ! यह स्निग्ध एवं गम्भीर ध्वनि आकाश में प्रतिध्वनित होकर तीनों लोकों में गूँजने लगी। मानो तीनो लोकों ने ही उनकी प्रशंसा में अपनी सहमति प्रकट की ॥३६॥

शिवो वायुर्ववौ सर्वा भाभिरुन्मीलिता दिशः ।
निपेतुः सजलाश्चैव दिव्याः कुसुमवृष्टयः ॥३७॥

इसी समय शिव (कल्याणकर—मंगलसूचक) वायु बहने लगा। दशों दिशायें प्रकाश से चमक उठा और आकाश से जलकणयुक्त पुष्पों की दिव्य वर्षा होने लगी ॥३७॥

अथाग्निवेशप्रमुखान् विविशुर्ज्ञानदेवताः ।
बुद्धिः सिद्धिः स्मृतिर्मेधा धृतिः कीर्तिः क्षमा दया ॥३८॥

इसके अनन्तर अग्निवेश-प्रमुख (अग्निवेश है आदि में जिनके अथवा अग्निवेश है मुख्य जिनमें) महर्षियों के शरीर में बुद्धि, सिद्धि, स्मृति, मेधा, धृति, कीर्ति, क्षमा, दया, प्रभृति ज्ञानदेवताओं ने प्रवेश किया ॥३८॥

तानि चानुमतान्येषां तन्त्राणि परमर्षिभिः ।
भवाय भूतसङ्घानां प्रतिष्ठां भुवि लेभिरे ॥३९॥

अग्निवेश आदि के तन्त्रों का सब महर्षियों ने एकमत से समादर किया और प्राणिसमूह के कल्याणजनक होने से अथवा ('भावाय' पाठ होने पर) लोकस्थिति के लिये संसार में प्रतिष्ठा को प्राप्त हुए ३९

१—भूतेषु साधु यथा तथानुक्रोश इति वाक्यं समं युगपदुच्चैस्तेऽब्रुवन् इति गङ्गाधरः। सर्वभूतेष्वनुक्रोश इति पा०।

२—'साध्विति घोषश्च' पा०।

हिताहितं सुखं दुःखमायुस्तस्य हिताहितम् ।
मानं च तच्च यत्रोक्तमायुर्वेदः[1] स उच्यते ॥४०॥

आयुर्वेदव्युत्पत्ति—जिस शास्त्र में—हितमय, अहितमय सुखमय, दुः मय, आयु[2] तथा आयु के लिये हितकर और अहितकर द्रव्य, गुण, कर्म; आयु का प्रमाण एवं लक्षण द्वारा (आयु का) वर्णन होता है—उसका नाम आयुर्वेद है ॥४०॥

शरीरेन्द्रियसत्त्वात्मसंयोगो धारि जीवितम् ।
नित्यगश्चानुबन्धश्च पर्यायैरायुरुच्यते ॥४१॥

शरीर, इन्द्रिय, मन तथा आत्मा के संयोग को आयु कहते हैं। इसके धारि, जीवित, नित्यग और अनुबन्ध; ये समानार्थक शब्द हैं। शरीर, इन्द्रिय, मन, आत्मा, इन्हें परस्पर धारण करने का स्वभाव होने से आयु को 'धारि' कहते हैं। यावच्चेतनशरीर आयु के रहने से इसे 'नित्यग' कहते हैं। अथवा नित्य प्रतिक्षण गमनशील शिथिलीभाव होने से 'नित्यग' कहते हैं। अपरापर शरीर के साथ सम्बन्ध कराने से इसे 'अनुबन्ध' कहते हैं ॥४१॥

तस्यायुषः पुण्यतमो वेदो वेदविदां मतः ।
वक्ष्यते यन्मनुष्याणां लोकयोरुभयोर्हितम् ॥४२॥

उस आयु का वेद (ज्ञान) अर्थात् आयुर्वेद शास्त्र परम पुण्यजनक है-ऐसा वेदज्ञ पुरुषों का मत है। चूंकि यह शास्त्र मनुष्यों के दोनों लोक अर्थात् इहलोक और परलोक में हितकर है। यह अभ्युदय तथा निःश्रेयस दोनों का देनेवाला है। अतः इस शास्त्र का वर्णन किया जाता है। अन्यत्र कहा भी है—

आरोग्यदानात्परमं न दानं विद्यते क्वचित् ।
अतो देयो रुजार्त्तानामारोग्यं भाग्यवृद्धये ॥
औषधं स्नेहमाहारं रोगिणां रोगशान्तये ।
ददानो रोगरहितः सुखी दीर्घायुरेव च ॥

सौरपुराण में भी-रोगिणो रोगशान्त्यर्थमौषधं यः प्रयच्छति
रोगहीनः स दीर्घायुः सुखी भवति सर्वदा ॥

नन्दिपुराण में—धर्मार्थकाममोक्षाणामारोग्यं साधनं यतः ।
अतस्त्वारोग्यदानेन नरो भवति सर्वदः ॥

स्कन्दपुराण में—ब्रह्मक्षत्रियविट्शूद्रान् रोगार्त्तान् परिपाल्य च
यत्पुण्यं महदाप्नोति न तत्सर्वं महामखैः ॥
तस्माद्रोगापवर्गार्थं रोगार्त्तं समुपाचरेत् ॥
योऽनुगृहीतमात्मानं मन्यमानो दिने दिने ।
उपसर्पेत रोगार्त्तांस्तीर्णस्तेन भवार्णवः ॥

तन्त्रान्तर में भी—क्वचिद्धर्मः क्वचिन्मैत्री क्वचिदर्थः क्वचिद्यशः ।
कर्माभ्यासः क्वचिच्चेति चिकित्सा नास्ति निष्फला ॥

१—तत्र आयुर्वेदयतीत्यायुर्वेदः, कथमितिचेदुच्यते, स्वलक्षणतः सुखासुखतो हिताहिततः प्रमाणाप्रमाणतश्च। यतश्चायुष्यानायुष्याणि च द्रव्यगुणकर्माणि वेदयतीत्यतोऽप्यायुर्वेदः ॥ चरक० सू० अ० ३०। इसकी व्याख्या इसी स्थल पर देखनी चाहिये।

२–इसका वर्णन 'अर्थे दशमहामूलीय' नामक अध्यायमें होगा।

चरक ने भी कहा है—

धर्मार्थकाममोक्षाणामारोग्यं मूलमुत्तमम् ।

रोगास्तस्यापहर्त्तारः श्रेयसो जीवितस्य तु ॥

सुश्रुत में भी कहा है—समानत्वाद्विवेदानामक्षरत्वात्तथैव च ।

तथा दृष्टफलत्वाच्च हितत्वादपि देहिनाम् ॥

वाक्समूहार्थविस्तारात् पूजितत्वाच्च देहिभिः ।

चिकित्सितात्पुण्यतमं न किञ्चिदपि शुश्रुम ॥

—इत्यादि ।

संक्षेपतः इन उद्धरणों का अभिप्राय यह है कि—आयुर्वेद का यथाविधि अध्ययन कर चिकित्सा करने से मनुष्य अनन्त पुण्य का भागी होता है । तथा आयुर्वेद शास्त्र का अध्ययन करके जिस प्रकार मनुष्य दूसरों को आरोग्यप्रदान करता है, उसी प्रकार स्वयं भी नीरोग रहता हुआ धर्म, अर्थ, काम, मोक्ष, इस चतुर्विध पुरुषार्थ को प्राप्त करता है ॥४२॥

सर्वदा सर्वभावानां सामान्यं वृद्धिकारणम् ।

ह्रासहेतुर्विशेषश्च प्रवृत्तिरुभयस्य तु ॥४३॥

सर्वदा सम्पूर्ण भावों अर्थात् द्रव्य-गुण-कर्म की वृद्धि का कारण 'सामान्य' (समानता) हुआ करता है, विशेष (विभिन्नता) ह्रास का कारण होता है । इसे चिकित्सा का सूत्र समझना चाहिये । इसी अध्याय में आगे कहा गया है—"धातुसाम्यक्रिया चोक्ता तन्त्रस्यास्य प्रयोजनम्" अर्थात् शरीरस्थित वात, पित्त, कफ, इन तीनों धातुओं तथा रस रक्त आदि सात धातुओं को समावस्था में रखना ही इस शास्त्र का प्रयोजन है । अर्थात् क्षीण हुई धातु को उपयुक्त औषध आहार एवं विहार द्वारा बढ़ाना, स्वपरिमाण से बढ़ी हुई धातु को उपयुक्त औषध, आहार एवं विहार द्वारा घटाना और इस प्रकार धातुओं को परस्पर समावस्था में रखना ही वैद्य का कर्त्तव्य है । अतएव आचार्य ने स्वयं कहा है—"न्यूनान्धातून् पूरयामः व्यतिरिक्तान् ह्रासयामः" इत्यादि । न्यून हुए हुए धातुओं को पूरण करने के लिये तत्समान द्रव्य आदि का सेवन करना चाहिये । अतएव राजयक्ष्मा में जब कि मांस अत्यन्त क्षीण हो जाता है, कहा है "दद्यान्मांसादमांसानि बृंहणानि विशेषतः" । अर्थात् राजयक्ष्मा के रोगी को मांस खानेवाले पशु पक्षियों का मांस दे ।

चूँकि मनुष्य मांस तथा खाद्य मांस में मांसत्व सामान्य है—अतएव मांस बृंहण है । कहा भी है—

शरीरबृंहणे नान्यत्खाद्यं मांसाद्विशिष्यते ।

आचार्य ने कहा भी है—

"समानगुणाभ्यासो हि धातूनामभिवृद्धिकारणम् ।"

अतएव इस सिद्धान्त के अनुसार मांसभक्षण से अधिकतर मांस की ही वृद्धि होती है । बकरे के मांस के गुण दर्शाते हुए कहा है—

"शरीरधातुसामान्यादनभिष्यन्दि बृंहणम् ।"

मनुष्य के मांस के समान ही बकरे के मांस के होने से यह अनभिष्यन्दि एवं बृंहण है । अन्यत्र भी कहा है—

'गुरुभिरभ्यस्यमानैर्गुरूणामुपचयो भवत्यपचयो लघूनाम् ।'

अर्थात् गुरु पदार्थों के सेवन से गुरु धातुओं का उपचय अर्थात् वृद्धि होती है और लघु धातुओं का अपचय अर्थात् ह्रास होता है । इसी प्रकार विमानस्थान के प्रथम अध्याय में द्रव्यप्रभाव दिखलाते हुए बताया है—

'तैलसर्पिर्मधूनि वातपित्तश्लेष्मप्रशमनार्थानि द्रव्याणि भवन्ति ।'

तत्र तैलं स्नेहौष्ण्यगौरवोपपन्नत्वाद् वातं जयति सततमभ्यस्यमानम् । वातो हि रौक्ष्यशैत्यलाघवोपपन्नो विरुद्धगुणो भवति । विरुद्धगुणसन्निपाते हि भूयसाल्पमवजीयते । तस्मात्तैलं वातं जयति सततमभ्यस्यमानम् ॥

सर्पिः खल्वेवमेव पित्तं जयति माधुर्यात् शैत्यान्मन्दत्वाच्च । पित्तं ह्यमधुरमुष्णं तीक्ष्णं च ॥

मधु च श्लेष्माणं जयति रौक्ष्यात्तैक्ष्ण्यात्कषायत्वाच्च । श्लेष्मा हि स्निग्धो मन्दो मधुरश्च ॥

अन्त में—यच्चान्यदपि किञ्चिद्द्रव्यमेव वातपित्तकफेभ्यो गुणतो विपरीतो विरुद्धं, तच्चैतान् जयत्यभ्यस्यमानम् ॥

इसकी व्याख्या अपने स्थल पर ही देखनी चाहिये ॥

इसी प्रकार प्रमेहनिदान में भी कहा है—

"मेदसश्चैव बह्वबद्धत्वात् मेदसश्च गुणानां गुणैः समानगुणभूयिष्ठत्वात् स (श्लेष्मा) मेदसा मिश्रीभावं गच्छन्...।

इसकी टीका करते हुए चक्रपाणि ने स्पष्ट कर दिया है—मेदसो गुणानां मधुरस्नेहगौरवादीनां श्लेष्मणो गुणैर्गुरुशीतादिभिर्भूरिसामान्यादित्यर्थः । समानं हि समानैर्मिलतीति भावः ।

अर्थात् मेदा और श्लेष्मा के गुणों में अत्यन्त समानता होने से यह दोनों परस्पर मिल जाते हैं ।

अतः यह स्पष्ट हो गया कि सामान्य वृद्धि करता है और विशेष ह्रास का कारण है । परन्तु सामान्य और विशेष विना सम्बन्ध के ही वृद्धि एवं ह्रास में कारण नहीं हुआ करते । अर्थात् अजमांसमें मांसत्व के रहते हुए भी जब तक उसका उपयोग नहीं किया जाता तब तक मनुष्य में तज्जन्य मांसाभिवृद्धि नहीं होती इसी प्रकार विशेष में भी समझना चाहिये । अतएव कहा है—"प्रवृत्तिरुभयस्य तु" । अर्थात् दोनों की प्रवृत्ति ही वृद्धि एवं ह्रास में कारण होती है । अथवा इसका अर्थ यह किया जा सकता है कि धातुसाम्य के लिये सामान्यवत् तथा विशेषवत् द्रव्यों का उपयोग करना उचित है । क्योंकि आयुर्वेद में द्रव्य का उपयोग आरोग्य के लिए ही होता है । कहा भी है—'आरोग्यार्था च भेषजप्रवृत्तिः' । अर्थात् अपने-अपने कारणों से धातु के प्रवृद्ध होने पर धातुवैषम्य हो सकता है । उस समय उसके गुणों से विपरीत गुणवाले अर्थात् विशिष्ट द्रव्य के उपयोग से धातुसाम्य किया जाता है । इसी प्रकार किसी धातु के किन्हीं कारणों से क्षीण हो जाने पर उस धातु के समान गुणवाले द्रव्य के उपयोग से अभिवृद्धि होकर धातुसाम्य हो जाता है । अथवा

स्वस्थ पुरुष में केवल समानोपयोग से धातुवृद्धि होकर धातुविषमता एवं केवल विशिष्ट द्रव्य के उपयोग से धातुक्षय होकर धातुविषमता हो जाती है; अतः समान एवं विशिष्ट द्रव्य के युगपत् उपयोग से धातुसाम्यरूपा प्रवृत्ति होती है। यह चिकित्सा का प्रयोजन है। अन्यत्र कहा भी है—

'चतुर्णां भिषगादीनां शस्तानां धातुवैकृते।
प्रवृत्तिर्धातुसाम्यार्था चिकित्सेत्यभिधीयते॥

यह नियम ही दिनचर्या, रात्रिचर्या, ऋतुचर्या, आदि का आधार स्तम्भ है।

यहाँ पर यह बात ध्यान में रखनी चाहिये कि सामान्य एवं विशेष किसी के कारण नहीं होते। वैशेषिक में कहा भी है—

'त्रयाणामकार्यत्वमकारणत्वं च।'

'त्रयाणाम्' से अभिप्राय सामान्य, विशेष और समवाय से है। अपितु सामान्यवत् एवं विशेषवत् द्रव्य ही वृद्धि और ह्रास में कारण होते हैं। अर्थात् पोष्य मानव शरीरगत मांस तथा पोषक बकरे आदि के मांस में मांसत्व सामान्य है। यदि सामान्य अथवा विशेष ही कारण हो तो मांसत्व सम्बन्ध के नित्य होने से मांस बढ़ता ही जाय। परन्तु ऐसा नहीं होता। भोज्य मांस के भोजन से ही शरीर धातु रूप मांस की वृद्धि होती है।

सामान्य एवं विशेष वृद्धि और ह्रास में तभी कारण होते हैं जब कि कोई उनका प्रबल विरोधी कारण उपस्थित न हो। जैसे भोज्य मांस में मांसत्व होने से वह शरीर धातु रूप मांस के समान है, परन्तु शोणित से पृथक् होने के कारण विशिष्ट है। अतः यद्यपि मांस भोजन से—मांस की वृद्धि होती और शोणित में कमी होती—ऐसा होना चाहिये था, परन्तु मांस की वृद्धि होती है पर शोणित में कमी नहीं होती। इसका कारण यही है कि शोणित के ह्रास के लिये विरोधी कारण उपस्थित नहीं अथवा विशेष से विरुद्धत्व विशेष का ग्रहण करना चाहिये। क्योंकि आगे सर्वत्र आचार्य ने—

'वृद्धिः समानैः सर्वेषां विपरीतैर्विपर्ययः।

तथा—'विपरीतगुणैर्द्रव्यैर्मारुतः सम्प्रशाम्यति।'

इत्यादि द्वारा विरुद्धत्व विशेष का ही निदर्शन कराता है। अथवा अविरुद्धविशेष यद्यपि वृद्धि और ह्रास में कारण नहीं तथा असमान द्रव्य के उपयोग से विनश्वर द्रव्योंका ह्रास होता ही है क्योंकि उनका पूरण करनेवाला कोई हेतु उपस्थित नहीं। जैसे शरीरस्थित रक्त के विरोधी द्रव्य का उपयोग हम न करें। और नाहीं हम तत्समान द्रव्य का उपयोग करें जिससे उसमें वृद्धि हो तो परिणाम यही होगा कि रक्त में कमी आ जायगी। यह क्यों? इसका उत्तर यही है कि यद्यपि हम विरुद्ध विशेष सेवन नहीं करते तो भी स्वयं क्षीयमाण रक्त के पूरक हेतु के न होने से क्षीण ही होता जायगा। अतः अविरुद्ध विशेष के उपयोग में भी ह्रास को देखते हुए ही 'ह्रासहेतुर्विशेषः' इस प्रकार सामान्यतः कह दिया है। परन्तु द्रव्य भी किसी कारण से विनश्वर होते हैं उन कारणों का ही विरुद्ध विशेष से ग्रहण करना चाहिये। दृष्टान्त में भी रक्त मांस आदि में परिवर्तित होकर मांस आदि की कमी को पूरा करता रहता है और स्वयं क्षीण होता जाता है। यहाँ पर परिवर्तन होने की क्रिया ही विरुद्धत्व विशिष्ट कहलायगी।

अथवा विरुद्ध विशेष और अविरुद्ध विशेष के भेद को जाने दीजिये। साधारणतः विशेष ही ह्रास का कारण होता है। जैसे एक जगह २० दाने गेहूँ के तथा २० दाने जौ के इकट्ठे पड़े हैं अर्थात् इस समय जौ के दाने ५०% हैं। यदि २० दाने गेहूँ के हम और मिला दें तो जौ के दाने लगभग ३३% हो जाते हैं। यद्यपि पीछे से मिलाये गये गेहूँ के दाने पूर्व स्थापित गेहूँ के समान ही हैं परन्तु जौ के विरुद्धत्व विशिष्ट नहीं तो भी जौ के दानों की संख्या में कमी आ गयी। यहाँ अपेक्षाकृत ह्रास हो गया। अतः सामान्यतः विशेष ही ह्रास का हेतु होता है॥४३॥

सामान्यमेकत्वकरं, विशेषस्तु पृथक्त्वकृत्[१]।
तुल्यार्थता हि सामान्यं, विशेषस्तु विपर्ययः॥४४॥

सामान्य एकत्व बुद्धि का कारण है। जैसे भिन्न देश तथा भिन्न काल में भी अनेक गौ आदि व्यक्तियों में 'यह गौ है, यह गौ है' इस प्रकार की एकाकार बुद्धि का जो कारण है वह सामान्य है। अर्थात् एक गौ को हमने एक दिन लाहौर में देखा। दूसरे दिन इलाहाबाद गये वहाँ भी तत्समान गौ को देखा। हमने कहा 'यह गौ है, यह गौ है।' क्योंकि लाहौर स्थित तथा इलाहाबाद में देखी हुई दोनों में गोत्व है। यही गोत्व दोनों गौओं में एकाकार बुद्धि को पैदा करने वाला है। यही सामान्य है।

विशेष पृथगाकार बुद्धि का कारण है। जैसे गोत्व ही अपर गो व्यक्ति की अपेक्षा से एकाकार बुद्धि को पैदा करने से सामान्य है, वही गोत्व अश्व (घोड़ा) आदि की अपेक्षा से पृथक् बुद्धि पैदा करने के कारण अश्व आदि के प्रति विशेष कहलाता है।

सामान्य को समझाने के लिए आचार्य पुनः कहते हैं—'तुल्यार्थता हि सामान्यं' अर्थात् सजातीयविषयता ही सामान्य है। यथा—

१—उक्तं च तर्कभाषायाम्—अनुवृत्तिप्रत्ययहेतुः सामान्यम्। द्रव्यादित्रयवृत्ति, नित्यमेकमनेकानुगतं च। तच्च द्विविधं परमपरञ्च। परं सत्ता बहुविषयत्वात्। स चानुवृत्तिमात्रहेतुत्वात्सामान्यम्। अपरं द्रव्यत्वादि अल्पविषयत्वात्। तच्च व्यावृत्तिरपि हेतुत्वात् सामान्यविशेषः। अत्र कश्चिदाह-व्यक्तिव्यतिरिक्तं सामान्यं नास्तीति। अत्र ब्रूमः—किमालम्बना तर्हि भिन्नेषु विलक्षणेषु पिण्डेषु एकाकारा बुद्धिः। विना सर्वानुगतमेकं किञ्चित्तदालम्बनं तदेव च सामान्यम्। ननु तस्यातद्व्यावृत्तिकृतैव एकाकारा बुद्धिरस्तु। तथा हि—सर्वेष्वेव गोपिण्डेषु अगोभ्योऽश्वादिभ्यो व्यावृत्तिरस्ति। तेनागोव्यावृत्तिविषय एवायमेकाकारः प्रत्ययः अनेकेषु गोपिण्डेषु न तु विधिरूपगोत्वसामान्यविषय इति। मैवम्—विधिमुखेनैव एकाकारस्फुरणात्। विशेषो नित्यः। नित्यद्रव्यवृत्तिः। व्यावृत्तिबुद्धिमात्रहेतुः।

एक गोव्यक्ति तथा अपर गोव्यक्ति में गोत्व तुल्य है अतएव ये दोनों सजातीय हैं। सामान्य या समानता के बिना सजातीयता नहीं हो सकती। और जो सजातीय हैं उनमें समानता अवश्य होती है। भिन्न २ व्यक्ति के होते हुए भी गोत्व सामान्य से 'यह गौ है', ऐसी एकाकार बुद्धि उत्पन्न हो ही जाती है।

इसी प्रकार विशेष को स्पष्ट करने के लिये कहते हैं—'विशेषस्तु विपर्ययः' इति। अर्थात् विशेष सामान्य से विपरीत को कहते हैं। सुतरां अतुल्यार्थता (असमानजातीयविषयता) को ही विशेष कहना चाहिये।

कई व्याख्याकार अन्य प्रकार से व्याख्या करते हैं—वे कहते हैं कि सामान्य तथा विशेष आश्रयभेद से तीन प्रकार के हैं। यथा—द्रव्यगोचर, गुणगोचर, कर्मगोचर। अतः 'सर्वदा सर्वभावानां' इत्यादि द्वारा द्रव्यगोचर सामान्य और विशेष का लक्षण किया गया है। इनके मत से भाव शब्द द्वारा केवल द्रव्य का ही ग्रहण करना चाहिये। तथा 'सामान्यमेकत्वकरं' इत्यादि गुणगोचर सामान्य एवं विशेष का वर्णन है। और 'तुल्यार्थता हि सामान्यं' इत्यादि द्वारा कर्मगोचर सामान्य एवं विशेष को स्पष्ट किया है।

परन्तु यह व्याख्या ठीक नहीं—ऐसा कई एक व्याख्याकारों का मत है। क्योंकि 'सर्वदा सर्वभावानां' इसी से ही त्रिविध सामान्य एवं विशेष की उपलब्धि हो जाती है। 'भवन्ति सत्त्वमनुभवन्ति इति भावाः' इस व्युत्पत्ति द्वारा भाव पद से गुण, द्रव्य एवं कर्म तीनों का ग्रहण हो ही जाता है। इस प्रकार 'सामान्यमेकत्वकरं' इत्यादि पुनरावृत्ति-दोष होने से न कहना चाहिये था। परन्तु कहा गया है ऐसा देखकर कई व्याख्याकार—अत्यन्त सामान्य, मध्य सामान्य, एकदेशसामान्य इस प्रकार सामान्य को तीन विभागों में विभक्त करके क्रमशः 'सर्वदा' इत्यादि, 'सामान्यमेकत्वकरं' इत्यादि 'तुल्यार्थता' इत्यादि इनके लक्षण हैं, ऐसा कहते हैं। परन्तु इस पक्ष में भी असङ्गत लक्षणता तथा प्रयोजनराहित्य दोष हैं। इसी प्रकार विशेष को भी समझना चाहिये।

कई आचार्य सामान्य को द्विविध (दो प्रकार का) मानते हैं। १—उभयवृत्ति, २—एकवृत्ति। जैसे उभयवृत्ति सामान्य होने से मांस मांसवर्धक है। अर्थात् पोष्य तथा पोषक दोनों में मांसत्व सामान्य है; अतएव यहाँ उभयवृत्ति सामान्य है। एकवृत्ति जैसे—घृत अग्नि को बढ़ानेवाला है अथवा धावन (दौड़ना) आदि कर्म वात को करता है, या आस्या (बैठे रहना) आदि कफवर्धक है। यहाँ पर घृत, धावन तथा आस्या आदि; अग्नि, वात तथा कफ आदि वर्धनीय के समान नहीं हैं परन्तु प्रभाव से बढ़ाते हैं। घृतत्व, धावनत्व आदि ही प्रभाव शब्द वाच्य हैं। और ये एकवृत्ति सामान्यरूप ही हैं। इस पक्ष में एकवृत्तिसामान्य को विशेष ही कहना चाहिये। अतः समान एवं असमान दोनों ही वृद्धि में कारण हैं। सुतरां 'सामान्यं वृद्धिकारणं' यह लक्षण ठीक नहीं। इसका उत्तर देते हुए चक्रपाणि अपने मत को स्पष्ट करते हैं कि 'सामान्य वृद्धि में कारण ही है' ऐसा कहने से 'सामान्यवृद्धि का कारण होता है' ऐसा नियम ज्ञात होता है। परन्तु इससे यह न समझना चाहिये कि जहाँ वृद्धि होगी वहाँ अवश्य सामान्य ही कारण होगा। कहने का तात्पर्य इतना ही है कि जहाँ सामान्य होगा वहाँ वृद्धि होगी, यह नहीं कि जहाँ वृद्धि होगी वहाँ समानता अवश्य होगी।

कई कहते हैं कि आयुर्वेद शास्त्र में कर्मसामान्य वृद्धि का कारण नहीं जैसे—'धावनादि कर्म वातकरम्' अर्थात् दौड़ना आदि कर्म वातकर है; इत्यादि स्थल पर वात, दौड़ना आदि कर्म के समान नहीं है। इसीलिये आचार्य ने 'मांसमाप्यायते मांसेन' इत्यादि द्वारा द्रव्यसामान्य तथा 'सामान्यगुणानामाहारविहाराणामुपयोगः' इत्यादि द्वारा गुणसामान्य का उपदेश तो किया है परन्तु कर्मसामान्य का उपदेश नहीं किया। वहाँ केवल यही कहा है कि—'कर्मापि हि यद्यस्य धातोर्वृद्धिकरं तत्तदासेव्यम्' अर्थात् जो २ कर्म जिस २ धातु को बढ़ानेवाला है उस २ कर्म का उस २ धातु की वृद्धि के लिये सेवन करना चाहिये। यहाँ पर सामान्य का ग्रहण नहीं किया गया। इस पर उत्तरपक्षी उत्तर देता है कि—कर्म प्रायः प्रभाव द्वारा ही वृद्धि में हेतु होते हैं अतएव यहाँ सामान्य का ग्रहण नहीं किया। इसका यह अभिप्राय नहीं कि कर्मसामान्य होता ही नहीं। 'धावनादि कर्म वातकरं' इत्यादि में भी क्रियावान् वायु की धावन (दौड़ना) आदि व्यायामयुक्त क्रियावान् शरीर से वृद्धि होती है। शरीर के निष्क्रिय अर्थात् क्रियारहित होने से वात का ह्रास होता है। यहाँ कर्म की समानता स्पष्ट ही है। जहाँ पर पूर्ण विचार द्वारा एक भी कारण नहीं ज्ञात होता वहाँ प्रभाव ही कारण समझा जाता है।

मांसत्व सामान्य से मांस मांस को बढ़ाता है और उसी काल में मांसत्व विशेष से वात का क्षय करता है। यह देखकर पूर्वपक्षी शङ्का करता है कि एक ही द्रव्य युगपत् दो विरुद्ध क्रियाओं को किस प्रकार करता है? अर्थात् जैसे देवदत्त जिस समय घट का निर्माण करता है उसी समय पट (कपड़े) का नहीं बना सकता। इसका उत्तर उत्तरपक्षी इसी प्रकार देता है कि यह ठीक नहीं। युगपत् दो क्रियाओं का न करना—यह क्रियावान् (चेतन) का धर्म है, अक्रियावान् (जड़) का नहीं। जैसे—शब्द एक काल में ही अनेक शब्दों को उत्पन्न करता है अथवा जैसे अग्नि युगपत् प्रकाश एवं दाह को उत्पन्न करता है। इसलिये आचार्य ने भी कहा है कि—

२—स्पष्टीकृतमन्यमतमुपन्यस्यता चक्रपाणिना चरकटीकायाम् ''अन्ये तु व्याख्यानयन्ति यत् त्रिविधं सामान्यं, विशेषश्च त्रिविधः। यथा—द्रव्यगोचरो गुणगोचरो कर्मगोचरश्च। तत्र सर्वदेत्यादिना द्रव्यसामान्यमुच्यते। सामान्यमेकत्वकरमित्यनेन गुणसामान्यम्, यथा—पयः शुक्रयोर्भिन्नजातीययोरपि मधुरत्वादिसामान्यं तत्रैकतां करोति। एवं विशेषेऽप्युदाहार्यम्। तुल्यार्थतेत्यादिना तु कर्मसामान्यं निगद्यते। अस्या रूपं कर्म न श्लेष्मणा समानमपि तु पानीयादिकफसमानद्रव्यार्थक्रियाकारित्वात्कफवर्धकरूपतया अस्यापि कफसमानत्वेत्युच्यते। एवं स्वप्नादावपि कर्मणि बोद्धव्यम्'' ॥

'तस्माद् भेषजं सम्यगवचार्यमाणं युगपदूनातिरिक्तानां धातूनां साम्यकरं भवति अधिकमपकर्षति न्यूनमाप्याययति।'

अर्थात् सम्यक्तया उपयुक्त की हुई औषध युगपत् न्यून एवं प्रवृद्ध धातुओं में साम्य को उत्पन्न करती है। अधिक को घटाती है और न्यून को बढ़ाती है।

वृद्धि एवं बहुदोषयुक्त, जिसकी धातु क्षीण हो रही हो ऐसे पुरुष में समान गुण युक्त आहार भी वृद्धि का कारण नहीं होता। इसी प्रकार ग्रीष्म ऋतु में मधुर द्रव्य आदि समान गुण युक्त द्रव्य के सेवन से भी कफ की वृद्धि नहीं होती। इसका क्या कारण है? ऐसी आकांक्षा होने पर उत्तरपक्षी कहता है कि ऐसे स्थलों पर जरात्व, बहुदोषत्व, ग्रीष्मोष्णत्व आदि प्रतिबन्धक कारण उपस्थित हैं। जहाँ कोई प्रतिबन्धक या विरोधी कारण उपस्थित नहीं होता वहाँ ही सामान्य वृद्धि का कारण होता है। अथवा यद्यपि समान आहार से धातुवृद्धि तो होती है परन्तु क्षयहेतु के बलवान् होने से वह वृद्धि दिखाई नहीं देती। अतएव आचार्य ने कहा है—

'विरुद्धगुणसन्निपाते हि भूयसाल्पमवजीयते।'

यहाँ पर यह बात अच्छी तरह समझ लेनी चाहिये कि द्रव्य-सामान्य ही द्रव्यरूप धातुओं का वर्धक हो सकता है, गुणसामान्य नहीं। चूँकि गुण द्रव्यों को नहीं बना सकते। गुण सामान्य से उस गुण के आश्रयभूत द्रव्य की ही कल्पना की जाती है। अतएव सर्वत्र आचार्य ने—'सामानगुणानां आहारविहाराणां' ऐसा प्रयोग किया है ॥४४॥

सत्त्वमात्मा शरीरं च त्रयमेतत्त्रिदण्डवत्।
लोकस्तिष्ठति संयोगात्तत्र सर्वं प्रतिष्ठितम् [1] ॥४५॥

प्रथम 'शरीरेन्द्रियसत्त्वात्मसंयोगो धारि जीवितम्' (सू० १–४१) कहा है। उसे ही पुनः यहाँ पर समझाया गया है। मन आत्मा, शरीर; ये तीनों त्रिदण्ड (तिपाई) के समान हैं। अर्थात् ये तीन ही आधारस्तम्भ हैं। इन्हीं तीनों के संयोग से इस लोक की स्थिति है। इसी लोक में ही सब कुछ प्रतिष्ठित है॥ इसका अभिप्राय यह है कि जिस प्रकार त्रिदण्ड अर्थात् त्रिपादिका का एक पाँव हटा लिया जाय तो उसके आश्रित पदार्थ गिर जायँगे। उसी प्रकार मन आदि तीनों में से यदि एक पृथक् हो जाय तो लोक की स्थिति नहीं हो सकती। लोक शब्द से चेतन प्राणिसमूह का ही ग्रहण करना चाहिये। आयु का लक्षण करते हुए इन्द्रिय का पृथक् परिगणन किया है। परन्तु शरीर से ही इन्द्रिय का भी ग्रहण हो जाता है अतः यहाँ पृथक् पाठ नहीं किया। ये तीनों परस्पर अनुग्राहक हैं और अत एव संयोग से अपनी अपनी क्रिया का सम्पादन करते रहते हैं। तथा च इस लोक में ही कर्म, फल, ज्ञान, मोह, सुख, दुःख इत्यादि प्रतिष्ठित हैं। अतएव अन्यत्र स्थल पर आचार्य ने कहा भी है—

'अत्र कर्म फलं चात्र ज्ञानं चात्र प्रतिष्ठितम्।
अत्र मोहः सुखं दुःखं जीवितं मरणं स्वता' ॥४५॥

स पुमांश्चेतनं तच्च तच्चाधिकरणं स्मृतम्।
वेदस्यास्य, तदर्थं हि वेदोऽयं संप्रकाशितः ॥४६॥

यह ही पुमान् है और इसे ही चेतन कहते हैं। इस आयुर्वेद का ये ही अधिकरण अर्थात् अधिष्ठान हैं। और इस पुमान् (पुरुष) के लिये ही यह शास्त्र प्रकाशित किया गया है॥ कई व्याख्याकार यहाँ पर 'यही पुमान् है' के कहने से पूर्वश्लोकोक्त लोक शब्द से पुरुष का ही ग्रहण करते हैं, और इसमें निम्न हेतु देते हैं—लोक में चार प्रकार का प्राणिसमूह है—१ स्वेदज, २ अण्डज, ३ उद्भिज्ज, ४ जरायुज। इन सब में पुरुष ही प्रधान है। यह पुरुष ही इस शास्त्र का अधिष्ठान है। सुश्रुत में कहा भी है—'अस्मिन् शास्त्रे पञ्चमहाभूतशरीरिसमवायः पुरुष इत्युच्यते। तस्मिन् क्रिया सोऽधिष्ठानम्। कस्माल्लोकस्य द्वैविध्यात्। लोको हि द्विविधः स्थावरो जङ्गमश्च।......तत्र चतुर्विधो भूतग्रामः। स्वेदजाण्डजोद्भिज्जजरायुजसंज्ञः। तत्र पुरुषः प्रधानं तस्योपकरणमन्यत्। तस्मात्पुरुषोऽधिष्ठानम्॥' मूल श्लोक में भी 'स-पुमान्' कहने से पुंल्लिङ्ग स-पदवाच्य लोक हो सकता है॥ इस पक्ष को माननेवाले 'तत्र सर्वं प्रतिष्ठितम्' से पुरुषातिरिक्त सम्पूर्ण प्राणि तथा अन्य स्थावर जगत् इसी पुरुष में प्रतिष्ठित है—ऐसा अर्थ करते हैं। क्योंकि सुश्रुत में कहा है कि—'तस्योपकरणमन्यत्' अन्य सब कुछ इसका उपकरण है। परन्तु यह पक्ष माननेवाले पुरुष शब्द का मनुष्य अर्थ समझते हुए ही भूल करते हैं। पुरुष या पुमान् शब्द का अर्थ यहाँ पर मनुष्य ही है ऐसा चरकोक्त या सुश्रुतोक्त लक्षण द्वारा किञ्चिन्मात्र भी प्रतीत नहीं होता। इन लक्षणों से चतुर्विध प्राणिमात्र का ही ग्रहण होता है। यह बात तो ठीक है कि चरक तथा सुश्रुत में मनुष्योपयोगी आयुःशास्त्र का ही वर्णन है। परन्तु इससे यह न समझ लेना चाहिये कि आयुर्वेदमात्र का ही अधिष्ठान मनुष्य है। शालिहोत्र संहिता, हस्त्यायुर्वेद आदि द्वारा घोड़े, हाथी आदि के भी रोगों की चिकित्सा की जाती है। अतएव पुरुष शब्द से प्राणिमात्र का ही ग्रहण करना चाहिये। सुश्रुत में इससे कुछ ही आगे चल कर कहा है—'प्राणिनां पुनर्मूलमाहारो बलवर्णौजसां च' इत्यादि। यहाँ पर भी प्राणिमात्र का ही ग्रहण करके कहा गया है। 'स पुमान्' इसमें भी पुमान् शब्द की अपेक्षा करके ही पुंल्लिङ्ग 'स' पद पढ़ा गया है यद्यपि 'एतत्त्रयं' की अपेक्षा करके नपुंसकलिङ्ग ही होना था ॥४६॥

मन. आत्मा और शरीर ये तीनों द्रव्य हैं और इनमें परस्पर

१—अत्र केचित्—"सत्त्वं आत्मा शरीरं च एतत्त्रयं मिलित्वा लोक इति शब्देनोच्यते। स लोकश्च त्रिदण्डवत् संयोगात् तिष्ठति। अर्थात् यथा त्रिदण्डे त्रिपादिकायां वा त्रयः पादाः परस्परम् उपरिस्थितेन बलयेन सम्बद्धाः सन्तः तस्य तस्याः वा कुम्भादिधारणसमर्थां स्थितिमङ्गीकुर्वन्ति तथैव सत्त्वादित्रयं परस्परानुग्राहकत्वेन संयोगमहिम्ना सम्बद्धाः स्वस्थितिं स्वार्थक्रियाकरणसमर्थां धारयन्तीति। तत्र सर्वं प्रतिष्ठितम्।" इत्येवं व्याख्यानयन्ति।

संयोग हो सकता है। अतएव प्रथम द्रव्यों का परिगणन किया जाता है—

खादीन्यात्मा मनः कालो दिशश्च द्रव्यसंग्रहः।
सेन्द्रियं चेतनं द्रव्यं, निरिन्द्रियमचेतनम् ॥४७॥

आकाश आदि पञ्चमहाभूत (आकाश, वायु, अग्नि, जल, पृथिवी) आत्मा, मन, काल तथा दिशा; ये नौ द्रव्य हैं। अन्यत्र भी कहा है—

'तत्र द्रव्याणि पृथिव्यप्तेजोवाय्वाकाशकालदिगात्ममनांसि नवैव।'

ये द्रव्य भी दो प्रकार से विभक्त किये जाते हैं। १—जड़, २—चेतन। जो द्रव्य इन्द्रिय सहित हैं वे चेतन कहलाते हैं। जो द्रव्य इन्द्रिय रहित है वह जड़ होता है। यद्यपि आत्मा चेतन है और इन्द्रियाँ अथवा शरीर जड़ है, परन्तु आत्मा की चेतनता का भान तब तक नहीं होता जब तक इन्द्रियों के साथ सम्बन्ध न हो। इन्द्रियाँ ही ज्ञानोपलब्धि की साधन हैं। साधक साधन के विना साध्य को नहीं सिद्ध कर सकता। जैसे कुम्हार मिट्टी, दण्ड, चक्र, सूत्र आदि के विना घट को नहीं बना सकता। अतएव कहा है—सेन्द्रिय द्रव्य चेतन हैं। कहा भी है—'आत्मा ज्ञः करणैर्योगाज्ज्ञानं तस्य प्रवर्त्तते। तदयोगादभावाद्वा करणानां निवर्त्तते।' आत्मा का—ज्ञानोपलब्धि साधन—इन्द्रियों के साथ संयोग होने पर ज्ञानोपलब्धि हुआ करती है। अतएव इन्द्रियों के साथ संयोग होने पर ज्ञानशाली होना ही आत्मा की चेतनता है।

अथवा चेतन आत्मा के विभु एवं नित्य होने के कारण प्रत्येक द्रव्य से नित्य सम्बन्ध होने पर प्रत्येक द्रव्य ही चेतन हो जायगा। अतएव सात्म द्रव्य चेतन है—ऐसा नहीं कहा। जब तक द्रव्य को ज्ञानोपलब्धि नहीं होती तब तक चेतन नहीं कहा जायगा। अतएव जड़ द्रव्यों के साथ आत्मा का सम्बन्ध होने पर ज्ञानोपलब्धि न होने से उन्हें ज्ञानोपलब्धि नहीं होती। ज्ञानोपलब्धि न होने के कारण ही वे द्रव्य अचेतन या जड़ कहाते हैं। इन्द्रिय संयोग होने पर ज्ञानशाली होने के कारण ही आत्मा की चेतनता स्वीकार की जाती है।

यहाँ पर यह भी ध्यान में रखना चाहिये कि वनस्पति आदि भी चेतन हैं। उन्हें ज्ञानोपलब्धि होती है। यह बात आजकल जगदीशचन्द्र वसु ने अच्छी प्रकार क्रियात्मक रूप से सिद्ध की है और नानाविध यन्त्रों के साहाय्य से प्रत्यक्ष अनुभव किया है और कराया है। प्राचीन शास्त्रों में भी इन्हें चेतन माना है। यथा सुश्रुत में भी चतुर्विध भूतग्राम (प्राणिसमूह) को बताते हुए उद्भिज्जों का परिगणन है। उद्भिज्ज के अन्दर ही सम्पूर्ण वनस्पति आदि का अन्तर्भाव होता है। चक्रपाणि ने भी चरक टीका में इस प्रकार कहा है कि 'तथा हि सूर्यभक्ताया यथा यथा सूर्यो भ्रमति तथा-तथा भ्रमणाद् दृगनुमीयते' अर्थात् जैसे २ सूर्य भ्रमण करता है वैसे ही सूर्यमुखी के फूल का मुख भी उसी ओर हो जाता है, अतः अनुमान किया जाता है कि इनकी भी चक्षु होती है। इसी प्रकार...

'तथा लवली मेघस्तनितश्रवणात् फलवती स्यात्; बीजपूरकमपि शृगालादिवसागन्धेनातीव फलवद् भवति। वृन्ताकाना च मत्स्यवसासेकात्फलाढ्यतया रसनमनुमीयते। अशोकस्य च कामिनीपादतलाहतिसुखिनः स्तबकितस्य स्पर्शनानुमानम्।' 'अर्थात् लवली (हरफारेवड़ी) मेघगर्जन को सुनकर फलवती होती है। बिजौरा भी गीदड़ आदि की चर्बी के गन्ध से अतीव फलयुक्त होता है। मछली की चर्बी के परिषेचन से बैंगन में फलाधिक्य होता है; अतएव रसना का भी अनुमान किया जाता है। स्त्रियों द्वारा किये गये पादाघात से अशोकवृक्ष सुखी होकर अच्छी तरह फलता है अतः स्पर्शन का भी अनुमान किया जाता है।' एवं कर्मवशतः चेतन मनुष्य आदि प्राणी मृत्यु के अनन्तर वृक्षजाति को प्राप्त होते हैं—ऐसा स्मृतियों में कहा गया है। चूँकि आत्मा ही एक शरीर से दूसरे शरीर में आता है अतः वह भी चेतन है। वृक्षों को स्मृतियों में अन्तःसंज्ञ कहा गया है। यथा—

'अभिवादितस्तु यो विप्रो नाशिषं सम्प्रयच्छति। श्मशाने जायते वृक्षो गृध्रकङ्कोपसेवितः ॥' 'वृक्षगुल्मं बहुविधं तथैव तृणजातयः। तमसा धर्मरूपेण शब्दिताः कर्महेतुना ॥ अन्तःसंज्ञा भवन्त्येते सुखदुःखसमन्विताः। एतदन्ताश्च गतयो ब्रह्माद्याः समुदाहृताः' ॥४७॥

सार्था गुर्वादयो बुद्धिः प्रयत्नान्ताः परादयः।
गुणाः प्रोक्ताः,

द्रव्यों का निर्देश करके क्रमशः तदाश्रित गुण एवं कर्म का निर्देश करते हैं—शब्द, स्पर्श, रूप, रस, गन्ध; गुरु, लघु, शीत, उष्ण, स्निग्ध, रूक्ष, मन्द, तीक्ष्ण, स्थिर, सर, मृदु, कठिन, विशद, पिच्छिल, श्लक्ष्ण, खर, स्थूल, सूक्ष्म, सान्द्र, द्रव, बुद्धि, सुख, दुःख इच्छा, द्वेष, प्रयत्न; परत्व[1], अपरत्व, युक्ति, संख्या, संयोग, विभाग, पृथक्त्व, परिमाण, संस्कार, अभ्यास; ये गुण कहे गये हैं। अन्यत्र न्याय आदि में २४ गुण गिनाये गये हैं। यहाँ पर आयुर्वेदोपयोगी गुरुता आदि गुणों को विस्तार से दिखाया गया है अतएव संख्यावृद्धि हो गयी है। वस्तुतस्तु २४ ही गुण हैं और उन्हीं के अन्दर इनका समावेश हो जाता है। वे २४ गुण ये हैं—

रूपरसगन्धस्पर्शसंख्यापरिमाणपृथक्त्वसंयोगविभागपरत्वापरत्वगुरुत्वद्रवत्वस्नेहशब्दबुद्धिसुखदुःखेच्छाद्वेषप्रयत्नधर्माधर्मसंस्काराश्चतुर्विंशतिगुणाः'।

अर्थात् रूप, रस, गन्ध, स्पर्श, संख्या, परिमाण, पृथक्त्व, संयोग, विभाग, परत्व, अपरत्व, गुरुत्व, द्रवत्व, स्नेह, शब्द, बुद्धि, सुख, दुःख, इच्छा, द्वेष, प्रयत्न, धर्म, अधर्म, संस्कार ॥

इस प्रकार न्याय आदि में २४ गुण दिखाये गये हैं। पूर्वोक्त गुणों में गुरु से प्रारम्भ कर द्रव पर्यन्त २० गुण तथा रूप, रस, गन्ध, स्पर्श, शब्द, आदि ५ गुण प्राधान्यतः उपयोग में आते हैं। ये २५ गुण ही पाञ्चभौतिक पदार्थों में सांसिद्धिक हैं। अतएव इनका विस्तार किया है। यद्यपि अन्य गुण भी चिकित्सोपयोगी हैं तो भी कुछ एक का अप्राधान्य होने के कारण तथा कुछ एक के आधेय गुण होने के कारण उनका अधिक विस्तार नहीं किया। उनमें भी युक्ति एवं अभ्यास अधिक पढ़े गये हैं। यद्यपि इन दोनों का भी संयोग, परिमाण एवं संस्कार आदि में अन्तर्भाव हो सकता है तथापि चिकित्सा में अत्यन्त उपयोगी होने से पृथक् पढ़े गये हैं॥

१—इनके लक्षण सूत्रस्थान के २६ वें अध्याय में कहे गये हैं

अथवा वैशेषिक दर्शनोक्त 'रूपरसगन्धस्पर्शाः संख्याः परिमाणानि पृथक्त्वं संयोगविभागौ परत्वापरत्वे बुद्धयः सुखदुःखे इच्छाद्वेषौ प्रयत्नाश्च गुणाः' इस सूत्र के अनुसार इस श्लोक की व्याख्या करते हैं। इस सूत्र में च शब्द से गुरुत्व, द्रवत्व, स्नेह, संस्कार, अदृष्ट (धर्म, अधर्म) शब्द; इन सात का ग्रहण किया जाता है। जैसा कि प्रशस्तपादभाष्य में कहा है—'च शब्दसमुच्चितास्तु गुरुत्वद्रवत्व स्नेहसंस्कारादृष्टशब्दाः सप्तैवेत्येवं चतुर्विंशतिगुणाः'। अतः 'सार्थाः' इस पद से रूप, रस, गन्ध, स्पर्श; इनका ग्रहण है (यहाँ पर ही शब्द का भी ग्रहण कर सकते हैं)। 'गुर्वादयः' इस पद से गुरुत्व, द्रवत्व, स्नेह, संस्कार, धर्म, अधर्म तथा शब्द का ग्रहण किया जाता है (यदि शब्द का प्रथम ही परिगणन करना हो तो यहाँ परिगणन न करें)। 'बुद्धिः' पद से बुद्धि का 'प्रयत्नान्ताः' पद से सुख, दुःख, इच्छा, द्वेष तथा प्रयत्न का एवं 'परादयः' पद से अवशिष्ट—परत्व, अपरत्व, संयोग, विभाग, पृथक्त्व, परिमाण तथा संख्या का ग्रहण किया जाता है। इस प्रकार २४ ही गुणों का आचार्य ने वर्णन किया है।

प्रयत्नादि कर्म चेष्टितमुच्यते ॥४८॥

प्रयत्न आदि चेष्टित को ही कर्म कहते हैं। अर्थात् 'प्रयत्न' शब्द से आत्मा के आद्य कर्म का ग्रहण किया जाता है। 'आदि' शब्द से संस्कार-गुरुत्वादि-जन्य क्रिया का ग्रहण होता है। 'चेष्टित' पद से उत्क्षेपण, अवक्षेपण, आकुञ्चन, प्रसारण तथा गमन रूप व्यापार का ही ग्रहण किया जाता है। अन्यत्र भी 'चलनात्मकं कर्म' यह लक्षण किया गया है। अर्थात् कर्म गतिस्वरूप (गति ही है स्वलक्षण जिसका) है। मूर्त्त द्रव्यों में विभाग द्वारा पूर्व संयोग के नष्ट होने पर उत्तरसंयोग का हेतु ही गति है।

ऊर्ध्व देश के संयोग का कारण उत्क्षेपण। अधोदेश के संयोग का कारण अवक्षेपण। शरीर के समीप देश के संयोग का कारण आकुञ्चन (सिकुड़ना)। शरीर से दूर देश के संयोग का कारण प्रसारण (फैलाना)। शेष व्यापार गमन शब्द से व्यवहृत होते हैं। इनका पृथक् २ लक्षण इस प्रकार है—

१ उत्क्षेपण—'तत्रोत्क्षेपणं शरीरावयवेषु तत्सम्बद्धेषु च यदूर्ध्वभाग्भिः प्रदेशैः संयोगकारणं अधोभाग्भिश्च प्रदेशैः विभागकारणं कर्मोत्पद्यते गुरुत्वप्रयत्नसंयोगेभ्यः तदुत्क्षेपणम्'।

अर्थात् शरीर के अवयवों में अथवा तत्सम्बद्ध द्रव्यों में गुरुत्व, प्रयत्न तथा संयोग द्वारा जो ऊर्ध्वप्रदेशों से संयोग का कारण तथा अधःप्रदेशों से विभाग का कारण कर्म उत्पन्न होता है वह उत्क्षेपण कहाता है।

२ अवक्षेपण—'तद्विपरीतसंयोगविभागकारणं कर्मावक्षेपणम्।'

अर्थात् उत्क्षेपण से विपरीत संयोग एवं विभाग का कारणभूत कर्म अवक्षेपण कहाता है। इसका अभिप्राय यह है—कि जो शरीर के अवयवों में या तत्सम्बद्ध द्रव्यों में गुरुत्व आदि द्वारा अधःप्रदेशों से संयोग का कारण और ऊर्ध्वप्रदेशों से विभाग का कारण कर्म पैदा होता है, उसे अवक्षेपण कहते हैं।

३ आकुञ्चन—'ऋजुनो द्रव्यस्याग्रावयवानां तद्देशैर्विभागः संयोगश्च मूलप्रदेशैर्येन कर्मणावयवी कुटिलः संजायते तदाकुञ्चनम्।'

जिस कर्म द्वारा सरल द्रव्य के अग्र (सिरे के) अवयवों का उस देश से विभाग तथा मूलप्रदेश से संयोग हो और अवयवी द्रव्य कुटिल हो जाय उसे आकुञ्चन कहते हैं। जैसे—हाथ का आकुञ्चन करना (सिकोड़ना)।

४—सम्प्रसारण—'तद्विपर्ययेण संयोगविभागोत्पत्तौ येन कर्मणावयवी ऋजुः सञ्जायते तत्संप्रसारणम्'।

अर्थात् जो संयोग और विभाग की उत्पत्ति में आकुञ्चन से विपरीत हो तथा जिस कर्म द्वारा अवयवी ऋजु (सरल) अर्थात् सीधा हो जाय उसे सम्प्रसारण कहते हैं।

५ गमन—'यदनियतदिग्देशविभागकारणं तद्गमनमिति'

अर्थात् जो अनियत दिशा एवं देश से विभाग का कारण हो उस कर्म को गमन कहते हैं। गमन शब्द से ही भ्रमण, रेचन, स्पन्दन आदि का ग्रहण किया जाता है।

कहा भी है—भ्रमणं रेचनं स्पन्दनोर्ध्वज्वलनमेव च।
तिर्यग्गमनमप्यत्र गमनादेव लभ्यते ॥

अथवा प्रयत्न है आदि (कारण) जिस चेष्टा का वह कर्म कहाता है। 'प्रयत्न' गुणों में पढ़ा गया है। वहाँ प्रयत्न से अभिप्राय आत्मा की इच्छा उत्पन्न होनेवाली प्रवृत्ति अथवा द्वेषजन्य निवृत्ति से है। मन की प्रवृत्ति प्रकृतिभूत कर्म है और इसी से ही चेष्टा अर्थात् वाणी या देह की प्रवृत्ति हुआ करती है। अर्थात् संक्षेप में हम यह कह सकते हैं कि प्रयत्नजन्य शरीरव्यापार (चेष्टा) का नाम कर्म है। वैशेषिक में कहा भी है—'आत्मसंयोगप्रयत्नाभ्यां हस्ते कर्म।' यहाँ पर हस्त शब्द शरीर तथा उसके अवयवों का उपलक्षण मात्र है ॥४८॥

समवायोऽपृथग्भावो[१] भूम्यादीनां गुणैर्मतः।
स नित्यो, यत्र हि द्रव्यं न तत्रानियतो गुणः ॥४९॥

भूमि आदि द्रव्यों का गुणों के साथ अपृथग्भाव ही समवाय कहाता है। अपृथग्भाव से तात्पर्य—पृथक् स्थिति न होना या साथ ही रहना—से है। जिस प्रकार गुणों की द्रव्य के बिना स्थिति नहीं अतः इन दोनों के जोड़नेवाले का नाम समवाय है। यहाँ पर 'भूम्यादीनां' तथा 'गुणैः' ये दोनों पद उपलक्षणमात्र हैं। अतः

१—कथम्? यथेह कुण्डे दधीति प्रत्ययः सम्बन्धे सति दृष्टः तथेह तन्तुषु पटः, इह वीरणेषु कटः, इह द्रव्ये द्रव्यगुणकर्माणि, इह द्रव्यगुणकर्मस्वपि सत्ता, इह द्रव्ये द्रव्यत्वमिह गुणे गुणत्वमिह कर्मणि कर्मत्वमिह नित्येऽन्त्यविशेषाः इति प्रत्ययदर्शनादस्त्येषां सम्बन्ध इति ज्ञायते। न चासौ संयोगः सम्बन्धिनामयुतसिद्धत्वात्। अन्यतरकर्मजादिनिमित्तभावाद्विभागान्तत्वादर्शनादधिकरणाधिकर्त्तव्ययोरेव भावादिति। स च द्रव्यादिभ्यः पदार्थान्तरं भाववल्लक्षणभेदात्। यथा भावस्य द्रव्यत्वादीनां स्वाधारे स्वात्मानुरूपप्रत्ययकर्त्तृत्वात्स्वाश्रयादिभ्यः परस्परतश्चार्थान्तरभावस्तथा समवायस्यापि पञ्चस्वपि पदार्थेषु इहेति प्रत्ययदर्शनात्तेभ्यः पदार्थान्तरत्वमिति।

यथा कुण्डदध्नोः संयोगैकत्वेऽपि भवत्याश्रयाश्रयिभावनियमस्तथा द्रव्यत्वादीनामपि समवायैकत्वेऽपि व्यङ्ग्यव्यञ्जकशक्तिभेदाधाराधेयभावनियमः॥

इनसे आधारभूत तथा आधेयभूत द्रव्य, गुण, कर्म, सामान्य एवं विशेष का ग्रहण किया जाता है। अतएव वैशेषिकदर्शन में भी—'अयुत[1] सिद्धानामाधार्याधारभूतानां यः सम्बन्धः इहेति प्रत्ययहेतुः स समवायः।' यह लक्षण किया गया है। यहाँ पर अयुतसिद्ध से अभिप्राय अपृथग्भूत का है। आधार्याधारभाव से अवस्थित तथा अपृथग्भूत अर्थात् साथ ही रहनेवाले द्रव्य आदि का जो सम्बन्ध 'इह' इस ज्ञान का कारण है वह समवाय है। जैसे 'इह तन्तुषु पटः' शब्दार्थ के अनुसार—'यहाँ तन्तुओं का कपड़ा' ऐसा अर्थ कर सकते हैं। तन्तु और पट (कपड़ा) अयुतसिद्ध हैं। अर्थात् पट-निर्माण में कपड़ा तन्तुओं के बिना और तन्तु कपड़े के बिना नहीं रह सकते। अर्थात् पट (कपड़े) को देखकर ही हमें 'इह तन्तुषु पटः' यह ज्ञात हुआ था। यहाँ पर यह तो स्पष्ट ही है कि तन्तुओं के बिना कपड़ा नहीं बन सकता, अतः तन्तुओं के बिना कपड़े की अवस्थिति नहीं इस प्रकार दृष्ट पट से तन्तुओं की पृथक् अवस्थिति नहीं हो सकती। यहाँ तन्तुओं से पटगत तन्तु ही समझने चाहिये। अतः यदि पटगत संयुक्त तन्तुओं को हम विभक्त कर दें तो पटता नष्ट हो जाती है अतः पृथक् अवस्थिति नहीं। अर्थात् एक ही क्षण में पट और पटगत तन्तु पृथक् नहीं रह सकते। वास्तव में तुरी, वेमा आदि द्वारा तन्तुओं को आतान वितान रूप से एकत्र संयुक्त कर देना ही पट कहाता है। इनमें परस्पर आधार्याधारभाव भी है। तन्तु आधार है और पट आधार्य है। साथ ही यहाँ 'इह तन्तुषु पटः' यह अभ्रान्त ज्ञान भी होता है। अतः पट और तन्तु का सम्बन्ध समवाय कहाता है। यदि इस लक्षण में 'अयुतसिद्धानां' न पढ़ा जाय तो 'इह कुण्डे दधि' इत्यादि में भी कुण्ड और दधि (दही) में समवाय सम्बन्ध मानना पड़ेगा। क्योंकि यहाँ पर कुण्ड और दही में आधाराधेय भाव विद्यमान है और 'इह' का ज्ञान भी हो रहा है। अतः समवाय सम्बन्ध हो जाय? इस दोष के निराकरण के लिये ही 'अयुतसिद्धानां' यह पद पढ़ा गया है। 'आधार्याधारभूतानां' यह पद इसलिये पढ़ा है कि पृथिवीत्व और गन्धवत्त्व ये साथ ही रहते हैं, पर इनमें आधाराधेय भाव नहीं है। अतः इनमें परस्पर समवाय सम्बन्ध नहीं। यह समवाय सम्बन्ध नित्य है। क्योंकि जहाँ द्रव्य है वहाँ गुण अनियत (कादाचित्क) नहीं अर्थात् द्रव्य में गुण कदाचित् हो, कदाचित् न हो ऐसा नहीं होता। अतः दोनों का सम्बन्ध नित्य है। यहाँ परस्पर समवाय सम्बन्ध है, अतः समवाय नित्य है। इसी प्रकार तन्तु और पट में भी समवाय सम्बन्ध नित्य[2] है।

चक्रपाणि इसकी इस प्रकार व्याख्या करते हैं:—क्रमशः द्रव्य आदि का निर्देश करते हुए समवाय का निर्देश करते हैं—यहाँ निर्देश करते हुए साथ ही लक्षण कर दिया है। अतएव उत्तरोत्तर किये गये द्रव्य आदि के लक्षणों में पुनः इसका लक्षण नहीं किया गया। समवाय लक्ष्य है और 'अपृथग्भावः' यह लक्षण है। अपृथग्भाव अयुतसिद्धि को कहते हैं, अर्थात् इससे अभिप्राय साथ ही अवस्थिति का है। जैसे—अवयव अवयवी, गुण गुणी, कर्म कर्मवत्, सामान्य और सामान्यवत् की परस्पर साथ ही अवस्थिति होती है। अवयव आदि के विना अवयवी आदि नहीं रह सकते। 'भूम्यादीनां गुणैः' यह अपृथग्भाव की विशेषता को बताता है। 'भूम्यादीनां' से तात्पर्य भूमिसदृश अन्य द्रव्य आदि से है। भूमि बहुत से आधेय पदार्थों का आधार है। अतः आधारत्व के उदाहरण के लिये ऐसा कहा गया है। क्योंकि भूमि सम्पूर्ण रूप, रस आदि, अर्थ, गुरुत्व आदि तथा परत्व आदि गुण एवं अवयवि सामान्य कर्मों का आधारभूत है और ये आधेय हैं। अन्य किसी भी द्रव्य में इतने आधेय नहीं। अतः 'भूम्यादीनां' का अर्थ–आधारों का–है। 'गुणैः' का अर्थ अप्रधानों से अर्थात् आधेयों से है। आधार की अपेक्षा आधेय अप्रधान होता है। अप्रधान में गुणशब्द का प्रयोग होता है—जैसे 'गुणीभूतोऽयम्' अर्थात् यह अप्रधान है अथवा गौण है, अतः अर्थ यह है कि जो आधारों की आधेय से सहावस्थिति है वह समवाय सम्बन्ध है। अतः पृथिवीत्व और गन्धवत्त्व की सहावस्थिति होने पर भी आधाराधेयभाव के विरह से समवाय नहीं।

अतएव वैशेषिक में कहा है—'अयुतसिद्धानां आधार्याधारभूतानां यः सम्बन्ध इहेति प्रत्ययहेतुः स समवायः' इति।

वह नित्य है अर्थात् समवाय अविनाशी है। समवायि द्रव्यों का नाश होने पर भी समवाय नष्ट नहीं होता। यहाँ आचार्य हेतु दिखाते हैं—यत्र हि इत्यादि–'नियतं' इस पद का अध्याहार करके यह अर्थ किया गया है—जहाँ द्रव्य नियत अर्थात् नित्य है (जैसे आकाश) वहाँ नित्य (आकाश) में कोई अनियत अर्थात् विनाशी-गुण नहीं। यह माना जाता है—कि नित्य आकाश में परिमाण भी नित्य है। जैसे आकाशगत द्रव्यत्व भी नित्य है वैसे ही आकाश और उसके गुणों के नित्य होने से परस्पर समवाय सम्बन्ध भी नित्य है। एवं इस प्रकार समवाय की नित्यता सिद्ध होने पर अन्यत्रापि समवाय के एक रूप[1] होने से नित्यता मानी जाती है। आश्रय द्रव्यों के नष्ट होने पर समवाय का नाश नहीं होता। जैसे गोव्यक्ति के नष्ट होने पर गोत्व सामान्य का विनाश नहीं होता। वे वे पार्थिव द्रव्य आदि तत्तत्स्थल पर नित्य समवाय के अभिव्यञ्जक ही होते हैं। जैसे व्यक्ति सामान्य के व्यञ्जक होते हैं। कई व्याख्याकार समवाय को नित्य अनित्य भेद से दो प्रकार का मानते हैं' इत्यादि ॥४६॥

१–अथवा अयुतानां पृथक् २ स्थितानां सिद्धानां कारणानां किञ्चिदाधार्यं किञ्चिदाधाररूपं भविष्यदित्येवं भूतानां कार्यत्वमापन्नानां तेषामिह कार्यं खल्विदमित्येवं प्रत्ययहेतुर्यः सम्बन्धः स कार्यकारणयोः सम्बन्धः समवायः। इत्येवमर्थ उन्नेयः।

२–समवायो नित्यः अकारणत्वात् भाववत् यथा प्रमाणतः कारणानुपलब्धेर्नित्यो भाव इत्युच्यते तथा समवायोऽपि न ह्यस्य कारणं किञ्चित्प्रमाणत उपलभ्यते इति।

१—न च संयोगवन्नानात्वमिति भाववल्लिङ्गाविशेषाद् विशेषलिङ्गाभावाच्च तस्माद्भाववत्सर्वत्रैकः समवायः॥ ननु द्रव्यगुणकर्मणां द्रव्यत्वगुणत्वकर्मत्वादिभिर्विशेषणैः सम्बन्धैकत्वात्पदार्थसंकरप्रसङ्ग इति। न, स्वाधाराधेयनियमात्। यद्यप्येकः समवायः सर्वत्र स्वतन्त्रस्तथाप्याधाराधेयनियमोऽस्ति। कथम्? द्रव्येष्वेव द्रव्यत्वं, गुणेष्वेव गुणत्वं, कर्मस्वेव कर्मत्वमित्येवमादि। कस्मात्? अन्वयव्यतिरेकदर्शनात्। इहेति समवायनिमित्तस्य ज्ञानस्यान्वयदर्शनात्सर्वत्रैकः समवाय इति गम्यते। द्रव्यत्वादिनिमित्तानां प्रत्ययानां व्यतिरेकदर्शनात्प्रतिनियमोऽपि विज्ञायते।

**यत्राश्रिताः कर्मगुणाः कारणं समवायि यत्।
तद् द्रव्यं,**

जिसमें कर्म और गुण आश्रित हैं, जो द्रव्य, गुण, कर्म का समवायिकारण है; वह द्रव्य है। यह द्रव्य का लक्षण है। समवायिकारण उसे कहते हैं जो स्वसमवेत अर्थात् अपने में समवाय सम्बन्ध से स्थित कार्य का आरम्भक हो। जैसे—तन्तु अपने में समवाय सम्बन्ध से स्थित पट कार्य को पैदा करते हैं। गुण तथा कर्म स्वसमवेत कार्य को पैदा नहीं करते अतः समवायि कारण नहीं। अतएव वैशेषिक में कहा है—'क्रियावद्गुणवत्समवायि कारणं द्रव्यम्'। अथवा 'समवायि कारणं' इससे अभिप्राय गुणा के साथ समवाय सम्बन्ध से रहता हुआ ही कारण हो। गुणों के विना केवल द्रव्य कारण नहीं हो सकता। अथवा द्रव्य का लक्षण हम इस प्रकार कर सकते हैं कि—कार्य के आरम्भ होते हुए जिस कारण में कर्म और गुण आश्रित रहते हैं। और कार्य के होते समय उत्पन्न होते हुए उस कर्म और गुण का आश्रय होता हुआ जो कारण कार्य में समवायि होता है उस कारण को द्रव्य कहते हैं। यहाँ पर 'समवायि, से अभिप्राय यह है कि सजातीय अथवा विजातीय रूप से परिणाम को प्राप्त हुए अर्थात् कार्यरूप में आते हुए एकीभाव होने का जिसका स्वभाव हो। जो करवाता है (यहाँ) उसे 'कारण' कहते हैं। आकाश आदि नौ द्रव्य पहिले कहे जा चुके हैं। द्रव्य द्रव्यान्तर को पैदा करते हैं और गुण गुणान्तर को। कर्म के लिये कोई असाध्य कर्म नहीं। इसका अभिप्राय यह है कि आकाश आदि द्रव्य आकाश आदि सजातीय द्रव्यान्तर को पैदा करते हैं परन्तु विजातीय वायु आदि द्रव्यान्तर या शब्दादि गुण या कर्म को पैदा नहीं कर सकते। शब्द आदि गुण शब्द आदि गुणान्तरों के आरम्भक होते हैं परन्तु स्पर्श आदि गुण अथवा आकाश आदि द्रव्य या कर्म के आरम्भक नहीं होते। इस प्रकार द्रव्य गुण में सजातीय द्रव्यान्तर एवं गुणान्तर का आरम्भक होना स्वभावसिद्ध है। कर्म केवल सजातीय कर्म को ही पैदा नहीं करता और न कोई असाध्य कर्म है। कार्य के आरम्भ में चिन्त्य तथा अचिन्त्य क्रिया का कारण भूत कर्म आरम्भक होता है। वायु, तेज, जल, पृथ्वी तथा मन, ये स्वभाव से ही क्रियायुक्त होते हैं। आकाश, आत्मा, काल और दिशा; ये स्वभाव से ही क्रियारहित हैं। आकाश आदि पञ्चमहाभूत तथा मन, ये सगुण हैं। आत्मा, काल एवं दिशा निर्गुण हैं। जब ये नौ देव नर आदि के आरम्भक होते हैं तब सक्रिय वायु आदियों के कम से आकाश आदि के संयोग तथा विभाग के पौनःपुन्येन होने पर आकाश आदि की क्रियायें पैदा हो जाती हैं और अनभिव्यक्त गुण अभिव्यक्त हो जाते हैं। ये अनभिव्यक्त शब्द आदि गुण अभिव्यक्त शब्द आदि गुणों के आरम्भ होते हुए और आकाश आदि द्वारा आरम्भ किये जाते हुए आकाश आदि में आश्रित होते हैं। इसी प्रकार जायमान क्रियायें जायमान कर्म एवं गुणों के आश्रित होती हुई आकाश आदि के कार्य में एकीभाव को प्राप्त होती हैं। इसी प्रकार वायु आदि पाँच वायु आदि के आरम्भक होते हैं। इनके अव्यक्त खरत्व आदि गुण और व्यक्त स्पर्श आदि गुण व्यक्त ही खरत्व आदि और स्पर्श विशेष आदि गुणों के आरम्भक होते हैं क्रियायें कियान्तरों की आरम्भक होती हैं। वे जायमान गुण आदि क्रियायें जायमान वायु आदियों का आश्रय लेती हैं। इस प्रकार वायु आदि जायमान क्रिया तथा गुणों का आश्रय लेते हुए कार्य में एकीभाव को प्राप्त होते हैं। इस प्रकार जायमान क्रिया तथा गुणों से युक्त होते हुए आकाश आदि नौ, द्रव्य कहाते हैं॥

द्रव्य लक्षण के अनन्तर गुण का लक्षण करते हैं—

समवायी तु निश्चेष्टः कारणं गुणः ॥५०॥

जो समवायी निष्क्रिय तथा कारण हो वह गुण है। समवायी से अभिप्राय—समवाय का आधेय है। इससे यह ज्ञात होता है कि गुण, द्रव्य के आश्रित रहता है। निश्चेष्ट या निष्क्रिय से अभिप्राय कर्मशून्य का है। अर्थात् गुण, कर्म नहीं कर सकते। कारणता भी गुणों में हुआ करती है। यद्यपि कारणता भागासिद्ध लक्षण है—अर्थात् कुछ गुणों की कारणता है और कुछ गुणों की अकारणता है—तथापि अधिक गुणों की कारणता होने से कारणता भी लक्षण का अंग मानी गयी है। जैसे रूप, रस, गन्ध, अनुष्णस्पर्श, संख्या, परिमाण, एकपृथक्त्व, स्नेह तथा शब्द की असमवायिकारणता है। बुद्धि, सुख, दुःख, इच्छा, द्वेष, प्रयत्न, धर्म, अधर्म तथा भावना की निमित्तकारणता होती है। संयोग, विभाग, उष्णस्पर्श, गुरुत्व, वेग; ये उभयथा कारण हैं अर्थात् असमवायि एवं निमित्तकारण हैं। परत्व, अपरत्व, द्वित्व, द्विपृथक्त्व आदि अकारण हैं। असमवायिकारण उसे कहते हैं जो समवायिकारण के समीपतम हो और कार्य की उत्पत्ति में नियत पूर्ववर्ती हो। जैसे तन्तुसंयोग पट का असमवायिकारण है। तन्तुसंयोगरूपी गुण के समवायिकारणभूत गुणी तन्तु में समवेत होने से समवायिकारण के प्रत्यासन्न अर्थात् समीपतम है। निमित्तकारण उसे कहते हैं जो न समवायिकारण हो न असमवायिकारण हो, किन्तु कारण अवश्य हो वह निमित्तकारण है। कारण उसे कहते हैं जो कार्य से नियत पूर्वभावी (सर्वदा पहले रहनेवाला) हो, परन्तु अन्यथासिद्ध न हो। कारण कहने से सामान्य आदि का निरास किया गया है। विभुद्रव्यपरिमाण तथा अवयविरूप आदि में कारणता न होने से लक्षण के भागासिद्ध होने के कारण, कारणशब्द से भावरूप कारण में अव्यभिचारी सामान्य (जाति) का ग्रहण करना चाहिये। अर्थात् जो समवायी हो, निष्क्रिय हो तथा जातिमान् हो वह गुण है। इस प्रकार 'समवायी' कहने से व्यापक तथा निष्क्रिय आकाश आदि द्रव्य, निष्क्रिय कहने से कर्म एवं मूर्त्तद्रव्य तथा जातिमान् कहने से सामान्य आदि का निरास होता है।

चक्रपाणि कहते हैं—अथवा विभुद्रव्यपरिमाण से भिन्न परिमाण आदि में कारणता देखने से इनमें भी कारणत्वयोग्यता माननी ही चाहिये। इस प्रकार कारण की भागासिद्धता नहीं रहती। अथवा विभुपरिमाण आदि में योगिजनों के प्रत्यक्षज्ञान के कारण होने से कारणता समझनी चाहिये। यद्यपि इस प्रकार की कारणता सामान्य आदियों में भी कहीं कहीं देखी जाती है तो भी समवायी पद के पढ़ने से सामान्य आदि का निरास हो ही जायगा। यहाँ चक्रपाणि समवायी पद से समवायाधार तथा समवायाधेय दोनों का इकट्ठा ग्रहण करते

हैं। तथा च समवाय है केवल आधार जिनका, ऐसे विभुद्रव्य तथा समवायकेवलाधेय सामान्य आदि का निरास हो जाता है। परन्तु इतनी खैंचातानी करके इसका अर्थ निकालने के बदले यदि 'समवायी तु निश्चेष्टो निर्गुणो गुणः' ऐसा पाठ किया जाय तो वैशेषिकोक्त—'द्रव्याश्रय्यगुणवान् संयोगविभागेष्वकारणमनपेक्ष इति गुणलक्षणम्' इस लक्षण से ठीक जँचता है। इस सूत्र के व्याख्याकार ने यह व्याख्या की है कि—'रूपादीनां गुणानां सर्वेषां गुणत्वाभिसम्बन्धो द्रव्याश्रितत्वं निष्क्रियत्वं निर्गुणत्वं च।' अर्थात् रूप आदि सम्पूर्ण गुणों में गुणता, द्रव्याश्रितता, निष्क्रियता एवं निर्गुणता होती है ॥५०॥

संयोगे च वियोगे च कारणं द्रव्यमाश्रितम्।
कर्तव्यस्य क्रिया कर्म कर्म नान्यदपेक्षते ॥५१॥

कर्मलक्षण—कर्म युगपत् संयोग तथा विभाग में कारण है। अर्थात् जिस समय संयोग में कारण है उस ही समय विभाग में भी कारण है। कर्म द्रव्य के आश्रित होता है। कर्तव्य की क्रिया को कर्म कहते हैं। अर्थात् यह लक्षण क्रियारूप कर्म का है। अदृष्ट आदि शब्दवाच्य कर्म का नहीं। कर्म, संयोग विभाग में अन्य कारण की अपेक्षा नहीं करता। इससे यह समझना चाहिये कि उत्पन्न कर्म पश्चात्कालभावीकारण की अपेक्षा नहीं करता। क्योंकि द्रव्य भी युगपत् संयोग और विभाग का कारण होता है। परन्तु द्रव्य तभी कारण होता है जब वह उत्पन्न होकर कर्मयुक्त होता है। वैशेषिक में इस प्रकार लक्षण किया गया है—'एकं द्रव्यमगुणं संयोगविभागेष्वनपेक्षकारणमिति कर्म लक्षणम्' अर्थात् एकद्रव्यवृत्ति, निर्गुण तथा संयोग विभाग में इतर कारण की अपेक्षा न रखनेवाला कारण कर्म कहाता है। अथवा इस प्रकार कह सकते हैं कि द्रव्य तो उत्पन्न होकर संयोग विभाग में कर्म की अपेक्षा करता है, परन्तु कर्म उत्पन्न होकर अन्य कारण की अपेक्षा नहीं करता। इसका अभिप्राय भी वही है जो पहले कहा गया है। कई 'कर्तव्यस्य क्रिया कर्म' इत्यादि को अध्यात्मकर्म का लक्षण मानते हैं। कर्तव्य अर्थात् सद्वृत्त आदि की क्रिया—अनुष्ठान—को कर्म कहते हैं। यह कर्म स्वस्थ एवं आतुर के लिये हितकर होता है। यह कर्म भी द्रव्याश्रित एवं संयोग विभाग में कारण होता है अर्थात् शुभाशुभ की प्रवृत्ति एवं निवृत्ति में कारण है। यह कर्म भी अन्य की अपेक्षा नहीं रखता अर्थात् निष्पन्न हुआ यह कर्म शुभ या अशुभ आनुबन्धिक भाव अर्थात् फलप्राप्ति में दूसरे की अपेक्षा नहीं रखता। क्योंकि कृतकर्म का फल अवश्य ही मिलता है ॥५१॥

इत्युक्तं कारणं, कार्यं धातुसाम्यमिहोच्यते।
धातुसाम्यक्रियाचोक्तातन्त्रस्यास्य प्रयोजनम् ॥५२॥

इस प्रकार कारणभूत छहों पदार्थों का वर्णन कर दिया है। अर्थात् धातुसाम्यरूपी कार्य के लिये षट् पदार्थ कारण हैं। धातुसाम्य से तात्पर्य आरोग्य का है। यदि धातुवैषम्य हो जाय तो पुरुष रोगी कहा जाता है। धातुसमता करना ही इस आयुर्वेद शास्त्र का प्रयोजन है। दूसरे व्याख्याता—सत्त्वादित्रयात्मक पुरुष में इस शास्त्र का प्रयोजन धातुसाम्य तथा धातुसाम्य क्रिया है—ऐसी व्याख्या करते हैं। इस व्याख्या के अनुसार आयुर्वेद के दोनों प्रयोजन आ जाते हैं। अर्थात् स्वस्थ के स्वास्थ्य की रक्षा तथा रोगनिवारण या विषम हुई धातुओं को समता में लाना[१] ॥५२॥

कालबुद्धीन्द्रियार्थानां योगो मिथ्या न चाति च।
द्वयाश्रयाणां व्याधीनां त्रिविधो हेतुसंग्रहः ॥५३॥

मन तथा शरीराधिष्ठित रोगों के त्रिविध कारण हैं।

१—काल, बुद्धि तथा इन्द्रियविषय—रूप, रस आदि का मिथ्या योग।

२—काल, बुद्धि तथा इन्द्रियविषय—रूप, रस आदि का अयोग।

३—काल, बुद्धि तथा इन्द्रियविषय—रूप, रस आदि का अतियोग।

काल का मिथ्यायोग—जैसे हेमन्त आदि शीतकाल में बिलकुल शीत न होना अपितु गर्मी होना या वर्षा होनी। काल का अयोग—जैसे हेमन्त में ही बहुत कम शीत होना। काल का अतियोग—जैसे गर्मियों में अत्यन्त गर्मी होना। इसी प्रकार बुद्धि तथा इन्द्रियार्थ के मिथ्यायोग आदि को जानना चाहिये। इसकी विशेष व्याख्या तिस्रैषणीय नामक अध्याय में होगी। अयोग पद से योगभाव तथा ईषद्योग दोनों समझने चाहिये। इससे पूर्व कहा गया है कि धातुसाम्यक्रिया ही इस शास्त्र का प्रयोजन है। विषम हुई धातुओं को समावस्था में लाना तथा समावस्था में ही रखना ये दो उद्देश्य हैं। परन्तु समता में लाने के लिये हमें यह ज्ञान होना चाहिये कि धातुओं में विषमता किस प्रकार होती है या रोग किस प्रकार पैदा होते हैं! इसी बात का उत्तर यहाँ दिया गया है। धातुवैषम्य और रोग ये समानार्थक शब्द हैं ॥५३॥

इन रोगों का आश्रय मन तथा शरीर ये दो ही हैं, इस बात को आगे कहते हैं:—

शरीरं सत्त्वसंज्ञं च व्याधीनामाश्रयो मतः।
तथा सुखानां, योगस्तु सुखानां कारणं समः ॥५४॥

शरीर तथा मन ये दोनों ही रोग के आश्रय माने गये हैं। कई रोग केवल शरीर का आश्रय लेते हैं, जैसे—कुष्ठ। कई रोग केवल मन का आश्रय लेते हैं, जैसे—काम आदि। कई रोग मन तथा शरीर दोनों का आश्रय लेते हैं, जैसे—उन्माद आदि। यह बात ठीक है कि शारीर व्याधि का मन पर तथा मानसव्याधि का शरीर पर प्रभाव पड़ता ही है परन्तु उन्माद, संन्यास आदि में मानस एवं शरीर दोष दोनों ही प्राधान्यतः दुष्ट होते हैं। अतः उन्माद आदि को कभी २ मानसरोग भी कह दिया जाता है। इसमें प्रथम मनोभ्रंश होता है। पश्चात् प्रवृद्ध रज और तम के कारण सत्त्व के दब जाने से वात आदि दोष दुष्ट बुद्धिस्थान हृदय तथा मनोवह स्रोतों को दूषित कर देते हैं। मन और आत्मा जैसे रोगों के आश्रय हैं

१—अर्थात् पूर्वव्याख्या के अनुसार—इत्युक्तं कारणम्। इह (शास्त्रे) कार्यं धातुसाम्यम् उच्यते। अस्य तन्त्रस्य प्रयोजनञ्च धातुसाम्यक्रिया उक्ता॥ द्वितीय व्याख्या के अनुसार—इत्युक्तं कारणम्। इह (सत्त्वादित्रयात्मके पुरुषे) धातुसाम्यं (समधातुरक्षा) अस्य तन्त्रस्य प्रयोजनमुच्यते, धातुसाम्यक्रिया (विषमधातौ पुरुषे धातुसाम्यकरणं धातुसाम्यक्रिया) चास्य तन्त्रस्य प्रयोजनमुक्ता; इस प्रकार अन्वय किया जाता है।

उसी प्रकार सुखों का अर्थात् आरोग्य के भी आश्रय हैं। रोगों का त्रिविध निदान पहले बताया गया है। अब आरोग्य कारण बताते हैं—कि काल, बुद्धि तथा इन्द्रियों का समयोग सुखों का अर्थात् आरोग्य का कारण है। शारीरस्थान में पुनः कहा जायगा—'सुखहेतुर्मतस्त्वेकः समयोगः सुदुर्लभः' ॥५४॥

मन, आत्मा तथा शरीर, इन तीनों के ऊपर ही लोक की स्थिति है और इन तीनों के संयोग को ही आयु[१] कहते हैं। यह पहले कह चुके हैं। इनमें से मन तथा शरीर में तो रोग पैदा होते ही हैं, क्या आत्मा में भी रोग पैदा होते हैं? इसका आचार्य उत्तर देते हैं—

निर्विकारः परस्त्वात्मा सत्त्वभूतगुणेन्द्रियैः।
चैतन्ये कारणं नित्यो द्रष्टा पश्यति हि क्रिया ॥५५॥

आत्मा में कोई विकार नहीं होता, वह घटता बढ़ता नहीं, वह सुख दुःख रहित है। तथा पर है अर्थात् सूक्ष्म है, उत्कृष्ट है। अथवा 'परः' शब्द का अर्थ 'केवल' करना चाहिये। अर्थात् शरीर एवं मन से असंयुक्त आत्मा निर्विकार है, एक रस है। अथवा—ब्रह्मेन्द्रवाय्वग्निमनोधृतीनां धर्मस्य कीर्तेर्यशसः श्रियश्च। तथा शरीरस्य शरीरिणश्च स्याद् द्वादशस्विङ्गित आत्मशब्दः ॥

अर्थात् आत्मा शब्द, ब्रह्म, इन्द्र, वायु, अग्नि, मन, धृति, धर्म, कीर्ति, यश, श्री, शरीर, शरीरी, इन बारह का वाचक है। अतः अन्यों के निरास के लिये तथा सूक्ष्म एवं उत्कृष्ट आत्मा के ग्रहण के लिये ही 'पर' शब्द पढ़ा गया है। यह सूक्ष्म आत्मा, मन, भूतगुण अर्थात् शब्द स्पर्श आदि तथा इन्द्रियों के साथ ही चेतनता में कारण होता है।

यह नित्य है और द्रष्टा अर्थात् देखनेवाला या साक्षी है। यह आत्मा दर्शक रूप से क्रियाओं को देखता है। जैसे—चक्षुरूपी खिड़की में बैठा हुआ रूप को देखता है। जिह्वा में बैठा हुआ रसों का स्वाद लेता है। कान में बैठा हुआ शब्द सुनता है इत्यादि। अर्थात् यह गृहपति आत्मा अपने गृह की प्रत्येक क्रिया को देखता रहता है।

चक्रपाणि इसकी व्याख्या इस प्रकार करते हैं—कि आत्मा में कोई विकृति नहीं होती। अतएव आत्मा नीरोग है। परशब्द से संयोगिपुरुष का निराकरण होता है। क्योंकि कहा भी है—'संयोगिपुरुषस्येष्टो विशेषो वेदनाकृतः'। अर्थात् संयोगिपुरुष में वेदना (सुख दुःख ज्ञान) कृत विशेषता मानी गयी है। मन, शरीर तथा आत्मा के संयोग में भी मन में ही वेदना होती है। वह वेदना मनःसंयुक्त आत्मा में भी संबद्ध मानी जाती है। तथा मन आदि के लिये भी आत्मा शब्द प्रयुक्त होता है अतः परशब्द से उनका भी निरास होता है। यदि आत्मा निर्विकार है तो उसमें ज्ञानरूप विकार है या नहीं? इस प्रश्न का आचार्य उत्तर देते हैं—मन, शब्द आदि भूतगुण तथा चक्षु इन्द्रियों के द्वारा ही आत्मा चेतनता में कारण होता है अर्थात् चेतनता आत्मा में प्रादुर्भूत होती है अथवा व्यक्त होती है। अतएव मन आदि ज्ञान के साधनों के सर्वत्र न होने से विभु आत्मा के होते हुए भी सब प्रदेशों में ज्ञान नहीं होता।

आत्मा कदाचित् ज्ञानवान् तथा कदाचित् अज्ञ होने से अनित्य माना जाना चाहिये? अतएव कहा है वह नित्य है। अर्थात् यदि धर्म अनित्य है तो सर्वदा धर्मी भी अनित्य नहीं हुआ करता। जैसे शब्द गुण के अनित्य होने से आकाश अनित्य नहीं हो जाता।

ज्ञानवान् में सुख की उपलब्धि में रागरूपी विकार तथा दुःख की उपलब्धि में द्वेषरूपी विकार देखा जाता है। अतः सुख एवं दुःख की उपलब्धि होने पर आत्मा क्योंकर निर्विकार हो सकता है? अतः इस आक्षेप निवारण के लिये उत्तर देते हैं—कि जैसे यति, परमशान्त एवं साक्षी होकर, जगत् की सम्पूर्ण क्रियाओं को देखता हुआ भी राग, द्वेष आदि से युक्त नहीं होता; इसी प्रकार आत्मा भी सुख, दुःख आदि को प्राप्त होता हुआ भी राग आदि से युक्त नहीं होता। राग आदि विकार तो मन में होते हैं। अथवा इसकी व्याख्या हम इस प्रकार कर सकते हैं—कि पर आत्मा (असंयोगिपुरुष), निर्विकार (सुखदुःखादि रहित) है। अचेतन मन और शरीर की चेतनता में कारण है—शारीरस्थान में कहा भी जायगा—

शरीरं हि गते तस्मिन् शून्यागारमचेतनम।
पञ्चभूतावशेषत्वात् पञ्चत्वं गतमुच्यते ॥
अचेतन क्रियावच्च मनश्चेतयिता परः।

यह आत्मा नित्य है। यह आत्मा; मन, शब्द आदि भूतों के गुण तथा इन्द्रियों के योग से मन तथा शरीरगत क्रियाओं को देखता है क्योंकि यह द्रष्टा-साक्षी है कहा भी है—

ज्ञः साक्षीत्युच्यते नाज्ञः, साक्षी ह्यात्मा यतः स्मृतः
सर्वभावा हि सर्वेषां भूतानामात्मसाक्षिकाः ॥५५॥

वायुः पित्तं कफश्चोक्तः शारीरो दोषसंग्रहः।
मानसः पुनरुद्दिष्टो रजश्च[१] तम एव च ॥५६॥

वायु, पित्त तथा कफ; ये तीनों शारीर दोष हैं और रज तथा तम; ये दोनों मानस दोष हैं। रोग एवं आरोग्य का आश्रय शरीर तथा मन है। इनमें से शारीरिक रोगों को उत्पन्न करनेवाले वात, पित्त तथा कफ हैं। ये तीनों जब तक समावस्था में रहते हैं तब तक ही आरोग्य रहता है। इन तीनों का नाम धातु भी है; अर्थात् ये तीनों शरीर को धारण करते हैं। परन्तु जब ये दूषित हो जाते हैं तब रोगों को पैदा करते हैं और उस समय इन्हें दोष कहा जाता है।

मानस दोष दो ही हैं। यद्यपि सत्त्व, रज तथा तम; ये तीन गुण हैं, परन्तु इन तीनों में स्वयं सत्त्व विशुद्ध है, अविकारी है। यदि इसे विशुद्ध एवं अविकारी न माना जाय तो मोक्ष असम्भव है; क्योंकि सत्त्व के बिना यथार्थ ज्ञान नहीं होता। यथार्थ ज्ञान होने पर केवल सत्त्व ही अवशिष्ट होता है, रज एवं तम नहीं रहते अथवा वे दब जाते हैं। सत्त्व के निर्विकार होने से यथार्थ ज्ञान होने पर मोक्ष हो ही जाता है। अतः सत्त्व मानस दोषों में परिगणित नहीं।

१—पहिले कहा गया है शरीर, इन्द्रिय, मन तथा आत्मा; इनके संयोग को आयु कहते हैं। अतः चार का संयोग होता है। परन्तु शरीर पद से इन्द्रियों का भी ग्रहण हो ही जाता है, अतः पृथक् नहीं पढ़ा।

१—वृद्धवाग्भट-टीकायां यथा—मनःशुद्धं सत्त्वम्। रजस्तमसी दोषौ तस्योपप्लवावविद्यासम्भूतौ ॥

रज और तम ही मन को दूषित करते हैं।

कई कहते हैं कि—शारीरिक दोषों में शोणित अर्थात् रक्त का भी ग्रहण करना चाहिये। क्योंकि वात आदि दोषों की तरह रक्त के हेतु, लक्षण विकार तथा चिकित्सा का निर्देश किया गया है। हेतु जैसे–'काले चानवसेचनात्' अर्थात् यथावसर रक्तमोक्षण न कराना। लक्षण—जैसे 'तपनीयेन्द्रगोपाभमित्यादि' अर्थात् सुवर्ण तथा बीरबहूटी के समान वर्णवाला शुद्ध रक्त होता है; इत्यादि लक्षण। विकार—जैसे रक्तार्श, रक्तप्रदर, रक्तपित्त आदि। चिकित्सा—जैसे 'स्रावणं शोणितस्य तु' रक्त को निकलवाना।

तथा चरक में भी अन्यत्र इसे दोष कहा गया है—जैसे 'कफे वाते जितप्राये पित्तं शोणितमेव वा। यदि कुप्यति वातस्य क्रियमाणे चिकित्सिते। यथोल्वणस्य दोषस्य तत्र कार्यं भिषग्जितम्।' अर्थात् कफ और वात के प्रायशः जीते जा चुकने पर यदि वात की चिकित्सा करते हुए पित्त अथवा शोणित (खून) कुपित हो जाय तो प्रवृद्ध दोष अर्थात् प्रवृद्ध पित्त अथवा शोणित की चिकित्सा करे। यहाँ दोष शब्द से शोणित का भी ग्रहण किया गया है। सुश्रुत में भी 'शारीरास्तु वातपित्तकफशोणितसन्निपातनिमित्ताः' कहा गया है। यहाँ पर भी रक्त का दोषों में ग्रहण किया गया है। इसी प्रकार अन्यत्र भी 'तैरेतैः शोणितचतुर्थैः' से रक्त को चौथा दोष स्वीकार करना चाहिये। इस शंका का समाधान इस प्रकार किया जाता है। कि यहाँ पर स्वतन्त्रतया दूषित करनेवाले ही दोष[1] शब्द से कहे गये हैं, रक्त स्वतन्त्ररूप से दूषित नहीं करता। अपितु वात आदि द्वारा दुष्ट होकर अन्य धातुओं को दूषित करता है। जो हेतु लक्षण आदि पहिले कहे हैं वे भी वातादि दोषों द्वारा दुष्ट रक्त के विषय में ही जानने चाहिये। शोणित तो दूष्य ही है। दूष्यों के भी विशिष्ट हेतु लक्षण आदि होते हैं। मांसदुष्टि में हेतु जैसे 'मांसवाहीनि दुष्यन्ति भुक्त्वा च स्वपतो दिवा।' अर्थात् भोजनानन्तर सोने से मांसवाही स्रोत दुष्ट हो जाते हैं। दुष्ट मांस विकार—अधिमांस, अर्बुद, कील आदि। लक्षण—यही विकार मांसदुष्ट के लक्षण स्वरूप भी हैं। चिकित्सा–'मांसजानां तु संशुद्धिः शस्त्रक्षाराग्निकर्म च' अर्थात् शस्त्र, क्षार तथा अग्नि आदि द्वारा मांसज रोगों की चिकित्सा की जाती है।

अतः रस, रक्त आदि दूष्यों के वर्णन में दोषकृत कार्य को भी दूष्य द्वारा कहा गया है। जैसे ये रसज हैं, ये रक्तज हैं, ये मांसज हैं इत्यादि। जैसे गरम तैल आदि द्वारा अवयव के दग्ध होने पर कहा जाता है कि यह तैल से जला है। वस्तुतस्तु तैल में आश्रित अग्नि द्वारा दाह होता है। इसी प्रकार यहाँ भी जानना चाहिये। अतएव वृद्धवाग्भट में कहा भी है—

रसासृङ्मांसमेदोऽस्थिमज्जशुक्राणि धातवः।
सप्त दूष्या मला मूत्रशकृत्स्वेदादयोऽपि च॥
रसादिस्थेषु दोषेषु व्याधयः सम्भवन्ति ये।
तज्जानित्युपचारेण तानाहुर्घृतदाहवत्॥

अर्थात् उपचार से ही 'मांसज हैं' इत्यादि कहा जाता है।

दोषों के समान पीड़ाकर होने से अदोष भी दोष शब्द से कहे जाते हैं—जैसे 'स्वयं प्रवृत्तं तं दोषमुपेक्षेत हिताशनैः' इत्यादि में दोष शब्द से पुरीष का ग्रहण किया गया है। अर्थात् रोगी को हितकर अन्न देते हुए स्वयं प्रवृत्त हुए पुरीष की उपेक्षा करे, अर्थात् निकलने दे। उसे रोकने के लिये स्तम्भक औषध का प्रयोग न करे।

व्रण आदि में प्रायः शोणितदुष्टि होने के कारण शल्यशास्त्र में या सुश्रुत में उपचार द्वारा शोणित को दोषों में गिना है। क्योंकि सुश्रुत में भी अन्यत्र—'वातपित्तश्लेष्माण एव देहसम्भवहेतवो भवन्ति' ऐसा कहा है। अर्थात् वातपित्त तथा कफ ही देहोत्पत्ति के कारण हैं।

यस्माद्रक्तं विना दोषैर्न कदाचित्प्रकुप्यति।
तस्मात्तस्य यथादोषं कालं विद्यात् प्रकोपणे॥ सुश्रुत०

अर्थात् रक्त दोषों के विना कुपित नहीं होता। अतः रक्त के कोप का काल दोषानुसार जानना चाहिये। तथा—'दोषाः कदाचिदेकशो द्विशः समस्ताः शोणितसहिता वानेकधा प्रसरन्ति' इसमें भी शोणित (रक्त) को दोषों से भिन्न मानते हुए ही पृथक् पढ़ा है। 'तैरेतैः शोणितचतुर्थैः' इत्यादि में भी वात, पित्त, कफ से रक्त को पृथक् मानने के कारण ही पृथक् पढ़ा है। सुश्रुत सूत्रस्थान २४ अध्याय में कहा है—'सर्वेषां च व्याधीनां वातपित्तश्लेष्माण एवं मूलं तल्लिङ्गत्वाद्दृष्टफलत्वादागमाच्च। यथा हि कृत्स्नं विकारजातं सत्वरजस्तमांसि न व्यतिरिच्यते। एवमेव कृत्स्नं विकारजातं विश्वरूपेणावस्थितमव्यतिरिच्य वातपित्तश्लेष्माणो वर्त्तन्ते।'

वृद्धवाग्भट में भी कहा है—'वायुः पित्तं कफश्चेति त्रयो दोषाः समासतः।' तथा—'रजस्तमश्च मनसो द्वौ च दोषावुदाहृतौ' ॥५६॥

प्रशाम्यत्यौषधैः पूर्वो दैवयुक्तिव्यपाश्रयैः।
मानसो ज्ञानविज्ञानधैर्यस्मृतिसमाधिभिः॥५७॥

शरीर दोष अथवा व्याधि दैवव्यपाश्रय तथा युक्तिव्यपाश्रय औषधों से शान्त होती है और मानसदोष अथवा मानस व्याधि, राग, द्वेष, लोभ, मोह आदि; ज्ञान, विज्ञान, धैर्य, स्मृति एवं समाधि आदि द्वारा शान्त होती है। दैवव्यपाश्रय से बलि, मन्त्र, मङ्गल आदि का तथा सद्वृत्त अर्थात् सदाचार का ग्रहण होता है। युक्तिव्यपाश्रय से दोष आदि की विवेचना पूर्वक यथावत् औषध प्रयोग जानना चाहिये। अर्थात् पूर्वकर्मज शरीर व्याधियाँ दैवव्यपाश्रय चिकित्सा से तथा दोषज युक्तिव्यपाश्रय चिकित्सा से शान्त होती हैं। कर्मज व्याधियाँ भी यद्यपि दोष प्रकोप के विना नहीं हो सकतीं तथापि प्राक्तन कर्मों के विपाक के कारण ही दोषों का कोप होने से एवं चिकित्सा की भिन्नता के कारण पृथक् पढ़ी जाती है। तन्त्रान्तर में कहा भी है—

दानैर्दयाभिरपि च द्विजदेवतागो-
गुर्वर्चनाप्रणतिभिश्च जपैस्तपोभिः।
इत्युक्तपुण्यनिचयैरपचीयमानाः
प्राक् पापजा यदि रुजः प्रशमं प्रयान्ति॥

तथा—स्वहेतुदुष्टैरनिलादिदोषैरुपप्लुतैः खेषु परिस्खलद्भिः।
भवन्ति ये प्राणभृतां विकारास्ते दोषजा भेषजशुद्धिसाध्याः॥

अर्थात् दान से, दया से, ब्राह्मण; देवता, गौ तथा गुरुजनों की पूजा तथा उनके प्रति नम्र रहने से, जप तप द्वारा प्राक्तन कर्मज

[1]—अथवा—प्रकृत्यारम्भकत्वे सति दूषकत्वं दोषत्वम् इति लक्षणं स्वीकर्तव्यम्।

रोग शान्त हो सकते हैं। तथा अपने अपने दूषक कारणों से दुष्ट हुए वात आदि दोष जब स्रोतों को दूषित कर देते हैं तब दोषज रोग कहलाते हैं। उनकी संशमन एवं संशोधन औषध द्वारा चिकित्सा होती है।

यदि कोई रोग कर्मप्रकोप एवं दोषप्रकोप दोनों से हो तो वहाँ मिश्रित अर्थात् दैवव्यपाश्रय तथा युक्तिव्यपाश्रय दोनों चिकित्सायें की जाती हैं॥

यद्यपि 'अवश्यमेव भोक्तव्यं कृतं कर्म शुभाशुभम्' के अनुसार मनुष्य को पूर्वकर्म का फल भोगना पड़ता है यह नियम है परन्तु यदि ऐहिककर्म प्रबल हों तो वे दब सकते हैं। कहा भी है—

दैवमात्मकृतं विद्यात्कर्म यत्पौर्वदैहिकम्।
स्मृतः पुरुषकारस्तु क्रियते यदिहापरम्॥
बलाबलविशेषोऽस्ति तयोरपि च कर्मणोः।
दृष्टं हि त्रिविधं कर्म हीनं मध्यममुत्तमम्॥
दैवं पुरुषकारेण दुर्बलं ह्युपहन्यते।
दैवेन चेतरत्कर्म विशिष्टेनोपहन्यते॥७५॥

यह बताया जा चुका है कि शरीर दोष वात, पित्त तथा कफ, ये तीन ही हैं। और इनकी साम्यावस्था का नाम ही आरोग्य है। अतः इन तीनों को समावस्था में रखना ही चिकित्सा शास्त्र का प्रयोजन है। इन्हें समावस्था में रखने के लिये समानगुण युक्त द्रव्य एवं विशिष्ट गुणयुक्त द्रव्य आदि का ही उपयोग किया जाता है। यदि कोई दोष प्रवृद्ध है तो विशिष्ट गुणयुक्त द्रव्य के सेवन से समावस्था में लाया जा सकता है। इसी प्रकार यदि क्षीण हो तो समान गुण युक्त द्रव्य का सेवन उपयोगी है। अतएव सब से प्रथम वात आदि तीनों दोषों के गुणों का जानना अत्यावश्यक है। इन तीनों दोषों में वात के प्रधान होने के कारण सबसे प्रथम वात के गुण बताये गए हैं—

रूक्षः शीतो लघुः सूक्ष्मश्चलोऽथ विशदः खरः।
विपरीतगुणैर्द्रव्यैर्मारुतः संप्रशाम्यति॥५८॥

वात—रूक्ष (रूखा), शीत, लघु (हलका), सूक्ष्म, चल (गतिमान्), विशद (जो पिच्छिल न हो), खर (खुरदरा), ये वात के मुख्य गुण हैं। इन गुणों से विपरीत गुण (स्निग्ध, उष्ण, गुरु, स्थूल, मृदु, पिच्छिल, श्लक्ष्ण) वाले द्रव्यों द्वारा (एवं कर्म द्वारा) वात शान्त होता है। यद्यपि सम्पूर्ण औषध सर्वात्मना वात आदि दोषों के विपरीत नहीं है तो भी बलवान् विरुद्ध गुणों द्वारा औषध स्थित निर्बल समान गुण दबा जाते हैं। गुण शब्द से रस, वीर्य, विपाक, प्रभाव आदि का भी ग्रहण करना चाहिये। यद्यपि वैशेषिक आदि दर्शनकारों ने वायु को स्पर्श में अनुष्णाशीत (न गर्म न सर्द) माना है। परन्तु शरीर में शीत से वायु की वृद्धि तथा केवल वातज रोगों में शीत लगना तथा उष्ण से शान्ति होने के कारण वायु को शीत गुण युक्त माना है। अर्थात् यहाँ पर पूर्वभूतानुप्रविष्ट वायु का ग्रहण नहीं है। सुश्रुत में कहा भी है—

'अव्यक्तो व्यक्तकर्मा च रूक्षः शीतो लघुः खरः।
तिर्यग्गो, द्विगुणश्चैव रजोबहुल एव च॥'

यहाँ पर 'अव्यक्त' से–सूक्ष्म–तथा 'द्विगुण' से–शब्द स्पर्श गुणवाला होना–अभिप्राय है॥५८॥

सस्नेहमुष्णं तीक्ष्णं च द्रवमम्लं सरं कटु।
विपरीतगुणैः पित्तं द्रव्यैराशु प्रशाम्यति॥५९॥

स्नेह युक्त, उष्ण (गरम), तीक्ष्ण, द्रव्य, अम्ल, सर, कटु; ये पित्त के मुख्य गुण हैं। इन गुणों से विपरीत गुणयुक्त द्रव्यों द्वारा पित्त शीघ्र शान्त होता है। यहाँ पर 'सस्नेह' पढ़ने से पित्त की ईषत्-स्निग्धता (थोड़ी स्निग्धता) जाननी चाहिये। २० वें अध्याय में कहा भी जायगा—'औष्ण्यं तैक्ष्ण्ये द्रवमनतिस्नेहः' इत्यादि। अतएव स्निग्धघृत दुग्ध आदि द्रव्यों द्वारा पित्त की शान्ति होती है। पित्त के गुणों से विपरीत गुण ये हैं—स्निग्ध, शीत, मृदु, सान्द्र, कषाय, तिक्त अथवा मधुर। इन गुणों से युक्त द्रव्य पित्त की शान्ति करते हैं। पित्त में दो रस अर्थात् कटु और अम्ल कहे गये हैं। अर्थात् पित्त स्वभाव से कटुरसयुक्त होता है और विदग्ध होकर अम्लरसयुक्त हो जाता है। सुश्रुत में कहा भी है—

पित्तं तीक्ष्णं द्रवं पूति नीलं पीतं तथैव च।
उष्णं कटुरसञ्चैव विदग्धं चाम्लमेव च॥

अथवा चरक के मतानुसार पित्त तेजःप्रधान होने के कारण अम्लरस भी स्वाभाविक गुण माना जा सकता है। विपरीत गुण द्रव्यों द्वारा दोषों की शान्ति करना यह नियम प्रशमनार्थ ही है, संशोधनार्थ नहीं; अतएव 'प्रशाम्यति' यह पद पढ़ा गया है। अन्यथा पित्त के सरगुणयुक्त होने के कारण स्थिरगुणयुक्त स्तम्भन औषध का सर्वदा प्रयोग होना चाहिये। परन्तु विरेचन से बढ़कर पित्त की अन्य औषध नहीं। यहाँ संशोधन औषध समझनी चाहिये। अर्थात् विरेचन पित्त को अत्यन्त सर करके बाहर निकाल देता है परन्तु पाचन औषधों की तरह वह अन्दर ही नष्ट कर उसे नहीं जीतता॥५९॥

गुरुशीतमृदुस्निग्धमधुरस्थिरपिच्छिलाः।
श्लेष्मणः प्रशमं यान्ति विपरीतगुणैर्गुणाः॥६०॥

गुरु, शीत, मृदु, स्निग्ध, मधुर, स्थिर, पिच्छिल; ये श्लेष्मा अर्थात् कफ के मुख्य गुण हैं। इन गुणों से विपरीत गुणों (लघु, उष्ण, तीक्ष्ण, रूक्ष, कटु, आदि रस, सर, विशद) द्वारा कफ के गुण शान्त होते हैं। अभिप्राय यह है कि—विपरीत गुणयुक्त द्रव्य आदि के सेवन से श्लेष्मा शान्त होता है। यहाँ पर गुण शान्ति से गुणी की शान्ति तथा गुणवृद्धि से गुणी की वृद्धि होती है—यह जताने के लिये ही यहाँ पर दूसरी प्रकार से कहा गया है। जैसे उष्ण द्वारा शीत की शान्ति करते हुए शीत के आधारभूत जल की भी शान्ति होती है।

मधु मधुर होता हुआ भी विपाक में कटु होने के कारण कफ को शान्त करता है। अतएव हमने पहिले ही कहा है कि रस, वीर्य, विपाक आदि का भी ग्रहण करना चाहिये। द्रव्य कुछ रस द्वारा, कुछ वीर्य द्वारा, कुछ प्रभाव द्वारा कर्म करता है। अतएव कहा भी है:—

किञ्चिद्रसेन कुरुते कर्म पाकेन चापरम्।
द्रव्यं गुणेन वीर्येण प्रभावेणैव किञ्चन॥

इनमें भी जो बलवान् होता है वह दूसरे का पराभव करके स्वयं कारण हो जाता है। वृद्धवाग्भट में कहा है:—

यद्यद् द्रव्ये रसादीनां बलवत्त्वेन वर्तते ।
अभिभूयेतरांस्तत्तत्कारणत्वं प्रपद्यते ॥

अर्थात् मधु में रस निर्बल है और विपाक बलवान् है । अतएव रस-जन्य श्लेष्माभिवृद्धि न होकर कटुविपाक से श्लेष्मा की शान्ति होती है॥६०॥

विपरीतगुणैर्देशमात्राकालोपपादितैः ।
भेषजैर्विनिवर्तन्ते विकाराः साध्यसंमताः ॥६१॥
साधनं न त्वसाध्यानां व्याधीनामुपदिश्यते ।

देश, मात्रा, काल आदि को देखकर प्रयुक्त कराई हुई विपरीत गुणवाली औषध से साध्यविकार निवृत्त होते हैं । यहाँ पर देश, मात्रा, काल ; ये उपलक्षण मात्र हैं, अर्थात् इनके अतिरिक्त चिकित्सा में दोष, बल, विकार, सत्त्व, सात्म्य, औषध, जाठराग्नि तथा वय (उमर) एवं प्रकृति की भी परीक्षा की जाती है । देश शब्द से भूमि एवं आतुर (रोगी) का ग्रहण होता है ।

असाध्य विकारों के साधन का उपदेश नहीं दिया जाता । अर्थात् साध्य विकार ही नष्ट किये जा सकते हैं असाध्य विकार नहीं । मुख्यतः व्याधियाँ दो प्रकार की हैं । १–साध्य, २–असाध्य ।

साध्य रोग भी दो प्रकार से विभक्त किये जाते हैं । १—सुखसाध्य । २—दुःखसाध्य । असाध्य विकार भी दो प्रकार के हैं । १—याप्य । २—अनुपक्रम्य । याप्य वे विकार हैं जो जब तक यथोचित औषध आदि का सेवन हो तब तक दबे रहें । ये रोग भी समूल नष्ट नहीं होते । अनुपक्रम्य वे रोग हैं जिनका न नाश किया जा सके और न दबाये जा सकें । इनमें से याप्य भी सुखयाप्य और दुःखयाप्य भेद से दो प्रकार का कहीं-कहीं माना गया है ॥

यहाँ पर कई शङ्का करते हैं कि यदि असाध्य रोग नष्ट ही नहीं होते तो असाध्य रोगों की चिकित्सा का वर्णन क्यों दिखाई देता है । जैसे भगवान् अगस्त्य ने कालमृत्यु एवं अकालमृत्यु दोनों को जीतने के लिए—

रसायनतपोजप्ययोगसिद्धैर्महात्मभिः ।
कालमृत्युरपि प्राज्ञैर्जीयतेऽनलसैर्नरैः ॥

तथा सुश्रुत ने भी—

ध्रुवन्त्वरिष्टे मरणं ब्राह्मणैस्तत्किलामलैः ।
रसायनतपोजप्यतत्परैर्वा निवार्यते ॥

तथा—'जातारिष्टोऽपि जीवति' इत्यादि में कालमृत्यु एवं अकालमृत्यु दोनों का रसायन आदि द्वारा जीता जाना बताया गया है । इसका उत्तर दो प्रकार से दिया जाता है—नियत अरिष्ट और अनियत अरिष्ट भेद से अरिष्ट दो प्रकार के हैं । जो अरिष्ट अनियत हैं उन पर रसायन आदि द्वारा विजय होता है । परन्तु नियत का नहीं । और 'न त्वरिष्टस्य जातस्य नाशोऽस्ति मरणादृते' तथा—

अरिष्टं चापि तन्नास्ति यद्विना मरणं भवेत् ।
मरणं चापि तन्नास्ति यन्नारिष्टपुरःसरम् ॥

इत्यादि वाक्य नियत अरिष्ट विषयक हैं । दूसरे कहते हैं कि रसायन आदि के विना सम्पूर्ण ही अरिष्ट मारक होते हैं । रसायन आदि अपने प्रभाव से सम्पूर्ण अरिष्टों का नाश करते हैं । और चूँकि सर्व-साधारण रसायन आदि का उपयोग नहीं कर सकते अतः उन्हें असाध्य ही गिना जाता है ॥६१॥

भूयश्चातो यथाद्रव्यं गुणकर्माणि[१] वक्ष्यते ॥६२॥

इसके बाद और भी द्रव्य के अनुसार गुणों के कर्म (यत्र तत्र आचार्य द्वारा) कहे जायेंगे । अथवा द्रव्यों के गुण और कर्म विस्तार से (अन्नपानादिक अध्याय में) कहे जायेंगे ॥६२॥

प्रथम दोषों के गुण बता दिये गये हैं । तदनन्तर चिकित्सा का साधारण नियम भी बता दिया है कि विपरीत गुणवाले भेषज से साध्य विकार शान्त होते हैं । औषधों में उनका रस दोषों को शान्त करने के लिये सब से प्रधान[२] है । अतः सबसे प्रथम रस का लक्षण किया जाता है—

रसनार्थो रसस्तस्य द्रव्यमापः क्षितिस्तथा[३] ।
निर्वृत्तौ च, विशेषे च प्रत्ययाः खादयस्त्रयः ॥६३॥

जिह्वा के ग्राह्य विषय का नाम ही रस है । रस के जल तथा पृथिवी ये दो द्रव्य हैं । अर्थात् रस, जल एवं पृथिवी के आश्रित रहता है । इस रस की निर्वृत्ति अर्थात् अभिव्यक्ति और मधुर अम्ल आदि भेद में जल तथा पृथिवी ही मुख्य कारण हैं । आकाश, वायु और अग्नि; ये तीनों अप्रधान कारण अर्थात् निमित्त कारण हैं ।

अथवा सामान्यतः अभिव्यक्ति तथा विशेष (मधुर आदि भिन्नता) में आकाश, वायु तथा अग्नि; ये तीनों कारण हैं । रस, जल-पृथिवी के विना तो रह ही नहीं सकता । अतः इन दोनों का होना तो आवश्यक ही है । जल एवं पृथिवी ये आधार कारण हैं । रस आधेय है । अतः यहाँ आधाराधेय भाव है । इन दोनों के अतिरिक्त आकाश आदि भी कारण हैं ।

अथवा रस के जल तथा पृथिवी आधार कारण हैं । परन्तु अभिव्यक्ति में पृथिवी कारण है । क्योंकि जल का अव्यक्त रस है और जल का जब पार्थिव द्रव्यों के साथ सम्पर्क होता है उस समय ही रस व्यक्त होता है । तथा विशेष (मधुराम्ल आदि भिन्नता) में आकाश आदि तीनों कारण हैं । मूलश्लोक में–विशेषे च–में कहे गए चकार से–पृथिवी और जल भी विशेष में कारण हैं ऐसा कहा

१—'गुणकर्म प्रवक्ष्यते' इति पाठान्तरम् । योगीन्द्रनाथसेनेन तु पद्यार्धमिदमत्र न पठितम् । तेन हि 'किञ्चिद्दोषप्रशमनमित्यादि श्लोकात्पूर्वमिदं पठितम् ।

२—उपनिषदि च—पृथिव्या ओषधयः, ओषधिभ्योऽन्नम्, अन्नाद्रेतः, रेतसः पुरुषः, स वा एष पुरुषोऽन्नरसमयः, इत्युक्तम् । तेन पुरुषो रसमय इत्यवगम्यते । तथा च रसमयस्य पुरुषस्य रसेनैव दोषसाम्यं करणीयम् । अतोऽपि रसस्य प्राधान्यम् वीर्यविपाकादयोऽपि प्रायशो रसाश्रिता एव ।

३—वैशेषिकेऽपि–रसो रसनेन्द्रियग्राह्यः, पृथिव्युदकवृत्तिः, जीवनपुष्टिबलारोग्यनिमित्तं रसनसहकारी मधुराम्ललवणकटुतिक्तकषायभेदभिन्नः । अतः वैशेषिककारोऽपि पृथिव्युदके आधारकारणे वक्ति । अतः सुश्रुते यद् आप्यो रस इत्युक्तं तदसाधु । न, आपो हि निसर्गेण रसवत्यः, क्षितिस्त्वपामेव रसेन नित्यानुषक्तेन रसवतीत्युच्यते । यतो नित्यः क्षितेर्जलसम्बन्धः । वचनं हि—विष्टं ह्यपरं परेण इति । तथा चोपनिषदि—तस्माद्वा एतस्मादात्मन आकाशः सम्भूतः । आकाशाद्वायुः । वायोरग्निः । अग्नेरापः । अद्भ्यः पृथिवी ॥ अतः आकाशवाय्वग्निजलक्षितीनामुत्तरोत्तरे भूते पूर्वभूतस्य नित्यमनुप्रवेशः, तत्कृतश्चाकाशादिषु गुणोत्कर्षः ।

गया है। अथवा यद्यपि पृथिवी और जल भी विशेष में कारण हैं तो भी 'सोमगुणातिरेकान्मधुरः' (सोमगुण के आधिक्य से मधुर रस होता है) इत्यादि में आकाश आदि तीनों इस प्रकार न्यूनत्वेन सन्निविष्ट होते हैं जिससे सोमगुण ही प्रधान रहे। अतः हम यह कह सकते हैं कि आकाश आदि तीनों ही विशेष में कारण हैं ॥६३॥

स्वादुरम्लोऽथ लवणः कटुकस्तिक्त एव च।
कषायश्चेति षट्कोऽयं रसानां संग्रहः स्मृतः ॥६४॥

१. मधुर, २. अम्ल (खट्टा), ३. लवण (नमकीन), ४. कटु (कड़ुवा, मरिच आदि), ५. तिक्त (तीत, नीम आदि), ६. कषाय (कसैला); संक्षेप से यह छः रस हैं। कई क्षार को भी रस मानकर सात संख्या मानते हैं। परन्तु अग्निवेश क्षार को रस नहीं मानता। अतएव आगे कहेगा-'क्षरणात् क्षारो नासौ रसः' इत्यादि। इन रसों के परस्पर संयोग से रसों का बाहुल्य होता है ॥६ ॥

स्वाद्वम्ललवणा वायुं, कषायस्वादुतिक्तकाः।
जयन्ति पित्तं, श्लेष्माणं कषायकटुतिक्तकाः ॥६५॥

इन छहों रसों में से मधुर, अम्ल तथा लवण; वात को शान्त करते हैं। कषाय (कसैला), मधुर, तथा तिक्त; पित्त को शान्त करते हैं। और कषाय (कसैला), कटु तथा तिक्त; कफ को शान्त करते हैं। जो-जो रस जिस-जिस दोष को शान्त नहीं करता वह-वह उस-उस दोष को बढ़ानेवाला जानना चाहिये। जैसे कहा गया है कि—मधुर, खट्टा तथा नमकीन वात को शान्त करते हैं। इससे यह स्पष्ट हो गया है कि शेष तीन रस कटु, तिक्त एवं कषाय वात को बढ़ानेवाले हैं। अतएव वाग्भट में कहा भी है—

तत्राद्या मारुतं घ्नन्ति त्रयस्तिक्तादयः कफम्।
कषायतिक्तमधुराः पित्तमन्ये तु कुर्वते ॥

रसों के कर्मनिर्देश से ही प्रायशः वीर्य, विपाक आदि के कर्म को समझ लेना चाहिये। क्योंकि शास्त्र से रस के अनुसार ही 'आत्रेयभद्रकाप्यीय' नामक अध्याय में वीर्य, विपाक आदि का वर्णन किया गया है ॥६५॥

प्रथम यह कहा गया है कि अब हम यथाद्रव्य गुणों के कर्म कहेंगे, अतः हमें यह जानना चाहिये कि आयुर्वेद की दृष्टि से द्रव्य कितने प्रकार के हैं। अतः उनका वर्गीकरण किया जाता है—

किंचिद्दोषप्रशमनं किंचिद्धातुप्रदूषणम्।
स्वस्थवृत्तौ हितं किंचित्त्रिविधं द्रव्यमुच्यते ॥६६॥

द्रव्य तीन प्रकार के हैं। १—दोषप्रशमन[1] द्रव्य—अर्थात् जो द्रव्य दुष्ट हुए वात, पित्त आदि धातु को शान्त करते हैं। २—धातुप्रदूषण—अर्थात् जो द्रव्य प्रकृतिस्थित वात पित्त, कफ आदि धातु को दूषित करते हैं। ३—स्वस्थवृत्तोपयोगी—अर्थात् जो स्वस्थवृत्त (Hygiene) के लिये उपयोगी हैं। अर्थात् जो अदुष्ट वात, पित्त तथा कफ को दूषित न होने दें। यहाँ पर दोष शब्द से दुष्ट रस आदि सात धातुओं का तथा धातु शब्द से अदुष्ट रस आदि सात धातुओं का भी साथ साथ ही ग्रहण करना चाहिये ॥६६॥

तत्पुनस्त्रिविधं ज्ञेयं जाङ्गमौद्भिदपार्थिवम्।

पुनः दृष्टि भेद से द्रव्यों का वर्गीकरण करते हैं—द्रव्य तीन प्रकार के हैं। १—जाङ्गम अर्थात् जो द्रव्य पशु आदि जङ्गम प्राणियों से लिये जाते हैं। २—औद्भिद अर्थात् बनस्पति लता आदि। लता आदि यतः पृथिव को भेदकर निकलते हैं (उद्भिद्य जायन्ते) अतः इन्हें उद्भिज्ज या उद्भिद् कहते हैं। इन उद्भिद की त्वचा, मूल, पुष्प आदि को औद्भिद कहते हैं। ३—पार्थिव अर्थात् पृथ्वी सम्बन्धी जो खान आदि से निकलते हैं। इन औषधियों का अधिकतर प्रयोग रसचिकित्सा में है। रस, उपरस, धातु, उपधातु, रत्न आदि इसी के अन्तर्गत होते हैं।

मधूनि गोरसाः पित्तं वसा मज्जासृगामिषम् ॥६७॥
विण्मूत्रं चर्म रेतोऽस्थि स्नायु शृङ्गं खुरा नखाः।
जङ्गमेभ्यः प्रयुज्यन्ते केशा लोमानि रोचनाः ॥६८॥

जाङ्गम द्रव्य कौन २ से हैं—मधु (शहद), गोरस (दूध), पित्त (Bile), वसा (चर्बी), मज्जा, असृक् (रक्त), आमिष (मांस), विट् (मल), मूत्र, चर्म, रेतस् (वीर्य), अस्थि (हड्डी), स्नायु, (Ligaments) शृङ्ग (सींग), नख, खुर, केश, लोम, रोचना, (शुष्क पित्त); जङ्गम प्राणियों के ये ये द्रव्य प्रयुक्त होते हैं ॥६७-६८॥

सुवर्णं समलाः पञ्च लोहाः ससिकताः सुधाः।
मनःशिलाले मणयो लवणं गैरिकाञ्जने ॥६९॥

पार्थिव द्रव्य कौन २ से हैं—सुवर्ण (सोना), मल (मण्डूर) सहित पाँच लोह (धातु) अर्थात् चाँदी, ताँबा, त्रपु (कलई, Tin), सीसा (Lead), लोहा, सिकता (बालू), सुधा (चूना), मनःशिला, हरिताल, मणियाँ (सम्पूर्ण रत्न, उपरत्न), लवण (नमक), गैरिक (गेरू), अञ्जन (सुरमा, Antimony); ये पार्थिव औषध हैं। पारद, जस्त, कांसी, पीतल आदि अवशिष्ट धातुओं को भी इसी के अन्तर्गत समझना चाहिये। इसी प्रकार रस, महारस, उपरस (जाङ्गम औद्भिदरहित[1]) उपधातु, मिश्रधातु तथा गोदन्त आदि पत्थर पार्थिव द्रव्य ही जानने चाहिये। यहाँ पर कई व्याख्याकार मल शब्द से शिलाजीत का ग्रहण करते हैं। यह भी पार्थिव द्रव्य है। यह सूर्य की प्रखर किरणों द्वारा पिघलकर पत्थरों से अलग हो जाता है ॥६६॥

भौममौषधमुद्दिष्टमौद्भिदं तु चतुर्विधम्।
वनस्पतिर्वीरुधश्च वानस्पत्यस्तथौषधिः ॥७०॥
फलैर्वनस्पतिः, पुष्पैर्वानस्पत्यः फलैरपि।

१—यहाँ पर 'दोषप्रशमन' तथा 'धातुप्रदूषण' पदों से यह भी स्पष्ट हो जाता है कि वात, पित्त तथा कफ जब प्रकृतिस्थित अथवा अदुष्ट होते हैं तो 'शरीर का धारण करने' से (धारणात्) धातु कहलाते हैं। जब यही दुष्ट हो जाते हैं तो 'शरीर का दूषण करने से' (दूषणात्) दोष कहाते हैं। इसी प्रकार 'दोषसाम्यमरोगिता' तथा 'धातुसाम्यक्रिया चोक्ता तन्त्रस्यास्य प्रयोजनम्' इत्यादि स्थल पर वात, पित्त तथा कफ के लिए ही दोष एवं धातु दोनों पद पढ़े गये हैं। परन्तु चूँकि धातु शब्द से रस, रक्त आदि सात धातुओं का ग्रहण हो जाता है अतः पार्थक्य दिखाने के लिये अदुष्ट वात आदि के लिये भी तन्त्र में अन्यत्र प्रायशः दोष शब्द का ही प्रयोग किया गया है।

१—महारस उपरस आदि में जो द्रव्य जाङ्गम अर्थात् अग्निजार, शुक्ति, शंख आदि हैं तथा औद्भिद कङ्कुष्ठ आदि का पार्थिव द्रव्यों में परिगणन करना चाहिये।

ओषध्यः फलपाकान्ताः, प्रतानैर्वीरुधः स्मृताः ॥७१॥

औद्भिद द्रव्य चार प्रकार के हैं। १-वनस्पति, २-वीरुध, ३-वानस्पत्य और ४-ओषधि। वनस्पति उन्हें कहते हैं जिन में पुष्प के विना ही फल आ जाय, जैसे गूलर। जिनमें पुष्प के बाद फल आये उन्हें वानस्पत्य कहते है जैसे आम आदि। जो फल के पकने के बाद स्वयं सूखकर गिर पड़ें उन्हें औषधि कहते हैं जैसे गेहूँ, तिल आदि। जिनके प्रतान निकलते हों उन्हें वीरुध कहते हैं। इसमें लता (बेलें) तथा गुल्मों (झाड़) का समावेश करना चाहिये॥७०-७१॥

मूलत्वक्सारनिर्यासनालस्वरसपल्लवाः ।
क्षाराः क्षीरं फलं पुष्पं भस्म तैलानि कण्टकाः ॥७२॥
पत्राणि शुङ्गाः कन्दाश्च प्ररोहाश्चौद्भिदो गणः[१] ।

वनस्पति आदि उद्भिदों से—मूल (जड़), त्वक् (छाल), सार (मध्यकाष्ठ, बीच की लकड़ी), निर्यास (गोंद, सर्जरस, लाक्षा आदि), नाल (पद्मनाल आदि), स्वरस, पल्लव (नूतन पत्ते), क्षार, क्षीर (दूध), फल, फूल, भस्म, तैल, कण्टक (कांटे), पत्ते, शुङ्ग (पत्राङ्कुर), कन्द तथा प्ररोह (अङ्कुर अथवा जटा-वटजटा आदि) प्रयुक्त होते हैं। ये औद्भिदगण कहलाते हैं॥७२॥

द्रव्य के वर्गीकरण के पश्चात् जाङ्गम, औद्भिद एवं पार्थिव द्रव्यों में उदाहरणार्थ कुछ एक प्रशस्त औषधियों को वर्गीकरण द्वारा आचार्य दिखलाते हैं—

मूलिन्यः षोडशैकोनाः फलिन्यो विंशतिः स्मृताः ॥७३॥
महास्नेहाश्च चत्वारः पञ्चैव लवणानि च ।
अष्टौ मूत्राणि सङ्ख्यातान्यष्टावेव पयांसि च ॥७४॥
शोधनार्थाश्च षड्वृक्षाः पुनर्वसुनिदर्शिताः ।
य एतान् वेत्ति संयोक्तुं विकारेषु स वेदवित् ॥७५॥

मूलिनी (प्रयोगार्थ मूल अर्थात् जड़ है प्रशस्त जिनकी) सोलह हैं। फलिनी (प्रयोगार्थ प्रशस्त फलवाली) उन्नीस हैं। महास्नेह चार हैं। लवण पाँच हैं। मूत्र आठ हैं और दूध भी आठ ही हैं। तथा महर्षि पुनर्वसु ने संशोधन के लिये ६ वृक्ष बताये हैं। संशोधन से अभिप्राय वमन आदि द्वारा शरीर शुद्धि करना है। जो पुरुष विकारों में इनका प्रयोग कराना जानता है, वह ही आयुर्वेदज्ञ है, वैद्य है॥७३-७५॥

हस्तिदन्ती हैमवती श्यामा त्रिवृदधोगुडा ।
सप्तला श्वेतनामा च प्रत्यक्श्रेणी गवाक्ष्यपि ॥७६॥
ज्योतिष्मती च बिम्बी च शणपुष्पी विषाणिका ।
अजगन्धा द्रवन्ती च क्षीरिणी चात्र षोडशी ॥७७॥

मूलिनी ओषधियाँ—१ हस्तिदन्ती (नागदन्ती, बड़ी दन्ती), २ हैमवती (वचा), ३ श्यामा (श्याम जड़ वाली त्रिवृत्), ४ त्रिवृत् (निशोथ, पंजाब में इसे त्रिवी कहते हैं), ५ अधोगुडा (वृद्धदारक, विधारा), ६ सप्तला (सातला), ७ श्वेतनामा (श्वेता, श्वेत अपराजिता, सफेद कोयल), ८ प्रत्यक्श्रेणी (दन्ती), ९ गवाक्षी (इन्द्रायण), १० ज्योतिष्मती (मालकांगनी), ११ बिम्बी (कड़वी कन्दुरी), १२ शणपुष्पी, १३ विषाणिका (आवर्तकी, मरोड़फली अथवा मेषशृङ्गी), १४ अजगन्धा (काकाण्डी या अजमोदा), १५ द्रवन्ती (दन्तीभेद), १६ क्षीरिणी (स्वर्णक्षीरी, चोक अथवा दुग्धिका) ये १६ मूलिनी ओषधि हैं। इसमें कई व्याख्याकार क्षीरिणी से दुग्धिका (दूधी) का ग्रहण करते हैं। 'अजगन्धा' के स्थल पर यदि 'गन्धपुष्पा' ऐसा पाठ किया जाय तो अच्छा हो। गन्धपुष्पा से नीलिनी का ग्रहण होता है। इसका मूल विरेचन के लिये प्रयुक्त होता है॥७६-७७॥

सोलह मूलिनी निर्देश करके उनका प्रयोग दर्शाते हैं—

शणपुष्पी च बिम्बी च छर्दने हैमवत्यपि ।
श्वेता ज्योतिष्मती चैव योज्या शीर्षविरेचने ॥७८॥
एकादशावशिष्टा याः प्रयोज्यास्ता विरेचने ।
इत्युक्ता नामकर्मभ्यां मूलिन्यः,

शणपुष्पी, बिम्बी, वचा; इनकी जड़ वमन के लिये प्रयुक्त करायी जाती है। श्वेता (श्वेता अपराजिता, सफेद कोयल), मालकंगनी; इनकी जड़ शिरोविरेचन के लिये प्रशस्त है। शेष ग्यारह औषधियों की जड़ें विरेचनार्थ प्रयुक्त होती हैं। इस प्रकार मूलिनी औषधियों के नाम तथा कर्म बता दिये गये हैं। अब फलिनी औषधियों का वर्णन करते हैं—

फलिनीः शृणु ॥७९॥

शङ्खिन्यथ विडङ्गानि त्रपुषं मदनानि च ।
आनूपं स्थलजं चैव क्लीतकं द्विविधं स्मृतम् ॥८०॥
धामार्गवमथेक्ष्वाकु जीमूतं कृतवेधनम् ।
प्रकीर्या चोदकीर्या च प्रत्यक्पुष्पी तथाऽभया ॥८१॥
अन्तःकोटरपुष्पी च हस्तिपर्ण्याश्च शारदम् ।
कम्पिल्लकारग्वधयोः फलं यत्कुटजस्य च ॥८२॥

१ शंखिनी (यवतिक्ता या चोरपुष्पी), २ विडङ्ग (वायविडङ्ग), ३ त्रपुष (खीरा, यहाँ पर तिक्त रसवाले खीरे का ग्रहण करना चाहिये), ४ मदन (मैनफल), ५ आनूप क्लीतक (जलज मुलहठी), ६ स्थलज क्लीतक, ७ प्रकीर्या (करंजुआ, लताकरञ्ज), ८ उदकीर्या (वृक्षकरञ्ज), ९ प्रत्यक्पुष्पी (अपामार्ग, ओंगा, चिरचिटा, पुठकण्डा), १० अभया (हरड़), ११ अन्तःकोटरपुष्पी (नील वुन्हा), १२ हस्तिपर्णी (कर्कटी) का शरद् ऋतु में लगने वाला फल, १३ कम्पिल्ल (कमीला), १४ आरग्वध[१] (अमल-

१—द्रव्याणि पुनरोषधयस्ता द्विविधा स्थावरा जङ्गमाश्च। तासां स्थावराश्चतुर्विधाः—वनस्पतयो वृक्षा वीरुध ओषधय इति। तास्वपुष्पाः फलवन्तो वनस्पतयः। पुष्पफलवन्तो वृक्षाः। प्रतानवत्यः स्तम्बिन्यश्च वीरुधः। फलपाकनिष्ठा ओषधय इति। जङ्गमास्वपि चतुर्विधाः-जरायुजाण्डजस्वेदजोद्भिज्जाः। तत्र मनुष्यपशुव्यालादयो जरायुजाः। खगसर्पसरीसृपप्रभृतयोऽण्डजाः। कृमिकीटपिपीलिकाप्रभृतयः स्वेदजाः। इन्द्रगोपमण्डूकप्रभृतय उद्भिज्जाः॥

तत्र स्थावरेभ्यस्त्वक्पत्रपुष्पफलमूलकन्दनिर्यासस्वरसादयः प्रयोजनवन्तः। जङ्गमेभ्यश्चर्मनखरोमरुधिरादयः॥ पार्थिवाः सुवर्णरजतमणिमुक्तामनःशिलामृत्कपालादयः इति॥

यानि द्रव्याणि स्थावरसंज्ञया सुश्रुते उक्तानि तान्येव औद्भिदसंज्ञया चरके इति न विशेषः।

१—सुश्रुते आरग्वधस्य पत्राणि प्राधान्येनोक्तानि अत्र च

तास) तथा १५ कुटज (कुडा का फल, इन्द्रजौ), १६ धामार्गव (पीले फूल वाली घोषालता), इक्ष्वाकु (कटुतुम्बी), १८ जीमूत (देवदाली), १९ कृतवेधन (कोशातकी अथवा मालकाँगनी); ये उन्नीस औषधि फलिनी कहलाती हैं। इनमें चक्रपाणि ने हस्तिपर्णी से मोरट का ग्रहण किया है। परन्तु धन्वन्तरिनिघण्टु तथा[1] राजनिघण्टु में कर्कटी त्रपुष के पर्यायशब्दों में हस्तिपर्णी तथा हस्तिपर्णिनी शब्द पढ़े गये हैं। ये दोनों तिक्त रसवाले वमन आदि में भी प्रशस्त हैं। परन्तु त्रपुष पृथक् पढ़ा गया है अतः पारिशेष्यात् कर्कटी अर्थ ही उपयुक्त है ॥ ८०—८२॥

अब फलिनी औषधियों के कर्म बताते हैं—

धामार्गवमथेक्ष्वाकु जीमूतं कृतवेधनम्।
मदनं कुटजं चैव त्रपुषं हस्तिपर्णिनी ॥८३॥
एतानि वमने चैव योज्यान्यास्थापनेषु च।
नस्तःप्रच्छर्दने चैव प्रत्यक्पुष्पी विधीयते ॥८४॥
दश यान्यवशिष्टानि तान्युक्तानि विरेचने।
नामकर्मभिरुक्तानि फलान्येकोनविंशतिः ॥८५॥

धामार्गव (पीले फूलवाली घोषालता), कटुतुम्बी, जीमूत (देवदाली, घोषालता), कृतवेधन (कोशातकी, कड़वी तुरई), मैनफल, कुटज (कुड़ा, इसका फल इन्द्रजौ), त्रपुष (तिक्त खीरा), हस्तिपर्णिनी (तिक्तकर्कटी); उपर्युक्त उन्नीस औषधियों में से इन आठ औषधियों का फल वमन तथा आस्थापन (रूक्षवस्ति) के लिए प्रयुक्त होता है। नस्तःप्रच्छर्दन अर्थात् शिरोविरेचन या नस्य के लिये अपामार्ग का प्रयोग होता है।

अवशिष्ट दस औषधियों के फल विरेचन के लिये प्रयुक्त होते हैं। इस प्रकार नाम एवं उनके कर्म द्वारा उन्नीस फलों का निर्देश कर दिया गया है। यद्यपि सुश्रुत में मुलहठी की जड़ को ही प्रधान माना गया है और व्यवहार भी जड़ का ही होता है तो भी विरेचन के लिये दोनों मुलहठियों के फल को ही उत्तम जानना चाहिये ॥८३—८५॥

अब चारों महास्नेहों का परिगणन किया जाता है—

सर्पिस्तैलं वसा मज्जा स्नेहो दृष्टश्चतुर्विधः।
पानाभ्यञ्जनवस्त्यर्थं नस्यार्थं चैव योगतः ॥८६॥

१ घृत, २ तैल, ३ वसा (चर्बी), ४ मज्जा (Marrow) ये चार प्रकार के स्नेह (Fat) हैं। इनका पान (पीना), अभ्यञ्जन (मालिश), बस्ति तथा नस्य द्वारा प्रयोग होता है ॥८६॥

स्नेहना जीवना बल्या वर्णोपचयवर्धनाः।
स्नेहा ह्येते च विहिता वातपित्तकफापहाः ॥८७॥

स्नेहों के गुण—स्नेह शरीरको स्निग्ध करते हैं, जीवनीय शक्ति अर्थात् (Vitality) को बढ़ाते हैं, वर्ण के लिये हितकर हैं, बल तथा उपचय अर्थात् शरीर के गठन को बढ़ाते हैं। ये चारों स्नेह दुष्ट वात, पित्त एवं कफ को नष्ट करते हैं ॥८७॥

अब पाँचों लवणों के नाम गुण आदि बताये जाते हैं—

सौवर्चलं सैन्धवं च बिडमौद्भिदमेव[1] च।
सामुद्रेण सहैतानि पञ्च स्युर्लवणानि च ॥८८॥

१ सौवर्चल (सौंचलनमक, कालानमक), २ सैन्धव (सैन्धानमक), ३ बिडलवण, ५ औद्भिदलवण (रेह का नमक) तथा सामुद्र (समुद्र के जल को शोषित करने से उत्पन्न हुआ नमक); ये पाँच लवण हैं। चक्रपाणि कहता है कि कई एक व्याख्याकार औद्भिदलवण से साँभर नमक का ग्रहण करते हैं ॥८८॥

स्निग्धान्युष्णानि तीक्ष्णानि दीपनीयतमानि च।
आलेपनार्थे युज्यन्ते स्नेहस्वेदविधौ तथा ॥८९॥
अधोभागोर्ध्वभागेषु निरूहेष्वनुवासने।
अभ्यञ्जने भोजनार्थे शिरसश्च विरेचने ॥९०॥
शस्त्रकर्मणि वर्त्यर्थमञ्जनोत्सादनेषु च।
अजीर्णानाहयोर्वाते गुल्मे शूले तथोदरे ॥९१॥
उक्तानि लवणान्यूर्ध्वं,

ये पाँचों नमक स्निग्ध, उष्ण (गरम), तीक्ष्ण तथा दीपनीयतम (अर्थात् अग्नि का अत्यन्त दीपन करनेवाले) हैं। ये लवण आलेपन के लिये, अधोभाग तथा ऊर्ध्वभाग (शरीर का ऊपर का हिस्सा) में स्नेहन तथा स्वेदन करने के लिये, निरूह (रूक्षवस्ति, आस्थापन) में; अनुवासन (स्निग्ध वस्ति) में; अभ्यञ्जन (मालिश) में; वर्ति (Suppositories) के लिये; अञ्जन तथा उत्सादन (उबटना), अजीर्ण, आनाह, दुष्टवात, गुल्म, शूल एवं उदररोग में; उपयुक्त होता है। इस प्रकार नाम, गुण तथा कर्म द्वारा पाँचों नमक बता दिये गये हैं ॥८९—९१॥

लवणपञ्चक के बाद मूत्राष्टक का वर्णन किया जाता है—

मूत्राण्यष्टौ निबोध मे।
मुख्यानि यानि ह्यष्टानि सर्वाण्यात्रेयशासने ॥९२॥
अविमूत्रमजामूत्रं[2] गोमूत्रं माहिषं तथा।
हस्तिमूत्रमथोष्ट्रस्य हयस्य च खरस्य च ॥९३॥

अब मुझ से आठों मूत्रों को जानो जो इस आत्रेयशासन अर्थात् आत्रेय के उपदेश स्वरूप इस मन्त्र में मुख्यतया वर्णित हैं। यह महर्षि अग्निवेश का वचन है। वे आठ मूत्र ये हैं—१ अवीमूत्र (भेड़का मूत्र), २ अजामूत्र (बकरी का मूत्र), ३ गोमूत्र, ४

फलम्। अतः व्रणधावनादौ शल्यकर्मणि पत्राणां प्राधान्यं ज्ञेयम्। कायचिकित्सायान्तु पञ्चकर्मोद्दिष्ट-विरेचनकारित्वेन फलस्यैव प्राधान्यमवगन्तव्यमतो न विरोधः ?

१—राजनिघण्टौ यथा—अथ कर्कटी कटुदला छर्दापनीका च पीनसा मूत्रफला। त्रपुसी च हस्तिपर्णी लोमशकण्टा च मूत्रला नागमिता ॥ धन्वन्तरिनिघण्टौ त्रपुषपर्यायाणि—त्रपुसं कटुकं तिक्तं विपाण्डुर्हस्तिपर्णिनी। दीर्घपर्णी मूत्रफला लता कर्कटिकापि च ॥

१—अन्यत्रापि लवणपञ्चकं यथा—सैन्धवं रुचकं चैव विडमौद्भिदमेव च। सामुद्रेण समायुक्तं ज्ञेयं लवणपञ्चकम् ॥ एकद्वित्रिचतुष्पञ्चलवणानि क्रमाद्विदुः ॥ अत्र रुचकविडे पाक्ये कृत्रिमे लवणे। पाकसरणिश्च रसतरङ्गिण्यां द्रष्टव्या।

२—अवीमूत्रमित्यादौ स्त्रीमूत्रमेव प्रशस्तं लिङ्गविपरिग्रहाद्दर्शयति—यतः स्त्रीणां लघ्वङ्गत्वान्मूत्रमपि लघु, वचनं हि 'लाघवं जातिसामान्ये स्त्रीणां, पुंसां च गौरवम्' इति चक्रः।

माहिषमूत्र (भैंस का मूत्र), ५ हस्तिमूत्र (हाथी का मूत्र), ६ उष्ट्रमूत्र (ऊँट का मूत्र), ७ हयमूत्र (घोड़े का मूत्र) ८ खरमूत्र (गदहे का मूत्र) । यहाँ पर यद्यपि हस्तिमूत्र इत्यादि में हस्ति आदि शब्द पुंलिङ्ग पढ़े गये हैं परन्तु पूर्वोक्त अवि इत्यादि में स्त्रीलिङ्ग निर्देश से तथा स्त्री जाति का मूत्र लघु होने के कारण प्रशस्त होने से हस्तिनी इत्यादि का ही मूत्र ग्रहण किया जाता है । यह चक्रपाणि का मत है । परन्तु मूत्रगुण दर्शाते हुए अवि, अजा, गौ और महिषी को छोड़कर शेष हस्ति, उष्ट्र, खर तथा वाजि का नाम सर्वत्र पुलिङ्ग पढ़ा जाता है । इसी बात को देखते हुए भावप्रकाश में कहा है—

गोऽजाविमहिषीणान्तु स्त्रीणां मूत्रं प्रशस्यते ।

खरोष्ट्रेभनराश्वानां पुंसां मूत्रं हितं स्मृतम् ॥

अर्थात् स्त्रीवाची गौ, बकरी, भेड़ तथा भैंस; इनका मूत्र तथा पुंवाची गदहा, ऊँट, हाथी, मनुष्य तथा घोड़ा इनका मूत्र हितकर होता है ।

कईयों का मत है कि जहाँ सामान्यतः ही कहा गया हो वहाँ पुंवाची और स्त्रीवाची दोनों का ही ले सकते हैं । परन्तु यदि विशेष निर्देश हो तो वहाँ वैसा ही लेना चाहिये ॥

मूत्राष्टक के पश्चात् मूत्रों के सामान्यतः गुण दर्शाये जाते हैं—

उष्णं तीक्ष्णमथो रूक्षं कटुकं लवणान्वितम् ।
मूत्रमुत्सादने युक्तं युक्तमालेपनेषु च ॥९४॥
युक्तमास्थापने मूत्रं युक्तं चापि विरेचने ।
स्वेदेष्वपि च तद्युक्तमानाहेष्वगदेषु च ॥९५॥
उदरेष्वथ चार्शःसु गुल्मकुष्ठकिलासिषु ।
तद्युक्तमुपनाहेषु परिषेके तथैव च ॥९६॥
दीपनीयं विषघ्नं च क्रिमिघ्नं चोपदिश्यते ।
पाण्डुरोगोपसृष्टानामुत्तमं[1] शर्म चोच्यते ॥९७॥

सामान्यतः मूत्र—उष्ण (गरम), तीक्ष्ण, रूक्ष (रूखा) लवणयुक्त, कटुरसवाला है । मूत्र-उत्सादन (मलना Inunction) आलेपन, आस्थापन (रूक्षवस्ति), विरेचन तथा स्वेद (Fomentation) इन कर्मों में उपयोगी है । आनाह, उदररोग, अर्श (बवासीर, Piles) गुल्म, कुष्ठ (त्वचा के रोग Skin disease), किलास (श्वित्र, Leucoderma श्वेत कुष्ठ) आदि रोगों में हितकर है । इसका अगदों (विषनाशक औषधों) में भी प्रयोग होता है । उपनाहों (Poultices) में तथा परिषेक द्वारा भी यह प्रयुक्त किया जाता है । यह दीपन है तथा विष एवं कृमियों (कीड़ों) को नष्ट करनेवाला कहा जाता है । पाण्डुरोग से पीड़ित रोगियों के लिये उत्तम है तथा सुख अर्थात् आरोग्य का देनेवाला है । यहाँ पर 'कटुकं लवणान्वितम्' का अर्थ कई व्याख्याकार लवण से युक्त कटु ऐसा करते हैं जिससे उनका अभिप्राय यह है कि मूत्र में प्रधान रस कटु है तथा लवणरस अनुरस है । वाग्भट में भी ऐसा ही कहा गया है—'पित्तलं रूक्षतीक्ष्णोष्णं लवणानुरसं कटु' इत्यादि । तथा दूसरे 'लवणान्वितम्' पद से मूत्र में नमक (Sodium chloride) का अस्तित्व भी स्वीकार करते हैं । 'स्वेदेष्वपि च तद्युक्तं इस वाक्य से जहाँ सेक (Fomentation) द्वारा मूत्र का उपयोग जाना जाता है वहाँ साथ ही साथ पसीना लाने वाला गुण (Diaphoratic action) भी जानना चाहिये ॥९४—९७॥

श्लेष्माणं शमयेत्पीतं मारुतं चानुलोमयेत् ।
कर्षेत्पित्तमधोभागमित्यस्मिन् गुणसंग्रहः ॥९८॥
[1]सामान्येन मयोक्तस्तु,

मूत्र—अन्तःप्रयोग द्वारा कफ को शान्त करता है, वात का अनुलोमन करता है और पित्त (Bile) को अधोभाग की ओर खींच कर निकाल देता है । (Cholagogue) ये सामान्यतः संक्षेप से गुण कहे गये हैं ॥९८॥

अब आठों मूत्रों के गुण पृथक् २ कहे जायँगे—

पृथक्त्वेन प्रवक्ष्यते ।
अविमूत्रं सतिक्तं स्यात्स्निग्धं पित्ताविरोधि च ॥
आजं कषायमधुरं पथ्यं दोषान्निहन्ति च ॥९९॥
गव्यं समधुरं किञ्चिद्दोषघ्नं क्रिमिकुष्ठनुत् ।
कण्डूघ्नं शमयेत्पीतं सम्यग्दोषोदरे हितम् ॥१००॥
अर्शःशोफोदरघ्नं तु सक्षारं माहिषं सरम् ।
हास्तिकं लवणं मूत्रं हितं तु क्रिमिकुष्ठिनाम् ॥१०१॥
प्रशस्तं बद्धविण्मूत्रविषश्लेष्मामयार्शसाम् ।
सतिक्तं श्वासकासघ्नमर्शोघ्नं चौष्ट्रमुच्यते ॥१०२॥
वाजिनां तिक्तकटुकं कुष्ठव्रणविषापहम् ।
खरमूत्रमपस्मारोन्मादग्रहविनाशनम् ॥
इतीहोक्तानि मूत्राणि यथासामर्थ्ययोगतः[2] ॥१०३॥

अविमूत्र (भेड़ का मूत्र)—तिक्तरस युक्त, स्निग्ध तथा पित्ता-

---

1 —'सर्वथोच्यते' इति पाठान्तरम् ।

1—वृद्धवाग्भटे सामान्यतो मूत्रगुणप्रदर्शनं यथा —

मूत्रं गोऽजाविमहिषीगजाश्वोष्ट्रखरोद्भवम् । पित्तलं रूक्षतीक्ष्णोष्णं लवणानुरसं कटु ॥ कृमिशोफोदरानाहशूलपाण्डुकफानिलान् । गुल्मारुचिविषश्वित्रकुष्ठार्शांसि जयेल्लघु ॥ विरेकास्थापनालेपस्वेदादिषु च पूजितम् । दीपनं पाचनं भेदि इत्यादि ।

२—राजनिघण्टौ मूत्राणां पृथक्तया गुणवर्णनं यथा—गोमूत्रं कटु तिक्तोष्णं कफवातहरं लघु । पित्तकृद्दीपनं मेध्यं त्वग्दोषघ्नं मतिप्रदम् । अजामूत्रं कटूष्णं च रूक्षं नाडीविषार्तिजित् । प्लीहोदरकफश्वासगुल्मशोफहरं लघु । आविकं तिक्तकटुकं मूत्रमुष्णं च कुष्ठजित् । दुर्नामोदरशूलाख्यशोफमेहविषापहम् । माहिषं मूत्रमानाहशोफगुल्माक्षिदोषनुत् । कटूष्णं कुष्ठकण्डूतिशूलोदररुजापहम् ॥ हस्तिमूत्रं तु तिक्तोष्णं लवणं वातभूतनुत् । तिक्तं कषायं शूलघ्नं हिक्काश्वासहरं परम् ॥ अश्वमूत्रं तु तिक्तोष्णं तीक्ष्णं च विषदोषजित् । वातप्रकोपशमनं पित्तकारि प्रदीपनम् ॥ औष्ट्रकं कटुतिक्तोष्णं लवणं पित्तकोपनम् । बल्यं जठररोगघ्नं वातदोषविनाशनम् ॥ खरमूत्रं कटूष्णं च क्षारं तीक्ष्णं कफापहम् । महावातापहं भूतकम्पोन्मादहरं परम् ॥ तथा चात्रान्ये निघण्टुग्रन्था अपि मूत्रगुणपरिज्ञानाय सम्यगवेक्षणीयाः । परस्परं रसभेदबाहुल्यमत्र दृश्यते तत्तु चिन्त्यमनुसन्धातव्यञ्च ।

वृद्धवाग्भटे पार्थक्येन मूत्रगुणवर्णनं यथा—तेषु गोमूत्रमुत्तमम् । श्वासकासहरं छागं पूरणात् कर्णशूलजित् । दद्यात् क्षारे किलासे च गजवाजिसमुद्भवम् । हन्त्युन्मादमपस्मारं कृमीन्मेहञ्च रासभम् ॥

विरोधि (पित्त का अविरोधि) होता है। पित्त का अविरोधि कहने का अभिप्राय यह है कि सामान्यतः मूत्र पित्तवर्धक होता है, परन्तु भेड़ का मूत्र पित्तवर्धक नहीं और न पित्त को शान्त करता है।

बकरी का मूत्र—कषाय एवं मधुर रस युक्त होता है, पथ्य (अथवा स्रोतों के लिये हितकर) है और दोषों को नष्ट करता है।

गोमूत्र—किंचित मधुर रस युक्त होता है, दोषों को नष्ट करता है। कृमि, कुष्ठ (त्वचा के रोग) तथा कण्डू (खुजली, खाज) को शान्त करता है। दोषोदर में भी गोमूत्र का विधिवत् पान हितकर है।

भैंस का मूत्र—अर्श (बवासीर, या किसी प्रकार के मांसांकुर, जैसे नासार्श (Polypus आदि), शोफ (Dropsy, Anasarca) तथा उदररोगों को नष्ट करता है। यह क्षारयुक्त एवं सर है।

हस्तिमूत्र—लवणरस होता है और कृमि, कुष्ठ (त्वचा के रोग), बद्धविट् (मलबन्ध, कब्ज), बद्धमूत्र (पेशाब बिलकुल न आना या खुलकर न आना), विषप्रभाव, कफरोग तथा अर्श के रोगियों के लिये हितकर है।

उष्ट्रमूत्र (ऊँट का मूत्र)—तिक्तरस युक्त होता है और श्वास, कास तथा अर्शोरोग को नष्ट करता है।

अश्वमूत्र (घोड़े का मूत्र)—तिक्त तथा कटुरस युक्त होता है। यह कुष्ठ (त्वचा के रोग), व्रण तथा विषदोष को नष्ट करता है।

खरमूत्र (गदहे का मूत्र)—अपस्मार, उन्माद तथा ग्रहदोष को नष्ट करता है।

इस प्रकार शक्तियोग के अनुसार मूत्रों का वर्णन किया गया है ॥९६—१०३॥

इसके बाद क्षीर अर्थात् दूध, इनके कर्म और गुण कहे जाते हैं—

अतः क्षीराणि वक्ष्यन्ते कर्म चैषां गुणाश्च ये।
अविक्षीरमजाक्षीरं गोक्षीरं माहिषं च यत् ॥
उष्ट्रीणामथ नागीनां वडवायाः स्त्रियास्तथा ॥१०४॥

अविक्षीर (भेड़ का दूध), बकरी का दूध, गौ का दूध, भैंस का का दूध, ऊँटनी का दूध, हथिनी का दूध, घोड़ी का दूध तथा स्त्री दूध; ये आठ दूध हैं, जो प्रायशः काम आते हैं ॥१०४॥

दूध के सामान्य गुण—

प्रायशो मधुरं स्निग्धं शीतं स्तन्यं पयः स्मृतम् ।
प्रीणनं बृंहणं वृष्यं मेध्यं बल्यं मनस्करम् ॥१०५॥
जीवनीयं श्रमहरं श्वासकासनिबर्हणम् ।
हन्ति शोणितपित्तं च सन्धानं विहतस्य च ॥१०६॥
सर्वप्राणभृतां सात्म्यं शमनं शोधनं तथा ।
तृष्णाघ्नं दीपनीयं च श्रेष्ठं क्षीणक्षतेषु च ॥१०७॥
पाण्डुरोगेऽम्लपित्ते च शोषे गुल्मे तथोदरे ।
अतीसारे ज्वरे दाहे श्वयथौ च विधीयते ॥१०८॥
योनिशुक्रप्रदोषेषु मूत्रेषु प्रदरेषु च ।
पुरीषे ग्रथिते पथ्यं वातपित्तविकारिणाम् ॥१०९॥
नस्यालेपावगाहेषु वमनास्थापनेषु च ।
विरेचने स्नेहने च पयः सर्वत्र युज्यते ॥११०॥

दूध प्रायशः मधुर, स्निग्ध, शीत (ठण्डा), स्तन्य (स्तनों के लिये हितकर अथवा दूध बढ़ानेवाला) माना गया है। यह तृप्ति करनेवाला, बृंहण (मांस को बढ़ानेवाला, पुष्ट करनेवाला), वृष्य (वीर्यवर्धक), मेध्य (मेधा अर्थात् बुद्धि के लिये हितकारी) बल्य (बलवर्धक), मनस्कर (मन को प्रसन्न करनेवाला), जीवनीय (जीवनशक्ति अर्थात् (Vitality) को बढ़ानेवाला), श्रमहर (थकावट को हरनेवाला), तथा श्वास एवं कास (खाँसी) को नष्ट करनेवाला है। दूध रक्तपित्त को नष्ट करता है, विहत अर्थात् चोट या घाव को भरता है अथवा भग्न को जोड़नेवाला है। दूध सम्पूर्ण प्राणियों के लिये सात्म्य है, शमन तथा शोधन है, तृष्णा अर्थात् अत्यन्त पिपासा (प्यास) को मिटाता है, अग्नि को प्रदीप्त करता है और क्षीण पुरुषों के लिये तथा क्षत (घाव) में श्रेष्ठ माना गया है। पाण्डुरोग, अम्लपित्त, शोष (राजयक्ष्मा अथवा देह का सूखना), गुल्म, उदररोग, अतीसार (दस्त), ज्वर, दाह (जलन) तथा श्वयथु (शोथ) में दूध का विधान है। योनिदोष, शुक्रदोष, अर्थात् वीर्यदोष, मूत्ररोग तथा प्रदर आदि रोगों में एवं पुरीष के ग्रथित होने पर (जब मल गाँठ की तरह आता हो) और वात किंवा पित्त के लिये दूध पथ्य है। नस्य, आलेप, अवगाहन, वमन, आस्थापन, विरेचन तथा स्नेहन कर्म; इन सबमें दूध का प्रयोग होता है ॥१०५—११०॥

यथाक्रमं क्षीरगुणानेकैकस्य पृथक्पृथक् ।
अन्नपानादिकेऽध्याये भूयो वक्ष्याम्यशेषतः ॥१११॥

क्रमानुसार एक २ दूध के पृथक् २ गुण अन्नपानादि के अध्याय में अशेषतः पुनः कहे जायेंगे ॥१११॥

अत्र पुनर्वसु महर्षि द्वारा उपदिष्ट शोधनार्थ ६ वृक्ष—जो कि फलिनी और मूलिनी से पृथक् हैं—कहे जायँगे। इनमें से भी तीन वृक्ष—जिनका दूध उपयुक्त होता है—पहिले कहे जाते हैं—

अथापरे त्रयो वृक्षाः पृथग्ये फलमूलिभिः ।
स्नुह्यर्काश्मन्तकास्तेषामिदं कर्म पृथक्पृथक् ॥११२॥

इसके बाद तीन वृक्ष—स्नुही (सेहुण्ड), अर्क (आक, मदार) तथा अश्मन्तक—जो कि फलिनी (एवं मूलिनियों से पृथक् हैं; उनके पृथक् २ कर्म निम्नलिखित हैं ॥११२॥

वमनेऽश्मन्तकं विद्यात्स्नुहीक्षीरं विरेचने ।
क्षीरमर्कस्य विज्ञेयं वमने सविरेचने ॥११३॥

वमन में अश्मन्तक का दूध, विरेचन में स्नुहीक्षीर (सेहुण्ड का दूध) तथा विरेचन और वमन दोनों में अर्कक्षीर (मदार का दूध) जानना चाहिये। अर्थात् वमन आदि कर्म में अश्मन्तक आदि के दूध का प्रयोग होता है ॥११३॥

इमांस्त्रीनपरान् वृक्षानाहुर्येषां हितास्त्वचः ।
पूतिकः कृष्णगन्धा च तिल्वकश्च तथा तरुः ॥११४॥

इनके बाद अन्य तीन वृक्ष जिनकी त्वचा काम में आती है, वर्णन करते हैं:—

पूतीक (कण्टकी करञ्ज, लताकरञ्ज), कृष्णगन्धा (शोभाञ्जन, सहिजन), तिल्वक (शावरलोध्र) ; ये अन्य तीन वृक्ष हैं ; जिनकी त्वचा शोधनार्थ उपयुक्त होती है ॥११४॥

विरेचने प्रयोक्तव्यः पूतिकस्तिल्वकस्तथा ।

कृष्णगन्धा परीसर्पे शोथेष्वशःसु चोच्यते[1] ॥११५॥
दद्रुविद्रधिगण्डेषु कुष्ठेष्वप्यलजीषु च ।
षडवृक्षाञ्छोधनानेतानपि विद्याद्विचक्षणः ॥११६॥

पूतीकत्वक् अथवा तिल्वकत्वक् का विरेचन के लिये उपयोग होता है और कृष्णगन्धा (शोभाञ्जन) त्वक् विसर्प, शोथ, अर्श, दद्रु, विद्रधि, गण्ड (ग्रन्थियाँ Glands), कुष्ठ (Skin disease) तथा अलजी प्रभृति व्याधियों में बहिःशोधक रूप में प्रयुक्त होता है। अन्तःविद्रधि आदि में इसका अन्तःप्रयोग भी हितकर होता है। इसके लेप से विसर्प आदि से दुष्ट स्थान के अन्तःस्थित दोषों का शोधन होता है। ज्ञानी वैद्य स्नुही आदि छः वृक्षों का भी यथावत् ज्ञान प्राप्त करे ॥११५-११६॥

इत्युक्ताः फलमूलिन्यः स्नेहाश्च लवणानि च ।
मूत्रं क्षीराणि वृक्षाश्च षड्ये[2] दृष्टाःपयस्त्वचः ॥११७॥

उपसंहार—फलिनी तथा मूलिनी ओषधियों के साथ ही स्नेह, लवण, मूत्र, दूध एवं छः वृक्ष जिनके दूध अथवा त्वचा (छाल) काम में आती है, वर्णन किया गया है ॥११७॥

ओषधीर्नामरूपाभ्यां जानते ह्यजपा वने ।
अविपाश्चैव गोपाश्च ये चान्ये वनवासिनः ॥११८॥

वनों में रहनेवाले अजप (गडरिये), अविप (भेड़ें पालनेवाले) तथा गोप (ग्वाले) एवं अन्य वनों में रहनेवाले मनुष्य वहाँ २ की ओषधियों को नाम एवं रूप द्वारा जानते हैं। कहने का अभिप्राय यह है कि आयुर्वेद के विद्यार्थियों को चाहिये कि वनों में घूम-घूम कर वहाँ के लोगों से ओषधियों के नाम एवं रूप को सीख लें। सुश्रुत में भी कहा है—

गोपालास्तापसा व्याधा ये चान्ये वनचारिणः ।
मूलाहाराश्च ये तेभ्यो भेषजव्यक्तिरिष्यते ॥११८॥

न नामज्ञानमात्रेण रूपज्ञानेन[1] वा पुनः ।
ओषधीनां परां प्राप्तिं कश्चिद्वेदितुमर्हति ॥११९॥

परन्तु केवल ओषधि के नामज्ञान से अथवा रूपज्ञान मात्र से उनकी प्राप्ति पर अर्थात् गुण अथवा सम्यग्योग (व्याधि आदि के अनुसार योजना अथवा परस्पर संयोग) कोई नहीं जान सकता। अर्थात् उनके गुणों तथा सम्यग्योग को जानने के लिये उत्तम २ वैद्यों की शरण में जाये ॥११९॥

[2]योगविन्नामरूपज्ञस्तासां तत्त्वविदुच्यते ।
किं पुनर्यो विजानीयादोषधीः सर्वथा भिषक् ॥१२०॥

ओषधियों की योजना एवं नाम और रूप को जाननेवाला ही ओषधियों के तत्त्व को जाननेवाला (तत्त्वज्ञ) कहलाता है। जो वैद्य ओषधियों को सर्वथा जानता है उसके लिये क्या कहना ?

गंगाधर ने इसकी अन्यथा व्याख्या की है—नाम और रूप को जानतेहुए जो ओषधियों के कर्म एवं गुण के अनुसार परस्पर संयोग अथवा प्रयोग को जानता है वह ही उनके तत्त्व को जाननेवाला कहलाता है। किन्तु जो मनुष्य सर्वथा प्रति पुरुष की परीक्षा एवं देश काल आदि की विवेचना के विना नाम, रूप, गुण, रस, वीर्य, विपाक, प्रभाव आदि को जानते हुए अन्य द्रव्य से संयोग तथा रोग के अनुसार ओषधियों के प्रयोग को जानता है, वह भिषक् (साधारण वैद्य) कहाता है ॥१२०॥

योगमासां तु यो विद्याद्देशकालोपपादितम्[3] ।
पुरुषं पुरुषं वीक्ष्य स विज्ञेयो भिषक्तमः[4] ॥१२१॥

जो मनुष्य प्रति पुरुष की परीक्षा करके देश और काल के अनुसार इन औषधियों के योग को जानता है उसे ही उत्तम चिकित्सक जानना चाहिये। अर्थात् जहाँ औषधियों के नाम और रूप का ज्ञान आवश्यक है वहाँ उनके देश, काल आदि के अनुसार प्रयोग का जानना भी अत्यन्त आवश्यक है। यहाँ देश और काल उपलक्षण मात्र है ; इससे दोष, बल, विकार, सात्म्य इत्यादि का भी ग्रहण करना चाहिये ॥१२१॥

यथा विषं यथा शस्त्रं यथाऽग्निरशनिर्यथा ।
तथौषधमविज्ञातं विज्ञातममृतं यथा ॥१२२॥

अविज्ञात औषध अर्थात् जिस औषध को वैद्य-नाम, रूप, गुण अथवा सम्यग्योग द्वारा नहीं जानता उस औषध को विष, शस्त्र,

---

१—कण्टकीकरञ्ज का फल या पत्र ही आजकल व्यवहार में आता है, और फल तथा पत्र में विरेचन का गुण नहीं है। निघण्टु ग्रन्थों में भी करञ्ज को विरेचक नहीं लिखा है तथा तिल्वक का अर्थ बहुत से टीकाकार—शाबर लोध्र करते हैं। यहाँ पर तथा अन्यत्र योगों में भी विरेचनार्थ ही इसका उपयोग कहा गया है। परन्तु धन्वन्तरिनिघण्टु में इसके गुण बताते हुए कहा है कि यही ग्राही है। जैसे—

लोध्रो रोध्रः शाबरकस्तिल्वकस्तिलकस्तरुः ।
..........................॥
लोध्रः शीतः कषायश्च हन्ति तृष्णामरोचकम् ।
विषविध्वंसनः प्रोक्तो रूक्षो ग्राही कफापहः ॥

इसी कारण कई एक व्याख्याकार पूतीक शब्द से प्रसारणी तथा तिल्वक शब्द से तिलक नामक अन्य वृक्ष का ग्रहण करते हैं। प्रसारणी का नाम पूतिगन्धा भी है। उसके गुणों में 'मलविष्टम्भ हारिणी' ऐसा पढ़ा गया है।

जैसे—प्रसारिणी गुरूष्णा च तिक्ता वातविनाशिनी ।
अर्शःश्वयथुहन्त्री च मलविष्टम्भहारिणी ॥

तथा तिलक के पर्यायवाचक शब्दों में रेची तथा रेचक शब्द पढ़े गये हैं—

तिलकः पूर्णकः श्रीमान् क्षुरकश्छत्रपुष्पकः ।
मुखमण्डनको रेची पुण्ड्रश्चित्रो विशेषकः ॥ ध० नि० ॥
तिलको विशेषकः स्यान्मुखमण्डलकश्च पुण्ड्रकः पुण्ड्रः ।
स्थिरपुष्पश्छिन्नरुहो दग्धरुहो रेचकश्च मतजीवी ॥रा०नि०

२—'दिष्टपयस्त्वचः' इति पाठान्तरम् ।

१—'रूपमात्रेण' च ।

२—योगविस्त्वप्यरूपज्ञः इति पाठान्तरे तु—अरूपज्ञः रूपं अजानन्नपि योगवित् सम्यक् प्रयोगं जानाति चेदेव कश्चित्सोऽपि तासामोषधीनां तत्त्वविदुच्यते। यो भिषक् ओषधीः सर्वथा नामरूपयोगैर्विजानीयात् स तत्त्वविदेव अत्र किं पुनर्वक्तव्यम् ।

३—'मात्राकालोपपादितम्' पा० ।

४—'स ज्ञेयो भिषगुत्तमः' पा० ।

अग्नि एवं अशनि अर्थात् वज्र के समान जानना चाहिये। अर्थात् जिस प्रकार विष आदि जीवननाशक हैं उसी प्रकार अविज्ञात औषध को भी प्राणहर ही जानना चाहिये। तथा सम्यक् प्रकार से जानी हुई औषध को अमृत के समान जानना चाहिये। यहाँ पर चारों दृष्टान्त क्रमशः नाम, रूप, गुण एवं योग को न जानकर औषध देने के फल के निदर्शक हैं। अथवा मृत्यु के भिन्न २ रूप को जताते हैं ॥१२२॥

औषधं ह्यनभिज्ञातं नामरूपगुणैस्त्रिभिः[1]।
विज्ञातमपि दुर्युक्तमनर्थायोपपद्यते ॥१२३॥

नाम, रूप एवं गुण; इन तीनों द्वारा अज्ञात औषध अनर्थ को पैदा करनेवाली होती है। यदि कोई किसी औषध के नाम, रूप तथा गुण को तो जानता हो परन्तु उसका सम्यग्योग न करे तो भी वह अनर्थजनक होती है। अर्थात् जहाँ प्रत्येक औषध के नाम, रूप एवं उसके गुणों का जानना भी आवश्यक है वहाँ उसका सम्यक् प्रयोग जानना भी नितान्त आवश्यक है ॥१२३॥

इस बात को अगले श्लोक में पुनः समझाया गया है—

योगादपि विषं तीक्ष्णमुत्तमं भेषजं भवेत्।
भेषजं चापि दुर्युक्तं तीक्ष्णं सम्पद्यते विषम् ॥१२४॥
तस्मान्न भिषजा युक्तं युक्तिबाह्येन भेषजम्।
धीमता किञ्चिदादेयं जीवितारोग्यकाङ्क्षिणा ॥१२५॥

सम्यग्योग से तीक्ष्ण विष भी उत्तम औषध हो जाता है। जैसे वत्सनाभ (Aconite) तथा मल्लविष (Arsenic) आदि का सम्यग्योग होने से अमृत के समान गुणकारी होते हैं। तथा इसके विपरीत औषध का ठीक प्रकार से प्रयोग न किया जाय तो वह भी तीक्ष्ण विष हो जाता है; अतएव प्राण एवं आरोग्य की आकांक्षा रखनेवाले बुद्धिमान् मनुष्य को चाहिये कि वह युक्तिबाह्य अर्थात् जो औषध के प्रयोग को नहीं जानता ऐसे वैद्य द्वारा प्रयुक्त की हुई किसी औषध को ग्रहण न करे ॥१२४, १२५॥

कुर्यान्निपतितो मूर्ध्नि सशेषं वासवाशनिः।
सशेषमातुरं कुर्यान्न त्वज्ञमतमौषधम् ॥१२६॥

इन्द्र का वज्र शिर पर गिरने से भी शायद मनुष्य बच जाय। परन्तु अज्ञ (मूर्ख) वैद्य द्वारा प्रयुक्त की गयी औषध से रोगी नहीं बचता अर्थात् उससे अवश्य ही हानि होती है और यहाँ तक हानि हो सकती है कि रोगी की मृत्यु हो जाय॥

अभी तक यह कहा गया है कि रोगी मूर्ख वैद्य से चिकित्सा न करायें। अब कहा जायगा कि—मूर्ख वैद्य को चाहिये कि वह रोगी को स्वयं भी कोई औषध न दे—

दुःखिताय शयानाय श्रद्दधानाय रोगिणे।
यो भेषजमविज्ञाय प्राज्ञमानी प्रयच्छति ॥१२७॥
त्यक्तधर्मस्य पापस्य मृत्युभूतस्य दुर्मतेः।
नरो नरकपाती स्यात्तस्य सम्भाषणादपि ॥१२८॥

दुःखित, बिस्तर पर पड़े हुए एवं वैद्य में श्रद्धा रखनेवाले रोगी के लिये प्राज्ञमानी (बुद्धिमान् न होता हुआ भी अपने को बुद्धिमान् समझने वाला) वैद्य, बिना समझे बूझे औषध देता है ऐसे अधर्मी, पापी, मृत्युस्वरूप तथा दुर्मति के साथ बातचीत करने से भी मनुष्य नरक में जाता है ॥१२७-१२८॥

वरमाशीविषविषं क्वथितं ताम्रमेव वा।
पीतमत्यग्निसन्तप्ता भक्षिता वाऽप्ययोगुडाः ॥१२९॥
न तु श्रुतवतां वेषं बिभ्रता शरणागतात्।
गृहीतमन्नं पानं वा वित्तं वा रोगपीडितात् ॥१३०॥

सर्पविष अथवा क्वथित (उबाला हुआ) ताम्र (अथवा नीला-मोथा, तूतिया) को पी लेना अच्छा है। एवं अग्नि में अच्छी प्रकार तपाये हुए लोहे के गोलों को खा लेना अच्छा है परन्तु विद्वानों के वेश को धारण करनेवाले वैद्य को शरण में आये हुए रोगी से अन्न, पान (पीने के पदार्थ) अथवा धन लेना अच्छा नहीं। गंगाधर ने 'बिभ्रता' की जगह 'बिभ्रतः' ऐसा पढ़ा है। इस प्रकार यह 'रोगपीडितात्' का विशेषण हो जाता है। अर्थात् शरण में आये हुए रोगपीड़ित वेदज्ञ विद्वान् मनुष्य से अपनी प्राणयात्रार्थ भी अन्न, पान, धन आदि का लेना अनुचित है ॥१२९, १३०॥

भिषग्बुभूषुर्मतिमानतः स्वगुणसम्पदि।
परं प्रयत्नमातिष्ठेत्प्राणदः स्याद्यथा नृणाम् ॥१३१॥

इसलिये चिकित्सक बनने की इच्छा रखनेवाले बुद्धिमान् मनुष्य को चाहिये कि वह अपनी गुण रूपी सम्पत्ति में परम प्रयत्नवान् रहे। जिससे वह मनुष्यों को प्राण का दान करनेवाला बन सके ॥१३१॥

सम्यक् प्रयुक्त औषध तथा श्रेष्ठ वैद्य का लक्षण—

तदेव युक्तं भैषज्यं यदारोग्याय कल्पते।
स चैव भिषजां श्रेष्ठो रोगेभ्यो यः प्रमोचयेत् ॥१३२॥

उसी औषध को सम्यक् प्रयुक्त जानना चाहिये जो आरोग्यदान में समर्थ हो। उसे ही वैद्यों में श्रेष्ठ जानना चाहिये जो रोगों से मुक्त कर दे। इससे अच्छा एवं संक्षिप्त लक्षण और नहीं हो सकता। परन्तु ज्ञान पूर्वक प्रयुक्त की हुई औषध ही रोगहरण में समर्थ है ऐसा पूर्व कहा गया है, अतः अज्ञवैद्य (Quacks) द्वारा प्रयुक्त की हुई औषध यदि यदृच्छा से आरोग्य करे तो उसे सम्यक् प्रयुक्त न जानना चाहिये। इसी प्रकार ऐसे स्थल पर अज्ञवैद्य को भी श्रेष्ठ वैद्य न समझना चाहिये ॥१३२॥

सम्यक्प्रयोगं सर्वेषां सिद्धिराख्याति कर्मणाम्।
सिद्धिराख्याति सर्वैश्च गुणैर्युक्तं भिषक्तमम् ॥१३३॥

सम्पूर्ण कर्मों के सम्यक् प्रयोग को सिद्धि (सफलता) जताती है, और सिद्धि ही सर्वगुणसम्पन्न श्रेष्ठ चिकित्सक का भी ज्ञान कराती है। यहाँ पर भी सिद्धि को यादृच्छिकी अथवा कादाचित्की न जानना चाहिये ॥१३३॥

तत्र श्लोकाः

आयुर्वेदागमो हेतुरागमस्य प्रवर्तनम्।
[1]सूत्रणस्याभ्यनुज्ञानमायुर्वेदस्य निर्णयः ॥१३४॥
सम्पूर्णं कारणं कार्यमायुर्वेदप्रयोजनम्।
हेतवश्चैव दोषाश्च भेषजं सङ्ग्रहेण च ॥१३५॥

१—'नामरूपरसै०' पा०

१—कई इस स्थल पर "सूत्रणश्चाभ्यनुज्ञानं" ऐसा पाठ करते हैं।

रसाः सप्रत्ययद्रव्यास्त्रिविधो द्रव्यसङ्ग्रहः ।
मूलिन्यश्च फलिन्यश्च स्नेहाश्च लवणानि च ॥१३६॥
मूत्रं क्षीराणि वृक्षाश्च षडथे क्षीरत्वगाश्रयाः ।
कर्माणि चैषां सर्वेषां योगायोगगुणागुणाः ॥१३७॥
वैद्यापवादो यत्रस्थाः सर्वे च भिषजां गुणाः ।
सर्वमेतत्समाख्यातं पूर्वाध्याये महर्षिणा ॥१३८॥

इत्यग्निवेशकृते तन्त्रे चरकप्रतिसंस्कृते सूत्रस्थाने भेषजचतुष्के दीर्घञ्जीवितीयो नाम प्रथमोऽध्यायः ॥१॥

उपसंहार—आयुर्वेद का आगम (आना अथवा ज्ञान अर्थात् किस प्रकार परम्परा से ज्ञान प्राप्त हुआ अथवा आयुर्वेद का ऐतिह्य 'ब्राह्मणा हि' इत्यादि द्वारा), आयुर्वेद के आगम का हेतु (विघ्नभूता इत्यादि द्वारा), आगम की संसार में प्रवृत्ति (भरद्वाज का इन्द्र के पास जाना और उपदेश ग्रहण करके ऋषियों को यथावत् बताना इत्यादि), सूत्रण का अभ्यनुज्ञान (अर्थात् पुनः अग्निवेश आदि ने तन्त्र बनाये और उन्हें ऋषियों की सभा में सुनाया और ऋषियों ने अनुमति प्रकट की इत्यादि), आयुर्वेद का निर्णय (अर्थात् आयुर्वेद किसे कहते हैं, आयुर्वेद का लक्षण इत्यादि), सम्पूर्ण कारण और कार्य (सर्वदा सर्वभावानां इत्यादि द्वारा), आयुर्वेद का प्रयोजन (धातुसाम्यक्रिया इत्यादि द्वारा), व्याधि आदि के कारण (कालबुद्धीन्द्रियार्थानां इत्यादि द्वारा), दोष (वायुः पित्तं इत्यादि द्वारा), संक्षेप से औषध (प्रशाम्यत्यौषधैः इत्यादि द्वारा), चिकित्सोपयोगी तीनों प्रकार के द्रव्य (किंचिद्दोषप्रशमनं इत्यादि द्वारा), मूलिनी फलिनी, स्नेह, लवण, मूत्र, दूध तथा ६ वृक्ष—जिनके दुग्ध तथा त्वचा काम में आती है, इन सब के कर्म, योग-अयोग, गुण-अवगुण, (अथवा योग के गुण और अयोग के अवगुण), वैद्यापवाद (अर्थात् किसे वैद्य न कहना चाहिये अथवा अज्ञवैद्य की निन्दा) तथा जिसमें वैद्यों के गुण हैं (अर्थात् श्रेष्ठ वैद्य किसे कहना चाहिये) इन सब का महर्षि अग्निवेश ने सूत्रस्थान के प्रथम अध्याय में निर्देश किया है ॥१३४–१३८॥

इति प्रथमोऽध्यायः ।

—*:※:*—

द्वितीयोऽध्यायः

अथातोऽपामार्गतण्डुलीयमध्यायं व्याख्यास्यामः ।
इति ह स्माह भगवानात्रेयः ॥१॥

दीर्घञ्जीवितीय नामक अध्याय के बाद अपामार्गतण्डुलीय नामक अध्याय का वर्णन करेंगे ऐसा भगवान् आत्रेयमुनि ने कहा है। यद्यपि 'अपामार्गस्य बीजानि' इससे अध्याय आरम्भ होता है। पर 'अपामार्गतण्डुलीय' इस प्रकार पढ़ने का अभिप्राय यही है कि इसके निस्तुष (छिलके रहित) बीज लेने चाहिये ॥१॥

अपामार्गस्य बीजानि पिप्पलीर्मरिचानि च ।
विडङ्गान्यथ शिग्रूणि सर्षपांस्तुम्बुरूणि च ॥२॥
अजाजीं चाजगन्धां च पीलून्येलां हरेणुकाम् ।
पृथ्वीकां सुरसां श्वेतां कुठेरकफणिज्झकौ ॥३॥
शिरीषबीजं लशुनं हरिद्रे लवणद्वयम् ।
ज्योतिष्मतीं नागरं च दद्याच्छीर्षविरेचने ॥४॥
गौरवे शिरसः शूले पीनसेऽर्धावभेदके ।
क्रिमिव्याधावपस्मारे घ्राणनाशे प्रमोहके ॥५॥

शिरोविरेचनद्रव्य—अपामार्ग (ओंगा, चिरचिटा, पुठकंडा) के बीज, पिप्पली, कालीमिर्च, वायविडङ्ग, शिग्रुबीज, (सहिजन के बीज) सरसों, तुम्बरु (नेपाली धनियाँ), अजाजी (जीरा), अजगन्धा (अजमोद), पीलुबीज, एला (छोटी इलायची), हरेणुका (रेणुका, सुगन्धद्रव्य), पृथ्वीका (बड़ी इलायची), सुरसा (तुलसी), श्वेता (अपराजिता, सफेद कोयल), कुठेरक (तुलसीभेद), फणिज्झक (तुलसीभेद) शिरीषबीज (सिरस बीज), लशुन (लहसन), हल्दी, दारुहल्दी, सेन्धानमक, कालानमक, ज्योतिष्मती (मालकंगनी), नागर (सोंठ), इन्हें शिरोविरेचन के लिए देना चाहिये। ये शिरोगौरव (सिर के भारीपन), शिरःशूल (सिर के दर्द), पीनस (प्रतिश्याय), अर्धावभेदक (आधासीसी, अधकपाली), शिरोगत क्रिमिरोग, अपस्मार (मृगी), घ्राणनाश (जब नासिका स्वविषय ग्रहण में असमर्थ हो) तथा प्रमोहक (मूर्च्छा) में शिरोविरेचन के तौर पर दिये जाते हैं। यहाँ पर श्वेता एवं ज्योतिष्मती के मूलिनियों में पढ़े जाने के कारण उनका मूल लिया जाता है। सहिजन की त्वचा तथा बीज दोनों का प्रयोग होता है। तुलसी के बीज तथा पत्र दोनों प्रयोग में आते हैं पर पत्र का उपयोग उत्तम है।

इस अध्याय में पूर्व पञ्चकर्म में उपयुक्त होनेवाली ओषधियों का निर्देश किया जा रहा है। पञ्चकर्म से वमन, विरेचन, आस्थापन, अनुवासन तथा शिरोविरेचन का ग्रहण होता है। प्रायशः सर्वत्र पञ्चकर्म में आदि में वमन ही कराया जाता है। परन्तु कहीं २ दोषविशेष की प्रबलता को देखकर क्रम बदल भी जाता है। अत. इस बात को जताने के लिये ही आदि में वमनोपयोगी द्रव्य न बताकर शिरोविरेचन द्रव्य कहे हैं; ऐसा चक्रपाणि ने चरकटीका में कहा है। परन्तु यद्यपि 'दोषप्राबल्य के अनुसार क्रम भी बदल जाता है' यह नियम ठीक है तो भी शिरोविरेचन के पूर्व कथन में यह युक्ति असंगत प्रतीत होती है। शरीर में शिर के सब से ऊपर होने से ही पञ्चकर्मगत शीर्षविरेचनोपयोगी द्रव्य प्रथम कहे गये हैं। अथवा शरीर में सब से उत्तम अंग शिर के होने से अथवा जैसे शालाक्य में कहा है—

अनामये यथा मूले वृक्षः सम्यक् प्रवर्द्धते ।
अनामये शिरस्येवं देहः सम्यक् प्रवर्द्धते ॥

अर्थात् जिस प्रकार वृक्ष की जड़ के रोगरहित होने पर वृक्ष उचित वृद्धि को प्राप्त होता है, वैसे ही शिर के रोगरहित रहने से शरीर ठीक २ बढ़ता है। यहाँ पर ही वातनाड़ियों के केन्द्र हैं। जिनके कारण शरीरगत सम्पूर्ण चेष्टायें होती हैं। इसलिये भी अर्थात् शरीर के मूल को रोगरहित रखने के लिये प्रथम शिरोविरेचनोपयोगी द्रव्य कहे गये हैं। तदनन्तर आमाशयगत दोष निर्हरण करनेवाले वमनोपयोगी द्रव्यों का वर्णन किया गया है। पश्चात् पक्वा-

शयगतदोष को निकालने के लिये विरेचन एवं बस्ति आदि का वर्णन है। अथवा कफ, पित्त, वात; इन तीनों दोषों के निर्हरण के लिये क्रम से औषध कहे गये हैं। ये दोष ऊपर से नीचे की तरफ इसी क्रम से रहते हैं ॥२–५॥

मदनं मधुकं निम्बं जीमूतं कृतवेधनम्।
पिप्पलीकुटजेक्ष्वाकूण्येलां धामार्गवाणि च ॥६॥
उपस्थिते श्लेष्मपित्ते व्याधावामाशयाश्रये।
वमनार्थं प्रयुञ्जीत भिषग्देहमदूषयन् ॥७॥

मदन (मैनफल), मधुक (मुलहठी), निम्ब (नीम) जीमूत (देवदाली), कृतवेधन (कोशातकी, कड़वी तुरई अथवा मालकंगनी), पिप्पली, कुटज (कुड़ा), इक्ष्वाकु (कड़वी तुम्बी), छोटी इलायची, धामार्गव (पीतघोषा); इन द्रव्यों को, जब श्लेष्मा तथा पित्त उपस्थित हों अर्थात् वमनोन्मुख हों या आमाशयाश्रित कोई रोग हो तो वमन कराने के लिये प्रयुक्त करें। परन्तु वमन कराते हुए यह ध्यान रक्खें कि देह को किसी प्रकार की हानि न हो। अर्थात् शरीर, बल आदि को देखकर मात्रा में प्रयुक्त करायें। आमाशयस्थित मलकफ तथा मलपित्त के निकालने के लिये ही वमन कराया जाता है। इनमें से मदन, मुलहठी, जीमूत, कृतवेधन, कुटज, इक्ष्वाकु तथा धामार्गव; इन्हें फलिनियों में गिने जाने के कारण इनका फल लेना चाहिये। पिप्पली तथा इलायची का फल और नीम की छाल लेनी चाहिये—ऐसा गंगाधर का मत है।

योगीन्द्रनाथ सेन कहते हैं कि मदन, जीमूत, कृतवेधन, इक्ष्वाकु, धामार्गव; इनके फल, फूल तथा पत्ते लेने चाहिये। पिप्पली, कुटज तथा इलायची के फल, मुलहठी तथा नीम की जड़ लेनी चाहिये।

मुलहठी की जड़ के छिलके में वमन का अत्यधिक गुण है अतः वमनार्थ उसकी जड़ या उसका छिलका लेना ही अच्छा है। अग्निवेश ने विरेचनार्थ मुलहठी के फल को उत्तम कहा है न कि वमनार्थ ॥६–७॥

त्रिवृतां त्रिफलां दन्तीं नीलिनीं सप्तलां वचाम्।
कम्पिल्लकं गवाक्षीं च क्षीरिणीमुदकीर्यकाम् ॥८॥
पीलून्यारग्वधं द्राक्षां द्रवन्तीं निचुलानि च।
पक्वाशयगते[1] दोषे विरेकार्थं प्रयोजयेत् ॥९॥

त्रिवृता (निसोत, त्रिवी), त्रिफला (हरड़, बहेड़ा, आँवला), दन्ती, नीलिनी, सतला (सातला), वचा, कम्पिल्लक (कमीला), गवाक्षी (इन्द्रायण), क्षीरिणी (दुग्धिका दूधी अथवा चोक), उदकीर्यका (वृक्षकरञ्ज) पीलू, आरग्वध (अमलतास), द्राक्षा (मुनक्का), द्रवन्ती (बड़ी दन्ती), निचुल (हिज्जल, समुद्रफल); इन्हें पक्वाशयगत दोष को विरेचन द्वारा बाहर निकालने के लिए उपयुक्त करावे। यहाँ पर दोष शब्द से जहाँ मलकफ, मलपित्त आदि का ग्रहण होता है वहाँ मल (पुरीष) का भी ग्रहण करना चाहिये। इसमें त्रिवृत्, दन्ती, नीलिनी, सातला, वचा, गवाक्षी, क्षीरिणी, द्रवन्ती, इनकी जड़ तथा शेष के फल लिये जाते हैं ॥७—९॥

पाटलां चाग्निमन्थं च बिल्वं श्योनाकमेव च।
काश्मर्यं शालपर्णीं च पृश्निपर्णीं निदिग्धिकाम् ॥१०॥
बलां श्वदंष्ट्रां बृहतीमेरण्डं सपुनर्नवम्।
यवान्[1] कुलत्थान् कोलानि गुडूचीं मदनानि च ॥११॥
पलाशं कत्तृणं चैव स्नेहांश्च लवणानि च।
उदावर्ते विबन्धेषु युञ्ज्यादास्थापने[2] सदा ॥१२॥

पाटला (पाढल), अग्निमन्थ (अरणी), बिल्व (बेल) श्योनाक (अरलू), काश्मर्य (गाम्भारी), शालपर्णी, पृश्निपर्णी, निदिग्धिका (छोटी कटेरी), बला, श्वदंष्ट्रा (गोखरू), बृहती (बड़ी कटेरी), एरण्ड, पुनर्नवा, जौ, कुलत्थ, कोल (बदर, बेर) गुडूची (गिलोय), मदनफल, पलाश (ढाक), कत्तृण (गन्धतृण), स्नेह (घी, तेल, वसा, मज्जा) तथा लवण (सैन्धव आदि पाँचों लवण); इन्हें उदावर्त्त तथा मलबन्ध में आस्थापन के लिये प्रयुक्त कराना चाहिये ॥१०–१२॥

अत एवौषधगणात्सङ्कल्प्यमनुवासनम्।
[3]मारुतघ्नमिति प्रोक्तः संग्रहः पाञ्चकर्मिकः ॥१३॥

इन्हीं औषधों से वातनाशक अनुवासन बस्ति की कल्पना करनी चाहिये। इसप्रकार पञ्चकर्म सम्बन्धी औषध संक्षेपसे कहे गये हैं। ॥१३॥

तान्युपस्थितदोषाणां स्नेहस्वेदोपपादनैः।
पञ्च कर्माणि कुर्वीत मात्राकालौ विचारयन् ॥१४॥

जिन रोगियों में दोष उपस्थित हों अर्थात् प्रवृत्त्युन्मुख हों उन्हें स्नेहन तथा स्वेदन कराकर मात्रा एवं कालका विचार करते हुए पञ्चकर्म करावे। पञ्चकर्म कराने के लिये स्नेहन तथा स्वेदनका विधान है।

जैसे—स्नेहमग्रे प्रयुञ्जीत ततः स्वेदमनन्तरम्।
स्नेहस्वेदोपपन्नस्य संशोधनमथान्तरम् ॥
तथा—कर्मणां वमनादीनामन्तरे त्वन्तरे पुनः।
स्नेहस्वेदौ प्रयुञ्जीत संशोधनमनन्तरम् ॥ इत्यादि।

यह साधारण नियम है ॥१४॥

मात्राकालाश्रया युक्तिः, सिद्धिर्युक्तौ प्रतिष्ठिता।
तिष्ठत्युपरि युक्तिज्ञो द्रव्यज्ञानवतां सदा ॥१५॥

औषध योजना मात्रा एवं काल के आश्रित है, सिद्धि (कृतकार्यता) युक्ति अर्थात् योजना (Prescribing) में प्रतिष्ठित है। युक्ति को जाननेवाला वैद्य केवल द्रव्यज्ञाता (द्रव्यों के नाम रूप तथा गुण को जाननेवाले) की अपेक्षा उच्च पद को प्राप्त करता है ॥१५॥

१—चक्रपाणिस्तु–"पक्वश्चासौ आशयगतश्चेति पक्वाशयगतः। तेन पित्ताशय एवामाशयाधोभागलक्षणो दोषो विरेचनविषयो भवति न पक्वाशयगतः। यदि वा पक्वाशयसमीपगतत्वेनाधःप्रवृत्त्युन्मुखो दोषः पक्वाशयगत इत्युच्यते यथा गंगायां घोषः।" इत्याह। परं नातिसमीचीनोऽयं पक्षः, विरेचने पक्वाशयगतदोषनिर्हरणशक्तेरपि विद्यमानत्वात्।

१—'बिल्वं कुलत्थं' इति पा०। 'कुर्यादास्थापनं सदा' पा०। 'उदावर्तविबन्धेषु युञ्ज्यादास्थापनेषु च' इति पा०।

२—मारुतघ्नमित्यनेनानुवासनप्रवृत्तिविषयं दर्शयति मारुते हन्तव्येऽनुवासन प्रकल्प्यमित्यर्थः। यदि वा पाटलयादिमारुतहराद्-गणान्मारुतघ्नमनुवासनं संकल्प्यम्। अन्यत्र तु पित्तहरणाद् गणात्पित्तघ्नं, तथा श्लेष्महराद्गणात् श्लेष्मघ्नमित्यायुर्वेददीपिका।

अत ऊर्ध्वं प्रवक्ष्यामि यवागूर्विविधौषधाः[1] ।
विविधानां विकाराणां तत्साध्यानां निवृत्तये ॥१६॥

इसके पश्चात् विविध विकार अर्थात् रोगों की निवृत्ति के लिये विविध (तत्तद्रोगनिवृत्ति में समर्थ) औषधों से सम्पन्न यवागू कही जायँगी। पञ्चकर्म की संक्षेप से कही हुई ओषधियों के अनन्तर यवागुओं के वर्णन करने का अभिप्राय यह है—कि पञ्चकर्म के सम्यग्योग न होने से जाठराग्नि मन्द हो जाती है, वायु प्रतिलोम हो जाती है, शूल अतिसार आदि उपद्रव उठ खड़े होते हैं; उनके निवारण की आवश्यकता होती है। अतएव उन २ उपद्रव तथा रोगों की निवृत्ति के लिये यवागुओं का वर्णन है। तथा वमन विरेचन आदि के पश्चात् भी पेया आदि के सेवन का विधान है। वहाँ पर भी यथायोग्य यवागू का सेवन करना हितकर है। कहा भी है—
यथाणुरग्निस्तृणगोमयाद्यैः सन्धुक्ष्यमाणो भवति क्रमेण।
महान् स्थिरः सर्वपचस्तथैव शुद्धस्य पेयादिभिरन्तरग्निः।
तथा—ततः सायं प्रभाते वा क्षुद्वान् पेयादिकं भजेत्।
पेयां विलेपीमकृतं कृतञ्च यूषं रसं त्रिद्विरथैकशश्च।
क्रमेण सेवेत विशुद्धकायः प्रधानमध्यावरशुद्धिशुद्धः॥ इत्यादि ॥१६॥

पिप्पलीपिप्पलीमूलचव्यचित्रकनागरैः ।
यवागूर्दीपनीया स्याच्छूलघ्नी चोपसाधिता ॥१७॥

पिप्पली, पिप्पलीमूल (पिपरामूल), चव्य, चित्रक (चीता), सोंठ, इन औषधियों के साथ यथाविधि सिद्ध की हुई यवागू जाठराग्नि-दीपक तथा शूलनाशक होती है। इस ओषधिगण को पञ्चकोल कहते हैं॥१७॥

दधित्थबिल्वचाङ्गेरीतक्रदाडिमसाधिता ।
पाचनी ग्राहिणी पेया सवाते पाञ्चमूलिकी ॥ १८॥

कैथफल, बेलगिरि, चाङ्गेरी, अनारदाना (शिवदास के मतानुसार अनार के फल का छिलका, नसपाल) इन चार औषधियों को (मृदु द्रव्य होने के कारण) एक पल (मिलित) परिमाण में लाकर छाछ के साथ सिद्ध की हुई पेया पाचक तथा संग्राहक है। यह प्राचीन मतानुसार है। भेषजद्रव्य वीर्यभेद से तीन प्रकार के होते हैं—तीक्ष्णवीर्य, मध्यवीर्य, मृदुवीर्य। पिप्पली आदि तीक्ष्णवीर्य १ कर्ष, मध्यवीर्य द्रव्य आधा पल, मृदुवीर्य द्रव्य १ पल परिमाण में लिये जाते हैं। परिभाषा के अनुसार तक्र २ प्रस्थ लेनी चाहिये। परन्तु यवागू के अत्यन्त गुरु तथा खट्टी हो जाने के भय से वृद्ध वैद्य १ प्रस्थ तक्र तथा १ प्रस्थ जल मिलाकर पाक करते हैं। इस पेया का प्रयोग वातकफप्रधान ग्रहणी में किया जाता है। वातप्रधान अतिसार अथवा ग्रहणी में स्वल्पपञ्चमूल (छोटी कटेरी, बड़ी कटेरी, शालपर्णी, पृश्निपर्णी, गोखरु) से साधित पेय का प्रयोग कराया जाता है। गंगाधर के मतानुसार बृहत्पञ्चमूल से यवागू सिद्ध करनी चाहिये। परन्तु जतूकर्ण में 'ध्रुवाद्यैर्वाय्वतिसारे' कहा है। ध्रुवादिगण, विदारिगन्धादिगण को कहते हैं। अतः स्वल्पपञ्चमूल ही लेना चाहिये ॥१८॥

शालपर्णीबलाबिल्वैः पृश्निपर्ण्या च साधिता ।
दाडिमाम्ला हिता पेया पित्तश्लेष्मातिसारिणाम् ॥१९॥

शालपर्णी, बलामूल (खिरैंटी की जड़), बिल्व (बेलगिरि); इन औषधियों से यथाविधि साधित यवागू को खट्टे अनार के रस से अम्लीकृत करके प्रयोग करावें। यह पेया पित्तश्लेष्मजनित अतिसार में हितकर है ॥१६॥

पयस्यर्धोदके छागे ह्रीबेरोत्पलनागरैः ।
पेया रक्तातिसारघ्नी पृश्निपर्ण्या च साधिता ॥२०॥

अर्द्ध जल मिश्रित बकरी के दूध में गन्धबाला, नीलोत्पल, मोथा तथा पृश्निपर्णी से यथाविधि साधित पेया रक्तातिसार को नष्ट करती है।

यद्यपि नागर का अर्थ साधारणतः सोंठ होता है तथापि यहाँ मोथे का ही ग्रहण करना चाहिये। क्योंकि जतूकर्णसंहिता में इस पेया का पाठ 'रक्तातिसारेऽजाक्षीरकोह्रीघनजलोत्पलैः;' इस प्रकार पढ़ा गया है। यहाँ नागर की जगह घन का पाठ है जिसका अर्थ मोथा है और मोथा रक्तातिसार में हितकर भी है। अथवा नागर शब्द से सोंठ का भी ग्रहण कर सकते हैं क्योंकि वृद्धवाग्भट में विण्मार्गगत रक्त को रोकने के लिये 'शुण्ठ्युदीच्योत्पलैरपि' सोंठ, बाला तथा नीलोत्पल से सिद्ध दुग्ध की व्यवस्था की है। कई आचार्य यद्यपि 'पृश्निपर्ण्या च साधिता' से दूसरी पेया का अभिप्राय निकालते हैं परन्तु जतूकर्णसंहिता के पाठ से तथा वाग्भट के—

"पयस्यर्द्धोदके छागे ह्रीबेरोत्पलनागरैः।
पेया रक्तातिसारघ्नी पृश्निपर्णीरसान्विता ॥

इस पाठ से यहाँ एक ही पेया का ग्रहण करना चाहिये ॥

दद्यात्सातिविषां पेयां सामे साम्लां सनागराम् ।

आमातीसार में अतिविषा तथा सोंठ से युक्त पेया को खट्टे अनार के रस से अम्लीकृत करके देना हितकर है। यदि ताजा अनार न मिले तो सिद्ध करते समय ही अनारदाना डालना चाहिये। इसकी मात्रा भी इतनी होनी चाहिये जिससे पेया का स्वाद कुछ खट्टा हो जाय ।

श्वदंष्ट्राकण्टकारीभ्यां मूत्रकृच्छ्रे सफाणिताम् ॥२१॥

श्वदंष्ट्रा (गोखरू) तथा छोटी कटेरी से यथाविधि साधित पेया को फाणित (राब) डालकर मूत्रकृच्छ्र में देना चाहिये ॥२१॥

विडङ्गपिप्पलीमूलशिग्रुभिर्मरिचेन च ।
तक्रसिद्धा यवागूः स्यात्क्रिमिघ्नी ससुवर्चिका ॥२२॥

वायविडङ्ग, पिप्पलीमूल, शिग्रु (शोभाञ्जन, सहिजन) कालीमिर्च (तीक्ष्णवीर्य होने से मिलित १ कर्ष, प्राचीन परिभाषा के अनुसार) एवं तक्र (२ प्रस्थ) से सिद्ध यवागू में सुवर्चिका (सर्जिक्षार) का प्रक्षेप देकर सेवन कराने से क्रिमि नष्ट हो जाते हैं। यहाँ पर भी

१—यवागूसाधनपरिभाषा यथा—
षडंगपरिभाषैव प्रायः पेयादिसम्मता।
यदप्सु शृतशीतासु षडंगादि प्रयुज्यते ॥
कर्षमात्र ततो द्रव्यं साधयेत् प्रास्थिकेऽम्भसि।
अर्द्धशृतं प्रयोक्तव्यं पाने पेयादिसंविधौ ॥
यवागूमुचिताद्भक्ताच्चतुर्भागकृतां वदेत्।
सिक्थकै रहितो मण्डः पेया सिक्थसमन्विता।
यवागूर्बहुसिक्थः स्याद्विलेपी विरलद्रवा॥
अन्नं पञ्चगुणे साध्यं विलेपी तु चतुर्गुणे।
मण्डश्चतुर्दशगुणे यवागूः षड्गुणेऽम्भसि ॥

तक्र ऐसा ही करना चाहिये जिसमें आधा जल हो। अन्यथा यवागू अत्यम्ल हो जायगी ॥२२॥

मृद्वीकासारिवालाजापिप्पलीमधुनागरैः।
पिपासघ्नी,

मृद्वीका (किशमिश), शारिवा (अनन्तमूल), लाजा (धान की खीलें), पिप्पली, मधु (शहद), सोंठ (अथवा मोथा), इनसे यथाविधि साधित यवागू पिपासा अर्थात् तृष्णा रोग को नष्ट करती है। इसमें यवागू को सिद्ध करने के पश्चात् ही शीतल होने पर मधु मिलाना चाहिये।

विषघ्नी च सोमराजीविपाचिता ॥२३॥

सोमराजी (कालीजीरी) द्वारा पकाई हुई यवागू विषनाशक होती है ॥२३॥

सिद्धा वराहनिर्यूहे यवागूर्बृंहणी मता।

सूअर के मांस के रस से सिद्ध की हुई यवागू बृंहण है। प्राचीन परिभाषा के अनुसार इस यवागू के साधन के लिये मांस ४ पल लेना चाहिये और इसके क्वाथ के लिये जल २ आढक।

क्वाथ्यद्रव्याञ्जलिं क्षुण्णां श्रपयित्वा जलाढके।
अर्धशृतेन तेनाथ यवाग्वाद्युपकल्पयेत् ॥

इसका अभिप्राय यह है कि कुट्टित क्वाथ्य द्रव्य को ४ पल लेकर २ आढक (द्रव्योंके उक्त परिमाण में द्विगुण लिये जाने के कारण) जल में काढ़ा करें। जब आधा जल शेष रह जाय तब छानकर उससे यवागू आदि की कल्पना करें। परन्तु यह परिभाषा केवल रसप्रधान द्रव्यों के लिये यवागूसाधनार्थ लागू होती है।

द्रव्य दो प्रकार के होते हैं। १—वीर्यप्रधान द्रव्य। २—रसप्रधान द्रव्य। भेषजद्रव्य प्रायशः वीर्यप्रधान होते हैं और आहारद्रव्य रसप्रधान होते हैं।

वीर्यप्रधान द्रव्यों के लिये चक्रपाणि ने—'षडङ्गपरिभाषैव प्रायः पेयादिसम्मता'। इस प्रकार स्वसंग्रह में लिखा है। अर्थात् षडङ्गपानीयोक्त परिभाषा ही पेया आदि के लिये इष्ट है।

परन्तु वीर्यप्रधान तथा रसप्रधान द्रव्यों का विभेद न करते हुए वृन्द ने वृद्ध व्यवहार का निर्देश किया है—

वृद्धवैद्याः पलं द्रव्यं ग्राहयित्वाढकेऽम्भसि।
भेषजस्यातिबाहुल्यात् कदाचिदरुचिर्भवेत् ॥

अर्थात् वृद्ध वैद्य कहते हैं कि १ पल क्वाथ्य द्रव्य का २ आढक जलमें काढ़ा करना चाहिये। अन्यथा यदि ४ पल क्वाथ्य द्रव्य लिया जाय तो भेषज के अत्यधिक होने से अरुचि की सम्भावना रहती है।

गवेधुकानां भृष्टानां कर्षणीया समाक्षिका ॥२४॥

भूने हुए गवेधुक धान्य की यवागू में माक्षिक (शहद) डालकर पीने से शरीर का कर्षण होता है, अर्थात् शरीर कृष होता है ॥२४॥

सर्पिष्मती बहुतिला स्नेहनी लवणान्विता ॥

घृतयुक्त, बहुतिल (जिसमें तिल अधिक परिमाण में हों) तथा सैन्धव लवणयुक्त यवागू स्नेहन करती है। 'बहुतिला' कहने से ही चावलों का अल्प परिमाण में डालना कहा गया है। वृन्द में कहा भी है—'सर्पिष्मतीं बहुतिलां स्वल्पतण्डुलां' इत्यादि। सुश्रुत में भी—

सर्पिष्मती पयःसिद्धा यवागूः स्वल्पतण्डुला।
सुखोष्णा सेव्यमाना तु सद्यः स्नेहनमुच्यते ॥

कुशामलकनिर्यूहे श्यामाकानां विरूक्षणी ॥२५॥

कुश तथा आंवलों के क्वाथ और श्यामाकधान्य के चावलों से साधित यवागू रूक्षण करती है ॥२५॥

दशमूलीशृता कासहिक्काश्वासकफापहा।

दशमूल से सिद्ध की हुई यवागू कास (खाँसी) हिक्का (हिचकी), श्वास (दमा), तथा कफ को नष्ट करती है। ज्वराधिकार में भी कहा जायगा—

शृतां विदारिगन्धाद्यैर्दीपनीं स्वेदनीं नरः।
कासी श्वासी च हिक्की च यवागूं ज्वरितः पिबेत् ॥

विदारिगन्धादि से अभिप्राय पृश्निपर्णी आदि दशमूलोक्त ओषधियों से है। अथवा ह्रस्वपञ्चमूल तथा महत्पञ्चमूल भेद से दो यवागू भी सिद्ध कर सकते हैं। हिक्का, श्वास तथा कास के रोगियों को ह्रस्वपञ्चमूल से साधित तथा कफपीड़ित को महत्पञ्चमूल से साधित यवागू देनी चाहिये। वृद्धवाग्भट में कहा है—'पेयां दीपनपाचनीम्। ह्रस्वेन पञ्चमूलेन हिक्कारुक्श्वासकासवान्। महता पञ्चमूलेन कफार्त्तः।' इत्यादि। दशमूल, महत्पञ्चमूल तथा ह्रस्वपञ्चमूल से मिलकर होता है। महत्पञ्चमूल—पाटला, अग्निमन्थ, काश्मर्य (गम्भारी), बिल्व, श्योनाक (अरलू)। ह्रस्वपञ्चमूल—छोटी कटेरी, बड़ी कटेरी, गोखरू, पृश्निपर्णी, शालपर्णी।

यमके मदिरा सिद्धा पक्वाशयरुजापहा ॥२६॥

यमक अर्थात् एकत्र मिश्रित घी और तेल मदिरा द्वारा सिद्ध की हुई यवागू पक्वाशय (Large Intestines) की पीड़ा को हरती है। अर्थात् यमक में तण्डुलों को भून कर पुनः मदिरा से पकाकर यवागू तैयार करनी चाहिये। कई कहते हैं कि द्रव की जगह आधा यमक आधी मदिरा डालनी चाहिये। तथा च यमक से कई मूँग की दाल तथा शालिचावल का ग्रहण करते हैं ॥२६॥

शाकैर्मांसैस्तिलैर्माषैः सिद्धा वर्चो निरस्यति।

शाक, मांस, तिल, एवं माष (उड़द) द्वारा साधित यवागू पुरीष को बाहिर निकालती है। इनमें से शाक तो मल पतला करने से मलनिःसारक है और मांस आँतों की तरङ्ग गति को उत्तेजित करके मलनिःसारण का काम करता है। शाक भी आन्त्रगति को बढ़ाता है परन्तु अत्यन्त न्यून मात्रा में।

जम्ब्वाम्रास्थिदधित्थाम्लबिल्वैः साङ्ग्राहिकी मता ॥

जामुन की गुठली, आम की गुठली, (जो कि अम्लावस्था में हो) बेलगिरी; इनसे सिद्ध यवागू संग्राहक अर्थात् मलस्तम्भक है। इसमें अम्ल शब्दसे अनारदाने का ग्रहण भी किया जा सकता है।॥२७॥

क्षारचित्रकहिङ्ग्वम्लवेतसैर्भेदिनी मता।

यवक्षार, चित्रक, हींग, अम्लवेतस; इनसे साधित यवागू भेदन करती है।

अभयापिप्पलीमूलविश्वैर्वातानुलोमनी ॥२८॥

अभया (हरड़), पिप्पलीमूल, सोंठ; इनसे साधित यवागू वात का अनुलोमन करती है ॥२८॥

तक्रसिद्धा यवागूः स्याद्घृतव्यापत्तिनाशिनी ।
तैलव्यापदि शस्ता तु तक्रपिण्याकसाधिता ॥२९॥

तक्र (छाछ) से सिद्ध की हुई यवागू घृत के अतियोग से उत्पन्न हुई व्यापत्ति (रोग) को नष्ट करती है और तैल-व्यापत्ति में छाछ तथा तिलकल्क से साधित यवागू हितकर है ॥२६॥

गव्यमांसरसैः साम्ला विषमज्वरनाशिनी ।

गव्यमांस के रस से साधित तथा अनार द्वारा अम्लीकृत यवागू विषमज्वर को नष्ट करती है। यहाँ पर कई हिन्दी 'व्याख्याकार' गव्यमांसरसैः को समस्त पद मानकर 'गोदुग्ध तथा मांसरस से' ऐसा अर्थ करते हैं। परन्तु यह अनर्थ है। यहाँ पर 'गव्यमांस के रस से' ऐसा अर्थ ही करना उचित है। चरक सूत्रस्थान के २७ वें अध्याय में मांसवर्ग में गोमांस के गुण इस प्रकार लिखे हैं—

'गव्यं केवलवातेषु पीनसे विषमज्वरे'।

आयुर्वेद तो प्रत्येक के गुणावगुण का निर्देश करता है। पाप पुण्य का निर्माण इस शास्त्र का उद्देश्य नहीं। यह शास्त्र धर्मशास्त्र से पृथक् है और यह अपने पृथक् मार्ग पर चलता है। गोदुग्ध तथा मांसरस के एकत्र पाक से हानि की सम्भावना हो सकती है।

कण्ठ्या यवानां यमके पिप्पल्यामलकैः शृता ॥३०॥

यमक अर्थात् एकत्र मिश्रित घृत तथा तैल में भर्जित जौ की पिप्पली तथा आंवले से साधित यवागू कण्ठ के लिये हितकर हुआ करती है ॥३०॥

ताम्रचूडरसे सिद्धा रेतोमार्गरुजापहा ।

ताम्रचूड अर्थात् कुक्कुट के मांसरस से साधित यवागू वीर्य-मार्ग के रोगों को हरती है।

समाषविदला वृष्या घृतक्षीरोपसाधिता ॥३१॥

घी एवं दूध से साधित तथा उड़द की दाल युक्त यवागू वीर्य को बढ़ाती है ॥३१॥

उपोदिकादधिभ्यां तु सिद्धा मदविनाशिनी ।

उपोदिका[1] (पोई का शाक) तथा दही से सिद्ध की हुई यवागू मद को नष्ट करती है।

क्षुधं हन्यादपामार्गक्षीरगोधारसे शृता ॥३२॥

दूध तथा गोधा (गोह) के मांस के क्वाथ द्वारा साधित अपामार्ग (आंगा, चिरचिटा, पुठकण्डा) के बीजों की यवागू भूख को नष्ट करती है ॥३२॥

तत्र श्लोकाः

अष्टाविंशतिरित्येता यवाग्वः परिकीर्तिताः ।
पञ्चकर्माणि चाश्रित्य प्रोक्तो भैषज्यसङ्ग्रहः ॥३३॥

उपसंहार—इस प्रकार यहाँ पर अठाईस यवागुओं का वर्णन किया गया है। तथा पञ्चकर्मोपयोगी औषध संक्षेप से बताये गये हैं ॥३३॥

पूर्वं मूलफलज्ञानहेतोरुक्तं यदौषधम् ।
पञ्चकर्माश्रयज्ञानहेतोस्तत्कीर्तितं पुनः ॥३४॥

मूल एवं फल आदि के ज्ञान के लिये जिन औषधियों का पहिले वर्णन किया गया है उनका भी पञ्चकर्म सम्बन्धी ज्ञानके लिये पुनः कीर्तन किया गया है। इससे ग्रन्थकार पुनरुक्ति दोष का निराकरण करता है ॥३४॥

स्मृतिमान् हेतुयुक्तिज्ञो जितात्मा प्रतिपत्तिमान् ।
भिषगौषधसंयोगैश्चिकित्सां कर्तुमर्हति ॥३५॥

इत्यग्निवेशकृते तन्त्रे चरकप्रतिसंस्कृते सूत्रस्थाने भेषजचतुष्केऽपामार्गतण्डुलीयो नाम द्वितीयोऽध्यायः ।

स्मृतियुक्त, हेतु (कारण, व्याधि के निदान, पूर्वरूप, रूप, उपशय, सम्प्राप्ति) एवं युक्ति (औषध योजना) को जाननेवाला, जितात्मा (जिसने अपने आपको जीत लिया है अर्थात् जिसने अपने को वश में किया हुआ है) तथाप्रतिपत्तिमान् (प्रत्युत्पन्नमति अर्थात् जिसे आपत्ति पड़ने पर झटिति कर्तव्य का ज्ञान हो जाय) वैद्य औषध के योग से चिकित्सा करने में समर्थ होता है ॥३५॥

इति द्वितीयोऽध्यायः ।

तृतीयोऽध्यायः

अथात आरग्वधीयमध्यायं व्याख्यास्यामः ।
इति ह स्माह भगवानात्रेयः ॥१॥

पञ्चकर्म सम्बन्धी ओषधि तथा यवागुओं के व्याख्यान के अनन्तर हम आरग्वधीय नामक अध्याय का वर्णन करेंगे; ऐसा भगवान् आत्रेय मुनि ने कहा। इससे प्रथम अध्याय में अन्तःपरिमार्जनोपयोगी पञ्चकर्म सम्बन्धी भेषज का निर्देश किया गया है। इसके अनन्तर स्वयमेव यह प्रश्न उठता है कि बहिःपरिमार्जनोपयोगी ओषधियों का प्रयोग किस प्रकार होता है? अतः शिष्यों के प्रश्न करने पर आत्रेय मुनि ने तत्सम्बन्धी उपदेश किया ॥१॥

आरग्वधः सैडगजः करञ्जो वासा गुडूची मदनं हरिद्रे । श्र्याह्वः सुराह्वः खदिरो धवश्च निम्बो विडङ्गं करवीरकत्वक् ॥२॥ ग्रन्थिश्च भौर्जो लशुनः शिरीषः सलोमशो गुग्गुलुकृष्णगन्धं । फणिज्झको वत्सकसप्तपर्णौ पीलूनि कुष्ठं सुमनःप्रवालाः ॥३॥ वचा हरेणुस्त्रिवृता निकुम्भो भल्लातकं गैरिकमञ्जनं च । मनःशिलाले गृहधूम एला काशीसमुस्तार्जुनरोध्रसर्जाः ॥४॥ इत्यर्धरूपैर्विहिताः षडेते गोपित्तपीताः[1] पुनरेव पिष्टाः। सिद्धाः परं सर्षपतैलयुक्ताश्चूर्णप्रदेहा[2] भिषजा प्रयोज्याः ॥५॥ कुष्ठानि कृच्छ्राणि नवं किलासं सुरेन्द्रलुप्तं किटिमं सदद्रु । भगन्दरार्शांस्यपचीं सपामां हन्युः प्रयुक्तास्त्वचिरान्नराणाम् ॥६॥

१—अमलतास के पत्ते, एडगज[3] (पँवाड के बीज), करंज के

१—उपोदिकायाः गुणाः—मदघ्नो चाप्युपोदिका (चरक सू० २७) सुश्रुतेऽपि—स्वादुपाकरसा वृष्या वातपित्तमदापहा। उपोदिका सरा स्निग्धा बल्या श्लेष्मकरा हिमा ॥

१—गोपित्तपीता इति पीतगोपित्ताः। मयूरव्यंसकादित्वात् पूर्वनिपातः यदि वा गोपित्तभावनया पीता पीतवर्णा गोपित्तपीताः। भावना च सप्ताहम् इति चक्रः।

२—चूर्णप्रदेहाः—चूर्णानि प्रदेहाश्च चूर्णप्रदेहाः। यदि वा चूर्णीकृतानां प्रदेहाः चूर्णप्रदेहाः। प्रदेहो लेपः प्रदेहताकरणं चैषां योगानां कुष्ठहरगोमूत्रगोपित्तादीनां बोद्धव्यम्।

३—राजनिघण्टौ—स्याच्चक्रमर्दोऽण्डगजो गजाख्यो मेषाह्वयश्चैडगजोऽण्डहस्ती। व्यावर्तकश्चक्रगजश्च चक्री पुन्नाडपुन्नाटविमर्दकाश्च ॥ इत्यादि।

बीज अथवा पत्ते, अडूसे की छाल, गिलोय, मैनफल, हल्दी तथा दारुहल्दी।

२—श्रयाह्न (श्रीवाससार, नवनीतखोटी, गन्धविरोजा), देवदारु, खदिरा (खैर की लकड़ी अथवा कत्था), धव की लकड़ी, नीम की छाल, वायविडङ्ग तथा कनेर की जड़ का छिलका।

३—भोजपत्र के वृक्ष की गांठ, लहसन, शिरीष (सिरस) की छाल, लोमश[1] (हीरा कासीस अथवा तमालपत्र), गूगल तथा कृष्णगन्धा (लाल सहिजन) की छाल।

४—फणिज्झक (तुलसी), वत्सक (कुटज, कुड़ा) की छाल, सप्तपर्ण (सतौना) की छाल, पीलू, कुष्ठ (कूठ) तथा जाती अथवा चमेली के पत्ते।

५—वच, हरेणु (रेणुका, सुगन्ध द्रव्य), त्रिवृता (निसोत,त्रिवी), निकुम्भ (दन्तीमूल), भिलावा, गेरू तथा रसौंत।

६—मनसिल, आल (हरिताल), गृहधूम, छोटी इलायची, कासीस, लोध, अर्जुन की छाल, मोथा तथा राल।

इन तीन श्लोकों में आधे २ श्लोक द्वारा कहे गये पृथक्२ छः योगों की औषधियों का चूर्ण करके गोपित्त (गोलोचन) द्वारा भावनायें दें। भावनायें देने से ये चूर्ण पीतवर्ण के हो जायेंगे। चक्रपाणि के मतानुसार गोपित्त की सात भावनायें देनी चाहिये। वैद्य को चाहिये कि भावनाओं के पश्चात् इन्हें पुनः पीसकर सरसों के तेल के साथ मिलाकर लेप कराये। इस लेप के लगाने से कष्टसाध्य कुष्ठ तथा नवीन किलास (श्वित्र, सफेद कोढ़), इन्द्रलुप्त, किटिम, दद्रु, भगन्दर, अर्श (बवासीर), अपची (Scrofula), पामा (Eczema) आदि रोग शीघ्र नष्ट हो जाते हैं।

कुष्ठं हरिद्रे सुरसं पटोलं निम्बाश्वगन्धे सुरदारु शिग्रु ॥
ससर्षपं तुम्बुरुधान्यवन्यं चण्डां च चूर्णानि[2] समानि कुर्यात् ॥७॥ तैस्तक्रयुक्तैः प्रथमं शरीरं तैलाक्तमुद्वर्तयितुं यतेत। तेनास्य कण्डूः पिडकाः सकोठाः कुष्ठानि शोफाश्च शमं व्रजन्ति॥८॥

कूठ, हल्दी, दारुहल्दी, सुरसा (तुलसी), पटोलपत्र, नीम की छाल, असगन्ध, देवदारु, सहिजन की छाल, सरसों, तुम्बुरु (नेपाली धनियाँ), धनियाँ, वन्य (कैवर्त्तमुस्तक, केवटी मोथा) तथा चण्डा (चोरपुष्पी); इनके चूर्णों को समपरिमाण में मिलाकर छाछ के साथ घोट डालें पश्चात् कुष्ठ रोगी पर सरसों के तेल की मालिश करके इसे उबटने की तरह मलें। इसके प्रयोग से कण्डू (खुजली), पिडका (फोड़े, फुन्सियाँ), कोठ कुष्ट तथा शोफ (शोथ) शान्त होजाते हैं ॥८॥

[3]कुष्ठामृतासङ्गकटंकटेरीकाशीसकम्पिल्लकरोध्रमुस्ताः।
सौगन्धिकं सर्जरसो विडङ्गं मनःशिलाले करवीरकत्वक् ॥९॥
तैलाक्तगात्रस्य कृतानि चूर्णान्येतानि दद्यादवचूर्णनार्थम्।
दद्रुः सकण्डूः किटिमानि पामा विचर्चिका चैव तथैति शान्तिम्॥

कूठ, गिलोय, नीलाथोथा, कटंकटेरी (दारुहल्दी), कासीस, कम्पिल्लक (कमीला), मोथा, लोध, गन्धक, राल, वायविडङ्ग, मनसिल, हड़ताल तथा कनेर की जड़ का छिलका, इनका चूर्ण बना लें। पुनः रोगी के शरीर पर सरसों के तेल की मालिश करके इस चूर्ण का अवचूर्णन करना (बुरकाना, Dusting) चाहिये। इसके प्रयोग से दद्रु (दाद), कण्डू, किटिम, पामा तथा विचर्चिका शान्त होती है ॥ ९, १० ॥

मनः शिलाले मरिचानि तैलमार्कं पयः कुष्ठहरः प्रदेहः।

मनसिल, हड़ताल, कालीमिर्च, सरसों का तेल, आक (मदार) का दूध; इन्हें एकत्र मिश्रित कर अच्छी प्रकार घोटकर लेप योग्य बना लें। यह लेप कुष्ठनाशक है।

तुत्थं विडङ्गं मरिचानि कुष्ठं लोध्रं च तद्वत्समनःशिलं स्यात्॥११॥

नीलाथोथा (तूतिया), वायविडङ्ग, कालीमिर्च, कूठ, लोध तथा मनसिल; इन्हें एकत्र कटुतैल में मिला लेप करना चाहिये। यह लेप भी पूर्ववत् कुष्ठनाशक है ॥११॥

रसाञ्जनं सप्रपुन्नाडबीजं युक्तः कपित्थस्य रसेन लेपः।
करञ्जबीजैडगजं सकुष्ठं गोमूत्रपिष्टं च परः प्रदेहः ॥१२॥

रसौंत, पँवाड के बीज, कूठ, इन्हें एकत्र कैथ के रस में घोटकर लेप करना चाहिए। करञ्जबीज, पंवाड के बीज, कूठ, इन्हें एकत्र गोमूत्र द्वारा पीस कर किया हुआ लेप उत्कृष्ट कुष्ठनाशक है ॥१२॥

उभे हरिद्रे कुटजस्य बीजं करञ्जबीजं सुमनःप्रवालान्।
त्वचं समध्यां हयमारकस्य लेपं तिलक्षारयुतं विदध्यात् ॥१३॥

हल्दी, दारुहल्दी, कुटजबीज (इन्द्रजौ), करञ्जबीज, चमेली के पत्ते, कनेर का छिलका तथा लकड़ी अथवा बीज की गिरी, तिलनालक्षार, इन्हें एकत्र मिला कुष्ठ पर लेप करना चाहिये ॥१३॥

मनःशिला त्वक्कुटजात्सकुष्ठात् सलोमशः सैडगजः करञ्जः।
ग्रन्थिश्च भौर्जः करवीरमूलं चूर्णानि साध्यानि तुषोदकेन॥१४॥
पलाशनिर्दाहरसेन चापि कर्षोद्धृतान्याढकसम्मितेन।
दर्वीप्रलेपं प्रवदन्ति लेपमेतत्परं कुष्ठनिषूदनाय ॥१५॥

मनसिल, कुटज की छाल, कूठ, कासीस, पँवाड के बीज, करञ्जबीज, भूर्जग्रन्थि (भोजपत्र के वृक्ष की ग्रन्थि), कनेर की जड़, प्रत्येक का चूर्ण एक २ कर्ष। पाकार्थ—तुषोदक (तुषयुक्त जौ की तय्यार की हुई कांजी) अथवा [1]पलाशनिर्दाह रस २ आढक। यथाविधि मन्द २ आँच में पकावें। जब पककर गाढ़ा हो जाय तथा कड़छी में लगने लगे उसी समय उतार लें। इस प्रकार सिद्ध किया हुआ लेप कुष्ठ के नाश के लिये अत्युत्कृष्ट है ॥१४, १५॥

पर्णानि पिष्ट्वा चतुरङ्गुलस्य तक्रेण पर्णान्यथ काकमाच्याः।
तैलाक्तगात्रस्य नरस्य कुष्ठान्युद्वर्तयेदश्वहनच्छदैश्च ॥१६॥

१—सालोमश इति पाठान्तरे आलोमशस्तमालपत्रम् लोमशो मिषिः इति गङ्गाधरः।

२—दूर्वाञ्च इति चक्रदत्तोक्तः पाठः। ३—अमृतासङ्ग इत्येकपदस्वीकारे तुत्थकमेव ग्राह्यं न गुडूची॥

१—ढाक वृक्ष के जड़ की भूमि को खोदकर उसकी प्रधान जड़ को काट दें। पश्चात् एक घड़ा उस कटी हुई जड़ के नीचे रख दें। पुनः मिट्टी से चारों ओर का गड्ढा भर दें। और वृक्ष के चारों ओर उपले लगाकर आग लगा दें। इस प्रकार उस वृक्ष का रस प्रधान मूल द्वारा घड़े में इकट्ठा हो जायगा। यही रस पलाशनिर्दाह रस कहाता है। कई टीकाकार इससे पलाशक्षारोदक का ग्रहण करते हैं॥

कुष्ठरोग से पीड़ित पुरुष के शरीर पर तैल का अभ्यङ्ग करके अमलतास के पत्ते, काकमाची (मकोय) के पत्ते, तथा कनेर के पत्ते, इन्हें एकत्र तक्र से पीसकर बनायी हुई पिष्टि से जहाँ २ कुष्ठ हो वहाँ वहाँ उबटने की तरह मले ॥

कोलं कुलत्था सुरदारु रास्ना माषातसीतैलफलानि कुष्ठम् ।
वचा शताह्वा यवचूर्णमम्लमुष्णानि वातामयिनां प्रदेहः॥१७॥

कोल (बदर), कुलत्थ (कुलथी), देवदारु, रास्ना, माष उड़द) अतसी (अलसी), तैलफल (एरण्ड, तिल आदि), कूठ, वच, शताह्वा (सोया), यवचूर्ण (जौ का आटा); इन्हें एकत्र काञ्जिक आदि द्वारा अम्लीकृत करके आग पर गरम कर वातरोगियों को प्रलेप करावें। इसमें 'तैलफलानि' पद से एरण्डफल तथा तिल आदि तैलयोनि फलों का ग्रहण किया जाता है ॥१७॥

[1]आनूपमत्स्यामिषवेसवाररुष्णः प्रदेहः पवनापहः स्यात् ।

आनूप पशुपक्षियों का मांस तथा मछली के मांस से निर्मित वेसवार को गरम करके प्रलेप करने से वातरोग नष्ट होते हैं ॥

स्नेहैश्चतुर्भिर्दशमूलमिश्रैर्गन्धौषधैश्चानिलजित्प्रदेहः ।

गन्धौषध (अगुरु, कुष्ठ आदि ज्वरचिकित्सितोक्त अथवा एलादिगण) तथा दशमूल से सिद्ध चारों स्नेहों (घृत, तैल, वसा, मज्जा एकत्र मिलित) का प्रदेह वातनाशक है। अथवा दशमूल द्वारा साधित गन्धौषधों में किञ्चित् स्नेह मिलाकर प्रलेप कराना चाहिये। अथवा चारों स्नेहों को दशमूल तथा गन्धौषध के कल्क से सिद्धकर विना छाने लेप करना चाहिये अथवा दशमूल के क्वाथ और कल्क से तल को सिद्धकर उस में गन्धौषध चूर्ण मिलाकर लेप करना चाहिये ॥१८॥

तक्रेण युक्तं यवचूर्णमुष्णं सक्षारमार्तिं जठरे निहन्यात्॥१८॥

जौ का आटा तथा यवक्षार को एकत्र तक्र में मिला गरमकर पेट पर लेप करना चाहिये। इसके लेप से पेट का दर्द नष्ट होता है। अष्टांगसंग्रह में भी कहा है-'यवचूर्णश्च सक्षारतक्रः कोष्ठार्तिजित्परम्' ।

कुष्ठं शताह्वां सवचां यवानां चूर्णं सतैलाम्लमुशन्तिवाते॥१९॥

कूठ, सोया, वच, जौ का आटा; इन्हें तैल तथा कांजी में मिला वातरोग में लेप करना चाहिये ॥१९॥

उभे शताह्वे मधुकं मधूकं बलां पियालं च कशेरुकं च ।
घृतं विदारीं च सितोपलां च कुर्यात् प्रदेहं पवने सरक्ते॥२०॥

सोया, सौंफ, मधुक (मुलहठी), मधूक (महुए के फूल) बलामूल (खिरैंटी की जड़), पियाल (चिरौंजी), कसेरू, घी, विदारीकन्द सितोपला (मिसरी), इन्हें एकत्र मिला वातरक्त (Gouts) में प्रलेप करना चाहिये ॥२०॥

रास्नां गुडूचीं मधुकं बले द्वे सजीवकं सर्षभकं पयश्च ।
घृतं च सिद्धं मधुशेषयुक्तं रक्तानिलार्तिं प्रणुदेत्प्रदेहः ॥२१॥

रास्ना, गिलोय, मुलहठी, बला, नागबला (अथवा अतिबला), जीवक, ऋषभक, दुग्ध; इनसे यथाविधि घृतपाक करके छान लें। पश्चात् इस घृत में मोम मिला दें। यह मलहम की तरह बन जायगा। यह मलहम वातरक्तजन्य पीड़ा को नष्ट करता है। घृतपाक के लिये यदि घृत १ सेर हो तो दूध ४ सेर, रास्ना आदि का कल्क १ पाव लेना चाहिये। घृत से सिद्ध हो जाने पर घृत से चतुर्थांश अर्थात् १ पाव मोम मिलानी चाहिये ॥२१॥

वाते सरक्ते सघृतः प्रदेहो गोधूमचूर्णं छगलीपयश्च ।

गेहूँ का आटा, बकरी का दूध तथा घी ; इन्हें एकत्र मिलावें। वातरक्त में यह लोपार्थ व्यवहृत होता है। अथवा पुल्टिस की तरह पकाकर इसे वातरक्त पर गरम गरम बाँधा भी जा सकता है। वाग्भट में इस योग को घी रहित ही पढ़ा है। 'गोधूमचूर्णो वा छागक्षीरयुक्तो लेपः' तथा वृन्द ने भी सिद्धयोग में इसी प्रकार कहा है—

गोधूमचूर्णं छगलीपयश्च, सच्छागदुग्धो रुबुबीजकल्कः ।
लेपो विधेयः शतधौतसर्पिः सेके पयश्चाविकमेव शस्तम् ॥

नतोत्पलं चन्दनकुष्ठयुक्तं शिरोरुजायां सघृतः प्रदेहः ॥२२॥

नत (तगर), उत्पल (नीलोत्पल), श्वेतचन्दन, कूठ तथा घी इन्हें एकत्र मिला शिर अथवा मस्तक पर लेप करें। यह लेप सिरदर्द को हटाता है ॥२२॥

प्रपौण्डरीकं सुरदारु कुष्ठं यष्ट्याह्वमेला कमलोत्पले च ।
शिरोरुजायां सघृतः प्रदेहो लोहैरकापद्मकचोरकैश्च ॥२३॥

प्रपौण्डरीक (पुण्डरीककाष्ठ), देवदारु, कूठ, मुलहठी, छोटी इलायची, श्वेत कमल, नीलोत्पल, लोह (अगर), एरका (तृणविशेष), पद्मक (पद्माख), चोरक (चोरपुष्पी) ; इनके चूर्ण को घी के साथ मिला लेप करने से शिरोवेदना नष्ट होता है ॥२३॥

रास्ना हरिद्रे नलदं शताह्वे द्वे देवदारूणि सितोपलां च ।
जीवन्तिमूलं सघृतं सतैलमालेपनं पार्श्वरुजासुकोष्णम्॥२४॥

रास्ना, हल्दी, दारुहल्दी, नलद (जटामाँसी), सोया, सौंफ, देवदारु, मिसरी, जीवन्तीमूल; इनके चूर्ण को घी तथा तैल में मिला सुहाता गर्म करके पार्श्वशूल में आलेपन करना चाहिये ॥२४॥

शैवालपद्मोत्पलवेत्रतुङ्गं प्रपौण्डरीकाष्यमृणाललोध्रम् ।
प्रियङ्गुकालीयकचन्दनानि निर्वापणः स्यात्सघृतः प्रदेहः ॥२५॥

शैवाल, पद्म (कमल), नीलोत्पल, वेत्रमूल (बेंत की जड़), तुङ्ग, (पुन्नाग), पुण्डरीककाष्ठ, अमृणाल (उशीर, खस), लोध, प्रियंगु, कालीयक (अगुरुभेद, सुगन्धित पीत काष्ठ), श्वेतचन्दन ; इन्हें एकत्र घी में मिला लेप करने से दाह शान्त होता है ॥२५॥

सिता लता वेतसपद्मकानि यष्ट्याह्वमैन्द्री नलिनानि दूर्वा ।
यवासमूलं कुशकाशयोश्च निर्वापणः स्याज्जलमेरका च॥२६॥

सिता (खाँड), लता (मञ्जिष्ठा), वेतसमूल, पद्मक (पद्माख), मुलहठी, ऐन्द्री (इन्द्रायण), नलिन (कमल), दूर्वा (दूब), यवासमूल (जवासे की जड़, दुरालभामूल), कुशा की जड़, काश (काही) की जड़, जल (गन्धबाला) और एरका (तृणविशेष); इनका लेप निर्वापण है अर्थात् दाह को शान्त करता है ॥२६॥

शैलेयमेलाऽगुरु चाथ कुष्ठं चण्डा नतं त्वक्सुरदारु रास्ना ।
शीतं निहन्यादचिरात् प्रदेहो,

---

[1]—''निरस्थि पिशितं पिष्टं स्विन्नं गुडघृतान्वितम् ।
कृष्णामरिचसंयुक्तं वेसवार इति स्मृतः ॥''

अस्थिरहित मांस को अच्छी प्रकार कुट्टित करके जल में स्विन्न कर लें। इसमें गुड़, घी, पिप्पली एवं कालीमिर्च यथाविधि मिलावें। इसे वेसवार कहते हैं।

शैलेय (छैलछरीला), छोटी इलायची, अगर, कूठ चण्डा (चोरपुष्पी), नत (तगर), दालचीनी, देवदारु, रास्ना ; इनका प्रलेप शीघ्र ही शीत का निवारण करता है ।

विषं शिरीषस्तु ससिन्धुवारः ।।२७।।

शिरीषत्वक् (सिरस की छाल) तथा सिन्धुवार (निर्गुण्डी, सम्भालू) का लेप विषनाशक है ।।२७।।

शिरीषलामज्जकहेमलोध्रैस्त्वग्दोषसंस्वेदहरः प्रघर्षः ।

सिरस की छाल, लामज्जक (खस, उशीर अथवा खवी), हेम (नागकेसर), लोध ; इनके चूर्ण को त्वचा पर मलने से त्वग्दोष (कुष्ठ Skin disease) तथा संस्वेद (पसीना) नष्ट होता है ।

[1]पत्राम्बुलोध्राभयचन्दनानि शरीरदौर्गन्ध्यहरः प्रदेहः ।।२८।।

पत्र (तेजपत्र), अम्बु (गन्धबाला), लोध, अभय (खस), श्वेत चन्दन ; इनका लेप शरीर की दुर्गन्ध को नष्ट करता है ।।२८।।

तत्र श्लोकाः

इहात्रिजः सिद्धतमानुवाच द्वात्रिंशतं सिद्धमहर्षिपूज्यः ।
चूर्णप्रदेहान्विविधामयघ्नानारग्वधीये जगतो हितार्थम् ।।

इत्यग्निवेशकृते तन्त्रे चरकप्रतिसंस्कृते सूत्रस्थाने भेषज-चतुष्के आरग्वधीयो नाम तृतीयोऽध्यायः ।।३।।

इस आरग्वधीय नामक अध्याय में सिद्ध एवं महर्षियों से पूज्य आत्रेय मुनि ने जगत् के कल्याण के लिये नाना प्रकार की व्याधियों को नष्ट करनेवाले सिद्धतम (अकसीर अथवा अत्यन्त अनुभूत) चूर्ण प्रदेहों को कहा है ।।२९।।

इति तृतीयोऽध्यायः ।

चतुर्थोऽध्यायः

अथातः [2]षड्विरेचनशताश्रितीयमध्यायं व्याख्यास्यामः ।
इति ह स्माह भगवानात्रेयः ।।१।।

इनके अनन्तर षड्विरेचनशताश्रितीय नामक अध्याय का वर्णन करेंगे—ऐसा भगवान् आत्रेय मुनि ने कहा था ।।१।।

इह खलु षड्विरेचनशतानि भवन्ति, षड्विरेचनाश्रयाः, पञ्च कषायशतानि, पञ्च कषाययोनयः पञ्चविधं कषाय-कल्पनं, पञ्चाशन्महाकषाया इति सङ्ग्रहः ।।२।।

इस तन्त्र में निश्चय से ६०० विरेचन हैं । छः विरेचन योगों के आश्रय हैं । विरेचन शब्द से यहाँ वमन एवं विरेचन दोनों का ही ग्रहण किया जाता है । क्योंकि स्वयमेव आचार्य ने कल्पस्थान में कहा है कि—"उभयं, वा दोषमलविरेचनाद्विरेचनशब्दं लभते ।" अर्थात् दोष एवं मल को बाहर निकालने के कारण वमन तथा विरेचन दोनों को विरेचन शब्द से भी कहा जाता है ।

पाँच सौ कषाय हैं । इन कषायों की पाँच योनि अर्थात् पाँच उत्पत्तिस्थान हैं । कषाय की कल्पना पाँच प्रकार की है । और महाकषाय पचास हैं । यह संक्षेप में कहा गया है ।

इनमें भेषज द्रव्यों की संख्याओं के निर्देश को उदाहरणमात्र ही समझना चाहिये । विद्वान् चिकित्सक इससे अधिक भी बना सकते हैं । परन्तु मन्द बुद्धि वैद्यों को इन्हीं के अनुसार कार्य करना चाहिये । कल्पस्थान में कहा भी जायगा—

'उद्देशमात्रमेतावद् द्रष्टव्यमिह षट्शतम् ।
स्वबुद्ध्यैवं सहस्राणि कोटीर्वा सम्प्रकल्पयेत् ।
बहुद्रव्यविकल्पत्वाद् योगसंख्या न विद्यते ।।२।।

षड्विरेचनशतानीति यदुक्तं तदिह सङ्ग्रहेणोदाहृत्य विस्तरेण कल्पोपनिषद्यनुव्याख्यास्यामः ।।३।।

'६०० विरेचन हैं' ऐसा जो कहा गया है—उन्हें यहाँ संक्षेप से कहकर कल्पस्थान में विस्तार से व्याख्या करेंगे ।।३।।

त्रयस्त्रिंशद्योगशतं प्रणीतं फलेषु, एकोनचत्वारिंशज्जीमूतकेषु योगाः, पञ्चचत्वारिंशदिक्ष्वाकुषु, धामार्गवः षष्टिधा भवति योगयुक्तः, कुटजस्त्वष्टादशधा योगमेति, कृतवेधनं षष्टिधा भवति योगयुक्तं, श्यामात्रिवृद्योगशतं प्रणीतं दशापरे चात्र भवन्ति योगाः, चतुरङ्गुलो द्वादशधा योगमेति, लोध्रं विधौ षोडश योगयुक्तं, महावृक्षो भवति विंशतियोगयुक्तः, एकोनचत्वारिंशत्सप्तलाशङ्खिन्योर्योगाः, अष्टचत्वारिंशद्दन्तीद्रवन्त्योरिति षड्विरेचनशतानि ।।४।।

वमनार्थ योग

मदनफल से	१३३ योग
जीमूत (देवदाली) से	३९ योग
इक्ष्वाकु (कड़वी तुम्बी) से	४५ योग
धामार्गव (वीतघोषा) से	६० योग
कुटज (कुडा अथवा उसका फल इन्द्रजौ) से	१८ योग
कृतवेधन (मालकंगनी अथवा कड़वी तुरई) से	६० योग
विरेचन योग	
श्यामा (काली, त्रिवी, निसोत) तथा त्रिवृत् (लाल निसोत) से	१०० योग
तथा इन ही के और अधिक	१० योग
चतुरङ्गुल (अमलतास) से	१२ योग
लोध से	१६ योग
महावृक्ष (सेहुण्ड) से	२० योग
सप्तला (सातला) तथा शंखिनी से	३९ योग
दन्ती तथा द्रवन्ती (बड़ी दन्ती) से	४८ योग
इसप्रकार	६०० योग

विरेचन के होते हैं ।।४।।

षड्विरेचनाश्रया इति क्षीरमूलत्वक्पत्रपुष्पफलानीति ।।५।।

१—क्षीर (दूध), २—मूल (जड़), ३—त्वक् (छाल) ४—पत्र (पत्ते), ५—पुष्प (फूल), तथा ६—फल ; ये छः विरेचनार्थ औषध[1] द्रव्यों के ये २ अङ्ग लिये जाते हैं ।।५।।

१—'पत्राम्बुलोहाभय०' इति पाठान्तरे लोहमगुरु ।

२—आश्रीयत इत्याश्रितीयमाश्रय इत्यर्थः । षट् संख्यावच्छिन्नानि विरेचनशतानि आश्रितानि चाधिकृत्य कृतोऽध्यायः षड्विरेचनशताश्रितीयः । यद्यपि चाध्यायादौ इह खल्विति पदं श्रूयते गुणप्रधानत्वान्नाध्यायसंज्ञाप्रणयने निवेशितम् ।

१—विरेचन द्रव्यों में से किस ओषधि का कौन-कौन सा अङ्ग लिया जाता है । इसे देखने के लिये वृद्धवाग्भट सूत्रस्थान का चौदहवाँ अध्याय देखना चाहिये ।

पञ्च कषाययोनय इति मधुरकषायोऽम्लकषायः कटुकषायस्तिक्तकषायः कषायकषायश्चेति तन्त्रे संज्ञा[1] ॥६॥

कषाय के उत्पत्तिस्थान पाँच हैं। यहाँ पर यह बताना आवश्यक है कि लवण को छोड़कर शेष रस 'कषाय' संज्ञा से व्यवहृत किये गये हैं। अतः १—मधुरकषाय २—अम्लकषाय ३—कटुकषाय ४—तिक्तकषाय ५—कषाय—कषाय। इन पाँच की इस तन्त्र में कषाय संज्ञा है।

परन्तु अब यह शंका उठती है कि इनमें लवणकषाय क्यों नहीं पढ़ा गया। इसका उत्तर देते हुए चक्रपाणि कहता है कि लवण के स्वतन्त्रतया प्रयुक्त न होने से तथा पाँच प्रकार की कषाय कल्पना—जो आगे कही जायगी—में से किसी भी कल्पना के न हो सकने के कारण आचार्य ने लवणरस नहीं पढ़ा। यही उत्तर वृद्ध-वाग्भट ने भी दिया है। यथा—'तत्र लवणवर्ज्याः रसाः कल्पनायां कषायाः इत्युच्यन्ते तद्योनित्वात्। लवणस्य यतो निर्यासादिकल्पनानामसम्भवः। पृथगुपयोगोपकाररहितत्वाच्च नैरर्थक्यमिति'।

इसका स्पष्टीकरण चक्रपाणि ने इस प्रकार किया है—कि आचार्य ने भेषजत्वेन व्याप्त रसों की ही कषाय संज्ञा की है। अतः चूँकि केवल (स्वतन्त्र) लवण का प्रयोग नहीं है और मधुर आदि का केवल रूप से प्रयोग होता है। लवण अन्य द्रव्यों के साथ मिलाकर ही दिया जाता है।

तथा मधुर आदियों में तो स्वरस, कल्क आदि रूपी कल्पना हो सकती है परन्तु लवण में नहीं हो सकती। चूँकि लवण का स्वरस तो हो ही नहीं सकता। किसी द्रव्य को द्रव के साथ पीसने से पिण्डरूप कल्क बनता है। यदि लवण को पानी के साथ पीसें तो वह तद्रूप (घुलकर द्रवरूप) ही हो जाता है। यद्यपि कल्क का ही एक भेद चूर्ण है और लवण का चूर्ण हो सकता है, परन्तु अचूर्ण लवण की अपेक्षा चूर्णरूप लवण में कोई विशेष शक्ति पैदा नहीं होती। शक्तिविशेष को ही पैदा करने के लिये कल्पना की जाती है। अतः लवण की चूर्णता भी अकल्पना ही है।

तथा जहाँ जहाँ द्रव्य के कृत्स्नतया प्रयोग की आवश्यकता नहीं होती परन्तु उस द्रव्य के किसी विशेष घटक द्रव्य की आवश्यकता होती है उसी जगह शृत, शीत तथा फाण्ट की कल्पना की जाती है। यह बात लवण में नहीं हो सकती। यह तो पानी में सर्वात्मना ही घुल जायगा।

परन्तु ये युक्तियाँ संगत नहीं मालूम होतीं। १—क्योंकि लवण का स्वतन्त्रतया प्रयोग भी होता है। वमन आदि के लिये तथा व्रण आदि के धोने के लिये। २—चक्रपाणि ने जो यह कहा है कि चूर्ण में कोई विशेष शक्ति नहीं आती यह भी चिन्त्य है, क्योंकि पिण्ड-रूप लवण की अपेक्षा चूर्णरूप लवण शीघ्र तथा पूर्ण कार्य करता है। अतः पृथक् प्रयोग होने से तथा कल्करूप कल्पना होने से असंगत है।

साथ ही चक्रपाणि ने उत्तर देते हुए यह ध्यान नहीं रक्खा कि यहाँ लवणरस का प्रकरण है न कि Sodium chloride रूप लवण द्रव्य का। जितने भी प्रकार से उत्तर दिया गया है सब में लवण द्रव्य को ही दृष्टि में रक्खा जाय तो पूर्वोक्त दोष इसमें भी आ जायेंगे और मधुर कषाय नहीं हो सकेगा। अतः ये उत्तर निरर्थक हैं।

हमारे मत में तो वनस्पति, विरुद्, वानस्पत्य तथा ओषधि रूप चतुर्विध औद्भिद द्रव्यों में (जो कि इस तन्त्र का प्रधान विषय है) लवण अनुरस[1] हुआ करता है, रस नहीं। अनुरस; रस द्वारा अभिभूत हुआ करता है। अभिभूत होने से वह अपना कार्य करने में असमर्थ रहता है। अतः उसकी कल्पना नहीं हो सकती। यद्यपि क्षार भी वनस्पति से प्राप्त होते हैं; परन्तु वनस्पति नहीं हैं।

मधुरस्कन्ध प्रभृति प्रत्येक स्कन्ध में वनस्पति प्रभृति का परिगणन है। परन्तु लवणस्कन्ध में 'लवणद्रव्यस्कन्धः सैन्धवादीनि क्षारान्तानि त्रपुसीसप्रभृतीनि' पढ़ा है। इसमें कोई वनस्पति नहीं। अतः यह स्पष्ट है कि वनस्पति आदि में लवण रस प्रधान नहीं।

लवण द्रव्य (Sodium chloride प्रभृति) में यद्यपि लवण रस प्रधान है परन्तु भौम द्रव्य होने से प्रकरण से बाहर है। भौम द्रव्यों का भी वर्णन होता तो 'षड्विरेचनाश्रयाः' में धातु द्रव्यों का भी समावेश किया जाना चाहिये था और उसमें ताम्र, पारद आदि का समावेश होता; परन्तु ऐसा नहीं है। अतः आचार्य ने केवल औद्भिद द्रव्यों को ही दृष्टि में रखते हुए ऐसा कहा है॥६॥

पञ्चविधं कषायकल्पनमिति तद्यथा-स्वरसः, कल्कः, शृतः, शीतः, फाण्टः, कषाय इति ॥७॥

कषाय की कल्पना पाँच प्रकार की है। जैसें—१ स्वरस (Juice) २—कल्क (Bruised, coarsely powdered and powdered drugs) ३—शृत (Decoction); ४—शीत (Infusion); ५—फाण्ट (Infusion); ये पाँच प्रकार के कषाय हैं। इन्हें स्वरसकषाय, कल्ककषाय इत्यादि प्रकार से भी कह सकते हैं॥७॥

१—अत्र चक्रपाणिः—अथ किमर्थं पुनराचार्येण कषायसंज्ञाप्रणयने लवणस्य मधुरादेरिव गुणादिभिरुद्दिष्टस्य तथा प्रयोगेषु चित्रगुडिकादौ "द्वौ क्षारौ लवणानि च" इत्यादिनोद्दिष्टस्य रोगभिषग्जितीये च स्कन्धेनोपदिष्टस्य रसाधिकारेषु च तेषु तेषु मधुरादिवदुपदिष्टस्य परित्यागः क्रियते, उच्यते—कषायसंज्ञेयं भेषजत्वेन व्याप्रियमाणेषु रसेष्वाचार्येण निवेशिता। अत्र च केवलस्य लवणस्य च प्रयोगो नास्ति। मधुरादीनां तु केवलानामपि प्रयोगोऽस्ति। लवणन्तु द्रव्यान्तरसंयुक्तमेवोपयुज्यते। तथा मधुरादिषु स्वरसकल्कादिलक्षणा कल्पना सम्भवति न लवणे। यतो न तावल्लवणस्य स्वरसोस्ति, कल्कोऽपि द्रव्यस्य द्रवेण पेषणात्क्रियते, तच्च न सम्भवति लवणे। लवणं हि पानीययोगात्पानीयमेव भवति। यद्यपि कल्कस्यैव भेदश्चूर्णं चूर्णता लवणस्य सम्भवति, तथापि लवणस्य चूर्णरूपता न तु पूर्वस्मादचूर्णरूपात् किंचित् शक्तिविशेषमापादयति, शक्तिविशेषकल्पनार्थं च कल्पना क्रियते। तस्माच्चूर्णत्वमपि लवणस्य कल्पनमकल्पनमेव। शृतशीतफाण्टकषायास्तु द्रव्यस्य कार्त्स्न्येनानुपयोगस्य तत्तत्संस्कारवशाद्द्रवेषु द्रव्यस्य स्तोकावयवानुप्रवेशार्थमुपदिश्यन्ते। लवणे चैतन्न सम्भवति लवणं हि द्रवसम्बन्धे सर्वात्मनैव द्रवमनुगतं स्यात्, तस्माल्लवणं पृथक् प्रयोगाभावात् कल्पनासम्भवाच्चाचार्येण कषायसंज्ञाप्रणयने निरस्तमिति न निष्प्रयोजनेयमाचार्यप्रवृत्तिः।

१—तत्र व्यक्तो रसः। अनुरसस्तु रसेनाभिभूतत्वादव्यक्तो व्यक्तो वा किंचिदन्ते।

यन्त्रप्रपीडनाद् द्रव्याद्रसः स्वरस उच्यते ।
यत्पिण्डं रसपिष्टानां तत्कल्कं परिकीर्तितम् ॥ ८ ॥
वह्नौ तु क्वथितं द्रव्यं शृतमाहुश्चिकित्सकाः ।
द्रव्यादापोथितात्तोये तत्पुनर्निशि संस्थितात् ॥९॥
कषायो योऽभिनिर्याति स शीतः समुदाहृतः ।
क्षिप्त्वोष्णतोये मृदितं तत्फाण्टं परिकीर्तितम् ॥१०॥

यहाँ पर कई स्वरस आदि का लक्षण पढ़ते हैं—चक्रपाणि ने 'यन्त्रप्रपीडनाद्०' इत्यादि तीन श्लोक नहीं पढ़े ।

स्वरस का लक्षण—ताजे द्रव्य को कूटकर यन्त्र से निष्पीडन करके जो रस निकलता है, उसे स्वरस कहते हैं ।

कल्क का लक्षण—रस अर्थात् जल आदि द्रव्य द्वारा पीसकर जो पिण्ड रूप होता है; उसे कल्क कहते हैं ।

शृत का लक्षण—द्रव्य को जौकुट करके यथाविधि जल देकर अग्नि पर उबालने से जब द्रव्य का सार भाग जल में मिल जाता है तब उस सारभाग युक्त जल को उस ओषधि का शृत (क्वाथ) कहते हैं ।

शीत का लक्षण—कुट्टित द्रव्य को शीतल जल में रात भर पड़ा रहने देने के बाद जब उसका सारभाग जल में मिल जाता है, तब उस सारभाग युक्त जल को उस द्रव्य का शीत कहते हैं ।

फाण्ट का लक्षण—कुट्टित द्रव्य को उष्णजल में डालकर हाथ द्वारा मर्दन करने से जब उस द्रव्य का सारभाग जल में मिल जाता है तब उस सारभाग युक्त जल की कल्पना को उस द्रव्य का फाण्ट कहा जाता है—

अन्यत्र भी कहा है—

स्वोरसः स्वरसः प्रोक्तः, कल्को दृषदि पेषितः ।
क्वथितस्तु शृतः, शीतः शर्वरीमुषितो मतः ॥
क्षिप्त्वोष्णतोये मृदितः फाण्ट इत्यभिधीयते ।

किसी ओषधि का अपना रस स्वरस कहाता है । पत्थर पर या अन्य किसी प्रकार पीसी हुई ओषधि कल्क कहाती है । ओषधि का क्वाथ शृत कहाता है । ओषधि को कुचल कर या अधकुटा करके शीतल पानी में रात भर पड़ा रहने दें और प्रातःकाल छान लें; इसे शीत कहते हैं । शौनक[1] आचार्य के मत से—ओषधि को कुचल कर गरम पानी में डालकर रात भर पड़ा रहने देने से जो कषाय निकलता है, उसे 'शीत' कहते हैं । ओषधि को कूटकर गरम पानी में कुछ देर तक पड़ा रहने के पाश्चात् मलकर छानने से जो कषाय निकलता है, उसे फाण्ट कहते हैं ॥८-१०॥

तेषां यथापूर्वं बलाधिक्यं; अतः कषायकल्पनाव्याध्यातुरबलापेक्षिणी; नत्वेवं खलु सर्वाणि सर्वत्रोपयोगीनि भवन्ति ॥११॥

इनमें क्रमशः पूर्व पूर्व में अधिक बल है, अर्थात् फाण्ट से शीत, शीत से शृत, शृत से कल्क तथा कल्क से स्वरस अधिक बलवान् अथवा गुरु है । अतः कषाय कल्पना रोग एवं रोगी के बल की अपेक्षा करती है । अर्थात् यदि रोगी निर्बल हो और गुरु कषाय (घास) आदि दिया जाय तो हानि होने की सम्भावना रहती है, क्योंकि वह ओषधि के वीर्य को नहीं सह सकता । इसी प्रकार यदि रोग हलका हो और ओषधि बलवान् हो तो भी हानि होती है । यदि रोग प्रबल हो कषाय हलका हो तो पूर्णतया रोग निवारण नहीं होता । और न प्रत्येक कल्पना ही सर्वत्र उपयोगी हो सकती है । अर्थात् ओषधि के घटक अवयव प्रत्येक कल्पना में पृथक् पृथक् अथवा भिन्न स्वरूप से प्राप्त होते हैं; अतः उनके गुण तथा रोग-निवारिणी शक्ति भिन्न भिन्न होती है । तथा च किसी पुरुष को स्वरस अच्छा नहीं लगता, किसी को अच्छा लगता है इत्यादि—रोगियों की भिन्न भिन्न रुचि होती है । यदि रोगी को अरुचिकर कल्पना दी जाय तो वमन इत्यादि होकर रोगी को अधिक हानि पहुँचायेगी ।

इसी प्रकार इन कषायों की मात्रा का भी ध्यान रखना चाहिये । अष्टाङ्गहृदय में कहा भी है—

युञ्ज्याद् व्याध्यादिबलतस्तथा च वचनं मुनेः ।
मात्राया न व्यवस्थास्ति व्याधिं कोष्ठं बलं वयः ।
आलोच्य देशकालौ च योज्या तद्वच्च कल्पना ॥
मध्यं तु मानं निर्दिष्टं स्वरसस्य चतुष्पलम् ।
पेष्यस्य कर्षमालोड्यं तद् द्रवस्य पलत्रये ॥
क्वाथं द्रव्यपले कुर्यात् प्रस्थार्द्धं पादशेषितम् ।
शीतं पले पलैः षड्भिश्चतुर्भिश्च ततोऽपरम् ॥

अर्थात् मात्रा का कोई निश्चित नियम नहीं है । रोग, कोष्ठ, बल, आयु, देश एवं काल; इनको देखकर ही मात्रा निश्चित की जाती है । प्राचीन तन्त्रों के अनुसार स्वरस की मध्य मात्रा (Average dose) ४ पल होती थी । कल्क द्रव्य १ कर्ष को ३ प्रस्थ जल में आलोडन किया जाता था । १ पल क्वाथ्य द्रव्य को १ प्रस्थ जल में क्वाथ कर चतुर्थांश रहने पर छान लिया जाता था । शीत-निर्माण के लिये १ पल द्रव्य को ६ पल जल में भिगोया जाता था और फाण्ट के लिये १ पल द्रव्य को ४ पल गरम जल में मसला जाता था । परन्तु आजकल के लिये यह मात्रा बहुत अधिक है । आजकल साधारणतः स्वरस की मात्रा १ से २ तोला तक है । हम अधिक से अधिक ४ तोला तक दे सकते हैं । कल्क या चूर्ण की मात्रा २ से ४ मासे (आजकल के मान के अनुसार) तक प्रायशः होती है । अति मृदुवीर्य द्रव्यों को ६ या ७ मासे दे सकते हैं । क्वाथार्थ द्रव्य २ तोला लिया जाता है और १६ गुणा जल में क्वाथ कर अवशिष्ट चतुर्थांश रहने दिया जाता है । शीत तथा फाण्ट के लिये भी द्रव्य २ तोला ही लेना चाहिये तथा क्रमशः षड्गुण एवं चतुर्गुण जल में कषाय सिद्ध करना चाहिये ॥११॥

पञ्चाशन्महाकषाया इति यदुक्तं तदनुव्याख्यास्यामः; तद्यथा—जीवनीयो बृंहणीयो भेदनीयः सन्धानीयो दीपनीय इति षट्कः कषायवर्गः, बल्यो वर्ण्यः कण्ठ्यो हृद्य इति चतुष्कः कषायवर्गः, तृप्तिघ्नोऽर्शोघ्नः कुष्ठघ्नः कण्डूघ्नः कृमिघ्नो विषघ्न इति षट्कः कषायवर्गः, स्तन्यजननः स्तन्यशोधनः शुक्रजननः शुक्रशोधन इति चतुष्कः कषायवर्गः, स्नेहोपगः स्वेदोपगो वमनोपगो विरेचनोपग आस्थापनोपगोऽनुवासनोपगः शिरोविरेचनोपग इति सप्तकः कषायवर्गः, छर्दिनिग्रहणस्तृष्णानिग्रहणो हिक्कानिग्रहण इति त्रिकः कषायवर्गः

1—द्रव्यादापोथितात्तोये प्रतप्ते निशि संस्थितात् ।
कषायो योऽभिनिर्याति स शीतः समुदाहृतः ।

पुरीषसंग्रहणीयः पुरीषविरजनीयो मूत्रसंग्रहणीयो मूत्रविरजनीयो मूत्रविरेचनीय इति पञ्चकः कषायवर्गः, कासहरः श्वासहरः शोथहरो ज्वरहरः श्रमहर इति पञ्चकः कषायवर्गः, दाहप्रशमनः शीतप्रशमन उदर्दप्रशमनोऽङ्गमर्दप्रशमनः शूलप्रशमन इति पञ्चकः कषायवर्गः, शोणितस्थापनो वेदनास्थापनः संज्ञास्थापनः प्रजास्थापनो वयःस्थापन इति पञ्चकः कषायवर्गः, इति पञ्चाशन्महाकषायाः, महतां च कषायाणां लक्षणोदाहरणार्थं व्याख्याता भवन्ति ॥१२॥

पचास महाकषाय हैं ; ऐसा पहिले कहा गया है । अब उसी की व्याख्या की जाती है । जैसे—

१. जीवनीय (Vitality), बढ़ानेवाले, जीवन के लिये हितकर।

२. [1]बृंहणीय (मांस आदि को बढ़ाने वाले) ।

३. [2]लेखनीय (लेखन करनेवाले अर्थात् देहगत उपलेपक श्लेष्मस्राव आदि को लेखन करके हटा देनेवाले अथवा कृश करनेवाले) ।

४. [3]भेदनीय ।

५. सन्धानीय (जोड़ने वाला) ।

६. [4]दीपनीय (अग्नि का दीपन करनेवाले) ।'

ये ६ मिलकर प्रथम कषायवर्ग हैं ॥

१—बल्य (बलवर्धक) ।

२—वर्ण्य (वर्ण के लिये हितकर, Complexion को ठीक करनेवाले) ।

३—कण्ठ्य (कण्ठ के लिए हितकारी) ।

४—हृद्य (हृदय के लिये हितकर) ।

इन ४ से दूसरा कषायवर्ग है ॥

१—तृप्तिघ्न (तृप्ति अर्थात् जब ऐसा मालूम हो कि पेट भरा हुआ है अतएव भोजन में रुचि न हो उसे नष्ट करनेवाला) ।

२—अर्शोघ्न (अर्श अर्थात् बवासीर तथा अन्य मांसाङ्कुरों को नष्ट करनेवाला) ।

३—कुष्ठघ्न (कुष्ठ अर्थात् त्वचा के रोगों को नष्ट करनेवाला) ।

४—कण्डूघ्न (कण्डू अर्थात् खुजली को नष्ट करनेवाला) ।

५—कृमिघ्न (कृमियों को नष्ट करनेवाला) ।

६—विषघ्न (विष को नष्ट करनेवाला) ।

इन ६ से तीसरा कषाय वर्ग होता है ॥

१—स्तन्यजनन (दूध का पैदा करनेवाला) ।

२—स्तन्यशोधन (दूध का शोधन करनेवाला) ।

३—शुक्रजनन (वीर्य को उत्पन्न करनेवाला) ।

४—शुक्रशोधन (वीर्य का शोधन करनेवाला) ।

इन ४ से कषायवर्ग होता है ॥

१—स्नेहोपग (स्नेहन में सहायता देनेवाला) ।

२—स्वेदोपग (स्वेद में सहायता देनेवाला) ।

३—वमनोपग (वमन में सहायता देनवाला) ।

४—विरेचनोपग (विरेचन में सहायता देनेवाला) ।

५—आस्थापनोपग (आस्थापन में सहायता देनेवाला) ।

६—अनुवासनोपग (अनुवासन अर्थात् स्निग्धबस्ति में सहायता देनेवाला) ।

७—शिरोविरेचनोपग (शिरोविरेचन में सहायता देनेवाला) ।

इन ७ से पाँचवाँ कषायवर्ग होता है ॥

१—छर्दिनिग्रहण (वमन अर्थात् कै को रोकनेवाला) ।

२—तृष्णानिग्रहण (अतितृषा—प्यास को रोकनेवाला) ।

३—हिक्कानिग्रहण (हिचकी को रोकनेवाला) । इन ३ से छठा कषाय वर्ग होता है ।

१—पुरीषसंग्रहणीय (पुरीष का संग्रह करनेवाला बाँधनेवाला अथवा रोकनेवाला) ।

२—पुरीषविरजनीय (पुरीष के दोष सम्बन्धों को हटानेवाला अथवा पुरीष के दुष्ट वर्ण—रंग को हटानेवाला अथवा दुष्ट पुरीष के दोष को हटाकर उसे स्वाभाविक रंग में रंगनेवाला) ।

३—मूत्रसंग्रहणीय (मूत्र को रोकनेवाला अथवा कम करनेवाला) ।

४—मूत्रविरजनीय (मूत्र के दोषों को हटानेवाला अथवा दुष्टवर्ण को हटानेवाला अथवा दोषों को हटाकर प्राकृतिक रंग में रंगनेवाला) ।

५—मूत्रविरेचनीय (मूत्र को लानेवाला) ।

इन ५ से सातवाँ कषायवर्ग होता है ॥

१—कासहर (खाँसी को हरनेवाला) ।

२—श्वासहर (श्वासरोग को हरनेवाला) ।

३—शोथहर (शोथ को हरनेवाला) ।

४—ज्वरहर (ज्वर को हरनेवाला) ।

इन ५ से आठवाँ कषायवर्ग होता है ॥

१—दाहप्रशमन (दाह को शान्त करनेवाला) ।

२—शीतप्रशमन (शीत को शान्त करनेवाला) ।

३—उदर्दप्रशमन (उदर्द नामक रोग को शान्त करनेवाला) ।

४—अङ्गमर्दप्रशमन (अङ्गों की पीड़ा Muscularpair को शान्त करनेवाला) ।

५—शूलप्रशमन (शूल को शान्त करनेवाला) ।

इन ५ से नवम कषायवर्ग होता है ॥

१—शोणितस्थापन (रुधिर स्राव को रोकनेवाला या गाढ़ा करनेवाला दुष्ट हुए रक्त की दुष्टि को नष्टकर प्रकृति में लानेवाला) ।

२—'वेदनास्थापन'[1] (वेदना को नष्टकर शरीर को प्रकृति में लानेवाला) ।

३—संज्ञास्थापन (संज्ञा-ज्ञान अथवा होश को स्थिर करनेवाला) ।

४—प्रजास्थापन (प्रजानाशक दोष को हटाकर प्रजा की स्थापना करनेवाला, सन्तानोत्पादक) ।

१—बृंहत्वं यच्छरीरस्य जनयेत्तच्च बृंहणम् ।चरक सू०अ०॥२२॥

२—धातून्मलान्वा देहस्य विशोष्योल्लेखयेच्च यत् । लेखनं तद्यथा क्षौद्रं नीरमुष्णं वचा यवाः (शार्ङ्गधर०) ।

३—मलादिकमबद्धं वा बद्धं वा पिण्डितं मलैः । भित्त्वाधः पातयति तद्भेदनं कटुकी यथा । (शार्ङ्गधर०) ।

४—पचेन्नामं वह्निकृच्च दीपनं तद्यथा मिशिः । (शार्ङ्गधर०)

१—वेदनायां सम्भूतायां निहत्य शरीरं प्रकृतौ स्थापयतीति चक्रपाणिः, वेदनायाश्छिन्दकः सन्तर्पकम् । अन्यत्र स्थापनं स्थैर्यकरमितीन्दुः ॥

५—वयःस्थापन (आयुष्य की स्थिरता करनेवाला) इन ५ से दसवां कषाय वर्ग होता है ॥

इस प्रकार ५० महाकषाय होते हैं।

ये महाकषाय लक्षण तथा उदाहरण के लिये कहे गये हैं, अर्थात् रोग एवं औषधियों के अनन्त होने से महाकषाय भी अनन्त हैं परन्तु जो अत्यन्त उपयोगी हैं उनका ही उदाहरणार्थ निदर्शन कराया गया है। बुद्धिमान् वैद्य ऊहापोह द्वारा अन्यों का भी प्रयोग कर सकता है!

अथवा 'लक्षणोदाहरणार्थं' का अर्थ यह भी कर सकते हैं कि—'पचास महाकषाय हैं' इस पूर्वोक्त लक्षण के महाकषायों के उदाहरण के लिये वर्ग कहे गये हैं ॥ २॥

तेषामेकैकस्मिन्महाकषाये दशदशावयविकान् कषायाननुव्याख्यास्यामः, तान्येव पञ्चकषायशतानि भवन्ति ॥१३॥

इनमें से एक २ महाकषाय में दस २ अवयवों की व्याख्या करेंगे ; इस प्रकार ५०×१०=५०० कषाय होते हैं ॥१३॥

तद्यथा—जीवकर्षभकौ मेदा महामेदा काकोली क्षीरकाकोली मुद्गमाषपर्ण्यौ जीवन्ति मधुकमिति दशेमानि जीवनीयानि भवन्ति ॥ (१) ॥

जैसे—जीवनीय—जीवक, ऋषभक, मेदा, महामेदा,

काकोली, क्षीरकाकोली, मुद्गपर्णी, माषपर्णी, जीवन्ती मधुक (मुलहठी) ; इन दस औषधियों से जीवनीयगण होता है ॥

क्षीरिणी [1]राजक्षवकं बला काकोली क्षीरकाकोली वाट्यायनी[2] भद्रौदनी भारद्वाजी पयस्यर्ष्यगन्धा इति दशेमानि बृंहणीयानि भवन्ति ॥ (२) ॥

बृंहणीय-क्षीरिणी[3] (क्षीरलता अर्थात् क्षीर विदारी) राजक्षवक[4] (दुग्धिका, हांचिया), बला (खरैंटी), काकोली, क्षीरकाकोली, वाट्यायनी (श्वेतबला), भद्रौदनी (पीतबला), भारद्वाजी (वनकार्पासी, वनकपास), पयस्या (विदारीकन्द), ऋष्यगन्धा (विधारा) इन दस औषधियों से बृंहणीयगण होता है ॥ वृद्धवाग्भट में भद्रौदनी तथा ऋष्यगन्धा; इन दो औषधियों की जगह इक्षु (ईख) तथा वाजिगन्धा (असगन्ध) पढ़े गये हैं ॥

मुस्तकुष्ठहरिद्रादारुहरिद्रावचातिविषाकटुरोहिणीचित्रकचिरिबिल्वहैमवत्य इति दशेमानि लेखनीयानि भवन्ति॥(३)॥

लेखनीय—मुस्त (मोथा), कूठ, हल्दी, दारुहल्दी, वच, अतिविषा (अतीस), कटुरोहिणी (कटुकी), चित्रक (चीता), चिरिबिल्व (करञ्ज), हैमवती (श्वेतवचा); इन दस औषधियों से लेखनीयवर्ग होता है ॥

सुवहार्कोरुबुकाग्निमुखीचित्राचित्रकचिरिबिल्वशङ्खिनीशकुलादनीस्वर्णक्षीरिण्य इति दशेमानि भेदनीयानि भवन्ति ॥ (४) ॥

भेदनीय—सुवहा (त्रिवृत्), अर्क (मदार), उरुबुक (एरण्ड), अग्निमुखी (लाङ्गली), चित्रा (दन्ती), चित्रक, चिरिबिल्व (करञ्ज), शंखिनी (यवतिक्ता), शकुलादनी (कटुकी), स्वर्णक्षीरी (सत्यानासी, चोक) इन दस औषधियों से भेदनीयगण होता है। वृद्धवाग्भट में "सुवहा" के बदले "सरला" का पाठ मिलता है। सरला का अर्थ भी त्रिवृत् ही है ॥

[1]मधुकमधुपर्णीपृश्निपर्ण्यम्बष्ठकीसमङ्गामोचरसधातकीलोध्रप्रियङ्गुकट्फलानीति दशेमानि सन्धानीयानि भवन्ति ॥ (५) ॥

सन्धानीय—मधुक (मुलहठी) मधुपर्णी (जलज मधुयष्टि अथवा गिलोय), पृश्निपर्णी, अम्बष्ठकी (पाठा), समङ्गा (मञ्जिष्ठा अथवा लज्जालु), मोचरस, धातकी, लोध्र, प्रियंगु, कट्फल; इन दस औषधियोंसे सन्धानीयगण होता है।

पिप्पलीपिप्पलीमूलचव्यचित्रकशृङ्गवेराम्लवेतसमरिचाजमोदाभल्लातकास्थिहिङ्गुनिर्यासा इति दशेमानि दीपनीयानि भवन्ति ॥ (६) ॥

इति षट्कः कषायवर्गः ॥ (१) ॥

दीपनीय—पिप्पली, पिप्पलीमूल, चव्य, चित्रक, शृङ्गवेर (अदरख), अम्लवेतस, कालीमिरच, अजमोदा, भल्लातकास्थि (भल्लातबीज), हिंगुनिर्यास (हींगवृक्ष की गोंद अर्थात् हींग) ; इन दस औषधियों से दीपनीयगण होता है।

ऐन्द्र्यृषभ्यतिरसर्ष्यप्रोक्तापयस्याश्वगन्धास्थिरारोहिणीबलातिबला इति दशेमानि बल्यानि भवन्ति ॥७॥

बल्य—[2]ऐन्द्री (एक दिव्य औषधि), ऋषभी (कौंच), अतिरसा[3] (मुलहठी), ऋष्यप्रोक्ता[4] (शतावरी), पयस्या (विदारीकन्द अथवा क्षीरकाकोली), अश्वगन्धा (असगन्ध), स्थिरा (शालपर्णी), रोहिणी[5] (जटामांसी), बला, अतिबला; इन दस औषधियों से बल्यगण होता है। वृद्धवाग्भट में ऋषभी की जगह ऋषभ पढ़ा गया है।

चन्दनतुङ्गपद्मकोशीरमधुकमञ्जिष्ठासारिवापयस्यासितालता इति दशेमानि वर्ण्यानि भवन्ति ॥ ८ ॥

वर्ण्य—चन्दन, तुङ्ग (पुन्नाग), पद्मक (पद्माख अथवा कमल), उशीर (खस), मधुक (मुलहठी), मञ्जिष्ठा, शारिवा (अनन्तमूल), पयस्या (विदारीकन्द अथवा क्षीरकाकोली), सिता (श्वेत दूर्वा), लता (काली दूब अथवा प्रियंगु) इन दस औषधियों से वर्ण्यगण बनता है।

सारिवेक्षुमूलमधुकपिप्पलीद्राक्षाविदारीकैडर्यहंसपदीबृहतीकण्टकारिका इति दशेमानि कण्ठ्यानि भवन्ति ॥९॥

१—राजक्षवकाश्वगन्धापा०। २—यवानी' इति पा०।

३—क्षीरिणी का उपर्युक्त अर्थ चक्रपाणि के मतानुसार है। निघण्टु में क्षीरिणी के तीन अर्थ दिये हैं। यथा—दुग्धिनी, शिखिनी, सारिवा च। इनमें से सारिवा अर्थ ही उपयुक्त होगा। अथवा क्षीरिणी से खिरनी का ग्रहण होना चाहिये। धन्वन्तरि निघण्टु में गुण दर्शाते हुए कहा है—वृष्या स्थौल्यकरी हृद्या सुस्निग्धा मेहनाशकृत् ॥४—राजक्षवक के पर्यायवाचक शब्द राजनिघण्टु में इस प्रकार पढ़े गये हैं—

राजक्षवकःकृष्णस्तीक्ष्णफला राजराजिका राज्ञी।
सा कृष्णसर्षपाख्या विज्ञेया राजसर्षपाख्या च ॥

१—'मधुमधुकपृश्निपर्णी' इति पा०।

२—ऐन्द्री गोरक्षकर्कटी (इन्द्रायण) इति चक्रः।

३—चक्रपाणि ने इसका अर्थ शतावरी किया है।

४—इसका अर्थ आयुर्वेददीपिका में माषपर्णी किया गया है।

५—रोहिणी का अर्थ अन्य टीकाकारों ने कटुकी किया है।

कण्ठ्य—सारिवा (अनन्तमूल), इक्षुमूल (गन्ने की जड़), मधुक (मुलहटी), पिप्पली, द्राक्षा, विदारीकन्द, कैडर्य (कट्फल), हंसपदी (हंसराज), बृहती (बड़ी कटेरी), कण्टकारी (छोटी कटेरी) ; इन दस ओषधियों का कण्ठ्य गण होता है।

आम्राम्रातकनिकुचकरमर्दवृक्षाम्लाम्लवेतसकुवलबदरदाडिममातुलुङ्गानीति दशेमानि हृद्यानि भवन्ति ॥ (१) ॥

इति चतुष्कः कषायवर्गः ॥ (२) ॥

हृद्य–आम्र (आम), आम्रातक (अम्बाडा), निकुच (लकुच, बड़हल, करमर्द (करौंदा), वृक्षाम्ल (विषांबिल अथवा इमली), अम्लवेतस, कुवल (बड़ा बेर); बदर (बेर), दाडिम (अनार); मातुलुंग (बिजौरा), इन दस ओषधियों के समूह को हृद्यगण कहते हैं।

नागरचित्रकचव्यविडङ्गमूर्वागुडूचीवचामुस्तपिप्पलीपाटलानीति दशेमानि तृप्तिघ्नानि भवन्ति ॥११॥

तृप्तिघ्न––नागर (सोंठ), चित्रक, चव्य, वायविडंग, मूर्वा, गिलोय, वच, मोथा, पिप्पली, पाटला (पाढल) ; इन दस ओषधियों को तृप्तिघ्नगण कहते हैं। वृद्धवाग्भट में पाटला की जगह "पटोल" पढ़ा गया है। चरक में लेखक के प्रमाद से पाटला लिखा गया है, ऐसा प्रतीत होता है।

कुटजबिल्वचित्रकनागरातिविषाभयाधन्वयासकदारुहरिद्रावचाचव्यानीति दशेमान्यर्शोघ्नानि भवन्ति ॥ (१२)

अर्शोघ्न—कुटज कुड़ा), बिल्व (बेल), चित्रक, सोंठ, अतीस, हरड़, धन्वयास (दुरालभा, धमासा), दारु हल्दी, वचा, चव्य, इन दस ओषधियों का अर्शोघ्नगण होता है।

खदिराभयामलकहरिद्रारुष्करसप्तपर्णारग्वधकरवीरविडङ्गजातिप्रवाला इति दशेमानि कुष्ठघ्नानि भवन्ति ॥

कुष्ठघ्न—खदिर (खैर), अभया (हरड़), आंवला, हल्दी, अरुष्कर (भल्लातक, भिलावा), सप्तपर्ण (सतौना),आरग्वध (अमलतास), करवीर (कनेर , वायविडंग, जाती (चमेली) के नवीन पत्ते; इन दस औषधियों का कुष्ठघ्नगण होता है।

चन्दननलदकृतमालनक्तमालनिम्बकुटजसर्षपमधुकदारुहरिद्रामुस्तानीति दशेमानि कण्डूघ्नानि भवन्ति ॥ (१४)

कण्डूघ्न–चन्दन, नलद (मांसी, बालछड़), कृतमाल (अमलतास), नक्तमाल (करञ्ज), निम्ब (नीम), कुटज (कुड़ा, सर्षप) (सरसों), मधुक (मुलहठी), दारु हल्दी, मोथा , इन दस ओषधियों से कण्डूघ्नगण होता है।

अक्षीवमरिचगण्डीरकेबुकविडङ्गनिर्गुण्डीकिणिहीश्वदंष्ट्रावृषपर्णिका इति दशेमानि कृमिघ्नानि भवन्ति ॥ १५ ॥

कृमिघ्न—अक्षीव[1] (सहिजन अथवा महानिम्ब, बकायन), कालीमिर्च. [2]गण्डीर (स्नुहा), केबुक[3] (केऊ), वायविडंग, निर्गुण्डी (सम्भालू), किणिही[4] (अपामार्ग), श्वदंष्ट्रा (गोखरू), वृषपर्णी, [5]आखुपर्णी (चूहाकन्नी), इन दस ओषधियों से कृमिघ्नगण होता है।

[1]हरिद्रामञ्जिष्ठासुवहासूक्ष्मैलापालिन्दीचन्दनकतकशिरीषसिन्धुवारश्लेष्मातका इति दशेमानि विषघ्नानि भवन्ति ॥ (१६) ॥

इति षट्कः कषायवर्गः ॥ (३) ॥

विषघ्न—हल्दी, मञ्जिष्ठा, सुवहा (रास्ना अथवा) शेफालिका, हारसिंगार (अथवा गोधापदी, हंसपादी), छोटी इलायची, पालिन्दी[2] (श्यामालता, काली सारिवा अथवा कुन्दुरु) चन्दन, कतक (निर्मली) शिरीष, सिन्धुवार (निर्गुण्डी, सम्भालू), श्लेष्मातक (लसूड़ा); इन दस औषधियों से विषघ्नगण होता है।

वीरणशालिषष्टिकेक्षुवालिकादर्भकुशकाशगुन्द्रेत्कटमूलानीति दशेमानि स्तन्यजननानि भवन्ति ॥ (१७) ॥

स्तन्यजनन—वीरण (खस), शालि, षष्टिक (सांठी के चावल), इक्षु (ईख, गन्ना), इक्षुवालिका, दर्भ (दाभ), कुश, काश (काही), गुन्द्रा (जलजदर्भ), इत्कट (तृण भेद अथवा शर, सरकण्डा); इनकी जड़ें स्तन्यजनक हैं।

पाठामहौषधसुरदारुमुस्तमूर्वागुडूचीवत्सकफलकिराततिक्तकटुरोहिणीसारिवा इति दशेमानि स्तन्यशोधनानि भवन्ति ॥ (१८) ॥

स्तन्यशोधन—पाठा (पाढ़), महौषध (सोंठ), देवदारु, मोथा, मूर्वा, गिलोय, वत्सकफल (इन्द्रजौ), किरात तिक्तक (चिरायता), कटुरोहिणी (कटुकी), सारिवा (अनन्तमूल); इन दस ओषधियों से स्तन्यशोधनगण होता है।

जीवकर्षभककाकोलीक्षीरकाकोलीमुद्गपर्णीमाषपर्णीमेदावृद्धरुहाजटिलाकुलिङ्गा इति दशेमानि शुक्रजननानि भवन्ति ॥

शुक्रजनन—जीवक, ऋषभक, काकोली, क्षीरकाकोली,मुद्गपर्णी, माषपर्णी, मेदा, वृद्धरुहा (शतावरी), जटिला (उच्चटा अथवा जटामासी), कुलिंग (उच्चटाभेद); इन दस ओषधियों का शुक्रजनकगण कहाता है।

वृद्धवाग्भट में माषपर्णी को नहीं गिना गया है। इसके बदले वहाँ महामेदा का पाठ है। "वृद्धरुहा" की जगह "वृद्धरुहा" पाटान्तर मिलता है। और वृद्धवाग्भट में "वृद्धरुहा" पढ़ा गया है। वृद्धरुहा से "वन्दाक" का ग्रहण होता है ॥१६॥

कुष्ठैलवालुककट्फलसमुद्रफेनकदम्बनिर्यासेक्षुकाण्डेक्षिवक्षुरकवसुकोशीराणीति दशेमानि शुक्रशोधनानि भवन्ति २०

इति चतुष्कः कषायवर्गः ॥ (४) ॥

शुक्रशोधन—कूठ, एलवालुक, कट्फल, समुद्रफेन, कदम निर्यास (कदम वृक्ष की गोंद), इक्षु (ईख), काण्डेक्षु (ईखभेद अथव)

१–अक्षीवोऽब्दकः शोभाञ्जनो वा इति चक्रः। २–गण्डीरः शमठशाकमिति चक्रः। ३–योगीन्द्रनाथसेनस्त्वत्र केम्बुक इति पठित्वा केम्बुकः पूग इति व्याचष्टे। ४–किणिही कटभीति चरकतात्पर्यटीका। ५–वृषपर्णी–मूषिकपर्णीभेदः राढायां पञ्चिपञ्चिकेति ख्याता।

१—सुवहा–रास्ना, हाफरमाली वा इति चक्रः। सुवहा–विश्वग्रन्थिस्तद्गुणाः राजनिघण्टौ यथा–हंसपादी कटूष्णा स्याद्विषभूतविनाशिनी।

२—पालिन्दी श्यामलतेति चक्रः। ३—'षष्टिकेक्षुवालिका' इति पा०। ४—'गुन्द्रेत्कटकत्तृणमूलानीनि' पा०।

काश), इक्षुरक (कोकिलाक्ष, ताल मखाना), वसुक[1] उशीर (खस), इन दस ओषधियों से शुक्रशोधनगण होता है ॥

मृद्वीकामधुकमधुपर्णीमेदाविदारीकाकोलीक्षीरकाकोली-जीवकजीवन्तीशालपर्ण्य इति दशेमानि स्नेहोपगानि भवन्ति॥

स्नेहोपग—मृद्वीका (किशमिश), मधुक (मुलहठी), मधुपर्णी (गिलोय), मेदा, विदारीकन्द, काकोली, क्षीरकाकोली, जीवक, जीवन्ती तथा शालपर्णी, ये दस ओषधियाँ स्नेहोपगगण में गिनी जाती हैं।

शोभाञ्जनकैरण्डार्कवृश्चीरपुनर्नवायवतिलकुलत्थमाषबद-राणीति दशेमानि स्वेदोपगानि भवन्ति ॥ २२ ॥

स्वेदोपग—शोभाञ्जन (सहिजन), एरण्ड, अर्क (मदार, आक) वृश्चीर (श्वेतपुनर्नवा), यव (जौ) तिल कुलत्थ (कुलथी), माष (उड़द), बदर (बेर), इन दस औषधियों के संग्रह को स्वेदोपगगण कहते हैं।

मधुमधुककोविदारकर्बुदारनीपविदुलबिम्बीशणपुष्पी-सदापुष्पीप्रत्यक्पुष्प्य इति दशेमानि वमनोपगानि भवन्ति ॥

वमनोपग—मधु, मधुक (मुलहठी), कोविदार (लाल कचनार), कर्बुदार (श्वेत कचनार), नीप (कदम्ब, कदम), विदुल (हिज्जल, समुद्रफल अथवा जलवेतस), बिम्बी, शणपुष्पी, सदापुष्पी (अर्क मदार), प्रत्यक्पुष्पी (अपामार्ग, ओंगा); इन दस औषधियों से वमनोपगगण कहाता है।

द्राक्षाकाश्मर्यपरूषकाभयामलकबिभीतककुवलबदरकर्क-न्धुपीलूनीति दशेमानि विरेचनोपगानि भवन्ति ॥२४॥

विरेचनोपग—द्राक्षा (मुनक्का), काश्मर्य (गाम्भारी), परूषक (फालसा), अभया (हरड़), आमलक (आँवला), विभीतक (बहेड़ा), कुवल (बेर-भेद, बड़ा बेर), बदर (बेर), कर्कन्धु (झरबेरी), पीलू; ये दस औषधियाँ विरेचनोपग हैं, अर्थात् विरेचन में सहायता देनेवाली हैं

त्रिवृद्बिल्वपिप्पलीकुष्ठसर्षपवचावत्सकफलशतपुष्पामधु-कमदनफलानीति दशेमान्यास्थापनोपगानि भवन्ति ॥२५॥

आस्थापनोपग—त्रिवृत् (निसोत), बिल्व (बेल), पिप्पली, कूठ, सरसों, वचा, वत्सकफल (इन्द्रजौ), शतपुष्पा (सोया), मधुक (मुलहठी), मदनफल (मैनफल), इन दस ओषधियों का आस्थापनोपगगण होता है

रास्नासुरदारुबिल्वमदनशतपुष्पावृश्चीरपुनर्नवाश्वदंष्ट्राग्नि-मन्थश्योनाका इति दशेमान्यनुवासनोपगानि भवन्ति ॥२६॥

अनुवासनोपग—रास्ना, देवदारु, बिल्व, मैनफल, सोया, वृश्चीर (श्वेत पुनर्नवा), रक्त पुनर्नवा, श्वदंष्ट्रा (गोखरू), अग्निमन्थ (अरणी), श्योनाक (सोनापाठ, अरलू), ये दस अनुवासनोपग ओषधियाँ हैं।

ज्योतिष्मतीक्षवकमरिचपिप्पलीविडङ्गशिग्रुसर्षपापामार्ग-तंडुलश्वेतामहाश्वेता इति दशेमानि शिरोविरेचनोपगानि भवन्ति ॥ (२७) ॥

इति सप्तकः कषायवर्गः ॥ (५) ॥

शिरोविरेचनोपग—ज्योतिष्मती (मालकंगनी), क्षवक (छिक्किका, नकछिकनी), कालीमिर्च, पिप्पली, वायविडङ्ग शिग्रु (शोभाञ्जन, सहिजन के बीज), सरसों अपामार्गतण्डुल (अपामार्ग के बीज), श्वेता (अपराजिता), महाश्वेता (अपराजिताभेद अथवा कटभी); ये दस ओषधियाँ शिरोविरेचनोपग हैं।

[1]जम्ब्वाम्रपल्लवमातुलुङ्गाम्लबदरदाडिमयवषष्टिकोशीर मृल्लाजा इति दशेमानि छर्दिनिग्रहणानि भवन्ति ॥२८॥

छर्दिनिग्रहण—जम्बू (जामुन) तथा आम के पत्ते, मातुलुङ्ग (बिजौरा), अम्लबदर (खट्टा बेर), दाडिम (अनारदाना), यव (जौ), षष्टिक (सांठी के चावल), उशीर (खस), मृत् (मिट्टी अथवा सोरठी मट्टी अथवा फिटकिरी), ये दस ओषधियाँ छर्दिनिग्रहण अर्थात् कै को रोकनेवाली है।

नागरधन्वयासकमुस्तपर्पटकचन्दनकिराततिक्तकगुडूची ह्रीवेरधान्यकपटोलानोति दशेमानि तृष्णानिग्रहणानि भवन्ति॥

तृष्णानिग्रहण—सोंठ, धन्वयवासक (दुरालभा), मोथा, पर्पटक (पित्तपापड़ा), चन्दन, चिरायता, गिलोय, ह्रीवेर (गन्धबाला), धान्यक (धनियां), पटोल, ये दस औषधियाँ तृष्णा को रोकनेवाली हैं।

शठीपुष्करमूलबदरबीजकण्टकारिकाबृहतीवृक्षरुहाभया पिप्पलीदुरालभाकुलीरशृङ्ग्य इति दशेमानि हिक्कानिग्रहणानि भवन्ति ॥ ३० ॥

इति त्रिकः कषायवर्गः ॥ ६ ॥

हिक्कानिग्रहण—शटी (कचूर), पुष्करमूल (पोहकर मूल), बदर-बीज (बेर की गुठली की मज्जा) कण्टकारिका (छोटी कटेरी), बृहती (बड़ी कटेरी), वृक्षरुहा (वन्दाक) अभया (हरड़), पिप्पली, दुरालभा, कुलीरशृङ्गी (काकड़ासिगी), ये दस हिचकी को रोकती है।

प्रियङ्ग्वनन्ताम्रास्थिकट्वङ्गलोध्रमोचरससमङ्गाधातकी-पुष्पपद्मापद्मकेशराणीति दशेमानि पुरीषसंग्रहणीयानि भवन्ति

पुरीषसंग्रहणीय—प्रियंगु, अनन्ता[2] (दुरालभा), आम्रास्थि (आम की गुठली), कट्वङ्ग (श्योनाक, अरलू), लोध्र (लोध), मोचरस, समङ्गा (मञ्जिष्ठा अथवा लजालु), धातकीपुष्प (धाय के फूल), पद्मा (भारंगी), पद्मकेसर ये दस ओषधियाँ पुरीषसंग्रहण (काबज) हैं।

जम्बुशल्लकीत्वक्कच्छुरामधूकशाल्मलीश्रीवेष्टकभृष्टमृत्पय स्योत्पलतिलकणा इति दशेमानि पुरीषविरजनीयानि भवन्ति॥

पुरीषविरजनीय—जामुन, शल्लकी (सर्जभेद) त्वक्, कच्छुरा[3] (दुरालभा), मधूक (महुआ), शाल्मली (सेमल), श्रीवेष्टक (गन्धाबिरोजा), भृष्टमृत् (पकी हुई मिट्टी), पयस्या क्षीरिणी अथवा विदारीकन्द, नीलोत्पल तथा तिल, ये दस ओषधियाँ पुरीषविरजनीय हैं। वृद्धवाग्भट में मधुक' की जगह 'मधूक' ऐसा पाठ है मधुक शब्द से मुलहठी का ग्रहण किया जाता है।

जम्ब्वाम्रप्लक्षवटकपीतनोदुम्बराश्वत्थभल्लातकाश्मन्त-कसोमवल्का इतिदशेमानि मूत्रसंग्रहणीयानि ॥ (भवन्ति)

मूत्रसंग्रहणीय—जामुन, आम, प्लक्ष (पिलखुन), बट (बरगद) कपीतन, (आम्रातक, अम्बाड़ा), उदुम्बर (गूलर), अश्वत्थ (पीपल), भल्लातक (भिलावा), अश्मन्तक, सोमवल्क (खदिर, खैर), ये दस मूत्रसंग्रह करती हैं, अर्थात् मूत्र को रोकती हैं।

१—'वसुको वसुहट्टः वकपुष्पमिति लोके' इति गङ्गाधरः। अथवा वसुको राजार्कः।

१—'यष्टिकोशीर०' इति पाठान्तरम्।

२—अनन्तोऽनन्तमूलमित्यायुर्वेददीपिका।

३—कच्छुरा शूकशिम्बीति (कौंच) चक्रपाणिः।

पद्मोत्पलनलिनकुमुदसौगन्धिकपुण्डरीकशतपत्रमधुकप्रियङ्गुधातकीपुष्पाणीति दशेमानि मूत्रविरजनीयानि भवन्ति।

मूत्रविरजनीय—पद्म (श्वेत कमल), उत्पल (नीलोत्पल), नलिन (कमलभेद), कुमुद, सौगन्धिक, पुण्डरीक शतपत्र (ये सब कमल के भेद हैं), मधूक (महुआ), प्रियङ्गु, धाय के फूल, ये दस मूत्रविरजनीय हैं ॥ अथवा पद्म से लेकर धातकी तक सब के फूल ही का ग्रहण करना चाहिये।

वृक्षादनीश्वदंष्ट्रावसुकवशिरपाषाणभेददर्भकुशकाशगुन्द्रेत्कटमूलानीति दशेमानि मूत्रविरेचनीयानि भवन्ति ॥३५॥

इति पञ्चकः कषायवर्गः ॥ ७ ॥

मूत्रविरेचनीय–वृक्षादनी (वन्दाक), श्वदंष्ट्रा (गोखरू) वसुक (वकपुष्प), वशिर (सूर्यावर्त्त, सूरजमुखी), पाषाणभेद, दर्भमूल (दाभ की जड़) कुशमूल, काशमूल, गुन्द्रामूल, इत्कटमूल, ये दस ओषधियाँ मूत्र को अधिक मात्रा में लाती हैं।

द्राक्षाभयामलकपिप्पलीदुरालभाशृङ्गीकण्टकारिकावृश्चीरपुनर्नवातामलक्य[1] इति दशेमानि कासहराणि भवन्ति ॥३६॥

कासहर—द्राक्षा (किशमिश, मुनक्का आदि), अभया (हरड़), आंवला, पिप्पली, दुरालभा, काकड़ासिंगी छोटी कटेरी, वृश्चीर (श्वेत पुनर्नवा), लाल पुनर्नवा, तामलकी (भूम्यामलकी, भुंई आंवला) ये दस कास को हरनेवाली हैं।

शटीपुष्करमूलाम्लवेतसैलाहिङ्ग्वगुरुसुरसातामलकजीवन्तीचण्डा इति दशेमानि श्वासहराणि भवन्ति ॥३७॥

श्वासहर—शठी (कचूर), पुष्करमूल (पोहकरमूल), अम्लवेतस, छोटी इलायची, हींग, अगर, सुरसा (तुलसी), तामलकी (भुंई आंवला), जीवन्ती, चण्डा (चोरपुष्पी, चोरहुली), ये दस ओषधियाँ श्वासरोग को हरती हैं।

पाटलाग्निमन्थबिल्वश्योनाककाश्मर्यकण्टकारिकाबृहतीशालपर्णीपृश्निपर्णीगोक्षुरका इति दशेमानि शोथहराणि भवन्ति।

श्वयथुहर—पाटला (पाढल), अग्निमन्थ (अरणी), बिल्व (बेल), स्योनाक (अरलू), काश्मर्य (गम्भारी), छोटी कटेरी, बृहती (बड़ी कटेरी), शालपर्णी, पृश्निपर्णी, गोखरू, ये दस औषधियाँ शोथ को हरती हैं। इन्हीं का नाम दशमूल भी है। इनमें पूर्व की ५ ओषधियों से महत्पञ्चमूल तथा पीछे की ५ ओषधियों से ह्रस्वपञ्चमूल होता है।

सारिवाशर्करापाठामञ्जिष्ठाद्राक्षापीलुपरूषकाभयामलकबिभीतकानीति दशेमानि ज्वरहराणि भवन्ति ॥३९॥

ज्वरहर—सारिवा (अनन्तमूल), शर्करा (खांड) पाठा (पाढ) मञ्जिष्ठा, द्राक्षा, पीलु, परूषक (फालसा) हरड़ आवला बहेड़ा ये औषधियाँ ज्वर को हरती हैं। अष्टांगसंग्रह में शकरा का जगह अमृता (गिलोय) का पाठ है। यही पाठ उपयुक्त मालूम होता है। तथा च—

द्राक्षीपीलुपरूषकमञ्जिष्ठासारिवामृतापाठाः।
त्रिफला चेति गणोऽयं ज्वरस्य शमनाय निर्दिष्टः ॥

द्राक्षाखर्जूरपियालबदरदाडिमफल्गुपरूषकेक्षुयवषष्टिका[1] इति दशेमानि श्रमहराणि भवन्ति ॥ (४०) ॥

इति पञ्चकः कषायवर्गः ॥ (८) ॥

श्रमहर—द्राक्षा, पिण्डखजूर, पियाल (जिसके बीज से चिरौंजी निकलती है), बेर, अनार, फल्गु (गूलर अथवा काठगुलरिया–गूलरभेद), फालसे, ईख, जौ, सांठी के चावल, ये दस ओषधियां श्रम अर्थात् थकावट को हरती हैं।

लाजाचन्दनकाश्मर्यफलमधूकशर्करानीलोत्पलोशीरसारिवागुडूचीह्रीबेराणीति दशेमानि दाहप्रशमनानि भवन्ति ॥

दाहप्रशमन—लाजा, श्वेत चन्दन, काश्मर्यफल (गम्भारीफल), मधूक (महुआ), शर्करा (खांड) नीलोत्पल, खस, अनन्तमूल, गिलोय, गन्धबाला, यह गण दाह को शान्त करता है। अष्टांगसंग्रह में 'मधूक' की जगह 'मधुक' (मुलहठी) तथा 'शर्करा की जगह 'पद्मक' (पद्माख पढ़ा गया है। जतूकर्णसंहिता में गिलोय को नहीं पढ़ा गया उसकी जगह 'पद्मक' पढ़ा गया है। शेष ओषधियाँ ग्रन्थोक्तगण के समान ही हैं।

तगरागुरुधान्यकशृंगवेरभूतीकवचाकण्टकारिकाग्निमन्थश्योनाकपिप्पल्य इति दशेमानि शीतप्रशमनानि भवन्ति ॥४२॥

शीतप्रशमन—तगर, अगर, धनियां, सोंठ, भूतीक (अजवाइन), वच, छोटी कटेरी, अरणी, अरलू, पिप्पली, यह गण शीत को शान्त करता है।

तिन्दुकपियालबदरखदिरकदरसप्तपर्णाश्वकर्णार्जुनासनारिमेदा इति दशेमान्युदर्दप्रशमनानि भवन्ति ॥ (४३) ॥

उदर्दप्रशमन—तिन्दुक (तेन्दू), पियाल (चिरौंजी), बेर, खदिर (खैर), कदर (सोमवल्क, श्वेत कत्थेवाला खैर), सप्तपर्ण, (सतिवन, सतौना), अश्वकर्ण (सर्ज का भेद), अर्जुन, असन, अरिमेद (विट्खदिर), ये दस ओषधियाँ उदर्द को शान्त करती हैं।

अङ्गमर्दप्रशमन – विदारिगन्धा (शालपर्णी), पृश्निपर्णी, बड़ी कटेरी, छोटी कटेरी, एरण्ड, काकोली, चन्दन, खस, छोटी इलायची, मधूक (महुआ), ये दस ओषधियाँ अङ्गमर्द (अङ्गपीड़ा) को शान्त करती हैं। यदि 'मधूक' की जगह 'मधुक' पढ़ा जाय तो मुलहठी-अर्थ समझना चाहिये।

विदारीगन्धापृश्नपर्णीबृहतीकण्टकारिकैरण्डकाकोलीचन्दनोशीरैलामधुकानीति दशेमान्यङ्गमर्दप्रशमनानि भवन्ति ॥ (४४) ॥

पिप्पलीपिप्पलमूलचव्यचित्रकशृंगवेरमरिचाजमोदाजगन्धाजाजीगण्डीराणीति दशेमानि शूलप्रशमनानि भवन्ति। ५।

इति पञ्चकः कषायवर्गः ॥ (९) ॥

शूलप्रशमन—पिप्पली, पिप्पलीमूल, चव्य, चित्रक, अदरक अथवा सोंठ, कालीमिर्च, अजमोदा, अजगन्धा (अजमोदाभेद, वनयमानी), अजाजी (जीरा), गण्डीर (शमठशाक), यह गण शूल को शान्त करता है।

१—'पुनर्नवामलक्यः' इति पा०।

१—'यष्टिका' इति पा०।

मधुमधूकरुधिरमोचरसमृत्कपाललोध्रगैरिकप्रियङ्गुशर्करालाजा इति दशेमानि शोणितस्थापनानि भवन्ति ॥४६॥

शोणितस्थापन—मधु, मुलहठी, रुधिर (केसर), मोचरस, मृत्कपाल (मिट्टी का ठीकरा), लोध, गेरू, प्रियंगु शर्करा, लाजा, ये दस बहते हुए रक्त को बहने से रोकती हैं ॥४६॥

शालकट्फलकदम्बपद्मकतुङ्गमोचरसशिरीषवञ्जुलैलवालुकाशोका इति दशेमानि वेदनास्थापनानि[1] भवन्ति॥४७॥

वेदनास्थापन—शाल (साल), कट्फल, कदम्ब पद्माख, तुङ्ग (पुन्नाग), मोचरस, शिरीष (सिरस), वंजुल (जलवेतस), एलवालुका, अशोक, यह गण वेदनास्थापन कहलाता है।

हिङ्गुकैडर्यारिमेदवचाचोरकवयःस्थागोलोमीजटिलापलङ्कषाशोकरोहिण्य इति दशेमानि संज्ञास्थापनानि भवन्ति ॥ (४८) ॥

संज्ञास्थापन—हींग, कैटर्य (महानिम्ब, बकायन), अरिमेद (विट्खदिर), वच, चोरक, वयःस्था (ब्राह्मी), गोलोमी (भूतकेशी), जटिला (जटामांसी), पलङ्कषा (गुग्गुल अथवा छोटा गोखरू), अशोकरोहिणी (कटुकी), यह गण संज्ञास्थापन कहाता है।

ऐन्द्रीब्राह्मीशतवीर्यासहस्रवीर्यामोघाव्यथाशिवारिष्टावाट्यपुष्पीविष्वक्सेनकान्ता[2] इति दशेमानि प्रजास्थापनानि भवन्ति ॥ (४९) ॥

प्रजास्थापन—ऐन्द्री, ब्राह्मी, शतवीर्या (दूर्वा), सहस्रवीर्या (दूर्वाभेद), अमोघा (पाटला अथवा लक्ष्मणा) अव्यथा (हरड़), शिवा (हरिद्रा), अरिष्टा (नागबला), वाट्यपुष्पी (महाबला), विष्वक्सेनकान्ता वाराहीकन्द), ये दस ओषधियाँ प्रजा (सन्तान) का आस्थापन करती हैं।

[3]अमृताभयाधात्रीमुक्ताश्वेताजीवन्त्यतिरसामण्डूकपर्णीस्थिरा पुनर्नवा इति दशेमानि वयःस्थापनानि भवन्ति ॥५०॥

इति पञ्चकः कषायवर्गः ॥ (१०) ॥

वयःस्थापन—अमृता (गिलोय), अभया (हरड़), धात्री (आंवला), मुक्ता (रास्ना), श्वेता (श्वेतापराजिता), जीवन्ती, अतिरसा (जलजमधुयष्टि अथवा शतावरी), मण्डूकपर्णी, स्थिरा (शालपर्णी), पुनर्नवा, ये दस ओषधियाँ आयुष्य का स्थापन करती हैं।

वृद्धवाग्भट में 'श्वेता' इस ओषधि की जगह 'श्रेयसी' का पाठ है। श्रेयसी—रास्नाविशेष का नाम है। अथवा गजपिप्पली को भी श्रेयसी कहते हैं।

इति पञ्चकषायशतान्यभिसमस्य पञ्चाशन्महाकषायाः, महतो च कषायाणां लक्षणोदाहरणार्थं व्याख्याता भवन्ति ॥१४॥

इस प्रकार ५०० कषायों का संक्षेप करके ५० महाकषाय कहे हैं। ये ५० महाकषाय, महाकषायों तथा ५०० कषायों के लक्षण स्वरूप तथा उदाहरण स्वरूप कहे गये हैं। अर्थात् जैसे जीवनशक्ति को बढ़ाने से जीवनीय आदि लक्षणस्वरूप तथा जीवनीयगण में जीवक, ऋषभक आदि ओषधियाँ हैं इत्यादि उदाहरण स्वरूप व्याख्यान किया गया है।

अन्य टीकाकार इसका इस प्रकार अर्थ करते हैं कि मन्द बुद्धि वैद्यों के लक्षणार्थ अर्थात् ५० महाकषाय तथा ५०० महाकषायों के ज्ञानार्थ और बुद्धिमानों के उदाहरणार्थ अर्थात् दृष्टान्तार्थ कहे गये हैं। बुद्धिमान् इन उदाहरणों को देखकर इसका विस्तार कर सकते हैं ॥१४॥

न हि विस्तरस्य प्रमाणमस्ति, न चाप्यतिसङ्क्षेपोऽल्पबुद्धीनां सामर्थ्यायोपकल्पते, तस्मादनतिसङ्क्षेपेणानतिविस्तरेण चोपदिष्टाः, एतावन्तो ह्यलमल्पबुद्धीनां व्यवहाराय, बुद्धिमतां च स्वालक्षण्यानुमानयुक्तिकुशलानामनुक्तार्थज्ञानायेति ॥ १५ ॥

विस्तार का कोई निश्चित प्रमाण (माप) नहीं है, अर्थात् यथेच्छ बढ़ा सकते हैं। और अतिसंक्षेप भी अल्पबुद्धि पुरुषों के व्यवहार के लिये समर्थ नहीं हुआ करता। अतएव हमने न अतिसंक्षेप से और न अतिविस्तार से ही उपदेश किया है। इतने ही (अर्थात् जो ऊपर कहे गये हैं) अल्पबुद्धि वैद्यों के व्यवहार के लिये तथा—स्वालक्षण्य (स्वलक्षणता, स्वस्वरूपता) द्वारा अनुमान एवं युक्ति में कुशल बुद्धिमानों के लिये अनुक्तविषय को जानने के लिये पर्याप्त हैं। अर्थात् जैसे जीवक आदि ओषधियाँ अपने २ लक्षणरूप, स्निग्ध, शीत, मधुर, तथा बृष्यत्वादि गुणयुक्त होती हुई ही जीवनशक्ति को बढ़ाती हैं। इस अनुमान तथा ऐसा बारम्बार देखने से द्राक्षा, क्षीरविदारी आदि ओषधि भी स्निग्ध शीत आदि गुणयुक्त हैं अतः एव ये भी जीवनशक्ति को बढ़ायेंगी। इस युक्ति में कुशल वैद्य ने कही हुई बात को भी समझ जाते हैं ॥१५॥

एवंवादिनं भगवन्तमात्रेयमग्निवेश उवाच—नैतानि भगवन् पञ्चकषायशतानि पूर्यन्ते, तानि तानि ह्येवाङ्गानि संप्लवन्ते तेषु तेषु महाकषायेष्विति ॥ १६ ॥

इस प्रकार जब भगवान् आत्रेय मुनि उपदेश कर रहे थे अग्निवेश ने प्रश्न किया—हे भगवान्! ये ५०० कषाय पूर्ण नहीं होते, क्योंकि उपर्युक्त उन २ जीवनीय आदि महाकषायों में वही २ अङ्ग (ओषधियां), दिखाई देते हैं। अर्थात् जैसे—काकोली, क्षीरकाकोली, जीवनीयगण में भी पढ़ी गयी हैं और बृंहणीय में भी पढ़ी गयी हैं। इसी प्रकार अन्य भी बहुत सी ओषधियाँ हैं जो दो २, तीन २, चार २ गणों में भी पढ़ी गयी हैं। अतएव कषायों की संख्या बहुत न्यून हो जाती है ॥१६॥

१—वेदनानां यत्र निवृत्तौ व्यापत्स्वात्तत्र वेदनां स्थापयन्ति प्रभावात् इति गङ्गाधरः। अर्थात् स्त्रियों में वेदनाओं के निवृत्त होने पर जो विकृति होती है उसे हटाने के लिये पुनः वेदनाओं को पैदा करना इन ओषधियों का काम है।

२—'शतवीर्यासहस्रवीर्ये दूर्वे, अमोघा पाटलामलकी वा' अव्यथा कदली गुडूची वा हरीतकी वा, अरिष्टा कटुरोहिणी, विष्वक्सेनकान्ता प्रियङ्गुः' इति आयुर्वेददीपिका। अव्यथा आमलकी। शिवा हरीतकी; इति योगीन्द्रनाथसेनः। अन्ये तु शतवीर्यासहस्रवीर्ये शतावर्यौ, अमोघा, पाठभेदे स्यात्पाटल्यां च विडङ्गके, अव्यथा, हरीतकी, शिवा, हरिद्रा, अरिष्टा, गांगेरुकी, विष्वक्सेनकान्ता वाराहीकन्द इति।

३—'युक्ता०' इति पा०। युक्ता रास्नेव।

तमुवाच भगवानात्रेयः—नैतदेवं बुद्धिमता द्रष्टव्यमग्निवेश। एकोऽपि ह्यनेकां संज्ञां लभते कार्यान्तराणि कुर्वन्। तद्यथा—पुरुषो बहूनां कर्मणां करणे समर्थो भवति, स यद्यत्कर्म करोति तस्य तस्य कर्मणः कर्तृकरणकार्यसम्प्रयुक्तं तत्तद्गौणं नामविशेषं प्राप्नोति, तद्वदौषधद्रव्यमपि द्रष्टव्यम्। यदि चैकमेव किंचिद्द्रव्यमासादयामस्तथागुणयुक्तं यत्सर्वकर्मणां करणे समर्थः स्यात्, कस्ततोऽन्यदिच्छेदुपधारयितुमुपदेष्टुं वा शिष्येभ्य इति ॥१७॥

भगवान् आत्रेय मुनि ने उत्तर दिया—हे अग्निवेश! बुद्धिमान् पुरुषों को चाहिये कि वे इसका इस दृष्टि से विचार न करें। अपि तु भिन्न २ कार्य करनेवाले एक ही द्रव्य की भी अनेक संज्ञायें होती हैं। जैसे—एक पुरुष बहुत से कर्मों के करने में समर्थ होता है, वह जो २ कर्म करता है उस २ कर्म के कर्त्ता, करण तथा कार्य के अनुसार उस २ गौण-विशेष नाम को पाता है, उसी प्रकार औषध द्रव्यों को भी जानना चाहिये। जैसे—एक देवदत्त संज्ञक पुरुष है, वह जब भोजन पकाने का कार्य करता है तब हम (कर्तृ-सम्प्रयुक्त) पाचन-क्रिया का कर्ता होने से उसे पाचक कहते हैं। जब आरे से लकड़ी चीरता है तब आरा रूप करण (साधन) से युक्त होता हुआ चीरने के प्रति कर्ता होने पर (करण संप्रयुक्त) वह 'आराकश' नाम पाता है। तथा च कुम्भ (घड़े) रूपी कार्य को करनेपर (कार्यसंप्रयुक्त) कुम्भकार (कुम्हार) कहाता है, अर्थात् एक ही देवदत्त के पाचक, आराकश, कुम्हार आदि अन्य गौण नाम हो जाते हैं। इसी प्रकार काकोली आदि ओषधि द्रव्य जीवन, बृंहण तथा वीर्यजनन आदि नाना गुणों से युक्त होने के कारण जीवनीय आदि नामों से कहे जाते हैं।

यहाँ पर यह जिज्ञासा हो सकती है कि आचार्य ने एक ही द्रव्य को बार बार क्यों पढ़ा? उसे चाहिये था कि भिन्न २ महाकषायों में एक ही द्रव्य को बार २ न पढ़ कर भिन्न २ द्रव्यों को पढ़ता—अतएव भगवान् आत्रेय कहते हैं कि यदि हम किसी ऐसे एक ही द्रव्य को पा जायँ जो कि सम्पूर्ण कर्मों के करने में समर्थ हो तो कौन ऐसा होगा जो उससे भिन्न द्रव्यों को शिष्यों से याद करवाये या उनका उपदेश करे। अर्थात् एक ही द्रव्य जो बहुत से कार्य करनेवाला हो उसी का उपदेश करना चाहिये। क्योंकि वह शीघ्रतया बताया जा सकता है और याद किया जा सकता है। यदि बहुत से द्रव्यों को इन महाकषायों में पढ़ा जाये तो पढ़नेवाले के लिये जहाँ समझना कठिन हो जाय वहाँ याद करना भी कठिन होता है। इनके साथ ही आचार्य ने यह भी बता दिया कि चिकित्सा कार्य जितनी थोड़ी औषधों से हो सके उतना ठीक है। क्योंकि अपने पास बहुत सी औषधों का रखना भी कठिन होता है। अतः जितना थोड़ी औषधों से अधिक कार्य करना आ जाय उतना ही अच्छा है ॥१७॥

तत्र श्लोकाः।

यतो यावन्ति यैर्द्रव्यैर्विरेचनशतानि षट।
उक्तानि संग्रहेणेह तथैवैषां षडाश्रयाः ॥१८॥

जिस २ ओषधि द्रव्य के जितने (त्रयस्त्रिंशद् योगशतं प्रणीतं फलेषु इत्यादि) तथा जिन द्रव्यों (मदनफल आदि के योगों के मिलित) ६०० विरेचन होते हैं; वे सब संक्षेप से इस अध्याय में कहे गए हैं। तथा इन विरेचन द्रव्यों के ६ आश्रय भी बता दिये हैं १८

रसा लवणवर्ज्याश्च कषाया इति संज्ञिताः।
तस्मात्पञ्चविधा योनिः कषायाणामुदाहृता ॥१९॥

लवण रस को छोड़ कर शेष रसों की कषाय संज्ञा की गयी है। अत एव कषायों (स्वरस आदि) का पाँच प्रकार का उत्पत्तिस्थान है ॥१९॥

तथा कल्पनमप्येषामुक्तं पञ्चविधं पुनः।
महतां च कषायाणां पञ्चाशत्परिकीर्तिताः ॥२०॥

इसी प्रकार कषायों की कल्पना भी पाँच प्रकार (स्वरस आदि) की कही गयी है। और ५० महाकषाय कहे गये हैं ॥२०॥

पञ्च चापि कषायाणां शतान्युक्तानि भागशः।
लक्षणार्थं प्रमाणं हि विस्तरस्य न विद्यते ॥२१॥
न चालमतिसङ्क्षेपः सामर्थ्यायोपकल्पते।
अल्पबुद्धेरयं तस्मान्नातिसङ्क्षेपविस्तरः ॥२२॥
मन्दानां व्यवहाराय बुधानां बुद्धिवृद्धये।
पञ्चाशत्को ह्ययं वर्गः कषायाणामुदाहृतः ॥२३॥

तथा च इन महाकषायों के विभाग करके लक्षणार्थ ५०० कषाय कहे गये हैं। यतः विस्तार की सीमा नहीं है। और अतिसंक्षेप मन्दबुद्धि वैद्यों के सामर्थ्य के लिये उपयुक्त नहीं अतः मन्दबुद्धि वैद्यों के व्यवहार के लिये तथा बुद्धिमान् वैद्यों की बुद्धि की वृद्धि के लिये न अतिसंक्षिप्त न अतिविस्तृत कषायों के ये ५० वर्ग बताये गये हैं २३

तेषां कर्मसु बाह्येषु योगमाभ्यन्तरेषु च।
संयोगं च प्रयोगं च यो वेद स भिषग्वरः ॥२४॥

इत्यग्निवेशकृते तन्त्रे चरकप्रतिसंस्कृते सूत्रस्थाने भेषजचतुष्के षड्विरेचनशताश्रितीयो नाम चतुर्थोऽध्यायः ॥२४॥

इति भेषजचतुष्कः ॥१॥

जो पुरुष उन कषायों के बाह्यकर्म (प्रलेप आदि) तथा आभ्यन्तर कर्म (वमन विरेचन आदि) में योग (Preparations), संयोग (परस्पर मिलाना) तथा देशकाल आदि के अनुसार प्रयोग (योजना, व्यवस्था) को जानता है वह ही श्रेष्ठ वैद्य होता है ॥२४॥

इति चतुर्थोऽध्यायः।

अथ पञ्चमोऽध्यायः

अथातो मात्राशितीयमध्यायं व्याख्यास्यामः।
इति ह स्माह भगवानात्रेयः ॥१॥

'इसके अनन्तर मात्राशितीय (मात्रा में भोजन करना चाहिये इसके सम्बन्धी) नामक अध्याय की व्याख्या करेंगे' ऐसा भगवान् आत्रेय मुनि ने कहा ॥१॥

आयुर्वेद के दो मुख्य प्रयोजन हैं। १—रोगी के रोग की निवृत्ति तथा २—स्वस्थ पुरुष के स्वास्थ्य की रक्षा। इसमें से रोगनिवृत्ति सम्बन्धी शास्त्र का सूत्र रूप से व्याख्यान पूर्व अध्यायों में किया गया है। अब स्वास्थ्यरक्षा सम्बन्धी नियमों को दर्शाते हैं। जिससे यथा

सम्भव स्वास्थ्य का सम्यक् प्रकार परिपालन करने से उत्पन्न होनेवाली व्याधि की उत्पत्ति ही न हो ॥१॥

मात्राशी स्यात्। आहारमात्रा पुनरग्निबलापेक्षिणी[1]। यावद्ध्यस्याशनमशितमनुपहत्य[2] प्रकृतिं यथाकालं जरां गच्छति तावदस्य मात्राप्रमाणं वेदितव्यं भवति ॥२॥

मात्रा (उपयुक्त परिमाण) से ही भोजन करना चाहिये। आहार की मात्रा जाठराग्नि के बल की अपेक्षा रखती है। अर्थात् यदि जाठराग्नि निर्बल है तो मात्रा अपेक्षया कम होगी। यदि बलवान् है तो अपेक्षया मात्रा अधिक होगी। जितने परिमाण में भोक्ता का खाया हुआ भोजन प्रकृति (वात आदि प्रकृति अथवा physiological actions) का उपघात न करके यथासमय जीर्ण हो जाता है, पच जाता है, उतना ही उस भोक्ता के लिये उस आहार की मात्रा का प्रमाण जानना चाहिये। 'यथाकालं' पद इसलिये पढ़ा गया है कि भिन्न २ आहार द्रव्यों के पचने का काल भिन्न होता है। किन्हीं द्रव्यों का परिपाक आधे घण्टे में होता है और किन्हीं का तीन चार घण्टे में और किन्हीं द्रव्यों का इससे भी अधिक। गुरु द्रव्यों का पाक देर से होता है और लघु द्रव्यों का पाक शीघ्र होता है ॥२॥

तत्र शालिषष्टिकमुद्गलावकपिञ्जलैणशशशरभशम्बरादीन्याहारद्रव्याणि प्रकृतिलघून्यपि मात्रापेक्षीणि भवन्ति; तथा पिष्टेक्षुक्षीरविकृतिमाषानूपौदकपिशितादीन्याहारद्रव्याणि प्रकृतिगुरूण्यपि मात्रामेवापेक्षन्ते ॥३॥

यद्यपि शालि, षष्टिक सांठी के चावल), मुद्ग (मूंग) लाव (लावा पक्षी), कपिंजल (गौरैया), एण (हिरण), शश (शशक, खरगोश), शरभ (हरिण विशेष), शम्बर (हरिण विशेष); प्रभृति आहार द्रव्य स्वभाव से ही लघु होते हैं, तो भी मात्रा की अपेक्षा रखते हैं इसी प्रकार पिष्ट विकृति पीठी या चावलों के आटे से बने आहार द्रव्य), इक्षुविकृति (गुड़ खांड़ आदि ईख के रस से बने द्रव्य), क्षीर विकृति (दूध से बने—रबड़ी, खोआ, किलाट आदि), माष (उड़द), आनूप देश के पशु पक्षियों के मांस तथा औदक (मछली आदि जलजन्तुओं के) मांस प्रभृति आहार द्रव्य प्रकृति से ही गुरु होते हुए भी मात्रा की अपेक्षा रखते हैं। सूत्रस्थान के २७ वें अध्याय में कहा भी जायगा—

अल्पादाने गुरूणां च लघूनां चाति सेवने।
मात्रा कारणमुद्दिष्टं द्रव्याणां गुरु लाघवे ॥

अर्थात् गुरु द्रव्यों के अल्पमात्रा में सेवन से लघुता तथा लघु द्रव्यों के अतिमात्रा में सेवन से गुरुता हो जाती है। अतएव स्वभाव से गुरु एवं लघु द्रव्य उचित मात्रा में सेवन किये जाने पर ही स्वस्थ एवं रोगी को हितकर होते हैं।

न चैवमुक्ते द्रव्ये गुरुलाघवमकारणं मन्यते। लघूनि हि द्रव्याणि वाय्वग्निगुणबहुलानि भवन्ति, पृथिवीसोमगुणबहुलानीतराणि; तस्मात्स्वगुणादपि लघून्यग्निसन्धुक्षणस्वभावान्यल्पदोषाणि चोच्यन्तेऽपि सौहित्योपयुक्तानि, गुरूणि पुनर्नाग्निसन्धुक्षणस्वभावान्यसामान्यादतश्चातिमात्रं दोषवन्ति सौहित्योपयुक्तान्यन्यत्र व्यायामाग्निबलात्; सैषा भवत्यग्निबलापेक्षिणी मात्रा ॥४॥

'लघु द्रव्य तथा गुरु द्रव्य दोनों मात्रा की अपेक्षा करते हैं—इस प्रकार कहने पर 'द्रव्यों की स्वाभाविक गुरुता तथा लघुता अकिञ्चित्कर है—निरर्थक है' यह न समझना चाहिये। क्योंकि लघु द्रव्यों में वायुगुण तथा अग्निगुण बहुतायत से हुआ करते हैं और गुरु द्रव्यों में पृथ्वीगुण तथा सोमगुण (जलगुण) अधिक होते हैं। अतएव लघु द्रव्य अपने गुण से (अग्निगुण बहुत होने से) भी अग्नि को उद्दीप्त करनेवाले तथा सौहित्य (मात्रा से अधिक, तृप्ति पर्यन्त—भरपेट) से उपयुक्त अर्थात् खाये हुए भी स्वल्प दोष-कर कहे जाते हैं और गुरु द्रव्य असामान्य अर्थात् अग्निगुण विरुद्ध पृथ्वीसोमगुण बहुल होने के कारण अग्नि को उद्दीप्त नहीं करते तथा च व्यायाम (कसरत) जन्य अग्निबल को छोड़कर भरपेट खाये हुए अत्यन्त दोषकर होते हैं।

अन्नपानविधि अध्याय में कहा भी जायगा—

दीप्ताग्नयः खराहाराः कर्मनित्या महोदराः।
ये नराः प्रति तांश्चिन्त्यं नावश्यं गुरु लाघवम् ॥

अर्थात् दीप्ताग्नि, कठिन पदार्थ खानेवाले, नित्यकर्म (परिश्रम) करनेवाले तथा पेटुओं के लिये भोज्य द्रव्यों के भारीपन तथा हलकेपन का सोचना आवश्यक नहीं।

अतः 'आहारमात्रा अग्नि के बल पर निर्भर करती है' यह सिद्धान्त सत्य है ॥४॥

न च नापेक्षते द्रव्यम्। द्रव्यापेक्षया च त्रिभागसौहित्यमर्धसौहित्यं वा गुरूणामुपदिश्यते; लघूनामपि च नातिसौहित्यमग्नेर्युक्त्यर्थम्। मात्रावद्ध्यशनमशितमनुपहत्य प्रकृतिं बलवर्णसुखायुषा योजयत्युपयोक्तारमवश्यमिति ॥५॥

आहारमात्रा अग्निबल की अपेक्षा करती है, ऐसा कहने से हमारा यह अभिप्राय नहीं—कि द्रव्य की अपेक्षा नहीं करती। अर्थात् मात्रा द्रव्य की अपेक्षा भी करती है—द्रव्य पर भी निर्भर करती है। क्योंकि द्रव्य की अपेक्षा से ही गुरु द्रव्यों के तृप्ति के (चार भाग में से) तीन भाग के या आधे के (दो भाग के) सेवन का उपदेश किया जाता है और लघु द्रव्यों की अतितृप्ति भी जाठराग्नि के लिये हितकर नहीं। अर्थात् गुरुद्रव्य को भरपेट न खाना चाहिये।

यदि लघुद्रव्य चार भाग खाये जायें तो द्रव्य की गुरुता के अनुसार गुरु द्रव्य के तीन या दो भाग ही सेवन करने चाहिये।

तथा च लघु द्रव्य यद्यपि अग्निगुण बहुत होते हैं तथापि उनका अतियोग अग्नि के लिये हानिकर होता है। जैसेः—

१—अष्टांगसंग्रह—"मात्रापुनरग्निबलाहारद्रव्यापेक्षिणी" इत्युक्तम्। तेन ज्ञायते मात्रा न केवलमग्निबलमपेक्षतेऽपि तु आहारद्रव्यमप्यपेक्षते। तद्युक्तमेव। चरकेऽप्युक्तं 'न च नापेक्षते द्रव्यं' इत्यादि। २—मात्रा लक्षणकाले च विमानस्थाने आचार्येण 'प्रकृतिमनुपहत्य' इति साधु विवृतम्। यथा—'कुक्षेरप्रपीडनमाहारेण, हृदयस्यानवरोधः, पार्श्वयोरविपाटनम्, अनतिगौरवमुदरस्य, प्रीणनमिन्द्रियाणां, क्षुत्पिपासोपरमः, स्थानासनशयनगमनोच्छ्वास प्रश्वासहास्यसंकथासु सुखानुवृत्तिः, सायं प्रातश्च सुखेन परिणमनं, बलवर्णोपचयकरत्वं चेति मात्रावतो लक्षणमाहारस्य भवति॥' इति।

शस्त्रस्याश्मा यथा योनिर्निशितं च तदश्मनि ।
तीक्ष्णं भवत्यतियोगात्तत्रैव प्रतिहन्यते ॥

अतः मात्रा से खाया हुआ भोजन प्रकृति का उपघात न करके उपयोक्ता को (उपयोग करनेवाले को—खानेवाले को) बल, वर्ण सुख तथा आयु से अवश्य ही युक्त करता है ।

आचार्य स्वयं २७ अध्याय में कहेंगे–'गुरूणामल्पमादेयं लघूनां तृप्तिरिष्यते' । सुश्रुत में भी कहा गया है—'गुरूणामर्द्धसौहित्यं लघूनां तृप्तिरिष्यते' । भेल ने भी कहा है—

मात्रा लघुः स्यादाहारः कश्चिद्द्रव्यलघुः स्मृतः ।
मात्रागुरुस्तथैव स्याद्द्रव्यतश्च तथा गुरुः ॥
पुराणशालयो मुद्गाः शशतित्तिरिलावकाः ।
एवं प्रकारं यच्चान्यत्तद्द्रव्यं लघु सम्मतम् ॥
ग्राम्यानूपौदकं मांसं दधि पिष्टं तिलाह्वयम् ।
एवं प्रकारं यच्चान्यत् तद् द्रव्यं गुर्विति स्मृतम् ॥
तत्र यो मात्रया भुङ्क्ते द्रव्यं गुर्वपि मानवः ।
आहारं यस्य पश्यन्ति लघुमेव चिकित्सकाः ॥
शाल्यादीन्यपि योऽत्यर्थमश्नाति सुलघून्यपि ।
आहारः स तथारूपो व्यक्तं सम्पद्यते गुरुः ।
द्रव्यस्य लघुनो युक्तया सौहित्यं योऽधिगच्छति ॥
एकान्तपथ्यं तं विद्यादाहारं कुशलो लघुम् ।
यो युक्तयापि हि सौहित्यं द्रव्यस्यालघुनो व्रजेत् ॥
तथाविधमिहाहारं गुरुमेव ब्रवीम्यहम् ।
तस्मात् त्रिभागसौहित्यमर्द्धसौहित्यमेव वा ॥
आहारं लघुमन्विच्छेद् गुरुणा सेवितं यदा ॥
लघु नाम समासाद्य द्रव्यं यो ह्यति सेवते ।
तल्लघ्वप्यति संयुक्तं कोष्ठे सम्पद्यते गुरुः ।
गुरुलाघवविद् वैद्यो नराणां बर्द्धयत्यसून् ।
तस्मादेवं विजानीयाद् द्रव्याणां गुरुलाघवम् ॥५॥

भवन्ति चात्र—

गुरु पिष्टमयं तस्मात्तण्डुलान पृथुकानपि ।
न जातु भुक्तवान खादेन्मात्रां खादेद्बुभुक्षितः ॥६॥

अतः पिष्टमय (पीठी से बने पदार्थ), तण्डुल (चावल) पृथक् (चिउड़े), प्रभृति गुरु आहार द्रव्यों को खा चुकने के बाद खाये (अध्यशन न करे) अथवा अतिमात्रा में न खाये । परन्तु जब भूख लगी हुई हो तब मात्रा (उपयुक्त परिमाण) में खाये । अर्थात् गुरु द्रव्यों को भूख लगने पर ही तथा मात्रा में खाना चाहिये । यहाँ पर तण्डुल शब्द का नवीन चावलों से ही आचार्य का अभिप्राय है ॥६॥

वल्लूरं शुष्कशाकानि शालूकानि बिसानि च ।
नाभ्यसेद्गौरवान्मांसं कृशं नैवोपयोजयेत् ॥७॥

वल्लूर (शुष्क मांस, सुखाया हुआ मांस) शुष्क शाक, शालूक (कुमुद आदि जलज ओषधियों के कन्द), बिस (कमल नाल, भिस, भे); इन आहार द्रव्यों का, गुरु होने के कारण निरन्तर सेवन न करे । कृश अर्थात् अपुष्ट अथवा रोगी को पशु आदि के मांस का

१—"पृथुका गुरवो भृष्टान् भक्षयेदल्पशस्तु तान्" । इति सप्तविंशेऽध्याये आचार्येणोक्तम् ।

कदापि उपयोग न करना चाहिए । सुश्रुत में कहा है—

मृणालबिसशालूककन्देक्षुप्रभृतीनि च ।
पूर्वं योज्यानि भिषजा न तु भुंक्ते कथञ्चन ॥

अर्थात् मृणाल, बिस, शालूक, कन्द, ईख आदि गुरु पदार्थ भोजन से पूर्व सेवन करने चाहिये । भोजन के पश्चात् इन्हें सेवन न करें ॥७॥

[1]कूर्चिकांश्च किलाटांश्च शौकरं गव्यमाहिषे[2] ।
मत्स्यान्दधि च माषांश्च यवकांश्च न शीलयेत् ॥८॥

कूर्चीक (दही या तक्र के साथ दूध को पकाने से कूर्चीक बनता है), किलाट (फटे हुए दूध का घना भाग जो कि पानी whey से अलग हो जाता है), सूअर का मांस, गोमांस, भैंस का मांस, मछली, दही, माष (उड़द) और यवक (जवी); इनका भी निरन्तर उपयोग न करे । अष्टाङ्गहृदय में भी कहा है—

किलाटदधिकूर्चीकाक्षारशुक्ताममूलकम् ।
कृशशुष्कवराहाविगोमत्स्यमहिषामिषम् ।
माषानिष्पावशालूकबिसपिष्टविरूढकम् ।
शुष्कशाकानि यवकान् फाणितं च न शीलयेत् ॥८॥

षष्टिकाञ्छालिमुद्गांश्च सैन्धवामलके यवान् ।
आन्तरीक्षं पयः सर्पिर्जाङ्गलं मधु चाभ्यसेत् ॥९॥

षष्टिक (सांठी के चावल), शालिचावल, मूँग, सैन्धानमक, आंवले, जौ, आन्तरिक्ष जल (वर्षा जल, विशेषतः शरद् ऋतु में बरसा हुआ पानी), दूध, घी, जांगल देश के पशु पक्षियों का मांस तथा मधु (शहद); इनका निरन्तर उपयोग करना चाहिये । अष्टाङ्गहृदय में कहा है—

शीलयेच्छालिगोधूमयवषष्टिकजाङ्गलम् ।
पथ्यामलकमृद्वीकापटोलीमुद्गशर्कराः ॥
घृतदिव्यौदकक्षीरक्षौद्रदाडिमसैन्धवम् ।
त्रिफलां मधुसर्पिर्भ्यां निशि नेत्रबलाय च ॥९॥

तच्च नित्यं प्रयुञ्जीत स्वास्थ्यं येनानुवर्तते ।
अजातानां विकाराणामनुत्पत्तिकरं च यत् ॥१०॥

तथा जिस आहार विहार आदि द्वारा स्वास्थ्य की अनुवृत्ति अर्थात् पालन होता है और जो आहार विहार अजात (जो अभी उत्पन्न नहीं हुए) विकारों को उत्पन्न नहीं होने देते; उनका नित्य प्रयोग करे । अर्थात् स्वास्थ्य के लिये दो बातें आवश्यक हैं—सदा क्षीयमाण शरीर का पोषण तथा स्वास्थ्यनाशक कारणों का विनाश ॥१०॥

अत ऊर्ध्वं शरीरस्य कार्यमभ्यञ्जनादिकम्[3] ।
स्वस्थवृत्तमभिप्रेत्य गुणतः सम्प्रवक्ष्यते ॥११॥

इसके अनन्तर स्वस्थवृत्त (Personal Hygiene) को दृष्टि में रखते हुए शरीर के अवश्यकरणीय अञ्जन आदि कार्यों को उन उन के गुणों सहित कहा जायगा ॥११॥

१—पक्वं दध्ना समं क्षीरं विज्ञेया दधिकूर्चिका । तक्रेण तक्रकूर्चा स्यात्तयोः पिण्डः किलाटकः । तथा च—नष्टदुग्धस्य पक्वस्य पिण्डः प्रोक्तः किलाटकः ।

२—गव्यमामिषम् इति पा० ।

३—'अक्ष्यञ्जनादिकम्' इति पा० ।

सौवीरमञ्जनं नित्यं हितमक्ष्णोः प्रयोजयेत् ।
[1]पञ्चरात्रेऽष्टरात्रे वा स्रावणार्थे रसाञ्जनम् ॥
चक्षुस्तेजोमयं तस्य विशेषाच्छ्लेष्मतो भयम् ॥१२॥

आँखों के लिये हितकारी सौवीराञ्जन (काला सुरमा) का नित्य प्रयोग करना चाहिये अर्थात् आंजन चाहिये। तथा स्रावण करने के लिये (दुष्ट जल को निकालने के लिये) पाँचवें अथवा आठवें दिन रसाञ्जन (रसौंत) का प्रयोग करना चाहिये। यतः आँखें तेज-प्रधान हैं और इन्हें विशेषकरके श्लेष्मा अर्थात् कफ से भय रहता है। अर्थात् नेत्रगत कफ की वृद्धि से आँखें खराब हो जाती हैं और वह यथोचित रूप से अपना कार्यसम्पादन नहीं कर सकतीं। अतएव इसके निराकरण के लिये स्रावण कराते रहना चाहिये। अष्टाङ्गसंग्रह तथा जतूकर्णसंहिता प्रभृति में लिखा है कि सातवें दिन आश्च्योतन करावे। परन्तु इससे कोई विरोध नहीं होता। पाँचवें अथवा आठवें दिन जो कहा गया है वह समीप तथा दूरकाल को लेकर दोषापेक्षया कहा गया है। अतः पाँचवें से आँठवें दिन के बीच में ही सातवाँ दिन भी आ जाता है और इसे मध्यकाल जानना चाहिये। अथवा कहे गये पाँचवें दिन या आठवें दिन को उपलक्षण मात्र ही समझना चाहिये। नेत्रगत दोष आदि की अपेक्षा प्रति रोगी में इसका नियम स्थिर करना चाहिये ॥१२॥

दिवा तन्न प्रयोक्तव्यं नेत्रयोस्तीक्ष्णमञ्जनम् ।
विरेकदुर्बला दृष्टिरादित्यं प्राप्य सीदति ॥१३॥
तस्मात्स्राव्यं निशायां तु ध्रुवमञ्जनमिष्यते ।
ततः श्लेष्महरं कर्म हितं दृष्टेः प्रसादनम् ॥१४॥

परन्तु रसाञ्जन आदि तीक्ष्ण अञ्जनों का प्रयोग दिन में न करना चाहिये। क्योंकि विरेचन अर्थात् आश्च्योतन द्वारा दुर्बल हुई दृष्टि सूर्य के प्रकाश में कष्ट को अनुभव करती है। यतः दृष्टि को विशेषतः श्लेष्मा से भय होता है अतः स्रावण करना चाहिये और ये स्रावणाञ्जन भी रात्रि में कराना इष्ट है। तदनन्तर दृष्टि की निर्मलता के लिये श्लेष्महर कर्म हितकर होता है।

कई व्याख्याकार "निशायां तु ध्रुवमञ्जनमिष्यते" की व्याख्या इस प्रकार कहते हैं-(ध्रुवं) नित्य प्रयोग में आनेवाले अञ्जन अर्थात् सौवीराञ्जन का प्रयोग (निशायाम् इष्यते) रात्रि में इष्ट है और स्रावण प्रातःकाल कराना चाहिये क्योंकि वह श्लेष्मवृद्धि का काल है। जैसे श्लेष्मा के हरण के लिये वमन भी पूर्वाह्ण (प्रातःकाल) ही कराया जाता है। परन्तु क्रियात्मक रूप से यह ठीक नहीं। इसकी अपेक्षा पूर्वकृत व्याख्या ही संगत है। जतूकर्णसंहिता में भी लिखा है कि—"सप्ताहाद्रसाञ्जनं नक्तमिति" सातवें दिन रात्रि में रसाञ्जन का प्रयोग करना चाहिये। इसी प्रकार शालाक्यतन्त्र में—

विरेकदुर्बला दृष्टिरादित्यं प्राप्य सीदति ।
रात्रौ सुप्तगुणाच्चाक्षि पुष्यत्यञ्जनकर्षितम् ॥

सौवीराञ्जन केवल प्रसाद मात्र करता है, विरेचन (आश्च्योतन) नहीं करता। अतः उसे दिन में भी प्रयोग कराया जाता है॥१३,१४॥

यथा हि कनकादीनां मणीनां[1] विविधात्मनाम् ।
धौतानां निर्मला शुद्धिस्तैलचेलकचादिभिः ॥१५॥
एवं नेत्रेषु मर्त्यानामञ्जनाश्च्योतनादिभिः ।
दृष्टिर्निराकुला भाति निर्मले नभसीन्दुवत्[2] ॥१६॥

जैसे सुवर्ण आदि धातुओं तथा नाना प्रकार के मणियों में तैल, कपड़े तथा बाल आदि द्वारा साफ करने से निर्मल होने पर स्वाभाविक चमक आ जाती है वैसे ही मनुष्यों के नेत्रों में अञ्जन तथा आश्च्योतन आदि द्वारा निराकुल अर्थात् नीरोग अथवा निर्मल हुई दृष्टि, निर्मल आकाश में चन्द्रमा की तरह शोभायमान होती है। तन्त्रान्तर में अञ्जन के गुण इस प्रकार लिखे हैं:—

लोचने तेन भवतो मनोज्ञे सूक्ष्मदर्शने ।
व्यक्तत्रिवर्णे विमले सुस्निग्धघनपक्ष्मणी ॥

अर्थात् अञ्जन से आँखें सुन्दर तथा सूक्ष्म वस्तुओं के देखने में समर्थ होती हैं। आँख के तीनों वर्ण अर्थात् रक्त, श्वेत तथा कृष्ण सुस्पष्ट होते हैं। आँखें निर्मल तथा स्निग्ध एवं घने पलकों से युक्त हो जाती हैं॥ १५, १६॥

हरेणुकां प्रियङ्गुं च पृथ्वीकां[3] केशरं नखम् ।
ह्रीबेरं चन्दनं पत्रं त्वगेलोशीरपद्मकम् ॥१७॥
ध्यामकं मधुकं मांसीं गुग्गुल्वगुरुशर्करम् ।
न्यग्रोधोदुम्बराश्वत्थप्लक्षलोध्रत्वचः शुभाः ॥१८॥
वन्यं सर्जरसं मुस्तं शैलेयं कमलोत्पले ।
श्रीवेष्टकं शल्लकीं च [4]शुकबर्हमथापि च ॥१९॥
पिष्ट्वा लिम्पेच्छरेषीकां तां वर्तिं यवसन्निभाम् ।
अङ्गुष्ठसम्मितां कुर्यादष्टाङ्गुलसमां भिषक् ॥२०॥
शुष्कां निगर्भां तां वर्तिं धूमनेत्रार्पितां नरः ।
स्नेहाक्तामग्निसंप्लुष्टां पिबेत्प्रायोगिकीं सुखाम्[5] ॥२१॥

हरेणुका (रेणुका), प्रियंगु, पृथ्वीका (बड़ी इलायची) नागकेसर, नखी, ह्रीबेर (गन्धबाला), लालचन्दन (मतान्तर से श्वेतचन्दन), तेजपत्र, दालचीनी, छोटी इलायची, खस, पद्माख, (गन्धतृण), मुलहठी, जटामांसी, गुग्गुल, अगर, खांड, बट की छाल, गूलर की छाल, पीपल की छाल, प्लक्ष की छाल, लोध, वन्य (केवटी मोथा), सर्जरस (राल), मोथा, शैलेय (छैलछरीला), श्वेत कमल, नीलोत्पल, श्रीवेष्टक (गन्धविरोजा), शल्लकीत्वक् तथा शुकबर्ह (स्थौणेयक); इन औषधियों को अच्छी प्रकार जल से पीस-

१—'पञ्चादनेऽष्टदिने वेति न कृत्वा रात्रान्तत्वेन निर्देशात् स्रावणार्थाञ्जनस्य रात्रावेव प्रयोग इति ज्ञापितम्' इति गङ्गाधरः।

१—'मलिनां' इति पा०।

२—यथा हि कनकादीनां दर्पणस्य मणेर्यथा ।
भस्मादिमार्जनादेव प्रभया सुप्रभा भवेत् ॥
एवं दृष्टिगतान् रोगान् प्रमृज्याञ्जनकर्मणा। दृष्टिर्निरामया भाति निर्मेघ इव चन्द्रमाः ॥ इति क्वचित्पाठान्तरम्।

३—पृथ्वीका कृष्णजीरकमिति केचित्।

४—स्थौणेयकं बर्हिचूडं शुकपुच्छ शुकच्छदम्। विकर्णं शुकबर्हं च हरितं शीर्णरोमकम्। इति धन्वन्तरीयनिघण्टुः। शुकबर्हं ग्रन्थिपर्णकमिति चक्रपाणिः।

५—सुश्रुत में धूम का प्रकरण चिकित्सास्थान के ४० वें अध्याय में है।

कर सरकण्डे की इषीका (खोल) को लिप्त कर दे। इस वर्ति को जौ के सदृश आकारवाली बनावें। अर्थात् दोनों पासे छोटी तथा मध्य में बड़ी परिधि हो। उस इषीका पर इतना लेप करें कि उसकी परिधि अंगुष्ठ के बराबर हो जाय (यह वर्ति के मध्यदेश का परिमाण है)। विदेह ने कहा भी है—

अङ्गुल्याः परिणाहेन मध्ये स्थूलोऽन्तयोस्तनुः।
षड्भागो धूमनेत्रस्य वर्त्या मानं प्रशस्यते॥

वर्ति आठ अंगुल लम्बी होनी चाहिये। जब यह वर्ति शुष्क हो जाय तब इषीका को खींचकर निकाल दें। अनन्तर घी आदि स्नेह से चुपड़ कर वर्तिका एक पार्श्व धूमनेत्र पर लगावें और दूसरे पार्श्व पर आग लगावें। इस हितकर प्रायोगिकी वर्ति द्वारा धूमपान करें। प्रायोगिकी वर्ति से अभिप्राय प्रतिदिन धूमपानार्थ उपयुक्त होनेवाली वर्ति से है। वाग्भट के अनुसार रेणुका आदि औषधों के कल्क को पाँच वार लिप्त करना चाहिये। इषीका १२ अंगुल लम्बी लेनी चाहिये। इस इषीका के दोनों ओर दो दो अंगुल छोड़ कर बीच के ८ अंगुल परिमित प्रदेश पर कल्क का लेप होना चाहिये॥१७-२१॥

वसाघृतमधूच्छिष्टैर्युक्तियुक्तैर्वरौषधैः।
वर्तिर्मधुरकैः कृत्वा स्नैहिकीं धूममाचरेत्॥२२॥

वसा (चरबी), घी तथा मोम एवं जीवक, ऋषभक आदि (मधुरस्कन्धोक्त) मधुर और श्रेष्ठ औषधों द्वारा युक्तिपूर्वक स्नैहिकी वर्ति तय्यार करके स्नेहनार्थ धूमपान करना चाहिये॥२२॥

श्वेता ज्योतिष्मती चैव हरितालं मनःशिला।
गन्धाश्चागुरुपत्राद्या[1] धूमः शीर्षविरेचनम्[2]॥२३॥

श्वेता (अपराजिता), ज्योतिष्मती (मालकंगनी), हड़ताल, मनसिल तथा अगर, तेजपत्र आदि (ज्वरचिकित्साधिकारोक्त) गन्ध द्रव्यों का धूम शिरोविरेचन करता है॥२३॥

गौरवं शिरसः शूलं पीनसार्धावभेदकौ।
कर्णाक्षिशूलं कासश्च हिक्काश्वासौ गलग्रहः॥२४॥
दन्तदौर्बल्यमास्रावः स्रोतोघ्राणाक्षिदोषजः।
पूतिर्घ्राणस्य गन्धश्च दन्तशूलमरोचकः॥२५॥
हनुमन्याग्रहः कण्डूः कृमयः पाण्डुता मुखे।
श्लेष्मप्रसेको वैस्वर्यं गलशुण्ड्युपजिह्विका॥२६॥
खालित्यं पिञ्जरत्वं च केशानां पतनं तथा।
क्षवथुश्चातितन्द्रा च बुद्धेर्मोहोऽतिनिद्रता॥२७॥
धूमपानात्प्रशाम्यन्ति बलं भवति चाधिकम्।
शिरोरुहकपालानामिन्द्रियाणां स्वरस्य च॥२८॥
न च वातकफात्मानो बलिनोऽप्यूर्ध्वजत्रुजाः।
[1]धूमवक्त्रकपानस्य व्याधयः स्युः शिरोगताः॥२९॥

धूमपान के फल—शिरोगौरव (सिरका भारीपन), शिरोवेदना पीनस, अर्द्धावभेदक (अधासीसी), कर्णशूल (कान-दर्द), अक्षिशूल, (नेत्रशूल), कास, हिक्का, श्वास, गलग्रह, दन्तदौर्बल्य (दांतो की दुर्बलता), कान, नाक, तथा आंख आदि के विकार द्वारा उनसे होनेवाला स्राव, पूतिघ्राण (ozoena) मुख की दुर्गन्ध, अथवा नाक और मुख की दुर्गन्ध दन्तशूल (दांतों का दर्द), अरोचक (अरुचि), हनुग्रह (हनुस्तम्भ), मन्यास्तम्भ, कण्डू, कृमि, पाण्डुरोग, मुख से श्लेष्मप्रसेक अर्थात् लार टपकना, वैस्वर्य (स्वरभेद), गलशुण्डी (Tonsillitis), उपजिह्विका, खालित्य (गञ्जापन), पिञ्जरता (बालोंका श्वेत होना), केशपतन (बालों का गिरना), क्षवथु (छींकें आना), अतितन्द्रा, बुद्धिमोह, (बुद्धि की यथावत् प्रवृत्ति न होना), अतिनिद्रा; प्रभृति रोग धूमपान से शान्त होते हैं। और बालों कपालों (मस्तिष्क), इन्द्रियों तथा स्वरका बल बढ़ता है। तथा धूमपान करनेवाले पुरुष को जत्रुसन्धि के ऊपर के प्रदेश में होनेवाले विशेषतः शिरोगत वातकफजन्य बलवान् रोग भी नहीं होते॥२४-२९॥

प्रायोगपाने तस्याष्टौ कालाः सम्परिकीर्तिताः।
वातश्लेष्मसमुत्क्लेशः कालेष्वेषु हि लक्ष्यते॥३०॥

प्रायोगिकधूम के पाने के लिये आठ समय बताये गये हैं। क्योंकि इन्हीं कालों में वात तथा कफ का समुत्क्लेश अर्थात् बाहर आने की प्रवृत्ति देखी जाती है॥३०॥

स्नात्वा भुक्त्वा समुल्लिख्य क्षुत्वा दन्तान्निघृष्य च।
नावनाञ्जननिद्रान्ते चात्मवान् धूमपो भवेत्॥३१॥
तथा वातकफात्मानो न भवन्त्यूर्ध्वजत्रुजाः।
रोगाः,

प्रायोगिक धूमपान का काल—आत्मवान् पुरुष को चाहिये कि १—स्नान के अनन्तर, २—भोजनानन्तर, ३—वमनानन्तर, ४—छींक आने के बाद, ५—दन्तधावन के पश्चात्, ६—नस्य के अनन्तर, ७—अञ्जन के बाद तथा ८—नींद के बाद, धूमपान करे।

सुश्रुत ने बारह काल बताये हैं—'आद्यास्त्रयो द्वादशसु कालेषु उपादेयाः। तद्यथा-क्षुतदन्तप्रक्षालननस्यस्नानभोजनदिवास्वप्नमैथुनच्छर्दिमूत्रोच्चाररुषितशस्त्रकर्मान्तेष्विति। तत्र मूत्रोच्चारक्षवथुरुषितमैथुनान्तेषु स्नैहिकः। स्नानच्छर्दनदिवास्वप्नान्तेषु वैरेच..। दन्तप्रक्षालनस्य स्नानभोजनशस्त्रकर्मान्तेषु प्रायोगिकः॥

१—अगरु च पत्राद्याश्च अगुरुपत्राद्याः। अगुरुपत्राद्याश्च ज्वरे वक्ष्यमाणाः "अगुरुकुष्ठतगरपत्र" इत्यादिगणा मन्तव्याः। अगुरुकुष्ठाद्या इति न कृतं, कुष्ठतगरयोरतितीक्ष्णत्वेन मस्तुलुंगकस्तावभयात्परिहारार्थम्। वक्ष्यति च त्रिमर्मीये-धूमवर्त्ति पिबेद्गन्धैरकुष्ठतगरैस्तथा। शालाक्येऽप्युक्तं 'नतकुष्ठे स्रावयतो धूमवर्त्तिप्रयोजिते। मस्तुलुंगं विशेषेण तस्मात्ते नैव योजयेत्॥" सुश्रुतेऽप्युक्तं "एलादिना तगरकुष्ठवर्ज्येन" इति। २—सुश्रुते तु—प्रायोगिकः स्नैहिकश्च धूमो वैरेचनस्तथा। कासहरो वामनश्च धूमः पञ्चविधो मतः इति धूमस्य पञ्चविधत्वमुक्तम्। अत्र च प्रायोगिकस्नैहिकवैरेचनिकभेदात् त्रिविध एव धूम उक्तस्तथापि प्रायोगिके च वामनीयमन्तर्भाव्यानयोर्विरोधः परिहरणीयः॥ अथवात्र स्वस्थवृत्तमाश्रित्यैवोक्तं, सुश्रुते च आतुरवृत्तमप्याश्रित्य इति न विरोधः। प्रयोगः सतताभ्यासस्तद्विषयको धूमः प्रायोगिकः। स्नेहाय प्रभवतीति स्नैहिकः। दोषविरेचनाद्वैरेचनिक इति॥

१—वक्त्रकं मुखं तद्गतत्वात् नासाऽपि। वक्त्रकेण पानं वक्त्रकपानम्। धूमेन वक्त्रकपानं यस्य तस्य पुंसः इति योगीन्द्रनाथसेनः। गङ्गाधरस्तु धूमस्य वक्त्रकपानं वक्त्रकेण पानं यस्य तस्य तथा। मुखेन धूमं पीतवतो नासया वमनादित्याह परं तन्न समीचीनम् 'आस्येन धूमकवलान् पिबन् घ्राणेन नोद्वमेत्' इति निषेधात् धूमरिक्तकपालस्येति पाठान्तरे तु धूमने विरिक्तशिरः कपालस्येत्यर्थः।

इस प्रकार यथाकाल धूमपान करने से ऊर्ध्वजत्रुज वातकफजन्य विकार पैदा नहीं होते ॥३१॥

तस्य तु पेयाः [1]स्युरापानास्त्रयस्त्रयः ॥३२॥

धूमपान करनेवाले पुरुष को एक काल में नौ आपान (घूंट अथवा दम सूटे) करने चाहिये। परन्तु यह स्मरण रखना चाहिये कि तीन २ घूंट के बाद कुछ काल विश्राम किया जाय। अर्थात् एक आवृत्ति में धूम तीन वार पीना और तीन वार निकालना चाहिये। पुन कुछ ठहर कर इसी प्रकार करना चाहिये पुनः तीसरी आवृत्ति में भी ऐसा ही करना चाहिये ॥३२॥

परं द्विकालपायी स्यादह्नः कालेषु बुद्धिमान् ।
प्रयोगे, स्नैहिके त्वेकं, वैरेच्यं त्रिश्चतुः पिबेत् ॥३३॥

बुद्धिमान् मनुष्य को चाहिये कि प्रायोगिक धूम को उपरि लिखित आठ कालों में से दो काल में ही पान करे, स्नैहिक धूम को एक समय, और वैरेचनिक धूम को तीन अथवा चार समय पीवे ॥३३॥

हृत्कण्ठेन्द्रियसंशुद्धिर्लघुत्वं शिरसः शमः ।
यथेरितानां दोषाणां सम्यक् पीतस्य लक्षणम् ॥३४॥

धूम के यथाविधि पीने पर लक्षण—हृदय, कण्ठ तथा मुख, नाक आदि इन्द्रियों की शुद्धि, सिर का हलकापन तथा प्रवृद्ध हुए दोषों की शान्ति, धूम के सम्यक् पान से ये लक्षण होते हैं। यह धूम (Antiseptic भूतनाशक) है, अतः वायु द्वारा फुफ्फुस, नाक, मुंह आदि में प्रविष्ट हुए रोगों के कीटाणु इस—धूमपान से नष्ट जाते हैं ॥३४॥

बाधिर्यमान्ध्यं मूकत्वं रक्तपित्तं शिरोभ्रमम् ।
अकाले चातिपीतश्च धूमः कुर्यादुपद्रवान् ॥३५॥

यदि धूम अकाल (उपरि निर्दिष्ट कालों के अतिरिक्त अथवा वात तथा कफ की जिस समय बाहरागमन में प्रवृत्ति न हो) में पीया जाय अथवा काल में भी अधिक पीया जाय तो बधिरता (बहरापन), आन्ध्य (अन्धा होना, चक्षुःशक्ति का न्यून होना), मूकता (गूंगापन) रक्तपित्त (Hoemorrhage), शिरोभ्रम (सिर का चकराना) प्रभृति उपद्रवों (Complications) को उत्पन्न कर देता है ॥३५॥

तत्रेष्टं सर्पिषः पानं नावनाञ्जनतर्पणम् ।
स्नैहिकं धूमजे दोषे वायुः पित्तानुगो यदि ॥३६॥
शीतं तु रक्तपित्ते स्याच्छ्लेष्मपित्ते विरूक्षणम् ।

उपद्रवचिकित्सा—धूम से उत्पन्न होनेवाले विकारों में यदि वायु पित्तानुगामी (वातपित्त) हो तो घृतपान तथा स्नैहिक अर्थात् स्नेहयुक्त नस्य, अञ्जन एवं तर्पण कराना चाहिये। एवं रक्तपित्त में शीत (ठंडी) क्रिया तथा कफ पित्त में विरूक्षण (रूक्षक्रिया) कराना चाहिये ॥३६॥

परं त्वतः प्रवक्ष्यामि धूमो येषां विगर्हितः ॥३७॥

इसके अनन्तर जिन जिन के लिये धूमपान निन्दित है उन उनका निर्देश करता हूँ ॥३७॥

न विरिक्तः पिबेद् धूमं न कृते बस्तिकर्मणि ।
न रक्ती न विषेणार्तो न शोची न च गर्भिणी ॥३८॥

विरेचन तथा बस्तिकर्म के पश्चात् धूमपान करना अनुचित है। रक्तपित्त से पीड़ित, विष-पीड़ित शोकसन्तप्त पुरुष, गर्भिणी स्त्री; इन्हें भी धूमपान न करना चाहिये ॥३८॥

न श्रमे न मदे नामे न पित्ते न प्रजागरे ।
न मूर्च्छाभ्रमतृष्णासु न क्षीणे नापि च क्षते ॥३९॥

श्रम (थकावट), मद (उन्मत्तता), आमदोष, पित्तप्रकोप तथा रात्रि जागरण में धूमपान निषिद्ध है। मूर्छा, भ्रम तथा तृष्णा प्रभृति रोगों में, क्षीण पुरुष को तथा उरःक्षत में धूमपान अनुचित है ॥३९॥

न मद्यदुग्धे पीत्वा च न स्नेहं न च माक्षिकम् ।
धूमं न भुक्त्वा दध्ना च न रूक्षः क्रुद्ध एव च ॥४०॥

मद्य (शराब) तथा दूध पीने के बाद, घृत आदि स्नेह एवं शहद के खाने के पश्चात् धूमपान अहितकर है। दही के साथ भोजन करने के पश्चात् भी धूमपान निषिद्ध है। रूक्ष तथा क्रुद्ध (क्रोधयुक्त) को भी इसका सेवन न करना चाहिये ॥४०॥

न तालुशोषे तिमिरे शिरस्यभिहते न च ।
न शङ्खकेन रोहिण्यां न मेहे न मदात्यये ॥४१॥

तालुशोष तथा तिमिररोग में और जिसके सिर में चोट लगी हो, शङ्खक, रोहिणी, प्रमेह तथा मदात्यय नामक रोग में धूमपान वर्जित है ॥४१॥

एषु धूममकालेषु मोहात्पिबति यो नरः ।
रोगास्तस्य प्रवर्धन्ते दारुणा धूमविभ्रमात् ॥४२॥

जो पुरुष इन धूमपान वर्जित अवस्थाओं में मोह से धूमपान करता है, उस पुरुष को धूम के विभ्रम (यथाविधि उपयोग न होने से) से दारुणरोग हो जाते हैं ॥४२॥

धूमयोग्यः पिबेद्दोषे शिरोघ्राणाक्षिसंश्रये ।
घ्राणेनास्येन कण्ठस्थे, मुखेन घ्राणपो वमेत् ॥४३॥

शिर, नाक तथा आंख में यदि दोष (वात कफ आदि जनित विकार) हों तो धूमयोग्य (उपर्युक्त निषिद्ध अवस्थाओं से रहित) पुरुष नासिका द्वारा धूमपान करे। यदि विकार कण्ठगत हो तो मुख द्वारा धूमपान करे। परन्तु नासिका द्वारा धूमपान करनेवाले पुरुष को चाहिये कि वह मुख से धुंआ निकाले ॥४३॥

आस्येन धूमकवलान् पिबन् घ्राणेन नोद्वमेत् ।
प्रतिलोमं गतो ह्याशु धूमो हिंस्याद्धि चक्षुषी ॥४४॥

इसी प्रकार मुख द्वारा धूमपान करके नाक द्वारा धुआं न निकालें अर्थात् मुख द्वारा धूमपान करनेवाले पुरुष को भी मुख से ही धुआं निकालना चाहिये। यतः प्रतिलोम मार्ग में गया हुआ धूम आंखों को अत्यन्त हानि पहुँचाता है ॥४४॥

ऋज्वङ्गचक्षुस्तच्चेताः सूपविष्टस्त्रिपर्ययम् ।
पिबेच्छिद्रं पिधायैकं नासया धूममात्मवान् ॥४५॥

आत्मवान् पुरुष को चाहिये कि सब अङ्गोंको तथा चक्षु को सरल (सीधा) भाव में रखकर, सुखपूर्वक बैठकर तथा उसी ओर मन लगाकर नासिका के एक छिद्र को बन्द कर नासिका द्वारा तीन आवृत्ति में (तीन आपान—आदान—प्रक्षेप—का एक पर्यय अथवा आवृत्ति होती है) धूमपान करे ॥४५॥

---

[1]—आक्षेपविसर्गावापानः इति वृद्धवाग्भटे। पेयाः स्युरित्यादावापाना धूमाभ्यवहारमोक्षाः। एकैकस्मिन् स्नानादिधूमपानकाले त्रिरिति आवृत्तित्रयं कर्त्तव्याः, ते चावृत्तित्रयोऽपि त्रिधा २ कर्त्तव्याः एकैकस्मिन् धूमपानकाले नवधमाभ्यवहारमोक्षाः कर्त्तव्याः। त्रींस्त्रीनभ्यवहारान् कृत्वा विश्रामोऽन्तरा कर्त्तव्य इत्यर्थः।

चतुर्विंशतिकं[1] नेत्रं स्वाङ्गुलीभिर्विरेचने ।
द्वात्रिंशदङ्गुलं स्नेहं प्रयोगेऽध्यर्धमिष्यते ॥४६॥

वैरेचनिक धूमपान के लिये अपने अंगुलों के परिमाण से चौबीस अंगुल का, स्नैहिक धूम के लिए बत्तीस अंगुल का, प्रायोगिक धूम के लिये डेढ़ गुना अर्थात् छत्तीस अंगुल का धूमनेत्र होना चाहिये ।

सुश्रुत वृन्द आदि के मतानुसार प्रायोगिक धूम के लिये ४८ अंगुल का धूमनेत्र होना चाहिये । यथा—धूमनेत्रं तु कनिष्ठिकापरिणाहमग्रे कलायमात्रं स्रोतोमूलेऽङ्गुष्ठपरिणाहं धूमवर्त्तिप्रवेशस्रोतः । अंगुलान्यष्टचत्वारिंशत्प्रायोगिके । द्वात्रिंशत्स्नेहने । चतुर्विंशतिर्विरेचने । (सुश्रुत) । षड्भागो धूमनेत्रस्य वर्त्त्या मानं प्रशस्यते । ८ × ६ = ४८ अंगुल (वृन्द) चत्वारिंशत्तथाष्टौ च प्रमाणेनाङ्गुलानि हि । नेत्रं प्रायोगिकं कार्यं द्वात्रिंशत्स्नैहिकं भवेत् । चतुर्विंशत्यङ्गुलकं वैरेचनिकमिष्यते । (महाविदेह) । इस प्रकार स्नैहिक धूमनेत्र की अपेक्षा डेढ़गुना लेते हैं ।

वाग्भट प्रायोगिक धूमपान के लिये ४० अंगुल का धूम नेत्र बताता है । 'तीक्ष्णस्नेहनमध्येषु त्रीणि चत्वारि पञ्च च । अंगुलानां क्रमात्पातुः प्रमाणेनाष्टकानि तत् ॥' यह भेद दोष एवं पुरुष के बलानुसार जानना चाहिये । यदि पुरुष बलवान् हो तो ३६ अंगुल का । यदि मध्य बल हो तो ४० अंगुल का । यदि हीनबल हो तो ४८ अंगुल का धूमनेत्र होना चाहिये ॥४६॥

ऋजु[2] त्रिकोषाफलितं कोलास्थ्यग्रप्रमाणितम् ।
बस्तिनेत्रसमद्रव्यं धूमनेत्रं प्रशस्यते ॥४७॥

धूमनेत्र (धूमपान की नली) सरल, तीन कोषों से युक्त, तथा बेर की गुठली के समान आकारवाले अग्रछिद्रवाली होनी चाहिये । तथा जिन द्रव्यों से वस्ति नेत्र बनाया है, अर्थात् सुवर्ण चांदी अथवा ताम्र आदि; उन द्रव्यों द्वारा ही धूमनेत्र बनाना चाहिये ॥४७॥

दूराद्विनिर्गतः पर्वच्छिन्नो नाडीतनूकृतः ।
नेन्द्रियं बाधते धूमो मात्राकालनिषेवितः ॥४८॥

दूर से निकलते हुए, पर्वों में छिन्न होकर (प्रचण्ड वेग के नष्ट हो जाने पर) तथा नाड़ी (धूमनली) में क्रमशः पतली धार में आते हुए धूम को उचित मात्रा तथा काल में सेवन करने से वह इन्द्रिय को पीड़ित नहीं करता (इससे धूमनेत्र के मुख में रखे जानेवाले प्रान्त की ओर क्रमशः पतला होने का कारण जताया गया है) ॥४८॥

१—जतूकर्णेऽपि-सार्द्धस्त्र्यंशयुतः पूर्णो हस्तः प्रायोगिकादिषु ॥ अर्थात् प्रायोगिक, स्नैहिक, वैरेचनिक धूमनेत्र क्रमशः डेढ़ गुना तृतीयांशयुक्त तथा पूर्णहाथ (२४ अंगुल) का होता है । अर्थात् २४ × $\frac{३}{२}$ = ३६ अंगुल, २४ × $\frac{४}{३}$ = ३२ अंगुल तथा २४ अंगुल का धूमनेत्र होना चाहिये ।

२—त्रिकोषाफलितमिति त्रिभिः पर्वभिर्भिन्नैः समन्वितः, किंवा त्रिकोषस्त्रिभङ्गः, तेन यस्मिन् नेत्रे स्थानत्रये भंगः कार्यः, स च नलिकात्रयेण घटनीय इत्याहुः । अस्य नेत्रस्याग्रं कोलास्थिप्रवेशयोग्यं कार्यम् । मूलञ्चास्याङ्गुष्ठप्रवेशयोग्यम् । यदाह—वाग्भटः—मूलाग्रेऽङ्गुष्ठकोलास्थिप्रवेशं धूमनेत्रकम् ॥ त्रिकोषमच्छिद्रमिति पाठान्तरे अच्छिद्रं पार्श्वतश्छिद्ररहितमित्यर्थः ॥

यदा चोरश्च कण्ठश्च शिरश्च लघुतां व्रजेत् ।
कफश्च तनुतां प्राप्तः सुपीतं धूममादिशेत् ॥४९॥

जिस समय छाती, कण्ठ तथा सिर हलका हो जावे और कफ क्षीण हो जावे तो समझना चाहिये कि धूमपान समुचित रूप में हो गया है ॥४९॥

अविशुद्धः स्वरो यस्य कण्ठश्च सकफो भवेत् ।
स्तिमितो मस्तकश्चैवमपीतं धूममादिशेत् ॥५०॥

यदि धूमपान करने से स्वर शुद्ध न हो, कण्ठ कफयुक्त हो, और शिर जड़वत् प्रतीत हो अथवा भारी हो तो समझना चाहिये कि धूमपान उचित मात्रा में नहीं हुआ । अर्थात् धूमपान अल्प मात्रा में हुआ है ॥५०॥

तालु मूर्धा च कण्ठश्च शुष्यते परितप्यते ।
तृष्यते मुह्यते जन्तू रक्तं च स्रवतेऽधिकम् ॥५१॥
शिरश्च भ्रमतेऽत्यर्थं मूर्छा चास्योपजायते ।
इन्द्रियाण्युपतप्यन्ते धूमेऽत्यर्थं निषेविते ॥५२॥

अधिक मात्रा में धूमपान करने से तालु, मूर्द्धा, कण्ठ सूखने लग जाते हैं, और सन्तप्त हो जाते हैं । प्यास अधिक लगती है । मनुष्य मोह को प्राप्त हो जाता है अर्थात् बेहोश हो जाता है । अधिक परिमाण में रक्तस्राव होने लगता है । शिर में अत्यधिक चक्कर आते हैं । मनुष्य मूर्छित भी हो सकता है और इन्द्रियाँ विकल हो जाती हैं ॥५१, ५२॥

[1]वर्षे वर्षेऽणुतैलं च कालेषु त्रिषु नाऽऽचरेत् ।
प्रावृट्शरद्वसन्तेषु गतमेघे नभस्तले ॥५३॥

नस्य—पुरुष को प्रतिवर्ष जब आकाश मेघाच्छादित न हो तब प्रावृट् शरद् तथा वसन्त इन तीनों ऋतुओं में अणुतैल का प्रयोग करना चाहिये, अर्थात् इस तैल का नस्य लेना चाहिये ॥५३॥

नस्यकर्म यथाकालं यो यथोक्तं निषेवते ।
न तस्य चक्षुर्न घ्राणं न श्रोत्रमुपहन्यते ॥५४॥
न स्युः श्वेता न कपिला केशाः श्मश्रूणि वा पुनः ।
न च केशाः प्रलुप्यन्ते[2] वर्धन्ते च विशेषतः ॥५५॥

जो पुरुष शास्त्रोक्त विधि के अनुसार यथासमय नस्य ग्रहण करता है, उसकी आँख, नासिका तथा कानों की शक्ति नष्ट नहीं होती । एवं सिर के तथा दाढ़ी मूँछ के बाल श्वेत तथा कपिल वर्ण के नहीं होते, और न वे गिरते ही हैं, अपितु अच्छी प्रकार बढ़ते हैं—लम्बे हो जाते हैं ।

मन्यास्तम्भः शिरःशूलमर्दितं हनुसंग्रहः ।
पीनसार्धावभेदौ च शिरःकम्पश्च शाम्यति ॥५६॥

नस्यकर्म द्वारा मन्यास्तम्भ, शिरोवेदना, अर्दित (Facial Paralysis) हनुस्तम्भ, पीनस, अर्द्धावभेदक (आधासीसी), तथा शिरःकम्प (वातनाड़ियों की दुर्बलता से सिर का हिलना) शान्त हो जाता है ॥

शिराः शिरःकपालानां सन्धयः स्नायुकण्डराः ।
नावनप्रीणिताश्चास्य लभन्तेऽभ्यधिकं बलम् ॥५७॥

१—'वर्त्मवर्षे' इति पाठान्तरं गङ्गाधरः पठति व्याख्याति च यत्तु वर्त्मवर्षे वर्त्मना चक्षुषो वर्त्मना ऊर्ध्वजत्रुवर्त्मभिर्वा वर्षे स्रावे इति । २—प्रलुच्यन्ते इति पा० ।

नस्य द्वारा पुरुष की ऊर्ध्वजत्रुगत शिरायें, सिर के कपालों की सन्धियाँ, स्नायु, (Ligaments) तथा कण्डरायें (स्थूल स्नायु) परिपुष्ट होकर अधिक बलयुक्त हो जाती हैं ॥५७॥

मुखं प्रसन्नोपचितं स्वरः स्निग्धः स्थिरो महान् ।
सर्वेन्द्रियाणां वैमल्यं बलं भवति चाधिकम् ॥५८॥

नस्य द्वारा मुख प्रसन्नता से युक्त अथवा प्रसन्न तथा उपचित अर्थात् भरा हुआ (गालों अन्दर को पिचकी नहीं रहती) हो जाता है । स्वर स्निग्ध, स्थिर, तथा महान् (गम्भीर) हो जाता है । तथा च सम्पूर्ण इन्द्रियाँ निर्मल एवं बलसम्पन्न हो जाती हैं ॥५८॥

न चास्य रोगाः सहसा प्रभवन्त्यूर्ध्वजत्रुजाः ।
जीर्यतश्चोत्तमाङ्गे च जरा न लभते बलम् ॥५९॥

नस्य ग्रहण करनेवाले पुरुष को ऊर्ध्व जत्रु (जत्रुसन्धि से ऊपर) में होनेवाले रोग सहसा दबा नहीं सकते तथा वृद्धावस्था को प्राप्त होते हुए भी शिर में बुढ़ापा (बालों का श्वेत होना इत्यादि लक्षण) बल नहीं पकड़ता ॥५९॥

चन्दनागुरुणी पत्रं दार्वीत्वङ्मधुकं बलाम् ।
प्रपौण्डरीकं सूक्ष्मैलां विडङ्गं बिल्वमुत्पलम् ॥६०॥
ह्रीवेरमभयं वन्यं त्वङ्मुस्तं सारिवां स्थिराम् ।
सुराह्वं पृश्निपर्णीं च जीवन्तीं च शतावरीम् ॥६१॥
हरेणुं बृहतीं व्याघ्रीं सुरभीं पद्मकेशरम् ।
विपाचयेच्छतगुणे[1] माहेन्द्रे विमलेऽम्भसि ॥६२॥
तैलाद्दशगुणं शेषं कषायमवतारयेत् ।
तेन तैलं कषायेण दशकृत्वो विपाचयेत् ॥६३॥
अथास्य दशमे पाके समांशं छागलं पयः ।
दद्यादेषोऽणुतैलस्य नावनीयस्य संविधिः ॥६४॥
अस्य मात्रां प्रयुञ्जीत तलस्यार्धपलोन्मिताम् ।
स्निग्धस्विन्नोत्तमाङ्गस्य पिचुना नावनैस्त्रिभिः ॥६५॥
त्र्यहात्त्र्यहाच्च सप्ताहमेतत्कर्म समाचरेत् ।
निवातोष्णसमाचारो हिताशी नियतेन्द्रियः ॥६६॥
तैलमेतत्त्रिदोषघ्नमिन्द्रियाणां बलप्रदम् ।
प्रयुञ्जानो यथाकालं यथोक्तानश्नुते गुणान् ॥६७॥

अणुतैल—लाल चन्दन, अगर, तेजपत्र, दारुहल्दी की छाल, मुलहठी, बलामूल (खरैंटी की जड़), पुण्डरीककाष्ठ, छोटी-इलायची, वायविडङ्ग, बेला की छाल, नीलोत्पल, गन्धबाला, अभय (खस) वन्य (केवटी मोथा), दारचीनी, मोथा, शारिवा (अनन्तमूल), स्थिरा (शालपर्णी), जीवन्ती, पृश्निपर्णी, देवदारु, शतावर, रेणुका, बड़ी कटेरी, व्याघ्री (छोटी कटेरी), सुरभी (शल्लकी त्वक् अथवा कौछ), कमल की केसर; इन सब ओषधियों को समपरिमाण में लेकर अधकुटा कर लें । पश्चात् इन्हें तैल से सौगुने विमल माहेन्द्र जल (वर्षा जल जो कि भूमि आदि के स्पर्श से पूर्व ही स्वच्छ पात्र में एकत्रित कर लिया गया हो) में डालकर क्वाथ करें । जब यह जल तैल से दस गुना रह जाय तो उतार लें और स्वच्छ वस्त्र से छान लें । इस क्वाथ के साथ तैल को मन्द २ आँच पर पकावें । जब किञ्चित् जल शेष रह जाय तब उतार लें । पुनः उपर्युक्त क्वाथ देकर यथोक्तविधि से पाक करें । इस प्रकार क्वाथ से दस बार पाक करें । इस तैल के दसवें पाक में तैल के समान परिमाण में बकरी का दूध डालकर पाक करें । यही नस्यार्थ उपयुक्त होनेवाले अणु-तैल का निर्माण प्रकार है । प्रथम उत्तमाङ्ग अर्थात् सिर का स्नेहन एवं स्वेदन करके पिचु अर्थात् तूलपिण्डिका (रूई) को सिक्त करके तीन नस्य ले । इन तीनों नस्यों की (मिलित) मात्रा (प्राचीन) आधा पल है । इस प्रकार के तीन नस्य सप्ताह में प्रति तीसरे दिन लेने चाहिये । नस्य कर्म करनेवाले पुरुष को चाहिये कि वह वात-रहित (अर्थात् जहाँ सीधा वायु का प्रवाह न हो), तथा उष्ण प्रदेश में रहे, हितकर भोजन खावे तथा इन्द्रियों को अपने वश में रखे । यह तैल तीनों दोषों को नष्ट करता है तथा इन्द्रियों का बल बढ़ाता है । इस तैल का समुचित काल में विधिपूर्वक प्रयोग करने से मनुष्य पूर्वोक्त गुणों को प्राप्त करता है । यहाँ पर क्वाथ्य द्रव्य कितना लेना चाहिये ? इस विषय में चक्रपाणि कहता है कि 'क्वाथ्याच्चतुर्गुणं वारि' अर्थात् 'क्वाथ्य द्रव्य से चौगुना जल लेना चाहिये' इस नियम के अनुसार जल से चतुर्थांश क्वाथ्य द्रव्य लेना चाहिये । यदि वा 'स्नेहाच्चतुर्गुणं क्वाथ्यं' इस नियम के अनुसार तैल से चौगुने चन्दन आदि क्वाथ्य द्रव्य का ग्रहण करना चाहिये । यह व्याख्या चक्रपाणि के मतानुसार की गयी है । अष्टाङ्गसंग्रहकार ने क्वाथ्य चन्दन आदि द्रव्य से शतगुण माहेन्द्र जल लेना लिखा है । तथा जब दशमांश अवशिष्ट रह जाय तब क्वाथ के दस भाग कर ले । एक भाग क्वाथ के साथ समपरिमाण तैल का पाक करे । पुनः इसी तैल का क्वाथ के दूसरे भाग के साथ । इस प्रकार ९ पाक करके दसवें पाक में क्वाथ का दशम भाग तथा तैल समान बकरी का दूध डालकर पाक करें । अर्थात् यदि चन्दन आदि द्रव्य एक प्रस्थ हों तो जल १०० प्रस्थ । अवशिष्ट क्वाथ १० प्रस्थ । तैल १ प्रस्थ । प्रथम पाक—तैल १ प्रस्थ, क्वाथ १ प्रस्थ । इस प्रकार नौ बार पाक करना चाहिये । दशम पाक–पूर्व पाचित तैल १ प्रस्थ, क्वाथ १ प्रस्थ, बकरी का दूध १ प्रस्थ । यथाविधि तैल पाक करना चाहिये । हमारे मत में यही प्रकार ठीक है ॥ ६०–६७ ॥

१—न तु भेषजाच्छतगुणेऽम्भसीत्येवं व्याख्येयम् । यदाह जतूकर्णः--"पक्त्वाथाम्बुशतप्रस्थे दशभागं स्थितेन तु । तैलप्रस्थं पचेत्तेन छागक्षीरेण संयुतम्" । इति चक्रपाणिः । परं वृद्धवाग्भटे तु—चन्दनागुरुपत्रदार्वीत्वङ्मधुकबलाद्वयबिल्वोत्पलपद्मकेसरप्रपौण्डरीकविडङ्गोशीरह्रीबेरवन्यत्वङ्मुस्ताशारिवाबृहतीद्वयांशुमतीद्वयजीवन्तीदेवदारुसुरभिशतावरीः शतगुणे दिव्येऽम्भसि दशभागावशिष्टं क्वाथयेत् । ततस्तस्य क्वाथस्य दशमांशेन समांशं तैलं साधयेत् । दशमे चात्र पाके तैलतुल्यमाजमपि पयो दद्यात् । एतदणुतैलं विशेषेणेन्द्रियदार्ढ्यकरं केश्यं त्वच्य कण्ठ्यं प्रीणनं बृंहणं दोषत्रयघ्नं च ॥ इत्युक्तम् । तेन माहेन्द्रं पयः भेषजादेव शतगुणं गृहीतव्यम् । तथा च वाग्भटपाठानुसारिणा व्याख्यानेन जतूकर्णोक्तः पाठोऽपि संगच्छते । यतः यदि प्रस्थैकं क्वाथ्यद्रव्यस्य स्यात्तर्हि जलं तस्माच्छतगुणं सत् शतप्रस्थं भवति । दशभागावशिष्टश्च क्वाथः । अस्य क्वाथस्य दशप्रस्थपरिमितस्य, दशमांशेन प्रस्थैकेन समांशं प्रस्थैकं तैलं साधयेत् प्रथमे पाके । तथा च तैलप्रस्थमेव दशगुणे क्वाथे साध्यते । एवं च क्वाथ्यतैलयोः समपरिमाणत्वमप्यूह्यते । एवं "तैलाद्दशगुणं शेषं कषायमवतारयेत्" इत्याचार्योक्तः पाठोऽपि संगच्छते ।

आपोथिताग्रं द्वौ कालौ[1] कषायकटुतिक्तकम् ।
भक्षयेद्दन्तपवनं दन्तमांसान्यबाधयन्[2] ॥६८॥

प्रतिदिन दो समय कसैला कटु तथा तिक्त रस प्रधान एवं जिसके अग्रभाग को कूटकर कूची (Brush) के समान कर लिया हो ऐसे दन्तपवन (दातौन) से दन्तमांस (मसूड़ों) को अभिघात से बचाते हुए दातौन करे । इसमें दो समय से अभिप्राय प्रातःकाल तथा भोजनोपरान्त से है । क्योंकि वाग्भट में लिखा है—

प्रातर्भुक्त्वा च मृद्वग्रं कषायकटुतिक्तकम् । तथा वृद्धवाग्भट में—प्रातर्भुक्त्वा च यतवाग्भक्षयेद्दन्तधावनम् । इत्यादि ॥६८॥

निहन्ति गन्धवैरस्यं, जिह्वादन्तास्यजं मलम् ।
निष्कृष्य रुचिमाधत्ते सद्यो दन्तविशोधनम् ॥६९॥

दातौन के प्रयोग से जिह्वा, दाँत तथा मुखस्थित मल के निकल जाने से दुर्गन्ध तथा विरसता (मुँह का खराब स्वाद होना) नष्ट होकर रुचि बढ़ती है ।

सुश्रुत में भी दातौन के गुण दर्शाये गये हैं—

तद्दौर्गन्ध्योपदेहौ तु श्लेष्माणं चापकर्षति ।
वैशद्यमन्नाभिरुचिं सौमनस्यं करोति च ॥

अर्थात् दातौन मुखदौर्गन्ध्य उपदेह (मैल) तथा विकृतश्लेष्मा को बाहर निकाल देती है । एवं विशदता (अर्थात् मल आदि की पिच्छिलता—चिकनाई को हटाना) तथा अन्न में रुचि पैदा करती है और मन प्रसन्न रहता है ॥६९॥

करञ्जकरवीरार्कमालतीककुभासनाः ।
शस्यन्ते दन्तपवने ये चाप्येवंविधा द्रुमाः[3] ॥७०॥

करञ्ज, कनेर, अर्क (आक, मदार), मालती अर्जुन तथा असन (विजयसार) प्रभृति वृक्ष तथा इनके समान गुणवाले अन्य वृक्ष भी दन्तपवन (दातौन) के लिये प्रशस्त होते हैं ।

अष्टाङ्गसंग्रह में—वटासनार्कखदिरकरञ्जकरवीरजम् ।
सर्जारिमेदापामार्गमालतीककुभोद्भवम् ॥

इसमें वट, खदिर (खैर), सर्ज, अरिमेद तथा अपामार्ग का नाम अधिक है । इसी प्रकार अन्य वृक्षों की दातौन भी काम आती है । जैसे तेजबल इत्यादि । यहाँ पर केवल निदर्शनमात्र ही है ।

स्मृति में भी कहा है—

सर्वे कण्टकिनः पुण्याः क्षीरिणश्च यशस्विनः ।
तथा—खदिरश्च कदम्बश्च करञ्जश्च तथा वटः ।
तिन्तिडी वेणुपृष्ठं च आमनिम्बौ तथैव च ॥
अपामार्गश्च बिल्वश्च अर्कश्चोडुम्बरस्तथा ।
एते प्रशस्ता कथिता दन्तधावनकर्मणि ॥

सुश्रुत मधुर रस विशिष्ट को भी दातौन के लिये उपयोगी बताता है-'कषायं मधुरं तिक्तं कटुकं प्रातरुत्थितः' इत्यादि ।

तथा—निम्बश्च तिक्तके श्रेष्ठः कषाये खदिरस्तथा ।
मधूको मधुरे श्रेष्ठः करञ्जः कटुके तथा ॥

अर्थात् तिक्तरस विशिष्ट वृक्षों में निम्ब (नीम), कसैलों में खैर, मधुरों में महुआ तथा कटु रसविशिष्टों में करञ्ज दातौन के लिये अच्छे हैं ॥७०॥

सुवर्णरूप्यताम्राणि[1] त्रपुरीतिमयानि च ।
जिह्वानिर्लेखनानि स्युरतीक्ष्णान्यनृजूनि च ॥७१॥

जिह्वानिर्लेखन (जीभ के मैल को खुरचकर निकालनेवाली शलाका) सोना, चाँदी, ताँबा, राँगा अथवा पीतल का बना होना चाहिये । यह अतीक्ष्ण (कुण्ठित, खुण्डा) तथा वक्र होना चाहिये ।

सुश्रुत के अनुसार-यह वृक्ष की लकड़ी का भी बनाया जा सकता है । जिह्वानिर्लेखन की लम्बाई १० अंगुल बतायी गयी है । तथा—

जिह्वानिर्लेखनं रौप्यं सौवर्णं वार्क्षमेव वा ।
तन्मलापहरं शस्तं मृदु श्लक्ष्णं दशाङ्गुलम् ॥७१॥

जिह्वामूलगत यच्च मलमुच्छ्वासरोधि च ।
दौर्गन्ध्यं भजते तेन, तस्माज्जिह्वां विनिर्लिखेत् ॥७२॥

जिह्वानिर्लेखन के प्रयोग से जिह्वा के मूल में स्थित तथा श्वास-प्रश्वास में बाधा पहुँचानेवाला मैल निकल जाता है और दुर्गन्ध नष्ट होकर मुख सुगन्धित हो जाता है । अतः जिह्वा का निर्लेखन करना चाहिये ।

१—द्विकालं सायंप्रातरिति चक्रः ।

२—दतौन के प्रयोग की विधि सुश्रुत तथा अष्टाङ्गसंग्रह में दी गयी है—जैसे—क्षौद्रव्योषत्रिवर्गोक्तं सतैलं सैन्धवेन च ।
चूर्णेन तेजोवत्याश्च दन्तान्नित्यं विशोधयेत् ॥
एकैकं घर्षयेद्दन्तं मृदुना कूर्चकेन च ।
दन्तशोधनचूर्णेन दन्तमांसान्यबाधयन् ॥ सुश्रुते ॥
वाप्यत्रिवर्गत्रितयक्षौद्राक्तेन च घर्षयेत् ।
शनैस्तेन ततो दन्तान् दन्तमांसान्यबाधयन् ॥
दन्तान् पूर्वमधो घर्षयेत् ॥ ॥ अष्टाङ्गसंग्रहे ॥

अर्थात्—तैल अथवा मधु द्वारा दतौन के अग्रभाग को सिक्त करके त्रिकुट, त्रिफला त्रिजात सैन्धव तेजबल प्रभृति के चूर्ण से दातौन को दांतों पर मले । दातौन के अग्रभाग को कूटकर नरम बुरुश (Brush) की तरह बना लेना चाहिये । तथा एक २ दाँत पर दातौन की कूची को मलना चाहिये ।

दातौन को दांतों पर दन्तमूल से दन्तशिखर की ओर तथा शिखर से मूल की ओर फेरने चाहिये न कि पार्श्वों की दिशाओं में-यह बात "दन्तान् पूर्वमधो घर्षेत्' से ज्ञात होती है । दातौन करते समय यह ध्यान रखना चाहिये कि मसूड़ों को कोई हानि न हो ।

३—दातौन कितनी लम्बी तथा मोटी होनी चाहिये इसका वर्णन सुश्रुत में है-तत्रादौ दन्तपवनं द्वादशाङ्गुलमायतम् । कनिष्ठकापरीणाहमृज्वग्रथितमव्रणम् । अयुग्मग्रन्थिमच्चापि मृद्वग्रं शस्तभूमिजम् ॥

अर्थात् दातौन १२ अंगुल लम्बी, सब से छोटी अंगुली के समान मोटी तथा सरल होनी चाहिये, एवं गुंथा हुई व्रणयुक्त तथा जहाँ दो शाखायें हों, एवं गांठ वाली न होनी चाहिये । दातौन का अग्रभाग मृदु होना चाहिये । तथा जिस वृक्ष की दातौन हो वह श्रेष्ठ भूमि में उत्पन्न हुआ होना चाहिये । इसके अतिरिक्त अष्टाङ्गसंग्रहकार ने—"विज्ञातवृक्षं" विशेषण दिया है अर्थात् अज्ञातवृक्ष की दातौन न करनी चाहिये । क्योंकि उनमें विषवृक्ष तथा अन्य हानिकर वृक्षों का होना सम्भव है ।

१—अयं पाठस्तन्त्रान्तरीय इति गङ्गाधरः ।

धार्याण्यास्येन वैशद्यरुचिसौगन्ध्यमिच्छता।
जातीकटुकपूगानां लवङ्गस्य फलानि च ॥७३॥
कंकोलकफलं पत्रं ताम्बूलस्य शुभं तथा।
तथा कर्पूरनिर्यासः सूक्ष्मैलायाः फलानि च ॥७४॥

मुखशुद्धि, रुचि तथा मुख को सुगन्धित करने की इच्छा रखनेवाले पुरुष को चाहिये कि वह जायफल, लता कस्तूरी, सुपारी, लौंग, सरदचीनी, पान का पत्ता, कर्पूरवृक्ष का निर्यास अर्थात् कर्पूर तथा छोटी इलायची; इन्हें मुख में रक्खे अथवा पान के पत्ते में इन द्रव्यों को डालकर तथा चूना कत्था आदि लगाकर भी चबा सकते हैं—सुश्रुत में—

कर्पूरजातिकक्कोललवंगकटुकाह्वयैः।
सचूर्णपूगैः सहितं पत्रं ताम्बूलजं शुभम् ॥

इसी प्रकार वृद्धवाग्भट में—

रुचिवैशद्यसौगन्ध्यमिच्छन्वक्त्रेण धारयेत्।
जातीलवंगकर्पूरकक्कोलकटुकैः सह ॥
ताम्बूलीनां किसलयं हृद्यं पूगफलान्वितम्।
....................॥
पथ्यं सुप्तोत्थिते भुक्ते स्नाते वान्ते च मानवे।
द्विपत्रमेकं पूगं च सचूर्णखदिरं च तत् ॥७३,७४॥

हन्वोर्बलं स्वरबलं वदनोपचयः परः।
स्यात्परं च रसज्ञानमन्ने च रुचिरुत्तमा ॥७५॥
न चास्य कण्ठशोषः स्यान्नौष्ठयोः स्फुटनाद्भयम्।
न च दन्ताः क्षयं यान्ति दृढमूला भवन्ति च ॥७६॥
न शूल्यन्ते न चाम्लेन हृष्यन्ते भक्षयन्ति च।
परानपि खरान् भक्ष्यान् तैलगण्डूषधारणात् ॥७७॥

मुख में तैलगण्डूष के धारण करने से हनु (जबड़ा) बलवान् हो जाता है, स्वर भी बलवान् अर्थात् ऊँचा तथा गम्भीर हो जाता है। वदन परिपुष्ट हो जाता है। छहों रसों का ज्ञान तथा अन्न में रुचि बढ़ती है। तैलगण्डूष के धारण करनेवाले पुरुष का कण्ठ नहीं सूखता, न होठ फटते हैं, न दाँत टूटते हैं, अपितु इन की जड़ें सुदृढ़ हो जाती हैं। दाँतों में शूल (दर्द) नहीं होता तथा अत्यन्त खट्टी चीजों के खाने से भी दन्तहर्ष (दाँतों का खट्टा होना) नहीं होता। तथा च मुख में तैल के धारण से दाँत इतने सुदृढ़ हो जाते हैं कि पुरुष अत्यन्त कठिन द्रव्यों को भी चबा सकता है ॥७५-७७॥

नित्यं स्नेहार्द्रशिरसः शिरःशूलं न जायते।
न खालित्यं न पालित्यं न केशाः प्रपतन्ति च ॥७८॥
बलं शिरःकपालानां विशेषेणाभिवर्धते।
दृढमूलाश्च दीर्घाश्च कृष्णाः केशा भवन्ति च ॥७९॥

प्रतिदिन शिर में तैल मर्दन करनेवाले पुरुष को शिरःशूल (सिरदर्द) नहीं होता। न खालित्य (गञ्जापन) और न पालित्य (बालों का श्वेत होना) होता है। तथा बाल भी नहीं गिरते। शिर के कपालों में बल की विशेष अभिवृद्धि होती है। बाल काले तथा लम्बे हो जाते हैं और इनकी जड़ें सुदृढ़ हो जाती हैं ॥७८, ७९॥

इन्द्रियाणि प्रसीदन्ति सुत्वग्भवति चामलम्।
निद्रालाभः सुखं च स्यान्मूर्ध्नि तैलनिषेवणात् ॥८०॥

सिर पर तैल की मालिश से इन्द्रियाँ प्रसन्न हो जाती हैं। त्वचा कोमल तथा निर्मल हो जाती है और सुखपूर्वक नींद आ जाती है।

यहाँ पर यह ध्यान में रखना चाहिये कि तैल की मालिश बालों की जड़ों में की जाय। ऊपर ऊपर तैल चुपड़ने से कोई लाभ नहीं होता ॥८०॥

न कर्णरोगा वातोत्था न मन्याहनुसंग्रहः।
नोच्चैःश्रुतिर्न बाधिर्यं स्यान्नित्यं कर्णतर्पणात् ॥८१॥

प्रतिदिन कानों में तैल डालने से वातज कर्णरोग तथा मन्यास्तम्भ, हनुस्तम्भ प्रभृति रोग नहीं होते। एवं उच्चैः श्रुति अर्थात् धीमे शब्द को न सुनना, ऊँचे को सुनना तथा बधिरता (बहरापन, सर्वथा न सुनाई देना) भी नहीं होती ॥

स्नेहाभ्यङ्गाद्यथा कुम्भश्चर्म स्नेहविमर्दनात्।
भवत्युपाङ्गादक्षश्च दृढः क्लेशसहो यथा ॥८२॥
तथा शरीरमभ्यङ्गाद् दृढं सुत्वक्प्रजायते।
प्रशान्तमारुताबाधं क्लेशव्यायामसंसहम् ॥८३॥

जैसे तेल आदि स्नेह के अभ्यङ्ग से घड़ा अथवा स्नेह के मर्दन से चमड़ा, अथवा उपाङ्ग (तैल आदि स्नेह का देना) से पहिये की धुरी दृढ़ तथा क्लेश (रगड़ आदि) को सहनेवाली हो जाती है। उसी प्रकार अभ्यङ्ग से मनुष्य का शरीर सुदृढ़ तथा कोमल त्वचावाला हो जाता है। वातज रोग नहीं होते और शरीर क्लेश तथा व्यायाम (श्रम) को सहनेवाला हो जाता है। यहाँ पर तीन दृष्टान्त दिये गये हैं और उनमें पृथक्-पृथक् अभ्यङ्ग, मर्दन तथा उपाङ्ग नामों से तैलप्रयोग कहा गया है। इनका अभिप्राय भी पृथक् है। अर्थात् हम इन्हें इन तीन शब्दों से भी कह सकते हैं जैसे—स्नेहाभ्यङ्ग, सेक, स्नेहावगाहन। यहाँ पर संक्षेप से तीनों के गुण इकट्ठे दिखा दिये गये हैं। परन्तु सुश्रुत में पृथक्-पृथक् गुण दिखाये गये हैं। वृद्ध वाग्भट के टीकाकार इन्दु का भी यही अभिप्राय प्रतीत होता[1] है ॥८२, ८३॥

स्पर्शने चाधिको वायुः स्पर्शनं च त्वगाश्रितम्।
त्वच्यश्च परमोऽभ्यङ्गस्तस्मात्तं शीलयेन्नरः ॥८४॥

स्पर्शज्ञान अथवा स्पर्शेन्द्रिय में वायु ही प्रधान है। स्पर्शज्ञान अथवा स्पर्शेन्द्रिय त्वचा (Skin) में आश्रित है, और अभ्यङ्ग

१—सुश्रुते—स्नेहाभ्यङ्गो मार्दवकरः कफवातनिरोधनः। धातूनां पुष्टिजननो मृजावर्णबलप्रदः ॥ सेकः श्रमघ्नोऽनिलहृद्भग्नसन्धिप्रसाधकः। क्षताग्निदग्धाभिहतविघृष्टानां रुजापहः ॥ जलसिक्तस्य वर्द्धन्ते यथा मूलेऽङ्कुरास्तरोः। तथा धातुविवृद्धिर्हि स्नेहसिक्तस्य जायते ॥ शिरामुखैः रोमकूपैर्धमनीभिश्च तर्पयन्। शरीरबलमाधत्ते युक्तः स्नेहोऽवगाहने ॥ इति ॥

तथा च—रथाक्षचर्मघटवत् भवन्त्यभ्यङ्गतो गुणाः। इत्यष्टाङ्गसंग्रहकर्तृवचनं व्याचिख्यासुस्तदन्तेवासी, इन्दुः—"तथा रथाक्षादिवदभ्यङ्गाद् गुणाः भवन्ति। रथाक्षं चक्रनाभिः, तस्य चर्मघटयोश्च यथाभ्यङ्गेन श्लक्ष्णत्वं, यथा मार्दवं, यथा च दार्ढ्यं, तथा शरीरस्यापि। यथा रथाक्षस्य स्नेहस्पर्शनमात्रेण, चर्मणो मर्दनेन, घटस्य स्नेहसंस्कारेणेति।" एवमाह।

त्वचा के लिये अत्यन्त हितकर है। अतः प्रतिदिन अभ्यङ्ग (तैल की मालिश) करनी चाहिये।

इसका अभिप्राय यह है कि जहाँ मालिश से त्वचा को लाभ होता है वहाँ साथ ही साथ शरीर वातज रोगों से भी मुक्त रहता है ॥८४॥

न चाभिघाताभिहतं गात्रमभ्यङ्गसेविनः ।
विकारं भजतेऽत्यर्थं बलकर्मणि वा क्वचित् ॥८५॥

प्रतिदिन तैलाभ्यङ्ग करनेवाले पुरुष के शरीर में चोट आदि के लगने पर कोई विशेष विकार की सम्भावना नहीं होती और बलकर्म (बल से होनेवाले—गुरुतर भार आदि उठाना, कुश्ती इत्यादि) करने पर भी बहुत विकार की सम्भावना नहीं होती ॥८५॥

सुस्पर्शोपचिताङ्गश्च बलवान् प्रियदर्शनः ।
भवत्यभ्यङ्गनित्यत्वान्नरोऽल्पजर एव च ॥८६॥

नित्य अभ्यङ्ग करनेवाला पुरुष कोमल स्पर्श तथा परिपुष्ट अंगों से युक्त, बलवान् तथा प्रिय आकृतिवाला हो जाता है। उसके शरीर पर वृद्धावस्था के लक्षण न्यून ही प्रकट होते हैं अर्थात् चमड़ी पर झुर्रियाँ आदि अधिक नहीं पड़तीं ॥८६॥

खरत्वं स्तब्धता[1] रौक्ष्यं श्रमः सुप्तिश्च पादयोः ।
सद्य एवोपशाम्यन्ति पादाभ्यङ्गनिषेवणात् ॥८७॥

पैरों पर तैल की मालिश करने से पैरों का खुरदरापन, स्तब्धता, रूक्षता (रूखापन), श्रम (थकावट) तथा पैरों का सो जाना शीघ्र ही शान्त हो जाता है ॥८७॥

जायते सौकुमार्यं च बलं स्थैर्यं च पादयोः ।
दृष्टिः प्रसादं लभते मारुतश्चोपशाम्यति ॥८८॥

पादाभ्यंग से पैरों में सुकुमारता, बल तथा स्थिरता आ जाती है। यह दृष्टि के लिये अत्यन्त हितकर है और अभ्यङ्ग से पैरों में आ वातकोप भी शान्त हो जाता है ॥८८॥

न च स्युर्गृध्रसीवाताः पादयोः स्फुटनं न च ।
न शिरास्नायुसङ्कोचः पादाभ्यङ्गेन पादयोः ॥८९॥

पादाभ्यङ्ग से गृध्रसी (Sciatica) प्रभृति वातरोग नहीं होते, पैर नहीं फूटते तथा पाँव की शिराओं एवं स्नायुओं (Ligaments) का संकोच (सिकुड़ना) नहीं होता ॥८९॥

दौर्गन्ध्यं गौरवं तन्द्रां कण्डूं मलमरोचकम् ।
स्वेदबीभत्सतां हन्ति शरीरपरिमार्जनम् ॥९०॥

स्नान आदि के समय शरीर का परिमार्जन (कपड़े या स्पञ्ज आदि द्वारा मैल उतारने के लिये रगड़ना अथवा उबटन लगाना) करने से दुर्गन्ध, भारीपन, तन्द्रा, कण्डू (खुजली), मल (मैल), अरुचि तथा पसीने द्वारा उत्पन्न हुई बीभत्सता (दुर्दर्शनीयता) नष्ट होती है ॥९०॥

पवित्रं वृष्यमायुष्यं श्रमस्वेदमलापहम्[2] ।
शरीरबलसंधानं स्नानमोजस्करं परम् ॥९१॥

स्नान से शरीर पवित्र हो जाता है। यह वृष्य (वीर्यवर्द्धक) तथा आयुष्कर है। स्नान से थकावट, पसीना तथा मल दूर होता है शारीरिक बल बढ़ता है तथा ओज की वृद्धि होती है। सुश्रुत में स्नान के गुण इस प्रकार दर्शाये गये हैं—

"निद्रादाहश्रमहरं स्वेदकण्डूतृषापहम् ।
हृद्यं मलहरं श्रेष्ठं सर्वेन्द्रियविशोधनम् ॥
तन्द्रापापोपशमनं तुष्टिदं पुंस्त्ववर्द्धनम् ।
रक्तप्रसादनं चापि स्नानमग्नेश्च दीपनम् ॥

तथा तन्त्रान्तर में—

प्रातःस्नानमलं च पापहरणं दुःस्वप्नविध्वंसनम् ।
शौचस्यायतनं मलापहरणं संवर्धनं तेजसाम् ।
रूपद्योतकरं शरीरसुखदं कामाग्निसन्दीपनं ।
स्त्रीणां मन्मथगाहने श्रमहरं स्नाने दशैते गुणाः ॥

अर्थात् स्नान द्वारा निद्रा, दाह, थकावट, पसीना, खुजली, प्यास, तन्द्रा, पाप (रोग) तथा शरीर का मैल दूर होता है। इससे सब इन्द्रियाँ निर्मल हो जाती हैं, जठराग्नि उद्दीप्त होती है, तथा वीर्य एवं रतिशक्ति की वृद्धि होती है। इससे रूप चमक जाता है और मन प्रसन्न रहता है ॥९१॥

काम्यं यशस्यमायुष्यमलक्ष्मीघ्नं प्रहर्षणम् ।
श्रीमत्पारिषदं शस्तं निर्मलाम्बरधारणम् ॥९२॥

निर्मल वस्त्रों का पहनना सौन्दर्य यश एवं आयु को बढ़ानेवाला है। अलक्ष्मी अर्थात् दरिद्रता को दूर करता है। मन को प्रसन्न रखता है, शोभा अथवा लक्ष्मी को बढ़ाता है तथा सभा समाजों में बैठने के लिए उत्तम है। अर्थात् निर्मल वस्त्रों का पहननेवाला पुरुष सभ्य (Civilized) समझा जाता है ॥९२॥

वृष्यं सौगन्ध्यमायुष्यं काम्यं पुष्टिबलप्रदम् ।
सौमनस्यमलक्ष्मीघ्नं गन्धमाल्यनिषेवणम् ॥९३॥

चन्दन, केसर आदि सुगन्धित द्रव्यों का अनुलेपन तथा सुगन्धित पुष्पों की मालाओं के धारण करने से वृषता, सुगन्धि, आयु, सौन्दर्य पुष्टि तथा बल की वृद्धि होती है, मन प्रसन्न रहता है तथा दरिद्रता दूर होती है ॥९३॥

धन्यं मङ्गल्यमायुष्यं श्रीमद्व्यसनसूदनम् ।
हर्षणं काम्यमोजस्यं रत्नाभरणधारणम् ॥९४॥

रत्नजटित आभूषणों के धारण से अथवा रत्न तथा सुवर्ण आदि से निर्मित आभूषणों के धारण से सौभाग्य अथवा धन मङ्गल, आयु तथा शोभा की वृद्धि होती है, दुर्व्यसन नष्ट होते हैं; मन प्रसन्न रहता है, सौन्दर्य तथा ओज (तेज) की वृद्धि होती है ॥९४॥

अतः त्रिविधदृष्टान्तकरणं स्नेहस्य त्रिविधप्रयोगोपदर्शनार्थमाचार्येण कृतम् ।

१—'शुष्कता' इति पा० ।

२—परिमार्जनमुद्वर्तनमिति चक्रः । तथा चोद्वर्तनगुणाः सुश्रुते—

उद्वर्त्तनं वातहरं कफमेदोविलापनम् । स्थिरीकरणमंगानां त्वक्प्रसादकरं परम् ॥

शरीरपरिमार्जनेन चोद्घर्षणोत्सादनयोरपि ग्रहणं कर्तव्यम् । तथो च तयोर्गुणाः—शिरामुखविविक्तत्वं त्वक्स्थस्याग्नेश्च तेजनम् । उद्घर्षणोत्सादनाभ्यां जायेयातामसंशयम् ॥ उत्सादनाद्भवेत्स्त्रीणां विशेषात्कान्तिमद्वपुः । प्रहर्षसौभाग्यमृजालाघवादिगुणान्वितम् ॥ उद्घर्षणं तु विज्ञेयं कण्डूकोठानिलापहम् । इत्यादि ।

मेध्यं पवित्रमायुष्यमलक्ष्मीकलिनाशनम् ।
पादयोर्मलमार्गाणां शौचाधानमभीक्ष्णशः ॥९५॥

पैर तथा मलभागों (नाक, कान, गुदा, उपस्थ आदि) को प्रति दिन बारंबार मलरहित करने से–धोने से–बुद्धि, पवित्रता तथा आयु की वृद्धि होती है। दरिद्रता तथा कलि (पाप, रोग) का नाश होता है।

पौष्टिकं वृष्यमायुष्यं शुचि रूपविराजनम् ।
केशश्मश्रुनखादीनां कल्पनं सम्प्रसादनम् ॥९६॥

केश, श्मश्रु (दाढ़ी, मूंछ) तथा नखों को काटने से अर्थात् क्षौर-कर्म कराने से तथा नखों को काटने से पुष्टि, वृषता, आयु की वृद्धि होती है तथा पुरुष पवित्र एवं सुन्दर रूपवाला हो जाता है, मन प्रसन्न रहता है। "सम्प्रसाधनम्" पाठ स्वीकार करने पर केश आदि को कटवाने से तथा कंघी देनेसे उपर्युक्त लाभ होता है ऐसा अर्थ करना चाहिए। कंघी के गुण सुश्रुत में इस प्रकार हैं—

केशप्रसाधनी केश्या रजोजन्तुमलापहा ।

तथा क्षौरकर्म के गुण—

पापोपशमनं केशनखरोगापमार्जनम् ॥
हर्षलाघवसौभाग्यकरमुत्साहवर्धनम् ॥

अर्थात् कंघी बालों के लिये अत्यन्त हितकर है तथा बालों में स्थित धूल, जूं, लीख आदि जन्तु एवं मैल को दूर करती है और क्षौरकर्म से पाप (रोग) शान्त होते हैं, मन प्रसन्न रहता है और शरीर में लाघव (हलकापन अथवा चातुर्य) सौभाग्य तथा उत्साह की वृद्धि होती है। नखों पर मेंहदी या अलक्तक आदि लगाने को नखों का सम्प्रसाधन जानना चाहिये ॥९६॥

चक्षुष्यं स्पर्शनहितं पादयोर्व्यसनापहम् ।
बल्यं पराक्रमसुखं वृष्यं पादत्रधारणम् ॥९७॥

पादत्र अर्थात् जूते का धारण करना आंखों के लिये अत्यन्त हितकर है। स्पर्शन (स्पर्शज्ञान अथवा पांव की त्वचा) के लिये भी हितकारी है। पैरों में शीत तथा आतप आदि द्वारा उत्पन्न होनेवाली बाधाओं को नहीं होने देता। कण्टक आदि चुभने से बचाता है। पैरों के बल को बढ़ाता है। चलने में सुखकर तथा वृष्य है ॥९७॥

ईतेः[1] प्रशमनं बल्यं गुप्त्यावरणशङ्करम् ।
घर्मानिलरजोम्बुघ्नं छत्रधारणमुच्यते ॥९८॥

छत्र (छतरी) का धारण करना ईतियों (अतिवृष्टि आदि) को शान्त करता है तथा बलकारक, रक्षक अथवा आच्छादक एवं कल्याणकारक है। इसके धारण से धूप, गर्मी, वायु, धूलि तथा वृष्टि आदि के जल से बचाव होता है ॥९८॥

स्खलतः सम्प्रतिष्ठानं शत्रूणां च निषूदनम् ।
अवष्टम्भनमायुष्यं भयघ्नं दण्डधारणम् ॥९९॥

दण्डधारण करना–फिसलते तथा गिरते हुए को बचानेवाला है, शत्रुओं का नाशक है, शरीर को सहारा देता है, आयु को बढ़ाता है तथा भय को दूर करता है ॥९९॥

नगरी नगरस्येव रथस्येव रथी यथा ।
स्वशरीरस्य मेधावी कृत्येष्ववहितो भवेत् ॥१००॥

जैसे नगर-रक्षक नगर के तथा गाड़ीवान् गाड़ी के कार्यों में (उसकी रक्षा के लिये) सदा सावधान रहता है, वैसे ही बुद्धिमान् मनुष्यों को चाहिये कि वे सदा अपने शरीर के कृत्यों में (परिपालनार्थ सावधान रहें ॥१००॥

भवति चात्र—

वृत्त्युपायान्निषेवेत ये स्युर्धर्माविरोधिनः ।
शममध्ययनं चैव सुखमेवं समश्नुते ॥१०१॥

जो वृत्ति अर्थात् जीविका के उपाय धर्म से विपरीत न हों उनका ही सेवन करे तथा शान्ति और स्वाध्याय में रत रहे, इस प्रकार जीवन निर्वाह करते हुए मनुष्य सुख का उपभोग करता है।

अभिप्राय यह है कि दीर्घायु के साथ२ धन का होना भी आवश्यक है। परन्तु यह धन जूआ तथा घूसखोरी आदि अधर्म से कमाया न हो अपितु कृषि-व्यापार आदि धर्मयुक्त साधनों द्वारा कमाया जाय।

अष्टाङ्गसंग्रह में भी कहा है—

उत्तिष्ठेत ततोऽत्यर्थमर्थेष्वर्थानुबन्धिषु ।
निन्दितं दीर्घमप्यायुरसन्निहितसाधनम् ॥
कृषिं वणिज्यां गोरक्षामुपायैर्गुणिनं नृपम् ।
लोकद्वयाविरुद्धां च धनार्थी संश्रयेत् क्रियाम् ॥१०१॥

तत्र श्लोकाः—

मात्रा द्रव्याणि मात्रां च संश्रित्य गुरुलाघवम् ।
द्रव्याणां गर्हितोऽभ्यासो येषां येषां च शस्यते ॥१०२॥
अञ्जनं धूमवर्तिश्च त्रिविधा वर्तिकल्पना ।
धूमपानगुणाः कालाः पानमानं च यस्य यत् ॥१०३॥
व्यापत्तिचिह्नं भैषज्यं धूमो येषां विगर्हितः ।
पेयो यथा यन्मयं च नेत्रं यस्य च यद्विधम् ॥१०४॥
नस्यकर्मगुणा नस्तःकार्यं यच्च तथा यदा ।
भक्षयेद्दन्तपवनं यथा यद्यद्गुणं च यत् ॥१०५॥
यदर्थं यानि चास्येन धार्याणि कवलग्रहे ।
तैलस्य ये गुणा दृष्टाः शिरस्तैलगुणाश्च ये ॥१०६॥
कर्णतैले तथाऽभ्यङ्गे पादाभ्यङ्गे च मार्जने ।
स्नाने वाससि शुद्धे च सौगन्ध्ये रत्नधारणे ॥१०७॥
शौचे संहरणे लोम्नां पादत्रच्छत्रधारणे ।
गुणा मात्राशितीयेऽस्मिन् तथोक्ता दण्डधारणे ॥१०८॥

इत्यग्निवेशकृते तन्त्रे चरकप्रतिसंस्कृते सूत्रस्थाने स्वस्थवृत्तचतुष्के मात्राशितीयो नाम पञ्चमोऽध्यायः ॥५॥

मात्रा, द्रव्य तथा मात्रा के आश्रय से गुरुता एवं लघुता, किन२ द्रव्यों का निरन्तर सेवन निन्दित है तथा किनका प्रशस्त है? नेत्राञ्जन, धूमवर्ति, धूमवर्ति की त्रिविध कल्पना, धूमपान के गुण, धूमपान के काल, किसका कितना पानमान (अर्थात् कितना धूम पीना चाहिये) है। अधिक मात्रा तथा अकाल में धूम के पीने से उत्पन्न उपद्रव, इनकी औषध, किन्हें धूमपान न करना चाहिये? किस विधि से धूमपान करना चाहिये? धूमनेत्र किस द्रव्य से बना होना चाहिये?

१—ईतयस्तु—अतिवृष्टिरनावृष्टिर्मूषकाः शलभाः शुकाः । प्रत्यासन्नाश्च राजानः षडेता ईतयः स्मृताः ॥ अथवा ईतौ रोगादिदुर्दैवम् । ईतिः भाविदुःखमिति गङ्गाधरः ॥

किसका किस प्रकार का धूमनेत्र होना चाहिये ? नस्तःकर्म (नस्य) के गुण, नस्य द्वारा क्या दिया जाता है ? इसके प्रयोग की विधि तथा काल, दातौन के गुण, दातौन के लिए उपयुक्त वृक्ष, मुख में धारण करने योग्य द्रव्य, इनका प्रयोजन, तैल के कवल धारण के क्या २ गुण हैं ? सिर पर तैल लगाने के गुण, कान में तैल डालने के गुण अभ्यंग के गुण, पादाभ्यंग के गुण, अंगपरिमार्जन (उबटना आदि) के गुण, स्नान के गुण निर्मल वस्त्र धारण के गुण, गन्ध तथा सुगन्धित माला आदि के धारण के गुण, रत्नधारण के गुण, पांव आदि की शुद्धि के गुण, बाल कटवाने के गुण, जूता पहनने के गुण, छत्र धारण के गुण तथा दण्डधारण के गुण, इन सब का इस मात्राशितीय नामक अध्याय में परिज्ञान कराया गया है ।

इति पञ्चमोऽध्यायः ।

षष्ठोऽध्यायः

अथातस्तस्याशितीयमध्यायं व्याख्यास्यामः ।
इति ह स्माह भगवानात्रेयः ॥१॥

इस पूर्वोक्त अध्याय के पश्चात् अब 'तस्याशितीय' नामक अध्याय की व्याख्या करेंगे—ऐसा भगवान् आत्रेय मुनि ने कहा ॥१॥

तस्याशिताद्यादाहाराद् बल वर्णश्च वर्धते ।
तस्यर्तुसात्म्यं[1] विदितं चेष्टाहारव्यपाश्रयम् ॥२॥

जो पुरुष आहार विहार सम्बन्धी ऋतुसात्म्य को यथावत् जानकर तदनुसार अनुष्ठान करता है उसी पुरुष के अशित, पीत, लीढ तथा खादित आहार से बल, वर्ण आदि (सुख, आयु) की वृद्धि होती है । ऋतुसात्म्य से अभिप्राय भिन्न २ ऋतुओं में सेवनीय पथ्य से है ॥२॥

इह खलु संवत्सरं षडङ्गमृतुविभागेन विद्यात् । तत्रादित्यस्योदगयनमादानं च त्रीनृतून् शिशिरादीन् ग्रीष्मान्तान् व्यवस्येत्, वर्षादीन् पुनर्हेमन्तान्तान् दक्षिणायनं विसर्गं च॥३॥

ऋतुओं के विभाग से संवत्सर के छः अंग हैं । अर्थात् छः ऋतु हैं । जिनसे एक सवत्सर होता है । इन छः ऋतुओं में से शिशिर वसन्त तथा ग्रीष्म; इन ऋतुओं में सूर्य का उत्तरायण काल होता है । इसी काल को आदानकाल भी कहते हैं । वर्षा, शरद तथा हेमन्त; इन तीन ऋतुओं में सूर्य दक्षिणायन होता है । इसे विसर्गकाल भी कहते हैं ॥३॥

विसर्गे च पुनर्वायवो नातिरूक्षाः प्रवान्तीतरे पुनरादाने, सोमश्चाव्याहतबलः शिशिराभिर्भाभिरापूरयञ्जगदाप्याययति

1—सह आत्मना वर्त्तत इति सात्म तद्भावः सात्म्यम् । आत्मशब्दो मनःपरमात्मदेहादिवृत्तिरपि शरीरे वर्त्तते । तथा चोक्तम्—सात्म्यं नाम तद्यदात्मनि काय उपशेत इति । सात्म्यार्थो ह्युपशयार्थः । तच्चतुर्विध देहर्त्तु रोगदेशभेदेन । षड्विधं वा दोषप्रकृतिदेशर्त्तु व्याध्योदकभेदेन । तत्र ऋतूनुद्दिश्य यत् काये उपशेते । अथवा ऋतूनां गुणः विपरीतगुणं यत् चेष्टितं आहारश्च तदृतुसात्म्यम् । अथवा सात्म्यं पुनरष्टविधम् । जातिरोगातुरधान्यरसदेशर्त्तूदकसात्म्यसंज्ञम् । सात्म्यलक्षणं तु औचित्यम् । तथा च ऋतुसात्म्यं नाम यस्मिन् यस्मिन् ऋतौ यद्यदुचितं पथ्य वा तत्तस्मिन् तस्मिन् सात्म्यम् ।

शश्वदतो विसर्गः सौम्यः; आदानं पुनराग्नेयं, तावेतावर्कवायू सोमश्च कालस्वभावमार्गपरिगृहीताः कालतुरसदोषदेहबलनिवृत्तिप्रत्ययभूताः समुपदिश्यन्ते ॥४॥

विसर्गकाल में वायु अत्यन्त रूक्ष नहीं होता परन्तु आदानकाल में वायु अतिरूक्ष होता है । विसर्गकाल (दक्षिणायन) में चन्द्रमा पूर्ण बली होता है और यह भूमण्डल पर अपनी शीतल किरणों को प्रसारित करता हुआ जगत् को निरन्तर आप्यायित-तृप्त करता है । अतः विसर्गकाल सौम्य है और आदानकाल आग्नेय है ।

विश्वविदित सूर्य, वायु तथा चन्द्रमा, काल, स्वभाव (सूर्य का जलीयांश क्षय द्वारा विरूक्षण आदि तथा चन्द्रमा का आप्यायन आदि) तथा स्वमार्ग के वशीभूत हुए २ काल (संवत्सर रूप), ऋतु रस, दोष तथा देहबल के विधाता माने जाते हैं ॥४॥

तत्र रविर्भाभिराददानो जगतः स्नेहं वायवस्तीव्ररूक्षाश्चोपशोषयन्तः शिशिरवसन्तग्रीष्मेष्वृतुषु यथाक्रमं रौक्ष्यमुत्पादयन्तो रूक्षान् तिक्तकषायकटुकांश्चाभिवर्धयन्तो नृणां दौर्बल्यमावहन्ति ॥५॥

आदानकाल में सूर्य अपनी किरणों से जगत् के स्नेह (आप्य, सौम्य भाग) को खींचता हुआ, और तीव्र एवं रूक्ष वायु एवं जगत् के स्नेहभाग को शुष्क करती हुई,शिशिर, वसन्त तथा ग्रीष्म ऋतु में क्रमशः अधिक अधिक रूक्षता को पैदा करती हुई तथा रूक्ष रस अर्थात् तिक्त,कषाय एवं कटुरस को बढ़ाती हुई मनुष्यों को दुर्बल बना देती हैं ।

अर्थात् शिशिर ऋतु में मध्यरूक्षता, कषायरसोत्पत्ति अल्प दुर्बलता, वसन्त ऋतु में मध्यरूक्षता, कषायरसोत्पत्ति, मध्यदुर्बलता तथा ग्रीष्मऋतु में तीव्ररूक्षता, कटुरसोत्पत्ति तीव्रदुर्बलता ; होती है ; यही यथाक्रम का अभिप्राय है । यहाँ पर हमें यह भी ज्ञात हो गया कि आदान काल के विधाता सूर्य और वायु दोनों हैं । अतएव इससे प्रथम भी "तावेतावर्कवायू" इस प्रकार मिलाकर पढ़ा गया है । "सोमश्च" पृथक् पढ़ा है । अतः यह भी ज्ञात हो गया कि विसर्ग काल का विधाता चन्द्रमा है । तथा उत्तरायण काल को आदान काल क्यों कहते हैं इसका उत्तर भी आ गया है । अर्थात् चूँकि इस काल में जगत् का आप्यभाग तथा प्राणियों का बल खींचा जाता है ; अतएव आददाति—क्षपयति पृथिव्याः सौम्यांशं, प्राणिनाञ्च बलमित्यादानम् ॥५॥

वर्षाशरद्धेमन्तेष्वृतुषु तु दक्षिणाभिमुखेऽर्के कालमार्गमेघवातवर्षाभिहतप्रतापे, शशिनि चाव्याहतबले, माहेन्द्रसलिलप्रशान्तसन्तापे जगत्यरूक्षा रसाः प्रवर्धन्तेऽम्ललवणमधुराः, यथाक्रमं तत्र बलमुपचीयते[1] नृणामिति ॥

1—क्षारपाणिनाप्युक्तम्—शिशिरश्च वसन्तश्च ग्रीष्मप्रावृट्शरद्धिमाः । ऋतवः षट् क्रमादेते कालः संवत्सरात्मकः ॥ द्विधा त्वयनभेदेन स्मृतःसंवत्सरस्त्वसौ । तच्चादानं विसर्गाख्यं रविचाराद् द्विधायनम् ॥ उत्तरायणमादानं शिशिराद्यं ऋतुत्रयम् । वर्षादि तु विसर्गाख्यं सवितुर्दक्षिणायनम् । स्नेहादानविसर्गाच्च तत्संज्ञमयनद्वयम् । आग्नेयं विद्धि चादानं विसर्गं सौम्यमत्र तु ॥ आदाने तु जगत्स्नेहमाददानो दिवाकरः । रूक्षत्वाच्छोषयेद्वायुः शिशिराद्यर्तुषु क्रमात् । रूक्षो निर्वर्तयन्तिक्तकषायकटुकान् रसान् । नृणां क्रमेणा-

वर्षा, शरद् तथा हेमन्त इन तीन ऋतुओं में जब सूर्य दक्षिणाभिमुख होता है तथा काल, मार्ग (दक्षिणायन), मेघवात (Monsoon) एवं वर्षा द्वारा जब इसका प्रताप घट जाता है और चन्द्रमा अव्याहतबल (अर्थात् पूर्ण बली) होता है तथा जब संसार का सन्ताप वर्षा द्वारा शान्त हो जाता है,तब अरूक्ष–अम्ल,लवण एवं मधुर रस की वृद्धि तथा क्रमशः मनुष्यों में बल का उपचय होता है।

अर्थात् वर्षा ऋतु में—अल्पस्निग्धता, अम्लरसवृद्धि, अल्प बल ; शरत् ऋतु में—मध्यस्निग्धता, लवणरसवृद्धि, मध्यबल ; हेमन्त ऋतु में—प्रकृष्टस्निग्धता, मधुररसवृद्धि, प्रकृष्ट बल होता है। चूँकि यह काल स्नेह एवं बल का देनेवाला है अतः इसे विसर्ग काल कहते हैं। विसृजति जनयत्याप्यमंशं प्राणिनां च बलमिति विसर्गः॥६॥

भवन्ति चात्र—

आदावन्ते च दौर्बल्यं विसर्गादानयोर्नृणाम्।
मध्ये मध्यबलं, त्वन्ते श्रेष्ठमग्रे च निर्दिशेत्॥७॥

विसर्ग काल के आदि (वर्षा ऋतु) में और आदान काल के अन्त (ग्रीष्मकाल) में मनुष्यों में दुर्बलता होती है। विसर्ग और आदान काल दोनों के मध्य (शरद् ऋतु, वसन्त) में पुरुषों का बल मध्यम रहता है। तथा विसर्गकाल के अन्त (हेमन्त ऋतु) में और आदानकाल के प्रारम्भ (शिशिर ऋतु) में पुरुषों का बल श्रेष्ठ रहता है। अष्टाङ्गसंग्रह में कहा भी है—

हेमन्ते शिशिरे चाग्र्यं विसर्गादानयोर्बलम्।
शरद्वसन्तयोर्मध्यं हीनं वर्षानिदाघयोः॥७॥

शीते [1]शीतानिलस्पर्शसंरुद्धो बलिनां बली।
पक्ता भवति हेमन्ते मात्राद्रव्यगुरुक्षमः॥८॥

शीत काल (हेमन्त) में शीतल वायु के लगने के कारण रुकी हुई, बलशाली पुरुषों की जाठराग्नि प्रबल हो जाती है तथा वह मात्रा–गुरु तथा द्रव्य–गुरु (द्रव्य, जो स्वभाव से गुरु हो) आहार को पचाने में समर्थ होती है॥८॥

स यदा नेन्धनं युक्तं लभते देहजं तदा।
रसं हिनस्त्यतो वायुः शीतः शीते प्रकुप्यति॥९॥

इस बली जाठराग्नि को जिस समय उपयुक्त आहारस्वरूप इन्धन नहीं मिलता, उस समय यह शरीरस्थित धातु रूप रस को शुष्क करना प्रारम्भ कर देती है। अतः शरीर के रूक्ष होने के कारण तथा वायु के शीतगुण विशिष्ट होने के कारण शीतकाल में वायु का प्रकोप हो जाता है। 'वृद्धिः समानैः सर्वेषाम्' यह नियम यहाँ पर लागू होता है। अर्थात् वात रूक्ष और शीत गुण विशिष्ट है, अतएव शरीर के रूक्ष होने पर तथा शीतकाल होने के कारण वायु का प्रकोप हो जाता है। यहाँ पर आचार्य ने यह भी जता दिया था कि यदि पुरुष ऋतूचित आहार करे तो यह प्रकोप रोका भी जा सकता है। तथा दूसरा उपाय है कि वायु के शीतगुण विशिष्ट होने के कारण तद्विपरीत—उष्ण स्थल पर निवास करना चाहिये। यही बात आगे विस्तार से कही जायगी॥९॥

तस्मात्तुषारसमये स्निग्धाम्ललवणान्[1] रसान्।
औदकानूपमांसानां मेध्यानामुपयोजयेत्॥१०॥

इसलिये हेमन्त ऋतु में स्निग्ध तथा अम्ल (खट्टा) एवं लवणरस युक्त भोज्य पदार्थों का तथा औदक (जलचर, कछुए आदि) एवं आनूप देश में उत्पन्न होनेवाले (शूकर आदि), मेदस्वी (जिनमें चर्बी अधिक हो) पशु पक्षियों के मास का सेवन करे॥१०॥

बिलेशयानां मांसानि प्रसहानां[2] भृतानि च।
भक्षयेन्मदिरां सीधुं मधु चानुपिबेन्नरः॥११॥

और गोधा प्रभृति बिलेशय (बिल में रहनेवाले) तथा प्रसह पशुपक्षियों का मांस, भृत (कबाब, शूलपक्वमांस) का सेवन करना चाहिये। मदिरा, शीधु (गन्ने के रस को पका कर उससे तैयार की हुई शराब) तथा मधु का अनुपान हितकर है। अर्थात् हेमन्त में उपर्युक्त भोजन के पश्चात् मदिरा आदि का पान करना चाहिये॥११॥

गोरसानिक्षुविकृतीर्वसां तैलं नवौदनम्।
हेमन्तेऽभ्यस्यतस्तोयमुष्णं चायुर्न हीयते॥१२॥

हेमन्त ऋतु में दूध, इक्षुविकार (गन्ने के रस से बने पदार्थ, खाड आदि), वसा (चरबी), तैल, नये चावलों से बनाया भात तथा प्रतिदिन गरम जल के उपयोग करनेवाले पुरुष की आयु क्षीण नहीं होती॥१२॥

अभ्यङ्गोत्सादनं मूर्ध्नि तैलं जेन्ताकमातपम्।
भजेद् भूमिगृहं चोष्णमुष्णं गर्भगृहं तथा॥१३॥

हेमन्त में अभ्यङ्ग (तेल की मालिश), उत्सादन (स्निग्ध उबटना), शिर पर तैल लगाना, जेन्ताकस्वेद (इसका वर्णन स्वेदाध्याय में होगा), आतप (धूप), गरम भूमिगृह (तहखाना), तथा गरम गर्भगृह (बीच का कमरा) उपयुक्त होता है॥१३॥

वहति दौर्बल्यमृतुषु त्रिषु॥ विसर्गे विसृजन् स्नेहं सदा स्निग्धश्च मारुतः। सोमश्चाव्याहतबलः स्निग्धो निर्वर्तयेद्रसान्॥ क्रमेणैवाम्ललवणमधुरान् ऋतुषु त्रिषु। बलं च वर्द्धयत्येषां क्रमेणाऽऽगमादिषु॥ हेमन्ते शिशिरे चाग्र्यं ग्रीष्मे वर्षासु चावरम्। शरद्वसन्तयोर्मध्यं बलं स्यात्प्राणिनां मतम्॥

१—इसमें "शीतानिलस्पर्शसंवृद्धः" इस पाठ से हमें Physiological action—शारीरिक क्रियाका ज्ञान भी होता है। अर्थात् शीत द्वारा शिरामुखोंके सिकुड़ जाने से गर्मी बाहर नहीं निकलती। यदि यह क्रिया न हो तो शरीर एकदम ठण्डा हो जाय और मनुष्य की मृत्यु हो जाय। अष्टाङ्गसंग्रह में भी—देहोष्माणो विशन्तोऽन्तः शीते शीतानिलाहताः। जठरे पिण्डितोष्माणं प्रबलं कुरुतेऽनलम्॥ "बलिनां" यह पद विसर्गकाल में स्वभावतः उत्पन्न बल का निर्देश करता है। अथवा चक्रपाणि के मतानुसार बल के पश्चात् जाठराग्नि उद्दीप्त होती है। चक्रपाणि ने अपने पक्ष की पुष्टि में हस्तिवैद्यक से एक उद्धरण भी दिया है—अव्याहतादभिप्रायात्प्रीतिः, प्रीतेर्बलं, बलादग्निः अग्नेश्च धातूनां बलं, नाशस्ततो रुजाम्॥ इति॥

१—'स्वाद्वम्ललवणान्' इति पा०।

२—श्वेतः श्यामश्चित्रपृष्ठः कालका काकुलीमृगः। भेकचिल्लटकूचीका गोधाशल्यकशाण्डकाः। वृषाहिकदलीश्चाविश्वकुलाद्याः बिलेशयाः॥ गोखराश्वतरोष्ट्राश्वद्वीपिसिंहर्क्षवानराः। मार्जारमूषिकव्याघ्रवृकबभ्रुतरक्षुकाः लोपाकजम्बुकश्येनचाषोलूकश्ववायसाः। शशघ्नो भासकुररगृध्रवेश्यकुलिङ्गकाः॥ धूमिका मधुहा चेति प्रसहा मृगपक्षिणः॥

शीतेषु संवृतं सेव्यं यानं शयनमासनम् ।
प्रावाराजिनकौशेयप्रवेणीकुथकास्तृतम् ॥१४॥

शीतकाल में यान (सवारी), सोने की जगह तथा बैठने की जगह अच्छी प्रकार ढकी हुई होनी चाहिये । तथा शय्या आदि पर प्रावार (कम्बल अथवा रजाई, तुलाई), अजिन (व्याघ्र या हरिण आदि का चर्म), कौषेय (रेशमी कपड़ा), प्रवेणी (सन का कपड़ा) तथा कुथक (चित्रित कम्बल) आदि गरम कपड़े बिछे होने चाहिये।।१४।।

गुरूष्णवासा दिग्धाङ्गो गुरुणाऽगुरुणा सदा ।
शयने प्रमदां पीनां विशालोपचितस्तनीम् ॥१५॥
आलिंग्याऽगुरुदिग्धांगीं सुप्यात्समदमन्मथः ।
प्रकामं च निषेवेत मैथुनं शिशिरागमे ॥१६॥

शीतकाल में भारी तथा गरम कपड़ों को धारण करना चाहिये । और अगर को घिसकर शरीर पर गाढ़ प्रलेप करना चाहिये । तथा आनन्द एवं कामयुक्त हुआ पुरुष शयन के समय हृष्ट पुष्ट, विशाल एवं उपचित (परिपुष्ट, भरे हुए) स्तनों वाली तथा जिसने अपने अङ्गों पर अगर का लेप किया हुआ है—ऐसी प्रमदा (स्त्री, पत्नी),का आलिङ्गन करके सो जाये । शिशिर में यथेष्ट मैथुन कर सकता है । यहाँ पर 'गुरुणागुरुणा'से भारी अगर से लेप करे ऐसा अर्थ भी कर सकते हैं क्योंकि इसकी भारी लकड़ी ही उत्तम होती है । कहा भी है—

काकतुण्डाकृतिः स्निग्धो गुरुश्चैवोत्तमोऽगुरुः ।
असारं पाण्डुरं रूक्षं लघुश्चाधममादिशेत् ॥
नादेयं नाप्युपादेयं तित्तिरिपक्षकागुरु ।
शाल्मलीकाष्ठसंकाशो नैव ग्राह्यः कदाचन ॥

'प्रकामं च निषेवेत मैथुनं शिशिरागमे' यह वाक्य उन्हीं पुरुषों के लिये है जो हृष्ट पुष्ट हों, नित्य वाजीकर औषधों का सेवन करते हों, विषयी हों तथा जिनमें कफ की प्रबलता हो कफप्रकृति के हों । अन्यथा–हानि ही होगी सुश्रुत में ऋतुचर्या को बताते हुए कहा है—

अतिस्त्रीसम्प्रयोगाच्च रक्षेदात्मानमात्मवान् ।
शूलकासज्वरश्वासकार्श्यपाण्ड्वामयक्षयाः ।
अतिव्यवायाज्जायन्ते रोगाश्चाक्षेपकादयः ॥

अर्थात् अतिमैथुन से शूल, कास, ज्वर, श्वास, कृशता, पाण्डुरोग, क्षय तथा आक्षेप प्रभृति रोग हो जाते हैं। अतः आयुर्वेद की दृष्टि से भी साधारणतया मनुष्यों को अतिमैथुन से बचना चाहिये ।।१५,१६।।

वर्जयेदन्नपानानि लघूनि वातलानि च ।
प्रवातं प्रमिताहारमुदमन्थं [1]हिमागमे ॥१७॥

हेमन्तकाल में लघु तथा वातल (वातवर्द्धक) अन्नपान, प्रवात (जहाँ सीधा वायु का प्रवाह हो) सेवन, थोड़ा खाना तथा उदमन्थ (जल से आलोड़ित सत्तू) वर्जित हैं ॥१७॥

हेमन्तशिशिरे तुल्ये शिशिरेऽल्पं विशेषणम् ।
रौक्ष्यमादानजं शीतं मेघमारुतवर्षजम् ॥१८॥
तस्माद्धैमन्तिकः सर्वः शिशिरे [1]विधिरिष्यते ।
निवातमुष्णमधिकं शिशिरे गृहमाश्रयेत् ॥१९॥

साधारणतया हेमन्त तथा शिशिर ऋतु समान ही हैं परन्तु शिशिर ऋतु में थोड़ी सी विशेषता यह है कि इस समय आदानकालीन रूक्षता तथा मेघ,(अथवा मेघवात को इकट्ठा ही समझना चाहिये इसे अन्यत्र उद्वह[2] नाम से कहा गया है । आजकल इसे Monsoon कहते हैं) और वृष्टि के कारण शीत की अधिकता होती है । अतः साधारणतः हेमन्तनिर्दिष्ट आहार विहार का ही शिशिर ऋतु में सेवन करना चाहिये । विशेषतः शिशिर में निवातस्थल (जहाँ पर हवा का धारारूप प्रवाह न हो) और उष्ण गृह में वास करना हेमन्त की अपेक्षा और भी अधिक आवश्यक है ॥१८, १९॥

कटुतिक्तकषायाणि वातलानि लघूनि च ।
वर्जयेदन्नपानानि शिशिरे शीतलानि च ॥२०॥

शिशिर में कटु (चरपरे), तिक्त तथा कसैले, वातल, लघु तथा शीतल अन्नपान का प्रयोग न करना चाहिये ॥२०॥

हेमन्ते निचितः श्लेष्मा दिनकृद्भाभिरीरितः ।
कायाग्निं बाधते रोगांस्ततः प्रकुरुते बहून् ॥२१॥
तस्माद्वसन्ते कर्माणि वमनादीनि कारयेत् ।
गुर्वम्लस्निग्धमधुरं दिवास्वप्नं च वर्जयेत् ॥२२॥

हेमन्त काल में सञ्चित हुआ २ कफ वसन्त काल के आने पर सूर्य की किरणों से पिघल कर (स्रोतों द्वारा शरीर में फैलकर) कायस्थित अग्नि को दूषित कर देता है और तदनन्तर नानाविध ज्वर आदि रोगों को पैदा करता है । इसलिये वसन्त ऋतु (फाल्गुन, चैत्र) में कफशोधनार्थ (तथा अनुबन्धभूत पित्त एवं वायु के शोधनार्थ) वमन आदि पञ्चकर्म कराना चाहिये । इस समय गुरु, अम्ल, स्निग्ध तथा मधुर आहार और दिन में सोना वर्जित है । यहाँ पर 'माधवप्रथमे मासि०' इत्यादि वचन के अनुसार चैत्रमास में ही वमन कराना इष्ट है ॥२१,२२॥

१—अष्टाङ्गसंग्रहे— धूम्रधूम्ररजामन्दास्तुषाराविलमण्डलाः । दिगादित्यमरुच्छैत्यादुत्तरो रोमहर्षणः ॥ लोध्रप्रियङ्गुपुन्नागलवल्यः कुसुमोज्ज्वलाः । दृप्ता गजाजमहिषवाजिवायससूकराः ॥ हिमानीपटलच्छन्ना लीनमीनविहङ्गमाः नद्यः सबाष्पाः सोष्माणः कूपापश्च हिमागमे । देहोष्माणो विशन्तोऽन्तः शीते शीतानिलाहताः । जठरे पिण्डितोष्माणं प्रबलं कुर्वतेऽनलम् ॥ विसर्गे बलिनां प्रायः स्वभावादि गुरुक्षमम् । बृंहणान्यन्नपानानि योजयेत्तस्य युक्तये ॥ अनिन्धनोऽन्यथा सीदेदेत्युदीर्णतयाथवा । धातूनपि पचेदस्य ततस्तेषां क्षयान्मरुत् ॥ तेजः सहचरः कुप्येच्छीतः शीते विशेषतः । अतो हिमे भजेत्स्निग्धान् स्वाद्वम्ललवणान् रसान् । बिलेशयौदकानूपप्रसहानां भृतानि च ॥ मांसानि गुडपिष्टोत्थमद्यान्यभिनवानि च । माषेक्षुक्षीरविकृति वसातैलनवौदनान् । व्यायामोद्वर्त्तनाभ्यङ्गस्वेदधूमाञ्जनातपान् ॥ सुखोदकं शौचविधौ भूमिगर्भगृहाणि च । सांगारयानां शय्यां च कुथकम्बलसंस्तृताम् । कुंकुमेनानुलिप्ताङ्गो गुरुणागुरुणापि वा । लघूष्णैः प्रावृतः स्वप्यात् काले धूपाधिवासितः ॥ पीनांगनांगसंसर्गनिवारितहिमानिलः ॥ अत्र अंगारयानमङ्गारशकटी 'अंगीठी' इति भाषायाम् ।

१—अष्टाङ्गसंग्रहे—शिशिरे शीतमधिकं मेघमारुतवर्षजम् । रौक्ष्यं चादानजं तस्मात्कार्यः पूर्वोऽधिकं विधिः ॥

२—महाभारत में वायु के कर्म बताते हुए व्यासजी ने कहा है —यश्चतुर्भ्यः समुद्रेभ्यो वायुर्धारयते जलम् । उद्धृत्य ददते चापो जीमूतेभ्योऽम्बरेऽनिलः । योऽद्भिः संयोज्य जीमूतान् पर्जन्याय प्रयच्छति । उद्वहो नाम बंहिष्ठस्तृतीयः स सदागतिः ॥

व्यायामोद्वर्तनं धूमं कवलग्रहमञ्जनम् ।
सुखाम्बुना शौचविधिं शीलयेत्कुसुमागमे ॥२३॥

वसन्त में व्यायाम, उबटना, धूमपान, कवलधारण, अञ्जन तथा सुखोष्णजल से स्नान आदि हितकर है ॥२३॥

चन्दनागुरुदिग्धांगो यवगोधूमभोजनः ।
शारभं शाशमैणेयं मांसं लावकपिञ्जलम् ॥२४॥
भक्षयेन्निगदं[1] सीधुं पिबेन्माध्वीकमेव वा ।
वसन्तेऽनुभवेत्स्त्रीणां[2] काननानां च यौवनम्[3] ॥२५॥

वसन्त में चन्दन तथा अगर का लेप करना चाहिये । जौ, गेहूँ एवं शरभ (हरिणविशेष), शशक तथा एण (हरिण); लाव (लवा), कपिञ्जल (गौरतित्तिरि, श्वेततीर) ; इनके मांस का सेवन करना चाहिये । और निगद (मदिराविशेष), सीधु (ईख के रस से तैयार की गयी मद्य) अथवा माध्वीक (मधु से तय्यार की हुई मद्य) का पान करना हितकर है । वसन्त ऋतु में स्त्रियों और वनों के यौवन का अनुभव करे । अर्थात् वसन्त में वनों में तथा बाग बगीचों में सैर करना और अल्प मैथुन हितकर है ॥२४, २५॥

मयूखैर्जगतः सारं ग्रीष्मे पेपीयते रविः ।
स्वादु शीतं द्रवं स्निग्धमन्नपानं तदा हितम् ॥२६॥

ग्रीष्म ऋतु में सूर्य अपनी किरणों से जगत् के स्निग्ध (सार, आप्य, जलीय), भाग का पान करता रहता है । अतएव उस समय स्वादु (मधुररस विशिष्ट), शीतल, द्रव (Liquid) तथा स्निग्ध अन्नपान हितकर होता है ॥२६॥

शीतं सशर्करं मन्थं [4]जांगलान्मृगपक्षिणः ।
घृतं पयः सशाल्यन्नं भजन् ग्रीष्मे न सीदति ॥२७॥

शीतल, खांडयुक्त जलालोड़ित सत्तू तथा जाङ्गल पशु-पक्षियों का मांस, घृत, दूध एवं शालि चावलों के भात का सेवन करनेवाला पुरुष गर्मियों में दुःखित या रोगयुक्त नहीं होता ॥२७॥

मद्यमल्पं न वा पेयमथवा सुबहूदकम् ।
लवणाम्लकटूष्णानि व्यायामं चात्र वर्जयेत् ॥२८॥

ग्रीष्मकाल में (मद्यपायी को) थोड़ी मात्रा में ही मद्य पीना चाहिये । अथवा (अच्छा तो यह है कि) सर्वथा न पीवे । अथवा (यदि पीना ही हो तो) थोडी सी मद्य में अधिक मात्रा में जल मिला कर पीवे । इन दिनों में लवण, अम्ल, कटु (चरपरे) तथा गरम भोजन और व्यायाम को त्याग दे ॥२८॥

दिवा शीतगृहे[1] निद्रां निशि चन्द्रांशुशीतले ।
भजेच्चन्दनदिग्धाङ्गः प्रवाते हर्म्यमस्तके ॥२९॥

दिन में शीतलगृह (ठण्डे घर में अथवा कमरे में) और रात को चन्द्रमा की चाँदनी से सुशीतल तथा प्रवात (जहाँ पर वायु का निराबाध सञ्चार हो) युक्त हर्म्यमस्तक (मकान की छत) पर, शरीर पर चन्दन का लेप करके शयन करे ॥२९॥

व्यजनैः पाणिसंस्पर्शैश्चन्दनोदकशीतलैः ।
सेव्यमानो भजेदास्यां मुक्तामणिविभूषितः ॥३०॥

तथा मुक्ता (मोती) एवं विविध मणियों को धारण करके पुरुष, चन्दनजल के परिषेक से शीतल पंखे की वायु और चन्दनोदक आदि से शीतल हाथों के स्पर्शसुख को अनुभव करता हुआ चौकी या कुर्सी प्रभृति आसन पर बैठे ॥३०॥

काननानि च शीतानि जलानि कुसुमानि च ।
[2]ग्रीष्मकाले निषेवेत मैथुनाद्विरतो नरः ॥३१॥

ग्रीष्मकाल में मनुष्य मैथुन से सर्वथा पृथक् रहता हुआ जंगल अथवा बाग बगीचों की शीतल छाया में घूमे, शीतल जल का प्रयोग करे तथा पुष्पों को धारण करे ॥३१॥

आदानदुर्बले देहे पक्ता भवति दुर्बलः ।
स वर्षास्वनिलादीनां दूषणैर्बाध्यते पुनः ॥३२॥

आदान काल में (स्नेह भाग के खींचे जाने के कारण) दुर्बल हुए २ शरीर में जाठराग्नि भी दुर्बल हो जाती है वह दुर्बलीभूत अग्नि वर्षा काल में वात आदियों के दोष से और भी दुर्बल हो जाती है ॥३२॥

भूबाष्पान्मेघनिस्यन्दात्पाकादम्लाज्जलस्य च ।
वर्षास्वग्निबले क्षीणे कुप्यन्ति पवनादयः ॥३३॥
तस्मात्साधारणः सर्वो विधिर्वर्षासु शस्यते ।

१—'निगंद' इति पाठान्तरम् ।

२—अनुभवेदिति भाषया श्लेष्माक्षयार्थं स्तोकमैथुनमनुजानाति, इति चक्रः ॥

३—अष्टाङ्गसंग्रहे—वसन्ते दक्षिणो वायुरातामूकिरणो रविः । नवप्रवालस्वक्पत्राः पादपाः ककुभोऽमलाः ॥ किंशुकाशोकचूतादिवनराजिविराजिताः । कोकिलालिकुलालापकलकोलाहलाकुलाः । शिशिरे सञ्चितः श्लेष्मा दिनकृद्भाभिरीरितः । तदा प्रबाधमानोऽग्निं रोगान् प्रकुरुते बहून् ॥ अतोऽस्मिंस्तीक्ष्णवमनधूमगण्डूषनावनम् । व्यायामोद्वर्त्तनक्षौद्रयवगोधमजांगलान् ॥ सेवेत सुहृदुद्यानयुवतींश्च मनोरमाः । स्नातः स्वलङ्कृतः स्रग्वी चन्दनागरुरूषितः ॥ विचित्रामत्रविन्यस्तान् सहकारोऽत्पलांकितान् । निगदांश्चासवारिष्टशीधुमाद्वींकमाधवान् ॥ क्वथितं मुस्तशुण्ठ्यम्बु साराम्भः क्षौद्रवारि वा । गुरुशीतदिवास्वप्नस्निग्धाम्लमधुरांस्त्यजेत् ॥ अत्र साराम्भः असनखदिरचन्दनादिसारसंस्कृताम्भः ।

४—सक्तवः सर्पिषा युक्ताः शीतवारिपरिप्लुताः ।
नात्यच्छा नातिसान्द्राश्च मन्थ इत्यभिधीयते ॥

१—यहाँ पर शीतल गृह से अभिप्राय उस गृह से है जिसमें चारों ओर फव्वारे छूटते हों, इसे धारागृह भी कहा जाता है । अथवा जिस गृह को खस की टट्टियों से अथवा अन्य उपायों से शीतल रखा जाता हो ।

२—अष्टांगसंग्रहे—ग्रीष्मेऽतसीपुष्पनिभस्तीक्ष्णांशुर्दावदीपितः । दिशो ज्वलन्ति भूमिश्च मारुतो नैऋतः सुखः ॥ पवनातपसंस्वेदैर्जन्तवो ज्वरिता इव । तापार्ततुंगमातंगमहिषैः कलुषीकृताः ॥ दिवाकरकराङ्गारनिकरक्षपिताम्भसः । प्रवृद्धरोधसो नद्यश्छायाहीनमहीरुहाः ॥ विशीर्णजीर्णपर्णाश्च शुष्कवल्कलताङ्किताः । आदत्ते जगतस्तेजस्तदादित्योभृशं यतः । व्यायामातपकट्वम्ललवणोष्णं त्यजेदतः। मद्यं न सेव्यं स्वल्पं वा सेव्यं सुबहुवारि वा ॥ अन्यथा शोफशैथिल्यदाहमोहान् करोति तत । नवमृद्भाजनस्थानि हृद्यानि सुरभीणि च ॥ पानकानि समन्थानि सिताढ्यानि हिमानि च । स्वादु शीतं द्रवं चान्नं जांगलान् मृगपक्षिणः ॥ शालिक्षीरघृतद्राक्षानालिकेराम्बुशर्कराः । तालवृन्तानिलान् हारान् स्रजः सकमलोत्पलाः । तन्वीमृणालवलयाः कान्ताश्चन्दनरूषिताः ॥ सरांसि वापी सरितः कान-

वर्षाऋतु में पृथ्वी से भाप निकलने के कारण, वर्षा होने से तथा जल के अम्लविपाकी होने से अग्नि के बल के क्षीण हो जाने पर वात आदि दोष कुपित हो जाते हैं। इसलिये वर्षा में सम्पूर्ण साधारण विधि अर्थात् त्रिदोषनाशक तथा अग्निदीपन क्रिया प्रशस्त होती है। परन्तु कियन्तः शिरसीय नामक अध्याय में—

चयप्रकोपप्रशमाः पित्तादीनां यथाक्रमम्।
भवन्त्येकैकशः षट्सु कालेष्वभ्रागमादिषु॥

इत्यादि वर्षा में केवल वात का कोप ही बताया है। यहाँ पर वात आदि तीनों दोषों का कुपित होना कहा गया है। इस प्रकार विरोध प्रतीत होता है। इसका उत्तर यही है कि वस्तुतः स्वतन्त्रतया वायु ही प्रकुपित होता है। परन्तु वायुद्वारा प्रेरित हुए २ दुर्बल दोष पित्त तथा श्लेष्मा भी कुपित हो जाते हैं, और व्याधि को पैदा कर देते हैं।

तथा च—प्रकृतिस्थं यदा पित्तं मारुतः श्लेष्मणः क्षये।
स्थानादादाय गात्रेषु यत्र यत्र विसर्पति॥
तदा भेदश्च दाहश्च तत्र तत्रानवस्थितः।
गात्रदेशं भवत्यस्य श्रमो दौर्बल्यमेव च॥

अर्थात् कफ क्षीण हो, पित्त समावस्था में हो और वायु बढ़ा हुआ हो तो वह वायु पित्त कफ को अपने स्थान से लेकर शरीर में जहाँ २ जाता है वहाँ २ अस्थिर-वेदना, दाह, थकावट तथा दुर्बलता को पैदा करता है।

इसी प्रकार शरद् में पित्त तथा वसन्त में कफ का प्रकोप स्वतन्त्रतया जानना चाहिये और अन्य दो २ दोषों का कोप परतन्त्रतया समझना चाहिये। अतएव आचार्य स्वयं कहेगा—'तस्य चानुबलः कफः' तथा 'आदानमध्य तस्यापि वातपित्तं भवेदनु'॥ इत्यादि ॥३३॥

उदमन्थं [1]दिवास्वप्नमवश्यायं नदीजलम्[2] ॥३४॥
व्यायाममातपं चैव व्यवायं चात्र वर्जयेत्।
पानभोजनसंस्कारान् प्रायः क्षौद्रान्वितान् भजेत् ॥३५॥

वर्षाऋतु में उदमन्थ (जलयुक्त सत्तू), दिन में सोना, अवश्याय (ओस अर्थात् रात्रि में बाहिर सोना), नदी का पानी, व्यायाम, आतप (धूप) सेवन तथा मैथुन छोड़ दे। खाने पीने के पदार्थों के साथ शहद का विशेषतया प्रयोग करे।

व्यक्ताम्ललवणस्नेहं वातवर्षाकुलेऽहनि।
विशेषशीते भोक्तव्यं वर्षास्वनिलशान्तये ॥३६॥

वर्षा ऋतु में वात तथा वर्षा के कारण जिस दिन अधिक शीत हो उस दिन वातदोष की शान्ति के लिये खट्टे, नमकीन तथा स्निग्ध (प्रधानतया) भोज्यपदार्थों का सेवन करना चाहिये ॥३६॥

अग्निसंरक्षणवता यवगोधूमशालयः।
पुराणा जाङ्गलैर्मांसैर्भोज्या यूषैश्च संस्कृतैः ॥३७॥

नानि हिमानि च। सुरभीणि निषेवेत वासांसि सुलघूनि च॥ निष्पतद्यन्त्रसलिले स्वप्याद्धारागृहे दिवा। रात्रौ चाकाशतलके सुगन्धिकुसुमास्तृते। कर्पूरचन्दनार्द्राङ्गो विरलानङ्गसङ्गमः॥

१—ग्रीष्मवर्ज्येषु कालेषु दिवास्वप्नात्प्रकुप्यतः। श्लेष्मपित्ते ......इत्यादि।

२—वर्षाजलवहा नद्यः सर्वदोषसमीरणाः॥ चरक सू० २७ अ०।

पुरुष को चाहिये कि वह अग्नि की रक्षा करते हुए पुरातन जौ, गेहूँ तथा शालिसञ्ज्ञक चावलों को जाङ्गल पशुपक्षियों के संस्कृत मांस तथा संस्कृत (यथावत् पकाये हुए) यूषों के साथ खाये ॥३७॥

पिबेत्क्षौद्रान्वितं चाल्पं माध्वीकारिष्टमम्बु वा।
माहेन्द्रं तप्तशीतं वा कौपं सारसमेव वा ॥३८॥

वर्षा ऋतु में शहद मिश्रित अल्प मात्रा में माध्वीक, अरिष्ट अथवा माहेन्द्र जल (वर्षाजल), तप्तशीत (पहिले गरम करके पश्चात् ठण्डा किया हुआ) जल, अथवा कूँए और सरोवर के जल का पानार्थ उपयोग करे ॥३८॥

प्रघर्षोद्वर्तनस्नानगन्धमाल्यपरो भवेत्।
लघुशुद्धाम्बरः स्थानं भजेदक्लेदि वार्षिकम्[1] ॥३९॥

प्रघर्ष (वस्त्र आदि द्वारा अंगों का घर्षण अथवा स्निग्ध औषध के चूर्ण से शरीर पर मर्दन), उबटना, स्नान, गन्धलेपन, मालाधारण तथा हलके एवं निर्मल वस्त्र धारण करना और क्लेद (सिलाव) रहित स्थान में रहना वर्षाकाल में उपयुक्त है[2] ॥३९॥

वर्षाशीतोचिताङ्गानां सहसैवार्करश्मिभिः।
तप्तानामाचितं पित्तं प्रायः शरदि कुप्यति ॥४०॥

वर्षा ऋतु में जब शरीर वर्षा तथा उससे उत्पन्न शीत का अभ्यासी हो चुका होता है, तदनन्तर ही शरद् ऋतु में प्रायः सहसा ही सूर्य की किरणों द्वारा तप्त होकर संचित हुआ (वर्षा ऋतु में) पित्त प्रकुपित हो जाता है ॥४०॥

तत्रान्नपानं मधुरं लघु शीतं सतिक्तकम्।
पित्तप्रशमनं सेव्यं मात्रया सुप्रकाङ्क्षितैः ॥४१॥

अतएव शरद् ऋतु में मधुर, हलका, शीतल, तिक्तरस युक्त एवं पित्त को शान्त करनेवाले अन्नपान को मात्रा में (क्योंकि इन दिनों में अग्नि मन्द होती है) तथा अच्छी प्रकार भूख लगने पर सेवन करना चाहिये ॥४१॥

१—वर्षासु वारुणो वायुः सर्वसस्यसमुद्गमः। भिन्नेन्द्रनीलनीलाभ्रवृन्दमन्दाविलं नभः॥ दीर्घिकानववार्योघमग्नसोपानपङ्क्तयः। वारिधाराभृशाघातविकासितसरोरुहाः॥ सरितःसागराकारा भूरव्यक्तजलस्थला। मन्द्रस्तनितजीमूतशिखिदर्दुरनादिता॥ इन्द्रगोपधनुःखण्डविद्युदुद्योतदीपिता। परितः श्यामलतृणा शिलीन्ध्रकुटजोज्ज्वला॥ तदादानाबले देहे मन्देऽग्नौ बाधिते पुनः। वृष्टिभूबाष्पतोयाम्लपाकदुष्टैश्चलादिभिः॥ बस्तिकर्म निषेवेत कृतसंशोधनक्रमः। पुराणशालिगोधूमयवान् यूषरसैः कृतैः। निगदं मदिरारिष्टमार्द्वीकं स्वल्पमम्बु वा। दिव्यं क्वथितकूपोत्थं चौण्डं सारसमेव वा। वृष्टिबातकुले त्वह्नि भोजनं क्लेदवातजित्। परिशुष्कं लघुस्निग्धमुष्णाम्ललवणं भजेत्॥ प्रायोऽन्नपानं सक्षौद्रं संस्कृतं च घनोदये। असरीसृपभूबाष्पशीतमारुतशीकरम्॥ सान्नियानं च भवनं निर्दंशमशकोन्दुरम्। प्रघर्षोद्वर्तनस्नानधूमगन्धागुरुप्रियः। यायात् करेणुमुख्याभिश्चित्रस्रग्वस्त्रभूषितः॥ नदीजलोदमन्थाहःस्वप्नातिद्रवमैथुनम्। तुषारपादचरणव्यायामार्ककरांस्त्यजेत्॥ अष्टाङ्गसङ्ग्रहः॥

२—सुश्रुत उत्तरतन्त्र ६४ अध्याय में प्रावृट् एवं वर्षा ऋतु की चर्या पृथक् २ पढ़ी है। इन्हें वहीं पर देखें।

लावान् कपिञ्जलानेणानुरभ्राञ्छरभाञ्छशान् ।
शालीन् सयवगोधूमान् सेव्यानाहुर्घनात्यये ॥४२॥

बादलों के हट जाने पर अर्थात् वर्षा ऋतु की समाप्ति अथवा शरत्काल में लाव (लवा), कपिञ्जल (श्वेत गोरैया), एण (हरिण) उरभ्र, (मेढ़ा अथवा दुम्बा), शरभ (महामृग), शशक (खरगोश); इनके मांस का तथा शालि चावल, जौ और गेहूँ का सेवन करना चाहिये ॥ ४२ ॥

तिक्तस्य सर्पिषः पानं विरेको रक्तमोक्षणम् ।
धाराधरात्यये कार्यमातपस्य च वर्जनम् ॥४३॥
वसां तैलमवश्यायमौदकानूपमामिषम् ।
क्षारं दधि दिवास्वप्नं प्राग्वातं चात्र वर्जयेत् ॥४४॥

इसी प्रकार शरद् ऋतु में तिक्त द्रव्यों से साधित घृत (कुष्ठ-चिकित्सितोक्त) को पीना, विरेचन एवं रक्तमोक्षण हितकर है। रक्त-मोक्षण इसीलिये हितकर है चूँकि इस ऋतु में रक्त दूषित हो जाता है। कहा भी है–'शरत्कालस्वभावाच्च शोणितं सम्प्रदुष्यति'। सबसे प्रथम पित्त की शान्ति के लिये तिक्त घृत का प्रयोग करना चाहिये। यदि इससे शान्त न हो तो विरेचन द्वारा शोधन करना चाहिये। यदि इससे भी शान्त न हो और रक्त दुष्ट हो तो रक्तमोक्षण हितकर है। विरेचन के लिये कार्तिक का महीना उत्तम है। अष्टाङ्गहृदय में कहा है—

श्रावणे कार्तिके चैत्रे मासि साधारणे क्रमात् ।
ग्रीष्मवर्षाहिमचितान् वाय्वादीनाशु निर्हरेत् ॥

परन्तु आतपसेवन (धूप में बैठना आदि), चरबी, तैल, अव-श्याय (ओस), औदक (मछली आदि जलचर प्राणी), तथा आनूप (जलप्राय देश के) पशु पक्षियों के मांस, क्षार, दही, दिन में सोना तथा पुरोवात का त्याग करना चाहिये ॥४३, ४४॥

दिवा सूर्यांशुसन्तप्तं निशि चन्द्रांशुशीतलम् ।
कालेन पक्वं निर्दोषमगस्त्येनाविषीकृतम् ॥४५॥
हंसोदकमिति ख्यातं शारदं विमलं शुचि ।
स्नानपानावगाहेषु हितमम्बु यथामृतम् ॥४६॥

जो जल दिन में सूर्य किरणों द्वारा तप्त हुआ हो, रात्रि में चन्द्रमा की किरणों से शीतल हो जाय, तथा च काल द्वारा पकाया जाकर दोष रहित हो जाय एवं अगस्त्य नक्षत्र के उदय होने के कारण जो विषरहित हो गया हो उसे हंसोदक कहते हैं। इस प्रकार के शरद् ऋतु के निर्मल एवं पवित्र जल से स्नान, पान तथा अव-गाहन आदि करना अत्यन्त लाभकर है। यह जल अमृत के समान गुण रखता है। वर्षा में जल अभिनव (ताजा, कच्चा) होता है, यथा च भूमि आदि के सम्बन्ध से उसमें चिपचिपापन, गुरुता तथा अम्लपाकिता आदि दोष उत्पन्न हो जाते हैं और वर्षा से सविष कृमियों (लूता आदि) तथा सर्प आदि के कारण जल विषयुक्त हो जाते हैं। परन्तु शरत्काल का जल इस प्रकार का नहीं होता है। वह कालस्वभाव से पककर दोषरहित एवं अगस्त्य के उदय से विषरहित हो जाता है। हंस शब्द से सूर्य और चन्द्रमा, दोनों का ग्रहण होता है अथवा हंसवत् अतिनिर्मल होने के कारण अथवा हंस के लिये सेवन योग्य (निर्मल) होने से इसे हंसोदक कहते हैं ॥४५, ४६॥

शारदानि च माल्यानि वासांसि विमलानि च ।
शरत्काले प्रशस्यन्ते प्रदोषे चेन्दुरश्मयः ॥४७॥

शरद् ऋतु में उत्पन्न होनेवाले फूलों की मालाओं तथा स्वच्छ वस्त्रों को पहनना शरद् ऋतु में प्रशस्त माना गया है। इसी प्रकार रात्रि के पूर्व याम में चन्द्रमा की किरणों (चाँदनी) में सोना अच्छा है। एक ऋतु के समाप्त होते समय उस ऋतु की विधि का त्याग तथा आनेवाली ऋतु की चर्या का सेवन क्रमशः ही करना चाहिये अन्यथा हानि होती है। कहा भी है—

'ऋत्वोरन्त्यादिसप्ताहावृतुसन्धिरिति स्मृतः ।
तत्र पूर्वो विधिस्त्याज्यः सेवनीयोऽपरः क्रमात् ॥
असात्म्यजा हि रोगाः स्युः सहसात्यागशीलनात् ॥४७॥

इत्युक्तमृतुसात्म्यं यच्चेष्टाहारव्यपाश्रयम् ।
उपशेते यदौचित्यादोकसात्म्यं तदुच्यते ॥४८॥

इस प्रकार हमने आहार तथा विहार सम्बन्धी ऋतुसात्म्य का उपदेश कर दिया है। इसी प्रसङ्ग में अब ओकसात्म्य का लक्षण बताते हैं—कि जो आहार विहार आदि केवल अभ्यास अर्थात् निरन्तर सेवन से ही उपशय अर्थात् सुख के कारण होते हैं उन्हें ओकसात्म्य कहते हैं। इसे हम आजकल के अंग्रेजी शब्द में Habit बन जाती है, ऐसा कह देते हैं। जैसे—अफीम कई लोगों को ओक-सात्म्य हो जाती है। स्वयं हानिकर होते हुए भी क्रमशः अभ्यास से उन लोगों को सुख का साधन होती है। यदि वे अफीम का एकदम त्याग करें तो उन्हें नाना प्रकार के कष्ट होते हैं ॥४८॥

इसके अनन्तर देशसात्म्य तथा रोगसात्म्य का लक्षण कहते हैं–

देशानामामयानां च विपरीतगुणं गुणैः ।
सात्म्यमिच्छन्ति सात्म्यज्ञाश्चेष्टितं चाद्यमेव च ॥४९॥

देश तथा रोगों के गुणों से विपरीत गुणवाले (तथा विपरीता-र्थकारी) आहार एवं विहार आदि उन उन के लिये सात्म्य होते हैं। ऐसा सात्म्य को जाननेवाले कहते हैं। यहाँ पर चार प्रकार का सात्म्य बताया गया है। इनमें ऋतुसात्म्य से देशसात्म्य, देशसात्म्य से ओकःसात्म्य तथा ओकःसात्म्यसे रोगसात्म्य बलवान् होता है ॥४९॥

तत्र श्लोकाः—

ऋतावृतौ नृभिः सेव्यमसेव्यं यच्च किञ्चन ।
तस्याशितीये निर्दिष्टं हेतुमत्सात्म्यमेव च ॥५०॥

इत्यग्निवेशकृते तन्त्रे चरकप्रतिसंस्कृते सूत्रस्थाने स्वस्थवृत्तचतुष्के तस्या-शितीयो नाम षष्ठोऽध्यायः ॥६॥

उपसंहार—तस्याशितीय नामक अध्याय में हमने प्रत्येक ऋतु में जो पथ्य-अपथ्य हैं, उन्हें कारण सहित बतला दिया है। इसी प्रकार यहीं पर ही सात्म्य का उपदेश भी कर दिया है ॥५०॥

इति षष्ठोऽध्यायः ।

सप्तमोऽध्यायः

अथातो न वेगान्धारणीयमध्यायं व्याख्यास्यामः ।
इति ह स्माह भगवानात्रेयः ॥१॥

इसके पश्चात् अब "न वेगान्धारणीय" नामक अध्याय अर्थात्

वेगों को नहीं रोकना चाहिये इत्यादि विषयक अध्याय की व्याख्या करते हैं—ऐसा भगवान् आत्रेय मुनि ने कहा ॥१॥

न वेगान् धारयेद्धीमाञ्जातान्मूत्रपुरीषयोः ।
न रेतसो न वातस्य न वम्याः क्षवथोर्न च ॥२॥
नोद्‌गारस्य न जृम्भायाः न वेगान् क्षुत्पिपासयोः ।
न बाष्पस्य न निद्राया निःश्वासस्य श्रमेण च ॥३॥

बुद्धिमान् पुरुष को चाहिये कि वह मूत्र, पुरीष (पाखाना) वीर्य, मलवात, कै, छींक, उद्‌गार (डकार), जम्भाई, भूख, प्यास, आँसू, निद्रा; इनके वेगों को तथा थकावट से उत्पन्न हुए श्वास के वेगों को न रोके। अर्थात् जब ये वेग उत्पन्न हो जायें उस समय इनका रोकना हानिकारक होता है। वाग्भट ने कास के वेग को रोकने के लिये भी निषेध किया है तथा च वेगधारण से—

"कासस्य रोधात्तद्‌वृद्धिः श्वासारुचिहृदामयाः ।
शोषो हिक्का च कार्योऽत्र कासहा सुतरां विधिः ॥"

कास की वृद्धि, श्वास, अरुचि, हृद्रोग, शोष, हिक्का आदि उपद्रव हो जाते हैं॥ सुश्रुत ने (उत्तर० ५५ अ०) उपर्युक्त १३ के वेगधारण से उत्पन्न होनेवाले १३ उदावर्त माने हैं। चरक ने अष्टोदरीय (सू० १६ अ०) में ६ उदावर्त्त माने हैं, शेष ७ को वातजोदावर्त्त में ही मान लिया है ऐसा प्रतीत होता है ॥२, ३॥

एतान् धारयतो जातान् वेगान् रोगा भवन्ति ये ।
पृथक्पृथक्चिकित्सार्थं तान्मे निगदतः शृणु ॥४॥

इन उत्पन्न हुए वेगों को रोकने के कारण जो जो रोग उत्पन्न होते हैं उन उन रोगों का विवरण चिकित्सा के लिये मुझ से सुनिये ॥४॥

बस्तिमेहनयोः शूलं मूत्रकृच्छ्रं शिरोरुजा ।
विनामो वङ्क्षणानाहः स्याल्लिङ्गं मूत्रनिग्रहे ॥५॥

मूत्रनिग्रह से उत्पन्न होनेवाले रोग—मूत्र के वेग को रोकने से बस्ति (मूत्राशय) तथा मेहन (मूत्रेन्द्रिय) में शूल, मूत्रकृच्छ्र (कष्ट से मूत्र आना), सिर दर्द, विनाम (दर्द के कारण झुक जाना), वङ्क्षण देश का आनाह (अर्थात् मूत्राशय में मूत्र के भरे रहने के कारण वङ्क्षणप्रदेश पर बन्धनवत्पीड़ा होनी) प्रभृति लक्षण होते हैं। सुश्रुत में—

मूत्रस्य वेगेऽभिहते नरस्तु कृच्छ्रेण मूत्रं कुरुतेऽल्पमल्पम् ।
मेढ्रे गुदे वङ्क्षणमुष्कयोश्च नाभिप्रदेशे त्वथवापि मूर्ध्नि ॥
आनद्धवस्तेश्च भवन्ति तीव्राः शूलाश्च शूलैरिव भिन्नमूर्तेः ५।

इस प्रकार मूत्राशय के वेग को रोकने से जब मूत्राशय मूत्र को बाहर न निकाल सके तब उसकी चिकित्सा क्या होनी चाहिये—

स्वेदावगाहनाभ्यङ्गान् सर्पिषश्चावपीडकम्[1] ।
मूत्रप्रतिहते कुर्यात्त्रिविधं बस्तिकर्म च ॥६॥

मूत्राघात होने पर स्वेद, अवगाहन (Sitz Bath आदि), अभ्यङ्ग (तैल आदि की मालिश) तथा घृत का अवपीडक रूप से प्रयोग तथा त्रिविध वस्तिकर्म अर्थात् आस्थापन, अनुवासन तथा उत्तरवस्ति करानी चाहिये ॥६॥

पक्वाशयशिरःशूलं वातवर्चोनिरोधनम् ।
पिण्डिकोद्वेष्टनाध्मानं पुरीषे स्याद्विधारिते ॥७॥

पुरीषधारण से उत्पन्न होनेवाले रोग—पुरीष अर्थात् मल के वेग को रोकने से पक्वाशय में शूल, शिरोवेदना, मलवात का बाहिर न निकलना, पाखाना न आना, पिंडिकोद्वेष्टन (जंघा की पिण्डलियों में खिंचाव सा मालूम होना) और आध्मान (अफारा); प्रभृति लक्षण दिखाई देते हैं। अभिप्राय यह है कि मूत्र, मल आदि के वेगों के रोकते रहने से इनको बाहर निकालनेवाली मांसपेशियाँ आदि यथासमय संकुचित होकर बाहर निकालने के कार्य को नहीं करतीं जिससे उपर्युक्त लक्षण पैदा हो जाते हैं। सुश्रुत में—

आटोपशूलौ परिकर्त्तनञ्च सङ्गः पुरीषस्य तथोर्ध्ववातः ।
पुरीषमास्यादथवा निरेति पुरीषवेगेऽभिहते नरस्य ॥७॥

स्वेदाभ्यङ्गावगाहाश्च वर्तयो बस्तिकर्म च ।
हितं प्रतिहते वर्चस्यन्नपानं प्रमाथि च ॥८॥

पुरीषाघात की चिकित्सा—पुरीषरोध में स्वेदन, अभ्यङ्ग (तैल आदि की मालिश), अवगाहन, वर्त्तिप्रयोग (Suppositories), बस्तिकर्म (Enema) तथा अनुलोमन करनेवाले (आंतों की Peristaltic movements तरंग गति को ठीक प्रकार से चलाने में सहायक) अन्न, पान तथा औषधि की व्यवस्था करनी चाहिये ॥८॥

मेढ्रे वृषणयोः शूलमङ्गमर्दो हृदि व्यथा ।
भवेत्प्रतिहते शुक्रे विबद्धं मूत्रमेव च ॥ ९ ॥

वीर्य के वेग को रोकने से उत्पन्न होनेवाले लक्षण—मेढ्र (मूत्रेन्द्रिय) तथा वृषण (अण्डकोष अथवा अण्डों) में शूल (तीक्ष्ण वेदना), अङ्गों में पीड़ा, तथा मूत्ररोध हो जाता है। सुश्रुत में—

मूत्राशये वा गुदमुष्कयोश्च शोफो रुजा मूत्रविनिग्रहश्च ।
शुक्राश्मरी तत्स्रवणं भवेद्वा ते ते विकारा विहते तु शुक्रे ॥६॥

तत्राभ्यङ्गावगाहाश्च मदिरा चरणायुधाः ।
शालिः पयो निरूहाश्च शस्तं मैथुनमेव च ॥१०॥

शुक्ररोध की चिकित्सा—शुक्रवेग को रोकने से उत्पन्न हुई व्याधि को रोकने के लिये अभ्यङ्ग, अवगाहन, मदिरा, कुक्कुटमांस, शालि चावल, पय (दूध), निरूहण (आस्थापन) वस्ति तथा मैथुन हितकर है।

वातमूत्रपुरीषाणां सङ्गो ध्मानं क्लमो रुजा ।
जठरे वातजाश्चान्ये रोगाः स्युर्वातनिग्रहात् ॥११॥

मलवात को रोकने से उत्पन्न होनेवाले लक्षण—मलवात को रोकने से मलवात, मूत्र एवं पुरीष का बाहर न आना, आध्मान (अफारा), क्लम (क्लान्ति, थकावट मालूम होना), पेट में दर्द तथा पेट में अन्य वातज रोगों का प्रादुर्भाव होता है। सुश्रुत में—

'आध्मानशूलौ हृदयोपरोधं शिरोरुजं श्वासमतीव हिक्काम् ।
कासप्रतिश्यायगलग्रहांश्च बलासपित्तप्रसरञ्च घोरम् ।
कुर्यादपानोऽभिहतः स्वमार्गं हन्यात्पुरीषं मुखतः क्षिपेद्वा ॥'

१—मूत्रजेषु तु पाने च प्राग्भक्तं शस्यते घृतम् । जीर्णान्तिकं चोत्तमया मात्रया योजनाद्वयम् । अवपीडक तच्च संज्ञितम्...॥ इत्यष्टाङ्गसंग्रहे । अर्थात् भोजन से पूर्व तथा पूर्वदिन (कल) के खाये हुए अन्न के जीर्ण होने पर जो उत्तममात्रा (अहोरात्र में परिणत होनेवाली) में घृतपान कराया जाता है, इन दोनों को अवपीडक नाम से कहा जाता है।

स्नेहस्वेदविधिस्तत्र वर्तयो भोजनानि च।
पानानि बस्तयश्चैव शस्तं वातानुलोमनम् ॥१२॥

वातनिग्रह-चिकित्सा—स्नेहन, स्वेदन, वर्तिप्रयोग, अनुलोमक एवं वातहर भोजन तथा पेय पदार्थ, बस्तियाँ और वात का अनुलोपन करना चाहिए ॥१२॥

कण्डूकोठारुचिव्यङ्गशोथपाण्ड्वामयज्वराः।
कुष्ठहृल्लासवीसर्पाश्छर्दिनिग्रहजा गदाः ॥१३॥

वमि के वेग को रोकने से उत्पन्न होनेवाले लक्षण—कण्डू (खुजली), कोठ प्रादुर्भाव (शरीर पर चकत्तों का उठना), अरुचि, व्यङ्ग, शोथ, पाण्डुरोग (Anaemia), ज्वर, कुष्ठ (Skin diseasesत्वग्रोग) हृल्लास (उत्क्लेश जी मचलना) तथा वीसर्प (Erysipelas) प्रभृति रोग कै के वेग को रोकने से उत्पन्न हो जाते हैं। सुश्रुत में—'छर्देर्विघातेन भवेच्च कुष्ठं येनैव दोषेण विदग्धमन्नम्' ॥१३॥

भुक्त्वा प्रच्छर्दनं धूमो लङ्घनं रक्तमोक्षणम्।
रूक्षान्नपानं व्यायामो विरेकश्चात्र शस्यते ॥१४॥

इनकी चिकित्सा—इसमें भोजन करा के तत्क्षण वमि कराना, धूमपान, लङ्घन (उपवास अथवा लघु भोजन), रक्तमोक्षण, रूक्ष खान, पान, व्यायाम (कसरत) तथा विरेचन कराना हितकर है ॥१४॥

मन्यास्तम्भः शिरःशूलमर्दितार्धावभेदकौ।
इन्द्रियाणां च दौर्बल्यं क्षवथोः स्याद्विधारणात् ॥१५॥

छींक को रोकने से उत्पन्न होनेवाले रोग—छींक के वेग को रोकने से मन्यास्तम्भ, शिरोवेदना, अर्दित अर्धावभेदक (आधे सिर का दर्द) तथा इन्द्रियों की दुर्बलता प्रभृति रोग उत्पन्न होते हैं। सुश्रुत में—भवन्ति गाढं क्षवथोर्विघाताच्छिरोऽक्षिनासाश्रवणेषु रोगाः ॥

तत्रोर्ध्वजत्रुकेऽभ्यङ्गः स्वेदो धूमः सनावनः।
हितं वातघ्नमाद्यं च घृतं चौत्तरभक्तिकम् ॥१६॥

चिकित्सा—इन लक्षणों में जत्रु सन्धि से ऊपर के प्रदेश में अभ्यङ्ग स्वेद धप्रपान, नस्यकर्म, वातहर, अन्न का सेवन तथा भोजनानन्तर घृतपान हितकर है ॥१६॥

हिक्का कासोऽरुचिः कम्पो विबन्धो हृदयोरसोः।
उद्गारनिग्रहात्तत्र हिक्कायास्तुल्यमौषधम् ॥ १७ ॥

उद्गारनिग्रहजन्य रोग तथा चिकित्सा—उद्गारों (डकार) को रोकने से हिक्का (हिचकी), श्वास, अरुचि, कम्प, हृदय तथा छाती का बन्द या भारी हुआ सा मालूम होना; प्रभृति लक्षण उत्पन्न हो जाते हैं। इनकी चिकित्सा हिक्कारोग के समान ही जाननी चाहिये। सुश्रुत में—

कण्ठास्यपूर्णत्वमतीव तोदः कूजश्च वायोरथवाऽप्रवृत्तिः।
उद्गारवेगेऽभिहते भवन्ति जन्तोर्विकाराः पवनप्रसूताः ॥१७॥

विनामाक्षेपसङ्कोचाः सुप्तिः कम्पः प्रवेपनम्।
जृम्भाया निग्रहात्तत्र सर्वं वातघ्नमौषधम् ॥१८॥

जम्भाई को रोकने से उत्पन्न होनेवाले लक्षण तथा उनकी चिकित्सा—जम्भाई को रोकने से विनाम (शरीर का नमना), आक्षेप (Convulsions), सङ्कोच (सिकुड़ना), सुप्तिवात (स्पर्श ज्ञान न होना), कम्पवात तथा कांपना प्रभृति रोग होते हैं। इसमें वातनाशक आहार विहार तथा औषधका प्रयोग कराना चाहिये। सुश्रुत में—

मन्यागलस्तम्भ-शिरोविकाराः जृम्भोपघातात्पवनात्मकाः स्युः।
तथाक्षिनासावदनामयाश्च भवन्ति तीव्राः सह कर्णरोगैः ॥१८॥

कार्श्यदौर्बल्यवैवर्ण्यमङ्गमर्दोऽरुचिर्भ्रमः।
क्षुद्वेगनिग्रहात्तत्र स्निग्धोष्णं लघु भोजनम् ॥१९॥

भूख के वेग को रोकने से उत्पन्न रोग तथा उनकी चिकित्सा—भूख के वेग को रोकने से कृशता, दुर्बलता, विवर्णता (शरीर के वर्ण का दुष्ट होना), अङ्गों में पीड़ा, अरुचि और भ्रम (सिर में चक्कर आना) प्रभृति लक्षण उत्पन्न होते हैं। इनकी चिकित्सा के लिये रोगी को स्निग्ध, उष्ण तथा हलका भोजन करायें। सुश्रुत में—तन्द्राङ्गमर्दावरुचिर्भ्रमश्च क्षुधो विघातात् कृशता च दृष्टेः ॥१६॥

कण्ठास्यशोषो बाधिर्यं श्रमः श्वासो हृदि व्यथा।
पिपासानिग्रहात्तत्र शीतं तर्पणमिष्यते ॥ २० ॥

प्यास को रोकने से उत्पन्न होनेवाले लक्षण तथा उनकी चिकित्सा—प्यास को रोकने से कण्ठ तथा मुख का सूखना, बधिरता (बहरापन), थकावट, शिथिलता तथा हृदयदेश पर पीड़ा होती है। इनके निवारण के लिये शीत एवं तृप्तिकर पानक (अथवा तर्पण से सत्तुओं का ग्रहण करना चाहिए) आदि का उपयोग कराना चाहिये। सुश्रुत में भी—

'कण्ठास्यशोषः श्रवणावरोधस्तृष्णाविघाताद् हृदये व्यथा च'।
तथा च—'तृष्णाघाते पिबेन्मन्थं यवागूं वापि शीतलाम्' ॥२०॥

प्रतिश्यायोऽक्षिरोगश्च हृद्रोगश्चारुचिर्भ्रमः।
बाष्पनिग्रहणात्तत्र स्वप्नो मद्यं प्रियाः कथाः ॥२१॥

आंसुओं को रोकने से उत्पन्न होनेवाले लक्षण तथा उनकी चिकित्सा—आँसुओं को रोकने से प्रतिश्याय (जुकाम, नजला), नेत्र रोग, हृदय के रोग, अरुचि, भ्रम (सिर में चक्कर आना), आदि लक्षण होते हैं। इनकी चिकित्सा के लिये शयन, मद्य तथा रोगी को प्रिय लगनेवाली बातें एवं कथा आदि उपयोगी हैं। सुश्रुत में भी—

'आनन्दजं वाप्यथ शोकजं वा नेत्रोदकं प्रातममुञ्चतो हि।
शिरोगुरुत्वं नयनामयाश्च भवन्ति तीव्राः सह पीनसेन' ॥२१॥

जृम्भाऽङ्गमर्दस्तन्द्रा च शिरोरोगाक्षिगौरवम्।
निद्राविधारणात्तत्र स्वप्नः संवाहनानि च ॥२२॥

निद्रा के वेग को रोकने से उत्पन्न होनेवाली व्याधियाँ तथा उनकी चिकित्सा—निद्रावेग को रोकने से जम्भाई, अंगोंमें पीड़ा, तन्द्रा (आलस्य) शिरोरोग (शिर अथवा मस्तिष्क के रोग), आंखों का भारीपन इत्यादि लक्षण उत्पन्न हो जाते हैं। इनके निवारण के लिए स्वप्न (शयन, सोना) तथा संवाहन अर्थात् टांग, हाथ अथवा शिर आदि को दबवाना एवं हलके २ मुष्टि-प्रहार आदि हितकर हैं। सुश्रुत मे—

'जृम्भाङ्गमर्दोऽङ्गशिरोऽक्षिजाड्यं निद्राविघातादथवापि तंद्रा' तथा चिकित्सार्थ—'निद्राघाते पिबेत्क्षीरं सुप्याच्चेष्टकथारतः' ॥२२॥

गुल्महृद्रोगसंमोहाः श्रमनिश्वासधारणात्।
जायन्ते, तत्र विश्रामो वातघ्न्यश्च क्रिया हिताः ॥२३॥

श्रमनिश्वास-धारण-जन्य रोग तथा उनकी चिकित्सा-थकावट से उत्पन्न हुए श्वास के वेग को रोकने से गुल्म, हृद्रोग तथा संमोह (मूर्च्छा) प्रभृति लक्षण उत्पन्न हो जाते हैं। इनकी चिकित्सा के लिये पूर्ण विश्राम तथा वातनाशक क्रिया करनी चाहिये। सुश्रुत में-—'श्रान्तस्य निःश्वासविनिग्रहेण हृद्रोगमोहावथवाऽपि गुल्मः'। तथा चिकित्सा—भोज्यो रसेन विश्रान्तः श्रमश्वासातुरो नरः' ॥२३॥

वेगनिग्रहजा रोगा य एते परिकीर्तिताः।
इच्छंस्तेषामनुत्पत्तिं वेगानेतान्न धारयेत् ॥२४॥

यह जो वेगों के रोकने से उत्पन्न होनेवाले रोगों की परिगणना की गयी है; इनकी उत्पत्ति को न होने देने के लिये इन वेगों का धारण कदापि न करना चाहिये ॥२४॥

इमांस्तु धारयेद्वेगान् हितैषी प्रेत्य चेह च।
साहसानामशस्तानां मनोवाक्कायकर्मणाम् ॥२५॥

परन्तु अपना हित चाहनेवाले पुरुष को चाहिये कि वह इस जन्म में तथा जन्मान्तर में निम्नलिखित वेगों को रोकने का प्रयत्न करे। जैसे-साहस (अपनी शक्ति या सामर्थ्य से अधिक बलवत्कर्म करना) तथा मन, वचन एवं शरीर द्वारा अशस्त कर्म करना अर्थात् बुरा सोचना, बुरा कहना तथा बुरा काम करना ॥२५॥

लोभशोकभयक्रोधमानवेगान्[1] विधारयेत्।
नैर्लज्ज्येर्ष्यातिरागाणामभिध्यायाश्च बुद्धिमान् ॥२६॥

एवं लोभ, शोक, भय, क्रोध, अहंकार, निर्लज्जता, ईर्ष्या (दूसरे की बढ़ती देखकर जलना), किसी विषय में अत्यन्त राग तथा अभिद्रोह अथवा परधन में इच्छा प्रभृति मन के वेगों को रोकना चाहिये ॥

परुषस्यातिमात्रस्य सूचकस्यानृतस्य च।
वाक्यस्याकालयुक्तस्य धारयेद्वेगमुत्थितम् ॥२७॥

अत्यन्त कठोर (अथवा कठोर एवं बहुत बोलना) दिल में चुभनेवाले, चुगली खानेवाले, झूठे तथा समय को न देखकर कहे जानेवाले वचनों के उत्पन्न हुए वेगों को रोकना चाहिये ॥२७॥

देहप्रवृत्तिर्या काचिद्वर्तते परपीडया।
स्त्रीभोगस्तेयहिंसाद्या तस्या वेगान्विधारयेत् ॥२८॥

और जो कोई भी शारीरिक कर्म दूसरों को पीड़ा देने वाले हों, जैसे—परस्त्री सम्भोग, चोरी, हिंसा आदि; उनके वेगों को भी रोकना चाहिये ॥ २८ ॥

पुण्यशब्दो विपापत्वान्मनोवाक्कायकर्मणाम्।
धर्मार्थकामान् पुरुषः सुखी भुङ्क्त चिनोति च[2] ॥२९॥

मन, वचन तथा शारीरिक कर्म द्वारा पापरहित पुरुष पुण्यकीर्ति होता है, तथा सुखी रहता हुआ धर्म, अर्थ एवं काम का उपभोग करता है तथा इनका सञ्चय (जन्मान्तर के लिये) करता है ॥२९॥

१—'०क्रोधद्वेषमानजुगुप्सित—' इति पा०।

२-अस्माच्छ्लोकादनन्तरं 'स्याच्छिलालकुटाकर्षाद्धनुराकर्षणादपि। व्यायामाद्वहुधाङ्गानां व्यायाम इति शब्दितः॥ गात्रेष्वायम्यमानेषु तेषु रक्तं विधावति। तद्गात्रेषु विभक्तं हि मांसीभवति मर्दनात्॥ स्रोतःसु रुद्धो वायुर्यः स चापि प्रतिसार्यते। मारुते प्रगुणीभूते सुखं गात्रेषु जायते॥ कान्तवर्णत्वमङ्गानां सुविभक्तत्वमेव च। प्रशुद्धोच्छ्वासनिःश्वासचेष्टत्वमशने रुचिः॥' इति क्वचिदधिकः पाठः॥

शरीरचेष्टा या चेष्टा स्थैर्यार्था[1] बलवर्धिनी।
देहव्यायामसंख्याता मात्रया तां समाचरेत्[2] ॥३०॥

व्यायाम का लक्षण—जो शरीर की चेष्टा मन को अभीष्ट होते हुए स्थिरता, दृढ़ता तथा बल बढ़ाने के लिए की जाती है, उस चेष्टा का नाम शारीरिक व्यायाम है। इस व्यायाम को मात्रापूर्वक ही करना चाहिये। सुश्रुत में व्यायाम की मात्रा को बताते हुए कहा है कि आधे बल से व्यायाम किया जाये।

यथा—सर्वेष्वृतुष्वहरहः पुंभिरात्महितैषिभिः।
बलस्यार्धेन कर्त्तव्यो व्यायामो हन्त्यतोऽन्यथा ॥

इस बलार्द्ध का लक्षण यह है—

हृदिस्थानस्थितो वायुर्यदा वक्त्रं प्रपद्यते।
व्यायामं कुर्वतो जन्तोस्तद्बलार्द्धं विनिर्दिशेत् ॥

अथवा—कक्षाललाटनासासु हस्तपादादिसन्धिषु।
प्रस्वेदात् मुखशोषाच्च बलार्द्धं तद्विनिर्दिशेत् ॥

अर्थात् फुफ्फुस के अन्तिम सिरे तक छोटे २ कोष्ठकों में भी जब व्यायाम करते हुए श्वास प्रश्वास होने लगे उसे बलार्द्ध जानना चाहिये। अथवा कक्षा, मस्तक, नाक तथा हाथ पैर आदि की सन्धियों में पसीना आने से तथा मुख के सूखने से बलार्द्ध जानना चाहिये ॥३०॥

लाघवं कर्मसामर्थ्यं स्थैर्यं क्लेशसहिष्णुता।
दोषक्षयोऽग्निवृद्धिश्च व्यायामादुपजायते[3] ॥३१॥

१—'स्थैर्यात्मा' इति पा०।

२—अस्माच्छ्लोकादनन्तरं-'क्रमवृद्ध्या सदारोग्यशरीरबलपुष्टिदः। आरोग्यबलपुष्टिघ्नः स एवाक्रमसेवितः॥ स्वेदागमः श्वासवृद्धिर्गात्राणां चातिलाघवम्। हृदयाद्युपरोधश्च इति व्यायामलक्षणम्॥ इत्यधिकः पाठः समुपलभ्यते।

३—सुश्रुत में भी व्यायाम का लक्षण तथा इसके लाभ बताये हैं—

शरीरायासजननं कर्म व्यायामसंज्ञितम्। तत्कृत्वा तु सुखं देहं विमृद्नीयात्समन्ततः॥ शरीरोपचयः कान्तिर्गात्राणां सुविभक्तता। दीप्ताग्नित्वमनालस्यं स्थिरत्वं लाघवं मृजा॥ श्रमक्लमपिपासोष्णशीतादीनां सहिष्णुता। आरोग्यं चापि परमं व्यायामादुपजायते॥ न चास्ति सदृशं तेन किंचित् स्थौल्यापकर्षणम्। न च व्यायामिनं मर्त्यं मर्दयन्त्यरयो भयात्॥ न चैनं सहसाऽऽक्रम्य जरा समधिरोहति। स्थिरीभवति मांसं च व्यायामाभिरतस्य च॥ व्यायामक्षुण्णगात्रस्य पद्भ्यामुद्वर्त्तितस्य च॥ व्याधयो नोपसर्पन्ति सिंहं क्षुद्रमृगा इव॥ वयोरूपगुणैर्हीनमपि कुर्यात्सुदर्शनम्। व्यायामं कुर्वतो नित्यं विरुद्धमपि भोजनम्। विदग्धमविदग्धं वा निर्दोषं परिपच्यते॥ व्यायामो हि सदा पथ्यो बलिनां स्निग्धभोजिनाम्। स च शीते वसन्ते च तेषां पथ्यतमः स्मृतः॥

शरीर के भार का लगभग आधा भाग मांसपेशियों का है। ये मांसपेशियाँ जिस शक्ति को पैदा करती हैं उसमें शरीर की उष्णता तथा चलने फिरने आदि के अतिरिक्त अन्य कार्य भी होते हैं। मांसपेशियों के द्वारा ही रक्तसंवहन श्वास प्रश्वास तथा आमाशय एवं आंत आदियों की गति में सहायता मिलती है। यह न समझना चाहिये कि यह शक्ति तभी उत्पन्न होती है जब कि मांसपेशियों को अपनी इच्छा होने पर संकुचित किया जाता

व्यायाम (मात्रा में किये गये) से शरीर में लघुता (हलकापन, फुर्तीलापन), कार्य करने की शक्ति, स्थिरता क्लेश तथा दुःखों को सहना, दोषों का नाश और अग्नि की वृद्धि होती है ॥३१॥

श्रमः क्लमः क्षयस्तृष्णा रक्तपित्तं प्रतामकः ।
अतिव्यायामतः कासो ज्वरश्छर्दिश्च जायते[1] ॥३२॥

अति व्यायाम से थकावट, क्लम (परिश्रम करने के विना ही जो थकावट होती है), रस रक्त आदि धातुओं का क्षय, तृष्णा रोग, रक्त पित्त, प्रतमक श्वास (दमा), कास (खांसी) ज्वर तथा कै होती है। यहाँ पर कई 'दोष' से मेदोदुष्टि का ग्रहण करते हैं। वृद्धवाग्भट में कहा है—

लाघवं कर्मसामर्थ्यं दीप्तोऽग्निर्मेदसः क्षयः ।
विभक्तघनगात्रत्वं व्यायामादुपजायते ॥३२॥

व्यायामहास्यभाष्याध्वग्राम्यधर्मप्रजागरान् ।
नोचितानपि सेवेत बुद्धिमानतिमात्रया ॥३३॥

व्यायाम, हास्य (हंसना), भाष्य (बोलना), सैर करना या चलना, मैथुन तथा रात्रिजागरण प्रभृति का चाहे अभ्यास भी हो तो भी बुद्धिमान् पुरुषको चाहिये कि अधिक मात्रा में सेवन न करे। सुश्रुत में भी कहा है—

'न स्वप्नजागरणशयनाशनचङ्क्रमणयानवाहनप्रधावनलङ्घनप्लवनप्रतरणहास्यभाष्यव्यवायव्यायामादीनुचितानप्यति सेवेत' ॥३३॥

एतानेवंविधांश्चान्यान् योऽतिमात्रं निषेवते ।
गजः सिंहमिवाकर्षन् सहसा स विनश्यति[2] ॥३४॥

इन्हें तथा इस प्रकार के अन्य कार्यों को जो अति मात्रा में सेवन करता है वह शीघ्र ही रोग एवं मृत्यु का ग्रास होता है। जैसे सिंह हाथी को मार कर पुनः उसे खींच कर दूसरी जगह ले जाना चाहता है अर्थात् मात्रा से अधिक उसे खींचने में शक्ति लगाता है तो उसका परिणाम यही होता है कि वह मर जाता है ॥३४॥

उचितादहिताद्धीमान् क्रमशो विरमेन्नरः ।
हितं क्रमेण सेवेत, क्रमश्चात्रोपदिश्यते ॥३५॥

बुद्धिमान् पुरुष को चाहिये कि वह उचित अर्थात् अभ्यस्त परन्तु अहितकर आहार विहार आदि को क्रमशः धीरे २ छोड़ दे और हितकर आहार विहार आदि का क्रमपूर्वक सेवन करना प्रारंभ कर दे। अहितकर आहार विहार के त्याग तथा हितकर आहार विहार के सेवन का क्रम श्लोक में बताया गया है ॥३५॥

प्रक्षेपापचये ताभ्यां क्रमः[1] पादांशिको भवेत् ।
एकान्तरं ततश्चोर्ध्वं द्व्यन्तरं त्र्यन्तरं तथा ॥३६॥

हित के सेवन तथा अहित के त्याग का क्रम—अहितकर आहारादि के त्याग और हितकर आहारादि के सेवन करने के लिये पादांशिक क्रम होता है। कई आचार्य पदांश शब्द का अर्थ चतुर्थांश कथा च कई षोडशांश (सोलहवाँ भाग) ऐसा करते हैं। इसका अभिप्राय यह है कि जिस अहितकर आहार आदि के सेवन का कोई अभ्यासी हो चुका है, उस मनुष्य को चाहिये कि वह सबसे पूर्व उसके चतुर्थांश अथवा षोडशांश भाग को छोड़ दे। और उसकी जगह हितकर (अनभ्यस्त) आहार आदिके चतुर्थांश अथवा षोडशांश से प्रारम्भ करे। और जैसे जैसे क्रमशः अहितकर को छोड़ता जाता है वैसे ही वैसे क्रमशः हितकर को बढ़ाता जाय।

इसके साथ ही एक दिन, दो दिन तथा तीन दिन आदि इस प्रकार बीच में व्यवधान होता जाय। जैसे—प्रथम दिन पादांश अहित का त्याग तथा पादांश हित के सेवन करने पर (३भाग अहित सेवन—१ भाग हित सेवन) दूसरा दिन सम्पूर्ण अपथ्य का ही सेवन करे। इस प्रकार एक दिन का व्यवधान हो गया। तीसरे दिन पुनः दो भाग अहित त्याग तथा दो भाग हित सेवन (२ भाग अहित + २ भाग हित सेवन) करे। चौथे दिन भी तृतीय दिन की विधि ही रक्खे। पाँचवें दिन प्रथम दिन की विधि करे। इस प्रकार दो दिन अर्थात् तीसरे और चौथे दिन का व्यवधान हो जाता है। छठे दिन तीन भाग अहितत्याग तथा तीन भाग हित सेवन (१ भाग अहित सेवन + ३ भाग हित सेवन) करना चाहिये। सातवें एवं आठवें दिन वही अर्थात् छठे दिन की विधि का अवलम्बन करे। नवम दिवस को तृतीय दिवस का क्रम करना चाहिये। इस प्रकार तीन दिन अर्थात् छठे, सातवें और आठवें दिन का व्यवधान हो जाता है। दशम दिवस सम्पूर्ण हित-पथ्य का ही सेवन करें इसी प्रकार ग्यारहवें, बारहवें और तेरहवें दिन भी सम्पूर्ण पथ्य का ही सेवन करना उचित है। चौदहवें दिन तीन भाग अपथ्य त्याग तथा तीन भाग पथ्य सेवन

हो। शरीर में ये मांशपेशियां निरन्तर उष्णता को पैदा करती रहती हैं। यही उष्णता शरीर के तापांश को बनाये रखती है। व्यायाम से यह उष्णता अधिक पैदा होती है। अभिप्राय यह है कि व्यायाम से न केवल जाठराग्नि की वृद्धि होती है अपितु धात्वग्नि की भी। वस्तुतस्तु यहाँ धात्वग्नि की वृद्धि पर ही जाठराग्नि की वृद्धि का होना निर्भर है। यदि मनुष्य पोषक घृत आदि पदार्थों का सेवन करता हो और व्यायाम न करे तो रक्त में पोषक भाग बहुत अधिक जमा हो जाता है। परिणाम यह होता है कि वह मनुष्य मेदस्वी हो जाता है। यदि व्यायाम करता रहे तो मेद जमा नहीं होने पाती और जमा हुई जलकर शक्ति को पैदा करती है अन्यथा शिरोगौरव, गठिया, आमवात, मेदोरोग हो जाते हैं। व्यायाम से मलमूत्र पसीना आदि भी शीघ्र बाहर निकल जाते हैं जिससे शरीर नीरोग रहता है ॥

१—अस्माच्छ्लोकादनन्तरम् 'अरोगी जीर्णभक्तश्च नरो व्यायाममाचरेत्। नातिपीडाकरो देहे बलवान् श्लैष्मिके गदे ॥ व्यायामोष्णशरीरत्वात् स्वेदाच्च प्रविलायिते। श्लेष्मिणि श्लैष्मिका रोगा न भवन्ति शरीरिणः ॥ अजीर्णिनस्त्वामरसः व्यायामेनाकुलीकृतः। देहे विसर्पन् जनयेत् रक्तपित्तमयान् गदान् ॥ येऽतिव्यायामतो रोगा मानवानां भवन्ति हि । घृतमांसरसक्षीरबस्तिभिस्तानुपाचरेत् ॥ इत्यधिकः पाठः समुपलभ्यते ॥

२—अस्माच्छ्लोकादनन्तरं 'अतिव्यवायभाराध्वकर्मभिश्चातिकर्षिताः। क्रोधशोकभयायासैः क्लान्ता ये चापि मानवाः। बालवृद्धप्रवाताश्च ये चोच्चैर्बहुभाषकाः। ते वर्जयेयुर्व्यायामं क्षुधितास्तृषिताश्च ये ॥' इत्यधिकं योगीन्द्रनाथसेनः पठति ॥

१—पादश्चतुर्थोभागः स एवांशः इति पादांशः तेन कृतः पादांशिकः। अथवा पादस्य चतुर्थांशस्यांशश्चतुर्थो भागः षोडशांश इति यावत्।

अर्थात् छठे दिन की विधि होनी चाहिये। इस प्रकार चार दिन का अन्तर होता है। इससे आगे पन्द्रहवें दिन से लेकर पथ्य का ही प्रयोग करते रहना चाहिये। इसे हम इस प्रकार समझ सकते हैं—

प्रथम दिवस द्वितीय दिवस तृतीय दिवस चतुर्थ दिवस
३+१ ४ २+२ २+२
अहिताभ्यासी—
अपथ्य पथ्य अपथ्य अपथ्य पथ्य अपथ्यपथ्य
एकान्तर द्वयन्तर

पञ्चम दिवस षष्ठ दिवस सप्तम दिवस अष्टम दिवस
३+१ १+३ १+३ १+३
अपथ्यपथ्य अपथ्यपथ्य अपथ्यपथ्य अपथ्य पथ्य
प्रथम दिवस की विधि त्र्यन्तर

नवमदिवस दशमदिवस एकादशदिवस द्वा० दि० त्रयो०
२+२ ४ ४ ४ ४
अपथ्य पथ्य पथ्य पथ्य पथ्य पथ्य
तृतीयदिवस की विधि चतुरन्तर

चतुर्दश दिवस पञ्चदश दिवस से लेकर प्रतिदिन
१+३ ४
अपथ्य पथ्य पथ्य
छठे दिवस की विधि

इस प्रकार हमें पता लग जाता है कि प्रथम दिवस अहित के एक पाद का त्याग तथा हित के एक पाद का सेवन हो जाता है। तृतीय दिवस अहित के दो पाद का त्याग तथा हित के दो पाद का सेवन होता है। छठे दिन अहित के तीन पाद का त्याग तथा हित के तीन पाद का सेवन कराना होता है। दसवें दिन अहित के चारों पादों का त्याग हित के चारों पादों का सेवन कराना चाहिये। इस प्रकार ऊपर लिखे के अनुसार क्रम रखना चाहिये।

अथवा—योगीन्द्रनाथसेन के मतानुसार—प्रथम दिन अपथ्य के तीन पाद पथ्य का एक पाद, द्वितीय दिन सम्पूर्ण अपथ्य, तृतीय दिन अपथ्य के दो पाद और पथ्य के दो पाद। चतुर्थदिन तथा पञ्चम दिन सम्पूर्ण अपथ्य, छठे दिन अपथ्य का एक पाद तथा पथ्य के तीन पाद, सातवें, आठवें और नौवें दिन सम्पूर्ण अपथ्य, दसवें दिन पथ्य के ही चार पाद (अर्थात् सम्पूर्ण पथ्य) तदनन्तर पथ्य का ही सेवन करना चाहिये। परन्तु यह क्रम उचित नहीं है। क्योंकि इस क्रम में अपथ्य का सेवन क्रमशः बढ़ता ही जाता है जिससे अपथ्य का छूटना कठिन ही होगा।

अथवा दूसरे प्रकार का क्रम यह भी हो सकता है (यदि अन्तर शब्द का अर्थ व्यवधान न किया जाय) कि—प्रथम दिन अहित के एक पाद का त्याग तथा हित के एक पाद का सेवन, दूसरे दिन अहित के दो पाद का त्याग और हित के दो पाद का ग्रहण, तीसरे दिन भी यही क्रम, चौथे दिन अहित के तीन पाद का त्याग हित के तीन पाद का ग्रहण, पाँचवें और छठे दिन यही क्रम, सातवें दिन अहित के चारों पादों का त्याग तथा हित के चारों पादों (सम्पूर्णतया) का सेवन करना चाहिये। यही सातवें दिन का क्रम आठवें दिन से लेकर प्रतिदिन करना चाहिये। इस प्रकार भी एकान्तर आदि क्रम जारी रखा जाता है। इसे भी हम निम्न प्रकार समझ सकते हैं—

एकान्तर द्वयन्तर
प्रथम दिवस द्वितीय दिवस तृतीय दिवस
३+१, २+२, २+२
अहिताभ्यासी—
अपथ्य पथ्य अपथ्य पथ्य अपथ्य पथ्य
त्र्यन्तर

चतुर्थ दिवस पञ्चम दिवस षष्ठ दिवस
१+३, १+३, १+३,
अपथ्य पथ्य अपथ्य पथ्य अपथ्य पथ्य

सप्तम दिवस
४
पथ्य

प्रथम विधि के अनुसार इसका अर्थ करने से 'तथा' शब्द से चतुरन्त का ग्रहण होता है। द्वितीय प्रकार के क्रम में त्र्यन्तर तक ही रहता है।

अभिप्राय यह है कि किसी अहितकर अभ्यास का त्याग तथा हितकर का सेवन क्रमशः धीरे २ नियमपूर्वक करना चाहिये यही षोडशांश पथ्य सेवन एवं षोडशांश अपथ्य के त्याग का नियम है। अन्यथा हानि होने की सम्भावना रहती है ॥३६॥

क्रमेणापचिता दोषाः क्रमेणोपचिता गुणाः।
सन्तो यान्त्यपुनर्भावमप्रकम्प्या भवन्ति च ॥३७॥

इस प्रकार पादांशिक क्रम द्वारा नष्ट हुए दोष पुनः प्रादुर्भूत नहीं होते और सञ्चित हुए गुण अप्रकम्प होते हैं अर्थात् वे चलायमान नहीं किये जा सकते—हटाये नहीं जा सकते। परन्तु यदि हम अभ्यस्त अपथ्य का सहसा त्याग करायें तो 'असात्म्यजा हि रोगाःस्युः सहसात्यागशीलनात्' असात्म्यज रोग पैदा हो जाते हैं ॥३७॥

समपित्तानिलकफाः केचिद्गर्भादिमानवाः।
दृश्यन्ते वातलाः केचित्पित्तलाः श्लेष्मलास्तथा ॥३८॥
तेषामनातुराः पूर्वे, वातलाद्याः सदाऽऽतुराः
दोषानुशयिता ह्येषां देहप्रकृतिरुच्यते ॥३९॥

कई मनुष्य गर्भ से ही समान वात, पित्त एवं कफवाले होते हैं परन्तु वातप्रधान, कई पित्तप्रधान तथा कई कफप्रधान भी होते हैं। 'तथा' से द्वन्द्वज प्रकृतिवालों का भी ग्रहण करना चाहिये। इस प्रकार प्रकृति ७ प्रकार की होती है। सुश्रुत में भी ७ प्रकार की प्रकृति मानी है—'सप्तप्रकृतयो भवन्ति दोषैः पृथग् द्विशः समस्तैश्च' तथा विमानस्थान में आचार्य स्वयं भी कहेंगे—'शुक्रशोणितप्रकृतिं

कालगर्भाशयप्रकृतिं मातुराहारविहारप्रकृतिं महा भूतविकारप्रकृतिं च गर्भशरीरमपेक्षते । एता हि येन येन दोषेणाधिकेन समेन वा समनुबध्यन्ते तेन तेन दोषेण गर्भोऽनुबध्यते । ततः सा सा दोषप्रकृतिरुच्यते गर्भादिप्रवृत्ता । तस्माद्वातलाः प्रकृत्या केचित्, पित्तलाः केचित्, श्लेष्मलाः केचित्, संसृष्टाः केचित्, समधातवः प्रकृत्या केचिद्भवन्ति ।' इनमें से सम वात, पित्त, कफवाले नीरोग हैं तथा दूसरे अर्थात् वातप्रधान आदि सदा ही रोगी हैं । वस्तुतस्तु इनमें किसी दोष की प्रधानता होने से विकृति ही है । परन्तु वातल आदि पुरुषों में जो दोष प्रधान होता है उसी के नाम से उसकी देहप्रकृति कहलाती है । जैसे हम कहते हैं कि अमुक मनुष्य की वातप्रकृति है, अमुक की पित्तप्रकृति है इत्यादि । इन्हें उपचाररूप से ही स्वस्थ कहा जाता है । अथवा 'दोषानुशायिता' का अर्थ हम यह भी कर सकते हैं कि वात आदि दोष के गर्भ से लेकर मृत्यु पर्यन्त रहने के स्वभाववाले होने से वातल आदि को देहप्रकृतिवाला कहा जाता है ॥ ३८, ३९ ॥

विपरीतगुणस्तेषां स्वस्थवृत्तेर्विधिर्हितः ।
समसर्वरसं सात्म्यं समधातोः प्रशस्यते ॥४०॥

स्वस्थवृत्त में इन वातप्रकृति पुरुष आदियों के लिये उनकी प्रकृति से विपरीतगुण युक्त आहार विहार आदि हितकर हैं । और जो पुरुष समधातु हैं सम वात-पित्त कफवाले हैं उन्हें सम्पूर्ण (छहों) रसों का सम उपयोग ही सात्म्य है । यहाँ पर 'समसर्वरसं' से सब रसों का अनुरूप प्रयोग ऐसा अर्थ समझना चाहिये । क्योंकि भोजन में जितने परिमाण में मधुर रस का उपयोग होता है उतने ही परिमाण में कटुरस आदि का नहीं होता । अथवा सम शब्द का अर्थ अविरुद्ध-अविषम ऐसा करना चाहिये । इसका अभिप्राय यह है कि सम्पूर्ण रसों का सेवन तो किया जाये परन्तु परस्पर विरोधि द्रव्य अथवा विरोधि रस हों ।

तस्मात्तुषारसमये स्निग्धाम्ललवणान् रसान् ।
औदकानूपमांसानां मध्यानामुपयोजयेत् ॥ इत्यादि ॥

ऋतुचर्या में कही गयी उपर्युक्त विधि में समधातु पुरुष को अन्य कटुरस आदि के उपयोग के साथ २ ही अम्ल तथा लवण रस का विशेष प्रयोग करना चाहिये । अतएव वाग्भट ने भी—"नित्यं सर्वरसाभ्यासः स्वस्वाधिक्यमृतावृतौ" ऐसा कहा है । परन्तु वातल पुरुषों के लिये कटुतिक्त कषाय आदि रस के निषेध के साथ ही अम्ल तथा लवण रस का प्रभूत मात्रा में उपयोग आवश्यक है ॥ अतएव आचार्य ने सात्म्य का लक्षण बताते हुए कहा है—

दोषानामामयानां च विपरीतगुणं गुणैः ।
सात्म्यमिच्छन्ति सात्म्यज्ञाश्चेष्टितं चाद्यमेव च ॥सू० ६ अ०॥

द्वे अधः सप्त शिरसि खानि स्वेदमुखानि च ।
मलायनानि बाध्यन्ते दुष्टैर्मात्राधिकैर्मलैः ॥४१॥

नीचे के दो छिद्र अर्थात् गुदा तथा उपस्थ (मूत्रेन्द्रिय) एवं सिर में सात छिद्र अर्थात् दो नाक, दो कान, दो आंख तथा मुंह और स्वेदमुख (अर्थात् जहाँ से पसीना निकलता है, रोमकूप); ये सब मलमार्ग कहलाते हैं । ये मलमार्ग दुष्ट एवं परिमाण में बढ़े हुए मलों से विकृत हो जाते हैं ॥४१॥

मलवृद्धिं गुरुत्वेन लाघवान्मलसंक्षयम् ।
मलायनानां बुद्धयेत सङ्गोत्सर्गादतीव च ॥४२॥

मलमार्गों के गौरव (भारीपन) से मल की वृद्धि तथा लघुता (हलकापन) से मल की क्षीणता जाननी चाहिये । तथा च मल के अतीव सङ्ग (अप्रवृत्ति, न निकलने) से मल की क्षीणता और मल की अति उत्सर्ग (निकलना-प्रवृत्ति) से मल की वृद्धि समझी जाती है । यह चक्रपाणि की व्याख्या के अनुसार अर्थ है । इसमें वृद्धि के गौरव तथा उत्सर्ग दोनों को ध्यानमें रखना चाहिये और क्षीणता के ज्ञान के लिये लघुता एवं सङ्ग (अप्रवृत्ति) दोनों को देखना चाहिये । अन्यथा एक रोगी जिसे अत्यन्त कोष्ठबद्ध हो और पाखाना न आता हो तो अप्रवृत्ति समझ कर मल की क्षीणता न जाननी चाहिये । अपितु गौरव के साथ २ होने के कारण मलाधिक्य ही समझा जायगा । चरकोपस्कार नामक व्याख्या के कर्त्ता योगीन्द्रनाथसेन ने 'मल की अप्रवृत्ति से वृद्धि तथा मलोत्सर्ग से क्षय जानना चाहिये' ऐसी व्याख्या की है । अष्टाङ्गसंग्रह में लिखा भी है—'मलानां त्वतिसङ्गोत्सर्गाभ्याञ्च वृद्धिक्षयौ' । इसकी व्याख्या इन्दु ने भी इसी तरह की है । अर्थात् यदि मल शरीर से निकले तो वह वहीं जमा होने के कारण बढ़ जाता है । और निकलते जाने से शरीर में मल की कमी हो जाती है । मल की वृद्धि तथा मल की कमी ये दोनों ही हानिकर हैं । इनमें मलक्षय अधिक हानि पहुँचाता है । वृद्ध वाग्भट में कहा भी है—'वृद्धेस्तु मलानां क्षयः पीडयति सुतरामनौचित्यात्' इति ॥

तान्दोषलिङ्गैरादिश्य व्याधीन् साध्यानुपाचरेत् ।
व्याधिहेतुप्रतिद्वन्द्वैर्मात्राकालौ विचारयन् ॥४३॥

मलवृद्धि तथा मलक्षीणता से उत्पन्न होनेवाली अथवा मलवृद्धि या मलक्षीणता के लक्षण से युक्त साध्य व्याधियों को वात आदि दोषों के लक्षणों द्वारा विवेचना करके मात्रा (dose) तथा काल का विचार रखते हुए [1]व्याधिविपरीत या हेतुविपरीत या उभयविपरीत औषध, अन्न, विहार आदि द्वारा चिकित्सा करें ॥४३॥

विषमस्वस्थवृत्तानामेते रोगास्तथाऽपरे ।
जायन्तेऽनातुरस्तस्मात्स्वस्थवृत्तपरो भवेत् ॥४४॥

जो मनुष्य स्वस्थवृत के नियमों के अनुसार नहीं चलते; वे ही इन तथा अन्य रोगों से पीड़ित होते हैं । अतः स्वस्थ मनुष्यों को चाहिये कि यदि वे नीरोग रहना चाहते हों तो स्वस्थवृत्त के नियमों का पालन किया करें । क्योंकि "पङ्कप्रक्षालनाद्धि दूरादस्पर्शनं वरम्" Prevention is better than cure अर्थात् चिकित्सा कराने की अपेक्षा रोग को न होने देना ही उत्तम है ॥४४॥

माधवप्रथमे मासि नभस्यप्रथमे पुनः ।
सहस्यप्रथमे चैव हारयेद्दोषसंचयम् ॥४५॥

माधव अर्थात् वैशाख से प्रथम महीने (चैत्र) में नभस्य अर्थात् भाद्रपद से प्रथम मास (श्रावण) में तथा सहस्य अर्थात् पौष से प्रथम मास (मार्गशीर्ष) में वमन, बस्ति, विरेचन आदि शोधनों द्वारा संचित दोष को निकाल दें । परन्तु अष्टाङ्गहृदय में 'श्रावणे कार्तिके चैत्रे मासि साधारणे क्रमात्' कहा है । अर्थात् कार्तिक में पित्तनिर्हरण

१—इसकी व्याख्या निदानस्थान के प्रथम अध्याय में होगी ।

करना चाहिये। यह कार्तिक में पित्तनिर्हरण का जो विधान है, वह पित्त के अत्यन्त सञ्चित हो जाने पर शीघ्र निर्हरण के लिये ही जानना चाहिये अन्यथा मार्गशीर्ष के महीने में ही पित्तनिर्हरण का साधारण नियम है।

वृद्धवाग्भट में—

'शीतोष्णवर्षानिचितं चैत्रश्रावणकार्तिके।
क्रमात् साधारणे श्लेष्मवातपित्तं हरेद् द्रुतम्॥
प्रावृट्शरद्वसन्तानां मासेष्वेतेषु वा हरेत्।
साधारणेषु विधिना त्रिमासान्तरितान्मलान्॥४५॥

स्निग्धस्विन्नशरीराणामूर्ध्वं चाधश्च बुद्धिमान्।
बस्तिकर्म ततः कुर्यान्नस्तःकर्म च बुद्धिमान्॥४६॥
यथाक्रमं यथायोगमत ऊर्ध्वं प्रयोजयेत्।
रसायनानि सिद्धानि वृष्ययोगांश्च कालवित्॥४७॥

बुद्धिमान् वैद्य को चाहिये कि शरीर का स्नेहन तथा स्वेदन करके उपर्युक्त मासों में क्रमशः जिस मास में जिस दोष के सञ्चय का काल हो उसको निकालने के लिये वमन, विरेचन, वस्तिकर्म तथा नस्तः-कर्म (शिरोविरेचन) आदि यथायोग्य कर्म करे। जैसे चैत्र मास में वमन, श्रावण में वस्तिकर्म तथा मार्गशीर्ष में विरेचन, क्रम एवं देश काल आदि के अनुसार कराना चाहिये। अतएव कपिलबल ने भी कहा है–"मधौ सहे नभसि च मासि दोषान् प्रवाहयेत्। वमनैश्च विरेकैश्च निरूहैः सानुवासनैः॥" इस प्रकार शरीर का शोधन हो जाने के पश्चात् काल को जाननेवाला वैद्य सिद्ध (दृष्टफल) रसायन तथा सिद्ध वृष्य (वीर्यवर्द्धक तथा वाजीकर) योगों का सेवन करावे॥

रोगास्तथा न जायन्ते प्रकृतिस्थेषु धातुषु।
धातवश्चाभिवर्धन्ते जरा मान्द्यमुपैति च॥४८॥

इस प्रकार यथायोग्य नियमों के पालन से वात, पित्त तथा कफ; इन तीनों धातुओं के प्रकृति में रहने पर रोगों का प्रादुर्भाव नहीं होता तथा रस रक्त आदि सातों धातु बढ़ते हैं और वृद्धावस्था मन्द हो जाती है। अर्थात् स्वकाल से पूर्व वार्द्धक्य के चिह्न प्रकट नहीं होते॥४८॥

विधिरेष विकाराणामनुत्पत्तौ निदर्शितः।
निजानामितरेषां तु पृथगेवोपदिश्यते॥४९॥

यह स्वस्थवृत्त सम्बन्धी विधि निज (शारीर-वातादि दोष सम्बन्धी) विकारों को होने देने के लिये बतायी गयी है। आगन्तु एवं मानस रोगों के निवारण की विधि इससे पृथक् ही कही जायगी॥४९॥

ये भूतविषवाय्वग्निसम्प्रहारादिसम्भवाः।
नृणामागन्तवो रोगाः प्रज्ञा तेष्वपराध्यति॥५०॥

भूत, विष, वायु, अग्नि तथा प्रहार (चोट) आदि द्वारा जो मनुष्यों को आगन्तु रोग होते हैं, उन सब का कारण प्रज्ञापराध है। बुद्धि, धृति तथा स्मृति से भ्रष्ट हुआ पुरुष जो अशुभ कर्म करता है, उसे प्रज्ञापराध[1] कहते हैं॥५०॥

ईर्ष्याशोकभयक्रोधमानद्वेषादयश्च ये।
मनोविकारास्तेऽप्युक्ताः सर्वे प्रज्ञापराधजाः॥५१॥

ईर्ष्या, शोक, भय, क्रोध, मान (अहंकार) तथा द्वेष आदि जो विविध मानसिक विकार हैं उनका कारण भी प्रज्ञापराध ही है॥५१॥

त्यागः[1] प्रज्ञापराधानामिन्द्रियोपशमः स्मृतिः[2]।
देशकालात्मविज्ञानं सद्वृत्तस्यानुवर्तनम्॥५२॥
आगन्तूनामनुत्पत्तावेष मार्गो निदर्शितः।

प्रज्ञापराधों का त्याग, इन्द्रियसंयम; स्मृति; देश, काल तथा आत्मा का यथावत् ज्ञान, साधु पुरुषों के आचरण का अनुपालन; इनके द्वारा आगन्तु रोग रुक जाते हैं। यही इनके उत्पन्न न होने देने का मार्ग है॥५२॥

प्राज्ञः प्रागेव तत्कुर्याद्धितं विद्याद्यदात्मनः॥५३॥

बुद्धिमान् पुरुष को चाहिये कि वह (रोग उत्पन्न होने से) पहिले ही ऐसा कर्म करे जिससे अपना हितकल्याण होवे॥५३॥

आप्तोपदेशप्रज्ञानं[3] प्रतिपत्तिश्च कारणम्।
विकाराणामनुत्पत्तावुत्पन्नानां च शान्तये॥५४॥

आप्त अर्थात् रजोगुण तथा तमोगुण से रहित ऋषि-महर्षि प्रभृति के उपदेशों का यथावत् ज्ञान, और जानकर उसके अनुसार कर्म करना, ये ही दो कारण हैं जिनके द्वारा हम बीमारियों से बचे रह सकते हैं। और यदि कदाचित् रोग उत्पन्न भी हो जायँ तो उनको शान्त कर सकते हैं॥५४॥

पापवृत्तवचःसत्त्वाः सूचकाः कलहप्रियाः।
मर्मोपहासिनो लुब्धा परवृद्धिद्विषः शठाः॥५५॥
परापवादरतयश्चपला रिपुसेविनः।
निर्घृणास्त्यक्तधर्माणः परिवर्ज्या नराधमाः॥५६॥

जो मनुष्य मन, वचन एवं कर्म द्वारा पापी, सूचक (चुगलखोर), कलहप्रिय (जो सदा झगड़ा ही करते रहते हैं—झगड़ालू), मर्मो-पहासी (जो ऐसी मखौलें करते हैं जिनमें किसी को मर्मवेदना हो), लोभी, दूसरे की बढ़ती को देखकर उनसे द्वेष करने वाले (ईर्ष्यालु), शठ (धूर्त), दूसरे की निन्दा करनेवाले, चपल, शत्रुओं के आश्रय में रहनेवाले, दयारहित–क्रूर तथा जो धर्म का पालन नहीं करते ऐसे अधम (नीच)पुरुषों का त्याग करना चाहिये। ऐसे [4]पुरुषों का सङ्ग बुरा है॥५५, ५६॥

बुद्धिविद्यावयःशीलधैर्यस्मृतिसमाधिभिः।
वृद्धोपसेविनो वृद्धाः स्वभावज्ञा गतव्यथाः॥५७॥
सुमुखाः सर्वभूतानां प्रशान्ता शंसितव्रताः।
सेव्याः सन्मार्गवक्तारः पुण्यश्रवणदर्शनाः॥५८॥

सम्पूर्ण मनुष्यों को, बुद्धि, विद्या, आयु, शील (आचार) धैर्य, स्मृति तथा समाधि (समाहित एकाग्रचित्त) द्वारा वृद्ध (ज्ञानवृद्ध, वयोवृद्ध प्रभृति) की सेवा करनेवाले—उनके सम्पर्क से ज्ञानाभिवृद्धि करनेवाले, स्वभाव को जाननेवाले दुःखरहित–द्वन्द्वरहित, प्रसन्न-मुख, शान्त, व्रत अर्थात् नियमों का पालन करनेवाले, सन्मार्ग का

१—धीधृतिस्मृतिविभ्रष्टः कर्म यत्कुरुतेऽशुभम्। प्रज्ञापराधं तं विद्यात् सर्वदोषप्रकोपणम्। प्रज्ञापराध का विशेष विचार शारीरस्थान के प्रथम अध्याय में होगा॥

१—अयोगातियोगमिथ्यायोगयुक्तं मनोवाक्कायभेदेन त्रिविधं कर्म प्रज्ञापराध इत्युच्यते। २—स्मृतिः पुत्रादीनां विनश्वरस्वभावाद्यनुस्मरणम्। उक्तं च "स्मृत्वा स्वभावं भावानां स्मरन् दुःखाद्विमुच्यते"। भवन्ति उत्पद्यते इति भावः।

३—'प्रज्ञानां' इति पा०।

४—'परनारीप्रवेशिनां' इति पा०।

उपदेश करनेवाले तथा जिनके उपदेशों का सुनना तथा दर्शन करना पुण्य हो, ऐसे महापुरुषों का सङ्ग करना चाहिये ॥५७, ५८॥

आहाराचारचेष्टासु सुखार्थी प्रेत्य चेह च ।
परं प्रयत्नमातिष्ठेद् बुद्धिमान् हितसेवने ॥५६॥

बुद्धिमान् पुरुष को चाहिये कि इस जन्म तथा जन्मान्तर में सुख चाहते हुए हितकर आहार, आचार तथा चेष्टा में अच्छी प्रकार यत्नवान् रहे ॥५६॥

न नक्तं दधि भुञ्जीत न चाप्यघृतशर्करम् ।
नामुद्गसूपं नाक्षौद्रं नोष्णं नामलकैर्विना ॥६०॥

उदाहरण के तौर पर आहार में से दधिसेवन पर प्रकाश डालकर समझाने की चेष्टा की है कि किस प्रकार आहार, आचार तथा चेष्टाओं में प्रत्यनशील रहने की आवश्यकता है—रात्रि को दही न खावे, घी अथवा खांड के विना भी दही न खानी चाहिये, मूंग के यूष के विना न खावे। मधु के विना न खावे। गर्म करके न खावे। आँवलों के विना न खावे। अर्थात् रात्रि को दही सर्वथा निषिद्ध है। इसी प्रकार गर्म की हुई दही सर्वथा निषिद्ध है। परन्तु दिन में भी यदि दही खानी हो तो घी, खांड, मूंग का यूष, शहद तथा आँवले; इनमें से अपनी प्रकृति या देह के अनुसार किसी एक द्रव्य के साथ खानी चाहिये। जतूकर्ण ने भी कहा है—"नाश्नीयाद्दधि नक्तमुष्णं वा, न घृतमधुशर्करामुद्गामलकैर्विना वा। न वाप्यलवणं नोदकवर्जितं वा भुञ्जीत" ॥६०॥

(अलक्ष्मीदोषयुक्तत्वान्नक्तं तु दधिवर्जितम् ।
श्लेष्मलं स्यात्ससर्पिष्कं दधि मारुतसूदनम् ॥६१॥
न च संधुक्षयेत्पित्तमाहारं च विपाचयेत् ।
शर्करासंयुतं दद्यात्तृष्णादाहनिवारणम् ॥६२॥
मुद्गसूपेन संयुक्तं दद्याद्रक्तानिलापहम् ।
सुरसं नाल्पदोषं च क्षौद्रयुक्तं भवेद्दधि ।
उष्णं पित्तास्रकृद्दोषान् धात्रीयुक्तं तु निर्हरेत् ॥६३॥

रात्रि को दही खाने से दोष की अभिवृद्धि होती है, अतः रात्रि समय दही वर्जित है। घृत के साथ दही के सेवन से श्लेष्मा की वृद्धि तथा वात का नाश होता है। पित्त की वृद्धि नहीं होती, आहार को पचा देती है। खांड या शक्कर के साथ खाने से तृष्णा तथा दाह शान्त होते हैं। मूंग की दाल के साथ सेवन करने से रक्त तथा वात शान्त होता है। शहद के साथ दही के सेवन से उसका स्वाद अच्छा हो जाता है तथा यदि दोष (कफ) होता है तो अत्यल्प होता है। गर्म की हुई दही रक्तपित्त करनेवाली है अथवा पित्त तथा रक्त को दुष्ट कर देती है। आंवले के साथ प्रयोग से दोषों को हरती है ॥६१–६३॥

ज्वरासृक्पित्तवीसर्पकुष्ठपाण्ड्वामयभ्रमान् ।
प्राप्नुयात्कामलां चोग्रां विधिं हित्वा दधिप्रियः ॥६४॥

यदि मनुष्य विधि का त्याग करके दही का सेवन करता है तो ज्वर, रक्तपित्त, विसर्प, कुष्ठ, पाण्डुरोग, भ्रम तथा उग्र कामला प्रभृति रोगों को प्राप्त होता है ॥६ ॥

तत्र श्लोकाः ।

वेगा वेगसमुत्थाश्च रोगास्तेषां च भेषजम् ।
येषां वेगा विधार्याश्च यदर्थं यद्धिताहितम ॥६५॥
उचिते चाहिते वर्ज्ये सेव्ये चानुचिते क्रमः ।
यथाप्रकृति चाहारो मलायनगदौषधम् ॥६६॥
भविष्यतामनुत्पत्तौ रोगाणामौषधं च यत् ।
वर्ज्याः सेव्याश्च पुरुषा धीमताऽऽत्मसुखार्थिना ॥६७॥
विधिना दधि सेव्यं च येन यस्मात्तदत्रिजः ।
न वेगान्धारणेऽध्याये सर्वमेवावदन्मुनिः ॥६८॥

इत्यग्निवेशकृते तन्त्रे चरकप्रतिसंस्कृते सूत्रस्थाने स्वस्थवृत्तचतुष्के न वेगान्धारणीयो नाम सप्तमोऽध्यायः ॥७॥

उपसंहार—वेग, वेगरोध से उत्पन्न होनेवाले रोग, उनकी चिकित्सा, धारण करने योग्य वेग, जिसके लिये और जो २ हितकर और अहितकर है, अभ्यस्त अहित के त्याग तथा अनभ्यस्त हित के सेवन का क्रम, प्रकृति के अनुसार आहार का सेवन, मलायन (मलमार्ग) तथा उनके रोगों की चिकित्सा, होनेवाले रोगों को पैदा होने से रोकनेवाली औषध, अपने सुख की कामनावाले बुद्धिमान् पुरुष से वर्जनीय तथा सेवनीय पुरुष, जिसे और जिन हेतुओं से विधिपूर्वक दही का सेवन करना चाहिये; इन सब विषयों को आत्रेय मुनि ने इस अध्याय में कह दिया है ॥६५–६८॥

अष्टमोऽध्यायः

अथात इन्द्रियोपक्रमणीयमध्यायं व्याख्यास्यामः ।
इति ह स्माह भगवानात्रेयः ॥१॥

इनके अनन्तर इन्द्रियोपक्रमणीय नामक अध्याय की व्याख्या करेंगे ऐसा भगवान् आत्रेय मुनि ने कहा। अर्थात् आहार, आचार और चेष्टा के इन्द्रियों के आधीन होने के कारण इन्द्रियसम्बन्धी ज्ञान के लिये यह अध्याय कहा गया है। आहार आदि ही स्वस्थवृत्त का प्रधान विषय है ॥१॥

इह खलु पञ्चेन्द्रियाणि, पञ्चेन्द्रियद्रव्याणि, पञ्चेन्द्रियाधिष्ठानानि, पञ्चेन्द्रियार्थाः, पञ्चेन्द्रियबुद्धयो भवन्तीत्युक्तमिन्द्रियाधिकारे ॥२॥

इस प्रकरण में पाँच इन्द्रियाँ हैं, पाँच ही इन्द्रियों के द्रव्य हैं, पाँच ही इन्द्रियों के अधिष्ठान (आश्रय) हैं, पाँच ही इन्द्रियों के विषय हैं और पाँच ही इन्द्रियों के ज्ञान हैं। ऐसा इन्द्रिय सम्बन्धी विचार में पूर्व आचार्यों ने कहा है ॥२॥

अतीन्द्रियं पुनर्मनः सत्त्वसंज्ञकं चेत इत्याहुरेके, तदर्थात्मसम्पत्तदायत्तचेष्टं चेष्टाप्रत्ययभूतमिन्द्रियाणाम् ॥३॥

मन अतीन्द्रिय है, इसका दूसरा नाम सत्त्व भी है, और कई इसे 'चेत' इस शब्द से भी कहते हैं। इस मन का व्यापार, स्वविषय अर्थात् सुख आदि (अथवा सोचना आदि) तथा आत्मा—चेतन के अधीन है, और इन्द्रियों की चेष्टा अर्थात् प्रयत्न—स्व-विषयज्ञान की प्रवृत्ति का कारण है। इसका अभिप्राय यह है कि जिस समय सुख आदि अथवा चिन्त्य, विचार्य आदि विषय हों, आत्मा प्रयत्नवान् हो तब ही मन अपने विषय में प्रवृत्त होता है और प्रवृत्त होने के साथ साथ इन्द्रियों का आश्रय लेता है और इन्द्रियाँ मन द्वारा अधिष्ठित होती हुई ही अपने अपने विषय के ज्ञान में प्रवृत्त होती हैं।

अतएव प्रत्यक्ष का लक्षण करते हुए आचार्य ने कहा है कि—

आत्मेन्द्रियमनोऽर्थानां सन्निकर्षात्प्रवर्त्तते ।
व्यक्ता तदात्वे या बुद्धिः प्रत्यक्षं सा निरुच्यते ॥

यद्यपि मन को कई शास्त्रकारों ने छठी इन्द्रिय स्वीकार किया है, क्योंकि यह भी अन्य इन्द्रियों की तरह सुख आदि विषय का चिन्तन करता है, परन्तु चक्षु (आँख) आदि इन्द्रियों का अधिष्ठाता होने से इसे अतीन्द्रिय कहा है। अथवा चक्षु आदि इन्द्रियों की अपेक्षा सूक्ष्मतर होने से अतीन्द्रिय कहना ठीक है। अथवा इन्द्रियों से बढ़कर होने से इसे अतीन्द्रिय कहा है। अथवा सम्पूर्ण इन्द्रियाँ एक-एक विषय का ही ग्रहण करती हैं और यह सम्पूर्ण विषयों का ग्रहण करता है। अतः इसे भी अतीन्द्रिय कहते हैं ॥३॥

स्वार्थेन्द्रियार्थसंकल्पव्यभिचरणाच्चानेकमेकस्मिन् पुरुषे सत्त्वं रजस्तमःसत्त्वगुणयोगाच्च; न चानेकत्वं, [1]नाणवेकं ह्येककालमनेकेषु प्रवर्तते; तस्मान्नैककाला सर्वेन्द्रियप्रवृत्तिः॥४॥

यह मन चिन्त्य आदि स्वविषय तथा इन्द्रिय विषय (रूप रस आदि) तथा संकल्प आदि के भिन्न-भिन्न होने के कारण एवं, सत्व, रज तथा तम इन तीनों गुणों के संयोग से एक ही पुरुष में अनेक प्रकार का दीखता है, वस्तुतस्तु एक ही है। अर्थात् जब मन धर्म की चिन्ता करता है तब धर्म की चिन्तावाला, जब काम की चिन्ता करता है तब कामचिन्तक कहलाता है, इसी प्रकार रूप-ज्ञान के समय रूपग्राहक, गन्ध-ज्ञान के समय गन्धग्राहक आदि परस्पर भिन्न प्रतीत होता है, इसी प्रकार संकल्प में भी जानना चाहिये। सात्विक मन, राजस मन, तामस मन इस प्रकार भी भिन्नता प्रतीत होती है। परन्तु वस्तुतः मन एक ही है और व्यभिचार में अनेक प्रतीत होता है—जैसे एक ही देवदत्त भिन्न–भिन्न काम करता हुआ भिन्न–भिन्न नामों से पुकारा जाता है, परन्तु वह वस्तुतः एक ही होता है, ऐसा ही यहाँ भी जानना चाहिये।

मन अनेक तथा महत् परिमाणवाला नहीं है। अपितु एक तथा अणुपरिमाणवाला है—यदि मन अनेक हों तो एक ही समय में एक ही पुरुष को भिन्न-भिन्न विषयों के ज्ञान में प्रवृत्त कर दे, परन्तु ऐसा नहीं होता, अर्थात् जिस क्षण में हमें रूपज्ञान हो उसी क्षण में गन्धज्ञान नहीं होता। इसी तरह यदि मन का परिमाण महत् हो तो एक साथ ही पाँचों इन्द्रियों के साथ सम्बन्ध होने से एक ही क्षण में पाँचों विषयों का ज्ञान हो जाय, परन्तु ऐसा भी नहीं होता। अतः एक पुरुष में एक ही मन है और वह अणुपरिमाणवाला है। यही कारण है कि एक ही काल में सब इन्द्रियों की प्रवृत्ति नहीं होती। अतएव कहा भी है—

'अणुत्वमथ चैकत्वं द्वौ गुणौ मनसः स्मृतौ' तथा 'युगपज्ज्ञानानुत्पत्तिर्मनसो लिङ्गम्' इत्यादि ॥४॥

यद्गुणं चाभीक्ष्णं पुरुषमनुवर्तते सत्त्वं, तत्सत्त्वमेवोपदिशन्ति ऋषयो बाहुल्यानुशयात् ॥५॥

यद्यपि प्रत्येक मनुष्य का मन समय-समय पर सात्विक, राजस एवं तामस होता रहता है, परन्तु जिस पुरुष का मन पुनः पुनः अर्थात् बहुलता से जिस गुण का अनुवर्तन करता है। उस पुरुष के मन को उसी गुणवाला कहा जाता है। क्योंकि उस-उस पुरुष के उस-उस मन का उस-उस गुण से अधिक सम्बन्ध रहता है। जैसे प्रत्येक मनुष्य में किसी समय सात्त्विक गुणों का उदय होता है और किसी समय राजस और किसी समय तामस; परन्तु ऐसा होते हुए भी इन तीनों गुणों की न्यूनाधिकता रहती है अर्थात् जिसका मन अधिक समय सात्विक गुणयुक्त होता है और राजस तथा तामस कम होते हैं उस मन को सात्विक मन कहा जाता है। उसी प्रकार राजस और तामस जानना चाहिये ॥५॥

मनः पुरःसराणीन्द्रियाण्यर्थग्रहणसमर्थानि भवन्ति ॥६॥

तत्र चक्षुः,श्रोत्रं, घ्राण,रसनं, स्पर्शनमिति पञ्चेन्द्रियाणि ॥७॥

मन द्वारा अधिष्ठित इन्द्रियाँ ही अपने-अपने विषय के ग्रहण में समर्थ होती हैं। चक्षु,श्रोत्र,घ्राण (जिसके द्वारा गन्ध जानी जाती है), रसन जिसके द्वारा रस जाना जाता है) तथा स्पर्शन;ये पाँच इन्द्रियाँ हैं; जिनके द्वारा हम भिन्न भिन्न विषयों का ग्रहण करते हैं ॥६,७॥

पञ्चेन्द्रियद्रव्याणि–खं वायुर्ज्योतिरापो भूरिति ॥८॥

पाँच ही इन्द्रियों के द्रव्य हैं—जैसे आकाश, वायु, अग्नि, जल तथा पृथिवी। इन्हें ही पञ्चमहाभूत भी कहते हैं। एक एक इन्द्रिय में एक एक द्रव्य प्रधान है। जैसे–श्रोत्रेन्द्रिय का द्रव्य आकाश, स्पर्शनेन्द्रिय का वायु, चक्षु का अग्नि, रसनेन्द्रिय का जल, घ्राणेन्द्रिय का पृथिवी। यहाँ पर महाभूतों की सृष्टिक्रम के अनुसार गणना की है—जैसे उपनिषद् में आता है—तस्माद्वा एतस्मादात्मन आकाशः सम्भूतः, आकाशाद्वायुः, वायोरग्निः, अग्नेरापः, अद्भ्यः पृथिवी...इत्यादि। अर्थात् इन्द्रियाँ भौतिक हैं ॥८॥

पञ्चेन्द्रियाधिष्ठानानि—अक्षिणी कर्णौ नासिके जिह्वा त्वक् चेति ॥९॥

पाँच ही इन्द्रियों के आश्रय हैं–१ दोनों आँखें, २ दोनों कान, ३ दो नथुने (नासिका), ४ जिह्वा और ५ त्वचा—इन पाँचों में क्रमशः चक्षु आदि इन्द्रियों का वास है अर्थात् चक्षुरिन्द्रिय न हो तो आँख रहते हुए भी हम नहीं देख सकते इत्यादि ॥९॥

पञ्चेन्द्रियार्थाः—शब्दस्पर्शरूपरसगन्धाः ॥१०॥

इन्द्रियों के पाँच विषय हैं—१–शब्द (श्रोत्र का विषय) २–स्पर्श (त्वचा का विषय), ३–रूप (चक्षु का विषय ४–रस (रसना-जिह्वा का विषय), ५–गन्ध (घ्राण का विषय) ॥१०॥

पञ्चेन्द्रियबुद्धयश्चक्षुर्बुद्ध्यादिकाः, ताः पुनरिन्द्रियेन्द्रियार्थसत्त्वात्मसंनिकर्षजाः क्षणिका निश्चयात्मिकाश्च; इत्येतत्पञ्चपञ्चकम् ॥११॥

पाँच ही इन्द्रिय ज्ञान हैं—चक्षुर्बुद्धि, श्रोत्रबुद्धि, घ्राणबुद्धि, रसनबुद्धि, स्पर्शनबुद्धि,। ये बुद्धियाँ इन्द्रिय, इन्द्रियों के विषय, मन तथा आत्मा के सम्बन्ध से पैदा होती हैं। ये क्षणिक तथा निश्चयात्मक अथवा वस्तु के स्वरूप को जतानेवाली हैं—प्रत्यक्ष करानेवाली हैं। इससे अनुमान, स्मृति, भ्रम, संशय आदि का निराकरण किया है। अर्थात् अनुमान आदि में यद्यपि इन्द्रियार्थ आदि का सन्निकर्ष होता है (अनुमान के प्रत्यक्षपूर्वक होने से) परन्तु वहाँ क्षणिक एवं भ्रम आदि में निश्चयात्मक ज्ञान नहीं होता। बुद्धि का अभिप्राय अर्थ-प्रकाश अर्थात् विषय का प्रकाश है। अर्थात् चक्षु का विषय है रूप।

१—'न ह्येकं' इति पाठान्तरम्।

रूप का प्रकाश होना ही चक्षुर्बुद्धि पद से कहा जाता है अथवा चक्षुर्बुद्धि आदि को हम इस प्रकार भी समझ सकते हैं कि जो बुद्धि या ज्ञान जिस इन्द्रिय को आश्रय करके प्रवृत्त होता है उसे उसी इन्द्रिय द्वारा निर्देश किया जाता है। शरीरस्थान १ म अ. में आचार्य स्वयं कहेंगे—

या यदिन्द्रियमाश्रित्य जन्तोर्बुद्धिः प्रवर्त्तते।
याति सा तेन निर्देशं मनसा च मनोभवा॥

इस प्रकार के पाँच पञ्चक (पाँच २ के समूह) होते हैं॥११॥

मनो मनोर्थो बुद्धिरात्मा चेत्यध्यात्मद्रव्यगुणसंग्रहः शुभाशुभप्रवृत्तिनिवृत्तिहेतुश्च, द्रव्याश्रितं च कर्म, यदुच्यते क्रियेति॥१२॥

मन, मन का [1]विषय, बुद्धि (चक्षुर्बुद्धि आदि इन्द्रियबुद्धि तथा मनोबुद्धि) और आत्मा; यह अध्यात्म द्रव्य तथा गुणों का संग्रह है। ये द्रव्य (इन्द्रिय आदि) एवं गुण (इन्द्रियबुद्धि और मनोबुद्धि, इन्द्रिय-विषय) शुभ में प्रवृत्ति तथा अशुभ से निवृत्ति में कारण हैं। अथवा इसी प्रकार शुभ से निवृत्ति तथा अशुभ में प्रवृत्ति के भी कारण होते हैं। यदि इनका सम्यक् ज्ञान हो तो शुभ में प्रवृत्ति होती है और यदि ठीक प्रकार का ज्ञान न हो तो ये ही अशुभ में भी प्रवृत्त कर देते हैं। इसी प्रकार द्रव्य के आश्रित जो कर्म है वह भी शुभ और अशुभ की प्रवृत्ति और निवृत्ति में कारण होते हैं। यहाँ पर कर्म शब्द से पञ्चकर्म अथवा धर्माधर्म का ग्रहण करना, अतएव कहा है—कि जिसे हम क्रिया कहते हैं, वही यहाँ कर्मपद से निर्दिष्ट है। अथवा इसकी व्याख्या हम दूसरी प्रकार भी कर सकते हैं मन तथा आत्मा अध्यात्म द्रव्य हैं और मन का विषय और बुद्धि (इन्द्रियबुद्धि और मनोबुद्धि) ये अध्यात्म गुण हैं। ये शुभ एवं अशुभ की प्रवृत्ति एवं निवृत्ति में कारण हैं। इसी प्रकार अध्यात्मकर्म भी जो कि द्रव्य अर्थात् आत्मा में आश्रित है वह भी शुभाशुभ की प्रवृत्ति एवं निवृत्ति में कारण है। यहाँ पर कर्म से क्रिया का ग्रहण करना चाहिये। प्रथम कहा भी है 'कर्तव्यस्य क्रिया कर्म' कर्त्तव्य अर्थात् सद्वृत्त आदि की क्रिया—अनुष्ठान को अध्यात्म कर्म कहते हैं॥१२॥

तत्रानुमानगम्यानां पञ्चमहाभूतविकारसमुदायात्मकानामपि सतामिन्द्रियाणां तेजश्चक्षुषि, खं श्रोत्रे, घ्राणे क्षितिः, आपो रसने, स्पर्शनेऽनिलो विशेषेणोपदिश्यते॥१३॥

अनुमान द्वारा जानने योग्य सम्पूर्ण इन्द्रियाँ यद्यपि पाँचों महाभूतों (पृथिवी, जल आदि) के विकार (परिणाम) की ही समुदायरूप हैं तो भी विशेषतः तेज चक्षु में आकाश श्रोत्र में, पृथिवी घ्राणेन्द्रिय में, जल रसनेन्द्रिय में तथा वायु स्पर्शनेन्द्रिय में रहता है॥

सम्पूर्ण इन्द्रियाँ अतीन्द्रिय हैं – इन्द्रियागोचर हैं—इनका प्रत्यक्ष नहीं हो सकता, अतएव अनुमान द्वारा ही हम इनको जान सकते हैं–"रूपाद्युपलब्धयः करणसाध्याः क्रियात्वात् छिदिक्रियावत्" अर्थात् रूप रस आदि का ज्ञान भी किसी साधन द्वारा होना चाहिये—क्रिया होने से–दो टुकड़े करने की तरह। अर्थात् जैसे वृक्ष को काटने के लिये आरा तथा आरे को चलाने की आवश्यकता होती है उसी प्रकार रूप आदि के ज्ञान के लिये भी हमें किसी साधन की आवश्यकता है। अतएव जो ज्ञान कराने में असाधारण कारण हैं वहीं इन्द्रियाँ हैं। आँख, नाक, कान आदि इन इन्द्रियों के अधिष्ठान हैं। अर्थात् इनमें इन्द्रियाँ रहती हैं। अतएव इन्द्रिय का साधारणतः हम यह लक्षणकर सकते हैं—"शरीरसंयुक्तं ज्ञानकरणमतीन्द्रियमिन्द्रियम्"॥१३॥

तत्र यद्यदात्मकमिन्द्रियं विशेषात्तत्तदात्मकमेवार्थमनुधावति, तत्स्वभावाद्विभुत्वाच्च॥१४॥

जिस २ इन्द्रिय में जिस २ भूत की (आकाश आदि पञ्चमहाभूतों में से) प्रधानता होती है, वह २ इन्द्रिय विशेषतः उस २ भूतात्मक विषय का ही ग्रहण करती है। क्योंकि यह उनका (समानयोनि होने से) स्वभाव ही है और वह उसी विषय के ग्रहण में सामर्थ्य रखती हैं। अर्थात् जिस प्रकार रूप आदि तैजस है उसी प्रकार चक्षु भी तैजस है, दोनों का एक ही स्वभाव है, अतएव इन्द्रियाँ अपने २ विषय का स्वभाव से ही ग्रहण करती हैं। या यह भी कह सकते हैं कि समानजातीय तैजस आदि के ग्रहण में ही चक्षु आदि इन्द्रियाँ समर्थ हैं। अर्थात् दर्शन शास्त्र के अनुसार हम इनके तैजस तथा पार्थिव आदि का अनुमान कर सकते हैं। जैसे–'रूपोपलब्धिसाधनमिन्द्रियं चक्षुः, तच्च तैजसम्, रूपादिषु पञ्चसु मध्ये रूपस्यैवाभिव्यञ्जकत्वात् प्रदीपवत्' इसी प्रकार 'गन्धोपलब्धिसाधनमिन्द्रियं घ्राणम्, तच्च पार्थिवम्, गन्धवत्त्वात् यथा घटः। गन्धवत्त्वं च रूपादिषु पञ्चसु मध्ये गन्धस्यैवाभिव्यञ्जकत्वात्। यदिन्द्रियं रूपादिषु मध्ये यं गुणं गृह्णाति तदिन्द्रियं तद्गुणवत्। यथा चक्षुः रूपग्राहकं रूपवत्।' अर्थात् रूपज्ञान का साधन चक्षु इन्द्रिय है, और यह तैजस है, क्योंकि रूप रस गन्ध शब्द तथा स्पर्श इन पाँचों गुणों में से वह रूप का ही प्रकाश करती है जैसे दीपक रूप का प्रकाशक है और वह तैजस है। इसी प्रकार घ्राण तथा रसना आदि इन्द्रियों के विषय में भी जान लेना चाहिये। सुश्रुत शारीरस्थान में भी कहा है—

इन्द्रियेणेन्द्रियार्थं तु स्वं स्वं गृह्णाति मानवः।
नियतं तुल्ययोनित्वान्नान्येनान्यमिति स्थितिः॥१४॥

तदर्थातियोगायोगमिथ्यायोगात्समनस्कमिन्द्रियं विकृतिमापद्यमानं यथास्वं बुद्ध्युपघाताय सम्पद्यते, समयोगात्पुनः प्रकृतिमापद्यमानं यथास्वं बुद्धिमाप्याययति॥१५॥

ये मनोऽधिष्ठित इन्द्रियाँ अपने २ विषय के अतियोग, अयोग तथा मिथ्यायोग से विकृत होती हुई अपनी बुद्धि (चक्षुर्बुद्धि आदि) का संहार करती हैं। और प्रकृत्यवस्था में रहती हुई अपनी २ बुद्धि (ज्ञान) का प्रीणन (सन्तर्पण) करती हैं। चक्षु आदि इन्द्रियों से रूप आदि विषयों का अतिदर्शन अतियोग कहलाता है। हीन मात्रा में दर्शन अथवा सर्वथा न देखना अयोग और अतिप्रभावाले या विकृत रूप आदि का देखना मिथ्यायोग कहाता है॥१५॥

मनसस्तु चिन्त्यमर्थः, तत्र मनसो बुद्धेश्च त एव समानातिहीनमिथ्यायोगाः प्रकृतिविकृतिहेतवो भवन्ति॥१६॥

मन का विषय है चिन्त्य (जिसकी चिन्ता की जावे) अर्थात् जिस विषय के ग्रहण के लिये चक्षु आदि इन्द्रियों की अपेक्षा नहीं होती पर ग्रहण होता है उसे ही चिन्त्य कहते हैं। सुख दुःख आदि गुण भी इसी के अन्तर्गत जानने चाहिये। अर्थात् पाँचों इन्द्रियों की बुद्धि

[1]—चिन्त्यं विचार्यमूह्यं च ध्येयं संकल्प्यमेव च।
यत्किञ्चिन्मनसो ज्ञेयं तत्सर्वं ह्यर्थसंज्ञकम्॥

(चक्षुर्बुद्धि) से भिन्न बुद्धि को यहाँ चिन्ता से कहा है। चिन्ता का विषय ही चिन्त्य कहाता है। सुख, दुःख, इच्छा, द्वेष, प्रयत्न, स्मृति आदि विषय चिन्तना किये जाने के कारण मन का विषय कहाते हैं। परन्तु इन विषयों का ग्रहण करनेवाला आत्मा ही है। इनमें चिन्त्य विषय का समयोग, अतियोग, हीनयोग तथा मिथ्यायोग, मन एवं मनोबुद्धि की प्रकृति और विकृति में कारण होते हैं। अर्थात् समयोग से प्रकृति और अतियोग आदि द्वारा विकृति होती है। इसी प्रकार सुख के समयोग से प्रकृति और मात्राधिक सुख (खुशी) से मानस-विकार पैदा हो जाते हैं। अत्यन्त प्रसन्नता से भी मनुष्य पागल हो जाते हैं और यहाँ तक कि मृत्यु भी हो जाती है ॥१६॥

तत्रेन्द्रियाणां समनस्कानामनुपतप्तानामनुपतापाय प्रकृतिभावे प्रयतितव्यमेभिर्हेतुभिः; तद्यथा—सात्म्येन्द्रियार्थसंयोगेन, बुद्ध्या सम्यगवेक्ष्यावेक्ष्य कर्मणां सम्यक्प्रतिपादनेन, देशकालात्मगुणविपरीतोपसेवनेन चेति। तस्मादात्महितं चिकीर्षता सर्वेण सर्वं सर्वदा स्मृतिमास्थाय सद्वृत्तमनुष्ठेयम्। तद्ध्यनुतिष्ठन्[1] युगपत्सम्पादयत्यर्थद्वयमारोग्यमिन्द्रियविजयं चेति॥१७॥

अतएव मन तथा इन्द्रियों को—जो कि अभी प्रकृति ही हैं और जिनके अन्दर कोई विकार पैदा नहीं हुआ—विकार से बचाये रखने के लिये निम्न उपायों द्वारा प्रयत्नशील रहना चाहिये।

जैसे—इन्द्रिय और उनके विषयों के समयोग से, बुद्धि द्वारा अच्छी प्रकार विवेचना करके कर्मों को सम्यक्तया करने से तथा देश-काल, आत्मा के गुणों से विपरीतगुणवाले आहार आदि के सेवन से। आत्म शब्द से यहाँ पर मन और शरीर का ग्रहण किया जाता है। अर्थात् रज और तम तथा वात पित्त कफ का यहाँ ग्रहण है। विपरीत गुणों के सेवन का प्रयोजन साम्यावस्था में रखना है अतएव हेमन्त आदि ऋतुओं की चर्या में—"वायुः शीतः शीते प्रकुप्यति। तस्मात्तुषारसमये स्निग्धाम्ललवणान् रसान्॥" इत्यादि कहा है। अर्थात् रूक्ष आदिगुणविशिष्ट वात आदि के प्रकोप को न होने देने के लिये तद्विपरीत स्निग्ध द्रव्यों का उपयोग हितकर है। देश शब्द से भूमि एवं आतुर (रोगी) दोनों का ग्रहण होता है।

इसलिये अपने हित की आकाङ्क्षा रखते हुए प्रत्येक मनुष्य को स्मृतिपूर्वक सद्वृत्त (शुभ आचरण, श्रेष्ठों के आचरण) का अनुष्ठान करना चाहिये। स्मृतिपूर्वक इसलिये कहा है कि हमने ऐसा आचरण किया था और उसका अच्छा परिणाम रहा था। अतः जब कभी गिरावट होने लगे उसके दुष्परिणाम का तथा उत्तम आचरण के सुपरिणाम का स्मरण करने से हम गिरावट से बच सकते हैं। अतएव अन्यत्र भी कहा है "नित्यं सन्निहितस्मृतिः"॥

सद्वृत्त के अनुष्ठान से युगपत् (एक साथ) दो लाभ होते हैं—१—आरोग्य तथा २—इन्द्रियों पर विजय ॥१७॥

तत्सद्वृत्तमखिलेनोपदेक्ष्यामः। तद्यथा—देवगोब्राह्मणगुरुवृद्धसिद्धाचार्यानर्चयेत्, अग्निमुपाचरेत्, ओषधीः प्रशस्ता धारयेत्, द्वौ कालावुपस्पृशेत्, मलायनेष्वभीक्ष्णं पादयोश्च वैमल्यमादध्यात्, नित्यमनुपहतवासाः सुमनाः सुगन्धिः स्यात्॥१८॥

"हे अग्निवेश! उस सम्पूर्ण सद्वृत्त का मैं तुम्हें उपदेश करता हूँ" भगवान् आत्रेय ने कहा। देव! (विद्वान् पुरुष), गौ, ब्राह्मण, गुरुवृद्ध, सिद्ध (तपस्वी) और आचार्य; इनकी पूजा करनी चाहिये। अग्नि की सेवा अर्थात् होम करें। उत्तम २ ओषधियों को धारण करें। दोनों समय स्नान तथा सन्ध्या करें। गुदा आदि मलमार्ग तथा पांवों को सदा स्वच्छ रखना चाहिए। कम से कम एक पक्ष में तीन बार दाढ़ी मूंछ तथा सिर के बाल कटवाने चाहिए। प्रतिदिन स्वच्छ तथा जो फटे हुए न हों ऐसे वस्त्रों को पहिनें। प्रसन्न मन रहना चाहिए। सुगन्धि का धारण करें॥ ८॥

साधुवेशः, प्रसाधितकेशो, [1]मूर्धश्रोत्रघ्राणपादतैलनित्यो, धूमपः, पूर्वाभिभाषी, सुमुखो, दुर्गेष्वभ्युपपत्ता, होता, यष्टा, दाता, चतुष्पथानां नमस्कर्ता, बलीनामुपहर्त्ता, अतिथीनां पूजकः, पितृभ्यः पिण्डदः, काले हितमितमधुरार्थवादी, वश्यात्मा, धर्मात्मा, हेतावीर्षुः, फले नेर्षुः, निश्चिन्तो, निर्भीको, धीमान्, ह्रीमान्, महोत्साहो, दक्षः, क्षमावान्, धार्मिकः, आस्तिको, विनयबुद्धिविद्याभिजनवयोवृद्धसिद्धाचार्याणामुपासिता, छत्री दण्डी मौली[2] सोपानत्को युगमात्रदृग्विचरेत्, मङ्गलाचारशीलः, कुचेलास्थिकण्टकामेध्यकेशतुषोत्करभस्मकपालस्नानबलिभूमीनां परिहर्ता, प्राक् श्रमाद्व्यायामवर्जी स्यात्, सर्वप्राणिषु बन्धुभूतः स्यात्, क्रुद्धानामनुनेता, भीतानामाश्वासयिता, दीनानामभ्युपपत्ता, सत्यसंधः, सामप्रधानः[3], परपुरुषवचनसहिष्णुः, अमर्षघ्नः, प्रशमगुणदर्शी, रागद्वेषहेतूनां हन्ता॥१९॥

वेश भी साधुजनों के समान हो, उत्तम वेश हो, बालों को कंघी आदि द्वारा ठीक रखना चाहिये। शिर, कान, नाक तथा पांव पर प्रतिदिन तैल लगावें। दिनचर्या में बताये गये धूम का पान करना उत्तम है। परस्पर मिलने पर दूसरे के बोलने से पहिले सत्कारयुक्त वचनों को बोलनेवाला होना चाहिये। प्रसन्नमुख होवे। कठिनाई का सामना आने पर धृतिशील अथवा दरिद्र एवं अनाथ आदमियों का रक्षक हो। होम करनेवाला अथवा दान करनेवाला होना चाहिये। यज्ञ करनेवाला, दान करनेवाला, चतुष्पथ अर्थात् चौराहों पर नमस्कार करनेवाला, कुत्ते आदि तथा रोगी, चाण्डाल आदि के लिये बलि देनेवाला (बलिवैश्वदेव यज्ञ करनेवाला), अतिथियों का पूजक (अतिथियज्ञ), पितरों को पिण्ड देनेवाला (अन्न आदि द्वारा यथायोग्य सत्कार करनेवाला), समय पर और हितकर वचन कहनेवाला, मितभाषी एवं मीठा बोलनेवाला, जिसने अपनी इन्द्रियों को वश में किया हुआ है, धर्मात्मा, श्रेष्ठ कर्म करने में प्रयत्नशील परन्तु उसके फल की इच्छा न रखनेवाला (कर्मण्येवाधिकारस्ते मा फलेषु कदाचन। मा कर्मफलहेतुर्भूर्मा ते सङ्गोऽस्त्वकर्मणि॥) अथवा कारण में ईर्षा रखनेवाला परन्तु फल में ईर्षा

१—'तदध्यनुष्ठानं' इति पा०।

१—'मूर्धस्रोतोऽभ्यङ्गपादतैलनित्यो' इति पा०।
२—'मौनी' इति पा०।
३—'शमप्रधानः' इति पा०।

न करनेवाला अर्थात् यह मनुष्य जिन कर्मों के करने से धनवान् या विद्वान् हुआ है, वही कर्म मैं भी करूँ जिससे धनवान् या विद्वान् हो जाऊँ। परन्तु यह इच्छा न करे कि अमुक मनुष्य का धन मैं ले लूँ। इस प्रकार की ईर्षा न करे। निश्चित अर्थात् विचार का पक्का, भयरहित, लज्जायुक्त, बुद्धिमान्, बड़े उत्साहवाला, चतुर क्षमाशील, धार्मिक, आस्तिक, विनय, बुद्धि, विद्या, कुल तथा वय (उमर, आयु) में जो वृद्ध हैं उनका तथा सिद्ध आचार्यों का उपासक (उनका सत्संग करनेवाला), छत्र धारण करनेवाला, दण्ड धारण करनेवाला, पगड़ी आदि को सिर पर धारण करनेवाला, जूता पहिरनेवाला तथा युग (चार हाथ) मात्र दूरी तक अपनी दृष्टि रखनेवाला होना चाहिये। मङ्गल आचारों में तत्पर, जीर्ण वस्त्र एवं खराब हड्डी, कांटे, अपवित्र, जहाँ केश पड़े हों, जहाँ तुषों का ढेर लगा हो, राख, कपाल (टूटे हुए मट्टी आदि के बर्तन) आदि पड़े हों ऐसी भूमि पर न जाये स्नानभूमि में न जाये अर्थात् ऐसे स्थलों पर ठोकरें खाने तथा फिसलने आदि का डर रहता है। थकावट से पहिले ही व्यायाम (कसरत) को बन्द कर देना चाहिये। सम्पूर्ण प्राणियों को अपना बन्धु समझे। क्रुद्ध पुरुषों को अनुनय-विनय द्वारा समझानेवाला, डरे हुओं को आश्वासन देनेवाला, दीनों का सहारा, सत्यप्रतिज्ञ, शान्तियुक्त, दूसरे के कठोर वचनों को सहनेवाला, असहिष्णुता का नाशक अथवा क्रोध का नाशक, शान्ति को गुणरूप से देखनेवाला तथा राग, द्वेष आदि के कारणों का नाशक होना चाहिये ॥१६॥

नानृतं ब्रूयात्, नान्यस्वमादद्यात्, नान्यस्त्रियमभिलषेन्नान्यश्रियं, न वैरं रोचयेत्, न कुर्यात्पापं न पापेऽपि पापी स्यात्, नान्यदोषान् ब्रूयात्, नान्यरहस्यमागमयेत्, नाधार्मिकैर्न नरेन्द्रद्विष्टैः सहासीत नोन्मत्तैर्नपतितैर्न भ्रूणहन्तृभिर्न क्षुद्रैर्न दुष्टैः, न दुष्टयानान्यारोहेत्, न[1] जानुसमं कठिनमासनमध्यासीत्, नानास्तीर्णमनुपहितमविशालमसमं वा शयनं प्रपद्येत, गिरिविषममस्तकेष्वनुचरेत्, न द्रुममारोहेत्, न जलोग्रवेगमवगाहेत, कूलच्छायां[2] नोपासीत, नाग्न्युत्पातमभितश्चरेत्, नोच्चैर्हसेत्, न शब्दवन्तं मारुतं मुञ्चेत्, नासंवृतमुखो जृम्भां क्षवथुं हास्यं वा प्रवर्तयेत्, न नासिकां कुष्णीयात्, न दन्तान् विघट्टयेत्, न नखान् वादयेत, नास्थीन्यभिहन्यात्, न भूमिं विलिखेत्, न छिन्द्यात्तृणं, न लोष्ट्रं मृद्नीयात्, न विगुणमङ्गैश्चेष्टेत, [3]ज्योतींष्यनिष्टममेध्यमशस्तं च नाभिवीक्षेत, न हुं कुर्याच्छवं[4], न [5]चैत्यध्वजगुरुपूज्याशस्तच्छायामाक्रामेत्, न क्षपास्वमरसदनचैत्यचत्वर[6]चतुष्पथोपवनश्मशानाघातनान्यासेवेत, नैकः शून्यगृहं न चाटवीमनुप्रविशेत्, न पापवृत्तान् स्त्रीमित्रभृत्यान् भजेत्, नोत्तमैर्विरुध्येत, नावरानुपासीत, न जिह्मं रोचयेत्, नानार्यमाश्रयेत्, न भयमुत्पादयेत्, न साहसातिस्वप्नप्रजागरस्नानपानाशनान्यासेवेत, नोर्ध्वजानुश्चिरं तिष्ठेत्, न व्यालानुपसर्पेन्न दंष्ट्रिणो न विषाणिनः, पुरोवातातपावश्यायातिप्रवातान् जह्यात्, कलिं नारभेत, '[1]नासुनिभृतोऽग्निमुपासीत, नोच्छिष्टो नाधःकृत्वा प्रतापयेत्, नाविगतक्लमो नानाप्लुतवदनो न नग्न उपस्पृशेत्, न स्नानशाट्या स्पृशेदुत्तमाङ्गं, न केशाग्राण्यभिहन्यात्, नोपस्पृश्य ते एव वाससी बिभृयात्, नास्पृष्ट्वा रत्नाज्यपूज्यमङ्गलसुमनसोऽभिनिष्क्रामेत्, न पूज्यमङ्गलान्यपसव्यं गच्छेन्नेतराण्यनुदक्षिणम् ॥२०॥

झूठ न बोले, दूसरे के धन का अपहरण न करे, पर स्त्री पर मन से भी कुदृष्टि न करे, दूसरे की लक्ष्मी को न चाहे, बैर न करे, पाप न करे, पाप के उपस्थित होने पर भी पापी न हो अथवा पापी के साथ भी पाप न करे—अपकारक के साथ भी अपकार न करे। दूसरों के दोषों को न कहे, दूसरों की निन्दा न करे, दूसरे के रहस्यों (गुप्त बातों) को न खोले, अधार्मिक तथा राजद्वेषी लोगों के साथ न बैठे, इसी प्रकार उन्मत्त (पागल), पतित (धर्मभ्रष्ट), भ्रूणहन्ता (गर्भपात करनेवाले), नीच तथा दुष्ट पुरुषों के साथ न रहे, दुष्ट सवारियों पर न बैठे। कठिन जानु समान ऊँचे आसनों (चौकी आदि) पर न बैठे और ना ही जिस शय्या पर बिस्तरा आदि न बिछा हो, सिरहाना न लगा हो छोटी हो तथा ऊँची-नीची हो, न सोवे, पहाड़ों की उच्चावच चोटियों पर भी भ्रमण न करे, वृक्ष पर न चढ़े, न उग्रवेगवाले जल में स्नान करे, न नदियों के किनारों की छाया में अथवा पास बैठे। कहीं आग के उत्पात होने पर उसके चारों ओर न घूमे। ऊँचा नहीं हँसना चाहिये, शब्दयुक्त हवा को मुख से न छोड़े (इससे दूसरे पर थूक पड़ने का डर होता है) अथवा शब्दयुक्त अपानवायु को न छोड़े, अर्थात् अपानवायु को छोड़ते समय ऐसा प्रयत्न करे जिससे शब्द न हो। जम्भाई, छींक तथा हँसने के समय मुख को हाथ द्वारा ढक लेना चाहिये। नाक को न कुरेदे न अंगुली मारे, दाँतों को बजाये नहीं अथवा दाँतों को भी न कुरेदे, नखों को न बजाये, हड्डियों को परस्पर न टकराये—संघर्ष न करे, भूमि पर पैर आदि द्वारा लेखन न करे, तिनकों को न तोड़े, मिट्टी के ढेलों को न तोड़े, अपने अंगों द्वारा विगुण चेष्टायें न करे। अत्यन्त चमकवाली ज्योतियों (सूर्य आदि) को, तथा अनिष्ट, अपवित्र एवं अप्रशस्त वस्तुओं को न देखे। शव अर्थात् मुर्दे को देखकर घृणासूचक हुङ्कार न करे। चैत्य (ग्राम अथवा नगर का प्रधान वृक्ष), ध्वजा (झण्डा), गुरु तथा अन्य पूज्य एवं अप्रशस्तों की छाया को न लांघे। रात्रिसमय अमरसदन (देवगृह, मन्दिर आदि), चैत्य, चत्वर (प्राङ्गण खुली जगह), चतुष्पथ (चौराहा) उपवन (बाग, बगीचा), श्मशान तथा आघातन (बधस्थान) में निवास न करना चाहिये। अकेला ही—निर्जन एवं अत्यधिक काल

१—'नाजानुसमं' इति पा०। २—'कुलच्छायां' इति पाठान्तरे सत्कुलोत्पन्नानां स्ववंशोत्पन्नानां वा छायां नोपासीत 'पद्भ्यां' इति शेषः। गङ्गाधरः ॥ ३—'ज्योतींष्यग्निममेध्य०' इति पा०। ४—यः शवं हुं करोति तेन सोमो बहिर्निरस्तो भवतीत्यागमः। 'न हूं कुर्याच्छिवम्' इति पा०। ५—चैत्यो ग्रामस्यात्युच्चस्थानमिति गङ्गाधरः। श्मशानवृक्ष इति केचित् बौद्धालयमित्यन्ये। ६—चत्वरः यत्र प्रदेशे नगरवासिनो ग्राम्याः वा नानाविधाः कथाः कुर्वते। त्रिपथमिति केचित्।

१—'नानिभृतः' इति पाठा०।

से खाली पड़े हुए मकान में और जंगल में न जावे। पाप का आचरण करनेवाली स्त्री, मित्र तथा नौकरों के साथ न रहे। श्रेष्ठजनों से विरोध न करे और न ही नीचों के पास जावे। कुटिलों (छली) के साथ न रहे। अनार्य (दुष्ट) का आश्रय (सहारा) न ले अर्थात् इनके साथ न रहे। किसी को डरावे नहीं और स्वयं भी न डरे। साहस (अपने सामर्थ्य से बढ़कर किया गया शारीरिक कर्म), अत्यधिक नींद करना, अत्यधिक जागना, अत्यधिक स्नान, अत्यधिक पान (पानी आदि का पीना) तथा अत्यधिक भोजन न करे। जानु (गोडों) को ऊँचा उठाकर अर्थात् उकड़ूं आसन से देर तक न बैठे। सर्प, व्याघ्र, चीता आदि दंष्ट्री पशु तथा गौ, बैल, भैंस आदि विषाणी (जिन के सींग हों) उन पशुओं के समीप न जावे। पुरोवात (पूर्व की वायु अथवा ठीक सामने से आनेवाली वायु) धूप, अवश्याय (ओस), अतिप्रवात (आंधी); इनका सेवन न करे। कलह न करे। एकाग्र चित्त हुए बिना होम न करे। उच्छिष्ट (जिसके शरीर पर जूठन लगी हो) हुआ तथा अग्नि को नीचे रखकर अपने को न सेंके। जब तक थकावट दूर न हो जाय तब तक स्नान न करे, शिर को गीला किये बिना भी स्नान न करे, सर्वथा नग्न होकर भी स्नान न करे। स्नान की धोती (जो नीचे भाग में बाँधी गयी हो) अथवा कपड़े से सिर को स्पर्श न करे। केशों के अग्रभाग को झटकाये नहीं। स्नान करके स्नान से पूर्व धारण किये हुए वस्त्र न पहिरे अथवा जिन वस्त्रों से स्नान किया है उन्हें ही धो-निचोड़ कर पुनः गीले ही न पहिर ले। रत्न, घृत, पूज्य अन्य मङ्गलकारी द्रव्य एवं पुष्प आदि का स्पर्श करने के विना घर से बाहर न निकले। पूज्य एवं मङ्गलकर पदार्थों को वाम पार्श्व की ओर अमङ्गलकारी को दक्षिण पार्श्व की ओर करके न जाय ॥२०॥

नारत्नपाणिर्नास्नातो नोपहतवासा नाजपित्वा नाहुत्वा देवताभ्यो नानिरूप्य पितृभ्यो नादत्त्वा गुरुभ्यो नातिथिभ्यो नोपाश्रितेभ्यो नापुण्यगन्धो नामाली[1] नाप्रक्षालितपाणिपादवदनो नाशुद्धमुखो नोदङ्मुखो न विमना नाभक्ताशिष्टाशुचिक्षुधितपरिचरो न पात्रीष्वमेध्यासु नादेशे नाकाले नाकीर्णे नादत्त्वाऽग्रमग्नये नाप्रोक्षितं प्रोक्षणोदकैर्न मन्त्रैरनभिमन्त्रितं न कुत्सयन् न कुत्सितं न [2]प्रतिकूलोपहितमन्नमाददीत, न पर्युषितमन्यत्र मांसहरितकशुष्कशाकफलभक्ष्येभ्यः, नाशेषभुक्स्यादन्यत्र दधिमधुलवणसक्तुसर्पिर्भ्यः[3], न नक्तं दधि भुञ्जीत, न सक्तूनेकानश्नीयात् न निशि न भुक्त्वा न बहून् न द्विर्नोदकान्तरितान्, न छित्त्वा द्विजैर्भक्षयेत् ॥२१॥

हाथ में रत्नधारण के बिना, स्नान बिना, फटे वस्त्र पहने हुए, गायत्री आदि मन्त्रों के जप के बिना (सन्ध्या के बिना), देवताओं के लिये होम किये बिना, पिता माता आदि को भोजन कराये बिना, गुरु, अतिथि तथा आश्रितों (नौकर चाकर आदि) को दिये बिना, पुण्य शुभ गन्धानुलेपन के बिना, माला धारण के बिना, हाथ पाँव और मुख धोये बिना, मुखशोधन के बिना, उत्तर मुख करके, दूसरी ओर मन लगाकर अथवा खिन्न मन से, अभक्त (जो नौकर स्वामी से प्रीति न रखता हो), अशिष्ट (नीच, चाण्डाल आदि), अशुचि (अपवित्र) तथा क्षुधित (भूखे) नौकरों से लाया पकाया एवं बर्ताव हुआ, अपवित्र पात्रों में, अप्रशस्त जगह पर, अकाल में, जहाँ बहुत आदमी हों या संकीर्ण जगह पर या जहाँ बहुत सी वस्तुएँ बिखरी पड़ी होने के कारण जगह तंग हो–प्रथम अग्नि को न देकर (इससे भोजन के विषयुक्त होने पर विष का ज्ञान भी हो सकता है) प्रोक्षणोदकों से सिञ्चन न करके, मन्त्रों द्वारा अभिमन्त्रित किये बिना, निन्दा करते हुए तथा निन्दित और शत्रु द्वारा दिये गये अथवा उलटे तरीके से रक्खे गये, अथवा अपने शरीर के लिये असात्म्यकर अन्न को न खावे।

मांस, अदरख आदि, शुष्क शाक, फल एवं अन्य भक्ष्य (लड्डू आदि) पदार्थों को छोड़कर पर्युषित...बासी भोजन न करे। अर्थात् ये कुछ देर और कई अवस्थाओं में कई दिन पड़े रहने पर भी खाये जा सकते हैं।

दही, मधु (शहद), नमक, सत्तू, जल एवं घी को छोड़कर शेष पदार्थों को निःशेष न खावे। अर्थात् खाने को जितना दिया जावे उसमें से कुछ बचा देवे। रात्रि काल में दही न खावे। न केवल खांड-घी अथवा जल आदि के बिना सत्तू खावे तथा न रात्रि में, न भोजन करके, न अधिक मात्रा में, न दो बार, न बीच २ में जलपान करते हुए और न दाँतों से काटकर सत्तुओं को खावे ॥२१॥

नानृजुः, क्षुयान्नाद्यान्न शयीत, न वेगितोऽन्यकार्यः स्यात् न वाय्वग्निसलिलसोमार्कद्विजगुरुप्रतिमुखं निष्ठीविकावातवर्चोमूत्राण्युत्सृजेत्, न पन्थानमवमूत्रयेत्, न जनवति नान्नकाले न जपहोमाध्ययनबलिमङ्गलक्रियासु श्लेष्मसिङ्घाणकं मुञ्चेत् ॥२२॥

टेढ़े होकर न छींके, न खावे तथा न लेटे। पुरीष आदि के वेगों के होने पर दूसरे कार्य में न लगे तथा न लगा रहे। वायु, अग्नि, जल, चन्द्रमा, सूर्य, ब्राह्मण तथा गुरुओं की ओर थूकना; मलवात आदि का छोड़ना; पाखाना तथा पेशाब करना मना है। राह पर पेशाब न करे। जहाँ पर बहुत से आदमी रहते हों; अन्न के समय; जप, होम, अध्ययन (पाठ), बलि तथा अन्य मङ्गल क्रियाओं

१—'नाहंमानी' इति पा०। २—'प्रतिकूलैः प्राणिभिरुपहितं समीपगतम्' इति गङ्गाधरः। ३—स्मृतावप्युक्तं स्नात्वा यथावत् कृत्वा च देवर्षिपितृतर्पणम्। प्रशस्तरत्नपाणिस्तु भुञ्जीत प्रयतो गृही॥ कृते जपे हुते वह्नौ शुद्धवस्त्रधरो नृप। दत्त्वाऽतिथिभ्यो विप्रेभ्यो गुरुभ्यः संश्रिताय च॥ पुण्यगन्धधरः शस्तमालाधारी नरेश्वर। नैकवस्त्रधरोऽनार्द्रपाणिपादो नरेश्वर॥ विशुद्धवदनः प्रीतो भुञ्जीत न विदिङ्मुखः। प्राङ्मुखोदङ्मुखो वापि न चैवान्यमना नरः॥ अन्नं प्रशस्तं पथ्यं च प्रोक्षितं प्रोक्षणोदकैः। न कुत्सिताहृतं चैव जुगुप्सावदसंस्कृतम्॥ दत्त्वा तु भक्तं शिष्येभ्यः क्षुधितेभ्यस्तथा गृही। प्रशस्तशुद्धपात्रेषु भुञ्जीताकुपितो नृप॥ नानन्दीसंस्थिते पात्रे नादेशे च नरेश्वर। नाकाले नातिसंकीर्णे दत्त्वाग्रं च नरोऽग्नये॥ मन्त्राभिमन्त्रितं शस्तं न च पर्युषितं नृप। अन्यत्र फलमांसेभ्यः सक्तुशाकादिकात्तथा॥ तद्वद्धरितकेभ्यश्च गुडपक्वेभ्यः एव च। भुञ्जीतोद्धृतसाराणि न कदाचिन्नरेश्वर॥ नाशेषं पुरुषोऽश्नीयादन्यत्र जगतीपते। मध्वम्बुदधिसर्पिर्भ्यः सक्तुभ्यश्च विवेकवान्॥ इति॥

में खखारना और नाक साफ करना उचित नहीं। महाभारत में—

प्रत्यादित्यं प्रतिजलं प्रतिगां च प्रतिद्विजम्।
मेहन्ति ये च पथिषु ते भवन्ति गतायुषः॥

मनुस्मृति में भी कहा है—

न मूत्रं पथि कुर्वीत न भस्मनि न गोव्रजे।
न फालकृष्टे न जले न चित्यां न च पर्वते॥
न जीर्णदेवायतने न वल्मीके कदाचन।
न ससत्त्वेषु गर्तेषु न गच्छन्नापि संस्थितः॥
न नदीतीरमासाद्य न च पर्वतमस्तके।
वाय्वग्निविप्रानादित्यमपः पश्यंस्तथैव गाः।
न कदाचन कुर्वीत विण्मूत्रस्य विसर्जनम्॥२२॥

न स्त्रियमवजानीत, नातिविश्रम्भयेत्, न गुह्यमनुश्रावयेत्, नाधिकुर्यात्; न रजस्वलां नातुरां नामेध्यां नाशस्तां नानिष्टरूपाचारोपचारां नादक्षां नादक्षिणां नाकामां नान्यकामां नान्यस्त्रियं नान्ययोनिं नायोनौ न चैत्यचत्वरचतुष्पथोपवनश्मशानाघातनसलिलौषधिद्विजगुरुसुरालयेषु, न सन्ध्ययोः, नातिथिषु,[1] नाशुचिर्नाजग्धभेषजो नाप्रणीतसंकल्पो नानुपस्थितप्रहर्षो नाभुक्तवान् नात्यशितो न विषमस्थो न मूत्रोच्चारपीड़ितो न श्रमव्यायामोपवासक्लमाभिहतो नारहसि व्यवायं गच्छेत्॥२३॥

स्त्रियों की अवज्ञा (अपमान) न करनी चाहिये। इनका अधिक विश्वास भी न करे, इन्हें अपनी गुह्य बातों को न सुनावे तथा न सर्वत्र अधिकार देवे। रजस्वला, रोगिणी, अपवित्र, अशस्त, (कुष्ठ आदि रोग से पीड़ित अनिच्छित रूप एवं आचार) स्वभाववाली, जो कामशास्त्र में चतुर न हो अथवा मैथुन में अशक्त, कामरहित अथवा जो चाहती न हो, जो अनुकूल न हो, अन्य पुरुष की कामना रखनेवाली, परस्त्री, परयोनि (अर्थात् स्त्री को छोड़कर अन्य पशु आदि की योनि) तथा अयोनि (गुदा आदि मार्ग) में और चैत्य, चत्वर (आङ्गन), चौराहों, उपवन (फुलवाड़ी, बाग बगीचा) श्मशान तथा बध्यस्थान आदि स्थलों पर, दोनों सन्ध्याकाल में, निषिद्ध तिथियों पर, स्वयं अपवित्र, बिना वाजीकरण औषध सेवन करके, संकल्प के बिना, प्रहर्ष (ध्वजोच्छ्राय) के बिना, भोजन न करके अथवा अत्यधिक भोजन करके, विषमस्थल पर अथवा आसन से, मूत्रवेगयुक्त, श्रम (थकावट), व्यायाम, उपवास तथा क्लम से पीड़ित होता हुआ मैथुन न करे। मैथुन एकान्त में होना चाहिये[2] ॥२३॥

न सतो न गुरून् परिवदेत्, नाशुचिरभिचारकर्मचैत्यपूज्यपूजाध्ययनमभिनिर्वर्तयेत्॥२४॥

सत्पुरुषों और गुरुओं की निन्दा न करनी चाहिये तथा अपवित्र होते हुए अभिचार कर्म, चैत्य एवं पूज्यों की पूजा तथा पठनपाठन न करना चाहिये॥२४॥

न विद्युत्स्वनार्तवीषु नाभ्युदितासु दिक्षु नाग्निसंप्लवे न भूमिकम्पे न महोत्सवे नोल्कापाते न महाग्रहोपगमने न नष्टचन्द्रायां तिथौ न सन्ध्ययोर्नामुखाद्गुरोर्नावपतितं नातिमात्रं न तान्तं न विस्वरं नानवस्थितपदं नातिद्रुतं न विलम्बितं नातिक्लीबं नात्युच्चैर्नातिनीचैः स्वरैरध्ययनमभ्यसेत्॥२५॥

बेमौसमी बिजली चमकने पर, दिशाओं के प्रज्वलित होने पर, कहीं आसपास आग लग जाने पर, भूकम्प के समय, बड़े उत्सव के समय, उल्कापात होने पर, सूर्यग्रहण तथा चन्द्रग्रहण होने पर, अमावस के दिन तथा सन्ध्या समय नहीं पढ़ना चाहिये। गुरुमुख से बिना पढ़े भी पठन का अभ्यास न करना चाहिये। पढ़ते समय हीनवर्ण, अतिमात्रा (अधिक वर्ण) से अध्ययन, रूक्षस्वर, विस्वर (अशुद्ध स्वर), अनवस्थित पद (अर्थात् प्रत्येक पद को सुस्पष्ट एवं पृथक्-पृथक् पढ़ना), जल्दी २ अथवा धीरे २ (अर्थात् एक मात्रा के पठन में जितना काल लगना चाहिये उससे अधिक काल लगाना), अतिक्लीब (अर्थात् बहुत ही धीरे २ पढ़ना), अत्यन्त ऊँचे और अत्यन्त नीचे स्वर से न पढ़ना चाहिये॥२५॥

नातिसमयं जह्यात्, न नियमं भिन्द्यात्, न नक्तं नादेशे चरेत्, न सन्ध्यास्वभ्यवहाराध्ययनस्त्रीस्वप्नसेवी स्यात्, न बालवृद्धलुब्धमूर्खक्लिष्टक्लीबैः सह सख्यं कुर्यात्, न मद्यद्यूतवेश्याप्रसङ्गरुचिः स्यात्, न गुह्यं विवृणुयात्, न कञ्चिदवजानीयात्, नाहंमानी स्यान्नादक्षो नादक्षिणो नासूयकः, ब्राह्मणान्[3] परिवदेत्, न गवां दण्डमुद्यच्छेत्, न वृद्धान् न गुरून् न गणान् न नृपान् वाऽधिक्षिपेत् न चातिब्रूयात्, न बान्धवानुरक्तकृच्छ्रद्वितीयगुह्यज्ञान् बहिः कुर्यात्॥२६॥

किसी सोसाइटी, समाज या संस्था के नियमों को नहीं तोड़ना चाहिये। अन्य शास्त्रोक्तनियमों को न तोड़े। रात्रि में या अस्थान पर न घूमे। संध्या समय भोजन, अध्ययन (पठन, पाठन), मैथुन तथा निद्रा (सोना) न करनी चाहिये (यह समय उपासना का है)। बच्चों, बूढ़ों, लोभी, मूर्ख, कुष्ठ आदि रोगों से पीड़ित तथा नपुंसकों के साथ मैत्री न करे। मद्यपान, जूआ खेलना, वेश्यासङ्ग, ये नीच कर्म न करने चाहिये। किसी की गुप्त बातों को प्रकाशित न करे। किसी की अवज्ञा (अपमान) न करे। अहंकार से सर्वथा मुक्त रहना चाहिये। कर्मकुशल होना चाहिये। दान करना चाहिये अथवा किसी से विरोध न करे। किसी की चुगली तथा ब्राह्मणों अथवा अपने प्रेमियों की निन्दा न करे। गौओं पर डण्डा न उठाये। वृद्ध, गुरु, गण (पञ्चायत आदि), राजा; इनकी अवज्ञा या निन्दा न करे। बहुत न बोले। भाई, बन्धु, अनुरागी (प्रेमी) तथा आपत्ति में सहायता करनेवाले मित्र और रहस्य जाननेवाले (घर की गुप्त बातों को जाननेवाले) को कभी अपने से अलग न करे॥२६॥

नाधीरो नात्युच्छ्रितसत्वः स्यात् नाभृतभृत्यो, नाविस्रब्धस्वजनो, नैकः सुखी, न दुःखशीलाचारोपचारो, न सर्वविश्रम्भी, न सर्वाभिशंकी, न सर्वकालविचारी॥२७॥

धैर्यरहित न हो। उद्धत मनवाला भी न हो। अपने भृत्य

१—'नाति न निषिद्धतिथिषु' इति पा०।

२—सुश्रुतसंहिता के चिकित्सास्थान २४ अध्याय में मैथुनविषयक उपदेश दिया गया है॥

१—'अतिसमयो मिलित्वा बहुभिः कृतो नियमः' चक्रः।

३—'दक्षिणान्' इति पा०।

आदियों का पालन पोषण करे अथवा उनकी भृति (वेतन) आदि को न दबा ले। ऐसा कर्म कभी न करे जिससे स्वजन भी विश्वास करना छोड़ दें। अकेला ही सुखी न हो। अपने सुख में दूसरों को भी हिस्सा दे। अर्थात् किसी सुस्वादु पदार्थ को बिना बाँटे अकेला ही न खा जाना चाहिये और दुःशीलयुक्त अथवा दुराचारी भी न होना चाहिये। सब ही पर विश्वास भी न करे और सब पर सन्देहात्मक दृष्टि भी न रखे। हर समय विचारों में भी न पड़ा रहे ॥२७॥

न कार्यकालमतिपातयेत्, नापरीक्षितमभिनिविशेत्। नेन्द्रियवशगः स्यात्, न चञ्चलं मनोऽनुभ्रामयेत्, न बुद्धीन्द्रियाणामतिभारमादध्यात्, न चातिदीर्घसूत्री स्यात्, न क्रोधहर्षावनुविदध्यात्, न शोकमनुवसेत्, न सिद्धावौत्सुक्यं गच्छेन्नासिद्धौ दैन्यम् ॥२८॥

कार्यकाल (कार्य करने के समय) को ऐसे ही न गँवा दे। अपरीक्षित कार्य में एकदम न लग जाय। इन्द्रियों के वश में न आवे। चञ्चल मन को खुला ही न छोड़ दे। बुद्धि और इन्द्रियों पर अत्यन्त भार न डाले। अथवा ज्ञानेन्द्रियों पर अत्यन्त भार न डाले। आलसी न बने। अत्यन्त क्रोध तथा अत्यन्त हर्ष के वश होकर कर्म न करे। चिरकाल तक शोक में ही न पड़ा रहे। सिद्धि—फलप्राप्ति—में कृतकार्य होने पर हर्षित न हो और अकृतकार्य होने पर दुःखित भी न हो; इस प्रकार राग द्वेष प्रभृति द्वन्द्वों से मुक्त रहने का प्रयत्न करे ॥२८॥

प्रकृतिमभीक्ष्णं स्मरेत्, हेतुप्रभावनिश्चितः स्यात्, हेत्वारम्भनित्यश्च, न कृतमित्याश्वसेत्, न वीर्यं जह्यान्नचापवादमनुस्मरेत् ॥२९॥

प्रत्येक कार्य करते हुए अपनी प्रकृति का ध्यान रखे। अथवा उत्पत्ति कारण पञ्चमहाभूत रूप प्रकृति का ध्यान रखे। अर्थात् उसकी अनित्यता का स्मरण होते ही मनुष्य रागद्वेष द्वारा पराभव को प्राप्त नहीं होते। शुभाशुभ कर्म से शुभाशुभ फल होगा ऐसा निश्चित जाने। और हर समय शुभ कर्मों के करने में तत्पर रहे। 'कर लिया' यह समझकर ही उपेक्षा न कर बैठे। वीर्य का नाश न करे। किसी के द्वारा की गयी निन्दा को स्मरण न करे। अथवा शुभकर्म करते हुए लोकापवाद से न डरे ॥२९॥

नाशुचिरुत्तमाज्याक्षततिलकुशसर्षपैरग्निं जुहुयादात्मानमाशीभिराशासानः, अग्निर्मे नापगच्छेच्छरीरात् वायुर्मे प्राणानादधातु विष्णुर्मे बलमादधातु इन्द्रो मे वीर्यं शिवा मां प्रविशन्त्वापः, आपोहिष्ठेत्यपः[1] स्पृशेत्, द्विः परिमृज्योष्ठौ पादौ चाभ्युदय मूर्धनि खानि[2] चोपस्पृशेदद्भिर्हृदयं शिरश्च ब्रह्मचर्यज्ञानदानमैत्रीकारुण्यहर्षोपेक्षाप्रशमपरश्च स्यादिति ॥३०॥

अपवित्र अवस्था में उत्तम घृत—गोघृत, अक्षत, तिल, कुश तथा सरसों आदि ओषधियों द्वारा होम न करे।

'अग्निर्मे नापगच्छेच्छरीरात्' इत्यादि मन्त्र तथा 'आपो हिष्ठा मयोभुवस्ता न ऊर्जे दधातन। महे रणाय चक्षसे।' इस आशीर्वादात्मक मन्त्र द्वारा अपने अन्दर बल आदि की आकांक्षा करते हुए स्नान करे। अथवा जल द्वारा अङ्ग स्पर्श करे। प्रथम ओष्ठ और पैरों पर दो २ वार जल के छींटे देकर मस्तक चक्षु आदि इन्द्रिय, सम्पूर्ण देह, हृदय एवं शिर पर छींटे देवे। छींटे देते समय उस २ अङ्ग पर ध्यान करे और इच्छा शक्ति द्वारा उन्हें दृढ़ तथा सबल बनाने का प्रयत्न करे।

मेरे शरीर से अग्नि दूर न हो जावे, वायु मेरे प्राणों की रक्षा करे, विष्णु मेरे शरीर में बल का आधान करे, इन्द्र मेरे वीर्य को बढ़ावे, कल्याणदाता जल हमारे शरीर में प्रवेश करे। तथा कल्याणकारक जल हमारे शरीर में सुन्दरता, सुडौलपन एवं बल का आधान करे। यह दोनों मन्त्रों का भावार्थ है।

यहाँ पर 'अपःस्पृशेत्' से कई, 'आचमन करे, ऐसा अर्थ करते हैं। इन दोनों मन्त्रों से एक२ आचमन अर्थात् दो आचमन। गोभिल आदि में तीनवार आचमन का विधान है। पश्चात् अङ्ग स्पर्श करे।

ब्रह्मचर्य, दान, मित्रता, दया, प्रसन्नता तथा पाप शान्ति में तत्पर रहना चाहिये ॥३०॥

तत्र श्लोकाः।

पञ्चपञ्चकमुद्दिष्टं मनो हेतुचतुष्टयम्।
इन्द्रियोपक्रमेऽध्याये सद्वृत्तमखिलेन च ॥३१॥

इस इन्द्रियोपक्रमणीय में पाँच पंचकों का तथा मन का वर्णन किया गया है। इसके पश्चात् हेतुचतुष्टय प्रकृति एवं विकृतिके चार कारण (समयोग आदि) बताये गये हैं। तथा अशेष रूप से सद्वृत्त (सच्छील) का उपदेश किया गया है ॥३१॥

स्वस्थवृत्तं यथोद्दिष्टं यः सम्यगनुतिष्ठति।
स समाः शतमव्याधिरायुषा न वियुज्यते ॥३२॥

जो विधिपूर्वक इस उपदिष्ट स्वस्थवृत्त का अनुष्ठान करता है वह नीरोग रहता हुआ सौ बरस तक जीता है ॥३२॥

नृलोकमापूरयते यशसा साधुसम्मतः।
धर्मार्थावेति भूतानां बन्धुतामुपगच्छति ॥३३॥

साधु पुरुषों से पूजनीय वह पुरुष यश द्वारा सम्पूर्ण मनुष्य लोक में विख्यात हो जाता है, धर्म और अर्थ को प्राप्त होता है, प्राणिमात्र का बन्धु कहलाता है ॥३३॥

परान् सुकृतिनो लोकान् पुण्यकर्मा प्रपद्यते।
तस्माद्वृत्तमनुष्ठेयमिदं सर्वेण सर्वदा ॥३४॥

वह पुण्यकर्मा मनुष्य पुण्यात्माओं के उत्कृष्ट लोक को प्राप्त होता है, अतः सम्पूर्ण मनुष्यों को चाहिये कि वे सर्वदा इस स्वस्थवृत्त का अनुष्ठान किया करें जिससे उन्हें भी पुण्यलोक की प्राप्ति हो ॥३४॥

यच्चान्यदपि किञ्चित्स्यादनुक्तमिह पूजितम्।
वृत्तं तदपि चात्रेयः सदैवाभ्यनुमन्यते ॥३५॥

इत्यग्निवेशकृते तन्त्रे चरकप्रतिसंस्कृते सूत्रस्थाने स्वस्थवृत्तचतुष्के इन्द्रियोपक्रमणीयो नामाऽष्टमोऽध्यायः ॥८॥

इति स्वस्थवृत्तचतुष्कः ॥२॥

सद्वृत्त में कहे गए आचार आदि से अतिरिक्त यदि अन्य भी कोई साधुसम्मत आचार हो तो उसका भी पालन करना चाहिये; ऐसा आत्रेय मुनि मानते हैं ॥३५॥ इति अष्टमोऽध्यायः।

१—'आत्मानमित्यादि अपःस्पृशेदित्यन्तो विच्छेदः' गङ्गाधरः।
२—'मूर्धनि खानि षट्-द्वे नासारन्ध्रे द्वे चक्षुषी द्वे च श्रोत्रे' गङ्गाधरः।

नवमोऽध्यायः

अथातः [1]खुड्डाकचतुष्पादमध्यायं व्याख्यास्यामः ।
इति ह स्माह भगवानात्रेयः ॥१॥

अत्र खुड्डाक (स्वल्प) चतुष्पाद नामक अध्याय की व्याख्या करते हैं; ऐसा भगवान् आत्रेय मुनि ने कहा ॥१॥

भिषग् द्रव्यमुपस्थाता रोगी पादचतुष्टयम् ।
गुणवत्कारणं ज्ञेयं विकारव्युपशान्तये[2] ॥२॥

सम्पूर्ण रोगों की शान्ति के लिये गुणी वैद्य, गुणयुक्त द्रव्य, गुणी परिचारक तथा गुणवान् रोगी का होना आवश्यक है। अर्थात्१ वैद्य २ द्रव्य (औषध आदि),३ परिचारक(सेवा Nursing करनेवाला) तथा४रोगी; ये चारों गुणयुक्त होते हुए ही रोगशान्ति में कारण होते हैं। अतएव चिकित्सा के लिये इन्हीं चार पादों का होना आवश्यक है।२।

विकारो धातुवैषम्यं साम्यं प्रकृतिरुच्यते ।
सुखसंज्ञकमारोग्यं विकारो दुःखमेव च ॥३॥

प्रकृति विकृति का लक्षण—वात आदि त्रिधातु तथा रस आदि सात धातुओं की विषमता को ही विकार या रोग कहते हैं और इनकी समता का नाम ही प्रकृति है। आरोग्य की ही संज्ञा सुख है और विकार को ही दुःख कहते हैं। सुश्रुत में भी कहा है—

'तद्दुःखसंयोगा व्याधय इत्युच्यन्ते' ॥

चतुर्णां भिषगादीनां शस्तानां धातुवैकृते ।
प्रवृत्तिर्धातुसाम्यार्था चिकित्सेत्यभिधीयते ॥४॥

चिकित्सा का लक्षण—धातु की विषमता अर्थात् रोग होने पर वैद्य आदि गुणयत् चारों पादों की धातु की समता (आरोग्य) के लिये जो प्रवृत्ति होती है उसे ही चिकित्सा कहते हैं। चिकित्सा शब्द रोग-दूरकरणवाची 'किति' धातु से सिद्ध होता है। आचार्य १६वें अध्याय में स्वयं कहेंगे—

याभिः क्रियाभिर्जायन्ते शरीरे धातवः समाः ।
सा चिकित्सा विकाराणां कर्म तद्भिषजां मतम् ॥४॥

श्रुते पर्यवदातत्वं बहुशो दृष्टकर्मता ।
दाक्ष्यं शौचमिति ज्ञेयं वैद्ये गुणचतुष्टयम् ॥५॥

चिकित्सक के गुण—१—शास्त्र का अच्छी प्रकार ज्ञान होना। २—बहुत बार कर्म को देखा हुआ होना। ३—चतुराई तथा ४—शुद्धता—पवित्रता; ये चार गुण चिकित्सक में होने चाहिये ॥५॥

बहुता तत्र योग्यत्वमनेकविधकल्पना ।
सम्पच्चेति चतुष्कोऽयं द्रव्याणां गुण उच्यते ॥६॥

औषध आदि द्रव्यों के गुण—१—पर्याप्त मात्रा में होना अथवा नानाविध औषधों का रखना। २—जिस व्याधि में प्रयोग कराना हो उसके योग्य होना। ३—एक ही द्रव्य से नाना प्रकार की कल्पना (स्वरस, कल्क आदि) का हो सकना। ४—रस आदि से युक्त, कृमि आदि से न खायी हुई होना; ये चारों गुण द्रव्यों में होने चाहिये।६।

उपचारज्ञता दाक्ष्यमनुरागश्च भर्त्तरि ।
शौचं चेति चतुष्कोऽयं गुणः परिचरे जने ॥७॥

परिचारक के गुण—१—उपचार को जानना अर्थात् रोगी के भोजन के लिये यूष, रस आदि किस प्रकार तैयार करने चाहिये, उसे किस प्रकार सुलाना चाहिये, आदि रोगीसेवा का ज्ञान होना। २—चतुराई। ३—जिसकी सेवा कर रहा है उसमें प्रेम रखना अथवा भर्ता—भृतिद्वारा पालन करनेवाले वैद्य में अनुराग रखना। ४—पवित्रता—स्वच्छता; ये चार गुण परिचारक में होने आवश्यक हैं। सुश्रुत में—

स्निग्धोऽजुगुप्सुर्बलवान् युक्तो व्याधितरक्षणे ।
वैद्यवाक्यकृदश्रान्तः पादः परिचरः स्मृतः ॥७॥

स्मृतिर्निर्देशकारित्वमभीरुत्वमथापि च ।
ज्ञापकत्वं च रोगाणामातुरस्य गुणाः स्मृताः ॥८॥

रोगीके गुण—१—स्मृति—रोग किस प्रकार शुरू हुआ, कितनी देर से है? इत्यादि बातों का स्मरण रखना। २—निर्देशकारिता अर्थात् जसा चिकित्सक ने कहा है, वैसा ही करना। ३—अभीरुता-निडरता-न घबराना। ४—रोग (लक्षण आदि) को अच्छी प्रकार बता सकना, ये चार गुण रोगी में होने चाहिये।

इस प्रकार ये चतुष्पाद सोलह गुणों से युक्त होता हुआ ही सिद्धि में कारण होता है ॥८॥

कारणं षोडशगुणं सिद्धौ पादचतुष्टयम् ।
विज्ञाता शासिता योक्ता प्रधानं भिषगत्र तु ॥९॥
पक्तौ किं कारणं पक्तुर्यथा पात्रेन्धनानलाः ।
विजेतुर्विजये भूमिश्चमूः प्रहरणानि च ॥१०॥

इन चारों में वैद्य ही प्रधान है, क्योंकि वह ही औषध (अथवा रोग) को जाननेवाला, परिचारक का शासन (निर्देश Directions आदि द्वारा) करनेवाला,तथा रोगी का योक्ता (औषध आदि की व्यवस्था करनेवाला) होता है इससे यह ज्ञात हो गया कि औषध आदि तीनों की प्रवृत्ति वैद्य के अधीन होती है, अतः ये गौण हैं और वैद्य ही प्रधान है जैसे पकानेवाले (रसोई करनेवाले-पाचक) के पात्र, इंधन, अग्नि आदि पाचन में कारण होते हैं अथवा जैसे विजय में विजेता की—भूमि, सेना तथा प्रहार आदि कारण होते हैं ॥९, १०॥

आतुराद्यास्तथा सिद्धौ पादाः कारणसंज्ञिताः ।
वैद्यस्यातश्चिकित्सायां प्रधानं कारणं भिषक् ॥११॥

वैसे ही वैद्य के रोगापनयन में रोगी आदि कारण उपकरण होते हैं। अतएव चिकित्सा में प्रधान कारण वैद्य ही है। सुश्रुत में—

गुणवद्भिस्त्रिभिः पादैश्चतुर्थो गुणवान् भिषक् ।
व्याधिमल्पेन कालेन महान्तमपि साधयेत् ॥
वैद्यहीनास्त्रयः पादा गुणवन्तोऽप्यपार्थकाः ।
उद्गातृहोतृब्रह्माणो यथाध्वर्युं विनाऽध्वरे ॥
वैद्यस्तु गुणवानेकस्तारयेदातुरान् सदा ।
प्लवं प्रतितरैर्हीनं कर्णधार इवाम्भसि ॥११॥

मृद्दण्डचक्रसूत्राद्याः कुम्भकाराद्दते यथा ।
न वहन्ति गुणं, वैद्याद्दते पादत्रयं तथा ॥१२॥

कुम्हार के बिना जैसे मट्टा, दण्ड, चक्र तथा सूत्र आदि घट आदि का निर्माण नहीं कर सकते उसी प्रकार वैद्य के बिना औषध आदि रोगनिवारण में समर्थ नहीं होते ॥१२॥

१—खुड्डाकंशब्दोऽल्पवचनः, अल्पत्वं चास्य वक्ष्यमाणा-महाचतुष्पादमवेक्ष्य' चक्रः । २—सुश्रुतेऽप्युक्तं-वैद्यो व्याध्युपसृष्टश्च भेषजं परिचारकः । एते पादाश्चिकित्सायाः कर्मसाधनहेतवः ।

गन्धर्वपुरवन्नाशं यद्विकाराः सुदारुणाः ।
यान्ति यच्चेतरे वृद्धिमाशूपायप्रतीक्षिणः ॥१३॥
सति पादत्रये ज्ञाज्ञौ भिषजावत्र कारणम् ।
वरमात्मा हतोऽज्ञेन न चिकित्सा प्रवर्तिता ॥१४॥

रोगी, उपस्थाता तथा द्रव्य; इन तीनों के उपस्थित रहते हुए जो दारुण रोगी भी गन्धर्वपुर के समान शीघ्र नष्ट हो जाते हैं और जो थोड़े से उपाय द्वारा ठीक हो जानेवाले रोग वृद्धि को प्राप्त हो जाते हैं; इनमें विद्वान् तथा मूर्ख वैद्य ही कारण होते हैं। अर्थात् पादत्रय गौण हैं और वैद्य ही प्रधान है ॥

आत्मघात कर लेना उत्तम है, परन्तु मूर्ख वैद्य द्वारा की गयी चिकित्सा उत्तम नहीं ॥१३,१४॥

पाणिचाराद्यथाऽचक्षुरज्ञानाद्भीतभीतवत् ।
नौर्मारुतवशेवाज्ञो भिषक्चरति कर्मसु ॥१५॥

जिस प्रकार अन्धा मनुष्य अज्ञान के कारण (देख न सकने से) डरता हुआ हाथ या डण्डे से टटोल-टटोल कर चलता है,अथवा जैसे किसी नौका को वायु के आश्रय ही छोड़ दिया वैसे ही मूर्ख वैद्य चिकित्सा में प्रवृत्त होता है। अर्थात् मूर्ख वैद्य की चिकित्सा रोगी के शान्त होने में कारण नहीं; अपितु यदृच्छा से ही रोग शान्त होता है ॥१५॥

यदृच्छया समापन्नमुत्तार्य नियतायुषम् ।
भिषङ्मानी निहन्त्याशु शतान्यनियतायुषाम् ॥१६॥

जिसकी आयु अभी निश्चित है तथा जिसकी पहले चिकित्सा ठीक प्रकार होती रही है ऐसे रोगी को यदृच्छा से (जैसे तैसे अर्थात् आयुःशास्त्र की सम्यग् ज्ञानपूर्वक प्रवृत्ति के विना ही) ठीक करके सैकड़ों अनियतायु पुरुषों को भिषङ्मानी (जो वस्तुतः चिकित्सक न हो; परन्तु अपनेको चिकित्सक समझता हो) प्राणों से वियुक्त कर देता है॥१६॥

तस्माच्छास्त्रेऽर्थविज्ञाने प्रवृत्तौ कर्मदर्शने ।
भिषक् चतुष्टये युक्तः प्राणाभिसर उच्यते ॥१७॥

इसलिये शास्त्र,शास्त्र के अर्थज्ञान,प्रवृत्ति अर्थात् स्वयं चिकित्सा करना तथा दूसरों से किये गये कर्म (चिकित्सा) को देखना; इन चारों गुणों से युक्त वैद्य ही प्राणाभिसर(प्राणों का देनेवाला)कहलाता है१७

हेतौ लिङ्गे प्रशमने रोगाणामपुनर्भवे ।
ज्ञानं चतुर्विधं यस्य स राजार्हो भिषक्तमः ॥१८॥

रोगों के हेतु (निदान, कारण), लिङ्ग (लक्षण), रोगशमन तथा रोग को पुनः उत्पन्न न होने देना (Prevention), इस चतुर्विध ज्ञानसे युक्त वैद्यश्रेष्ठ ही राजाओं के योग्य हैं, अर्थात् ऐसे वैद्य को ही राजवैद्य कहना चाहिये ॥१८॥

शस्त्रं शास्त्राणि सलिलं गुणदोषप्रवृत्तये ।
पात्रापेक्षीण्यतः प्रज्ञां चिकित्सार्थं विशोधयेत् ॥१९॥

शस्त्र, शास्त्र तथा जल गुण तथा अवगुण में प्रवृत्ति के लिये पात्र की अपेक्षा करते हैं, अतः चिकित्सा के लिये प्रथम अपनी प्रज्ञा (बुद्धि) को निर्मल कर लेना चाहिये। जैसे यदि एक पागल आदमी के हाथ में तलवार दे दी जाय तो वह व्यर्थ ही इधर उधर मार-काट करता फिरेगा, परन्तु यदि भले आदमी के हाथ में हो तो वह शत्रुनाश तथा अपनी रक्षा के लिये ही प्रयुक्त करेगा इसी प्रकार यदि प्रज्ञा निर्मल न हो तो वह आयुर्वेद के रहस्यों को ठीक न जानकर उनसे उलटा हानि ही पहुँचायगा ॥१९॥

विद्या वितर्को विज्ञानं स्मृतिस्तत्परता क्रिया ।
यस्यैते षड्गुणास्तस्य न साध्यमतिवर्तते ॥२०॥

विद्या, मति (बुद्धि), कर्मदर्शन, कर्माभ्यास (कर्म का बारम्बार करना), सिद्धि (रोगशान्ति में कृतकार्यता), आश्रय (रुग्ण पुरुषों का आश्रयभूत अथवा जिसे श्रेष्ठ गुरु का आश्रय मिला हो); इनमें से प्रत्येक गुण वैद्यशब्द को जताने में समर्थ है, अर्थात् इन गुणों के विना कोई वैद्य कहलाने योग्य नहीं ॥२१॥

यस्य त्वेते गुणाः सर्वे सन्ति विद्यादयः शुभाः ।
स वैद्यशब्दं सद्भूतमर्हन् प्राणिसुखप्रदः ॥२२॥

जो उपर्युक्त विद्या आदि शुभ गुणों से युक्त है वही वैद्य शब्द के योग्य होता हुआ प्राणियों को सुख का देनेवाला होता है ॥२२॥

शास्त्रं ज्योतिः प्रकाशार्थं दर्शनं बुद्धिरात्मनः ।
ताभ्यां भिषक्सुयुक्ताभ्यां चिकित्सन्नापराध्यति ॥२३॥

किसी वस्तु को देखने के लिये शास्त्र ज्योति (प्रकाश)रूप है और अपनी बुद्धि देखनेवाली है—आँख के समान है। इन दोनों अर्थात् निर्मल प्रज्ञा और शास्त्र में युक्त वैद्य चिकित्सा करता हुआ कभी अपराधयुक्त नहीं होता,अर्थात् कहीं भी अकृतकार्यता नहीं होती॥२३॥

चिकित्सिते त्रयः पादा यस्माद्वैद्यव्यपाश्रयाः ।
तस्मात्प्रयत्नमातिष्ठेद्भिषक् स्वगुणसम्पदि ॥२४॥

यतः चिकित्सा में औषध, उपचारक तथा रोगी ये तीनों वैद्य के ही आश्रित होते हैं अतः वैद्य को चाहिये कि वह अपने अन्दर गुणों को बढ़ाने में सदा प्रयत्नवान् रहे ॥२४॥

मैत्री कारुण्यमार्तेषु, शक्ये प्रीतिरुपेक्षणम् ।
प्रकृतिस्थेषु भूतेषु, वैद्यवृत्तिश्चतुर्विधा ॥२५॥

मैत्री, पीड़ितों में करुणा (दया, उनके दुःख के निवारण की इच्छा), साध्यव्याधियुक्त पुरुष में प्रीति (व्याधिनिवारण में दत्तचित्त होना) और यदि प्राणी की मृत्यु ही हो जाय वहाँ उपेक्षा करनी चाहिये अर्थात् स्वयं भी शोकग्रस्त न हो जाय अथवा जो मरणासन्न हो, रिष्ट लक्षण उत्पन्न हो गये हों, असाध्य हो चुका हो वहाँ उपेक्षा करे, औषध आदि न दे (अथवा रोगी के सम्बन्धियों को जताकर दे), ये चार प्रकार की वैद्यों की वृत्ति है अर्थात् वैद्यों को इन्हीं नियमों पर चलना चाहिये ॥२५॥

तत्र श्लोकौ ।

भिषग्जितं चतुष्पादं पादः पादश्चतुर्गुणः ।
भिषक् प्रधानं पादेभ्यो यस्माद्वैद्यस्तु यद्गुणः ॥२६॥
ज्ञानानि बुद्धिर्ब्राह्मी च भिषजां या चतुर्विधा ।
सर्वमेतच्चतुष्पादे खुड्डाके सम्प्रकाशितम् ॥२७॥

इत्यग्निवेशकृते तन्त्रे चरकप्रतिसंस्कृते सूत्रस्थाने निर्देशचतुष्के खुड्डाकचतुष्पादो नाम नवमोऽध्यायः ॥९॥

चिकित्सा के चार पाद की रोगनिवारण में समर्थता, प्रत्येक पाद के चार-चार गुण, इन चारों पादों में से वैद्य की प्रधानता, वैद्य को किन-किन गुणों से युक्त और क्यों होना चाहिये ? वैद्यों का ज्ञान, तथा वैद्यों की चतुर्विध ब्राह्मी बुद्धि ; इन सब विषयों पर इस खुड्डाकचतुष्पाद नामक अध्याय में प्रकाश डाला गया है ॥२६,२७॥

इति नवमोऽध्यायः ।

दशमोऽध्यायः

अथातो महाचतुष्पादमध्यायं व्याख्यास्यामः ।

इति ह स्माह भगवानात्रेयः ॥१॥

इसके अनन्तर महाचतुष्पाद नामक अध्याय की व्याख्या करेंगे ऐसा भगवान् आत्रेय ने कहा ॥१॥

चतुष्पादं षोडशकलं भेषजमिति भिषजो भाषन्ते, यदुक्तं पूर्वाध्याये षोडशगुणमिति, तद्भेषजं युक्तियुक्तमलमारोग्यायेति भगवान् पुनर्वसुरात्रेयः ॥२॥

तथा सोलह कला अर्थात् सोलह गुण युक्त चार पाद (वैद्य,द्रव्य, परिचारक, रोगी) भेषज कहाते हैं—ऐसा वैद्य कहते हैं। इससे पूर्व अध्याय में यही बात विस्तार से कही गयी है (कारणं षोडशगुणं सिद्धौ पादचतुष्टयम्)। यह भेषज युक्तिपूर्वक प्रयुक्त की हुई आरोग्यदान में समर्थ होती है; यह भगवान् पुनर्वसु आत्रेय का मत है ॥२॥

नेति मैत्रेयः, किं कारणं, दृश्यन्ते ह्यातुराः केचिदुपकरणवन्तश्च परिचारकसम्पन्नाश्चात्मवन्तश्च कुशलैश्च भिषग्भिरनुष्ठिताः समुत्तिष्ठमानाः, तथा युक्ताश्चापरे म्रियमाणाः, तस्माद्भेषजमकिञ्चित्करं भवति; तद्यथा—श्वभ्रे सरसि च प्रसिक्तमल्पमुदकं नद्यां स्यन्दमानायां पांशुधाने वा पांशुमुष्टिः प्रकीर्ण इति। तथाऽपरे दृश्यन्तेऽनुपकरणाश्चापरिचारकाश्चानात्मवन्तश्चाकुशलैश्च भिषग्भिरनुष्ठिताः समुत्तिष्ठमानाः, तथायुक्ता म्रियमाणाश्चापरे; यतश्च प्रतिकुर्वन् सिद्ध्यति प्रतिकुर्वन् म्रियते, अप्रतिकुर्वन् सिध्यत्यप्रतिकुर्वन् म्रियते, ततश्चिन्त्यते भेषजमभेषजेनाविष्टमिति ॥३॥

मैत्रेय (प्रतिप्रश्नी) कहता है—नहीं। क्योंकि देखा जाता है कि बहुत से रोगी जो कि उपकरण (साधन द्रव्य, औषध आदि) तथा परिचारकयुक्त होते हैं जो स्वयं भी आत्मवान् (अर्थात् न घबरानेवाले) होते हैं और जिनकी कुशल वैद्यों द्वारा चिकित्सा भी की जा रही होती है; उनमें से कुछ स्वस्थ हो जाते हैं और कुछ मर जाते हैं। यदि चतुष्पाद और सोलह गुण युक्त भेषज ही आरोग्यलाभ में कारण हों तो उनमें से किसी की भी मृत्यु न होनी चाहिये, परन्तु होती है; अतः इससे ज्ञात हुआ कि आरोग्य लाभ में भेषज कारण नहीं है। जैसे एक गड्ढे में थोड़े से जल के सेचन से कोई लाभ नहीं ऐसे ही जो मनुष्य मर रहा हो उसे भेषज से भी कुछ नहीं होगा तथा जैसे तालाब में जिसमें दूसरी ओर से जल भर रहा हो और हम भी थोड़ा सा जल डालकर प्रसन्न होने लगें कि हमने तालाब भर दिया है वैसे ही मनुष्य अपने भाग्य आदि किसी अन्य कारण से स्वस्थ हो रहा होता है, हम समझते हैं कि हमने भेषज से ठीक कर लिया। अथवा जैसे बहती हुई नदी में हम एक मुट्ठी भर मिट्टी डालकर समझने लगें कि पानी रुक जायगा उसी प्रकार मरते हुए प्राणी के मुख में भेषज देकर समझते हैं कि मृत्यु रुक जायगी। अथवा जहाँ पहिले से ही मिट्टी का ढेर हो वहाँ और मुट्ठी भर मिट्टी डालने से कोई लाभ नहीं वैसे ही किसी अन्य कारण से स्वस्थ होते हुए रोगी को भेषज से कोई लाभ नहीं। अभिप्राय यही निकलता है कि आरोग्य तथा मृत्यु आदि में दैव ही कारण है। जो भाग्य में बदा होगा वही होगा।

इसी प्रकार हम देखते हैं कि अनुपकरणवान् (उपकरणों से जो युक्त नहीं) परिचारक रहित, घबरानेवाले रोगियों की मूर्ख वैद्यों द्वारा चिकित्सा होने पर कई स्वास्थ्यलाभ करते हैं, कई मर जाते हैं। यतः चिकित्सा होते हुए सिद्ध भी होते हैं, मरते हैं; अतः ज्ञात यह होता है कि भेषज-अभेषजरोगनिवारण में असमर्थ है ॥३॥

मैत्रेय! मिथ्या चिन्त्यत इत्यात्रेयः। किं कारणं, ये ह्यातुराः षोडशगुणसमुदितेनानेन भेषजेनोपपद्यमाना म्रियन्त इत्युक्तं तदनुपपन्नं; न हि भेषजसाध्यानां व्याधीनां भेषजमकारणं भवति। ये पुनरातुराः केवलाद्भेषजादृते समुत्तिष्ठन्ते, न तेषां सम्पूर्णभेषजोपपादनाय समुत्थानविशेषो नास्ति; यथा हि—पतितं पुरुषं समर्थमुत्थानायोत्थापयन् पुरुषो बलमस्योपादध्यात्, स क्षिप्रतरमपरिक्लिष्ट एवोत्तिष्ठेत्तद्वत्सम्पूर्णभेषजोपलम्भादातुराः। ये चातुराः केवलाद्भेषजादपि म्रियन्ते, न च सर्व एव ते भेषजोपपन्ना समुत्तिष्ठेरन्, न हि सर्वे व्याधयो भवन्त्युपायसाध्याः, न चोपायसाध्यानां व्याधीनामनुपायेन सिद्धिरस्ति, न चासाध्यानां व्याधीनां भेषजसमुदायोऽयमस्ति, न ह्यलं ज्ञानवान् भिषङ्मुमूर्षुमातुरमुत्थापयितुं; परीक्ष्यकारिणो हि कुशला भवन्ति, यथा हि—योगज्ञोऽभ्यासनित्य इष्वासो धनुरादायेषुमपास्यन्नातिविप्रकृष्टे महति काये नापबाधो भवति, सम्पादयति चेष्टाकार्यं, तथा भिषक् स्वगुणसम्पन्न उपकरणवान् वीक्ष्य कर्मारभमाणः साध्यरोगमनबाधः सम्पादयत्येवातुरमारोग्येण, तस्मान्न भेषजमभेषजेनाविशिष्टं भवति ॥४॥

आत्रेय कहते हैं—कि मैत्रेय! तुम्हारा मिथ्याविश्वास है। क्योंकि "कई रोगी सोलह गुण युक्त भेषज द्वारा चिकित्सा किये जाने पर मर जाते हैं" ऐसा जो तुमने कहा है वह ठीक नहीं। जो रोग भेषजसाध्य (भेषज द्वारा सिद्ध होजानेवाले) होते हैं उनके निवारण में भेषज अकारण नहीं होते। अर्थात् भेषजसाध्य व्याधियों के निवारण में भेषज ही कारण है और जो रोगी सम्पूर्ण भेषज के बिना ही उठ खड़े होते हैं उनकी चिकित्सा में सम्पूर्ण भेषज के लिये कोई कारणविशेष ही नहीं है, ऐसी बात नहीं। जैसे एक गिरे हुए और उठने में समर्थ मनुष्य को उठाने के लिये भी दूसरा मनुष्य हाथसे पकड़कर बल लगाता है और वह बिना किसी क्लेश के शीघ्रतर उठ खड़ा होता है वैसे ही सम्पूर्ण भेषज के उपयोग से रोगी शीघ्रतर आरोग्यलाभ करता है।

ये ही बात आजकल डाक्टर कहते हैं—कि रोग से बचने के लिये कुदरत (Nature) हर समय कार्य करती है। परन्तु यदि कोई उनसे पूछे कि फिर औषध की क्या जरूरत है? तो वह उत्तर देंगे कि हम कुदरत की सहायता करते हैं, जो लाभ हमें कुछ देर में होता हम उसे शीघ्रतर कर देते हैं।

और रोगियों में से जो सम्पूर्ण भेषज से भी मर जाते हैं वहाँ यह बात ध्यान में रखनी चाहिये कि यह आवश्यक नहीं कि सब उठ खड़े हों, क्योंकि सब रोग उपाय-साध्य नहीं होते। जो रोग उपाय-साध्य हैं उनकी अनुपाय (उपाय के बिना) से सिद्धि नहीं

हो सकती और असाध्य रोगों के लिये यह भेषज-समुदाय भी नहीं है। पूर्ण ज्ञानवान् वैद्य भी मुमूर्षु (मर जानेवाले) रोगी को बचा नहीं सकता। कुशल पुरुष सोच-विचार कर कार्य करनेवाले होते हैं। जैसे —बाण आदि को ज्या पर चढ़ाकर चलाना जाननेवाला तथा प्रतिदिन अभ्यास करनेवाला धनुर्धारी अपने लक्ष्य को जो कि बहुत दूर नहीं और आकृति में बडा है—धनुष लेकर बाण से बींधने में सफल होता है और अपने इष्टकाय का सम्पादन कर लेता है, वैसे ही स्वगुणयुक्त तथा उपकरणवान्, देखकर चिकित्सा करनेवाला वैद्य साध्य रोग को सिद्ध करने में सफल होता है तथा रोगी को नीरोगकर देता है। अतः "भेषज अभेषज में भिन्नता नहीं" ऐसी बात नहीं ॥४॥

इदं चेदं च नः प्रत्यक्षं—यदनातुरेण भेषजेनातुरं चिकित्सामः, क्षाममक्षामेण, कृशं च दुर्बलमाप्याययामः, स्थूलं मेदस्विनमपतर्पयामः, शीतेनोष्णाभिभूतमुपचरामः—, शीताभिभूतमुष्णेन,न्यूनान् धातून् पूरयामो व्यतिरिक्तान् ह्रासयामः, व्याधीन् मूलविपर्ययेणोपचरन्तः सम्यक् प्रकृतौ स्थापयामः, तेषां नस्तथा कुर्वतामयं भेषजसमुदायः कान्ततमो भवति ॥५॥

और यह हमें प्रत्यक्ष भी है—रोगी के गुण के विपरीत औषध से हम रोगी की चिकित्सा करते हैं—क्षीण पुरुष को बृंहण औषध से, कृश एवं दुर्बल का तर्पण करते हैं, स्थूल एवं चर्बीवाले का अपतर्पण करते हैं, गरमी से सताये पर शीत क्रिया करते हैं, शीत से सताये हुए की उष्ण क्रिया द्वारा चिकित्सा करते हैं। स्वपरिमाण से न्यून हुई धातुओं का पूरण करते हैं। बढ़ी हुई धातुओं को घटाते हैं रोग को हेतुविपरीत चिकित्सा द्वारा नष्ट करके प्रकृति (वात, पित्त, कफ को साम्यावस्था) में ले आते हैं। उन हमारा (वैद्यों का) इस प्रकार करते हुए भेषज समुदाय कान्ततम (चमकदार) हो जाता है। अभिप्राय है कि हमें यथेष्ट फल की सिद्धि होती है ॥५॥

भवन्ति चात्र

साध्यासाध्यविभागज्ञो ज्ञानपूर्वं चिकित्सकः।
काले चारभते कर्म यत्तत् साधयति ध्रुवम् ॥६॥

साध्य एवं असाध्य को जाननेवाला चिकित्सक ज्ञानपूर्वक यथासमय जो कर्म करता है वह अवश्य सफल होता है ॥६॥

अर्थविद्यायशोहानिमुपक्रोशमसङ्ग्रहम्।
प्राप्नुयान्नियतं वैद्यो योऽसाध्यं समुपाचरेत् ॥७॥

जो वैद्य असाध्य रोग की चिकित्सा करता है; उसके धन, विद्या और यश की हानि होती है, लोग निन्दा करने लगते हैं और उससे कोई चिकित्सा कराना नहीं चाहता। क्योंकि उस असाध्य रोग से पीड़ित को तो अवश्य ही रोगग्रस्त रहना है या उसी से मर जाना है; परन्तु यशोहानि उसी चिकित्सक की होगी जो उस समय चिकित्सा कर रहा है। यदि रोगी के परिजन चिकित्सा के लिये आग्रह ही करें तो उन्हें रोग की असाध्यता जताकर चिकित्सा करने में कोई दोष नहीं ॥७॥

सुखसाध्यं मतं साध्यं कृच्छ्रसाध्यमथापि च।
द्विविधं चाप्यसाध्यं स्याद्याप्यं[1] यच्चानुपक्रमम् ॥८॥

साध्य रोग दो प्रकार के होते हैं—१—सुखसाध्य, २—कष्ट साध्य। असाध्य भी दो प्रकार के होते हैं—१—याप्य, २—अनुपक्रम (जिसकी चिकित्सा न हो) ॥८॥

साध्यानां त्रिविधश्चाल्पमध्यमोत्कृष्टतां प्रति।
विकल्पो न त्वसाध्यानां नियतानां विकल्पना ॥९॥

पुनः साध्य के तीन विकल्प हैं—१—अल्पोपाय साध्य, २—मध्यमोपाय साध्य, ३—उत्कृष्टोपाय साध्य। जो निश्चय से ही असाध्य हैं, जिन्हें अनुपक्रम संज्ञा दी गयी है उनका कोई विकल्प नहीं। यतः वे सब अल्प, मध्य तथा उत्कृष्ट उपाय से असाध्य ही होते हैं। अतः उनमें अल्प आदि का कोई भेद नहीं किया जा सकता ॥९॥

हेतवः पूर्वरूपाणि रूपाण्यल्पानि यस्य च।
न च तुल्यगुणो दूष्यो, न दोषः प्रकृतिर्भवेत् ॥१०॥
न च कालगुणस्तुल्यो, न देशो[1] दुरुपक्रमः।
गतिरेका[2] नवत्वं च रोगस्योपद्रवो न च ॥११॥
दोषश्चैकः समुत्पत्तौ देहः सर्वौषधक्षमः।
चतुष्पादोपपत्तिश्च सुखसाध्यस्य लक्षणम् ॥१२॥

सुखसाध्य के लक्षण—जिससे कारण, पूर्वरूप तथा रूप (लक्षण) अल्प हों, दोष, (वात आदि) और दूष्य (रस आदि ७ धातु) समान गुणवाले न हों, व्याधि का उत्पादक दोष उस मनुष्य की प्रकृति न हो, व्याधि या दोष के गुण हेमन्त आदि काल के समान न हों, देश भी दुश्चिकित्स्य न हो, रोग का मार्ग एक ही हो, रोग भी नवीन हो, उपद्रवों (Complications) से युक्त न हो, रोग की उत्पत्ति का कारण एक ही दोष हो, रोगी का देह सम्पूर्ण औषधों के वीर्य को सहने में समर्थ हो और चतुष्पाद यथावत् हों उसे ही सुखसाध्य जानना चाहिये॥

यहाँ पर यह साधारण नियम बताया गया है; इसके अपवाद भी होते हैं। जैसे—'न च कालगुणस्तुल्यः' का अपवाद—

"वर्षाशरद्वसन्तेषु वाताद्यैः प्राकृतः क्रमात्।
वैकृतोऽन्यः स दुःसाध्यः प्राकृतश्चानिलोद्भवः॥"
"प्राकृतः सुखसाध्यस्तु वसन्तशरदुद्भवः"॥
"वसन्तशरदोः प्राकृतोऽन्यत्र वैकृतः"॥

अर्थात् वसन्त ऋतु में उत्पन्न होनेवाला कफज्वर तथा शरद् ऋतु में उत्पन्न होनेवाला पित्तज्वर सुखसाध्य होता है। यहाँ पर व्याधिजनक कफ और पित्त के समान ही, वसन्त और शरत् काल के गुण हैं। 'न च तुल्यगुणो दूष्यः' का अपवाद प्रमेह है—कफज मेह में कफ दोष तथा मेदा दूष्य के गुणों में समानता है, परन्तु यह सुखसाध्य है। 'नवत्वं' का अपवाद—स्त्रियों को होनेवाला रक्तगुल्म है। अतएव कहा भी है—

निमित्तपूर्वरूपाणां रूपाणां मध्यमे बले।
कालप्रकृतिदूष्याणां सामान्येऽन्यतमस्य च ॥१३॥
गर्भिणीवृद्धबालानां नात्युपद्रवपीडितम्।
शस्त्रक्षाराग्निकृत्यानामनवं कृच्छ्रदेशजम् ॥१४॥

१—ये यावदेव भिषजामगदप्रयोगास्तावत्प्रशान्तिमुपयान्त्यगदैर्विना ये। प्रादुर्भवन्ति च पुनः सहसा द्विदोषास्तादृग्विधाः स्युरिति याप्यतमा गदास्ते॥

१—देशो भूमिरातुरश्च।

२—त्रयो रोगमार्गाः—शाखा मर्मास्थिसन्धयो कोष्ठश्च।

विद्यादेकपथं रोगं नातिपूर्णचतुष्पदम् ।
द्विपथं नातिकालं वा कृच्छ्रसाध्यं द्विदोषजम् ॥१५॥

कृच्छ्रसाध्य के लक्षण—कारण, पूर्वरूप और रूपों का मध्यम बल होने पर, काल, प्रकृति और दूष्य; इनमें से किसी एक के दोषों के समान होने से, गर्भिणी, वृद्ध एवं बालकों को होनेवाले रोग; जिनमें उपद्रव न हों, शस्त्र, क्षार तथा अग्नि द्वारा साध्य रोग, जो पुरातन हों, मर्म आदि देश में उत्पन्न होनेवाले रोग, एकमार्गगत रोग हों परन्तु चतुष्पाद (वैद्य, द्रव्य, परिचारक, रोगी) पूर्ण न हों, द्विमार्गगत हों परन्तु बहुत पुरातन (Chronic) न हो गया हो, तथा दो दोषों से उत्पन्न हुआ रोग कष्टसाध्य होता है ॥१३–१५॥

शेषत्वादायुषो याप्यमसाध्यं पथ्यसेवया ।
लब्ध्वाऽल्पसुखमल्पेन हेतुनाऽऽशुप्रवर्तकम् ॥१६॥
गम्भीरं बहुधातुस्थं मर्मसन्धिसमाश्रितम् ।
नित्यानुशायिनं रोगं दीर्घकालमवस्थितम् ॥१७॥
विद्याद् द्विदोषजं ;

आयु से अवशिष्ट होने कारण, जिसमें पथ्य के सेवन से किंचित् सुख रहता हो, परन्तु अल्प ही कारण से जो रोग उग्ररूप धारण कर ले वह याप्य होता है । गम्भीर धातुगत, बहुत सी धातुओं में आश्रित, मर्म एवं सन्धि देशों में होनेवाला, जो रोग नित्य ही पुनः पुनः हो जाता हो तथा दीर्घ काल से चला आ रहा हो परन्तु साथ २ दो दोषों से उत्पन्न हुआ हो वह रोग याप्य कहलाता है ॥१६, १७॥

तद्वत्प्रत्याख्येयं त्रिदोषजम् ।
क्रियापथमतिक्रान्तं सर्वमार्गानुसारिणम् ॥१८॥
औत्सुक्यारतिसम्मोहकरमिन्द्रियनाशनम् ।
दुर्बलस्य सुसंवृद्धं व्याधिं सारिष्टमेव च ॥१९॥

इसी प्रकार जो व्याधि गम्भीर धातुगत आदि याप्योक्त लक्षणयुक्त हो परन्तु त्रिदोषज हो, क्रिया (चिकित्सा) पथ को लांघ गयी हो, सम्पूर्ण (तीनों) मार्गों में फैली हुई हो; उत्सुकता (हर्षाधिक्य), अरति (किसी में जी न लगना) तथा संमोह (मूर्छा आदि) को पैदा करनेवाली, इन्द्रियशक्ति को नष्ट करनेवाली और सम्पूर्ण लक्षणों तथा उपद्रवों से युक्त दुर्बल पुरुष की व्याधि तथा जिसमें अरिष्ट चिह्न (मरणसूचक चिह्न) पैदा हो चुके हों उसे प्रत्याख्येय, अनुपक्रम या असाध्य जानना चाहिये ॥१८, १९॥

भिषजा प्राक् परीक्ष्यैवं विकाराणां स्वलक्षणम् ।
पश्चात्कार्यसमारम्भः कार्यः साध्येषु धीमता ॥२०॥

वैद्य को चाहिये कि सबसे पूर्व रोग की साध्यासाध्य परीक्षा (Prognosis) करने के पश्चात् साध्य रोगों की चिकित्सा प्रारम्भ करे ॥२०॥

साध्यासाध्यविभागज्ञो यः सम्यक् प्रतिपत्तिमान् ।
न स मैत्रेयतुल्यानां मिथ्याबुद्धिं प्रकल्पयेत् ॥२१॥

जो सम्यक् ज्ञानवान् वैद्य साध्य एवं असाध्य के भेद को जानता है, वह मैत्रेय के समान पुरुषों की मिथ्याबुद्धि को नहीं बढ़ाता । अर्थात् वह वैद्य जिस व्याधि की चिकित्सा करता है उसे सिद्ध कर लेता है । परन्तु यदि साध्यासाध्य–विभाग को न जाने और चिकित्सा प्रारम्भ कर दे तो बहुतों के मर जाने से वह मैत्रेय के समान दैववादी बन जाता है ॥२१॥

तत्र श्लोकौ ।
इहौषधं पादगुणाः प्रभावो भेषजाश्रयः ।
आत्रेयमैत्रेयमती मतिद्वैविध्यनिश्चयः ॥२२॥
चतुर्विधविकल्पाश्च व्याधयः स्वस्वलक्षणाः ।
उक्ता महाचतुष्पादे येष्वायत्तं भिषग्जितम् ॥२३॥

इत्यग्निवेशकृते तन्त्रे चरकप्रतिसंस्कृते सूत्रस्थाने निर्देशचतुष्के महाचतुष्पादो नाम दशमोऽध्यायः ॥१०॥

इस महाचतुष्पाद नामक अध्याय में—औषध (चतुष्पाद) चतुष्पाद के गुण (षोडशकलं भेषजम्), औषध का प्रभाव (तद्भेषजमित्यादि) आत्रेय और मैत्रेय का मत, इन दोनों मतों पर विचार व्याधियों के चार विभाग (सुखसाध्य, कृच्छ्रसाध्य, याप्य, प्रत्याख्येय) तथा इनके अपने २ लक्षणों का वर्णन किया गया है—जिन पर चिकित्सा आश्रित है ॥२२, २३॥

इति दशमोऽध्यायः ।

एकादशोऽध्यायः

अथातस्तिस्रैषणीयमध्यायं व्याख्यास्यामः ॥१॥
इति ह स्माह भगवानात्रेयः ॥२॥

इसके पश्चात् तीन एषणा-सम्बन्धी (इच्छा सम्बन्धी) अध्याय की व्याख्या करेंगे, ऐसा भगवान् आत्रेय मुनि ने कहा था ॥१, २॥

इह खलुपुरुषेणानुपहतसत्त्वबुद्धिपौरुषपराक्रमेण हितमिह चामुष्मिंश्च लोके समनुपश्यता तिस्र एषणा[१] पर्येष्टव्या भवन्ति; तद्यथा—प्राणैषणा, धनैषणा, परलोकैषणेति ॥३॥

इहलोक एवं परलोक में हित की आकाङ्क्षा रखनेवाले; मन, बुद्धि तथा पराक्रम से सम्पन्न पुरुष को तीन एषणाओं अथवा इच्छाओं की चाह होती है । जैसे—

१ प्राणैषणा, २ धनैषणा, परलोकैषणा ॥३॥

आसां तु खल्वेषणानां प्राणैषणां तावत्पूर्वतरमापद्येत । कस्मात् प्राणपरित्यागे हि सर्वत्यागः । तस्यानुपालनं स्वस्थस्य स्वस्ववृत्तिरातुरस्य विकारप्रशमनेऽप्रमादः; तदुभयमेतदुक्तं वक्ष्यते च, तद्यथोक्तमनुवर्तमानः प्राणानुपालनाद्दीर्घमायुरवाप्नोतीति प्रथमैषणा व्याख्याता भवति ॥४॥

इन एषणाओं में से प्राणैषणा सबसे मुख्य है; चूंकि प्राणनाश से सर्वनाश होता है । अर्थात् धनैषणा और परलोकैषणा दोनों जीवितावस्था में ही हो सकती हैं—मरे हुए में नहीं; अतएव प्राणैषणा मुख्य है । अतः प्राणरक्षा के लिये स्वस्थ पुरुष को स्वस्थवृत्त (Hygiene) का पालन करना चाहिये, तथा रुग्ण पुरुष को रोगशान्ति में प्रमाद-रहित होना चाहिये । इन दोनों का पहले वर्णन हो चुका है और आगे भी होगा । शास्त्रोक्त नियमों के अनुसार प्राणों का पालन करते हुए मनुष्य दीर्घायु होता है । इस प्रकार प्रथम एषणा का वर्णन कर दिया है ॥४॥

१—'इष्यतेऽन्विष्यते साध्यतेऽनयेत्येषणा; प्राणो जीवितं, तत्साध्यते दीर्घत्वेन रोगानुपहतत्वेन चानयेति प्राणैषणा । एवं धनैषणा; परलोकोपकारकस्य धर्मस्यैषणा परलोकैषणा' चक्रः ।

अथ द्वितीयां धनैषणामापद्येत, प्राणेभ्यो ह्यनन्तरं धनमेव पर्येष्टव्यं भवति, न ह्यतः पापात्पापीयोऽस्ति यदनुपकरणस्य[1] दीर्घमायुः, तस्मादुपकरणानि पर्येष्टुं यतेत । तत्रोपकरणोपायाननुव्याख्यास्यामः, तद्यथा-कृषिपाशुपाल्यवाणिज्यराजोपसेवादीनि, यानि चान्यान्यपि सतामविगर्हितानि कर्माणि वृत्तिपुष्टिकराणि विद्यात्तान्यारभेत कर्तुं; तथा कुर्वन् दीर्घजीवितं जीवत्यनवमतः[2] पुरुषो भवतीति द्वितीया धनैषणा व्याख्याता ॥५॥

प्राणों की चाह के पश्चात् धन की चाह होती है, क्योंकि पुरुष जीवनेच्छा के पश्चात् धन की इच्छा करता है; उस पुरुष से बढ़कर दूसरा पापी नहीं जिसकी आयु दीर्घ हो पर उपकरण (साधन) धन न हो। अतः उपकरणों की प्राप्ति के लिये यत्न करना चाहिये। उपकरण—धन-प्राप्ति के उपाय ये हैं-कृषि, पशु-पालन, व्यापार और राजा या गवर्नमेंट प्रभृति की नौकरी आदि। उसके अतिरिक्त अन्य भी जो २ कर्म सत्पुरुषों द्वारा निन्दित न हों, और धन सम्पत्ति को बढ़ानेवाले हों उन २ कर्मों को करे। इस प्रकार मनुष्य सफल दीर्घ जीवन को प्राप्त होता है। और श्रेष्ठ कर्मों के करने से तथा धनाढ्य हो जाने से कभी अप्रतिष्ठा को प्राप्त नहीं होता। इस प्रकार दूसरी एषणा धनषणा की व्याख्या भी कर दी गयी है ॥५॥

अथ तृतीयां परलोकषणामापद्येत संशयश्चात्र कथं? भविष्याम इतश्च्युता नवेति। कुतः पुनः संशय इति? उच्यते —सन्ति ह्येके प्रत्यक्षपराः परोक्षत्वात् पुनर्भवस्य नास्तिक्यमाश्रिताः, सन्ति चापरे ये त्वागमप्रत्ययादेव पुनर्भवमिच्छन्ति श्रुतिभेदाच्च[3]—

'मातरं पितरं चैके मन्यन्ते जन्मकारणम्।
स्वभावं परनिर्माणं यदृच्छां चापरे जनाः ॥
इत्यतः संशयः— किं नु खल्वस्ति पुनर्भवो न वेति ॥६॥

धनैषणा के पश्चात् परलोकैषणा का नम्बर है। परन्तु परलोक के विषय में सन्देह है-कि मृत्यु के पश्चात् पुनर्जन्म कैसे हो सकता है? परलोक अथवा पुनर्जन्म के विषय में सन्देह इसलिये हो सकता है कि कई प्रत्यक्ष को ही प्रमाण मानते हैं, पुनर्जन्म परोक्ष है और अतएव वे पुनजन्म की सत्ता को नहीं मानते। और दूसरे ऐसे भी हैं जो आगम-शास्त्र के वचनों पर विश्वास करके पुनर्जन्म पर विश्वास करते हैं: परन्तु श्रुतियाँ भी परस्पर विरुद्ध मिलती हैं; जैसे कोई तो माता-पिता को ही जन्म का कारण मानते हैं, कोई स्वभाव को, कोई परनिर्माण को और कोई यदृच्छा (ऐसे ही—अचानक) को।

अतः संशय पैदा होता है—क्या पुनर्जन्म होता भी है या नहीं! ॥६॥

तत्र बुद्धिमान्नास्तिक्यबुद्धिं जह्याद्विचिकित्सां च। कस्मात्? प्रत्यक्षं ह्यल्पं, अनल्पमप्रत्यक्षमस्ति यदागमानुमानयुक्तिभिरुपलभ्यते, यैरेव तावदिन्द्रियैः प्रत्यक्षमुपलभ्यते, तान्येव सन्ति च प्रत्यक्षाणि ॥७॥

बुद्धिमान् पुरुष को चाहिये कि वह नास्तिक (परलोक नहीं है) बुद्धि को छोड़ दे और इसमें किसी प्रकार का सन्देह न करे। क्योंकि प्रत्यक्ष थोड़ा है और अप्रत्यक्ष (परोक्ष) अधिक है; जिसे हम आगम अनुमान तथा युक्ति आदि प्रमाणों द्वारा जानते हैं। यदि केवल प्रत्यक्ष ही प्रमाण हो तो जिन इन्द्रियों द्वारा हम प्रत्यक्ष करते हैं, वे स्वयं ही अप्रत्यक्ष (प्रत्यक्षप्रमाणाग्राह्य) हैं। इस प्रकार इन्द्रियों का अस्तित्व ही नहीं रहता; पुनः प्रत्यक्ष किस तरह हो। प्रत्यक्षवादी के मत में एक दूषण उत्पन्न होता है, जिससे प्रत्यक्ष की प्रमाणता भी नहीं रहती। इन्द्रिय-ज्ञान के लिये हमें अनुमान प्रमाण का ही सहारा लेना पड़ता है—जैसे-"चक्षुर्बुद्ध्यादिकाः करणकार्याः क्रियात्वाच्छिदि-क्रियावत्" अर्थात् चक्षुर्बुद्धि पांच इन्द्रिबुद्धियाँ किसी साधन द्वारा उत्पन्न होती हैं-क्रिया होने से, छेदन क्रिया के सदृश। अर्थात् छेदन क्रिया जिस प्रकार आरे आदि द्वारा सम्पन्न होती है उसी प्रकार चक्षुर्बुद्धि (ज्ञान) आदि भी किसी द्वारा उत्पन्न होनी चाहिये। जिनके द्वारा ये उत्पन्न होती हैं वे ही इन्द्रियाँ हैं। अतएव इन्द्रियोपक्रमणीय अध्याय में आचार्य ने "अनुमानगम्यानां—इन्द्रियाणां" ऐसा कहा है। अतः प्रत्यक्ष के साथ २ अनुमान आद को भी प्रमाण मानना ही पड़ता है ॥७॥

सतां च रूपाणामतिसन्निकर्षादतिविप्रकर्षादावरणात्करणदौर्बल्यान्मनोनवस्थानात्समानाभिहारादभिभवादतिसौक्ष्म्याच्च प्रत्यक्षानुपलब्धिः; तस्मादपरीक्षितमेतदुच्यते—प्रत्यक्षमेवास्ति, नान्यदस्तीति ॥८॥

रूपों के होते हुए भी उनके अति निकट होने से, अति दूर होने से, बीच में किसी आवरण (पर्दे) के आ जाने से, इन्द्रियों की दुर्बलता के कारण, मन के अन्यत्र लगे होने से, समानाभिहार अर्थात् एक जैसी वस्तुओं के पड़े होने से, अभिभव (पराभव) से तथा अत्यन्त सूक्ष्म होने से प्रत्यक्ष नहीं होता। अतः प्रत्यक्ष ही प्रमाण है अन्य नहीं; ऐसा कहना[4] युक्तिसंगत नहीं। सांख्यकारिका में कहा भी है—

अतिदूरात्सामीप्यादिन्द्रियघातान्मनोऽनवस्थानात्।
सौक्ष्म्याद्व्यवधानादभिभवात् समानाभिहाराच्च ॥

जैसे अति निकट होने से आँख में आँजा हुआ सुरमा दिखाई नहीं देता। अति दूर होने से आकाश में उड़ता हुआ पक्षी दिखाई नहीं देता। आवरण से—दीवार या पर्दे के पीछे की वस्तु का न दीखना। इन्द्रिय की दुर्बलता—जैसे दूरान्ध्य (Myopia) से दूर की वस्तु का न दीखना, आसन्नान्ध्य से पास का न दीखना, कामला आदि में वस्तु की श्वेतता का भान न होना (Colour Blindness) (रागान्ध्य) से उस २ रंग का न दीखना। मन के अन्यत्र लगे होने से पास ही बजते हुए ढोल की आवाज का न सुनना। समानाभिहार से—कुछ गेहूँ को देखकर वैसे ही गेहूँ में मिला देने पर वे नहीं पहिचाने जाते। अभिभव से—सूर्य के तेज से तारों का तेज अभिभूत हो जाने के कारण वे दिन में दिखाई नहीं देते। अतिसूक्ष्म होने से (Germs) (कीटाणु या भूतों) का न दीखना ॥८॥

श्रुतयश्चैता न कारणं—युक्तिविरोधात्।
आत्मा मातुः पितुर्वा यः सोऽपत्यं यदि सञ्चरेत्।

१— उपकरणमारोग्यभोगधर्मसाधनीभूतो धनप्रपञ्चः' चक्रः।
२—अनवमतो अनवज्ञातो बहुमानगृहीत इत्यर्थः।
३— श्रुतिः प्रतिवादिवचनमेवं ग्रन्थनिबद्धम्' चक्रः।

द्विविधं सञ्चरेदात्मा सर्वो वाऽवयवेन वा ॥९॥
सर्वश्चेत्सञ्चरेन्मातुः पितुर्वा मरणं भवेत् ।
निरन्तरं, नावयवः कश्चित्सूक्ष्मस्य चात्मना ॥१०॥

आत्मान्तरनिरपेक्ष (दूसरे आत्मा को मानने के बिना ही) माता पिता को कारण मानना आदि विषयक श्रुतियाँ प्रामाणिक नहीं, क्योंकि ये तर्कतुला पर तौलने से निराधार प्रमाणित होती है ।

जैसे—यदि माता और पिता का ही आत्मा अपत्य अर्थात् सन्तान में जाती हो अर्थात् यदि उत्पत्ति में माता-पिता की आत्मा के अतिरिक्त दूसरी आत्मा होती न हो तो हम यह पूछते हैं कि आत्मा किस प्रकार सञ्चार करता है—क्या उसका कोई अवयव सन्तान में जाता है अथवा सारा ही जाता है ? यदि सारा ही जाय तो माता-पिता की मृत्यु हो जानी चाहिये, यदि अवयवशः जाता हो तो इसमें विप्रतिपति होती है कि सूक्ष्म आत्मा का अवयव (टुकड़ा) हो ही नहीं सकता । जैसे आकाश, काल, मन, बुद्धि आदि सूक्ष्म पदार्थों के टुकड़े नहीं हो सकते ॥९,१०॥

बुद्धिर्मनश्च निर्णीते यथैवात्मा तथैव ते ।
येषां चैषा मतिस्तेषां योनिर्नास्ति चतुर्विधा ॥११॥

यदि यह कहो कि माता और पिता की सृष्टि से बुद्धि या मन अपत्य में संचरित होकर चेतनता को पैदा करता है तो भी उपर्युक्त दोष आते हैं । अर्थात् मन और बुद्धि ये सूक्ष्म हैं; अतः निरवयव होने से इनके अवयव का संचार नहीं हो सकता, और यदि सम्पूर्ण का संचार हो तो माता-पिता तत्काल ही बुद्धि तथा मन रहित हो जायँ । पर ऐसा नहीं होता ।

जो केवल माता-पिता को ही जन्म-कारण मानते हैं, उनके पक्ष में चार प्रकार की योनियाँ ही नहीं होनी चाहिये । चतुर्विधयोनि—जरायुज, अण्डज, स्वेदज, उद्भिज्ज हैं । यदि माता-पिता ही कारण हों तो माता-पिता के बिना ही उत्पन्न होनेवाले स्वेदज तथा उद्भिज्ज कृमियों में चेतनता ही नहीं होनी चाहिये । परन्तु माता पिता के बिना भी उनमें चेतनता होती है; अतएव चतुर्विध योनि माननी पड़ती है । अतः माता-पिता को कारण मानना युक्तिसङ्गत नहीं ॥११॥

विद्यात्स्वाभाविकं षण्णां धातूनां यत्स्वलक्षणम् ।
संयोगे च वियोगे[1] च तेषां कर्मैव कारणम् ॥१२॥

स्वभाववादी को उत्तर—छहों धातुओं का अर्थात् पञ्चमहाभूत तथा आत्मा का स्व-लक्षण ही स्वाभाविक जानना चाहिये । पृथिवी के कठिनता आदि, जल के द्रवता आदि, तेज की उष्णता आदि, वायु का तिर्यग्गमन आदि, आकाश का अप्रतिघात (अवकाश) तथा आत्मा के ज्ञान आदि जो आत्मीय लक्षण हैं वे ही स्वाभाविक है । परन्तु इनके संयोग और वियोग में कर्म ही कारण है । अर्थात् यदि आत्मा को न माना जाय और केवल मात्र भूतों से ही चेतन शरीर पैदा हो जाय यह असम्भव है, क्योंकि भूत जड़ हैं । यदि इन महाभूतों के संयोग से भी चेतनता मान ली जाय तो बाल्य आदि अवस्था भेद से बहुत चेतन मानने पड़ेंगे । अर्थात् प्रतिक्षण शरीर में महाभूतों का संयोग हो रहा है, संयोग होने से ही चेतन की उत्पत्ति हो जायगी । पुनः पूर्व चेतन के समय किये हुए का द्वितीय चेतन के समय स्मरण नहीं होना चाहिये ; परन्तु स्मरण होता है । अतः एक चेतन तथा वह भी नित्य मानना पड़ता है, यही आत्मा है । इसी के कारण शरीर में चेतनता होती है । परन्तु गर्भोत्पत्ति काल में भूतों का आत्मा के साथ सम्बन्ध होने में कर्म (अदृष्ट-पूर्वजन्म कृत कर्म—धर्माधर्म) ही कारण हैं । अर्थात् उच्च नीच कुल आदि विषमता दीखने से उसके पूर्वजन्मकृत कर्म को ही कारण मानना पड़ता है, इसी प्रकार इनके वियोग में भी कर्म कारण है । जब पूर्वजन्म कृत कर्म को कारण माना तो स्वत एवं पूर्वजन्म को मानना पड़ेगा ॥ १२ ॥

अनादेश्चेतनाधातोर्नेष्यते परनिर्मितिः ।
पर आत्मा स चेद्धेतुरिष्टोऽस्तु परनिर्मितः ॥१३॥

परनिर्माण को भी हम जन्म का कारण नहीं मान सकते । परनिर्माण से अभिप्राय ईश्वर द्वारा निर्माण से है । अर्थात् जैसे ईश्वर मन तथा शरीर को बनाता है वैसे ही संकल्प द्वारा आत्मा को बनाकर चेतन देव नर आदियों को बनाता है । इस प्रकार आत्मा की नित्यता नहीं रहती । परन्तु बिना उपादान के किसी वस्तु का बनाना सम्भव नहीं । यदि ईश्वर ने ही आत्मा को बनाया हो तो किन उपादानों से बनाया ? पंचमहाभूतों द्वारा आत्मा का बनायाजाना किसी तरह भी सिद्ध नहीं किया जा सकता, क्योंकि ये जड़ हैं और आत्मा चेतन है । जड़ वस्तु द्वारा चेतनता का उत्पन्न होना असम्भव है । क्योंकि 'कारणगुणपूर्वकः कार्यगुणो दृष्टः' यह ही नियम है ।

परन्तु आत्मा अनादि एवं चेतन है, अतएव इसका परनिर्माण नहीं हो सकता । यदि 'पर' शब्द से आत्मा का ग्रहण करते हो और वह जन्म में कारण हो तो परनिर्माण हमें भी मान्य है । अर्थात् आत्मा ही कर्मानुसार किये हुए कर्मों के फल को भोगने के लिये पुनः इस लोक में आता है ।

अथवा इसे दूसरी प्रकार भी समझ सकते हैं । अर्थात् यहाँ पर परनिर्माण से अभिप्राय दो हो सकते हैं । या तो आत्मा का परनिर्माण या शरीरमात्र का परनिर्माण (दूसरे द्वारा बनाया जाना) । यदि यह सिद्ध हो जाय कि आत्मा का परनिर्माण होता है तो पुनर्जन्म सिद्ध नहीं हो सकता । अतएव इसका उत्तर दिया है कि अनादि चेतन का परनिर्माण नहीं हो सकता अन्यथा आत्मा की अनित्यता हो जायगी । यदि शरीर का परनिर्माण ही अभिप्रेत हो तो इसमें हमें कोई विप्रतिपत्ति नहीं । अर्थात् यदि ईश्वर को भी हम शरीरोत्पत्ति में कारण मानें तो वह पुरुष के कर्म की अपेक्षा से ही शरीरोत्पत्ति में कारण होता है, अन्यथा लोक में नियम नहीं रह सकता और ईश्वर पर भी दोष आयेगा । यदि कर्म की अपेक्षा न मानी जाय तो किसी का जन्म उच्च कुल में और किसी का नीच कुल में होने का कोई कारण नहीं बता सकते । यदि यह कहें कि ईश्वर जिसको जहाँ (अपनी इच्छा से) चाहता है वहाँ उत्पन्न कर देता है तो उसमें पक्षपात का दोष आता है । अतः पुरुष-कर्म की सहायता से ही ईश्वर इन नानाविध प्राणियों को उत्पन्न करता है । अतः यदि आत्मा को ही शरीर के निर्माण में कारण मानें तो कोई

१—विभागे ग० ।

आपत्ति नहीं होनी चाहिये। इस प्रकार शरीर का पर (आत्मा) निर्माण हमें भी अभीष्ट है। और इस प्रकार कर्म, कर्मफल आदि के माने जाने के कारण पुनर्जन्म स्वयं ही सिद्ध हो जाता है ॥१३॥

न परीक्षा न परीक्ष्यं न कर्ता कारणं न च।
न देवा नर्षयः सिद्धाः कर्म कर्मफलं न च ॥१४॥
नास्तिकस्यास्ति नैवात्मा यदृच्छोपहतात्मनः।
पातकेभ्यः परं चैतत्पातकं नास्तिकग्रहः ॥१५॥

यदृच्छा से मारा गया है आत्मा जिसका ऐसे नास्तिक के लिये न परीक्षा (प्रमाण), न परीक्ष्य (प्रमेय, जिसकी परीक्षा की जाय),न कर्त्ता,न कारण, न देवता,न ऋषि, न सिद्ध,न कर्म, न कर्मों के फल और न ही आत्मा की सत्ता रहती है। अर्थात् यदि सब कुछ अचानक ही होता है तो परीक्षा आदि के मानने की आवश्यकता ही नहीं रहती। अतएव प्रमाण आदि के न होने से यदृच्छावादी की कोई बात भी प्रामाणिक नहीं हो सकती। अर्थात् यदृच्छा(आकस्मिक) मानने से उपर्युक्त दोष आने के कारण यह पक्ष सर्वथैव हेय है।

इस नास्तिक पक्ष को मानने से बढ़कर अन्य कोई पाप नहीं। नास्तिक होना ही सबसे बड़ा पाप है ! जिसने आत्मा, परलोक, कर्म एवं कर्मफल आदि को स्वीकार नहीं किया, वह कौन सा कुकर्म या पाप नहीं कर सकता ? ॥१४, १५॥

तस्मान्मतिं विमुच्यैताममार्गप्रसृतां बुधः।
सतां बुद्धिप्रदीपेन पश्येत्सर्वं यथातथम् ॥१६॥

अतएव अधर्म या विपरीत मार्ग में फली हुई नास्तिक बुद्धि को छोड़कर बुद्धिमान् पुरुष को चाहिये कि वह श्रेष्ठ आस्तिक पुरुषों की बुद्धि रूपी दीपक से (अर्थात् प्रत्यक्ष आदि प्रमाणों द्वारा) सब का यथार्थ ज्ञान प्राप्त करे ॥१६॥

अब यथार्थ ज्ञान के लिये परीक्षा अर्थात् प्रत्यक्ष आदि प्रमाण का निर्देश किया जायगा—

द्विविधमेव खलु सर्वं—सच्चासच्च, तस्य चतुर्विधा परीक्षा—आप्तोपदेशः, प्रत्यक्षं, अनुमानं युक्तिश्चेति ॥१७॥

इस जगत् के सम्पूर्ण पदार्थ (परीक्ष्य-प्रमाणगम्य) दो प्रकार के हैं १—सत् जिनका अस्तित्व है) २—असत् (जिनका अस्तित्व नहीं है) । इनकी परीक्षा चार प्रकार की है । १—आप्तोपदेश (शब्द), २—प्रत्यक्ष, ३—अनुमान और ४—युक्ति । अन्य दर्शनकार ऐतिह्य, अर्थापत्ति, सम्भव एवं अभाव; इन्हें भी प्रमाण मानते हैं। इसमें ऐतिह्य (इतिहास) का आप्तोपदेश में एवं अर्थापत्ति आदि का अनुमान में अन्तर्भाव किया जा सकता है। अतः मुख्यतया चार ही प्रमाण आचार्य ने यहाँ स्वीकार किये हैं ॥१७॥

आप्त पुरुषों का उपदेश प्रमाण माना जाता है। अतः आप्त किन्हें कहते हैं ? यह बताते हैं—

आप्तस्तावत्—
रजस्तमोभ्यां निर्मुक्तास्तपोज्ञानबलेन ये।
येषां त्रैकालममलं ज्ञानमव्याहतं सदा ॥१८॥
आप्ताः शिष्टा विबुद्धास्ते तेषां वाक्यमसंशयम्।
सत्यं, वक्ष्यन्ति ते कस्मादसत्यं[1] नीरजस्तमाः ॥१९॥

तप एवं ज्ञान के बल से जो रज एवं तम से सर्वथा मुक्त हो गये हैं, जिन्हें त्रिकाल अर्थात् भूत, भविष्यत् एवं वर्तमान तीनों कालों का ज्ञान है और वह ज्ञान भी निर्मल (यथार्थ) तथा अव्याहत (जिसमें कोई रुकावट या बाधा नहीं—अप्रतिहत) है, वही आप्त हैं और वही शिष्ट (श्रेष्ठ) एवं विबुद्ध (ज्ञानी) कहलाते हैं। जो अपने शक्ति बल से कार्य-अकार्य, हित-अहित आदि में प्रवृत्ति को जताने के लिये यथार्थ उपदेश करते हैं, उन्हें शिष्ट कहते हैं। जिन्हें यथार्थ ज्ञान हो उन्हें विबुद्ध कहते हैं।

इन आप्त पुरुषों के वचन-उपदेश संशयरहित एवं सच्चे होते हैं। वे रजः एवं तम से मुक्त आप्त पुरुष असत्य क्यों कहेंगे ? अर्थात् सर्वदा सत्य ही कहेंगे। पुरुष राग-द्वेष अथवा मिथ्याज्ञान के कारण ही असत्य बोलता है परन्तु आप्त पुरुषों में रज एवं तम से मुक्त होने के कारण न राग होता है, न द्वेष और न मिथ्याज्ञान के वशीभूत होते हैं; अतः ये सर्वदा ही सत्य कहते हैं ॥१८, १९॥

आत्मेन्द्रियमनोर्थानां सन्निकर्षात्प्रवर्तते।
व्यक्ता तदात्वे या बुद्धिः प्रत्यक्षं सा निरुच्यते ॥२०॥

प्रत्यक्ष का लक्षण—आत्मा, इन्द्रिय, मन तथा विषय (शब्द, रूप आदि) इनके सम्बन्ध से तत्काल जो निश्चयात्मक ज्ञान होता है, उसे प्रत्यक्ष कहते हैं। इनके परस्पर सम्बन्ध का क्रम यह है—आत्मा मन के साथ, मन इन्द्रियों के साथ और इन्द्रियाँ अपने विषय के साथ सम्बन्धित होती हैं और तब प्रत्यक्ष ज्ञान होता है। यहाँ पर 'व्यक्ता' (निश्चयात्मक) कहने से ही भ्रम एवं संशय का निराकरण कर दिया है-अन्यत्र भी-'इन्द्रियार्थसन्निकर्षोत्पन्नं ज्ञानमव्यपदेश्यमव्यभिचारि व्यवसायात्मकं प्रत्यक्षम्' यह लक्षण किया गया है। यहाँ पर यह जान लेना चाहिये कि इन्द्रिय का स्वविषय के साथ सम्बन्ध होना प्रत्यक्ष ज्ञान में विशिष्ट कारण है ॥२०॥

प्रत्यक्षपूर्वं त्रिविधं त्रिकालं चानुमीयते।
वह्निर्निगूढो धूमेन मैथुनं गर्भदर्शनात् ॥२१॥
एवं व्यवस्यन्त्यतीतं, बीजात्फलमनागतम्।
दृष्ट्वा बीजात्फलं जातमिहैव सदृशं बुधः ॥२२॥

अनुमान का लक्षण—प्रत्यक्ष पूर्वक तीन प्रकार का तथा तीन काल का अनुमान किया जाता है। अनुमान का अर्थ यह है कि व्याप्ति के ज्ञान के अनन्तर परोक्ष विषय का जो सम्यक्तया निश्चयात्मक ज्ञान किया जाता है वह अनुमान कहाता है। इसे हम दूसरे शब्दों में यह कह सकते हैं कि लिङ्गपरामर्श का नाम ही अनुमान है। क्योंकि लिङ्गपरामर्श द्वारा ही परोक्ष विषय का ज्ञान किया जाता है। व्याप्ति के बल से विषय का ज्ञापक लिङ्ग कहाता है। जैसे धुआँ अग्नि का लिङ्ग है। जहाँ धूम वहाँ अग्नि; इस प्रकार सर्वत्र ही साथ-साथ रहने का नियम व्याप्ति कहाता है। अर्थात् साहचर्य (साथ-साथ रहना) के नियम के बल से विषय का ज्ञापक लिङ्ग है। जहाँ धूम होता है वहाँ अग्नि होती है इस व्याप्ति को जानने के बाद ही उसका स्मरण करके पर्वत में धूम देखने पर 'वहाँ अग्नि है' ऐसा अनुमान होता है। यह साहचर्यसम्बन्ध स्वाभाविक होना चाहिये।

१—'त्रिकालं' च।

१—'कस्मान्नीरजस्तमसो मृषा' ग.।

इस लिङ्ग का तीसरा ज्ञान परामर्श कहलाता है। अर्थात् अपने घर के रसोईघर में धूम और अग्नि की व्याप्ति (साहचर्य) का ज्ञान प्राप्त करते हुए जो धूम का ज्ञान है वह प्रथम ज्ञान कहाता है। पर्वत आदि (पक्ष) में जो धूमज्ञान है वह द्वितीय है। तदनन्तर पूर्वगृहीत व्याप्ति का स्मरण करके 'जहाँ धूम होता है वहाँ अग्नि होती है' फिर पर्वत में धूम का परामर्श होता है अर्थात् अग्नि द्वारा पर्वत पर धूम फैला हुआ है। यह धूमज्ञान तृतीय है। यही लिङ्गपरामर्श अनुमिति का साधन होने से अनुमान कहाता है। इसलिये 'पर्वत में अग्नि है' ऐसी अनुमति होती है।

इसमें व्याप्ति का ग्रहण प्रत्यक्ष से ही होता है। अतएव यहाँ 'प्रत्यक्षपूर्वक' कहा है। यह अनुमान तीन प्रकार का है—न्यायदर्शन में कहा भी है—'अथ तत्पूर्वकं त्रिविधमनुमानं पूर्ववच्छेषवत् सामान्यतोदृष्टं च'। अर्थात् पूर्ववत्, शेषवत् और सामान्यतोदृष्ट तीन प्रकार का है। जहाँ कारण से कार्य का अनुमान होता है, वह पूर्ववत् कहाता है। जहाँ कार्य से कारण का अनुमान होता है वह शेषवत् कहाता है। जहाँ कार्य कारण सम्बन्ध से भिन्न लिङ्ग हो वह सामान्यतोदृष्ट कहाता है। जैसे पिता से पुत्र का, पुत्र से पिता का तथा धूम से अग्नि का अनुमान होता है। ये त्रिविध दृष्टान्त क्रमशः उपर्युक्त त्रिविध अनुमान के हैं। अनुमान का विषय तीनों काल हैं। प्रत्यक्ष से केवल वर्तमान विषय का ग्रहण होता है। इन्हीं के उदाहरण दिये हैं—परोक्ष अग्नि का धूम से (वर्तमान, सामान्यतोदृष्ट) अनुमान होता है। गर्भ के देखने से मैथुन का अनुमान (अतीत–भूतकाल, शेषवत्) होता है। बीज से अनागत (भविष्यत्) फल का अनुमान होता है (पूर्ववत्) यहाँ ही बीज से तत्सदृश फल को उत्पन्न हुआ २ देखकर (कार्यकारणरूप व्याप्ति का ग्रहण करने के अनन्तर) ही बीज से फल का निश्चय (सहकारिकारण क्षेत्र, जल आदि होने पर) किया जाता है। इससे अनुमान की प्रत्यक्षपूर्वता बतलायी गयी है। अन्यत्र स्वार्थ एवं परार्थभेद से दो प्रकार का अनुमान बताया गया है। यहाँ उसके व्याख्यान का विशेष लाभ न समझते हुए इस विषय को यहीं छोड़ते हैं ॥२१, २२॥

जलकर्षणबीजर्तुसंयोगात्सस्यसम्भवः।
युक्तिः षड्धातुसंयोगाद् गर्भाणां सम्भवस्तथा ॥२३॥

जैसे जल, हल चलाई हुई भूमि, बीज, ऋतु; इनके संयोग से शस्य उत्पन्न होता है वैसे ही पृथिवी आदि पञ्चमहाभूत तथा आत्मा; इन ६ धातुओं के संयोग से गर्भोत्पत्ति होती है। यह युक्ति कहाती है ॥२३॥

[1]मथ्यमन्थनमन्थानसंयोगादग्निसम्भवः।
युक्तियुक्ता चतुष्पादसम्पद्व्याधिनिबर्हणी ॥२४॥

मथ्य (अधःस्थित लकड़ी), मन्थन (मन्थन क्रिया अथवा मन्थन करनेवाला पुरुष), मन्थान (ऊर्ध्वस्थित घूमनेवाली लकड़ी, जिससे नीचे की लकड़ी रगड़ी जाती है); इन तीनों के संयोग से जिस प्रकार अग्नि पैदा होती है वैसे ही गुणयुक्त वैद्य, औषध, रोगी तथा परिचारक इन चिकित्सा के चार पैरों को युक्तिपूर्वक इस्तेमाल करने से रोग शान्त होता है। प्राचीन काल में अरणियों के मन्थन से अग्नि उत्पन्न की जाती थी, परन्तु आजकल इसका प्रचार नहीं है अतः शायद दृष्टान्त के समझने में कठिनता हो अतः उसकी जगह दियासलाई का दृष्टान्त ही ठीक होगा। दियासलाई से अग्नि पैदा करने में दियासलाई की डब्बी जिस पर मसाला लगा हो उसे मथ्य कहा जायगा। मन्थन करनेवाला (रगड़नेवाला) पुरुष होगा और मसालेयुक्त दियासलाई को मन्थान कहेंगे। यह भी युक्ति है ॥२४॥

बुद्धिः पश्यति या भावान् बहुकारणयोगजान्[1]।
युक्तिस्त्रिकाला सा ज्ञेया त्रिवर्गः साध्यते यया ॥२५॥

युक्ति का लक्षण—जो बुद्धि बहुत कारणों की सङ्गति (उपपत्ति) से ज्ञेय विषयों को देखती है, वह बुद्धि (ज्ञान) युक्ति कहलाती है। अर्थात् जो बुद्धि कारणों की उत्पत्ति (सङ्गति, समाधान) से जिन विषयों के तत्त्व का ज्ञान नहीं है तत्त्वज्ञान के लिये उन्हें जानती है वह युक्ति कहलाती है। यह युक्ति वर्तमान, भूत एवं भविष्यत् तीनों कालों में ज्ञान कराती है। इसी युक्ति द्वारा ही त्रिवर्ग अर्थात् धर्म अर्थ तथा काम की सिद्धि होती है।

यहाँ पर युक्ति को प्रमाण स्वरूप कहा गया है। वस्तुतः यह प्रमाण नहीं है। अतएव आचार्य ने (चरक विमानस्थान ४ अ०) अन्यत्र तीन प्रमाणों को स्वीकार किया है। तथा च—'द्विविधा परीक्षा ज्ञानवतां प्रत्यक्षमनुमानं च। त्रिविधा वा सहोपदेशेनेच्छन्ति बुद्धिमन्तः'। इसी प्रकार उपमान प्रमाण के साथ रोगभिषग्जितीय में चार प्रमाण माने हैं। परन्तु चूँकि युक्ति वस्तुज्ञान में प्रमाण ही मुख्य सहायक होती है अतएव इसे प्रमाणत्वेन ही कह दिया है। यही युक्ति व्याप्ति के रूप में अनुमान में व्याप्त रहती है। चरक वि० ८ अध्याय में कहा भी है—'अनुमानं हि युक्त्यपेक्षस्तर्कः' अक्षपाद गौतम ने इसी युक्ति को तर्क नाम से कहा है—'अविज्ञाततत्त्वेऽर्थे कारणोपपत्तितस्तत्त्वज्ञानार्थमूहस्तर्कः' ॥२५॥

एषा परीक्षा नास्त्यन्या यया सर्वं परीक्ष्यते।
परीक्ष्यं सदसच्चैव तया चास्ति पुनर्भवः ॥२६॥

यही चार प्रकार की परीक्षा है। अन्य परीक्षा नहीं है। इसके द्वारा सम्पूर्ण सत् (भाव) तथा असत् (अभाव) परीक्ष्य विषयों की परीक्षा होती है। इस परीक्षा द्वारा हमें पुनर्जन्म की सत्ता स्वीकार करनी पड़ती है ॥२६॥

सबसे पूर्व आप्तोपदेश द्वारा पुनर्जन्म की सत्ता को सिद्ध करते हैं—

तत्राप्तागमस्तावद्वेदः, यश्चान्योऽपि कश्चिद्वेदार्थादविपरीतः परीक्षकैः प्रणीतः शिष्टानुमतो लोकानुग्रहप्रवृत्तः शास्त्रवादः स चाप्तागमः। आप्तागमादुपलभ्यते दानतपोयज्ञसत्याहिंसाब्रह्मचर्याण्यभ्युदयनिःश्रेयसकराणीति; न चानतिवृत्तसत्त्वदोषाणामदोषैरपुनर्भवो धर्मद्वारेषूपदिश्यते; धर्मद्वारावहितैश्च व्यपगतभयरागद्वेषलोभमोहमानैर्ब्रह्मपरैराप्तैः कर्मविद्भिरनुपहतसत्त्वबुद्धिप्रचारैः पूर्वैः पूर्वतरैर्महर्षिभिर्दिव्यचक्षु-

1 —'मथ्यं मन्थनार्थमधःस्थकाष्ठम् अरणिर्नाम, मन्थनमूर्ध्वस्थकाष्ठं येन घृष्यते, मन्थानः कर्ता, एषां संयोगान्मन्थनक्रिययाऽवश्यमग्निसम्भव इति युक्तिः' गङ्गाधरः।

1 जनिश्चायं ज्ञानार्थे इति चक्रपाणिः।

भिर्दृष्टोपदिष्टः पुनर्भव इति [1]व्यवस्येदेवम् ॥२७॥

आप्त आगम अर्थात् आप्तशास्त्र वेद है, और दूसरे शास्त्रवाद जो वेद के अर्थ से विरुद्ध न हों, परीक्षकों द्वारा रचे गये हों, शिष्ट पुरुषों द्वारा अनुमोदित हों और जो लोगों पर अनुग्रह की दृष्टि से बनाये गये हों; उन्हें भी आप्तागम जानना चाहिये। इससे मन्वादि के स्मृति ग्रन्थ आदि भी आप्तागम जानने चाहिये। हमें आप्तागम में यह मिलता है—दान, तप, यज्ञ, सत्य, अहिंसा, ब्रह्मचर्य, अभ्युदय तथा निःश्रेयस के देनेवाले हैं। अभ्युदय से अभिप्राय ऐहलौकिक उन्नति तथा निःश्रेयस से अभिप्राय पारलौकिक उन्नति अर्थात् स्वर्ग एवं मोक्ष से है जिन पुरुषों के मानस दोष रज एवं तम शान्त नहीं हुए उनके लिये दोष रहित अर्थात् आप्त महर्षियों ने धर्मशास्त्रों में अथवा दान तप आदि द्वारा अपुनर्भव-मोक्ष अर्थात् पुनर्जन्म न होने का उपदेश नहीं किया। किन्तु पुनर्भव (पुनर्जन्म) होने का उपदेश किया है।

धर्म के द्वारों अर्थात् दान आदियों में तत्पर, नष्ट हो गये हैं भय, राग, द्वेष, लोभ, मोह तथा अहङ्कार जिनके, आध्यात्मज्ञानी, आप्त, अनुष्ठेय यज्ञ आदि कर्मों को जाननेवाले, तथा जिनके मन एवं बुद्धि स्वतन्त्र सोच-विचार सकती हैं ऐसे पूर्व तथा पूर्वतर (उनसे भी पहिले के) महर्षियों ने अपनी ज्ञानरूपी दिव्यचक्षुओं द्वारा देखकर पुनर्जन्म का होना बताया है। इस प्रकार आगम द्वारा-पुनर्जन्म होता है—ऐसा निश्चय जाने। अथवा 'दिव्यचक्षुभिः' इस पद को 'महर्षिभिः' का विशेषण मानकर यह अर्थ कर सकते हैं कि दिव्यचक्षु महर्षियों ने मनोदोष रज एवं तम के निवृत्त होने से पूर्व स्वयं अनुभव करके 'पुनर्जन्म होता है' यह उपदेश किया है। रज और तम की निवृत्ति होने पर तो मोक्ष होता है, परन्तु उससे पूर्व पुनर्जन्म के चक्र में आना ही पड़ता है ॥२७॥

[2]प्रत्यक्षमपि चोपलभ्यते-मातापित्रोर्विसदृशान्यपत्यानि तुल्यसम्भवानां वर्णस्वराकृतिसत्त्वबुद्धिभाग्यविशेषाः, प्रवरावरकुलजन्म, दास्यैश्वर्यं, सुखासुखमायुः, आयुषो वैषम्यं, इहाकृतस्यावाप्तिः, अशिक्षितानां च रुदितस्तनपानहासत्रासादीनां च प्रवृत्तिः लक्षणोत्पत्तिः कर्मसामान्ये फलविशेषः, मेधा क्वचित्क्वचित्कर्मण्यमेधा, जातिस्मरणं, इहागमनमितश्च्युतानां च भूतानां समदर्शने प्रियाप्रियत्वम् ॥२८॥

प्रत्यक्ष भी देखा जाता है—कि माता पिता से सन्तान भिन्न देखी जाती है। अर्थात् यदि माता-पिता सुरूप हों तो सन्तान कुरूप भी हुआ करती है। एक ही है उत्पत्तिस्थान जिनका उनमें भी परस्पर वर्ण, स्वर, आकृति, मन, बुद्धि तथा भाग्य की भिन्नता देखी जाती है। अर्थात् सहोदर भाइयों में भी एक कृष्णवर्ण दूसरा गौरवर्ण आदि भिन्नता देखी जाती है। इसी प्रकार स्वर आदि में भी भिन्नता होती है। किसी का जन्म उत्कृष्ट कुल में होता है और किसी का निकृष्ट कुल में जन्म होता है। कोई दरिद्र होता है, कोई धनाढ्य होता है। किसी की आयु सुखमय और किसी की दुःखमय होती है। आयु की विषमता—किसी की आयु दीर्घ होती है और कोई जन्मते ही मर जाता है।

इस जन्म में जो नहीं किया उसकी भी प्राप्ति होती है। अर्थात् फलप्राप्ति से हम कर्म के पूर्वजन्म में किये जाने का अनुमान करते हैं; यथा—उत्पन्न हुए शिशु यद्यपि रोने आदि में अशिक्षित होते हैं अथवा रोने आदि के कारण के न उपस्थित होते हुए भी उनकी रोने, स्तनपान, हंसने और डरने आदि में प्रवृत्ति देखी जाती है। अर्थात् शिशुओं की यह प्रवृत्ति पूर्वजन्म में अभ्यस्तकर्म की स्मृति के बिना होनी असम्भव है। अतएव अक्षपाद गौतम ने न्यायदर्शन में कहा भी है—"पूर्वाभ्यस्तस्मृत्यनुबन्धाज्जातस्य हर्षभयशोकसम्प्रतिपत्तेः।" तथा "प्रेत्याहाराभ्यासकृतात् स्तन्याभिलाषात्।"

लक्षणों की उत्पत्ति से भी हमें यह ज्ञात होता है कि पुनर्जन्म होता है। किसी के सामुद्रिक लक्षण प्रशस्त होते हैं किसी के निन्दित होते हैं। ये लक्षण जन्म के साथ ही शिशु में दिखाई देते हैं। शिशुओं में जन्म से ही 'होनहार' इत्यादि होने के लक्षण दीखते हैं। ये पूर्वजन्मकृत कर्म के फल के पूर्व-रूप ही होते हैं।

दो या अधिक पुरुषों के इस जन्म में पठन आदि रूप एक सा ही कर्म करने पर भी फल में भिन्नता दिखायी देती है; इसमें भी पूर्वजन्मकृत कर्म ही कारण हो सकता है। किसी की किसी कर्म में बुद्धि चलती है किसी कर्म में नहीं। यह विशेषता भी पूर्वजन्मकृत कर्म के कारण होती है।

कई पुरुषों को पूर्वजन्म के वृत्तान्त का स्मरण होता है। मैं इस कुल में पैदा हुआ हूँ और अमुक कुल से आया हूँ इत्यादि पूर्वजन्म का वृत्तान्त स्मरण होता है। यह स्मरण शुभकर्म द्वारा मानस-दोष अर्थात् रज और तम के निवृत्त होने पर होता है। यह उत्पन्न मात्र शिशु में होना असम्भव है। यदि पूर्वजन्म में शुभकर्म किये होंगे तभी से स्मृति हो सकती है। इस जन्म के शुभकर्म या ज्ञान द्वारा रज और तम के निवृत्त होने पर भी पूर्वजन्म का स्मरण होता है।

'इहागमनं०' इत्यादि का अर्थ कई यह भी करते हैं कि इसी लोक में यम के पुरुषों द्वारा भ्रम से ले जाये गये हुए प्राणियों का इसी लोक में पुनरागमन भी देखा जाता है।

रूप आदि में एक ही समान पुरुषों में से एक प्रिय और एक अप्रिय होता है। यह पूर्वजन्म के कारण ही होता है। एक कवि ने कहा भी है—

'मुनेरपि वनस्थस्य स्वानि कर्माणि कुर्वतः।
उत्पद्यन्ते त्रयः पक्षाः मित्रोदासीनशत्रवः॥'

अर्थात् एक मुनि; जो वन में अकेला ही रहता है और मुक्ति-प्राप्ति के लिए अपने कर्म करता है; उसके भी मित्र, उदासीन एवं शत्रु तीनों पक्ष उत्पन्न हो जाते हैं। यह सब पूर्वजन्म के राग द्वेष आदि के अनुबन्ध से ही होता है ॥२८॥

अत एवानुमीयते-यत्स्वकृतमपरिहार्यमविनाशि पौर्वदैहिकं देवसंज्ञकमानुबन्धिकं कर्म, तस्यैतत्फलम्, इतश्चान्यद्भविष्यतीति फलाद्बीजमनुमीयते, फलं च बीजात् ॥२९॥

अतएव अर्थात् प्रत्यक्ष द्वारा उपर्युक्त लिङ्गदर्शन से अनुमान किया जाता है कि अपने पूर्वदेह में किये हुए दैव (भाग्य) संज्ञक एवं

[1]—'व्यवस्येत्' ग.।
[2]—'एवं पुनर्भवः प्रत्यक्षमपि' ग.।

आनुबन्धिक अर्थात् जन्मान्तर में जानेवाले कर्म का त्याग नहीं हो सकता। यह अविनाशि है अर्थात् भोग के बिना कर्म का विनाश नहीं हो सकता। अन्यत्र भी कहा है—'अवश्यमेव भोक्तव्यं कृतं कर्म शुभाशुभम्'। तथा 'नाभुक्तं क्षीयते कर्म' इत्यादि। उस पूर्वदेह में किये कर्म का यह (माता पिता से रूप आदि में सन्तान का भिन्न होना इत्यादि पूर्वोक्त) फल है और यहाँ जो हम कर्म कर रहे हैं इसका फलस्वरूप अगला जन्म (पुनर्जन्म) मिलेगा। फल से बीज का अनुमान होता है और बीज से फल का। अर्थात् कार्यकारण रूप व्याप्ति के होने से फल से अतीत (भूत) बीज का और बीज से अनागत (भविष्यत्) फल का अनुमान होता है। भावार्थ यह है कि पूर्वजन्म था और पुनरपि जन्म होगा ॥२६॥

युक्तिश्चैषा-षड्धातुसमुदायाद् गर्भजन्म, कर्तृकरणसंयोगात् क्रिया; कृतस्य कर्मणः फलं नाकृतस्य, नाङ्कुरोत्पत्तिरबीजात ;कर्मसदृशं फलं,नान्यस्माद्बीजादन्यस्योत्पत्तिरिति युक्तिः॥

और युक्ति यह है कि पृथिवी आदि पञ्चमहाभूत तथा आत्मा इनके संयोग से ही गर्भ का जन्म होता है। क्योंकि कर्त्ता तथा करण इनके संयोग से क्रिया होती है। अर्थात् यदि कर्ता और करण (साधकतमकारण) इनमें से एक न हो तो क्रिया नहीं हो सकती। यदि कर्त्ता हो और करण न हो तो क्रिया नहीं होगी और यदि कर्त्ता न हो और करण हो तो भी क्रिया न होगी। जब तक कर्ता और करण इन दोनों का संयोग न होगा तब तक क्रिया असम्भव है।

किये हुए कर्म का फल मिलता है। जो कर्म नहीं किया उसका फल नहीं मिलता। अबीज (जो बीज नहीं है) से अंकुर की उत्पत्ति नहीं होती। कर्म के सदृश ही फल मिलता है। एक के बीज से दूसरे अंकुर या फल की उत्पत्ति नहीं होती। यदि हम बबूल का बीज बोयें तो आम पैदा नहीं हो सकता। इतना कहने का तात्पय यह है कि जिस प्रकार क्रिया होने में कर्ता तथा करण के संयोग की कारणता है अथवा जिस प्रकार पूर्वोक्त धान्य की उत्पत्ति में जल, कर्षण, बीज तथा ऋतु के संयोग की कारणता है अथवा जिस प्रकार अग्नि की उत्पत्ति में मन्थ, मन्थक एवं मन्थान के संयोग की कारणता होती है उसी प्रकार अदृष्ट विषयों में कारणता जाँची जा सकती है, जैसे गर्भ के जन्म में ६ धातु अर्थात् पृथिव्यादि पञ्चमहाभूत तथा आत्मा इनके संयोग की कारणता जानते हैं। परन्तु इन छहों धातुओं के संयोग का कारण कर्म है। कहा भी है—

'संयोगे च विभागे च तेषां कर्मैव कारणम्।'

अर्थात् वर्तमान गर्भजन्म में छहों धातुओं के संयोग का कारण पूर्वजन्म कृत कर्म ही हो सकता है। सुतरां पुनर्जन्म होता है यह बात सिद्ध है।

अथवा इसे हम इस प्रकार भी समझ सकते हैं, फल से बीज (अतीत) का अनुमान होता है और बीज से फल (भविष्यत्) का अनुमान होता है। यह पहिले कहा गया है और वहाँ यह भी स्पष्ट कर दिया है कि पुनर्भव का प्रतिपादक अनुमान किस प्रकार है। अनुमान युक्ति की अपेक्षा रखता है; अतएव उसी युक्ति को दर्शाने के लिये कहा है कि छहों धातुओं के संयोग से गर्भ होता है। अर्थात् केवल जड़ रूप पञ्चमहाभूत से आत्मा के संयोग के बिना चेतन की उत्पत्ति नहीं हो सकती। परन्तु छहों धातुओं का संयोग किस प्रकार हो ? अतएव कहा है कि 'कर्ता और करण' (क्रिया के होने में साधकतम) के संयोग से क्रिया होती है। यहाँ परलोकस्थ आत्मा कर्ता है, दैव (पूर्वजन्म कृत कर्म) करण है। शुक्राणु तथा डिम्ब का जब गर्भाशय में संयोग होता है तभी आत्मा भी उसमें प्रवेश करता है और गर्भोत्पत्ति का कार्य प्रारम्भ होता है।

जो कर्म पूर्वदेह में किया है, उसका यह (गर्भजन्म रूप) फल है। अकृत कर्म का फल नहीं हो सकता, अबीज (जो बीज नहीं) से अंकुर की उत्पत्ति नहीं होती। बीज से ही अंकुर की उत्पत्ति होती है। ऐसे ही किये हुए कर्म का ही शुभ या अशुभ फल होता है। कर्म के सदृश ही फल मिलता है। शुभ कर्म का शुभ फल और अशुभ कर्म का अशुभ फल होता है। शालि बीज से शालि ही पैदा होंगे जौ नहीं मिलेंगे। जामुन के बीज से आम की उत्पत्ति नहीं होती। यह युक्ति है। इस सारे का अभिप्राय यह हुआ कि आत्मा है, वह नित्य, संसारी, कर्ता तथा चेतनता का कारण है। कर्म है, जिनका शुभाशुभ फल होता है; जिसे भोगने के लिये सृष्टि में पुनर्जन्म होता है ॥३०॥

एवं प्रमाणैश्चतुर्भिरुपदिष्टे पुनर्भवे धर्मद्वारेष्ववधीयेत, तद्यथा-गुरुशुश्रूषायामध्ययने व्रतचर्यायां दारक्रियायामपत्योत्पादने भृत्यभरणेऽतिथिपूजायां दानेऽनभिध्यायां तपस्यनसूयायां देहवाङ्मानसे कर्मण्यक्लिष्टे देहेन्द्रियमनोर्थबुद्ध्यात्मपरीक्षायां मनःसमाधाविति; यानि चान्यान्यप्येवंविधानि कर्माणि सतामविगर्हितानि स्वर्ग्याणि वृत्तिपुष्टिकराणि विद्यात्तान्यारभेत कर्तुं; तथा हि कुर्वन्निह चैव यशो लभते प्रेत्य च स्वर्गमिति तृतीया परलोकैषणा व्याख्याता भवति ॥३१॥

इस प्रकार चारों प्रमाणों द्वारा 'पुनर्जन्म होता है' ऐसा ज्ञान हो जाने पर (परलोकैषणा के लिये) धर्म के साधनों में तत्पर रहे। यथा—प्रथम आश्रम (ब्रह्मचर्याश्रम) में गुरुसेवा वेदाध्ययन तथा ब्रह्मचर्यव्रत का पालन करे, द्वितीयाश्रम (गृहस्थाश्रम) में विवाह, सन्तानोत्पत्ति, भृत्यों (सेवक, नौकरों) का पालन, (अथवा 'भृत्य शब्द से माता-पिता का' ग्रहण करना चाहिये, क्योंकि उस समय वे वृद्ध होने से भरणीय-पालनीय होते हैं और उस समय पुत्र पर ही आश्रित होते हैं; यह पुत्र का कर्त्तव्य है कि वह उनका पालन करे), अतिथि की यथावत् पूजा अर्थात् भोजनादि द्वारा सत्कार, दान तथा अनभिध्या (पर धन में इच्छा न रखना) में तत्पर रहे। तृतीय आश्रम (वानप्रस्थाश्रम) में तप, अनसूया (दूसरे के गुणों पर दोष न मढ़ना), क्लेश-रहित कायिक, वाचिक तथा मानस कर्म में रत रहे। अन्त में चतुर्थ-आश्रम (संन्यासाश्रम) में देह, इन्द्रिय, मन, विषय (शब्द, रूप आदि), बुद्धि एवं आत्मा की परीक्षा तथा मनःसमाधि (योग, चित्त की वृत्तियों का निरोध) में तत्पर रहे। अर्थात् चतुर्थ आश्रम में जब देह आदि की परीक्षा द्वारा उनकी अनित्यता तथा आत्मा की नित्यता का ज्ञान हो जायगा तब मुक्त होने की इच्छा अत्यन्त प्रबल हो जायगी और उस समय मनुष्य को चित्त की वृत्तियों

के निरोध अर्थात् योग द्वारा मोक्ष की प्राप्ति हो सकती है। तथा च इन कर्मों के अतिरिक्त सत्पुरुषों द्वारा अनिन्दित स्वर्गप्राप्ति में साधक तथा आजीविका को देनेवाले जो इसी प्रकार के अन्य कर्म हैं; उनको करना आरम्भ करे।

इस प्रकार करने से इस लोक में यश मिलता है और मरकर स्वर्ग प्राप्त होता है। इस प्रकार तीसरी परलोकैषणा की व्याख्या भी हो गयी है ॥३१॥

अथ खलु त्रय उपस्तम्भाः, त्रिविधं बलं, त्रीण्यायतनानि, त्रयो रोगाः, त्रयो रोगमार्गाः, त्रिविधा भिषजः, त्रिविधमौषधमिति ॥३२॥

तीन उपस्तम्भ हैं। तीन प्रकार का बल है। तीन रोगों के कारण हैं। तीन रोग हैं। तीन रोगों के मार्ग हैं। तीन प्रकार के चिकित्सक होते हैं और तीन प्रकार की ही औषध हैं ॥३२॥

त्रय उपस्तम्भा इत्याहारः, स्वप्नो, ब्रह्मचर्यमिति; एभिस्त्रिभिर्युक्तियुक्तैरुपस्तब्धमुपस्तम्भैः शरीरं बलवर्णोपचयोपचितमनुवर्तते यावदायुःसंस्कारात्, संस्कारः स 'हितमुपसेवमानस्य, य इहैवोपदेक्ष्यते'[2] ॥३३॥

आहार, स्वप्न, ब्रह्मचर्य; ये तीन उपस्तम्भ हैं। शरीररूपी मकान के धारण करनेवाले मुख्य स्तम्भ धातुरूप वात, पित्त तथा कफ हैं। जैसे सुश्रुत सूत्रस्थान २१ अध्याय में कहा भी है—

'वातपित्तश्लेष्माण एव देहसम्भवहेतवः। तैरेवाव्यापन्नैरधोमध्योर्ध्वसन्निविष्टैः शरीरमिदं धार्यते। आगारमिव स्थूणाभिस्तिसृभिः ॥'

आहार आदि तीन उप-स्तम्भ हैं। आहार इत्यादि द्वारा ही मुख्य स्तम्भ समावस्था में रहते हैं, अतः इन्हें उप स्तम्भ कहा है। इन तीन स्तम्भों के ऊपर ही देह आश्रित है। हमारा शरीर सैलों से बना हुआ है। कार्य करने से ये सैलें घिसती अथवा टूटती फूटती रहती हैं। जब सैलें कोई काम करती हैं तो उनके जीवौज (Protplasm) में रासायनिक क्रियाएँ होती हैं; इन क्रियाओं से शक्ति उत्पन्न होती है और यह शक्ति अधिकांश काय के रूप में परिणत हुई २ हमें दिखायी देती है। यदि सैलों को उन पदार्थों की जगह जिनका शक्ति उत्पन्न करने में व्यय होता है, नये पदार्थ न मिलें और उनके टूटे-फूटे भाग पुनः ज्यों के त्यों न हो जायँ तो इस शरीर का क्षण भर में नष्ट हो जाना निश्चित है। इसी नाश से बचने के लिये हमें आहार करना होता है। आहार का रस, रक्त में परिवर्तित होता है और रक्त से लसीका बनती है। इस लसीका में से वे सैल अपना पोषक भाग ले लेते हैं, जिससे शरीर जीवित रहता है। आचार्य स्वयं २८वें अध्याय में कहेंगे—

'विविधमशितपीतलीढखादितं जन्तोर्हितमन्तरग्निसन्धुक्षितबलेन यथास्वेनोष्मणा सम्यग्विपच्यमानं कालवदनवस्थितसर्वधातुपाकमनुपहतसर्वधातूष्ममारुतस्रोतः केवलं शरीरमुपचयबलवर्णसुखायुषा योजयति, शरीरधातूनूर्जयति, धातवो हि धात्वाहाराः प्रकृतिमनुवर्तन्ते।

तत्राहारप्रसादाख्यो रसः किट्टं च मलाख्यमभिनिर्वर्तते; किट्टात् मूत्रस्वेदपुरीषवातपित्तश्लेष्माणः कर्णाक्षिनासिकास्यलोमकूपप्रजननमलाः केशश्मश्रुलोमनखादयश्चावयवाः पुष्यन्ति, पुष्यन्ति त्वाहाररसात् रसरुधिरमांसमेदोऽस्थिमज्जशुक्रौजांसि पञ्चेन्द्रियद्रव्याणि धातुप्रसादसंज्ञकानि शरीरसन्धिबन्धपिच्छादयश्चावयवाः; ते सर्व एव धातवो मलाख्याः प्रसादाख्याश्च रसमलाभ्यां पुष्यन्तः स्वं मानमनुवर्तन्ते यथावयःशरीरम्' इत्यादि।

इसकी व्याख्या अपने स्थल पर ही की जायगी। सुश्रुत चि० २४ अ० में आहार के गुण इस प्रकार दिये हैं—

आहारः प्रीणनः सद्यो बलकृद्देहधारकः।
आयुस्तेजःसमुत्साहस्मृत्योजोऽग्निविवर्धनः ॥

स्वप्न अर्थात् निद्रा भी शरीर की पोषक[1] है। यद्यपि प्राचीन आचार्य निद्रा को छः या सात प्रकार की मानते हैं, परन्तु उनमें से वह निद्रा जो शरीर का भरण करती है उससे ही यहाँ अभिप्राय है। अष्टाङ्गसंग्रहकार ने कहा भी है—

कालस्वभावामयचित्तदेहखेदैः कफागन्तुतमोभवा च।
निद्रा बिभर्ति प्रथमा शरीरं पाप्मान्तगा व्याधिनिमित्तमन्याः ॥

काल या रात्रि के स्वभाव से जो निद्रा होती है वह शरीर का भी भरण करती है। इसी भरण करनेवाली निद्रा को वैष्णवी निद्रा भी कहते हैं। और यह देखा भी जाता है कि यदि लगातार कुछ दिनों तक सर्वथा निद्रा न आवे तो प्राणसंकट उपस्थित हो जाता है। निद्रा जहाँ मस्तिष्क और वातसंस्थान को आराम देने के लिये आवश्यक है वहाँ शरीर के अन्य भागों विशेषतया मांसपेशियों के लिये अत्यावश्यक है। निद्रा दिन के समय व्यय हुई २ शक्ति को पुनः एकत्रित कर देती है। रात्रि में निद्रा से शरीर का रचनात्मक कार्य (कफज) अपेक्षाकृत अधिक होता है। सुश्रुत चिकित्सा० २४ अध्याय में निद्रा के गुण दर्शाये हैं—

पुष्टिवर्णबलोत्साहमग्निदीप्तिमतन्द्रिताम्।
करोति धातुसाम्यं च निद्रा काले निषेविता ॥

तृतीय उपस्तम्भ ब्रह्मचर्य है। ब्रह्मचर्य से अभिप्राय अन्तिम धातु वीर्य की रक्षा से है। यह रक्षा मन, वचन एवं कर्म से होनी चाहिये, इसके बिना ब्रह्मचर्य की पालना नहीं हो सकती। मन में बुरे विचारों के आने पर वे वचन और कर्म द्वारा प्रकट हो ही जाते हैं। यदि कर्म में वह वीर्य का व्यय स्वयं न भी करे तो रात्रि में स्वप्नदोष (Nocturnal Emissions) आदि होकर वह व्यय हो ही जाया करता है। और रोगी मानस ग्लानि एवं शारीरिक

१—'संस्कारमहितमनुपसेवमानस्य' इति पा०।

२—'उपदिश्यते' इति पा०।

१—किसी डाक्टर ने निन्द्रा का यथार्थ ही वर्णन किया है—

"Sleep is a function of all living things. Shakespear with the insight of genious, exactly sums up the most modern knowledge of the subject, when he calls 'Chief nourisher at life's feast.' Sleep, indeed, is a positive thing, a recreative process, a winding up of the vital clock, a recharging of life's battery. Anabolism is active. katabolism relatively passive."

"It is a common mistake to assume that sleep is solely a necessity of the brain and nervous system. All other parts of the body, but especially the muscles, require sleep to reconstruct the energy expended during the day."

विकारों से पीड़ित होता है। ब्रह्मचर्य-आश्रम में तो वीर्य का एक बिन्दु भी क्षय न होना चाहिये। और गृहस्थाश्रम में केवल नियमित सन्तानोत्पत्ति के निमित्त ही व्यय होना चाहिये। इससे आगे के दो आश्रमों में पूर्ण ब्रह्मचारी रहना चाहिये। यह वीर्य जीवन का आधार है। सम्पूर्ण धातुओं का सार है। सुश्रुत में कहा भी है—

अतिस्त्रीसम्प्रयोगाच्च रक्षेदात्मानमात्मवान्।
शूलकासज्वरश्वासकार्श्यपाण्ड्वामयक्षयाः॥
अतिव्यवायाज्जायन्ते रोगाश्चाक्षेपकादयः॥
आयुष्मन्तो मन्दजरा वपुर्वर्णबलान्विताः।
स्थिरोपचितमांसाश्च भवन्ति स्त्रीषु संयताः॥ इत्यादि॥

अर्थात् अतिमैथुन से शूल, खांसी, ज्वर, श्वास (दमा), कृशता, पाण्डु, क्षय तथा आक्षेप आदि वातव्याधियाँ उत्पन्न हो जाती हैं। और जो संयम से रहते हैं उन पर वृद्धावस्था का आक्रमण देर से और मन्द होता है। शरीर स्वस्थ तथा वर्ण एवं बल से युक्त होता है। शरीर की मांसपेशियाँ सुगठित और कठिन होती हैं।

वीर्य में शुक्राणु और तरल पदार्थ होते हैं। इनमें से शुक्राणु १४,१५ वर्ष की अवस्था में बनने आरम्भ होते हैं। परन्तु इस समय के शुक्राणु उत्तम तथा प्रबल सन्तात उत्पन्न करने में समर्थ नहीं होते। ये २० या २५ वर्ष तक पूर्ण परिपक्व होकर उत्तम सन्तान उत्पन्न करने में समर्थ होते हैं। ये शुक्राणु अण्डों से पैदा होते हैं। शुक्राणु के अतिरिक्त अण्डों से एक और आन्तर रस पैदा होता है जो रक्त में मिलता है और शरीर को सुगठित एवं परिपुष्ट करता है और यौवन के बाह्य चिह्न दाढ़ी, मूंछ तथा सौन्दर्य को प्रकट करता है यदि २५ या ३० वर्ष की अवस्था से पूर्व अण्डों से शुक्राणुओं के उत्पन्न करने का कार्य लिया जाने लगा जो कि ब्रह्मचर्य के अभाव में होता है तो एक दोष यह भी है कि आन्तर रस कम पैदा होता है और शरीर की वृद्धि रुक जाती है। अतएव कहा भी है–'शुक्रायत्तं बलं पुंसां' तथा 'जीवनं बिन्दुधारणात्'। राजयक्ष्मा के निदान में कहा भी जायगा—

आहारस्य परं धाम शुक्रं तद्रक्ष्यमात्मनः।
क्षयो ह्यस्य बहून् रोगान् मरणं वा नियच्छति॥

युक्तिपूर्वक प्रयुक्त किये हुए इन तीन उपस्तम्भों में स्थिर हुआ हुआ शरीर आयु के 'संस्कार पर्यन्त बल, वर्ण एवं पुष्टि से संयुक्त हुआ हुआ चला जाता है। 'युक्तिपूर्वक प्रयुक्त' से अभिप्राय इन तीनों के अयोग, अतियोग तथा मिथ्यायोग के निराकरण से है। 'संस्कार' से अभिप्राय गुणों के आधान से है। गुणों का आधान हित-सेवन से होता है। आहार आदि का समयोग अथवा सम्यग्योग ही हित होता है। आयु का प्रमाण नियत (निश्चित) तथा अनियत (अनिश्चित) भी है ऐसा आयुर्वेद का मत है। जब दैव प्रबल होता है तब नियत माना जाता है। जब पौरुष या इस जन्म के कर्म प्रबल होते हैं तब अनियत होता है। अर्थात् हम बहुत अवस्थाओं में इस लोक में किये गये हित एवं अहित के सेवन से आयु को बढ़ा-घटा भी सकते हैं। अर्थात् हित सेवन से जो हम आयुको बढ़ा लेते हैं अथवा कम नहीं होने देते यही आपका संस्कार है।

हित का सेवन करनेवाले पुरुष की आयु के संस्कार का इसी तन्त्र में अथवा यहीं उपदेश किया जायगा॥३३॥

त्रिविधं बलमिति सहजं, [1]कालजं, युक्तिकृतं च। तत्र सहजं यच्छरीरसत्त्वयोः प्राकृतं, कालकृतमृतुविभागजं वयस्कृतं च, युक्तिकृतं[2] पुनस्तद्यदाहारचेष्टायोगजम्॥३४॥

बल तीन प्रकार का होता है। १ सहज, २ कालज, ३ युक्तिकृत।

१. सहज बल उसे कहते हैं जो शरीर और मन का स्वाभाविक बल है। अर्थात् उत्पन्न होते हुए जन्तु के गर्भारम्भकाल में अपने पूर्वजन्म में किये हुए कर्मों के फल के अनुसार छहों धातुओं (पृथिव्यादि पञ्चमहाभूत तथा आत्मा) के संयोग होने पर माता द्वारा सेवन किये जाते हुए आहार के रस आदि के अनुसार तथा प्रकृति[3] के अनुसार जो शरीर और मन का बल उत्पन्न होता है वह सहज कहलाता है। मन के बल का उत्साह भी है।

२. कालज बल उसे कहते हैं जो छहों ऋतुओं के विभाग से उत्पन्न होता है तथा जो वय (उम्र) के अनुसार होता है। बच्चा, युवा तथा बूढ़े का जो बल है वह भी कालज कहाता है। छहों ऋतुओं के विभाग के कारण जो बल होता है उसका वर्णन ६ अध्याय में हो चुका है।

'आदावन्ते च दौर्बल्यं विसर्गादानयोर्नृणाम्।
मध्ये मध्यबलन्त्वन्ते श्रेष्ठमग्रे विनिर्दिशेत्'॥ इत्यादि॥

३. युक्तिकृत बल उसे कहते हैं। जो आहार तथा चेष्टा-विहार (व्यायाम आदि) के समयोग से उत्पन्न होता है। 'योग' शब्द से यहाँ कई रसायन तथा वृष्य योगों का ग्रहण करते हैं अर्थात् आहार, चेष्टा तथा रसायन आदि योगों से जो बल उत्पन्न होता है, उसे 'युक्तिकृत' कहते हैं।

इस युक्तिकृत बल का निर्देश अभी ऊपर ही 'एभिस्त्रिभिर्युक्तियुक्तैरुपष्टब्धमुपस्तम्भैः' इत्यादि वाक्य से भी किया गया है॥३४॥

त्रीण्यायतनानीति—अर्थानां कर्मणः कालस्य चातियोगायोगमिथ्यायोगाः॥३५॥

रोगों के कारण तीन हैं १ विषयों का अतियोग, अयोग और मिथ्यायोग। २ कर्म का अतियोग, अयोग और मिथ्यायोग। ३ काल का अतियोग, अयोग और मिथ्यायोग॥३५॥

तत्रातिप्रभावतां दृश्यानामतिमात्रं दर्शनमतियोगः, सर्वशोऽदर्शनमयोगः, अतिसूक्ष्मातिश्लिष्टातिविप्रकृष्टरौद्रभैरवाद्भुतद्विष्टबीभत्सविकृतादिरूपदर्शनं मिथ्यायोगः॥३६॥

चक्षु के विषय का अतियोग, अयोग, मिथ्यायोग–अत्यन्त प्रभा (चमक)-वाले दृश्य (देखेजानेवाले) पदार्थों अर्थात् सूर्य आदि को अत्यधिक मात्रा में देखना रूप का अतियोग कहाता है। दृश्य पदार्थों का सर्वथा न देखना; यह रूप का अयोग है। अतिसूक्ष्म, आँखों के अत्यन्त पास के, अति दूर के, उग्र, भयावने, अद्भुत, अप्रिय, घृणित तथा विकृत, अपवित्र रूपों का देखना मिथ्यायोग है॥३६॥

तथाऽतिमात्रस्तनितपटहोत्क्रुष्टादीनां शब्दानामतिमात्रं

१–'कालकृतं' इति पा०। २–'युक्तिकृतं यदा०' इति पा०

३ शुक्रशोणितसंयोगे यो भवेद्दोष उत्कटः।
प्रकृतिर्जायते तेन'''॥ सु० शा० अ० ४॥

श्रवणमतियोगः; सर्वशोऽश्रवणमयोगः, परुषेष्टविनाशोपघातप्रधर्षणभीषणादिशब्दश्रवणं मिथ्यायोगः ॥३७॥

कान के विषय का अतियोग—अत्यन्त ऊँचे मेघगर्जन, ढोल तथा ऊँचे रोने आदि के शब्दों को अत्यन्त सुनना अतियोग कहाता है। कान के विषय का अयोग—शब्दों का सर्वथा न सुनना अयोग कहाता है। कान के विषय का मिथ्यायोग—कर्कश-कठोर, प्रिय वस्तु के नाश के सूचक, प्रिय-पुत्र आदि की मृत्युसूचक अथवा हानिसूचक, तिरस्कारसूचक—झिड़कना तथा डरावने आदि शब्दों को सुनना मिथ्यायोग कहाता है ॥३७॥

तथाऽतितीक्ष्णोग्राभिष्यन्दिनां गन्धानामतिमात्रं घ्राणमतियोगः, सर्वशोऽघ्राणमयोगः, पूतिद्विष्टामेध्यक्लिन्नविषपवनकुणपगन्धादिघ्राणं मिथ्यायोगः ॥३८॥

नाक के विषय (गन्ध) का अतियोग, अयोग और मिथ्यायोग—

तथा अत्यन्त तीक्ष्ण (मरिच आदि की), उग्र (लैवेण्डर, इत्र आदि की) एवं अभिष्यन्दि (मालकंगनी तथा हांचिया आदि की) गन्धों का अत्यन्त सूंघना अतियोग कहाता है। सर्वथा न सूंघना अयोग कहाता है। दुर्गन्ध, अप्रिय गन्ध, अपवित्र गन्ध, क्लिन्न अर्थात् नमी के कारण सड़ान होने से उत्पन्न हुई गन्ध, विषयुक्त वायु का श्वास लेना अथवा उसकी गन्ध तथा मुर्दे की गन्ध आदि गन्धों का सूंघना मिथ्यायोग कहाता है ॥३८॥

तथा रसानामत्यादानमतियोगः, अनादानमयोगः मिथ्यायोगो राशिवर्ज्येष्वाहारविधिविशेषायतनेषूपदेक्ष्यते ॥३९॥

जिह्वा के विषय (रस) का अतियोग, अयोग, मिथ्यायोग—

रसों का अत्यन्त स्वाद लेना अतियोग होता है। सर्वथा न लेना अयोग कहाता है। रस के मिथ्यायोग का उपदेश राशि रहित आहार विधि के हित और अहित के कारण नामक प्रकरण (विमानस्थान १ अध्याय) में करेंगे। वहाँ कहा है कि प्रकृति, करण, संयोग, राशि देश, काल, उपयोगसंस्था, उपयोक्ता; ये ८ आहारविधि विशेष (भेद) के आयतन (कारण) हैं। प्रकृति से अभिप्राय स्वाभाविक गुणों से है। करण—संस्कार को कहते हैं। दो या दो से अधिक द्रव्यों के इकट्ठा होने को संयोग कहते हैं। आहार के उपयोग के नियम को उपयोगसंस्था कहते हैं। इनका विशेष विवरण अपने स्थल पर ही होगा। राशि से अभिप्राय परिमाण से है। इसका दोष अधिक मात्रा या कम मात्रा में होना है, अतः इसका अन्तर्भाव अतियोग और अयोग में होता है। राशि का मिथ्यायोग नहीं हो सकता, अतएव मूल में 'राशिवर्ज्येषु' कहा है। विमानस्थान १ अध्याय में भी कहा जायगा कि यहाँ राशि का ग्रहण मात्रा और अमात्रा (हीन मात्रा, अधिक मात्रा) के शुभाशुभ फल के निर्देश के लिये किया गया है। अभिप्राय यह है कि प्रकृति आदि आठ में से राशि को छोड़कर शेष सात आहार-विधि-विशेष के कारणों द्वारा अपथ्य रसों का लेना अथवा आहार खाना रस का मिथ्यायोग कहाता है। इसे दूसरे शब्दों में इस प्रकार भी कह सकते हैं कि राशि रहित प्रकृति आदि सात के विपरीत विधि से आहार का उपयोग करना ही जिह्वा के विषय का मिथ्यायोग है। यथाप्रकृति (लघु, गुरु) विरुद्ध आहार द्रव्यों का सेवन मिथ्यायोग ही हो सकता है। समपरिमाण में मिलाये हुए शहद और घी को संयोगाविरुद्ध कहते हैं। इस संयोगाविरुद्ध द्रव्य के सेवन को भी मिथ्यायोग ही कह सकते हैं। इसी प्रकार अन्य संस्कार-विरुद्ध आदि द्रव्यों को जान लेना चाहिये। इनका अन्यत्र अपने स्थल पर वर्णन आ ही जायगा। उपर्युक्त प्रकृतिविरुद्ध आदि आहार द्रव्यों के सेवन को मिथ्यायोग में ही ला सकते हैं, क्योंकि अतियोग और वियोग के विना ही ये दोषकर हैं। अयोग में जहाँ विषय के सर्वथा न ग्रहण करने का समावेश होता है वहाँ अल्पमात्रा में ग्रहण करने का भी ॥३९॥

तथाऽतिशीतोष्णानां स्पृश्यानां स्नानाभ्यङ्गोत्सादनादीनां चात्युपसेवनमतियोगः, सर्वशोऽनुपसेवनमयोगः, स्नानादीनां शीतोष्णादीनां च स्पृश्यानामननुपूर्व्योपसेवनं विषमास्थानाभिघाताशुचिभूतसंस्पर्शादयश्चेति मिथ्यायोगः ४०

त्वचा के विषय का अतियोग, अयोग और मिथ्यायोग तथा अत्यन्त शीत और अत्यन्त गर्म; स्पर्श से जाने जा सकनेवाला स्नान, अभ्यङ्ग तथा उत्सादन (उबटन) आदि का अत्यधिक सेवन अतियोग कहाता है। सर्वथा न सेवन करना अथवा अल्पमात्रा में सेवन करना अयोग कहाता है। स्नान आदि का तथा सर्दी गर्मी आदि भावों का जो स्पर्श द्वारा जाने जाते हैं, उन्हें यथाक्रम सेवन न करना, ऊँची-नीची जगह बैठना आदि, चोट लगना, अपवित्र वस्तु एवं भूतों (रोगजनक कीटाणुओं) का स्पर्श होना स्पर्शनेन्द्रिय (त्वक्) का मिथ्यायोग है। यथाक्रम सेवन न करने का अभिप्राय यह है यथा—गर्मी से पीड़ित का सहसा शीतजल से स्नान कर लेना इत्यादि। इसका वर्णन शारीरस्थानके प्रथम अध्याय में भी होगा ॥४०॥

तत्रैकं स्पर्शनेन्द्रियमिन्द्रियाणामिन्द्रियव्यापकं चेतःसमवायि स्पर्शनव्याप्तेर्व्यापकमपि च चेतः, तस्मात्सर्वेन्द्रियाणां व्यापकस्पर्शकृतो यो भावविशेषः सोऽयमनुपशयात्पञ्चविधस्त्रिविधविकल्पो भवत्यसात्म्येन्द्रियार्थसंयोगः, सात्म्यार्थो ह्युपशयार्थः ॥४१॥

इन्द्रियों में एक स्पर्शनेन्द्रिय (त्वक्) है। यह त्वक् इन्द्रिय सम्पूर्ण चक्षु आदि इन्द्रियों में व्याप्त है। इस इन्द्रिय का चेत (मन) के साथ संयोग है। अर्थात् त्वगिन्द्रियके विना मन विषय का ग्रहण नहीं कर सकता। अन्यत्र[1] कहा भी है 'त्वचो योगो मनसा ज्ञानकारणम्'।

स्पर्श (स्पर्श ज्ञान) के सर्वत्र व्याप्त होने से मन को व्यापक कहते हैं। वस्तुतस्तु मन अणु है। परन्तु स्पर्शनेन्द्रिय (त्वक्) के साथ सम्बन्ध होने से उसे भी व्यापक कहते हैं। व्यापक कहने से यह अभिप्राय नहीं कि मन का सर्वत्र स्पर्शनेन्द्रिय से एक ही काल में सम्बन्ध रहता है। यदि एक काल में ही सर्वत्र सम्बन्ध होता तो सम्पूर्ण इन्द्रियों से एक काल में ही ज्ञान होकर बड़ी गड़बड़ होती। परन्तु ऐसा नहीं होता। मन के वस्तुतः अणु होने से जब चक्षु इन्द्रिय की त्वगिन्द्रिय से सम्बन्ध होता है तो देखता है। जब घ्राणेन्द्रिय की त्वक् से सम्बन्ध होता है तब सूँघता है इत्यादि। परन्तु सम्पूर्ण शरीर अर्थात् ज्ञानेन्द्रिय और कर्मेन्द्रियों में इस स्पर्शनेन्द्रिय (त्वगिन्द्रिय) के व्याप्त होने से मन का सर्वत्र (इन्द्रियों में) सम्बन्ध

१—अन्यत्रेति काणाददर्शने।

होता रहता है, अतः उसे व्यापक कहा है। इसलिये सम्पूर्ण इन्द्रियों की व्यापक अर्थात् स्पर्शनेन्द्रिय और मन के संस्पर्श सम्बन्ध से उत्पन्न होनेवाली जो अवस्था विशेष है वह अनुपशय (असात्म्य, दुःखकर) दृष्टि से असात्म्येन्द्रियार्थसंयोग कहाती है। यह पाँच प्रकार का है और इनका तीन प्रकार का विकल्प है। इन्द्रियों के विषय पाँच हैं। अतः उनके भेद असात्म्येन्द्रियार्थसंयोग भी पाँच प्रकार के हैं। इनमें से प्रत्येक असात्म्येन्द्रियार्थसंयोग के अतियोग, अयोग और मिथ्यायोग; ये तीन प्रकार के भेद हैं। अवस्थाविशेष या भावविशेष से अभिप्राय अपने-अपने विषय की प्राप्ति या निवृत्ति से है। अथवा अवस्थाविशेष का अभिप्राय सुख और दुःख भी हो सकता है। शारीरस्थान के प्रथम अध्याय में आचार्य स्वयं कहेंगे—

'स्पर्शनेन्द्रियसंस्पर्शो मानसः स्पर्श एव च।
द्विविधः सुखदुःखानां वेदनानां प्रवर्त्तकः॥'

इसकी व्याख्या अपने स्थल पर ही होगी।

सात्म्य का जो अर्थ है वही उपशय का अर्थ है अर्थात् सात्म्य और उपशय; ये पर्यायवाचक हैं। जो शरीर के लिए सुखकर हो, वह सात्म्य कहलाता है। सात्म्य और उपशय के पर्यायवाचक होने से असात्म्य और अनुपशय भी पर्यायवाचक हैं। अतएव अनुपशयेन्द्रियार्थसंयोग और असात्म्येन्द्रियार्थसंयोग का भी एक ही अभिप्राय है अर्थात् इन्द्रियों का विषयों के साथ शरीर के लिए दुःखकर संयोग ॥४१॥

कर्म वाङ्मनःशरीरप्रवृत्तिः। तत्र वाङ्मनःशरीरातिप्रवृत्तिरतियोगः, सर्वशोऽप्रवृत्तिरयोगः, वेगधारणोदीरणविषमस्खलनगमनपतनाङ्गप्रणिधानाङ्गप्रदूषणप्रहारमर्दनप्राणोपरोधसंक्लेशनादिः शारीरो मिथ्यायोगः, सूचकानृताकालकलहाप्रियाबद्धानुपचारपरुषवचनादिर्वाङ्मिथ्यायोगः, भयशोकक्रोधलोभमोहमानेर्ष्यामिथ्यादर्शनादिर्मानसो मिथ्यायोगः॥४२

कर्म का लक्षण तथा उसका अतियोग, अयोग और मिथ्यायोग—

वाणी, मन तथा शरीर की प्रवृत्ति का नाम कर्म है। इनमें से वाणी और देह की प्रवृत्ति का नाम चेष्टा भी है। गौतम अक्षपाद ने भी कहा है—"प्रवृत्तिर्वाग्बुद्धिशरीरारम्भः"। इसमें बुद्धि से मन ही अभिप्रेत है। वाणी, मन और शरीर की अतिप्रवृत्ति को अतियोग कहते हैं। अर्थात् वाणी से अधिक बोलना वाणी का अतियोग है। मनसे बहुत अधिक सोचना मन का अतियोग है और शरीर से बहुत अधिक चलना-फिरना, हाथ हिलाना, व्यायाम करना आदि शरीर का अतियोग कहाता है। वाणी, मन तथा शरीर को सर्वथा प्रवृत्त न करना अथवा थोड़ा करना उन उन का अयोग कहाता है अथवा समूह रूप से कर्म का अयोग कहाता है। सूचक (चुगली), झूठ, अकाल में बोलना (अर्थात् जब जो बात कहनी चाहिये वहाँ न कह दूसरे समय कहना), कलह (विवाद, झगड़ा) करना, अप्रिय बोलना, असम्बद्ध बोलना, प्रतिकूल (उलटा) बोलना आदि; ये वाणी का मिथ्यायोग है। भय, शोक, क्रोध, लोभ, मोह, अहंकार, ईर्ष्या, मिथ्या (झूठा) देखना-सोचना, आदि; ये मन का मिथ्यायोग है। उदीर्ण हुए २ वेगों को प्रवृत्त करने की चेष्टा करना, विषम रूप से फिसल कर गिरना, विषम (उल्टा-सीधा) चलना, विषमरूप (ऊँची जगह) से गिरना; अङ्गों से विषम (उल्टी-सीधी) चेष्टा करनी, खुजली आदि द्वारा अङ्ग खराब हो जाना, डण्डे आदि द्वारा चोट लगना, अङ्गों की पीड़ा, निश्वास प्रश्वास को रोकना, व्रत, उपवास, आतपसेवन, अग्निसेवन आदि द्वारा शरीर को क्लेश देना प्रभृति शारीर मिथ्यायोग कहाता है॥४२॥

सङ्ग्रहेण चातियोगायोगायोगवर्जं कर्म वाङ्मनःशरीरजमहितमनुपदिष्टं यत् तच्च मिथ्यायोगं विद्यात्॥४३॥

संक्षेप में अतियोग और अयोग को छोड़कर वाणी, मन और शरीर से किया जानेवाला जो भी कर्म अहितकर हो, उसे चाहे यहाँ या अन्यत्र न भी कहा हो; उसे मिथ्यायोग ही जानें॥४३॥

इति त्रिविधविकल्पं त्रिविधमेव कर्म प्रज्ञापराध इति व्यवस्येत्॥४४॥

वाचिक, मानस तथा शारीर भेद से तीन प्रकार का कर्म—जो कि प्रत्येक अतियोग, अयोग तथा मिथ्यायोग से तीन प्रकार का है—को प्रज्ञापराध जाने। अर्थात् वाचिक आदि त्रिविध कर्मों के अतियोग, अयोग और मिथ्यायोग प्रज्ञा (बुद्धि) के अपराध (यथावत् न सोचने) के कारण ही होते हैं, अतः इन्हें 'प्रज्ञापराध' नाम से कहा जाता है। शारीरस्थान के प्रथम अध्याय में कहा भी जायगा—

धीधृतिस्मृतिविभ्रष्टः कर्म यत्कुरुतेऽशुभम्।
प्रज्ञापराधं तं विद्यात्सर्वदोषप्रकोपणम्॥
उदीरणं गतिमतामुदीर्णानां च निग्रहः।
सेवनं साहसानाञ्च नारीणाञ्चातिसेवनम्॥
कर्मकालातिपातश्च मिथ्यारम्भश्च कर्मणाम्।
विनयाचारलोपश्च पूज्यानां चाभिधर्षणम्॥
ज्ञातानां स्वयमर्थानामहितानां निषेवणम्।
अकालादेशसञ्चारौ मैत्री सङ्क्लिष्टकर्मभिः॥
परमौन्मादिकानाञ्च प्रत्ययानां निषेवणम्।
इन्द्रियोपक्रमोक्तस्य सद्वृत्तस्य च वर्जनम्॥
ईर्ष्यामानभयक्रोधलोभमोहमदभ्रमाः।
तज्जं वा कर्म यत्क्लिष्टं क्लिष्टं यद्देहकर्म च॥
यच्चान्यदीदृशं कर्म रजोमोहसमुत्थितम्।
प्रज्ञापराधं तं शिष्टा ब्रुवते व्याधिकारणम्॥
बुद्ध्या विषमविज्ञानं विषमं च प्रवर्तनम्।
प्रज्ञापराधं जानीयान्मनसो गोचरं हि तत्॥

इनकी व्याख्या अपनी जगह पर ही देखनी चाहिये॥४४॥

शीतोष्णवर्षलक्षणाः पुनर्हेमन्तग्रीष्मवर्षाः—संवत्सरः, स कालः, तत्रातिमात्रस्वलक्षणः कालः कालातियोगः, हीनस्वलक्षणः कालः कालयोगः, यथास्वलक्षणविपरीतलक्षणस्तु कालः कालमिथ्यायोगः। कालः पुनः परिणाम उच्यते॥४५॥

काल का लक्षण और उसका अतियोग अयोग तथा मिथ्यायोग—

शीत (सर्दी), उष्ण (गर्मी) तथा वर्षा हैं क्रमशः लक्षण जिनके ऐसे हेमन्त, ग्रीष्म तथा वर्षा रूप संवत्सर (वर्ष) का नाम काल है। शिशिर प्रावृट्, वसन्त अथवा शिशिर, शरद् और वसन्त रूप अनुक्त तीन ऋतुओं का इन्हीं के अन्दर अन्तर्भाव हो जाता है; क्योंकि सर्दी, गर्मी, और

वर्षा; इनके विना ये ऋतुयें नहीं रह सकतीं। सर्दी आदि तीन लक्षण हेमन्त आदि में मुख्यतया होते हैं, अतः उन तीन का ही नाम लिया है। बीच की शिशिर आदि ऋतुओं में सर्दी गर्मी अथवा वर्षा आदि का अंश परस्पर मिश्रित रहता है। यथा शिशिर ऋतु में शीत तथा गर्मी की रूक्षता रहती है। प्रावृट् में गर्मी और वर्षा, वसन्त में शीत और गर्मी का, शरद् में गर्मी और सर्दी का मेल रहता है। अतः इन अन्तराल ऋतुओं का अन्तर्भाव उन्हीं के अन्दर हो जाता है।

यदि इस हेमन्त आदि रूप काल में उन-उन के अपने-अपने लक्षण शीत आदि अत्यधिक मात्रा में हों तो कालातियोग कहायेगा। अर्थात् यदि हेमन्त में शीत, ग्रीष्म में गर्मी और वर्षा में वृष्टि अधिक हो तो इन्हें एक शब्द में कालातियोग कहा जायगा। परन्तु इन्हें पृथक् रूप में हेमन्तातियोग आदि भी कह सकते हैं। ऐसे ही अयोग तथा मिथ्यायोग में समझना चाहिये। जिसमें अपने लक्षण अर्थात् शीत आदि स्वल्प हों उसे कालयोग कहा जायगा। अपने २ लक्षणों से विपरीत-विरुद्ध (उलटे) लक्षण होने पर उसे काल का मिथ्यायोग कहा जायगा। यथा—हेमन्त में यदि शीत अत्यधिक हो तो अतियोग, शीत कम हो तो अयोग और गर्मी हो तो मिथ्यायोग कहायेगा। ऐसा ही ग्रीष्म और वर्षा का भी समझना चाहिये। काल को ही परिमाण कहते हैं। काल ही सम्पूर्ण शुभ एवं अशुभ कर्मों को धर्म तथा अधर्म रूप में परिणत करता है, अतएव इसे परिमाण[1] भी कहते हैं ॥४५॥

इत्यसात्म्येन्द्रियार्थसंयोगः प्रज्ञापराधः परिणामश्चेति त्रयस्त्रिविधविकल्पाः कारणं विकाराणां; समयोगयुक्तास्तु प्रकृतिहेतवो भवन्ति ॥४६॥

इस प्रकार असात्म्येन्द्रियार्थसंयोग, प्रज्ञापराध और परिणाम; ये तीन, तीन प्रकार (अतियोग, अयोग, मिथ्यायोग के भेद से भिन्न हुए हुए विकारों—रोगों के कारण होते हैं। अर्थ, कर्म और काल के अतियोग, अयोग और मिथ्यायोग के क्रमशः ये नाम हैं। यदि अर्थ, कर्म एवं काल के समयोग हों तो वे प्रकृति (धातुसाम्य-स्वास्थ्य) के कारण होते हैं ॥४६॥

सर्वेषामेव भावानां भावाभावौ नान्तरेण योगायोगातियोगमिथ्यायोगान समुपलभ्येते; [2]यथास्वयुक्त्यपेक्षिणौ हि भावाभावौ ॥४७॥

सम्पूर्ण भाव-वस्तुओं की सत्ता या न होना योग, अयोग, अतियोग, मिथ्यायोग के विना नहीं दिखाई देता। यथावत् अपने स्वरूप में रहना भाव कहाता है। अन्यथा रूप में रहना अभाव कहाता है। यदि हम इसे शरीर पर घटायें तो समुचित रहेगा। सम्पूर्ण शारीर भावों-प्रकृति-विकृति रूप शारीरिक अवस्थाओं का रहना या न रहना योग, अयोग, अतियोग, मिथ्यायोग के बिना नहीं हो सकता। यहाँ योग से अभिप्राय समयोग से है। अर्थात् शरीर की प्रकृति का कारण समयोग है और विकृति का कारण अयोग, अतियोग और मिथ्यायोग है।

प्रत्येक वस्तु की सम्यक् स्थिति और विनाश अपने अपने अनुसार युक्ति की अपेक्षा रखता है। जैसे—यदि हम चाहते हों कि वृक्ष की सत्ता रहे तो न कम न अधिक और काल में जल आदि दें। यही उसकी स्थिति की युक्ति है। जल का कम या अधिक या अकाल में देना, धूप का लगना, बिजली का गिरना आदि अभाव में कारण हैं। यह युक्ति भिन्न-भिन्न पदार्थों में भिन्न-भिन्न होती है। यही बात शरीर की प्रकृति और विकृति में भी होती है। यदि हम चाहते हैं—शरीर में धातुसाम्य रहे तो स्वस्थवृत्तोक्त विधि (जो कि समयोग है) का पालन करें। विकृति का कारण स्वस्थवृत्तोक्त विधि का पालन न करना है। निदान, दोष तथा दूष्य की भिन्नता होने से रोगों के निवारण की युक्ति भी भिन्न-भिन्न होती है। नीरोग रहने के लिए भी पुरुष की प्रकृति की भिन्नता से स्वस्थवृत्त की विधि में भी भिन्नता होती है ॥४७॥

त्रयो रोगा इति—निजागन्तुमानसाः। तत्र निजः शरीरदोषसमुत्थः, आगन्तुर्भूतविषवाय्वग्निसम्प्रहारादिसमुत्थः, मानसः पुनरिष्टस्यालाभाल्लाभाच्चानिष्टस्योपजायते ॥४८॥

तीन रोग हैं—१ निज, २ आगन्तु, ३ मानस। निज रोग उनको कहते हैं जो शारीर दोष अर्थात् वात, पित्त, कफ से उत्पन्न हों। आगन्तु उनको कहते हैं जो भूत (Germs) विष, वायु (अथवा विषवायु), अग्नि अथवा चोट आदि से उत्पन्न हों। मानस वे हैं जो इच्छित वस्तु के न मिलने से अथवा अनिच्छित के मिलने से उत्पन्न हों। अर्थात् इच्छा और द्वेष से ही मानस रोग पदा होते हैं। सुश्रुत सूत्रस्थान १ अध्याय में कहा भी है—

'मानसास्तु क्रोधशोकभयहर्षविषादेर्ष्याभ्यसूयादैन्यमात्सर्यकामलोभप्रभृतय इच्छाद्वेषभेदैर्भवन्ति' ॥४८॥

तत्र बुद्धिमता मानसव्याधिपरीतेनापि[1] सता बुद्ध्या हिताहितमवेक्ष्यावेक्ष्य धर्मार्थकामानामहितानामनुपसेवने हितानां चोपसेवने प्रयतितव्यं, न ह्यन्तरेण लोके त्रयमेतन्मानसं किञ्चिन्निष्पद्यते—सुखं वा दुःखं वा; तस्मादेतच्चानुष्ठेयं, तद्विद्यवृद्धानां चोपसेवने प्रयतितव्यं, आत्मदेशकालबलशक्तिज्ञाने यथावच्चेति ॥४९॥

मानसरोग से युक्त शरीर के होते हुए भी बुद्धिमान् पुरुष को चाहिये कि वह बुद्धि से हित और अहित का अच्छी प्रकार विचार कर अहितकर धर्म, अर्थ तथा काम का सेवन न करने में तथा हितकर धर्म, अर्थ तथा काम के सेवन में प्रयत्न करे। अहितकर धर्म से अभिप्राय अधर्म से है। संसार में धर्म, अर्थ तथा काम इन तीन के विना थोड़ा सा भी मानस सुख वा दुःख नहीं होता। इसलिये ही निम्न विधान का पालन करना चाहिये—यथा तद्विद्य अर्थात् आत्मज्ञानी अथवा मनोविज्ञान को जाननेवाले ज्ञानवृद्ध पुरुषों की सेवा में प्रयत्न करना चाहिये। उनसे इस विषय की शिक्षा लेनी चाहिये तथा यथावत् आत्मज्ञान, देशज्ञान, कालज्ञान, बलज्ञान तथा शक्ति के जानने में प्रयत्न करना चाहिये ॥४९॥

भवति चात्र।

मानसं प्रति भैषज्यं त्रिवर्गस्यान्ववेक्षणम्।
तद्विद्यसेवा विज्ञानमात्मादीनां च सर्वशः ॥५०॥

१—कालः परिणमयति भूतानीति परिणामहेतुत्वात् परिणाम उच्यते। कलयति कालयति वा भूतानीति कालः।

२—'यथास्वं युक्तिर्या यस्य भावस्याभावस्य वा युक्तिः स्वकारणयुक्तिः, तदपेक्षिणौ हि भावाभावौ भवत इति सम्बन्धः' चक्रः।

१—'विपरीतेनापि' ग.।

धर्म, अर्थ तथा काम का विचारपूर्वक अनुष्ठान, मनोदोष की औषध को जाननेवालों की सेवा तथा आत्मा, देश, काल, बल तथा शक्ति का सम्पूर्णतया अच्छी प्रकार ज्ञान; ये मानस रोगों की औषध है ॥५०॥

त्रयो रोगमार्गा इति—शाखा मर्मास्थिसन्धयः[1] कोष्ठश्च ॥

तीन रोगों के मार्ग हैं—१शाखा, २मर्म, अस्थिसन्धि, ३कोष्ठ॥५१॥

तत्र शाखा रक्तादयो धातवस्त्वक् च, स बाह्यो रोगमार्गः ५२

शाखा—रक्त आदि धातु तथा त्वचा; इस मार्ग को शाखा शब्द से कहते हैं; यह रोग का बाह्यमार्ग है। यहाँ पर कई व्याख्याकार त्वचा से ही रस धातु का ग्रहण करते हैं। कोष्ठस्थित अथवा हृदयस्थित रस का तृतीय मार्ग कोष्ठ से ही ग्रहण होगा ॥५२॥

मर्माणि पुनर्बस्तिहृदयमूर्धादीनि, अस्थिसन्धयोऽस्थिसंयोगस्तत्रोपनिबद्धाश्च स्नायुकण्डराः[2] स मध्यमो रोगमार्गः॥५३॥

मर्म—बस्ति, हृदय तथा मूर्धा आदि। ये मम १०७ होते हैं; इनका शारीरस्थान में वर्णन होगा। मोटे-मोटे तीन मर्मों का निदर्शनार्थ नाम ले लिया है।

अस्थिसन्धियों से अभिप्राय अस्थियों (हड्डियों) के जोड़ों से है। तथा इन सन्धियों में बंधी हुई स्नायु (Ligaments), कण्डरायें (स्थूल स्नायु) तथा सिरा आदि का भी इसी में ही समावेश होता है। आदि शब्द से धमनियों का भी ग्रहण करना चाहिये। यह रोगों का मध्यम (बीच का) मार्ग है ॥५३॥

कोष्ठः पुनरुच्यते—महास्रोतः शरीरमध्यं महानिम्नमामपक्वाशयश्चेति पर्यायशब्दैस्तन्त्रे, स रोगमार्ग आभ्यन्तरः॥५४॥

कोष्ठ—को इस तन्त्र में महास्रोत, शरीरमध्य, महानिम्न, आमपक्वाशय (आमाशय + पक्वाशय); इन पर्यायवाचक शब्दों से कहा गया है। यह रोगों का आभ्यन्तर (अन्दर का) मार्ग है ॥५४॥

तत्र गण्डपिडकालज्यपचीचर्मकीलाबुर्दाधिमांसमशककुष्ठव्यङ्गादयो विकारा बहिर्मार्गजाश्च वीसर्पश्वयथुगुल्मार्शोविद्रध्यादयः शाखानुसारिणो भवन्ति रोगाः ॥५५॥

शाखानुसारी रोग—गण्ड, पिडका, अलजी, अपची, चर्मकील, अधिमांस, मशक (मस्से) कुष्ठ, व्यङ्ग आदि तथा बाह्यमार्ग से उत्पन्न होनेवाले वीसर्प, शोथ, गुल्म, अर्श एवं विद्रधि आदि रोग शाखाओं से जाते हैं। यहाँ 'बाह्यमार्ग से उत्पन्न होने वाले' यह विशेषण देने का अभिप्राय यही है कि अन्तर्मार्ग से भी वीसर्प आदि रोग उत्पन्न होते हैं; परन्तु उनका ग्रहण यहाँ न करना चाहिये ॥५५॥

पक्षवधग्रहापतानकार्दितशोषराजयक्ष्मास्थिसन्धिशूलगुदभ्रंशादयः शिरोहृद्बस्तिरोगादयश्च मध्यममार्गानुसारिणो भवन्ति रोगाः ॥५६॥

मध्यममार्गानुसारी रोग—पक्षवध (अर्धाङ्ग), पक्षग्रह, अपतानक, अर्दित, शोष, राजयक्ष्मा, अस्थिसन्धिशूल, गुदभ्रंश आदि, शिरोरोग, हृद्रोग तथा बस्तिरोग आदि मध्यममार्गानुसारी रोग हैं ॥५६॥

ज्वरातीसारच्छर्द्यलसकविषूचिकाकासश्वासहिक्कानाहोदरप्लीहादयोऽन्तर्मार्गजाश्च वीसर्पश्वयथुगुल्मार्शोविद्रध्यादयः कोष्ठमार्गानुसारिणो भवन्ति रोगाः ॥५७॥

कोष्ठानुसारी रोग—ज्वर, अतीसार, छर्दि (कै), अलसक, विसूचिका (हैजा), कास (खाँसी), श्वास, हिक्का (हिचकी), आनाह, उदररोग, प्लीहा (तिल्ली) आदि रोग तथा अन्तर्मार्ग से उत्पन्न होनेवाले वीसर्प, शोथ, गुल्म, अर्श, विद्रधि आदि रोग कोष्ठानुसारी हैं।

इस प्रकार उदाहरण के तौर पर तीनों मार्गों से जानेवाले कुछ-कुछ रोग यहाँ बता दिये हैं ॥५७॥

त्रिविधा भिषज इति—

भिषक्छद्मचराः सन्ति सन्त्येके सिद्धसाधिताः।
सन्ति वैद्यगुणैर्युक्तास्त्रिविधा भिषजो भुवि ॥५८॥

तीन प्रकार के चिकित्सक होते हैं—इस संसार में १–भिषक्छद्मचर (चिकित्सक के वेश में फिरनेवाले), २–सिद्धसाधित, ३–वैद्य के गुणों से युक्त; तीन प्रकार के चिकित्सक होते हैं ॥५८॥

वैद्यभाण्डौषधैः पुस्तैः पल्लवैरवलोकनैः।
लभन्ते ये भिषक्शब्दमज्ञास्ते प्रतिरूपकाः ॥५९॥

भिषक्छद्मचर का लक्षण—वैद्यों के पात्र, औषध, पुस्त[1] (अङ्गों के प्रतिरूप–मिट्टी आदि से बनाये हुए), पल्लव (बूटियों के पत्ते), तथा चतुराई से देखने के कारण जो चिकित्सा या वैद्य शब्द को पाते हैं वे मूर्ख भिषक्प्रतिरूपक (ठगने के लिये वैद्यों की वेशभूषा को धारण करनेवाले) अर्थात् भिषक्छद्मचर होते हैं।

अर्थात् जिन्होंने न शास्त्र ही पढ़े हैं, न कर्म ही देखे हैं, न हाथ से किये हैं, परन्तु बाहर का वेश वैद्यों का सा बनाया हुआ है, एक द्विनालीयन्त्र (Stethoscope) जेब में डाल लिया, एक थर्मामीटर रख लिया, दो चार पात्र तथा अन्य उपकरण रख लिये, अङ्गों के निदर्शक चित्र टांक लिये, दो चार बूटियाँ रख लीं; जब बीमार आया तब अपनी मूर्खता को छिपाने के लिये तरह-तरह की बातें बनाने लगे और नाड़ी परीक्षा तथा अन्य हाव-भाव ऐसे करने लगे मानों साक्षात् धन्वन्तरि ने ही अवतार लिया हुआ है, ऐसे वैद्यों को मूर्खराज भिषक्छद्मचर (ऊँट वैद्य) समझना चाहिये ॥५९॥

श्रीयशोज्ञानसिद्धानां व्यपदेशादतद्विधाः।
वैद्यशब्दं लभन्ते ये ज्ञेयास्ते सिद्धसाधिताः ॥६०॥

सिद्धसाधित का लक्षण—जो पुरुष श्री (शोभा, लक्ष्मी) यश तथा ज्ञान के लिये प्रसिद्ध हैं, स्वयं वैसे न होते हुए भी उनके नाम से अपने को वही जताते हैं वे सिद्धसाधित कहाते हैं। अर्थात् जैसे एक देवदत्त नामी वैद्य इलाहाबाद में अपने चिकित्साकार्य से सर्वत्र सुप्रसिद्ध हो और दूसरा कोई पुरुष जो चिकित्सा जानता भी न हो लाहौर में आये और कहने लगे कि मैं वही देवदत्त हूँ जिसकी चिकि

१—'मर्मा स्थसन्धिभ्यामेको मार्गः। अत्र शाखेति सञ्ज्ञाकरणं व्यवहारार्थं, तथा रक्तादीनां धातूनां शाखाभिधेयानां वृक्षशाखातुल्यत्वेन बाह्यत्वज्ञापनार्थं; त्वक्चेति त्वक्शब्देन तदाश्रयोऽपि रसो गृह्यते, साक्षात्तु रसानभिधानं हृदयस्थायिनो रसस्य शाखासंज्ञाव्यवच्छेदार्थं तस्य हि कोष्ठग्रहणेनैव ग्रहणं, अनेन न्यायेन यकृत्प्लीहाश्रितं च शोणितं कोष्ठत्वेनैवाभिप्रेतमिति बोद्धव्यम्' चक्रः।

२— कण्डरा इह तन्त्रे स्थूलस्नायुः' चक्रः।

१—पुस्तलक्षणं यथा—मृदा वा दारुणा वाथ वस्त्रेणाप्यथ चर्मणा। लोहरत्नैः कृतं वापि पुस्तमित्यभिधीयते ॥ पुस्तैः वैद्यकग्रन्थैः, पल्लवैः वाग्जालैः, इति योगीन्द्रनाथसेनः।

त्सा में निपुणता आपने सुनी होगी। मैं ही इलाहाबाद में चिकित्सा करता हूँ, यहाँ कुछ दिनों के लिये विशेष कार्य के कारण आया हूँ, इस तरह कहने का प्रभाव यह होगा कि यहाँ के बीमार (जो उसकी चालाकी से अनभिज्ञ हैं) उसके पास जाने लगेंगे और वह अपना उल्लू सीधा करेगा। इस प्रकार से बने हुए चिकित्सक सिद्धसाधित कहलाते हैं ॥६०॥

प्रयोगज्ञानविज्ञानसिद्धसिद्धाः सुखप्रदाः ।
जीविताभिसरा ये स्युर्वैद्यत्वं तेष्ववस्थितम् ॥६१॥

सद्गुणयुक्त वैद्य का लक्षण—जो चिकित्सक मात्रा, काल आदि के विचारपूर्वक औषध का प्रयोग करना, शास्त्रज्ञान एवं विज्ञान (कर्म-दर्शन अथवा अन्य शास्त्रों का ज्ञान अथवा चिकित्सा सम्बन्धी दूसरी पद्धतियों का ज्ञान) तथा चिकित्सा की सफलता से प्रसिद्ध हों सुख (आरोग्य) के देनेवाले हों वे ही प्राणों के देनेवाले हैं, उन्हीं में ही वैद्यपन है अर्थात् वास्तव में वे ही वैद्य कहने योग्य हैं।

प्रथम के दोनों प्रकार के चिकित्सक तो प्राणनाशक, रोगों के देनेवाले हैं—ऐसे ही वैद्यमानियों के लिए कहा गया है—

यदृच्छया समापन्नमुत्तार्य नियतायुषम् ।
वैद्यमानी निहन्त्याशु शतान्यनियतायुषाम् ॥

अर्थात् पास आये हुए किसी नियत आयुवाले रोगी को अचानक ही रोगमुक्त करने से अपने को वैद्य न होते हुए भी वैद्य समझनेवाला सैकड़ों अनियत आयु पुरुषों को काल का ग्रास बनाता है।

दशप्राणायतनीय नामक अध्याय में जीविताभिसर, रोगाभिसर दो प्रकार के वैद्यों का वर्णन है। उनमें भिषक्छद्मचर तथा सिद्धसाधित दो प्रकार के चिकित्सकों का रोगाभिसर में ही अन्तर्भाव हो जाता है ॥६१॥

त्रिविधमौषधमिति—दैवव्यपाश्रयं, युक्तिव्यपाश्रयं, सत्त्वावजयश्च ॥६२॥

तीन प्रकार की औषध है—१ दैवव्यपाश्रय, २ युक्तिव्यपाश्रय, ३ सत्त्वावजय ॥६२॥

तत्र दैवव्यपाश्रयं—मन्त्रौषधिमणिमङ्गलबल्युपहारहोमनियमप्रायश्चित्तोपवासस्वस्त्ययनप्रणिपाततीर्थगमनादि; युक्तिव्यपाश्रयं—पुनराहारौषधद्रव्याणां योजना; सत्त्वावजयः—पुनरहितेभ्योऽर्थेभ्यो मनोविनिग्रहः ॥६३॥

दैवव्यपाश्रय—मन्त्र, ओषधिधारण, मणिधारण, मङ्गलकर्म, बल्युपहार (भूतज), होम (अग्निहोत्र, हवन), नियम (शौचसन्तोषतपःस्वाध्यायेश्वरप्रणिधानानि नियमाः) प्रायश्चित्त[1] (पाप का रोकना), उपवास[2] (अन्नत्याग व्रत, अथवा गुणों का सहवास), स्वस्त्ययन (कल्याणकारक मार्ग अर्थात् वेदोक्त कर्म), अपने से बड़ों एवं पूज्यों को नमस्कार, तीर्थगमन आदि यह दैवव्यपाश्रय चिकित्सा कहाती है। यहाँ नियम के साथ यमों का पालन भी आवश्यक है। धर्मशास्त्र में कहा भी है—

यमान् सेवेत सततं न नियमान् केवलान् बुधः ।
यमान् पतत्यकुर्वाणो नियमान् केवलान् भजन् ॥

१—'प्रायः पापं विजानीयाच्चित्तं तस्य निरोधनम्' ।
२—उपावृत्तस्य पापेभ्यः सहवासो गुणै हि यः ।
उपवासं विजानीयान्न शरीरस्य शोषणम् ॥

अर्थात् यमों का सेवन न करते हुए केवल नियमों के पालन से मनुष्य उच्च आदर्श से गिर सकता है। 'अहिंसासत्यास्तेयब्रह्मचर्यापरिग्रहा यमाः' अहिंसा, सत्य, अस्तेय (चोरी न करना), ब्रह्मचर्य, अपरिग्रह; इनका नाम यम है। यह दैवव्यपाश्रयचिकित्सा प्रायशः कर्मजव्याधियों की होती है। तन्त्रान्तर में कहा भी है—

दानैर्दयाभिरपि च द्विजदेवतागो-
गुर्वर्चनाप्रणतिभिश्च जपैस्तपोभिः ॥
इत्युक्तपुण्यनिचयैरुपचीयमानाः
प्राक्पापजा यदि रुजः प्रशमं प्रयान्ति ॥

यह चिकित्सा दैव (प्राक्तन कर्म) पर आश्रित है, अतः इसे दैवव्यपाश्रय कहते हैं ॥

युक्तिव्यपाश्रय-चिकित्सा—आहार, विहार, तथा औषध द्रव्यों के यथावत् प्रयोग से रोगों को नष्ट करना युक्तिव्यपाश्रय चिकित्सा कहाती है। यह चिकित्सा प्रायशः दोषजव्याधियों की होती है। तन्त्रान्तर में कहा भी है—

स्वहेतुदुष्टैरनिलादिदोषैरुपप्लुतैः खेषु परिस्खलद्भिः ।
भवन्ति ये प्राणभृतां विकारास्ते दोषजा भेषजशुद्धिसाध्याः ॥

सत्त्वावजय (मनोविजय)—अहितकर विषयों से मन को रोकना सत्त्वावजय कहाता है। यह मानस रोगों की चिकित्सा है। मन का विजय ज्ञान विज्ञान आदि द्वारा होता है—प्रथम अध्याय में कह भी आये हैं—

'प्रशाम्यत्यौषधैः पूर्वो दैवयुक्तिव्यपाश्रयैः ;
मानसो ज्ञानविज्ञानधैर्यस्मृतिसमाधिभिः ॥'

इसमें समाधि का अर्थ है योग। योग का अर्थ है चित्त की वृत्तियों का निरोध। योगदर्शन में कहा भी है 'योगश्चित्तवृत्तिनिरोधः' ॥६३॥

शारीरदोषप्रकोपे तु खलु शरीरमेवाश्रित्य प्रायशस्त्रिविधमौषधमिच्छन्ति-अन्तःपरिमार्जनं, बहिःपरिमार्जनं, शस्त्रप्रणिधानं चेति ॥६४॥

शरीरसम्बन्धी दोषों अर्थात् वात, पित्त, कफ के प्रकुपित होने पर शरीर को ही आश्रय करके प्रायशः तीन प्रकार की औषध होती है—१ अन्तःपरिमार्जन, २ बहिःपरिमार्जन, ३ शस्त्रप्रणिधान ॥६४॥

तत्रान्तःपरिमार्जनं—यदन्तःशरीरमनुप्रविश्यौषधमाहारजातव्याधीन् प्रमार्ष्टि, यत्पुनर्बहिःस्पर्शनाश्रित्याभ्यङ्गस्वेदप्रदेहपरिषेकोन्मर्दनाद्यैरामयान् प्रमार्ष्टि तद्बहिःपरिमार्जनं, शस्त्रप्रणिधानं पुनश्छेदनभेदनव्यधनदारणलेखनोत्पाटनप्रच्छनसीवनैषणक्षारजलौकसश्चेति ॥६५॥

अन्तःपरिमार्जन का लक्षण—जो औषध शरीर के अन्दर प्रविष्ट होकर आहार से उत्पन्न होनेवाले रोगों को नष्ट करती है वह अन्तःपरिमार्जन कहाती है। अर्थात् संशोधन या संशमन रूप जो औषध मुख से दी जाती है उसे अन्तःपरिमार्जन कहते हैं—अन्तःपरिमार्जन का अर्थ है—अन्दर से शुद्धि ॥

बहिःपरिमार्जन का लक्षण—जो औषध अभ्यङ्ग, स्वेद, प्रदेह, (प्रलेप या liniments), परिषेक (fomentation आदि), उन्मर्दन (जैसे शोथ को विलीन करने के लिये अंगूठे आदि से मदन करते हैं) आदि रूप में बाहर के स्पर्श द्वारा रोगों का निराकरण करती है, वह बहिःपरिमार्जन कहाती है।

शस्त्रप्रणिधान का लक्षण—छेदन (दो टुकड़े करना), भेदन (चीरना), व्यधन (बींधना), दारण (फाड़ना), लेखन (छीलना), उत्पाटन (उखाड़ना), प्रच्छन (पछना), सीवन (सीना), एषण (Probing, directing), क्षारप्रयोग (दाह आदि), जलौकप्रयोग (जोंकों का लगाना); इन्हें शस्त्रप्रणिधान कहते हैं ॥६५॥

प्राज्ञो रोगे समुत्पन्ने बाह्येनाभ्यन्तरेण वा ।
कर्मणा लभते शर्म शस्त्रोपक्रमणेन वा ॥६६॥

रोग के उत्पन्न होने पर बुद्धिमान् पुरुष को बाह्य चिकित्सा (बहिःपरिमार्जन),आभ्यन्तर चिकित्सा (अन्तःपरिमार्जन) अथवा शस्त्रचिकित्सा (Surgery) से सुख[1] (आरोग्य) प्राप्त होता है ॥६६॥

बालस्तु खलु मोहाद्वा प्रमादाद्वा न बुध्यते ।
उत्पद्यमानं प्रथमं रोगं शत्रुमिवाबुधः ॥६७॥

बेसमझ मूर्ख पुरुष शत्रु की तरह उत्पन्न होते हुए रोग की पहिले मोह (अज्ञान) अथवा प्रमाद से परवाह नहीं क ता ॥६७॥

अणुर्हि प्रथमं भूत्वा रोगः पश्चाद्विवर्धते ।
स जातमूलो मुष्णाति बलमायुश्च दुर्मतेः ॥६८॥

यह रोग प्रथम थोड़ा सा ही होता है परन्तु पीछे से बढ़ने लगता है । वह रोग बढ़कर अपनी जड़ पकड़ लेता है और उस दुर्मति (मूर्ख) पुरुष के बल एवं आयु को चुरा लेता है (निर्बल कर देता है और आयु को घटा देता है) ॥ ६८ ॥

न मूढो लभते संज्ञां तावद्यावन्न पीडयते ।
पीडितस्तु मतिं पश्चात्कुरुते व्याधिनिग्रहे ॥६९॥

वह पुरुष जब तक रोग से अत्यन्त पीड़ित नहीं होता तब तक उसके प्रतिकार का उपाय नहीं करता । जब पीड़ित होता है तब रोग को रोकने की चिन्ता करता है ।।६९।।

अथ पुत्रांश्च दारांश्च ज्ञातींश्चाहूय भाषते ।
सर्वस्वेनापि मे कश्चिद्भिषगानीयतामिति ॥७०॥

अपने पुत्रों, घर में रहनेवाली स्त्रियों और अपने सम्बन्धियों वा बिरादरीवालों को बुलाकर कहता है कि मेरे सर्वस्व (Property) से भी किसी चिकित्सक को ले आओ । अर्थात् मेरी सम्पूर्ण सम्पत्ति भी चाहे लग जाय पर चिकित्सार्थ चिकित्सक को बुला ले आओ७०॥

तथाविधं च कः शक्तो दुर्बलं व्याधिपीडितम् ।
कृशं क्षीणेन्द्रियं दीनं परित्रातुं गतायुषम् ॥७१॥

परन्तु इस प्रकार रोग से पीड़ित हुए दुर्बल, पतले,(क्षीणमांस) जिसकी इन्द्रियाँ क्षीण हो गयी हैं, दीन एवं गतायु पुरुष को उस समय कौन बचा सकता है ? ॥७१॥

स त्रातारमनासाद्य बालस्त्यजति जीवितम् ।
गोधा लाङ्गूलबद्धेवाकृष्यमाणा बलीयसा ॥७२॥

वह मूर्ख उस समय किसी रक्षक को न पाकर इस लोक से प्रयाण कर जाता है । जिस प्रकार पूँछ पर बाँधी हुई (रस्सी आदि द्वारा) गोह बलवान् पुरुष द्वारा खींची जाती हुई मृत्यु को प्राप्त होती है । अर्थात् जैसे गोह अपने बचाव के लिये उस समय प्रयत्न करते हुए भी छूटती नहीं और मर जाती है, उसी प्रकार पुरुष भी उस समय जीवन के लिये प्रयत्न करे भी तो भी नहीं बच पाता । क्योंकि रोग उस समय अत्यन्त बलवान् होता है ॥७२॥

तस्मात्प्रागेव रोगेभ्यो रोगेषु तरुणेषु वा ।
भेषजैः प्रतिकुर्वीत य इच्छेत्सुखमात्मनः ॥७३॥

इसलिये जो अपने सुख अथवा आरोग्य की आकाङ्क्षा रखता है, उसे चाहिये कि वह रोगों से पूर्व ही (Preventive) अथवा रोगों को तरुणावस्था, (बाल्यावस्था जब तक बहुत बढ़ा नहीं) में ही औषधों से प्रतिकार करे ॥

रोगों से पूर्व चार क्रियाकाल होते हैं । जिनका विस्तृत वर्णन सुश्रुत सूत्रस्थान के २१वें अध्याय में किया गया है । प्रथम क्रियाकाल तब होता है जब दोषों का सञ्चय होता है । जब प्रकोप होता है तब दूसरा क्रियाकाल है । जब प्रसर (एक स्थान से दूसरे स्थान पर जाते हैं) होता है तब तीसरा क्रियाकाल है । जब स्थान पर टिक जाते हैं (स्थानसंश्रय) और पूर्वरूप उत्पन्न होते हैं तब चौथा क्रियाकाल है ॥ इन कालों में औषध के प्रयोग से हम उत्पन्न होनेवाले रोग से बच सकते हैं । इसके पश्चात् रोग प्रकट होता है (रूप), यह पाँचवाँ क्रियाकाल है । तदनन्तर रोग दीर्घकालानुबन्धी (दीर्घकाल तक रहनेवाले) हो जाते हैं; यह छठा क्रियाकाल है । यदि इस समय भी प्रतिकार न किया जाय तो रोग असाध्य हो जाता है । अर्थात् प्रतिकार न करने से दोषों का प्रभाव क्रमशः बढ़ता ही जाया करता है । सुश्रुत में वहीं कहा भी है—

सञ्चयञ्च प्रकोपञ्च प्रसरं स्थानसंश्रयम् ।
व्यक्तिं भेदञ्च यो वेत्ति दोषाणां स भवेद्भिषक् ॥
सञ्चयेऽपहृता दोषा लभन्ते नोत्तरा गतीः ।
ते तूत्तरासु गतिषु भवन्ति बलवत्तराः ॥
सर्वैर्भावैस्त्रिभिर्वापि द्वाभ्यामेकेन वा पुनः ।
संसर्गे कुपितं क्रुद्धं दोषं दोषोऽनुधावति ॥७३॥

तत्र श्लोकौ ।

एषणाश्चाप्युपस्तम्भा बलं कारणमामयाः ।
तिस्रैषणीयं मार्गाश्च भिषजो भेषजानि च ॥७३॥
त्रित्वेनाष्टौ समुद्दिष्टाः कृष्णात्रेयेण धीमता ।
[1]भावा भावेष्वसक्तेन येषु सर्वं प्रतिष्ठितम् ॥७५॥

इत्यग्निवेशकृते तन्त्रे चरकप्रतिसंस्कृते सूत्रस्थाने निर्देशचतुष्के तिस्रैषणीयो नामैकादशोऽध्यायः ॥११॥

बुद्धिमान् तथा जो विषयों में लिप्त नहीं ऐसे कृष्णात्रेय ने इस तिस्रैषणीय नामक अध्याय में एषणा, उपस्तम्भ, बल, रोगकारण, रोग, रोगों के मार्ग, चिकित्सक, औषध, इन आठों को तीन २ भेद में वर्णन किया है । इन आठों भावों में ही सब कुछ (आयुर्वेद) प्रतिष्ठित है ॥७४,७५॥ इति एकादशोऽध्यायः ।

१—उक्तं च—सुखसंज्ञकमारोग्यं विकारो दुःखमेव च ।

१—'भावाभावेषु शक्तेन' इति पाठान्तरे, सृष्टिसंहारसमर्थेनेत्यर्थः इति योगीन्द्रनाथः । अथवा 'शक्तेन समर्थेन कृष्णात्रेयेण त्रित्वेनाष्टौ समुद्दिष्टाः । येषु अष्टसु त्रिकेषु एषणादिषु सत्सु चासत्सु भावाभावेषु सर्वं वस्तु प्रतिष्ठितम्, इति गङ्गाधर ॥

द्वादशोऽध्यायः

अथातो वातकलाकलीयमध्यायं व्याख्यास्यामः ॥
इति ह स्माह भगवानात्रेयः ॥१॥

अब वातकलाकलीय नामक अध्याय की व्याख्या की जायगी—ऐसा भगवान् आत्रेय मुनि ने कहा।

अर्थात् इस अध्याय में वात के गुण-दोष का ज्ञान अथवा वात के प्रत्येक अंश का ज्ञान कराया जायगा। यतः यह अध्याय 'वातकलाकला' इससे प्रारम्भ होता है। अतः इस अध्याय का नाम भी वातकलाकलीय रखा गया है। पित्त एवं कफ का भी इसमें वर्णन होगा। इन तीनों धातुओं अथवा दोषों में वात के प्रधान होने से सबसे पूर्व वात का विचार होगा ॥१॥

'वातकलाकलाज्ञानमधिकृत्य परस्परमतानि[२] जिज्ञासमानाः समुपविश्य महर्षयः पप्रच्छुरन्योन्यं–किं गुणो वायुः, किमस्य प्रकोपणं, उपशमनानि वाऽस्य कानि, कथं चैनमसङ्घातवन्तमनवस्थितमनासाद्य प्रकोपणप्रशमनानि प्रकोपयन्ति प्रशमयन्ति वा, कानि चास्य कुपिताकुपितस्य शरीराशरीरचरस्य शरीरेषु चरतः कर्माणि बहिःशरीरेभ्यो वेति ॥२॥

वात के गुण-दोष अथवा प्रत्येक अंश के ज्ञान के सम्बन्ध में एक दूसरे के मन्तव्य को जानने की इच्छा से महर्षियों ने एकत्र बैठ कर परस्पर प्रश्न किये। १ वायु के क्या गुण हैं ? २ इसके प्रकोप के क्या हेतु हैं ? ३ इसकी शान्ति के कारण कौन हैं ? ४ वायु के अमूर्त (अवयवादि मूर्ति रहित) तथा अनवस्थित (चल, अस्थिर) होने के कारण उसे न पाकर प्रकोप एवं हेतु किस प्रकार उसे प्रकुपित या शान्त कर सकते हैं। ५ शरीर तथा शरीर से अतिरिक्त स्थान पर चलने या बहनेवाली कुपित अथवा अकुपित वायु के शरीर में गति करते हुए क्या कर्म हैं और शरीर से बाहर गति करते हुए क्या कर्म हैं ?

इस पाँचवें प्रश्न में चार प्रश्नों का समावेश है। यथा–१—शरीरचर वात के कुपित होने पर क्या कर्म हैं ? २—शरीरचर वात के कुपित न होने की अवस्था में क्या कर्म हैं ? ३–अशरीरचर वात कुपित होने पर क्या कर्म हैं ? ४–कुपित न हुए अशरीरचर वायु के क्या कर्म हैं ॥२॥

अत्रोवाच कुशः साङ्कृत्यायनः—रूक्षलघुशीतदारुणखरविशदाः षडिमे वातगुणा भवन्ति ॥३॥

वायु के क्या गुण हैं ? इस प्रश्न पर साङ्कृत्यायन कुश ने कहा–१ रूक्ष (रूखा), २ लघु (हलका), ३ शीत (ठण्डा), ४ दारुण (कठिन, शोषक होने से वायु कठोरता कर देता है), ५ खर (खरदरा) ६ विशद (जो पिच्छिल न हो); ये छः वात के गुण हैं। यहाँ पर रूक्ष इत्यादि गुण भावप्रधान कहे गये हैं। अभिप्राय यह है कि रूक्ष से रूक्षता (रूखापन), लघु से लघुता (हलकापन); इत्यादि समझना चाहिये। प्रथम अध्याय में आचार्य ने वात के ७ गुण बताये हैं। यथा—

"रूक्षः शीतो लघुः सूक्ष्मश्चलोऽथ विशदः खरः।"

वहाँ वायु की दारुणता का उल्लेख नहीं किया गया, परन्तु वायु को सूक्ष्म एवं चल बताया है। यहाँ पर पाँचवें प्रश्न में 'असंघात' (अमूर्त) एवं 'अनवस्थित' (अस्थिर) इन पदों से ही सूक्ष्म एवं चल गुणों के कह देने से दोबारा कहना उचित नहीं समझा गया ॥३॥

तच्छ्रुत्वा वाक्यं कुमारशिरा भरद्वाज उवाच—एवमेतद्यथा भगवानाह—एत एव वातगुणा भवन्ति; स त्वेवंगुणैर्द्रव्यैरेवंप्रभावैश्च कर्मभिरभ्यस्यमानैर्वायुः प्रकोपमापद्यते, समानगुणाभ्यासो हि धातूनां वृद्धिकारणमिति ॥४॥

वायु के प्रकोपण (प्रकोपक हेतु) कौन हैं ?—साङ्कृत्यायन कुश के वाक्य को सुनकर कुमारशिरा भरद्वाज ने कहा–जैसा आपने कहा यथार्थ ही है। ये ही वायु के गुण हैं। वह वायु इसी प्रकार के गुणोंवाले द्रव्यों और इसी प्रकार का प्रभाव रखनेवाले कर्मों के निरन्तर सेवन से प्रकुपित हो जाता है। समानगुणवाले (आहार-विहार आदि) का सेवन करना ही धातुओं की वृद्धि का कारण है—यह नियम है। प्रथम अध्याय में कहा भी है—"सर्वदा सर्वभावानां सामान्यं वृद्धिकारणम्" ॥४॥

तच्छ्रुत्वा वाक्यं कांकायनो बाह्लीकभिषगुवाच। एवमेतद्यथा भगवानाह, एतान्येव वातप्रकोपणानि भवन्ति; अतो विपरीतानि खल्वस्य प्रशमनानि भवन्ति, प्रकोपणविपर्ययो हि धातूनां प्रशमकारणमिति ॥५॥

वायु के उपशमन (शान्ति के हेतु) कौन हैं ?–कुमारशिरा भरद्वाज के कथन को सुनकर बाह्लीक देश के चिकित्सक कांकायन ने कहा– आपने यथार्थ ही कहा है। ये ही वात के प्रकोपक हेतु हैं। इनसे विपरीत वात की शान्ति के हेतु (प्रशमन) होते हैं। प्रकोप के विरोधी हेतु ही धातुओं की शान्ति में कारण होते हैं। प्रथमाध्याय में कहा भी है—'ह्रासहेतुर्विशेषश्च'। तथा—

रूक्षः शीतो लघुः सूक्ष्मश्चलोऽथ विशदः खरः।
विपरीतगुणैर्द्रव्यैर्मारुतः सम्प्रशाम्यति ॥

अर्थात् रूक्ष आदि गुणों से विपरीत अर्थात् स्निग्ध आदि गुणों से युक्त द्रव्य तथा इसी (स्निग्ध आदि) प्रभाववाले कर्मों (बैठे रहना, सोना आदि) से वायु शान्त होता है ॥५॥

तच्छ्रुत्वा वाक्यं बडिशो धामार्गव उवाच–एवमेतद्यथा भगवानाह; एतान्येव वातप्रकोपप्रशमनानि भवन्ति, यथा ह्येनमसङ्घातमनवस्थितमनासाद्य प्रकोपणप्रशमनानि प्रकोपयन्ति प्रशमयन्ति वा, तथाऽनुव्याख्यास्यामः—वातप्रकोपणानि खलु रूक्षलघुशीतदारुणखरविशदशुषिरकराणि शरीराणां, तथाविधेषु शरीरेषु वायुराश्रयं गत्वाऽऽप्याय्यमानः प्रकोपमापद्यते, वातप्रशमनानि पुनः स्निग्धगुरूष्णश्लक्ष्णमृदुपिच्छिलघनकराणि शरीराणां, तथाविधेषु शरीरेषु वायुरसज्यमानश्चरन् प्रशान्तिमापद्यते ॥६॥

१ —'कला गुणः, यदुक्तं–'षोडशगुण' इति, अकला गुणविरुद्धो दोषः; यदि वा कला सूक्ष्मो भागः, तस्यापि कलाकला तस्यापि सूक्ष्मो भाग इत्यर्थः' चक्रः।

२–'परस्परमेतानि' ग.।

१–आसज्यमान इति पाठान्तरे 'आसज्यमानोऽनवतिष्ठमानः क्षीयमाणावयव इति यावत्' चक्रः।

अमूर्त एवं चल स्वभाववाला वायु इन प्रकोपण तथा प्रशमनों से किस प्रकार कुपित अथवा शान्त होता है ?—

काङ्कायन के वचन को सुनकर धामार्गव बडिश ने कहा—आपने यथार्थ ही कहा है; ये ही वात को कुपित एवं शान्त करने में हेतु होते हैं। इस अमूर्त तथा चल वायु को न पाकर भी ये प्रकोपण तथा प्रशमन किस प्रकार उसे प्रकुपित और शान्त करते हैं, इसकी व्याख्या करते हैं—

वात को कुपित करनेवाले द्रव्य एवं कर्म शरीरों को निश्चय से ही रूक्ष, लघु (हलका , शीतल, दारुण (शोषक होने से कठिन अर्थात् यहाँ कृश करना), खरदरा, विशद (जो पिच्छिल चिपचिपा न हो) शुषिर (छिद्र) युक्त कर देते हैं। रूक्ष आदि गुणयुक्त शरीरों में वायु आश्रय पाकर वृद्धि को प्राप्त होता हुआ (संचित होता हुआ) प्रकुपित हो जाता है। वायु को शान्त करनेवाले द्रव्य तथा कर्म शरीरों को स्निग्ध (रूक्ष-विपरीत), गुरु (भारी लघु-विपरीत) उष्ण (गरम, शीत-विपरीत), श्लक्ष्ण (दारुण-विपरीत), मृदु (नरम, खर-विपरीत), पिच्छिल (चिपचिपा, विशद-विपरीत), तथा घन (गाढ़ा, सान्द्र, शुषिर-विपरीत) कर देते हैं। इस प्रकार के शरीरों में संचार करता हुआ आश्रय को न पाकर वायु शान्त हो जाता है। आश्रय से अभिप्राय समानगुणयुक्त स्थान से है ॥६॥

तच्छ्रुत्वा बडिशवचनमवितथमृषिगणैरनुमतमुवाच वार्योविदो राजर्षिः—एवमेतत्सर्वमनपवादं यथा भवानाह, यानि तु खलु वायोः कुपिताकुपितस्य शरीराशरीरचरस्य शरीरेषु चरतः कर्माणि बहिःशरीरेभ्यो वा भवन्ति, तेषामवयवान् प्रत्यक्षानुमानोपमानैः[1] साधयित्वा नमस्कृत्य वायवे यथाशक्ति प्रवक्ष्यामः। वायुस्तन्त्रयन्त्रधरः, प्राणोदानसमानव्यानापानात्मा, प्रवर्तकश्चेष्टानामुच्चावचानां, नियन्ता प्रणेता च मनसः, सर्वेन्द्रियाणामुद्योजकः, सर्वेन्द्रियार्थानामभिवोढा, सर्वशरीरधातुव्यूहकरः, संधानकरः शरीरस्य, प्रवर्तको वाचः, प्रकृतिः स्पर्शशब्दयोः श्रोत्रस्पर्शनयोर्मूलं, हर्षोत्साहयोर्योनिः, समीरणोऽग्नेः, दोषसंशोषणः, क्षेप्ता बहिर्मलानां, स्थूलाणुस्रोतसां भेत्ता, कर्ता गर्भाकृतीनाम्, आयुषोऽनुवृत्तिप्रत्ययभूतो भवत्यकुपितः ॥७॥

पाँचवें प्रश्न का उत्तर—बडिश के सत्य, यथार्थ, ऋषियों से अनुमोदित उस वचन को सुनकर राजर्षि वार्योविद ने कहा—आपने जो कुछ कहा है वह सब अपवाद-रहित ही कहा है। अर्थात् इन नियमों के विरुद्ध कोई एक भी उदाहरण नहीं मिलता। 'अपवाद' का अर्थ निन्दा भी है। अभिप्राय यह है कि इस विषय पर सम्पूर्ण एकत्रित ऋषियों का एक ही मत है, कोई विरोध करनेवाला नहीं।

प्रकुपित अथवा कुपित न हुए २ शरीर में संचार करनेवाले और शरीर से भिन्न स्थल पर संचार करनेवाले वायु के शरीर में और शरीर से बाहर जो २ कर्म हैं उनके अवयवों (अंशों-हिस्सों) को प्रत्यक्ष, अनुमान एवं उपमान प्रमाण से सिद्ध करके वायु को नमस्कार कर यथाशक्ति कहूँगा।

[1]—'मानोपदेशैः' इति पा०।

अंशों के कहने से अभिप्राय यही है कि वस्तुतः वायु के कर्म बहुत ही अधिक हैं; उन सब का वर्णन बहुत कठिन है। अतः मोटे २ अंशों का यहाँ पर निदर्शन कराया जायगा। क्योंकि सभा ऋषियों की है और वे प्रतिभाशाली होते हैं। अतः उनके सामने संक्षेप से कहना भी पर्याप्त होता है। वे स्वयं उस विषय को जितना चाहें विस्तार कर सकते हैं। अतएव राजर्षि ने भी कुछ भागों का ही वर्णन करना उचित समझा।

वायु शरीररूपी यन्त्र (अथवा शरीर के यन्त्रों अवयवों) का धारण करनेवाला है। अथवा 'तन्त्र' से अभिप्राय-शरीर धातुओं के जो अपने २ नियम हैं'—उनसे है। और 'यन्त्र' से अभिप्राय—जिसके द्वारा शरीर धातुओं का एक जगह से दूसरी जगह जाना ठहरना आदि व्यापार होता है—उससे है। अर्थात् वायु तन्त्र (नियम) तथा यन्त्र दोनों का धारण करनेवाला है।

प्राण, उदान, समान, व्यान तथा अपान; इन पाँच रूपोंवाला है। अर्थात् यद्यपि वायु एक ही है, परन्तु स्थान एवं कर्म के भेद से इसे पाँच भेदों में बांट दिया है। यथा अष्टाङ्ग संग्रह में—

'त एते प्रत्येकं पञ्चधा भिद्यन्ते। तद्यथा—प्राणोदानव्यानसमानापानभेदैर्वायुः। तत्र प्राणो मूर्द्धन्यवस्थितः कण्ठोरश्चरो बुद्धीन्द्रियहृदयमनोधमनीधारणष्ठीवनक्षवथूद्गारप्रश्वासोच्छ्वासान्नप्रवेशादिक्रियः। उदान उरस्यवस्थितः कण्ठनासिकानाभिचरो वाक्प्रवृत्तिप्रयत्नोजोबलवर्णस्रोतःप्रीणनधीधृतिस्मृतिमनोबोधनादिक्रियः। व्यानो हृद्यवस्थितः कृत्स्नदेहचरः शीघ्रतरगतिः गतिप्रसारणाकुञ्चनोत्क्षेपावक्षेपनिमेषोन्मेषजृम्भणान्नास्वादनस्रोतोविशोधनस्वेदासृक्स्रावणादिक्रियो योनौ च शुक्रप्रतिपादनो विभज्य चान्नस्य किट्टात्सारं तेन क्रमशो धातूंस्तर्पयति समानोऽन्तरग्निसमीपस्थस्तत्सन्धुक्षणः पक्वामाशयदोषमलशुक्रार्तवाम्बुवहः स्रोतोविचारी तदवलम्बनान्नधारणपाचनविवेचनकिट्टाधोनयनादिक्रियः। अपानस्त्वपानस्थितो बस्तिश्रोणिमेढ्रवृषणवङ्क्षणोरुचरो विण्मूत्रशुक्रार्तवगर्भनिष्क्रमणादिक्रियः।'

तथा च—स्थानं प्राणस्य मूर्धोरःकण्ठजिह्वास्यनासिकम्।
ष्ठीवनं क्षवथूद्गारश्वासकासादिकर्मकृत् ॥
वृषणौ बस्तिमेढ्रञ्च श्रोण्यूरुवङ्क्षणं गुदम्।
अपानस्थानमेतत्तु शुक्रमूत्रशकृत्क्रियः ॥
समानोऽग्निसमीपस्थः कोष्ठे चरति सर्वतः।
भुक्तं गृह्णाति पचति विवेचयति मुञ्चति ॥
उदानस्य पुनः स्थानं नाभ्युरःकण्ठ एव च।
वाक् प्रवृत्तिश्च यत्नौजोबलवर्णादिकर्मकृत् ॥
देहं व्याप्नोति सर्वन्तु व्यानः सर्वगतिर्नृणाम्।
गतिप्रसारणाक्षेपनिमेषादिक्रियः सदा ॥

अर्थात् यहाँ पर पाँचों वायुओंके स्थान एवं कर्म बताये गये हैं।

वायुभेद	स्थान	कर्म
१ प्राण	मूर्धा—मस्तक, छाती, कण्ठ, जिह्वा, मुख, नासिका	चक्षु आदि ज्ञानेन्द्रिय, हृदय मन (धमनी Nerve) का धारण करना, थूकना, छै, डकार, उच्छ्वास, निश्वास खाँसी तथा अन्न को अन्दर ले जाना आदि।

वायुभेद	स्थान	कर्म
२ उदान	नाभि, छाती, कण्ठ नासिका	वाणी की प्रकृति, प्रयत्न, ओज, बल, वर्ण तथा स्रोतों का रस आदि द्वारा तर्पण; बुद्धि, धारण शक्ति, स्मरणशक्ति तथा मन (मनन या सोचना); इनका उद्बोधन करना आदि।
३ समान	जाठराग्नि के समीप का स्थान, कोष्ठ।	जाठराग्नि को प्रदीप्त करना, पक्वाशय और आमाशय में वात पित्त, कफ तथा पुरीष का वहन करना, वीर्य, आर्तव तथा जल का वहन करना, स्रोतों में जाकर उनका धारण करना, अपक्व अन्न को आमाशय में धारण करना, पचाना, विवेचन करना अर्थात् संहत भाव में स्थित अन्न को सूक्ष्म रूप में विभक्त करना, अथवा सार तथा किट्ट (मल) को पृथक् २ करना और किट्ट (मल) को नीचे की ओर ले जाना आदि।
४ व्यान	हृदय, सम्पूर्ण देह	अन्य वायुओं से शीघ्र गतिवाला, चलना, अङ्गों को फैलाना, सिकोड़ना उत्क्षेप (हाथ आदि अङ्गों को ऊपर ले जाना), नीचे ले आना, निमेष (आंखों को बन्द करना), उन्मेष (आंखों का खोलना), जम्भाई, अन्न का स्वाद लेना स्रोतों का शोधन तथा पसीना लाना, रक्तस्रुति करना आदि। तथा यह स्त्री शरीर में मैथुन समय सिक्त हुए वीर्य को ऊपर की ओर (गर्भाशय की ओर) योनि में ले जाता है। अन्न के किट्ट (मल भाग से सार भाग को पृथक् कर क्रमशः रस रक्त आदि धातुओं का तर्पण करता है।
५ अपान	कटि से नीचे का भाग बस्ति, श्रोणि, मूत्रेन्द्रिय, वृषण (फोते), वङ्क्षण (रान) ऊरु।	पुरीष, मूत्र, वीर्य, आर्तव तथा गर्भ को बाहर निकलना आदि॥

सम्पूर्ण उच्च या नीच विविध प्रकार की चेष्टाओं[1] (व्यापारों, गतियों) का प्रवर्तक (प्रवृत्त करनेवाला) है। मन का नियामक (Regulator) तथा नेता (लेजानेवाला) है। अर्थात् वायु मन को अनिष्ट विषय से लौटाता एवं इष्ट विषय में प्रवृत्त करता है। यही वायु सम्पूर्ण इन्द्रियों को विषयों में प्रेरणा करता है 'उद्द्योतकः' यदि पाठ हो तो सम्पूर्ण इन्द्रियों का प्रकाशक (ज्ञान द्वारा) यह वायु है, ऐसा अर्थ होगा। सम्पूर्ण शब्द आदि इन्द्रियों के विषयों का वहन (एक जगह से दूसरी जगह उठाकर ले जाना जिस प्रकार विद्युत् की तारें विद्युत् को एक जगह से दूसरी जगह ले जाती हैं) करनेवाला भी वायु ही है। यह वायु ही शरीर की सम्पूर्ण धातुओं को यथानियम अपने-अपने स्थलों पर स्थापित करता है—रचना करता है। शरीर को जोड़नेवाला भी यही वायु है अर्थात् वायु शरीर के अवयवों (अङ्गप्रत्यङ्गों) को परस्पर सम्बन्ध में लाता है। वाणी को प्रवृत्त करनेवाला, स्पर्श तथा शब्द की प्रकृति (कारण) श्रोत्रेन्द्रिय एवं स्पर्शनेन्द्रिय (त्वगिन्द्रिय) का मूल कारण वायु है।

यहाँ पर यह समझ लेना चाहिये 'शब्द' गुण आकाश का है। परन्तु आकाश का गुण 'शब्द' वायु में भी अनुप्रविष्ट रहा करता है। क्योंकि उत्पत्तिक्रम ये हैं–'तस्माद्वा एतस्मादात्मन आकाशः सम्भूतः, आकाशाद्वायुः, वायोरग्निः, अग्नेरापः, अद्भ्यः पृथिवी' इत्यादि।

तथा च सुश्रुतसंहिता शारीरस्थान १ म अध्याय में भी—'भूतादेरपि तैजससहायात्तल्लक्षणान्येव पञ्चतन्मात्राण्युत्पद्यन्ते, तद्यथा—शब्दतन्मात्रं, स्पर्शतन्मात्रं, रूपतन्मात्रं, रसतन्मात्रं गन्धतन्मात्रमिति; तेषां विशेषाः शब्दस्पर्शरूपरसगन्धाः; तेभ्यो भूतानि व्योमानिलानलजलोर्व्यः' इत्यादि कहा है। व्याख्याकार उल्हण ने व्याख्या करते

---

1. William Furneaux ने **Human Physiology** नाम पुस्तक में लिखा है–**'Almost every movement of the body, whether voluntary or involuntary, is brought about and governed by some portion of the nervous system. If we will to do anything, we do it through the agency of nervous matter, which acts as a medium between the mind and the muscles. thus the nerves do not produce motion by their own cantraction, but by their influence over the muscles in which their fibres terminate. Otherwise expressed, one may say that the function of the nervous system is to co-ordinate and control the various activities, muscular and glandular of the body.**

अर्थात् शरीर की प्रत्येक चेष्टा या गति चाहे वह ऐच्छिक हो या अनैच्छिक, वातसंस्थान के कुछ भाग द्वारा हुआ करती है और उससे शासित होती है। यदि हम किसी काम के करने की इच्छा करते हैं तो वह कार्य हम वायवीय तत्त्व —जो कि मन और मांसपेशियों के माध्यम का कार्य करता है—की एजेन्सी द्वारा ही करते हैं। इस प्रकार यह स्पष्ट है कि वातनाडियाँ स्वयं संकुचित होकर गति को पैदा नहीं करतीं; प्रत्युत मांसपेशियों पर जिनमें कि उनके तन्तुओं के सिरे होते हैं—अपने प्रभाव (वात) से गति पैदा करती हैं। यदि हम इसी बात को दूसरे शब्दों में प्रकट करें तो यह कह सकते हैं कि शरीर की मांसपेशी सम्बन्धी तथा ग्रन्थि-सम्बन्धी विविध चेष्टाओं को साम्य एवं नियम में रखना ही वात संस्थान का कार्य है।

हुए यह विषय विशद किया है कि शब्दतन्मात्र सहित स्पर्शतन्मात्र से शब्द तथा स्पर्श उभयगुणयुक्त वायु पैदा होता है। योगदर्शन-कार—पतञ्जलि तो शब्द आदि द्वारा ही आकाश आदि की उत्पत्ति मानते हैं। शब्द तथा स्पर्श इन दो से वायु की उत्पत्ति होती है। आचार्य ने स्वयं कहा भी है—'तेषामेकगुणः पूर्वो गुणवृद्धिः परे परे'। तथा 'विष्टं ह्यपरं परेण'। अर्थात् आकाश में एक गुण (शब्द) होता है। और पश्चात् उत्पन्न होनेवाले भूतों में क्रमशः एक एक गुण की वृद्धि होती जाती है। तथा पूर्वभूत द्वारा पश्चात् उत्पन्न होनेवाला भूत अनुप्रविष्ट हुआ करता है। हम प्रतिदिन देखते भी हैं कि यद्यपि आकाश का गुण शब्द है, परन्तु वायु के विना इसकी अभिव्यक्ति नहीं होती। उत्पन्न हुआ हुआ शब्द जब तक वायु द्वारा अभिवहन किया जाकर हमारी श्रोत्रेन्द्रिय तक पहुँचता है तभी हमें शब्द सुनाई देता है। अर्थात् शब्द को अभिव्यक्त करनेवाला वायु है। शरीर में भी शब्द की अभिव्यक्ति या ज्ञान वातनाड़ियों (Nerves) द्वारा ही होता है।

यह वायु हर्ष तथा उत्साह की योनि है—अभिव्यक्ति का कारण है। अग्नि का प्रेरक अथवा जाठराग्नि को प्रदीप्त करनेवाला, दोष अर्थात् शरीर में उत्पन्न हुए हुए क्लेद को सुखानेवाला, मलों को बाहर निकाल फेंकनेवाला, विदीर्ण करके स्थूल एवं सूक्ष्म स्रोतों का निर्माण करनेवाला शरीरोत्पत्ति के समय गर्भ की आकृतियों को बनानेवाला भी यह वायु है। यह वायु आयु के अनुवर्तन—परिपालन का कारणभूत होता है।

यहाँ पर सम्पूर्ण कर्म जो कि ऊपर बताये गये हैं अकुपित वायु के हैं ॥७॥

कुपितस्तु खलु शरीरे शरीरं नानाविधैर्विकारैरुपतपति बलवर्णसुखायुषामुपघाताय, मनो व्याहर्षयति, सर्वेन्द्रियाण्युपहन्ति, विनिहन्ति गर्भान् विकृतिमापादयत्यतिकालं धारयति, भयशोकमोहदैन्यातिप्रलापाञ्जनयति, प्राणांश्चोपरुणद्धि ॥८॥

शरीर में कुपित हुआ हुआ वायु तो शरीर को नाना प्रकार के विकारों से पीड़ित करता है जिससे बल, वर्ण, सुख (आरोग्य) एवं आयु क्षीण होती है। मन को दुःखित करता है। सम्पूर्ण इन्द्रियों को नष्ट करता है। गर्भ को मार देता है या गिरा देता है अथवा गर्भ-शरीर में विकार को पैदा करता है अथवा जितने काल तक गर्भ को गर्भाशय में रहना चाहिये उससे अधिक काल तक गर्भाशय में धारण कराता है। भय, शोक, मोह, दीनता, अतिप्रलाप; इनको उत्पन्न करता है और मृत्यु का कारण होता है ॥८॥

प्रकृतिभूतस्य खल्वस्य लोकेषु चरतः कर्माणीमानि भवन्ति तद्यथा—धरणीधारणं, ज्वलनोज्ज्वालनं, आदित्यचन्द्रनक्षत्रग्रहगणानां [१]संतानगतिविधानं सृष्टिश्च मेघानां, अपां च विसर्गः, प्रवर्तनं स्रोतसां, पुष्पफलानां चाभिनिर्वर्तनम्, उद्भेदनं चौद्भिदानां, ऋतूनां प्रविभागः, विभागो धातूनां, [१]धातुमानसंस्थानव्यक्तिः, बीजाभिसंस्कारः, शस्याभिवर्धनम[२] विक्लेदोपशोषणेऽवैकारिकविकाराश्चेति ॥९॥

प्रकृतिस्थित वायु के इस संसार में संचार करते हुए ये कर्म होते हैं जैसे—भूमण्डल का धारण करना। अग्नि को जलाना। सूर्य, चन्द्रमा, नक्षत्र तथा ग्रहों को निरन्तर नियम पूर्वक गति में रखना। बादलों को बनाना। जलों का छोड़ना अर्थात् वर्षा करना[३]। स्रोतों (नदी आदि के) को प्रवृत्त करना। फल-फूलों को उत्पन्न करना। उद्भिद-वृक्ष आदि को पृथ्वी से बाहर निकालना-अङ्कुर निकालना। ऋतुओं का विभाग करना। धातुओं (स्वर्ण चांदी आदि) का विभाग करना। धातुओं के परिमाण (अपना भार तथा लम्बाई चौड़ाई आदि) तथा प्रकृति को व्यक्त करना। बीजों में गुणों का आधान अथवा

१—'आदित्यादीनां सन्तानेन अविच्छेदेन गतिविधानं सन्तानगतिविधानम्' चक्रः।

१—धातूनां स्वर्णादीनां, मानं स्वं स्वं विशिष्टमानम्।

२-'वर्धनम्। विक्लेदोपशोषणम्', वर्धनमविक्लेदोपशोषणम्' इति वा पाठान्तरम्।

३—शुक एवं वैशम्पायन आदि को जब मुनि व्यास पढ़ा रहे थे उस समय मेघगर्जन होने पर उन्होंने पढ़ाना बन्द कर दिया। तक शुक ने प्रश्न किया—'शुको वारितमात्रस्तु कौतूहलसमन्वितः। अपृच्छत् पितरं ब्रह्मन् कुतो वायुरभूदयम् ॥ व्याख्यातुमर्हति भवान् वायोः सर्वविचेष्टितम् ॥'

इसके उत्तर में भगवान् व्यास ने कहा—"पृथिव्यामन्तरीक्षे च यथा संवान्ति वायवः। सप्तैते वायुमार्गा वै तान् निबोधानुपूर्वशः ॥ तत्र देवगणाः साध्या महाभूता महाबलाः। तेषामप्यभवत् पुत्रः समानो नाम दुर्जयः ॥ उदानस्तस्य पुत्रोऽभूद्व्यानस्तस्याभवत्सुतः। अपानश्च ततो ज्ञेयः प्राणश्चापि ततोऽपरः ॥ अनपत्योऽभवत्प्राणो दुर्द्धर्षः शत्रुतापनः। पृथक् कर्माणि तेषान्तु प्रवक्ष्यामि यथातथम् ॥ प्राणिनां सर्वतो वायुश्चेष्टां वर्त्तयते पृथक्। प्राणनाच्चैव भूतानां प्राण इत्यभिधीयते ॥ प्रवयत्यभ्रसङ्घातान् धूमजांश्चोष्मजांश्च यः। प्रथमः प्रथमे मार्गे प्रवहो नाम सोऽनिलः। अन्तरे स्नेहमभ्येत्य तडिद्भ्यश्चोत्तमद्युतिः। आवहो नाम संवाति द्वितीयः श्वसनो नदन्। उदयं ज्योतिषां शश्वत् सोमादीनां करोति यः ॥ अन्तर्देहेषु चोदानं संवदन्ति मनीषिणः ॥ यश्चतुर्भ्यः समुद्रेभ्यो वायुर्धारयते जलम्। उद्धृत्य ददते चापो जीमूतेभ्योऽम्बरेऽनिलः ॥ योऽद्भिः संयोज्य जीमूतान् पर्जन्याय प्रयच्छति। उद्वहो नाम बंहिष्ठस्तृतीयः स सदागतिः ॥ संमुह्यमाना बहुधा येन नीताः पृथक् घनाः। वर्षमोक्षकृतारम्भास्ते भवन्ति घनाघनाः। संहता येन चाविद्धा भवन्ति नदतां नदाः। रक्षणार्थाय सम्भूता मेघत्वमुपयान्ति च ॥ योऽसौ भरति भूतानां विमानानि विहायसा। चतुर्थः संवहो नाम वायुः स गिरिमर्दनः ॥ येन वेगवता रुग्णा रूक्षेण रुजता नगाः। वायुना सहिता मेघास्ते भवन्ति बलाहकाः ॥ दारुणोत्पातसन्धारी नभसः स्तनयित्नुमान्। पञ्चमः स महावेगो विवहो नाम मारुतः ॥ यस्मिन् परिप्लवा दिव्या वहन्त्यापो विहायसा। पुण्यञ्चाकाशगङ्गायास्तोयं विष्टभ्य तिष्ठति ॥ दूरात्प्रतिहतो यस्मिन् नैकरश्मिर्दिवाकरः। योनिरंशुसहस्रस्य येन भाति वसुन्धरा ॥ यस्मादाप्यायते सोमः क्षीणः सम्पूर्णमण्डलः। षष्ठः परिवहो नाम स वायुर्जपतां बरः ॥ सर्वप्राणभृतां प्राणान् योऽन्तकाले निरस्यति। यस्य वर्त्मानुवर्तेते मृत्युवैवस्वतावुभौ ॥ परावहो नाम परो वायुः स दुरतिक्रमः ॥ विष्णोर्निश्वासतो वातो यदा वेगसमीरितः। सहसोदीर्यते तात जगत्प्रव्यथते तदा ॥" महाभारते। अत्र पञ्च समानादयः शरीरचराः, प्रवहादयस्तु सप्त बहिश्चरा वायवो ज्ञेयाः।

अङ्कुर को उत्पन्न करने की शक्ति पैदा करना। शस्य (अनाज) को बढ़ाना, उसे सड़ने न देना तथा यथाकाल सुखा देना। अन्य भी जो प्रकृतिमय कार्य हैं, उन्हें करना। भेल ने भी सूत्रस्थान १६ वें अध्याय में कहा है—

स्थितिः प्राणभृतां चैव सरितां चैव निःस्वनाः।
पृथिव्याश्चलनं चैव वातादेव प्रवर्त्तते।
वातेन धूमो भवति धूमादभ्रं प्रजायते।
अभ्राद्विमुच्यते वारि जीवानां सम्भवस्ततः।
अग्निर्ज्वलति वातेन पुण्यानां हविषां पतिः।
स्रवन्ति चापगास्तेन पृथिवीं प्रापयन्ति च॥
वायुस्तत्राधिको देवः प्रभवः सर्वदेहिनाम्।
योन्यां रेतः प्रसिक्तं च वायुना युज्यते गुणैः॥६॥

प्रकुपितस्य खल्वस्य लोकेषु चरतः कर्माणीमानि भवन्ति, तद्यथा–उत्पीडनं सागराणां, उद्वर्तनं सरसां, प्रतिसरणमापगानाम्, आकम्पनं च भूमेः, आधमनमम्बुदानां, शिखरिशिखरावमथनं, उन्मथनमनोकहानां, नीहारनिर्ह्रादपांसुसिकतामत्स्यभेकोरगक्षाररुधिराश्माशनिविसर्गः,व्यापादनं च षण्णामृतूनां. शस्यानामसंघातः,भूतानां चोपसर्गः, भावानां,चाभावकरणं,चतुर्युगान्तकराणां मेघसूर्यानलानिलानां विसर्गः॥१०॥

जब यह वायु कुपित होकर इस लोक में सञ्चार करता है तो उसके कार्य ये हैं–पर्वतों की चोटियों को तोड़ना, वृक्षों को उखाड़ना, समुद्रों की उत्पीड़न करना अर्थात् ऊँची-ऊँची तरङ्गें उत्पन्न कर उसे क्षुब्ध कर देना, तालाब आदियों में जलों को ऊँचा करना अर्थात् अपनी वेला-किनारों से ऊँचा होकर जल का बहना आदि, नदियों को विपरीत दिशाओं में बहाना, भूमि को कंपाना अर्थात् भूकम्प लाना, मेघों का अत्यन्त गर्जन करना, नीहार (Snow), निर्ह्राद (गजन), धूलि, बालू (रेत) मछली, मेंढक, सांप, क्षार, (राख आदि), रुधिर (खून, लोहू), छोटे-छोटे पत्थर तथा बिजली आदि का आकाश) से गिरना। छहों ऋतुओं को मारना अर्थात् उनका अयोग, अतियोग वा मिथ्यायोग कर देना, प्रचुर परिमाण में अनाज का उत्पन्न न होना। प्राणियों की मृत्यु करना अथवा भूतों के उपद्रव अर्थात् रोगजनक कीटाणुओं (Germs) के उपद्रवों का होना, उत्पन्न वस्तुओं को नष्ट करना चारों युगों को संहार करनेवाले अर्थात् महाप्रलय लानेवाले बादल, सूर्य, वायु एवं अग्नि की सृष्टि करना वा उन्हें प्रेरित करना॥१०॥

स हि भगवान् प्रभवश्चाव्ययश्च, भूतानां भावाभावकरः, सुखासुखयोर्विधाता, मृत्युः, यमो, नियन्ता, प्रजापतिः, [1]अदितिः, विश्वकर्मा, विश्वरूपः, सर्वगः, सर्वतन्त्राणां विधाता भावानामणुर्विभुर्विष्णुः, क्रान्ता लोकानां, वायुरेव भगवानिति॥११॥

यह भगवान् वायु उत्पत्ति कारण है, स्वयं अव्यय है, प्राणियों का उत्पादक तथा नाशक है, सुख एवं दुःख का देनेवाला, मृत्यु, यम, नियन्ता (नियम में रखनेवाला), प्रजापति (प्रजा का पालक), अदिति (अहिंस्य अथवा अदीन ऐश्वर्ययुक्त अथवा बृहत् होने से अखण्डय), विश्वकर्मा (संसार है कर्म जिसका अथवा सब कुछ है कर्म जिसका), विश्वरूप (सम्पूर्ण है रूप जिसका), सर्वग (व्यापक), सम्पूर्ण नियमों, कर्मों अथवा शरीरों को बनानेवाला, सम्पूर्ण उत्पन्न वस्तुओं का विधाता, अणु (सूक्ष्म), विभु (व्यापक अथवा महत्परिमाणवाला), विष्णु (व्यापक एवं पालक होने से), पृथिव्यादि लोकों को लांघनेवाला अर्थात् एक लोक से दूसरे लोक में जानेवाला भगवान् वायु है।

वायु की शक्तियों को पृथक्-पृथक् जताने के लिये ही मृत्यु, यम आदि पृथक्-पृथक् नाम दिये हैं। ये शब्द यौगिक हैं अर्थात् जिस धातु से ये शब्द बने हैं उसी अर्थ को जताते हैं, किसी पर रूढ़ि नहीं हैं। चूंकि वायु में ये गुण हैं, अतः इसे भी मृत्यु आदि नाम से कहा जा सकता है॥११॥

तच्छ्रुत्वा वार्योविदवचो मारीचिरुवाच-यद्यप्येवमेतत्किमर्थस्यास्य वचने विज्ञाने वा सामर्थ्यमस्ति भिषग्विद्यायां, भिषग्विद्यां चाधिकृत्येयं कथा प्रवृत्तेति॥१२॥

वार्योविद के इस वचन को सुनकर मारीचि ने कहा—यद्यपि जो तुमने कहा है वह ठीक है, तथापि आयुर्वेद में इस विषय के कहने वा जानने का क्या प्रयोजन है? यहाँ पर तो वैद्यविद्या (चिकित्सा, आयुर्वेद) सम्बन्धी कथा हो रही है॥१२॥

वार्योविद उवाच—भिषक् पवनमतिबलमतिपरुषमतिशीघ्रकारिणमात्ययिकं चेन्नानुनिशम्येत्, सहसा प्रकुपितमतिप्रयतः कथमग्रेऽभिरक्षितुमभिधास्यति प्रागेवैनमत्ययभयादिति। वायोर्यथार्था स्तुतिरपि भवत्यारोग्याय बलवर्णवृद्धये वर्चस्वित्वायोपचयाय ज्ञानोपपत्तये परमायुःप्रकर्षाय चेति।१३।

वार्योविद ने उत्तर दिया—यदि चिकित्सक अतिबलयुक्त, अतिकठोर,अतिशीघ्रकारी, आत्ययिक (मारक) वायु को न सुने वा न जाने तो अतिप्रयत्नशील वैद्य मृत्यु आदि हानि के भय के होने से पूर्व ही उस (वायु) से बचने के लिये किस प्रकार कहेगा? विमानस्थान ३ अध्याय में भी अनारोग्यकर बहिश्चर वायु के लक्षण कहे गये हैं—

'तत्र वातमेवंविधमनारोग्यकरं विद्यात्। तद्यथा—यथर्तुविषममतिस्तिमितमतिचलमतिपरुषमतिशीतमत्युष्णमतिरूक्षमत्यभिष्यन्दिनमतिभैरवारवमप्रतिहतपरस्परगतिमतिकुण्डलिनमसात्म्यगन्धबाष्पसिकतापांशुधूमोपहमिति'।

अर्थात् जनपदोद्ध्वंसक रोगों में बहिश्चर वायु का बहुत बड़ा भाग होता है। यदि वैद्य इस वायु के कुपित एवं अकुपित के लक्षणों को न जाने तो वह वैद्य जनपदोद्ध्वंसक रोगों के कारण और उनसे बचने का उपाय लोगों को क्या बता सकता है? अतः चिकित्सा कर्म के लिये भी वैद्य को इस बाह्य वा अशरीरचर के लक्षणों का जानना अत्यन्त आवश्यक है।

तथा च वायु की यथार्थ स्तुति भी आरोग्य, बल एवं वर्ण की वृद्धि, तेजस्विता, पुष्टि, ज्ञानवृद्धि तथा दीर्घायुष्य के लिये होती है। गुणों का संकीर्त्तन करते समय अपने अन्दर उन गुणों वा शक्तियों के विकास का प्रयत्न करना ही यथार्थ स्तुति कहाती है॥१३॥

१—बृहदारण्यके च—सर्वं वा अत्ति तददितेरदितित्वम्।

मारीचिरुवाच–अग्निरेव शरीरे पित्तान्तर्गतः कुपिताकुपितः शुभाशुभानि करोति, तद्यथा–पक्तिमपक्तिं दर्शनमदर्शनं मात्रामात्रत्वमूष्मणः प्रकृतिविकृतिवर्णौ शौर्यं भयं क्रोधं हर्षं मोहं प्रसादमित्येवमादीनि चापराणि द्वन्द्वानीति ॥१४॥

मारीचि ने कहा–पित्त के अन्तर्गत अग्नि ही कुपित एवं अकुपित हुई हुई अशुभ तथा शुभ का कारण होती है। जब साम्यावस्था में होती है तब सुख का हेतु और विषमावस्था में होती है तो दुःख का हेतु होती है। पचन-अपचन, देखना न देखना, शरीर के ताप का मात्रा में रहना न रहना, प्रकृतिमय वर्ण का होना, विकृतिमय वर्ण का होना, शूरता-भय, क्रोध, हर्ष (प्रसन्नता), मोह-प्रसाद तथा अन्य भी जो सुख-दुःख आदि द्वन्द्व हैं उनका कारण पित्त ही है। अर्थात् जो उपर्युक्त महर्षियों ने वायु को कारण बताया, मारीचि ने पित्त को कारण बताया।

अर्थात् अ-कुपित पित्त पचन, देखना, शरीर के ताप का मात्रा में रहना, प्रकृतिमय वर्ण का होना, शूरता, हर्ष तथा प्रसाद आदि शुभ भावों का करनेवाला है। इसी सूत्रस्थान के १८ वें अध्याय में आचार्य स्वयं कहेंगे—

'दर्शनं पक्तिरूष्मा च क्षुत्तृष्णा देहमार्दवम्।
प्रभा प्रसादो मेधा च पित्तकर्माविकारजम् ॥'

तथा कुपित हुआ हुआ पित्त अपचन, न देखना, शरीर के ताप (Temperature) का मात्रा में न रहना, विकृतिमय वर्ण का होना अर्थात् रोग के कारण शरीर के वर्ण (रंग) का बदल जाना, भय, क्रोध, मोह आदि अशुभ भाव का कारण होता है।

यहाँ पर 'पक्तिमपक्तिं' आदि द्वारा ही पाँचों पित्तों का निर्देश कर दिया है। जिस प्रकार वायु प्राण अपान आदि भेद से पाँच प्रकार का है, वैसे ही पित्त भी स्थान एवं कर्म के भेद से पाँच प्रकार का है। १—पाचक, २—रञ्जक, ३–साधक, ४–आलोचक, ५—भ्राजक; ये पाँच पित्त के भेद हैं। यहाँ पर 'पक्तिमपक्तिं' पचन-अपचन से पाचक, 'दर्शनमदर्शनं' से आलोचक 'मात्रामात्रत्वमूष्मणः' (ताप का मात्रा-अमात्रा में होना) से भ्राजक, 'प्रकृतिविकृतिवर्णौ से रञ्जक तथा 'शौर्यं भयं' इत्यादि द्वन्द्वों से साधक पित्त का निर्देश किया गया है। सुश्रुत में कहा भी है—'तच्चादृष्टहेतुकेन विशेषेण पक्वामाशयमध्यस्थं पित्तं चतुर्विधमन्नं पचति विवेचयति च रसदोषमूत्रपुरीषाणि—तत्रस्थमेव चात्मशक्त्या शेषाणां पित्तस्थानानां शरीरस्य चाग्निकर्मणानुग्रहं करोति। तस्मिन् पित्ते पाचकोऽग्निरिति संज्ञा। यत्तु यकृत्प्लीह्नोः पित्तं तस्मिन् रञ्जकोऽग्निरिति संज्ञा, स रसस्य रागकृदुक्तः। यत्पित्तं हृदयसंस्थितं तस्मिन्साधकोऽग्निरिति संज्ञा, सोऽभिप्रार्थितमनोरथसाधनकृदुक्तः। यद् दृष्ट्यां पित्तं तस्मिन्नालोचकोऽग्निरिति संज्ञा, स रूपग्रहणेऽधिकृतः। यत्तु त्वचि पित्तं तस्मिन् भ्राजकोऽग्निरिति संज्ञा, सोऽभ्यङ्गपरिषेकावगाहालेपनादीनां क्रियाद्रव्याणां पक्ता छायानाञ्च प्रकाशकः।'

अर्थात् जो पित्त पक्वाशय तथा आमाशय के मध्य में स्थित हुआ हुआ चारों प्रकार (अशित, पीत, लीढ, खादित) के अन्न को पचाता है और रस, दोष, मूत्र तथा मल; इनकी विवेचना किया करता है और वहीं पर स्थित हुआ शरीर के अन्य पित्तस्थानों पर (वहाँ पित्त को भेजने से) अनुग्रह करता है; उसका नाम पाचक अग्नि है जो यकृत् एवं तिल्ली में पित्त है और जिसके द्वारा वह रस को (रक्तवर्ण में) रंगता है वह रञ्जक अग्नि कहाता है। जो हृदय में स्थित हुए हुए इच्छित मनोरथों को सिद्ध करता है वह साधक अग्नि कहाता है। जो आँखों में पित्त है और जिसके द्वारा रूपों को देखते हैं; उसका नाम आलोचक अग्नि है जो त्वचा में पित्त है और जिसके द्वारा मालिश या लेप आदि किये हुए द्रव्य का पककर शरीर में अभीष्ट कर्म करते हैं और जो पित्त कान्ति का प्रकाशक है उसे भ्राजक अग्नि कहते हैं।

तच्छ्रुत्वा मारीचिवचः काप्य उवाच–सोम एव शरीरे श्लेष्मान्तर्गतः कुपिताकुपितः शुभाशुभानि करोति। तद्यथा–दार्ढ्यं शैथिल्यमुपचयं कार्श्यमुत्साहमालस्यं वृषतां क्लीबतां ज्ञानमज्ञानं बुद्धिं मोहमेवमादीनि चापराणि द्वन्द्वानीति।१५।

मारीचि के उस वचन को सुनकर काप्य ने कहा—कफ के अन्तर्गत सोम (आप्यभाग, जलीयांश) ही प्रकुपित तथा अकुपित हुआ हुआ शुभ वा अशुभ भावों को करता है। अर्थात् जब प्रकृति (साम्यावस्था में होता है तब शुभ भावों का कारण होता है। यदि प्रकोपक कारणों से प्रकुपित हो जाय तब अशुभ-भावों का हेतु होता है। जैसे—दृढ़ता, शिथिलता, पुष्टि, कृशता, उत्साह, आलस्य, वीर्यवत्ता, मैथुनशक्ति, नपुंसकता, ज्ञान, अज्ञान, बुद्धि, मोह प्रभृति अन्य द्वन्द्वों का भी कुपित एवं अकुपित श्लेष्मा (कफ) कारण होता है। जब अकुपित होता है तब दृढ़ता, पुष्टि, उत्साह, वीर्यवत्ता, मैथुन-समर्थता, ज्ञान तथा बुद्धि का कारण होता है, परन्तु प्रकुपित होने पर वही कफ शिथिलता, कृशता, आलस्य, नपुंसकता, अज्ञान तथा मोह आदि अशुभ भावों का हेतु हो जाता है। प्रकृतिस्थित कफ के कर्म बताते हुए १८ वें अध्याय में भी कहा जायगा—

'स्नेहो बन्धः स्थिरत्वं च गौरवं वृषता बलम्।
क्षमा धृतिरलोभश्च कफकर्माविकारजम् ॥'

कफ भी पाँच प्रकार का है–१ अवलम्बक, २ क्लेदक, ३ बोधक ४ तर्पक, ५ श्लेषक। अष्टाङ्गसंग्रह (सू० २० अ०) में कहा भी है–

'अवलम्बकक्लेदकबोधकतर्पकश्लेषकत्वभेदैः श्लेष्मा। स तूरःस्थः स्ववीर्येण त्रिकस्यान्नवीर्येण च सह हृदयस्य च शेषाणां च श्लेष्मस्थानानां तत्रस्थ एवोदककर्मणावलम्बनादवलम्बक इत्युच्यते। आमाशयस्थितोऽन्नसंघातस्य क्लेदनात् क्लेदकः। रसनास्थः सम्यग्रसबोधनाद् बोधकः। शिरस्थश्चक्षुरादीन्द्रियतर्पणात् तर्पकः। पर्वस्थोऽस्थिसन्धिश्लेषणात् श्लेषक इति ॥'

अर्थात् अवलम्बक कफ छाती या फुसफुस में स्थित हुआ २ अपने वीर्य से त्रिकस्थान का और अन्न के वीर्य के साथ मिलकर हृदय एवं अन्य कफ के स्थानों का उदक कर्म द्वारा अवलम्बन (आश्रय) करने से अवलम्बक कहाता है। आमाशय में स्थित हुआ २ अन्न के समूह को क्लिन्न (गीला) करने से क्लेदक कहाता है। जिह्वा में स्थित हुआ रसों का सम्यक्तया बोधन (ज्ञान) कराने से बोधक कहाता है। शिर में स्थित हुआ २ चक्षु आदि इन्द्रियों को तृप्त करने

से तर्पक कहाता है। पर्वों (जोड़ों) में स्थित अस्थि की सन्धियों को जोड़ने से श्लेषक कहाता है ॥१५॥

तच्छ्रुत्वा काप्यवचो भगवान् पुनर्वसुरात्रेय उवाच—सर्व एव भवन्तः सम्यगाहुरन्यत्रैकान्तिकवचनात्, सर्व एव खलु वातपित्तश्लेष्माणः प्रकृतिभूताः पुरुषमव्यापन्नेन्द्रियं बलवर्णसुखोपपन्नमायुषा महतोपपादयन्ति, सम्यगेवाचरिता धर्मार्थकामा इव निःश्रेयसेन महतोपपादयन्ति पुरुषमिह चामुष्मिंश्च लोके; विकृतास्त्वेनं महता विपर्ययेणोपपादयन्ति ऋतवस्त्रय इव विकृतिमापन्ना लोकमशुभेनोपघातकाले इति १६

काप्य के उस वचन को सुनकर भगवान् पुनर्वसु आत्रेय ने कहा—आप सबने ठीक कहा है, परन्तु जो आपने यह कहा है कि वायु ही ऐसा करता है, पित्त ही ऐसा करता है या कफ ही ऐसा करता है–यह ठीक नहीं। यथार्थ बात तो यह है कि वात, पित्त, कफ तीनों ही प्रकृति में (साम्यावस्था, अकुपित) स्थित हुए २ पुरुष को अविकृत इन्द्रिय सम्पन्न, बल, वर्ण तथा सुखयुक्त एवं दीर्घायु करते हैं। जैसे सम्यक् प्रकार से अनुष्ठित धर्म, अर्थ और काम इस लोक और परलोक में महान् निःश्रेयस (मुक्ति अथवा सुख) से युक्त कर देते हैं और विकृत हुए २ वात, पित्त तथा कफ उससे विपरीत महान् अनर्थ का कारण होते हैं, जैसे विकृत हुई २ तीनों ऋतुएं (शीत, उष्ण तथा वर्षा है लक्षण जिनका–हेमन्त, ग्रीष्म, वर्षा) उपघात (प्रलय) के समय इस संसार के नाश का कारण होती हैं।१६।

तदृषयः[1] सर्व एवानुमेनिरे वचनमात्रेयस्य भगवतोऽभिननन्दुश्चेति ॥१७॥

भगवान् आत्रेय के इस वचन को सब ने माना और बड़ी प्रसन्नता प्रकट की ॥१७॥ **भवति चात्र।**

तदात्रेयवचः[2] श्रुत्वा सर्व एवानुमेनिरे।
ऋषयोऽभिननन्दुश्च यथेन्द्रवचनं सुराः ॥१८॥

आत्रेय के वचन को सुनकर सब ऋषियोंने उसे इस प्रकार माना और अभिनन्दन किया जैसे इन्द्र के वचन को सुनकर देवता ॥१८॥

तत्र श्लोकौ।

गुणाः षड्[3] द्विविधो हेतुर्विविधं कर्म यत्पुनः।
वायोश्चतुर्विधं कर्म पृथक्च कफपित्तयोः ॥१९॥
महर्षीणां मतिर्या या पुनर्वसुमतिश्च या।
कलाकलीये वातस्य तत्सर्वं संप्रकाशितमिति ॥२०॥

इत्यग्निवेशकृते तन्त्रे चरकप्रतिसंस्कृते सूत्रस्थाने निर्देशचतुष्के वातकलाकलीयो नाम द्वादशोऽध्यायः ॥१२॥

इति निर्देशचतुष्कस्तृतीयः ॥३॥

उपसंहार—वायु के ६ गुण, दो प्रकार के कारण (प्रकोपक, शामक), विविध प्रकार के कर्म, पुनः चार प्रकार (कुपित शरीरचर अकुपित शरीरचर, कुपित अशरीरचर, अकुपित अशरीरचर भेद से) का कर्म, कफ और पित्त (कुपित अकुपित भेद से) के पृथक् २ कर्म, महर्षियों के मत तथा भगवान् पुनर्वसु का मत; इन सब विषयों का इस वात के कलाकलीय नामक अध्याय में प्रकाशन किया गया है ॥

इति द्वादशोऽध्यायः।

१–'एतदृषयः श्रुत्वा' ग.। २–'आत्रेयस्य वचः' इति पा०।
३–'षड्त्रिविधो' इति पा०।

त्रयोदशोऽध्यायः

अथातः स्नेहाध्यायं व्याख्यास्यामः।
इति ह स्माह भगवानात्रेयः ॥१॥

अब वातकलाकलीय नामक अध्याय के पश्चात् स्नेह (Ghee, Fats and Oils) अध्याय की व्याख्या करेंगे—ऐसा भगवान् आत्रेय मुनि ने कहा है। वमन, विरेचन आदि संशोधनार्थ पञ्चकर्म कराने में प्रथम, पश्चात् एवं मध्य में भी नियमानुसार स्नेह स्वेद आदि कराना आवश्यक होता है। अतः पञ्चकर्म से पूर्व स्नेह एवं स्वेद का ज्ञान अत्यावश्यक है। इसी बात को ध्यान में रखते हुए अब स्नेहाध्याय की व्याख्या करना आचार्य ने उचित समझा है। इसी अध्याय के अन्त में कहा भी जायगा—

'स्नेहमग्रे प्रयुञ्जीत ततः स्वेदमनन्तरम्।
स्नेहस्वेदोपपन्नस्य संशोधनमनन्तरम्' ॥१॥

सांख्यैः[1] संख्यातसंख्येयैः सहासीनं पुनर्वसुम्।
जगद्धितार्थं पप्रच्छ वह्निवेशः स्वसंशयम् ॥२॥

जान लिया है ज्ञेय–आत्मादितत्त्व जिन्होंने ऐसे ज्ञानियों के साथ बैठे हुए भगवान् पुनर्वसु से अग्निवेश ने जगत् के हित के लिये अपने संशय को पूछा ॥२॥

किं योनयः कति स्नेहाः के च स्नेहगुणाः पृथक्।
कालानुपाने के कस्य कति काश्च विचारणाः[2] ॥३॥
कतिमात्राः कथंमाना का च केषूपदिश्यते।
कश्च केभ्यो हितः स्नेहः प्रकर्षः स्नेहने च कः ॥४॥
स्नेह्याः के के न च स्निग्धास्निग्धातिस्निग्धलक्षणम्।
किं पानात्प्रथमं पीते जीर्णे किं च हिताहितम् ॥५॥
के मृदुक्रूरकोष्ठाः का व्यापदः सिद्धयश्च काः।
अच्छे संशोधने चैव स्नेहे का वृत्तिरिष्यते ॥६॥
विचारणाः केषु योज्या विधिना केन तत् प्रभो !
स्नेहस्यामितविज्ञान ! शास्त्रमिच्छामि वेदितुम् ॥७॥

स्नेहों की योनि (उत्पत्ति कारण) कौन हैं ? स्नेह कितने हैं ? पृथक् २ स्नेहों के कौन २ गुण हैं ? किस का कौनसा काल है और अनुपान क्या है ? स्नेहों की विचारणा (उपकल्पना) कौन २ हैं और कितनी हैं ? स्नेह की मात्रायें कितनी हैं ? किस प्रकार के मान (भार आदि) वाली है ? कौनसी मात्रा कहाँ पर दी जाती है ? कौनसा स्नेह किनके लिये हितकर है ? स्नेहन का प्रकर्ष कब तक है अर्थात् एक बार में अधिक से अधिक कितने दिन तक उचित स्नेहन होता है ? किनका स्नेहन करना चाहिये और किनका नहीं ? स्निग्ध, अस्निग्ध और अतिस्निग्ध के क्या लक्षण हैं ? स्नेहपान से पूर्व, पीने पर तथा उसके जीर्ण हो जाने (पच जाने) पर क्या हितकर है और क्या अहितकर है ? मृदुकोष्ठ और क्रूरकोष्ठ कौन होते हैं ? विकार या उपद्रव कौनसे हो सकते हैं ? और उनके निराकरण के क्या उपाय हैं ? स्वच्छ (केवल अथवा संशमन) अथवा संशोधन के लिये प्रयुक्त

१–संख्या सम्यग्ज्ञानं, तेन व्यवहरन्तीति सांख्याः।
२–'विचारणा द्रव्यान्तरासंयुक्तस्नेहपानं वर्जयित्वा स्नेहोपयोगः' चक्रः।

स्नेह में क्या उपचार होना चाहिये ? स्नेही की विचारणाओं (Preparations) का किन में और किस विधि से उपयोग करना चाहिये ? हे स्नेहज्ञान के अगाध भण्डार पुनर्वसो ! मैं वह सम्पूर्ण शास्त्र-ज्ञान आप से जानना चाहता हूँ ॥३-७॥

अथ तत्संशयच्छेत्ता प्रत्युवाच पुनर्वसुः ।
स्नेहानां द्विविधा सौम्य[1] ! योनिः स्थावरजङ्गमा॥८॥

अग्निवेश के संशय को दूर करनेवाले भगवान् पुनर्वसु ने उसे उत्तर दिया—हे सौम्य ! स्नेहों की योनि (उत्पत्तिस्थान) दो प्रकार की है। १—स्थावर, २—जङ्गम ॥८॥

तिलः पियालाभिपुकौ[2] बिभीतक-
[3]श्चित्राभयरण्डमधूकसर्षपाः ।
कुसुम्भबिल्वारुक[4] मूलकातसी-
निकोचकाक्षो[5]डकरञ्जशिग्रुकाः ॥९॥
स्नेहाश्रयाः स्थावरसंज्ञिताः

स्नेहों की स्थावर योनि—तिल, पियाल (चिरौंजी), अभिषुक (पिस्ता ?), विभीतक (बहेड़ा), चित्रा (लाल एरण्ड अथवा जयपाल), अभया (हरड़), एरण्ड, मधूक (महुआ), सरसों, कुसुम्भ, बिल्व (बेल), आरुक (आलूबोखारा अथवा आड़ू), मूली, अलसी, निकोच (अंकोठ), अक्षोड (अखरोट), करञ्ज, शिग्रु (सहिजन) ; ये स्थावर संज्ञक स्नेह के आशय हैं—इनमें रहा करता है। यहाँ पर तिल आदि उपलक्षण मात्र ही कहे गये हैं। जयपाल, मालकंगनी, बादाम, कद्दू, शीशम, नीम, जैतून, भिलावा आदि का भी इन्हीं से ग्रहण होता है। अभिप्राय यह है कि जो वनस्पति, वानस्पत्य, विरुद् (लता आदि), तथा औषधि रूप चारों प्रकार के स्थावरों के फल, लकड़ी, बीज, पत्र, पुष्प आदि द्वारा निकलनेवाले तैल हैं वे स्थावर-स्नेह के नाम से पुकारे जाते हैं ॥९॥

तथा स्युर्जङ्गमा मत्स्यमृगाः सपक्षिणः ।
तेषां दधिक्षीरघृतामिषं वसा
स्नेहेषु मज्जा च तथोपदिश्यते ॥१०॥

स्नेह की जङ्गम योनि—तथा च मछली, मृग (पशु), पक्षी, ये जङ्गम कहाते हैं। इनके स्नेहों में दही, दूध, घी, मांस, वसा तथा मज्जा का ग्रहण होता है। यहाँ पर मछली आदि के उपलक्षण से जलचर, स्थलचर एवं अन्तरिक्षचर सब प्राणियों का ग्रहण कर दिया है। वस्तुतस्तु घी, वसा और मज्जा तीन ही स्नेह हैं, परन्तु स्नेह के आशयों का ज्ञान कराने के लिये दूध, दही एवं मांस का नाम लिया गया है ॥१०॥

सर्वेषां तैलजातानां तिलतैलं प्रशस्यते ।
बलार्थे स्नेहने चाग्र्यमैरण्डं तु विरेचने[6] ॥११॥

स्नेहों के गुण—सम्पूर्ण तैलों में बल के लिये तथा स्नेहन के लिये तिल तैल सब से श्रेष्ठ है। विरेचन में एरण्डतैल (Castor Oil) सब से उत्तम है। सुश्रुत (सू० ४५ अ०) में कहा है—

'सर्वेभ्यस्त्विह तैलेभ्यस्तिलतैलं विशिष्यते ।
निष्पत्तेस्तद्गुणत्वाच्च तैलत्वमितरेष्वपि ॥'

अर्थात् सम्पूर्ण तैलों में तिलतैल ही श्रेष्ठ है। तिल शब्द से ही तैल की सिद्धि होती है। इस तिल से निष्पन्न (सिद्ध) तैल के समान गुण होने से एरण्ड आदि के स्नेह को भी तैल शब्द से ही कहा जाता है। इसी नियम के आधार पर जितने भी स्थावर स्नेह हैं सब तैल शब्द से ही कहे जाते हैं ॥११॥

सर्पिस्तैलं वसा मज्जा सर्वस्नेहोत्तमा मताः ।
एभ्यश्चैवोत्तमं सर्पिः संस्कारस्यानुवर्तनात् ॥१२॥

सम्पूर्ण स्नेहों में घी, तैल, वसा तथा मज्जा ; ये उत्तम माने गये हैं। और इन चारों में से भी घी श्रेष्ठतम है ; क्योंकि यह संस्कार का अनुवर्त्तन करता है ! अनुवर्त्तन से अभिप्राय यह है कि घी अपने गुणों को त्यागे बिना ही संस्कारार्थ डाली गयी अन्य औषधियों के गुणों को अपने अन्दर धारण करता है। तैल आदि में यह विशेषता नहीं। वे संस्कारार्थ डाली गयी अन्य औषधियों के संसर्ग से अपने गुणों को त्याग देते हैं। जैसे चन्दनाद्यतैल आदि में शीतवीर्य चन्दन आदि द्रव्यों के योग से तैल की उष्णता नहीं रहती और वह दाह आदि को शान्त करता है। अतएव सम्पूर्ण ज्वरों से घृतपान विधान करते हुए निदानस्थान के प्रथम अध्याय में कहा भी है—

'जीर्णज्वरेषु तु सर्वेष्वेव सर्पिषः पानं प्रशस्यते यथास्वौषधसिद्धस्य ; सर्पिर्हि स्नेहाद्वातं शासयति,संस्कारात्कफं,शैत्यात्पित्तमूष्माणं च ।' तथा—

'स्नेहाद्वातं शमयति शैत्यात्पित्तं नियच्छति ।
घृतं तुल्यगुणं दोषं संस्कारात्तु जयेत्कफम् ॥
नान्यः स्नेहस्तथा कश्चित्संस्कारमनुवर्त्तते ॥
यथा सर्पिरतः सर्पिः सर्वस्नेहोत्तमं मतम् ॥

घृत की सर्वोत्तमता को बताते हुए अष्टाङ्गसंग्रह ने (सू०२५अ०)—
'माधुर्यादविदाहित्वाज्जन्माद्येव च शीलनात्'

ये तीन हेतु अधिक दिये हैं। अर्थात् मधुर, अविदाहि एवं जन्म से ही घी का निरन्तर उपयोग होने से भी घी सर्वश्रेष्ठ है।

घी के अपने गुण संस्कार द्रव्यों के गुणों से अभिभूत नहीं होते और तैल आदि के गुण संस्कारक द्रव्यों के गुणों से पराभूत हो जाते हैं ॥१२॥

घृतं पित्तानिलहरं रसशुक्रौजसां हितम् ।
निर्वापणं मृदुकरं स्वरवर्णप्रसादनम् ॥१३॥

घृत के सामान्य गुण—घी पित्त तथा वायु को हरता है (शीत एवं स्निग्ध होने से)। रस, शुक्र (वीर्य धातु) तथा ओज के लिये हितकर है। दाह को शान्त करता है। शरीर मृदु (कोमल) करता है और स्वर तथा वर्ण को निखारनेवाला है ॥१३॥

मारुतघ्नं न च श्लेष्मवर्धनं बलवर्धनम् ।
त्वच्यमुष्णं स्थिरकरं तैलं योनिविशोधनम् ॥१४॥

तैलों के सामान्य गुण—वात को नष्ट करता है (स्निग्ध उष्ण एवं गुरु होने से)। कफ को नहीं बढ़ाता (उष्ण होने से)। बल

१—'वासौ' च ।
२—अभिषुकः औत्तरापथिकः ।
३—चित्रा रक्तैरण्डः,गोरक्षकर्कटी (बीजानि),जयपालबीजं वा।
४—अरुकः अरुष्करः भल्लातकफलम् इति गङ्गाधरः ।
५—'अरुकनिकोठाक्षोडा औत्तरापथिका ।' चक्रः ।
६—अस्याग्र कटूष्णं तैलमेरण्डं वातश्लेष्महरं गुरु । कषायवादुतिक्तश्च योजित पित्तहन्त्रपि ॥" इति कैश्चितपठ्यते ।

को बढ़ाता है। त्वचा के लिये हितकर है। उष्ण (गरम) है। मांस आदि की स्थिरता-दृढ़ता को करनेवाला है तथा योनि का शोधक है।

तिल तैल के कफ को न बढ़ाने के विषय में वृद्धवाग्भट ने कहा है—'मेध्यस्तिलः स्पर्शशीतो मेध्यं तैलं खलोऽहिमः। तस्यैव श्लेष्मकर्तृत्वं न तैलस्य खलस्य वा ॥' (सू० ७ अ०)

अर्थात् तिल मेधा के लिये हितकर हैं और स्पर्श में शीत हैं। इनसे निकाला हुआ तैल भी मेधा के लिये हितकर है। खल शीतल नहीं है। तिल ही कफ को करते हैं तैल अथवा खल नहीं। सुश्रुत सूत्रस्थान के ४५ वें अध्याय में भी तैलों को अन्य गुणों के साथ साथ वातनाशक, बलवर्द्धक, त्वच्य, उष्ण, मांसस्थैर्यकर तथा गर्भाशयशोधक कहा गया है ॥१४॥

विद्धभग्नाहतभ्रष्टयोनिकर्णशिरोरुजि ।
पौरुषोपचये स्नेहे व्यायामे चेष्यते वसा ॥१५॥

वसा के सामान्य गुण—विद्ध, भग्न, चोट, भ्रष्टयोनि (योनि का अपने स्थान से च्युत हो जाना), कर्णरोग तथा शिरोरोग में; पौरुष के संचय के लिये अथवा वीर्य के संचय के लिये; व्यायाम में और शरीर के स्नेहनार्थ वसा का प्रयोग अभीष्ट है ॥१५॥

बलशुक्ररसश्लेष्ममेदोमज्जविवर्धनः ।
मज्जा विशेषतोऽस्थ्नां च बलकृत्स्नेहने हितः ॥१६॥

मज्जा के सामान्य गुण—मज्जा का सेवन बल, वीर्य, रस, कफ, मेद, मज्जा; इन्हें बढ़ाता है। यह विशेषतः अस्थियों (हड्डियों) के बल को बढ़ाती है और स्नेहनार्थ हितकर है ॥१६॥

सर्पिः शरदि पातव्यं, वसा मज्जा च माधवे ।
तैलं प्रावृषि, नात्युष्णशीते स्नेहं पिबेन्नरः ॥१७॥

स्नेहों के सेवन काल—शरद् ऋतु में घी, वसन्त में वसा और मज्जा एवं प्रावृट् ऋतु में तैल का पान करना चाहिये। अत्यन्त उष्ण एवं अत्यन्त शीतकाल में स्नेहपान निषिद्ध है। शरद्, वसन्त तथा प्रावृट् ऋतु साधारण ऋतुएँ कहाती है; इनमें शीत, गर्मी और वर्षा अत्यधिक नहीं होतीं। पञ्चकर्म (शोधन) का प्रकरण स्नेह और स्वेद के बाद आता है। अतः शोधन के अभिप्राय से ही शरद्, वसंत तथा प्रावृट् ऋतु का कथन किया गया है। शोधन को ही दृष्टि में रखते हुए इन तीनों ऋतुओं को साधारण ऋतुओं में गिना गया है। इसी संहिता के सिद्धिस्थान ६ अध्याय में कहा भी जायगा—

अत्युष्णवर्षशीता हि ग्रीष्मवर्षाहिमागमाः।
तदन्तरे प्रावृडाद्या ज्ञेयाः साधारणास्त्रयः ॥'
प्रावृट् शुचिनभौ ज्ञेयौ शरदूर्जःसहौ पुनः।
तपस्यश्च मधुश्चैव वसन्तः शोधनं प्रति ॥

अर्थात् शोधन के प्रकरण में प्रावृट् ऋतु में आषाढ़ और श्रावण शरद् ऋतु में कार्तिक और मार्गशीर्ष तथा वसन्त में फाल्गुन और चैत्र; इन दो २ मासों का ग्रहण करना चाहिये। सुश्रुत सूत्रस्थान के षष्ठ अध्याय में संवत्सर का लक्षण करते हुए ६ ऋतुओं का वर्णन किया है—'तत्र माघादयो द्वादश मासाः संवत्सरः। द्विमासिकमृतुं कृत्वा षड् ऋतवो भवन्ति, ते शिशिरवसन्तग्रीष्मवर्षाशरद्धेमन्ताः। तेषां तपस्तपस्यौ शिशिरः, मधुमाधवौ वसन्तः, शुचिशुक्रौ ग्रीष्मः, नभोनभस्यौ वर्षाः, इषोर्जौ शरत्, सहःसहस्यौ हेमन्त इति।'

अर्थात् माघ, फाल्गुन से शिशिर; चैत्र, वैशाख से वसन्त; ज्येष्ठ और आषाढ़ से ग्रीष्म; श्रावण और भाद्रपद से वर्षा, आश्विन तथा कार्तिक से शरद् और मार्गशीर्ष तथा पौष से हेमन्त ऋतु होती है। परन्तु अयन तथा युग आदि कालचक्र का निर्देश करने के बाद ही—'इह तु वर्षाशरद्धेमन्तवसन्तग्रीष्मप्रावृषः षड् ऋतवो भवन्ति, दोषोपचयप्रकोपोपशमननिमित्तं ते तु भाद्रपदाद्येन द्विमासिकेन व्याख्याताः; तद्यथा—भाद्रपदाश्वयुजौ वर्षाः, कार्तिकमार्गशीर्षौ शरत्, पौषमाघौ हेमन्तः, फाल्गुनचैत्रौ वसन्तः वैशाखज्येष्ठौ ग्रीष्मः, आषाढश्रावणौ प्रावृडिति ।।' कहा है। अर्थात् दोषों के संचय प्रकोप यथा शान्ति की दृष्टि से वर्षा, शरद्, हेमन्त, वसन्त, ग्रीष्म, प्रावृट् इन ६ ऋतुओं में संवत्सर को बांटा गया है। इसके अनुसार भाद्रपद, आश्विन—वर्षा; कार्तिक, मार्गशीर्ष—शरत्; पौष, माघ—हेमन्त; फाल्गुन, चैत्र-वसन्त; वैशाख, ज्येष्ठ—ग्रीष्म और आषाढ़, श्रावण से प्रावृट् ऋतु होती है। अतएव दोषों के संशोधन के लिये भी ऋतुओं का इसी प्रकार का परिगणन करना होता है।

परन्तु गङ्गाधर के अनुसार 'माधव' शब्द के पढ़ने से चैत्र वैशाख रूप वसन्त का ग्रहण करना चाहिये। क्योंकि 'माधव' वैशाख का ही दूसरा नाम है। शरद् और प्रावृट् दो ऋतुओं के पठन होने से प्रकरणसंगत वैशाख मासवाली वसन्त ऋतु का ही ग्रहण करना चाहिये। संशोधनार्थोक्त फाल्गुन-चैत्र रूप वसन्त का नहीं। इसी प्रकार शरद् भी आश्विन-कार्तिक रूप ही समझनी चाहिये, कार्तिक-मार्गशीर्ष रूप नहीं। प्रावृट् भी श्रावण-भाद्रपद रूप ग्रहण की जानी चाहिये; आषाढ़-श्रावण रूप नहीं।

चक्रपाणि के अनुसार 'माधव' से वैशाख मास का ग्रहण करना चाहिये, शेष दो प्रावृट् और शरत् से संशोधन के अभिप्राय से कही हुई दो ऋतुओं का ही ग्रहण करना चाहिये।

अष्टाङ्गसंग्रहकार वृद्धवाग्भट ने—स्नेहों के इसी उपयोगकाल को (सू० २५ अ० में) इस प्रकार पढ़ा है—

तैलं प्रावृषि वर्षान्ते सर्पिरन्यौ तु माधवे।
सर्वं सर्वस्य च स्नेहं युञ्ज्याद् भास्वति निर्मले ॥
ऋतौ साधारणे,.................. ॥

इसकी टीका करते हुए इन्दु ने प्रावृट् से श्रावण, वर्षान्त से कार्तिक एवं माधव से (वसन्त) चैत्र का ग्रहण किया है। साथही यह भी बताया है कि शोधनार्थ वात को जीतने के लिये प्रावृट् में तैल का प्रयोग, शरद् में पित्त के जय के लिये घृत का प्रयोग एवं वमन कराने में वसा और मज्जा के कफ का उत्क्लेश (बाहिर निकालने की प्रवृत्ति) करने में समर्थ होने के कारण कफप्रधान काल (चैत्र) में उनका प्रयोग कराया जाता है।

परन्तु चक्रपाणि अपने मत की पुष्टि के लिये निम्न हेतु देता है कि तैल उष्ण होता है और घृत शीत, वसा और मज्जा ये साधारण उष्ण होते हैं। कहा भी है—

'तैलवसामज्जासर्पिषान्तु यथापूर्वं श्रेष्ठत्वं वातविकारेषु भवति, यथोत्तरं पित्तविकारेषु इति'।

अर्थात् तल, वसा, मज्जा और घी यथापूर्व क्रम से वातविकारों में उत्तम होते हैं। यथोत्तर क्रम से पित्त के विकारों में श्रेष्ठ होते हैं।

तैल के उष्ण होने से वह वातघ्नों में और घृत के शीत होने से वह पित्तघ्नों में श्रेष्ठतम है। वसा और मज्जा मध्य में पढ़े जाने से न अतिशीत हैं न अति उष्ण हैं; अपितु साधारण हैं। बल तथा धातु-वृद्धि के करनेवाले हैं। अर्थात् जब सूर्य का उत्तरायण काल प्रारम्भ होने पर बलक्षय और धातुक्षय प्रारम्भ होते हों और जिस समय अतिशीत वा अत्युष्णता न हो उस समय इनका सेवन करना चाहिये। वह काल चैत्र वैशाख का है; परन्तु चैत्र में श्लेष्मा के अत्यन्त अधिक होने से स्नेहन करना उपयुक्त नहीं। अतः वैशाख मास ही श्रेष्ठ है। अतएव आचार्य ने 'माधवे' ऐसा पढ़ा है।

वृद्ध वाग्भट के टीकाकार इन्दु ने जो तीनों स्थलों पर एक-एक महीना ग्रहण करने को कहा है वह—

शीतोष्णवर्षानिचितं चैत्रश्रावणकार्तिके।
क्रमात् साधारणे श्लेष्मवातपित्तं हरेद् द्रुतम्॥
प्रावृट्शरद्वसन्तानां मासेष्वेतेषु वा हरेत्।
साधारणेषु विधिना त्रिमासान्तरितान् मलान्॥

इत्यादि ग्रन्थोक्त दोषहरण के काल के साथ एकसङ्गति करने के लिये है। प्रकृत ग्रन्थ में सूत्रस्थान के ७ वें अध्याय में पूर्व दोषों के हरण का काल बताया है। वहाँ चैत्र, श्रावण और मार्गशीर्ष में क्रमशः कफ, वात तथा पित्त के सञ्चय को हटाने के लिये कहा है। मार्गशीर्ष और कार्तिक का जो इन दोनों मतों में भेद है, उसका उत्तर वहीं दिया जा चुका है।

'नात्युष्णशीते' अर्थात् न अत्यन्त उष्ण और न अत्यन्त शीत काल में कहने से जहाँ हेमन्त, ग्रीष्म वा वर्षा काल में स्नेहपान का निराकरण किया है वहाँ यदि शरदादि साधारण ऋतुओं में शीत या उष्णता का अतियोग हो जाय अर्थात् यदि अधिक सर्दी या अधिक गर्मी हो जाय तो उन दिनों में भी स्नेहपान न करना चाहिये। यह स्नेहपान का साधारण नियम है। अत्यधिक या शीघ्रकारी व्याधियों में इसके अपवाद भी हो सकते हैं॥१७॥

वातपित्ताधिके[1] रात्रावुष्णे चापि पिबेन्नरः।
श्लेष्माधिके दिवा शीते पिबेच्चामलभास्करे॥१८॥

अपवाद तथा दोषभेद से स्नेहपान का काल—वात और पित्त जिनमें अधिक हों और आत्ययिक रोग में गर्मी में भी रात्रि को स्नेह-पान करना चाहिये। जिसमें कफ अधिक हो वह और आत्ययिक व्याधि में शीतकाल में भी दिन में जब सूर्य निर्मल हो स्नेह पीवे।

अर्थात् अभिप्राय यह है कि वातल, पित्तल, वातपित्तल तथा श्लेष्मपित्तल पुरुष साधारण ऋतुओं में रात्रिसमय स्नेहपान करें। श्लेष्मल तथा वातश्लेष्मल दिन में। यदि विकार या रोग आत्ययिक हो, किन्तु स्नेहसाध्य हो तो अत्युष्णकाल या अतिशीत काल में भी पानार्थ स्नेह दिया जा सकता है। अति उष्ण काल या ग्रीष्म ऋतु में रात्रि समय और अतिशीत काल या हेमन्त में दिन के समय स्नेहपान हो सकता है। वर्षा ऋतु में भी गर्मी या सर्दी के अनुसार रात्रि एवं दिन का समय नियत करना चाहिये। अष्टाङ्गसंग्रह (सू० २५ अ०) में कहा भी है—

सर्व सर्वस्य च स्नेहं युञ्ज्यात् भास्वति निर्मले।
ऋतौ साधारणे, दोषसाम्येऽनिलकफे कफे॥
दिवा, निश्यनिले पित्ते संसर्गे पित्तवत्यपि।
त्वरमाणे तु शीतेऽपि दिवा तैलं च योजयेत्।
उष्णेऽपि रात्रौ सर्पिश्च दोषादीन् वीक्ष्य चान्यथा॥'

सुश्रुत (चि० ३१ अ०) में भी—

शीतकाले दिवा स्नेहमुष्णकाले पिबेन्निशि।
वातपित्ताधिको रात्रौ वातश्लेष्माधिको दिवा॥

इसकी व्याख्या करते हुए उल्हण ने उपर्युक्त भावार्थ ही बताया है। चक्रपाणि के अनुसार केवल वाताधिक, पित्ताधिक तथा कफाधिक पुरुष को साधारण शरद् आदि (नात्युष्णशीत) ऋतुओं में—

'पिबेत्संशमनस्नेहमन्नकाले प्रकाङ्क्षितः।
शुद्ध्यर्थं पुनराहारे नैशे जीर्णे पिबेन्नरः॥'

के अनुसार संशमन स्नेह का बुभुक्षा होने पर अन्न के समय और संशोधन स्नेह का पिछली रात्रि के समय खाये हुए आहार के जीर्ण होने पर (प्रातः) पान करना चाहिये। तथा च वातपित्ताधिक को सायंकाल और वातकफाधिक को दिन में मध्याह्न के समय स्नेह-पान कराना चाहिये।

कई कहते हैं कि केवल वाताधिक, पित्ताधिक तथा वातपित्ताधिक को रात्रि समय और श्लेष्माधिक एवं पित्तश्लेष्माधिक को दिन में स्नेह पान कराना चाहिये।

गङ्गाधर 'पिबेच्चामलभास्करे' की जगह 'पित्ते चामलभास्करे' यह पाठ पढ़ता है और व्याख्या करता है कि आत्ययिक वातपित्ताधिक वाताधिक एवं पित्ताधिक रोग होने पर ग्रीष्म ऋतु में पुरुष रात्रि समय स्नेह पीवे। वातश्लेष्माधिक में तो ग्रीष्म ऋतु में दिन में स्नेह-पान निषिद्ध नहीं है, रात्रि में निषिद्ध है। श्लेष्माधिक रोग में हेमन्त एवं शिशिर काल में मनुष्य को दिन में मध्याह्न समय स्नेह पीना चाहिये। पित्त में पी सकता है। वाताधिक निषिद्ध है॥१८॥

अत्युष्णे वा दिवा पीतो वातपित्ताधिकेन वा।
मूर्च्छां पिपासामुन्मादं कामलां वा समीरयेत्॥१९॥

यदि अत्यन्त उष्ण काल (ग्रीष्म) में अथवा वाताधिक, पित्ताधिक वा वातपित्ताधिक पुरुष दिन के समय स्नेहपान करता है तो स्नेह मूर्च्छा, पिपासा (तृषा, प्यास), उन्माद अथवा कामला को उत्पन्न कर देता है। अर्थात् यदि कफाधिक पुरुष भी अत्यन्त उष्ण काल में दिन में स्नेहपान करेगा तो वह भी मूर्च्छा आदि रोगों से आक्रान्त होगा और यदि वाताधिक एवं पित्ताधिक पुरुष शीतकाल में भी दिन के समय स्नेहपान करेगा तो उसे मूर्च्छा आदि विकार हो जायेंगे १६

शीते रात्रौ पिबन्स्नेहं नरः श्लेष्माधिकोऽपि वा।
आनाहमरुचिं शूलं पाण्डुतां वा समृच्छति॥२०॥

शीतकाल (हेमन्त) में रात्रि के समय स्नेह पीने से अथवा यदि श्लेष्माधिक पुरुष रात्रि के समय स्नेह पीवेगा तो वह आनाह, अरुचि, शूल एवं पाण्डुरोग को प्राप्त होगा। अर्थात् यदि वाताधिक एवं पित्ताधिक पुरुष भी अत्यन्त शीत काल में रात्रि के समय स्नेह पीवेगा अथवा श्लेष्माधिक पुरुष उष्ण काल में भी रात्रि के समय स्नेहपान करेगा तो आनाह आदि रोगों का शिकार होगा। अष्टाङ्ग-संग्रह में भी कहा है—

[1]—'रात्राविति सायम्' चक्रः।

... ...अन्यथा ॥
निश्यश्नुते वातकफाद्रोगानहनि पित्ततः ॥

अर्थात् यदि पुरुष स्नेहपान में निर्दिष्ट काल नियम से विपरीत आचरण करेगा तो रात्रिसमय स्नेहपान से वातकफज रोग एवं दिन के समय पीने से पित्तजन्य रोग होंगे ॥

जलमुष्णं घृते पेयं, यूषस्तैलेऽनुशस्यते ।
वसामज्जोस्तु मण्डः स्यात्सर्वेषूष्णमथाम्बु वा ॥२१॥

स्नेहों के अनुपान—घृतपान के पश्चात् उष्ण जल पीना चाहिये। तैलपान के पश्चात् यूष पीना चाहिये और वसापान या मज्जापान के पश्चात् मण्ड पीना चाहिये। अर्थात् घृत का अनुपान उष्ण जल, तैल का अनुपान यूष तथा वसा और मज्जा का अनुपान मण्ड है।

अथवा सम्पूर्ण स्नेहों के पश्चात् गरम जल भी पी सकते हैं। सुश्रुत ने उष्ण जल को अनुपान बताते हुए भिलावे और तुवरक के स्नेह में उष्ण जल के अनुपान का निषेध किया है। इन दोनों स्नेहों के पश्चात् ठण्डा जल पीने का आदेश है। यथा—

'उष्णोदकानुपानन्तु स्नेहानामथ शस्यते ।
ऋते भल्लातकस्नेहात्स्नेहात्तौवरकात्तथा । सू० ४६ अ० ।

ओदनश्च विलेपी च रसो मांसं पयो दधि ।
यवागूः सूपशाकौ च यूषः काम्बलिकः खडः ॥२२॥
शक्तवस्तिलपिष्टं च मद्यं लेहास्तथैव च ।
भक्ष्यमभ्यञ्जनं बस्तिस्तथा चोत्तरबस्तयः ॥२३॥
गण्डूषः कर्णतैलं च नस्यं कर्णाक्षितर्पणम् ।
चतुर्विंशतिरित्येताः स्नेहस्य प्रविचारणा[1] ॥२४॥

स्नेहों की प्रविचारणायें—१ ओदन, २ विलेपी, ३ रस, ४ मांस ५ दूध, ६ दही, ७ यवागू, ८ सूप, ९ शाक, १० यूष, ११ काम्बलिक, १२ खड, १३ सत्तू, १४ तिलपिष्ट, १५ मद्य, १६ लेह, १७ भक्ष्य, १८ अभ्यञ्जन, १९ बस्ति, २० उत्तरबस्ति, २१ गण्डूष, २२ कर्णतैल, २३ नस्य, २४ अक्षितर्पण; ये स्नेह की चौबीस विचारणायें हैं। अर्थात् इन २४ प्रकार की कल्पनाओं में स्नेह प्रयोग हो सकता है। ओदन आदि का वर्णन होने से यहाँ उनकी परिभाषाओं का देना अनुचित न होगा—

अन्नं पञ्चगुणे साध्यं विलेपी तु चतुर्गुणे ।
मण्डश्चतुर्दशगुणे यवागूः षड्गुणेऽम्भसि ॥
सिक्थकै रहितौ मण्डः पेया सिक्थसमन्विता ।
यवागूर्बहुसिक्था स्याद्विलेपी विरलद्रवा ॥
षडङ्गपरिभाषैव प्रायः पेयादिसम्मता ।

अर्थात् अच्छी प्रकार धोये हुए चावलों से पाँचगुना जल डालकर पाक करें, जब देखें कि चावल गल गये हैं तब द्रवभाग को निकाल दें। यह ओदन—अन्न या भक्त (भात) कहाता है। विलेपी में चावलों की कणी से जल चौगुना डाला जाता है। जब चावल गल जाँय और जल आधा रह जाय तब नीचे उतार लें। यह विलेपी कहायगा। मण्ड बनाने के लिये चावलों की अपेक्षा जल चौदह गुणा लिया जाता है, जब जल आधा अवशिष्ट रह जाय तब सिक्थ भाग (चावलों की कणी) को पृथक् कर लें। द्रव भाग को मण्ड कहते हैं। यवागू सिद्ध करने में सिक्थ से जल ६ गुना लिया जाता है। जब जल पक कर आधा रह जाय तो नीचे उतार लें। इसे यवागू कहते हैं। शिवदास आदि व्याख्याकार इस यवागू को पेया नाम से कहते हैं।

मांसरस का साधन ३ प्रकार का होता है—घन, तनु, और अच्छतर। अच्छतर मांसरस सबसे पतला होता है। यह १ पल कुट्टित मांस में २ प्रस्थ जल डाल पाक करने से सिद्ध होता है। जल चतुर्थांश अवशिष्ट रहने देना चाहिये। इसकी अपेक्षा गाढ़े मांसरस को तनुक मांसरस कहते हैं। इसमें कुट्टित मांस६पल को२प्रस्थ जल में पकाकर चतुथाश रस अवशिष्ट रहने दिया जाता है। इसकी अपेक्षा जो गाढ़ा हो उसे घन मांसरस कहते है। उसमें मांस १२ पल को २ प्रस्थ जल में पकाकर चतुर्थांश रस अवशिष्ट रहने दिया जाता है। द्रवरूप पकायी हुई दाल को सूप कहते हैं। अच्छी प्रकार धोयी हुई दाल से चौदह गुणा या १८ गुना जल डालकर पकाते हैं। जब दाल गल जाय और जल चतुर्थांश अवशिष्ट रह जाय तब उतार लें। यह सूप कहाता है।

यूष साधन के लिये दाल आदि को पोटली में बाँधकर अठारह गुने जल में पकाया जाता है। जब जल आधा अवशिष्ट रह जाय तो पोटली को निकाल लें, अवशिष्ट द्रव यूष कहाता है।

काम्बलिक का लक्षण बताते हुए अष्टाङ्गसंग्रह में कहा है—

'पिशितेन रसस्तत्र यूषो धान्यैः खडः फलैः ।
मूलैश्च तिलकल्काम्लप्रायः काम्बलिकः स्मृतः ॥
ज्ञेयाः कृताकृतास्ते तु स्नेहादियुतवर्जिताः ॥'

अर्थात् मांस से जो द्रव तय्यार किया जाजा है उसे रस, मूँग आदि धान्य से जो तय्यार किया जाता है उसे यूष, फलों से जो तय्यार किया जाता है उसे खड और मूलों से—प्रायः तिलकल्क और अनारदाने आदि की खटाई देकर—जो द्रव तय्यार किया जाता है उसे काम्बलिक कहते हैं। यदि उन्हें घृत आदि स्नेहों से भर्जन करके शुण्ठी आदि मसाला डालकर सिद्ध किया जाय तो उन्हें कृत (संस्कृत) कहते हैं। इससे विपरीत अकृत कहाते हैं। अन्यत्र उदाहरण से खड तथा काम्बलिक का भेद दर्शाया है—

'तक्रं कपित्थचाङ्गेरीमरिचाजाजीचित्रकैः ।
सुपक्वः खडयूषोऽयमयं काम्बलिको मतः ॥
दध्यम्ललवणस्नेहतिलमाषान्वितः शृतः ॥'

तिलपिष्ट को तिलकुट कहते हैं। कहा भी है—

'पललन्तु समाख्यातं सैन्धवं तिलपिष्टकम् ।'

अर्थात् तिल को कूटकर उसमें गुड़ शक्कर या खाँड मिला दी जाय तो वह तिलकूट कहाता है। शेष स्पष्ट ही है ॥

अच्छपेयस्तु यः स्नेहो न तामाहुर्विचारणाम् ।
स्नेहस्य स भिषग्दृष्टः कल्पः प्राथमकल्पिकः ॥२५॥

जो स्नेह केवल स्वच्छ पिया जाता है, उसे विचारणा नहीं

१—'प्रविचारणा प्रकर्षेण विशेषाच्चर्यंते भक्षणपानलेहाभ्यञ्जनादिरूपेण उपसेव्यते तत्तत् प्रविचारणा' गङ्गाधरः। प्रविचार्यतेऽनुकल्पेनोपयुज्यतेऽनयेति प्रविचारणा ओदनादयः, ओदनादयश्च स्नेहविचारणायां स्नेहयुक्ता एवं बोद्धव्याः, अभ्यञ्जनादयस्तु यद्यपि शुद्धस्नेहसंपाद्यास्तथाऽपि जठराग्निसंबन्धे न व्याप्रियन्ते इति विचारणाशब्देनोच्यन्ते' चक्रः]

कहते। चिकित्सकों ने इसे स्नेह की मुख्य कल्पना जाना है। अर्थात् यद्यपि स्वच्छ स्नेह भी 'विचारणा' शब्द से कहा जाना चाहिये, परन्तु वैद्यपरम्परा से यह शब्द पीने में उपयोगी अच्छे स्नेह के प्रति प्रयुक्त नहीं होता। परन्तु नस्य अभ्यङ्ग कर्णतैल या अक्षितर्पण आदि में प्रयुक्त स्वच्छ तैल भी विचारणा में आ जायगा। इनका सीधा सम्बन्ध जाठराग्नि से नहीं होता; अपितु त्वक्स्थित भ्राजक अग्नि से पाक होता है। अच्छपेय स्नेह स्नेहन कर्म शीघ्र ही सिद्ध करता है; अतएव उसे मुख्य कल्पना कहा गया है। ओदन आदि में स्नेह को मिश्रित कर प्रयुक्त करने से स्नेहन गुण में कुछ कमी आ जाती है। तथा नस्य की मात्रा न्यून होती है। अष्टाङ्गसंग्रहकार ने कहा भी है—

.... विचारणाः।
स्नेहस्याभिभूतत्वादल्पत्वाच्च क्रमात्स्मृता।
यथोक्तहेत्वभावाच्च नाच्छपेया विचारणा॥
(अ० सू० २५ अ०)॥

अर्थात् ओदन आदि द्वारा स्नेह के पराभूत हो जाने के कारण तथा अभ्यङ्ग आदि में अल्प मात्रा में प्रयुक्त होने के कारण उन्हें विचारणा कहा जाता है। परन्तु अच्छपेय में इन हेतुओं के न होने से उसे विचारणा नहीं कहते॥२५॥

रसैश्चोपहितः स्नेहः समासव्यासयोगिभिः।
षड्भिस्त्रिषष्टिधा संख्यां प्राप्नोत्येकश्च केवलः॥२६॥
एवमेषा चतुःषष्टिः स्नेहानां प्रविचारणा।
ओकर्तुव्याधिपुरुषान् प्रयोज्या जानता भवेत्॥२७॥

स्नेह ओदन आदि विचारणाओं के समस्त (मिलित) एवं व्यस्त (पृथक्) रूप छहों रसों से युक्त होता हुआ ६३ प्रकार का हो जाता है। क्योंकि रस समस्त एवं व्यस्त रूप ६३ प्रकार के होते हैं। संयोग से ५७ और पृथक्-पृथक् ६। इनका वर्णन आत्रेयभद्रकाप्यीय नामक (सू० २६ अ०) अध्याय में किया जायगा। केवल—अर्थात् ६३ प्रकार के रसों से युक्त न हुआ २ (अच्छ) स्नेह एक प्रकार का होता है। अभ्यङ्ग आदि में प्रयुक्त अच्छस्नेह का ही यहाँ ग्रहण किया गया है। क्योंकि अच्छपेय स्नेह का विचारणा में अन्तर्भाव नहीं होता। इस प्रकार ६३ + १ = ६४ स्नेहों की प्रविचारणायें होती हैं। ओक, (अभ्यास, निरन्तर उपयोग अथवा देश) ऋतु व्याधि तथा पुरुष को जाननेवाले वैद्य को इन ६४ विचारणाओं का प्रयोग करना चाहिये। अभिप्राय यह है कि वैद्य ओकसात्म्य, ऋतुसात्म्य, व्याधि-सात्म्य, एवं पुरुषसात्म्य का विचार करते हुए इन ६४ विचारणाओं में से जो उपयोगी हो उसी (विचारणा) का रोगी को प्रयोग करावे। कई सात्म्य को देह, ऋतु, रोग एवं देश भेद से चार प्रकार का मानते हैं। कई छः प्रकार का दोष, प्रकृति, देश, ऋतु, व्याधि तथा ओक भेद से। कई आठ प्रकार का जाति, राग, आतुर (रोगी), धान्य, रस, देश, ऋतु तथा जलभेद से। इन सात्म्यों का विचार वा परीक्षा करके ही विचारणाओं का प्रयोग करना हितकर है।२६,२७।

अहोरात्रमहः कृत्स्नमर्धाहं च प्रतीक्षते।
प्रधाना मध्यमा ह्रस्वा स्नेहमात्रा जरां प्रति॥२८॥
इति तिस्रः समुद्दिष्टा मात्रा स्नेहस्य मानतः।

मात्रा के भेद और उनका प्रमाण—जो मात्रा अहोरात्र (२४ घण्टे) में जीर्ण होती है वह प्रधान (Maximum) मात्रा कहाती है। जो दिन (१२ घण्टे) भर में पचे वह मध्यम मात्रा, जो आधे दिन (६ घण्टे) में पचे वह स्नेह की ह्रस्व (छोटी, Minimum) मात्रा कहाती है। ये प्रमाण द्वारा स्नेह की तीन मात्रायें बतायी हैं।

सुश्रुत ने पाँच प्रकार की स्नेह की मात्रायें बतायी हैं। जो कि क्रमशः एक, दो, तीन, चार और आठ पहर में परिपाक को प्राप्त होती हैं। पहर ३ घण्टे का होता है। कहा भी है—

या मात्रा परिजीर्येत चतुर्भागगतेऽहनि।
सा मात्रा दीपयत्यग्निमल्पदोषे च पूजिता॥
या मात्रा परिजीर्येत तथार्धदिवसे गते।
सा वृष्या बृंहणी चैव मध्यदोषे च पूजिता॥
या मात्रा परिजीर्येत चतुर्भागावशेषिते।
स्नेहनीया च सा मात्रा बहुदोषे च पूजिता॥
या मात्रा परिजीर्येत्तु तथा परिणतेऽहनि।
ग्लानिमूर्च्छामदान् हित्वा सा मात्रा पूजिता भवेत्॥
अहोरात्रादसन्दुष्टा या मात्रा परिजीर्यति।
सा तु कुष्ठविषोन्मादग्रहापस्मारनाशिनी॥२८॥

तासां प्रयोगान्वक्ष्यामि पुरुषं पुरुषं प्रति॥२९॥

इन तीनों मात्राओं का पुरुष २ के प्रति प्रयोगों को (अब) कहूँगा। अर्थात् दोष आदि की अपेक्षा से कहाँ पर कौनसी मात्रा का प्रयोग होना चाहिये, यह बताया जायगा॥२९॥

प्रभूतस्नेहनित्या ये क्षुत्पिपासासहा नराः।
पावकश्चोत्तमबलो येषां ये चोत्तमा बले॥३०॥
गुल्मिनः सर्पदष्टाश्च वीसर्पोपहताश्च ये।
उन्मत्ताः कृच्छ्रमूत्राश्च गाढवर्चस एव च॥३१॥
पिबेयुरुत्तमां मात्रां,

कहाँ पर स्नेह की उत्तम अर्थात् प्रधान मात्रा देनी चाहिये?—

जो पुरुष प्रतिदिन अधिक मात्रा में स्नेह का प्रयोग करते हैं, जो भूख और प्यास को सह सकते हैं, जिनकी जाठराग्नि तीक्ष्ण है और बलशाली है; वे पुरुष तथा गुल्मरोगी, सर्पदष्ट (जिन्हें साँप डसा हो), वीसर्प के रोगी, उन्मत्त (उन्मादयुक्त, पागल), जिन्हें मूत्रकृच्छ्र हो, जिन्हें पुरीष (मल) अत्यधिक कठोर आता हो; वे स्नेह की उत्तम मात्रा को पीवें॥३०,३१॥

तस्याः पाने गुणान् शृणु॥
विकारान् शमयत्येषा शीघ्रं सम्यक्प्रयोजिता॥३२॥
दोषानुकर्षिणी मात्रा सर्वमार्गानुसारिणी।
बल्या पुनर्नवकरी शरीरेन्द्रियचेतसाम्॥३३॥

उत्तम मात्रा के गुण—विधिपूर्वक प्रयुक्त करायी हुई स्नेह की यह उत्तम मात्रा शीघ्र ही रोगों को शान्त करती है। यह सम्पूर्ण अर्थात् तीनों रोगों के मार्गों में जाती हुई वहाँ के दोषों को क्षीण करती है—नष्ट करती है। बल को बढ़ाती है और शरीर, इन्द्रिय एवं मन को पुनः ताजा कर देती है॥३२, ३३॥

अरुष्कस्फोटपिडकाकण्डूपामाभिरर्दिताः।
कुष्ठिनश्च प्रमीढाश्च वातशोणितिकाश्च ये॥३४॥
नातिबह्वाशिनश्चैव मृदुकोष्ठास्तथैव च।

पिबेयुर्मध्यमां मात्रां मध्यमाश्चापि ये बले ॥३५॥

कहाँ स्नेह की मध्यम मात्रा देनी चाहिये ?—अरूंषिका (फुन्सियाँ), फोड़े, पिडका, कण्डू (खुजली), पामा ; इन से पीड़ित, कुष्ठी, प्रमेह-युक्त, वातरक्त के रोगी, जो अत्यधिक न खाते हों, जिनका कोष्ठ मृदु हो तथा च मध्यम बलवाले पुरुष स्नेह की मध्यम मात्रा पीवें ॥३५,३६॥

मात्रैषा मन्दविभ्रंशा न चातिबलहारिणी ।
सुखेन च स्नेहयति शोधनार्थे च युज्यते ॥३६॥

मध्यम मात्रा के गुण—इस मात्रा में स्नेह के सेवन से उत्पन्न होनेवाली व्यापत्तियों या उपद्रवों की कम सम्भावना रहती है । बल को अधिक मात्रा में कम नहीं करती । सुख से स्नेहन करती है और संशोधन के लिए प्रयुक्त होती है ।

उत्तम मात्रा में 'विकारान् शमयति' तथा मध्यम मात्रा में 'शोधनार्थे च युज्यते' कहने से संशमन में उत्तम मात्रा एवं शोधनार्थ स्नेहन करने में मध्यम मात्रा का प्रयोग करना चाहिये ॥३६॥

ये तु वृद्धाश्च बालाश्च सुकुमाराः सुखोचिताः ।
रिक्तकोष्ठत्वमहितं येषां मन्दाग्नयश्च ये ॥३७॥
ज्वरातीसारकासाश्च येषां चिरसमुत्थिताः ।
स्नेहमात्रां पिबेयुस्ते ह्रस्वां ये चावरा बले ॥३८॥

स्नेह की ह्रस्व मात्रा का कहाँ प्रयोग करना चाहिये ?—बूढ़े, बालक, सुकुमार तथा जो सुख के अभ्यासी हैं, कोष्ठ के खाली होने पर जिन्हें कष्ट होता हो, जिनकी जाठराग्नि मन्द हो और जिन्हें देर से (Chronic) ज्वर, अतीसार अथवा कास (खाँसी) हो, जिनमें बल कम हो ; वे स्नेह की ह्रस्व मात्रा को पीवें ।

'सुख के अभ्यासी' से अभिप्राय यह है कि जो किसी आयास-जनक वा परिश्रम के कार्य को नहीं करते । गद्दों पर बैठना, मोटर गाड़ी आदि की सवारी करना, पैदल न चलना, प्रभृति भोगविलास (Luxury) की सामग्री के अभ्यासी हैं ॥३७, ३८॥

परिहारे सुखा चैषा मात्रा स्नेहनबृंहणी ।
वृष्या बल्या निराबाधा चिरं चाप्यनुवर्तते ॥३९॥

ह्रस्व मात्रा के गुण—यह मात्रा परहेज में सुगम है । अर्थात् इस मात्रा के सेवन करते हुए स्नेहपान में निर्दिष्ट अपथ्य का त्याग स्वल्पकाल तक ही करना होता है । यह स्नेहन एवं बृंहण[1] (मोटा ताजा) करती है । वीर्योत्पादक है, बल को बढ़ाती है, उपद्रवों से शून्य है, एवं देर तक शरीर में रहती है—शीघ्र ही बाहर नहीं निकल जाती अथवा इस मात्रा का चिरकाल तक भी प्रयोग हो सकता है ।३९।

वातपित्तप्रकृतयो वातपित्तविकारिणः ।
चक्षुष्कामाः क्षताः क्षीणा[2] वृद्धा बालास्तथाऽबलाः॥४०॥
आयुःप्रकर्षकामाश्च बलवर्णस्वरार्थिनः ।
पुष्टिकामाः प्रजाकामाः सौकुमार्यार्थिनश्च ये ॥४१॥
दीप्त्योजःस्मृतिमेधाग्निबुद्धीन्द्रियबलार्थिनः ।
पिबेयुः सर्पिरार्ताश्च दाहशस्त्रविषाग्निभिः ॥४२॥

कौन सा स्नेह किसके लिये हितकर है ?—जिनकी वातप्रकृति वा पित्तप्रकृति हो अथवा जिन्हें वात पित्त के रोग हों, जो चक्षु को ठीक रखना चाहते हों वा दृष्टिशक्ति को बढ़ाना चाहते हों ; जिन्हें चोट लगी हो, क्षीण हों ; वृद्ध, बालक, दुर्बल एवं जो दीर्घ जीवन की इच्छा रखते हों ; बल, वर्ण तथा स्वर को चाहनेवाले ; पुष्टि के इच्छुक, सुकुमारता, कान्ति, ओज, स्मृति, मेधा (धारणात्मिका शक्ति), अग्निदीप्ति, बुद्धि, इन्द्रिय एवं बल को चाहनेवाले और दाह, शस्त्र वा विष से पीड़ित तथा अग्नि से जले हुए पुरुष घी पीवें । सुश्रुत सूत्रस्थान ४५ अध्याय में घृत के गुण बताये हैं, यथा—'घृतं तु सौम्यं शीतवीर्यं मृदु मधुरमनभिष्यन्दि स्नेहनमुदावर्तोन्मादापस्मारशूलज्वरानाहवातपित्तप्रशमनमग्निदीपनं स्मृतिमतिमेधाकान्तिस्वरलावण्यसौकुमार्यौजस्तेजोबलकरमायुष्यं वृष्यं मेध्यं वयः स्थापनं गुरु चक्षुष्यं श्लेष्माभिवर्द्धनं पापलक्ष्मीप्रशमनं विषहरं रक्षोघ्नं च ॥'

इसी प्रकार सुश्रुत चिकित्सा स्थान के ३१ वें अध्याय में भी—

'रूक्षक्षतविषार्तानां वातपित्तविकारिणाम् ।
हीनमेधास्मृतीनां च सर्पिःपानं प्रशस्यते ॥ ४०–४२ ॥

प्रवृद्धश्लेष्ममेदस्काश्चलस्थूलगलोदराः ।
वातव्याधिभिराविष्टा वातप्रकृतयश्च ये ॥४३॥
बलं तनुत्वं लघुतां दृढतां स्थिरगात्रताम् ।
स्निग्धश्लक्ष्णतनुत्वक्तां ये च काङ्क्षन्ति देहिनः ॥४४॥
कृमिकोष्ठाः क्रूरकोष्ठास्तथा नाडीभिरर्दिताः ।
पिबेयुः शीतले काले तैलं तैलोचिताश्च ये ॥४५॥

जिनमें कफ या मेदा बढ़ी हुई हो ; गला और पेट स्थूल (मोटे) हों और हिलते हों (जैसा कि स्थूल पुरुषों में होता है) ; जो वात के रोगों से घिरे हों ; जो वातप्रकृतिवाले हो ; जो बल, तनुता (कृशता, पतलापन), लघुता (हलकापन), दृढ़ता, शरीर की स्थिरता के इच्छुक हों तथा जो पुरुष स्निग्ध, चिकनी वा पतली त्वचा चाहते हों जिनके पेट में कृमि (कीड़े) हों, जिनके कोष्ठ कठोर हों, जो नाड़ीव्रणों से पीड़ित हों तथा जो तैल के अभ्यासी हों ; वे ठण्डे समय तैल पीवें । यद्यपि अत्यन्त शीत समय में स्नेहपान निषिद्ध है, परन्तु अत्यधिक विकारों में स्नेहपान कराया जा सकता है । अथवा तैल के उष्ण होने के कारण रात्रि वा सायंकाल ठण्डे समय में वात-पित्तवाले को पिलाना चाहिये । अष्टाङ्ग संग्रह सू० २५ अ० में कहा भी है—

······निश्यनिले पित्ते संसर्गे पित्तवत्यपि ।
त्वरमाणे तु शीतेऽपि दिवा तैलं च योजयेत् ॥४३–४५॥

वातातपसहा ये च रूक्षा भाराध्वकर्शिताः ।
संशुष्करेतोरुधिरा[1] निष्पीतकफमेदसः ॥४६॥
अस्थिसन्धिशिरास्नायुमर्मकोष्ठमहारुजः ।
बलवान्मारुतो येषां खानि चावृत्य तिष्ठति ॥४७॥
महच्चाग्निबलं येषां वसासात्म्याश्च ये नराः ।
तेषां स्नेहयितव्यानां वसापानं विधीयते ॥४८॥

जो पुरुष वात तथा धूप को सहते हैं, रूक्ष हैं, भार उठा-उठाकर वा अधिक चलने से जो कृश हो गये हैं, वीर्य एवं रुधिर जिनका सूख गया है—क्षीण हो गया है, कफ वा मेद जिनके क्षीण हो गये हैं, जिनके अस्थि (हड्डी), सन्धि, शिरा, स्नायु, मर्म वा कोष्ठ में

१—बृंहत्वं यच्छरीरस्य जनयेत्तच्च बृंहणम् ।
२—'क्षतक्षीणा' ग. ।

१—'निस्पीतकफमेदसः' ग० ।

बड़ी वेदना या रोग हों, जिनमें वायु बलवान् हो और वह स्रोतों को आच्छादित करके वहीं रुक जाय, जिनमें अग्नि अत्यधिक बलवान् हो और जो वसासात्म्य हों अर्थात् जिन्हें वसा का पान अनुकूल पड़ता हो ; उन्हें यदि स्नेहन कराना योग्य हो तो वसा का पान कराना चाहिये । सुश्रुत (चि० ३१ अ०) में भी—

'व्यायामकर्शिताः शुष्करेतोरक्ता महारुजः ।
महाग्निमारुतप्राणा वसायोग्या नराः स्मृताः' ॥४६-४८॥

दीप्ताग्नयः क्लेशसहा घस्मराः स्नेहसेविनः ।
वातार्ताः क्रूरकोष्ठाश्च स्नेह्या मज्जानमाप्नुयुः ॥४९॥

जिनकी अग्नि दीप्त हो, क्लेशों को सहनेवाले, बहुत खानेवाले—पेटू, स्नेहों का सेवन करनेवाले, वातरोगी, जिनके कोष्ठ (आमाशय पक्वाशय) क्रूर हों–कठोर हों ; परन्तु स्नेहन के योग्य हों ; उन्हें मज्जा का सेवन करना चाहिये । सुश्रुत ने भी कहा है—

क्रूराशयाः क्लेशसहा वातार्ता दीप्तवह्नयः ।
मज्जानमाप्नुयुः सर्वे......॥ चि० ३१ अ० ॥

येभ्यो येभ्यो हितो यो यः स्नेहः स परिकीर्तितः ।

जिन-जिन के लिये जो-जो स्नेह हितकर है, यहाँ बता दिया गया है ।

स्नेहनस्य प्रकर्षौ तु सप्तरात्रत्रिरात्रकौ ॥५०॥

स्नेहन का प्रकर्ष—सात दिन और तीन दिन ये दो स्नेहन के प्रकर्ष हैं । अर्थात् इतने दिनों में पूर्ण स्नेहन हो जाता है । इसके पश्चात् स्नेह सात्म्य हो जाता है । ये प्रकर्ष क्रमशः क्रूरकोष्ठ तथा मृदुकोष्ठ के लिये हैं । इसी अध्याय में आगे कहा जायगा—

'मृदुकोष्ठस्त्रिरात्रेण स्निह्यत्यच्छोपसेवया ।
स्निह्यति क्रूरकोष्ठस्तु सप्तरात्रेण मानवः ॥'

ये दोनों प्रकर्ष स्नेहन के काल को सीमाबद्ध करते हैं । अर्थात् कम से कम तीन दिन और अधिक से अधिक सात दिन तक स्नेहन कराना चाहिये । मध्यकोष्ठ पुरुष का चार, पाँच या छः दिन में भी स्नेहन हो सकता है । सुश्रुत ने चिकित्सास्थान ३१ वें अध्याय में कहा भी है—

'पिबेत्त्र्यहं चतुरहं पञ्चाहं षडहं तथा ।
सप्तरात्रात्परं स्नेहः सात्म्यीभवति सेवितः ॥'

भोज ने भी दोष के भेद से स्नेहन का काल बताया है । यथा—'त्र्यहेण श्लैष्मिकः स्निह्यात् पञ्चरात्रेण पैत्तिकः ।
वातिकः सप्तरात्रेण सात्म्यतां यात्यतः परम् ॥'

अर्थात् श्लैष्मिक पुरुष का ३ दिन में पैत्तिक का ५ दिन में एवं वातिक का ७ दिन में स्नेहन होता है । इन कालों के पश्चात् स्नेह सात्म्य हो जाता है ।

इसी संहिता के सिद्धिस्थान १ अध्याय में भी तीन और ७ दिन को स्नेहन की सीमा के तौर पर ही कहा गया है—

'त्र्यहावरं सप्तदिनं परं तु स्निग्धो नरः स्वेदयितव्य इष्टः ।
नातः परं स्नेहनमादिशन्ति सात्म्यीभवेत्सप्तदिनात्परन्तु ॥'

सद्यःस्नेहन के लिए भी जहाँ आयुर्वेद में स्नेह कहे गये हैं ; वहाँ भी सद्यः शब्द से तीन दिन ग्रहण करना चाहिये ।

यह स्नेहन का प्रकर्ष अच्छे स्नेह के प्रयोग का ही है । ओदन आदि विचारणाओं में प्रयुक्त स्नेह के स्नेहन काल का निश्चित नियम न होने के कारण कहेजानेवाले स्निग्धपुरुष के लक्षणों से, स्नेहन के काल का निर्णय करना चाहिये ॥५०॥

स्वेद्याः शोधयितव्याश्च रूक्षा वातविकारिणः ।
व्यायाममद्यस्त्रीनित्याः स्नेह्याः स्युर्ये च चिन्तकाः॥५१॥

किनका स्नेहन करना चाहिये ?—जो स्वेद के योग्य हों, जो वमन एवं विरेचना आदि संशधनों के योग्य हों, रूक्ष, वातरोगों से पीड़ित, नित्य व्यायाम करनेवाले नित्य मद्य पीनेवाले, तथा नित्य स्त्रीगामी एवं जो चिन्ता—सोचने विचारने का वा दिमागी काम अधिक करते हों, वे पुरुष स्नेह के योग्य हैं । अर्थात् इनका युक्तिपूर्वक स्नेहन करना चाहिए ।

स्वेद एवं शोधन योग्य पुरुषों के लक्षण यथाक्रम १४ वें और १६ वें अध्याय में आ जायेंगे ॥५१॥

संशोधनादृते येषां रूक्षणं संप्रवक्ष्यते ।
न तेषां स्नेहनं शस्तमुत्सन्नकफमेदसाम् ॥५२॥

जिनके रूक्षण करने का विधान आगे (लङ्घनबृंहणीय नामक २२ वें अध्याय में) कहा जायगा उनका तथा जिनमें कफ और मेदा बढ़े हुए हैं उनका, संशोधन कार्य के अतिरिक्त स्नेहन करना उत्तम नहीं । अथवा जिन कफ वा मेदोवृद्ध पुरुषों के रूक्ष करने का विधान कहा जायगा ; उनका संशोधन के अतिरिक्त स्नेहन करना अच्छा नहीं । रूक्षणीय पुरुषों के विषय में २२ वें अध्याय में कहा जायगा—

'अभिष्यण्णा महादोषा मर्मस्था व्याधयश्च ये ।
ऊरुस्तम्भप्रभृतयो रूक्षणीया निदर्शिताः ॥'

इतना कहने का अभिप्राय यह है कि कफवृद्ध और मेदोवृद्ध पुरुषों को यदि शोधन कराना होगा तो पूर्व उन्हें २२ वें अध्याय में कहे गये—

'कटुतिक्तकषायाणां सेवनं स्त्रीष्वसंयमः ।
खलिपिण्याकतक्राणां मध्वादीनां च रूक्षणम् ॥'

आदि रूक्ष करनेवाले आहार-विहार एवं औषध द्वारा रूक्ष करने के पश्चात् शोधन कराने से पूर्व या मध्य में यथायोग्य स्नेह करना ही होगा । अष्टाङ्गसंग्रहकार ने सूत्रस्थान के २४ अध्याय में कहा है—

मांसला मेदुरा भूरिश्लेष्माणो विषमाग्नयः ।
स्नेहोचिताश्च ये स्नेह्यास्तान् पूर्वं रूक्षयेत्ततः ॥
संस्नेह्य शोधयेदेवं स्नेहव्यापन्न जायते ॥

अर्थात् जो पुरुष स्थूल हैं, जिनमें मेदा वा कफ अधिक मात्रा में हैं, जिनकी अग्नि विषम रहती है, जो स्नेह के अभ्यासी हैं ; यदि उन्हें स्नेहन कराना अभीष्ट हो तो पूर्व उनका रूक्षण करे पश्चात् स्नेहन करके शोधन करे । इस प्रकार युक्तिपूर्वक चलने से उत्पन्न होनेवाले उपद्रव उत्पन्न नहीं होते ॥५२॥

अभिष्यण्णाननगुदा नित्यं मन्दाग्नयश्च ये ।
तृष्णामूर्च्छापरीताश्च गर्भिण्यस्तालुशोषिणः ॥५३॥
अन्नद्विषश्छर्दयन्तो जठरामगरार्दिताः ।
दुर्बलाश्च प्रतान्ताश्च[1] स्नेहग्लाना मदातुराः ॥५४॥
न स्नेह्या वर्तमानेषु न नस्तोबस्तिकर्मसु ।
स्नेहपानात्प्रजायन्ते तेषां रोगाः सुदारुणाः ॥५५॥

1—प्रतान्ता ग्लानिमन्तः ।

जिनके मुख या गुदा से स्राव सरता रहता हो अथवा जिन्हें लालास्राव वा अतीसार हो; जिन्हें नित्य मन्दाग्नि (Dyspepsia) रहती हो; तृष्णा मूर्च्छा से युक्त; गर्भिणी; तालुशोषी (जिनका तालु शुष्क रहता हो); अन्न से द्वेष हो अर्थात् अरुचि हो; जिन्हें कै आती हो; उदररोग आमदोष वा गर (कृत्रिम विष) दोष से पीड़ित हों; दुर्बल; क्लमयुक्त (आयासजनक कर्म किये बिना थकावट होना); स्नेह के पीने से जिन्हें ग्लानि होती हो; मन खराब हो जाता हो; मद के रोगी; इनको स्नेहन न कराना चाहिये। तथा च नस्यकर्म वा बस्तिकर्म जिस समय किये जा रहे हों तब भी स्नेहन न करना चाहिए।

उदररोगों की चिकित्सा में स्नेहन करने का विधान है; यहाँ पर निषेध किया गया है, अतः विरोध के परिहार के लिये छिद्रोदर तथा जलोदर; इन दो उदररोगों का यहाँ ग्रहण किया है—ऐसा कइयों का मत है।

स्नेहन के योग्य पुरुषों का परिगणन करते हुए नित्य मद्य के सेवन करनेवालों का भी परिगणन किया है। यहाँ मद के रोगियों के लिए निषेध है। अतः युक्तिपूर्वक नित्य मद्य का सेवन करनेवालों का स्नेहन किया जा सकता है, परन्तु मात्रा से अधिक या युक्तिपूर्वक सेवन न करनेवाले पुरुषों को जिन्हें मदात्यय या मदरोग हो गया है; उन्हें स्नेहन नहीं कराना चाहिए।

स्नेहन के अयोग्य पुरुषों को वा स्नेहन के अयोग्य अवस्थाओं में स्नेहपान कराने से अत्यन्त दारुण रोग उत्पन्न हो जाते हैं।

सुश्रुत चिकित्सास्थान ३१ अध्याय में भी कहा है—

'विवर्जयेत् स्नेहपानमजीर्णी चोदरी ज्वरी।
दुर्बलोऽरोचकी स्थूलो मूर्च्छार्तो मदपीडितः।
छर्द्यर्दितः पिपासार्त्तः श्रान्तः पानक्लमान्वितः॥
दत्तबस्तिर्विरिक्तश्च वान्तो यश्चापि मानवः।
अकाले दुर्दिने चैव न च स्नेहं पिबेन्नरः॥
अकाले च प्रसूता स्त्री स्नेहपानं विवर्जयेत्।
स्नेहपानाद्भवन्त्येषां नृणां नानाविधा गदाः॥
गदा वा कृच्छ्रतां यान्ति न सिद्ध्यन्त्यथवा पुनः॥
गर्भाशये सशोषाः स्यू रक्तक्लेदमलास्ततः।
स्नेहं जह्यान्निषेवेत पाचनं रूक्षमेव च ॥५३–५५॥

पुरीषं ग्रथितं रूक्षं, वायुरप्रगुणो, मृदुः।
पक्ता, खरत्वं रौक्ष्यं च गात्रस्यास्निग्धलक्षणम् ॥५६॥

अस्निग्ध के लक्षण—मल का गठा हुआ तथा रूखा होना, वायु का अपने गुणयुक्त न होना अर्थात् अनुलोम न होना, जाठराग्नि मन्द होना, शरीर खर (कर्कश) और रूखा होना—चिकना न होना, ये अस्निग्ध के लक्षण हैं। अर्थात् इन चिह्नों से यह जाना जाता है कि पुरुष का स्नेहन नहीं हुआ। सुश्रुत (चि० ३१ अ०) में भी अस्निग्ध के लक्षण बताये हैं—

'पुरीषं ग्रथितं रूक्षं कृच्छ्रादन्नं विपच्यते।
उरो विदहते वायुः कोष्ठादुपरि धावति॥
दुर्वर्णो दुर्बलश्चैव रूक्षो भवति मानवः ॥५६॥

वातानुलोम्यं दीप्तोऽग्निर्वर्चः स्निग्धमसंहतम्।
मार्दवं स्निग्धता चाङ्गे स्निग्धानामुपजायते ॥५७॥

स्निग्ध के लक्षण—वात की अनुलोमता, जाठराग्नि का दीप्त होना, मल का स्निग्ध एवं ढीला होना, शरीर का कोमल तथा चिकना होना; ये लक्षण सम्यक्तया स्निग्ध होने पर होते हैं ॥५७॥

पाण्डुता गौरवं जाड्यं पुरीषस्याविपक्वता।
तन्द्रीररुचिरुत्क्लेशः स्यादतिस्निग्धलक्षणम् ॥५८॥

अतिस्निग्ध के लक्षण—पाण्डुता (पीलापन), शरीर का भारीपन, जड़ता-शरीर वा इन्द्रियों का अच्छा प्रकार से कार्य न करना, कच्चे मलका आना, तन्द्रा, अरुचि, उत्क्लेश (जी मचलाना); ये अत्यन्तस्निग्ध हुए २ के लक्षण हैं। सुश्रुत (चि० ३१ अ०) में—

'भक्तद्वेषो मुखस्रावो गुददाहः प्रवाहिका।
पुरीषातिप्रवृत्तिश्च भृशं स्निग्धस्य लक्षणम्॥'

अर्थात् भोजन में द्वेष (अरुचि), मुख से लाला का निकलना, गुदा में दाह, प्रवाहिका (पेचिश) तथा मल का अत्यन्त निकलना; ये अतिस्निग्ध के लक्षण हैं ॥५८॥

द्रवोष्णमनभिष्यन्दि भोज्यमन्नं प्रमाणतः।
नातिस्निग्धमसंकीर्णं श्वः स्नेहं पातुमिच्छता ॥५९॥

स्नेह का पान करने से पूर्व क्या हितकर वा अहितकर है?—जिस दिन स्नेह के पीने की इच्छा हो, उससे पहिले दिन द्रव (Liquid), गरम, जो [1]अभिष्यन्दी न हो, अतिस्निग्ध न हो, तथा असङ्कीर्ण अर्थात् जिसमें बहुत से द्रव्य न मिले हों वा वीर्यादिविरुद्ध द्रव्य न मिले हों, ऐसे अन्न को मात्रा में खाये ॥५९॥

पिबेत्संशमनं स्नेहमन्नकाले प्रकाङ्क्षितः।
शुद्ध्यर्थं पुनराहारे नैशे जीर्णे पिबेन्नरः[2] ॥६०॥

अन्न के समय भूख लगने पर संशमन स्नेह पीना चाहिये। परन्तु संशोधनार्थ पुरुष को रात्रिसमय खाये हुए आहार के जीर्ण हो जाने पर (प्रातः) स्नेहपान करना चाहिए ॥६०॥

स्नेहं पीत्वा नरः स्नेहं प्रतिभुञ्जान एव च[3]।
उष्णोदकोपचारी स्याद् ब्रह्मचारी क्षपाशयः ॥६१॥
शकृन्मूत्रानिलोद्गारानुदीर्णांश्च न धारयेत्।
व्यायाममुच्चैर्वचनं क्रोधशोकौ हिमातपौ ॥६२॥

१—कफवर्धक तथा गुरु होने से जो द्रव्य रसवाही स्रोतों के मुखों को बन्द कर कोष्ठ आदि में गुरुता करते हैं, उन्हें अभिष्यन्दी कहते हैं।

२—संशमनार्थं स्नेहो यदि जरणान्ते प्रातरेव क्रियते, तदा कोष्ठोपलेपकदोषस्याक्षयात् तेन दोषेण सम्बद्धो दोषोत्क्लेशं कुर्यात् न संशमनम्। संशोधनार्थस्तु दोषोत्क्लेशं करोतीत्यपेक्षणीय एवेति भावः॥ चक्रः॥

३—गंगाधरस्तु 'स्नेहं पीत्वा नरे स्नेहं प्रतिभुञ्जान एव च' इति पाठं स्वीकृत्य 'वर्जयेदप्रवातञ्च सेवेत शयनासनम्' इत्यनन्तरं पठति व्याख्याति च स्नेहं पीत्वा स्वपरं स्नेहं प्रतिभुञ्जाने नरे स्नेहमिथ्योपचाराद् दारुणा गदा जायन्ते। हि यस्मात् तस्मात्स्नेहं पीत्वा भोजनादौ स्नेहान्तरं न भुञ्जीत इति।

स्नेहं प्रतिभुञ्जान इति स्नेहे जीर्णेऽपि स्नेहप्रयोगानुगुणमन्यस्नेहमविरुद्धवीर्यादिगुणयुक्तं भुञ्जानः। चक्रः॥

वर्जयेदप्रवातं च सेवेत शयनासनम् ।
स्नेहमिथ्योपचाराद्धि जायन्ते दारुणा गदाः ॥६३॥

स्नेहपान के पश्चात् तथा पीये हुए स्नेह के जीर्ण हो जाने पर क्या हितकर वा अहितकर है ?—स्नेह को पीकर (जीर्ण हो जाने पर) और स्नेह का पान करते हुए (पश्चात् ही) दोनों अवस्थाओं में ही पुरुष को पीने के लिए एवं स्नानार्थ गरम जल का ही व्यवहार करना चाहिये। ब्रह्मचर्यपूर्वक रहना चाहिये। रात्रि के समय ही सोवे। मल, मूत्र, अपानवायु, डकार; इनके प्रवृत्त हुए २ वेगों को न रोके। व्यायाम वा थकावट पैदा करनेवाले कार्य, ऊँचा बोलना, क्रोध, शोक, सदा, धूप; इनका त्याग करे । तथा सोने बैठने की जगह ऐसी होनी चाहिये जहाँ सीधी हवा न आती हो। स्नेह के विधिपूर्वक प्रयोग न करने से दारुण रोग उत्पन्न हो जाते हैं।

इस विधि का पालन जिन दिनों में स्नेह पी रहे हों उन दिनों में तथा उतने ही दिन और करना चाहिए। जैसे ७ दिन तक यदि स्नेहपान किया हो तो ७ दिन ये और इसके साथ ही आनेवाले ७ दिन मिलाकर १४ दिन इस विधि का पालन होना चाहिये। सिद्धिस्थान के १ अध्याय में कहा भी जायगा—

'कालस्तु बस्त्यादिषु याति यावां-
स्तावान् भवेद् द्विःपरिहारकालः।
अत्यासनस्थानवचांसि यानं
स्वप्नं दिवा मैथुनवेगरोधान् ॥
शीतोपचारातपशोकरोषां-
स्त्यजेदकालाहितभोजनं च ॥'

अतएव वृद्धवाग्भट (अ० सू० २५ अ०) ने भी कहा है

भोज्योऽन्नं मात्रया पास्यन् श्वः पिबन् पीतवानपि ।
द्रवोष्णमनभिष्यन्दि नातिस्निग्धमसङ्करम् ॥
उष्णोदकोपचारी स्याद् ब्रह्मचारी क्षपाशयः ।
व्यायामवेगसंरोधशोकहर्षहिमातपान् ॥
प्रवातयानायानाध्वभाष्यात्यशनसंस्थितीः ।
नीचात्युच्चोपधानाहःस्वप्नधूमरजांसि च ॥
यान्यहानि पिबेत्तानि तावन्त्यन्यान्यपि त्यजेत् ।
सर्वकर्मस्वयं प्रायो व्याधिक्षीणेष्वयं क्रमः ॥६१-६३॥

मृदुकोष्ठस्त्रिरात्रेण स्निह्यत्यच्छोपसेवया ।
स्निह्यति क्रूरकोष्ठस्तु सप्तरात्रेण मानवः ॥६४॥

मृदुकोष्ठ और क्रूरकोष्ठ कौन हैं ?–अच्छे स्नेह के पानसे मृदुकोष्ठ पुरुष तीन दिन में स्निग्ध हो जाते हैं और क्रूरकोष्ठ पुरुष सात दिन में। अर्थात् जिसका तीन दिन में स्नेहन हो जाय, उसे मृदुकोष्ठ एवं जिसका सात दिन में हो उसे क्रूरकोष्ठ जानें ॥६४॥

गुडमिक्षुरसं मस्तु क्षीरमुल्लोडितं दधि ।
पायसं कृसरं सर्पिः काश्मर्यत्रिफलारसम् ॥६५॥
द्राक्षारसं पीलुरसं जलमुष्णमथापि वा ।
मद्यं वा तरुणं पीत्वा मृदुकोष्ठो विरिच्यते ॥६६॥

गुड, ईख का रस, (दही का पानी), दूध, मथित दही (पंजाबी में अधरिड़का), खीर, कृशरा[1] (तिल चावल तथा उड़द से बनायी हुई यवागू), गाम्भारी का रस, त्रिफला रस, अंगूर वा मुनक्का का रस, पीलू का रस, गरम जल; तथा नवीन तैयार की हुई मद्य के पीने से मृदुकोष्ठ पुरुष को विरेचन हो जाता है ॥६५,६६॥

विरेचयन्ति नैतानि क्रूरकोष्ठं कदाचन ।
भवति क्रूरकोष्ठस्य ग्रहण्यत्युल्बणानिला ॥६७॥

ये द्रव्य क्रूरकोष्ठ पुरुष को कभी विरेचन नहीं लाते। क्रूरकोष्ठ पुरुष की ग्रहणी अत्यन्त वातप्रधान होती है ॥

सुश्रुत चिकित्सास्थान ३३ अध्याय में तीन प्रकार के कोष्ठ बताये हैं। यथा—

'तत्र मृदुः क्रूरो मध्य इति त्रिविधः कोष्ठो भवति । तत्र बहुपित्तो मृदुः। स दुग्धेनापि विरिच्यते। बहुवातश्लेष्मा क्रूरः स दुर्विरेच्यः। समदोषो मध्यमः स साधारणः ॥

अर्थात् मृदु, क्रूर एवं मध्य भेद से तीन प्रकार का कोष्ठ होता है। जिसमें पित्त अत्यधिक हो वह मृदु होता है। इसे दूध से भी विरेचन हो जाता है। जिसमें वात कफ अधिक हो वह क्रूर होता है। इसे बड़ी कठिनता से विरेचन होता है। जो समदोष (वात, पित्त, कफ समावस्था में) हों तो मध्यकोष्ठ होता है। यह विरेचन में साधारण है।

यहाँ पर चूँकि प्रश्न में मृदुकोष्ठ और क्रूरकोष्ठ के ही लक्षण पूछे गये हैं, अतः उन्हीं का उत्तर दिया है। मध्यकोष्ठ के लक्षण नहीं बताये गये। सुश्रुत में क्रूरकोष्ठ में वात के साथ-साथ कफ का आधिक्य भी बताया गया है ॥६७॥

उदीर्णपित्ताऽल्पकफा ग्रहणी मन्दमारुता ।
मृदुकोष्ठस्य तस्मात्स सुविरेच्यो नरः स्मृतः ॥६८॥

मृदुकोष्ठ पुरुष की ग्रहणी में पित्त प्रवृद्ध होता है, कफ तथा वायु अल्प ही होते हैं; अतएव इन्हें विरेचन सुगमता से ही हो जाता है। अर्थात् अल्प विरेचन गुणवाले द्रव्यों से भी उन्हें अच्छा विरेचन हो जाता है ॥६८॥

उदीर्णपित्ता ग्रहणी यस्य चाग्निबलं महत् ।
भस्मीभवति तस्याशु स्नेहः पीतोऽग्नितेजसा ॥६९॥
स जग्ध्वा स्नेहमात्रां तामोजः प्रक्षारयन् बली ।
स्नेहाग्निरुत्तमां तृष्णां सोपसर्गामुदीरयेत् ॥७०॥

स्नेह के विधिपूर्वक सेवन न कराने से उत्पन्न होनेवाले उपद्रव तथा उनका निराकरण—जिसकी ग्रहणी में पित्त अत्यधिक हो और अग्नि का बल अधिक हो उस पुरुष द्वारा पीया हुआ स्नेह अग्नि के तेज से शीघ्र ही भस्म हो जाता है। स्नेह की मात्रा को खाकर बलवान् हुआ २ वह स्नेहाग्नि (स्नेह से अत्यधिक उद्दीप्त हुआ २ अग्नि) ओज को बाहर निकालता हुआ वा क्षीण करता हुआ उपद्रवों से युक्त अत्यधिक तृष्णा को पैदा कर देता है।६९,७०।

नालं स्नेहसमृद्धस्य शमायान्नं सुगुर्वपि ।

स्नेह से उद्दीप्त हुए २ अग्नि को अत्यन्त गुरु भोजन भी शान्त करने में समर्थ नहीं होता।

स चेत्सुशीतं सलिलं नासादयति दह्यते ॥७१॥
यथैवाशीविषः कक्षमध्यगः स्वविषाग्निना ।

उस तृष्णा से पीड़ित मनुष्य को अत्यन्त शीतल जल न मिले तो वह अत्यन्त दाह से पीड़ित होता है वा उसकी दाह से मृत्यु हो

[1]—तिलतण्डुलमाषैस्तु कृशरा त्रिमरेति च ।

जाती है; जैसे एक कमरे में बन्द हुआ २ सर्प अपने विष की आग से दाह को प्राप्त होता है वा उस दाह से मर जाता है।

अतएव जब तक प्यास शान्त न हो उसे शीतल जल दें ॥७१॥

अजीर्णो यदि तु स्नेहे तृष्णा स्याच्छर्दयेद्भिषक् ॥७२॥
शीतोदकं पुनः पीत्वा भुक्त्वा रूक्षान्नमुल्लिखेत् ।

यदि पीये हुए स्नेह के न पचने के कारण तृष्णा हो तो वैद्य (कोष्ठ-स्थित स्नेह को बाहर निकालने के लिये) कै करावे। (यदि पुनरपि तृष्णा शान्त न हो अथवा न पचा हुआ स्नेह अन्दर अवशिष्ट रह गया हो तो) रोगी तदनन्तर शीतल जल पीकर और रूखा अन्न खाकर पुनः वमन करे।

सुश्रुत चिकित्सास्थान ३१ अध्याय में—

'एवं चानुपशाम्यन्त्यां स्नेहमुष्णाम्बुना वमेत्'

गरमजल से स्नेह का वमन कराने को लिखा है। इन दोनों के विरोध के परिहार के लिये अष्टाङ्गसंग्रहकार ने बताया है कि पैत्तिक में शीतल जल तथा कफवात एवं समदोष पुरुष में गरम जल से वमन करावे—

'अजीर्णे बलवत्यां तु शीतैर्दिह्याच्छिरोमुखम् ।
छर्दयेत् तदशान्तौ च पीत्वा शीतोदकं पुनः ॥
रूक्षान्नमुल्लिखेद् भुक्त्वा, तादृश्यां तु कफानिले ।
समदोषस्य निःशेषः स्नेहमुष्णाम्बुनोद्धरेत् ॥'

क्योंकि चरक में प्रसङ्ग 'उदीर्णपित्ता ग्रहणी' का और सुश्रुत में उपर्युक्त उद्धरण से पूर्ण वातकफ का प्रसङ्ग है। यथा—

'शीते वातकफार्तस्य गौरवारुचिशूलकृत् ।
स्नेहपीतस्य चेत्तृष्णा पिबेदुष्णोदकं नरः ॥

इससे यह भी ज्ञात होता है कि यदि वातकफवाला पुरुष शीत काल में स्नेह पीवे और उपद्रव हो जायं तो उष्णजल पिलाकर ही वमन कराना चाहिये। यदि बहुपित्त को उष्णकाल में पीने से उपद्रव हों तो शीतजल पिलाकर वमन कराना चाहिये ॥७२॥

न सर्पिः केवलं[1] पित्ते पेयं सामे विशेषतः ॥७३॥
सर्वं [2]ह्यनुरजेद्देहं हत्वा संज्ञां च मारयेत् ।

साम पित्त में केवल अर्थात् औषधियों से जिसका संस्कार न किया गया हो, ऐसा घृत विशेषतः नहीं पीना चाहिये। तिक्त रस आदि औषधियों से यदि घृत को सिद्ध किया गया हो तो कथञ्चिद् वह लाभकर भी हो सकता है। परन्तु असंस्कृत घृत तो साम पित्त में सर्वथा त्याज्य है।

कई उसकी व्याख्या इस प्रकार करते हैं—न केवल साम पित्त में विशेषतः घृत नहीं पीना चाहिये—अपितु तैल आदि भी सामवात वा सामकफ में नहीं पीने चाहिये। यहाँ पर 'पित्तेऽपेयं' ऐसा पढ़ना होता है।

दूसरे इसकी व्याख्या अन्य प्रकार से करते हैं। उनके अनुसार पित्त में सामान्यतः ही केवल—असंस्कृत घी नही पीना चाहिये और साम पित्त में विशेषतः नहीं पीना चाहिये। अतएव जहाँ भी पित्त-प्रधान ज्वर आदि रोगों में घृतपान का विधान है, यथा—

अत ऊर्ध्वं कफे मन्दे वातपित्तोत्तरे ज्वरे ।
परिपक्वेषु दोषेषु सर्पिष्पानं यथामृतम् ॥

इत्यादि स्थलों पर भी औषधिसंस्कृत घृत का पान ही हितकर होता है, ऐसा समझना चाहिए।

परन्तु यदि यह व्याख्या की जाय तो सुश्रुतोक्त—

'केवलं पैत्तिके सर्पिर्वातिके लवणान्वितम् ।
देयं बहुकफे चापि व्योषक्षारसमायुतम् ॥' (चि० ३१ अ०)

इस वचन के साथ विरोध होता है। यहाँ कहा गया है कि पैत्तिक में केवल—घृत देना चाहिए। वातिक में लवणयुक्त एवं श्लैष्मिक में त्रिकटु एवं क्षारयुक्त देना चाहिए। अतएव पित्त में चाहे वह साम हो या निराम घृत के न देने का विधान ठीक नहीं है। सुश्रुतोक्त वचन को निराम पित्त में केवल—असंस्कृत घृत के पान का समर्थक जानना चाहिये। डल्हण आदि निबन्धकारों ने यहाँ 'केवल' का अर्थ 'क्वाथ चूर्ण आदि के प्रक्षेप से रहित' ऐसा किया है। अर्थात् घृत संस्कृत हो या असंस्कृत परन्तु उसमें प्रक्षेप न डाला गया हो। गयदास ने 'केवल' का अर्थ ही 'पित्तहर द्रव्यों से साधित' ऐसा ही किया है।

इसी विरोध को हटाने के लिये अन्य टीकाकारों ने इसकी व्याख्या इस प्रकार की है कि 'बहुकफे' पढ़नेसे पैत्तिके तथा 'वातिके' का भी 'बहुत पित्तवाले' तथा 'बहुत वातवाले' ऐसा अर्थ करना चाहिये। इसका अभिप्राय यह निकला कि जब पित्त अधिक हो वात एवं कफ न्यून हों तब केवल—असंस्कृत वा अच्छे घृत भी पिला सकते हैं। परन्तु यदि केवल (अन्य दोषों से असंयुक्त) पित्त प्रवृद्ध हो तो घृतपान नहीं कराना चाहिए। और साम पित्त में तो विशेषतः अच्छ घृत नहीं पिलाना चाहिये।

साम पित्त में पीया हुआ केवल—असंस्कृत घृत सम्पूर्ण शरीर को पैत्तिकवर्ण (पीतवर्ण) का कर देता है और संज्ञा (ज्ञानशक्ति, चेतनता) को नष्टकर मृत्यु का कारण होता है।

उपर्युक्त श्लोकार्द्ध का केवल पित्त में केवल घृत का तथा विशेषतः सामपित्त में केवल घृत का निषेधदर्शक अर्थ करनेवाले द्वितीय श्लोकार्द्ध को भी दो भागों में बाँटते हैं। अर्थात् यदि केवल पित्त में केवल घृत को पान कराया जायगा तो यह सारे शरीर को रंग देगा वा ('अनुरुजेत्' पाठ होने पर) पीड़ित करेगा। सामपित्त में केवल घृत के पान से संज्ञानाश होकर मृत्यु हो जायगी।

अष्टाङ्गसंग्रह के टीकाकार इन्दु ने इसकी टीका करते हुए कहा है कि यहाँ पित्ताशय के शोधन के लिए घृतपान का निषेध है। शमनार्थ तो घृत ही सबसे श्रेष्ठ है। अतएव 'पित्तघ्नास्ते यथापूर्वं' तथा 'सर्पिः पित्ते केवलमिष्यते' वा सुश्रुतोक्त पाठ 'केवलं पैत्तिके सर्पिः' इत्यादि से कोई विरोध नहीं रहता। अर्थात् शोधनार्थ पित्त में केवल घृतपान नहीं कराना चाहिये और शमनीय पित्त में केवल घृतपान कराना चाहिये ॥७३॥

तन्द्रा सोत्क्लेश आनाहो ज्वरः स्तम्भो विसंज्ञता ॥७४॥
कुष्ठानि कण्डूः पाण्डुत्व शोफार्शांस्यरुचिस्तृषा ।
जठरं ग्रहणीदोषः स्तैमित्यं वाक्यनिग्रहः ॥७५॥
शूलमामप्रदोषाश्च जायन्ते स्नेहविभ्रमात् ।

स्नेह के विधिपूर्वक सेवन न करने से तन्द्रा, उत्क्लेश (जी मचलाना), आनाह, ज्वर, स्तम्भ, विसंज्ञता (बेहोशी) कुष्ठ (त्वग्रोग),

---

१—केवलम् असंस्कृतम् । 'केवले' ग० ।
२—'ह्यनुचरेद्देहं ग० । 'ह्यनुरुजेद्' पा० ।

कण्डू, पाण्डुता, शोथ, अर्श (बवासीर), अरुचि, तृषा, (प्यास), उदररोग, संग्रहणी, स्तैमित्य (जड़ता), वाक्यनिग्रह (बोल न सकना, गूंगापन), शूल, आमदोष (अलसक, विसूचिका आदि), ये रोग या लक्षण उत्पन्न हो जाते हैं ॥७४,७५॥

तत्राप्युल्लेखनं शस्तं स्वेदः कालप्रतीक्षणम् ॥७६॥
प्रति प्रति व्याधिबलं बुद्ध्वा स्रंसनमेव च ।
तक्रारिष्टप्रयोगश्च रूक्षपानान्नसेवनम् ॥७७॥
मूत्राणां त्रिफलायाश्च स्नेहव्यापत्तिभेषजम् ।

इनकी चिकित्सा—स्नेह से उत्पन्न होनेवाले इन उपद्रवों में वमन, स्वेद, कालप्रतीक्षा अर्थात् स्नेह से उत्पन्न हुए २ दोषों के नाश के काल तक भोजन न करना वा जल न पीना, प्रत्येक पुरुष में तन्द्रा आदि उपर्युक्त रोगों के बल को समझकर यथोचित स्रंसन[1] (विरेचन) कराना, तक्रारिष्ट का प्रयोग अथवा (चिकित्सा स्थान में कहे जानेवाले) तक्र वा अरिष्टों का प्रयोग, रूखे पेय पदार्थों का पीना और रूखे अन्न का भोजन; मूत्रों का तथा त्रिफला का सेवन हितकर है । यह स्नेहों से उत्पन्न होनेवाले उपद्रवों की औषध है ॥

अकाले चाहितश्चैव मात्रया न च योजितः ॥७८॥
स्नेहो मिथ्योपचाराच्च व्यापद्येतातिसेवितः ।

उपद्रवों के कारण—यथोचित काल से भिन्न काल में पीने से (स्नेहों के पृथक् २ प्रयोग का काल सू० स्था० अ० १३ श्लो० १७ में बताया गया है), जिसके लिये जो स्नेह अहितकर हो उसे वह पिलाने से ('वातपित्तप्रकृतयो' इत्यादि से सू० अ० १३ श्लो० ४०–४२ में जिनके लिए जो २ हितकर है, उनका निर्देश किया गया है—उससे विप्रीत सेवन कराने से), मात्रा में प्रयोग न कराने से (जिनके लिए जो २ मात्रा हितकर है, उन्हें उस मात्रा में न देना, 'अहोरात्रमहः कृत्स्नम्' इत्यादि द्वारा सू० अ० १३ श्लो० २८ में मात्राओं का तथा उनका कहाँ २ प्रयोग करना चाहिए यह बताया गया है), तथा यथावत् उपचार (पथ्यापथ्य) न करने से ('उष्णोदकोपचारी' इत्यादि द्वारा पथ्यापथ्य बताया गया है), अधिक मात्रा में वा प्रकर्ष से अधिक काल तक सेवन करने से (स्नेहनस्य प्रकर्षौ तु सप्तरात्र-त्रिरात्रकौ) स्नेह उपद्रवों को उत्पन्न कर देता है ॥७८॥

स्नेहात्प्रस्कन्दनं[2] जन्तुस्त्रिरात्रोपरतः पिबेत् ॥७९॥
[3]स्नेहवद् द्रवमुष्णं च त्र्यहं भुक्त्वा रसौदनम् ।
एकाहोपरतस्तद्वद्भुक्त्वा प्रच्छर्दनं पिबेत् ॥८०॥

संशोधन के लिए प्रयुक्त स्नेह में क्या आचार है ? जिस स्निग्ध पुरुष को विरेचन कराना हो, उसे स्नेहपान के तीन दिन बाद विरेचन दें । इन तीनों दिनों में उस पुरुष को स्निग्ध, द्रव, उष्ण मांसरस युक्त भात का सेवन कराना चाहिये ।

यहाँ पर तीन दिन का व्यवधान कफ को न्यून करने के लिये है । सिद्धिस्थान के १ अध्याय में कहा भी जायगा—'विरिच्यते मन्दकफस्तु सम्यक् ।' अर्थात् मन्दकफ पुरुष को विरेचन सम्यक्तया होता है । इन तीन दिनों का भोजन यद्यपि स्निग्ध होना चाहिये, पर वह कफ को बढ़ानेवाला न हो । वहाँ ही कहा भी जायगा—'रसैस्तथा जाङ्गलिकैर्मनोज्ञैः स्निग्धैः कफावृद्धिकरैर्विरेच्यः' ।

वमन कराने में इसी तरह स्नेहपान के पश्चात् एक दिन का व्यवधान कराकर वमन कराना चाहिये । व्यवधान के दिन स्निग्ध, द्रव, उष्ण मांसरस मिश्रित ओदन का ही भोजन होना चाहिये । परन्तु यह भोजन कफ का उत्क्लेश करनेवाला हो—कफ को बाहर निकालने में प्रवृत्त करनेवाला हो । क्योंकि इस उत्क्लेश से वमन में कष्ट नहीं होता । सिद्धिस्थान के १म अध्याय में ही—'कफोत्तर-श्छर्दयति ह्यदुःखम्' कहा है । अष्टाङ्गसंग्रह में भी इसी वृत्ति को बताते हुए स्पष्ट कहा है—

स्निग्धद्रवोष्णधन्वोत्थरसभुक् स्वेदमाचरेत् ।
स्निग्धस्त्र्यहं स्थितः कुर्याद्विरेकं, वमनं पुनः ॥
एकाहं दिनमन्यच्च कफमुत्क्लेश्य तत्करैः ।
तिलमाषदधिक्षीरगुडमत्स्यरसादिभिः ॥७६, ८०॥

[1]स्यात्त्वसंशोधनार्थीये वृत्तिः स्नेहे विरिक्तवत् ॥८१॥

संशमनीय स्नेह में आचार—संशमन के लिये प्रयुक्त स्नेह में विरिक्तपुरुषके आचार का ही पालन करना चाहिये । यह आचार १५ वें अध्याय में बताया जायगा । वहाँ विरिक्त पुरुष के लिये उसी आचार का अतिदेश है जो वमन किये हुए के लिये है । परन्तु विरिक्त में धूमपान का निषेध है । वमन किये हुए को धूमपान करना होता है । स्नेह में भी धूमपान निषिद्ध है यथा—'न मद्यदुग्धे पीत्वा च न स्नेहम्' इत्यादि । अतएव १५ वें अध्याय में मुख्यरूप से कहे हुए वमितोपचार को न कहकर विरिक्त पुरुष के उपचार का ही यहाँ अतिदेश किया है । वहाँ कहा है—'सम्यग्विरिक्तं चैनं वमनोक्तेन धूमवर्जेन विधिनोपपादयेदावर्णप्रतिलाभात्' ॥८१॥

स्नेहद्विषः स्नेहनित्या मृदुकोष्ठाश्च ये नराः ।
क्लेशासहा मद्यनित्यास्तेषामिष्टा विचारणा ॥८२॥

किन्हें विचारणाओं का प्रयोग कराना चाहिये ?—जो स्नेह को न चाहते हों, जो प्रतिदिन स्नेहका प्रयोग करते हों, और जिन पुरुषों के कोष्ठ मृदु हों, जो क्लेशों को न सह सकते हों, जो नित्य मद्य पीते हों; उनके लिये विचारणायें अभीष्ट हैं । सुश्रुत (चि० ३१ अ०) में—

सुकुमारं कृशं वृद्धं शिशुं स्नेहद्विषं तथा ।
तृष्णार्त्तमुष्णकाले च सह भक्तेन दापयेत् ॥

अर्थात् सुकुमार, दुर्बल, बूढ़े, बच्चे, स्नेह से द्वेष करनेवाले, तृष्णा से पीड़ित एवं उष्णकाल (ग्रीष्मऋतु) में भात के साथ स्नेह देवें । यहाँ भात उपलक्षण मात्र है । इससे ही अन्य विचारणाओं का भी ग्रहण करना चाहिये ॥८२॥

लावतैत्तिरमायूरहांसवाराहकौक्कुटाः ।
गव्याजौरभ्रमात्स्याश्च रसाः स्युः स्नेहने हिताः ॥८३॥

विचारणाओं की विधि—लाव, तीतर, मोर, हंस, शूकर, मुर्गा, गौ, बकरा, मेढ़ा, मछली; इनके मांसों के रस स्नेहन कराने में हितकर होते हैं ॥८३॥

यवकोलकुलत्थाश्च स्नेहाः सगुडशर्कराः ।
दाडिमं दधि सव्योषं रससंयोगसंग्रहः ॥८४॥

१—पक्वव्यं यदपक्वंव श्लिष्टं कोष्ठे मलादिकम् ।
नयत्यधः स्रंसनं तद्यथा स्यात्कृतमालकः ॥ शार्ङ्गधरे ।
२—प्रस्कन्दनं विरेचनम् । 'प्रस्कन्दनः' ग. ।
३—'स्नेहं च द्रवमुष्णं च' ग. ।

१—'स्यात्तु संशोधनार्थीय' ग० ।

स्नेहनार्थ मांसरस को तैयार करने में किन २ द्रव्यों का संयोग होना चाहिये ?—जौ, बेर, कुलथी, स्नेह (घी, तैल, बसा, मज्जा) गुड़, शक्कर, अनारदाना, दही, व्योष (त्रिकटु; सोंठ, काली मिरच, पिप्पली); यह मांसरस में संस्कारार्थ मिलाये जानेवाले द्रव्यों का संग्रह है, ये द्रव्य उद्देश्य मात्र ही जानने चाहिये ॥८४॥

स्नेहयन्ति तिलाः पूर्वं जग्धाः सस्नेहफाणिताः ।
कृशराश्च बहुस्नेहास्तिलकाम्बलिकास्तथा ॥८५॥

भोजनसे पूर्व स्नेह तथा फाणित (राव) के साथ तिलों (तिलकूट) को खाने से स्नेहन होता है। जिसमें स्नेहन अधिक परिमाण में डाला हो ऐसी, तिल, उड़द तथा चावलों से तैयार की हुई कृशरा (यवागू वा खिचड़ी) तथा तिल मिश्रित काम्बलिक भी स्नेहन करता है। इन्हें भी स्नेहार्थ भोजन से पूर्व ही खाना चाहिये। कई 'बहुस्नेहाः' इसे 'तिलकाम्बलिकाः' का विशेषण मानते हैं। तथा 'कृशराः' का विशेषण 'सस्नेहफाणिताः' को स्वीकार करते हैं। यह 'तिलाः' का विशेषण भी है। अष्टाङ्गसंग्रह में—

तिलचूर्णं च सस्नेहफाणितं कृषरां तथा ।
तिलकाम्बलिकं भूरिस्नेहं......॥

इसमें 'तथा' की टीका करते हुए इन्दु ने 'सस्नेहफाणितां' अर्थ किया है। अर्थात् स्नेह एवं फाणितयुक्त कृशरा तथा अधिक स्नेहयुक्त तिलकाम्बलिक शीघ्र स्नेहन करते हैं।

फाणितं शृङ्गवेरं च तैलं च सुरया सह ।
पिबेद्रूक्षो भृतैर्मांसैर्जीर्णेऽश्नीयाच्च भोजनम् ॥८६॥

रूक्ष पुरुष को चाहिये कि वह सुरा (मद्य), फाणित, सोंठ और तैल को मिलाकर पीवे। इसके पच जाने पर शूल्य मांस के साथ भोजन करे। कई 'भृतैः' के स्थलपर 'शृतैः' ऐसा पढ़ते हैं। अर्थात् मांसरस के साथ भोजन करे ॥८६॥

तैलं सुरायाः मण्डेन वसां मज्जानमेव वा ।
पिबेत्सफाणितं क्षीरं नरः स्निह्यति वातिकः ॥८७॥

सुरा के मण्ड (उपरितन भाग) के साथ तैल, वसा वा मज्जा को मिश्रितकर सेवन करने से अथवा दूध में फाणित को डालकर पीनेसे वातिक पुरुष का स्नेहन होता है। अष्टाङ्गसंग्रह (सूत्र० २५ अ०) में कहा है—'स्नेहं वैकं सुराच्छेन'। कई सुरा के मण्ड के साथ ही फाणितयुक्त दूध को मिश्रितकर सेवन करने को कहते हैं ॥८७॥

धारोष्णं स्नेहसंयुक्तं पीत्वा सशर्करं पयः ।
नरः स्निह्यति पीत्वा वा सरं दध्नः सफाणितम् ॥८८॥

तत्काल दुहे हुए दूध में स्नेह एवं खांड मिलाकर पीनेसे अथवा दही के सर (मलाई) में फाणित मिश्रित कर पीने से पुरुष का स्नेहन होता है। सुश्रुत में—

'शर्कराचूर्णसंसृष्टे दोहनस्थे घृते तु गाम् ।
दुग्ध्वा क्षीरं पिबेद्रूक्षः सद्यःस्नेहनमुच्यते ॥'

अर्थात् शक्कर या खांड से मिश्रित घृत को दुहनेवाले पात्र में रखकर गौ को दुहें। उस दूधका रूक्ष पुरुष को सेवन कराना चाहिये। यह सद्यः स्नेहन करता है।

'सशर्करं' की जगह कई 'सलवणं' पढ़ते हैं। अष्टाङ्ग संग्रहकारने तो दो योग ही पढ़े हैं—यथा—

.........पात्रे वा ससिताघृते ।
सर्पिर्लवणयुक्तं वा सद्यो दुग्धं तथा पयः ॥८८॥

पाञ्चप्रसृतिकी पेया पायसो माषमिश्रकः ।
क्षीरसिद्धो बहुस्नेहः स्नेहयेदचिरान्नरम् ॥८९॥

पाञ्चप्रसृतिकी नाम की पेया तथा दूध से सिद्ध की हुई चावलों की खीर—जिसमें उड़द मिले हुए हों और अधिक मात्रा में स्नेह डाला हुआ हो—पुरुष को शीघ्र ही स्निग्ध कर देती है। वृद्धवाग्भट (सू० अ० २५) ने भी कहा है—

'पेयां च पञ्चप्रसृतां स्नेहैस्तण्डुलपञ्चमैः ।
पायसं माषमिश्रं च बहुस्नेहसमायुतम्' ॥८९॥

सर्पिस्तैलबसामज्जातण्डुलप्रसृतैः शृता[1] ।
पाञ्चप्रसृतिकी पेया पेया स्नेहनमिच्छता[2] ॥९०॥

पाञ्चप्रसृतिकी पेया—स्नेहन की इच्छावाले पुरुष को घी, तैल, वसा, मज्जा तथा चावल; इन पाँचों को पृथक्-पृथक् प्रसृत (२ पल) परिमाण में लेकर, यथाविधि (परिभाषा के अनुसार ६ गुने जल से) सिद्ध की हुई पेया पीनी चाहिये। चूँकि इसमें पाँचों द्रव्य प्रसृत २ परिमाण में लिये जाते हैं,अतः इस पेया को पाञ्चप्रसृतिकी कहते हैं।९०।

ग्राम्यानूपौदकं मांसं गुडं दधि पयस्तिलान् ।
कुष्ठी शोथी प्रमेही च स्नेहने न प्रयोजयेत् ॥९१॥

किन २ अवस्थाओं में कौन २ से द्रव्यों का स्नेहन के लिये प्रयोग न करना चाहिये ?-कुष्ठ, शोथ तथा प्रमेह के रोगी को ग्राम्य, आनूप (जलप्रधान देश के) तथा औदक (जलचर) पशुपक्षियों के मांस, गुड़, दही, दूध, तिल ; इनका स्नेहन में प्रयोग न करावे॥९१॥

स्नेहैर्यथास्वं तान् सिद्धैः स्नेहयेदविकारिभिः ।
पिप्पलीभिर्हरीतक्या सिद्धैस्त्रिफलयाऽपि वा ॥९२॥

उन कुष्ठ आदि के रोगियों का रोगानुसार तत्तद्रोगहर द्रव्यों से सिद्ध किये हुए, अतएव विकार को न करनेवाले स्नेहों से स्नेहन करें। उदाहरणार्थ—पिप्पली, हरड़ या त्रिफला से साधित स्नेह का पान कराना चाहिये। कई टीकाकारों का मत यह है कि इनसे साधित स्नेह यथाक्रम देने चाहिये। यथा—कुष्ठ में पिप्पलीसाधित, शोफमें हरड़ से साधित, तथा प्रमेह में त्रिफला (हरड़, बहेड़ा, आँवला) से साधित स्नेह का पान कराना चाहिये। इन रोगों में जो जो द्रव्य पथ्य हैं उनका वर्णन इन २ रोगों की चिकित्सा में आ ही जायगा। अथवा रोग के अनुसार जिसमें जो स्नेह (घृत आदि) हितकर हो, मात्रा आदि की विवेचनापूर्वक प्रयोग करने के कारण विकार को न पैदा करनेवाले उस स्नेह को पिप्पली, हरड़, अथवा त्रिफला से यथाविधि सिद्ध करके रोगी को स्नेहनार्थ पीना चाहिये।

अष्टाङ्गसंग्रह (सू० २५ अ०) में :—

'गुडानूपामिषक्षीरतिलमाषसुरा दधि ।
कुष्ठशोफप्रमेहेषु स्नेहार्थं न प्रकल्पयेत् ॥
त्रिफलापिप्पलीपथ्यागुग्गुल्वादिविपाचितान् ।

१—'कृता' ग० ।

२—अस्मादनन्तरं—'शौकरो वा रसः स्निग्धः सर्पिर्लवणसंयुतः । पीतो द्विर्वासरे यत्नात्स्नेहयेदचिरन्नरम्' इत्यधिकं पठ्यते । **अर्थात् शूकर के मांस से सिद्ध किये हुए स्निग्ध रस में घी तथा नमक मिश्रित करके दिन में दो बार पीने से पुरुष का शीघ्र स्नेहन हो जाता है।**

स्नेहान्यथास्वमेतेषां योजयेदविकारिणः' ॥९२॥

द्राक्षामलकयूषाभ्यां दध्ना चाम्लेन साधयेत् ।
व्योषगर्भं भिषक् स्नेहं पीत्वा स्निह्यति तन्नरः ॥९३॥

स्नेह को द्राक्षा (मुनक्का) के यूष तथा आँवले के यूष एवं खट्टा दही तथा कल्कार्थ त्रिकटु (सोंठ, मरिच, पिप्पली) से सिद्ध करके पीने से पुरुष स्निग्ध हो जाता है। यहाँ पर 'यूष' से अभिप्राय 'क्काथ' से है। अष्टाङ्गसंग्रह (सू० २५ अ०) में भी कहा है—
'दध्ना सिद्धं व्योषगर्भं धात्रीद्राक्षारसे घृतम्' ॥९३॥

यवकोलकुलत्थानां रसाः क्षीरं सुरा दधि ।
क्षीरसर्पिश्च तत्सिद्धं स्नेहनीयं घृतोत्तमम् ॥९४॥

जौ, बेर तथा कुलथी; इनके क्वाथों से दूध, सुरा. एवं दही; इससे सिद्ध क्षीरसर्पि अर्थात् दूधसे निकाला हुआ घी स्नेहनार्थ घृतों में उत्तम है। अथवा प्रथम पंक्ति में 'क्षीर' के स्थल पर 'क्षारः' पाठ होने पर तथा 'क्षीरसर्पिः' को द्वन्द्व समास मानने पर यह अर्थ होगा कि जौ, बेर, कुलथी; इनके क्वाथों से सुरा, दही और दूध; इनसे तथा कल्कार्थ यवक्षार देकर यथाविधि पकाना चाहिये। सुश्रुत (चि० ३१ अ०) में भी—

'यवकोलकुलत्थानां क्वाथो भागत्रयान्वितः ।
पयोदधिसुराक्षारघृतभागैः समन्वितः ॥
सिद्धमेतैर्घृतं पीतं सद्यः स्नेहनमुच्यते ॥'

अष्टाङ्गसंग्रह (सू० २५ अ०) में भी—
यवकोलकुलत्थाम्बुक्षारक्षीरसुरादधि ।
घृतं च सिद्धं तुल्यांशं सद्यःस्नेहनमुत्तमम् ॥९४॥

तैलमज्जवसासर्पिर्बदरत्रिफलारसैः ।
योनिशुक्रप्रदोषेषु साधयित्वा प्रयोजयेत् ॥९५॥

तैल, मज्जा, वसा तथा घी; इन चारों स्नेहों को एकत्र मिश्रितकर बेर के क्वाथ तथा त्रिफला के क्वाथ से यथाविधि सिद्धकर योनि एवं वीर्य के दोषों में प्रयोग करावें ॥

गृह्णात्यम्बु यथा वस्त्रं प्रस्रवत्यधिकं यथा ।
यथाऽग्निर्जीर्यति स्नेहं तथा स्रवति चाधिकम्[1] ॥९६॥
यथा [2]वाऽक्लेद्य मृत्पिण्डमासिक्तं त्वरया जलम् ।
स्रवति स्रंसते स्नेहस्तथा त्वरितसेवितः ॥९७॥

अतिमात्रा में वा शीघ्रता से स्नेह सेवन के दोष—जिस प्रकार वस्त्र जल को अपने अन्दर उचित मात्रा में सम्भाल लेता है और अधिक उसमें से चू जाता है, वैसे ही जाठराग्नि स्नेह के उचित परिमाण को पचा देती है और अधिक बाहर निकल जाता है।

अथवा मिट्टी के ढेले पर शीघ्रता से डाला हुआ जल जिस प्रकार उसे गीली न करके अथवा थोड़ा सा गीला करके ही बह जाता है उसी प्रकार शीघ्रता से सेवन कराया हुआ (अर्थात् एक दिन में ही अधिक मात्रा में सेवन कराया हुआ) स्नेह स्नेहन किये बिना ही गुदा से निकल जाता है ॥९६, ९७॥

लवणोपहिताः स्नेहा स्नेहयन्त्यचिरान्नरम् ।
तद्ध्यभिष्यन्द्यरूक्षं च सूक्ष्ममुष्णं व्यवायि च ॥९८॥

१—'यथाग्निः जीर्यति स्नेहस्तथा स्रवति चाधिकः' च ।
२ 'चाऽऽक्लेद्य' च ।

लवण से युक्त स्नेह पुरुष को शीघ्र ही स्निग्ध कर देते हैं। क्योंकि लवण अभिष्यन्दि (दोषों को छिन्नभिन्न करदेनेवाला अथवा स्रोतों का स्रावक) होता है। रूक्ष नहीं है। सूक्ष्म है। अर्थात् सूक्ष्म होने से शरीर के सूक्ष्म से सूक्ष्म भाग में भी प्रवेश कर जाता है। उष्ण है। उष्ण होने से स्नेह को पचाता है। व्यवायी है। व्यवायी उसे कहते हैं जो सम्पूर्ण देह में व्याप्त होकर पाक को प्राप्त होता है। अतएव इस गण के कारण वह स्नेह को सम्पूर्ण शरीर में व्याप्त कर देता है।

अर्थात् यदि शीघ्र ही स्नेह करना अभीष्ट हो तो स्नेह को लवण के साथ देना चाहिये ॥९८॥

स्नेहमग्रे प्रयुञ्जीत ततः स्वेदमनन्तरम् ।
स्नेहस्वेदोपपन्नस्य संशोधनमथेतरत् ॥९९॥

सबसे पूर्व स्नेह का प्रयोग करना चाहिये। तदनन्तर स्वेद का। पश्चात् स्नेह एवं स्वेदयुक्त पुरुष को वमन या विरेचन में से कोई एक संशोधन कराना चाहिये। गंगाधर के अनुसार 'इतरत्' से संशमन का ग्रहण होता है। अर्थात् स्नेहन एवं स्वेद के पश्चात् संशोधन वा संशमन औषध देनी चाहिये ॥९९॥

तत्र श्लोकः ।

स्नेहाः स्नेहविधिः कृत्स्नो व्यापत् सिद्धिः सभेषजा ।
यथाप्रश्नं भगवता व्याहृतं चान्द्रभागिना ॥१००॥

इत्यग्निवेशकृते तन्त्रे चरकप्रतिसंस्कृते सूत्रस्थाने कल्पनाचतुष्के स्नेहाध्यायो नाम त्रयोदशोऽध्यायः ॥१३॥

स्नेह, स्नेहों का सम्पूर्ण काल, अनुपान आदि विधान, उपद्रव तथा औषध सहित चिकित्सा; इन सब विषयों को प्रश्नों के अनुसार चन्द्रभागा के पुत्र भगवान पुनर्वसु ने इस अध्याय में कह दिया है॥ अथवा चान्द्रभागी का अर्थ यह भी हो सकता है कि चन्द्रभागा (चनाब नदी के किनारे के देश चन्द्रभागानामक पुरी) में रहनेवाला ॥ इति त्रयोदशोऽध्यायः ॥

चतुर्दशोऽध्यायः

अथातः स्वेदाध्यायं व्याख्यास्यामः ।
इति ह स्माह भगवानात्रेयः ॥१॥

अब स्नेह के अनन्तर स्वेद के अध्याय की व्याख्या करेंगे, ऐसा भगवान् आत्रेय ने कहा था ॥१॥

अतः स्वेदाः प्रवक्ष्यन्ते यैर्यथावत्प्रयोजितैः ।
स्वेदसाध्याः प्रशाम्यन्ति गदा वातकफात्मकाः ॥२॥

अब स्वेद कहे जायँगे, जिनके यथावत् प्रयोग करने से स्वेदसाध्य वात कफ से उत्पन्न होनेवाले रोग शान्त होते हैं। अर्थात् वातज, कफज तथा वातकफज रोगों में स्वेद कराया जाता है। वात शीत है एवं कफ सौम्य है। स्वेद इन्हें ही नष्ट करता है। पित्त के उष्ण होने से स्वेद हितकर नहीं होता। अतएव कहा भी है—
'वातश्लेष्मणि वाते वा कफे वा स्वेद इष्यते ।
परन्तु यदि प्रवृद्ध वात कफ के साथ अत्यल्प मात्रा में पित्त का संसर्ग हो तो सुश्रुत केकथनानुसार द्रवस्वेद कराया जा सकता है।

क्योंकि वह उष्ण होने से वात और कफ का तो नाश करता है, पर द्रव होने के कारण सौम्य होने से पित्त की उष्णता को अन्य स्वेदों की तरह उतना नहीं बढ़ाता। सुश्रुत (चि०३२अ०)में कहा है-

'अन्यतरस्मिन् पित्तसंसृष्टे द्रवस्वेदः' ॥२॥

स्नेहपूर्वं प्रयुक्तेन स्वेदेनावजितेऽनिले¹।
पुरीषमूत्ररेतांसि न सज्जन्ति कथञ्चन ॥३॥

पूर्व स्नेहन कराने के बाद प्रयुक्त किये हुए स्वेद से वायु के जीते जाने पर पुरीष, मूत्र तथा वीर्य शरीर में कदापि विबद्ध होकर रुके नहीं रह सकते अर्थात् मलबन्ध, मूत्ररोध वा शुक्राश्मरी आदि नहीं हो सकतीं ॥३॥

शुष्काण्यपि हि काष्ठानि स्नेहस्वेदोपपादनैः।
नमयन्ति यथान्याय किं पुनर्जीवतो नरान् ॥४॥

सूखे हुए काष्ठों को भी विधिपूर्वक स्नेहन तथा स्वेदन द्वारा पुरुष नमा लेते हैं। यदि जीते हुए पुरुषों को वैद्य यथाशास्त्र स्नेहन एव स्वेदन करने से नमा लें-शोधन योग्य कर लें—तो इसमें आश्चर्य ही क्या है। अभिप्राय यह है कि स्नेह तथा स्वेद से पुरुष वमन विरेचन आदि संशोधनों के योग्य हो जाता है। अन्यथा हानि होने का भय होता है। स्नेह स्वेद से जिस प्रकार काष्ठ मृदु हो जाता है, उसे सीधे से टेढ़ा और टेढ़े से सीधा किया जा सकता है; उसी प्रकार शरीर भी मृदु हो जाता है और स्रोतों के दोषों के संघात (जमघट) ढीले पड़ जाते हैं। सुश्रुत (चि० ३३ अ०) में कहा है—

'स्नेहस्वेदावनभ्यस्य यस्तु संशोधनं पिबेत्।
दारु शुष्कमिवानामे देहस्तस्य विशीर्यते ॥'

अर्थात् स्नेहन वा स्वेदन न करा के ही जो संशोधन औषध को पीता है उसका शरीर नमाने में सूखी लकड़ी की तरह नष्ट हो जाता है सूखी लकड़ी को यदि तैल आदि चुपड़ने तथा स्वेदन के बिना ही मोड़ना चाहें तो वह नहीं मुड़ती या टूट जाती है वैसे ही शरीर क्षीण हो जायगा ॥४॥

रोगर्तुव्याधितापेक्षो नात्युष्णोऽतिमृदुर्न च।
द्रव्यवान् कल्पितो देशे स्वेदः कार्यकरो मतः ॥५॥

रोग, ऋतु, तथा रोगी के (बलाबल) के अनुसार न अत्यन्त गरम न अत्यन्त मृदु (कम गरम), यथोचित द्रव्यों से विधिपूर्वक तय्यार किया हुआ स्वेदयोग्य देश में स्वेदन से वह स्वेद अपने कार्य को करनेवाला होता है ॥५॥

व्याधौ शीते शरीरे च महान् स्वेदो महाबले।
दुर्बले दुर्बलः स्वेदो मध्यमे मध्यमो हितः ॥६॥

रोग, ऋतु तथा रोगी के बलाबल की विवेचना से तीन प्रकार का स्वेद—रोग के अत्यन्त बलवान् होने पर, अत्यन्त शीत ऋतु में तथा बलवान् शरीर में महास्वेद हितकर होता है। दुर्बल रोग, दुर्बल शीत तथा दुर्बल शरीर में दुर्बल (मृदु) स्वेद देना चाहिये तथा रोग, शीत, ऋतु एवं शरीर के मध्यम बलशाली होने पर मध्यम स्वेद हितकर है। इन स्वेदों को ताप एवं काल की न्यूनाधिकता से महान्, मध्यम तथा दुर्बल तीन प्रकार का जानना चाहिये। महास्वेद का अभिप्राय यह नहीं कि वह रोगी को असह्य हो। स्वेद असह्य उष्ण नहीं होना चाहिये। देशभेद से भी स्वेद इसी प्रकार तीन भेदोंवाला होता है। इसका निर्देश आगे होगा-अष्टाङ्ग संग्रह (सू० २६ अ०) में भी कहा है-'व्याधिव्याधितदेशर्तुवशान्मध्यवरावरम्' ॥६॥

वातश्लेष्मणि वाते वा कफे वा स्वेद इष्यते।
स्निग्धरूक्षस्तथा स्निग्धो रूक्षश्चाप्युपकल्पितः ॥७॥

वातकफ (द्वन्द्वज), वात तथा कफ (व्यस्त, पृथक् २) में स्वेद कराना हितकर होता है। यह स्वेद क्रमशः स्निग्ध रूक्ष, स्निग्ध तथा रूक्ष द्रव्यों से होना चाहिये। अभिप्राय यह है वातकफ में स्निग्ध और रूक्ष दोनों प्रकार के द्रव्यों से तय्यार किया हुआ होना चाहिये और केवल वात में स्निग्ध द्रव्यों से तथा केवल कफ में रूक्ष द्रव्यों से कल्पित किया जाना चाहिये। भेल ने कहा भी है—

स्वेद्यास्तु वातकफजा वातजाः कफजास्तथा।
रोगास्तत्रोष्मलवणस्निग्धाम्लश्चव वातजाः ॥
करीषबुसपाषाणबाष्पाङ्गारैः कफात्मकाः।
शेषास्तु स्निग्धरूक्षाभ्यां ज्ञात्वा व्याधिबलाबलम् ॥

अर्थात् वातकफज (संसर्गज), वातज तथा कफज रोगों में स्वेदन करना चाहिये। वातज रोगों में ऊष्मस्वेद, लवण, स्निग्ध एवं अम्लरसवाले द्रव्यों से स्वेद देना चाहिए। कफज रोगों में गोमयचूर्ण (गोबर का चूर्ण), भूसा, पत्थर, बाष्पस्वेद तथा अङ्गारों से स्वेदन करना चाहिए। शेष वातकफज रोगों में व्याधि के बलाबल को देखकर कुछ अंशों में स्निग्ध एवं कुछ अंशों में रूक्ष स्वेद देना चाहिए। अथवा पर्याय क्रम से स्निग्ध तथा रूक्ष देना चाहिए। अर्थात् प्रथम स्निग्ध पश्चात् रूक्ष पुनः स्निग्ध पश्चात् रूक्ष इत्यादि।

आमाशयगते वाते कफे पक्वाशयाश्रिते।
रूक्षपूर्वो हितः स्वेदः स्नेहपूर्वस्तथैव च ॥८॥

देशभेद से स्वेद की कल्पना अथवा उपरोक्त नियम का अपवाद-यदि वात आमाशयगत हो और कफ पक्वाशयगत हो तो, क्रमशः रूक्षपूर्वक तथा स्नेहपूर्वक स्वेद देना हितकर है। अर्थात् यदि वात आमाशयगत हो तो पूर्व रूक्ष स्वेद देना चाहिए पश्चात् स्निग्ध स्वेद। क्योंकि नियम यह है कि जब कोई दोष आगन्तु (दूसरी जगह से आया हुआ) हो तो पूर्व स्थानी की चिकित्सा करनी चाहिए, पश्चात् आगन्तु की। आमाशय कफ का स्थान है, अतएव स्थानी कफ को रूक्षस्वेद द्वारा जीतना चाहिए, पश्चात् आगन्तु वात को जीतने लिये स्निग्ध स्वेद देना चाहिये। अष्टाङ्गसंग्रह (सू०१९अ०) में कहा भीहै—

'आगन्तुं शमयेद्दोषं स्थानिनं प्रतिकृत्य च'।

परन्तु रूक्ष स्वेद भी ऐसा होना चाहिये जो वात की वृद्धि का कारण न हो। कहा भी है—'स्थानं जयेद् भिषक् पूर्वं स्थानस्थस्याविरोधतः'। इसी प्रकार यदि कफ पक्वाशयगत हो तो पक्वाशयस्थानी वात को प्रथम जीतने के लिये कफ को न बढ़ानेवाला किन्तु स्निग्ध स्वेद देना चाहिये, पश्चात् कफशान्ति के लिये रूक्ष स्वेद हितकर होता है। अष्टाङ्गसंग्रह (सू० २६ अ०) में भी—

'आमाशयगते वाते कफे पक्वाशयाश्रिते।
रूक्षपूर्वं तथा स्नेहपूर्वं स्थानानुरोधतः ॥८॥

१—'स्वेदेनावर्जिते' पा०।

वृषणौ हृदयं दृष्टी स्वेदयेन्मृदु नैव[1] वा ।
मध्यमं वङ्क्षणौ शेषमङ्गावयवमिष्टतः ॥९॥

देशभेद से कल्पना—अण्डकोष, हृदय तथा नेत्रों पर (यदि स्वेद से ही ठीक होनेवाला रोग हो तो) मृदु ही स्वेद देना चाहिये। अर्थात् यदि अण्डकोष आदि के रोग स्वेद के बिना अन्य उपायों से सिद्ध हो सकें तो स्वेद देने की कोई आवश्यकता नहीं। परन्तु यदि रोग स्वेद से ही सिद्ध होनेवाला हो तो इन स्थलों पर मृदु स्वेद ही देना चाहिये। वङ्क्षण (रान) देश में मध्यम स्वेद देना चाहिये। शरीर के शेष अवयवों पर प्रयोजन के अनुसार मृदु, मध्यम वा महास्वेद दे सकते हैं।

यहाँ पर देशभेद से तीन प्रकार की कल्पना अर्थात् मृदु, मध्य तथा महास्वेद का निर्देश कर दिया है ॥९॥

सुशुद्धैर्लक्तकैः पिण्डया गोधूमानामथापि वा ।
पद्मोत्पलपलाशैर्वा स्वेद्यः संवृत्य चक्षुषी ॥१०॥
मुक्तावलीभिः शीताभिः शीतलैर्भाजनैरपि ।
जलार्द्रैर्जलजैर्हस्तैः स्विद्यतो हृदयं स्पृशेत् ॥११॥

सम्पूर्ण शरीर का स्वेदन करते समय चक्षु हृदय तथा वृषण की किस प्रकार रक्षा की जाय जिससे उन स्थलों का स्वेदन न हो?—अच्छी प्रकार शुद्ध किये हुए कपड़े के टुकड़े अथवा गेहूँ के आटे को जल से गूँधकर बनायी हुई पिण्डी से अथवा पद्म (श्वेतकमल) वा नीलोत्पल के पत्तों से आँखों को ढाँप कर स्वेद करना चाहिये ॥

स्वेदन किये जाते हुए पुरुष के हृदय को शीतल मोतियों की मालाओं से, हिमशीतल जलों से भरे हुए कांस्य आदि के शीतल पात्रों से, जल से गीले किये हुए कमलों से अथवा जल से गीले हाथों से स्पर्श करता रहे। अर्थात् जब पुरुष को स्वेद दिया जा रहा हो तो हृदय देश को इन विधानों से शीतल रक्खे। सुश्रुत चि० ३२ अ० में भी कहा है—

'स्नेहाभ्यक्तशरीरस्य शीतैराच्छाद्य चक्षुषी ।
स्विद्यमानस्य च मुहुर्हृदयं शीतलैः स्पृशेत् ॥'

इसी प्रकार अष्टाङ्गसंग्रह सू० २६ अ० में भी—

पद्मोत्पलादिभिः सक्तुपिण्ड्या वाच्छाद्य चक्षुषी ।
शीतैर्मुक्तावलीपद्मकुमुदोत्पलभाजनैः ॥
मुहुः करैश्च तोयार्द्रैः स्विद्यतो हृदयं स्पृशेत् ॥

इसी प्रकार स्वेदन के समय कमल आदि शीतल द्रव्यों से अण्डकोषों की भी रक्षा करनी चाहिये।

गंगाधर आदि इसका अर्थ इस प्रकार करते हैं कि यदि आँख आदि पर मृदुस्वेद देना हो तो उसका विधान यह है कि कपड़े आदि से आँखों को ढककर ऊपर स्वेद करे। इस प्रकार वहाँ मृदुस्वेद हो जाता है ॥१०, ११॥

शीतशूलव्युपरमे स्तम्भगौरवनिग्रहे ।
संजाते मार्दवे स्वेदे स्वेदनाद्विरतिर्मता ॥१२॥

कब स्वेद देना बन्द कर देना चाहिये ? वा ठीक प्रकार से स्विन्न हुए २ के लक्षण—शीत और शूल (वेदना, दर्द) के शान्त हो जाने पर, शरीर की स्तब्धता वा रुके हुए एवं ठहरे हुए दोषों और भारीपन के हट जाने पर, शरीर वा अवयव के मृदु होने पर, तथा पसीना आने पर स्वेदन से रुक जाना चाहिये। अर्थात् अब ठीक स्वेदन हो गया है—ऐसा जानना चाहिये और अधिक स्वेद न देना चाहिये। सुश्रुत चि० ३२ अ० में भी कहा है—

'स्वेदास्रावो व्याधिहानिर्लघुत्वं शीतार्थित्वं मार्दवं चातुरस्य ।
सम्यक् स्विन्ने लक्षणं प्राहुरेतन्मिथ्यास्विन्ने व्यत्ययेनैतदेव ॥

अष्टाङ्गसंग्रह सू० २६ अ० में भी—

'शीतशूलक्षये स्विन्नो जातेऽङ्गानां च मार्दवे ॥१२॥

पित्तप्रकोपो मूर्च्छा च शरीरसदनं तृषा ।
दाहः स्वेदाङ्गदौर्बल्यमतिस्विन्नस्य लक्षणम् ॥१३॥

अतिस्विन्न के लक्षण—पित्तप्रकोप, मूर्च्छा, शरीर की शिथिलता, दाह, स्वर तथा अङ्ग की दुर्बलता; ये अत्यधिक स्विन्न हुए २ पुरुष के लक्षण हैं। अर्थात् इन लक्षणों से यह ज्ञात होता है कि पुरुष को उचित से अधिक स्वेद दिया गया है। सुश्रुत (चि० ३२ अ०) में कहा है—

'स्विन्नेऽत्यर्थं सन्धिपीडा विदाहः स्फोटोत्पत्तिः पित्तरक्तप्रकोपः ।
मूर्च्छाभ्रान्तिर्दाहतृष्णे क्लमश्च.........................॥'

अष्टाङ्गसंग्रह सू० २६ अ० में—

'पित्तास्रकोपतृण्मूर्च्छास्वराङ्गसदनभ्रमाः ।
सन्धिपीडाज्वरश्यावरक्तमण्डलदर्शनम् ॥
स्वेदातियोगाच्छर्दिश्च ....॥'

इन दोनों ग्रन्थों में सन्धियों में पीड़ा, फोलों का पड़ना, रक्त का प्रकोप, भ्रम, तृष्णा, क्लम, श्याम एवं रक्त वर्ण के मण्डलों (चकत्तों) का दिखाई देना, वमन तथा विदाह; ये लक्षण अधिक दर्शाये हैं ॥१३॥

उक्तस्तस्याशितीये यो ग्रैष्मिकः सर्वशो विधिः ।
सोऽतिस्विन्नस्य कर्तव्यो मधुरः स्निग्धशीतलः ॥१४॥

अतिस्विन्न की चिकित्सा—तस्याशितीय नामक छठे अध्याय में ग्रीष्म ऋतु की चर्या में जो सम्पूर्ण मधुर, स्निग्ध तथा शीतल विधि है वह अतिस्विन्न पुरुष को करानी चाहिये परन्तु मद्यपान सर्वथा ही न करना चाहिये। अतएव ग्रीष्मचर्योक्त विधि को कहकर भी पुनः मधुर स्निग्ध एवं शीतल कहा है। अष्टाङ्गसंग्रह में 'तत्र स्तम्भनमौषधम्' द्वारा स्तम्भन औषध का विधान किया है। चरक में भी अन्यत्र (सू० २२ अ०) अतिस्विन्न को स्तम्भनीय रोगियों में गिना है; यथा—

पित्तक्षाराग्निदग्धा ये वम्यतीसारपीडिताः ।
विषस्वेदातियोगार्ताः स्तम्भनीया निदर्शिताः ॥

ग्रीष्मचर्योक्त मधुर स्निग्ध एवं शीतल विधि प्रायशः स्तम्भन ही होगी। स्तम्भन द्रव्य प्रायः रूक्ष होते हैं। परन्तु यदि रूक्षस्वेद अत्यधिक दिया गया हो तो रोगी के लिये स्तम्भन के साथ किंचित् स्निग्धता का होना भी आवश्यक है यदि स्निग्ध स्वेद अत्यधिक दिया गया हो तो रूक्ष स्तम्भन द्रव्यों का प्रयोग होना चाहिये। स्वेदन तथा स्तम्भन-द्रव्यों की परस्पर तुलना करते हुए अष्टाङ्गसंग्रह में कहा है—

'स्वेदनं गुरु तीक्ष्णोष्णं प्रायः स्तम्भनमन्यथा ।
द्रवस्थिरसरस्निग्धरूक्षसूक्ष्मं च भेषजम् ॥
स्वेदनं, स्तम्भनं श्लक्ष्णरूक्षसूक्ष्मसरद्रवम् ।
प्रायस्तिक्तं कषायं च मधुरं च समासतः' ॥

अर्थात् स्वेदन द्रव्य गुरु, तीक्ष्ण तथा उष्ण होते हैं और स्तम्भन

1—'वा न वा ग ।

इससे विपरीत लघु, मन्द एवं शीतल होते हैं। स्वेदन द्रव्य, द्रव स्थिर, सर, स्निग्ध, रूक्ष तथा सूक्ष्म होते हैं और स्तम्भन औषध प्रायः श्लक्ष्ण, सूक्ष्म, सर, द्रव, तिक्तरस, कषायरस और मधुररस-वाले होते हैं। इनमें सर, रूक्ष, सूक्ष्म तथा द्रव ये चार गुण सामान्य हैं। ये संस्कार आदिके कारण स्वेदन में या स्तम्भन में सहायक होते हैं।१४।

[1]कषायमद्यनित्यानां गर्भिण्या रक्तपित्तिनाम्।
पित्तिनां सातिसाराणां रूक्षाणां मधुमेहिनाम् ॥१५॥
[2]विदग्धभ्रष्टब्रध्नानां विषमद्यविकारिणाम्।
श्रान्तानां नष्टसंज्ञानां स्थूलानां पित्तमेहिनाम् ॥१६॥
तृष्यतां क्षुधितानां च क्रुद्धानां शोचतामपि।
कामल्युदरिणां चैव क्षतानामाढ्यरोगिणाम् ॥१७॥
दुर्बलातिविशुष्काणामुपक्षीणौजसां[3] तथा।
भिषक तैमिरिकाणां च न स्वेदमवतारयेत् ॥१८॥

किन्हें स्वेद न करना चाहिये ?–जो नित्य कषाय (चतुर्थ अध्याय में कही गयी पाँच प्रकार की कषायकल्पना) का सेवन करते हैं (उत्क्लेश के भय से), वा नित्य मद्यपान करते हैं; गर्भिणी, रक्तपित्त के रोगी, पित्त प्रकृतिवाले, या पित्त के रोगी, अतीसार (दस्त) के रोगी, मधुमेह के रोगी, क्षार या अग्नि से दग्ध पुरुष अथवा जिनकी गुदा पक गयी है वा क्षार आदि के प्रयोग से दग्ध हुई २ हैं; गुदभ्रंश (कांच निकलना) से पीड़ित, जिन्हें विषजन्य वा मद्यजन्य विकार हो, थके हुए, बेहोश, अतिशूल, पित्तमेह के रोगी, तृषायुक्त (जिन्हें प्यास लगी हो), भूखे, क्रोधयुक्त, चिन्ता वा शोक में लीन, कामला के रोगी, उदररोगों से पीड़ित, जिन्हें घाव लगे हों, वातरक्त (Gout) के रोगी, दुर्बल, अत्यन्त सूखे हुए, जिनका ओज क्षीण होता हो वा हो गया हो तथा तिमिर के रोगियों को चिकित्सक स्वेद न करावे ॥

यद्यपि किसी भी प्रकार के प्रमेहवाले को स्वेद कराना अभीष्ट नहीं; परन्तु मधुमेह तथा पित्तमेह के रोगियों को तो कदापि न कराना चाहिये। अतएव इनका पार्थक्येन यहाँ नाम लिया गया है। सुश्रुत चि० ३२ अ० में—

पाण्डुर्मेही रक्तपित्ती क्षयार्त्तः क्षामोऽजीर्णी चोदरार्त्तो गरार्त्तः।
तृट्छर्द्यार्त्तो गर्भिणी पीतमद्यो नैते स्वेद्या यश्च मर्त्योऽतिसारी ॥

तथा सुश्रुत (चि० १२ अ०) मधुमेह के अधिकार में—

'न चैतान् कथञ्चिदपि स्वेदयेत्। मेदोबहुत्वादेतेषां विशीर्यते देहः स्वेदेन।'

अर्थात् मधुमेह के रोगियों का किसी अवस्था में स्वेदन न करे। क्योंकि इनमें मेदा के अधिक मात्रा में होने के कारण इनका शरीर स्वेद से (मेद के अत्यधिक क्षरण होने से) क्षीण वा नष्ट हो जाता है।

यदि उपर्युक्त अस्वेद्य पुरुषों को रोग की आत्ययिक अवस्था में स्वेद कराना अत्यन्त आवश्यक हो तो चिकित्सक मृदु स्वेद करा सकता है। अष्टाङ्गसंग्रह में—

'न स्वेदयेदतिस्थूलरूक्षदुर्बलमूर्च्छितान्।
स्तम्भनीयक्षतक्षीणक्षाममद्यविकारिणः।
तिमिरोदरवीसर्प-कुष्ठशोषाढ्यरोगिणः ॥
पीतदुग्धदधिस्नेहमधून् कृतविरेचनान्।
भ्रष्टदग्धगुदग्लानिक्रोधशोकभयार्दितान् ॥
क्षुत्तृष्णाकामलापाण्डुमेहिनः पित्तपीडितान्।
गर्भिणीं पुष्पितां सूतां मृदु वात्ययिके गदे ॥'

सू० २६ अ०। तथा च सुश्रुत (चि० ३२ अ०) में भी—
एतेषां स्वेदसाध्या ये व्याधयस्तेषु बुद्धिमान्।
मृदुस्वेदान् प्रयुञ्जीत······· ॥ १५–१८ ॥

प्रतिश्याये च कासे च हिक्काश्वासेष्वलाघवे।
कर्णमन्याशिरःशूले स्वरभेदे गलग्रहे ॥१९॥
अर्दितैकाङ्गसर्वाङ्गपक्षाघाते विनामके।
कोष्ठानाहविबन्धेन शुक्राघाते विजृम्भके ॥२०॥
पार्श्वपृष्ठकटीकुक्षिसंग्रहे गृध्रसीषु च।
मूत्रकृच्छ्रे महत्त्वे च मुष्कयोरङ्गमर्दके ॥२१॥
पादोरुजानुजङ्घार्तिसंग्रहे श्वयथावपि।
खल्लीष्वामेषु शीते च वेपथौ वातकण्टके ॥२२॥
संकोचायामशूलेषु स्तम्भगौरवसुप्तिषु।
[1]सर्वेष्वेव विकारेषु स्वेदनं हितमुच्यते ॥२३॥

स्वेदन कहाँ-कहाँ कराना चाहिये–प्रतिश्याय (जुकाम), कास (खाँसी), हिचकी, श्वास (दमा आदि), देह का भारी प्रतीत होना (स्रोतों के कफ लिप्त होने के कारण), कर्णशूल (कानदर्द), मन्या (ग्रीवाशिरा) शूल, शिरःशूल (शिरदर्द), स्वरभेद, गलग्रह, अर्दित, एकाङ्गघात, सर्वाङ्गघात, पक्षाघात, विनामक (वातकोप से शरीर के नमन होनेवाले लक्षणयुक्त अपतानक, धनुस्तम्भ, बाह्यायाम, अभ्यन्तरायाम आदि रोग), कोष्ठ के आध्मान में मलबन्ध और मूत्र के रुकने पर, शुक्राघात (शुक्ररोग वा वीर्य का बाहर क्षरण न होना), विजृम्भक (जृम्भारोग, जम्भाई), पार्श्वग्रह, पृष्ठग्रह, कटीग्रह तथा कुक्षिग्रह, गृध्रसी (Sciatica) मूत्रकृच्छ्र, अण्डवृद्धि, अङ्गमर्द, पैर में वेदना, पादग्रह, ऊरुओं में पीड़ा, ऊरुग्रह, जानुओं (घुटने) में पीड़ा, जानुग्रह, जंघा में दर्द, जंघाग्रह श्वयथु (शोथ), [2]खल्ली (खिचावट के साथ मोच की तरह पीड़ा), आमदोष (विसूचिका, अलसक आदि), शीत (सर्दी लगना), वेपथु (कम्पन, काँपना), वातकण्टक[3], संकोच (अङ्गों का सिकुड़ना), आयाम (अङ्गों के प्रसार, फैलना अथवा बाह्यायाम आदि), शूल, स्तम्भ (अङ्गों की जड़ता), गौरव (अङ्गों का भारीपन), सुप्ति (अङ्ग में स्पर्श आदि का ज्ञान न होना); इन सब विकारों–रोगों में स्वेद करना हितकर है।

१—कषायद्रव्यकृत मद्यं कषायमद्यम्, किंवा कषायशब्दोऽमधुरवचनः, तेन यदुच्यते—कषायनित्यस्य वातप्रधानता स्यात्, कषायस्य वातकारित्वात्। वाते च स्वेदो विहित एव तत्कथं कषायनित्यं प्रति स्वेदनिषेध इति तन्निरस्तं स्यात। किंवा कषायनित्या रूक्षातिस्तम्भकत्वेन, ततश्च तेषां स्वेदः पर्वभेदमावहतीत्यतः कषायनित्यनिषेधः' चक्रः।

२ 'ब्रध्नं गुदं; विदग्धं पक्वं, भ्रष्टं बहिर्निर्गतं वा येषां तेषां, पक्वगुदवलानां गुदभ्रंशवतां च' गङ्गाधरः।

३–'०विशुद्धानां०' ग०।

१–'सर्वाङ्गेषु विकारेषु' इति पाठे ज्वरादिषु वातश्लेष्मजेषु।

२–खल्ली तु पादजङ्घोरुकरमूलावमोटनी ॥

३–न्यस्ते तु विषमे पादे रुजः कुर्यात्समीरणः।
वातकण्टक इत्येष विज्ञेयः खुडकाश्रितः ॥ सुश्रुते ॥

अष्टाङ्गसंग्रह (सू० २६ अ०) में भी कहा है ।—
श्वासकासप्रतिश्यायहिक्काऽऽध्मानविबन्धिषु ।
स्वरभेदानिलव्याधिपक्षाघातापतानके ॥
अङ्गमर्दकटीपार्श्वपृष्ठकुक्षिहनुग्रहे ।
महत्त्वे मुष्कयोः खल्ल्यामायामे वातकण्टके ॥
मूत्रकृच्छ्रार्बुदग्रन्थिशुक्राघाताढ्यमारुते ।
वेपथुश्वयथुस्वापस्तम्भजृम्भाङ्गगौरवे ॥
कर्णमन्याशिरःकोष्ठजंघापादोरुरुग्च्छु च ।
स्वेदं यथायथं कुर्यात्तदौषधविभागतः ॥ १९–२३ ॥

तिलमाषकुलत्थाम्लघृततैलामिषौदनैः ।
पायसैः कृशरैर्मांसैः पिण्डस्वेदं प्रयोजयेत् ॥२४॥
गोखरोष्ट्रवराहाश्वशकृद्भिः सतुषैर्यवैः ।
सिकतापांशुपाषाणकरीषायसपूटकैः ॥२५॥
श्लैष्मिकान् स्वेदयेत् [1]पूर्वैर्वातिकान् समुपाचरेत् ।

पिण्डस्वेद के द्रव्य—तिल, उड़द, कुलथी, अम्लद्रव्य (काञ्जिक आदि), घी, तैल, मांसौदन, पायस (खीर), कृशरा (तिल, चावल तथा उड़दसे बनायी हुई यवागू), मांस; इनसे पिंडस्वेद देना चाहिये । पिण्डस्वेद से अभिप्राय द्रव्यों को पिण्डाकार करके स्वेद देने से है। पिण्डाकार करने के लिये तिल, उड़द, कुलथी, भात; इन्हें काञ्जिक और मांसरस में सिद्ध करके घी वा तैल यथायोग्य एवं यथाविधि मिश्रित करना चाहिये । पिण्डस्वेद का ही दूसरा नाम संकरस्वेद भी है । यह ऊष्मास्वेद का भेद है । यह पिंडस्वेद के लिये स्निग्ध द्रव्य है ।

गौ, गदहा, ऊँट, सूअर, घोड़ा; इनके ताजा वा गीले पुरीषों से, तुष, जौ, बालू, पांशु (धूल वा मिट्टी), पत्थर, करीष (सूखे हुए गोबर का चूर्ण), लोहचूर्ण इनकी पोटलियों से वा लोहपिण्ड से श्लैष्मिक रोगों में पिण्डस्वेद देवें । ये द्रव्य रूक्ष हैं; इनसे रूक्षस्वेद होता है । पूर्वोक्त तिल आदि स्निग्ध द्रव्यों से वातिक रोगों में स्वेद देना चाहिये । २४, २५ ।

द्रव्याण्येतानि शस्यन्ते यथास्वं प्रस्तरेष्वपि ॥२६॥

प्रस्तर स्वेद के द्रव्य–दोष वा रोगों के अनुसार ये ही द्रव्य प्रस्तरस्वेद में भी प्रयुक्त होते हैं । इस प्रस्तरस्वेद को संस्तरस्वेद कहते हैं । यह भी ऊष्मास्वेद का ही भेद है ।२६।

भूगृहेषु च जेन्ताकेषूष्णगर्भगृहेषु च ।
विधूमाङ्गारतप्तेष्वभ्यक्तः स्विद्यति ना सुखम् ॥२७॥

धूम रहित अङ्गारों से तपाये हुए भूगृह (तहखाना), जेन्ताक (इसका वर्णन आगे होगा), उष्णगृह वा गर्भगृह (चारों ओर कमरों से घिरा हुआ बीच का कमरा) में पुरुष सुखपूर्वक स्विन्न हो जाता है । इसमें जेन्ताक को छोड़कर शेष भूगृह आदि को कुटीस्वेद के अन्तर्गत जानना चाहिये । कुटीस्वेद एवं जेन्ताक; ये दोनों भी ऊष्मस्वेद के भेद ही हैं ॥२७॥

ग्राम्यानूपौदकं मांसं पयो बस्तशिरस्तथा ।
वराहमेदः[2] पित्तासृक् [3]स्नेहवत्तिलतण्डुलाः ॥२८॥
इत्येतानि समुत्क्वाथ्य नाडीस्वेदं प्रयोजयेत् ।
देशकालविभागज्ञो युक्त्यपेक्षो भिषक्तमः ॥२९॥

नाडीस्वेद के द्रव्य—देश काल के विभाग को जाननेवाले वैद्य को युक्ति द्वारा ग्राम्य, आनूप (जलप्रधान देश) एवं औदक (जलचर) पशुपक्षियों के मांस, दूध, बकरे का सिर, सूअर की चर्बी, पित्त तथा रुधिर, एरण्डबीज आदि स्नेहवान् द्रव्य, तिल, चावल (अथवा निस्तुष तिल); इनके क्वाथ से नाड़ीस्वेद कराना चाहिये । मात्रा आदि का विचार करके प्रयोग कराना ही युक्ति है । नाड़ीस्वेद भी ऊष्मस्वेद का भेद है ॥ २८, २९ ॥

वरुणामृतकैरण्डशिग्रुमूलकसर्षपैः ।
वासावंशकरञ्जार्कपत्रैरश्मन्तकस्य च ॥३०॥
शोभाञ्जनकशैरे[1] यमालतीसुरसार्जकैः ।
पत्रैरुत्क्वाथ्य सलिलं नाडीस्वेदं प्रयोजयेत् ॥३१॥

वरुण, गिलोय, एरण्ड, सहिजन, मूली, सरसों, अडूसे के पत्ते, बाँस के पत्ते, करञ्ज के पत्ते, मदार (आक) के पत्ते, अश्मन्तक (पाषाणभेद) के पत्ते, लाल सहिजन के पत्ते, शैरेय (झिण्डी के पत्ते), मालतीपत्र, सुरसा (तुलसी पत्र), अर्जक (तुलसी भेद) के पत्ते; इनसे जल को काढ़कर नाड़ीस्वेद कराना चाहिये ॥ अष्टाङ्गसंग्रह सू० २६ अ० में 'शोभाञ्जन' (लाल सहिजन) की जगह अशोक तथा शैरेय की जगह शिरीष पढ़ा गया है—'शिग्रुवरुणामृतकमूलकसर्षपसुरसार्जकवासावंशाश्मन्तकाशोकशिरीषार्क–करञ्जैरण्डमालतीपत्रभंगभूतीकदशमूलादि० इत्यादि ।

भूतीकपञ्चमूलाभ्यां सुरया[2] दधिमस्तुना ।
मूत्रैरम्लैश्च सस्नेहैर्नाडीस्वेदं प्रयोजयेत् ॥३२॥

भूतीक (गन्धतृण), पञ्चमूल, सुरा, दही का पानी, मूत्रवर्ग, काञ्जिक आदि अम्लद्रव, घृत आदि स्नेह; इनसे नाड़ीस्वेद करना चाहिये ॥

यहाँ पर पञ्चमूल से दोनों पञ्चमूलों (महत् और क्षुद्र) का ग्रहण करना चाहिये । अष्टाङ्गसंग्रह में—दशमूल ही पढ़ा गया है ।

गंगाधर के अनुसार यहाँ पर केवल महत् पञ्चमूल का ही ग्रहण करना चाहिये, क्योंकि वह वातकफहर होता है । इस नाड़ीस्वेद के योग को वह वातकफज (संसर्गज) विकारों में प्रयोग कराने को कहता है । इससे पूर्व के दो योग यथाक्रम वातिक तथा श्लैष्मिक विकारों में प्रयोग कराने चाहिये—यह गंगाधर का मत है ॥३२॥

एत एव च निर्यूहाः प्रयोज्या जलकोष्ठके ।
स्वेदनार्थं घृतक्षीरतैलकोष्ठांश्च कारयेत् ॥३३॥

अवगाहस्वेद के द्रव्य—इन्हीं ग्राम्य आनूप मांस आदि, वरुण आदि तथा भूतीक आदि द्रव्यों के क्वाथों को स्वेदार्थ अवगाहन के लिये जलकोष्ठक वा टब में प्रयोग कर सकते हैं । इसी प्रकार स्वेदन के लिये घी, दूध तथा तैल से पूर्ण कोष्ठों (टब Tub) का प्रयोग करना चाहिये । यह द्रवस्वेद का भेद है ॥३३॥

गोधूमशकलैश्चूर्णैर्यवानामम्लसंयुतैः ।
सस्नेहकिण्वलवणैरुपनाहः प्रशस्यते ॥३४॥

उपनाहस्वेद के द्रव्य–गेहूँ के टुकड़े (दलिये की तरह), जौ का

१—'पूर्वैस्तिलादिभिः' चक्रः । २—'मध्य०' इति पाठान्तरे वराहस्य मध्यदेहः ॥ ३—'स्नेहवद्यावद्वीजमेरण्डबीजादिकं,तत्र प्राधान्यान्निस्तुषीकृत्य ग्रहणार्थं पृथगुक्तं तिलतण्डुला इति' गङ्गाधरः ।

१—'शैरीष' पा० । २—'शैरीयैः' ग० ।

आटा, काञ्जी, तैल आदि स्नेह, किण्व (सुराबीज, Yeast अथवा सुराकिट्ट) तथा नमक इससे तय्यार किया हुआ उपनाह (Poultice) प्रशस्त है ॥३४॥

गन्धैः सुरायाः किण्वेन जीवन्त्या शतपुष्पया ।
उमया कुष्ठतैलाभ्यां युक्तया चोपनाहयेत् ॥३५॥

अगर, तगर आदि गन्धद्रव्य, सुरा का किण्व (सुराबीज अथवा सुराकिट्ट), जीवन्ती, सोये, अलसी, कुष्ठ तथा तैल; इनसे उपनाहन करे। गन्ध द्रव्य कहने से ही यद्यपि कुष्ठ का ग्रहण हो सकता था; परन्तु पुनः कुष्ठ के पढ़ने का अभिप्राय यही है कि कुष्ठ का अवश्य प्रयोग हो। अन्य गन्धद्रव्यों का यथालाभ प्रयोग कर सकते हैं। सू० २५ वें अध्याय में वातहर उपनाह द्रव्यों में कुष्ठ को सबसे श्रेष्ठ कहा गया है। यथा—

'कुष्ठं वातहराभ्यङ्गोपनाहोपयोगिनाम्' ॥३५॥

चर्मभिश्चोपनद्धव्यः सलोमभिरपूतिभिः ।
उष्णवीर्यैरलाभे तु कौशेयाविकशाटकैः ॥३६॥

उपनाह को बाँधने का विधान—स्वेद्य स्थल पर उपनाह को रखकर लोमयुक्त, दुर्गन्धरहित वा जो सड़ा न हो, जिसमें जीवाणु वा कृमि न पैदा हुए हों ऐसे उष्ण वीर्य चमड़े से बाँधना चाहिये। यदि ऐसा चर्म प्राप्त न हो सके तो रेशम वा ऊन के वस्त्र से भी बांध सकते हैं। यदि ये भी प्राप्त न हों तो वातहर-एरण्डपत्र आदि ऊपर लपेट सकते हैं। चिकित्सास्थान २८ वें अध्याय में कहा जायगा 'एरण्डपत्रैर्बध्नीयात्'। अष्टाङ्गहृदय (सू० १७ अ०) में भी 'अभावे वातजित्पत्रकौशेयाविकशाटकैः।' चर्म वा ऊन की पट्टी बाँधने का अभिप्राय यही है कि उपनाह की गर्मी और नमी पर्याप्त समय तक स्थिर रह सके ॥३६॥

रात्रौ बद्धं दिवा मुञ्चेन्मुञ्चेद्रात्रौ दिवाकृतम् ।
विदाहपरिहारार्थं, स्यात्प्रकर्षस्तु शीतले ॥३७॥

उपनाह में बन्ध वा पट्टी को खोलने का नियम-रात्रि में बाँधी हुई पट्टी को दिन में खोल दे और दिन में बाँधी हुई रात्रि में खोल दे। इस प्रकार उपनाहन की जगह विदाह (जलन) नहीं होगा। अन्यथा विदाह की सम्भावना होती है। परन्तु शीतकाल में इस काल से अधिक काल तक भी एक ही पट्टी रक्खी जा सकती है। देश, काल वा औषध की शक्ति के भेद से इसे कम वा अधिक काल तक भी बँधा रहने दे सकते हैं। साधारणतः यह नियम है कि इस पट्टी को १२ घण्टे तक रखा जाय ॥३७॥

सङ्करः प्रस्तरो नाडी परिषेकोऽवगाहनम् ।
जेन्ताकोऽश्मघनः कर्षूः कुटी भूः कुम्भिकैव च ॥३८॥
कूपो होलाक इत्येते स्वेदयन्ति त्रयोदश ।
तान् यथावत्प्रवक्ष्यामि सर्वानेवानुपूर्वशः ॥३९॥

अग्निसंस्कारयुक्त स्वेद के भेद—१ संकर, २ प्रस्तर, ३ नाड़ी, ४ परिषेक, ५ अवगाहन, ६ जेन्ताक, ७ अश्मघन, ८ कर्षू, ९ कुटी १० भू, ११ कुम्भी, १२ कूप, १३ होलाक; ये तेरह स्वेदन करते हैं। इनमें से प्रत्येक का यथाक्रम प्रवचन किया जायगा।

सुश्रुत ने चार प्रकार का स्वेद कहा है। यथा-'चतुर्विधः स्वेदः, तद्यथा-तापस्वेद ऊष्मस्वेद उपनाहस्वेदो द्रवस्वेद इति। अत्र सर्वस्वेदविकल्पावरोधः।'

इन्हीं चार भेदों में सम्पूर्ण स्वेदों का अन्तर्भाव हो जाता है। संकर, प्रस्तर, नाड़ी, जेन्ताक, अश्मघन, कुम्भी, कूप, कुटी, कर्षू, भू, होलाक; इनका अन्तर्भाव ऊष्मस्वेद में किया जाता है। परिषेक और अवगाहन; ये दो द्रवस्वेद के भेद हैं। सङ्कर का तापस्वेद में भी अन्तर्भाव कर सकते हैं।

प्रकृत ग्रन्थ में उपनाहस्वेद को अनग्निस्वेदों में गिना है। अष्टाङ्गसंग्रहकार अग्निसंस्कारयुक्त तथा अग्निसंस्काररहित दोनों में गिनता है। और अग्निसंस्कारयुक्त को वात में तथा अग्निसंस्काररहित को पित्तयुक्त वात वा पित्तयुक्त कफ में प्रयोग कराने को कहता है। यथा—'तेषां विशेषतस्तापोष्मस्वेदौ कफे प्रयोजयेत्। उपनाहमनिले। किञ्चित्पित्तसंसृष्टेऽन्यतरस्मिन् द्रवस्वेद इति।' तथा-'अनाग्नेयं पुनर्मेदःकफावृते वायौ निवातसदनगुरुप्रावरणबहुमद्यपानव्यायामक्षुदातपनियुद्धाध्वभारभरणामर्षभयैः। उपनाहं च पित्तान्वये पूर्वोक्तेनैव विधिनाग्निरहितमिति ॥३८, ३९॥

तत्र वस्त्रान्तरितैरवस्त्रान्तरितैर्वा पिण्डैर्यथोक्तैरुपस्वेदनं सङ्करस्वेद इति विद्यात् ॥४०॥

सङ्करस्वेद-पूर्व पिण्डस्वेद के कहे गये द्रव्यों के पिण्डों से उन्हें वस्त्र में रखकर वा विना वस्त्र में रखे ही जो स्वेद किया जाता है, उसे सङ्करस्वेद कहते हैं। इसी का नाम पिण्डस्वेद है। अष्टाङ्गसंग्रह में कहा भी है—

'तत्र मृत्कपालपाषाणलोष्टलोहपिण्डानग्निवर्णान् संदंशेन गृहीत्वाऽम्भस्यम्ले वा निमज्जयेत्। तैरार्द्राविकवस्त्रेण वेष्टितैः श्लेष्ममेदोभूयिष्ठं सरुजमङ्गं ग्रन्थिमद्वा स्वेदयेत्। पांसुसिकतागवादिकरीषधान्यबुसपुलाकपलालैर्वाऽम्लोत्क्वथितैः पूर्ववद्वेष्टितैः। गवादिशकृतार्द्रेण पिण्डीकृतेन वा उपनाहद्रव्योत्कारिकाकृसरमांसपिण्डैर्वा वातरोगेष्विति पिण्डस्वेदः। स एव सङ्कराख्यः॥' सू०२६ अ०।

अर्थात् घड़े आदि का ठीकरा, पत्थर, मिट्टी का ढेला वा लोहपिण्ड को अग्नि में लाल करके चिमटे से पकड़ कर जल वा काञ्जी आदि अम्लद्रव में बुझावे। बुझाते ही गीले ऊनके कपड़े में लपेट कर कफ वा मेदःप्रधान वेदनायुक्त अङ्ग को वा ग्रन्थिवाले अङ्ग को स्वेद दे। अथवा धूलि, बालु, गौ आदि के शुष्क एवं चूर्ण हुए २ पुरीष, धान्य, भूसा, तथा पुलाक नामक धान्य की पराली (तृण), इन्हें काञ्जिक आदि अम्ल द्रव में उबालकर पूर्ववत् गीले ऊन के वस्त्र में लपेट कर स्वेद देना चाहिए। अथवा गौ आदि के ताजे पुरीष में से किसी एक के ताजे पुरीष को पिण्डाकार कर उस से स्वेद दें। वातरोगों में उपनाह (Poultice) के द्रव्य (सरसों, वचा आदि), [1]उत्कारिका (रोटी की तरह पकाया हुआ वा पूरी की तरह तला हुआ), कृशरा वा पिष्ट मांस के पिण्डों से स्वेद दे। यह पिण्डस्वेद कहाता है। इसे ही सङ्करस्वेद कहते हैं ॥४०॥

१—अरुणस्तु 'यवमाषैरण्डबीजातसीकुसुम्भबीजादिभिः पिष्टस्विन्नैर्लप्सिकाकृतिर्यः स्वेदनोपायः स उत्कारिका' इत्याह। माषादिकृतमूषिकोत्काराकृतिव्यञ्जनविशेषः। चक्रः॥

शूकशमीधान्यपुलाकानां [1]वेसवारायसकृशरोत्कारिकादीनां वा प्रस्तरे कौशेयाविकोत्तरप्रच्छदे पञ्चाङ्गुलोरुबूकार्कपत्रप्रच्छदे वा स्वभ्यक्तसर्वगात्रस्य शयानस्योपरि स्वेदनं प्रस्तरस्वेद इति विद्यात् ॥४१॥

शूकधान्य (गेहूँ आदि), शमीधान्य (उड़द, सेम आदि) पुलाक (क्षुद्रधान्य); इनको अथवा वेशवार, पायस (खीर), कृशरा (तिल, चावल तथा उड़द की यवागू), उत्कारिका आदि को स्वेद्य पुरुष के प्रमाण के अनुसार (काष्ठशय्या–तख्त पर) फैलाकर उस पर श्वेत एरण्ड लाल एरण्ड वा मदार (आक); इनके पत्ते बिछा दें। अब रोगी को–जिसने अपने सारे देह पर अच्छी प्रकार स्नेह की मालिश की हुई है–लेटा दें और रेशम वा ऊन का कपड़ा (कम्बल आदि) ओढ़ा दें। इस प्रकार जो स्वेदन होता है, उसे प्रस्तरस्वेद कहते हैं। एरण्डपत्र आदि की जगह रेशम वा ऊन का कपड़ा–कम्बल आदि भी बिछाया जा सकता है। शूकधान्य आदि को भी प्रथम जल वा काञ्जी में उबाल लेना चाहिए। इन्हें तथा वेशवार आदि को गरम२ ही तख्त वा चारपाई–जिस पर धान्यों के तृण बिछाये हों—फैला देना चाहिए।

सुश्रुत में भी—'कोशधान्यानि[2] वा सम्यगुपस्वेद्यास्तीर्य किलिञ्जेऽन्यस्मिन् वा तत्प्रतिरूपके शयानं प्रावृत्य स्वेदयेत्। एवं पांशुगोशकृत्तुषबुसपलालोष्मभिः स्वेदयेत्' ॥ चि० ३२ अ०।

इसके प्रयोग का विधान अष्टाङ्गसंग्रह में भी बताया गया है—'यथार्हस्वेदद्रव्याणि पिहितमुखायामुखायां सम्यगुपस्वेद्य निवातशरणशयनस्थे किलिञ्जे प्रस्तीर्याविककौशेयवातहरपत्रान्यतमोत्तरप्रच्छदे रौरवाजिनप्रावारादिभिः स्ववच्छन्नं स्वेदयेदिति संस्तरस्वेदः' ॥

अर्थात् यथोपयोगी स्वेदन द्रव्यों को हाँडी में डालकर मुख बन्द कर दें और उसे आग पर रक्खें। इसमें काँजी आदि अम्ल द्रव्य किञ्चित् परिमाण में साथ ही डाल देना चाहिए। जब उचित रूप से द्रव्य स्विन्न हो जाय तब निवात घर में चारपाई पर गेहूँ आदि के तृण बिछाकर ऊपर ये द्रव्य फैला दें। इन पर ऊन, रेशम वा एरण्ड आदि वातहर द्रव्यों के पत्ते बिछा दें और रोगी को लेटा दें ऊपर हरिणचर्म वा कम्बल अच्छी प्रकार ओढ़ा दें। इस स्वेद को संस्तरस्वेद कहते हैं ॥४१॥

स्वेदनद्रव्याणां पुनर्मूलफलपत्रशुङ्गादीनां[3] मृगशकुनिपिशितशिरःपदादीनामुष्णस्वभावानां वा यथार्हमम्ललवणस्नेहोपसंहितानां मूत्रक्षीरादीनां वा कुम्भ्यां बाष्पमनुद्वमन्त्यामुत्क्वथितानां नाड्या शरेषीकावंशदलकरञ्जार्कपत्रान्यतमकृतया गजाग्रहस्तसंस्थानया व्यामार्धदीर्घया[4] वा व्यामचतुर्भागाष्टभागमूलाग्रपरिणाहस्रोतसा सर्वतो वातहरपत्रसंवृतच्छिद्रया द्विस्त्रिर्वा विनामितया वातहरसिद्धस्नेहाभ्यक्तगात्रो बाष्पमुपहरेत्; बाष्पो ह्यनूर्ध्वगामी[5] विहतचण्डवेगस्त्वचमविदहन् सुखं स्वेदयतीति नाडीस्वेदः ॥४२॥

नाड़ीस्वेद का विधान—एक हाँडी या घड़ा जिसके नाड़ी लगनेवाली जगह को छोड़कर अन्य कोई छिद्र—जहाँ से बाष्प निकल सकता हो–न हो। उसमें मूल (जड़), फल, पत्र, अंकुर आदि अथवा पशुओं एवं पक्षियों के मांस, शिर पैर आदि स्वभाववाले अथवा यथायोग्य अम्ल (काञ्जिक आदि लवण तथा घृत आदि स्नेहों से युक्त मूत्र, दूध आदि स्वेदोपयोगी द्रव्य डाल दें। अब उस पात्र के नाड़ी लगनेवाले छिद्र पर सरकण्डे के खोल, बाँस, करञ्जपत्र, अर्कपत्र (मदार के पत्ते); इनमें से किसी एक से बनायी हुई नाड़ी (नाली)–जिसकी आकृति हाथी की सूँड के अग्रभाग की तरह हो–को लगायें। यह नाली एक व्याम वा आधा व्याम लम्बी होनी चाहिये। इनके मूलप्रान्त (जो प्रान्त पात्र से जुड़ा हो) का स्रोत व्याम चतुर्थ भाग के प्रमाण की गोलाई (परिणाह, परिधि, Circumference) वाला और दूसरे–अग्र प्रान्त (सिरा) का स्रोत व्याम के आठवें भाग की गोलाईवाला होना चाहिये। और चारों ओर से जहाँ पर भी छिद्र हों वहाँ–नाली को वातघ्न एरण्ड पत्र आदि द्वारा अच्छी प्रकार लपेट देना चाहिये। इस नाली को दो तीन स्थलों पर मोड़कर नमाया हुआ हो। इस प्रकार यन्त्र को तय्यार करके पात्र के नीचे आग जला दें। जिससे पात्र में डाले गये स्वेदोपयोगी द्रव्य उबलने लगेंगे और बाष्प नाली के अग्रप्रान्त द्वारा बाहर निकलेगा। रोगी अपने देह पर वातहर द्रव्यों द्वारा साधित स्नेह (तैल, घृत आदि) से मालिश करके बाष्प (देह पर) लेवे। इस प्रकार यथा विधान नाड़ीयन्त्र द्वारा स्वेद कराते हुए बाष्प (नाड़ी के नमाया हुआ होने के कारण) सीधा ऊपर न जाता हुआ तथा उसके तीव्र वेग के (दो तीन जगह मोड़ होने के कारण) न रहने के कारण त्वचा को न जलाता हुआ सुखपूर्वक स्वेदन कर देता है। यह नाडीस्वेद का विधान है।

दोनों बाहुओं को सीधा फैला देने से एक ओर की मध्यमांगुली से दूसरी ओर की मध्यमांगुली तक जो अन्तर होता है, उसे व्याम कहा जाता है।

नाड़ी स्वेद के विषय में सुश्रुत चि० ३२ अ० लिखा है—

'पार्श्वच्छिद्रेण वा कुम्भेनाधोमुखेन तस्य मुखमभिसन्धाय तस्मिंश्छिद्रे हस्तिशुण्डाकारां नाड़ीं प्रणिधाय तं स्वेदयेत्।'

सुखोपविष्टं स्वभ्यक्तं गुरुप्रावरणावृतम्।
हस्तिशुण्डिकया नाड्या स्वेदयेद्वातरोगिणम् ॥
सुखा सर्वाङ्गगा ह्येषा न च क्लिश्नाति मानवम् ॥
व्यामार्धमात्रा त्रिर्वक्रा हस्तिहस्तसमाकृतिः।
स्वेदनार्थे हिता नाडी कैलिञ्जी हस्तिशुण्डिका ॥

वृद्धवाग्भट सू० २६ अ० में भी–'पूर्ववदेवोपस्वेद्योखामुखेऽन्यामुखां नाडीमूलच्छिद्रप्रमाणपार्श्वच्छिद्रामुपसन्धायावलिप्य च पार्श्वच्छिद्रस्थया नाड्या शरेषिकावंशदलकिलिञ्जकरञ्जपत्रान्यतमकृतया गजाग्रहस्तसंस्थानया व्यामदीर्घयाध्यर्द्धव्यामदीर्घया वा स्वायामचतुर्भागाष्टभागपरिणाहमूलस्रोतसा सर्वतो वातहरपत्रसंवृतच्छिद्रया द्विस्त्रिर्वा विनामितया सुखोपविष्टस्य स्वभ्यक्तप्रावृतेऽङ्गे बाष्पमुपहरेत्। बाष्पो ह्यनृजुगामी विहतचण्डवेगत्वचमाविदहन् सुखं स्वेदयतीति नाडीस्वेदः ॥'

अर्थात् एक घड़ा वा हांडी जिसमें द्रव्य डाला हो उसके मुख

१—वेशवारलक्षणं तु–निरस्थिपिशितं पिष्टं स्विन्नं गुडघृतान्वितम्। कणामरिचसंयुक्तं वेशवार इति स्मृतम् ॥

२—कोशधान्यानि शमीधान्यानि।

३—'०शुङ्गत्वक्कादीनां' ग०। 'पत्रभङ्गादीनां' पा०।

४—'व्यामाध्यर्धदीर्घया' ग०। ५—'ह्यनृजुगामी' पा०।

से–जिसके पार्श्व में छिद्र हो ऐसे–दूसरे घड़े का मुख जोड़कर सन्धिलेप कर दें। घड़े के छिद्र के साथ एक नाली–जो हाथी की सूंड की आकृति की हो–जोड़ दें और सन्धिलेप कर दें। यह नाली आधा व्याम (सुश्रुत), एक व्याम वा डेढ़ व्याम (अष्टाङ्गसंग्रह) की होनी चाहिये। घड़े के एक ओर के सिरे की गोलाई लम्बाई से ⅙ तथा दूसरे सिरे की गोलाई लम्बाई से ⅛ होनी चाहिये। यह नाली सरकण्डे के ऊपर के खोल, बाँस, तृण वा करञ्ज के पत्तों से बनानी चाहिये, यदि इस नाली में छिद्र हो, जैसे कि तृण आदि से निर्मित में हो सकते हैं–दो एरण्ड आदि वात हर औषधियों के पत्तों से लपेटकर उन छिद्रोंको बन्द कर दें। यह नाली दो या तीन जगह से नीचे की ओर मुड़ी हुई होनी चाहिये। इस प्रकार यन्त्र के तय्यार हो जाने पर यन्त्र के नीचे आग जला दें। रोगी को कुर्सी पर बैठा दें वा चारपाई पर लेटा दें और कम्बल ओढ़ा दें। यह कम्बल रोगी को ढाँपता हुआ कुर्सी वा चारपाई के चारों ओर नीचे भूमितल तक लटकना चाहिये। नाली के सिरे को कम्बल के बीच में कुर्सी वा चारपाई के नीचे कर दें। इस प्रकार रोगी का वाष्प से स्वेदन होगा। यह नाड़ीस्वेद कहाता है ॥४२॥

वातिकोत्तरवातिकानां[1] पुनर्मूलादीनामुत्क्वाथैः सुखोष्णैः कुम्भीर्वर्षुलिकाः[2] प्रनाडीर्वा पूरयित्वा यथार्हसिद्धस्नेहाभ्यक्तगात्रं वस्त्रावच्छन्नं परिषेचयेदिति परिषेकः ॥४३॥

वातिका (केवल) तथा वातप्रधान (संसर्गज यथा—वातप्रधान + कफ, वातप्रधान + पित्त अल्प) पुरुषों के देह का परिषेचन किया जाता है। परिषेचन करने से पूर्व रोगी के शरीर पर यथायोग्य द्रव्य से सिद्ध किये हुए स्नेह (तैल आदि) से मालिश करनी चाहिये। पश्चात् देह वा अंग को वस्त्र से ढाँप कर मूल, फल आदियों (नाड़ीस्वेद में कहे गये) के सुखोष्ण (कोसे वा जो असह्य उष्ण न हों) क्वाथों से कुम्भी (छोटा घड़ा वा छोटे मुखवाली सुराही, झज्झर) वर्षुलिका (सहस्रधारा अर्थात् वह फुहारा जिससे माली पौधों को जल दिया करते हैं)। अथवा प्रनाड़ी (Douche) को भरकर यथाविधि परिषेचन करें। इसे परिषेक कहते हैं।

अन्य टीकाकारों ने 'वातिकोत्तरवातिकानां' को 'मूलफलादीनां' का विशेषण मानकर–केवल वात में हितकर तथा वातप्रधान संसर्गों (वातकफ) में हितकर मूल फल आदियों के क्वाथ से–ऐसा अर्थ किया है।

जिस संसर्गज प्रकृति वा संसर्गज रोग में पित्त का योग अल्पमात्रा में हो वहाँ द्रवस्वेद कराया जा सकता है। सुश्रुत में कहा भी है—'अन्यतरस्मिन् पित्तसंसृष्टे द्रवस्वेदः।' परिषेक द्रवस्वेद का भेद ही है। तथा च द्रवस्वेद को बताते हुए सुश्रुत चि० ३२ अ० में भी कहा है–'सुखोष्णैः काषायैश्च परिषिञ्चेदिति'। तथा अष्टाङ्गसंग्रह सू० २६ अ० में—

'द्रवस्वेदस्तु द्विविधः परिषेकोऽवगाहश्च। तत्र शिग्रुवरुणाम्रातकमूलकसर्षपार्जकवासाच वंशास्मन्तकाशोकशिरीषार्ककरञ्जैरण्डमालतीपत्रभङ्गदशमूलादिवातहरैर्द्रव्यैर्मस्तुसलिलसुराक्षीरशुक्तादिभिः क्वथितैः पूर्वोक्तैश्च यथादोषं पृथक् सहितैर्वा कुम्भीर्वर्षुलिकाः प्रणालीर्वा पूरयित्वा वातहरसिद्धस्नेहाभ्यक्तमनभ्यक्तं वोपविष्टं किलिञ्जे वा शयानमेकाङ्गे सर्वाङ्गे वा वस्त्राच्छन्ने परिषेचयेत्' ॥

अर्थात् द्रवस्वेद दो प्रकार का है। १–परिषेक, २–अवगाहन। मस्तु, जल, मद्य, दूध, सिरका आदि द्रव्यों से किये गये सहिजन आदि वातहर द्रव्यों में से दोष के अनुसार एक वा अनेक द्रव्यों के क्वाथ से कुम्भी, वर्षुलिका वा प्रणालियों को भर कर–रोगी को वातघ्न स्नेहों से मालिश करके अथवा मालिश न करके भी बैठे वा तृणशय्या पर लेटे हुए के एक अङ्ग वा सम्पूर्ण देह को कपड़े से ढाँप कर–परिषेचन करना चाहिये ॥४३॥

वातहरोत्क्वाथक्षीरतैलघृतपिशितरसोष्णसलिलकोष्ठकावगाहस्तु यथोक्त एवावगाहः ॥४४॥

अवगाह की कल्पना—वातहर क्वाथ, दूध, तैल, घी, मांसरस, गरम जल; इनसे भरे हुए कोष्ठ (Tub या Reservoir) में अवगाहन करना (बीच में बैठना) ही अवगाह कहाता है। ये अवगाह लोकप्रसिद्ध ही हैं। सुश्रुत चि० ३२ अ० में कहा है—'द्रवस्वेदस्तु वातहरद्रव्यक्वाथपूर्णे कोष्ठे कटाहे द्रोण्यां वावगाह्य स्वेदयेत्। एवं पयोमांसरसयूषतैलधान्याम्लघृतवासामूत्रेष्ववगाहेत्।'

अष्टाङ्गसंग्रह (सू० २६ अ०) में भी—'तैरेवाद्भिः पूर्णे महति कटाहे कुण्डे द्रोण्यां वावगाहयेत्॥' भेलसंहिता में भी कहा गया है—

काष्ठावगाहामच्छिद्रां तावदेवायतां समाम्।
द्रोणीं वातहरक्वाथकृशराक्षीरपूरिताम् ॥
कृत्वा तस्यां सुखोष्णायामभ्यक्तं वातरोगिणम्।
ज्ञात्वावगाहयेत् तावद्यावत् स्वेदोद्गमो भवेत् ॥
तस्तैः पत्रयुतैर्वाऽपि शुद्धैर्वा सलिलैर्भिषक्।
अभ्यक्ताङ्गस्य तस्यापि सलिलैः स्वेदमाचरेत् ॥
ईदृशैरेव सलिलैः कटाहे चार्धपूरिते।
प्रवेश्य स्वेदयेत् स्वेद्यमुदकोष्ठः प्रकीर्त्तितः ॥

अर्थात् अवगाहन के लिये जो द्रोणी (टब) बनायी जाय वह ऊँचाई में, बैठे हुए पुरुष के नितम्ब तल से लेकर कण्ठ तक की ऊँचाई के बराबर होनी चाहिये। लम्बाई चौड़ाई भी उतनी ही होनी चाहिये। यह द्रोणी छिद्ररहित होनी चाहिये। इस द्रोणी को वातहर सुखोष्ण क्वाथ, कृशरा वा दूध से भरकर, स्नेह की मालिश जिसने की हुई है ऐसे वातरोगी को उसमें तब तक बैठाये जब तक ठीक प्रकार से स्वेद न हो जाय वा पसीना न आ जाय। रोगी को क्वाथ से, केवल उष्णजल से वा वनौषधियों के पत्रयुक्त उष्णजल से स्वेदन करा सकते हैं। इसी प्रकार कड़ाहे में आधे तक जल भर कर उसमें रोगी को बैठाकर स्वेदन करा सकते हैं। यह उदकोष्ठ वा जलकोष्ठ कहाता है। जल का तापांश रोग वा रोगी के अनुसार ८५° F से १००° F तक हो सकता है। अन्यत्र कहा भी है—

द्रवस्वेदस्तु वातघ्नद्रव्यक्वाथेन पूरिते।
कटाहे कोष्ठके वापि सूपविष्टोऽवगाहयेत् ॥
सौवर्णं राजतं वापि ताम्रं लौहं च दारुजम्।
कोष्ठकं तत्र कुर्वीतोच्छ्राये षट्त्रिंशदंगुलम् ॥
आयामे तावदेव स्याच्चतुष्कोणं तु चिक्कणम् ॥

१—'उत्तरवातिकानि उत्तरवाते प्रधानवाते वातश्लेष्मणि हितानाह भाव्रतण' च ४ः।
२—वर्षुलिका अल्पघटी इत्यन्ये।

इसमें यही विशेष बताया गया है कि कोष्ठक सोना, चाँदी, ताँबा लोहा वा लकडी का बना सकते हैं। इसकी ऊंचाई ३६ अङ्गुल होनी चाहिये। लम्बाई-चौड़ाई भी उतनी ही हो। चतुष्कोण हो और चिकना हो ॥

भावप्रकाश की स्वेदविधि में अवगाहन का एक अन्य विधान भी है। यथा—

'नाभेः षडङ्गुलं यावन्मग्नं क्वाथस्य धारया।
कोष्णया स्कन्धयोः सिक्तस्तिष्ठेत्स्निग्धतनुर्नरः ॥
मुहूर्तैकं समारभ्य यावत्स्यात्तच्चतुष्टयम्।
तावत्तदवगाहेत यावदारोग्यनिश्चयः ॥
एवं तैलेन दुग्धेन सर्पिषा स्वेदयेन्नरम्।
एकान्तरं द्व्यन्तरं वा युक्तः स्नेहोऽवगाहने ॥

अर्थात् कोष्ठ इस प्रकार का बना होना चाहिये जिसमें बैठने से नाभि से ऊपर ६ अंगुल तक का भाग डूबा रहे और अधिक जल वा क्वाथ आदि बाहर निकलता जाय। इस विधि में स्कन्धों पर कोसे जल वा क्वाथ की धारा डाली जाती है। जो पृष्ठ तथा छाती पर से बहती हुई नीचे जाती है और कोष्ठ में उचित परिमाण में क्वाथ जमा हो जाता है, अधिक बाहर निकल जाता है जब कोष्ठ भर जाय तब धारा का गिरना बन्द कर सकते हैं। इस प्रकार का अवगाहन एक से लेकर चार मुहूर्त तक करना चाहिये। अथवा तब तक जब तक आरोग्य का निश्चय न हो। क्वाथ की विधि की तरह ही तैल, दूध वा घी से भी अवगाहस्वेद हो सकता है, परन्तु स्नेहों द्वारा अवगाहन में एक या दो दिन का व्यवधान होना चाहिये ।४४।

अथ जेन्ताकं चिकीर्षुर्भूमिं परीक्षेत-तत्र पूर्वस्यां दिश्युत्तरस्यां वा गुणवति प्रशस्ते भूमिभागे [1]कृष्ण-मृत्तिके सुवर्ण-मृत्तिके वा [2]परीवापपुष्करिण्यादीनां जलाशयानामन्यतमस्य कूले दक्षिणे पश्चिमे वा सूपतीर्थे समसुविभक्तभूमिभागे सप्ताष्टौ वाऽरत्नीरुपक्रम्योदकात्प्राङ्मुखमुदङ्मुखं वाऽभिमुखतीर्थं [3]कूटागारं कारयेत्, उत्सेधविस्तारतः परमरत्नीः[4] षोडश, समन्तात्सुवृत्तं मृत्कर्मसंपन्नमनेकवातायनम्, अस्य कूटागारस्यान्तः समन्तो भित्तिमरत्निविस्तारोत्सेधां पिण्डिकां कारयेदाकपाटात्, मध्ये चास्य कूटागारस्य [5]चतुष्किष्कुमात्रं पुरुषप्रमाणं[6] मृण्मयं कन्दुसंस्थानं[7] [8]बहुसूक्ष्मच्छिद्रमङ्गारकोष्ठकस्तम्भं सपिधानं कारयेत्, तं च खादिराणामाश्वकर्णादीनां वा काष्ठानां पूरयित्वा प्रदीपयेत्; स यदा जानीयात्साधुदग्धानि काष्ठानि विगतधूमान्यवतप्तं च केवलमग्निना तदग्निगृहं स्वेदयोग्येन चोष्मणा युक्तमिति, तत्रैनं पुरुषं वातहराभ्यक्तगात्रं वस्त्रावच्छन्नं प्रवेशयेत, प्रवेशयंश्चैनमनुशिष्यात्-सौम्य! प्रविश कल्याणायारोग्याय चेति, प्रविश्य चैनां पिण्डिकामधिरुह्य पार्श्वापरपार्श्वाभ्यां यथासुखं शयीथाः; न च त्वया स्वेदमूर्च्छापरीतेनापि सता पिण्डिकैषा विमोक्तव्याऽऽप्राणोच्छ्वासात्, भ्रश्यमानो ह्यतः पिण्डिकावकाशाद्, द्वारमनधिगच्छन्, स्वेदमूर्च्छापरीततया सद्यः प्राणान् जह्याः, तस्मात्पिण्डिकामेनां न कथंचन मुञ्चेथाः, [1]स यदा जानीयात् विगताभिष्यन्दमात्मानं सम्यक् प्रसृतस्वेदपिच्छं सर्वस्रोतोविमुक्तं लघुभूतमगतविबन्धस्तम्भसुप्तिवेदनागौरवमिति, ततस्तां पिण्डिकामनुसरन् द्वारं प्रपद्येथाः; निष्क्रम्य च न सहसा चक्षुषोः परिपालनार्थं शीतोदकमुपस्पृशेथाः [2]अपगतसंतापक्लमस्तु मुहूर्तात्सुखोष्णेन वारिणा यथान्यायं परिषिक्तोऽश्नीया इति जेन्ताकः स्वेदः ॥४५॥

जेन्ताकस्वेद-जेन्ताक स्वेद की इच्छा करनेवाले पुरुष को सबसे पूर्व भूमि की परीक्षा करनी चाहिये। नगर वा ग्राम के पूर्व वा उत्तर दिशा की ओर गुणवान् (जपजाऊ होने से) तथा मनोरम स्वच्छ भूमि के भाग (टुकड़े) पर जहाँ की मिट्टी काली वा सुनहरी हो. परीवाप (बावली) वा पुष्करिणी (छोटे पोखर) आदि जलाशयों में से किसी एक जलाशय के दक्षिण वा पश्चिम की ओर के तट पर जहाँ अच्छा घाट बना हो, समतल तथा अच्छी प्रकार से (कार्यार्थ) विभक्त भूमि के हिस्से पर जल से सात वा आठ अरत्नि (हाथ) दूर जाकर कूटागार (चारों ओर कमरों से आच्छादित वा गर्भगृह वा गोल कमरा बनवावें। इसका मुख-द्वार पूर्वाभिमुख, उत्तराभिमुख जलाशय के घाट की ओर होना चाहिये। ऊंचाई और विस्तार (व्यास) १६ अरत्नि होना चाहिये। यह चारों ओर से गोल हो। दीवार मिट्टी की तथा अच्छी प्रकार से लीपी-पोती होनी चाहिये। इसकी दीवार में बहुत से झरोखे (वायु के सञ्चार के लिये) आवश्यक हैं। इस कूटागार के अन्दर चारों ओर दीवार (भीत के साथ २ एक अरत्नि भर चौड़ी तथा एक अरत्नि भर ऊँची पिण्डिका (थड़ी) द्वारपर्यन्त बनवावें अर्थात् द्वार में पिण्डिका न बनी हो, परन्तु भीत के साथ २ चारों ओर लगातार पिण्डिका बनी हुई हो। इस कूटागार के बीचों-बीच चार हाथ परिमित स्थल पर पुरुष की ऊँचाई के समान ऊँचा मिट्टी से कन्दु (तन्दुर) की आकृति का, जिसमें बहुत से छोटे-छोटे छिद्र हों ऐसा आगारों के कोष्ठरूपी स्तम्भ को बनवावें। इसका ढकना भी (मिट्टी का ही) होना चाहिये। इस अङ्गारकोष्ठक (अंगीठी) को खैर वा अश्वकर्ण आदि के ईंधन से भर कर आग लगा दें। जब वैद्य देखे कि ईंधन अच्छी प्रकार जल गया है, धूआँ नहीं देता (कूटागार से भी धूंआँ बाहर निकल गया है) और वह सम्पूर्ण अग्नि-

१—'कृष्णमधुरमृत्तिके' पा०। २ परीवापो दीर्घिका।
३—कूटागारं वर्तुलागारम्। ४ 'अरत्निर्हस्तः' चक्रः। बद्धमुष्टिस्तु विस्तृतकनिष्ठबद्धमुष्टिर्हस्तः। 'मध्याङ्गुलीकूर्परयोर्मध्ये प्रामाणिकः करः। बद्धमुष्टिकरो रत्निररत्निः सकनिष्ठकः' ॥ इति हलायुधः ॥ ५ किष्कुर्हस्तः तथा च यवोऽष्टगुणितोऽङ्गुलिः। 'अङ्गुलं तु भवेन्मात्रं वितस्तिर्द्वादशाङ्गुलः। तद्द्वयं हस्त उद्दिष्टः स च किष्कुरिति स्मृतः' ॥ ६ 'किष्कुमुक्तं द्विपुरुषप्रमाणम्' इत्यष्टाङ्गसंग्रहकारः पठति। व्याख्याति च तदन्तेवासीन्दुः-इदं च स्तम्भमन्तः पिण्डिकातः किष्कुमात्रं त्यक्त्वा मध्ये औन्नत्येन द्विपुरुषप्रमाणं सहस्तमात्रं कारयेत्। किष्कुर्हस्तचतुष्टयम् ॥ ७ 'यथा चुल्लिहकया तण्डुलादीनि लोके भृज्जन्ति तद्भर्जनचुल्लिहका कन्दुनाम्नोच्यते' गङ्गाधरः। कन्दू मृण्मय्यमुपनद्धपटहाकृतिर्भवति इति इन्दुः। 'कुन्दसंस्थानं' च;, 'कुन्दः कुम्भकाराग्निसंस्थानं' चक्रः। ८ 'अङ्गारार्थं कोष्ठाऽवकाशो विद्यतेऽस्मिन् सोऽङ्गारकोष्ठकः, स एव स्तम्भः' चक्रः।

१—'स इत्यत्र त्वमित्यध्याहार्यं' चक्रः। 'जानीयाश्च त्वं यदा' ग.।
२—'अथ व्यपगतं' ग०।

गृह अग्नि से तप गया है। तथा (कूटागार) स्वेदनाथ उचित उष्णता (तापांश) से युक्त है तब वातहर स्नेहों से जिसके मालिश की हुई है ऐसे स्वेद्य पुरुष को वस्त्र से आच्छादित करके प्रवेश करावें। अन्दर प्रवेश कराते समय उसे हिदायत दे दें कि 'हे सौम्य! कल्याण और आरोग्य के लिये तुम इसमें प्रवेश करो। इसमें प्रविष्ट होकर पिण्डिका पर चढ़कर एक पासे वा दूसरे पासे पर अपनी इच्छा वा अपने आराम के अनुसार लेट जाना। यदि गर्मी से तुम्हें अत्यन्त स्वेद (पसीना) वा मूर्च्छा तक भी हो जाय तो भी प्राणों के कण्ठ में आने तक तुमने इस पिण्डिका (थड़ी) को न छोड़ना। यदि तुमने छोड़ दी तो स्वेद तथा मूर्च्छा से युक्त होने के कारण पिण्डिका को न पा सकने से उस पिण्डिका के सहारे से तुम द्वार तक न आ सकोगे और स्वेद एवं मूर्च्छाग्रस्त होने से शीघ्र ही प्राण निकल जायँगे। इसलिए किसी भी तरह इस पिण्डिका को न छोड़ना। जब तू अपने को अभिष्यन्द (लिप्त कफ) से रहित समझे, पसीने का चिपचिपा भाग जब अच्छी प्रकार बहकर बाहर निकल जाय, सम्पूर्ण स्रोत खुल जायँ अत एव अपने को हलका अनुभव करे तथा बद्धकोष्ठता, स्तम्भ (जड़ता), सुप्ति (स्पर्शज्ञान), वेदना एवं गौरव (भारीपन) के हट जाने पर उस पिण्डिका के साथ २ चलता हुआ द्वार पर पहुँच जाना। परन्तु निकलते ही आँखों की रक्षा को ध्यान में रखते हुए शीतल जल से सहसा स्नान न करना (वा आँखों पर भी शीतलजल के छींटे न देना)। मुहूर्त भर ठहरने के पश्चात् सन्ताप (गर्मी) और क्लम (घबराहट) के हट जाने पर कोसे जल से यथाविधि परिषेचन वा स्नान करके भोजन करना। यह जेन्ताक स्वेद का विधान है।

यदि पुरुष गर्मी से घबराया हुआ सहसा स्नान करले तो नेत्रों को अत्यन्त हानि पहुँचती है। नेत्ररोगों के निदान को बताते हुए सुश्रुतसंहिता के उत्तरतन्त्र के प्रथम अध्याय में ही 'उष्णाभितप्तस्य जले प्रवेशात्' यह भी एक हेतु दिया है ॥४५॥

शयानस्य प्रमाणेन घनामश्ममयीं शिलाम्।
तापयित्वा मारुतघ्नैर्दारुभिः संप्रदीपितैः ॥४६॥
व्यपोह्य सर्वानङ्गारान् प्रोक्ष्य चैवोष्णवारिणा।
तां शिलामथ कुर्वीत कौषेयाविकसंस्तराम् ॥४७॥
तस्यां स्वभ्यक्तसर्वाङ्गः [1]स्वपन् स्विद्यति ना सुखम्।
[2]कौरवाजिनकौषेयप्रावाराद्यैः सुसंवृतः ॥४८॥
इत्युक्तोऽश्मघनस्वेदः,

अश्मघनस्वेद-लेटे हुए पुरुष की लम्बाई एवं चौड़ाई के अनुसार लम्बी चौड़ी एवं दृढ़ पत्थर की समतल शिला को वातनाशक देवदारु, खदिर आदि के ईन्धन की अग्नि द्वारा तपाकर सब अङ्गारों को हटा दें। शिला को गरम पानी से सिञ्चित करें वा छींटें दें। तदनन्तर उस शिला पर रेशम वा ऊन की चादर बिछा दें। रोगी अपने शरीर पर स्नेह की अच्छी प्रकार मालिश करके उस पर लेट जाय। अब कपास के सूत की मोटी चादर, कृष्णमृग का चर्म, रेशमी चादर अथवा कम्बल आदि उसे ओढ़ा दें। इस प्रकार पुरुष को सुखपूर्वक स्वेदन हो जाता है।

१—'शयानः स्विद्यते सुखम्' ग०। २ 'कौरवं कार्पासवस्त्र' चक्रः। 'रौरवाजिन०' ग०।

गरम हुई २ शिला पर भूलकर भी शीतल जल से सेचन न करें। शीतल जल के सेचन से वह शिला तत्काल टूट जायगी। सुश्रुत चि० ३२ अ० में कहा है।

'पूर्ववत्स्वेदयेद्दग्ध्वा भस्मापोज्झ्यापि वा शिलाम् ॥'

यहाँ पर 'पूर्ववत्' का अर्थ 'भूस्वेद' के विधान के सदृश है। अर्थात् शिला को तपा कर भस्म को हटा दें और भूस्वेद के विधान के सदृश ही पुरुष का स्वेद करें ॥ अष्टाङ्गसंग्रहकार ने भूस्वेद और अश्मघनस्वेद का पृथक् २ वर्णन नहीं किया। यथा—

'पुरुषायाममात्रमधिकं वा घनं च शिलातलं भूप्रदेशं वा वातहरदारुदीप्तेनाग्निना सर्वतस्तापयित्वाग्निमपोह्योष्णोदकाम्लादिभिरभ्युक्ष्य यथोक्तप्रच्छदे संस्तरवत्स्वेदयेदिति घनाश्मस्वेदः'।

यहाँ पर घनाश्मस्वेद में ही भूस्वेद को गिन दिया गया है। भूस्वेद का परिगणन पृथक् रूप से नहीं किया ॥

यह अश्मघन स्वेद का विधान है ॥४६-४८॥

कर्षूस्वेदः प्रवक्ष्यते।
खानयेच्छयनस्याधः [1]कर्षूं स्थानविभागवित् ॥४९॥
दीप्तैरधूमैरङ्गारैस्तां कर्षूं पूरयेत्ततः।
तस्यामुपरि शय्यायां स्वपन् स्विद्यति ना सुखम् ॥५०॥

अब कर्षूस्वेद कहा जायगा—स्थान के विभाग को जाननेवाला वैद्य (स्वेदयोग्य स्थल पर) चारपाई के नीचे कर्षू (गर्त्त) खुदवावे। उस गर्त (गड्ढे) को धूमरहित धधकते अङ्गारों से भर दे। उस गर्त पर रखी हुई शय्या पर सोये हुए पुरुष को सुख से स्वेदन हो जाता है। यही कर्षूस्वेद है। कर्षू से अभिप्राय उसी गर्त से है जो अन्दर से अधिक चौड़ा हो और मुख कम चौड़ा हो। गंगाधर ने इसी भाव को व्यक्त करने के लिये 'कर्षू' का अर्थ 'हण्डिकाकार (हाँडी के आकार का) गर्त्त' ऐसा किया है ॥४९,५०॥

अनत्युत्सेधविस्तारां वृत्ताकारामलोचनाम्।
घनभित्तिं कुटीं कृत्वा कुष्ठाद्यैः संप्रलेपयेत् ॥५१॥
कुटीमध्ये भिषक्शय्यां स्वास्तीर्णां चोपकल्पयेत्।
प्रावाराजिनकौषेयकुथकम्बलगोणिकैः[2] ॥५२॥
[3]हसन्तिकाभिरङ्गारपूर्णाभिस्तां च सर्वशः।
[4]परिवार्यान्तरारोहेदभ्यक्तः स्विद्यते सुखम् ॥५३॥

कुटीस्वेद—जिसकी ऊँचाई और व्यास अधिक न हो ऐसी एक गोल कुटी बनायें। इसमें कोई झरोखा या खिड़की न होनी चाहिये। दीवार (भीत) मोटी हो। इस दीवार पर अन्दर की ओर कुष्ठ आदि उष्णवीर्य सुगन्धि ओषधियों का लेप करना चाहिये। इस कुटी के अन्दर मध्य में एक शय्या रक्खे और उस पर प्रावार (भारी ओढ़ने का वस्त्र), अजिन (हरिणचर्म, मृगछाला), कम्बल वा गोणिक (सन का कपड़ा); अच्छी प्रकार बिछाकर उस शय्या के चारों ओर निर्धूम अङ्गारों से भरी हुई अंगीठियाँ रख दें। अब शय्या पर स्नेह की मालिश करके रोगी बैठ जाय। इस प्रकार सुखपूर्वक स्वेद हो जाता है।

१—'कर्षूः अभ्यन्तरविस्तीर्णोऽल्पमुखो गर्तः' चक्रः।
२—'गोलकैः' पा०। ३—हसन्तिका अङ्गारधानिका, चक्रः।
४—चक्रपाणिस्तु 'परिवार्य तामारोहेत्' इति पठित्वा तामिति उपकल्पितशय्यां कुटीं आरोहेदिति व्याख्यानयति।

सुश्रुत चि० ३२ अ० में कुटीस्वेद का विधान कहा गया है। यथा–'पूर्ववत् कुटीं वा चतुर्द्वारां कृत्वा तस्यामुपविष्टस्यान्तश्चतुर्द्वारेऽङ्गारानुपसन्धाय तं स्वेदयेत्'।

अर्थात् एक-कमरा जिसके चारों दिशाओं में एक २ द्वार हो। उन द्वारों पर अन्दर की ओर निर्धूम धधकते अङ्गारों से पूर्ण अङ्गीठियाँ पड़ी हों। उस कमरे के अन्दर शय्या पर रोगी को बैठा दें। अथवा डल्हण के अनुसार चारों द्वारों के भूमिभाग को अंगारों से गरम करें। पश्चात् अंगारों को हटाकर उस भूमिभाग का काञ्जी, जल आदि द्वारा सेचन करें। अन्दर शय्या पर रोगी को बैठा दें। वायु के कारण द्वारमुख से उड़कर अन्दर जाते हुए बाष्प रोगी का स्वेदन करेंगे।

अष्टाङ्गसंग्रह सूत्र २६ अ० में भी–'कुटीं नात्युच्चविस्तारां वृत्तामच्छिद्रामुपनाहकल्कघनप्रदिग्धकुड्यां सर्वतो विधूमप्रदीप्तखदिराङ्गारपूर्णहसन्तिकासमूहपरिवृतां विधाय तन्मध्ये च शय्यां तत्रस्थं स्वेदयेदिति कुटीस्वेदः'[१] ॥५१–५३॥

य एवाश्मघनस्वेदविधिर्भूमौ स एव तु।
प्रशस्तायां निवातायां समायामुपदिश्यते ॥५४॥

भूस्वेद—अश्मघनस्वेद की जो विधि कही गयी है वही विधि प्रशस्त समतल तथा निवात (वायुरहित जहाँ सीधी हवा न आती हो) भूमि पर स्वेदार्थ करनी चाहिये। सुश्रुत चि० ३२ अ० में—

पुरुषायाममात्रां च भूमिमुत्कीर्य खादिरैः।
काष्ठैर्दग्ध्वा तथाभ्युक्ष्य क्षीरधान्याम्लवारिभिः॥
पत्रभङ्गैरवच्छाद्य शयानं स्वेदयेत्ततः॥

अर्थात् पुरुष की लम्बाई चौड़ाई के अनुसार भूमि पर खदिर (खैर) की लकड़ियाँ बिछाकर आग लगा दें। जब जल जायँ और भूमि अच्छी प्रकार उष्ण हो जाय तब अवशिष्ट अंगारों वा भस्म को हटा कर वहाँ दूध, काञ्जी वा जल से सेचन करें। पश्चात् वातहर एरण्ड आदि के पत्र वा कम्बल रेशमी चादर आदि बिछाकर रोगी को लेटा दें और ऊपर कम्बल आदि वस्त्र ओढ़ाकर स्वेदन करावें अष्टाङ्गसंग्रह में तो अश्मघनस्वेद में ही भूस्वेद का अन्तर्भाव कर दिया है ॥५४॥

कुम्भीं वातहरक्वाथपूर्णां भूमौ निखानयेत्[१]।
अर्धभागं त्रिभागं वा शयनं तत्र चोपरि ॥५५॥
स्थापयेदासनं वाऽपि नातिसान्द्रपरिच्छदम्।
अथ कुम्भ्यां सुसंतप्तान् प्रक्षिपेदयसो गुडान् ॥५६॥
पाषाणान् वोष्मणा तेन तत्स्थः स्विद्यति ना सुखम्।
सुसंवृताङ्गः स्वभ्यक्तः स्नेहैरनिलनाशनैः ॥५७॥

कुम्भीस्वेद—वातघ्न औषधियों के क्वाथ से भरी हुई हाँडी का आधा वा तीसरा भाग भूमि में गाड़ दें। इसके ऊपर लेटने की चारपाई वा बैठने की एक छोटी पीढ़ी (जो भूमि से बहुत ऊँची न हो) जिस पर अत्यधिक मोटे वस्त्र न बिछे हों–रक्खें। इस पर रोगी लेट जाय वा बैठ जाय। अब लोहे के गोलों वा पत्थरों को खूब गरम (लाल) करके हाँडी में डालें। इनके डालने से क्वाथ के उष्ण हो जाने पर उस क्वाथ की उष्णता से और बाष्प से पुरुष का सुखपूर्वक स्वेदन हो जाता है। सुश्रुत (चि० ३२ अ०) में दूसरा ही विधान है–'मांसरसपयोदधिधान्याम्लवातहरपत्रभङ्गक्वाथपूर्णां कुम्भीमनुतप्तां प्रावृत्योष्माणं गृह्णीयात्'।

अर्थात् गरम मांसरस आदि से भरी हुई अतएव उष्ण कुम्भी को वस्त्र से लपेट कर उष्मा लेवे। यहाँ पर कुम्भी को हाथ से अच्छी प्रकार पकड़ कर अपने शरीर वा अंग के साथ लगा रखने को कहा गया है। कुम्भी को वस्त्र से लपेटने से जहाँ उसकी गरमी जल्दी नष्ट न होगी वहाँ शरीर वा अंग को अत्यन्त उष्णता का भी डर न रहेगा। आजकल रबड़ की बोतल को उष्ण जल से भरकर स्वेद दिया जाता है। यह कुम्भीस्वेद ही है॥

वृद्धवाग्भट ने दोनों ही विधान सू० २६ अ० में कहे हैं–यथा 'पूर्ववत्स्वेदद्रव्याणि कुम्भ्यामुत्क्वाथ्याश्लिष्योपविष्टस्तद्वदूष्माणं गृह्णीयात्। भूमौ वा तां निखाय तदूर्ध्वमासनं शयनं वा नातिघनप्रच्छदं परितः प्रलम्बमानकुथकम्बलगोणिकं विधाय तत्रस्थस्योष्माणं गृह्णतः कुम्भ्यामग्निवर्णानयोगुडानुपलांश्च शनैर्निमज्जयेदिति कुम्भीस्वेदः'॥

इसमें इतना अधिक बताया है कि जब चरकोक्त विधान के अनुसार कुम्भीस्वेद दिया जा रहा हो तो चारपाई वा पीढ़ी के चारों ओर कम्बल आदि भूमितल तक लटकना चाहिये ॥५५-५७॥

कूपं शयनविस्तारं द्विगुणं चापि वेधतः[१]।
देशे निवाते शस्ते च कुर्यादन्तः सुमार्जितम् ॥५८॥
हस्त्यश्वगोखरोष्ट्राणां करीषैर्दग्धपूरिते।
स्ववच्छन्नः सुसंस्तीर्णेऽभ्यक्तः स्विद्यति ना सुखम् ॥५९॥

कूपस्वेद—निवात एवं प्रशस्त जगह पर चारपाई की लम्बाई-चौड़ाई जितना लम्बा-चौड़ा तथा गहराई में लम्बाई से दुगना एक कूप खुदवावें। उसे अच्छी प्रकार साफ करके मिट्टी से लीप दें। इस कूप में हाथी, घोड़ा, गौ, गदहा या ऊँट; इनके शुष्क पुरीष (गोबर वा लीद) को भर दें और आग लगा दें। जब ज्वालारहित और निधूम हो जाय तब ऊपर चारपाई बिछा दें। इस पर अच्छा मोटा बिछौना बिछा दें। अब रोगी को लेट जाने को कहें और उसे कम्बल आदि अच्छी प्रकार ओढ़ा दें। इस प्रकार सुखपूर्वक ही पुरुष का स्वेदन हो जाता है। रोगी को लेटने के पूर्व सम्पूर्ण शरीर पर तैल आदि स्नेह का अभ्यङ्ग करना चाहिये। अष्टाङ्गसंग्रह (सू० २६ अ०) में भी—'शयनस्याधोविस्तारद्विगुणखाते कूपे वातहरदारुकरीषान्यतरपूर्णदग्धे विगतधूमे स्वास्तीर्णशयनस्थं स्वेदयेदिति कूपस्वेदः॥'

सुश्रुत में कर्षूस्वेद और कूपस्वेद का विधान नहीं है। [२]टीकाकार इस दोष को हटाने के लिये भूस्वेद में ही उसका अन्तर्भाव कर देते हैं। अष्टाङ्गसंग्रह में—कर्षूस्वेद और कूपस्वेद में विशेष भिन्नता न होने के कारण–कर्षूस्वेद को पृथक् पढ़ना आवश्यक नहीं समझा गया ॥५८,५९॥

धीतिकां[३] तु करीषाणां यथोक्तानां प्रदीपयेत्।
शयनान्तःप्रमाणेन शय्यामुपरि तत्र च ॥६०॥
सुदग्धायां विधूमायां यथोक्तामुपकल्पयेत्।

१—'निखातयेत्' ग०।

१—'वेधत इत्यधः खननप्रमाणेन' चक्रः।
२—योगीन्द्रनाथसेनेन भूस्वेदप्रकरणे सुश्रुतोक्तं भूस्वेदवचनमुद्धृत्य सुश्रुते चाप्यं भूस्वेदः कर्षूस्वेदश्चापास्युक्तम्॥
३—'धीतिका शुष्कगोमयादिकृतोऽन्यावधविशेषः' चक्रः।

स्ववच्छन्नः स्वपंस्तत्राभ्यक्तः स्विद्यति ना सुखम् ॥६१॥
होलाकस्वेद इत्येष सुखः प्रोक्तो महर्षिणा ।
इति त्रयोदशविधः स्वेदोऽग्निगुणसंश्रयः ॥६२॥

होलाकस्वेद—चारपाई के अन्दर के प्रमाण के अनुसार लम्बी चौड़ी ऊँची उपर्युक्त हाथी घोड़े आदि की सूखी हुई लीद वा गोबर से धीतिका तैय्यार करें और उसे आग लगा दें। जब वह अच्छी प्रकार जल जाय और धूमरहित हो जाय तब उस पर चारपाई रखदें। चारपाई पर बिछौना बिछाकर स्नेह से मालिश किये हुए रोगी को लेटा दें और कम्बल आदि अच्छी प्रकार ओढ़ा दें। इस स्वेद से भी सुख से ही स्वेदन हो जाता है। केवल शुष्क गोबर वा लीद आदि को ही (यहाँ चारपाई के नीचे के अन्दर के भाग के समान लम्बी चौड़ी जगह पर) टिकाने को ही धीतिका कहते हैं।

यदि प्रमाण के अनुसार लम्बा चौड़ा वा गहरा मिट्टी का कुण्ड बनाकर उसमें शुष्क लीद भर दें तो भी यही कार्य सिद्ध हो जायगा ॥

यह अग्नि के गुण पर आश्रित तेरह प्रकार का स्वेद कह दिया है।६०-६२।

व्यायाम [1]उष्णसदनं गुरुप्रावरणं क्षुधा ।
बहुपानं भयक्रोधावु[2] पनाहाहवातपाः ॥६३॥
स्वेदयन्ति दशैतानि नरमग्निगुणादृते[3] ।

अनग्निस्वेद—१ व्यायाम, २ उष्णगृह, ३ भारी ओढ़ने के वस्त्र (कम्बल आदि), ४ भूख, ५ मद्य आदि उष्ण स्वभाव द्रव्यों का बहुत पीना, ६ भय, ७ क्रोध, ८ उपनाह, ९ युद्ध, १० आतप (धूप) ; ये दस अग्नि के गुण से बिना ही स्वेदन करते हैं ॥ यद्यपि ये भी उष्णस्वभाववाले होने से ही स्वेदन करते हैं, परन्तु साक्षात् बाह्य अग्नि का संसर्ग न होने से इन्हें अनग्निस्वेद कहा जाता है। साग्निस्वेदों में बाह्य अग्नि द्वारा संस्कार होता है। सुश्रुत में उपनाह को साग्निस्वेदों में तथा यहाँ अनग्निस्वेदों में गिना गया है। वस्तुतस्तु इन्हें दोनों में ही गिनना चाहिये। जिन उपनाह द्रव्यों को अग्नि पर संस्कार करके गरम २ ऊन के वस्त्र आदि से बाँध दिया जाता है इन्हें साग्निस्वेद में गिना जायगा और जिन (राई आदि) उष्णवीर्य द्रव्यों को तत्काल अग्नि पर संस्कार किये बिना ही लगाकर ऊन आदि का वस्त्र बाँध देने से अत्युष्णता के कारण प्रथम केवलमात्र स्वेदन होकर अधिक काल तक बँधा रहने से छाले तक पड़ जाते हैं; उस उपनाह को साग्निवेद में गिना जायगा।

शीतद्रवों के भी यथाविधि प्रयोग से स्वेद हो जाया करता है। ऐसी अवस्थाओं में उस समय उत्पन्न होनेवाली शारीरिक प्रतिक्रिया ही स्वेद में कारण होती है। जैसे आजकल ज्वर के रोगी—जिसका तापांश अत्युच्च हो—के तापांश को कम करने के लिये शीतजल—परिषिक्त प्रस्तरबन्ध (Cold Wet Sheet Pack) कहते हैं। बिछौने पर दो कम्बल बिछा दिये जाते हैं जिनसे सिरहना भी ढका रहता है। एक चादर को शीतजल से सम्यक्तया गीला करके इन कम्बलों पर बिछाकर रोगी को सर्वथा नग्न करके चादर पर पीठ के बल सीधा लेटा दिया जाता है। अब चिकित्सक दोनों पार्श्वों पर गीली चादर के अवशिष्ट प्रान्तों से रोगी को सम्यक्तया कस कर लपेट देता है। पैर भी अच्छी प्रकार लिपटे रहते हैं, ऊपर से उसी प्रकार नीचे बिछाये हुए कम्बलों से भी रोगी को लपेट देते हैं। पश्चात् दो या तीन कम्बल उपर ओढ़ा देते हैं। रोगी थोड़ी-सी देर के शीतानुभव के पश्चात् हर्षदायक उष्णता का अनुभव करता है। इससे रोगी को खुलकर पसीना होता है। जिससे तापांश, प्रलाप वा क्षोभ कम हो जाता है। इसमें, चादर आदि से लपेटते समय रोगी का मुख खुला रहने दिया जाता है। आधे या १ घण्टे के बाद रोगी का बन्ध खोलकर सूखे तौलिये से देह को सुखा दिया जाता है। इससे शीतला या रोमान्तिक (खसरा) आदि के स्फोटों को निकलने में भी सहायता मिलती है॥ इस स्वेद को वा इसी प्रकार के अन्य स्वेदों को भी हम अनग्निस्वेदों में गिन सकते हैं। उष्णगृह से अभिप्राय यहाँ अग्नि से उष्ण किये गये कमरे से नहीं है; अपितु निवात वा भीत आदि के मोटे होने आदि के कारण उष्ण होने से है॥ अनग्निस्वेदों के विषय में सुश्रुत (चि० ३२ अ०) में भी कहा गया है—'कफमेदोऽन्विते वायौ निवातातपगुरुप्रावरणनियुद्धाध्वव्यायामभारहरणामर्षैः स्वेदमुत्पायेदिति ।'

अर्थात् जब वायु कफ वा मेद युक्त हो तब निवातगृह आदि अनग्निस्वेदों से स्वेद उत्पन्न करना चाहिये ॥६३॥

इत्युक्तो द्विविधः स्वेदः संयुक्तोऽग्निगुणैर्न च ॥६४॥

इस प्रकार—अग्निगुण-युक्त तथा जो बाह्य अग्नि के गुण से युक्त नहीं है—दो प्रकार का स्वेद कह दिया है ॥६४॥

एकाङ्गसर्वाङ्गगतः स्निग्धो रूक्षस्तथैव च ।
[1]इत्येतद् द्विविधं [2]द्वन्द्वं स्वेदमुद्दिश्य कीर्त्तितम् ॥६५॥

एकाङ्गगत (Local), सर्वाङ्गगत (General) भेद से स्वेद दो प्रकार का होता है। स्निग्ध एवं रूक्ष भेद से भी हम स्वेद को दो भेदों में बाँट सकते हैं।

इस प्रकार स्वेद को दृष्टि में रखते हुए दो प्रकार के द्वन्द्व (विरोधी जोड़े) कहे गये हैं ॥६५॥

स्निग्धः स्वेदैरुपक्रम्यः स्विन्नः पथ्याशनो भवेत् ।
तदहः स्विन्नगात्रस्तु व्यायामं वर्जयेन्नरः ॥६६॥

किसका स्वेदन करना चाहिये ? तथा स्विन्नपुरुष के लिये पथ्या-पथ्य-स्निग्ध पुरुष का स्वेदन करें। स्विन्न हुए २ पुरुष को पथ्य का भोजन करना चाहिये। जिस दिन स्वेद किया गया हो उस दिन पुरुष को व्यायाम का त्याग करना चाहिये। अभिप्राय यह है कि स्वेदन कराने से पूर्व पुरुष का स्नेहन होना आवश्यक है॥ सुश्रुत चि० ३२ अ० में कहा भी है—

'नानभ्यक्ते नापि चास्निग्धदेहे, स्वेदो योज्यः स्वेदविद्भिः कथञ्चित् ।
दृष्टं लोके काष्ठमस्निग्धमाशु, गच्छेद् भङ्गं स्वेदयोगैर्गृहीतम् ॥

---

१ 'उष्णसदनमिति अग्निसंतापव्यतिरेकेण निर्जालकतया घनभित्तितया च यद् गृहं स्वेदयति तद् बोद्धव्यम्' ।

२—उपनाहो द्विविधः साग्निरनग्निश्च, तत्र यः साग्निरुपनाहः स सङ्कर एव बोद्धव्यः ; यस्त्वग्निबलत्वेन शरीरोष्णरोधं कृत्वा स्वेदयति स इह बोद्धव्यः ।

३—'अग्निगुणादृते साक्षादग्निसंबन्धेन कृतादुष्णत्वाद्विना' चक्रः ।

१—'इत्येतत्त्रिविधं' ग० ।

२—'द्वन्द्वं परस्परविरुद्धं युग्मं' चक्रः ।

अर्थात् स्नेहन के अभ्यंग तथा यथाविधि पूर्व कराये स्नेहपान के विना स्वेद कराने से अत्यन्त हानि होती है। तथा—

सम्यक्स्विन्नं विमृदितं स्नातमुष्णाम्बुभिः शनैः।
स्वभ्यक्तं प्रावृताङ्गं च निवातशरणस्थितम्॥
भोजयेदनभिष्यन्दि सर्वं वाचारमादिशेत्॥

अर्थात् स्वेदन के पश्चात् शरीर को (सूखे तौलिये आदि से) मर्दन करके गरमजल से स्नान करायें और स्नेह मालिश करके अच्छी प्रकार वस्त्र पहना या ओढ़ाकर निवात गृह में विश्राम करावें। भोजनार्थ जो पदार्थ अभिष्यन्दकर (कफवर्धक तथा स्रोतों को कफ से लिप्त करनेवाले) न हों वह दें॥६६॥

तत्र श्लोकाः।

स्वेदो यथा कार्यकरो हितो येभ्यश्च यद्विधः॥
यत्र देशे यथा योग्यो देशो रक्ष्यश्च यो यथा॥६७॥
स्विन्नातिस्विन्नरूपाणि तथाऽतिस्विन्नभेषजम्।
अस्वेद्याः स्वेदयोग्याश्च स्वेदद्रव्याणि कल्पना॥६८॥
त्रयोदशविधः स्वेदो विना दशविधोऽग्निना।
संग्रहेण च षट् स्वेदाः स्वेदाध्याये निदर्शिताः॥६९॥

अध्यायोक्त विषय—स्वेद जिस प्रकार से सिद्धि का देनेवाला है, जिनके लिये जैसा स्वेद हितकर है, जिस देश की जैसे रक्षा करनी चाहिये, जिस देश (वृषण आदि) पर जैसा स्वेद कराना चाहिये, स्विन्न एवं अतिस्विन्न के लक्षण, अतिस्विन्न की औषध, अस्वेद्य एवं स्वेदयोग्य पुरुष, स्वेदों के द्रव्य, स्वेद की कल्पना (विधान), तेरह प्रकार का स्वेद, अग्निरहित दस प्रकार का स्वेद, संक्षेप से ६ प्रकार के स्वेद (तीन प्रकार के विरोधी जोड़े), ये सब विषय स्वेदाध्याय में बताये गये हैं॥६७–६९॥

स्वेदाधिकारे यद्वाच्यमुक्तमेतन्महर्षिणा।
शिष्यैस्तु प्रतिपत्तव्यमुपदेष्टा पुनर्वसुः॥ इति॥७०॥

इत्यग्निवेशकृते तन्त्रे चरकप्रतिसंस्कृते सूत्रस्थाने कल्पनाचतुष्के स्वेदाध्यायो नाम चतुर्दशोऽध्यायः॥१४॥

महर्षि ने स्वेदाधिकार में जो यह वक्तव्य कहा है, वह शिष्यों को अच्छी प्रकार समझ लेना चाहिये। इस विषय के उपदेष्टा (उपदेश करनेवाला) पुनर्वसु हैं॥

अथवा स्वेदाधिकार में जो दूसरे विषय(स्विन्न पुरुष के आचार आदि) वर्णित हैं; ये भी महर्षि ने ही कहे हैं। उन्हें भी शिष्यों (अग्निवेश भेल आदि प्रथमाध्यायोक्त) को यथावत् समझ लेना चाहिये। उन्हें समझाने के लिए ही भगवान् पुनर्वसुने उपदेश किया है।७०।

इति चतुर्दशोऽध्यायः

पञ्चदशोऽध्यायः

अथात उपकल्पनीयमध्यायं व्याख्यास्यामः॥
इति ह स्माह भगवानात्रेयः॥१॥

स्नेह एवं स्वेद के वर्णन के पश्चात् अब उपकल्पनीय नामक अध्याय की व्याख्या होगी। ऐसा भगवान् आत्रेय ने कहा।

अर्थात् इस अध्याय में यह बताया जायगा कि वमन वा विरेचन कराने के लिये तथा उत्पन्न होनेवाले उपद्रवों की शान्ति के लिये तत्कालोपयोगी कौन २ से द्रव्य तय्यार रखने चाहिये यह तो १३ वें अध्याय में—

'स्नेहमग्रे प्रयुञ्जीत ततः स्वेदमनन्तरम्।
स्नेहस्वेदोपपन्नस्य संशोधनमथेतरत्॥

इस श्लोक द्वारा कहा ही जा चुका है कि पूर्व स्नेह तथा स्वेदके पश्चात् वमन वा विरेचन कराना चाहिये। अतएव स्नेह एवं स्वेद के अध्यायों के पश्चात् संशोधन (वमन वा विरेचन)का वर्णन होगा।१।

इह खलु राजानं राजमात्रं वाऽन्यं विपुलद्रव्यं संभृतसंभारं वमनं विरेचनं वा पाययितुकामेन भिषजा प्रागेवौषधपानात्संभारा उपकल्पनीया भवन्ति, सम्यक्चैव हि गच्छत्यौषधे प्रतिभोगार्थाः, व्यापन्ने चौषधे व्यापदः [1]परिसंख्याय प्रतीकारार्थाः, न हि संनिकृष्टे प्रादुर्भूतायामापदि सत्यपि [2]क्रयाक्रये सुकरमाशु संभरणमौषधानां यथावदिति॥२॥

इस संसार में राजा वा राजा सदृश अन्य किसी धनाढ्य पुरुष को–जिसके पास सब आवश्यक सामग्री हो–वमन वा विरेचन के पिलाने की इच्छावाले चिकित्सक को औषध पिलाने से पूर्व ही औषध के ठीक प्रकार से प्रयुक्त होने पर पथ्य भोजन आदि सेवन कराने के लिये तथा औषध के यथावत् प्रयुक्त न होने से उत्पन्नहोनेवाले प्रत्येक उपद्रव को गिनकर उनके प्रतिकार के लिये उपयोगी सामग्री तय्यार रखनी होती है। क्योंकि उपद्रव के उत्पन्न होने पर तत्क्षण ही प्रतिकार के लिए (बाजार के पास ही होने आदि के कारण) क्रयविक्रय (लेनदेन) के सुगम होने पर भी औषध शीघ्र एकत्रित नहीं हो सकतीं॥२॥

एवंवादिनं भगवन्तमात्रेयमग्निवेश उवाच-ननु भगवन्नादावेव ज्ञानवता तथा प्रतिविधातव्यं यथा प्रतिविहिते सिध्येदेवौषधमेकान्तेन, सम्यक्प्रयोगनिमित्ता हि सर्वकर्मणां सिद्धिरिष्टा, व्यापच्चासम्यक्प्रयोगनिमित्ता; अथ सम्यगसम्यक् च समारब्धं कर्म सिध्यति व्यापद्यते वाऽनियमेन, तुल्यं भवति ज्ञानमज्ञानेनेति॥३॥

भगवान् आत्रेय के ऐसा कहने पर अग्निवेश ने पूछा–भगवन्! ज्ञानवान् (दोष एवं औषध आदि को जाननेवाले) वैद्य को प्रथम ही ऐसा करना चाहिये जिसके करने से औषध अचूकरूप से ही अपना कार्य करे। क्योंकि सम्पूर्ण कर्मों की सिद्धि सम्यक्तया प्रयोग करने से ही होती है, यथावत् प्रयोग न करने से उपद्रव होते हैं। यदि सम्यक्तया वा असम्यक्तया किये गये कर्म (चिकित्सा सम्बन्धी) अनियम से ही कदाचित् सिद्ध हों और कदाचित् उपद्रवों को कर दें तो इसका अभिप्राय यही होगा कि ज्ञान तथा अज्ञान (मूर्खता) में कोई भेद नहीं।

अर्थात् वैद्य तो ज्ञानवान् होगा और वह दोष, देश, बल, काल, विकार, सत्व, सात्म्य, औषध, जाठराग्नि, उम्र, प्रकृति आदि की परीक्षा करके ही प्रशस्त द्रव्यों से तय्यार की हुई औषध यथाविधि

१—'परिसंख्यायेति ज्ञात्वा' चक्रः।
२—'क्रयः पण्यम् अक्रयो मूल्यं' चक्रः।

सेवन करायेगा। अतएव उपद्रवों की आशंका ही न होगी और न उसके प्रतिकार के लिये सामग्री इकट्ठी करनी होगी। यदि इस प्रकार ज्ञानपूर्वक प्रयुक्त कराई हुई औषध भी उपद्रवों को पैदा कर दे तो आश्चर्य की बात है और इस विषय में गुरुओं से पढ़कर ज्ञान प्राप्त करना भी व्यर्थ ही हुआ ॥३॥

तमुवाच भगवानात्रेयः—शक्यं तथा प्रतिविधातुमस्माभिरस्मद्विधैर्वाऽप्यग्निवेश ! यथा प्रतिविहिते सिध्येदेवौषधमेकान्तेन, तच्च प्रयोगसौष्ठवमुपदेष्टुं यथावत्[1]; न हि कश्चिदस्ति य एतदेवमुपदिष्टमुपधारयितुमुत्सहेत, उपधार्य वा तथा प्रतिपत्तुं प्रयोक्तुं वा; सूक्ष्माणि हि दोषभेषजदेशकालबलशरीराहारसात्म्यसत्त्वप्रकृतिवयसामवस्थान्तराणि यान्यनुचिन्त्यमानानि विमलविपुलबुद्धेरपि बुद्धिमाकुलीकुर्युः किं पुनरल्पबुद्धेः, तस्मादुभयमेतद्यथावदुपदेक्ष्यामः—सम्यक्प्रयोगं चौषधानां व्यापन्नानां च व्यापत्साधनानि सिद्धिषूत्तरकालम्॥४

भगवान् आत्रेय ने उत्तर दिया—हम या हमारे जैसे (थोड़े से चिकित्सक) ऐसा कर सकते हैं जिससे, प्रयोग करने पर औषध अचूक रूप से सिद्ध ही हो। और हम या हमारे जैसे ही (आप्त पुरुष) उस उत्तम प्रयोग का यथावत् उपदेश भी कर सकते हैं, परन्तु ऐसा कोई नहीं है जो यथावत् उपदेश किये गये इस उत्तम प्रयोग को कण्ठस्थ करने में उत्साह करे वा कण्ठस्थ करके वैसा ही समझने वा प्रयोग करने में उत्साह दिखाये। दोष, औषध, देश, काल, बल, शरीर, आहार, सात्म्य, सत्व, प्रकृति तथा उम्र की अवस्थाओं के भेद सूक्ष्म हैं, जिनका विचार करते हुए बहुत एवं निर्मल बुद्धिवाले पुरुषों की भी बुद्धि घबरा जाती है; अल्पबुद्धिवालों का तो क्या कहना। अतएव हम दोनों बातों—अर्थात् औषधों का साम्यक् प्रयोग तथा सम्यक्तया प्रयोग न करने से उत्पन्न हुए २ विकारों वा उपद्रवों के प्रतिकार का पश्चात् सिद्धिस्थान में यथावत् उपदेश करेंगे।

दोष के अवस्थान्तर—क्षय, वृद्धि, समता। ऊर्ध्वगति, अधोगति, तिर्यग्गति। तीनों रोगमार्गों में गति। स्वस्थान में रहना, परस्थान में जाना आदि। स्वतन्त्र परतन्त्र आदि। पृथक् २ संसर्ग, सन्निपात। रस आदि धातु से संयुक्त वा असंयुक्त। पुरीष मूत्र आदि मलों से मिश्रित वा अमिश्रित। दोषों की अंशांश कल्पना आदि।

औषध के अवस्थान्तर—तरुण, वृद्ध या मध्य होना। कीड़ों से खाया होना, न खाया होना। शुभ देश में उत्पन्न होना, पञ्चांग में से किसका ग्रहण करना। कषायकल्पना रस वीर्य विपाक तथा प्रभाव का विचार। द्रव्यान्तरों से मिलाना आदि।

देश के अवस्थान्तर—भूमि और आतुर। आनूप, जांगल वा साधारण। ये किनके लिये हितकर वा अहितकर हैं। रोगी की आयु आदि।

काल के अवस्थान्तर—संवत्सर। ६ ऋतु। दो अयन। आदान, विसर्ग। प्रातःकाल आदि दिन के विभाग। ऋतु सन्धि आदि।

बल के अवस्थान्तर—महत्, मध्य, अल्प। सहज, कालकृत, युक्तिकृत, वयःकृत आदि।

शरीर के अवस्थान्तर—कृश, स्थूल, सम वा मध्य। सारवान्, साररहित। मृदु, कठोर, सुकुमारता। छोटा, बड़ा वा मध्य-स्वस्थ वा रोगी आदि।

आहार के अवस्थान्तर—भक्ष्य, पेय, लेह्य, चोष्य आदि। प्रकृति, करण, देश, काल, संयोग, राशि प्रभृति।

सात्म्य के अवस्थान्तर—देहसात्म्य, ऋतुसात्म्य, रोगसात्म्य, देशसात्म्य। अथवा दोषसात्म्य, प्रकृतिसात्म्य, देशसात्म्य, ऋतुसात्म्य, व्याधिसात्म्य, ओकसात्म्य। अथवा जातिसात्म्य, रोगसात्म्य, आतुरसात्म्य, धान्यसात्म्य, रससात्म्य, देशसात्म्य, ऋतुसात्म्य, उदकसात्म्य। सात्म्य से विपरीत असात्म्य तथा इन सात्म्यों में परस्पर विरोध होने पर किसका प्रयोग करना इत्यादि।

सत्व के अवस्थान्तर—सात्विक, राजस, तामस। भीरुता, सहिष्णुता। उत्कृष्टबल, नीचबल, मध्यबल। शोक, भय, क्रोध, लोभ, मोह, हर्ष, विषाद, ईर्ष्या, सुख, दुःख आदि। तथा ब्रह्मकाय, माहेन्द्रकाय आदि ७ सात्विक काय, आसुरसत्व, सर्पसत्व आदि ६ राजसकाय; पाशवकाय, मत्स्यसत्व तथा वानस्पत्य सत्व; ये ३ तामसकाय आदि। रज, तम दोष।

प्रकृति के अवस्थान्तर—वातिक, पैत्तिक, श्लैष्मिक, द्वन्द्वज वा समधातु आदि।

वय (उम्र) के अवस्थान्तर—बाल्यावस्था, मध्यावस्था, वृद्धावस्था। अथवा बाल्य, पौगण्ड, कैशोर, यौवन, मध्य, वार्द्धक्य आदि।

इसी प्रकार विकार तथा जाठराग्नि आदि के अवस्थान्तर हैं, जिनकी विवेचना चिकित्सा में आवश्यक होती है। परन्तु आजकल इन सब बातों की विवेचना करनेवाला एक भी चिकित्सक उपलब्ध नहीं होता। अतएव उपद्रवों का होना सम्भव है। अतः उन उपद्रवों के प्रतिकार को जानना भी वैसा ही आवश्यक है ॥४॥

इदानीं तावत्संभारान्विविधानपि समासेनोपदेक्ष्यामः, तद्यथा-दृढं निवातं प्रवातैकदेशं सुखप्रविचारमनुपत्यकं[1] [2]धूमातपजलरजसामनभिगमनीयमनिष्टानां च शब्दस्पर्शरसरूपगन्धानां, [3]सोदपानोलूखलमुसलवर्चःस्थानस्नानभूमिमहानसोपेतं वास्तुविद्याकुशलः प्रशस्तं गृहमेव तावत् पूर्वमुपकल्पयेत ॥५॥

अब इस अध्याय में तो हम विविध प्रकार की सामग्रियों का संक्षेप से उपदेश करेंगे—जैसे-गृहनिर्माण में चतुर पुरुष सब से पूर्व उत्तम मकान बनावे। यह मकान दृढ़ होना चाहिये। निवात अर्थात् (जहाँ पर संशोधनीय पुरुष की शय्या हो वहाँ) सीधी तेज हवा न आती हो, परन्तु उसके एक ओर अच्छी प्रकार वायु आ जा सकता हो। जिसमें सुख से (सुगमता से) चला जा सकता हो, जो उपत्यका (पहाड़ की तराई) में न बनाया गया हो। इससे यह भी समझ लेना चाहिये कि जहाँ मकान बनाया जाय उसके आसपास की भूमि ऊँची न हो और न

१—'यथावदुपदेष्टुं' शक्यमस्माभिरस्मद्विधैर्वेति योजना, एतदिति प्रयोगसौष्ठवम्, एवमिति यथावत्, उपधारयितुमिति ग्रन्थेन धारयितुं प्रतिपत्तुमित्यर्थतो गृहीतुं' चक्रः।

१—'अनुपत्यकं यद्विदूरमन्तस्य महतो गृहस्य' चक्रः।
२—'धूमातपरजसाम०' ग०।
३—'उदकं पीयते येन तदुदपानं' चक्रः। 'सोपानोलूखल०' ग०।

ही आसपास ऊँचे २ मकान हो ; धूआँ, धूप, वर्षा जल, धूलि ; जिसमें न आ सकें, अनिष्ट (हानिकर) शब्द, स्पर्श, रूप, रस एवं गन्ध जहाँ न पहुँच सकें, उदपान (प्याऊ वा जहाँ पीने का जल रखा हो), ऊखल मूसल (धान आदि कूटने को), वर्चःस्थान (पुरीषोत्सर्ग स्थान, टट्टी Latrine), स्नानभूमि (स्नानगृह, गुसलखाना), महानस (रसोईघर) ; जिसमें यथास्थान हो, ऐसा मकान या अस्पताल (Hospital, रोगीगृह) बनना चाहिये ॥

'सुखप्रविचार' से यह अभिप्राय है कि वह गृह पर्याप्त लम्बा चौड़ा हो, अधिक आदमी न हों और रोगी के कमरे में बहुत अधिक सामान भी न पड़ा हो, रोगी की शय्या के चारों ओर चिकित्सक अच्छी प्रकार घूम सके ॥५॥

ततः शीलशौचाचारानुरागदाक्ष्यप्रादक्षिण्योपपन्ना[1]नुपचारकुशलान् सर्वकर्मसु पर्यवदातान् सूपौदनपाचकस्नापकसंवाहकोत्थापकसंवेशकौषधपेषकांश्च परिचारकान् सर्वकर्मस्वप्रतिकूलान्, तथा [2]गीतवादित्रोल्लापकश्लोकगाथाख्यायिकेतिहासपुराणकुशलानभिप्रायज्ञाननुमतांश्च देशकालविदः पारिषद्यांश्च, तथा लावकपिञ्जलशशहरिणैणकालपुच्छकमृगमातृकोरभ्रान्, गां दोग्ध्रीं शीलवतीमनातुरां जीवद्वत्सां सुप्रतिविहिततृण[3]शरणपानीयां, जलपात्र्याचमनीयोदकोष्ठमणिकपिठरघटपर्योग[4]कुम्भीकुम्भकुण्डशरावदर्वीकटो[5]दञ्चनपरिपचन[6]मन्थानचर्मचेलसूत्रकार्पासोर्णादीनि च, शयनासनादीनि चोपन्यस्त[7]भृङ्गारप्रतिग्रहाणि सुप्रयुक्तास्तरणोत्तरपच्छदोपधानानि स्वापाश्रयाणि,[8] संवेशनोपवेशनस्नेहस्वेदाभ्यङ्गप्रदेहपरिषेकानुलेपनवमनविरेचनास्थापनानुवासनशिरोविरेचनमूत्रोच्चारकर्मणामुपचारसुखानि, सुप्रक्षालितोप्रधानाश्च[9] सुश्लक्ष्णखरमध्यमा दृषदः, शस्त्राणि चोपकरणार्थानि, धूमनेत्रं च, बस्तिनेत्रं च, उत्तरबस्तिकं च, [10]कुशहस्तकं च तुलां च, मानभाण्डं च, घृततैलवसामज्जक्षौद्रफाणितलवणेन्धनोदकमधुसीधुसुरासौवीरकतुषोदकमैरेयमेदकदधिमण्डोदश्विद्धान्याम्लमूत्राणि च तथा शालिषष्टिकमुद्गमाषयवतिलकुलत्थबदरमृद्वीकाकाश्मर्यपरूषकाभयामलकबिभीतकानि, नानाविधानि च स्नेहस्वेदोपकरणानि द्रव्याणि, तथैवोर्ध्वहरानुलोमिकोभयभागिकसंग्रहणीयदीपनीयपाचनीयोपशमनीयवातहराणि[11] समाख्यातानि चौषधानि, यच्चान्यदपि किंचिद्व्यापदः परिसंख्यायोपकरणं विद्यात्, यच्च प्रतिभोगार्थं, तत्तदुपकल्पयेत् ॥६॥

रोगीगृह के निर्माण के अनन्तर शुभ चरित्र वाले, पवित्र, स्वच्छ, साधु व्यवहारवाले, स्वामी के प्रीति रखनेवाले–स्वामिभक्त, कर्म में निपुण, सर्वथा अनुकूल वा अच्छे वेतनवाले–चिकित्सासम्बन्धी सेवा-शुश्रूषा को जाननेवाले, सम्पूर्ण कर्मों में निर्मलज्ञान-युक्त, सूप (दाल), ओदन (भात) आदि के पाचकों, स्नापकों (स्नान करानेवाले), संवाहकों (अङ्गसंमर्दक मुट्ठी-चापी करनेवाले), उत्थापकों (उठानेवाले), संवेशकों (लेटानेवाले) तथा औषधों को पीसनेवाले (वा Compounders) परिचारकों को जो इन सब कर्मों में प्रतिकूल न हों अर्थात् जैसा उन्हें कहा जाय वैसे ही करनेवाले हों–नियुक्त करे। तथा गाने बजाने, स्तोत्रपाठ करने, श्लोक पढ़ने, कथा बांचने, कहानी सुनाने तथा इतिहास एवं पुराण में चतुर, अभिप्राय को जतानेवाले (इङ्गित—हावभाव वा इशारे में ही हृदय के भावों को जाननेवाले), अनुमत (परीक्षकों वा श्रेष्ठ पुरुषों ने जिनकी सिफारिश की हो), देश काल को जाननेवाले सभ्य पुरुषों को नियुक्त करे ॥

तथा (मांसरस आदि के लिए) लाव, कपिञ्जल (श्वेत तीतर वा गौरैया), शश (खरगोश, सहा) हरिण, एण (हरिणभेद), कालपुच्छक (हरिणभेद); मृगमातृका (हरिणभेद–जिसका पेट बड़ा होता है), उरभ्र (मेष, मेढ़ा) इन्हें तथा (दूध के लिए) सुशील, नीरोग, जिसका बछड़ा जीता हो, जिसके खाने के लिये तृण (भूसा आदि), रहने के लिए गृह तथा पीने के लिये जल आदि का सुप्रबन्ध हो, ऐसी दुधारू गौ को पालें।

जलपात्री (गिलास आदि), आचमनीय (चमचा आदि), उदकोष्ठ (जिस पात्र में स्नान आदि के लिए जल भरा हो), मणिक (मटका), पिठर (हाँडी वा पतीली), घड़ा, पर्योग (कड़ाही), कुम्भी (सुराही, झज्झर), कुम्भ (कलश, गागर), कुण्ड (Reservoir), शराव (सकोरा, प्याला आदि), दर्वी (कड़छी), कट (चटाई), उदञ्चन (रकेबी, जिससे जलपात्रों वा पतीली आदि का मुख ढका जा सके), परिपचन (तवा), मन्थान मथानी) आदि रसोई के बर्तन, चमड़ा, चेल (कपड़ा), सूत्र (सूत, धागा), रुई तथा ऊन, आदि को तय्यार रक्खें।

सोने या बैठने आदि की जगह ऐसी होनी चाहिए जहाँ पास ही भृङ्गार (गंगासागर, वह पात्र जिसमें नाली लगी होती है) और प्रतिग्रह (पीकदान) रक्खे हों। चारपाई वा पलङ्ग आदि पर आस्तरण (दरी), उत्तरप्रच्छद (चादर आदि) तथा उपधान (सिरहना) ठीक प्रकार से बिछे हों।

लेटने, बैठने, स्नेह, स्वेद, अभ्यङ्ग (मालिश , प्रदेह, परिषेक, अनुलेपन, वमन, विरेचन, आस्थापन, अनुवासन, शिरोविरेचन करने के लिए एवं पाखाना फिरने के लिए जो सुखकर सामान हो वह भी उपस्थित रहना चाहिए।

अर्थात् इन उपर्युक्त कर्म करने में ऐसा प्रबन्ध करना चाहिये जिसमें रोगी को किसी प्रकार का कष्ट न हो। यदि रोगी अत्यन्त निर्बल हो और वह उठकर पाखाना या मूत्र न कर सकता हो तो

१—प्रकृष्टं दाक्षिण्यमानुकूल्यं तेनोपपन्नान्, अथवा प्रकृष्टा या दक्षिणा तस्य भावः प्रादक्षिण्यं तेनोपपन्नान्। दक्षिणाऽत्र भृतिर्वेतनमिति यावत्। २—'उल्लापकं स्तोत्रं' चक्रः। ३—'शरणं गृहं' चक्रः। ४—'पर्योगः कटाहः' चक्रः। ५—'उदञ्चनं पिधानशरावः' चक्रः। ६—'परिपचनं तैलपाचनिका' चक्रः।

७—'भृङ्गारो नालमुखजलपात्रविशेषः, प्रतिग्रहः निष्ठीविकाक्षेपणपात्रं' गङ्गाधरः। ८—'सोपाश्रयाणि' पाठान्तरे उपाश्रयेण सह वर्तमानानि। उपाश्रय उपधानभेदः।

९—'उपधानः शिलापुत्र' इति प्रसिद्धः चक्रः। १०—'कुशहस्तकं सम्मार्जनी' शिवदासः,'आर्द्रद्रव्यपरिपचनार्थं कुशसमूहकृतरचनाविशेषम्' इत्यन्ये। ११-'०वातहरादि समाख्यातानि' इति पा०।

उसके आराम के लिये मूत्रपात्र (Urinal) तथा पुरीषपात्र (Bed-pan) ऐसा होना चाहिए कि वह लेटे २ ही मूत्र तथा पाखाना फिर सके। इसी प्रकार बैठने वा लेटने के लिए आराम-कुर्सी वा शय्यासन (Bedchair) आदि का होना अत्यावश्यक है।

औषध आदि को पीसने के लिए अच्छी प्रकार धोये हुए बट्टे (शिलापुत्र) तथा चिकनी, खुरदरी वा साधारण सम शिलाएँ होनी चाहिये। इसे उपलक्षण मात्र समझते हुए खल्ल आदि का भी ग्रहण करना चाहिये।

ओषधि वा उपभोगार्थ द्रव्यों के काटने आदि के लिए चाकू, छुरी, कैंची, दराती आदि शस्त्र धूमनेत्र (जिस नलिका में धूमवर्ति को लगाकर धूमपान किया जाता है), बस्तिनेत्र (इसका वर्णन सिद्धस्थान के तृतीय अध्याय में होगा), उत्तरबस्ति (योनिमार्ग वा मूत्रमार्ग में दी जानेवाली बस्ति), कुशहस्तक (झाड़ू, बुहारी), तुला (तराजू) मानभाण्ड (मापने के पात्र ; विशेषतः द्रव पदार्थों के मापने के लिए जैसे आजकल Measuring glass आदि रखे जाते हैं) रखने चाहिये।

घी, तैल, वसा (चर्बी), मज्जा (Marrow), शहद, फाणित (राब), नमक, ईन्धन, जल, मधु[1], सीधु[2], सुरा[3] (ये तीनों मद्य के भेद हैं), सौवीरक[4], तुषोदक[5] (ये दो काञ्जी के भेद हैं), मैरेयक[6], मेदक[7] (ये दो मद्य के भेद हैं), दही, दही का पानी, उदश्वित्[8] (तक्रभेद, आधा जल डालकर बिलोयी हुई छाछ), धान्याम्ल[9] (काञ्जी) तथा मूत्रवर्ग ; ये भी सब उपस्थित होने चाहिये।

तथा भोजनार्थ—शालि, षष्टिक (सांठी के चावल), मूँग, उड़द, जौ, तिल, कुलथी, बेर, अंगूर, मुनक्का वा किशमिश, परूषक (फालसा, फरुआ), हरड़, आंवला, बहेड़ा ; ये उपस्थित होने चाहिये। नाना प्रकार के स्नेहन एवं स्वेद के लिये उपयोगी द्रव्य तथा ऊर्ध्वहर (मुख आदि ऊर्ध्व भाग से दोषों को निकालने वाले—वमन लानेवाले) आनुलोमिक (अनुलोमन करते हुए अधोमार्ग—गुदा से दोषों को निकालनेवाले वा विरेचक) तथा जो द्रव्य वमन और विरेचन दोनों ही कराते हैं; संग्रहणीय (काबिजमलबन्धकारक), दीपनीय, पाचनीय, उपशमनीय (दोषों का शमन करनेवालीं), वातहर तथा (षड्विरेचनशताश्रितीय नामक अध्याय में) कही गयी (उपयोगी) औषधें एकत्रित कर रखनी चाहियें।

तथा च उपद्रवों को जानकर उनके प्रतिकार के लिये और उपभोग (भोजन) के लिये अन्य भी जो औषध, यन्त्र, भोज्य द्रव्य आदि साधन उपयोगी समझें, उन्हें भी एकत्रित कर रक्खें ॥६॥

ततस्तं पुरुषं यथोक्ताभ्यां स्नेहस्वेदाभ्यां यथार्हमुपपादयेत्। तं चेदस्मिन्नन्तरे[1] मानसः शारीरो वा व्याधिः कश्चित्तीव्रतरः सहसाऽभ्यागच्छेत्तमेव तावदस्योपावर्तयितुं यतेत ततस्तमुपावर्त्य तावन्तमेवैनं कालं तथाविधेनैव कर्मणोपाचरेत् ॥७॥

तदनन्तर उस (संशोध्य) पुरुष को उक्त विधान के अनुसार यथायोग्य स्नेहन तथा स्वेदन करावें। उस पुरुष को यदि इस ही बीच में कोई मानस वा शारीरिक अतितीव्र रोग सहसा हो जाय तो पूर्व उसी रोग को शान्त करने का प्रयत्न करें। रोग के शान्त होने के पश्चात् उतने ही काल तक—जितने काल में व्याधि शान्त हुई है—उसी रोग के लिये उपयोगी कर्म द्वारा (उस रोग की ही) चिकित्सा करता रहे। अभिप्राय यह है कि यदि उत्पन्न रोग ७ दिन में शान्त होता है तो उस रोग की शान्ति के बाद ७ दिन तक तदुपयोगी चिकित्सा ही करे ॥७॥

स्नेहन एवं स्वेदन के पश्चात् संशोधन कराया जाता है। संशोधनों में भी पूर्व वमन का कराना ही उत्तम होता है। सुश्रुत चि० ३३ अ० में कहा भी है—'अवान्तस्य हि सम्यग्विरिक्तस्याप्यधःस्रस्तः श्लेष्मा ग्रहणीमाच्छादयति, गौरवमापादयति प्रवाहिकां वा जनयति'।

अर्थात् यदि वमन कराये बिना ही विरेचन दे दिया जाय और यदि विरेचन ठीक प्रकार से हो भी जाय तो शिथिल होकर नीचे गया हुआ कफ ग्रहणी को छा लेता है, गुरुता को पैदा करता है वा प्रवाहिका को उत्पन्न कर देता है। अतएव प्रथम वमन कराने का विधान कहा जायगा—

ततस्तं पुरुषं स्नेहस्वेदोपपन्नमनुपहतमनसमभिसमीक्ष्य सुखोषितं सुप्रजीर्णभक्तं शिरःस्नातमनुलिप्तगात्रं स्रग्वणमनुपहतवस्त्रसंवीतं देवताग्निद्विजगुरुवृद्धवैद्यानर्चितवन्तं, इष्टे नक्षत्रतिथिकरणमुहूर्ते कारयित्वा ब्राह्मणान् स्वस्तिवाचनं प्रयुक्ताभिराशीर्भिरभिमन्त्रितां मधुमधुकसैन्धवफाणितोपहितां मदनफलकषायमात्रां पाययेत् ॥८॥

तदनन्तर स्नेहन एवं स्वेदन कराने के पश्चात् संशोध्य पुरुष को प्रसन्न-चित्त देखकर, जो सुख की नींद (रात्रि में) सोया हो, जिसका पूर्व दिन का किया हुआ भोजन अच्छी प्रकार पच गया हो, शिरपर्यन्त जिसने स्नान किया हो (सर्वाङ्ग स्नान), शरीर पर चन्दन आदि का अनुलेपन किया हो, माला धारण किये हुए जिसने उत्तम एवं नूतन वस्त्र पहिरे हों, देवता, अग्नि, ब्राह्मण, गुरु, वृद्ध पुरुष, (बड़े, माता पिता आदि) तथा वैद्य की पूजा जिसने की हो ऐसे उस पुरुष को शुभ नक्षत्र, तिथि, करण एवं मुहूर्त में ब्राह्मणों द्वारा स्वस्तिवाचन करवा कर, (वैद्य द्वारा) कहे गये आशीष वचनों से अभिमन्त्रित मधु (शहद), मुलहठी, सैन्धव तथा फाणित (राब) से युक्त मदनफल के कषाय की मात्रा (dose) को पिलावें।

इससे यह भी ज्ञात हो गया कि वमनौषध प्रातःकाल पिलाना चाहिये। यदि भोजन जीर्ण न हुआ हो, तब संशोधन औषध पिलाने से विपरीत ही प्रभाव होता है। सिद्धिस्थान ६ अ० में कहा जायगा—

१—मध्वादिविहिता या तु माध्वी सा मदिरोच्यते। २—ज्ञेयः शीतरसः शीधुरपक्वमधुरद्रवैः। सिद्धः पक्वरसः सीधुः सम्पक्वमधुरद्रवैः। ३—परिपक्वान्नसन्धानसमुत्पन्नां सुरां जगुः। ४—यवैः सुनिस्तुषैः पक्वैः सौवीरं सन्धितं भवेत्। ५—तुषाम्बु सन्धितं ज्ञेयमामैर्विदलितैर्यवैः। ६—मालूरमूलं बदरी शर्करा च तथैव च। एषामेकत्र सन्धानान्मैरेयी मदिरा मता। ७—सुरामण्डः प्रसन्ना स्यात्ततः कादम्बरी घना। तदधो जगलो ज्ञेयो मेदको जगलाद्घनः। ८—तक्रं ह्युदश्विन्मथितं पादाम्ब्वर्धाम्बु निर्जलम्॥ ९—प्रस्थ षष्टिकधान्यस्य नीरप्रस्थद्वये क्षिपेत्। आधारभाण्डं संरुध्य भूमेर्गर्भे निधापयेत्॥ पक्षादथ समुद्धृत्य वस्त्रपूतञ्च कारयेत्। ततो जातरसं योज्यं धान्याम्लं सर्वकर्मसु।

१—'अस्मिन्नन्तरे स्नेहस्वेदकरणसमये' चक्रः।

'अजीर्णे वर्धते ग्लानिर्विबन्धश्चापि जायते ।
पीतं संशोधनं चैव विपरीतं प्रवर्त्तते ॥'

वमन कराने से पूर्व उत्क्लेश (दोष की बहिर्मुखता, जी मचलना) कराना चाहिये, जिससे वमन सुखपूर्वक हो जाय । सिद्धिस्थान प्रथम अध्याय में आचार्य स्वयं कहेंगे—

'ग्राम्यौदकानूपरसैः समांसैरुत्क्लेशनीयः पयसा च वाम्यः ॥'

कल्पस्थान प्रथम अ० में आशीर्वचन कह गये हैं—

'ॐ ब्रह्मदक्षाश्विरुद्रेन्द्रभूचन्द्रार्कानिलानलाः ।
ऋषयः सौषधिग्रामा भूतसङ्घाश्च पान्तु ते ॥
रसायनमिवर्षीणां देवानाममृतं यथा ।
सुधेवोत्तमनागानां भैषज्यमिदमस्तु ते ॥'

इत्यादि वचनों से रोगी एवं औषध को अभिमंत्रित करना चाहिये।

मदनफल के कषाय में मधु और सैन्धव का मिलाना कफ को काटने तथा पतला करने के लिये होता है । कल्पस्थान १ अ० में कहेंगे—'सर्वेषु तु मधुसैन्धवं कफविलयनच्छेदनार्थं वमने दद्यात् ।'

अष्टाङ्गसंग्रह के कथनानुसार मदनफल का कषाय सुखोष्ण (कौसा, वा निवाया) ही पिलाना चाहिये । यथा 'औषधमात्रां मधुसैन्धवयुक्तां सुखोष्णाम्' इत्यादि ॥८॥

मदनफलकषायमात्राप्रमाणं तु खलु सर्वसंशोधनमात्राप्रमाणानि च प्रतिपुरुषमपेक्षितव्यानि भवन्ति; यावद्धि यस्य संशोधनं पीतं वैकारिकदोषहरणायोपपद्यते न चातियोगायोगाय, तावदस्य मात्राप्रमाणं वेदितव्यं भवति ॥९॥

मदनफल के कषाय की मात्रा—मदनफल के कषाय की मात्रा का प्रमाण और इसी प्रकार सम्पूर्ण संशोधन औषधों की मात्रा का प्रमाण पुरुष २ की अपेक्षा रखता है । नियम तो यह है कि जिस पुरुष में जितने परिमाण में पी हुई संशोधन औषध विकारोत्पन्न दोष को हरने में समर्थ हो परन्तु अतियोग वा अयोग का कारण न हो उस पुरुष के लिये उतना ही उस संशोधन औषध की मात्रा का प्रमाण जानना चाहिये ॥९॥

पीतवन्तं तु खल्वेनं मुहूर्तमनुकाङ्क्षेत् । तस्य यदा जानीयात्स्वेदप्रादुर्भावेण दोषं प्रविलयनमापद्यमानं, लोमहर्षेण च स्थानेभ्यः प्रचलितं, कुक्षिसमाध्मापनेन च कुक्षिमनुगतं, हृल्लासास्यस्रवणाभ्यामपचितोर्ध्वमुखीभूतम्, अथास्मै जानुसममसंबाधं सुप्रयुक्तास्तरणोत्तरप्रच्छदोपधानं स्वापाश्रयमासनमुपवेष्टुं प्रयच्छेत् ॥१०॥

पुरुष को औषध पिलाकर मुहूर्त भर प्रतीक्षा करें । जब पसीना आने से दोष को पतला होता हुआ, लोमहर्ष (रोमाञ्च) से स्थान से विचलित होता हुआ, कुक्षि (कोख) के फूलने से कुक्षि में गया हुआ तथा जी मचलाने और मुख में लालास्राव होने से बिखरा हुआ तथा ऊर्ध्वमुख हुआ २ जाने तब जानु (गोड़े) जितना ऊँचा तथा पर्याप्त लम्बा चौड़ा-जिस पर दरी, चादर एवं सिरहाना आदि बिछा हो, जिस पर अच्छी प्रकार लेट भी सकता हो-ऐसा आसन (पीढ़ी, चारपाई आदि) बैठने को दें ॥ सुश्रुत के अनुसार औषध पिलाने के बाद प्रतीक्षाकाल में अग्नि पर अपने हाथों को तपाकर रोगी को उष्णता पहुँचानी चाहिये ॥१०॥

[1]प्रतिग्रहांश्चोपचारयेत्—ललाटप्रतिग्रहे पार्श्वोपग्रहणे नाभिप्रपीडने पृष्ठोन्मर्दने चानपत्रपणीयाः सुहृदोऽनुमताः प्रयतेरन् ॥११॥

रोगी के पास पीकदान रखें । तथा मस्तक और पार्श्वों को पकड़ने, नाभि-स्थल को भींचने एवं पीठ को (प्रतिलोम नीचे से ऊपर) मलने के लिये लज्जा, घृणा आदि से रहित तथा अनुकूल मित्र प्रवृत्त हों । अर्थात् मस्तक आदि को पकड़ने के लिए पृथक् २ परिचारक वा मित्र होने चाहियें ॥११॥

अथैनमनुशिष्यात्—विवृतौष्ठतालुकण्ठो नातिमहता व्यायामेन वेगानुदीर्णानुदीरयन् किंचिदवनम्य ग्रीवामूर्ध्वशरीरमुपवेगमप्रवृत्तान् प्रवर्तयन् [2]सुपरिलिखितनखाभ्यामङ्गुलीभ्यामुत्पलकुमुदसौगन्धिकनालैर्वा कण्ठमभिस्पृशन्[3] सुखं प्रवर्तयस्वेति ॥१२॥

इस प्रकार परिचारकों को नियुक्त करने के बाद रोगी को हिदायत दें-ओष्ठ, तालु एवं कण्ठ को (वेग की प्रवृत्ति के लिये) खोलकर स्वल्प परिश्रम से ही बहिर्मुख हुए २ वेगों को प्रेरित करते हुए गर्दन तथा शरीर के ऊपर के भाग को कुछ झुकाकर (कै के) वेग के साथ के काल ही में (दोष के अवशिष्ट रहने पर) प्रवृत्त न हुए २ दोषों को भी (कै के प्रयत्न द्वारा) बाहर प्रवृत्त करते हुए, जिनके नख अच्छी प्रकार कटे हुए हैं ऐसी दो अंगुलियों (मध्यमा + तर्जनी) से अथवा नीलोत्पल, कुमुद, सौगन्धित (कमल भेद), इनमें से किसी एक के नाल से कण्ठ को स्पर्श करते हुए सुख-पूर्वक कै करना ॥ सुश्रुत चिकित्सा ३३ अ० में भी-'ततः प्रवृत्तहृल्लासं ज्ञात्वा जानुमात्रासनोपविष्टमाप्तैर्ललाटे पृष्ठे पार्श्वयोः कण्ठे च पाणिभिः सुपरिगृहीतम् अङ्गुलीगन्धर्वहस्तोत्पलनालानामन्यतमेन वा कण्ठमभिस्पृशन्तं वामयेत्तावद्यावत् सम्यग्वान्तलिङ्गानि ॥'

कै करते समय पुरुषको न बहुत सीधा न बहुत झुककर न एक पार्श्व की ओर गर्दन को घुमाना चाहिये । इससे रोगी को कष्ट होता है । वृद्धवाग्भट ने सू० २७ अ० में बताया है—

'···वमेत् । नात्युन्नतो नात्यवनतो पार्श्वापवृत्तो वा । तत्रात्युन्नतस्य पृष्ठहृदयपीडा भवति । अत्यवनतस्य शिरःकोष्ठपीडा । पार्श्वापवृत्तस्य पार्श्वकोष्ठहृदयोर्ध्वजत्रुपीडा' ।

अर्थात् अत्यन्त सीधा बैठकर कै करने में पीठ वा हृदय देश पर पीड़ा होती है । अधिक झुककर कै करने से सिर और कोष्ठ में पीड़ा होती है । पार्श्व पर धड़ वा गर्दन को घुमाकर कै करने से पार्श्व, कोष्ठ, हृदय तथा जत्रुसन्धि से ऊपर के देश में पीड़ा होती है।

यदि आवश्यकता न हो तो कमल आदि के नाल से कण्ठ को न छूना चाहिये । परन्तु यदि दोष बचा हो और वह स्वयं न निकलता हो तो कै के वेग के समीप के काल में ही कमल आदि के

१-'प्रतिगृह्णन्तीति प्रतिग्रहा ललाटप्रतिग्रहादयः' चक्रः । 'प्रतिग्रहांश्च ये त्वङ्गविशेषं धारयेयुस्तानुपाचरेत' गङ्गाधरः । 'प्रतिग्रहान् पतद्ग्रहान्' शिवदासः ।

२ 'सुपलिखितं' ग० । ३-'कण्ठमनभिस्पृशन्' इति पाठान्तरे ईषदभिस्पृशन् इत्यर्थः ।

नाल से कण्ठ को छूकर कै करा देनी चाहिये। परन्तु यदि वेग सर्वथा ही न हों (सर्वथा कै न हुई हो वा कै की ओर प्रवृत्ति न हो) तो जबरदस्ती कै के वेग को प्रवृत्त न करना चाहिये ॥१२॥

स तथाविधं कुर्यात्। ततोऽस्य वेगान् प्रतिग्रहगतानवेक्षेतावहितः। वेगविशेषदर्शनाद्धि कुशलो योगायोगातियोगविशेषानुपलभेत, वेगविशेषदर्शी पुनः कृत्यं यथार्हमवबुध्येत लक्षणेन; तस्माद्वेगानवेक्षेतावहितः ॥१३॥

वह पुरुष वैसा ही (हिदायत के अनुसार) करे। अब वैद्य को चाहिये कि वह पीकदानों में की गयी कै को ध्यानपूर्वक देखे। वेगों को देखने से कुशल वैद्य वमन के सम्यग्योग, अयोग तथा अतियोग को जान लेगा। वेगों को देखनेवाला वैद्य भिन्नता के अनुसार उसके सम्यग्योग, अयोग तथा अतियोग के लक्षणद्वारा यथायोग्य कर्म को भी समझ लेगा। सम्यक्तया कै होने पर क्या उपचार करना है और अयोग वा अतियोग होने पर क्या चिकित्सा करनी है यह वही वैद्य जान सकता है जो वेगों को देखकर उनके भिन्न २ लक्षणों को जानता हो। अतएव वैद्य को चाहिये कि वह सावधान हुआ २ वेगों को देखे ॥१३॥

तत्रामून्ययोगयोगातियोगविशेषज्ञानानि भवन्ति; तद्यथा-अप्रवृत्तिः[1] कुतश्चित् केवलस्य वाऽप्यौषधस्य विभ्रंशो विबन्धो वेगानामयोगलक्षणानि भवन्ति; काले प्रवृत्तिरनतिमहती व्यथा [2]यथाक्रमं दोषहरणं स्वयं चावस्थानमिति योगलक्षणानि भवन्ति; योगेन तु दोषप्रमाणविशेषेण तीक्ष्णमृदुमध्यविभागो ज्ञेयः; योगाधिक्येन तु फेनिलरक्तचन्द्रिकोपगमनमित्यतियोगलक्षणानि भवन्ति ॥१४॥

इन अयोग, योग (सम्यग्योग) तथा अतियोग को पृथक् २ जानने के लक्षण होते हैं। जैसे—

अयोग के लक्षण—किन्हीं कारणों से वेगों का प्रवृत्त न होना वा कम होना अर्थात् सर्वथा वमन का न होना वा अल्पमात्रा में होना अथवा वमनार्थ पिलायी गयी केवल औषध का ही वमन द्वारा बाहर निकलना और वेगों का रुक रुक कर प्रवृत्त होना; ये सब अयोग के लक्षण हैं॥

चक्रपाणि आदि टीकाकार सिद्धिस्थान ६ अध्याय में कहे गये—'अयोगः प्रातिलोम्येन न चाल्पं वा प्रवर्तनम्' से एक संगति करने के लिये इस प्रकार अर्थ करते हैं—

जो कुछ अन्दर कोष्ठ में है सारे का ही वमन द्वारा बाहर न निकलना अथवा केवल (सम्पूर्ण) शोधनीय दोष का वमन न होना तथा औषध का विभ्रंश अर्थात् उल्टे मार्ग में जाना जैसे वमन का अधोभाग में जाना (वामक औषध का वमन कराना तथा अधोमार्ग में जाकर उपद्रव कर देना)। इससे प्रतिलोम गति, सर्वथा अप्रवृत्ति तथा अल्पमात्रा में प्रवृति तीनों बातें अयोग के अन्तर्गत होती हैं॥

सम्यग्योग के लक्षण—उचित काम में वेग का प्रवृत्त होना अर्थात् कै होना, अत्यधिक कष्ट न होना, क्रम से दोषों का निकलना तथा शुद्धि होने पर वेग का स्वयं रुक जाना; ये सब योग के लक्षण हैं।

वमन में दोषों के निकलने का क्रम यह है—प्रथम कफ पश्चात् पित्त तदन्तर वायु सिद्धिस्थान के प्रथम अध्याय में कहा भी जायगा—

'क्रमात् कफः पित्तमथानिलश्च यस्यैति सम्यग्वमितः स इष्टः'। सुश्रुत चिकित्सा ३३ अध्याय में भी—'वमने प्रसेकौषधकफपित्तानिलाः क्रमेण गच्छन्ति'। अर्थात् वमन में सबसे पूर्व लालास्राव तदनन्तर औषध का निकलना और तत्पश्चात् कफ, पित्त तथा वायु का क्रमशः बाहर आना होता है।

दोष के प्रमाणकी भिन्नता से योग को तीक्ष्ण, मृदु तथा मध्य तीन प्रकार का जानना चाहिये। प्राचीन काल के सबल पुरुषों के अनुसार बाहर निकलनेवाले दोष का प्रमाण तीक्ष्ण वमन में २ प्रस्थ, मध्य वमन में १½ प्रस्थ तथा मृदु वमन में १प्रस्थ नियत था। वेगों की भिन्नता से भी प्रवर, मध्यम, अवर; ये वमन के तीन भेद हैं। इनके क्रमशः आठ, छः और चार वेग होते हैं। सबसे उत्तम (अधिक से अधिक) में ८ वेग, मध्यम में ६ वेग और अवर (कम से कम) में ४ वेग होते हैं। सिद्धिस्थान प्रथम अध्याय में कहा जायगा—

'जघन्यमध्यप्रवरेषु वेगाश्चत्वार इष्टा वमने षडष्टौ।
दशैव ते द्वित्रिगुणा विरेके प्रस्थस्तथा द्वित्रिचतुर्गुणश्च।
पित्तान्तमिष्टं वमनं तथोर्ध्वमधः कफान्तं च विरेकमाहुः।
द्वित्रान् सविट्कानपनीय वेगान् मेयं विरेके वमने तु पीतम्॥'

अर्थात् अवर, मध्य तथा प्रवर वमन में क्रमशः चार, छह और आठ वेग होने चाहिए। विरेचन में क्रमशः दस, बीस तथा तीस वेग होते हैं। विरेचन में निकले हुए दोष का प्रमाण क्रमशः २ प्रस्थ, ३ प्रस्थ तथा ४ प्रस्थ होता है। वमन में इस प्रमाण से आधा (तथाविधे च वमने क्रमात्तदर्धम्) अर्थात् क्रमशः १ प्रस्थ, १॥ प्रस्थ तथा २ प्रस्थ होना चाहिये। पित्त निकलने पर्यन्त वमन तथा कफ निकलने पयन्त विरेचन अभीष्ट है। विरेचन में दो तीन पुरीषयुक्त वेगों के पश्चात् वेगों को मापना चाहिये और वमन में पी हुई औषध के निकलने के पश्चात् के वेगों का प्रमाण लेना चाहिए॥

यह भी जान लेना अनुचित न होगा कि परिभाषा के अनुसार यहाँ पर १३॥ पल का प्रस्थ माना गया है।

'वमने च विरेके च तथा शोणितमोक्षणे।
सार्धत्रयोदशपलं प्रस्थमाहुर्मनीषिणः॥'

अर्थात् वमन विरेचन एवं रक्तनिर्हरण में प्रस्थ, १३॥ पल के बराबर होता है॥

सुश्रुत में हीन, मध्य तथा उत्तम विरेचन का क्रमशः १ प्रस्थ, २ प्रस्थ तथा ४ प्रस्थ प्रमाण कहा गया है। वमन का इसके अनुसार आधा होना चाहिये। अर्थात् सुश्रुत के अनुसार हीन (कम से कम) वमन का प्रमाण आधा प्रस्थ, मध्य वमन का प्रमाण १ प्रस्थ तथा उत्तम(अधिक से अधिक)वमन का प्रमाण २ प्रस्थ है॥ विरेचन का प्रमाण बताते हुए सुश्रुत में चिकित्सास्थान ३९ अध्याय में कहा है—

'त्रीणि चात्र प्रमाणानि प्रस्थोऽर्द्धाढकमाढकम्।
तत्रावरं प्रस्थमात्रं द्वे शेषे मध्यमोत्तमे॥'

चिकित्सा में पेया आदि के क्रम के भेद के कारण ही यहाँ तीक्ष्ण

१—'अप्रवृत्तिः कुतश्चिदिति सर्वस्यैवाप्रवृत्तिः, तथा केवलस्य कृत्स्नस्य शोधनीयदोषस्याप्रवृत्तिः, तथौषधस्य विभ्रंशः प्रातिलोम्येन गमनं' चक्रः। २—'यथाक्रममिति वमने प्रथमं कफः तदनु पित्तं तदनु वायुः' चक्रः। 'यथास्वं' ग०।

मध्य तथा मृदु तीन भेद कहे हैं। इस पेया आदि के क्रम का निर्देश अभी किया जायगा और सिद्धिस्थान के प्रथम अध्याय में भी होगा।

अतियोग के लक्षण-वमन के अतियोग से फेन (झाग) वाले रक्त की चन्द्रिकाओं का वमन होता है। अर्थात् उस समय जो वमन होता है उसमें रक्त निकलता है और वह रक्त झागवाला होता है और वह आकृति तथा चमक में मोर की पूँछ के चंदोए के सदृश होता है॥

तत्रातियोगायोगनिमित्तानिमानुपद्रवान् विद्यात्-आध्मानं परिकर्तिका परिस्रावो हृदयोपसरणमङ्गग्रहो जीवादानं विभ्रंशः स्तम्भः क्लम उपद्रवा इति ॥१५॥

अयोग एवं अतियोग से उत्पन्न होनेवाले उपद्रव—अतियोग एवं अयोग के कारण आध्मान, परिकर्तिका (कोष्ठ में कर्तनवत् पीडा), मुख से लालास्राव, हृद्ग्रह, शरीर का जकड़ा जाना वा शरीर में वेदना होना, जीवरक्त का निकलना, विभ्रंश (औषध की प्रतिलोम गति अथवा कोष्ठस्थित उपाङ्गों का स्वस्थान से च्युत हो जाना), स्तम्भ शूल आदि उपद्रव होते हैं।

सिद्धिस्थान के ६ अध्याय में कहा भी जायगा—

'आध्मानं परिकर्त्तिश्च स्रावो हृद्गात्रयोर्ग्रहः।
जीवादानं सविभ्रंशः स्तम्भः सोपद्रवः क्लमः॥
अयोगादतियोगाच्च दशैता व्यापदो मताः॥१५॥'

योगेन तु खल्वेनं छर्दितवन्तमभिसमीक्ष्य सुप्रक्षालितपाणिपादास्य मुहूर्तमाश्वास्य, स्नैहिकवैरेचनिकोपशमनीयानां धूमानामन्यतमं [1]सामर्थ्यतः पाययित्वा, पुनरेवोदकमुपस्पर्शयेत्[2] ॥ १६ ॥

संशोध्य पुरुष को सम्यग्योग से वमन हुआ २ जानकर, हाथ-पैर तथा मुख अच्छी प्रकार धो लिये हैं जिसने ऐसे उसको मुहूर्त भर आश्वासन देकर (विश्राम तथा पंखे की वायु आदि द्वारा) स्नैहिक, वैरेचनिक, उपशमनीय (प्रायोगिक); इन तीनों प्रकार के धूमों में से किसी एक धूम को सामर्थ्य के अनुसार पिलाकर जल से पुनः हाथ पैर तथा मुख को धुलवावे। सामर्थ्य से अभिप्राय पुरुष के बलाबल तथा प्रकृति से है॥१६॥

उपस्पृष्टोदकं चैनं निवातमागारमनुप्रवेश्य संवेश्य चानुशिष्यात् उच्चैर्भाष्यमत्यासनमतिस्थानमतिचङ्क्रमणं क्रोधशोकहिमातपावश्यायातिप्रवातान् यानयानं ग्राम्यधर्ममस्वपनं निशि दिवा स्वप्नं विरुद्धाजीर्णासात्म्याकाल[3]प्रमितातिहीनगुरुविषमभोजनवेगसंधारणोदीरणमिति भावानेतान् मनसाऽप्यसेवमानः [4]सर्वमाहारमद्या इति। स तथा कुर्यात्॥१७॥

हाथ पैर आदि धुलाने के बाद उसे निवातगृह में बैठाकर हिदायत दे-कि हे सौम्य! ऊँचा बोलना, अत्यधिक बैठे रहना, अधिक काल तक खड़ा रहना, अधिक चलना, क्रोध, शोक, अधिक शीत, धूप (घाम), ओस, अतिप्रवात (आंधी आदि या सीधा वायु का आना) सवारी करना, मैथुन, रात में न सोना, दिन में सोना, संयोगविरुद्ध संस्कारविरुद्ध वीर्यविरुद्ध आदि भोजन, अजीर्ण भोजन (प्रथम खाये हुए भोजन के न पचने पर भी पुनः खा लेना), असात्म्यभोजन, अकाल-भोजन, अत्यल्प भोजन करना, अत्यधिक भोजन करना, हीन भोजन करना अर्थात् जैसी-तैसी सड़ी-गली भोज्य वस्तु को खाना, गुरु-भोजन (प्रकृति वा मात्रा से गुरु द्रव्यों का सेवन), विषमभोजन[1] (निश्चितकाल से पूर्व वा पीछे भोजन करना), मूत्र पुरीष आदि के वेगों को रोकना, अप्रवृत्त हुए २ वेगों को कुन्थन आदि द्वारा प्रेरित करना, इन बातों को मन से भी न सोचता हुआ सम्पूर्ण आहार को खाना। वह वैसा ही करे॥ इन वर्ज्यों के सेवन से जो २ उपद्रव उत्पन्न होते हैं वे और उनकी चिकित्सा सिद्धिस्थान १२ अ० में कही जायगी। सुश्रुत चिकित्सास्थान ३९ अ० में भी इनसे उत्पन्न होनेवाले[2] उपद्रवों का वर्णन किया गया है॥१७॥

अथैनं सायाह्ने परे वाऽह्नि सुखोदकपरिषिक्तं पुराणानां लोहितशालितण्डुलानां [3]स्ववक्लिन्नानां मण्डपूर्वां[4] सुखोष्णां यवागूं पाययेदग्निबलमभिसमीक्ष्य च, एवं द्वितीये तृतीये चान्नकाले; चतुर्थे त्वन्नकाले; तथाविधानामेव शालितण्डुलानामुत्स्विन्नानां[5] [6]'विलेपीमुष्णोदकद्वितीयामस्नेहलवणामल्पस्नेहलवणां वा भोजयेत्, एवं पञ्चमे षष्ठे चान्नकाले; सप्तमे

१—'सामर्थ्यत इति यद्यस्य युज्यत इत्यर्थः' चक्र;।

२—'पुनरेवोदकमुपस्पर्शयेत्, मुखादीनि प्रक्षालयेत्, न तु स्नापयेत्' गङ्गाधरः॥

३—'प्रमितभोजनमेकरसाभ्यासः' अतिहीनं नष्टशक्तिकं धान्यादि' चक्रः।

४—'सर्वमहो गमयस्व' पाठान्तरं योगीन्द्रनाथसेनः पठति।

१—'अप्राप्तातीतकालं तु भुक्तं विषमाशनम् अष्टाङ्गसंग्रहे)।

२—क्रुध्यतः कुपितं पित्तं कुर्यात्तांस्तानुपद्रवान्। आयास्यतः शोचतो वा चित्तं विभ्रममृच्छति॥ मैथुनोपगमाद् घोरान् व्याधीनाप्नोति दुर्मतिः। आक्षेपकं पक्षघातमङ्गप्रग्रहमेव च॥ गुह्यप्रदेशे श्वयथुं कासश्वासौ च दारुणौ। रुधिरं शुक्रवच्चापि सरजस्कं प्रवर्तते॥ लभते च दिवास्वप्नात्तांस्तान् व्याधीन् कफात्मकान्। प्लीहोदरं प्रतिश्यायं पाण्डुतां श्वयथुं ज्वरम्॥ मोहं सदनमङ्गानामविपाकं तथाऽरुचिम्। तमसा चाभिभूतस्तु स्वप्नमेवाभिनन्दति॥ उच्चैःसम्भाषणाद्वायुः शिरस्यापादयेद्रुजम्। आन्ध्यं जाड्यमजिघ्रत्वं बाधिर्यं मूकतां तथा॥ हनुमोक्षमर्धामन्थमर्दितं च सुदारुणम्। नेत्रस्तम्भं निमेषं वा तृष्णां कासं प्रजागरम्॥ लभते दन्तचालं च तांस्तांश्चान्यानुपद्रवान्। यानयानेन लभते छर्दिमूर्छाभ्रमक्लमान्॥ तथैवाङ्गग्रहं घोरमिन्द्रियाणां च विभ्रमम्। चिरासनात्तथा स्थानाच्छ्रोण्यां भवति वेदना॥ अतिचङ्क्रमणाद्वायुर्जङ्घयोः कुरुते रुजः। सक्थिप्रशोषं शोफं वा पादहर्षमथापि वा॥ शीतसम्भोगतोयानां सेवा मारुतवृद्धये। ततोऽङ्गमर्दविष्टम्भशूलाध्मानप्रवेपकाः॥ वातातपाभ्यां वैवर्ण्यं ज्वरं चापि समाप्नुयात्। विरुद्धाध्यशनान्मृत्युं व्याधिं वा घोरमृच्छति॥ असात्म्यभोजनं हन्याद्बलवर्णमसंशयम्। अनात्मवन्तः पशुवद् भुञ्जते येऽप्रमाणतः॥ रोगानीकस्य ते मूलमजीर्णं प्राप्नुवन्ति हि॥

३—'स्ववक्लिन्नां' पा०। स्वक्लिन्नां अतिद्रवीभूतां, गंगाधरः।

४—मण्डपूर्वां मण्डः पूर्वः प्रधानोत्थतया यस्याः तां। एवं हि मण्डात् किञ्चिद्घनामित्यर्थः इति यो० से०। 'मण्डपूर्वामादौ तदुपरितनद्रवं पीत्वाग्निबलमभिसमीक्ष्य शेषं घनीभूतांश पाययेत्' गंगाधरः॥

५—उत्स्विन्नामविपक्वतण्डुलावयवामिति योगीन्द्रनाथसेनः॥

६—'इह भोजने तदुष्णोदकपानादिवचनेन पूर्वेषु त्रिषु जलस्नेहलवणानि वर्जयेदिति ज्ञापितम्' गंगाधरः।

त्वन्नकाले तथाविधानामेव शालीनां द्विप्रसृतं सुस्विन्नमोदनमुष्णोदकानुपानं तनुना तनुस्नेहलवणोपपन्नेन मुद्गयूषेण भोजयेत्, एवमष्टमे नवमे चान्नकाले; दशमे त्वन्नकाले लावकपिञ्जलादीनामन्यतमस्य [1]मांसरसेनौदकलावणिकेनापि सारवता भोजयेदुष्णोदकानुपानम्, एवमेकादशे द्वादशे चान्नकाले, अत ऊर्ध्वमनुगुणान् क्रमेणोपभुञ्जानः सप्तरात्रेण प्रकृतिभोजनमागच्छेत् ॥१८॥

तदनन्तर उसी दिन सायंकाल वा अगले दिन सुखोष्ण जल से परिषेचन वा स्नान करने के बाद उस संशोध्य पुरुष को पुराने लाल शालि चावलों की सुखोष्ण (कोसी) मण्ड प्रधान यवागू जिसमें चावल अच्छी प्रकार गल गये हों अग्नि के बल को जाँचकर पिलावें।

अभिप्राय यह है कि प्रथम अत्यन्त तरल भोजन कराना चाहिये। यहाँ पर यवागू के मण्डप्रधान होने से 'मण्डश्चतुर्दशगुणे' इस परिभाषा के अनुसार पाक करना चाहिये। सिद्ध होने के पश्चात् छानकर मण्ड को पृथक् करने की आवश्यकता नहीं। भक्तकण (भातकी कणी) उसी में रहने देने चाहिये। पुरुषको मण्ड एवं नीचे का घनभाग दोनों ही हिलाकर पिला देने चाहिये। अथवा पेया के विधान के अनुसार यवागू तय्यार करनी चाहिये। अर्थात् छः गुने जलसे सिद्ध करें तथा प्रतिदिन जितने चावल खाने का अभ्यास है उससे आठवाँ भाग [2]चावलों से पेया तय्यार करनी चाहिये। प्रथम मण्ड पिलाने के बाद यदि जठराग्नि पचाने में समर्थ हो तो घनभाग भी पिलादें।

शूकधान्यों में लाल शालि सबसे श्रेष्ठ हैं। सूत्र० २५ अ० में कहा भी जायगा—'लोहितशालयः शूकधान्यानां पथ्यतमत्वेन श्रेष्ठतमा भवन्ति।' अतएव शोधन द्वारा जाठराग्नि के मन्द होजाने पर सबसे पथ्यतम एवं लघुद्रव्य का सेवन करना ही उत्तम होता है।

सिद्धिस्थान ६ अध्याय में कहा भी जायगा—
'संशोधनाभ्यां शुद्धस्य हृतदोषस्य देहिनः।
यात्यग्निर्मन्दतां तस्मात् क्रमं पेयादिमाचरेत्॥'

इसी प्रकार दूसरे और तीसरे अन्नकाल (भोजन के समय) में भी दे। अर्थात् यदि सायंकाल उपर्युक्त यवागू दी गयी है तो अगले दिन के प्रातः एवं सायं के भोजन के समय भी वही यवागू दे। यदि अगले दिन प्रातः से यवागू का भोजन प्रारम्भ कराया गया है तो उस दिन के सायं एवं उससे अगले दिन के प्रातः समय के भोजनकाल में वही यवागू देनी होगी। ऐसा ही आगे भी समझना।

चौथे भोजनकाल में उसी प्रकार के ही (लाल और पुराने) शालि चावलों से अच्छी प्रकार सिद्ध की हुई विलेपी—जिसमें स्नेह और नमक सर्वथा न डाला हो अथवा अत्यल्प डाला हो—खिलाये और अनुपान के तौर पर गरम जल पीने को दें॥

पाँचवें और छठे भोजनकाल में भी यही विलेपी दें।

'विलेपी विरलद्रवा' तथा 'विलेपी तु चतुर्गुणे' इन परिभाषाओं के अनुसार विलेपी में चावलों से चौगुना जल डाला जाता है और इसमें सिद्ध होने पर द्रव भाग अत्यल्प होता है।

सातवें भोजन के समय वैसे ही शालि चावलों को उबालने से अच्छी प्रकार तय्यार किये हुए दो प्रसृत (चार पल) भात को अल्प स्नेह (घृत) एवं नमक से युक्त मूँग के पतले यूष से खिलावें। और अनुपान के तौर पर गरम जल दें।

भात को सिद्ध करने के लिये पाँचगुना जल डाला जाता है॥
परिभाषा—'अन्नं पञ्चगुणे साध्यम्'।

आठवें और नौवें भोजन काल में भी यही विधान है॥

दसवें भोजन काल में लाव, कपिञ्जल (गौरैया) आदि में से किसी एक के मांस के रस—जिसे जल तथा नमक से संस्कृत किया हो और जो सारवान् अर्थात् स्नेह युक्त तथा घन हो—के साथ भात खिलावे।

योगीन्द्रनाथ सेन पठित पाठान्तर के अनुसार मांस को अल्प परिमाण में लेकर अल्प स्नेह तथा नमक के रस को यथाविधि सिद्ध करें। यह पतला होना चाहिये।

इसके सेवन के पश्चात् गरम जल पिलाना चाहिये। इसी प्रकार ग्यारहवें और बारहवें भोजन काल में भी खिलावें।

तदनन्तर क्रमशः अनुगुण भोजन करते हुए सात दिन के बाद स्वाभाविक भोजन पर आ जाए। क्रमशः अनुगुण भोजन के सेवन को कहने का अभिप्राय यह है कि गुरुतर तथा कठिनतर भोजन को क्रमशः सेवन करते हुए स्वाभाविक भोजन पर आना चाहिये। संशोधन के पश्चात् क्रमशः स्वाभाविक अवस्था पर आते हुए उत्पन्न होनेवाले क्रमशः वा प्रवृद्ध होनेवाले दोषों का क्षय मधुर आदि रसों के सेवन से किस प्रकार करना चाहिये; इसका विशेष विवरण सिद्धिस्थान में आजायगा। इस विषय में अधिक जानने के लिये सुश्रुत चिकित्सास्थान का ३९ अध्याय भी देखना चाहिये॥

यहाँ जो १२ भोजनकाल का क्रम बताया है, यह प्रधान-शुद्धिवालों के लिए है। मध्यशुद्धिवालों का यह क्रम ८ भोजनकाल का होता है और अवरशुद्धिवालों के लिये ४ भोजनकाल का होता है। सिद्धिस्थान के प्रथम अध्याय में कहा भी जायगा—

पेयां विलेपीमकृतं कृतं च यूषं रसं त्रिर्द्विरथैकशश्च।
क्रमेण सेवेत विशुद्धकायः प्रधानमध्यावरशुद्धिशुद्धः॥

अर्थात् प्रधानशुद्धिवाले को जहाँ पेया (यवागू) तीन अन्नकालों में सेवन करनी होती है वहाँ मध्यशुद्धिवालों को दो कालों में और अवर वा अल्प शुद्धिवालों को एक काल में। ऐसा ही विलेपी आदि का समझना चाहिये॥१८॥

अथैनं पुनरेव स्नेहस्वेदाभ्यामुपपाद्यानुपहतमनसमभिसमीक्ष्य सुखोषितं सुप्रजीर्णभक्तं कृतहोमबलिमङ्गलजप्यप्रायश्चित्तमिष्टतिथिनक्षत्रकरणमुहूर्ते ब्राह्मणान् स्वस्ति वाचयित्वा त्रिवृत्कल्काक्षमात्रं यथार्होलोडनप्रतिविनीतं[1] पाययेत् प्रसमीक्ष्य दोषभेषजदेशकालबलशरीराहारसात्म्यसत्त्वप्रकृतिवयसामवस्थान्तराणि विकारांश्च सम्यग्विरिक्तं चैनं [2]वम-

१—मांसरसेनौदकलावणिकेन नातिसारवता इति पाठान्तरं योगीन्द्रनाथसेनः पठति। अष्टाङ्गसंग्रहे दकलावणिकलक्षणं यथा—अल्पमांसादयः स्वच्छा दकलावणिकाः स्मृताः॥

२—पेयां पिबेदुचितभक्तकृताष्टभागां त्रिर्द्विः सकृत्प्रवरमध्यमजघन्यशुद्धः।

१—'प्रतिविनीतां आलोडितां' चक्रः।
२—'नमनोक्तेन' पा०।

नान्तरोक्तेन धूमवर्जेन विधिनोपपादयेदाबलवर्णप्रतिलाभात्[1] बलवर्णोपपन्नं चैनमनुपहतमनसमभिसमीक्ष्य सुखोषितं सुप्रजीर्णभक्तं शिरःस्नातमनुलिप्तगात्रं स्रग्विणमनुपहतवस्त्रसंवीतमनुरूपालङ्कारालङ्कृतं सुहृदां दर्शयित्वा ज्ञातीनां दर्शयेत्, अथैनं कामेष्ववसृजेत् ॥१९।

विरेचन का प्रयोग तदनन्तर संशोध्य पुरुष का पुनः स्नेहन एवं स्वेदन करके जिसे रात्रि में अच्छी प्रकार नींद आयी हो, पूर्व दिन का भोजन अच्छी प्रकार पच गया हो, जिसने होम, बलि, मंगलकर्म, जप तथा प्रायश्चित्त किया हो, शुभ तिथि, नक्षत्र, करण एवं मुहूर्त्त में ब्राह्मणों द्वारा स्वस्तिवाचन करवाकर अथवा संशोध्य पुरुष का कल्याण हो इत्यादि कल्याणजनक आशीर्वादात्मक वाक्य कहलाकर उस पुरुष को त्रिवृत् (निशोथ,त्रिवी) के कल्क की१ कर्ष परिमित मात्रा को यथायोग्य द्रव में घोलकर, औषध, देश, काल, बल, शरीर, आहार, सात्म्य, सत्व, प्रकृति, वय (उम्र); इनके अवस्थाभेदों को तथा विकारों को अच्छी प्रकार देखकर—पिलादें।

प्राचीन काल की औषधव्यवस्था के नियमों के अनुसार कल्क की मध्यम मात्रा १ कर्ष मानी जाती थी। परन्तु आजकल के लिए विशेषतः नागरिकों के लिए यह मात्रा अत्यधिक है। रोगी वा संशोध्य पुरुष के कोष्ठ आदि के अनुसार ही मात्रा नियत करनी चाहिये। अष्टाङ्गहृदय कल्पस्थान ६ अध्याय में कहा भी है—

'मध्यं तु मानं निर्दिष्टं स्वरसस्य चतुष्पलम्।
पेष्यस्य कर्षमालोड्यं तद्द्रवस्य पलत्रये ॥'

अर्थात् स्वरस की मध्यम मात्रा ४ पल और कल्क की मध्यम मात्रा १ कर्ष मानी गयी है। इस १ कर्ष कल्क को पिलाते समय ३ पल द्रव में घोलना चाहिये। वस्तुतस्तु—

'मात्राया न व्यवस्थास्ति व्याधिं कोष्ठं बलं वयः।
आलोच्य देशकालौ च योज्या......॥'

मात्रा का निर्धारण रोग, कोष्ठ, बल, उम्र, देश एवं काल को देखकर करना चाहिये॥ आजकल, त्रिवृत् की B. P. dose (मात्रा) ५ से २० ग्रेन निर्धारित की गयी है।

संशोधन कराने में वमन कराने के १ पक्ष (१५ दिन) बाद विरेचन कराना चाहिये। सुश्रुत ने कहा है—'पक्षाद्विरेको वान्तस्य'। इन १५ दिनों में उपर्युक्त क्रम से पेया (यवागू) आदि का सेवन, स्नेहपान तथा स्वेद आदि कराना चाहिये।

विरेचन के सम्यक् प्रकार से हो जाने के बाद धूमपान को छोड़ कर वमन में कहे गये विधान के अनुसार कर्म करें जब तक कि संशोध्य पुरुष बल तथा वर्ण से युक्त न हो जाय॥ जिसे विरेचन कराया गया हो उसे धूमपान न कराना चाहिये। सूत्रस्थान के पाँचवें अध्याय में कह भी आये हैं—'न विरिक्तः पिबेद् धूमम्'। शेष उपचार वान्त पुरुष के सदृश ही हैं। अर्थात् मुख पैर आदि का धोना, निवात गृह में रहना, ऊँचे बोलने आदि का त्याग तथा पेया (यवागू) आदि का क्रम उसी प्रकार करना चाहिये जैसे वमन किये हुए के लिये विधान है।

प्रकरण के अनुसार वमन के अयोग, सम्यग्योग तथा अतियोग के लक्षण (विमान स्था० अ० ८ में) कहे जा चुके हैं। उन्हें ही हम विरेचन के अयोग, सम्यग्योग तथा अतियोग की ओर लगा सकते हैं। अर्थात् विरेचन का सर्वथा न होना वा अल्पमात्रा में होना, केवल औषध का ही गुदा से निकल जाना अथवा विरेचनार्थ पिलायी गयी औषध का प्रतिलोम जाना अर्थात् विरेचन न लाना, न स्वयं निकलना अपि तु ऊर्ध्वगति होकर आध्मान, वमन आदि उपद्रवों का पैदा करना, विरेचन का रुक २ कर थोड़ा २ होना; ये अयोग्य के लक्षण हैं॥

यथासमय विरेचन होना, अत्यधिक व्यथा (पीडा) न होना, यथाक्रम दोषों को हरना और दोष के निकल जाने पर विरेचन के वेग का स्वयं रुक जाना ये विरेचन के सम्यग्योग के लक्षण हैं विरेचन में दोषों के निकलने का क्रम यह है—

'प्राप्तिश्च विट्पित्तकफानिलानां सम्यग्विरिक्तस्य भवेत् क्रमेण'। (चरक सिद्धि० १ अ०)

तथा च सुश्रुत चिकित्सा ३३ अ० में—

'एवं विरेचने मूत्रपुरीषपित्तौषधकफाः'।

अर्थात् विरेचन के सम्यग्योग में प्रथम मूत्र एवं मल, पित्त, औषध और कफ क्रमशः निकलते हैं। जब इस प्रकार आमाशय खाली हो जाता है तो केवलमात्र वायु निकलती है। दोष के प्रमाणके अनुसार विरेचन की तीक्ष्णता मृदुता आदि पूर्व बतायीं जा चुकी है।

अतियोग में झागयुक्त रक्त की चन्द्रिकाएँ विरेचन के साथ निकलती हैं। अभिप्राय यही है कि मल के साथ रक्त निकलने लगता है। तथा अत्यधिक आँव भी आने लगती है। विरेचन के अयोग तथा अतियोग से भी आध्मान आदि पूर्वोक्त उपद्रव होते हैं। भेद इतना ही है कि वहाँ जीवरक्त मुख द्वारा निकलता है यहाँ अधोमार्ग-गुदा से। तथा 'विभ्रंश' से गुदभ्रंश (कांच निकलना) का ग्रहण किया जाता है। इनका विशेष विवरण तथा चिकित्सा सिद्धिस्थान के ६ अध्याय में कही जायगी। यह तो अभी कहा ही गया है कि धूमपान के अतिरिक्त शेष आचारिक कर्म, पेयादिक्रम तथा मधुर आदि संसर्जन क्रम—जो कि सिद्धिस्थान के १२ वें अध्याय में कहा जायगा—वमनोक्त विधान के सदृश ही है।

उस पुरुष को बलवर्णयुक्त तथा प्रसन्न-मन देखकर जिसने रात्रि में सुखपूर्वक निवास किया हो (सोया हो), जिसका भोजन अच्छी प्रकार पच गया हो, जिसने शिरःपर्यन्त स्नान किया हो (सर्वाङ्ग स्नान किया हो), जिसने देह पर चन्दन का अनुलेपन किया हो, माला धारण की हो, जिसने स्वच्छ एवं न फटे हुए नवीन वस्त्र पहिरे हों, तथा जो यथायोग्य आभूषणों से आभूषित हो, ऐसे उस पुरुषको सुहृज्जनों (सज्जनों वा मित्रों) को दिखाकर बन्धु-बान्धवों को दिखलावे और उन्हें सौंप दें। तदनन्तर उसे यथेष्ट आहार-विहार का आदेश दे दें।

१—'विधिनोपपादयेदाबलवर्णप्रकृतिलाभात्' इति पाठं स्वीकृत्य योगीन्द्रनाथसेनो व्याख्याति—'यावत् बलवर्णप्रकृतिलाभो न स्यात्तावत् यथोक्तेन विधिना उपयोजयेत्। तथा च—बलवान् वर्णवान् सर्वरतिः स्वङ्गः स्थिरेन्द्रियः। प्रसन्नात्मा सर्वसहो विज्ञेयः प्रकृतिं गतः॥' इति (चरक सिद्धि० १२ अ०)

सुहृज्जनों को दिखाकर बन्धु-बान्धवों को सौंपने का अभिप्राय यही है कि पुरुष को कोई हानि नहीं हुई और अतएव चिकित्सक किसी भी प्रकार से राजदण्ड का अधिकारी नहीं हो सकता ॥१९॥

भवन्ति चात्र

अनेन विधिना राजा राजमात्रोऽथवा पुनः ।
यस्य वा विपुलं द्रव्यं स संशोधनमर्हति ॥२०॥

राजा, राजासदृश (रईस) वा जिसके पास विपुल धन हो (धनाढ्य हो) वे ही उपर्युक्त विधि से संशोधन के योग्य हैं। अर्थात् राजा आदिकों का ही उपर्युक्त विधान से संशोधन हो सकता है।२०।

दरिद्रस्त्वापदं प्राप्य प्राप्तकालं विरेचनम् ।
पिबेत्काममसम्भृत्य सम्भारानपि दुर्लभान् ॥२१॥

निर्धन पुरुष तो आपत्ति (रोग) को प्राप्त होने पर दुर्लभ सामग्रियों को एकत्रित न करके भी कालोचित विरेचन औषध को पी सकता है। यहाँ पर विरेचन उपलक्षण-मात्र है, इससे वमन का भी ग्रहण करना चाहिये। योगीन्द्रनाथ सेन ने तो 'विरेचनम्' की जगह 'विशोधनम्' यह पाठ ही पढ़ा है ॥

अर्थात् जिस प्रकार धनाढ्य पुरुष रोग को पहिले ही से रोकने के लिये संशोधन आदि करा सकते हैं वैसे धनाभाव के कारण निर्धन पुरुष नहीं। उन्हें तो इतना ही पर्याप्त है कि व्याधि के होने पर यथायोग्य वमन वा विरेचन औषध पी लें ॥२१॥

न हि सर्वमनुष्याणां सन्ति सर्वपरिच्छदाः ।
न च रोगा न बाधन्ते दरिद्रानपि दारुणाः ॥२२॥
यद्यच्छक्यं मनुष्येण कर्तुमौषधमापदि ।
तत्तत्सेव्यं यथाशक्ति वसनान्यशनानि च ॥२३॥

क्योंकि सब मनुष्यों के पास सब साधन नहीं होते और यह बात भी नहीं कि निर्धन मनुष्यों को दारुण रोग ही न हों। अतएव आपत्ति में मनुष्य जो २ औषध करने में, जिन २ वस्त्रों के धारण में वा जिस २ आहार के खाने में समर्थ हो वह २ (वैद्य के आदेशानुसार) यथाशक्ति सेवन करे ॥२२,२३॥

मलापहं रोगहरं बलवर्णप्रसादनम् ।
पीत्वा संशोधनं सम्यगायुषा युज्यते चिरम् ॥२४॥

मल को नष्ट करनेवाले, रोग को हरनेवाले, बलवर्धक तथा वर्ण को निखारनेवाले संशोधन औषध को सम्यक् प्रकार से यथाविधान पीकर मनुष्य चिरायु होता है ॥ अष्टाङ्गसंग्रह सूत्र०२७अ०में कहा है—

'बुद्धिप्रसादं बलमिन्द्रियाणां धातुस्थिरत्वं ज्वलनस्य दीप्तिम् ।
चिराच्च पाकं वयसः करोति संशोधनं सम्यगुपास्यमानम् ॥'

अर्थात् सम्यक् प्रकार से प्रयुक्त किया हुआ संशोधन बुद्धि को निर्मल, इन्द्रियों में बलाधान, धातुओं को स्थिर तथा जाठराग्नि को प्रदीप्त करता है। इसके सेवन से उम्र का पाक देर से होता है अर्थात् जरावस्था देर से आती है ॥ २४॥

तत्र श्लोकाः ।

ईश्वराणां वसुमतां वमनं सविरेचनम् ।
सम्भारा ये यदर्थं च समानीय प्रयोजयेत् ॥२५॥
यथा प्रयोज्या या मात्रा यदयोगस्य लक्षणम् ।
योगातियोगयोर्यच्च दोषा ये चाप्युपद्रवाः ॥२६॥
यदसेव्यं विशुद्धेन यश्च संसर्जनक्रमः ।
तत्सर्वं कल्पनाध्याये व्याजहार पुनर्वसुः ॥२७॥

इत्यग्निवेशकृते तन्त्रे चरकप्रतिसंस्कृते सूत्रस्थाने कल्पनाचतुष्के उपकल्पनीयो नाम पञ्चदशोऽध्यायः ॥१५॥

अध्याय के विषय—राजा, रईस एवं धनी पुरुषों के वमन और विरेचन, सामग्रियाँ और जिस लिये (व्यापत्प्रतिकार तथा आहार आदि के प्रतिभोग के लिये उन्हें एकत्रित करके प्रयोग में लाना चाहिये, जो मात्रा जिस प्रकार प्रयोग करानी चाहिये, अयोग योग तथा अतियोग के लक्षण और जो (आध्मान आदि) दोष उपद्रवरूप होते हैं, विशुद्ध (जिसका संशोधन हुआ हो) पुरुष को जिनका सेवन न करना चाहिये तथा जो पेया आदि का क्रम है; वह सब इस कल्पनाध्याय (उपकल्पनीय अध्याय) में भगवान् पुनर्वसु ने कहा है ॥२५-२७॥

इति पञ्चदशोऽध्यायः ।

षोडशोऽध्यायः

अथातश्चिकित्साप्राभृतीयमध्यायं व्याख्यास्यामः ।
इति ह स्माह भगवानात्रेयः ॥१॥

अब चिकित्साप्राभृतीय नामक अध्याय की व्याख्या करेंगे, ऐसा भगवान् आत्रेय मुनि ने कहा था ॥१॥

[1]चिकित्साप्राभृतो विद्वान् शास्त्रवान् कर्मतत्परः ।
नरं विरेचयति[2] यं स योगात्सुखमश्नुते ॥२॥

जिसके पास चिकित्सोपयोगी सब सामग्री विद्यमान हो, विद्वान्, शास्त्रज्ञ तथा चिकित्साकर्म में तत्पर (कर्मज्ञ) वैद्य जिस पुरुष को विरेचन वा वमन करवाता है, वह उसके सम्यग्योग से सुख--आरोग्य को प्राप्त होता है ॥२॥

यं वैद्यमानी त्वबुधो विरेचयति मानवम् ।
सोऽतियोगादयोगाच्च मानवो दुःखमश्नुते ॥३॥

वैद्य न होते हुए भी अपने आपको वैद्य समझनेवाला मूर्ख जिस मनुष्य को वमन वा विरेचन कराता है वह मनुष्य उसके अतियोग वा अयोग से दुःख को प्राप्त होता है – रोग को प्राप्त होता है ॥३॥

दौर्बल्यं लाघवं ग्लानिर्व्याधीनामणुता रुचिः ।
[3]हृद्वर्णशुद्धिः क्षुत्तृष्णा काले वेगप्रवर्तनम् ॥४॥
बुद्धीन्द्रियमनःशुद्धिर्मारुतस्यानुलोमता ।
सम्यग्विरिक्तलिङ्गानि कायाग्नेश्चानुवर्तनम्[4] ॥५॥

सम्यक् प्रकार से विरेचन हुए २ पुरुष के लक्षण—दुर्बलता (विरेचन जन्य), लघुता (शरीर का हलकापन वा स्फूर्ति), ग्लानि, रोग का कम हो जाना (वा शान्ति), रुचि (भोजन में), हृदय की शुद्धि, वर्ण की शुद्धि, भूख लगना, प्यास लगना तथा यथासमय मलमूत्र के वेगों का प्रवृत्त होना, बुद्धि, इन्द्रियों एवं मन की शुद्धि, वायु का अनुलोम

---

१ —'सम्भाराणां प्रकर्षेण भृतिर्भरणमायोजनं प्रकृतिः, तथा वर्तते यः स प्राभृतः, चिकित्सायां प्राभृतो यः स चिकित्साप्राभृतः' गङ्गाधरः ।

२ —'विरेचयतीत्यत्र वामयतीत्यपि बोद्धव्यं विरेचनशब्दस्य वमनेऽपि प्रवृत्तेः' चक्रः ।

३—'हृच्छुद्धिर्मनोबुद्धिस्थानवक्षसः शुद्धिरजाड्यम्' गङ्गाधरः ।

४—'श्चानुवर्धनम्' ग० ।

होना, कायाग्नि का यथावत् (समावस्था में) रहना; ये सम्यक् प्रकार से विरेचन हुए २ पुरुष के लक्षण हैं।

यहाँ पर भी 'उभयं वा मले दोषविरेचनाद् विरेचनशब्दं लभते' के अनुसार वमन और विरेचन दोनों का ही ग्रहण करना चाहिए ॥४,५॥

ष्ठीवनं हृदयाशुद्धिरुत्क्लेशः श्लेष्मपित्तयोः।
आध्मानमरुचिश्छर्दिरदौर्ब [1]ल्यमलाघवम् ॥६॥
जङ्घोरुसदनं तन्द्रा स्तैमित्यं पीनसागमः।
लक्षणान्यविरिक्तानां मारुतस्य च निग्रहः ॥७॥

अविरिक्त के लक्षण—ष्ठीवन (थूकना, मुख से लाला का अधिक निकलना), हृदय का अशुद्ध होना, कफ और पित्त का उत्क्लेश (जी मचलाना, जैसे कफ वा पित्त वमन होना चाहते हों पर वमन न होते हों), आध्मान (अफरा), अरुचि, कै, दुर्बलता न होनी (विरेचन-जन्य), शरीर में भारीपन, जङ्घा और ऊरू की शिथिलता, तन्द्रा (निद्राग्रस्त की तरह चेष्टा), स्तिमितता (जड़ता, शरीर वा अंगों के गीले वस्त्र से जकड़े जाने की तरह प्रतीति), पीनस (प्रतिश्याय, जुकाम) का होजाना तथा वायु का पेट में रुक जाना-बाहर न सरना; जहाँ विरेचन ठीक प्रकार न हुआ हो, अल्पमात्रा में हुआ हो वा सर्वथा न हुआ हो वहाँ, ये लक्षण होते हैं।

यहाँ पर भी विरेचन से वमन और विरेचन दोनों का ही ग्रहण करना चाहिये ॥६-७॥

विट्पित्तश्लेष्मवातानामागतानां यथाक्रमम्।
परं स्रवति यद्रक्तं मेदोमांसोदकोपमम् ॥८॥
निःश्लेष्मपित्तमुदकं शोणितं कृष्णमेव वा।
तृष्यतो मारुतार्तस्य सोऽतियोगः प्रमुह्यतः ॥९॥

विरेचन के अतियोग के लक्षण—विरेचन द्वारा क्रमशः मल पित्त, कफ तथा वायु के बाहर आने के पश्चात् अतियोग से मेद वा मांसोदक (मांस के धोवन) के सदृश रक्त निकलता है अथवा कफ पित्त रहित पानी निकलता है अथवा काला रुधिर निकलता है, अत्यधिक प्यास लगती है, वायु से पीड़ित रहता है, एवं प्रमोह (संज्ञा नाश, मूर्च्छा) भी हो जाता है; ये विरेचन के अतियोग के लक्षण हैं॥

वमनेऽतिकृते लिङ्गान्येतान्येव भवन्ति हि।
ऊर्ध्वगा वातरोगाश्च वाग्ग्रहश्चाधिको भवेत् ॥१०॥

वमन के अतियोग से भी ये ही लक्षण होते हैं, उसमें देह के ऊर्ध्वभाग के वातरोग तथा वाग्ग्रह (वाणी का रुक जाना, न बोल सकना) अधिक होता है। यहाँ पर यह स्मरण रखना चाहिये कि वमन में दोषों के बाहर आने का क्रम—लालास्राव, औषध, कफ, पित्त तथा वायु—यह होता है ॥१०॥

चिकित्साप्राभृतं तस्मादुपेयाच्छरणं नरः।
युञ्ज्याद्य एनमत्यन्तमायुषा च सुखेन च ॥११॥

इसलिये मनुष्य को चाहिये कि वह ऐसे चिकित्साकर्म करनेवाले वैद्य के पास जाय जो उसको दीर्घायु और सुख (आरोग्य) से योजित करे॥११॥

अविपाकोऽरुचिः स्थौल्यं पाण्डुता गौरवं क्लमः।
पिडकाकोठकण्डूनां सम्भवोऽरतिरेव च ॥१२॥
आलस्यश्रमदौर्बल्यं दौर्गन्ध्यमवसादकः।
श्लेष्मपित्तसमुत्क्लेशो निद्रानाशोऽतिनिद्रता ॥१३॥
तन्द्रा क्लैब्यमबुद्धित्वमशस्तस्वप्नदर्शनम्।
बलवर्णप्रणाशश्च तृप्यतो बृंहणैरपि ॥१४॥
बहुदोषस्य लिङ्गानि, तस्मै संशोधनं हितम्।
ऊर्ध्वं [1]चैवानुलोम्यं च यथादोषं यथाबलम् ॥१५॥

संशोधनयोग्य अथवा बहुदोष-युक्त पुरुष के लक्षण-अविपाक (अपचन), अरुचि, स्थूलता (मुटापा), पाण्डुता, गौरव (शरीर का भारी प्रतीत होना), क्लम (विना परिश्रम के ही थकावट) पिड़का (फुन्सियाँ), कोठ (चकत्ते) एवं कण्डू (खुजली) का होना, अरति (मन का विक्षिप्त रहना, प्रसन्न न रहना, किसी कार्य में मन न लगना), आलस्य, श्रम (थकावट), दुर्बलता, दुर्गन्धि, शरीर तथा मन की शिथिलता वा दुःखी रहना, कफ वा पित्त का उत्क्लेश (उपस्थित वमन की तरह जी मचलाना), निद्रानाश (अनिद्रा) वा अत्यधिक निद्रा, तन्द्रा (नींद आये हुए की तरह चेष्टा) क्लीबता (नपुंसकता वा भीरुता), पूर्ववत् बुद्धि का स्फुरित न होना, बुरे २ स्वप्नों का दिखाई देना, बृंहण औषध वा आहार का यथेष्ट सेवन करते हुए भी बल तथा वर्ण का नाश होते जाना, ये बहुदोषयुक्त पुरुष के लक्षण हैं; इस पुरुष के लिये बल और दोष के अनुसार ऊर्ध्वसंशोधन (वमन) अनुलोम संशोधन (विरेचन) हितकर होता है। वमन कफप्रधान रोगों में तथा विरेचन पित्तप्रधान रोगों में श्रेष्ठ माना गया है ॥१२-१५॥

एवं विशुद्धकोष्ठस्य कायाग्निरभिवर्धते।
व्याधयश्चोपशाम्यन्ति प्रकृतिश्चानुवर्तते ॥१६॥
इन्द्रियाणि मनो बुद्धिर्वर्णश्चास्य प्रसीदति।
बलं पुष्टिरपत्यं च वृषता चास्य जायते ॥१७॥
जरां कृच्छ्रेण लभते चिरं जीवत्यनामयः।
तस्मात्संशोधनं काले युक्तियुक्तं पिबेन्नरः ॥१८॥

संशोधन के लाभ—इस प्रकार शुद्ध हो गया है कोष्ठ जिसका ऐसे—उस पुरुषकी कायाग्नि बढ़ती है, रोग शान्त हो जाते हैं और वातादि धातु समावस्था में रहते हैं। इन्द्रियाँ, मन, बुद्धि तथा वर्ण निर्मल हो जाते हैं। बलोत्पत्ति, शरीर की पुष्टि, सन्तानप्राप्ति एवं वृषता (वीर्यवत्ता) होती है। कठिनता से बुढ़ापे को प्राप्त होता है। नीरोग रहता हुआ चिरकाल तक जीता है। अतएव मनुष्य को युक्तिपूर्वक प्रयुक्त किये हुए संशोधन को समुचित काल में (अवश्य) पीना चाहिये ॥१६-१८॥

दोषाः कदाचित्कुप्यन्ति जिता लङ्घनपाचनैः।
जिताः संशोधनैर्ये तु न तेषां पुनरुद्भवः ॥१९॥

संशोधन की प्रधानता—लङ्घन तथा पाचनों (संशमन) से जीते हुए दोष कदाचित् कुपित हो जाते हैं, परन्तु जो दोष संशोधनों द्वारा जीते गये हैं उनकी पुनः उत्पत्ति नहीं होती। संशमन औषधों से वैकारिक (विकार सम्बन्धी) दोषों की जड़ नहीं काटी जाती। अतएव तत्सदृश काल आदि हेतुओं से वे दोष पुनरपि प्रकट हो सकते हैं। परन्तु वमन विरेचन आदि संशोधनों द्वारा उन दोषों की जड़ें ही काट दी जाती हैं। अतएव उनका पुनः उत्पन्न होना सम्भव नहीं ॥१९॥

१—'अदौर्बल्यं स्थौल्यानपगमः' चक्रः।

१—'चैवानुलोमं' ग०।

दोषाणां च द्रुमाणां च मूलेऽनुपहते सति ।
रोगाणां [1]प्रसवानां च गतानामागतिर्ध्रुवा ॥२०॥

दोषों और वृक्षों के मूल (जड़) के न कटने पर, गये हुए रोगों और पत्र पुष्प आदि के अंकुरों का पुनरागमन अवश्य होता है। अर्थात् जैसे वृक्षों के पत्ते आदि पतझड़ में झड़ जाते हैं परन्तु अनुकूल काल वसन्त वा वर्षा ऋतु आदि के आनेपर पुनः निकल आते हैं वैसे ही संशमन औषध से रोगों के लक्षण तो शांत हो जाते हैं, परन्तु अनुकूल काल आदि हेतु के होने पर वे पुनः प्रकट हो जाते हैं। अतएव यदि हम चाहते हों कि वृक्ष के अङ्कुर पुनः न निकलें वा पुनः रोग प्रकट न हो जाय तो हमें जड़ को नष्ट कर देना चाहिये ॥२०॥

भेषजक्षपिते[2] पथ्यमाहारैरेव बृंहणम् ।
घृतमांसरसक्षीरहृद्ययूषोपसंहितैः ॥२१॥
अभ्यङ्गोत्सादनैः स्नानैर्निरूहैः सानुवासनैः ।
तथा स लभते शर्म युज्यते चायुषा चिरम् ॥२२॥

औषधों से क्षीण वा दुर्बल हुए २ पुरुष का घी, मांसरस, दूध तथा हृद्य (हृदय के लिए हितकर तथा मन को प्रसन्न करनेवाले, रुचिकर) यूषों से, युक्त आहार से और तैल आदि स्नेह की मालिश उत्सादन (उबटन), स्नान (bath), निरूह (आस्थापन बस्ति) तथा अनुवासन (स्निग्ध बस्ति); के द्वारा ही बृंहण करना पथ्य है।

संशोधनों के सम्यग्योग के लक्षणों में 'दुर्बलता' भी एक लक्षण कहा जा चुका है। यह दुर्बलता इसीलिए होती है क्योंकि दोषके क्षय के साथ २ धातु (वात आदि तथा रसरक्त आदि) का भी किञ्चित् क्षय हो जाता है। धातुओं के क्षय को पूरा करने के लिये ही बृंहण आहार तथा अभ्यङ्ग (massage) आदिका कराना हितकर होता है।

यहाँ पर 'एव' (ही) के पढ़ने से यह भी ज्ञात होता है कि यहाँ औषधों से बृंहण करने का निषेध है। औषध तीक्ष्ण-वीर्य होते हैं और उस समय वह दुर्बल पुरुष उनके वीर्य को सह नहीं सकता।

इस प्रकार संशोधन के अनन्तर आहार आदि द्वारा बृंहण करनेसे वह पुरुष सुखी—नीरोग एवं दीर्घायु होता है ॥२१-२२॥

अतियोगानुबद्धानां सर्पिःपानं प्रशस्यते ।
तैलं [3]मधुरकैः सिद्धमथवाऽप्यनुवासनम् ॥२३॥

संशोधन के अतियोग का प्रतिकार—अतियोग के लक्षणों से युक्त पुरुष के लिये (उपयुक्त औषधों से सिद्ध) घृत का पान हितकर है अथवा मधुरस्कन्ध (विमानस्थान ८ अध्याय में कहे गये) की औषधियों से सिद्ध तैल द्वारा अनुवासन कराना चाहिये। अथवा 'मधुरक' से जीवनीयगण की औषधियों का ग्रहण करना चाहिये। इस गण में दस औषधि हैं। इन औषधियों के नाम का परिगणन चतुर्थ अध्याय में किया जा चुका है ॥२३॥

यस्य त्वयोगस्तं स्निग्धं पुनः संशोधयेन्नरम् ।
मात्राकालबलापेक्षी स्मरन् पूर्वमनुक्रमम्[4] ॥२४॥

अयोग का प्रतिकार—जिसे संशोधन का अयोग हुआ हो उसका स्नेहन करके पहिले अनुक्रम का स्मरण करते हुए मात्रा काल तथा बल को देखकर तदनुसार पुनः संशोधन करे। पहिले अनुक्रम का अभिप्राय यही है कि जिस क्रम वा विधान से प्रथम संशोधन कराया गया था उसी क्रम वा विधान से पुनः कराये। यह क्रम इसी अध्याय के प्रारम्भ में ही विस्तार से बताया जा चुका है।

अथवा अन्य टीकाकारों के अनुसार 'स्मरन् पूर्वमनुक्रमम्' का अर्थ यह भी हो सकता है कि जिन कारणों से अयोग हुआ है उनका (परिहार के लिये) स्मरण करते हुए ॥२४॥

स्नेहने स्वेदने शुद्धौ रोगाः संसजने च ये ।
जायन्तेऽमार्गविहिते तेषां सिद्धिषु साधनम् ॥२५॥

स्नेहन, स्वेदन, संशोधन तथा पेया आदि के संसर्ग क्रम के यथाविधि न करने से जो २ रोग उत्पन्न होते हैं, उनकी चिकित्सा (विस्तार से) सिद्धिस्थान में बतायी जायगी ॥२५॥

[1]जायन्ते हेतुवैषम्याद्विषमा देहधातवः ।
हेतुसाम्यात्समास्तेषां स्वभावोपरमः सदा ॥२६॥

देह की धातुएँ, हेतु की विषमता के कारण विषम हो जाती हैं, और हेतु की समता से सम होती हैं। इन धातुओं का विनाश स्वभाव से ही होता है॥

आहार के रस एवं मल से शरीर की धातुओं के स्रोत लगातार भरे जाते हैं। यह स्रोत विभाग के अनुसार अपनी २ धातुओं को पुष्ट करते रहते हैं। अतएव धातु अपने २ परिमाण में अवस्थित रहते हैं। यदि कोई आहार या विहार शरीर की किसी धातु के गुणों के सदृश गुणवाला होता है और अन्य धातुओं के समान गुण नहीं होता तो समान गुणवाली धातु वा धातुएँ ही सञ्चित होती हैं और अन्य धातुएँ क्षीण हो जाती हैं; इस प्रकार हेतु की विषमता से धातुएँ विषम हो जाती हैं। यदि आहार विहार ऐसा हो जो कि शरीर की सम्पूर्ण धातुओं के अनुगुण हो तो सम्पूर्ण धातुओं का सञ्चय एक-सा होगा और धातु सम रहेंगे। इसी बात को 'हेतु की समता से धातुएँ भी सम रहती हैं' इन शब्दों से कहा गया है। शारीरस्थान के प्रथम अध्याय से भी कहा जायगा—

न समा यान्ति वैषम्यं विषमाः समतां न च ।
हेतुभिः सदृशा नित्यं जायन्ते देहधातवः ॥

१—प्रसवानामङ्कुराणाम्। 'प्रसराणां" ग०।
२—'भेषजक्षयिते' ग०।
३—'मधुरकैर्जीवनीयैर्दशभिः' गङ्गाधरः।
४—'स्मरन् पूर्वमनुक्रममित्यनेन यः पूर्वमयोगे हेतुभूतस्तं परिहरन्निति शिवयति' चक्रः।

१—'जायन्त इत्यादि—देहधातवो देहस्य धारका ये भावास्ते, हेतुवैषम्यात्तेषामुत्पत्तौ स्थितौ च हेतुतां वैषम्याद्वृद्धिहान्यन्यतरस्माद्विषमा जायन्ते, तथा देहधातूनां ये हेतवस्तेषां साम्याद् वृद्धिह्रासव्यतिरेकावस्थायामवस्थानात्ते देहधातवः समा जायन्ते, तयोर्देहधातुसाम्यवैषम्ययोः सदैवाविरतं स्वभावोपरमः स्वभावस्य स्वस्य धर्मस्य रूपस्य चोपरमो नाशो भवति। तत्र भावानां स्वस्वधर्माणां स्वस्वरूपाणां च सदैवाविरतप्रवृत्तौ हेतुरस्ति, सदैवाविरतनिरोधे विनाशे कारणं नास्तीत्यकारण प्रतिक्षणं भङ्गः स्यादिति। तत्र केचिन्महर्षयो भावानां स्वभावोपरमेऽविरतनिरोधे हेतोरवर्तनं हेतुर्नास्तीति यदेव हेतोरभावस्तमेव भावानां सदा स्वभावोपरमे हेतुं मन्यन्ते, गंगाधरः। तेषामिति विषमाणां धातूनां समानां च, सदेत्यविलम्बेन, तेनोत्पन्न एव विनश्यतीत्यर्थः।

धातुओं का विनाश तो स्वभावतः प्रतिक्षण ही होता रहता है। परन्तु आहार आदि द्वारा उनकी पूर्ति होते रहने से वह विनाश हमें प्रतीत नहीं होता।

अथवा 'स्वभावोपरमः सदा' का अर्थ हम यह भी कर सकते हैं कि धातुओं के अपने रूप और अपने धर्मका सदा नाश होता रहता है ॥२६॥

[1]प्रवृत्तिहेतुर्भावानां न निरोधेऽस्ति कारणम्।
केचित्त्वत्रापि मन्यन्ते हेतुं हेतोरवर्तनम् ॥२७॥
एवमुक्तार्थमाचार्यमग्निवेशोऽभ्यभाषत।
स्वभावोपरमे कर्म चिकित्साप्राभृतस्य किम् ॥२८॥
भेषजैर्विषमान् धातून् [2]कान् समीकुरुते भिषक्।
का वा चिकित्सा भगवन्[3] किमर्थं वा प्रयुज्यते ॥२९॥

भाव पदार्थों (उत्पन्न होनेवाले—भवन्ति सत्त्वमनुभवन्ति इति भावाः) की प्रवृत्ति अर्थात् उत्पत्ति में कारण होता है, परन्तु विनाश में कोई कारण नहीं। परन्तु कई आचार्य कारण के न होने को ही विनाश में कारण मानते हैं॥

जब इस प्रकार आचार्य ने कहा तब अग्निवेश ने पूछा—यदि अकारण ही स्वभावतः नाश हो जाता हो तो वैद्य का कोई कर्म ही नहीं रहता। वैद्य औषधों से किन विषम हुए २ धातुओं को सम करता है? भगवन्! चिकित्सा किसे कहते हैं और वह किस लिये प्रयुक्त होती है? अर्थात् जब विनाश वा निवृत्ति स्वभावतः ही हो जाती है और वहाँ किसी कारण की अपेक्षा ही नहीं होती तब धातु विषमता स्वयं निवृत्त हो जायगी एवं चिकित्सा करना निष्प्रयोजन हुआ। विषम हुए २ धातुओं को समावस्था में लाना ही चिकित्सा कहाती है। ९ वें अध्याय में कह आये हैं—

'चतुर्णां भिषगादीनां शस्तानां धातुवैकृते।
प्रवृत्तिर्धातुसाम्यार्था चिकित्सेत्यभिधीयते।

और यह कार्य स्वभावतः ही हो जायगा, अतः सुतरां चिकित्सा करना निरर्थक होता है ॥२७–२९॥

तच्छिष्यवचनं श्रुत्वा व्याजहार पुनर्वसुः।
श्रूयतामत्र या सौम्ययुक्तिर्दृष्टा महर्षिभिः ॥३०॥
न नाशकारणाभावाद् भावानां[1] नाशकारणम्।
ज्ञायते नित्यगस्येव कालस्यात्ययकारणम् ॥३१॥
शीघ्रगत्वाद्यथा भूतस्तथा भावो विपद्यते।
निरोधे कारणं तस्य नास्ति नैवान्यथाक्रिया ॥३२॥

शिष्य के वचन को सुनकर भगवान् पुनर्वसु ने उत्तर दिया—हे सौम्य! इस विषय में महर्षियों ने जो युक्ति जानी है वह सुनो।

जैसे नित्य गमन करनेवाले काल के विनाश का कारण नहीं जाना जाता वैसे ही भावों-उत्पन्न पदार्थों के नाश कारण के न होने से विनाश का कोई कारण ज्ञात नहीं होता। जैसे काल के शीघ्रगामी होने से भूत (अतीत, विनष्ट) काल कहाता है वैसे ही भाव भी (उत्पन्नपदार्थ) नित्यगामी (अस्थिर, क्षणिक) होने से स्वभावतः ही नष्ट हो जाता है। उसके विनाश में कोई कारण नहीं है, ना ही उसे अन्यथा किया जा सकता है—बदला जा सकता है, अर्थात् अन्य संस्कार नहीं डाला जा सकता। यदि विनाश में हेत्वन्तर (स्वभावातिरिक्त अन्य हेतु) की अपेक्षा होती तो वह विनाश अवश्यम्भावी न होता। जैसे रंगे गये कपड़े का रंग।

अथवा 'शीघ्रगत्वात्' इस हेतु को पहले श्लोक के साथ जोड़ कर इस प्रकार अर्थ कर सकते हैं—जैसे नित्यगामी काल के विनाश का कारण उसके शीघ्रगामी (अस्थिर) होने से नहीं जाना जाता वैसे ही शीघ्रगामी भावों के नाश का कारण नाश के कारण के अभाव से (न होने से) नहीं जाना जाता है।

जो भाव जिस समय होता है वैसे ही उत्तरावस्था को प्रारम्भ करके नष्ट हो जाता है। अर्थात् पूर्वावस्था के पश्चात् उत्तरावस्था के प्रारम्भ होते ही पूर्वावस्था नष्ट हुई २ कहाती है। परन्तु उत्तरावस्था भी तत्सदृश ही उत्पन्न होती है उससे भिन्न नहीं। उस पूर्वावस्था के नाश में कोई कारण नहीं। और उसके विनाश में अन्यथा (भिन्न वा विपरीत) क्रिया भी नहीं हो सकता। अभिप्राय यह है कि पूर्वावस्था की विषम धातु उत्तरावस्था की विषमधातुओं को पैदा करके नष्ट होती है। यह नहीं होता कि पूर्वावस्था की विषमधातु प्रथम नष्ट हो जाय और पश्चात् उत्तरावस्था की विषमधातु पैदा हो! अपितु आगे आनेवाली अवस्था को प्रारम्भकर स्वयं पूर्वावस्था नष्ट हो जाती है। अभिप्राय यह है कि विषमधातु से तज्जातीय अन्य विषमधातु ही पैदा होते हैं—समधातु स्वयं पैदा नहीं हो सकते ॥३०–३२॥

१—'प्रवृत्तिहेतुरुत्पत्तिहेतुर्भावानामस्ति विनाशे हेतुर्भावानां कारणं नास्ति, यस्मात्सर्व एव भावाः प्रदीपार्चिवदुत्पत्तौ कारणापेक्षिणः, विनाशे तु 'द्वितीयक्षणाविद्यमानत्वलक्षण सहजसिद्धे न हेत्वन्तरमपेक्षन्ते' च। २—'कान् समीकुरुते इति विषमाणामस्थिरत्वेन साम्यं तत्र कर्तुं न पार्यते' इत्याशयः।' ३—'किमर्थं प्रयुज्यत इति यन्निवृत्त्यर्थं चिकित्सा प्रयुज्यते तद्धातुवैषम्यं स्वभावान्निवृत्तमिति चिकित्साप्रयोजनं नास्ति' चक्रः।

१—भावानां सदैव स्वभावस्योपरमो यो नाशस्तस्य कारणं न ज्ञायते नोपलभ्यते, कस्मात्? नाशकारणाभावात्। यथा नित्यगस्य कालस्य सदाऽत्ययाऽनवरतमतीतत्व ज्ञायते तस्यात्ययस्य कारण न ज्ञायते शीघ्रगत्वात्, यथा कालस्वभावो हि चक्रवद् भ्रमणात्मकत्वाच्छीघ्रगस्तथा भावानां स्वभावोऽपि शीघ्रगः, नाशकारणाभावो न नाशकारणम्। तर्हि कथं भावानां स्वभावोपरमः स्यादित्यत आह—शीघ्रेत्यादि। यो भावो यदा यथभूतो वर्तते तथात्वेनोत्तरावस्थामारभ्य पूर्वावस्थातो विपद्यते, तत्र पूर्वावस्थाया निरोधे कारणं नास्ति न च तन्निरोधेऽन्यथाक्रिया पूर्वभावादन्यथा क्रियोत्तरास्ववस्थास्वस्ति। यथा हेतुवैषम्याद्धातवो वातादयो विषमा भवन्ति विषमा एवोत्तरावस्थां तत्पूर्वावस्थकविषमरूपेणैवारभ्य पूर्वावस्थाविषमस्वभावनाशमुपयान्ति, नतु विषमस्वभावनाशं प्राप्योत्तरावस्थां साम्यस्वभावेनारभन्ते। तस्मात् प्रवृत्तौ खलु भावानां हेतुरस्ति न निरोधे' गङ्गाधरः। एवं मन्यते—'यद्यपि धातुवैषम्यं विनश्वरं, तथाऽपि विनश्यदपि तद्धातुवैषम्य स्वकार्यं विषममेव धातुमारभते, एवं सोऽप्यपरं विषममिति न धातुवैषम्यसन्ताननिवृत्तिः धातुसाम्यजनकहेतुं विना, यदा तु धातुसाम्यहेतुरुपयुक्तो भवति, तदा तेन सहित वैषम्यसन्ततिरहितमपि कारणं सममेव धातुसन्तानमारभते' चक्रः।

याभिः क्रियाभिर्जायन्ते शरीरे धातवः समाः ।
सा चिकित्सा विकाराणां कर्म तद्भिषजां स्मृतम् ।३३।

वैद्यों का कर्म और चिकित्सा का लक्षण—जिन क्रियाओं द्वारा (विषम हुए २) धातु सम हो जाते हैं, वही विकारों की चिकित्सा है; यही चिकित्सकों का कर्म है । अर्थात् उपर्युक्त युक्ति के अनुसार विषमधातु स्वयं तो सम हो ही नहीं सकते । अतएव न्यून धातुओं का पूरण और बढ़ी हुई धातुओं में कमी करना चिकित्सक का कर्तव्य होता है ॥३३॥

कथं शरीरे धातूनां वैषम्यं न भवेदिति ।
समानां चानुबन्धः स्यादित्यर्थं क्रियते क्रिया ॥३४॥

शरीर में धातुओं की विषमता किस प्रकार न हो और सम धातुओं का अनुबन्ध रहे इसीलिये क्रिया की जाती है । अर्थात् धातुओं में विषमता को न पैदा होने देना ही वैद्य का कर्म है । विषम धातु तज्जातीय विषम धातु को पैदा न करे और समधातु तज्जातीय समधातु को ही निरन्तर रूप से उत्पन्न करे यही क्रिया करने का प्रयोजन है । वैद्य धातुओं की समता को विषमता में न परिवर्तन होने दे ॥३४॥

त्यागाद्विषमहेतूनां समानां चोपसेवनात् ।
विषमा नानुबध्नन्ति जायन्ते धातवः समाः ॥३५॥

विषम हेतुओं के त्याग से और सम हेतुओं के सेवन से विषम धातुओं का अनुबन्ध (निरन्तर उत्पत्ति) नहीं होता और धातुएँ सम हो जाती हैं । विकारों को उत्पन्न करनेवाले कारण ही विषम हेतु कहाते हैं । ११ वें अध्याय में 'असात्म्येन्द्रियार्थसंयोग, प्रज्ञापराध तथा परिणाम' ये तीन प्रकार के रोगों के हेतु बताये हैं । ये ही विषम हेतु हैं । वहाँ पर यह भी बताया है कि इन्द्रिय विषय, कर्म तथा काल; इनका समयोग प्रकृति (धातुओं की समता) का कारण है । यह समयोग समहेतु कहाता है । विषम हेतुओं के सेवन से तत्सदृश धातु (वात आदि तथा रसरक्त आदि) विषमता से वृद्धि को प्राप्त होते हैं और विसदृश (असमान) धातु विषमता से क्षीण होते हैं । इस प्रकार विषमता बनी ही रहती है । परन्तु सम हेतुओं के सेवन से तत्समान धातु समता से वृद्धि को प्राप्त होते हैं और असमान धातु समता से क्षीण होते हैं । इस प्रकार धातुओं की समता बनी रहती है । चिकित्सक का यही कर्तव्य होता है कि विषम हुई २ धातुओं को समहेतुओं से समता में ले आये ।

यहाँ पर यह समझ लेना चाहिये कि समता से अभिप्राय शरीर की धातुओं का बराबर २ परिमाण में होने से नहीं है अपि तु शरीर के स्वास्थ्य के लिये जितनी २ जो २ धातु आवश्यक है उतनी ही 'समता' से ग्रहण की जाती है । जैसे—यदि १ मन २० सेर भारवाले मनुष्य के शरीर में लगभग ३ सेर रक्त का होना आवश्यक है तो मांस २५ या २६ सेर के लगभग होना चाहिये ॥३५॥

समैस्तु हेतुभिर्यस्माद्धातून् संजनयेत्समान् ।
चिकित्साप्राभृतस्तस्माद्दाता देहसुखायुषाम् ॥३७॥

चिकित्सक यतः समहेतुओं से समधातुओं को उत्पन्न करता है अत एव वह देह, सुख—आरोग्य एवं आयु का देनेवाला होता ॥३६॥

[१]धर्मस्यार्थस्य कामस्य नृलोकस्योभयस्य च ।
दाता सम्पद्यते वैद्यो दानाद्देहसुखायुषाम् ॥३६॥

देह, सुख एवं आयु के दान से वैद्य धर्म,अर्थ, काम तथा दोनों नृलोक अर्थात् अभ्युदय और निःश्रेयस, का देनेवाला हो जाता है ॥ प्रथम अध्याय में कह भी आये हैं—

'धर्मार्थकाममोक्षाणामारोग्यं मूलमुत्तमम् ।
रोगास्तस्यापहर्त्तारः श्रेयसो जीवितस्य च ॥'

अर्थात् धर्म आदि त्रिविध वा चतुर्विध पुरुषार्थ आरोग्य पर ही आश्रित हैं । आरोग्य का देनेवाला वैद्य है, सुतरां धर्म-अर्थ-काम का दाता भी वही हो जाता है । प्रथमाध्यायोक्त श्लोक में कहा गया 'जीवित' शब्द ऐहलौकिक अभ्युदय का उपलक्षण मात्र है ॥ उपनिषद् में भी कहा है—'नायमात्मा बलहीनेन लभ्यः' बलहीन पुरुष आत्मा को नहीं पा सकता । निर्बल पुरुष जहाँ अर्थ और काम की प्राप्ति में असमर्थ होता है वहाँ वह धर्म एवं मोक्ष से भी दूर ही रहता है ॥

तत्र श्लोकाः ।

चिकित्साप्राभृतगुणो दोषो यश्चेतराश्रयः ।
योगायोगातियोगानां लक्षणं शुद्धिसंश्रयम् ॥३८॥
बहुदोषस्य लिङ्गानि संशोधनगुणाश्च ये ।
चिकित्सासूत्रमात्रं च सिद्धिव्यापत्तिसंश्रयम् ॥३९॥
या च युक्तिश्चिकित्सायां यं चार्थं कुरुते भिषक् ।
चिकित्साप्राभृतेऽध्याये तत्सर्वमवदन्मुनिः ॥४०॥

इत्यग्निवेशकृते तन्त्रे चरकप्रतिसंस्कृते सूत्रस्थाने कल्पनाचतुष्के चिकित्साप्राभृतीयो नाम षोडशोऽध्यायः समाप्तः ॥१६॥
इति कल्पनाचतुष्कश्चतुर्थः ॥ ४ ॥

चिकित्साप्राभृत (चिकित्सक) के गुण, वैद्यमानी (मूर्ख वैद्य) के दोष, शुद्धि सम्बन्धी योग, अयोग तथा अतियोग के लक्षण,बहुदोषयुक्त पुरुष के लक्षण, संशोधन के गुण, सिद्धि एवं व्यापत्ति (उपद्रव) सम्बन्धी चिकित्सा का सूत्रमात्र (भेषजक्षपिते तथा अतियोगानुबद्धा नाम् इत्यादि द्वारा), चिकित्सा में जो युक्ति है तथा वैद्य जिस प्रयोजन को सिद्ध करता है (जो कर्म करता है); वह सब इस चिकित्साप्राभृतीय अध्याय में मुनि ने कहा है ॥३८-४०॥

इति षोडशोऽध्यायः ॥

—:-०-:—

सप्तदशोऽध्यायः

अथातः कियन्तःशिरसीयमध्यायं व्याख्यास्यामः ।
इति ह स्माह भगवानात्रेयः ॥१॥

अब कियन्तःशिरसीय नामक अध्याय की व्याख्या करेंगे । ऐसा भगवान् आत्रेय ने कहा था । 'कियन्तः शिरसि' यह श्लोक में प्रथम आता है । अतः इस अध्याय का नाम ही कियन्तःशिरसीय रखा गया

१—गंगाधरस्त्वेवं व्याचष्टे—'देहसुखायुषां दानाद्यच्च फलं लभते तदाह—धर्मस्येत्यादि । वैद्यो नृलोकस्य नरस्य जनस्य देहसुखायुषां दानाद् धर्मस्यार्थस्य कामस्य दाता सम्पद्यते । तस्मादुभयस्य च सुखायुषोश्च धर्मादित्रिवर्गस्य च दाता सम्पद्यते । न केवलं सुखायुषाम् । धर्मादयो हि सुखायुषामायत्ताः' ॥

है। इस अध्याय में प्रधान मर्मशिर और हृदय के रोग प्रथम बताये जायँगे ॥१॥

कियन्तः शिरसि प्रोक्ता रोगा हृदि च देहिनाम्।
कति चाप्यनिलादीनां रोगा [1]मानविकल्पजाः ॥२॥
क्षयाः कति समाख्याताः पिडकाः कति चानघ।
गतिः कतिविधा चोक्ता दोषाणां दोषसूदन ॥३॥

भगवन्! देहियों (प्राधान्यतः मनुष्यों) के शिर में और हृदय में कितने रोग कहे गये हैं, अर्थात् शिरोरोग कितने हैं? हृद्रोग कितने हैं? वायु आदियों के परिमाण (क्षय, स्थान, वृद्धि) के विकल्प से कितने रोग होते हैं? वायु आदिके मानके अनुसार पृथक् २ द्वन्द्वज तथा सन्निपातज कितने रोग हैं? हे निष्पाप! क्षय कितने प्रकार के कहे गये हैं? पिडकायें कितनी हैं? हे दोषों (वात आदि दोष तथा अन्य कायिक, वाचिक, मानस दोष) के नष्ट करनेवाले! दोषों की गति कितने प्रकार की कही गयी है ॥२, ३॥

हुताशवेशस्य वचस्तच्छ्रुत्वा गुरुरब्रवीत्।
पृष्टवानसि यत्सौम्य तन्मे शृणु सुविस्तरम्[2] ॥४॥

अग्निवेश के उस वचन को सुनकर गुरु (आत्रेय) ने कहा—कि हे सौम्य! जो तुमने पूछा है उसे मुझसे विस्तारपूर्वक सुनो ॥४॥

[3]दृष्टाः पञ्च शिरोरोगाः पञ्चैव हृदयामयाः।
व्याधीनां द्व्यधिका षष्टिर्दोषमानविकल्पजा ॥५॥
दशाष्टौ च क्षयाः सप्त पिडका माधुमेहिकाः।
दोषाणां त्रिविधा चोक्ता [4]गतिः,

पाँच शिरोरोग तथा पाँच ही हृदय के रोग देखे गये हैं। दोषों के क्षय, वृद्धि समता रूप परिमाण के विकल्प से उत्पन्न होनेवाले रोग ६२ हैं। क्षय १८ हैं। मधुमेह की पिडकायें (Carbuncles) ७ हैं। दोषों की तीन प्रकार की गति कही गयी है ॥५॥

विस्तरतः शृणु ॥६॥

संधारणाद्दिवास्वप्नाद्रात्रौ जागरणान्मदात्।
उच्चैर्भाष्यादवश्यायात्प्राग्वातादतिमैथुनात् ॥७॥
[5]गन्धादसात्म्यादाघ्राताद्रजोधूमहिमातपात्।
गुर्वम्लहरितादानादतिशीताम्बुसेवनात् ॥८॥
शिरोभितापाद् दुष्टामाद्रोदनाद्बाष्पनिग्रहात्।
मेघागमान्मनस्तापाद्देशकालविपर्ययात् ॥९॥
वातादयः प्रकुप्यन्ति शिरस्यस्रं च दुष्यति।
ततः शिरसि जायन्ते रोगा विविधलक्षणाः ॥१०॥

अब विस्तार से सुनो।

शिरोरोगका निदान और सम्प्राप्ति—वेगों को रोकने से, दिन में सोने से, रात्रि में जागने से, मद से (मद्य आदि नशीली वस्तुओं के सेवन से), ऊँचा बोलने से, ओस से (रात्रि को ओस में सोने से), प्राग्वात से (सीधी वायु से वा पूर्वदिशा की वायु से), अत्यन्त मैथुन से, असात्म्य गन्धों के सूंघने से, धूलि, धुआँ, शीत तथा आतप (धूप) से, गुरु, खट्टे तथा हरित (अदरख, मिर्च आदि) के अत्यधिक खाने से, अत्यन्त शीतल जल के पीने से, शिर पर चोट आदि लगने अथवा शिर के अत्यन्त तपने से, दुष्ट हुए २ आम रस (कच्चा आहार रस) से, रोने से, आंसुओं को रोकने से, मेघों के आने से (आकाश के मेघाच्छन्न होने पर), मन के सन्ताप से, देश एवं काल की विपरीतता से वात आदि दोष प्रकुपित हो जाते हैं और शिर में रक्त दूषित हो जाता है। तदनन्तर शिर में विविध प्रकार के लक्षणों से युक्त रोग उत्पन्न हो जाते हैं।

देश वा काल की विपरीतता से अभिप्राय यह है जिस जाङ्गल आनूप आदि देश वा हेमन्त आदि काल से जो २ अपने २ लक्षण हैं उनसे उस २ काल में विपरीत लक्षणों का होना ॥६-१०॥

प्राणाः प्राणभृतां यत्र श्रिताः सर्वेन्द्रियाणि च।
यदुत्तमाङ्गमङ्गानां शिरस्तदभिधीयते ॥११॥

शिर का लक्षण—जिस अवयव में प्राणियों के प्राण और सम्पूर्ण इन्द्रियाँ आश्रित हैं, जो अंगों में सबसे उत्तम प्रधान अंग है वह शिर कहाता है॥

उसी शिर के रोगों का यहाँ वर्णन है। शिर के उपर्युक्त वर्णन से यह भी ज्ञात होता है कि पूर्वाचार्यों को मस्तिष्क का भी अच्छी प्रकार ज्ञान था और वे जानते थे कि इसी मस्तिष्क में ज्ञानेन्द्रियों वा कर्मेन्द्रियों के केन्द्र हैं ॥११॥

अर्धावभेदको वा स्यात्सर्वं वा रुज्यते शिरः।
प्रतिश्यायमुखनासाक्षिकर्णरोगशिरोभ्रमाः ॥१२॥
अर्दितं शिरसः कम्पो गलमन्याहनुग्रहः।
विविधाश्चापरे रोगा वातादिक्रिमिसम्भवः ॥१३॥

शिरोरोग—अर्धावभेदक (आधासीसी, आधे सिर में दर्द) वा सम्पूर्ण शिर में पीड़ा होनी, प्रतिश्याय, मुखरोग, नासारोग, नेत्ररोग, कर्णरोग, शिरोभ्रम (सिर में चक्कर आना), अर्दित (लकवा) शिरःकम्प, गलग्रह, मन्याग्रह, हनुग्रह तथा अन्य वात आदि दोषों से एवं कृमियों से उत्पन्न होनेवाले विविध प्रकार के रोग होते हैं।१२,१३॥

पृथग्दृष्टास्तु[1] ये पञ्च संग्रहे परमर्षिभिः।
शिरोगदांस्तांश्छृणु मे यथास्वैर्हेतुलक्षणैः ॥१४॥

परन्तु इन रोगों से पृथक् रोगसंग्रहाध्याय (अष्टोदरीय नामक अध्याय) में जो पाँच शिरोरोग कहे गये हैं उन्हें अपने २ लक्षणों द्वारा मुझ से सुनो। अर्थात् वैसे तो शिरोरोग बहुत से हैं, परन्तु यहाँ पर हमें उन्हीं का विस्तार पूर्वक वर्णन करना है जो पाँच शिरोरोग कहे गये हैं। रुक् वा रोग शब्द का प्रधान अर्थ पीड़ा है। अतः यहाँ जिन पाँच शिरोरोगों का वर्णन होगा पीडा—वेदना (दर्द) के अनुसार होगा अर्थात् पाँच प्रकार के सिर के दर्द का यहाँ वर्णन होगा और प्रत्येक के हेतु तथा लक्षण बताये जायँगे ॥१५॥

उच्चैर्भाष्यातिभाष्याभ्यां [2]तीक्ष्णपानात्प्रजागरात्।
शीतमारुतसंस्पर्शाद्व्यवायाद्वेगनिग्रहात्[3] ॥१५॥

१—'क्षयस्थानवृद्ध्यो दोषमानं, तस्य विकल्पो दोषान्तरसम्बन्धासम्बन्धकृतो भेदः' चक्रः।
२—'सविस्तरात्' पा०।
३—'दिष्टाः' पा०। ४—'गतिर्वक्ष्यामि विस्तरम्' ग०।
५—'गन्धादसात्म्यादुत्स्वेदात्' पा०।

१—'पृथग्दिष्टास्तु' पा०। २—'तीक्ष्णघ्राणात्'। ग०।
३—'द्व्यायामा०' ग०।

अभिघातोपवासाच्च विरेकाद्वमनादति ।
बाष्पशोकभयत्रासाद् भारमार्गातिकर्षणात् ॥१६॥
शिरोगता वै [1]धमनीर्वायुराविश्य कुप्यति ।
ततः शूलं महत्तस्य वातात्समुपजायते ॥१७॥

वातज शिरःशूल का निदान—ऊँचा बोलने से, अधिक बोलने से, तीक्ष्ण मद्य आदि के पीने से, रात्रि-जागरण से, शीतल वायु के स्पर्श से, मैथुन के वेगों को रोकने से, चोट लगने से, उपवास से, अत्यन्त विरेचन वा अत्यन्त वमन से, आँसुओं से अर्थात् रोने से, शोक से, भय से, डर से, भार उठाने तथा अत्यन्त चलने से, उत्पन्न हुई २ अत्यन्त कृशता से शिरोगत (शिर की) धमनियों (Nerves) में वायु प्रविष्ट होकर कुपित हो जाती है । तदनन्तर उस वायु से महान् शूल उत्पन्न होता है ॥१५-१७॥

निस्तुद्यते भृशं शंखौ [2] घाटा संभिद्यते तथा ।
[3]भ्रुवोर्मध्यं ललाटं च तपतीवातिवेदनम्[4] ॥१८॥
[5]वध्येते स्वनतः श्रोत्रे निष्कृष्येते इवाक्षिणी ।
घूर्णतीव शिरः सर्वं संधिभ्य इव मुच्यते ॥१९॥
स्फुरत्यतिशिराजालं स्तभ्यते च शिरोधरा ।
स्निग्धोष्णमुपशेते च शिरोरोगेऽनिलात्मके ॥२०॥

वातिक शिरोरोग के लक्षण—वातिक शिरोरोग में शंख स्थलों पर सूई चुभने की सी अतीव पीड़ा होती है, घाटा (ग्रीवा का पिछला भाग) विदीर्ण होती हुई प्रतीत होती है, दोनों भौंहों के बीच का स्थल तथा ललाट (मस्तक) संतप्त हुआ २ प्रतीत होता है और वहाँ अत्यन्त वेदना होती है । कानों में आवाजें होती हैं और वे अत्यन्त पीड़ायुक्त होते हैं । आँखें बाहर की ओर खींची जाती हुई तथा सिर घूमता हुआ प्रतीत होता है । मालूम होता है कि शिर की संधियाँ खुला ही चाहती हैं । शिराओं (Blood-vessels) में अत्यन्त स्फुरण (फुरकना) होता है । ग्रीवास्तम्भ हो जाता है । वातिक शिरोरोग में स्निग्ध एवं उष्ण आहार एवं औषध अथवा स्नेह और स्वेद आदि सात्म्य होते हैं—सुख का कारण होते हैं ॥

उपयुक्त लक्षणों से तथा उपशय से हम शिरोगग के वातिक होने का निश्चय कर सकते हैं ॥१८-२०॥

कटवम्ललवणक्षारमद्यक्रोधातपानलैः ।
पित्तं शिरसि संदुष्टं शिरोरोगाय कल्पते ॥२१॥

पैत्तिक शिरोरोग का निदान—कटु (मरिच आदि) खट्टे, लवण, क्षार, मद्य, क्रोध, आतप (धूप), अग्नि; इनसे दुष्ट हुआ २ शिर में पित्त शिरोरोग को पैदा कर देता है ॥२१॥

दह्यते रुज्यते तेन शिरः [6]शीतं सुषूयते ।
दह्यते चक्षुषी तृष्णा भ्रमः स्वेदश्च जायते ॥२२॥

पैत्तिक शिरोगरोग के लक्षण—शिर में दुष्ट हुए २ उस पित्त से शिर में दाह होता है, शूल होता है, शीतलता को चाहता है, आँखों में दाह होता है, तृष्णा (प्यास) लगती है, भ्रम (चक्कर आना) तथा स्वेद (पसीना) होता है ॥२२॥

आस्यासुखैः स्वप्नसुखैर्गुरुस्निग्धातिभोजनैः ।
श्लेष्मा शिरसि संदुष्टः शिरोरोगाय कल्पते ॥२३॥

श्लैष्मिक शिरोरोग का निदान—अत्यधिक सुखपूर्वक बैठे रहने से, सुखपूर्वक लेटे वा सोये रहने (Luxury) से, गुरु भोजन, स्निग्धभोजन तथा अतिभोजन से शिर में दुष्ट हुआ २ कफ शिरोरोग का कारण होता है ॥२३॥

शिरो मन्दरुजं तेन सुप्तस्तिमितभारिकम् ।
भवत्युत्पद्यते तन्द्रा तथाऽऽलस्यमरोचकः ॥२४॥

श्लैष्मिक शिरोरोग के लक्षण—शिर में दुष्ट हुए २ उस कफ से शिर में हलकी २ वेदना होती है । शिर (बोध रहित होने से) सोया हुआ सा, स्तिमित (गीले कपड़े से आच्छादित की तरह अनुभूत जकड़ा हुआ) तथा भार से दबा हुआ प्रतीत होता है । रोगी को तन्द्रा आलस्य अरुचि होती है ॥२४॥

वाताच्छूलं भ्रमः कम्पः पित्ताद्दाहो मदस्तृषा ।
कफाद् गुरुत्वं तन्द्रा च शिरोरोगे त्रिदोषजे ॥२५॥

त्रिदोषज शिरोरोग—त्रिदोषज शिरोरोग में वात से शूल, भ्रम, कम्प, पित्त से दाह मद तथा तृषा (प्यास), कफ से गुरुता एवं तन्द्रा होती है ॥२५॥

तिलक्षीरगुडाजीर्णपूतिसंकीर्णभोजनात् ।
क्लेदोऽसृक्कफमांसानां दोषलस्योपजायते ॥२६॥
ततः शिरसि संक्लेदात्कृमयः पापकर्मणः ।
जनयन्ति शिरोरोगं जाता बीभत्सलक्षणम् ॥२७॥

कृमिजन्य शिरोरोग का निदान—तिल, दूध, गुड; इनके अत्यधिक भोजन से, भोजन के जीर्ण न होने पर ही पुनः भोजन कर लेने से, सड़े गले द्रव्यों के खाने से तथा संकीर्ण (वीर्यादिविरुद्ध बहुत से द्रव्यों को एकत्र मिलाकर) भोजन से, बहुत दोषयुक्त पुरुष के रक्त, कफ तथा मांस में क्लेद (सड़ाँद, सड़ने से गीलापन) उत्पन्न हो जाता है । उस क्लेद से पापकर्मा पुरुष के शिर में कृमि पैदा होकर घृणित लक्षणों से युक्त शिरोरोग को उत्पन्न कर देते हैं ॥ घृणित लक्षणों से अभिप्राय नाक द्वारा रक्त तथा पूय (पीव) आदि की प्रवृत्ति से है ॥ २६,२७ ॥

व्यधच्छेदरुजाकण्डूशोफदौर्गन्ध्यदुःखितम् ।
कृमिरोगातुरं विद्यात्कृमीणां [1]लक्षणेन च ॥२८॥

कृमिजन्य शिरोरोग के लक्षण—व्यध (बींधे जाने की तरह पीड़ा) छेद (दो टुकड़े किये जाने की तरह पीड़ा), रुजा (वेदना), कण्डू (खजली), शोफ, दुर्गन्धि; इनसे दुःखित तथा कृमियों के लक्षणों से युक्त पुरुष को कृमिरोग से पीड़ित जाने । यदि शिर में उपयुक्त वेदनायें, कण्डू आदि हों तथा वह पुरुष विमानस्थान के ७ वें अध्याय में कहे गये कफज तथा रक्तज कृमियों के लक्षणों से युक्त हो तो उसे कृमिज शिरोगेग से पीडित जाने । इन कृमियों के स्थानभेद से लक्षणों में भिन्नता भी हो सकती है । सुश्रुत में कृमिज शिरोरोग के लक्षण बताये हैं—

१—'शिरावृद्धौ' च० । २—घाटा ग्रीवायाः पश्चाद्भागः ।
३—'सभ्रू मध्यं' च० । ४—'पततीवातिवेदनम्' पा० ।
५—'वध्येते इव वध्येते इत्यर्थः, पीडायुक्तत्वेन' चक्रः ।
६—'शीतं सुषूयते शीतमिच्छति' चक्रः ।

१—'कृमीणां दर्शनेन च' पा० ।

'निस्तुद्यते यस्य शिरोऽतिमात्रं संभक्ष्यमाणं स्फुरतीव चान्तः ।
घ्राणाच्च गच्छेत्सलिलं सपूयं शिरोऽभितापः कृमिभिः सुघोरः ॥

अर्थात् यदि शिर में अत्यन्त व्यथा हो, कृमि मांस आदि को शिर के अन्दर २ खाते जाते हों, शिर में किसी के रेंगने का अनुभव हो, नाक से पूययुक्त जल निकले तो उसे कृमिज शिरोरोग जानना चाहिये। यह अत्यन्त घोर होता है ॥२८॥

शोकोपवासव्यायामशुष्करूक्षाल्पभोजनैः[1] ।
वायुराविश्य हृदयं जनयत्युत्तमां रुजम् ॥२९॥

वातिक हृद्रोग का निदान—शोक, उपवास, अतिव्यायाम; इनसे तथा शुष्क भोजन, रूक्ष भोजन तथा मात्रा से अल्प भोजन करने से (प्रवृद्ध हुआ २) वायु हृदय में जाकर अत्यधिक वेदना को उत्पन्न करता है ॥

इस वेदना का सुश्रुत उत्तरतन्त्र ४३ वें अध्याय में इस प्रकार वर्णन है—

'आयम्यते मारुतजे हृदयं तुद्यते तथा ।
निर्मथ्यते दीर्यते च स्फोट्यते पाट्यतेऽपि च' ॥

अर्थात् वातिक हृद्रोग में ऐसा मालूम होता है जैसे उसके हृदय को कोई खींचता हो, उसमें सुई चुभोता हो, मथता हो, आरी से चीरता हो, फोड़ता हो वा फाड़ता हो ॥२९॥

वेपथुर्वेष्टनं स्तम्भः प्रमोहः शून्यता दरः[2] ।
हृदि वातातुरे रूपं जीर्णे चात्यर्थवेदना ॥३०॥

वातिक हृद्रोग के लक्षण—हृदय के वात से पीड़ित होने पर हृत्कम्प (Palpitation) होता है, हृदय में उद्वेष्टन होते हैं, हृदयस्तम्भ (हृदय का गति न करना रुक जाना–ठहर जाना वा हृदय की जड़ता), मूर्च्छा वा आँखों के आगे अंधेरा आ जाना, शून्यता, दर (डर) लगना अथवा एक हृत्कोष्ठ से दूसरे हृत्कोष्ठ में रक्त जाकर पुनः कपाटियों के बन्द न होने से रक्त का वापिस उसी कोष्ठ में आ जाना–(Regurgitation; इसी बात को चक्रपाणि ने दरदरिका शब्द से कहा प्रतीत होता है); ये लक्षण दिखाई देते हैं। इसमें भोजन के पच जाने पर अत्यधिक वेदना होती है॥३०॥

उष्णाम्ललवणक्षारकटुकाजीर्णभोजनैः ।
मद्यक्रोधातपैश्चाशु हृदि पित्तं प्रकुप्यति ॥३१॥

पैत्तिक हृद्रोग का निदान—उष्ण, अम्ल (खट्टा), लवण, क्षार तथा कटु द्रव्यों के भोजन से; भोजन के जीर्ण न होने पर भी भोजन कर लेने से अथवा अजीर्ण रोग में अधिक भोजन से; मद्य, क्रोध तथा धूप से शीघ्र ही हृदय मे पित्त प्रकुपित हो जाता है।३१।

हृद्दाहस्तिक्तता वक्त्रे [3]तिक्ताम्लोद्गिरणं क्लमः ।
तृष्णा मूर्च्छा भ्रमः स्वेदः पित्तहृद्रोगलक्षणम् ॥३२॥

पैत्तिक हृद्रोग के लक्षण—हृदय में दाह; मुँह में तिक्तता; तिक्त वा खट्टे डकारों का आना, क्लम (आयास के विना थकावट), तृष्णा (प्यास), मूर्च्छा, भ्रम (giddiness), स्वेद (पसीना); ये पैत्तिक हृद्रोग के लक्षण हैं। अन्यत्र भी—

'तृष्णोषादाहचोषाः स्युः पैत्तिके हृदयक्लमः ।
धूमायनं च मूर्च्छा च स्वेदः शोषो मुखस्य च ॥

सु० उ० ४३ अ० ॥३२॥

अत्यादानं गुरुस्निग्धमचिन्तनमचेष्टनम् ।
निद्रासुखं चाप्यधिकं कफहृद्रोगकारणम् ॥३३॥

श्लैष्मिक हृद्रोग का निदान—अत्यधिक भोजन, गुरु तथा स्निग्ध द्रव्यों का भोजन, किसी प्रकार की चिन्ता न करनी, चेष्टा न करनी–हाथ पैर न हिलाना–पैदल न चलना न किसी प्रकार का व्यायाम करना, अधिकतया निद्रासुख लेना वा लेटे रहना; ये कफज हृद्रोग के कारण हैं ॥३३॥

हृदयं कफहृद्रोगे सुप्तस्तिमितभारिकम् ।
तन्द्रारुचिपरीतस्य भवत्यश्मावृतं यथा ॥३४॥

श्लैष्मिक हृद्रोग के लक्षण—कफज हृद्रोग में तन्द्रा एवं अरुचि से युक्त पुरुष का हृदय सुप्त (सोये हुए की तरह) स्तिमित (गीले वस्त्र से जकड़े हुए के सदृश) तथा बोझ से पीड़ित प्रतीत होता है। रोगी को ऐसा ज्ञात होता है जैसे किसी ने हृदय पर पत्थर रख दिये हों। सुश्रुत उत्तरतन्त्र ४३ अ० में—

गौरवं कफसंस्रावोऽरुचिः स्तम्भोऽग्निमार्दवम् ।
माधुर्यमपि चास्यस्य बलासावतते हृदि ॥

अर्थात् कफज हृद्रोग में हृदय का भारीपन, मुख से कफ वा लाला का निकलना, अरुचि, जड़ता एवं मन्दाग्नि होती है। मुख का स्वाद मीठा होता है ॥३४॥

हेतुलक्षणसंसर्गादुच्यते सान्निपातिकः ।
[1](हृद्रोगः कष्टदः कष्टसाध्य उक्तो महर्षिभिः ।) ॥३५॥

सान्निपातिक हृद्रोग का निदान और लक्षण—उपर्युक्त वातिक हृद्रोग आदि के कारणों और लक्षणों के संसर्ग (मिश्रण, मेलन) से सान्निपातिक हृद्रोग कहा जाता है। अभिप्राय यह है कि वातिक, पैत्तिक एवं श्लैष्मिक हृद्रोग के निदानों के एकत्र मिलने से सान्निपातिक हृद्रोग का निदान कहा जायगा। सान्निपातिक हृद्रोग के लक्षणों को भी इसी प्रकार जानना चाहिये। महर्षियों ने हृद्रोग को कष्ट का देनेवाला तथा कष्टसाध्य कहा है ॥३५॥

त्रिदोषजे तु हृद्रोगे यो दुरात्मा निषेवते ।
तिलक्षारगुडादीनि ग्रन्थिस्तस्योपजायते ॥३६॥
मर्मैकदेशे संक्लेदं रसश्चास्योपगच्छति ।
संक्लेदात्कृमयश्चास्य भवन्त्युपहतात्मनः ॥
मर्मैकदेशे [2]संजाताः सर्पन्तो भक्षयन्ति च ॥३७॥

कृमिज हृद्रोग का निदान—त्रिदोषज–सान्निपातिक हृद्रोग में भी जो दुरात्मा (अपने को वश में न रखसकनेवाला) पुरुष तिल, दूध, गुड़ आदि (कृमिज शिरोरोग के निदान में कहे गये द्रव्य) का सेवन करता है उसके मर्म हृदय के एक देश में ग्रन्थि पैदा हो जाती है। इस ग्रन्थि का (सरकर इकठ्ठा हुआ) रस क्लेद (सड़ांद) को प्राप्त होता है। उस उपहतात्मा (आत्मघाती) पुरुष के हृदय में स्थित ग्रन्थि के रस के क्लेद से कृमि पैदा हो जाते हैं। मर्म के एक देश में उत्पन्न हुए २ कृमि चारों ओर चलते हुए (रेंगते हुए)—फैलते हुए हृदय को खाते हैं ॥३६, ३७॥

तुद्यमानं स हृदयं सूचीभिरिव मन्यते ।
छिद्यमानं यथा शस्त्रैर्जातकण्डूं महारुजम् ॥३८॥

१—'०शीतरूक्षाल्प०' पा० । २—'भ्रमः' ग० । 'द्रवः' यो० ।
३—'पित्ताम्लोद्गिरणं' ग० ।

१—अयमर्धश्लोकश्चक्रासंमतः । २—'ते जाता' ग० ।

हृद्रोगं कृमिजं त्वेतैर्लिङ्गैर्बुद्ध्वा सुदारुणम्।
त्वरेत जेतुं तं विद्वान् विकारं शीघ्रकारिणम् ॥३९॥

कृमिज हृद्रोग के लक्षण—जब वे कृमि काटते हैं तब रोगी-हृदय में कोई सुइयाँ चुभोता है ऐसा अथवा जैसे शस्त्र से कोई काटता हो ऐसा अनुभव करता है। हृदय में कण्डू एवं अत्यन्त वेदना होती है। इन लक्षणों से विद्वान् वैद्य हृद्रोग को कृमिजन्य जानकर इस अत्यन्त दारुण शीघ्रकारी (शीघ्र मृत्यु का कारण) विकार को जीतने के लिये शीघ्रता करे। सुश्रुत उत्तरतन्त्र ४३ अ० में कहा है-

'उत्क्लेशः ष्ठीवनं तोदः शूलो हृल्लासकस्तमः।
अरुचिः श्यावनेत्रत्वं शोषश्च कृमिजे भवेत् ॥'

अर्थात् कृमिज हृद्रोग में उत्क्लेश (जी मचलाना), थूकना, तोद (सूचीवेधवत् व्यथा), शूल, हृल्लास (लालास्राव), आँखों के आगे अँधेरा आना, अरुचि, नेत्रों का श्यामवर्ण का होना तथा शोष होता है। डल्हण ने इस सुश्रुतोक्त श्लोक की प्रथम पंक्ति को सान्निपातिक हृद्रोग के लक्षणपरक बताया है ॥३८, ३९॥

द्व्युल्बणैकोल्बणैः षट् स्युर्हीनमध्याधिकैश्च षट्।
समैश्चैको विकारास्ते सन्निपातास्त्रयोदश ॥४०॥
संसर्गे नव षट् [1]तेभ्य एकवृद्ध्या समैस्त्रयः[2]।
पृथक् त्रयः स्युस्तैर्वृद्धैर्व्याधयः पञ्चविंशतिः ॥४१॥

दोषों के मान के विकल्प के अनुसार ६२ व्याधियाँ—

सन्निपात से १३ विकार होते हैं, यथा—जिन सन्निपातों में दोष अधिक बढ़े हुए हों वे तीन हैं—

१—कफ वृद्ध वातपित्त दोनों अधिक वृद्ध,
२—पित्त वृद्ध वातकफ दोनों अधिक वृद्ध,
३—वात वृद्ध कफपित्त दोनों अधिक वृद्ध,

जिन सन्निपातों में एक दोष अधिक बढ़ा हो वे भी तीन हैं—

१—पित्तकफ दोनों वृद्ध वात अधिक वृद्ध,
२—वातकफ दोनों वृद्ध पित्त अधिक वृद्ध,
३—वातपित्त दोनों वृद्ध कफ अधिक वृद्ध,

इस प्रकार दो दोष अधिक वृद्ध ३, एवं एक दोष अधिक वृद्ध ३, मिलाकर ६ सन्निपात होते हैं ॥

तीनों दोषों के हीन, मध्य एवं अधिक भेद से सन्निपात ६ प्रकार का है; यथा—

१—वात वृद्ध	पित्त वृद्धतर	कफ वृद्धतम
२—वात वृद्ध	कफ वृद्धतर	पित्त वृद्धतम
३—पित्त वृद्ध	कफ वृद्धतर	वात वृद्धतम
४—पित्त वृद्ध	वात वृद्धतर	कफ वृद्धतम
५—कफ वृद्ध	वात वृद्धतर	पित्त वृद्धतम
६—कफ वृद्ध	पित्त वृद्धतर	वात वृद्धतम

हीन, मध्य, अधिक का क्रमशः यही अभिप्राय है कि सन्निपात में जो दोष कम बढ़ा हो, मध्यम बढ़ा हो वा अधिक बढ़ा हो। इसी बात को यहाँ वृद्ध, वृद्धतर एवं वृद्धतम कहकर बताया है।

सन्निपात में तीनों दोषों के समवृद्ध होने से १ विकार होता है। यथा—१—वात पित्त कफ तीनों समवृद्ध

द्व्युल्बण (दो अधिक) ३+एकोल्बण (एक अधिक) ३+हीन मध्य एवं अधिक भेद से ६+समवृद्ध १=१३ सन्निपात होते हैं।

संसर्ग से (द्विदोषज विकार) ९ होते हैं। यथा—यदि एक दोष अधिक बढ़ा हो तो ६ द्विदोषज विकार होते हैं।

१—वातवृद्ध	पित्त वृद्धतर
२—पित्तवृद्ध	वात वृद्धतर
३—कफ वृद्ध	पित्त वृद्धतर
४—पित्त वृद्ध	कफ वृद्धतर
५—वातवृद्ध	कफ वृद्धतर
६—कफ वृद्ध	वात वृद्धतर

यदि संसर्गज में दोनों दोष समता से बढ़े हुए हों तो ३ भेद हो सकते हैं।

१—वातपित्त	दोनों समवृद्ध
२—वातकफ	दोनों समवृद्ध
३—कफपित्त	दोनों समवृद्ध

इस प्रकार संसर्गज रोग ६+३=९ होते हैं।

पृथक् पृथक् दोषों की वृद्धि (एकदोषज) से तीन विकार होते हैं। यथा—

१—वातवृद्ध। २—पित्तवृद्ध। ३—कफवृद्ध।

बढ़े हुए दोषों को दृष्टि में रखते हुए ये व्याधियाँ २५ होती हैं। सन्निपात १३+द्विदोषज ९+एकदोषज ३=२५

यथा वृद्धैस्तथा क्षीणैर्दोषैः स्युः पञ्चविंशतिः।

जैसे बढ़े हुए दोषों को दृष्टि में रखते हुए २५ व्याधियाँ होती हैं। वैसे ही क्षीण हुए दोषों को दृष्टि में रखते हुए भी २५ व्याधियाँ होती हैं। पूर्ववत् सन्निपात में १३, द्विदोषज में ९ तथा एक दोषज में ३। सन्निपात में दो दोषों के अतिक्षीण होने से ३; यथा—

१—वात	क्षीण	पित्तकफ	दोनों	अतिक्षीण
२—पित्त	क्षीण	वातकफ	दोनों	अतिक्षीण
३—कफ	क्षीण	वातपित्त	दोनों	अतिक्षीण

सन्निपात में एक दोष के अतिक्षीण होने से ३; यथा—

१—वातपित्त	दोनों	क्षीण	कफ	अतिक्षीण
२—वातकफ	दोनों	क्षीण	पित्त	अतिक्षीण
३—कफपित्त	दोनों	क्षीण	वात	अतिक्षीण

सन्निपात में हीन, मध्य एवं अधिक के भेद से ६। यथा—

१—कफ क्षीण	पित्त	क्षीणतर	वात	क्षीणतम
२—वातक्षीण	कफ	क्षीणतर	पित्त	क्षीणतम
३—पित्तक्षीण	कफ	क्षीणतर	वात	क्षीणतम
४—कफक्षीण	वात	क्षीणतर	पित्त	क्षीणतम
५—वातक्षीण	पित्त	क्षीणतर	वात	क्षीणतम
६—पित्तक्षीण	वात	क्षीणतर	कफ	क्षीणतम

यहाँ पर हीन, मध्य एवं अधिक से अभिप्राय क्रमशः कम क्षीण, मध्यम क्षीण तथा अधिक क्षीण से है।

सन्निपात में तीनों दोषों के सम क्षीण होने से १; यथा

१—वातपित्तकफ तीनों समक्षीण

१—'संसर्गेण नवैते षट्' ग०। २—'समैस्त्रय इति वृद्धैः समैः' चक्रः।

इस प्रकार क्षीणदोष सन्निपात ३ + ३ + ६ + १ = १३ होते हैं ॥

संसर्ग से ६ । इन क्षीण द्विदोषजों में एक के अधिक क्षीण होने पर ६ ; यथा—

१—वात	क्षीण	पित्त	क्षीणतर
२—पित्त	क्षीण	वात	क्षीणतर
३—वात	क्षीण	कफ	क्षीणतर
४—कफ	क्षीण	वात	क्षीणतर
५—कफ	क्षीण	पित्त	क्षीणतर
६—पित्त	क्षीण	कफ	क्षीणतर

यदि तुल्य क्षीण हो तो ३ । यथा—

१—वातपित्त	समक्षीण
२—वातकफ	समक्षीण
३—पित्तकफ	समक्षीण

इस प्रकार क्षीणदोष संसर्गज रोग ६ + ३ = ९ होते हैं। पृथक् ३ (एकदोषज) क्षीण के ३ भेद हैं।

१—वात	क्षीण
२—पित्त	क्षीण
३—कफ	क्षीण

क्षीण दोषों को दृष्टि में रखते हुए १३ + ९ + ३ = २५ रोग होते हैं ॥४१॥

वृद्धिक्षयकृतश्चान्यो विकल्प उपदेक्ष्यते ॥४२॥
वृद्धिरेकस्य समता चकस्यैकस्य संक्षयः ।
द्वन्द्ववृद्धिः क्षयश्चैकस्यैकवृद्धिर्द्वयोः क्षयः ॥४३॥

सन्निपात (त्रिदोष) में युगपत् वृद्धि तथा क्षय होनेवाले एक अन्य भेद का उपदेश किया जाता है—

एक की वृद्धि, एक की समता तथा एक का क्षय। यह ६ विकल्पों में विभक्त हो सकता है। अष्टांगहृदय सू० १२ अध्याय में भी कहा है–'एकैकवृद्धिसमताक्षयैः षट् ते।'

यथा—१–वातवृद्ध	पित्तसम	कफक्षीण
२–वातवृद्ध	कफसम	पित्तक्षीण
३–पित्तवृद्ध	कफसम	वातक्षीण
४–पित्तवृद्ध	वातसम	कफक्षीण
५–कफवृद्ध	पित्तसम	वातक्षीण
६–कफवृद्ध	वातसम	पित्तक्षीण

दो की वृद्धि तथा एक का क्षय; इस भेद से ३ विकल्प होते हैं। यथा—

१–कफपित्त	दोनों	वृद्ध	वात	क्षीण
२–वातकफ	दोनों	वृद्ध	पित्त	क्षीण
३–वातपित्त	दोनों	वृद्ध	कफ	क्षीण

एक की वृद्धि और दो का क्षय ; इस भेद से ३ विकल्प होते है। यथा—

१–वातवृद्ध	कफपित्त	दोनों	क्षीण
२-पित्तवृद्ध	वातकफ	दोनों	क्षीण
३–कफवृद्ध	वातपित्त	दोनों	क्षीण

वाग्भट ने अष्टांगहृदय सू० १२ अ० में कहा भी है–'पुनश्च द्व। एकक्षयद्व द्ववृद्धया सविपर्यययापि ते ॥'

इस प्रकार दोषों के परिमाण के भेद से २५ + २५ + ६ + ३ + ३ = ६२ विकार होते हैं।

यही ६२ भेद सुश्रुत उत्तरतन्त्र के अन्तिम अध्याय में बताये गये हैं—

'भिन्ना दोषास्त्रयो गुणाः' ।
द्विषष्टिधा भवन्त्येते भूयिष्ठमिति निश्चयः ॥
त्रय एव पृथग्दोषा द्विशो नव समाधिकैः ।
त्रयोदशाधिकैकद्विसममध्योल्बणैस्त्रिशः ॥
पञ्चाशदेवं तु सह भवन्ति क्षयमागतैः ।
क्षीणमध्याधिकद्वयेकक्षीणवृद्धैस्तथापरैः ॥
द्वादशैवं समाख्यातास्त्रयो दोषा द्विषष्टिधा ॥

यहाँ पर गंगाधर ने एक शंका उठाकर उसका उत्तर दिया है। वह इस प्रकार है—

एक की वृद्धि एक की समता तथा एक का क्षय ; जब इसमें समता को भी गिना है तो एक की वृद्धि और दो की समता ; इस भेद से ३ , यथा

१—वातवृद्ध	पित्तकफ	दोनों	सम
२—पित्तवृद्ध	वातकफ	दोनों	सम
३—कफवृद्ध	वातपित्त	दोनों	सम

और दो की वृद्धि, एक की समता ; इस भेद से ३ ; यथा—

१—पित्तकफ	वृद्ध	वात	सम
२—वातकफ	वृद्ध	पित्त	सम
३—वातपित्त	वृद्ध	कफ	सम

ये दोनों मिलाकर ६ होते ह। परन्तु इन्हें तो वृद्धि की अवस्था में एक दोषज तथा द्वन्द्व (द्विदोषज, संसर्गज) में कह आये हैं। इसी प्रकार वृद्ध की जगह क्षीण पड़ने से भी ६ विकल्प होते हैं और उन्हें भी क्षयावस्था में एकदोषज तथा द्वन्द्वजों में कहा गया है। वृद्धि एवं क्षयकी उक्त दोनों ही अवस्था में सम को नहीं पढ़ा गया, क्योंकि 'सम' अविकृत होता है। अतएव 'सम' को न पढ़ते हुए वहाँ उक्त भेदों को दर्शा दिया गया है। अब प्रश्न उठता है कि यदि अविकृत होने से सम वात आदि का पढ़ना वहाँ अनावश्यक समझा गया है तो 'एक की वृद्धि एक की समता तथा एक का क्षय' यहाँ पर समता को क्यों पढ़ा ? यहाँ पर एक की वृद्धि तथा एक का क्षय; इसी प्रकार पढ़कर ६ संख्या पूरी कर लेते। परन्तु आनेवाले श्लोक में प्रकृतिस्थित पित्त को भी दाह (विकृति) करनेवाला कहा गया है। अतएव ज्ञात होता है कि वृद्ध एवं क्षीण दोष समदोषों को भी आकृष्ट करके विकृति का कारण बना देते हैं। अतएव वहाँ समता को पढ़ा गया है। तो सुतरां उक्त १२ भेदों में भी समदोष आकृष्ट होकर विकृति को पैदा करेंगे और इस प्रकार दोषों के मान के विकल्प से उत्पन्न होनेवाले विकारों की संख्या ६ से अधिक हो जायगी। इसका उत्तर देते हैं—कि यदि एक दोष वृद्ध हो और दो दोष सम हों वा एक दोष क्षीण हो और दो दोष सम हों अपि वा दो दोष वृद्ध हों और एक दोष सम हो वा दो दोष क्षीण हों और एक दोष सम हो तो दुष्ट-वृद्ध एवं क्षीण दोष सम दोष को आकर्षित नहीं करते। परन्तु यदि त्रिदोष में युगपत् एक बढ़ा हुआ हो, एक क्षीण हो और एक सम हो तो ऐसी अवस्था में

समदोष भी आकृष्ट होकर दाह आदि विकृति को पैदा कर देता है। यह इन दोषों का स्वभाव ही है। इसी लिये संख्यावृद्धि भी नहीं होती और एक की वृद्धि, एक की समता तथा एक का क्षय पढ़ना भी संगत होता है। अन्यत्र 'एकः प्रकुपितो दोषः सर्वानेव प्रकोपयेत्' अर्थात् 'कुपित हुआ २ एक दोष सम्पूर्ण दोषों को कुपित कर देता है' यह जो कहा गया है वह उपर्युक्त अवस्था में ही अर्थात् एक की वृद्धि, एक की समता तथा एक का क्षय होने पर लागू होता है। सर्वत्र यह नियम लागू नहीं होता ॥४३॥

प्रकृतिस्थं यदा पित्तं मारुतः श्लेष्मणः क्षये।
स्थानादादाय गात्रेषु यत्र यत्र विसर्पति ॥४४॥
तदा भेदश्च दाहश्च तत्र तत्रानवस्थितः।
गात्रदेशे भवत्यस्य[1] श्रमो [2]दौर्बल्यमेव च ॥४५।

दोषों के युगपत् वृद्धि एवं क्षय से उत्पन्न होनेवाले विकल्पों के लक्षण—जब पित्त प्रकृति स्थित (सम) हो और कफ का क्षय हो तब प्रवृद्ध वात उस पित्त को अपने स्थान से लेकर शरीर में जहाँ २ भी जाता है तब वहाँ २ शरीर में अनवस्थित (अस्थिर; कदाचित् होना, कदाचित् न होना) भेद (विदारण करने के सदृश पीड़ा) तथा दाह होता है। थकावट तथा दुर्बलता होती है। यहाँ पर भेद तथा थकावट वृद्ध वात के एवं दाह, दुर्बलता पित्त के लक्षण हैं अथवा दुर्बलता को प्रवृद्धवात एवं पित्त दोनों का लक्षण समझना चाहिये ॥४४, ४५॥

[3]साम्ये स्थितं कफं वायुः क्षीणे पित्ते यदा बली।
कर्षेत्कुर्यात्तदा शूलं सशैत्यस्तम्भगौरवम् ॥४६॥

पित्त के क्षीण होने पर समावस्था में स्थित कफ को जब बली वायु खींच लाता है तब शूल, शीतता, स्तम्भ (जड़ता) तथा गुरुता (भारीपन) होती है। वायु शूल एवं शीत का कारण है और कफ से शीत, स्तम्भ (जड़ता) तथा गुरुता होती है ॥४६॥

[4]यदाऽनिलं प्रकृतिगं पित्तं कफपरिक्षये।
संरुणद्धि यदा दाहः शूलं चास्योपजायते ॥४७॥

कफ के क्षीण होने पर जब प्रकृतिस्थित वायु को पित्त रोक देता है तब उस पुरुष को दाह तथा शूल होता है। इसमें दाह पित्त का लक्षण है तथा शूल वायु का। वायु चल-स्वभाव होने से इतर दोषों को इधर-उधर शरीर में ले जाता है। पित्त कफ दोनों पङ्गु हैं, ये अपने से इतर दोष वा दोषों को वहीं रोक देते हैं।

'पित्तं पङ्गु कफः पङ्गुः पङ्गवो मलधातवः।
वायुना यत्र नीयन्ते तत्र वर्षन्ति मेघवत् ॥४७॥

श्लेष्माणं हि[5] समं पित्तं यदा वातपरिक्षये।
संनिरुध्यात्तदा[6] कुर्यात्सतन्द्रागौरवं ज्वरम् ॥४८॥

वात के क्षीण होने पर समावस्था में स्थित कफ को जब प्रवृद्ध पित्त रोकता है तब वह तन्द्रा एवं गौरव (भारीपन), इन लक्षणों के साथ ज्वर को उत्पन्न करता है ॥४८॥

प्रवृद्धो हि यदा श्लेष्मा पित्ते क्षीणे[1] समीरणम्।
[2]रुन्ध्यात्तदा प्रकुर्वीत शीतकं गौरवं रुजम्[3] ॥४९॥

पित्त की क्षीणावस्था में बढ़ा हुआ कफ जब वात (समावस्था में स्थित) को रोकता है तब शीतता, गुरुता तथा वेदना को करता है ॥४९॥

समीरणे परिक्षीणे कफः पित्तं समत्वगम्[4]।
कुर्वीत [5]संनिरुन्धानो मृद्वग्नित्वं शिरोग्रहम् ॥५०॥
निद्रां तन्द्रां [6]प्रलापं च हृद्रोगं गात्रगौरवम्।
नखादीनां च पीतत्वं ष्ठीवनं कफपित्तयोः ॥५१॥

वायु के क्षीण होने पर समता को प्राप्त हुए पित्त को रोकता हुआ कफ मन्दाग्नि, शिरोग्रह, निद्रा, तन्द्रा, प्रलाप, हृद्रोग, शरीर की गुरुता, नख, मूत्र, विष्ठा, त्वचा, नेत्र आदि का पीला होना, कफ एवं पित्त का थूकना, इन लक्षणों को उत्पन्न करता है ॥

इस प्रकार तीनों दोषों में एक की वृद्धि, एक की समता तथा एक का क्षय, इस दृष्टि से छहों भेदों को लक्षणों द्वारा बता दिया है ॥५०, ५१॥

अब दो की वृद्धि और एक का क्षय इस दृष्टि से तीनों विकल्पों के लक्षण बताये जायँगे—

हीनवातस्य तु कफः पित्तेन सहितश्चरन्।
करोत्यरोचकापाकौ सदनं गौरवं तथा ॥५२॥
हृल्लासमास्यस्रवणं दूयनं पाण्डुतां मदम्।
विरेकस्य हि वैषम्यं वैषम्यमनलस्य च ॥५३॥

हीन (क्षीण) वात पुरुषों के शरीर में कफ (वृद्ध), पित्त (वृद्ध) के साथ सञ्चार करता हुआ अरुचि, अपचन, शिथिलता, गुरुता, हृल्लास (जी मचलाना), लालास्राव, मुख ओष्ठ तालु आदि में दाह, पाण्डुता, मद पुरीष आदि के आने में विषमता, अग्नि का विषम होना; इन लक्षणों को उत्पन्न करता है ॥ इस में अरुचि से लालास्राव पर्यन्त कफ के और शेष पित्त के कार्य हैं। यदि वात क्षीण न होकर सम होता तो पुरीष आदि के निर्गम में भी विषमता न होती—समता होती। अन्यत्र कहा भी है—

'समो मोक्षो गतिमतां वायोः कर्माविकारजम्।'

तथा प्राकृत कर्म के नाश वा विपरीत गुण की वृद्धि से ही दोषों की क्षीणता जांची जाती है। १८ वें अध्याय में कहा भी जायगा—

'वाते पित्ते कफे चैव क्षीणे लक्षणमुच्यते।
कर्मणः प्राकृताद्धानिर्वृद्धिर्वापि विरोधिनाम् ॥

पुरीषनिर्गम में समता होना वात का प्राकृत कर्म है, परन्तु वह न होकर यहाँ विषमता है। जिस से वायु का क्षीण होना ज्ञात होता है ॥५२, ५३॥

क्षीणपित्तस्य तु श्लेष्मा मारुतेनोपसंहितः।
स्तम्भं शैत्यं च तोदं च जनयत्यनवस्थितम् ॥५४॥

१—'भवेत्तस्य' ग० । २—'वैवर्ण्यमेव च' इति गङ्गाधर-सम्मतः पाठः ।

३—'प्रकृतिस्थं' ग० । ४—'प्रकृतिस्थ यदा वातं' ग० ।
५—'प्रकृतिस्थ कफं' ग० । ६—'निर्पीडयेत्तदा' चक्रः ।

१—'प्रकृतिस्थं यदा वातं श्लेष्मा पित्तपरिक्षये' ग. ।
२—'संनिरुध्यात्तदा कुर्यात्' ग० । ३—'ज्वरं' ग० ।
४—'प्रकृतिस्थं यदा पित्तं श्लेष्मा मारुतसंक्षये' ग० ।
५—'संनिरुध्यात्तम कुर्यात' ग० । ६—'प्रलेपं' यो० ।

गौरवं मृदुतामग्नेर्भक्ताश्रद्धां प्रवेपनम् ।
नखादीनां च शुक्लत्वं गात्रापारुष्यमेव च ॥५५॥

क्षीण-पित्त पुरुषका बढ़ा हुआ कफ बढ़े हुए वायु से युक्त हुआ २ स्तम्भ (जड़ता), शीतता, अनवस्थित तोद (व्यथा), गुरुता, मन्दाग्निता, भोजन में अरुचि, कम्पन, नख, त्वचा आदि की श्वेतता तथा शरीर की परुषता (खरदरापन, कठोरता वा रूक्षता) को उत्पन्न कर देता है। 'अनवस्थित तोद' से अभिप्राय यही है कि अनिश्चित रूप से कदाचित् व्यथा होना कदाचित् न होना अथवा दर्द अभी एक अवयव में है वहाँ से हटकर दूसरी जगह होना पुनः वहाँ से भी हटकर दूसरे अवयव में हो जाना, कदाचित् पुनः वेदना का उसी अवयव में हो जाना जहाँ पहिले हुई थी इत्यादि ॥५४॥

हीने कफे मारुतस्तु पित्तं तु कुपितं द्वयम् ।
करोति यानि लिङ्गानि शृणु तानि समासतः ॥५६॥
भ्रमपुद्वेष्टनं तोदं दाहं स्फोटनवेपने¹ ।
अङ्गमर्दं परीशोषं दूयनं² धूपनं तथा ॥५७॥

कफ के क्षीण होने पर वायु और पित्त दोनों कुपित हुए २ जिन लक्षणों को पैदा करते हैं उन्हें संक्षेप में सुनो—भ्रम (चक्कर आना), उद्वेष्टन, तोद (सूचीवेधवत् पीड़ा), दाह, अङ्गों का फूटना, कम्पन, अङ्गमर्द, शरीर का सूखना (परिशोष), मुख कण्ठ आदि में वेदना युक्त दाह का होना, कण्ठ में धूआँ सा उठता प्रतीत होना ॥५६, ५७॥

अब एक की वृद्धि, दो का क्षय; इस विकल्प से उत्पन्न होने-वाले ३ भेदों के लक्षणों को पृथक् २ बताते हैं—

वातपित्तक्षये श्लेष्मा स्रोतांस्यपिदधद् भृशम् ।
चेष्टाप्रणाशं मूर्च्छां च वाक्सङ्गं च करोति हि ॥५८॥

वात तथा पित्त दोनों की क्षीणावस्था में प्रवृद्ध हुआ २ कफ स्रोतों को बन्द करके चेष्टानाश (किसी अवयव को हिला-डुला न सकना) मूर्च्छा वाक्सङ्ग (वाणी से बोल न सकना) ; इन लक्षणों को करता है ॥ ५८ ॥

श्लेष्मवातक्षये पित्तं देहौजः स्रंसयेच्चरत् ।
ग्लानिमिन्द्रियदौर्बल्यं तृष्णां मूर्च्छां क्रियाक्षयम् ।५९।

वात कफ की क्षीणावस्था में प्रवृद्ध पित्त शरीर में सञ्चार करता हुआ देह के ओज का क्षरण करता है और ग्लानि, इन्द्रियों की दुर्बलता, तृष्णा (प्यास) मूर्च्छा तथा क्रियाक्षय (चेष्टानाश अथवा हाथ आदि अङ्गों को कम हिला डुला सकना) का कारण होता है ॥६०॥

पित्तश्लेष्मक्षये वायुर्मर्माण्यभिनिपीडयन् ।
प्रणाशयति संज्ञां च वेपयत्यथवा नरम् ॥६०॥

पित्त एवं कफ के क्षीण होने पर वायु मर्मों को पीड़ित करता हुआ संज्ञा (चेतनता) को नष्ट करता है। मनुष्य को कम्पन करता है अर्थात् रोगी को कम्प होता है ॥६०॥

दोषाः प्रवृद्धाः स्वं लिङ्गं दर्शयन्ति यथाबलम् ।
क्षीणा जहति लिङ्गं स्वं, समाः स्वं कर्म कुर्वते ॥६१॥

वात आदि दोषों के वृद्धि क्षय एवं समता जानने का प्रकार—

बढ़े हुए वात आदि दोष बल के अनुसार अपने लक्षणों को प्रकट करते हैं। ये लक्षण वैकारिक (विकृति सम्बन्धी), जानने चाहियें। ये वैकारिक लक्षण वातकलाकलीय नामक अध्याय में 'कुपितस्तु खलु वायुः' इत्यादि, 'अपक्तिरदर्शनममात्रावत्त्वं' इत्यादि तथा 'शैथिल्यं कार्श्यं' इत्यादि द्वारा कहे जा चुके हैं। महारोगाध्याय में भी 'स्रंसभ्रंशव्यास०' इत्यादि 'दाहौष्ण्यपाक०' इत्यादि 'श्वैत्यशैत्यगौरव०' इत्यादि द्वारा कहे जायँगे। 'बल के अनुसार' कहने का यही अभिप्राय है यदि दोष अत्यधिक बढ़े हों तो अत्यधिक बढ़े हुए यदि मध्यम बढ़े हों तो मध्यम बढ़े हुए, यदि अल्प ही बढ़े हों तो अल्प ही बढ़े हुए लक्षण प्रकट होंगे। क्षीण हुए दोष अपने प्राकृत लक्षणों को छोड़ देते हैं अर्थात् उनके लक्षण प्रकट नहीं होते। समावस्था में स्थिर दोष अपना प्राकृत कर्म करते हैं। दोषों के प्राकृत (अकुपित अवस्था के) कर्म वातकलाकलीय नामक अध्याय तथा त्रिशोथीय अध्याय में कहे गये हैं ॥६१॥

वातादीनां रसादीनां मलानामोजसस्तथा ।
क्षयास्तत्रानिलादीनामुक्तं संक्षीणलक्षणम् ॥६२॥

अठारह क्षय—वात आदि तीन दोष, रस रक्त आदि ७ धातु ७ मल तथा ओज; इनके क्षय होते हैं। इन में से वात आदि तीनों दोषों के क्षय लक्षण 'हीनवातस्य' इत्यादि (५२ वें श्लोक) से लेकर 'क्षीणा जहति लिङ्गं स्वं' इत्यादि पर्यन्त कह दिये हैं ।६२।

परुषा स्फुटिता म्लाना त्वग्रूक्षा रक्तसंक्षये ।

रक्तक्षय के लक्षण—रक्त के क्षीण होने पर त्वचा खरदरी, फूटी हुई, मुरझाई हुई तथा रूखी होती है। सुश्रुत सू० १३ अध्याय में रक्तक्षय के लक्षण दिये हैं 'शोणितक्षये त्वक्पारुष्यमम्लशीतप्रार्थना शिराशैथिल्यं च ।'

अर्थात् रक्त के क्षीण होने पर त्वचा खरदरी होती है। रोगी खट्टी और शीत वस्तु चाहता है। शिरायें (Bloodvessels) शिथिल हो जाती हैं। रक्त से भरी नहीं होतीं।

मांसक्षये विशेषेण स्फिग्ग्रीवोदरशुष्कता ॥६४॥

मांसक्षय के लक्षण—मांस क्षीण होने पर चूतड़, गर्दन तथा पेट विशेषतः सूख जाते हैं—पतले हो जाते हैं। सुश्रुत सू० १५ अ० में कहा है—

'मांसक्षये स्फिग्गण्डोष्ठोपस्थोरुवक्षःकक्षापिण्डकोदरग्रीवाशुष्कता रौक्ष्यतोदौ गात्राणां सदनं धमनीशैथिल्यं च' ।'

अर्थात् मांसक्षय होने पर चूतड़, गण्ड (गाल, कपोल), होंठ, मूत्रेन्द्रिय, ऊरु, छाती, कक्षा, पिण्डिका (पिण्डली) पेट तथा गर्दन सूख जाती है। शरीर में रूक्षता तथा तोद (सूई चुभने का सा दर्द), होती है। शरीर के अवयव शिथिल हो जाते हैं। धमनियाँ भी शिथिल हो जाती हैं ॥६४॥

सन्धीनां स्फुटनं ग्लानिरक्ष्णोरायास एव च ।
लक्षणं मेदसि क्षीणे तनुत्वं चोदरस्य च ॥६५॥

मेदःक्षय के लक्षण—सन्धियों का स्फुटन (दो अस्थियों के रगड़ की आवाज), नेत्रों में ग्लानि, थकावट, पेट का कृश होना; ये मेद के क्षीण होने पर लक्षण होते हैं।

१—'स्फोटनमुत्तमम्' च०। २—'हृदये' ग०।

१—'दूयते' च०।

अष्टाङ्गसंग्रह के अनुसार कई टीकाकार इस श्लोक की प्रथम पंक्ति को अर्थात् 'थकावट' पर्यन्त लक्षणों को मांसक्षय के लक्षणों में भी गिनते हैं।

वहाँ सूत्र० १६ वें अध्याय में कहा है—'स्फिग्गण्डादिशुष्कता तोदरौक्ष्याक्षिग्लानिसन्धिस्फोटनधमनीशैथिल्यैर्मांसम्'।

इसमें सन्धिस्फोटन तथा नेत्रग्लानि; ये लक्षण मांसक्षय में पढ़े हैं। सुश्रुत सू० १५ अध्याय मे मेदःक्षय के लक्षण बताये हैं—

'मेदःक्षये प्लीहाभिवृद्धिः सन्धिशून्यता रौक्ष्यं मेदुरमांसप्रार्थना च।' अर्थात् मेद के क्षीण होने पर तिल्ली बढ़ जाती है। शरीर में रूक्षता हो जाती है। रोगी मेदःप्रधान मांस के खाने की इच्छा प्रकट करता है। अष्टाङ्गसंग्रह सू० १६ अ० में—

'प्लीहावृद्धिकटीस्वापसन्धिशून्यताङ्गरौक्ष्यकार्श्यश्रमशोषमेदुरमांसाभिलाषैर्मांसक्षयोक्तैश्च मेदः।'

यहाँ पर 'कटीस्वाप (कमर का सोजना)' तथा 'शोष' ये दो लक्षण अधिक बताये हैं। तथा यह भी अतिदेश किया है कि मांसक्षयोक्त चूतड़ कपोल आदि की शुष्कता प्रभृति तथा सन्धिस्फोटन आदि लक्षण भी मेदःक्षय में होते हैं ॥६५॥

केशलोमनखश्मश्रुद्विजप्रपतनं श्रमः।
ज्ञेयमस्थिक्षये रूपं सन्धिशैथिल्यमेव च ॥६६॥

अस्थिक्षय के लक्षण—केश, लोम, नख, दाढ़ी, मूँछ के बाल, दांत; इनका गिरना, थकावट तथा सन्धियों की शिथिलता; ये अस्थिक्षय के लक्षण हैं। सुश्रुत सू० १५ अध्याय में कहा है—

'अस्थिक्षयेऽस्थिशूलं दन्तनखभङ्गो रौक्ष्यं च।'

तथा अष्टाङ्गसंग्रह सू० १० अ० में—'दन्तनखरोमकेशशातनरौक्ष्यपारुष्यसन्धिशैथिल्यास्थितोदास्थिबद्धमांसाभिलाषैरस्थि।'

अर्थात् अस्थिक्षय होने पर चरकोक्त लक्षण तथा अस्थियों में शूल, शरीर की रूक्षता एवं कर्कशता होती है। रोगी को अस्थि के साथ बंधे हुए मांस जैसे पसलियों के साथ जुड़े हुए वा इसी प्रकार अन्य स्थलों की अस्थियों के साथ जुड़े हुए मांस के खाने की इच्छा होती है ॥६६॥

शीर्यन्त इव चास्थीनि दुर्बलानि लघूनि च।
प्रततं [1]वातरोगाश्च क्षीणे मज्जनि देहिनाम् ॥६७॥

मज्जाक्षय के लक्षण—मज्जा के क्षीण होने पर अस्थियाँ शीर्ण होने लगती हैं (खुरने लगती हैं—Necrosis of bones वा अस्थिसौषिर्यअस्थि का क्षरण हो २ कर छिद्रयुक्त होते जाना) और क्रमशः दुर्बल एवं हलकी हो जाती हैं। रोगी निरन्तर, वातरोगों से पीड़ित रहता है। सुश्रुत सू० १५ अ० से कहा है—

'मज्जक्षयेऽल्पशुक्रता पर्वभेदोऽस्थिनिस्तोदोऽस्थिशून्यता च।'

अर्थात् मज्जा के क्षय से वीर्य में कमी होती है, जोड़ों तथा अस्थियों में वेदना होती है और अस्थियाँ मज्जासे शून्य हो जाती हैं ६७

दौर्बल्यं मुखशोषश्च पाण्डुत्वं सदनं[2] श्रमः।
क्लैब्यं शुक्राविसर्गश्च क्षीणशुक्रस्य लक्षणम् ॥६८॥

शुक्रक्षय के लक्षण—जिसका वीर्य क्षीण हो गया है उस पुरुष में दुर्बलता, मुख का सूखना, पाण्डुता (रक्त की कमी के कारण पीलापन), शिथिलता, थकावट, मैथुन में असमर्थता—नपुंसकता, मैथुन के समय वीर्य का क्षरण न होना (Aspermia) अथवा अल्प ही क्षरण होना: ये लक्षण होते हैं। सुश्रुत सू० १५ अ० में—

'शुक्रक्षये मेढ्रवृषणवेदना, अशक्तिर्मैथुने चिराद्वा प्रसेकः, प्रसेके चाल्परक्तशुक्रदर्शनम्॥'

अर्थात् मूत्रेन्द्रिय एवं अण्डों में दर्द होती है, मैथुन में असमर्थता, देर से शुक्र का क्षरण होना अथवा अल्प रक्त वा अल्पशुक्र का क्षरण होना; ये लक्षण शुक्रक्षय में होते हैं।

इस प्रकार सातों धातुओं के क्षय के लक्षण बता दिये हैं ॥६८॥

अब सातों मलों के क्षय के लक्षण बतायंगे—

क्षीणे शकृति चान्त्राणि पीडयन्निव मारुतः।
रूक्षस्योन्नमयन् कुक्षिं तिर्यगूर्ध्वं च गच्छति ॥६९॥

पुरीषक्षय के लक्षण—पुरीष के क्षीण होने पर वायु, रूक्ष पुरुष की आँतों को पीड़ित करता हुआ (अथवा मरोड़ डालता हुआ) कुक्षि (कोख) को ऊँचा उठाता हुआ वा फुलाता हुआ तिर्यग् (पार्श्वों की ओर) वा ऊपर की ओर जाता है। 'रूक्षपुरुष' कहने से 'रूक्षता'को भी पुरीषक्षय का लक्षण जानना चाहिये। सुश्रुत सू० १५ अ० में कहा है—

'पुरीषक्षये हृदयपार्श्वपीडा, सशब्दस्य
च वायोरूर्ध्वगमनं कुक्षौ सञ्चरणञ्च'।

अर्थात् पुरीष का क्षय होने पर हृदय एवं पार्श्व में वेदना, शब्दयुक्त वायु का ऊपर को जाना तथा कुक्षि में सञ्चार करना, ये लक्षण होते हैं ॥६९॥

मूत्रक्षये मूत्रकृच्छ्रं मूत्रवैवर्ण्यमेव च।
पिपासा बाधते चास्य मुखं च परिशुष्यति ॥७०॥

मूत्रक्षय के लक्षण—मूत्र के क्षीण होने पर मूत्रकृच्छ्र (मूत्र का कष्ट से आना) तथा मूत्र की विवर्णता होती है अर्थात् मूत्र का अपना प्राकृत वर्ण (Straw yellow हलका पीला) नहीं रहता। रोगी को प्यास अत्यधिक लगती है, मुंह सूखता जाता है॥ सुश्रुत सू० १५ अ० में मूत्रक्षय के लक्षण दिये हैं—'मूत्रक्षये बस्तितोदोऽल्पमूत्रता च'। अर्थात् मूत्र के क्षीण होने पर वस्ति में वेदना होती है, मूत्र अल्प आता है ॥७०॥

मलायनानि चान्यानि शून्यानि च लघूनि च।
विशुष्काणि च लक्ष्यन्ते यथास्वं मलसंक्षये ॥७१॥

नाक, कान, नेत्र मुख तथा लोमकूप के मलों के सामान्य लक्षण—अपने २ मलों के क्षीण होने पर अन्य (गुदा तथा मूत्राशय से भिन्न) मलमार्ग शून्य (अपने अपने मलों से रहित), हलके तथा शुष्क हुए २ दिखाई देते हैं॥ सुश्रुत सू० १५ अध्याय में लोमकूप के मल—स्वेद के क्षय के लक्षण पढ़े हैं—

'स्वेदक्षये स्तब्धरोमकूपता त्वक्शोषः स्पर्शवैगुण्यं स्वेदनाशश्च।'

अर्थात् स्वेद (पसीने) के क्षीण होने पर लोमकूप जड़वत् हो जाते हैं, त्वचा सूख जाती है, स्पर्शज्ञान यथावत् नहीं होता और स्वेद नष्ट हो जाता है॥

इस प्रकार सातों मलों के लक्षण भी कह दिये गये हैं ॥७१॥

विभेति दुर्बलोऽभीक्ष्णं ध्यायति व्यथितेन्द्रियः।

1—'वातरोगीणि ग०। 2—'श्रमः' ग०।

दुश्छायो दुर्मना रूक्षः क्षामश्चैवौजसः क्षये ॥७२॥

ओजःक्षय के लक्षण—ओज के क्षीण होने पर दुर्बल हुआ २ पुरुष अकारण ही डरता है, निरन्तर चिन्तित रहता है, इन्द्रियों में कष्ट होता है। वे यथावत् अपना कार्य नहीं करतीं। पुरुष की कान्ति कम हो जाती है या बिगड़ जाती है, मन दुर्बल हो जाता है। वह अच्छी प्रकार सोच विचार नहीं सकता। शरीर रूक्ष एवं कृश हो जाता है।

सुश्रुत ने ओजःक्षय को तीन भेदों में बांटा है—

'तस्य विस्रंसो व्यापत् क्षय इति लिङ्गानि व्यापन्नस्य भवन्ति। सन्धिविश्लेषो गात्राणां सदनं दोषच्यवनं क्रियाऽसन्निरोधश्च विस्रंसे। स्तब्धगुरुगात्रता वातशोफो वर्णभेदो ग्लानिस्तन्द्रा च व्यापन्ने। मूर्छा मांसक्षयो मोहः प्रलापो मरणमिति च क्षये।'

अर्थात् ओजोविस्रंस ओजोव्यापत् तथा ओजःक्षय, ये तीन क्षय के भेद हैं।

ओजोविस्रंस से अभिप्राय मूत्र आदि मार्गों से ओज का निकलना है। इस में सन्धियों का ढीला होना, शरीर की शिथिलता, दोषों का अपने स्थान से हट जाना अथवा दुष्ट हुए दोषों द्वारा ओज का च्युत होना, क्रिया-चेष्टा में कुछ कमी होना; ये लक्षण होते हैं। ओजोव्यापत् में शरीर भारी एवं जड़वत् प्रतीत होता है, वातजशोफ, विवर्णता, ग्लानि, तन्द्रा तथा निद्रा; ये लक्षण होते हैं। ओजःक्षय में मूर्छा, मांस का क्षय, मोह, प्रलाप तथा मृत्यु होती हैं ॥७२॥

हृदि तिष्ठति यच्छुद्धं रक्तमीषत्सपीतकम्।
ओजः शरीरे संख्यातं तन्नाशान्ना विनश्यति ॥७३॥

ओज किसे कहते हैं?—कुछ लालिमा तथा पीलापन लिये हुए जो श्वेत पदार्थ हृदय में रहता है उसे शरीर में ओज कहते हैं। इस ओज के नाश से मनुष्य की मृत्यु हो जाती है।

सुश्रुत सू० १५ अ० में लिखा है।

ओजः सोमात्मकं स्निग्धं शुक्लं शीतं स्थिरं सरम्।
विविक्तं मृदु मृत्स्नं च [१]प्राणायतनमुत्तमम् ॥
देहः सावयवस्तेन व्याप्तो भवति देहिनाम्।
तदभावाच्च शीर्यन्ते शरीराणि शरीरिणाम् ॥

अर्थात् ओज सौम्य है, स्निग्ध, श्वेत, शीतल, स्थिर, सर, निर्मल वा श्रेष्ठगुणों से युक्त है, मृदु तथा पिच्छिल (चिपचिपा) है और जीवन का हेतु है। इससे अवयव-युक्त सम्पूर्ण देह [२]व्याप्त है। ओज के अभाव से प्राणियों के देह नष्ट हो जाते हैं॥ इस ओज को आंग्ल भाषा में Albumine (अल्ब्यूमिन) कहा जाता है। ओज को कई अष्टम धातु मानते हैं। यह सम्पूर्ण धातुओं में विद्यमान है। सुश्रुत में यह भी कहा है कि—तत्र रसादीनां शुक्रान्तानां धातूनां यत्परं तेजस्तत्खल्वोजस्तदेव बलमित्युच्यते स्वशास्त्रसिद्धान्तात्।

अर्थात् रस से लेकर शुक्रपर्यन्त धातुओं का जो परमतेज है, उसे ही ओज कहते हैं। अपने शास्त्र के सिद्धान्त के अनुसार इसी का नाम बल भी है। अर्थात् यही शरीर का धारण करनेवाला है।

वीर्य में तो ओजोधातु अत्यधिक होता है। ओजोधातु मिश्रित द्रव में ही शुक्रकीट मिले[१] रहा करते हैं।

यह ओज शुद्धावस्था में श्वेतवर्ण का होता है। परन्तु रक्त आदि से मिश्रित होने पर इसका वर्णन किंचिद्रक्त या किञ्चित्पीत हो जाता है और इसी का ही वर्णन 'रक्तमीषत्सपीतकम्' इस द्वारा इस ग्रन्थ में किया गया है।

Dr. W. D. Halliburton M. D. इस प्रकार लिखता है—

"The plasma is alkaline, yellowish in tint and its gravity 1026 to 1029. In round numbers plasma contains 10% of solids of which 8 are protein in nature."

अर्थात् रक्तगृहीत मिश्रित ओज (रक्तवारि) क्षारगुणयुक्त होता है। वर्ण में ईषत्पीत और इसका आपेक्षिक गुरुत्व १०२६ से १०२९ तक होता है। इसमें प्रतिशत भाग में (९० भाग जल) दश भाग पार्थिव पदार्थ होते हैं। इनमें ८ भाग ओज[२] होता है।

तन्त्रान्तर में कहा भी है—'प्राणाश्रयस्यौजसोऽष्टौ बिन्दवः हृदयाश्रयाः' शायद इसका अभिप्राय यही हो कि प्रति १०० बिन्दु रक्तवारि (Plasma) में ८ बिन्दु ओज के होते हैं। क्योंकि शारीर में 'तावच्चैव' श्लेष्मणश्चौजसः' से ओज का परिमाण आधी अञ्जलि बताया गया है। आधी अञ्जलि ८ कर्ष के बराबर होती है।

ओज शरीर में सर्वत्र व्याप्त है। यह जो ८ कर्ष परिमाण है वह रक्तगत ओज का है। गंगाधर ने मतान्तर को बताते हुए 'बिन्दु' शब्द कर्ष का वाचक है, ऐसा कहा है। अतएव 'अष्टबिन्दु' परिमित ओज आठ कर्ष ओज का वाचक है।

सम्पूर्ण शरीरगत ओज के परिमाण का ठीक २ पता लगाना बड़ा कठिन है। आयुर्वेद में जो रक्तगत ओज का परिमाण आठ कर्ष बताया गया है वह आजकल के प्रत्यक्षशारीरियों के अनुसार भी ठीक ही बैठता है। यह मध्यमान है, इससे कुछ कम या अधिक भी हो सकता है।

---

१. **Prot. W. D. Halliburton M. D.** कहता है—
So far as is at present known protein material is never absent from living substance and is never present in anything else but that which is alive or has been formed by the agency of living cells. It may therefore be stated that protein metabolism is the most essential Characteristic of vitality.

२—इस वर्णन का पाश्चात्य ग्रन्थकारों के वर्णन से सादृश्य देखिये
'Albumine—a proteid substance is the chief constituent of the animal tissues. Its molecule is highly comPlex. The Albuminous bodies or proteids occur in almost all the tissues and fluids of the body. They derive their name from the white of egg, which is taken as a type of the group.

ओज शारीरिक आयुपादान है जो कि शरीरावयवों का समवायी कारण है। इसकी बनावट असाधारण (दुर्विज्ञेय) है। ओजःसंयुक्त पदार्थ निखिल शरीरावयवों के अंशों तथा तरलपदार्थों में विद्यमान है। अलब्यूमिन शब्द की निरुक्ति अण्डों के श्वेतांश से है, जो समस्त ओजों में एक है। (कविराज नरेन्द्रनाथ जी मित्र के लेख से उद्धृत।)

1. **The spermatozoa suspened in a richly albuminous fluid constitute the semen. (W. D. Halliburton M. D.)**

२. कविराज नरेन्द्रनाथ जी मित्र के लेख से उद्धृत।

८ कर्ष इस संहिता के मानके अनुसार लगभग आजकल के १६ तोले के बराबर होता है। यदि एक जवान मनुष्य का भार २ मन हो तो उसके रक्त में ८ कर्ष परिमित ही ओज होगा। मानव शरीर में रक्त का परिमाण शरीर के भार से लगभग $\frac{१}{२०}$ होता है। जिस मनुष्य का भार २ मन होगा उसमें रक्त लगभग ४ सेर होगा[1]। रक्त में रक्तवारि (Plasma) और रक्त के कण यह दो घटक अवयव होते हैं। रक्त के १०० भागों में ६० से ६५ भाग रक्तवारि के और ३५ से ४० भाग कणों के होते हैं। ४ सेर = ३२० तोले के। रक्त के १०० तोले में रक्तवारि ६० तोले होता है, तो ३२० तोले में = $\frac{६० \times ३२०}{१००}$ = १६२ तोले रक्तवारि होगा।

यह अभी बताया ही जा चुका है कि रक्तवारि के प्रति सौ भाग में ८ भाग ओज के होते हैं।

१०० तोले रक्तवारि में—८ तोले ओज है, तो १६२ तोले रक्तवारि में = $\frac{८ \times १६२}{१००} = \frac{३८४}{२५} = १५\frac{६}{२५}$ तोले ओज के हुए।

यह तो रक्तगत ओज हुआ।

हमारा शरीर सैलों से बना हुआ है। एक सैल के दो मुख्य भाग होते हैं।

१—जीवौज (Protoplasm) और २—चैतन्य केन्द्र (Nucleus) जीवौज की रासायनिक परीक्षा से ज्ञात हुआ है, कि ७५% या इससे कुछ अधिक जल का भाग होता है। शेष भाग अधिकतर ओज (Protein) से बनता है। यह रासायनिक पदार्थ है। इसमें कार्बन (Carbon), उदजन (Hydrogen), नत्रजन (Nitrogen), ओषजन (Oxygen) गन्धक तथा कभी २ स्फुट (Phosphorus) पाया जाता है। परन्तु आजकल के रसायनवेत्ता आज तक इसे कृत्रिम तौर पर नहीं बना सके हैं।

ओज (Proteins) कई प्रकार का होता है। कुछ जल में घुल जाते हैं कुछ नहीं। अण्डे की सफेदी भी एक प्रकार का ओज है। बहुत सी प्रोटीनें ऐसी हैं जिन्हें गरम किया जाय तो जम जाती हैं। शरीर के प्रत्येक सैल में प्रोटीन है, कोई इससे खाली नहीं। इनमें सदा रासायनिक क्रिया होती रहती है; जिससे यूरिया अमोनिया आदि नये पदार्थ बनते रहते हैं और साथ उष्णता के रूप में शक्ति भी उत्पन्न होती है। अतएव आयुर्वेद में इसे तेजोरूप कहा है। यदि सैलों के ओज की इस कमी को रक्तस्थित ओज पूरा न करे तो मृत्यु अवश्यम्भावी होती है। ये प्रोटीनें (ओज) सजीव सृष्टि—वनस्पति वा प्राणियों में ही पायी जाती हैं। प्रोटीनों के जुदा २ नाम हैं जिन्हें मांसौज, डिम्बौज, किलाटौज, दुग्धौज, गोधूमौज आदि नामों से कहते हैं। रक्त में तीन प्रकार की प्रोटीनें (ओज) होता हैं; जिनमें से एक को फाइब्रीनोजन (Fibirnogen) कहते हैं।

१—देखो 'हमारे शरीर की रचना' (सं० १९८५ का संस्करण) पृष्ठ २४२, २३७।

प्राचीन सुश्रुत टीकाकार डल्हण ओज को तीन प्रकार का मानता है १ श्वेत २ तैलवर्ण ३ क्षौद्रवर्ण। और वह चरक के 'शुद्ध', रक्तमीषत्, सपीतकम्' इससे भी तीनों प्रकार का ही ग्रहण करने को कहता है। उसके अनुसार शुद्ध का अर्थ शुभ्र है। परन्तु चक्रपाणि एक प्रकार का ही श्वेतवर्ण का मानता है रक्त तथा पीतवर्ण को अनुगत मानता है। परन्तु हृदयाश्रित अष्टबिन्दुपरिमित ओज तथा अर्द्धाञ्जलि परिमित ओज को क्रमशः प्रधान तथा अप्रधान कहता है। वह कहता है कि हृदयाश्रित अष्टबिन्दुक ओज के किंचित् भी क्षीण होने से तत्काल मृत्यु हो जाती है और अप्रधान ओज की क्षीणता से उपर्युक्त ओजःक्षय के लक्षण प्रकट होते हैं ॥७३॥

(प्रथमे जायते ह्योजः शरीरेऽस्मिन्न शरीरिणाम्। सर्पिर्वर्णं मधुरसं लाजगन्धि प्रजायते[1]) ॥१॥

देहियों के इस प्रथम (आदि) शरीर में ही ओज उत्पन्न हो जाता है। यह ओज घृत के वर्ण का, रस में मधुर तथा लाजा के सदृश गन्धवाला होता। अभिप्राय यह है कि गर्भोत्पत्ति के प्रथम दिन वा प्रथम क्षण से ही ओज की उत्पत्ति प्रारम्भ हो जाती है। अर्थे दशमहामूलीय नामक ३० वें अध्याय में कहा भी जायगा—

'येनौजसा वर्तयन्ति प्रीणिताः सर्वदेहिनः।
यदृते सर्वभूतानां जीवितं नावतिष्ठते ॥
यत्सार आदौ गर्भस्य यत्तद् गर्भरसाद्रसः।
संवर्तमानं हृदयं समाविशति यत्पुरा ॥
यस्यानाशान्न नाशोऽस्ति धारि यद् हृदयाश्रितम्।
यच्छरीररसस्नेहः प्राणा यत्र प्रतिष्ठिताः ॥१॥

(भ्रमरैः [2]फलपुष्पेभ्यो यथा संह्रियते[3] मधु।
एवमोजः स्वकर्मभ्यो गुणैः संह्रियते[4] नृणाम्[5] ॥२॥)

जिस प्रकार भ्रमर फल-फूलों से मधु को लाकर इकट्ठा करते हैं वैसे ही पुरुष में शरीरस्थित गुरु शीत आदि गुण अपने कर्मों से (सुश्रुत सूत्र० ४६ अ० में गुणों के कर्म बताये गये हैं।) अथवा योगीन्द्रनाथ के अनुसार सयोनि वा समान गुणवाले खाये गये आहार आदि के रस से ओज को इकट्ठा करते हैं। ओज के गुण चिकित्सास्थान २४ अध्याय में कहे गये हैं—

'गुरु शीतं मृदु स्निग्धं बहलं मधुरं स्थिरम्।
प्रसन्नं पिच्छिलं श्लक्ष्णमोजो दशगुणं स्मृतम् ॥'

इन दशगुण युक्त भोजन आदि के सेवन से ही ओज की अभिवृद्धि होती है। 'समानगुणाभ्यासो हि धातूनामभिवृद्धिकारणम्' यह नियम है ॥२॥

व्यायामोऽनशनं चिन्ता रूक्षाल्पप्रमिताशनम्।
वातातपौ भयं शोको रूक्षपानं प्रजागरः ॥७४॥
कफशोणितशुक्राणां मलानां[6] चातिवर्तनम्।
कालो [7]भूतोपघातश्च ज्ञातव्याः क्षयहेतवः ॥७५॥

१—गङ्गाधरसम्मतोऽयं पाठः। २—'सर्वपुष्पेभ्यो' पा०। ३—४—'संभ्रियते' पा०। ५—श्लोकममुं योगीन्द्रनाथोऽत्र पठति। ६—'अतिवर्त्तनमोक्षणम्॥ ७—भूतोपघातः, पिशाचाद्युपघातः चक्रः।

क्षयों के कारण—अतिव्यायाम, उपवास (भोजन न करना), चिन्ता, रूक्षभोजन, अल्प भोजन, प्रमितभोजन (निरन्तर एक रस का भोजन), आँधी आदि, धूप, भय, शोक, रूक्ष मद्य आदि का पीना, रात को जागना, कफ, रक्त, वीर्य एवं पुरीष आदि मलों की अत्यन्त प्रवृत्ति—बाहर निकालना, वृद्धावस्था एवं आदान काल तथा भूतोपघात (कीटाणुओं का आक्रमण); ये क्षय के कारण जानने चाहियें। तन्त्रान्तर में भी क्षय के सामान्य लक्षण बताये गये हैं—

'क्षयः पुनरेषामतिसंशोधनातिसंशमन-वेगविधारणासात्म्यान्न-मनस्तापव्यायामानशनातिमैथुनैर्भवति'।

सुश्रुत सू० १५ अ० में ओज के क्षय के कारण पृथक् भी पढ़े हैं—

अभिघातात् क्षयात्कोपाच्छोकाद्ध्यानाच्छ्रमात्क्षुधः।
ओजः संक्षीयते ह्येभ्यो धातुग्रहणनिःसृतम्॥
तेजः समीरितं तस्माद्विस्रंसयति देहिनः।

अर्थात् चोट, धातुक्षय, क्रोध, शोक, चिन्ता, श्रम तथा भूख से ओज का क्षय होता है ॥७४, ७५॥

गुरुस्निग्धाम्ललवणं भजतामतिमात्रशः[1]।
नवमन्नं च पानं च निद्रामास्यासुखानि च ॥७६॥
त्यक्तव्यायामचिन्तानां संशोधनमकुर्वताम्।
श्लेष्मा पित्तं च मेदश्च मांसं चातिप्रवर्धते ॥७७॥
[2]तैरावृतगतिर्वायुरोज आदाय गच्छति।
यदा बस्तिं तदा कृच्छ्रो मधुमेहः प्रवर्तते ॥७८॥
समारुतस्य पित्तस्य कफस्य च मुहुर्मुहुः।
दर्शयत्याकृतिं गत्वा क्षयमाप्याय्यते पुनः ॥७९॥

मधुमेह का निदान और सम्प्राप्ति—गुरुद्रव्य, स्निग्ध द्रव्य, अम्ल (खट्टा), लवण; इनके अत्यधिक खाने से, नवीन अन्न के खाने से, नवीन मद्य के पीने से, अत्यधिक निद्रा से, अत्यधिक बैठे वा लेटे रहने से (न चलने फिरने से), जो किसी प्रकार का व्यायाम वा चिन्ता न करते हों, वमन विरेचन आदि संशोधन न करने से कफ, पित्त, मेद तथा मांस अत्यन्त बढ़ जाता है। इनसे (वायु की) गति के आच्छादित होने पर (अर्थात् गति के कम हो जाने पर) वायु जब ओज को लेकर बस्ति में पहुँचता है तब कष्टसाध्य मधुमेह हो जाता है। इस मधुमेह में वायु, पित्त तथा कफ तीनों दोषों के लक्षण (वैकारिक) बारबार दिखाई देते हैं। यह मधुमेह क्षय को प्राप्त होकर पुनः पूर्ण हो जाता है—बढ़ जाता है। अर्थात् मधुमेह में कदाचित् वायु के कदाचित् पित्त के, कदाचित् कफ के, कदाचित् तीनों दोषों के इकट्ठे ही लक्षण दिखाई देते हैं ॥७६—७९॥

उपेक्षयाऽस्य जायन्ते पिडकाः सप्त दारुणाः।
मांसलेष्ववकाशेषु मर्मस्वपि च सन्धिषु ॥८०॥
शराविका कच्छपिका जालिनी सर्षपी तथा।
अलजी विनताख्या च विद्रधी चेति सप्तमी ॥८१॥

पिड़काओं की उत्पत्ति—मधुमेह की उपेक्षा से अर्थात् चिकित्सा न कराने से मांसल (जहाँ २ मांस अधिक है) स्थलों पर, मर्मों पर तथा सन्धियों पर ७ प्रकार की दारुण पिड़कायें (Carbuncles) हो जाती हैं; जिनके नाम ये हैं। १—शराविका, २—कच्छपिका, ३—जालिनी, ४—सर्षपी, ५—अलजी, ६—विनता, ७—विद्रधि॥

सुश्रुत निदानस्थान के ६ ठे अध्याय में १० पिडकायें बतायी हैं।

'तत्र वंसामेदोभ्यामभिपन्नशरीरस्य त्रिभिर्दोषैश्चानुगतधातोः प्रमेहिणो दश पिडकाः जायन्ते। तद्यथा—शराविका सर्षपिका कच्छपिका जालिनी विनता पुत्रिणी मसूरिका अलजी विदारिका विद्रधिका चेति।'

इसमें पुत्रिणी, मसूरिका तथा विदारिका, ये तीन पिड़कायें अधिक पढ़ी हैं। गंगाधर इसका समाधान इस प्रकार करता है कि ये तीनों पिड़कायें अत्यन्त पीड़ाकर नहीं होतीं। अतएव इनका परिगणन यहाँ नहीं किया। उपसंहारार्थ कहे गये श्लोकों में 'तथान्याः पिडकाः सन्ति' के कहने से वहाँ ही इनका समावेश कर लेना चाहिये ॥८०, ८१॥

अन्तोन्नता मध्यनिम्ना श्यावा क्लेदरुजान्विता।
शराविका स्यात्पिडका शरावाकृतिसंस्थिता ॥८२॥

शराविका का लक्षण—जिस पिड़का के किनारे ऊँचे उठे हुए हों, बीच में से दबी हुई हो, श्यामवर्ण की हो तथा जिसमें क्लेद (गीलापन) और वेदना हो वह शराविका कहाती है। इस पिड़का का यह नाम शरावाकृति (सकोरे की आकृतिवाली) होने से ही है। सुश्रुत निदानस्थान में भी कहा है—

'शरावमात्रा तद्रूपा मध्यनिम्ना शराविका।'

अर्थात् शराविका नामक पिड़का प्रमाण तथा रूप में सकोरे के सदृश होती है, बीच में से गहरी होती है॥ ८२॥

अवगाढार्तिनिस्तोदा महावास्तुपरिग्रहा।
श्लक्ष्णा कच्छपपृष्ठाभा पिडका कच्छपी मता ॥८३॥

कच्छपिका का लक्षण—जिस पिड़का में अर्ति (मर्म के सदृश पीडा), तोद (सुई चुभने की सी दर्द) हो, जिसका आश्रय बहुत बड़ा हो अर्थात् जिसने बहुत जगह घेरी हो, चिकनी तथा कछुए की पीठ के सदृश उठी हुई हो, वह कच्छपी कहलाती है। सुश्रुत में भी कहा है—

'सदाहा कूर्मसंस्थाना ज्ञेया कच्छपिका बुधैः'॥८३॥

स्तब्धा शिराजालवती स्निग्धस्रावा महाशया।
रुजानिस्तोदबहुला सूक्ष्मच्छिद्रा च जालिनी ॥८४॥

जालिनी का लक्षण—जो स्तब्ध (जड़वत्) हो, शिराओं के जाल से युक्त हो, स्निग्ध स्राववाली (जिससे चिकना स्राव निकलता हो), जिसने बहुत जगह घेरी हो, पीड़ा तथा सुई चुभने की सी दर्द बहुत अधिक होती हो, जिसमें सूक्ष्म छिद्र हों वह जालिनी कहाती है। सुश्रुत के अनुसार यह पिडका मांसतन्तुओं के जाल से भी आवृत होती है। तथा इसमें तीव्र दाह होता है। निदानस्थान ६ अध्याय में कहा है—

१—'अतिमात्रं' निर्पविणाम् न०॥

२—'तैरावृतः प्रसादं च गृहीत्वा याति मारुतः।' इति पाठान्तरं पठित्वा योगीन्द्रनाथो व्याख्याति 'तैः अतिप्रवृद्धैः श्लेष्मादिभिः आवृतगतिः रुद्धमार्गः अत एव स्वप्रमाणस्थितोऽपि वायुः प्रसादं आहारप्रसादं गृहीत्वा आदाय यदा वस्तिं मूत्राशयं याति तदा कृच्छ्रः कृच्छ्रसाध्यो मधुमेहः प्रवर्तते।' 'ओजः प्रसादो धातूनाम्' चक्रः॥

'जालिनी तीव्रदाहा तु मांसजालसमावृता' ।।८४।।

पिडका नातिमहती क्षिप्रपाका महारुजा ।
सर्षपी सर्षपाभाभिः पिडकाभिश्चिता भवेत् ।।८५।।

सर्षपी का लक्षण—जो पिड़का बहुत बड़ी न हो, शीघ्र पकजानेवाली तथा अत्यन्त पीड़ायुक्त हो वह सर्षपी कहाती है। इस पिड़का के चारों ओर सरसों के प्रमाण की बहुत सी छोटी २ पिड़कायें होती हैं। अथवा सरसों के प्रमाण की छोटी २ बहुत सी पिड़काओं के एकत्र मिलने से जो एक पिडका बन जाती है और जो बहुत बड़ी नहीं होती तथा शीघ्र पक जाती है वा अत्यन्त पीड़ायुक्त होती है उसे सर्षपी कहते हैं। सुश्रुत में कहा है—

'गौरसर्षपसंस्थाना तत्प्रमाणा च सर्षपी ।' निदान० ६ अ० ।

अर्थात् जो श्वेतसरसों की आकृति और उसी प्रमाणवाली पिड़का हो उसे सर्षपी कहते हैं ।।८५।।

दहति त्वचमुत्थाने तृष्णामोहज्वरप्रदा ।
विसर्पत्यनिशं दुःखाद्दहत्यग्निरिवालजी ।।८६।।

अलजी का लक्षण—अलजी नामक पिड़का के उत्थान काल में (उद्गम काल में, उठने वा उत्पन्न होने के समय), वहाँ की त्वचा में, दाह होती है। इसमें प्यास, मोह (मूर्च्छा) तथा ज्वर भी हो जाता है। यह पिड़का चारों ओर फैल जाती है—बढ़ती जाती है। दिन रात अति कष्टकर दाह होता है, जैसे वहाँ आग ही जलती हो। सुश्रुत निदान० ६ अ० में इसके लक्षण इस प्रकार पढ़े हैं—

'रक्ता सिता स्फोटवती दारुणा त्वलजी भवेत् ।'

जो रक्त और श्वेत वर्ण की हो, स्फोट (फोड़ा) युक्त हो तथा अत्यन्त दारुण दुःखद हो ; वह अलजी कहाती है ।।८६।।

अवगाढरुजाक्लेदा पृष्ठे नाऽप्युदरेऽपि वा ।
महती विनता नीला पिडका विनता मता ।।८७।।

विनता का लक्षण—जिसमें पीड़ा और गीलापन गम्भीर हो अर्थात् पीड़ा बहुत गहरी और अत्यधिक प्रतीत हो, जो पीठ वा पेट पर ही प्रायशः होती हो, बड़ी हो, दबी हुई हो तथा नीले वर्ण की हो वह पिड़का विनता कहाती है। नता (दबी हुई) होने से ही इसका नाम विनता है। सुश्रुत में भी—'महती पिड़का नीला पिडका विनता स्मृता' ।।८७।।

विद्रधिं द्विविधामाहुर्बाह्यामाभ्यन्तरीं तथा ।
बाह्या त्वक्स्नायुमांसोत्था कण्डराभा [1]महारुजा ।।८८।।

विद्रधि के दो भेद—विद्रधि (Abscess) दो प्रकार की कही गयी है—१ बाह्यविद्रधि २—अन्तर्विद्रधि ।

बाह्यविद्रधि के लक्षण—यह शरीर के बाहर त्वचा, स्नायु एवं मांस में पैदा होती है। यह कण्डरा सदृश तथा अति वेदनायुक्त होती है। सुश्रुत निदान० ६ अ० में कहा है—'विद्रधेर्लक्षणैर्युक्ता ज्ञेया विद्रधिका बुधैः ।' जिसमें विद्रधि के समान लक्षण हों वह पिड़का विद्रधिका कहाती है। और ९वें अध्याय में विद्रधि की सम्प्राप्ति एवं लक्षण पढ़े हैं; वे यों है—

'त्वग्रक्तमांसमेदांसि प्रदूष्यास्थिसमाश्रिताः ।
दोषाः शोफं शनैर्घोरं जनयन्त्युच्छ्रिता भृशम् ।।
महामूलं रुजावन्तं वृत्तं वाप्यथवायतम् ।
तमाहुर्विद्रधिं धीराः............।।'

अर्थात् अस्थि में आश्रित अत्यन्त प्रवृद्ध हुए २ दोष त्वचा, रक्त मांस एवं मेद को दूषित करके शनैः २ घोर शोथ (Inflammation) को पैदा कर देते हैं। यह शोथ बहुत जगह को घेरे गोल अथवा लम्बा होता है, इसमें पीड़ा होती है। इसे बुद्धिमान चिकित्सक विद्रधि कहते हैं। इसी के साथ ही वहाँ पर वातिक, पैत्तिक, श्लैष्मिक, सान्निपातिक, अभिघातज तथा रक्तज भेद से ६ प्रकार की विद्रधि कही है और उनके पृथक् २ लक्षण भी पढ़े हैं।।८८।।

शीतकान्नविदाह्युष्णरूक्षशुष्कातिभोजनात् ।
विरुद्धाजीर्णसंक्लिष्टविषमासात्म्यभोजनात् ।।८९।।
व्यापन्नबहुमद्यत्वाद्वेगसन्धारणाच्छ्रमात् ।
जिह्मव्यायामशयनादतिभाराध्वमैथुनात् ।।९०।।
अन्तःशरीरे मांसासृगाविशन्ति यदा मलाः ।
तदा संजायते ग्रन्थिर्गम्भीरस्थः सुदारुणः ।।९१।।
हृदये [2]क्लोम्नि यकृति प्लीह्नि कुक्षौ च वृक्कयोः ।
नाभ्यां वङ्क्षणयोर्वापि बस्तौ वा तीव्रवेदनः ।।९२।।

अन्तर्विद्रधि का निदान और सम्प्राप्ति—ठण्डे हुए २ वा वासी भोजन के खाने से एवं विदाहि, उष्णवीर्य वा अत्यन्त गरम रूक्ष, सूखे हुए द्रव्यों के अति भोजन से वीर्यादि में तथा विरुद्ध भोजनों के खाने से, अजीर्ण पर भोजन करने से, दोषकर भोजन, विषम भोजन, तथा असात्म्य भोजन से, विकृत मद्य के अत्यधिक पीने से, वेगों को रोकने से, थकावट से, कुटिल रूप में व्यायाम करने से (नियमानुसार व्यायाम न करना—उल्टा सीधा व्यायाम करने से), कुटिल रूप में (टेढ़ा होकर) सोने से, अत्यधिक भार के उठाने से, अत्यधिक चलने से, अति मैथुन से कुपित हुए २ दोष जब शरीर के अन्दर (के अवयवों में) मांस तथा रक्त में प्रविष्ट होते हैं तब गम्भीर देश में (अन्दर छिपी हुई) अति कष्टकर ग्रन्थि (गाँठ) उत्पन्न हो जाती है। इसमें वेदना अत्यन्त तीव्र होती है।

अन्तरवयव जिनमें प्रायशः विद्रधि होती है—हृदय, क्लोम, (Pharynx), यकृत् (जिगर) प्लीहा (तिल्ली), कुक्षि, दोनों वृक्क (गुर्दे , नाभि दोनों वंक्षण (ऊरुमूल की सन्धि) अथवा बस्ति (Bladder, मूत्राशय) में विद्रधि हो जाती है। सुश्रुत में भी अन्तर्विद्रधि का निदान तथा सम्प्राप्ति बत यी गयी है—

आभ्यन्तरानतस्त्वूर्ध्वं विद्रधीन् परिचक्षते ।
गुर्वसात्म्यविरुद्धान्नशुष्कसंक्लिष्टभोजनात् ।।
अतिव्यवायव्यायामवेगाघातविदाहिभिः ।
पृथक् सम्भूय वा दोषाः कुपिता गुल्मरूपिणम् ।।
वल्मीकवत्समुन्नद्धमन्तः कुर्वन्ति विद्रधिम् ।

---

[1]—'कण्डराभा स्थूलस्नाय्वाकारा' चक्रः ।

[1]—'संक्लिष्टं दोषलं' चक्रः ।

[2]—'क्लोम्नीति कण्ठोरसोः सन्धिरूपे स्थाने, यत्परिशोषात् भवति' गङ्गाधरः ।

गुदे बस्तिमुखे नाभ्यां कुक्षौ वङ्क्षणयोस्तथा ॥
वृक्कयोर्यकृति प्लीह्नि हृदये क्लोम्नि वा तथा ॥
दुष्टरक्तातिमात्रत्वात्स वै शीघ्रं विदह्यते ।
ततः शीघ्रविदाहित्वाद्विद्रधीत्यभिधीयते ॥९३॥

यह विद्रधि दुष्ट हुए २ रक्त के अत्यधिक मात्रा में होने से, शीघ्र ही विदाह को प्राप्त होती है। शीघ्र विदाह को प्राप्त होने के कारण ही इसे विद्रधि कहा जाता है ॥९३॥

व्यधच्छेदभ्रमानाहशब्दस्फुरणसर्पणैः ।
वातिकीं,

वातिक विद्रधि के लक्षण—व्यध (विद्ध होने के सदृश पीड़ा), छेद (दो टुकड़े करने के सदृश पीड़ा), भ्रम (चक्कर आना), आनाह (मलबन्ध होने से मल वायु का अन्दर रुक जाना) , शब्द, स्फुरण (अन्दर फुरकना), सर्पण (फैलना) : इन लक्षणों से विद्रधि को वातिक जानना चाहिये ॥

पैत्तिकीं तृष्णादाहमोहमदज्वरैः ॥९४॥

पैत्तिक विद्रधि के लक्षण–जिस विद्रधि के होने पर तृष्णा,दाह, मोह (मूर्च्छा) , मद तथा ज्वर हो जाय उसे पैत्तिक जाने ॥९४॥

जृम्भोत्क्लेशारुचिस्तम्भशीतकैः श्लैष्मिकीं विदुः ।

श्लैष्मिक विद्रधि के लक्षण—जिस विद्रधि के होने पर जम्भाई, उत्क्लेश (जी मचलाना), अरुचि, स्तम्भ (जड़ता), शीतता हो उसे श्लैष्मिक जानना चाहिये ॥

सर्वासु च महच्छूलं विद्रधीषूपजायते ॥९५॥

सम्पूर्ण विद्रधियों का सामान्य लक्षण—सम्पूर्ण ही विद्रधियों में शूल अत्यधिक हुआ करता है ॥९५॥

[1]तप्तैः शस्त्रैर्यथा मथ्येतोल्मुकैरिव[2] दह्यते ।
विद्रधी[3]व्यम्लतां याता वृश्चिकैरिव दश्यते ॥९६॥

पच्यमान विद्रधि के लक्षण—विदाह वा पच्यमानावस्था को प्राप्त हुई २ विद्रधि में ऐसा अनुभव होता है जैसे कोई तपाये हुए शस्त्र से मथता हो, अङ्गारों से जलाता हो, वा जैसे बहुत से बिच्छू काटते हों। सुश्रुत निदान ९ अध्याय में कहा है— 'आमपक्वैषणीयाच्च पक्वापक्वं विनिर्दिशेत् ।' अर्थात् सूत्रस्थान के आमपक्वैषणीय नामक १७ वें अध्याय में कहे गये शोथ के आम और पक्वावस्था के लक्षणों से ही विद्रधि के आम एवं पक्व के लक्षण भी जान लेने चाहिये। वहाँ बताया है कि—

'तस्यामस्य पच्यमानस्य पक्वस्य च लक्षणमुच्यमानमुपधारय। तत्र मन्दोष्मता त्वक्सवर्णता शीतशोफता स्थैर्यं मन्दवेदनताऽल्पशोफता चामलक्षणमुद्दिष्टं, सूचीभिरिव निस्तुद्यते, दश्यत इव पिपीलिकाभिस्ताभिश्च संसर्प्यत इव, छिद्यत इव शस्त्रेण, भिद्यत इव शक्तिभिस्ताड्यत इव दण्डेन, पीड्यत इव पाणिना, घट्यत इव चाङ्गुल्या, दह्यते पच्यत इव चाग्निक्षाराभ्यां ओषचोषपरीदाहाश्च भवन्ति, वृश्चिकविद्ध इव च स्थानासनशयनेषु न शान्तिमुपैति, आध्मातबस्तिरिवाततश्च शोफो भवति, त्वग्वैवर्ण्यं शोफाभिवृद्धिर्ज्वरदाहपिपासा भक्तारुचिश्च पच्यमानलिंगं, वेदनोपशान्तिः पाण्डुताऽल्पशोफता बलाप्रादुर्भावस्त्वक्परिस्फुटनं निम्नदर्शनमङ्गुल्यावपीडिते प्रत्युन्नमनं बस्ताविवोदकसंचरणं पूयस्य प्रपीडयत्येकमन्तमन्ते वाऽवपीडिते, मुहुर्मुहुस्तोदः कण्डूरुन्नतता व्याधेरुपद्रवशान्तिर्भक्ताभिकाङ्क्षा च पक्वलिंगम् ।'

अर्थात् जब शोथ आम (कच्चा) होता है तब उस स्थल पर हलकी २ गरमी होती है, शोथयुक्त देश का वर्ण त्वचा के समान ही होता है; शोथ की शीतता, स्थिरता (कठिनता), वेदना का अल्प होना एवं शोथ का अल्प होना ; ये लक्षण होते हैं। जब शोथ पच्यमान होता है (पक रहा होता है) तब जैसे कोई सुइयाँ चुभोता हो, चिऊँटियाँ काटती सी हों, या वहाँ रेंगती सी हों, मानों कोई शस्त्र से दो टुकड़े करता हो, शक्तियों (शस्त्र विशेष) से विदीर्ण करता हो, फाड़ता हो, डण्डे से मारता हो, हाथ से खींचता हो, अंगुलियों से मथता हो, ऐसी अनुभूति होती है। वह देश अग्नि या क्षार से जलता वा पकता प्रतीत होता है तथा वहाँ पर ओष (एक देश का दाह), चोष (चूषणवत् पीड़ा), परिदाह (चारों ओर दाह) होता है, बिच्छू से काटे गये की तरह बैठने वा लेटने किसी भी प्रकार से शान्ति नहीं होती, इस अवस्था में बस्ति के वायु से पूर्ण होने पर जैसे वह तन जाती है वैसे ही शोफ भी तना हुआ होता है, त्वचा का वर्ण बदल जाता है, शोथ बढ़ जाती है ज्वर, दाह, पिपासा (प्यास) होती है, भोजन में रुचि नहीं होती। जब पक जाता है तब वेदना घट जाती है, वहाँ का रंग पाण्डु हो जाता है, शोथ कम हो जाता है, शोथ पर झुर्रियाँ पड़ जाती हैं, त्वचा उखड़ने लगती है, अङ्गुली से दबाने से शोथ दब जाता है, फिर अङ्गुली के हटाने पर भर जाता है। शोथ के पके एक सिरे को दबाने से जैसे बस्ति में भरा जल हिलता है वैसे ही इसमें पूय हिलती है। दूसरे सिरे पर रक्खी हुई अङ्गुली को तरंग का ज्ञान होगा। बार २ ठहर २ कर दर्द होता है। वहाँ कण्डु (खुजली) प्रारम्भ हो जाती है। शोथ बीच में से ऊँचा उठ आता है। ज्वर आदि उपद्रव शान्त होने लगते हैं। भोजन में रुचि बढ़ जाती है॥९६॥

तनुरूक्षारुणं [1]स्रावं फेनिलं वातविद्रधी ।
तिलमाषकुलत्थोदसंनिभं पित्तविद्रधी ॥९ ॥
श्लैष्मिकी स्रवति श्वेतं बहलं पिच्छिलं बहु ।
लक्षणं सर्वमेवैतद्भजते सान्निपातिकी ॥९८॥

दोषों के अनुसार विद्रधियों का स्राव—पतला रूक्ष ईंट के से अरुण वर्ण का झागयुक्त स्राव वातविद्रधि से निकला करता है। तिल, उड़द, कुलथी इनके जल वा क्वाथ के सदृश (पीतवर्ण) स्राव पित्तविद्रधि से सरा करता है। श्लैष्मिक विद्रधि से श्वेत, गाढ़ा, चिपचिपा तथा मात्रा में अधिक स्राव निकलता है। सान्निपातिक विद्रधि में उपर्युक्त तीनों दोषों की विद्रधियों के स्राव तथा उपर्युक्त वातिक विद्रधि आदि तीनों दोषों की विद्रधियों के लक्षण हुआ करते हैं। सुश्रुत निदानस्थान ९ अध्याय में कहा है—'तनु-

१—'शस्त्रैर्भिद्यत इव चोल्मुकैरिव दह्यते' ग० ।
२—उल्मुकैरङ्गारैः ।
३—'व्यम्लतां याता विदाहं प्राप्ता' चक्रः ।

१—'श्यावं' ग० ।

पीतसिताश्चैषामास्रावाः क्रमशः स्मृताः ।' अर्थात् इनमें से क्रमशः पतला (वातिक में), पीला (पैत्तिक में), तथा श्वेत स्राव (श्लैष्मिक में) सरा करते हैं ॥९७, ९८॥

अथासां विद्रधीनां साध्यासाध्यत्वविशेषज्ञानार्थं स्थानकृतं लिङ्गविशेषमुपदेक्ष्यामः—तत्र [1]प्रधानमर्मजायां विद्रध्यां हृद्दृनतमकप्रमोहकासाः, क्लोमजायां पिपासामुखशोषगलग्रहाः, यकृज्जायां श्वासः, प्लीहजायामुच्छ्वासोपरोधः, कुक्षिजायां कुक्षिपार्श्वान्तरांसशूलं, वृक्कजायां पार्श्वपृष्ठकटिग्रहः,[2] नाभिजायां हिक्का, वङ्क्षणजायां सक्थिसादः, कृच्छ्रपूतिमूत्रवर्चस्त्वं चेति ॥९९॥

अब विद्रधियों की साध्यता एवं असाध्यता को जानने के लिये स्थानके भेद से उत्पन्न होनेवाले भिन्न २ लक्षणों का उपदेश करेंगे

प्रधान मर्म अर्थात् हृदय में उत्पन्न हुई २ विद्रधि में हृदय में धड़कन वा वेदना, तमक श्वास, प्रमोह (मूर्च्छा) तथा खाँसी होती है। सुश्रुत में कहा है-'सर्वाङ्गप्रग्रहस्तीव्रो हृदि शूलश्च दारुणम् ।' निदान अ०

क्लोम (Pharynx) में उत्पन्न हुई विद्रधि से प्यास, मुख का सूखना तथा गले में वेदना होती है, वह जकड़ा हुआ प्रतीत होता है। सुश्रुत में भी कहा है-'पिपासा क्लोमजेऽधिका ।'

यकृत् में उत्पन्न हुई २ विद्रधि से श्वास होता है। यह श्वासरोग विद्रधि के कारण फेफड़ों पर दबाव पड़ने से होता है सुश्रुत में भी कहा है—

'श्वासो यकृति तृष्णा च' ।

तिल्ली में उत्पन्न हुई विद्रधि में उच्छ्वास रुकने लगता है। सुश्रुत में भी-'प्लीह्युच्छ्वासावरोधनम् ।'

कुक्षि में उत्पन्न हुई विद्रधि में कुक्षि और पार्श्वों के बीच में तथा अंसदेश में शूल होता है। सुश्रुत में कहा है—'कुक्षौ मारुतकोपनम्'। अर्थात् कुक्षि में विद्रधि होने से वायु का कोप होता है।

वृक्कों (गुर्दों) में विद्रधि होने से पार्श्व, पीठ तथा कमर में वेदना होती है। सुश्रुत में कहा है-'वृक्कयोः पार्श्वसंकोचः'। अर्थात् गुर्दों में विद्रधि होने से शूल के कारण रोगी पार्श्वों को सुकोड़ता है।

नाभि में उत्पन्न हुई विद्रधि में हिचकी होने लगती है। सुश्रुत में भी कहा है-'नाभ्यां हिक्का तथाटोपः' ।

वङ्क्षण में उत्पन्न हुई विद्रधि में ऊरुओं में शिथिलता आ जाती है। सुश्रुत में—'कटीपृष्ठग्रहस्तीव्रो वङ्क्षणोत्थे तु विद्रधौ'। अर्थात् वङ्क्षण में उत्पन्न हुई विद्रधि में कमर तथा पीठ में तीव्र वेदना होती है।

बस्ति या मूत्राशय में विद्रधि के उत्पन्न होने से मूत्र एवं मल कष्ट से आता है तथा उनमें अत्यन्त दुर्गन्धि होती है। सुश्रुत में कहा है—'बस्तौ कृच्छ्राल्पमूत्रता' अर्थात् बस्ति में उत्पन्न हुई विद्रधि में मूत्र थोड़ा २ और कष्ट से आता है ॥९९॥

सुश्रुत में गुदजविद्रधि एवं रक्तविद्रधि के लक्षण अधिक पढ़े हैं। गुदजविद्रधि में पेट में वायु रुक जाता है, 'गुदे वातनिरोधस्तु'। रक्तविद्रधि स्त्रियों में होती है; जिसका दूसरा नाम मक्कल्ल भी है—

> 'स्त्रीणामपप्रजातानां प्रजातानां तथाऽहितैः ।
> दाहज्वरकरो घोरो जायते रक्तविद्रधिः ॥
> अपि सम्यक् प्रजातानामसृक् कायादनिःसृतम् ।
> रक्तजं विद्रधिं कुर्यात् कुक्षौ मक्कल्लसंज्ञितम् ॥
> सप्ताहान्नोपशान्तश्चेत्ततोऽसौ सम्प्रपच्यते ॥

सुश्रुत निदान अ० ९ ।

यदि स्त्रियों में ठीक प्रकार से वा उपयुक्त काल में प्रसव न हुआ हो—गर्भपात हो गया हो, अथवा समुचित काल में प्रसव हुआ भी हो परन्तु प्रसूता अहितकर आहार विहार का सेवन करे तो रक्तविद्रधि उत्पन्न होती है। इसमें दाह तथा ज्वर हो जाता है। अथवा सम्यक् प्रकार से प्रसव होने के बाद अशुद्ध रक्त न निकले तो मक्कल्ल नामक रक्तजविद्रधि उत्पन्न हो जाती है। यह विद्रधि यदि ७ दिन तक शान्त न हो तो पक जाती हैं।

इनके अतिरिक्त सुश्रुत में आगन्तु (क्षतज) विद्रधि भी पढ़ी गयी है। मधुमेह की पिड़का के रूप में यतः रक्तज एवं आगन्तु विद्रधि नहीं होती अतः इनका पढ़ना अग्निवेश ने उचित नहीं समझा ।९९।

पक्वप्रभिन्नासूर्ध्वजासु मुखात्स्रावः स्रवति, अधोजासु गुदात् उभयतस्तु नाभिजासु ॥१००॥

ऊर्ध्वदेश में उत्पन्न होनेवाली विद्रधि जब पककर फूट जाती है; तब उनका स्राव मुख द्वारा बाहर आता है। निम्नदेश में होनेवाली विद्रधियों के पक कर फूटने पर स्राव गुदा से बाहर आता है। नाभिदेश में उत्पन्न होनेवाली विद्रधियों का स्राव मुख और गुदा दोनों मार्गों से बाहर आता है।

यहाँ पर यह स्पष्ट कर देना आवश्यक है कि यदि विद्रधि क्लोम (Pharynx) में हो तो प्रायशः उसका स्राव मुख द्वारा ही बाहर आयगा। परन्तु यदि रोगी उस स्राव को निगल जायगा तो स्राव मुख और गुदा दोनों मार्गों से निकलेगा। इसी प्रकार यकृत् प्लीहा तथा हृदय की विद्रधियों के स्राव प्रायशः दोनों मार्गों से ही निकला करते हैं, यदि उनका सम्बन्ध अन्न प्रणाली आमाशय या आंत्र के साथ हो गया हो। अन्यथा अन्दर ही स्राव निकल २ कर आस पास की जगह को गलाता जायगा और ज्यों ही गलते २ इसका सम्बन्ध अनुसार ऊपर नीचे वा दोनों ओर से बाहर निकलेगा। यदि हृद्विद्रधि का सम्बन्ध फेफड़ों से हो गया तो खाँसी के साथ मुख से बाहर निकलेगा। यदि आमाशय के साथ हो जाय तो वमन द्वारा मुख से और मल के साथ मिश्रित होकर गुदा से बाहर आयेगा। इसी प्रकार दूसरों को भी जान लेना चाहिये। जो नाभि से नीचे छोटी आँतों में वा सम्पूर्ण बड़ी आँतों में कहीं भी विद्रधि होगी तो गुदा से स्राव बाहर आयगा। वृक्क की विद्रधि में उसका स्राव प्रायशः मूत्रमार्ग द्वारा ही बाहर आयगा। इसी प्रकार बस्ति में अन्दर उत्पन्न हुई २ का भी मूत्रमार्ग से ही प्रायशः स्राव बाहर आयगा। वङ्क्षणदेश में उत्पन्न हुई विद्रधि फूटने पर वहीं स्राव निकलने लगेगा

1—प्रधानमर्मजायां हृदयजायाम् ।
2—'पृष्ठकटिग्रहः' च० ।

अथवा आँतों से सम्बन्ध होने पर गुदा से वा शुक्रमार्ग से सम्बन्ध होने पर मूत्रमार्ग से स्राव बाहर आयेगा। सुश्रुत में कहा है—'नाभेरुपरिजाः पक्वाः यान्त्यूर्ध्वमितरे त्वधः' ॥१००॥

तासां हृन्नाभिबस्तिजाः परिपक्वाः सान्निपातिकी च मरणाय, अवशिष्टाः पुनः कुशलमाशुप्रतिकारिणं चिकित्सकमासाद्योपशाम्यन्ति; तस्मादचिरोत्थितां विद्रधिं शस्त्रसर्पविद्युदग्नितुल्यां [1]स्नेहस्वेदविरेचनैराशवेवोपक्रामेत् सर्वशो गुल्मवच्चेति ॥१०१॥

उन विद्रधियों में से हृदय, नाभि एवं बस्ति में उत्पन्न हुई २ विद्रधियाँ यदि पक जायँ और सान्निपातिक (त्रिदोषज) विद्रधि (चाहे पके या न पके) मृत्यु का कारण होती है। सुश्रुत में कहा भी है—

'हृन्नाभिबस्तिजः पक्वो वर्ज्यो यश्च त्रिदोषजः।'

अर्थात् हृदय आदि मर्मों में चाहे एकदोषज विद्रधि हो वा सान्निपातिक वह पकने पर मृत्यु का कारण होती ही है। परन्तु सान्निपातिक विद्रधि चाहे कहीं पर भी मर्मों में या अन्यत्र हो वह पके या न पके असाध्य होती है। अवशिष्ट विद्रधियाँ यदि कुशल वा शीघ्र प्रतिकार करनेवाले चिकित्सक के पास पहुँचकर शान्त हो जाती हैं। अर्थात् यदि कुशल वैद्य से शीघ्र ही चिकित्सा करा ली जाय तो अवशिष्ट विद्रधियाँ शान्त हो जाती हैं। इस संहिता के अनुसार हृदय आदि मर्मों में उत्पन्न हुई २ विद्रधियों को (सान्निपातिक से अतिरिक्त) पकने न दिया जाय व पकने से पूर्व ही चिकित्सा से शान्त कर लिया जाय तो रोगी मृत्युमुख से बच सकता है। इसी प्रकार क्लोम वङ्क्षण यकृत् आदि में उत्पन्न हुई विद्रधियाँ (सान्निपातिक से अतिरिक्त) पकी हों या न पकी हों कुशल वैद्य की चिकित्सा से साध्य होती हैं। सुश्रुत ने तो विद्रधि की साध्यासाध्यता अन्य प्रकार से बतायी है—

'जीवत्यधो निःस्रुतेषु स्रुतेषूर्ध्वं न जीवति।
हृन्नाभिबस्तिवर्ज्या ये तेषु भिन्नेषु बाह्यतः॥
जीवेत्कदाचित्पुरुषो नेतरेषु कदाचन॥'

अर्थात् जिन में विद्रधियों का स्राव अधोमार्ग से होता है वह पुरुष जीता है और ऊर्ध्वमार्ग से स्राव हो तो जीवित नहीं रहता। हृदय, नाभि एवं बस्ति को छोड़ कर शेष अन्तरवयवों में उत्पन्न होनेवाली विद्रधियाँ यदि वहीं बाहर त्वचा में फूट जायँ तो कदाचित् पुरुष जीता रह सकता है, परन्तु यदि अन्दर ही फूट जायँ तो अवश्य मृत्यु होती है। इससे यह भी ज्ञात हो गया कि यदि कुशल शस्त्रचिकित्सक शस्त्रकर्म द्वारा अन्तर्विद्रधि का मुख (विस्रावण नली, Dramage tube आदि लगाकर) बाहर खोल दे तो रोगी मृत्युमुख से बच सकता है। बाहर फूटने से चिकित्सा में अत्यन्त सुगमता हो जाती है। भोज ने तो कहा है—

असाध्या मर्मजो ज्ञेयः पक्वोऽपक्वश्च विद्रधिः।
सन्निपातोत्थितोऽप्येवं पक्व एव तु नाभिजः॥
त्वग्जो नाभेरधो यश्च साध्यो मर्मसमीपगः।
अपक्वश्चैव पक्वश्च साध्यो नोपरिनाभिजः॥'

मर्म में उत्पन्न हुई २ विद्रधि चाहे पक्व हो या आम असाध्य होती है। इसी प्रकार जहाँ कहीं उत्पन्न हुई सान्निपातिक विद्रधि भी। नाभि में उत्पन्न पक्व विद्रधि असाध्य होती है। त्वचा में (बाह्य विद्रधि का उपलक्षण), नाभि से नीचे या मर्म के समीप में उत्पन्न हुई २ पक्व वा अपक्व विद्रधि असाध्य होती है। नाभि से ऊपर उत्पन्न हुई २ विद्रधि असाध्य होती है।

इस लिये शस्त्र, सांप, विजली एवं अग्नि के तुल्य विद्रधि को जो देर की पैदा हुई २ न हो स्नेह, स्वेद एवं विरेचन द्वारा तथा सर्वथा गुल्म की तरह शीघ्र ही चिकित्सा करे। शस्त्र आदि चार दृष्टान्तों के देने का क्रमशः अभिप्राय यही है कि विद्रधि मर्मभेदी, संज्ञालोप करनेवाली, शीघ्र मृत्युमुख में पहुँचाने वाली तथा अत्यन्त दाहकर होती है ॥१०२॥

भवन्ति चात्र।

विना प्रमेहमप्येता जायन्ते दुष्टमेदसः।
तावच्चैता न लक्ष्यन्ते [1]यावद्वास्तुपरिग्रहः ॥१०३॥

जिन पुरुषों का मेद दुष्ट हो उन्हें चाहे प्रमेह न भी हो तो भी ये पिड़कायें पैदा हो सकती हैं। इस पिड़काओं का तब तक पता नहीं लगता जब तक कि अपने स्थान को पकड़ नही लेतीं। अर्थात् जिनका मेद दुष्ट है परन्तु प्रमेह नहीं है उन्हें पहिले हम नहीं कह सकते कि पिडका अवश्य उत्पन्न हो जायगी या नहीं। इन पिड़काओं के व्यक्त होने से पूर्व पूर्वरूप दिखाई नहीं देते। मधुमेह के रोगियों को तो हम कह सकते हैं कि यदि चिकित्सा न करायी तो पिड़कायें अवश्य पैदा हो जायँगी। यहाँ पर 'प्रमेह' शब्द से प्रमेहसामान्य का ग्रहण न करके मधुमेह का ही ग्रहण करना चाहिये। क्योंकि पिड़कायें मधुमेह में ही निकला करती हैं। अतएव इसी अध्याय के ८१वें श्लोक में 'सप्त पिड़का माधुमेहिकाः' कहा जा चुका है। तथा पिड़काओं का निदान बताते हुए भी 'कृच्छ्रो मधुमेहः प्रवर्तते' ऐसा कहा है। यदि प्रमेहसामान्य ही पिड़काओं का कारण हो तो विशेष मधुमेह शब्द का पढ़ना असंगत है। प्रमेहसामान्य में मधुमेह का अन्तर्भाव तो हो जाता है, परन्तु विशेष मधुमेह से प्रमेहसामान्य का ग्रहण नहीं हो सकता। जैसे शरीर कहने से हाथ का अन्तर्भाव हो जाता है पर हाथ कहने से सम्पूर्ण शरीर का ग्रहण नहीं होता। परन्तु चक्रपाणि ने 'माधुमेहिकाः' इत्यादि स्थलों पर मधुमेह से प्रमेहसामान्य का ग्रहण किया है। हम इसे उचित नहीं समझते। चक्रपाणि अपने पक्ष की पुष्टि में युक्तियाँ देता है—मधुमेहशब्द से प्रमेहसामान्य का ग्रहण करना चाहिये, क्योंकि 'विना प्रमेह-

1—'स्नेहविरेचनैः०' पा०।

1—योगीन्द्रनाथसेनस्तु 'यावद्वस्तुपरिग्रहात्' इति पाठान्तरं स्वीकृत्याभिदधाति—'किन्तु एषाः तावत् न लक्ष्यन्ते यथास्वलक्षणैः यावत् वस्तुनः प्रमेहरूपस्य परिग्रहः न स्यात्। प्रमेहवशादेव पिडकासु दोषोद्रेको भवति।'

मप्येताः' इत्यादि में 'प्रमेह' शब्द ही पढ़ा है। यदि 'मधुमेह' से प्रमेहसामान्य का ग्रहण न करना होता तो 'मधुमेहं विनाप्येताः' ऐसा पढ़ता। तथा चिकित्सास्थान ६ अध्याय में 'प्रमेहिणां या पिडका मयोक्ताः' इत्यादि श्लोक में भी प्रमेही शब्द ही पढ़ा गया है। मधुमेह की पिड़काओं की चिकित्सा का आचार्य ने उपदेश किया है; इस से भी यही ज्ञात होता है कि पिडकायें सब प्रमेहों से होती हैं। अन्यथा यदि विशेष मधुमेहजन्य पिड़काओं का ही ग्रहण किया जाय तो मधुमेह के असाध्य होने से उससे उत्पन्न होनेवाली पिड़काओं की चिकित्सा ही नहीं हो सकती और आचार्य पिडकाओं की चिकित्सा का उपदेश ही न करते। तथा च अन्य स्थल पर भी मधुमेह शब्द से सम्पूर्ण प्रमेहों का ग्रहण किया गया है। यथा—

'गुल्मी च मधुमेही च राजयक्ष्मी चयो नरः।
अचिकित्स्या भवन्त्येते बलमांसपरिक्षये ॥'

यदि यहाँ 'मधुमेह' शब्द से विशेष मधुमेह का ग्रहण होता तो उसके स्वरूपतः ही असाध्य होने से 'बलमांसपरिक्षये यह विशेषण ही अनर्थक हो जाता है। सुश्रुत में भी प्रमेह सामान्य से ही पिड़काओं की उत्पत्ति बतायी है—'तद्वच्च वसामेदोभ्यामभिपन्नशरीरस्य दोषैश्चानुगतधातोः प्रमेहिणः पिडका जायन्ते। सर्व एव प्रमेहा यस्माद्देहं मधुरीकृत्य जायन्ते तस्मान्मधुमेहा इत्युच्यन्ते।' वाग्भट ने भी—

'मधुरं यच्च सर्वेषु प्रायो मध्विव मेहति।
सर्वे हि मधुमेहाख्या माधुर्याच्च तनोरतः ॥'

अन्य टीकाकार कहते हैं कि सुश्रुत ने मधुमेह को पृथक् नहीं पढ़ा। वह तो कहता है कि यदि सम्पूर्ण प्रमेहों की उपेक्षा की जाय तो वे मधुमेहता को प्राप्त होते हैं—

'सर्व एव प्रमेहास्तु कालेनाप्रतिकारिणः।
मधुमेहत्वमायान्ति तदाऽसाध्या भवन्ति हि ॥'

यद्यपि सुश्रुत का उपर्युक्त मत है तो भी वह पिड़का का कारण भूत जो प्रमेह है उसी की 'मधुमेह' यह पारिभाषिकी संज्ञा करता है। निदानस्थान में कहा भी है—

'पिडकापीडितं गाढमुपसृष्टमुपद्रवैः।
मधुमेहिनमाचष्टे स चासाध्यः प्रकीर्तितः ॥'

अर्थात् जिस प्रमेही को पिड़का निकली हो और बहुत से उपद्रवों से युक्त हो उसे मधुमेही कहते हैं। वह असाध्य है। इसी प्रकार चिकित्सास्थान में—'पिडकापीडिताः सोपद्रवाः सर्व एव प्रमेहा मूत्रादिमाधुर्ये मधुगन्धसामान्यात् पारिभाषिकीं मधुमेहतां लभन्ते।'

सम्पूर्ण ही प्रमेह जिस २ में मूत्र आदि में मधुरता हो जाय, पिडकायें निकली हों उपद्रव खड़े हो गये हों, उन्हें मधु के गन्ध की समानता से पारिभाषिक मधुमेह शब्द से कहा जाता है। अर्थात् जब तक मूत्र में मधुरता नहीं होती तब तक किसी भी प्रमेह को हम मधुमेह नहीं कह सकते। अतः 'मधुमेह' से हम प्रमेहसामान्य का ग्रहण नहीं कर सकते। परन्तु 'प्रमेह' शब्द से मधुमेह का ग्रहण हो सकता है।

चक्रपाणि ने जो यह आक्षेप किया है कि मधुमेह के असाध्य होने में तज्जन्य पिड़काओं की चिकित्सा का उपदेश न करना चाहिये। यह आक्षेप भी ठीक नहीं। चरकसंहिता मधुमेह को दो प्रकार का कहती है। एक तो वह मधुमेह है जो किसी भी कारण से धातुओं की क्षीणता होने पर वात के कोप से होता है और दूसरा वह है जो अत्यधिक सन्तर्पण होने पर कफ के कोप से होता है। इसमें प्रथम प्रकार का मधुमेह असाध्य है और दूसरा कष्टसाध्य है। इसी अध्याय में मधुमेह की सम्प्राप्ति बताते हुए कहा भी है 'कृच्छ्रो मधुमेहः प्रवर्तते'। यहाँ कष्टसाध्यता जतायी गयी है। इसके वहीं कहे गये निदान से ज्ञात होगा कि यह मधुमेह दूसरे प्रकार का है और इसका पिड़का के हेतु रूप में ही वहाँ वर्णन है। चिकित्सास्थान में कहा है—

'दृष्ट्वा प्रमेहं मधुरं सपिच्छं मधूपमं स्याद् द्विविधो विचारः।
क्षीणेषु दोषेष्वनिलात्मकाः स्युः सन्तर्पणाद्वा कफसम्भवाः स्युः ॥'

अर्थात् जब मूत्र को हम मधु के सदृश मधुर एवं पिच्छायुक्त देखें तो दो प्रकार का विचार होता है। या तो उस मधुमेह में मेद आदि के क्षीण होने से वातिक लक्षण होंगे या सन्तर्पण से कफज लक्षण होंगे। अतः कष्टसाध्य सन्तर्पणोत्थ मधुमेह से उत्पन्न होनेवाली पिड़काओं की चिकित्सा का उपदेश करना अयुक्त नहीं।१०२।

शराविका कच्छपिका जालिनी चेति दुःसहाः।
जायन्ते ता ह्यतिबलाः प्रभूतश्लेष्ममेदसाम् ॥१०३॥

जिस पुरुष में कफ एवं मेद अत्यधिक बढ़ा हुआ होता है उनमें शराविका, कच्छपिका तथा जालिनी; ये अत्यन्त बलवती तीनों पिड़कायें होती हैं। यह अतिकष्टकर वा दुःसाध्य होती हैं ॥१०३॥

सर्षपी चालजी चैव विनता विद्रधी च याः।
साध्याः पित्तोल्बणास्ता हि सम्भवन्त्यल्पमेदसाम् ।१०४।

जिस पुरुष में मेद अल्प हो उसमें सर्षपी, अलजी, विनता तथा विद्रधि; ये पित्तप्रधान पिड़कायें उत्पन्न होती हैं। ये साध्य हैं।१०४।

मर्मस्वंसे गुदे [1]पाण्योः स्तने सन्धिषु पादयोः।
जायन्ते यस्य पिडकाः स प्रमेही न जीवति ॥१०५॥

जिस प्रमेही को मर्म, अंसदेश, गुदा, हाथ, स्तन, सन्धिस्थलों वा पैरों पर पिड़कायें हो जाती हैं; वह जीवित नहीं रहता। सुश्रुत में कहा है—

'गुदे हृदि शिरस्यंसे पृष्ठे मर्मसु चोत्थिताः।
सोपद्रवा दुर्बलाग्नेः पिडकाः परिवर्जयेत् ॥'

निदानस्थान ६ अ०।

अर्थात् दुर्बलाग्नि पुरुष को यदि गुदा, हृदय, शिर, अंसदेश, पीठ वा अन्य मर्मों पर उपद्रवयुक्त पिड़कायें पैदा हो जाएँ तो उसे असाध्य समझे ॥१०५॥

तथाऽन्याः पिडकाः सन्ति रक्तपीतासितारुणाः।
पाण्डुराः पाण्डुवर्णाश्च भस्माभा मेचकप्रभाः ॥१०६॥
मृद्व्यश्च कठिनाश्चान्याः स्थूलाः सूक्ष्मास्तथाऽपराः।
मन्दवेगा महावेगाः स्वल्पशूला महारुजाः ॥१०७॥
ता बुद्ध्वा मारुतादीनां यथास्वैर्हेतुलक्षणैः।
ब्रूयादुपाचरेच्चाशु प्रागुपद्रवदर्शनात् ॥१०८॥

उपर्युक्त शराविका आदि ७ पिड़काओं के अतिरिक्त अन्य भी

१— पाण्योस्तले' ग।

लाल, पीली, श्वेत, अरुण (ईंटके रंग की,) धूसर वर्ण की, पाण्डु वर्ण की (श्वेतपीत), राख के वर्ण की तथा बालों के सदृश प्रभावाली अर्थात् काली पिड़कायें होती हैं। इसी प्रकार अन्य मृदु, कठोर, स्थूल (मोटी) तथा सूक्ष्म (छोटी) पिड़कायें होती हैं। कुछ मन्दवेगवाली (धीरे २ बढ़नेवाली), कुछ महावेग (शीघ्र बढ़नेवाली), कुछ स्वल्प वेदनावाली तथा कुछ अति वेदनावाली पिड़कायें होती हैं। इन पिड़काओं को वात आदि दोषों के अपने-अपने प्रकोप हेतु तथा लक्षणों द्वारा जानकर उनको वातज आदि कहे और उपद्रवों के दिखाई देने से पहिले ही शीघ्र चिकित्सा करे।१०८

[1]तृट्श्वासमांससंकोथमोहहिक्कामदज्वराः ।
वीसर्पमर्मसंरोधाः पिडकानामुपद्रवाः ॥१०९॥

पिड़काओं के उपद्रव–तृषा, श्वास, मांसकोथ (मांस का गलना) मोह (मूर्च्छा), हिचकी, मद, ज्वर, वीसर्प, मर्म हृदय का संरोध (रुक जाना); ये पिड़काओं के उपद्रव हैं ॥१०९॥

क्षयः [2]स्थानं च वृद्धिश्च दोषाणां त्रिविधा [3]गतिः ।
ऊर्ध्वं चाधश्च तिर्यक् च विज्ञेया त्रिविधाऽपरा ।११०।
त्रिविधा चापरा कोष्ठशाखामर्मास्थिसन्धिषु ।
इत्युक्ता विधिभेदेन दोषाणां त्रिविधा गतिः ॥१११॥

दोषों की गतियाँ—दोषों की क्षय, स्थान तथा वृद्धि के भेद से तीन प्रकार की गतियाँ होती हैं। स्थान से अभिप्राय अपने परिमाण में अवस्थित रहने वा समता से है। गति-अवस्था वा प्रकार को कहते हैं। अर्थात् दोषों की तीन अवस्थायें हो सकती हैं। या तो वह अपने परिमाण से न्यून हो सकता है, या सम हो सकता है, या परिमाण से बढ़ सकता है।

ऊर्ध्वगति. अधोगति तथा तिर्यग्गति; ये दोषों की तीन प्रकार की अन्य गतियाँ हैं।

दोषों की और भी तीन प्रकार की गति हैं। १—कोष्ठ (आभ्यन्तरमार्ग), २—शाखा (रक्त आदि धातु तथा त्वचा; ये बाह्यमार्ग हैं), ३—बस्ति, हृदय आदि मर्म तथा अस्थिसन्धि (मध्यममार्ग) में गति होती है। इनका विस्तृत वर्णन तिस्रैषणीय नामक ११ वें अध्याय में हो चुका है। इस प्रकार प्रकारभेद से दोषोंकी तीन प्रकार की गति कह दी है ॥११०,१११॥

चयप्रकोपप्रशमाः [4]पित्तादीनां यथाक्रमम् ।
भवन्त्येकैकशः षट्सु कालेष्वभ्रागमादिषु ॥११२॥

कालकृत गति—पित्त आदि दोषों का वर्षा, शरद् हेमन्त, शिशिर, वसन्त तथा ग्रीष्म; इन छहों ऋतुओं में क्रम से एक-एक का चय, प्रकोप तथा शान्ति होती है। जैसे वर्षा में—पित्त का चय, शरद् में —पित्त का प्रकोप तथा हेमन्त में—पित्त की शान्ति होती है। शिशिर में-कफ का सञ्चय, वसन्त में-कफ का कोप, ग्रीष्म में-कफ की शान्ति। ग्रीष्म में-वात का सञ्चय, वर्षा में-वात का प्रकोप तथा शरद् में-वात की शान्ति होती है। अष्टाङ्गहृदय सू० १२ अ० में कहा भी है–

'चयप्रकोपप्रशमा वायोर्ग्रीष्मादिषु त्रिषु ।
वर्षादिषु च पित्तस्य श्लेष्मणः शिशिरादिषु' ॥

सुश्रुत में तो कहा है–'इह तु वर्षाशरद्धेमन्तवसन्तग्रीष्मप्रावृषः षडृतवो भवन्ति दोषोपचयप्रकोपप्रशमनिमित्तम्'।

अर्थात् इसके अनुसार वर्षा में–पित्त का चय, शरद में पित्त का कोप, हेमन्त में–पित्त की शान्ति। हेमन्त में–कफ का सञ्चय, वसन्त में–कफ का कोप और ग्रीष्म में–कफ की शान्ति। ग्रीष्म में–वात का चय, वर्षा में–वात का कोप तथा शरत् में–वात की शान्ति होती है। यह क्रम विशेषतः दोषों से संशोधन के लिये शास्त्र में व्यवहृत होता है ॥११२॥

गतिः कालकृता चैषा चयाद्या पुनरुच्यते ।

ये दोषों का संचय आदि कालकृत गति कहाती है। क्योंकि दोषों का संचय आदि काल के आधीन है।

गतिश्च द्विविधा दृष्टा प्राकृती वैकृती च या ॥११३॥

दो प्रकार की गति-प्राकृत (Physiological) तथा वैकृत (विकृति सम्बन्धी, Pathological) भेद से दो प्रकार की गति देखी गयी है ॥११३॥

पित्तादेवोष्मणः पक्तिर्नराणामुपजायते ।
[1]तच्च पित्तं प्रकुपितं विकारान् कुरुते बहून् ॥११४॥

अग्निमय पित्त से ही मनुष्यों की धातुएँ पका करती हैं और वही पित्त यदि कुपित हो जाय तो बहुत से विकारों को पैदा करता है। अर्थात् शरीर में जो उष्मा धातुओं को एक से दूसरे रूप में बदलती है, उसे पित्त कहते हैं। रासायनिक परिवर्तन (Chemical changes) के समय ऊष्मा का होना अत्यावश्यक है। उचित ऊष्मा के होने पर ही रासायनिक क्रियायें ठीक २ हुआ करती हैं। यदि ऊष्मा कम अधिक हो तो रासायनिक क्रियायें समुचित तौर पर नहीं होतीं। यही अवस्था शरीर में भी है। यदि पित्त कम या अधिक हो जाय तो शरीर में बहुत से विकार पैदा हो जाते हैं।

अथवा प्रथम पंक्ति का अर्थ दूसरी प्रकार भी कर सकते हैं कि–जाठराग्नि रूप (पाचक) पित्त से ही मनुष्यों का खाया हुआ अन्न पचता है। परन्तु यह सङ्कुचित अर्थ है ॥११४॥

प्राकृतस्तु बलं श्लेष्मा विकृतो मल उच्यते ।
स चैवौजः स्मृतः काये स च [2]पाप्मोपदिश्यते ॥११५॥

प्राकृत (समावस्था में स्थित)कफ जल कहाता है विकृत हुआ२ मल कहाता है। प्राकृत कफ ही शरीर में ओज माना गया है और विकृत कफ को रोग कहते हैं। अर्थात् शरीर में जो बल का हेतु कफ है वह ओज है। इस प्रकार एक ओर तो यह कफ बल का

१—'मांससंकोच' ग.। २—'स्थानं स्वमानावस्थान' चक्रः। ३–'गतिः प्रकारोऽवस्था वा' चक्रः। ४–'वातं परित्यज्य पित्तादीनामित्यभिधानं विसर्गस्याभिप्रेतत्वेनाग्रे वक्तव्यत्वात् कृतम्। विसर्गे च पित्तचय एव स्यादिति कृत्वा'। चक्रः।

१–'पित्तं चैवं' ग.। २–'बलमिति बलहेतुत्वेन, मल इति शरीरमलिनीकरणात् ओज इति सारभूतं, यदि वा द्वितीयश्लैष्मिकौजोहेतुत्वेनौजः, वक्ष्यति शारीरे 'तावच्चैव श्लैष्मिकौजसः प्रमाणम्' इति, चक्रः।

कारण होता है, परन्तु विकृत हो जाने पर शरीर को मलिन और रोगी कर देता है। पाप्मा (पाप) नाम रोग का भी है ॥११५॥

सर्वा हि चेष्टा वातेन स प्राणः प्राणिनां स्मृतः ।
तेनैव रोगा जायन्ते तेन चैवोपरुध्यते[1] ॥११६॥

स्वस्थ शरीर में जितनी चेष्टायें—क्रियायें होती हैं; वे सब प्राकृत बात से होती हैं। यह प्राणियों का प्राण कहाता है। यही जब कुपित हो जाता है तब रोग पैदा होते हैं और यहाँ तक कि मृत्यु हो जाती है।

तीनों दोषों के प्राकृत अवस्था एवं विकृत अवस्था के कम वातकलाकलीय आदि अध्यायों में कहे जा चुके हैं ॥११६॥

नित्यसन्निहितामित्रं समीक्ष्यात्मानमात्मवान् ।
नित्यं युक्तः परिचरेदिच्छन्नायुरनित्वरम् । ॥११७॥

दीर्घ एवं स्थिर आयु चाहनेवाले धीर पुरुष को चाहिये कि वह सदा अपने को शत्रुओं से घिरा हुआ जानकर सावधान हुआ २ अपनी परिचर्या करे—परिपालना करे। हित का सेवन और अहित का त्याग करे जिससे वात आदि प्राकृत अवस्था में ही रहें ॥११७॥

तत्र श्लोकौ ।

शिरोरोगाः सहृद्रोगा रोगा मानविकल्पजाः ।
क्षयाः सपिडकाश्चोक्ता दोषाणां गतिरेव च ॥११८॥
कियन्तःशिरसीयेऽस्मिन्नध्याये तत्वदर्शिना ।
ज्ञानार्थं भिषजां चैव प्रजानां च हितैषिणा ॥११९॥

इत्यग्निवेशकृते तन्त्रे चरकप्रतिसंस्कृते सूत्रस्थाने रोगचतुष्के कियन्तःशिरसीयो नाम सप्तदशोऽध्यायः ॥१७॥

शिरोरोग, हृद्रोग, दोषों के मान के विकल्प से उत्पन्न होनेवाले रोग, क्षय, पिडकायें, दोषों की गति; ये सब विषय वैद्यों के ज्ञान के लिए प्रजा के हितैषी तत्त्वदर्शी महर्षि ने इस कियन्तःशिरसीय नाम के अध्याय में वर्णित किये हैं ॥११८, ११९॥

इति सप्तदशोऽध्यायः ।

—०—

अष्टादशोऽध्यायः

अथातस्त्रिशोफीयमध्यायं व्याख्यास्यामः ।
इति ह स्माह भगवानात्रेयः ॥ १ ॥

अब हम त्रिशोफीय नामक अध्याय की व्याख्या करेंगे; ऐसा भगवान् आत्रेय मुनि ने कहा ॥१॥

त्रयः शोथा भवन्ति वातपित्तश्लेष्मनिमित्ताः; ते पुनर्द्विविधाः निजागन्तुभेदेन ॥ २ ॥

वात, पित्त तथा कफ से उत्पन्न होनेवाले तीन शोथ होते हैं। १—वातज शोथ, २—पित्तज शोथ, ३—कफज शोथ। ये पुनः निज तथा आगन्तु भेद से दो प्रकार के होते हैं। निज से अभिप्राय शारीर दोषों से है, इनमें प्रथम ही वात आदि दोष कुपित होते हैं। आगन्तु से अभिप्राय अभिघात (चोट) आदि बाह्य हेतु से है। इनमें पूर्व व्यथा होती है और पश्चात् वात आदि दोषों की विषमता होती है ॥२॥

तत्रागन्तवश्छेदनभेदनक्षणनभञ्जनपिच्छनोत्पेषणप्रहारवधबन्धनवेष्टनव्यधनपीडनादिभिर्वा भल्लातकपुष्पफलरसात्मगुप्ताशूककृमिशूकाहितपत्रलतागुल्मसंस्पर्शनैर्वा स्वेदनपरिसर्पणावमूत्रणैर्वा सागरविषवातहिमदहनसंस्पर्शनैर्वा शोथाः समुपजायन्ते। ते पुनर्यथास्वं हेतुजैर्व्यञ्जनैरादावुपलभ्यन्ते निजव्यञ्जनैकदेशविपरीतैः, बन्धमन्त्रागदप्रलेपप्रतापनिर्वापणादिभिश्चोपक्रमैरुपक्रम्यमाणाः प्रशान्तिमापद्यन्ते ॥ ३ ॥

आगन्तु शोथ का निदान, सम्प्राप्ति और उपशयचिकित्सा—छेदन (दो टुकड़े करना), भेदन (फाड़ा जाना, शस्त्र आदि द्वारा किसी आशय को विदीर्ण करना), क्षणन (चूर्णित करना), भञ्जन (तोड़ना यथा अस्थिभंग आदि), पिच्छन (कुचला जाना), उत्पेषण (पीसना) प्रहार, (डण्डे आदिकी चोट), वध (आघात), बन्धन (रस्सी आदि से बाँधना), वेष्टन (रस्सी या कपड़े आदि को कसकर लपेटना), व्यधन (काँटे आदि का चुभना), पीडन (हाथ आदि से किसी अङ्ग को जोर से दबाना); इन कारणों से तथा भिलावे के फूल, फल वा रस, आत्मगुप्ता (कौंच) के शूक (रोयें), शूकयुक्त कृमियों के शूक, अहितकर (शोथोत्पादक विषयुक्त) पत्तों, लता एवं गुल्म (झाड़ियों) के स्पर्श से, विषयुक्त प्राणियों के पसीने, अंग पर चलने फिरने वा मूत्र कर जाने से, विषयुक्त वा विषरहित प्राणियों की दाढ़, दाँत, सींग या नख के लगने से; सामुद्र वायु, विषयुक्त वायु, बर्फ (अथवा शीतवात) वा अग्नि के स्पर्श से शोथ उत्पन्न हो जाते हैं।

वे आगन्तु शोथ, निज शोथ, के लक्षणों से एक देश में विपरीत परन्तु अपने २ कारणों से उत्पन्न होनेवाले लक्षणों के द्वारा आदि में पहिचाने जाते हैं। आगन्तु रोगों की निज रोगों से एक देश में विपरीतता बताते हुए २०वें अध्याय में कहा भी जायगा—

'आगन्तुर्हि व्यथापूर्वसमुत्पन्नो जघन्यं वातपित्तश्लेष्मणां वैषम्यमापादयति। निजे तु वातपित्तश्लेष्माणः पूर्वं वैषम्यमापद्यन्ते जघन्यं व्यथामभिनिर्वर्त्तयन्ति।'

अर्थात् आगन्तु में प्रथम व्यथा होती है और पश्चात् वात पित्त तथा कफ की विषमता, परन्तु निज रोग में प्रथम वात पित्त कफ की विषमता होती है और वे दोष पीछे से व्यथा को प्रकट करते हैं। यही इन दोनों में विभिन्नता है।

ये आगन्तु शोथ, बन्ध (पट्टी बांधना Bandage), मन्त्र, अगद (विषघ्न औषध), प्रलेप (Ointments), प्रताप (सेक, Hot fomentations), निर्वापण (दाह शामक औषध वा शीत जल का परिषेक, Cold fomentations) उपचार द्वारा चिकित्सा करने से शान्त हो जाते हैं ॥३॥

निजाः पुनः स्नेहस्वेदनवमनविरेचनास्थापनानुवासनशिरोविरेचनानामयथावत्प्रयोगात् मिथ्यासंसर्जनाद्वा छर्द्यलसकविसूचिकाश्वासकासातीसारशोषपाण्डुरोगज्वरोदरप्रदरभगन्दरार्शोविकारातिकर्षणैर्वा कुष्ठकण्डूपिडकादिभिर्वा छर्दिक्षवथूद्गारशुक्रवातमूत्रपुरीषवेगविधारणैर्वा कर्मरोगोपवासातिकर्षितस्य वा सहसाऽतिगुर्वम्ललवणपिष्टान्नफलशाकरागदधिहरितकमद्यमन्दकविरूढनवशूकशमीधान्यानूपौदकपिशितो-

1—'उपरुध्यते म्रियते' चक्रः ।

पयोगात् मृत्पङ्कलोष्ट्रभक्षणाल्लवणातिभक्षणाद्वा गर्भसंपीडनादामगर्भप्रपतनात् प्रजातानां च मिथ्योपचारादुदीर्णदोषत्वाच्च शोथाः प्रादुर्भवन्तीत्युक्तः सामान्यो हेतुः ॥४॥

निज शोथों का सामान्य निदान—स्नेह, स्वेद, वमन, विरेचन, आस्थापन, अनुवासन, शिरोविरेचन ; इनके यथावत् प्रयोग न करने से ; उपचार न करनेसे—जिसे जो पथ्य चाहिये उसे वह न देने से; छर्दि (कै), अलसक, विसूचिका, श्वास, कास, अतीसार, शोष, पाण्डुरोग, उदररोग, ज्वर, प्रदर, भगन्दर, अर्श (बवासीर) प्रभृति रोगों द्वारा अतिकर्षण (अति कृशता वा दुर्बलता) हो जाने पर ; कुष्ठ, कण्डू एवं पिडका आदि द्वारा; कै, छींक, उद्गार (डकार), शुक्र (वीर्य), मलवात, मूत्र एवं पुरीष के वेगों को रोकने से; कर्म (पञ्चकर्म), रोग, उपवास, अत्यधिक चलने फिरने से अतिकर्शन हुए २ पुरुष को,सहसा अतिगुरु,अम्ल (खट्टा), लवण, पिष्टान्न(पीठी के बने भोज्य द्रव्य अथवा चावलों के आटेसे बन भोज्य द्रव्य), फल, शाक,राग,(अचार चटनी आदि),दही,हरितक अदरख आदि), मद्य, मन्दक (जो दही पूरी न जमी हो), विरूढ धान्य जिन धान्यों में अंकुर निकलते हों), नवीन शूक धान्य (गेहूँ आदि) नवीन शमीधान्य (सेम, मटर, उड़द आदि), आनूप देश का मांस, जलचर पशु-पक्षियों का मांस ; इनके अत्यधिक उपयोग से, मिट्टी, कीचड़ वा ढेलों के खाने से, नमक के अत्यधिक खाने से, गर्भ के संपीडन से अथवा गर्भ द्वारा किसी शिरा आदि के दब जाने से, कच्चे गर्भ के गिर जाने से, प्रसूता स्त्रियों के यथावत् पथ्यसेवन न करने से प्रवृद्ध हुए २ दोषों के कारण शोथ उत्पन्न हो जाते हैं। यह निजशोथ का सामान्य निदान कह दिया है—चिकित्सास्थान १२ अध्याय में भी कहा जायगा—

'शुद्धयामयाभुक्तकृशाबलानां क्षाराम्लतीक्ष्णोष्णगुरूपसेवा
दध्याममृच्छाकविरोधिदुष्टगरोपसृष्टान्ननिषेवणं च ॥
अर्शांस्यचेष्टा न च देहशुद्धिर्मर्मोपघातो विषमा प्रसूतिः ।
मिथ्योपचारः प्रतिकर्मणां च निजस्य हेतुः श्वयथोः प्रदिष्टः ॥

अयं त्वत्र विशेषः—शीतरूक्षलघुविशदश्रमोपवासा[2]तिकर्षणक्षपणादिभिर्वायुः प्रकुपितस्त्वङ्मांसशोणितादीन्यभिभूय शोथं जनयति । स क्षिप्रोत्थानप्रशमो भवति तथा श्यावारुणवर्णः प्रकृतिवर्णो वा, चलः स्पन्दनः खरपरुषभिन्नत्वग्लोमा[3] छिद्यत इव भिद्यत इव पीड्यत इव सूचीभिरिव तुद्यते पिपीलिकाभिरिव संसृप्यते सर्षपकल्कावलिप्त इव चिमचिमायते सङ्कुच्यत आयम्यत इति वातशोथः ॥५॥

वातशोथ का निदान, सम्प्राप्ति और लक्षण— यहाँ पर यह विशेषता (विशेष हेतु एवं लक्षण) है—शीतल, रूक्ष, लघु, विशद (पिच्छिल से विपरीत) द्रव्यों के सेवन द्वारा श्रम (थकावट) उपवास, अतिकर्षण एवं अतिक्षपण (वमन विरेचन आदि द्वारा अत्यधिक (शुद्धि) आदि कारणों से कुपित हुआ २ वायु त्वचा, मांस तथा रक्त आदि को पराभव—दूषित करके शोथ को उत्पन्न करता है।

यह शोथ शीघ्र ही ऊँचा उठ जाता है और शीघ्र ही शान्त हो जाता है। शोथ का रंग श्याम या अरुण (ईंट सा लाल) होता है। शरीर के वर्ण के समान ही वर्णवाला भी हो सकता है। यह आगे २ फैलता जाता है, इसमें स्फुरण होता है। त्वचा और लोम खुरदरे रूक्ष तथा स्फुटित होते हैं। शोथयुक्त देश में ऐसा प्रतीत होता है जैसे कोई काटता हो, फाड़ता हो, दबाता हो, सुइयाँ चुभोता हो, जैसे चिउँटियां चलती हों, सरसों के कल्क का लेप करने से जैसे चिमचिम होती है वैसे ही चिमचिम होती है। तथा जैसे कोई उस जगह को सिकोड़ता हो वा खींचता हो। यह वातशोथ है ॥५॥

उष्णतीक्ष्णकटुकक्षारलवणाम्लाजीर्णभोजनैरग्न्यातपप्रतापैश्च पित्तं प्रकुपितं त्वङ्मांसशोणितान्यभिभूय[1] शोथं जनयति । स क्षिप्रोत्थानप्रशमो भवति कृष्णपीतनीलताम्रावभाश उष्णो मृदुः कपिलताम्रलोमा उष्यते दूयते दह्यते ॥ धूप्यते ऊष्मायते स्विद्यति क्लिद्यते न च स्पर्शमुष्णं वा सुपूयत[2] इति पित्तशोथः ॥६॥

पैत्तिक शोथ का निदान, सम्प्राप्ति और लक्षण—उष्ण (वीर्य से एवं स्पर्श से), तीक्ष्ण, कटु, क्षार, लवण, एवं अम्ल द्रव्यों के अत्यधिक सेवन से, अजीर्ण पर भी भोजन करने से, आग तथा धूप के सेकने से कुपित हुआ २ पित्त त्वचा, मांस, रक्त आदि को दूषित करके शोथ को पैदा करता है।

यह शोथ शीघ्र ही उत्पन्न हो जाता है और शीघ्र ही शान्त हो जाता है। इसमें शोथ का रंग काला, पीला, नीला तथा लाल आभा लिये होता है। शोथ की जगह उष्ण एवं मृदु होती है। वहाँ के लोम, कपिल, पिंगल वा ताम्रवर्ण के हो जाते हैं। शोथ में ओष (एकदेशिक दाह) होता है, तपता है, धूँआँ सा निकलता प्रतीत होता है, वहाँ से ऊष्मा निकलती है, पसीना आता है तथा जगह गीली रहती है। स्पर्श एवं गर्मी को वह पुरुष नहीं सहता। यह पित्तशोथ है ॥६॥

गुरुमधुरशीतस्निग्धै[3]रतिस्वप्नाव्यायामादिभिश्च श्लेष्मा प्रकुपितः त्वङ्मांसशोणितादीन्यभिभूय शोथं जनयति। कृच्छ्रोत्थानप्रशमो भवति पाण्डुः श्वेतावभासस्निग्धः श्लक्ष्णो गुरुः स्थिरः स्त्यानः शुक्लाग्ररोमा स्पर्शोष्णसहश्चेति श्लेष्मशोथः ॥७॥

कफजशोथ का निदान सम्प्राप्ति और लक्षण—गुरु, मधुर, शीत तथा स्निग्ध द्रव्यों के उपयोग से, अत्यधिक सोने तथा किसी प्रकार का व्यायाम न करने से कुपित हुआ २ कफ, त्वचा मांस तथा रक्त आदि को दूषित करके शोथ को पैदा करता है। इसका देर से ही उद्गम होता है और देर से ही शान्ति होती है। वर्ण में पाण्डु श्वेत आभावाला, चिकना, भारी स्थिर, घना होता है।

१—'कर्मरोगोपवासाध्वकर्शितस्य' ग० ।
२—''धूमोपवास।' ग० । ३—'भिन्नलोमा' ग० ।

१—'शोणितादीन्यभिभूय' म० ।
२—'सुपूयते न सहते' चक्रः ।
३—'०स्निग्धोपयोगै०' ग० ।

वहाँ के रोमों का अग्रभाग शुक्ल (श्वेत) वर्ण का हो जाता है, तथा वह शोथ स्पर्श एवं गर्मी को सहनेवाला होता है। यह श्लैष्मिक शोथ है ॥७॥

यथास्वकारणाकृतिसंसर्गाद् द्विदोषजास्त्रयः शोथा भवन्ति ॥८॥

द्वन्द्वज शोथ—अपने २ कारणों तथा लक्षणों के संमिश्रण से द्विदोषज शोथ तीन होते हैं। १–वातपित्तज, २–वातकफज, ३–पित्तकफज। जिस शोथ में वात और पित्त का निदान और लक्षण मिश्रित होंगे उसे वातपित्तज, जिसमें वात और कफ का निदान और लक्षण होंगे उसे वातकफज एवं जहाँ पित्त और कफ के निदान और लक्षण मिलित होंगे उसे पित्तकफज शोथ कहेंगे ॥

यथास्वकारणाकृतिसन्निपातात्सान्निपातिक एकः[1] ॥९॥

सान्निपातिक शोथ—तीनों दोषों के अपने २ कारण और लक्षण जहाँ एकत्र मिलित हों ऐसा सान्निपातिक शोथ एक होता है ॥९॥

एवं [2]भेदप्रकृतिभिस्ताभिर्भिद्यमानो द्विविधस्त्रिविधश्चतुर्विधः [3]सप्तविधश्च शोथ उपलभ्यते ; पुनश्चैक एव, उत्सेधसामान्यादिति ॥१०॥

इस प्रकार उन २ भेद के कारणों से विभक्त किया जाता हुआ दो प्रकार का (निज और आगन्तु), तीन प्रकार का (वातज, पित्तज, कफज), चार प्रकार का (वातज, पित्तज, कफज (निज), तथा आगन्तु), सात प्रकार का (वातज, पित्तज, कफज, वातपित्तज, वातकफज, पित्तकफज, सान्निपातिक) शोथ दिखाई देता है। सब शोथों में उत्सेध (उठाव, ऊँचापन) के समान होने से एक प्रकार का भी कह सकते हैं ॥१०॥

भवन्ति चात्र

शूयन्ते[4] यस्य गात्राणि स्वपन्तीव रुजन्ति च ।
पीडितान्युन्नमन्त्याशु वातशोथं तमादिशेत् ॥११॥
यश्चाप्यरुणवर्णाभः शोथो नक्तं प्रणश्यति ।
स्नेहोष्णमर्दनाभ्यां च प्रणश्येत्स च वातिकः ॥१२॥

वातशोथ के लक्षण—जिस पुरुष के अंग सूजे हों, सोये हुए की तरह हो जाते हों (स्पर्शज्ञान रहित अथवा वेदना रहित), पीड़ा करते हों, जहाँ पर शोथ है वह जगह दबाने के बाद दबाव के हटाते ही शीघ्र ऊँची उठ आये—उसे तुम्हें वातशोथ हो गया ऐसा कहे। वायु के चल होने से कदाचित् वेदना होती है, कदाचित् नहीं।

जो शोथ अरुण वर्ण की आभावाला हो, रात को हट जाता हो वा कम हो जाता हो तथा जो स्नेह, उष्ण (ताप, स्वेद), तथा मर्दन से नष्ट हो जाय उसे वातिक जानें। चिकित्सास्थान १२ वें अध्याय में कहा जायगा—

'जलस्तनुत्वक् परुषोऽरुणोऽसितः
प्रसुप्तिहर्षार्त्तियुतोऽनिमित्ततः ।
प्रशाम्यति प्रोन्नमति प्रपीडितो
दिवा बली च श्वयथुः समीरणात् ॥'

यः पिपासाज्वरार्तस्य दूयतेऽथ विदह्यते ।
क्लिद्यति स्विद्यते गन्धी स पैत्तः श्वयथुः स्मृतः ॥१३॥
यः पीतनेत्रवक्त्रत्वक् पूर्वं मध्यात् प्रशूयते[1] ।
तनुत्वक् चातिसारी च पित्तशोथः[2] स उच्यते ॥१४॥

पैत्तिक शोथ के लक्षण—प्यास तथा ज्वर से पीड़ित पुरुष को जो शोथ जलनवाली पीड़ा से युक्त हो, विदाह को प्राप्त हो (शीघ्र पक जाय), शोथस्थल पर पसीना आता हो, क्लेद हो और विशेष प्रकार की गन्ध हो उसे पैत्तिक शोथ जाने।

जिस शोथ में नेत्र, मुँह तथा त्वचा पीली हो जाय, और जो प्रथम मध्यदेह में उत्पन्न हो (पश्चात् सम्पूर्ण देह में भी फैल सकता है), त्वचा पतली हो, अतिसार हो गया हो; उसे पित्तशोथ जाने ॥ चिकित्सास्थान १२ अ० में कहा जायगा—

'मृदुः सगन्धोऽसितपीतरागवान्
भ्रमज्वरस्वेदतृषामदान्वितः ।
य उष्यते स्पर्शरुगक्षिरागकृत्
स पित्तशोथो भृशदाहपाकवान् ॥' १३,१४॥

यः शीतलः सक्तगतिः कण्डूमान्[3] पाण्डुरेव च ।
निपीडितो नोन्नमति श्वयथुः स कफात्मकः ॥१५॥
यस्य शस्त्रकुशच्छेदाच्छोणितं न प्रवर्तते ।
कृच्छ्रेण पिच्छान्[4] स्रवति स चापि कफसम्भवः ॥१६॥
निदानाकृतिसंसर्गाच्छ्वयथुः स्याद् द्विदोषजः ।

श्लैष्मिक शोथ के लक्षण—जो स्वाद शीतल हो, फैलता न हो, खुजली होती हो, पाण्डुवर्ण का हो, दबाने से दबाव हटाने के बाद ऊँचा न उठे, उस शोथ को श्लैष्मिक जाने ॥

जिस शोथ को शस्त्र वा कुश से काटने पर रुधिर न निकले, और बड़ी देर से वा थोड़ी २ करके पिच्छा (चिकना तथा गाढ़ा स्राव) बहती हो उसे भी कफज जाने। चिकित्सास्थान १२ अ० में कहा जायगा—

'गुरुः स्थिरः पाण्डुररोचकान्वितः
प्रसेकनिद्रावमिवह्निमान्द्यकृत् ।
स कृच्छ्रजन्मप्रशमो निपीडितो
न चोन्नमेद्रात्रिबली कफात्मकः ॥'

द्विदोषज शोथ—(दो दोषों के) निदान एवं लक्षणों के संसर्ग से द्वन्द्वज शोथ होता है ॥१५, १६॥

सर्वाकृतिः सन्निपाताच्छोथो व्यामिश्रहेतुजः ॥१७॥

सान्निपातिकशोथ–तीनों दोषों के मिश्रित कारणों से उत्पन्न तीनों दोषों के लक्षणों से युक्त शोथ सान्निपातिक (त्रिदोषज) होता है॥१७॥

यस्तु[5] पादाभिनिर्वृत्तः शोथः[6] सर्वाङ्गगो भवेत् ।
जन्तोः स च सुकष्टः स्यात्प्रसृतः स्त्रीमुखाच्च यः ॥१८॥

१–'एक एवं सप्तविधो भेदः' ग० । २–'प्रकृतिभि०' ग० ।
३–'सप्तविधोऽष्टविधश्च' पा०' । ४–'दूयन्ते' ग० ।

१—'प्रसूयते' ग० । २—'पित्तशोथी' यो० ।
३—'पाण्डुः कण्डूयतेऽपि च' यो० । ४—'पिच्छां' ग० ।
५—'पादाभिनिर्वृत्तः पुरुषाणां लघावधोदेशे जातः सन् स यदा न जीयते, तथा गुरुमूर्ध्वप्रदेशं गतः स च न पार्यते जेतुं, यो हि लघौ, प्रदेशे जेतुं न पार्यते गुरुप्रदेशगतो नितरामेव न पार्यते; एवं प्रसृतः स्त्रीमुखाच्च य इत्यपि ज्ञेयं; वचनं हि—'अधोभागो गुरुः स्त्रीणामूर्ध्वः पुंसां गुरुस्तथा इति चक्रः ।
६—'शोथो गुर्वङ्गगो' ग० ।

यश्चापि गुह्यप्रभवः स्त्रियो वा पुरुषस्य वा ।
स च कष्टतमो ज्ञेयो यस्य च स्युरुपद्रवाः ॥१९॥

शोथ की अतिकष्टसाध्यता वा असाध्यता—जो शोथ प्रथम पैर में उत्पन्न होकर सम्पूर्ण शरीर में फैल जाय वह पुरुष के लिये अति कष्टसाध्य होता है। स्त्रियों में मुख से प्रारंभ होकर सम्पूर्ण शरीर में फैले, वह उनके लिये अति कष्टसाध्य होता है और स्त्री अथवा पुरुष को यदि गुह्यदेश में शोथ हो जाये तो वह भी कष्टतम है। तथा च यदि किसी को भी किसी शोथ में भी उपद्रव हो जाय तो वह भी कष्टतम जानना चाहिये। अष्टाङ्गसंग्रह के शरीरस्थान के ११ वें अध्याय में कहा गया है—

'तन्द्रादाहारुचिच्छर्दिमूर्च्छाध्मानातिसारवान् ।
अनेकोपद्रवयुतः पादाभ्यां प्रसृतो नरम् ॥
नारीं शोथो मुखाद्धन्ति कुक्षिगुह्यादुभावपि ॥'

चक्रपाणि ने भी कहा है—

'ऊर्ध्वगामी नरं पक्षद्यामधोगामी मुखास्त्रियम् ।
उभयं बस्तिसञ्जातः शोथो हन्ति न संशयः ॥'

सुश्रुत चिकित्सा २३ अ० में तो—

'श्वयथुर्मध्यदेशे यः सकष्टः सर्वगश्च यः ।
अर्धाङ्गे रिष्टभूतश्च यश्चोर्ध्वं परिसर्पति ॥'

अर्थात् जो शोथ शरीर के मध्यदेश में होता है और जो सारे देह में होता है, वह कष्टसाध्य होता है, तथा जो अर्धाङ्ग (आधे शरीर) में हो, जो ऊपर की ओर फैलता हो (पुरुष के लिये) वह असाध्य होता है। डल्हण ने 'च' को भिन्नविषयक मानकर नीचे की ओर फैलनेवाला (स्त्री के लिये) असाध्य होता है,यह अर्थ किया है।

मूल श्लोकों में पठित 'सुकष्ट' (अतिकष्टसाध्य) तथा 'कष्टतम' शब्दों का अर्थ तन्त्रान्तरों के अनुसार 'असाध्य' किया जाता है ॥१८,१९॥

छर्दिः श्वासोऽरुचिस्तृष्णा ज्वरोऽतीसार एव च ।
सप्तकोऽयं सदौर्बल्यः शोथोपद्रवसंग्रहः ॥२०॥

शोथ के उपद्रव – कै, श्वास, अरुचि, तृष्णा, ज्वर, अतिसार तथा दुर्बलता ; संक्षेपतः ये ७ शोथ के उपद्रव हैं ॥ सुश्रुतचिकित्सास्थान २३ अ० में भी कहा है—

'श्वासः पिपासा दौर्बल्यं ज्वरश्छर्दिररोचकः ।
हिक्कातीसारकासाश्च शूनं सङ्क्षेपयन्ति हि ।'

इसमें हिक्का एवं कास ये दो उपद्रव अधिक बताये गये हैं ॥२०॥

यस्य श्लेष्मा प्रकुपितो जिह्वामूलेऽवतिष्टते ।
आशु संजनयेच्छोथं जायतेऽस्योपजिह्विका ॥२१॥

उपजिह्विका – जिस पुरुष का प्रकुपित हुआ २ कफ जिह्वा के मूल में स्थित हो जाता है और शीघ्र ही शोथ को पैदा करता है उसे उपजिह्विका कहते हैं। यह शोथ लघुरूप में जिह्वाग्राकृति होने से उपजिह्विका नाम से कहा जाता है। यह जिह्वा के मूल में जिह्वा के ऊपर होता है। यदि इसी प्रकार का शोथ जिह्वा के नीचे हो तो इसे 'अधिजिह्विका' कहेंगे। चिकित्सास्थान में कहा भी जायगा—'जिह्वोपरिष्टादुपजिह्विका स्यात् कफादधस्तादधिजिह्विका च।'

सुश्रुत में तो जिह्वा के ऊपर होनेवाले जिह्वा के अग्रभाग के समान शोथ को अधिजिह्वा कहा है—

'जिह्वाग्ररूपः श्वयथुः कफात्तु जिह्वोपरिष्टादपि रक्तमिश्रात् ।
ज्ञेयोऽधिजिह्वः खलु रोग एष विवर्जयेदागतपाकमेनम् ॥'

तथा जो जिह्वा के नीचे होता है उसे उपजिह्विका कहा है—

'जिह्वाग्ररूपः श्वयथुर्हि जिह्वामुन्नम्य जातः कफरक्तयोनिः ।
प्रसेककण्डूपरिदाहयुक्ता प्रकथ्यतेऽसावुपजिह्विकेति' ॥२१॥

यस्य श्लेष्मा प्रकुपितो जिह्वामूलेऽवतिष्ठते ।
आशु संजनयेच्छोथं करोति गलशुण्डिकाम् ॥२२॥

गलशुण्डी—जिस पुरुष के कुपित हुआ २ कफ तालुमूल में स्थित होकर वहाँ शोथ को पैदा करता है उसे गलशुण्डी नामक रोग को करता है। वस्तुतस्तु गलशुण्डी में ही शोथ को पैदा करता है और अतएव रोग का नाम भी गलशुण्डी होता है। जैसे बढ़ी हुई तिल्ली को भी तिल्ली वा प्लीहा कहते हैं।

सुश्रुत निदान० १६ अध्याय में—

'श्लेष्मासृग्भ्यां तालुमूलात्प्रवृद्धो
दीर्घः शोफो ध्मातबस्तिं प्रकाशः ।
तृष्णाकासश्वासकृत्सम्प्रदिष्टो
व्याधिर्वैद्यैः कण्ठशुण्डीति नाम्ना ॥

अर्थात् कफ और रक्त से तालुमूल में वायुपूर्ण बस्ति (चर्मपटुक चमड़े की मशक) के समान बढ़ा हुआ लम्बा शोथ कण्ठशुण्डी कहाता है। इसमें प्यास, कास तथा श्वास ; ये उपद्रव हो जाते हैं ॥२२॥

यस्य श्लेष्मा प्रकुपितो गलबाह्येऽवतिष्ठते ।
शनैः संजनयेच्छोथं गलगण्डोऽस्य जायते ॥२३॥

गलगण्ड—जिस पुरुष के कुपित हुआ २ कफ गल से बाह्य देश में स्थित हुआ २ शनैः २ शोथ को पैदा करता है उसको गलगण्ड कहते हैं। इस ग्रन्थि का नाम अंग्रेजी में 'थायरायड ग्लैण्ड' (Thyroid gland) है। इसे आजकल चुल्लिका ग्रन्थि कहते हैं। यह अन्तः गल से बाहर स्वरयन्त्र के सामने होती है। सुश्रुत निदान १२ अध्याय में गलगण्ड का विस्तार से वर्णन है ॥२३॥

यस्य श्लेष्मा प्रकुपितस्तिष्ठत्यन्तगले स्थितः ।
आशु संजनयेच्छोथं जायतेऽस्य गलग्रहः ॥२४॥

गलग्रह—जिस पुरुष का कफ स्थिर होकर गले के अन्दर ठहरा हुआ शीघ्र शोथ को उत्पन्न करता है उस पुरुष को गलग्रह हो जाता है ॥२४॥

यस्य पित्तं प्रकुपितं सरक्तं त्वचि सर्पति ।
शोथं सरागं जनयेद्विसर्पस्तस्य जायते ॥२५॥

विसर्प—जिस पुरुष का रक्त और पित्त कुपित होकर त्वचा में फैलता हुआ राग (लाल रंग आदि) युक्त शोथ को पैदा करता है उसे विसर्प (Erysipelas) हो जाता है ॥२५॥

यस्य पित्तं प्रकुपितं त्वचि रक्तेऽवतिष्ठते[1] ।
शोथं सरागं जनयेत् पिडका तस्य जायते ॥२६॥

[1]—'विसर्पस्य पिडकायाश्च तुल्यकारणत्वेऽपि विसर्पे सर्पणशीलो दोषः पिडकायां च स्थिरो ज्ञेयः, अतएव पिडकसम्प्राप्तौ अवतिष्ठते' इत्युक्तम् चक्रः ।

जिस पुरुष का प्रकुपित हुआ २ पित्त त्वचा में स्थित रक्त में स्थिर होकर रागयुक्त शोथ को पैदा करता है, उसे पिडका हो जाती है। अथवा रक्त में स्थित पित्त प्रकुपित होकर जब त्वचा में स्थित हो जाता है और रोगयुक्त शोथ को उत्पन्न करता है; तब पिड़का कहाती है ॥२६॥

[1]यस्य पित्तं प्रकुपितं शोणितं प्राप्य शुष्यति ।
तिलका पिप्लवो व्यङ्गो नीलिका चास्य जायते ॥२७॥

तिलक आदि–जिसका कुपित हुआ२ पित्त रक्त में पहुँचकर सूख जाता है उसे तिलक (तिलकालक, तिल), पिप्लु, व्यङ्ग तथा नीलिका हो जाती है। इनके लक्षण सुश्रुत के क्षुद्ररोगाधिकार में दिये हैं—

'कृष्णानि तिलमात्राणि नीरुजानि समानि च ।
वातपित्तकफोद्रेकात् तान् विद्यात् तिलकालकान् ॥'
'नीरुजं सममुत्पन्नं मण्डलं कफरक्तजम् ।
सहजं रक्तमीषच्च श्लक्ष्णं जतुमणिं विदुः ॥'
'क्रोधायासप्रकुपितो वायुः पित्तेन संयुतः ।
सहसा मुखमागम्य मण्डलं विसृजत्यतः ।
नीरुजं तनुकं श्यावं मुखे व्यङ्गं तमादिशेत् ॥'

गंगाधर के अनुसार पिप्लु जतुमणि को कहते हैं। मुख से अन्यत्र यदि व्यङ्ग हो तो उसे नीलिका कहते हैं। अष्टाङ्गहृदय उत्तरतन्त्र ३१ अध्याय में कहा है—

... ... मुखे तनु ।
श्यामलं मण्डलं व्यङ्गं वक्त्रादन्यत्र नीलिका ॥

माधव ने अपने निदानग्रन्थ में मुख पर भी नीलिका को माना है—'कृष्णमेवंगुणं गात्रे मुखे वा नीलिकां विदुः' ॥२७॥

यस्य पित्तं प्रकुपितं शङ्खयोरवतिष्ठते ।
श्वयथुः शङ्खको नाम दारुणस्तस्य जायते ॥२८॥

शङ्खक—जिसका प्रकुपित हुआ २ पित्त शङ्खदेशों में ठहरकर वहाँ शोथ कर देता है, उसे दारुण शङ्खक नामक रोग हो जाता है। यह रोग शीघ्र ही मारक होता है। सिद्धिस्थान ६ अध्याय में कहा भी जायगा —

त्रिरात्राजीवितं हन्ति शङ्खको नाम नामतः ।
जीवेत् त्र्यहं चेद्भैषज्यं प्रत्याख्याय समाचरेत् ॥

अर्थात् यह रोग तीन दिन में ही प्राणों को हर लेता है। यदि तीन दिन में रोगी काल का ग्रास न हो तो भी असाध्यता जताकर चिकित्सा करे ॥२८॥

यस्य पित्तं प्रकुपितं कर्णमूलेऽवतिष्ठते ।
ज्वरान्ते दुर्जयोऽन्ताय शोथस्तस्योपजायते ॥२९॥

ज्वर के अन्त समय में जिस पुरुष का कुपित हुआ २ पित्त कर्णमूल में अवस्थित होता है उसे कष्ट से जीता जा सकनेवाला शोथ हो जाता है। यह शोथ अधिकतर मृत्यु का कारण होता है॥२६॥

वातः प्लीहानमुद्धूय कुपितो यस्य तिष्ठति ।
शनैः परितुदन् पार्श्वं प्लीहा तस्याभिवर्धते ॥३०॥

जिसके कुपित हुआ २ वायु प्लीहा को अपने स्थान से च्युत करके (अर्थात् बढ़ाकर अथवा शोथ का प्रकरण होने से 'शोथ को उत्पन्न करके' यह अर्थ करना चाहिये) वहाँ अवस्थिति करता है उसे वामपार्श्व में धीमे २ पीड़ा करती हुई प्लीहा (तिल्ली) बढ़ जाती है। चिकित्सास्थान १३ अ० में भी कहा जायगा—

'वामपार्श्वस्थितः प्लीहा च्युतस्थानात् प्रवर्द्धते' ॥

यस्य वायुः प्रकुपितो [1]गुल्मस्थानेऽवतिष्ठते ।
शोथं सशूलं जनयन् गुल्मस्तस्योपजायते ॥३१॥

गुल्म--जिसका कुपित हुआ २ वायु शूल एवं शोथ को उत्पन्न करता हुआ गुल्म स्थान पर अवस्थिति करता है; उसे गुल्म होता है। चिकित्सास्थान के पञ्चम अ० में गुल्म के स्थान बताये गये है—

'बस्तौ च नाभ्यां हृदि पार्श्वयोर्वा गुल्मस्य स्थानानि भवन्ति पञ्च' ।

अर्थात् बस्ति, नाभि, हृदय एवं दोनों पार्श्व ये पाँच गुल्म के स्थान हैं ॥३१॥

यस्य वायुः प्रकुपितः शोथशूलकरश्चरन् ।
वंक्षणाद्वृषणौ याति वृद्धिस्तस्योपजायते ॥३२॥

वृद्धिरोग—जिसके शोथ एवं शूल को करनेवाला वायु एक स्थान से दूसरे स्थान पर जाता हुआ वंक्षण से वृषणों (अण्डकोशों) (Tunica Vaginalis) में जाता है; उसे वृद्धिरोग हो जाता है। अष्टाङ्गहृदय उत्तरतन्त्र ११ वें अध्याय में कहा है--

'क्रुद्धो रुद्धगतिर्वायुः शोफशूलकरश्चरन् ।
मुष्कौ वङ्क्षणतः प्राप्य फलकोशाभिवाहिनीः ॥
प्रपीड्य धमनीर्वृद्धिं करोति फलकोषयोः ॥'

सुश्रुत निदानस्थान १२ अध्याय में वृद्धिरोग का विस्तार से वर्णन है ॥३२॥

यस्य वातः प्रकुपितस्त्वङ्मांसान्तरमाश्रितः ॥
शोथं संजनयेत् कुक्षावुदरं तस्य जायते ॥३३॥

उदररोग—जिसके प्रकुपित हुआ २ वात, त्वचा और मांस के बीच में आश्रित हुआ २ कुक्षि में शोथ को पैदा करता है, उसे उदररोग होता है ॥३३॥

यस्य वातः प्रकुपितः कुक्षिमाश्रित्य[2] तिष्ठति ।
नाधो व्रजति नाप्यूर्ध्वमानाहस्तस्य जायते ॥३४॥

आनाह –जिस पुरुष का वायु प्रकुपित हुआ २ कुक्षि में आश्रित होकर वहाँ अवस्थिति करता है, न ऊपर न नीचे को जाता है; उसे आनाह होता है ॥३४॥

रोगाश्चोत्सेधसामान्यादधिमांसार्बुदादयः ।
विशिष्टा नामरूपाभ्यां निर्देश्याः शोथसंग्रहे ॥३५॥

अधिमांस, अर्बुद, ग्रन्थि, श्लीपद, ब्रध्न आदि रोगों का–जो कि नाम एवं रूप में परस्पर भिन्न होते हैं--उत्सेध (उठाव, ऊँचापन, सूजन) की समानता से शोथों के संग्रह में ही परिगणन कर लेना चाहिये। अर्थात् इन सब रोगों में शोथ होता है, परन्तु आकृति स्थान आदि भेदों से इनके नाम भिन्न २ हो जाते हैं ॥३५॥

१—'यस्य पित्तमित्यादौ पित्तं प्राप्य शोणितं कर्तृ शुष्यतीति योजनीयं' चक्रः ।

१—पार्श्वहृन्नाभिवस्तिष्वित्यर्थः ।
२—'कुक्षिमावार्य' ग० ।

वातपित्तकफा यस्य युगपत्कुपितास्त्रयः ।
जिह्वामूलेऽवतिष्ठन्ते विदहन्तः समुच्छ्रिताः ॥३६॥
जनयन्ति भृशं शोथं वेदनाश्च पृथग्विधाः ।
तं शीघ्रकारिणं रोगं रोहिणीकेति निर्दिशेत् ॥३७॥
त्रिरात्रं परमं तस्य जन्तोर्भवति जीवितम् ।
कुशलेन [1]त्वनुक्रान्तः क्षिप्रं सम्पद्यते सुखी ॥३८॥

रोहिणी—जिस पुरुष के युगपत् (एक साथ) वात, पित्त तथा कफ तीनों दोष अत्यन्त प्रवृद्ध होकर जिह्वामूल में विदाह को करते हुए अत्यधिक शोथ एवं विविध प्रकार की वेदनाओं को उत्पन्न करते हैं, उस शीघ्रकारी रोग को रोहिणी कहते हैं। इस रोग से आक्रान्त पुरुष की यदि कुशल वैद्य द्वारा चिकित्सा न हो तो वह अधिक से अधिक तीन दिन तक जीवित रहता है। यदि कुशल वैद्य द्वारा शीघ्र ही चिकित्सा करा ली जाय तो आरोग्य हो जाता है। सुश्रुत निदानस्थान १६ अध्याय में रोहिणी का वर्णन है ॥३६-३८॥

सन्ति ह्येवंविधा रोगाः साध्या दारुणसंमताः ।
ये हन्युरनुपक्रान्ता मिथ्याचारेण वा पुनः ॥३९॥
साध्याश्चाप्यपरे सन्ति व्याधयो मृदुसंमताः ।
यत्नायत्नकृतं येषु कर्म सिध्यत्यसंशयम् ॥४०॥

रोगों की साध्यासाध्यता—ऐसे (रोहिणी के सदृश) अन्य भी दारुण रोग हैं जो साध्य होते हैं। परन्तु यदि उनकी चिकित्सा न की जाय अथवा ठीक परहेज न रखा जाय तो वे मारक होते हैं। दूसरी प्रकार की भी साध्य व्याधियाँ होती हैं, जो मृदु कही गयी हैं। उनमें यत्न द्वारा वा बिना यत्न के ही चिकित्सा करने से निःसन्देह आरोग्य हो जाता है ॥३९,४०॥

असाध्याश्चापरे सन्ति व्याधयो याप्यसंज्ञिताः ।
सुसाध्वपि कृतं येषु कर्म [2]यात्राकरं भवेत् ॥४१॥

दूसरी असाध्य व्याधियाँ हैं, जिन्हें याप्य कहा जाता है। जिनमें बहुत अच्छी प्रकार किया हुआ कर्म (चिकित्सा) भी यात्राकर होता है। अर्थात् अपनी आयु तक गुजारा चलाये जाता है। इसमें रोग-निवृत्ति नहीं होती। कहा भी है—

'शेषत्वादायुषो याप्यमसाध्यं पथ्यसेवया ।'

तन्त्रान्तर में भी—

ये यावदेव भिषजामगदप्रयोगा-
　　स्तावत्प्रशान्तिमुपयान्त्यगदैर्विना ये ।
प्रादुर्भवन्ति च पुनः सहसा द्विदोषा-
　　स्तादृग्विधाः स्युरिति याप्यतमा गदास्ते ॥

अर्थात् जब तक चिकित्सा होती रहे तब तक शान्त रहें—दबे रहें। और चिकित्सा के हटते ही पुनः प्रकट हो जायें; वे याप्य होते हैं ॥४१॥

सन्ति चाप्यपरे रोगाः कर्म येषु न सिध्यति ।
अपि यत्नकृतं वैद्यैर्न तान् विद्वानुपाचरेत् ॥४२॥

दूसरे असाध्य रोग ऐसे हैं जिनमें वैद्यों द्वारा यत्नपूर्वक चिकित्सा की हुई भी सर्वथा सिद्ध नहीं होती। विद्वान् वैद्य को चाहिये कि उनकी चिकित्सा ही न करे। यतः—

अर्थहानिं यशोहानिमुपक्रोशमसंशयम् ।
प्राप्नुयान्नियतं वैद्यो योऽसाध्यं समुपाचरेत् ॥

अर्थात् असाध्यरोग की चिकित्सा करने से वैद्य धनहानि, यशहानि तथा लोकनिन्दा को अवश्य प्राप्त होता है ॥४२॥

साध्याश्चैवाऽप्यसाध्याश्च व्याधयो द्विविधाः स्मृताः ।
मृदुदारुणभेदेन ते भवन्ति चतुर्विधाः ॥४३॥

साधारण तौर पर साध्य एवं असाध्य भेद से व्याधियाँ दो प्रकार की होती हैं। ये ही व्याधियाँ मृदु तथा दारुण के भेद से चार प्रकार की हो जाती हैं। यथा—१ मृदुसाध्य, २ दारुणसाध्य, ३ मृदु असाध्य, ४ दारुण असाध्य। इन्हें हम दूसरे शब्दों में क्रमशः सुखसाध्य, कष्टसाध्य, याप्य एवं प्रत्याख्येय कहते हैं ॥४३॥

त एवापरिसंख्येया भिद्यमाना भवन्ति हि ।
[1]निदानवेदनावर्णस्थानसंस्थाननामभिः ॥४४॥

वे ही व्याधियाँ निदान, वेदना दर्द), वर्ण (रंग), स्थान, संस्थान (आकृति, लक्षण) एवं नाम के भेद से अपरिसंख्येय (अनगिनत, न गिनी जा सकनेवाली) हो जाती हैं ॥४४॥

[2]व्यवस्थाकरणं तेषां यथास्थूलेषु संग्रहः ।
तथा प्रकृतिसामान्यं विकारेषूपदिश्यते ॥४५॥

जिस प्रकार स्थूल विकारों में संग्रह किया गया है (अष्टोदरीय वा महारोगाध्याय में) वैसे ही कारण की समानता से उन व्याधियों की व्यवस्था की जा सकती है अर्थात् चिकित्सार्थ संख्या द्वारा परिगणन किया जा सकता है।

अर्थात् इन दोनों अध्यायों में कहे गये सामान्यज एवं नानात्मज विकारों से हम अपरिसंख्येय विकारों के वातज पित्तज कफज आदि का ज्ञान कर सकते हैं। और जब हमें यह ज्ञान हो गया तो उन विकारों की चिकित्सा करना सुगम हो जाता है ॥४५॥

विकारनामाकुशलो न जिह्रीयात्कदाचन ।
न हि सर्वविकाराणां नामतोऽस्ति ध्रुवा स्थितिः ॥४६॥

जो वैद्य सम्पूर्ण विकारों के नामों को नहीं जानता, उसे कदापि लज्जित न होना चाहिये, क्योंकि सम्पूर्ण विकारों का नाम द्वारा पारंगणन नहीं किया जा सकता वा उनकी व्यवस्था नहीं की जा सकती। उन विकारों के लक्षणों को देखकर ही उनके वातज पित्तज आदि होने का निश्चय करते हैं। इस निश्चय के किये बिना विकारों की चिकित्सा नहीं हो सकती। और वात आदि दोषों के प्राकृत वा वैकृत लक्षणों के यथावत् ज्ञान होने पर हम विकार के नाम को न जानते हुए भी उचित चिकित्सा कर सकते हैं ॥४६॥

स एव कुपितो दोषः समुत्थानविशेषतः ।
स्थानान्तरगतश्चैव जनयत्यामयान् बहून् ॥४७॥

१—'क्षिप्रमनुक्रान्तः शीघ्रं चिकित्सित इत्यर्थः ।'
२—'यात्राकरं यापनाकरं' चक्रः ।

१—'रुजावर्णसमुत्थानं०' च० ।
२—'व्यवस्थाकरणं चिकित्साव्यवहारार्थं संख्याकथनं, यथास्थूलेष्विति ये स्थूला उदरमूत्रकृच्छ्रादयः तेषु, संग्रहोऽष्टोदरीयसंग्रह इत्यर्थः।' चक्रः ।

वह एक ही दोष हेतु एवं स्थान भेद से बहुत से विकारों को उत्पन्न कर देता है। यही कारण है कि सम्पूर्ण विकारों के नाम का परिगणन करना असम्भव है। अष्टाङ्गहृदय सूत्रस्थान के १३ वें अध्याय में स्थान भेद से किस प्रकार विविध रोग होते हैं इसका दिग्दर्शन कराया गया है।

'योऽन्तः शरीरसन्धीनाविशति तेन जृम्भा ज्वरश्चोपजायते। यस्त्वामाशयमभ्युपैति तेन रोगा भवन्त्युरस्यरोचकश्च। यः कण्ठमभिप्रपद्यते कण्ठस्ततो भ्रंशति स्वरश्चावसीदति। यः प्राणवहानि स्रोतांस्येति श्वासः प्रतिश्यायश्च तेनोपजायते।'

अर्थात् यदि दोष शरीर की अन्तःसन्धियों में प्रविष्ट हो तो जृम्भा तथा ज्वर होता है। यदि आमाशय में चला जाय तो अरुचि वा छाती के रोग हो जाते हैं। कण्ठ में चला जाय तो स्वरभेद आदि हो जाता है। यदि वही दोष प्राणवह स्रोत (Respiratory system) में चला जाय तो श्वास तथा प्रतिश्याय हो जाता है ॥४॥

तस्माद्विकारप्रकृतीरधिष्ठानान्तराणि च।
समुत्थानविशेषांश्च बुद्ध्वा कर्म समाचरेत् ॥४८॥

अतएव वैद्य को चाहिये कि विकार की प्रकृतियों (वात आदि दोषों तथा आगन्तुता) स्थानभेदों एवं कारणभेदों को समझकर चिकित्सा करे ॥४८॥

यो ह्येतत्त्रिविधं ज्ञात्वा कर्माण्यारभते भिषक्।
ज्ञानपूर्वं यथान्यायं स कर्मसु न मुह्यति ॥४९॥

जो इन तीनों अर्थात् प्रकृति, स्थान एवं हेतु को जानकर ज्ञान पूर्वक यथायोग्य चिकित्सा प्रारम्भ करता है, वह चिकित्सा कर्म में कभी मोह को प्राप्त नहीं होता ॥४६॥

नित्याः प्राणभृतां देहे वातपित्तकफास्त्रयः।
विकृताः प्रकृतिस्था वा तान् बुभुत्सेत पण्डितः ॥५०॥

प्राणियों के देह में विकृतावस्था अथवा समावस्था में वात, पित्त, कफ तीनों ही सदा रहा करते हैं। पण्डित वैद्य को चाहिये कि वह इन्हें जानने में सचेष्ट रहे ॥५०॥

उत्साहोच्छ्वासनिःश्वासचेष्टा धातुगतिः समा।
समो मोक्षो[२] गतिमतां वायोः कर्माविकारजम् ॥५१॥

प्रकृतिस्थित वायु के कर्म—उत्साह, उच्छ्वास (श्वास का बाहर आना), निःश्वास (श्वास को अन्दर ले जाना), चेष्टा (वाचिक, कायिक वा मानस क्रिया), रस आदि धातुओं का सम्यक् प्रकार से वहन करना, मूत्र पुरीष स्वेद आदि का सम्यक् प्रकार से बाहर निकालना; ये विकृत न हुए २ वायु के कर्म हैं ॥५१॥

दर्शनं पक्तिरूष्मा च क्षुत्तृष्णा देहमार्दवम्।
प्रभा प्रसादो मेधा च पित्तकर्माविकारजम् ॥५२॥

प्रकृतिस्थित पित्त के कर्म—देखना, पचाना, शरीर का स्वाभाविक तापांश, भूख, प्यास, शरीर की मृदुता, प्रभा (कान्ति), प्रसाद (प्रसन्नता), मेधा (धारणात्मिका बुद्धि); ये अविकृत पित्त के कर्म हैं ॥५२॥

स्नेहो[१] बन्धः स्थिरत्वं च गौरवं वृषता बलम्।
क्षमा धृतिरलोभश्च कफकर्माविकारजम् ॥५३॥

प्रकृतिस्थित कफ के कर्म—स्निग्धता (चिकनाई), सन्धियों का बाँधना, स्थिरता (कठोरता, अशिथिलता), गौरव (भारीपन—शरीर की स्वाभाविक गुरुता), वृषता (वीर्यवत्ता तथा पुंस्त्वशक्ति), बल, क्षमा, धैर्य, निर्लोभता (लोभ न करना); ये अविकृत कफ के कर्म हैं ॥५३॥

वाते पित्ते कफे चैव क्षीणे लक्षणमुच्यते।
कर्मणः प्राकृताद्धानिर्वृद्धिर्वाऽपि विरोधिनाम् ॥५४॥

क्षीण हुए दोषों की पहिचान—वात, पित्त तथा कफ के क्षीण होने पर लक्षण कहा जाता है—दोषों के प्राकृत कर्म में कमी वा नाश अथवा विरोधी कर्मों की वृद्धि होती है। दोषों के प्राकृत कर्म अभी ऊपर बताये ही गये हैं। यदि वात की क्षीणता हो तो उत्साह आदि वात के प्राकृत कर्म कम हो जायँगे अथवा उत्साह आदि से विरोध—विपरीत विषाद आदि कर्मों की वृद्धि हो जायगी। कई 'वृद्धिर्वापि विरोधिनाम्' का अर्थ यह करते हैं कि वात आदि अन्यतम दोष के क्षीण होने पर तदन्यतम दोष की वृद्धि हो जाती है। अर्थात् वात क्षीण हो जाय तो पित्त या कफ या दोनों की वृद्धि हो जायगी। इसी प्रकार अन्यत्र भी समझ लेना चाहिये। चक्रपाणि आदि टीकाकार इस अर्थ को ठीक नहीं मानते। वे कहते हैं कि यह आवश्यक नहीं कि यदि एक दोषकी वृद्धि हो तो अन्य दोष का क्षय हो, अन्यथा पित्त की वृद्धि होने पर सर्वदा कफ का क्षय हो जाना चाहिये, परन्तु यह नहीं होता। ये दोष एक दूसरे के घातक नहीं होते ॥५४॥

दोषप्रकृतिवैशेष्यं नियतं वृद्धिलक्षणम्।
[२]दोषाणां प्रकृतिर्हानिर्वृद्धिश्चैवं परीक्ष्यते ॥५५॥ इति

दोषों की वृद्धि की पहिचान—दोषों के स्वभाव में अधिकता होना ही उस २ दोष की वृद्धि का चिह्न है। जैसे कफ का स्वभाव स्निग्धता शीतता आदि है। यदि यह अधिक हो जाय अर्थात् अतिस्निग्धता अतिशीतता हो जाय तो कफ की अधिकता जानी जायगी। इसी प्रकार वात तथा पित्त की वृद्धि जानी जाती है।

इन उपर्युक्त विधानों से दोषों की समता, क्षीणता तथा वृद्धि की परीक्षा होती है ॥५५॥

तत्र श्लोकाः।

संख्यां निमित्तं रूपाणि शोथानां साध्यतां न च।
तेषां तेषां विकाराणां शोफांस्तांस्तांश्च पूर्वजान् ॥५६॥
विधिभेदं विकाराणां त्रिविधं बोध्यसंग्रहम्।
प्राकृतं कर्म दोषाणां लक्षणं हानिवृद्धिषु ॥५७॥

१—'अधिष्ठानान्तराणि आशयान्तराणि' चक्रः।

२—'गतिमतां पुरीषादीनां बहिर्निःसरणं' चक्रः।

१—बन्धः सन्धिबन्धः।

२—दोषेत्यादि—प्रकृतिः स्वभावः, तस्य, वैशेष्यमाधिक्यं' चक्रः।

वीतरागरजोदोषलोभमानमदस्पृहः ।
व्याख्यातवांस्त्रिशोफीये रोगाध्याये पुनर्वसुः ॥५८॥

इत्यग्निवेशकृते तन्त्रे चरकप्रतिसंस्कृते सूत्रस्थाने रोगचतुष्के त्रिशोफीयो नामाष्टादशोऽध्यायः ॥१८॥

मोह, रजोदोष, लोभ, अभिमान, मद तथा ईर्ष्या से रहित भगवान् पुनर्वसु ने, इस त्रिशोफीय नामक अध्याय में शोथों की संख्या, कारण, लक्षण, साध्यता, उन २ उपजिह्विका आदि रोगों के व्यक्त होने से पूर्व उत्पन्न होनेवाले वे २ शोथ एवं रोगों के प्रकार भेद (मृदुदारुण भेद, साध्यासाध्यभेद तथा रुजावर्ण आदि भेद से अपरिसंख्येयता), चिकित्सा में ज्ञातव्य तीन बातों का संग्रह (विकारप्रकृति, स्थानभेद, हेतुभेद), दोषों के प्राकृत कर्म, दोषों के क्षय और वृद्धि में लक्षण; इन सब विषयों की व्याख्या की है ॥५६॥

इत्यष्टादशोऽध्यायः ।

—:-०-:—

ऊनविंशोऽध्यायः

अथातोऽष्टोदरीयमध्यायं व्याख्यास्यामः ॥
इति ह स्माह भगवानात्रेयः ॥१॥

अब हम 'अष्टोदरीय' नामक अध्याय की व्याख्या करेंगे, ऐसा भगवान् आत्रेय ने कहा ॥१।

इह खल्वष्टावुदराणि, अष्टौ मूत्राघाताः, अष्टौ क्षीरदोषाः, अष्टौ रेतोदोषाः; [1] सप्त कुष्ठानि, सप्त पिडकाः, सप्त वीसर्पाः, षडतीसाराः, षडुदावर्ताः, पञ्च गुल्माः, पञ्च प्लीहदोषाः, पञ्च कासाः, पञ्च श्वासाः, पञ्च हिक्काः, पञ्च तृष्णाः, पञ्च च्छर्दयः, पञ्च भक्तस्यानशनस्थानानि, [2] पञ्च शिरोरोगाः, पञ्च हृद्रोगाः, पञ्च पाण्डुरोगाः, पञ्चोन्मादाः, चत्वारोऽपस्माराः, चत्वारोऽक्षिरोगाः, चत्वारः कर्णरोगाः, चत्वारः प्रतिश्यायाः, चत्वारो मुखरोगाः, चत्वारो ग्रहणीदोषाः, चत्वारो मदाः, चत्वारो मूर्च्छायाः, चत्वारः शोषाः, चत्वारि क्लैब्यानि, त्रयः शोथाः, त्रीणि किलासानि, त्रिविधं लोहितपित्तं, द्वौ ज्वरौ, द्वौ व्रणौ, द्वावायामौ, द्वे गृध्रस्यौ, द्वे कामले, द्विविधमामं, द्विविधं वातरक्तं, द्विविधान्यर्शांसि, एकः ऊरुस्तम्भः, एकः संन्यासः, एको महागदः, विंशतिः क्रिमिजातयः, विंशतिः प्रमेहाः विंशतिर्योनिव्यापदः, इत्यष्टचत्वारिंशद्रोगाधिकरणान्यस्मिन् संग्रहे समुद्दिष्टानि ॥२॥

स्थूल व्याधियों का संख्या द्वारा कथन १ आठ उदररोग, २ आठ मूत्राघात, ३ आठ क्षीरदोष (स्तन्य दूध के दोष), ४ आठ वीर्यदोष । ५ सात कुष्ठ (महाकुष्ठ), ६ सात पिड़कायें, ७ सात वीसर्प । ८ छह अतीसार, ६ छह उदावर्त १० पाँच गुल्म, ११ पाँच प्लीहदोष (तिल्ली के रोग), १२ पाँच कास (खाँसी), १३ पाँच श्वास, १४ पाँच हिक्का (हिचकी), १५ पाँच तृष्णा, १६ पाँच छर्दि (कै), १७ पाँच भोजन न खाने के कारण (अर्थात् अरोचक), १८ पाँच शिरोरोग, १६ पाँच हृद्रोग (हृदय के रोग), २० पाँच पाण्डुरोग, २१ पाँच उन्माद, २२ चार अपस्मार, २३ चार अक्षिरोग (नेत्रों के रोग), २४ चार कर्णरोग, २५ चार प्रतिश्याय, २६ चार मुखरोग, २७ चार ग्रहणी दोष, (संग्रहणी), २८ चार मद, २६ चार मूर्च्छा, ३० चार शोष, ३१ चार क्लैब्य (नपुंसकता), ३२ तीन शोथ, ३३ तीन किलास, ३४ तीन प्रकार का रक्तपित्त, ३५ दो ज्वर, ३६ दो व्रण, ३७ दो आयाम, ३८ दो गृध्रसी, ३६ दो कामला, ४० दो प्रकार का आमविकार, ४१ दो प्रकार का वातरक्त, ४२ दो प्रकार के अर्श । ४३ एक ऊरुस्तम्भ ४४ एक संन्यास, ४५ एक महागद । ४६ बीस क्रिमियों की जातियाँ, ४७ बीस प्रमेह ४८ बीस योनिरोग; ये ४८ अधिकरण इस संग्रह में कहे गये हैं ।२।

एतानि यथोद्देशमभिनिर्देक्ष्यामः—अष्टावुदराणीति वातपित्तकफसन्निपातप्लीहबद्धच्छिद्रोदकोदराणीति, अष्टौ मूत्राघाता इति वातपित्तकफसन्निपाताश्मरीशर्कराशुक्रशोणितजा इति, अष्टौ क्षीरदोषा इति वैवर्ण्यं वैगन्ध्यं वैरस्यं पैच्छिल्यं फेनसङ्घातो रौक्ष्यं गौरवमतिस्नेहश्चेति, अष्टौ रेतोदोषा इति तनु शुष्कं फेनिलमश्वेतं पूत्यतिपिच्छिलमन्यधातूपहितमवसादि चेति ॥(१) ॥

इन्हें अब क्रमशः विस्तार से कहेंगे—

आठ उदररोग—१ वातोदर, २ पित्तोदर, ३ कफोदर, ४ सन्निपातोदर, ५ प्लीहोदर, ६ बद्धोदर, ७ छिद्रोदर, ८ उदकोदर (जलोदर) । सुश्रुत में 'छिद्रोदर' को 'परिस्राव्युदरं' नाम से पढ़ा गया है । यकृदुदर का निदान तथा चिकित्सा के समान होने से प्लीहोदर में अन्तर्भाव किया जाता है ।

आठ मूत्राघात—वातज, २ पित्तज, ३ कफज, ४ सन्निपातज, ५ अश्मरीज (पथरी से उत्पन्न होनेवाला), ६ शर्कराज (मूत्र में शर्करा नामक रोग (रेत) से उत्पन्न होनेवाला) ७ शुक्रज, ८ शोणितज (रक्तज) ।

आठ क्षीरदोष—१ विवर्णता (वर्ण का बदल जाना), २ विगन्धता (स्वाभाविक गन्ध से भिन्न गन्धवाला हो जाना), ३ विरसता (दूध के रस का परिवर्तित हो जाना), ४ पिच्छिलता (चिपचिपापन , ५ फेनसङ्घात (बहुत झाग का होना), ६ रूक्षता (स्नेह न होना वा कम होना), ७ गौरव (भारीपन), ८ अति स्नेह (अत्यधिक स्नेह होना) ।

आठ वीर्यदोष—१ तनु (पतला होना), २ शुष्क (सूखा होना), ३ फेनिल (झागयुक्त होना), ४ श्वेत (स्वाभाविक श्वेत वर्ण का न रहना), ५ पूति (दुर्गन्धि युक्त होना वा पूययुक्त होना), ६ अतिपिच्छिल (अत्यधिक चिपचिपा), ७ अन्यधातूपहित (रक्त आदि धातु से मिश्रित होना), ८ अवसादी [1] ॥१॥

सप्त कुष्ठानीति—कपालोदुम्बरमण्डलर्ष्यजिह्वपुण्डरीकसिध्मकाकणकानीति, सप्त पिडका इति शराविका कच्छपिका

१—'यद्यपि चिकित्सितेऽष्टादश कुष्ठानि, तथाऽपीह महाकुष्ठाभिप्रायेण सप्तोच्यन्ते' चक्रः ।

२—'स्थानमिव स्थानं कारणं, तेन अनशनस्थानान्यरोचकानीत्यनेन कारणेन कार्याण्यरोचकानि गृह्यन्ते, तेन संग्रहे कारणाभिधानमन्याय्यमिति न भवति' चक्रः ।

१—इनके लक्षण चिकित्सास्थान ३० अध्याय में कहे गये हैं ।

जालिनी सर्षप्यलजी विनता विद्रधिश्चेति सप्त वीसर्पा इति वातपित्तकफाग्निकर्दमग्रन्थिसन्निपाताख्याः ॥

सात कुष्ठ—१ कपाल २ उदुम्बर ३ मण्डल ४ ऋष्यजिह्व ५ पुण्डरीक ६ सिध्म ७ काकणक ।

सात पिड़का—१ शराविका २ कच्छपिका ३ जालिनी ४ सर्षपी ५ अलजी ६ विनता ७ विद्रधि ।

सात वीसर्प—१ वातज २ पित्तज ३ कफज ४ अग्निवीसर्प ५ कर्दमवीसर्प ६ ग्रन्थिवीसर्प ७ सन्निपातज ॥ (२) ॥

षडतीसारा इति वातपित्तकफसन्निपातभयशोकजाः, षडुदावर्ता इति वातमूत्रपुरीषशुक्रच्छर्दिक्षवथुजाः ॥ (३) ॥

छह अतीसार—१ वातज २ पित्तज ३ कफज ४ सन्निपातज ५ भयज ६ शोकज ।

छह उदावर्त—१ वात (निरोध)-ज २ मूत्र (निरोध)-ज ३ पुरीष (निरोध)-ज ४ शुक्र (निरोध)-ज ५ छर्दि (निरोध)-ज ६ क्षवथु (निरोध)-ज (छींक को रोकने से उत्पन्न होनेवाला)। सुश्रुत ने १३ प्रकार का उदावर्त कहा है—

'वातविण्मूत्रजृम्भाश्रुक्षवोद्गारवमीन्द्रियैः ।
व्याहन्यमानैरुदितैरुदावर्तो निरुच्यते ॥
क्षुत्तृष्णाश्वासनिद्राणामुदावर्तो विधारणात् ।
... ... ॥
त्रयोदशविधश्चासौ भिन्न एतैस्तु कारणैः ॥'

उत्तरतन्त्र ५५ अ० ॥ (३) ॥

पञ्च गुल्मा इति वातपित्तकफसन्निपातरक्तजाः, पञ्च प्लीहदोषा इति गुल्मैर्व्याख्याताः,पञ्च कासा इति वातपित्त-कफक्षतक्षयजाः, पञ्च श्वासा इति महोर्ध्वच्छिन्नतमकक्षुद्राः, पञ्च हिक्का इति महती गम्भीरा व्यपेता क्षुद्रा चान्नजा च, पञ्च तृष्णा इति वातपित्तामक्षयोपसर्गात्मिकाः, पञ्च छर्दय इति [1]द्विष्टार्थसंयोगवातपित्तकफसन्निपातोद्रेकात्मिकाः, पञ्च भक्तस्यानशनस्थानानीति वातपित्तकफद्वेषायासाः,पञ्च शिरोरोगा इति पूर्वोद्देशमभिसमस्य वातपित्तकफसन्नि-पातकृमिजाः, पञ्च हृद्रोगा इति शिरोरोगैर्व्याख्याताः, पञ्च पाण्डुरोगा इति वातपित्तकफसन्निपातमृद्भक्षणजाः, पञ्चो-न्मादा इति वातपित्तकफसन्निपातागन्तुनिमित्ताः ॥४॥

पाँच गुल्म—१ वातज २ पित्तज ३ कफज ४ सन्निपातज ५ रक्तज ।

पाँच प्लीहदोष—गुल्म से ही इनकी भी व्याख्या हो गयी। अर्थात् १ वातज २ पित्तज ३ कफज ४ सन्निपातज ५ रक्तज ।

पाँच कास—१ वातज २ पित्तज ३ कफज ४ क्षतज ५ क्षयज ।

पाँच श्वास—१ महाश्वास २ ऊर्ध्वश्वास ३ छिन्नश्वास ४ तमकश्वास ४ क्षुद्रश्वास । प्रतमक तथा सन्तमक नामक श्वास का अन्तर्भाव तमक में हो जाता है ।

पाँच हिक्का—१ महती २ गम्भीरा ।३ व्यपेता ४ क्षुद्रा ५ अन्नजा ।

पाँच तृष्णा—१ वातिक २ पैत्तिक ३ आमज ४ क्षयज (रस-क्षयज) ५ औपसर्गिक । सुश्रुत में कफज तृष्णा भी बतायी गयी है । तृष्णा में भी वात पित्त ही हेतु होते हैं, क्योंकि ये ही दोनों शोषक हैं । चिकित्सास्थान २२ अध्याय में कहा भी जायगा—

'नाग्नेर्विना हि तर्षः पवनाद्वा तौ हि शोषणे हेतू ।
अब्धातोरतिवृद्धावपां क्षये शुष्यते नरो हि ॥

डल्हणाचार्य ने सुश्रुत के तृष्णाप्रकारण उत्तरतन्त्र ४८ अध्याय में टीका करते हुए कहा है—यद्यपि कफ अपने गुण से तृष्णा को पैदा करने में समर्थ नहीं तो भी जब बढ़ा हुआ कफ वात को पित्त के साथ आच्छादित कर लेता है तब उन दोनों से सुखाया जाता हुआ तृष्णा को पैदा करता है। तथा भक्तज (अन्नज) एवं मद्यज तृष्णा में भी वात पित्त ही हेतु होते हैं। उनका अन्तर्भाव भी वातज पित्तज में कर लेना चाहिये । चिकित्सास्थान २२ अध्याय में कहा भी जायगा —

'गुर्वन्नपयःस्नेहैः सम्मूर्च्छद्भिर्विदाहकाले च ।
यस्तृष्येद् वृतमार्गे तत्राप्यनिलानलौ हेतू ॥
तीक्ष्णोष्णरूक्षभावान्मद्यं पित्तानिलौ प्रकोपयति ।
शोषयतेऽपां धातुं तावेव मद्यशीलानाम् ॥'

पाँच छर्दियाँ—द्विष्टार्थसंयोगज (बुरे लगनेवाले-घृणित गन्ध रस आदि विषयों के संयोग से उत्पन्न होनेवाली), २ वातप्रधान ३ पित्तप्रधान ४ कफप्रधान ५ सान्निपातिक (त्रिदोषप्रधान) ।

पाँच भोजन के न खाने के कारण (अरोचक)—१ वात २ पित्त ३ कफ ४ द्वेष (मन को न भानेवाले अन्न वा गन्ध आदि विषय), ५ आयास (अत्यधिक परिश्रम से उत्पन्न थकावट)। भेल ने भी कहा है—

'प्रतिच्छन्ने तु हृदये वातपित्तकफैर्नरः ।
आयासादमनोज्ञाच्च भोज्यमन्नं न काङ्क्षति ॥'

सू० २६ अ० ॥

परन्तु चिकित्सास्थान अष्टम अध्याय में 'आयास' को नहीं पढ़ा वहाँ 'सन्निपातज' पढ़ा गया है ।। यथा—

पृथग्दोषैः समस्तैर्वा जिह्वाहृदयसंश्रितैः ।
जायतेऽरुचिराहारे द्विष्टैरर्थैश्च मानसैः ॥

सुश्रुत उत्तर० ५७ अ० में भी—

'दोषैः पृथक् सह च पित्तविपर्ययाच्च
भक्तायनेषु हृदि चावतते प्रगाढम् ।
नान्ने रुचिर्भवति तं भिषजो विकारं
भक्तोपघातमिह पञ्चविधं वदन्ति ॥'

१—'द्विष्टान्नसंयोग०' इति पाठान्तरं गंगाधरः पठति तच्च भेलानुसारी तथा च—

छर्दयेदिह वातेन पित्तेन च कफेन च ।
आहारादमनोज्ञाच्च सन्निपाताच्च पञ्चमम् ॥

२—'पूर्वोद्देशमभिसमस्येति कियन्तःशिरसीये विस्तरोक्तान् संक्षिप्य' चक्रः ।

१—यद्यपि कफस्य स्तैमित्यात् तृष्णाजनकत्वं न सम्भवति तथापि यदा वृद्धः श्लेष्मा वातं पित्तेन सहावृणोति तदा ताभ्यां संशोष्यमाणः तृष्णां जनयति ।' डल्हणः ।

इसी कारण योगीन्द्रनाथ सेन ने 'वातपित्तसन्निपातद्वेषाः' यह पाठान्तर पढ़ा है।

पाँच शिरोरोग—पूर्व कियन्तःशिरसीय नामक अध्याय में 'पृथग्दिष्टास्तु ये पञ्च संग्रहे परमर्षिभिः इत्यादि द्वारा उद्दिष्ट पाँच शिरोरोगों को यहाँ संक्षेप में १ वातज २ पित्तज ३ कफज ४ सन्निपातज तथा ५ कृमिज कह दिया है।

पाँच हृद्रोग—इनकी भी शिरोरोगों से व्याख्या हो गयी। इनका विस्तृत वर्णन 'कियन्तःशिरसीय' में हो चुका है। १ वातज २ पित्तज ३ कफज ४ सन्निपातज ५ कृमिज।

पाँच पाण्डुरोग—१ वातज २ पित्तज ३ कफज ४ सन्निपातज ५ मृद्भक्षणज (मिट्टी खाने से होनेवाला)। सुश्रुत में चार प्रकार का कहा है। वहाँ मृत्तिका के भक्षण से उत्पन्न होनेवाले का परिगणन नहीं किया। क्योंकि मृत्तिका भी दोषों को ही प्रकुपित करके पाण्डुरोग का कारण होती है। चिकित्सास्थान १६ अ० में भी कौन २ सी मृत्तिका किस २ दोष को प्रकुपित करती है यह बताया गया है—

'कषाया मारुतं, पित्तमूषरा, मधुरा कफम्।'

परन्तु चिकित्सा में भिन्नता होने से यहाँ पृथक् पढ़ा है।

पाँच उन्माद—१ वातज, २ पित्तज, ३ कफज, ४ सान्निपातिक, ५ आगन्तु ॥ (४) ॥

चत्वारोऽपस्मारा इति वातपित्तकफसन्निपातनिमित्तजाः, चत्वारोऽक्षिरोगाः, चत्वारः कर्णरोगाः, चत्वारः प्रतिश्यायाः, चत्वारो मुखरोगाः, चत्वारो ग्रहणीदोषाः, चत्वारो मदाः, चत्वारो मूर्च्छाया इत्यपस्मारैर्व्याख्याताः, चत्वारः शोषा इति साहससंधारणक्षयविषमाशनजाः, चत्वारि क्लैब्यानीति बीजोपघाताद् ध्वजभङ्गाज्जरायाः शुक्रक्षयाच्च ॥ ५)॥

चार अपस्मार—१ वातज २ पित्तज ३ कफज ४ सन्निपातज।

चार नेत्ररोग, चार कर्णरोग, चार प्रतिश्याय, चार मुखरोग, चार ग्रहणीदोष, चार मद और मूर्च्छा; इनकी व्याख्या अपस्मार से ही हो गयी है। अर्थात् ये सब रोग वातज पित्तज कफज तथा सन्निपातज भेद से चार प्रकार के होते हैं। मद्य, रुधिर एवं विष से उत्पन्न होनेवाले मदों का अन्तर्भाव भी वातज आदि में ही हो जाता है। सूत्रस्थान २४ अध्याय में आचार्य स्वयं कहेंगे—

'यश्च मद्यमदः प्रोक्तो विषजो रौधिरश्च यः।

सर्व एते मदा नर्ते वातपित्तकफात्त्रयात् ॥'

आँख कान तथा मुख के रोग हेतु, लक्षण, नाम आदि के भेद से अनेक प्रकार के हैं, परन्तु यहाँ संक्षेप से ही चार बताये गये हैं। इस संहिता का प्रधान विषय कायचिकित्सा है; अतः शालाक्यतन्त्र वा शल्यतन्त्र के विषयों का यहाँ विस्तार से वर्णन नहीं होगा। चिकित्सा स्थान २६ अध्याय नेत्ररोग के प्रकरण में आचार्य ने कहा भी है—

'पराधिकारे तु न विस्तरोक्तिः

शस्तेति तेनात्र न नः प्रयासः।'

चार शोष—१ साहसज २ वेगरोधज ३ क्षयज ४ विषमाशनज (विषम भोजन से उत्पन्न होनेवाला)।

चार क्लैब्य (नपुंसकता)—१ बीजोपघात से, २ ध्वजभङ्ग से, ३ वृद्धावस्था से तथा ४ वीर्य की क्षीणता से; चार प्रकार की नपुंसकता होती है। भेल ने भी कहा है—

'शुक्रोपरोधाद्दौर्बल्याद् ध्वजभंगात्तथैव च।

शुक्रक्षयाच्च चत्वारि क्लीबस्थानानि निर्दिशेत् ॥'

शुक्रोपरोध में (Onanism), वीर्य के वेग को रोकना; आदि का अन्तर्भाव होता है। दुर्बलता में किसी भी रोग से उत्पन्न हुई दुर्बलता का अन्तर्भाव हो सकता है। गर्भाधान के डर से कई पुरुष मैथुन को पूर्ण नहीं होने देते और वीर्य के क्षरण होने से पूर्व ही मैथुन से विरत हो जाते हैं। इस क्रिया को एलोपैथी में ऑनेनिज्म (Onanism) कहा जाता है। इस क्रिया से भी नपुंसकता हो जाती है। यह हो सकता है कि कुछ वर्षों तक प्रभाव स्पष्ट दिखाई न दे, परन्तु पीछे से इसका प्रभाव बहुत ही बुरा होता है। अतएव Arthur Cooper ने कहा है—

'And although sometimes onanism is continued for years before mischief is recognised, the patient should always be warned that whoever makes a practice of preventing, delaying or checking the natural completion of the sexual act, whether by withdrawing before emission, by voluntary effort or by mechanical obstruction of the urethra, may surely expect to pay the penalty sooner or later.

बीजोपघात से अभिप्राय उपवास, रूक्षभोजन, रस आदि पूर्व की धातुओं के क्षय आदि के कारण वीर्य के न बनने से है। ये कारण चिकित्सास्थान ३० अ० में आयेंगे ॥(५)॥

त्रयः शोथा इति वातपित्तश्लेष्मनिमित्ताः, त्रीणिकिलासानीति रक्तताम्रशुक्लानि, त्रिविधं लोहितपित्तमित्यूर्ध्वभागमधोभागमुभयभागं च ॥(६)॥

तीन शोथ—१ वातज, २ पित्तज ३ श्लेष्मज। संसर्गज एवं सान्निपातिक शोथ भी होते हैं जैसा कि त्रिशोथीय नामक अध्याय में कहा जा चुका है। परन्तु इनका इसी में ही अन्तर्भाव कर लेना चाहिए।

तीन किलास (श्वित्र)—१ रक्तवर्ण २ ताम्रवर्ण ३ शुक्लवर्ण का। चिकित्सास्थान ७ अ० में कहा जायगा—

दारुणं चारुणं श्वित्रं किलासं नामभिस्त्रिभिः।

यदुच्यते तत्त्रिविधं त्रिदोषं प्रायशश्च तत् ॥

दोषे रक्ताश्रिते रक्तं ताम्रं मांससमाश्रिते।

श्वेतं मेदःश्रिते श्वित्रं गुरु तच्चोत्तरोत्तरम् ।

यदि दोष रक्त में आश्रित होगा तो रक्तवर्ण का, यदि मांस में आश्रित होगा तो ताम्रवर्ण का, यदि मेद में आश्रित होगा तो श्वेतवर्ण का श्वित्र (Leucoderma) होगा।

तीन प्रकार का रक्तपित्त—१ ऊर्ध्वभाग (दो आँख, दो नथुने, दो कान तथा मुख इन सात मार्गों से बाहर निकलनेवाला) २ अधोभाग (गुदा तथा मूत्रेन्द्रिय या योनि से प्रवृत्त होनेवाला) ३ उभयतोभाग (जो ऊर्ध्वमार्ग एवं अधोमार्ग दोनों से प्रवृत्त होनेवाला हो) ॥ ६॥

द्वौ ज्वराविति उष्णाभिप्रायः शीतसमुत्थश्च शीताभिप्रायश्चोष्णसमुत्थः, द्वौ व्रणौ इति निजश्चागन्तुजश्च, द्वावायामाविति बाह्यश्चाभ्यन्तरश्च, द्वे गृध्रस्याविति वाताद्वातकफाच्च, द्वे कामले इति कोष्ठाश्रया शाखाश्रया च, द्विविधमाममित्यलसको विसूचिका च, द्विविधं वातरक्तमिति गम्भीरमुत्तानं च, द्विविधान्यर्शांसीति शुष्काण्यार्द्राणि च ।७।

दो ज्वर—१ जो शीत से उत्पन्न हुआ हो और रोगी उष्णता को चाहता हो, २ जो उष्णता से उत्पन्न हुआ हो और शीतलता को चाहता हो। चिकित्सास्थान के तृतीय अध्याय में भी कहा जायगा

'यथाभिलाषं शीतोष्णं विभज्य द्विविधं ज्वरम् ॥'

यहाँ पर अभिलाषा के भेद से दो प्रकार का बताया गया है। प्रकृतिभेद से तो ज्वर आठ प्रकार का ही होता है।

दो प्रकार के व्रण—१ निज (शारीर दोष से उत्पन्न) २ आगन्तु (बाह्यहेतु—अभिघात आदि से उत्पन्न)।

दो आयाम—१ बाह्यायाम २ आभ्यन्तरायाम । ये वातव्याधि के भेद हैं।

दो गृध्रसी—१ वातज २ वातकफज। चिकित्सास्थान २८ अ० में दोनों के लक्षण दर्शाते हुए कहा है—

'गृध्रसी स्तम्भरुक्तोदैर्गृह्णाति स्पन्दते मुहुः ।
वाताद्वातकफात्तन्द्रा गौरवारोचकान्विता ॥'

अर्थात् वातज गृध्रसीरोग में ऊरु, जङ्घा का स्तम्भ, वेदना तथा तोद (सूचीव्यधवत् पीड़ा) होता है और गृध्रसी नामक नाड़ी का बारम्बार स्फुरण होता है। वातकफज में तन्द्रा, भारीपन तथा अरुचि; ये लक्षण भी साथ होते हैं।

दो कामला—१ कोष्ठाश्रित २ शाखाश्रित। शाखा से अभिप्राय रक्त आदि धातु तथा त्वचा से है। चिकित्सास्थान १६ अध्याय में निदान सम्प्राप्ति आदि बताते हुए इसे पाण्डुरोग के पश्चात् पित्तवर्धक द्रव्यों के सेवन से उत्पन्न होनेवाला बताया है। परन्तु यह व्याधि स्वतन्त्र भी हुआ करती है। वृद्धवाग्भट ने निदानस्थान के १३ वें अध्याय में कहा है—

'भवेत्पित्तोल्बणस्यासौ पाण्डुरोगादृतेऽपि च ।'

दो प्रकार का आमरोग—१ अलसक २ विसूचिका। 'त्रिविधकुक्षीय' नामक अध्याय में कहे गये आमविष का अलसक में अन्तर्भाव करना चाहिये। अथवा विष का भेद मानने से वह विषतन्त्र का विषय हो जाता है। विमानस्थान २ अध्याय में भी कहा जायगा—

'तं द्विविधमामप्रदोषमाचक्षते भिषजो विसूचिकामलसकं च ।'

दो प्रकार का वातरक्त (Gout)—१ गम्भीर (अन्तराश्रित) २ उत्तान (त्वचा तथा मांस में आश्रित)।

दो प्रकार के अर्श (बवासीर)—१ शुष्क २ आर्द्र। चिकित्सास्थान १४ वें अध्याय में कहा जाएगा—

'वातश्लेष्मोल्बणान्याहुः शुष्काण्यर्शांसि तद्विदः ।
प्रस्रावीणि तथार्द्राणि रक्तपित्तोल्बणानि च ॥'

अर्थात् शुष्क अर्श वातकफ-प्रधान होते हैं और आर्द्र अर्श जिन से रक्त निकला करता है वे रक्तपित्त-प्रधान होते हैं। भेलसंहिता २६ अध्याय में भी—'शुष्कार्शः शोणितार्शश्च' ये दो भेद कहे हैं ॥७॥

एक ऊरुस्तम्भ इति आमत्रिदोषसमुत्थानः, एकः संन्यास इति त्रिदोषात्मको मनःशरीराधिष्ठानसमुत्थः, एको महागद इति अतत्त्वाभिनिवेशः[1] ।

एक ऊरुस्तम्भ—१ आमरस और त्रिदोष से उत्पन्न होनेवाला।

एक सन्न्यास—१ मन और शरीर दोनों को आश्रय करके उत्पन्न होनेवाला त्रिदोषज। २४ वें अध्याय में कहा जायगा—

वाग्देहमनसां चेष्टामाक्षिप्यातिबला मलाः ।
संन्यस्यन्त्यबलं जन्तुं प्राणायतनमाश्रिताः ॥
स ना सन्न्याससन्न्यस्तः काष्ठीभूतो मृतोपमः ।
प्राणैर्विमुच्यते शीघ्रं मुक्त्वा सद्यः फलां क्रियाम् ॥

एक महागद—१ अतत्त्वाभिनिवेश—तत्त्व का यथावत् ज्ञान न होना। नित्य को अनित्य समझना अनित्य को नित्य। हितकर को अहितकर, अहितकर को हितकर इत्यादि। ये मानस व्याधि हैं।

चिकित्सास्थान दशम अध्याय में हेतु तथा लक्षण बताये गये हैं—

'मलिनाहारशीलस्य वेगान् प्राप्तान् निगृह्णतः ।
शीतोष्णस्निग्धरूक्षाद्यैर्हेतुभिश्चातिसेवितैः ॥
हृदयं समुपाश्रित्य मनोबुद्धिवहाः सिराः ।
दोषाः सन्दूष्य तिष्ठन्ति रजोमोहावृतात्मनः ।
रजस्तमोभ्यां वृद्धाभ्यां तत्रे मनसि संवृते ।
हृदये व्याकुले दोषैरथ मूढाल्पचेतसः ॥
बिषमां कुर्वते बुद्धिं नित्यानित्ये हिताहिते ।
अतत्त्वाभिनिवेशं तमाहुराप्ता महागदम् ॥

इसकी व्याख्या अपने स्थल पर की जायगी ॥८॥

विंशतिः कृमिजातय इति यूकाः पिपीलिकाश्चेति द्विविधा बहिर्मलजाः, केशादा लोमादा लोमद्वीपाः सौरसा औदुम्बरा जन्तुमातरश्चेति षट् शोणितजाः, अन्त्रादा उदरादा हृदयदराश्चुरवो दर्भपुष्पाः सौगन्धिका महागुदाश्चेति सप्त कफजाः, ककेरुका मकेरुका लेलिहाः सशूलकाः सौसुरादाश्चेति पञ्च पुरीषजा इति विंशतिः कृमिजातयः; विंशतिः प्रमेहा इति उदकमेहश्चेक्षुरसमेहश्च सान्द्रमेहश्च सान्द्रप्रसादमेहश्च शुक्लमेहश्च शुक्रमेहश्च शीतमेहश्च शनैर्मेहश्च सिकतामेहश्च लालामेहश्चेति दश श्लेष्मनिमित्ताः;

१—'अतत्त्वाभिनिवेशो मानसो विकारः, स च सर्वसंसारिदुःखहेतुतया गद उच्यते' चक्रः ।

क्षारमेहश्च कालमेहश्च नीलमेहश्च लोहितमेहश्च मञ्जिष्ठामेहश्च हरिद्रामेहश्चेति षट् पित्तनिमित्ताः, वसामेहश्च मज्जमेहश्च हस्तिमेहश्च मधुमेहश्चेति चत्वारो वातनिमित्ता इति विंशतिः प्रमेहाः; विंशतिर्योनिव्यापद इति वातिकी पैत्तिकी श्लैष्मिकी सान्निपातिकी चेति चतस्रः, दोषदूष्यसंसर्गप्रकृतिनिर्देशैरवशिष्टाः षोडश निर्दिश्यन्ते, तद्यथा—रक्तयोनिश्चारजस्का चाचरणा चातिचरणा च प्राक्चरणा चोपप्लुता चोदावर्तिनी च कर्णिनी च पुत्रघ्नी चान्तर्मुखी च सूचीमुखी च शुष्का च वामिनी च षण्डयोनिश्च महायोनिश्चेति विंशतिर्योनिव्यापदः। केवलश्चायमुद्देशो यथोद्देशमभिनिर्दिष्ट इति ।४।

कृमियों की २० जातियाँ—इनमें से बाहर के मल से उत्पन्न होनेवाले कृमि दो प्रकार के हैं—१ यूका (जूंएं), २ पिपीलिका (लीखें)।

कुछ प्रकार के रक्तज कृमि—१ केशाद २ लोमाद ३ लोमद्वीप ४ सौरस ५ औदुम्बर ६ जन्तुमाता।

सात कफज कृमि—१ अन्त्राद २ उदराद ३ हृदयदर ४ चुरु ५ दर्भपुष्प ६ सौगन्धिक ७ महागद।

पाँच पुरीषज कृमि—१ ककेरुक २ मकेरुक ३ लेलिह ४ सशूलक ५ सौसुराद। इस प्रकार २+६+७+५=२० जातियाँ कृमियों की बतायी हैं।

इनका विस्तृत वर्णन विमानस्थान ७ अध्याय में होगा।

बीस प्रमेह—इनमें कफज दस हैं—१ उदकमेह २ इक्षुवालिकारसमेह (इसे इक्षुमेह नाम से भी कहा जाता है) ३ सान्द्रमेह ४ सान्द्रप्रसादमेह ५ शुक्लमेह ६ शुक्रमेह ७ शीतमेह ८ शनैर्मेह ९ सिकतामेह १० लालामेह।

पैत्तिक ६ प्रमेह—१ क्षारमेह २ कालमेह ३ नीलमेह ४ लोहितमेह ५ मञ्जिष्ठामेह ६ हरिद्रामेह।

वातिक ४ प्रमेह—१ वसामेह २ मज्जामेह ३ हस्तिमेह ४ मधुमेह।

इस प्रकार १०+६+४=२० प्रमेह होते हैं।

बीस योनिरोग—इनमें से दोषज चार हैं—१ वातिक २ पैत्तिक ३ श्लैष्मिक ४ सान्निपातिक। शेष १६ दोष के संसर्ग, दोषदूष्य के संसर्ग तथा प्रकृति (स्वभाव) के निर्देश द्वारा कहे हैं। प्रकृति से अभिप्राय यह है जैसे—रक्तयोनि कहने से योनि में रक्त का अत्यधिक प्रवृत्त होना ज्ञात होता है। अरजस्का से रजःस्राव का न होना ज्ञात होता है, इत्यादि। वे १६ रोग ये हैं—१ रक्तयोनि २ अरजस्का ३ अचरणा ४ अतिचरणा ५ प्राक्चरणा ६ उपप्लुता ७ परिप्लुता ८ उदावर्त्तिनी ९ कर्णिनी १० पुत्रघ्नी ११ अन्तर्मुखी १२ सूचीमुखी १३ शुष्का १४ वामिनी १५ षण्डयोनि १६ महायोनि।

इस प्रकार १६+४=२० योनिरोग होते हैं।

इन योनिरोगों का विस्तृत वर्णन चिकित्सास्थान ३० अध्याय में किया गया है। इस प्रकार सम्पूर्ण रोगाधिकरणों का वर्णन यथाक्रम कर दिया है ।।४।।

सर्व एव विकारा निजा नान्यत्र वातपित्तकफेभ्यो निर्वर्तन्ते, यथा हि शकुनिः सर्वं[1] दिवसमपि परिपतन् स्वां छायां नातिवर्तते, तथा स्वधातुवैषम्यनिमित्ताः सर्वविकारा वातपित्तकफान्नातिवर्तन्ते; वातपित्तश्लेष्मणां पुनः[2] स्थानसंस्थानप्रकृतिविशेषानभिसमीक्ष्य तदात्मकानपि च सर्वविकारांस्तानेवोपदिशन्ति बुद्धिमन्त इति ।।५।।

सम्पूर्ण 'निज' विकार वात, पित्त, कफ के विना उत्पन्न नहीं होते। जैसे पक्षी सम्पूर्ण दिवस भर भी उड़ता हुआ छाया को नहीं लांघ सकता वैसे ही अपनी धातु (वात, पित्त, कफ) की विषमता से उत्पन्न होनेवाले (निज) सम्पूर्ण विकार—रोग वात पित्त तथा कफ को नहीं लांघ सकते अर्थात् इसके विना रह नहीं सकते या उत्पन्न नहीं हो सकते।

सुश्रुत सू० २४ अध्याय में भी कहा गया है–'सर्वेषां च व्याधीनां वातपित्तश्लेष्माण एव मूल तल्लिङ्गत्वाद् दृष्टफलत्वादागमाच्च। यथा कृत्स्नं विकारजातं विश्वरूपेणावस्थितं सत्वरजस्तमांसि न व्यतिरिच्यन्ते एवमेव कृत्स्न विकारजातं विश्वरूपेणावस्थितमव्यतिरिच्य वातंपित्तश्लेष्माणो वर्तन्ते ।।'

वात, पित्त तथा कफ के तो स्थान, संस्थान (लक्षण) तथा कारण के भेदों को देखकर वात आदि से उत्पन्न हुए २ सम्पूर्ण विकारों को बुद्धिमान् पुरुष उन उन नामों से ही उपदेश करते हैं। जैसे स्थानभेद से वातज आदि होते हुए भी उदररोग रक्तयोनि आदि कहा जाता है। लक्षणभेद से पिड़का, गुल्म, मूत्राघात आदि नाम कहे जाते हैं। कारणभेद से बद्धोदर, प्लीहोदर वा रसज्वर, रक्तज्वर, शीतज्वर, उष्णज्वर आदि। अथवा हम इस प्रकार भी कह सकते हैं कि वात, पित्त, कफ इनके ही रोगों में सर्वत्र कारण होने से एकरूप (दोषज) सम्पूर्ण विकारों को स्थान आदि के भद से उदर आदि कह देते हैं ।।५।।

भवतश्चात्र

स्वधातुवैषम्यनिमित्तजा ये
विकारसङ्घा बहवः शरीरे।
न ते पृथक् पित्तकफानिलेभ्य
आगन्तवस्त्वेव ततो विशिष्टाः ।।६।।

अपनी धातु (वात, पित्त कफ) की विषमता के कारण शरीर में जो बहुत विकारसमूह (निज) उत्पन्न होते हैं; वे पित्त कफ तथा वात से पृथक् नहीं होते। केवल आगन्तु रोग ही उनसे भिन्न होते हैं। अर्थात् निज विकारों का कारण ही धातुविषमता है और यह विषमता विकार के साथ साथ विद्यमान रहती है। परन्तु आगन्तुरोग चोट आदि बाह्यकारणों से उत्पन्न होते हैं, पर पश्चात् इनमें भी धातु की विषमता (अनुबन्ध रूप से) हो जाती है। यही दोनों में भिन्नता है ।।६।।

१—'सर्वा दिशः' ग। २—'स्थानं रसादयो बस्त्यादयश्च' संस्थानमाकृतिर्लक्षणमिति यावत्, प्रकृतिः कारणं, एषां विशेषानभिसमीक्ष्य तांस्तानुपदिशन्ति 'अष्टावुदराणि' इत्येवमाद्युपदिशन्ति; तदात्मकानपीति वातादिजनितानपि' चक्रः। 'वातपित्तश्लेष्मणां तु खलु समुत्थानसंस्थानवेदनावर्णनामप्रभावचिकित्सितप्रकृतिविशेषानभिसमीक्ष्य' यो०।''

आगन्तुरन्वेति निजं विकारं
निजस्तथाऽऽगन्तुमपि [1]प्रवृद्धः ।
तत्रानुबन्धं प्रकृतिं च सम्यक्,
ज्ञात्वा ततः कर्म समारभेत ॥७॥

निज विकार का आगन्तु अनुगमन करता है और प्रवृद्ध हुआ २ निज विकार आगन्तु को अनुगमन करता है। अभिप्राय यह है कि निज विकार में अनुबन्ध रूप से निज रोग अर्थात् वात पित्त कफ की विषमता हो जाती है। निज विकार में अनुबन्ध रूप से आगन्तु यथा—भूत कीटाणु (Germs) आदि का संसर्ग हो जाता है।

इस प्रकार के विकारों में अनुबन्ध (पश्चात्काल–जात) और प्रकृति (मूलभूत रोग) को सम्यक् प्रकार में जानकर कर्म (चिकित्सा) प्रारम्भ करना चाहिये। सम्यक् प्रकार से जानने का अभिप्राय यही है कि क्या मूलभूत व्याधि बलवान् है या पश्चात्काल में उत्पन्न हुई हुई ? । अथवा 'अनुबन्ध' से 'अप्रधान-गौण' तथा 'प्रकृति' से 'प्रधान' का ग्रहण करना चाहिये। अथवा जिस रोग में अनुबन्ध हो वहाँ 'अनुबन्ध' का विचार करके चिकित्सा करें और जहाँ स्वतन्त्र व्याधि हो और किसी अन्य रोग का अनुबन्ध न हो तो वहाँ उसी की चिकित्सा करें। रोगानीकविमान नामके अध्याय (विमान-स्थान ६ अ०) में कहा जायगा—

'स्वतन्त्रो व्यक्तलिङ्गो यथोक्तसमुत्थानप्रशमो भवत्यनुबन्ध्यः। तद्विपरीतलक्षणश्चानुबन्धः।

अर्थात् जो रोग स्वतन्त्र हो, जिसके लक्षण स्पष्ट हों, अपने हेतु से उत्पन्न हों और अपनी चिकित्सा से शान्त हो; वह अनुबन्ध्य कहाता है। इसे ही हम प्रधान भी कह सकते हैं। तथा जो रोग परतन्त्र हो (दूसरे रोग में अनुबन्ध रूप से उत्पन्न हुआ हो), जिसके लक्षण स्पष्ट न दिखाई दें तथा जो अपने हेतु से उत्पन्न न हुआ हो तथा अपनी चिकित्सा से शान्त न हो वा अनुबन्ध की चिकित्सा से शान्त हो; वह अनुबन्ध कहाता है। इसे ही अप्रधान वा गौण कह सकते हैं ॥७॥

तत्र श्लोकौ।

विंशकाश्चैककाश्चैव त्रिकाश्चोक्तास्त्रयस्त्रयः।
द्विकाश्चाष्टौ चतुष्काश्च दश द्वादश पञ्चकाः ॥८॥
चत्वारश्चाष्टका वर्गाः षट्कौ द्वौ सप्तकास्त्रयः।
अष्टोदरीये रोगाणामध्याये संप्रकाशिताः ॥९॥

इत्यग्निवेशकृते तन्त्रे चरकप्रतिसंस्कृते सूत्रस्थाने रोगचतुष्के अष्टोदरीयो नामैकोनविंशोऽध्यायः ॥१९॥

अष्टोदरीय रोगाध्याय में बीस २ एक २ और तीन २ के वर्ग तीन २ कहे गये हैं। दो २ के वर्ग आठ, चार २ के दस, पाँच२ के बारह, आठ २ के चार, छह २ के दो तथा सात २ के वर्ग तीन कहे हैं ॥८–९॥

इति एकोनविंशोऽध्यायः।

१—'०मतिप्रवृद्धः' ग०।

विंशोऽध्यायः

अथातो महारोगाध्यायं व्याख्यास्यामः।
इति ह स्माह भगवानात्रेयः ॥१॥

अब इसके बाद महारोगाध्याय की व्याख्या की जायगी—ऐसा भगवान् आत्रेय मुनि ने कहा। पूर्वाध्याय में सामान्यज रोग कहे हैं, अब नानात्मज कहे जायँगे अर्थात् अकेले २ वात आदि के कितने २ रोग हो जाते हैं। अतएव इसका नाम महारोगाध्याय है ॥१॥

चत्वारो रोगा भवन्ति—आगन्तुवातपित्तश्लेष्मनिमित्ताः तेषां चतुर्णामपि रोगाणां रोगत्वमेकविधं, रुक्सामान्यात्। द्विविधा पुनःप्रकृतिरेषां आगन्तुनिज-विभागात्। द्विविधं चैषामधिष्ठानं, मनःशरीरविशेषात्। विकाराः पुनरेषामपरिसंख्येयाः, [1]'प्रकृत्यधिष्ठानलिङ्गायतनविकल्पविशेषात्, [2]तेषामपरिसंख्येयत्वात् ॥२॥

चार रोग होते हैं—आगन्तु वात पित्त तथा कफ से उत्पन्न होनेवाले। १ आगन्तु २ वातज ३ पित्तज ४ कफज। उन चारों प्रकार के रोगों में पीड़ा वा कष्ट के समान होने से रोगता एक प्रकार की होती है। अभिप्राय यह है कि इन चारों विकारों को रोग इसलिये कहते हैं कि इनमें वेदना होती है। रुक्-वेदना के होने से ही इन्हें रोग कहा जाता है। इन रोगों की दो प्रकार की प्रकृति—स्वभाव है। १ आगन्तु २ निज। और इन रोगों के दो प्रकार के अधिष्ठान—आश्रय हैं; १मन और २ शरीर के भेद से। प्रकृति (स्वभाव) अधिष्ठान (आश्रय), लिङ्ग (लक्षण), आयतन निदान-हेतु); इनके विकल्पों के भेद से ये विकार अपरिसंख्येय (न गिने जा सकनेवाले) होते हैं। क्योंकि प्रकृति अधिष्ठान आदि अपरिसंख्येय हैं। यद्यपि यहाँ दो प्रकार की प्रकृति कही गयी है, परन्तु वह स्थूलरूप से है। केवल आगन्तु के ही अपरिमित भेद हो सकते हैं। दण्ड से चोट लगना, शस्त्र से कटना, गोली लगना, सुई चुभना, ठोकर लगना आदि कितने ही भेद हो सकते हैं। निज-प्रकृति (वात, पित्त कफ की विषमता) के ६२ भेद पहिले बताये जा चुके हैं, उनमें भी तरतम भाव से असंख्येयता होती है। यद्यपि मन वा शरीर दो अधिष्ठान बताये हैं, परन्तु शरीर में अङ्ग-प्रत्यङ्गों के भेद से तथा रस आदि धातु के भेद से बहुलता वा अपरिसंख्येयता हो जाती है। लक्षण तो अपरिसंख्येय होते ही हैं। इसी प्रकार यद्यपि हेतु स्थूलरूप में असात्म्येन्द्रियार्थ-संयोग, प्रज्ञापराध तथा परिणाम भेद से तीन प्रकार का कहा जा चुका है; परन्तु ये ही अवान्तर भेदों से अपरिसंख्येय हो जाते हैं। १८ वें अध्याय में कह भी आये हैं—

१—'प्रकृत्यधिष्ठानलिङ्गायतनविकल्पानामपरिसंख्येयत्वात्' ग. 'प्रकृतिः प्रत्यासन्नं कारणं वातादि, अधिष्ठानं दूष्यं, आयतनानि बाह्यहेतवो दुष्टाहाराचाराः' चक्रः॥

२—'०लिङ्गायतनवेदनाविकल्पानामपरिसंख्येयत्वात्' यो०।

'त एवापरिसंख्येया भिद्यमाना भवन्ति हि ।
रुजावर्णसमुत्थानस्थानसंस्थाननामभिः ॥'

यहाँ पर चार प्रकार के रोग और उनके आश्रय मन और शरीर बताये हैं। परन्तु चार रोगों में रज और तम का नाम नहीं है। यहाँ पर यह दोष आ सकता है कि यदि यहाँ शरीरव्याधियों का ही वर्णन था तो मन को क्यों अधिष्ठानों में गिना। यदि मानस, शारीर दोनों प्रकार के रोगों का वर्णन है तो चार रोगों में राजस तथा तामस को भी मिलाकर ६ रोग गिनने चाहिये थे। इस दोष का निराकरण इसी प्रकार किया जाता है कि यहाँ मानसव्याधियों का वर्णन तो है ही नहीं, शारीर रोगों का ही वर्णन है। काम और भय आदि से भी ज्वर की उत्पत्ति होती है। यद्यपि ज्वर शारीर रोग है, परन्तु काम और भय से उत्पन्न होने के कारण अधिष्ठान रूप से मन का जताना भी आवश्यक था ॥३॥

[1] मुखानि तु खल्वागन्तोर्नखदशनपतनाभिघाताभिचाराभिशापाभिषङ्गव्यधबन्धपीडनरज्जुदहनमंत्राशनिभूतोपसर्गादीनि; निजस्य तु मुखं वातपित्तश्लेष्मणां वैषम्यम् ।

आगन्तु रोगों के आरम्भक कारण—आगन्तु रोगों के नख लगना, दांत लगना, गिरना, चोट, अभिचारकर्म, अभिशाप, अभिषङ्ग (भूत वा कीटाणुओं का शरीर से संसर्ग अथवा काम आदि का सम्बन्ध), व्यध (बींधा जाना), बन्ध (बांधना), पीडन (दबाना), रस्सी से बांधना, दहन (अग्नि), मंत्र, अशनि (वज्र-विद्युत) तथा भूतों के उपद्रव (कीटाणुओं के उपद्रव) आदि कारण हैं। और 'निज' का कारण तो बात पित्त तथा कफ की विषमता है ॥३॥

द्वयोस्तु खल्वागन्तुनिजयोः प्रेरणमसात्म्येन्द्रियार्थसंयोगः, प्रज्ञापराधः, परिणामश्चेति ॥ ॥

आगन्तु और निज विकारों के प्रेरक—आगन्तु और निज दोनों प्रकारों के विकारों को प्रेरणा करनेवाले असात्म्येन्द्रियार्थसंयोग, प्रज्ञापराध और परिणाम हैं। इनकी व्याख्या तिस्रैषणीय नामक ११ वें अध्याय में हो चुकी है ॥४॥

सर्वेऽपि तु खल्वेतेऽभिप्रवृद्धाश्चत्वारो रोगाः परस्परमनुबध्नन्ति, [3]न चान्योन्यसन्देहमापद्यन्ते ॥५॥

ये सारे ही चारों रोग बढ़े हुए परस्पर एक दूसरे में अनुबन्ध रूप से हो जाते हैं। परन्तु परस्पर सन्देह का विषय नहीं होते। अर्थात् अनुबन्ध्य एवं अनुबन्ध का सुगमता से ज्ञान हो जाता है। उस ज्ञान में सन्देह नहीं होता। रोग की स्वतन्त्रता एवं लक्षणों की स्पष्टता आदि से अनुबन्ध्य का और परतन्त्रता तथा लक्षणों की अव्यक्तता आदि से अनुबन्ध का ज्ञान सुगमता से कर सकते हैं। निज रोगों में भी परस्पर अनुबन्ध्यानुबन्धभाव हो सकता है और आगन्तु और निज में भी परस्पर अनुबध्यानुबन्धभाव होता है। पहिले कहा भी गया है—

'आगन्तुरन्वेति निजं विकारं निजस्तथागन्तुमभिप्रवृद्धः' ॥

आगन्तुर्हि व्यथापूर्वसमुत्पन्नो [1]जघन्यं वातपित्तश्लेष्मणां वैषम्यमापादयति; निजे तु वातपित्तश्लेष्माणः पूर्वं वैषम्यमापद्यन्ते, जघन्यं व्यथामभिनिर्वर्तयन्ति ॥६॥

आगन्तु और निज भेद—आगन्तु रोगों में पूर्व व्यथा होती है और पश्चात् ये रोग वात, पित्त, कफ की विषमता को करते हैं और निज रोगों में प्रथम वात, पित्त, कफ की विषमता होती है और पश्चात् व्यथा को उत्पन्न करते हैं ॥६॥

तेषां त्रयाणामपि दोषाणां शरीरे स्थानविभाग उपदेक्ष्यते, तद्यथा—बस्तिः [2]पुरीषाधानं कटिः सक्थिनी पादावस्थीनि च वातस्थानानि, तत्रापि पक्वाशयो विशेषेण वातस्थानं, स्वेदो रसो [3]लसीका रुधिरमामाशयश्च पित्तस्थानानि, तत्राप्यामाशयो विशेषेण पित्तस्थानं; उरः शिरो ग्रीवा पर्वाण्यामाशयो[4] मेदश्च श्लेष्मणः स्थानानि, तत्राप्युरो विशेषेण श्लेष्मणः स्थानम् ॥७॥

तीनों दोषों के स्थान—शरीर में उन तीनों दोषों के स्थानों के विभाग की व्याख्या की जायगी—

वात के स्थान—बस्ति, पुरीषाधान Sphigmoid flexure अथवा मलाशय वा rectum) कटि दोनों ऊरु, दोनों पैर, हड्डियाँ और पक्वाशय (Intestines), ये वात के स्थान हैं। इनमें से भी विशेषतः पक्वाशय वात का स्थान है। अभिप्राय यह है कि यद्यपि वात आदि दोष सम्पूर्ण शरीर में ही रहते हैं; परन्तु वात के लक्षण विशेषतया इन स्थानों पर स्पष्ट दिखाई दिया करते हैं। यह भी देखा जाता है कि वातव्याधियों में वातनाशक बस्तियों द्वारा पक्वाशय के शुद्ध हो जाने पर रोग में कमी हो जाती है; अतएव भी पक्वाशय को वातस्थान कहा जाता है। सुश्रुत सू० २१ अ० में कहा है—'तत्र समासेन वातः श्रोणिगुदसंश्रयः' तथा निदान० १ अ० में—'पक्वाधानगुदालयः'।

पित्त के स्थान—स्वेद (पसीना), रस, लसीका, रक्त, आमाशय; ये पित्त के स्थान हैं। आमाशय से अभिप्राय-आमाशय के अधोदेश में जहाँ ग्रहणी है, उससे है। सुश्रुत अ० २१ में कहा है—'पक्वामाशयमध्यं पित्तस्य'।

कफ के स्थान—छाती (फुफ्फुस), शिर, ग्रीवा, पर्व (अस्थिसन्धियाँ), आमाशय और मेद; ये श्लेष्मा के स्थान हैं—आश्रय हैं। इनमें भी छाती विशेषतः कफ का स्थान है। सुश्रुत सू० अ० में भी कहा है—

'आमाशयः श्लेष्मणः' तथा 'श्लेष्मणस्तूरःशिरःकण्ठसन्धय इति पूर्वोक्तं च ।' अष्टाङ्गहृदय के सूत्रस्थान के १२ अ० में भी—

१—'मुखानि कारणानि'। 'मुखानि तु खल्वागन्तोनखदशनपतनाभिघाताभिषङ्गाभिचाराभिशापबधबन्धनव्यधनवेष्टनापीडनरज्जुहननशस्त्राशनिभूतोपसर्गादीनि' ग।
२—'प्रेरणं कारणं' चक्रः।
३—'न चान्योन्येन सह संदेह०' ग०।

१—'जघन्यमिति पश्चात्' गङ्गाधरः। २—'पुरीषाधानं पक्वाशयः' चक्रः। ३—'लसीका देहोदकस्य पिच्छाभागः' गङ्गाधरः। ४—'पित्तस्थाने आमाशय इत्यामाशयाधोभागः श्लेष्मस्थाने आमाशय इति आमाशयोर्ध्वभागः' चक्रः।

'पक्वाशयकटीसक्थिश्रोत्रास्थि स्पर्शनेन्द्रियम् ।
स्थानं वातस्य तत्रापि पक्वाधानं विशेषतः ॥
नाभिरामाशयः स्वेदो लसीका रुधिरं रसः ।
दृक्स्पर्शनं च पित्तस्य नाभिरत्र विशेषतः ॥
उरःकण्ठशिरःक्लोमपर्वाण्यामाशयो रसः ।
मेदो घ्राणं च जिह्वा च कफस्य सुतरामुरः ॥'

'नाभि' से आमाशय से अधोदेश का ही ग्रहण करना चाहिए । प्रत्येक दोष के पाँच २ भेद और उनके विशेष स्थान 'वातकलाकलीय' नामक अध्याय की व्याख्या में बता दिये गये हैं । तथा अन्यत्र भी जहाँ २ प्रकरण आयेगा, वहाँ स्पष्टीकरण किया जायगा ॥

सर्वशरीरचरास्तु वातपित्तश्लेष्माणो हि सर्वस्मिन् शरीरे कुपिताकुपिताः शुभाशुभानि कुर्वन्ति–प्रकृतिभूताः शुभान्युपचयबलवर्णप्रसादादीनि, अशुभानि पुनर्विकृतिमापन्नानि विकारसंज्ञकानि ॥८॥

सम्पूर्ण शरीर में व्यापक वात पित्त कफ, कुपित वा अकुपित हुए २ सम्पूर्ण शरीर में क्रमशः अशुभ वा शुभ के कारण होते हैं । प्रकृतिस्थित (समावस्था में स्थित – अकुपित) दोष उपचय (पुष्टि), बल, वर्ण, प्रसन्नता आदि को करते हैं और विकृत हुए २ विकार संज्ञक अशुभ (रोग) के कारण होते हैं ॥८॥

तत्र विकाराः—सामान्यजा नानात्मजाश्च[1] । तत्र सामान्यजाः पूर्वमष्टोदरीये व्याख्याताः, नानात्मजांस्त्विहाध्यायेऽनुव्याख्यास्यामः; तद्यथा–अशीतिर्वातविकाराः, चत्वारिंशत्पित्तविकाराः, विंशतिः श्लेष्मविकाराः ॥९॥

विकार दो प्रकार के होते हैं—१ सामान्यज, २ नानात्मज । जिन रोगों का जन्म सामान्य है अर्थात् वे रोग जो वात से भी हो सकते हैं, पित्त से भी हो सकते हैं, द्वन्द्वज वा सान्निपातिक भी हो सकते हैं; इनके अतिरिक्त अन्य बाह्यहेतुओं से भी हो सकते हैं । जैसे ज्वर है—यह वात से, पित्त से, कफ से, द्वन्द्व से तथा सन्निपात से हो सकता है । ऐसे रोगों को सामान्यज कहा जाता है । जो रोग दो तीन या इससे अधिक कारणों से हों वे सामान्यज कहाते हैं । कहा भी है—

'त एवमेते क्रमशो द्विशो वा
दोषाः प्रदुष्टा युगपत् त्रयो वा ।
कुर्वन्ति रोगान् विविधान् शरीरे
सामान्यजास्ते ह्युदरादयः स्युः ॥'

जो नानात्मज विकार हैं वे बहुव्याधि रूप होने से नानात्मज कहाते हैं । ये एक २ स्वतन्त्र वात आदि दोष से उत्पन्न होते हैं; जैसे नखभेद, विपादिका । ये केवल वात से ही उत्पन्न होते हैं । न पित्त से न कफ से । सामान्यज रोगों की व्याख्या इससे पूर्व के अष्टोदरीय नामक अध्याय में हो चुकी है । नानात्मज विकारों की इस अध्याय में व्याख्या की जायगी । जैसे—वात के विकार ८०, पित्त के विकार ४० और कफ के विकार २० हैं ॥९॥

तत्रादौ वातविकाराननुव्याख्यास्यामः; तद्यथा नखभेदश्च, विपादिका च, पादशूलं च, पादभ्रंशश्च, पादसुप्तता च, वातखुड्डता च, गुल्फग्रहश्च[1] पिण्डिकोद्वेष्टनं च, गृध्रसी च, जानुभेदश्च, जानुविश्लेषश्च ऊरुस्तम्भश्च, ऊरुसादश्च, पाङ्गुल्यं च, गुदभ्रंशश्च, गुदार्तिश्च, वृषणोत्क्षेपश्च, शेफःस्तम्भश्च वङ्क्षणानाहश्च श्रोणिभेदश्च, विड्भेदश्च, उदावर्तश्च, खञ्जत्वं च, (कुब्जत्वं च,)[2] वामनत्वं च, त्रिकग्रहश्च, पृष्ठग्रहश्च, पार्श्वावमर्दश्च, उदरावेष्टश्च, हृन्मोहश्च[3], हृद्द्रवश्च, वक्षउद्घर्षश्च, वक्षउपरोधश्च, (वक्षस्तोदश्च,)[4] बाहुशोषश्च, ग्रीवास्तम्भश्च, मन्यास्तम्भश्च, कण्ठोद्ध्वंसश्च, हनुस्तम्भश्च[5], ओष्ठभेदश्च, (अक्षिभेदश्च,) दन्तभेदश्च, दन्तशैथिल्यं च, मूकत्वं च (गद्गदत्वं च,) वाक्सङ्गश्च, कषायास्यता च, मुखशोषश्च, अरसज्ञता च, (अगन्धज्ञता च, घ्राणनाशश्च,) कर्णशूलं च, अशब्दश्रवणं[6] च, उच्चैः श्रुतिश्च, बाधिर्यं च, वर्त्मस्तम्भश्च, वर्त्मसंकोचश्च, तिमिरं[7] च, अक्षिव्युदासश्च, भ्रूव्युदासश्च, शङ्खभेदश्च, ललाटभेदश्च, शिरोरुक् च, केशभूमिस्फुटनं च, अर्दितं च, एकाङ्गरोगश्च, सर्वाङ्गरोगश्च, (पक्षवधश्च,) आक्षेपकश्च, दण्डकश्च, श्रमश्च, भ्रमश्च, वेपथुश्च, जृम्भा च, विषादश्च, (हिक्का च,) अतिप्रलापश्च, ग्लानिश्च, रौक्ष्यं च, पारुष्यं च, श्यावारुणावभासता च, अस्वप्नश्च, अनवस्थितत्वं चेत्यशीतिर्वातविकारा वातविकाराणामपरिसंख्येयानामाविष्कृततमर्मा[8] व्याख्याताः ॥

१—'सामान्यजा इति वातादिभिः प्रत्येकं मिलितैश्च ये जन्यन्ते नानात्मजा इति ये वातादिभिर्दोषान्तरासंपृक्तैर्जन्यन्ते' चक्रः ।

१—'गुल्फग्रन्थिश्च' च. । २—( ) एतादृक्चिह्नान्तर्गतः पाठश्चक्रसंमतः । ३—'उन्मादश्च' ग. । ४—( ) एतादृक्चिह्नान्तर्गतः पाठो गङ्गाधरसंमतः । ५—'हनुताडश्च' च० । ६—अशब्दश्रवणं अल्पशब्दश्रवणं गङ्गाधरः । ७—'तमश्च' ग. । ८—आविष्कृततमं प्रायोभावित्वं, गङ्गाधरः । ९—नखभेदः नखभङ्गुरता, विपादिका पाणिपादस्फुटनं, पादभ्रंशः पादस्यारोपदेशविषयादन्यत्र पतनं, जानुविश्लेषः जानुसन्धिशैथिल्यं, ऊरुस्तम्भः ऊरुस्तम्भनमात्रं, हृद्द्रवः हृदयस्य द्रुतिः, स्फुरणं, कण्ठोद्ध्वंसः, शुष्ककासः, ओष्ठभेद ओष्ठस्तम्भः अक्षिभेदो अक्षिगोलकभ्रमणाभावरूपोऽक्षिस्तम्भः, दन्तभेदः दन्तभङ्गः, वाक्संगः अस्फुटवचनत्वं, अशब्दश्रवणं शब्दाभावेऽपि शब्दश्रवणं, उच्चैः श्रुतिः बृहद्ध्वनिश्रवणं नत्वल्पध्वनेः, अक्षिव्युदासः नेत्रस्य स्वस्थानच्युतता, भ्रूव्युदासः भ्रुवोः स्वस्थानादधोनिपतन, शंखभेदः शंखो ललाटैकदेशस्तस्य वेदना न तु शङ्खकरोगः, शिरोरुगिति केवलं शिरःपीडा नतु पञ्चशिरोरोगा ये उक्ताः, हिक्केति न पञ्च हिक्का या सामान्यजा उक्ताः किंतु हिक्कनमात्रं, अतिप्रलापश्चेति वातकृतः, प्रलापस्तु पित्तकृत इति अतिप्रलापप्रलापयं र्भेदान्न सामान्यजत्वं गङ्गाधरः । एकाङ्गरोगः सर्वाङ्गरोगश्चेति ज्वरादिषु उष्णत्वशीतत्वादीनां कदाचिदेकाङ्गव्यापकत्वे नैकाङ्गरोगः, तेषामेव कदाचित्सर्वाङ्गव्यापकत्वेन सर्वाङ्गरोगः, दोषान्तरसम्बन्धेऽपि व्याप्त्यव्याप्ती वातकृते एव, चक्रः । एष्वशीतिवातव्याधिषु उन्मादाद्याख्या ये सामान्यजा दृश्यन्ते तेऽत्र न वातव्याधिषु बोध्याः, किन्तु केवलवातजमनोमत्तत्वमात्रादिरूपेण तत्तत्संप्राप्तिव्यतिरिक्ता ज्ञेयाः । गङ्गाधरः ।

इनमें से सब से पूर्व वात के विकारों की व्याख्या होगी—जैसे १ नखभेद, २ विपादिका (पैरों का फूटना, बिवाई), ३ पादशूल, ४ पादभ्रंश (जहाँ पैर को उठा कर कदम रखना हो वहाँ न पड़कर अन्यत्र जा पड़ना), ५ पादसुप्तता (पैर को स्पर्शज्ञान न होना अथवा पैर का हिलाजुला न सकना), ६ वातखुड्डता (पाद और जंघा की सन्धि को खुड्ड कहते हैं—वहाँ वात का कुपित होना), ७ गुल्फग्रह (गुल्फस्थल का वात से जकड़ा जाना), ८ पिण्डिकोद्वेष्टन (पिण्डलियों में उद्वेष्टन), ९ गृध्रसी (Sciatica), १० जानुभेद (गोड़ों में भेदनवत् पीड़ा), ११ जानुविश्लेष (जानुसन्धि का ढीला होना), १२ ऊरुस्तम्भ, १३ ऊरुसाद (ऊरु की शिथिलता), १४ पांगुल्य (लङ्गड़ापन), १५ गुदभ्रंश, १६ गुदार्त्ति (गुदा में पीड़ा), १७ वृषणोत्क्षेप (अण्डों का ऊपर चढ़ना, नीचे न उतरना), १८ शेफःस्तम्भ (मूत्रेन्द्रिय की जड़ता), १९ वङ्क्षणानाह, २० श्रोणिभेद (कटि में विदारणवत् पीड़ा), २१ विड्भेद (मल का अत्यन्त निकलना), २२ उदावर्त्त, २३ खञ्जता, २४ कुब्जता (कुबड़ापन), २५ वामनता (बौना होना), २६ त्रिकग्रह (त्रिकदेश का जकड़ा जाना) २७ पृष्ठग्रह (पीठ का जकड़ा जाना वा वेदना होना), २८ पार्श्वावमर्द (पार्श्वों में मर्दनवत् पीड़ा), २९ उदरावेष्ट (उदर का लपेटे जाते हुए की सी अनुभूति होना—अथवा उदर में मरोड़ पड़ना), ३० हृन्मोह (Heart failuse , (उन्माद), ३१ हृद्द्रव (हृदय का स्फुरण—Pulpitation of the heart) ३२ वक्ष उद्घर्ष (छाती में घर्षणवत् पीड़ा अथवा फुफ्फुस में घर्षणवत् शब्द का होना), ३३ वक्ष उपरोध (छाती का रुका हुआ प्रतीत होना), (वक्षस्तोद—छाती वा फुफ्फुस में सूचीवेधवत् पीड़ा), ३४ कण्ठोद्ध्वंस (स्वरभेद अथवा शुष्क कास), ३८ हनुस्तम्भ, ३९ ओष्ठभेद, (अक्षिभेद), ४० दन्तभेद, ४१ दन्तशैथिल्य (दांतों की शिथिलता), ४२ मूकता (गूंगापन), (गद्गदता), ४३ वाक्सङ्ग (न बोल सकना, वाणी का रुक जाना), ४४ कषायास्यता (मुख का कसैला होना), ४५ मुखशोष, ४६ अरसज्ञता (जिह्वा को रस का ज्ञान न होना), ४७ अगन्धज्ञता (गन्ध का ज्ञान न होना), ४८ घ्राणनाश, ४९ कर्णशूल, ५० अशब्दश्रवण (शब्द न होते हुए भी शब्द का सुनना), ५१ उच्चैःश्रुति (ऊँचा सुनना), ५२ बधिरता (बहरापन), ५३ वर्त्मस्तम्भ (वर्त्म को न हिला सकना), ५४ वर्त्मसङ्कोच (वर्त्म का सिकुड़ना अथवा खोल न सकना), ५५ तिमिर, ५६ अक्षिशूल (आँखों में दर्द), ५७ अक्षिव्युदास[१] (आँख का ऊपर चढ़ा रहना), ५८ भ्रूव्युदास (भौंहों का ऊपर चढ़े रहना), ५९ शंखभेद (शंखदेश में वेदना), ६० ललाटभेद (मस्तक में वेदना), ६१ शिरोरुक् (शिर में पीड़ा), ६२ केशभूमिस्फुटन (बालों की जगह का फूटना), ६३ [१] अर्दित, ६४ एकाङ्गरोग (एकाङ्गवध), ६५ सर्वाङ्गरोग (सर्वाङ्गवध), (६६ पक्षवध), ६७ आक्षेपक, ६८ दण्डक, ६९ श्रम (थकावट), ७० भ्रम (giddiness), ७१ वेपथु (कम्पन, कांपना), ७२ जृम्भा (जम्भाई), ७३ विषाद (अप्रसन्नता), (हिक्का), ७४ अतिप्रलाप, ७५ ग्लानि, ७६ रूक्षता, ७७ परुषता (कठोरता), ७८ श्यावारुणावभासता (शरीर वा अंग का श्याम वा अरुण—ईंट से लाल वर्ण का होना), ७९ अस्वप्न (अनिद्रा), ८० अनवस्थितता (चित्त का स्थिर न होना) ; ये ८० वात के विकार हैं। ये वात विकार अपरिसंख्येय (अनगिनत) वात विकारों में स्पष्टतम होते हैं।

गंगाधर ने कुब्जता, अगन्धज्ञता, घ्राणनाश, पक्षवध; ये चार रोग नहीं पढ़े। वक्षस्तोद, अक्षिभेद, गद्गदत्व तथा हिक्का; ये चार विशेष पढ़े हैं। तथा हृन्मोह की जगह उन्माद, हनुस्तम्भ की जगह हनुभेद तथा श्रम की जगह तम ; ये पाठान्तर पढ़े हैं॥

इसमें ऊरुस्तम्भ आदि रोगों के नाम आये हैं जो कि सामान्यज रोगों में भी पढ़े गये हैं। परन्तु नानात्मज रोगों के प्रकरण में जो पढ़े गये हैं वे केवल वातज ही समझने चाहिये। परन्तु अनुबन्ध दूसरे दोषों का हो सकता है ॥१०॥

सर्वेष्वपि खल्वेतेषु वातविकारेषूक्तेष्वन्येषु चानुक्तेषु वायोरिदमात्मरूपमपरिणामि[२] कर्मणश्च स्वलक्षणं; यदुपलभ्य तदवयवं वा विमुक्तसंदेहा वातविकारमेवाध्यवस्यन्ति कुशलाः, तद्यथा–रौक्ष्यं लाघवं वैशद्यं शैत्यं गतिरमूर्तत्वं चेति वायोरात्मरूपाणि; एवंविधत्वाच्च कर्मणः स्वलक्षणमिदमस्य [३]भवति तं तं शरीरावयवमाविशतः; [४]तद्यथा—[५]स्रंसभ्रंशव्यासांगभेदहर्षतर्षवर्तमर्दकम्पचालतोदव्यथाचेष्टादीनि[६] ; तथा खरपरुषविशदसुषिरतारुणकषायविरसमुखशोषशूलसुप्तिसंकुञ्चनस्तम्भनखञ्जतादीनि च वायोः कर्माणि, तैरन्वितं वातविकारमेवाध्यवस्येत् ॥११॥

इन सब ही तथा दूसरे जिनका नाम नहीं लिया गया उन सब वातविकारों में वायु का यह (वक्ष्यमाण) अपना लक्षण है और यह (वक्ष्यमाण) वायु के कर्म का सहजसिद्ध अपना लक्षण है ; जिसे (सम्पूर्णतया) देखकर वा उसके अवयवको देखकर सन्देह रहित हुए २ कुशल वैद्य 'वातविकार ही है' ऐसा निश्चय से जानते हैं।

१—अक्ष्णोः विशेषेण उदसनं व्युदासः व्युत्क्षेप इति यावत्। गंगाधरस्तु 'अक्षिव्युदास अक्षिभ्रष्टता, नेत्रस्य स्वस्थानच्युतता' इत्यादि। एवं 'भ्रूव्युदास इति भ्रुवोः स्वस्थानादधो निपतनम्' इति व्याचष्टे॥

१—अर्दित आदि ६ रोगों के लक्षण वातरोगाध्याय में कहे जायेंगे।

२—'अपरिणामीति सहजसिद्ध नान्योपाधिकृतमित्यर्थः, कर्मणश्चेति विकृतस्य वायोः कर्मणः' चक्रः। ३ चक्रस्तु भवतीत्यत्रैव वाक्यच्छेदं करोति, तं तमित्यादिना च भिन्नमेव वाक्यं मन्यते। ४—'तद्यथा' इति चक्रः न पठति। ५—'स्रंसः किंचिदवस्थानचलन, भ्रंशस्तु दूरगतिः, व्यासो विस्तरणं वर्तः, चालः स्पन्दः, रसवर्णो वायुना रसवर्णरहितेनापि प्रभावात् क्रियते' चक्रः। ६—'व्यासंग' ग.। 'व्यासं इत्यनासक्तिरित्यर्थः' गंगाधरः। 'व्याससंग' अष्टाङ्गसंग्रहे।

कई 'तदवयवं उपलभ्य' का अर्थ वात के स्थान को देखकर ऐसा करते हैं। अर्थात् वायु का अपना स्वरूप तथा उसके कर्म के अपने लक्षण तथा वात के स्थान को देखकर ये वातविकार ही हैं ऐसा समझते हैं। अभिप्राय यह है कि उस २ अवयव में वात के रूप और कर्म के द्वारा वातविकार को जान सकते हैं।

वायु का अपना रूप—रूक्षता, शीतता, लघुता (हलकापन), विशदता (चिपचिपा न होना), गति (चलना एक स्थल से दूसरे स्थल पर जाना), अमूर्तता (मूर्ति-आकार रहितता वा सूक्ष्मता); ये वायु के अपने लक्षण हैं। सूत्रस्थान के प्रथम अध्याय में भी ये गुण दर्शाये जा चुके हैं। 'रूक्षः शीतो लघुः सूक्ष्मश्चलोऽथ विशदः खरः।'

वायु के कर्म के अपने लक्षण—इस प्रकार के रूपवाली वायु के, शरीर के उस २ अवयव में प्रविष्ट होते हुए यह अपना लक्षण होता है। जैसे—स्रंस (अपने स्थान से थोड़ा सा हिलना) भ्रंश (अपने स्थान से दूर हट जाना), व्यास (विस्तार वा फैलना), अङ्गभेद, साद (शिथिलता), हर्ष (रोमहर्ष, ध्वजहर्ष, दन्तहर्ष आदि स्थान भेद से), तर्ष (प्यास), वर्त्त (गोलाई करना, बटना) मर्द (अंगमर्द, मर्दनवत् अंगों में पीड़ा), कम्प (कांपना) चाल (स्पन्दन करना वा हिलना यथा हृत्स्पन्द वा दन्तचाल), तोद (सूचीवेधवत्पीडा) व्यथा, चेष्टा आदि, तथा खर (शरीर की कर्कशता—खरदरापन), परुष (कठोरता), विशद (पिच्छिलता का न करना), सुषिरता (छिद्र युक्त कर देना), अरुण (ईंट से लाल वर्ण का करना), कषायरसता (मुँह का कसैला होना), विरसता (मुँह के स्वाद का बिगड़ जाना), शोष (सूखना), शूल, सुप्ति (सुन्न हो जाना वा स्पर्शज्ञान का न होना) संकुञ्चन (सिकुड़ना), स्तम्भन (रोकना वा जड़वत् कर देना), खञ्जता आदि वायु के कर्म हैं। इन वायु के अपने लक्षणों तथा कर्मों से युक्त विकार को वातविकार ही जाने ॥११॥

तं मधुराम्ललवणस्निग्धोष्णैरुपक्रमैरुपक्रमेत स्नेहस्वेदास्थापनानुवासननस्तःकर्मभोजनाभ्यङ्गोत्सादनपरिषेकादिभिर्वातहरैर्मात्रां कालं च प्रमाणीकृत्य; आस्थापनानुवासनं तु खलु सर्वोपक्रमेभ्यो वाते प्रधानतमं मन्यन्ते भिषजः, तद्ध्यादित एव पक्वाशयमनुप्रविश्य केवलं[1] वैकारिकं वातमूलं छिनत्ति, तत्रावजिते वातेऽपि शरीरान्तर्गता वातविकाराः प्रशान्तिमापद्यन्ते, यथा वनस्पतेर्मूले छिन्ने स्कन्धशाखावरोहकुसुमफलपलाशादीनां नियतो विनाशस्तद्वत् ॥१२॥

वातविकारों की सामान्य चिकित्सा—उस वातविकार की, मधुर, अम्ल, लवण रस युक्त स्निग्ध एवं स्पर्श तथा वीर्य में उष्ण स्नेह, स्वेद, आस्थापन, अनुवासन, नस्य, भोजन, अभ्यंग (मालिश), उत्सादन (उबटना), परिषेक आदि वातहर उपक्रमों द्वारा मात्रा और काल का विचार करके चिकित्सा करे। वैद्य वायु की चिकित्सा के लिये सब प्रकार के कर्मों में से आस्थापन तथा अनुवासन को प्रधानतम मानते हैं। ये प्रारम्भ से ही पक्वाशय में प्रविष्ट होकर विकार सम्बन्धी-विकार को उत्पन्न करनेवाली वात की जड़ को सम्पूर्ण रूप से काट देते हैं। यह पहिले ही बता दिया है कि पक्वाशय विशेषतः वात का स्थान है। पक्वाशयगत वैकारिक वात के जीते जाने पर शरीर के अन्दर (अन्य देशों में) उत्पन्न हुए २ वातविकार भी शान्त हो जाते हैं। जैसे वृक्ष की जड़ के काट देने पर स्कन्ध (तना), शाखा, अवरोह (अंकुर वा जटा), फूल, फल, तथा पत्तों का अवश्य विनाश होता है, वैसे ही। सुश्रुत चिकित्सास्थान ३६ अध्याय में भी कहा है—

वीर्येण बस्तिरादत्ते दोषानापादमस्तकात्।
पक्वाशयस्थोऽम्बरगो भूमेरर्को रसानिव ॥
स कटीपृष्ठकोष्ठस्थान् वीर्येणालोड्य सञ्चयान्।
उत्खातमूलान् हरति दोषाणां साधु योजितः ॥
दोषत्रयस्य यस्माच्च प्रकोपे वायुरीश्वरः।
तस्मात्तस्यातिवृद्धस्य शरीरमभिनिघ्नतः ॥
वायोर्विघ्नहते वेगं नान्या बस्तेर्ऋते क्रिया।
पवनाविद्धतोयस्य वेला वेगमिवोदधेः ॥

अर्थात् बस्ति सिर से पैर तक के दोषों को नष्ट करती है। विशेषतः तीनों दोषों के कोप में वायु ही प्रधान होता है। उस अत्यन्त प्रवृद्ध हुए २ वायु के वेग को रोकने में बस्ति के अतिरिक्त अन्य कोई क्रिया समर्थ नहीं ॥१२॥

पित्तविकारांश्चत्वारिंशदत ऊर्ध्वं व्याख्यास्यन्ते, तद्यथा—ओषश्च, प्लोषश्च, दाहश्च, धूमकश्च, अम्लकश्च, विदाहश्च, अन्तर्दाहश्च, (अंगदाहश्च) ऊष्माधिक्यं च, अतिस्वेदश्च, (अंगस्वेदश्च), अंगगन्धश्च, अंगावदरणं च, शोणितक्लेदश्च, मांसक्लेदश्च, त्वग्दाहश्च, मांसदाहश्च, त्वगवदरणं च, चर्मावदरणं च, रक्तकोठाश्च, (रक्तविस्फोटाश्च), रक्तपित्तं च, रक्तमण्डलानि च, हरितत्वं च, हारिद्रत्वं च, नीलिका च, कक्षा[1] च, कामला च तिक्तास्यता च, (लोहितगन्धास्यता च), पूतिमुखता च, तृष्णाया आधिक्यं च, अतृप्तिश्च, आस्यपाकश्च, गलपाकश्च, अक्षिपाकश्च, गुदपाकश्च मेढ्रपाकश्च, जीवादानं च, तमःप्रवेशश्च, हरितहारिद्रमूत्रनेत्रवर्चस्त्वं चेति चत्वारिंशत्पित्तविकाराः[1] पित्तविकाराणामपरिसंख्येयानामाविष्कृततमा भवन्ति ॥१३॥

१—'केवलं वैकारिकमिति सकलविकारकारकम्' चक्रः।

१—बाहुपार्श्वांसकक्षासु कृष्णस्फोटां सवेदनाम्। पित्तप्रकोपसम्भूतां तां कक्षामिति निर्दिशेत् ॥ सु० नि० १३ अ०।

२ओषः पार्श्वस्थितेन वह्निनेव दाहः, प्लोषः किंचिद्दहनमिव, दाहः सर्वांगदहनमिव, दवथुः धकधकीति लोके, त्वगवदरणं बाह्यत्वङ्मात्रविदीर्णता, चर्मावदरणं षण्णां त्वचां विदीर्णता, रक्तसंसर्गेण रक्तीभूतं पित्तं रक्तपित्तं नतु रक्तपित्ताख्यो रोगः, तृष्णाधिक्यं केवलतृष्णातिशयः नतु तृष्णाख्यरोगविशेषः, तस्य सामान्यजत्वात्; जीवादानं विरेचनव्यापद्विशेष उक्तो यो जीवरक्तनिर्गमः, हरितेत्यादिना एव एकरोगः, गङ्गाधरः।

इसके पश्चात् पित्त के ४० विकारों की व्याख्या की जायेगी—जैसे–१ ओष (सर्वांगीण तीव्र दाह जिसमें स्वेद एवं अरति हो), २ प्लोष (प्रादेशिक स्वेदरहित दाह, जैसे अग्निज्वाला से दाह होता है), ३ दाह (सर्वांगीण तीव्र सन्ताप), दवथु (चक्षु आदि इन्द्रियों में दाह), ५ धूमक (शिर, ग्रीवा, कण्ठ, तालु में धूँआ सा उठना), ६ अम्लक (अन्तर्दाह तथा हृदयशूल-युक्त डकार), ७ विदाह (हाथ पैर आदि विविध प्रकार का दाह), ८ अन्तर्दाह (शरीर के अन्दर वा कोष्ठ आदि में दाह), ९ अङ्गदाह (किसी विशेष अङ्ग में जलन), १० उष्माधिक्य (उष्मा का अधिक होना–तापांश का अधिक होना), ११ अतिस्वेद (अत्यन्त पसीना आना), १२ अङ्ग-स्वेद (किसी विशेष अङ्ग में पसीना आना), १३ अङ्गगन्ध (शरीर में विशेष गन्ध का आना), १४ अङ्गावदरण (किसी अवयव का फूटना), १५ शोणितक्लेद (रक्त का काला, दुर्गन्धियुक्त तथा पतला होना), १६ मांसक्लेद (मांस का काला वा दुर्गन्धयुक्त होना), १७ त्वग्दाह (त्वचा में जलन), १८ मांसदाह (मांस में जलन), १९ त्वगवदरण (बाह्यत्वचा का फूटना), २० चर्मावदरण (छह वा सातों त्वचाओं का फूटना), २१ रक्तकोठ (लाल चकत्ते), २२ रक्तपित्त, २३ रक्तमण्डल, २४ हरितता (हरित वर्ण का होना), २५ हारिद्रता (हल्दी के वर्ण का होना), २६ नीलिका, २७ कक्षा, २८ कामला, २९ तिक्तास्यता (मुख में तिक्त स्वाद होना), ३० पूतिमुखता (मुख का दुर्गन्धयुक्त होना), ३१ अत्यधिक प्यास लगनी, ३२ अतृप्ति (भोजन में तृप्ति न होना), ३३ आस्यपाक (मुंह के अन्दर पकना), ३४ गलपाक (गले का पकना), ३५ अक्षिपाक (नेत्रों का पकना) ३६ गुदपाक (गुदा का पाक), ३७ मेढ्र-पाक (मूत्रेन्द्रिय का पकना), ३८ जीवादानं (जीवरक्त का निकलना) ३९ तमःप्रवेश (अन्धकार में प्रविष्ट की तरह भान होना), ४० मूत्र, नेत्र एवं पुरीष का हरा वा पीला होना; ये चालीस पित्त के विकार हैं। ये विकार अपरिसंख्येय पित्त के विकारों में स्पष्टतम होते हैं। अष्टाङ्गसंग्रह में 'दाह' की जगह 'दव' पढ़ा गया है। मुख, ओष्ठ तथा तालु में दाह होने को दव कहते हैं। 'अङ्गदाह' की जगह 'अंसदाह' 'अङ्गस्वेद' की जगह 'अवयवसदन' (अंग की शिथिलता), पढ़ा है। मांसदाह और अंगावदरण; ये दोनों नहीं पढ़े। इनकी जगह रक्तविस्फोट तथा लोहितगन्धास्यता; ये दो अधिक पढ़े हैं ॥१३॥

सर्वेष्वपि खल्वेतेषु पित्तविकारेष्वन्येषु पित्तस्येदमात्मरूपमपरिणामि कर्मणश्च स्वलक्षणं, यदुपलभ्य तदवयवं वा विमुक्तसन्देहा पित्तविकारमेवाध्यवस्यन्ति कुशलाः; तद्यथा औष्ण्यं तैक्ष्ण्यं लाघवमनतिस्नेहो वर्णश्च शुक्लारुणवर्जो गन्धश्च विस्रो रसौ च कटुकाम्लौ पित्तस्यात्मरूपाणि, एवंविधत्वाच्च कर्मणः स्वलक्षणमिदमस्य भवति तं तं शरीरावयवमाविशतः, तद्यथा–दाहौष्ण्यपाकस्वेदक्लेदकोथस्रावरागा यथास्वं गन्धवर्णरसाभिनिर्वर्तनं पित्तस्य कर्माणि, तैरन्वितं पित्तविकारमेवाध्यवस्येत् ॥१४॥

इन सब उक्त पित्त के विकारों में तथा अन्य अनुक्त पित्तविकारों में पित्त का यह सहजसिद्ध अपना रूप तथा पित्त के कर्म का अपना लक्षण है; जिसे जानकर वा उसके अवयव (अंश) को जान सन्देहरहित होकर कुशल वैद्य पित्तविकार का निश्चय कर लेते हैं।

यहाँ पर भी पूर्ववत् 'तदवयवं वा उपलभ्य' इसका दूसरा अर्थ कर सकते हैं।

पित्त का अपना रूप—उष्णता, तीक्ष्णता, द्रव, अनतिस्नेह (जो अधिक स्निग्ध न हो), शुक्ल (श्वेत) तथा अरुण वर्ण को छोड़कर अन्य वर्णवाला, आमगन्ध, रस में कटु तथा अम्ल और सर ये पित्त के अपने रूप हैं। सुश्रुत सूत्रस्थान २१ अध्याय में—

'पित्तं तीक्ष्णं द्रवं पूति नीलं पीतं तथैव च।
उष्णं कटु सरं चैव विदग्धं चाम्लमेव च ॥'

सुश्रुत के अनुसार विदग्ध हुए २ पित्त का रस अम्ल होता है; अन्यथा कटु। प्रकृत ग्रन्थ के सूत्रस्थान में भी पित्त के गुण कह आये हैं—

'सस्नेहमुष्णं तीक्ष्णं च द्रवमम्लं सरं कटु।'

पित्त के इन गुणों से युक्त होने के कारण उस २ शरीर के अवयव में प्रविष्ट होते हुए उस (पित्त) के कर्म का यह अपना लक्षण होता है—

दाह (जलन), ऊष्मा (तापांश–गर्मी), पाक (पकना), स्वेद (पसीना), क्लेद, कोथ (सड़ना), कण्डू (खुजली), स्राव, राग (लालरंग), तथा अपने जैसी गन्ध, वर्ण एवं रस का उत्पन्न करना; ये पित्त के कर्म हैं। इनसे युक्त विकार को पित्तविकार जाने ॥१४॥

तं मधुरतिक्तकषायशीतैरुपक्रमैरुपक्रमेत् स्नेहविरेचनप्रदेहपरिषेकाभ्यङ्गावगाहादिभिः पित्तहरैर्मात्रां कालं च प्रमाणीकृत्य, विरेचनं तु सर्वोपक्रमेभ्यः पित्ते प्रधानतमं मन्यन्ते भिषजः, तद्ध्यादित एवामाशयमनुप्रविश्य केवलं वैकारिकं पित्तमूलं चापकर्षति, तत्रावजिते पित्तेऽपि शरीरान्तर्गताः पित्तविकाराः प्रशान्तिमापद्यन्ते, यथाऽग्नौ व्यपोढे[2] केवलमग्निगृहं शीतीभवति तद्वत् ॥१५॥

पित्तविकारों की सामान्य चिकित्सा—उस पित्तविकार की मधुर, तिक्त, कषाय (कसैले) एवं शीत स्नेह, विरेचन, प्रदेह, अभ्यंग तथा अवगाह आदि पित्तहर क्रियाओं द्वारा मात्रा और काल की विवेचना करके चिकित्सा करे।

पित्त में (उनके जीतने के लिए) सम्पूर्ण क्रियाओं में से विरेचन को वैद्य प्रधानतम मानते हैं। वह आदि से ही आमाशय (के अधोभाग ग्रहणी) में प्रविष्ट होकर विकारकारक पित्त की जड़ को अशेषतः नीचे खींच ले जाता है। उस स्थल पर पित्त के जीते जाने से शरीर के अन्दर उत्पन्न हुए २ पित्त के विकार शान्त हो जाते हैं। जिस प्रकार अग्नि के बुझा देने से सम्पूर्ण अग्निगृह ठण्डा हो जाता है। जिस गृह को अग्नि से गरम किया जाता हो उसे अग्निगृह कहते हैं। सुश्रुतचिकित्सास्थान ३३ अ० में विरेचन के प्रकरण में कहा है—

१—'आमाशयमिति पक्वामाशयमध्यस्थानस्योर्ध्वम्' गङ्गाधरः। २—व्यपोढे व्यपगते।

'यथौदकानामुदकेऽपनीते चरस्थिराणां भवति प्रणाशः।
पित्ते हृते त्वेवमुपद्रवाणां पित्तात्मकानां भवति प्रकाशः'।

श्लेष्मविकारांश्च विंशतिमत ऊर्ध्वं व्याख्यास्यामः; तद्यथा—[1]तृप्तिश्च, तन्द्रा च निद्राधिक्यं च, स्तैमित्यं च, गुरुगात्रता च, आलस्यं च, मुखमाधुर्यं च, मुखस्रावश्च, श्लेष्मोद्गिरणं च, [2]मलस्याधिक्यं च, कण्ठोपलेपश्च, बलासश्च, हृदयोपलेपश्च, धमनीप्रतिचयश्च, गलगण्डश्च, अतिस्थौल्यं च, शीताग्निता[3] च, उदर्दश्च, श्वेतावभासता च, श्वेतमूत्रनेत्रवर्चस्त्वं चेति विंशतिः श्लेष्मविकाराः श्लेष्मविकाराणामपरिसंख्येयानामाविष्कृततमा व्याख्याताः ॥१६॥

अब इसके पश्चात् कफ के २० विकारों की व्याख्या की जायगी—१ तृप्ति (पेट का भरा मालूम होना), २ तन्द्रा, ३ नींद का अधिक आना, ४ स्तिमितता (गीले वस्त्र के अङ्गों के आच्छादित होने की तरह प्रतीत होना), ५ गुरुगात्रता (शरीर का भारी होना), ६ आलस्य, ७ मुख का मीठा होना, ८ मुखस्राव (मुख से लाला का बहना), ९ कफ का बाहर निकलना—कफ का थूकना, १० मल की अधिकता, ११ कण्ठोपलेप (कण्ठ का श्लेष्मा से लिप्त रहना), १२ बलास (बलनाश वा बलक्षय), १३ हृदयोपलेपन (हृदय पर कफ के लेप का चढ़ना अथवा हृदय देश का कफ से लिप्त रहना—फुप्फुस के निम्न भाग अथवा आमाशय के ऊर्ध्वद्वार का कफलिप्त होना), १४ धमनीप्रतिचय (धमनी का मोटा हो जाना), १५ गलगण्ड, १६ अतिस्थूलता, १७ अग्नि की अतिमन्दता, १८ उदर्द; १९ श्वेतावभासता (त्वचा पर श्वेत प्रभा होनी), २० मूत्र, नेत्र एवं पुरीष का श्वेत वर्ण का होना; ये अपरिसंख्येय कफ के विकारों में से स्पष्टतम २० कफ के विकार हैं ॥१६॥

सर्वेष्वपि तु खल्वेतेषु श्लेष्मविकारेष्वन्येषु चानुक्तेषु श्लेष्मण इदमात्मरूपमपरिणामि कर्मणश्च स्वलक्षणं, यदुपलभ्य तदवयवं वा विमुक्तसंदेहाः श्लेष्मविकारमेवाध्यवस्यन्ति कुशलाः, तद्यथा—श्वैत्यशैत्यस्नेहगौरवमाधुर्यमात्स्न्यानि[4] श्लेष्मण आत्मरूपाणि, एवंविधत्वाच्च कर्मणः स्वलक्षणमिदमस्य भवति तं तं शरीरावयवमाविशतः, तद्यथा—श्वैत्यशैत्यकण्डूस्थैर्यगौरवस्नेहस्तम्भसुप्तिक्लेदोपदेहबन्धमाधुर्यचिरकारित्वानि श्लेष्मणः कर्माणि, तैरन्वितं श्लेष्मविकारमेवाध्यवस्येत् ॥१७॥

इन तथा अन्य अनुक्त कफ के विकारों में कफ का यह अपना सहजसिद्ध रूप और यह कर्म का अपना लक्षण है; जिसे देखकर वा इनके किसी अवयव (अंश) को देखकर सन्देहरहित हुए २ कुशल वैद्य कफ के विकार का निश्चय करते हैं।

कफ के रूप—श्वेतता, शीतता, स्निग्धता, भारीपन, मधुरता, मसृणता (चिकनापन वा मृदुता); ये कफ के अपने रूप हैं ॥

कफ के कर्म के अपने लक्षण-श्वेतता, शीतता, कण्डू, खुजली, स्थिरता, भारीपन, स्निग्धता, स्तम्भ (जड़ता), सुप्ति (स्पर्शज्ञान वा निष्क्रियता), क्लेद, उपदेह (मल से लिप्तता), बन्ध, मधुरता तथा रोग को चिरकारी (Chronic) करना; ये कफ के कर्म हैं। इनसे युक्त विकार को कफ का विकार जाने ॥१७॥

तं कटुकतिक्तकषायतीक्ष्णोष्णरूक्षैरुपक्रमैत स्वेदनवमनशिरोविरेचनव्यायामादिभिः श्लेष्महरैर्मात्रां कालं च प्रमाणीकृत्य; वमनं तु सर्वोपक्रमेभ्यः श्लेष्मणि प्रधानतमं मन्यन्ते भिषजः, तद्ध्यादित एवामाशयमनुप्रविश्य केवलं वैकारिकं श्लेष्ममूलमपकर्षति[1], तत्रावजिते श्लेष्मण्यपि शरीरान्तर्गताः श्लेष्मविकाराः प्रशान्तिमापद्यन्ते, यथा—भिन्ने केदारसेतौ शालियवषष्टिकादीन्यनभिष्यन्दमानान्यम्भसा प्रशोषमापद्यन्ते तद्वदिति ॥१८॥

कफविकार की सामान्य चिकित्सा—कफ के विकार की कटु, तिक्त, कषाय—तीक्ष्ण (क्षार आदि), उष्ण एवं रूक्ष स्वेदन, वमन, शिरोविरेचन, व्यायाम आदि कफहर क्रियाओं द्वारा मात्रा और काल की विवेचना करके चिकित्सा करें।

कफविजय में वमन की प्रधानता—कफ में, वैद्य सम्पूर्ण उपक्रमों में से वमन को प्रधानतम मानते हैं। वह आदि से ही आमाशय में अनुप्रविष्ट होकर विकार-सम्बन्धी कफ की जड़ को अशेषतः ऊपर खींच लाता है। वहाँ पर कफ के जीते जाने पर शरीर के अन्तर्गत कफ के विकार शान्त हो जाते हैं। जैसे खेत की क्यारी के बन्ध के टूट जाने पर जल से सींचे न जाने के कारण शालि, जौ तथा षष्टिक आदि धान्य सूख जाते हैं। पूर्व कहा गया है कि छाती विशेषतः श्लेष्मा का स्थान है, और वहाँ आमाशय को मुख्य माना है। आमाशय भी यद्यपि कफस्थानों में गिना गया है, परन्तु वह मुख्य नहीं। सुश्रुत में आमाशय को मुख्य माना गया है। टीकाकार आमाशय से आमाशय का ऊर्ध्वभाग लेते हैं। योगीन्द्रनाथ ने इसी श्लोक की टीका करते हुए यहाँ पर भी 'तत्र आमाशयस्य ऊर्ध्वभागे उरोलक्षणे' ऐसा कहा है। अर्थात् वह यहाँ उरस् (छाती) का ही ग्रहण करता है। परन्तु यदि आमाशय ही ग्रहण किया जाय तो भी कोई हानि नहीं। आमाशय क्लेदक श्लेष्मा का स्थान है। वमन से जहाँ क्लेदक श्लेष्मा बाहर निकल जाती है वहाँ मांसपेशियों की प्रतिलोम गति से फुप्फुस एवं कण्ठनाड़ी स्थित श्लेष्मा भी बाहर निकल जाती है। वामक औषध दो प्रकार की होती हैं। एक वे जो आमाशय की वातनाड़ियों पर अपना प्रभाव डालकर कै लाती हैं और दूसरी वे हैं जो मस्तिष्कस्थित वामक केन्द्र को उत्तेजित करती हैं। दोनों प्रकार की वामक औषध कफ को बाहर निकालती हैं। परन्तु द्वितीय प्रकार की औषध वायु मार्गों से कफ का स्राव भी अधिक कराती हैं ॥१८॥

१—'तृप्तिर्येन तृप्तमिवात्मानं सर्वदा मन्यते, बलासको बलक्षयः किंवा श्लेष्मोद्रेकान्मन्दजवित्वं, स्थूलाङ्गता वा बलासकः, धमनीप्रतिचयो धमन्युपलेपः' चक्रः। २—'अपक्तिश्च' ग.।
३—'शीताङ्गता' पा०।
४—'मात्स्न्यं मसृणता' चक्रः॥

१—'०मूर्ध्वमुत्क्षिपति' ग०।

भवन्ति चात्र

रोगमादौ परीक्षेत ततोऽनन्तरमौषधम् ।
ततः कर्म भिषक्पश्चाज्ज्ञानपूर्वं समाचरेत् ॥१९॥

सब से पूर्व रोग की परीक्षा करें; तदनन्तर औषध की और इसके बाद वैद्य को चाहिये कि वह ज्ञानपूर्वक कर्म करे । अर्थात् सब से पूर्व यदि रोग की परीक्षा न की जाय तो औषध की व्यवस्था नहीं की जा सकती । अतएव प्रथम रोग का निदान, तथा वह वातज है, पित्तज है, कफज है, द्वन्द्वज है वा सान्निपातिक है या आगन्तु है यह पता लगाना अत्यावश्यक है । फिर कौन सा दोष अनुबन्ध्य है, कौन अनुबन्ध है ? कौन वृद्ध है, कौन क्षीण है, कौन सम है ? इत्यादि परीक्षा करनी चाहिये । पश्चात् ये औषध इस रसवाली है, इस वीर्यवाली है, इस विपाकवाली है, इस प्रभाववाली है, अतः इसे इस व्याधि में देना चाहिये । यह औषध गुणसम्पन्न है, कीट आदि से खाई हुई नहीं । इस प्रकार औषध की परीक्षा करनी होती है । पश्चात् देश काल तथा मात्रा आदि के ज्ञानपूर्वक चिकित्सा करनी चाहिये । रोगपरीक्षा में देश काल की परीक्षा भी हो जाती है । चिकित्सा करते समय भी देश काल आदि की परीक्षा करनी पड़ती है । ज्ञानपूर्वक कहने से वैद्य को यथा नियम शास्त्राध्ययन करना आवश्यक है यह ज्ञात होता है । अथवा ज्ञानपूर्वक कहने का यह अभिप्राय है कि वैद्य ने पूर्व कर्मदर्शन किया हुआ हो; पश्चात् उस ज्ञान से युक्त वैद्य को कर्म करना चाहिये । 'कर्म' चिकित्सा को कहते हैं अथवा कर्म से स्नेह, स्वेद, वमन, विरेचन, आस्थापन, अनुवासन का ग्रहण करना चाहिये ॥१६॥

यस्तु रोगमविज्ञाय कर्माण्यारभते भिषक् ।
अप्यौषधविधानज्ञस्तस्य सिद्धिर्यदृच्छया ॥२०॥

जो चिकित्सक रोग को न पहिचानकर कर्म प्रारम्भ करता है चाहे वह औषध के विधान को जाननेवाला भी हो; उसे यदृच्छा (अचानक) से ही सफलता होती है । अर्थात् कदाचित् दैववशात् ठीक औषध दी गयी तो सफलता हो गयी अन्यथा असफलता रहती है । यदि रोग, औषध, आदि की परीक्षा करके ज्ञानपूर्वक चिकित्सा की जाय तो सर्वदा ही सफलता होती है ॥२०॥

यस्तु रोगविशेषज्ञः सर्वभैषज्यकोविदः ।
देशकालप्रमाणज्ञस्तस्य सिद्धिरसंशयम् ॥२१॥

जो रोगों के भेदों को जानता है, सब औषधों में प्रवीण है, देश, काल एवं मात्रा को जाननेवाला है; उसे निस्सन्देह सफलता होती है ॥२१॥

तत्र श्लोकाः ।

संग्रहः प्रकृतिर्देशो विकारमुखमीरणम् ।
असंदेहोऽनुबन्धश्च रोगाणां संप्रकाशितः ॥२२॥
दोषस्थानानि रोगाणां गणा नानात्मजाश्च ये ।
रूपं पृथक्त्वाद्दोषाणां कर्म चापरिणामि यत् ॥२३॥
पृथक्त्वेन न दोषाणां निर्दिष्टाः समुपक्रमाः ।
सम्यङ्महति रोगाणामध्याये तत्त्वदर्शिना ॥२४॥

इत्यग्निवेशकृते तन्त्रे चरकप्रतिसंस्कृते सूत्रस्थाने रोगचतुष्के महारोगाध्यायो नाम विंशोऽध्यायः ॥२०॥

रोगों का संग्रह (संक्षेप में चार रोग), रोगों की प्रकृति (आगन्तु, निज), रोगों का देश (अधिष्ठान मन और शरीर), विकारमुख (आगन्तु तथा निज विकार के कारण—मुखानि तु तथा निजस्य इत्यादि द्वारा), विकारों के प्रेरक (असात्म्येन्द्रियार्थ आदि), असंदेह (सन्देहरहितता—सर्वेऽपि खल्वेते० द्वारा), रोगों का अनुबन्ध (आगन्तुर्हि० इत्याद द्वारा), दोषों के स्थान, रोगों के नानात्मज गुण, दोषों के पृथक् २ अपरिणामि (सहज सिद्ध) रूप और अपरिणामि कर्म और पृथक् २ दोषों की चिकित्सा, इन विषयों को महारोगाध्याय में तत्त्वदर्शी महर्षि ने सम्यक् प्रकार से कहा है ॥२२-२४॥

इति विंशोऽध्यायः ।

एकविंशोऽध्यायः

अथातोऽष्टौनिन्दितीयमध्यायं व्याख्यास्यामः ॥
इति ह स्माह भगवानात्रेयः ॥१॥

अब अष्टौनिन्दितीय नामक अध्याय की व्याख्या की जायगी—ऐसा भगवान् आत्रेय मुनि ने कहा ॥१॥

इह खलु शरीरमधिकृत्याष्टौ पुरुषा निन्दिता भवन्ति, तद्यथा—अतिदीर्घश्चातिह्रस्वश्चातिलोमा चालोमा चातिकृष्णश्चातिगौरश्चातिस्थूलश्चातिकृशश्चेति ॥२॥

इस संसार में शरीर के लिहाज से आठ पुरुष निन्दित हैं । १—अतिदीर्घ (बहुत लम्बा), २—अतिह्रस्व (बहुत छोटा) ३—अतिलोमा (जिसके शरीर पर लोम बहुत हों), ४—अलोमा (जिसके देह पर लोम न हों वा बहुत कम हों), ५—अत्यन्त काला, ६—अत्यधिक गोरा, ७—अत्यन्तस्थूल (मोटा) ८—अत्यन्त पतला ॥२॥

तत्रातिस्थूलकृशयोर्भूय एवापरे निन्दितविशेषा भवन्ति, अतिस्थूलस्य तावदायुषो ह्रासो [1]जवापरोधः कृच्छ्रव्यवायता दौर्बल्यं दौर्गन्ध्यं स्वेदाबाधः क्षुदतिमात्रं पिपासातियोगश्चेति भवन्त्यष्टौ दोषाः । तदतिस्थौल्यमतिसम्पूरणाद्[2] गुरुमधुरशीतस्निग्धोपयोगादव्यायामादव्यवायाद्दिवास्वप्नाद्धर्षनित्यत्वादचिन्तनाद्बीजस्वभावाच्चोपजायते[3] । तस्यातिमात्रं मेदस्विनो मेद एवोपचीयते न तथेतरे धातवः, तस्मादायुषो ह्रासः, शैथिल्यात् सौकुमार्याद् गुरुत्वाच्च मेदसो जवोपरोधः, शुक्राबहुत्वान्मेदसावृतमार्गत्वाच्च कृच्छ्रव्यवायता, दौर्बल्यमसमत्वाद्धातूनां, दौर्गन्ध्यं मेदोदोषान्मेदसः स्वभावात्स्वेदलत्वाच्च, मेदसः श्लेष्मसंसर्गाद्विष्यन्दित्वाद्बहुत्वाद्व्यायामासहत्वाच्च स्वेदाबाधः, तीक्ष्णाग्नित्वात्प्रभूतकोष्ठवायुत्वाच्च क्षुदतिमात्रं पिपासातियोगश्चेति ।३।

१—'जरोपरोधः' इति पाठान्तरम् । २—'अतिसंपूरणम् अतिभोजनं' चक्रः । ३—'बीजस्वभावादिति स्थूलमातापितृजन्यत्वात्' चक्रः ।

इनके अतिस्थूल एवं अतिकृश पुरुषों में (विरूपता के अतिरिक्त) और भी दूसरे दोष होते हैं।

अतिस्थूल पुरुष के आठ दोष--१ आयु की कमी (हीनायु) २ वेग या फुर्ती का न होना, ३ कष्टमैथुनता अथवा मैथुनशक्ति का अल्प होना, ४ दुर्बलता, ५ दुर्गन्धिता (शरीर से दुर्गन्ध आना), ६ अत्यधिक पसीना आना, ७ अत्यधिक भूख का लगना, ८ अत्यधिक प्यास लगनी। वृद्धवाग्भट ने कहा है—

अतिस्थौल्याददतिक्षुत्तृडतिप्रस्वेदनिद्रताः।
आयासाक्षमता जाड्यमल्पायुर्बलवेगता॥
दौर्गन्ध्यं गद्गदत्वं च भवेन्मेदोऽतिपुष्टितः। सू० २४ अ०।

अर्थात् मेद के अत्यन्त बढ़ जाने के कारण अतिस्थूलता से अत्यधिक क्षुधा, अधिक प्यास, स्वेद तथा अतिनिद्रा होती है। एवं पुरुष परिश्रम का कार्य नहीं कर सकता। तथा च जड़ता, वायु, बल एवं वेग का कम होना, दुर्गन्धिता तथा गद्गदता (स्पष्ट न न बोल सकना, भारी आवाज से बोलना) हो जाती है।

वह यह अतिस्थूलता, अतिभोजन से, गुरु, मधुर, शीतल, स्निग्ध द्रव्यों के उपयोग से, मैथुन न करने से, व्यायाम न करने से, दिनमें सोने से, नित्य प्रसन्न रहने से, चिन्तन न करने से, (किसी प्रकार की चिन्ता न करने से, अथवा दिमागी काम न करने से) तथा बीज के स्वभाव से, उत्पन्न होती है। बीज के स्वभाव से कहने का तात्पर्य यह है कि यदि माता-पिता स्थूल हों तो सन्तान भी प्रायशः स्थूल होती है। सुश्रुत सू० १५ अ० में कहा है—

'तत्र श्लेष्मलाहारसेविनोऽध्यशनशीलस्याव्यायामिनो दिवास्वप्नरतस्य चाम एवान्नरसो मधुरतरश्च शरीरमनुक्रमन्नतिस्नेहान्मेदो जनयति। तदतिस्थौल्यमापादयति।'

अर्थात् कफवर्द्धक आहार खानेवाले, अत्यधिक खानेवाले, व्यायाम न करनेवाले तथा दिन में सोनेवाले पुरुष का कच्चा अन्नरस—जो कि पक्वापेक्षया अधिक मधुर होता है, शरीर में सञ्चार करता हुआ अतिस्निग्धता के कारण मेद को उत्पन्न करता है। वह मेद अतिसञ्चित हो जाने पर स्थूलता को प्रकट करता है।

तथा अष्टाङ्गसंग्रह में—

'गुर्वादिवृद्धसंलीनश्लेष्ममिश्रोऽन्नजो रसः।
आम एव शलथीकुर्वन् धातून् स्थौल्यमुपानयेत्॥'

गुरु आदि द्रव्यों के सेवन से प्रवृद्ध तथा शरीरान्तः-स्थित कफ से मिश्रित आम (कच्चा) ही अन्नरस, रक्त आदि धातुओं को ढीला करता हुआ स्थूलता को उत्पन्न करता है। रक्त आदि धातुओं को ढीला करने का अभिप्राय यही है कि ऐसे पुरुषमें अन्य धातुएँ कम बनती हैं और मेद अत्यधिक बनता है। परिणाम यह होता है के मेद अत्यधिक मात्रा में शरीर में संचित हो जाता है॥

उस अत्यधिक मेदोयुक्त पुरुष के देह में मेद का ही उपचय (जमा होना) होता है—वही अधिक बढ़ता है, दूसरे धातु उतना नहीं बढ़ते। अतएव (धातुओं में विषमता होने से) आयु की कमी होती है। मेद के शिथिल, सुकुमार (मृदु) तथा गुरु होने से वह पुरुष वेग से वा फुर्ती से रहित होता है। वीर्य के कम होने से तथा मेद द्वारा मार्गों के आच्छादित होने से मैथुन में शक्ति कम होती है। अर्थात् जहाँ उस पुरुष में वीर्य कम होता है वहाँ इन्द्रिय में मेद के जमा होने से रतिकाल के समय इन्द्रिय में एकत्रित होने वाले रक्त का स्थान भी कम हो जाता है और इसीलिये उस पुरुष के ध्वजहर्ष में दृढ़ता नहीं होती।

आर्थर कूपर (Arthur Cooper) ने The Sexual Disabilites of men नामक पुस्तक में लिखा है—

In general obesity the copulative power is often feeble, with or without loss of desire, and sometimes the patient is also sterile…

अर्थात् मेदस्वी वा स्थौल्यरोगी पुरुष में मैथुन शक्ति कम होती है। कभी २ इसका रोगी वन्ध्य भी होता है। जिससे अल्पशुक्रता वा शुक्र में शुक्रकीटों का न होना भी ज्ञात होता है।

रक्त आदि धातुओं के विषम होने से दुर्बलता होती है। मेद के दुष्ट होने के कारण, मेद के स्वभाव के कारण (मेद की अपनी आमगन्ध होती है) तथा मेद के स्वेद लानेवाला होने से दुर्गन्धिता होती है। मेद के, कफ से मिश्रित होने से, विष्यन्दी होने से (स्वेदवाही सिराओं के मूल में स्थित होकर स्वेद का बाहर स्यन्दन करनेवाला—बहानेवाला होने से), मेद के अत्यधिक होने से, तथा व्यायाम के न सह सकने के कारण वह पुरुष स्वेद से पीड़ित रहता है। अर्थात् उसे अत्यधिक पसीना आता है। अग्नि के तीक्ष्ण होने से तथा कोष्ठ में वायु के अत्यधिक होने से भूख और प्यास अधिक लगती है। सुश्रुत सू० १५ अ० में कहा है—

तमतिस्थूलं क्षुद्रश्वासपिपासाक्षुत्स्वप्नस्वेदगात्रदौर्गन्ध्यक्रथनगात्रसादगद्गदत्वानि क्षिप्रमेवाविशन्ति। सौकुमार्यान्मेदसः सर्वक्रियास्वसमर्थः। कफमेदोनिरुद्धमार्गत्वाच्चाल्पव्यवायो भवति। आवृतमार्गत्वादेव शेषा धातवो नाप्याय्यन्तेऽत्यर्थम्; अतोऽल्पप्राणो भवति'॥

भवन्ति चात्र

मेदसावृतमार्गत्वाद्वायुः कोष्ठे विशेषतः।
चरन् सन्धुक्षयत्यग्निमाहारं शोषयत्यपि॥४॥
तस्मात्स शीघ्रं जरयत्याहारं चातिकांक्षति।
विकारांश्चाश्नुते घोरान् कांश्चित्कालव्यतिक्रमात्॥

मेद द्वारा मार्ग के रुके होने से वायु विशेषतः कोष्ठ में संचार करता हुआ अग्नि को तीव्र करता है तथा आहार को भी सुखा देता है। अतएव वह भोजन को शीघ्र ही पचा लेता है और आहार को अत्यधिक चाहता है। इसी प्रकार होते २ कुछ काल के बाद वह किन्हीं घोर विकारों को भोगता है। अथवा चक्रपाणि के अनुसार भोजनकाल के उल्लंघन हो जाने पर उसे घोर विकार होते हैं। अर्थात् यदि भूख लगने पर भोजन न मिला तो वायु एवं अग्नि के अत्यन्त प्रवृद्ध होने से अन्य धातुओं का जलना प्रारम्भ हो जाता है। जिससे घोर विकार हो जाते हैं॥ -५॥

एतावुपद्रवकरौ विशेषादग्निमारुतौ।
एतौ हि दहतः स्थूलं वनदावो वनं यथा॥६॥

ये प्रवृद्ध हुए २ अग्नि और वायु विशेषतः उपद्रवों को उत्पन्न करते हैं। ये स्थूल पुरुष को इस प्रकार जलाते हैं जैसे दावाग्नि (वन की अग्नि) वन को जला देती है ॥६॥

मेदस्यतीव संवृद्धे सहसैवानिलादयः ।
विकारान् दारुणान् कृत्वा नाशयन्त्याशु जीवितम् ॥७॥

मेद के अत्यन्त बढ़ जाने पर वायु आदि दोष सहसा ही दारुण विकारों को करके प्राणों को हर लेते हैं। सुश्रुत सू० १५ अ० में—

'प्रमेहपिडकाज्वरभगन्दरविद्रधिवातविकाराणामन्यतमं प्राप्य पञ्चत्वमुपयाति।'

अर्थात् अतिस्थूल पुरुष प्रमेह (मधुमेह), पिड़का, ज्वर, भगन्दर, विद्रधि तथा वातविकारों में से किसी एक का शिकार होकर मृत्यु को प्राप्त होता है ॥७॥

मेदोमांसातिवृद्धत्वाच्चलस्फिगुदरस्तनः ।
अयथापचयोत्साहो नरोऽतिस्थूल उच्यते ॥८॥

अतिस्थूल का लक्षण—मेद और मांस के अत्यन्त बढ़ा हुआ होने से जिसके चूतड़, पेट तथा स्तन हिलते हों (चलते समय), जिसके शरीर का उपचय (संगठन) ठीक न हो अर्थात् जितना मोटा जिस उम्र में होना चाहिये उससे बहुत अधिक मोटा हो परन्तु गठा हुआ न हो ढीला हो, उत्साह भी कम हो अथवा जितना मोटा हो उसके अनुरूप जिसमें उत्साह न हो, वह मनुष्य अतिस्थूल कहाता है ॥८॥

इति मेदस्विनो दोषा हेतवो रूपमेव च ।
निर्दिष्टं,

मेदस्वी के दोष, हेतु एवं लक्षण का निर्देश कर दिया है।

वक्ष्यते वाच्यकतिकार्श्येऽप्यतः परम् ॥९॥

सेवा रूक्षान्नपानानां लंघनं प्रमिताशनम् ।
क्रियातियोगः[1] शोकश्च[2] वेगनिद्राविनिग्रहः ॥१०॥
रूक्षस्योद्वर्तनं स्नानस्याभ्यास[3] प्रकृतिजरा[4] ।
विकारानुशयः[5] क्रोधः कुर्वन्त्यतिकृशं नरम् ॥११॥

इसके पश्चात् अतिकृशता में जो वक्तव्य है वह कहा जायगा—

अतिकृशता के हेतु—रूक्ष अन्न पान (पेय) का सेवन, लंघन (उपवास), प्रमिताशन (मात्रा से अत्यल्प भोजन करना, क्रियातियोग (चेष्टा का अतियोग—कायिक वाचिक एवं मानस व्यापार का अत्यधिक करना—अत्यधिक परिश्रम का कार्य करना, अधिक बोलना, अत्यधिक चिन्तन करना), शोक, वेगों का रोकना; निद्रा का रोकना; रूक्ष होने पर भी देह पर उबटन मलना; तैल आदि से हीन स्नान का प्रतिदिन करना; शरीर की प्रकृति (वातिक) अथवा माता-पिता का कृश होना, वृद्धावस्था रोग का देर तक रहना, क्रोध; ये पुरुष को अत्यन्त कृश कर देते हैं।। क्रियातियोग से अन्य टीकाकार वमन विरेचन आदि क्रियाओं के अतियोग का ग्रहण करते हैं। सुश्रुत सूत्रस्थान १५ अध्याय में अतिकृशता का निदान बताया गया है—

'तत्र पुनर्वातलाहारसेविनोऽतिव्यायामव्यवायाध्ययनभयशोकध्यानरात्रिजागरणपिपासाक्षुत्कषायाल्पाशनप्रभृतिभिरुपशोषितो रसधातुः शरीरमनुक्रामन्नल्पत्वान्न प्रीणयति । तस्मादतिकार्श्यं च जायते।'

अर्थात् वातवर्धक आहार का सेवन करनेवाले पुरुष के, अतिव्यायाम, अतिमैथुन, अत्यधिक पढ़ना, भय, शोक, ध्यान (चिन्तन करना , रात को जागना, प्यास, भूख, कषाय रसवाले द्रव्यों का भोजन, थोड़ा खाना प्रभृति कारणों से शुष्क हुई २ रसधातु शरीर में सञ्चार करती हुई अल्प होने से रक्त आदि धातुओं को तृप्त नहीं करती। अतएव अतिकृशता हो जाती है ॥११॥

व्यायाममतिसौहित्यं क्षुत्पिपासामहौषधम्[1] ।
कृशो न सहते तद्वदतिशीतोष्णमैथुनम् ॥१२॥
प्लीहा कासः क्षयः श्वासो गुल्मार्शांस्युदराणि च ।
कृशं प्रायोऽभिधावन्ति रोगाश्च ग्रहणीगताः ॥१३॥

अतिकृश के दोष—कृश पुरुष, व्यायाम, भोजन से अतितृप्ति, भूख, प्यास, महौषध (तीक्ष्णवीर्य औषध) एवं अतिशीत, अति उष्णता और अति मैथुन, को नहीं सहता।

तिल्ली, कास (खांसी), क्षय श्वास, गुल्म, अर्श, उदररोग तथा ग्रहणी के रोग प्रायः कृश पुरुष को हो जाते हैं। सुश्रुत सूत्र० १५ अ० में भी कहा है—

'सोऽतिकृशः क्षुत्पिपासाशीतोष्णवातवर्षभारादानेष्वसहिष्णुर्वातरोगप्रायोऽल्पप्राणश्च क्रियासु भवति । श्वासकासशोषप्लीहोदराग्निसादगुल्मरक्तपित्तानामन्यतमं प्राप्य मरणमुपयाति ॥१२, १३॥

शुष्कस्फिगुदरग्रीवो धमनीजालसंततः ।
त्वगस्थिशेषोऽतिकृशः स्थूलपर्वा नरो मतः ॥१४॥

अतिकृश पुरुष का लक्षण—जिसके चूतड़ पेट तथा गर्दन शुष्क हों, धमनियों के जाल फैले हुए हों (अति कृश पुरुष की शिरायें ऊपर दीखती हैं , जिसकी त्वचा एवं अस्थिमात्र ही बचा हुआ हो तथा अस्थिसन्धियाँ स्थूल दिखाई दें, वह पुरुष अतिकृश कहाता है ॥१४॥

सततव्याधितावेतावतिस्थूलकृशौ नरौ ।
सततं चोपचर्यौ हि कर्षणैर्बृंहणैरपि ॥१५॥

अतिस्थूल तथा अतिकृश पुरुष निरन्तर व्याधियुक्त हैं; इनकी क्रमशः कर्षण और बृंहण द्वारा निरन्तर चिकित्सा करनी चाहिये अतिस्थूल का कर्षण और अतिकृश का बृंहण करना चाहिये सुश्रुत सूत्र ३५ अ० में भी कहा है—

'कर्शयेद्बृंहयेच्चापि सदा स्थूलकृशौ नरौ ।
रक्षणं चैव मध्यस्य कुर्वीत सततं भिषक् ॥'१५॥

स्थौल्यकार्श्ये वरं कार्श्यं समोपकरणौ हि तौ ।
यद्युभौ व्याधिरागच्छेत्स्थूलमेवातिपीडयेत् ॥१६॥

१—'क्रियातियोगो वमनादिसंशोधनक्रियाणामतियोगः' गङ्गाधरः। २—'निद्रावेगविनिग्रहः ग॰'।
३—'रूक्षस्योद्वर्त्तनस्नानस्या०' ग।
४—'प्रकृतिरतिकृशमातापित्रोः शोणितशुक्रस्य स्वभावः' गङ्गाधरः। ५—'विकारानुशयो व्याधेश्चिरानुवृत्तिः' गङ्गाधरः।

१—'क्षुत्पिपासामथौषधम्' ग०। 'क्षुत्पिपासामयौषधम्' या अत्रामयो रोगः।

यद्यपि स्थूलता और कृशता दोनों ही निंद्य हैं; परन्तु इन दोनों में से अपेक्षया कृशता अच्छी है। क्योंकि दोनों के पास समान उपकरण (सम्भार, सामग्री) होते हुए भी यदि दोनों को कोई एक ही रोग हो जाय तो वह रोग स्थूलपुरुष को ही अधिक पीड़ित करता है। अथवा 'समोपकरणौ' का अर्थ 'समान प्रतिकारवाले' ऐसा करना चाहिये। अर्थात् यदि दोनों ही समान प्रतिकारवाले हों और उन्हें रोग हो जाय तो स्थूल को ही अधिक पीड़ित करता है। अर्थात् यदि स्थूल का कर्षण वा अपतर्पण करें तो अग्नि और वात प्रथम ही प्रबल होते हैं। अपतर्पण से और भी प्रबल होने का डर है। यदि बृंहण किया जाय तो मेद का सञ्चय होता है। परन्तु कृश पुरुष का यदि बृंहण किया जाय तो वात की भी शान्ति होती है और कृशता भी दूर होती है। यदि रोग कर्षण-अपतर्पण-लङ्घन साध्य हो तो भी कृश पुरुष का वह रोग अपेक्षाकृत शीघ्र ही शान्त होता है। क्योंकि स्थूल में लङ्घन-कर्षण अग्नि, वात के लिए अच्छा नहीं। जो बृंहणीय है, उन्हें तो मृदु लङ्घन-कर्षण किया ही जा सकता है। अष्टाङ्गसंग्रह सूत्र २४ अ० में कहा भी है—

'न बृंहयेल्लङ्घनीयान् बृंह्यांस्तु मृदु लङ्घयेत्।
युक्त्या वा देशकालादिबलतस्तानुपाचरेत्॥'
तथा च—कार्श्यमेव वरं स्थौल्यान्नहि स्थूलस्य भेषजम्।
बृंहणं लङ्घनन्नालमतिमेदोऽग्निवातजित्॥
मधुरस्निग्धसौहित्यैर्यत् सौख्येन च नश्यति।
कृशिमा, स्थविमाऽत्यन्तविपरीतनिषेवणैः॥

स्थूल पुरुष के बृंहण एवं लङ्घन कराने में जो कठिनता होती है, उसका वर्णन तो अभी कर ही दिया है; उसके अतिरिक्त मधुर, स्निग्ध एवं तृप्ति द्वारा कृशता सुख से नष्ट हो जाती है और स्थूलता-चिन्ता एवं देह के अत्यन्त विपरीत-चिन्ता, शोक, अधिक परिश्रम द्वारा नष्ट होती है॥१६॥

सममांसप्रमाणस्तु समसंहननो[1] नरः।
दृढेन्द्रियत्वाद्व्याधीनां न बलेनाभिभूयते॥१७॥

जिस पुरुष के मांस का प्रमाण सम हो (न अधिक हो, न कम हो). अथवा मांस और प्रमाण (लम्बाई और चौड़ाई) जिसका यथायोग्य हो, जिसमें मांस आदि का संगठन यथायोग्य हो, जिसकी इन्द्रियाँ दृढ़ हों, वह रोगों के बल से अभिभूत नहीं होता॥१७॥

क्षुत्पिपासातपसहः शीतव्यायामसंसहः।
समपक्ता समजरः सममांसचयो मतः॥१८॥

मांस का उपचय जिसमें सम हो ऐसा पुरुष, भूख, प्यास, धूप, शीत और व्यायाम वा परिश्रम को सहनेवाला होता है। अन्तरग्नि सम (न अतितीक्ष्ण, न मृदु) होती है, अतएव पाचन शक्ति भी यथायोग्य होती है। सुश्रुत १५ अ० में भी कहा है—

'यः पुनरुभयसाधारणान्युपसेवेत तस्यान्नरसः शरीरमनुक्रामन् समान् धातूनुपचिनोति। समधातुत्वान्मध्यशरीरो भवति सर्वक्रियासु समर्थः। क्षुत्पिपासाशीतोष्णवर्षवातातपसहो बलवांश्च। स सततमनु पालयितव्यः'॥१८॥

१—'समसंहनन इति समं यथायोग्यं संहननं शरीरमांसादीनां संनिवेशो यस्य सः' गङ्गाधरः।

गुरु[1] चातर्पणं चेष्टं स्थूलानां कर्षणं प्रति।
कृशानां बृंहणार्थं च लघु सन्तर्पणं च यत्॥१९॥

स्थूल पुरुषों को कृश करने के लिये गुरु एवं अपतर्पण द्रव्य हितकर होते हैं। जैसे शहद। कृश पुरुषों के बृंहण (मोटा करने वा पुष्टि) के लिये लघु (हलके) परन्तु सन्तर्पण द्रव्य हितकर होते हैं। जैसे—शालि, षष्टिक, हरिणमांस आदि। अतिकृश पुरुष की अग्नि भी मन्द होती है। यदि गुरु द्रव्य दिया जाय तो अग्नि और भी मन्द हो जायगी। यदि अपतर्पण द्रव्य दें तो वह और भी कृश हो जायगा। अतः लघु एवं सन्तर्पण द्रव्य द्वारा ही कृश पुरुष का बृंहण करना अभीष्ट है। यही बात स्थूल में भी है. यदि उसे लघु-द्रव्य दिया जाय तो अग्नि और वात और भी प्रवृद्ध हो जायंगे। यदि सन्तर्पण द्रव्य दिया जाय तो वह अधिक मोटा हो जायगा। अतः स्थूल पुरुष को पतला करने के लिये गुरु एवं अपतर्पण द्रव्य देने चाहियें। जो द्रव्य अपतर्पण होते हुए लघु हों, उन्हें संस्कार द्वारा गुरु करके स्थूल पुरुष को दिया जा सकता है और जो सन्तर्पण होते हुए गुरु हों, उन्हें संस्कार द्वारा लघु करके कृश को प्रयोग करा सकते हैं॥१९॥

वातघ्नान्यन्नपानानि श्लेष्ममेदोहराणि च।
रूक्षोष्णा बस्तयस्तीक्ष्णा रूक्षाण्युद्वर्तनानि च॥२०॥
गुडूचीभद्रमुस्तानां प्रयोगस्त्रैफलस्तथा।
तक्रारिष्टप्रयोगस्तु प्रयोगो माक्षिकस्य च॥२१॥
विडङ्गनागरं क्षारः काललोहरजो मधु।
यवामलकचूर्णं च प्रयोगः श्रेष्ठ उच्यते॥२२॥
बिल्वादिपञ्चमूलस्य प्रयोगः क्षौद्रसंयुतः।
शिलाजतुप्रयोगस्तु साग्निमन्थरसः परः॥२३॥

अतिस्थूलता की चिकित्सा—वातनाशक कफ एवं मेद को हरने वाले पान भोजन, तीक्ष्ण, रूक्ष एवं उष्ण बस्तियाँ, रूक्ष उबटन, गिलोय तथा नागरमोथे का प्रयोग, त्रिफला का प्रयोग, तक्रारिष्ट (अर्शोरोगाधिकार में कहा गया) का प्रयोग, माक्षिक (शहद) का प्रयोग तथा वायविडङ्ग, सोंठ, यवक्षार, तीक्ष्ण लोह की भस्म, मधु (शहद), जौ का आटा, आंवले का चूर्ण; इस योग का प्रयोग श्रेष्ठ कहा जाता है बिल्व आदि पञ्चमूल (महत्पञ्चमूल—बिल्व, श्योनाक, गाम्भारी, अग्निमन्थ, पाटला) का मधु के साथ प्रयोग तथा अग्नि-मन्थ (अरणी) के रस के साथ शिलाजतु का प्रयोग उत्कृष्ट है॥

प्रशातिका प्रियंगुश्च श्यामाका यवका यवाः।
जूर्णाह्वाः कोद्रवा मुद्गाः कुलत्थाश्चक्रमुद्गकाः[2]॥२४॥
आढकीनां च बीजानि पटोलामलकैः सह।
भोजनार्थं प्रयोज्यानि,

भोजनार्थ—प्रशातिका (धान्यविशेष, उड़ी धान्य), प्रियंगु, श्यामाक (संउआ चावल), यवक (जवी oats), (जौ Barley), जूर्ण नामक धान्य (जुनार), कोद्रव (कोदों), मूंग, कुलत्थ (कुल्थी),

१—'गुरु चातर्पणं यथा—मधु, एतद्धि गुरुत्वाद्वृद्धमग्निं यापयति, अपतर्पणत्वान्मेदो हन्ति; लघु संतर्पणं च प्रशातिका-प्रियङ्ग्वादि' चक्रः।

२—'कुलत्थाश्च मुकुष्ठकाः' इति पा०।

चक्रमुद्ग, (अषिमुद्ग वनमुद्ग वा मोठ), अरहर के बीज (अरहर की दाल), परवल तथा आंवला; इनका प्रयोग करना चाहिये।

पानं चानु मधूदकम् ॥२५॥

अरिष्टांश्चानुपानार्थे मेदोमांसकफापहान्।
अतिस्थौल्यविनाशाय संविभज्य प्रयोजयेत् ॥२६॥

तथा अनुपान के तौर पर मधूदक (शहद का शरबत) तथा मेद, मांस एवं कफ का नाश करनेवाले अरिष्टों का अतिस्थूलता को हटाने के लिये बल आदि के अनुसार यथायोग्य प्रयोग करना चाहिये। सुश्रुत सूत्र १५ अ० में भी कहा है—

'सर्व एव चास्य रोगा बलवन्तो भवन्ति, आवृतमार्गत्वात् स्रोतसाम्। अतस्तस्योत्पत्तिहेतुं परिहरेत्। उत्पन्ने तु शिलाजतुगुग्गुलुगोमूत्रत्रिफलालोहरजोरसाञ्जनमधुयवमुद्गकोरदूषश्यामाकोद्दालकादीनां विरूक्षणच्छेदनीयानां च द्रव्याणां विधिवदुपयोगः। व्यायामोल्लेखनबस्त्युपयोगश्चेति ॥'२६॥

प्रजागरं[1] व्यवायं च व्यायामं चिन्तनानि च।
स्थौल्यमिच्छन् परित्यक्तुं क्रमेणाभिप्रवर्धयेत् ॥२७॥

स्थूलता से छुटकारा चाहनेवाले को प्रजागर (जागना), मैथुन, व्यायाम, चिन्तन (सोचना, दिमागी काम करना अथवा चिन्ता करना); इनको क्रमशः बढ़ाना चाहिये। परन्तु इन्हें सहसा न बढ़ाना चाहिये, क्योंकि सहसा बढ़ाने से अन्य उपद्रवों के होने का डर होता है॥२७॥

स्वप्नो हर्षः सुखा शय्या मनसो निर्वृतिः शमः।
चिन्ताव्यवायव्यायामविरामः प्रियदर्शनम् ॥२८॥
नवान्नानि नवं मद्यं ग्राम्यानूपौदका रसाः।
संस्कृतानि च मांसानि दधि सर्पिः पयांसि च ॥२९॥
इक्षवः शालयो माषा गोधूमा गुडवैकृतम्।
बस्तयः स्निग्धमधुरास्तैलाभ्यङ्गश्च सर्वदा ॥३०॥
स्निग्धमुद्वर्तनं स्नानं गन्धमाल्यनिषेवणम्।
शुक्लं वासो यथाकालं दोषाणामवसेचनम् ॥३१॥
रसायनानां वृष्याणां योगानामुपसेवनम्।
हत्वाऽतिकार्श्यमाधत्ते नृणामुपचयं परम् ॥३२॥

अतिकृशता का प्रतिकार—स्वप्न (निद्रा), हर्ष (प्रसन्नता); आराम देनेवाली शय्या—नरम गद्दों वाले बिस्तर; मन का व्याकुल न होना; मन की शान्ति; चिन्ता, मैथुन तथा व्यायाम से निवृत्ति; प्रियमित्रों, बन्धुबान्धवों वा वस्तुओं वा दृश्यों को देखना; नवीन अन्न (चावल आदि); नवीन मद्य; ग्राम्य, आनूप एवं जलचर पशुपक्षियों के मांसरस; अन्य द्रव्यों से संस्कृत किये हुए मांस; दही, घी, दूध, ईख, शालिचावल, उड़द, गेहूँ, गुड़ से बने द्रव्य—शक्कर खांड आदि स्निग्ध एवं मधुर द्रव्यों से साधित बस्तियाँ, प्रतिदिन तैलाभ्यंग (तैल की मालिश), स्निग्ध उबटन, स्नान, गन्ध (चन्दन, इत्र आदि) तथा मालाओं का धारण करना, श्वेत-वस्त्र, जिस समय जिस वात आदि दोष के निर्हरण का काल हो उस २ समय उस २ दोष का वमन विरेचन आदि द्वारा निर्हरण करना, रसायन एवं वृष्य (वीर्यवर्धक) योगों का सेवन; ये अतिकृशता को नष्ट कर पुरुषों को परम पुष्टि के देनेवाले हैं।

इनमें से जो द्रव्य गुरु हैं, उन्हें संस्कार द्वारा लघु किया जा सकता है। सुश्रुत सूत्र० १५ अ० में कहा है—

'सर्व एव चास्य रोगा बलवन्तो भवन्ति, अल्पप्राणत्वात्। अतस्तस्योत्पत्तिहेतुं परिहरेत्। उत्पन्ने तु पयस्याश्वगन्धाविदारिगन्धाशतावरीबलातिबलानागबलानां मधुराणामन्यासां चौषधीनामुपयोगः। क्षीरदधिघृतमांसशालिषष्टिकयवगोधूमानां च। 'दिवास्वप्नब्रह्मचर्याव्यायामबृंहणबस्त्युपयोगश्च' ॥२८-३२॥

अचिन्तनाच्च कार्याणां ध्रुवं सन्तर्पणेन च।
स्वप्नप्रसङ्गाच्च नरो वराह इव पुष्यति ॥३३॥

कार्यों के न सोचने से, सन्तर्पण द्वारा तथा अधिक निद्रा करने से मनुष्य सूअर की तरह पुष्ट होता है॥३३॥

यदा तु मनसि क्लान्ते कर्मात्मानः क्लमान्विताः।
विषयेभ्यो निवर्तन्ते तदा स्वपिति मानवः[1] ॥३४॥

निद्रा का आना—जब (काल के स्वभाव से अथवा श्रम आदि कारणान्तर से) मन के थका हुआ होने पर थकी हुई सम्पूर्ण इन्द्रियां विषयों से निवृत्त होती हैं; तब मनुष्य सोता है। अर्थात् मनोयुक्त इन्द्रियों का विषयों से निवृत्त होना ही निद्रा कहाता है। यदि मन निवृत्त न हो तो स्वप्न (dreams आया करते हैं। जैसा—अष्टांगसंग्रह सूत्र० ९ अ० में कहा भी है—

'सर्वेन्द्रियव्युपरतौ मनोऽनुपरतं यदा।
विषयेभ्यस्तदा स्वप्नं नानारूपं प्रपश्यति।'

अर्थात् जब सम्पूर्ण इन्द्रियाँ तो विषयों से निवृत्त हो जाँय पर मन न निवृत्त हुआ हो तो मनुष्य नाना प्रकार के स्वप्नों को देखता है। स्वप्न का वर्णन इस ग्रन्थ के इन्द्रियस्थान में होगा॥३४॥

निद्रायत्तं सुखं दुःखं पुष्टिः कार्श्यं बलाबलम्।
वृषता क्लीबता ज्ञानमज्ञानं जीवितं न च ॥३५॥

सुख, दुःख, पुष्टि, कृशता, बल, निर्बलता, वृषता, (वीर्यवत्ता) नपुंकसता, ज्ञान, अज्ञान, जीवन, मरण; ये सब निद्रा के आधीन हैं। यदि यथाविधि निद्रा का सेवन किया जाय तो वह सुख, पुष्टि, बल, वृषता, ज्ञान तथा जीवन की देनेवाली है। अन्यथा दुःख, कृशता, निर्बलता, नपुंसकता, अज्ञान तथा मरण का कारण होती है॥३५॥

अकालेऽतिप्रसङ्गाच्च न च निद्रा निषेविता।
सुखायुषी पराकुर्यात्कालरात्रिरिवापरा ॥३६॥

अकाल में (प्रतिषिद्ध समय में) निद्रा का सेवन करना, अत्यधिक निद्रा का सेवन करना वा सर्वथा न सोना; य सुख एवं आयुको नष्ट कर देते हैं। ये मानों दूसरी प्रलयरात्रि के समान हैं। अर्थात् निद्रा का अयोग, अतियोग वा मिथ्यायोग अत्यन्त हानिकर है।३६॥

[1] 'अस्वप्नं च' पा०।

१—'मनसीति चेतसि, क्लान्ते क्लमान्विते, कर्मात्मान इन्द्रियाणि; विषयेभ्यो रूपादिभ्यः; कालस्वभावात् श्रमादिहेत्वन्तरतो वा मनसि चेष्टाहीने मनःप्रयुज्यानीन्द्रियाणि क्लमान्वितानि (निश्चेष्टानि) भूत्वा विषयेभ्यः शब्दस्पर्शादितो निवर्तन्ते यदा तदा मानवो राशिपुरुषः स्वपिति; एतेन समनस्केन्द्रियाणां विषयतो निवृत्तिर्निद्रेति ख्यापितम्' गङ्गाधरः।

सैव युक्ता पुनर्युङ्क्ते निद्रा देहं सुखायुषा ।
पुरुषं योगिनं सिद्ध्या सत्या बुद्धिरिवागता ॥३७॥

वही निद्रा यदि यथाविधि सेवित की जाय तो देह को सुख एवं आयु को देनेवाली है, जिस प्रकार उत्पन्न हुआ २ तत्त्वज्ञान योगी को सिद्धि से युक्त करता है—मोक्ष वा अत्यन्त दुःखाभाव का कारण होता है। अर्थात् निद्रा का सम्योग श्रेयस्कर है। सुश्रुत शारीर ४ अध्याय निद्राप्रकरण में कहा भी है—

'अरोगः सुमना ह्येवं बलवर्णान्वितो वृषः ।
नातिस्थूलकृशः श्रीमान् नरो जीवेत्समाः शतम् ॥'

गीताध्ययनमद्यस्त्रीकर्मभाराध्वकर्षिताः ।
अजीर्णिनः क्षताः क्षीणा वृद्धा बालास्तथाऽबलाः ॥३८॥
तृष्णातीसारशूलार्ताः श्वासिनो हिक्किनः कृशाः ।
पतिताभिहतोन्मत्ताः क्लान्ता यानप्रजागरैः ॥३९॥
क्रोधशोकभयक्लान्ता दिवास्वप्नोचिताश्च ये ।
सर्व एते दिवास्वप्नं सेवेरन् सार्वकालिकम् ॥४०॥

सब कालों (ऋतुओं) में जिन्हें दिन में सोना आवश्यक है—गाने, पढ़ने, मद्य पीने, मैथुन करने, वमन आदि कर्म, भार उठाने वा अत्यधिक चलने-फिरने से जो कृश हो गये हों, अजीर्ण के रोगी, क्षत (जिन्हें चोट लगी हो वा उरःक्षत के रोगी); क्षीण (वा उरःक्षत से क्षीण) वृद्ध, बालक, तथा स्त्रियों (अथवा निर्बल), तृष्णा, अतिसार और शूल से पीड़ित, श्वास (दमा) के रोगी, हिक्का के रोगी, कृश (पतले), जो कहीं ऊँची जगह से गिरे हों, दण्ड आदि से चोटें लगी हों, उन्मत्त (पागल), क्लान्त (आयास के बिना ही थके हुए), तथा जो दिन में सोने के अभ्यासी हैं; वे सब ऋतुओं में दिन में सोयें। सुश्रुत शारीरस्थान चतुर्थ अध्याय में भी कहा है—

'सर्वर्तुषु दिवास्वापः प्रतिषिद्धोऽन्यत्र ग्रीष्मात् । प्रतिषिद्धेष्वपि तु बालवृद्धस्त्रीकर्शितक्षतक्षीणमद्यनित्ययानवाहनाध्वकर्मपरिश्रान्तानामभुक्तवतां मेदःस्वेदकफरसरक्तक्षीणानामजीर्णिनां च मुहूर्तं दिवास्वपनमप्रतिषिद्धम् । रात्रावपि जागरितवतां जागरितकालादर्धमिष्यते दिवास्वपनम् ।
तथा च—'निद्रा सात्म्यीकृता यैस्तु रात्रौ च यदि वा दिवा ।
न तेषां स्वपतां दोषो जाग्रतां वा विधीयते' ॥३८–४०॥

धातुसाम्यं तथा ह्येषां बलं चाप्युपजायते ।
श्लेष्मा पुष्णाति चाङ्गानि स्थैर्यं भवति चायुषः ॥४१॥

इन्हें दिन में सोने से धातु (वात, पित्त, कफ) की समता एवं बल भी उत्पन्न होता है; कफ अङ्गों को पुष्ट करता है और आयु स्थिर हो जाती है ॥४१॥

ग्रीष्मे चादानरूक्षाणां वर्धमाने च मारुते ।
रात्रीणां चातिसङ्क्षेपाद्दिवास्वप्नः प्रशस्यते ॥४२॥

ग्रीष्म ऋतु में आदान काल के कारण रूक्ष पुरुषों के और वायु के बढ़ते हुए तथा रात्रियों के अत्यन्त छोटा होने से दिन में सोना प्रशस्त है ॥४२॥

ग्रीष्मवर्ज्येषु कालेषु दिवास्वप्नात्प्रकुप्यतः ।
श्लेष्मपित्ते दिवास्वप्नस्तस्मात्तेषु न शस्यते ॥४३॥

ग्रीष्म से अतिरिक्त कालों में दिन में सोने से कफ और पित्त का प्रकोप होता है, अतः उन कालों में दिन में निद्रा करना अहितकर है ॥

मेदस्विनः स्नेहनित्याः श्लेष्मलाः श्लेष्मरोगिणः ।
दूषीविषार्ताश्च दिवा न शयीरन् कदाचन ॥४४॥

मेदस्वी, नित्य स्नेह का सेवन करनेवाले, कफ प्रधान प्रकृतिवाले, कफ के रोगी तथा दूषीविष से पीडित पुरुष दिन में कभी भी न सोवें। अर्थात् ग्रीष्मकाल में भी इनके लिये दिन में सोना निषिद्ध है। सुश्रुत तो कहता है कि इन्हें रात्रि में भी जागना चाहिये—'कफमेदोविषार्तानां रात्रौ जागरणं हितम् ।' शारीर ४ अ० ।

दूषीविष का लक्षण—

जीर्णं विषघ्नौषधिभिर्हतं वा दावाग्निवातातपशोषितं वा ।
स्वभावतो वा गुणविप्रहीनं विषं हि दूषीविषतामुपैति ।
दूषितं देशकालान्नदिवास्वापैरभीक्ष्णशः ।
यस्मात्सन्दूषयेद्धातूंस्तस्माद् दूषीविषं स्मृतम् ॥

विषनाशक ओषधियों से जिस विष की तीव्रता नष्ट हो गयी हो वा वन की अग्नि आंधी वा धूप में जो विष पड़ा २ सूख गया हो, स्वभाव से ही जिसकी तीव्रता का गुण कम हो गया हो; वह दूषीविष कहाता है। यह सद्योमारक नहीं होता, ये विष के चिरकारि लक्षणों को पैदा करता है।

देश, काल, अन्न एवं दिन में सोने से दूषित हुआ २ चूंकि शरीर के रस आदि धातुओं को दूषित करता है, अतएव इसे दूषीविष कहते हैं ॥४४॥

हलीमकः शिरःशूलं स्तैमित्यं गुरुगात्रता ।
अङ्गमर्दोऽग्निनाशश्च प्रलेपो हृदयस्य च ॥४५॥
शोथारोचकहृल्लासपीनसार्धावभेदकाः ।
कोठोऽरुः पिडकाः कण्डूस्तन्द्रा कासो गलामयाः ।
स्मृतिबुद्धिप्रमोहश्च संरोधः स्रोतसां ज्वरः ।
इन्द्रियाणामसामर्थ्यं विषवेगप्रवर्त्तनम् ॥४७॥
भवेन्नृणां दिवास्वप्नस्याहितस्य निषेवणात् ।
तस्माद्धिताहितं स्वप्नं बुद्ध्वा स्वप्यात्सुखं बुधः ॥४८॥

अहितकर दिवास्वप्न के सेवन से—अर्थात् जब २ और जिनके लिये दिन में सोना निषिद्ध है, तब २ और उन २ के दिन में सोने से पुरुषों को हलीमक, शिरोवेदना, स्तिमितता (गीले कपड़े से आच्छादित हुए की तरह प्रतीत होना), देह का भारीपन, अङ्गमर्द (अंगों में मर्दनवत् पीडा व थकावट की सी अनुभूति), अग्निनाश (मन्दाग्नि) हृदय का उपलेप (कफ से लिप्त होना), शोथ, अरुचि, हृल्लास (जी मचलाना), पीनस (प्रतिश्याय, जुकाम), अर्धावभेदक (आधे सिर की दर्द), कोठ (चकत्ते), फोड़े फुन्सियां, पिड़का, कण्डू (खुजली), तन्द्रा, कास, गले के रोग, स्मरण शक्ति का कम होना, बुद्धिभ्रंश, स्रोतों का रुक जाना, ज्वर, इन्द्रियों की अपने २ विषय के ग्रहण वा कर्म के करने में असमर्थता, विष के वेग का प्रवृत्त होना; ये उपद्रव हो जाते हैं। इसलिये हितकर तथा अहितकर निद्रा को समझकर सुखपूर्वक सोवे ॥४५–४८॥

रात्रौ जागरणं रूक्षं स्निग्धं प्रस्वपनं दिवा ।
अरूक्षमनभिष्यन्दि त्वासीनप्रचलायितम्[1] ॥४९॥

१—'आसीनप्रचलायितम् उपविष्टस्य किञ्चिन्निद्रासेवनम्' चक्रः। 'आसीनप्रचलायितम् उपविष्टस्य घूर्णनं 'घूर्णितं प्रचलायितम्' इत्यमरः' शिवदासः।

रात का जागना रूक्ष है और दिन में सोना स्निग्ध है। बैठकर ऊंघना न रूक्ष है और न अभिष्यन्दी है, अर्थात् स्रोतों को कफ से लिप्त करनेवाला—स्निग्ध नहीं है। सुश्रुत शारीरस्थान चतुर्थ अध्याय में भी कहा है—

'विकृतिर्हि दिवास्वप्नो नाम तत्र स्वपतामधर्मः सर्वदोषप्रकोपश्च। तत्प्रकोपाच्च श्वासकासप्रतिश्यायशिरोगौरवाङ्गमर्दारोचकज्वराग्निदौर्बल्यानि भवन्ति। रात्रावपि जागरितवतां वातपित्तनिमित्तास्त एवोपद्रवा भवन्ति।

'तस्मान्न जागृयाद्रात्रौ दिवास्वप्नं च वर्जयेत्।
ज्ञात्वा दोषकरावेतौ बुधः स्वप्नं मितं चरेत्॥'

अर्थात् रात्रि का जागना तथा दिन में सोना दोनों ही साधारणतः अहितकर हैं॥४६॥

देहवृत्तौ यथाऽऽहारस्तथा स्वप्नः सुखो मतः।
स्वप्नाहारसमुत्थे च स्थौल्यकार्श्ये विशेषतः॥५०॥

देह के परिपालन में जिस प्रकार (विधिपूर्वक प्रयुक्त किया हुआ) आहार सुखकर होता है, वैसे ही (विधिपूर्वककी हुई) निद्रा भी सुखकर होती है। स्थूलता और कृशता विशेषतः निद्रा और आहार के कारण ही होती है॥५०॥

अभ्यङ्गोत्सादनं स्नानं ग्राम्यानूपौदका रसाः।
शाल्यन्नं सदधि क्षीरं स्नेहो मद्यं मनःसुखम्॥५१॥
मनसोऽनुगुणा गन्धाः शब्दाः संवाहनानि च।
[1]चक्षुषोस्तर्पणं लेपः शिरसो वदनस्य च॥५२॥
स्वास्तीर्णं शयनं वेश्म सुखं कालतस्थोचितः।
आनयन्त्यचिरान्निद्रां प्रणष्टा या निमित्ततः॥५३॥

निद्रानाश में उपाय—अभ्यङ्ग (तैल की मालिश), उत्सादन (उबटना), स्नान, ग्राम्य आनूप एवं जलचर पशुपक्षियों के मांसरस शालि चावलोंका भात, दही, दूध, स्नेह (घी आदि) मन को प्रिय मद्य (अथवा 'मनःसुखम्' को मद्य का विशेषण न मानते हुए 'मन की प्रसन्नता' वा 'मन की शान्ति' यह अर्थ करना चाहिये), मन के अनुकूल गन्ध तथा शब्द, संवाहन (अंगों का दबवाना, मुट्ठी चापी करवाना), नेत्रों का तर्पण, शिरपर चन्दन आदि शीत द्रव्यों का लेप, अच्छी प्रकार सोने के लिये बिछा हुआ (सुन्दर एवं मृदु) बिछौना, आराम देनेवाला घर तथा जिस काल में निद्रा का अभ्यास है वह काल; ये निमित्त से नष्ट हुई २ निद्रा को शीघ्र ही ले आते हैं।

अरिष्टसूचक निद्रानाश में ये उपाय निद्रा को लाने में असमर्थ हैं 'ये ही' निमित्त से नष्ट हुई २' कहने का अभिप्राय है। सुश्रुत शारीर ४ अ० में भी—

'निद्रानाशेऽभ्यङ्गयोगो मूर्ध्नि तैलनिषेवणम्।
गात्रस्योद्वर्तनं चैव हितं संवाहनानि च॥
शालिगोधूमपिष्टान्नभक्ष्यैरैक्षवसंस्कृतैः।
भोजनं मधुरं स्निग्धं क्षीरमांसरसादिभिः॥
रसैर्विलेशयानाञ्च विष्किराणां तथैव च।
द्राक्षासितेक्षुद्रव्याणामुपयोगो भवेन्निशि॥
शयनासनयानानि मनोज्ञानि मृदूनि च।
निद्रानाशे तु कुर्वीत तथाऽन्यान्यपि बुद्धिमान्'॥

कायस्य शिरसश्चैव विरेकश्छर्दनं भयम्।
चिन्ता क्रोधस्तथा धूमो व्यायामो रक्तमोक्षणम्॥५४॥
उपवासोऽसुखा शय्या सत्वौदार्यं तमोजयः।
निद्राप्रसङ्गमहितं वारयन्ति समुत्थितम्॥५५॥

अतिनिद्रा के निवारण के उपाय—कायविरेचन (दस्त लाना) शिरोविरेचन, छर्दन (कै कराना), भय, चिन्ता, क्रोध, धूंआ वा धूमपान, व्यायाम, रक्त का निकलवाना, उपवास, जो बिछौना सुखकारक न हो, सत्वगुण की अधिकता, योगाभ्यास आदि साधनों से तमोगुण पर विजय पाना; ये उत्पन्न हुई २ अहितकारक अतिनिद्रा को हटा देते हैं। सुश्रुत शारीर ४र्थ अध्याय में—

'निद्रातियोगो वमनं हितं संशोधनानि च।
लङ्घनं रक्तमोक्षश्च मनोव्याकुलनानि च'॥५४–५५॥

एत एव च विज्ञेया निद्रानाशस्य हेतवः।
कार्यं कालो विकारश्च प्रकृतिर्वायुरेव च॥५६॥

निद्रानाश के कारण—ये ही निद्रानाश के हेतु हैं। जो अतिनिद्रा के निवारण के उपाय हैं; ये ही निद्रानाश वा अनिद्रा के कारण हैं। इनके अतिरिक्त कार्य (कोई काम करना हो), काल (वार्द्धक्य काल-वृद्धावस्था का समय अथवा जिस समय पर निद्रा का अभ्यास न हो), विकार (शूल आदि रोग), प्रकृति (स्वभाव-कई पुरुषों को स्वभाव से ही कम निद्रा आती है), और वायु ये भी निद्रानाश के कारण हैं। कई 'च' से पित्त का ग्रहण करते हैं। सुश्रुत शारीर ४ अ० में कहा भी है—

'निद्रानाशोऽनिलात्पित्तान्मनस्तापात् क्षयादपि।
सम्भवत्यभिघाताच्च, प्रत्यनीकैः प्रशाम्यति'॥५६॥

तमोभवा श्लेष्मसमुद्भवा च
मनःशरीरश्रमसंभवा च।
आगन्तुकी व्याध्यनुवर्तिनी च
रात्रिस्वभावप्रभवा च [1]निद्रा॥५७॥
रात्रिस्वभावप्रभवा मता या
तां [2]भूतधात्रीं प्रवदन्ति निद्राम्।
तमोभवामाहुरघस्य मूलं,
शेषां पुनर्व्याधिषु निर्दिशन्ति[3]॥५८॥

१—यवमात्रमयीं पालीं नेत्रकोणाद् बहिः समाम्। द्व्यङ्गुलोच्चां दृढां कृत्वा यथास्वं सिद्धमावपेत्। सर्पिर्निमीलिते नेत्रे तप्ताम्बुप्रविलायितम्॥ इति नेत्रतर्पणविधिः।

१—'तमोभवा तमोगुणोद्रेकभवा, मनःशरीरश्रमसम्भवा मनःशरीरयोः श्रमेण क्रियोपरमे सति नेन्द्रियाणि न च मनो प्रवर्तते, ततश्च निद्रा स्यात्, आगन्तुकी रिष्टभूता व्याध्यनुवर्तिनी सन्निपातज्वरादिकार्या, रात्रिस्वभावात्प्रभवतीति रात्रिस्वभावप्रभवा, दिवा प्रभवन्ती तु निद्रा तमःप्रभृतिभ्यस्त्रिभ्य एव स्यात्' चक्रः। २—'भूतरात्री' इति पाठान्तरे भूतानि राति ददाति इति भूतरात्री। ३—'भूतानि प्राणिनो दधातीति भूतधात्री, धात्रीव, धात्री; अघस्य पापस्य मूलमिति कारणं, तमोगृहीतो हि सदा निद्रात्मकत्वेनानुष्ठेयं सद्वृत्तं न करोति, ततश्चाधर्मोत्पादः। व्याधिषु शारीरव्याधिषु' चक्रः।

निद्रा के भेद—१ तमोभवा (तमोगुण से उत्पन्न होनेवाली), २ श्लेष्मसमुद्भवा (कफ से उत्पन्न होनेवाली, ३ मन और शरीर की थकावट से उत्पन्न होनेवाली, ४ आगन्तुकी, ५ रोग में उत्पन्न हुई २, ६ रात्रि के स्वभाव से उत्पन्न होनेवाली। ये छः प्रकार की निद्रा है।

इनमें से रात्रि के स्वभाव से उत्पन्न होनेवाली निद्रा को भूतधात्री–प्राणियों का परिपालन करनेवाली कहते हैं। तमोभवा निद्रा पाप की जड़ है। शेष निद्रायें रोगों में समझी जाती हैं। मन वा शरीर के श्रम (थकावट) से उत्पन्न होनेवाली निद्रा का भी विकारों में ही अन्तर्भाव किया जाता है, क्योंकि उस समय धातु की विषमता होती है। अष्टाङ्गसंग्रह सूत्र० ९ अ० में कहा है—

'कालस्वभावामयचित्तदेहखेदैः' कफागन्तुतमोभवा च।
निद्रा 'बिभर्ति प्रथमा शरीरं पाप्मान्तगा व्याधिनिमित्तमन्याः ॥'

'भूतधात्री' निद्रा को ही सुश्रुत में 'वैष्णवी' नाम से कहा है ॥५७–५८॥

तत्र श्लोकाः।

निन्दिताः पुरुषास्तेषां यौ विशेषेण निन्दितौ।
निन्दिते कारणं दोषास्तयोर्निन्दितभेषजम् ॥५९॥
येभ्यो यदा हिता निद्रा येभ्यश्चाप्यहिता यदा।
अतिनिद्रानिद्रयोश्च भेषजं यद्भवा च सा ॥६०॥
या या यथाप्रभावा च निद्रा तत्सर्वमत्रिजः।
अष्टौनिन्दितसंख्याते व्याजहार पुनर्वसुः ॥६१॥

इत्यग्निवेशकृते तन्त्रे चरकप्रतिसंस्कृते सूत्रस्थाने योजनाचतुष्के अष्टौनिन्दितीयो नाम एकविंशतितमोऽध्यायः ॥२१॥

निन्दित पुरुष, उनमें से भी जो दो विशेषतः निन्दित हैं, उनके निन्दित होने में कारण (अतिस्थूलता वा अतिकृशता में कारण), उनके दोष, उनकी निन्दितावस्था (अतिस्थूलता, अतिकृशता) में औषध, जिनके लिये और जब निद्रा हितकर होती है तथा जिनके लिए और जब निद्रा अहितकर है, अतिनिद्रा तथा अनिद्रा की औषध वह निद्रा जिस २ प्रकार उत्पन्न होती है (तमोभवा इत्यादि द्वारा), जो २ निद्रा जैसा २ प्रभाव रखती है (रात्रिस्वभावप्रभवा इत्यादि द्वारा), उन सब का आत्रेय पुनर्वसु ने अष्टौनिन्दितीय नामक अध्याय में वर्णन किया है ॥५९–६१॥

इति एकविंशतितमोऽध्यायः।

द्वाविंशतितमोऽध्यायः

अथातो लङ्घनबृंहणीयमध्यायं व्याख्यास्यामः।
इति ह स्माह भगवानात्रेयः ॥१॥

अब लङ्घनबृंहणीय नामक अध्याय की व्याख्या की जायगी, ऐसा भगवान् आत्रेय ने कहा ॥१॥

तपःस्वाध्यायनिरतानात्रेयः शिष्यसत्तमान्।
षडग्निवेशप्रमुखानुक्तवान् परिचोदयन् ॥२॥
लङ्घनं बृंहणं काले रूक्षणं स्नेहनं तथा।
स्वेदनं स्तम्भनं चैव [1]जानीते यः स वै भिषक् ॥३॥

आत्रेय ने तप और स्वाध्याय में लगे हुए, अग्निवेश है प्रमुख–प्रधान जिनमें ऐसे, सदाचारी ६ शिष्यों (अग्निवेश, भेल, जतूकर्ण, पराशर, हारीत, क्षारपाणि) को, ज्ञानार्थ प्रेरणा (पढ़ो) करते हुए कहा—कि जो यथाकाल लङ्घन, बृंहण, रूक्षण, स्नेहन, स्वेदन एवं स्तम्भन को जानता है, वही वैद्य है। 'काले' कहना उपलक्षण मात्र है। देश बल दोष आदि की विवेचना भी प्रथम करनी होती है॥२,३॥

तमुक्तवन्तमात्रेयमग्निवेश उवाच ह।
भगवंल्लङ्घनं [1]किंस्विल्लङ्घनीयाश्च कीदृशाः ॥
बृंहणं बृंहणीयाश्च रूक्षणीयाश्च रूक्षणम् ॥४॥
[2]स्नेहनं स्नेहनीयाश्च स्वेदाः स्वेद्याश्च के मताः।
स्तम्भनं स्तम्भनीयाश्च वक्तुमर्हसि तद् गुरो ॥५॥
लङ्घनप्रभृतीनां च षण्णामेषां समासतः।
[3]कृताकृतातिरिक्तानां लक्षणं वक्तुमर्हसि ॥६॥

जब आत्रेय मुनि ने ऐसा कहा तो शिष्यों में प्रमुख अग्निवेश ने प्रश्न किया कि, हे भगवन्! लङ्घन किसे कहते हैं? और लङ्घनीय (लङ्घन के योग्य) कौन होते हैं? बृंहण किसे कहते हैं? बृंहणीय (बृंहण के योग्य) कौन होते हैं? स्नेहन किसे कहते हैं? स्नेहनीय (स्नेहन के योग्य) कौन होते हैं? स्वेद कौन २ से हैं और स्वेद्य (स्वेद के योग्य) कौन माने गये हैं? स्तम्भन किसे कहते हैं? स्तम्भनीय (स्तम्भन के योग्य) कौन हैं? हे गुरो! ये सब आप बतायें।

और इन लङ्घनप्रभृति छहों के सम्यक् प्रकार से करने पर, न करने पर तथा अधिक करने पर जो लक्षण होते हैं वे सब भी आप संक्षेप से बतायें। अर्थात् इन छहों के योग, अयोग तथा अतियोग के लक्षण बतायें ॥४–६॥

वचस्तदग्निवेशस्य निशम्य गुरुरब्रवीत्।
यत्किंचिल्लाघवकरं देहे तल्लंघनं स्मृतम् ॥
बृंहत्त्वं यच्छरीरस्य जनयेत्तच्च बृंहणम् ॥७॥

अग्निवेश के उस वचन को सुनकर गुरु ने कहा—

लङ्घन का लक्षण—जो कुछ शरीर में लघुता को करनेवाला है, वह लंघन कहाता है (अतः 'लंघन' को केवल उपवासपरक ही न समझना चाहिये)।

बृंहण का लक्षण—जो शरीर में वृद्धि वा पुष्टि वा मुटापे को करता है, वह बृंहण कहाता है ॥७॥

रौक्ष्यं खरत्वं वैशद्यं यत्कुर्यात्तद्धि रूक्षणम्।
स्नेहनं [4]स्नेहविष्यन्दमार्दवक्लेदकारकम् ॥८॥

रूक्षण का लक्षण—जो शरीर में रूक्षता (रूखापन), खरता (खरदरापन) और विशदता (अपिच्छिलता) को करता है; वह रूक्षण है।

स्नेहन का लक्षण—जो स्निग्धता, विष्यन्द (श्लेष्मकला आदि से स्राव करानेवाला), मृदुता तथा क्लिन्नता को करता है; वह स्नेहन कहाता है ॥८॥

स्तम्भगौरवशीतघ्नं स्वेदनं स्वेदकारकम्।
स्तम्भनं स्तम्भयति यद् गतिमन्तं चलं द्रवम् ॥९॥

१—'जानीयात्स भवेद्भिषक्' ग०।

१—'किं त०' ग.। २—'के स्नेहाः' ग.।
३—'०तिवृत्तानां'। ४—'विष्यन्दो विलयनम्' चक्रः।

स्वेदन का लक्षण—स्वेदन पदार्थ स्तम्भ, गुरुता तथा शीत को नष्ट करते हैं और पसीना लानेवाले होते हैं।

स्तम्भन का लक्षण—जो गतिमान् चल द्रव को स्तम्भन करता है—निश्चल करता है; वह स्तम्भन कहाता है। गतिमान् तथा चल पृथक् २ कहने से क्रमशः स्पष्ट गतिवाले तथा अस्पष्ट वा किञ्चित् गतिवाले द्रव का ग्रहण करना चाहिये। अथवा गतिमान् से बाहर निकलनेवाले मूत्र, अतीसार, कै, रक्तस्राव आदि का तथा चल से शरीर के अन्दर चलनेवाले रक्त आदि का ग्रहण करना चाहिये ॥९॥

लघूष्णतीक्ष्णविशदं रूक्षं सूक्ष्मं खरं सरम्।
कठिनं चैव यद् द्रव्यं प्रायस्तल्लङ्घनं स्मृतम् ॥१०॥

लंघन द्रव्य कौन होते हैं?—लघु (हलके), उष्ण (गरम), तीक्ष्ण, विशद (जो पिच्छिल न हो), रूक्ष, सूक्ष्म, खर, सर तथा कठिन द्रव्य प्रायः लंघन (लघुता करनेवाले) होते हैं। प्रायः कहने से पिप्पली आदि कुछ एक द्रव्य उष्ण आदि गुणयुक्त होते हुए भी वृष्य होने से वृंहण कार्य करते हैं ॥१०॥

गुरुशीतमृदुस्निग्धं बहुलं स्थूलपिच्छिलम्।
प्रायो मन्दं स्थिरं श्लक्ष्णं द्रव्यं बृंहणमुच्यते ॥११॥

बृंहण द्रव्य कौन होते हैं—गुरु, शीत, मृदु, स्निग्ध, बहल (घना), स्थूल, पिच्छिल (चिपचिपा), मन्द, स्थिर तथा श्लक्ष्ण द्रव्य प्रायः बृंहण (पुष्टि करनेवाले—मोटापन करनेवाले) कहाते हैं। ये सब गुण लंघन के विपरीत हैं। यथा लघु से विपरीत गुरु (भारी), उष्ण से विपरीत शीत, तीक्ष्ण से विपरीत मन्द, विशद से विपरीत पिच्छिल, रूक्ष से विपरीत स्निग्ध, सूक्ष्म से विपरीत स्थूल तथा बहल, खर से विपरीत श्लक्ष्ण (चिकना), सर से विपरीत स्थिर तथा कठिन से विपरीत मृदु। 'प्रायः' कहने से कोई २ श्यामाक आदि शीत द्रव्य कृशता करनेवाले भी होते हैं, यह जानना चाहिये ॥११॥

रूक्षं लघु खरं तीक्ष्णमुष्णं स्थिरमपिच्छिलम्।
प्रायशः कठिनं चैव यद् द्रव्यं तद्धि रूक्षणम् ॥१२॥

रूक्षण द्रव्यों में कौन २ गुण होते हैं—रूक्ष, लघु, खर, तीक्ष्ण, उष्ण, स्थिर, विशद तथा कठिन द्रव्य प्रायः रूक्षण होते हैं। लंघन एवं रूक्षण द्रव्यों की परस्पर भिन्नता सर और स्थिर गुण से ही कही है ॥१२॥

द्रवं सूक्ष्मं[1] सरं स्निग्धं पिच्छिलं गुरु शीतलम्।
प्रायो मन्दं मृदु च यद् द्रव्यं तत्स्नेहनं मतम् ॥१३॥

स्नेहन द्रव्य कौन हैं?—द्रव, सूक्ष्म, सर, स्निग्ध, पिच्छिल, गुरु, शीतल, मन्द और मृदु प्रायः स्नेहन माने गये हैं। अष्टाङ्गहृदय सूत्र १६ अ० में भी—

'गुरुशीतसरस्निग्धमन्दसूक्ष्ममृदुद्रवम्।
औषधं स्नेहनं प्रायो विपरीतं विरूक्षणम्' ॥१३॥

उष्णं तीक्ष्णं सरं स्निग्धं रूक्षं सूक्ष्मं द्रवं स्थिरम्।
द्रव्यं गुरु च यत् प्रायस्तद्धि स्वेदनमुच्यते ॥१४॥

स्वेदन द्रव्य कौन होते हैं?—उष्ण, तीक्ष्ण, सर, स्निग्ध, रूक्ष, सूक्ष्म, द्रव, स्थिर तथा गुरु प्रायः स्वेदन कहाते हैं। इसमें स्निग्ध तथा रूक्ष और सर तथा स्थिर इन द्वन्द्वों में से कोई एक २ होना चाहिये।

शीतं मन्दं मृदु श्लक्ष्णं रूक्षं सूक्ष्मं द्रवं स्थिरम्।
यद् द्रव्यं लघु चोद्दिष्टं प्रायस्तत्स्तम्भनं स्मृतम् ॥१५॥

स्तम्भन द्रव्य कौन होते हैं—शीत, मन्द, मृदु, श्लक्ष्ण, रूक्ष, सूक्ष्म द्रव, स्थिर एवं जो लघु कहे गये हैं, वे प्रायः स्तम्भन होते हैं।

चतुष्प्रकारा संशुद्धिः[1] पिपासा[2] मारुतातपौ।
पाचनान्युपवासश्च व्यायामश्चेति लङ्घनम् ॥१६॥

लंघन से किन २ का ग्रहण होता है?—चार प्रकार का संशोधन—वमन विरेचन, आस्थापन, शिरोविरेचन (अनुवासन बृंहण है, अतः उसके अतिरिक्त चार संशोधनों का ग्रहण किया है), प्यास (प्यास के वेग को रोकना), वायु, धूप, पाचन द्रव्य (जो द्रव्य जठराग्नि वा कायाग्नि को प्रबल करते हैं), उपवास, व्यायाम; ये लङ्घन हैं ॥१६॥

प्रभूतश्लेष्मपित्तास्रमलाः संसृष्टमारुताः[3]।
बृहच्छरीरा बलिनो लङ्घनीया विशुद्धिभिः ॥१७॥

संशोधन द्वारा लंघनीय—जिनमें कफ, पित्त, रक्त तथा मल प्रभूत मात्रा में हो, वायु का जिन्हें स्पर्श ही हुआ हो (अर्थात् अन्य दोषों के साथ यदि अल्प सी वायु भी हो तो भी संशोधन करा सकते हैं। यदि संसर्ग में वायु प्रधान हों वा केवल वात का रोगी हो तो संशोधन न कराना चाहिये), जो महाशरीर हों तथा बलवान् पुरुष चार प्रकार के संशोधनों द्वारा (यथायोग्य) लङ्घन के योग्य हैं ॥१७॥

येषां मध्यबला रोगाः कफपित्तसमुत्थिताः।
वम्यतीसारहृद्रोगविसूच्यलसकज्वराः ॥१८॥
विबन्धगौरवोद्गारहृल्लासारोचकादयः।
पाचनैस्तान् भिषक् प्राज्ञः प्रायेणादावुपाचरेत् ॥१९॥

पाचन द्वारा लङ्घनीय—जिन पुरुषों को कफ पित्त से उत्पन्न होनेवाले किन्तु मध्यबल वमि (कै), अतिसार (दस्त), हृद्रोग, विसूचिका, अलसक, ज्वर, विबन्ध (मलबन्ध वा स्रोतों के मुख का बन्द होना), गुरुता, उद्गार (डकार आना), हृल्लास (जी मचलाना), अरुचि आदि रोग हों, उनकी आदि में प्रायशः पाचनों द्वारा चिकित्सा करनी चाहिये। प्रायशः कहने से उपवास भी प्रतिषिद्ध नहीं है। मध्यबल रोगों में उपवास भी कराया जाता है। विमानस्थान ३ अध्याय में आचार्य कहेंगे—

'तत्र लङ्घनमल्पबलदोषाणाम्। लङ्घनेन हि अग्निमारुतवृद्ध्या वातातपपरीतामामिवाल्पमुदकमल्पो दोषः प्रशोषमापद्यते। लङ्घनपाचने तु मध्यबलदोषाणां, लङ्घनपाचनाभ्यां हि सूर्यसन्तापमारुताभ्यां पांशुभस्माकीर्णैरिव चानतिबहूदकं मध्यबलो दोषः प्रशोषमापद्यते। बहुदोषाणां पुनर्दोषावसेचनमेव कार्यम्। न ह्यभिन्ने केदारसेतौ पल्वलाप्रसेकोऽस्ति। तद्वद्दोषावसेचनमिति।'

इसकी व्याख्या अपने स्थल पर ही होगी ॥१८, १९॥

एत एव यथोद्दिष्टा येषामल्पबला गदाः।
पिपासानिग्रहैस्तेषामुपवासैश्च ताञ्जयेत् ॥२०॥

१—'स्थूलं' ग०।

१—'चतुःप्रकारा संशुद्धिरिति अनुवासनं वर्जयित्वा, तस्य बृंहणत्वात्' चक्रः। २—'पिपासेति पिपासानिग्रहः' चक्रः। ३—'संसृष्टमारुताः' ग०।

जिन पुरुषों को ये ही ऊपर कहे रोग अल्पबल हों; उन रोगों को प्यास के रोगों को रोकने से तथा उपवासों द्वारा जीतें ॥२०॥

रोगाञ्जयेन्मध्यबलान् व्यायामातपमारुतैः।
बलिनां किं पुनर्येषां रोगाणामवरं बलम् ॥२१॥

बलवान् पुरुषों के मध्यम बलवाले दोषों को व्यायाम, आतप (धूप) तथा वायु से जीतें। जिन दोषों का अल्पबल हो; उनका क्या कहना। अर्थात् अल्पबल दोषों के जीतने के लिये भी व्यामाम आदि कराया जाता है और ये (अल्पबल) दोष इनके द्वारा शीघ्र ही सुगमता से जीते जाते हैं। वृद्धवाग्भट ने भी कहा है—

'तत्र संशोधनैः स्थौल्यबलपित्तकफाधिकान्।
आमदोषज्वरच्छर्दिरतीसारहृदामयैः॥
विबन्धागौरवोद्गारहृल्लासादिभिरातुरान्।
मध्यस्थौल्यादिकान् प्रायः पूर्वं दीपनपाचनैः॥
एभिरेवामयैरार्तान् हीनस्थौल्यबलादिकान्।
क्षुत्तृष्णानिग्रहैर्दोषैस्त्वार्तान् मध्यबलैर्दृढान्॥
समीरणातपायासैः किमुताल्पबलैर्नरान्॥२१॥
अ० सू० सं० २४ अ०

त्वग्दोषिणां प्रमीढानां[1] स्निग्धाभिष्यन्दिबृंहिणाम्।
शिशिरे लङ्घनं शस्तमपि वातविकारिणाम् ॥२२॥

त्वग्दोषी (कुष्ठी), प्रमेहके रोगी, अतिस्निग्ध, अभिष्यन्दी (जिनके स्रोत कफ से लिप्त होने अथवा अभिष्यन्द नामक नेत्ररोगसे पीड़ित), बृंहण से युक्त अर्थात् स्थूल पुरुष; इनको सर्व ऋतुओं में लङ्घन करा सकते हैं। और वात के रोगियों को शिशिर ऋतु में लङ्घन कराना चाहिये। शिशिर ऋतु में कफ का सञ्चय होता है। अतः उस समय वातरोगी को लङ्घन कराया जा सकता है। अष्टाङ्गसंग्रह सू० २४ अध्याय में भी—

'मेहामदोषातिस्निग्धज्वरोरुस्तम्भकुष्ठिनः।
विसर्पविद्रधिप्लीहशिरःकण्ठाक्षिरोगिणः॥
स्थूलांश्च लङ्घयेन्नित्यं, शिशिरे त्वपरानपि।

शिशिर कहने से टीकाकार हेमन्त का भी ग्रहण करते हैं।

गङ्गाधर इस श्लोक की व्याख्या अन्य प्रकार से करता है। वमि अतिसार आदि रोग तो लंघनसाध्य हैं, पर क्या त्वग्दोष प्रमेह आदि के रोगियों को भी लङ्घन कराना चाहिये या नहीं? इसी का ही इस श्लोक में उत्तर दिया है कि त्वग्दोषी, प्रमेही तथा अतिस्निग्धता के कारण जिनकी गुदा आदि से स्नेह बहता हो तथा बृंहणयुक्त पुरुष का शिशिर अर्थात् पौष और माघ के महीने में (पुरुषों के अतिबलवान् होने से) संशोधन के अतिरिक्त ६ प्रकार का लङ्घन कराना चाहिये। क्योंकि ये ही संशोधन के काल कहे गयेहैं। शिशिर गुणयुक्त शिशिर और हेमन्त ऋतुओं के चारों महीनों में दसों प्रकार (चार प्रकार की शुद्धि आदि) का लंघन कराया जा सकता है। चक्रपाणि दसों प्रकार के लंघन का विधान करता है ॥२२॥

1—'प्रमूढानां' पा०।

अदिग्धविद्धमक्लिष्टं[1] वयःस्थं[2] सात्म्यचारिणाम्[3]।
मृगमत्स्यविहङ्गानां मांसं बृंहणमुच्यते ॥२३॥

बृंहणद्रव्य—विषाक्त शस्त्र द्वारा जिसे न बींधा गया हो—न मारा गया हो, जो किसी रोग से न मरा हो, तरुण हो तथा सात्म्य (अनुकूल) देशों में रहनेवाले मृग (पशु), मछली और पक्षियों के मांस बृंहण होते हैं। सूत्र २५ तथा २७ अध्याय में भी बृंहणीय पदार्थों में मांस को प्रधानतम माना है। 'मांसं बृंहणीयानाम्'। 'शरीरबृंहणे नान्यत्खाद्यं मांसाद्विशिष्यते।' अष्टाङ्गसंग्रह सूत्र २४ अध्याय में भी 'न हि मांससमं किञ्चिदन्यद्देहबृहत्वकृत्' ॥२३॥

क्षीणाः क्षताः कृशा वृद्धा दुर्बला नित्यमध्वगाः।
स्त्रीमद्यनित्या ग्रीष्मे च बृंहणीया नराः स्मृताः ॥२४॥

बृंहणीय पुरुष—क्षीण क्षत (जिन्हें घाव लगे हों वा उरःक्षत के रोगी), कृश (पतले), वृद्ध (बूढ़े), दुर्बल, नित्य अत्यधिक चलने फिरने का काम करनेवाले, नित्य मैथुनसेवी, नित्य मद्यपायी पुरुष बृंहणीय हैं। इनको बृंहण सब कालों में करना चाहिये। और अन्य (स्वस्थ) पुरुषों का बृंहण ग्रीष्म ऋतु में करना चाहिये, क्योंकि इस काल में स्वाभाविक दुर्बलता अत्यधिक होती है। कहा भी जा चुका है—'आदावन्ते च दौर्बल्यं विसर्गादानयोर्नृणाम्' ॥२४॥

शोषार्शोग्रहणीदोषैर्व्याधिभिः कर्शिताश्च ये।
तेषां क्रव्यादमांसानां बृंहणा लघवो रसाः ॥२५॥

शोष, अर्श, (बवासीर), ग्रहणीदोष (संग्रहणी) तथा अन्य व्याधियों से जो कृश हो गये हैं; उनका मांसभक्षक पशुपक्षियों के लघु मांसरस द्वारा बृंहण करना चाहिये। राजयक्ष्माचिकित्सा ८ अ० में कहा भी जायगा—

'शुष्यते क्षीणमांसाय कल्पितानि विधानवित्।
दद्यान्मांसादमांसानि बृंहणानि विशेषतः॥

ग्रहणीचिकित्सा में भी—

'दीर्घकालप्रसङ्गात्तु कामं क्षीणकृशान्नरान्।
प्रसहानां रसैः साम्लैर्भोजयेत्पिशिताशिनाम्।
लघुतीक्ष्णोष्णशोषित्वाद्दीपयन्त्याशु तेऽनलम्।
मांसोपचितमांसत्वात्तथाशुतरबृंहणः॥' चिकि० १५ अ० सूत्रस्थान २७ अ० में भी—

'प्रसहानां विशेषेण मांसं मांसाशिनां भिषक्।
जीर्णार्शोग्रहणीदोषशोषार्तानां प्रयोजयेत्॥' इत्यादि।

इनकी व्याख्या अपने स्थलोंपर होगी। मांसरस में लघुता के लिये स्वभावतः लघु पशुपक्षियों के मांस का ग्रहण करना चाहिये अथवा गुरु मांस द्वारा रस प्रस्तुत करते हुए संस्कार द्वारा लघुता की जा सकती है ॥२५॥

स्नानमुत्सादनं स्वप्नो मधुरा स्नेहबस्तयः।
शर्करा क्षीरसर्पींषि सर्वेषां विद्धि बृंहणम् ॥२६॥

सबके लिये बृंहण—स्नान, उत्सादन (स्निग्ध उबटन), स्वप्न (निद्रा), मधुर द्रव्यों से साधित स्निग्ध बस्तियाँ (अनुवासन), शर्करा

1—'अदिग्धविद्धं विषाक्तशस्त्राविद्धं' चक्रः।
2—अक्लिष्टं रोगानुपहतप्राणिमांसम्। 3—'सात्म्ये देशे चरन्तीति सात्म्यचारिणः तेषां' चक्रः।

(शक्कर वा खाँड), दूध, घी, ये सर्व साधारण पुरुष के लिये बृंहण हैं ॥२६॥

कटुतिक्तकषायाणां सेवनं स्त्रीष्वसंयमः ।
[1]खलिपिण्याकतक्राणां मध्वादीनां च रूक्षणम् ॥२७॥

रूक्षण—कटु, तिक्त एवं कषाय रसवाले द्रव्यों का सेवन, अत्यधिक मैथुन करना, खलि (सरसोंकी खल), पिण्याक (तिलकी खल) तक्र (छाछ) तथा मधु आदि का सेवन रूक्षण है—शरीर को रूक्ष करता है ॥२७॥

अभिष्यन्दा महादोषा मर्मस्था व्याधयश्च ये ।
ऊरुस्तम्भप्रभृतयो रूक्षणीया निदर्शिताः ॥२८॥

रूक्षणीय रोग—अभिष्यन्द (स्रोतों से कफ का अत्यधिक निकलना), तथा जो महादोषकर मर्मस्थित व्याधियाँ हैं एवं ऊरुस्तम्भ प्रभृति रोग रूक्षणीय कहे गये हैं ॥२८॥

स्नेह्याः स्नेहयितव्याश्च स्वेद्याः स्वेद्याश्च ये नराः ।
स्नेहाध्याये मयोक्तास्ते स्वेदाख्ये च सविस्तरम् ॥२९॥

स्नेह और स्नेहनीय एवं स्वेद और स्वेद्य पुरुषों का क्रमशः स्नेहाध्याय एवं स्वेदाध्याय में मैं विस्तार से वर्णन कर चुका हूँ॥२९॥

द्रवं [2]तन्वसरं यावच्छीतीकरणमौषधम् ।
स्वादु तिक्तं कषायं च स्तम्भनं सर्वमेव तत् ॥३०॥

स्तम्भन द्रव्य—जो भी औषध द्रव, तनु (जो घना न हो, पतला), स्थिर, शीतलता करनेवाली मधुर, तिक्त एवं कषाय रस; इन गुणों से युक्त हैं वह सब ही स्तम्भन हैं ॥३०॥

पित्तक्षाराग्निदग्धा ये वम्यतीसारपीडिताः ।
विषस्वेदातियोगार्ताः स्तम्भनीयास्तथाविधाः ॥३१॥

स्तम्भनीय पुरुष—जो पित्त,क्षार या अग्नि से दग्ध हों, कै एवं अतिसार से पीड़ित, विष तथा स्वेद (पसीना) के अतियोगसे दुःखित हों तथा इसी प्रकार के अन्य रोगों से पीड़ित पुरुष स्तम्भनीय होते हैं—स्तम्भन के योग्य होते हैं ॥३१॥

वातमूत्रपुरीषाणां विसर्गे गात्रलाघवे ।
हृदयोद्गारकण्ठास्यशुद्धौ तन्द्राक्लमे गते ॥३२॥
स्वेदे जाते रुचौ चैव क्षुत्पिपासासहोदये ।
कृतं लङ्घनमादेश्यं निर्व्यथे चान्तरात्मनि ॥३३॥

लङ्घन के सम्यग्योग के लक्षण—मलवात, मूत्र एवं पुरीष का त्याग, शरीर की लघुता, हृदयस्थल की शुद्धि अर्थात् भारी प्रतीत न होना, उद्गारशुद्धि, कण्ठ शुद्धि (कण्ठ का कफलिप्त न होना, स्वर का ठीक होना), मुखशुद्धि (मुखवैरस्य न होना और न मुख में दुर्गन्धि होना), तन्द्रा (निद्रार्त्त की तरह चेष्टा), तथा क्लम (अनायास श्रम) का हट जाना, पसीना आना, रुचि होना, तथा भूख और प्यास दोनों का लगना, अन्तरात्मा का व्यथा रहित होना वा मन का प्रसन्न होना; इन लक्षणों से लङ्घन समुचित रूप में हो गया है, यह जानना चाहिये। अष्टाङ्गहृदय सूत्र १४ अ० में भी कहा है—

'विमलेन्द्रियता सर्गो मलानां लाघवो रुचिः ।
क्षुत्तृट्सहोदयः शुद्धहृदयोद्गारकण्ठता ॥
व्याधिमार्दवमुत्साहस्तन्द्रानाशश्च लङ्घिते ॥

चक्रपाणि ने 'क्षुत्पिपासाहोदये' का अर्थ सुश्रुत उत्तरतन्त्र ३९ अ० के—

'सृष्टमारुतविण्मूत्रं क्षुत्पिपासासहं लघुम् ।
प्रसन्नात्मेन्द्रियं क्षामं नरं विद्यात् सुलंघितम् ॥'

इस वचन से एकसङ्गति करने के लिये 'भूख और प्यास के युगपत् उदय होने' के स्थान पर 'भूख और प्यास के असह्य रूप से उदय होने पर' यह अर्थ किया है। परन्तु व्याकरण के नियम के अनुसार अजन्त 'असह' शब्द, कर्त्ता में प्रयुक्त हो सकता है; जैसा कि सुश्रुत के श्लोक में है परन्तु 'असह्य' इस अर्थ में नहीं प्रयुक्त हो सकता; अतः चरक के 'क्षुत्पिपासासहोदये' इसका अर्थ 'भूख और प्यास के युगपत् उदय होने पर' यही अर्थ हो सकता है। इसी अर्थ को वाग्भट ने भी 'क्षुत्तृट्सहोदयः' से कहा है ॥३२,३३॥

पर्वभेदोऽङ्गमर्दश्च कासः शोषो मुखस्य च ।
क्षुत्प्रणाशोऽरुचिस्तृष्णा दौर्बल्यं श्रोत्रनेत्रयोः ॥३४॥
मनसः संभ्रमोऽभीक्ष्णमूर्ध्ववातस्तमो हृदि ।
देहाग्निबलनाशश्च लङ्घनेऽतिकृते भवेत् ॥३५॥

लङ्घन के अतियोग के लक्षण—मात्रा से अधिक लङ्घन के करने से जोड़ों में टूटने की सी वेदना,अङ्गों में पीड़ा, कास (खाँसी), मुख का सूखना, भूख न लगना, अरुचि, तृष्णा (प्यास); कान तथा नेत्रों की दुर्बलता-अच्छी प्रकार न सुनना, न देखना, मन की अस्थिरता-चञ्चलता-डांवाडोल होना, निरन्तर ऊर्ध्ववात का रहना, मोह अथवा अन्धकार प्रवेश की सी अनुभूति, देहनाश, शरीर की क्षीणता वा देह की दुर्बलता, अग्निमान्द्य, तथा निर्बलता; ये लक्षण होते हैं। कई टीकाकार ऊर्ध्ववात से श्वास, हिक्का आदि का ग्रहण करते हैं। तथा अन्य 'ऊर्ध्ववात' नामक विशेष रोग का ग्रहण करते हैं; जिसका लक्षण यह है—

'अधः प्रतिहतो वायुः श्लेष्मणा मारुतेन च ।
करोति नित्यमुद्गारमूर्ध्ववातः स उच्यते ॥'

तथा—'भुक्तेऽभुक्ते तथा सुप्ते यस्योद्गारोऽतिसम्भवेत् ।
तमूर्ध्ववातं जानीयादुदानव्यापदुद्भवम् ॥'

कफ और प्रसादसंज्ञक कुपित हुई २ उदान वायु से अधोमार्ग के रोके जाने पर मलवात,नित्य अर्थात् भोजन करने पर,न करने पर, सोये हुए, जागते हुए उद्गार रूप में मुख से निकलती है; इसे ऊर्ध्ववात कहते हैं। ऊर्ध्ववात में श्वास, हिक्का आदि उपद्रव भी हो जाते हैं। सुश्रुत उत्तरतन्त्र ३९ अध्याय में अतिलङ्घन के लक्षण पढ़े गए हैं—

'रसक्षयस्तृषाशोषतन्द्रानिद्राभ्रमक्लमाः ।
उपद्रवाश्च श्वासाद्याः सम्भवन्त्यतिलंघनात् ॥'

अष्टाङ्गसंग्रह सूत्र० २४ अ० में विस्तार से लक्षण दिये हैं—

'अतिकार्श्यं भ्रमः कासस्तृष्णाधिक्यमरोचकः ।
स्नेहाग्निनिद्राद्दक्श्रोत्रशुक्रौजःक्षुत्स्वरक्षयः ।
बस्तिरुङ्मूर्धजङ्घोरुत्रिकपार्श्वरुजाज्वरः ।

१—'खलिः निःस्नेहसर्षपकल्कः, पिण्याको निःस्नेहतिलकल्कः' गङ्गाधरः । २—'तनु स्थिरं' पा० ।

प्रलापोर्ध्वानिलग्लानिच्छर्दिपर्वास्थिभेदनम् ॥
वर्चोमूत्रग्रहाद्याश्च जायन्तेऽतिविलङ्घनात्' ॥३४-३५॥

बलं पुष्ट्युपलम्भश्च [1]कार्श्यदोषविवर्जनम् ।
लक्षणं बृंहिते,

सम्यक् प्रकार से हुए बृंहण के लक्षण—बल पुष्टि का होना, कृशता रूप दोष का हटना अथवा कृशता के शीत, उष्ण एवं व्यायाम आदि का न सह सकना प्रभृति–दोषों का हट जाना; ये समुचित रूप में बृंहण हुए २ पुरुष में लक्षण होते हैं ॥

स्थौल्यमति चात्यर्थबृंहिते ॥३६॥

अत्यधिक बृंहण के लक्षण— अत्यधिक बृंहण होने से पुरुष में अतिस्थूलता हो जाती है ॥३६॥

[2]कृतातिकृतयोश्चिह्नं यल्लङ्घिते तद्धि रूक्षिते ।

सम्यक् रूक्षित तथा अतिरूक्षित के लक्षण—सम्यक् रूप से लंघित तथा अतिलंघित (जिसे अधिक लघन कराया गया है) के जो लक्षण हैं; वे ही क्रमशः सम्यक् रूक्षित तथा अतिरूक्षित (जिसे अधिक रूक्षण कराया गया है) के होते हैं ॥

स्तम्भितः स्याद्बले लब्धे यथोक्तैश्चामयैर्जितैः ॥३७॥

समुचित रूप से स्तम्भित पुरुष के लक्षण–बलप्राप्ति तथा पूर्वोक्त स्तम्भनीय रोगों के जीते जाने से, पुरुष स्तम्भित (जिसका स्तम्भन हो गया है ऐसा) जानना चाहिये ॥३७॥

श्यावता स्तब्धगात्रत्वमुद्वेगो हनुसंग्रहः ।
हृद्वर्चोनिग्रहश्च स्यादतिस्तम्भितलक्षणम् ॥३८॥

अतिस्तम्भित के लक्षण—पैर, हाथ, ओष्ठ आदि अङ्गों का श्यामवर्ण का होना (रक्त संवहन के पूर्णरूप में न होने से), देह का जड़वत् हो जाना, उद्विग्नता, अनुग्रह हृदय का निग्रह–पकड़ा जाना–यथावत् स्पन्दन न करना, वर्चोनिग्रह (मलबन्ध); ये अतिस्तम्भित पुरुष में लक्षण होते हैं । अष्टाङ्गसंग्रह सूत्र० २३ अ० में कहा है—

'स्तम्भत्वक्स्नायुसङ्कोचकम्पहृद्वाग्धनुग्रहैः ।
पादौष्ठत्वक्करैः श्यावैरतिस्तम्भितमादिशेत्' ॥३८॥

लक्षणं चाकृतानां स्यात् षण्णामेषां समासतः ।
[3]तदौषधानां व्याधीनामशनो वृद्धिरेव च ॥३९॥

छहों के अयोग के लक्षण—इन छहों (लंघन, बृंहण, रूक्षण, स्तम्भन, स्नेहन, स्वेदन) के अयोग के लक्षण संक्षेप से ये हैं–उन२ से साध्य उन २ रोगों की शान्ति न होना और बढ़ना । अर्थात् यदि अल्पमात्रा में लंघन आदि कराये हों तो रोग-शान्ति नहीं होती यदि सर्वथा ही न हुआ हो तो वृद्धि होती है ।

स्नेहन और स्वेदन के योग, अयोग और अतियोग के लक्षण स्नेहाध्याय तथा स्वेदाध्याय में कहे जा चुके हैं; अतएव इस अध्याय में योग अतियोग के लक्षण नहीं कहे गये ॥३८,३९॥

इति षट् सर्वरोगाणां प्रोक्ताः सम्यगुपक्रमाः ।
साध्यानां साधने सिद्धा मात्राकालानुरोधिनः ॥४०॥

उपसंहार—मात्रा एवं काल के अनुसार प्रयोग कराने से सम्पूर्ण साध्यरोगों के साधन में निश्चय से फल के देनेवाले ये लंघन आदि ६ उपक्रम कह दिये हैं ॥४०॥

भवति चात्र ॥

दोषाणां बहुसंसर्गात् [1]संकीर्यन्ते ह्युपक्रमाः ।
षट्त्वं तु नातिवर्तन्ते त्रित्वं वातादयो यथा ॥४१॥

दोषों के संसर्ग (मेल) के बहुत प्रकार का होने से उपक्रम भी बहुत प्रकार के मिश्रित होते हैं । परन्तु वे इन छहों को नहीं लांघ सकते । अर्थात् उनका अन्तर्भाव इन्हीं में हो जाता है । जैसे वायु आदि संसर्ग सन्निपात आदि के भेद से बहुत प्रकार के होते हुए भी तीन से पृथक् नहीं कहे जा सकते ॥४१॥

तत्र श्लोकः ।

इत्यस्मिँल्लङ्घनाध्याये व्याख्याताः षडुपक्रमाः ।
यथाप्रश्नं भगवता चिकित्सा यैः प्रवर्त्तते[2] ॥४२॥

इत्यग्निवेशकृते तन्त्रे चरकप्रतिसंस्कृते सूत्रस्थाने योजनाचतुष्के लङ्घनबृंहणीयो नाम द्वाविंशतितमोऽध्यायः ।

इस लंघनाध्याय में प्रश्न के अनुसार छहों उपक्रमों की जिनके द्वारा चिकित्सा प्रवृत्त होती है–भगवान् आत्रेय ने व्याख्या कर दी है४२

इति द्वाविंशतितमोऽध्यायः ।

—:०:—

त्रयोविंशतितमोऽध्यायः

अथातः संतर्पणीयमध्यायं व्याख्यास्यामः ॥
इति ह स्माह भगवानात्रेयः ॥१॥

अब सन्तर्पणीय अध्याय की व्याख्या की जायेगी । ऐसा भगवान् आत्रेय ने कहा ।

इससे पूर्व के अध्याय में ६ उपक्रम बताये हैं। उन ६ का भी दो में ही अन्तर्भाव किया जा सकता है । वे दो हैं १ सन्तर्पण और २ अपतर्पण । अष्टाङ्गसंग्रह २४ अध्याय में कहा भी है—

'उपक्रमस्य हि द्वित्वाद् द्विधैवोपक्रमो मतः ।
एकः सन्तर्पणस्तत्र द्वितीयश्चापतर्पणः ॥
बृंहणो लंघनश्चेति तत्पर्यायावुदाहृतौ ।
स्नेहनं रूक्षणं कर्म स्वेदनं स्तम्भनञ्च यत् ।
[3]भूतानान्तदपि द्वैध्याद् द्वितयन्नातिवर्तते' ॥१॥

संतर्पयति यः स्निग्धैर्मधुरैर्गुरुपिच्छिलैः ।
नवान्नैर्नवमद्यैश्च मांसैश्चानूपवारिजैः ॥२॥
गोरसैर्गौडिकैश्चान्नैः पैष्टिकैश्चातिमात्रशः ।

१—'कार्श्यदोषविवर्जनमिति कार्श्ये ये दोषाः शीतोष्णासहत्वादयः, तेषां वर्जनम्' चक्रः । २–'कृताकृतस्य लिङ्ग' पा० । ४–'तदौषधानां लङ्घनादिसाध्यानां चक्रः ।

१—'दोषाणां यस्मात् संसर्गा बहवस्तस्मात्तत्साधनार्थमुपक्रमा अपि संकीर्यन्ते मिश्रतां यान्ति; यथा-कचिल्लङ्घनस्वेदे क्वचिद् बृंहणस्वेदने, एवमादि; षट्त्वं तु नातिवर्तन्त इति संसृष्टा अपि लङ्घनादिस्वरूपं न जहति, लङ्घनादयो मधुसर्पिःसंयोगवन्न प्रकृतिगुणानपेक्षि कार्यान्तरमारभन्त इति भावः' चक्रः ।

२—'प्रवर्त्तिता' पा० ।

३—भूतानां द्वैध्यादिति अग्नीषोमीयत्वात् । सन्तर्पणं बृंहणं वा द्रव्यं भौमाप्यं भवति अपतर्पणं लङ्घनं वा वाय्वग्निगुणबहुलम् ।

चेष्टाद्वेषी दिवास्वप्नशय्यासनसुखे रतः ॥३॥
रोगास्तस्योपजायन्ते सन्तर्पणनिमित्तजाः ।

सन्तर्पण से उत्पन्न होनेवाले रोगों का निदान—स्निग्ध, मधुर, गुरु, पिच्छिल द्रव्यों के सेवन से, नवीन शालि आदि धान्यों के खाने से, नवीन मद्य के पीने से, आनूप देश एवं जलचर पशुपक्षियों के मांस, दूध, दही आदि गोरस, गुड़ से बने (खांड आदि) तथा पीठी आदि से वा चावलों के आटे से बने भोज्य द्रव्यों के अत्यधिक सेवन से, चेष्टा न करनेवाले वा किसी प्रकार का व्यायाम न करनेवाले, दिन में सोना, लेटे रहना वा बैठे रहना आदि सुखों (Luxuries) में लगे हुए पुरुष का जो सन्तर्पण होता है, उसे उस सन्तर्पण से उत्पन्न होनेवाले रोग हो जाते हैं ॥२, ३॥

प्रमेहकण्डूपिडकाः कोठपाण्ड्वामयज्वराः ॥४॥
कुष्ठान्यामप्रदोषाश्च मूत्रकृच्छ्रमरोचकः ।
तन्द्राक्लैब्यमतिस्थौल्यमालस्यं गुरुगात्रता ॥५॥
इन्द्रियस्रोतसां लेपो बुद्धेर्मोहः प्रमीलकः[१] ।
शोफाश्चैवंविधाश्चान्ये शीघ्रमप्रतिकुर्वतः ॥६॥

सन्तर्पणनिमित्तज रोग-यदि शीघ्र ही प्रतिकार न किया जाय तो प्रमेह, कण्डू, पिडका, कोठ, पाण्डुरोग, ज्वर, कुष्ठ, आमदोष (अलसक, विसूचिका आदि), मूत्रकृच्छ्र, अरोचक, तन्द्रा, क्लीबता (नपुंसकता), अतिस्थूलता, आलस्य, शरीर का भारीपन, इन्द्रियों के स्रोतों में मल आदि का लेप, अथवा इन्द्रियों और शरीर के स्रोतों में कफ की लिनता, बुद्धि का मोह या बुद्धि का न फुरना, प्रमीलक (निरन्तर ध्यान-चिन्ता), शोथ तथा इसी प्रकार के अन्य रोग हो जाते हैं ४-६

शस्तमुल्लेखनं तत्र विरेको रक्तमोक्षणम् ।
व्यायामश्चोपवासश्च धूमाश्च स्वेदनानि च ॥७॥
सक्षौद्रश्चाभयाप्राशः प्रायो रूक्षान्नसेवनम् ।
चूर्णप्रदेहा ये चोक्ताः कण्डूकोठविनाशनाः ॥८॥

चिकित्सा—उसमें उल्लेखन (वमन), विरेचन, रक्तमोक्षण, व्यायाम, उपवास, धूमपान तथा स्वेदन करना प्रशस्त है। मधु के साथ हरड़ के चूर्ण को चटना चाहिये। अथवा चक्रपाणि के अनुसार 'अभयप्राश' से 'अगस्त्यहरीतकी' का भी ग्रहण किया जा सकता है। इसे मधु के साथ देना चाहिये। प्रायः रूक्ष अन्न का सेवन करना चाहिये। कण्डू एवं कोष्ठ को नष्ट करनेवाले आरग्वधीयाध्याय में कहे गये चूर्णप्रदेहों का प्रयोग कण्डू एवं कोठ के नाश के लिये प्रशस्त है ॥७, ८॥

(त्रिफलादिक्वाथः)

त्रिफलारग्वधं पाठां सप्तपर्णं सवत्सकम् ।
मुस्तं निम्बं समदनं जलेनोत्क्वथितं पिबेत् ॥९॥
तेन मेहादयो यान्ति नाशमभ्यस्यतो ध्रुवम् ।
मात्राकालप्रयुक्तेन सन्तर्पणसमुत्थिताः ॥१०॥

त्रिफलादिक्वाथ—त्रिफला, (हरड़, बहेड़ा, आंवला), आरग्वध (अमलतास), पाठा (पाढ़), सप्तपर्ण (सतिवन), इन्द्रजौ (अथवा कुटजत्वक), मोथा, नीम की छाल, मदनफल (मैनफल); इन्हें एकत्र जल से काढ़कर क्वाथ पिलावें। मात्रा एवं काल के अनुसार इसका प्रतिदिन उपयोग करने से सन्तर्पण से उत्पन्न होनेवाले प्रमेह आदि रोग निश्चय से नष्ट होते हैं।

आजकल साधारण तौर पर मिलित क्वाथ्य द्रव्य २ तोला प्रमाण में लिये जाते हैं। इसमें १६ गुणा जल डालकर अग्नि पर रखते हैं। जब चतुर्थांश जल अवशिष्ट रह जाय तो छानकर रोगी को पिलाया जाता है। इस योग को अष्टाङ्गसंग्रहकार ने भी सूत्र० २४ अ० में संग्रह किया है—

'मदनं त्रिफलामुस्तसप्ताह्वारिष्टवत्सकम् ।
सपाठारग्वधं पीतमतिबृंहणरोगजित् ॥'

इसमें 'अरिष्ट' से 'निम्ब' का ग्रहण होता है ॥९, १०॥

मुस्तमारग्वधः पाठा त्रिफला देवदारु च ।
श्वदंष्ट्रा खदिरो निम्बो हरिद्रे त्वक्च वत्सकात् ॥११॥
रसमेषां यथादोषं प्रातः प्रातः पिबेन्नरः ।
सन्तर्पणकृतैः सर्वैर्व्याधिभिः सम्प्रमुच्यते ॥१२॥

मुस्तादिक्वाथ—मोथा, अमलतास, पाढ़ त्रिफला, देवदारु, गोखरू, खदिरकाष्ठ, नीम की छाल, हल्दी, दारुहल्दी, कुटज की छाल मिलित २ तोला। क्वाथार्थ जल ३२ तोला, अवशिष्ट क्वाथ ८ तोला। इस क्वाथ को दोष के अनुसार प्रतिदिन प्रातः पीने से सन्तर्पण से उत्पन्न होनेवाली सम्पूर्ण व्याधियों से रोगी मुक्त हो जाता है। अष्टाङ्गसंग्रह सूत्र २४ अ० में भी—

'तद्वद्वत्सकशम्याकदेवदारुनिशाद्वयम् ।
समुस्तपाठखदिरत्रिफलानिम्बगोक्षुरम् ॥'

इसमें 'शम्याक' आरग्वध (अमलतास) का पर्याय है॥११-१२॥

एभिश्चोद्वर्तनो[१]द्धर्षस्नानयोगोपयोजितैः ।
त्वग्दोषाः प्रशमं यान्ति तथा स्नेहोपसंहितैः ॥१३॥

उद्वर्तन (स्नेहाभ्यङ्ग के पश्चात् उबटना), उद्धर्ष (स्नेहाभ्यङ्ग न करके ही देह पर मलना), स्नान; इनके योगों द्वारा इन्हीं त्रिफलादि तथा मुस्तादि द्रव्यों के उपयोग से तथा इन्हीं द्रव्यों से यथाविधि साधित तैल आदि स्नेहों (के अभ्यङ्ग) से त्वग्दोष (Skin diseases) शान्त होते हैं ॥१३॥

(कुष्ठादिचूर्णम्)

कुष्ठं गोमेदको हिङ्गु क्रौञ्चास्थि त्र्यूषणं वचा ।
वृषकैले श्वदंष्ट्रा च खराह्वा चाश्मभेदकः ॥१४॥
तक्रेण दधिमण्डेन बदराम्लरसेन वा ।
मूत्रकृच्छ्रं प्रमेहं च पीतमेतद् व्यपोहति ॥१५॥

कुष्ठादिचूर्ण—कुष्ठ (कुठ), गोमेदक (गोमेद नामक मणि), हींग, कौंच नामक पक्षी की हड्डी, त्रिकटु (मरिच, पिप्पली, सोंठ), वच, अडूसा (बांसा), छोटी इलायची, गोखरू, अजमोदा (अथवा गङ्गाधर के मत से खुरासानी अजवाइन), पाषाणभेद; इन्हें समपरिमाण में मिश्रित करें। इस चूर्ण को तक्र, दही के पानी वा खट्टे बेरों के रस के साथ पीने से मूत्रकृच्छ्र और प्रमेह नष्ट होता है। यहां पर गोमेद नामक रत्न की अतिश्लक्ष्ण पिष्टि वा भस्म लेनी चाहिये। अष्टाङ्गसंग्रह सूत्र २४ अ० में भी—

१—'प्रमीलकः सततं ध्यानं' चक्रः ।

१—'उद्वर्तनमभ्यङ्गपूर्वकम्, उद्धर्षस्त्वनभ्यङ्गपूर्वकः' चक्रः ।

हिङ्गुगोमेदकव्योषकुष्ठक्रौञ्चास्थिगोक्षुरम् ।
एलावृक्षकषड्ग्रन्थाखराह्वोपलभेदकम् ॥
तक्रेण दधिमण्डेन पीतं कोलरसेन वा ।
मूत्रकृच्छ्रं कृमीन्मेहं स्थूलतां च व्यपोहति ॥'

आजकल के लिये इस चूर्ण की मात्रा—३ रत्ती से १२ रत्ती तक है।

गोमेद नामक रत्न को भस्म करने से पूव नींबू के रस में दोलायन्त्र द्वारा १ प्रहर पाक करना चाहिये। इस प्रकार वह शुद्ध हो जाता है। पश्चात् कठिन पत्थर के खरल में अच्छी प्रकार नींबू के रस में पिष्टि करनी चाहिये। जब बहुत ही श्लक्ष्ण पिष्टि हो जाय तो पृथक् २ समपरिमाण में विशुद्ध मैनसिल, विशुद्ध हड़ताल तथा विशुद्ध गन्धक मिलाकर नींबू के रस से ७ दिन मर्दन करके टिकिया बनाकर सूखने पर सम्पुट कर गजपुट देवें। इस प्रकार आठ नौ बार करने से गोमेद की भस्म हो जायगी ॥१४, १५॥

तक्राभयाप्रयोगैश्च त्रिफलायास्तथैव च ।
अरिष्टानां प्रयोगैश्च यान्ति मेहादयः शमम ॥१६॥

तक्र, हरड़, त्रिफला; इनके प्रयोगों से अथवा अरिष्टों के प्रयोग से प्रमेह आदि शान्त होते हैं ॥१६॥

(त्र्यूषणाद्यो मन्थः)

त्र्यूषणं त्रिफला क्षौद्रं कृमिघ्नं साजमोदकम्[1] ।
मन्थोऽयं सक्तवः सर्पिर्हितो लोहोदकाप्लुतः[2] ॥१७॥

त्र्यूषणाद्य मन्थ-त्रिकटु, त्रिफला, मधु, वायविडङ्ग, अजवाइन सत्तू; इन्हें घृत से युक्त कर अगर की लकड़ी के जल में आलोड़ित करके मन्थ तय्यार होता है। इस मन्थ को सन्तर्पणजन्य रोगों के नाशार्थ पीना चाहिये। इन ग्रन्थ द्रव्यों का मान आगे कहे जानेवाले योग के अनुसार होना चाहिये। अर्थात् त्रिकटु आदि द्रव्यों के समस्त चूर्ण के समपरिमाण मधु तथा घृत; और चूर्ण, मधु तथा घृत—तीनों के मिलित परिमाण से १६ गुने सत्तू लेने चाहिये। अगर का जल षडङ्गपरिभाषा के अनुसार तय्यार करना चाहिये। परिभाषा ये हैं—

'यदप्सु शृतशीतासु षडङ्गादि प्रयुज्यते ।
कर्षमात्रं ततो द्रव्यं साधयेत्प्रास्थिकेऽम्भसि ॥
अर्धशृतं प्रयोक्तव्यं पाने पेयादिसंविधौ ॥

अर्थात् २ तोला द्रव्य लेकर २ प्रस्थ जल में पाक करें। जब जल आधा अवशिष्ट रह जाय तो उतारकर स्वच्छ वस्त्र से छान लें॥

वृद्धवाग्भट ने घृत की जगह तैल पढ़ा है। यथा—

'कृमिघ्नत्रिफलं तैलसक्तुत्र्यूषणदीप्यकैः ।
लोहोदकाप्लुतो मन्थः शस्तो बृंहणरोगिणाम्' ॥१७॥

(व्योषाद्यशक्तुः)

व्योषं विडङ्गं शिग्रूणि त्रिफलां कटुरोहिणीम् ।
बृहत्यौ द्वे हरिद्रे द्वे पाठां सातिविषां स्थिराम् ॥१८॥
हिङ्गुकेबूकमूलानि यवानीधान्यचित्रकम् ।
सौवर्चलमजाजीं च हवुषां चेति चूर्णयेत् ॥१९॥
चूर्णतैलघृतक्षौद्रभागाः स्युर्मानतः समाः ।
सक्तूनां षोडशगुणो भागः [1]सन्तर्पणं पिबेत् ॥२०॥
प्रयोगादस्य शाम्यन्ति रोगाः सन्तर्पणोत्थिताः ।
प्रमेहा मूढवाताश्च कुष्ठान्यर्शांसि कामलाः ॥२१॥
प्लीहा पाण्डवामयः शोफो मूत्रकृच्छ्रमरोचकः ।
हृद्रोगो राजयक्ष्मा च कासः श्वासो गलग्रहः ॥२२॥
कृमयो ग्रहणीदोषाः श्वैत्र्यं स्थौल्यमतीव च ।
नराणां दीप्यते चाग्निः स्मृतिर्बुद्धिश्च वर्धते ॥२३॥

व्योषाद्यशक्तु—त्रिकटु, वायविडङ्ग, सहिजन की जड़का छिलका, त्रिफला, कुटकी, दोनों बृहती अर्थात् बृहती और चणकफला बृहती (अथवा छोटी कटेरी और बड़ी कटेरी), हल्दी, दारुहल्दी, पाठा (पाढ़), अतीस, शालपर्णी, हींग, केबुकमूल (केऊ की जड़), अजवाइन, धनियाँ, चित्रक, सौंचलनमक, जीरा, हवुषा (हाऊबेर), इन्हें समपरिमाण में चूर्ण करें। इस समुदित चूर्ण के समभाग में पृथक् २ तिलतैल, घी तथा मधु लें। इस सम्पूर्ण से १६ गुने सत्तू लें। इस सन्तर्पण को पीवें। इसके प्रयोग से सन्तर्पण से उत्पन्न होनेवाले प्रमेह, मूढ़वात, कुष्ठ, अर्श कामला, प्लीहा (तिल्ली), पाण्डुरोग, शोथ, मूत्रकृच्छ्र, अरोचक, हृद्रोग, राजयक्ष्मा, कास, श्वास, गलग्रह, कृमि, ग्रहणी के रोग (संग्रहणी), श्वित्ररोग, अतिस्थूलता प्रभृति रोग शान्त होते हैं। पुरुषों की अग्नि दीप्त होती है, स्मृतिशक्ति और बुद्धि बढ़ती है। जल में आलोड़ित सत्तुओं को 'सन्तर्पण' कहते हैं। नाम से यह सन्तर्पण है, पर गुण में अपतर्पण है ॥१८-२३॥

व्यायामनित्यो जीर्णाशी यवगोधूमभोजनः ।
सन्तर्पणकृतैर्दोषैः [2]स्थौल्यं मुक्त्वा विमुच्यते ॥२४॥

नित्य व्यायाम करनेवाला, पूर्व खाए हुए भोजन के पच जाने के बाद खानेवाला, जौ और गेहूँ का भोजन करनेवाला स्थूलता से बचकर अन्य भी सन्तर्पणजन्य मधुप्रमेह, पिडका आदि रोगों से मुक्त हो जाता है ॥२४॥

उक्तं सन्तर्पणोत्थानामपतर्पणमौषधम् ।

इस प्रकार सन्तर्पण से उत्पन्न होनेवाले रोगों की अपतर्पण औषध कह दी है।

वक्ष्यन्ते सौषधाश्चोर्ध्वमपतर्पणजा गदाः ॥२५॥

इसके पश्चात अपतर्पण से उत्पन्न होनेवाले रोग तथा उनकी औषध कही जायगी ॥२५॥

देहाग्निबलवर्णौजःशुक्रमांसबलक्षयः[3] ।
ज्वरः कासानुबन्धश्च पार्श्वशूलमरोचकः ॥२६॥
श्रोत्रदौर्बल्यमुन्मादः प्रलापो हृदयव्यथा ।
विण्मूत्रसंग्रहः शूलं जङ्घोरुत्रिकसंश्रयम् ॥२७॥

१—अजमोदाऽत्र यवानी । एवं सर्वत्राऽन्तःपरिमार्जने । बहिःसम्मार्जने पुनरजमोदैव । उक्तं हि 'अन्तःसम्मार्जने प्रायोऽजमोदा यमानिका । बहिःसम्मार्जने ज्ञेयाऽजमोदाऽजमोदिका ॥' इति ।

२—'लोहोदकाप्लुतः इत्यगुरूदकाप्लुतः, उदककरणं च षडङ्गविधानेन' चक्रः । 'लोहोदकेन शस्त्रभाजनोषितपानीयेनाप्लुतः' इति इन्दुः ।

१—'सन्तर्पणमिति जलालोडितसक्तुरूपतया, तेन सन्तर्पणसंज्ञकस्याप्यपतर्पणरूपता ज्ञेया' चक्रः ।

२—'लौल्यं' ग० ।

३—'०परिक्षयः' ग० ।

पर्वास्थिसन्धिभेदश्च ये चान्ये वातजा गदाः ।
[1]ऊर्ध्ववातादयः सर्वे जायन्ते तेऽपतर्पणात् ।।२८।।

अपतर्पणज रोग—देहाग्निबल (देह की अग्नि का बल), वर्ण, ओज, शुक्र, मांस तथा बल की क्षीणता; कास का जिसमें अनुबन्ध रहता है ऐसा ज्वर, पार्श्वशूल, अरुचि, कान की दुर्बलता (अच्छी प्रकार शब्द का न सुनना), उन्माद, प्रलाप, हृदयपीड़ा, मल तथा मूत्र का न आना, जङ्घा, ऊरू तथा त्रिक देश में शूल, पर्व तथा अस्थि को सन्धियों में टूटने की सी पीडा तथा अन्य ऊर्ध्ववात आदि पूर्वाध्याय में कहे गए सब वातज रोग हो जाते हैं ।।२६-२८।।

तेषां सन्तर्पणं तज्ज्ञैः पुनराख्यातमौषधम् ।
[2]यत्तदात्वे समर्थं स्यादभ्यासे वा यदिष्यते[3] ।।२९।।

चिकित्सकों ने उन अपतर्पणज रोगों को सन्तर्पण औषध कही है । यह सन्तर्पण औषध दो प्रकार की हो सकती है । एक सद्यःसन्तर्पण, दूसरी अभ्यास से सन्तर्पण अर्थात् लगातार कुछ दिनों तक सेवन से सन्तर्पण करनेवाली । 'सद्यः' शब्द से सप्ताह के अन्दर २ का ग्रहण किया जाता है । 'तदिष्यते' पाठ होनेपर जो सद्यः सन्तर्पण हैं, उनका सद्यःसन्तर्पण के लिये तो प्रयोग होता ही है; अभ्यास सन्तर्पण के लिये भी उसी का निरन्तर उपयोग करना चाहिए, यह अर्थ होता है २९

सद्यःक्षीणो हि सद्यो वै तर्पणेनोपचीयते ।
नर्ते सन्तर्पणाभ्यासाच्चिरक्षीणस्तु पुष्यति ।।३०।।

जो सद्यःक्षीण पुरुष (जो सात वा थोड़े दिन के अन्दर २ ही क्षीण हुआ हो) वह सन्तर्पण से निश्चय पूर्वक सद्यः (शीघ्र) ही उपचय को प्राप्त होता है । देर से क्षीण हुआ २ सन्तर्पण के निरन्तर सेवन के बिना पुष्ट नहीं होता ।।३०।।

देहाग्निदोषभैषज्यमात्राकालानुवर्तिना ।
कार्यमत्वरमाणेन भेषजं चिरदुर्बले ।।३१।।

देर से दुर्बल रोगी की देहाग्नि, दोष, औषध, मात्रा, काल; इनकी विवेचना करके तदनुसार जल्दी न करते हुए औषध करनी चाहिए । चिरक्षीण या चिरदुर्बल में शीघ्रता से कुछ नहीं बनता । यहाँ तो अग्नि आदि के अनुसार औषध का निरन्तर देर तक उपयोग कराना होता है ।।३१।।

हिता मांसरसास्तस्मै पयांसि च घृतानि च ।
स्नानानि बस्तयोऽभ्यङ्गास्तर्पणास्तर्पणाश्च[4] ये ।।३२।।

चिरदुर्बल की चिकित्सा—उस चिरदुर्बल पुरुष के लिये मांसरस, दूध, घी, स्नान, बस्तियां (मधुर एवं स्निग्ध), अभ्यङ्ग (तैल आदि की मालिश) तथा सन्तर्पण गुणवाले तर्पण (जलालोड़ित शक्तु) हितकर हैं ।।३२।।

ज्वरकासप्रसक्तानां कृशानां मूत्रकृच्छ्रिणाम् ।
तृष्यतामूर्ध्ववातानां[5] हितं वक्ष्यामि तर्पणम् ।।३३।।

[1]शर्करापिप्पलीतैलघृतक्षौद्रैः समांशकैः ।
सक्तुद्विगुणितो वृष्यस्तेषां मन्थः प्रशस्यते ।।३४।।

(अपतर्पणोत्थ) ज्वर, कास से युक्त, कृश, मूत्रकृच्छ्र के रोगी; जिसे अत्यधिक प्यास लगती है तथा ऊर्ध्ववात से पीड़ित रोगियों के लिये हितकर तर्पण कहा जायगा । शर्करा (खांड), पिप्पली, तैल, घी, तथा मध; इन्हें समभाग तथा इस समुदित से दुगुने सत्तुओं का मन्थ प्रशस्त है । यह मन्थ वृष्य है—वीर्यवर्धक है । अष्टाङ्गसंग्रह सू० २५ अ० में भी यह तर्पणयोग पढ़ा है, पर वहाँ सत्तुओं के द्विगुण लेने का निर्देश नहीं है । यथा—

'तर्पणांस्तर्पणान् पुनः ।
युञ्ज्यात्कृशानां ज्वरिणां कासिनां मूत्रकृच्छ्रिणाम् ।
तृष्यतामूर्ध्ववातानां मूढमारुतवर्चसाम् ।।
समकृष्णासितातैलक्षौद्राज्यो हि सतर्पणः ।।३३-३४।।

सक्तवो मदिरा क्षौद्रं शर्करा चेति तर्पणम् ।
पिबेन्मारुतविण्मूत्रकफपित्तानुलोमनम् ।।३५।।

सत्तू, मदिरा, मधु तथा खाँड़; इस तर्पण को रोगी पीवे । इससे वायु, मल, मूत्र, कफ तथा पित्त का अनुलोमन होता है । अष्टाङ्गसंग्रह सू० २४ अ० में भी—

'मन्थस्तद्वत्सिताक्षौद्रमदिरासक्तुयोजितः' ।।३५।।

फाणितं सक्तवः सर्पिर्दधिमण्डोऽम्लकाञ्जिकम् ।
तर्पणं मूत्रकृच्छ्रघ्नमुदावर्तहरं पिबेत् ।।३६।।

फाणित (राब), सत्तू, घी, दही का पानी, खट्टी काञ्जी; मूत्रकृच्छ्र तथा उदावर्त को हटानेवाले इस तर्पण को रोगी पीवे । सुश्रुत में भी—

'साम्लस्नेहगुडो मूत्रकृच्छ्रोदावर्तनाशनः ।'

अर्थात् अम्ल, स्नेह तथा गुड़ से युक्त तर्पण मूत्रकृच्छ्र तथा उदावर्त को नष्ट करते हैं ।।३६।।

मन्थः खर्जूरमृद्वीकावृक्षाम्लाम्लीकदाडिमैः ।
परूषकैः सामलकैर्युक्तो मद्यविकारनुत् ।।३७।।

खजूर, मृद्वीका (किशमिश वा मुनक्का), वृक्षाम्ल (विषांबिल), इमली, अनारदाना, फालसा, आँवला; इनसे युक्त मन्थ (जलालोड़ित सत्तू) मद्य के विकार को नष्ट करता है । अष्टाङ्गसंग्रह में 'मद्यविकारनुत्' की जगह 'तृष्णादिरोगजित्' ऐसा पाठ है ।।३७।।

स्वादुरम्लो जलकृतः सस्नेहो रूक्ष एव वा ।
सद्यः सन्तर्पणो मन्थः स्थैर्यवर्णबलप्रदः ।।३८।।

मधुर या खट्टा, स्निग्ध वा रूक्ष भी जल से संस्कृत हुआ जो कोई मन्थ है; वह सद्यः सन्तर्पण करता है और स्थिरता, वर्ण तथा बल को देनेवाला होता है । इन सब में सत्तू समुदित द्रव्य से द्विगुण लिये जाते हैं । जहाँ आलोड़नार्थ द्रव न कहा हो वहाँ जल लेना चाहिए । जल भी यदि अर्धशृत लिया जाय तो उत्तम है ।।३८।।

तत्र श्लोकः ।

सन्तर्पणोत्था ये रोगा रोगा ये चापतर्पणात् ।
सन्तर्पणीये तेऽध्याये सौषधाः परिकीर्तिताः ।।३९।।

इत्यग्निवेशकृते तन्त्रे चरकप्रतिसंस्कृते सूत्रस्थाने योजनाचतुष्के सन्तर्पणीयो नाम त्रयोविंशतितमोऽध्यायः ।।२३।।

१—'ऊर्ध्ववातः श्वासादिर्यत्रोर्ध्वं वायुर्याति, किंवा तन्त्रान्तरोक्तो रोगविशेषः; यथा—अधः प्रतिहतो वायुः श्लेष्मणा कुपितेन च । करोत्यनिशमुद्गारमूर्ध्ववातः स उच्यते' चक्रः । २—'यत्तदर्थे' ग० । ३—'तदिष्यते' पा० ।

४—'तर्पणास्तर्पणाश्चेति सन्तर्पणकारकमन्थादयः, तेनेह संज्ञामात्रेण ये तर्पणा अपतर्पणकारका व्योषादयस्ते न ग्राह्याः' चक्रः । ५—'वक्ष्यन्ते तर्पणा हिताः' ग० ।

१—'पिप्पलीमूल०' पा० ।

जो रोग सन्तर्पण से होते हैं और जो रोग अपतर्पण से उत्पन्न होते हैं; उन्हें औषध सहित इस सन्तर्पणीय अध्याय में कह दिया है।

इति त्रयोविंशतितमोऽध्यायः।

—०—

चतुर्विंशतितमोऽध्यायः

अथातो विधिशोणितीयमध्यायं व्याख्यास्यामः ॥
इति ह स्माह भगवानात्रेयः ॥१॥

अब हम विधिशोणितीय नामक अध्याय की व्याख्या करेंगे। ऐसा भगवान् आत्रेय ने कहा। इस अध्याय में दूष्यों में प्रधान रक्त की विकृति से उत्पन्न होनेवाले रोग तथा उनकी चिकित्सा बतायी जायगी ॥१॥

[1]विधिना शोणितं जातं शुद्धं भवति देहिनाम्।
देशकालौकसात्म्यानां विधिर्यः [2]सम्प्रकाशितः ॥२॥

देशसात्म्य, कालसात्म्य तथा ओकसात्म्य (अभ्याससात्म्य) की तस्याशितीय नामक अध्याय में जो विधि कही गयी है, उस आहार आचार की विधि से उत्पन्न हुआ २ रक्त शुद्ध होता है ॥२॥

तद्विशुद्धं हि रुधिरं बलवर्णसुखायुषा।
युनक्ति [3]प्राणिनं प्राणः शोणितं ह्यनुवर्तते ॥३॥

वह विशुद्ध रुधिर प्राणी को बल, वर्ण तथा सुख से युक्त करता है; क्योंकि रक्त पर ही प्राणी आश्रित हैं। सुश्रुत सू० १४ अध्याय में भी कहा है—

देहस्य रुधिरं मूलं रुधिरेणैव धार्यते।
तस्माद्यत्नेन संरक्ष्यं रक्तं जीव इति स्थितिः' ॥३॥

प्रदुष्टबहुतीक्ष्णोष्णैर्मद्यैरन्यैश्च तद्विधैः।
तथाऽतिलवणक्षारैरम्लैः कटुभिरेव च ॥४॥
कुलत्थमाषनिष्पावतिलतैलनिषेवणैः।
पिण्डालुमूलकादीनां हरितानां च सर्वशः ॥५॥
[4]जलजानूपबैलानां प्रसहानां च सेवनात्।
दध्यम्लमस्तुशुक्तानां[5] सुरासौवीरकस्य च ॥६॥
विरुद्धानामुपक्लिन्नपूतीनां भक्षणेन च।
भुक्त्वा दिवा प्रस्वपतां द्रवस्निग्धगुरूणि च ॥७॥
[6]अत्यादानं तथा क्रोधं भजतां चातपानलौ।
छर्दिवेगप्रतीघातात्काले चानवसेचनात् ॥८॥
श्रमाभिघातसन्तापैरजीर्णाध्यशनैस्तथा।
शरत्कालस्वभावाच्च शोणितं सम्प्रदुष्यति ॥९॥

रक्तदुष्टि के हेतु—विकृत मद्य के पीने से, अत्यधिक मात्रा में मद्य के पीने से, तीक्ष्ण मद्य के पीने से तथा उष्ण (गरम) मद्य के पीने से तथाच इसी प्रकार के अन्य मादक द्रव्यों के सेवन से, लवण, क्षार, अम्ल एवं कटुरस के अतिसेवन से, कुलथी, उड़द, मटर, तिल-तैल; इनके सेवन से, पिण्डालू, मूली आदि 'हरित' पदार्थों के सर्वशः सेवन से, जलचर, आनूपदेश के, बिलेशय (बिल में रहने-वाले) तथा 'प्रसह' पशुपक्षि के मांस के सेवन से; दही कांजी, दही का पानी, शुक्त (सिरका), सुरा, [1]सौवीरक, तथा संयोग संस्कार देश काल मात्रा आदि में विरुद्ध एवं गले सड़े तथा दुर्गन्धित पदार्थों के सेवन से, भोजन करके दिन में सोने से, द्रव, स्निग्ध एवं गुरु पदार्थों के निरन्तर सेवन से अथवा द्रव, स्निग्ध एवं गुरु भोज्य पदार्थों को खाकर दिन में सोने से, भोज्यद्रव्यों के (चाहे वे लघु ही हों) मात्रा से अधिक खाने से, क्रोध करने से, धूप तथा आग के तापने से, कै के वेग को रोकने से अथवा चक्रपाणि के अनुसार कै को रोकने से और पुरीष आदि के वेगों को रोकने से, रक्त की दुष्टि के दिनों में अर्थात् शरत्काल में रक्तमोक्षण न कराने से, थकावट, चोट एवं सन्ताप से, अजीर्ण से, अध्यशन (किये भोजन पर पुनः भोजन करने से–'भुक्तस्योपरि यद् भुक्तं तदध्यशनमुच्यते') से तथा शरत्काल के स्वभाव से रक्त दुष्ट हो जाता है। सुश्रुत सू० २१ अ० में भी कहा है—

'पित्तप्रकोपणैरेव चाभीक्ष्णं द्रवस्निग्धगुरुभिश्चाहारैर्दिवास्वप्नक्रोधानलातपश्रमाभिघाताजीर्णविरुद्धाध्यशनादिभिरसृक् प्रकोपमापद्यते' ४–९

ततः शोणितजा रोगाः प्रजायन्ते पृथग्विधाः।
[2]मुखपाकोऽक्षिरागश्च पूतिघ्राणास्यगन्धता ॥१०॥
गुल्मोपकुशवीसर्परक्तपित्तप्रमीलकाः[3]।
विद्रधी रक्तमेहश्च प्रदरो वातशोणितम् ॥११॥
[4]वैवर्ण्यमग्निनाशश्च पिपासा गुरुगात्रता।
सन्तापश्चातिदौर्बल्यमरुचिः शिरसश्च रुक् ॥१२॥
विदाहश्चान्नपानस्य तिक्ताम्लोद्गिरणं क्लमः।
क्रोधप्रचुरता बुद्धेः सम्मोहो लवणास्यता ॥१३॥
स्वेदः शरीरदौर्गन्ध्यं मदः कम्पः स्वरक्षयः।
तन्द्रा निद्रातियोगश्च तमसश्चातिदर्शनम् ॥१४॥
[5]कण्डूवरुःकोठपिडकाकुष्ठचर्मदलादयः।
विकाराः सर्व एवैते विज्ञेयाः शोणिताश्रयाः ॥१५॥

रक्तज रोग—तदनन्तर (रक्तदुष्टि के अनन्तर) नाना प्रकार के रक्तज रोग हो जाते हैं। यथा–मुख-पाक, अक्षिराग (आँख का लाल होना), नाक मुख से दुर्गन्ध आना, गुल्म, उपकुश, वीसर्प, रक्तपित्त, प्रमीलक, (सतत ध्यान), विद्रधि, रक्तमेह (Hoematuria) प्रदर, वातरक्त, विवर्णता (शरीर के वर्ण का बदल जाना), मन्दाग्नि, पिपासा (तृष्णा), देह का भारीपन, सन्ताप, अतिदुर्बलता, अरुचि, शिर का दर्द, खाये पीये का विदाह, तिक्त, अम्लरस के डकार आने, क्लम (अनायास श्रम), क्रोध का अत्यधिक आना, बुद्धि का फुरना, मुख का नमकीन रहना, स्वेद, शरीर का दुर्गन्धियुक्त होना, मद, कम्प, स्वरक्षय (स्वरनाश, स्वरभङ्ग), तन्द्रा, अत्यधिक निन्द्रा, अन्धकार का अत्यधिक दिखाई देना, कण्डू, फोड़े, फुन्सियाँ, कोठ, पिडका,

१—'विधिनेति सम्यगाहाराचारविधिना' चक्रः। २—'सम्प्रकाशित इति तस्याशितीयादौ' चक्रः। ३—'प्राणिनां' ग०। ४–'०शैलानां' पा०। ५–'सक्तूनां' पा०। ६–'अत्यादानं तृप्तिमतिक्रम्य भोजनं' चक्रः।

१–'यवैस्तु निस्तुषैः पक्वैः सौवीरं सन्धितं भवेत्' शार्ङ्गधरः। २–'मुखनासाक्षिपाकश्च' ग०। ३–'वेष्टेषु दाहः पाकश्च तेभ्यो दन्ताश्चलन्ति च। आघट्टिताः प्रस्रवन्ति शोणितं मन्दवेदनाः॥ आध्मायन्ते स्रुते रक्ते मुखं पूति च जायते। यस्मिन्नुपकुशः स स्यात्पित्तरक्तकृतो गदः'॥ ४–'वैरस्य०' ग०। ५–'कण्डूरुक्कोठ०' पा०।

कुष्ठ, चर्मदल आदि; ये सारे विकार रक्त के आश्रित जानने चाहिये। रक्तज विकार वस्तुतः रक्त से उत्पन्न नहीं होते, उपचार से रक्तज कहे जाते हैं, वस्तुतस्तु वात आदि दोषों से रक्त के दुष्ट होने पर ये विकार होते हैं। अष्टाङ्गसंग्रह सूत्र० १ अ० में कहा भी है—

'रसादिस्थेषु दोषेषु व्याधयः सम्भवन्ति ये।
तज्जानित्युपचारेण तानाहुर्घृतदाहवत् ॥'

अर्थात् रस रक्त मांस आदि दूष्यों में वात आदि दोषों के स्थित होने पर जो रोग उत्पन्न होते हैं, उन्हें उपचार से रसज, रक्तज तथा मांसज आदि कहा जाता है। जैसे गरम घृत से दाह होने पर यद्यपि दाह घृत स्थित अग्नि से होता है, पर लोक में कहा जाता है कि अमुक अवयव घी से जल गया है।

यही अभिप्राय आचार्य का भी है, अतएव प्रथम 'शोणितजाः' कहकर पश्चात् 'शोणिताश्रयाः' कहा है ॥१५॥

शीतोष्णस्निग्धरूक्षाद्यैरुपक्रान्ताश्च ये गदाः।
सम्यक् साध्या न सिध्यन्ति रक्तजांस्तान्विभावयेत् ।१६।

रक्तज रोगों की पहिचान—शीत, उष्ण, स्निग्ध; रूक्ष आदि परस्पर प्रतिपक्षी उपक्रमों द्वारा सम्यक्तया चिकित्सा करने पर भी जो साध्य रोग सिद्ध नहीं होते, उन्हें रक्तज समझें। असाध्य रोग भी शीत, उष्ण आदि द्वारा सिद्ध नहीं होते, अतः इसी दोष के निराकरण के लिए 'साध्यरोग' (साध्याः गदाः) कहा है। यहाँ पर शीत उष्ण आदि चिकित्सा वात आदि मात्र के हटाने के लिये की हुई जाननी चाहिये। शोणिताश्रित वात आदि के जय के लिये नहीं। क्योंकि उस समय तो वह क्रिया उस रोग को शान्त करेगी ही ॥१६॥

कुर्याच्छोणितरोगेषु रक्तपित्तहरीं कियाम्।
[1]विरेकमुपवासं वा स्रावणं शोणितस्य वा ॥१७॥

रक्तरोगों की चिकित्सा—रक्त के रोगों में यथायोग्य रक्तपित्तहर क्रिया, विरेचन, उपवास और रक्त का स्रावण करना चाहिये ॥१७॥

बलदोषप्रमाणाद्वा विशुद्ध्या रुधिरस्य वा।
रुधिरं स्रावयेज्जन्तोराशय प्रसमीक्ष्य वा ॥१८॥

रक्तस्रावण का प्रमाण—पुरुष के बल और दोष को देखकर अथवा रक्त की विशुद्धि से अथवा दुष्टरक्त के स्थान को देखकर रक्त का विस्रावण करना चाहिये। 'रक्त की विशुद्धि से' अभिप्राय यही है कि ज्यों ही विशुद्ध रक्त निकलने लगे त्यों ही रक्तस्रावण को रोक दे। रक्तस्रावण का परम प्रमाण १ प्रस्थ है। कहा भी है—

'बलिनो बहुदोषस्य वयःस्थस्य शरीरिणः।
परं प्रमाणमिच्छन्ति प्रस्थं शोणितमोक्षणे ॥'

यहाँ प्रस्थ = १३½ पल का होता है। कहा भी है—

'... ... ...तथा शोणितमोक्षणे।
सार्धत्रयोदशपलं प्रस्थमाहुर्मनीषिणः ॥'

प्रस्थ से कम भी रक्तनिर्हरण किया जा सकता है। भावमिश्र ने कहा है—

'शोणितं स्रावयेज्जन्तोरामयं प्रसमीक्ष्य च।
प्रस्थं प्रस्थार्धमथवा प्रस्थार्धार्धमथापि च ॥'

अर्थात् उत्तम प्रमाण प्रस्थ, मध्यम प्रमाण आधा प्रस्थ, अवर प्रमाण प्रस्थ का चतुर्थांश है। यह प्राचीन मत है ॥

परन्तु आजकल के लोगों के लिये तो प्रस्थ का चतुर्थांश ही उत्तम प्रमाण जानना चाहिये। इस स्रावण को भी कम ही सह सकेंगे। वस्तुतस्तु आजकल के लिये परम प्रमाण 'प्रसृत' ही होना चाहिये। प्रसृत २ पल के बराबर होता है। अतः भैषज्यरत्नावली में हमने—

'बलिनो बहुदोषस्य वयःस्थस्य शरीरिणः।
परं प्रमाणमिच्छन्ति प्रसृतं रक्तमोक्षणे ॥'

यह पाठ बदल कर पढ़ा है ॥१८॥

अरुणाभं भवेद्वाताद्विशदं फेनिलं तनु।
पित्तात्पीतासितं रक्तं स्त्यायत्यौष्ण्याच्चिरेण च ॥१९॥
ईषत्पाण्डु कफाद् दुष्टं पिच्छिलं तन्तुमद्घनम्।
द्विदोषलिङ्गं संसर्गात्त्रिलिङ्गं सान्निपातिकम् ॥२०॥

वात से दुष्ट रक्त अरुणवर्ण का, विशद, फेनिल (झागयुक्त) तथा पतला होता है। पित्त से दुष्ट पीला काला तथा उष्णता के कारण देर से जमता है। कफ से दुष्ट हुआ २ ईषत्पाण्डु (थोड़ा पीतगौर), पिच्छिल (चिपचिपा), तन्तुओंवाला तथा घन (गाढ़ा) होता है।

दोषों से दुष्ट रक्त के ये वर्ण क्यों होते हैं—इसका स्पष्टीकरण हमने सुश्रुतसंहिता शारीरस्थान ७ वें अध्याय के—

'तत्रारुणा वातवहाः पूर्यन्ते वायुना सिराः।
पित्तादुष्णाश्च नीलाश्च शीता गौर्यः स्थिराः कफात् ॥
असृग्वाहास्तु रोहिण्यः सिरा नात्युष्णशीतलाः ॥'

इन श्लोकों की संजीवनी नामक व्याख्या में किया है इसे वहीं देख लें।

संसर्ग से अर्थात् दो २ दोषों से दुष्ट रक्त में उन २ ही दोनों दोषों के मिलित लक्षण विद्यमान रहते हैं। सान्निपातिक रक्त में तीनों दोषों के लक्षण होते हैं। सुश्रुत सूत्र १४ अध्याय में भी—

'तत्र फेनिलमरुणं कृष्णं परुषं तनु शीघ्रगमस्कन्दि च वातेन दुष्टं, नीलं पीतं हरितं श्यावं विस्रमनिष्टं पिपीलिकामक्षिकाणामस्कन्दि च पित्तदुष्टं, गैरिकोदकप्रतीकाशं स्निग्धं शीतलं बहलं पिच्छिलं चिरस्रावि मांसपेशीप्रभं च श्लेष्मदुष्टम्। सर्वलक्षणसंयुक्तं काञ्जिकाभं विशेषतो दुर्गन्धि च सन्निपातदुष्टम्। इति द्विदोषलिङ्गं संसृष्टम्' १९,२०

तपनीयेन्द्रगोपाभं पद्मालक्तकसन्निभम्।
गुञ्जाफलसवर्णं च विशुद्धं विद्धि शोणितम् ॥२१॥

विशुद्ध रक्त के लक्षण—सुवर्ण तथा वीरबहूटी की आभावाला, लाल कमल, अलक्तक (लाक्षारञ्जित तूल—लाख से रंगी हुई रुई) के सदृश वर्णवाला तथा गुञ्जा (रत्ती, घुंघची) के समान, लालवर्ण वाला रक्त विशुद्ध होता है। सुश्रुत सूत्र १४ अ० में—

'इन्द्रगोपप्रतीकाशमसंहतमविवर्णं च प्रकृतिस्थं जानीयात्।'

नात्युष्णशीतं लघु दीपनीयं रक्तेऽपनीते हितमन्नपानम्।
तदा शरीरं ह्यनवस्थितासृगग्निर्विशेषेण च रक्षितव्यः ॥

१—'विरेकमनुवासं च' ग०।

रक्तस्रावण के पश्चात् पथ्य—रक्त के निकालने पर लघु और न बहुत गरम न बहुत ठण्डा अन्नपान हितकर होता है। उस समय देह में रक्त अस्थिर होता है और अग्नि की विशेष तौर पर रक्षा करनी होती है। अतः रक्त को स्थिर करने के लिये साथ ही अग्नि की रक्षा के लिये न अत्युष्ण न अतिशीत अन्न-पान का सेवन करना चाहिये। यदि अत्युष्ण अन्न-पान सेवन करे तो स्तम्भित रक्त के पुनः प्रवृत्त हो जाने का भय होता है। यदि अतिशीत खाये तो मंद अग्नि को और भी मन्द कर देता है। अतः न अतिशीत न अत्युष्ण अन्न-पान सेवन करना चाहिये। सुश्रुत सू० १४ अ० में भी—

'धातुक्षयाच्छ्रुते रक्ते मन्दः सञ्जायतेऽनलः।
पवनश्च परं कोपं याति तस्मात्प्रयत्नतः॥
तन्नातिशीतैर्लघुभिः स्निग्धैः शोणितवर्धनैः।
ईषदम्लैरनम्लैश्च भोजनैः समुपाचरेत्' ॥२२॥

प्रसन्नवर्णेन्द्रियमिन्द्रियार्थानिच्छन्तमव्याहतपक्तृवेगम्।
सुखान्वितं पुष्टिबलोपपन्नं विशुद्धरक्तं पुरुषं वदन्ति॥

विशुद्ध रक्तवाले पुरुष के लक्षण—जिसका वर्ण एवं इन्द्रिय प्रसन्न हों—निर्मल हों; जो इन्द्रियों के विषयों को चाहता हो, पाचकाग्नि का वेग जिसमें निर्विघ्न हो अर्थात् न अतितीक्ष्ण न अतिमृदु हो; तथा सुख, आरोग्य, पुष्टि एवं बल से युक्त पुरुष को विशुद्ध रक्तवाला जानें। अथवा अशुद्ध रक्त के स्रावण के पश्चात् रक्त के विशुद्ध होने पर ये लक्षण जानें ॥२३॥

यदा तु रक्तवाहीनि रससंज्ञावहानि[1] च।
पृथक् पृथक् समस्ता वा स्रोतांसि कुपिता मलाः॥२४॥
मलिनाहारशीलस्य रजोमोहावृतात्मनः।
प्रतिहत्यावतिष्ठन्ते जायन्ते व्याधयस्तदा॥२५॥
मदमूर्च्छायसंन्यासास्तेषां विद्याद्विचक्षणः।
यथोत्तरं बलाधिक्यं हेतुलिङ्गोपशान्तिषु॥२६॥

मद, मूर्च्छा तथा संन्यास की सम्प्राप्ति—अपथ्यभोजी, रज एवं मोह से आच्छादित है आत्मा जिसका ऐसे पुरुष के जब कुपित हुए २, पृथक् २ वा मिले हुए दोष रक्तवाही, रसवह तथा संज्ञावह स्रोतों को रोककर वहीं ठहर जाते हैं तब मद, मूर्च्छा तथा संन्यास नामक रोग हो जाते हैं। बुद्धिमान् वैद्य को इन्हें हेतु, लिङ्ग (लक्षण) तथा शान्ति में क्रमशः बल में अधिक जानना चाहिये। अर्थात् मद से मूर्च्छा बलवान् है और मूर्च्छा से संन्यास ॥२४–२६॥

दुर्बलं चेतसः स्थानं यदा वायुः प्रपद्यते।
मनो विक्षोभयन् जन्तोः संज्ञां संमोहयेत्तदा॥२७॥
पित्तमेवं कफश्चैवं मनो विक्षोभयन्नृणाम्।
संज्ञां नयत्याकुलतां,

दुर्बल चित्त के स्थान पर जब वायु पहुँच जाता है तब पुरुष के मन को विक्षुब्ध करता हुआ वह संज्ञा (होश) को मुग्ध कर देता है, संज्ञा को खराब कर देता है। इसी प्रकार पित्त और कफ भी मनुष्यों के मन को विक्षुब्ध करते हुए संज्ञा (होश) को व्याकुल कर देते हैं। चित्त का स्थान (Centre) मस्तिष्क में है। अथवा टीकाकारों ने हृदय को चित्त का स्थान माना है। यहाँ पर सामान्य रूप से सम्प्राप्ति कही गयी है ॥२७॥

विशेषश्चात्र वक्ष्यते॥२८॥

सक्तानल्पद्रुताभाषं चलस्खलितचेष्टितम्।
विद्याद्वातमदाविष्टं रूक्षश्यावारुणाकृतिम्॥२९॥

अब विशेष लक्षण पृथक् २ कहे जाते हैं—

वातमद से आक्रान्त पुरुष के लक्षण—रुक २ कर वा अव्यक्त, बहुत और जल्दी बोलनेवाले, जिसकी चेष्टायें अस्थिर एवं स्खलित हों, जैसे जब चलता हो तो ऐसा प्रतीत हो कि जैसे फिसल गया है इत्यादि उसे तथा साथ ही जिसकी आकृति रूक्ष, श्यामवर्ण वा अरुणवर्ण की हो; उसे वातमद से आक्रान्त जानें ॥२८, २९॥

सक्रोधं परुषाभाषं संप्रहारकलिप्रियम्।
विद्यात्पित्तमदाविष्टं रक्तपीतासिताकृतिम्॥३०॥

पित्तमद के लक्षण—जो पुरुष क्रोधयुक्त हो, कठोर वचन बोलता हो, लड़ाई-झगड़ा करता हो, जिसकी आकृति रक्त, पीत वा कृष्ण वर्ण की हो; उसे पैत्तिक मद से आक्रान्त जानें ॥३०॥

[1]स्वल्पासम्बद्धवचनं [2]तन्द्रालस्यसमन्वितम्।
विद्यात्कफमदाविष्टं पाण्डुं प्रध्यानतत्परम्॥३१॥

कफमद के लक्षण—जो थोड़ा और असम्बद्ध बोलता हो, तन्द्रा एवं आलस्य से युक्त हो, पाण्डु वर्ण हो, किसी ध्यान में मस्त रहता हो; उसे कफमद से आक्रान्त जानें ॥३१॥

सर्वाण्येतानि रूपाणि सन्निपातकृते मदे।
जायते शाम्यति त्वाशु मदो मद्यमदाकृतिः॥३२॥

सान्निपातिक मद के लक्षण—सन्निपातज में उपर्युक्त तीनों दोषों के मद के सम्पूर्ण लक्षण होते हैं॥

इस मद में मद्यजन्य मद के तुल्य लक्षण होते हैं, यह शीघ्र ही उत्पन्न होता है और शीघ्र ही शान्त हो जाता है। अर्थात् इसका दौरा शीघ्र ही आ जाता है और शीघ्र ही हट जाता है ॥३२॥

यश्च मद्यमदः प्रोक्तो विषजो रौधिरश्च यः।
सर्व एते मदा नर्ते वातपित्तकफत्रयात्[3]॥३३॥

जो मद्य से उत्पन्न होनेवाला, विषज वा रक्तज मद कहा जाता है—जैसा कि सुश्रुत उत्तरतन्त्र ४६ अ० में 'वातादिभिः शोणितेन मद्येन च विषेण च।' द्वारा कहा गया है—वे सब मद भी वात, पित्त, कफ वा सन्निपात से बिना नहीं होते। अतएव उनका भी इन्हीं में अन्तर्भाव कर लेना चाहिये।

चक्रपाणि तो कहता है कि इस श्लोक से आचार्य ने मद्यज तथा विषज मद को भी वातज, पित्तज, कफज एवं सान्निपातिक भेद से चार २ प्रकार का बताया है ॥३३॥

नीलं वा यदि वा कृष्णमाकाशमथवाऽरुणम्।
पश्यंस्तमः प्रविशति शीघ्रं च प्रतिबुध्यते॥३४॥
वेपथुश्चाङ्गमर्दश्च प्रपीडा हृदयस्य च।
कार्श्यं श्यावाऽरुणा छाया मूर्च्छाये वातसम्भवे॥३५॥

वातज मूर्च्छा के लक्षण—वातज मूर्च्छा में आकाश को नीलवर्ण, काला अथवा अरुण वर्ण का देखते हुए अन्धकार आ जाता

---

[1]—'संज्ञावहानीति संज्ञाहेतुमनोवहानि' चक्रः।

[1]—'स्वल्पसम्बन्ध०' पा०। [2]—'निद्रा०' ग०।
[3]—'०कफाश्रयात्' ग०।

है। पुनः वह पुरुष शीघ्र ही होश में आ जाता है। तथा जिसमें वेपथु (काँपना), अङ्गमर्द, हृदयदेश की पीड़ा, कृशता एवं शरीर की छाया श्याम वा अरुण (ईंट सा लाल) हो; उसे वातज मूर्च्छा जानना चाहिये ॥३४, ३५॥

रक्तं हरितवर्णं वा वियत्पीतमथापि वा ।
पश्यंस्तमः प्रविशति सस्वेदश्च प्रबुध्यते ॥३६॥
सपिपासः ससन्तापो रक्तपीताकुलेक्षणः ।
सम्भिन्नवर्चाः पीताभो मूर्च्छाये पित्तसम्भवे ॥३७॥

पित्तज मूर्च्छा के लक्षण– पित्तज मूर्च्छा में आकाश को लाल, हरा व पीले रङ्ग का देखते हुए आँखों के सामने अन्धेरा आता है। जब होश आता है, उसे पसीना आया हुआ होता है, प्यास लगती है, सन्ताप होता है । आँखें लाल, पीली एवं व्याकुल होती हैं। मल निकल जाता है। शरीर की आभा पीली होती है।

मेघसंकाशमाकाशमावृतं वा तमोघनैः[1] ।
पश्यंस्तमः प्रविशति चिराच्च प्रतिबुध्यते ॥३८॥
गुरुभिः प्रावृतैरङ्गैर्यथैवार्द्रेण चर्मणा ।
सप्रसेकः सहृल्लासो मूर्च्छाये कफसम्भवे ॥३९॥

कफज मूर्च्छा के लक्षण--कफज मूर्च्छा में आकाश को मेघ के सदृश अथवा घने अन्धकार से घिरा हुआ देखते आँखों के सामने अन्धेरा आ जाता है। इसमें होश देर से आती है। होश आने पर अङ्ग ऐसे भारी प्रतीत होते हैं जैसे गीले चमड़े से आच्छादित हों। लाला बहती है। जी मचलाता है ॥३८,३९॥

सर्वाकृतिः सन्निपातादपस्मार इवागतः ।
स जन्तुं पातयत्याशु विना बीभत्सचेष्टितैः[2] ॥४०॥

सन्निपातज मूर्च्छा के लक्षण—सन्निपात से तीनों दोषों की मूर्च्छाओं के लक्षण होते हैं। अपस्मार की तरह सान्निपातिक मूर्च्छा का दौरा आकर बीभत्स (घृणित) चेष्टाओं के बिना पुरुष को शीघ्र ही गिरा देता है। अर्थात् जैसे अपस्मार में रोगी एकदम गिर जाता है और उसे चोट आदि लग जाती है, वैसे ही सान्निपातिक मूर्च्छा में भी। परन्तु अपस्मार में मुख से झाग निकलना, जिह्वा का कटना, दाँतों का भींचा जाना आदि बीभत्स लक्षण भी होते हैं, वे इसमें नहीं होते ॥४०॥

दोषेषु मदमूर्च्छायाः कृतवेगेषु[3] देहिनाम् ।
स्वयमेवोपशाम्यन्ति सन्यासो नौषधैर्विना ॥४१॥

मद मूर्च्छा से संन्यास की विभिन्नता---देहियों में दोषों के वेग वा दौरा पूरा कर चुकने पर मद तथा मूर्च्छा स्वयं शान्त हो जाती हैं। अर्थात् चाहे औषध न भी दें तो भी दौरा हट जाता है पर संन्यास में दोषों का वेग औषध के बिना शान्त नहीं होता। अर्थात् जब तक होश में लाने के लिये उपयुक्त तीक्ष्ण नस्य आदि औषध न दी जायगी, तब तक संन्यास का रोगी काष्ठवत् बेहोश पड़ा रहेगा ॥४१॥

वाग्देहमनसां चेष्टामाक्षिप्यातिबला मलाः ।
संन्यस्यन्त्यबलं जन्तुं [1]प्राणायतनसंश्रिताः ॥४२॥
स ना संन्याससंन्यस्तः काष्ठीभूतो मृतोपमः ।
प्राणैर्वियुज्यते शीघ्रं मुक्त्वा [2]सद्यः फलां क्रियाम् ॥४३॥

संन्यास की सम्प्राप्ति—अतिबलवान् तीनों दोष प्राणायतनों (हृदय आदि) में आश्रित हुए २ वाणी, देह और मन की चेष्टा को नष्ट कर निर्बल प्राणी को संन्यास का शिकार बना लेते हैं–निःसंज्ञ कर देते हैं। वह मनुष्य संन्यास के रोग से निःसंज्ञ हुआ २ काष्ठ के समान (सर्वथा क्रियारहित) तथा मरे हुए के सदृश होता है। यदि इस रोग में सद्यःफल के देनेवाली चिकित्सा न की जाय तो वह शीघ्र ही मृत्यु को प्राप्त हो जाता है। अर्थात् इस रोग में तत्काल ही होश में लाने का प्रयत्न करना चाहिये। 'प्राणायतन' शब्द से रक्त और शिर का भी ग्रहण किया जा सकता है। रक्त का ही यह प्रकरण है और प्रथम 'प्राणः शोणितं ह्यनुवर्तते' यह कहा जा चुका है। और शिर में संज्ञावह तथा चेष्टावह नाड़ियों के केन्द्र हैं और उनके दोषों द्वारा आक्रान्त होने पर मूर्च्छा, संन्यास आदि रोग हो जाते हैं। १७ वें अध्याय में कहा भी जा चुका है–

'प्राणाः प्राणभृतां यत्र श्रिताः सर्वेन्द्रियाणि च ।
यदुत्तमाङ्गमङ्गानां शिरस्तदभिधीयते ॥'

अतः 'प्राणायतन' से शिर वा मस्तिष्क का भी ग्रहण किया जाता है। यह इसी अध्याय में पूर्व ही कहा जा चुका है कि मद, मूर्च्छा एवं संन्यास में रक्तवह, रसवह, तथा संज्ञावह स्रोतों को वात, पित्त, कफ तीनों दोष अवरुद्ध कर वहीं ठहर जाते हैं ॥४२, ४३॥

दुर्गेऽम्भसि यथा मज्जद्भाजनं त्वरया बुधः ।
गृह्णीयात्तलमप्राप्तं तथा संन्यासपीडितम् ॥४४॥

जैसे अत्यन्त गहरे पानी में डूबते हुए पात्र को तल पर पहुँचने से पूर्व ही शीघ्रता से निकालना पड़ता है, वैसे ही बुद्धिमान् वैद्य को चाहिये कि संन्यास से पीड़ित पुरुष को अन्तिम अवस्था पर पहुँचने से पूर्व ही बड़ी शीघ्रता से रोगी को बचाने का प्रयत्न करे। जितनी देरी होती जायगी रोगी को बचाना उतना ही कठिन होता जायगा। इसमें शीघ्रातिशीघ्र चिकित्सा करनी चाहिये ॥४४॥

अञ्जनान्यवपीडाश्च धूमः प्रधमनानि च ।
सूचीभिस्तोदनं शस्त्रैर्दाहः पीडा नखान्तरे ॥४५॥
लुञ्चनं केशलोम्नां च दन्तैर्दशनमेव च ।
आत्मगुप्तावघर्षाश्च हितास्तस्यावबोधने । ४६॥

सद्यःफला क्रिया (Emergency Medicine)–(तीक्ष्ण) अञ्जन, अवपीड (नाक में रस आदि का निचोड़कर देना), धूम (नाक से धूंआँ देना वा जैसे आजकल अमोनिया (Ammonia) सुंघाया जाता है), प्रधमन (चूर्ण रूप नस्य, जिसे मुख की फूंक वा विशेष प्रधमन यन्त्र द्वारा नाक में दिया जा सकता है), सुइयों वा

१—'तमोघनैरिति तमोभिर्घनैश्च' चक्रः ।
२—'विना बीभत्सचेष्टितैरिति दन्तखादनाङ्गविक्षेपणादिकं विना' चक्रः ।
३ कृतवेगेष्विति वेगं कृत्वा क्षीणबलेषु वेगो हि दोषाणां बलक्षयकारणं भवति, यदुक्तं विषमज्वरे 'कृत्वा वेगं गतबला' इत्यादि चक्रः । 'हृतवेगेषु' इति पाठान्तरम् ।

१—'प्राणायतनं हृदयं' चक्रः ।
२—'मुक्त्वेति अप्राप्य' चक्रः ।

शस्त्रों का चुभोना, दाह करना, नख और उसके मांस के मध्य में सुई आदि चुभो कर पीड़ा करना, केश और लोमों को उखाड़ना, दाँत से काटना और कौंच की फली का रगड़ना; ये क्रियायें संन्यास के रोगी को होश में लाने के लिये हितकर हैं। कौंच की फली पर बहुत से रोयें होते हैं; जिनसे असह्य कण्डू होती है ॥४५, ४६॥

सम्मूर्छितानि तीक्ष्णानि मद्यानि विविधानि च ।
प्रभूतकटुयुक्तानि तस्यास्ये [1]गालयेन्मुहुः ॥४७॥

विविध प्रकार की तीक्ष्ण मद्यों को मिलाकर जिसमें मरिच, पिप्पली आदि कटु द्रव्य प्रभूत मात्रा में डाले गये हों—बारम्बार रोगी के मुख में प्रयत्न से डालें। अर्थात् उस समय रोगी का मुख बन्द होता है, प्रयत्न से उसे खोलकर एक नली उसकी अन्नप्रणाली में पहुँचा दें उस नली के बाहर के मुख से मद्य डाल दें। ऐसा बार २ करे ॥४७॥

मातुलुङ्गरसं तद्वन्महौषधसमायुतम् ।
[2]तद्वत्सौवीरकं दद्याद्युक्तं मद्याम्लकाञ्जिकैः । ४८॥
हिङ्गूषणसमायुक्तं यावत्संज्ञाप्रबोधनम् ।

इसी प्रकार सोंठ के चूर्ण से युक्त मातुलुङ्ग (बिजौरा) का रस रोगी के मुख में बार २ डालें। तथा उसी प्रकार मद्य तथा खट्टी काँजी से युक्त सौवीर में हींग और कालीमिर्च (अथवा पिप्पली) डालकर रोगी के गले से नीचे उतारना चाहिये जब तक रोगी होश में न आ जाय ॥४८॥

प्रबुद्धसंज्ञमन्नैश्च लघुभिस्तमुपाचरेत् ॥४९॥
विस्मापनैः स्मारणैश्च प्रियश्रुतिभिरेव च ।
पटुभिर्गीतवादित्रशब्दैश्चित्रैश्च दर्शनैः ॥५०॥
स्रंसनोल्लेखनैर्धूमैरञ्जनैः कवलग्रहैः ।
शोणितस्यावसेकैश्च व्यायामोद्धर्षणैस्तथा ॥५१॥
प्रबुद्धसंज्ञं मतिमाननुबन्धमुपक्रमेत् ।
[3]तस्य संरक्षितव्यं हि मनः प्रलयहेतुतः ॥५२॥

जब रोगी होश में आ जाय तब लघु अन्नों से चिकित्सा करें। विस्मय को उत्पन्न करने से, इष्ट विषयों के स्मरण कराने से, रोगी के मन को प्रिय कथा आदि के सुनाने से, चतुर पुरुषों के गाने-बजाने के शब्दों से, विचित्र दृश्यों वा पदार्थों के दिखाने से, स्रंसन (विरेचन), उल्लेखन (वमन), धूमपान, अञ्जन, कवलधारण, रक्त-मोक्षण, व्यायाम, उद्वर्षण (अभ्यङ्ग न करके उबटन आदि मलना); इनके द्वारा बुद्धिमान् वैद्य होश में आये हुए रोगी के अनुबन्ध की निरन्तर चिकित्सा करे। अर्थात् रोगी को होश आने पर यह न समझना चाहिये कि सम्पूर्ण दोष हट गया है। उसमें अभी दोष बचा रहता है, जिससे पुनः उसी प्रकार का संज्ञानाश हो जाया करता है। अतः उससे बचाने के लिये बचे हुए दोष की विस्मयोत्पादन आदि द्वारा चिकित्सा अवश्य करनी चाहिये। उस रोगी के मन को, मन को डुबोने वाले कारणों से बचाये रखना चाहिये। रोगी के सामने ऐसी कोई चेष्टा न करनी चाहिये जिससे रोगी का मन डूबने सा लगे। नहीं तो उसको फिर वही दौरा हो जायगा। इसकी चिकित्सा में इस बात का ध्यान रखना अत्यन्त आवश्यक है। सुश्रुत उत्तर-तन्त्र ४६ अ० में—

'प्रभूतदोषस्तमसोऽतिरेकात् संमूर्च्छितो नैव विबुध्यते यः ।
संन्यस्तसंज्ञो भृशदुश्चिकित्स्यो ज्ञेयस्तदा बुद्धिमता मनुष्यः ॥
यथामलोष्टं सलिले निषिक्तं समुद्धरेदाश्वविलीनमेव ।
तद्वच्चिकित्सेत्त्वरया भिषक्तमस्वेदनं मृत्युवशप्रयातम् ॥
तीक्ष्णाञ्जनाभ्यञ्जनधूमयोगैस्तथा नखाभ्यन्तरशस्त्रपातैः
वादित्रगीतानुनयैरपूर्वैर्विचट्टनैर्गुप्तफलावघर्षैः ।
आभिः क्रियाभिश्च न लब्धसंज्ञः सानाहलालाश्वसनश्च वर्ज्यः ।
प्रबुद्धसंज्ञं वमनानुलोम्यैस्तीक्ष्णैर्विशुद्धं लघुपथ्यभुक्तम् ॥
फलत्रिकैश्चित्रकनागराद्यैस्तथाश्मजाताज्जतुनः प्रयोगैः ।
सशर्करैर्मासमुपक्रमेत विशेषतो जीर्णघृतं स पाय्यः ॥'

अर्थात् अत्यधिक प्रवृद्ध दोषोंवाला पुरुष जब तम के अत्यधिक बढ़ा होने से मूर्च्छित होकर होश में नहीं आता ऐसा संन्यास-रोगी अति कष्टसाध्य होता है। इसकी शीघ्र तीक्ष्ण अञ्जन आदि द्वारा चिकित्सा करनी चाहिये। यदि क्रियाओं से होश में न आये और रोगी को आनाह हो, लालास्राव हो, श्वास बहुत कठिनता से आता हो तो, उसे असाध्य जाने। जब होश में आ जाय तो तीक्ष्ण वमन, तीक्ष्ण अनुलोमन (विरेचन) आदि द्वारा शोधन करके लघु पथ्य का सेवन करनेवाले रोगी को एक मास पर्यन्त त्रिफला; चित्रक, सोंठ आदि से, तथा शिलाजीत के प्रयोग से-जिनमें शर्करा मिलाई हुई हो—एक मास तक चिकित्सा करें। इस रोग में रोगी को पुराना घृत (दस वर्ष तक रखा हुआ) विशेषतः पिलाना चाहिये ॥४९-५२॥

स्नेहस्वेदोपपन्नानां यथादोषं यथाबलम् ।
पञ्च कर्माणि कुर्वीत मूर्च्छायेषु मदेषु च ॥५३॥

मद, मूर्च्छा की चिकित्सा—मद और मूर्च्छाओं में स्नेहन एवं स्वेदन किये हुए रोगी को दोष एवं बल के अनुसार पञ्चकर्म कराने चाहिये ॥५३॥

[1]अष्टाविंशत्यौषधस्य तथा तिक्तस्य सर्पिषः ।
प्रयोगः शस्यते तद्वन्महतः षट्फलस्य वा ॥५४॥
त्रिफलायाः प्रयोगो वा सघृतक्षौद्रशर्करः ।
शिलाजतुप्रयोगो वा प्रयोगः पयसोऽपि वा ॥५५॥
पिप्पलीनां प्रयोगो वा [2]प्रयोगश्चित्रकस्य वा ।
रसायनानां [3]कौम्भस्य सर्पिषो वा प्रशस्यते ॥५६॥
रक्तावसेकाच्छास्त्राणां सतां सत्त्ववतामपि ।
सेवनान्मदमूर्च्छायाः प्रशाम्यन्ति शरीरिणाम् ॥५७॥

उन्मादरोगाधिकारोक्त अट्ठाईस औषधियोंवाला घृत-कल्याणक घृत (इसीका नाम पानीयकल्याणक भी है), कुष्ठाधिकारोक्त तिक्तघृत-महातिक्तषट्पलघृत; इनका प्रयोग हितकर है। अथवा घी, मधु,

---

१—'गालयेदिति यत्नेन मुखे प्रक्षिपेत्' चक्रः ।
२—'०सौवर्चलं' ग० । 'यवैस्तु निस्तुषैः पक्वैः सौवीरं सन्धितं भवेत्' ।
३—'ततः संरक्षितव्यो हि मनः प्रलयहेतुतः' ग० ।

१—'अष्टाविंशत्यौषधस्येति पानीयकल्याणस्य' चक्र. । २—'पयसा चित्रकस्य' ग० । ३—'कौम्भस्य दशाब्दिकस्य' चक्रः ।

खांड़ से युक्त त्रिफला का प्रयोग हितकर है । शिलाजीत का प्रयोग, दूध का प्रयोग (विशेषतः मधुरवर्गों से सिद्ध—'सिद्धानि वर्गे मधुरे पयांसि' सु० उत्तर० ४६ अ०), पिप्पली का प्रयोग, चित्रक का प्रयोग हितकर है । रसायनों का, कौम्भ घृत का (दस वर्ष का पुराना घी) प्रयोग प्रशस्त है । रक्तमोक्षण से तथा शास्त्राध्ययन से, सत्पुरुषों एवं धीर उत्साही पुरुषों के संग से पुरुषों के मद और मूर्च्छा शान्त हो जाते हैं ॥५४-५७॥

तत्र श्लोकौ ।

विशुद्धं चाविशुद्धं च शोणितं तस्य हेतवः ।
रक्तप्रदोषजा रोगास्तेषु रोगेषु चौषधम् ॥५८॥
मदमूर्च्छायसंन्यासहेतुलक्षणभेषजम् ।
विधिशोणितकेऽध्याये सर्वमेतत्प्रकाशितम् ॥५९॥

इत्यग्निवेशकृते तन्त्रे चरकप्रतिसंस्कृते सूत्रस्थाने योजनाचतुष्के
विधिशोणितीयो नाम चतुर्विंशतितमोऽध्यायः ॥२४॥

विशुद्ध और अविशुद्ध (दुष्ट) रक्त, इनके हेतु, रक्तप्रदोष से उत्पन्न होनेवाले रोग, उन रोगों की औषध मद, मूर्च्छा एवं संन्यास के हेतु लक्षण तथा चिकित्सा; ये सब विधिशोणितीय नामक अध्याय में प्रकाशित किया गया है ॥५८, ५९॥

इति चतुर्विंशतितमोऽध्यायः ।

पञ्चविंशतितमोऽध्यायः ।

अथातो यज्जः पुरुषीयमध्यायं व्याख्यास्यामः ।
इति ह स्माह भगवानात्रेयः ॥१॥

अब यज्जः पुरुषीय नामक अध्याय की व्याख्या की जायगी—ऐसा भगवान् आत्रेय मुनि ने कहा था । इस अध्याय में हित एवं अहित आहार का वर्णन मुख्यतया होगा ।

पुरा [1]प्रत्यक्षधर्माणं भगवन्तं पुनर्वसुम् ।
[2]समेतानां महर्षीणां प्रादुरासीदियं कथा ॥२॥
आत्मेन्द्रियमनोर्थानां योऽयं पुरुषसंज्ञकः ।
राशिरस्यामयानां च प्रागुत्पत्तिविनिश्चये ॥३॥

प्राचीन काल में तप योग आदि द्वारा जिसने धर्म का साक्षात्कार किया है ऐसे भगवान् पुनर्वसु के पास एकत्रित हुए २ महर्षियों में आत्मा, इन्द्रिय, मन और विषयों (रूप, रस आदि) का जो यह पुरुष नामक राशि (संघात) है, उसके और उसके रोगों की पूर्वोत्पत्ति के कारण के निर्णय के सम्बन्ध में यह कथा चल पड़ी । पुरुष—जो कि आयुर्वेद का अधिकरण है—वह, आत्मा, इन्द्रिय, मन और विषयों के एकत्र सम्मिलन का रूप है । प्रथमाध्याय में भी पुरुष को अधिकरण बताते हुए कहा है—

'सत्त्वमात्मा शरीरं च त्रयमेतत्त्रिदण्डवत् ।
लोकस्तिष्ठति संयोगात् तत्र सर्वं प्रतिष्ठितम् ॥
स पुमांश्चेतनं तच्च तच्चाधिकरणं स्मृ म् ।
वेदस्यास्य तदर्थं हि वेदोऽयं सम्प्रकाशितः ॥'

यद्यपि यहाँ पर 'इन्द्रिय' वा 'इन्द्रियविषयों' को पृथक् नहीं पढ़ा तो भी उन इन्द्रियों का शरीर से ही ग्रहण किया जाता है । और उनके 'विषयों' का मन, आत्मा तथा इन्द्रियों के संयोग से ही ग्रहण कर लेना चाहिये, क्योंकि जब तक इन्द्रियों का मन के साथ और मन का आत्मा के साथ संयोग नहीं होता तब तक इन्द्रियाँ विषय ग्रहण में असमर्थ रहती हैं ॥२, ३॥

[1]तदन्तरं काशिपतिर्वामको वाक्यमर्थवत् ।
व्याजहारर्षिसमितिमभिसृत्याभिवाद्य[2] च ॥४॥
किंतु [3]स्यात् पुरुषो [4]यज्जस्तज्जास्तस्यामयाः स्मृता ।
न वेत्युक्ते नरेन्द्रेण प्रोवाचर्षीन् पुनर्वसुः ॥५॥
सर्व एवामितज्ञानविज्ञानच्छिन्नसंशयाः ।
[5]भवन्तश्छेत्तुमर्हन्ति काशिराजस्य संशयम् ॥६॥

उस कथा के आरम्भ के समय काशी के राजा वामक ने ऋषियों की समिति में जाकर अभिवादन करके उसी अर्थवाला वाक्य कहा—'क्या जिससे पुरुष पैदा होता है उसी से उसके रोग भी पैदा होते हैं—ऐसा माना जाता है ? अथवा नहीं' । राजा के प्रश्न करने पर पुनर्वसु ने ऋषियों को सम्बोधन करके कहा—अपरिमित ज्ञान और विज्ञान से कट गये हैं संशय जिनके ऐसे आप सब ही काशी के राजा के संशय को मिटावें ॥४-६॥

पारीक्षिस्तत्परीक्ष्याग्रे मौद्गल्यो वाक्यमब्रवीत् ।
आत्मजः पुरुषो रोगाश्चात्मजाः कारणं हि सः ॥७॥
स चिनोत्युपभुङ्क्ते च कर्म कर्मफलानि च ।
नह्यते [6]चेतनाधातोः प्रवृत्तिः [7]सुखदुःखयोः ॥८॥

ऐसा कहने पर सब से पूर्व मौद्गल्य गोत्र में उत्पन्न हुए पारीक्षि नामक ऋषि ने राजा के प्रश्न पर विचार करके यह वचन कहा—कि पुरुष आत्मा से पैदा होता है और रोग भी आत्मा से ही पैदा होते हैं । वह आत्मा ही निश्चय से कारण है । क्योंकि वही कर्म का संचय करता है—कर्म करता है और वही उन कर्मों के फलों को भोगता है । आत्मा के कर्म करने से ही उसके फलस्वरूप नाना प्रकार की योनियों में जन्म तथा सुख-दुःख एवं शरीर में विकार वा आरोग्य आदि होते हैं । चेतना धातु (आत्मा) के बिना सुख और दुःख की प्रवृत्ति नहीं हो सकती । सुख और दुःख से आरोग्य एवं विकार का भी ग्रहण करना चाहिये—

'सुखसंज्ञकमारोग्यं विकारो दुःखमेव च' ॥ ७-८ ॥

शरलोमा तु नेत्याह न ह्यात्माऽऽत्मानमात्मना ।
योजयेद् व्याधिभिर्दुःखैर्दुःखद्वेषी कदाचन ॥९॥
रजस्तमोभ्यां तु मनः परीतं सत्त्वसंज्ञकम् ।
शरीरस्य समुत्पत्तौ विकाराणां च कारणम् ॥१०॥

शरलोमा ने कहा—नहीं । दुःख से द्वेष करनेवाला आत्मा

१—प्रत्यक्षधर्माणं साक्षात्कृतधर्माणं सुदृढेन प्रमाणेनावधारिता अर्था येन स साक्षात्कृतधर्मा । २—'उपासतां' ग०; 'महर्षयस्त्वासीनाः प्रादुश्चक्रुरिमां कथाम्' इति पाठान्तरम् ।

१—'अथ काशिपतिर्वाक्यं वामकोऽर्थवदन्तरा' पा० । 'तदन्तरं काशिपतिर्वामको वाचमर्थवित्' ग० ॥ २—'०मभिष्टुत्या०' ग० । ३—'भोः' ग० । ४—'तस्य एव पुरुषजनकात् कारणाज्जातास्तज्जाः' चक्रः । ५—'भवन्तोऽर्हन्ति नश्छेत्तुं काशिराजे च संशयम् ।' पा० । ६—'चेतनाधातुरात्मा' चक्रः । ७—'सुखदुःखयोरारोग्यरोगयोः' शिवदासः ।

स्वयं अपने आप को दुःख देनेवाले रोगों से कदापि युक्त नहीं कर सकता। यह तो रज और तम से युक्त सत्त्वसंज्ञक मन ही है जो शरीर की उत्पत्ति एवं रोगों की उत्पत्ति में कारण है। अर्थात् यदि आत्मा अपने आप को पैदा करने में समर्थ हो तो स्वयं दुःखद्वेषी होने से उत्तम से उत्तम योनि में सर्वदा आरोग्य युक्त रहनेवाला ही अपने को उत्पन्न करेगा। परन्तु ऐसा नहीं है; अतः उसको कारण नहीं माना जा सकता। मन को कारण मानना पड़ता है। रज और तम के कारण सुख और दुःख होते हैं। कहा भी है—

'मन एव मनुष्याणां कारणं बन्धमोक्षयोः' ॥९-१०॥

वार्योविदस्तु नेत्याह न ह्येकं कारणं मनः[1]।
नर्ते शरीरं शारीरा रोगा न[2] मनसः स्थितिः ॥११॥
रसजानि तु भूतानि व्याधयश्च पृथग्विधाः।
आपो हि रसवत्यस्ताः स्मृता निर्वृत्तिहेतवः[3] ॥१२॥

वार्योविद ने कहा—नहीं। एक मन ही कारण नहीं है। शरीर के बिना शारीर रोग नहीं हो सकते और न कहीं मन ही रह सकता है। अतः कोई दूसरा ही कारण होना चाहिये। कारणान्तर से उत्पत्ति में मन उपपादक हुआ करता है—सहायक हुआ करता है। वस्तुतस्तु प्राणिमात्र रस से उत्पन्न होते हैं और रोग भी रस से उत्पन्न होते हैं। माता-पिता के खाये हुए आहार के रस से ही शुक्र शोणित की उत्पत्ति है और पश्चात् गर्भिणी के आहाररस से उसकी पुष्टि होती है। अतः पुरुष रसज है। जल रसवाले हैं। अतः जल ही प्राणियों और रोगों के उत्पन्न होने में कारण हैं। अथवा 'ताः स्मृता निर्वृत्तिहेतवः' का अर्थ वही जल रसों की उत्पत्ति प्रकट होने में कारण है—ऐसा कर सकते हैं ॥

हिरण्याक्षस्तु नेत्याह न ह्यात्मा रसजः स्मृतः।
नातीन्द्रियं[4] मनः सन्ति रोगाः शब्दादिजास्तथा ॥१३॥
षड्धातुजस्तु[5] पुरुषो रोगाः षड्धातुजास्तथा।
राशिः षड्धातुजो ह्येष सांख्यैराद्यैः प्रकीर्तितः[6] ॥१४॥

हिरण्याक्ष ने कहा—नहीं। राशिपुरुष का जो आत्मा है, वह रस से उत्पन्न नहीं हो सकता और न ही अतीन्द्रिय (इन्द्रियागोचर) मन ही रस से उत्पन्न हो सकता है। अर्थात् राशि पुरुष के घटक आत्मा और मन यदि रस या जल से उत्पन्न होते तो अतीन्द्रिय न होते अपितु इन्द्रियगोचर होते; क्योंकि कारण के अनुरूप ही कार्य हुआ करता है। अतः पुरुष की उत्पत्ति में रस वा जल को कारण नहीं माना जा सकता।

1—'न ह्येकं कारणं मन इति व्याधिमात्रं प्रतीति शेषः' शिवदासः। 2—'शारीररोगाणां' ग०।

3—'रसजानीत्यादौ स्मृता निर्वृत्तिहेतव इति व्याधिपुरुषयोः; एतेन व्याधिपुरुषजनकरसकारणत्वेनापः कारणकारणतया पुरुषविकारयोः कारणं भवन्ति' चक्रः।

4—'यस्मादतीन्द्रियं मन आत्मा चातीन्द्रियः, तस्मान्न रसजौ; रसाद्धि जायमानं कारणगुणानुविधानादैन्द्रियकं स्यादित्यर्थः। हेत्वन्तरमाह—सन्तीत्यादि। अहितशब्दादिजन्ये विकारे न रसः कारणमित्यर्थः' चक्रः।

5—'आत्मा पृथिव्यादीनि च पञ्च षड् धातवः' चक्रः। 6—'परीक्षितः' ग०।

सम्पूर्ण रोग भी रस वा जल से उत्पन्न होनेवाले नहीं माने जा सकते, क्योंकि असात्म्य शब्द, रूप, गन्ध, आदि से विकार उत्पन्न हुए २ देखे जाते हैं। इन्हें किसी भी प्रकार रसज नहीं कहा जा सकता। अतः रस को ही सम्पूर्ण विकारों का कारण मानना अयुक्त है। वस्तुतस्तु पुरुष छः धातुओं से पैदा होता है और रोग भी छः धातुओं से ही पैदा होते हैं। प्राचीन तत्त्वज्ञानी महर्षियों ने भी इस पुरुष को छः धातुओं का राशि (संघात समूह) माना है। शारीरस्थान के प्रथम अध्याय में कहा भी जायगा—'खादयश्चेतनाषष्ठा धातवः पुरुषः स्मृतः।' अर्थात् पृथिवी आदि पञ्चमहाभूत तथा छठा आत्मा; ये छः धातु हैं। इन्हीं से पुरुष बना है। सुश्रुत शारीर १ अ० में भी 'यतोऽभिहितं पञ्चमहाभूतशरीरिसमवायः पुरुष इति' ॥१३,१४॥

[1]तथा ब्रुवाणं कुशिकमाह तन्नेति शौनकः।
[2]कस्मान्मातापितृभ्यां हि विना षड्धातुजो भवेत् ॥१५॥
पुरुषः पुरुषाद् गौर्गोरश्वादश्वः [3]प्रजायते।
पैत्र्या मेहादयश्चोक्ता[4] रोगास्तावत्र कारणम् ॥१६॥

कुशिक (हिरण्याक्ष का दूसरा नाम) के वैसा कहने पर शौनक ने कहा—नहीं। छः धातुओं से उत्पन्न होनेवाला पुरुष माता-पिता के बिना किस प्रकार उत्पन्न हो सकता है। अतः माता-पिता को ही पुरुषोत्पत्ति में कारण मानना पड़ेगा। तथा च देखते हैं—मनुष्य, से मनुष्य ही उत्पन्न होता है, गौ से गौ और घोड़े से घोड़ा। मनुष्य गौ, घोड़ा आदि छह धातुओं से ही पैदा होते हैं। यदि माता-पिता को कारण न माना जाय तो यह नियम नहीं रह सकता। और मनुष्य से गौ की उत्पत्ति हो जाय, गौ से घोड़े की, और घोड़े से मनुष्य की इत्यादि। परन्तु मनुष्य से ही मनुष्य उत्पन्न होता है आदि, इस नियम के देखने से माता-पिता को ही पुरुषोत्पत्ति में कारण मानना पड़ता है।

प्रमेह अर्श कुष्ठ आदि रोग भी माता-पिता से ही उत्पन्न होनेवाले कहे गये हैं। अतः रोगों का भी माता-पिता को ही कारण मानना पड़ता है ॥१५, १६॥

भद्रकाप्यस्तु नेत्याह नह्यन्धोऽन्धात्प्रजायते।
मातापित्रोरपि च ते प्रागुत्पत्तिर्न [5]युज्यते ॥१७॥
कर्मजस्तु मतो जन्तुः कर्मजास्तस्य चामयाः।
नह्यृते कर्मणो जन्म रोगाणां पुरुषस्य च ॥१८॥

भद्रकाप्य ने कहा—नहीं। क्योंकि अन्धे से अन्धा ही नहीं पैदा होता। यदि माता-पिता को ही कारण माना जाय तो उनमें से किसी एक के वा दोनों के अन्धा होने पर सन्तान अन्धी ही पैदा होनी चाहिये। परन्तु ऐसा होता नहीं। अतः माता-पिता को कारण

1—'तदुक्तवन्तं कुशिकमाह तन्नेति कौशिकः' च०। 2—'मातापित्रनपेक्षित्वे सर्वप्राणिषु षड्धातुसमुदायस्य विद्यमानत्वेन नरगोऽश्वादिभेदो न स्यादिति भावः' चक्रः। 3—'पुरुषः पुरुषं गौर्गामश्वोऽश्वं तु प्रजायते' ग०। अस्मिन् पाठे प्रजायते इत्यस्य उत्पादयतीत्यर्थः। 4—'मातापितृभवाश्चोक्ता' ग०।

5—'प्रागिति सर्गादौ निःशरीरिणो मातापित्रोरुत्पत्तिर्न स्यात्' चक्रः।

माननना युक्तिसङ्गत नहीं। और तुम्हारे (इस प्रकार माननेवाले के) माता-पिता की भी पूर्व उत्पत्ति नहीं होगी। अर्थात् उनके माता पिता इत्यादि का होना आवश्यक है। और चूँकि माता पिता के विना उत्पत्ति हो नहीं हो सकती; अतः सृष्टि के आदि में माता-पिता के न होने से तुम्हारे माता-पिता भी उत्पन्न नहीं हो सकते। इसलिये माता-पिता को ही सर्वथा कारण मानना भी ठीक नहीं। वस्तुतस्तु प्राणी का एवं रोगों का कारण कर्म ही है। कर्म के विना रोगों का और पुरुष का जन्म नहीं हो सकता—उत्पत्ति नहीं हो सकती ॥१७, १८॥

भरद्वाजस्तु नेत्याह कर्ता पूर्वं हि कर्मणः।
दृष्टं न चाकृतं कर्म यस्य स्यात्पुरुषः [1] फलम् ॥१९॥
[2]भावहेतुः स्वभावस्तु व्याधीनां पुरुषस्य च।
खरद्रवचलोष्णत्वं तेजोऽन्तानां यथैव हि ॥२०॥

भरद्वाज ने कहा—नहीं। कर्म से पहिले कर्ता (कर्म करनेवाला) का होना आवश्यक है। न किया गया कोई ऐसा कर्म नहीं देखा गया, जिसका फलरूप पुरुष हो। 'कृतस्य कर्मणः फलं, नाकृतस्य' किये हुए कर्म का ही फल होता है, न किये हुए का नहीं। जब यही सिद्धान्त है तो कर्म का करनेवाला भी कोई होना चाहिये। और उसका पूर्ववर्ती होना आवश्यक ही है। अर्थात् कर्ता के पूर्व न होने से न कर्म ही होगा और न कर्म के फलस्वरूप पुरुष ही उत्पन्न होगा। वस्तुतस्तु रोगों और पुरुष की उत्पत्ति का हेतु स्वभाव ही है। जैसे तेजःपर्यन्त महाभूतों में क्रमशः खरता (खरदरापन), द्रवता, चल (गतिवाला होना) तथा उष्णता (गरमी) ये स्वभावतः ही होती है, वैसे ही। शारीरस्थान १ अ० में कहा जायगा—

'खरद्रवचलोष्णत्वं भूजलानिलतेजसाम्।'

पृथिवी, जल, वायु एवं तेज में क्रमशः खरता, द्रवता, गतियुक्त होना तथा गरमी स्वभावतः होती है ॥१९, २०॥

काङ्कायनस्तु नेत्याह नह्यारम्भफलं भवेत् [3]।
भवेत्स्वभावाद्भावानामसिद्धिः सिद्धिरेव वा ॥२१॥
स्रष्टा त्वमितसंकल्पो ब्रह्मापत्यं प्रजापतिः।
चेतनाचेतनस्यास्य [4]जगतः सुखदुःखयोः ॥२२॥

काङ्कायन ने कहा—नहीं। यदि स्वभाव से ही विकार, शरीर तथा अन्य शुभाशुभ भावों की सिद्धि वा असिद्धि हो तो कृषि, वाणिज्य, यज्ञ आदि किये गये कर्मों का कोई फल ही न हो—उनका करना निष्प्रयोजन हो जायगा। क्योंकि स्वभावतः ही धान आदि पैदा हो जायँगे। वस्तुतस्तु ब्रह्मा का पुत्र प्रजापति (विराट् नामक) अपरिमित सङ्कल्पवाला (अनेकविध कार्य करनेवाला) ही इस चेतन और जड़ जगत् का स्रष्टा है तथा सुख-दुःख का कारण। गंगाधर के अनुसार द्वितीय श्लोक का अर्थ इस प्रकार होता है—अपरिमितसङ्कल्पवाला प्रजापालक ब्रह्मा (जैसे सूक्ष्मशरीरियों को पैदा करता है वैसे ही) राशिसंज्ञक अपत्य (प्रजा-पुरुष) का स्रष्टा है। मनु ने कहा—'प्रथममर्द्धेन नारी भूत्वार्द्धेन पुरुषो भूत्वा विराजमसृजत्' इत्यादि। देव नर आदि चेतन और वृक्ष आदि जड़ का भी स्रष्टा वही है। तथा सुख (आरोग्य) और दुःख (विकार) का कारण है। मनु ने कहा है—'द्वन्द्वैरयोजयच्चेमाः सुखदुःखादिभिः प्रजाः।' प्रथम सृष्टिकाल में ही ब्रह्मा ने सुखदुःखादि से युक्त इन प्रजाओं को पैदा किया ॥२१, २२॥

तन्नेति भिक्षुरात्रेयो न ह्यपत्यं प्रजापतिः।
प्रजाहितैषी सततं दुःखैर्युञ्ज्यादसाधुवत् ॥२३॥
कालजस्त्वेव पुरुषः कालजास्तस्य चामयाः।
जगत्कालवशं सर्वं कालः सर्वत्र कारणम् ॥२४॥

भिक्षु आत्रेय ने कहा—नहीं। प्रजा का हित चाहनेवाला प्रजापति असाधु पुरुषों (दुर्जनों) की तरह अपनी सन्तान को निरन्तर दुःख से युक्त नहीं करेगा। वस्तुतस्तु पुरुष काल से उत्पन्न होता है और रोग भी काल से उत्पन्न होते हैं। सम्पूर्ण जगत् काल के वश में है। अतः सर्वत्र काल ही कारण है ॥२३, २४॥

तथर्षीणां विवदतामुवाचेदं पुनर्वसुः।
मैवं वोचत [1], तत्त्वं हि दुष्प्रापं [2]पक्षसंश्रयात् ॥२५॥
वादान् संप्रतिवादान् हि वदन्तो निश्चितानिव।
पक्षान्तं नैव गच्छन्ति [3]तिलपीडकवद्गतौ ॥२६॥
मुक्त्वैवं वादसंघट्टमध्यात्ममनुचिन्त्यताम्।
नाविधूततमःस्कन्धे [4] ज्ञेये ज्ञानं प्रवर्तते ॥२७॥

इस प्रकार ऋषियों के विवाद करते हुए भगवान् पुनर्वसु ने यह कहा—कि इस प्रकार विवाद न करो, क्योंकि एक २ पक्ष का आश्रय ले लेने से तत्त्व पर पहुँचना अतिकठिन है। प्रतिवाद सहित वादों को निश्चित की तरह कहते हुए पक्ष के अन्त को प्राप्त नहीं होते, जैसे तेल निकालनेवाले कोल्हू को चलानेवाला पुरुष मार्ग के अन्त को नहीं प्राप्त होता, वैसे ही। अर्थात् जैसे कोल्हू चलानेवाला पुरुष बारम्बार वहीं चक्कर काटता रहता है, वैसे ही दूसरे के मत का खण्डन (प्रतिवाद) करके अपने २ पक्ष को स्थापन करते हुए (वाद) कहीं भी अन्त नहीं पा सकते। अतएव वादों के संघट्ट (इतनी भीड़ जिसमें परस्पर टकराते हों) को छोडकर तत्त्व का विचार करो। परपक्ष का खण्डन और अपने २ पक्ष का स्थापन रूपी अन्धकार के समूह के नष्ट न होने पर ज्ञातव्य विषय में

१—'कर्मणः पूर्वं कर्ता भवति' इति शेषः, येन कर्मणा स पुरुषः कर्तव्यः तस्य कर्मणः पुरुषपूर्वभाविकत्वात्कारणं स्वीकर्तव्यं, ततश्च स चेद्विना कर्म पुरुषोऽभूत्, कथं पुरुषस्य कर्म कारणमिति भावः' चक्रः। २—'भावहेतुरुत्पत्तिहेतुः' चक्रः। ३—'यदि स्वभावादेव भावानां विकारशरीरादीनां सिद्ध्यसिद्धी भवतः, तदाऽऽरम्भफलं न भवेत्, स्वाभाविकत्वाद्भावानां; य इमे लोकशास्त्रसिद्धा योगकृष्यध्ययनादयस्तास्ते निष्प्रयोजना भवेयुरकारणत्वादित्यर्थः' चक्रः। ४—'कारणं' ग०।

१—'रोचत' ग०। २—पक्षसंश्रयादिति रागतः पक्षसंग्रहात्' चक्रः। ३—'तिलपीडकस्तैलार्थं यन्त्रोपरि स्थितो मनुष्यः' चक्रः। ४—'पक्षरागश्चेह तत्त्वज्ञानप्रतिबन्धकत्वेन 'तमःस्कन्ध उच्यते' चक्रः।

ज्ञान नहीं होता। अभिप्राय यह है कि इस प्रकार विवाद करने से जिज्ञासु काशिपति वामक को कुछ भी ज्ञान नहीं होगा, उसका संशय वैसे का वैसे ही बना रहेगा और वह इस विषय में किसी निश्चित सत्यसिद्धान्त पर नहीं पहुँच पायेगा ॥२७॥

[1]येषामेव हि भावानां संपत्संजनयेन्नरम्।
तेषामेव विपद् व्याधीन् विविधान्समुदीरयेत्॥२८॥

तत्त्व का सिद्धान्त–जिन भावों (पदार्थों) के संपत् (उत्तमगुण) पुरुष को पैदा करते हैं, उनकी ही विगुणता (दोष) विविध रोगों को पैदा करती है। अभिप्राय यह है कि ऊपर जितने पृथक् २ पक्ष कहे गये हैं, वे सब समूह रूप में प्रशस्तगुण-युक्त होते हुए पुरुष की उत्पत्ति में कारण हैं। विगुण हुए २ नानारूप व्याधियों के कारण होते हैं। इनका विस्तृत वर्णन शारीरस्थान के खुड्डीकागर्भावक्रान्ति नामक तृतीय अध्याय में किया जायगा ॥२८॥

अथात्रेयस्य भगवतो वचनमनुनिशम्य पुनरेव वामकः काशिपतिरुवाच भगवन्तमात्रेयं—भगवन्! संपन्निमित्तजस्य पुरुषस्य विपन्निमित्तजानां च रोगाणां किमभिवृद्धिकारणमिति? ॥२९॥

भगवान् आत्रेय (पुनर्वसु) के वचन को सुनकर फिर काशी के राजा वामक ने भगवान् आत्रेय से पूछा—भगवन्! प्रशस्त गुणों से उत्पन्न हुए २ रोगों की वृद्धि का क्या कारण है? ॥२९॥

तमुवाच भगवानात्रेयः–हिताहारोपयोग एक एव पुरुषस्याभिवृद्धिकरो भवति, अहिताहारोपयोगः पुनर्व्याधीनां निमित्तमिति ॥३०॥

भगवान् आत्रेय ने उत्तर दिया—एक हितकर आहार का उपयोग ही पुरुष की वृद्धि करता है और अहितकर आहार का उपयोग रोगों की वृद्धि का कारण है ॥३०॥

एवंवादिनं भगवन्तमात्रेयमग्निवेश उवाच—कथमिह, भगवन्! हिताहितानामाहारजातानां लक्षणमनपवादमभिजानीमः, हितसमाख्यातानां चैव ह्याहारजातानामहितसमाख्यातानां च मात्राकालक्रियाभूमिदेहदोषपुरुषावस्थान्तरेषु विपरीतकारित्वमुपलभामहे इति ॥३१॥

ऐसा कहनेवाले भगवान् आत्रेय को अग्निवेश ने कहा—भगवन्! हितकर आहारों और अहितकर आहारों के अपवाद (विरोध) रहित लक्षण को हम किस प्रकार जानें? हितकर कहे गये लाल शालि आदि तथा अहितकर कहे गये जवी आदि आहार का, मात्रा, काल, क्रिया (संस्कार, संयोग), भूमि (रोगी और देश), देह, दोष (वात आदि, तथा रोग) तथा पुरुष की भिन्न २ अवस्थाओं में विपरीत गुणों का करना दिखाई देता है। अर्थात् जो हितकर कहे गये हैं, वे मात्रा आदि के भेद से हितकर भी हो जाते हैं। अतः कोई ऐसा लक्षण बतायें जिससे हम आहार को हितकर अहितकर जान सकें और उसमें कभी धोखा न खायँ। विष अहितकर है, परन्तु यदि उसे मात्रा में दिया जाय तो अमृत के समान होता है। यदि रक्त शालि आदि को मात्रा से अधिक खा लें तो ये ही विष के समान हो जाते हैं। मधु और घी दोनों ही रसायन हैं। यदि इन्हें समपरिमाण में मिला दें तो ये विष का प्रभाव रखते हैं, इत्यादि। इनके अनेक उदाहरण अष्टाङ्गसंग्रह सूत्रस्थान ७ अध्याय में देख लेने चाहियें ॥३१॥

तमुवाच भगवानात्रेयः—यदाहारजातमग्निवेश! समांश्चैव शरीरधातून् प्रकृतौ स्थापयति विषमांश्च समीकरोतीत्येतद्धितं विद्धि, विपरीतमहितमिति; एतद्धिताहितलक्षणमनपवादं भवति ॥३२॥

भगवान् आत्रेय ने उत्तर दिया—जो आहार समावस्था में स्थित शरीर की धातुओं (वात, पित्त, कफ तथा रस रक्त आदि धातु) को प्रकृति अर्थात् साम्यावस्था में ही रखता है और विषम हुए २ धातुओं को समावस्था में ले आता है; उसे हितकर जानो। इससे विपरीत को अहितकर। अर्थात् जो समधातुओं को विषम कर दें और जो विषम को विषमावस्था में ही रखे; उसे अहितकर जानना चाहिए; ये ही हित और अहित आहार का अपवाद रहित (अव्यभिचारी लक्षण है ॥३२॥

एवंवादिनं च भगवन्तमात्रेयमग्निवेश उवाच–भगवन्! न त्वेतदेवमुपदिष्टं [1]भूयिष्ठकल्पाः सर्वभिषजो विज्ञास्यन्ति॥३३॥

ऐसा कहनेवाले भगवान् आत्रेय को अग्निवेश ने कहा—भगवन्! जैसा कि आपने हिताहार और अहिताहार का लक्षण किया है वह नाना प्रकार के सब वैद्य नहीं जान सकते। अर्थात् बहुत थोड़े ही उसको समझ पायेंगे; अतः ऐसा उपदेश करें जिससे सब वैद्य ही समझ जायँ ॥३३॥

तमुवाच भगवानात्रेयः—येषां विदितमाहारतत्त्वमग्निवेश! गुणतो द्रव्यतः कर्मतः सर्वावयवतश्च मात्रादयो भावाः, त एतदेवमुपदिष्टं विज्ञातुमुत्सहन्ते। यथा तु खल्वेतदुपदिष्टं भूयिष्ठकल्पाः सर्वभिषजो विज्ञास्यन्ति, तथैतदुपदेक्ष्यामो मात्रादीन् भावाननुदाहरन्तः; तेषां हि बहुविधविकल्पा भवन्ति; आहारविधिविशेषांस्तु खलु लक्षणतश्चावयवतश्चानुव्याख्यास्यामः ॥३४॥

भगवान् आत्रेय ने कहा—हे अग्निवेश! सत्य है। सब नहीं समझ सकते। यह तो वही समझ सकते हैं। जो गुण, द्रव्य, कर्म तथा मात्रा आदि भावों (काल, क्रिया, भूमि, देह, दोष तथा पुरुष) की अवस्थाओं के सम्पूर्ण विभाग द्वारा आहार के तत्त्व को जानते हैं, वे ही उस अपवाद रहित लक्षण को समझ सकते हैं—लाभ उठा सकते हैं। नाना बुद्धियोंवाले सब चिकित्सक उस उपदिष्ट लक्षण को जिस प्रकार समझ सकते हैं, वैसा ही हम अब उपदेश करेंगे। परन्तु मात्रा आदि भावों को हम यहाँ नहीं कहेंगे। क्योंकि इनके बहुत प्रकार के विकल्प-भेद होते हैं। आहार के विधान–

१—'येषामिति यज्जातीयानां' चक्रः।

१—'भूयिष्ठकल्पा नानाप्रकारा उत्तमाधममध्यमा इत्यर्थः' चक्रः।

कल्पना के भेदों को लक्षण द्वारा तथा अवयव (विभाग वा एक २ का नाम लेकर) द्वारा व्याख्या करेंगे ॥३४॥

तद्यथा— आहारत्वमाहारस्यैकविधम् ; अर्थाभेदात् , स पुनर्द्वियोनिः, स्थावरजङ्गमात्मकत्वात् ; द्विविधप्रभावः, [१]हिताहितोदर्कविशेषात् ; चतुर्विधोपयोगः, पानाशनभक्ष्यलेह्योपयोगात् ; षडास्वादः, रसभेदतः षड्विधत्वात् ; विंशतिगुणः, गुरुलघुशीतोष्णस्निग्धरूक्षमन्दतीक्ष्णस्थिरसरमृदुकठिनविशदपिच्छिलश्लक्ष्णखरसूक्ष्मस्थूलसान्द्रद्रवानुगमनात् ; अपरिसंख्येयविकल्पः, [२]द्रव्यसंयोगकरणबाहुल्यात् ॥३५॥

जैसे—निगरण (निगलना) रूप विषय में भिन्नता न होने से आहार की आहारता एक प्रकार की है । भिन्न २ प्रकार के खाने-पीनेवाली वस्तुओं में निगरण के समान होने से सबको आहार कहते हैं । 'आहार्यते गलादधो नीयत इत्याहारः' । यतः गले से नीचे ले जाया जाता है, अतः आहार कहते हैं । सम्पूर्ण आहार के द्रव्यों में ये आहारता होती है । आहार के स्थावर और जङ्गम रूप होने से दो योनि हैं—दो उत्पत्ति स्थान हैं । अर्थात् आहार्य द्रव्य दो जगहों से प्राप्त होते हैं । १–स्थावरों (वृक्ष आदि) से, २–जङ्गमों (गौ आदि पशु) से । हित और अहित भाविफल के भेद से आहार का दो प्रकार का प्रभाव है । अर्थात् एक तो वे हैं जिनके आहार से भावी में हित होता है और दूसरे वे हैं जिनके आहार से अहित होता है । १–पान (पीना), २–अशन (नरम ओदन आदि जो कि चबाकर निगले जाते हैं), ३—भक्ष्य (कठिन जिन्हें अच्छी प्रकार चबाना पड़ता है), ४—लेह्य (चाटने योग्य) के उपयोग के भेद से आहार का चार प्रकार से उपयोग होता है । मधुर, अम्ल, लवण,कटु, तिक्त, कषाय; इन रसों के भेद से ६ प्रकार का होने से आहार के ६ स्वाद होते हैं ।

आहार बीस गुणोंवाला होता है—१ गुरु, २ लघु, ३ शीत, ४ उष्ण (गर्म), ५ स्निग्ध, ६ रूक्ष (रूखा), ७ मन्द, ८ तीक्ष्ण, ९ स्थिर, १० सर, ११ मृदु, १२ कठिन, १३ विशद, १४ पिच्छिल (चिपचिपा), १५ श्लक्ष्ण (चिकना),१६ खर (खुरदरा), १७ सूक्ष्म, १८ स्थूल, १९ सान्द्र. (गाढ़ा) २० द्रव (जल की तरह पतला); इन बीस गुणों से युक्त होने से । अर्थात् इन गुणों के कारण आहार को २० प्रकार का भी कह सकते हैं । सुश्रुत सूत्रस्थान ४६ अ० में इन गुणों के कर्म विस्तार से बताये गये हैं । कर्मों द्वारा ही हम नानाद्रव्याश्रित इन गुणों को जान सकते हैं । वहाँ व्यवायी, विकाशी और आशुकारी गुण पृथक् पढ़े हैं । परन्तु इनका 'सर' और 'तीक्ष्ण' में अन्तर्भाव कर लेना चाहिये । द्रव्यों के संयोग और संस्कारों के बहुत होने से आहार भी असंख्य विकल्पों-भेदोंवाला हो जाता है । संस्कार में—धोना, पकाना, मन्द अग्नि देना, तीक्ष्ण अग्नि देना, मथना, विशेष पात्रों में बनाना आदि सब का ग्रहण होता है । अर्थात् आहार एक प्रकार का, दो प्रकार का, चार प्रकार का, छह प्रकार का, बीस प्रकार का तथा अनगिनत प्रकार का होता है ॥३५॥

तस्य खलु ये ये विकारावयवा भूयिष्ठमुपयुज्यन्ते, [१]भूयिष्ठकल्पानां च मनुष्याणां प्रकृत्यैव हिततमाश्चाहिततमाश्च, तांस्तान् यथावदनुव्याख्यास्यामः ॥३६॥

उस आहार के विकारों के जो २ अवयव बहुधा प्रयोग में आते हैं और जो विभिन्न प्रकृति के मनुष्यों के लिये स्वभावतः हितकर वा अहितकर होते हैं, उन उनकी यथावत् व्याख्या की जायगी। अभिप्राय यह है कि आहार को भिन्न २ वर्गों में बांटा गया है—शूकधान्य, शमीधान्य, मांसवर्ग, घृतवर्ग, तैलवर्ग, शाकवर्ग इत्यादि। इन वर्गों में से जो २ द्रव्य बहुधा प्रयोग में आते हैं उनमें से एक दो द्रव्यों का—जो कि अत्यन्त हितकर वा अहितकर हैं वर्णन किया जायगा । इन्हीं वर्गों को यहाँ 'विकार' (प्रकार) शब्द से कहा गया है ॥३६॥

तद्यथा—लोहितशालयः शूकधान्यानां पथ्यतमत्वे श्रेष्ठतमा भवन्ति, मुद्गाः शमीधान्यानाम् , आन्तरीक्षमुदकानां, सैन्धवं लवणानां, जीवन्तीशाकं शाकानाम् , ऐणेयं मृगमांसानां, लावः पक्षिणां, गोधा बिलेशयानां, रोहितो मत्स्यानां, गव्यं सर्पिः सर्पिषां, गोक्षीरं क्षीराणां, तिलतैलं स्थावरजातानां स्नेहानां, वराहवसा आनूपमृगवसानां, चुलुकीवसा मत्स्यवसानां, पाकहंसवसा जलचरविहङ्गवसानां, कुक्कुटवसा विष्किरशकुनिवसानाम् , [२]अजमेदः शाखादमेदसां, शृङ्गवेरं कन्दानां, मृद्वीका फलानां, शर्करा इक्षुविकाराणामिति प्रकृत्यैव हिततमानामाहारविकाराणां प्राधान्यतो द्रव्याणि व्याख्यातानि भवन्ति ॥३७॥

जैसे शूकधान्यों में जो अत्यधिक पथ्य है उनमें लाल शालि चावल सबमें श्रेष्ठ है । शमी धान्यों में मूंग । जलों में वर्षाजल । लवणों में सैन्धानमक । शाकों में जीवन्ती का शाक । मृगों के मांसों में एण (हरिण) का मांस । पक्षियों में लाव नामक पक्षी का मांस । बिलेशय (बिलों में रहनेवाले) जन्तुओं में से गोह का मांस । मछलियों में रोहित (रोहू) मछली । घृतों में गौ का घी । दूधों में गौ का दूध । स्थावर (वनस्पति आदि) से उत्पन्न होने वाले स्नेहों में तिल तैल । आनूप देश के पशुओं की वसाओं (चर्बी) में से सूअर की चर्बी । मछलियों की वसाओं में से चुलुकी नामक मछली की वसा । जलचर पक्षियों की वसाओं में पाकहंस (हंसविशेष, श्वेतहंस) की वसा । विष्किर (जो फैलाकर खाते हैं) वर्ग के पक्षियों में से मुर्गे की वसा । शाखाद (जो शाखाओं को खाते हैं) जानवरों की मेदों में से बकरे की मेदा । कन्दों में अदरक । फलों में अङ्गूर । ईख के रस से बने पदार्थों में शर्करा (खाँड); यह स्वभावतः ही अत्यन्त हितकर अन्नपान के द्रव्यों की प्रधानरूप से व्याख्या कर दी है॥३७॥

१—'उदर्कम् उत्तरकालीनं फलं' चक्रः । २—'०संस्कारादिकरण०' ग० ।

१—'भूयिष्ठकल्पानामिति समानधातुप्रकृतीनां' चक्रः ।

२—'मेदो हि सर्वभूतानामुदरस्थमण्वस्थिषु च । स्थूलास्थिषु विशेषेण मज्जा त्वभ्यन्तराश्रितः । अथेतरेषु सर्वेषु सरक्तं मेद उच्यते ॥ शुद्धमांसस्य यः स्नेहः सा वसा परिकीर्तिता' ॥ सु० शा० ४ अ० ॥

अत ऊर्ध्वमहितानप्युपदेक्ष्यामः—यवकाः शूकधान्यानामपथ्यत्वे प्रकृष्टतमा भवन्ति, माषाः शमीधान्यानां, वर्षानादेयमुदकानाम्, औषरं लवणानां,सर्षपशाकं शाकानां, गोमांसं मृगमांसानां, काणकपोतः पक्षिणां, भेको बिलेशयानां, चिलिचिमो मत्स्यानाम्, आविकं सर्पिः सर्पिषाम्, अविक्षीरं क्षीराणां कुसुम्भस्नेहः स्थावरस्नेहानां महिषवसा आनूपमृगवसानां, कुम्भीरवसा मत्स्यवसानां, काकमद्गुवसा जलचरविहङ्गवसानां, चटकवसा विष्किरशकुनिवसानां, हस्तिमेदः शाखादमेदसां, लिकुचं फलानाम्, [1]आलुकं कन्दानां, फाणितमिक्षुविकाराणामिति प्रकृत्यैव अहिततमानामाहारविकाराणां प्रकृष्टतमानि द्रव्याणि व्याख्यातानि भवन्ति। इति हिताहितावयवो व्याख्यात आहारविकाराणाम् ॥३८॥

इसके बाद अहितकर द्रव्यों का उपदेश किया जायगा—शूकधान्यों में यवक (जवी) सब से अधिक अपथ्य है। शमीधान्यों में उड़द। जलों में वर्षा के दिनों का नदी का जल। लवणों में ऊषर भूमि का नमक—रेह का नमक–शाकों में सरसों का शाक। पशुओं के मांसों में गोमांस। पक्षियों में काणकपोत (जङ्गली कबूतर), बिलेशयों (बिल में रहनेवालों) में मण्डूक। मछलियों में चिलचिम नामक मछली। घृतों में भेड़ का घी। दूधों में भेड़ का दूध। स्थावर जाति के स्नेहों में कुसुम्भ का तैल। आनूपदेश के पशुओं की वसाओं में भैंस की वसा। मछलियों की वसाओं में से कुम्भीर (नक्रभेद) की वसा। जलचर पक्षियों की वसाओं में से जलकाक (जल का कौवा) की वसा। विष्किर वर्ग के पक्षियों की वसाओं में से चटक (चिड़िया) की वसा। शाखाद (शाखा खानेवाले) जानवरों की मेदों में हाथी का मेद। फलों में लिकुच (बड़हर)। कन्दों में आलू। ईख के विकारों में फाणित (राब)। यह स्वभावतः ही सबसे अधिक अहितकर अन्नपान में प्रधान द्रव्यों की व्याख्या की गयी है।

यह आहार (अन्नपान) के हितकर और अहितकर अंश की व्याख्या कर दी है ॥३८॥

अतो भूयः कर्मौषधानां [2]च प्राधान्यतः सानुबन्धानि च द्रव्याण्यनुव्याख्यास्यामः। तद्यथा—अन्नं वृत्तिकराणां श्रेष्ठम्, उदकमाश्वासकराणां, सुरा श्रमहराणां, क्षीरं जीवनीयानां, मांसं बृंहणीयानां, रसस्तर्पणीयानां, लवणमन्नद्रव्यरुचिकराणाम्, अम्लं [3]हृद्यानां, कुक्कुटो बल्यानां, नक्ररेतो वृष्याणां, मधु श्लेष्मपित्तप्रशमनानां, सर्पिर्वातपित्तप्रशमनानां, तैलं वातश्लेष्मप्रशमनानां, वमनं श्लेष्महराणां, विरेचनं पित्तहराणां, बस्तिर्वातहराणां, स्वेदो मार्दवकराणां, व्यायामः स्थैर्यकराणां, क्षारः पुंस्त्वोपघातिनां तिन्दुकमनन्नद्रव्यरुचिकराणाम्[4], आमं कपित्थमकण्ठ्यानाम्, आविकं सर्पिरहृद्यानाम्, अजाक्षीरं शोषघ्नस्तन्यसात्म्यदोषघ्नरक्तसांग्राहिकरक्तपित्तप्रशमनानाम्, अविक्षीरं श्लेष्मपित्तोपचयकराणां[1] महिषीक्षीरं स्वप्नजननानां, [2]मन्दकं दध्यभिष्यन्दकराणां, गवेधुकान्नं कर्षणीयानां, उद्दालकान्नं विरूक्षणीयानाम्, इक्षुर्मूत्रजननानां, यवाः पुरीषजननानां, जाम्बवं वातजननानां, शष्कुल्यः श्लेष्मपित्तजननानां, कुलत्था अम्लपित्तजननानां, माषाः श्लेष्मपित्तजननानां, मदनफलं वमनास्थापनानुवासनोपयोगिनां, त्रिवृत्सुखविरेचनानां, चतुरङ्गुलं मृदुविरेचनानां स्नुक्पयस्तीक्ष्णविरेचनानां, प्रत्यक्पुष्पी शिरोविरेचनानां, विडङ्गं क्रिमिघ्नानां, शिरीषो विषघ्नानां, खदिरः कुष्ठघ्नानां रास्ना वातहराणाम्, आमलकं वयःस्थापनानां; हरीतकी पथ्यानाम्, एरण्डमूलं वृष्यवातहराणां, पिप्पलीमूलं दीपनीयपाचनीयानाहप्रशमनानां,चित्रकमूलं दीपनीयपाचनीयगुदशूलशोथार्शोहराणां, पुष्करमूलं हिक्काश्वासकासपार्श्वशूलहराणां, मुस्तं संग्राहकदीपनीयपाचनीयानाम्, उदीच्यं निर्वापणीयदीपनीयपाचनीयच्छर्द्यतीसारहराणां, कट्वङ्गं संग्राहकदीपनीयपाचनीयानाम्, अनन्ता संग्राहकदीपनीयरक्तपित्तप्रशमनानाम्, अमृता संग्राहकवातहरदीपनीयश्लेष्मशोणितविबन्धप्रशमनानां, बिल्वं संग्राहकदीपनीयवातकफप्रशमनानाम्, अतिविषा दीपनीयपाचनीयसंग्राहकसर्वदोषहराणाम्, उत्पलकुमुदपद्मकिञ्जल्कं संग्राहकरक्तपित्तप्रशमनानां, दुरालभा पित्तश्लेष्मप्रशमनानां, गन्धप्रियङ्गुः शोणितपित्तातियोगप्रशमनानां, कुटजत्वक् श्लेष्मपित्तरक्तसंग्राहकोपशोषणानां, काश्मर्यफलं रक्तसंग्राहकरक्तपित्तप्रशमनानां, पृश्निपर्णी संग्राहकवातहरदीपनीयवृष्याणां, विदारिगन्धा वृष्यसर्वदोषहराणां, बला संग्राहकबल्यवातहराणां, गोक्षुरको बल्यमूत्रकृच्छ्रानिलहराणां, हिङ्गुनिर्यासः छेदनीयदीपनीयभेदनीयानुलोमिकवातकफप्रशमनानाम्, अम्लवेतसो भेदनीयदीपनीयानुलोमिकवातश्लेष्मप्रशमनानां, यावशूकः स्रंसनीयपाचनीयार्शोघ्नानां, तक्राभ्यासो ग्रहणीदोषार्शोघृतव्यापत्प्रशमनानां, क्रव्यादमांसरसाभ्यासो ग्रहणीदोषशोषार्शोघ्नानां घृतक्षीराभ्यासो रसायनानां, समघृतशक्तुप्राशाभ्यासो वृष्योदावर्तहराणां, तैलगण्डूषाभ्यासो दन्तबलरुचिकराणां, चन्दनोदुम्बरे दाहनिर्वापणालेपनानां, रास्नागुरुणी शीतापनयनप्रलेपनानां, लामज्जकोशीरे दाहत्वग्दोषस्वेदापनयनप्रलेपनानां कुष्ठं वातहराभ्यङ्गोपनाहे योगिनां, मधुकं चक्षुष्यवृष्यकेश्यकण्ठ्यवर्ण्यबल्यविरजनीयरोपणीयानां, वायुः प्राणसंज्ञाप्रदानहेतूनाम्, अग्निरामस्तम्भशीतशूलोद्वेपनप्रशमनानां, जलं स्तम्भनीयानां, मृदुभृष्टलोष्टनिर्वापितमुदकं तृष्णातियोगप्रशमनानाम्, अतिमात्राशनमामप्रदोषहेतूनां, यथाग्न्यभ्यवहारोऽग्निसन्धुक्षणानां, यथासात्म्यं चेष्टाभ्यवहारावुपसेव्यानां, कालभोजनमारोग्यकराणां, वेगसन्धारणमनारोग्यकराणां,

१—'मूलकं' ग०। २—चकारेण आहारविकाराणामिति समुच्चीयते। ३—'अम्लं हृद्यानामिति रुच्यानाम्, अम्लं हि स्वयमेव रोचते' चक्रः। ४—अनन्नद्रव्यरुचिकराणामिति पाठे 'अनन्यस्य स्वस्यैव रुचिकराणां जाम्बवादीनां मध्ये तिन्दुकफलं श्रेष्ठतमं स्वरुचिकरम् अन्यद्रव्यारोचकं श्रेष्ठतमं तिन्दुकमिति' गङ्गाधरः।

१—'श्लेष्मपित्तजननानाम्' पा०। २—'मन्दकमिति मन्दजातं' चक्रः।

तृप्तिराहारगुणानां,मद्यं सौमनस्यजननानां,मद्याक्षेपो धीधृतिस्मृतिहराणां, गुरुभोजनं दुर्विपाकानाम्, एककालभोजनं सुखपरिणामकराणां, स्त्रीष्वतिप्रसङ्गः शोषकराणां, शुक्रवेगनिग्रहः षाण्ढ्यकराणां, [1]पराघातनमन्नाश्रद्धाजनननानाम्; अनशनमायुषो ह्रासकराणां, प्रमिताशनं कर्शनीयानां, अजीर्णाध्यशनं ग्रहणीदूषणानां, विषमाशनमग्निवैषम्यकराणां, विरुद्धवीर्याशनं निन्दितव्याधिकराणां, प्रशमः पथ्यानाम्, आयासः सर्वापथ्यानां, मिथ्यायोगो व्याधिमुखानां, रजस्वलाभिगमनमलक्ष्मीमुखानां, ब्रह्मचर्यमायुष्याणां, [2]सङ्कल्पो वृष्याणां, दौर्मनस्यमवृष्याणाम्, अयथाबलमारम्भः प्राणोपरोधिनां विषादो रोगवर्धनानां, स्नानं श्रमहराणां,हर्षः प्रीणनानां-शोकः शोषणानां निर्वृतिः पुष्टिकराणां, पुष्टिः स्वप्नकराणाम्, स्वप्नस्तन्द्राकराणां सर्वरसाभ्यासो बलकराणाम्, एकरसाभ्यासो दौर्बल्यकराणां, गर्भशल्यमाहार्याणाम्, अजीर्णमुद्धार्याणां, बालो मृदुभेषजीयानां, वृद्धा याप्यानां, गर्भिणी तीक्ष्णौषधव्यवायव्यायामवर्जनीयानां, सौमनस्यं गर्भधारकाणां, सान्निपातो दुश्चिकित्स्यानाम्, आमो विषमचिकित्स्यानां, ज्वरो रोगाणां, कुष्ठं दीर्घरोगाणां, राजयक्ष्मा रोगसमूहानां, प्रमेहोऽनुषङ्गिनां, जलौकसोऽनुशस्त्राणां, [3]बस्तिस्तन्त्राणां, हिमवानौषधिभूमीनां[4], मरुभूरारोग्यदेशानाम्, अनूपोऽहितदेशानां निर्देशकारित्वमातुरगुणानां, भिषक् चिकित्साङ्गानां, नास्तिको वर्ज्यानां, लौल्यं क्लेशकराणाम्, अनिर्देशकारित्वमरिष्टानाम्, अनिर्वेदो [5]वार्त्तलक्षणानां, वैद्यसमूहो निःसंशयकराणां, योगो वैद्यगुणानां, विज्ञानमौषधीनां, शास्त्रसहितस्तर्कः साधनानां, [7]संप्रतिपत्तिः [8]फलज्ञानप्रयोजनानाम्, अव्यवसायः [9]कालातिपत्तिहेतूनां, दृष्टकर्मता निःसंशयकराणाम्, असमर्थता भयकराणां,तद्विद्यसंभाषा बुद्धिवर्धनानाम्, आचार्यः शास्त्राधिगमहेतूनाम्, आयुर्वेदोऽमृतानां[10], सद्वचनमनुष्ठेयानाम्, असंबद्ध[11]वचनमसंग्रहसर्वाहितानां, सर्वसंन्यासः सुखानामिति ॥३९॥

अब हित वा अहित उन २ कर्मों के औषधों के बहुशः उपयोग में आनेवाले द्रव्यों की प्रधानरूप से व्याख्या की जायगी। जैसे—शरीर की स्थिति करनेवाले पदार्थों में अन्न श्रेष्ठ है। आश्वासन देनेवालों में जल। थकावट को हरनेवाले में सुरा (मद्य)। जीवनीयों (जीवन Vitality देनेवालों) में दूध। बृंहण करनेवालों में मांस। तर्पण करनेवालों में मांसरस। भोज्यपदार्थों में—रुचि पैदा करनेवाला नमक। हृदय को प्रिय लगनेवालों में अम्ल (खट्टा रस)। बलकारकों में कुक्कुट (मुर्गा)। वृष्यों (वीर्यवर्धक तथा वीर्यस्रुति करनेवालों) में नक्र का वीर्य। कफपित्त को शान्त करनेवालों में मधु (शहद)। वातपित्त को शान्त करनेवालों में घी। वातकफ को शान्त करनेवालों में तैल। कफहरों में वमन (कै)। पित्तहरों में विरेचन। वातहरों में बस्तिकर्म। मृदुता करनेवालों में स्वेद। स्थिरता (दृढ़ता) करनेवालों में व्यायाम। पुंस्त्वनाशकों में क्षार। भोज्यपदार्थों में रुचि न पैदा करनेवालों में तिन्दुक। कण्ठ के लिये अहितकर औषधों में कच्चा कैथ। हृदय को प्रिय न लगनेवालों में भेड़ का घी। शोष (यक्ष्मा) को नष्ट करनेवाले, स्तन के लिये हितकर वा दूध पैदा करनेवाले, सात्म्य, दोषनाशक, रक्त को रोकनेवाले तथा रक्तपित्त को शान्त करनेवाले आहारद्रव्यों में बकरी का दूध। कफपित्त को शरीर में जमा करनेवालों में भेड़ का दूध। नींद लानेवालों में भैंस का दूध। अभिष्यन्द करनेवालों अर्थात् स्रोत आदि में कफ द्वारा क्लिन्नता करनेवालों में मन्दक दही (जो दही पूर्णरूप से न जमा हो—अभी ढीला ही हो)। कृश करनेवालों में गवेधुक (जूर्ण) नामक धान्य का भात। विरूक्षण (शरीर को रूखा करनेवालों) में उद्दालक (जंगली कोदो) का भोजन। मूत्रोत्पादकों में ईख। मल पैदा करनेवालों में जौ। वायु को उत्पन्न करनेवालों में जामुन। कफपित्त को पैदा करनेवालों में शष्कुली (तिलमिश्रित आटे से घी आदि में तला हुआ भक्ष्य)। अम्लपित्त पैदा करनेवालों में कुलथी। कफपित्त को पैदा करने वालों में उड़द। वमन, आस्थापन (रूक्षबस्ति) तथा अनुवासन (स्निग्ध बस्ति में उपयोग आनेवाले द्रव्यों में मैनफल)। सुख से विरेचन लानेवालों में अमलतास। तीक्ष्ण विरेचनों में सेहुण्ड (डण्डा थोहर) का दूध। शिरोविरेचन करनेवालों में अपामार्ग (चिरचिटा, ओंगा, पुठकण्ठा)। कृमिनाशकों में वायविडङ्ग। विषनाशकों में शिरीष (सिरस, सिरीह)। कुष्ठनाशकों में खदिर (खैर)। वातहर औषधों में रास्ना। वयःस्थापन औषधों में आंवला। पथ्य औषधों में हरड़। वृष्य तथा वातहर दोनों गुणयुक्त औषधों में एरण्ड की जड़। दीपन, पाचन तथा आनाह को शान्त करनेवालों में पिप्पलीमूल (पिपलामूल)। दाह को शान्त करनेवाली, दीपन, पाचन तथा कै एवं अतिसार को शान्त करनेवाली औषधों में गन्धवाला। संग्राहक, दीपन, पाचन, औषधों में श्योनाक (अरलू)। संग्राहक, दीपन तथा रक्तपित्त को शान्त करनेवाली औषधों में अनन्ता (अनन्तमूल)। दीपन, पाचन तथा गुदा में शूल तथा शोफ को हरनेवाली औषधों में चित्रकमूल (चीते की जड़)। हिक्का (हिचकी), श्वास, कास (खांसी) एवं पार्श्वशूल को हरनेवाली औषधों में पुष्करमूल (पोहकरमूल)। संग्राहक दीपन एवं पाचनों में मोथा। संग्राहक, दीपन, वातहर, कफ तथा रक्त के विबन्ध (स्रोतों में न बहना, जमकर रुक जाना) को शान्त करनेवाली औषधों में

१—'परावातनवधस्थानं,वध्यमानप्राणिदर्शनाद्धि घृणया नान्ने श्रद्धा स्यात्' चक्रः। परायतनमिति पाठे परमगृह्यमित्यर्थः। २—'संकल्पः स्त्रीसंगसंकल्पः' चक्रः। संकल्पः स्त्रीसङ्गमे तद्गुणादिविकल्पनम्', अष्टांगसंग्रहटीकायामिन्दुः। ३—'तन्त्राणामिति कर्मणां' चक्रः। ४—'साम औषधीनाम्' इत्यधिकः क्वचित्। ५—ऽवर्य्याणां, ग०। ६—'वार्तलक्षणानामित्यारोग्यलक्षणानां' चक्रः। गङ्गाधरः 'अनिर्वेदोऽधार्त्तासारलक्षणानाम्' इति पाठं स्वाकृत्य अनिर्वेदो, वैराग्यादितो मनःखेदो निर्वेदः, वैराग्यादितो मनःखेदाभावाऽधार्तस्याधृतिभावस्य लक्षणानां श्रेष्ठतमः असारलक्षणानाञ्च श्रेष्ठतमः इति व्याचष्टे। ७—'सम्प्रतिपत्तिः यथाकर्तव्यतानुष्ठानं' चक्रः। ८—'कालज्ञान' ग०। ९—'फलातिपत्ति' च०।

१०—'अमृतानामिति जीवितप्रधानहेतूनां' चक्रः।

११—'०असद् ग्रहण०' पा०।

गिलोय। संग्राहक, दीपन तथा वातकफ को शान्त करनेवाली औषधों में बिल्व (बेल)। दीपन, पाचन, संग्राहक तथा सम्पूर्ण दोषों (वात, पित्त, कफ तीनों दोषों) को हरनेवालों में अतीस। संग्राहक तथा रक्तपित्त को शान्त करनेवाले द्रव्यों में नीलोत्पल, श्वेतकमल तथा कुमुद; इनका केसर। पित्तकफ को शान्त करनेवालों में दुरालभा (जवासा)। रक्त और पित्त की अतिवृद्धि को शान्त करनेवालों में गन्धप्रियङ्गु। कफ, पित्त तथा रक्त के संग्राहक तथा उन्हें सुखानेवालों में कुटज (कुड़ा), की छाल। संग्राहक एवं रक्तपित्त को शान्त करनेवालों में गाम्भारी का फल। संग्राहक, दीपन, वातहर एवं वृष्य द्रव्यों में पृश्निपर्णी। वृष्य तथा सब दोषों (वात, पित्त, कफ), को हरनेवालों में शालपर्णी। संग्राहक, बल्य (बलवर्धक) तथा वातहरों में बला (खरैटी)। मूत्रकृच्छ्र (कष्ट से मूत्र आना) के नाशक तथा वातहरों में गोखरू। दोषों के छेदनकरनेवालों, दीपन, अनुलोमन करनेवालों एवं वातकफ को शान्त करनेवालों में हिङ्गु निर्यास गोंद (हींग)। भेदन, दीपन, अनुलोमन तथा वातकफ को हरनेवालों में अम्लवेतस (अमलवेत)। स्रंसन, पाचन तथा अर्शनाशक औषध द्रव्यों में यवक्षार। ग्रहणीदोष (संग्रहणी), शोथ, अर्श (बवासीर) तथा अत्यधिक घृत के सेवन से उत्पन्न विकार को शान्त करनेवालों में तक्र (छाछ) का प्रतिदिन सेवन। ग्रहणीदोष, शोष तथा बवासीर को नष्ट करनेवालों में मांसाहारी पशुपक्षियों के मांस का प्रतिदिन उपयोग। रसायनों में दूध और घी का प्रतिदिन सेवन। वृष्य एवं उदावर्त्त को नष्ट करनेवालों में समान घृत मिलाये हुए सत्तुओं को प्रतिदिन खाना। दाँतों को बलवान् करनेवालों एवं रुचिकरों में मुख में तैलगण्डूष का धारण करना। दाह को शान्त करने के लिये आलेपों में प्रयुक्त होनेवालों में चन्दन और गूलर। शीत को हटाने के लिये प्रयुक्त होनेवाले आलेप द्रव्यों में रास्ना और अगर। दाह, त्वग्दोष (Skin diseases) तथा स्वेद (पसीना) को हटाने के लिये प्रयुक्त होनेवाले प्रलेप द्रव्यों में लामज्जक (खवी) तथा उशीर (खस)। वातहर अभ्यङ्ग तथा उपनाह (पुल्टिस आदि) में उपयोगी द्रव्यों में कुष्ठ (कुठ)। नेत्रों के लिए हितकर, वृष्य, बालों के लिये हितकर, कण्ठ के लिये हितकर, वर्ण (Complexion) के लिये हितकर, बल्य, विरजनीय (मल तथा मूत्र की विवर्णता को हटानेवाले), रोपणीय (व्रण का रोपण करनेवाले) द्रव्यों में मुलहठी। प्राण एवं संज्ञा (ज्ञान, चेतनता) देनेवाले मुख्य हेतुओं में वायु। आम, स्तम्भ (जड़वत् होना–क्रिया में असमर्थता), शीत, शूल, कांपना; इनको शान्त करनेवालों में अग्नि। स्तम्भन पदार्थों में जल। अग्नि में लाल किये हुए मिट्टी के ढेले को जिस जल में बुझाया गया है वह जल, अत्यधिक तृष्णा को शान्त करनेवालों में, श्रेष्ठ है। आमदोष को उत्पन्न करनेवाले कारणों में अधिक मात्रा में भोजन करना प्रधान है। अग्नि को प्रदीप्त करनेवाले हेतुओं में अग्नि के अनुसार भोजन करना। सेवनीय कर्मों में सात्म्य (अनुकूलता) के अनुसार आहार-विहार करना। आरोग्यकर कर्मों में काल में खाना। काल जैसे—

'याममध्ये न भोक्तव्यं यामयुग्मं न लङ्घयेत्।
याममध्याद्रसोत्पत्तिर्यामयुग्माद् बलक्षयः॥'

अर्थात् प्रथम भोजन के पश्चात् १ प्रहर तक नहीं खाना चाहिये। दो प्रहर तक भूखा भी न रहे।

तथा च जितने बजे कोई प्रतिदिन भोजन करता है उसी समय प्रतिदिन उसे खाना चाहिये।

रोग उत्पन्न करनेवाले कारणों में पुरीष आदि के वेगों को रोकना। आहार के गुणों में तृप्ति। मन को प्रसन्न करनेवालों में मद्य। बुद्धि, धैर्य तथा स्मरण शक्ति को नष्ट करनेवालों में अत्यधिक मद्य के सेवन से उत्पन्न हुई मत्तता। कठिनता से पचनेवालों में द्रव्यगुरु, (स्वभाव से भारी) तथा मात्रागुरु (मात्रा से अधिक होने के कारण भारी) भोजन का करना। सुख से पचनेवालों में एक काल का भोजन। शोष (शरीर का सूखना वा क्षय) के हेतुओं में अत्यन्त मैथुन। षण्ढता (नपुंसकता) उत्पन्न करनेवालों में वीर्य के वेग को रोकना (withdrawal) अन्न में अरुचि उत्पन्न करनेवालों में पराघातन (वधस्थान, बूचड़खाना तथा जहाँ फाँसी आदि दी जाती है)। आयु को कम करनेवालों में अनशन (उपवास–न खाना), कृश करनेवाले कर्मों में अत्यल्प भोजन करना। ग्रहणी को दूषित करनेवालों में अजीर्ण पर भोजन करना वा खाये हुए पर (उसके पचने के पूर्व ही) फिर खा लेना। जाठराग्नि को विषम करनेवालों में विषमाशन (कम खाना, बहुत खाना, समय से पूर्व खाना, समय के गुजर जाने पर खाना) निन्दित कुष्ठ आदि रोगों को उत्पन्न करनेवालों में वीर्यविरुद्ध आहार का सेवन, जैसे — मछली और दूध का इकट्ठा वा एक ही समय खाना। पथ्यों में शान्ति अर्थात् मन का काम, शोक, चिन्ता, क्रोध आदि से निवृत्त रहना। सम्पूर्ण अपथ्यों में आयास अपथ्य है। यहाँ 'आयास' से अभिप्राय 'थकावट' से है। काल, बुद्धि तथा इन्द्रिय के विषयों का मिथ्यायोग व्याधि के कारणों में प्रधानतम है। यहाँ 'मिथ्यायोग' से 'समयोग' को छोड़कर शेष तीनों योगों–अर्थात् अयोग, अतियोग तथा मिथ्यायोग–का ग्रहण करना चाहिए। अथवा इन तीनों रोग के हेतुओं में भी अकेले मिथ्यायोग को ही प्रधानतम मानना चाहिये। अलक्ष्मी के कारणों में रजस्वला स्त्री से मैथुन करना। 'अलक्ष्मी' से अभिप्राय दारिद्रय, लड़ाई, झगड़ा, अकाल मृत्यु आदि से है। आयुर्वर्धक कारणों में ब्रह्मचर्य। वृष्यों में संकल्प अर्थात् मैथुन के लिए अभीष्ट स्त्री आदि का ध्यान में लाना। अवृष्यों में मन का शोक चिन्ता आदि में ग्रस्त होना। प्राणनाशकों में अपने बल के अनुसार कार्य न करना अर्थात् अपनी शक्ति से अधिक कार्य करना। रोग बढ़ानेवाले कारणों में विषाद (सर्वदा मन का दुःखी रहना)। थकावट हरनेवालों में स्नान। तृप्ति करनेवालों में हर्ष–प्रसन्नता। शरीर को सुखा देनेवालों में शोक। पुष्टिकर कारणों में मन की शान्ति। निद्रा लानेवालों में पुष्टि (शरीर में मांस आदि का ठीक उपचय होना)। तन्द्रा करनेवालों में अधिक नींद करना। बलकारकों में सम्पूर्ण छहों रसों का प्रति-

दिन सेवन करना। दुर्बलता करनेवालों में एक ही रस का प्रतिदिन सेवन करना। आकर्षण (खींचकर) करके निकालनेवालों में गर्भशल्य-मूढगर्भ वा मृतगर्भ। उद्धरणीय रोगों में अजीर्ण। जिन्हें मृदु औषध देनी चाहिये उनमें बालक। जिन्हें यापन करना होता है, उनमें बूढ़े। अर्थात् बूढ़ों की चिकित्सा में उनके जीवन काल को ही गुजारना होता है–रोग पूर्णरूप से नष्ट नहीं होते। तीक्ष्ण औषध, मैथुन तथा व्यायाम जिन्हें न करना चाहिए, उनमें गर्भिणी। गर्भधारक हेतुओं में मन का प्रसन्न होना। कष्टसाध्यों में सन्निपात (तीनों दोषों का कोप)। जिनकी चिकित्सा करनी बड़ी कठिन होती है, उनमें आम विष। विमानस्थान के त्रिविधकुक्षीय नामक अध्याय में कहा भी जायगा—

'विरुद्धाध्यशनाजीर्णाशनशीलिनः पुनरेवं दोषमामविषमाचक्षते भिषजो विषसदृशलिंगत्वात्। तत्परमसाध्यमाशुकारित्वाद्विरुद्धोपक्रमत्वाच्च।'

रोगों में ज्वर प्रधान है। दीर्घ रोगों (देर तक चले जानेवाले) में कुष्ठ। जिन रोगों में रोगों का समूह उत्पन्न हो जाता है, उनमें राजयक्ष्मा (तपेदिक)। अनुषङ्गी अर्थात् नित्य लगे रहनेवाले वा पुनः २ हो जानेवाले रोगों में प्रमेह। अनुशस्त्रों में जोंक। सुश्रुत सूत्र० १० अध्याय में अनुशस्त्र बताये हैं—

'अनुशस्त्राणि तु त्वक्सारस्फटिककाचकुरुविन्दजलौकोऽग्निक्षारनखगोजिशेफालिकाशाकपत्रकरीरबालाङ्गुलय इति।'

कर्मों में बस्तिकर्म प्रधान है। औषधियों की उत्पादक भूमियों में हिमालय पर्वत। आरोग्यकर देशों में मरुभूमि। अहितकर (स्वास्थ्य के लिए हानिकर) देशों में अनूपदेश (जलप्रधान देश)। रोगी के गुणों में निर्देशकारि होना अर्थात् जैसा वैद्य ने कहा है, वैसा करना। चिकित्सा के अङ्गों (चतुष्पाद) में चिकित्सक-वैद्य। जिनके संग का त्याग करना चाहिये, उनमें नास्तिक। क्लेश देनेवाले कारणों में लौल्य–जिह्वा के स्वाद में ही चित्त का लगा रहना। अरिष्ट (मृत्युसूचक) लक्षणों में वैद्य के आदेशानुसार रोगी का न चलना। आचार के लक्षणों में वैराग्य में प्रवृत्ति अथवा आरोग्य के लक्षणों में मनःखेद (मन की अप्रसन्नता) न होना। रोग-चिकित्सा तथा परीक्षा आदि में संशयरहित करनेवालों में वैद्यों का समूह। जैसे आजकल भी रोगनिर्णय न कर सकने पर वैद्य दूसरे योग्य वैद्यों को बुलाकर परस्पर परामर्श किया करते हैं। वैद्य के गुणों में औषध का सम्यक् प्रयोग। औषधियों में विज्ञान-आयुर्वेद का शास्त्र तथा कर्म द्वारा विशेष ज्ञान। कई टीकाकार 'विज्ञान' का अर्थ 'आत्मा आदि का ज्ञान' ऐसा करते हैं। अथवा 'विज्ञान' से अभिप्राय औषध के नाम रूप तथा सम्यग्योग के जानने से है। साध्यविषय को सिद्ध करने में अथवा ज्ञान के साधनों में शास्त्रयुक्त तर्क। जिनके फल का जानना प्रयोजन है, उनमें सम्यग्ज्ञानतत्त्वज्ञान अथवा यज्ञ आदि कर्त्तव्य कर्म का अनुष्ठान। काल को व्यर्थ गुजारने के कारणों में अनिश्चितता (निश्चय न करना)। संशयरहित होने के कारणों में कर्म का देखा होना। भयोत्पादक कारणों में असमर्थता। बुद्धि बढ़ाने के उपायों में उस २ विद्या के जाननेवालों से वाद वा बातचीत करना। शास्त्रज्ञान के कारणों में आचार्य। अमृतों में आयुर्वेद। अनुष्ठेय (कर्तव्य) कर्मों में सत्पुरुषों के वचन। बहुत बोलना और सबके लिए अहितकर होने में असम्बद्ध बोलना। सुखों में सम्पूर्ण क्रियाओं का त्याग अर्थात् फलाकांक्षा न रखते हुए भगवान् को अर्पण करते हुए कर्म करना ॥३६॥

भवन्ति चात्र।

अग्र्याणां शतमुद्दिष्टं यद् द्विपञ्चाशदुत्तरम्।
[1]अलमेतद्विकाराणां विघातायोपदिश्यते ॥४०॥

जो यह १५२ श्रेष्ठ भाव बताये गये हैं, वे रोगों के नाश के लिये पर्याप्त कहे गये हैं। अर्थात् इनके द्वारा हम रोगों की परीक्षा उनका साध्यासाध्य तथा चिकित्सा एवं पथ्य का निर्देश बहुत कुछ कर सकते हैं ॥४०॥

समानकारिणो येऽर्थास्तेषां श्रेष्ठस्य लक्षणम्।
ज्यायस्त्वं कार्यकारित्वेऽवरत्वं[2] चाप्युदाहृतम् ॥४१॥

तुल्य कर्मवाले जो भाव हैं, उनमें श्रेष्ठों के लक्षण (यहाँ पर 'पढ़ना' अर्थ है) कार्य करने में प्रवरता (उत्तमता) तथा अवरता (अधमता) भी बता दी है। जैसे 'अन्नं वृत्तिकराणाम्' तथा 'क्षारः पुंस्त्वोपघातिनाम्।' इत्यादि ॥

[3]वातपित्तकफेभ्यश्च यद्यत्प्रशमने हितम्।
प्राधान्यतश्च निर्दिष्टं यद् व्याधिहरमुत्तमम् ॥४२॥

वात, पित्त एवं कफ की शान्ति के लिये जो २ हितकर हैं तथा जो रोग के हरने में उत्तम हैं; उनका प्रधान रूप से निर्देश किया गया है। जैसे—'बस्तिर्वातहराणाम्'। 'विरेचनं पित्तहराणाम्'। 'वमनं श्लेष्महराणाम्'। इत्यादि तथा 'खदिरो कुष्ठघ्नानाम्' इत्यादि ॥४२॥

एतन्निशम्य निपुणश्चिकित्सां संप्रयोजयेत्।
एवं कुर्वन् सदा वैद्यो धर्मकामौ समश्नुते ॥४३॥

इस उपर्युक्त अग्रय (श्रेष्ठ) गुण को सुनकर निपुण वैद्य तदनुसार चिकित्सा करे। इस प्रकार करते हुए वैद्य सदा धर्म और काम को प्राप्त होता है। रोगी का रोग दूर होता है और वह स्वस्थ हो जाता है ॥४३॥

पथ्यं पथोऽनपेतं यद्यच्चोक्तं मनसः[4] प्रियम्।
यच्चाप्रियमपथ्यं च [5]नियतं तन्न लक्षयेत् ॥४४॥

१—अलमिति समर्थं' चक्रः।

२—वरत्वं' च। ३—'वातपित्तकफानां' ग.।

४—'पथः शरीरमार्गात् स्रोतोरूपादनपेतम्; अपेतमपकारकम्, अनपेतमनपकारकमित्यर्थः; पथग्रहणेन पथो बाह्यदोषा धातवश्च तथा पथो निवर्तका धातवो गृह्यन्ते, तेन कृत्स्नमेव शरीरं गृहीतं स्यात्। ततश्च शरीरानुपघाति पथ्यमिति स्यात; मनसो हितमिति प्रियार्थः। एतेन मनःशरीरानुपघाति पथ्यमिति पथ्यलक्षणमनपवादं स्यात्' चक्रः। ५—'नियतं निश्चितमिदमप्रियमेव सर्वदैवमपथ्यमेवेत्येवंरूपं किञ्चिन्नास्तीत्यर्थः। कुतो नास्तीत्याह—मात्रेत्यादि' चक्रः।

मात्राकालक्रियाभूमिदेहदोषगुणान्तरम ।
प्राप्य तत्तद्धि दृश्यन्ते ते ते भावास्तथा तथा ॥४५॥

शरीररूपी मार्ग को जो अपकार करनेवाला नहीं है, और जो मन को प्रिय है, वह पथ्य है। जो अपकार करनेवाला है और मन को अप्रिय है, वह अपथ्य है। वह पथ्यापथ्य निश्चित दिखाई नहीं देता। क्योंकि मात्रा, काल, क्रिया (संस्कार आदि), भूमि, देह एवं दोष की भिन्न २ अवस्थाओं को प्राप्त होकर वे २ भाव (जो कि अग्र्यसंग्रह में पढ़े गये हैं) वैसे २ (उन २ कथित कर्मों के करनेवाले) दिखाई देते हैं। जैसे घी पथ्य है। मात्रा से अधिक खाया जाय तो अपथ्य है। वसन्तकाल में अपथ्य है। विरुद्ध द्रव्यों के साथ संस्कृत यथा मधु और घी समपरिमाण में मिला देना अपथ्य है। आनूप देश में अपथ्य है। अतिस्थूल पुरुष के लिए अपथ्य है। कफ में अपथ्य है। अर्थात् एक पथ्य घी ही मात्रा आदि के अवस्थान्तरों को प्राप्त होकर अपथ्य हो जाता है। अतः हम किसी भी भाव या वस्तु को निश्चित रूप में नहीं कह सकते—ये पथ्य ही है वा अपथ्य ही है ॥

तस्मात्स्वभावो निर्दिष्टस्तथा मात्रादिराश्रयः।
तदपेक्ष्योभय कर्म प्रयोज्यं सिद्धिमिच्छता ॥४६॥

अतएव उन २ वस्तुओं वा भावों का स्वभाव (हिताहितता) तथा जिन पर वह निर्भर करता है उन मात्रा आदिकों का निर्देश कर दिया है। सफलता चाहनेवाले वैद्य को, इन दोनों—अर्थात् भावों का स्वभाव तथा मात्रा आदि की विवेचना से ही, चिकित्सा कर्म करना चाहिए। पारमार्थिक पथ्यापथ्य तो तभी होता है जब मात्रा आदि के अनुसार रक्तशालि आदिक का प्रयोग किया जाय ॥४६॥

तदात्रेयस्य भगवतो वचनमनुनिशम्य पुनरपि भगवन्तमात्रेयमग्निवेश उवाच—यथोद्देशमभिनिर्दिष्टः केवलोऽयमर्थो भगवता श्रुतस्त्वस्माभिः। आसवद्रव्याणामिदानीं लक्षणमनतिसंक्षेपेणोपदिश्यमानं शुश्रूषामहे इति ॥४७॥

भगवान् आत्रेय के उस वचन को सुनने के बाद अग्निवेश ने पुनरपि भगवान् आत्रेय को कहा—आपने जो यह उद्देशानुसार सम्पूर्ण विषय कहा है, वह हमने सुन लिया है। अब आसव द्रव्यों के लक्षण को हम कुछ विस्तार से सुनना चाहते हैं ॥४७॥

तमुवाच भगवानात्रेयः—धान्यफलमूलसारपुष्पकाण्डपत्रत्वचो भवन्त्यासवयोनयोऽग्निवेश ! सङ्ग्रहेणाष्टौ शर्करानवम्यः ॥४८॥

भगवान् आत्रेय ने कहा—हे अग्निवेश ! धान्य, फल, मूल (जड़), सार (अन्तःकाष्ठ), फूल, काण्ड, पत्र (पत्ते), त्वचा (छाल); ये आठ और खांड नौवीं; ये आसव के उत्पत्तिस्थान हैं। इनसे आसव तय्यार होते हैं ॥४८॥

तास्वेव [1]द्रव्यसंयोगकरणतोऽपरिसंख्येयासु यथापथ्यतमानामासवानां चतुरशीतिं निबोध; तद्यथा—सुरासौवीरतुषोदकमैरेयमेदकधान्याम्लाः षड् धान्यासवा भवन्ति। मृद्वीकाखर्जूरकाश्मर्यधन्वनराजादनतृणशून्यपरूषकामलकमृगलिण्डिकजाम्बवकपित्थकुवलबदरकर्कन्धुपीलुप्रियालपनसन्यग्रोधाश्वत्थप्लक्षकपीतनोदुम्बराजमोदशृङ्गाटकशङ्खिनीभिः फलासवाः षडविंशतिः। विदारिगन्धाश्वगन्धाकृष्णगन्धाशतावरीश्यामात्रिवृद्दन्ती द्रवन्तीबिल्वोरुबूकचित्रकमूलैरेकादश मूलासवाः। शालप्रियकाश्वकर्णचन्दनस्यन्दनखदिरकदरसप्तपर्णार्जुनासनारिमेदतिन्दुककिणिहीशमीशुक्तिपत्रशिंशपाशिरीषवञ्जुलधन्वनमधूकैः सारासवा विंशतिः। पद्मोत्पलनलिनकुमुदसौगन्धिकपुण्डरीकशतपत्रमधूकप्रियङ्गुधातकीपुष्पैर्दश पुष्पासवा भवन्ति। इक्षुकाण्डेक्षुवक्षुबालिकापुण्ड्रकचतुर्थाः काण्डासवा भवन्ति, पटोलताडपत्रपत्रासवौ द्वौ भवतः। तिल्वकलोध्रैलवालुकक्रमुकचतुर्थास्त्वगासवा भवन्ति, शर्करासव एक एवेति; एवमेषामासवानां चतुरशीतिः परस्परेणासंसृष्टानामासवद्रव्याणामुपनिर्दिष्टा भवन्ति ॥४९॥

[1] 'द्रव्यश्च संयोगश्च करणं च, ततोऽपरिसंख्येयाः स्युः' चक्रः।

ये ही द्रव्यों के संयोग एवं संस्कार के भेदों से अनगिनत हो जाते हैं। इन अनगिनतों में से पथ्यतम ८४ आसवों को जानो। जैसे—

धान्यासव—सुरा, सौवीर, तुषोदक, मैरेय, मेदक, धान्याम्ल; ये छह धान्यासव हैं। इनके लक्षण निम्न हैं—

सुरा—'परिपक्वान्नसन्धानसमुत्पन्नां सुरां जगुः ॥'

अथवा भावमिश्र के अनुसार—'शालिषष्टिकपिष्टादिकृतं मद्यं सुरा स्मृता।'

उबाले हुए शालि, षष्टिक आदि चावलों को सन्धित करके तय्यार की हुई मद्य को सुरा कहते हैं।

सौवीरक—'यवैः सुनिस्तुषैः पक्वैः सौवीरं सन्धितं भवेत्।'

अर्थात् निस्तुष (छिलके रहित) जौ को पकाकर सन्धान करने से सौवीर तय्यार होता है। अथवा—भावप्रकाश के अनुसार—

'सौवीरं तु यवैरामैः पक्वैर्वा निस्तुषैः कृतम्।
गोधूमैरपि सौवीरमाचार्याः केचिदूचिरे ॥'

यथा राजनिघण्टु में—

'सौवीरकं सुवीराम्लं ज्ञेयं गोधूमसम्भवम्।
यवाम्लजं यवोत्थं च तुषोत्थं च तुषोदकम् ॥'

अर्थात् कच्चे वा पकाये हुए निस्तुष जौ को सन्धित करने से सौवीर तय्यार होता है तथा कई आचार्य—यथा राजनिघण्टु में गेहूँ को सन्धित करने से भी सौवीर तय्यार होता है—ऐसा कहते हैं।

तुषोदक—तुषाम्बु सन्धितं ज्ञेयमामैर्विदलितैर्यवैः।

वृद्धवाग्भट में—ते क्रमाद्वितुषैर्विद्यात् सतुषैश्च यवैः कृते।

भावप्रकाश में—तुषोदकं यवैरामैः सतुषैः शकलीकृतैः।

अर्थात् कच्चे सतुष जौ को अधकटा करके सन्धित करने से तुषोदक तय्यार होता है।

मैरेय—सुरा को पुनः सन्धान करने से जो सुरा तय्यार होती है, उसे मैरेय कहते हैं। अथवा—'मैरेयं धातकीपुष्पगुडधान्याम्लसन्धितम्।' अर्थात् धाय के फूल, गुड़ तथा धान्याम्ल (कांजी) के सन्धान से मैरेय तय्यार होता है। आयुर्वेदविज्ञान में तो—

'मालूरमूलं बदरी शर्करा च तथैव हि।
एषामेकत्र सन्धानात् मैरेयी मदिरा मता ॥'

कैथ की जड़, बेर तथा खांड, इनके एकत्र सन्धान करने से मैरेयी नाम की मदिरा तय्यार होती है। परन्तु यहाँ धान्यासवों का वर्णन होने से इसका ग्रहण नहीं है।

मेदक—'सुरामण्डः प्रसन्ना स्यात्ततः कादम्बरी घना ।
तदधो जगलो ज्ञेयो मेदको जगलाद्घनः ॥'

सुरा का जो ऊपर का पतला निर्मल भाग होता है उसे सुरामण्ड कहते हैं, उससे घन (गाढ़ी) को कादम्बरी कहते हैं। उससे जो नीचे का भाग है उसे जगल और जगल की अपेक्षा भी जो घन भाग है उसे मेदक कहते हैं।

धान्याम्ल—'कुल्माषधान्यमण्डादिसन्धितं काञ्जिकं विदुः ।'
'धान्याम्लं शालिचूर्णाच्च कोद्रवादिकृतं भवेत् ॥'

अर्थात् साधारण काञ्जिक कुल्माष तथा धानों के मण्ड द्वारा सन्धान से प्रस्तुत होती है। शालिधान्य के चूर्ण और कोदों आदि के सन्धान से धान्याम्ल तय्यार होता है।

फलासव—अंगूर, गाम्भारी, खजूर, धन्वन (धामन), राजादन (खिरनी), तृणशून्य (केवड़ा), परूषक (फालसा), हरड़, आँवला, मृगलिण्डिका (बहेड़ा), जामुन, कैथ, कुवल (बेर का भेद, बड़ा बेर), बदर (बेर), कर्कन्धु (छोटा बेर, झरबेरी का बेर), पीलु, पियाल, पनस (कटहर), न्यग्रोध (बट, बरगद), अश्वत्थ (पीपल), प्लक्ष (पिलखन), कपीतन (आम्रातक, अम्बाड़ा), उडुम्बर (गूलर), अजमोदा, शृङ्गाटक (सिंघाड़ा), शङ्खिनी (यवतिक्ता अथवा 'शङ्खिनी फल' शिरीष को कहते हैं); इन फलों के आसव २६ होते हैं।

मूलासव—विदारिगन्धा (शालपर्णी), असगन्ध, सहिजन सतावर, श्यामा श्यामवर्ण की निसोत, त्रिवी अथवा श्यामालता-कृष्ण सारिवा, त्रिवृत् (निसोत, दन्ती, द्रवन्ती (बड़ी दन्ती), बिल्व (बेल) एरण्ड, चित्रक; इनके मूलों से ११ मूलासव होते हैं।

सारासव—शाल, [1] प्रियक (कदम्ब), अश्वकर्ण (शालभेद), चन्दन, स्यन्दन (तिनिश), खदिर (खैर), कदर (श्वेतखदिर), सप्तपर्ण (सतौना, सतिवन), अर्जुन, असन (शालभेद पीतशाल), अरिमेद (दुर्गन्धिखदिर, विटखदिर), तिन्दुक, किणिही (अपामार्ग अथवा कटभी), शमी (जण्डी), शुक्तिपत्र ([2]सप्तपर्ण), शिंशपा (शीशम), शिरीष, वञ्जुल (वेतस अथवा अशोक), धन्वन (धनुर्वृक्ष, धामन), मधूक (महुआ); इनके मध्यकाष्ठों से २० आसव तय्यार होते हैं।

पुष्पासव—पद्म (ईषत् श्वेतवर्ण का कमल), उत्पल (ईषन्नीलवर्ण का कमल), नलिन (ईषद्रक्त वर्ण का कमल), कुमुद, सौगन्धिक (नील कमल), पुण्डरीक (श्वेत कमल), शतपत्र (लाल कमल, कोकनद), मधूक (महुआ), प्रियङ्गु, धातकी (धाय); इनके फूलों से १० आसव प्रस्तुत होते हैं।

काण्डासव—इक्षु (ईख), काण्डेक्षु (ईख का भेद), इक्षुवालिका (इक्षु भेद), पुण्ड्रक (पौंडा); इन चारों के काण्डों से चार काण्डासव तय्यार होते हैं।

पत्रासव—पटोलपत्र (परवर के पत्ते) तथा ताड़ के पत्तों से दो पत्रासव होते हैं।

त्वगासव—बिल्व (बेल), शावर, लोध्र, एलवालुक, क्रमुक (पट्टिकालोध्र अथवा [1]सुपारी); इनकी त्वचाओं से ४ त्वगासव होते हैं।

शर्करासव—एक ही है।

इस प्रकार परस्पर न मिलाये हुए आसव के द्रव्यों को ८४ प्रकार का बताया गया है ॥४९॥

एषामासवानामासुतत्वादासवसंज्ञा । द्रव्यसंयोगविभागस्त्वेषां बहुविकल्पः संस्कारश्च; यथास्वयोनिसंस्कारसंस्कृताश्चासवाः स्वकर्म कुर्वन्ति; संयोगसंस्कारदेशकालस्थापनमात्रादयश्च भावास्तेषां तेषामासवानां ते ते समुपदिश्यन्ते तत्तत्कार्यमभिसमीक्ष्येति ॥५०॥

आसुत (सन्धान) करने से इन आसवों की आसव संज्ञा होती है। द्रव्यों के संयोग और विभाग का विस्तार तो बहुत प्रकार का है। इसी प्रकार इन द्रव्यों के संस्कार के भेद भी बहुत प्रकार के हैं। अपने २ संयोग और संस्कारों से सिद्ध किये हुए आसव अपना २ कर्म करते हैं। उन २ आसवों के उन २ कर्मों की विवेचना करके संयोग (द्रव्यों का), संस्कार, देश, काल, स्थापन (रखना, कितने दिन तक सन्धान के लिये रखना), तथा मात्रा आदि भावों का उपदेश किया जाता है। अर्थात् जिस रोग के लिये हम आसव तय्यार करना चाहते हैं, वहाँ उस २ रोगनाशक द्रव्यों के संयोग आदि का ध्यान करना होता है। इस प्रकार बुद्धि से हम कितने ही आसव तैयार कर सकते हैं। यहाँ पर केवल उन्हीं आसवों का ग्रहण नहीं करना चाहिये जो अग्नि से अपक्व द्रव्य से तैयार होते हैं। अरिष्ट का भी 'आसव' शब्द से ग्रहण होता है धान्याम्ल (कांजी) आदि का तो स्पष्ट ग्रहण किया ही गया है ॥५०॥

भवति चात्र ।

[2]मनःशरीराग्निबलप्रदानामस्वप्नशोकारुचिनाशनानाम् । संहर्षणानां प्रवरासवानामशीतिरुक्ता चतुरुत्तरैषा ॥५१॥

मन, शरीर तथा अग्नि के बल को देनेवाले; निद्रानाश, शोक तथा अरुचि को नष्ट करनेवाले; मन को प्रसन्न रखनेवाले; ८४ उत्कृष्ट आसव यहाँ कहे गये हैं ॥५१॥

तत्र श्लोकः ।

शरीररोगप्रकृतौ मतानि[3] तत्त्वेन चाहारविनिश्चयो यः । उवाच यज्जःपुरुषादिकेऽस्मिन्मुनिस्तथाऽग्र्याणिवरासवांश्च ॥५२॥

इत्यग्निवेशकृते तन्त्रे चरकप्रतिसंस्कृते सूत्रस्थाने अन्नपानचतुष्के यज्जःपुरुषीयोऽध्यायः पञ्चविंशतितमः समाप्तः।

भगवान् पुनर्वसु आत्रेय ने इस यज्जःपुरुषादिक अध्याय में शरीर और रोग के कारणों में ऋषियों के मत आहारविनिश्चय (आहारज्ञान) का तत्त्व तथा उत्कृष्ट आसव कहे हैं ॥५२॥

इति पञ्चविंशतितमोऽध्यायः।

१—'प्रियकः °असनः ° प्रियङ्गुः कदम्बश्च' इति धन्वन्तरीयनिघण्टौ एकार्थाद्यभिधानद्रव्यावलिः। २—सप्तपर्णः शुक्तिपर्णश्छत्रपर्णः सुपर्णकः। सप्तच्छदः गूढपुष्पस्तथा शाल्मलिपत्रकः। 'शुक्तिपत्रं बदरीवृक्ष इति' गंगाधरः। चक्रस्तु शुक्तीति पठित्वा शुक्तिर्बदरीत्याह।

१—सुपारी का फल ही आसवार्थ प्रयुक्त होता है, अतः 'क्रमुक' से पट्टिकालोध्र का ही ग्रहण करना चाहिये। २—'मनः शरीरेत्यादिना गुणकथनं युक्त्या पीतस्यासवस्य ज्ञेयम्' चक्रः। ३—'शरीररोगप्रकृतौ मतानीति शरीररोगयोः कारणे ये मुनीनां मतभेदास्तानित्यर्थः' शिवदासः।

षड्विंशोऽध्यायः ।

अथात आत्रेयभद्रकाप्यीयमध्यायं व्याख्यास्यामः ।
इति ह स्माह भगवानात्रेयः ॥१॥

अब हम आत्रेयभद्रकाप्यीय नामक अध्याय की व्याख्या करेंगे—ऐसा भगवान् आत्रेय ने कहा था । आहारविनिश्चय का इससे पूर्व के अध्याय में वर्णन हुआ है । आहार—रस वीर्य विपाक तथा प्रभाव द्वारा कर्म करता है, अतः इन्हें समझाने के लिये यह अध्याय है १

आत्रेयो भद्रकाप्यश्च शाकुन्तेयस्तथैव च ।
पूर्णाक्षश्चैव मौद्गल्यो हिरण्याक्षश्च कौशिकः ॥२॥
यः कुमारशिरा नाम भरद्वाजः [1]स चानघः ।
श्रीमान् वार्योविदश्चैव राजा मतिमतां वरः ॥३॥
निमिश्च राजा वैदेहो बडिशश्च [2]महामतिः ।
काङ्कायनश्च बाह्लीको बाह्लीकभिषजां वरः ॥४॥
एते श्रुतवयोवृद्धा जितात्मानो महर्षयः ।
वने चैत्ररथे रम्ये समीयुर्विजिहीर्षवः ॥५॥

आत्रेय (पुनर्वसु), भद्रकाप्य, शाकुन्तेय, मौद्गल्यगोत्र का पूर्णाक्ष, कौशिकगोत्र का हिरण्याक्ष, और जो पापरहित कुमारशिरा नामवाला भरद्वाज है, अतिबुद्धिमान् श्रीमान् राजा वार्योविद, विदेह (मिथिला) का राजा निमि, अतिबुद्धिमान् बडिश, बाह्लीक देश के वैद्यों में श्रेष्ठ बाह्लीकदेशोत्पन्न काङ्कायन; ये सब वयोवृद्ध (उमर से बूढ़े) और ज्ञानवृद्ध, जितात्मा (जिन्होंने अपने आपको वश में किया हुआ है) महर्षि विहार (सैर) की इच्छा से चैत्ररथ नामक मनोहर वन में एकत्रित हुए ॥२—५॥

तेषां तत्रोपविष्टानामियमर्थवती कथा ।
बभूवार्थविदां सम्यग्रसाहारविनिश्चये ॥६॥

अर्थ (विषय-subject) को जाननेवाले उन महर्षियों के वहाँ बैठे हुए रस द्वारा आहार के ज्ञान में यह सार्थक कथा चल पड़ी ॥६॥

एक एव रस इत्युवाच भद्रकाप्यो यं पञ्चानामिन्द्रियार्थानामन्यतमं [3]जिह्वावैषयिकं भावमाचक्षते कुशलाः, स पुनरुदकादनन्य इति ॥७॥

भद्रकाप्य ने कहा—एक ही रस है । जिसे कुशलपण्डित पाँचों इन्द्रियों के विषय (शब्द, स्पर्श, रूप, रस, गन्ध) में अन्यतम और जिह्वा से ग्रहण किये जानेवाला भाव कहते हैं । अर्थात् जिह्वा का विषय रस है । यह रस जल से भिन्न नहीं है ॥७॥

द्वौ रसाविति शाकुन्तेयो ब्राह्मणश्छेदनीयश्चोपशमनीयश्चेति ॥८॥

शाकुन्तेय ब्राह्मण ने कहा—दो रस हैं । १-छेदनीय, २-उपशमनीय[4]। अर्थात् छेदनीय वह रस है, जो दोष को काट के निकाल दे । उपशमनीय वे हैं जो दोषों को शान्त कर दें ॥८॥

त्रयो रसा इति पूर्णाक्षो मौद्गल्यश्छेदनीयोपशमनीयौ साधारणश्चेति ॥९॥

मौद्गल्यगोत्रीय पूर्णाक्ष ने कहा-तीन रस हैं। छेदनीय, २ उपशमनीय' ३ साधारण (जिसमें छेदनीय और उपशमनीय दोनों मिश्रित हों) ।

चक्रपाणि 'छेदनीय' से अपतर्पण—लङ्घन और 'उपशमनीय' से बृंहण का तथा 'साधारण' से लङ्घन और बृंहण दोनों कर्मों के करनेवाले रस का ग्रहण करता है ॥९॥

चत्वारो रसा इति हिरण्याक्षः कौशिकः स्वादुर्हितश्च स्वादुरहितश्चास्वादुरहितश्चास्वादुर्हितश्चेति ॥१०॥

कौशिक हिरण्याक्ष ने कहा—चार रस हैं । १-स्वादुहितकारी, २-स्वादु अहितकारी, ३-अस्वादु (जो स्वादिष्ट न हो) अहितकारी, ४-अस्वादु-हितकारी ॥१०॥

पञ्च रसा इति कुमारशिरा भरद्वाजो भौमोदकाग्नेयवायवीयान्तरिक्षाः ॥११॥

कुमारशिरा भरद्वाज ने कहा-पाँच रस हैं । १ भौम (भूमिसम्बन्धी), २-औदक, ३ आग्नेय, ४ वायव्य, ५ आन्तरिक्ष । अर्थात् पाँचों महाभूतों से एक २ रस; इस प्रकार पाँच रस होते हैं ॥११॥

षडरसा इति वार्योविदो राजर्षिः । गुरुलघुशीतोष्णस्निग्धरूक्षाः ॥१२॥

वार्योविद राजर्षि ने कहा-छह रस हैं । १ गुरु (भारी) २ लघु (हलका), ३ शीत, ४ उष्ण (गरम), ५ स्निग्ध, ६ रूक्ष ॥१२॥

सप्त रसा इति निमिर्वैदेहो मधुराम्ललवणकटुतिक्तकषायक्षाराः ॥१३॥

विदेह के राजा निमि ने कहा-सात रस हैं। १ मधुर (मीठा), २ अम्ल, ३ लवण, ४ कटु (मरिच आदि का रस), ५ तिक्त (नीम आदि का रस), ६ कषाय (कसैला), ७ क्षार (खारा) ॥१३॥

अष्टौ रसा इति बडिशो धामार्गवो मधुराम्ललवणकटुतिक्तकषायक्षाराव्यक्ताः ॥१४॥

बडिश धामार्गव ने कहा-आठ रस हैं। १ मधुर, २ अम्ल (खट्टा) ३ लवण, ४ कटु, ५ तिक्त, ६ कषाय, ७ क्षार, ७ अव्यक्त (अस्पष्ट) अर्थात् जिसने अभी मधुरता आदि का धारण न किया हो अथवा जिसे जिह्वा पार्थक्येन न जान सके ॥१४॥

अपरिसंख्येया रसा इति काङ्कायनो बाह्लीकभिषगाश्रयगुणकर्म[1]संस्वादविशेषाणाम[2]परिसंख्येयत्वात् ॥१५॥

बाह्लीक देश के वैद्य काङ्कायन ने कहा-रस अनगिनत हैं। क्योंकि रसों के आश्रय (द्रव्य), गुण (गुरु आदि), कर्म (धातुओं को बढ़ाना घटाना आदि) तथा संस्वाद (स्वाद) के भेद अनगिनत हैं। अर्थात् आश्रय आदि के भेद के अनगिनत होने से रस भी अनगिनत होते हैं। स्वाद में भी भेद प्रत्यक्ष ही है । यथा ईख, दूध वा गुण आदि में मधुरता है, परन्तु भिन्न २ प्रकार की जिसको जिह्वा ही जानती है । कहा भी है—

'इक्षुक्षीरगुडादीनां माधुर्यस्यान्तरं महत् ।
भेदस्तथापि नाख्यातुं सरस्वत्यापि शक्यते ॥१५॥

१-'शठानघः' ग. । २—'महामुनिः' पा० ।

३-'जिह्वावैषयिकमिति जिह्वाग्राह्यं' चक्रः । ४-अम्ललवणकटुभिः क्षारैः क्लेदादिदोषश्छिद्यते इति हि दृश्यते । मधुरतिक्तकषायैरुपशाम्यत इति च दृश्यते' इति गङ्गाधरः ।

१- ०संस्कार०' ग । २-'मपरिमेयत्वात्' पा० ।

षडेव रसा इत्युवाच भगवानात्रेयः पुनर्वसुः। मधुराम्ललवणकटुतिक्तकषायाः ॥१६॥

भगवान् पुनर्वसु ने सिद्धान्त बताया—कि नहीं, छह ही रस हैं १ १ मधुर, २ अम्ल, ३ लवण, ४ कटु, ५ तिक्त, ६ कषाय ॥१६॥

[1]तेषां रसानां योनिरुदकम् ॥१७॥

इन छहों रसों का उत्पत्तिस्थान जल है। इससे भद्रकाप्य के मत का (रस से जल की भिन्नता का) खण्डन किया है। अर्थात् जल रसों का कारण है। जल ही रस नहीं है। कारण और कार्य भिन्न होते हैं। पहिले २५ वें अध्याय में कहा भी है—

'आपो हि रसवत्यस्ताः स्मृता निर्वृत्तिहेतवः ॥१७॥

छेदनोपशमने द्वे कर्मणी। तयोर्मिश्रीभावात्साधारणत्वम् ॥१८॥

छेदन और उपशमन, ये दो कर्म हैं। छेदन से दोषों को निकालना वा शोधन अभिप्रेत है। उपशमन से दोषों का शान्त करना। ये दोनों प्रकार के कर्मों के भेद रसों के कर्म बताते हुए स्पष्ट हो जायँगे। इससे शाकुन्तेय ब्राह्मण के मत का खण्डन किया है।

इन दोनों कर्मों के सम्मिश्रण से 'साधारणता' होती है अर्थात् ये भी कर्म ही हैं। इससे पूर्णाक्ष के मत का खण्डन किया है ॥१८॥

[2]स्वाद्वस्वादुता भक्तिद्वेषौ। द्वौ हिताहितौ प्रभावौ ॥१९॥

स्वादुता और अस्वादुता ये रुचि और द्वेष के दूसरे नाम हैं। जिस रस को पुरुष चाहता है वह स्वादु और जिसे नहीं चाहता उसे अस्वादु कहा जाता है। ये तो प्रति पुरुष की अपेक्षा रखते हैं रस की भिन्नता करनेवाले नहीं। हित-अहित दोनों रसों के प्रभाव हैं। इससे हिरण्याक्ष के मत का खण्डन हुआ ॥१९॥

पञ्चमहाभूतविकारास्त्वाश्रयाः प्रकृतिविकृति[3]विचारदेशकालवशाः ॥२०॥

पञ्च महाभूतों के विकार—भौम (पृथ्वी से बना) औदक (जल से बना) आदि रसों के आश्रय हैं, स्वयं रस नहीं हैं। कणाद ने भी कहा है—

'तस्मिन् पञ्चमहाभूतविकारे द्रव्ये मधुरादयो रसा आश्रिताः, अतो न भौमो रस आप्यो वा तैजसो वाऽथ वायव्यो वान्तरिक्षो वेति।'

ये आश्रय प्रकृति, विकृति, विचार, देश एवं काल के अधीन हैं। अर्थात् प्रकृति आदि के कारण आश्रय के गुणों में भिन्नता होती है। जैसे प्रकृतिवश–मूंग कसैले और मधुर होते हुए भी प्रकृति स्वभाव से लघु होते हैं। चाहिये तो यह था कि कसैले और मधुररसवाले होने से गुरु होते। पर नहीं। स्वभाव से लघु होते हैं। विकृतिवश–व्रीहि धान्य से लाजा (खीलें) हलकी होती हैं। लाजा, धान्य से बनती हैं अतः धान्य का विकार कहाती हैं। 'विकार' से अभिप्राय दूसरे द्रव्य के संयोग से है। विचारणावश–से मधु और घी समपरिमाण में मिश्रित करने से विष हो जाते हैं। देश से भूमि और देह दोनों गृहीत होते हैं। भूमिवश हिमालय में उत्पन्न औषधियाँ महागुणवाली होती हैं। श्मशान आदि में उत्पन्न अग्राह्य होती हैं। जाङ्गल पशु पक्षियों के गुण और होते हैं, आनूप के और इत्यादि। देहवश कन्धे आदि का मांस टांगों के मांस से अधिक भारी होता है। कालवश-कच्ची मूली दोषों को हरती है और वही कालवश बढ़कर पकी हुई त्रिदोषकारक है। अथवा 'प्रकृतिविकृतिविचारणादेशकालवशाः' का अर्थ यह कर सकते हैं कि देश तथा काल भेद से चेतन के योग से चेतन हुए और कम अधिक भागों से परस्पर मिले हुए पाँचों महाभूतों से कार्यद्रव्य (घट आदि विकार) के बनने के समय वायु आदि के कार्यों से एक दूसरे में (भूतों तथा उनके गुणों के) अनुप्रविष्ट होने के कारण, एक दूसरों के गुणों और क्रियाओं के मिलने से विकार को प्राप्त होती हुई (कार्य रूप में आती हुई) प्रकृतियाँ पाञ्चभौतिक सजातीय द्रव्यान्तर वा गुणान्तर (अन्य गुण) रूप विकारों को उत्पन्न करते हैं। आकाश प्रकृति सजातीय आकाशान्तर को पैदा करती है। वायु अपने से पृथक् परन्तु सजातीय वायु को। इसी प्रकार तेज भी। जल अपने से पृथक् किन्तु सजातीय रसरक्त आदि द्रव्यों को उत्पन्न करता है। और पृथिवी भी इसी प्रकार ठोस वामूर्तिमान् कार्य द्रव्य को उत्पन्न करती है। इसी प्रकार गुण शब्द भी षड्ज, ऋषभ, गान्धार, मध्यम, पञ्चम, धैवत, निषाद, कष्ट, अकष्ट तथा साधारण भेद से १० प्रकार के शब्दान्तरों को उत्पन्न करता है। स्पर्श भी शीत, उष्ण, श्लक्ष्ण (चिकना), खर (खरदरा), आदि भेद से स्पर्शान्तरों को उत्पन्न करता है और इसी प्रकार रस मधुर आदि ६ रसान्तरों को। गन्ध-सुगन्ध दुर्गन्ध आदि गन्धान्तरों को पैदा करता है। कर्म के लिए कोई असाध्य कर्म नहीं। वह सजातीय एवं विजातीय दोनों कर्मों को पैदा करता है।

अतएव जब सोमगुण का आधिक्य होता है तो मधुर और जब भूमि एवं तेजोगुण अधिक होते हैं तो अम्लरस की उत्पत्ति होती है। ऐसे ही दूसरे रसों को समझना चाहिए ॥२०॥

तेष्वाश्रयेषु द्रव्यसंज्ञकेषु गुणा गुरुलघुशीतोष्णस्निग्धरूक्षाद्याः ॥२१॥

उन्हीं द्रव्य संज्ञावाले रस के आश्रयों में गुरु, लघु, शीत, उष्ण स्निग्ध, रूक्ष आदि गुण रहते हैं। अर्थात् गुरु आदि गुण हैं—रस नहीं। इससे वार्योविद राजर्षि के मत का खण्डन किया है ॥२१॥

[1]क्षरणात्क्षारो नासौ रसः, द्रव्यं तदनेकरससमुत्पन्नमनेकरसकटुलवणभूयिष्ठमनेकेन्द्रियार्थसमन्वितं कारणाभिनिर्वृत्तम् ॥२२॥

१–एक एव रस इत्यादि यदुक्तं तन्निराकरोति–तेषामित्यादि षण्णां रसानामित्यनेन रसस्यैकत्वावधारणं प्रत्युक्तं रसभेदस्य प्रत्यक्षसिद्धत्वादिति भावः। तथा योनिराधारकारणम्। एतेन स पुनरुदकादनन्य इति प्रत्याख्यातम्। कार्यकारणयोर्भेदस्य दुरुपपन्नत्वादिति भावः॥ शिवदासः॥

२–'स्वादुः स्वादुताभक्ति' ग.। 'स्वाद्वस्वादुता भक्तिः' पा०।
३–'विचारणा' पा०।

१–'क्षरणादधोगमनक्रियायोगात् क्षारो द्रव्यं न रसः, रसस्य हि निष्क्रियस्य क्रियाऽनुपपत्तेरित्यर्थः' चक्रः।

क्षरण करने से क्षार कहाता है, क्षार रस नहीं है। त्वचा मांस आदि को उतार देता है, अतः क्षार कहाता है। अथवा चक्रपाणि के अनुसार नीचे किये जाने की क्रिया को क्षरण कहते हैं। 'रस' गुण है। गुणनिश्चेष्ट—निष्क्रिय हुआ करते हैं। प्रथमाध्याय में कहा भी है—'निश्चेष्टः कारणं गुणः' नीचे जाने की क्रिया के होने से 'क्षार' द्रव्य है—रस नहीं। अथवा 'दोषों को अपनी जगह से हिला देना' यह क्षरण से अभिप्राय है। सुश्रुत सूत्र ११ अ० में भी कहा है—'क्षरणात् क्षणनाद्वा क्षारः'।

वह क्षार अनेक रसवाले (अपामार्ग आदि) द्रव्यों से उत्पन्न होता है, स्वयं भी अनेक रसवाला है। उन अनेक रसों में से भी इसमें कटु और लवण रस प्रधान होता है। अनेक इन्द्रियों के विषयों—रूप, रस, गन्ध, स्पर्श—से युक्त है। तथा साधनों (भस्म के स्राव आदि) द्वारा तय्यार किया जाता है। इन सब हेतुओं से क्षार द्रव्य ही है। द्रव्य से द्रव्य ही उत्पन्न होता है। गुणों का आश्रय भी द्रव्य ही होता है; गुण गुण के आश्रय नहीं होते। एक रस में, अनेक रस नहीं होते। रस में रूप, गन्ध और स्पर्श भी नहीं होता। तथा च क्षार कृत्रिम होता है। रस कृत्रिम नहीं होता॥

इस प्रकार निमि और वडिश के मतों का खण्डन किया है॥२२॥

अव्यक्तीभावात्तु खलु रसानां [1]प्रकृतौ भवत्यनुर[2]सेऽनुरससमन्विते वा द्रव्ये ॥२३॥

रस का अव्यक्त होना तो उनकी प्रकृति—कारण जल में होता है। अथवा अनुरस में वा अनुरसयुक्त द्रव्य में होता है। अर्थात् अनुरस के रस द्वारा अभिभूत होने से वह अव्यक्त रहता है। जिह्वा उसका ज्ञान नहीं कर पाती। अनुरसयुक्त द्रव्य के खाने के समय पूर्व रस ही व्यक्त होता है, पश्चात् किंचित् अनुरस। अनुरस के व्यक्त होने से पूर्व वह अव्यक्त ही रहता है। अनुरस जब कभी २ पीछे से किंचित् व्यक्त होता है, तब वह मधुर आदि ६ रसों में ही व्यक्त होता है, पृथक् नहीं। जैसे बांस के जौ के गुण दर्शाते हुए कहा है—'रूक्षः कषायानुरसो मधुरः कफपित्तहा'। अतः अव्यक्त रस को आठवाँ रस नहीं मान सकते। किसी रस विशेष का जिह्वा द्वारा ज्ञान न होना ही उसकी अव्यक्तता कहाती है। यह अव्यक्तता रस के अनुद्भूतावस्था में होने से होती है। जैसे अति दूर की वस्तु को देखने से यही ज्ञात होता है कि कुछ वस्तु है। पर क्या है ? यह नहीं ज्ञात होता; वैसे ही। यदि जल में मधुर, अम्ल आदि रस हो तो वह दूषित जल माना जाता है। सुश्रुत में जल के दोषों में 'व्यक्तरसता' भी गिना गया है॥२३॥

अपरिसंख्येयत्वं [3]पुनस्तेषामाश्रयादीनां भावानां विशेषापरिसंख्येयत्वान्न युक्तम्, ऐकैकोऽपि हि पुनरेषामाश्रयादीनां भावानां [1]विशेषानाश्रयते, न च तस्मादन्यत्वमुपपद्यते; [2]परस्परसंसृष्टभूयिष्ठत्वान्न चैषामभिनिर्वृत्तेर्गुणप्रकृतीनामपरिसंख्येयत्वं भवति, तस्मान्न संसृष्टानां रसानां कर्मोपदिशन्ति बुद्धिमन्तः। तच्चैव कारणमपेक्षमाणाः षण्णां रसानां परस्परेणासंसृष्टानां लक्षणपृथक्त्वमुपदेक्ष्यामः ॥२४॥

आश्रय आदि भावों के भेदों के अनगिनत होने से रसों को अनगिनत मानना ठीक नहीं। आश्रय आदि पदार्थों के भेदों में इन छहों रसों में से एक २ ही आश्रय लिया करता है। आश्रय आदि के भेद से मधुर आदि आश्रित में भिन्नता नहीं होती। घी, दूध, आदि आश्रय भिन्न हैं। पर मधुर रस एक ही है। इसी प्रकार गुण और कर्म रूप आश्रय के भेद से रस में भिन्नता नहीं होती। घी, गुड़, दूध आदि के मधुर रस आस्वाद में भिन्नता होने पर भी मधुरता सब में होने से मधुरपदवाच्य ही हैं। लोग अङ्गूर को भी मधुर कहते हैं और आम को भी मधुर ही कहते हैं।

परस्पर अत्यधिक मिले होने से इन रसों की व्यक्तता के कारण गुण और प्रकृति (स्वभाव) में अपरिसंख्येयता (अनगिनत होना) नहीं होती। अर्थात् मधुराम्ल द्रव्यों के गुण वा स्वभाव उन दोनों रसों से भिन्न नहीं होंगे; अपितु दोनों मिश्रित होंगे। इसलिये संख्या में अधिकता नहीं होती। जिस प्रकार तीनों दोषों के संसर्ग कितने ही प्रकार के हैं पर वे त्रित्व से पृथक् नहीं गिने जाते। और अत एव ही परस्पर मिश्रित रसों के कर्मों का पार्थक्येन बुद्धिमान् पुरुष उपदेश नहीं करते। अथवा इसका अर्थ हम इस प्रकार भी कर सकते हैं—आश्रय आदि के भेदों के अपरिसंख्येय होने से रसों को अपरिसंख्येय कहना युक्त नहीं। क्योंकि आश्रय आदि भावों में से एक एक भी अपने भेदों में आश्रित रहता है। परस्पर संसर्गों के बहुत होने से, भेदों को आश्रय आदि से भिन्न मानना संगत नहीं। भावाथ यह है कि जैसे रसों का आश्रय-द्रव्य है। ये द्रव्य पाँचों महाभूतों के विकार हैं। इन द्रव्यों में भूतों के संयोग के अनुसार वे २ गुण प्रधान रहते हैं। इन द्रव्यों के भूतों के न्यूनाधिक्य में परस्पर मिलने से बहुत से भेद हो जाते हैं। ये द्रव्यों के भेद पञ्च

१—'प्रकृतौ कारणे जले इत्यर्थः' चक्रः।

२—'अणुरसेऽणुरससमन्विते' म०।

३—'आदिशब्देन गुणकर्मसंस्वादानां ग्रहणम्, आश्रयगुणकर्मसंस्वादानां विशेषा भेदास्तेषामपरिसंख्येयत्वात्तेषां रसानामपरिसंख्येयत्वं यदुच्यते तन्न युक्तं, तत्र हेतुमाह—एकैकोऽपीत्यादि। एषामाश्रयगुणकर्मसंस्वादानां विशेषानेकैकोऽपि मधुरादिराश्रयते, नत्वस्मादाश्रयादिभेदादन्यत्वमाश्रितस्य मधुरादेर्भवति, एतेन आश्रयादय एव परं भिन्नाः, मधुरादिस्त्वेक एवेत्यर्थः। तथाहि—यद्यपि शालिमुद्गघृतक्षीरादयो मधुरस्याश्रया भिन्नास्तथापि तत्र मधुरत्वजात्याक्रान्त एक एव रसो भवति बलाकाक्षीरादिषु शुक्लवर्णवत्, एवं गुणादावपि बोद्धव्यं' शिवदासः।

१—'विशेषापरिसंख्येयत्वात्' इत्यधिकः पठ्यते क्वचित्।

२—'परस्परसंसर्गभूयिष्ठत्वादेषां रसानामभिनिर्वृत्तेः प्रकृतिभूतानां मधुरादिगुणानामसंख्येयत्वं न चेति योजना, तेन रसानां रसान्तरसंसर्गे तत्संसर्गाणामेवापरिसंख्येयत्वम्; न पुनः प्रकृतिभूतमधुरादिषड्रसानां षट्त्वातिक्रमः' शिवदासः।

महाभूतों से पृथक् नहीं कहे जा सकते। इन भेदों के [1]प्रकट होने में गुणों के स्वभाव भी अनगिनत नहीं होते। जो गुण प्रथमाध्याय में कहे हैं, द्रव्यों के भेदों में वे ही गुण आश्रित रहते हैं। यह नहीं कि द्रव्य की भिन्नता से गुण में भी भिन्नता आ जाय। रस भी गुण ही है। अतः द्रव्य-आश्रय के भेदों से मधुर आदि का स्वभाव भी भिन्न नहीं होता। सुतरां न्यूनाधिक्य रूप में परस्पर मिले हुए रसों के कर्मों का बुद्धिमान् उपदेश नहीं करते। अतः ज्ञात होता है—कर्म में भिन्नता नहीं होती। परस्पर मिले हुए रसों के कर्म भी परस्पर मिश्रित होते हैं।

मिलित रसों से कोई ऐसा नवीन कर्म नहीं होता जो उसके घटक रसों से न होता हो। अतः रसों को अपरिसंख्येय नहीं माना जा सकता। इसी कारण परस्पर न मिले हुए छहों रसों के पृथक् २ लक्षणों का उपदेश होगा। इसी में यह भी ज्ञात होता है कि आस्वाद में भी भिन्नता नहीं होती। मिले हुए रसों का स्वाद भी मिश्रित ही होता है ॥२४॥

अग्रे तु तावद्द्रव्यभेदमभिप्रेत्य किंचिदभिधास्यामः। सर्वं द्रव्यं [2]पाञ्चभौतिकमस्मिन्नेवार्थे ; तच्चेतनावदचेतनं च, गुणाः शब्दादयो गुर्वादयश्च द्रवान्ताः, कर्मपञ्चविधमुक्तं वमनादि ॥२५॥

अब प्रथम हम द्रव्यभेद को दृष्टि में रखते हुए कुछ कहेंगे— इसी अर्थ में ही सम्पूर्ण द्रव्य पाञ्चभौतिक हैं—पाँचों भूतों से बने हुए हैं। अर्थात् द्रव्य भी पाँच भूतों से पृथक् नहीं हो सकते 'अस्मिन्नर्थे' यह पाठ होने पर 'इस प्रकरण में' यह अर्थ चक्रपाणि ने किया है। रसों के प्रति पाँचों महाभूत जैसे कारण हैं, उसी प्रकार द्रव्यों के प्रति भी समझने चाहिये। रसों के विषय में प्रथमाध्याय में कहा जा चुका है—

'रसनार्थो रसस्तस्य द्रव्यमापः क्षितिस्तथा।
निर्वृत्तौ च विशेषे च प्रत्ययाः खादयस्त्रयः॥'

द्रव्यों के विषय में अष्टाङ्गसंग्रह सूत्र० १७ अ० में कहा है—

इह हि द्रव्यं पञ्चमहाभूतात्मकं। तस्याधिष्ठानं पृथिवी, योनिरुदकं खानिलानलसमवायान्निर्वृत्तिविशेषौ॥

अर्थात् द्रव्य पाञ्चभौतिक है। इस द्रव्य का अधिष्ठान—आश्रय पृथिवी है और योनि जल है। आकाश वायु तथा अग्नि से अपने२ स्वरूप में और परस्पर भेदों में आते हैं।

ये पाञ्चभौतिक द्रव्य दो प्रकार के हैं। १—चेतनायुक्त, २—चेतनारहित (जड़)। इन दो प्रकार के द्रव्यों के शब्द आदि अर्थात् शब्द, स्पर्श, रूप, रस, गन्ध; तथा गुरु आदि द्रवपर्यन्त अर्थात् गुरु, लघु, शीत, उष्ण, स्निग्ध, रूक्ष, मन्द, तीक्ष्ण, स्थिर, सर, मृदु, कठिन, विशद, पिच्छिल, श्लक्ष्ण, खर, सूक्ष्म, स्थूल, सान्द्र, द्रव; ये गुण हैं। शेष जो परत्व अपरत्व आदि गुण हैं; जिनका प्रथमाध्याय में वर्णन है और इस अध्याय में भी आगे वर्णन होगा, उनके चिकित्सा में उपयोगी होते हुए भी वे यहां नहीं पढ़े गये। इसका कारण यही है कि वे गुण आधेय (गौण) हैं स्वभावसिद्ध नहीं। चेतन और जड़ दोनों प्रकार के द्रव्यों में ये गुण होते हैं। सुश्रुत सू० ४१ अध्याय में भी कहा है—

'गुणा य उक्ता द्रव्येषु शरीरेष्वपि ते मताः।
स्थानवृद्धिक्षयास्तस्माद्देहिनां द्रव्यहेतुकाः॥'

अर्थात् जो गुण द्रव्यों में कहे गये हैं, वे ही शरीर में भी होते हैं। अतएव शरीर की वा दोषों की समता, वृद्धि तथा क्षय, द्रव्यों के कारण होते हैं।

वमन आदि पाँच प्रकार का कर्म हम पूर्व कह आये हैं ॥२५॥

तत्र द्रव्याणि गुरुखरकठिनमन्दस्थिरविशदसान्द्रस्थूलगन्धगुणबहुलानि पार्थिवानि, [1]तान्युपचयसंघातगौरवस्थैर्यकराणि ॥२६॥

पार्थिव द्रव्य—गुरु, खर, कठिन (कठोर), मन्द, स्थिर, विशद, सान्द्र, स्थूल, तथा गन्ध; ये गुण जिसमें बहुतायत से हों—उसे पार्थिव द्रव्य समझना चाहिये। सम्पूर्ण द्रव्य पाञ्चभौतिक होते हैं, पर जिसमें पृथिवी का आधिक्य होगा उसे पार्थिव कहेंगे। '०बहुलानि' कहने का भी यही अभिप्राय है। उस द्रव्य में जल आदि के गुण भी होंगे पर प्रधानता पृथिवी के गुणों की होने से उसे पार्थिव कहा जाता है। सुश्रुत सू० ४१ अ० में भी—

'तत्र पृथिव्यप्तेजोवाय्वाकाशानां समुदायाद् द्रव्याभिनिर्वृत्तिः। उत्कर्षस्त्वभिव्यञ्जको भवति। इदं पार्थिवमिदमाप्यमिदं तैजसमिदं वायव्यमिदमाकाशीयम्॥'

इनमें सबसे मुख्य 'गन्ध' गुण है। गुरु, खर आदि अन्य गुण दूसरे भूतों में भी होते हैं। पर 'गन्ध' अन्यत्र नहीं होगा।

ये पार्थिव द्रव्य शरीर में उपचय (मांस आदि धातु का संचय वा बृंहण), संघात (कठिनता), गौरव (भारीपन) तथा स्थिरता को करते हैं। सु० सू० ४१ अ० में—

'तत्र स्थूलसान्द्रमन्दस्थिरगुरुकठिनगन्धबहुलमीषत्कषायं प्रायशो मधुरं पार्थिवम्। तत्स्थैर्यसङ्घातोपचयकरं विशेषतोऽधोगतिस्वभावम्।'

यहाँ पर 'अधोगतिस्वभावम्। नीचे की ओर जाने के स्वभाववाला' कहने से ही 'गौरव' को कह दिया है ॥२६॥

द्रवस्निग्धशीतमन्दमृदुपिच्छिलरसगुणबहुलान्याप्यानि, तान्युपक्लेदस्नेहबन्धविष्यन्दमार्दवप्रह्लादकराणि[2] ॥२७॥

आप्य—जलीय द्रव्य द्रव, स्निग्ध, शीत, मन्द, मृदु, पिच्छिल तथा रस; ये गुण जिसमें बहुतायत से हों उन्हें आप्य द्रव्य जानें। इनमें भी 'रस' गुण सबसे प्रधान है। ये द्रव्य उपक्लेद (आर्द्रता, गीलापन), स्नेह (स्निग्धता), बन्ध (परस्पर बांधना, जोड़ना—जैसे मिट्टी में जल डालकर हम पिण्डाकार कर सकते हैं), विष्यन्द (किसी द्रव का बहना), मार्दव (मृदुता—कोमलता), प्रह्लाद (शरीर तथा इन्द्रियों को तृप्त रखना

१—'न चषाममिनिर्वृत्तौ' इति पाठोऽत्र स्वीकार्यः।
२—'अस्मिन्नर्थेऽस्मिन् प्रकरणे' चक्रः।

१—'संघातः काठिन्य' चक्रः।
२—'प्रह्लादः शरीरेन्द्रियतर्पणं' चक्रः।

वा प्रसन्न रखना); इन कर्मों को करते हैं। सुश्रुत ४१ अ० में भी—

'शीतस्तिमितस्निग्धमन्दगुरुसरसान्द्रमृदुपिच्छिलं रसबहुलमीषत्कषायाम्ललवणं मधुररसप्रायमाप्यम्। तत्स्नेहनप्रह्लादनक्लेदनबन्धनविष्यन्दनकरम्' ॥२७॥

उष्णतीक्ष्णसूक्ष्मलघुरू[1]क्षविशदरूपगुणबहुलान्याग्नेयानि, तानि दाहपाकप्रभा[2]प्रकाशवर्णकराणि ॥२८॥

आग्नेय द्रव्य—उष्ण (गरम), तीक्ष्ण, सूक्ष्म (सूक्ष्म स्रोतों में जानेवाला), लघु (हलका), रूक्ष, विशद तथा रूप, ये गुण जिसमें बहुतायत से हों; उन्हें आग्नेय या तैजस द्रव्य जानें। इनमें भी रूप गुण सबसे प्रधान है।

वे द्रव्य दाह, पाक (पकाना), प्रभा (दीप्ति, चमक वा तेज), प्रकाश तथा वर्ण (गौर श्याम अवदात आदि); इन कर्मों को करते हैं। सुश्रुत सू० ४१ अ० में भी कहा है—

'उष्णतीक्ष्णसूक्ष्मरूक्षखरलघुविशदरूपगुणबहुलमीषदम्ललवणं कटुकरसप्रायं विशेषतश्चोर्ध्वगतिस्वभावमिति तैजसम्। तद्दहनपचनदारणतापनप्रकाशनप्रभावर्णकरम्' ॥२८॥

लघुशीतरूक्षखरविशदसूक्ष्मस्पर्शगुणबहुलानि वातलानि, तानि रौक्ष्यग्लानि[3]विचारवैशद्यलाघवकराणि ॥२९॥

वायव्य द्रव्य—लघु, शीत, रूक्ष, खर, विशद, सूक्ष्म तथा स्पर्श गुण जिनमें बहुतायत से हों, वे वायव्य-वायुसम्बन्धी द्रव्य होते हैं। इनमें 'स्पर्श' गुण प्रधानतम है। वे द्रव्य रूक्षता (रूखापन), ग्लानि, विचार (गति अथवा मन का अनेक प्रकार से सोचना), विशदता तथा लाघव (हलकापन); इनको करते हैं। सुश्रुत सूत्र० ४१ अ० में भी –

'सूक्ष्मरूक्षखरशिशिरलघुविशदं स्पर्शबहुलमीषत्तिक्तं विशेषतः कषायमिति वायवीयम्। तद्वैशद्यलाघवग्लपनरूक्षणविचारणकरम्' ॥

मृदुलघुसूक्ष्मश्लक्ष्णशब्दगुणबहुलान्याकाशात्मकानि, तानि मार्दवसौषिर्यलाघवकराणि ॥३०॥

आकाशीय द्रव्य-मृदु, लघु, सूक्ष्म, श्लक्ष्ण (चिकना) तथा शब्द गुण जिनमें बहुतायत से हों, उन्हें आकाशीय द्रव्य जानें। वे मृदुता, सौषिर्य (छिद्रयुक्त होना) तथा लघुता को करते हैं। सुश्रुत सू० ४१ अ० में भी—

श्लक्ष्णसूक्ष्ममृदुव्यवायिविशदविविक्तमव्यक्तरसं शब्दबहुलमाकाशीयम्। तन्मार्दवसौषिर्यलाघवकरमिति' ॥३०॥

[4]अनेनोपदेशेन नानौषधभूतं जगति किञ्चिद्द्रव्यमुपलभ्यते तां तां युक्तिमर्थं च तं तमभिप्रेत्य; न तु केवलं गुणप्रभावादेव कार्मुकाणि भवन्ति; द्रव्याणि हि द्रव्यप्रभावाद् गुणप्रभावाद् द्रव्यगुणप्रभावाच्च तस्मिंस्तस्मिन् काले तत्तदधिष्ठानमासाद्य '[1]तां तां च युक्तिमर्थं च तं तमभिप्रेत्य यत्कुर्वन्ति तत्कर्म, येन कुर्वन्ति तद्वीर्यं, यत्र कुर्वन्ति तदधिकरणं, यदा कुर्वन्ति स कालः, यथा कुर्वन्ति स उपायः, यत्साधयन्ति तत्फलम् ॥३१॥

इस उपदेश द्वारा संसार में कोई ऐसा द्रव्य नहीं जो उस २ युक्ति और उस २ प्रयोजन को दृष्टि में रखते हुए औषध रूप न हो। अर्थात् इससे पार्थिव आदि द्रव्यों का उपदेश किया है; उनके गुण कर्म बताये गये हैं। जहाँ २ हमें जिस २ कर्म की आवश्यकता होगी वहाँ २ वैसा २ द्रव्य ही उपयोग में लाया जा सकता है। युक्ति से अभिप्राय यह है कि एक ही द्रव्य कहीं क्वाथ के पीने से, कहीं लेप से, कहीं घृत आदि के साथ पका हुआ, कहीं अरिष्ट आदि द्वारा सिद्धि देता है। औषधयोजना एवं रोगनिवारण वा स्वास्थ्यरक्षण रूप प्रयोजन को दृष्टि में रखते हुए सम्पूर्ण द्रव्य औषध हैं। परन्तु ये द्रव्य केवल अपने गुणों के प्रभाव से ही कर्म करने में समर्थ नहीं होते। द्रव्य, द्रव्य के (अपने) प्रभाव से, गुण के प्रभाव से, द्रव्य और गुण दोनों के प्रभाव से उस २ काल में उस २ अधिष्ठान को पाकर उस २ युक्ति और उस प्रयोजन के अनसार प्रयोग कराए हुए जो कुछ करते हैं, उसे कर्म कहते हैं।

द्रव्य अपने प्रभाव से, यथा—दन्तीमूल विरेचन लाता है। अर्थात् चित्रकमूल रस और विपाक में कटु है, दन्तीमूल भी। परन्तु दन्तीमूल विरेचन लाता है, चित्रकमूल नहीं। यह द्रव्य का प्रभाव ही है। गुण के प्रभाव से, जैसे-ज्वर में तिक्त रस, शीत में अग्नि। द्रव्य और गुण दोनों के प्रभाव से जैसे-घी स्निग्ध होने से रूक्ष वात को शान्त करता है और अपने प्रभाव से वायु को बढ़ाता है। जिसके द्वारा कर्म करते हैं—वह 'वीर्य (शक्ति)' कहाता है। जहाँ पर—कर्म करते हैं, उसे 'अधिकरण' कहते हैं। आयुर्वेद में अधिकरण पुरुष है। जब कर्म करते हैं; उसे 'काल' कहा जाता है। जिस प्रकार (स्वरस आदि कल्पनायें)—कर्म करते हैं उसे 'उपाय' कहते हैं। जो कुछ सिद्ध करते हैं उसे 'फल' कहा जाता है। उदाहरण—अपामार्गबीज आदि द्रव्य जो शिर का विरेचन करते हैं, वह 'शिरोविरेचन' कर्म है। जिस उष्णता आदि हेतु से वे शिरोविरेचन करते हैं, वह उनका वीर्य है। जहाँ (शिर में) शिरोविरेचन करते हैं, वह शिर अधिकरण है। जब शिर के भारीपन से युक्त होने पर वसन्त आदि ऋतु में सेवन किया जाता है वह उसका काल है। अतिशीत आदि के समय शिरोविरेचन पूर्ण कार्यकर नहीं होता। 'उपाय' से उन द्रव्यों का प्रधमनार्थ चूर्ण वा रोगी की स्थिति अभिप्रेत है। अर्थात् लेटाकर किञ्चित् जिसका शिर नीचे की ओर लटका हो, इस स्थिति में रोगी को करके शिरोविरेचन कराये, यह 'उपाय' है। शिर का भारीपन तथा तथा शूल की शान्ति यह फल है॥ सुश्रुत सूत्रस्थान ४१ अ० में भी यही कहा है—

१—'सूक्ष्मं सूक्ष्मस्रोतोऽनुसारि' चक्रः। २—'प्रभा वर्णप्रकाशिनो दीप्तिः' चक्रः। ३—'विचरणं विचारो गतिः' चक्रः।

४—'अनेनेति प्रतिनियतद्रव्योपदेशेन यत्पार्थिवादिद्रव्यं यद्गुणं तद्गुणे देहे सम्पाद्ये भेषजं भवतीत्यर्थः, युक्तिमित्युपायम्, अर्थमिति प्रयोजनम्, अभिप्रेत्येत्यधिकृत्य, तेन केनचिदुपायेन क्वचित् प्रयोजने किञ्चिद् द्रव्यमौषधं स्यान्न सर्वत्र' चक्रः।

१—'तां तां युक्तिमासाद्येति तां तां योजनां प्राप्य' चक्रः।

'अनेन निदर्शनेन नानौषधिभूतं जगति किञ्चिद् द्रव्यमस्तीति कृत्वा तं तं युक्तिविशेषमर्थं चाभिसमीक्ष्य स्ववीर्यगुणयुक्तानि द्रव्याणि कार्मुकाणि भवन्ति। तानि यदा कुर्वन्ति स कालः। यत्कुर्वन्ति तत्कर्म। येन कुर्वन्ति तद्वीर्यम्। यत्र कुर्वन्ति तदधिकरणम्। यथा कुर्वन्ति स उपायः। यन्निष्पादयन्ति तत्फलम्' ॥३१॥

भेदश्चैषां त्रिषष्टिविकल्पो द्रव्यदेशकालप्रभावाद्भवति, तमुपदेक्ष्यामः ॥३२॥

इनका ६३ प्रकार के रसों के विकल्पवाला भेद द्रव्यप्रभाव, देशप्रभाव तथा कालप्रभाव से होता है। जैसे—द्रव्यप्रभाव- साम्य-गुण के आधिक्य से मधुर रस। देशप्रभाव-जैसे-एक ही आम एक देश में मीठा होता है, वही बीज यदि दूसरे देश में बोया जाय तो वह अम्लतायुक्त हो जाता है। जैसे अंगूर, अनार आदि क्वेटे की ओर मीठे होते हैं, यदि वही लाहौर आदि में बोये जायँ तो उनके रस में भिन्नता आ जाती है। कालप्रभाव से-अपनी २ ऋतु में आम आदि फल मधुररसयुक्त होते हैं और अन्य समय फीके। आवस्थिक काल के प्रभाव से-कच्चा आम खट्टा होता है, पककर मीठा हो जाता है॥

इन ही ६३ विकल्पों का अब यहाँ उपदेश किया जायगा।

स्वादुरम्लादिभिर्योगं शेषैरम्लादयः पृथक्।
यान्ति पञ्चदशैतानि द्रव्याणि द्विरसानि तु ॥३३॥

दो रसवाले द्रव्य—मधुर रस, अम्ल आदि ५ रसों के साथ संयुक्त होता है; अर्थात्-१ मधुराम्ल २ मधुरलवण ३ मधुरकटु ४ मधुरतिक्त ५ मधुरकषाय। अम्ल आदि रस अवशिष्ट रसों के साथ संयुक्त होते हैं। यथा-१अम्ललवण २ अम्लकटु ३ अम्लतिक्त ४ अम्लकषाय। १ लवणकटु २ लवणतिक्त ३ लवणकषाय। १ कटुतिक्त २ कटुकषाय। १ तिक्तकषाय। इस प्रकार दो रसवाले द्रव्य ५+४+३+२+१=१५ प्रकार के होते हैं। इस बात को सुश्रुत उत्तरतन्त्र ६३ अ० में कहा गया है—

'यथाक्रमं प्रवृत्तानां द्विकेषु मधुरो रसः।
पञ्चानुक्रमते योगानम्लश्चतुर एव च॥
त्रींश्चानुगच्छति रसो लवणः कटुको द्वयम्।
तिक्तः कषायमन्वेति ते द्विका दश पञ्च च' इत्यादि ॥३३॥

पृथगम्लादियुक्तस्य योगः शेषैः पृथग्भवेत्।
मधुरस्य तथाऽम्लस्य लवणस्य कटोस्तथा ॥३४॥

तीन रसवाले द्रव्य-अम्ल युक्त मधुररस का शेष अर्थात् लवण कटु, तिक्त तथा कषाय रस से पृथक् २ संयोग होता है। १-मधुराम्ललवण २ मधुराम्लकटु ३ मधुराम्लतिक्त, ४ मधुराम्लकषाय। लवण युक्त मधुररस का शेष अर्थात् कटु, तिक्त एवं कषाय से संयोग होता है १ मधुरलवणकटु २ मधुरलवणतिक्त ३ मधुरलवणकषाय। कटु युक्त मधुररस का शेष-तिक्त एवं कषाय से पृथक् २ संयोग होता है-१ मधुरकटुतिक्त २ मधुरकटुकषाय। तिक्तयुक्त मधुर रस का शेष-कषाय से संयोग होता है। १ मधुरतिक्तकषाय। इस प्रकार ४+३+२+१=१० होते हैं। अम्ल आदि रस युक्त मधुररस के शेष रसों के साथ योग होने से तीन रसवाले १० द्रव्य होते हैं। इसी प्रकार लवण आदि रस से युक्त अम्लरस का शेष रसों से पृथक् २ संयोग होता है। लवणरसयुक्त अम्ल के शेष रसों से ये योग हैं-१ अम्ललवणकटु २ अम्ललवणतिक्त ३ अम्ललवणकषाय। कटुरसयुक्त अम्ल का शेष-तिक्त एवं कषाय से संयोग होता है। १ अम्लकटुतिक्त २ अम्लकटुकषाय। तिक्तरसयुक्त अम्ल का शेष-कषाय से संयोग होता है। १ अम्लतिक्तकषाय। इस प्रकार लवण आदि से युक्त अम्लरस के शेष रसों के साथ योग होने से ३+२+१=६ प्रकार के द्रव्य होते हैं। कटु आदि रस से युक्त लवण-रस का शेष रसों-तिक्त और कषाय के साथ पृथक् २ योग होता है। कटुरस से युक्त लवण रस के शेष रसों-तिक्त, कषाय से दो योग होते हैं। १ लवणकटुतिक्त २ लवणकटुकषाय। तिक्तरसयुक्त लवण का शेष रस-कषाय से १ योग है। १ लवणतिक्तकषाय। इस प्रकार कटु आदि रसयुक्त लवण रस के शेष रसों से २+१=३ योग हैं। तिक्त रस से युक्त कटु रस का शेष रस—कषाय से १ एक ही योग है। १ तिक्तकटुकषाय ॥३४॥

त्रिरसानि यथासंख्यं द्रव्याण्युक्तानि विंशतिः।

इस प्रकार सब मिलाकर संख्या के अनुसार तीन रसों के संयोग वाले द्रव्य १०+६+३+१=२० होते हैं। सुश्रुत उत्तर तन्त्र ६३ अध्याय में भी कहा है—

'आदौ प्रयुज्यमानस्तु मधुरो दश गच्छति।
षडम्लो लवणस्तस्मादर्धं त्वेकं तथा कटुः। इत्यादि।

वक्ष्यन्ते तु चतुष्केण द्रव्याणि दश पञ्च च ॥३५॥
स्वाद्वम्लौ सहितौ योगं लवणाद्यैः पृथग्गतौ।
योगं शेषैः पृथग्यातश्चतुष्करससंख्यया ॥३६॥
सहितौ स्वादुलवणौ तद्वत्कट्वादिभिः[1] पृथक्।
युक्तौ शेषैः पृथग्योगं यातः स्वादूषणौ तथा ॥३७॥
कट्वाद्यैरम्ललवणौ संयुक्तौ सहितौ पृथक्।
यातः शेषैः पृथग्योगं शेषैरम्लकटू तथा ॥३८॥
युज्येते तु कषायेण सतिक्तौ लवणोषणौ।

चार रसवाले द्रव्य—चार रसों के संयोगवाले १५ द्रव्य कहे जायँगे-मधुर+अम्लरस (मिले हुए) लवण आदि (लवण, कटु, तिक्त, कषाय) से पृथक् २ संयुक्त हुए २ शेष कटु, तिक्त तथा कषाय रसों से चार रसों की संख्या से योग को प्राप्त होते हैं। जब मधु-राम्ल, लवण से युक्त हुआ २ कटु, तिक्त एवं कषाय से पृथक् २ योग को प्राप्त होता है—१ मधुराम्ललवणकटु २ मधुराम्ललवणतिक्त ३ मधुराम्ललवणकषाय। जब मधुराम्लरस, कटु से युक्त हुआ शेष-तिक्त एवं कषाय से योग को प्राप्त होता है-१मधुराम्लकटुतिक्त २ मधुराम्लकटुकषाय। जब मधुराम्लरस तिक्त से युक्त हुआ २ शेष-कषाय से योग को प्राप्त होता है। १ मधुराम्लतिक्तकषाय। इस प्रकार ३+२+१=६ चार रसवाले द्रव्य होते हैं।

इसी प्रकार मधुरलवण, पृथक् २ कटु आदि (कटु, तिक्त) के साथ शेष-तिक्त, कषाय रसों से पृथक् २ युक्त होता है। १ मधुरलवणकटुतिक्त २ मधुरलवणकटुकषाय ३ मधुर-

[1]—'अत्र जातौ बहुवचनम्'। परत्रापि।

लवणतिक्तकषाय। तथा मधुरकटु, तिक्त के साथ शेष—कषाय रस से योग को प्राप्त होता है। १ मधुरकटुतिक्तकषाय।

अम्ललवण, पृथक् २ कटुतिक्त रस के साथ पृथक् योग को प्राप्त होता है। १ अम्ललवणकटुतिक्त २ अम्ललवणकटुकषाय ३ अम्ललवणतिक्तकषाय। तथा अम्लकटु (मिलित), तिक्त के साथ शेष-कषाय से योग को प्राप्त होता है। १ अम्लकटुतिक्तकषाय।

लवण और कटु (मिलित) तिक्त के साथ कषाय रस से योग को प्राप्त होते हैं। इस प्रकार चार रसवाले द्रव्य ६ + ३ + १ + ३ + १ + १ = १५ होते हैं। सुश्रुत उत्तर ६३ अध्याय में भी—

'चतुष्करससंयोगान्मधुरो दश गच्छति।
चतुरोऽम्लोऽनुगच्छेच्च लवणस्त्वेकमेव तु ॥' इत्यादि ॥

षट् तु पञ्चरसान्याहुरेकैकस्यापवर्जनात् ॥३९॥

पाँच रसवाले द्रव्य—छहों रसों में से एक २ रस को छोड़ने से पाँच रसवाले द्रव्य ६ होते हैं। १ मधुराम्ललवणकटुतिक्त, २ मधुराम्ललवणकटुकषाय ३ मधुराम्ललवणतिक्तकषाय ४ मधुराम्लकटुतिक्तकषाय ५ मधुरलवणकटुतिक्तकषाय ६ अम्ललवणकटुतिक्तकषाय। सुश्रुत उत्तरतन्त्र ६३ अध्याय में भी—

पञ्चकान् पञ्चमधुर एकमम्लस्तु गच्छति ॥३६॥

षट् चैवेकरसानि स्युरेकं षड्समेव तु।
इति त्रिषष्टिर्द्रव्याणां निर्दिष्टा रससंख्यया ॥४०॥

एकरसवाले द्रव्य—६ हैं। १ मधुर, २ अम्ल, ३ लवण, ४ कटु, ५ तिक्त, ६ कषाय।

छह रसवाला द्रव्य—एक है। मधुराम्ललवणकटुतिक्तकषाय।

रस की संख्या द्वारा १५ + २० + १५ + ६ + ६ + १ = ६३ द्रव्यों का निर्देश किया गया है। अर्थात् ६३ प्रकार के रसों के योग के भेद से द्रव्य भी ६३ होते हैं ॥४०॥

त्रिषष्टिः स्यात्त्वसंख्येया रसानुरसकल्पनात्।
रसास्तरतमाभ्यां तां संख्यामतिपतन्ति हि ॥४१॥

रस तथा अनुरस की कल्पना से ये ६३ भी अनगिनत हो जाते हैं। तर और तम (अपेक्षाकृत) भाव से भी जैसे—मधुर मधुरतर (दो में अधिक मधुर) मधुरतम (तीन वा सब में अधिक मधुर) ६३ से बहुत अधिक वा अनगिनत हो जाते हैं। अथवा श्लोक की द्वितीय पंक्ति को, रसानुरस की कल्पना से असंख्येयता में हेतु का निदर्शक मान सकते हैं। अर्थात् चूँकि तर-तम भाव से रस अनगिनत हो जाते हैं अतएव रस एवं अनुरस की कल्पना से ये ६३ से असंख्येय हो जाते हैं।

अनुरस का लक्षण आगे आ जायगा ॥४१॥

संयोगाः सप्तपञ्चाशत्कल्पना तु त्रिषष्टिधा।
रसानां तत्र[1] योग्यत्वात्कल्पिता रसचिन्तकैः ॥४२॥

संयोग ५७ होते हैं। अर्थात् ६३ में से पृथक् २ एक एक रस को छोड़ने से शेष ५७ होते हैं। ये संयोग, दो २ तीन २ चार २ पाँच २ और छह रसों के योग से होते हैं। स्वस्थ तथा रोगी के लिये हितकारी होने से रस का विचार करनेवालों ने ६३ प्रकार की ही कल्पना की है। अर्थात् यद्यपि सूक्ष्मता में जाया जाय तो कल्पना असंख्येय हो जाती है, पर चिकित्सा में व्यवहार के लिये ६३ प्रकार की कल्पना ही पर्याप्त है। कुपित तथा अकुपित दोष (वात, पित्त, कफ) के भेद भी ६३ हैं। अर्थात् कुपित ६२ प्रकार के दोषों में ६२ प्रकार के ही रसों की कल्पना का उपयोग होता है। और समधातु वा समदोष को छहों रसों का सेवन करना होता है। सुश्रुत उत्तर-तन्त्र ६३ अ० में कहा है—

'एषा त्रिषष्टिर्व्याख्याता रसानां रसचिन्तकैः।
दोषभेदत्रिषष्टौ तु प्रयोक्तव्या विचक्षणैः' ॥४२॥

क्वचिदेको रसः कल्प्यः संयुक्ताश्च रसाः क्वचित्।
दोषौषधादीन् संचिन्त्य भिषजा सिद्धिमिच्छता ॥४३॥

सफलता को चाहनेवाले वैद्य को दोष तथा औषध आदि का विचार करके कहीं एक रस की कल्पना करनी होती है, कहीं संयुक्त रसों की ॥४३॥

द्रव्याणि द्विरसादीनि संयुक्तांश्च रसान् बुधः।
रसानेकैकशो वाऽपि कल्पयन्ति गदान् प्रति ॥४४॥

बुद्धिमान् चिकित्सक रोगों के प्रति दो २ रस आदि द्रव्यों (जिनमें स्वभावतः ही दो २, तीन २, चार २, पाँच २ वा छह रस हों), अथवा संयुक्त रसों (एक २ रसवाले द्रव्यों को परस्पर मेलन से) या एक २ रस की कल्पना करते हैं। स्वभावतः जिनमें दो या दो से अधिक रस होते हैं, उनके उदाहरणार्थ निम्न वचन है—

'कानिचिद् द्विरसादीनि द्रव्याणि स्युः स्वभावतः।
यथैणः षड्सः कृष्णो यथा पञ्चरसाऽभया ॥
मद्यं पञ्चरसं यद्वत् तिलो यद्वच्चतूरसः।
एरण्डतैलं त्रिरसं माक्षिकं द्विरसं तथा ॥
घृतमेकस्वादुरसं मधुरादिविभागतः ॥'

अर्थात् काला एण नामक हरिण छह रसवाला होता है, हरड़ पाँच रसवाली, मद्य पाँच रसवाली, तिल चार रसवाला, एरण्ड-तैल तीन रसवाला, शहद दो रसवाला तथा घी एक मधुर रस-वाला होता है ॥४४॥

यः स्याद्रसविकल्पज्ञः स्याच्च दोषविकल्पवित्।
न स मुह्येद्विकाराणां हेतुलिङ्गोपशान्तिषु ॥४५॥

जो रस के (६३) विकल्पों को जानता है और जो दोषों के (६३) विकल्पों को जानता है वह रोगों के हेतु (निदान) लक्षण तथा शान्ति (चिकित्सा) में कभी भ्रान्त नहीं होता ॥४५॥

[1]व्यक्तः शुष्कस्य चादौ च रसो द्रव्यस्य लक्ष्यते।
विपर्ययेणानुरसो रसो नास्ति हि सप्तमः ॥४६॥

१—'तत्र स्वस्थातुरहितचिकित्साप्रयोगेऽनतिसंक्षेपविस्तार-रूपतया हितत्वादित्यर्थः' चक्रः ॥

१—'शुष्कस्य चेति चकारादार्द्रस्य च, आदौ चेति चकारादन्ते च; तेन शुष्कस्य वा आर्द्रस्य वा प्रथमजिह्वासम्बन्धे आदावास्वादान्ते वा यो व्यक्तत्वेन मधुरोऽयमम्लोऽयमित्यादिना विकल्पेन गृह्यते स व्यक्तः, यस्तूक्तावस्थाचतुष्टयेऽपि व्यक्तो नोपलभ्यते, किं तर्हि अव्यपदेश्यतया छायामात्रेण कार्यमात्रेण वा मीयते सोऽनुरस इति वाक्यार्थः' चक्रः।

सूखे हुए द्रव्य का जिह्वा के साथ सम्बन्ध होने पर जो आदि में 'यह मधुर है', 'यह खट्टा है' इत्यादि स्पष्ट प्रतीति होती है, वह रस कहाता है। इससे विपरीत अनुरस होता है। सातवाँ कोई रस नहीं है। सूखे हुए द्रव्य का जिह्वा के साथ सम्बन्ध होते हुए 'प्रधान रस' द्वारा अभिभूत होने से जिस मधुरता इत्यादि की स्पष्ट प्रतीति नहीं होती अथवा अन्त में थोड़ी सी प्रतीति हो वह अनुरस कहाता है। शुष्कता, यहाँ पर द्रव्यों के सम्यग् रस से युक्त होने का उपलक्षण है। इससे जो गुडूची आदि द्रव्य ताजे वा आर्द्र ही प्रयुक्त होते हैं, वा कांजिक आदि जो द्रवरूप में ही प्रयुक्त होते हैं उनकी भी जो तिक्तता आदि वा अम्लता आदि, आदि में ही ज्ञात होती है वह रस कहायेगा।

चक्रपाणि 'शुष्कस्य च' में चकार से आर्द्र का और 'आदौ च' में चकार से 'अन्त' का ग्रहण करता है और व्याख्या करता है कि शुष्क वा आर्द्र द्रव्य के प्रथम जिह्वा से सम्बन्ध होने पर आदि में वा आस्वाद लेने पर अन्त में जो 'यह मधुर है', 'यह अम्ल है' इत्यादि विकल्प द्वारा स्पष्टता से ज्ञात होता है वह व्यक्त 'रस' कहाता है। जो इन कही गयी चार अवस्थाओं में भी स्पष्ट नहीं ज्ञात होता, अपि तु अनिर्देश्य होने से छायामात्र वा कार्यमात्र से ज्ञात होता है, वह अनुरस कहाता है। चूँकि मधुर आदि ६ रस ही व्यक्त (स्पष्ट) वा अव्यक्त होने से 'रस' वा 'अनुरस' नाम से कहे जाते हैं, अतः कोई 'अव्यक्तरस' सातवाँ नहीं माना जा सकता।

कइयों का मत यह है कि 'शुष्कस्य च' कहने से जिन द्रव्यों का शुष्कावस्था वा आर्द्रावस्था दोनों में प्रयोग होता है, उनका जो शुष्कावस्था में व्यक्त रस ज्ञात होता है वह उसका 'रस' है। जो रस आर्द्रावस्था में तो व्यक्त हो पर सूखने पर उस द्रव्य में न जाय वह 'अनुरस' कहाता है। जैसे आर्द्रावस्था में पिप्पली मधुर होती है, पर सूख जाने पर उसमें मधुरता नहीं होती; अपितु कटुता होती है। अतः उसमें 'रस' कटु होगा और 'अनुरस' मधुर होगा। जिन अंगूर आदि का गीली वा शुष्कावस्था दोनों में मधुरता आदि रहती है वहाँ तो संशय का कोई कारण ही नहीं। वहाँ मधुर आदि ही रस होगा। जो कांजिक तक्र आदि सदा आर्द्र ही प्रयुक्त होते हैं उनका आदि में जो व्यक्त रस ज्ञात होता है वह उनका रस और जो पश्चात् उपलब्ध होता है वह अनुरस कहाता है। परन्तु जबतक पिप्पली आर्द्र है तबतक तो उसका मधुर-रस ही मानना पड़ेगा। क्योंकि गुण दर्शाते हुए कहा है—'श्लेष्मला मधुरा चार्द्रा गुर्वी स्निग्धा च पिप्पली।' अर्थात् आर्द्र—ताजी पिप्पली कफ को बढ़ानेवाली, मधुर, भारी तथा स्निग्ध होती है। यदि मधुर अनुरस माना जाय तो कफवर्धन आदि कर्म आर्द्र पिप्पली को न करने चाहियें। क्योंकि 'अनुरस' रस द्वारा अभिभूत होने से अपना कर्म करने में समर्थ नहीं होता ॥४६॥

परापरत्वे युक्तिश्च संख्या संयोग एव च।
विभागश्च पृथक्त्वं च परिमाणमथापि च ॥४७॥
संस्कारोऽभ्यास इत्येते गुणा ज्ञेयाः परादयः।
सिद्ध्युपायाश्चिकित्साया लक्षणैस्तान् प्रचक्ष्महे ॥४८॥

पर आदि गुण—परत्व, अपरत्व, युक्ति, संख्या, संयोग, विभाग, पृथक्त्व, परिमाण, संस्कार, अभ्यास; ये पर आदि गुण जानने चाहिये। ये गुण भी चिकित्सा की सफलता के उपाय हैं। इन्हें लक्षणों द्वारा कहा जाता है ॥४७–४८॥

देशकालवयोमानपाकवीर्यरसादिषु।
परापरत्वे, युक्तिस्तु योजना या च युज्यते ॥४९॥

परत्व अपरत्व का लक्षण—देश, काल, उम्र, मान (परिमाण), पाक, वीर्य तथा रस आदि में पर एवं अपर का व्यवहार होता है। पहिले की अपेक्षा बाद को 'पर' कहते हैं और उससे भी परे को 'अपर' कहते हैं। लाहौर से अमृतसर परे है और अमृतसर से भी जालन्धर परे है। यहाँ अमृतसर 'पर' हुआ और जालन्धर 'अपर' हुआ। इसी प्रकार देह में भी कहा जाता है। सिर से छाती परे है और छाती से पेट परे है। छाती 'पर' है पेट 'अपर' है। काल में भी परत्वापरत्व का व्यवहार है। यथा—प्रातः के बाद मध्याह्न, मध्याह्न के बाद सायम्। यहाँ प्रातः से 'पर' मध्याह्न है और 'अपर सायं है। उम्र में भी परत्वापरत्व का व्यवहार है। बचपन से जवानी और जवानी से बुढ़ापा। बचपन से 'पर' जवानी कहलायगी, बचपन से 'अपर' बुढ़ापा। इसी प्रकार मान आदि में भी व्यवहार होता है। परन्तु अपरत्व अपेक्षाकृत है। जालन्धर लाहौर से 'अपर' होगा, परन्तु अमृतसर से 'पर' ही होगा। वैशेषिक में कहा है—

'एकदिक्काभ्यामेककालाभ्यां सन्निकृष्टविप्रकृष्टाभ्यां परमपरं च।'

अर्थात् एक दिशा के जो पास होगा वह पर, और जो दूर होगा वह अपर कहायगा। इसी प्रकार एक काल से भी। दिशा और काल से ही वस्तुतः परत्व और अपरत्व होता है। गुणों में गुणान्तर नहीं रहा करते। आगे आचार्य स्वयं भी कहेंगे 'गुणा गुणाश्रया नोक्ताः' इत्यादि, परन्तु चिकित्साशास्त्र में उपयोगी होने से यहाँ व्यवहार में पृथक् कहा है।

अथवा 'पर' से प्रधान और 'अपर' से अप्रधान का ग्रहण करना चाहिये। स्वास्थ्यकर देशों में 'मरुदेश' प्रधान है, अतः मरुदेश 'पर' होगा। आनूपदेश स्वास्थ्य के लिये हानिकर अतः अप्रधान होने से 'अपर' कहायगा—निकृष्ट कहायगा इसी प्रकार अन्यत्र भी समझ लेना चाहिये।

अथवा चिकित्सा में उपयोगिता के लिहाज से जो सन्निकृष्ट (पास) होगा वह 'पर' और उससे विपरीत को 'अपर' कहेंगे।

युक्ति का लक्षण—योजना को ही युक्ति कहते हैं। जहाँ जो जिस तरह से योग्य होता है वहाँ उसका वैसा ही प्रयोग करना युक्ति कहाती है। इसे दूसरे शब्दों में इस प्रकार भी कह सकते हैं कि दोष आदि की विवेचना से औषध की ठीक कल्पना करना—युक्ति कहाता है। यदि कल्पना उपयोगी नहीं होगी तो कल्पना होते हुए भी उसे युक्ति नहीं कहेंगे। यद्यपि संयोग, परिमाण, संस्कार आदि में युक्ति का अन्तर्भाव कर सकते हैं। परन्तु कल्पना का

उपयोगी होना ही' इसमें विशेषता है। अनुपयोगी औषध में संयोग आदि विद्यमान रहता है, पर वह युक्ति नहीं कहा जा सकता। अतएव युक्ति को पृथक् पढ़ा है ॥४९॥

संख्या स्याद् गणितं, [1]योगः सह संयोग उच्यते।
द्रव्याणां द्वन्द्वसर्वैककर्मजोऽनित्य एव च ॥५०॥

संख्या का लक्षण-गणित को संख्या कहते हैं अर्थात् जो एक, दो, तीन आदि गिनने के व्यवहार का कारण है उसे संख्या कहते हैं।

संयोग का लक्षण-द्रव्यों का परस्पर जुड़ना संयोग कहाता है। यह तीन प्रकार का होता है—१ द्वन्द्वकर्मज २ सर्वकर्मज, ३ एककर्मज। द्वन्द्वकर्मज संयोग में दोनों द्रव्य (जिनका संयोग होता है) क्रियावान् रहते हैं। जैसे परस्पर टक्कर मारते हुए दो मेढ़ों का। सर्वकर्मज संयोग में सम्पूर्ण द्रव्य (जिनका संयोग होता है) क्रियावान् होते हैं, जैसे कोल्हू में पीसे जाते तिलों में संयोग होता है। एककर्मज संयोग में एक क्रियावान् होता है और दूसरा निष्क्रिय—जैसे वृक्ष और पक्षी का संयोग। वैशेषिकदर्शन में निम्नलिखित तीन प्रकार का संयोग कहा है—१ अन्यतरकर्मज, २ उभयकर्मज, ३ संयोगज। दो द्रव्यों में किसी एक के क्रियावान् होने से जो संयोग होता है उसे अन्यतरकर्मज, जब दोनों के क्रियावान् होने से संयोग हो तो उसे उभयकमज कहते हैं। संयोगज संयोग—जैसे अंगुली को वृक्ष से छूने पर शरीर और वृक्ष का संयोग। परन्तु यह समकाल में नहीं होता, उत्तरकाल में होता है। यद्यपि इस काल का हम पार्थक्येन निर्देश नहीं कर सकते। प्रकृत ग्रन्थ में कहे गये सम्पूर्ण संयोग एककालज हैं। संयोग अनित्य होता है ॥५०॥

विभागस्तु विभक्तिः स्याद्वियोगो भागशो ग्रहः।
पृथक्त्वं स्यादसंयोगो वैलक्षण्यमनेकता ॥५१॥

विभाग का लक्षण—विभाजन (बाँटना) को विभाग कहते हैं। वियोग से अभिप्राय संयोग के हट जाने से है। भाग (हिस्सा हिस्सा करके) ग्रहण होना विभाग को ही कहते हैं। वियोग, संयोग का प्रतिद्वन्द्वी गुण है। संयोगाभाव (संयोग का न होना) को विभाग या वियोग नहीं कहते। संयोगाभाव (संयोग का अभाव) से तो गुण कर्म आदि का भी ग्रहण हो जायगा, क्योंकि वे भी संयोग नहीं हैं। 'भागशो ग्रहः' भी इसीलिये कहा है कि वह भाव रूप (सत्तात्मक) है, अभाव नहीं, क्योंकि वहाँ भागशः ग्रहण होता है। यह भी संयोगवत् तीन प्रकार का है—१ द्वन्द्वकर्मज, सर्वकर्मज ३ एककर्मज अथवा १ अन्यतरकर्मज, २ उभयकर्मज, ३ विभागज विभाग। संयोगवत् ही यह भी अनित्य है।

पृथक्त्व का लक्षण—यह वस्तु इससे पृथक् है—इस ज्ञान का जो कारण है, वह पृथक्त्व है। पट (कपड़ा) घट (घड़े) से पृथक् है (भिन्न वस्तु है); इस ज्ञान का कारण पृथक्त्व है। यह तीन प्रकार का है—१ असंयोग, यथा—सुमेरु और हिमालय पर्वत, जिनका कभी संयोग नहीं है, एक दूसरे से 'पृथक्' कहाते हैं। २—विलक्षणता, एक दूसरे से भिन्न लक्षणों का होना, जैसे—घट और पट आदि विजातीय द्रव्यों की एक दूसरे से पृथक्ता। ३—अनेकता, जैसे गौ आदि सजातीय द्रव्यों में भी एक गौ से दूसरी गौ की पृथक्ता होती है।

इस 'पृथक्त्व' को 'अन्योन्याभाव' नहीं कह सकते, 'यह इससे भिन्न है' इस प्रतीति के होने से। अन्योन्याभाव में यह प्रतीति नहीं होती; वहाँ तो 'यह नहीं है' यह प्रतीति होती है। अतः अन्योऽन्याभावमें पञ्चमीविभक्ति का प्रयोग न हो सकने से तथा पृथक्ता के भावरूप होने से परस्पर पर्याय नहीं हो सकते ॥५१॥

परिमाणं पुनर्मानं, संस्कारः करणं मतम्।
भावाभ्यसनमभ्यासः शीलनं सततक्रिया ॥५२॥

परिमाण का लक्षण—परिमाण और मान एकार्थक हैं। जिससे मापा जाय उसे परिमाण कहते हैं। मापने में व्यवहार के कारण प्रस्थ, आढक, तुला, सेर, मन, फुट, इञ्च, अङ्गुल, वितस्ति, व्याम आदि हैं। अतः इन्हें मान वा परिमाण कहा जाता है। दर्शनशास्त्रों में महत्, अणु, दीर्घ, ह्रस्व तथा परिमण्डल भेद से पाँच प्रकार का परिमाण कहा है।

संस्कार का लक्षण—संस्कार को 'करण' कहते हैं। करण से अभिप्राय गुणान्तर के आधान (डालने) से है। जैसे व्रीहि से लाजा लघु हो जाते हैं। वहाँ अग्नि आदि द्वारा गुणान्तर—लघुता पैदा की गयी है। विमानस्थान प्रथम अध्याय में कहा भी जायगा—

'करणं हि स्वाभाविकद्रव्याणामभिसंस्कारः। संस्कारो हि गुणाधानमुच्यते। ते गुणास्तोयाग्निसन्निकर्षशौचमन्थनदेशकालवशेन भावनादिभिः कालप्रकर्षभाजनादिभिश्चाधीयन्ते।'

अभ्यास का लक्षण—किसी भाव (वस्तु) का पुनः पुनः अनुष्ठान वा निरन्तर करना अभ्यास कहाता है। जैसे प्रतिदिन व्यायाम का करना, व्यायाम का अभ्यास कहाता है। षड्रस का प्रतिदिन सेवन करना छहों रसों का अभ्यास कहाता है। शीलन (पुनः पुनः अनुष्ठान) तथा सततक्रिया (निरन्तर करना) ये दोनों अभ्यास के ही पर्याय हैं।

इति स्वलक्षणैरुक्ता गुणाः सर्वे परादयः।
चिकित्सा यैरविदितैर्न यथावत् प्रवर्तते ॥५३॥

इस प्रकार पर आदि सब गुण अपने २ लक्षणों से बता दिये हैं। इनके न जानने से यथावत् चिकित्सा नहीं हो सकती ॥५६॥

गुणा गुणाश्रया नोक्तास्तस्माद्रसगुणान् भिषक्।
विद्याद् द्रव्यगुणान् [1]कर्तुरभिप्रायाः पृथग्विधाः ॥५४॥

१—'द्रव्याणां योगः सम्बन्ध इत्युक्ते अवयवावयविसम्बन्धस्यापि संयोगत्वं स्यादत आह-सहेति, साहित्यरूपो योगः, स च पृथक्सिद्धयोरेव भवतीति भावः' शिवदासः। सहेत्यनेनेहाकिञ्चित्कारं परस्परसंयोगं निराकरोति, तद्भेदानाह—द्वन्द्वेत्यादि। तत्र द्वन्द्वकर्मजो यथा—युध्यमानयोर्मेषयोः, सर्वकर्मजो यथा—भाण्डे प्रक्षिप्यमाणानां माषाणां बहुलमाषक्रियायोगजः, एककर्मजो यथा—वृक्षवायसयोः, अनित्य इति संयोगस्य कर्मजत्वे नानित्यत्वं दर्शयति' चक्रः।

१—'ननु, यदि द्रव्यगुण एव ते ततः किमिति रसगुणत्वेनोच्यन्त इत्याह—कर्तुरिति। कर्तुरिति—तन्त्रकर्तुः, अभिप्राया इति तत्र तत्रोपचारेण तथा सामान्यशब्दादिप्रयोगेण तन्त्रकरणबुद्धयः' चक्रः।

गुण गुण के आश्रित नहीं होते। वैशेषिक में कहा भी है—'द्रव्याश्रय्यगुणवान् संयोगविभागेष्वकारणमनपेक्ष इति गुणलक्षणम्।' सुश्रुत सू० ४० में भी—'निर्गुणास्तु गुणाः स्मृताः।' अतएव जो हमने रस के (संयोग आदि) गुण कहे हैं और जो आगे कहेंगे वे २ उस २ रस के आश्रयभूत द्रव्य के गुण जानने चाहिये। तन्त्रकर्ता के अभिप्राय नाना प्रकार के होते हैं। ग्रन्थकर्ता जिस प्रकार अपनी रचना को अच्छा समझता है वैसा लिखता है। द्रव्य तो अनन्त हैं, प्रत्येक का गुण लिखना असम्भव है। अतः रस द्वारा ही यदि उन द्रव्यों के गुणों को जान लें तो बहुत सुगमता हो जाती है। जैसे—'मधुररसवाले द्रव्य प्रायः स्निग्ध होते हैं' ऐसा कहने से जो भी द्रव्य मधुररसवाले हैं चाहे वे हमें ज्ञात हैं वा अज्ञात हम उनकी स्निग्धता की कल्पना कर सकते हैं—इत्यादि अभिप्रायों को मन में रखते हुए ही ग्रन्थकर्ता ने द्रव्य के गुण न कहकर रस के गुण कहे हैं। वस्तुतः ये उन २ द्रव्यों के ही गुण होते हैं ॥५४॥

अतश्च [1]प्रकृतं बुद्ध्वा देशकालान्तराणि च।
तन्त्रकर्तुरभिप्रायानुपायांश्चार्थमादिशेत्[2] ॥५५॥

अतएव प्रकरण, देशभेद, कालभेद, शास्त्रकर्ता के अभिप्रायों तथा उपायों (युक्तियों वा ज्ञानोपाय प्रत्यक्ष आदि प्रमाणों) को जानकर अभिधेय (वक्तव्य) को जाने। प्रकरण से, यथा—उद्भिदगणों के प्रकरण में 'क्षाराः क्षीरं फलं पुष्पं भस्म तैलानि कण्टकाः' इस वचन में 'क्षीर' शब्द से स्नुही आदि वनस्पतियों का ही दूध लेना चाहिये। गौ का दूध नहीं। देशभेद से, जैसे—शिर का शोधन बताते हुए 'कृमिव्याधावपस्मारे' इस वचन में कृमिव्याधि से शिर का कृमिरोग समझना चाहिये। कालभेद से जैसे—वमन कराने के समय कहा है—'प्रतिग्रहांश्चोपचारयेत्' यहाँ पर 'प्रतिग्रह' से पीकदान का ग्रहण करना होगा, न कि पकड़नेवालों का। अथवा भोजन के समय 'सैन्धवमानय' से सैन्धानमक लाना होगा न कि घोड़ा। ग्रन्थकर्ता का अभिप्राय, जैसे—रसों में गुण को बताने से सम्पूर्ण द्रव्यों के गुण का ज्ञान कराना। प्रत्यक्ष आदि प्रमाण जो कि ज्ञान के साधन हैं वे तो स्पष्ट ही हैं ॥५५॥

[3]परं चातः प्रवक्ष्यन्ते रसानां षड्विभक्तयः।
षट् पञ्चभूतप्रभवाः संख्याताश्च यथा रसाः ॥५६॥

इसके पश्चात् भूतों से उत्पन्न होनेवाले रस जिस प्रकार छह संख्या में हो जाते हैं, वैसे रसों के ६ विभाग कहूँगा। अर्थात् रस तो पाँचों भूतों से उत्पन्न होते हैं, वे छह किस प्रकार हो जाते हैं यह बताया जायगा।

सौम्याः खल्वापोऽन्तरिक्षप्रभवाः प्रकृतिशीता लघ्व्यश्चाव्यक्तरसाश्च; [4]तास्त्वन्तरिक्षाद् भ्रश्यमाना भ्रष्टाश्च पञ्चमहाभूतविकारगुणसमन्विता जङ्गमस्थावराणां भूतानां मूर्तीरभिप्रीणयन्ति, तासु मूर्तिषु [1]षड्भिर्मूर्च्छन्ति रसाः ५७

अन्तरिक्ष में उत्पन्न होनेवाले जल (वर्षाजल) सौम्य, (कारणभूत जल के गुण से युक्त) स्वभाव से शीतल, हलके, अव्यक्त रसवाले होते हैं। ये अन्तरिक्ष से नीचे गिरते हुए तथा नीचे गिरकर पाँचों महाभूतों के विकारों (कार्यरूप में आये हुए पृथिवी आदि पाँचों महाभूतों) के गुणों से युक्त होकर जङ्गम तथा स्थावर प्राणियों के शरीरों को तृप्त करते हैं। उन शरीरों में ६ रस प्रकट होते हैं। सुश्रुत सू० ४५ अ० में भी कहा है—'तदेवावनिपतितमन्यतमं रसं लभते स्थानविशेषात्' ॥

तेषां षण्णां रसानां [2]सोमगुणातिरेकान्मधुरो रसः, पृथिव्यग्निभूयिष्ठत्वादम्लः, सलिलाग्निभूयिष्ठत्वाल्लवणः, वाय्वग्निभूयिष्ठत्वात्कटुकः, वाय्वाकाशातिरेकात्तिक्तः, पवनपृथिव्यतिरेकात्कषाय इति एवमेषां रसानां षट्त्वमुत्पन्नम्, ऊनातिरेकविशेषान्महाभूतानां; भूतानामिव जङ्गमस्थावराणां नानावर्णाकृतिविशेषाः; षडृतुकत्वाच्च कालस्योपपन्नो महाभूतानामूनातिरेकविशेषः ॥५८॥

उन छहों रसों में से सोमगुण (कार्यरूप में आये हुए जल के गुण) की प्रधानता से मधुर रस होता है। 'सोम' से कई पृथिवी और जल दोनों का ग्रहण करते हैं। सुश्रुत सूत्र० ४२ अ० में—'भूम्यम्बुगुणबाहुल्यान्मधुरः' कहा है। पृथिवी और अग्नि की अधिकता से अम्ल रस, जल और अग्नि की अधिकता से लवण-रस, वायु और अग्नि की अधिकता से कटु रस, वायु और आकाश के आधिक्य से तिक्त रस, वायु और पृथिवी की अधिकता से कषाय रस होता है। इस प्रकार महाभूतों की न्यूनता और आधिक्य के भेद से रसों का ६ संख्या में होना होता है। अर्थात् पाँच महाभूतों के न्यूनाधिक्य में उपर्युक्त प्रकार से मिलने पर ६ रस होते हैं। जिस प्रकार जङ्गम तथा स्थावर प्राणियों के नाना प्रकार के वर्ण एवं आकृति के भेद, पृथिवी आदि पञ्चमहाभूतों के न्यूनाधिक्य से होते हैं। काल के ६ ऋतुओंवाला होने से पञ्च महाभूतों का न्यूनाधिक्य होना युक्त ही है। तस्याशितीयाध्याय में कहे के अनुसार इन पञ्च महाभूतों के उत्कर्षापकर्ष—न्यूनाधिक्य को ऊहा द्वारा जान लेना चाहिये ॥५८॥

तत्राग्निमारुतात्मका रसाः प्रायेणोर्ध्वभाजः, लाघवात्प्लवनत्वाच्च[3] वायोरूर्ध्वज्वलनत्वाच्च वह्नेः; सलिलपृथिव्यात्मकास्तु प्रायेणाधोभाजः, पृथिव्या गुरुत्वान्निम्नगत्वाच्चोदकस्य व्यामिश्रात्मकाः पुनरुभयतोभाजः ॥५९॥

इनमें वायु तथा अग्निमय जो रस हैं, वे प्रायः ऊपर को जाते हैं क्योंकि वायु हलका तथा तिर्यग् एवं ऊपर को गतिवाला होता है और आग भी ऊपर की ओर ज्वाला से जलती है। जल तथा पृथिवीमय जो रस हैं वे नीचे की ओर जाते हैं, क्योंकि पृथिवी भारी होती है और जल नीचे स्थान की ओर जाता है। जिनमें

१— प्रकृतं प्रकरणं' शिवदासः। २—'उपायानिति शास्त्रोपायान्तन्त्रयुक्तिरूपान्, अर्थमभिधेयं' चक्रः। ३—'षड्विभक्तीः प्रवक्ष्यामि रसानामत उत्तरम्' च। ४—'भ्रश्यमाना इति वदता भूमिसम्बन्धव्यतिरेकेणान्तरिक्षेऽपि तैः पृथिव्यादिपरमाण्वादिभिः सम्बन्धो रसारम्भको भवतीति दर्श्यते' चक्रः।

१—'अभिमूर्च्छन्ति रसा इति व्यक्तिं यान्ति' चक्रः।
२—'अत्र सोमशब्देन पृथिवीजलयोर्ग्रहणम्, उभयोः सौम्यत्वात्' शिवदासः।
३—'प्लवनत्वात्तिर्यगूर्ध्वगतिमत्त्वात्' शिवदासः।

दोनों प्रकार के भूत मिश्रित हैं, वे ऊपर नीचे दोनों ओर जाते हैं। सुश्रुत ने भी सू० ४१ अ० में कहा है—

'तत्र विरेचनद्रव्याणि पृथिव्यम्बुगुणभूयिष्ठानि । पृथिव्यापो गुर्व्यः । गुरुत्वादधो गच्छन्ति । तस्माद्विरेचनमधोगुणभूयिष्ठमनुमानात् । वमनद्रव्याणि अग्निवायुभूयिष्ठानि । अग्निवायू हि लघू । लघुत्वाच्च तान्यूर्ध्वमुत्तिष्ठन्ति । तस्माद्वमनमूर्ध्वगुणभूयिष्ठम् । उभयगुणभूयिष्ठमुभयतो भागम् ।'

अर्थात् विरेचन के द्रव्यों में पृथिवी तथा जल के गुणों का आधिक्य होता है । पृथिवी और जल के भारी होने से वे नीचे को जाते हैं । वमन द्रव्यों में अग्नि और वायु के गुणों का आधिक्य होता है । अतः उनके हलका होने से वमन द्रव्य ऊपर को जाते हैं और दोनों प्रकार के गुण जिनमें अधिक होते हैं वे ऊपर नीचे दोनों ओर जाते हैं ।

यहाँ प्रकृत ग्रन्थ में रस से उनके आश्रयभूत द्रव्य लिये जाते हैं । अतएव उन २ रसोंवाले द्रव्य वमन तथा विरेचन आदि कर्म करते हैं ॥५९॥

तेषां षण्णां रसानामेकैकस्य यथाद्रव्यं गुणकर्माण्यनुव्याख्यास्यामः ।

तत्र मधुरो रसः शरीरसात्म्याद्रसरुधिरमांसमेदोस्थिमज्जौजःशुक्राभिवर्धनं आयुष्यः षडिन्द्रियप्रसादनो बलवर्णकरः पित्तविषमारुतघ्नस्तृष्णाप्रशमनस्त्वच्यः केश्यः कण्ठ्यः प्रीणनो जीवनस्तर्पणो बृंहणः स्थैर्यकरः क्षीणक्षतसन्धानकरो घ्राणमुखकण्ठौष्ठजिह्वाप्रह्लादनो दाहमूर्च्छाप्रशमनः षट्पदपिपीलिकानामिष्टतमः स्निग्धः शीतो गुरुश्च; स एवंगुणोऽप्येक एवात्यर्थमुपयुज्यमानः स्थौल्यं मार्दवमालस्यमतिस्वप्नं गौरवमनन्नाभिलाषमग्निदौर्बल्यमास्यकण्ठमांसाभिवृद्धिश्वासकासप्रतिश्यायाल[२]सकशीतज्वरानाहास्यमाधुर्यवमथुसंज्ञास्वरप्रणाशगलगण्डगण्डमालाश्लीपदगलशोफबस्तिधमनीगलोपलेपाद्यामयानभिष्यन्दमित्येवम्प्रभृतीन् कफजान् विकारानुपजनयति ॥६०॥

उन छहों रसों में से एक २ का उन २ के आधार द्रव्य (जैसे पृथिवी गुण की बहुलतावाला द्रव्य, मधुररस का) के अनुसार गुण और कर्म कहे जायंगे—

उनमें से मधुररस शरीर के सात्म्य (अनुकूल) होने से रस, रुधिर, मांस, मेद, अस्थि, मज्जा, ओज तथा वीर्य को बढ़ानेवाला है । आयु को बढ़ाता है । पाँच ज्ञानेन्द्रिय तथा मन; इन छह इन्द्रियों को प्रसन्न रखता है । बल, वर्ण को बढ़ाता है । पित्त, विष तथा वायु का नाशक है । प्यास को शान्त करता है । त्वचा, केश तथा कण्ठ के लिये हितकर है ।

प्रीणन, जीवन (जीवनशक्ति-Vitality का देनेवाला), तर्पण (तृप्ति करनेवाला), बृंहण (पुष्टिकर), शरीर को स्थिर करनेवाला-दृढ़ करनेवाला; क्षीण पुरुषों में धातुओं का पोषण करनेवाला, क्षत को जोड़नेवाला अथवा क्षीणक्षत-उरःक्षत को जोड़नेवाला, नाक, मुंह, कण्ठ, ओष्ठ (होंठ) तथा जिह्वा को आनन्दित करनेवाला, दाह और मूर्च्छा को शान्त करनेवाला, भौंरे तथा चिऊटियों को अत्यन्त प्यारा, स्निग्ध, शीतल तथा भारी होता है ।

इन गुणों से युक्त होते हुए भी यदि इस रस का अत्यधिक उपयोग किया जाय तो स्थूलता, मृदुता (अर्थात् मांस में दृढ़ता नहीं आती, मांसपेशियाँ शिथिल होती हैं); आलस्य, अतिनिद्रा, शरीर में भारीपन, भोजन में इच्छा न होना, जाठराग्नि की दुर्बलता, मुख तथा कण्ठ के मांस की अत्यन्त वृद्धि, श्वास, कास, प्रतिश्याय, अलसक, शीतज्वर, आनाह, मुख का मीठा २ रहना, कै, संज्ञानाश (बेहोशी), ज्वरनाश, गलगण्ड, गण्डमाल, श्लीपद, गले में शोथ, बस्ति (मूत्राशय), धमनी तथा गण्ड (glands ग्रन्थियाँ) में उपलेप (कफ का लेप), नेत्ररोगों एवं अभिष्यन्द (दोष, धातु, मल एवं स्रोतों का क्लिन्न होना अथवा नजला, मुख नाक आदि से स्राव का सरना); आदि कफज रोग उत्पन्न हो जाते हैं । सुश्रुत सू० ४२ अ० में भी कहा है—

'तत्र मधुरो रसो रसरक्तमांसमेदोऽस्थिमज्जौजःशुक्रस्तन्यवर्धनश्चक्षुष्यः केश्यो वर्ण्यो बलकृत् सन्धानः शोणितरसप्रसादनो बालवृद्धक्षतक्षीणहितः षट्पदपिपीलिकानामिष्टतमस्तृष्णामूर्च्छादाहप्रशमनः षडिन्द्रियप्रसादनः कृमिकफकरश्चेति । स एवं गुणोऽप्येक एववाऽत्यर्थमासेव्यमानः कासश्वासालसकवमथुवदनमाधुर्यस्वरोपघातकृमिगलगण्डानापादयति । तथार्बुदश्लीपदबास्तिगुदोपलेपाभिष्यन्दप्रभृतीन् जनयति ॥६०॥

अम्लो रसो भक्तं रोचयति, अग्निं दीपयति, देहं बृंहयति ऊर्जयति, मनो बोधयति, इन्द्रियाणि दृढीकरोति, बलं वर्धयति, वातमनुलोमयति, हृदयं तर्पयति, आस्यमास्रावयति, भुक्तमपकर्षयति, क्लेदयति, जरयति, प्रीणयति, लघुरुष्णः स्निग्धश्च; स एवं गुणोऽप्येक एवात्यर्थमुपयुज्यमानो दन्तान् हर्षयति, तर्षयति, संमीलयत्यक्षिणी, संजीवयति लोमानि, कफं[१] विलापयति, अपिच क्षताभिहतदष्टदग्धभग्नशूनच्युतावमूत्रितपरिसर्पितमर्दितच्छि[२]न्नभिन्नविश्लिष्टविद्धोत्पिष्टादीन् पाचयत्याग्नेयस्वभावात् परिदहति कण्ठमुरो हृदयं च ॥६१॥

अम्लरस-अन्न में रुचि पैदा करता है, अग्नि को दीप्त करता है, देह को पुष्ट करता है, जीवन देता है, मन को जगाता है-क्रियाशील करता है, इन्द्रियों को दृढ़ करता है, बल को बढ़ाता है, वायु का अनुलोमन करता है, हृदय को तृप्त करता है, मुख से लाला को बहाता है, खाये हुए भोजन को नीचे की ओर ले जाता है अथवा भोजन को बारीक कर देता है—सूक्ष्म अंशों में विभक्त कर देता है, गीला करता है, पचाता है, प्रीणन करता है—न्यून हुए २ धात्वंशों (Tissues) का पूरण करता है तथा लघु (हलका), उष्ण (गरम) एवं स्निग्ध होता है ।

१—'यथाद्रव्यमिति यद्यस्य रसस्य द्रव्यमाधारस्तदनतिक्रमेण, एतेन रसानां गुणकर्मणी रसाधारद्रव्ये बोद्धव्ये इति दर्शयति' चक्रः ।

२—'०लसकविसूचिका०' ग. ।

१—'विलालयति' ग. ।

२—'च्छिन्नविद्धोत्पिष्टादीन्' च. ।

इन गुणों से युक्त होते हुए भी यदि इस रस का अत्यधिक उपयोग किया जाय तो दन्तहर्ष एवं तृष्णा को पैदा करता है, आँखों को बन्द करता है, लोमाञ्च करता है, कफ को पतला करता है, पित्त को बढ़ाता है, रक्त को दूषित करता है, मांस में विदाह करता है, शरीर को शिथिल कर देता है, क्षीणक्षत तथा दुर्बल पुरुषों में शोथ को पैदा करता है, क्षत (घाव), अभिहत (डण्डे आदि की चोट), दष्ट (सर्प, कुत्ते आदि द्वारा काटे गये), दग्ध (जला हुआ), भग्न (अस्थि आदि का टूटना), शून (सूजे हुए वा शोथयुक्त), च्युत (ऊँचे स्थान से गिरना), अवमूत्रित (लूता आदि मूत्रविषवाले जन्तुओं के मूत्र से), परिसर्पित (जिन जन्तुओं के शरीर पर चलने से ही विषप्रभाव होता है उसके देहपर चलनेपर), मर्दित (शरीर पर मर्दन करनेपर) छिन्न (दो टुकड़ों में काटना), भिन्न (विदीर्ण होना), विशिलष्ट (अस्थि-सन्धि का खुलना वा ढीला होना), विद्ध सूई आदि का चुभना), उत्पिष्ट (अंग का पीसा जाना वा कुचला जाना) आदियों को आग्नेय स्वभाववाला होने से पका देता है, और कण्ठ, छाती और हृदय में दाह करता है। सुश्रुत सूत्र ४२ अ० में भी—

'अम्लो जरणः पाचनो दीपनः पवननिग्रहणोऽनुलोमनः कोष्ठविदाही बहिःशीतः क्लेदनः प्रायशो हृद्यश्चेति। स एवंगुणोऽप्येक एवात्यथमुपसेव्यमानो दन्तहर्षनयनसंमीलनरोमसंवेजनकफविलयनशरीरशैथिल्यान्यापादयति। तथा क्षताभिहतदग्धदष्टभग्नशूनरुग्णप्रच्युतावमूत्रितावसर्पितच्छिन्नभिन्नविद्धोत्पिष्टादीनि पाचयत्याग्नेयस्वभावात्। परिदहति कण्ठमुरो हृदयं च ॥६१॥

लवणो रसः पाचनः क्लेदनो दीपनश्च्यावनश्छेदनो भेदनस्तीक्ष्णः सरो विकास्यधःस्रंस्यवकाशकरो वातहरः स्तम्भसंघातविधमनः सर्वरसप्रत्यनीकभूत आस्यमास्रावयति कफं विष्यन्दयति, मार्गान् विशोधयति, सर्वशरीरावयवान्मृदु करोति; रोचयत्याहारमाहारयोगी नात्यर्थं गुरुः स्निग्ध उष्णश्च; स एवंगुणोऽप्येक एवात्यथमुपयुज्यमानः पित्तं कोपयति, रक्तं वर्धयति, तर्षयति, मोहयति, मूर्च्छयति, तापयति, दारयति, कुष्णाति मांसानि, प्रगालयति, कुष्ठानि, विषं वर्धयति, शोफान् स्फोटयति, दन्तांश्च्यावयति, पुंस्त्वमुपहन्ति, इन्द्रियाण्युपरुणद्धि, वलीपलितखालित्यमापादयति, अपि च लोहितपित्ताम्लपित्तवीसर्पवातरक्तविचर्चिकेन्द्रलुप्तप्रभृतीन् विकारानुपजनयति ॥६२॥

लवणस्य–पाचन, क्लेदन (गीला करनेवाला), अग्नि को दीप्त करनेवाला, च्यावन (स्राव करनेवाला), [1]छेदन, [2]भेदन, तीक्ष्ण, सर, विकासी (सन्धिबन्धनों का खोलनेवाला), [3]अधःस्रंसी (नीचे की ओर स्रंसन करनेवाला—कोष्ठ में रुके हुए मल आदि को बिना ही पकाये नीचे की ओर ले जानेवाला), अवकाशकर (खाली जगह बनानेवाला), वातहर, स्तम्भ (जड़वत् होना), बन्ध (मल आदिका बन्धकर कठोर हो जाना), संघात (दोषों का एकत्रित होना), इनका नाशक, सम्पूर्ण रसों का शत्रु (यदि नमक थोड़ा सा भी अधिक डाला जाय तो किसी अन्य रस का स्वाद नहीं आता। करेले आदि की तिक्तता को हटाने के लिये भी लवण को उस पर मला जाता है); मुख से लाला को बहाता है, कफ को बहाता है—स्राव कराता है, मार्गों को शुद्ध कराता है, सम्पूर्ण शरीर के अवयवों को मृदु (नरम) करता है। आहार में रुचि पैदा करता है, आहार में सर्वदा उपयोगी है (इसका सदा आहार में उपयोग करना चाहिये)। यह अत्यधिक गुरु (भारी) तथा अत्यधिक स्निग्ध नहीं होता, यह उष्ण है।

इन गुणों से युक्त होते हुए भी इस अकेले रस का ही अत्यधिक उपयोग पित्त को कुपित करता है, रक्त में अत्यधिक गति को पैदा करता है, प्यास लगाता है, मोह को पैदा करता है, मूर्च्छा करता है, सन्ताप को उत्पन्न करता है, फाड़ता है, मांसों को कुरेद देता है, कुष्ठ को गलाकर गिरा देता है, विष को बढ़ाता है, शोथों को फोड़ देता है, दाँतों को गिरा देता है, पुंस्त्व को नष्ट करता है, इन्द्रियों को अपने २ विषयों के ग्रहण तथा कर्म करने में असमर्थ कर देता है, वलीपलित–(झुर्रियाँ तथा बालों का श्वेत होना आदि वृद्धावस्था के चिह्न) एवं खालित्य (गंजापन) को उत्पन्न करता है, और रक्तपित्त अम्लपित्त, विसर्प, वातरक्त, विचर्चिका, इन्द्रलुप्त रोगों को पैदा करता है। सुश्रुत सू० ४२ अ० में भी—

'लवणः संशोधनः पाचनो विश्लेषणः क्लेदनः शैथिल्यकृदुष्णः सर्वरसप्रत्यनीको मार्गविशोधनः सर्वशरीरावयवमार्दवकरश्चेति। स एवंगुणोऽप्येक एवात्यर्थमासेव्यमानो गात्रकण्डूकोठशोफवैवर्ण्यपुंस्त्वोपघातेन्द्रियोपतापमुखाक्षिपाकरक्तपित्तवातशोणिताम्लिकाप्रभृतीनापादयति ॥६२॥

कटुको रसो वक्त्रं शोधयति, अग्निं दीपयति, भुक्तं शोषयति, घ्राणमास्रावयति, चक्षुर्विरेचयति, स्फुटीकरोतीन्द्रियाणि, अलसकश्वयथूपचयोदर्दाभिष्यन्दस्नेहस्वेदक्लेदमलानुपहन्ति, रोचयत्यशनं, कण्डूर्विनाशयति[1], व्रणानवसादयति, क्रिमीन् हिनस्ति, मांसं विलिखति, शोणितसंघातं भिनत्ति, बन्धांश्छिनत्ति, मार्गान्विवृणोति, श्लेष्माणं शमयति, लघुरुष्णो रूक्षश्च; स एवंगुणोऽप्येक एवात्यर्थमुपयुज्यमानो विपाकप्रभावात् पुंस्त्वमुपहन्ति, रसवीर्यप्रभावान्मोहयति, ग्लपयति, सादयति, कर्षयति, मूर्च्छयति, नमयति, तमयति, भ्रमयति, कण्ठं परिदहति, शरीरतापमुपजनयति, बलं क्षिणोति, तृष्णां चोपजनयति, अपिच वाय्वग्निबाहुल्याद् भ्रममदथुकम्पतोदभेदैश्चरणभुजपीलु[2]पार्श्वपृष्ठप्रभृतिषु मारुतजान्विकारानुपजनयति ॥६३॥

कटुरस—मुख को शुद्ध करता है, अग्नि को दीप्त करता है, खाये हुए भोजन को सुखाता है, नाक से स्राव को बहाता है।

१—'श्लिष्टान्कफादिकान् दोषानुन्मूलयति यद्बलात्। छेदनं तद्यवक्षारो मरिचानि शिलाजतु ॥' २–'मलादिकमबद्ध वा बद्धं वा पिण्डितं मलैः। भित्त्वाधः पातयति तद्भेदनं कटुकी यथा ॥' ३–'पक्तव्यं यदपक्त्वैव श्लिष्टं कोष्ठे मलादिकम्। नयत्यधः स्रंसनं तद्यथा स्यात्कृतमालकः ॥'

१–'कण्डूविलासयति' ग। १–'पीलुः हस्ततलम्' गङ्गाधरः।

आँखों से पानी निकालता है, इन्द्रियों को स्पष्ट कर देता है—अर्थात् इन्द्रियाँ अपने कार्य को शीघ्रता से करती हैं; अलसक, शोथ, स्थूलता, उदर्द, अभिष्यन्द (स्रोतों आदि का क्लिन्न रहना), स्नेह, स्वेद (पसीना), क्लेद तथा मलों को नष्ट करता है, भोजन में रुचि पैदा करता है, कण्डू (खुजली) को नष्ट करता है, व्रणों को शिथिल करता है, कीड़ों को मारता है, मांस का लेखन करता है, रक्त के संघात (Colt) को तोड़ देता है, बन्धों को काटता है, मार्गोंको खोल देता है—स्पष्ट कर देता है, कफ को शान्त करता है। लघु, उष्ण तथा रूक्ष है।

इन गुणों से युक्त होते हुए भी अकेले इस रस के अत्यधिक उपयोग से वह अपने कटुविपाक के प्रभाव से पुंस्त्व को नष्ट करता है। रस कटु) वीर्य (उष्ण) के प्रभाव से मोह को पैदा करता है, ग्लानि, शिथिलता, कृशता, मूर्च्छा का कारण होता है। शरीर को नमा देता है—झुका देता है, श्वासरोग को कर देता है, भ्रम (चकराना) को करता है, कण्ठ को जलाता है, शरीर में ताप को पैदा करता है, बल को कम करता है, तृष्णा (प्यास) लगाता है वायु तथा अग्नि के आधिक्य के कारण भ्रम, मद, दवथु (दाह) , कम्प तोद सूई चुभने का सा दद), भेद आदि लक्षणों से पैर, बाहु हस्ततल , पार्श्व तथा पीठ आदि अंगों में वातज विकारों को उत्पन्न करता है। सुश्रुत ४२ अ० में भी—

'कटुको दीपनः पाचनो रोचनः शोधनः स्थौल्यालस्यकफकृमिविषकुष्ठकण्डूपशमनः सन्धिबन्धविच्छेदनोऽवसादनः स्तन्यशुक्रमेदसामुपहन्ता चेति। स एवंगुणोऽप्येक एवात्यर्थमुपसेव्यमानो भ्रममदगलतालुओष्ठशोषदाहसन्तापबलविघातकम्पतोदभेदकृत् करचरणपार्श्वपृष्ठप्रभृतिषु च वातशूलानापादयति ॥६३॥

तिक्तो रसः स्वयमरोचिष्णुररोचकघ्नो विषघ्नः क्रिमिघ्नो मूर्च्छादाहकण्डूकुष्ठतृष्णाप्रशमनः त्वङ्मांसयोः स्थिरीकरणो ज्वरघ्नो दीपनः पाचनः स्तन्यशोधनो लेखनः क्लेदमेदोवसामज्जलसीकापूयस्वेदमूत्रपुरीषपित्तश्लेष्मोपशोषणो रूक्षः शीतो लघुश्च। स एवंगुणोऽप्येक एवात्यर्थमुपयुज्यमानो रौक्ष्यात् खरविशदस्वभावाच्च रसरुधिरमांसमेदोस्थिमज्जाशुक्राण्युच्चोषयति, स्रोतसां खरत्वमुपपादयति, बलमादत्ते, कर्षयति, ग्लपयति, मोहयति, भ्रमयति, वदनमुपशोषयति, अपरांश्च वातविकारानुपजनयति ॥६४॥

तिक्तरस—के सेवन में स्वयं रुचि नहीं होती, पर अरुचि को नष्ट करनेवाला है। यह विषनाशक तथा कृमिनाशक है, मूर्च्छा, दाह, कण्डू, कुष्ठ तथा तृष्णा को शान्त करता है। त्वचा एवं मांस को स्थिर करता है—दृढ़ करता है—ज्वरनाशक, दीपन, पाचन, दुग्धशोधक, लेखन है। क्लेद (गीलापन), मेद, वसा, मज्जा, लसीका, पूय, (पीव) , स्वेद (पसीना), मूत्र, पुरीष (मल) , पित्त तथा कफ को सुखाता है। रूक्ष, शीत (ठण्डा) तथा लघु है।

इन गुणोंवाला होते हुए भी अकेला इसका अत्यधिक सेवन करने से रूक्षता के कारण तथा खर एवं विशद (पिच्छिल से विपरीत) स्वभाववाला होने से रस, रक्त, मांस, मेद, अस्थि, मज्जा तथा वीर्य ; इन सातों धातुओं को सुखाता है। स्रोतों को खुरदरा कर देता है। बल को नष्ट करता है, कृशता उत्पन्न करता है। ग्लानि, मोह एवं भ्रम का कारण हो जाता है। मुख को सुखा देता है एवं दूसरे वातरोगों को पैदा करता है। सुश्रुत सूत्र ४२ अ० में—

'तिक्तश्छेदनो रोचनो दीपनः शोधनः कण्डूकोठतृष्णामूर्च्छाज्वरप्रशमनः स्तन्यशोधनो विण्मूत्रक्लेदमेदोवसापूयोपशोषणश्चेति। स एवंगुणोऽप्येक एवात्यर्थमुपसेव्यमानो गात्रमन्यास्तम्भाक्षेपकार्दितशिरःशूलभ्रमतोदच्छेदास्यवैरस्यान्यापादयति' ॥६४॥

कषायो रसः संशमनः संग्राही संधारणः पीडनो[1] रोपणः शोषणः स्तम्भनः श्लेष्मपित्तरक्तप्रशमनः शरीरक्लेदस्योपयोक्ता[2], रूक्षः शीतो गुरुश्च, स एवंगुणोऽप्येक एवात्यर्थमुपयुज्यमान आस्यं शोषयति, हृदयं पीडयति, उदरमाध्मापयति, वाचं निगृह्णाति, स्रोतांस्यवबध्नाति, श्यावत्वमापादयति, पुंस्त्वमुपहन्ति, विष्टभ्य जरां [3]गच्छति, वातमूत्रपुरीषाण्यवगृह्णाति, कर्षयति, ग्लपयति, तर्षयति, स्तम्भयति, खरविशदरूक्षत्वात्पक्षवधग्रहापतानकार्दित प्रभृतींश्च वातविकारानुपजनयतीति ॥६५॥

कषायरस—संशमन (दोषों को शान्त करनेवाला) ; संग्राही (Astringent), सन्धारण (रोकनेवाला), पीड़न (निचोड़नेवाला यथा व्रण पर लगाने से उनके सिरों को सुकड़ने से अन्दर के पूय आदि स्राव को बाहर निकालता है), रोपण करनेवाला, सुखाने वाला, स्तम्भक, कफ पित्त तथा रक्त को शान्त करनेवाला, शरीर के गीलेपन को चूस लेनेवाला, रूक्ष, शीत और गुरु होता है।

इन गुणों से युक्त होते हुए भी अकेले इसी रस के अत्यधिक उपयोग से वह मुख को सुखाता है, हृदय को पीड़ित करता है, पेट में आध्मान कर देता है, वाणी को रोक देता है, स्रोतों को बाँध देता है, मार्गों को छोटा कर देता है वा सर्वथा बन्द कर देता है, शरीर में श्यामता को उत्पन्न करता है, पुंस्त्वनाशक है, विष्टब्ध (वायु को उत्पन्न कर तोद तथा शूल के साथ मल को रोके रहना) होकर पचाता है, वात, मूत्र तथा मल को अन्दर ही रोक देता है, शरीर को कृश करता है। कान्ति को क्षीण करता है; प्यास लगाता है, शरीर स्थित चल द्रवों को रोकता है। खर, विशद एवं रूक्ष गुणयुक्त होने से यह रस पक्षवध, हनुग्रह आदि रोग, अपतानक, अर्दित प्रभृति वात की व्याधियों को उत्पन्न करता है। सुश्रुत सूत्र ४२ अ० में भी—

'कषायः संग्राहको रोपणः स्तम्भनः शोधनो लेखनः शोषणः पीडनः क्लेदोपशोषणश्चेति। स एवंगुणोऽप्येक एवात्यर्थमुपसेव्यमानो हृत्पीडाऽऽस्यशोषोदराध्मानवाक्यग्रहमन्यास्तम्भगात्रस्फुरणचुमचुमायनाकुञ्चनाक्षेपणप्रभृतीन् जनयति' ॥ ६५ ॥

१—'पीडनो व्रणपीडनः' चक्रः, 'आकृष्य संकोचकरः' गंगाधरः। २—'शरीरक्लेदस्योपयोक्तेति आचूषकः' चक्रः। ३—'विष्टभ्य जरयति' ग.।

एवमेते षड्रसाः पृथक्त्वेनैकत्वेन वा मात्रशः सम्यगुपयुज्यमाना उपकारकरा भवन्त्यध्यात्मलोकस्य[1] । अपकारकराः पुनरतोऽन्यथोपयुज्यमानाः, तान् विद्वानुपकारार्थमेव मात्रशः सम्यगुपयोजयेदिति ॥६६॥

इस प्रकार ये छहों रस पृथक् २ वा एकरूप (मिलाकर) द्वारा मात्रा में प्रयुक्त करने से अध्यात्मलोक (पुरुषसंज्ञक—प्राणिमात्र) के लिये उपकार करनेवाले हैं। उससे विपरीत उपयोग करने से हानिकर है । विद्वान् पुरुष को मात्रा में ही उनका ठीक प्रकार से उपयोग करना चाहिये ।।।६६॥

भवन्ति चात्र ।

शीतं वीर्येण यद् द्रव्यं मधुरं रसपाकयोः ।
तयोरम्लं यदुष्णं च यच्चोष्णं कटुकं तयोः ॥६७॥
तेषां रसोपदेशेन निर्देश्यो गुणसंग्रहः ।
वीर्यतो विपरीतानां पाकतश्चोपदेक्ष्यते ॥६८॥

जो द्रव्य रस और विपाक में मधुर है, उसे वीर्य द्वारा शीत जानना चाहिये । जो रस और विपाक दोनों में अम्ल हैं; उसे उष्णवीर्य जानना चाहिये । इसी प्रकार जो द्रव्य रस और विपाक दोनों में कटु है ; उसे भी वीर्य में उष्ण जानना चाहिये ।

रस के उपदेश से ही उन द्रव्यों के गुणों को जान लेना चाहिये । अथवा जो द्रव्य वीर्य से शीत हैं, रस और विपाक में मधुर हैं ; जो रस और विपाक में अम्ल और वीर्य से उष्ण हैं तथा च जो वीर्य में उष्ण तथा रस और विपाक में कटु हैं ; उन द्रव्यों के गुणों को रस के उपदेश से ही जान लेना चाहिये । अर्थात् जैसे—जो प्रथम मधुर रस के गुण कहे हैं वे गुण उन २ द्रव्यों के ही जानने चाहिये । जो मधुर रस होने हुए वीर्य से शीत और विपाक से मधुर हों ऐसे द्रव्यों के 'रस' के निर्देश से ही उनके गुणों को भी समझ लेना चाहिये । इनके उदाहरण आचार्य अगले श्लोक में स्वयं ही देंगे ।

वीर्य तथा विपाक में विपरीत द्रव्यों के गुणों का वीर्य एवं विपाक द्वारा उपदेश किया जायगा । अर्थात् जैसे जो मधुररस होते हुए भी वीर्य से उष्ण हो और विपाक में अम्ल वा कटु हो तो उनके गुणों का वीर्य एवं विपाक द्वारा उपदेश ही आवश्यक होता है । अथवा 'वीर्यतोऽविपरीतानां' ऐसा पाठ स्वीकार करने पर वीर्य में जो विरुद्ध नहीं है, रस द्वारा उनके ही गुणों को जानना चाहिये । और जिनका रस से वीर्य विरुद्ध है उनका केवल रस द्वारा ही नहीं अपितु विपाक द्वारा भी उपदेश किया जायगा । यदि वीर्य विरोधी हो तो विपाक द्वारा भी यथोक्त गुण नहीं होता ।

अथवा जो द्रव्य रस, वीर्य एवं विपाक में परस्पर विरोधी नहीं उनके गुणों का तो रस द्वारा ज्ञान हो ही जायगा । पर जो द्रव्य रस वीर्य एवं विपाक में परस्पर विरोधी हैं, उनका वीर्य द्वारा, विपाक द्वारा तथा ('पाकतश्च' के चकार से) रस द्वारा उपदेश किया जायगा । अर्थात् इस प्रकार के द्रव्य कुछ रस द्वारा, कुछ वीर्य द्वारा एवं कुछ विपाक द्वारा कर्म करते हैं ॥६७, ६८॥

१—'अध्यात्मलोकस्येति सर्वप्राणिजनस्य' चक्रः ।

यथा पयो यथा सर्पिर्यथा वा चव्यचित्रकौ ।
एवमादीनि चान्यानि निर्दिशेद्रसतो भिषक् ॥६९॥

उदाहरण—जैसे दूध वा जैसे घी अथवा जैसे चव्य और चित्रक तथा च इसी प्रकार के अन्य द्रव्यों के गुणों को रस द्वारा ही जान लेना चाहिये । अर्थात् दूध और घी रस में और विपाक में मधुर और वीर्य में शीत हैं । चव्य और चित्रक रस और विपाक में कटु तथा वीर्य से उष्ण हैं । इस प्रकार के द्रव्यों के रस के उपदेश से ही गुणों (स्निग्धता रूक्षता आदि) को जान लेना चाहिये ॥६९॥

मधुरं किञ्चिदुष्णं स्यात्कषायं तिक्तमेव च ।
यथा महत्पञ्चमूलं यथा चानूपमामिषम् ॥७०॥
लवणं सैन्धवं नोष्णमम्लमामलकं तथा ।
अर्कागुरुगुडूचीनां तिक्तानामुष्णमुच्यते[1] ॥७१॥

कोई द्रव्य रस में मधुर होते हुए भी वीर्य से उष्ण होता है—जैसे आनूपदेश का मांस । कषाय तथा तिक्त रसवाले कई द्रव्य उष्णवीर्य होते हैं ; जैसे—महापञ्चमूल । आनूपदेश का मांस रस में मधुर होने से पित्त को नहीं जीतता, अपितु उत्पन्न करता है, क्योंकि वह उष्णवीर्य है । इसी प्रकार महापञ्चमूल को कषाय तथा रसयुक्त होने से पित्त को जीतना चाहिये था, पर वीर्य में उष्ण होने से वात को जीतता है ।

प्रायः लवण रस उष्णवीर्य होते हैं, पर सैन्धव लवण उष्णवीर्य नहीं । आँवला अम्लरस युक्त होते हुए भी वीर्यसे उष्ण नहीं होता ।

अर्क (मदार, आक), अगर तथा गिलोय के तिक्त रसयुक्त होते हुए भी वे शीत नहीं होते, अपि तु उष्ण होते हैं ।।७०, ७१॥

किञ्चिदम्लं हि संग्राहि किञ्चिदम्लं भिनत्ति च ।
यथा कपित्थं संग्राहि, भेदि चामलकं तथा ॥७२॥
पिप्पली नागरं वृष्यं कटु चावृष्यमुच्यते ।
कषायः स्तम्भनः शीतः सोऽभयायामतोऽन्यथा ॥७३॥
तस्माद्रसोपदेशेन न सर्वं द्रव्यमादिशेत् ।
दृष्टं तुल्यरसेऽप्येवं द्रव्ये द्रव्ये गुणान्तरम् ॥७४॥

कोई अम्लरसयुक्त द्रव्य संग्राही (कब्ज—मलबन्धकारक) होते हैं, जैसे—कैथ । कोई अम्लरस युक्त द्रव्य भेदन (कब्जकुशा) होते हैं ; जैसे आँवला ।

कटुरसवाले द्रव्य वृष्य नहीं होते, पर पिप्पली और सोंठ वृष्य (वीर्यवर्धक) हैं । कषायरसवाले द्रव्य स्तम्भन तथा शीतवीर्य होते हैं, पर हरड़ कषाय रस युक्त होती हुई भी सारक (विरेचक) तथा उष्णवीर्य होती है । अतएव रस के तुल्य होते हुए भी द्रव्यों में परस्पर विपरीत गुण दिखाई देने से, रस के उपदेश द्वारा ही सम्पूर्ण द्रव्यों के गुणों को न समझें ॥७२-७४॥

रौक्ष्यात्कषायो रूक्षाणामुत्तमो मध्यमः कटुः ।
तिक्तोऽवरस्तथोष्णानामुष्णत्वाल्लवणः परः ॥७५॥
मध्योऽम्लः कटुकश्चान्त्यः, स्निग्धानां मधुरः परः ।
मध्योऽम्लो लवणश्चान्त्यो रसः स्नेहान्निरुच्यते ॥७६॥

१—'०मौष्ण्यमुच्यते' ग. ।

गुण द्वारा रसों की हीनमध्योत्कृष्टता—रूक्ष रसों में कषाय रस रूक्षता में सब से प्रधान है-रूक्षतम है। कटुरस मध्यरूक्ष है और तिक्त रस अल्परूक्ष है। उष्ण रसों में लवण रस उष्णतम है, अम्ल मध्योष्ण है और कटु अल्पोष्ण है। स्निग्धरसों में मधुर स्निग्धतम है, अम्लरस मध्यस्निग्ध है और लवण अल्पस्निग्ध है।। ७५,७६।।

(मध्योत्कृष्टावराः शैत्यात्कषायस्वादुतिक्तकाः[1] ।)
(तिक्तात्कषायो मधुरः शीताच्छीततरः[2] परः ॥)
स्वादुर्गुरुत्वादधिकः कषायाल्लवणोऽवरः ॥७७॥
अम्लात्कटुस्ततस्तिक्तो लघुत्वादुत्तमो मतः ।
केचिल्लघूनामवरमिच्छन्ति लवणं रसम् ॥७८॥
गौरवे लाघवे चैव सोऽवरस्तूभयोरपि[3] ।

कषाय रस मध्य शीत है, मधुर रस शीततम है, तिक्त रस अल्पशीत है। मधुर रस गुरुतम (सब से भारी), कषाय मध्यम गुरु तथा लवण अल्प गुरु है । अम्ल अल्प लघु, कटु मध्यमलघु तथा तिक्त उत्कृष्ट लघु वा लघुतम है । कई आचार्य लवण रस को अल्पलघु मानते हैं। इस प्रकार मतान्तर के अनुसार गुरुता तथा लघुता दोनों में लवण रस हीन होता है। अर्थात् लवण रस अल्प गुरु तथा अल्प लघु है ॥७७, ७८॥

परं चातो विपाकानां लक्षणं संप्रवक्ष्यते ॥७९॥
कटुतिक्तकषायाणां विपाकः प्रायशः कटुः ।
अम्लोऽम्लं पच्यते, स्वादुर्मधुरं लवणस्तथा[4] ॥८०॥

अब इसके बाद विपाकों का लक्षण कहा जायगा—

कटु, तिक्त तथा कषाय; इन रसों का विपाक प्रायः कटु होता है। अम्लरस का प्रायः अम्ल (खट्टा); मधुर तथा लवण रस का प्रायः मधुर। सुश्रुत दो प्रकार का विपाक मानता है; १ मधुर और २ कटु। 'प्रायः' कहने से इस नियम के अपवाद भी जानने चाहिये।

'आगमे हि द्विविध एव पाको मधुरः कटुकश्च । तयोर्मधुराख्यो गुरुः कटुकाख्यो लघुरिति । तत्र पृथिव्यप्तेजोवाय्वाकाशानां द्वैविध्यं भवति गुणासाधर्म्याद् गुरुता लघुता च पृथिव्यापश्च गुर्व्यः । शेषाणि लघूनि । तस्माद् द्विविध एव पाकः । भवन्ति चात्र—

'द्रव्येषु पच्यमानेषु येष्वम्बुपृथिवीगुणाः ।
निर्वर्त्तन्तेऽधिकास्तत्र पाको मधुर उच्यते ॥
तेजोऽनिलाकाशगुणाः पच्यमानेषु येषु तु ।
निर्वर्त्तन्तेऽधिकास्तत्र पाकः कटुक उच्यते' ॥सु.सू.४०अ.

इन दोनों मतों में भेद है। वह पित्त के अम्ल एवं कटु रस युक्त मानने के भेद से है। चरक पित्त को स्वभावतः अम्ल एवं कटु दोनों रसवाला मानता है और सुश्रुत पित्त को स्वभावतः कटु रस मानता है और विदग्ध होने पर अम्ल रसवाला मानता है। वस्तुतस्तु दोषों के त्रिविध होने से विपाक को भी त्रिविध ही मानना चाहिये। ग्रहणीचिकित्सा १५ अ० में आचार्य कहेंगे—

'अन्नस्य भुक्तमात्रस्य षड्रसस्य प्रपाकतः ।
मधुराख्यात् कफो भावात् फेनभाव उदीर्यते ॥
परं तु पच्यमानस्य विदग्धस्याम्लभावतः ।
आशयाच्च्यवमानस्य पित्तमच्छमुदीर्यते ॥
पक्वाशयं तु प्राप्तस्य शोष्यमाणस्य वह्निना ।
परिपिण्डितपक्वस्य वायुः स्यात् कटुभावतः ।'

इसकी व्याख्या अपने स्थल पर ही होगी।

पराशर के अनुसार विपाक तो तीन प्रकार का ही है। परन्तु वह कहता है कि अम्ल का अम्ल विपाक, कटु का कटु विपाक, तथा शेष चारों रसों का मधुर विपाक होता है। मिश्रित रसों का विपाक भी मिश्रित होता है। तिक्त, कषाय रस का यदि विपाक मधुर न मानें तो वह पित्त की शान्ति किस प्रकार करेंगे ? परन्तु यह पक्ष ठीक नहीं, क्योंकि सम्पूर्ण द्रव्य विपाक द्वारा ही कार्य नहीं करते; रस वीर्य एवं प्रभाव द्वारा भी करते हैं। ये (तिक्त, कषाय) रस शीतवीर्य हैं। अतः पित्त को शान्त करते हैं। रस और वीर्य के बलवान् होने से विपाक अभिभूत हो जाता है।

'यद्यद् द्रव्ये रसादीनां बलवत्त्वेन वर्तते ।
अभिभूयेतरास्तत्तत्कारणत्वं प्रपद्यते ॥
रसं विपाकस्तौ वीर्यं प्रभावस्तान्यपोहति ।
बलसाम्ये रसादीनामिति नैसर्गिकं बलम् ॥

अर्थात् द्रव्य में रस आदि में से जो भी बलवान् होता है वह दूसरों को पराभूत करके स्वकर्म करने में समर्थ होता है। यदि रस आदि समबल हो तो रस को विपाक, रस और विपाक को वीर्य, रस विपाक तथा वीर्य को प्रभाव पराभूत कर देता है। यह इनमें स्वाभाविक ही बल है। कई ६ रस के अनुसार ६ ही विपाक मानते हैं—मधुर का मधुर, अम्ल का अम्ल, तिक्त का तिक्त इत्यादि। परन्तु इस मत में भी दोष है। आमलक का रस अम्ल होता है, पर विपाक मधुर है; इत्यादि ॥७९, ८०॥

मधुरो लवणाम्लौ च स्निग्धभावात्त्रयो रसाः ।
वातमूत्रपुरीषाणां प्रायो मोक्षे सुखा मताः ॥८१॥

मधुर, लवण तथा अम्ल तीनों रसों के स्निग्ध होने से वे वायु, मूत्र तथा मल के विसर्जन में प्रायः सुखकर होते हैं। प्रायः कहने से कुछ एक संग्राहक भी होते हैं; जैसे अम्लरस वाला कैथ ॥८१॥

१—चक्रसंमतोऽय पाठः । २—गंगाधरसंमतोऽयं पाठः 'शीतात् तिक्तात् कषायः शीततरः मध्यमशीतः ; परो मधुर उत्तमः शीतः' ।

३—'उभयोरपीति मतद्वयेऽपि न लवणोऽवरः; अग्निवेशमते गौरवेऽवरः, मतान्तरे लाघवेऽवरः' शिवदासः । ४—'कटुकादिशब्देन तदाधारं द्रव्यमुच्यते, यतो न रसा पच्यन्ते किंतु द्रव्यमेव; लवणस्तथेति लवणोऽपि मधुरविपाक इत्यर्थः । विपाकलक्षणं तु जठराग्नियोगादाहारस्य निष्ठाकाले यो गुण उत्पद्यते स विपाकः, वचनं हि— 'जाठरेणाग्निना योगाद्यदुदेति रसान्तरम् । रसानां परिणामान्तं स विपाक इति स्मृतः'' चक्रः । चरके मधुरोऽम्लो लवणश्चेति विपाकत्रयमुक्तं, सुश्रुते तु मधुरः कटुकश्चेति विपाकद्वयमुक्तम्, एतद्विरोधपरिहारार्थं गंगाधरेणैव समाधानमुक्तं— रसपाकाभिप्रायेण त्रिधा विपाक उक्तश्चरकेण, सुश्रुते भूतगुणपाकाभिप्रायेण द्विधा विपाक उक्तो गुरुर्लघुश्चेति क्रमेण मधुरसंज्ञः कटुसंज्ञश्च' इति । विस्तरस्तु जल्पकल्पतरौ द्रष्टव्यः ।

कटुतिक्तकषायास्तु रूक्षभावात्त्रयो रसाः ।
दुःखाय मोक्षे दृश्यन्ते वातविण्मूत्ररेतसाम् ॥८२॥

कटु, तिक्त तथा कषाय; तीनों रसों के रूक्ष होने से वे वायु, मल मूत्र, तथा वीर्य का विसर्जन कठिनता से कराते हैं ॥८२॥

शुक्रहा बद्धविण्मूत्रो विपाको वातलः कटुः ।
मधुरः सृष्टविण्मूत्रो विपाकः कफशुक्रलः ॥८३॥
पित्तकृत्सृष्टविण्मूत्रः पाकोऽम्लः शुक्रनाशनः ।
तेषां गुरुः स्यान्मधुरः कटुकाम्लावतोऽन्यथा ॥८४॥

विपाकों के पृथक् २ लक्षण । कटु विपाक—वीर्यनाशक, मल तथा मूत्र को बांधनेवाला—रोकनेवाला तथा वातवर्धक होता है ।

मधुरविपाक—मल, मूत्र को विसर्जन करता तथा कफ और वीर्य को बढ़ाता है ।

अम्लविपाक—पित्तकारक, मलमूत्र का लानेवाला तथा वीर्यनाशक होता है ।

इन तीनों प्रकार के विपाकों में से मधुर गुरु तथा कटु और अम्ल लघु होते हैं ॥८३, ८४॥

विपाकलक्षणस्याल्पमध्यभूयिष्ठतां प्रति ।
द्रव्याणां गुणवैशेष्यात्तत्र [1]तत्रोपलक्षयेत् ॥८५॥

द्रव्यों के गुण की विभिन्नता से वहाँ २ विपाक के लक्षण की अल्पता, मध्यता तथा अधिकता जाननी चाहिये । जैसे—यदि रस अल्प मधुर हो तो विपाक भी अल्प मधुर होगा, यदि रस मध्यम मधुर है तो विपाक भी मध्यम मधुर होगा, यदि रस अधिक मधुर है तो विपाक भी मधुरतम होगा इत्यादि ।

अथवा मधुर रस का विपाक मधुरतम होगा और मधुरविपाक के पूर्वोक्त लक्षण भरपूर होंगे । लवण रस का विपाक मधुर अल्प होगा और उसमें मधुरविपाक के लक्षण अल्प होंगे । अम्लरस मध्यम है, अतः अम्लविपाक के पूर्वोक्त लक्षण मध्यम होंगे । तिक्तरस का विपाक कटु अल्प रूप से होगा, अतः कटु विपाक के लक्षण अल्प होंगे । कटुरस का विपाक कटु मध्यम होगा, इसमें कटुविपाक के लक्षण मध्यम होंगे । कषायरस का विपाक कटु उत्तम होगा, अतः कटु विपाक के लक्षण उत्तम होंगे । इस प्रकार द्रव्यों के स्निग्धता रूक्षता आदि गुणों में विभिन्नता से अल्पता, मध्यता एवं श्रेष्ठता को देखकर विपाक की अल्पता, मध्यता वा उत्तमता का निर्देश करना चाहिये । यह गंगाधर की व्याख्या का भावार्थ है ॥८५॥

[2]तीक्ष्णं रूक्षं मृदु स्निग्धं लघूष्णं गुरु शीतलम् ।
वीर्यमष्टविधं केचित्केचिद् द्विविधमास्थिताः ॥८६॥

वीर्य के भेद—कई आचार्य, १ मृदु, २ तीक्ष्ण, ३ गुरु, ४ लघु, ५ स्निग्ध, ६ रूक्ष, ७ उष्ण, ८ शीत भेद से आठ प्रकार का मानते हैं । कई दो प्रकार का १-शीत, २ उष्ण । सुश्रुत सूत्र ४० अ० में भी कहा है—'तच्च वीर्यं द्विविधम् उष्णं शीतञ्च, अग्नीषोमीयत्वाज्जगतः । केचिदष्टविधमाहुः शीतमुष्णं स्निग्धं रूक्षं विशदं पिच्छिलं मृदु तीक्ष्णं च ।' इसमें गुरु और लघु के स्थल पर पिच्छिल और विशद पढ़ा गया है ॥८६॥

शीतोष्णमिति, वीर्यं तु[1] क्रियते येन या क्रिया ।
नावीर्यं कुरुते किंचित्सर्वा वीर्यकृता क्रिया ॥८७॥

वीर्य का लक्षण—जिसके द्वारा जो क्रिया की जाती है उसे वीर्य कहते हैं । वीर्यरहित—शक्तिरहित कुछ नहीं करता । सब क्रियायें वीर्य द्वारा ही की जाती हैं ।

यद्यपि पारिभाषिक 'वीर्य' संज्ञा रस, विपाक तथा प्रभाव से भिन्न अत्यन्त कार्यकारी गुण में ही वैद्यक में प्रवृत्त होती है, परन्तु यहाँ शक्तिवाचक 'वीर्य' का लक्षण किया है । इस 'वीर्य' में रस आदि सबका ही अन्तर्भाव होता है । अर्थात् जिस रस से, विपाक 'अर्थात् जिस रस से, विपाक से, प्रभाव से वा गुरुत्व परत्व आदि अन्य गुणों से क्रियातर्पण आदि की जाती है वह 'वीर्य' कहाता है । इस प्रकार द्रव्य में रस आदि सभी 'वीर्य' हैं । पूर्व भी सूत्रस्था० २६ अध्याय में कहा जा चुका है—

'न तु केवलं गुणप्रभावादेव कार्मुकाणि भवन्ति, द्रव्याणि हि द्रव्यप्रभावाद् गुणप्रभावाद् द्रव्यगुणप्रभावाच्च.........यत्कुर्वन्ति तत्कर्म । येन कुर्वन्ति तद्वीर्यम्' ।

सुश्रुत में भी शक्तिवाचक 'वीर्य' का 'येन कुर्वन्ति तद्वीर्यम्' यही लक्षण किया है । पारिभाषिक 'वीर्य' तो रस आदि से भिन्न परन्तु अत्यन्त कार्यकारी गुण होता है । वह अपने बल से रस को पराभूत करता है सुश्रुत में अष्टविध वीर्य बताकर कहा है—

'एतानि खलु वीर्याणि स्वबलगुणोत्कर्षाद् रसमभिभूयात्मकर्म दर्शयन्ति ।

अर्थात् वीर्य अपने बल की अधिकता से रस को पराभूत कर अपना २ कर्म करते हैं । जैसे—पिप्पली कटुरस है । कटुरस का कार्य पित्त को प्रकुपित करना है । इस रस के कार्य को परास्त कर उसका मृदु एवं शीतवीर्य पित्त को शान्त करता है । इसी प्रकार महापञ्चमूल का रस 'कषाय' है और अनुरस तिक्त है; इनका कार्य वात को कुपित करना है । परन्तु उष्णवीर्य होने से वह रस का कार्य पराभूत हो जाता है और वात की शान्ति होती है । इसी प्रकार ईख मधुर रस है । इसे वात को शान्त करना चाहिये । पर शीतवीर्य होने से वातकारक होता है ॥८७॥

रसो निपाते द्रव्याणां, विपाकः कर्मनिष्ठया ।
वीर्यं यावदधीवासान्निपाताच्चोपलभ्यते[2] ॥८८॥

१—'विपाकलक्षणस्याल्पमध्यभूयिष्ठतामुपलक्षयेत् , प्रति प्रति द्रव्याणां गुणवैशेष्याद्धेतोरित्यर्थः एतेन द्रव्येषु यथा वैशेष्यं मधुरत्वमधुरतरत्वमधुरतमत्वादि, ततो हेतोर्विपाकानामल्पत्वादयो विशेषा भवन्तीत्युक्तं भवति' चक्रः ।

२—'एतच्चैकीयमतद्वयं पारिभाषिकीं वीर्यसंज्ञां पुरस्कृत्य प्रवृत्तं, वैद्यके हि रसविपाकप्रभावव्यतिरिक्ते प्रभूतकार्यकारिणि गुणे वीर्यमिति संज्ञा' चक्रः ।

१—'पारिभाषिकवीर्यसंज्ञापरित्यागेन शक्तिपर्यायस्य वीर्यस्य लक्षणमाह—वीर्यं त्वित्यादि' चक्रः ।

२—'निपाते इति रसनायोगे, कर्मनिष्ठयेति कर्मणा निष्ठा निष्पत्तिः कर्मनिष्ठा क्रियापरिसमाप्तिः अधीवासः सहावस्थानं यावदधीवासाद् यावच्छरीरनिवासात्' चक्रः ।

रस आदि का परस्पर भिन्नता से ज्ञान-द्रव्यों का जिह्वा के साथ स्पर्श होने पर 'रस' का ज्ञान होता है। विपाक का ज्ञान कर्म की समाप्ति से होता है, अर्थात् आहार आदि के पचने पर दोष तथा धातुओं की वृद्धि तथा क्षीणतारूपी लक्षण से जाना जाता है और 'वीर्य' जिह्वा के साथ सम्बन्ध होने से लेकर शरीर में रहने तक ज्ञान होता है। अथवा शरीर में रहने से—अर्थात् जिह्वा के सम्बन्ध के बाद और पकने से पूर्व और शरीर के साथ संयोगमात्र से ज्ञान होता है। इसका यह अभिप्राय है कि कुछ वीर्य शरीर में रहने से ज्ञात होते हैं। यथा—आनूपमांस आदि की उष्णता; और कुछ का शरीर से संयोगमात्र होने पर ज्ञान होता है; यथा—कई एक क्षारों (Caustic soda) की उष्णता वा मरिच आदि की तीक्ष्णता, कुछ का दोनों से यथा मरिच आदि का ही।

इससे यह ज्ञात हुआ कि रस का जिह्वा द्वारा प्रत्यक्ष से, विपाक का उसके कार्य को देखकर अनुमान से और वीर्य का प्रत्यक्ष और अनुमान दोनों से ज्ञान होता है। प्रत्यक्ष से, जैसे—राई वा मरिच आदि के सूंघने से तीक्ष्णता का। अनुमान से, जैसे—सैन्धव नमक की शीतता तथा आनूपमांस की उष्णता।

अथवा 'अधिवास' का अर्थ संस्कार करना चाहिये। अर्थात् वीर्य, शरीर के संस्कार अर्थात् मृदुता आदि से तथा शरीर के साथ संयोग (तथा उष्णता, शीतता) द्वारा जाना जाता है।।८८।।

रसवीर्यविपाकानां सामान्यं यत्र लक्ष्यते।
विशेषः कर्मणां चैव प्रभावस्तस्य स स्मृतः ।।८९।।
कटुकः कटुकः पाके वीर्योष्णश्चित्रको मतः।
तद्वद्दन्तीप्रभावात्तु विरेचयति मानवम् ।।९०।।
विषं विषघ्नमुक्तं यत् प्रभावस्तत्र कारणम्।
ऊर्ध्वानुलोमिकं यच्च तत्प्रभावप्रभावितम् ।।९१।।
मणीनां धारणीयानां कर्म यद्विविधात्मकम्।
तत्प्रभावकृतं तेषां, प्रभावोऽचिन्त्य उच्यते ।।९२।।

प्रभाव का लक्षण—जिस द्रव्य में (अन्य द्रव्यों से) रस, वीर्य एवं विपाक में समानता हो और कर्म में विभिन्नता हो, उसे उस द्रव्य का प्रभाव जानना चाहिये। इसे ही हम इस प्रकार भी कह सकते हैं कि जिस वस्तु में रस का जो कार्य है, वीर्य का जो कार्य है; उसमें समानता हो अर्थात् वह २ वैसा ही कार्य करें, परन्तु कर्म में जो अधिकता या भिन्नता हो वह प्रभाव कहाता है। अर्थात् रस आदि द्वारा जिस कार्य का हम निश्चय न कर सकें, पर वह कार्य होता हो उसे प्रभाव कहेंगे। अतएव प्रभाव को अचिन्त्य माना गया है। 'प्रभावोऽचिन्त्य उच्यते'। जैसे—चित्रक कटु रसवाला है, विपाक में कटु है, वीर्य से उष्ण है। दन्ती भी इसी प्रकार कटु-रस कटुविपाक तथा उष्णवीर्यवाली है; परन्तु यह मनुष्य को विरेचन ले आती है चित्रक नहीं। 'विरेचन लाना' दन्ती का प्रभाव माना जायगा। अथवा इस प्रकार भी कह सकते हैं कि चित्रक और दन्ती दोनों में कटुरस, कटुविपाक तथा उष्णवीर्य के जो कर्म हैं; वे दोनों में ही हैं, परन्तु दन्ती में विरेचन कर्म की अधिकता है, यह प्रभाव कहायगा।

विष को जो विषनाशक कहा गया है वहाँ भी प्रभाव ही कारण है। सब विष सब विषों को नष्ट नहीं करते, परन्तु विरुद्ध गति के कारण जङ्गमविष स्थावरविष को और स्थावरविष जङ्गमविषों को नष्ट करते हैं। परन्तु यह 'विरुद्ध गति होना' उन द्रव्यों का प्रभाव ही है। मदनफल आदि वमन द्वारा ऊर्ध्वमार्ग से जो दोष का हरण करता है और त्रिवृत्त आदि अनुलोमन वा विरेचन करते हैं वह सब भी प्रभाव के ही अधीन है।

मणियों तथा अन्य धारण की जानेवाली अपामार्गमूल आदि औषधियों के जो विविध प्रकार के कर्म हैं वे भी उन २ के प्रभाव के कारण ही होते हैं। प्रभाव अचिन्त्य कहा जाता है—रस, वीर्य, विपाक तथा अन्य गुणों द्वारा जिस कर्म का चिन्तन नहीं किया जा सकता, वह प्रभाव कहाता है ।।८९—९२।।

किञ्चिद्रसेन कुरुते कर्म वीर्येण चापरम्।
द्रव्यं गुणेन पाकेन प्रभावेण च किञ्चन ।।९३।।

द्रव्य कुछ रस द्वारा कुछ वीर्य (आठ प्रकार वा दो प्रकार) द्वारा, कुछ गुणों द्वारा (आठ प्रकार के वीर्य आदि के अतिरिक्त) कुछ विपाक और कुछ प्रभाव से कार्य करते हैं। जैसे—मधु कषाय रस होने से पित्त को शान्त करता है। वीर्य से जैसे—महापञ्चमूल, कषायतिक्त रस वाला होते हुए भी वायु को जीतता है। गुणों से जैसे मधु रूक्ष होने से कफ को शान्त करता है। विपाक से जैसे—शुण्ठी कटुरस होती हुई भी विपाक में मधुर होने से वात को जीतती है। प्रभाव से जैसे—दन्ती विरेचन करती है ।।९३।।

रसं विपाकस्तौ वीर्यं प्रभावस्तानपोहति।
[1]बलसाम्ये रसादीनामिति नैसर्गिकं बलम् ।।९४।।
सम्यग्विपाकवीर्याणि प्रभावश्चाप्युदाहृतः।

रस, वीर्य, विपाक, प्रभाव; इनमें जब बल की समता हो तब रस को विपाक; रस और विपाक को वीर्य; रस, विपाक और वीर्य को प्रभाव परास्त करता है। यह इनमें स्वाभाविक बल है। वैसे तो जहाँ पर जो बलवान् होगा वही कार्य करेगा, परन्तु यदि समबल ही हों तो यह क्रम होगा जैसे मधु का रस मधुर है पर विपाक कटु है, अतः मधुररस का कार्य कफोत्पत्ति न होकर कफ का नाश होता है। यहाँ पर विपाक ने रस को परास्त किया है। आनूप-मांस का रस मधुर तथा विपाक भी मधुर है, इससे पित्त की शान्ति चाहिये थी, पर वीर्य में उष्ण होने से पित्त की उत्पत्ति होती है। यहाँ वीर्य ने रस और विपाक को दबाया है। सुरा—अम्लरस तथा विपाक में अम्ल होती हुई तथा वीर्य से उष्ण भी दूध को पैदा करती है। यहाँ पर रस वीर्य तथा विपाक को प्रभाव दबा लेता है। इसी प्रकार रस में कटु विपाक में कटु तथा उष्णवीर्य दन्ती विरेचन लाती है। इस प्रकार विपाक, वीर्य एवं प्रभाव का सम्यक्तया व्याख्यान कर दिया है ।।९४।।

षण्णां रसानां विज्ञानमुपदेक्ष्याम्यतः परम् ।।९५।।
स्नेहनप्रीणनाह्लादमार्दवैरुपलभ्यते।
मुखस्थो मधुरश्चास्यं व्याप्नुवँल्लिम्पतीव च ।।९६।।

१—'गुणसाम्ये' ग०।

अब छहों रसों के विज्ञान का उपदेश किया जायगा—

मधुररस–स्नेहन (स्निग्धता करना), तृप्ति, प्रसन्नता, मृदुता; इनसे जाना जाता है तथा यह रस मुख में पड़ा हुआ मुख में व्याप्त होकर लेप सा चढ़ा देता है। सुश्रुत सूत्र ४२ अ० में भी—

'यत्र यः परितोषमुत्पादयति प्रह्लादयति तर्पयति जीवयति मुखोपलेपं जनयति श्लेष्माणं चाभिवर्धयति स मधुरः' ॥६५, ६६॥

दन्तहर्षान्मुखस्रावात्स्वेदनान्मुखबोधनात् ।
विदाहाच्चास्यकण्ठस्य प्राश्यैवाम्ल रसं वदेत् ॥९७॥

अम्लरस–खाकर ही दन्तहर्ष (दाँतों का खट्टा होना) से, मुख के लाला के बहने से, पसीना लाने से, मुख का बोधन कराने से अर्थात् शोधन करने तथा धो डालने से जिससे अन्य रसों का स्वाद भी अति स्पष्ट हो जाता है और रुचि उत्पन्न होती है, मुख तथा कण्ठ के विदाह से अम्लरस जाने। सुश्रुत सूत्र ४२ अ० में भी—

'यो दन्तहर्षमुत्पादयति, मुखस्रावं जनयति, श्रद्धां चोत्पादयति सोऽम्लः।' ॥६७॥

प्रलीयन्क्लेदविष्यन्दमार्दवं कुरुते मुखे ।
यः शीघ्र लवणो ज्ञेयः स विदाहान्मुखस्य च ॥९८॥

लवणरस-जो रस शीघ्र ही विलीन होकर–घुलकर मुख में क्लेद (गीलापन), विष्यन्द (लालास्राव) तथा मृदुता को करता है, उसे और मुख में विदाह करने से लवणरस जानें। सुश्रुत सूत्र ४२ अ० में—

'यो भक्तरुचिमुत्पादयति कफप्रसेकं जनयति मार्दवं चापादयति स लवणः' ॥६८॥

संवेजयेद्यो रसनां निपाते तुदतीव च ।
विदहन्मुखनासाक्षि संस्रावी स कटुः स्मृतः ॥९९॥

कटुरस–जो रसनेन्द्रिय के साथ संयुक्त होने पर जिह्वा को उद्विग्न कर दे, सुइयाँ चुभती सी मालूम हों, मुख नाक तथा आँख में विदाह को करके जो पानी को बहाता हो, उसे कटुरस कहा गया है। सुश्रुत सू० ४२ अध्याय में—

'यो जिह्वाग्रं बाधते, उद्वेगं जनयति, शिरो गृह्णाति, नासिकां स्रावयति। स कटुकः' ॥६६॥

प्रतिहन्ति निपाते यो रसनं स्वदते न च ।
स तिक्तो मुखवैशद्यशोषप्रह्लादकारकः[1] ॥१००॥

तिक्तरस–जो रस रसनेन्द्रिय के साथ सम्बन्ध होने पर उनकी अन्य रसों के ग्रहण की शक्ति को मार देता है और जो स्वाद नहीं भाता तथा जो मुख को विशद (विशद–पिच्छिल से विपरीत चिपचिपा न होना) करता है, सुखा देता है, हर्ष करता है, उसे तिक्त रस जानना चाहिये। सुश्रुत सूत्र ४२ अध्याय में—

यो गले शोषमुत्पादयति। मुखवैशद्यं जनयति। भक्तरुचिं चापादयति, हर्षं च स तिक्तः।' ॥१००॥

वैशद्यस्तम्भजाड्यैर्यो रसनं योजयेद्रसः ।
बध्नातीव च यः कण्ठं कषायः स विकास्यपि ॥१०१॥

कषायरस-जो रस रसनेन्द्रिय वा जिह्वा को विशदता, स्तम्भ, तथा जड़ता से युक्त करता है, जो कण्ठ को बाँध सा लेता है तथा विकासी गुणवाला है; वह कषाय है। सुश्रुत सूत्र ४२ अ० में—

'यो वक्त्रं परिशोषयति। जिह्वां स्तम्भयति। कण्ठं बध्नाति। हृदयं कर्षति पीडयति च स कषायः' ॥१०१॥

एवंवादिनं भगवन्तमात्रेयं पुनरग्निवेश उवाच—भगवन्! श्रुतमेतदवितथमर्थसंपद्युक्तं भगवतो यथावद्द्रव्यगुणकर्माधिकारे वचः, परं त्वाहारविकाराणां वैरोधिकानां लक्षणमनतिसंक्षेपेणोपदिश्यमानं शुश्रूषामह इति ॥१०२॥

इस प्रकार कहते हुए भगवान् आत्रेय को अग्निवेश ने पुनः कहा—भगवन्! द्रव्यगुणकर्म के अधिकार में आप द्वारा यथावत् कहा हुआ भावभरा सत्य वचन हमने सुना। परन्तु अब हम वैरोधिक अर्थात् देह की धातुओं के विरोधी आहार के द्रव्यों के लक्षण को थोड़े से विस्तार से सुनना चाहते हैं ॥१०२॥

तमुवाच भगवानात्रेयः–देहधातुप्रत्यनीकभूतानि द्रव्याणि 'देहधातुभिर्विरोधमापद्यन्ते, परस्परगुणविरुद्धानि कानिचित् कानिचित्संयोगात्संस्कारादपराणि देशकालमात्रादिभिश्चापराणि तथा स्वभावादपराणि ॥१०३॥

भगवान् आत्रेय ने कहा—देह की धातुओं से विपरीत गुणवाले द्रव्य देह की धातुओं (वात आदि तथा रस रक्त आदि प्रकृतिस्थित) के विरोधी होते हैं। कई द्रव्य परस्पर गुण (शीतता, उष्णता आदि) से विरुद्ध होते हैं, जैसे दूध और मछली। कई संयोग से जैसे दूध और खट्टा। कई संस्कार से, जैसे सरसों के तेल में भर्जित कबूतर का मांस। तथा अन्य देश, काल तथा मात्रा आदि से विरुद्ध होते हैं। देशविरुद्ध जैसे–मरुभूमि में रूक्ष एवं तीक्ष्ण द्रव्यों का सेवन। कालविरुद्ध जैसे—गर्मियों में कटुरस तथा उष्ण द्रव्य। मात्राविरुद्ध जैसे–मधु और घी समपरिमाण में मिलाये हुए। कई द्रव्य स्वभावतः ही विरोधी होते हैं, जैसे–यवःपुरुषीय अध्याय में कहे गये जवी आदि।

अष्टाङ्गसंग्रह सू० ६ अ० में कहा है—

'बलिनां मिथोगुणानां विषमतयाप्युभयथापि।
संस्कारादिवशादपि भवति निसर्गादपि विरोधः॥
क्षीरं कुलत्थैः पनसेन मत्स्यैस्तक्रं दधि क्षौद्रघृते समांशे।
वार्यूषरे रात्रिषु शक्तवश्च तोयान्तरास्ते यवकास्तथैव' ॥१०३॥

तत्र यान्याहारमधिकृत्य भूयिष्ठमुपयुज्यन्ते तेषामेकदेशं वैरोधिकमधिकृत्योपदेक्ष्यामः–न मत्स्यान् पयसा सहाभ्यवहरेत्, उभयं ह्येतन्मधुरं मधुरविपाकमहाभिष्यन्दि शीतोष्णत्वाद्विरुद्धवीर्यत्वाच्छोणितप्रदूषणाय महाभिष्यन्दित्वान्मार्गोपरोधाय चेति ॥१०४॥

उन द्रव्यो में से जिन २ का आहार में अधिकतर उपयोग होता है, उनमें से कुछ एक द्रव्यों के विरोधी भाव को जताने के लिये उपदेश किया जायगा—मछलियों को दूध के साथ न खावे। ये दोनों मधुररसवाले हैं, विपाक में भी मधुर हैं। विपाक में मधुर होने से महाअभिष्यन्दी[2] (स्रोतों को कफ से लिप्त करनेवाले) हैं।

१—'०शोषाप्रह्लाद०' पा०।

१—'विरोधश्च विरुद्धगुणत्वे सत्यपि क्वचिदेव द्रव्यप्रभावात् स्यात्, तेन षड्रसाहारोपयोगे मधुराम्लयोर्विरुद्धशीतोष्णवीर्ययोर्विरोधो न भावनीयः' चक्रः।

—अभिष्यन्दिद्रव्यलक्षणं त्वन्येऽन्यथा पठन्ति–'हृदयस्थानिर्यासवाहिस्रोतोमुखानि यत्। भुक्तं लिम्पति पैच्छिल्यादभिष्यन्दि तदुच्यते'।

दूध शीतवीर्य है मछली उष्णवीर्य है। अतएव दोनों वीर्य में विरुद्ध हैं। विरुद्ध वीर्य होने से रक्त को दूषित करते हैं। महा अभिष्यन्दी होने से स्रोतों के मार्ग को रोक देते हैं ॥१०४॥

तदनन्तरमात्रेयवचनमनुनिशम्य भद्रकाप्योऽग्निवेशमुवाच–सर्वानेव मत्स्यान्पयसा सहाभ्यवहरेदन्यत्रैकस्माच्चिलिचिमात् ; स पुनः शकली सर्वतो लोहितराजी रोहितप्रकारः प्रायो भूमौ चरति, तं चेत्पयसा सहाभ्यवहरेन्निःसंशयं शोणितजानां विबन्धजानां च व्याधीनामन्यतममथवा मरणं प्राप्नुयादिति ॥१०५॥

भगवान् आत्रेय के वचन को सुनकर तदनन्तर भद्रकाप्य ने अग्निवेश को कहा—एक चिलिचिम मछलीको छोड़कर सब मछलियों को दूध के साथ खावे वा खा सकते हैं। उस मछली पर वल्कल (छाल) चढ़ी होती है, आँखें लाल होती हैं, चारों ओर लाल रंग की रेखायें होती हैं, आकृति में रोहू मछली के सदृश होती है और वह प्रायः भूमि पर फिरती है। उसे यदि कोई दूध के साथ खा ले तो निस्सन्देह वह रक्तज तथा स्रोतोमार्गों के रुक जाने से उत्पन्न होनेवाले रोगों में से किसी एक को अथवा मृत्यु को प्राप्त होता है। इस चिलिचिम नामक मछली को 'नान्दलि' कहते हैं ॥१०५॥

नेति भगवानात्रेयः। सर्वानेव मत्स्यान्न पयसाऽभ्यवहरेद्विशेषतस्तु चिलिचिमं, स हि महाभिष्यन्दित्वात्स्थूललक्षणतरानेतान् व्याधीनुपजनयत्यामविषमुदीरयति च ॥१०६॥

भगवान आत्रेय ने कहा—नहीं। सब ही मछलियों को दूध के साथ न खावे, विशेषतः चिलिचिम नामक मछली को। वह महा अभिष्यन्दी होने से अपेक्षया स्थूल लक्षणों (मोटे वा स्पष्ट लक्षणों) से युक्त रक्तज वा विबन्धज रोगों को उत्पन्न करती है और आमविष (अलसक वा विसूचिका) को बढ़ाती है वा प्रेरित करती है। सुश्रुत में भी कहा है—

'सर्वांश्च मत्स्यान् पयसा विशेषेण चिलिचिमं नाश्नीयात्' ॥

ग्राम्यानूपौदकपिशितानि च मधुतिलगुडपयोमाषमूलकबिसैर्विरूढधान्यैश्च नैकध्यमद्यात्, तन्मूलं च बाधिर्यान्ध्यवेपथुजाड्यविकलमूकतामैन्मिण्यमथवा मरणमाप्नोति ॥१०७॥

ग्राम्य (गौ बकरी आदि), आनूप तथा जलज पशु पक्षियों के मांस को मधु (शहद), तिल, गुड़, दूध, माष (उड़द), मूली, बिस (भिस, कमलदण्ड) तथा अंकुरित धान्य; इनमें से किसी के साथ इकट्ठा न खावे। इकट्ठा खाने से बाधिर्य (बहरापन), आन्ध्य (अन्धता, दृष्टिशक्ति का विषय ग्रहण में असमर्थ होना), मूकता (गूँगापन), मैन्मिण्य (अनुनासिक बोलना, नाक से बोलना) हो जाता है अथवा मृत्यु को प्राप्त होता है ॥१०७॥

(न पौष्कर रोहिणीशाकं वा) न कपोतान् सार्षपतैलभ्रष्टान्मधुपयोभ्यां सहाभ्यवहरेत्, तन्मूलं हि शोणिताभिष्यन्दधमनीप्रविचयापस्मारशङ्खकगलगण्डरोहिणीकानामन्यतमं प्राप्नोत्यथवा मरणमिति ॥१०८॥

पौष्कर और रोहिणीक शाक तथा सरसों के तेल में भर्जित कबूतर के मांसको शहद और दूध के साथ न खावे। इकट्ठा खाने से रक्तका क्लेद वा पतला होना, धमनीप्रविचय (धमनियों का फूलना), अपस्मार (मृगी), शङ्खक, गलगण्ड (गिल्हड़), रोहिणी; इनमें से किसी एक रोग को अथवा मृत्यु को प्राप्त होता है ॥१०८॥

न मूलकलशुनकृष्णगन्धार्जकसुमुखसुरसादीनि भक्षयित्वा पयः सेव्यं, कुष्ठबाधाभयात् ॥१०९॥

मूली, लहसुन, कृष्णगन्धा (सहिजन), अर्जक (तुलसीभेद), सुमुख (तुलसीभेद), सुरसा (तुलसी) आदि खाकर दूध का सेवन न करना चाहिये, इससे कुष्ठ (त्वग्रोग, Skin diseases) होने का डर रहता है ॥१०९॥

न जातुशाकं न लिकुचं पक्वं मधुपयोभ्यां सहोपयोज्यम्, एतद्धि मरणायाथवा बलवर्णतेजोवीर्योपरोधायालघुव्याधये षाण्ढ्याय चेति ॥११०॥

जातुशाक (वंशपत्री), वा पके हुए लकुच (बड़हल) को शहद और दूध के साथ सेवन न करना चाहिये। क्योंकि इकट्ठा खाने से मृत्यु की सम्भावना है अथवा बल, वर्ण, तेज तथा वीर्य नष्ट होता है या कोई बड़ा रोग (सुश्रुत सू० २२ अ० में कहे गये वातव्याधि आदि महारोग) हो जाता है या नपुंसकता होती है ॥११०॥

तदेव लिकुचं पक्वं न माषसूपगुडसर्पिर्भिः सहोपयोज्यं, वैरोधिकत्वात् ॥१११॥

उसी पके हुए बड़हल को पकी हुई उड़द की दाल, गुड़ वा घी के साथ न खाना चाहिये, विरोधी होने से (धातुओं के लिये विरोधी होने का कारण अहितकर होने से) ॥१११॥

तथाऽऽम्राम्रातकमातुलुङ्गलिकुचकरमर्दमोचदन्तशठबदरकोशाम्रभव्यजाम्बवकपित्थतिन्तिडीकपारावताक्षोटपनसनालिकेरदाडिमामलकान्येवंप्रकाराणि चान्यानि सर्वं चाम्लं द्रवमद्रवं च पयसा सह विरुद्धं, तथा कङ्गुवरकमकुष्ठककुलत्थमाषनिष्पावाः पयसा सह विरुद्धाः ॥११२॥

तथा आम, आम्रातक (अम्बाड़ा), मातुलुङ्ग (बिजौरा), लिकुच (बड़हर), करमर्द (करौंधा), मोच (केला), दन्तशठ (गलगल), बदर (बेर), कोशाम्र (जैतून अथवा क्षुद्राम्र , भव्य (कमरख), जामुन, कैथ, तिंतिड़ी (विषांबिल), पारावत (जम्बीरभेद, अथवा एक प्रकार का फल जो आसाम में होता है यह खटमिट्ठा होता है और श्वेतलाल सा होता है), अक्षोट (अखरोट), पनस (कटहल), नारियल, अनार, आँवला और इस प्रकार के अन्य द्रव्य; सब प्रकार की खटाइयाँ चाहे वे द्रव हों या ठोस, दूध के साथ विरुद्ध होते हैं। तथा कंगु (कंगुनी धान्य), वरक (तृण धान्य अथवा जंगली कोदों), मकुष्ठक (मोठ), कुलथी, माष (उड़द), निष्पाव (श्वेत सेम); ये भी दूध के साथ विरुद्ध हैं।

पद्मोत्तरिकाशाकं शार्करो मैरेयो मधु च सहोपयुक्तं विरुद्धं वातं चातिकोपयति ॥११३॥

कुसुम्भशाक, खांड से सन्धित मद्य, मैरेय (मद्यविशेष) और शहद इनका इकट्ठा सेवन 'विरुद्ध' होता है और वात को अत्यन्त कुपित करता है ॥११३॥

१—'विरुद्धजानां' ग०।
२—'स्थूललक्षणभवा०' ग०। ३ '०मारिषै०' ग०।

हारिद्रकः सर्षपतैलभ्रष्टो विरुद्धः पित्तं चातिकोपयति ।

हारिद्रक (पक्षिविशेष) को सरसों के तेल में भर्जित करना अहितकर होता है और पित्त को अतिकुपित करता है ॥११४॥

पायसो मन्थानुपानो विरुद्धः श्लेष्माणं चातिकोपयति ॥

खीर को मन्थ (जलालोड़ित सत्तुओं के साथ पीना अहितकर है। यह कफ को अत्यधिक कुपित करता है ॥११५॥

उपोदिका तिलकल्कसिद्धा हेतुरतीसारस्य ॥११६॥

तिलकल्क के साथ सिद्ध किया हुआ उपोदिका (पोई) का शाक अतीसार का कारण होता है ॥११६॥

बलाका वारुण्या सह [2]कुल्माषैरपि विरुद्धाः; सैव सूकरवसापरिभृष्टा सद्यो व्यापादयति ॥११७॥

बलाका (जलपक्षी, बगुलाभेद) पक्षी, वारुणी (मद्य) तथा कुल्माषों के साथ विरुद्ध है। यदि इसी को ही सूअर की चर्बी में भर्जित किया जाय तो सद्यः (तत्क्षण वा तीन दिन के भीतर) मारक है ॥११७॥

मायूरमांसमेरण्ड[3]सीसकावसक्तमेरण्डाग्निप्लुष्टमेरण्डतैलयुक्तं सद्यो व्यापादयति ॥११८॥

मोर के मांस को एरण्ड की लकड़ी में पिरोकर एरण्ड की लकड़ियों की आग में भूनने से तथा एरण्ड तैल मिश्रित करने से वह सद्योघातक होता है ॥११८॥

हारीतकमांसं हारिद्रसीसकावसक्तं हारिद्राग्निप्लुष्टं सद्यो व्यापादयति; तदेव भस्मपांसुपरिध्वस्तं सक्षौद्रं मरणाय ॥११९॥

हारीतक नामक पक्षी के मांस को हल्दी की भरता करने की लकड़ी में प्रोत करके हल्दी की अग्नि में भूनने से सद्यः प्राणनाश होता है। राख वा धूल से मैला हुआ २ वही हारीतक का मांस मधु के साथ सेवन करने से मृत्यु का कारण होता है। अष्टाङ्गसंग्रह ६ अ० में भी —

'हारीतमांसं हारिद्रशूलकावसक्तं हरिद्राग्निप्लुष्टं च'।

अथवा 'हल्दी' से दारुहल्दी का ग्रहण करना चाहिये। सुश्रुत २० अ० में—

'कपोतान् सर्षपतैलभृष्टान् नाद्यात्। कपिञ्जलमयूरलावतित्तिरिगोधाश्चैरण्डदार्व्यग्निसिद्धा एरण्डतैलसिद्धा वा नाद्यात्।'

दार्वी, दारुहल्दी को कहते हैं ॥११९॥

मत्स्यनिस्तालनसिद्धाः पिप्पल्यस्तया काकमाची मधु च मरणाय ॥१२०॥

जिस कड़ाही में मछलियों को तला जाता है उसमें सिद्ध की हुई पिप्पली मृत्यु का कारण होती है। तथा उसी कड़ाही में सिद्ध की हुई काकमाची (मकोय) भी मृत्यु का कारण है। काकमाची (मकोय) और मधु का इकट्ठा सेवन मृत्यु का कारण होता है। सुश्रुत सू० २० अ० में कहा है—

'मत्स्यपरिपचने शृङ्गवेरपरिपचने वा सिद्धां काकमाचीम्'।

अष्टाङ्गसंग्रह सूत्र ६ अ० में—

'पिप्पलीमरिचाभ्यां मधुना गुडेन वा काकमाचीम्'।

मछली तलनेवाली कड़ाही में मछली की वसा के साथ संयोग होने से ही पिप्पली घातक होती है। जतकर्ण ने भी कहा है—

'मत्स्यवसासिद्धाः पिप्पल्यः।'

कई 'निस्तालन' शब्द से वसा का ग्रहण करते हैं ॥१२०॥

मधु चोष्णमुष्णार्तस्य च मधु मरणाय ॥१२१॥

अग्नि आदि पर गरम किया मधु (शहद) घातक होता है। तथा गरमी से पीड़ित पुरुष के लिये मधु का सेवन मृत्यु का कारण होता है। अन्नपानविधि अध्याय में भी कहा जायगा—

'हन्यान्मधूष्णार्तमथवा सविषान्वयात्।'

सुश्रुत सूत्र २० अ० में–'मधु चोष्णैरुष्णे वा।' ४५ अ० में–

'उष्णैर्विरुध्यते सर्वं विषान्वयतया मधु।
उष्णार्तमुष्णैरुष्णे वा तन्निहन्ति यथा विषम् ॥
तत्सौकुमार्याच्च तथैव शैत्यान्नानौषधीनां रससम्भवाच्च।
उष्णैर्विरुध्येतविशेषतश्च तथान्तरीक्षेण जनेन चापि' ॥१२१॥

मधुसर्पिषी समधृते, मधु वारि चान्तरिक्षं समधृतं, मधुपुष्करबीजं मधु पीत्वोष्णोदकं, भल्लातकोष्णोदकं, तक्रसिद्धः कम्पिल्लकः, पर्युषिता काकमाची, अङ्गारशूल्यो भास इति विरुद्धानीत्येतद्यथाप्रश्नमभिनिर्दिष्टं भवतीति।

मधु और घी को समपरिमाण में मिलाना। मधु और वर्षाजल को समपरिमाण में मिलाना। मधु और पुष्करबीज (कमलबीज); इनको परस्पर मिलाना। मधु चाटकर ऊपर से गरम जल पीना। भिलावा और गरम जल का इकट्ठा सेवन। छाछ में सिद्ध किया हुआ कमीला। बासी रखी हुई मकोय। भास नामक पक्षी का अंगारों पर पकाया हुआ शूल्यमांस (शलाका पर चढ़ाकर अंगारों पर भूना हुआ), ये सब विरुद्ध हैं। यह प्रश्न के अनुसार बता दिया है ॥१२२॥

भवन्ति चात्र श्लोकाः।

[1]यत्किञ्चिद्दोषमुत्क्लेश्य न निहरति कायतः।
आहारजातं तत्सर्वमहितायोपपद्यते ॥१२३॥

जो कोई भुक्त पदार्थ आहार वा औषध दोष को अपने स्थान से विचलित करके वा बहिरुन्मुख (बाहर निकालने की ओर प्रेरित) करके अथवा बढ़ाकर नहीं निकालता वह सब अहितकारक होता है। सुश्रुत सू० २० अ० में भी कहा है—

'यत्किञ्चिद्दोषमुत्क्लेश्य भुक्तं कायान्न निर्हरेत्।
रसादिष्वयथार्थं वा तद्विकाराय कल्पते॥'

इस नियम से अन्य वैरोधिक आहार आदि को जान लेना चाहिये। तथा सुश्रुत आदि अन्य आप्त तन्त्रों में भी जो अधिक बताया गया है उसे भी इसी प्रकार समझ लेना चाहिये ॥१२३॥

यच्चापि देशकालाग्निमात्रासात्म्यानिलादिभिः।
संस्कारतो वीर्यतश्च कोष्ठावस्थाक्रमैरपि ॥१२४॥
परिहारोपचाराभ्यां पाकात्संयोगतोऽपि च।

१—'हारिद्रकः 'हरिताल' इति ख्यातः पक्षी' चक्रः। हारिद्रः कुप्रसवः शाकविशेषः सर्पच्छत्रानुकारी पीताभास इति केचित्। २—'कुल्माषैः काञ्जिकैः' ग.। 'कुल्माषः यवापिष्टम् उष्णोदके सिक्तम् ईषत्स्विन्नमपूपीकृतम्' शिवदासः। 'अस्विन्नमाषादिर्वा।' योगीन्द्रः। ३—'सीसको हि भटित्रकरणकाष्ठमुच्यते' चक्रः।

१—'भासः गोष्ठकुक्कुटः' चक्रः। 'गृध्रविशेषः स्वल्पतुण्डः धूसरवर्णः' योगीन्द्रः। २—'यत्किंचिद्दोषमास्राव्य' च.।

विरुद्धं तच्च न हितं हृत्सम्पद्विधिभिश्च यत् ॥१२५॥

जो भी देश, काल, अग्नि, मात्रा, सात्म्य, वायु आदि दोष, संस्कार, वीर्य, कोष्ठ, अवस्था, क्रम, परिहार (त्याग), उपचार, पाक, संयोग, हृदय, संपत् (शुभगुण), विधि ; इनसे जो विरुद्ध हैं, वे सब अहितकर हैं ॥१२५॥

विरुद्धं देशतस्तावद्रूक्षतीक्ष्णादि धन्वनि ।
आनूपे स्निग्धशीतादि भेषजं यन्निषेव्यते ॥१२६॥

देशविरुद्ध—जाङ्गल वा मरुदेश में रूक्ष तीक्ष्ण आदि द्रव्यों का सेवन । आनूप देश में देश के समान स्निग्ध तथा शीत आदि गुणवाली औषध का सेवन ॥१२६॥

कालतोऽपि विरुद्धं यच्छीतरूक्षादिसेवनम् ।
शीते काले तथोष्णे च कटुकोष्णादिसेवनम ॥१२७॥

कालविरुद्ध—जैसे शीतकाल में शीत तथा रूक्ष आदि आहार वा औषध का सेवन । तथा गर्मियों में कटु तथा गरम आदि गुण युक्त द्रव्यों का सेवन ॥१२७॥

विरुद्धमनले तद्वन्नानुरूपं चतुर्विधे ।
मधुसर्पिः समघृतं मात्रया तद्विरुध्यते ॥१२८॥

अग्नि विरुद्ध—मृदु मध्य तीक्ष्ण तथा विषम चारों प्रकार की अग्नि में उसके अनुरूप अन्न न दिया जाय तो वह अग्नि विरुद्ध होगा । यथा-मृदु अग्निवाले को मात्रागुरु वा द्रव्यगुरु भोजन॥१२८॥

मात्राविरुद्ध—घी और मधु को समपरिमाण में मिलाना ।

कटुकोष्णादिसात्म्यस्य स्वादुशीतादिसेवनम् ।
यत्तत्सात्म्यविरुद्धं तु,

सात्म्यविरुद्ध—जिसे कटु एवं उष्ण सात्म्य हो, उसे मधुर और शीत द्रव्य देना ।

विरुद्धं त्वनिलादिभिः ॥१२९॥
या समानगुणाभ्यासविरुद्धान्नौषधक्रिया ।

वात आदि विरुद्ध—दोष के समान गुण वाले अन्न, औषध वा क्रिया का निरन्तर सेवन ॥१२६॥

संस्कारतो विरुद्धं तद्यद्भोज्यं विषवद्व्रजेत् ॥१३०॥
एरण्डसीसकासक्तं शिखिमांसं तथैव हि ।

संस्कारविरुद्ध—उसे कहते हैं, जो भोज्य पदार्थ किसी संस्कार द्वारा विषसदृश हो जाय । यथा भूनने के लिए एरण्ड (रेंडी) की लकड़ी में पिरोया हुआ मोर का मांस ॥१३०॥

विरुद्धं वीर्यतो ज्ञेयं वीर्यतः शीतलात्मकम् ॥१३१॥
तत्संयोज्योष्णवीर्येण द्रव्येण सह सेव्यते ।

वीर्यविरुद्ध—शीतवीर्य द्रव्य को उष्णवीर्य द्रव्य के साथ मिलाकर सेवन करना ॥१३१॥

क्रूरकोष्ठस्य चात्यल्पं मन्दवीर्यमभेदनम् ॥१३२॥
मृदुकोष्ठस्य गुरु च भेदनीयं तथा बहु ।
एतत्कोष्ठविरुद्धं तु

कोष्ठविरुद्ध—क्रूरकोष्ठ पुरुष को मात्रा से अत्यल्प, मन्दवीर्य तथा भेदन न करनेवाला (मल न लानेवाला) अन्न देना । और मृदुकोष्ठ पुरुष को गुरु, भेदन करनेवाला तथा मात्रा में बहुत अन्न देना ॥१३२॥

विरुद्धं स्यादवस्थया ॥ ३३॥
श्रमव्यवायव्यायामसक्तस्यानिलकोपनम् ।
निद्रालसस्यालसस्य भोजनं श्लेष्मकोपनम् ॥१३४॥

अवस्थाविरुद्ध—परिश्रम, मैथुन, व्यायाम ; इनमें लगे हुए पुरुष को वातकोपक आहार आदि देना। अथवा अधिक निद्रा करनेवाले आलसी पुरुष को कफकोपक आहार आदि देना ॥१३४॥

यच्चानुत्सृज्य विण्मूत्रं भुंक्ते यश्चाबुभुक्षितः ।
तच्च क्रमविरुद्धं स्याद्यच्चातिक्षुद्वशानुगः ॥१३५॥

क्रमविरुद्ध—जो मलमूत्र का विसर्जन न करके अथवा भूख न लगने पर भी खाता है, वह क्रमविरुद्ध कहाता है । और यह भी क्रमविरुद्ध है कि अत्यधिक भूख लगने पर भी न खाना, भूखा ही रहना ॥१३५॥

परिहारविरुद्धं तु वराहादीन्निषेव्य यत् ।
सेवेतोष्णं, घृतादींश्च पीत्वा शीतं निषेवते ॥१३६॥

परिहारविरुद्ध—जो सूअर आदि के मांस का सेवन कर उष्ण पदार्थ का सेवन करता है ।

उपचारविरुद्ध—घी आदि स्नेह को पीकर ठण्डे द्रव्य का सेवन करना शीतल जल आदि पीना ॥१३६॥

विरुद्धं पाकतश्चापि दुष्टदुर्दारुसाधितम् ।
अपक्वतण्डुलात्यर्थपक्वदग्धं च यद्भवेत् ॥१३७॥

पाकविरुद्ध—दूषित एवं खराब लकड़ी से पकाना । अथवा चावलों को बिना पकाये, कच्चा खाना—या पूरा न पकाना । अत्यधिक पका देना वा जला देना ॥१३७॥

संयोगतो विरुद्धं तद्यथाऽम्लं पयसा सह ।
अमनोरुचितं यच्च हृद्विरुद्धं तदुच्यते ॥१३८॥

संयोगविरुद्ध—जैसे दूध को खटाई के साथ मिला देना ।

हृद्विरुद्ध—आहार को तन्मना (उसमें मन को लगाकर) होकर न खाना । अथवा अरुचिकर द्रव्य का सेवन ॥१३८॥

सम्पद्विरुद्धं तद्विद्यादसञ्जातरसं तु यत् ।
अतिक्रान्तरसं वाऽपि विपन्नरसमेव वा ॥१३९॥

सम्पद्विरुद्ध—जिस द्रव्य वा औषधि में उचित रस ही न पैदा हुआ हो । जिसका रस अतिक्रान्त हो अर्थात् उत्पन्न होकर नष्ट हो चुका हो । अथवा रस बिगड़ गया हो ॥१३९॥

ज्ञेयं विधिविरुद्धं तु भुज्यते निभृते न यत् ।
तदेवंविधमन्नं स्याद्विरुद्धमुपयोजितम् ॥१४०॥

विधिविरुद्ध—एकान्त जगह पर भोजन न करना । विधि यह है—'आहारनिर्हारविहारयोगाः सदैव सद्भिर्विजने विधेयाः ।'

अर्थात् सदैव सज्जन पुरुषों को आहार, मलमूत्र का त्याग तथा मैथुन एकान्त में करने चाहिये ।

उपरोक्त प्रकार से सेवन किया हुआ अन्न 'विरुद्ध' कहाता है । ये अहितकर होते हैं ॥१४०॥

सात्म्यतोऽल्पतया वाऽपि दीप्ताग्नेस्तरुणस्य च ।
स्नेहव्यायामबलिनो विरुद्धं वितथं भवेत् ॥१४१॥

सात्म्य हो जाने से (निरन्तर सेवन करते रहने से अहित पदार्थ भी सात्म्य हो जाते हैं यथा अफीम आदि) अथवा अत्यल्प होने से दीप्ताग्नि (जिसकी जठराग्नि दीप्त है), जवान तथा स्नेह प्रयोग एवं व्यायाम के करने में जो बलवान् हैं ; उन पुरुषों को 'विरुद्ध' सेवन किया हुआ भी अहितकर नहीं होता ॥१४१॥

षाण्ढ्यान्ध्यवीसर्पदकोदराणां
विस्फोटकोन्मादभगन्दराणाम् ।

मूर्च्छामदाध्मानगलामयानां
पाण्ड्वामयस्यामविषस्य चैव ॥१४२॥
किलासकुष्ठग्रहणीगदानां [1]शोषास्रपित्तज्वरपीनसानाम् ।
[2]सन्तानदोषस्य तथैव मृत्योर्विरुद्धमन्नं प्रवदन्ति हेतुम् ॥१४३॥

विरुद्ध अन्न के सेवन से उत्पन्न होनेवाली व्याधियाँ—षाण्ढ्य (नपुंसकता), अन्धापन, वीसर्प, जलोदर, विस्फोट, उन्माद, भगन्दर, मूर्च्छा, मदरोग, आध्मान, गले के रोग, पाण्डुरोग, आमविष (अलसक विसूचिका), किलास (श्वित्र), कुष्ठ, ग्रहणीरोग, शोष, रक्तपित्त, ज्वर, पीनस (प्रतिश्याय), सन्तानदोष (गर्भ में वा उत्पन्न होकर शीघ्र शिशु का मर जाना आदि) तथा मृत्यु का 'विरुद्ध अन्न' को कारण कहा जाता है ॥१४२, १४३॥

एषां च खलु परेषां च वैरोधिकनिमित्तानां व्याधीनामिमे भावाः [3]प्रतिकारा भवन्ति। यथा—वमनं विरेचनं च, [4]तद्विरोधिनां च द्रव्याणां संशमनार्थमुपयोगः, तथाविधैश्च द्रव्यैः पूर्वमभिसंस्कारः[5] शरीरस्येति ॥१४४॥

इन तथा विरुद्ध भोजन से उत्पन्न होनेवाले रोगों के ये प्रतिकार हैं जैसे—संशोधनार्थ वमन, विरेचन; संशमन के लिये विरुद्धाहार से उत्पन्न व्याधियों के विपरीत द्रव्यों का उपयोग। तथा उसी प्रकार के द्रव्यों से ही शरीर का प्रथम ही संस्कार करना अर्थात् प्रथम ही उस प्रकार के द्रव्यों से शरीर को बलवान् और दृढ बनाना चाहिये, जिससे 'विरुद्ध आहार' का शरीर पर किसी प्रकार का कुप्रभाव न पड़ने पावे ॥१४४॥

भवन्ति चात्र।

विरुद्धाशनजान् रोगान् प्रतिहन्ति विरेचनम्।
वमनं शमनं चैव पूर्वं वा हितसेवनम् ॥१४५॥

विरेचन, वमन, संशमन तथा पूर्व ही हितकर आहार विहार का सेवन विरुद्ध आहार से उत्पन्न होनेवाले रोगों को नष्ट कर देता है और उत्पन्न नहीं होने देता ॥१४५॥

तत्र श्लोकाः।

मतिरासीन्महर्षीणां या या रसविनिश्चये।
द्रव्याणि गुणकर्मभ्यां द्रव्यसंख्या रसाश्रयाः ॥१४६॥
कारणं रससंख्याया रसानुरसलक्षणम्।
परादीनां गुणानां च लक्षणानि पृथक् पृथक् ॥१४७॥
पञ्चात्मकानां षट्त्वं च रसानां येन हेतुना।
ऊर्ध्वानुलोमभाजश्च यद्गुणातिशयाद्रसा ॥१४८॥
षण्णां रसानां षट्त्वे च सविभक्ता विभक्तयः।
उद्देशश्चापवादश्च द्रव्याणां गुणकर्मणि ॥१४९॥
प्रवरावरमध्यत्वं रसानां गौरवादिषु।
पाकप्रभावयोर्लिङ्गं वीर्यसंख्याविनिश्चयः ॥१५०॥
षण्णामास्वाद्यमानानां रसानां यत्स्वलक्षणम्।
यद्यद्विरुध्यते यस्माद्येन यत्कारि चैव यत् ॥१५१॥
वैरोधिकनिमित्तानां व्याधीनामौषधं च यत्।
आत्रेयभद्रकाप्यीये तत्सर्वमवदन्मुनिः ॥१५२॥

इत्यग्निवेशकृत तन्त्रे चरकप्रतिसंस्कृते सूत्रस्थानेऽन्नपानचतुष्के आत्रेयभद्रकाप्यीयोऽध्यायः षड्विंशतितमः समाप्तः ॥

रस के निर्णय में जो २ महर्षियों के मत हैं गुण तथा कर्मों के निर्देश के साथ द्रव्य रस के आश्रित द्रव्यों की संख्या (भेदश्चैषां इत्यादि द्वारा), रस की संख्या का कारण (रसानां तत्र योग्यत्वात् इत्यादि द्वारा), रस और अनुरस का लक्षण, पर आदि गुणों के पृथक् २ लक्षण, रसों के पञ्चभूतों से उत्पन्न होने पर भी वे जिस कारण से ६ हो जाते हैं, जिस गुण की अधिकता से रस ऊर्ध्वगामी तथा अनुलोमक (अधोगामी) होते हैं, छहों रसों के गुण कर्म द्वारा विभाग और एक एक के अत्यन्त सेवन से दोष। द्रव्यों के गुण और कर्म के जताने के उद्देश्य (साधारण नियम, शीतं वीर्येण इत्यादि द्वारा) और अपवाद (मधुरं किंचिदुष्णं इत्यादि द्वारा), रसों की गुरुता लघुता आदि में श्रेष्ठता (आधिक्य) मध्यता तथा न्यूनता, विपाक और प्रभाव का लक्षण, वीर्य, उसकी संख्या का निश्चय, स्वाद लेते समय छहों रसों के जो अपने २ लक्षण होते हैं, जो २ द्रव्य जिस कारण से जिस २ के साथ रहने पर विरोध खाता है, जो 'विरुद्ध' जो २ कुछ विकार करता है, वैरोधिक द्रव्यों से उत्पन्न होनेवाले रोगों की जो औषध है, इस सबको आत्रेय मुनि ने आत्रेयभद्रकाप्यीय नामक अध्याय में कह दिया है ॥१४६–१५२॥

इति षड्विंशोऽध्यायः।

—:o:—

सप्तविंशोऽध्याय.

अथातोऽन्नपानविधिमध्यायं व्याख्यास्यामः।
इति ह स्माह भगवानात्रेयः ॥१॥

अब अन्नपानविधि नामक अध्याय की व्याख्या की जायगी—ऐसा भगवान् आत्रेय मुनि ने कहा। अर्थात् इस अध्याय में खाद्य तथा पेय पदार्थों के पृथक् रस वीर्य आदि द्वारा गुण बताये जायँगे। उनके गुणों को देखकर ही हम भक्ष्य का निश्चय कर सकते हैं ॥१॥

इष्टवर्णगन्धरसस्पर्शं विधिविहितमन्नपानं प्राणिनां प्राणिसंज्ञकानां [1]प्राणमाचक्षते कुशलाः, प्रत्यक्षफलदर्शनात्; तदिन्धना ह्यन्तराग्नेः स्थितिः; तत् सत्त्वमूर्जयति, तच्छरीरधातुव्यूहबलवर्णेन्द्रियप्रसादकरं यथोक्तमुपसेव्यमानं, विपरीतमहिताय सम्पद्यते ॥२॥

कुशल पुरुषों द्वारा इष्ट (प्रिय तथा हितकर) वर्ण, गन्ध, रस स्पर्शवाला एवं विधिपूर्वक बनाया हुआ अन्नपान, प्राणिनामक प्राणियों के लिये प्राण कहा जाता है। 'प्राणिनामक' कहने से वृक्ष आदि का निराकरण किया है। यद्यपि वे भी सजीव हैं, परन्तु उन्हें व्यवहार में प्राणी नाम से कोई नहीं कहता। वहाँ भी यद्यपि यही नियम लागा है, परन्तु इस शास्त्र में जो विधान है,

---

१—'शोफाम्लपित्तं' ग.।

२—'संतानदोषो मृतवत्सत्वादिः' चक्रः। ३—'प्रतिकारकरा भवन्ति' ग०। ४—'तद्विरोधिनामिति षाण्ढ्यादिहराणां, तथाविधैरिति विरुद्धाहारजन्यव्याधिविरुद्धैः'।

५—'अभिसंस्कार इति सतताभ्यासेन शरीरभावनम्' चक्रः।

१—'प्राणिनामित्यनेनैव लब्धेऽपि प्राणिसंज्ञकानामिति वचनं स्थावरप्राणिप्रतिषेधार्थं' चक्रः।

वह मनुष्य आदि प्राणियों के लिये ही है। अथवा 'प्राणिसंज्ञक' कहने से जब तक 'प्राणी' अर्थात् 'जीव' यह संज्ञा रहती है तब तक ऐसा कई अर्थ करते हैं। उनका अभिप्राय यह है कि मोक्षपर्यन्त अन्नपान की अपेक्षा रहती है। परन्तु यह अर्थ कहाँ तक ठीक है इसका विद्वान् ही निर्णय करेंगे। हम प्रत्यक्ष ही देखते हैं कि विधान के अनुसार अन्नपान के सेवन से आयुपर्यन्त प्राण रहते हैं। अतः हम अन्नपान को 'प्राण' कहते हैं। यदि हम अन्नपान का सेवन न करें वा करें तो विधिपूर्वक न हो तो मृत्यु होती है वा आयु क्षीण हो जाती है। अन्नपान रूपी ईन्धन से ही अन्तरग्नि स्थिर रहती है। अन्तरग्नि पर देह की स्थिति है—यह अगले अध्याय में कहा जायगा—

'बलमारोग्यमायुश्च प्राणाश्चाग्नौ प्रतिष्ठिताः।
अन्नपानेन्धनैश्चाग्निर्दीप्यते शाम्यतेऽन्यथा॥'

अन्न ही मन को बल देता है। वह अन्न यथोक्तविधि से सेवन किया जाता हुआ देह की धात आदि वा रस रक्त आदि धातुओं के व्यूह (संघात) को करनेवाला है। अर्थात् जहाँ जिस धातु की कमी होती है वहाँ उसको पूर्ण करता है, बल, वर्ण तथा इन्द्रियों को प्रसन्न करनेवाला—तृप्त करनेवाला है। विधि से विपरीत सेवन करने से अहितकारक होता है॥२॥

तस्माद्धिताहितावबोधनार्थमन्नपानविधिमखिलेनोपदेक्ष्यामोऽग्निवेश! [1]तत्स्वभावादुदकं क्लेदयति, लवणं विष्यन्दयति, क्षारः पाचयति, मधु सन्दधाति[2], सर्पिः स्नेहयति, क्षीरं जीवयति, मांसं बृंहयति, [3]रसः प्रीणयति, सुरा [4]जर्जरीकरोति, शीधुरवधमयति[5], द्राक्षासवो दीपयति, [6]फाणितमाचिनोति, दधि शोफं जनयति, पिण्याकशाकं ग्लपयति, प्रभूतान्तर्मलो माषसूपः, दृष्टिशुक्रघ्नः, [7]क्षारः, प्रायः पित्तलमन्यत्र दाडिमामलकात्, प्रायो मधुरं श्लेष्मलं मधुनः पुराणाच्च शालियवगोधूमात्, प्रायः सर्वं तिक्तं वातलमवृष्यं चान्यत्र वेत्राग्रपटोलात्, प्रायः कटुकं वातलमवृष्यं चान्यत्र पिप्पलीविश्वभेषजात्॥३॥

अतएव हे अग्निवेश! हित और अहित के ज्ञान कराने के लिये सम्पूर्ण अन्नपान की विधि का उपदेश करेंगे—क्लिन्न करने के स्वभावसे युक्त होने से जल क्लेदन (गीला) करता है, नमक कफ आदि के संघात को पतला करता है। क्षार पकाता है। मधु (भग्न को) जोड़ता है। घी स्निग्ध करता है। दूध जीवन देता है। मांस बृंहण करता है—मोटा करता है। मांसरस तृप्ति करता है। सुरा, खाये हुए आहार को वा शरीरस्थित मांस को जीर्ण वा ढीला करता है। सीधु (मद्यविशेष) मांस, मेद आदि का लेखन करता है। द्राक्षासव (अंगूर की मद्य) अग्नि को दीप्त करता है। फाणित (राब) दोषों को एकत्रित करता है। दही शोथ को पैदा करता है। पिण्याक (तिल का कल्क) ग्लानि करता है। उड़द की पकी हुई दाल मल पुरीष को अत्यधिक उत्पन्न करती है। क्षार, दृष्टि तथा वीर्य को नष्ट करता है। अनार और आँवले को छोड़कर प्रायः सब खट्टी चीजें पित्त को बढ़ाती हैं। मधु तथा पुराने शालि, जौ और गेहूँ को छोड़कर सब मधुर पदार्थ प्रायः कफ को बढ़ाते हैं। सम्पूर्ण तिक्त प्रायः वात को बढ़ानेवाले तथा अवृष्य (वीर्य को न बढ़ानेवाले) होते हैं, बैंत के अग्रभाग तथा पटोल (परवल) को छोड़कर। कटु रसवाले द्रव्य प्रायः वातवर्धक तथा वीर्य को न बढ़ानेवाले होते हैं, पिप्पली और सोंठ को छोड़कर॥३॥

परमतो वर्गसंग्रहेणाहारद्रव्याण्यनुव्याख्यास्यामः॥४॥

शूकधान्यशमीधान्यमामशाकफलाश्रयान्।
वर्गान् हरितमद्याम्बुगोरसेक्षुविकारिकान्॥५॥
दश द्वौ च परौ वर्गौ कृतान्नाहारयोगिनाम्।
रसवीर्यविपाकैश्च प्रभावैश्चोपदेक्ष्यते॥६॥

इसके पश्चात् वर्गों के संग्रह द्वारा आहार के द्रव्यों की व्याख्या की जायगी—

१ शूकधान्य (जिन पर शूक निकलते हैं), २ शमीधान्य (सेंम आदि फलो की जातिवाले), ३ मांसवर्ग, ४ शाकवर्ग, फलवर्ग, ६ हरितवर्ग, ७ मद्यवर्ग, ८ जलवर्ग, ९ दुग्धवर्ग, १० इक्षुवर्ग, ११ कृतान्नवर्ग, १२ आहारयोगी वर्ग।

इन वर्गों के द्रव्यों का रस, वीर्य, विपाक तथा प्रभाव द्वारा उपदेश किया जायगा॥४–६॥

अथ शूकधान्यवर्गः।

रक्तशालिर्महाशालिः कलमः शकुनाहृतः।
तूर्णको दीर्घशूकश्च गौरः पाण्डुकलाङ्गुलौ॥७॥
सुगन्धिका लोहवालाः शारिवाख्या प्रमोदकाः।
पतङ्गास्तपनीयाश्च ये चान्ये शालयः शुभाः॥८॥

१–'तदित्युदाहरणं, किंवा स स्वभावो यस्य स तत्स्वभावस्तस्मात्क्लेदनस्वभावादित्यर्थः' चक्रः। –'संदधाति विश्लिष्टानि मांसादीनि संश्लेषयति' चक्रः। ३–'रसो मांसरसः' चक्रः। ४–'जर्जरीकरोति मांसादि शिथिलीकरोति' शिवदासः। ५–'अवधमयति कृशीकरोति' शिवदासः। ६–'आचिनोति 'दोषान्' इति शेषः चक्रः। ७–दृष्टिशुक्रघ्नः क्षारः इत्यनन्तरम अधिकं पठ्यते केषुचित् पुस्तकेषु—

उदकेन प्लुतं शीघ्रमन्नं समवचार्यते। तेनाशु जीर्यते यस्मादुदकं क्लेदनं स्मृतम्॥ स्नेहादौष्ण्याद्व्यवायित्वाद्विष्यन्दित्वाच्च मार्दवम्। जनयेल्लवणं तस्माद्विष्यन्दयति सेवितम्। अग्नेः समानयोनित्वात्स वर्धयति सेवितः। कायाग्निं धीमता तस्मात्क्षारः प्रोक्तोऽन्नपाचनः॥ रूक्षं कषायं मधुरं विशदं चाविदाहि च। यस्माच्चाश्लेष्मलं तस्मात्सन्दधाति क्षतं मधु॥ मधुरं गुर्वभिष्यन्दि वृष्यं चाप्यविदाहि च। पित्तानिलहरं तस्माद्देहं स्नेहयते घृतम्॥ मधुरं बृंहणं बल्यं स्निग्धं पौरुषवर्धनम्। रक्तपित्तानिलघ्नं च तस्माज्जीवयते पयः॥ सस्नेहं मधुरं स्वादु निर्मांसं बलवर्धनम्। तस्माद् बृंहयते मांसं सेव्यमानमभीक्ष्णशः। व्यवायभावात्सौक्ष्म्याच्च हृद्यत्वाच्चोपसेवितः। सर्वेन्द्रियाणि मर्त्यानां तस्मात्प्रीणयते रसः। पर्वबन्धास्थ्यसृङ्मांसमौष्ण्यात्तैक्ष्ण्याच्च देहिनः। व्यवायित्वाच्च तस्मात्तु जर्जरीकुरुते सुरा॥ औष्ण्यात्तैक्ष्ण्याच्च रौक्ष्याच्च मेदो मांसं बलं तथा। जन्तोरवधमत्याशु तस्मात्सीधुः प्रशस्यते॥ इति॥

शीता रसे विपाके च मधुराः स्वल्पमारुताः ।
बद्धाल्पवर्चसः स्निग्धा बृंहणाः शुक्रमूत्रलाः ॥९॥

शूकधान्यवर्ग—१ रक्तशालि २ महाशालि ३ कलम ४ [1]शकुनाहृत (बक्र) ५ तूर्णक ६ दीर्घशूक ७ गौरधान्य ८ पाण्डुक ९ लांगुल १० सुगन्धिक ११ लोहवाल १२ शारिवा १३ प्रमोदक १४ पतङ्ग १५ तपनीय तथा अन्य भी जो उत्तम शालि हैं; वे शीतल, रस तथा विपाक में मधुर, किञ्चित् वायु को करनेवाले, अल्पमात्रा में बँधे हुए पुरीष को लानेवाले, स्निग्ध, बृंहण, शुक्रवर्धक तथा मूत्र लानेवाले हैं ॥७–९॥

रक्तशालिर्वरस्तेषां तृष्णाघ्नस्त्रिमलापहः ।
महांस्तस्यानु कलमस्तस्याप्यनु ततः परे ॥१०॥

इन सब में से लाल शालि श्रेष्ठ है। यह तृष्णा को नष्ट करता है और त्रिदोषनाशक है। इससे दूसरे नम्बर पर महाशालि है। तदनन्तर कलम और तत्पश्चात् शेष।

हेमन्त ऋतु में उत्पन्न होनेवाले श्वेत धान्यों को शालि[2] कहते हैं ॥१०॥

यवका हायनाः पांशुवाप्या नैषधकादयः ।
शालीनां शालयः कुर्वन्त्यनुकारं [3]गुणागुणैः ॥११॥

यवक, हायन, पांशु, वाप्य, नैषधक आदि शालि जाति के धान्य गुण और दोष में उपर्युक्त शालि धान्यों का अनुकरण करते हैं। अर्थात् गुण दोष में बहुत कुछ मिलते-जुलते हैं। अथवा शालि धान्य पश्चात् से पूर्व और हीन गुणवाले माने जाते हैं। अर्थात् ऊपर के उत्तम शालि धान्यों से क्रमशः नैषधक, वाप्य, पांशु, हायन तथा यवक न्यून गुणवाले होते हैं। अष्टाङ्ग संग्रह सू० अ० ७ में कहा है—

'यवका हायना पांशुवाप्यनैषधकादयः ।
स्वादूष्णा गुरवः स्निग्धाः पाकेऽम्लाः श्लेष्मपित्तलाः ।
सृष्टमूत्रपुरीषाश्च पूर्वं पूर्वं च निन्दिताः ।'

अर्थात् ये रस में मधुर, वीर्य से उष्ण, गुरु, स्निग्ध, विपाक में अम्ल, कफ और पित्त को बढ़ानेवाले, मूत्र तथा पुरीष को लानेवाले होते हैं और क्रमशः उत्तर से पूर्व धान्य निन्दित कहे गये हैं।

चक्रपाणि ने इसका अर्थ इस प्रकार किया है—यवक आदि शालि, रक्तशालि आदि शालियों के तृष्णाघ्न तथा त्रिदोषहर आदि गुणों से विपरीत गुण अर्थात् दोषों (तृष्णा तथा त्रिदोष कारक होना आदि) को करते हैं पर वे दोषों में क्रमशः न्यून होते जाते हैं। अर्थात् यवक आदि सभी दोषकर हैं, परन्तु यवक से हायन न्यून दोषकर है, हायन से पांशु, पांशु से वाप्य, वाप्य से नैषधक आदि। अष्टाङ्गसंग्रहकार का भी यही अभिप्राय है। और यही टीका स्पष्ट अर्थ को जताती है ॥११॥

शीतः स्निग्धोऽगुरुः स्वादुस्त्रिदोषघ्नः स्थिरात्मकः ।
षष्टिकः प्रवरो गौरः कृष्णगौरस्ततोऽनु च ॥१२॥

षष्टिक धान्य—शीत, स्निग्ध, लघु, मधुर रस, त्रिदोषनाशक, स्थिर होता है। श्वेतवर्ण का षष्टिक चावल (साँठी के चावल) षष्टिक धान्यों में सबसे श्रेष्ठ है। इसके अनन्तर काले श्वेत वर्ण का षष्टिक है अर्थात् यह गुणों में गौर वर्ण के षष्टिक से कुछ ही न्यून होता है ॥१२॥

वरकोद्दालकौ चीनशारदोज्ज्वलदर्दुराः ।
गन्धलाः कुरुविन्दाश्च षष्टिकाल्पान्तरा गुणैः ॥१३॥

वरक, उद्दालक, चीन (चीणा), शारद, उज्ज्वल, दर्दुर, गन्धल तथा कुरुविन्द नामक धान्य षष्टिक के गुणों से अल्प भेद रखते हैं।

ये वे धान्य हैं जो ग्रीष्म वा वर्षा ऋतु में होते हैं और लगभग ६० दिन में पक भी जाते हैं। अतएव षष्टिक कहाते[1] हैं ॥१३॥

मधुरश्चाम्लपाकश्च व्रीहिः पित्तकरो गुरुः ।
बहुमूत्रपुरीषोष्मा त्रिदोषस्त्वेव पाटलः ॥१४॥

व्रीहिधान्य–रस में मधुर, विपाक में अम्ल, पित्तकारक तथा गुरु होता है। ये धान्य वर्षा वा शरद् ऋतु में होते हैं।

पाटलधान्य – अत्यधिक मूत्र एवं पुरीष को उत्पन्न करनेवाले, अत्युष्ण तथा त्रिदोषकर हैं ॥१४॥

सकोरदूषः श्यामाकः कषायमधरो लघुः ।
वातलः कफपित्तघ्नः शीतः सग्राहिशोषणः ॥१५॥

कोरदूष (कोदों) और श्यामाक धान्य रस में कषाय मधुर लघु, वातवर्धक, कफपित्तनाशक, वीर्य में शीत, संग्राहक तथा शोषक होते हैं ॥१५॥

हस्तिश्यामाकनीवारतोयपर्णीगवेधुकाः ।
प्रशातिकाम्भःश्यामाकलोहितानुप्रियङ्गवः ॥१६॥
मुकुन्दः झिण्टिगर्मूटीचारुका वरकास्तथा ।
शिबिरोत्कटजूर्णाह्वा श्यामाकसदृशा गुणैः ॥१७॥

हस्तिश्यामाक, नीवार (उड़ियाधान), जलपर्णी, गवेधुक, प्रशातिका, जलश्यामाक (यह जल में पैदा होता है, इसके शूक लालवर्ण के होते हैं), लोहिताणु, प्रियगु, मुकुन्द, झिंटि, गर्मूटी, चारुक, वरक, शिबिर, उत्कट, जूर्ण (जूनार) नामक धान्य, गुणों में श्यामाक के सदृश होते हैं ॥१६, १७॥

रूक्षः शीतोऽगुरुः स्वादुर्बहुवातशकृद्यवः ।
स्थैर्यकृत्सकषायस्तु बल्यः श्लेष्मविकारनुत् ॥१८॥

जौ के गुण – रूक्ष (रूखा), शीतल, गुरु (भारी), मधुर रस वायु तथा पुरीष को अत्यधिक करनेवाला, स्थिरता को करनेवाला—

१–'द्वीपान्तरात्समानीतो गरुडेन महात्मना । शकुनाहृतः स शालिः स्याद् गरुडापरनामकः' ॥ इति वृद्धवैद्याः ॥

२–'कण्डनेन विना शुक्ला हैमन्ताः शालयः स्मृताः' । भावप्रकाशे । 'कण्डिताः शुक्लाः, अकण्डितशुक्लाश्च हैमन्ताः शालय' इत्यन्ये ।

३–'गुणागुणैरिति शालीनां रक्तशाल्यादीनां ये गुणास्तृष्णाघ्नत्वत्रिमलापहत्वादयः, तेषामगुणैस्तद्गुणविपरीतैर्दोषैर्यवकादयोऽनुकारं कुर्वन्ति, ततश्च यवकादयः तृष्णात्रिमलादिकराः स्युः' चक्रः ।

१—'ग्रैष्माः षष्टिकाः । प्रायेण गर्भपाकाः षष्टिका इत्यन्ये । यथा भावप्रकाशे 'गर्भस्था एव ये पाकं यान्ति ते षष्टिका मताः' ॥

२—'"झिण्टिरमुखीवरुका" ग.

३—'यवस्य गुरोरपि बहुवातत्वं रूक्षत्वात् । किंवा सुश्रुते यवो लघुः पठितस्तेनात्राप्यगुरुरिति मन्तव्यम् ।' चक्रः ॥

वयःस्थापक, किञ्चित् कषाय, बलकारक तथा कफ के रोगों को जीतनेवाला है ॥१८॥

रूक्षः कषायानुरसो मधुरः कफपित्तहा ।
मेदःक्रिमिविषघ्नश्च बल्यो वेणुयवो मतः ॥१९॥

बाँस के जौ के गुण—रूक्ष, रस में मधुर, अनुरस में कषाय, कफपित्तनाशक, मेद, कृमि तथा विष का नाशक, बलकारक होता है ॥१६॥

सन्धानकृद्वातहरा गोधूमः स्वादुशीतलः ।
जीवनो बृंहणो वृष्यः स्निग्धः स्थैर्यकरो गुरुः ॥२०॥

गेहूँ के गुण—भग्न आदि को जोड़नेवाला, वातनाशक, मधु, शीतवीर्य, जीवन (Vitality) देनेवाला, बृंहण, वृष्य (वीर्यवधक), स्निग्ध, आयु को स्थिर करनेवाला तथा भारी होता है ।२०।

नन्दीमुखी मधूली च मधुरस्निग्धशीतले ।
[1]इत्ययं शूकधान्यानां पूर्वो वर्गःसमाप्यते ॥२१॥

नान्दीमुखी तथा मधूली, ये दोनों धान्य मधुर, स्निग्ध तथा शीतवीर्य होते हैं ।

सुश्रुत सूत्रस्थान के ४६ अध्याय में भी इनके गुणों को देख लेना चाहिये ॥२१॥

यह शूकधान्यों का प्रथम वर्ग समाप्त होता है ।

इति शूकधान्यवर्गः ।

—:०:—

अथ शमीधान्यवर्गः ।

कषायमधुरो रूक्षः शीतः पाके कटुर्लघुः ।
विशदः श्लेष्मपित्तघ्नो मुद्‌गः सूप्योत्तमो मतः ॥२२॥

शमीधान्यवर्ग—मूंग—रस में कषायमधुर, रूक्ष, शीतवीर्य, विपाक में कटु, लघु, विशद (पिच्छिल से विपरीत), कफपित्तनाशक होता है । यह दालों में श्रेष्ठ है ॥२२॥

वृष्यः परं वातहरः स्निग्धोष्णमधरो गुरुः ।
बल्यो बहुमलः पुंस्त्वं माषः शीघ्र ददाति च ॥२३॥

उड़द—वीर्यवर्धक, उत्कृष्ट वातनाशक, स्निग्ध, उष्णवीर्य, मधुर, गुरु, बलकारक, पुरीष को अधिक मात्रा में उत्पन्न करनेवाला शीघ्र ही पुंस्त्व को देनेवाला होता है ॥२३॥

[2]राजमाषः सरो रुच्यः कफशुक्राम्लपित्तकृत् ।
तत्स्वादुर्वातलो रूक्षः कषायो विशदो गुरुः ॥२४॥

राजमाष (लोभिया)—सर (सारक), रुचिकर, कफवीर्य तथा अम्लपित्त को करनेवाला, उड़द के सदृश मधुर, वातवर्धक, रूक्ष, कषाय, विशद तथा गुरु (भारी) होता है । इसे विपाक में मधुर जानना चाहिये । रस में कषायमधुर ॥२४॥

उष्णाः कषायाः पाकेऽम्लाः कफशुक्रानिलापहाः ।
कुलत्था ग्राहिणः कासहिक्काश्वासार्शसां हिताः ॥२५॥

कुलत्थ के गुण—गरम, कैसेले, विपाक में अम्ल, कफ, वीर्य तथा वायु के नाशक, संग्राहक और कास (खाँसी), हिचकी, श्वास, तथा अर्श (बवासीर) के रोगियों के लिए हितकर हैं ॥२५।

मधुरा मधुराः पाके ग्राहिणो रूक्षशीतलाः ।
मकुष्ठका प्रशस्यन्ते रक्तपित्तज्वरादिषु ॥२६॥

मकुष्ठक (मोठ)—रस में मधुर, विपाक में मधुर, संग्राहक, रूक्ष, शीतल होते हैं । ये रक्तपित्त तथा ज्वर आदि रोगों में उत्तम माने गये हैं ॥२६॥

चणकाश्च मसूराश्च खंडिकाः सहरेणवः ।
लघवः शीतमधुराः सकषाया विरूक्षणाः ॥२७॥
पित्तश्लेष्मणि शस्यन्ते सूपेष्वालेपनेषु च ।
तेषां मसूरः संग्राही कलायो वातलः परः ॥२८॥

चने आदि के गुण—चने, मसूर, खण्डिका (बंगाली में—खेशारी) हरेणु (मटर)–लघु, शीतवीर्य, मधुरकषाय, रूक्षण (रूखा) करनेवाले हैं । पित्तकफ के रोगों में दाल वा रसा बनाकर खिलाने तथा लेपनार्थ प्रशस्त माने गये हैं । इनमें से मसूर संग्राहक है और मटर अत्यन्त वातकर है ॥२७, २८॥

स्निग्धोष्णमधुरस्तिक्तः कषायः कटुकस्तिलः ।
त्वच्यः केश्यश्च बल्यश्च वातघ्नः कफपित्तकृत् ॥२९॥

तिलों के गुण—तिल, स्निग्ध, उष्ण (गरम), रस में—मधुर, तिक्त कषाय तथा कटु चार रसवाला, त्वचा के लिये हितकर, बल्य, वातनाशक तथा कफपित्तकारक होते हैं ॥२६॥

गुर्व्योऽथ मधुराऽशीता बलघ्न्यो रूक्षणात्मिकाः ।
सस्नेहा बलिभिर्भोज्याः विविधाः शिम्बिजातयः ॥३०॥

विविध प्रकार के शिम्बी जाति (सेम आदि जिनके बीज फलियों में बन्द रहते हैं) के धान्य—भारी, मधुर, उष्ण, बलनाशक, विरूक्षण करनेवाले होते हैं । बली पुरुषों को इन्हें घृत आदि स्नेह से युक्त करके खाना चाहिये ॥३०॥

शिम्बी रूक्षा कषाया च कोष्ठवातप्रकोपिनी ।
न च वृष्या न चक्षुष्या विष्टभ्य च विपच्यते ॥

शिम्बी (मूंग आदि की कच्ची फली वा सेम) के गुण—शिम्बी रूक्ष, कषाय, कोष्ठवात को प्रकुपित करनेवाली होती है । वीर्यवर्धक नहीं होती और नेत्रों के लिए भी हितकर नहीं । विष्टम्भ होकर पचती है । अर्थात् पेट में गुडगुड शब्द को करके पचती है ॥३१॥

आढकी कफपित्तघ्नी वातला, कफवातनुत् ।
अवल्गुजः सैडगजो, निष्पावा वातपित्तलाः ॥३२॥

अरहर के गुण—अरहर कफपित्त को नष्ट करता है तथा वात वर्धक है । कालीजीरी तथा पंवाड कफवात को नष्ट करते हैं श्वेतसेम वात पित्त को बढ़ानेवाले हैं ॥३२॥

काकाण्डोलात्मगुप्तानां माषवत्फलमादिशेत् ।
द्वितीयोऽयं शमीधान्यवर्गः प्रोक्तो महर्षिणा ॥३३॥

काकाण्डोला (काकाण्डफल) तथा आत्मगुप्ता (कौंच) के फलों को उड़द की तरह जाने । महर्षि ने यह दूसरा शमी धान्यवर कहा है ॥३३॥

इति शमीधान्यवर्गः ।

अथ मांसवर्गः ।

गोखराश्वतरोष्ट्राश्वद्वीपिसिंहर्क्षवानराः ।
वृको व्याघ्रस्तरक्षुश्च बभ्रुमार्जारमूषिकाः ॥३४॥

1–'इत्येव' ग. । 2–"रूक्षश्चैव कषायश्च वातलः श्लेष्मपित्तहा'। विष्टम्भी चाप्यवृष्यश्च राजमाषः प्रकीर्तितः ॥ इति पाठान्तरम् ।

लोपाको जम्बुकः श्येनो वान्तादश्चाषवायसौ ।
शशघ्नी मधुहा भासो गृध्रोलूककुलिङ्गकाः ॥३५॥
[1]धूमीका कुररश्चेति प्रसहा मृगपक्षिणः ।

प्रसह (जो कि बलात् छीनकर खाते हैं) पशु पक्षी—गौ, गदहा, अश्वतर (खच्चर), ऊंट, घोड़ा, चीता, सिंह, रीछ, बानर, भेड़िया, व्याघ्र (बघेरा-Tiger), तरक्षु (व्याघ्रभेद), (बभ्रु जिस पर बहुत बाल हों-ऐसे कुत्ते जो पर्वतों के पास होते हैं), मार्जार (बिल्ली), मूषिक (चूहा), लोपाक (लोमड़ी), जम्बुक (गीदड़), श्येन (बाज), वान्ताद (कुत्ते), चाष, वायस (कौवा), शशघ्नी (वह पक्षी जो अपने पंजे से शशक को भी उठा ले जाते हैं, यह चील की तरह होता है), मधुहा (पक्षिभेद), भास (श्वेत रंग की चील), गिद्ध, उल्लू, कुलिङ्गक (घरेलू चिड़िया), धूमीका (चिड़िया), कुरर (वह पक्षी जो कि जलस्थित मछली को अपने नख से विद्ध करके उड़ा ले जाता है), ये प्रसह जाति के पशु पक्षी हैं ॥३४, ३५॥

[2]श्वेतः श्यामश्चित्रपृष्ठः [3]कवलकः काकुलीमृगः ॥३६॥
[4]कुर्चीका चिल्लटो भेको गोधा शल्लकगण्डकौ ।
कदली नकुलः श्वाविदिति भूमिशयाः स्मृताः ॥३७॥

भूमिशय पशु—श्वेत, श्यामवर्ण का, चित्रपृष्ठ (जिसकी पीठ चित्रित होती है) काला ; चार-प्रकार का काकुलीमृग (सर्पविशेष-मालुयासर्प), कुर्चीका, चिल्लट (बं०—चियाड़), भेक (मण्डूक, मेंढक), गोधा (गोह), शल्लक (सेह), गण्डक (गोह का भेद), कदली (व्याघ्र के आकार का बड़ी बिल्ली के सदृश), नकुल (नेवला), श्वावित् (सेह का भेद); ये भूमिशय-बिलों में रहनेवाले कहाते हैं ॥३६, ३७॥

सृमरश्चमरः खड्गो महिषो गवयो गजः ।
न्यङ्कुर्वराहश्चानूपा मृगाः सर्वे रुरुस्तथा ॥३८॥

अनूपदेश के पशु—सृमर (महाशूकर), चमर (जिसकी पूंछ चेंवर के काम आती है), खड्ग (गैंडा), महिष (जंगली भैंसा), गवय (नीलगाय), गज (हाथी), न्यंकु (हरिण), वराह (सूअर), तथा रुरु (बहुत सींगोंवाला हरिण, बारासिंगा); ये सब मृग अनूप (जलप्रधान) देश के रहनेवाले हैं ॥३८॥

कूर्मः कर्कटको मत्स्यः शिशुमारस्तिमिङ्गिलः ।
शुक्तिशङ्खोद्रकुम्भीरकुलुकीमकरादयः ॥३९॥
इति वारिशयाः प्रोक्ता,

वारिशय—कछुआ, केंकड़ा, 'मछली' शिशुमार (नक्रभेद), तिमिङ्गिल (ह्वेल मछली), शुक्ति (सीप का कीड़ा), शङ्ख (शङ्ख का कीड़ा), उद्र (ऊदबिलाव), कुम्भीर (घड़ियाल), चुलुकी (शिशुमार का भेद), मकर (मगरमच्छ) आदि वारिशय जल में रहनेवाले कहाते हैं ॥३९॥

वक्ष्यन्ते वारिचारिणः ।
हंसः क्रौञ्चो बलाका च बकः कारण्डवः प्लवः ॥४०॥
शरारी [1]पुष्कराह्वश्च केशरी मानतुण्डकः ॥४१॥
उत्क्रोशः पुण्डरीकाक्षो मेघरावोऽम्बुकुक्कुटी ।
आरा नन्दीमुखी वाटी सुमुखा सहचारिणः ॥४२॥
रोहिणी कशकानी[2] च सारसो रक्तशीर्षकः ।
चक्रवाकास्तथाऽन्ये च खगाः सन्त्यम्बुचारिणः ॥४३॥

वारिचारी—हंस, क्रौञ्च (कुंजपक्षी), बलाका (बकभेद), बक (बगुला), कारण्डव (हंसभेद), प्लव, शरारी (आटी), पुष्कराह्व, केशरी, मानतुण्डक, मृणालकण्ठ (जिसकी गर्दन कमलनाल की सी होती है), मद्गु (जलकाक), कादम्ब (कलहंस), काकतुण्डक (श्वेत कारण्डव), उत्क्रोश (कुरर पक्षी भेद), पुण्डरीकाक्ष (पुण्डर), मेघराव (मेघनाद अथवा चातक), अम्बुकुक्कुटी (जलमुर्गा), आरा, नन्दीमुखी, वाटी, सुमुख, सहचारी, रोहिणी, कशकानी, सारस, रक्तशीर्षक (सारसभेद), चक्रवाक (चकवा) तथा अन्य जल में संचार करनेवाले पक्षी जलचर कहाते हैं ॥४०-४३॥

पृषतः शरभो रामः श्वदंष्ट्रा[3] मृगमातृका ।
शशोरणौ[4] कुरङ्गश्च गोकर्णः[5] कोट्टकारकः ॥४४॥
[6]चारुष्को हरिणैणौ[7] च शम्बरः कालपुच्छकः ।
ऋष्यश्च वरपोतश्च विज्ञेया जाङ्गला मृगाः ॥४५॥

जाङ्गलपशु—पृषत (चित्तल हरिण), शरभ (ऊँट के सदृश बड़ा, आठ पैरवाला, जिसमें से चार पैर पीठ पर होते हैं, ऐसा मृग), राम (बड़ा मृग, यह प्रायः हिमालय पवत पर होता है), श्वदंष्ट्रा, मृगमातृक (छोटा पर बड़े पेटवाला हरिण) शश (खरगोश), उरण, कुरंग (हरिणभेद), गोकर्ण (गोमुख के सदृश मुखवाला हरिण), कोट्टकारक (मृगभेद), चारुष्क (हरिणभेद), हरिण (लाल वर्ण का हरिण), एण (काला हरिण), शम्बर (हरिणभेद), कालपुच्छक, ऋष्य (जिस हरिण के अण्डकोष नीले वर्ण के होते हैं), वरपोत (मृग भेद) ये जांगल मृग हैं ॥४४,४५॥

लावो वर्तीरकश्चैव वार्तीकः सकपिञ्जलः ।
चकोरश्चोपचक्रश्च कुक्कुभो रक्तवर्त्मकः ॥४६॥
लावाद्या विष्किरास्त्वेते,

विष्किर पक्षी—लावा वर्तीरक (बटेर), वार्तीक (कपिञ्जल भेद, पं० तिलियर), कपिञ्जल (श्वेत तीतर), चकोर, उपचक्र (चकोर भेद), लालवर्ण का कुक्कुभ (बं०कुको); ये लावा आदि विष्किर पक्षी कह दिये हैं ॥४६॥

वक्ष्यन्ते वर्तकादयः ।
वर्तको वर्तिका चैव बर्ही त्तित्तिरकुक्कुटौ ॥४७॥

१—'धूमिका' ग० ।
२—'श्वेतवर्णः स्वनामख्यातः । श्यामः सामापक्षी । चित्रपृष्ठः स्वनामख्यातः । देशविशेषे ख्यातः । 'कालकः क्षुद्रचटकः' गंगाधरः । ३—'काकलः' च० । ४—'कुर्चीका सङ्कुचः चक्रः । कूचिका' ग० । कूचियामत्स्य इति गंगाधरः 'कूचिका' यो० । अम्धाहिः, कुंचे इति वंगेषु ।

१—'पुष्करारी च' ग० ।
२—'कशिकानि' च० । 'कामकालो' ग० ।
३—'श्वदंष्ट्रा चतुर्दंष्ट्रा कार्तिकपुरे प्रसिद्धः' चक्रः ।
४—'उरणः मृगभेदः' योगीन्द्रः । 'शशकावशेषः' गङ्गाधरः । ५—'गोकर्णः गोम्बाहरिणः' गंगाधरः ।
६—'चारुष्कः चारुशरीरः स्वल्पतनुर्मृगविशेषः' योगीन्द्रः ।
७—'एणः कृष्णस्तयोर्ज्ञयो हरिणस्ताम्र उच्यते । न कृष्णो न च ताम्रश्च कुरंगः सोऽभिधीयते ॥ इति सुश्रुते ।

कङ्कसारपदेन्द्राभगोनर्दगिरिवर्तकाः ।
क्रकरोऽवकरश्चैव वारटाश्चेति विष्किराः ॥४८॥

अब वर्त्तक आदि विष्किर पक्षी कहे जायँगे—वर्त्तक, वर्त्तिका, मोर, तीतर, मुर्गा, कङ्क, सारपद, इद्रनभ (मल्लकङ्क), गोनर्द (घोड़ा कङ्क), गिरिवर्त्तक, क्रकर, वारट ; ये पक्षी विष्किर हैं । गुणभेद का निदर्शन कराने को ही पृथक् २ लाव आदि तथा वर्त्तक आदि पढ़े गये हैं ।।४७ ४८।।

शतपत्रो भृङ्गराजः कोयष्टी जीवजीवकः ।
कैरातः कोकिलोऽत्यूहो गोपापुत्रः प्रियात्मजः ॥४९॥
लट्वा लट्टूषको बभ्रुर्वटहा डिण्डिमानकः ।
जटी दुन्दुभिवा[1] (पा) क्कारलोहपृष्ठकुलिङ्गकाः ॥५०॥
कपोतशुकसारंगाश्चिरिटीकङ्कुयष्टिकाः ।
शारिका कलविंकश्च चटकोऽङ्गारचूडकः ॥५१॥
पारावतः पानविक इत्युक्ताः प्रतुदा द्विजाः ।

प्रतुदपक्षी—शतपत्र (कठफोड़ा), भृंगराज (पक्षिराज कृष्ण-वर्ण का पक्षी), कोयष्टि (कोरुक्, कोड़ा), जीवजीवक (विष के देखने से ही इस पक्षी की मृत्यु हो जाती है), कैरात (कोकिल का भेद), कोकिल (कोयल), अत्यूह (डाहुक), गोपपुत्र, प्रियात्मज, लट्वा (फेञ्चाक), लट्टूषक (लट्वा का भेद), बभ्रु (पिंगल-वर्ण का पक्षी), वटहा (बडहा पक्षी), डिण्डिमानक (डिण्डिम के सदृश उत्कट ध्वनिवाला पक्षी, जटी (जटायु पक्षी); दुन्दुभिवाक्कार, लौहपृष्ठ (कुलिंगभेद), कुलिंगक (बया), कपोत (घुग्घू), शुक (तोता), सारंग (चातक), चिरटी, (चिटाई पक्षी), कंकु[2] यष्टिका[3], शारिका (मैना), कलविङ्क (गृहचटक अथवा लालशिर और काली गर्दनवाली गृहचटक सदृश चिड़िया), चटक (जंगली चिड़िया), अंगारचूड़क (बुलबुल), पारावत (कबूतर), पानविक (कबूतर भेद) ; ये प्रतुद पक्षी कहाते हैं ॥

प्रसह्य भक्षयन्तीति प्रसहास्तेन संज्ञिताः ॥५२॥
भूशया बिलवासित्वादानूपाऽनूपसंश्रयात् ।
जले निवासाज्जलजा जलेचर्याज्जलेचराः ॥५३॥
स्थलजा जाङ्गलाः प्रोक्ता मृगा जाङ्गलचारिणः ।
विकीर्य विष्किराश्चैव प्रतुद्य प्रतुदाः स्मृताः ॥५४॥
योनिरष्टविधा त्वेषां[5] मांसानां परिकीर्तिता ।

प्रसह आदि नामों का निर्वचन—जो बलात् छीनकर खाते हैं, उन्हें प्रसह कहते हैं। बिल में निवास करने से भूशय-भूमिशय कहे जाते हैं। अनूप (जलप्रधान देश) में रहने से आनूप कहाते हैं। जल में निवास करने से जलज—वारिशय कहाते हैं। जल में सञ्चार करने से जलचर वा वारिचर कहाते हैं। स्थल पर उत्पन्न होनेवाले पशुओं को जंगल में सञ्चार करने के कारण जांगल कहा जाता है। जो अपनी चोंच और पैरों से इधर-उधर बखेर कर खाते हैं, वे विष्किर कहाते हैं। जो चोंच वा पञ्जों से बार २ चोट लगाकर आहार को खाते हैं वे प्रतुद कहाते हैं। ये प्रसह आदि के भेद से मांस की योनि (प्राप्तिस्थान) आठ प्रकार की बतायी हैं।

सुश्रुत में वर्गीकरण विस्तार से किया गया है। उसे वहां देखें ॥५२-५४॥

प्रसहा भूशयानूपवारिजा वारिचारिणः ॥५५॥
गुरूष्णस्निग्धमधुरा बलोपचयवर्धनाः ।
वृष्याः परं वातहराः कफपित्ताभिवर्धिनः ॥५६॥
हिता व्यायामनित्येभ्यो नरा दीप्ताग्नयश्च ये ।

प्रसह आदि के सामान्य गुण—प्रसह, भूमिशय, आनूप, जलज (वारिशय), तथा जलचर पशु पक्षी, गरम, स्निग्ध, मधुररस होते हैं। बल को बढ़ाते हैं। शरीर में मांस के उपचय (संग्रह) को बढ़ाते हैं। वीर्यवर्धक हैं। वात को हरते हैं। कफ पित्त को बढ़ाते हैं। जिनकी जाठराग्नि दीप्त है, नित्य व्यायाम वा परिश्रम का कार्य करते हैं; उनके लिये हितकर हैं ॥५५, ५६॥

प्रसहानां विशेषेण मांसं मांसाशिनां भिषक् ॥५७॥
जीर्णार्शोग्रहणीदोषशोषार्तानां प्रयोजयेत् ।

मांस खानेवाले प्रसह पशुपक्षियों के मांस को विशेषतः पुराने अर्श, पुरानी संग्रहणी तथा पुराने शोष से पीड़ित रोगियों को प्रयोग कराना चाहिये ॥५७॥

लावाद्यो वैष्किरो वर्गः प्रतुदा जाङ्गला मृगाः ॥५८॥
लघवः शीतमधुराः सकषाया हिता नृणाम् ।
पित्तोत्तरे वातमध्ये सन्निपाते कफानुगे ॥५९॥

लाव आदि विष्किर वर्ग के पक्षी, प्रतुद-पक्षी तथा जांगल मृग; लघु, शीतवीर्य, मधुर-कषाय रस होते हैं। ये सन्निपात में जब कि पित्त प्रधान हो, वात मध्यबल हो और कफ हीनबल हो, तब पुरुषों के लिये हितकर होते हैं। इस प्रकार के सन्निपात के लक्षण चरक चिकित्सास्थान ३ अध्याय में कहे गये हैं। यथा—

'पर्वभेदोऽग्निदौर्बल्यं तृष्णा दाहोऽरुचिर्भ्रमः ।
कफहीने वातमध्ये लिङ्गं पित्ताधिके मतम् ।' ५८, ५९॥

विष्किरा वर्तकाद्यास्तु प्रसहाल्पान्तरा गुणैः ।

बर्तक आदि विष्किर पक्षी, गुणों में प्रसह जाति के पक्षियों से अल्प ही भिन्नता रखते हैं।

नातिशीतगुरुस्निग्धं मांसमाजमदोषलम् ॥६०॥
शरीरधातुसामान्यादनभिष्यन्दि बृंहणम् ।

बकरे के मांस के गुण—बकरे का मांस अतिशीतल, अतिगुरु तथा अतिस्निग्ध नहीं होता। दोषों को नहीं (वा थोड़ा सा बढ़ाता तथा पुरुष के शरीर के धातु (मांस) के समान तुल्य गुण होने से अनभिष्यन्दी (जो स्रोत धातु आदि को क्लिन्न न करता हो) तथा बृंहण होता है। सुश्रुत सूत्र ४६ अध्याय में कहे गये छागमांस के गुणों में 'मन्दपित्तकफः' कहा है। अर्थात् थोड़ा सा पित्त वा कफ को बढ़ाता है। अतः 'अदोषलम्' में 'अ' को ईषद् वा स्वल्पवाचक मानते हैं। अर्थात् थोड़ा सा दोष को बढ़ाता है ॥६०॥

मांसं मधुरशीतत्वाद् गुरु बृंहणमाविकम् ॥६१॥

भेड़ के मांस के गुण—भेड़ का मांस मधुर तथा शीतल होने से भारी तथा बृंहण होता है ॥६१॥

योनावजाविके[1] मिश्रगोचरत्वादनिश्चिते ।

1—'दुन्दुभिधाङ्कोर०' 'दुधुवापक्षी' गंगाधरः ।
2—'कङ्कु काउन् पक्षी।' गंगाधरः । ३—'यष्टिका याइट् पक्षी' गंगाधरः ।
४—'आनूपानूपसंश्रयादिति पूर्वत्रासिद्धविधेरनित्यत्वादानूपाऽनूपसंश्रयादित्यत्र लोपस्य सिद्धत्वेनैव संहिता ज्ञेया' चक्रः । ५—'तेषां' ग० ।

1—'योनावजावी व्यामिश्र' ग० ।

भेड़ और बकरी जांगल तथा अनूपदेश दोनों जगह पाये जाने के कारण इनकी योनि अनिश्चित है। अर्थात् सामान्यतः इसे न जाङ्गल कह सकते हैं न आनूप कह सकते हैं ॥६१॥

सामान्येनोपदिष्टानां मांसानां स्वगुणैः पृथक् ॥६२॥
केषाञ्चिद् गुणवैशेष्याद्विशेष उपदेक्ष्यते ।

सामान्यतः वर्गों के अपने २ गुणों द्वारा पूर्व कहे गये मांसों में से कुछ एक में गुण की अधिकता होने से उनकी विभिन्नता बताने के लिये पृथक् कहा जायगा ॥६२॥

दर्शनश्रोत्रमेधाग्निवयोवर्णस्वरायुषाम् ॥६३॥
बर्ही हिततमो बल्यो वातघ्नो मांसशुक्रलः ।

मोर का मांस—मोर दृष्टि, श्रोत्र, बुद्धि, अग्नि, वय (उम्र), वर्ण, स्वर तथा आयु के लिये सबसे अधिक हितकर है। यह बल को बढ़ाता है। वातनाशक है। मांस और वीर्य को बढ़ाता है ॥६३॥

गुरूष्णस्निग्धमधुराः स्वरवर्णबलप्रदाः ॥६४॥
बृंहणाः शुक्रलाश्चोक्ता हंसा मारुतनाशनाः ।

हंस का मांस—हंस भारी, गरम, स्निग्ध, मधुर, स्वर वर्ण तथा बल को देनेवाला, बृंहण, वीर्यवर्धक, वायुनाशक होता है ॥६४॥

स्निग्धाश्चोष्णाश्च वृष्याश्च बृंहणाःस्वरबोधनाः ॥६५॥
बल्याः परं वातहराः स्वेदनाश्चरणायुधाः ।

मुर्गे का मांस—मुर्गा स्निग्ध, गरम, वृष्य (वीर्यवर्धक तथा वीर्य को च्युत करनेवाला), बृंहण, स्वर को ऊँचा करनेवाला, अत्यन्त बलकारक, वातनाशक तथा स्वेदन (पसीना लानेवाला) है ॥६५॥

गुरूष्णमधुरो नातिधन्वानूपनिषेवणात् ॥६६॥
तित्तिरः संजयेच्छीघ्रं त्रीन् दोषाननिलोल्बणान् ।

तीतर का मांस—तीतर गुरु, गरम, मधुर होता है तथा अत्यधिक जाङ्गल और अत्यधिक अनूप (जल प्रधान) देश का सेवन न करने से वातप्रधान सन्निपात को शीघ्र ही जीतता है ॥६६॥

पित्तश्लेष्मविकारेषु सरक्तेषु कपिञ्जलाः ॥६७॥
मन्दवातेषु शस्यन्ते शैत्यमाधुर्यलाघवात् ।

श्वेत तीतर का मांस—कपिञ्जल-शीत, मधुर तथा लघु होने से रक्तयुक्त पित्त कफ के विकारों में एवं जहाँ वायु अल्प हो-प्रशस्त माना गया है ॥६७॥

लावाः कषायमधुरा लघवोऽग्निविवर्धनाः ॥६८॥
सन्निपातप्रशमनाः कटुकाश्च विपाकतः ।

लाव पक्षी का मांस—लाव रस में कषायमधुर, लघु, जाठराग्निवर्धक, सन्निपात को शान्त करनेवाला तथा विपाक में कटु होता है ॥६८॥

[1]कषायमधुराः शीता रक्तपित्तनिबर्हणाः ॥६९॥
विपाके मधुराश्चैव कपोता गृहवासिनः ।
तेभ्यो लघुतराः किंचित्कपोता वनवासिनः ॥७०॥
शीताः संग्राहिणश्चैव [2]स्वल्पमूत्रकराश्च ते ।

कबूतर का मांस—घरों में रहनेवाले कबूतर रस में कषाय मधुर, शीतल, रक्तपित्त के नाशक, विपाक में मधुर होते हैं। वन में रहनेवाले कबूतर इनसे अपेक्षया लघु होते हैं; शीतल संग्राही (मल को बांधकर लानेवाले वा कब्ज) तथा मूत्र को अल्पमात्रा में उत्पन्न करते हैं ॥६९, ७०॥

शुकमांसं कषायाम्लं विपाके [1]रूक्षशीतलम् ॥७१॥
शोषकासक्षयहितं संग्राहि लघु दीपनम् ।

तोते का मांस—कसैला खट्टा, विपाक में रूक्ष, शीतल होता है। शोष, कास तथा क्षय के रोगियों के लिए हितकर है। संग्राही लघु तथा अग्नि को दीप्त करनेवाला है ॥७१॥

कषायो विशदो रूक्षः शीतः पाके कटुर्लघुः ॥७२॥
शशः स्वादुः प्रशस्तश्च सन्निपातेऽनिलावरे ।

शशक (खरगोश) मांस के गुण—शशक कषायमधुर, विशद, रूखा, शीतल, विपाक में कटु, हलका होता है। वह उस सन्निपात में प्रशस्त है जिसमें वायु अल्पबल हो ॥७२॥

चटका मधुराः स्निग्धा [2]बलशुक्रविवर्धनाः ॥७३॥
सन्निपातप्रशमनाः शमना मारुतस्य च ।

चटक मांस के गुण—चिड़िया का मांस मधुर, स्निग्ध, बल वीर्य को बढ़ानेवाला, सन्निपात को शान्त करनेवाला तथा वायुशामक है ॥७३॥

मधुरा मधुराः पाके त्रिदोषशमनाः शिवाः ॥७४॥
लघवो बद्धविण्मूत्राः शीताश्चैणाः प्रकीर्तिताः ।

एणमांस के गुण—एण (काला हरिण) का मांस मधुर, विपाक में मधुर, त्रिदोष को शान्त करनेवाला, कल्याणकारक, हलका, मूत्र तथा पुरीष को लानेवाला और शीतल होता है। यद्यपि एण षड्रस होता है, परन्तु मधुर अधिक होने से यहाँ मधुर कहा है ॥७४॥

गोधा विपाके मधुरा कषायकटुका रसे ॥७५॥
वातपित्तप्रशमनी बृंहणी बलवर्धनी ।

गोह मांस के गुण—गोह विपाक में मधुर, रस में कषाय कटु वात पित्त को शान्त करनेवाली, बृंहण करनेवाली तथा बल को बढ़ानेवाली है ॥७५॥

शल्लको मधुराम्लश्च विपाके कटुकः स्मृतः ॥७६॥
वातपित्तकफघ्नश्च कासश्वासहरस्तथा ।

शल्लक (सेह) मांस के गुण—शल्लक रस में मधुर अम्ल, विपाक में कटु, वात पित्त कफ का नाशक, कास एवं श्वास को हरनेवाला है ॥७६॥

शैवलाहारभोजित्वात्स्वप्नस्य च विवर्जनात् ॥७७॥
रोहितो दीपनीयश्च लघुपाको महाबलः ।

रोहू मछली के गुण—शैवल (सिवाल वा काई आदि) के आहार को खाने के कारण तथा न सोने के कारण दीपनीय (जाठराग्निदीपक), पचने में हलकी तथा अत्यधिक बलकारक है ॥७७॥

गुरूष्णमधुरा बल्या बृंहणाः पवनापहाः ॥७८॥
मत्स्याः स्निग्धाश्च वृष्याश्च बहुदोषाः प्रकीर्तिताः ।

मछलियों के सामान्य गुण मछलियाँ भारी, गरम, मधुर, बलकारक, बृंहण, वायुनाशक, स्निग्ध, वृष्य, तथा अत्यन्त दोषकर होती हैं—कफ और पित्त को अत्यन्त बढ़ाती हैं ॥७८॥

स्नेहनं बृंहणं वृष्यं श्रमघ्नमनिलापहम् ॥७९॥
वराहपिशितं बल्यं रोचनं स्वेदनं गुरु ।

१—'कषाया विशदाः' ग०। २—'स्वल्पं मृदुतराश्च' ग०।

१—'कटु शीतलम्' ग०। २—'कफशुक्रविवर्धनाः' ग०।

सूअर का मांस—स्निग्धता करनेवाला, बृंहण, वृष्य, थकावट को दूर करनेवाला, वायुनाशक, बलकारक, रुचिकर, पसीना लानेवाला तथा भारी होता है ॥७९॥

वर्ण्यो वातहरो वृष्यश्चक्षुष्यो बलवर्धनः ॥८०॥
मेधास्मृतिकरः पथ्यः शोषघ्नः कूर्म उच्यते ।

कछुए का मांस—वर्ण के लिए हितकर, वातनाशक, वृष्य, नेत्रोंके लिए हितकर, बलवर्धक, मेधा (धारणात्मिका बुद्धि) तथा स्मृति (स्मरणशक्ति) को करनेवाला, पथ्य, शोष का नाशक होता है॥८०॥

गव्यं केवलवातेषु पीनसे विषमज्वरे ॥८१॥
शुष्ककासश्रमात्यग्निमांसक्षयहितं च तत् ।

गोमांस—केवल वातरोगों में तथा प्रतिश्याय, विषमज्वर, शुष्ककास (सूखी खांसी), श्रम (थकावट), अतितीक्ष्ण अग्नि, मांसक्षय; इनमें हितकर है ॥८१॥

स्निग्धोष्णं मधुरं वृष्यं माहिषं गुरुतर्पणम् ॥८२॥
दार्ढ्यं बृंहत्त्वमुत्साहं स्वप्नं च जनयत्यपि ।

भैंस का मांस—स्निग्ध, गरम, मधुर, वृष्य, भारी होता है। सन्तर्पण करता है। शरीर को दृढ़ करता है, बृंहण है, उत्साह तथा निद्रा को उत्पन्न करता है ॥८२॥

धार्तराष्ट्रचकोराणां दक्षाणां शिखिनामपि ॥८३॥
चटकानां च यानि स्युरण्डानि च हितानि च ।
रेतःक्षीणेषु कासेषु हृद्रोगेषु क्षतेषु च ॥८४॥
मधुराण्यविदाहीनि सद्योबलकराणि च ।

हंस आदि के अण्डों के गुण- हंस, चकोर, मुर्गी, मोर तथा चिड़ियों के अण्डे जिनका वीर्य क्षीण हो गया है, उनके लिए तथा कास, हृद्रोग, क्षत, (घाव वा उरःक्षत) में हितकर होते हैं। ये मधुर विदाह को उत्पन्न न करनेवाले तथा सद्यः (शीघ्र बलकारक होते हैं ॥८४॥

शरीरबृंहणे नान्यदाद्यं मांसाद्विशिष्यते ।
इति वर्गस्तृतीयोऽयं मांसानां परिकीर्तितः॥८५॥

शरीर को पुष्ट करने में मांस से बढ़कर अन्य कोई खाद्य पदार्थ नहीं है। यह मांसों का तीसरा वर्ग कह दिया है।

सुश्रुत सूत्र ४६ अध्याय में मांसो के गुण दिये गये हैं। वहाँ पर भी इनके गुण देख लेने चाहिये ॥८५॥

इति मांसवर्गः।

अथ शाकवर्गः ।

पाठा शुषा शटीशाकं वास्तुकं सुनिषण्णकम् ।
विद्याद् ग्राहि त्रिदोषघ्नं भिन्नवर्चस्तु वास्तुकम् ॥८६॥

शाकवर्ग—पाठा, शुषा (कासमर्द, कसौंदी), शटी (कचूर), बथुआ, सुनिषण्णक (चाङ्गेरी के सदृश चारपत्रवाला, चौपतिया। चाङ्गेरी में तीन पत्ते होते हैं और सुनिषण्णक में चार); इनके पत्तों का शाक (बथुए को छोड़कर) ग्राही त्रिदोषनाशक होता है। बथुआ मल को लानेवाला तथा त्रिदोषनाशक है ॥८६॥

त्रिदोषशमनी वृष्या काकमाची रसायनी ।
नात्युष्णशीतवीर्या च भेदिनी कुष्ठनाशिनी ॥८७॥

काकमाची—मकोय, त्रिदोष को शान्त करनेवाली, वृष्य तथा रसायन[1] है। यह न अत्यन्त उष्णवीर्य है न अत्यन्तशीतवीर्य। भेदन करनेवाली—मल को लानेवाली तथा कुष्ठनाशक है ॥८७॥

१—'यज्जराव्याधिविध्वंसि भेषजं तद्रसायनम्'।

राजक्षवकशाकं[1] तु त्रिदोषशमनं लघु ।
ग्राहि शस्तं विशेषेण ग्रहण्यर्शोविकारिणाम् ॥८८॥

राजक्षवक का शाक—तीनों दोषोंको शान्त करनेवाला, लघु, ग्राही तथा विशेषतः ग्रहणी और अर्श के रोगियों के लिए हितकर है॥८८॥

कालशाकं तु कटुकं दीपनं गरशोफजित् ।
लघ्वुष्णं वातलं रूक्षं कालीयं[2] शाकमुच्यते ॥८९॥

कालशाक—कटु, अग्नि को दीप्त करनेवाला, गर (संयोगज विष) एवं शोथ का नाशक है। कालशाक लघु गरम वातकारक तथा रूक्ष होता है ॥८९॥

दीपनी चोष्णवीर्या च ग्राहिणी कफमारुते ।
प्रशस्यतेऽम्लचाङ्गेरी ग्रहण्यर्शोहिता च सा ॥९०॥

अम्लचाङ्गेरी (तिपतिया), अग्निदीपक, उष्णवीर्य तथा ग्राही है। कफवात में प्रशस्त, ग्रहणी तथा अर्श में हितकर है ॥

मधुरा मधुरा पाके भेदिनी श्लेष्मवर्धिनी ।
वृष्या स्निग्धा च शीता च मदघ्नी चाप्युपोदिका ॥

उपोदिका (पोई)—मधुररस, विपाक में मधुर, मल को लानेवाली, कफवर्धक, वृष्य, स्निग्ध, शीतल, मद को नष्ट करनेवाली है ॥९१॥

रूक्षो मदविषघ्नश्च प्रशस्तो रक्तपित्तिनाम् ॥
मधुरो मधुरः पाके शीतलस्तण्डुलीयकः ॥९२॥

तण्डुलीय (चौलाई)—रूक्ष, मद तथा विष को नष्ट करनेवाली, और रक्तपित्त के लिये प्रशस्त है। रस में मधुर, विपाक में मधुर तथा शीतल है ॥९२॥

मण्डूकपर्णी वेत्राग्रं कुचेला वनतिक्तकम् ।
कर्कोटकावल्गुजकौ पटोलं शकुलादनी ॥९३॥
वृषपुष्पाणि शार्ङ्गेष्टा केबुकं सकठिल्लकम् ।
नाडी कलायं गोजिह्वा वार्ताकं तिलपर्णिका[3] ॥९४॥
कुलकं[4] कार्कशं निम्बशाकं पार्पटकं च यत्[5] ।
कफपित्तहरं तिक्तं शीतं कटु विपच्यते ॥९५॥

मण्डूकपर्णी, वेत्राग्र (बेंत का अग्रभाग), कुचेला (पाठाभेद), वनतिक्तक (चिरायता), कर्कोट (ककोडा), अवल्गुज (बाकुची), पटोल (परवल), शकुलादनी (कटुकी वा जलपिप्पली), वृषपुष्प (अड़ूसे के फूल), शार्ङ्गेष्टा (अङ्गारवल्लिका), केबुक (केंऊ), कठिल्लक (पुनर्नवा), नाड़ी शाक, कलाय (मटर), गोजिह्वा (गोजी), वार्ताकी (बैंगन), तिलपर्णी (अजमोदा), कुलक (पटोलभेद अथवा करेला), कर्कश (छोटा ककोड़ा अथवा कर्कशा — वृश्चिकाली), निम्ब (नीम), पर्पट (पित्तपापड़ा) ; इनके शाक कफपित्त को हरते हैं। रस में तिक्त, वीर्य में शीत तथा विपाक में कटु होते हैं ॥९३-९५।

सर्वाणि सूप्यशाकानि फञ्जी चिल्ली कुतुम्बकः ।
आलुकानि च सर्वाणि सपत्राणि कठिञ्जरम्[6] ॥९६॥
शणशाल्मलिपुष्पाणि कर्बुदारः सुवर्चला ।
निष्पावः कोविदारश्च पत्तूरश्चुञ्चुपर्णिका ॥९७॥

१—'राजक्षवको दुग्धिका' चक्रः। 'कृष्णराजिका' योगीन्द्रः। 'बृहत्पत्रः क्षवथुकारकः' इत्यन्ये। २—'कालायं' 'कालाख्यं' पा०। ३—'श्रीखण्डे चाजगन्धे स्याच्छ्रीवेष्टे तिलपर्णिका' इति राजनिघण्टौ ऽप्यर्थवाचके कोषे। ४—'कुलकः कारवेल्लकः' चक्रः। ५—कौलकं कार्कशं नैम्ब शाकं पार्पटिकं च यत्' ग०। ६—'कुणञ्जरः' इति पाठान्तरे आरण्यवास्तुकम्।

कुमारजीवो लोट्टाकः पालङ्क्या मारिषस्तथा ।
कलम्बनालिकासूर्यः कुसुम्भवृकधूमकौ ॥९८॥
लक्ष्मणा प्रपुनाडश्च नलिनीका कुठेरकः ।
लोणिका यवशाकं च कूष्माण्डकमवल्गुजः ॥९९॥
यातुकः शालकल्याणी त्रिपर्णी पीलुपर्णिका ।
शाकं गुरु च रूक्षं च प्रायो विष्टभ्य जीर्यति ॥१००॥
मधुरं शीतवीर्यं च पुरीषस्य च भेदनम् ।
स्विन्नं निष्पीडितरसं स्नेहाढ्यं तत्प्रशस्यते ॥१०१॥

सब सूप्यशाक (मूँग, उड़द आदि के पत्रशाक), फञ्जी[1] (शाकविशेष), चिल्ली (बथुआ भेद, गौडवास्तुक), कुतुम्बक (द्रोणपुष्पी—गोमा के पत्ते), पत्र युक्त सब प्रकार के आलू, कठिञ्जर (कुठेरक, तुलसीभेद), सन के फूल, शाल्मली (सेमल) के फूल, कर्बुदार (कचनार), सुवर्चला (सूरजमुखी), निष्पाव (सेम), कोविदार (लाल कचनार), पत्तूर (शालिञ्च), चुच्चुपर्णिका (शाकविशेष), कुमारजीव (जीवशाक), लोट्टाक (लोट्टामारिष), पालक, मारिष (मरसा), कलम्बी, नालिका, आसुरी (राई), कुसुम्भ, वृकधूमक (भूमिशिरीष), लक्ष्मणा, प्रपुन्नाड (पंवाड), नलिनीका (कमलदण्ड), कुठेरक (तुलसीभेद), लोणिका (लूणक) यवशाक (क्षेत्रवास्तुक, जौशाक), कूष्माण्ड (पेठा), अवल्गुज (बाकुची वा कालीजीरी के पत्ते), जातुक (श्वेत शालपर्णी), शालकल्याणी (शालिञ्चभेद), त्रिपर्णी (हंसपादी, हंसराज), पीलुपर्णी (बिम्बी) ; इनके शाक भारी, रूखे, प्रायः पेट में वायु उत्पन्नकर गुड़गुड़ शब्द होकर पचते हैं। मधुर, वीर्य में शीत, मल को लानेवाले हैं। इनके शाक को उबालने के बाद निचोड़कर रस निकाल देना चाहिये। घी आदि स्नेह प्रभूत मात्रा में डालना चाहिये ॥९६–१०१॥

शणस्य कोविदारस्य कर्बुदारस्य शाल्मलेः ।
पुष्पं ग्राहि प्रशस्तं च रक्तपित्ते विशेषतः ॥१०२॥

सन, लाल कचनार, श्वेत कचनार, सेमल; इनके फूल ग्राही होते हैं और रक्तपित्त में विशेषतः लाभकर है ॥१०२॥

न्यग्रोधोदुम्बराश्वत्थप्लक्षपद्मादिपल्लवाः ।
कषायाः स्तम्भनाः शीता हिताः पित्तातिसारिणाम् ॥

न्यग्रोध (वट, बरगद), उदुम्बर (गूलर), अश्वत्थ (पीपल), प्लक्ष (पिलखन) तथा कमल आदि के पत्ते कसैले, स्तम्भन (रक्त, पुरीष आदि को बहने से रोकनेवाले), शीतल होते हैं, ये पैत्तिक अतीसार में हितकर हैं ॥१०३॥

वायुं वत्सादनी हन्यात्कफं गण्डीरचित्रकौ ।
श्रेयसी बिल्वपर्णी च बिल्वपत्रं च वातनुत् ॥१०४॥

वत्सादनी (गिलोय) वायु को नष्ट करती है। गण्डीर (शमठ शाक अथवा सेहुण्ड) और चित्रक कफ को नष्ट करते हैं। श्रेयसी (रास्ना वा गजपिप्पली), बिल्वपर्णी (बिल्वार्जक), बिल्वपत्र (बेल के पत्ते) ; ये वातनाशक हैं ॥१०४॥

भण्डी शतावरीशाकं बला जीवन्तिकं च यत् ।
पर्वण्याः पर्वपुष्प्याश्च वातपित्तहरं स्मृतम् ॥१०५॥

१—'फञ्जी ब्राह्मणयष्टिका' चक्रः। ब्राह्मणयष्टिका भारंगी। 'फञ्जिका जीवनी पद्मा तर्कारी चुचुकः पृथक्। वातामयहरं ग्राहि दीपनं रुचिदायकम् ॥' इति मूलकादि शाकवर्गे राजनिघण्टौ। 'चुचुया शाक इति लोके' गङ्गाधरः।

भिण्डी, शतावरी का शाक, बला, जीवन्तीशाक, पर्वणी (पर्वशाक), पर्वपुष्पी (कुक्कुटी), इनका शाक वात पित्त को हरनेवाला है ॥१०५॥

लघु भिन्नशकृत्तिक्तं लांगलक्युरुबूकयोः ।
तिलवेतसशाकं च शाकं पञ्चाङ्गुलस्य च ॥१०६॥
वातलं कटुतिक्ताम्लमधोमार्गप्रवर्तकम् ।

लाङ्गलकी, उरुबूक (लाल एरण्ड) ; इनका शाक हलका मल को लानेवाला तथा तिक्तरस होता है।

तिल, वेतस, पञ्चाङ्गुल (एरण्ड) ; इनका शाक वातवर्धक, कटु, तिक्त, अम्ल, मल मूत्र को प्रवृत्त करनेवाला होता है ॥१०६॥

रूक्षाम्लमुष्णं कौसुम्भं कफघ्नं पित्तवर्धनम् ।

कुसुम्भ का शाक रूक्ष, खट्टा, गरम, कफनाशक, पित्तवर्धक होता है ॥१०७॥

त्रपुसैर्वारुकं स्वादु गुरु विष्टम्भि शीतलम् ।
मुखप्रियं च रूक्षं च मूत्रलं त्रपुसं त्वति ॥१०८॥
एर्वारुकं च संपक्वं दाहतृष्णाक्लमार्तिनुत् ।

खीरा, ककड़ी—मधुर, भारी विष्टम्भी (पेट में गुड़गुड़ शब्द उत्पन्न करनेवाले), शीतल होते हैं। खीरा मुख को प्रिय, रूखा तथा अत्यधिक मूत्र को लानेवाला है। पकी हुई ककड़ी दाह, तृष्णा, क्लम (अनायास श्रम) पीड़ा को नष्ट करती है ॥१०८॥

वर्चोभेदीन्यलाबूनि रूक्षशीतगुरूणि च ॥१०९॥

घीयाकद्दू—अलाबु (घीयाकद्दू) मल को लानेवाला, रूखा, शीतल, गुरु होता है ॥१०९॥

चिर्भटैर्वारुके तद्वद्वर्चोभेदहिते तु ते ।

चिर्भटी (चिब्भड़), उर्वारुक (खर्बूजा) ; ये दोनों घीयाकद्दू की तरह ही रूक्ष, शीतल तथा भारी होते हैं, परन्तु ये वर्चोभेद अर्थात् अतीसार में हितकर होते हैं। यहाँ शाक के लिए खर्बूजा कच्चा ही लिया जाता है। पक जाने पर तो यह मल को लानेवाला होता है। तब अतीसार में अहितकर होता है। गङ्गाधर तो 'वर्चोभेदेऽहिते तु ते' ऐसा पाठ पढ़ता है। अर्थात् ये दोनों अतीसार में अहितकर होते हैं। अथवा 'वर्चोभेदहिते' को 'वर्चसः भेदाय हिते' ऐसा समास को खोलने से—मल लाने के लिए हितकर है—ऐसा अर्थ कर सकते हैं।

कूष्माण्डमुक्तं[1] सक्षारं मधुराम्लं तथा लघु ॥११०॥
सृष्टमूत्रपुरीषं च सर्वदोषनिबर्हणम् ।

पेठा—कूष्माण्ड (पेठा) क्षारयुक्त मधुर अम्ल तथा हलका होता है। मूत्र और मल को लानेवाला तथा सब दोषों (वात, पित्त कफ) का नाशक है ॥११०॥

केलूटं[2] च कदम्बं[3] च [4]नदीमाषकमैन्दुकम्[5] ॥१११॥
विशदं गुरु शीतं च समभिष्यन्दि चोच्यते ।

१—'कूष्माण्डं पक्वं' ग०। २—केलूटे हारीतवचनम्—'केलूटं स्वादु विटपं तत्कन्दः स्वादुशीतलः।' 'उदुम्बरभेदः' योगीन्द्रः। ३—'कदम्बं कचम्बिकां वदन्ति। स्वल्पकदम्बमित्यन्ये' चक्रः। ४—'नदीमाषकः उन्दीमाणवक इति ख्यातः' चक्रः।'वर्द्धमानकः' गङ्गाधरः। 'योगीन्द्रस्तु नन्दीमाषकम्' इति पठित्वा 'नन्दी तुण्डेरिका। माषकः वास्तुलः।' इति व्याचष्टे। ५—'ऐन्दुक निक्षारः' चक्रः। 'निखाड इति लोके' गङ्गाधरः।

केलूट, कदम्ब, नदीमाषक, ऐन्दुक; ये चारों विशद(पिच्छिल से विपरीत गुण), भारी शीतल तथा अत्यन्त अभिष्यन्दी होते हैं ॥१११॥

उत्पलानि कषायाणि पित्तरक्तहराणि च[1] ॥११२॥

कमलों के गुण—कमल, कषाय रस तथा रक्तपित्तनाशक होते हैं। इससे शीतलता तथा स्तम्भन गुण जानना चाहिये ॥११२॥

तथा तालप्रलम्बं च उरःक्षतरुजापहम्।
खर्जूरं तालशस्यं च रक्तपित्तक्षयापहम् ॥११३॥

तथा ताल के अंकुर—उरःक्षत रोग वा उरःक्षत की पीड़ा को नष्ट करते हैं। खजूर तथा तालशस्य (ताड़ का फल वा मस्तक-मज्जा) रक्तपित्त और क्षय के नाशक हैं ॥११३॥

तरूटबिसशालूकक्रौञ्चादनकशेरुकम्।
[2]शृङ्गाटमङ्कलोड्यं च गुरु विष्टम्भि शीतलम् ॥११४॥

तरूट (कह्लारकन्द—कुमुद का कन्द) शालूक (कमल आदि की जड़), क्रौञ्चादन (छोटा कसेरू), कशेरू (बड़ा कसेरू), शृङ्गाटक (सिंघाड़ा), अङ्कलोड्य (छोटे कमल का कन्द), ये भारी विष्टम्भी (पेट में गुड़गुड़, वेदना युक्त वायु को करने तथा मल को न आनेदेनेवाले) तथा शीतल होते हैं ॥११४॥

कुमुदोत्पलनालास्तु सपुष्पाः सफलाः स्मृताः।
शीताः स्वादुकषायास्तु कफमारुतकोपनाः ॥११५॥

कुमुद तथा नीलोत्पल के नाल, फूल और फल, शीतल, मधुरकषाय, कफ और वायु को कुपित करते हैं ॥११५॥

कषायमीषद्विष्टम्भि रक्तपित्तहरं स्मृतम्।
पौष्करं तु भवेद्बीज मधुरं रसपाकयोः ॥११६॥

पुष्करबीज (कमलबीज) थोड़ा कसैला, विष्टम्भी, रक्तपित्तनाशक तथा रस और विपाक में मधुर होता है। अर्थात् रस मधुर-कषाय, तथा विपाक मधुर होता है ॥

बल्यः शीतो गुरुः स्निग्धस्तर्पणो बृंहणात्मकः।
वातपित्तहरः स्वादुवृष्यो मुञ्जातकः स्मृतः ॥११७॥

मुञ्जातक (कन्द विशेष)—बलकारक, शीतल, भारी, स्निग्ध, तृप्तिकारक तथा बृंहण है। वात-पित्त को नष्ट करता है, मधुर एवं वृष्य माना गया है ॥११७॥

जीवनो बृंहणो वृष्यः कण्ठ्यः शस्तो रसायने।
विदारीकन्दो बल्यश्च मूत्रलः स्वादुशीतलः ॥११८॥

विदारीकन्द—जीवन (Vitality) को देनेवाला, बृंहण, वृष्य, कण्ठ्य (कण्ठ के लिए हितकर), रसायन, बलकारक, मूत्र लानेवाला, मधुर तथा शीतल होता है ॥

[3]अम्लीकायाः स्मृतः कन्दो ग्रहण्यर्शोहितो लघुः।
नात्युष्णः कफवातघ्नो ग्राही शस्तो मदात्यये ॥११९॥

अम्लीकाकन्द—यह ग्रहणी और अर्श के लिए हितकर है, हलका है। यह अत्यन्त उष्ण नहीं होता, कफ वात को नष्ट करता है, ग्राही (काबज) है तथा मदात्ययमें प्रशस्त माना गया है ॥११९॥

त्रिदोषं बद्धविण्मूत्रं सार्षपं शाकमुच्यते।
तद्वत्पिण्डालुकं विद्यात्कन्दत्वाच्च मुखप्रियम् ॥१२०॥

सरसों का शाक—त्रिदोषकारक, मल मूत्र को बाँधनेवाला अर्थात् मलबन्धकारक तथा मूत्र को अल्प मात्रा में उत्पन्न करनेवाला वा गाढ़ा करनेवाला होता है।

पिण्डालु—उसी प्रकार पिण्डालु (अरवी वा कचालू, घुइयाँ) त्रिदोषकारक तथा मलबन्धकारक तथा मूत्रबन्धकारक होता है। यह कन्द होने से खाने में प्रिय वा रुचिकर होता है ॥१२०॥

सर्पच्छत्राकवर्ज्यास्तु बह्वयोऽन्याश्छत्रजातयः।
शीताः पीनसकर्त्र्यश्च मधुरा गुर्व्य एव च।
चतुर्थः शाकवर्गोऽयं पत्रकन्दफलाश्रयः ॥१२१॥

सर्पच्छत्रक (सांप की छतरी वा पदबहेड़ा) को छोड़कर अन्य बहुत सी छत्रजाति के शाक होते हैं। यथा—खुम्भ, ढिंगरी, गुच्छी आदि। वे सब शीतल, प्रतिश्याय को करनेवाले, मधुर तथा भारी होते हैं।

यह चौथा पत्र, कन्द, तथा फल सम्बन्धी शाकवर्ग कह दिया है। इनके गुण भी सुश्रुत सू० ४६ अ० में देख लेने चाहिये। १२१।

इति शाकवर्गः।

अथ फलवर्गः।

तृष्णादाहज्वरश्वासरक्तपित्तक्षतक्षयान्।
वातपित्तमुदावर्तं स्वरभेदं मदात्ययम् ॥१२२॥
तिक्तास्यतामास्यशोषं कासं चाशु व्यपोहति।
मृद्वीका बृंहणी वृष्या मधुरा स्निग्धशीतला ॥१२३॥

फलवर्ग—मृद्वीका (अंगूर)—तृष्णा (प्यास), दाह, ज्वर; श्वास, रक्तपित्त, उरःक्षत, क्षय, वात, पित्त, उदावर्त, स्वरभेद, मदात्यय, मुख का तिक्त होना, मुख का सूखना, कास (खासी); इन्हें शीघ्र नष्ट करता है। यह बृंहण, वृष्य, मधुर, स्निग्ध तथा शीतल होता है। २५ वें अध्याय में पूर्व ही कह आये हैं कि फलों में अगूर श्रेष्ठतम है। अतः सबसे पूर्व उसी के गुण कहे हैं ॥

मधुरं बृंहणं वृष्यं खर्जूरं गुरु शीतलम्।
क्षयेऽभिघाते दाहे च वातपित्ते च तद्धितम् ॥१२४॥

खजूर—मधुर, बृंहण, वृष्य, भारी शीतल है। क्षय, चोट, दाह तथा वात-पित्त में हितकर होती है ॥१२४॥

तर्पणं बृंहणं फल्गु गुरु विष्टम्भि शीतलम्।
परूषकं मधूकं च वातपित्ते च शस्यते ॥१२५॥

फल्गु (काष्ठोदुम्बर—काठगुलरिया)—सन्तर्पण, बृंहण, भारी, विष्टम्भी तथा शीतल होता है।

परूषक (फालसा) और महुआ—वातपित्त में प्रशस्त है। यहाँ पर पूर्ण पक्व फालसा का ही यह गुण जानना चाहिये। सुश्रुत सू० ४६ अ० में कहा है—

'अत्यम्लमीषन्मधुरं कषायानुरसं लघु।
वातघ्नं पित्तजननमामं विद्यात्परूषकम् ॥
तदेव पक्वं मधुरं वातपित्तनिबर्हणम्॥
बृंहणीयमहृद्यं च मधूककुसुमं गुरु।
वातपित्तोपशमनं फलं तस्योपदिश्यते' ॥१२५॥

मधुरं बृंहणं बल्यमाम्रातं तर्पणं गुरु।
सस्नेहं श्लेष्मलं शीतं वृष्यं विष्टभ्य जीर्यति ॥१२६॥

---

[1]—अस्माच्छ्लोकादनन्तरं 'पौष्करं तु भवेद्बीजं रक्तपित्तक्षयापहम्।' इत्यधिकं पठ्यते ॥ [2]—'शृङ्गाटकं च गालोड्यं गुरु' इति पाठान्तरे गालोड्यं पद्मबीजम्।

[3]—'अम्लीका स्वल्पविटपा प्रायः कामरूपादौ भवति' चक्रः। 'अम्लार्द्रकस्य कन्दः' गङ्गाधरः।

आम्रातक (अम्बाड़ा)—मधुर, बृंहण, बलकारक, सन्तर्पण, भारी, ईषत्स्निग्ध, कफवर्धक, शीतल, वृष्य तथा विष्टम्भ (पेट में वेदना तथा गुड़गुड़ युक्त वायु का उत्पन्न होना) करके पचता है ॥१२६॥

तालशस्यानि सिद्धानि नारिकेलफलानि च ।
बृंहणस्निग्धशीतानि बल्यानि मधुराणि च ॥१२७॥

पके हुए ताड़ तथा नारियल के फल—बृंहण, स्निग्ध, शीतल, बलकारक तथा मधुर होते हैं ॥१२७॥

मधुराम्लकषायं च विष्टम्भि गुरु शीतलम् ।
पित्तश्लेष्मकरं भव्यं ग्राहि वक्त्रविशोधनम् ॥१२८॥

भव्य (कमरख)—रस में मधुर, अम्ल, कषाय, विष्टम्भी, भारी, शीतल, पित्त कफ को करनेवाला, ग्राही तथा मुख को साफ कर देता है ॥१२८॥

अम्लं परूषकं द्राक्षा बदराण्यारुकाणि च ।
पित्तश्लेष्मप्रकोपीणि कर्कन्धुलकुचान्यपि ॥१२९॥

खट्टा परूषक (फालसा, फरसा), खट्टे अंगूर, खट्टे बेर, खट्टा आलूबुखारा, खट्टा कर्कन्धु (झरबेरी के बेर), खट्टा बड़हल ; ये पित्तकफ को प्रकुपित करते हैं ॥१२९॥

नात्युष्णं गुरु संपक्वं स्वादुप्रायं मुखप्रियम् ।
[1]बृंहणं जीर्यति क्षिप्रं नातिदोषलमारुकम्[2] ॥१३०॥

पका हुआ आलूबुखारा—अति उष्ण नहीं होता, भारी, मधुरप्राय, खाने में स्वादु, बृंहण, शीघ्र पचजानेवाला, अतिदोषकर नहीं होता । १३०॥

द्विविधं शीतमुष्णं च मधुरं चाम्लमेव च ।
गुरु पारावतं ज्ञेयमरुच्यत्यग्निनाशनम् ॥१३१॥

पारावत—मधुर पारावत तथा अम्ल पारावत क्रमशः शीतवीर्य और उष्णवीर्य होते हैं । ये भारी, अरुचिनाशक तथा अत्यग्नि (अतितीक्ष्ण जठराग्नि) नाशक हैं ॥१३१॥

भव्यादल्पान्तरगुणं काश्मर्यफलमुच्यते ।
तथैवाल्पान्तरगुणं तूदमम्लं परूषकात् ॥१३२॥

गम्भारीफल—इसके गुणों में भव्य (कमरख) से अल्प ही अन्तर होता है ।

खट्टे तूत—वैसे ही परूषक फालसा) से खट्टे तूतों के गुणों में थोड़ा ही भेद होता है ॥१३२॥

कषायमधुरं टङ्कं वातलं गुरु शीतलम् ।

(नासपाती, बटङ्क) कसैला मधुर, वातवर्धक, भारी तथा शीतल होता है ।

[3]कपित्थं विषकण्ठघ्नमामं सङ्ग्राहि वातलम् ॥१३३॥
मधुराम्लकषायत्वात्सौगन्ध्याच्च रुचिप्रदम् ।
तदेव पक्वं दोषघ्नं विषघ्नं ग्राहि गुर्वपि ॥१३४॥

कैथ—कच्चा कैथ विषनाशक, स्वरनाशक ग्राही, शीतल होता है । मधुर, अम्ल तथा कषायरसयुक्त तथा सुगन्धियुक्त होने से रुचि को उत्पन्न करता है । वही पका हुआ दोष (वातकफ) को नष्ट करनेवाला, विषनाशक, ग्राही तथा भारी होता है । सुश्रुत सू० ४६ अ० में कहा है—

'आमं कपित्थमस्वर्यं कफघ्नं ग्राहि वातलम् ।
कफानिलहरं पक्वं मधुराम्लरसं गुरु ।
श्वासकासारुचिहरं तृष्णाघ्नं कण्ठशोधनम्' ॥१३३-१३४॥

बिल्वं तु दुर्जरं सिद्धं दोषलं पूतिमारुतम् ।
स्निग्धोष्णतीक्ष्णं तद्बालं दीपनं कफवातजित् ॥१३५॥

बेल—पका हुआ बिल्व (बेल) फल, कठिनता से पचनेवाला, दोषवर्धक तथा दुर्गन्धियुक्त मलवात को उत्पन्न करता है । वही छोटा (कच्चा), स्निग्ध, गरम तथा तीक्ष्ण होता है । अग्नि को दीप्त करता है, कफवात को जीतता है ॥१३५॥

[1]वातपित्तकरं बालमापूर्णं पित्तवर्धनम् ।
पक्वमाम्रं जयेद्वायुं मांसशुक्रबलप्रदम् ॥१३६॥

आम—छोटा कच्चा आम वात पित्त को करता है, आपूर्ण (जब गुठली बन जाती है परन्तु कच्चा होता है) आम पित्त को बढ़ाता है । पका हुआ आम वायु को जीतता है और मांस, वीर्य तथा बल को देता है ॥१३६॥

कषायमधुरप्रायं गुरु विष्टम्भि शीतलम् ।
जाम्बवं कफपित्तघ्नं ग्राहि वातकरं परम् ॥१३७॥

जामुन—अधिकतर कषाय मधुर, गुरु, विष्टम्भी, शीतल, कफपित्तनाशक, ग्राही तथा अत्यन्त वायुकारक है ॥१३७॥

मधुरं बदरं स्निग्धं भेदनं वातपित्तजित् ।
तच्छुष्कं कफवातघ्नं पित्ते न च विरुध्यते ॥१३८॥

मीठा बेर—रस में मधुर, स्निग्ध, भेदन (मल लानेवाला), वातपित्त को जीतनेवाला होता है । वही सूखा हुआ कफवातनाशक है, परन्तु पित्त में विरोधी नहीं अर्थात् पित्त को भी बढ़ाता नहीं ॥१३८॥

कषायमधुरं शीतं ग्राहि सिञ्चितिकाफलम् ।

सिञ्चितिका फल (सेव)—कषायमधुर, शीतल, ग्राही होता है ।

गांगेरुकं करीरं च बिम्बीतोदनधन्वनम् ॥१३९॥
मधुरं सकषायं च शीतं पित्तकफापहम् ।

गाङ्गेरुक (नागबला–गंगेरन का फल)—करीर, बिम्बी, तोदन, धन्वन (धावन); ये फल मधुर, किञ्चित्कषाय, शीतल, पित्तकफनाशक होते हैं ॥१३९॥

सम्पक्वं पनसं मोचं राजादनफलानि च ॥१४०॥
स्वादूनि सकषायाणि स्निग्धशीतगुरूणि च ।

पका हुआ कटहर, केला, खिरनी ; इनके फल मधुर किञ्चित्कषाय, स्निग्ध तथा भारी होते हैं ॥१४०॥

कषायविशदत्वाच्च सौगन्ध्याच्च रुचिप्रदम् ॥१४१॥
अवदंशक्षमं [2]हृद्यं वातलं [3]लवलीफलम् ।

लवलीफल (हरफारेवड़ी), कषायरस तथा विशद (जो पिच्छिल न हो) होने से और सुगन्धि युक्त होने से रुचि को देता है । चटनी के योग्य है । रूखा एवं वातवर्धक होता है ॥१४१॥

नीपं [4]सभार्गकं पीलुतृणशून्यं विकङ्कतम् ॥१४२॥
प्राचीनामलकं चैव दोषघ्नं गरहारि च ।

नीप (कदम्ब), भार्गीफल, पीलु, तृणशून्य (केवड़े का फल), विकङ्कत (बं० बुंइच), प्राचीनामलक (पानीयामलक), ये दोषनाशक तथा गर (संयोगजविष) को हरते हैं ॥१४२॥

१—'सबृंहणं शीघ्रजरं' ग० । २—'आरुकं आलुबोखारा इति गङ्गाधरः' । ३—'कपित्थमामं कण्ठघ्नं विषघ्नं ग्राहि शीतलम्' ग० ।

१—'रक्तपित्तकरं' ग० । २—'हृद्यं' ग० । ३—'घनस्निग्धा हरितांशुः प्रपुन्नाटसदृक्छदा । सुगन्धिमूला लवली पाण्डुकोमलवल्कला ॥' ४—'शतारुकं' ग० ।

ऐङ्गुदं तिक्तमधुरं स्निग्धोष्णं कफवातजित् ॥१४३॥

इङ्गुदी का फल—तिक्तमधुर, स्निग्ध, उष्ण, कफ तथा वात को जीतने वाला है ॥१४३॥

तिन्दुकं कफपित्तघ्नं कषायमधुरं लघु ।

तिन्दुक (तेन्दू) फल—कफपित्तनाशक, रस में कषायमधुर तथा लघु होता है ॥

विद्यादामलके सर्वान् रसांल्लवणवर्जितान् ॥१४४॥

स्वेदमेदःकफोत्क्लेदपित्तरोगविनाशनम् ।

रूक्षं स्वादु कषायाम्लं कफपित्तहरं परम् ॥१४५॥

आँवला—आँवले में लवण रस को छोड़ कर शेष पाँचों रस जानने चाहियें। स्वेद (पसीना), मेद, कफ, उत्क्लेद (गीलापन) तथा पित्त के रोगों को नष्ट करता है। यह रूक्ष, मधुर, कसैला तथा खट्टा होता है। यह उत्कृष्ट कफपित्तनाशक है। यह वस्तुतः त्रिदोषनाशक है; परन्तु कफपित्त का अत्यधिक शत्रु है! सुश्रुत सू० ४६ अ० में आमलक के गुण बताते हुए कहा है—

'हन्ति वातं तदम्लत्वात्पित्तं माधुर्यशैत्यतः ।
कफं रूक्षकषायत्वात्फलेभ्योऽभ्यधिकं ततः ॥'

पाँचों रसों के होने का निर्देश करते हुए भी जो मधुरकषाय अम्ल पुनः कहा है, वह इन रसों की अधिकता को जताता है॥ ४४, १४५॥

रसासृङ्मांसमेदोजान्दोषान् हन्ति बिभीतकम् ।

बहेड़ा—रस, रक्त, मांस तथा मेद से उत्पन्न होनेवाले दोषों को नष्ट करता है।

अम्लं कषायमधुरं वातघ्नं ग्राहि दीपनम् ॥१४६॥

स्निग्धोष्णं दाडिमं हृद्यं कफपित्ताविरोधि च ।

रूक्षाम्लं दाडिमं यत्तु तत्पित्तानिलकोपनम् ॥१४७॥

मधुरं पित्तनुत्तेषां तद्धि दाडिममुत्तमम् ।

अनार—जो खट्टा, कसैला तथा मीठा होता है। वह वातनाशक, ग्राही तथा अग्नि को दीप्त करता है। स्निग्ध, गरम, हृदय के लिए हितकर वा रुचिकर होता है। कफपित्त का विरोधी नहीं अर्थात् न कफपित्त को नष्ट करता है, न उत्पन्न करता है। जो अनार केवल खट्टा होता है वह रूक्ष तथा वात को कुपित करता है। मीठा अनार पित्त को नष्ट करता है। वह अनार ही सब से श्रेष्ठ है ॥१४६, १४७॥

वृक्षाम्लं ग्राहि रूक्षोष्णं वातश्लेष्मणि शस्यते ॥१४८॥

वृक्षाम्ल (तिन्तिडीक, विषांबिल) ग्राही, रूक्ष, गरम होता है। यह वातकफ में प्रशस्त माना गया है ॥१४८॥

अम्लिकायाः फलं पक्वं तस्मादल्पान्तरं गुणैः ।

गुणैस्तैरेव संयुक्तं भेदनं त्वम्लवेतसम् ॥१४९॥

इमली का पका हुआ फल—इसके गुणों में वृक्षाम्ल के गुण से अल्प ही भेद है।

अम्लवेतस—में भी वे ही गुण होते हैं। अन्तर इतना ही है कि यह भेदन (मल को लानेवाला) है ॥

शूलेऽरुचौ विबन्धे च मन्देऽग्नौ मद्यविप्लवे ।
हिक्काकासे च श्वासे च वम्यां वर्चोगदेषु च ॥१५०॥
वातश्लेष्मसमुत्थेषु सर्वेष्वेतेषु दिश्यते ।
केशरं मातुलुङ्गस्य लघु शीतमथोऽन्यथा ॥१५१॥
गुर्वी त्वगस्य कटुका मारुतस्य च नाशिनी ।

मातुलुङ्ग—वात कफ से उत्पन्न शूल, अरुचि, मलबन्ध, मन्दाग्नि, मद्यविप्लव (अत्यधिक मद्य के पीने से उत्पन्न होनेवाले उपद्रव), हिचकी, खांसी, श्वास, कै, मल के रोग; इन सब में मातुलुङ्ग (बिजौरे) का केसर (फल के बीज में जो केसरवत् भाग होता है) दिया जाता है। केसर लघु होता है और शेष भाग गुरु (भारी) होते हैं। इसकी त्वचा गुरु, कटु रस तथा वायुनाशक होती है ॥१५०, १५१॥

रोचनो दीपनो हृद्यः सुगन्धिस्त्वग्विवर्जितः ॥१५२॥

कर्चूरः[1] कफवातघ्नः श्वासहिक्कार्शसां हितः ।

कचूर—त्वचा रहित कचूर रुचिकर, दीपन, हृदय के लिए हितकर, सुगन्धि, कफ-वातनाशक तथा श्वास, हिचकी एवं अर्श के लिए हितकर है ॥१५२॥

मधुरं किंचिदम्लं च हृद्यं भक्तप्ररोचनम्[2] ॥१५३॥

दुर्जरं वातशमनं नागरङ्गफलं गुरु ।

नागरङ्ग (नारङ्गी, सन्तरा)—सुगन्धि, मधुर, थोड़ा अम्ल, हृद्य (रुचिकर), भोजन में स्वादिष्ट करनेवाला, दुर्जर (दुष्पच), वात को शान्त करनेवाला तथा गुरु होता है ॥१५३॥

[3]वातामाभिषुकाक्षोटमकूलकनिकोचकाः[4] ॥१५४॥

गुरूष्णस्निग्धमधुराः सोरुमाणा[5] बलप्रदाः ।

वातघ्ना बृंहणा वृष्याः कफपित्ताभिवर्धनाः ॥१५५॥

बादाम, अभिषुक (पिस्ता), अखरोट, मुकूलक (खाजा ?), स्निग्ध, मधुर, बलप्रद, वातनाशक, बृंहण, वृष्य, कफपित्त को निकोचक (Chest nut ?), उरुमाण (खुमानी ?) गुरु, गरम, स्निग्ध, मधुर, बलप्रद, वातनाशक, बृंहण, वृष्य, कफपित्त को बढ़ानेवाले हैं ॥१५५॥

पियालमेषां सदृशं विद्यादौष्ण्यं विना गुणैः ।

श्लेष्मणं मधुरं शीतं श्लेष्मातकफलं गुरुः ॥१५६॥

पियाल (चिरौंजी)—उष्णता गुण को छोड़कर शेष गुण बादाम आदि के सदृश जानें। अर्थात् यह शीतल होता है।

श्लेष्मातक (लसूडा)—कफवर्धक, मधुर शीतल तथा भारी होता है ॥१५६॥

श्लेष्मलं गुरु विष्टम्भि[6] चाङ्कोटफलमग्निजित् ।

गुरूष्णं मधुरं रूक्षं केशघ्नं च शमीफलम् ॥१५७॥

अङ्कोटफल—कफवर्धक, गुरु, विष्टम्भी तथा अग्नि को जीतता है।

शमीफल (जण्डी की फलियाँ)—भारी, गरम, मधुर, रूक्ष, केशनाशक होता है ॥१५७॥

विष्टम्भयति कारञ्जं पित्तश्लेष्माविरोधि च ।

करञ्जफल—विष्टम्भ करता है। पेट में गुड़गुड़ तथा वेदना करके मल को नहीं आने देता। पित्त और कफ का विरोधी नहीं।

आम्रातकं दन्तशठमम्लं सकरमर्दकम् ॥१५८॥

रक्तपित्तकरं विद्यादैरावतकमेव च ।

१—'एकाङ्गी मांस वणिग्द्रव्यम्' वै० श० सि०। 'द्राविडक' हरिद्राभः पीतशटीति ख्यातः' योगीन्द्रः। २—'सुगन्धिमधुरः साम्लं विशद भक्तरोचनम्' ग०। ३—'मकूलको दन्तो' इति रा० नि०। ४—'निकोचकः अङ्कोठः' इति रा० नि०। ५—'उरुमाणः फलशाकविशेषे। मायीफल इति पाश्चात्यभाषा०' वै० श० सि० ६—'विस्रसि' च०।

अम्ब्याड़ा, दन्तशठ (गलगल), करौंदा, ऐरावतक (छोटी खट्टी नारंगी), खट्ट तथा रक्तपित्त को करते हैं ॥१५८॥

वातघ्नं दीपनं चैव वार्ताकं[1] कटु तिक्तकम् ॥१५९॥

[1] वार्ताक (बैंगन अथवा फल विशेष)—वातनाशक, अग्निदीपक, कटु तिक्त होता है ॥१५९॥

वातलं कफपित्तघ्नं विद्यात्पर्कटकीफलम् ।
पित्तश्लेष्मघ्नमम्लं च वातलं चाक्षिकीफलम् ॥१६०॥

पर्कटकीफल (पाकर)—वातवर्धक, कफपित्तनाशक होता है।

आक्षिकीफल (आक्षिकी नामक लता विशेष का फल)—पित्तकफनाशक, खट्टा तथा वातवर्धक होता है ॥१६०॥

[2]मधुराण्यनुपाकीनि वातपित्तहराणि च ।
अश्वत्थोदुम्बरप्लक्षन्यग्रोधानां फलानि च ॥१६१॥
कषायमधुराम्लानि वातलानि गुरूणि च ।

अनुपाकी—मधुर तथा वातपित्तहर है।

अश्वत्थ (पीपल), उदुम्बर (गूलर), प्लक्ष (पिलखन), न्यग्रोध (बरगद); इनके फल कषाय मधुर अम्ल, वातवर्धक, गुरु होते हैं ॥१६१॥

भल्लातकास्थ्यग्निसमं त्वङ्मांसं स्वादु शीतलम् ।
पञ्चमः फलवर्गोऽयमुक्तः प्रायोपयोगिकः ॥१६२॥

भिलावा—भिलावे की गुठली अग्नि के समान तीक्ष्ण होती है। त्वचा तथा गूदा मधुर एवं शीतल होता है।

गङ्गाधर तो—'मधुराण्यम्लपाकीनि पित्तश्लेष्महराणि च ।
अश्वत्थोडुम्बरप्लक्षन्यग्रोधानां फलानि च ॥१६१॥
कषायमधुराम्लानि वातलानि गुरूणि च ।
भल्लातकान्यग्निसमं त्वङ्मांसं स्वादुशीतलम् ॥'
इस प्रकार पढ़ता है।

पीपल इत्यादि के फल मधुर, विपाक में अम्ल तथा पित्तकफनाशक होते हैं। भिलावे (पके हुए) कषाय मधुर अम्ल, वातवर्धक तथा गुरु होते हैं। उनके फलों की त्वचा में स्थित गूदा, स्पर्श में अग्नि के समान दाहकर, मधुर तथा वीर्य में शीतल होता है। यह गंगाधर की व्याख्या का भावार्थ है।

यह प्रायः उपयोग में आनेवाले फलों का पाँचवाँ वर्ग कहा गया है ॥१६२॥

इति फलवर्गः ।

अथ हरितवर्गः ।

रोचनं दीपनं वृष्यमार्द्रकं विश्वभेषजम् ।
वातश्लेष्मविबन्धेषु रसस्तस्योपदिश्यते ॥१६३॥

हरितवर्ग—अदरक—रुचिकर, अग्निदीपक, वृष्य होती है। इसका रस वातकफजन्य विबन्ध (मलबन्ध, वायु का रुकना आदि) में प्रयुक्त होता है। अथवा वात में कफ में तथा विबन्ध में प्रयोग कराया जाता है। यहाँ पर 'आर्द्रकं', 'विश्वभेषजम्' का विशेषण है। सोंठ का गुण आहारसंयोगिवर्ग में कहा जायगा ॥१६३॥

१—'वार्ताकं दक्षिणापथे फलवत् खाद्यते यद्गोष्ठवार्त्ताकसंज्ञकं, तस्येह गुणः। किंवा फलवदसिद्धस्यैव वार्ताकस्योपयोज्यस्यायं गुणः' ॥

२—'अनुपाकि अमृता इति ख्यातः' चक्रः।

रोचनो दीपनस्तीक्ष्णः सुगन्धिर्मुखबोधन[1] ।
जम्बीरः[2] कफवातघ्नः क्रिमिघ्नो भुक्तपाचनः ॥१६४॥

जम्बीर (पुदीना ? वा तुलसीभेद)—रुचिकर, अग्निदीपक, तीक्ष्ण, सुगन्धि, मुख को जगानेवाला, कफवातनाशक, क्रमिनाशक, खाये हुए को पचानेवाला होता है ॥१६४॥

बालं दोषहरं, वृद्धं त्रिदोषं, मारुतापहम् ।
स्निग्धसिद्धं, विशुष्कं तु मूलकं कफवातजित् ॥१६५॥

मूली—कच्ची मूली दोषनाशक होती है। पकी हुई त्रिदोषकारक होती है। घी आदि स्नेह में भर्जित और स्विन्न की हुई अर्थात् इसकी भाजी बनायी हुई वायुनाशक है। सूखी मूली कफवात को जीतती है ॥१६५॥

हिक्काकासविषश्वासपार्श्वशूलविनाशनः ।
पित्तकृत्कफवातघ्नः सुरसः पूतिगन्धहा ॥१६६॥

सुरस (तुलसी)—हिचकी, खाँसी, विष, श्वास, पार्श्वशूल को नष्ट करती है। पित्तकारक, कफवात को नष्ट करनेवाली दुर्गन्धि को नष्ट करती है ॥१६६॥

यवानी चार्जकश्चैव शिग्रु शालेयमृष्टकम् ।
हृद्यान्यास्वादनीयानि पित्तमुत्क्लेशयन्ति च ॥१६७॥

अजवाइन, अर्जक (श्वेत तुलसी), सहिजन, शालेय (चाणक्यमूल), राई; ये रुचिकर वा हृदय के लिए हितकर, स्वादिष्ट होते हैं तथा पित्त का उत्क्लेश करते हैं, यहाँ ताजे गीले अजवाइन आदि के गुण कहे हैं ॥१६७॥

गण्डीरो जलपिप्पल्यस्तुम्बुरुः शृङ्गवेरिका[3] ।
तीक्ष्णोष्णकटुरूक्षाणि कफवातहराणि च ॥१६८॥

गण्डीर[4] जलपिप्पली, तुम्बुरु (नेपाली धनियाँ), शृंगवेरी[5] (अदरख सदृश आकृतिवाली), तीक्ष्ण, उष्ण, कटु, रूक्ष, कफवात नाशक है ॥१६८॥

पुंस्त्वघ्नः कटुरूक्षोष्णो भूतृणो[6] वक्त्रशोधनः ।
खराश्वा[7] कफवातघ्नी बस्तिरोगरुजापहा ॥१६९॥

भूतृण (गन्धतृण)—पुंस्त्वनाशक, कटु, रूक्ष, गरम तथा रक्तशोधक है।

खराश्वा (पारसीकयमानी)—कफवातनाशक; बस्ति के रोग तथा शूल को नष्ट करती है। चक्रपाणि 'खराह्वा' से काले जीरे का ग्रहण करता है ॥१६९॥

धान्यकं चाजगन्धा च सुमुखश्चेति रोचनाः ।
सुगन्धा नातिकटुका दोषानुत्क्लेशयन्ति च ॥१७०॥

धनियाँ, अजमोदा सुमुख (तुलसीभेद); ये रुचिकर, सुगन्धि देनेवाले हैं। ये अतिकटु नहीं होते और दोषों को बढ़ाते हैं। यहाँ ताजे गीले धनियाँ आदि के गुण कहे हैं ॥१७०॥

१—'०शोधनः' च। २—'जम्बीरः पर्णासभेदः' चक्रः। ३—'जलपिप्पली गण्डीरः शृंगवेयथ तुम्बुरु' ग०। ४—'गण्डीरो द्विविधो रक्तः शुक्लश्च, तत्र यो रक्तः स कटुत्वेन हरितवर्गे पठ्यन्ते। यस्तु शुक्लो जलजः स शाकवर्गे पठितः इति नैकस्य वर्गद्वये पाठः।' चक्रः। ५—शृंगवेरी गोजिह्विका, किंवा शृंगवेरी आर्द्रकाकृतिः, यदुक्तं-शृंगवेरवदाकृत्या शृंगवेरीति भाषिता। कुस्तुम्बुरुसमाकृत्या तुम्बुरूणि वदन्ति च ॥ ६—'भूतृणो गन्धतृणः' गङ्गाधरः। ७—'खराश्वा पारसीययवानी' गङ्गाधरः।

ग्राही [1]गृञ्जनकस्तीक्ष्णो वातश्लेष्मार्शसां हितः ।
स्वेदनेऽभ्यवहार्ये च योजयेत्तमपित्तिनाम् ॥१७१॥

गृञ्जनक (गाजर)—ग्राही, तीक्ष्ण, वातकफज अर्श के लिए हितकर है । जिनकी पैत्तिक प्रकृति नहीं वा पैत्तिक रोग नहीं उन्हें ही प्रयोग कराना चाहिये । यह स्वेदन (पसीना लाने) में और भोजनार्थ प्रयोग होता है ॥१७१॥

श्लेष्मलो मारुतघ्नश्च पलाण्डुर्न च पित्तनुत् ।
आहारयोगी बल्यश्च गुरुर्वृष्योऽथ रोचनः ॥१७२॥

पलाण्डु (प्याज)—कफवर्धक, वायुनाशक होता है, परन्तु पित्त को हरता नहीं । आहार के संस्कार में प्रयुक्त होने वाला, बलकारक भारी, वृष्य तथा रुचिकर होता है ॥१७२॥

क्रिमिकुष्ठकिलासघ्नो वातघ्नो गुल्मनाशनः ।
स्निग्धश्चोष्णश्च वृष्यश्च लशुनः कटुको गुरुः ॥१७३॥

लशुन (लहसन)—क्रमि, कुष्ठ, किलास (श्वित्र) को नष्ट करनेवाला, वातहर, गुल्मनाशक, स्निग्ध, गरम, वृष्य तथा रस में कटु होता है ॥१७३॥

शुष्काणि कफवातघ्नान्येतान्येषां फलानि च ।
हरितानामयं चैषां षष्ठो वर्गः समाप्यते ॥१७४॥

ये शुष्क हरितवर्गोक्त अदरक आदि तथा इनके फल कफवातनाशक होते हैं ।

इस हरितवर्ग के द्रव्यों के गुण सुश्रुत सू० ४६ अ० में भी देख लेने चाहिये ।

यह हरितों का छठा वर्ग समाप्त होता है ॥१७४॥

इति हरितवर्गः ।

अथ मद्यवर्गः ।

प्रकृत्या मद्यमम्लोष्णमम्लं चोक्तं विपाकतः ।
सर्वं सामान्यतस्तस्य विशेष उपदेक्ष्यते ॥१७५॥

मद्यवर्ग—सब ही मद्य–साधारणतया स्वभावतः ही अम्ल, गरम तथा विपाक में अम्ल होती हैं । इन मद्यों में से भिन्न भिन्न मद्यों के विशेष गुण आदि का पृथक् २ उपदेश किया जायगा ॥१७५॥

कृशानां सक्तमूत्राणां ग्रहण्यर्शोविकारिणाम् ।
सुरा प्रशस्ता वातघ्नी स्तन्यरक्तक्षयेषु च ॥१७६॥

सुरा—कृश (पतले), मूत्रसंग (जिनका मूत्र रुक गया हो), ग्रहणी तथा अर्श के रोगियों के लिये सुरा श्रेष्ठ है । यह वात को नष्ट करती है । दूध तथा रक्त की क्षीणता में भी प्रशस्त है ॥१७६॥

हिक्काश्वासप्रतिश्यायकासवर्चोग्रहारुचौ ।
वम्यानाहविबन्धेषु वातघ्नी-मदिरा हिता ॥१७७॥

मदिरा (सुरा का उपरितन स्वच्छ भाग)—हिचकी, श्वास, प्रतिश्याय (जुकाम) , कास (खाँसी), वर्चोग्रह (मल का रुकना) अरुचि, कै, आनाह, विबन्ध (मलवात का बाहर न निकलना), इनमें हितकर है । यह वातनाशक है ॥१७७॥

शूलप्रवाहिकाटोपकफवातार्शसां हितः ।
जगलो ग्राहिरूक्षोष्णः शोफघ्नो भुक्तपाचनः ॥१७८॥

जगल (मद्य का नीचे का भाग अथवा भात के किण्व —सुराबीज से तय्यार की हुई सुरा)—शूल, प्रवाहिका (मरोड़), आटोप (पेट का वायु से तन जाना), कफवातज अर्श के लिए हितकर है । यह ग्राही, रूक्ष, गरम, शोथनाशक, भोजन को पचानेवाला है ॥१७८॥

शोफार्शोग्रहणीदोषपाण्डुरोगारुचिज्वरान् ।
हन्त्यरिष्टः कफकृतान् रोगान्[1] रोचनदीपनः ॥१७९॥

अरिष्ट—शोथ, अर्श, ग्रहणीरोग, पाण्डु, अरुचि, ज्वर आदि कफज रोगों को नष्ट करता है, रुचिकर है, अग्नि को दीप्त करता है ॥१७९॥

मुखप्रियः सुखमदः सुगन्धिर्बस्तिरोगनुत् ।
जरणीयः परिणतो हृद्यो वर्ण्यश्च शार्करः ॥१८०॥

शार्कर (खांड से तय्यार की हुई मद्य)—मुख को प्रिय, हलकी मादकता देनेवाली, सुगन्धि तथा बस्ति के रोगों को नष्ट करती है । अन्न आदि को पचानेवाली, जब पच जाती है तब हृदय तथा वर्ण के लिए हितकर होती है ॥१८०॥

रोचनो दीपनो हृद्यः शोषशोफार्शसां हितः ।
स्नेहश्लेष्मविकारघ्नो वर्ण्यः पक्वरसो मतः ॥१८१॥

पक्वरस (ईख के रस को पकाकर तय्यार की हुई मद्य)—रुचिकर, अग्नि दीपक, हृद्य (रुचिकर व हृदय के लिए हितकर), शोष, शोथ तथा अर्श के रोगियों के लिए हितकर है । स्नेह (घी आदि) के अधिक सेवन से उत्पन्न होनेवाले विकारों तथा कफ के विकारों को नष्ट करती है । वर्ण के लिये हितकर है ॥१८१॥

जरणीयो विबन्धघ्नः स्वरवर्णविशोधनः ।
कर्षणः शीतरसिको हितः शोफोदरार्शसाम् ॥१८२॥

शीतरसिक (बिना पकाये ईख के रस से सन्धित मद्य)—पाचक, विबन्धनाशक, स्वर तथा वर्ण को शुद्ध करनेवाला, कर्षक (शरीर को कृश करनेवाला), शोथ, उदर तथा अर्श के रोगियों के लिए हितकर है ॥१८२॥

सृष्टभिन्नशकृद्वातो[2] गौडस्तर्पणदीपनः ।
पाण्डुरोगव्रणहिता दीपनी [3]चाक्षिकी मता ॥१८३॥

गौड़ (गुड़ की मद्य)—मल तथा अपानवायु को बाहिर निकालनेवाली, सन्तर्पण, अग्नि को दीप्त करनेवाली होती है ।

बहेड़े की मद्य—बहेड़े से तय्यार की हुई मद्य पाण्डुरोग तथा व्रण के लिए हितकर है, अग्नि को दीप्त करती है ॥१८३॥

सुरासवस्तीव्रमदो वातघ्नो वदनप्रियः ।
छेदी मध्वासवस्तीक्ष्णो मैरेयो मधुरो गुरुः ॥१८४॥

सुरासव (Tincturds) जहाँ पर जल की जगह सुरा सन्धान कार्य किया जाय)—तीव्र मादकता को उत्पन्न करनेवाले वायुनाशक तथा मुख को प्रिय होता है ।

मध्वासव—महुए के फूल, धाय के फूल तथा मधु से तय्यार किया हुआ अथवा मधु से प्रस्तुत आसव—छेदी (कफ आदि का छेदन करनेवाला) तथा तीक्ष्ण होता है । डल्हण के अनुसार मधु और गुड़ से तय्यार किये हुए आसव को मध्वासव कहते हैं ।

१–'गृञ्जनकः स्वल्पनालपत्रः पलाण्डुरेव' चक्रः ।

१–'रोचनपाचनः' ग. ।
२–'०सृष्टामूत्रशकृद्०' ।
३–'आक्षिकी बिभीतककृता सुरा ।'

मैरेय—तीक्ष्ण, मधुर तथा गुरु होती है। वृद्धशौनक ने मैरेय का लक्षण किया है—

'आसवस्य सुरायाश्च द्वयोरेकत्र भाजने।
सन्धानं तद्विजानीयान्मैरेयमुभयाश्रयम् ॥'

अर्थात् आसव और सुरा को मिलाकर एक पात्र में सन्धान करने से प्रस्तुत मद्य को मैरेय कहते हैं। सूत्रस्था० २५ अ० श्लो० ४९ में आसवयोनियों को बताते हुए मैरेय विषयक अन्य मतभेद बताये गये हैं ॥१८४॥

धातक्यभिषुतो हृद्यो रूक्षो रोचनदीपनः।
माध्वीकवन्न चात्युष्णो मृद्वीकेक्षुरसासवः ॥१८५॥

धातकीपुष्पासव—धाय के फूल से तय्यार किया हुआ आसव हृद्य, रूक्ष, रुचिकर तथा अग्निदीपक होता है।

अंगूर वा ईख के रस में तय्यार किया हुआ आसव माध्वीक (मध्वासव) के सदृश होता है, परन्तु उष्णता में उसके समान अत्यन्त उष्ण नहीं होता। अथवा 'माध्वीक' से आगे कहे जाने वाले, 'मधु' का ग्रहण करना चाहिये। जैसे वह अत्यन्त उष्ण नहीं वैसे ही इसे भी जानना चाहिये।

अथवा अंगूर और ईख के रस को एकत्र मिलाकर तय्यार किया हुआ आसव माध्वीक (मार्द्वीक-अंगूर से तय्यार की हुई मद्य) के सदृश ही होता है। यह अत्यन्त उष्ण नहीं होता ॥१८५॥

रोचनं दीपनं हृद्यं बल्यं पित्ताविरोधि च।
विबन्धघ्नं कफघ्नं च [1]मधु लघ्वल्पमारुतम् ॥१८६॥

मधु—मधुप्रधान आसव रुचिकर, अग्निदीपक, हृदय के लिए हितकर, बलकारक होता है। यह पित्त का विरोधी नहीं इससे यह ज्ञात होता है कि यह पित्त को अत्यधिक बढ़ाता नहीं। विबन्ध (वायु आदि के पेट में रुक जाने) को हटाता है। कफनाशक, लघु तथा थोड़ा सा वायु को उत्पन्न करनेवाला है।

'द्राक्षासवो मधुसमः' ऐसा अष्टाङ्गसंग्रह के वचन के अनुसार द्राक्षासव (अंगूर का आसव) के भी ये ही गुण जानने चाहिये। अन्य तो अंगूर से प्रस्तुत आसव के ही गुण है—ऐसा कहते हैं। 'द्राक्षासवो मधुसमः' में मधु का अर्थ शहद करते हैं और कहते हैं कि चूँकि द्राक्षासव मधु-शहद के सदृश होता है। अतः द्राक्षासव को ही 'मधु' कह दिया है ॥१८६॥

सुरा समण्डा रूक्षोष्णा यवानां वातपित्तला।
गुर्वी जीर्यति विष्टभ्यः श्लेष्मला तु [2]मधूलिका ॥१८७॥

मण्ड युक्त जौ की मद्य—रूक्ष तथा गरम होती है, वात और पित्त को बढ़ाती है। भारी होती है। पेट में विष्टम्भ करके पचती है। सुश्रुत सू० ४५ अ० में भी—

'पित्तलाल्पकफा रूक्षा यवैर्वातप्रकोपणी।
विष्टम्भिनी सुरा गुर्वी'

मधूलिका—कफवर्धक होती है।

'मद्यं सर्वमसञ्जातं मधूलक इति स्मृतः।

अर्थात् सम्पूर्ण मद्य जिनका अभी पूर्ण अवसेचन न हुआ हो मधूलक कहाती हैं। डल्हण मधूलिका से एक प्रकार के छोटे गेहूँ का ग्रहण करता है, उससे तय्यार की हुई मद्य का नाम भी मधूलिका है-ऐसा कहता है। जेज्जट महुए के फूल से सन्धित, परन्तु जिसका अभी पूर्ण अवसेचन न हुआ हो, उसे मधूलक कहता है ॥१८७॥

दीपनं जरणीयं च हृत्पाण्डुक्रिमिरोगनुत्।
ग्रहण्यर्शोहितं भेदि सौवीरकतुषोदकम् ॥१८८॥

सौवीरक और तुषोदक—ये दीपन, पाचन, हृदय के रोग, पाण्डुरोग तथा कृमिरोग को नष्ट करते हैं। ग्रहणी और अर्श के लिए हितकर हैं। मल का भेदन करते हैं। कच्चे वा पकाये हुए निष्तुष जौ वा गेहूँ से तय्यार की हुई काँजी को सौवीर कहते हैं। कच्चे सतुष जौ से तैयार की गयी कांजी को तुषोदक कहते हैं॥

दाहज्वरापहं स्पर्शात्पानाद्वातकफापहम्।
विबन्धघ्नमविस्रंसि दीपनं चाम्लकाञ्जिकम् ॥१८९॥

अम्लकाञ्जिक—स्पर्श द्वारा दाह और ज्वर को नष्ट करता है। पीने से वात कफ को नष्ट करता है। विबन्धनाशक है। मल को लानेवाला (laxative) तथा दीपक है।

'आशुधान्यं क्षोदितञ्च बालमूलन्तु खण्डशः।
कृतं प्रस्थमितं पात्रे जलं तत्राढकं क्षिपेत् ॥
तावत्सन्धाय संरक्षेद्यावदम्लत्वमागतम्।
काञ्जिकं तत्तु विज्ञेयमेतत्सर्वत्र पूजितम् ॥'

पात्र में सतुष धान्य को कूट कर १ प्रस्थ और कुछ टुकड़े मूली के डालकर दो आढक जल डाल दें। मुख बन्द करके रख दें। जब खट्टा हो जाय तब निकाल लें इसे कांजी कहते हैं। अथवा जिसे पकाये हुए चावल (भात) से तैयार किया जाय उसे भी कांजी कहते हैं। विशेष नाम आरनाल है, यह काँजी का भेद ही है—

तुलामितं षष्टिकतण्डुलस्य
प्रगृह्य चान्नं विधिवद् विधाय।
द्रोणेऽम्भसि क्षिप्तमथ त्रियामं
ततस्पतं रक्षेत्पिहितं प्रयत्नात् ॥

साँठी के निस्तुष चावल १ तुला लेकर विधिपूर्वक भात बनावे। पश्चात् मांड को निकालकर दो द्रोण जल में तीन पहर पड़ा रहने दें। पश्चात् जल सहित मृत्पात्र में डालकर मुंह बन्द कर दें। सात दिन तक पड़ा रहने के पश्चात् ऊपर से कांजी को नितार लें। यह आरनाल कहाता है ॥१८९॥

प्रायशोऽभिनवं मद्यं गुरु दोषसमीरणम्।
स्रोतसां शोधनं जीर्णं दीपनं लघु रोचनम् ॥१९०॥

नवीन मद्य—प्रायशः भारी, दोष को बढ़ानेवाली होती हैं। पुरानी मद्य-शरीर के स्रोतों को शुद्ध करनेवाली, अग्निदीपक, लघु एवं रुचिकर होती है। मद्य को तैयार करके बोतलों में अच्छी प्रकार बन्द कर कम से कम एक वर्ष तक पड़ा रहने देना चाहिये। मद्य जितनी पुरानी होगी उतनी ही अच्छी होगी ॥१९०॥

१—'मध्विति मधुप्रधान आसवः' चक्रः। २—'मधूलिका स्वल्पगोधूमो मध्यदेशे पोशीकेति ख्याता, मर्कटहस्ततृणं वा ऋफलबिम्बं मधूलकम्।' इति सुश्रुतटीकायां डल्हणः।

हर्षणं प्रीणनं बल्यं भयशोकश्रमापहम् ।
प्रागल्भ्यवीर्यप्रतिभातुष्टिपुष्टिबलप्रदम् ॥१९१॥
सात्त्विकैर्विधिवद्युक्त्या पीतं स्यादमृतं यथा ।
वर्गोऽयं सप्तमो मद्यमधिकृत्य प्रकीर्तितः ॥१९२॥

मद्य—हर्षकारक, तृप्तिकर, भय शोक एवं थकावट को हटानेवाली, चतुरता वीर्य (शक्ति), प्रतिभा, सन्तोष, पुष्टि तथा बल को देनेवाली है। सात्त्विक पुरुष यदि विधिपूर्वक दोष देश आदि की विवेचनापूर्वक मात्रा में पीवें तो यह अमृत के समान है। हर्ष इत्यादि गुण भी तभी होंगे। मद्यपान की विधि मदात्ययचिकित्सा में कही जायगी।

इन मद्य आसव इत्यादि के गुण भी सुश्रुत सू० ४५ अ० में देख लेने चाहिये।

यह मद्य सम्बन्धी सातवां वर्ग कह दिया गया है ॥१९२॥

इतिमद्यवर्गः ।

अथ जलवर्गः

जलमेकविधं सर्वं पतत्यैन्द्रं नभस्तलात् ।
तत्पतत्पतितं चैव देशकालावपेक्षते ॥१९३॥

जलवर्ग—अन्तरिक्ष-आकाश से मेघ के सब जल एक से ही गिरते हैं। परन्तु वे गिरते हुए तथा गिरकर देश और काल की अपेक्षा रखते हैं। अर्थात् अन्तरिक्ष से जल स्वच्छतम गिरते हैं। परन्तु मार्ग में धूलि, गैस आदि मल तथा अतिशीत एवं उष्णता आदि के संसर्ग से रूप आदि गुणों तथा हिताहित में भिन्नता हो जाती है। इसी प्रकार पृथिवी पर गिरकर वहाँ २ की मिट्टी वा मिट्टी में स्थित धातु, क्षार आदि के ससंर्ग से उनमें भिन्नता आ जाती है। इसी एक ही जल को सुश्रुत सू० ४५ अ० में धार, कारक, तौषार, हैम भेद से चार प्रकार का और गाङ्ग तथा सामुद्र भेद से दो प्रकार का कहा है। शीत एवं उष्णता के भेद से धारा रूप में गिरना (धार), ओलों के रूप में गिरना (कारक), तुषार (Snow अथवा कुहरा) के रूप में गिरना (तौषार) और हिम (बर्फ Ice) के रूप में (हैम) हो जाना आदि होते हैं। जिस आन्तरीक्ष जल में धूल आदि (Impurities) नहीं मिलतीं और शुद्ध रूप में नीचे गिरता है, उसे गाङ्ग कहते हैं और जिसमें धूल आदि वा अन्य हानिकारक गैसें आदि मिल जाती हैं, उसे सामुद्र कहते हैं। इनका विशेष विवरण सुश्रुत सू० ४५ अ० में ही देखना चाहिये ॥१९३॥

खात्पतत्सोमवाय्वर्कैः स्पृष्टं कालानुवर्तिभिः ।
शीतोष्णस्निग्धरूक्षाद्यैर्यथासन्नं महीगुणैः ॥१९४॥

आकाश से गिरता हुआ जल काल (ग्रीष्म आदि) के अनुसार चलनेवाले चन्द्रमा, वायु तथा सूर्य द्वारा छुए जाकर तथा च जैसी पृथ्वी पर गिरता है वैसे ही शीतता, उष्णता, स्निग्धता, रूक्षता आदि गुणों को धारण कर लेता है ॥१९४॥

शीतं शुचि शिवं मृष्टं विमलं लघु षड्गुणम् ।
प्रकृत्या दिव्यमुदकं, भ्रष्टं पात्रमपेक्षते ॥१९५॥

आन्तरीक्ष जल के प्राकृतिक गुण—आन्तरीक्ष जल स्वभावतः १ शीतल, २ पवित्र, ३ कल्याणकारक, ४ धूल आदि से रहित व आस्वाद में प्रिय, ५ निर्मल, ६ लघु; इन छः गुणों से युक्त होता है। गिरने पर पात्र की अपेक्षा रखता है। अर्थात् जैसे स्थान पर गिरेगा वैसे ही गुण उसमें आ जायँगे ॥१९५॥

श्वेते कषायं भवति पाण्डुरे चैव तिक्तकम् ।
कपिले क्षारसंसृष्टमूषरे लवणान्वितम् ।
कटु पर्वतविस्तारे मधुरं कृष्णमृत्तिके ॥१९६॥
एतत्षाड्गुण्यमाख्यातं महीस्थस्य जलस्य हि ।

१ श्वेत भूमि पर गिरने से स्वाद में कषायरसवाला होता है। २ पाण्डु (श्वेतपीत) वर्ण की भूमि पर तिक्तरस। ३ कपिल (पिङ्गल-भूरी) वर्ण की भूमि पर क्षारयुक्त होता है। ४ ऊसर भूमि पर लवणयुक्त—नमकीन हो जाता है। ५ पहाड़ पर बहने से कटुरस, ६ काली मिट्टीवाली भूमि पर गिरने से मधुररस होता है। पृथ्वीस्थित जल के ये ६ गुण कह दिये हैं ॥१९६॥

तथाऽव्यक्तरसं विद्यादैन्द्रं कारं हिमं च यत् ॥१९७॥

ऐन्द्र (आन्तरिक्षजल), कार (ओलों का), हैम (बर्फ का, इसी से ही तौषार का भी ग्रहण करना चाहिये) जल का अव्यक्त रस जानना चाहिये। इन जलों के रस को जिह्वा स्पष्टतया मधुर आदि भेद से नहीं जानती ॥१९७॥

यदन्तरिक्षात्पततीन्द्रसृष्टं
चोक्तैश्च पात्रैः परिगृह्यतेऽम्भः ।
तदैन्द्रमित्येव वदन्ति धीरा
नरेन्द्रपेयं सलिलं प्रधानम् ॥१९८॥

जो जल इन्द्र—मेघ द्वारा उत्पन्न हुआ अन्तरिक्ष से गिरता है और स्वच्छ पात्रों में इकट्ठा किया जाता है उसे ही धीर पुरुष 'ऐन्द्र' जल कहते हैं। वही जल राजाओं के पीने योग्य है। (यह जल प्रायः आश्विन के महीने में ग्रहण किया जाता है) ॥१९८॥

ऋतावृताविहाख्याताः सव एवाम्भसो गुणाः ।
ईषत्कषायमधुरं सुसूक्ष्मं विशदं लघु ॥
अरूक्षमनभिष्यन्दि सर्वं पानीयमुत्तमम् ॥१९९॥

प्रत्येक ऋतु में बरसनेवाले जलों के सम्पूर्ण गुण यहाँ कहे हैं—

उत्तम जल के लक्षण—जो जल मधुर तथा अल्प कषाय रसवाला हो, पतला हो, विशद (जिसमें चिपचिपापन न हो), हलका हो, रूक्ष न हो, अभिष्यन्दि न हो; उन सब को उत्तम जानना चाहिये ॥१९९॥

गुर्वभिष्यन्दि पानीयं वार्षिकं मधुरं नवम् ।
तनु लघ्वनभिष्यन्दि प्रायः शरदि वर्षति ॥२००॥
तत्तु ये सुकुमाराः स्युः स्निग्धभूयिष्ठभोजनाः ।
तेषां भक्ष्ये च भोज्ये च लेह्ये पेये च शस्यते ॥२०१॥

वर्षा ऋतु का जल—वर्षा ऋतु में जो जल बरसता है वह नवीन जल भारी, अभिष्यन्दि तथा मधुर होता है।

शरद् ऋतु का जल—शरद में प्रायः मेघ पतले, हलके तथा अभिष्यन्द वा क्लेद को न करनेवाले जल को बरसाता है। वे जल सुकुमार तथा अत्यधिक स्निग्ध भोजन करनेवाले पुरुषों के भक्ष्य, भोज्य, लेह्य तथा पेय (पीये जानेवाले) चारों प्रकार के आहार में प्रशस्त हैं ॥२००,२०१॥

हेमन्ते सलिलं स्निग्धं वृष्यं बलहितं गुरु।
किञ्चित्ततो लघुतरं शिशिरे कफवातजित् ॥२०२॥

हेमन्त ऋतु का जल—हेमन्त ऋतु में बरसा हुआ जल स्निग्ध, वृष्य, बलवर्धक तथा भारी होता है।

शिशर ऋतु का जल—हेमन्त की अपेक्षा हलका तथा कफवात को जीतनेवाला होता है ॥२०२॥

कषायमधुरं रूक्षं विद्याद्वासन्तिकं जलम् ॥
ग्रैष्मिकं त्वनभिष्यन्दि जलमित्येव निश्चयः ॥२०३॥

वसन्त ऋतु का जल—वसन्त ऋतु में बरसा हुआ जल कषायमधुर तथा रूक्ष होता है।

ग्रीष्म ऋतु का जल—ग्रीष्म ऋतु में बरसा हुआ जल अभिष्यन्दि नहीं होता। यही निश्चित सिद्धान्त है ॥२०३॥

विभ्रान्तेषु तु कालेषु यत्प्रयच्छन्ति तोयदाः।
सलिलं तत्तु दोषाय युज्यते नात्र संशयः ॥२०४॥

विभ्रान्त (विपरीत) कालों में अर्थात् काल के अयोग, अति योग वा मिथ्यायोग के समय जो जल, मेघ बरसाते हैं, वे दोषों को उत्पन्न करते हैं। इसमें किञ्चिन्मात्र संशय नहीं ॥२०४॥

राजभी राजमात्रैश्च सुकुमारैश्च मानवैः।
संगृहीताः शरद्यापः प्रयोक्तव्या विशेषतः ॥२०५॥

राजाओं, धनी मानी वा सुकुमार पुरुषों को शरद् ऋतु में विधिपूर्वक एकत्रित किये हुए जलों का विशेषतः प्रयोग करना चाहिये। सूश्रुत सू० ४५ अ० में इस जल के एकत्रित करने का विधान किया गया है ॥२०५॥

नद्यः पाषाणविच्छिन्नविक्षुब्धविहतोदकाः।
हिमवत्प्रभवाः पथ्याः पुण्या देवर्षिसेविताः ॥२०६॥

नदियों के जलों के गुण—जो नदियां हिमालय पर्वत से निकलती हैं, मार्ग में जिनके जल पत्थरों से टकराकर टूटते हुए उथल-पुथल होते हुए तथा थपेड़ें खाते हुए चलते हैं, जिनके किनारों पर देव (विद्वान्) और ऋषि रहते हैं, उन नदियों के जल पुण्यकारक तथा पथ्य—पीने योग्य होते हैं ॥२०६॥

नद्यः पाषाणसिकतावाहिन्यो विमलोदकाः।
मलयप्रभवा याश्च जलं तास्वमृतोपमम् ॥२०७॥

जो नदियां पत्थर और बालू (रेत) को बहाकर लाती हैं, जिनके जल निर्मल हैं तथा जो मलय पर्वत से निकलती हैं, उनके जल अमृत के समान होते हैं ॥२०७॥

पश्चिमाभिमुखा याश्च पथ्यास्ता निर्मलोदकाः।
प्रायो मृदुवहा गुर्व्यो याश्च पूर्वसमुद्रगाः ॥२०८॥

पश्चिम की ओर जानेवाली निर्मल जलयुक्त नदियों के जल पथ्य होते हैं।

जो नदियाँ पूर्व दिशा के समुद्र की ओर जानेवाली और धीमे चलनेवाली हैं उनके जल भारी होते हैं ॥२०८॥

पारियात्रभवा याश्च विन्ध्यसह्यभवाश्च याः।
शिरोहृद्रोगकुष्ठानां ता हेतुः श्लीपदस्य च ॥२०९॥

पारियात्र नामक पर्वत, विन्ध्याद्रि और सह्याद्रि से निकलनेवाली नदियां शिरोरोग, हृद्रोग, कुष्ठ तथा श्लीपद नामक रोग का कारण होती हैं।

सुश्रुत में मलय पर्वत से उत्पन्न होनेवाली नदियों को कृमिजनक कहा है। हिमालय से निकलनेवाली नदियों को हृद्रोग, शोथ, शिरोरोग, श्लीपद तथा गलगण्ड का कारण कहा है। पारियात्र से निकलनेवाली नदियों को पथ्य कहा है। इस प्रकार दोनों आचार्यों के मत में विरोध प्रतीत होता है। परन्तु विरोध नहीं है, क्योंकि मलय पर्वत से निकलनेवाली वे ही नदियां कृमिजनक हैं जिनका जल पत्थर वा रेत को बहाकर नहीं लाता। हिमालय से निकलनेवाली वे ही नदियां हृद्रोग आदि का कारण हैं जो पर्वत के अधोभाग वा तराई से निकलती हैं। प्रकृत ग्रन्थ में उच्चभाग से निकलनेवाली नदियों के गुण दर्शाये हैं। पारियात्र से निकलनेवाली नदियां दो प्रकार की हैं। १—तड़ाग से निकलनेवाली तथा २—दरीज—पर्वत की गुहाओं से निकलनेवाली। इसमें से तड़ाग वा झील से निकलनेवाली पथ्य हैं और इनके सुश्रुत में गुण बताये हैं। पर्वतगुहाओं से निकलनेवाली अपथ्य हैं; इनके इस संहिता में दोष बताए हैं। विश्वामित्र ने कहा भी है—

तडागजं दरीजं च, तडागाद्यत्सरिज्जलम्।
बलारोग्यकरं तत्स्याद्, दरीजं दोषलं मतम् ॥२०९॥

[1]बहुधा कीटसर्पाखुमलसंदूषितोदकाः।
वर्षाजलवहा नद्यः सर्वदोषसमीरणाः ॥२१०॥

वर्षा के जल को लेजानेवाली नदियों के जल बहुधा कीड़े, सांप, चूहे आदि तथा मलों से दूषित हो जाते हैं। अतएव वे सब (तीनों) दोषों को बढ़ानेवाले होते हैं ॥२१०॥

वापीकूपतडागोत्ससरःप्रस्रवणादिषु।
आनूपशैलधन्वानां गुणदोषैर्विभावयेत् ॥२११॥

वापी (बावड़ी), कूप (कुआं), तड़ाग (तालाब), उत्स (जहाँ नीचे से फूटकर ऊपर को जल निकलता हो), सर (झील जैसे मानसरोवर), प्रस्रवण (झरना) आदि के गुण और दोषों को, उनके आनूप, पर्वत तथा जाङ्गल आदि देश के अनुसार जानना चाहिये। इनके पृथक् २ गुण-दोष सुश्रुत सू० ४५ अ० में विस्तार से बताये गये हैं ॥२११॥

पिच्छिलं कृमिलं क्लिन्नं पर्णशैवालकर्दमैः।
विवर्णं विरसं सान्द्रं दुर्गन्धि न हितं जलम् ॥२१२॥

अहितकारक जल—चिपचिपा, कृमियुक्त, पत्ते, शैवाल (काई) तथा कीचड़ के कारण जो क्लिन्न (सड़ा हुआ) हो गया है, विकृत वर्णवाला, विकृत रसवाला, गाढ़ा तथा दुर्गन्धयुक्त जल अहितकर होता है ॥२१२॥

विस्रं त्रिदोषं लवणमम्बु यद्वारुणालयम्।
इत्यम्बुवर्गः प्रोक्तोऽयमष्टमः सुविनिश्चितः ॥२१३॥
(जलवर्गः समुद्दिष्टो मानवानां सुखप्रदः।)

सामुद्रजल—आमगन्धि, त्रिदोषकारक तथा नमकीन होता है। यह आठवाँ अम्बुवर्ग कह दिया गया है। मनुष्यों को सुखदायक यह जलवर्ग कह दिया है ॥२१३॥

इति जलवर्गः।

अथ दुग्धवर्गः।

स्वादु शीतं मृदु स्निग्धं बहलं श्लक्ष्णपिच्छिलम्।
गुरु मन्दं प्रसन्नं च गव्यं दशगुणं पयः ॥२१४॥
तदेवंगुणमेवौजः सामान्यादभिवर्धयेत्।
प्रवरं जीवनीयानां क्षीरमुक्तं रसायनम् ॥२१५॥

१—'बहुधा', पा०।

दुग्धवर्ग—गोदुग्ध—गौ का दूध, १ मधुर, २ शीतल, ३ मृदु, ४ स्निग्ध, ५ घना, ६ श्लक्ष्ण (चिकना), ७ पिच्छिल (चिपचिपा), ८ भारी, ९ मन्द, १० प्रसन्न (निर्मल); इन दस गुणों से युक्त होता है। यह दूध गुणों की समानता के कारण इन्हीं गुणों से युक्त ओज को बढ़ाता है। चिकित्सास्थान २४ अ० में कहा भी जायगा—

'गुरु शीतं मृदु स्निग्धं बहलं मधुरं स्थिरम्।
प्रसन्नं पिच्छिलं श्लक्ष्णमोजो दशगुणं स्मृतम् ॥'

यह जीवनीय द्रव्यों में सब से श्रेष्ठ जीवनीय और रसायन कहा गया है ॥२१४,२१५॥

महिषीणां गुरुतरं गव्याच्छीततरं पयः।
स्नेहान्यूनमनिद्राय हितमत्यग्नये च तत् ॥२१६॥

भैंस का दूध—भैंसों का दूध गौ के दूध की अपेक्षा भारी एवं शीतल होता है। इसमें स्नेह (घी) भी अधिक होता है। निद्रानाश में हितकर है। जिसकी जाठराग्नि तीक्ष्ण हो उसे पीना चाहिये ॥२१६॥

रूक्षोष्णं क्षीरमुष्ट्रीणामीषत्सलवणं लघु।
शस्तं वातकफानाहकृमिशोफोदरार्शसाम् ॥२१७॥

ऊँटनी का दूध—रूखा, गरम, थोड़ा नमकीन, हलका होता है। यह वातकफजन्य आनाह, कृमिरोग, शोथ, उदररोग तथा अर्श के रोगियों के लिये हितकर है ॥२१७॥

बल्यं स्थैर्यकरं सर्वमुष्णं चैकशफं पयः।
साम्लं सलवणं रूक्षं शाखावातहरं लघु ॥२१८॥

घोड़ी गदही आदि के दूध के गुण—एक सुम वाले सब पशुओं का दूध बलकारक, स्थिरता वा दृढ़ताकारक, गरम, थोड़ा खट्टा और नमकीन, रूखा तथा शाखागत वात को हरनेवाला है। 'शाखा' से रक्त आदि धातुओं और त्वचा का ग्रहण होता है। अथवा 'शाखा' से बाहु और टाँगों का ग्रहण करना चाहिये ॥२१८॥

छागं कषायमधुरं शीतं ग्राहि पयो लघु।
रक्तपित्तातिसारघ्नं क्षयकासज्वरापहम् ॥२१९॥

बकरी का दूध—कसैला, मधुर, शीतल, संग्राही, हलका और रक्तपित्त, अतीसार, क्षय, कास तथा ज्वर का नाशक होता है ॥२१९॥

हस्तिनीनां पयो बल्यं गुरु स्थैर्यकरं परम्।
हिक्काश्वासकरं तूष्णं पित्तश्लेष्मलमाविकम् ॥२२०॥

हथिनी का दूध—बलकारक, भारी तथा शरीर को अत्यन्त दृढ करनेवाला है। भेड़ का दूध—हिचकी और श्वास को करनेवाला, गरम, पित्तकफ को बढ़ानेवाला है ॥२२०॥

जीवनं बृंहणं सात्म्यं स्नेहनं मानुषं पयः।
नावनं रक्तपित्ते च तर्पणं चाक्षिशूलिनाम् ॥२२१॥

स्त्री का दूध—जीवनीय, बृंहण, सात्म्य (पुरुष शरीर के अनुकूल) तथा स्निग्धता करनेवाला है। रक्तपित्त में नस्य के लिये तथा आँखदर्द में आँख में तर्पण के लिये हितकर है। आँख को दूध से भर देना ही तर्पण कहाता है ॥२२१॥

रोचनं दीपनं वृष्यं स्नेहनं बलवर्धनम्।
पाकेऽम्लमुष्णं वातघ्नं मङ्गल्यं बृंहणं दधि ॥२२२॥
पीनसे चातिसारे च शीतके विषमज्वरे।
अरुचौ मूत्रकृच्छ्रे च कार्श्ये च दधि शस्यते ॥२२३॥
शरद्ग्रीष्मवसन्तेषु प्रायशो दधि गर्हितम्।
रक्तपित्तकफोत्थेषु विकारेष्वहितं च तत् ॥२२४॥

दही—रुचिकर, अग्निदीपक, वृष्य, स्निग्धता करनेवाला, बल को बढ़ानेवाला, विपाक में अम्ल, गरम, वातनाशक, मङ्गलकारक तथा बृंहण होता है। पीनस (प्रतिश्याय), अतीसार, शीतकज्वर, विषमज्वर अथवा वह विषमज्वर जिसमें शीत लगता है, अरुचि, मूत्रकृच्छ्र तथा कृशता में दहीं को प्रशस्त माना गया है।

प्रायशः शरद्, वसन्त तथा ग्रीष्म ऋतु में दही का सेवन निन्दित है। अर्थात् वर्षा, हेमन्त तथा शिशिर ऋतु में दही का सेवन करना चाहिये। रक्तपित्त तथा कफज विकारों में दही हितकर होता है ॥२२२–२२४॥

त्रिदोषं मन्दकं, जातं वातघ्नं दधि, शुक्रलः।
सरः, श्लेष्मानिलघ्नस्तु मण्डः स्रोतोविशोधनः ॥२२५॥

मन्दक (जो वह अभी पूर्ण रूप से जमी न हो) दही त्रिदोषकारक होती है। पूर्ण रूप से जमी दही वातनाशक, दही की मलाई वीर्यवर्धक, दही का पानी कफवातनाशक तथा स्रोतों को शुद्ध करनेवाला है ॥२२५॥

शोफार्शोग्रहणीदोषमूत्रकृच्छ्रोदरारुचौ।
स्नेहव्यापदि पाण्डुत्वे तक्रं दद्याद् गरेषु च ॥२२६॥

तक्र—शोष, अर्श, ग्रहणी, मूत्रकृच्छ्र, उदर, अरुचि, स्नेहव्यापत् (स्नेह के विधिपूर्वक प्रयोग न करने से अथवा अत्यधिक मात्रा में सेवन से उत्पन्न विकार), पाण्डुरोग तथा गरों (संयोगज विषों) में तक्र (छाछ) का प्रयोग करना चाहिये ॥२२६॥

संग्राहि दीपनं हृद्यं नवनीतं नवोद्धृतम्।
ग्रहण्यर्शोविकारघ्नमर्दितारुचिनाशनम् ॥२२७॥

ताजा मक्खन—ताजा निकला हुआ मक्खन संग्राहि, अग्निदीपक, हृद्य (हृदय के लिये हितकर) होता है, ग्रहणी, अर्श, अर्दित, अरुचि इन विकारों को नष्ट करता है ॥२२७॥

स्मृतिबुद्ध्यग्निशुक्रौजःकफमेदोविवर्धनम्।
वातपित्तविषोन्मादशोषालक्ष्मीज्वरापहम् ॥२२८॥
सर्वस्नेहोत्तमं शीतं मधुरं रसपाकयोः।
सहस्रवीर्यं विधिभिर्घृतं कर्मसहस्रकृत् ॥२२९॥

घी—स्मृति, बुद्धि, जाठराग्नि, वीर्य, ओज, कफ, मेद; इन्हें बढ़ाता है। वात, पित्त, विष, उन्माद, दोष, अलक्ष्मी (दरिद्रता), जीर्णज्वर; इनको नष्ट करता है। सब स्नेहों में श्रेष्ठ है। शीतल, रस और विपाक में मधुर होता है। भिन्न २ विधानों द्वारा सहस्रों प्रकार की शक्ति रखता है और सहस्रों कर्म करता है ॥२२९॥

मदापस्मारमूर्च्छायशोषोन्मादगरज्वरान्।
योनिकर्णशिरःशूलं घृतं जीर्णमपोहति ॥२३०॥
सर्पींष्यजाविमहिषीक्षीरवत्स्वानि[1] निर्दिशेत्।

पुराना घी—मद, अपस्मार, मूर्छा, शोष, उन्माद, गर, ज्वर, योनिशूल, कर्णशूल, (कान दर्द) शिरःशूल, इन्हें नष्ट करता है। दस वर्ष के पुराने घी को पुराण घृत कहा जाता है। दस वर्ष से अधिक पुराने को प्रपुराण घृत कहते हैं। १०० वा १११ वर्ष पुराने को कुम्भसर्पि तथा उससे भी पुराने को महाघृत कहा जाता है।

१—'स्वादु' ग०। सर्पींषि स्वानीति सबन्धः, तेनाजाक्षीरवदजासर्पिर्निर्दिशेदित्यादि त्रयम्' चक्रः।

बकरी, भेड़, भैंस आदि के घी को अपने २ दूध के गुणों के समान जानना चाहिये ॥२३०॥

[1]पीयूषो मोरटं चैव किलाटा विविधाश्च ये ॥२३१॥
दीप्ताग्नीनामनिद्राणां सर्वं एते सुखप्रदाः।
गुरवस्तर्पणा वृष्या बृंहणाः पवनापहाः ॥२३२॥

पीयूष (खीस, Collustrum), मोटर (सद्यः प्रसूता गौ का ७ दिन के बाद का दूध जब तक कि वह दुग्धरूप में पूर्णतया नहीं आता), तथा विविध प्रकार के किलाट (फटे हुए दूध का घनभाग); दीप्ताग्नि तर्पणकारक, वृष्य (वीर्यवर्धक), बृंहण तथा वायुनाशक होते हैं। सुश्रुत सू० ४५ अ० में भी—

'गुरुः किलाटोऽनिलहा पुंस्त्वनिद्राप्रदः स्मृतः।
मधुरौ बृंहणौ वृष्यौ तद्वत् पीयूषमोटरौ'। २३१-२३२ ॥

विशदा गुरवो रूक्षा [2]ग्राहिणस्तक्रपिण्डकाः ॥
गोरसानामयं वर्गो नवमः परिकीर्तितः ॥२३३॥

तक्रपिण्डक के गुण—तक्रपिण्डक विशद (पिच्छिल से विपरीत), भारी, रूखे तथा संग्राही होते हैं। दूध में उबलते समय तक डालने से वह फट जाता है, उसे तक्रकूर्चिका कहते हैं। यदि जल को पृथक् कर लिया जाय तो अवशिष्ट घन भाग तक्रपिण्डक कहाता है।

यह गोरसों का नौवाँ वर्ग कह दिया है।

इस वर्ग में कहे गये दूध आदियों के गुण सुश्रुत सू० ४५ अ० में भी देख लेने चाहिये ॥२३३॥

इति गोरसवर्गः।

अथेक्षुवर्गः।

वृष्यः शीतः स्थिरः स्निग्धो बृंहणो मधुरो रसः।
श्लेष्मलो भक्षितस्येक्षोर्यान्त्रिकस्तु [3]विदह्यते ॥२३४॥

इक्षुवर्ग—दाँतों से चूसे हुए ईख का रस-वृष्य (वीर्यवर्धक), शीतल स्थिर (सर से विपरीत), स्निग्ध, बृंहण, मधुर तथा कफवर्धक होता है कोल्हू से निकाला हुआ रस विदाही होता है।

जो द्रव्य अपने स्वभाव से वा गुरु होने के कारण देर से पचता है और पचते समय विदाह को प्राप्त होता हुआ पित्त को प्रकुपित करता है, उसे विदाही कहते हैं। कोल्हू से निकाला हुआ रस क्यों विदाही होता है इसका कारण अष्टाङ्गहृदय सू० ५ म अ० में बताया गया है—

मूलाग्रजन्तुजग्धादिपीडनान्मलसंकरात्।
किञ्चित्कालं विधृत्या च विकृतिं याति यान्त्रिकः ॥
विदाही गुरु विष्टम्भी तेनासौ..............॥

अर्थात् ईख के मूल एवं अग्रभाग के वा कीड़े से खाये हुए वा काणे भाग के बीच में पेरे जाने से, मिट्टी आदि तथा अन्य मल के मिश्रित हो जाने से वा कुछ काल धरा रहने से यान्त्रिक रस विदाह को उत्पन्न करनेवाला, भारी तथा विष्टम्भी हो जाता है ॥२३४॥

शैत्यात्प्रसादान्माधुर्यात्पौण्ड्रकाद्वंशको वरः।

शीतलता, निर्मलता, मधुरता में पौण्ड्रक (पौंडा) श्रेष्ठ है। तदनन्तर [1]वंशक। अष्टाङ्गहृदय सू० ५ अ० में कहा है—

तत्र पौण्ड्रकः।
शैत्यप्रसादमाधुर्यैर्वरस्तमनुवंशकः ॥

सुश्रुत सू० ४५ अ० में भी—'पौण्ड्रको भीरुकश्चैव वंशकः शतपोरकः'। इत्यादि ईख की जातियों को गिनाने के पश्चात् गुण बताते हुए कहा है—

'सुशीतो मधुरः स्निग्धो बृंहणः श्लेष्मलः सरः।
अविदाही गुरुर्वृष्यः पौण्ड्रको भीरुकस्तथा ॥
आभ्यां तुल्यगुणः किञ्चित्सक्षारो वंशको मतः ॥'

यदि 'वंशकः अवरः' ऐसा सन्धिच्छेद करें तो वंशक नामक ईख, शीतलता आदि में पौण्ड्र से किञ्चित् अल्प होता है—यह स्पष्ट अर्थ होगा।

प्रभूतकृमिमज्जासृङ्मेदोमांसकरो गुडः ॥२३५॥

गुड़—कृमि, मज्जा, रक्त, मेद तथा मांस को अत्यन्त बढ़ानेवाला है ॥२३५॥

क्षुद्रो गुडश्चतुर्भागत्रिभागार्धावशेषितः।
[2]रसो गुरुर्यथापूर्वं धौतस्त्वल्पमलो गुडः ॥२३६॥
ततो [3]मत्स्यण्डिकाखण्डशर्करा विमलाः परम्।
यथा यथैषां वैमल्यं भवेच्छैत्यं तथा तथा ॥२३७॥

[4]क्षुद्रगुड़—ईख के रस को अग्नि पर सुखाते हुए चौथाई, तीसरा भाग वा आधा रहने को कहते हैं। इनमें आधे से तिहाई बचा हुआ और उससे चौथाई बचा हुआ अपेक्षया अधिक भारी होता है। जब इस क्षुद्रगुड़ में तन्तु सदृश स्फटिक वा पुष्प (Crystals) बन जाते हैं तब उसे ही फाणित कह देते हैं। गुड़ को शुद्ध करने पर उसे धौतगुड़ कहते हैं। इसमें मल अल्प होता है। तदनन्तर मत्स्यण्डिका, खांड तथा शर्करा क्रमशः व अधिक निर्मल होती है। इनमें से शर्करा अत्यन्त

१—'क्षीरं सद्यःप्रसूतायाः पीयूषमिति संज्ञितम्। सप्तरात्रात्परं क्षीरमप्रसन्नं च मोरटम् ॥' 'विनष्टक्षीरभवं मस्तु मोरटमिति जेज्जटः ॥' किलाटलक्षणम्—'नष्टदुग्धस्य पक्वस्य पिण्डः प्रोक्तः किलाटकः ॥' २—तक्रपिण्डस्तक्रकूर्चिकाया एव स्रुतद्रवो घनो भागः। तक्रकूर्चिकालक्षणं तु—तप्ते पयसि तक्रस्य संयोगात्तु तक्रकूर्चिका। दध्ना सह पयः पक्वं सा भवेद्दधिकूर्चिका ॥ अथवा तक्रपिण्डलक्षणं—दध्ना तक्रेण वा नष्टं दुग्धं बद्धं सुवाससा। द्रवभावेन रहितं तक्रपिण्डः स उच्यते ॥ ३—विदाहिलक्षणं—द्रव्यस्वभावादथ गौरवाद्वा चिरेण पाक जठराग्नियोगात्। पित्तप्रकोपं विदहत् करोति तदन्नपानं कथितं विदाहि ॥

१—अस्मिन् व्याख्याने मूलपाठे 'अनु' इति शेषः, इति स्वीकार्यम्। २—'रस इत्यत्र चकारलोपो द्रष्टव्यः, तेन क्षुद्रगुणश्चतुर्भागावशेषिताद्रसाद् गुरुः, इत्यादि ज्ञेयम्। अत्र क्षुद्रगुडोऽसितगुड इत्युच्यते, फाणितं च तन्दुलीभावात्' चक्रः। ३—'मत्स्यण्डिका खण्डमध्ये पाकाद् घनीभूता मत्स्याण्डनिभा भवति, चक्रः। ४-गङ्गाधरस्तु 'पाकादतिसान्द्रत्वमापन्न इक्षुरसो गुडः। च त्रिविधः चतुर्भागावशेषित इक्षुरसस्तु गुड उच्यते। त्रिभागावशेषित इक्षुरसः क्षुद्र उच्यते। अर्द्धावशेषित इक्षुरसस्त्वगुडः फाणितमित्युच्यते।' इत्याह।

विमल होती है। जैसे २ वे निर्मल होते हैं वैसे ही उनमें अधिक शीतलता होती है ॥२३६,२३७॥

वृष्याः क्षीणक्षतहिताः सस्नेहा गुडशर्कराः ।
कषायमधुरा शीता सतिक्ता यासशर्करा: ॥२३८॥

गुडशर्करा के गुण—गुड़ की शक्कर वृष्य, क्षतक्षीण के लिये हितकर तथा थोड़ी स्निग्ध होती है।

यासशर्करा (शिरखिस्त)—कसैली मधुर थोड़ी तिक्त तथा शीतल होती है ॥२३८॥

रूक्षा वम्यतिसारघ्नी छेदनी मधुशर्करा:
तृष्णासृक्पित्तदाहेषु प्रशस्ताः सर्वशर्कराः ॥२३९॥

मधुशर्करा—रूखी, कै एवं अतीसार को नष्ट करनेवाली तथा छेदन अर्थात् जमे हुए कफ आदि को कष्ट देनेवाली है।

सम्पूर्ण शर्कराओं के सामान्य गुण—सब शर्करायें तृष्णा, रक्तपित्त तथा दाह में प्रशस्त हैं ॥२३९॥

माक्षिकं भ्रामरं क्षौद्रं पौत्तिकं मधुजातयः ।
माक्षिकं प्रवरं तेषां विशेषाद् भ्रामरं गुरु ॥२४०॥

मधु (शहद) की जातियाँ—१ माक्षिक, २ भ्रामर, ३ क्षौद्र, ४ पौत्तिक। पिङ्गलवर्ण की स्थूल शहद की मक्खियों को मक्षिका कहते हैं। वे जो मधु एकत्रित करती हैं, उसे 'माक्षिक' कहते हैं। भ्रमर (भौंरे) जिस शहद को इकट्ठा करते हैं उसे 'भ्रामर' कहा जाता है। छोटी शहद की मक्खियों को क्षद्रा कहते हैं वे जो मधु एकत्रित करती हैं उसे 'क्षौद्र' कहते हैं। पिङ्गलवर्ण की वड़ी शहद की मक्खियों को पुत्तिका, कहते हैं वे जो मधु एकत्रित करती है उसे 'पौत्तिक' कहा जाता है।

इन चारों प्रकार के मधु में से माक्षिक नामक मधु सर्वश्रेष्ठ है। भ्रामर मधु सबसे अधिक भारी होता है। सुश्रुत सू० ४५ अ० में मधु की आठ जातियाँ बतायी हैं। यथा—

"पौत्तिकं भ्रामरं क्षौद्रं माक्षिकं छात्रमेव च ।
आर्घ्यमौद्दालकं दालमित्यष्टौ मधुजातयः ।'

अर्थात् उपर्युक्त चार जातियों के अतिरिक्त १ छात्र २ आर्घ्य ३ औद्दालक तथा ४ दाल[1] ये चार जातियाँ और हैं। परन्तु प्रथम की चार जातियों के मधु के अधिक प्रशस्त होने से उनका ही आचार्य ने परिगणत किया है ॥२४०॥

माक्षिकं तैलवर्णं स्याच्छ्वेतं भ्रामरमुच्यते ।
क्षौद्रं तु कपिलं विद्याद् घृतवर्णं तु पौत्तिकम् ॥२४१॥

माक्षिक नामक मधु तैल के वर्ण का होता है, भ्रामर मधु श्वेतवर्ण का, क्षौद्र कपिलवर्ण का तथा पौत्तिक घृत के वर्ण का।

वातलं गुरु शीतं च रक्तपित्तकफापहम् ।
[2]संधातृच्छेदनं रूक्षं कषायमधुरं मधु ॥२४२॥

मधु के सामान्य गुण – वातवर्धक, भारी; शीतल, रक्तपित्त तथा कफ का नाशक, भग्न को जोड़नेवाला, मेदोग्रन्थि आदि का छेदन करनेवाला, रूखा, रस में कसैलामधुर होता है। सुश्रुत मधु को त्रिदोषनाशक मानता है—

'मधु तु मधुरं कषायानुरसं रूक्षं शीतमग्निदीपनं वर्ण्यं स्वर्यं लघु सुकुमारं लेखनं हृद्यं सन्धानं रोपणं वाजीकरणं संग्राहि चक्षुष्यं प्रसादनं सूक्ष्ममार्गानुसारि पित्तश्लेष्ममेदोमेहहिक्काश्वासकासातिसारच्छर्दितृष्णाकृमिविषप्रशमनं ह्लादि त्रिदोषशमनं च। तत्तु लघुत्वात् कफघ्नं, पैच्छिल्यान्माधुर्यात् कषायभावाच्च वातपित्तानाम् ॥ सू० ४५ अ० ॥२४२॥

हन्यान्मधूष्णमुष्णार्तमथवा सविषान्वयात् ।
गुरुरूक्षकषायत्वाच्छैत्याच्चाल्पं हितं मधु ॥२४३॥

मधु का उष्णता से विरोध—उष्ण (गरम किया हुआ अथवा उष्णवीर्य औषधियों से युक्त होने के कारण उष्णवीर्य हुआ) मधु अथवा गरमी वा दाह से पीड़ित पुरुष को (गरम न किया हुआ भी) मधु मृत्यु का कारण होता है, क्योंकि इसमें नाना प्रकार के, विषयुक्त पुष्पों के रसों का संसर्ग होता है अथवा क्योंकि इसे विषयुक्त मक्षिकायें तय्यार करती हैं। अभिप्राय यह है कि मधु को अग्नि पर गरम न करना चाहिये और न गर्मी से पीड़ित पुरुष को ही मधु का सेवन कराना चाहिये। मधु उष्ण के साथ विरोधी है। सुश्रुत में भी कहा गया है—

'तत्तु नानाद्रव्यरसगुणवीर्यविपाकविरुद्धानां पुष्परसानां सविषमक्षिकासम्भवत्वाच्चानुष्णोपचारम् ।

उष्णैर्विरुध्यते सर्वं विषान्वयतया मधु ।
उष्णार्त्तमुष्णैरुष्णे वा तन्निहन्ति यथा विषम् ॥
तत्सौकुमार्याच्च तथैव शैत्या—
न्नानौषधीनां रससम्भवाच्च ।
उष्णैर्विरुध्येत विशेषतश्च
तथान्तरीक्षेण जलेन चापि ॥'

तथा च विष का संसर्ग होने के साथ २ मधु की सुकुमारता एवं शीतलता भी उष्णविरोधी होने में कारण हैं।

गुरु, रूक्ष तथा कषायरसयुक्त एवं शीतल होने से मधु को अल्प परिमाण में सेवन करना ही हितकर होता है। अधिक मात्रा में सेवन से आमदोष उत्पन्न हो जाता है ॥२४३॥

नातः कष्टतमं किंचिन्मध्वामात्तद्धि मानवम् ।
उपक्रमविरोधित्वात्सद्यो हन्याद्यथा विषम् ॥२४४॥
आमे सोष्णा क्रिया कार्या सा मध्वामे विरुध्यते ।
मध्वामं दारुणं तस्मात्सद्यो हन्याद्यथा विषम् ॥२४५॥

मधु के सेवन से उत्पन्न आमदोष से बढ़कर अन्य कोई रोग कष्टतम नहीं, क्योंकि इसमें चिकित्सा विरुद्ध होती है। अर्थात् आमदोष के नाश के लिये उष्णचिकित्सा की जाती है, परन्तु मधुजनित अजीर्ण में उष्णचिकित्सा विरुद्ध है। स्वयं शीत होने से आमदोष को बढ़ायेगा ही। इस प्रकार विरुद्ध चिकित्सा होने से मधुजनित अजीर्ण विष की तरह सद्योमारक होता है ॥

नानाद्रव्यात्मकत्वाच्च योगवाहि परं मधु ।
इतीक्षुविकृतिप्रायो वर्गोऽयं दशमो मतः ॥२४६॥

नाना द्रव्य रूप होने से मधु उत्कृष्ट योगवाही है। अर्थात् मधु नाना प्रकार के रस गुण वीर्य एवं विपाकवाले पुष्पों के

१—छात्रादीनां विशेषविवरणमन्यत्रोपलभ्यते० यथा—कीर्त्यते तन्मधुच्छात्रं वरटीच्छत्रसम्भवम् । तपोवने जरत्कारोराघ्यं लघुतरूद्भवम् ॥ औद्दालकन्तु वल्मीककीटकारिविनिर्मितम् । दालमित्यभिनिर्दिष्टं वृक्षकोटरकीटजम् । २—संधातृभग्नस्य, छेदनं मेदोग्रन्थ्यादीनाम् ।

रस से उत्पन्न होता है और अतएव जिस २ द्रव्य के साथ संयुक्त किया जाता है उसी द्रव्य के समान गुण युक्त होने के कारण उस २ द्रव्य के कर्म को करता है। जिस का जिस प्रकार के द्रव्य के साथ योग होने पर उस द्रव्य के कर्म को करने का स्वभाव हो, उसे योगवाही कहते हैं। सुश्रुत सू० ४५ अ० में भी कहा है—

'तद्युक्तैर्विविधैर्योगैर्निहन्यादामयान् बहून्।
नानाद्रव्यात्मकत्वाच्च योगवाहि परं मधु ॥'

चक्रपाणि चकार से प्रभाव का भी ग्रहण करता है। यदि प्रभाव का ग्रहण न किया जाय तो मधु में सब गुण आ जायँगे वा सब कर्म करने की शक्ति माननी पड़ेगी। यदि केवलमात्र मधु के योगवाही होने में नानाद्रव्यात्मकता को ही कारण माना जाय तो दूध तथा मद्य आदि भी नानाद्रव्यात्मक होते हैं, उन्हें भी योगवाही होना चाहिये पर वे योगवाही नहीं। इसी प्रकार तैल आदि जो नाना द्रव्यों से नहीं बनते वे भी योगवाही हैं। मधु के योगवाही होने पर स्नेहन—कर्म के लिये उसका प्रयोग नहीं होता, क्योंकि उसमें रूक्षता तथा कषायरस का होना प्रधान है। अतः 'प्रभाव' का भी साथ ही ग्रहण करना चाहिये।

यह—जिसमें प्रधानतः व बहुतायत से ईख के विकारों का वर्णन है ऐसा—दसवां वर्ग कहा गया है। इस वर्ग के गुण भी सुश्रुत सू० ४५ अ० में देखने चाहिये ॥२४६॥

इतीक्षुवर्गः।

अथ कृतान्नवर्गः।

क्षुत्तृष्णाग्लानिदौर्बल्यकुक्षिरोगज्वरापहा।
स्वेदाग्निजननी पेया वातवर्चोनुलोमनी ॥२४७॥

कृतान्नवर्ग—पेया के गुण—भूख प्यास को बुझानेवाली, ग्लानि, दुर्बलता, कुक्षिरोग (पेट की बीमारियाँ) तथा ज्वर को नष्ट करनेवाली, स्वेद (पसीना) और अग्नि को उत्पन्न करनेवाली वात तथा मलवात एवं पुरीष की अनुलोमक होती है ॥

तर्पणी ग्राहिणी लघ्वी हृद्या चापि विलेपिका।
मृदूकरोति स्रोतांसि स्वेदं संजनयत्यपि ॥२४८॥

विलेपी—तर्पण करती है। संग्राही हल्की तथा रुचिकर वा हृदय के लिये हितकर होती है। स्रोतों को मृदु करती है और पसीना लाती है ॥ २४८ ॥

लङ्घितानां विरिक्तानां जीर्णे स्नेहे च तृष्यताम्।
दीपनत्वाल्लघुत्वाच्च मण्डः स्यात्प्राणधारणः ॥२४९॥

जिन्होंने लङ्घन किया हो वा विरेचन के पश्चात् अथवा स्नेह के पच जाने पर, जब प्यास लगती हो तो दीपन एवं लघु होने से मण्ड का पानी—प्राणों को धारण करनेवाला होता है।

लाजपेया श्रमघ्नी तु क्षामकण्ठस्य देहिनः।

लाज पेया के गुण—जिस पुरुष का कण्ठ सूख गया हो लाजा की पेया उसकी थकावट को दूर करती है।

तृष्णातीसारशमनो धातुसाम्यकरः शिवः।
लाजमण्डोऽग्निजननो दाहमूर्च्छानिवारणः ॥२५०॥
मन्दाग्निविषमाग्नीनां बालस्थविरयोषिताम्।
देयश्च सुकुमाराणां लाजमण्डः सुसंस्कृतः ॥२५१॥

लाजमण्ड के गुण—लाजा का मण्ड तृष्णा तथा अतीसार को शान्त करता है। धातुओं को समता में लाता है। कल्याणकारक, अग्निजनक तथा दाह मूर्छा को हटानेवाला है।

अच्छी प्रकार सिद्ध किया हुआ लाजाओं का मण्ड मन्दाग्नि तथा विषम अग्नि युक्त, बालक, वृद्ध, स्त्री तथा अन्य सुकुमार पुरुषों को देना चाहिये ॥२५०,२५१॥

क्षुत्पिपासापहः पथ्यः शुद्धानां तु मलापहः।
शृतः पिप्पलिशुण्ठीभ्यां युक्तो लाजाम्लदाडिमैः।
मण्डः संदीपयत्यग्निं वातं चाप्यनुलोमयेत् ॥२५२॥

वमन विरेचन आदि संशोधनों द्वारा शुद्ध पुरुषों को, भूख और प्यास को बुझानेवाला, मल को उत्पन्न करनेवाला—लाजा तथा खट्टे अनारदाने से साधित पिप्पली और सोंठ से युक्त मण्ड पीने के लिये देना चाहिये। यह मण्ड अग्नि को दीप्त करता है और वात का अनुलोमन करता है। सुश्रुत सू० ४६ अ० में भी कहा गया है—

'लाजमण्डो विशुद्धानां पथ्यः पाचनदीपनः।
वातानुलोमनो हृद्यः पिप्पलीनागरायुतः ॥२५२॥

सुधौतः प्रस्रुतः स्विन्नः संतप्तश्चौदनो लघुः।
भृष्टतण्डुलमिच्छन्ति गरश्लेष्मामयेष्वपि ॥२५३॥

ओदन (भात) के गुण—अच्छी प्रकार धोया तथा पका हुआ, जिसमें से माँड़ चुआ दिया गया है और गरम भात हलका होता है। भुने हुए चावलों से तय्यार किया हुआ ओदन गर (संयोगज विष) तथा कफज रोगों में प्रयुक्त होता है।

अधौतोऽप्रस्रुतोऽस्विन्नः शीतश्चाप्योदनो गुरुः।

जिस ओदन के तय्यार करते हुए चावल धोये न गये हों वा जिसमें से मांड न निकाली गयी हो वा चावल अच्छी प्रकार स्विन्न न हों—उबले न हों—पके न हों वा ठण्डा हो ऐसा ओदन भारी होता है।

मांसशाकवसातैलघृतमज्जफलौदनाः ॥२५४॥
बल्याः संतर्पणा हृद्या गुरवो बृंहयन्ति च।
तद्वन्माषतिलक्षीरमुद्गसंयोगसाधिताः ॥२५५॥

मांस, शाक (आलू आदि), वसा (चर्बी), तैल घी, मज्जा वा फलों के साथ तय्यार किया हुआ भात बलकारक, सन्तर्पण, रुचिकर, भारी तथा बृंहण होता है। उड़द, तिल, दूध वा मूँग, इनके साथ मिश्रित करके सिद्ध किये गये भात (खिचड़ी) भी उसी प्रकार गुणकारी हैं। अर्थात् ये भात भी बलकारक, सन्तर्पण, रुचिकर भारी तथा बृंहण है ॥२५४,२५५॥

कुल्माषा[1] गुरवो रूक्षा वातला भिन्नवर्चसः।

कुल्माष के गुण—कुल्माष भारी, रूखे, वातवर्धक, मल को लानेवाले होते हैं। जौ के आटे को गूँधकर उबलते पानी में थोड़ी देर स्विन्न होने के पश्चात् निकालकर पुनः जल से मर्दन करके रोटी वा पूड़े की तरह पकाए हुए भोज्य को कुल्माष

१—'यवपिष्टमुष्णोदकसिक्तमीषत्स्विन्नमपूपीकृतं कुल्माषमाहुः चक्रः'। अन्ये तु स्विन्नाः यवादयः कुल्माषा इत्याहुः।

कहते हैं। अथवा अर्द्धस्विन्न चने या जो को कुल्माष कहा जाता है ॥

स्विन्नभक्ष्यास्तु ये केचित्सौप्यगोधूमयावकाः ।
भिषक्तेषां यथाद्रव्यमादिशेद् गुरुलाघवम् ॥२५६॥

मूंग उड़द आदि सूप जाति के द्रव्य, गेहूँ वा जौ को उबाल कर स्विन्न करने से जो भी भक्ष्य पदार्थ बनते हैं; वैद्य को उन २ द्रव्यों के अनुसार उनकी गुरुता वा लघुता जाननी चाहिये ॥२५६॥

अकृतं कृतयूषं च तनुं सांस्कारिकं रसम् ।
सूपमम्लमनम्लं च गुरुं विद्याद्यथोत्तरम् ॥२५७॥

अकृतयूष, कृतयूष, तनु रस, सांस्कारिक रस, अम्ल सूप, अनम्ल सूप, इन्हें यथोत्तर भारी जानें। अर्थात् अकृतयूष से कृतयूष, कृतयूष से तनु मांसरस, तनु मांसरस से सांस्कारिक मांसरस, सांस्कारिक मांसरस से अम्ल सूप और अम्ल सूप से अनम्ल सूप (पकी हुई दाल जिसमें कोई खटाई न हो) भारी होती है।

'अकृत' से अभिप्राय यह है कि जिसे स्नेह, नमक वा कालीमिर्च आदि मसाले के साथ सिद्ध न किया गया हो और जिसे स्नेह, नमक वा कालीमिर्च आदि मसाले के साथ सिद्ध किया जाय वह 'कृत' कहाता है।

'अस्नेहलवणं सर्वमकृतं कटकैर्विना ।
विज्ञेयं लवणस्नेहकटुकैः संयुतं कृतम् ॥'

यूष सिद्ध करने के लिए—मूँग आदि को ईषद्भृष्ट करके चौदह वा अठारह गुणे जल में पकाकर आधा जल रहने पर उतार लिया जाता है ॥

'चतुर्दशगुणे तोये अष्टादशगुणेऽथवा ।
ईषद्भृष्टन्तु विदलं पक्त्वा यूषोऽर्द्धशेषितः ॥'

सूप बनाने के लिए जल चतुर्थांश रहने दिया जाता है। यह दो प्रकार का होता है। एक तो वह जिसे अनारदाना आदि से कुछ खट्टा किया जाता है और दूसरा वह जो खट्टा नहीं होता। यूष में केवलमात्र द्रव भाग लिया जाता है और सूप में दाल के दाने और जल दोनों रहते हैं।

'पादशिष्टो भवेत्सूपः साम्लोऽनम्लश्च स द्विधा ॥'

सांस्कारिक मांसरस से अभिप्राय घन मांसरस से है। क्योंकि उसके साधन में मांस की अधिक मात्रा ली जाती है और इसी कारण उससे सिद्ध मांसरस घना होता है। कहा भी है—

पलानि द्वादश प्रस्थे घनेऽथ तनुके तु षट् ।
मांसस्य वटकं कुर्यात् पलमच्छतरे रसे ॥

अर्थात् घन मांसरस के साधन में दो प्रस्थ जल में १२ पल मांस डाला जाता है। तनु (पतला) मांसरस के सिद्ध करने के लिये दो प्रस्थ जल में ५ पल मांस डाला जाता है। और जो अत्यन्त पतला बनाना हो तो दो प्रस्थ जल में १ पल मांस दिया जाता है ॥२५७॥

सक्तवो वातला रूक्षा बहुवर्चोऽनुलोमिनः ।
तर्पयन्ति नरं सद्यः पीताः सद्योबलाश्च[1] ते ॥२५८॥

सत्तू—वातवर्धक, रूखे, मल को अधिक मात्रा में उत्पन्न करनेवाले तथा अनुलोमक होते हैं। ये पीने पर सद्यः तृप्त करते और सद्यः (तत्क्षण) बलकारक हैं। ये वाजीकरण द्रव्यों की तरह तत्क्षण ही बल को उत्पन्न करते हैं, परन्तु रूक्ष होने से परिणाम में बलकारक नहीं होते-यही बात 'सद्योबलाश्च' से बतायी गयी है ॥ २५८ ॥

मधुरा लघवः शीताः शक्तवः शालिसम्भवाः ।
ग्राहिणो रक्तपित्तघ्नस्तृषाच्छर्दिज्वरापहाः ॥ २५९ ॥

शालि चावलों के सत्तू—मधुर, हल्के, शीतल, संग्राही, रक्तपित्तनाशक, प्यास, कै तथा ज्वर को नष्ट करनेवाले होते हैं।२५९।

हन्याद् व्याधीन् यवापूपो यावको वाट्य एव च ।
उदावर्तप्रतिश्यायकासमेहगलग्रहान् ॥ २६० ॥

यवापूप (जौ के पूड़े), यावक वाट्य (उबाले हुए भुने जौ) अथवा गंगाधर के अनुसार यावक (जौ का मण्ड) ये उदावर्त्त, प्रतिश्याय, कास, प्रमेह तथा गलग्रह; इन रोगों को नष्ट करते हैं ॥ २६० ॥

धानासंज्ञास्तु ये भक्ष्याः प्रायस्ते लेखनात्मकाः ।
शुष्कत्वात्तर्षणाच्चैव विष्टम्भित्वाच्च दुर्जराः ॥२६१॥

जो भक्ष्य पदार्थ धाना (भुने हुए जौ मकई आदि) नामक हैं वे प्रायः लेखन गुणयुक्त होते हैं। सूखे होने से प्यास लगानेवाले और विष्टम्भी (पेट में गुड़गुड़ युक्त वायु को उत्पन्न कर मल को बाहर न निकलने देनेवाला द्रव्य) होने से दुष्पच होते हैं।

'विलिखत्यतितैक्ष्ण्याद्यद् धातूंस्तल्लेखनं मतम् ॥'

जो अतितीक्ष्णता के कारण धातुओं को खुरच डालते हैं; उन्हें लेखन कहा जाता है ॥ २६१ ॥

विरूढधानाः शष्कुल्यो मधुक्रोडाः सपिण्डिकाः ।
पूपाः पूपलिकाद्याश्च[1] गुरवः पैष्टिकाः परम् ॥२७२॥

विरूढधाना (भुने हुए अंकुरित जौ आदि), शष्कुली (कचौरी आदि) चावल वा मैदे के बने हुए पिण्डाकृति पदार्थ वा जो मधुक्रोड (जिनके बीच में मधु वा चाशनी भरी हुई हो) चावल के आटे के पूड़े तथा पूपलिकायें अत्यन्त गरिष्ठ होती हैं ॥ २६२ ॥

फलमांसवसाशाकपललक्षौद्रसंस्कृताः ।
भक्ष्या वृष्याश्च[3] बल्याश्च गुरवो बृंहणात्मका ॥ २६३ ॥

फल, मांस, वसा, शाक, पलल (तिलकल्क) तथा मधु से सिद्ध किये गये भक्ष्यपदार्थ वृष्य, बलकारक, भारी और बृंहण होते हैं ॥ २६३ ॥

वेशवारो गुरुः स्निग्धो बलोपचयवर्धनः ।
गुरवस्तर्पणा वृष्याः क्षीरेक्षुरसपूपकाः ॥ २६४ ॥

वेशवार—भारी, स्निग्ध, बलवर्धक, मांस आदि धातुओं के उपचय को बढ़ानेवाला होता है।

'मांसं निरस्थि सुस्विन्नं पुनर्दृषदि पेषितम् ।
पिप्पलीखण्डमरिचगुडसर्पिःसमन्वितम् ॥
ऐकध्यं विपचेत्सम्यग् वेशवार इति स्मृतः'

अर्थात् अस्थिरहित मांस को पहले पानी में उबालकर अच्छी तरह गला लें। पीछे से उसे शिला पर पुनः बारीक पीस

१—'सद्यो बलाय' ग०।

१—विमर्द्य समिताचूर्णं मदपाकं गुडान्वितम् । घृतावगाहे गुडिकां वृतां पक्वां सकेशराम् ॥ सौगन्धिकाभिधामाञ्च कुर्यात् पूपलिकां बुधः । २—'पैष्टिकास्तण्डुलपिष्टकृता भक्ष्याः' गङ्गाधरः । ३—'हृद्याश्च' ग०।

लें और उसमें पिप्पली, खांड, कालीमिर्च, गुड़, घी मिलाकर इकठा ही पकावें। यह वेशवार कहाता है।

दूध वा ईख के रस से बने पूड़े भारी, तृप्तिकर तथा वृष्य होते हैं ॥ २६४ ॥

सगुडाः सतिलाश्चैव सक्षीरक्षौद्रशर्कराः।
वृष्या बल्याश्च भक्ष्यास्तु ते परं गुरवः स्मृताः ॥२६५॥

गुड़, तिल, दूध, शहद, खांड़; इनसे युक्त भक्ष्य पदार्थ वृष्य, बलकारक तथा अत्यधिक गुरु होते हैं ॥ २६५ ॥

सस्नेहाः स्नेहसिद्धाश्च भक्ष्या विविधलक्षणाः।
गुरवस्तर्पणा वृष्या हृद्या गोधूमिका मताः ॥ २६६ ॥

गेहूँ वा गेहूँ के आटे से बने विविध प्रकार के भक्ष्य पदार्थ जिनमें स्नेह (घी आदि) मिश्रित किया गया हो वा घी में पकाए गए हों भारी, तृप्तिकर, वीर्यवर्धक एवं रुचिकर होते हैं ॥

संस्काराल्लघवः सन्ति भक्ष्या गोधूमपैष्टिकाः।
धानापर्पटपूपाद्यास्तान्बुद्ध्वा निर्दिशेत्तथा ॥ २६७ ॥

गेहूँ वा चावलों के आटे के बने भोज्य पदार्थ संस्कार (अग्निसयोग आदि) से हलके हो जाते हैं। धाना, पर्पट (पापड़), पूप आदि भी संस्कार से लघु होते हैं। उन उन संस्कारों को जानकर उन्हें गुरु वा लघु समझना चाहिये। अष्टाङ्गसंग्रहकार ने उदाहरण से इसी को समझाया है—

एक ही वस्तु से बना अपूप कुकूल (गर्त में तुषाग्नि द्वारा), खर्पर (मिट्टी का तावा), भ्राष्ट्र (भाड़), कन्दु (तन्दूर) वा अङ्गारों में पकाये जाने पर उत्तरोत्तर हलके होते हैं। इस प्रकार संस्कार मात्र से भी लघुता हो जाती है ॥ २६७ ॥

पृथुका गुरवो भृष्टान्भक्षयेदल्पशस्तु तान्।
यावा विष्टभ्य जीर्यन्ति सरसा भिन्नवर्चसः ॥ २६८ ॥

चिउड़े—भारी होते हैं। उनको भूनकर और अल्प मात्रा में खाना चाहिये। जौ के चिउड़े जिन्हें भूना न गया हो विष्टम्भ करके पचते हैं और मल को पतला करके लाते हैं ॥

सूप्यान्नविकृता भक्ष्या वातला रूक्षशीतलाः।
सकटुस्नेहलवणानल्पशो भक्षयेत्तु तान् ॥ २६९ ॥

मूंग, उड़द आदि सूप्य जाति के द्रव्यों के बने भक्ष्य पदार्थ वातवर्धक, रूखे तथा शीतल होते हैं। उन्हें कालीमिर्च, सोंठ आदि कटु द्रव्य, स्नेह (घी, तैल आदि), नमक; इनसे युक्त करके अल्प मात्रा में खाना चाहिये ॥२६९॥

मृदुपाकाश्च ये भक्ष्याः स्थूलाश्च कठिनाश्च ये।
गुरवस्ते [1]ऽव्यतिक्रान्तपाकाः पुष्टिबलप्रदाः ॥ २७० ॥

जो भक्ष्य पदार्थ मन्द वा अल्प अग्नि से पकाये जाते हैं, जो मोटे वा कठोर होते हैं, वे सब भारी होते हैं, देर से पचते हैं और पुष्टि और बल को देते हैं ॥ २७० ॥

द्रव्यसंयोगसंस्कारं द्रव्यमानं पृथक्तया।
भक्ष्याणामादिशेद् बुद्ध्वा यथास्य गुरुलाघवम् ॥

भक्ष्यपदार्थों के द्रव्यों के संयोग, संस्कार तथा पृथक्-पृथक् (उपादान के) द्रव्यों की मात्रा को जानकर उस उस के अनुसार उन उन की गुरुता और लघुता जाननी चाहिये ॥२७१॥

1—'ऽव्यतिक्रान्तपाका इति चिरेण जरां गच्छन्ति' चक्रः।

नानाद्रव्यैः समायुक्तः पक्त्वा वह्निषु भर्जितः।
विमर्दको गुरुर्हृद्यो वृष्यो बलवतां हितः ॥२७२॥

विमर्दक के गुण—विविध द्रव्यों से युक्त और पकाकर अग्नि में भूना हुआ विमर्दक (भक्ष्यविशेष), भारी, रुचिकर, वृष्य तथा बलवान् पुरुषों के लिये हितकर है। यह निर्बल को न खाना चाहिये ॥२७२॥

रसाला[1] बृंहणी वृष्या स्निग्धा बल्या रुचिप्रदा।
स्नेहनं तर्पणं हृद्यं वातघ्नं सगुडं दधि ॥२७३॥

रसाला (श्रीखण्ड)—बृंहण करनेवाली, वीर्यवर्धक स्निग्ध, बलकारक तथा रुचि देनेवाली है।

गुड़युक्त दही—स्निग्धता उत्पन्न करनेवाली, तृप्तिकर रुचिकर तथा वातनाशक होती है ॥२७३॥

द्राक्षाखर्जूरकोलानां गुरु विष्टम्भि पानकम्।
परूषकाणां क्षौद्रस्य यच्चेक्षुविकृतिं प्रति ॥२७४॥

पानक—द्राक्षा (अंगूर वा मुनक्का), खजूर, बेर, शहद वा गुड़ खांड मिसरी आदि के पानक भारी तथा विष्टम्भी होते है ॥

तेषां कट्वम्लसंयोगान् पानकानां पृथक् पृथक्।
द्रव्यमानं च विज्ञाय गुणकर्माणि निर्दिशेत् ॥२७५॥

पानकों के कटु (शुण्ठी आदि) तथा अम्ल द्रव्यों के संयोग को और उनमें मिले हुए द्रव्यों के मान को पृथक् २ जानकर उन पानकों के गुण और कर्मों का निर्देश करना चाहिये। सुश्रुत सू० ४६ अ० में भी कहा है—

'द्रव्यसंयोगसंस्कारं ज्ञात्वा मात्रां च सर्वतः।
पानकानां यथायोग्यं गुरुलाघवमादिशेत्' ॥२७५॥

कट्वम्लस्वादुलवणा लघवो रागषाडवाः।
मुखप्रियाश्च हृद्याश्च दीपना भक्तरोचनाः ॥२७६॥

रागषाडव—कटु, अम्ल, स्वादु (मधुर) तथा नमकीन होते हैं। ये लघु, मुख को प्रिय, हृद्य, दीपन तथा भोजन के लिये रुचि पैदा करते हैं। रागषाडव का लक्षण—

'क्वथिलन्तु गुडोपेतं सहकारफलं नवम्।
तैलनागरसंयुक्तं विज्ञेयो रागषाडवः ॥'

कच्चे आम को उबालकर गुड़तैल तथा सौंठ से युक्त करने पर रागषाडव जानना चाहिये। अथवा मुरब्बे को भी रागषाडव कहते हैं, यथा—

'आममाम्रं त्वचाहीनं द्विस्त्रिर्वा खण्डितं ततः।
भृष्टमाज्ये मनागस्तं खण्डपाकेऽथ युक्तितः।
सुपक्वं च समुत्तीर्य मरीचैलेन्दुवासितम्।
स्थापितं स्निग्धमृद्भाण्डे रागषाडवसंज्ञितम् ॥'

अथवा राग और खाडव पृथक् २ जानने चाषिये। राग का लक्षण—

सितारुचकसिन्धूत्थैः सवृक्षाम्लपरूषकैः।
जम्बूफलरसैर्युक्तो रागो राजिकया कृतः ॥

खांड, सौंचल नमक, सैन्धानमक, वृक्षाम्ल (विषांबिल वा इमली), फालसा, इनसे तथा जामुन के फल के रस से

1—रसालालक्षणं—सचतुर्जातकाजाजिसगुडार्द्रकनागरम्।
रसाला स्याच्छिखरिणी सुघृष्टं ससरं दधि ॥

युक्त राई द्वारा सिद्ध करने से राग बनता है। इसे एक प्रकार का आचार कह सकते हैं।

षाडव का लक्षण—

'षाड्वा मधुराम्लादिरससंयोगसम्भवाः।'

अथवा—'स्पष्टाम्लमधुरोऽस्पष्टकषायलवणोपणः।

अतिक्तः षाडवः कोलकपित्थाद्युपत्र् हितः' ॥

जिसमें मधुर तथा अम्लरस स्पष्ट हों तिक्तरस न हो, तथा अन्य रस अस्पष्ट हों बेर तथा कैथ आदि से मिश्रित कल्पना को षाडव कहते हैं ॥२७६॥

आम्रामलकलेहाश्च बृंहणा बलवर्धनाः।

रोचनास्तर्पणाश्चोक्ताः स्नेहमाधुर्यगौरवात् ॥२७७॥

आम वा आँवले की चटनियाँ—स्निग्ध, मधुर तथा भारी होने से बृंहण, बलवर्धक, रुचि उत्पन्न करनेवाली तथा तर्पण कही गयी हैं ॥२७७॥

बुद्ध्वा संयोगसंस्कारं द्रव्यमानं न तच्छ्रितम्।

गुणकर्माणि लेहानां तेषां तेषां तथा वदेत् ॥२७८॥

लेह वा चटनियों के उपादान द्रव्यों के संयोग, संस्कार, मात्रा को जानकर उन २ लेहों के गुण और कर्मों को कहे ॥

रक्तपित्तकफोत्क्लेदि [1]शुक्तं वातानुलोमनम्।

कन्दमूलफलाद्यं च तद्वद्विद्यात्तदासुतम् ॥२७९॥

शुक्त (सिरका)—रक्तपित्त तथा कफ का उत्क्लेद करनेवाला वा बढ़ानेवाला तथा वात का अनुलोमक होता है। कन्द, मूल, फल आदि—जिन्हें शुक्त में सन्धित किया जाता है—उनके गुण भी उसी प्रकार जानने चाहिये ॥२७९॥

शिण्डाकी चासुतं चान्यत् [2]कालाम्लं रोचनं लघु।

विद्याद्वर्गं कृतान्नानामेकादशतमं भिषक् ॥२८०॥

[3]शिण्डाकी तथा अन्य सन्धित पदार्थ जो कुछ दिनों तक पड़ा रहने से खट्टा हो जाय वह रुचिकर तथा हलका होता है। सुश्रुत सू० ४५ अ० में भी इनके गुण देख लेने चाहिये। यह ग्यारहवाँ कृतान्नवर्ग वैद्यों को जानना चाहिये ॥२८०॥

इति कृतान्नवर्गः।

अथाहारयोगिवर्गः।

कषायानुरसं स्वादु सूक्ष्ममुष्णं व्यवायि च।

पित्तलं बद्धविण्मूत्रं न च श्लेष्माभिवर्धनम् ॥२८१॥

वातघ्नेषूत्तमं बल्यं त्वच्यं मेधाग्निवर्धनम्।

तैलं संयोगसंस्कारात्सर्वरोगापहं मतम् ॥२८२॥

तैलप्रयोगादजरा निर्विकारा जितश्रमाः।

आसन्नतिबलाः संख्ये दैत्याधिपतयः पुरा ॥२८३॥

आहारयोगिवर्ग—इस वर्ग में आहार के संस्कार के लिये जो द्रव्य उपयोग में आते हैं, उनका वर्णन होगा—

तैल—तिल के तेल में रस मधुर, अनुरस कषाय होता है। [4]सूक्ष्म अर्थात् सूक्ष्म स्रोतों में जानेवाला, गरम, व्यवायी[1] (विना पके ही सम्पूर्ण शरीर में व्याप्त हो जानेवाला पश्चात् पकनेवाला), पित्तवर्द्धक, मल-मूत्र को बाँधनेवाला होता है। कफ को नहीं बढ़ाता। वातहर द्रव्यों में श्रेष्ठ, बलकारक, त्वचा के लिये हितकर, मेधा तथा अग्नि को बढ़ानेवाला है। संयोग तथा संस्कार द्वारा सम्पूर्ण रोगों को नष्ट करनेवाला माना गया है।

प्राचीन काल में दैत्यों के राजा तैल के प्रयोग से जरा (वृद्धावस्था) रहित, विकाररहित (रोगरहित) हो चुके हैं। उन्हें थकावट नहीं होती थी और युद्ध में अत्यन्त बलवान् थे। सुश्रुत सू० ४५ अ० में—'तैलं त्वाग्नेयमुष्णं तीक्ष्णं मधुरं मधुरविपाकं बृंहणं प्रीणनं व्यवायि सूक्ष्मं विशदं गुरु सरं विकासि[2] वृष्यं त्वक्प्रसादनं शोधनं मेधामार्दवमांसस्थैर्यवर्णबलकरं चक्षुष्यं बद्धमूत्रं लेखनं तिक्तकषायानुरसं पाचनमनिलबलासक्षयकरं कृमिघ्नम्। अशितं पित्तजननं योनिशिरःकर्णशूलप्रशमनं गर्भाशयशोधनं च। तथा छिन्नभिन्नविद्धोत्पिष्टच्युतमथितक्षतपिच्चितभग्नस्फुटितक्षाराग्निदग्धविश्लिष्टदारिताभिहतदुर्भग्नमृगव्यालविदष्टप्रभृतिषु च परिषेकाभ्यङ्गावगाहादिषु तिलतैलं प्रशस्यते।

'तद्वस्तिषु च पाने च नस्ये कर्णाक्षिपूरणे।

अन्नपानविधौ चापि प्रयोज्यं वातशान्तये ॥'

घृत भी यद्यपि आहारयोगिवर्ग का द्रव्य है, गोरस वर्ग में उसका वर्णन हो जाने से यहाँ पुनः वर्णन करना उचित नहीं समझा गया ॥२८१-२८३॥

एरण्डतैलं मधुरं गुरु श्लेष्माभिवर्धनम्।

वातासृग्गुल्महृद्रोगजीर्णज्वरहरं परम् ॥२८४॥

एरण्डतैल—मधुर, भारी, कफ को बढ़ानेवाला तथा वातरक्त, गुल्म, हृद्रोग एवं जीर्णज्वर; इन रोगों को हरनेवाला है ॥

कटूष्णं सार्षपं तैलं रक्तपित्तप्रदूषणम्।

कफशुक्रानिलहरं कण्डूकोठविनाशनम् ॥२८५॥

सरसों का तैल—कटु, गरम, रक्तपित्त को दूषित करनेवाला, कफ, वीर्य एवं वायु को हरनेवाला, कण्डू (खुजली) और कोठ को नष्ट करनेवाला है ॥२८५॥

पियालतैलं मधुरं गुरु श्लेष्माभिवर्धनम्।

हितमिच्छन्ति नात्यौष्ण्यात् संयोगे वातपित्तयोः ॥२८६॥

पियाल (चिरौंजी) का तैल—मधुर, भारी, कफवर्धक है। अत्यन्त उष्ण न होने के कारण इसे वातपित्त के संयोग (द्वन्द्व) में हितकर मानते हैं ॥२८६॥

आतस्यं मधुराम्लं तु विपाके कटुकं तथा।

उष्णवीर्यं हितं वाते रक्तपित्तप्रकोपणम् ॥२८७॥

अलसी का तेल—मधुर अम्ल, विपाक में कटु, उष्णवीर्य, वात में हितकर तथा रक्तपित्त को प्रकुपित करनेवाला है ।२८७।

कुसुम्भतैलमुष्णं च विपाके कटुकं गुरु।

विदाहि च विशेषेण सर्वरोगप्रकोपणम् ॥२८८॥

१—यन्मस्त्वादि शुचौ भाण्डे सगुडक्षौद्रकाञ्जिकम्।
धान्यराशौ त्रिरात्रस्थं शुक्तं चुक्रं तदुच्यते ॥
२—'कालाम्लं कालेन जातरसमम्लं भवति तत्' गंगाधरः।
३—मूलकादिशाकं क्वथितासुतं काञ्जीरकराजिकासुभावितम् अम्लतीक्ष्णं शिण्डाकीशब्देनोच्यते सा तीरभुक्तौ प्रसिद्धा—'शिण्डाकी सन्धिता ज्ञेया मूलकैः सर्षपादिभिः।' शाङ्गधरः।
४—'देहस्य सूक्ष्मच्छिद्रेषु विशेद्यत्सूक्ष्ममुच्यते।
तद्यथा सैन्धवं क्षौद्रं निम्बतैलं रुबूद्भवम्' ॥

१—'पूर्वं व्याप्याखिलं कायं ततः पाकं च गच्छति। व्यवायि तद्यथा भङ्गा फेनं चाहिसमुद्भवम् ॥' शाङ्गधरः। २—'सन्धिबन्धांस्तु शिथिलान् यत्करोति विकासि तत्। विश्लिष्यौजश्च धातुभ्यो यथा क्रमुककोद्रवाः ॥' शाङ्गधरः ॥

कुसुम्भ का तेल–गरम, विपाक में कटु, भारी, विशेषतः विदाही है तथा सब रोगों को कुपित करता है ॥२८८॥

फलानां यानि चान्यानि तैलान्याहारसंविधौ ।
युज्यन्ते गुणकर्मभ्यां तानि ब्रूयाद्यथाफलम् ॥२८९॥

आहार में उपयोगी, अन्य जो भी फलों के तेल हैं, उस २ फल के अनुसार उनके गुण और कर्म कहने चाहियें ॥२८९॥

मधुरो बृंहणो वृष्यो बल्यो मज्जा तथा वसा ।
यथासत्त्वं तु शैत्योष्ण्ये वसामज्ज्ञोर्विनिर्दिशेत् ॥२९०॥

मज्जा तथा वसा (चर्बी)—मधुर, बृंहण, वृष्य (वीर्यवर्धक), बलकारक होती है । वसा वा मज्जा की शीतता वा उष्णता उन २ जन्तुओं के अनुसार होती है जिनसे वे प्राप्त की जाती हैं । अर्थात् जो प्राणी शीत हैं उनकी शीत , यथा—जङ्गल पशु-पक्षियों की और जो उष्ण हैं उनकी उष्ण होती है, जैसे—आनूप देश के पशु-पक्षियों की । सुश्रुत सू० ४५ अ० में कहा है—

'ग्राम्यानूपौदकानां वसामेदोमज्जानो गुरूष्णा मधुरा वातघ्नाः । जाङ्गलैकशफक्रव्यादादीनां लघुशीतकषाया रक्तपित्तघ्नाः । प्रतुदविष्किराणां श्लेष्मघ्नाः ॥'

पूर्वोक्त तैलों के गुण भी सुश्रुत सू० ४५ अ० में देख लेने चाहियें ॥२९०॥

सस्नेहं दीपनं वृष्यमुष्णं वातकफापहम् ।
विपाके मधुरं हृद्यं रोचनं विश्वभेषजम् ॥२९१॥

सोंठ—कुछ स्निग्ध, दीपन, वृष्य, गरम, वातकफनाशक, विपाक में मधुर, हृदय के लिये हितकर, भोजन में रुचि उत्पन्न करनेवाली हैं ॥२९१॥

श्लेष्मला मधुरा चार्द्रा गुर्वी स्निग्धा च पिप्पली ।
सा शुष्का कफवातघ्नी कटूष्णा वृष्यसंमता ॥२९२॥

ताजी गीली पिप्पली–कफवर्धक, मधुर, भारी तथा स्निग्ध होती है । वही सूखी हुई कफवातनाशक, कटु, गरम तथा वृष्य मानी गयी है ॥२९२॥

नात्यर्थमुष्णं मरिचमवृष्यं लघु रोचनम् ।
छेदित्वाच्छोषणत्वाच्च दीपनं कफवातजित् ॥२ ३॥

कालीमिर्च—अत्यन्त गरम नहीं होती । यह वृष्य नहीं । हलकी, भोजन में रुचि उत्पन्न करनेवाली वा भोजन को स्वादु करनेवाली है । [1]छेदन तथा शोषण (सुखाना) गुण युक्त होने से अग्निदीपक तथा वातकफ को जीतती है ॥२९३॥

वातश्लेष्मविबन्धघ्नं कटूष्णं दीपनं लघु ।
हिंगु शूलप्रशमनं विद्यात्पाचनरोचनम् ॥२९४॥

हींग—वात एवं कफ के बन्ध को तोड़नेवाली अथवा वात, कफ तथा विबन्ध (मलबन्ध आदि) को नष्ट करनेवाली कटु, गरम, अग्निदीपक, हलकी, शूल को शान्त करनेवाली, पाचक तथा भोजन को स्वादु बनानेवाली है ॥२९४॥

रोचनं दीपनं वृष्यं चक्षुष्यमविदाहि च ।
त्रिदोषघ्नं समधुरं सैन्धवं लवणोत्तमम् ॥२९५॥

१—'श्लिष्टान् कफादिकान् दोषानुन्मूलयति तद्बलात् । छेदन तथचक्षारो मरिचानि शिलाजतु ॥' शार्ङ्गधरः ।

सैन्धव नमक—आहार को स्वादु बनानेवाला, दीपन, वृष्य, नेत्रों के लिये हितकर, विदाह को उत्पन्न न करनेवाला, त्रिदोषनाशक, कुछ मधुर तथा सब नमकों में श्रेष्ठ है ॥२९५॥

सौक्ष्म्यादौष्ण्याल्लघुत्वाच्च सौगन्ध्याच्च रुचिप्रदम् ।
सौवर्चलं विबन्धघ्नं हृद्यमुद्गारशोधि च ॥२९६॥

[1]सौंचल नमक–सूक्ष्म (सूक्ष्म स्रोतों में प्रवेश करने वाला), उष्ण लघु तथा सुगन्धिगुण-युक्त होने के कारण रुचि करनेवाला, विबन्धनाशक, हृदय के लिये हितकर तथा उद्गार (डकार) को शुद्ध करनेवाला है ॥२९६॥

तैक्ष्ण्यादौष्ण्याद् व्यवायित्वाद्दीपनं शूलनाशनम् ।
ऊर्ध्वं चाधश्च वातानामानुलोम्यकरं विडम् ॥२९७॥

[2]विडनमक–तीक्ष्ण, उष्ण तथा व्यवायी होने से दीपन, शूलनाशक है और ऊपर तथा नीचे की ओर वायुओं का [3]अनुलोमन करता है । अर्थात् जिन वायुओं का मार्ग ऊपर की ओर है, परन्तु प्रतिलोम होने से नीचे की ओर गति की हुई है–उन्हें अपने मार्ग–ऊपर की ओर प्रवृत्त कराता है । तथा जिनका मार्ग नीचे की ओर है पर वे प्रतिलोम होकर ऊपर की ओर गति करती हों तो उन्हें नीचे की ओर प्रवृत्त कराता है । अथवा यदि वायुओं का मार्ग दोषों से आवृत हो, स्रोतःशुद्धि द्वारा उन दोषों को हटाकर स्वमार्ग में प्रवृत्त करना वायु का अनुलोमन कहाता है ॥२९७॥

सतिक्तं कटु सक्षारं तीक्ष्णमुत्क्लेदि चौद्भिदम् ।
न काललवणे गन्धः सौवर्चलगुणाश्च ते ॥२९८॥

[4]औद्भिद (रेह का नमक)—यह रस में कुछ तिक्त एवं कटु होता है । क्षारयुक्त, तीक्ष्ण तथा उत्क्लेदी–शरीर में गीलापन उत्पन्न करनेवाला है ।

[5]काला नमक–इसमें सौंचल के सब गुण होते हैं केवल गन्ध नहीं होती ॥२९८॥

१—'सौवर्चलं प्रसारणीकल्कमक्तलवणसंयोगात् अग्निदाहेन निर्वृत्तम् ।' इति उल्हणः ॥ 'विशुद्धं स्वर्जिकाक्षारं चतुष्पलमितं हरेत् । द्रावयेदथ यत्नेन तोयेऽष्टपलसम्मिते ॥ यातीह द्रवतां यावान् तावन्तं सैन्धवं ततः । सर्जिकाया द्रवे यत्नान्निक्षिपेद् भिषजां वरः ॥ ततः सुविमले पात्रे न्यस्य चुल्ल्यां निधापयेत् । पचेत्तीव्राग्निना कामं तोयञ्च परिशोषयेत् ॥ निःशेषं सलिलं ज्ञात्वा किञ्चित् कालं पुनः पचेत् । पाकशेषे च लवणं रुचकाख्यं समाहरेत् ॥" इति रसतरङ्गिण्याम् । अत्र काललवणमपि सौवर्चलस्य पर्यायत्वेनोक्तम् । आधुनिकास्तु सौवर्चलमनयैव रीत्या साधयन्ति । चक्रस्तु काललवणटीकायां काललवणं सौवर्चलमेवागन्धं दक्षिणसमुद्रसमीपे भवतीत्याह । परमेतच्चिन्त्यं सर्वैरुप सौवर्चलविडयोः कृत्रिमत्वेनोक्तत्वात् । २–विडलवणसाधनं रसतरङ्गिण्याश्चतुर्दशे तरंगे द्रष्टव्यम् ॥ ३–अनुलोमनद्रव्यलक्षणं–'कृत्वा पाकं मलानां यद्भित्वा बन्धमधो नयेत् । तच्चानुलोमनं ज्ञेयं यथा प्रोक्ता हरीतकी' ॥ इति शार्ङ्गधरः ॥ ४–'औद्भिदमुत्कारिकालवणम् ।' चक्रः । ५—तदेव (सौवर्चलमेव) निर्गन्धं काललवणमित्युच्यते । डल्हणः ।

सामुद्रकं समधुरं सतिक्तं कटु, पांशुजम् ।
रोचनं लवणं सर्वं पाकि स्रंस्यनिलापहम् ॥२९९॥

सामुद्रलवण–किञ्चित् मधुर तथा किञ्चित् तिक्त होता है । [1]पांशुज नमक–कटु होता है ।

सब लवणों के सामान्य गुण–सब नमक रुचिकर, अन्न आदि को पचानेवाले, [2]स्रंसन करनेवाले तथा वायुनाशक होते हैं ।

इन तथा अन्य लवणों के गुण सुश्रुत सू० ४६ अ० में भी देख लेने चाहिये ॥२९९॥

हृत्पाण्डुग्रहणीदोषप्लीहानाहगलग्रहान् ।
कासं कफजमर्शांसि यावशूको व्यपोहति ॥३००॥

यवक्षार–हृद्रोग, पाण्डुरोग, ग्रहणीरोग, प्लीहा, (तिल्ली), आनाह, गलग्रह, कफज, काश तथा अर्शों को नष्ट करता है ॥३००॥

तीक्ष्णोष्णो लघुरूक्षश्च क्लेदी पक्ता विदारणः ।
दहनो दीपनश्छेत्ता सर्वः क्षारोऽग्निसन्निभः ॥३०१॥

सब क्षारों के सामान्य गुण—सब क्षार, तीक्ष्ण, गरम, हलके, रूखे, क्लेदी (शरीर के स्रोतों में गीलापन उत्पन्न करनेवाले), पाचक, विदारण (विद्रधि आदि को फाड़नेवाले, जलानेवाले, दीपन, छेदन गुणयुक्त (कफ आदि के संघात को काटनेवाले) तथा अग्नि के सदृश होते हैं ।

सुश्रुत सूत्र ४५ अ० में क्षारों के गुण विस्तार से दिये गये हैं ॥३०१॥

कारव्यः कुञ्चिकाऽजाजी यवानी धान्यतुम्बरू ।
रोचनं दीपनं वातकफदौर्गन्ध्यनाशनम् ॥३०२॥

कारवी (काला जीरा अथवा सोय वा अजमोदा), कुञ्चिका (स्थूल जीरा अथवा मेथीबीज), अजाजी (जीरा), यवानी (अजवाइन), धनियाँ, तुम्बुरु (नेपाली धनियाँ ; ये रुचिकर दीपन तथा वात कफ एवं दुर्गन्धि को नष्ट करते हैं ॥३०२॥

आहारयोगिनां भक्तिनिश्चयो न तु विद्यते ।
समाप्तो द्वादशश्चायं वर्ग आहारयोगिनाम् ॥३०३॥

इत्याहारयोगिवर्गः ।

आहारयोगी द्रव्यों के विभाग का निश्चय नहीं, क्योंकि ये अनन्त हैं अथवा आहारयोगी द्रव्यों की इच्छा का निश्चय नहीं । किसी पुरुष को एक भाता है तो दूसरे को दूसरा । अतः हम यह नहीं कह सकते कि आहारयोगी द्रव्य इतने ही हैं । अतएव आचार्य ने इस वर्ग में मोटे २ कुछ एक द्रव्यों का वर्णन कर दिया है । सुश्रुत सू० ४६ अ० में इनके गुण कहे गये हैं । वहाँ भी देख लें ।

इस प्रकार यह बारहवाँ आहारयोगिवर्ग समाप्त होता है ।३०३।

शूकधान्यं शमीधान्यं समातीतं प्रशस्यते ।
पुराणं प्रायशो रूक्षं प्रायेणाभिनवं गुरु ॥३०४॥

शूकधान्य (शालि आदि) और शमीधान्य (मूंग आदि) एक वर्ष के पुराने प्रशस्त माने गये हैं । इससे अधिक पुराने रूक्ष तथा नवीन भारी होते हैं । सुश्रुत सू० ४६ अध्याय में कहा भी है—

'वर्षोषितं सर्वधान्यं परित्यजति गौरवम् ।
न तु त्यजति तद्वीर्यं क्रमशो विजहाति तत् ॥'
तथा–'अनार्त्तवं व्याधिहतमपर्यागतमेव च ।
अभूमिजं नवं चापि न धान्यं गुणवत्स्मृतम् ।
नवं धान्यमभिष्यन्दि लघु संवत्सरोषितम्' ॥३०४॥

[1]यद्यदागच्छति क्षिप्रं तत्तल्लघुतरं स्मृतम् ।

जो २ बोने पर शीघ्र ही उत्पन्न हो जाते हैं वे दूसरे–सजातीयों की अपेक्षा अधिक हलके होते हैं । अथवा खाने पर जो शीघ्र ही पच जाते हैं वे अपेक्षया अधिक लघु होते हैं ॥

निस्तुषं युक्तिभृष्टं तु सूप्यं लघु विपच्यते ॥३०५॥

छिलके रहित तथा युक्ति से भुने हुए मूंग आदि सूप्य (दाल) जाति के धान्य हलके पचते हैं अर्थात् शीघ्र पचते हैं । यदि इनका छिलका न हटाया जाय वा न भूना जाय तो अपेक्षया भारी होते हैं । अतएव सुश्रुत सू० ४६ में भी कहा है—

'सुस्विन्नो निस्तुषो भृष्ट ईषत् सूपो लघुर्हितः ।'

अर्थात् मूंग को छिलके रहित करके थोड़ा भूनकर बनायी हुई दाल हलकी होती है ॥३०५॥

मृतं [2]कृशातिमेध्यं च वृद्धं बालं विषैर्हतम् ।
[3]अगोचरभृतं व्याडसूदितं मांसमुत्सृजेत् ॥३०६॥

त्याज्य मांस—स्वयं मरा हुआ, दुर्बल, अतिमेदस्वी; अत्यधिक चर्बीयुक्त, बूढ़ा, बच्चा, जिसका विष द्वारा हनन किया गया हो, असात्म्य देश में जो पाला-पोसा गया हो अर्थात् जाङ्गल देश का पशु आनूप देश में पला हो वा आनूप देश का जाङ्गल देश में । व्याघ्र आदि वा सांप ने जिसे डस लिया हो; ऐसा मांस त्याज्य है ॥३०६॥

अतोऽन्यथा हितं मांसं बृंहणं बलवर्धनम् ।

इससे विपरीत मांस हितकर है, वह बृंहण तथा बलवर्धक होता है । २६ वें अध्याय में कह भी आये हैं—

'अदिग्धविद्धमक्लिष्टं वयःस्थं सात्म्यचारिणाम् ।
मृगमत्स्यविहङ्गानां मांसं बृंहणमुच्यते ॥'

प्रीणनः सर्वधातूनां हृद्यो मांसरसः परम् ॥३०७॥
शुष्यतां व्याधियुक्तानां कृशानां क्षीणरेतसाम् ।
बलवर्णार्थिनां चैव रसं विद्याद्यथाऽमृतम् ॥३०८॥
सर्वरोगप्रशमनं यथास्वं विहितं रसम् ।
विद्यात्स्वर्यं बलकरं वयोबुद्धीन्द्रियायुषाम् ॥३०९॥
व्यायामनित्याः स्त्रीनित्या मद्यनित्याश्च ये नराः ।
नित्यं मांसरसाहारा नातुराः स्युर्न दुर्बलाः ॥३१०॥

मांसरस— सम्पूर्ण धातुओं की कमी को पूरा करता है, हृदय के लिये हितकर है । शोषयुक्त वा सूखते हुए रोगयुक्त, कृश (पतले), जिनका वीर्य क्षीण हो गया है, जो बल तथा वर्ण को चाहते हैं, उन सब के लिये मांसरस अमृततुल्य है । 'व्याधिमुक्तानां' ऐसा पाठान्तर होने पर जिन्हें रोग ने अभी छोड़ा ही है (Convalescents) ।

१–'पांशुजं पूर्वसमुद्रजम्' चक्रः । २—'पक्तव्यं यदपक्त्वैव श्लिष्टं कोष्ठे मलादिकम् । नयत्यधः स्रंसनं तद्यथा स्यात्कृतमालकः' ॥ शार्ङ्गधरः ।

१–आगच्छति क्षिप्रमिति उप्तं सत् शीघ्रं भवति, किंवा आगच्छति क्षिप्रमिति भुक्तं सत् क्षिप्रं पच्यते' चक्रः । २–'कृशममेध्यं' च । ३–'अगोचरभृतं असात्म्यदेशादिषु पुष्टम्' गङ्गाधरः ।

अपने २ रोगों के अनुसार विधिपूर्वक साधित मांसरस सब रोगों को शान्त करता है। यह सब के लिए हितकर है। वय (उम्र), बुद्धि, इन्द्रिय, आयु; इनके बल को बढ़ाता है।

जो नित्य व्यायाम वा अन्य परिश्रम का कार्य करते हैं, जो नित्य स्त्रीसंभोग करते हैं तथा जो नित्य मद्य पीते हैं, यदि वे नित्य मांसरस का सेवन करें तो न वे रोगी होंगे और न दुर्बल ही होंगे ॥३०७-३१०॥

कृमिवातातपहतं शुष्कं जीर्णमनार्तवम्।
शाकं निःस्नेहसिद्धं च वर्ज्यं यच्चापरिस्रुतम्॥ ११॥

त्याज्य शाक–जो कीड़ों से खाया गया हो, वायु वा घाम से हीनवीर्य हुआ २ हो, सूखा हुआ, पुराना, जो अपनी ऋतु में न उत्पन्न हुआ हो, जिसके पकाने में घी तेल आदि किसी स्नेह का प्रयोग न हुआ हो और जिसमें से रस को निचोड़कर न निकाल दिया हो वह शाक त्याज्य है ॥३११॥

पुराणमामं संक्लिष्टं कृमिव्यालहिमातपैः।
अदेशकालजं क्लिन्नं यत्स्यात्फलमसाधु तत्॥३१२॥

त्याज्य फल–पुराने कच्चे, कीड़े से खाये हुए, सर्प आदि विषैले जन्तुओं द्वारा दष्ट, बर्फ वा धूप से हानि पहुँचाये गये, उपयुक्त देश में न उत्पन्न हुए २, बेमौसिम तथा जो गल गये हों वे फल अच्छे नहीं होते। सुश्रुत सू० ४६ अ० में भी—

'व्याधितं कृमिजुष्टं च पाकातीतमकालजम्।
वर्जनीयं फलं सर्वमपर्यागतमेव च'' ॥३१२॥

हरितानां यथाशाकं निर्देशः साधनादृते।
मद्याम्बुगोरसादीनां स्वे स्वे वर्गे विनिश्चयः॥३१३॥

हरितवर्ग के द्रव्यों की वर्जनीयता उसी प्रकार है जैसे शाकों की, परन्तु साधन के भेद को छोड़कर। अभिप्राय यह है कि शाक को उबालकर उसका रस निचोड़ना पड़ता है और प्रभूत-स्नेह से सिद्ध करना होता है, परन्तु हरितक वर्ग के द्रव्यों को ऐसा नहीं करना होता। मद्य जल तथा गोरस आदि वर्गों के द्रव्यों के गुण दोष अपने २ वर्गों में कहे जा चुके हैं ॥३१३॥

यदाहारगुणैः पानं विपरीतं तदिष्यते।
अन्नानुपानं धातूनां दृष्टं यन्न विरोधि च॥३१४॥

अनुपान–जो पेय द्रव्य आहार के गुणों से विपरीत गुण-वाला है वही अन्न का अनुपान होना चाहिये। जैसे स्निग्ध का रूक्ष, रूक्ष का स्निग्ध; उष्ण का शीत, शीत का उष्ण; मधुर का अम्ल, अम्ल का मधुर इत्यादि। परन्तु वह अनुपान धातुओं का विरोधी न हो। यह कहने का तात्पर्य यह है कि खट्टे आहार का अनुपान मधुर दूध नहीं हो सकता, क्योंकि वह धातु का विरोधी होता है। इत्यादि ॥३१४॥

आसवानां समुद्दिष्टा अशीतिश्चतुरुत्तरा।
जलं पेयमपेयं च परीक्ष्यानुपिबेद्धितम्॥३१५॥

यज्जःपुरुषीय नामक अध्याय में ८४ प्रकार के आसव कह देये हैं। पीने योग्य तथा न पीने योग्य जल भी कह चुके हैं। अच्छी प्रकार परीक्षा करके हितकर अनुपान पीना चाहिये ॥३१५॥

स्निग्धोष्णं मारुते शस्तं, पित्ते मधुरशीतलम्।
कफेऽनुपानं रूक्षोष्णं, क्षये मांसरसः परम्॥३१६॥
उपवासाध्वभाष्यस्त्रीमारुतातपकर्मभिः।
क्लान्तानामनुपानार्थं पयः पथ्यं यथाऽमृतम्॥३१७॥
सुरा कृशानां पुष्ट्यर्थमनुपानं प्रशस्यते।
कार्श्यार्थं स्थूलदेहानामनुशस्तं मधूदकम्॥३१८॥
अल्पाग्नीनामनिद्राणां तन्द्राशोकभयक्लमैः।
मद्यमांसोचितानां च मद्यमेवानुशस्यते॥३१९॥

दोष के अनुसार अनुपान–वायु में स्निग्ध एवं उष्ण अनु-पान हितकर होता है। पित्त में मधुर एवं शीतल। कफ में रूक्ष तथा उष्ण। क्षय में मांसरस। उपवास, अधिक मार्ग चलना, अधिक बोलना, स्त्रीभोग, आंधी धूप तथा भार आदि उठाने के श्रमजनक कर्मों से थके हुओं के लिये दूध अमृत के समान पथ्य है।

कृश पुरुषों की पुष्टि के लिये सुरा का अनुपान प्रशस्त है। स्थूल पुरुषों के देह को कृश करने के लिये अनुपानार्थ मधु (शहद) का शरबत उत्तम है।

अल्पाग्नि तथा अनिद्रा से पीड़ित, तन्द्रा, शोक, भय एवं क्लम (अनयास श्रम) से युक्त तथा जिन्हें मद्य एवं मांस के सेवन का अभ्यास है; उनके लिये अनुपान में मद्य ही प्रशस्त मानी गयी है ॥३१६,३१९॥

अथानुपानकर्म प्रवक्ष्यामि-अनुपानं तर्पयति, प्रीणयति, ऊर्जयति, पर्याप्तिभिर्निर्वर्तयति, भुक्तमवसादयति[1] अन्न-संघातं भिनत्ति, मार्दवमापादयति, क्लेदयति, जरयति, सुखपरिणामतामाशुव्यवायितां चाहारस्योपजनयतीति ।३२०।

अनुपान का कर्म—अनुपान तृप्त करता है, देह वा इन्द्रियों की कमी को पूर्ण करता है, बल वा जीवन को देता है; खाये हुए आहार को सर्वत्र शरीर में फैलाने का कार्य करता है वा शरीर के साथ एकीभाव कर देता है। खाये पदार्थ को शिथिल कर देता है वा आमाशय तथा उससे आगे पक्वाशय की ओर ले जाता है। अन्न के संघात को तोड़ता है। कोमलता को उत्पन्न करता है। गीला करता है, पचता और आहार को सुख से पच जानेवाला तथा शरीर में व्याप्त होजानेवाला कर देता है ॥३२०॥

भवन्ति चात्र।

अनुपानं हितं युक्तं तर्पयत्याशु मानवम्।
सुखं पचति चाहारमायुषे च बलाय च॥३२१॥

प्रयुक्त किया हुआ अनुपान मनुष्य को शीघ्र तृप्त कर देता है और आयु एवं बल के लिये आहार को सुख से पचा देता है॥३२१॥

नोर्ध्वाङ्गमारुताविष्टा न हिक्काश्वासकासिनः।
न गीतभाष्याध्ययनप्रसक्ता नोरसि क्षताः॥३२२॥
पिबेयुरुदकं भुक्त्वा, तद्धि कण्ठोरसि स्थितम्।
स्नेहमाहारजं हत्वा भूयो दोषाय कल्पते॥३२३॥

भोजन के पश्चात् किन्हें जल न पीना चाहिये—जिनके ऊपर के अंगों में वायु का कोप हो, हिचकी श्वास तथा खांसी के रोगी, गाने, अधिक भाषण करने वा अधिक पढ़नेवाले, उरःक्षत के रोगी भोजन के पश्चात् जल

१–अपर्यागतम अपक्वमित्यर्थः।

१–'भुक्तमासादयति' ग.। 'भुक्तमवसादयति आमाशयादधो-मार्गं नयति' शिवदासः।

न पीवें। क्योंकि भोजन के बाद पाया हुआ जल कण्ठ एवं उरोदेश में स्थित आहार के स्नेह को वहीं रोककर उसके न पचने से दोष को अत्यधिक बढ़ाने में समर्थ होता है। 'हन' धातु के हिंसा एवं गति दोनों अर्थ हैं—अतः 'हत्वा' का अर्थ 'प्राप्त होकर' यह भी हो सकता है। अभिप्राय यह कि जल आहार के स्नेह को प्राप्त होकर आमाशय को दूषितकर दोष को बढ़ा देता है। सुश्रुत सू० ४६ अ० में भी कहा है—

'न पिबेच्छ्वासकासार्त्तो रोगे चाप्यूर्ध्वजत्रुगे।
क्षतोरस्कः प्रसेकी च यस्य चोपहतः स्वरः॥
पीत्वाध्वभाष्याध्ययनगेयस्वप्नान् न शीलयेत्।
प्रदूष्यामाशयं तद्धि तस्य कण्ठोरसि स्थितम्॥
स्यन्दाग्निसादच्छर्द्यादीनामयान् जनयेद् बहून्।

सुश्रुत सू० ४६ अ० में सम्पूर्ण प्रकरण देखने चाहिये॥

अन्नपानैकदेशोऽयमुक्तः प्रायोपयोगिकः।
द्रव्यं तु नहि निर्देष्टुं शक्यं कार्त्स्न्येन नामभिः॥३२४॥

यह प्रायः उपयोग में आनेवाले अन्नपान का एक भाग कह दिया गया है। सम्पूर्ण द्रव्य पृथक् २ नाम द्वारा नहीं कहे जा सकते॥३२४॥

यथा [1]नानौषधं किंचिद्देशजानां वचो यथा।
द्रव्यं तत्तत्तथा वाच्यमनुक्तमिह यद् भवेत्॥३२५॥

यह कोई भी द्रव्य—औषध न हो—यह बात नहीं, अतः जिसे यहाँ न कहा गया हो उस २ द्रव्य का प्रयोग करनेवाले तत्तद्देशीय जन उसके विषय में जैसा कहें उसे वैसा ही समझना चाहिये॥

अथवा 'यथा नानौषधं किञ्चित्' इस श्लोकपाद से आत्रेय भद्रकाप्यीय नामक २६ वें अ० में कह गये 'अनेनोपदेशेन०' इत्यादि को पुनः स्मरण कराया गया है। वहाँ जैसे बताया गया है उसी प्रकार ही उस २ द्रव्य के कर्म वीर्य आदि को जनाना चाहिये॥३२५॥

चरः शरीरावयवाः स्वभावो धातवः क्रिया।
लिङ्गं प्रमाणं संस्कारो मात्रा चास्मिन् परीक्ष्यते॥

अन्नपान में चर (जिस देश में विचरते हैं और जो कुछ खाते हैं), शरीर के अवयव, स्वभाव, धातुएँ, क्रिया, लिङ्ग (स्त्री, पुरुष वा नपुंसक), प्रमाण, (माप अर्थात् बड़ा छोटा, मोटा, पतला होना), संस्कार तथा मात्रा; इनकी परीक्षा की जाती है॥३२६॥

चरोऽनूपजलाकाशधन्वाद्यो [2]भक्ष्यसंविधिः।
जलजानूपजाश्चैव जलानूपचराश्च ये॥३२७॥
गुरुभक्ष्याश्च ये सत्त्वाः सर्वे ते गुरवः स्मृताः।
लघुभक्ष्यास्तु लघवो धन्वजा धन्वचारिणः॥३२८॥

चर परीक्षा—चर के दो अभिप्राय हैं, १ आनूप, जल, आकाश, धन्व (जाङ्गल देश) आदि जिनमें वे विचरते हैं वा पैदा होते हैं। २ जिस भक्ष्य को वे खाते हैं।

जो प्राणी जल में उत्पन्न होनेवाले, आनूप देश में उत्पन्न होनेवाले, जल में विचरनेवाले, आनूप देश में विचरनेवाले तथा गुरु द्रव्यों के खानेवाले हैं, वे सब गुरु होते हैं।

धन्व (जाङ्गल) देश में उत्पन्न होनेवाले जांगल देश विचरनेवाले और लघु द्रव्यों को खानेवाले प्राणी लघु होते हैं। यह चर परीक्षा का प्रयोजन है॥३२७,३२८॥

शरीरावयवा सक्थिशिरःस्कन्धादयस्तथा।
[1]सक्थिमांसाद् गुरुःस्कन्धस्ततः क्रोडस्ततः शिरः॥

शरीर के अवयवों की परीक्षा—सक्थि (टाँग), सिर, स्कन्ध (कन्धे) आदि शरीर के अवयव कहाते हैं। टांग के मांस से स्कन्ध (कन्धे) गुरु होते हैं। स्कन्ध से क्रोड (हृदयस्थान) और क्रोड की अपेक्षा शिर अधिक गुरु होता है।

वृषणौ चर्म मेढ्रं च श्रोणी वृक्कौ यकृद् गुदम्।
मांसाद् गुरुतरं विद्याद्यथास्वं मध्यमस्थि च॥३३०॥

अपने शरीर के अनुसार मांस की अपेक्षा दोनों वृषण (अण्ड), चमड़ा, मेढ्र (मूत्रेन्द्रिय), श्रोणी (कमर), वृक्क (गुर्दे), यकृत् (जिगर), गुदा; मध्यदेह और अस्थि (हड्डी) अधिक गुरु होती है॥३३०॥

स्वभावाल्लघवो मुद्गास्तथा लावकपिञ्जलाः।
स्वभावाद् गुरवो माषा वराहमहिषास्तथा॥३३१॥

स्वभाव परीक्षा—मूँग तथा लाव पक्षी और कपिञ्जल स्वभाव से ही लघु होते हैं। उड़द तथा सूअर और भैंसा स्वभाव से भारी होते हैं॥३३१॥

धातूनां शोणितादीनां गुरुं विद्याद्यथोत्तरम्।
अलसेभ्यो विशिष्यन्ते प्राणिनो ये बहुक्रियाः॥३३२॥

धातुपरीक्षा—रक्त आदि धातुओं में पश्चात् की धातु अपेक्षया भारी होती है। रक्त से मांस, मांस से मेद, मेद से अस्थि, अस्थि से मज्जा, मज्जा से वीर्य अधिक भारी होता है।

क्रियापरीक्षा—अधिक क्रिया करनेवाले प्राणी आलसियों की अपेक्षा श्रेष्ठ होते हैं। अर्थात् अधिक क्रिया करनेवाला लघु होता है॥३३२॥

गौरवं लिङ्गसामान्ये पुंसां, स्त्रीणां च लाघवम्।
महाप्रमाणा गुरवः स्वजातौ लघवोऽन्यथा॥३३३॥

लिङ्गपरीक्षा—एक ही जाति के प्राणियों में पुमान् गुरु होता है और स्त्री लघु होती है। इस नियम को चौपायों में ही लागू जानना चाहिये। पक्षियों में इससे विपरीत होता है। सुश्रुत सू० ४६ अ० में कहा भी है—'स्त्रियश्चतुष्पात्सु पुमांसो विहङ्गेषु।' तथा हारीतसंहिता में भी—'चतुष्पादेषु लघ्वी स्त्री विहगेषु लघुः पुमान्'

प्रमाण परीक्षा—अपनी जाति में जो महाशरीर होंगे गुरु और दूसरे छोटे शरीरवाले लघु होंगे॥३३३॥

गुरूणां लाघवं विद्यात्संस्कारात्सविपर्ययम्[2]।
व्रीहेर्लाजा यथा च स्युः सक्तूनां सिद्धपिण्डकाः॥

१—'यथा येन प्रकारेण नानौषधं किंचिदिति पूर्वाध्याये प्रोक्तं तथा तेन प्रकारेणानुक्तं द्रव्यं वाच्यं 'गुणेन' 'इति शेषः' चक्रः। २—भक्ष्यस्य संविधिः भक्ष्यभक्षणं; तत्रानूपजलाकाशधन्वाद्य इत्यनेन गतिरूपश्चर उच्यते, भक्ष्यसंविधिवचनेन च भक्षणरूपश्चर उच्यते। (चरधातोर्गतिभक्षणार्थत्वात)' चक्रः।

१—'सक्थिमांसाद् गुरुतरं स्कन्धक्रोडशिरस्पदाम्' ग०।
२—'सविपर्ययमिति संस्काराल्लघूनामपि गौरवं विद्यादित्यर्थः' चक्रः।

संस्कारपरीक्षा—संस्कार से गुरु पदार्थ भी लघु हो जाते हैं और लघु भी गुरु हो जाते हैं। जैसे—व्रीहि धान्य गुरु हैं, पर संस्कार द्वारा उसी से बने लाजा लघु होते हैं। सत्तू हलके होते हैं, परन्तु इसी से बनी संस्कार द्वारा सिद्ध पिण्डिकायें (पिन्नियाँ) भारी होती हैं ॥३३४॥

अल्पादाने गुरूणां च लघूनां चातिसेवने।
मात्रा कारणमुद्दिष्टं द्रव्याणां गुरुलाघवे ॥३३५॥
गुरूणामल्पमादेयं लघूनां तृप्तिरिष्यते।
मात्रां द्रव्याण्यपेक्षन्ते मात्रा चाग्निमपेक्षते ॥३३६॥

मात्रापरीक्षा—गुरु पदार्थों के थोड़ा खाने में और लघु पदार्थों के अधिक सेवन में जो द्रव्य की गुरुता वा लघुता होती है उसमें मात्रा ही कारण है। अर्थात् जो द्रव्य प्रकृति वा स्वभाव से गुरु है उसे अल्प मात्रा में खाने से अपेक्षाकृत लघुता होती है और स्वभाव से लघु पदार्थ को तृप्ति से भी अधिक खाया जाय तो गुरु हो जाता है। अभिप्राय यह है कि इस लघुता वा गुरुता का कारण मात्रा ही है। अतएव गुरु पदार्थों को अल्पमात्रा में खाना चाहिये और लघु पदार्थों को तृप्ति पर्यन्त खाना चाहिये। द्रव्य मात्रा की अपेक्षा रखते हैं और मात्रा अग्नि पर निर्भर होती है। यही बात ५ वें अ० में पूर्व कही जा चुकी है। सुश्रुत सू० ४६ अ० में भी यह प्रकरण देख लेना चाहिये ॥३३५,३३६॥

बलमारोग्यमायुश्च प्राणाश्चाग्नौ प्रतिष्ठिताः।
अन्नपानेन्धनैश्चाग्निर्दीप्यते शाम्यतेऽन्यथा ॥३३७॥

बल, आरोग्य, आयु और प्राण; ये अग्नि पर आश्रित हैं। अन्न-पान रूपी इन्धन से यह अग्नि प्रदीप्त रहती है, अन्यथा शान्त हो जाती है ॥३३७॥

गुरुलाघवचिन्तेयं प्रायेणाल्पबलान् प्रति।
मन्दक्रियाननारोग्यान् सुकुमारान् सुखोचितान् ॥
दीप्ताग्नयः खराहाराः कर्मनित्या महोदराः।
ये नराः प्रति तांश्चिन्त्यं नावश्यं गुरुलाघवम् ॥३३९॥

यह गुरुता और लघुता का विचार प्रायः अल्पबल (निर्बल) मन्दक्रिय (जो क्रिया अल्प ही करते हैं, बैठे रहते हैं), रोगी, सुकुमार तथा सुख के अभ्यासी पुरुषों के प्रति ही प्रायः किया जाता है।

जिनकी अग्नि दीप्त है, कठिन भक्ष्यों को खानेवाले नित्य कर्म करनेवाले—परिश्रम करनेवाले तथा महोदर (बहुत खानेवाले—पेटू) पुरुषों के लिए गुरुता वा लघुता का सोचना आवश्यक नहीं। सुश्रुत सू० ४६ अ० में भी कहा है—

'मन्दकर्मानलारोग्याः सुकुमाराः सुखोचिताः।
जन्तवो ये तु तेषां हि चिन्तेयं परिकीर्त्तिता ॥
बलिनः खरभक्ष्या ये ये च दीप्ताग्नयो नराः।
कर्मनित्याश्च ये तेषां नावश्यं परिकीर्त्त्यते ॥'३४९॥

हिताभिर्जुहुयान्नित्यमन्तरग्निं समाहितः।
अन्नपानसमिद्भिर्ना मात्राकालौ विचारयन् ॥३४०॥

पुरुष को चाहिये कि वह मात्रा और काल का विचार करते हुए ध्यानपूर्वक हितकर अन्न-पान रूपी इन्धन से नित्य अन्तरग्नि (शरीर के अन्तःस्थित अग्नि) में होम किया करे। जैसे दो समय होम का नित्य करना कर्तव्य है वैसे ही दो समय नित्य अन्नपान द्वारा कायाग्नि को प्रदीप्त रखना चाहिये ॥

आहिताग्निः सदा पथ्यान्यन्तराग्नौ जुहोति यः।
दिवसे दिवसे ब्रह्म जपत्यथ ददाति च ॥३४१॥
नरं निःश्रेयसे युक्तं सात्म्यज्ञं पानभोजने।
भजन्ते नामयाः केचिद् भाविनोऽप्यन्तरादृते ॥३४२॥

जो नित्य होम करनेवाला आहिताग्नि पुरुष, अन्तराग्नि में भी सदा पथ्य अन्नपान को आहुति देता है (पथ्य भोजन करता है); प्रतिदिन ब्रह्म (ओंकार-'ओमित्येकाक्षरं ब्रह्म') का तप करता है और दान करता है, उस निःश्रेयस (कल्याण) में लगे हुए, पान भोजन में सात्म्य को जाननेवाले पुरुष को यदि अहितभोजन रूपी विघ्न न पड़ा हो तो भावी रोग भी नहीं होते। अथवा 'अन्यतरादृते' का अर्थ यह भी कर सकते हैं कि यदि अधर्म वा पूर्वकर्मजनित दैव की अत्यन्त प्रबलता रूपी विघ्न न हो तो ॥३४१,३४२॥

षट्त्रिंशतं सहस्राणि रात्रीणां हितभोजनः।
जीवत्यनातुरो जन्तुर्जितात्मा संमतः सताम् ॥३४३॥

सदा हितकर भोजन करनेवाला जितेन्द्रिय पुरुष सत्पुरुषों द्वारा प्रशंसित होता हुआ ३६००० दिन (सौ वर्ष) तक नीरोग होकर जीवित रहता है ॥३४३।

भवतश्चात्र—

प्राणाः प्राणभृतामन्नमन्नं लोकोऽभिधावति।
वर्णः प्रसादः सौस्वर्यं जीवितं प्रतिभा सुखम् ॥३४४॥
तुष्टिः पुष्टिर्बलं मेधा सवमन्ये प्रतिष्ठितम्।
लौकिकं कर्म यद् वृत्तौ स्वर्गतौ यच्च वैदिकम् ॥३४५॥
कर्मापवर्गे यच्चोक्तं तच्चाप्यन्ने प्रतिष्ठितम्।

प्रणियों के प्राण अन्न हैं अर्थात् अन्न द्वारा प्राणी जीवित रहता है, संसार अन्न की ओर दौड़ता है। वर्ण, प्रसन्नता, स्वर का ठीक रहना, जीवन, प्रतिभा (बुद्धि की तीक्ष्णता), सुख, सन्तोष, पुष्टि, बल, मेधा, सब अन्न के आश्रित हैं। देहयात्रा के लिये जो कृषि व्यापार आदि कर्म हैं, स्वर्गप्राप्ति के साधन रूप जो वैदिक याग आदि कर्म हैं, तथा च मोक्षसाधन के लिये जो ब्रह्मचर्य आदिकर्म हैं वे सब अन्न में प्रतिष्ठित हैं अर्थात् अन्न पर निर्भर हैं ॥३४४,३४५॥

तत्र श्लोकः।

अन्नपानगुणाः साग्र्या वर्गा द्वादश निश्चिताः ॥३४६॥
सगुणान्यनुपानानि गुरुलाघवसंग्रहः।
अन्नपानविधावुक्तं तत्परीक्ष्यं विशेषतः ॥३४७॥

इत्यग्निवेशकृते तन्त्रे चरकप्रतिसंस्कृते सूत्रस्थानेऽन्नपानचतुष्केऽन्नपानविधिर्नाम सप्तविंशोऽध्यायः ॥२७॥

अन्न पान के गुण, प्रधान २ द्रव्यों से युक्त शूकधान्यवर्ग प्रभृति १२ वर्ग, अनुपान और उनके गुण, गुरुता लघुता का संग्रह, गुरुता लघुता वा अन्य गुणों के ज्ञान के लिये विशेषतः जिस २ बात की परीक्षा की जाती है (चरः शरीरावयवाः द्वारा) ये सब अन्नपानविधि नामक अ० में कहा गया है।३४६,३४७।

इति सप्तविंशोऽध्यायः।

अष्टाविंशोऽध्यायः ।

अथातो विविधाशितपीतीयमध्यायं व्याख्यास्यामः ।
इति ह स्माह भगवानात्रेयः ॥१॥

अब विविधाशितपीतीय नामक अध्याय की व्याख्या की जायगी । ऐसा भगवान् आत्रेय ने कहा था ।

इससे पूर्व के अध्याय में कहा गया है कि अन्न बलवर्ण को बढ़ाता है । वह किस प्रकार बढ़ाता है, यही मुख्यतः बताने के लिये यह उपक्रम प्रारम्भ होता है । 'विविधमशितपीत' यह पूर्व आने से इस अध्याय का नाम विविधाशितपीतीय रखा गया है ।

विविधमशितपीतलीढखादितं जन्तोर्हितमन्तरग्निसन्धुक्षितबलेन [1]यथास्वेनोष्मणा सम्यग्विपच्यमानं कालवदनवस्थितसर्वधातुपाकमनुपहत[2]सर्वधातूष्ममारुतस्रोतः केवलं शरीरमुपचयबलवर्णसुखायुषा योजयति शरीरधातूनूर्जयति, धातवो हि धात्वाहाराः प्रकृतिमनुवर्तन्ते २

विविध प्रकार का परन्तु हितकर अशित (कोमल द्रव्य खाया हुआ), पीत (पीया हुआ), लीढ (चाटा हुआ), खादित (कठिनद्रव्य खाया हुआ) चार प्रकार का आहार अन्तरग्नि द्वारा प्रदीप्तबल अपनी२ ऊष्मा (गरमी) से सम्यक् प्रकार पकता हुआ—काल के सदृश अविभ्रान्त रूप से सम्पूर्ण धातुओं का पाक जिसमें होता रहता है तथा न जिसमें सम्पूर्ण धातुओं की उष्मा (गर्मी वा पाचक अंश), वायु तथा स्रोत अपना २ ठीक प्रकार से कार्य कर रहे हैं ऐसे प्राणी के शरीर को उपचय (पुष्टि) बल, वर्ण, सुख (नीरोग), आयु से युक्त करता है ।

अभिप्राय यह है कि सबसे पूर्व अन्न को चबाया जाता है और मुख में लाला मिश्रित होती है । लाला अन्न के एक भाग को पचाने में सहायक होती है । यह पचाने की क्रिया कुछ तो मुख में होती है और कुछ आमाशय तक पहुँचने वा पहुँचकर भी कुछ देर (लगभग आधा घन्टा) तक होती रहती है । आमाशय में अन्न अच्छी प्रकार मथा जाता है । जब तक आमाशय का रस जो कि खट्टा होता है अपनी उपयुक्त मात्रा में नहीं मिलता तब तक लाला के प्रभाव के कारण मधुरभाव रहता है । जब आमाशयिक रस मिल जाता है तब अन्न के दूसरे भाग के पचने की क्रिया प्रारम्भ हो जाती है । पश्चात् यह आमाशय से आगे पक्वाशय की ओर जाता है । वहाँ पित्त (Bile) तथा जिसे आजकल क्लोमरस (Pancreatic Juise) कहते हैं मिलता है । पित्त की प्रधानता के कारण किञ्चित् पक्व अन्न का रस कटु हो जाता है । साथ ही आँतों का रस भी पकाने में अपना कार्य करता है । यहाँ से पककर और आत्मीकरण के योग्य होकर यह रस रसायनियों (Laeteals) तथा रक्तप्रणालियों में जाता है और उन २ धातुओं में पहुँचकर वहाँ की पाञ्चभौतिक अग्नियों द्वारा पकाया जाकर उन २ धातुओं के पार्थिव, जलीय, तैजस, आकाशीय, वायव्य भागों को पूर्ण करता रहता है । जिससे शरीर में सर्वदा होता हुआ क्षय (Waste) सर्वदा पूर्ण होता रहता है और अधिक जमा होता जाता है । इसी बात को चिकित्सास्थान १५ अ० में स्पष्ट रूप में आचार्य कहेंगे ।

इतना कहने से ये परिणाम निकलते हैं कि—हितकर आहार से शरीर स्वस्थ रहता है । शरीर में धातुपाक का कार्य सदा होता रहता है । शरीर सर्वदा क्षीण होता है और वह कमी अन्नरस द्वारा स्वस्थ शरीर में सदा पूर्ण होती रहती है । पार्थिव आदि भेद से अग्नियाँ पाँच प्रकार की हैं और वे धातुपाक के समय रस द्वारा प्राप्त अपने २ अंश को पकाती रहती हैं । पार्थिव अग्नि पार्थिव अंश को, जलीय अग्नि जलीय अंश को इत्यादि । क्योंकि शरीर का पार्थिव भाग आहार के पार्थिव भाग से ही पूर्ण हो सकता है ।

इस प्रकार वह रस शरीर की धातुओं को बढ़ाता है । धातु को खाती हुई धातुएँ ही प्रकृति में अर्थात् समावस्था में रहती हैं । रस धातु द्वारा अन्य क्षीण धातुओं की पूर्ति होती है ॥२॥

तत्राहारप्रसादाख्यो रसः किट्टं च मलाख्यमभिनिर्वर्तते; किट्टात् मूत्रस्वेदपुरीषवातपित्तश्लेष्माणः कर्णाक्षिनासिकास्यलोमकूपप्रजननमलाः केशश्मश्रुलोमनखादयश्चावयवाः पुष्यन्ति, पुष्यन्ति त्वाहाररसात् रसरुधिरमांसमेदोस्थिमज्जशुक्रौजांसि पञ्चेन्द्रियद्रव्याणि धातुप्रसादसंज्ञकानि शरीरसन्धिबन्धपिच्छादयश्चावयवा ते सर्व एव धातवो मलाख्याः प्रसादाख्याश्च रसमलाभ्यां पुष्यन्तः स्वं मानमनुवर्तन्ते यथावयःशरीरम् । एवं रसमलौ स्वप्रमाणावस्थितौ आश्रयस्य समधातोर्धातुसाम्यमनुवर्तयतः [1]निमित्ततस्तु क्षीणवृद्धानां प्रसादाख्यानां धातूनां वृद्धिक्षयाभ्यामाहारमूलाभ्यां रसः साम्यमुत्पादयत्यारोग्याय, किट्टं च मलानामेवमेव । स्वमानातिरिक्ताः पुनरुत्सर्गिणः[2] शीतोष्णप[3]र्ययगुणैश्चोपचर्यमाणा मलाः शरीरधातुसाम्यकराः समुपलभ्यन्ते । तेषां तु मलप्रसादाख्यानां धातूनां स्रोतांस्ययनमुखानि[4]; तानि यथाविभागेन यथास्वं धातूनापूरयन्ति[5] । एवमिदं शरीरमशितपीतलीढखादितप्रभवम् ,अशितपीतलीढखादितप्रभवाश्चास्मिन् शरीरे व्याधयो भवन्ति; हिताहितोपयोगविशेषास्त्वत्र शुभाशुभविशेषकरा भवन्तीति ॥३॥

१—'यथास्वेनोष्मणेति पृथिव्यादिरूपाशितादेर्यस्य य उष्मा पार्थिवाग्न्यादिकरूपस्तेन; वचनं हि 'भौमाप्याग्नेयवायव्याः पञ्चोष्माणः सनाभसाः । पञ्चाहारगुणान् स्वान् स्वान् पार्थिवादीन् पचन्ति हि' च० । २—'अनुपहतानि सर्वधातूनां ऊष्ममारुतस्रोतांसि यस्य तत्तथा, ऊष्म धातुपाचकोऽग्निः, मारुतो धातुपोषकरसवाही व्यानरूपः, स्रोतो धातुपोषकरसवहम्' च० ।

१—'निमित्तत इत्यनेनानिमित्तेऽरिष्टरूपे क्षयवृद्धिं निराकरोति' चक्रः । २—'उत्सर्गो बाहिर्निःसरणं संशोधनरूपमेषां शास्त्रोक्तमस्ति, उत्सर्गं वा वहन्तीत्युत्सर्गिणः' चक्रः । उत्सर्गिणः संशोधनार्हाः' शिवदासः । ३—'पर्ययो विपर्ययः, तेन शीतोष्णविपरीतगुणैरित्यर्थः' च० । ४—'अयनमुखानि गतिमार्गाणीत्यर्थः' च० । ५—'तानि च स्रोतांसि मलप्रसादपूरितानि, धातून् यथास्वमिति यद्यस्य पोष्यं तच्च पूरयति; यथाविभागेनेति यस्य धातोर्यो विभागः प्रमाणं तेनैव प्रमाणेन पूरयति' च०

आहार जठराग्नि द्वारा पकने पर दो भागों में विभक्त होता है—१ सारभूत-प्रसादसंज्ञक भाग–जिसे रस कहा जाता है और २ असारभूत मलनामक किट्ट होता है। इनमें से किट्ट भाग से स्वेद (पसीना) मूत्र, पुरीष, वात पित्त कफ (दोष-रूप) तथा कान, आँख, नाक, मुख, लोमकूप, प्रजनन (Genital Organs जननेन्द्रियाँ) इनके मल, केश, मूँछ, दाढ़ी, लोम तथा नख आदि अंग पुष्ट होते हैं। आहार के रस से रस, रुधिर, मांस, मेद, अस्थि (हड्डी), मज्जा, शुक्र, ओज; ये धातुएँ तथा धातुओं के भी सारभूत पाँचों इन्द्रियों के द्रव्य (पृथिवी आदि पंचभूत) तथा शरीर की सन्धियाँ बन्ध (कण्डरा स्नायु आदि), पिच्छा (Mucus) आदि अवयव पुष्ट होते हैं ॥

'पाँचों इन्द्रियों के द्रव्य' कहने का अभिप्राय यह है कि धातुओं के सारभूत पृथिव्यादि भूतों से ही इन्द्रियाँ उत्पन्न होती हैं। सुश्रुत शारीर ४ अ० में कहा है –

'कफशोणितमांसानां सारो जिह्वा प्रजायते' इत्यादि।

वे सारे मलनामक तथा प्रसादनामक धातु आहार के रस और मल द्वारा पुष्ट होती हुई उम्र और शरीर के अनुसार अपने प्रमाण को स्थिर रखते हैं। इस प्रकार अपने प्रमाण को स्थिर रखते हुए समधातु (स्वस्थ) पुरुष दो धातुओं की समता को वैसा ही बनाये रखते हैं।

आहाररस आहारमूलक वृद्धि एवं क्षय द्वारा, कारणवश कम वा अधिक बढ़े हुए अर्थात् विषम हुए २ प्रसाद संज्ञक रस रक्त आदि धातुओं में आरोग्यार्थ समता को उत्पन्न करता है। अर्थात् जिस धातु की क्षीणता हो, उस धातु के समान गुण आहार के खाने से उत्पन्न रस से वह धातु पूर्ण हो जाती है। इसी प्रकार यदि कोई धातु प्रमाण से बढ़ गयी हो तो विपरीत गुणवाले आहार के रस से वह धातु न्यून हो जायगी। इसी प्रकार किट्ट भी मलसंज्ञक स्वेद मूत्र आदि की समता को कहते हैं।

ऐसा देखा गया है कि बाहर निकलनेवाले वा संशोधन योग्य मल जब अपने परिमाण से बढ़ जाते हैं तब यदि शीत तथा उष्ण आदि विपरीत गुणों द्वारा चिकित्सा की जाय तो शरीर की धातुएँ समता में आजाती हैं। यदि शीत गुणयुक्त मल हो तो उष्णचिकित्सा, यदि उष्ण गुणयुक्त हो तो शीत चिकित्सा होनी चाहिये।

अथवा इसका अर्थ यह भी कर सकते हैं कि प्रकृति से ही अपने मान में बढ़े हुए मलों (वात आदि दोषों) की शीत की उष्ण तथा उष्ण की शीत इस प्रकार विपरीत गुण द्वारा चिकित्सा होने पर वे मल शरीर की धातुओं में समाता रखनेवाले होते हैं। इस व्याख्या में 'उत्सर्ग' का अर्थ 'प्रकृति' किया गया है। 'मल' से जहाँ अन्य शरीर को हानि पहुँचानेवाले मलों का ग्रहण किया जाता है वहाँ विकृत वात आदि का भी ग्रहण होता है। विमानस्थान ६ अध्याय में स्पष्ट कहा जायगा—

'प्रकुपिताश्च वातपित्तश्लेष्माणो ये चान्येऽपि कचिच्छरीरे तिष्ठन्तो भावाः शरीरस्योपघातायोपपद्यन्ते सर्वांस्तान्मले संचक्ष्महे।

७ वें अध्याय में पूर्व भी विपरीत गुण किकित्सा का उल्लेख [illegible] चुका है–

समपित्तानिलकफाः केचिद् गर्भादिमानवाः।
दृश्यन्ते वातलाः केचित्पित्तलाः श्लेष्मलास्तथा ॥
दोषानुशयिता ह्येषां देहप्रकृतिरुच्यते।
विपरीतगुणस्तेषां स्वस्थवृत्तेर्विधिर्हितः ॥

उन मलनामक वा प्रसादनामक धातुओं के जाने के मार्ग स्रोत हैं। वे स्रोत विभाग के अनुसार जहाँ जितनी आवश्यकता होती है उतने प्रमाण में धातु को पहुँचाकर अपनी २ धातुओं को पूर्ण करते रहते हैं।

इस प्रकार यह शरीर अशित लीढ पीत तथा खादित चार प्रकार के आहार से उत्पन्न होता है। इस शरीर में व्याधि अशित आदि चार प्रकार के आहार से उत्पन्न होती हैं। हितकर और अहितकर आहार के उपयोग के भेद से शुभ वा अशुभ भेद होते हैं। अर्थात् यदि हित आहार का उपयोग हो तो फल शुभ होगा और यदि अहित आहार का उपयोग होगा तो फल अशुभ (रोग आदि) होगा ॥३॥

एवंवादिनं भगवन्तमात्रेयमग्निवेश उवाच–दृश्यन्ते हि भगवन्! हितसमाख्यातमप्याहारमुपयुञ्जाना व्याधिमन्त श्चागदाश्च, तथैवाहितसमाख्यातम् ; एवं दृष्टे कथं हिताहितोपयोगविशेषात्मकं शुभाशुभविशेषमुपलभामह इति ॥४॥

ऐसा कहते हुए भगवान् आत्रेय को अग्निवेश ने कहा— भगवन्! हित कहे जानेवाले आहार का उपयोग करनेवाले, रोगी और नीरोग दोनों प्रकार के देखे जाते हैं। इसी प्रकार अहित कहे जानेवाले आहार को खानेवाले हैं, रोगी और नीरोग देखे जाते हैं। अतः हम कैसे समझें कि हित वा अहित के उपयोग से शुभ वा अशुभ होता है ॥४॥

तमुवाच भगवानात्रेयः—न हिताहारोपयोगिनामग्निवेश! तन्निमित्ता व्याधयो जायन्ते, न च केवलं हिताहारोपयोगादेव सर्वं व्याधिभयमतिक्रान्तं भवति; सन्ति हि ऋतेऽप्यहिताहारोपयोगादन्या रोगप्रकृतयः; तद्यथा—कालविपर्ययः, प्रज्ञापराधः, परिणामश्च, शब्दस्पर्शरूपरसगन्धाश्चासात्म्या इति; ताश्च रोगप्रकृतयो रसान् सम्यगुपयुञ्जानमपि पुरुषमशुभेनोपपादयन्ति, तस्माद्धिताहारोपयोगिनोऽपि दृश्यन्ते व्याधिमन्तः। अहिताहारोपयोगिनां पुनः [1]कारणतो न सद्यो दोषवान् भवत्युपचारः, न हि सर्वाण्यपथ्यानि तुल्यदोषाणि, न च सर्वे दोषास्तुल्यबलाः, न च सर्वाणि शरीराणि व्याधिक्षमित्वे समर्थानि भवन्ति, तदेव ह्यपथ्यं देशकालसंयोगवीर्यप्रमाणातियोगाद् भूयस्तरमपथ्यं संपद्यते, स एव दोषः संसृष्टयोनिर्विरुद्धोपक्रमो गम्भीरानुगतश्चिरस्थितः प्राणायतनसमुत्थो मर्मोपघाती वा भूयान् कष्टतमः क्षिप्रकारितमश्च संपद्यते, शरीराणि चातिस्थूलान्यतिकृशान्यनिविष्टमांसशोणितास्थीनि दुर्बलान्यसात्म्याहारोपचितान्यल्पाहाराण्यल्पसत्त्वानि वा भवन्त्यव्याधिसहानि, विपरीतानि पुनर्व्याधिसहानि, एभ्यश्चैवापथ्याहारदोषशरीरविशेषेभ्यो व्याधयो मृदवो दारुणाः क्षिप्रसमुत्थाश्चिरकारिणश्च भवन्ति ॥५॥

१—'कारणविशेषात' ग०।

भगवान् आत्रेय ने उत्तर दिया—हितकर आहार करनेवालों को रोग हिताहार के कारण नहीं होते। केवल हिताहार के उपयोग से सब प्रकार की व्याधियों के भय दूर नहीं हो जाते। आहार के उपयोग को छोड़कर अन्य भी रोग के कारण हैं। जैसे कालविपर्यय (शीतकाल में उष्णता, ग्रीष्म काल में शीत होना इत्यादि काल की विकृति) प्रज्ञापराध तथा असात्म्य शब्द, स्पर्श, रूप, रस, गन्ध। वे रोगों के हेतु, सम्यक् रीति से रसों का उपयोग करनेवाले अर्थात् हिताहार करनेवाले पुरुष को अशुभ—रोग से मुक्त कर देते हैं। अतएव हिताहार का उपयोग करनेवाले पुरुष भी रोगी देखे जाते हैं।

अहितकर आहार का सेवन करनेवाले (परन्तु उस समय नीरोगी) पुरुषों में विशेष कारणों से उनका किया हुआ अपथ्य तत्क्षण वा शीघ्र दोषकर नहीं हुआ करता। सब अपथ्य एक से ही दोषकर नहीं होते। सब दोष भी तुल्य बलवाले नहीं होते। सब शरीर भी रोग के सहने में (एक से) समर्थ नहीं; एक ही अपथ्य देश (भूमि, आतुर) काल, संयोग, वीर्य तथा मात्रा के अतियोग से और भी अधिक अपथ्य हो जाता है। अर्थात् अहिताहार के तुल्य ही यदि देश आदि हों तो अपथ्य का अशुभफल अपेक्षया शीघ्र और अधिक होता है। यदि तुल्य गुणवाले न हों तो उतनी शीघ्रता वा आधिक्य से नहीं होता।

यही दोष यदि बहुत से कारणों से उत्पन्न हुआ हो, विरुद्ध चिकित्सावाला (एक की चिकित्सा से अपर दोष बढ़ जाय), गम्भीर धातुओं में पहुँचा हुआ, चिरकाल से शरीर में ठहरा हुआ (दीर्घकालानुबन्धी), शङ्ख आदि प्राणायतनों में उत्पन्न (१० प्राणायतन अगले अध्याय में बताये जायेंगे), मर्मों पर चोट करनेवाला हो तो अत्यन्त कष्टसाध्य और बहुत शीघ्र ही मृत्यु का कारण अथवा शीघ्र ही विकार को उत्पन्न करनेवाला हो जाता है।

अत्यन्त स्थूल, अत्यन्त कृश, जिनके मांस, रक्त और अस्थियां सुसंगठित नहीं, दुर्बल, असात्म्य आहारों से जो बढ़े हैं, जो अल्प भोजन करते हैं तथा निर्बल मनवाले शरीर रोगों को सह नहीं सकते। इससे विपरीत शरीर रोग को सहनेवाले होते हैं। अर्थात् जो न स्थूल न कृश अपितु सम हों, सुसंगठित, सात्म्य भोजन से पले हुए, न अधिक न कम भोजन करनेवाले तथा सबल मनवाले शरीर रोगों को सहा करते हैं, कृच्छ्र व्याधि होने पर भी घबराते नहीं। दूसरे थोड़ा सा भी विकार होने पर बहुत अधिक घबरा जाते हैं। अतएव चिकित्सा के चतुष्पाद में आतुर के गुणों को बताते हुए 'आत्मवान्' कहा गया है।

इन्हीं अपथ्याहार, दोष तथा शरीर की भिन्नता से रोग भी मृदु, दारुण, शीघ्र उत्पन्न होनेवाले वा चिरकारी—देर से विकार को करनेवाले होते हैं। अर्थात् कोई अपथ्याहार सद्यः दोष को उत्पन्न करता है; कोई कालान्तर में। और वह दोष भी अल्पबल, मध्यबल तथा प्रबलबल होते हैं तथा च शरीर भी रोग को सहनेवाले और न सहनेवाले होते हैं। अतएव इन भिन्नताओं के कारण रोग भी मृदु वा दारुण आदि हो जाते हैं। अपथ्य और दोष अल्पबल हों और शरीर रोग को सहनेवाला हो तो व्याधि भी मृदु तथा चिरकारी होगी—देर से उपद्रवों को उत्पन्न करेगी। इससे विपरीत दारुण और शीघ्रकारी होगी ॥ ५ ॥

अत एव च वातपित्तश्लेष्माणः स्थानविशेषे प्रकुपिता व्याधिविशेषानभिनिर्वर्तयन्त्यग्निवेश ! ॥६॥

इन्हीं अपथ्याहार, दोष तथा शरीर की भिन्नताओं के कारण हे अग्निवेश ! वात पित्त कफ तीनों दोष भिन्न २ स्थानों पर कुपित हुए २ भिन्न २ रोगों को प्रकट करते हैं ॥६॥

तत्र रसादिषु स्थानेषु प्रकुपितानां दोषाणां यस्मिन् यस्मिन् स्थाने ये ये व्याधयः संभवन्ति तांस्तान् यथावदनुव्याख्यास्यामः ॥७॥

रस आदि स्थानों में प्रकुपित हुए २ दोषों से जिस २ स्थान पर जो २ रोग उत्पन्न होते हैं उन २ की यथावत् क्रम से व्याख्या की जायगी ॥ ७ ॥

अश्रद्धा चारुचिश्चास्यवैरस्यमरसज्ञता।
हृल्लासो गौरवं तन्द्रा साङ्गमर्दो ज्वरस्तमः ॥८॥
पाण्डुत्वं स्रोतसां रोधः क्लैब्यं सादः कृशाङ्गता।
नाशोऽग्नेरयथाकालं वलयः पलितानि च ॥९॥
रसप्रदोषजा रोगाः

रसदोषज विकार—अश्रद्धा-भोजन के खाने की इच्छा ही न होना, अरुचि (इच्छा हो पर गले से नीचे न उतरे), मुख के रस का विकृत होना, मधुर आदि रस के ज्ञान का न होना, हृल्लास (जी मचलाना), गौरव (भारीपन), तन्द्रा, अङ्गमर्द, ज्वर, अन्धकार में प्रविष्ट की तरह भान होना, पाण्डुता, स्रोतों का रुक जाना, क्लीबता (नपुंसकता), शिथिलता, शरीर का कृश (पतला) होना, अग्निनाश और अकाल में वलीपलित (झुर्रियां तथा बालों का श्वेत होना) हो जाना, ये रसदुष्टि से उत्पन्न होनेवाले रोग हैं। सुश्रुत सू० २४ अध्याय में भी कहा गया है—

'तत्रान्नाश्रद्धारोचकाविपाकाङ्गमर्दज्वरहृल्लासतृप्तिगौरवहृत्पाण्डुरोगमार्गोपरोधकार्श्यवैरस्याङ्गसादाकालवलीपलितदर्शनप्रभृतयो रसदोषजा, विकाराः ॥८,९॥

वक्ष्यन्ते रक्तदोषजाः।
कुष्ठवीसर्पपिडका रक्तपित्तमसृग्दरः ॥१०॥
गुदमेढ्रास्यपाकश्च प्लीहा गुल्मोऽथ विद्रधी।
नीलिका कामला व्यङ्गं विप्लवस्तिलकालकाः ॥११॥
दद्रुश्चर्मदलं श्वित्रं पामा कोठास्रमण्डलम्।
रक्तप्रदोषाज्जायन्ते,

रक्तदोषज रोग—कुष्ठ, वीसर्प, पिड़का, रक्तपित्त, रक्तप्रदर, गुदपाक (गुदा का पकना), मेढ्रपाक (शिश्नेन्द्रिय का पकना), मुखपाक, तिल्ली, गुल्म, विद्रधि, नीलिका, कामला, व्यङ्ग, विप्लव, तिलकालक, दद्रु (दाद), चर्मदल (चम्बल), श्वित्र, पामा, कोठ, रक्तमण्डल; ये रक्त की दुष्टि से उत्पन्न होते हैं। सुश्रुत सू० ४६ अध्याय में भी—

'कुष्ठवीसर्पपिडकामशकनीलिकातिलकालकन्यच्छव्यङ्गेन्द्रलुप्तप्लीहविद्रधिगुल्मवातशोणितार्शोऽर्बुदाङ्गमर्दासृग्दररक्तपित्तप्रभृतयो रक्तदोषजाः। गुदमेढ्रपाकाश्च' ॥ १०,११ ॥

शृणु मांसप्रदोषजान् ॥१२॥
अधिमांसार्बुदं कीलगलशालूकशुण्डिकाः ।
पूतिमांसालजीगण्डगण्डमालोपजिह्विकाः ॥१३॥
विद्यान्मांसाश्रयान् ,

मांसदोषज रोग—अधिमांस, अर्बुद, मांसकील, गलशालूक, गलशुण्डी, पूतिमांस, अलजी (प्रमेहपिड़का), गण्ड (गलगण्ड तथा अन्य ग्रन्थियों के शोथ), गण्डमाला, उपजिह्विका; इन रोगों को मांसाश्रित जानना चाहिये। सुश्रुत सू० २४ अ० में भी—

'अधिमांसार्बुदार्शोऽधिजिह्वोपजिह्वोपकुशगलशुण्डिकालजी-मांससंघातौष्ठप्रकोपगलगण्डमालाप्रभृतयो मांसदोषजाः ।१२,१३।

मेदःसंश्रयांस्तु प्रचक्ष्महे ।
निन्दितानि प्रमेहाणां पूर्वरूपाणि यानि च ॥१४॥

मेदोदोषज विकार—अष्टौनिन्दितीय नामक अध्याय में कहे गये अतिस्थूलता तथा उसमें कहे गये आयुर्ह्रास आदि लक्षण और प्रमेहों के पूर्वरूप (केशजटिलता आदि जो कि निदानस्थान में कहे जायंगे), ये मेद के आश्रित विकार हैं। सुश्रुत सू० २४ अ० में तो—

'ग्रन्थिवृद्धिगलगण्डार्बुदमेदोजौष्ठप्रकोपमधुमेहातिस्थौल्याति-स्वेदप्रभृतयो मेदोदोषजाः।'

इसमें ग्रन्थि आदि वे ही ग्रहण किये जाते हैं, जिनमें मेद की स्तर अधिक मोटी हो जाती है ॥१४॥

अध्यस्थिदन्तदन्तास्थिभेदशूलं विवर्णता ।
केशलोमनखश्मश्रुदोषाश्चास्थिप्रकोपजाः ॥१५॥

अस्थिदोषज—अध्यस्थि (अधिक अस्थि), अधिदन्त, दन्तभेद, दन्तशूल, अस्थिभेद, अस्थिशूल, विवर्णता तथा केश, लोम, नख, दाढ़ी, मूँछ; इनके दोष अस्थि (हड्डी) की दुष्टि से उत्पन्न होते हैं। सुश्रुत सू० २४ अ० में

'अध्यस्थ्यधिदन्तास्थितोदशूलकुनखप्रभृतयोऽस्थिदोषजाः' ॥

रुक् पर्वणां भ्रमो मूर्च्छा दर्शनं तमसोऽसतः ।
अरुषां स्थूलमूलानां पर्वजानां च दर्शनम् ॥१६॥
मज्जप्रदोषात् ,

मज्जाप्रदोषज रोग—पोरों में वेदना, भ्रम, मूर्च्छा, न होते हुए भी अन्धकार का दिखाई देना, अङ्गुली आदि की पोरों में मोटी जड़वाली विशेष पिडकाओं का होना; ये मज्जा की दुष्टि से होते हैं ॥ सुश्रुत सू० २४ अध्याय में भी—

'तमोदर्शनमूर्च्छाभ्रमपर्वगौरवस्थूलमूलोरुजङ्घनेत्राभिष्यन्दप्र-भृतयो मज्जदोषजाः' ॥१६॥

शुक्रस्य दोषात्क्लैब्यमहर्षणम् ।
रोगिणं क्लीबमल्पायुं विरूपं वा प्रजायते ॥१७॥
न वा संजायते गर्भः पतति प्रस्रवत्यपि ।
शुक्रं हि दुष्टं सापत्यं सदारं बाधते नरम् ॥१८॥

वीर्यदोषज विकार—वीर्यदोष से क्लीबता (नपुंसकता, ध्वजोच्छ्राय, होना पर मैथुनयोग्य पूर्ण शक्ति न होना), तथा अहर्षण (ध्वजोच्छ्राय का सर्वथा न होना) होता है। दुष्ट वीर्य पुरुष की जो सन्तान उत्पन्न होती है वह रोगी, नपुंसक अथवा विकृत रूपवाली होती है। अथवा गर्भ पैदा ही नहीं होता वा गर्भपात होता है वा गर्भस्राव हो जाता है। चौथे महीने से पूर्व जब तक गर्भ द्रवरूप होता है तब तक स्राव कहलाता है और जब वह घन अङ्ग प्रत्यङ्ग युक्त होता है तब प्रसव के उचित समय से पूर्व विशेषतः छठे महीने तक बाहर निकलने को गर्भपात कहते हैं। दुष्ट हुआ २ वीर्य जहाँ उस पुरुष को हानि पहुँचाता है वहाँ सन्तान और स्त्री के लिये भी हानिकर है। सुश्रुत सू० २४ अ० में—

'क्लैब्याप्रहर्षशुक्राश्मरीशुक्रमेहशुक्रदोषाश्च तद्दोषजाः'

इन्द्रियाणि समाश्रित्य प्रकुप्यन्ति यदा मलाः ।
उपतापोपघाताभ्यां योजयन्तीन्द्रियाणि ते ॥१९॥

इन्द्रियज विकार—जब दोष इन्द्रियों में कुपित होते हैं, तब वे उन उन इन्द्रियों की विकलता वा सर्वथा विनाश कर देते हैं ॥१९॥

[1]स्नायौ शिराकण्डरयोर्दुष्टाः क्लिश्यन्ति मानवम् ।
स्तम्भसंकोचखल्लीभिर्ग्रन्थिस्फुरणसुप्तिभिः ॥२०॥

स्नाय्वादिज विकार—स्नायु (Ligments) शिरा और कण्डरा (महास्नायु वा Tendons) में दुष्ट हुए २ मल (वात आदि दोष) स्तम्भ, सङ्कोच (सिकुड़ना), खल्ली, ग्रन्थिस्फुरण, सुप्ति (स्पर्शज्ञान न होना) द्वारा मनुष्यों को दुःखित करते हैं ॥

मलानाश्रित्य कुपिता भेदशोषप्रदूषणम् ।
दोषा मलानां कुर्वन्ति सङ्गोत्सर्गावतीव च ॥२१॥

मलज विकार—मलों का आश्रय लेकर कुपित हुए २ वात आदि दोष मलों को कच्चा ही बाहर ले आते हैं वा मलों को सुखा देते हैं या दूषित अर्थात् विकृत वर्ण गन्ध आदि से युक्त कर देते हैं। वात आदि से दुष्ट हुए मलों की कभी अप्रवृत्ति और कभी अतिप्रवृत्ति होती है। सुश्रुत सू० २४ अ० में—

'त्वग्दोषाः सङ्गोऽतिप्रवृत्तिरयथाप्रवृत्तिर्वा मलायतनदोषाः' ॥

विविधादशितात्पीतादहिताल्लीढखादितात् ।
भवन्त्येते मनुष्याणां विकारा ये उदाहृताः ॥२२॥

अहितकर विविध प्रकार के अशित, पीत, लीढ वा खादित आहार से मनुष्यों को जो विकार होते हैं वे कह दिये हैं ॥२२॥

तेषामिच्छन्ननुत्पत्तिं सेवेत मतिमान् सदा ।
हितान्येवाशितादीनि न स्युस्तज्जास्तथाऽऽमयाः ।२३।

जो बुद्धिमान् चाहता है कि मुझे ये रोग न हों उसे हितकर ही अशित आदि चार प्रकार के आहार का सेवन करना चाहिये। इस प्रकार अहिताहार से उत्पन्न होनेवाले रोग पैदा नहीं होते ॥ २३ ॥

रसजानां विकाराणां सर्वं लङ्घनमौषधम् ।
विधिशोणितकेऽध्याये रक्तजानां भिषग्जितम् ॥२४॥

इन विकारों की संक्षेप में चिकित्सा—रसज विकारों के सब लङ्घन औषध हैं। सब लङ्घनों से अभिप्राय २२ वें अध्याय में कहे गये—

'चतुष्प्रकारा संशुद्धिः पिपासा मारुतातपौ ।
पाचनान्युपवासश्च व्यायामश्चेति लङ्घनम् ॥'

दसों प्रकार के लङ्घन का लक्षण भी उसी अध्याय में दिया जा चुका है ॥

१—'स्नायुशिराकण्डराभ्यो दुष्टाः' इति पाठान्तरम् ।

रक्तज रोगों की विधिशोणितक नामक २४ वें अध्याय में चिकित्सा कही जा चुकी है ॥ २४ ॥

मांसजानां तु संशुद्धिः शस्त्रक्षाराग्निकर्म च ।
[1]अष्टौनिन्दितसंख्याते मेदोजानां चिकित्सितम् ॥२५॥

मांसज रोगों की वमन आदि संशोधन, शस्त्रकर्म, क्षारकर्म तथा अग्निकर्म द्वारा चिकित्सा होती है । मेदोज रोगों की अष्टौनिन्दितीय नामक अध्याय में चिकित्सा कह दी है ॥२५॥

अस्थ्याश्रयाणां व्याधीनां पञ्चकर्माणि भेषजम् ।
बस्तयः क्षीरसर्पींषि तिक्तकोपहितानि च ॥ २६ ॥

अस्थि में आश्रित रोगों की पञ्चकर्म, बस्तियाँ, तिक्त द्रव्यों से युक्त वा उनसे साधित क्षीरों (दूध) और घृतों का प्रयोग औषध है ॥ २६ ॥

मज्जशुक्रसमुत्थानामौषधं स्वादुतिक्तकम् ।
अन्नं व्यवायव्यायामौ शुद्धिः काले च मात्रया ॥२७॥

मज्जा, तथा वीर्य से उत्पन्न रोगों में—मधुर तिक्त अन्न, व्यवाय (मैथुन), व्यायाम, उपयुक्त काल तथा उपयुक्त मात्रा में वमन आदि द्वारा संशोधन औषध है ॥ २७ ॥

शान्तिरिन्द्रियजानां तु त्रिमर्मीये प्रवक्ष्यते ।
स्नाय्वादिजानां प्रशमो वक्ष्यते वातरोगिके ॥ २८ ॥

इन्द्रियों में आश्रित रोगों की शान्ति त्रिमर्मीय नामक अध्याय में कही जायगी । स्नायुशिरा तथा कण्डरा जनित रोगों की शान्ति वात रोग की चिकित्सा के अध्याय में कही जायगी ॥

नवेगान्धारणेऽध्याये चिकित्सासंग्रहः कृतः ।
मलजानां विकाराणां सिद्धिश्चोक्ता क्वचित्क्वचित् ॥

मलज विकारों की चिकित्सा का संग्रह नवेगान्धारणीय नामक अध्याय में किया गया है और अन्यत्र भी कहीं २ (यथा अतीसार ग्रहणी आदि की चिकित्सा में) इसकी चिकित्सा कही है ॥ २९ ॥

व्यायामादूष्मणस्तैक्ष्ण्याद्धितस्यानवचारणात् ।
कोष्ठाच्छाखां मला यान्ति द्रुतत्वान्मारुतस्य च ॥३०॥
तत्रस्थाश्च विलम्बन्ते कदाचिन्न समीरिताः ।
नादेशकाले कुप्यन्ति भूयो हेतुप्रतीक्षिणः ॥ ३१ ॥

कोष्ठाश्रित दोष किस प्रकार शाखाओं (रक्त आदि धातुओं) में जाते हैं—व्यायाम से, ऊष्मा की तीक्ष्णता से, अहितकर आहार-विहार से, तथा वायु के शीघ्रगति होने से वात आदि दोष कोष्ठ से शाखाओं (रक्त आदि धातुओं) में चले जाते हैं । वहाँ पर जाकर अन्य हेतुओं से प्रेरित न होने के कारण कभी २ स्थानान्तर में जाने अथवा विकार उत्पन्न करने में विलम्ब कर देते हैं । अधिक हेतु की उपेक्षा करनेवाले ये दोष आदेश (जो देश अनुगुण न हो) और अकाल (जो काल अनुगुण न हो) में कुपित नहीं होते । यदि हेतु मिल जायँ तो ये दोष अदेश और अकाल में भी कुपित हो सकते हैं । अष्टाङ्गसंग्रह सू० १९ अ० में कहा है—

'तत्रस्थाश्च विलम्बेरन् भूयो हेतुप्रतीक्षिणः ।
ते कालादिबलं लब्ध्वा कुप्यन्त्यन्याश्रयेष्वपि' ॥३०,३१॥

वृद्ध्या विष्यन्दनात् पाकात्स्रोतोमुखविशोधनात् ।
[1]शाखां मुक्त्वा मलाः कोष्ठं यान्ति वायोश्च निग्रहात् ॥

वात आदि दोषों का शाखा से कोष्ठ में आना—वात आदि दोष वृद्धि के कारण, विष्यन्दन (बहना) के कारण, द्रव होने के कारण, चू जाने से, पक जाने के कारण, स्रोतों के मुख के शोधन हो जाने के कारण, अर्थात् अवरोध के न रहने से और वायु के निग्रह अर्थात् वायु के प्रतिकार होने पर शाखाओं को छोड़कर कोष्ठ में जाते हैं । अभिप्राय यह है कि यदि दोष की अत्यन्त वृद्धि हो जाय तो रक्त आदि धातुओं से वह कोष्ठ में भी आ जाता है । या धातु के साथ बहता हुआ दीवार में से सरकर कोष्ठ में आ सकता है । दोष के पक जाने पर वह बाहर निकलने के लिये कोष्ठ में आ जाता है । यदि कोष्ठस्थित स्रोतों का मुख खुल जाय तो भी वे दोष बहकर आ जाते हैं । मलच्छेता वायु यदि प्रतिलोम हुआ २ हो तो मल बाहर निकलने के लिये कोष्ठ में न आयेंगे, परन्तु यदि प्रतिकार द्वारा अनुलोम हो जाय तो कोष्ठ में ला जायेंगे ।

अथवा 'वायोश्च निग्रहात्' का अर्थ यह कर सकते हैं कि सम्पूर्ण शरीर वायु के वश में है, अतएव वायु जहाँ चाहता है वहाँ ले जाता है—

'पित्तं पङ्गु कफः पङ्गुः पङ्गवो मलधातवः ।
वायुना यत्र नीयन्ते तत्र गच्छन्ति मेघवत्' ॥

यहाँ पर भी यह स्पष्ट कहा है कि जहाँ वायु चाहता है वहाँ मलों को ले जाता है । वातकलाकलीय में भी 'छेत्ता बहिर्मलानाम्' द्वारा वायु का कर्म मल को बाहर फेंकना भी बताया है । वह वायु मल को अन्तर्मार्ग से बाह्यमार्ग की ओर ले आता है ।

मलों में से कुछ गुदा द्वारा (बाह्यमार्ग), कुछ मूत्र द्वारा (मध्यममार्ग), कुछ पसीने द्वारा (अन्तर्मार्ग), कुछ फुप्फुस द्वारा निःश्वास के साथ (मध्यममार्ग) तथा इन्द्रियाधिष्ठानों से भिन्न २ रूप से निकला करते हैं । इस प्रकरण में यह भी बता दिया गया है कि कोष्ठ के दूषित होने से रक्त आदि धातुएँ दूषित हो जाती हैं और रक्त आदि धातुओं के दूषित होने से कोष्ठ भी दूषित हो जाता है ॥ ३२ ॥

अजातानामनुत्पत्तौ जातानां विनिवृत्तये ।
रोगाणां यो विधिर्दृष्टः सुखार्थी तं समाचरेत् ॥ ३३ ॥

जो रोग अभी उत्पन्न नहीं हुए, उन्हें उत्पन्न न होने देने में तथा उत्पन्न हुए २ रोगों की निवृत्ति के लिये जो विधान उपयुक्त है (वा जो इस शास्त्र म कहा गया है) सुखार्थी पुरुष को चाहिये कि वह उसका आचरण करे ॥ ३३ ॥

सुखार्थाः सर्वभूतानां मताः सर्वाः प्रवृत्तयः ।
ज्ञानाज्ञानविशेषात्तु मार्गामार्गप्रवृत्तयः ॥ ३४ ॥

सम्पूर्ण प्राणियों द्वारा सब प्रवृत्तियां वा चेष्टायें सुख की इच्छा से की जाती हैं, परन्तु ज्ञान और अज्ञानता के कारण कई तो ठीक मार्ग पर चलते हैं और कई उलटे मार्ग में पड़ जाते हैं ॥ ३४ ॥

हितमेवानुरुध्यन्ते प्रपरीक्ष्य परीक्षकाः ।
रजोमोहावृतात्मानः प्रियमेव तु लौकिकाः ॥ ३५ ॥

परीक्षक अच्छी प्रकार सोच-विचार कर परीक्षा करके हित को ही चाहते हैं और रज तथा मोह से आच्छादित है आत्मा

१—'अष्टौनिन्दितकेऽध्याये' च ।

१—'शाखामिति रसादिधातून् शिवदासः ।

जिनका ऐसे लौकिक पुरुष वा साधारण लोग प्रिय (प्यारा) को ही चाहते हैं। अर्थात् सब लोग तो चाहते तो सुख को ही हैं, परन्तु यह सुख दो प्रकार का है एक हित और एक प्रिय। हो सकता है कि कोई कर्म करते समय तो दुःखकर प्रतीत हो, परन्तु परिमाण में सुखकर हो वह 'हित' कहायगा। और दूसरी चेष्टा इस प्रकार की होती है जो उस समय तो सुखरूप प्रतीत होती है, परन्तु परिमाण में कष्ट देनेवाली होती है वह प्रिय कहाती है। इनमें से हित का ही ग्रहण करना चाहिये और प्रिय का त्याग करना चाहिये। उपनिषदों में श्रेय और प्रेय दो मार्ग बताये हैं और कहा है कि धीर पुरुष दोनों में से श्रेय मार्ग को ही चुना करते हैं ॥ ३५ ॥

श्रुतं बुद्धिः स्मृतिर्दाढर्यं धृतिर्हितनिषेवणम्।
वाग्विशुद्धिः शमो धैर्यमाश्रयन्ति परीक्षकम् ॥ ३६ ॥
लौकिकं नाश्रयन्त्येते गुणा मोहतमःश्रितम्।
तन्मूला बहुलाश्चैव रोगाः शारीरमानसाः ॥ ३७ ॥

शास्त्रज्ञान, बुद्धि, स्मृति, दृढ़ता, मेधा, हितसेवन, वाणी की विशुद्धि, शान्ति, धैर्य; ये गुण परीक्षक में होते हैं और मोह एवं तम से घिरे हुए लौकिक पुरुष में ये गुण नहीं होते। इस मोह और तम कारण (प्रिय सेवन) से, ही बहुत से शारीर और मानस रोग हुआ करते हैं ॥ ३७ ॥

प्रज्ञापराधाद्धचहितानर्थान् पञ्च निषेवते।
संधारयति वेगांश्च सेवते साहसानि च ॥ ३८ ॥
तदात्वसुखसंज्ञेषु भावेष्वज्ञोऽनुरज्यते।
रज्यते न तु विज्ञाता विज्ञाने ह्यमलीकृते ॥ ३९ ॥

अज्ञ (मूर्ख) पुरुष प्रज्ञापराध से अहित पांच इन्द्रिय के विषयों का सेवन करता है अर्थात् उनका अतियोग अयोग वा मिथ्यायोग करता हैं, वेगों को रोकता है, साहसों का सेवन करता है, जितनी अपने में शक्ति नहीं उससे अधिक कार्य करता है और उसी समय जो सुख प्रतीत होते हैं (परन्तु परिणाम में दुःखकर हैं) उनमें लग जाता है। परन्तु विज्ञाता—ज्ञानी ज्ञान के निर्मल होने पर इनमें नहीं फंसता। वह वही करता है जो परिणाम में सुखकर होता है ॥ ३८, ३९ ॥

न रागान्नाप्यविज्ञानादाहारमुपयोजयेत्।
परीक्ष्य हितमश्नीयाद्देहो ह्याहारसम्भवः ॥ ४० ॥

राग से वा अज्ञान से (अहित) आहार का उपयोग न करे। सर्वदा परीक्षा करके—सोच विचार कर हितकर आहार ही खाना चाहिये, क्योंकि यह हमारा शरीर आहार से ही बनता है ॥ ४० ॥

आहारस्य विधावष्टौ विशेषा हेतुसंज्ञकाः।
शुभाशुभसमुत्पत्तौ तान् परीक्ष्योपयोजयेत् ॥ ४१ ॥

आहार की विधि में शुभ अशुभ की उत्पत्ति में जो आठ प्रकार के विशेष 'हेतु' नाम से कहे गये हैं उनकी परीक्षा करके आहार का उपयोग करना चाहिये। वे हेतुसंज्ञक आठ विशेष जो कि रसविमान नामक विमानस्थान के प्रथम अध्याय में कहे गये हैं, ये हैं–१ प्रकृति, २ करण, ३ संयोग, ४ राशि, ५ देश, ६ काल, ७ उपयोगसंस्था, ८ उपयोक्ता। इनका विशेष विवरण अपने स्थल पर ही होगा ॥ ४१ ॥

परिहार्याण्यपथ्यानि सदा परिहरेन्नरः।
[1]भवत्यनृणतां प्राप्तः साधूनामिह पण्डितः ॥ ४२ ॥

पण्डित नर त्याज्य अपथ्य का त्याग करता हुआ साधु पुरुषों का अनृणी हो जाता है—ऋण से मुक्त हो जाता है। अर्थात् यदि हिताहार सेवन करते हुए प्राक्तन कर्म के कारण कोई रोग हो जाय तो वह साधु पुरुषों द्वारा निन्दित नहीं होता। यदि कोई हिताहार ही न करे तो वह सदा निन्दित होता है ॥ ४२ ॥

यत्तु रोगसमुत्थानमशक्यमिह केनचित्।
परिहर्तुं, न तत्प्राप्य शोचितव्यं मनीषिणा ॥ ४३ ॥

जो रोग का कारण, किसी के द्वारा परिहरण नहीं किया जा सकता, उसके प्राप्त होने पर बुद्धिमान् पुरुष को शोक न करना चाहिये ॥ ४३ ॥

तत्र श्लोकाः

आहारसम्भवं वस्तु रोगाश्चाहारसम्भवाः।
हिताहितविशेषाश्च विशेषः सुखदुःखयोः ॥ ४४ ॥
सहत्वे चासहत्वे च दुःखानां देहसत्वयोः।
विशेषो रोगसङ्घाश्च धातुजा ये पृथक् पृथक् ॥ ४५ ॥
तेषां चैव प्रशमनं कोष्ठाच्छाखा उपेत्य च।
दोषा यथा प्रकुप्यन्ति शाखाभ्यः कोष्ठमेत्य च ॥४६॥
प्राज्ञाज्ञयोर्विशेषश्च स्वस्थातुरहितं च यत्।
विविधाशितपीतीये तत्सर्वं सम्प्रकाशितम् ॥ ४७ ॥

इत्यग्निवेशकृते तन्त्रे चरकप्रतिसंस्कृते सूत्रस्थानेऽन्नपान-चतुष्के विविधाशितपीतीयो नामअष्टाविंशोऽध्यायः समाप्तः ॥२८॥
समाप्तमिदं सप्तममन्नपानचतुष्कम्।

आहार से उत्पन्न होनेवाली वस्तु (शरीर), आहार से उत्पन्न होनेवाले रोग, हित और अहित भेद से सुख दुःख का होना, दुःखों को सहने और न सहने में जो शरीर और मन की विशेषता होती है, धातुओं से उत्पन्न होनेवाले रोगसमूह, उनकी शान्ति, दोष कोष्ठ से शाखाओं में और शाखाओं से कोष्ठ में किस प्रकार जाकर कुपित होते हैं; प्राज्ञ और अज्ञ में भेद, स्वस्थ तथा रोगी के लिये जो हितकर (अजातानाम् इत्यादि द्वारा) है; ये सब विषय विविधाशितपीतीय अध्याय में प्रकाशित कर दिये हैं ॥ ४४–४७ ॥

इत्यष्टाविंशोऽध्यायः।

एकोनत्रिंशोऽध्यायः

अथातो दशप्राणायतनीयमध्यायं व्याख्यास्यामः।
इति ह स्माह भगवानात्रेयः ॥ १ ॥

अब दशप्राणायतनीय नामक अध्याय की व्याख्या करेंगे–ऐसा भगवान् आत्रेय ने कहा। इस अध्याय में सूत्रस्थान के विषयों का संग्रह होगा ॥ १ ॥

दशैवायतनान्याहुः प्राणा येषु प्रतिष्ठिताः।
शङ्खौ मर्मत्रयं कण्ठो रक्तं शुक्रौजसी गुदम् ॥ २ ॥

शरीर में दस ही स्थान हैं जहाँ प्राण आश्रित हैं।

१—'अनृणतामिव प्राप्तोऽनृणतां प्राप्तः, एतेन परिहार्यपरिहारेण पुरुषकारेऽनपराधः पुरुषो भवतीति दर्शयति' चक्रः।

दोनों शंख, तीन मर्म (शिर, हृदय, बस्ति) कण्ठ, रक्त, शुक्र, (वीर्य), ओज, गुदा; इन दस स्थानों पर प्राण प्रतिष्ठित हैं। अर्थात् इन पर चोट लगने से जीवनलीला समाप्त हो जाती है। यद्यपि प्राण सम्पूर्ण शरीर में ही हैं, पर इन स्थानों का यदि विनाश हो तो प्राणनाश हो जाता है। 'प्रतिष्ठिताः' कहने का प्रयोजन हो यही है। 'प्रतिष्ठिताः' को स्थान में स्थितिमात्र का द्योतक न जानना चाहिये; अपितु प्रतिष्ठास्थान जताने के लिये ही यह पद पढ़ा गया है। जिसके उपघात से प्राणनाश हो वही प्रतिष्ठास्थान कहाता है ऐसा विद्वानों का मत है। अतएव शारीरस्थान सप्तम अ० में दशप्राणायतन बताते हुए दोनों शंखों की जगह नाभि और मांस पढ़े गये हैं। परन्तु नाभि और मांस पर चोट उतनी शीघ्र प्राणघातक नहीं होती जितनी शंख-देशों पर। भेल ने भिन्न दृष्टिविन्दु से दश प्राणायतन कहे हैं। यथा—

'चतुर्विधमथो भुक्तं दशधा प्राणमिच्छति।
ऊष्मस्वेदशकृन्मूत्रैस्तथा वातादिभिस्त्रिभिः॥
स्त्रियाः स्तन्येन शुक्रेण शोणितेन च वाप्यथ।
इत्येभिर्दशभिः प्राणः स्थिरीभवति देहिनाम्॥'

अर्थात् सम्यक् प्रकार से उपयुक्त आहार से उत्पन्न ऊष्मा, स्वेद, पुरीष, मूत्र, वात, पित्त, कफ, दूध, वीर्य, रजः इन दस के द्वारा प्राण स्थिर रहते हैं॥२॥

तानीन्द्रियाणि विज्ञानं चेतनाहेतुमामयम्।
जानीते यः स वै विद्वान् प्राणाभिसर उच्यते॥इति॥

दश प्राणायतन, इन्द्रियाँ, विज्ञान (आयुर्वेद आदि शास्त्रों का विशेष ज्ञान), चेतना का हेतु (आत्मा) अथवा चेतना (आत्मा , हेतु (रोगों का त्रिविध हेतु और स्वास्थ्य का हेतु) आमय (रोग); इन्हें जो जानता है वह विद्वान् प्राणाभिसर (प्राणों का देनेवाला) कहाता है॥३॥

द्विविधास्तु खलु भिषजो भवन्त्यग्निवेश! प्राणानामेकेऽभिसरा हन्तारो रोगाणां, रोगाणामेकेऽभिसरा हन्तारः प्राणा नामिति॥४॥

हे अग्निवेश! दो प्रकार के चिकित्सक होते हैं। एक तो वे जो प्राणों को देते और रोगों को नष्ट करते हैं। दूसरे वे जो रोगों को देते वा बढ़ाते और प्राणों के घातक होते हैं॥४॥

एवंवादिनं भगवन्तमात्रेयमग्निवेश उवाच--भगवन्! ते कथमस्माभिर्वेदितव्या भवेयुरिति॥५॥

इस प्रकार कहनेवाले भगवान् आत्रेय से अग्निवेश ने पूछा—भगवन्! उन्हें हम क्योंकर पहचान सकते हैं?॥५॥

भगवानुवाच—य इमे कुलीनाः पर्यवदातश्रुताः परिदृष्टकर्माणो दक्षाः शुचयो जितहस्ता जितात्मानः सर्वोपकरणवन्तः सर्वेन्द्रियोपपन्नाः प्रकृतिज्ञाः प्रतिपत्तिज्ञास्ते प्राणानामभिसरा हन्तारो रोगाणाम्॥६॥

भगवान् ने कहा—ये कुलीन हैं, जो शास्त्र में संशयादि रहित हैं, जिन्होंने कर्म (चिकित्सा कर्म) देखे हैं, चतुर, पवित्र, जितहस्त[2] (अन्य शस्त्र आदि द्वारा चिकित्सा कर्म करते हुए जिनके हाथ काँपते नहीं), जितेन्द्रिय, सम्पूर्ण उपकरणों (Instruments) से युक्त, सम्पूर्ण इन्द्रियों से युक्त, प्रकृति (Physiological conditions) को जाननेवाले वा यह वात प्रकृति है यह पित्त प्रकृति है इत्यादि को जाननेवाले, प्रतिपत्ति अर्थात् रोग किस प्रकार आ पहुँचा है (Pathological Conditions इस बात को जाननेवाले वैद्य प्राण के देनेवाले तथा रोगों के घातक होते हैं।

'पतिपत्तिज्ञाः' का अर्थ यह भी हो सकता है कि जिस रोग का जैसे प्रतिकार करना चाहिये उसे उसी प्रकार अनुष्ठित करने के कर्तव्य को जाननेवाले अर्थात् जो इस बात को जानते हैं कि चिकित्सा करते हुए किस समय क्या करना है॥६॥

**तथाविधा हि केवले शरीरज्ञाने शरीराभिनिर्वृत्तिज्ञाने प्रकृतिविकारज्ञाने च निःसंशयाः, सुखसाध्यकृच्छ्रसाध्ययाप्यप्रत्याख्येयानां च रोगाणां समुत्थानपूर्वरूपलिङ्गवेदनोपशयविशेषविज्ञाने व्यपगतसन्देहाः, त्रिविधस्यायुर्वेदसूत्रस्य ससंग्रहव्याकरणस्य[1] सत्रिविधौषधग्रामस्य प्रवक्तारः, पञ्चत्रिंशतश्च मूलफलानां चतुर्णां च महास्नेहानां पञ्चानां च लवणानामष्टानां च मूत्राणामष्टानां च क्षीराणां क्षीरत्वग्वृक्षाणां च षण्णां शिरोविरेचनादेश्च पञ्चकर्माश्रयस्यौषधगणस्याष्टाविंशतेश्च यवागूनां द्वात्रिंशतश्च चूर्णप्रदेहानां षण्णां च विरेचनशतानां पञ्चानां च कषायशतानां, स्वस्थवृत्तावपि च भोजनपाननियमस्थानचङ्क्रमणशय्यासनमात्राद्रव्याञ्जनधूमनावनाभ्यञ्जनपरिमार्जनवेगविधारणव्यायामसात्म्येन्द्रियपरीक्षोपक्रमसद्वृत्तकुशलाः; चतुष्पादोपगृहीते च भेषजे षोडशकले सविनिश्चये सत्रिपर्येषणे सवातकलाकलज्ञाने व्यपगतसंदेहाः; चतुर्विधस्य च स्नेहस्य [2]चतुर्विंशत्युपनयस्योपकल्पनीयस्य चतुःषष्टिपर्यन्तस्य व्यवस्थापयितारः, बहुविधविधानयुक्तानां च स्नेहस्वेदवम्यविरेच्यौषधोपचाराणां च कुशलाः; शिरोरोगादेश्च दोषांशविकल्पजस्य व्याधिसंग्रहस्य सक्षयपिडकविद्रधेस्त्रयाणां च शोफानां बहुविधशोफानुबन्धानामष्टाचत्वारिंशतश्च रोगाधिकरणानां चत्वारिंशदुत्तरस्य च नानात्मजस्य व्याधिशतस्य तथा विगर्हितातिस्थूलातिकृशानां च सहेतुलक्षणोपक्रमाणां स्वप्नस्य च हिताहितस्यास्वप्नातिस्वप्नस्य च सहेतूपक्रमस्य षण्णां च लङ्घनादीनामुपक्रमाणां सन्तर्पणापतर्पणजानां च रोगाणां सरूपप्रशमनानां च शोणितजानां च व्याधीनां मदमूर्च्छायसंन्यासानां च सकारणरूपौषधानां कुशलाः; कुशलाश्चाहारविधिविनिश्चयस्य प्रकृत्या च हिताहितानामाहारविकाराणामग्र्यसंग्रहस्यासवानां च चतुरशीतेः द्रव्यगुणविनिश्चयस्य रसानुरसभंश्रयस्य सविकल्पकवैरोधिकस्य द्वादशवर्गाश्रयस्य चान्नपानस्य सगुणप्रभावस्य सानुपानगुणस्य [3]नवविधस्यार्थसंग्रहस्याहारगतेश्च हिताहितोप-

१—कालबुद्धीन्द्रियार्थानां योगी मिथ्या न चाति च।
द्वयाश्रयाणां व्याधीनां त्रिविधो हेतुसंग्रहः।
कालबुद्धीन्द्रियार्थानां सम्योगस्तु स्वास्थ्यहेतुः॥

२—'जितहस्ताः यस्य यस्य क्रियां कुर्वन्ति तस्य तस्यैव रोगजयो भवति'। गङ्गाधरः॥

१—'संग्रहः संकलय्य कथनं, व्याकरणं च विवरणं' शिवदासः। २—'चतुर्विंशत्युपनयस्येति उपनयो विचारणा' शिवदासः। ३—'विविधस्य' पा०।

योगविशेषात्मकस्य च शुभाशुभविशेषस्य धात्वाश्रयाणां च रोगाणां सौषधसंग्रहाणां दशानां च प्राणायतनानां यं च वक्ष्यामोऽर्थेदशमहामूलीये त्रिंशत्तमाध्याये तत्र च कृत्स्नस्य तन्त्रोद्देशलक्षणस्य च 'ग्रहणधारणविज्ञानप्रयोगकर्मकार्यकालकर्तृकरणकुशलाः; कुशलाश्च स्मृतिमतिशास्त्रयुक्तिज्ञानस्यात्मनः शीलगुणैरविसंवादनेन च सम्पादनेन सर्वप्राणिषु चेतसो मैत्रस्य मातृपितृभ्रातृबन्धुवदेवं-युक्ता भवन्त्यग्निवेश ! प्राणानामभिसरा हन्तारो रोगाणामिति ॥७॥

इस प्रकार के चिकित्सक जो सम्पूर्ण शरीर ज्ञान में, शरीरोत्पत्ति के ज्ञान में, प्रकृतिज्ञान में, विकारज्ञान में संशय रहित होते हैं। जो सुखसाध्य, कष्टसाध्य, याप्य तथा प्रत्याख्येय रोगों के हेतु, पूर्वरूप, वेदना (पीड़ा, रोग वा रूप), उपशय; इनके विशेषतया ज्ञान में सन्देह रहित होते हैं, जो तीन प्रकार के आयुर्वेद के सूत्र को (सू० स्था० १ अ० में), संग्रह (संक्षेप) और व्याकरण (विस्तार) से युक्त ('सामान्यं च' सू० स्था० १ अ० श्लो० २६७ पर, 'सर्वदा सर्वभावानां' इत्यादि द्वारा सू० स्था० १ अ० श्लो० ४३ से) तीन, प्रकार के औषधसमूह ('प्रशाम्यत्यौषधैः' द्वारा सू० स्था० १ अ० श्लो० ५७ में—दैवव्यपाश्रय, युक्तिव्यपाश्रय सत्त्वावजय) का प्रवचन करनेवाले हैं; जो ३५ मूलिनी और फलिनी (सू० स्था० १ अ० श्लो० ७३ में), चार महास्नेह (सू० स्था० १ अ० ८६ श्लो०) पाँच लवण (सू० स्था० १ अ० ८८ श्लो०), आठ मूत्र (सू० स्था० १ अ० ६२ श्लो०) आठ दूध (सू० स्था० १ अ० १०४ श्लो०), ६ क्षीरिवृक्ष और जिनकी त्वचा प्रयुक्त होती है वे वृक्ष (सू० स्था० १ अ० श्लो० ११२ द्वितीयाध्याय प्रारम्भ) शिरोविरोचन आदि, पंचकर्म में प्रयुक्त होनेवाले औषधसमूह (सू० स्था० २ अ० श्लो० २–५, २८ यवागू सू० स्था० २ अ० में, तृतीयाध्याय सू० प्रारम्भ) ३२ चूर्ण प्रदेह (चतुर्थ अ० सू० प्रारम्भ) ६०० विरेचन ५०० कषाय का प्रवचन करते हैं. स्वस्थवृत्त में भी खाने पीने के नियम, स्थान चंक्रमण (भ्रमण, चलना, फिरना), सोना बैठना (ये सब छठें अ० में कहे गये हैं), मात्रा, द्रव्य, अञ्जन, धूमपान, नावन (नस्य), अभ्यङ्ग, परिमार्जन (इन सब का ५ म अ० में वर्णन है), वेगों का रोकना, वेगों का न रोकना, व्यायाम, सात्म्य (इन सबका वर्णन ७ म अ० में है), इन्द्रियों की परीक्षा ज्ञान तथा सद्वृत्त (इनका वर्णन ८ म अ० में है) में कुशल होते हैं। सोलह गुण युक्त चतुष्पाद से ग्रहण किये जानेवाले भेषज (नवम अ० में इसका वर्णन है), उसका निश्चय (दशमाध्यायोक्त), तीन एषणायें (११ वें अ० में कही गई), वातकलाकलाज्ञान में (१२ वें अ० में उक्त विषय) में संदेह रहित होते हैं ॥

जो कल्पना में चारों प्रकार के स्नेह की २४ विचारणाओं से लेकर ६४ प्रविचारणाओं तक की व्यवस्था करनेवाले (१३ वें अ० में यह विषय है) तथा स्नेह्य (जिनका स्नेहन करना हो–त्रयोदशाध्यायोक्त), स्वेद्य (जिन्हें स्वेद कराना हो–१४ वें अ० में कहा गया विषय), वम्य (जिन्हें वमन कराना हो), विरेच्य (जिन्हें विरेचन कराना हो—ये विषय १५ वें १६ वें अ० में है) पुरुषों के लिये बहुत विधानों से युक्त औषध एवं उपचार में कुशल होते हैं।

शिरोरोग आदि, दोष के अंश की कल्पना से उत्पन्न होनेवाली ६२ व्याधियों का संग्रह (सू० स्था० १७ अ० में) क्षय, पिडका एवं विद्रधि (ये विषय १७ वें अ० में हैं), तीनों शोथ तथा उसके बहुत प्रकार के अनुबन्ध (उपजिह्विका आदि रोग) ये विषय १८ वें अ० में हैं। ४८ रोगों के अधिकरण (१६ वें अ० का विषय), १४० नानात्मज रोग (२० वें अ० का विषय) निन्दित अतिस्थूल तथा अतिकृश के हेतु (कारण) लक्षण तथा चिकित्सा, हितकर वा अहितकर निद्रा, अनिद्रा और अतिनिद्रा का कारण एवं चिकित्सा (२१ वें अ० का विषय), छह प्रकार के लङ्घन आदि उपक्रम (२२ अ० का विषय), सन्तर्पण तथा उपतर्पण से उत्पन्न रोगों के लक्षण और चिकित्सा (२३ वें अ० का विषय) रक्तज रोगों और मद, मूर्च्छा, संन्यास के कारण लक्षण औषध (२४ वें अ० का विषय); इन सब के ज्ञान में जो चतुर होते हैं।

आहारविधि का निर्णय, स्वभाव से ही हिताहित आहार के पदार्थ, प्रधान द्रव्य आदि का संग्रह (सू० स्था० २५ अ० में) ८४ आसव (ये २५ वें अ० के विषय हैं), रस एवं अनुरस के आश्रित द्रव्य गुण का निश्चय, वैरोधिक आहार का विकल्प (२६ वें अ० का विषय), बारहवर्गों के अन्नपान और उनके गुण तथा प्रभाव (इसी से ही वीर्य विपाक को भी समझ लेना चाहिये), अनुपान के गुण, ६ प्रकार के परीक्ष्य विषय का संग्रह (२७ वें अ० का विषय), आहार की गति, हिताहित के उपयोग के भेद से शुभाशुभ फल, धातुओं के आश्रित रोग और उनकी चिकित्सा के संग्रह (२८ वें अ० का विषय) के ज्ञान में जो कुशल हैं और जिसका अर्थ दशमहामूलीय नामक ३० वें अ० वर्णन होगा वहाँ सम्पूर्ण तन्त्र के उद्देश्य तथा लक्षण और शास्त्र के ग्रहण, धारण, विज्ञान (वास्तविक अर्थों में जानना), प्रयोग (चिकित्सा में प्रयोग अथवा विज्ञान के अनुसार आचरण), कर्म (अनेक प्रकार के चिकित्सा के कर्म), कार्य धातु की समता (जिसके लिए चिकित्सा प्रवृत्त होती है), काल (क्रियाकाल), कर्ता (वैद्य) करण (साधन-भेषज), इनमें जो कुशल होते हैं।

जो स्मृति, मति (मनन), शास्त्र युक्ति (शास्त्र योजना) तथा ज्ञान की एकता द्वारा अपने शील तथा गुणों से माता, पिता, भाई, बन्धु सदृश सम्पूर्ण प्राणियों में मैत्री युक्त चित्त के सम्पादन करने के कारण कुशल हैं, अर्थात् जो सब प्राणियों को मित्र भाव से देखते हैं।

१—'गृहीतस्योत्तरकालस्मरणं धारणं, विज्ञानमर्थतोज्ञानं, प्रयोगश्चिकित्साप्रयोगः, कर्म अनेकविधचिकित्सा करणं, कार्यं धातुसाम्यं, कालःक्रियाकालः, कर्त्तेह भिषक्, करणं भेषजं' चक्रः।

इन लक्षणों से युक्त चिकित्सक हे अग्निवेश ! प्राणों के देनेवाले और रोगों के नाशक होते हैं ॥

अतो विपर्ययेण विपरीता रोगाणामभिसरा हन्तारः प्राणानां भिषक्छद्मप्रतिच्छन्नाः कण्टकभूता लोकस्य प्रतिरूपकत्यक्तधर्माणो राज्ञां प्रमादाच्चरन्ति राष्ट्राणि। तेषामिदं विशेषविज्ञानं भवति--अत्यर्थं वैद्यवेषेण श्लाघमाना विशिखान्तरमनुचरन्ति कर्मलोभात्, श्रुत्वा च कस्यचिदातुर्यमभितः परिपतन्ति संश्रवणे चास्यात्मनो वैद्यगुणानुच्चैर्वदन्ति, यश्चास्य वैद्यः प्रतिकर्म करोति तस्य च दोषान् मुहुर्मुहुरुदाहरन्ति, आतुरमित्राणि च प्रहर्षणोपजापोपसेवादिभिरिच्छन्त्यात्मीकर्तुं, स्वल्पेच्छतां चात्मनः ख्यापयन्ति, कर्म चासाद्य मुहुर्मुहुरवलोकयन्ति दाक्ष्येणाज्ञानमात्मनः प्रच्छादयितुकामाः, व्याधिं चापवर्तयितुमशक्नुवन्तो व्याधितमेवानुपकरणमपचारिकमनात्मवन्तमुपदिशन्ति, अन्तगतं चैनमभिसमीक्ष्यान्यमाश्रयन्ति देशमपदेशमात्मनः[1] कृत्वा, प्राकृतजनसन्निपाते चात्मनः कौशलमकुशलवद्वर्णयन्ति, [2]अधीरवच्च धैर्यमपवदन्ति धीराणां, विद्वज्जनसन्निपातं चाभिसमीक्ष्य प्रतिभयमिव कान्तारमध्वगाः परिहरन्ति दूरात्, यश्चैषां कश्चित् सूत्रावयवो भवत्युपयुक्तस्तमप्रकृते प्रकृतान्तरे वा सततमुदाहरन्ति, न [3]चानुयोगमिच्छन्त्यनुयोक्तुं वा मृत्योरिव चानुयोगादुद्विजन्ते, न चैषामाचार्यः शिष्यो वा सब्रह्मचारी वैवादिको वा कश्चित् प्रज्ञायत इति ॥८॥

इनसे विपरीत लक्षणों से युक्त विपरीत अर्थात् रोगों के देनेवाले और प्राणों के नाशक होते हैं। वैद्यों के वेश में छिपे हुए परन्तु संसार के लिये कण्टक रूप, कपटी, अधर्मी वे चिकित्सक राजाओं के प्रमाद से राष्ट्रों में रहा करते हैं। उनके पहिचानने का यह तरीका है-वैद्य के वेश को धारण किये हुए अपने मुँह से ही अपनी अत्यधिक प्रशंसा करनेवाले, कर्मलोभ (कोई चिकित्सा करायेगा तो धन मिलेगा इस लोभ) से गलियों वा बाजारों में घूमा करते हैं। जब किसी को रोगपीड़ित हुआ सुनते हैं तो चारों ओर से टूट पड़ते हैं। और जहाँ उस रोगी को सुनाई दे जाय ऐसे स्थल पर अपने में चिकित्सक के गुणों को ऊँचा २ कहते हैं अर्थात् अपनी श्लाघा करते हैं कि अमुक रोगी को एक पुड़िया देने की देर थी कि उसका रोग जाता रहा। मैं तो चुटकी भर में अमुक रोग को दूर कर दूँ। बड़े से बड़ा रोग भी हो तो यह क्या है। हमने तो असाध्य रोगियों को मृत्यु से बचा लिया इत्यादि बनावटी बातें बनाते हैं और ऊँचा ऊँचा कहते हैं जिससे रोगी के कान तक यह बात पहुँच जाय। आजकल यह काम झूठे इश्तिहारों द्वारा भी किया जाता है और जो वैद्य उसकी चिकित्सा कर रहा होता है उसके दोषों को बार २ दुहराते हैं—वह जानता ही क्या है! उसने तो अभी कल ही सीखा है इत्यादि। जो रोगी के मित्र होते हैं उन्हें प्रसन्न करके वा रिश्वत खुशामद सेवा आदि द्वारा अपना बनाना चाहते हैं, जिससे वे रोगी वा रोगी के आत्मीय जनों को चिकित्सार्थ उसे बुलाने के लिये कहें। और अपने आपको वे ऐसा बताते हैं जैसे उन्हें तो कुछ नहीं चाहिये (निर्लोभी हैं)। जब चिकित्सा कर्म मिल जाता है तब अपने अज्ञान को छिपाने के लिये बड़ी चतुराई के साथ बारम्बार देखते हैं। यथा—बहुत से चिकित्सकमानियों को Stethoscope लगाने की विधि नहीं आती, परन्तु रोगी की छाती पर उसे जरूर लगायेंगे जिससे रोगी पर उनके चिकित्सकपने का प्रभाव पड़ जाय। रोग को जब हटा नहीं सकते तब बहानेबाजी करते हैं कि रोगी के पास उपकरण ही नहीं है, अपथ्य कर लेता है, धीर नहीं है, वहम हो गया है इत्यादि। जब देखते हैं कि रोगी मरनेवाला है तब अपना नाम आदि बदल कर दूसरे देश वा नगर में चले जाते हैं। साधारण वा मूर्ख लोगों में अपनी कुशलता को अकुशल पुरुषों की तरह वर्णन करते हैं—परस्पर विरोधी बातें करते हैं। अधीर पुरुषों की तरह धीर पुरुषों के धैर्य की निन्दा करते हैं। जैसे पान्थ भयावने जंगल को दूर से ही छोड़ देते हैं वैसे ही वे विद्वज्जनों के समूह को देखकर दूर से ही दूसरी राह पकड़ लेते हैं। यदि तन्त्र के किसी एक भाग को जानते हों तो प्रसङ्ग-रहित स्थल पर वा दूसरे प्रसङ्ग में उसे बार २ बोलते हैं। जैसे कई आजकल भी इसी प्रकार दो चार श्लोक घोटकर मूर्ख रोगी वा मूर्खमण्डली में जिन्हें बार २ सुनायेंगे जिससे वे उन्हें प्रकाण्ड पण्डित समझें। वे यह नहीं चाहते कि कोई तद्विद्य (आयुर्वेद का ज्ञाता) पुरुष उनसे परीक्षार्थ पूछे। ना ही वे किसी तद्विद्य को परीक्षा के लिये कोई प्रश्न करते हैं। अनुयोग[1] (पृच्छा-परीक्षार्थ प्रश्न) से तो वे ऐसा डरते हैं जैसे प्राणी मृत्यु से डरते हैं। इन चिकित्सकों का कोई आचार्य वा शिष्य वा सब्रह्मचारी (सहाध्यायी-साथ पढ़नेवाले) वा वैवादिक (जिससे [2]वाद करते हों) नहीं जाना जाता वा होता ॥८॥

भिषक्छद्म प्रविश्यैव व्याधितांस्तर्कयन्ति[3] ते।
वीतं[4]समिव संश्रित्य वने शाकुन्तिको द्विजान् ॥९॥

वे चिकित्सक के वेष को धारण करके रोगियों को इसी प्रकार फँसाते हैं जैसे व्याध जाल को फैलाकर पक्षियों को फँसाते हैं ॥९॥

श्रुतदृष्टक्रियाकालमात्राज्ञानबहिष्कृताः।
वर्जनीया हि ते मृत्योश्चरन्त्यनुचरा भुवि ॥१०॥

वे तो श्रुत (शास्त्रश्रवण), दृष्ट (कर्मदर्शन) क्रिया काल, मात्रा; इनके ज्ञान से रहित होते हैं। उनका त्याग करना चाहिये, उनसे दूर रहना चाहिये। ये पृथिवी पर यमदूत होकर फिरते हैं ॥

वृत्तिहेतोर्भिषङ्मानपूर्णान् मूर्खविशारदान्[5]।
वर्जयेदातुरो विद्वान् सर्पास्ते पीतमारुताः ॥११॥

१—'आत्मनोऽपदेशं नाम देशाद्यपह्नवरूपं कपटं कृत्वा' शिवदासः। २—'अधीरवदिति उच्चाटरवाः सन्तः' चक्रः। ३—'अनुयोगं पृच्छां' चक्रः।

१—अनुयोगो नाम यत्तद्विद्यानां तद्विद्यैरेव सार्धं तन्त्रे तन्त्रैकदेशे वा प्रश्नः प्रश्नैकदेशो वा ज्ञानविज्ञानवचनपरीक्षार्थमादिश्यते ॥ विमान० ८ अ० ॥ २—यत्परः परेण सह शास्त्रपूर्वकं विगृह्य कथयति ॥ विमान० ८ अ० ॥ ३—'०स्तर्पयन्ति' च०। ४—'वीतंसः पक्षिबन्धनजालं' शिवदासः। ५—'मुखविशारदाः स्वमुखेनैव स्ववैशारद्यं वदन्तः' गङ्गाधरः।

विद्वान् रोगी को चाहिये कि वह केवल आजीविका के लिए बने हुए परन्तु अत्यन्त मूर्ख वैद्यमानियों को (जो वास्तविक अर्थों में वैद्य न हों) त्याग दे, क्योंकि वे उसी प्रकार खतरनाक हैं, जैसे वायु को पीये हुए साँप। अभिप्राय यह है कि जिस प्रकार साँप को कोई भोजन न मिला हो केवल मात्र वायु पर ही गुजारा हो तो वह जिस प्रकार क्रोधी होने से अत्यन्त विषैला होकर जिसे भी काटता है वह शीघ्र मर जाता है उसी प्रकार अन्य किसी साधन द्वारा जीवनयात्रा न होते देख केवलमात्र धन की लालसा से, ज्ञानशून्य परन्तु अपने को चिकित्सक समझनेवाला वैद्य, जिस किसी की चिकित्सा करता है, उसे शीघ्र यमसदन में पहुँचा देता है ॥११॥

ये तु शास्त्रविदो दक्षाः शुचयः कर्मकोविदाः।
जितहस्ता जितात्मानस्तेभ्यो नित्यं कृतं नमः ॥१२॥

जो जो शास्त्र को जाननेवाले, चिकित्साभ्यास में चतुर, पवित्र, कर्म को जानने वाले, जितहस्त तथा जितेन्द्रिय हैं; उन्हें नित्य नमस्कार करते हैं। अर्थात् विद्वान् वैद्य का नित्य आदर करना चहिये ॥१२॥

तत्र श्लोकः।

दशप्राणायतनिके श्लोकस्थानार्थसंग्रहः।
द्विविधा भिषजश्चोक्ताः प्राणस्यायतनानि च ॥१३॥

इत्यग्निवेशकृते तन्त्रे चरकप्रतिसंस्कृते सूत्रस्थाने दशप्राणायतनीयो नामैकोनत्रिंशोऽध्यायः समाप्तः।

दशप्राणायतनीय अध्याय में सूत्रस्थान के विषयों का संग्रह, दो प्रकार के चिकित्सक तथा प्राण के प्रतिष्ठान बताये गये हैं॥

इत्येकोनत्रिंशोऽध्यायः।

त्रिंशत्तमोऽध्यायः

अथातोऽर्थेदशमहामूलीयमध्यायं व्याख्यास्यामः।
इति ह स्माह भगवानात्रेयः ॥१॥

अब इसके पश्चात् अर्थेदशमहामूलीयनामक अध्याय की व्याख्या करेंगे ऐसा भगवान् आत्रेय ने कहा था। इस अध्याय में सम्पूर्ण तन्त्र के अध्यायों का संग्रह किया गया है ॥१॥

अर्थे दशमहामूलाः समासक्ता[1] महाफलाः।
महच्चार्थश्च हृदयं पर्यायैरुच्यते बुधैः ॥२॥

हृदय में महामूलवाली (हृदय है मूल जिनका) महाफलवाली (हृदय है फल जिनका अथवा ओज को उत्पन्न करनेवाली) दश शिरायें लगी हुई हैं। विद्वान् लोग महत्, अर्थ और हृदय शब्द को एक ही अर्थ का जतानेवाला मानते हैं। ओजोवहा शिराओं का मूल तथा फल दोनों को ही बताने से संवर्तन (Circulation) सूचित किया गया है ॥२॥

षडङ्गमङ्गं विज्ञानमिन्द्रियाण्यर्थपञ्चकम्।
आत्मा च सगुणश्चेतश्चिन्त्यं च हृदि संश्रितम् ॥३॥

छहों अङ्गों से युक्त शरीर, विज्ञान, इन्द्रियाँ, पाँचों विषय, सगुण आत्मा, चेतः (मन), चिन्त्य (मन का विषय); ये हृदय (Cardiac Plexus वा अनाहत चक्र) में आश्रित हैं॥

१—'सिराः सक्ता' ग०।

प्रतिष्ठार्थं हि भावानामेषां हृदयमिष्यते।
[1]गोपानसीनामागारकर्णिकेवार्थचिन्तकैः ॥४॥

इन वस्तुओं की प्रतिष्ठा वा आश्रय के लिये हृदय है जैसे गोपानसियों (Rafters) के लिये आगारकर्णिका (बड़ा शहतीर, Beam) ऐसा हृदय पर विचार करनेवालों का अभिप्राय है। अर्थात् जैसे आगारकर्णिका पर गोपानसियाँ टिकी रहती हैं और छत को सम्भाले रहती हैं उसी प्रकार हृदय पर उपर्युक्त भाव आश्रित हैं जिससे शरीर आदि की स्थिति बनी रहती है ॥४॥

तस्योपघातान्मूर्च्छायं भेदन्मरणमृच्छति।
[2]यद्धि तत्स्पर्शविज्ञानं धारि तत्तत्र संश्रितम् ॥५॥

उस हृदय पर चोट लगने से मूर्च्छा और भेदन से मृत्यु होती है क्योंकि जो स्पर्शविज्ञान (स्पर्श द्वारा सम्पूर्ण ज्ञेय विषयों का जानना) है और जो धारि–शरीर, इन्द्रिय, मन आत्मा का संयोग (आयु) है, वह हृदय पर ही आश्रित है ॥५॥

तत्परस्यौजसः स्थानं तत्र चैतन्यसंग्रहः।
हृदयं महदर्थश्च तस्मादुक्तं चिकित्सकैः ॥ ॥

वह ही उत्कृष्ट ओज का स्थान है, वहाँ ही चेतनता का सग्रह है, अर्थात् जितने लिङ्गों से चेतनता का ज्ञान होता है उन सब का आश्रय हृदय है। अतएव चिकित्साशास्त्र में हृदय को महत् और अर्थ नाम से कहा है ॥६॥

तेन मूलेन महता महामूला मता दश।
ओजोवहा शरीरेऽस्मिन् विधम्यन्ते समन्ततः ॥७॥

उस हृदय रूपी मूल के कारण दस धमनियाँ महामूला (हृदय है मूल जिनका) कहलाती हैं। ये दश महामूला ओजोवहा इस शरीर में चारों ओर हृदय द्वारा धमन की जाती हैं।

यमोजसा वर्तयन्ति प्रीणिताः सर्वजन्तवः।
यदृते सर्वभूतानां जीवितं नावतिष्ठते ॥८॥
[3]यत्सारमादौ गर्भस्य यत्तद्गर्भरसाद्रसः।
[4]संवर्तमानं हृदयं समाविशति यत्पुरा ॥९॥
यस्य नाशात्तु नाशोऽस्ति धारि यद् हृदयाश्रितम्।
यः शरीररसस्नेहः प्राणा यत्र प्रतिष्ठिताः ॥१०॥
तत्फला बहुधा वा ताः फलन्तीति महाफलाः।

१—'गोपानस्यो गृहाच्छादनाधारकाष्ठानि, आगारकर्णिका गृहाच्छादनकाष्ठनिबन्धनो' चक्रः। २—'स्पर्शो विज्ञायतेऽनेनेति स्पर्शं वा विजानातीति स्पर्शविज्ञानं', तस्यैव विशेषण-धारीति, धारि तु शरीरेन्द्रियसत्त्वात्मसंयोगः; तेन यः शरीरादिसंयोगः स्पर्शेनेन विजानाति सर्वं ज्ञेयं, यश्चायं शरीरधारणाद्धारीत्युच्यते स हृदि स्थितः' चक्रः। ३-'यत्सारमादौ गर्भस्येति शुक्रशोणितसंयोगे जीवाधिष्ठितमात्रे यत्सारभूतं तत्रापि तिष्ठति; यत्तद्गर्भरसाद्रस इति गर्भरसात् शुक्रशोणितसंयोगपरिणामेन कललरूपात् रस इति सारभूतं; संवर्तमानं हृदयं समाविशति यत्पुरेति यदा हृदयं निष्पद्यमानं तदैव व्यक्तलक्षणं सत् हृदयमधितिष्ठति यदित्यर्थः; एतेन गर्भावस्थात्रयेऽपि तदोजस्तिष्ठतीत्युच्यते' चक्रः। 'यत्पुनः' इति काशिराजश्रीगणनाथसंमतः पाठः। ४—'संवर्धमानं' ग०।

जिस ओज द्वारा तृप्त हुए २ सम्पूर्ण प्राणी जीवित रहते हैं, जिसके बिना सम्पूर्ण प्राणियों का जीवन नहीं रह सकता, जो आदि में गर्भ का सार होता है, जो कललरूप गर्भ रस से रस (सार) बनता है और जो चक्कर लगाता हुआ पूर्व हृदय में प्रवेश [1]करता है।

जिसके नाश से शरीर नष्ट होता है जो हृदय में आश्रित हुआ २ जीवन धारण करनेवाला है, और शरीर के रस का स्नेह है। अर्थात् जैसे दूध में सारभूत मक्खन होता है वैसे ही शरीर की रसधातु में सारभूत जो है, जिसमें प्राण प्रतिष्ठित हैं, हृदय उसी ओज को ओजोवहा शिराओं में धमन करता (pump) रहता है, इन ओजोवहाओं को महाफला भी कहते हैं, क्योंकि हृदय वा ओज ही इनका फल है। अथवा ये बहुत प्रकार से शाखा-प्रशाखाओं में फलती हैं ॥८-१०॥

धमानाद्धमन्यः स्रवणात्स्रोतांसि सरणात्सिराः ॥११॥

इन्हें ही रस आदि द्वारा पूर्ण होने के कारण वा हृदय द्वारा धमन होने से धमनी, रस आदि के क्षरण होने (चूने) से स्रोत तथा रस आदि के सरने से-गति होने से सिरा कहते हैं। यहाँ पर ये शब्द गुणभेद को दर्शानेवाले परन्तु एक द्रव्य के वाचक हैं ॥११॥

तन्महत्ता महामूलास्तच्चौजः परिरक्षता।
परिहार्या विशेषेण मनसो दुःखहेतवः ॥१२॥

उस हृदय, उन महामूला ओजोवहा और उस ओज की रक्षा चाहनेवाले पुरुष को विशेषतः मन को दुःखी करनेवाले कारणों का त्याग करना चाहिये ॥१२॥

हृद्यं यत्स्याद्यदौजस्यं स्रोतसां यत्प्रसादनम्।
तत्तत्सेव्यं प्रयत्नेन प्रशमो ज्ञानमेव च ॥१३॥

जो हृदय के लिये हितकर, ओज को बढ़ानेवाला और स्रोतों (ओजोवहाओं) को प्रसन्न करनेवाला आहार-विहार हो उसका तथा शान्ति एवं ज्ञान का सेवन करना चाहिये ॥१३॥

अथ खल्वेकं प्राणवर्धनानामुत्कृष्टतममेकं बलवर्द्धनानामेकं बृंहणानामेकं नन्दनानामेकं हर्षणानामेकमयनानामिति। तत्राहिंसा प्राणिनां प्राणवर्धनानामुत्कृष्टतमं, वीर्यं बलवर्धनानां, विद्या बृंहणानाम्, इन्द्रियजयो नन्दनानां तत्त्वावबोधो हर्षणानां, ब्रह्मचर्यमयनानामित्यायुर्वेदविदो मन्यन्ते ॥ १४ ॥

प्राण को बढ़ानेवालों में एक सब से अधिक उत्कृष्ट है! एक बलवर्धकों में। एक बृंहण करनेवालों में। एक समृद्धि करनेवालों में। एक हर्षित करनेवालों में। एक मार्गों में।

इनमें प्राणियों के प्राणों को बढ़ानेवालों में अहिंसा, बल बढ़ानेवालों में वीर्य, बृंहण करनेवालों में विद्या, समृद्धि करनेवालों में इन्द्रियों का जीतना, मन को प्रसन्न करनेवालों में तत्त्वज्ञान, मार्गों में (आश्रमों में) ब्रह्मचर्य सबसे श्रेष्ठ है; ऐसा आयुर्वेद के विद्वान् मानते हैं ॥१४॥

तत्रायुर्वेदविदस्तन्त्रस्थानाध्यायप्रश्नानां पृथक्त्वेन वाक्यशो वाक्यार्थशोऽर्थावयवशश्च प्रवक्तारो मन्तव्याः।

आयुर्वेद के विद्वान् उन्हें ही जानना चाहिये जो तन्त्र (शास्त्र) उनके स्थान, अध्याय और प्रश्नों का पृथक् पृथक् वाक्य द्वारा, वाक्यार्थ द्वारा अर्थावयव द्वारा प्रवचन करते हों॥

तत्राह-कथं तन्त्रादीनि वाक्यशो वाक्यार्थशोऽर्थावयवशश्चोक्तानि भवन्तीति; अत्रोच्यते तन्त्रमार्षं कार्त्स्न्येन यथाम्नायमुच्यमानं वाक्यशो भवत्युक्तं, बुद्ध्या सम्यगनुप्रविश्यार्थतत्त्वं वाग्भिर्व्याससमासप्रतिज्ञाहेतूदाहरणोपनयनिगमनयुक्ताभिस्त्रिविधशिष्यबुद्धिगम्याभिरुच्यमानं वाक्यार्थशो भवत्युक्तं, [1]तन्त्रनियतानामर्थदुर्गाणां पुनर्विभावनैरुक्तमर्थावयवशो भवत्युक्तम् ॥१६॥

प्रश्न—तन्त्र आदियों को वाक्य द्वारा, वाक्यार्थ द्वारा तथा अर्थावयव द्वारा किस प्रकार कहा जा सकता है?

उत्तर—ऋषिप्रणीत शास्त्र को सम्पूर्णतया पाठ के अनुसार पढ़ना वाक्यशः कहा जाना कहाता है। अर्थात् जैसा लिखा है उसे वैसा ही पढ़ना। बुद्धि द्वारा वास्तविक अर्थ को अच्छी प्रकार जानकर व्यास (विस्तार), समास (संक्षेप), प्रतिज्ञा, हेतु, उदाहरण, उपनय, निगमन; इनसे युक्त तथा मन्दबुद्धि, मध्यबुद्धि, तीक्ष्णबुद्धि तीनों प्रकार के पुरुष जिसे समझ सकें ऐसी वाणियों द्वारा कहना वाक्यार्थ द्वारा प्रवचन करना कहाता है। व्यास से अभिप्राय समस्त पद को पृथक् २ करना—जहाँ समास हो उसे खोल देना! समास का अर्थ व्यस्त पदों को एक पद में लाना—पृथक् २ पदों को एक पद में ले आना। साध्य वस्तु का निर्देश करना प्रतिज्ञा कहाती है। जैसे-पर्वत पर अग्नि है। साध्य का साधन हेतु कहाता है, जैसे धूम होने से। उदाहरण से दृष्टान्त का ग्रहण किया गया है, दृष्टान्त उसे कहते हैं जिसमें मूर्ख और विद्वानों की बुद्धि की समता हो। अर्थात् जिस बात को मूर्ख वा विद्वान् एक सा मानते हों; जैसे-जहाँ२ धूम होता है वहाँ २ अग्नि होती है जैसे रसोई घर में। उपनय से उपसंहार किया जाता है, उदाहरण के अनुसार साध्य वस्तु के प्रति कहना कि यह भी वैसा ही है, जैसे रसोई घर में धूम है पर्वत पर भी धूम है? प्रतिज्ञा को पुनः हेतु निर्देश द्वारा सिद्ध रूप में कहना निगमन कहाता है। जैसे-अतः पर्वत अग्निमान् है। इनके लक्षण विमानस्थान के रोगभिषग्जितीय नामक अध्याय में आचार्य स्वयं करेंगे।

तन्त्र में कहे गये दुर्बोध अर्थों और पारिभाषिक अर्थों को पुनः प्रकाशित करना—अपने वचनों द्वारा खोलकर कहना अर्थावयव द्वारा प्रवचन करना कहाता है ॥१६॥

तत्र चेत्प्रष्टारः स्युः—चतुर्णामृक्सामयजुरथर्ववेदानां कं वेदमुपदिशन्त्यायुर्वेदविदः, किमायुः, कस्मादायुर्वेदः,

---

१—इससे यह बताया है कि गर्भ की तीनों अवस्थाओं में ओज जीवन का हेतु है। जब शुक्र और डिम्ब प्रारम्भ में अन्दर गर्भाशय में चिपकते हैं तब वहाँ की लसीका द्वारा उसका पोषण प्रारम्भ होता है। लसीका वा रस धातु में ओज की अधिकता होती है। जब कलल रूप हो जाता है तब भी इसी प्रकार मातृरक्त के ओज से गर्भ की वृद्धि होती है और पश्चात् जब हृदय वा इन्द्रियों से युक्त होता है तब मातृरक्त के नाभिस्थित विशुद्ध रक्तवाहिनियों द्वारा आने पर उसके ओज से पोषण होता है।

१—'तन्त्रस्थितानां दुर्बोधार्थानां यत्पुनः प्रकाशनानि तैरुक्तं तन्त्रमवयवश उक्तं भवतीत्यर्थः' चक्रः।

किं चायमायुर्वेदः, शाश्वतोऽशाश्वतः, कति कानि चास्याङ्गानि, कैश्चायमध्येतव्यः किमर्थं चेति ॥१७॥

यदि कोई यह पूछे कि ऋग्वेद, यजुर्वेद, सामवेद, अथर्ववेद—इनमें से आयुर्वेदज्ञ किस वेद का उपदेश करते हैं ? आयु क्या है ? किस हेतु से यह शास्त्र आयुर्वेद कहाता है ? और आयुर्वेद क्या शाश्वत (निरन्तर रहनेवाला, अविनाशी, नित्य) है वा अशाश्वत (विनाशी, अनित्य) ? कितने और कौन २ से इसके अङ्ग हैं ? किन्हें पढ़ना चाहिये और क्योंकर ? ॥१७॥

तत्र भिषजा पृष्टेनैवं चतुर्णामृक्सामयजुरथर्ववेदानामात्मनोऽथर्ववेदे [1]भक्तिरादेश्या; वेदो ह्याथर्वणः स्वस्त्ययनबलिमङ्गलहोमनियमप्रायश्चित्तोपवासमन्त्रादिपरिग्रहाच्चिकित्सां प्राह, चिकित्सा चायुषो हितायोपदिश्यते ।१८।

तो ऐसा प्रश्न होने पर वैद्य को ऋग्, साम, यजुः तथा अथर्ववेद में से अपनी अथर्ववेद में रुचि बतानी चाहिये, क्योंकि आथर्वणवेद स्वस्त्ययन (कल्याणमार्ग), बलि, मंगल, होम, नियम, प्रायश्चित्त, उपवास तथा मन्त्र आदि को बताता है, अतएव चिकित्सा को भी कहता है । स्वस्त्ययन बलि मंगल आदि दुःख वा रोग के निवृत्त्यर्थ ही किये जाते हैं चाहे वे रोग मानस हों वा शारीर । आयुर्वेद में इन्हीं स्वस्त्ययन दान आदि को दैवव्यपाश्रय चिकित्सा के अन्तर्गत किया गया है । आयु के हित के लिये ही चिकित्सा का उपदेश किया जाता है । आयु के हित के लिये जो कर्म भी किया जायगा उसे चिकित्सा कह सकते हैं ॥१८॥

वेदं चोपदिश्य आयुर्वाच्यं; तत्रायुश्चेतनानुवृत्तिर्जीवितमनुबन्धो[2] धारि चेत्येकोऽर्थः ॥१९॥

वेद का उपदेश करके आयु 'आयु' क्या है यह बताना चाहिये—चेतनानुवृत्ति, जीवित, अनुबन्ध तथा धारि; ये पर्यायवाचक हैं । अर्थात् इनमें से प्रत्येक का अर्थ आयु है । गर्भ से लेकर मृत्यु पर्यन्त चेतनता का लगातार रहना चेतनावृत्ति कहाता है । इसे ही प्रथमाध्याय में 'शरीरेन्द्रियसत्त्वात्मसंयोग तथा 'नित्यग' द्वारा कहा है । सू० स्था० १ अ० ४२ श्लो० में अन्य पर्यायों का अर्थ कहा जा चुका है ॥१९॥

तत्र 'आयुर्वेदयतीत्यायुर्वेदः' कथमितिचेदुच्येतस्वलक्षणतः सुखासुखतो हिताहिततः प्रमाणाप्रमाणतश्च; यतश्चायुष्यानायुष्याणि च द्रव्यगुणकर्माणि वेदयत्यतोऽप्यायुर्वेदः ॥२०॥

आयुर्वेद का लक्षण—जो आयु का ज्ञान कराता है उसे आयुर्वेद कहते हैं । किस प्रकार ज्ञान कराता है ? इसका उत्तर यह है—अपने लक्षण द्वारा, सुख असुख द्वारा, हित अहित द्वारा, प्रमाण तथा अप्रमाण द्वारा । चूंकि आयुष्य (आयु के लिये हितकर) तथा अनायुष्य द्रव्य, गुण एवं कर्मों को बताता है, अतः भी 'आयुर्वेद' कहाता है । आयुर्वेद का लक्षण प्रथम अध्याय में भी कहा जा चुका है ॥२०॥

तत्रायुष्याण्यनायुष्याणि च द्रव्यगुणकर्माणि केवलेनोपदेक्ष्यन्ते तन्त्रेण ॥२१॥

आयु के लिये हितकर वा अहितकर द्रव्य, गुण तथा कर्मों का उपदेश सम्पूर्ण तन्त्र में ही किया जायगा ॥२१॥

तत्रायुरुक्तंस्वलक्षणतो [1]यथावदिहैव । तत्र शारीरमानसाभ्यां रोगाभ्यामनभिद्रुतस्यानभिभूतस्य च विशेषेण यौवनवतः समर्थानुगतबलवीर्ययशःपौरुषपराक्रमस्य ज्ञानविज्ञानेन्द्रियार्थबलसमुदाये वर्तमानस्य परमर्धिरुचिरविविधोपभोगस्य समृद्धसर्वारम्भस्य यथेष्टविचारिणः सुखमायुरुच्यते, असुखमतो विपर्ययेण; हितैषिणः पुनर्भूतानां परस्वादुपरतस्य सत्यवादिनः शमपरस्य परीक्ष्यकारिणोऽप्रमत्तस्य त्रिवर्गं परस्परेणानुपहतमुपसेवमानस्य पूजार्हसम्पूजकस्य ज्ञानविज्ञानोपशमशीलस्य वृद्धोपसेविनः सुनियतरागेर्ष्यामदमानवेगस्य सततं विविधप्रदानपरस्य तपोज्ञानप्रशमनित्यस्याध्यात्मविदस्तत्परस्य[2] लोकमिमं चामुं चावेक्षमाणस्य स्मृतिमतिमतो हितमायुरुच्यते, अहितमतो विपर्ययेण ॥२२॥

आयु को अपने लक्षण द्वारा यहाँ ही (इसी अध्याय में) यथावत् कहा जा चुका है ।

सुख आयु वा असुख आयु का लक्षण-शारीर वा मानस रोगों से जो युक्त नहीं और जो इनसे पराभूत नहीं, विशेषतः यौवनशाली, समर्थ, बल वीर्य यश पौरुष पराक्रमयुक्त, ज्ञानबल, विज्ञानबल, इन्द्रियबल; इनके समुदाय में स्थित अर्थात् इनसे युक्त, परम ऋद्धि (अत्यधिक सम्पत्ति) द्वारा शोभित हैं विविध भोग जिसके, सम्पूर्ण कर्म जिसके सम्पन्न हो जाते हैं, यथेच्छ विचरनेवाले—स्वतन्त्र पुरुष की आयु सुख आयु कहाती है । इससे विपरीत को असुख आयु–दुःख आयु कहते हैं ।

हित आयु और अहित आयु का लक्षण—प्राणियों के हित को चाहनेवाले, परधन को न चाहनेवाले, सत्यवादी, शान्त, सोच-विचार कर कार्य करनेवाले, प्रमादरहित, धर्म अर्थ काम इस त्रिवर्ग का परस्पर अबाधक रूप में सेवन करनेवाले (अर्थात् ऐहलौकिक वा पारलौकिक उन्नति के लिये धर्म अर्थ और काम का उतना ही सेवन करना जो परस्पर एक दूसरे के घातक न हों), पूजा के योग्य की पूजा करनेवाले, ज्ञान विज्ञान युक्त, शान्त, आचार युक्त, वृद्ध (ज्ञानवृद्ध, वयोवृद्ध) पुरुषों की सेवा करनेवाले—उनके पास रहनेवाले, राग, ईर्ष्या, मन तथा अहंकार के वेगों को जिसने अच्छी प्रकार अपने वश में किया हुआ है, निरन्तर विविध प्रकार का (विद्या, धन, आदि) दान करनेवाले, नित्य तप ज्ञान तथा शान्ति में लगे हुए, अध्यात्म (आत्मविद्या) को जाननेवाले तथा उसी के आचरण करनेवाले, इस लोक परलोक का ध्यान रखनेवाले, स्मृति एवं मति (मनन शक्ति) से युक्त पुरुष की आयु हित आयु कहाती है । इससे विपरीत आयु को अहित कहते हैं ॥२२॥

प्रमाणमायुषस्त्वर्थेन्द्रियमनोबुद्धिचेष्टादीनां विकृतिलक्षणैरुपलभ्यतेऽनिमित्तैः, अस्मात्क्षणान्मुहूर्ताद्दिवसात्त्रिपञ्चसप्तदशद्वादशाहात्पक्षान्मासात्षण्मासात्संवत्सराद्वा

१—'अथर्ववेदे भक्तिः सेवेत्यर्थः, एतेन भिषक्सेव्यत्वेनाथर्ववेदस्यायुर्वेदत्वमुक्तं भवति' चक्रः । 'अथर्ववेदेऽस्योक्तिः' ग० ।
२—अनुबन्धतु खल्वायु, तस्य लक्षणं प्राणैः सह संयोगः । विमान० अ० ८ ॥

१—'इहैवेति 'तत्रायुश्चेतनानुवृत्ति' इत्यादिना' चक्र' ।
२—'तत्परस्य अध्यात्मपरस्य' चक्रः ।

स्वभावमापत्स्यत इति। तत्र स्वभावः, प्रवृत्तेरुपरमो मरणम् अनित्यता निरोध इत्येकोऽर्थः। इत्यायुषः प्रमाणम्, अतो विपरीतमप्रमाणम्। अरिष्टाधिकारे देहप्रकृतिलक्षणमधिकृत्य चोपदिष्टमायुषः प्रमाणमायुर्वेदे ॥२३॥

प्रमाण अप्रमाण द्वारा आयु का ज्ञान—आयु का प्रमाण तो अर्थ (विषय) इन्द्रिय, मन, बुद्धि तथा चेष्टा आदि के आकस्मिक विकृति के चिह्नों द्वारा जाना जाता है। इनका विस्तृत वर्णन इन्द्रियस्थान में होगा। यहाँ पर उदाहरणार्थ—अर्थविकृति जैसे, 'नानापुष्पोपमो गन्धो यस्य वाति दिवानिशम्' इत्यादि (इन्द्रिय० अ० २)। इन्द्रियविकृति, जैसे—'यश्च पश्यत्यदृश्यान्' इत्यादि (इन्द्रिय० ४ अ०)। मनोविकृति, जैसे—'यैः पुरा विन्दते भावैः समेतैः परमां रतिम्। तैरेवारममाणस्य ग्लास्नोर्मरणमादिशेत् ॥' इन्द्रिय० ८ अ०। बुद्धिविकृति, जैसे—'बुद्धिर्बलमहेतुकम्।' इन्द्रिय० ११ अ०। चेष्टाविकृति, जैसे—'निकर्षन्निव यः पादौ च्युतांसः परिधावति।' इत्यादि इन्द्रिय० १२ अ०। इनकी व्याख्या अपने स्थल पर ही की जायगी।

यह प्राणी इस क्षण, मुहूर्त्त, दिन, तीन दिन, पाँच दिन, सात दिन, दस दिन, बारह दिन, एकपक्ष, एक मास, छः मास या वर्ष के बाद स्वभाव को प्रात होगा (मर जायगा) ऐसे पूर्वोक्त विकृतियों द्वारा आयु का प्रमाण जाना जाता हैं। स्वभाव, प्रवृत्ति का उपरम (विराम वा निवृत्ति) मरण, अनित्यता, निरोध ये सब पर्यायवाचक शब्द हैं। यह आयु का प्रमाण है। इससे विपरीत अप्रमाण कहाता है अर्थात् केवलमात्र मर जायगा वा दीर्घायु स्वल्पायु; यह कह देना अप्रमाण (क्षण आदि प्रमाण रहित) है। आयुर्वेद में अरिष्टाधिकार में (इन्द्रियस्थान) और देह, प्रकृति तथा लक्षणों अथवा देह का प्रकृति के लक्षणों द्वारा (रोगभिषग्जितीय नामक विमानस्थान) आयु का प्रमाण अप्रमाण कहा गया है ॥

देह प्रकृति और लक्षण जब पृथक् २ लिये जाये जायेंगे तो देह के अनुसार आयु का ज्ञान—'सर्वैः सारैरुपेताः' से लेकर 'चिरजीविनश्च भवन्ति' तक। (विमान ८अ०) प्रकृति के अनुसार आयु का ज्ञान—'श्लेष्मलाः वमन्तो बसुमन्तो........आयुष्मन्तश्च भवन्ति।' इत्यादि (विमान ८ अ०)। लक्षण द्वारा—'आयुष्मतां कुमाराणां लक्षणानि भवन्ति' इत्यादि (शारीर ८अ०)॥ इनकी व्याख्या अपने स्थल पर ही होगी ॥२३॥

प्रयोजनं चास्य—स्वस्थस्य स्वास्थ्यरक्षणमातुरस्य विकारप्रशमनं च ॥२४॥

आयुर्वेद का प्रयोजन—स्वस्थ पुरुष के स्वास्थ्य की रक्षा और रोगी के विकार (रोग) की शान्ति ॥२४॥

सोऽयमायुर्वेदः शाश्वतो निर्दिश्यते, अनादित्वात्स्वभावसंसिद्धलक्षणत्वाद् भावस्वभावनित्यत्वाच्च न हि नाभूत्कदाचिदायुषः सन्तानो बुद्धिसन्तानो वा, शाश्वतश्चायुषो वेदिता, अनादि च, [1]सुखदुःखं सद्रव्यहेतु·लक्षणमपरापरयोगात्; [1]एष, चार्थसंग्रहो विभाव्यते आयुर्वेदलक्षणमिति; गुरुलघुशीतोष्णस्निग्धरूक्षादीनां च द्वन्द्वानां सामान्यविशेषाभ्यां वृद्धिह्रासौ, यथोक्तं 'गुरुभिरभ्यस्यमानैर्गुरूणामुपचयो भवत्यपचयो लघूनामेवमेवेतरेषाम्' इत्येष भावस्वभावो नित्यः स्वस्वलक्षणं[2] च द्रव्याणां पृथिव्यादीनां—सन्ति तु द्रव्याणि गुणाश्च नित्यानित्याः। न ह्यायुर्वेदस्याभूतोत्पत्तिरुपलभ्यते, अन्यत्रावबोधोपदेशाभ्याम्; एतद्वै द्वयमधिकृत्योत्पत्तिमुपदिशन्त्येके। स्वाभाविकं चास्य लक्षणमकृतकं, यदुक्तमिह चाद्येऽध्याये। यथाऽग्नेरौष्ण्यमपां द्रवत्वं; भावस्वभावनित्यत्वमपि चास्य, यथोक्तं—गुरुभिरभ्यस्यमानैर्गुरूणामुपचयो भवत्यपचयो लघूनामित्येवमादि।

वह यह आयुर्वेद अनादि होने से, लक्षण के स्वभावसिद्ध होने से तथा भावों (सत् वस्तु) के स्वभाव के नित्य होने के कारण शाश्वत (नित्य) है।

'अनादि होना' इस हेतु का विवरण—कभी भी ऐसा नहीं हुआ जब शरीर, इन्द्रिय, मन, आत्मा; इनके संयोगरूप आयु का प्रवाह न रहा हो, और नहीं कभी ऐसा हुआ जब बुद्धि का प्रवाह न रहा हो। अतः आयु तथा बुद्धि के प्रवाह से अनादि होने के कारण आयुर्वेद अनन्त है। अतएव नित्य है। क्योंकि जिसकी उत्पत्ति न हो उसका विनाश भी नहीं होता। आयु का ज्ञाता (राशि पुरुष, क्षेत्रज्ञ आत्मा) भी नित्य है। अतः ज्ञाता, ज्ञान और ज्ञेय के नित्य होने से आयुर्वेद भी नित्य है।

द्रव्य (आहार, औषध) हेतु (आरोग्यहेतु, रोगहेतु), लक्षण (स्वास्थ्यलक्षण, रोगलक्षण) के साथ २ सुख (आरोग्य) और दुःख (रोग) भी अनादि हैं। अपरापर योग होने से। सुख का दुःख के साथ दुःख का सुख के साथ सम्बन्ध बना ही रहता है। अभी आरोग्य है कुछ देर बाद रोग होता है, पर इन दोनों के बीच में ऐसा समय कोई नहीं होता जब आरोग्य वा रोग दोनों ही न हों। इस प्रकार प्रवाह चलता रहता है दुःख से छुटकारा पाने की इच्छा प्राणिमात्र में रहती है। जहाँ पर कोई इच्छा हो वहाँ उपाय अवश्य होता है। सुख को स्थिर रखने की भी इच्छा होती है। अतएव सुख को स्थिर रखने और दुःख को दूर करने का उपाय आयुर्वेद ही है। सुख और दुःख के नित्य होने से उनका उपाय आयुर्वेद भी नित्य है। अथवा सुख (आरोग्य, धातु की समता) सजातीय सुख को ही उत्पन्न करता है और दुःख, (रोग, धातु की विषमता) सजातीय दुःख को ही पैदा करता है। यह विषय १६ वें अध्याय में स्पष्ट किया जा चुका है। अतः ये भी प्रवाह रूप से अनादि होते हैं। 'लक्षण का स्वभावसिद्ध होना' इस हेतु का विवरण यह जो आयुर्वेद के प्रतिपाद्य विषय का यहाँ संग्रह किया गया है (सुख

१—'आरोग्यं सुखं, व्याधिर्दुखं, सद्रव्यहेतुलक्षणमिति सद्रव्यचिकित्सितलिङ्गं, हेतुशब्दस्य हि द्रव्यशब्देनैव व्याधिकारणत्वेनोक्तत्वात् प्रशमहेतुत्वमाहुः, अपरापरयोगादिति संतानादित्यर्थः' चक्रः।

१—'स्वभावसंसिद्धलक्षणत्वं द्वितीयं हेतुमाह-एषचेत्यादि। एष इति इति सुखदुःखादिः अर्थसंग्रहोऽभिधेयसंग्रहः, एतेन आयुरादिरायुर्वेदप्रतिपाद्य इति दर्शयति, अयं चायुरादिरत्रायुर्वेदलक्षणमिति विभाव्यते ज्ञायते, आयुरादिनाऽभिधेयेनायुर्वेदो लक्ष्यते' च। २—'स्वलक्षणं पृथिव्यादीनां खरद्रवत्वादि' चक्रः।

दुःख आयु आदि द्वारा) वह ही आयुर्वेद का लक्षण है। इसे ही प्रथम अध्याय में कह आये हैं—

हिताहितं सुखं दुःखमायुस्तस्य हिताहितम्।
मानं च तच्च यत्रोक्तमायुर्वेदः स उच्यते ॥

ये लक्षण स्वभावसिद्ध हैं, यह पूर्वोक्त हेतु के विवरण में स्पष्ट ही है।

'भावों (सत् वस्तुओं) के स्वभाव की नित्यता' इस हेतु का विवरण—गुरु लघु, शीत उष्ण, स्निग्ध रूक्ष आदि द्वन्द्वों (परस्पर विरुद्ध गुणों) का सामान्य और विशेष द्वारा वृद्धि और ह्रास होता है।

'सर्वदा सर्वभावानां सामान्यं वृद्धिकारणम्।
ह्रासहेतुर्विशेषश्च............' ॥ सूत्रस्थान १ अ०

जैसे कहा भी है—'गुरुभिरभ्यस्यमानैर्गुरूणामुपचयो भवत्यपचयो लघूनाम्' गुरु द्रव्यों के सेवन से गुरु धातुओं का ही सञ्चय होता है और लघु धातुओं की क्षीणता होती है। इसी प्रकार अन्य गुणों को भी जानना चाहिये। यदि स्निग्ध द्रव्यों का प्रयोग किया जाय तो स्निग्ध धातुएं बढ़ेंगी और रूक्ष धातुओं में न्यूनता आ जायगी इत्यादि। यह जो भाव पदार्थों का स्वभाव है वह नित्य है। अर्थात् गुरु से गुरु की वृद्धि और लघु का ह्रास, लघु से लघु की वृद्धि और गुरु का ह्रास आदि यह स्वभाव नित्य है।

पृथिवी आदि द्रव्यों के अपने २ लक्षण नित्य हैं। ये लक्षण शारीरस्थान के प्रथम अध्याय में कहे गये हैं—

'खरद्रवचलोष्णत्वं भूजलानिलतेजसाम्।
आकाशस्याप्रतीघातो दृष्टं लिङ्गं यथाक्रमम् ॥'

अर्थात् पृथिवी का लक्षण खरता, जल का लक्षण द्रवता, वायु का लक्षण चल स्वभाव, तेज की उष्णता तथा आकाश का अप्रतीघात (रुकावट न होना, अवकाश), ये लक्षण अपने २ द्रव्यों में नित्य हैं। द्रव्य और गुण तो नित्य और अनित्य होते हैं। पृथिवी आदि द्रव्य नित्य हैं, परन्तु उनके कार्यभूत द्रव्य शरीर आदि अनित्य हैं। इसी प्रकार पृथिवी आदि के गुण गन्ध आदि नित्य हैं। और कार्यभूत पार्थिव शरीर आदि के पूतिगन्ध आदि गुण अनित्य हैं। अथवा आकाश आदि द्रव्य नित्य हैं, पृथिवी आदि अनित्य हैं। इनके गुण अर्थात् आकाशपरिमाण आदि नित्य और पृथिवी आदि के कार्यगुण रस आदि अनित्य हैं। परन्तु ये अनित्य द्रव्य वा गुण भी सजातीय परम्परा प्रवाह के उत्पन्न करने से नित्य ही होते हैं। अथवा इतने प्रपञ्च से क्या। हम यह व्याख्या भी कर सकते हैं कि द्रव्य और गुण तो नित्य और अनित्य होते हैं, परन्तु उनके अपने २ लक्षण नित्य ही हैं। नित्य द्रव्यों में नित्य गुण, अनित्य द्रव्यों में अनित्य गुण होते हैं; परन्तु यह बात नहीं हो सकती कि जहाँ पृथिवी हो वहाँ गन्ध वा खरता न हो, जहाँ जल हो वहाँ रस वा द्रवता न हो इत्यादि। यही नित्यता से अभिप्राय है। अथवा द्रव्य नित्य भी है और गुण भी नित्य हैं, अतएव व्याधिजनक वा व्याधिशामक भावों के स्वभाव के नित्य भी होने से आयुर्वेद नित्य है। अथवा हम यह अर्थ भी कर सकते हैं—द्रव्य में नित्य और अनित्य गुण रहते हैं, पृथिवी आदि में सहज गुण नित्य हैं और विशिष्ट मात्रा काल आदि से उत्पन्न होनेवाले अनित्य गुण भी होते हैं। द्रव्य गुणों के विना और गुण द्रव्यों के विना नहीं रह सकते—यह प्रथम अध्याय में बताया जा चुका है। इस प्रकार द्रव्य और गुण की एक दूसरे के विना अवस्थिति न होने से खरता आदि अपने लक्षण नित्य रहते हैं।

परन्तु आयुर्वेद की तो उत्पत्ति सुनी जाती है तो किस प्रकार कहते हो कि यह शाश्वत है?—आयुर्वेद पहिले नहीं था पश्चात् उत्पन्न हुआ ऐसा कहीं नहीं मिलता। परन्तु यह अवश्य मिलता है कि किसी व्यक्ति विशेष को बोध हुआ और उसने अपने शिष्यों को उपदेश किया। कई बोध और उपदेश को ही दृष्टि में रखते हुए 'उत्पत्ति' शब्द का व्यवहार करते हैं। यथा सुश्रुत में—'अथातो वेदोत्पत्तिमध्यायं व्याख्यास्यामः'। वस्तुतः उत्पत्ति नहीं है। किसी को बोध हुआ और उसने अपने शिष्यों को उपदेश किया, इससे आयुर्वेद की उत्पत्ति सिद्ध नहीं होती। अतएव अष्टाङ्गसंग्रह सूत्र प्रथम अध्याय में—

'आयुर्वेदामृतं सार्थं ब्रह्मा बुद्ध्वा सनातनम्।
ददौ दक्षाय................................' ॥

कहा है। यहाँ पर 'ब्रह्मा को बोध' हुआ यह बताया गया है। आयुर्वेद का लक्षण जो कि 'हिताहितं सुखं दुःखं' इत्यादि द्वारा प्रथमाध्याय में या 'आयुर्वेदयति' इत्यादि द्वारा इसी अध्याय में बताया है वह उसका स्वाभाविक ही है, किसी ने बनाया नहीं। वह स्वाभाविक लक्षण किसी द्वारा बनाया नहीं गया, अतएव नित्य है, जैसे—अग्नि की उष्णता वा जल की द्रवता ये लक्षण स्वभावतः ही होते हैं, किसी ने बनाये नहीं, अतएव नित्य है उसी प्रकार। 'गुरु पदार्थों के अभ्यास से गुरु धातुओं की वृद्धि और लघु धातुओं का ह्रास होता है' इत्यादि जो भावपदार्थों के स्वभाव की नित्यता बतायी गयी है वह भी किसी द्वारा बनायी नहीं गयी। यदि कोई बनानेवाला होता तो भावों का स्वभाव भी अनित्य मानना पड़ता। अतः उपर्युक्त तीनों हेतुओं के कारण आयुर्वेद की नित्यता स्वीकार करनी पड़ती है ॥२५॥

तस्यायुर्वेदस्याङ्गान्यष्टौ; तद्यथा—कायचिकित्सा, शालाक्यं, शल्यापहर्तृकं विषगरवैरोधिकप्रशमनं, भूतविद्या, कौमारभृत्यकं, रसायनानि, वाजीकरणमिति ॥२६॥

आयुर्वेद के अङ्ग—उस आयुर्वेद के आठ अङ्ग हैं, जैसे—१ कायचिकित्सा, २ शालाक्य, ३ शल्यापहर्तृक (शल्य को हरनेवाला, निकालनेवाला), ४ विषगरवैरोधिक-प्रशमन, ५ भूतविद्या, ६ कौमारभृत्य, ७ रसायन, ८ वाजीकरण। इनके पृथक् २ लक्षण सुश्रुत सूत्रस्थान प्रथम अध्याय में दिये गये हैं यथा—

'कायचिकित्सा नाम सर्वाङ्गसंश्रितानां व्याधीनां ज्वररक्तपित्तशोषोन्मादापस्मारकुष्ठमेहातिसारादीनामुपशमनार्थम् ॥'

अर्थात् सर्वाङ्गाश्रित ज्वर रक्तपित्त शोष उन्माद अपस्मार कुष्ठ प्रमेह अतीसार आदि रोगों की शान्ति के लिये कायचिकित्सा नामक अङ्ग पृथक् माना गया।

'शालाक्यं नामोर्ध्वजत्रुगतानां श्रवणनयनवदनघ्राणादिसंश्रितानां व्याधीनामुपशमनार्थम्।'

जत्रु सन्धि से ऊपर उत्पन्न होनेवाले कान, आँख, मुख, नाक आदि के रोगोंकी शान्ति के लिये शालाक्यतन्त्र होता है।

'शल्यं नाम विविधतृणकाष्ठपाषाणपांशुलोहलोष्ठास्थिबालनखपूयास्रावदुष्टव्रणान्तर्गर्भशल्योद्धरणार्थम् । यन्त्रशस्त्रक्षाराग्निप्रणिधानव्रणविनिश्चयार्थं च ।'

अर्थात् विविध तृण लकड़ी पत्थर धूल धातु ढेला हड्डी बाल नख पीव स्राव दुष्टव्रण तथा शल्यरूप में स्थित गर्भ को निकालने के लिये तथा यन्त्र शस्त्र क्षार अग्नि के प्रयोग और व्रणों के प्रतिकार आदि को बतानेवाला शल्यापहर्तृक तन्त्र वा शल्यतन्त्र है।

'अगदतन्त्रं नाम सर्पकीटलूतामूषिकादिदष्टविषव्यञ्जनार्थं विविधविषसंयोगोपशमनार्थं च ।'

सांप कीड़े मकड़ी चूहे आदि के काटे हुए विष; अन्य विविध प्रकार के विष तथा संयोगजविषों की शान्ति विषतन्त्र वा विषगरवैरोधिकप्रशमन तन्त्र का विषय है । वहाँ पर गर से अभिप्राय कालान्तर में कुपित होनेवाले विष से है । वैरोधिक से अभिप्राय संयोगजविष से है ।

'भूतविद्या नाम देवासुरगन्धर्वयक्षरक्षःपितृपिशाचनागग्रहाद्युपसृष्टचेतसां शान्तिकर्म बलिहरणादिग्रहोपशमनार्थम्'

देव असुर आदि ग्रहों द्वारा आक्रान्त मनवालों के लिये शांतिकर्म, बलि देना आदि द्वारा ग्रह की शान्ति करने के लिए यह तंत्र है।

'कौमारभृत्यं नाम कुमारभरणधात्रीक्षीरदोषसंशोधनार्थं दुष्टस्तन्यग्रहसमुत्थानां च व्याधीनामुपशमनार्थम् ।'

अर्थात् बच्चे का पालन-पोषण, धाय के दूध के दोष का संशोधन, दुष्ट दूध पीने से उत्पन्न रोग तथा ग्रहजन्य रोगों की शान्ति; ये कौमारभृत्य के विषय हैं ।

'रसायनं नामवयःस्थापनमायुर्मेधाबलकरंरोगापहरणसमर्थं च'

वयःस्थापन (यौवन को स्थिर रखना), आयु मेधा तथा बल को बढ़ाना तथा साथ २ रोगों के अपहरण में समर्थ होना; ये रसायनतन्त्र के विषय हैं ।

'वाजीकरणतन्त्रं नामाल्पदुष्टक्षीणविशुष्करेतसामाप्यायनप्रसादोपचयजननिमित्तं प्रहर्षजननार्थं च ।'

अल्पवीर्य को बढ़ाना; दुष्टवीर्य को निर्मल वा दोष रहित करना; वीर्य की क्षीणता में उसे जमा करना, वीर्य न हो तो उसे उत्पन्न करना तथा प्रहर्ष को उत्पन्न करना; इन विषयों को बताने वाला वाजीकरण तन्त्र होता है । 'प्रहर्ष' से अभिप्राय जहाँ ध्वजहर्ष (Erection) से है वहाँ मैथुन की इच्छा से भी है ॥

स चाध्येतव्यो ब्राह्मणराजन्यवैश्यैः । तत्रानुग्रहार्थं [1]प्राणिनां ब्राह्मणैः, [2]आरक्षार्थं राजन्यैः, वृत्त्यर्थं वैश्यैः; सामान्यतो वा धर्मार्थकामपरिग्रहार्थं सर्वैः । तत्र च यदाध्यात्मविदां धर्मपथस्थापकानां धर्मप्रकाशकानां वा मातृपितृभ्रातृबन्धुगुरुजनस्य वा विकारप्रशमने प्रयत्नवान् भवति यच्चायुर्वेदोक्तमध्यात्ममनुध्यायति[3] वेदयत्यनुविधीयते वा सोऽप्यस्य परो धर्मः; या पुनरीश्वराणां वसुमतां वा सकाशात् सुखोपहारनिमित्ता भवत्यर्थावाप्तिरारक्षणं च या च स्वपरिगृहीतानां प्राणिनामातुर्यादारक्षा सोऽस्यार्थः; यत्पुनरस्य विद्वद्ग्रहणयशःशरण्यत्वं च या च संमानशुश्रूषा यच्चेष्टानां[4] विषयाणामारोग्यमाधत्ते सोऽस्य कामः; इति यथाप्रश्नमुक्तमशेषेण ॥२७॥

ब्राह्मण, क्षत्रिय तथा वैश्यों को आयुर्वेद का अध्ययन करना चाहिये । प्राणियों पर दया के लिये ब्राह्मणों को पढ़ना चाहिये । सर्वतः रक्षा के लिये क्षत्रियों को और जीविका के लिये वैश्यों को । अथवा सामान्यतः धर्म, अर्थ और काम की प्राप्ति के लिये सब को ही पढ़ना चाहिये । आत्मज्ञानी, धर्ममार्ग के स्थापक वा धर्म के प्रकाशकों अथवा माता, पिता, भाई बन्धु तथा गुरुजनों के रोगों को शान्त करने में जो प्रयत्न किया जाता है और जो आयुर्वेद में कहे गये अध्यात्म (पुरुष ज्ञान) का ध्यान करता है, दूसरों को बताता है और स्वयं उसी ज्ञान के अनुसार कर्म करता है वह उस पुरुष का उत्कृष्ट धर्म है । राजाओं रईसों वा धनाढ्यों से सुख-आरोग्य होने के बदले उपहार में जो धनप्राप्ति होती है वह 'अर्थ' है । तन्त्रान्तर में कहा है—

चिकित्सितशरीरं यो न निष्क्रीणाति दुर्मतिः ।
स यत्करोति सुकृतं तत्सर्वं भिषगश्नुते ॥

अर्थात् जो पापबुद्धि धनी पुरुष अपने शरीर की की गयी चिकित्सा के बदले चिकित्सक को कुछ नहीं देता वह जो पुण्य करता है उस सब का फल चिकित्सक ही भोगता है ।

जो आत्मरक्षा होती है वह भी अर्थ है । और जिन्हें भी हम स्व (अपना) में ग्रहण कर सकते हैं उन सब प्राणियों—नौकर-चाकर आदियों की जो रोग से रक्षा होती है वह भी उसका अर्थ है । यथा च जो विद्वानों द्वारा आदर, यश, शरण्यता (अर्थात् रोगियों का यह समझ कर कि वह ही शरण है, आना) सम्मान और सेवा होती हैं और जो अभीष्ट (इन्द्रियों के) विषयों की आरोग्यता को धारण करता है वह 'काम' है । प्रश्न के क्रम के अनुसार ये सब उत्तर दिये हैं ॥२७॥

अथ भिषगादित एव भिषजा प्रष्टव्योऽष्टविधं भवति तद्यथा-तन्त्रं तन्त्रार्थं स्थानानि स्थानार्थानध्यायानध्यायार्थान्प्रश्नान्प्रश्नार्थांश्चेति । पृष्टेन चैतद्वक्तव्यमशेषेण वाक्यशो वाक्यार्थशोऽर्थावयवशश्चेति ॥२८॥

एक चिकित्सक से दूसरा चिकित्सक प्रारम्भ में ही आठ प्रकार के प्रश्न कर सकता है । जैसे–१ तन्त्र २ तन्त्र का विषय ३ स्थान ४ स्थान के विषय ५ अध्याय ६ अध्याय के विषय ७ प्रश्न ८ प्रश्न के विषय । जब ये द्रष्टव्य हों तो चिकित्सक वा वैद्य को वाक्य द्वारा, वाक्यार्थ द्वारा तथा अर्थावयव द्वारा सम्पूर्ण समझा देने चाहिये ॥२८॥

तत्रायुर्वेदः शाखा विद्या सूत्रं ज्ञानं शास्त्रं लक्षणं तन्त्रमित्यनर्थान्तरम् ॥२९॥

१ तन्त्र–आयुर्वेद, शाखा, विद्या, सूत्र, ज्ञान, शास्त्र, लक्षण, तन्त्र; ये सब एक ही अर्थ को जताते हैं ॥२९॥

तन्त्रार्थः पुनः स्वलक्षणैरुपदिष्टः, स चार्थः प्रकरणैर्विभाव्यमानो भूय एव शरीरवृत्तिहेतुव्याधिकर्मकार्यकालकर्तृकरणविधिविनिश्चयादशप्रकरणः, तानि च प्रकरणानि केवलेनोपदेक्ष्यन्ते तन्त्रेण ॥३०॥

२ तन्त्रार्थ–अपने (तन्त्र के) लक्षण द्वारा ही कह दिया गया है । आयुर्वेद, इत्यादि जो तन्त्र, पर्याय शब्दों से बताया गया है वह ही इस शास्त्र का विषय है । आयु का ज्ञान करने से आयुर्वेद । अथर्ववेद की शाखा होने से स्वस्त्ययन आदि

१–'प्रजानां' ग. । २–'आत्मरक्षार्थं' पा० । ३–'०मध्याय०' ग. । ४–यच्च अयम् इष्टानां प्रियाणां विषयाणां स्त्रीपुत्रादीनाम् आरोग्यम् आधत्ते जनयति । योगीन्द्रः ।

दैवव्यपाश्रय चिकित्सा का भी निदर्शक। जिसके द्वारा आयु आदि जानी जाय (विद् ज्ञाने) वह विद्या। जिसके द्वारा आयु जानी जाय (ज्ञा-ज्ञाने) वह ज्ञान। जिससे पुरुष सम्बन्धी विषयों का सूचन हो वह सूत्र अथवा जिसमें पुरुष सम्बन्धी विषय एक लड़ी में पिरोये गये हों वह सूत्र। जो शासन करता है (शास्) वह शास्त्र अर्थात् आरोग्य के लिये यह सेवन करो यह न सेवन करो इत्यादि। जिसके द्वारा देखा जाय (लक्ष) जाना जाय लक्षण। जिसके द्वारा विधान (सेवन) वा निषेध (त्याग) में नियन्त्रण (तन्त्र) किया जाय वह तन्त्र। इन पर्यायवाचक शब्दों से ही शास्त्र का विषय बता दिया है। अथवा 'आयुर्वेदयति' इत्यादि द्वारा प्रथम कहा चुका है। वह तन्त्रार्थ प्रकरणों के अनुसार विचार करने पर १ शरीर २ वृत्ति (जिसके द्वारा जीवन रहे-आहार), ३ हेतु (आरोग्य का हेतु वा रोग का निदान), ४ व्याधि (रोग), ५ कर्म (चिकित्सा), ६ कार्य (धातु की समता, आरोग्य), ७ काल (ऋतु आदि वा क्रियाकाल), ८ कर्ता (भिषक, वैद्य), ९ कारण (औषध), १० विधि इनके निर्णय के भेद से दस प्रकरण हैं। उन प्रकरणों का सम्पूर्ण तन्त्र में उपदेश होगा।३०।

तन्त्रस्यास्याष्टौ स्थानानि। तद्यथा श्लोकनिदानविमानशारीरेन्द्रियचिकित्सितकल्पसिद्धिस्थानानि। तत्र त्रिंशदध्यायकं श्लोकस्थानम्, अष्टाध्यायकानि निदानविमानशारीस्थानानि, द्वादशकमिन्द्रियाणां, त्रिंशकं चिकित्सितानां, द्वादशके कल्पसिद्धिस्थाने इति ॥३१॥

३ स्थान—इस तन्त्र के आठ स्थान हैं। १ श्लोक (सूत्र) स्थान, २ निदानस्थान, ३ विमानस्थान, ४ शारीरस्थान, ५ इन्द्रियस्थान, ६ चिकित्सितस्थान, ७ कल्पस्थान, ८ सिद्धिस्थान। इनमें से सूत्रस्थान में ३० अध्याय हैं। निदानस्थान, विमानस्थान और शारीर स्थान में आठ-आठ अध्याय हैं। इन्द्रियस्थान में १२ चिकित्सास्थान में ३०, कल्पस्थान और सिद्धिस्थान में बारह-बारह ॥३१॥

भवति चात्र।

द्वे त्रिंशके द्वादशकत्रयञ्च त्रीण्यष्टकान्येषु समाप्तिरुक्ता।
श्लोकौषधारिष्टविकल्पसिद्धिनिदानमानाश्रयसंज्ञकेषु॥३२॥

श्लोकस्थान (सूत्रस्थान), औषधस्थान (चिकित्सास्थान) ये दो स्थान तीस २ अध्यायों में; अरिष्टस्थान (इन्द्रियस्थान) विकल्पस्थान (कल्पस्थान) और सिद्धिस्थान, ये तीनों १२–१२ अध्यायों में; निदानस्थान विमानस्थान [1]आश्रयस्थान (शारीरस्थान), ये तीनों ८-८ अध्यायों में समाप्त होते हैं ॥३२॥

स्वे स्वे स्थाने यथास्वं च स्थानार्थ उपदेक्ष्यते।
सविंशमध्यायशतं शृणु नामक्रमागतम् ॥३३॥
दीर्घञ्जीवोऽप्यपामार्गतण्डुलारग्वधादिकौ।
षड्विरेकाश्रयश्चेति चतुष्को भेषजाश्रयः ॥३४॥
मात्रातस्याशितीयौ च न वेगान्धारणं तथा।
इन्द्रियोपक्रमश्चेति चत्वारः स्वास्थ्यवृत्तिकाः ॥३५॥
खुड्डाकश्च चतुष्पादो महांस्तिस्रैषणस्तथा।
सह वातकलाख्येन विद्यान्नैर्देशिकान् बुधः ॥३६॥
स्नेहनस्वेदनाध्यायावुभौ यश्चोपकल्पनः।
चिकित्साप्राभृतश्चैव सर्व एवोपल्पनाः ॥३७॥
कियन्तःशिरसीयश्च त्रिशोफाष्टोदरादिकौ।
रोगाध्यायो महांश्चैव रोगाध्यायचतुष्टयम् ॥३८॥
अष्टौनिन्दितसङ्ख्यातस्तथा लङ्घनतर्पणौ।
विधिशोणितकश्चेति व्याख्यातास्तत्र योजनाः ॥३९॥
यज्जःपुरुषसङ्ख्यातो भद्रकाप्यान्नपानिकौ।
विविधाशितपीतीयश्चत्वारोऽन्नविनिश्चये ॥४०॥
दशप्राणायतनिकस्तथाऽर्थेदशमूलिकः।
द्वावेतौ प्राणदेहार्थौ प्रोक्तौ वैद्यगुणाश्रयौ ॥४१॥

४ अपने अपने स्थान का विषय अपने अपने स्थान में उपदिष्ट किया जायगा। सूत्रस्थान के विषय इससे पूर्व के अध्याय में कहे जा चुके हैं। अन्य स्थानों के विषय अपने-अपने स्थानों के अन्त में कहे जायँगे।

५ अध्याय-नाम के क्रम से ३०+८+८+८+१२+३०+१२+१२=१२० अध्यायों को सुनो। १ दीर्घञ्जीवितीय, २ अपामार्गतण्डुलीय, ३ आरग्वधीय, ४ षड्विरेचनशताश्रितीय; ये चार अध्याय औषध के आश्रयभूत हैं। ४ मात्राशितीय, ६ तस्याशितीय, ७ नवेगान्धरणीय, ८ इन्द्रियोपक्रमणीय, ये चार अध्याय स्वस्थवृत्त सम्बन्धी हैं। ९ खुड्डाकचतुष्पाद, १० महाचतुष्पाद, ११ तिस्रैषणीय १२ वातकलाकलीय; ये चार अध्याय निर्देश सम्बन्धी हैं। १३ स्नेहाध्याय, १४ स्वेदाध्याय, १५ उपकल्पनीय, १६ चिकित्साप्राभृतीय; ये चार अध्याय कल्पनासम्बन्धी हैं। १७ कियन्तःशिरसीय, १८ त्रिशोफीय, १९ अष्टोदरीय, २० महारोगाध्याय; ये चार अध्याय रोगसम्बन्धी हैं। २१ अष्टौनिन्दितीय, २२ लङ्घनबृंहणीय, २३ सन्तर्पणीय, २४ विधिशोणितक; इन चार अध्यायों में योजनाओं की व्याख्या की गयी है। २५ यज्जःपुरुषीय, २६ आत्रेयभद्रकाप्यीय, २७ अन्नपानविधि, २८ विविधाशितपीतीय; ये चार अध्याय अन्नविज्ञान के हैं। २९ दशप्राणायतनिक, ३० अर्थेदशमूलीय; ये दो अध्याय प्राण एवं देहविषयक हैं और इनमें वैद्यों के गुण भी बताये गये हैं॥

औषधस्वस्थनिर्देशकल्पनारोगयोजनाः।
चतुष्काः षट् क्रमेणोक्ताः सप्तमश्चान्नपानिकः ॥४२॥
द्वौ चान्यौ संग्रहाध्यायाविति त्रिंशकमर्थवत्[1]।
श्लोकस्थानं समुद्दिष्टं तन्त्रस्यास्य शिरःशुभम् ॥४३॥

औषध, स्वस्थ, निर्देश, कल्पना, रोग, योजना; ये छह चार चार अध्यायों के वर्ग तथा सातवाँ अन्नपानिक (चार अध्यायों का वर्ग) नाम का, और दो अन्य संग्रहाध्याय, इन तीस अध्यायों वाला अन्वर्थ श्लोक स्थान (सूत्रस्थान) कहा गया है। यह स्थान इस तन्त्र का सिर है। जिस प्रकार शिर ज्ञान और कर्म

१—आश्रयो हि पुरुषः। उक्त च प्रथमाध्याये—सत्त्वमात्मा शरीरं च त्रयमेतत्त्रिदण्डवत्। लोकस्तिष्ठति संयोगात्तत्र सर्वं प्रतिष्ठितम्॥ स पुमांश्चेतनं तच्च तच्चाधिकरणं स्मृतम्। वेदस्यास्य तदर्थं हि वेदोऽयं सम्प्रकाशितः॥

१—'त्रिंशतकमर्थवत्' च.।

का केन्द्र है वैसे ही यह सूत्रस्थान चिकित्सा शास्त्र के सब सिद्धान्तों को बतानेवाला है। उन सिद्धान्तों पर चिकित्सा का शरीर स्थिर है ॥४२,४३॥

चतुष्काणां महार्थानां स्थानेऽस्मिन् संग्रहः कृतः।
श्लोकार्थःसंग्रहार्थश्च श्लोकस्थानमतः स्मृतम् ॥३४॥

श्लोकस्थान का निर्वचन—बड़े २ वा मुख्य विषयों के जतानेवाले सात चतुष्कों (चार २ अध्यायों के वर्गों) का इस स्थान में संग्रह किया गया है। जो श्लोक का अर्थ है वही संग्रह का अर्थ है (श्लोक संघाते-भ्वादि) अतः इसे श्लोकस्थान कहा गया है। सूत्रस्थान का भी यही अभिप्राय है विषयों को यथास्थल एक सूत्र में पिरोकर इकट्ठा कर देना—

सूचनात् सूत्रणाच्चैव सवनाच्चार्थसन्ततेः।
............सूत्रस्थानं प्रचक्षते ॥ सु० सू० ३अ ॥४४॥

ज्वराणां रक्तपित्तस्य गुल्मानां मेहकुष्ठयोः।
शोषोन्मादनिदाने च स्यादपस्मारिणां च यत् ॥४५॥
इत्यध्यायाष्टकमिदं निदानस्थानमुच्यते।

निदानस्थान के अध्याय—१ ज्वरनिदान, २ रक्तपित्तनिदान, ३ गुल्मनिदान, ४ मेहनिदान, ५ कुष्ठनिदान, ६ शोषनिदान, ७ उन्मादनिदान, ८ अपस्मारनिदान; इन आठ अध्यायों का समूह निदानस्थान कहाता है ॥४५॥

रसेषु त्रिविधे कुक्षौ ध्वंसे जनपदस्य च ॥४६॥
त्रिविधे रोगविज्ञाने स्रोतःस्वपि च वर्तने।
रोगानीके व्याधिरूपे रोगाणां च भिषग्जिते ॥४७॥
अष्टौ विमानान्युक्तानि मानार्थानि महर्षिणा।

विमानस्थान के अध्याय–१ रसविमान, २ त्रिविधकुक्षीय, ३ जनपदोद्ध्वंसनीय, ४ त्रिविधरोगविशेषविज्ञानीय, ५ स्रोतों की स्थिति के विषय में स्रोतोविमान, ६ रोगानीकविमान, ७ व्याधितरूपीय, ८ रोगभिषग्जितीय; ये आठ विमान मान (ज्ञान) के लिये महर्षि आत्रेय ने कहे हैं ॥४६,४७॥

कतिधापुरुषीयं च गोत्रेणातुल्यमेव च ॥४८॥
खुड्डीका महती चैव गर्भावक्रान्तिरुच्यते।
पुरुषस्य शरीरस्य विचयौ द्वौ विनिश्चितौ ॥४९॥
शरीरसंख्या सूत्रं च जातेरष्टममुच्यते।
इत्युद्दिष्टानि मुनिना शारीराण्यत्रिसूनुना ॥५०॥

शारीरस्थान के अध्याय—१ कतिधापुरुषीय, २ अतुल्यगोत्रीय, ३ खुड्डीकागर्भावक्रान्ति, ४ महतीगर्भावक्रान्ति, ५ पुरुषविचय, ६ शरीरविचय, ७ शरीरसंख्या, ८ जातिसूत्रीय; ये भगवान् आत्रेय मुनि ने आठ शरीर कहे हैं ॥४८,५०॥

वर्णस्वरीयः पुष्पाख्यस्तृतीयः परिमर्षणः।
तथैव चेन्द्रियानीकः पूर्वरूपिक एव च ॥५१॥
कतमानिशरीरीयः पन्नरूपोऽप्यवाक्शिराः।
यस्य श्यावनिमित्तश्च सद्योमरण एव च ॥५२॥
अणुज्योतिरिति ख्यातस्तथा गोमयचूर्णवान्।
द्वादशाध्यायकं स्थानमिन्द्रियाणां प्रकीर्तितम् ॥५३॥

इन्द्रियस्थान के अध्याय—१ वर्णस्वरीय, २ पुष्पितक, ३ परिमर्षणीय, ४ इन्द्रियानीक, ५ पूर्वरूपीय, ६ कतमानिशरीरीय, ७ पन्नरूपीय, ८ अवाक्शिरसीय, ९ यस्यश्यावनिमित्तीय, १० सद्योमरणीय, ११ अणुज्योतीय, १२ गोमयचूर्णीय; ये १२ अध्याय इन्द्रियस्थान के हैं ॥५१–५३॥

अभयामलकीयं च प्राणकामीयमेव च।
करप्रचितिकं वेदसमुत्थानं रसायनम् ॥५४॥
संयोगशरमूलीयमासक्तक्षीरिकं तथा।
माषपर्णभृतीयं च पुमाञ्जातबलादिकम् ॥५५॥
चतुष्कद्वयमप्येतदध्यायद्वयमुच्यते।
रसायनमिति ज्ञेयं वाजीकरणमेव च ॥५६॥
ज्वराणां रक्तपित्तस्य गुल्मानां मेहकुष्ठयोः।
शोषोन्मादेऽप्यपस्मारक्षतशोफोदरार्शसाम् ॥५७॥
ग्रहणीपाण्डुरोगाणां श्वासकासातिसारिणाम्।
छर्दिवीसर्पतृष्णानां विषमद्यविकारयोः ॥५८॥
द्विव्रणीयं त्रिमर्मीयमूरुस्तम्भिकमेव च।
वातरोगे वातरक्ते योनिव्यापदि चैव यत् ॥५९॥
त्रिंशच्चिकित्सितान्युक्तानि

चिकित्सास्थान के अध्याय—१ अभयामलकीय, प्राणकामीय, करप्रचितीय, आयुर्वेदसमुत्थानीय रसायन, २ संयोग शरमूलीय, आसक्तक्षीरीय, माषपर्णभृतीय, पुमाञ्जातबलादिक-वाजीकरण; इन चार चार पादों से दो आध्याय होते हैं। प्रथम चार पादों के अध्याय रसायन कहाते हैं और दूसरे चार पादों के अध्याय वाजीकरण कहाते हैं। ३ ज्वर, ४ रक्तपित्त ५ गुल्म ६ मेह ७ कुष्ठ ८ शोष, ९ उन्माद १० अपस्मार ११ क्षतक्षीण १२ शोफ १३ उदर १४ अर्श १५ ग्रहणी १६ पाण्डुरोग १७ हिक्काश्वास १८ कास १९ अतीसार २० छर्दि २१ वीसर्प २२ तृष्णा २३ विष २४ मद्यविकार (मदात्यय) २५ द्विव्रणीय २६ त्रिमर्मीय २७ उरुस्तम्भ २८ वातव्याधि २९ वातरक्त ३० योनिव्यापद्; ये तीस चिकित्साध्याय कहे गये हैं ॥५४–५९॥

अतः कल्पान् परं शृणु।
फलजामूतकेक्ष्वाकुकल्पो धामार्गवस्य च ॥६०॥
पञ्चमो वत्सकस्योक्तः षष्ठश्च कृतवेधने।
श्यामात्रिवृतयोः कल्पस्तथैव चतुरङ्गुले ॥६१॥
तिल्वकस्य सुधायाश्च सप्तलाशङ्खिनीषु च।
दन्तीद्रवन्त्योः कल्पश्च द्वादशोऽयं समाप्यते ॥६२॥

कल्पस्थान के अध्याय–१ मदनफल (मैनफल) २ जीमूतक (देवदाली) ३ इक्ष्वाकु (कड़वी तुम्बी) ४ धामार्गव (राजकोशातकी) ५ वत्सक (इन्द्रजौ) ६ कृतवेधन (कोशातकी) ७ श्यामा (श्याम वर्ण की त्रिवृत् की जड़) और त्रिवृत् (लाल रङ्ग की जड़) ८ चतुरङ्गुल (अमलतास) ९ तिल्वक (लोध्रभेद) १० सुधा (सेहुण्ड) ११ सप्तला और शङ्खिनी १२ दन्ती और द्रवन्ती; इनके १२ कल्प कल्पस्थान में कहे हैं ॥

कल्पना पञ्चकर्माख्या बस्तिसूत्रा तथैव च।
स्नेहव्यापादिकी सिद्धिर्नेत्रव्यापादिकी तथा ॥६३॥
सिद्धिः शोधनयोश्चैव बस्तिसिद्धिस्तथैव च।
प्रासृती मर्मसंख्याता सिद्धिर्बस्त्याश्रया च या ॥६४॥
फलमात्रा तथा सिद्धिः सिद्धिश्चोत्तरसंज्ञिता।
सिद्धयो द्वादशैवैतास्तन्त्रं चासु समाप्यते ॥६५॥

सिद्धिस्थान के अध्याय–१ कल्पना २ पञ्चकर्मीय ३ बस्तिसूत्रीय ४ स्नेहव्यापदिकी ५ नेत्रबस्तिव्यापदिकी ६ वमनविरेचनव्यापदिकी ७ बस्तिव्यापदिकी ८ प्रासृतयोगिका ९ त्रिमर्मीय १० वस्ति सम्बन्धी ११ फलमात्रा १२ उत्तरबस्ति; इन सब १२ सिद्धियों से सिद्धिस्थान होता है। यह शास्त्र यहाँ पर समाप्त हो जाता है ॥६३-६५॥

स्वे स्वे स्थाने तथाऽध्याये चाध्यायार्थः प्रवक्ष्यते।
[1]तं ब्रूयात्सर्वतः सर्वं यथास्वं ह्यर्थसंग्रहात् ॥६६॥

६ अपने २ स्थान का विषय तथा अध्याय में अध्याय का विषय कहा जायगा। जैसे स्थानों के अन्त में स्थानों के विषय बताये जायेंगे वैसे ही प्रत्येक अध्याय के अन्त में उस २ अध्याय का विषय संगृहीत किया जायगा। उस सारे विषय अर्थात् तन्त्र, स्थान वा अध्याय के विषय को उन २ के अनुसार संक्षिप्त करके सर्वतः कहे।

[2]पृच्छा तन्त्राद्यथाम्नायं विधिना प्रश्न उच्यते।
प्रश्नार्थो युक्तिमांस्तत्र तन्त्रेणैवार्थनिश्चयः ॥६७॥

७ प्रश्न का लक्षण–शास्त्र से, जैसे वहाँ कहा गया है उसके अनुसार जिज्ञासु का विधिपूर्वक पूछना प्रश्न कहाता है ॥

८ प्रश्न का विषय व प्रयोजन युक्तियुक्त होता है और वहाँ शास्त्र द्वारा ही अर्थ विषय) का निश्चय हुआ करता है। अर्थात् शास्त्र द्वारा युक्तियुक्त प्रश्न के विषय के निश्चय को प्रश्नार्थ कहते हैं ॥६७॥

निरुक्तं [3]तन्त्रणात्तन्त्रं स्थानमर्थप्रतिष्ठया।
[4]अधिकृत्यार्थमध्यायनामसंज्ञा प्रतिष्ठिता ॥३८॥

तन्त्र आदि शब्दों की निरुक्ति—तन्त्रण (नियमन) करने के कारण 'तन्त्र' कहाता है। विषयों को यथास्थान सन्निविष्ट करने के कारण शास्त्र को तन्त्र कहते हैं। प्रधान अर्थ वा अर्थों (विषय Sudjects) की जहाँ स्थापना हो उसे स्थान कहा जाता है। किसी विशेष विषय को लेकर अध्याय की नामसंज्ञा की जाती है। जैसे दीर्घजीवित को लेकर अध्याय की दीर्घजीवतीय यह योगरूढि संज्ञा की गयी है। अथवा 'अधिकृत्यार्थमध्यायो नामसंज्ञा प्रतिष्ठिता' यह पाठ होने पर–किसी विषय का अधिकार होने से अध्याय कहाता है। इस प्रकार यह तन्त्र आदि नामों की संज्ञा अर्थात् निरुक्ति उन २ नामों में प्रतिष्ठित है–अर्थात् उस २ नाम को जताती है–यह अर्थ होगा। अथवा नाम वा अर्थ अधिकारी है–जिससे 'अधिकारों की संज्ञा प्रतिष्ठित है' यह अर्थ होगा। अर्थात् जिसको अधिकार करके अध्याय को रचा गया है उसकी संज्ञा उसी अधिकार पर रखी जाती है ॥६८॥

इति सर्वं यथाप्रश्नमष्टकं सम्प्रकाशितम्।
कार्त्स्न्येन [1]चोक्तस्तन्त्रस्य संग्रहः सुविनिश्चितः ॥६९॥

ये सब अष्टक (तन्त्र तन्त्रार्थ इत्यादि) प्रश्न के अनुसार प्रकाशित कर दिया है। और शास्त्र का निर्णीत संग्रह भी सम्पूर्णतया कर दिया है ॥६९॥

सन्ति [2]पाल्लविकोत्पाताः संक्षोभं जनयन्ति ये।
वर्तकानामिवोत्पाताः सहसैवाविभाविताः ॥७०॥
तस्मात्तान्[3] पूर्वसंकल्पे सर्वत्राष्टकमादिशेत्।
परावरपरीक्षार्थं तत्र शास्त्रविदां [4]बलम् ॥७१॥

जैसे सम्भावना न होने पर अचानक वतक (वटेर) पक्षियों का उड़ना मन में भय पैदा कर देता है। वैसे ही आयुर्वेद के कुछ भाग को जाननेवाले सम्पूर्ण को न जाननेवाले चिकित्सकों (सिद्धसाधित वा भिषक् छद्मचर) के वागाडम्बर आदि उत्पात भी हैं जो मन में क्षोभ गड़बड़ या भ्रान्ति को उत्पन्न कर देते हैं। अतः जल्प और वाद के प्रारम्भ में ही श्रेष्ठता या अश्रेष्ठता की परीक्षा के लिये सर्वत्र ही आठ प्रश्न रखे। उन प्रश्नों के उत्तर में शास्त्रज्ञाता ही बली होते हैं। पाल्लविक उन पुरुषों को कहते हैं जो दो चार पत्रे पढ़कर ही विद्वान् कहाते हों। इन आठ प्रश्नों द्वारा ज्ञानी और मूर्ख की परीक्षा हो जाती है ॥७१॥

शब्दमात्रेण तन्त्रस्य केवलस्यैकदेशिकाः।
भ्रमन्त्यल्पबलास्तन्त्रे [5]ज्याशब्देनैव वर्तकाः ॥७२॥

सम्पूर्ण तन्त्र के एक भाग को जाननेवाले शास्त्र में अल्प-

१—'तं सर्वमिति तन्त्रार्थं स्थानार्थमध्यायार्थं च, अर्थसंग्रहादिति ल्यब्लोपे पञ्चमी, तन्त्रादीनामर्थं संगृह्य संक्षिप्येत्यर्थः, सर्वतोऽनवशेषतः, यथास्वमित्यनेन यो यस्यार्थस्तस्य संग्रहं कृत्वा तन्त्रार्थं स्थानार्थमध्यायार्थं चाशेषतो ब्रूयादित्यर्थः' शिवदासः। 'तं ब्रूयात्सर्वतः सर्वं यथार्थाद्ध्यनुसंग्रहात्' इति पाठान्तरं स्वीकृत्य योगीन्द्रो व्याख्याति-अध्यायार्थः स्वे स्वे स्थाने तथा तत्र वाच्येऽध्याये प्रत्यध्यायं च प्रवक्ष्यते। सर्वतः सर्वेषु अध्यायेषु सर्वं तम् अध्यायार्थम् अनु पश्चात् अध्यायान्ते यथार्थात् संग्रहात् यथायथसंग्रहेण ब्रूयात्। २—'तन्त्रादिति तन्त्रमारभ्य, यथाम्नायं यथाक्रमं विधिना सामान्यविशेषप्रकारेण पूर्वापरविरोधादिदोषशून्येन वा पृच्छा प्रश्न उच्यत इत्यर्थः। प्रश्नार्थं विवृणोति-प्रश्नार्थं इत्यादि। तस्य प्रश्नस्य' तन्त्रेण शेषेणार्थनिश्चयो यः स प्रश्नार्थः प्रश्नप्रयोजनमुच्यते। युक्तिमानिति उपपत्तिमानित्यर्थः' शिवदासः। ३—'तन्त्रणादिति व्युत्पादनात्, अर्थप्रतिष्ठयेति प्रधानभूतार्थावस्थानात्, एतेन तन्त्र्यते व्युत्पाद्यतेऽनेनेति तन्त्रम्, अर्थाः प्रतिष्ठन्त्यस्मिन्निति स्थानमिति निरुक्तिर्दर्शिता भवति' शिवदासः। 'एताश्च योगरूढाः संज्ञा, तेन अतिप्रसंगो न वाच्यः' चक्रः। 'निबद्धं' ग०। ४—'अधिकृत्येति अधिकारिणं कृत्वा, अर्थं दीर्घंजीवितादिकम्, अध्यायनामसंज्ञा, नामसंज्ञा च योगरूढादिसंज्ञोच्यते। किंवा अध्यायो नामेति पाठः, तदा नामशब्दः प्रकाशने, तेन अधिकार इत्यर्थः। तेन युक्ताध्याये संज्ञा, सा च अधिकरणसाधना वा कारणसाधना वा कर्मसाधना वा बोद्धव्या, अधीयते स्मिन्नधीयतेऽनेन वा अधीयते वा अध्यायः' चक्रः।

१–'चोक्तं तन्त्रेण' ग०। २—'तन्त्रस्यैकदेशविदः सन्तो निखिलशास्त्रपण्डितमानिनो प्रौढोक्तिकारिणः वृक्षपल्लववद्वृत्तिविस्तारवल्लघुपेताः' गङ्गाधरः। ३—'पूर्वकं जल्पे' ग०। ४—'शास्त्रविदां वरः' ज०। ५—'गङ्गाधरस्तु 'ह्यनल्पेनैव वर्तकाः' इति पठित्वा 'हि यस्मादनल्पे सम्पूर्णे कृत्स्ने तन्त्रे न वर्त्तन्ते न कृत्स्ने तन्त्रेऽधीतिनो भवन्ति ॥' इति व्याचष्टे।

चल होते हैं। वे शास्त्र के शब्दमात्र से ही ऐसे भागते हैं जैसे वर्तक पक्षी धनुष की ज्या की टङ्कार मात्र को ही सुनकर भाग जाते हैं ॥७२॥

पशुः पशूनां दौर्बल्यात्कश्चिन्मध्ये वृकायते ।
स सत्यं वृकमासाद्य [1]प्रकृतिं भजते पशुः ॥७३॥
तद्वदज्ञोऽज्ञमध्यस्थः कश्चिन्मौखर्यसाधनः ।
स्थापयत्याप्तमात्मानमाप्तं त्वासाद्य भिद्यते ॥७४॥

कोई पशु अन्य पशुओं की दुर्बलता के कारण उनमें भेड़िये की तरह फिरता है। परन्तु यदि उस पशु को कोई भेड़िया ही मिल जाय तो उसके सामने उसका भेड़ियापन जाता रहता है और वह अपनी जाति के अन्य पशुओं की तरह ही अपने स्वभाव (डरपोकपने) को प्राप्त हो जाता है। इसी प्रकार मूर्ख-मण्डली में बैठा हुआ आत्मश्लाघा आदि वागाडम्बरों से अपने को बड़ा जतानेवाला मूर्ख अपने आप को 'मैं आप्त (विद्वान्, प्रामाणिक) हूँ' यह सिद्ध करता है। परन्तु यदि कोई सचमुच आप्त पुरुष पहुँच जाय तो वह यहाँ से खिसक जाता है और उसकी पोल खुल जाती है ॥७३,७४॥

[2]बभ्रुर्मूढ इवोर्णाभिरबुद्धिरबहुश्रुतः ।
किं वै वक्ष्यति सञ्जल्पे [3]कुण्डभेदी जडो यथा ॥७५॥

चारों ओर ऊन से लपेटे हुए बड़े नेवले की तरह बुद्धि रहित मूर्ख जिसने शास्त्र को कई बार अच्छी तरह नहीं पढ़ा वह नीचकुलोत्पन्न मूर्ख की तरह वाद में क्या बोलेगा। अर्थात् ज्ञानी के सामने मूर्ख कुछ नहीं बोल सकता और जो बोलेगा तो पता लग जायगा कि यह मूर्ख है। अर्थात् ऊन में छिपा नेवला यदि बोले तो यह ज्ञात हो जायगा कि यह भेड़ नहीं है, नेवला है ॥७५॥

सद्वृत्तैर्न विगृह्णीयाद् भिषगल्पश्रुतैरपि ।
हन्यात्प्रश्नाष्टकेनादावितरांस्त्वात्ममानिनः ॥७६॥

परन्तु यदि कोई शास्त्र को थोड़ा ही जानता हो पर हो सदाचारी तो उसके साथ विवाद न करे। जो अहंकारी हों उन्हें प्रारम्भ में ही उपरोक्त आठ प्रश्नों द्वारा नीचा दिखावे।

दम्भिनो मुखरा ह्यज्ञाः प्रभूताबद्धभाषिणः ।
प्रायः; प्रायेण सुमुखाः सन्तो युक्ताल्पभाषिणः ॥
तत्त्वज्ञानप्रकाशार्थमहङ्कारमनाश्रिताः ॥७७॥

मूर्ख प्रायः दम्भी, वाचाल, वा अप्रियवादी, बहुत और असम्बद्ध बोलनेवाले होते हैं। सज्जन पुरुष प्रायः मीठा बोलनेवाले, युक्तियुक्त और थोड़ा बोलनेवाले होते हैं। तत्त्वज्ञान के प्रकाश के लिये अहंकारी नहीं होते अर्थात् 'मुझे तत्त्वज्ञान हो' इस बात का उन्हें ध्यान रहता है और बहुत जानते भी हों तो भी वे अहंकार नहीं करते ॥७७॥

[4]स्वल्पाधाराज्ञमुखरान्मर्षयेन्न विवादिनः ॥७८॥

जिन्होंने थोड़ा ही पढ़ा हो, अज्ञानी परन्तु अपनी बड़ाई करनेवाले वा अप्रियवादी विवादियों (झगड़ालुओं) को कभी सहन न करे। उन्हें सर्वदा नीचा दिखाये ॥७८॥

परो भूतेष्वनुक्रोशस्तत्त्वज्ञाने परा दया ।
येषां तेषामसद्वादनिग्रहे [1]निरता मतिः ॥७९॥

जो प्राणियों पर अत्यन्त अनुग्रह वा समवेदना प्रकट करते हैं, जो तत्त्वज्ञान के देने में दया से भरपूर होते हैं उनकी ही मति असद्वाद (मिथ्यावाद) को रोकने में तत्पर होती है ॥७९॥

[2]असत्पक्षाक्षणित्वार्तिदम्भपारुष्यसाधनाः ।
भवन्त्यनाप्ताः स्वे तन्त्रे प्रायः परविकत्थकाः ॥८०॥

असत्पक्ष (जो पक्ष शास्त्र सिद्ध न हो—मिथ्या हो उसके माननेवाले) अब समय नहीं है ऐसा कहकर वा सिर में दर्द है आदि बहाना करके दम्भ, कठोर वचन आदि द्वारा सिद्ध करनेवाले अपने शास्त्र में आप्त नहीं होते। वे प्रायः दूसरे की निन्दा ही किया करते हैं। 'असत्पक्षाः क्षणित्वाद्धि दम्भपारुष्य-साधनाः' यह गंगाधरोक्त पाठ होने पर असत्पक्षवाले पुरुष अपने पक्ष के क्षणिक होने से दम्भ तथा परुष (कठोर) वचनों द्वारा ही अपनी सफलता बताया करते हैं—यह अर्थ होगा। एक पक्ष को लेकर पहिले वे वाद करते हैं, जब उसका उत्तर दिया जाता है तब झट दूसरा पक्ष पकड़ लेते हैं। इसका भी उत्तर दिया जाय तो तीसरा। इस प्रकार वे क्षण २ में अपने पक्ष को बदला करते हैं। यही पक्ष के क्षणिक होने से अभिप्राय है ॥८०॥

तान् [3]कालपाशसदृशान् वर्जयेच्छास्त्रदूषकान् ।
प्रशमज्ञानविज्ञानपूर्णाः सेव्या भिषक्तमाः ॥८१॥

उन काल के पाश (फांसी) के सदृश तथा शास्त्रदूषक पुरुषों को त्याग दे। जो शान्ति, ज्ञान एवं विज्ञान से पूर्ण हैं ऐसे श्रेष्ठ चिकित्सकों की सेवा करे, उनका संग करे—ज्ञानवृद्धि के लिये उनके पास जाय ॥८१॥

समग्रं दुःखमायत्तमविज्ञाने द्वयाश्रयम् ।
सुखं समग्रं विज्ञाने विमले च प्रतिष्ठितम् ॥८२॥

शारीर और मानस समग्र दुःख अज्ञानता पर और शारीर एवं मानस समग्र सुख विमल विज्ञान पर स्थित है ॥८३॥

इदमेवमुदारार्थमज्ञातार्थप्रकाशकम् ।
शास्त्रं दृष्टिप्रनष्टानां[4] यथैवादित्यमण्डलमिति ॥८३॥

जिसका चतुर्विध पुरुषार्थ (धर्म अर्थ, काम, मोक्ष) की प्राप्तिरूप उदार प्रयोजन है वह—यह शास्त्र अज्ञात विषयों को प्रकाशित करता है जैसे रात्रि वा अन्धकार के समय दिखाई न देनेवाले पदार्थों को सूर्यमण्डल प्रकाशित करता है ॥८३॥

१–'प्रकृतिं स्वभावम्'।
२–'बभ्रुर्वृद्धनकुल ऊर्णाराशिमध्यगो यथा न किंचित्प्रतिपद्यते तथाऽबुद्धिरपि संजल्पे वादिप्रतिवादिकथायाम्' चक्रः। 'बभ्रुः' ग.। ३–'कुण्डभेदीति निन्दितजातिरित्यर्थः' शिवदासः।
४–'स्वल्पश्रुताः, न मर्षयेदिति योपेक्षेत' चक्रः।

१–निरता तत्परा। २–'असत्पक्षादि साधनं येषां ते तथा, असत्पक्षोऽमागमसिद्धः पक्षः अक्षणित्वं पृच्छार्थमनुयुक्तस्य 'संप्रति वक्तुं क्षणो नास्ति' इति भाषणम्, अर्तिः–पृच्छार्थमनुयुक्तस्य शिरोव्यथादिकमुच्चार्य श्लाघमानं भाषणं दम्भः–पुस्तवेष्टन पट्टादिभिः स्वार्थोत्कर्षप्रतिपादनं, पारुष्यं कृच्छ्रतोऽपि न वाच्यत्वादि-परुषभाषणम्; अनाप्ताः स्वे तन्त्र इति स्वतन्त्रानभिज्ञत्वात परविकत्थकाः परदूषकाः' चक्रः। ३- कालदेशसदृशान्' ग.
४–'इदमेवमुदारार्थमज्ञानां न प्रकाशकम्। शास्त्रं प्रनष्टदृष्टीनां यथैवादित्यमण्डलम् ॥' यो०।

तत्र श्लोकाः ।

अर्थे दश महामूलाः संज्ञा चैषां यथा कृता ।
अयनान्ताः षडग्र्याश्च रूपं वेदविदां च यत् ॥८४॥
सप्तकश्चाष्टकश्चैव परिप्रश्नः सनिर्णयः ।
यथा वाच्यं यदर्थं च यद्विधाश्चैकदेशिकाः ॥८५॥
अर्थेदशमहामूला सर्वमेतत्प्रकाशितम् ।
संग्रहश्चायमध्यायस्तन्त्रस्यास्यैव केवलः ॥८६॥

हृदय से सम्बद्ध जो महामूल दस धमनियाँ हैं तथा च जिस कारण उनकी यह संज्ञा है, अयन (आश्रम) पर्यन्त जो ६ श्रेष्ठ वस्तुएँ बतायी गयी हैं, आयुर्वेदज्ञों का जो लक्षण है । सू० स्था० अ० ३० में कहे गये ७ प्रश्न और उनके निर्णय तन्त्र तन्त्रार्थ आदि आठ प्रश्न और उनका निर्णय; जिस प्रकार कहना चाहिये (वाक्य द्वारा, वाक्यार्थ द्वारा, अर्थावयव द्वारा) और किस उद्देश्य से पूछना चाहिये (ऐकदेशिकों के निरासार्थ), ऐकदेशिक (पाल्लविक) जिस प्रकार के होते हैं: ये सब अर्थेदशमहामूलीयनामक अध्याय मे प्रकाशित कर दिया है । यह अध्याय इस शास्त्र का ही पूर्ण संग्रह (संक्षेप) है ॥८४–८६॥

यथा सुमनसां सूत्रं संग्रहार्थं विधीयते ।
संग्रहार्थं तथाऽर्थानामृषिणा संग्रहः कृतः ॥८७॥

इत्यग्निवेशकृते तन्त्रे चरकप्रतिसंस्कृते सूत्रस्थाने अर्थेदशमहामूलीयो नाम त्रिंशत्तमोऽध्यायः ॥३०॥

जैसे फूलों के संग्रह के लिए सूत्र आवश्यक होता है वैसे ही विषयों के संग्रह के लिये यह संग्रह (श्लोकस्थान वा सूत्र स्थान) रचा है ॥८७॥

अग्निवेशकृते तन्त्रे चरकप्रतिसंस्कृते ।
इयताऽवधिना सर्वं सूत्रस्थानं समाप्यते ॥८८॥

इति त्रिंशत्तमोऽध्यायः ।

अग्निवेश द्वारा रचे गये और चरक द्वारा प्रतिसंस्कृत (Revised) इस शास्त्र में यहाँ पर सूत्रस्थान समाप्त होता है।

इति सूत्रस्थानं समाप्तम् ।

निदानस्थानम्।

प्रथमोऽध्यायः।

अथातो ज्वरनिदानं व्याख्यास्यामः।
इति ह स्माह भगवानात्रेयः॥ १॥

अब ज्वर के निदान की व्याख्या की जायगी—ऐसा भगवान् आत्रेय ने कहा था॥१॥

इह खलु हेतुर्निमित्तमायतनं कर्ता कारणं प्रत्ययः समुत्थानं [1]निदानमित्यनर्थान्तरम्। तत् त्रिविधम्—असात्म्येन्द्रियार्थसंयोगः, प्रज्ञापराधः, परिणामश्चेति॥२॥

इस प्रकरण में हेतु, निमित्त, आयतन, कर्ता, कारण, प्रत्यय, समुत्थान तथा निदान एकार्थवाचक हैं—पर्यायवाचक हैं। शास्त्र में पर्यायवाचक शब्दों द्वारा लक्षण का भी द्योतन होता है। अर्थात् यद्यपि पृथक् २ हेतु आदि शब्द भिन्न अर्थों के द्योतक भी होते हैं, परन्तु सब निर्दिष्ट पर्यायवाचक शब्द जिस एक अर्थ की ओर इशारा करते हैं वह ही निदान का अभिप्राय है। हेतु शब्द प्रयोजक कर्ता में—जैसे 'पर्वतोऽग्निमान् धूमवत्त्वात्' में 'धूमवत्ता होने से' यह हेतु है। 'निमित्त' शकुन आदि में भी प्रयुक्त होता है। 'आयतन' का अर्थ स्थान भी है। क्रिया के स्वतन्त्र हेतु में 'कर्ता', क्रिया के हेतुभूत व्यापार में 'कारण' शब्द प्रयुक्त होता है। सुप तिङ् आदि का वाचक भी 'प्रत्यय' होता है। 'समुत्थान' शब्द उद्गम का वाची भी है, परन्तु ये सम्पूर्ण शब्द जिस एक अर्थ की ओर निर्देश करते हैं वह 'निदान' से अभिप्राय है स्वादिगण की 'हि वद्र्धनगमनयोः' इस धातु के कृत् प्रत्यय का योग होने पर 'हेतु' यह रूप सिद्ध होता है। इसी प्रकार नि उपसर्गपूर्वक मिदि धातु से 'निमित्त', आङ्पूर्वक यत् धातु से 'आयतन', तृजन्तकृञ् से 'कर्त्ता', णिजन्त कृञ् से 'कारण', प्रति पूर्वक इण् धातु से 'प्रत्यय', सम् तथा उत्पूर्वक स्था धातु से 'समुत्थान', निपूर्वक दो धातु से 'निदान' रूप बनता है। ये शब्द भावों की उत्पत्ति के सम्पादन करनेवाले का ही द्योतन करते हैं। यहाँ पर 'निदान' की निरुक्ति इस प्रकार होगी—'निदीयते निष्पद्यते यस्मात् तन्निदानम्' जिससे कार्य (विकार) निष्पन्न हो वह निदान कहाता है। यह 'निदान' ही 'हेतु' आदि शब्दों का पर्यायवाचक है।

'अथातो ज्वरनिदानं व्याख्यास्यामः' में कहे गये 'निदान' शब्द से पूर्वरूप लिंग उपशय तथा सम्प्राप्ति; इनका भी ग्रहण होता है। उस निदान शब्द की व्युत्पत्ति इस प्रकार टीकाकारों ने की है—सुश्रुत सू० ३ अ० में कहा है 'हेतुलक्षणनिर्देशान्निदानानि' अर्थात् 'निदीयते निर्दिश्यते व्याधिरनेन'। अर्थात् जिसके द्वारा व्याधि का निर्देश किया जाय। यहाँ दिशि धातु के पृषोदरादिगण का होने से रूपसिद्धि होती है। जेज्जट ने—'निश्चित्य दीयते प्रतिपद्यते व्याधिरनेन' जिसके द्वारा व्याधि जानी जाय यह व्युत्पत्ति की है। हेतु, पूर्वरूप आदि पाँचों से ही व्याधि जानी जाती है। 'अद्य ते निदानं करिष्यामि' इत्यादि में 'निदान' का अर्थ 'निश्चय' भी होता है। व्याधि के निश्चय के साधन को भी निदान कहते हैं।

इस प्रकार 'निदान' शब्द हेत्वादिपंचक तथा केवल रोगोत्पत्ति के सम्पादक दोनों का वाचक है। परन्तु रोगोत्पत्ति के सम्पादक का ज्ञापन कराते हुए ही निदान शब्द हेतु, आयतन, प्रत्यय, कारण, समुत्थान, कर्ता आदि का पर्याय होता है।

वह हेतु तीन प्रकार का है! १—असात्म्येन्द्रियार्थसंयोग २—प्रज्ञापराध ३—परिणाम।

इनका विशेष विवरण सूत्रस्थान के तिस्रैषणीय नामक अ० में हो चुका है॥ २॥

[1]अतस्त्रिविधविकल्पाव्याधयः [2]प्रादुर्भवन्त्याग्नेयसौम्यवायव्याः, द्विविधाश्चापरे राजसास्तामसाश्च। तत्र व्याधिरामयो गद आतङ्को यक्ष्मा ज्वरो विकारो रोग [3]इत्यनर्थान्तरम्॥३॥

इन हेतुओं से तीन प्रकार के रोग पैदा होते हैं। १ आग्नेय (पैत्तिक) २ सौम्य (कफज) ३ वायव्य (वातिक) और दो प्रकार के अन्य १ राजस २ तामस।

आग्नेय आदि शारीर रोग हैं और राजस तामस मानस रोग हैं। सूत्रस्थान के प्रथमाध्याय में कह भी आये हैं:—

१—'हेत्वादिभूरिपर्यायकथनं शास्त्रे व्यवहारार्थं, तथा हेत्वादिशब्दानामर्थान्तरेऽपि वर्तमानत्वे पर्यायान्तरेण समं सामानाधिकरण्यात्कारण एवं वृत्तिर्नियम्यते, तेनैकस्मिन्नर्थे यस्मिंस्ते शब्दाः प्रवर्तन्ते तत्कारणमितरहेत्वाद्यर्थेभ्यो व्यवच्छिद्यते, तेन लक्षणार्थं च पर्यायाभिधानं भवति, एवमन्यापि व्याध्यादिपर्यायाभिधानेऽपि व्याख्येयम्' चक्रः।

१—'अतस्त्रिविधा' ग०। २—'आग्नेयाः पैत्तिकाः, सौम्याः, कफजाः, वायव्या वातजाः। यद्यपि प्रधानत्वेन वायव्या एव प्रथमं निर्देष्टुं युज्यन्ते, तथाऽपीह ज्वरे पित्तस्य प्रधानत्वादाग्नेयाभिधानम्' चक्रः। ३—'व्याध्यादिशब्दानां व्युत्पत्त्या रोगधर्मा लक्षणीयाः, तथा च—विविधं दुःखमादधातीति व्याधिः, प्रायेणाम समुत्थत्वेनामय उच्यते, आतङ्क इति दुःखयुक्तत्वेन कृच्छ्रजीवनं करोति, वचनं हि—'आतङ्कः कृच्छ्रजीवने' यक्ष्मशब्देन च राजयक्ष्मवदनेकरोगयुक्तत्वं विकाराणां दर्शयति, ज्वरशब्देन च देहमनःसन्तापकरत्वं, विकारशब्देन च शरीरमनसोरन्यथाकरणत्वं व्याधेर्दर्शयति, रोगशब्देन च रुजाकर्तृत्वम्, चक्रः।

'कालबुद्धीन्द्रियार्थानां योगो मिथ्या न चाति च।
द्वयाश्रयाणां व्याधीनां त्रिविधो हेतुसंग्रहः ॥'

रोग का लक्षण—व्याधि, आमय, गद, आतंक, ज्वर, विकार, रोग; ये पर्यायवाचक हैं। वि आङ् पूर्वक धा धातु से अथवा 'व्यध ताडने' इस धातु से व्याधि रूप सिद्ध होता है। अर्थात् जो विविध प्रकार के दुःखों को धारण करावे वा देह वा मन की ताड़ना करे वह व्याधि कहाती है। 'अम रोगे' इस धातु से 'आमय' रूप की निष्पत्ति होती है। 'गद व्यक्तायां वाचि' इस धातु से गद रूप की सिद्धि होती है। जो परमात्मा की सत्ता को कहता है—'दुःख में सब सुमिरन करैं ॥'

आङ्पूर्वक 'तकि दौःस्थ्ये' इस धातु से आतंक शब्द की सिद्धि होती है। यक्ष्मा शब्द से राजयक्ष्मा के समान विकारों का अनेक रोग युक्त होना बताया गया है। अथवा 'यक्ष पूजने' इस धातु से यक्ष्मा रूप सिद्ध होता है। 'ज्वर सन्तापे' इस धातु से ज्वर की सिद्धि होती है। शरीर और मन को सन्तप्त करने से ज्वर रोगसामान्य का भी वाचक है। वि पूर्वक 'कृञ्' धातु से 'विकार' बनता है। और रुजा (वेदना) कारक होने से धातु की विषमता 'रोग' कहाती है ॥३॥

तस्योपलब्धिर्निदानपूर्वरूपलिङ्गोपशयसंप्राप्तितः ॥४॥

ज्वर और यक्ष्मा ये शब्द रोगविशेष में भी प्रसिद्ध हैं, पर रोगसामान्य में भी प्रयुक्त होते हैं। रोग का विशेषलक्षण 'बिकारो धातुवैषम्यम्' द्वारा सूत्रस्थान में कहा जा चुका है।

रोग का ज्ञान—निदान, पूर्वरूप, लिंग (रूप वा लक्षण) उपशय और सम्प्राप्ति से होता है।

चिकित्सा से पूर्व रोग सम्यक् ज्ञान अत्यन्त आवश्यक है। यदि रोग का सम्यक् ज्ञान न हो तो सिद्धि यदृच्छा से हो जाय तो और बात, नहीं तो सिद्धि कदाचिदपि न होगी। कहा भी है—

रोगज्ञानार्थमेवादौ यत्नः कार्यो भिषग्वरैः।
सति तस्मिन् क्रियारम्भः पुण्याय यशसे श्रियै ॥

रोग के सम्यक् ज्ञान के लिये ही निदानपंचक की आवश्यकता होती है। ये पाँचों पृथक् तथा मिलकर भी व्याधि का ज्ञान कराते हैं। पृथक्तया भी ज्ञान कराने के कारण रोगज्ञान के लिये एक का ही कहना पर्याप्त था, पाँचों का कहना व्यर्थ है—यह दुराग्रह मात्र ही है। क्योंकि यदि धूम को देखकर पर्वत पर अग्नि का अनुमान किया गया हो तो प्रत्यक्ष और आगम द्वारा भी उसका ज्ञान हो जाता है। इसी प्रकार यदि एक से रोगज्ञान होने पर दूसरों से रोग का ज्ञान हो जाय तो क्या दोष हो गया॥ वस्तुतस्तु रोग का जिसे सम्यक् ज्ञान कहना चाहिये वह तो पाँचों से ही हो सकता है। क्योंकि केवलमात्र हेतु से यह ज्ञात होता है कि रोग होगा पर यह सर्वदा नहीं जाना जाता कि अमुक रोग होगा। पूर्वरूप दो प्रकार का होता है, सामान्य और विशेष। केवल सामान्यपूर्वरूप से यह नहीं ज्ञात हो सकता कि रोग वातज पित्तज वा कफज होगा। विशेष पूर्वरूप से रोग का निश्चयपूर्वक ज्ञान नहीं होता, क्योंकि तब तक लक्षण अव्यक्त रूप में ही होते हैं। केवल मात्र रूप (लिंग, लक्षण) से भी सम्पूर्ण व्याधियों को निश्चय से नहीं जाना जाता। जैसे रक्तपित्त तथा पित्तप्रमेह में लिंग के एक सा होने पर भी सन्देह होता है। यहा कहा जायगा —

हारिद्रवर्णं रुधिरं च मूत्रं विना प्रमेहस्य हि पूर्वरूपः।
यो मूत्रयेत्तं न वदेत्प्रमेहं रक्तस्य पित्तस्य हि स प्रकोपः ॥

अर्थात् यदि रोगी हल्दी के रंग का वा रुधिर मिश्रित मूत्र करता हो सर्वदा ही यह न समझ लेना चाहिये कि यह पित्त-प्रमेह ही है या रक्तपित्त ही है। यदि प्रमेह के पूर्वरूप हों तो इन लक्षणों से पित्तप्रमेह जाने, अन्यथा रक्तपित्त जाने। इससे यह ज्ञान हो गया कि केवलमात्र रूप से ही हम सर्वदा रोग-निश्चय नहीं कर सकते। अकेले उपशय से भी रोगज्ञान सम्यक्तया नहीं होता। एक ही द्रव्य जो मधुर एवं स्निग्ध हो उससे वातिक और पैत्तिक दोनों प्रकार के रोग शान्त हो सकते हैं तब भी रोगनिश्चय में संशय रहा कि यह वातिक है या पैत्तिक। अकेली सम्प्राप्ति से भी रोग का निश्चयज्ञान नहीं होता। क्योंकि सम्पूर्ण रोग ही वात आदि दोषों के प्रसर स्थानसंश्रय आदि से होते हैं। जब तक उनके लक्षण (रूप) नहीं ज्ञात होते तब तक कौनसा रोग है यह ज्ञान नहीं होता। अतः यदि रोग का पूर्ण ज्ञान करना हो तो इन पाँचों का ही ज्ञान करना अत्यन्त आवश्यक है। तथा च इन पाँचों के ज्ञान से चिकित्सा में भी बड़ी आसानी होती है। जैसे रोग को प्रकट होने से पूर्व ही नष्ट कर देना। साध्यासाध्य का ज्ञान होना। चिकित्सा करते हुए निदान (हेतु) का त्याग करना तथा च अंशांश कल्पना आदि द्वारा समुचित चिकित्सा का होना आदि। यद्यपि छठा अनुपशय भी व्याधि ज्ञान में सहायक है—'गूढ़-लिंगं व्याधिमुपशयानुपशयाभ्यां' चरक चि० अ० ४। अर्थात जिसमें लक्षण गुप्त हों वहाँ उपशय और अनुपशय से परीक्षा की जाती है। तथा च सुश्रुत में—

'अभ्यंगस्नेहस्वेदाद्यैर्वातरोगो न शाम्यति।
विकारस्तत्र विज्ञेयो दुष्टमत्रास्ति शोणितम् ॥'

अर्थात् अभ्यंग स्नेह स्वेद आदि द्वारा यदि वातरोग शांत न हो तो समझे कि रक्त दूषित हुआ २ है—तो भी उसका उपशय वा हेतु से ही ग्रहण हो जाने से पृथक् नहीं पढ़ा जाता।

हेतु आदि में से एक २ से भी कदाचित् किसी २ का ज्ञान हो जाता है ॥४॥

तत्र, निदानं कारणमित्युक्तमग्रे ॥ ५ ॥

इन पाँचों मे से निदान कारण को कहते हैं—यह पहिले कह दिया गया है ! यहाँ पर निदान से प्रायशः निमित्तकारण का ही ग्रहणहोता है—जैसे कुम्हार चक्र दण्ड आदि घड़े के बनाने में निमित्तकारण होते हैं। दोषों के कुपित करने से निदान रोग का कारण कहाता है। दोषों का कुपित होना समवायिकारण है, जैसे मिट्टी घड़े का। इस समवायिकारण को भी निदान शब्द से कहीं २ कहा जाता है—

'सर्वेषामेव रोगाणां निदानं कुपिता मला ॥५॥

[1]पूर्वरूपं प्रागुत्पत्तिलक्षणं व्याधेः ॥६॥

पूर्वरूप का लक्षण—रोग की उत्पत्ति से पूर्व के लक्षण को पूर्वरूप कहते हैं। जब निदान से कुपित हुए २ दोष शरीर में किसी स्थानविशेष में आश्रित होकर रोग को प्रारम्भ करने में प्रवृत्त होते हैं उस प्रकार के व्याधिबीज के लक्षण को पूर्वरूप कहते हैं। कई आचार्य पूर्वरूप को दो प्रकार का मानते हैं—१ सामान्य पूर्वरूप और विशिष्ट पूर्वरूप। सामान्य पूर्वरूप वह कहाता है जिसमें भावी ज्वर आदि रोगमात्र की ही प्रतीति होती है, पर यह नहीं ज्ञात होता कि कौन से दोष से उत्पन्न होगा। 'श्रमोऽरतिर्विवर्णत्वं' इत्यादि ज्वर के पूर्वरूप सुश्रुत में कहे हैं। जिस रोग का जो लक्षण होता है वही लक्षण रोग के अल्पपरिमाण में होने से जब अव्यक्त वा अस्पष्ट रूप में होता है तब विशिष्ट पूर्वरूप कहाता है। जैसे—सुश्रुत में 'जृम्भाऽत्यर्थं समीरणात्' इत्यादि कहा है। दूसरे इस विशिष्ट पूर्वरूप को रूप में ही गिनते हैं। क्योंकि आचार्य ने रोगोत्पत्ति से पूर्व के लक्षण को ही पूर्वरूप कहा है अर्थात् भावी रोग का जतानेवाला लक्षण ही पूर्वरूप होता है। विशिष्ट पूर्वरूप तो उत्पद्यमान रोग का लक्षण है भावी रोग का नहीं; परन्तु दूसरे कहते हैं कि नहीं—सामान्यपूर्वरूप से तो ज्वर आदि रोगमात्र का ही होना ज्ञात होता है और विशेष पूर्वरूप से यह ज्ञात होता है कि वातज्वर आदि होगा परन्तु वात के रूक्षता शीतता आदि विशेष रूप ज्ञात नहीं होते। अतएव अव्यक्त वातज्वर के बोधक होने से जृम्भा आदि को भी अव्यक्त ही जानना चाहिये। अथवा - अन्य लक्षण बहुत से अव्यक्त होते हैं, परन्तु जृम्भा (जम्भाई) आदि एक आध लक्षण व्यक्त होता है। अतः 'छत्रिणो गच्छन्ति' इस न्याय द्वारा वे भी अव्यक्त ही कहे जाते हैं। जैसे बहुत से पुरुष छत्र धारण करके जाते हों और एक आध बिना छत्र के भी हो तो भी लोग यही कहते हैं कि सब ने छत्र धारण किया हुआ है। यह विशिष्ट पूर्वरूप ही रूप में अनुवर्तन करता है। अर्थात् विशिष्ट पूर्वरूप का व्यक्त होना ही रूप कहाता है। यह वाग्भट माधव आदि का मत है।

निदान से कुपित हुआ २ दोष जब व्याधि के आरम्भ करने में प्रवृत्त होता है तब भावी व्याधि के निर्दशक जो लक्षण होते हैं वह पूर्वरूप कहाता है। यह पहिले केवल मात्र सामान्यतः समझाने के लिये कहा है। अन्यत्र भी—

'स्थानसंश्रयिणः क्रुद्धा भाविव्याधिप्रबोधकम्।
दोषाः कुर्वन्ति यल्लिङ्गं पूर्वरूपं तदुच्यते ॥'

परन्तु यह लक्षण सङ्कुचित क्षेत्र में ही लागू होता है। चरक चिकित्सास्थान में यक्ष्मा के पूर्वरूप में अन्नपान के पदार्थों में तृण केश आदि का गिरना भी लिखा है, जिसे टीकाकार अदृष्ट जन्य ही स्वीकार करते हैं; उसका इस लक्षण में अन्तर्भाव नहीं हो सकता। प्रकृत ग्रन्थ का लक्षण ही दोष रहित है। अर्थात् रोग की उत्पत्ति से पूर्व का लक्षण—जो कि भावी व्याधि का निर्दशक होता है—व्याधि का पूर्वरूप कहाता है ॥६॥

प्रादुर्भूतलक्षणं पुनर्लिङ्गं, तत्र लिङ्गमाकृतिर्लक्षणं चिह्नं संस्थानं व्यञ्जनं रूपमित्यनर्थान्तरमस्मिन्नर्थे ॥७॥

लिङ्ग—उत्पन्न हुए २ रोग का लक्षण लिङ्ग कहाता है। लिङ्ग, आकृति, लक्षण, चिह्न, संस्थान, व्यञ्जन, रूप—यहाँ इस प्रकरण में पर्यायवाचक हैं। भिन्न २ धातुओं से बने इन शब्दों का अर्थ—जिससे उत्पन्न हुए २ रोग का ज्ञान हो—यही है ॥७॥

उपशयः पुनर्हेतुव्याधिविपरीतानां [1]विपरीतार्थकारिणां चौषधाहारविहाराणामुपयोगः सुखानुबन्धः ॥८॥

उपशय—हेतुविपरीत, व्याधिविपरीत, हेतुविपरीत हेतुविपरीतार्थकारी, व्याधिविपरीतार्थकारी, हेतुव्याधिविपरीतार्थकारी औषध, आहार एवं विहार का सुखावह उपयोग उपशय कहाता है।

हेतु से विपरीत औषध, जैसे—शीतजन्य रोग की उष्ण-चिकित्सा—

'शीतेनोष्णकृतान् रोगान् शमयन्ति भिषग्विदः।
ये च शीतकृता रोगास्तेषामुष्णं भिषग्जितम्' ॥

चरक विमान ३ अ०।

हेतु से विपरीत आहार, जैसे—थकावट से उत्पन्न वातज ज्वर में मांसरस और भात का सेवन।

हेतुविपरीत बिहार, जैसे—दिन में सोने से उत्पन्न कफ में रात को जागना।

रोगविपरीत औषध, जैसे—अतीसार में पाठा आदि स्तम्भन औषध का प्रयोग, वा शिरीष का विषनाशक और खदिर का कुष्ठ नाशक होना। प्रभाव से ही रोगविपरीत हैं।

रोगविपरीत अन्न, जैसे—अतीसार में स्तम्भन कारक मसूर आदि।

रोगविपरीत विहार, जैसे—उदावर्त्त में प्रवाहण (कुन्थन) करना।

हेतुव्याधिविपरीत औषध, जैसे—वातशोथ में दशमूल का प्रयोग। यह वात और शोथ दोनों के विपरीत हैं।

हेतुव्याधिविपरीत अन्न, जैसे—वातकफज ग्रहणीरोग में तक्र।

हेतुव्याधिविपरीत विहार—स्नेह गुण युक्त दिवास्वप्न से उत्पन्न तन्द्रा के नाश के लिये रूक्ष रात्रिजागरण।

हेतुविपरीतार्थकारी औषध—पित्तप्रधान व्रणशोथ में पित्तकर गरम पुल्टिस।

हेतुविपरीतार्थकारी आहार, जैसे—पच्यमानव्रणशोथ में विदाही अन्न का देना।

हेतुविपरीतार्थकारी विहार, जैसे—वातोन्माद में डराना।

१—'पूर्वरूपं प्रागुत्पत्तिलक्षणं व्याधेरिति व्याधेरुत्पत्तेः पूर्वं यल्लक्षणं तत्पूर्वरूपं व्याधेः' गङ्गाधरः।

१—'हेतुना, तथा व्याधिना तथा हेतुव्याधिभ्यां च विपरीता हेतुव्याधिविपरीताः, तेषां; तथा हेतुव्याधिविपरीतार्थकारिणाम् औषधान्नविहाराणां सुखरूपेऽनुबन्ध उपशयः। तत्र विपरीतार्थकारि तदेवोच्यते यदविपरीततया आपाततः प्रतीयमानं विपरीतस्यार्थ-प्रशमलक्षणं करोति' चक्रः।

व्याधिविपरीतार्थकारी औषध, जैसे—कै में उलटी लाने के लिये मैनफल का देना। अतीसार में विरेचन के लिये एरंड-तैल देना।

व्याधिविपरीतार्थकारी आहार, जैसे—अतीसार में विरेचन के लिये दूध देना।

व्याधिविपरीतार्थकारी विहार—कै में कै को लाने के लिये प्रयत्न करना।

हेतुव्याधिविपरीतार्थकारी औषध—अग्नि जलने पर अगर आदि उष्णवीर्य औषध का लेप।

हेतुव्याधिविपरीतार्थकारी आहार, जैसे—मद्यपान से उत्पन्न मदात्यय में मदकारक मद्य का पिलाना।

हेतुव्याधिविपरीतार्थकारी विहार, जैसे—व्यायाम से उत्पन्न मूढ़वात में जल में तैरना रूप व्यायाम।

विपरीतार्थकारी औषध आहार वा विहार उन्हें कहते हैं जो हेतु रोग वा दोनों के समानधर्मवाला होता हुआ भी रोग को शान्त कर देता है। यही सिद्धान्त होमियोपैथी का आधार है। अतः हेतुविपरीत औषध आहार विहार व्याधिविपरीत औषध आहार विहार, हेतुव्याधिविपरीत औषध आहार विहार, हेतुविपरीतार्थकारी औषध आहार विहार, व्याधिविपरीतार्थकारी औषध आहार विहार, तथा हेतुव्याधिविपरीतार्थकारी औषध आहार विहार का सेवन जो आरोग्य का देनेवाला हो—उपशय कहाता है। यही उपशय सम्पूर्ण चिकित्साप्रणालियों का सूत्ररूप भी है।

संप्राप्तिर्जातिरागतिरित्यनर्थान्तरं व्याधेः, सा संख्या प्राधान्यविधिविकल्पबलकालविशेषैर्भिद्यते; संख्या तावद्यथा—अष्टौ ज्वराः, पञ्च गुल्माः, सप्त कुष्ठान्येवमादिः, प्राधान्यं पुनर्दोषाणां तरतमाभ्यां योगेनोपलभ्यते, तत्र द्वयोस्तरस्त्रिषु तम इति, विधिर्नाम[1] द्विविधा व्याधयो निजागन्तुभेदेन, त्रिविधास्त्रिदोषभेदेन, चतुर्विधाः साध्यासाध्यमृदुदारुणभेदेन, समवेतानां पुनर्दोषाणामंशांशबलविकल्पो [2]विकल्पोऽस्मिन्नर्थे, बलकालविशेषः पुनर्व्याधीनामृत्वहोरात्राहारकालविधिविनियतो[3] भवति; तस्माद्व्याधीन् भिषगनुपहतसत्त्वबुद्धिर्हेत्वादिभिर्भावैर्यथावदनुबुध्येत ॥९॥

सम्प्राप्ति—रोग की सम्प्राप्ति, जाति और आगति ये एकार्थवाची हैं। सम् प्र पूर्वक 'आप्' धातु का अर्थ 'पहुँचना', 'जनी' धातु का अर्थ 'प्रादुर्भूत होना', और आङ् पूर्वक 'गम्' धातु का अर्थ 'आना' है। तीनों का अभिप्राय एक ही है। रोग की उत्पत्ति को सम्प्राप्ति कहते हैं। अष्टाङ्गसंग्रह निदान० १ अ० में—

'सम्प्राप्तिः पुनरेवं दुष्टो दोषस्तेन चैवमारब्धो व्याधिस्तत्पर्याया जातिरागतिर्निर्वृत्तिर्निष्पत्तिरिति'।

माधवनिदान में भी—

'यथा दुष्टेन दोषेण यथा चानुविसर्पता।
निर्वृत्तिरामयस्यासौ सम्प्राप्तिर्जातिरागतिः॥'

अर्थात् जिस प्रकार दुष्ट हुआ २ दोष जिस प्रकार फैलता हुआ या अवस्थाओं से जैसे गुजरता हुआ रोग को उत्पन्न करता है वह सम्प्राप्ति कहाती है।

यह सम्प्राप्ति संख्या; प्रधानता, विधि, विकल्पना तथा बलकाल के भेद से कई प्रकार की होती है।

संख्या, जैसे—आठ ज्वर, पाँच गुल्म, सात कुष्ठ आदि।

प्रधानता—दोषों की प्रधानता तर और तम के लगने से ज्ञात होती है। दो में प्रधान हो तो तर और तीन में प्रधान हो तो तम लगाया जाता है। जैसे हीनतर हीनतम, वृद्धतर वृद्धतम। सूत्रस्थान के १७ वें अध्याय में इनका परिगणन हो चुका है।

विधि (प्रकार) भेद से, जैसे—रोग दो प्रकार के हैं। १ निज २ आगन्तु भेद से। तीन प्रकार के त्रिदोष भेद से १ वातज २ पित्तज ३ कफज। चार प्रकार के १ साध्य २ असाध्य ३ मृदु तथा ४ दारुण भेद से।

संख्या केवल भेदमात्र को बताती है, जैसे-पाँच ब्राह्मण वा आठ ज्वर कहना। परन्तु 'विधि' वा 'प्रकार' से सजातीय—किन्तु धर्मान्तर द्वारा भिन्न पदार्थों का ग्रहण किया जाता है, जैसे पाँच प्रकार के ब्राह्मण। दूसरे शब्दों में ब्राह्मणत्व इस समान धर्म द्वारा भेदों का ग्रहण किया गया है। अर्थात् पाँचों के ब्राह्मण होते हुए भी उनमें पृथक् २ कोई विशेष धर्म है। 'पाँच ब्राह्मण' यह कहने से केवलमात्र यही प्रतीति होती है कि वे पाँचों ब्राह्मण हैं। परन्तु उनमें कोई धर्मान्तर रूपी भिन्नता है या नहीं-यह नहीं ज्ञात होता। संख्या और विधि में इस प्रकार की भिन्नता होने से दोनों को पृथक् २ पढ़ा है। रोग के साथ समवाय सम्बन्ध से स्थित दोषों के अंश अंश के बल की कल्पना को इस प्रकरण में, विकल्प कहा गया है, चाहे रोग को उत्पन्न करने में एक दोष हों वा तीन दोष हों। एक दोष में अंश २ के बल की कल्पना हो सकती है।

वात दोष के कुपित होने पर भी कभी उसका शीत अंश कभी लघु अंश और कभी रूक्ष अंश आदि अधिक प्रबल होते हैं। इस प्रकार पृथक् २ पित्त और कफ के भी। अथवा मधुकोशकार के अनुसार दोषों के द्वन्द्व और सन्निपात में अंश २ की कल्पना करना विकल्प कहाता है। अर्थात् क्या दोष, द्वन्द्व वा सन्निपात में सम्पूर्ण भावों से, तीन से, दो से वा एक से बढ़ा हुआ है इसको जानना विकल्प कहाता है। सुश्रुत सू० २१ अ० में भी—

१—'यद्यपि च सङ्ख्याप्राधान्यादिकृतोऽपि व्याधेर्विधिभेदो भवत्येव, तथापि संख्यादिभेदानां स्वसंज्ञयैव गृहीतत्वात् गोबलीवर्दन्यायात् संख्याद्यगृहीते व्याधिप्रकारे विधिशब्दो वर्तनीयः' चक्रः। २—'समवेतानां सर्वेषां, तेन एकशो द्विशो मिलितानां च दोषाणां ग्रहणम्; अंशम् अंशं प्रति बलम् अंशांशबलं, तस्य विकल्प उत्कर्षापकर्षरूपः अंशांशबलविकल्पः; एवंभूतो दोषाणाम् अंशांशबलविकल्पोऽस्मिन्नर्थेऽस्मिन् प्रकरणे विकल्प उच्यते प्रकरणान्तरे तु विकल्पशब्दे भेदमात्रमुच्यते' चक्रः। ३—'बलकालविशेषः, ऋतवो वसन्तादयः अहोरात्रआहारश्च तेषां कालविधिना विनियतो अवधारितो भवति। यस्य दोषस्य यो बलकालविशेषः ऋत्वादिभिरवधार्यते तद्दोषजव्याधेरपि तैरृत्वादिभिर्बलकालविशेषोऽवधार्यते' गङ्गाधरः।

'सर्वैर्भावैस्त्रिभिर्वापि द्वाभ्यामेकेन वा पुनः।
संसर्गे कुपितः क्रुद्धं दोषं दोषोऽनुधावति॥

रोगों के बलकाल की भिन्नता—ऋतु, दिन, रात्रि तथा भोजनकाल के प्रकार पर निर्भर करती है। वसन्त, शरद् और वर्षा ये ऋतु हैं। पूर्वाह्न (प्रातः), मध्याह्न (दोपहर), अपराह्न (सायं); ये दिन के विभाग हैं। पूर्वरात्रि मध्यरात्रि पश्चाद्रात्रि; ये रात्रि के विभाग हैं। भुक्तमात्र (अभी जब खाया ही है), पच्यमान (जब आहार पच रहा हो), परिपक्व (जब पच गया हो); ये आहारकाल के विभाग हैं। इनके अनुसार दोषों का बलाबल होता है। जैसे कहा भी है—

विशेषं कालजं शृणु।
व्याधीनामृत्वहोरात्रनियमाद्भोजनस्य वा।
विशेषो विद्यते यस्तु कालापेक्षः स उच्यते॥
वसन्ते श्लेष्मजा रोगाः शरत्काले तु पित्तजाः।
वर्षासु वातजाश्चैव प्रायः प्रादुर्भवन्ति हि॥
निशान्ते दिवसान्ते च बलिनो वातजा गदाः।
अहःक्षपादौ कफजास्तयोर्मध्ये तु पित्तजाः॥
जीर्णेऽन्ने वातजा रोगा जीर्यमाणे तु पित्तजाः।
श्लेष्मजा भुक्तमात्रेऽन्ने लक्ष्यन्ते बलिनो मलाः॥

अर्थात् वसन्त ऋतु, प्रातः, पूर्वरात्रि तथा भुक्तमात्र काल में कफ बलवान् होता है। वर्षाऋतु, पश्चाद्रात्रि, अपराह्न तथा परिपक्व (जीर्ण) आहारकाल में वात बलवान् होता है। शरद् ऋतु, मध्याह्न मध्यरात्रि तथा पच्यमान आहारकाल में पित्त बलवान् होता है।

अतएव अविकृत मन और बुद्धिवाले वैद्य को चाहिये कि वह हेतु, पूर्वरूप, रूप, उपशय और सम्प्राप्ति द्वारा रोगों को यथावत् जाने॥९॥

इत्यर्थसंग्रहो निदानस्थानस्योद्दिष्टो भवति त विस्त रेण[1] भूयस्तरमतोऽनुव्याख्यास्यामः॥१०॥

निदानस्थान के प्रयोजन को संक्षेप में कह दिया है, इसको विस्तार से पुनः व्याख्या की जायगी। अर्थात् अमुक रोग का अमुक निदान पूर्वरूप लिङ्ग उपशय और सम्प्राप्ति है॥१०॥

तत्र प्रथमत एवं तावदाद्यांल्लोभाभिद्रोहकोपप्रभवा नष्टौ[2] व्याधीन्निदानपूर्वेण क्रमेणानुव्याख्यास्यामः, तथा सूत्रसंग्रहमात्रं चिकित्सायाः, चिकित्सितेषु चोत्तरकालं यथोद्दिष्टं विकाराननुव्याख्यास्यामः॥११॥

प्रथमतः ही यहाँ, लोभ, हिंसा तथा कोप (अर्थात् अधर्म) से उत्पन्न होनेवाले मुख्य आठ रोगों की निदानपूर्वक क्रम से व्याख्या करेंगे। तथा संक्षेपतः चिकित्सा का सूत्र भी बताया जायगा। चिकित्सास्थान में कहे गये क्रम से रोगों की व्याख्या की जायगी॥११॥

इह तु[3] ज्वर एवादौ विकाराणामुपदिश्यते, तत्प्रथमत्वाच्छारीराणाम्। अथ खल्वष्टभ्यः कारणेभ्यो ज्वरः संजायते मनुष्याणाम्। तद्यथा—वातात्, पित्तात्, कफात्, वातपित्ताभ्यां, वातकफाभ्यां, पित्तश्लेष्मभ्यां, वातपित्तश्लेष्मभ्यः, आगन्तोरष्टमात्कारणात्। तस्य निदानपूर्वरूपलिङ्गोपशयसंप्राप्तिविशेषानुपदेक्ष्यामः॥१२॥

शारीर रोगों में से भी ज्वर के मुख्य होने से पूर्व ज्वर का ही उपदेश किया जाता है॥

मनुष्यों में आठ कारणों से ज्वर की उत्पत्ति होती है। १ वात से, २ पित्त से, ३ कफ से, ४ वातपित्त से, ५ वातकफ से ६, पित्तकफ से, ७ वात पित्त कफ (त्रिदोष) से, ८ आगन्तुकारण से।

उस ज्वर के निदान, पूर्वरूप, लिंग, उपशय और सम्प्राप्ति का उपदेश करेंगे॥१२॥

तद्यथा—रूक्षलघुशीतव्यायामवमनविरेचनास्थापनशिरोविरेचनातियोगवेगसंधारणानशनाभिघातव्यवायोद्वेगशोकशोणिताभिषेकजागरणविषमशरीरन्यासेभ्योऽतिसेवितेभ्यो वायुः प्रकोपमापद्यते॥१३॥

वातज्वर का निदान—रूखा, लघु, शीत, व्यायाम, वमन, विरेचन, आस्थापन (रूक्षबस्ति) शिरो विरेचन; इनके अतियोग से; तथा वेगों को रोकना, अनशन (भोजन न करना), अभिघात (चोट), व्यवाय (मैथुन), उद्वेग, शोक, रक्तनिर्हरण, रात को जागना, शरीर को विषम रूप में रखना अर्थात् उलटा-पलटा बैठना, लेटना या व्यायाम करना; इनके अतिसेवन करने से वायु प्रकुपित हो जाता है॥१३॥

स यदा प्रकुपितः प्रविश्यामाशयमुष्मणः स्थानमुष्मणा सह मिश्रीभूत आद्यामाहारपरिणामधातुं [1]रसनामानमन्ववेत्य रसस्वेदवहानि च स्रोतांसि च पिधायाग्निमुपहत्य पक्तिस्थानादुष्माणं बहिर्निरस्य केवलं शरीरमनुप्रपद्यते तदा, ज्वरमभिनिर्वर्तयति,॥१४॥

प्रकुपित हुआ २ वह ऊष्मा (गर्मी) के स्थान आमाशय में प्रविष्ट होकर ऊष्मा से मिश्रित हो आहार के पचने से उत्पन्न हुई २ रसनामक धातु के पीछे २ जाकर रस और स्वेदवह (पसीना लानेवाले) स्रोतों को बन्द कर अग्नि को मन्द करके पाकस्थलों से गर्मी को बाहर निकालकर सम्पूर्ण शरीर में फैल जाता है। तब वह वायु ज्वर को उत्पन्न करता है॥

तस्येमानि लिङ्गानि भवन्ति, तद्यथा—विषमारम्भविसर्गित्वम्, ऊष्मणो वैषम्यं, तीव्रतनुभावानवस्थानानि ज्वरस्य, जरणान्ते दिवसान्ते निशान्ते घर्मान्ते वा ज्वराभ्यागमनमभिवृद्धिर्वा ज्वरस्य, विशेषेण परुषारुणवर्णत्वं नखनयनवदनमूत्रपुरीषत्वचामत्यर्थं [2]क्लृप्तीभावश्च, अनेकविधोपमाश्चलाचलाश्च वेदनास्तेषां तेषामङ्गावयवानां तद्यथा—पादयोः सुप्तता, पिण्डिकयोरुद्वेष्टनं, जानुनोः केवलानां च सन्धीनां विश्लेषणम्, ऊर्वोः सादः, कटीपार्श्वपृष्ठस्कन्धबाह्वंसोरसां च भग्नरुग्णमृदितमथितचटितावपीडितावनुन्नत्वमिव[3] हन्वोश्चाप्रसिद्धिः स्वनश्च कर्णयोः, शङ्खयोर्निस्तोदः कषायास्यताऽऽस्यवैरस्यं वा, मुखतालुकण्ठशोषः, पिपासा, हृदयग्रहः, शुष्कच्छर्दिः, शुष्ककासः, क्षव-

१—'विस्तरेणोपदिशन्तो' ग०। २—'प्रागपि चाधर्मादृते न रोगोत्पत्तिरभूत्' चरक विमान ३ अ०। ३—'खलु' ग०।

१—'अन्ववेत्य यथोक्तक्रमेण, अवेत्य गत्वा' चक्रः। २—'क्लृप्तीभावोऽप्रवृत्तिः, सा च योग्यतया मूत्रपुरीषयोरेव' चक्रः। ३—'अवनुन्नं प्रेरितं' चक्रः। ४—'अन्नरसे मधुरादौ खेदः सर्वरसेष्वनिच्छेत्यर्थः' चक्रः।

यूद्गारविनिग्रहः, अन्नरसखेदः, प्रसेकारोचकाविपाकाः, विषादविजृम्भाविनामवेपथुश्रमभ्रमप्रलापजागरणरोमहर्ष-दन्तहर्षास्तथोष्णाभिप्रायता, निदानोक्तानामनुपशयो विपरीतोपशयश्चेति वातज्वरलिङ्गानि स्युः ॥१५॥

उसके ये लक्षण होते हैं, जैसे वातिकज्वर के प्रारम्भ वा त्याग का काल विषम होता है—अनिश्चित होता है। अथवा किसी दिन ज्वर स्वल्प रूप में होता है, किसी दिन अधिक होता है। किसी दिन सर्वथा ज्वर छूट जाता है, किसी दिन थोड़ा हटता है और मन्द २ रहता है। अथवा किसी दिन शिर से प्रारम्भ होता है, किसी दिन टाँगों से किसी दिन पीठ से इत्यादि। इसी प्रकार कभी सबसे पूर्व शिर ज्वर से मुक्त होता है, कभी टाँग इत्यादि। ऊष्मा (तापांश) की विषमता होती है। कभी तापांश अधिक होता है, कभी कम अथवा शरीर के किसी अवयव में तापांश अधिक होता है किसी में कम। कभी ज्वर तीव्र कभी मन्द। आहार के पच जाने पर वा सायंकाल वा रात्रि के अन्तकाल में वा वर्षा ऋतु में ज्वर आता है वा बढ़ता है। नख, आँख, मुख, मूत्र, पुरीष तथा त्वचा परुष (कठोर खुरदरी) तथा अरुण वर्ण (ईंट के से लाल रङ्ग) की हो जाती है। मूत्र तथा पुरीष नहीं आते वा अत्यल्प आते हैं। शरीर के उन २ अवयवों में अनेक प्रकार की उपमाओंवाली चल (अस्थिर) और अचल (स्थिर) वेदनायें होती हैं। अथवा 'चलाचल' का अर्थ अत्यन्त अस्थिर करना चाहिये। वायु के चल होने से कभी वेदना एक अवयव में होती है। कभी दूसरे में। वेदनायें, जैसे-पैरों का सोना, जंघा की पिण्डलियों में उद्वेष्टन होना, दोनों जानुओं (गोडों) और सम्पूर्ण सन्धियों में उनके खुलने की सी पीड़ा होनी, ऊरुओं की शिथिलता वा कर्म में असमर्थ होना, कमर में टूटने की-सी वेदना होना, पार्श्वों (पासों) का रुग्ण सा अनुभव होना, पीठ में मर्दन की सी वेदना होना, कन्धों को जैसे कोइ उखाड़ता हो, अंसदेश को जैसे कोई जोर से दबाता हो, छाती में से जैसे कोई ढकेलता हो ऐसी वेदना की अनुभूति होना। रोगी हनुओं (जबड़ों) को अच्छी प्रकार नहीं हिला सकता। कानों में आवाज होती है। शङ्खदेशों में तोद (सूची-व्यधवद् पीड़ा) होता है। मुख का स्वाद कसैला या फीका-सा होता है। मुख, तालु तथा कण्ठ सूख जाते हैं। प्यास लगती है। हृदय को जैसे किसी ने पकड़ लिया हो ऐसा प्रतीत होता है। सूखी कै होती है अर्थात् केवल कै का वेगमात्र ही होता है। निकलता कुछ नहीं। खांसी होती है। छींक और डकार नहीं आतें। अन्नरस में इच्छा नहीं होती। मुख से लाला निकलती है। अरुचि तथा अपचन होती है। विषाद, विजृम्भा (जम्भाई), विनाम (शरीर का नमगा), वेपथु (कांपना), श्रम (थकावट), भ्रम (चक्कर आना giddiness), प्रलाप, जागरण (नींद न आना), रोमहर्ष (रोमाञ्च), तथा दन्तहर्ष होता है। रोगी उष्ण द्रव्यों को चाहता है। निदान में कहे गये भाव अनुपशय—दुःखावह होते हैं—ज्वर को बढ़ाते हैं और उनसे विपरीत उपशय-सुखावह (व्याधिसात्म्य, आरोग्य के देने वाले) होते हैं। ये वातज्वर के लक्षण हैं ॥१५॥

उष्णाम्ललवणक्षारकटुकाजीर्णभोजनेभ्योऽतिसेवितेभ्यस्तथाऽतितीक्ष्णातपाग्निसंतापश्रमक्रोधविषमाहारेभ्यश्च पित्तं प्रकोपमापद्यते ॥१६॥

पित्तज्वर का निदान—उष्ण (गरम), खट्टे, नमकीन, क्षार (खार), कटु, (मरीचि आदि) द्रव्यों के अत्यन्त सेवन से, अजीर्ण पर भी भोजन के अत्यन्त खाने से अर्थात् पहले का खाया भोजन अभी पचा ही न हो और ऊपर से खालिया जाव तो, तथा अत्यन्त तीक्ष्ण धूप या आग के तापने से, थकावट क्रोध तथा विषमाहार से पित्त प्रकुपित हो जाता है॥

बहुत खाना, थोड़ा खाना, वा भोजनकाल से पूर्व खा लेना वा भोजनकाल के व्यतीत हो जाने पर खाना विषमभोजन वा विषमाहार कहाता है ॥१६॥

तद्यथा [1]प्रकुपितमामाशयादुष्माणमुपसृज्याद्यमाहारपरिणामधातुं रसनामानमन्ववेत्य रसस्वेदवहानि स्रोतांसि पिधाय द्रवत्वादग्निमुपहत्य पक्तिस्थानादूष्माणं बहिर्निरस्य प्रपीडयत्केवलं शरीरमनुप्रपद्यते तदा ज्वरमभिनिर्वर्त्तयति ॥१७॥

पित्तज्वर की सम्प्राप्ति—वह प्रकुपित हुआ २ पित्त आमाशय से ऊष्मा को मिश्रित करके आहार के पचने पर उत्पन्न हुई रस नाम प्रथम धातु के पीछे जाकर रसवह और स्वेदवह स्रोतों को बन्द करके स्वयं द्रव होने से जाठराग्नि को बुझाकर वा मन्द करके पाकस्थली में ऊष्मा (गरमी) को बाहर निकालकर पीड़ित करता हुआ सम्पूर्ण शरीर में जब फैल जाता है तब पित्तज्वर को प्रकट करता है॥१७॥

तस्येमानि लिङ्गानि भवन्ति, तद्यथा—युगपदेव केवले शरीरे ज्वराभ्यागमनमभिवृद्धिर्वा भुक्तस्य विदाहकाले मध्यन्दिनेऽर्धरात्रे शरदि वा विशेषेण, कटुकास्यता, घ्राणमुखकण्ठौष्ठतालुपाकः, तृष्णा, भ्रमो, मदो, मूर्च्छा, पित्तच्छर्दनम्, अतीसारः, अन्नद्वेषः, सदनं, स्वेदः, प्रलापो, रक्तकोठाभिनिर्वृत्तिः शरीरे, हरितहारिद्रत्वं नखनयनवदनमूत्रपुरीषत्वचाम्, अत्यर्थमूष्मणस्तीव्रभावोऽतिमात्रं दाहः, शीताभिप्रायता, निदानोक्तानामनुपशयो विपरीतोपशयश्चेति पित्तज्वरलिङ्गानि भवन्ति ॥१८॥

पित्तज्वर के लक्षण—सम्पूर्ण शरीर में युगपत् (एक साथ) ही ज्वर हो जाता है और युगपत् ही बढ़ता है। विशेष भोजन के विदाह के (पच्यमानकाल) समय, मध्याह्न में मध्यरात्रि में, अथवा शरद्ऋतु में यह ज्वर होता है वा बढ़ने है। मुख का स्वाद कटु होता है, नाक मुख कण्ठ होठ तालु पक जाते हैं, प्यास लगती है, भ्रम, मद, मूर्च्छा होती है पित्त की कै होती है, अतीसार होता है, अन्न खाने में इच्छा नहीं होती, शरीर शिथिल हो जाता है, पसीना आता है। रोगी प्रलाप करता है शरीर में लाल रङ्ग के कोठ (चकत्ते) प्रकट होते हैं। नख, नेत्र, मुँह, पुरीष तथा त्वचा ये हरे वर्ण के वा हल्दी के जैसे पीले हो जाते हैं।

1—'ऽस्रसृज्य' इति पाठान्तरम्।

ऊष्मा (तापांश) अत्यन्त तीव्र होता है। रोगी को अत्यन्त दाह होता है और वह शीतल पदार्थों को चाहता है। निदान में कहे गये अनुपशय तथा उनसे विपरीत उपशय होते हैं; ये पित्तज्वरके लक्षण हैं ॥१८॥

स्निग्धगुरुमधुरपिच्छिलशीताम्ललवणदिवास्वप्नहर्षाव्यायामेभ्योऽतिसेवितेभ्यः श्लेष्मा प्रकोपमापद्यते ॥१९॥

कफज्वर का निदान—स्निग्ध (स्नेहयुक्त), भारी, मधुर, पिच्छिल (चिपचिपे, लसदार), शीत (वीर्य एवं स्पर्श में) अम्ल, लवण (नमकीन) द्रव्यों के अत्यन्त सेवन से तथा दिन में सोना, हर्ष (प्रसन्नता), अव्यायाम (परिश्रम का कार्य न करना); इनके अत्यन्त सेवन से कफ प्रकुपित हो जाता है १९

स यदा प्रकुपितः प्रविश्यामाशयमूष्मणा सह मिश्रीभूयाद्यमाहारपरिणामधातुं रसनामानमन्ववेत्य रसस्वेदवहानि स्रोतांसि पिधायाग्निमुपहत्य पक्तिस्थानादूष्माणं बहिर्निरस्य प्रपीडयन् केवलं शरीरमनुप्रपद्यते, तदा ज्वरमभिनिर्वर्तयति ॥२०॥

कफज्वर की सम्प्राप्ति—वह कफ जब प्रकुपित होकर आमाशय में प्रविष्ट हो वहाँ की ऊष्मा (गरमी) के साथ मिश्रित होकर आहार के विपाक से उत्पन्न रस नामक प्रथम धातु के पीछे २ जाकर रसवह स्वेदवह स्रोतों को बन्द करके जाठराग्नि को मन्द करके पाकस्थली से ऊष्मा को बाहर निकाल पीड़ित करता हुआ सम्पूर्ण शरीर में फैला जाता है, तब ज्वर को प्रकट करता है ॥२०॥

तस्येमानि लिङ्गानि भवन्ति; तद्यथा—युगपदेव केवले शरीरे ज्वराभ्यागमनमभिवृद्धिर्वा भुक्तमात्रे पूर्वरात्रे वसन्तकाले वा विशेषेण, गुरुगात्रत्वम्, अनन्नाभिलाषः, श्लेष्मप्रसेको, मुखस्य च माधुर्यं, हृल्लासो, हृदयोपलेपः, [1]स्तिमितत्वं, छर्दिः, मृद्वग्निता, निद्राधिक्यं, स्तम्भः, तन्द्रा, श्वासः, कासः, प्रतिश्यायः, शैत्यं, श्वैत्यं च नखनयनवदनमूत्रपुरीषत्वचामत्यर्थं शीतपिडकाश्च भृशमङ्गेभ्य उत्तिष्ठन्ति, उष्णाभिप्रायता, निदानोक्तानामनुपशयो विपरीतोपशयश्चेति श्लेष्मज्वरलिङ्गानि भवन्ति ॥२१॥

कफज्वर के लक्षण—युगपत् ही सम्पूर्ण शरीर में ज्वर का आना वा बढ़ना। खाते ही, पूर्वाह्ण (प्रातः) में, रात्रि के प्रथम भाग में अथवा वसन्त ऋतुमें विशेषतः ज्वर का उत्पन्न होना वा बढ़ना, शरीर भारी अनुभव होना, भोजनेच्छा न होनी, कफ का थूकना, मुख का मीठा होना, हृल्लास (जी मचलना), हृदय देश का कफ से लिप्त हुआ होना, अङ्गों का ऐसा प्रतीत होना—जैसे किसी ने गीले वस्त्र से ढँक दिया हो, कै, जाठराग्नि का मृदु होना, अत्यधिक नींद आना, स्तब्धता (जड़वत् अंगों का होना), तन्द्रा, श्वास, कास (खाँसी), प्रतिश्याय (जुकाम), शीतता, नख, नेत्र, मुँह, मूत्र, पुरीष तथा त्वचा का अत्यन्त श्वेत होना। अङ्गों पर शीतपिड़कायें (फुन्सियाँ) उठ आती हैं। तन्त्रान्तरों में श्वेतपिड़कायें पढ़ी गयी हैं। रोगी गरम पदार्थों को चाहता है। निदान में कहे गए भाव अनुपशय और उससे विपरीत उपशय होते हैं। ये कफज्वर के लक्षण हैं ॥२१॥

विषमाशनादनशनादन्नपरिवर्तादृतुव्यापत्तेरसात्म्यगन्धोपघ्राणात् विषोपहतस्योदकस्य चोपयोगाद् गरेभ्यो गिरीणां चोपश्लेषात् स्नेहस्वेदवमनविरेचनास्थापनानुवासनशिरोविरेचनानामयथावत्प्रयोगात् मिथ्यासंसर्जनाद्वा स्त्रीणां च विषमप्रजननात् प्रजातानां च मिथ्योपचाराद्यथोक्तानां च हेतूनां मिश्रीभावाद्यथानिदानं द्वन्द्वानामन्यतमः सर्वे वा त्रयो दोषा युगपत्प्रकोपमापद्यन्ते; ते प्रकुपितास्तयैवानुपूर्व्या ज्वरमभिनिर्वर्तयन्ति; तत्र यथोक्तानां ज्वरलिङ्गानां मिश्रीभावविशेषदर्शनाद् द्वान्द्विकं ज्वरं सान्निपातिकं वा विद्यात् ॥२२॥

द्वन्द्वज (द्विदोषज) वा सान्निपातिक ज्वर—विषम भोजन से, उपवास से, आहार के एकदम परिवर्त्तन करने से अर्थात् त्याज्य के एकदम त्याग तथा ग्राह्य के एकदम ग्रहण करने से (असात्म्य के त्याग तथा सात्म्य के ग्रहण का क्रम सूत्रस्थान में बताया जा चुका है) ऋतु के अतियोग वा अयोग से, असात्म्य गन्ध के सूँघने से, विषयुक्त जल के पीने से, गर (कृत्रिमविष) के प्रयोग से, पर्वतों के समीप (तराई में) रहने से, स्नेह स्वेद वमन विरेचन आस्थापन अनुवासन शिरोविरेचनों के यथावत् प्रयोग न होने से, स्नेह आदि के समय विधिपूर्वक पथ्य के सेवन न करने से, स्त्रियों के विषमता से सन्तानोत्पत्ति होने पर अर्थात् अकाल में वा जिस प्रकार बच्चे की उत्पत्ति होनी चाहिये उस प्रकार न होने से, प्रसूता स्त्री के उचित आहार-विहार वा पथ्य सेवन न करने से तथा प्रत्येक दोष के पूर्व कहे गये निदानों के सम्मिश्रण से निदान के द्वन्द्वों (दो दोष की जोड़ी) में से कोई एक द्वन्द्व वा तीनों दोष (त्रिदोष) एक साथ ही प्रकुपित हो जाते हैं। सम्प्राप्ति—वे कुपित हुए २ उसी (पूर्वोक्त) क्रम से ज्वर को उत्पन्न करते हैं। लक्षण—ऊपर कहे गये एकदोषज ज्वरों के सम्मिश्रणों को देखकर द्विदोषजों में से कोई एक ज्वर वा सान्निपातिकज्वर जाने। अर्थात् द्वन्द्वज ज्वर में जिन दो दोषों के लक्षण मिले हों उसे उन्हीं दो दोषों से उत्पन्न—वातपित्तज, वातकफज वा कफपित्तज जाने। यदि तीनों दोषों के लक्षण दिखाई दें तो त्रिदोषज अर्थात् सान्निपातिक जाने। इनके लक्षण विस्तार से चिकित्सास्थान में कहे गये हैं ॥२२॥

अभिघाताभिषङ्गाभिचाराभिशापेभ्य आगन्तुर्हि व्यथापूर्वो ज्वरोऽष्टमो भवति, स किंचित्कालमागन्तुः केवलो भूत्वा पश्चान्निजैर्दोषैरनुबध्यते। तत्राभिघातजो वायुना दुष्टशोणिताधिष्ठानेन, अभिषङ्गजः पुनर्वातपित्ताभ्याम्, अभिचाराभिशापजौ तु सन्निपातेनानुबध्येते; स सप्तविधाज्ज्वराद्विशिष्टलिङ्गोपक्रमसमुत्थानत्वाद्विशिष्टो वेदितव्यः, कर्मणा साधारणेन चोपक्रम्यते; इत्यष्टविधा ज्वरप्रकृतिरुक्ता ॥२३॥

आगन्तु ज्वर—अभिघात (चोट), अभिषङ्ग (काम शोक आदि तथा भूत वा रोगाणुओं का संसर्ग), अभिचार क्रिया, अभिशाप (आप्त पुरुषों का शाप), इन कारणों से

1—'तिमिरत्वं' पा०।

आठवां आगन्तुज्वर होता है। इसमें वात आदि की विषमता होने से पूर्व व्यथा होती है। वह कुछ काल केवल आगन्तु होकर पीछे से निज दोषों (वात, पित्त, कफ) से अनुबद्ध हो जाता है। उनमें से अभिघातज ज्वर दुष्ट रक्त में आश्रित वायु से, अभिषङ्गज वात पित्त से, अभिचारज और अभिशापज सन्निपात (त्रिदोष) से अनुबद्ध होते हैं। वह आगन्तुज्वर सात प्रकार के पूर्वोक्त निजज्वरों के लक्षण, चिकित्सा तथा निदान में भिन्न होने के कारण भिन्न ही जानना चाहिये। लिङ्ग वा लक्षण की विशेषता यह है कि आगन्तु ज्वर में व्यथा प्रथम होती है और वात आदि दोषों की विषमता पश्चात्। निज ज्वरों में वात आदि दोषों की विषमता प्रथम होती है। निदान में भिन्नता यह है कि वह दुष्ट आहार वा विहार से उत्पन्न होते हैं और यह अभिघात आदि बाह्य कारणों से। आगन्तु ज्वर की साधारण कर्म द्वारा चिकित्सा होती है। साधारण कर्म से अभिप्राय दैवव्यपाश्रय एवं युक्तिव्यपाश्रय दोनों चिकित्साओं से है जिससे आगन्तु का भी प्रतिकार हो और निज दोषों का भी। निज ज्वरों की केवल युक्तिव्यपाश्रय चिकित्सा की जाती है। ये आठ प्रकार के ज्वर के कारण बता दिये हैं ॥२३॥

ज्वरस्त्वेक एव संतापलक्षणः; तमेवाभिप्रायविशेषाद् द्विविधमाचक्षते, निजागन्तुविशेषाच्च, तत्र निजं द्विविधं त्रिविधं चतुर्विधं पञ्चविधं सप्तविधं चाहुर्भिषजो वातादिविकल्पात् ॥२४॥

'सन्ताप' लक्षण होने से ज्वर एक ही है। अर्थात् ऊपर जो आठ प्रकार के ज्वर बताये गये हैं उन सब में सन्ताप अवश्य होता है। इसीलिये उनका नाम ज्वर है। इस 'सन्ताप' लक्षण को दृष्टि में रखते हुए ज्वर को एक ही कहते हैं। उस एक ही ज्वर को रोगी की अभिलाषा की भिन्नता से दो प्रकार का कहा जाता है। १ वह जिसमें रोगी शीत को चाहता है और २ वह जिसमें रोगी उष्णता को चाहता है। इन्हें सूत्रस्थान के ११ वें अध्याय में भी कह आये हैं—

'द्वौ ज्वराविति। उष्णाभिप्रायः शीतसमुत्थः। शीताभिप्रायः उष्णसमुत्थश्च।'

निज तथा आगन्तु भेद से भी वह ज्वर दो प्रकार का है। इनमें से निज ज्वर को वैद्य वात आदि दोषों के विकल्प से दो प्रकार का, तीन प्रकार का, पाँच प्रकार का, सात प्रकार का कहते हैं। दो प्रकार का—जैसे १ एकदोषज, २ मिलित दोषज। तीन प्रकार का—१ वातज, २ पित्तज, ३ कफज; अथवा १ एकदोषज, २ द्विदोषज, ३ त्रिदोषज। चार प्रकार का—१ वातज, २ पित्तज, ३ कफज, ४ मिलित दोषज। पाँच प्रकार का—१ वातज, २ पित्तज, ३ कफज, ४ द्वन्द्वज, ५ त्रिदोषज। सात प्रकार का—१ वातज, २ पित्तज, ३ कफज, ४ वात पित्तज, ५ वातकफज, ६ पित्तकफज, ७ वातपित्तकफज (सान्निपातिक)।

तस्येमानि पूर्वरूपाणि। तद्यथा—मुखवैरस्यं गुरुगात्रत्वमनन्नाभिलाषश्चक्षुषोराकुलत्वमश्रवागमनं निद्राया आधिक्यमरतिर्जृम्भा विनामो वेपथुः श्रमभ्रमप्रलापजागरणलोमहर्षदन्तहर्षाः शब्दशीतवातातपा [1]सहत्वमरोचका[2]विपाकौ दौर्बल्यमङ्गमर्दः सदनमल्पप्राणता दीर्घसूत्रताऽऽलस्यमुचितस्य कर्मणो हानिः प्रतीपता स्वकार्येषु गुरूणां वाक्येष्वभ्यसूया बालेषु प्रद्वेषः स्वधर्मेष्वचिन्ता माल्यानुलेपनभोजनपरिक्लेशनं मधुरेषु [3]भक्ष्येषु प्रद्वेषोऽम्ललवणकटुकप्रियता चेति ज्वरपूर्वरूपाणि भवन्ति प्राक्संतापात्, अपि चैनं संतापार्तमनुबध्नन्ति ॥

इत्येतान्येकैकशो ज्वरलिङ्गानि व्याख्यातानि भवन्ति विस्तरसमासाभ्याम् ॥२५॥

पूर्वरूप—उस निज ज्वर के ये पूर्वरूप हैं। जैसे मुख की विरसता, शरीर का भारीपन, अन्न खाने की इच्छा न होना, आँखों का व्याकुल होना, आँसू आना, निद्रा की अधिकता, अरति (किसी भी काम करने में मन का न लगना), जम्भाई, विनाम (शरीर का झुकना), वेपथु, (काँपना), श्रम (थकावट), भ्रम (चक्कर आना), प्रलाप, जागरण (नींद न आना), लोमहर्ष, दन्तहर्ष, शब्द शीत वायु धूप; इनको न सहना, अरोचक (अरुचि), अपचन, दुर्बलता, अङ्गमर्द (अङ्ग में पीड़ा), शिथिलता, मानस बल का कम होना, दीर्घसूत्रता (जो काम उस समय करना हो उसे देरसे करना), आलस्य (समर्थ होते हुए भी कर्म न करना), अभ्यस्त कर्म का त्याग अर्थात् जिस काम के करने का अभ्यास भी हो उसे 'यह मुझ से नहीं होगा' यह समझ कर न करना, अपने कार्यों में प्रतिकूलता, अपने से बड़ों अर्थात् माता पिता वा गुरुजनों के उत्तम उपदेशों में भी दोष जताना। बच्चों से द्वेष। अपने सन्ध्यावन्दन आदि धर्मों में चिन्ता न करना अर्थात् सन्ध्या आदि का न करना। पुष्प आदि की मालाओं का धारण, चन्दन आदि का अनुलेपन तथा भोजन में क्लेश समझना, मीठे भक्ष्य पदार्थों का न चाहना, खट्टे नमकीन तथा चरपरे भक्ष्य पदार्थों के खाने की इच्छा; ये सन्ताप से पहिले ज्वर के पूर्वरूप होते हैं और जब सन्ताप हो जाता है तब भी ये रह सकते हैं। ये पूर्वरूप सर्वदा सारे नहीं हुआ करते। कुछ होते हैं कुछ नहीं होते। यदि सारे पूर्वरूप विद्यमान हों तो उसे मरणसूचक लक्षण जानना चाहिये।

ये प्रत्येक ज्वर के लिङ्ग अर्थात् निदान पूर्वरूप रूप आदि विस्तार और संक्षेप से कह दिये हैं ॥२५॥

ज्वरस्तु खलु महेश्वरकोपप्रभवः सर्वप्राणिनां प्राणहरो देहेन्द्रियमनस्तापकरः प्रज्ञाबलवर्णहर्षोत्साहसादनः[4] श्रमक्लममोहाहारोपरोधसंजननो, 'ज्वरयति शरीराणि' इति ज्वरः, नान्ये व्याधयस्तथा दारुणा बहूपद्रवा दुश्चिकित्स्याश्च यथाऽयमिति, स सर्वरोगाधिपतिर्नानातिर्यग्योनिषु बहुविधैः शब्दैरभिधीयते, सर्वप्राणभृतश्च—

१—सहत्वासहत्वमिति पाठे मद्गुरिच्छाद्वेषौ। २—अनन्नाभिलाषारोचकयोर्भेदः—'प्रक्षिप्तं तु मुखे चान्नं जन्तोर्न स्वदते मुहुः। अरोचकः स विज्ञेयः'। 'यस्य नान्ने भवेच्छ्रद्धा सोऽभक्तच्छन्द उच्यते' ॥ ३—'मधुरेभ्यश्च भक्ष्येभ्यः' ग०। ४—०ह्रासकरः ग०।

सज्वरा एव जायन्ते सज्वरा एव म्रियन्ते, स महामोहः; तेनाभिभूता देहिनः प्राग्दैहिकं कर्म किञ्चिदपि न स्मरन्ति, सर्वप्राणभृतां च ज्वर एवान्ते प्राणानादत्ते ॥२६॥

ज्वर निश्चय से महेश्वर के कोप से उत्पन्न हुआ है। इसका विवरण चिकित्सास्थान में होगा। सम्पूर्ण प्राणियों के प्राणों को हरता है। शरीर इन्द्रिय मनको तपानेवाला है। प्रज्ञा (निर्मल बुद्धि) बल वर्ण हर्ष (प्रसन्नता) तथा उत्साह को शिथिल कर देता है—कम करता है। थकावट, क्लम (अनायास थकावट) तथा मोह को उत्पन्न करता है। आहार में रुकावट को पैदा करता है। शरीरों को सन्तप्त करने के कारण ही इसे ज्वर कहा जाता है (ज्वर-सन्तापे)। अन्य रोग इतने दारुण इतने अधिक उपद्रवोंवाले तथा कष्टसाध्य नहीं जितना कि यह। वह सम्पूर्ण रोगों का राजा ज्वर नाना प्रकार की तिर्यग्योनियों में बहुत प्रकार के शब्दों से कहा जाता है। यथा—

'पाकलः स तु नागानामभितापस्तु वाजिनाम्।
गवामीश्वरसंज्ञश्च मानवानां ज्वरो मतः॥
अजावीनां प्रलापाख्यः करभे चालसो भवेत्।
हारिद्रो महिषाणान्तु मृगरोगो मृगेषु च॥
पक्षिणामभिघातस्तु मत्स्येष्विन्द्रमदो मतः।
पक्षपातः पतङ्गानां व्यालेष्वक्षिकसंज्ञकः॥'

अर्थात् हाथियों में 'पाकल', घोड़ों में 'अभिताप' गौओं में 'ईश्वर' मनुष्यों में 'ज्वर', भेड़ बकरियों में 'प्रलाप', ऊँटों में 'अलस', भैंसों में 'हारिद्र', मृगों में 'मृगरोग', पक्षियों में 'अभिघात', मछलियों में 'इन्द्रमद' पतङ्गों में 'पक्षपात', सर्प आदि में 'अक्षिक' नाम से जो रोग कहे हैं वे सब एक ही हैं—ज्वर के ही नामान्तर हैं।

सम्पूर्ण प्राणी ज्वरयुक्त ही उत्पन्न होते हैं और ज्वरयुक्त ही मरते हैं। यह ज्वर ही महामोह है। इस महामोह से आक्रान्त होने के कारण प्राणी पूर्वदेह में किये गये कर्म को कुछ भी स्मरण नहीं करते। अन्तकाल में ज्वर ही सम्पूर्ण प्राणियों को हरता है ॥२६॥

तत्र पूर्वरूपदर्शने ज्वरादौ वा हितं लघ्वशनमपतर्पणं वा, ज्वरस्यामाशयसमुत्थत्वात्, ततः कषायपानाभ्यङ्गस्वेदप्रदेहपरिषेकानुलेपनवमनविरेचनास्थापनानुवासनोपशमननस्तःकर्मधूपधूमपानाञ्जनक्षीरभोजनविधानं च यथास्वं युक्त्या प्रयोज्यं; जीर्णज्वरेषु तु सर्वेष्वेव सर्पिषः पानं प्रशस्यते यथास्वौषधसिद्धस्य; सर्पिर्हि स्नेहाद्वातं शमयति, संस्कारात्कफं, शैत्यात्पित्तमूष्माणं च; तस्माज्जीर्णज्वरेषु तु सर्वेष्वेव सर्पिर्हितमुदकमिवाग्निप्लुष्टेषु द्रव्येष्विति ॥२७॥

ज्वर का चिकित्सासूत्र—पूर्वरूप के दिखाई देने पर वा ज्वर के आदि में ही लघु भोजन (पेया आदि) अथवा अपतर्पण (लङ्घन उपवास) हितकर होता है। यदि रोग निर्बल हो वा वातज्वर हो तो पेया आदि लघुभोजन देना चाहिये। यदि बलवान् हो वा ज्वर कफज हो तो उपवास कराना चाहिये। क्योंकि निज ज्वर आमाशय से उत्पन्न होता है। वातिक ज्वर यद्यपि लघ्वशन या अपतर्पण वातकारक है पर आमाशयजन्य होने से किंचित् लङ्घन कराना हितकर होता है। यह किंचित् लंघन लघु भोजन से होता है। तदनन्तर अपनी २ ज्वर की प्रकृति के अनुसार कषायपान, अभ्यङ्ग (मालिश), स्वेद, प्रदेह (उष्ण प्रलेप), परिषेक, अनुलेपन, वमन, विरेचन, आस्थापन, अनुवासन, उपशमन (संशमन), नस्यधूपदान, धूमपान, अञ्जन तथा क्षीरभोजन (दुग्धपान) आदि विधानों को युक्तिपूर्वक अर्थात् दोष दूष्य देश काल मात्रा आदि का विचार करके प्रयोग कराना चाहिये। सब जीर्णज्वरों में तो अपनी २ औषधों से सिद्ध किये हुए घी का पीना प्रशस्त है। घी अपनी स्निग्धता से वात को शान्त करता है, कफहर द्रव्यों द्वारा सिद्ध करने पर उनके संस्कार (गुणाधान) से कफ को, शीतवीर्य होने के कारण पित्त और गर्मी को। अतएव सम्पूर्ण ही जीर्णज्वरों में घी हितकर है जैसे अग्नि से जले हुए द्रव्यों में जल। जैसे आग को बुझाने में जल सब से श्रेष्ठ होता है वैसे ही जीर्णज्वर को शान्त करने में घी सर्वोत्तम ॥२७॥

भवन्ति चात्र।

यथा प्रज्वलितं वेश्म परिषिञ्चन्ति वारिणा।
नराः शान्तिमभिप्रेत्य तथा जीर्णज्वरे घृतम् ॥२८॥

जैसे जलते हुए घर को आग बुझाने के लिये जल से सींचते हैं वैसे ही जीर्णज्वर में उसकी शान्ति के लिये घृत का प्रयोग होता है ॥२८॥

स्नेहाद्वातं शमयति, शैत्यात्पित्तं नियच्छति।
घृतं तुल्यगुणं दोषं संस्कारात्तु जयेत्कफम् ॥२९॥

घी स्नेह होने से वात को शान्त करता है, शीतलता से पित्त को पराभूत करता है और संस्कार द्वारा अपने तुल्यगुणवाले दोष अर्थात् कफ को जीतता है ॥२६॥

नान्यः स्नेहस्तथा कश्चित्संस्कारमनुवर्तते।
यथा सर्पिरतः सर्पिः सर्वस्नेहोत्तमं मतम् ॥३०॥

अन्य कोई स्नेह उतना संस्कार को अपने अन्दर धारण नहीं करता जितना कि घी, अतः घी को सब स्नेहों में श्रेष्ठ माना है ॥३०॥

गद्योक्तो यः पुनः श्लोकैरर्थः समनुगीयते।
तद्व्यक्तिव्यवसायार्थं द्विरुक्तं तन्न गर्ह्यते ॥३१॥

जो विषय प्रथम गद्य द्वारा कहा गया हो उसे यदि स्पष्टता के निश्चय के लिये पुनः श्लोकों में कहा जाय तो ऐसी द्विरुक्ति निन्दित नहीं—दोष नहीं। अथवा जो विषय प्रथम गद्य द्वारा कहा जा चुका हो उसे पढ़नेवाले व्यक्ति के ग्रहण अर्थात् कण्ठाग्र करने के लिये पुनः श्लोकों द्वारा कह दिया जाय तो उसमें पुनरुक्ति दोष नहीं होता ॥ ३१ ॥

तत्र श्लोकाः।

त्रिविधं नामपर्यायैर्हेतुं पञ्चविधं गदम्।
गदलक्षणपर्यायान् व्याधेः पञ्चविधं गदम् ॥३२॥
ज्वरमष्टविधं तस्य प्रकृष्टासन्नकारणम्।
पूर्वरूपं च रूपं च भेषजं संग्रहेण च ॥३३॥

[1]व्याख्यातवान् ज्वरस्याग्रे निदाने विगतज्वरः।
भगवानग्निवेशाय प्रणताय पुनर्वसुः ॥३४॥

इत्यग्निवेशकृते तन्त्रे चरकप्रतिसंस्कृते निदानस्थाने ज्वरनिदानं नाम प्रथमोऽध्यायः ॥१॥

नामपर्यायों के साथ (हेतुर्निमित्तम् इत्यादि) तीन प्रकार का (असात्म्येन्द्रियार्थ इत्यादि) हेतु, पाँच प्रकार के रोग (आग्नेय, सौम्य, वायव्य, राजस, तामस), रोग के लक्षण के लिये उसके पर्याय, रोग का पाँच प्रकार का विज्ञानोपाय, आठ प्रकार का ज्वर, उसका विप्रकृष्ट (दूर का, रुद्रकोप वा अधर्म) और सन्निकृष्ट कारण (समीप का, रूक्षाहार आदि ज्वरों के हेतु), ज्वर के पूर्वरूप, ज्वर के रूप, संक्षेप से औषध; इन सबको कायिक वाचिक तथा मानस ताप से रहित भगवान् पुनर्वसु ने विनीत अग्निवेश के लिये प्रथम ज्वरनिदान में व्याख्या की है ॥३२-३४॥

इति प्रथमोऽध्यायः।

—:०:—

द्वितीयोऽध्यायः

अथातो रक्तपित्तनिदानं व्याख्यास्यामः ॥
इति ह स्माह भगवानात्रेयः ॥१॥

'अब रक्तपित्त के निदान की व्याख्या की जायगी' ऐसा भगवान् आत्रेय ने कहा था ॥ १ ॥

पित्तं यथाभूतं लोहितपित्तमिति संज्ञां लभते तथाऽनुव्याख्यास्यामः। यदा जन्तुर्यवकोद्दालकोरदूषकप्रायाण्यन्नानि भुङ्क्ते भृशोष्णतीक्ष्णमपि चान्नजातं निष्पावमाषकुलत्थक्षारसूपापहितं दधिमण्डोदश्वित्कट्वराम्लकमञ्जिकोपसेकं वाराहमाहिषाविकमात्स्यगव्यपिशितपिण्याकपिण्डालुकशुष्कशाकोपहितं मूलकसर्षपलशुनकरञ्जशिग्रुमधुशिग्रुखडयूषभूस्तृणसुमुखसुरसकुठेरकगण्डीरकालमालकपर्णासक्षवककणिज्जकोपदंशं सुरासौवीरकतुषोदकमैरेयमेदकमधूलकशुक्तकुवलबदराम्लप्रायानुपानं पिष्टान्नोत्तरभूयिष्ठमुष्णाभितप्तो वाऽतिमात्रमतिपेयं पयः पिबति पयसा वा समश्नाति रोहिणीकं काणकपोतं वा सर्षपतैलक्षारसिद्धं कुलत्थपिण्याकजाम्बवलकुचपक्वैः शौक्तिकैर्वा सह क्षीरमाममतिमात्रमथवा पिबत्युष्णाभितप्तस्तस्यैवमाचरतः पित्तं प्रकोपमापद्यते, लोहितं च[2] स्वप्रमाणमतिवर्तते ॥२॥

पित्त जैसा हुआ २ 'रक्तपित्त' कहाता है वैसी ही व्याख्या की जायगी। निदान—जब प्राणी यवक (जवी), उद्दालक (जंगली कोदों) वा कोरदूष (कोदो) प्रधान अन्नों को खाता है, अत्यन्त उष्ण वा तीक्ष्णवीर्य भोजन करता है, निष्पाव (सेम) उड़द कुलथी क्षार सूप (दाल); इनसे युक्त अथवा दही का पानी उदश्वित् (छाछ जिसमें आधा पानी हो) कट्वर (जिस छाछ में से मक्खन न निकाला गया हो वा अत्यन्त खट्टी छाछ), खट्टी कांजी; इन्हें अन्न में डालकर अथवा सूअर भैंस भेड़ मछली गौ के मांस से युक्त, पिण्याक (तिलकल्क), पिण्डालुक (अरबी) वा सूखे शाकों से युक्त, मूली सरसों लहसन करञ्ज सहिजन मधुशिग्रु (मीठा सहिजन) खडयूष भूस्तृण (रोहिष नामक तृण), सुमुख (तुलसीभेद), सुरस (तुलसी), कुठेरक (वनतुलसी), गण्डीर (तुलसीभेद), कालमालक (तुलसीभेद), पर्णास (तुलसीभेद), क्षवक (छांचिया), फणिज्जक (तुलसीभेद) इनका; जिस भोजन में उपदंश (चटनी) हो, सुरा (मद्य), सौवीरक (कांजीभेद), मैरेय (मद्यभेद), मधूलक (मद्यभेद) [1]शुक्त (सिरका), कुवल (बड़ा बेर) की खटाई बदर (बेर) की खटाई के प्रायः अनुपानोंवाला, प्रायः पिष्टान्न (चावलों के आटे मैदे वा पीठी आदि से बने अन्न) प्रधान अन्नपान करता है अथवा गरमी से सताया हुआ अधिक मात्रा में या बहुत बार दूध पीता है अथवा दूध के साथ रोहिणीक नामक शाक को खाता है वा सरसों के तेल और क्षार से सिद्ध किये हुए—पकाये हुए काणकपोत (जंगली कबूतर) को खाता है अथवा कुलथी तिलकल्क जामुन लकुच (बड़हर) से पकाये हुए सिरके के भोज्य पदार्थों के साथ कच्चा वा अधिक मात्रा में दूध को पीता है, उस गरमी से सताये हुए के इस प्रकार आचरण करते हुए पुरुष के पित्त प्रकुपित हो जाता है और रुधिर अपने प्रमाण से बढ़ जाता है ॥२॥

तस्मिन् प्रमाणातिवृत्ते पित्तं प्रकुपितं शरीरमनुसपद्यदैव यकृत्प्लीहप्रभवाणां लोहितवहानां स्रोतसां लोहिताभिष्यन्दगुरूणि मुखान्यासाद्य [2]प्रतिरुन्ध्यात् तदैव लोहितं दूषयति ॥३॥

सम्प्राप्ति—रुधिर के बढ़ जाने पर कुपित हुआ २ पित्त शरीर में फैलता हुआ जब यकृत् और प्लीहा से उत्पन्न रक्तवह स्रोतों के मुखों में—जो कि रक्त के अत्यधिक मात्रा में बहनेसे भारी हुए २ हैं—पहुँचकर रुक जाता है उसी समय ही रक्त को दूषित कर देता है ॥ ३ ॥

तल्लोहितसंसर्गाल्लोहितप्रदूषणाल्लोहितगन्धवर्णानुविधानाच्च पित्तं लोहितपित्तमित्याचक्षते ॥४॥

वह पित्त रक्त के संसर्ग से, रक्त के दूषित करने से, रक्त के वर्ण और गन्ध के सदृश गन्ध और वर्णवाला हो जाने से रक्तपित्त कहाता है ॥४॥

तस्येमानि पूर्वरूपाणि भवन्ति; तद्यथा—अनन्नाभिलाषो भुक्तस्य विदाहः शुक्ताम्लगन्धरस उद्गारश्छर्देरभीक्ष्णमागमनं छर्दितस्य बीभत्सता स्वरभेदो गात्राणां सदनं परिदाहो मुखाद् धूमागम इव लोहलोहितमत्स्यामगन्धित्वमपि[3] चास्यस्य रक्तहरितहारिद्रत्वमङ्गावयवशकृन्मूत्रस्वेदलालाशिङ्घाणकास्यकर्णमलपिड[4]कालिकापिडकानामङ्गवेदना लोहितनीलपीतश्यावानामर्चिष्मतां (दुष्टानां च रूपाणां स्वप्ने दर्शनमभीक्ष्णमिति लोहितपित्तपूर्वरूपाणि भवन्ति ॥५॥

रक्तपित्त के पूर्वरूप—भोजन खाने की इच्छा न होना, खाये हुए का विदग्ध हो जाना, सिरके के समान

1—'व्याजहार' ग० । 2—'चाशुप्रमाणमतिवर्तते' ग० ।

1—सूत्रस्थान के २७ वें अध्याय में इनके लक्षण कहे जा चुके हैं। 2—'प्रतिपद्यते' ग० । 3—'मिव' ग० । 4—'पिडकालिका नेऽमलः' चक्रः ।

खट्टे और उसी के सदृश गन्धवाले डकारों का आना, कै के बार २ आने के कारण रोगी से घृणा होना, स्वरभेद, अङ्गों की शिथिलता, शरीर में दाह, मुख से जैसे धुँआ निकलता हो, मुख में से लोहे, रक्त मछली की सी वा कच्ची २ गन्ध आना, शरीर अवयव पुरीष मूत्र पसीना लाला सिंघाणक (नाक का मैल), मुख का मैल, कान का मैल, पिडकालिका (नेत्र का मैल) तथा पिडकाओं के रंग का लाल हरा वा हल्दी का-सा पीला होना, शरीर वेदना, स्वप्न में लाल नीले पीले श्यामवर्ण के वा अग्नि आदि चमकदार तथा विकृत रूपों का निरन्तर देखना; ये रक्तपित्त के पूर्वरूप हैं। सुश्रुत उत्तरतन्त्र ४५ अ० में—

सदनं शीतकामित्वं कण्ठधूमायनं वमिः ।
लोहगन्धिश्च निःश्वासो भवत्यस्मिन् भविष्यति' ॥५॥

उपद्रवास्तु खलु—(नियता[1]) दौर्बल्यारोचकाविपाकश्वासकासज्वरातीसारशोफशोषपाण्डुरोगाः स्वरभेदश्च ॥६॥

रक्तपित्त के उपद्रव—दुर्बलता अरोचक अपचन श्वास कास ज्वर अतीसार शोफ शोष पाण्डुरोग और स्वरभेद; ये रक्तपित्त के उपद्रव हैं। कई 'उपद्रवास्तु खलु नियताः' ऐसा पाठ पढ़ते हैं और व्याख्या करते हैं कि दुर्बलता आदि उपद्रव अवश्यम्भावी हैं। जो उपद्रव अवश्यम्भावी नहीं उनका इस तन्त्र में परिगणन नहीं किया । ज्वर में उपद्रवों के अवश्यम्भावी न होने के कारण ही उस अधिकार में उपद्रवों को नहीं पढ़ा । सुश्रुत उत्तरतन्त्र ४५ अ० में नियत तथा अनियत दोनों प्रकार के उपद्रव बताये गये हैं—

'दौर्बल्यश्वासकासज्वरवमथुमदाः पाण्डुता दाहमूर्च्छा । भुक्ते घोरो विदाहस्त्वधृतिरपि सदा हृद्यतुल्या च पीड़ा ।
तृष्णा कोष्ठस्य भेदः शिरसि च तपनं पूतिनिष्ठीवनत्वं भक्तद्वेषाविपाकौ विकृतिरपि भवेद्रक्तपित्तोपसर्गाः ॥'

उपद्रव उसे कहते हैं जो रोग के आरम्भक दोष के प्रकोप से ही पीछे से दूसरा रोग उत्पन्न हो जाता है । सुश्रुत में—

'यः पूर्वोत्पन्नं व्याधिं जघन्यजातो व्याधिरुपसृजति स तन्मूल एवोपद्रवसंज्ञः' ॥६॥

मार्गौ पुनरस्य द्वौ—ऊर्ध्वं चाधश्च; तद्बहुश्लेष्मणि शरीरे श्लेष्मसंसर्गादूर्ध्वं प्रपद्यमानं कर्णनासिकानेत्रास्येभ्यः प्रच्यवते, बहुवाते तु शरीरे वातसंसर्गादधः प्रपद्यमानं मूत्रपुरीषमार्गाभ्यां प्रच्यवते, बहुश्लेष्मवाते तु शरीरे श्लेष्मवातसंसर्गाद् द्वावपि मार्गौ प्रपद्येते द्वौ मार्गौ प्रपद्यमानं सर्वेभ्य एव यथोक्तेभ्यः खेभ्यः प्रच्यवते शरीरस्य ॥७॥

मार्ग—रक्तपित्त के दो मार्ग हैं—१ ऊपर २ नीचे । वह रक्तपित्त कफप्रधान शरीर में कफ के संसर्ग से ऊपर की ओर जाता हुआ कान, नाक, नेत्र तथा मुख से बाहर गिरता है और वातप्रधान शरीर में वात के संयोग से नीचे की ओर जाता हुआ मूत्रमार्ग तथा मलमार्ग से बाहर गिरता है । जिस शरीर में कफ वात दोनों ही अधिक हों उनमें कफ और वात दोनों का संसर्ग होने के कारण दोनों ही मार्गों में अर्थात् ऊपर और नीचे दोनों ओर जाता है । दोनों मार्गों में जाता हुआ कहे गये शरीर के सब छिद्रों से निकलता है ॥७॥

तत्र यदूर्ध्वभागं तत्साध्यं विरेचनोपक्रमणीयत्वाद्बह्वौषधत्वाच्च; यदधोभागं तद्याप्यं, वमनोपक्रमणीयत्वादल्पौषधत्वाच्च; यदुभयभागं तदसाध्यं वमनविरेचनायोगित्वादनौषधत्वाच्चेति ॥८॥

साध्यासाध्यता—इनमें से जो ऊपर की ओर का रक्तपित्त है वह विरेचन द्वारा चिकित्सा होने से तथा औषधों के बहुत होने से साध्य है । अभिप्राय यह है कि रक्तपित्त पित्तप्रधान रोग है । पित्त के नाश के लिये विरेचन सब से श्रेष्ठ है । 'विरेचनं पित्तहराणाम्' यह सूत्रस्थान २५ अ० में कह आये हैं। मधुर कषाय एवं तिक्तरस स्वभावतः ही पित्त को शान्त करते हैं। इनमें से कषाय और तिक्तरस कफ के विरोधी भी हैं। अतः औषध भी अधिक है ।

नीचे की ओर का रक्तपित्त याप्य है । क्योंकि उसकी वमन द्वारा चिकित्सा होती है और औषध अल्प हैं । रक्तपित्त पित्तप्रधान है, पर वमन पित्त का नाशक नहीं । ये केवल वेगमात्र का विरोधी है । पित्त शामक मधुर तिक्त कषाय इन रसों में से केवल मधुर रस ही वात को शान्त करता है । सुतरां शमन औषध भी अल्प होंगी । अतएव अधोमार्ग का रक्तपित्त याप्य होता है ।

दोनों मार्गों का रक्तपित्त असाध्य है । क्योंकि न तो इसमें वमन कराया जा सकता है, न विरेचन । और नहीं कोई इसकी औषध है, रक्तपित्त में विपरीत मार्ग से दोष का हरण किया जाता है । यदि अधोग रक्तपित्त हो तो वमन और ऊर्ध्वग रक्तपित्त हो तो विरेचन द्वारा, परन्तु यदि दोनों मार्गों से ही रक्तपित्त निकलता हो तो यदि वमन कराया जायगा तो ऊर्ध्व रक्तपित्त अत्यधिक बढ़ जायगा, यदि विरेचन कराया जायगा तो अधोग रक्तपित्त अधिक बढ़ जायगा । कोई शामक औषध भी ऐसी नहीं जो युगपत् तीनों दोषों को शान्त करे ॥८॥

रक्तपित्तप्रकोपस्तु खलु पुरा दक्षयज्ञध्वंसे रुद्रकोपप्रभवाग्निना प्राणिनां परिगतशरीरप्राणानामनुज्वरमभवत् ॥

पुराकाल में दक्ष प्रजापति के यज्ञ के ध्वंस होने पर रुद्र की कोपाग्नि से सन्तप्त शरीर और प्राणवाले प्राणियों को ज्वर के पश्चात् रक्तपित्तका प्रकोप हुआ था ॥९॥

तस्याशुकारिणो दावाग्नेरिवापतितस्यात्ययिकस्याशु प्रशान्तौ यतितव्यं मात्रां देशं कालं चाभिसमीक्ष्य संतर्पणेनापतर्पणेन वा मृदुमधुरशिशिरतिक्तकषायैरभ्यवहार्यैः प्रदेहपरिषेकावगाहसंस्पर्शनैर्वमनाद्यैर्वा तत्रावहितेनेति ॥१०॥

चिकित्सासूत्र—सावधान हुए २ चिकित्सक को चाहिये कि वह दावाग्नि की तरह आशुकारी एवं आत्ययिक (मारक) इस रक्तपित्त के उत्पन्न होते ही उसकी शान्ति में मात्रा, देश

१—'रक्तपित्ते चैते उपद्रवाः प्रायोभावित्वेन नियता इत्यभिधीयन्ते' चक्रः ।

और काल का, विचार सन्तर्पण वा अपतर्पण द्वारा, मृदु मधुर शीतल एवं तिक्त वा कषाय रसयुक्त भोजन वा अन्तःप्रयोग की औषधों द्वारा अथवा प्रदेह, परिषेक, अवगाह (Bath) स्पर्शों द्वारा तथा वमन आदि संशोधनों द्वारा प्रयत्न करे।

यहाँ मात्रा देश और काल उपलक्षण मात्र हैं; इनसे पूर्वोक्त मार्ग, दोष का अनुबन्ध तथा निदान आदि का भी ग्रहण करना चाहिये। चिकित्सास्थान ४ अ० में कहा भी जायगा—

'मार्गौ दोषानुबन्धं च निदानं प्रसमीक्ष्य च।
लंघनं रक्तपित्तादौ तर्पणं वा प्रयोजयेत्॥'

तथा अष्टाङ्गसंग्रह चिकित्सास्थान ३ अ० में भी—

'ज्ञात्वा निदानमयनं मलावनबलौ बलम्।
लंघनं बृंहणं चादौ शोधनं शमनं तथा॥'१०॥

भवन्ति चात्र।

साध्यं लोहितपित्तं तद्यदूर्ध्वं प्रतिपद्यते।
विरेचनस्य योगित्वाद् बहुत्वाद्भेषजस्य च॥११॥

वह रक्तपित्त साध्य है जो ऊपर की ओर निकलता है, क्योंकि वहाँ विरेचन योग्य है और औषधें बहुत हैं॥११॥

विरेचनं तु पित्तस्य जयार्थे परमौषधम्।
यश्च [1]तत्रान्वयः श्लेष्मा तस्य चानधमं स्मृतम्॥

पित्त को जीतने के लिए विरेचन सर्वोत्कृष्ट औषध है। और रक्तपित्त में जो कफ का अनुबन्ध होता है उसके जीतने में यह अधम[2] नहीं—अनुपयोगी नहीं॥१२॥

भवेद्योगावहं तत्र मधुरं चैव [3]भेषजम्।
तस्मात्साध्यं [4]मतं रक्तं यदूर्ध्वं प्रतिपद्यते॥१३॥

वहाँ मधुर औषध भी प्रयोग करायी जा सकती है। अर्थात् जब कफ का शोधन हो जाय तब मधुर औषधों का प्रयोग पित्त के नाश के लिये होता है। 'मधुर औषध भी' यह कहसे से पित्तकफनाशक तिक्त और कषाय का स्वयं ग्रहण हो जाता है। अष्टांगसंग्रह निदान ३ अ० में कहा है—

'ऊर्ध्वं साध्यं कफाद्यस्मात्तद्विरेचनसाधनम्।
बह्वौषधं च पित्तस्य विरेको हि वरौषधम्॥
अनुबन्धी कफो यश्च तत्र तस्यापि शुद्धिकृत्।
कषायाःस्वादवोऽप्यस्य विशुद्धश्लेष्मणो हिताः।
किमु तिक्ता कषाया वा ये निसर्गात्कफापहाः॥'

अतएव ऊर्ध्वग रक्तपित्त साध्य माना गया है॥१३॥

रक्तं तु यदधोभागं तद्याप्यमिति निश्चयः।
वमनस्याल्पयोगित्वादल्पत्वाद्भेषजस्य च॥१४॥

अधोग रक्तपित्त याप्य होता है यह निश्चय है। क्योंकि वमन थोड़ा ही उपयोगी है औषध भी थोड़े हैं।

वमनं हि न पित्तस्य हरणे श्रेष्ठमुच्यते।
यश्च तत्रानुगो वायुस्तच्छान्तौ चावरं मतम्॥१५॥
[1]तच्चायोगावहं तत्र कषायं तिक्तकानि च।
तस्माद्याप्यं समाख्यातं यद्रक्तमनुलोमगम्॥१६॥

वमन पित्त के हरने में श्रेष्ठ नहीं। और वहाँ जो वायु का अनुबन्ध होता है उसकी शान्ति में निकृष्ट है। अतएव वमन स्वल्प ही उपयोगी है। कषाय तथा तिक्त द्रव्य पित्तशामक होते हुए भी वात की शान्ति में निकृष्ट हैं—वात को बढ़ाते हैं, अतः सर्वथा अनुपयोगी हैं। केवल मधुर रस ही इसमें उपयोगी है। अतएव रक्तपित्त याप्य कहा गया है॥१५,१६॥

रक्तपित्तं तु यन्मार्गौ द्वावपि प्रतिपद्यते।
असाध्यमिति [2]तज्ज्ञेयं पूर्वोक्तादपि कारणात्॥१७॥
न हि संशोधनं किंचिदस्त्यस्य प्रतिमार्गगम्।
प्रतिमार्गं च हरणं रक्तपित्ते विधीयते॥१८॥
एवमेवोपशमनं सर्वशो नास्य विद्यते।
संसृष्टेषु च दोषेषु सर्वजिच्छमनं मतम्॥१९॥
इत्युक्तं [3]त्रिविधोदर्कं रक्तं मार्गविशेषतः।

जो रक्तपित्त दोनों मार्गों में जानेवाला है, उसे पूर्वोक्त कारण से अर्थात् वमन वा विरेचन के अनुपयोगी होने से तथा औषध के न होने से असाध्य जानना चाहिये। इस रक्तपित्त के मार्ग से विपरीत मार्ग में जानेवाला कोई संशोधन सम्भव नहीं। रक्तपित्त में दोष उसके विपरीत मार्ग द्वारा ही निकाला जाता है। अर्थात् चूँकि यह रक्तपित्त दोनों मार्गों से प्रवृत्त होता है और संशोधन कोई ऐसा नहीं है जो ऊपर और नीचे दोनों मार्गों के युगपत् विपरीत हो। इसी प्रकार इस रक्तपित्त की सर्वशः शामक औषध भी नहीं। जब तीनों दोष मिश्रित हों तब तीनों दोषों को शान्त करनेवाली औषध देनी चाहिये। परन्तु ऐसी कोई औषध नहीं। मधुर रस कफकारक है, तिक्त और कषाय वातकारक हैं, अम्ल लवण और कटु पित्त को करते हैं।

मार्ग के भेद से परिणाम में तीन प्रकार के फलवाला (साध्य, याप्य, असाध्य) रक्तपित्त कह दिया है। दोषभेद से तीन प्रकार के उत्तरकालीन फल चिकित्सास्थान में कहे जायँगे॥१७–१९॥

एभ्यस्तु खलु हेतुभ्यः किञ्चित्साध्यं न सिध्यति॥
प्रेष्योपकरणाभावाद्दौरात्म्याद्वैद्यदोषतः।
अकर्मतश्च साध्यत्वं कश्चिद्रोगोऽतिवर्तते॥२१॥

निम्न प्रोक्त हेतुओं से कई साध्य रोग असाध्य हो जाते हैं। अर्थात् निम्नलिखित कारणों से साध्य रक्तपित्त भी असाध्य हो सकता है।

परिचारक तथा उपकरण वा औषध द्रव्य के न होने से, रोगी के दुरात्मा वा धैर्यरहित होने से, वैद्य के दोष से तथा च चिकित्सा न कराने से कोई अपनी साध्यता की सीमा को लाँघ जाता है—असाध्य हो जाता है। असाध्य

१—'तत्रानुगः' ग०। २—'पित्तं वा कफपित्तं वा पित्ताशयगतं हरेत्। स्रंसनं ......॥ चरक चि० ३ अध्याय। स्रंसनं विरेचनमित्यर्थः॥ 'कषायं तिक्तमेव च' ग०। 'मधुरं चैव भेषजमित्यत्र एवशब्दोऽप्यर्थः, तेन कषायतिक्ते तावद्भेषजे भवत एव पित्तकफप्रत्यनीकत्वात्; मधुरमपि लंघनादिना कफे जिते भेषजं भवतीत्यर्थः।' ४—'साध्यतमं ग०।

१—'स्याच्च योगवहं तत्र मधुरं चैव भेषजम्' ग०। २—'पूर्वोक्तादेव' ग०। ३—'त्रिविधोदर्कमिति त्रिविधजातीयफलम्' चक्रः।

रोग तो साध्य नहीं हो सकता, परन्तु साध्य रोग असाध्य हो सकते हैं। 'अकर्मतश्च' का अर्थ 'उत्तम कर्मों के न होने से' हो सकता है। इसी स्थान के अन्तिम अध्याय में कहा जायगा।

'नासाध्याः साध्यतां यान्ति साध्या यान्ति त्वसाध्यताम्।
पादापचाराद् दैवाद्वा यान्ति भावान्तरं गदाः ॥' २०,२१॥

तत्रासाध्यत्वमेकं स्यात्साध्ययाप्यपरिक्रमात्।
रक्तपित्तस्य विज्ञानमिदं तस्योपदेक्ष्यते ॥२२॥

उस रक्तपित्त का एक असाध्यता (उभयमार्गगामी होना) बतायी जा चुकी है और जो असाध्यता साध्यावस्था वा याप्यावस्था को लाँघने से होती है—उसके लक्षण कहे जायँगे। अथवा साध्य के याप्य और याप्य के साध्य हो जाने से वह रक्तपित्त असाध्य होता है। ऊर्ध्वमार्ग से जब अधोमार्ग में जाय वा अधोमार्ग से ऊर्ध्वमार्ग में जाय तो वह असाध्य होता है। अपने मार्ग से दूसरे मार्ग में जाना दो प्रकार का हो सकता है एक तो वह जिसमें वह अपने मार्ग का परित्याग नहीं करता और साथ ही दूसरे मार्ग में भी चला जाता है ऐसा रक्तपित्त उभयमार्गगामी होने से ही असाध्य है। दूसरा वह जिसमें अपने मार्ग को सर्वथा त्यागकर दूसरे मार्ग में चला जाय वह भी असाध्य होता है। चिकित्सास्थान में रक्तपित्त की चिकित्सा में कहा जायगा—

'मार्गान्मार्गं चरेद्वा तच्च रक्तमसिद्धिमत्।'

अब रक्तपित्त की असाध्यता के विज्ञान का उपदेश किया जायगा ॥२२॥

यत्कृष्णमथवा नीलं यद्वा शक्रधनुष्प्रभम्।
रक्तपित्तमसाध्यं तद्वाससो रञ्जनं च यत् ॥२३॥

जो रक्तपित्त काले नीले अथवा इन्द्रधनुष के वर्णवाला हो तथा च जो रक्तपित्त वस्त्र को रंग दे उसे असाध्य जानना चाहिये। अर्थात् जिस रक्तपित्त से रंगा हुआ कपड़ा धोने पर भी रंग को सर्वथा न छोड़े वह असाध्य है। जीवरक्त और रक्तपित्त में भेद को दर्शाते हुए कहा है—

'तेनान्नं मिश्रितं दद्यात् वायसाय शुनेऽपि वा।
भुंक्ते तच्चेद् वदेज्जीवं न भुंक्ते पित्तमादिशेत् ॥
शुक्लं वा भावितं वस्त्रमावानं कोष्णवारिणा।
प्रक्षालितं विवर्णं चेत् पित्तं, शुद्धं तु शोणितम् ॥'

अर्थात् श्वेत वस्त्र को निकलते रक्त में भिगोकर सुखा दें और सूखने पर कोसे पानी से धो डालें। यदि धब्बा बचा रहे तो रक्तपित्त और यदि स्वच्छ हो जाय तो शुद्ध रक्त जाने ॥

'अथवा 'वाससः अरञ्जनं' ऐसा सन्धिविच्छेद करने पर जो रक्तपित्त वस्त्र को न रंगे वह असाध्य है यह अर्थ होगा। क्योंकि सब रक्तपित्त ही वस्त्र पर धब्बा छोड़ते हैं चाहे वह साध्य हों वा आसाध्य परन्तु यदि वह धब्बा न छोड़े तो जानना चाहिये कि जीवरक्त—शुद्ध रक्त अत्यधिक मात्रा में निकल रहा है और उसका निकालना घातक होता है।

पूर्वोक्त अर्थ में वस्त्र को रंगनेवाला असाध्य है कहने से पित्त की अत्यधिक दुष्टि जतायी गयी है ॥२३॥

भृशं पूत्यतिमात्रं च सर्वोपद्रववच्च यत्।
बलमांसक्षये यच्च तच्च रक्तमसिद्धिमत् ॥२४॥

जिस रक्तपित्त में अत्यन्त दुर्गन्धि हो, जो अत्यधिक मात्रा में निकलता हो, जिसमें पूर्वोक्त दुर्बलता आदि सम्पूर्ण उपद्रव उत्पन्न हो गये हों, तथा च बल और मांस के क्षीण होने पर जो रक्तपित्त हो वह असाध्य है। सुश्रुत उत्तरतन्त्र ४५ अध्याय में भी—

'मांसप्रक्षालनाभं क्वथितमिव च यत्कर्दमाम्भोनिभं वा
मेदःपूयास्रकल्पं यकृदिव यदि वा पक्वजम्बूफलाभम्।
यत्कृष्णं यच्च नीलं भृशमतिकुणपं यत्र चोक्ता विकारा-
स्तद्वर्ज्यं रक्तपित्तं सुरपतिधनुषा यच्च तुल्यं विभाति।'

चिकित्सास्थान ४र्थ अध्याय में असाध्य लक्षण कहे जायँगे ॥

येन चोपहतो रक्तं रक्तपित्तेन मानवः।
पश्येद् दृश्यं वियच्चापि तच्चासाध्यमसंशयम् ॥२५॥

मनुष्य जिस रक्तपित्त से अभिभूत हुआ २ दृश्य पदार्थों और आकाश को लालरंग का देखे वह भी निःसन्देह असाध्य होता है ॥२५॥

तत्रासाध्यं परित्याज्यं याप्यं यत्नेन यापयेत्।
साध्यं चावहितः सिद्धैर्भेषजैः साधयेद्भिषक् ॥२६॥

असाध्य रक्तपित्त का त्याग करना चाहिये—चिकित्सा न करनी चाहिये। याप्य रक्तपित्त का यत्न से यापन करे—औषध पथ्यसेवन आदि द्वारा दबाये रक्खे और साध्य रक्तपित्त की सिद्ध-अनुभूत वा प्रत्यक्षफलदायी औषधों से चिकित्सा करे ॥

तत्र श्लोकौ।

कारणं नामनिर्वृत्तिं पूर्वरूपाण्युपद्रवान्।
मार्गौ दोषानुबन्धं च साध्यत्वं न च हेतुमद् ॥२७॥
निदाने रक्तपित्तस्य व्याजहार पुनर्वसुः।
वीतमोहरजोदोषलोभमानमदस्पृहः ॥२८॥

इत्यग्निवेशकृते तन्त्रे चरकप्रतिसंस्कृते निदानस्थाने रक्तपित्तनिदानं नाम द्वितीयोऽध्यायः ॥२॥

रक्तपित्त का कारण, रक्तपित्त नाम क्यों है ? पूर्वरूप, उपद्रव, दो मार्ग, दोष का अनुबन्ध (कफ और वात का), कारण के निर्देश के साथ २ साध्यता और असाध्यता (विरेचनोपयोगित्वात् इत्यादि द्वारा) ये सब रक्तपित्तनिदान में मोह रजोदोष लोभ अहङ्कार मद तथा ईर्षा से रहित भगवान् पुनर्वसु ने कहा है ॥

इति द्वितीयोऽध्यायः।

तृतीयाऽध्यायः

अथातो गुल्मनिदानं व्याख्यास्यामः
इति ह स्माह भगवानात्रेयः ॥१॥

अब गुल्मनिदान की व्याख्या की जायगी—ऐसा भगवान् आत्रेय ने कहा था ॥१॥

इह खलु पञ्च गुल्मा भवन्ति; तद्यथा—वातगुल्मः, पित्तगुल्मः, श्लेष्मगुल्मो, निचयगुल्मः, शोणितगुल्मश्चेति ॥२॥

यहाँ पाँच गुल्म हैं। जैसे १ वातगुल्म २ पित्तगुल्म ३ कफ-गुल्म ४ निचय (सन्निपात) गुल्म ५ रक्तगुल्म। यद्यपि तीन गुल्म और भी हैं जैसा अष्टाङ्गसंग्रह निदान ११ अ० में कहा गया है—

'गुल्मोऽष्टधा पृथग्दोषैः संसृष्टैर्निचयं गतैः।
आर्तवस्य च दोषेण नारीणां जायतेऽष्टमः॥'

परन्तु यतः उनमें लक्षण उन्हीं २ दोषों के मिश्रित होते हैं और चिकित्सा भी उसी प्रकार मिश्रित होती है। अतः कोई विशेषता न होने से पृथक् नहीं पढ़े गये। अष्टाङ्ग संग्रह के अनुसार वे तीन द्वन्द्वज हैं। वहाँ कहा भी है—संसृष्टलिङ्गसंसर्गात् स त्रिविधः'॥

यहाँ चिकित्सास्थान ५ अध्याय में कहा जायगा—'व्यामिश्रलिङ्गानपरांश्च गुल्मांस्त्रीनादिशेदौषधकल्पनार्थम्।'

परन्तु ये तीन गुल्म विकृतिविषमसमवेत जानने चाहिये। इनमें से दो द्वन्द्वज और एक त्रिदोषज मानना होगा। प्रकृति-समसमवेत तो वही हैं जिन्हें पित्तज, कफज वा निचयगुल्म कहा है। वहाँ पित्त, कफ वा पित्तकफ के साथ उन्हीं हेतुओं से वात का भी कोप होता है। यहाँ (विकृतिविषम समवेत में) कारणान्तरों से समकाल में ही पित्त, कफ वा पित्तकफ का वायु के साथ कोप होता है॥२॥

एवं वादिनं भगवन्तमात्रेयमग्निवेश उवाच—कथमिह भगवन्! पञ्चानां गुल्मानां विशेषमभिजानीयां, न ह्यविशेषविद्रोगाणामौषधविदपि भिषक् प्रशमनसमर्थो भवतीति॥३॥

इस प्रकार कहनेवाले भगवान् आत्रेय को अग्निवेश ने पूछा—हे भगवन्। हम पाँचों गुल्मों की विशेषता—भिन्नता को किस प्रकार जानें? क्योंकि रोगों की विशेषता व भिन्नता को न जाननेवाला वैद्य चाहे औषध को जानता भी हो रोगों को शान्त करने में समर्थ नहीं होता॥३॥

तमुवाच भगवानात्रेयः—समुत्थानपूर्वरूपलिङ्गवेदनोपशयविशेषेभ्यो विशेषविज्ञानं गुल्मानां भवत्यन्येषां च रोगणामग्निवेश! तत्तु [1]खलु गुल्मेषूच्यमानं निबोध॥४॥

भगवान् आत्रेय ने उत्तर दिया—हे अग्निवेश! हेतु, पूर्वरूप, लिङ्ग, वेदना (रूप), उपशय; इनकी भिन्नता से गुल्मों की तथा अन्य रोगों की भी भिन्नता होती है। गुल्म में कही जाती हुई इस भिन्नता को ध्यान से समझो॥४॥

यदा पुरुषो वातलो विशेषेण ज्वरवमनविरेचनातीसाराणामन्यतमेन कर्शनेन कर्शितो वातलमाहारमाहरति शीतं वा विशेषेणातिमात्रमस्नेहपूर्वं वा वमनविरेचने पिबत्यनुदीर्णां वा छर्दिमुदीरयति वातमूत्रपुरीषवेगान्निरुणद्धि अत्यशितो वा पिबति नवोदकमतिमात्रमतिमात्रसंक्षोभिणा वा यानेन यात्यतिव्यवायव्यायाममद्यरुचिर्वाऽभिघातमृच्छति वा विषमाशनशयनासनस्थानचङ्क्रमणसेवी भवत्यन्यद्वा किंचिदेवंविधं विषमसतिमात्रं व्यायामजातमारभते, तस्यापचाराद्वातः प्रकोपमापद्यते॥५॥

वातगुल्मनिदान—जब विशेषतः वातिक पुरुष ज्वर वमन विरेचन अतिसार; इनमें से किसी एक कृश करनेवाले हेतु से कृश हुआ २ वातवर्धक (कटु तिक्त कषाय रूक्ष आदि) अथवा अत्यन्त शीतल (स्पर्श एवं वीर्य से) आहार को विशेषतः खाता है, अथवा प्रथम स्नेह न कराकर भी वमन वा विरेचन औषध को पीता है, अथवा अप्रवृत्त हुए २ कै के वेग को बलात् प्रेरित करता है, वायु मूत्र मल; इनके वेगों को रोकता है, अत्यधिक भोजन करके जो प्रभूत मात्रा में ताजे जल को पीता है अथवा अत्यन्त क्षुब्ध करनेवाली सवारियों पर बैठकर जाता है, अथवा जिसकी अतिमैथुन अतिव्यायाम तथा मद्य के अत्यधिक पीने में रुचि है, अथवा कोई चोट लगती है अथवा जो विषम भोजन करता है विषम शय्या पर सोता है विषमरूप से बैठता है, विषमरूप से खड़ा होता है विषमरूप से चलता है अथवा अन्य कोई भी इसी प्रकार का अत्यधिक मात्रा में विषम व्यायाम (परिश्रम का कार्य—शरीर को हिलाने का कार्य) करता है उस पुरुष के इस अपथ्य से वात प्रकुपित हो जाता है॥५॥

स प्रकुपितो महास्रोतोऽनुप्रविश्य रौक्ष्यात् कठिनीभूतमाप्लुत्य पिण्डतोऽवस्थानं करोति हृदि बस्तौ पार्श्वयोर्नाभ्यां वा, स शूलमुपजनयति ग्रन्थींश्चानेकविधान्, पिण्डितश्चावतिष्ठते, स पिण्डतत्वाद्गुल्म इत्युच्यते॥६॥

सम्प्राप्ति—वह प्रकुपित हुआ २ वायु महास्रोत (आमाशय पक्वाशय में प्रविष्ट होकर रूक्ष गुणयुक्त होने से कठिन हुआ २ उसे आवृत करके पिण्डाकृति होकर हृदय, बस्ति, दोनों पार्श्व अथवा नाभि देश में स्थित हो जाता है। वह शूल तथा अनेक प्रकार की ग्रन्थियों को उत्पन्न करता है। स्वयं पिण्डाकार ही रहता है पिण्डाकृति होने से ही उसे गुल्म कहा जाता है। लताओं द्वारा ढके हुए स्थान को गुल्म कहते हैं। उसके सदृश ही रोग के होने के कारण इसे गुल्म कहा जाता है। सुश्रुत उत्तरतन्त्र ४२ अध्याय में तो—

कुपितानिलमूलत्वाद् गूढमूलोदयादपि।
गुल्मवद्वा विशालत्वाद् गुल्म इत्यभिधीयते'॥६॥

स [1]मुहुराधमति, मुहुरल्पत्वमापद्यते, अनियतविपुलाणुवेदनश्च भवति चलत्वाद्वायोः, पिपीलिकासंप्रचार इवाङ्गेषु, तोदस्फुरणायामसंकोचसुप्तिहर्षप्रलयोदयबहुलः, तदातुरश्च सूच्येव शङ्कुनेव चातिविद्धमात्मानं मन्यते, अपि च दिवसान्ते जीर्यति शुष्यति चास्यास्यम्, उच्छ्वासश्चोपरुध्यते, हृष्यन्ति चास्य रोमाणि वेदनायाः प्रादुर्भावे, प्लीहाटोपान्त्रकूजनाविपाकोदावर्ताङ्गमर्दमन्याशिरःशङ्खशूलब्रध्नरोगाश्चैनमुपद्रवन्ति, कृष्णारुणापरुषत्वङ्नखनयनवदनमूत्रपुरीषश्च भवति, निदानोक्तानि चास्य नोपशेरते, विपरीतानि चोपशेरत इति वातगुल्मः॥७॥

रूप—वायु के चल होने से वह बारम्बार फूल जाता है, कभी कभी वेदना होती है, कभी नहीं होती, कभी दर्द अधिक होता है कभी कम, अङ्गों में ऐसी प्रतीति होती है जैसे चिऊंटियां चलती हों, प्रायः तोद (सूचीव्यधवत् पीडा), स्फुरण (फुरना वा फड़कना),

१—'तत्र तावत्' ग०।

१—'मुहुराध्माति' ग०।

आयाम (विस्तार, पेट वा टांग आदि को फैला देना) संकोच (सिकुड़ना, जैसे रोगी दर्द को कम करने के लिये अपने को सिकोड़ते हैं, टांगें इकट्ठी कर लेते हैं), सुप्ति (अङ्ग का सो जाना, स्पर्शज्ञान न होना), हर्ष (Sensitiveness, स्पर्श को अत्यन्त अनुभव करना), प्रलय (हृदय का डूबता सा प्रतीत होना), उदय (प्रलय से विपरीत अथवा हृदय का स्वस्थावस्था की अपेक्षा अधिक कार्य करना, धड़कना) का होना। अथवा अन्य टीकाकारों के अनुसार प्रलय और उदय का अर्थ विनाश और उत्पत्ति करना चाहिये। अर्थात् जिसमें प्रातः तोद आदि लक्षण कभी उत्पन्न हो जायँ कभी नष्ट हो जायँ। तब रोगी अपने आप को ऐसा समझता है जैसे किसी ने सुई वा कील से वेध दिया हो। सायंकाल और भोजन के जीर्ण होते हुए रोगी का मुख वा गला सूखता है, उच्छ्वास रुकता है, वेदना होने पर रोमहर्ष होता है। प्लीहा (तिल्ली) आटोप (वायु से पेट का अत्यन्त फूलकर कठोर होना), आन्त्र-कूजन (आंतों में गुड़गुड़ाहट आदि वायु के चलने के शब्द होने) अपचन, उदावर्त, अङ्गमर्द, मन्याशूल, शिरःशूल शङ्ख देश की शूल, ब्रध्नरोग; ये उपद्रव हो जाते हैं। त्वचा नख, नेत्र, मुख, मूत्र तथा पुरीष काले वा अरुण (ईंट सा लाल) वर्ण के तथा खुरदरे वा रूक्ष होते हैं। निदान में कहे गये आहार-विहार असात्म्य हैं और उनसे विपरीत सात्म्य होते हैं ॥

तैरेव तु कर्शनैः कर्शितस्याम्ललवणकटुकक्षारोष्णतीक्ष्णशुक्तव्यापन्नमद्यहरितकफलाम्लानां विदाहिनां च शाकमांसानामुपयोगादजीर्णाध्यशनाद्रौक्ष्यानुगते चामाशये वमनविरेचनमतिवेलं सन्धारणं वातातपौ चातिसेवमानस्य पित्तं सह मारुतेन प्रकोपमापद्यते ॥ ८ ॥

पित्तगुल्म का निदान—उन्हीं ज्वर अतीसार आदि तथा वमन विरेचन आदि कृशता उत्पन्न करनेवाले कारणों से कृश हुए २ पुरुष के खट्टे नमकीन कटु (चरपरे) क्षार, उष्ण (बीर्य तथा स्पर्श में), तीक्ष्ण, शुक्त (सिरका), विकृत मद्य, हरितक (लहसन राई अदरक आदि) तथा खट्टे फल व फूलों की खटाई तथा विदाहोत्पादक शाक तथा मांसों के उपयोग से, पूर्व किये गये भोजन के न पचने तक और खा लेने से अथवा अजीर्ण से, अध्यशन से (भोजन पर पुनः भोजन कर लेने से), और आमाशय के रूक्ष होने पर वमन वा विरेचन लेने से, वेगों को बहुत देर तक रोकनेवाले तथा वायु एवं धूप का अत्यधिक सेवन करनेवाले पुरुष के, पित्त वायु के साथ प्रकुपित हो जाता है ॥ ८ ॥

तं प्रकुपितं मारुत आमाशयकदेशे संमूच्छर्य[१] तानेव वेदनाप्रकारानुपजनयति य उक्ता वातगुल्मे, पित्तं त्वेनं विदहति कुक्षौ हृद्युरसि कण्ठे च, स विदह्यमानः सधूममिवोद्गारमुद्गिरत्यम्लान्वितं, गुल्मावकाशश्चास्य दह्यते दूयते धूप्यते ऊष्मायते स्विद्यति क्लिद्यति शिथिल इव च स्पर्शासहोऽपरोमाञ्चो भवति, ज्वरभ्रमदवथुपिपासागलवदनतालुशोषप्रमोहविड्भेदाश्चैनमुपद्रवन्ति, हरितहारिद्रत्वङ्नखनयनवदनमूत्रपुरीषश्च भवति, निदानोक्तानि चास्य नोपशेरते, विपरीतानि चोपशेरत इति पित्तगुल्मः ॥

सम्प्राप्ति और लिङ्ग—उस कुपित हुए २ पित्त को वायु आमाशय के एक भाग में मिश्रित होकर उन्हीं नानाविध वेदनाओं को उत्पन्न करता है जो वातगुल्म में कही जा चुकी हैं। उस पुरुष की कुक्षि (कोख), हृदय छाती तथा कण्ठ में विदाह (inflammation) को उत्पन्न करता है। विदाह होने के कारण रोगी को अम्लरस युक्त डकार आते हैं। साथ ही ये डकार इस प्रकार प्रतीत होते हैं जैसे उसके साथ धूआँ सा भी आता हो। गुल्म का स्थान जलता है, दुखता है, जैसे वहाँ से धुआँ सा निकलता हो ऐसा प्रतीत होता है, उस प्रदेश पर ऊष्मा (गर्मी) अधिक होती है, पसीना आता है, वह प्रदेश गीला सा हो जाता है, जगह ढीली सी प्रतीत होती है, अत्यधिक जलन और वेदना के कारण रोगी वहाँ किये गये स्पर्श को सह नहीं सकता। रोमाञ्च अल्प होता है। ज्वर, भ्रम, दवथु, (चक्षु आदि इन्द्रियों में दाह), प्यास, गले मुँह तथा तालु का सूखना, प्रमोह (मूर्च्छा, संज्ञानाश) तथा अतीसार; ये उपद्रव होते हैं। त्वचा नख नेत्र मुख मूत्र तथा पुरीष का वर्ण हरा वा हल्दी का-सा हो जाता है। निदान में कहे गये आहार-विहार असात्म्य और उससे विपरीत सात्म्य होते हैं ॥ ६ ॥

तैरेव तु कर्शनैः कर्षितस्यात्यशनादतिस्निग्धगुरुमधुरशीताशनात्पिष्टेक्षुक्षीरमाषतिलगुडविकृतिसेवनान्मन्दकमद्यातिपानाद्धरितकातिप्रणयनादानूपौदकग्राम्यमांसातिभक्षणात्संधारणादतिसुहितस्य चातिप्रगाढमुदकपानात्संक्षोभणाद्वा शरीरस्य श्लेष्मा सह मारुतेन प्रकोपमापद्यते ॥

कफगुल्म का निदान—उन्हीं कृश करनेवाले हेतुओं से कृश हुए २ पुरुष के अत्यधिक वा अत्यन्त स्निग्ध भारी शीतल भोजनों से, चावलों के आटे ईख दूध उड़द तिल तथा गुड़ के बने पदार्थों के सेवन से, मन्दक (जो दही अभी पूरी न जमी हो) और मद्य (शराब) के अत्यधिक पीने से, भोज्य द्रव्यों में हरितक गण के द्रव्यों के अत्यधिक मात्रा में प्रयोग से, आनूप (जलप्रधान देश के) औदक (जल में रहनेवाले) तथा ग्राम्य (बकरे आदि पालतू) पशु-पक्षियों के मांस को अत्यधिक खाने से, वेगों के रोकने से, खूब पेट भरकर खाने के बाद ही अतिमात्रा में जल पीने से; शरीर के क्षोभण (Irritation) से वायु के साथ कफ प्रकुपित हो जाता है ॥

तं प्रकुपितं मारुत आमाशयैकदेशे संमूच्छर्य[१] तानेव गाढवेदनाप्रकारानुपजनयति, य उक्ता वातगुल्मे; श्लेष्मा त्वस्य शीतज्वरारोचकाविपाकाङ्गमर्दहर्षहृद्रोगच्छर्दिनिद्रालस्यस्तैमित्यगौरवशिरोभितापानुपजनयति, अपि च गुल्मस्य स्थैर्यगौरवकाठिन्यावगाढसुप्तताः, तथा कासश्वासप्रतिश्यायान् राजयक्ष्माणं चातिप्रवृद्धः, श्वैत्यं च त्वङ्-

१–संवर्त्य' ग० ।

१–संवर्त्य' ग. ।

नखनयनवदनमूत्रपुरीषेषूपजनयति, निदानोक्तानि चास्य नोपशेरते, तद्विपरीतानि चोपशेरत इति श्लेष्मगुल्मः ॥११॥

सम्प्राप्ति और रूप—वायु उस कुपित कफ को आमाशय के एक भाग में मिश्रित करके उन्हीं ही वेदनाओं को उत्पन्न करता है जो वातगुल्म में कही गयी हैं। कफ तो गुल्मरोगी को शीतज्वर, अरुचि, अपचन, अङ्गमर्द, रोमहर्ष, हृद्रोग, छर्दि (कै), निद्रा, आलस्य, स्तिमितता (गीले वस्त्र से अंग को लपेटने की तरह अनुभूति), भारीपन, शिरोरोग को उत्पन्न करता है। तथा च वह गुल्म की स्थिरता (एक ही स्थान पर रहना), भारीपन, कठोरता, घनता और सुप्तता (स्पर्शज्ञान का न होना वा कम होना) का भी कारण है। कफ अत्यन्त अधिक बढ़कर कास श्वास प्रतिश्याय तथा राजयक्ष्मा को भी पैदा कर देता है। त्वचा नख आँख मुख मूत्र तथा पुरीष को श्वेत वर्ण का कर देता है। निदान में कहे गये आहार-विहार असात्म्य हैं और उनसे विपरीत सात्म्य हैं ॥११॥

त्रिदोषहेतुलिङ्गसन्निपातात्तु सान्निपातिकं गुल्ममुपदिशन्ति कुशलाः। स [1]विप्रतिषिद्धोपक्रमत्वादसाध्यो निचयगुल्मः ॥ १२ ॥

निचयगुल्म—तीनों दोषों के हेतु तथा लक्षणों के एकत्र मिश्रण होने से सान्निपातिक गुल्म कहा जायगा। यह चिकित्सा के न हो सकने के कारण असाध्य होता है ॥१२॥

शोणितगुल्मस्तु खलु स्त्रिया एव भवति न पुरुषस्य, गर्भकोष्ठार्तवागमनवैशेष्यात् ॥ १३ ॥

रक्तगुल्म—तो गर्भाशय में आर्तव के आने की विशेषता होने के कारण स्त्री को ही होता है, पुरुष को नहीं। सामान्य रक्त की दुष्टि से उत्पन्न होनेवाला रक्तगुल्म पुरुष को भी हो सकता है, परन्तु आर्तव के रुकने से वा दुष्ट होने से जो रक्त गुल्म होता है वह स्त्री को ही होता है। क्षारपाणि ने कहा भी है—

'स्त्रीणामार्त्तवजो गुल्मो न पुंसामुपजायते।
अन्यस्त्वसृग्भवो गुल्मः स्त्रीणां पुंसाञ्च जायते ॥'

परन्तु सामान्य रक्त की दुष्टि से जो रक्तगुल्म होता है उसका अन्तर्भाव पित्तगुल्म में ही हो जाता है। रक्त दूष्य है। रोग को उपचार से ही रक्तज कहा जाता है।

'तज्जानित्युपचारेण तानाहुर्घृतदाहवत्।'

पित्तगुल्म के निदान को बताते हुए चिकित्सास्थान में कहा जायगा—

'कट्वम्लतीक्ष्णोष्णविदाहिरूक्षक्रोधातिमद्यार्कहुताशसेवा।
आमाभिघातो रुधिरं च दुष्टं पैत्तस्य गुल्मस्य निमित्तमुक्तम् ॥'

पारतन्त्र्यादवैशारद्यात्सततमुपचारानुरोधाद्वेगानुदीर्णानुपरुन्धन्त्या आमगर्भे वाऽप्यचिरपतितेऽथवाऽप्यचिरप्रजाताया ऋतौ वा वातप्रकोपणान्यासेवमानायाः क्षिप्रं वातः प्रकोपमापद्यते। स प्रकुपितो योनिमुखमनुप्रविश्यार्तवमुपरुणद्धि, मासि मासि तदार्तवमुपरुध्यमानं कुक्षिमभिवर्धयति, तस्याः शूलकासातीसारच्छर्द्यरोचकाविपाकाङ्गमर्दनिद्रालस्यस्तैमित्यकफप्रसेकाः समुपजायन्ते, स्तनयोश्च स्तन्यम्, ओष्ठयोः स्तनमण्डलयोश्च कार्ष्ण्यं, ग्लानिश्चक्षुषोः, मूर्च्छा, हृल्लासो, दोहदः, श्वयथुः पादयोः, ईषच्चोद्गमो रोमराज्याः, योन्याश्चाटालत्वम्, अपि च योन्या दौर्गन्ध्यमास्रावश्चोपजायते, केवलश्चास्याः गुल्मः पिण्डित एव स्पन्दते, तामगर्भां गर्भिणीमित्याहुर्मूढाः ॥ १४ ॥

निदान सम्प्राप्ति और लक्षण—पराधीनता, अज्ञानता तथा निरन्तर पतिसेवा वा गृहकर्म में लगे रहने से उत्पन्न हुए २ वेगों को रोकती हुई अथवा यदि कच्चे गर्भ को गिरे हुए अथवा प्रसव हुए थोड़ा ही काल व्यतीत हुआ हो तभी अथवा ऋतुकाल में वातप्रकोपक आहार का सेवन करनेवाली स्त्री के वायु शीघ्र प्रकुपित हो जाता है। वह प्रकुपित हुआ २ गर्भाशय द्वार में प्रविष्ट होकर आर्तव को रोक देता है। इस प्रकार प्रतिमास रुकता हुआ वह कुक्षि (कोख) वा गर्भाशय को बढ़ा देता है। स्त्री को शूल, कास, अतीसार, छर्दि (कै), अरुचि, अपचन, अङ्गमर्द, निद्रा, आलस्य, स्तिमितता (गीले वस्त्र से लिपटे अङ्ग के समान प्रतीत होना), मुख से कफ वा लाला का निकलना आदि लक्षण हो जाते हैं। स्तनों में दूध उत्पन्न हो जाता है। होठ और स्तन के चारों ओर के मण्डल में कालापन आ जाता है। नेत्रों की ग्लानि अर्थात् देखने में इच्छा न होनी, मूर्च्छा, हृल्लास (जी मचलाना), दोहद (विशेष इच्छायें जैसे गर्भ के समय गर्भिणी को हुआ करती हैं), पैरों में शोथ, लोमों का किञ्चित् स्पष्ट हो जाना, योनि का विस्तृत होना वा खुरदरा होना, योनि का दुर्गन्धित होना तथा स्राव का बहना; ये लक्षण दिखाई देते हैं।

गर्भ और रक्तगुल्म की विभेदक परीक्षा—यदि रक्तगुल्म होगा तो सारा का सारा पिण्डाकृति गुल्म ही स्पन्दन करता है—गति करता है। अर्थात् जब यह गुल्म लगभग ५ या ६ महीने का हो जाता है तो परिमाण में पर्याप्त बड़ा हो जाता है और तब स्त्री के चलने फिरने से वह भी अन्दर हिलता है। परन्तु यदि हम उस समय उदर पर से स्पर्श द्वारा परीक्षा करें तो हमें यह ज्ञात हो जायगा कि यह कोई पिण्डाकृति वस्तु है और इसके चरण आदि अंग नहीं है। द्विनाली यन्त्र (Stethoscope) द्वारा परीक्षा से या पेट पर कान लगाकर सुनने से हमें हृदय-शब्द नहीं सुनाई देगा। इन परीक्षाओं से हमें ज्ञात हो जायगा कि यह गुल्म है, गर्भ नहीं।

मूर्ख पुरुष जो परीक्षा नहीं जानते उस गर्भहीन स्त्री को गर्भिणी समझ लेते हैं ॥१४॥

एषां तु खलु पञ्चानां गुल्मानां प्रागभिनिर्वृत्तेरिमानि पूर्वरूपाणि भवन्ति; तद्यथा—अनन्नाभिलषणम्, अरोचकाविपाकौ, अग्निवैषम्यं, विदाहो भुक्तस्य, पाक-

१—'विरुद्धोपक्रमत्वा०' ग०।

काले चायुक्त्या छर्द्युद्गारौ, वातमूत्रपुरीषवेगाणामप्रादुर्भावः, प्रादुर्भूतानां चाप्रवृत्तिः ईषदागमनं वा, वातशूलाटोपान्त्रकूजनापरिहर्षणातिवृत्तपुरीषता, बुभुक्षा, दौर्बल्यं, सौहित्यस्य चासहत्वमिति गुल्मपूर्वरूपाणि भवन्ति ॥१५॥

पूर्वरूप–इन पाँचों गुल्मों के ही प्रकट होने से पूर्व ये पूर्वरूप होते हैं–भोजन में इच्छा न होनी, अरुचि, अपचन, जाठराग्नि की विषमता (कभी क्रूर कभी मन्द), खाये हुए भोजन का विदाह, भोजन के पचने के समय कै और डकारों का बहुत आना, मलवायु तथा पुरीष के वेगों का उत्पन्न होना, यदि वेग उत्पन्न हो जायँ तो भी वायु मूत्र तथा पुरीष का न आना अथवा थोड़ा आना, वातशूल, आटोप (पेट का वायु के कारण तन जाना), आन्त्रकूजन (आतों में शब्द होना), मन का अप्रसन्न होना वा ग्लानि तथा पुरीष का अत्यन्त तेज में जमा होना अथवा पुरीष बहुधा बँधा होने से गोल होना, भूख लगना, दुर्बलता, तथा तृप्तिपूर्वक खाने को न सह सकना; ये गुल्म के पूर्वरूप होते हैं ॥१५॥

सर्वेष्वपि च खल्वेतेषु गुल्मेषु न कश्चिद्वाताद्दृते संभवति गुल्मः ॥१६॥

इन सब गुल्मों में वात के बिना कोई गुल्म नहीं हो सकता ॥१६॥

तेषां सन्निपातजमसाध्यं ज्ञात्वा नोपक्रमेत, एकदोषजे तु यथास्वमारम्भं प्रणयेत्, संसृष्टांस्तु साधारणेन कर्मणोपचरेत्; यच्चान्यदप्यविरुद्धं मन्येत तदवचारयेद्विभज्य गुरुलाघवमुपद्रवाणां समीक्ष्य, गुरूनुपद्रवांस्त्वरमाणश्चिकित्सेज्जघन्यमितरान्, त्वरमाणस्तु विशेषमनुपलभ्य गुल्मेष्वात्ययिके कर्मणि वातचिकित्सितं प्रणयेत्। स्नेहस्वेदौ वातहरौ, स्नेहोपसंहितं च मृदुविरेचनं, बस्तींश्च, अम्ललवणमधुरांश्च रसान् युक्तितोऽवचारयेत्, मारुते ह्युपशान्ते स्वल्पेनापि प्रयत्नेन शक्योऽन्योऽपि दोषो नियन्तुं गुल्मेष्विति ॥१७॥

इनमें से सन्निपातज अर्थात् निचयगुल्म को असाध्य जानकर चिकित्सा प्रारम्भ न करे। एकदोषज अर्थात् वातिक पैत्तिक वा कफज गुल्म में दोष के अनुसार चिकित्सा करे। द्वन्द्वज अर्थात् वातपित्तज वातकफज वा कफपित्तज को साधारण कर्म अर्थात् उन२ दोनों दोषों के नाशक कर्म द्वारा चिकित्सा करे। उपद्रवों की गुरुता वा लघुता को जाँचकर पृथक्-पृथक् और भी जो कुछ एक दूसरे के विरुद्ध न जाने वह २ कर्म करे। अर्थात् जब हम भारी उपद्रव की चिकित्सा करें तो वह ऐसी होनी चाहिये जो दूसरे लघु उपद्रवों को न बढ़ाये। प्रथम भारी उपद्रवों की चिकित्सा शीघ्र ही करनी चाहिये पीछे दूसरों की। गुल्म में अत्यधिक कर्म (emergency medicine) में शीघ्रता करते हुए यदि उपद्रवों की गुरुता व लघुता न ज्ञात हो तो वातचिकित्सा ही करे। स्नेह और स्वेद वातहर हैं। स्नेह युक्त मृदुविरेचन, बस्तियाँ, अम्ल, लवण तथा मधुर रस; इनका देश काल मात्रा आदि के अनुसार प्रयोग करावे। वायु के शान्त होने पर थोड़े से भी प्रयत्न से दूसरे दोष को वश में लाया जा सकता है ॥१७॥

भवति चात्र।

गुल्मिनामनिलशान्तिरुपायैः
सर्वशो विधिवदाचरितव्या।
मारुते ह्यवजितेऽन्यमुदीर्णं
दोषमल्पमपि कर्म निहन्यात् ॥१८॥

गुल्म के रोगियों की चिकित्सा करते हुए स्नेह स्वेद आदि सम्पूर्ण वातनाशक उपायों से वायु को शान्त करना चाहिये। वायु के जीते जाने पर थोड़ा सा भी कर्म दूसरे प्रवृद्ध हुए २ दोष को नष्ट कर देता है ॥१८॥

तत्र श्लोकः।

संख्या निमित्तं रूपाणि पूर्वरूपमथापि च।
दृष्टं निदाने गुल्मानामेकदेशश्च कर्मणाम् ॥१९॥

इत्यग्निवेशकृते तन्त्रे चरकप्रतिसंस्कृते निदानस्थाने
गुल्मनिदानं नाम तृतीयोऽध्यायः समाप्तः ॥३॥

गुल्मनिदान में गुल्मों की संख्या, हेतु, रूप, पूर्वरूप तथा उनकी चिकित्सा का एक भाग बताया गया है।

इति तृतीयोऽध्यायः।

—:०:—

चतुर्थोऽध्यायः

अथातः प्रमेहनिदानं व्याख्यास्यामः।
इति ह स्माह भगवानात्रेयः ॥१॥

अब प्रमेहनिदान की व्याख्या करेंगे–ऐसा भगवान् आत्रेय ने कहा था ॥१॥

त्रिदोषकोपनिमित्ता विंशतिः प्रमेहा भवन्ति, विकाराश्चापरेऽपरिसंख्येयाः। तत्र यथा त्रिदोषप्रकोपः प्रमेहानभिनिर्वर्तयति तथाऽनुव्याख्यास्यामः ॥

त्रिदोष (तीनों दोष) के कोप से उत्पन्न होनेवाले २० प्रमेह हैं। तथा अन्य अनगिनत रोग भी तीनों दोषों के कोप से उत्पन्न होते हैं। त्रिदोष का प्रकोप जिस प्रकार प्रमेहों को उत्पन्न करता है उसकी यहाँ व्याख्या की जायगी ॥२॥

इह खलु निदानदोषदूष्यविशेषेभ्यो विकारविघातभावाभावप्रतिविशेषा[1] भवन्ति ॥३॥

यहां शरीर में निदान (हेतु), दोष (वात आदि) तथा दूष्य (रस रक्त आदि) की भिन्नता से विकार के होने वा न होने की पृथक् २ विशेषतायें होती हैं। जैसे–विकार का उत्पन्न करना, न करना, देर से वा शीघ्रता से विकार का उत्पन्न करना, थोड़ा वा भयंकर विकार करना, सम्पूर्ण लक्षणों से युक्त अथवा कुछ एक लक्षणों से युक्त रोग का उत्पन्न करना ॥३॥

यदा ह्येते त्रयो निदानादिविशेषाः परस्परं नानु-

१—विकारविघातभावाभावप्रतिविशेषा इति पठित्वा व्याचष्टे गङ्गाधरः—'विकाराणां सर्वेषामेव रोगाणां विघातस्य भावो विकाराणामनुत्पत्तिः, विघातस्याभावो विकाराणां जननं, तयोः विघातस्य भावाभावयोर्भावस्य प्रतिविशेषाः प्रत्येकं विशेषाः विकारविघातभावाभावप्रतिविशेषाः।

बध्नन्ति[1] अथवा कालप्रकर्षात्, अबलीयांसो वाऽनुबध्नन्ति; न तदा विकाराभिनिर्वृत्तिः, चिराद्वाऽप्यभिनिर्वर्तन्ते, तनवो वा भवन्त्ययथोक्तसर्वलिङ्गाः, विपर्यये विपरीताः; इति सर्वविकारविघातभावाभावप्रतिविशेषाभिनिर्वृत्तिहेतुर्भवत्युक्तः ॥४॥

जब ये तीनों निदान दोष और दूष्य परस्पर एक दूसरे के अनुकूल नहीं होते अथवा कुछ काल के पश्चात् अनुकूल वा अनुगुण हो जाते हैं अथवा जब निर्बल रहते हुए अनुकूल होते हैं तब विकार उत्पन्न नहीं होता अथवा देर से प्रकट होता है अथवा स्वल्प होते हैं अथवा सम्पूर्ण लक्षण नहीं होते। अर्थात् जब निदान आदि तीनों एक दूसरे के अनुकूल नहीं होते— समानगुण नहीं होते तब कोई विकार पैदा नहीं होता। यदि कुछ काल के पश्चात् अनुगुण हो जायँ तो देर से रोग पैदा होते हैं। यदि निर्बल होते हुए अनुकूल हों तो या तो रोग स्वल्प ही होगा अथवा उसमें अपने सम्पूर्ण लक्षण नहीं होंगे। और इससे विपरीत हेतुओं से विपरीत प्रकार के होंगे अर्थात् यदि निदान आदि तीनों एक दूसरे के अनुगुण हो तो विकार अवश्य होगा, यदि उसी समय वा शीघ्र अनुकूल हों तो रोग तत्काल वा शीघ्र होगा, यदि तीनों सबल होते हुए अनुगुण हों तो भयङ्कर रोग होगा वा सम्पूर्ण लक्षण होंगे। यह सम्पूर्ण विकारों के नाश के भाव तथा अभाव अर्थात् विकारों की उत्पत्ति और अनुत्पत्ति की भिन्नताओं के होने का कारण कह दिया गया है ॥

तत्रेमे त्रयो निदानादिविशेषाः श्लेष्मनिमित्तानां प्रमेहाणामाशवभिनिर्वृत्तिकरा भवन्ति; तद्यथा—हायनकयवकचीनकोद्दालकनैषधेत्कटमुकुन्दकमहाव्रीहिप्रमोदकसुगन्धकानां नवानामतिवेलमतिप्रमाणेनोपयोगः, तथा सर्पिष्मतां नवहरेणुमाषसूपा (प्या) नां ग्राम्यानूपौदकानां च मांसानां शाकतिलपललपिष्टान्नपायसकृशरविलेपीक्षुविकाराणां क्षीरमन्दकदधिद्रवमधुरतरुणप्रायाणामुपयोगो, मृजाव्यायामवर्जनं, स्वप्नशयनासनप्रसङ्गो यश्च कश्चिद्विधिरन्योऽपि श्लेष्ममेदोमूत्रसंजननः, स सर्वो निदानविशेषः ॥ ५ ॥

ये तीनों निदान दोष और दूष्य के भेद ही कफज प्रमेहों को शीघ्र उत्पन्न कर देते हैं। जैसे—हायनक यवक चीनक (चीना) उद्दालक नैषध इत्कट मुकुन्दक महाव्रीहि प्रमोदक सुगन्धक इन धान्यों को नया ही बहुत वार अधिक मात्रा में खाना, प्रभूत मात्रा में घी से युक्त हरेणु (मटर) वा उड़द आदि दाल की जाति के नवीन धान्यों को तथा ग्राम्य (पालतू) आनूप (जलप्रधान देश के), तथा औदक (वारिशय वा वारिचर) मांसों का सेवन, शाक तिलकुट चावल का आटा पायस (खीर) कृशर (तिल चावलों से बनायी यवागू वा खिचड़ी) विलेपी (वह यवागू जिसमें भात के कण अधिक हों) तथा ईख से बने खाँड गुड़ आदि द्रव्यों का उपयोग, दूध मन्दकदधि (जो दही अच्छी प्रकार न जमी हो) और जो भी द्रव्य द्रव हों, मधुर हों, ताजे हों उनका बहुलता से उपयोग, शरीर की शुद्धि तथा व्यायाम न करना, सोना लेटना वा बैठना; इनका अत्यन्त सेवन और भी कोई आहार-विहार का प्रकार कफ मेद तथा मूत्र का उत्पादक हो वह सब यहाँ निदान है ॥

बहुद्रवः [1]श्लेष्मा दोषविशेषः ॥६॥

दोष—यहाँ अतिद्रवरूप कफ दोष है ॥६॥

[2]बह्वबद्धं मेदो मांसं शरीरक्लेदः शुक्रं शोणितं वसा मज्जा लसीका रसश्चौजः संख्यात इति दूष्यविशेषाः ॥

दूष्य—बहुत और जो बँधा हुआ न हो (शिथिल) ऐसा मेद, मांस, शरीरस्थित जलभाग, वीर्य, रुधिर, वसा (चर्बी), मज्जा, लसीका (Lymph), रस तथा ओज; ये यहाँ दूष्य हैं।७।

त्रयाणामेषां निदानादिविशेषाणां सन्निपाते क्षिप्रं श्लेष्मा प्रकोपमापद्यते प्रागतिभूयस्त्वात्, स प्रकुपितः क्षिप्रमेव शरीरे विसृप्तिं लभते, शरीरशैथिल्यात्स विसर्पञ्छरीरे मेदसैवादितो मिश्रीभावं गच्छति, मेदसश्चैव बह्वबद्धत्वान्मेदसश्च गुणैः समानगुणभूयिष्ठत्वात्स मेदसा मिश्रीभावं गच्छन्, दूषयत्येनद्विकृतत्वात्[3], स विकृतो दुष्टेन मेदसोपहितः[4] शरीरक्लेदमांसाभ्यां संसर्गं गच्छति, क्लेदमांसयोरतिप्रमाणाभिवृद्धित्वात्, स मांसे मांसप्रदोषात्पूतिमांसपिडकाः शराविकाकच्छपिकाद्याः संजनयति; अप्रकृतिभूतत्वात्; शरीरक्लेदं पुनर्दूषयन्मूत्रत्वेन परिणमयति; मूत्रवहानां च स्रोतसां वङ्क्षणबस्तिप्रभवाणां मेदःक्लेदोपहितानि गुरूणि मुखान्यासाद्य प्रतिरुध्यते; ततस्तेषां स्थैर्यमसाध्यतां वा जनयति, प्रकृतिविकृतिभूतत्वात्[5] ॥८॥

१—'परस्परं नानुबध्नन्ति परस्परं प्रतिकूला भवन्ति, अनुबन्धो ह्यनुकूलेऽभिप्रेतः, अथवा कालप्रकर्षादिति अनुबध्नन्तीत्यनेन सम्बन्धः कालप्रकर्षादनुबध्नन्तीति कालप्रकर्षात् परस्परं निदानादयोऽनुगुणा भवन्ति तनवोऽल्पमात्राः, अयथोक्तसर्वलिङ्गा इति येन प्रकारेण लिङ्गान्युक्तानि न तेन प्रकारेणापि सर्वलिङ्गानि भवन्तीत्यर्थः। अथ यदा निदानादिविशेषाः परस्परं नानुबध्नन्ति न तदा विकाराभिनिर्वृत्तिः, कालप्रकर्षादनुबध्नन्ति तदा चिरादभिनिर्वर्तन्ते विकाराः, अबलीयांसोऽनुबध्नन्ति तदा तनवो अयथोक्तसर्वलिङ्गा वा विकारा अभिनिर्वर्तन्ते इति' चक्रः।

१—'बहुद्रवः श्लेष्मा दोषविशेष इति बहुद्रव एव कफो मेहजनकः, नाल्पद्रव इति' चक्रः। २—'अबद्धमिति असंहतं व्याख्येयम्। अत्र तु बहुत्वमबद्धत्वं च यथायोग्यतया बोद्धव्यं, तेन मेदसि मांसे वसामज्जयोश्च द्वितीयमपि, शेषेषु बहुत्वम्' चक्रः। 'बहु बद्धं' ग०। 'बहुबद्धमित्यस्य मेदोमांसाभ्यामन्वयः। शरीरजक्लेदो मूत्रादिद्रवः, वसा मांसस्य स्नेहः, लसीका स्वयं वक्ष्यते 'यत्तु मांसत्वगन्तरे उदकं तल्लसीकाशब्दं लभते', रस आद्यो धातुः, ओज इत्यर्धाञ्जलिपरिमितं श्लेष्मविशेषो न तु रस एवौजः, तस्य पाठवैयर्थ्यात्' गङ्गाधरः। ३—'एनत् स्वेन मिश्रीयमाणं मेदः संदूषयति' गङ्गाधरः। ४—'मेदसोपहतः' ग०। ५—'प्रकृतिविकृतिभूतत्वादिति प्रकृतिभूतैः सर्वैरेव विकृतत्वात्; सर्व एव यस्मात् श्लेष्मणो गुणा विकृतास्तस्मात् प्रकोपप्रकर्षात् स्थिरो भवति, अतिप्रकर्षात्त्वसाध्य इत्यर्थः।' चक्रः। गङ्गाधरस्तु स्थैर्यं साध्यतां वा' इति पठित्वा एवं व्याचष्टे—'प्रकृतिविकृतिभूतत्वा-

इन तीनों निदान दोष और दूष्य के भेदों के एकत्र मिलने पर कफ के प्रथम ही अत्यधिक होने से वह (कफ) शीघ्र ही प्रकुपित हो जाता है। प्रकुपित हुआ २ वह शरीर में शीघ्र ही फैल जाता है। शिथिलता के कारण शरीर में फैलता हुआ वह मेद से ही प्रारम्भ में मिश्रित होता है। मेद के बहुत मात्रा में होने से और बँधा हुआ न होने के कारण अपि च कफ के गुणों की मेद के गुणों से बहुत अधिक समानता होने के कारण वह कफ मेद से मिश्रित होता हुआ स्वयं दुष्ट होने के कारण मेद को भी दूषित कर देता है। वह दुष्ट कफ दुष्ट मेद से युक्त हुआ २ शरीर में क्लेद (जलीय भाग) तथा मांस के मात्रा में अत्यधिक बढ़ा हुआ होने से उनके साथ सम्बन्ध में आता है। वह मेदयुक्त कफ; विकृत होने के कारण मांस में मांस के अत्यन्त दूषित हो जाने से शराविका कच्छपिका आदि से सड़े हुए मांसवाली पिडकाओं (Carbuncles) को उत्पन्न करता है। तथा शरीर के जलीय भाग को दूषित करता हुआ उसे मूत्ररूप में बदल देता है। और बस्ति देश में स्थित मूत्रवह स्रोतों के मेद एवं क्लेद से युक्त अतएव भारी मुखों पर पहुँच कर रुक जाता है। तदनन्तर सम्पूर्ण गुणों द्वारा विकृत होने से वह उन प्रमेहों की स्थिरता (देर तक रहना) वा असाध्यता को उत्पन्न करता है॥ ८॥

शरीरक्लेदस्तु श्लेष्ममेदोमिश्रः प्रविशन्मूत्राशयं मूत्रत्वमापद्यमानः श्लैष्मिकैरेभिर्दशभिर्गुणैरुपसृज्यते वैषम्ययुक्तैः[1]; तद्यथा–श्वेतशीतमूर्तपिच्छिलाच्छस्निग्धगुरुमधुरसान्द्रप्रसादमन्दैः, [2]तत्र येन गुणेनैकेनानेकेन वा भूयस्तरमुपसृज्यते[3], तत्समाख्यं गौणं नामविशेषं प्राप्नोति ॥९॥

कफ और मेद से मिला हुआ शरीर का क्लेद मूत्राशय में प्रविष्ट होकर मूत्रभाव को प्राप्त होता हुआ कफ के इन दस गुणों से युक्त हो जाता है। परन्तु वे गुण विषमता से रहते हैं। अर्थात् सब में एक ही संख्या में वा बल में सदृश नहीं होते। वे दस गुण ये हैं—१ श्वेत २ शीत ३ मूर्त (ठोस वा कठिन) ४ पिच्छिल (चिपचिपा) ५ अच्छ (स्वच्छ) ६ स्निग्ध ७ भारी ८ मधुर ९ सान्द्रप्रसाद (गाढ़ा स्वच्छ) १० मन्द। इनमें से जिस एक वा अनेक गुणों से अधिकतर युक्त होता है उसी २ संज्ञा से गौण (गुण के अनुसार) विशेष नाम को पाता है॥ ९॥

ते तु खल्विमे दश प्रमेहा नामविशेषेण भवन्ति। तद्यथा–उदकमेहश्च, इक्षुवालिकारसमेहश्च, सान्द्रमेहश्च सान्द्रप्रसादमेहश्च, शुक्लमेहश्च, शुक्रमेहश्च, शीतमेहश्च, सिकतामेहश्च, शनैर्मेहश्च, आलालमेहश्चेति ॥१०॥

वे नामभेद से ये दस प्रमेह हैं—१ उदकमेह २ इक्षुवालिकारसमेह ३ सान्द्रमेह ४ सान्द्रप्रसादमेह ५ शुक्लमेह ६ शुक्रमेह ७ शीतमेह ८ सिकतामेह ९ शनैर्मेह १० अलालमेह। सुश्रुत में सुरामेह लवणमेह पिष्टमेह तथा फेनमेह विशेष पढ़े हैं और सान्द्रप्रसादमेह शुक्लमेह शीतमेह तथा आलालमेह नाम नहीं पढ़े। उन्हें लक्षणों के अनुसार अन्तर्भाव कर लेना चाहिए।१०।

ते दश प्रमेहाः साध्याः, समानगुणमेदःस्थानत्वात्कफस्य प्राधान्यात्समक्रियत्वाच्च ॥११॥

वे दस प्रमेह साध्य हैं। समानगुणवाले मेद के आश्रय होने से तथा कफ की प्रधानता से और समान चिकित्सा होने से। जो गुण कफ के होते हैं वे ही गुण प्रायशः मेद के हैं और मेद ही प्रमेह का आश्रय है। प्रधान दोष यहाँ कफ है। अतएव जो कफ की चिकित्सा होगी वही दुष्ट मेद की भी। जो दुष्ट मेद को होगी वही दुष्ट कफ की। अतः चिकित्सा में बहुत सुगमता है। कहा भी है—

ज्वरे तुल्यर्तुदोषत्वं प्रमेहे तुल्यदूष्यता।
रक्तगुल्मे पुराणत्वं सुखसाध्यस्य हेतवः ॥११॥

तत्र श्लोकाः श्लेष्मप्रमेहविज्ञानार्था भवन्ति—
अच्छं बहु सितं शीतं निर्गन्धमुदकोपमम्।
श्लेष्मकोपान्नरो मूत्रमुदमेही प्रमेहति ॥१२॥

भिन्न २ कफज प्रमेहों के ज्ञान के लिये ये श्लोक भी कहे गये हैं—

१ उदकमेह—कफ के प्रकोप से उदकमेह का रोगी स्वच्छ, बहुत, शुभ्र, शीतल, गन्धरहित, जलसदृश मूत्र करता है॥१२॥

अत्यर्थमधुरं शीतमीषत्पिच्छिलमाविलम्।
काण्डेक्षुरससंकाशं श्लेष्मकोपात्प्रमेहति ॥१३॥

२ इक्षुवालिकारसमेह—का रोगी कफ के कोप से अत्यन्त मधुर, शीतल, कुछ चिपचिपा, गदला तथा ईख के रस के सदृश वर्ण का मूत्र करता है॥१३॥

यस्य पर्युषितं मूत्रं सान्द्रीभवति भाजने।
पुरुषं कफकोपेन तमाहुः सान्द्रमेहिनम् ॥१४॥

३ सान्द्रमेह—जिसका मूत्र कुछ देर रखा हुआ कफ के कोप के कारण गाढ़ा हो जाता है, उसे सान्द्रमेह से पीड़ित जानना चाहिये॥१४॥

यस्य संहन्यते मूत्रं किंचित्, किंचित्प्रसीदति।
सान्द्रप्रसादमेहीति तमाहुः श्लेष्मकोपतः ॥१५॥

४ सान्द्रप्रसादमेह—जिस पुरुष के मूत्र का कुछ भाग (नीचे का) कफ के प्रकोप के कारण गाढ़ा होता है और कुछ भाग (ऊपर का) निर्मल होता है, उसे सान्द्रप्रसादमेह से आक्रान्त जानना चाहिये॥१५॥

शुक्लं पिष्टनिभं मूत्रमभीक्ष्णं यः प्रमेहति।
पुरुषं कफकोपेन तमाहुः शुक्लमेहिनम् ॥१६॥

५ शुक्लमेह—जो पुरुष कफ के प्रकोप से निरन्तर चावल के आटे के सदृश श्वेतवर्ण का मूत्र करता है, उसे शुक्लमेह का रोगी जानना चाहिये॥१६॥

शुक्राभं शुक्रमिश्रं वा मुहुर्मेहति यो नरः।
शुक्रमेहिनमाहुस्तं पुरुषं श्लेष्मकोपतः ॥१७॥

६ शुक्रमेह—जो पुरुष कफ के कोप से वीर्य के सदृश वा वीर्य से मिला हुआ मूत्र बारंबार करता है, उसे शुक्रमेही कहते हैं॥

दिति। प्रकृत्या हेतुना प्रकृत्यनुरूपेण विकृतिभूतत्वात्, विकृत्याविकृतभूतत्वाभावात्, दूष्यहरक्रियासाध्यत्वेन समक्रियत्वाच्च इति।

1–'वैषम्यमिह वृद्धिकृतमेव वेदितव्यं, क्षयरूपवैषम्यस्यैवं रूपव्याध्यजनकत्वात्; वैषम्य एव वृद्धवृद्धतरत्वादिना हानिवृद्धी बोद्धव्ये' चक्रः। 2–'गन्धैः' ग०। 3–'भूयसा समुपसृज्यते ग०।

अत्यर्थशीतमधुरं मूत्रं मेहति यो भृशम् ।
शीतमेहिनमाहुस्तं पुरुषं श्लेष्मकोपतः ॥१८॥

७ शीतमेह—जो पुरुष बारंबार अत्यन्त मधुर और शीतल मूत्र करता है उस पुरुष को शीतमेही कहते हैं ॥१८॥

[1]मूर्तान्मूत्रगतान्दोषानणून्मेहति यो नरः ।
सिकतामेहिनं विद्यान्नरं तं श्लेष्मकोपतः ॥१९॥

८ सिकतामेह—जिस पुरुष में कफ के कोप से मूत्र के दोष छोटे २ मूर्त्त (ठोस) रूप में मूत्र द्वारा बाहर निकलते हैं, उसे सिकतामेह से पीड़ित जानना चाहिये ॥१९॥

मन्दं मन्दमवेगं तु कृच्छ्रं यो मूत्रयेच्छनैः ।
शनैर्मेहिनमाहुस्तं पुरुषं श्लेष्मकोपतः ॥२०॥

९ शनैर्मेह—जो पुरुष कफ के प्रकोप से मन्द मन्द वेगरहित तथा कष्ट से बार २ मूत्र करता है उसे शनैर्मेह से पीड़ित जानना चाहिये ॥२०॥

तन्तुबद्धमिवालालं[2] पिच्छिलं यः प्रमेहति ।
आलालमेहिनं विद्यात्तं नरं श्लेष्मकोपतः ॥२१॥

इत्येते दश प्रमेहाः श्लेष्मप्रकोपनिमित्ता व्याख्याता भवन्ति।

१० आलालमेह—जो कफके कोप से तन्तु वा धागे से बँधे हुए की तरह लाल (Gland secretion) से युक्त चिपचिपा मूत्र करता है उसे आलालमेही जानना चाहिये ।

यह कफ के प्रकोप से उत्पन्न होनेवाले प्रमेहों की व्याख्या कर दी गयी है ॥२१॥

उष्णाम्ललवणक्षारकटुकाजीर्णभोजनोपसेविनस्तथाऽतितीक्ष्णातपाग्निसन्तापश्रमक्रोधविषमाहारोपसेविनश्च तथात्मकशरीरस्यैव[3] क्षिप्रं पित्तं प्रकोपमापद्यते ॥२२॥

पित्तमेहनिदान—गरम, खट्टे, नमकीन, खारे, चरपरे द्रव्यों का सेवन करनेवाले, भोजन के न पचते भी भोजन करनेवाले तथा अत्यन्त तीक्ष्ण धूप वा अग्नि को तापनेवाले, अत्यधिक परिश्रम क्रोध तथा विषमभोजन करनेवाले उसी प्रकार के (बहुत तथा अबद्ध मेद युक्त आदि को कफप्रमेह में बताया गया है) शरीरवाले पुरुष का पित्त शीघ्र कुपित हो जाता है ।२२।

तत्प्रकुपितं तथैवानुपूर्व्या प्रमेहानिमान् षट् क्षिप्रमभिनिर्वर्तयति ॥२३॥

सम्प्राप्ति—वह प्रकुपित हुआ २ उसी ही (कफमेहोक्त) क्रम से इन ६ प्रमेहों को शीघ्र प्रकट करता है ॥२३॥

तेषामपि च पित्तगुणविशेषेण नामविशेषा भवन्ति, तद्यथा—क्षारमेहश्च, कालमेहश्च, नीलमेहश्च, लोहितमेहश्च, मञ्जिष्ठामेहश्च, हरिद्रामेहश्चेति । ते षड्भिरेतैः क्षाराम्ललवणकटुकविस्रोष्णैः पित्तगुणैः पूर्ववत्समन्विता भवन्ति । सर्व एव च ते याप्याः [4]संसृष्टदोषमेदःस्थानत्वाद्विरुद्धोपक्रमत्वाच्चेति ॥२४॥

उनके भी पित्त के भिन्न २ गुणों के अनुसार भिन्न २ नाम होते हैं । जैसे १ क्षारमेह २ कालमेह ३ नीलमेह ४ रक्तमेह ५ मञ्जिष्ठामेह ६ हरिद्रामेह ।

वे क्षार, अम्ल, (खट्टा), लवण (नमकीन), कटु (चरपरा) विस्र (आम गन्ध कचा २ गन्ध) तथा गर्मी इन पित्त के छह गुणों से पूर्ववत् युक्त हो जाते हैं । ये सब याप्य हैं, क्योंकि यहाँ कफ और पित्त इन मिलित दोषों का मेद आश्रय है तथा एक की चिकित्सा दूसरे के लिये विरुद्ध होती है । जो मधुर शीत आदि पित्त में हितकर हैं उनसे कफ वा मेद की वृद्धि होती है और जो कटु आदि कफ वा मेद के लिए पथ्य हैं, उनसे पित्त की वृद्धि होती है, अतएव अपथ्य हैं । यदि पैत्तिक में मेद दूषित न हो तो पित्तप्रमेह भी साध्य होते हैं, यह चिकित्सास्थान में कहा जायगा ॥२४॥

तत्र श्लोकाः पित्तप्रमेहविशेषविज्ञानार्था भवन्ति—
गन्धवर्णरसस्पर्शैर्यथा क्षारस्तथात्मकम्[1] ।
पित्तकोपान्नरो मूत्रं क्षारमेही प्रमेहति ॥२५॥

पित्तप्रमेह के विशेष ज्ञान के लिये श्लोक कहे गये हैं—

१—क्षारमेह—पित्त के प्रकोप के कारण क्षारमेही पुरुष गन्ध वर्ण रस तथा स्पर्श (Alkaline Reaction) में जैसा क्षार होता है तद्रूप ही मूत्र करता है ।

मषीवर्णमजस्रं यो मूत्रमुष्णं प्रमेहति ।
पित्तस्य परिकोपेण तं विद्यात्कालमेहिनम् ॥२६॥

२ कालमेह—जो पुरुष पित्त के कोप से निरन्तर मसी (स्याही) के समान काले वर्ण का तथा गरम मूत्र करता है उसे कालमेही कहते हैं ॥२६॥

चाषपक्षनिभं मूत्रमम्लं[2] मेहति यो नरः ।
पित्तस्य परिकोपेण तं विद्यान्नीलमेहिनम् ॥२७॥

३—नीलमेह—जो पुरुष पित्त के कोप से चाष पक्षी के पंख के समान वर्णवाला तथा अम्ल (Highly acid) मूत्र करता है उसे नीलमेही कहते हैं ॥२७॥

विस्रं लवणमुष्णं च रक्तं मेहति यो नरः ।
पित्तस्य परिकोपेण तं विद्याद्रक्तमेहिनम् ॥२८॥

४—रक्तमेह—जो मनुष्य पित्त के कोप से आमगन्धी नमकीन गरम और लाल मूत्र करता है (वा रक्त मिला हुआ) उसे रक्तमेह से पीड़ित जानना चाहिये ॥२८॥

[3]मञ्जिष्ठारूपि योऽजस्रं भृशं विस्रं प्रमेहति ।
पित्तस्य परिकोपात्तं विद्यान्माञ्जिष्ठमेहिनम् ॥ २९ ॥

५ मञ्जिष्ठामेह—जो पुरुष पित्त के कोप से बारंबार मञ्जिष्ठा के सदृश वर्णवाला आमगन्धी मूत्र करता है उसे मञ्जिष्ठामेही जानना चाहिये ॥२९॥

हरिद्रोदकसङ्काशं कटुकं यः प्रमेहति ।
पित्तस्य परिकोपात्तु विद्याद्धारिद्रमेहिनम् ॥

इत्येते षट्प्रमेहाः पित्तप्रकोपनिमित्ता व्याख्याता भवन्ति ॥३०॥

१—'मूर्तानिति कठिनान्' चक्रः । २—'तन्तुबद्धं तन्तुवद्दीर्घमित्यर्थः । लालामिवालालं, समन्ताल्लालारूपमित्यर्थः' चक्रः । ३—'तथाविधशरीरे' ग० । ४—'संसृष्टदोषमेदःस्थानत्वादिति संनिकृष्टं दोषस्य पित्तस्य मेदसश्च स्थानं, यस्मात् पित्तस्य ह्यामाशयः स्थानं तथा मेदसोऽपि यत्स्थानं वसाबहुलं तदप्यामाशयैकदेश एव, तेन दोषदूष्ययोः स्थानप्रत्यासत्त्या दूषणा नित्यं प्रत्यासन्नत्वाद्दुर्जयमिति भावः, किंवा संसृष्टदोषं मेदोरूपं स्थानं यस्य स तथा; एष विरुद्धोपक्रमत्वे हेतुः' चक्रः' । १—'तथाविधम् ग०' । २—'मूत्रं मन्द्रं च० । ३—'मञ्जिष्ठोदकसंकाशं' ग० ।

६ हारिद्रमेह—जो पित्त के कोप से हल्दी के जल के सदृश वर्णवाला तथा कटुरस मूत्र करता है उसे हारिद्रमेह से पीड़ित जानना जाहिये ।

यह पित्त के कोप से उत्पन्न होनेवाले छह प्रमेहों की व्याख्या कर दी है ॥३०॥

रूक्षकटुककषायतिक्तलघुशीतव्यवायामवमनविरेचनास्थापनशिरोविरेचनातियोगसन्धारणानशनाभिघातातपोद्वेगशोकशोणितातिसेकजागरणविषमशरीरन्यासानुपसेवमानस्य तथात्मकशरीरस्यैव क्षिप्रं वायुः प्रकोपमापद्यते।

वातमेह का निदान—रूक्ष कटु कषाय तिक्त लघु शीत मैथुन व्यायाम वमन विरेचन आस्थापन शिरोविरेचन, इनका अतियोग, वेगों को रोकना, अनशन (न खाना उपवास), अभिघात (चोट), आतप (धूप), उद्वेग (ग्लानि), शोक, रक्त का अत्यन्त निर्हरण, रातको जागना तथा शरीर को विषम रूप में रखना; इनका सेवन करनेवाले तथा उसी प्रकार के (बहुत तथा शिथिल मेद युक्त आदि) शरीरवाले पुरुष के शीघ्र ही वायु प्रकुपित हो जाता है ॥३१॥

स प्रकुपितस्तथात्मके शरीरे विसर्पन् यदा वसामादाय मूत्रवहानि स्रोतांसि प्रतिपद्यते, तदा वसामेहमभिनिर्वर्तयति; यदा पुनर्मज्जानं मूत्रबस्तावाकर्षति, तदा मज्जमेहमभिनिर्वर्तयति; यदा लसीकां मूत्राशयेऽभिवहन्मूत्रमबन्धं [1]च्योतयति लसीकातिबहुत्वाद्विक्षेपणाच्च वायोः खल्वस्यातिमूत्रप्रवृत्तिसङ्गं करोति, तदा स मत्त इव गजः क्षरत्यजस्रं मूत्रमवेगं, तं हस्तिमेहिनमाचक्षते; ओजः पुनर्मधुरस्वभावं, तद्यदा रौक्ष्याद्वायुः कषायत्वेनाभिसंसृज्य मूत्राशयेऽभिवहति, तदा मधुमेहिनं करोति ॥

सम्प्राप्ति—वह उसी प्रकार के शरीर में कुपित हो चारों ओर फैलता हुआ जब वसा (चर्बी) को लेकर मूत्रवह स्रोतों में पहुँचता है तब वसामेह को उत्पन्न करता है । जब मज्जा को मूत्रवस्ति (Bladder) में खींच लाता है तथा मज्जामेह को प्रकट करता है । जब लसीका को मूत्राशय में ले जाकर लसीका के अत्यधिक होने से मूत्र के साथ अविच्छिन्न धारा रूप से गिरता है और स्वयं विक्षेपण गुण युक्त होने से मूत्र को अत्यन्त प्रवृत्त करता है, उसको हस्तिमेह कहते हैं । ओज तो मधुर स्वभाववाला होता है । रूक्ष वा कषाय रस होने से वह वायु ओज को अपने साथ मूत्राशय में लाता है । तब मधुमेह को उत्पन्न करता है ॥३२॥

तानिमांश्चतुरः प्रमेहान् वातजानसाध्यानाचक्षते भिषजः, [2]महात्ययिकत्वाद्विरुद्धोपक्रमत्वाच्च । तेषामपि च पूर्ववद्गुणविशेषेण नामविशेषा भवन्ति; तद्यथा—वसामेहश्च, मज्जमेहश्च, हस्तिमेहश्च, मधुमेहश्चेति ॥३३॥

उन इन चार वातज प्रमेहों को चिकित्सक असाध्य कहते हैं, धातुओं को क्षीण करने के कारण महा विनाशकारी होने से तथा चिकित्सा के एक दूसरे के प्रति विरुद्ध होने से । जो मेद की चिकित्सा है वह वात को बढ़ाती है और जो वात की चिकित्सा है वह मेद को बढ़ाती है, अतः दोष और दूष्य की परस्पर विरुद्ध चिकित्सा होने से वह असाध्य है । उनके भी पूर्ववत् गुण भेद से भिन्न २ नाम होते हैं । जैसे—१ वसामेह २ मज्जामेह ३ हस्तिमेह ४ मधुमेह ॥३३॥

तत्र श्लोका वातप्रमेहविशेषविज्ञानार्था भवन्ति—

वसामिश्रं वसाभं च मुहुर्मेहति यो नरः ।
वसामेहिनमाहुस्तमसाध्यं वातकोपतः ॥३४॥

वातप्रमेह के विशेष ज्ञान के लिये निम्न श्लोक कहे गये हैं:—

१ वसामेह—जो पुरुष वात के कोप के कारण वसामिश्रित वा वसा की आभा युक्त मूत्र को बारबार करता है उसे वसामेही कहते हैं । और यह असाध्य होता है ॥३४॥

मज्जानं सह मूत्रेण मुहुर्मेहति यो नरः ।
मज्जामेहिनमाहुस्तमसाध्यं वातकोपतः ॥३५॥

२ मज्जामेह—जिस पुरुष की, वात के कोप के कारण मूत्र के साथ मज्जा बाहर निकलती हो तो उसे असाध्य मज्जामेही कहते हैं । सुश्रुत में इसे सर्पिर्मेही कहा गया है ॥३५॥

हस्ती मत्त इवाजस्रं मूत्रं क्षरति यो भृशम् ।
हस्तिमेहिनमाहुस्तमसाध्यं वातकोपतः ॥३६॥

३ हस्तिमेह—जो वात के कारण लगातार मत्त हाथी के समान बहुत मूत्र करता है, उसे असाध्य हस्तिमेही कहा जाता है ॥३६॥

कषायमधुरं पाण्डुं रूक्षं मेहति यो नरः ।
वातकोपादसाध्यं तं प्रतीयान्मधुमेहिनम् ।
इत्येते चत्वारः प्रमेहा वातप्रकोपनिमित्ताः ॥३७॥

४ मधुमेह—जो मनुष्य वात के कारण कसैला मधुर तथा पाण्डु वण का और रूक्ष मूत्र करता है, उस मधुमेह से पीड़ित रोगी को असाध्य जानना चाहिये । इसे सुश्रुत में क्षौद्रमेह नाम से पढ़ा है ॥

ये चार प्रमेह वात के प्रकोप से उत्पन्न होते हैं ॥३७॥

त एवं त्रिदोषप्रकोपनिमित्ता विंशतिः प्रमेहा व्याख्याता भवन्ति ॥३८॥

इस प्रकार ये त्रिदोष से उत्पन्न से होनेवाले २० प्रमेहों की व्याख्या कर दी है ॥३८॥

त्रयस्तु दोषाः प्रकुपिताः प्रमेहानभिनिर्वर्तयिष्यन्त इमानि पूर्वरूपाणि दर्शयन्ति; तद्यथा—जटिलीभावं केशेषु, माधुर्यमास्ये, करपादयोः सुप्ततां दाहं, मुखतालुकण्ठशोषं, पिपासाम् , आलस्यं, मलं च काये, कायच्छिद्रेषूपदेहं, परिदाहं चाङ्गेषु, षट्पदापिपीलिकाभिश्च शरीरमूत्राभिसरणं मूत्रे च मूत्रदोषान् , विस्रं शरीरगन्धं, निद्रां तन्द्रां च सर्वकालमिति ॥३९॥

प्रमेह के पूर्वरूप—तीनों दोष प्रकुपित होकर प्रमेह को उत्पन्न करते हुए इन पूर्वरूपों को दिखाते हैं—केशों का आपस में मिलकर जटा की तरह होना, मुख में मधुरता, हाथ

१—'अनुबन्धमित्यविच्छेदेन च्योतयति पातयति' चक्रः ।

२—महात्ययिकत्वादिति मज्जप्रभृतिसारभूतक्षयकरत्वात् , विरुद्धोपक्रमत्वं तु यद्वायोः स्निग्धादि पथ्यं तन्मेदसोऽपथ्यमित्यादि ज्ञेयम् ' चक्रः ।

पैर का सोना और उसमें दाह होना, मुख तालु कण्ठ का सूखना, प्यास, आलस्य, शरीर में मल की अधिकता, शरीर के छिद्रों का मल से लिप्त होना, अङ्गों में सर्वतः दाह तथा सुप्तता, उस पुरुष के शरीर तथा मूत्र पर भौंरों तथा चिउँटियों का आना, मूत्र में मूत्र के दोष, शरीर से कच्ची २ गन्ध आना, निद्रा तथा सदा तन्द्रा रहनी ॥३९॥

उपद्रवास्तु खलु प्रमेहिणां—तृष्णातीसारज्वरदाहदौर्बल्यारोचकाविपाकाः पूतिमांसपिडकालजीविद्रध्यादयश्च तत्प्रसङ्गाद्भवन्ति ॥४०॥

उपद्रव—प्रमेह से पीड़ित रोगियों को तृष्णा, अतीसार, ज्वर, दाह, दुर्बलता, अरुचि, अपचन, पूतिमांसपिडका (Carbuncles), अलजी, विद्रधि आदि रोग, प्रमेह के देर तक रहने से उपद्रवरूप में हो जाते हैं ॥४०॥

तत्र साध्यान् प्रमेहान् संशोधनोपशमनैर्यथार्हमुपपादयंश्चिकित्सेदिति ॥४१॥

चिकित्सानिर्देश—इनमें साध्य प्रमेहों को संशोधनों तथा संशमनों से यथायोग्य क्रिया करते हुए चिकित्सा करे ॥४१॥

भवन्ति चात्र।

गृध्नुमभ्यवहार्येषु स्नानचंक्रमणाद्विषम् ।
प्रमेहः क्षिप्रमभ्येति [1]नीडद्रुममिवाण्डजः ॥४२॥

खाने पीने के पदार्थों का लोभी तथा स्नान और पैदल चलने फिरने से द्वेष रखनेवाले अर्थात् जो पुरुष स्नान न करता हो और न पैदल चलता फिरता हो वा शारीरिक श्रम व्यायाम आदि न करता हो उसके पास प्रमेह शीघ्र ही आ पहुँचता है जैसे पक्षी अपने घोसलेवाले वृक्ष पर। अर्थात् ऊपर कहे गये आहार-विहारवाले पुरुष का शरीर प्रमेह रोग के लिये ऐसा ही घर है जैसे पक्षी के लिये अपना घोसला ॥४२॥

मन्दोत्साहमतिस्थूलमतिस्निग्धं महाशनम् ।
मृत्युः प्रमेहरूपेण क्षिप्रमादाय गच्छति ॥४३॥

जिसमें उत्साह कम हो, शरीर अतिस्थूल तथा अतिस्निग्ध (स्नेह युक्त, अधिक मेदवाला) हो, खाता पीता बहुत हो ऐसे पुरुष को मृत्युरूप प्रमेह से शीघ्र ही पकड़कर ले जाता है अर्थात् शीघ्र मृत्यु का कारण होता है। प्रमेह होने से पूर्व यदि मन्दोत्साह आदि लक्षण हों तभी वह शीघ्र मृत्यु का कारण होता है यदि प्रमेह रोग होने के पश्चात् मन्दोत्साह आदि लक्षण हों तो उसे शीघ्र मृत्यु का कारण न जानना चाहिये ॥

यस्त्वाहारं शरीरस्य धातुसाम्यकरं नरः ।
सेवते विविधाश्चान्याश्चेष्टाः स सुखमश्नुते ॥४४॥

जो पुरुष शरीरकी धातुओं (वात पित्त कफ वा रसरक्तादि) में समता करनेवाले आहार तथा अन्य विविध प्रकार की चेष्टाओं का सेवन करता है वह सुखी रहता है—नीरोग रहता है ॥४४॥

तत्र श्लोकाः।

हेतुर्व्याधिविशेषाणां प्रमेहाणां च कारणम् ।
दोषधातुसमायोगो रूपं विविधमेव च ॥४५॥
दश श्लेष्मकृतां यस्मात्प्रमेहाः षट् च पित्तजा ।
यथा करोति वायुश्च प्रमेहांश्चतुरो बली ॥४६॥
साध्यासाध्यविशेषाश्च पूर्वरूपाण्युपद्रवाः ।
प्रमेहाणां निदानेऽस्मिन् क्रियासूत्रं च भाषितम् ॥

इत्यग्निवेशकृते तन्त्रे चरकप्रतिसंस्कृते निदानस्थाने प्रमेहनिदानं नाम चतुर्थोऽध्यायः ॥४॥

भिन्न २ व्याधियों के हेतु (इह खलु निदानदोषदूष्यविशेषेभ्यो इत्यादि द्वारा), प्रमेहों का कारण (तत्रेमे इत्यादि) द्वारा, दोष और धातुओं (दूष्यरूप) का संग्रह वा संयोग, विविध प्रकार के रूप (लिंग लक्षण) जिस कारण से कफज दस या पित्तज छह होते हैं और बली वायु जिस प्रकार चार प्रमेहों को उत्पन्न करता है, साध्यासाध्यभेद, पूर्वरूप, उपद्रव, तथा प्रमेहों की चिकित्सा का सूत्र; यह इस प्रमेहनिदान में कह दिया है ॥४५–४७॥

इति चतुर्थोऽध्यायः ।

पञ्चमोऽध्यायः।

अथातः कुष्ठनिदानं व्याख्यास्यामः।
इति ह स्माह भगवानात्रेयः॥ १ ॥

अब कुष्ठ के निदान की व्याख्या की जायगी—ऐसा भगवान् आत्रेय ने कहा था ॥ १ ॥

सप्त द्रव्याणि कुष्ठानां [1]प्रकृतिमापन्नानि भवन्ति। तद्यथा—त्रयो दोषा वातपित्तश्लेष्माणः प्रकोपणविकृता, दूष्याश्च शरीरधातवस्त्वङ्मांसशोणितलसीकाश्चतुर्धा दोषोपघातविकृताः; इत्येतत्सप्तानां सप्तधातुकमेवंगतमाजननं कुष्ठानामतःप्रभवाण्यभिनिर्वर्तमानानि केवलं शरीरमुपतपन्ति ॥ २ ॥

सात द्रव्य कुष्ठों के कारणभूत होते हैं। जैसे—अपने प्रकोपक कारणों से विकृत हुए २ तीन दोष—वात पित्त कफ तथा दोष के संसर्ग से विकृत हुई २ दूष्यरूप शरीर की धातुएँ चार—त्वचा, मांस, रक्त तथा लसीका। इस प्रकार विकृत हुई २ सात धातुएँ अर्थात् दोष (वात पित्त कफ) एवं दूष्य (त्वचा आदि चार) का समूह सात कुष्ठों को उत्पन्न करता है। इन उत्पादक कारणों से प्रकट होते हुए सम्पूर्ण शरीर को दुःखित करते हैं। यहाँ 'संपूर्ण शरीर को' कहने से यह बताया गया है कि प्रारम्भ में तो चार ही धातुएँ दुष्ट होती हैं, पर पश्चात् अस्थि आदि अन्य सम्पूर्ण धातुएँ भी इस रोग से आक्रान्त हो जाती हैं। सुश्रुत में वैशेषिक दुष्टि बताते हुए क्रम बताया गया है कि किस क्रम से कुष्ठ उत्पन्न होता है अर्थात् कौन-सी धातु पूर्व आक्रान्त होती है और कौन-सी यथोत्तर काल में। यहाँ पर तो चारों धातुओं का नाम इकट्ठा गिन दिया है, यह सामान्यतः दुष्टि को जताने के लिए है ॥ २ ॥

न च किंचिदस्ति कुष्ठमेकदोषप्रकोपनिमित्तम्, अस्ति तु खलु समानप्रकृतीनामपि सप्तानां कुष्ठानां दोषांशांश-

---

१—'नीडद्रुमः पक्षिणां वासवृक्षः' चक्रः।

१—'प्रकृतिविकृतिमापन्नानि' पा०।

विकल्प[1] स्थानविभागेन वेदनावर्णसंस्थानप्रभावनामचिकित्सितविशेषः ॥३॥

एक ही दोष के प्रकोप से उत्पन्न होनेवाला कोई कुष्ठ नहीं है। समान कारणवाले सातों कुष्ठों का दोषों के अंशांशविकल्प तथा स्थान (आश्रय) विभाग से वेदना वर्ण आकृति (रूपलक्षण) प्रभाव (साध्यासाध्यता आदि) नाम तथा चिकित्सा भेद हो जाता है ॥३॥

स सप्तविधोऽष्टादशविधोऽपरिसंख्येयविधो वा भवति; दोषा हि विकल्पनैर्विकल्प्यमाना विकल्पयन्ति विकारान्, अन्यत्रासाध्यभावात्; तेषां विकल्पविकारसंख्यानेऽतिप्रसङ्गमभिसमीक्ष्य सप्तविधमेव कुष्ठविशेषमुपदेक्ष्यामः।

वह कुष्ठ सात प्रकार का, अठारह प्रकार का तथा असंख्य प्रकार का होता है। दोषों की अंशांश कल्पना करते हुए रोग भी बहुत प्रकार के हो जाते हैं। परन्तु असाध्य रोग में दोष की अंशांशकल्पना से कोई भेद नहीं होता अर्थात् असाध्य में दोषों की विकल्पना हो सकती है, परन्तु चिकित्सा न हो सकने से उन्हें एक ही कोटि में रक्खा जाता है। साध्य वा याप्य रोगों में चिकित्सा हो सकने से और दोष के अंशांश की कल्पना से चिकित्सा में भी भिन्नता होने से उन्हें थक् २ परिगणन किया जाता है। उन सम्पूर्ण विकल्पों (भेदों) द्वारा विकार को बनाने में अत्यधिक विस्तार देखते हुए हम सात प्रकार के ही कुष्ठ के भेदों का उपदेश करेंगे ॥४॥

इह वातादिषु त्रिषु प्रकुपितेषु त्वगादींश्चतुरः प्रदूषयत्सु वातेऽधिकतरे कपालकुष्ठमभिनिर्वर्तते, पित्ते त्वौदुम्बरं, श्लेष्मणि मण्डलकुष्ठं, वातपित्तयोर्ऋष्यजिह्वं, पित्तश्लेष्मणोः पुण्डरीकं, श्लेष्ममारुतयोः सिध्म, सर्वदोषातिवृद्धौ काकणकमभिनिर्वर्तते; इत्येवमेष सप्तविधः कुष्ठविशेषो भवति ॥५॥

यहाँ वात आदि तीनों दोषों के प्रकुपित होने पर त्वचा आदि चारों दूष्यों को दूषित करते हुए जब अपेक्षया वात अधिक होता है तब कपाल-कुष्ठ उत्पन्न होता है। पित्त के अधिक होने पर औदुम्बर। कफ के अधिक होने पर मण्डल-कुष्ठ वातपित्त के आधिक्य में ऋष्यजिह्व। पित्तकाल में पुण्डरीक। कफवात में सिध्म। सम्पूर्ण (तीनों) दोषों के अत्यन्त बढ़ने पर काकणक कुष्ठ उत्पन्न होता है। इस प्रकार सात प्रकार का कुष्ठ होता है ॥५॥

स [2]चैष भूयस्तरमतः प्रकृतौ विकल्प्यमानायां भूयसीं विकारविकल्पसंख्यामापद्यते ॥६॥

वह यह वात आदि दोष रूप प्रकृति (कारण) का अंशांश द्वारा विकल्प (भेद) करने से विकार के भेदों की संख्या और भी अधिक (१८ वा अनगिनत) हो जाती है ॥६॥

तत्रेदं सर्वकुष्ठनिदानं समासेनोपदेक्ष्यामः—शीतोष्णव्यत्यासमनानुपूर्व्योपसेवमानस्य तथा सन्तर्पणापतर्पणाभ्यवहार्यव्यत्यासं च, मधुफाणितमत्स्यमूलककाकमाचीसततमतिमात्रमजीर्णे समश्नतश्चिलिचिमं च पयसा, हायनकयवकचीनकोद्दालककोरदूषप्रायाणि चान्नानि क्षीरदधितक्रकोलकुलत्थमाषातसीकुसुम्भपरुषस्नेहवन्ति, एतैरेवातिमात्रं सुहितस्य च सहसा व्यवायव्यायामसन्तापानत्युपसेवमानस्य, भयश्रमसन्तापोपहतस्य च सहसाशीतोदकमवरतो, विदग्धं चाहारमनुल्लिख्य विदाहीन्यभ्यवहरतः छर्दिं च प्रतिघ्नतः, स्नेहांश्चातिचरतो युगपत् त्रयो दोषाः प्रकोपमापद्यन्ते, त्वगादयश्चत्वारः शैथिल्यमापद्यन्ते, तेषु शिथिलेषु त्रयो दोषाः प्रकुपिताः स्थानमधिगम्य संतिष्ठमानास्तानेव त्वगादीन् दूषयन्तः कुष्ठान्यभिनिर्वर्तयन्ति ॥७॥

सब कुष्ठों का संक्षेप से निदान—शीत एवं उष्ण के परिवर्तन को तथा सन्तर्पण अपतर्पण और भोज्य पदार्थों के परिवर्तन को क्रम के विना सेवन करनेवाले पुरुष के अर्थात् शीत के बाद सहसा उष्ण वा उष्ण के बाद सहसा शीत अथवा जिस काल में शीत का सेवन करना होता है तब उष्ण जब उष्ण का सेवन करना होता है तब शीत अथवा वात कफ में शीत और पित्त में उष्ण का सेवन करनेवाले के तथा संतर्पण (बृंहण) के पश्चात् सहसा अपतर्पण (लंघन आदि) अथवा अपतर्पण के बाद सहसा सन्तर्पण अथवा जहाँ सन्तर्पण करना हो वहाँ अपतर्पण जहाँ अपतर्पण करना हो वहाँ सन्तर्पण का सेवन करनेवाले के तथा च एक ऋतु में एक भोजन हितकर होता है और उसके पश्चात् की ऋतु में दूसरा; ऐसे प्रथम ऋतु के समाप्त होने पर दूसरी ऋतु में प्रथम ऋतु के भोज्य पदार्थों का सहसा त्याग कर दूसरा सेवन करनेवाले अथवा विमानस्थान में कहे गये प्रकृति कारण आदि आहारविधिविशेषायतनों के त्याग द्वारा भोजन करनेवाले के, मधु फाणित (राब) मूली काकमाची (मकोय); इनके निरन्तर भोजन से, अजीर्ण पर भी अत्यधिक खाने से और चिलिचिम नामक मछली को दूध के साथ खाने से (विरुद्धाशन), हायनक यवक चीनक उद्दालक (वन कोद्रव, जंगली कोदों) कोरदूष (कोदों) प्रधान अन्नों को जो दूध दही छाछ कोल (बेर) कुलथी उड़द अलसी कुसुम्भ फालसा तथा स्नेह से युक्त हों उनके सेवन से और ऐसे ही अन्नों को अत्यधिक भरपेट खाकर मैथुन, व्यायाम, सन्ताप; इनका अत्यधिक सेवन करने से, भय थकावट और सन्ताप से पीड़ित हुए २ के सहसा शीतजल में स्नान करने से, विदग्ध हुए आहार को वमन आदि द्वारा बाहर न निकाल कर विदाही अन्न को खाने से, कै को रोकने से तथा तैल आदि स्नेहों के अत्यधिक उपयोग से तीनों दोष युगपत् (एक ही साथ) कुपित हो जाते हैं। त्वचा आदि चारों शिथिल हो जाते हैं। कुपित हुए २ तीनों दोष उनके शिथिल होने के कारण आश्रय को पाकर वहीं स्थित हुए २ उन्हें (त्वचा आदियों को) दूषित कर कुष्ठों को उत्पन्न करते हैं ॥७॥

तेषामिमानि खलु पूर्वरूपाणि; तद्यथा—अस्वेदनमतिस्वेदनं पारुष्यमतिश्लक्ष्णता वैवर्ण्यं कण्डूर्निस्तोदः सुप्तता परिदाहः परिहर्षो लोमहर्षः [1]खरत्वमुष्मायणं गौरवं श्वयथुर्विसर्पागमनमभीक्ष्णं कायच्छिद्रेषूपदेहः पक्व-

१—'दोषांशांशविकल्पानुबन्धस्थानविभागेन' ग०।
२—'स एव खलु', ग०।

१—'आखरत्वं' ग०।

दग्धदष्टक्षतोपस्खलितेष्वतिमात्रं वेदना स्वल्पानामपि च व्रणानां दुष्टिरसंरोहणं चेति कुष्ठपूर्वरूपाणि भवन्ति ॥८॥

कुष्ठ के पूर्वरूप—पसीना न आना वा बहुत पसीना आना, परुषता (कठिनता वा खुरदरापन), अत्यन्त चिकनापन, वर्ण का विकृत हो जाना, खुजली, तोद (सूचीव्यधवत् पीड़ा), सुप्तता (स्पर्शज्ञान), सम्पूर्ण शरीर में दाह, अंगों में झनझन होना, रोमहर्ष, खरता (खरदरापन), गरमी सी निकलना, भारीपन, शोथ, निरन्तर विसर्प का उत्पन्न होना, शरीर छिद्रों का मल से लिप्त होना, पके हुए में जले हुए में दष्ट (सर्प कुत्ते आदि से काटे हुए) में, घाव वा फिसलने पर बहुत वेदना, छोटे २ से भी व्रणों की दुष्टि और रोहण न होना (न भरना); ये कुष्ठके पूर्वरूप होते हैं। सुश्रुतनिदान ५ अ० में—

'तस्य पूर्वरूपाणि त्वक्पारुष्यमकस्माद्रोमहर्षः कण्डूः स्वेदबाहुल्यमस्वेदनं वा अङ्गप्रदेशानां स्वापः क्षतविसर्पणमसृजः कृष्णता च' ॥८॥

तेभ्योऽन्तरं कुष्ठानि जायन्ते; तेषामिदं वेदनावर्णसंस्थानप्रभावनामविशेषविज्ञानं भवति। तद्यथा—रूक्षारुणपरुषाणि विषमविसृतानि खरपर्यन्तानि [1]तनून्युद्वृत्तबहिस्तनूनि[2] सुप्तसुप्तानि हृषितलोमाचितानि निस्तोदबहुलान्यल्पकण्डूदाहपूयलसीकान्याशुगतिसमुत्थानान्याशुभेदीनि जन्तुमन्ति कृष्णारुणकपालवर्णानि कापालकुष्ठानीति विद्यात् ॥९॥

उसके बाद कुष्ठ प्रकट होते हैं। उनके वेदना, वर्ण, लक्षण, प्रभाव तथा नाम की भिन्नता का स्वरूप यह है।

कापालकुष्ठ—रूखे ईंट से लाल तथा कठिन होते हैं। विषम रूप से फैले हुए होते हैं। उनके किनारे खरदरे होते हैं। पतले और बाहर का भाग ऊँचा उठा होता है। सर्वथा स्पर्शज्ञान रहित होते हैं। कुष्ठ का स्थान रोमहर्ष युक्त होता है। अत्यधिक वेदना होती है, खुजली दाह पीब तथा लसीका अल्प होती है। जो शीघ्र ही फैलते हैं और शीघ्र ही उत्पन्न होते हैं। शीघ्र ही फट जाते हैं, जन्तु युक्त तथा काले एवं अरुण वर्ण के कपाल (घड़े का ठीकरा) के सदृश वर्णवाले होते हैं, उन्हें कपालकुष्ठ जानना चाहिये ॥९॥

ताम्राणि ताम्रखररोमराजीभिरवनद्धानि बहलानि बहुबहलरक्तपूयलसीकानि कण्डूक्लेदकोथदाहपाकवन्त्याशुगतिसमुत्थानभेदीनि ससन्तापकृमीणि पक्वोदुम्बरफलवर्णान्युदुम्बरकुष्ठानीति विद्यात् ॥१०॥

उदुम्बर कुष्ठ—जो ताम्र वर्ण हों तांबे की तरह लाल तथा खुरदरे लोमों से घिरे हुए हों, घन हों, बहुत तथा गाढ़े खून पीब और लसीका से युक्त हों, खुजली होती हो, गीलापन सड़ांद और दाह से युक्त हों पक जाते हों, शीघ्र फैलनेवाले शीघ्र उत्पन्न होनेवाले और शीघ्र ही फूटनेवाले हों, जिनमें उष्मा और कृमि हों, पके हुए गूलर के वर्ण के हों; उन्हें उदुम्बरकुष्ठ जाने ॥१०॥

स्निग्धानि गुरूण्युत्सेधवन्ति श्लक्ष्णस्थिरपीनपर्यन्तानि शुक्लरक्तावभासानि शुक्लरोमराजीसन्ततानि बहुबहलशुक्लपिच्छिलस्रावीणि बहुक्लेदकण्डूकृमीणि सक्तगतिसमुत्थानभेदीनि परिमण्डलानि मण्डलकुष्ठानीति विद्यात् ॥

मण्डलकुष्ठ—जो स्निग्ध, भारी, ऊँचे उठाववाले, जिनके किनारे चिकने स्थिर तथा मोटे हों, श्वेत लाल सी कांतिवाले, श्वेत लोमों से व्याप्त, बहुत और घना श्वेत चिपचिपा स्राव जिनसे निकलता हो, जिनमें गीलापन खुजली और कृमि बहुत हों, जो देर से फैलते हों उत्पन्न होते हों वा फटते हों, गोलाकृति हों; उन्हें मण्डलकुष्ठ जाने ॥११॥

परुषाण्यरुणवर्णानि बहिरन्तःश्यावानि नीलपीतताम्रावभासान्याशुगतिसमुत्थानान्यल्पकण्डूक्लेदकृमीणि दाहभेदनिस्तोदपाकबहुलानि शूकोपहतोपमवेदनान्युत्सन्नमध्यानि तनुपर्यन्तानि कर्कशपिडकाचितानि दीर्घपरिमण्डलानि [1]ऋष्यजिह्वाकृतीनि ऋष्यजिह्वानीति विद्यात् ॥१२॥

ऋष्यजिह्व—जो कठोर तथा अरुण वर्ण के, बाहर अन्दर श्याम वर्ण के हों, जिनमें नीली पीली लाल आभा हो, शीघ्र फैलने और उत्पन्न होनेवाले, जिनमें खुजली क्लेद तथा कृमि स्वल्प हों, दाह वेदना सूचीव्यधवत् पीड़ा एवं पाक अत्यधिक हों, शूक के काटने की तरह जहाँ वेदना हों, मध्य से ऊँचे उठे हुए हों, किनारे पतले हों, कर्कश पिडकाओं से आच्छन्न, लम्बे गोल तथा ऋष्य (नीले अण्डोंवाला हरिण) की जिह्वा के समान आकृतिवाले कुष्ठ ऋष्यजिह्व कहाते हैं ॥१२॥

शुक्लरक्तावभासानि रक्तपर्यन्तानि रक्तराजीसन्ततान्युत्सेधवन्ति बहुबहलरक्तपूयलसीकानि कण्डूकृमिदाहपाकवन्त्याशुगतिसमुत्थानभेदीनि [2]पुण्डरीकपलाशसङ्काशानि पुण्डरीकाणीति विद्यात् ॥१३॥

पुण्डरीक—श्वेत लाल आभावाले, जिनके किनारे लाल हों, लाल रेखाओं से व्याप्त, फूले हुए जिनमें बहुत तथा गाढ़ा रक्त पीब और लसीका हो, खुजली चलती हो, कृमि हो, दाह हो, पक जाते हों, शीघ्र फैलते हों, शीघ्र उत्पन्न होते हों और शीघ्र ही फट जाते हों, जो रक्तकमल की पंखड़ी के सदृश हों उन्हें पुंडरीक कुष्ठ जाने ॥१३॥

परुषारुणविशीर्णबहिस्तनून्यन्तःस्निग्धानि शुक्लरक्तावभासानि बहून्यल्पवेदनान्यल्पकण्डूदाहपूयलसीकानि लघुसमुत्थानान्यल्पभेदकृमीण्यलाबुपुष्पसङ्काशानि सिध्मकुष्ठानीति विद्यात् ॥१४॥

सिध्मकुष्ठ—जिसके बाहर किनारे कठिन, अरुण वर्ण के, टूटे फूटे तथा पतले हों, श्वेत रक्त कांतिवाले हों, बहुत हों, वेदना अल्प हों, खुजली दाह पीब और लसीका अल्प हों छोटे से कारण से उत्पन्न होनेवाले, जो कम फटते हों कृमि अल्प हों और अलाबू (घीयाकद्दू वा तुम्बी) के फूल के सदृश हों उन्हें सिध्मकुष्ठ जाने ॥१४॥

काकणन्तिकावर्णान्यादौ पश्चात्सर्वकुष्ठलिङ्गसमन्वितानि [3]पापीयसां सर्वकुष्ठलिङ्गसंभवेनानेकवर्णानि विद्यात्; तान्यसाध्यानि साध्यानि पुनरितराणि ॥१५॥

काकणक कुष्ठ—पापियों को जो प्रारम्भ में रत्ती

१—'उद्वृत्तबहिस्तनूनि उच्छूनीकृतबाह्यदेहानि' चक्रः।

२—'सुप्तवरसुप्तानि' च०।

१—'ऋष्यो हरिणविशेषः' चक्रः। २—'पुण्डरीकपलाशशब्देन पद्मपुष्पदलमिह' चक्रः। ३—'पापीयसा' च०।

(घुंघची) के वर्ण के हों और पीछे से सम्पूर्ण कुष्ठों के लक्षणों से युक्त हो जाँय तथा सम्पूर्ण कुष्ठों के लक्षणों के होने से अनेक वर्णवाले कुष्ठों को काकणक जाने। सुश्रुत के अनुसार चारों ओर से अत्यन्त लाल और बीच से काले होने के कारण ही इसे काकणक कुष्ठ कहा जाता है। काकणन्ती (रत्ती) भी इसी तरह होती है।

'काकणन्तिकाफलसदृशान्यतीव रक्तकृष्णानि।' सु० निदान ५ अ०। ये कुष्ठ असाध्य होते हैं और दूसरे साध्य हैं ॥१५॥

तत्र यदसाध्यं, तदसाध्यतां नातिवर्तते; साध्यं पुनः किंचित्साध्यतामतिवर्तते कदाचिदपचारात्; साध्यानीह षट् काकणकवर्ज्यान्यचिकित्स्यमानान्यपचारतो वा दोषैरभिष्यन्दमानान्यसाध्यतामुपयान्ति ॥१६॥

इनमें से जो असाध्य है वह असाध्य ही रहता है। और कुछ साध्य कदाचित् अपथ्य से साध्यता को लाँघ जाते हैं—असाध्य हो जाते हैं—

'नासाध्यः साध्यतां याति साध्यो याति त्वसाध्यताम्।'
पादापचाराद्दैवाद्वा यान्ति भावान्तरं गदाः ॥' निदान ८ अ०

काकणक को छोड़कर शेष छह कुष्ठ साध्य हैं। यदि उनकी चिकित्सा न की जाय तो, वा अपचार (अपथ्य वा विपरीत चिकित्सा) के कारण दोषों से परिपूर्ण होते हुए असाध्य हो जाते हैं ॥१६॥

साध्यानामपि ह्युपेक्ष्यमाणानामेषां त्वङ्मांसशोणितलसीकाकोथक्लेदसंस्वेदजाः कृमयोऽभिमूर्छन्ति; ते भक्षयन्तस्त्वगादीन् दोषाः पुनर्दूषयन्त इमानुपद्रवान् पृथक्पृथगुत्पादयन्ति। तत्र वातः श्यावारुणवर्णं परुषतामपि च रौक्ष्यशूलशोषतोदवेपथुहर्षसंकोचायासस्तम्भसुप्तिमदभङ्गान् पित्तं पुनर्दाहस्वेदक्लेदकोथकण्डूस्रावपाकरागान्, श्लेष्मा त्वस्य श्वैत्यशैत्यस्थैर्यकण्डूगौरवोत्सेधोपस्नेहोपलेपान्, कृमयस्त्वगादींश्चतुरः शिराः स्नायून्मांसान्यस्थीन्यपि च तरुणानि [1]खादन्ति ॥१७॥

इन साध्य कुष्ठों की यदि उपेक्षा की जाय तो त्वचा, मांस, रक्त, लसीका के सड़ने गीले होने वा गरमी से कीड़े पड़ जाते हैं। वे कीड़े त्वचा आदि को खाते हुए और दोष पुनः उन (त्वचा आदि) को दूषित करते हुए इन उपद्रवों को पृथक् २ उत्पन्न करते हैं। वायु—श्याम वा अरुण वर्ण, कठोरता, रूखापन, शूल, शोष (सूखना), तोद, हर्ष, संकोच, थकावट, स्तम्भ (जड़वत् होना), सुप्ति (स्पर्शज्ञान न होना), भेद (विदीर्ण होना), भङ्ग (टूटना); इन उपद्रवों को उत्पन्न करता है। पित्त—दाह, स्वेद (पसीना), क्लेद, (गीलापन), सड़ाँद, खुजली, स्राव, पाक (पकना)', तथा राग (लाल रंग); इन उपद्रवों को उत्पन्न करता है। कफ तो—कुष्ठ का श्वेतपन, शीतलता, स्थिरता, खुजली, भारीपन, उठाव, स्निग्धता तथा लेप; इन उपद्रवों का कारण है। कृमि त्वचा आदि चार धातुओं, शिराओं स्नायुओं मांस तथा तरुणास्थियों (Cartilages) को खाते हैं ॥१७॥

अस्यामवस्थायामुपद्रवाः कुष्ठिनं स्पृशन्ति। तद्यथा-प्रस्रवणमङ्गभेदः पतनान्यङ्गावयवानां तृष्णाज्वरातीसारदाहदौर्बल्यारोचकाविपाकाश्च, तद्विधमसाध्यं विद्यादिति।

इसी अवस्था में कुष्ठ के रोगी को स्राव का टपकना, अङ्गों में भेदनवत् पीड़ा, शरीर के अवयवों का झड़ना, तृष्णा (प्यास), ज्वर, अतीसार, दाह, दुर्बलता, अरुचि तथा अपचन; ये उपद्रव होते हैं इस प्रकार के कुष्ठ को असाध्य जानें ॥१८॥

भवन्ति चात्र।

साध्योऽयमिति यः पूर्वं नरो रोगमुपेक्षते।
स किंचित्कालमासाद्य मृत एवावबुध्यते ॥१९॥

जो मनुष्य पहिले रोग की—यह आराम हो जायगा यह समझकर—उपेक्षा करता है वह कुछ काल के पश्चात् मरा हुआ ही देखा जाता है। अर्थात् स्वल्प एवं साध्य रोग की भी उपेक्षा न करते हुए शीघ्र ही चिकित्सा प्रारम्भ करनी चाहिये। अन्यथा कुछ काल के पश्चात् रोग असाध्य होकर रोगी की मृत्यु का कारण हो जाता है ॥१९॥

यस्तु प्रागेव रोगेभ्यो रोगेषु तरुणेषु च।
भेषजं कुरुते सम्यक् स चिरं सुखमश्नुते ॥२०॥

जो पुरुष रोगों के प्रकट होने से पूर्व ही अथवा रोग की बाल्यावस्था वा नवीनावस्था में ही औषध करता है, वह चिरकाल तक नीरोग रहता है ॥२०॥

यथा स्वल्पेन यत्नेन छिद्यते तरुणस्तरुः।
स एवातिप्रवृद्धस्तु छिद्यतेऽतिप्रयत्नतः[1] ॥२१॥
एवमेव विकारोऽपि तरुणः साध्यते सुखम्।
विवृद्धः साध्यते कृच्छ्रादसाध्यो वाऽपि जायते ॥२२॥

जैसे छोटा वृक्ष थोड़े से ही प्रयत्न से काटा जाता है और वह यदि अत्यन्त बढ़ जाय तो उसके काटने के लिये अत्यन्त प्रयत्न करना होता है उसी प्रकार तरुण (नवीन) रोग भी सुखसाध्य होता है और यदि वह रोग बढ़ जाय तो कष्टसाध्य हो जाता है वा असाध्य ॥२१,२२॥

तत्र श्लोकः।

संख्या द्रव्याणि दोषाश्च हेतवः पूर्वलक्षणम्।
रूपाण्युपद्रवाश्चोक्ताः कुष्ठानां कौष्ठिके पृथक् ॥२३॥

इत्यग्निवेशकृते तन्त्रे चरकप्रतिसंस्कृते निदानस्थाने कुष्ठनिदानं नाम पञ्चमोऽध्यायः ॥५॥

कुष्ठों की संख्या, द्रव्य, (वात, पित्त, कफ, त्वचा, रक्त, मांस, लसीका), दोष (न किञ्चिदस्ति इत्यादि द्वारा), निदान, पूर्वरूप, रूप तथा उपद्रव इस कुष्ठनिदान में कहे गये हैं।

इति पञ्चमोऽध्यायः।

—: ० :—

षष्ठोऽध्यायः

अथातः शोषनिदानं व्याख्यास्यामः।

इति ह स्माह भगवानात्रेयः ॥१॥

अब शोषनिदान की व्याख्या की जायगी—ऐसा भगवान् आत्रेय ने कहा था ॥१॥

इह खलु चत्वारि शोषस्यायतनानि। तद्यथा—साहसं, संधारणं, क्षयो, विषमाशनमिति ॥२॥

शोष[2] (क्षय) के चार कारण हैं। १ साहस २ वेगों को रोकना, ३ धातुक्षय ४ विषमभोजन ॥२॥

१—'खाददते' च०।

१—'यत्नात्कृच्छ्रेण छिद्यते' ग०। २—'संशोषणाद्रसादीनां शोष इत्यभिधीयते' क्रियाक्षयकरत्वाच्च क्षय इत्युच्यते पुनः।

तत्र यदुक्तं साहसं शोषस्यायतनमिति तदनुव्याख्यास्यामः—यदा पुरुषो दुर्बलो हि सन् बलवता सह विगृह्णाति, अतिमहता वा धनुषा व्यायच्छति, जल्पति वाऽप्यतिमात्रम्, अतिमात्रं वा भारमुद्वहति, अप्सु वा प्लवते चातिदूरम्, उत्सादनपदाघातने वाऽतिप्रगाढमासेवते, अतिप्रकृष्टं वाऽध्वानं द्रुतमभिपतति, अभिहन्यते वाऽन्यद्वा किंचिदेवंविधं विषममतिमात्रं वा व्यायामजातमारभते तस्यातिमात्रेण कर्मणा उरः क्षण्यते ॥३॥

क्षय का कारण साहस है—यह जो अभी कहा है इसकी व्याख्या करेंगे—जब दुर्बल पुरुष बलवान् पुरुष के साथ युद्ध व कुश्ती आदि करता है अथवा अत्यन्त बड़े धनुष को खींचता है, अथवा अत्यधिक बोलता है, अत्यधिक भार को उठाता है, अथवा पानी में अत्यन्त दूर तक तैरता है, अथवा उबटन तथा पैरों से आघात करना (Kick) इन्हें अतिबल से सेवन करता है अथवा अति लम्बे मार्ग को जल्दी २ वा दौड़ते हुए तय करता है, अथवा किसी प्रकार चोट लगती है, अथवा और कोई इसी प्रकार का विषम वा अत्यधिक व्यायाम करता है तो उसके अपने बल की अपेक्षा अधिक कर्म करने से छाती अर्थात् फुफ्फुस में आघात पहुँचता है वा वह विदीर्ण हो जाता है ॥३॥

तस्योरःक्षतमुपप्लवते वायुः, स तत्रावस्थितः श्लेष्माणमुरःस्थमुपसंसृज्य[1] शोषयन् विहरत्यूर्ध्वमधस्तिर्यक् च ४

साहसिक क्षय की सम्प्राप्ति—उस पुरुष के घाव युक्त छाती वा फुप्फुस में वायु पहुँच जाता है। वह वायु वहाँ ठहरा हुआ फुप्फुसस्थित कफ को लेकर सुखाता हुआ ऊपर नीचे और तिर्यक् तीनों मार्गों में जाता है ॥४॥

योंऽशस्तस्य शरीरसन्धीनाविशति, तेनास्य जृम्भाऽङ्गमर्दो ज्वरश्चोपजायते; यस्त्वामाशयमुपैति, तेनास्य वर्चो भिद्यते, यस्तु हृदयमाविशति, तेन रोगा भवन्त्युरस्याः यो रसानां, तेनास्यारोचकश्च; यः कण्ठं प्रपद्यते कण्ठस्तेनोद्ध्वंस्यते स्वरश्चावसीदति; यः प्राणवहानि स्रोतांस्यन्वेति तेन श्वासः प्रतिश्यायश्चोपजायते; यः शिरस्यवतिष्ठते शिरस्तेनोपहन्यते; ततः क्षणनाच्चैवोरसो विषमगतित्वाच्च वायोः कण्ठस्य चोद्ध्वंसनात्कासः सततमस्य संजायते, स कासप्रसङ्गादुरसि क्षते शोणितं ष्ठीवति, शोणितागमाच्चास्य [2]दौर्बल्यमुपजायते; एवमेते साहसप्रभवाः साहसिकमुपद्रवाः स्पृशन्ति, ततः सोऽप्युपशोषणैरेतैरुपद्रवैरुपद्रुतः शनैः शनैरुपशुष्यति ॥५॥

साहसिक क्षय का रूप—जो उसका अंश शरीर की सन्धियों में जाता है उससे उस पुरुष में जृम्भा (जम्भाई) अङ्गमर्द और ज्वर उत्पन्न करता है। जो आमाशय (गुदापर्यन्त अन्नमार्ग का ग्रहण करना चाहिये) को जाता है उससे मल पतला आता है। जो हृदय में प्रविष्ट होता है उससे छाती वा फुप्फुस के रोग (कास श्वास आदि) होते हैं। जो जिह्वा में जाता है उससे रोगी को अरुचि होती है। जो कण्ठ को पहुँचता है उससे कण्ठ का खराब होना तथा स्वरभेद हो जाता है। जो प्राणवह स्रोतों में जाता है उससे श्वास प्रतिश्याय (जुकाम) हो जाता है। जो शिर में स्थित होता है उससे शिर में दर्द वा अन्य हानि होती है। तदनन्तर छाती वा फुफ्फुस के विदीर्ण होने से, वायु की विषम गति होने से तथा कण्ठ के खराब होने से कण्डू के कारण रोगी को निरन्तर खाँसी होती है। वह खाँसी के कारण फुप्फुस में घाव होने पर रक्त को थूकता है। रक्त के आने से वह निर्बल हो जाता है। इस प्रकार साहस करनेवाले पुरुष को साहस से उत्पन्न होनेवाले ये उपद्रव हो जाते हैं। तदनन्तर वह रोगी इन शरीर के शोषक उपद्रवों से युक्त हुआ २ शनैः २ सूखता जाता है ॥५॥

तस्मात्पुरुषो मतिमान् बलमात्मनः समीक्ष्य तदनुरूपाणि कर्माण्यारभेत कर्तुं, बलसमाधानं हि शरीरं, शरीरमूलश्च पुरुष इति ॥६॥

अतएव बुद्धिमान् पुरुष को चाहिये कि वह अपने बल को देखकर तदनुसार कर्मों को करे। शरीर बल के ऊपर स्थित है। पुरुष का मूल शरीर है। सूत्रस्थान के प्रथम अध्याय में कह भी आये हैं—

'सत्त्वमात्मा शरीरं च त्रयमेतत् त्रिदण्डवत्।
लोकस्तिष्ठति संयोगात्तत्र सर्वं प्रतिष्ठितम् ॥
स पुमान् ....' ॥

मन आत्मा और शरीर के समवाय का नाम ही पुरुष है, इनमें से किसी एक के विना पुरुष की स्थिति नहीं ॥६॥

भवति चात्र।

साहसं वर्जयेत्कर्म रक्षञ्जीवितमात्मनः।
जीवन् हि पुरुषस्त्विष्टं कर्मणः फलमश्नुते ॥७॥

अपने जीवन की रक्षा करते हुए पुरुष को साहस (अपने बल से अधिक) कर्म का त्याग करना चाहिये। जीवित रहता हुआ पुरुष कर्मों के वाञ्छित को भोगता है ॥७॥

अथ सन्धारणं शोषस्यायतनमिति यदुक्तं तदनुव्याख्यास्यामः—यदा पुरुषो राजसमीपे भर्तृसमीपे वा गुरोर्वा पादमूले द्यूतसभमन्यं सतां समाजं स्त्रीमध्यं वाऽनुप्रविश्य यानैर्वाऽप्युच्चावचैर्गच्छन् भयात् प्रसंगात् ह्रीमत्त्वाद् घृणित्वाद्वा निरुणद्ध्यागतानि वातमूत्रपुरीषाणि, तदा तस्य संधारणाद्वायुः प्रकोपमापद्यते ॥८॥

वेगों को रोकना क्षय का कारण है—निदान—जब पुरुष राजा वा स्वामी के पास अथवा गुरु के चरणों में बैठता हैं अथवा द्यूतसभा (जूआ खेलने की जगह) श्रेष्ठ पुरुषों का समाज वा स्त्रियों के बीच में बैठा हुआ अथवा ऊँची नीची सवारियों में जाता हुआ भय से, प्रसङ्ग से, लज्जा से, वा घृणास्पद होने से आये हुए वात मूत्र वा मल को रोकता है तब उसके रोकने से वायु प्रकुपित हो जाता है ॥८॥

स प्रकुपितः पित्तश्लेष्माणौ समुदीर्योर्ध्वमधस्तिर्यक् च विहरति ॥९॥

राज्ञश्चन्द्रमसो यस्मादभूदेष किलामयः। तस्मात्तं राजयक्ष्मेति केचिदाहुर्मनीषिणः' ।। सु० उ० ४१ अ० ॥

1—'०मुपसंगृह्य पित्तं च दूषयन्' ग०। २—'दौर्गन्ध्य०' पा०।

सम्प्राप्ति—वह कुपित हुआ २ वायु पित्त और कफ को प्रेरित करके ऊपर नीचे तथा तिर्यक् तीनों मार्गों में फिरता है ॥९॥

ततश्चांशविशेषेण पूर्ववच्छरीरावयवविशेषं प्रविश्य शूलं जनयति, भिनत्ति पुरीषमुच्छोषयति वा, पार्श्वे चातिरुजति, अंसौ चावमृद्नाति, कण्ठमुरश्चावधमति, शिरश्चोपहन्ति, कासं श्वासं ज्वरं स्वरभेदं प्रतिश्यायं चोपजनयति; ततः सोऽप्युपशोषणैरेतैरुपद्रवैरुपद्रुतः शनैः शनैरुपशुष्यति। तस्मात्पुरुषो मतिमानात्मनः शरीरेष्वेव योगक्षेमकरेषु प्रयतेत; शरीरं ह्यस्य मूलं, शरीरमूलश्च पुरुषो भवतीति ॥१०॥

रूप—तदनन्तर अंशविशेष से पूर्ववत् शरीर के भिन्न २ अवयवों में प्रविष्ट होकर शूल को उत्पन्न करता है, मल को पतला करके बाहर निकालता है वा मल को सुखा देता है, पार्श्वों में अति वेदना को उत्पन्न करता है, अंशदेशों में मर्दनवत् पीड़ा करता है, कण्ठ और छाती को धौंकता है, शिर में पीड़ा उत्पन्न करता है, कास श्वास ज्वर स्वरभेद प्रतिश्याय का कारण होता है। तदनन्तर वह पुरुष भी इन शोषक उपद्रवों से युक्त हुआ २ शनैः शनैः सूखता जाता है। अतः बुद्धिमान् पुरुष को चाहिये कि वह अपने शरीर के योग तथा क्षेम करनेवाले भावों में प्रयत्न करे। अप्राप्त वस्तु को प्राप्त करना 'योग' कहाता है। प्राप्त वस्तु की रक्षा करना 'क्षेम' कहाता है। शरीर ही इसका मूल है। और शरीरमूलक पुरुष है ॥१०॥

भवति चात्र।

सर्वमन्यत्परित्यज्य शरीरमनु पालयेत्।
तदभावे हि भावानां सर्वाभावः शरीरिणामिति ॥११॥

अन्य सब बातों का त्याग करके शरीर की पालना करे। इसके अभाव में शरीरी—आत्मा वा पुरुष (आत्मा मन शरीर का संयोग) के सब भावों अर्थात् चतुर्विध पुरुषार्थ का अभाव होता है। अर्थात् यदि शरीर न हो तो धर्म, अर्थ, काम मोक्ष अथवा अभ्युदय और निःश्रेयस की सिद्धि नहीं होती। इसी कारण शरीर की रक्षा करना सबसे प्रथम और मुख्य कर्तव्य है॥

क्षयः शोषस्यायतनमिति यदुक्तं तदनुव्याख्यास्यामः— यदा पुरुषोऽतिमात्रं शोकचिन्तापरीतहृदयो भवति, ईर्ष्योत्कण्ठाभयक्रोधादिभिर्वा समाविश्यते, कृशो वा सन् रूक्षान्नपानसेवी भवति, दुर्बलप्रकृतिरनाहारोऽल्पाहारो वाऽऽस्ते, तदा तस्य हृदयस्थायी रसः क्षयमुपैति, स तस्योपक्षयात्संशोषं प्राप्नोति, अप्रतीकाराच्चानुबध्यते यक्ष्मणा यथोपदेक्ष्यमाणरूपेण ॥१२॥

धातुक्षय शोष का कारण है—जब पुरुष का हृदय शोक और चिन्ता से ग्रस्त होता है अथवा ईर्षा उत्कण्ठा भय क्रोध आदि से युक्त होता है। अथवा दुबला-पतला होते हुए भी रूखे अन्नपान का निरन्तर सेवन करता है अथवा दुबले स्वभाववाला पुरुष यदि आहार न करता हो वा थोड़ा करता हो तब उसका हृदयस्थायी रस क्षीण हो जाता है। वह उसके क्षीण होने से सूख जाता है। यदि इस अवस्था में प्रतिकार न किया जाय तो (शुक्रक्षयजन्य शोष में) कहे जानेवाले लक्षणोंवाला यक्ष्मा हो जाता है ॥१२॥

यदा वा पुरुषोऽतिप्रहर्षात्प्रसक्तभावः स्त्रीष्वतिप्रसङ्गमारभते, तस्यातिप्रसङ्गाद्रेतः क्षयमुपैति; क्षयमपि चोपगच्छति रेतसि यदि मनः स्त्रीभ्यो नैवास्य निवर्तते अतिप्रवर्तत एव, तस्य चातिप्रणीतसंकल्पस्य मैथुनमापद्यमानस्य शुक्रं न प्रवर्तते अतिमात्रोपक्षीणत्वात्। अथास्य वायुर्व्यायच्छमानस्यैव धमनीरनुप्रविश्य शोणितवाहिनीस्ताभ्यः शोणितं प्रच्यावयति, तच्छुक्रक्षयाच्छुक्रमार्गेण शोणितं प्रवर्तते वातानुसृतलिङ्गम्, अथास्य शुक्रक्षयाच्छोणितप्रवर्तनाच्च संधयः शिथिलीभवन्ति, रौक्ष्यमुपजायते, भूयः शरीरं दौर्बल्यमाविशति, वायुः प्रकोपमापद्यते, स प्रकुपितो [1]वशिकं शरीरमनुसर्पन् परिशोषयति मांसशोणिते, प्रच्यावयति श्लेष्मपित्ते, संरुजति पार्श्वे, चावगृह्णात्यंसौ, कण्ठमुद्ध्वंसयति, शिरः श्लेष्माणमुपक्लिश्य परिपूरयति, श्लेष्मणा संधींश्च प्रपीडयन् करोत्यङ्गमर्दमरोचकाविपाकौ च, पित्तश्लेष्मोत्क्लेशात्प्रतिलोमगत्वाच्च वायुर्ज्वरं कासं स्वरभेदं प्रतिश्यायं [2]चोपजनयति। ततः सोऽप्युपशोषणैरेतैरुपद्रवैरुपद्रुतः शनैः शनैरुपशुष्यति। तस्मात्पुरुषो मतिमानात्मनः शरीरमनुरक्षन् शुक्रमनुरक्षेत्। परा ह्येषा फलनिर्वृत्तिराहारस्येति ॥१३॥

अथवा जब पुरुष अत्यन्त हर्ष से कामासक्त हुआ २ अत्यन्त स्त्रीसङ्ग करता है तब अति मैथुन से वीर्य क्षीण हो जाता है। वीर्य के क्षीण होते हुए भी उसका मन निवृत्त नहीं होता अपितु अत्यधिक प्रवृत्त रहता है उस अत्यधिक मैथुनेच्छा युक्त पुरुष के मैथुन करते हुए शुक्र के अत्यन्त क्षीण हो जाने से शुक्र (वीर्य) बाहर नहीं आता। तदनन्तर केवल व्यायाम करते हुए उस पुरुष के वायु रक्तवाहिनी धमनियों में प्रविष्ट होकर उनमें रक्त को गिराता है। वीर्य के क्षीण हो जाने से वीर्य के मार्ग से वातिक लक्षणों से युक्त रक्त निकलता है। तदनन्तर वीर्य की क्षीणता से और रुधिर के निकलने से सन्धियां शिथिल हो जाती हैं। रूक्षता उत्पन्न हो जाती है। शरीर में दुर्बलता आ जाती है। वायु प्रकुपित हो जाता है।

वह वायु प्रकुपित हुआ २ शून्य शरीर में फैलता हुआ मांस तथा रक्त को सुखाता है। कफ पित्त को गिराता है। पार्श्वों में वेदना उत्पन्न करता है। अंसदेश पकड़े जाते हैं। कण्ठ खराब हो जाता है। कफ को बढ़ाकर शिर को उससे पूर्ण कर देता है। शिर भारी हो जाता है। कफ द्वारा सन्धियों को पीड़ित करते हुए अङ्गमर्दन अरुचि तथा अपचन कर देता है। पित्त एवं कफ की वृद्धि से तथा अपनी गति के प्रतिलोम होने से वायु ज्वर कास स्वरभेद तथा प्रतिश्याय को उत्पन्न करता है। तदनन्तर वह भी इन शोषक उपद्रवों से युक्त हुआ २ शनैः २ सूखता जाता है। अतएव बुद्धिमान् पुरुष को चाहिये कि वह

१—'ऽरसिकं' ग.। २—एतदनन्तरं गङ्गाधरमते 'स कासप्रसंगादुरसि क्षते शोणितं ष्ठीवति, शोणितक्षयाच्चास्य दौर्बल्यमुपजायते' इत्यधिकः पाठः।

अपने शरीर की रक्षा करते हुए वीर्य की रक्षा करे। यह आहार का अत्यन्त उत्कृष्ट और अन्तिम फल है ॥१३॥

भवति चात्र।

आहारस्य परं धाम शुक्रं तद्रक्ष्यमात्मनः।
क्षये ह्यस्य बहून् रोगान्मरणं वा नियच्छति ॥१४॥

वीर्य आहार का अत्यन्त उत्कृष्ट वा अन्तिम स्थान है—सार है। अपने उस वीर्य की रक्षा करनी चाहिये। इस वीर्य के क्षय से बहुत से रोग वा मृत्यु हो जाती है ॥१४॥

विषमाशनं शोषस्यायतनमिति यदुक्तं, तदनुव्याख्यास्यामः—यदा पुरुषः पानाशनभक्ष्यलेह्योपयोगान् प्रकृतिकरणसंयोगराशिदेशकालोपयोगसंस्थोपशयविषमानासेवते, तदा तस्य वातपित्तश्लेष्माणो वैषम्यमापद्यन्ते; ते विषमाः [1]शरीरमनुपसृत्य तदा स्रोतसामयनमुखानि प्रतिवार्यावतिष्ठन्ते तदा जन्तुर्यद्यदाहारजातमाहरति तत्तदस्य [2]मूत्रपुरीषमेवोपजायते भूयिष्ठं नान्यस्तथा शरीरधातुः, स पुरीषोपष्टम्भाद्वर्तयति, तस्माच्छुष्यतो विशेषेण पुरीषमनुरक्ष्यं, तथा सर्वेषामत्यर्थकृशदुर्बलानां; तस्यानाप्याय्यमानस्य विषमाशनोपचिता दोषाः पृथक् पृथगुपद्रवैर्युञ्जन्तो भूयः शरीरमुपशोषयन्ति; तत्र वातः [3]शूलमङ्गमर्दं कण्ठोद्ध्वंसनं [4]पार्श्वसंरुजनमंसावमर्दनं स्वरभेदं प्रतिश्यायं चोपजनयति, पित्तं पुनर्ज्वरमतीसारमन्तर्दाहं च श्लेष्मा तु प्रतिश्यायं शिरसो गुरुत्वं कासमरोचकं च, स कासप्रसङ्गादुरसि क्षते शोणितं ष्ठीवति, शोणितगमनाच्चास्य दौर्बल्यमुपजायते, एवमेते विषमाशनोपचिता दोषा राजयक्ष्माणमभिनिर्वर्तयन्ति, स तैरुपशोषैरुपद्रवैरुपद्रुतः शनैः शनैरुपशुष्यति; तस्मात्पुरुषो मतिमान् प्रकृतिकरणसंयोगराशिदेशकालोपयोगसंस्थोपशयादविषममाहारमाहरेदिति ॥१५॥

विषमभोजन शोष का कारण है–जब पुरुष प्रकृति करण संयोग राशि देश काल उपयोगसंस्था उपशय (सात्म्य), इनकी विषमता से पान (पेय द्रव्य, दूध आदि), अशन (साधारण नरम भोजन), भक्ष्य (कठिन भोजन), लेह्य (चाटने योग्य भोजन) इन चारों प्रकार के आहार का उपयोग करता है, तब उसके वात पित्त कफ विषम हो जाते हैं।

विषम हुए २ वे शरीर में न फैलकर वहीं जब स्रोतों के मार्गों के मुख को घेर कर स्थित हो जाते हैं तब प्राणी जो कुछ भी आहार खाता है उसका अधिक भाग मूत्र और पुरीष ही बन जाता है, अन्य धातु कम बनते हैं। वह पुरुष पुरीष के सहारे जीवित रहता है। अतएव शोषयुक्त पुरुष के पुरीष की अत्यन्त रक्षा करनी चाहिये। तथा अत्यन्त कृश और अत्यन्त दुर्बल के पुरीष की भी विशेषतः रक्षा करनी होती है। अतएव निरन्तर क्षीण होती हुई धातुओं के पूर्ण न होने से विषम भोजन से बढ़े हुए दोष पृथक् २ उपद्रवों को उत्पन्न करते हुए शरीर को और भी अधिक सुखा देते हैं। वायु–शूल, अङ्गमर्द, कण्ठ का खराब होना, पार्श्वों में दर्द, अंसदेशों में पीड़ा, स्वरभेद और प्रतिश्याय (जुकाम) को उत्पन्न करता है। पित्त–ज्वर, अतीसार (दस्त) और अन्तर्दाह को। कफ–प्रतिश्याय, शिर का भारीपन, खांसी और अरुचि को। खांसी होने के कारण छाती में क्षत हो जाने से रोगी खून को थूकता है। रुधिर के निकलने से दुर्बलता उत्पन्न हो जाती है। इस प्रकार ये विषमाशन से बढ़े हुए दोष राजयक्ष्मा को उत्पन्न करते हैं। वह रोगी इन शोषक उपद्रवों से आक्रान्त हुआ २ शनैः २ सूख जाता है। अतः बुद्धिमान् पुरुष को चाहिये कि वह प्रकृति (स्वभाव) करण (संस्कार) संयोग राशि देश काल उपयोगनियम उपशय (उपयोक्ता के लिये सात्म्य) इनसे जो विरुद्ध न हो ऐसा आहार खाये। इन प्रकृति आदियों की व्याख्या विमान स्थान के प्रथम अध्याय में होगी ॥१५॥

1–'शरीमनुसृत्य' ग.। 2–'मेवोपचीयते' च। 3–'शिरःशूल' ग। 4–'मासमर्दनच'।

भवति चात्र।

हिताशी स्यान्मिताशी स्यात्कालभोजी जितेन्द्रियः।
पश्यन् रोगान्बहून्कष्टान्बुद्धिमान्विषमाशनात् ॥१६॥

विषम भोजन से उत्पन्न होनेवाले कष्टदायक बहुत रोगों को देखते हुए बुद्धिमान् पुरुष को चाहिये कि वह जितेन्द्रिय रहता हुआ हितकर भोजन करे, परिमित भोजन करे और काल में भोजन करे ॥१६॥

एवमेतैश्चतुर्भिः शोषस्यायतनैरभ्युपसेवितैर्वातपित्तश्लेष्माणः प्रकोपमापद्यन्ते, ते प्रकुपिता नानाविधैरुपद्रवैः शरीरमुपशोषयन्ति; तं सर्वरोगाणां कष्टतमत्वाद्राजयक्ष्माणमाचक्षते भिषजः, यस्माद्वा पूर्वमासीद्भगवतः सोमस्योडुराजस्य तस्माद्राजयक्ष्मेति ॥

तस्येमानि पूर्वरूपाणि भवन्ति; तद्यथा प्रतिश्यायः क्षवथुरभीक्ष्णं श्लेष्मप्रसेको मुखमाधुर्यमनन्नाभिलाषोऽन्नकाले चायासो, दोषदर्शनमदोषेष्वल्पदोषेषु [1]वा पात्रोदकान्नसूपोपदंशपरिवेशकेषु, भुक्तवतो हृल्लासस्तथोल्लेखनमाहारस्यान्तरान्तरा मुखस्य पादयोश्च शोषः, पाण्योश्चावेक्षणमत्यर्थमक्ष्णोः श्वेतावभासता, चातिमात्रं बाह्वोः प्रमाणजिज्ञासा [2]स्त्रीकामताऽतिघृणित्वं बीभत्सदर्शनता चास्य काये स्वप्ने चाभीक्ष्णं दर्शनमनुदकानामुदकस्थानानां शून्यानां च ग्रामनगरनिगमजनपदानां शुष्कदग्धावभग्नानां च वनानां कृकलासमयूरवानरशुकसर्पकाकोलूकादिभिः संस्पर्शनमधिरोहणं वा यानं [3]चाश्वोष्ट्रखरवराहैः केशास्थिभस्मतुषाङ्गारराशीनां चाधिरोहणमिति शोषपूर्वरूपाणि भवन्ति।१७।

इस प्रकार शोष के इन चार हेतुओं के सेवन से वात पित्त कफ प्रकुपित हो जाते हैं। वे प्रकुपित हुए २ शरीर को नाना प्रकार के उपद्रवों से सुखा देते हैं। सम्पूर्ण रोगों में अत्यन्त कष्टसाध्य होने से वैद्य इसे 'राजयक्ष्मा' इस नाम से कहते हैं। अथवा चूंकि नक्षत्रों के राजा भगवान् चन्द्र को सब से पूर्व यह हुआ था इसलिये इसे राजयक्ष्मा कहते हैं। उसके ये पूर्वरूप होते हैं—जैसे प्रतिश्याय, वारंवार छींके आना, कफ का निकलना, मुख का मीठा होना, अन्न खाने की इच्छा न होना, भोजन के समय थकावट, पात्र जल सूप (दाल आदि) उपदंश (चटनी शोक आदि) तथा परिवेशक (बर्तानेवाला); इनमें दोष न भी हो वा

1–'वाभावेष' ग। 2–'निर्घृणित्वं' ग। 3–'वराहोष्ट्रखरैः' ग.।

अल्प-सा भी दोप हो तो बहुत दोष देखना, खाते हुए जी मचलाना और बीच में कै भी हो जाना, मुख और पैरों का सूखना, हाथों को बारम्बार अत्यधिक देखना, आंखों में अत्यधिक श्वेत आभा होनी, बाहुओं के प्रमाण के जानने की इच्छा अर्थात् सर्वदा यह देखते रहना कि मेरे बाहू मोटे हैं वा पतले, स्त्री को चाहना, रोगी के शरीर में अत्यन्त घृणा और बीभत्स रूपों का दिखाई देना अर्थात् रोगी का शरीर यद्यपि ठीक होता है परन्तु फिर भी वह अपने में घृणाजनक रूपों को देखता है। स्वप्न में रोगी जल के स्थानों नदी नद तालाब आदियों को जल रहित ग्राम नगर निगम (जिला वा प्रान्त) तथा जनपदों को जनशून्य, वनों को सूखे जले या आंधी से तोड़े हुए देखता है। स्वप्न में कृकलास (छिपकली वा गिरगिट) मोर वानर तोता सांप कौआ उल्लू आदियों से छूआ जाता हुआ उन पर सवारी करता हुआ अथवा घोड़ा ऊँट सूअर इनकी सवारी पर जाता हुआ, केश हड्डियां राख तुष तथा अङ्गारों के ढेर पर चढ़ता हुआ अपने को देखता है। ये शोष के पूर्वरूप हैं। सुश्रुत उत्तर ४१ अ० में भी—

'श्वासाङ्गसादकफसंस्रवतालुशोष-
च्छर्द्यग्निसादमदपीनसकासनिद्राः।
शोषे भविष्यति भवन्ति स चापि जन्तुः
शुक्लेक्षणो भवति मांसपरो रिरंसुः॥
स्वप्नेषु काकशुकशल्लकिनीलकण्ठ-
गृधास्तथैव कपयः कृकलासकाश्च।
तं वाहयन्ति स नदीर्विजलाश्च पश्ये-
च्छुष्कांस्तरून् पवनधूमदवार्दितांश्च' ॥१७॥

अत ऊर्ध्वमेकादश रूपाणि तस्य भवन्ति; तद्यथा-शिरसः प्रतिपूरणं कासः श्वासः स्वरभेदः श्लेष्मणश्छर्दनं शोणितष्ठीवनं पार्श्वसंरुजनमंसावमर्दो ज्वरोऽतीसारस्तथाऽरोचक इति ॥१८॥

इसके पश्चात् उस यक्ष्मा के ग्यारह रूप होते हैं—१ शिर का भरा हुआ प्रतीत होना २ कास ३ श्वास ४ स्वरभेद ५ कफ का अत्यधिक निकलना ६ खून का थूकना ७ पार्श्ववेदना ८ अंसदेश में पीड़ा ९ ज्वर १० अतीसार तथा ११ अरुचि ॥१८॥

तत्रापरिक्षीणमांसशोणितो बलवानजातारिष्टः सर्वैरपि शोषलिङ्गैरुपद्रुतः साध्यो ज्ञेयः, '¹बलवर्णोपचितो हि सहिष्णुत्वाद्व्याध्यौषधबलस्य कामं बहुलिङ्गोऽप्यल्पलिङ्ग एव मन्तव्यः; दुर्बलं त्वतिक्षीणमांसशोणितमल्पलिङ्गमप्यजातारिष्टमपि बहुलिङ्गमेव जातारिष्टमेव विद्यात् असहत्वाद्व्याध्यौषधबलस्य; तं परिवर्जयेत्, क्षणेन हि प्रादुर्भवन्त्यरिष्टानि, अनिमित्तश्चारिष्टप्रादुर्भाव इति ॥१९॥

प्रभाव—जिस रोगी का मांस और रक्त क्षीण नहीं हुआ हो—बलवान् हो, अरिष्ट न उत्पन्न हुए हों तो वह चाहे सम्पूर्ण लक्षणों से युक्त भी हो, साध्य ही जानना चाहिये। बल वर्ण से युक्त पुरुष को, रोग और औषध के बल को सहनेवाला होनेसे सम्पूर्ण लक्षण होते हुए भी, अल्प लक्षणयुक्त जानना चाहिये। मांस और रक्त जिस का अतिक्षीण हो गया है ऐसा दुर्बल पुरुष तो चाहे अल्प लक्षण से भी युक्त हो और चाहे अरिष्ट लक्षण न भी उत्पन्न हुए हों तो भी उसे बहुत लक्षणों से युक्त तथा अरिष्ट उत्पन्न हो गया है ऐसा जानना चाहिये, क्योंकि वह रोग और औषध के बल को नहीं सह सकता। उसकी चिकित्सा न करनी चाहिये। अरिष्ट लक्षण क्षण में ही पैदा हो जाते हैं। अरिष्ट बिना किसी निमित्त के ही उत्पन्न हुआ करता है ॥१९॥

तत्र श्लोकः।

समुत्थानं च लिङ्गं च यः शोषस्यावबुध्यते।
पूर्वरूपं च तत्त्वेन स राज्ञः कर्तुमर्हति ॥२०॥

इत्यग्निवेशकृते तन्त्रे चरकप्रतिसंस्कृते निदानस्थाने शोषनिदानं नाम षष्ठोऽध्यायः ॥६॥

जो शोष के हेतु, लक्षण तथा पूर्वरूप को यथार्थ स्वरूप से जानता है वह राजा की चिकित्सा कर सकता है ॥२०॥

इति षष्ठोऽध्यायः।

—:०:—

सप्तमोऽध्यायः

अथात उन्मादनिदानं व्याख्यास्यामः॥

इति ह स्माह भगवानात्रेयः॥१॥

अब उन्माद के निदान की व्याख्या की जायगी—ऐसा भगवान् आत्रेय ने कहा था ॥१॥

इह खलु पञ्चोन्मादा भवन्ति; तद्यथा—वातपित्तकफसन्निपातागन्तुनिमित्ताः ॥२॥

पाँच उन्माद होते हैं। १ वात २ पित्त ३ कफ ४ सन्निपात तथा ५ आगन्तुक कारण से उत्पन्न होनेवाले ॥२॥

तत्र दोषनिमित्ताश्चत्वारः पुरुषाणामेवंविधानां क्षिप्रमभिनिर्वर्तन्ते। तद्यथा—भीरूणामुपक्लिष्टसत्त्वानामुत्सन्नदोषाणां च समलविकृतोपहितान्यनुचितान्याहारजातानि वैषम्ययुक्तेनोपयोगविधिनोपयुञ्जानानां ¹तन्त्रप्रयोगं वा विषममाचरतामन्यां वा चेष्टां विषमां समाचरतामत्युपक्षीणदेहानां च व्याधिवेगसमुद्भ्रमितानामुपहतमनसां वा कामक्रोधलोभहर्षभयमोहायासशोकचिन्तोद्वेगादिभिः पुनरभिघाताभ्याहतानां वा मनस्युपहते बुद्धौ च प्रचलितायामभ्युदीर्णा दोषाः प्रकुपिता हृदयमुपसृत्य मनोवहानि स्रोतांस्यावृत्य जनयन्त्युन्मादम् ॥३॥

सम्प्राप्ति—उनमें से दोषजन्य चार उन्माद अर्थात् वातज पित्तज कफज और सन्निपातज इस प्रकार के पुरुषों को शीघ्र हो जाते हैं। जैसे—डरपोक, दुःखित मनवालों, जिनमें वात आदि दोष बढ़े हुए हों, मलयुक्त वा विकृत द्रव्यों से युक्त तथा अनुचित—जिस का अभ्यास नहीं ऐसे—आहारों को विषम उपयोग विधि द्वारा (अर्थात् प्रकृति आदि आठ आहार विधिविशेषायतनों से विरुद्ध) सेवन करते हुओं के, अथवा सद्वृ-

१—'बलवानुपचितो' ग०।

१—'तन्त्रं शरीरं तस्य परिपालनार्थं सद्वृत्तोक्तः प्रयोगस्तन्त्रप्रयोगः, तं' चक्रः; 'तन्त्रप्रयोगं वेदादिशास्त्रोक्तं स्वाभीष्टदेवतासिद्धिराजादिवशीकरणोच्चाटनादिनिमित्तं प्रयोगः' गङ्गाधरः।

सोक्तविधि का बिषमता से पालन करनेवालों अथवा अभीष्ट देवता आदि की सिद्धि के लिये तन्त्रों में कहे गये प्रयोगों को विषम रूप से करते हुओं के अथवा किसी अन्य उल्टी चेष्टा को करनेवालों, अत्यन्त क्षीण शरीरवालों, रोग के वेग से चकराये हुओं के अथवा जिनका मन घबरा गया है उनके, काम क्रोध लोभ हर्ष भय मोह थकावट शोक चिन्ता तथा उद्वेग आदि को बारम्बार चोटों से घायल हुए २ पुरुषों के मन के आहत हो जाने तथा बुद्धि के स्थिर न रहने पर प्रवृद्ध हुए २ वात आदि दोषप्रकुपित हो हृदय में जाकर मनोवह स्रोतों को आच्छादित करके उन्माद को उत्पन्न करते हैं ॥३॥

उन्मादं पुनर्मनोबुद्धिसंज्ञाज्ञानस्मृतिभक्तिशीलचेष्टाचारविभ्रमं विद्यात् ॥४॥

उन्माद का स्वरूप—मन बुद्धि संज्ञा (चेतनता) ज्ञान स्मृति (स्मरण शक्ति) इच्छा शील चेष्टा (शरीर वा अंग का उलटफेर) को ही उन्माद कहते हैं ॥४॥

तस्येमानि पूर्वरूपाणि; तद्यथा—शिरसः शून्यभावः चक्षुषोराकुलता[1] स्वनः कर्णयोरुच्छ्वासस्याधिक्यमास्यसंस्रवणमनन्नाभिलाषोऽरोचकाविपाको हृदयग्रहो ध्यानायाससंमोहोद्वेगाश्चास्थाने सततं लोमहर्षो ज्वरश्चाभीक्ष्णमुन्मत्तचित्तत्वमुदर्दितत्वमर्दिताकृतिकरणं[2] च व्याधेः स्वप्ने च दर्शनमभीक्ष्णं भ्रान्तचलितानवस्थितानां च रूपाणामप्रशस्तानां तिलपीडकचक्राधिरोहणं वातकुण्डलिकाभिश्चोन्मथनं निमज्जनं कलुषाणामम्भसामावर्तेषु चक्षुषोश्चापसर्पणमिति दोषनिमित्तानामुन्मादानां पूर्वरूपाणि भवन्ति ॥५॥

उन्माद के पूर्वरूप—शिर का खाली प्रतीत होना, आँखों का मलिन होना, कानों में आवाजें आना, उच्छ्वास (Expiration) की अधिकता, मुख से लार टपकना, भोजन म इच्छा न होना, अरुचि, अपचन, हृदय में वेदना वा जैसे किसी ने हृदय को पकड़ लिया हो ऐसा प्रतीत होना, अस्थान में ध्यान परिश्रम मोह तथा उद्वेग (ग्लानि) का होना, निरन्तर लोमाञ्च निरन्तर ज्वर निरन्तर चित्त की भ्रान्ति, उदर्द से युक्त होना अथवा शरीर के ऊर्ध्वभाग का पीड़ित होना, मुख को अर्दित रोग की आकृति के समान वक्र करना, स्वप्न में चक्कर खाते हुए चलते हुए अस्थिर तथा बुरे रूपों का दिखाई देना, तेल निकलनेवाले कोल्हू पर सवारी करना, बवण्डरों में मथा जाना, मैले जलों की आवर्तो (भँवर, घुम्मरघेरी) में डूबना वा गोते खाना, चक्षुओं का नष्ट होना वा पथरा जाना ये दोषजन्य उन्मादों के पूर्वरूप होते हैं । सुश्रुत उत्तरतन्त्र ६२ अ० में—

'मोहोद्वेगो स्वनः श्रोत्रे गात्राणामपकर्षणम् ।
अत्युत्साहोऽरुचिश्चान्ने स्वप्ने कलुषभोजनम् ॥
वायुनोन्मथनं चापि भ्रमश्चङ्क्रमणस्तथा ।
यस्य स्यादचिरेणैव उन्मादं सोऽधिगच्छति' ॥५॥

ततोऽनन्तरमुन्मादाभिनिर्वृत्तिः; तत्रेदमुन्मादविज्ञानं भवति; तद्यथा—[1]परिसरणमक्षिभ्रुवामोष्ठांसहन्वग्रहस्तपादविक्षेपणमकस्मात्, अनियतानां च सततं गिरामुत्सर्गः, फेनागमनमास्यात्, स्मितहसितनृत्यगीतवादित्रादिप्रयोगाश्चास्थाने, वीणावंशशङ्खशम्यातालशब्दानुकरणमसाम्ना[2] यानमयानैः, अलङ्करणमनलङ्कारिकैर्द्रव्यैः, लोभोऽभ्यवहार्येष्वलब्धेषु, लब्धेषु चावमानस्तीव्रं मात्सर्यं, कार्श्यं, पारुष्यं, [3]उत्पिण्डितारुणाक्षता वातोपशयविपर्यासादनुपशयता चेति वातोन्मादलिङ्गानि भवन्ति ॥६॥

इन पूर्वरूपों के पश्चात् उन्माद प्रकट होता है । उन्माद का विशेष ज्ञान यह है । जैसे-वातोन्माद—आंख भौंहों को हिलाना, होठ अंस हनु (ठोडी) हाथ पैर इनका अकस्मात् (फेंकना Convulsion) निरन्तर असम्बद्ध बोलना, मुख से झाग का निकलना, अस्थान में मुस्कराना हंसना नाचना गाना बजाना आदि; वीणा बांसुरी शम्या (दाहिने हाथ से बजाना) [4]ताल (बायें हाथ से); इनके शब्दों का ऊँचा २ अनुकरण (नकल) करना, जो सवारियाँ न हों उन पर सवारी करना, जो आभूषण के द्रव्य न हों उनसे अपने आप को अलंकृत करना—सजाना, जो भोज्य द्रव्य न प्राप्त होते हों उनमें लोभ वा अत्यधिक लालसा, जो प्राप्त हों उनको न चाहना, तीव्र मत्सरता (दम्भ), कृशता (शरीर का पतलापन), कठोरता वा खुरदरापन, आँखों का फूला हुआ तथा ईंट सा लाल होना, वात को शान्त करनेवाले आहार-विहार आदि से विपरीत का अनुकूल न होना; ये वातोन्माद के लक्षण होते हैं । सुश्रुत उत्तरतन्त्र ६२ अ० में—

रूक्षच्छविः परुषवाग् धमनीततो वा
श्वासातुरः कृशतनुः स्फुरिताङ्गसन्धिः ।
आस्फोटयन् नटति गायति नृत्यशीलो
विक्रोशति भ्रमति वाप्यनिलप्रकोपात् ॥६॥

अमर्षक्रोधसंरम्भाश्चास्थाने, शस्त्रलोष्टकाष्ठमुष्टिभिरभिहननं स्वेषां परेषां वा, अभिद्रवणं प्रच्छायशीतोदकान्नाभिलाषः, सन्तापोऽतिवेलं ताम्रहरितहारिद्रसंर[5]ब्धाक्षता, पित्तोपशयविपर्यासादनुपशयता चेति पित्तोन्मादलिङ्गानि भवन्ति ॥७॥

पित्तोन्माद—अस्थान में असहिष्णुता, क्रोध तथा किसी कार्य को प्रारम्भ करना, अपने वा परायों को शस्त्र मिट्टी का ढेला लकड़ी वा मुक्के आदि से मारना, दौड़ना, छाया शीतल जल तथा शीतल अन्न की इच्छा, बहुत देर तक वा बहुत बार सन्ताप, आँख का ताम्र (तांबे का सा लाल) हरा वा हल्दी का सा रंग होना और सूजा हुआ होना, पित्त में सुखकर आहार-विहार से विपरीत आहार-विहार का दुःखकर होना; पित्तोन्माद के लक्षण होते हैं । सुश्रुत उत्तर तन्त्र ६२ अ० में—

'तृट्स्वेददाहबहुलो बहुभुग्विनिद्र-
श्छायाहिमानिलजलान्तविहारसेवी ।

१—'चक्षुषोश्चास्वच्छता' ग० । २—'मर्दिताकृतिकरणमुन्मर्दितत्वं च' ग० ।

१—'परिसर्पणं०' पा० । २—'शम्प०' ग० । ३—'०हास्यवक्रता अरुणाक्षता' पा० ।

४—शम्या दक्षिणहस्तेन वामहस्तेन तालकः ।
उभाभ्यां वादनं यत्तु सन्निपातः स उच्यते ॥

५—'०स्तब्धाक्षता' ग० ।

तीक्ष्णो हिमाम्बुनिचयेऽपि स वह्निशङ्की
पित्ताद्दिवा नभसि पश्यति तारकाश्च' ॥७॥

स्थानमेकदेशे, तूष्णींभावः, अल्पशश्चङ्क्रमणं लालाशिङ्घाणकस्रवणम्, अनन्नाभिलाषो, रहस्कामता, बीभत्सत्वं, शौचद्वेषः, स्वप्ननित्यता, श्वयथुराननने, शुक्लस्तिमितमलोपदिग्धाक्षता, श्लेष्मोपशयविपर्यासादनुपशयता चेति श्लेष्मोन्मादलिङ्गानि भवन्ति ॥८॥

कफोन्माद—एक जगह रहना, मौन रहना, थोड़ा २ चलना लाला तथा नाक की मैल का बहना, अन्न में इच्छा न होनी, एकान्त का इच्छुक, घृणित होना, स्वच्छता वा सफाई से द्वेष, नित्य सोना, मुख पर शोथ, आंखों का श्वेत, निश्चल तथा मल से लिप्त रहना, कफ में सुखकर आहार विहार के विपरीत आहार विहार का असात्म्य होना; ये कफोन्माद के लक्षण हैं। सुश्रुत उत्तर ६२ अ० में—

'छर्द्यग्निसादसदनारुचिकासयुक्तो
योषिद्विविक्तरतिरल्पमतिप्रचारः ।
निद्रापरोऽल्पकथनोऽल्पभुगुष्णसेवी
रात्रौ भृशं भवति चापि कफप्रकोपात् ॥८॥

त्रिदोषलिङ्गसन्निपाते तु सान्निपातिकं विद्यात् तमसाध्यमित्याचक्षते कुशलाः ॥९॥

सान्निपातिकोन्माद—तीनों दोषों के लक्षणों के एकत्र मिश्रित होने पर सान्निपातिक जानना चाहिये। उसे अनुभवी वैद्य असाध्य कहते हैं ॥९॥

साध्यानां तु त्रयाणां साधनानि भवन्ति; तद्यथा—स्नेहस्वेदवमनविरेचनास्थापनानुवासनोपशमननस्तःकर्म-धूपधूमपानाञ्जनावपीडप्रधमनाभ्यङ्गप्रदेहपरिषेकानुलेपन-वधबन्धनावरोधनवित्रासनविस्मापनविस्मारणापतर्पणसिराव्यधनानि भोजनविधानं च यथास्वं युक्त्या, यच्चान्यदपि किंचिन्निदानविपरीतमौषधं कार्यं तत्स्यादिति ।

चिकित्सा—तीन साध्य उन्मादों की चिकित्सा होती है—स्नेह स्वेद वमन विरेचन अस्थापन अनुवासन उपशमन नस्य धूप धूमपान अञ्जन अवपीड़ (रस का नाक में चुआना) प्रधमन (चूर्ण को फूँक से नाक में डालना), अभ्यङ्ग, प्रदेह (Plaster आदि) परिषेचन अनुलेपन वध बन्धन (रस्सी आदि से बांधना) अवरोधन (अन्धेरे कमरे आदि में बन्द कर देना), वित्रासन (डराना), विस्मापन (विस्मय-आश्चर्य उत्पन्न कराना), विस्मारण (भुलाना) अपतर्पण (लङ्घन उपवास आदि करना), सिराव्यधन (फस्त खोलना) और दोष के अनुसार युक्तिपूर्वक मात्रा आदि की विवेचना करके भोजन खिलाना। इनके अतिरिक्त और भी कोई कारणविपरीत औषध हो वह प्रयोग करानी चाहिये ॥

भवन्ति चात्र

**उन्मादान्दोषजान् साध्यान् साधयेद्भिषगुत्तमः ।
अनेन विधियुक्तेन कर्मणा यत्प्रकीर्तितम् ॥११॥ इति**

उत्तमचिकित्सक को चाहिये कि साध्य दोषज उन्मादों को ऊपर कहे गये कर्मों से विधिपूर्वक सिद्ध करे—चिकित्सा करे।११।

यस्तु दोषनिमित्तेभ्य उन्मादेभ्यः समुत्थानपूर्वरूपलिङ्गवेदनोपशयविशेषसमन्वितो भवत्युन्मादस्तमागन्तुमाचक्षते, केचित्पुनः पूर्वकृतं कर्माप्रशस्तमिच्छन्ति तस्य निमित्तं, प्रज्ञापराध एवेति भगवान्पुनर्वसुरात्रेय उवाच प्रज्ञापराधाद्ध्ययं देवर्षिपितृगन्धर्वयक्षराक्षसपिशाचगुरुवृद्धसिद्धाचार्यपूज्यानवमत्याहितान्याचरति, अन्यद्वा किंचित्कर्माप्रशस्तमारभते, तमात्मना हतमुपघ्नन्तो देवाः कुर्वन्त्युन्मत्तम् ॥

आगन्तु उन्माद—जो दोषज उन्मादों से हेतु पूर्वरूप सम्प्राप्ति तथा उपशय में भिन्न होता है उसे आगन्तुक उन्माद कहते हैं। कई आचार्य पूर्वजन्मकृत अशुभ कर्मों को इसका कारण मानते हैं। भगवान् पुनर्वसु आत्रेय प्रज्ञापराध को ही कारण कहते हैं। प्रज्ञापराध से ही देव ऋषि पितर गन्धव यक्ष राक्षस पिशाच गुरु वृद्ध (ज्ञानवृद्ध, वयोवृद्ध) सिद्ध आचाय पूज्यों की अवहेलना करके अहिताचरण करता है अथवा अन्य कोई अशुभ कर्म करता है, उस अपने आप से मारे हुए को देव आदि हानि पहुँचाते हुए उन्मत्त (पागल) कर देते हैं ॥१२॥

तत्र देवादिप्रकोपनिमित्तेनागन्तुकोन्मादेन पुरस्कृतस्येमानि पूर्वरूपाणि भवन्ति, तद्यथा—देवगोब्राह्मणतपस्विनां हिंसारुचित्वं कोपनत्वं नृशंसाभिप्रायता अरतिरोजोवर्णच्छायाबलवपुषामुपतप्तिः स्वप्ने च देवादिभिरभिभर्त्सनं प्रवर्तनं चेत्यागन्तुनिमित्तस्योन्मादस्य पूर्वरूपाणि भवन्ति, ततोऽनन्तरमुन्मादाभिनिर्वृत्तिः ॥१३॥

आगन्तु उन्माद के पूर्वरूप—देव आदि के प्रकोप से उत्पन्न उन्माद के प्रकट होने से पूर्वरूप होते हैं। जैसे—देवता गो ब्राह्मण तथा तपस्वियों को मारने में रुचि होना, क्रोधयुक्त होना, क्रूरता, मन का अस्थिर होना वा किसी कार्य में चित्त का न लगना, ओज वर्ण कान्ति बल और शरीर की क्षीणता—हानि वा स्वप्न में देव आदियों द्वारा झिड़का जाना वा तिरस्कार और प्रेरणा; ये आगन्तु उन्माद के पूर्वरूप होते हैं। तदनन्तर उन्माद प्रकट होता है ॥१३॥

तत्रायमुन्मादकराणां भूतानामुन्मादयिष्यतामारम्भविशेषः तद्यथा—अवलोकयन्तो देवा जनयन्त्युन्मादं, गुरुवृद्धसिद्धर्षयोऽभिशपन्तः, पितरो धर्षयन्तः, स्पृशन्तो गन्धर्वाः, समाविशन्तो यक्षाः, राक्षसास्त्वागमगन्ध[1]माघ्रापयन्तः, पिशाचाः पुनरधिरुह्य वाहयन्तः ॥१४॥

उन्माद को उत्पन्न करनेवाले भूतों के उन्माद को उत्पन्न करते हुए ये ये चेष्टायें होती हैं—देव देखते हुए (अपनी दृष्टि मात्र से) उन्माद को उत्पन्न करते हैं, गुरु वृद्ध सिद्ध तथा ऋषि शाप देते हुए, गन्धर्व छूते हुए, यक्ष प्रविष्ट होते हुए, राक्षस तो आमगन्ध को सुंघाते हुए और पिशाच सवारी करके चलाते हुए ॥

तस्येमानि रूपाणि भवन्ति, तद्यथा—[2]अमर्त्यबलवीर्य-

१—'०आत्मगन्ध०' पा० । २—अत्यात्मबलवीर्यपौरुषपराक्रमज्ञानवचनविज्ञानानि' च. ।

पौरुषपराक्रमग्रहणधारणस्मरणज्ञानवचनविज्ञानानि, अनियतश्चोन्मादकालः ॥१५॥

उसके ये रूप होते हैं, जैसे—रोगी में देव आदियों के सदृश बल वीर्य पौरुष पराक्रम ग्रहण धारण (याद रखना) स्मरण ज्ञान वचन और विज्ञान होता है। उन्माद काल निश्चित नहीं होता ॥१५॥

उन्मादयिष्यतामपि खलु देवर्षिपितृगन्धर्वयक्षराक्षसपिशाचानां गुरुवृद्धसिद्धानां वा एष्वन्तरेष्वभिगमनीयाः पुरुषा भवन्ति, तद्यथा—पापस्य कर्मणः समारम्भे, पूर्वकृतस्य वा कर्मणः परिणामकाले, एकस्य वा, शून्यगृहवासे, चतुष्पथाधिष्ठाने वा, सन्ध्यावेलायाम्, अप्रयतभावे वा, पर्वसन्धिषु, वा मिथुनीभावे, रजस्वलाभिगमने वा, विगुणे वाऽध्ययनबलिमङ्गलहोमप्रयोगे नियमव्रतब्रह्मचर्यभङ्गे वा महाहवे वा, देशकुलपुरविनाशे वा, महाग्रहोपगमने वा, स्त्रिया वा प्रजनन काले, विविधभूताशुभाशुचिस्पर्शने वा, वमनविरेचनरुधिरस्रावेऽशुचेरप्रयतस्य वा चैत्यदेवायतनाभिगमने वा, मांसमधुतिलगुडमद्योच्छिष्टे वा, दिग्वाससि वा, निशि नगरनिगमचतुष्पथोपवनश्मशानाघातनाभिगमने वा, द्विजगुरुसुरपूज्याभिधर्षणे वा, धर्माख्यानव्यतिक्रमे वा, अन्यस्य कर्मणोऽप्रशस्तस्यारम्भे वेत्याघातकाला व्याख्याता भवन्ति ॥१६॥

देव ऋषि पितर गन्धर्व यक्ष राक्षस पिशाच गुरु वृद्ध सिद्ध जब उन्माद को उत्पन्न कर रहे होते हैं तब इन २ समयों में पुरुष आक्रान्त होता है—जैसे—किसी पापकर्म के प्रारम्भ करते समय, पूर्वकृत कर्म के फल के समय, अकेले ही शून्यगृह में रहने पर वा चौराहे के निवासस्थान पर, सन्ध्या के समय, संयम से न रहने पर, पर्वसन्धियों में अर्थात् पूर्णिमा और अमावस्या में मैथुन करते हुए, रजस्वला स्त्री से मैथुन के समय अर्थात् जिन तीन चार दिनों में मासिक स्राव हुआ करता है उन दिनों में स्त्रीसंग करते हुए (ये दिन सम्भोग के लिय निषिद्ध हैं), अध्ययन (पढ़ना), बलि मङ्गलकर्म तथा होम आदि के विधिपूर्वक न करने से, नियमव्रत और ब्रह्मचर्य के भङ्ग होने पर, महायुद्ध में, देश कुल वा नगर के विनाश में, चन्द्रग्रहण वा सूर्यग्रहण में, स्त्रियों के प्रसव के समय, विविध प्रकार के भूत-प्राणियों अशुभ वा अपवित्र—अस्वच्छ वस्तुओं के छूने पर, वमन विरेचन वा रुधिरस्राव होने पर, अपवित्र वा संयम में न रहते हुए चैत्य देवालय (मन्दिर) में जाने पर, मांस मधु तिल गुड़ मद्य के जूठा छोड़ने पर, नग्न होने पर, रात्रि के समय नगर निगम (पुरी) चौराहा उपवन (बाग) श्मशान तथा आघातन (वध स्थान) में जाने पर, द्विज (ब्राह्मण) गुरु देवता वा अन्य किसी पूज्य के झिड़कने से, उचित रीति से धर्मोपदेश न करने पर इसी प्रकार किसी अन्य अशुभ कर्म करने पर। ये देव आदियों के आघात के काल कहे गये हैं ॥१६॥

त्रिविधं तु खलून्मादकराणां भूतानामुन्मादेन प्रयोजनं भवति; तद्यथा—हिंसा, रतिः, अभ्यर्चनं चेति। तेषां तत्प्रयोजनमुन्मत्ताचारविशेषलक्षणैर्विद्यात्। तत्र हिंसार्थमुन्माद्यमानोऽग्निं प्रविशत्यप्सु वा निमज्जति, स्थलाच्छ्वभ्रे वा निपतति, शास्त्रकशाकाष्ठलोष्टमुष्टिभिर्हन्त्यात्मानमन्यच्च प्राणवधार्थमारभते किंचित्, तमसाध्यं विद्यात्, साध्यौ पुनर्द्वावितरौ ॥१७॥

उन्माद करनेवाले भूतों के उन्माद करने में तीन प्रकार के प्रयोजन हैं। १ हिंसा २ रति (क्रीड़ा वा प्रेम) ३ पूजा। उनके उस २ प्रयोजन को उन्मत्त पुरुषों के भिन्न २ आचारों से जान सकते हैं। वे जब हिंसा के प्रयोजन से उन्मत्त करते हैं तब पुरुष अग्नि में कूदता है वा पानी में डूबता है अथवा स्थल से गढ़े में गिरता है। अथवा शस्त्र चाबुक लकड़ी ढेला अथवा मुक्कों से अपने को मारता है। अथवा प्राण के नाश के लिए और भी कोई क्रूर कर्म कर सकता है। उसे असाध्य जानना चाहिये। शेष दो साध्य हैं। अर्थात् जो रति और पूजा के लिए उन्मत्त किये जाते हैं, वे साध्य होते हैं—उनकी चिकित्सा हो सकती है ।१७।

तयोः साधनानि तन्त्रौषधिमणिमङ्गलबल्युपहारहोमनियमव्रतप्रायश्चित्तोपवासस्वस्त्ययनप्रणिपातगमनादीनीति। एवमेते पञ्चोन्मादा व्याख्याता भवन्ति ॥१८॥

साधन—उन दोनों साध्यों की मन्त्र औषधि मणि मङ्गल बलि उपहार (भेंट) होम नियम व्रत प्रायश्चित्त उपवास स्वस्तिवाचन प्रमाण तथा उस स्थान को छोड़कर जाना आदि दैवव्यपाश्रय चिकित्सा होती है ॥

इस प्रकार पाँचों उन्मादों की व्याख्या कर दी गयी है ।१८।

ते तु खलु निजागन्तुविशेषेण साध्यासाध्यविशेषेण च प्रविभज्यमानाः पञ्च सन्तो द्वावेव भवतः; तौ परस्परमनुवध्नीतः। कदाचिद्यथोक्तहेतुसंसर्गादुभयोः संसृष्टमेव पूर्वं भवति, संसृष्टमेव लिङ्गं च। तत्रासाध्यसंयोग साध्यासाध्यसंयोगं वाऽसाध्यं विद्यात्, साध्यं तु साध्यसंयोगं, तस्य साधने साधनं संयोगमेव विद्ध्यादिति ॥१९॥

ये उन्माद पाँच होते हुए भी निज और आगन्तु भेद से अथवा साध्य और असाध्य भेद से विभक्त किये जाते हुए दो ही होते हैं। वे निज और आगन्तु कभी २ परस्पर अनुबन्ध रूप में हो जाया करते हैं। निज में आगन्तु का अनुबन्ध और आगन्तु में निज का अनुबन्ध। कहे गये निज और आगन्तु हेतुओं के मिश्रण होने से उनका पूर्वरूप भी मिश्रित होता है तथा रूप और लक्षण भी मिश्रित ही होते हैं।

यदि मिश्रित होनेवाले निज और आगन्तु दोनों ही असाध्य हों तो वह भी असाध्य होता है। अर्थात् यदि निज में से सान्निपातिक उन्माद और आगन्तु में से हिंसाकर उन्माद का संयोग हो तो यह असाध्य ही होगा। यदि दोनों में से एक साध्य हो और दूसरा असाध्य तो भी वह उन्माद असाध्य होगा। जैसे—निज में से कोई साध्य एक दोषज उन्माद और आगन्तु में से असाध्य हिंसाकर उन्माद का परस्पर संयोग हो अथवा निज में से असाध्य सान्निपातिक उन्माद और आगन्तु में से साध्य रत्यर्थक वा पूजार्थक उन्माद का परस्पर संयोग हो तो वे भी असाध्य होंगे। जब दोनों साध्यों का संयोग हो तो साध्य ही समझना चाहिये। जैसे निज में से साध्य किसी एक-

दोषज और आगन्तु में से साध्य रत्यर्थक वा पूजार्थक उन्माद का संयोग। यह साध्य होता है। इस साध्य की चिकित्सा भी निज तथा आगन्तु उन्माद के साधनों के संयोग वा मिश्रण से हो सकती है ॥१६॥

भवन्ति चात्र।

नैव देवा न गन्धर्वा न पिशाचा न राक्षसाः।
न चान्ये स्वयमक्लिष्टमुपक्लिश्यन्ति मानवम् ॥२०॥

जिस पुरुष ने स्वयं अशुभ कर्म न किये हों उसे न देवता न गन्धर्व न पिशाच न राक्षस और न अन्य कोई क्लेश देते है—सताते हैं। अर्थात् इन आगन्तु उन्मादों के हेतु अपने किये हुए अशुभ कर्म ही हैं ॥२०॥

ये त्वेनमनुवर्तन्ते क्लिश्यमानं स्वकर्मणा।
न तन्निमित्तः क्लेशोऽसौ न ह्यस्ति कृतकृत्यता ॥२१॥

अपने कर्म द्वारा क्लेश पाते हुए पुरुष को ये जो देव आदि अनुवर्तन (पीछे से आना) करते हैं वे उस क्लेश (उन्माद) का कारण नहीं होते; क्योंकि जो किसी द्वारा किया जा चुका है वह किये जानेवाला नहीं रहता। अर्थात् यदि घट को देवदत्त बना चुका तो पीछे से छूनेवाला यज्ञदत्त उसका कारण नहीं कहा जा सकता। यही बात यहाँ है। यह आगन्तु उन्माद अपने पूर्वकृत कर्म का फल है। देव आदि उसके कारण नहीं ॥२१॥

प्रज्ञापराधात्संप्राप्ते व्याधौ कर्मज आत्मनः।
नाभिशंसेद्बुधो देवान्न पितॄन्नापि राक्षसान् ॥२२॥

प्रज्ञापराध के कारण किये गये अपने कर्म से उत्पन्न होनेवाले रोग में बुद्धिमान् पुरुष को देवता पितर वा राक्षस आदियों को उपालम्भ न देना चाहिये ॥२२॥

आत्मानमेव मन्येत कर्तारं सुखदुःखयोः।
तस्माच्छ्रेयस्करं मार्गं प्रतिपद्येत नो त्रसेत् ॥२३॥

मनुष्य अपने को ही सुख और दुःख का कर्ता जाने। अतएव कल्याणकारक मार्ग पर चले। डरे नहीं ॥२३॥

देवादीनामपचितिर्हितानां चोपसेवनम्।
ते च तेभ्यो विरोधश्च[1] सर्वमायत्तमात्मनि ॥२४॥

देव आदियों की पूजा वा विरोध हितकर वा अहितकर आहार-विहार का सेवन सब अपने ही आधीन है ॥२४॥

तत्र श्लोकाः।

संख्या निमित्तं द्विविधं लक्षणं[2] साध्यता न च।
उन्मादानां निदानेऽस्मिन् क्रियासूत्रं च भाषितम् ॥

इत्यग्निवेशकृते तन्त्रे चरकप्रतिसंस्कृते निदानस्थाने उन्मादनिदानं नाम सप्तमोऽध्यायः ॥७॥

उन्मादों की संख्या, दो प्रकार के हेतु (निज और आगन्तु) लक्षण, साध्यासाध्यता तथा चिकित्सासूत्र इस उन्मादनिदान में कहा गया है ॥२५॥

इति सप्तमोऽध्यायः।

—:०:—

1—'ते च तेभ्योऽविरोधश्च' 'न च तेभ्यो विरोधश्च इति पाठान्तरद्वयमत्रोपलभ्यते। 2—'प्राग्रूपं' ग०।

अष्टमोऽध्यायः

अथातोऽपस्मारनिदानं व्याख्यास्यामः ॥
इति ह स्माह भगवानात्रेयः ॥१॥

अब अपस्मार के निदान की व्याख्या की जायगी—एम भगवान् आत्रेय ने कहा ॥१॥

इह खलु चत्वारोऽपस्मारा भवन्ति वातपित्तकफसन्निपातनिमित्ताः ॥२॥

चार अपस्मार हैं। १ वातज २ पित्तज ३ कफज ४ सन्निपातज ॥२॥

त एवंविधानां प्राणभृतां क्षिप्रमभिनिर्वर्तन्ते, तद्यथा—रजस्तमोभ्यामुपहतचेतसामुद्भ्रान्तविषमबहुदोषाणां समलविकृतोपहितान्यशुचीन्यभ्यवहारजातानि वैषम्ययुक्तेनोपयोगविधिनोपयुञ्जानानां तन्त्रप्रयोगमपि च विषममाचरतामन्याश्च शरीरचेष्टा विषमाः समाचरतामत्युपक्षीणदेहानां वा दोषाः प्रकुपिता रजस्तमोभ्यामुपहतचेतसामन्तरात्मनः श्रेष्ठतममायतन हृदयमुपसृत्य पर्यवतिष्ठन्ते तथेन्द्रियायतनानि; तत्र चावस्थिताः सन्तो यदा हृदयमिन्द्रियायतनानि चेरिताः कामक्रोधभयलोभमोहहर्षशोकचिन्तोद्वेगादिभिर्भूयः सहसाऽभिपूरयन्ति, तदा जन्तुरपस्मरति ॥३॥

वे इस प्रकार के प्राणियों में शीघ्र ही उत्पन्न हो जाते हैं, जैसे—जिनका मन रज और तम द्वारा अभिभूत है, जिनमें दोष (वात पित्त कफ) अपने मार्ग से विचलित हो गये हैं विषम हैं वा प्रभूत मात्रा में हैं, जो मल तथा विकृत द्रव्य से युक्त अपवित्र भोजनों को विषम उपयोग (प्रकृति आदि आठ आहारविधिविशेषायतनों से विरुद्ध) द्वारा सेवन करते हैं, जो ठीक प्रकार तन्त्रों के प्रयोगों को नहीं करते वा सद्वृत के अनुसार नहीं चलते, तथा अन्य विषम शरीर की चेष्टाओं को करनेवाले और अत्यन्त क्षीण देहवाले पुरुषों के प्रकुपित हुए २ दोष रज और तम से अभिभूत मनवालों के अन्तरात्मा के श्रेष्ठतम स्थान हृदय तथा इन्द्रियस्थानों में जाकर ठहर जाते हैं। वह ठहरे हुए जब काम क्रोध लोभ मोह हर्ष शोक चिन्ता तथा ग्लानि आदि से प्रेरित होकर हृदय और इन्द्रियस्थानों को पुनः सहसा आक्रान्त कर लेते हैं तब प्राणी को अपस्मार होता है। सुश्रुत उत्तर ६१ अ० में—

'मिथ्यातियोगीन्द्रियार्थकर्मणामतिसेवनात्।
विरुद्धमलिनाहारविहारकुपितैर्मलैः ॥
वेगग्रहणशीलानामहिताशुचिभोजिनाम्।
रजस्तमोऽभिभूतानां गच्छतां च रजस्वलाम् ॥
तथा कामभयोद्वेगक्रोधशोकादिभिर्भृशम्।
चेतस्युपहते जन्तोरपस्मारोऽभिजायते' ॥३॥

अपस्मारं पुनः स्मृतिबुद्धिसत्त्वसंप्लवाद्बीभत्सचेष्टमावस्थिकं तमःप्रवेशमाचक्षते ॥४॥

अपस्मार का स्वरूप—स्मृति बुद्धि मन के विभ्रंश से फेनवमन अङ्गक्षेपण आदि रूप बीभत्स (घृणित) चेष्टावाले अन्धकार में प्रविष्ट की तरह ज्ञान के अभाव के कदाचित् हो जाने

को अपस्मार कहते हैं, अर्थात् अपस्मार में ज्ञान का अभाव होता है, परन्तु कुछ देर बाद दौरा हट जाता है। और यह स्मृति बुद्धि एवं मन के विकृत हो जाने से होता है। सुश्रुत उत्तर ६१ अध्याय में भी—

'स्मृतिर्भूतार्थविज्ञानमपस्तत्परिवर्जने ।
अपस्मार इति प्रोक्तस्ततोऽयं व्याधिरन्तकृत्' ॥४॥

तस्येमानि पूर्वरूपाणि भवन्ति; तद्यथाभ्रूव्युदासः सततमक्ष्णोर्वैकृतमशब्दश्रवणं लालाशिङ्घानकप्रस्रवणमनन्नाभिलषणमरोचकाविपाकौ हृदयग्रहः कुक्षेराटोपो दौर्बल्यमङ्गमर्दो मोहस्तमसो दर्शनं मूर्च्छा भ्रमश्चाभीक्ष्णं च स्वप्ने मदनर्तनपीडनवेपथुव्यथनव्यधनपतनादीन्यपस्मारपूर्वरूपाणि भवन्ति; ततोऽनन्तरमपस्माराभिनिर्वृत्तिरेव ॥५॥

अपस्मार के पूर्वरूप—निरन्तर भौंहों को ऊँचा उठाना, नेत्रों का विकृत होना, शब्द न होते हुए भी शब्द का सुनना, लाला तथा नाक की मैल का बहना, अन्न में इच्छा न होना, अरुचि, अपचन, हृदय में वेदना कुक्षि का वायु से पूर्ण होना, दुर्बलता, अंगमर्द, मोह, अन्धकार का दिखाई देना, मूर्च्छा, भ्रम, (Giddness), स्वप्न में मद नाचना पीड़न (दबाना) कांपना व्यथा होना चुभना गिरना आदि अपस्मार के पूर्वरूप होते हैं। तदनन्तर अपस्मार प्रकट होता है। अष्टाङ्गहृदय उत्तर ७ अ० में—

'रूपमुत्पत्स्यमानेऽस्मिन् हृत्कम्पः शून्यता भ्रमः ।
तमसो दर्शनं ध्यानं भ्रूव्युदासोऽक्षिवैकृतम् ॥
अशब्दश्रवणं स्वेदो लालासिङ्घाणकस्रुतिः ।
अविपाकोऽरुचिर्मूर्च्छा कुक्ष्याटोपो बलक्षयः ॥
निद्रानाशोऽङ्गमर्दस्तृट् स्वप्ने पानं सनर्तनम् ।
पानं मद्यस्य तैलस्य तयोरेव च मेहनम् ॥५॥

तत्रेदमपस्मारविशेषविज्ञानं भवति; तद्यथा—अभीक्ष्णमपस्मरन्तं क्षणे क्षणे संज्ञां प्रतिलभमानमुत्पिण्डिताक्षमसाम्ना विलपन्तमुद्वमन्तं फेनमतीवाध्मातग्रीवमाविद्धशिरस्कं विषमविनताङ्गुलिकमनवस्थितसक्थिपाणिपादमरुणपरुषश्यावनखनयनवदनत्वचमनवस्थितचपलपरुषरूक्षरूपदर्शिनं वातलानुपशयं विपरीतोपशयं वातेनापस्मारवन्तं विद्यात् ॥६॥

अपस्मारों का विभेदक विज्ञान, जैसे वातापस्मार—बार २ मूर्च्छित और क्षण २ में चेतनता को प्राप्त होते हुए आँख के पिण्डाकृति होकर बाहिर ऊँचा उठे हुए ऊँचा रोते हुए अत्यधिक झाग को मुख से निकालते हुए को तथा गरदन जिस की फूली हुई हो, सिर वक्र रूप में हो, अङ्गुलियाँ विषम रूप से झुकी हुई हों, टाँग हाथ और पैर अस्थिर हों, जिसके नख नेत्र मुख त्वचा अरुणवर्ण की खुरदरी वा श्यामवर्ण की हो, जो अस्थिर चञ्चल कठिन तथा रूखे रूपों को देखता हो, वातवर्धक आहार-विहार असात्म्य हों और उससे विपरीत सात्म्य हों उसे वातापस्मार से ग्रस्त जानना चाहिये ॥६॥

अभीक्ष्णमपस्मरन्तं क्षणे क्षणे संज्ञां प्रतिलभमानमवकूजन्तमास्फालयन्तं च भूमिं हरितहारिद्रताम्रनखनयनवदनत्वचं रुधिरोक्षितोग्रभैरवप्रदीप्तरुषितरूपदर्शिनं पित्तलानुपशयं विपरीतोपशयं पित्तेनापस्मरन्तं विद्यात्।

पित्तापस्मार—बारंबार मूर्च्छा, बीच २ में क्षण २ में चेतना आनी, गले से शब्द करना, भूमि पर मारना, नख नेत्र मुख तथा त्वचा का वर्ण हरा हल्दी का सा वा ताम्बे का सा होना, रुधिर से सींचे हुए उग्र भयानक जाज्वल्यमान तथा क्रुद्ध रूपों को देखना पित्तवर्धक द्रव्यों का दुःखकर तथा इनसे विपरीत का सुखकर होना; इन लक्षणों से पित्तापस्मार जानना चाहिये ॥७॥

चिरादपस्मरन्तं चिराच्च संज्ञां प्रतिलभमानं पतन्तमनतिविकृतचेष्टं लालामुद्वहन्तं शुक्लनखनयनवदनत्वचं शुक्लगुरुस्निग्धरूपदर्शिनं श्लेष्मलानुपशयं विपरीतोपशयं श्लेष्मणाऽपस्मारितं विद्यात् ॥८॥

कफापस्मार—देर २ से दौरा होना—मूर्च्छित होना, देर से ही होश में आना, भूमि पर गिरना, चेष्टाओं का अत्यधिक विकृत न होना, मुख से लाला का बाहर निकलना, नख नेत्र मुख तथा त्वचा का श्वेत वर्ण का होना, श्वेत भारी स्निग्ध रूपों का दीखना, कफवर्धक द्रव्यों का असात्म्य होना और उससे विपरीत द्रव्यों का सात्म्य होना; ये लक्षण कफापस्मार को जताते हैं ॥८॥

समवेतसर्वलिङ्गमपस्मारं सान्निपातिकं विद्यात्, तमसाध्यमाचक्षते। इति चत्वारोऽपस्मारा व्याख्याताः ॥९॥

सान्निपातिक अपस्मार—जिसमें वातिक आदि तीनों दोषों के लक्षण मिले हुए हों उसे सान्निपातिक जाने। वह असाध्य कहा गया है ॥

यह चारों अपस्मारों (Epilepsy) की व्याख्या कर दी गयी है।

तेषामागन्तुरनुबन्धो भवत्येव कदाचित्, स उत्तरकालमुपदेक्ष्यते। तस्य विशेषविज्ञानं यथोक्तैर्लिङ्गैर्लिङ्गाधिक्यमदोषलि[1]ङ्गानुरूपं किंचित् ॥१०॥

इन अपस्मारों में कदाचित् आगन्तु अर्थात् भूतज अपस्मार का अनुबन्ध हो जाता है। उसका पीछे से (चिकित्सास्थान में) उपदेश किया जायगा। उसकी विभेदक पहिचान यही है कि वातिक आदि के जो लक्षण कहे गये हैं उन लक्षणों से किन्हीं लक्षणों की अधिकता हो, परन्तु वे अधिक लक्षण ऐसे होने चाहिये जो उन दोषों के लक्षणों के तुल्य न हों ॥

उन्माद रोग में तो आगन्तु स्वतन्त्र भी होता है, परन्तु आगन्तु अपस्मार कभी स्वतन्त्र नहीं होता और अनुबन्ध रूप में जो होता है वह भी कदाचित् होता है, सर्वदा नहीं ॥१०॥

हितान्यपस्मारिभ्यस्तीक्ष्णानि चैव संशोधनान्युपशमनानि यथास्वं, मन्त्रादीनि चागन्तुसंयोगे ॥११॥

अपस्मार का चिकित्सासूत्र—अपस्मार (मृगी) के रोगियों के लिये अपने २ दोष के अनुसार तीक्ष्ण संशोधन तथा संशमन औषध हितकर होती है। आगन्तु अपस्मार यदि अनुबन्ध हो तो मन्त्र मणिधारण बलि आदि दैवव्यपाश्रय कर्म भी करने चाहिये।

तस्मिन् हि दक्षाध्वरोद्ध्वंसे देहिनां नानादिक्षु विद्रवतामतितरणप्लवनधावनलङ्घनाद्यैर्देहविक्षोभणैः पुरा गुल्मोत्पत्तिरभूत्, हविष्प्राशान्मेहकुष्ठानां, भयोत्त्रास-

1—'दोषविज्ञानानुरूपं' ग० ।

शोकैरुन्मादानां, विविधभूताशुचिसंस्पर्शादपस्माराणां ज्वरस्तु खलु महेश्वरललाटप्रभवः, तत्संतापाद्रक्तपित्तम् अतिव्यवायात्पुनर्नक्षत्रराजस्य राजयक्ष्मेति ॥१२॥

दक्ष प्रजापति के यज्ञ के नाश के समय प्राणियों के नाना दिशाओं में डर से भागते हुए तैरने कूदने दौड़ने तथा गड्ढे आदि को लांघना प्रभृति देह को क्षुब्ध करनेवाले कारणों से पूर्व गुल्मरोग की उत्पत्ति हुई थी। घी के भोजन से प्रमेह तथा कुष्ठों की। भय ग्लानि तथा शोक से उन्मादों की। विविध प्रकार के भूतों (प्राणियों) तथा अपवित्र द्रव्यों के स्पर्श से अपस्मारों की। ज्वर तो महेश्वर के मस्तक से उत्पन्न हुआ। उस रुद्र के क्रोधाग्निरूप ज्वर के सन्ताप से रक्तपित की उत्पत्ति हुई। चन्द्रमा के (रोहिणी के साथ) अतिमैथुन से राजयक्ष्मा रोग उद्भूत हुआ ॥१२॥

भवन्ति चात्र।

अपस्मरति वातेन पित्तेन च कफेन च।
चतुर्थः सन्निपातेन प्रत्याख्येयस्तथाविधः ॥१३॥

वात पित्त कफ तथा सन्निपात से अपस्मार होता है। उनमें से सन्निपातज असाध्य है ॥१३॥

साध्यांस्तु भिषजः प्राज्ञाः साधयन्ति समाहिताः।
तीक्ष्णैः संशोधनैश्चैव यथास्वं शमनैरपि ॥१४॥

बुद्धिमान् वैद्य सावधान होकर साध्य अपस्मारों की तीक्ष्ण संशोधनों और उस २ दोष के अनुसार संशमन औषध से चिकित्सा करते हैं ॥१४॥

यदा दोषनिमित्तस्य भवत्यागन्तुरन्वयः।
तदा साधारणं कर्म प्रवदन्ति भिषग्वराः ॥१५॥

जब दोषज अपस्मारों में आगन्तु का अनुबन्ध होता है तब श्रेष्ठ चिकित्सक साधारण कर्म अर्थात् दैवव्यपाश्रय और युक्तिव्यपाश्रय कर्म की व्यवस्था देते हैं ॥१५॥

सर्वरोगविशेषज्ञः सर्वौषधविशेषवित्।
भिषक् सर्वामयान् हन्ति न च मोहं समृच्छति ॥१६।
इत्येतदखिलेनोक्तं निदानस्थानमुत्तमम्।

सम्पूर्ण रोगों के भेदों (Differential diagnosis) को तथा सम्पूर्ण औषधों के भेदों को जाननेवाला वैद्य सब रोगों को नष्ट करता है और कभी मोह को प्राप्त नहीं होता है ॥

यह उत्तम निदानस्थान सम्पूर्णतया कह दिया है ॥१६॥

निदानार्थकरो रोगो रोगस्याप्युपलभ्यते ॥१७॥
तद्यथा—ज्वरसंतापाद्रक्तपित्तमुदीर्यते।
रक्तपित्ताज्ज्वरस्ताभ्यां शोषश्चाप्युपजायते ॥१८॥
प्लीहाभिवृद्ध्या जठरं जठराच्छोफ एव च।
अर्शोभ्यो जाठरं दुःखं गुल्मश्चाप्युपजायते ॥१९॥
प्रतिश्यायादथो कासः कासात्संजायते क्षयः।
क्षयो रोगस्य हेतुत्वे शोषस्याप्युपजायते ॥२०॥

एक रोग दूसरे रोग के निदान के प्रयोजन अर्थात् उत्पत्ति को करनेवाला पाया जाता है। अर्थात् एक रोग से दूसरे रोग की उत्पत्ति हो जाया करती है। जैसे—ज्वर सन्ताप से रक्तपित्त उत्पन्न हो जाता है। रक्तपित्त से ज्वर और ज्वर तथा रक्तपित्त दोनों से शोष की उत्पत्ति हो जाती है। प्लीहावृद्धि से उदर और उदर से शोफ। अर्शों (बवासीर) से उदर और गुल्मरोग उत्पन्न हो जाता है। प्रतिश्याय (जुकाम) से कास (खाँसी), कास से क्षय हो जाता है। शोष रोग की कारणता में क्षय भी है—अर्थात् क्षय से शोष उत्पन्न हो जाता है ॥१७–२०॥

ते पूर्वं केवला रोगाः पश्चाद्धेत्वर्थकारिणः।
उभयार्थकरा दृष्टास्तथैवैकार्थकारिणः ॥२१॥
कश्चिद्धि रोगो रोगस्य हेतुर्भूत्वा प्रशाम्यति।
न प्रशाम्यति चाप्यन्यो [1]हेत्वर्थं कुरुतेऽपि च ॥२२॥

वे रोग प्रथम अकेले होते हैं और पीछे से निदान के प्रयोजन अर्थात् रोगान्तर की उत्पत्ति के कारण होते हैं। ये रोग दोनों के प्रयोजनों के करनेवाले देखे गये हैं। अभिप्राय यह है कि रोग कभी-कभी रोगान्तर को उत्पन्न करते हैं और स्वयं भी रहते हैं और कभी रोगान्तर को उत्पन्न कर स्वयं नष्ट हो जाते हैं। इस प्रकार रोग और रोगहेतु इन दोनों के प्रयोजन को करनेवाले और केवल रोगहेतु के प्रयोजन को करनेवाले देखे गए हैं। जैसे जुकाम यदि खाँसी को उत्पन्न भी कर दे और स्वयं भी रहे—नष्ट न हो तो उभयार्थकारी और यदि खाँसी को पैदा कर स्वयं नष्ट हो जाय तो एकार्थकारी कहायगा।

कोई रोग तो रोग का कारण होकर स्वयं शान्त हो जाता है और दूसरा स्वयं भी शान्त नहीं होता अपि तु हेतु के प्रयोजन अर्थात् रोगान्तर की उत्पत्ति का कारण हो जाता है ।२१।

एवं कृच्छ्रतमा नृणां दृश्यन्ते व्याधिसंकराः।
प्रयोगापरिशुद्धत्वात्तथा चान्योन्यसंभवात् ॥२३॥

औषध प्रयोगों के परिशुद्ध न होने से अर्थात् यथावत् प्रयोग न होने से और रोगों के परस्पर उत्पादक होने से मनुष्यों के रोगसंकर हुए २ दिखाई देते हैं। अर्थात् एक रोग के साथ ही दूसरे रोगों का मिला हुआ होना औषध प्रयोग के ठीक न होने से अथवा रोगों का एक दूसरे का उत्पादक कारण हो जाने से होता है। इस प्रकार के रोगों के मिश्रण चिकित्सा मे कष्टतम होते हैं ॥२३॥

प्रयोगः शमयेद्व्याधिं योऽन्यमन्यमुदीरयेत्।
नासौ विशुद्धः, शुद्धस्तु शमयेद्यो न कोपयेत् ॥२४॥

जो प्रयोग तात्कालिक रोग को शान्त कर दे परन्तु दूसरे २ रोगों को उत्पन्न करे उसे विशुद्ध न जाने। विशुद्ध प्रयोग तो वही है जो तात्कालिक रोग को शान्त करने के साथ २ अपर-रोग के कोप का कारण न हो। जैसे आमातिसार में स्तम्भन औषध के प्रयोग से अतिसार के कुछ काल के लिये रुक जाने पर पेट में शूल आनाह आदि हो जायँगे। यह प्रयोग विशुद्ध नहीं कहायगा ॥२४॥

एको हेतुरनेकस्य तथैकस्यैक एव हि।
व्याधेरेकस्य चानेको बहूनां बहवोऽपि च ॥२५॥

अनेक रोगों का एक ही हेतु हो सकता है और एक रोग का एक ही कारण भी होता है। एक ही रोग के अनेक भी कारण

1—'हेतुत्वं' ग०।

होते हैं और बहुत सी व्याधियों के बहुत से कारण भी हुआ करते हैं ॥२५॥

ज्वरभ्रमप्रलापाद्या दृश्यन्ते रूक्षहेतुजाः ।
रूक्षेणैकेन चाप्येको ज्वर एवोपजायते ॥२६॥
हेतुभिर्बहुभिश्चैको ज्वरो रूक्षादिभिर्भवेत् ।
रूक्षादिभिर्ज्वराद्याश्च व्याधयः सम्भवन्ति हि ॥२७॥

रूक्ष (एक ही हेतु) से ज्वर भ्रम प्रलाप आदि अनेक रोग उत्पन्न होते हैं। रूक्ष एक हेतु से एक ज्वर भी होता है। रूक्ष आदि बहुत से हेतुओं से एक ज्वर होता है तथा रूक्ष आदि हेतुओं से ज्वर आदि बहुत से रोग उत्पन्न हो जाते हैं। अर्थात् एक ही हेतु से एक रोग और अनेक रोग हो सकते हैं और अनेक हेतुओं से एक रोंग वा अनेक रोग हो सकते हैं।

लिङ्गं चैकमनेकस्य तथैवैकस्य[1] लक्ष्यते ।
बहून्येकस्य च व्याधेर्बहूनां स्युर्बहूनि च ॥२८॥

इसी प्रकार लक्षण भी—अनेक रोगों का एक होता है और एक रोग का भी एक होता है। एक रोग के बहुत और बहुत रोग के बहुत लक्षण भी हुआ करते हैं ॥२८॥

विषमारम्भमूलानां लिङ्गमेकं ज्वरो मतः ।
ज्वरस्यैकस्य चाप्येकः सन्तापो लिङ्गमुच्यते ॥२९॥
विषमारम्भ लैश्च ज्वर एको निरुच्यते ।
लिङ्गैरेतैर्ज्वर श्वासहिक्काद्याः सन्ति चामयाः ॥३०॥

उदाहरण—विषमारंभ (विषमारम्भविसर्गित्वम् इत्यादि ज्वरनिदान में) है कारण जिनका उन अनेक रोगों का एक लक्षण ज्वर होता है। एक ज्वर का एक सन्ताप ही लक्षण है। विषमारम्भ आदि बहुत से लक्षणों से एक ज्वर जाना जाता है। इन्हीं बहुत से लक्षणों से ज्वर श्वास हिक्का आदि अनेक रोग कहे जाते हैं ॥२९,३०॥

एका शान्तिरनेकस्य तथैवैकस्य[2] लक्ष्यते ।
व्याधेरेकस्य चानेका बहूनां बह्वय एव च ॥३१॥

इसी प्रकार शान्ति वा चिकित्सा भी-अनेक रोगों वा एक रोग की एक ही होती है। एक रोग की अनेक तथा बहुत रोगों की बहुत भी हैं ॥३१॥

शान्तिरामाशयोत्थानां व्याधीनां लङ्घनक्रिया ।
ज्वरस्यैकस्य चाप्येका शान्तिर्लङ्घनमुच्यते ॥३२॥
तथा लघ्वशनाद्याश्च ज्वरस्यैकस्य शान्तयः ।
एताश्चैव ज्वरश्वासहिक्कादीनां प्रशान्तयः ॥३३॥

उदाहरण—आमाशय से उत्पन्न होनेवाले अनेक रोगों की शान्ति एक लङ्घनक्रिया (उपवास) द्वारा होती है। एक ज्वर की भी लङ्घन एक शान्ति है। तथा एक ज्वर की लघ्वशन (हलका भोजन वा लंघन) आदि अनेक चिकित्सायें हैं और ये ही शान्तियाँ ज्वर श्वास हिक्का आदि अनेक रोगों की हैं ॥३२॥

सुखसाध्यः सुखोपायः कालेनाल्पेन साध्यते ।
साध्यते कृच्छ्रसाध्यस्तु यत्नेन महतः चिरात् ॥३४॥

साध्यासाध्य भेद से रोग दो प्रकार के ही होते हैं उनमे साध्य रोग भी दो प्रकार के हैं। १ सुखसाध्य २ कृच्छ्रसाध्य। इनमें से सुखसाध्य—रोगों की चिकित्सा सुगमता से ही हो जाती है और रोग भी अल्पकाल में नष्ट हो जाता है। कृच्छ्रसाध्य रोग बड़े प्रयत्न से और देर से सिद्ध होता है ॥३४॥

याति नाशेषतां व्याधिरसाध्यो याप्यसंज्ञितः ।
परोऽसाध्यः क्रियाः सर्वाः प्रत्याख्येयोऽतिवर्तते ॥३५॥

असाध्यरोग भी दो प्रकार के हैं; १ याप्य २ प्रत्याख्येय। इनमें से याप्य नामक असाध्य रोग कभी सर्वथा नष्ट नहीं होता। दूसरा असाध्य-प्रत्याख्येय सम्पूर्ण क्रियाओं को लांघ जाता है। अर्थात् याप्य यद्यपि नष्ट नहीं होता, परन्तु पथ्यसेवा आदि द्वारा कुछ काल के लिये दबा रहता है। प्रत्याख्येय में तो चिकित्सा से किञ्चिन्मात्र भी लाभ नहीं होता। वह अचिकित्स्य है।

इन सुखसाध्य आदि आदि चारों के लक्षण सूत्रस्थान के महाचतुष्पाद नामक अध्याय में वर्णन कर आये हैं ॥३५॥

नासाध्यः साध्यतां याति, साध्यो याति त्वसाध्यताम् ।
पादापचाराद्दैवाद्वा यान्ति भावान्तरं गदाः ॥३६॥

साध्य और असाध्य में—असाध्य रोग साध्य नहीं हो सकता, परन्तु साध्यरोग असाध्य हो जाता है। वैद्य औषध परिचारक तथा रोगी इन चारों पादों के यथावत् गुणयुक्त न होने से अथवा दैववश रोग दूसरी अवस्था में बदल जाता है ॥

वृद्धिस्थानक्षयावस्थां [1]दोषाणामुपलक्षयेत् ।
सुसूक्ष्मामपि च प्राज्ञो देहाग्निबलचेतसाम् ॥३७॥

बुद्धिमान् चिकित्सक को दोषों की सूक्ष्म से सूक्ष्म वृद्धि स्थान तथा क्षय इन अवस्थाओं की परीक्षा करनी चाहिये। न केवल दोषों की अपितु शरीर अग्नि बल तथा मन की वृद्धि स्थिरता तथा क्षीणता की सूक्ष्म से सूक्ष्म अवस्था का परिज्ञान करना आवश्यक है ॥३७॥

व्याध्यवस्थाविशेषान् हि ज्ञात्वा ज्ञात्वा विचक्षणः ।
तस्यां तस्यामवस्थायां तत्तच्छ्रेयः प्रपद्यते ॥३८॥

क्योंकि बुद्धिमान् रोग की भिन्न २ अवस्थाओं को जानकर उस २ अवस्था में हितकर कर्म द्वारा उस २ कल्याण-रोगनिवारण को पा सकता है ॥३८॥

प्रायस्तिर्यग्गता दोषाः क्लेशयन्त्यातुरांश्चिरम् ।
तेषु न त्वरया कुर्याद्देहाग्निबलवित्क्रियाम्[3] ॥३९॥
प्रयोगैः क्षपयेद्वा तान् सुखं वा कोष्ठमानयेत् ।
ज्ञात्वा कोष्ठप्रपन्नांस्तान् यथास्वं तं [4]हरेद् बुधः ॥४०॥

प्रायः तिर्यक् (टेढ़े) मार्ग में गये हुए दोष रोगियों को देर तक सताते हैं। देह अग्नि और बल को जाननेवाले चिकित्सक को चिकित्सा करने में जल्दी न करनी चाहिये। क्योंकि वे शीघ्र शान्त नहीं हो सकते। उन्हें प्रयोगों द्वारा वहीं शान्त करे अथवा (यदि वहाँ शान्त न हो सकते हों) आराम से कोष्ठ में ले आवे। उन दोषों को कोष्ठ में पहुँचा हुआ जानकर बुद्धिमान् वैद्य

१—'तथैकस्यैकमुच्यते' ग०। २—'तथैवैकस्य' ग०।

१—'रोगाणामुपलक्षयेत्' च०। २—'चतुःश्रेयः' इति पाठान्तरं स्वीकृत्य चतुःश्रेय इति चतुःश्रेयःकारकं चिकित्सितं, प्रपद्यते बुध्यते चक्रः। ३—'तेषां तु त्वरता कुर्यात् देहाग्निबलकृत् क्रियाम्' पाठान्तरं योगीन्द्रनाथः पठति। ४—'तमातुरं, हरेत् तान् कोष्ठप्रपन्नान् हारयेत्, इति शान्तर्भावितो णिजर्थः' गङ्गाधरः।

दोष के अनुसार वमन आदि संशोधनों द्वारा उस २ दोष को हरे ॥३९,४०॥

[1]ज्ञानार्थं यानि चोक्तानि व्याधिलिङ्गानि संग्रहे ।
व्याधयस्ते तदात्वे तु लिङ्गानीष्टानि नामयाः ॥४१॥

ज्ञान के लिये जो रोगों के अरुचि आदि लक्षण इस संग्रह वा निदानस्थान में कहे गये हैं वे स्वतन्त्ररूप से यदि हों तो रोग ही हैं। परन्तु जब मुख्य रोग के आधीन होते हैं तब उन्हें लक्षण ही मानना चाहिये, रोग नहीं ॥४१॥

विकाराः प्रकृतिश्चैव द्वयं सर्वं समासतः ।
तद्धेतुवशगं [2]हेतोरभावान्न प्रवर्तते ॥४२॥

सम्पूर्ण शरीर वा सम्पूर्ण जगत् संक्षेप में विकार और प्रकृति ये दो ही हैं। धातुसाम्य का नाम प्रकृति है और धातु की विषमता का नाम विकृति है। बाह्यजगत् की भी प्रकृति सत्व रज तम इन तीन गुणों की साम्यावस्था ही है। जब यह साम्यावस्था हटती है तब महदादि विकार उत्पन्न होते हैं। यह प्रकृति और विकार हेतु के आधीन हैं। शारीरिक भावों की प्रकृति समयोग से और विकृति अयोग अतियोग और मिथ्यायोग से होती है। प्रकृति और विकृति में यह चार प्रकार का हेतु है। हेतु के अभाव से प्रकृति वा विकृति कोई प्रवृत्त नहीं हो सकती। इस प्रकार चार प्रकार का योग ही प्रकृति और विकृति में कारण है। सूत्रस्थान प्रथम अध्याय (१४ पृष्ट पर) में कह भी आये हैं—

'कालबुद्धीन्द्रियार्थानां योगो मिथ्या न चाति च ।
द्वयाश्रयाणां व्याधीनां विविधो हेतुसंग्रहः ॥
शरीरं सत्त्वसंज्ञञ्च व्याधीनामाश्रयो मतः ।
तथा सुखानां, योगस्तु सुखाना कारणं समः ॥

शारीरस्थान के प्रथम अध्याय में भी कहा जायगा—

नैवेन्द्रियाणि नैवार्थाः सुखदुःखस्य कारणम् ।
हेतुस्तु सुखदुःखस्य योगो दृष्टश्चतुर्विधः॥
सन्तीन्द्रियाणि सन्त्यर्थाः योगो न च न चास्ति रुक् ।
न सुखं कारणं तस्माद्योगो दृष्टश्चतुर्विधः ॥

अभिप्राय यह है कि सुख–आरोग्य–धातुसाम्य–प्रकृति तथा दुःख–रोग–धातुविषमता–विकृति; ये हेतु के आधीन हैं। वह हेतु चार प्रकार का योग है। १ समयोग २ अयोग ३ अतियोग ४ मिथ्यायोग ॥४२॥

तत्र श्लोकाः ।

हेतवः पूर्वरूपाणि रूपाण्युपशयस्तथा ।
संप्राप्तिः पूर्वमुत्पत्तिः सूत्रमात्रं चिकित्सितम् ॥४३॥

अपस्मार के हेतु, पूर्वरूप, उपशय, सम्प्राप्ति, चिकित्सा में सूत्रमात्र, ज्वर आदि रोगों की पूर्वोत्पत्ति, इस अध्याय में बतायी गयी है ॥४३॥

ज्वरादीनां विकाराणामष्टानां साध्यता न च ।
पृथगेकैकशश्चोक्ता हेतुलिङ्गोपशान्तयः ॥५४॥
हेतुपर्यायनामानि व्याधीनां लक्षणस्य च ।
निदानस्थानमेतावत्संग्रहेणोपदिश्यते ॥४५॥इति॥

निदानस्थान का संग्रह—निदानस्थान में ज्वर आदि आठ रोगों की असाध्यता, हेतु (निदान), लक्षण, चिकित्सा पृथक् २ क्रम से कही गयी है। यथा हेतु के पर्यायवाचक नाम, रोग के पर्यायवाचक नाम लक्षण के पर्यायवाचक नाम कहे गये हैं। इतने संक्षेप द्वारा निदानस्थान का उपदेश किया गया है ॥४४,४५॥

अष्टमोऽध्यायः ।

इति निदानस्थानं सम्पूर्णम्

१—'संग्रह इति व्याधिनिदानादिसंग्रहे; ये ज्ञानार्थं प्रधानभूतज्वरादिज्ञानार्थं व्याधयः सन्ति तेऽविपाका रुच्यादयः स्वातन्त्र्येणोत्पद्यमाना व्याधय एव व्याधित्वेनैव व्यपदेष्टव्या इत्यर्थः । तदात्वे तु लिङ्गानीति यदा ज्वरादिपरतन्त्रा जायन्तेऽरुच्यादयः, तदा पारतन्त्र्याल्लिङ्गान्येव ते नामयाः चक्रः' ।

२—'हेतोरभावान्नानुवर्तते' ग. ।

विमानस्थानम् ।

प्रथमोऽध्यायः

अथातो रसविमानं व्याख्यास्यामः ॥

इति ह स्माह भगवानात्रेयः ॥ १ ॥

अब रसविमान की व्याख्या करेंगे—ऐसा भगवान् आत्रेय ने कहा था। चिकित्सा करने में जहाँ रोग-ज्ञान की आवश्यकता है वहाँ रस आदि के मान का भी यथावत् ज्ञान होना चाहिये। अतएव विमानस्थान प्रारम्भ किया गया है ॥ १ ॥

इह खलु व्याधीनां निमित्तपूर्वरूपरूपोपशयसंख्याप्राधान्यविधिविकल्पबलकालविशेषाननुप्रविश्यानन्तरं रसद्रव्यदोषविकारभेषजदेशकालबलशरीराहारसारसात्म्यसत्त्वप्रकृतिवयसां मानमवहितमनसा यथावज्ज्ञेयं भवति भिषजा, रसादिमानज्ञानायत्तत्वात् क्रियायाः न ह्यमानज्ञो रसदोषादीनां भिषक् व्याधिनिग्रहसमर्थो भवति तस्मात् रसादिमानज्ञानार्थं विमानस्थानमुपदेक्ष्यामोऽग्निवेश ! ॥ २ ॥

वैद्य को, रोगों के हेतु पूर्वरूप रूप उपशय संख्या प्रधानता विधि विकल्प बलकाल की भिन्नता इन्हें अच्छी प्रकार जानकर तदनन्तर रस द्रव्य दोष विकार औषध देश (भूमि आतुर) काल बल शरीर आहार (भोजन) सार (त्वचा रक्त आदि) सात्म्य मन प्रकृति वय (उम्र); इनके मान को सावधान मन से यथावत् जानना होता है, क्योंकि चिकित्सा, रस आदि के मान के ज्ञान के अधीन है। रस दोष आदि के मान को न जाननेवाला चिकित्सक रोग के रोकने में समर्थ नहीं होता; अतएव हे अग्निवेश ! रस आदि के मान को जानने के लिये विमानस्थान का उपदेश करेंगे।

यहाँ पर संख्या आदि पाँच सम्प्राप्ति के भेदों के नाम हैं। ये निदानस्थान के प्रथम अध्याय में कहे जा चुके हैं ॥ २ ॥

तत्रादौ रसद्रव्यदोषविकारप्रभावान् वक्ष्यामः ॥ ३ ॥

इनमें से प्रथम रस द्रव्य दोष विकार के प्रभावों को कहा जायगा ॥ ३ ॥

रसास्तावत् षट्–मधुराम्ललवणकटुतिक्तकषायाः; ते सम्यगुपयुज्यमानाः शरीरं यापयन्ति, मिथ्योपयुज्यमानास्तु खलु दोषप्रकोपणायोपकल्पयन्ति ॥ ४ ॥

रस–रस ६ हैं। १ मधुर २ अम्ल ३ लवण ४ कटु ५ तिक्त ६ कषाय। वे सम्यक् प्रयुक्त करने से यावदायु शरीर को स्वस्थ रखते हैं। सम्यक्तया प्रयुक्त करने का विधान सूत्रस्थान के ७ अध्याय में जा चुका है–

विपरीतगुणस्तेषा स्वस्थवृत्तेर्विधिर्हितः

समसर्वरसं सात्म्यं समधातोः प्रशस्यते ॥

यदि उन्हें सम्यक् प्रकार से उपयुक्त न किया जाय तो वे रस दोषों को कुपित कर देते हैं ॥ ४ ॥

दोषाः पुनस्त्रयो–वातपित्तश्लेष्माणः; ते प्रकृतिभूताः शरीरोपकारका भवन्ति, विकृतिमापन्नाः खलु नानाविधैर्विकारैः शरीरमुपतापयन्ति ॥ ५ ॥

दोष—तीन हैं। १ वात २ पित्त कफ। वे प्रकृत्यवस्था में स्थित अर्थात् अपने २ यथायोग परिमाण में स्थित हुए २ शरीर के उपकारक होते हैं। विकृति को प्राप्त हुए वा विषम हुए २ निश्चय से शरीर को नाना प्रकार के रोगों से दुःखित करते हैं ॥ ५ ॥

तत्र दोषमेकैकं त्रयस्त्रयो रसा जनयन्ति, त्रयस्त्रयश्चोपशमयन्ति; तद्यथा—कटुतिक्तकषाया वातं जनयन्ति, मधुराम्ललवणास्त्वेनं शमयन्ति; कट्वम्ललवणाः पित्तं जनयन्ति; मधरतिक्तकषायास्त्वेनच्छमयन्ति; मधुराम्ललवणाः श्लेष्माणं जनयन्ति, कटुतिक्तकषायास्त्वेनं शमयन्ति ॥ ६ ॥

रसों का प्रभाव—तीन २ रस एक २ दोष को उत्पन्न करते हैं और तीन २ ही एक २ को शान्त करते हैं। जैसे—कटु तिक्त तथा कषाय रस वात को उत्पन्न करते हैं, मधुर अम्ल और लवण इसको शान्त करते हैं। कटु अम्ल लवण पित्त को उत्पन्न करते हैं, मधुर तिक्त कषाय इसे शान्त करते हैं। कटु अम्ल लवण कफ को पैदा करते हैं, कटु तिक्त कषाय इसे शान्त करते हैं ॥६॥

रसदोषसन्निपाते तु ये रसा यैर्दोषैः समानगुणाः समानगुणभूयिष्ठा वा भवन्ति ते तानभिवर्धयन्ति, विपरीतगुणास्तु विपरीतगुणभूयिष्ठा वा शमयन्त्यभ्यस्यमानाः; इत्येतद्व्यवस्थाहेतोः षट्त्वमुपदिश्यते रसानां परस्परेणासंसृष्टानां, त्रित्वं च दोषाणां; संसर्गविकल्पविस्तारो ह्येषामपरिसंख्येयो भवति, विकल्पभेदापरिसंख्येयत्वात् ॥७॥

रस के सन्निपात और दोष के सन्निपात (मिलने) में जो रस जिन दोषों के सर्वथा समान गुण वा अपेक्षया अधिक सदृश गुणवाले होते हैं वे उनको बढ़ाते हैं। जो रस जिन दोषों के विरुद्ध गुणवाले होते हैं वा जहाँ अपेक्षया अधिकता विरुद्ध गुणवालों की होती है उनके अभ्यास से वे २ दोष शान्त होते हैं अर्थात् सूत्रस्थान के भद्रकाप्यीय नामक अध्याय में जो ५६ प्रकार के रसों के मिश्रण बताये हैं। और कियन्तःशिरसीय नामक अध्याय में ५६ प्रकार के दोषों के संसर्ग कहे गये हैं। उनमें से जो रस दो तीन चार या पांच (मिले हुए) जिन दोषों दो या तीन (मिले हुओं) के साथ समानगुण वा अपेक्षया अधिक समानगुण होते हैं वे रस उन २ दोषों को बढ़ाते हैं; और विपरीत गुण वा अपेक्षया अधिक विपरीतगुण होने पर घटाते हैं—शान्त करते हैं। दोष के अनुसार वमन

इसी व्यवस्था के लिये परस्पर मिले हुए रस छह और दोष तीन कहे गये हैं। इनके संसर्ग (मिश्रण) के विकल्प का विस्तार तो अनगिनत है, क्योंकि विकल्पों के भेद गिने नहीं जा सकते। कहा भी जा चुका है—

रसास्तरतमाभ्यस्ताः संख्यामतिपता हि ॥७॥

तत्र खल्वनेकरसेषु द्रव्येष्वनेकदोषात्मकेषु च विकारेषु रसदोषप्रभावमेकैकत्वेनाभिसमीक्ष्य ततो द्रव्यविकारप्रभावतत्त्वं व्यवस्येत्; नत्वेवं खलु सर्वत्र, न हि विकृतिविषमसमवेतानां नानात्मकानां [1]द्रव्याणां परस्परेण चोपहतानामन्यैश्च विकल्पनैर्विकल्पितानामवयवप्रभावानुमानेन समुदायप्रभावतत्त्वमध्यवसातुं शक्यं, तथायुक्ते हि समुदाये समुदायप्रभावतत्त्वमेवोपलभ्य ततो[2] रसद्रव्यविकारप्रभावतत्त्वं व्यवस्येत् ।८॥

अनेक रसवाले द्रव्य तथा अनेक दोषवाले रोगों में २ रस और एक २ दोष के प्रभाव को देखकर तदनन्तर द्रव्य वा रोग के प्रभाव के तत्त्व का निश्चय करे। परन्तु यह नियम सर्वत्र लागू नहीं। क्योंकि विकृतिविषमसमवेत नानाप्रकार के द्रव्यों के परस्पर एक दूसरे को विकृत कर देने से तथा अन्य विकल्पनाओं से (ये सूत्रस्थान १७ अध्याय में कही जा चुकी हैं) परस्पर भिन्न हुए २ द्रव्यों के आंशिक प्रभाव के अनुमान वा ज्ञान से समुदाय के प्रभाव के तत्त्व का निश्चयात्मक ज्ञान नहीं कर सकते। इस प्रकार के समुदाय में समुदाय के ही प्रभाव के तत्त्व को जानकर तदनन्तर रस द्रव्य वा विकार (रोग) के प्रभाव के तत्त्व को जानना चाहिये। अभिप्राय यह है कि कई रस द्रव्यों में प्रकृतिसमसमवाय से रहते हैं। उनमें आंशिक प्रभाव से समुदाय का प्रभाव ज्ञात हो जाता है। जैसे श्वेत तन्तुओं से बुना गया कपड़ा श्वेत ही होगा। प्रकृतिसमसमवाय से अभिप्राय यह है कि कारण के अनुरूप ही जिसमें संयोग हो परन्तु विकृतिविषमसमवाय में यह ज्ञान कठिन है। अर्थात् विकृत कारण के अनुरूप जब संयोग न हो तब एक अंश के प्रभाव से समुदाय के प्रभाव का जानना दुष्कर है। जैसे हल्दी और चूने के संयोग से लाल रंग की उत्पत्ति होती है। हल्दी पीली है, चूना श्वेत है। दोनों के संयोग से लाल रंग प्रकट होता है। केवल हल्दी वा केवल चूने के ज्ञान से हम लाल रंग होने को नहीं जान सकते। जब तक कि हम दोनों के संयोग से उत्पन्न समुदाय को न जानते हों। अभिप्राय यह है कि जहाँ प्रकृतिसमसमवाय हों वहाँ आंशिकज्ञान पर्याप्त है, उससे समुदाय का ज्ञान हो जाता है; परन्तु विकृतिविषमसमवाय में आंशिकज्ञान से समुदाय का ज्ञान नहीं होता। वहाँ समुदाय का ही प्रभाव जानना आवश्यक होता है ॥८॥

तस्माद्रसप्रभावतश्च द्रव्यप्रभावतश्च दोषप्रभावतश्च विकारप्रभावतश्च तत्त्वमुपदेक्ष्यामः-तत्रैष रसद्रव्यदोषविकारप्रभाव[3] उपदिष्टो भवति ॥९॥

१—'द्रव्याणां' इति न पठति गङ्गाधरः। २—'ततो द्रव्य० विकार०' ग०। ३—'रसप्रभाव' ग०।

अतएव रस के प्रभाव द्वारा, द्रव्य के प्रभाव द्वारा, दोष के प्रभाव द्वारा और विकार के प्रभाव द्वारा तत्त्व का सम्पूर्ण तन्त्र में उपदेश करेंगे। यहाँ पर संक्षेपतः रस द्रव्य दोष तथा विकार का प्रभाव कह दिया है ॥९॥

द्रव्यप्रभावं पुनरुपदेक्ष्यामः—तैलसर्पिर्मधूनि वातपित्तश्लेष्मप्रशमनानि द्रव्याणि भवन्ति। तत्र, तैलं स्नेहौष्ण्यगौरवोपपन्नत्वाद्वातं जयति सततमभ्यस्यमानं; वातो हि रौक्ष्यशैत्यलाघवोपपन्नो विरुद्धगुणो भवति, विरुद्धगुणसन्निपाते हि भूयसाऽल्पमवजीयते, तस्मात्तैलं वातं जयति सततमभ्यस्यमानं; सर्पिः खल्वेवमेव पित्तं जयति, माधुर्याच्छैत्यान्मन्दवीर्यत्वाच्च, पित्तं ह्यमधुरमुष्णं तीक्ष्णं च; मधु च श्लेष्माणं जयति, रौक्ष्यात्तैक्ष्ण्यात् कषायत्वाच्च, श्लेष्मा हि [1]स्निग्धो मन्दो मधुरश्च ॥१०॥

द्रव्य के प्रभाव का पुनः उपदेश करेंगे—तैल घी और मधु (शहद) वात पित्त कफ को शान्त करनेवाले द्रव्य हैं। इनमें से तैल—स्नेह, गरम, भारी होने से निरन्तर प्रयोग किया जाता हुआ वात को जीतता है। वात रूक्ष शीत तथा लघु होने से तैल से विरुद्ध गुणवाला होता है। विरुद्ध गुणवाले द्रव्यों का संयोग होने पर अधिक थोड़े को जीत लेता है। अतएव निरन्तर सेवन किया जाता हुआ तैल वात को जीतता है'

घी—इसी प्रकार ही पित्त को जीतता है। घी मधुर शीतल तथा मन्दवीर्य होता है। पित्त उससे विपरीत अर्थात् अमधुर (कटु अम्ल) गरम और तीक्ष्णवीर्य है।

मधु—कफ को जीतता है, रूक्ष तीक्ष्ण तथा कषाय रस होने से। कफ स्निग्ध मन्द तथा मधुर है ॥१०॥

यच्चान्यदपि किञ्चिद् द्रव्यमेवं वातपित्तकफेभ्यो गुणतो विपरीतं[2] स्यात् तच्चैताञ्जयत्यभ्यस्यमानम् ॥११॥

अन्य भी जो कोई द्रव्य वात पित्त कफ से गुणों में विपरीत हो उनका निरन्तर सेवन भी इन्हें जीतेगा। भेल विमान १ अ० में कहा भी गया है—

'आनूपमांसजा वापि रसा मज्जान एव च।
तैलवन्मारुतं घ्नन्ति स्नेहौष्ण्यगुरुभावतः॥
शाखादविष्किराणां च रसा मज्जान एव च।
घृतवद् घ्नन्ति ते पित्तं शैत्यमाधुर्यभावतः॥
कषायतिक्तकटुकं यच्च किञ्चिदिहौषधम्।
मधुवत्तत्कफं हन्ति गुणान्यत्वेन देहिनाम् ॥११॥

अथ खलु त्रीणि द्रव्याणि नात्युपयुञ्जीताधिकमन्येभ्यो द्रव्येभ्यः; तद्यथा—पिप्पली, क्षारं लवणमिति ॥१२॥

अन्य द्रव्यों की अपेक्षा तीन द्रव्यों का अधिक प्रयोग न करना चाहिये। जैसे—१ पिप्पली, २ क्षार, ३ नमक ॥१२॥

पिपल्यो हि कटुकाः सत्यो मधुरविपाका गुर्व्यो नात्यर्थं स्निग्धोष्णाः प्रक्लेदिन्यो भेषजाभिमताश्च, ताः सद्यः शुभाशुभकारिण्यो भवन्ति, आपातभद्राः [3]प्रयोगसमसाद्गु-

१—'स्निग्धो गुरुश्चेति विपरीतगुणाः' ग०। २—'विरुद्धं' च०। ३—'प्रयोगसमसाद्गुण्यादिति समस्य प्रयोगस्य सद्गुणत्वात्, समेऽल्पकालेऽल्पमात्रे च पिप्पल्याः प्रयोगे सद्गुणा भवन्तीत्यर्थः' चक्रः।

ण्यात् दोषसंचयानुबन्धाः-सततमुपयुज्यमाना हि गुरुप्रक्लेदित्वाच्छ्लेष्माणमुत्क्लेशयन्ति औष्ण्यात्पित्तं नच वातप्रशमनायोपकल्पन्तेऽल्पस्नेहोष्णभावात्, योगवाहिन्यस्तु खलु भवन्ति; तस्मात्पिप्पलीर्नात्युपयुञ्जीत ॥१३॥

पिप्पलियाँ—रस में कटु होती हुई विपाक में मधुर तथा भारी होती हैं। ये अत्यधिक स्निग्ध और गरम नहीं होतीं। क्लेद को उत्पन्न करनेवाली हैं तथा औषधार्थ प्रयुक्त होती हैं। ये शीघ्र ही शुभ वा अशुभ करनेवाली हैं। अनुरूप प्रयोग के शुभगुण युक्त होने से तत्काल ही कल्याणकारक हैं, परन्तु निरन्तर प्रयोग से ये परिणाम में दोषों का सञ्चय करती हैं। निरन्तर प्रयोग की जाती हुई भारी तथा क्लेदकारक होने से कफ का उत्क्लेश करती हैं–बढ़ाती हैं। गरम होने से पित्त को बढ़ाती हैं। तथा च अल्प स्निग्ध एवं अल्प उष्ण होने के कारण वात को शान्त नहीं करतीं। परन्तु निश्चय से योगवाहिनी होती हैं। अतः पिप्पली का अत्यधिक उपयोग न करना चाहिये।

योगवाही उसे कहते हैं जिसे जिस द्रव्यान्तर के साथ मिलाया जाय उस द्रव्य के अनुसार ही कर्म को करे। उस द्रव्य की शक्ति को बढ़ा दे। इसका योगवाही होना ही इसे औषधोपयोगी बनाता है ॥१३॥

क्षारः पुनरौष्ण्यतैक्ष्ण्यलाघवोपपन्नः क्लेदयत्यादौ पश्चाद्विशोषयति, स पचनदहनभेदनार्थमुपयुज्यते; सोऽतिप्रयुज्यमानः केशाक्षिहृदयपुंस्त्वोपघातकरः संपद्यते, ये ह्येतं [1]ग्रामनगरनिगमजनपदाः सततमुपयुञ्जते ते ह्यान्ध्यषाण्ड्यखालित्यपालित्यभाजो हृदयापकर्तिनश्च भवन्ति, तद्यथा–प्राच्याश्चीनाश्च; तस्मात्क्षारं नात्युपयुञ्जीत ॥१४॥

गरम तीक्ष्ण तथा लघुगुणयुक्त क्षार प्रथम क्लेद उत्पन्न करता है और पश्चात् सुखा देता है। वह पकाने जलाने वा फाड़ने के लिये प्रयुक्त किया जाता है। उसका अत्यन्त प्रयोग केश आँख हृदय तथा पुंस्त्व शक्ति को नष्ट करता है। जो नगर पुरी वा जनपद क्षार का निरन्तर उपयोग करते हैं वे आन्ध्य (दृष्टि की क्षीणता), षाण्ढ्य (नपुंसकता), खालित्य (गञ्जापन), पालित्य (बालों का श्वेत होना) युक्त होते हैं, हृदय में कर्तनवत् वेदना होती है जैसे प्राच्यदेश (आसाम, बङ्गाल आदि) तथा चीन के निवासी। अतः क्षार का अधिक उपयोग न करना चाहिये ॥१४॥

लवणं पुनरौष्ण्यतैक्ष्ण्योपपन्नमनतिगुर्वनतिस्निग्धमुपक्लेदि विस्रंसनसमर्थमन्नद्रव्यरुचिकरम्, आपातभद्रं प्रयोगसमसाद्गुण्यात्, दोषसंचयानुबन्धं तद्रोचनपाचनोपक्लेदनविस्रंसनार्थमुपयुज्यते; तदत्यर्थमुपयुज्यमानं ग्लानिशैथिल्यदौर्बल्याभिनिर्वृत्तिकरं शरीरस्य भवति, ये ह्येनद्ग्रामनगरनिगमजनपदाः सततमुपयुञ्जते, ते भूयिष्ठं ग्लास्नवः शिथिलमांसशोणिता अपरिक्लेशसहाश्च भवन्ति, तद्यथा—बाह्लीकसौराष्ट्रिकसैन्धवसौवीरकाः ते हि पयसाऽपि सदा लवणमश्नन्ति, येऽपीह भूमेरत्यूषरादेशास्तेष्वोषधिवीरुद्वनस्पतिवानस्पत्या न जायन्तेऽल्पतेजसो वा भवन्ति लवणोपहतत्वात्; तस्माल्लवणं नात्युपयुञ्जीत; ये ह्यतिलवणसात्म्याः पुरुषास्तेषामपि खालित्येन्द्रलुप्तपालित्यानि तथा वलयश्चाकाले भवन्ति ॥१५॥

नमक—गरम तीक्ष्णवीर्य होता है। ये बहुत भारी और बहुत स्निग्ध नहीं होता। क्लेदकारक है। स्रंसन करता है (Laxative)। भोज्य द्रव्यों में रुचि को उत्पन्न करता है। सम प्रयोग के श्रेष्ठ गुणयुक्त होने से तत्काल वा शीघ्र ही कल्याणकारक है। परिणाम में दोषों के सञ्चय का कारण होता है। इसे रुचि उत्पन्न करने, भोजन को पचाने, गीला करने तथा स्रंसन के लिये प्रयुक्त किया जाता है। इसका अत्यन्त उपयोग शरीर में ग्लानि शिथिलता तथा दुर्बलता को उत्पन्न करता है जो ग्राम नगर निगम (पुरी) वा जनपद इसका अत्यधिक उपयोग करते हैं वे अत्यधिक ग्लानियुक्त तथा शिथिल मांस और रक्तवाले क्लेश को न सहने वाले होते हैं। जैसे बाह्लीक, सौराष्ट्र, सिन्ध तथा सौवीर देश के निवासी। वे तो दूध के साथ भी नमक का उपयोग करते हैं। जो इस भूमि पर अधिक ऊसर देश हैं उनमें ओषधि वीरुद् (लता आदि) वनस्पति (फूल के विना फल लगते हों) तथा वानस्पत्य[1] (फल पुष्प युक्त) उत्पन्न ही नहीं होते अथवा जो उत्पन्न भी होते हैं उनका तेज (सामर्थ्य) अल्प होता है। क्योंकि नमक से वे मारे जाते हैं। अतः नमक का अत्यधिक उपयोग न करना चाहिये। जिन्हें नमक का अत्यन्त सेवन सात्म्य (ओकसात्म्य–अभ्यास सात्म्य–निरन्तर सेवन से सात्म्य) हो चुका है उन्हें भी खालित्य (गञ्जापन), इन्द्रलुप्त, पालित्य (बालों का श्वेत होना) हो जाता है, अकाल में झुर्रियाँ पड़ जाती हैं। लवणरस के अत्यन्त प्रयोग से जो अन्य हानियां होती हैं वे सूत्रस्थान के आत्रेयभद्रकाप्यीय नामक २६ वें अध्याय में कही जा चुकी हैं ॥१५॥

तस्मात्तेषां [2]तत्सात्म्यतः क्रमेणापगमं श्रेयः; सात्म्यमपि हि क्रमेणोपनिवर्त्यमानमदोषमल्पदोषं वा भवति ॥१६॥

अतएव उनका इस सात्म्य से क्रमशः हटना अच्छा है। इस प्रकार के अहितकर सात्म्य को क्रमशः हटाने से किसी प्रकार की हानि नहीं होती और यदि कुछ हो भी तो वह बहुत थोड़ी होती है। सूत्रस्थान सप्तम अध्याय में इस प्रकार के सात्म्य से हटने का क्रम कह भी आये हैं—

'उचितादहिताद्धीमान् क्रमशो विरमेन्नरः
हितं क्रमेण सेवेत क्रमश्चात्रोपदेक्ष्यते ॥
प्रक्षेपापचये ताभ्यां क्रमः पादांशिको भवेत्।
एकान्तरं ततश्चोर्ध्वं द्व्यन्तरं त्र्यन्तरं तथा ॥
क्रमेणापचिता दोषाः क्रमेणोपचिता गुणाः।
सन्तो यान्त्यपुनर्भावमप्रकम्प्या भवन्ति च ॥'

सहसा त्याग से अनेक प्रकार के असात्म्यज रोग वा मृत्यु तक भी हो सकती है ॥१६॥

१—'निगमो नगरपुरोवर्तिग्रामः' गङ्गाधरः।

१—'फलैर्वनस्पतिः पुष्पैर्वानस्पत्यः फलैरपि। ओषध्यः फलपाकान्ताः प्रतानैर्वीरुधः स्मृताः ॥ २—'ततः सात्म्यतः' च।

सात्म्यं नाम तत्—यदात्मन्युपशेते; सात्म्यार्थो ह्युपशयार्थः। तत्त्रिविधं—प्रवरावरमध्यविभागेन; सप्तविधं च-रसैकैकत्वेन, सर्वरसोपयोगाच्च ॥१७॥

सात्म्य का लक्षण—सात्म्य उसे कहते हैं—जो अपने में (मन-आत्मा शरीर के संयोग रूप को) सुखकर हो—अनुकूल हो। सात्म्य और उपशय का एक ही अर्थ है। वह तीन प्रकार का है-प्रवर (श्रेष्ठ) अवर (स्वल्प) तथा मध्य के विभाग से सात प्रकार का है—एक एक रस द्वारा तथा सम्पूर्ण रसों के उपयोग से। अर्थात् पृथक् २ रस छह होते हैं। और एकत्र छहों रस सातवाँ सात्म्य है।

आचार्यों ने दृष्टिभेद से सात्म्य को कई विभागों में बाँटा है, जैसे-देह ऋतु रोग एवं देश भेद से चार प्रकार का। दोष, प्रकृति, देश, ऋतु, रोग तथा ओक भेद से छह प्रकार का। जाति, रोग, रोगी, धान्य, रस, देश, ऋतु तथा जल भेद से आठ प्रकार कहा है ॥१७॥

तत्र सर्वरसं प्रवरम् अवरमेकरसं, मध्यमं तु प्रवरावरमध्यस्थम्। तत्रावरमध्याभ्यां [1]क्रमेण प्रवरमुपपादयेत्सात्म्यम् ॥१८॥

उनमें से सम्पूर्ण (छहों रस) प्रवर सात्म्य हैं। एक रस अवर सात्म्य है। प्रवर और अवर के बीच का मध्यम सात्म्य है। अर्थात् दो तीन चार या पाँच रसों का सात्म्य होना मध्यम सात्म्य कहाता है। इनमें अवर और मध्यम सात्म्यों से क्रमशः प्रवर सात्म्य की ओर आना चाहिये। अर्थात् यदि किसी पुरुष को एक दो तीन चार या पाँच सात्म्य हों तो उसे क्रमशः यह प्रयत्न करना चाहिये कि उसे छहों रस सात्म्य हों ॥१८॥

सर्वरसमपि च द्रव्यं सात्म्यमुपपन्नं प्रकृत्याद्युपयोक्त्रष्टमानि सर्वाण्याहारविधिविशेषयतनान्यभिसमीक्ष्य हितमेवानुरुध्येत ॥१९॥

परन्तु केवल छहों रसों के सात्म्य हो जाने से आहार पथ्य नहीं होता। उसके पथ्य होने में अन्य भी हेतु हैं, उन्हें दर्शाते हैं—

सम्पूर्ण रसों से युक्त द्रव्य के सात्म्य होने पर भी प्रकृति से लेकर उपयोक्ता है आठवाँ जिसमें ऐसे सारे आहारविधिविशेषायतनों (आहार की कल्पना की भिन्नता के हेतुओं) की परीक्षा करके हितकर द्रव्य का ही सेवन करे ॥१९॥

तत्र खल्विमान्यष्टावाहारविधिविशेषायतनानि भवन्ति। तद्यथा—प्रकृतिकरणसंयोगराशिदेशकालोपयोगसंस्थोपयोक्त्रष्टमानि भवन्ति ॥२०॥

ये आठ आहारविधिविशेषायतन है-१ प्रकृति २ कारण ३ संयोग ४ राशि ५ देश ६ काल ७ उपयोगसंस्था ८ उपयोक्ता ॥२०॥

तत्र प्रकृतिरुच्यते—स्वभावो यः, स पुनराहारौषधद्रव्याणां स्वाभाविको गुर्वादिगुणयोगः; तद्यथा—माषमुद्गयोः, शूकरैणयोश्च ॥२१॥

प्रकृति—जो स्वभाव है, उसे प्रकृति कहते हैं। आहार वा औषध के द्रव्यों में जो स्वाभाविक गुरु आदि गुणों का योग है वही उनका स्वभाव है। जैसे उड़द और मूँग का शूकर और एण (हरिण) का। कहा भी है—

'स्वभावाल्लाघवो मुद्गास्तथा लावकपिञ्जलाः।
स्वभावाद् गुरवो माषा वराहो महिषस्तथा॥'

जो गुण उत्पत्ति के साथ ही विद्यमान रहते हैं वे स्वाभाविक कहाते हैं। मूँग और एण का मांस स्वभाव से लघु है। उड़द और सूअर का मांस स्वभाव से भारी है ॥२१॥

करणं पुनः—स्वाभाविकानां द्रव्याणामभिसंस्कारः, संस्कारो हि [1]गुणान्तराधानमुच्यते। ते गुणाश्च तोयाग्निसन्निकर्षशौचमन्थनदेशकालवशेन भावनादिभिः कालप्रकर्षभाजनादिभिश्चाधीयन्ते ॥२२॥

करण—स्वाभाविक द्रव्यों के संस्कार को करण कहते हैं। स्वाभाविक वा पूर्वस्थित गुणों से भिन्न अन्य गुणों को डालना वा उत्पन्न करना संस्कार कहाता है। वे गुण, जल अग्निसंयोग शौच (स्वच्छता, धोना आदि) मन्थन (विलोड़न करना) देश काल के आधीन भावना आदि द्वारा, काल की अधिकता वा न्यूनता और पात्र आदि द्वारा उत्पन्न किये जाते हैं। संस्कार स्वाभाविक गुण को हटाकर नया गुण डालता है। जैसे चावलों की गुरुता को, जल अग्निसंयोग तथा स्वच्छता द्वारा नष्ट कर लघुता को उत्पन्न करते हैं। सूत्रस्थान २७ वें अध्याय में कह भी आये हैं—

'सुधौतः प्रस्रुतः स्विन्नः सन्तप्तश्चौदनो लघुः।'

व्रीहि गुरु होते हैं। इससे उत्पन्न लाजा लघु होते हैं। अग्नि इसके स्वाभाविक गुण गुरुता को नष्टकर लघुता उत्पन्न करता है। दही के मन्थन करने से उत्पन्न तक्र में गुणान्तर आ जाते हैं। कहा भी है—

'शोथकृद् दधि शोथघ्नं सस्नेहमपि मन्थनात्।'

अर्थात् दही शोथ को उत्पन्न करता है, परन्तु मन्थन हो जाने से मक्खन का निकला हुआ भी तक्र शोथ को नष्ट करता है।

देश से गुणाधान जैसे—"भस्मराशेरधः स्थापयेद्।' औषध को बनाकर भस्म के ढेर के नीचे रखे। 'मांसं निदध्याद् घृतभाजनस्थं यवेषु' घी के बर्तन में रखकर जौ के ढेर में मांस भर दबा रखें। यहाँ देश पात्र और काल के प्रकर्ष से गुणान्तर की उत्पत्ति होती है। इस प्रकार गुणान्तर के आधान के लिए शास्त्र में कहे गये वाक्य सैकड़ों उद्धृत किये जा सकते हैं ॥ २२ ॥

संयोगस्तु—द्वयोर्बहूनां वा द्रव्याणां संहतीभावः, स विशेषमारभते [2] यन्नैकशो द्रव्याण्यारभन्ते; तद्यथा—मधुसर्पिषोः, मधुमत्स्यपयसां च संयोगः ॥२३॥

संयोग—दो वा दो से अधिक द्रव्यों के एकत्र मेलन को संयोग कहते हैं। वह उस विशेष को पैदा करता है जो एक द्रव्य उत्पन्न नहीं कर सकते। जैसे—मधु और घी। मधु मारक नहीं, घी भी मारक नहीं। दोनों का संयोग मारक होता है। इसी प्रकार शहद मछली और दूध का संयोग। शहद कुष्ठ को

१—'सेविताभ्यां क्रमेणैव' ग०।

१—'गुणाधानमुच्यते' ग०। २—'य' पुनर्नैकैकद्रव्याण्यारभन्ते' ग०। ३

उत्पन्न नहीं करता। मछली कुष्ठकारक नहीं। दूध भी कुष्ठोत्पादक नहीं। परन्तु यदि तीनों का संयोग हो तो वह कुष्ठ को उत्पन्न करता है। इस प्रकार यह ज्ञात हो गया कि द्रव्यों के मिश्रण से भी वे विशेष गुण पैदा हो जाते हैं, जो उसके संयुक्त होने वाले द्रव्यों में नहीं हैं ॥२३॥

राशिस्तु—सर्वग्रहपरिग्रहौ मात्रामात्राफलविनिश्चयार्थः प्रकृतः, तत्र सर्वस्याहारस्य प्रमाणग्रहणमेकपिण्डेन सर्वग्रहः परिग्रहश्च पुनः प्रमाणग्रहणमेकैकत्वेनाहारद्रव्याणां; सर्वस्य हि ग्रहः सर्वग्रहः, सर्वतश्च ग्रहः परिग्रह उच्यते ॥२४॥

राशि—वा प्रमाण दो प्रकार का है १ सर्वग्रह २ परिग्रह। यह प्रमाण आहार या औषध की मात्रा के फल-शुभ और अमात्रा के फल-अशुभ के ज्ञान के लिये आवश्यक है।

सर्वग्रह—सम्पूर्ण आहार के प्रमाण को एकमुश्त इकट्ठा ग्रहण करना सर्वग्रह कहाता है। आहार से ही औषध का भी ग्रहण करना चाहिये। प्रकरण चूँकि आहार का है, अतः आचार्य ने केवल आहार ही पढ़ा है। जैसे—हम यह कहें कि १८ से २५ वर्ष तक के पुरुष के लिये (एक दिन के) भोजन के द्रव्य मिला कर डेढ़ सेर होना चाहिये। यह मात्रा सर्वग्रह कहाती है।

परिग्रह—आहार के एक २ द्रव्य का पृथक् २ परिमाण का ग्रहण करना परिग्रह कहाता है। जैसे—आटा ६ छटाँक + चावल २ छटाँक + दाल २ छटाँक + घी १॥छटाँक + दूध १२ छटाँक + खाँड १॥ छटाँक। यह परिग्रह कहाता है।

सम्पूर्ण का ग्रहण करना सर्वग्रह और सब ओर से ग्रहण करना परिग्रह कहाता है। 'सर्वस्य ग्रहः सर्वग्रहः। परितः-सर्वतः ग्रहः परिग्रहः।' ये निर्वचन हैं ॥२४॥

देशः पुनः स्थानं, द्रव्याणामुत्पत्तिप्रचारौ देशसात्म्यं चाचष्टे ॥२५॥

देश-स्थान को कहते हैं। यह द्रव्यों की उत्पत्ति प्रचार तथा देशसात्म्य को जताता है। जैसे हिमालय में उत्पन्न होनेवाली, मरुदेश में उत्पन्न होनेवाली आदि। इससे भी गुणों में भेद आता है। जैसे—हिमालयोत्पन्न औषध गुरु होगी। मरुदेश में लघु होगी। प्रचार से भी गुणों में भिन्नता होती है। जाङ्गल देश के पशु पक्षी लघु होंगे। आनूप देश के भारी। देश के ज्ञान से वहाँ के सात्म्य का भी ज्ञान होता है। जैसे-आनूप देश के पुरुष के लिये उष्ण एवं रूक्ष आदि द्रव्य सात्म्य होंगे। जाङ्गलदेश के लिये शीत और स्निग्ध।

इस प्रकार हमने जान लिया कि आहार का सेवन करने में देशज्ञान की कितनी आवश्यकता है ॥२५॥

काले हि—नित्यगश्चावस्थिकश्च; तत्रावस्थिको विकारमपेक्षते, नित्यगस्तु खल्वृतुसात्म्यापेक्षः ॥२६॥

काल—निश्चय से दो प्रकार का है। १ नित्यग २ आवस्थिक। नित्यग काल उसे कहते हैं जो शीत उष्ण एवं वर्षा के लक्षणोंवाला तथा संवत्सर रूप है। आवस्थिक काल विकार की अपेक्षा रखता है। जैसे—

त्रिसप्ताहे व्यतीते तु ज्वरो यस्तनुता गतः।
प्लीहाभिवृद्धिं कुरुते स जीर्णज्वर उच्यते॥

अर्थात् २१ दिन व्यतीत हो जाने पर जो ज्वर हलका २ रहता हो, प्लीहा बढ़ जाय तो वह जीर्णज्वर कहाता है।

'जीर्णज्वराणां सर्वेषां पयः प्रशमनं परम्।
तदेव तरुणे पीतं विषवद्धन्ति मानवम्॥'

जीर्णज्वर में दूध अत्यन्त हितकर है और नवज्वर में अत्यन्त अहितकर है। यह ज्वर की जीर्णता और नवता आवस्थिक है। यह विकार पर आश्रित है। अतः आवस्थिक काल का ज्ञान आवश्यक है।

नित्यग काल—ऋतुसात्म्य (अर्थात् जिस ऋतु में स्वस्थपुरुष के लिए जो आहार सात्म्य है) की अपेक्षा रखता है। सूत्रस्थान में स्वस्थवृत्त प्रकरण में यह सात्म्य बताया जा चुका है। अतः आहार में नित्यग काल का भी ध्यान रखना आवश्यक है ॥२६॥

उपयोगसंस्था तु—उपयोगनियमः, स जीर्णलक्षणापेक्षः।

उपयोगसंस्था—उपयोग के नियम को कहते हैं। यह प्रधानतः भोजन के पचने के लक्षणों की अपेक्षा रखता है। अर्थात् यदि अजीर्ण पर ही भोजन किया जाय तो त्रिदोषप्रकोप होता है। और पूर्वकृत आहार के जीर्ण होने पर भोजन करने से आयु बढ़ती है। जीर्ण होने के क्या लक्षण हैं—ये 'जीर्णेऽश्नीयात्' इत्यादि प्रकरण में अभी बताये जाएँगे इसके अतिरिक्त अन्य भी जो नियम सूत्रस्थान के इन्द्रियोपक्रमणीय अध्याय में कहे जा चुके हैं और जो इस अध्याय में कहे जायेंगे उनका भी ग्रहण करना चाहिए। परन्तु यतः उनमें-जीर्ण होने पर भोजन करना-यही नियम सबसे प्रधान है, अतः समझाने के लिए उसे ही उदाहृत किया है ॥२७॥

उपयोक्ता पुनः—यस्तमाहारमुपयुङ्क्ते, यदायत्तमोकसात्म्यम् ॥२८॥

उपयोक्ता—उसे कहते हैं, जो उस आहार को खाता है। और जिसके आधीन ओकसात्म्य है। अर्थात् ओकसात्म्य उपयोक्ता के आधीन है। जैसे एक पुरुष अफीम का अभ्यासी है उसे वह ओकसात्म्य हो जाती है। ओकसात्म्य उपलक्षण मात्र है। अतः इसके अतिरिक्त अन्य भी जो भोक्ता के परीक्षणीय भाव हैं उनका इसी से ग्रहण करना चाहिए। जैसे स्त्री वा पुरुष का होना—वातिक प्रकृति आदि ॥२८॥

इत्यष्टावाहारविधिविशेषायतनानि भवन्ति; एषां विशेषाः शुभाशुभफलप्रदाः परस्परोपकारका भवन्ति; तान् बुभुत्सेत बुद्ध्वा च हितेप्सुरेव स्यात्, न च मोहात्प्रमादाद्वा प्रियमहितमसुखोदर्कमुपसेव्यं किञ्चिदाहारजातमन्यद्वा ॥२९॥

ये आठ आहार विधिविशेषायतन हैं। इनके प्रकृति आदि विशेष, शुभ वा अशुभ फल देनेवाले और परस्पर उपकारक होते हैं-एक दूसरे के सहायक होते हैं। उन्हें जानना चाहिये। और जानकर हितेच्छु ही होवे। अज्ञान से वा प्रमाद (जानकर भी ध्यान न देना) से प्यारे लगनेवाले अहितकारक परिमाण में दुःखद आहार अथवा अन्य भी किसी (विहार) का सेवन न करना चाहिये ॥२९॥

तत्रेदमाहारविधिविधानमरोगाणामातुराणां च केषां-

चित्काले प्रकृत्यैव हिततमं भुञ्जानानां भवति उष्णं स्निग्धं मात्रावज्जीर्णे वीर्याविरुद्धमिष्टे देशे इष्टसर्वोपकरणं नातिद्रुतं नातिविलम्बितं न जल्पन्नहसंस्तन्मना भुञ्जीतात्मानमभिसमीक्ष्य सम्यक् ॥३०॥

स्वस्थ वा इन्हीं रोगियों के लिये, समुचित काल में स्वभावतः हिततम आहार को खानेवाले पुरुषों के लिये भोजन विधि का प्रकार है—गरम, स्निग्ध, मात्रा में, पूर्वकृत आहार के जीर्ण हो जाने पर, वीर्य में जो विरुद्ध न हों, अच्छे स्थान पर, मन के अनुकूल ही जहाँ सम्पूर्ण साधन—पात्र आदि हों, न बहुत शीघ्र न बहुत देर से, न बातचीत करते हुए, न हंसते हुए, भोजन की ओर मन को लगा अपने को अच्छी प्रकार देखकर अर्थात् मुझे यह सात्म्य है—इसकी विवेचना करके खाना चाहिये।

'किन्हीं रोगियों के लिये' यह कहने का अभिप्राय यही है कि रक्तपित्त के रोगी को उष्ण अन्न नहीं दिया जाता। उसे शीत ही अन्न देना होगा। कफ के रोगी को उष्ण। अतएव रोगियों में से किन्हीं के लिए ही हितकर है। सुश्रुत सू० ४६ अ० में कहा है—

सुखमुच्चैः समासीनः समदेहोऽन्नतत्परः।
काले सात्म्यं लघु स्निग्धं क्षिप्रमुष्णं द्रवोत्तरम् ॥
बुभुक्षितोऽन्नमश्नीयान्मात्रावद्विदितागमः ॥

इसमें 'क्षिप्र' से अभिप्राय बहुत शीघ्रता से नहीं है। डल्हण ने टीका करते हुए यह स्पष्ट कर दिया है—'क्षिप्रं नातिद्रुतं नातिविलम्बितम्' ॥३०॥

तस्य साद्गुण्यमुपदेक्ष्यामः—उष्णमश्नीयात्; उष्णं हि भुज्यमानं स्वदते, भुक्तं [1]चाग्निमौदर्यमुदीरयति, क्षिप्रं च जरां गच्छति, वातं चानुलोमयति, श्लेष्माणं च परिशोषयति, तस्मादुष्णमश्नीयात् ॥३१॥

उस आहार का श्रेष्ठ गुणकारक होना बताया जायगा—गरम खावे—गरम खाया जाता हुआ स्वादु लगता है। खाने पर जठराग्नि को प्रेरित करता है। शीघ्र ही पच जाता है। वायु का अनुलोमन करता है। कफ को सुखाता है। अतएव गरम खाना चाहिये ॥३१॥

स्निग्धमश्नीयात्—स्निग्धं हि भुज्यमानं स्वदते, भुक्तमौदर्यमग्निमुदीरयति, क्षिप्रं जरां गच्छति, वातमनुलोमयति, दृढीकरोति शरीरोपचयं, बलाभिवृद्धिं चाभिजनयति, वर्णप्रसादमपि चाभिनिर्वर्तयति, तस्मात्स्निग्धमश्नीयात् ॥३२॥

स्निग्ध भोजन करे—स्निग्ध (घी आदि स्नेह से युक्त) खाया जाता हुआ स्वादु लगता है। खा लेने पर जठराग्नि को प्रेरित करता है। शीघ्र पच जाता है। वायु का अनुलोमन करता है, शरीर के मांस आदि के संग्रह को दृढ़ करता है—स्थिर करता है। बल को बढ़ाता है और वर्ण को निर्मल भी कर देता है। अतएव स्निग्ध भोजन करना चाहिये ॥३२॥

मात्रावदश्नीयात्—मात्रा वद्धि भुक्तं वातपित्तकफानप्रपीडयदायुरेव विवर्धयति केवलं, सुखं गुदमनुपर्येति, न चोष्माणमुपहन्ति, अव्यथं च परिपाकमेति, तस्मान्मात्रावदश्नीयात् ॥३३॥

मात्रा में भोजन करना चाहिये—मात्रा में खाया हुआ भोजन वात पित्त कफ को प्रकुपित न करता हुआ आयु को ही बढ़ाता है। सुखपूर्वक गुदा तक पहुँच जाता है। अर्थात् पचकर सम्पूर्ण आहारमार्ग से गुजरता हुआ सुखपूर्वक गुदा से निकल जाता है। किसी प्रकार का मार्ग में विकार नहीं होता। अन्तरग्नि को कम नहीं होने देता, अपने परिमाण में स्थिर रखता है। बिना किसी कष्ट के पच जाता है। अतः मात्रा में भोजन करना चाहिये। न अधिक न कम ॥३३॥

जीर्णेऽश्नीयात्—अजीर्णे हि भुञ्जानस्याभ्यवहृतमाहारजातं पूर्वस्याहारस्य रसमपरिणतमुत्तरेणाहाररसेनोपसृजत्सर्वान्दोषान् प्रकोपयत्याशु, जीर्णे तु भुञ्जानस्य स्वस्थानस्थेषु दोषेष्वग्नौ चोदीर्णे जातायां च बुभुक्षायां विवृतेषु च स्रोतसां मुखेषूद्गारे विशुद्धे विशुद्धे च हृदये वातानुलोम्ये विसृष्टेषु च वातमूत्रपुरीषवेगेष्वभ्यवहृतमाहारजातं सर्वशरीरधातूनप्रदूषयदायुरेवाभिवर्धयति केवलं, तस्माज्जीर्णेऽश्नीयात् ॥३४॥

पूर्वकृत भोजन के पच जाने पर ही खावे—न पचने पर खाने से, खाया हुआ आहार, पूर्व खाये गये भोजन के न पके हुए रस के साथ पीछे किये गये आहार का रस मिश्रित हो जाने से सम्पूर्ण दोषों को शीघ्र ही प्रकुपित करता है। पूर्वकृत भोजन के जीर्ण हो जाने पर, खानेवाले पुरुष के, दोषों के अपने २ स्थान पर स्थित रहते हुए, अग्नि के प्रेरित होने पर, भूख लगने पर स्रोतों के मुख खुला होने पर, उद्गार (डकार) और हृदयदेश के विशुद्ध होने पर, बात के अनुलोम होने पर, वायु मूत्र और मल के वेगों के यथावत् त्यागने पर खाया हुआ आहार सम्पूर्ण शरीर की धातुओं को दूषित न करता हुआ आयु को ही बढ़ाता है। 'दोषों के अपने स्थान पर स्थिर रहते हुए' से 'वायु आदि के यथावत् त्यागने पर' तक जीर्णाहार के लक्षण हैं। अन्यत्र भी कहा है—

'उद्गारशुद्धिरुत्साहो वेगोत्सर्गो यथोचितः।
लघुता क्षुत्पिपासा चाजीर्णाहारस्य लक्षणम् ॥

अतः पूर्वकृत भोजन के जीर्ण हो जाने पर ही खाना चाहिये ॥३४॥

वीर्याविरुद्धमश्नीयात्—अविरुद्धवीर्यमश्नन् हि न विरुद्धवीर्याहारजैर्विकारैरयमुपसृज्यते, तस्माद्वीर्याविरुद्धमश्नीयात् ॥३५॥

जो भोजन वीर्यविरुद्ध न हो वही खावे—ऐसा भोजन—जो वीर्य में विरुद्ध नहीं है—करते हुए पुरुष वीर्यविरुद्ध आहार से उत्पन्न होनेवाले रोगों से युक्त नहीं होता। ये रोग वा दोष सूत्रस्थान के आत्रेयभद्रकाप्यीय नामक अध्याय में बताये जा चुके हैं। मछली और दूध का एक ही समय सेवन विरुद्धवीर्य है। मछली वीर्य में उष्ण और दूध वीर्य में शीत है। इस प्रकार के भोजनों से कुष्ठ वीसर्प आदि रोग हो जाते हैं। अतः वीर्य में अविरुद्ध आहार खाना चाहिये ॥३५॥

इष्टे देशेऽश्नीयात्—इष्टे हि देशे भुञ्जानो नानिष्टदेशजैर्मनोविघातकरैर्भावैर्मनोविघातं प्राप्नोति, तथैवेष्टैः

१—'चाग्निमनुदीर्णमुदीरयति' ग०।

सर्वोपकरणः; तस्मादिष्टे देशे तथेष्टसर्वोपकरणं चाश्नीयात् ॥३६॥

मन के अनुकूल स्थान पर मन के अनुकूल-प्रिय सम्पूर्ण उपकरणों से युक्त हुआ २ खावे-प्रिय स्थान पर खाते हुए अनिष्ट (अनिच्छित) स्थान से उत्पन्न होनेवाले और मन को खराब करनेवाले काम क्रोध आदि भावों से मन विकृत नहीं होता। इसी प्रकार सब उपकरणों के इष्ट वा मनोऽनुकूल होने से भी। अतएव इच्छित स्थान पर और इच्छित उपकरणों से युक्त होकर खाना चाहिये। सुश्रुत सूत्र० ४६ अ० में कहा है-

'भोक्तारं विजने रम्ये निःसम्बाधे शुभे शुचौ।
सुगन्धपुष्परचिते समे देशेऽथ भोजयेत् ॥'

भोजन करनेवाले को एकान्त रमणीक मक्खी आदि से रहित अच्छे पवित्र तथा सुगन्धित पुष्पों से युक्त और समतल स्थान में भोजन करावे ॥३६॥

नातिद्रुतमश्नीयात्-अतिद्रुतं हि भुञ्जानस्योत्स्नेहनम्, अवसदनं, भोजनस्याप्रतिष्ठानं[1], भोज्यदोषसाद्गुण्योपलब्धिश्च न नियता, तस्मान्नातिद्रुतमश्नीयात् ॥३७॥

अत्यन्त शीघ्र न खाना चाहिये-अत्यन्त शीघ्र खाते हुए पुरुष के भोजन उल्टे मार्ग अर्थात् श्वासप्रणाली आदि में जाना, शिथिलता, भोजन का लाभ न होना, अर्थात् जो भोजन के खाने के लाभ हैं-जैसे निरन्तर होती हुई क्षीणता की पूर्ति, उसका न होना। क्योंकि भोजन का सार रस ही कम बनेगा और कम ही शरीर में जायगा। भोजन पदार्थ के दोष (बाल पत्थर आदि का होना) तथा प्रशस्त गुणों के होने का ज्ञान निश्चय से नहीं होता। अर्थात् खाते २ कभी बाल आदि का पता लग जाता है कभी नहीं। भोजन स्वादु है, किस रसवाला है यह ज्ञान भी कदाचित् होगा, कदाचित् नहीं। भोजन को अच्छी प्रकार चबाने से जो आहार यथावत् पाक होता है, वह भी नहीं होता। अतः अतिशीघ्र न खाना चाहिये ॥३७॥

नातिविलम्बितमश्नीयात्-अतिविलम्बितं हि भुञ्जानो न तृप्तिमधिगच्छति, बहु भुङ्क्ते, शीतीभवति चाहारजातं; विषमपाकं च भवति, तस्मान्नातिविलम्बितमश्नीयात् ।३८।

अत्यन्त धीमे २ भी न खाये-बहुत धीमे २ खाते हुए तृप्ति नहीं होती। आहार ठण्डा हो जाता है। विषमता से पचता है। अर्थात् कुछ भाग प्रथम पच जाता है, कुछ भाग रह जाता है और वह भी आगे धकेल दिया जाता है। पहिले जठराग्नि रूप आमाशय आदि का रस अधिक निकला, उसने पूर्वकृत आहार को अच्छी प्रकार पचा दिया। पीछे जानेवाले में जठराग्नि का संयोग कम हुआ और वह कम पचा आदि विषमता रहती है। यदि न बहुत जल्दी और न बहुत धीमे खाया जाय तो सम्पूर्ण आहार के साथ जठराग्नि का समरूप से संयोग होता है जिससे भोजन ठीक २ पचता है। अतएव अत्यधिक धीमे २ भोजन न करना चाहिये ॥३८॥

१-'उत्स्नेहनस्वादनभोजनस्याप्रतिष्ठानं' ग०।

अजल्पन्नहसंस्तन्मना भुञ्जीत-जल्पतो हसतोऽन्यमनसो वा भुञ्जानस्य त एव हि दोषा भवन्ति य एवातिद्रुतमश्नतः, तस्मादजल्पन्नहसंस्तन्मना भुञ्जीत ॥३९॥

बातचीत न करते हुए न हँसते हुए उसी ओर मन लगाकर खावे-बातें करते हुए हँसते हुए वा दूसरी ओर मन लगाकर खानेवाले पुरुष के वे ही दोष होते हैं जो अतिशीघ्र खाते हुए के। अतः खाते समय न बोलना चाहिये, न हँसना चाहिये; अपितु भोजन की ओर मन लगाकर खाना चाहिये ।३९।

आत्मानमभिसमीक्ष्य भुञ्जीत सम्यक्-इदं ममोपशेते, इदं नोपशेत इति, विदितं ह्यस्य आत्मन आत्मसात्म्यं भवति, तस्मादात्मानमभिसमीक्ष्य भुञ्जीत सम्यगिति ।४०।

अपनी अच्छी प्रकार विवेचना करके भोजन करे-यह मुझे सात्म्य है-सुखकर है। यह असात्म्य है—दुःखकर है। यह जानने से खाया हुआ अन्न उस पुरुष के शरीर के लिये आत्मसात्म्य हो जाता है—शरीर के लिये सुखकर हो जाता है, क्योंकि जो असात्म्य है वह तो पुरुष सेवन ही न करेगा और जो सात्म्य होगा वह अन्न शरीर की क्षीण हुई २ धातुओं को बिना किसी विघ्न बाधा के पूर्ण करेगा, जिससे भोजन करनेवाले का शरीर स्वस्थ रहेगा। भोजन के सात्म्य होने में पुरुष की मानस श्रद्धा भी बहुत सहायता करती है। अतः अपने को सम्यक्तया देखकर भोजन करना चाहिये ॥४०॥

भवति चात्र।

रसान् द्रव्याणि दोषांश्च विकारांश्च प्रभावतः।
वेद यो देशकालौ च शरीरं च स नो[1] भिषक् ॥४१॥

हम तो उसे ही चिकित्सक समझते हैं, जो रस द्रव्य दोष विकार देश काल शरीर; इन्हें प्रभाव द्वारा जानता है ॥४१॥

तत्र श्लोकौ।

विमानार्थो रसद्रव्यदोषरोगाः प्रभावतः।
द्रव्याणि नातिसेव्यानि त्रिविधं सात्म्यमेव च ॥४२॥
आहारायतनान्यष्टौ भोज्यसाद्गुण्यमेव च।
विमाने रससंख्याते सर्वमेतत्प्रकाशितम् ॥४३॥

इत्यग्निवेशकृते तन्त्रे चरकप्रतिसंस्कृते तृतीये विमानस्थाने रसविमानं नाम प्रथमोऽध्यायः ॥१॥

विमानस्थान का प्रयोजन, प्रभाव द्वारा रस द्रव्य दोष एवं रोग, किन २ द्रव्यों का अत्यधिक सेवन न करना चाहिये, तीन प्रकार का सात्म्य, आठ आहारविधिविशेषायतन, आहार का प्रशस्तगुण युक्त होना (उष्णमश्नीयात् इत्यादि द्वारा); ये सब रसविमान में प्रकाशित कर दिये हैं ॥४२, ४३॥

इति प्रथमोऽध्यायः।

१-'स नो भिषगिति नोऽस्माकं संमत इत्यर्थः' चक्रः। 'स ना ग०।

द्वितीयोऽध्यायः

यथातस्त्रिविधकुक्षीयं विमानं व्याख्यास्यामः ।
इति ह स्माह भगवानात्रेयः ॥१॥

अब त्रिविधकुक्षीय नामक विमान की व्याख्या करेंगे—ऐसा भगवान् आत्रेय ने कहा। प्रथम अध्याय में कहा जा चुका है कि राशि, मात्रा और अमात्रा के फल के ज्ञान के लिये है। उसी को इस अध्याय में समझाया जायगा ॥१॥

त्रिविधं कुक्षौ स्थापयेदवकाशांशमाहारस्याहारमुपयुञ्जानः; तद्यथा—एकमवकाशांशं मूर्तानामाहारविकाराणाम्, एकं द्रवाणाम्, एकं पुनर्वातपित्तश्लेष्मणाम्। एतावतीं ह्याहारमात्रामुपयुञ्जानो नामात्राहारजं किंचिदशुभं प्राप्नोति ॥२॥

आहार का उपयोग करते हुए पुरुष को कुक्षि वा आमाशय की खाली जगह को तीन प्रकार रखना चाहिये। जैसे—एक खाली भाग को मूर्त वा ठोस आहार द्रव्यों के लिये, एक द्रवों (Liquids) के लिये तथा एक वात पित्त कफ के लिये। आहार की इतनी मात्रा का उपयोग करते हुए मात्रारहित (हीन वा अधिक मात्रा) आहार से उत्पन्न होनेवाला कुछ भी अशुभ नहीं होता। यह त्रिभागसौहित्य को दृष्टि से कहा है। इसमें मूर्त आहार आमाशय के अवकाश के $\frac{1}{3}$ भाग में रहता है। गुरुपदार्थों की अर्धसौहित्य की दृष्टि से वृद्धवाग्भट सूत्र १० अ० में कहा है—

'अन्नेन कुक्षेर्द्वावंशौ पानेनैकं प्रपूरयेत्।
आश्रयं पवनादीनां चतुर्थमवशेषयेत् ॥'

आमाशय के अवकाशस्थान को यदि चार भागों में बाँटा जाय तो दो भागों को अन्न द्वारा भरना चाहिये। पेय पदार्थों से एक, और चौथा भाग वायु आदि के आश्रय के लिये खाली रखना चाहिये।

यदि वात आदि के लिये स्थान न रखा जाय तो भोजन सर्वथा न पचेगा। क्योंकि भोजन का परिपाक भी इन्हीं पर आश्रित है।

आहार की मात्रा, अग्नि और आहार द्रव्य पर निर्भर होती है। जिसमें से अग्नि पर निर्भर मात्रा का वर्णन सूत्रस्थान पञ्चम अध्याय में और द्रव्य पर निर्भर मात्रा का वर्णन सूत्रस्थान के मात्राशितीय नामक अध्याय में किया जा चुका है। यहाँ पर भी द्रव्यापेक्षी मात्रा का ही वर्णन है पर, वह आमाशय को भागों में बँटवारा करके ॥२॥

न च केवलं मात्रावत्त्वादेवाहारस्य कृत्स्नमाहारफलसौवष्ठमवाप्तुं शक्यं, प्रकृत्यादीनामष्टानामाहारविधिविशेषायतनानां प्रविभक्तफलत्वात् ॥३॥

केवल मात्रा में ही आहार को खाने से हम आहार के शुभफल को नहीं पा सकते। क्योंकि प्रकृति आदि आठ आहारविधिविशेषायतनों में फल बँटा हुआ है। सम्पूर्ण शुभ फल को पाने के लिए आठ आहारविधिविशेषायतनों को ध्यान में रखना होता है ॥३॥

[1]तत्र तावदाहारराशिमधिकृत्य मात्रामात्राफलविनिश्चयार्थः प्रकृतः; एतावानेव ह्याहारराशिविधिविकल्पो यावन्मात्रावत्त्वममात्रावत्त्वं च ॥४॥

उनमें से आहारराशिविषयक मात्रा और अमात्रा के फलज्ञान रूपी प्रयोजन का ही यहाँ प्रसङ्ग है। आहार की राशि के प्रकार के भेद दो ही हैं—१ मात्रायुक्त होना, २ मात्रा युक्त न होना ॥४॥

तत्र मात्रावत्त्वं पूर्वमुपदिष्टं कुक्ष्यंशविभागेन, तद्भूयो विस्तरेणानुव्याख्यास्यामः; तद्यथा—कुक्षेरप्रपीडनमाहारेण, हृदयस्यानवरोधः, पार्श्वयोरविपाटनम्, अनतिगौरवमुदरस्य, प्रीणनमिन्द्रियाणां, क्षुत्पिपासोपरमः, स्थानासनशयनगमनप्रश्वासोच्छ्वासहास्यसंकथासु च सुखानुवृत्तिः, सायं प्रातश्च सुखेन परिणमनं बलवर्णोपचयकरत्वं चेति मात्रावतो लक्षणमाहारस्य भवति ॥५॥

मात्रा में खाये गये आहार के लक्षण—कुक्षि को भागों में बाँट कर, आहार का मात्रायुक्त होना पहिले बताया जा चुका है। उसकी पुनः विस्तार से व्याख्या करेंगे—जैसे आहार द्वारा आमाशय पर दबाव या बोझ न पड़ना, अपने कार्य में हृदय को किसी प्रकार की रुकावट का न होना, पार्श्वों में ऐसा प्रतीत न हो कि वे अन्न के भार से फटे से जाते हैं, पेट का बहुत भारी न होना, इन्द्रियों की तृप्ति वा प्रसन्नता, भूख वा प्यास की शान्ति, ठहरने बैठने सोने चलने श्वास लेने श्वास छोड़ने हँसने तथा बोलने में पूर्ववत् आराम रहना, सायं और प्रातःकाल भोजन का सुख से पच जाना। अर्थात् दिन में खाये का, सायं तथा रात्रि में खाये हुए का प्रातः तक पच जाना। आहार का बल वर्ण तथा शरीर की पुष्टि करना यह मात्रायुक्त आहार का लक्षण होता है ॥५॥

अमात्रावत्त्वं पुनर्द्विविधमाचक्षते—हीनमधिकं चेति, तत्र हीनमात्रमाहारराशिं बलवर्णोपचयक्षयकरमतृप्तिकरमुदावर्तकरमवृष्यमनायुष्यमनौजस्यं शरीरमनोबुद्धीन्द्रियोपघातकरं सारविधमनमलक्ष्म्यावहमशीतेश्च वातविकाराणामायतनमाचक्षते ॥६॥

मात्रा में न होना दो प्रकार का हो सकता है—१ मात्रा से कम होना, २ मात्रा से अधिक होना। इनमें हीन मात्रा वाला (मात्रा से कम) आहार का प्रमाण बल वर्ण तथा पुष्टि को क्षीण करता है, तृप्ति नहीं होती, उदावर्तरोग का कारण है, वीर्य को क्षीण करता है, आयु तथा ओज के लिये हितकर नहीं—उन्हें कम करता है। शरीर मन बुद्धि और इन्द्रियों का घातक है। आठ प्रकार के सार (त्वचा आदि, जो इसी स्थान के ८ वें अध्याय में बताये जायँगे) का नाशक है। अलक्ष्मी (दरिद्रता) को उत्पन्न करता है और ८० वातरोगों का (जो महारोगाध्याय में कहे गये हैं) कारण कहा जाता है ॥६॥

अतिमात्रं पुनः दोषप्रकोपणमिच्छन्ति सर्वकुशलाः ॥७॥

अष्टाङ्ग आयुर्वेद में चतुर चिकित्सक, मात्रा से अधिक आहार को सब दोषों का प्रकोपक मानते हैं ॥७॥

यो हि मूर्तानामाहारविकाराणां सौहित्यं गत्वा पश्चाद् द्रवैस्तृप्तिमापद्यते भूयः, तस्यामाशयगता वातपित्तश्लेष्माणोऽभ्यवहारेणातिमात्रेणातिप्रपीड्यमानाः सर्वे युगपत्प्रकोपमापद्यन्ते ॥८॥

१—'तत्राय' ग०।

जो मूर्त—ठोस आहार के द्रव्यों को तृप्तिपूर्वक खाकर ऊपर से द्रवों (Liquids) को पुनः भरपेट पी लेता है उस पुरुष के आमाशयगत वात पित्त कफ मात्रा से अधिक प्रमाण में किये गये भोजन से पीड़ित किये जाते हुए युगपत् (एक साथ) प्रकोप को प्राप्त होते हैं ॥८॥

ते प्रकुपितास्तमेवाहारराशिमपरिणतमाविश्य 'कुक्ष्येकदेशमन्नाश्रिता विष्टम्भयन्तः सहसा वाऽप्युत्तराधराभ्यां मार्गाभ्यां प्रच्यावयन्तः पृथक् पृथगिमान् विकारानभिनिर्वर्तयन्त्यतिमात्रभोक्तुः ॥९॥

वे प्रकुपित हुए २ अन्न में आश्रित दोष, मात्रा से अधिक खानेवाले पुरुष की कुक्षि के एक भाग में प्रविष्ट होकर उस आहारराशि को विष्टब्ध करते हुए अथवा सहसा ऊपर और नीचे के मार्गों से अर्थात् मुख और गुदा से निकालते हुए पृथक् २ इन विकारों को प्रकट करते हैं ॥९॥

तत्र, वातः शूलानाहाङ्गमर्दमुखशोषमूर्च्छाभ्रमाग्निवैषम्यसिरासंकोचनसंस्तम्भनानि करोति; पित्तं पुनर्ज्वरातीसारान्तर्दाहतृष्णामदभ्रमप्रलापनानि; श्लेष्मा तु छर्द्यरोचकाविपाकशीतज्वरालस्यगात्रगौरवाभिनिर्वृत्तिकरः[२] संपद्यते ॥ १०॥

वहाँ वायु, शूल आनाह अङ्गमर्द मुखशोष मूर्च्छा भ्रम अग्नि की विषमता पार्श्व पीठ कमर में वेदना शिराओं का सिकोड़ना तथा स्तम्भन (अकड़ा देना) करता है। पित्त, ज्वर अतिसार अन्तर्दाह (अन्दर जलन) प्यास मद भ्रम तथा प्रलाप को। कफ, कै अरुचि अपचन शीतज्वर आलस्य तथा शरीर के भारीपन को उत्पन्न करता है ॥१०॥

न खलु केवलमतिमात्रमेवाहारराशिमामप्रदोषकरमिच्छन्ति, अपि तु खलु गुरुरूक्षशीतशुष्कद्विष्टविष्टम्भिविदाह्यशुचिविरुद्धानामकाले चान्नपानानामुपसेवनं, कामक्रोधलोभमोहेर्ष्याह्रीशोकमानोद्वेगभयोपतप्तेन मनसा वा यदन्नपानमुपयुज्यते तदप्याममेव प्रदूषयति ॥११॥

मात्रा से अधिक आहारराशि ही केवल आमप्रदोष का कारण नहीं है। अपितु गुरु रूखा शीतल सूखा द्विष्ट (जो मन के अनुकूल न हो—अप्रिय) विष्टम्भी विदाही अपवित्र तथा प्रकृति संस्कार संयोग आदि द्वारा विरुद्ध अन्नपान का सेवन अकाल में भोजन, काम क्रोध लोभ मोह ईर्षा लज्जा शोक अहंकार उद्वेग (ग्लानि) तथा भय से सन्तप्त मनवाला पुरुष जो कुछ अन्नपान (चाहे वह हिततम ही हो) खाता है वह भी आम को ही दूषित करता है। सुश्रुत ने भी सूत्र ४६ अ० में कहा है—

'ईर्ष्याभयक्रोधपरिक्षतेन लुब्धेन रुग्दैन्यनिपीडितेन।
प्रद्वेषयुक्तेन च सेव्यमानमन्नं न सम्यक् परिणाममेति'

मानसिक विकास से ग्रस्त हुआ२ पुरुष जो कुछ खाता है उसके आहार का ठीक परिपाक नहीं होता ॥११॥

भवति चात्र।

मात्रयाऽप्यभ्यवहृतं पथ्य चान्नं न जीर्यति।
चिन्ताशोकभयक्रोधदुःखशय्याप्रजागरैः ॥१२॥

चिन्ता शोक भय क्रोध दुःख दिन में सोना तथा रात्रिजागरण से मात्रा में खाया हुआ पथ्य अन्न भी पचता नहीं। सुश्रुत सू० ४६ अ० में और भी कहा है—

'अत्यम्बुपानाद्विषमाशनाच्च सन्धारणात् स्वप्नविपर्ययाच्च।
कालेऽपि सात्म्यं लघु चापि भुक्तमन्नं न पाकं भजते नरस्य' ॥

तं द्विविधमामप्रदोषमाचक्षते भिषजः—विसूचिकामलसकं च । १३॥

उस आमप्रदोष को चिकित्सक दो प्रकार का कहते हैं। १ विसूचिका, २ अलसक। जठराग्नि द्वारा अपरिपक्व आहार से उत्पन्न दोष को आमप्रदोष कहते हैं ॥१३॥

तत्र विसूचिकामूर्ध्वं चाधश्च प्रवृत्तामदोषां यथोक्तरूपां विद्यात् ॥१४॥

उनमें से जिसमें आमप्रदोष ऊपर और नीचे के मार्ग से प्रवृत्त हो रहा हो और वात आदि तीनों दोषों के लक्षण—जो अभी बताये गये हैं, वे—जिसमें हों उसे विसूचिका जाने। अष्टाङ्गसंग्रह सू० ११ अ० में—

'विविधैर्वेदनोद्वेदैर्वाय्वादिभृशकोपतः।
सूचीभिरिव गात्राणि विध्यतीति विसूचिका ॥'

तथा सुश्रुत में—

'सूचीभिरिव गात्राणि तुदन् सन्तिष्ठतेऽनिलः।
यस्याजीर्णेन सा वद्यैर्विसूचीति निगद्यते ॥'

जिस पुरुष के अजीर्ण द्वारा वायु आदि के अत्यन्त कोप से शरीर में विविध प्रकार की वेदनाएँ ऐसी प्रगट हों जैसे कोई सुइयाँ चुभोता हो तो, उसे विसूचिका कहते हैं ॥१४॥

अलसकमुपदेक्ष्यामः—दुर्बलस्याल्पाग्नेर्बहुश्लेष्मणो वातमूत्रपुरीषवेगविधारिणः स्थिरगुरुबहुरूक्षशीतशुष्कान्नसेविनस्तदन्नपानमनिलप्रपीडितं श्लेष्मणा च विबद्धमार्गमतिमात्रप्रलीनमलसत्वान्न बहिर्मुखीभवति, ततश्छर्द्यतीसारवर्ज्यान्यामप्रदोषलिङ्गानि यथोक्तान्यभिदर्शयत्यतिमात्राणि; अतिमात्रप्रदुष्टाश्च दोषाः प्रदुष्टामबद्धमार्गास्तिर्यग्गच्छन्तः कदाचित्केवलमेवास्य शरीरं दण्डवत्स्तम्भयन्ति ततस्तमलसकमसाध्यं ब्रुवते ॥१५॥

अलसक का उपदेश करेंगे—दुर्बल अल्पाग्नि बहुत कफ युक्त वात मूत्र तथा पुरीष के वेग को रोकनेवाले, स्थिर भारी बहुत रूखा शीतल एवं सूखा अन्न खानेवाले पुरुष का वह अन्नपान वायु से पीड़ित किया जाता हुआ—धकेला जाता हुआ परन्तु कफ द्वारा मार्ग के बन्द होने से अत्यधिक अन्दर ही रुका हुआ आलसी होने से (यह निर्वचन है) बाहर नहीं निकलता। तदनन्तर कै और अतिसार को छोड़कर आमप्रदोष के जो लक्षण कह आये हैं, वे सब अत्यधिक दिखाई देते हैं। अन्यत्र कहा भी है—

पीड़ितं मारुतेनान्नं श्लेष्मणा रुद्धमन्तरा।
अलसं क्षोभितं दोषैः शल्यत्वेनैव संस्थितम् ॥
शूलादीन् कुरुते तीव्रान् छर्द्यतीसारवर्जितान् ॥

तन्त्रान्तर में भी—

प्रयाति नोर्ध्वं नाधस्तान्नाहारोऽपि विपच्यते ॥
आमाशयेऽलसीभूतस्तेन सोऽलसकः स्मृतः।

१—'कुक्ष्येकदेशमाश्रितः' ग.। २—'गात्रगौरवाणि' ग.।

अत्यधिक दुष्ट हुए २ दोष दुष्ट हुए २ आम से मार्ग के रुक जाने के कारण तिर्यक् जाते हुए कभी सम्पूर्ण शरीर को ही दण्ड के समान अकड़ा देते हैं। तब उस अलसक को असाध्य कहा जाता है ॥१५॥

विरुद्धाध्यशनाजीर्णाशनशीलिनः पुनरामदोषमामविषमित्याचक्षते भिषजः, विषसदृशलिङ्गत्वात्; तत्परमसाध्यम्, आशुकारित्वाद्विरुद्धोपक्रमत्वाच्चेति।

विरुद्ध भोजन अध्यशन (खाये पर खाना) करनेवाले अजीर्ण पर खाना (पहिले खाये आहार के न पचने पर खाना) खानेवाले पुरुष के आम दोष को चिकित्सक आमविष कहते हैं। क्योंकि इसमें विष के सदृश ही लक्षण होते हैं। वह आशुकारी सद्योमारक तथा विरुद्ध चिकित्सा होने के कारण अत्यन्त असाध्य है। यदि आम की उष्णचिकित्सा की जाय तो वह विष के विरुद्ध है और यदि शीतचिकित्सा की जाय तो आम के विरुद्ध है। अतः चिकित्सा हो ही नहीं सकती ॥१६॥

तत्र साध्यमामं प्रदुष्टमलसीभूतमुल्लेखयेदादौ पाययित्वा लवणमुष्णं च वारि; ततः स्वेदनवर्तिप्रणिधानाभ्यामुपाचरेदुपवासयेच्चैनम् ॥१७॥

उनमें से प्रदुष्ट और अलसीभूत (बन्द—रुके हुए—अलसक) आमदोष को सब से पूर्व नमक और गरम जल पिलाकर कै करावे। तदनन्तर स्वेदन और गुदा में बत्ती देकर चिकित्सा करे और रोगी को उपवास करावे—खाने को न दे ॥१७॥

विसूचिकायां तु लङ्घनमेवाग्रे विरिक्तवच्चानुपूर्वी ॥१८॥

विसूचिका में तो पूर्व लङ्घन करावे और विरेचन कराये गये पुरुष के लिये जो पथ्य आदि का क्रम है, उसी क्रम का यहाँ अनुपालन करावे। यह क्रम उपकल्पनीय अध्याय में कहा गया है ॥१८॥

आमप्रदोषेषु त्वन्नकाले जीर्णाहारं पुनर्दोषावलिप्तामाशयं स्तिमितगुरुकोष्ठमनन्नाभिलाषिणमभिसमीक्ष्य पाययेद्दोषशेषपाचनार्थमौषधमग्निसंधुक्षणार्थं च, न त्वेवाजीर्णाशनम्; आमप्रदोषदुर्बलो ह्यग्निर्युगपद्दोषमौषधमाहारजातं चाशक्तः पक्तुम्, अपि चामप्रदोषाहारौषधविभ्रमोऽतिबलत्वादुपरतकायाग्निं सहसैवाऽऽतुरमबलमतिपातयेत् ॥१९॥

आमदोषों में, जिस रोगी का पहिला किया हुआ आहार पच चुका हो, आमाशय दोष से लिप्त हो, कोष्ठ निश्चल और भारी हो, भोजन में इच्छा न हो तो अवशिष्ट दोष को पकाने तथा अग्नि को दीप्त करने के लिए अन्न के समय औषध देनी चाहिये। परन्तु यदि पहिला भोजन पचा न हो तो औषध न दे। आमदोष से दुर्बल हुआ जाठराग्नि युगपत् दोष औषध और आहार को पचाने में असमर्थ होता है तथा च आमदोष आहार और औषध के उत्पात के अतिबलवान् होने के कारण, जिसकी कायाग्नि शान्त है—उस निर्बल रोगी को, सहसा ही मृत्यु का ग्रास बना देता है ॥१९॥

आमप्रदोषजानां पुनर्विकाराणामपतर्पणेनैवोपरमो भवति सति त्वनुबन्धे कृतापतर्पणानां व्याधीनां निग्रहे निमित्तविपरीतमपास्यौषधमातङ्कविपरीतमेवावचारयेद्यथास्वं; सर्वविकाराणामपि च निग्रहे हेतुव्याधिविपरीतमौषधमिच्छन्ति कुशलाः, तदर्थकारि वा ॥२०॥

आमदोष से उत्पन्न होनेवाले रोगों की शान्ति अपतर्पण (लङ्घन, लङ्घनपाचन, दोषावसेचन) द्वारा ही होती है। यदि अपतर्पण कराने पर भी रोगों का अनुबन्ध रहे तो उसके नाश के लिये हेतुविपरीत चिकित्सा का त्याग करके अपने २ रोग के अनुसार व्याधिविपरीत औषध ही प्रयोग करानी चाहिये। सब रोगों के नाश के लिए भी अनुभवी चतुर वैद्य हेतुविपरीत और व्याधिविपरीत औषध को ही श्रेष्ठ मानते हैं। अथवा हेत्वर्थकारी और व्याध्यर्थकारी औषध का प्रयोग कराना चाहिये। हेतुव्याध्युभयविपरीत हेतुव्याध्युभयार्थकारी दोनों का ग्रहण इन्हीं से हो जाता है। इन पारिभाषिक शब्दों का अभिप्राय उपशय वा सात्म्य के लक्षण में निदानस्थान के प्रथमाध्याय में कह आये हैं ॥२०॥

[1]विमुक्तामप्रदोषस्य पुनः परिपक्वदोषस्य दीप्ते चाग्नावभ्यङ्गास्थापनानुवासनं विधिवत्स्नेहपानं च युक्त्या प्रयोज्यं प्रसमीक्ष्य दोषभेषजदेशकालबलशरीराहारसात्म्यसत्त्वप्रकृतिवयसामवस्थान्तराणि विकारांश्च सम्यगिति।

आमदोष से छुटकारा होने पर दोषों के पक जाने पर और अग्नि के दीप्त होने पर दोष औषध देश काल बल शरीर आहार सात्म्य मन प्रकृति उम्र; इनके अवस्था भेदों तथा रोगों की सम्यक् प्रकार से विवेचना करके युक्तिपूर्वक जहाँ जैसा योग्य हो रोगी को अभ्यङ्ग आस्थापन अनुवासन तथा विधिपूर्वक स्नेहपान करवाना चाहिये॥

दोष आदि के अवस्था भेद संहिता में भी स्थान २ पर कहे गये हैं। परन्तु यदि विशेष एवं स्पष्ट व्याख्या देखनी हो तो 'चिकित्साकलिका' के १६ वें श्लोक—'दोषप्रदेशबलकालविकारसत्त्वसात्म्यौषधानलवयःप्रकृतीः परीक्ष्य। नानाप्रकारपवनादिगदातुराणामुक्तं चिकित्सितमिदं नतु कर्मजानाम् ॥' की चन्द्रटकृत व्याख्या देखनी चाहिये ॥२१॥

भवति चात्र।

अशितं खादितं पीतं लीढं कुत्र विपच्यते।
एतत्त्वां धीर! पृच्छामस्तन्न आचक्ष्व बुद्धिमन् ॥२२॥

हे धीर गुरो! अशित खादित पीत एवं लीढ चारों प्रकार का आहार कहाँ पचता है—यह हम आप से पूछते हैं। वह, हे बुद्धिमन्! हमें बताइये ॥२२॥

इत्यग्निवेशप्रमुखैः शिष्यैः पृष्टः पुनर्वसुः।
आचचक्षे ततस्तेभ्यो यत्राहारो विपच्यते ॥२३॥

इस प्रकार, अग्निवेश है प्रमुख जिनमें उन शिष्यों ने जब भगवान् पुनर्वसु से पूछा तब उन्होंने उन्हें—आहार जहाँ पचता है—बताया ॥२३॥

नाभिस्तनान्तरं जन्तोरामाशय इति स्मृतः।
अशितं खादितं पीतं लीढं चात्र विपच्यते ॥२४॥

आमाशय—प्राणी के नाभि तथा स्तन के बीच में आमा-

१—'छेदन०, ग० 'छेदनं श्लेष्मच्छेदनीयरसकटुवादिना श्लेष्मच्छेदनम्' गङ्गाधरः।

[1] १—'अनुद्रिक्तामप्रदोषस्य' ग०।

शय है। अशित खादित पीत एवं लीढ चतुर्विध आहार यहाँ पकता है।

यहाँ आमाशय विस्तृत अर्थ का वाची है। इससे आमाशय ग्रहणी तथा आँतों का ग्रहण हो जाता है। यद्यपि मुख की लाला से भी कुछ भाग का पाक होता है, पर वह पाक वहाँ पूर्णरूप से नहीं होता। मुख में प्रायः आहार के साथ लाला का मिश्रण ही होता है। लाला मिश्रित आहार पर लाला का प्रभाव लगभग आधे घण्टे तक आमाशय में भी होता रहता है ॥२४॥

आमाशयगतः पाकमाहारः प्राप्य केवलम्।
पक्वः [1]सर्वाश्रयं पश्चाद्धमनीभिः प्रपद्यते ॥२५॥

आमाशय में पहुँचा हुआ आहार पूर्णरूप से परिपाक को प्राप्त होकर पका हुआ वह धमनियों द्वारा सम्पूर्ण शरीर में पहुँच जाता है ॥२५॥

तत्र श्लोकौ।

तस्य मात्रावतो लिङ्गं फलं चोक्तं यथायथम्।
अमात्रस्य तथा लिङ्गं फलं चोक्तं विभागशः ॥२६॥

मात्रावान् आहार का लक्षण और फल ठीक २ कह दिया है। इसी प्रकार मात्रा-रहित आहार के पृथक् २ लक्षण तथा फल बता दिये हैं ॥२६॥

आहारविध्यायतनानि चाष्टौ
सम्यक्परीक्ष्यात्महितं विदध्यात्।
अन्यश्च यः कश्चिदिहास्ति मार्गो
हितोपयोगेषु भजेत तं च ॥२७॥

इत्यग्निवेशकृते चरकप्रतिसंस्कृते तृतीये विमानस्थाने त्रिविधकुक्षीयं विमानं नाम द्वितीयोऽध्यायः ॥२॥

आठ आहार विधिविशेषायतनों से सम्यक् प्रकार परीक्षा करके अपना हित साधे। और भी जो कोई हितमार्ग यहाँ है उसका भी सेवन करे ॥२७॥

इतिद्वितीयोऽध्यायः।

—:❀:—

तृतीयोऽध्यायः

अथातो जनपदोद्ध्वंसनीयं विमानं व्याख्यास्यामः ॥
इति ह स्माह भगवानात्रेयः ॥१॥

अब जनपदोद्ध्वंसनीय नामक विमान की व्याख्या करेंगे—ऐसा भगवान् आत्रेय ने कहा था। अर्थात् भिन्न २ प्रकृति के पुरुषों को युगपत् रोग होकर किस प्रकार जनपद उजड़ जाते हैं—यह इस अध्याय में बताया जायगा ॥१॥

जनपदमण्डले पञ्चालक्षेत्रे द्विजातिवराध्युषितायां काम्पिल्यराजधान्यां भगवान्पुनर्वसुरात्रेयोऽन्तेवासिगणपरिवृतः पश्चिमे घर्ममासे गङ्गातीरे [2]वनविचारमनुविचरञ्छिष्यमग्निवेशमब्रवीत् ॥२॥

पञ्चालक्षेत्र के जनपदमण्डल की काम्पिल्य नामक राजधानी में जहाँ श्रेष्ठ-द्विजाति लोग (ब्राह्मण क्षत्रिय वैश्य) बसते थे—शिष्यों से घिरे हुए भगवान् पुनर्वसु आत्रेय आषाढ के महीने में गङ्गा के किनारे वनों में घूमते हुए शिष्य अग्निवेश को बोले ॥२॥

दृश्यन्ते हि खलु सौम्य! नक्षत्रग्रहचन्द्रसूर्यानिलानलानां दिशां च प्रकृतिभूतानामृतुवैकारिका भावाः, अचिरादितो भूरपि च न यथावद्रसवीर्यविपाकप्रभावमोषधीनां प्रतिविधास्यति, तद्वियोगाच्चातङ्कप्रायता नियता; तस्मात्प्रागुद्ध्वंसात्प्राक् च भूमेर्विरसीभावादुद्धरध्वं[1] सौम्य! भैषज्यानि यावन्नोपहतरसवीर्यविपाकप्रभावाणि भवन्ति; वयं चैषां रसवीर्यविपाकप्रभावानुपयोक्ष्यामहे, ये चास्माननुकाङ्क्षन्ति, यांश्च वयमनुकाङ्क्षामः; नहि सम्यगुद्धृतेषु भैषज्येषु सम्यग्विहितेषु [2]सम्यग्विचारचारितेषु जनपदोद्ध्वंसकराणां विकाराणां किंचित्प्रतीकारगौरवं भवति ॥३॥

हे सौम्य! प्रकृतिभूत—स्वाभाविक अवस्था में स्थित नक्षत्र (अश्विनी भरणी आदि), ग्रह, चन्द्र, सूर्य, वायु, अग्नि और दिशाओं के ऋतु विकार को करनेवाले भाव निश्चय से देखे जाते हैं। और इस समय शीघ्र ही पृथ्वी भी औषधियों के रस वीर्य विपाक तथा प्रभाव को यथावत् उत्पन्न न करेगी। रसवीर्य आदि के यथावत् न होने से प्रायशः रोग का होना अवश्यम्भावी है। अतः जनपदविनाश से पूर्व और भूमि के रस रहित होने से पूर्व हे सौम्य! औषधियों को–जब तक उनका रस वीर्य विपाक प्रभाव नष्ट नहीं होता तब तक–उखाड़ लो—संग्रह कर लो। हम इनके रस वीर्य विपाक तथा प्रभाव का उपयोग करेंगे। औषधों के सम्यक् प्रकार से उखाड़ने वा संग्रह किये जाने पर सम्यक् प्रकार से कल्पना करके और अच्छी प्रकार सोच समझकर प्रयोग कराने से जनपदनाशक विकारों के प्रतिकार में कुछ भी कठिनता नहीं होती ॥३॥

एवंवादिनं भगवन्तमात्रेयमग्निवेश उवाच—उद्धृतानि खलु भगवन्! भैषज्यानि विहितानि च सम्यक् सम्यग्विचारचारितानि[3] च; अपि तु खलु जनपदोद्ध्वंसनमेकेनैव व्याधिना युगपदसमानप्रकृत्याहारदेहबलसात्म्यसत्त्ववयसां मनुष्याणां कस्माद्भवतीति ॥४॥

इस प्रकार कहनेवाले भगवान् आत्रेय को अग्निवेश ने कहा—हे भगवन्! औषध उखाड़ ली है, सम्यक् कल्पना भी कर ली है और सम्यक् प्रकार से सोच विचारकर प्रयोग भी करा दिया है। पूछना यह है कि भिन्न २ प्रकृति आहार देह बल सात्म्य मन तथा उम्रवाले मनुष्यों के होते हुए एक ही रोग से युगपत् (एक साथ ही) जनपदों का नाश क्योंकर होता है। प्रश्न का अभिप्राय यह है प्रकृति आदि के भिन्न २ होने से युगपत् एक ही रोग सबको न होना चाहिये ॥४॥

तमुवाच भगवानात्रेयः–[4]एवमसामान्यानामेभिरप्यग्निवेश! प्रकृत्यादिभिर्भावैर्मनुष्याणां येऽन्ये भावाः

१—'सर्वाशयं' ग०। २—'वनविचारमनुविचारन्निति वनं विचर्य विचर्यानुविचरन्नित्यर्थः' चक्रः। 'वनविचारं वनविहारं, विचरन् विहरन्' ग०।

१—उद्धरध्वमिति बहुवचनं बह्वन्तेवासियुक्ताग्निवेशाभिप्रायेण' चक्रः। २—'सम्यक चावचारितेषु' ग० ३—'सम्यगवचारितानि' ग०। ४—'एवमसामान्यवतामेभि०' ग०।

सामन्यास्तद्वैगुण्यात्समानकालाः समानलिङ्गाश्च व्याधयोऽभिनिर्वर्तमाना जनपदमुद्ध्वंसयन्ति; ते तु खल्विमे भावाः सामान्या जनपदेषु भवन्ति; तद्यथा—वायुरुदकं देशः काल इति ॥५॥

भगवान् आत्रेय ने उत्तर दिया—हे अग्निवेश! मनुष्यों के प्रकृति आदि भावों के विसदृश होते हुए भी जो अन्य भाव समान होते हैं उनके विकृत गुणवाला हो जाने से एक ही समय और एक लक्षणवाले रोग उत्पन्न होकर-जनपद का नाश कर देते हैं। वे समानभाव जनपदों में ये होते हैं। जैसे—१ वायु, २ जल, ३ देश, ४ काल। अर्थात् ये चार भाव मनुष्यों के लिये एक से होते हैं। यदि इनमें विगुणता हो जाय तो प्रकृति आदि के भिन्न रहते भी मनुष्यों को एक ही काल में एक ही रोग हो जाता है ॥५॥

तत्र वातमेवंविधमनारोग्यकरं विद्यात्; तद्यथा—यथर्तुविषममतिस्तिमितमतिचलमतिपरुषमतिशीतमत्युष्णमतिरूक्षमत्यभिष्यन्दिनमतिभैरवारावमतिप्रतिहतपरस्परगतिमतिकुण्डलिनमसात्म्यगन्धबाष्पसिकतापांशुधूमोपहितमिति ॥६॥

इन चारों में इस प्रकार के वायु को रोग का कारण जाने, जैसे—ऋतुविपरीत, अत्यन्त निश्चल, अति वेग से बहनेवाला (आंधी आदि), अत्यन्त कर्कश, अत्यन्त शीतल, अत्यन्त गरम, अत्यन्त रूखा, अत्यन्त अभिष्यन्दी (क्लेद को उत्पन्न करनेवाला वा अत्यधिक तर), अति भीषण शब्द करनेवाला, विपरीत दिशाओं से बहते हुए आपस में अत्यन्त टकरानेवाला, अत्यन्त कुण्डली (बवण्डर) तथा असात्म्य-दुखकर गन्ध बाष्प रेत धूल और धुंएँ से युक्त ॥६॥

उदकं तु खलु—अत्यर्थविकृतगन्धवर्णरसस्पर्शवत्क्लेदबहुलमपक्रान्तजलचरविहङ्गमुपक्षीणजलाशयमप्रीतिकरमपगतगुणं विद्यात् ॥७॥

जल—अत्यधिक विकृत (बुरे) गन्ध वर्ण रस एवं स्पर्शवाला, जिसमें क्लिन्नता वा सड़ांद बहुत हो, जिसे छोड़कर जलचर पक्षी चले गये हों, क्षिन जलाशयों का जल सूखकर थोड़ा रह गया हो, जो पीने में प्रिय न प्रतीत हो, जिसके गुण नष्ट हो गये हों; उसे रोगकर समझे ॥७॥

देशं पुनः—[1]विकृतवर्णगन्धरसस्पर्शं क्लेदबहुलमुपसृष्टं सरीसृपव्यालमशकशलभमक्षिकामूषकोलूकश्माशानिकशकुनिजम्बुकादिभिस्तृणोलूपोपवनवन्तं लताप्रतानादिबहुलमपूर्ववदवपतितशुष्कनष्टशस्यं धूम्रपवनं प्रध्मातपतत्त्रिगणमुत्क्रुष्टश्वगणमुद्भ्रान्तव्यथितविविधमृगपक्षिसङ्घमुत्सृष्टनष्टधर्मसत्यलज्जाचारशीलगुणजनपदं शश्वत्क्षुभितोदीर्णसलिलाशयं प्रततोल्कापातनिर्घातभूमिकम्पमतिभयारावरूपं[2] रूक्षताम्रारुणसिताभ्रजालसंवृतार्कचन्द्रतारकमभीक्ष्णं ससंभ्रमोद्वेगमिव सत्रासरुदितमिव सतमस्कमिव गुह्यकाचारितमिवाऽऽक्रन्दितशब्दबहुलं चाहितं विद्यात् ॥८॥

देश—वर्ण गन्ध रस तथा स्पर्श जिसका विकृत हो, क्लेद (सड़ांद) बहुत हो, सांप हिंस्रजन्तु मच्छर शलभ (टिड्डी) मक्खी चूहा उल्लू गिद्ध आदि पक्षी गीदड़ आदि जन्तुओं से युक्त, तृण तथा उलूप (घास विशेष) जहाँ बहुत पैदा हो गया हो, लतायें तथा झाड़ियां बहुत हों, जैसे पहिले कभी न हुआ हो, वैसे जहाँ शस्य गिर गया हो, सूख गया हो, वा नष्ट हो गया हो, जहाँ वायु धूम्रवर्ण की दिखायी दे, जहाँ पर पक्षी निरन्तर शब्द करते हों, जहाँ कुत्ते ऊंचा २ रोते हों, विविध प्रकार के मृग तथा पक्षी जहाँ घबराकर दौड़ते फिरते हों, दुःखित हों, जहाँ पर ऐसे शहर हों जिनमें मनुष्यों ने धर्म सत्य लज्जा आचार शील आदि गु को तिलाञ्जलि दे दी हो वा धर्म आदि नष्ट हो गये हों, जहाँ पर जलाशय निरन्तर क्षुब्ध हों और तरङ्गें उठती हों, जल ऊँचे उठ आये हों, निरन्तर उल्कापात, वज्राघात (बिजली का गिरना) तथा भूकम्प हों और इन्हीं के कारण अत्यन्त भयङ्कर शब्द जहाँ सुनाई दें और जहाँ का रूप भी (पृथ्वी आदि के फटने बालू आदि के व्याप्त हो जाने से) भयङ्कर हो, जहाँ सूर्य चन्द्रमा वा तारे रूखे ताम्र अरुण (ईंट सा लाल) श्वेत बादलों से छिपे हुए हों जहाँ निरन्तर घबराए हुए और ग्लानि से युक्त की तरह, भय से रोते हुए की तरह, अन्धकार युक्त की तरह, गुह्यक (देवयोनि विशेष) द्वारा आक्रान्त की तरह क्रंदन वा रोने का शब्द बहुत हो उसे अहितकर जाने ॥८॥

कालं तु खलु—यथर्तुलिङ्गाद्विपरीतलिङ्गमतिलिङ्गं हीनलिङ्गं चाहितं व्यवस्येत् ॥९॥

काल—ऋतु के लक्षणों से विपरीत लक्षण युक्त या जिसमें अत्यधिक वा कम लक्षण हों निश्चय से अहितकर जाने। अर्थात् यदि ग्रीष्म ऋतु हो तो सर्दी होना या इतनी अधिक गर्मी होना कि मनुष्य जल ही जाय अथवा बहुत ही कम गर्मी हो तो वह अहितकर होगी। इसी प्रकार अन्य ऋतुओं को भी जान लेना चाहिये। काल का अयोग अतियोग वा मिथ्यायोग रोगों का कारण होता है। यह सूत्रस्थान में भी कहा जा चुका है ॥ ९ ॥

इमानेवंदोषयुक्तांश्चतुरो भावान् जनपदोद्ध्वंसकरान् वदन्ति कुशलाः; अतोऽन्यथाभूतांस्तु हितानाचक्षते ॥१०॥

कुशल वैद्य इस प्रकार के दोषों से युक्त चारों भावों (वायु जल देश काल) को जनपदनाशक कहते हैं। इनसे विपरीत हितकर होते हैं ॥१०॥

विगुणेष्वपि तु खल्वेतेषु जनपदोद्ध्वंसनकरेषु भावेषु भेषजेनोपपाद्यमानानामभयं भवति रोगेभ्य इति ॥११॥

जनपदों का नाश करनेवाले इन भावों के विकृत होने पर जब भी ओषध द्वारा प्रतिकार हो रहा होता है, उन्हें (मनुष्यों को) रोगों से अभय हो जाता है-रोग होने का डर नहीं रहता ॥११॥

भवन्ति चात्र।

वैगुण्यमुपपन्नानां देशकालानिलाम्भसाम्।
गरीयस्त्वं विशेषेण हेतुमत्संप्रवक्ष्यते ॥१२॥

१—'प्रकृतिविकृत०' ग०। २—'प्रतिभयावाररूपं' ग०। 'प्रतिभयं भयंकरमव्यवारं रूपं मूर्तिर्यत्र तं तथा' गङ्गाधरः।

विकृत हुए २ देश काल वायु तथा जल में से जिसकी अपेक्षा जिसकी प्रधानता है वह सहेतुक बताया जायगा। अर्थात् इन चारों में से कौन किससे मुख्य है और वह क्यों? यह बताया जायगा ॥१२॥

वाताज्जलं, जलाद्देशं, देशात्कालं, स्वभावतः।
[1]विद्याद् दुष्परिहार्यत्वाद् गरीयस्तरमर्थवित् ॥१३॥

तत्त्ववेत्ता वैद्य को वायु से जल, जल से देश और देश से काल को, स्वभावतः ही दुष्परिहार्य होने से–छोड़े न जा सकने के कारण–मुख्य जानना चाहिये। अभिप्राय यह है कि यद्यपि वायु भी दुष्परिहार्य है, पर जिस प्रकार के लक्षण अनारोग्यकर वायु के बताये गये हैं उनसे हम निवातदेश में रहकर बहुत कुछ बच सकते हैं। परन्तु जीवनधारण के लिये जल तो पीना ही होगा। विकृत जल को भी यन्त्रों द्वारा शुद्ध करके वा नागरिकेलोदक आदि पीकर गुजारा किया जा सकता है, पर देश को छोड़ना उससे भी कठिन है। देशान्तर में जाने से उस विकृत देश के प्रभाव से हम बच सकते हैं, परन्तु काल से बचना नहीं हो सकता। अतः काल सब से अधिक मुख्य है ॥१३॥

वाय्वादिषु यथोक्तानां दोषाणां तु विशेषवित्।
प्रतीकारस्य सौकर्ये विद्याल्लाघवलक्षणम् ॥१४॥

विशेषज्ञ, वायु आदि चारों में यथोक्त दोषों के प्रतिकार की सुगमता से लघुता को जाने। इससे दो बातें प्रकट होती हैं। एक तो यह है कि काल का प्रतिकार कठिनता से होता है, अतः वह मुख्य है वा बड़ा है और क्रमशः इसी कसौटी पर कसने से जो प्रतिकार में जितना सुगम होगा उतना ही लघु कहायगा; इस प्रकार काल से लघु देश, देश से लघु जल और जल से लघु वायु को जानना चाहिये। दूसरी बात यह है कि यदि विकृत वायु में सम्पूर्ण उपरोक्त दोष होंगे तो प्रतिकार अपेक्षया कठिन होगा उस वायु का जिसमें दोष अल्प होंगे। दोषों की अल्पता के अनुसार वह वायु ही लघु लघुतर वा लघुतम हो जायगा। इसी प्रकार अन्य तीन भाव भी ॥१४॥

चतुर्ष्वपि तु दुष्टेषु कालान्तेषु यदा नराः।
भेषजेनोपपाद्यन्ते न भवन्त्यातुरास्तदा ॥१५॥

कालपर्यंत चारों भावों के दुष्ट होने पर भी मनुष्यों का यदि भेषज द्वारा उपचार किया जाता है, तब वे रोगी नहीं होते॥१५॥

येषां न मृत्युसामान्यं सामान्यं न च कर्मणाम्।
कर्म पञ्चविधं[2] तेषां भेषजं परमुच्यते ॥१६॥

जिनकी मृत्यु सामान्य नहीं है और जिनके कर्म सामान्य नहीं उनके लिये वमन विरेचन आस्थापन अनुवासन शिरोविरेचन; ये पञ्चविध कर्म उत्कृष्ट औषध कहाती है। अभिप्राय यह है कि जिन पुरुषों के मृत्युजनक दैव (प्राक्तन कर्म) में समानता नहीं है और जिनका मृत्युजनक कर्म एक सा नहीं है वे वमन आदि कर्म द्वारा उस समय बचाये जा सकते हैं। जिन पुरुषों का दैव वा कर्म ही ऐसा है कि मृत्यु उसी समय होनी थी; उन्हें नहीं बचाया जा सकता ॥१६॥

रसायनानां विधिवच्चोपयोगः प्रशस्यते।
शस्यते देहवृत्तिश्च भेषजैः पूर्वमुद्धृतैः ॥१७॥

उस समय उन पुरुषों के लिये रसायनों का विधिवत् प्रयोग भी प्रशस्त माना गया है। जनपदोद्ध्वंस से पूर्व संगृहीत की हुई औषधि से देह का परिपालन करना अच्छा है ॥१७॥

सत्यं भूते दया दानं बलयो देवतार्चनम्।
सद्वृत्तस्यानुवृत्तिश्च प्रशमो गुप्तिरात्मनः ॥१८॥
हितं जनपदानां च शिवानामुपसेवनम्।
सेवनं ब्रह्मचर्यस्य तथैव ब्रह्मचारिणाम् ॥१९॥
संकथा[1]धर्मशास्त्राणां महर्षीणां जितात्मनाम्।
धार्मिकैः सात्त्विकैर्नित्यं सहास्या वृद्धसम्मतैः ॥२०॥
इत्येतद्भेषजं प्रोक्तमायुषः परिपालनम्।
येषामनियतो मृत्युस्तस्मिन्काले सुदारुणे ॥२१॥

सत्य (मन वचन कर्म से), प्राणियों पर दया, दान, बलि, देवता की पूजा, सत्पुरुषों के आचार का अनुपालन––सदाचार का पालन, प्रथम (विषयों से शान्ति), अपनी रक्षा तथा कल्याणकारक जनपदों-बस्तियों का सेवन हितकर है। ब्रह्मचर्य का सेवन करना चाहिये। ब्रह्मचारियों का संग करना चाहिये। धर्मशास्त्रों की कथा तथा जितेन्द्रिय महर्षियों के साथ वार्तालाप, वृद्ध पुरुषों द्वारा प्रशंसित धार्मिक एवं सात्त्विक पुरुषों के संग बैठना लाभकर है। जिन पुरुषों की उस दारुण काल में मृत्यु अनियत (अनिश्चित) है उनके लिये आयु का परिपालना करनेवाली यह भेषज कह दी है॥

इति श्रुत्वा जनपदोद्ध्वंसने कारणान्यात्रेयस्य भगवतः पुनरपि भगवन्तमात्रेयमग्निवेश उवाच—अथ खलु भगवन्! कुतोमूलमेषां वाय्वादीनां वैगुण्यमुत्पद्यते, येनोपपन्ना जनपदमुद्ध्वंसयन्तीति ॥२२॥

भगवान् आत्रेय द्वारा बताये गये जनपदोद्ध्वंस के कारणों को सुनकर भी अग्निवेश ने पुनः भगवान् आत्रेय को कहा—हे भगवन्! किस कारण से वायु आदियों की विकृति हो जाती है, जिससे विकृत हुए २ वे जनपदों को उजाड़ देते हैं॥ २२॥

तमुवाच भगवानात्रेयः-सर्वेषामग्निवेश! वाय्वादीनां यद्वैगुण्यमुत्पद्यते तस्य मूलमधर्मः, तन्मूलं वाऽसत्कर्म पूर्वकृतं; तयोर्योनिः प्रज्ञापराध एव। तद्यथा-यदा देशनगरनिगमजनपदप्रधाना धर्ममुत्क्रम्याधर्मेण प्रजां वर्तयन्ति, तदाश्रितोपाश्रिताः पौरजानपदा व्यवहारोपजीविनश्च तमधर्ममभिवर्धयन्ति, ततः सोऽधर्मः प्रसभं धर्ममन्तर्धत्ते, ततस्तेऽन्तर्हितधर्माणो देवताभिरपि त्यज्यन्ते, तेषां तथाऽन्तर्हितधर्माणामधर्मप्रधानानामपक्रान्तदेवतानामृतवो व्यापद्यन्ते; तेन नापो यथाकालं देवो वर्षति न वा वर्षति [2]विकृतं वा वर्षति, वाता न सम्यगभिवान्ति, क्षितिर्व्यापद्यते, सलिलान्युपशुष्यन्ति, ओषधयः स्वभावं परिहायापद्यन्ते विकृतिं, तत उद्ध्वंसन्ते जनपदाः [3]स्पृश्याभ्यवहार्यदोषात् ॥२३॥

१—'विद्यादपरिहार्यत्वाद् गरीयः पर०' ग०।

२—'स्नेहस्वेदपूर्वकवमनविरेचनास्थापनानुवासनशिरोविरेचनानीति पञ्चविधम्'।

१—'सत्कथा' ग०। २—'विकृतं' ग०।

३—'स्पृश्याभ्यवहार्यदोषात्' च.।

भगवान् आत्रेय ने उसे उत्तर दिया – हे अग्निवेश ! वायु आदि सब की ही विगुणता की जड़ अधर्म है। अथवा अधर्म का कारण जो पूर्वकृत बुरे कर्म हैं, उन्हें वायु आदि की विगुणता का कारण कह सकते हैं। पूर्वकृत बुरे कर्म तथा अधर्म दोनों का उत्पत्तिकारण प्रज्ञापराध है। जैसे—जब देश नगर निगम वा जनपदों के मुखिया वा राजा धर्म की परवाह न करते हुए अधर्म से प्रजा के साथ व्यवहार करते हैं तब उनके आश्रित और उपाश्रित पौरजानपद (नगर के लोग) और व्यवहारोपजीवी—व्यापार करनेवाले उस अधर्म को बढ़ाते हैं; अर्थात् जब मुखिया ही अधर्माचरण करता हो—रिश्वत आदि लेता हो तो उसके नौकर-चाकर देखादेखी वा अपने मुखिया के पेट को भरने के लिए दूसरों से रिश्वत लेना चाहते हैं वा दूसरे अधर्म कार्य करवाना चाहते हैं। अतः जो व्यापारी अपना लेन-देन उनके साथ करना चाहते हैं उन्हें वहाँ के नौकरों को रुपये चढ़ाने पड़ते हैं। इस कमी को पूरा करने के लिए व्यापारी दूसरी तरह धोखे करते हैं। इस प्रकार रिश्वत देना-लेना घूसखोरी धोखा असत्य का बाजार गरम हो जाता है। वह बढ़ता हुआ अधर्म धर्म को सर्वदा छिपा देता है। जब धर्म लुप्त हो जाता है तब देवता भी उनका त्याग कर देते हैं। उन लुप्तधर्मा अधर्मप्रधान देवताओं से त्यक्त देश जनपद आदि की ऋतुएं विकृत हो जाती हैं जिससे इन्द्र वा मेघ यथाकाल जल नहीं बरसाते अथवा सर्वथा नहीं बरसते। अथवा विकृत जल बरसता है। वायु ठीक प्रकार से नहीं बहते। पृथ्वी विकृत हो जाती है। जल सूख जाते हैं। औषधियाँ स्वभाव को छोड़कर विकृत हो जाती हैं। तब उनके स्पर्श तथा आहार के दोष से जनपद उजड़ जाते हैं ॥२३॥

तथा शस्त्रप्रभवस्यापि जनपदोद्ध्वंसस्याधर्म एव हेतुर्भवति [1]येऽतिप्रवृद्धलोभरोषमोहमानास्ते[2] दुर्बलानवमत्यात्मस्वजनपरोपघाताय शस्त्रेण परस्परमभिक्रामन्ति, परान्वाऽभिक्रामन्ति, परैर्वाऽभिक्राम्यन्ते ॥२४॥

तथा शस्त्रों से उत्पन्न अर्थात् लड़ाइयों-युद्धों (war) से उत्पन्न जनपदोद्ध्वंस का भी अधर्म ही कारण होता है। जिनका लोभ रोष (क्रोध) मोह अहंकार अधिक बढ़ गया है वे दुर्बल पुरुषों की अवज्ञा करके अपने, स्वजन (स्त्री भृत्य आदि) वा दूसरों के नाश के लिये शस्त्र द्वारा परस्पर लड़ते हैं वा दूसरों पर चढ़ाई करते हैं वा दूसरों से आक्रान्त किये जाते हैं अर्थात् परपुरुष वा परराष्ट्र आक्रमण कर देते हैं जैसे—महाभारत का युद्ध वा विगत योरोपीय महायुद्ध ॥२४॥

रक्षोगणादिभिर्वा विविधैर्भूतसङ्घैस्तमधर्ममन्यद्वाऽप्यपचारान्तरमुपलभ्याभिहन्यन्ते ॥२५॥

अधर्म वा अन्य किसी अपचार (अस्वच्छता आदि) को पाकर मनुष्य रक्षोगण आदि विविध प्रकार के भूतसमूहों से भी मारे जाते हैं ॥२५॥

तथाऽभिशापप्रभावस्याप्यधर्म एव हेतुर्भवति; ये[3]

१–'ते' च । २–'ते' इति चक्रपाणिसम्मतः पाठः । एव मध्ये पि ।
३–'ते' च ।

लुप्तधर्माणो धर्मादपेतास्ते गुरुवृद्धसिद्धर्षिपूज्यानवमत्याहितान्याचरन्ति, ततस्ताः प्रजा गुर्वादिभिरभिशप्ता भस्मतामुपयान्ति, [1]प्रागेवानेकपुरुषकुलविनाशाय; [2]नियतप्रत्ययोपलम्भान्नियताः, अनियतप्रत्ययोपलम्भादनियताश्चापरे ॥

अभिशाप से उत्पन्न होनेवाले जनपदोद्ध्वंस का भी अधर्म ही हेतु है। जो लुप्तधर्मा हैं वा धर्म से च्युत हैं, वे गुरु वृद्ध सिद्ध आचार्य; इनकी अवज्ञा करके अहितकर्म करते हैं। तब अनेक पुरुषों के कुल के नाश के लिए गुरु आदि द्वारा शाप दिये जाने पर वे प्रजायें शीघ्र ही भस्म हो जाती हैं—नष्ट हो जाती हैं। नियत कारण की उपलब्धि से आयु नियत और अनियत कारण की उपलब्धि से आयु अनियत होती है ॥२६॥

प्रागपि चाधर्मादृते नाशुभोत्पत्तिरन्यतोऽभूत्। आदिकाले ह्यदितिसुतसमौजसोऽतिबल [3]विपुलप्रभावाः प्रत्यक्षदेवदेवर्षिधर्मयज्ञविधिविधानाः[4] शैलेन्द्रसारसंहतस्थिरशरीराः प्रसन्नवर्णेन्द्रियाः पवनसमबलजवपराक्रमाश्चारुस्फिचोऽभिरूपप्रमाणाकृतिप्रसादोपचयवन्तः सत्यार्जवानृशंस्यदानदमनियमतपउपवासब्रह्मचर्यव्रतपरा व्यपगतभयरागद्वेषमोहलोभक्रोधशोकमानरोगनिद्रातन्द्राश्रमक्लमालस्यपरिग्रहाश्च पुरुषा बभूवुरमितायुषः; तेषामुदारसत्त्वगुणकर्मणामचिन्त्यरसवीर्यविपाकप्रभावगुणसमुदितानि प्रादुर्बभूवुः सस्यानि सर्वगुणसमुदितत्वात् पृथिव्यादीनां कृतयुगस्यादौ। भ्रश्यति तु कृतयुगे केषांचिदत्यादानात्सांपन्निकानां शरीरगौरवमासीत्, शरीरगौरवात् श्रमः, श्रमादालस्यम्, आलस्यात् संचयः, संचयात् परिग्रहः, परिग्रहाल्लाभः प्रादुर्भूतः[6] ॥२७॥

पुराकाल में भी अधर्म के विना किसी अन्य कारण से अशुभ की उत्पत्ति नहीं हुई। आदिकाल में देवों के सदृश ओजयुक्त अतिबलशाली तथा अत्यधिक प्रभाववाले, जिन्हें देव देवर्षि धर्म यज्ञविधि तथा अनुष्ठान प्रत्यक्ष थे, हिमालय पर्वत के सदृश सार (त्वचा रक्त मांस मेद अस्थि मज्जा वीर्य मन) युक्त सुगठित एवं स्थिर शरीरवाले, वर्ण तथा इन्द्रियाँ जिनकी प्रसन्न निर्मल थीं, वायु के समान बल वेग एवं पराक्रमवाले, सुन्दर नितम्बोंवाले, मनोहर प्रमाण (लम्बाई चौड़ाई) आकृति प्रसाद तथा उपचय (पुष्टि) वाले, सत्य आर्जव (छल कपट का न होना सरलता) आनृशंस्य (अक्रूरता) दान दम नियम ('शौचसन्तोषतपःस्वाध्यायेश्वरप्रणिधानानि नियमाः') तप उप-

१—प्रागप्यभूदनेक० ग० । 'प्रागेवेति झटिति, अनेकपुरुषकुलविनाशायाभिशप्ता भस्मतां यान्तीत्यर्थः' चक्रः । २—नियतप्रत्ययोपलम्भात् प्रतिनियतपुरुषाभिशापात्, नियता एव भस्मतां यान्ति न सर्वे जनाः--इत्यर्थः । ३—'०ऽतिविमलविपुलप्रभावाः' ग० । ४—'विधिर्यज्ञविधायको वेदः, विधानं यज्ञविधानं' चक्रः । ५—'तेषामुदारसत्त्वगुणे कर्मणां धर्माणामचिन्त्यत्वात्' ग० । 'तेषामुदारसत्त्वगुणैः कर्मणां धर्माणाञ्चाचिन्त्यत्वाद्' पा० ६—'प्रादुरासीत् कृतयुगे' ग० ।

वास[1] तथा ब्रह्मचर्यव्रत का अनुष्ठान करनेवाले, भय, राग, द्वेष, मोह, लोभ, क्रोध, शोक, अहंकार रोग निद्रा (असमय में) तन्द्रा श्रम (थकावट) क्लम (बिना आयास के हो थकावट की प्रतीति होना) आलस्य परिग्रह (रिश्वत आदि लेना) इनसे रहित अत्यधिक दीर्घ आयुवाले पुरुष हो चुके हैं। सत्ययुग के प्रारम्भ में सम्पूर्ण गुणों से युक्त पृथिवी आदि पञ्चमहाभूतों के होने के कारण उन उत्तम मन गुण तथा कर्मवाले पुरुषों के लिये अचिन्त्य रस वीर्य विपाक प्रभाव तथा गुणों से युक्त शस्य (अनाज) उत्पन्न हुए थे। सत्ययुग के कुछ काल के व्यतीत होने पर किन्हीं सम्पन्न पुरुषों के अत्यधिक धन आदि के लेने पर वा अधिक भोजन से उनके शरीर भारी हो गये–स्थूल हो गये। शरीर के भारी होने से थकावट, थकावट से आलस्य, आलस्य से सञ्चय (जमा करने की इच्छा), संचय से परिग्रह–हर तरह से धन आदि का लेना वा ममता तथा परिग्रह से लोभ उत्पन्न हो गया ॥२७॥

ततस्त्रेतायां लोभादभिद्रोहः, अभिद्रोहादनृतवचनम्, अनृतवचनात्कामक्रोधमानद्वेषपारुष्याभिघातभयतापशोकचित्तोद्वेगादयः प्रवृत्ताः; ततस्त्रेतायां धर्मपादोऽन्तर्धानमगमत्, तस्यान्तर्धानात् ([2]युगवर्षप्रमाणस्य पादह्रासः) पृथिव्यादीनां गुणपादप्रणाशोऽभूत्, तत्प्रणाशकृतश्च सस्यानां स्नेहवैमल्यरसवीर्यविपाकप्रभावागुणपादभ्रंशः; ततस्तानि प्रजाशरीराणि [3]हीनगुणपादश्चाहारविहारैरयथापूर्वमुपष्टभ्यमानान्यग्निमारुतपरीतानि प्राग्व्याधिभिर्ज्वरादिभिराक्रान्तानि, अतः प्राणिनोनह्रासमवापुरायुषः क्रमश इति ॥२८॥

तदनन्तर त्रेता में लोभ से अभिद्रोह (हिंसा वा दूसरे का हानि पहुँचाना), अभिद्रोह से झूठ बोलना, झूठ बोलने से काम क्रोध अहंकार द्वेष कठोरता अभिघात (चोट) भय ताप शोक तथा चित्त की ग्लानि आदि प्रवृत्त हुए। इस कारण त्रेता में धर्म का एक पाद (पैर–चतुर्थांश लुप्त हो गया। इसके लुप्त होने से युग (सत्ययुग) के वर्षों के प्रमाण का चतुर्थांश कम हो गया। अर्थात् सत्ययुग का प्रमाण ४८०० दिव्य वर्ष हैं। इसका चतुर्थांश १२०० दिव्य वर्ष त्रेता में कम हो गये। अभिप्राय यह है कि त्रेता का प्रमाण ४८००–१२०० = ३६०० दिव्य वर्ष हुआ। इसी प्रकार सत्ययुग में व्यास के अनुसार पुरुष की औसतन आयु ४०० वर्ष की होती थी–जैसे कहा भी है॥

'पुरुषाः सर्वसिद्धाश्च चतुर्वर्षशतायुषः ॥'

४०० का $\frac{1}{4}$ = १०० होता है। अतः त्रेता में पुरुष की आयु ४००–१०० = ३०० हो गयी।

पृथिवी आदियों के भी गुणों का चतुर्थांश नष्ट हो गया। उनके नष्ट होने से शस्यों (अनाज) के स्नेह निर्मलता रस वीर्य विपाक प्रभाव तथा अन्य गुणों में चतुर्थांश कमी हो गयी। तदनन्तर उन प्राणियों के शरीर, चतुर्थांश गुण जिनमें कम हो गया है ऐसे आहारविहारों से, जैसे उससे पूर्व (सत्ययुग में) परिपालित होते थे और अग्नि एवं वायु से युक्त थे उतने परिपालित न होने तथा उतने अग्नि एवं वायु से युक्त न होने के कारण पहिले ज्वर आदि रोगों से आक्रान्त हो गये। अतएव प्राणियों की आयु क्रमशः कम हो गयी ॥२८॥

भवतश्चात्र।

युगे युगे धर्मपादः क्रमेणानेन हीयते।
गुणपादश्च भूतानामेवं लोकः प्रलीयते ॥२९॥

युग युग में इस क्रम से धर्म का एक पैर (चतुर्थांश) कम होता है। साथ ही पञ्चमहाभूतों के गुणों का भी एक पाद नष्ट होता जाता है। इस प्रकार नष्ट होते होते अन्त में संसार का प्रलय हो जाता है ॥२९॥

संवत्सरशते पूर्णे [1]याति संवत्सरः क्षयम्।
देहिनामायुषः काले यत्र यन्मानमिष्यते ॥३०॥

जिस काल में प्राणियों की आयु का जो प्रमाण होता है उस काल के संवत्सरों में १०० वें भाग के पूर्ण होने पर आयु में एक संवत्सर (वर्ष) की कमी हो जाती है। जैसे सत्ययुग का काल ४८०० दिव्य वर्ष होता है। ४८०० का १०० वाँ भाग ४८ दिव्य वर्ष हैं। ४८ दिव्य वर्षों के व्यतीत होने पर उस समय में उत्पन्न मनुष्य की आयु में एक वर्ष की कमी हो जायगी। इस प्रकार ४८०० दिव्य वर्षों के व्यतीत होने पर सत्ययुग के अन्त में वा त्रेता के प्रारम्भ में १०० वर्ष की आयु कम हो जायगी। अर्थात् यदि सत्ययुग के प्रारम्भ में मनुष्य की आयु ४०० वर्ष (नरमान से) है तो त्रेता के प्रारम्भ में ३०० वर्ष (नरमान से) रह जायगी। त्रेता का काल ४८००–१२०० = ३६०० दिव्य वर्ष है। ३६०० का $\frac{1}{100}$ = ३६ के। अर्थात् त्रेता में ३६ दिव्य वर्ष गुजरने पर मनुष्य की आयु का एक वर्ष कम हो जाता है। ३६०० दिव्य वर्ष व्यतीत होने पर उस समय के मनुष्य की आयु में १०० वर्ष (नरमान से) की कमी हो जायगी। अभिप्राय यह है कि द्वापर के प्रारम्भ में मनुष्य की आयु ३००–१०० = २०० वर्ष (नरमान से होगी। द्वापर का काल ३६००–१२०० = २४०० दिव्य वर्ष है। २४०० का १०० वां भाग २४ दिव्य वर्ष होता है। २४ दिव्य वर्ष के बाद मनुष्य की आयु एक वर्ष कम हो जाती है। इस प्रकार कम होते हुए २४०० दिव्य वर्ष के बाद १०० वर्ष (नरमान से) की आयु कम हो जाती है। सारांश यह है कि कलियुग के प्रारम्भ में मनुष्य की आयु २००–१०० = १०० वर्ष (नरमान से) की हो गयी। कलियुग का काल २४००–१२०० = १२०० दिव्य वर्ष है १२०० दिव्य वर्ष का $\frac{1}{100}$ = १२ दिव्य वर्ष। १२ दिव्य वर्ष के पश्चात् एक वर्ष (नरमान) की कमी होने से पुरुष की आयु ९९ (नरमान से) वर्ष होगी। इसी प्रकार जैसे २ काल (१२ दिव्य वर्ष का) व्यतीत होता जायगा एक-

१—उपावृत्तस्य पापेभ्यः सहवासो गुणैर्हि यः। उपवासः स विज्ञेयो न शरीरस्य शोषणम् ॥ २—पाठोऽयं गङ्गाधरसम्मतः। ३—'हीनगुणपादैर्हीयमानगुणैः' ग०।

१—'संवत्सराणां शते शतक्रत्वो विभक्तानामेकैकभागे संपूर्णे जाते तद्युगोत्पन्नानां देहिनां तत्तत्परिमितस्यायुष एकैकः संवत्सरः क्षयं याति' गङ्गाधरः।

एक वर्ष की कमी होती जायगी। १२०० दिव्य वर्ष बीतने पर संसार नष्ट हो जायगा।

इति विकाराणां प्रागुत्पत्तिहेतुरुक्तो भवति ॥३१॥

यह विकारों के पूर्व उत्पन्न होने का कारण कह दिया है॥३१॥

एवंवादिनं भगवन्तमात्रेयमग्निवेश उवाच—किं नु खलु भगवन्! नियतकालप्रमाणमायुः सर्वं न वेति ॥३२॥

इस प्रकार कहनेवाले भगवान् आत्रेय को अग्निवेश ने कहा—हे भगवन्! क्या सब आयुओं के काल का प्रमाण निश्चय हुआ करता है या नहीं? ॥३२॥

भगवानुवाच।

इहाग्निवेश! भूतानामायुर्युक्तिमपेक्षते।
दैवे पुरुषकारे च स्थितं ह्यस्य बलाबलम् ॥३३॥

भगवान् ने उत्तर दिया—हे अग्निवेश! प्राणियों की आयु युक्ति की अपेक्षा रखती है। इस आयु का बलाबल दैव (पूर्वकृत कर्म) तथा पौरुष (ऐहिक कर्म) पर निर्भर है ॥३३॥

दैवमात्मकृतं विद्यात्कर्म यत्पौर्वदेहिकम्।
स्मृतः पुरुषकारस्तु क्रियते यदिहापरम् ॥३४॥

पूर्व देह में अपने किये गये कर्म को 'दैव' जानें। और जो इस जन्म में कर्म किया जाता है उसे पुरुषकार या पौरुष कहते हैं॥३४॥

बलाबलविशेषोऽस्ति तयोरपि च कर्मणोः।
दृष्टं हि त्रिविधं कर्म हीनं मध्यममुत्तमम् ॥३५॥

इन दोनों प्रकार के कर्मों में परस्पर बलाबल हुआ करता है। अर्थात् कदाचित् दैव बलवान् होता है, कदाचित् पौरुष, कदाचित् दोनों बलवान् होते हैं, कदाचित् दोनों निर्बल। यह दोनों प्रकार के कर्म भी हीन मध्यम एवं उत्तम भेद से तीन प्रकार के देखे गये हैं ॥३५॥

तमोरुदारयोर्युक्तिर्दीर्घस्य च सुखस्य च।
नियतस्यायुषो हेतुर्विपरीतस्य चेतरा ॥३६॥
मध्यमा मध्यमस्येष्टा,

उन दोनों प्रकार के उत्तम कर्मों की युक्ति (योग) दीर्घ सुखयुक्त तथा निश्चित आयु का कारण है। और विपरीत योग विपरीत आयु का। अर्थात् यदि दैव पुरुषकार दोनों प्रकार के कर्म हीन हों तो आयु दुःखयुक्त ह्रस्व एवं अनिश्चित होती है। यदि मध्यम योग हो तो मध्यम आयु का कारण होता है ॥३६॥

कारणं शृणु चापरम्।

दैवं पुरुषकारेण दुर्बलं ह्युपहन्यते ॥३७॥
दैवेन चेतरत्कर्म विशिष्टेनोपहन्यते।
[1]दृष्ट्वा यदेके मन्यन्ते नियतं मानमायुषः ॥३८॥

नियत अनियत दुःख सुख एवं हिताहित आयु में जो अन्य हेतु है, वह भी सुनो—जब दैव दुर्बल होता है तो पौरुष (ऐहिक कर्म) उसे दबा लेता है। और जब दैव बलवान् होता है तब वह पौरुष को अभिभूत कर देता है। अर्थात् जब दोनों कर्म इस प्रकार के हों कि उनमें एक बलवान् हो और दूसरा निर्बल हो तो बलवान् की विजय होती है। जिसे देखकर कई लोग आयु का प्रमाण नियत है—ऐसा मानते हैं।

आयु के निर्माण में दैव और पौरुष दोनों कर्म कारण हैं। जब इनमें से कोई एक हीन होता है तो आयु के अनियत होने पर भी दूसरे बलवान् के निश्चित होने से उस पर निर्भर आयु को भी निश्चित प्रमाण का ही कहना चाहिये—यह उनका आशय है। अथवा केवल पौरुष को दैव द्वारा दबाया जाता हुआ देखकर आयु का प्रमाण निश्चित है, ऐसा कहने लगते हैं ॥३७–३८॥

कर्म किंचित्क्वचित्काले विपाके नियतं महत्।
किंचित्त्वकालनियतं प्रत्ययैः [1]प्रतिबोध्यते ॥३९॥ इति

कोई महत् कर्म किसी समय पर विपाक (परिणामफल) में निश्चित होता है और किसी कर्म के विपाक का काल निश्चित नहीं होता, परन्तु वह अन्य कारणों से जगाया जाता है। अभिप्राय यह है कि कोई बलवान् कर्म ऐसा होता है जिसके विपाक का समय निश्चित होता है। कोई कर्म ऐसा होता है कि उसके परिपाक का कोई निश्चित काल नहीं, परन्तु किसी भी समय में अनुगुण अन्य सहकारिकारण को पाकर वह पक सकता है ॥३९॥

तस्मादुभयदृष्टत्वादेकान्तग्रहणमसाधु; निदर्शनमपि चात्रोदाहरिष्यामः—यदि हि नियतकालप्रमाणमायुः सर्वं स्यात्, तदायुष्कामाणां न मन्त्रौषधिमणिमङ्गलबल्युपहारहोमनियमप्रायश्चित्तोपवासस्वस्त्ययनप्रणिपातगमनाद्याः क्रिया इष्टयश्च प्रयुज्येरन्, नोद्भ्रान्तचण्डचपलगोगजोष्ट्रखरतुरगमहिषादयः पवनादयश्च दुष्टाः परिहार्याः स्युः, न प्रपातगिरिविषमदुर्गाम्बुवेगाः, तथा न प्रमत्तोन्मत्तोद्भ्रान्तचण्डचपलमोहलोभाकुलमतयः, नारयः, न प्रवृद्धोऽग्निः, न च विविधविषाश्रयाः सरीसृपोरगादयः न साहसं, नादेशकालचर्या, न नरेन्द्रप्रकोपः; इत्येवमादयो भावा नाभावकराः स्युः, आयुषः सर्वस्य नियतकालप्रमाणत्वात्; न चानभ्यस्ताकालमरणभयनिवारकाणामकालमरणभयमागच्छेत्प्राणिनां, व्यर्थाश्चारम्भकथाप्रयोगबुद्धयः स्युर्महर्षीणां रसायनाधिकारे, नापीन्द्रो नियतायुषं शत्रुं वज्रेणाभिहन्यात्, नाश्विनावार्तं भेषजेनोपपादयेतां[2], न महर्षयो यथेष्टमायुस्तपसा प्राप्नुयुः, नच विदितवेदितव्या महर्षयः ससुरेशा रसायनादीनि सम्यक् पश्येयुरुपदिशेयुराचरेयुर्वा; अपि च सर्वचक्षुषामेतत्परं—यदैन्द्रं[3] चक्षुः, इदं चास्माकं प्रत्यक्षं, यथापुरुषसहस्राणामुत्थायोत्थायाहवं[4] कुर्वतामकुर्वतां चातुल्यायुष्ट्वं, तथा जातमात्राणामप्रतीकारात् प्रतीकाराच्च, अविषविषप्राशिनां चाप्यतुल्यायुष्ट्वं, न च तुल्यो योगक्षेम उदपानघटानां चित्रघटानां चोत्सीदतां, तस्माद्धितोपचारमूलं जीवितमतो विपर्ययान्मृत्युः; अपि च देशकालात्मगुणविपरीतानां कर्मणामाहारविहाराणां च क्रियोपयोगं[5] सम्यक् सर्वातियोगसन्धारणमुदीर्णानां च

१—'दैवेनपुरुषकारं पराभूतं दृष्ट्वा' चक्रः।

१—'दृष्टकः रणैरुद्रिक्तं क्रियते' चक्रः।

२—'भेषजेनोपचरेतां' ग०। ३—'यद्दिव्यं चक्षुरिदं चाप्यस्माकं तेन प्रत्यक्षं' ग०। ४—'०हार' ग०।

५—'क्रमोपयोगः सम्यक् त्यागः सर्वासां चातियोगायोगमिथ्यायोगानां, संधारणमनुदीर्णानां' ग०।

वर्जनमारोग्यानुवृत्तौ हेतुमुपलभामहे उपदिशामः सम्यक् पश्यामश्चेति ॥४०॥

अतएव आयु के नियत एवं अनियत दोनों प्रकार का देखे जाने से एक पक्ष को मानना ठीक नहीं। केवल यह मानना कि आयु निश्चित ही है ठीक नहीं और न ही केवल अनिश्चित मानना संगत है। आयु नियत भी होती है, अनियत भी यही मानना युक्ति सङ्गत है। यहाँ युक्ति भी बताते हैं—यदि सब आयु के काल का प्रमाण निश्चित हो तो दीर्घ आयु की कामना करनेवाले पुरुष मन्त्र औषधि मणि मङ्गल बलि उपहार होम नियम प्रायश्चित्त उपवास स्वस्तिवाचन प्रणिपात (नम्रता) गमन आदि क्रियायें और इष्टियाँ (किसी शुभ इच्छा को पूर्ण किये जाने के लिये किये जानेवाले यज्ञ) न करें। क्योंकि आयु के निश्चित होने से किसी भी प्रकार आयु के न बढ़ सकने के कारण ये कर्म निष्प्रयोजन होंगे। इधर-उधर दौड़ते हुए क्रुद्ध वा चपल गौ हाथी ऊँट गदहा घोड़ा भैंसे आदि तथा दुष्ट वायु आदि से डरकर बचना न चाहिये। प्रपातों (Falles) पर्वतों पर विषम तथा पार करने में कठिन मार्गों जलों के वेग से भी डरकर परे न हटना चाहिये। तथा प्रमत्त (असावधान) उन्मत्त (उन्मादयुक्त, पागल) उद्भ्रान्त (इतस्ततः दौड़ते हुए, उच्छृङ्खल) क्रोधी चपल मोह लोभ से घिरी हुई बुद्धिवाले पुरुष, शत्रु, तीव्र अग्नि, विविध विषधर रेंगनेवाले साँप आदि, साहस (अपने बल से अधिक कार्य करना), देश एवं काल के विपरीत आचरण, राजाओं का कोप तथा अन्य इसी प्रकार के भाव मृत्यु का कारण न हों। क्योंकि सब आयुओं के काल का प्रमाण नियत है, तथा च जिन प्राणियों ने कभी भी अकाल में मरने के निवारक प्रयोगों का अभ्यास नहीं किया, उन्हें अकाल में मरने का भय ही न होना चाहिये। महर्षियों का रसायनाधिकार में आयु को बढ़ानेवाले कर्म उपदेश प्रयोग तथा ज्ञान विफल होंगे। इन्द्र भी नियत आयुवाले को वज्र से न मार सकते। अश्विनीकुमार रोगी की औषध द्वारा चिकित्सा न करते। ऋषि भी तप द्वारा यथेच्छ आयु को न प्राप्त होते। इन्द्र और महर्षि जिन्होंने सब ज्ञेय को जान लिया है, उन्हें रसायन आदि सम्यक् ज्ञात न होता, न उपदेश करते, न स्वयं उन पर आचरण करते। अपि च सम्पूर्ण नेत्रों में इन्द्र के नेत्र सबसे उत्कृष्ट हैं। अर्थात् महर्षियों वा इन्द्र के जो ज्ञानचक्षु हैं वे सर्वोत्कृष्ट हैं। उन्हीं चक्षुओं से देखकर उन्होंने रसायन आदि का स्वयं सेवन किया है और दूसरों को उपदेश दिया है। यह हमें भी प्रत्यक्ष है कि हजारों पुरुषों में प्रतिदिन उठ २ कर युद्ध करते हुओं तथा न करते हुओं की आयु समान नहीं होती। अर्थात् जो युद्ध करते हैं वे ही मरते हैं, जो नहीं करते वे नहीं मरते। उत्पन्न होते ही रोग की चिकित्सा कराने से तथा न कराने से भी आयु तुल्य नहीं होती। जो प्रतीकार करवाते हैं वे प्रायशः बच जाते हैं, जो नहीं करवाते वे प्रायशः मर जाते हैं। विष खानेवाले और न खानेवालों की भी आयु तुल्य नहीं होती। विष खानेवाले प्रायशः मर जाते हैं और न खानेवाले जीवित रहते हैं। यहाँ तक कि प्याऊ के घड़े और चित्र घड़े भी परस्पर तुल्य काल तक नहीं रहते। प्याऊ के घड़े प्रतिदिन पानी भरने हिलाने डुलाने से शीघ्र टूट जाते हैं। और चित्र-स्थित घड़े वैसे ही बहुत काल तक बने रहते हैं।

इन बातों के देखने से हम इसी परिणाम पर पहुँचते हैं कि हितसेवन जीवन का कारण और उसका विपरीत मृत्यु का कारण होता है। अपि च देशकाल तथा अपने गुणों से विपरीत (सात्म्य) कर्म एवं आहारविहारों के सम्यक्तया चिकित्सोपयोग को, सबके अतियोग के त्याग को, प्रवृत्त एवं गतिमान् वेगों के न रोकने को, साहसों के त्याग को, आरोग्य के अनुपालन का कारण पाते हैं, दूसरों को उपदेश करते हैं और सम्यक्तया जानते हैं ॥४०॥

अतः परमग्निवेश उवाच - एवं सत्यनियतकालप्रमाणायुषां भगवन्! कथं कालमृत्युरकालमृत्युर्वा भवतीति ॥४१॥

इसके बाद अग्निवेश ने कहा—यदि ऐसा ही है तो अनिश्चित काल प्रमाण आयुवाले पुरुषों की हे भगवन्! कालमृत्यु और अकालमृत्यु किस प्रकार होती है? अर्थात् जिनकी आयु का काल नियत है उनकी तो कालमृत्यु होगी ही, परन्तु जिसकी आयु का काल निश्चित नहीं उनकी कालमृत्यु और अकालमृत्यु किस प्रकार होगी? ॥४१॥

तमुवाच भगवानात्रेयः - श्रूयतामग्निवेश! यथा यानसमायुक्तोऽक्षः प्रकृत्यैवाक्षगुणैरुपेतः (स्यात् [1]स च) सर्वगुणोपपन्नो वाह्यमानो यथाकालं स्वप्रमाणक्षयादेवावसानं[2] गच्छेत्, तथाऽऽयुः शरीरोपगतं बलवत्प्रकृत्या यथावदुपचर्यमाणं स्वप्रमाणक्षयादेवावसानं गच्छति, स मृत्युः काले; यथा च स एवाक्षोऽतिभाराधिष्ठितत्वाद्विषमपथादपथाक्षचक्रभङ्गाद्वाह्यवाहकदोषादणिमोक्षात् [3]पर्यसनादनुपाङ्गाच्चान्तरा व्यसनमापद्यते, तथाऽऽयुरप्ययथाबलमारम्भादयथाग्न्यभ्यवहरणाद्विषमाभ्यवहरणाद्विषमशरीरन्यासादतिमैथुनादसत्संश्रयादुदीर्णवेगविनिग्रहाद्विधार्यवेगाविधारणाद् भूतविषवाय्वग्न्युपतापादभिघातादाहारप्रतीकारविवर्जनाच्च यावदन्तरा [4]व्यसनमापद्यते, स मृत्युरकाले; तथा ज्वरादीनप्यातङ्कान् मिथ्योपचरितानकालमृत्यून् पश्याम इति ॥४२॥

भगवान् आत्रेय ने उत्तर दिया—अग्निवेश! सुनो। यान (गाड़ी आदि) का अक्ष (धुरा वा चक्रनाभि—पहिये के बीच की नाभि जिससे अरे लगते हैं और जहाँ गाड़ी का सहारा होता है) स्वभाव से अक्ष के गुणों (दृढ़ता वा भारवाहन आदि में समर्थता आदि) से युक्त हो, और वह सम्पूर्ण गुणों से युक्त हुआ २ (अधिक भार का न डालना आदि) प्रयुक्त होते २ अपने समय पर अपने प्रमाण के क्षीण होने वा

१—'अयं पाठश्चक्रासंमतः'। २—'अवसानं गच्छति' ग०।
३—'पर्यसनं परिक्षेपः, अनुपाङ्गादिति स्नेहादानात्' चक्रः।
४—'अवसानमेवापद्यते' ग०।

घिसते रहने से नष्ट हो जाता है–टूट जाता है, वैसे ही शरीर से सम्बन्ध स्वभाव से ही बलवान् आयु यथावत् (स्वस्थवृत्त विधान से) परिपालित होता हुआ अपने प्रमाण की क्षीणता से ही नष्ट हो जाता है। वह काल में मृत्यु कहलाती है।

और जैसे ही वह धुरा अत्यधिक भार उठाने से, ऊँचे-नीचे मार्ग से, मार्ग पर न चलने से, धुरे के चक्र (बाहर का पहिये का चक्कर) के टूट जाने से, वाह्य (जो यान पर बैठा है) और वाहक (साईस वा घोड़ा) के दोष से, कील के निकल जाने से, उलट जाने से, तेल वा चिकनाई आदि के न देने से बीच में नष्ट हो जाता है, वैसे ही आयु भी साहस से, अपनी अग्नि के अनुसार भोजन न करने से, विषम भोजन से, शरीर को विषमता में रखने से, अत्यन्त मैथुन से, दुष्ट पुरुषों के सङ्ग से, प्रवृत्तवेग को रोकने से, जिन वेगों का धारण करना चाहिये उनको न रोकने से (इनका वर्णन [1]सूत्रस्थान में हो चुका है भूत विष वायु अग्नि इनके सन्ताप से, चोट से, आहार न करने से, चिकित्सा न करने से बीच में ही जो विपद्ग्रस्त हो जाना अकालमृत्यु कहाती है। तथा ज्वर आदि रोगों की ठीक चिकित्सा न होकर उल्टी चिकित्सा हुई हो तो भी हम अकाल मृत्यु ही जानते हैं ॥४२॥

अथाग्निवेशः पप्रच्छ—किं नु खलु भगवन्! ज्वरितेभ्यः पानीयमुष्णं भूयिष्ठं प्रयच्छन्ति भिषजो न तथा शीतम्, अस्ति शीतसाध्यो धातुर्ज्वरकर इति ॥४३॥

मिथ्योपचार के प्रसङ्ग को सुनकर अग्निवेश ने पूछा—हे भगवन्! ज्वर के रोगियों को चिकित्सक प्रायः गरम जल ही पीने को देते हैं, शीतल जल नहीं? ज्वरोत्पादक धातु–पित्त तो शीतसाध्य है।

'ऊष्मा पितादृते नास्ति ज्वरो नास्त्यूष्मणा विना, ॥४३॥

तमुवाच भगवानात्रेयः—ज्वरितस्य कायसमुत्थानदेशकालानभिसमीक्ष्य पाचनार्थं पानीयमुष्णं प्रयच्छन्ति भिषजः; ज्वरो ह्यामाशयसमुत्थः, प्रायो भेषजानि चामाशयसमुत्थानां विकाराणां [2]पाचनवमनापतर्पणसमर्थानि भवन्ति, पाचनार्थं च पानीयमुष्णं, तस्मादेतज्ज्वरितेभ्यः प्रयच्छन्ति भिषजो भूयिष्ठं; तद्ध्येषां पीतं वातमनुलोमयति, [3]अग्निमुदर्यमुदीरयति, क्षिप्रं जरां गच्छति, श्लेष्माणं च परिशोषयति, स्वल्पमपि च पीतं तृष्णाप्रशमनायोपपद्यते; तथायुक्तमपि चैतन्नात्यर्थोत्सन्नपित्ते ज्वरे सदाहभ्रमप्रलापातिसारे वा प्रदेयम्, उष्णेन हि दाहभ्रमप्रलापातिसारा भूयोऽभिवर्धन्ते, शीतेनोपशाम्यन्तीति ॥४४॥

भगवान् आत्रेय ने उसको उत्तर दिया—ज्वर के रोगी के शरीर निदान देश काल आदि की परीक्षा करके चिकित्सक लोग पाचन के लिये गरम जल दिया करते हैं। ज्वर आमाशय से उत्पन्न होता है। आमाशय से उत्पन्न होनेवाले रोगों की पाचन वमन वा अपतर्पण (लङ्घन आदि) में समर्थ औषध ही होती है। पाचन के लिये गरम जल होता है। अतएव अधिकतर चिकित्सक ज्वर के रोगियों को इसे देते हैं। वह पीया हुआ रोगियों के वात का अनुलोमन करता है। जठराग्नि को उत्तेजित करता है। कफ को सुखाता है। थोड़ा भी पिया हुआ प्यास को शान्त करता है।

इन गुणों से युक्त होते हुए भी, अत्यधिक पित्त जिसमें बढ़ा हुआ हो और जिसमें दाह, भ्रम, प्रलाप तथा अतिसार भी साथ हो उस ज्वर में नहीं देना चाहिये। गरम उपचार से दाह भ्रम प्रलाप तथा अतिसार अत्यधिक बढ़ जाते हैं शीत से शान्त होते हैं ॥४४॥

भवति चात्र।

शीतेनोष्णकृतान् रागान् शमयन्ति भिषग्विदः।
ये तु शीतकृता रोगास्तेषां चोष्णं भिषग्जितम् ॥४५॥

ज्ञानी चिकित्सक उष्णता से उत्पन्न रोगों को शीत उपचार द्वारा शान्त करते हैं और जो शीत से उत्पन्न होते हैं उनकी उष्ण भेषज होती है ॥४५॥

एवमितरेषामपि व्याधीनां निदानविपरीतमौषधं भवति कार्यं; यथा—अपतर्पणनिमित्तानामपि व्याधीनां नान्तरेण पूरणमस्ति शान्तिः तथा पूरणनिमित्तानां नान्तरेणापतर्पणमिति ॥४६॥

इसी ही प्रकार दूसरे रोगों को भी निदानविपरीत औषध करनी होती है। जैसे—अपतर्पण से उत्पन्न रोगों की सन्तर्पण के बिना शान्ति नहीं होती। तथा सन्तर्पण से उत्पन्न रोगों की अपतर्पण के बिना ॥४६॥

अपतर्पणमपि च त्रिविधं—लङ्घनं, लंघनपाचनं, दोषावसेचनं चेति ॥४७॥

अपतर्पण तीन प्रकार का है–१ लङ्घन २ लङ्घनपाचन ३ दोषावसेचन वा दोषनिर्हरण (संशोधन) ॥४७॥

तत्र लंघनमल्पबलदोषाणां, लंघनेन ह्यग्निमारुतवृद्ध्या वातातपपरीतमिवाल्पमुदकमल्पदोषः प्रशोषमापद्यते ॥४८॥

जब दोषों का बल अल्प हो तब लङ्घन कराना चाहिये। लङ्घन कराने से अग्नि और वायु की वृद्धि होती है जिससे अल्प दोष सूख जाता है। जैसे जहाँ वायु का सञ्चार हो और धूप पड़ती हो ऐसी जगह पड़ा हुआ थोड़ा सा जल सूख जाता है ॥४८॥

लङ्घनपाचने तु मध्यबलदोषाणां, लङ्घनपाचनाभ्यां हि मध्यबलो दोषः सूर्यसन्तापमारुताभ्यां पांशुभस्मावकिरणैरिव चानतिबहूदकं प्रशोषमापद्यते ॥४९॥

जब दोषों का बल मध्यम हो तो लङ्घन-पाचन कराने होते हैं। लङ्घन और पाचन से मध्यम बल दोष इस प्रकार सूखता है जैसे बहुत अधिक जल न होना (अर्थात् मध्यम परिमाण का जल) सूर्य की गरमी और वायु से तथा धूल वा राख के डालने से। लङ्घन तो दोष को ऐसे शुष्क करता है जैसे पानी को वायु और धूप। पाचन ऐसे सुखाता है जैसे धूल वा राख का डालना जल को ॥४९॥

बहुदोषाणां पुनर्दोषावसेचनमेव कार्यं, न ह्यभिन्ने केदारसेतौ पल्वलाप्रसेकोऽस्ति तद्वद्दोषावसेचनम् ॥५०॥

१–इमांस्तु धारयेद्वेगान् हितार्थी प्रेत्य चेह च।
साहसानामशस्तानां मनोवाक्कायकर्मणाम् ॥ इत्यादि।

२—'विरेचनवमनापतर्पणसंशमनान्येव' ग०।

३ 'अग्नि चाग्युदीर्यमुदीरयति' ग०।

जब दोष बहुत हों तो दोषनिर्हरण वा संशोधन ही करना चाहिये। केदार के बन्ध को न तोड़ने से पल्वल (छोटा तालाब) जल रहित नहीं होता। अर्थात् यदि हम चाहते हैं कि सारे तालाब का जल सुखा दिया जाय तब हमें उस केदार का बन्ध तोड़ना पड़ेगा जिससे जल निकल जाय। इसी प्रकार जब शरीर में दोष बहुत हों तो संशोधन द्वारा उसे निकालने के अतिरिक्त अन्य कोई श्रेष्ठ उपाय नहीं ॥५०॥

दोषावसेचनं तु खल्वन्यद्वा भेषजं प्राप्तकालमप्यातुरस्य नैवंविधस्य कुर्यात्, तद्यथा—[1]अनपवादप्रतीकारस्याधनस्यापरिचारकस्य[2] वैद्यमानिनश्चण्डस्यासूयकस्य तीव्राधर्मरुचेरतिक्षीणबलमांसशोणितस्यासाध्यरोगोपहतस्य मुमूर्षुलिङ्गान्वितस्य चेति। एवंविधं ह्यातुरमुपचरन् भिषक्पापीयसाऽयशसा योगमृच्छतीति ॥५१॥

समय पड़ने पर भी निम्न प्रकार के रोगी का निश्चय से दोषसंशोधन अथवा अन्य कोई औषध न करे—जैसे निन्दा का प्रतीकार न करनेवाले, निर्धन, परिचारक रहित, वैद्य न होते हुए भी अपने आपको वैद्य समझनेवाले, क्रोधी, दूसरे के गुणों को भी दोष बतानेवाले, जिसकी अधर्म में तीव्र रुचि हो, जिस रोगी का बल मांस और रक्त क्षीण हो गया हो, असाध्यरोग से आक्रान्त तथा मुमूर्षु (मृत्युसूचक) लक्षण से युक्त पुरुष की चिकित्सा न करनी चाहिये। इस प्रकार के रोगी का उपचार करते हुए वैद्य अतिघोर निन्दा से युक्त होता है ॥५१॥

भवति चात्र।

अल्पोदकद्रुमो यस्तु प्रवातः प्रचुरातपः।
ज्ञेयः स जाङ्गलो देशः स्वल्परोगतमोऽपि च ॥५२॥

जाङ्गलदेश—जहाँ जल और वृक्ष अल्प हों, जहाँ वायु खूब चलता हो, धूप भी प्रचुर हो और जहाँ बहुत कम रोग होते हों, वह देश जाङ्गल कहाता है ॥५२॥

**प्रचुरोदकवृक्षो यो निवातो दुर्लभातपः।
आनूपो बहुदोषश्च,**

आनूपदेश—जहां जल और पेड़ प्रचुर परिमाण में हों, वायु का सञ्चार न होता हो, धूप जहाँ दुर्लभ हो, बहुदोषकर हो, वह आनूप देश होता है ॥

समः साधारणो मतः ॥५३॥

साधारण देश—सम होता है। अर्थात् जहाँ जल वा वृक्ष न बहुत अधिक हों, न बहुत कम हों; जहाँ न बहुत आंधियाँ ही चलती हों और न ऐसा हो कि जहाँ वायु का सञ्चार न होता हो। धूप भी न बहुत हो न कम हो वह देश साधारण कहाता है ॥५३॥

**तदात्वे चानुबन्धे वा यस्य स्यादशुभं फलम्।
कर्मणस्तन्न कर्तव्यमेतद् बुद्धिमतां मतम् ॥५४॥**

तत्काल वा कुछ काल के पश्चात् जिस कर्म का फल वा परिणाम अशुभ (बुरा) हो वह न करना चाहिये, यह बुद्धिमानों का मत है ॥५४॥

तत्र श्लोकाः।

पूर्वरूपाणि सामान्या हेतवः सस्वलक्षणाः।
देशोद्ध्वंसस्य भैषज्यं हेतूनां मूलमेव च ॥५५॥

**प्राग्विकारसमुत्पत्तिरायुषश्च क्षयक्रमः।
मरणं प्रति भूतानां कालाकालविनिश्चयः ॥५६॥
यथा चाकालमरणं यथायुक्तं च भेषजम्।
सिद्धिं यात्यौषधं येषां न कुर्याद् येन हेतुना ॥५७॥
तदात्रेयोऽग्निवेशाय निखिलं सर्वमुक्तवान्।
देशोद्ध्वंसनिमित्तीये विमाने मुनिसत्तमः ॥५८॥**

इत्यग्निवेशकृते तन्त्रे चरकप्रतिसंस्कृते तृतीये विमानस्थाने जनपदोद्ध्वंसनीयं विमानं नाम तृतीयोऽध्यायः ॥३॥

जनपदोद्ध्वंसनीय के पूर्वरूप, अपने २ लक्षणों सहित सामान्य हेतु (वायु आदि), चिकित्सा, जनपदोद्ध्वंस के हेतुओं की जड़ (अधर्म), रोगों की प्रारम्भिक उत्पत्ति, आयु (चकार से धर्म आदि) के क्षय का क्रम, प्राणियों की मृत्यु के सम्बन्ध में काल और अकाल का विज्ञान, जैसे काल वा अकाल मृत्यु होती है, औषध जिस प्रकार प्रयोग कराई हुयी सफल होती है, जिसकी जिस कारण औषध न करनी चाहिये, वह सब इस जनपदोद्ध्वंसनीय विमान में मुनिश्रेष्ठ आत्रेय ने अग्निवेश को निःशेष रूप से बताया ॥५५-५८॥

इति तृतीयोऽध्यायः।

चतुर्थोऽध्यायः

अथातस्त्रिविधरोगविशेषविज्ञानीयं विमानं व्याख्यास्यामः। इति ह स्माह भगवानात्रेयः ॥१॥

अब त्रिविधरोगविशेषविज्ञान सम्बन्धी विमान की व्याख्या करेंगे। यह भगवान् आत्रेय ने कहा था ॥१॥

त्रिविधं खलु रोगविशेषविज्ञानं भवति। तद् यथा—आप्तोपदेशः प्रत्यक्षमनुमानं चेति ॥२॥

रोगविशेष का विज्ञान तीन प्रकार का है—१ आप्तोपदेश, २ प्रत्यक्ष, ३ अनुमान। अर्थात् प्रत्येक रोग का ज्ञान इन तीन प्रमाणों द्वारा किया जाता है। अन्य जो प्रमाण हैं, उनका इन्हीं में ही अन्तर्भाव कर लेना चाहिये ॥२॥

तत्राप्तोपदेशो नाम आप्तवचनम्; आप्ता ह्यवितर्कस्मृतिविभागविदो निष्प्रीत्युपतापदर्शिनश्च; तेषामेवंगुणयोगाद् यद्वचनं तत्प्रमाणम्, अप्रमाणं [1]पुनर्मत्तोन्मत्तमूर्खरक्तदुष्टादुष्टवचनमिति ॥३॥

आप्तोपदेश—आप्त पुरुषों के वचन को आप्तोपदेश कहते हैं। जो संशयरहित स्मरण द्वारा सम्पूर्ण त्रैकालिक भावों के सत् असत् आदि विभाग को जानते हैं अनुराग विराग वा रागद्वेष से रहित हैं; वे आप्त होते हैं। अथवा चक्रपाणि के अनुसार—जो वितर्क (अनिश्चित ज्ञान) स्मरण ज्ञान वा एकदेश के ज्ञान से रहित ज्ञानवाले हैं–अर्थात् जिन्हें निश्चय ज्ञान है, स्वयं अनुभव किया है और अखिलरूप से जानते हैं। तथा यथार्थ देखनेवाले आप्त कहाते हैं। सूत्रस्थान के तिस्रैषणीयनामक अध्याय में कह भी आये हैं—

'रजस्तमोभ्यां निर्मुक्तास्तपोज्ञानबलेन ये।
येषां त्रिकालममलं ज्ञानमव्याहतं सदा ॥
आप्ताः शिष्टा विबुद्धास्ते.............' ॥

१—'अल्पवादप्रतीकारस्य' ग०। २—'अपचारकस्य' ग०।

१—'पुनर्मत्तोन्मत्तमूर्खरक्तदुष्टादुष्टवचनमिति' च०।

इन गुणों से युक्त होने के कारण उनके जो कुछ उपदेश हैं वे प्रमाण होते हैं। मत्त (मद्य आदि के पीने से) उन्मत्त (उन्माद आदि रोगों से आक्रान्त) वा मूर्ख वक्ता के देखे हुए अथवा न देखे हुए अर्थात् ऐहिक (इस लोक सम्बन्धी) और आमुष्मिक (परलोक सम्बन्धी) विषयों के वचन प्रमाण नहीं होते।

[1]तेषांवाक्यमसंशयम्।

'सत्यं वक्ष्यन्ति ते कस्मान्नीरजस्तमसो मृषा' ॥३॥

प्रत्यक्षं तु खलु तत्—यत्स्वयमिन्द्रियैर्मनसा[2] चोपलभ्यते ॥४॥

प्रत्यक्ष—उसे कहते हैं जो स्वयं इन्द्रियों और मन द्वारा ज्ञान प्राप्त किया जाता है। यहाँ स्वयं कहने से ही आत्मा का ग्रहण किया गया है। तिस्रैषणीयनामक अध्याय में पूर्व कह भी आये हैं—

आत्मेन्द्रियमनोऽर्थानां सन्निकर्षात् प्रवर्तते।
व्यक्ता तदात्वे या बुद्धिः प्रत्यक्षं सा निरुच्यते ॥४॥

अनुमानं खलु—तर्को युक्त्यपेक्षः ॥५॥

अनुमान—युक्ति की अपेक्षा रखनेवाले तर्क को ही अनुमान कहते हैं। युक्ति का लक्षण सूत्रस्थान ११ वें अध्याय में कर आये हैं। ज्ञात विषय में कारण की सङ्गति को देखकर अविज्ञात विषय में भी उसका निश्चय ज्ञान करना युक्ति कहाती है। कहा भी है—

बुद्धिः पश्यति या भावान् बहुकारणयोगजान्।
युक्तिस्त्रिकाला सा ज्ञेया त्रिवर्गः साध्यते यया ॥

यह युक्ति व्याप्तिरूप ही है। न्यायदर्शन में कहा भी है—'अविज्ञाततत्त्वेऽर्थे कारणोपपत्तितस्तत्त्वज्ञानार्थमूहस्तर्कः।'

युक्ति—अर्थात् कार्यकारणसंगति द्वारा अविज्ञात विषय के ज्ञान को अनुमान कहते हैं। जैसे रसोई आदि में अग्नि और धुएँ को इकट्ठा देखकर किसी ने उनके कार्यकारण का ज्ञान प्राप्त किया। पीछे से पर्वत पर धुएँ को देखकर अग्नि और धुएँ की कार्यकारण की संगति द्वारा, न दिखाई देनेवाली अग्नि का, ज्ञान प्राप्त कर लिया। यह ज्ञान अनुमान कहाता है। जहाँ धूंआँ होता है वहाँ अग्नि है यह व्याप्ति कहाती है। यही युक्ति है ॥५॥

त्रिविधेन खल्वनेन ज्ञानसमुदायेन पूर्वं परीक्ष्य रोगं सर्वथा [3]सर्वमेवोत्तरकालमध्यवसानमदोषं भवति; नहि ज्ञानावयवेन कृत्स्ने ज्ञेये ज्ञानमुत्पद्यते ॥६॥

इस तीन प्रकार के ज्ञान के समूह से वा प्रमाणों से सर्व प्रथम रोग की सर्वथा परीक्षा करने के पश्चात् जो निश्चय ज्ञान होता है वह दोष रहित होता है। ज्ञान के एक अंश से सम्पूर्ण ज्ञेय पदार्थ का ज्ञान नहीं हो सकता अर्थात् रोगपरीक्षा करते समय केवल एक वा दो प्रमाण द्वारा पूर्णज्ञान नहीं हो सकता। जब आप्तोपदेश प्रत्यक्ष अनुमान इन तीनों द्वारा ही परखा जाय तो ज्ञान पूर्ण होता है ॥६॥

त्रिविधे त्वस्मिन् ज्ञानसमुदाये पूर्वमाप्तोपदेशाज्ज्ञानं, ततः प्रत्यक्षानुमानाभ्यां परीक्षोपपद्यते; किं [4]ह्यनुपदिष्टे पूर्वं प्रत्यक्षानुमानाभ्यां परीक्षमाणो विद्यात्; तस्मात् द्विविधा परीक्षा ज्ञानवतां प्रत्यक्षमनुमानं चेति, त्रिविधा वा, सहोपदेशेन[1] ॥७॥

इस तीन प्रकार के ज्ञान के समूह में सबसे पूर्व आप्तोपदेश से ज्ञान होता है। तदनन्तर प्रत्यक्ष और अनुमान द्वारा परीक्षा होती है। यदि पहले उपदेश ही न हो तो प्रत्यक्ष और अनुमान से परीक्षा करते हुए क्या जान सकता है? अतएव ज्ञानवान् पुरुषों के लिये दो प्रकार की परीक्षा है प्रत्यक्ष और अनुमान। अथवा तीन प्रकार की—उपदेश के साथ। अर्थात् प्रत्यक्ष अनुमान और उपदेश; ये तीन प्रकार की परीक्षा हैं। जिन्हें गुरुमुख द्वारा पढ़ने पर ज्ञान हो चुका है उनके लिये अवशिष्ट दो ही परीक्षायें रह जाती हैं। अन्यथा तीन परीक्षायें ही हैं। जो विषय किसी आप्त पुरुष द्वारा उपदिष्ट होता है उसे ही मनुष्य प्रत्यक्ष एवं अनुमान द्वारा निश्चय करता है ॥७॥

([2]तत्रेदमुपदिशन्ति बुद्धिमन्तः—) रोगमेकैकमेवंप्रकोपणमेवंयोनिमेवमात्मानमेवमधिष्ठानमेवंवेदनमेवंसंस्थानमेवंवृद्धिस्थानक्षयसमन्वितमेवमुदर्कमेवंनामानमेवंयोगं विद्यात्; तस्मिन्निदं प्रतीकारार्था प्रवृत्तिरथवा निवृत्तिरित्युपदेशाज्ज्ञायते ॥८॥

बुद्धिमान् पुरुष यह उपदेश करते हैं—एक २ रोग इन इन हेतुओं से कुपित होता है, इन २ (निज, आगन्तु) से पैदा होता है, यह स्वरूप है, यह आश्रय (मन वा शरीर) है, इस प्रकार की वेदना होती है, ये २ लक्षण होते हैं, इस प्रकार दोष की वृद्धि स्थिति वा क्षय होता है, उसका उत्तरकालीन यह फल है (साध्यासाध्यता आदि), यह नाम है, यह उसका योग (औषध) है। उस रोग में यह चिकित्सा है और यह निवृत्ति है। अर्थात् रोग के असाध्य होने से चिकित्सा न करना। ये सब उपदेश द्वारा जाना जाता है ॥८॥

प्रत्यक्षतस्तु खलु रोगतत्त्वं बुभुत्सुः सर्वैरिन्द्रियैः सर्वानिन्द्रियार्थानातुरशरीरगतान्परीक्षेतान्यत्र रसज्ञानात् ॥९॥

प्रत्यक्ष द्वारा रोग के तत्त्व को जानने की इच्छा रखनेवाले को सब इन्द्रियों से; रसज्ञान के अतिरिक्त रोगी के शरीर की सब इन्द्रियों के विषयों की परीक्षा करनी चाहिये। रोगी के रस का ज्ञान प्रत्यक्ष द्वारा ग्रहण नहीं किया जाना चाहिये ॥९॥

तद्यथा—अन्त्रकूजनं सन्धिस्फोटनमङ्गुलीपर्वणां च स्वरविशेषा ये चान्येऽपि केचिच्छरीरोपगताः शब्दाः स्युस्ताञ्श्रोत्रेण परीक्षेत ॥१०॥

जैसे, श्रोत्रपरीक्ष्य—आन्त्रकूजन (आंतों में शब्द होना), सन्धि तथा अंगुलियों की पोरों का स्फोटन; विशेष विशेष स्वर तथा अन्य भी जो कई शरीर में शब्द हैं, जैसे हृदय का शब्द, फुप्फुस का शब्द आदि उनकी, श्रोत्र द्वारा परीक्षा करनी चाहिये ॥१०॥

वर्णसंस्थानप्रमाणच्छायाः शरीरप्रकृतिविकारा चक्षुर्वैषयिकाणि यानि चान्यानि तानि चक्षुषा परीक्षेत ॥११॥

१—तेषाम् आप्तानाम्। २—'०रात्मना' ग०। ३—'सर्वमथोत्तरकाल०' च०। ४—'किं ह्यनुपदिष्टं यत्तत्' ग०।

१—'त्रिविधां वा सहोपदेशेनेच्छन्ति बुद्धिमन्तः' ग०।
२—अयं पाठो गङ्गाधरासंमतः।

चक्षुः परीक्ष्य विषय—वर्ण आकृति परिमाण छाया (कान्ति) शरीर की प्रकृति विकार तथा अन्य भी जो कुछ चक्षु इन्द्रिय के विषय से सम्बन्ध रखता है उन सबकी नेत्र द्वारा परीक्षा करनी चाहिये ॥११॥

रसं तु खल्वातुरशरीरगतमिन्द्रियवैषयिकमप्यनुमानादवगच्छेत्, न ह्यस्य प्रत्यक्षेण ग्रहणमुपपद्यते, तस्मादातुरपरिप्रश्नेनैवातुरमुखरसं विद्यात्, यूकापसर्पणेन[1] त्वस्य शरीरवैरस्यं, मक्षिकोपसर्पणेन शरीरमाधुर्यं; लोहितपित्तसंदेहे तु किं धारिलोहितं लोहितपित्तं वेति श्वकाकभक्षणाद्धारिलोहितमभक्षणाल्लोहितपित्तमित्यनुमातव्यम्, एवमन्यानप्यातुरशरीरगतान् रसाननुमिमीत ॥१२॥

रोगी के शरीर का रस यद्यपि इन्द्रियग्राह्य है पर उसे अनुमान से ही जाने। उसका प्रत्यक्ष द्वारा ज्ञान करना युक्त नहीं। अतएव रोगी से प्रश्न करके उसके मुख का रस कैसा है? यह जाने। यूका (जूंएं) के अपसर्पण (हट जाने) से रोगी के शरीर को रसरहित जानना चाहिये। मक्खियों के आने से शरीर की मधुरता। रक्तपित्त में सन्देह होने पर निकलनेवाला रक्त क्या जीवरक्त है वा रक्तपित्त? इसकी परीक्षा के लिये उसे कुत्ते वा कौवे के आगे डालें। यदि वे खा जायँ तो जीवरक्त है अन्यथा रक्तपित्त; यह अनुमान करना चाहिये। इसी प्रकार रोगी के शरीरगत अन्य रसों का भी अनुमान करना चाहिये ॥१२॥

गन्धांस्तु खलु सर्वशरीरगतानातुरस्य प्रकृतिवैकारिकान् घ्राणेन परीक्षेत ॥१३॥

घ्राण परीक्ष्य विषय—सम्पूर्ण शरीरगत प्राकृत और वैकृत गन्धों को घ्राण (नासिका) द्वारा जाने ॥१३॥

स्पर्शं च पाणिना प्रकृतिविकृतियुक्तम्; इति प्रत्यक्षतोऽनुमानैकदेशतश्च परीक्षणमुक्तम् ॥१४॥

हस्त परीक्ष्य विषय—प्राकृत एवं वैकृत स्पर्श को हाथ से छूकर परीक्षा करे। यह प्रत्यक्ष तथा अनुमान के एक अंश द्वारा परीक्षण कह दिया है। प्रत्यक्ष द्वारा शब्द रूप गन्ध एवं स्पर्श तथा अनुमान द्वारा रस का ज्ञान करना कहा गया है। शरीर के बहुत से अन्य भाव भी अनुमान द्वारा जाने जाते हैं—जो कि अभी बताये जायँगे, अतएव यहाँ अनुमान का एकदेश वा एक अंश कहा है ॥१४॥

इमे तु खल्वन्येऽप्येवमेव भूयोऽनुमानज्ञेया भवन्ति भावाः; तद्यथा—अग्निं जरणशक्त्या परीक्षेत, बलं व्यायामशक्त्या, श्रोत्रादींश्च शब्दादिग्रहणेन, मनोऽर्थाव्यभिचरणेन, विज्ञानं व्यवसायेन, रजः सङ्गेन, मोहमविज्ञानेन, क्रोधमभिद्रोहेण, शोकं दैन्येन, हर्षमामोदेन, प्रीतिं तोषेण, भयं विषादेन, धैर्यमविषादेन, वीर्यमुत्साहेन[2] अवस्थानमविभ्रमेण[3], श्रद्धामभिप्रायेण, मेधां ग्रहणेन, संज्ञां नामग्रहणेन, स्मृतिं स्मरणेन, ह्रियमपत्रपणेन, शीलमनुशीलनेन, द्वेषं प्रतिषेधेन, उपधिमनुबन्धेन[1], धृतिमलौल्येन, वश्यतां विधेयतया, वयोभक्तिसात्म्यव्याधिसमुत्थानानि कालदेशोपशयवेदनाविशेषेण, गूढलिङ्गं व्याधिमुपशयानुपशयाभ्यां दोषप्रमाणविशेषमपचारविशेषेण, आयुषः क्षयमरिष्टैः, उपस्थितश्रेयस्त्वं कल्याणाभिनिवेशेन, अमलं सत्त्वमविकारेणेति, ग्रहण्यास्तु मृदुदारुणत्वं स्वप्नदर्शनमभिप्रायं द्विष्टेष्टसुखदुःखानि[2] चातुरपरिप्रश्नेनैव विद्यादिति ॥१५॥

और भी इसी प्रकार के अनुमान से ज्ञात होनेवाले भाव ये हैं—परिपाक शक्ति द्वारा अग्नि की परीक्षा करे। व्यायाम शक्ति द्वारा बल की। शब्द आदि विषयों के ग्रहण से श्रोत्र आदि इन्द्रियों की। विषय के यथार्थतः ग्रहण द्वारा मन की। निश्चयात्मक ज्ञान से विज्ञान की। आसक्ति द्वारा रज की। अज्ञान से मोह की। हिंसा की प्रवृत्ति से क्रोध की। दीनता (रोना आदि) द्वारा शोक की। आमोद-प्रमोद से हर्ष की। सन्तोष द्वारा प्रीति की। विषाद से भय की। विषाद के अभाव से धीरता की। उत्साह से वीर्य (समर्थता) की। विभ्रम की रहितता से मति के स्थिर होने की। अभिप्राय (प्रार्थना, अभ्यर्थना) द्वारा श्रद्धा (इच्छा) की, ग्रहणशक्ति से मेधा की, नाम ग्रहण द्वारा संज्ञा की, स्मरण द्वारा स्मृति की, लज्जित आकार से लज्जा की, सतत अभ्यास द्वारा शील (स्वभाव) की, प्रतिषेध से द्वेष की, उत्तरकालीन फल से कपट की, मन की अचञ्चलता से धृति (सन्तोष) की, आज्ञापालन द्वारा वश्यता की, काल देश उपशय तथा वेदना विशेष द्वारा उम्र इच्छा सात्म्य तथा रोगनिदान की। काल द्वारा उम्र, जैसे १६ वर्ष तक बाल्यावस्था। देश द्वारा इच्छा जैसे यह पंजाब का है, अतः इसकी गेहूँ आदि में भक्ति है। इसी प्रकार उपशय द्वारा सात्म्य तथा वेदना द्वारा रोगनिदान की परीक्षा होती है। उपशय तथा अनुपशय से गुप्त लक्षणोंवाली व्याधि की। अर्थात् जिस रोग के लक्षण स्पष्ट न हों और हम उनसे निर्णय न कर सकें कि यह रोग किस दोष से उत्पन्न हुआ है तब उपशय और अनुपशय से परीक्षा की जाती है। अपचार विशेष से दोष के प्रमाण विशेष की। बहुत बड़े अपचार से अधिक दोष होता है स्वल्प से स्वल्प। अरिष्ट लक्षणों से आयु के क्षय की। श्रेयस्करमार्ग पर चलने से कल्याण की उपस्थिति की। काम क्रोध आदि मानस विकारों से रहित होने के द्वारा निर्मल (रज तम रहित) मन की। ग्रहणी की मृदुता दारुणता, स्वप्न का दिखाई देना, इच्छा द्विष्ट विषय अभिमत विषय, सुख, दुःख; रोगी को प्रश्न करके जाने।

भवन्ति चात्र।

आप्ततश्चोपदेशेन प्रत्यक्षकरणेन च।
अनुमानेन च व्याधीन् सम्यग्विद्याद्विचक्षणः ॥१६॥

विचक्षण पुरुष आप्तोपदेश, प्रत्यक्ष एवं अनुमान द्वारा रोगों को अच्छी प्रकार जाने ॥१६॥

१—'यूकोपसर्पणेन' ग०। २—'वीर्यमुत्थानेन च०। 'वीर्यमारब्धदुष्करकार्येष्वव्यावृत्तिर्मनसः, उत्थानेनेति क्रियारम्भेण' चक्रः।
३—'अवस्थानं स्थिरमतित्वं' चक्रः।

१—'उपेत्य धीयत इति उपधिः छद्मेत्यर्थः, अनुबन्धेनेत्युत्तरकालं हि श्राद्धादिवधेन फलेन ज्ञायते' चक्रः।
२—'द्विष्टेषु सुखदुःखानि' ग०।

सर्वथा सर्वमालोच्य यथासम्भवमर्थवित्।
अथाध्यवस्येत्तत्त्वे च कार्ये च तदनन्तरम् ॥१७॥

अर्थवित् पुरुष सब की सब प्रकार से यथासम्भव आलोचना करके तत्त्व में तथा तदनन्तर कार्य (कर्तव्य) में निश्चय ज्ञान करे। आयुर्वेद में चिकित्सा करते हुए पूर्व रोग के तत्त्व को समझने के लिये सर्वतोभावेन परीक्षा करनी चाहिये। जब समझ जायँ तो हमें इसकी क्या चिकित्सा करनी है ? यह निश्चय करना होता है ॥१७॥

कार्यतत्त्वविशेषज्ञः प्रतिपत्तौ न मुह्यति।
अमूढः फलमाप्नोति यदमोहनिमित्तजम् ॥१८॥

कार्य तथा तत्त्व को जाननेवाला पुरुष ज्ञान में मोह को प्राप्त नहीं होता। और वह मोहरहित पुरुष अप्रमाद से उत्पन्न होनेवाले फल–सिद्धि–को प्राप्त होता है ॥१८॥

ज्ञानबुद्धिप्रदीपेन यो नाविशति तत्त्ववित्[1]।
आतुरस्यान्तरात्मानं न स रोगांश्चिकित्सति ॥१९॥

जो तत्त्वज्ञ चिकित्सक ज्ञानबुद्धिरूप दीपक को लेकर रोगी की अन्तरात्मा में प्रवेश नहीं करता, वह रोगों को हटाने में समर्थ नहीं होता ॥ ९॥

तत्र श्लोकौ।

सर्वरोगविशेषाणां त्रिविधं ज्ञानसंग्रहम्।
यथा चोपदिशन्त्याप्ताः प्रत्यक्षं गृह्यते यथा ॥२०॥
ये यथा चानुमानेन ज्ञेयास्तांश्चाप्युदारधीः।
भावांस्त्रिरोगविज्ञाने विमाने मुनिरुक्तवान् ॥२१॥

इत्यग्निवेशकृते तन्त्रे चरकप्रतिसंस्कृते तृतीये विमानस्थाने त्रिविधरोगविशेषविज्ञानीयविमानं नाम चतुर्थोऽध्यायः ॥४॥

अध्यायोक्त विषय—सम्पूर्ण रोगों के तीन प्रकार के ज्ञान का संग्रह (आप्तोपदेश प्रत्यक्ष अनुमान) आप्त पुरुष जिस प्रकार उपदेश करते हैं जैसे प्रत्यक्ष ज्ञान होता है और जो जिस प्रकार अनुमान से जाने जाते हैं उन भावों को भी उदारबुद्धि आत्रेय मुनि ने त्रिविधरोगविशेषविज्ञानीय विमान में कहा है ॥

इति चतुर्थोऽध्यायः

—:※:—

पञ्चमोऽध्यायः

अथातः स्रोतोविमानं व्याख्यास्यामः ॥
इति ह स्माह भगवानात्रेयः ॥१॥

इसके बाद स्रोतोविमान की व्याख्या करेंगे। ऐसा भगवान् आत्रेय ने कहा था ॥१॥

यावन्तः पुरुषे मूर्तिमन्तो भावविशेषास्तावन्त एवास्मिन् स्रोतसां प्रकारविशेषाः, सर्वभावा हि पुरुषे नान्तरेण स्रोतांस्यभिनिर्वर्तन्ते क्षयं वाऽप्यधिगच्छन्ति; स्रोतांसि खलु परिणाममापद्यमानानां धातूनामभिवाहीनि भवन्त्ययनार्थेन ॥२॥

पुरुष में जितने मूर्तिमान् पदार्थविशेष हैं उतने ही प्रकारों के स्रोत हैं। पुरुष में सब भाव स्रोतों के बिना न उत्पन्न होते हैं न नष्ट ही होते हैं। स्रोत परिणत हुई धातुओं के अभिवाहन करनेवाले होते हैं। इन स्रोतरूपी मार्गों से धातुएँ जाया करती हैं। आहार के परिपाक से उत्पन्न रस बिना छिद्रों के अपनी रसवाहिनियों में नहीं जा सकता। यह रस जिन छिद्रमार्गों से जाता है वे रसवह स्रोत हैं। रस जब रक्त में बदलता है तब भी वह स्रोतों द्वारा जाता है। जिन स्रोतों द्वारा वह जाता है वे रक्तवह कहाते हैं। रक्त परिणत होकर जब मांस बनता है तब वह मांसवह स्रोतों से जाता है। इसी प्रकार अन्य धातु भी। अतएव कहा है कि जितनी भी शरीर में मूर्तिमान् वस्तुएँ हैं, उतने ही स्रोत हैं ॥२॥

अपि चैके महर्षयः स्रोतसामेव समुदयं पुरुषमिच्छन्ति, सर्वगतत्वात्सर्वसरत्वाच्च दोषप्रकोपणप्रशमनानां; नत्वेतदेवं, यस्य च हि स्रोतांसि यच्च वहन्ति [1]यच्चावहन्ति यत्र [2]चावस्थितानि, सर्वं तदन्यत्तेभ्यः ॥३॥

कई महर्षि तो स्रोतों के समुदाय को ही पुरुष कहते हैं। पुरुष क्या है ? स्रोतों का समुदाय है। क्योंकि स्रोत सम्पूर्ण शरीर में व्याप्त हैं। और दोष प्रकोपक—अपथ्य तथा शामक—पथ्य भी सम्पूर्ण शरीर में जाते हैं। अभिप्राय यह है, कि वे इन दोनों हेतुओं से पुरुष को स्रोतःसमूह ही मानते हैं। शरीर में ऐसा कोई स्थान नहीं जहाँ कोई न कोई स्रोत न हो अतः स्रोतों की समष्टि ही पुरुष है। परन्तु इस रूप में यह मत ठीक नहीं। क्योंकि जिस मूर्तिमान् भाव के (जिससे बनी) जो स्रोत हैं, जिस भाव का वे वहन करते हैं और जिस रस रक्त आदि को वे पहुँचते हैं और जहाँ पर वे स्थित हैं वह सब उन स्रोतों से भिन्न हैं। (शरीरसत्त्वात्मसयोग वा संयोगि पुरुष) केवलमात्र स्रोतों का ही समूह नहीं है उसमें अन्य पदार्थ भी हैं ॥

अतिबहुत्वात्तु खलु केचिदपरिसंख्येयान्याचक्षते स्रोतांसि, परिसंख्येयानि पुनरन्ये ॥४॥

अत्यधिक संख्या में होने से कई उन्हें अनगिनत कहते हैं। दूसरे कहते हैं कि वे गिने जा सकते हैं ॥४॥

तेषां तु खलु स्रोतसां यथास्थूलं कतिचित्प्रकारान्मूलतश्च प्रकोपविज्ञानतश्चानुव्याख्यास्यामः; ये भविष्यन्त्यलमनुक्तार्थज्ञानाय ज्ञानवतां विज्ञानाय चाज्ञानवतां, तद्यथा—प्राणोदकान्नरसरुधिरमांसमेदोऽस्थिमज्जशुक्रमूत्रपुरीषस्वेदवहानि, वातपित्तश्लेष्मणां पुनः सर्वशरीरचराणां सर्वस्रोतांस्ययनभूतानीति, तद्वदतीन्द्रियाणां पुनः सत्त्वादीनां केवलं चेतनावच्छरीरमयनभूतमधिष्ठानभूतं च; तदेतत्स्रोतसां [3]प्रकृतभूतत्वान्न विकारैरुपसृज्यते शरीरम् ॥५॥

उन स्रोतों में से मोटे २ कुछ एक भेदों को मूल द्वारा और प्रकोपविज्ञान वा प्रकोप लक्षण द्वारा व्याख्या करेंगे। जिनके जानने पर ज्ञानी लोग अनुक्त स्रोतोविषयक ज्ञान में समर्थ होंगे और अज्ञानी कहे जानेवाले उस २ स्रोत को अच्छी प्रकार जान लेंगे। जैसे १ प्राणवह २ उदकवह ३ अन्नवह ४ रसवह ५ रुधिर (रक्त) वह ६ मांसवह ७ मेदोवह ८ अस्थिवह ९

१—'योगवित्' ग०।

१—'यथा वहन्ति' ग०। २—'यस्य हि स्रोतांसि यद्धटितानीत्यर्थः, यच्च वहन्तीति यच्च पुष्यन्तीत्यर्थः, यत्र चावस्थितानीति यत्र मांसादौ संबद्धानीत्यर्थः, चक्रः। यच्च रसरक्तादि, आवहन्ति नयन्ति। ३—प्रकृतितभूतत्वान्न' ग०।

मज्जवह १० शुक्रवह ११ मूत्रवह १२ पुरीषवह १३ स्वेदवह। सम्पूर्ण शरीर में सञ्चार करनेवाले वात पित्त कफ के तो सब स्रोत ही मार्ग हैं। उसी प्रकार इन्द्रियाग्राह्य मन आदि का सम्पूर्ण चेतनावान् शरीर मार्गभूत तथा आश्रयभूत है। वह यह शरीर स्रोतों के प्रकृत्यवस्था में रहने पर रोगों से युक्त नहीं होता। अर्थात् जब तक स्रोत नीरोग हैं शरीर नीरोग रहता है। जब वे स्वयं वा किसी दुष्ट धातु आदि के वहन से दुष्ट होते हैं, शरीर रोगी हो जाता है। सुश्रुत शरीरस्थान ९ अध्याय में मोटे-मोटे ११ स्रोत बताये हैं—

'तानि तु प्राणान्नोदकरसरक्तमांसमेदोमूत्रपुरीषशुक्रार्तववहानि। येष्वधिकारः। एकेषां बहूनि। एतेषां विशेषा बहवः॥'

इन ग्यारहों में से सुश्रुतमतानुसार प्रत्येक दो होते हैं और इस प्रकार वह २२ योगवह स्रोत गिनाता है। प्राणवह २+ अन्नवह २+उदकवह २+रसवह २+रक्तवह २+मांसवह २+मेदोवह २+मूत्रवह २+पुरीषवह २+शुक्रवह २+आर्तववह २=२२ योगवह स्रोत हैं॥५॥

तत्र प्राणवहानां स्रोतसां हृदयं मूलं महास्रोतश्च, प्रदुष्टानां खल्वेषामिदं विशेषज्ञानं भवति,—अतिसृष्टमतिबद्धं कुपितमल्पाल्पमभीक्ष्णं वा सशब्दशूलमुच्छ्वसन्तं दृष्ट्वा प्राणवहान्यस्य स्रोतांसि प्रदुष्टानीति विद्यात्॥६॥

प्राणवह—प्राणवह स्रोतों का मूल हृदय और महास्रोत (कोष्ठ वा आमाशय) है। इनके दुष्ट होने पर ये विशेष लक्षण होते हैं—अत्यन्त दीर्घ अति बँधा हुआ प्रवृद्ध थोड़ा २ वा निरन्तर शब्द और शूल के साथ उच्छ्वास निकालते हुए को देखकर प्राणवह स्रोत दुष्ट हो गये हैं—ये जानना चाहिये।

सुश्रुत ने २ प्राणवह स्रोत बताये हैं। वे वाम या दक्षिण फुप्फुस हो सकते हैं। यहाँ पर बहुवचन दिया गया है। सुश्रुत में स्थूल रूप से बताये गये हैं, यहाँ सूक्ष्म रूप से। बहुवचन बताता है कि बहुत से प्राणवह स्रोत हैं। ये फुप्फुस के घटक छोटे २ वायुकोष्ठकों के निदर्शक हैं। प्रकृतग्रन्थोक्त प्राणवहस्रोतोदुष्टि के लक्षण भी उसी ओर इशारा करते हैं। न्यूमोनिया या फुप्फुसप्रदाह में ये स्पष्ट दिखाई दिया करते हैं॥६॥

उदकवहानां स्रोतसां मूलं तालु क्लोम च; प्रदुष्टानां खल्वेषामिदं विशेषविज्ञानं भवति, तद्यथा—जिह्वाताल्वोष्ठकण्ठक्लोमशोषं पिपासां चातिप्रवृद्धां दृष्ट्वोदकवहान्यस्य स्रोतांसि प्रदुष्टानीति विद्यात्॥७॥

उदकवह–उदकवह स्रोतों के मूल तालु और क्लोम (Pharynx) हैं। इनके दुष्ट होने पर ये विशेष लक्षण होते हैं—जैसे जीभ तालु होठ कण्ठ [1]क्लोम (Pharynx) का सूखना अत्यन्त प्रवृद्ध प्यास, इन्हें देखकर उदकवह स्रोत दुष्ट हैं—यह जानना चाहिये।

सुश्रुत में उदकवह स्रोत भी स्थूल रूप से दो बताये हैं और प्रकृत ग्रन्थ में छोटी २ प्रणालियों (Ducts) को स्रोत मानकर बहुवचन में निर्देश किया है॥७॥

अन्नवहानां स्रोतसामामाशयो मूलं वामं च पार्श्वं; प्रदुष्टानां तु खल्वेषामिदं विशेषविज्ञानं भवति, तद्यथा—अनन्नाभिलषणमरोचकाविपाकौ छर्दिं च दृष्ट्वाऽन्नवहानि स्रोतांसि प्रदुष्टानीति विद्यात्॥८॥

अन्नवह—स्रोतों का मूल आमाशय और वामपार्श्व है। इन स्रोतों के दुष्ट होने पर ये विशेष लक्षण होते हैं। अन्न के खाने की इच्छा न होना, अरुचि, अपचन, कै; इन्हें देखकर इसके अन्नवह स्रोत दुष्ट हैं, यह जानना चाहिये। सुश्रुत ने अन्नवह स्रोत दो माने हैं—

'अन्नवहे द्वे तयोर्मूलमामाशयोऽन्नवाहिन्यश्च धमन्यः।'

जो कि सम्भवतः इस प्रकार हैं प्रथम जिह्वातल से प्रारम्भ कर गलदेश पर्यन्त और दूसरा गलदेश से आमाशय पर्यन्त॥८॥

रसवहानां स्रोतसां हृदयं मूलं दश च धमन्यः, शोणितवहानां स्रोतसां यकृन्मूलं प्लीहा च, मांसवहानां स्रोतसां स्नायु मूलं त्वक्च, मेदोवहानां स्रोतसां वृक्कौ मूलं वपावहनं च, अस्थिवहानां स्रोतसां मेदो मूलं जघनं च, मज्जावहानां स्रोतसामस्थीनि मूलं सन्धयश्च, शुक्रवहाणां स्रोतसां वृषणौ मूलं शेफश्च, प्रदुष्टानां तु खल्वेषां रसादिस्रोतसां विज्ञानान्युक्तानि [1]विविधाशितपीतीयेऽध्याये। यान्येव हि धातूनां प्रदोषविज्ञानानि तान्येव यथास्वं धातुस्रोतसाम्।९॥

रसवह—स्रोतों का मूल हृदय और दस धमनियाँ हैं। सुश्रुत में—'रसवहे द्वे तयोर्मूलं हृदयं रसवाहिन्यश्च धमन्यः।'

ये दो रसवह स्रोत आजकल की परिभाषा के अनुसार महालसीकावाहिनी और दक्षिण लसीकावाहिनी कहाती हैं। प्रकृत ग्रन्थ के प्रकरण में जो धमनी शब्द है वह उन शिराओं का वाचक है, जिनमें अशुद्ध रक्त बहता है। यह देखा गया ९ कि लसीकावाहिनियाँ बहुधा शिराओं के साथ २ उनकी दीवारों से चिपटी हुई रहा करती हैं।

रक्तवह—स्रोतों के मूल यकृत् और प्लीहा (तिल्ली) हैं। सुश्रुत में—

'रक्तवहे द्वे, तयोर्मूलं यकृत्प्लीहानौ रक्तवाहिन्यश्चधमन्यः'॥

मांसवह—स्रोतों के मूल स्नायु (Ligament) और त्वचा हैं सुश्रुत शरीर ९ अध्याय में भी—

'मांसवहे द्वे तयोर्मूलं स्नायुत्वचं रक्तवहाश्च धमन्यः।'

मेदोवह—स्रोतों के मूल दोनों वृक्क (गुर्दे) और वपावहन (Fatty fascia) हैं। अष्टाङ्गसंग्रहकार वपावहन की जगह 'मांस' पढ़ता है। सुश्रुत में 'कटि' पढ़ा गया है।

अस्थिवह—स्रोतों का मूल मेद (चर्बी) और जघन हैं।

मज्जावह—स्रोतों का मूल अस्थियाँ (हड्डियाँ) और सन्धियाँ हैं।

१—क्लोमविषयक विचार का विशेष विवरण—सुश्रुत शरीरस्थान के ९ वें अध्याय पर हमारी सञ्जीवनी व्याख्या में देखना चाहिये।

१–'विधिशोणितीये' ग०।

शुक्रवह–स्रोतों का मूल दोनों अण्ड (Testicles) और शेफ (मूत्रेन्द्रिय) है। सुश्रुत शारीर ६ अ० में—

'शुक्रवहे द्वे तयोर्मूलं स्तनौ वृषणौ च।'

इन दुष्ट हुए २ रसादिवह स्रोतों के लक्षण विविधाशितपीतीय नामक अध्याय में कहे गये हैं। अतएव उन्हें पुनः यहाँ नहीं कहा गया।

वहाँ पर—'अश्रद्धा चारुचिश्चास्यवैरस्यमरसज्ञता' इत्यादि द्वारा धातु दुष्टि के लक्षण कहे गये हैं। उन्हीं का ही उन २ धातुओं के वहन करनेवाले स्रोतों की दुष्टि में भी अतिदेश करते हैं—जो धातुओं की दुष्टि के लक्षण हैं वे ही दुष्ट हुए २ अपनी धातुओं के वाहक स्रोतों के लक्षण हैं अर्थात् जो अश्रद्धा आदि रसदुष्टि के लक्षण कहे हैं वे ही रसवह स्रोतों के भी जानने चाहिये। इस प्रकार जो रक्तदुष्टि के लक्षण हैं वे ही रक्तवह स्रोतों के, इत्यादि ॥९॥

मूत्रवहानां स्रोतसां बस्तिर्मूलं वंक्षणौ च। प्रदुष्टानां खल्वेषामिदं विशेषविज्ञानं भवति; तद्यथा—अतिसृष्ट मतिबद्धं कुपितमल्पाल्पमभीक्ष्णं वा बहलं सशूलं मूत्रयन्तं दृष्ट्वा मूत्रवहान्यस्य स्रोतांसि प्रदुष्टानीति विद्यात् ॥१०॥

मूत्रवह—स्रोतों का मूल बस्ति (Bladder, मूत्राशय) वंक्षण हैं। वंक्षण से इशारा दोनों ओर के वृक्क से निकलनेवाली गवीनियों (Uraters) की ओर है। सुश्रुत शारीर ६ अ० में–'मूत्रवहे द्वे तयोर्मूलं बस्तिर्मेढ्रं च।'

इन स्रोतों के दुष्ट होने पर ये विशेष लक्षण होते हैं—मूत्र का अत्यधिक आना, बहुत ही कम आना वा न आना, कुपित (दुष्ट) हुआ वा थोड़ा २ आना, बार २ आना, गाढ़ा आना वा शूलयुक्त आना; इन्हें देखकर रोगी के मूत्रवह स्रोत दुष्ट हैं, यह जानना चाहिये।

पुरीषवहानां स्रोतसां पक्वाशयो मूलं स्थूलगुदञ्च, प्रदुष्टानां खल्वेषामिदं विशेषविज्ञानं भवति; तद्यथा—कृच्छ्रेणाल्पाल्पं [1]सशूलमतिद्रवं कुपितमतिग्रथितमतिबहु चोपविशन्तं दृष्ट्वा पुरीषवहाण्यस्य स्रोतांसि प्रदुष्टानीति विद्यात् ॥११॥

पुरीषवह—स्रोतों का मूल पक्वाशय (Intestines) और स्थूल गुदा है। गुदा का वह भाग जहाँ तीन वलियाँ (Sphincters) होती हैं; उसे स्थूलगुदा कहते हैं। योगीन्द्रनाथ वहाँ 'पक्वाशयो मूलं स्थूलान्त्रं गुदं च' ऐसा पाठ पढ़ता है। वहाँ पक्वाशय से अभिप्राय सूक्ष्मान्त्र (Small Intestines) से है। सुश्रुत शारीर ६ अ० में—

'पुरीषवहे द्वे तयोर्मूलं पक्वाशयो गुदं च।'

इन स्रोतों के दुष्ट होने पर ये विशेष लक्षण होते हैं—कष्ट से, थोड़ा २, शूलयुक्त, अत्यन्त पतला, सड़ा हुआ (दुर्गन्धित) अत्यधिक गाँठ २, मात्रा में बहुत वा बहुत बार शौच होना; इन्हें देखकर रोगी के पुरीषवह स्रोत दुष्ट हैं यह जानना चाहिये ॥११॥

स्वेदवहानां स्रोतसां मेदो मूलं रोमकूपाश्च, प्रदुष्टानां खल्वेषामिदं विशेषविज्ञानं भवति, तद्यथा—अस्वेदनमतिस्वेदनं पारुष्यमतिश्लक्ष्णतामङ्गस्य परिदाहं लोमहर्षं च दृष्ट्वा स्वेदवहान्यस्य स्रोतांसि प्रदुष्टानीति विद्यात् ॥१२॥

स्वेदवह—स्रोतों के मूल मेद और लोमकूप है। इन स्रोतों के दुष्ट होने पर ये विशेष लक्षण होते हैं—पसीना न आना, बहुत पसीना, आना शरीर की रूक्षता वा बहुत चिकनापन, दाह, लोमहर्ष; इन्हें देखकर इसके स्वेदवह स्रोत दुष्ट हैं, यह जाने ॥१२॥

स्रोतांसि सिरा धमन्यो रसवाहिन्यो नाड्यः पन्थानो मार्गाः शरीरच्छिद्राणि संवृतासंवृतानि स्थानान्याशयाः क्षया निकेताश्चेति शरीरधात्ववकाशानां लक्ष्यालक्ष्याणां नामानि ॥१३॥

स्रोत, सिरायें, धमनियाँ, रसवाहिनियाँ, नाड़ियाँ, पन्था, मार्ग, शरीरच्छिद्र, संवृतासंवृत (जो मूल से बन्द हों और मुख से खुले हों), स्थान, आशय, क्षय, निकेत; ये शरीर की धातुओं के अवकाशों के जो इन्द्रियों से दिखाई देते हैं या नहीं देते–उनके नाम हैं ॥१३॥

तेषां प्रकोपात्स्थानस्था मार्गगाश्चैव शरीरधातवः प्रकोपमापद्यन्ते; इतरेषां च प्रकोपादितराणि; स्रोतांसि स्रोतांस्येव धातवश्च धातूनेव प्रदूषयन्ति प्रदुष्टाः, तेषां सर्वेषामेव वातपित्तश्लेष्माणो दूषयितारो भवन्ति, दोषस्वभावादिति ॥१४॥

उन स्रोत आदियों के प्रकोप से, स्थान में स्थित और मार्ग में जाती हुई शरीर की धातुएँ प्रकुपित हो जाती हैं। और धातुओं के प्रकोप से स्रोत प्रकुपित हो जाते हैं। वस्तुतस्तु दुष्ट हुए २ स्रोत स्रोतों को ही और दुष्ट हुई धातुएँ धातुओं को ही दूषित करती हैं। भावार्थ यह है कि दुष्ट हुआ २ स्रोत अन्य स्रोतों को ही दूषित करता है तदन्तर्गत धातुओं को कुपित, नहीं करता इसी प्रकार एक धातु दूषित होकर दूसरी धातु को ही दूषित करती हैं, उस २ धातु का वहन करनेवाले स्रोतों को नहीं।

उन सब को ही (अर्थात् स्रोतों और धातुओं को) वात पित्त कफ तीनों दोष दूषित करनेवाले होते हैं। चूँकि दोषों का दूषित करना स्वभाव ही है।

जब तक वात पित्त कफ समावस्था में होते हैं, धातु कहाते हैं। जब कुपित हो जाते हैं, तब उन्हीं की ही दोष संज्ञा हो जाती है।

अभिप्राय यह है कि यह तो प्रायः देखा गया है कि स्रोत वा धातु के कोप के समय ही उसमें जाने वाली धातु वा उसका वहन करनेवाला स्रोत कुपित हो जाय, परन्तु वहाँ यह न समझना चाहिये कि स्रोत ने धातु को कुपित किया है वा धातु ने स्रोत को। इन दोनों को दूषित करनेवाले वात पित्त कफ हैं। अथवा स्रोत जो अपने समीपस्थ अन्य स्रोत को दूषित करता है वा रस आदि धातुएँ जो अपने प्रत्यासन्न धातु को दूषित करती हैं, वहाँ अर्थात् स्रोतोन्तर वा धात्वन्तर की दृष्टि में स्रोत वा धातु कारण नहीं। कारण तो दोषरूप वात पित्त कफ ही हैं। अतएव जब रसज रक्तज आदि रोग भी गिनाये जाते हैं, वहाँ उस २ धातु के अन्तर्गत दोष को ही कारण जानना चाहिये। यद्यपि उनके लक्षण भिन्न २ ही होते हैं। एक ही

[1]—'सशब्दशूलं' ग०।

विद्युत् की धारा लैम्प में जाकर प्रकाश करती है वही पंखे में जाकर उसे गति देती है। स्थान वा आश्रय के भेद से लक्षणों में भिन्नता आने पर भी वास्तविक कारण विद्युत् एक ही है ॥१४॥

भवन्ति चात्र।

क्षयात्संधारणाद्रौक्ष्याद् व्यायामात्क्षुधितस्य च।
प्राणवाहीनि दुष्यन्ति स्रोतांस्यन्यैश्च दारुणैः ॥१५॥

प्राणवह स्रोतों के कोप के कारण—क्षय से, वेगों के रोकने से, रूक्षता से, व्यायाम से, भूखे पुरुष के तथा अन्य दारुण कर्मों के करने से (जिनसे वात कोप होता हो) प्राणवाही स्रोत दुष्ट हो जाते हैं ॥१५॥

औष्ण्यादामाद्भयात्पानादतिशुष्कान्नसेवनात्।
अम्बुवाहीनि दुष्यन्ति तृष्णायाश्चातिपीडनात् ॥१६॥

उदकवह-स्रोतोदुष्टि के कारण—गर्मी से, आमदोष से, भय से, मद्य आदि के पान से, अत्यन्त शुष्क अन्न के खाने से तथा प्यास को अत्यधिक रोकने से जलवाही स्रोत दुष्ट हो जाते हैं ॥१६॥

अतिमात्रस्य चाकाले चाहितस्य च भोजनात्।
अन्नवाहीनि दुष्यन्ति वैगुण्यात्पावकस्य च ॥१७॥

अन्नवह-स्रोतोदुष्टि के कारण—अत्यधिक मात्रा में भोजन करने से, अकाल में भोजन से, अहितकारक अन्न के खाने से और अग्नि की विगुणता से (अत्यन्त तीक्ष्ण वा मन्द होने से) अन्नवाही स्रोत दूषित हो जाते हैं ॥१७॥

गुरुशीतमतिस्निग्धमतिमात्रं समश्नताम्।
रसवाहीनि दुष्यन्ति चिन्त्यानां चातिचिन्तनात् ॥१८॥

रसवह-स्रोतोदुष्टि के हेतु-भारी, शीतल, अत्यन्त स्निग्ध (घी, तेल आदि स्नेह से युक्त) तथा अत्यधिक मात्रा में भोजन करनेवाले पुरुष के और चिन्त्यविषयों की अत्यधिक चिन्ता करने से (दिमागी कार्य बहुत अधिक करने मे वा मानसिक विषय की चिन्ता से) रसवाही स्रोत दुष्ट होते हैं ॥१८॥

विदाहीन्यन्नपानानि स्निग्धोष्णानि द्रवाणि च।
रक्तवाहीनि दुष्यन्ति भजतां चातपानलौ ॥१९॥

रक्तवाही स्रोतों की दुष्टि के कारण—विदाही, स्निग्ध उष्ण तथा द्रव (Liquid) अन्नपान के सेवन से, घाम और अग्नि के तपाने से रक्तवाही स्रोत दुष्ट होते हैं ॥१९॥

अभिष्यन्दीनि भोज्यानि स्थूलानि च गुरूणि च।
मांसवाहीनि दुष्यन्ति भुक्त्वा च स्वपतां दिवा ॥२०॥

मांसवह-स्रोतोदुष्टि का निदान—अभिष्यन्दी स्थूल (लड्डू आदि) तथा भारी भोजनों से और खाकर दिन में सोने से मांसवाही स्रोत दूषित होते हैं ॥२०॥

अव्यायामाद्दिवास्वप्नान्मेद्यानां चातिभक्षणात्।
मेदोवाहीनि दुष्यन्ति वारुण्याश्चातिसेवनात् ॥२१॥

मेदोवह-स्रोतोदुष्टि के हेतु—व्यायाम न करने से, दिन में सोने से, मेद्य (चर्बीवाले) मांसों के अत्यधिक खाने तथा वारुणी (मद्य) के अत्यधिक पीने से मेदोवह स्रोत दुष्ट होते हैं ॥२१॥

व्यायामादतिसंक्षोभादस्थ्नामतिविघट्टनात्।
अस्थिवाहीनि दुष्यन्ति वातलानां च सेवनात् ॥२२॥

अस्थिवह-स्रोतोदुष्टि के हेतु—व्यायाम से, अत्यधिक संक्षोभ से-ऊँचा-नीचा होने से वा चोट से, अस्थियों को बहुत हिलाने से तथा वातल आहार-विहार के सेवन से अस्थिवाही स्रोत दूषित होते हैं ॥२२॥

उत्पेषादत्यभिष्यन्दादभिघातात्प्रपीडनात्।
मज्जावाहीनि दुष्यन्ति विरुद्धानां च सेवनात् ॥२३॥

मज्जावह-स्रोतो दुष्टि के हेतु—कुचले जाने से, अत्यधिक अभिष्यन्द से, चोट से, दबाव से तथा विरुद्ध भोजनों के खाने से मज्जावाही स्रोत दुष्ट होते हैं ॥२३॥

अकालयोनिगमनान्निग्रहादतिमैथुनात्।
शुक्रवाहीनि दुष्यन्ति शस्त्रक्षाराग्निभिस्तथा ॥२४॥

शुक्रवह स्रोतोदुष्टि के हेतु—अकाल में (निषिद्ध ऋतु एवं दिनों में) मैथुन करने से, अयोनिगमन (निषिद्धयोनि रजस्वला आदि से मैथुन तथा गुदगमन वा मुष्टिमैथुन आदि) से, वीर्य के वेग को रोकने से, अत्यधिक मैथुन से तथा शस्त्र-कर्म (Operation) क्षारकर्म एवं अग्निकर्म से शुक्रवाही स्रोत दुष्ट हो जाते हैं ॥२४॥

[1]मूत्रितोदकभक्ष्यस्त्रीसेवनान्मूत्रनिग्रहात्।
मूत्रवाहीनि दुष्यन्ति क्षीणस्याथ कृशस्य च ॥२५॥

मूत्रवह-स्रोतोदुष्टि के हेतु-मूत्र के वेग से युक्त पुरुष के जल पीने से अन्न खाने से वा मैथुन करने से, मूत्र के वेग को रोकने से अथ च क्षीण तथा कृश (पतला) पुरुष के मूत्र-वाही स्रोत दुष्ट हो जाते हैं ॥२५॥

विधारणादत्यशनादजीर्णाध्यशनात्तथा।
वर्चोवाहीनि दुष्यन्ति दुर्बलाग्नेः कृशस्य च ॥२६॥

पुरीषवह-स्रोतोदुष्टि के हेतु—वेग को रोकने से, अत्यधिक भोजन से, अजीर्ण से वा अजीर्ण पर खाने से, अध्यशन (खाये पर पुनः भोजन) से तथा मन्दाग्नि और कृशपुरुष के पुरुष-वाही स्रोत दुष्ट हो जाते हैं ॥२६॥

व्यायामादतिसन्तापाच्छीतोष्णाक्रमसेवनात्।
स्वेदवाहीनि दुष्यन्ति क्रोधशोकभयैस्तथा ॥२७॥

स्वेदवह-स्रोतोदुष्टि के हेतु—व्यायाम से, अत्यन्त सन्ताप से, शीत तथा उष्ण के क्रमरहित सेवन से अर्थात् शीत पर एकदम उष्ण वा गरमी पर एकदम शीत आदि के सेवन से, क्रोध शोक और भय से स्वेदवाही स्रोत दुष्ट होते हैं ॥२७॥

आहारश्च विहारश्च यः स्याद्दोषगुणैः समः।
धातुभिर्विगुणश्चापि स्रोतसां स प्रदूषकः ॥२८॥

सामान्यतः स्रोतों के प्रकोपक कारण कौन होते हैं?—जो आहार और विहार दोषों के गुणों के समान होते हैं और जो धातुओं को विगुण करने के स्वभाववाले हैं, वे स्रोतों के दूषक होते हैं।

योगीन्द्रनाथ ने 'धातुभिर्विगुणः' का अर्थ 'धातुओं से विपरीत गुणवाले' यह किया है। परन्तु उपर्युक्त स्रोतोदुष्टियों के हेतुओं में इससे विपरीत मिलता है जैसे-मेदोवाही स्रोतों की दुष्टि में अव्यायाम दिवास्वप्न तथा मेदुर मांसों के उपयोग को हेतु बताया है। ये हेतु मेदोधातु से विपरीतगुण नहीं अपितु समानगुण है। अतः 'धातुओं से विपरीत गुणवाले' यह अर्थ ठीक नहीं जँचता ॥२८॥

१—'मूत्रितस्य मूत्रवेगवत उदकभक्ष्यस्त्रीणां सेवनात्' गङ्गाधरः।

अतिप्रवृत्तिः सङ्गो वा सिराणां ग्रन्थयोऽपि वा ।
विमार्गगमनं वापि स्रोतसां दुष्टिलक्षणम् ॥२९॥

स्रोतोदुष्टि के सामान्य लक्षण—अतिप्रवृत्त अर्थात् उन २ स्रोतों में बहनेवाले धातुओं का बहुत निकलना वा सङ्ग (रुकना) अथवा सिरा आदि स्रोतों में ग्रन्थियाँ हो जाना तथा रस आदि धातुओं का जो कि उनमें बहती हैं—उन्मार्ग में जाना; ये स्रोतों की दुष्टि का सामान्य लक्षण है ॥२९॥

स्वधातुसमवर्णानि वृत्तस्थूलान्यणूनि च ।
स्रोतांसि दीर्घाण्याकृत्या प्रतानसदृशानि च ॥३०॥

स्रोतों का स्वरूप—स्रोत अपनी धातु के सदृश वर्णवाले, गोल मोटे वा बारीक, लम्बे तथा आकार में प्रतान के सदृश होते हैं। जिस प्रकार लता की बीच की डण्डी से छोटी तन्तु सदृश शाखायें निकलती हैं वैसे ही एक स्थूल स्रोत से क्रमशः बारीक स्रोत भी मिले हुए होते हैं। जिस प्रकार लता का विस्तार दिखाई देता है, वैसे ही इनका ॥३०॥

प्राणोदकान्नवाहानां दुष्टानां श्वासिकी क्रिया ।
कार्या तृष्णोपशमनी तथैवामप्रदोषिकी ॥३१॥

दुष्ट स्रोतों की चिकित्सा—प्राणवह स्रोतों के दुष्ट होने पर श्वासोक्त चिकित्सा करनी चाहिये। उदकवह स्रोतों के दुष्ट होने पर तृष्णा को शान्त करनेवाली क्रिया करनी चाहिये, जो तृष्णा की चिकित्सा में कही जायगी। अन्नवह स्रोतों के दुष्ट होने पर आमप्रदोष की चिकित्सा करनी चाहिये ॥३१॥

विविधाशितपीतीये रसादीनां यदौषधम् ।
रसादिस्रोतसां कुर्यात्तद्यथास्वमुपक्रमम् ॥३२॥

दुष्ट रस आदियों की जो चिकित्सा विविधाशितपीतीय नामक अध्याय में कही गयी है, वही चिकित्सा रसवह आदि स्रोतों की भी है। अर्थात् जो दुष्ट रस की चिकित्सा है वही रसवह स्रोत की, इत्यादि ॥३२॥

मूत्रविट्स्वेदवाहानां चिकित्सा मौत्रकृच्छ्रिकी ।
तथातिसारिकी कार्या तथा ज्वरचिकित्सकी ॥३३॥ इति

दुष्ट मूत्रवह स्रोतों की चिकित्सा मूत्रकृच्छ्र सम्बन्धी होती है। दुष्ट पुरीषवह स्रोतों की अतिसारोक्त चिकित्सा करनी चाहिये और दुष्ट स्वेदवह स्रोतों की चिकित्सा ज्वरचिकित्सावत् होती है ॥३३॥

तत्र श्लोकाः ।

त्रयोदशानां मूलानि स्रोतसां दुष्टिलक्षणम् ।
सामान्यं नामपर्यायाः कोपनानि परस्परम् ॥३४॥
दोषहेतुः पृथक्त्वेन भेषजोद्देश एव च ।
स्रोतोविमाने निर्दिष्टस्तथा चादौ विनिश्चयः ॥३५॥

तेरह प्रकार के स्रोतों के मूल, स्रोतों की दुष्टि के पृथक् २ लक्षण, सामान्य लक्षण, नामपर्याय ('स्रोतांसि सिरा०' इत्यादि द्वारा), परस्पर कुपित करना, दुष्टि के निदान, पृथक् २ औषध-निर्देश तथा अध्याय के आदि में पुरुष स्रोतोमय होने का विज्ञान इस स्रोतोविमान में कहा गया है ॥३४,३५॥

केवलं विदितं यस्य शरीरं सर्वभावतः ।
शारीराः सर्वरोगाश्च स कर्मसु न मुह्यति ॥३६॥

इत्यग्निवेशकृते तन्त्रे चरकप्रतिसंस्कृते तृतीये विमानस्थाने स्रोतोविमानं नाम पञ्चमोऽध्यायः ॥५॥

जिसे सर्वथा सब शरीर और सम्पूर्ण शरीररोगों का ज्ञान है, वह कभी कर्म में मोह को प्राप्त नहीं होता ॥३६॥

इति पञ्चमोऽध्यायः ।

षष्ठोऽध्यायः ।

अथातो रोगानीकं विमानं व्याख्यास्यामः ॥
इति ह स्माह भगवानात्रेयः ॥१॥

अब रोगानीक विमान की व्याख्या करेंगे—ऐसा भगवान् आत्रेय ने कहा था ॥१॥

द्वे रोगानीके भवतः प्रभावभेदेन—साध्यं चासाध्यं च, द्वे रोगानीके बलभेदेन—मृदु च दारुणं च, द्वे रोगानीके अधिष्ठानभेदेन—मनोऽधिष्ठानं शरीराधिष्ठानं च, रोगानीके द्वे निमित्तभेदेन—स्वधातुवैषम्यनिमित्तं चागन्तुनिमित्तं च, द्वे रोगानीके आशयभेदेन—आमाशयसमुत्थं च पक्वाशयसमुत्थं च; एवमेतत्प्रभावबलाधिष्ठाननिमित्ताशयभेदाद् द्वैधं सद्भेदप्रकृत्यन्तरेण[1] भिद्यमानमथवा सन्धीयमानं स्यादेकत्वं वा बहुत्वं वा। एकत्वं तावदेकमेव रोगानीकं दुःखसामान्यात्, बहुत्वं तु दश रोगानीकानि प्रभावभेदादिना भवन्ति; बहुत्वमपि संख्येयं स्यादसङ्ख्येयं वा स्यात्, तत्र सङ्ख्येयं तावद्यथोक्तमष्टोदरीयं, अपरिसङ्ख्येयं पुनर्यथा—महारोगाध्याये, रुग्वर्णसमुत्थानामसङ्ख्येयत्वात् ॥२॥

प्रभावभेद से दो रोगसमूह होते हैं—१ साध्य रोगसमूह २ असाध्य रोगसमूह। बलभेद से भी रोगसमूह दो प्रकार के हैं—१ मृदु २ दारुण। अधिष्ठान (आश्रय) भेद से दो प्रकार का—१ मन में आश्रित। २ शरीराश्रित। कारणभेद से दो प्रकार का—१ अपनी धातु की विषमता से उत्पन्न। २ आगन्तु कारण से उत्पन्न। आशय भेद से द्विविध—१ आमाशयोत्पन्न। २ पक्काशयोत्पन्न। इस प्रकार यह प्रभाव बल अधिष्ठान (आश्रय निमित्त तथा आशयभेद से दो-दो प्रकार का होता हुआ अन्य भेदक कारणों से विभक्त करने पर अथवा एकीकरण करने पर एक वा बहुत प्रकार का हो सकता है। एकता—जैसे दुःख के सब में समान होने से रोगसमूह एक ही है। अर्थात् सब रोगों में दुःख के साधर्म्य को लेकर रोगों की एकता प्रकट की जाती है। सूत्रस्थान के २० वें अध्याय में भी पूर्व कह आये हैं—

'तेषां चतुर्णामपि रोगाणां रोगत्वमेकविधं भवति रुक्सामान्यात् ॥'

बहुता वा बहुत प्रकार का होना, जैसे—प्रभावभेद आदि से रोग समूह दस प्रकार का है। अभी प्रभाव बल अधिष्ठान निमित्त तथा आशय भेद से प्रत्येक के दो-दो भेद बताये हैं।

१—'भेदप्रकृत्यन्तरेणेति भेदकारणान्तरेण' चक्रः ।

इन्हें यदि पृथक् २ न गिनकर इकठ्ठा गिना जाय तो मिलाकर दस होते हैं।

बहुत्व के भी दो विकल्प हैं। १-संख्येय (जो गिने जा सकें) और २-असंख्येय (जो न गिने जा सकें)। संख्येय रोगों के उदाहरण अष्टोदरीय अध्याय में कहे गये हैं। अपरिसंख्येय जैसे महारोगाधिकार में कहा है—वेदना वर्ण निदान आदियों के अनगिनत होने से रोग भी अपरिसंख्येय होते हैं। महारोगाधिकार (सू० २० अ०) में कहा है—

'विकाराः पुनरपरिसंख्येयाः प्रकृत्यधिष्ठानलिङ्गायतनविकल्पानामपरिसंख्येयत्वात् ।'

इसी प्रकार त्रिशोथीय नामक सू० १८ अ० में—

'त एवापरिसंख्येया भिद्यमाना भवन्ति हि ।
रुजावर्णसमुत्थानस्थानसंस्थाननामभिः' ॥२॥

[1]नच संख्येयाग्रेषु भेदप्रकृत्यन्तरीयेषु विगीतिरित्यनो दोषवती स्यादत्र काचित्प्रतिज्ञा, न चाविगीतिरित्यतः स्याददोषवती; भेत्ता हि भेद्यमन्यथा भिनत्ति, अन्यथा [2]पुरस्ताद्भिन्नं भेदप्रकृत्यन्तरेण भिन्दन् भेदसंख्याविशेषमापादयत्यनेकधा, न च पूर्वभेदाग्रमुपहन्ति ॥३॥

एक ही रोग संख्येय तथा असंख्येय किस प्रकार हो सकता है ? एक ही वस्तु में दो विरुद्ध धर्म नहीं रह सकते। इसी का समाधान किया है—

भेदकारण की भिन्नता होने पर संख्येय रागपरिमाण में एकत्व द्वित्व त्रित्व आदि भिन्न २ संख्या का कहना रूप विरुद्धकथन होने से प्रतिज्ञा दोषयुक्त नहीं हो सकती। क्योंकि वह विरुद्धकथन ही नहीं अतः दोषयुक्त भी नहीं। यदि विरुद्ध कथन प्रमाणित हो जाय तभी हम उसे दोषयुक्त मान सकते हैं। अथवा एक ही रोग में एकत्व द्वित्व आदि विरुद्ध कथन न होने मात्र से ही प्रतिज्ञा दोषरहित नहीं होती। तात्पर्य यह है कि 'वेदनाकारक होने से रोग एक है' के साथ विरुद्धकथन न करने के लिये हम 'रोग प्रभावभेद से एक है' यह कह दें, तो यह प्रतिज्ञा दोषवती ही होगी। क्योंकि प्रभावभेद से रोग दो प्रकार का है। भेत्ता (भेदकर्ता) परीक्षक भेद्य वस्तु का एक प्रकार से भेद करके अन्य प्रकार से और भेद कर सकते हैं। भावार्थ यह है कि जिस धर्म के योग को कहने की इच्छा से एकत्व कहा है यदि उसी धर्म के योग को कहने की इच्छा से पुनः बहुत्व कहा जाय तो उसे हम विगीति या विरुद्ध कथन कह सकते हैं। परन्तु यदि उस धर्म से भिन्न धर्म के योग को बताने की इच्छा से बहुत्व कहा जाय तो विरोध नहीं होगा। यदि हम इसे विगीति भी कहें तो विगीति होने से ही उसे अप्रामाणिक नहीं कह सकते। क्योंकि वहाँ धर्मान्तर के योग की विवक्षा से विगीति की गयी है। यह विगीति दोषयुक्त नहीं मानी जाती।

प्रथम एक प्रकार से भेद किये गये को अन्य भेदक कारण से भेद कहते हुए अनेक प्रकार की भेदसंख्या की भिन्नता को भेदकर्ता जताता है। इससे वह पूर्व की गयी भेदसंख्या का व्याघात नहीं करता। जैसे रोग को प्रथम निज आगन्तु भेद से द्विविध (दो प्रकार का) वात आदि के भेद से त्रिविध (तीन प्रकार का) और साध्य आदि भेद से चार प्रकार का कहा जा चुका है। किन्तु विशेष-विशेष भेदक धर्म द्वारा भेद करने के कारण कोई भी भेदसंख्या दूसरी भेदसंख्या के विरुद्ध नहीं। अतएव परस्पर व्याघात नही करतीं ॥३॥

समानायामपि खलु भेदप्रकृतौ प्रकृतानु[1]प्रयोगान्तरमपेक्ष्यं; सन्ति ह्यर्थान्तराणि समानशब्दाभिहितानि, सन्ति चानर्थान्तराणि पर्यायशब्दाभिहितानि; समानो हि रोगशब्दो दोषेषु च व्याधिषु च, दोषा ह्यपि रोगशब्दमातङ्कशब्दं यक्ष्मशब्दं दोषप्रकृतिशब्दं विकारशब्दं च लभन्ते, व्याधयश्च रोगशब्दमातङ्कशब्दं यक्ष्मशब्दं दोषप्रकृतिशब्दं विकारशब्दं च लभन्ते, तत्र दोषेषु चैव व्याधिषु च रोगशब्दः समानः, शेषेषु तु विशेषवान् ॥४॥

भेदकारण के समान होने पर भी समान शब्द द्वारा कहे गये प्रकरणागत के भेद को जतानेवाला जो पीछे का विगीति-समानार्थक प्रयोगान्तर है, उसकी अपेक्षा करनी पड़ती है। अभिप्राय यह है-कि यद्यपि 'रोगानीके द्वे' कहने में 'द्वे' (दो) शब्द रोग के प्रभाव तथा रोग के बल में समान है। तथापि एक जगह प्रभाव भेद के अनुप्रयोग की अपेक्षा करके वह 'द्वे' शब्द प्रभाव के दो प्रकार होने को जताता है। तथा बलभेद के अनुप्रयोग की अपेक्षा करते हुए बल के दो प्रकार के होने का सूचक है। अतएव आचार्य ने 'प्रभावभेदेन' तथा 'बलभेदेन' का अनुप्रयोग कर दिया है।

गङ्गाधर तो 'प्रकृतानुप्रयोगान्तर' की जगह 'प्रकृत्यनुप्रयोगान्तर' यह पाठ स्वीकार करता है। उस पाठ के अनुसार इसका भावार्थ यह होगा—भेदकारण के समान व असमान होने पर

१—'ननु, सङ्ख्येयत्वमसंख्येयत्वं च विरुद्धावेतौ धर्मौ, तथैकत्वमनेकत्वं चेति, तत्कथं विरुद्धत्वेन ख्यातौ धर्मावेकस्मिन् रोगे घटेतामित्यत आह—न चेत्यादि। संख्येयाग्रेष्विति संख्येयरोगपरिमाणेषु, अत्राग्रशब्दः परिमाणे वर्तते, भेदप्रकृत्यन्तरीयेषु भेदकारणान्तरभवेषु, विगीतिः विरुद्धभाषणमित्यर्थः। विगीतौ दोषाभावं दर्शयित्वा भेदकारणान्तरकृतायामविगीतावपि दोषो भवतीति दर्शयन्नाह—न चाविगीतिरित्यादि। यदि ह्येक रोगानीकं रुजासामान्यादित्यभिधाय पुनरेकं रोगानीकं प्रभावभेदादित्यविरुद्धा एकताख्यायिकाऽविगीतिः क्रियते तथापि सा विरुद्धैव स्यात्, यतो न प्रभावभेदेन रोगाणामेकत्वमुपपन्नं किन्तु द्वैधमेवेति भावः। विगीतौ दोषाभावे हेतुमाह—भेत्ता हीत्यादि। एवं मन्यते—यद्धर्मयोगविवक्षयैकत्वमुक्तं तद्धर्मयोगविवक्षयैव यदि बहुत्वमप्युच्यते ततो विरोधी भवति, नहि तत्रैवैकं चानेकं चेत्युपपन्नं; यदा तु धर्मान्तरयोगविवक्षया बहुत्वमुच्यते तदा न विरोधः, बहुत्वाभिधानकाले बहूनामेव रोगधर्माणां विवक्षितत्वात्, रोगाणामेकत्वमेकधर्मविषयं बहुधर्मविषयमिति न विरोधः' चक्रः। २—'पुरस्तावद्भिन्नं' च।

१—'प्रकृतस्य समानशब्देनाभिहितस्य यद्भेदख्यापकं पश्चात् प्रयोगान्तरं तदपेक्षणीयं' चक्रः। 'प्रकृत्यनुप्रयोगान्तरं' ग०।

तदर्थबोधक अन्य प्रकृति (कारण) का अनुप्रयोग आवश्यक होता है। जैसे प्रभावभेद से रोगसमूह दो प्रकार का है—यह कहने पर यदि और कहना हो कि रोगसमूह दो प्रकार का। पुनः यह कहना हो कि रोगसमूह तीन प्रकार है तो उसके भेदकधर्म—रूप अन्य प्रकृति (कारण) का अनुप्रयोग आवश्यक होता है अर्थात् 'मृदु' दारुण बलभेद से और निज आगन्तु मानसभेद से, यह अनुप्रयोग करना होगा।

अर्थात् रोग दो प्रकार का है साध्यासाध्यभेद से, रोग दो प्रकार का है मृदु दारुण बलभेद से, रोग तीन प्रकार का है निज आगन्तुक मानस भेद से। ऐसा कहना उचित होगा।

ऐसे भी भिन्न २ अभिधेय हैं जो समान शब्द से ही कहे जाते हैं और एक ही अभिधेय भी पर्यायवाचक कई नामों से अभिहित होता है। अर्थात् ऐसे अनेक अभिधेय हैं जो समान शब्द से कहे जाते हैं, पर उनका अर्थ भिन्न २ होता है। और ऐसे भी अनेक अभिधेय हैं जो भिन्न २ शब्दों से कहे जाते हैं, पर उन सब का अर्थ एक ही है। उदाहरण—एक रोग शब्द, दोष और व्याधि दोनों का वाचक है। दोष भी, रोग आतङ्क यक्ष्मा दोषप्रकृति और विकार; इन शब्दों से कहा जाता है। व्याधियाँ भी, रोग आतङ्क यक्ष्मा दोषप्रकृति और विकार; इन सब शब्दों से कही जाती हैं। वहाँ दोष और व्याधि में 'रोग' शब्द समान है। शेष हेतु आदि में विशेषवान् (असमान) है। अथवा शेष—ज्वर आदियों में रोग शब्द विशेषवाची है। क्योंकि ज्वर अतिसार ग्रहणी प्रभृति रोगों में समानता नहीं होती। अतएव पूर्वप्रयुक्त रोग शब्द के साथ अन्य भेदकप्रकृति के अनुप्रयोग की आवश्यकता होती है। रुजाकर्तृत्वेन समान भेदप्रकृति (कारण) होते हुए भी रोग के साथ ज्वर अतिसार ग्रहणी आदि अन्य प्रकृति का अनुप्रयोग विभिन्नता के लिये करना आवश्यक होता है ॥४॥

तत्र व्याधयोऽपरिसंख्येया भवन्ति, अतिबहुत्वात्; दोषास्तु खलु परिसंख्येयाः, अनतिबहुत्वात्; तस्माद्यथाचित्रं[1] विकारा उदाहरणार्थमनवशेषेण च दोषा व्याख्यास्यन्ते ॥५॥

अत्यधिकता के कारण व्याधियाँ अनगिनत हैं। परन्तु अत्यधिक न होने के कारण दोष गिने जा सकते हैं। अतएव जैसे पूर्वाचार्यों ने लिखा है उन व्याधियों के उदाहरण के तौर पर; तथा दोषों की अशेषतः व्याख्या की जायगी। अभिप्राय यह है कि रोग अपरिसंख्येय हैं—बहुत ही अधिक हैं—प्रत्येक का निर्देश करना असम्भव है। अतः जिन्हें मुख्य समझा गया है, उन्हीं की दृष्टान्तस्वरूप में व्याख्या की जायगी। परन्तु दोष अत्यधिक नहीं हैं उनकी व्याख्या अशेषतः हो सकती है। अतः उनकी सर्वांश में व्याख्या की जायगी ॥५॥

रजस्तमश्च मानसौ दोषौ, तयोर्विकाराः—कामक्रोधलोभमोहेर्ष्यामानमदशोकचित्तोद्वेगभयहर्षादयः। वातपित्तश्लेष्माणस्तु खलु शारीरा दोषाः, तेषामपि च विकारा ज्वरातीसारशोथशोषश्वासमेहकुष्ठादय इति। दोषाः केवला व्याख्याताः, विकारैकदेशश्च ॥६॥

मानसदोष—रज और तम मानस दोष हैं। काम क्रोध लोभ मोह ईर्ष्या अहंकार मद शोक चित्तग्लानि भय हर्ष आदि इन दोषों के विकार हैं। शारीरदोष—वात पित्त कफ हैं। इनके ज्वर अतिसार शोथ शोष श्वास प्रमेह कुष्ठ आदि विकार हैं। सूत्रस्थान प्रथम अ० में कह आये है—

वातः पित्तं कफश्चोक्तः शारीरो दोषसंग्रहः।
मानसः पुनरुद्दिष्टो रजश्च तम एव च ॥'

इस प्रकार वहाँ दोष सम्पूर्ण बता दिये हैं और उदाहरणार्थ विकारों का एक भाग। क्योंकि सम्पूर्ण विकारों का निर्देश करना असम्भव है ॥६॥

तत्र तु खल्वेषां द्विविधानामपि दोषाणां त्रिविधं प्रकोपणं; तद्यथा—असात्म्येन्द्रियार्थसंयोगः, प्रज्ञापराधः परिणामश्चेति। प्रकुपितास्तु खलु प्रकोपणविशेषाद् दूष्यविशेषाच्च विकारविशेषानभिनिर्वर्तयन्त्यपरिसंख्येयान्। ते विकाराः परस्परमनुवर्तमानाः कदाचिदनुबध्नन्ति कामादयो ज्वरादयश्च; नियतस्त्वनुबन्धो रजस्तमसोः परस्परं, न ह्यरजस्कं तमः प्रवर्तते ॥७॥

इन शारीर और मानस दोनों दोषों के प्रकोपक हेतु तीन प्रकार के हैं—१ असात्म्येन्द्रियार्थसंयोग २ प्रज्ञापराध ३ परिणाम। ये प्रकुपित हुए २ दोष, प्रकोपक हेतु की भिन्नता से दूष्य (रस रक्त आदि धातु) की भिन्नता से अनगिनत भिन्न २ विकारों को उत्पन्न करते हैं। अर्थात् दोष यद्यपि संख्येय हैं, परन्तु वे प्रकोपक हेतु की भिन्नता आदि रूप कारणों से अनगिनत विकारों को उत्पन्न करते हैं। सूत्र० १८ अ० में कह भी आये हैं—'स एव कुपितो दोषः समुत्थानविशेषतः।
स्थानान्तरगतश्चापि विकारान् कुरुते बहून् ॥'

काम आदि मानस रोगों तथा ज्वर आदि शारीर रोगों के अधिक काल तक रहते हुओं का कदाचित् परस्पर अनुबन्ध हो जाता है। शारीर रोग में मानस रोग का, मानस रोग में शारीर रोग का। रज और तम का परस्पर अनुबन्ध तो निश्चित ही है। क्योंकि तम रज के बिना प्रवृत्त नहीं होता। अतः जहाँ रज है वहाँ तम का अनुबन्ध है और जहाँ तम है वहाँ रज का अनुबन्ध है। ये दोनों परस्पर सर्वथा पृथक् नहीं रह सकते ॥७॥

प्रायः शारीरदोषाणामेकाधिष्ठानीयानां सन्निपातः संसर्गो वा समानगुणत्वात्, दोषा हि दूषणैः समानाः ॥

प्रायः एक ही स्थान (आश्रय-शरीर) में रहनेवाले शारीर दोषों (वात पित्त कफ) का समानगुण होने से सन्निपात वा संसर्ग हुआ करता है। तीनों दोषों के एकत्र मेलन को सन्निपात और किन्हीं दो दोषों के संयोग को संसर्ग कहते हैं। प्रायः दोष दूषणों (प्रकोप हेतु) से समान होते हैं। अर्थात् शारीर वात आदि दोषों का हेतु प्रायः समान हुआ करता है। जैसे—अम्ल लवण और कटु, पित्त कफ और वात को करते हैं। इनमें से अम्ल कफ युक्त पित्त को करता है। लवण पित्तयुक्त कफ को करता है। कटु रस वातयुक्त पित्त को करता है। तथा वसन्त

1—'तस्माद्यथोचितं' पा०।

ऋतु कफकारक होते हुए आदानकाल होने से वात पित्त को करता है। वर्षा में सञ्चित हुआ पित्त कफानुगत होकर प्रकुपित होता है। तथा ग्रीष्म रूक्ष होने से वातसञ्चय को करता हुआ उष्ण होने से किञ्चित् पित्त के संचय का कारण भी होता है इत्यादि।

अतः आश्रय के समान होने से तथा निदान के समान होने से दोषों में भी समानता होती है। समानता होने से वे परस्पर मिलते हैं और समान रोग के उत्पन्न करने में कारण होते हैं।

अथवा एकाधिष्ठान वात आदि शारीर मिलित तीनों दोषों के अथवा शारीरिक दो दोषों के (द्वन्द्व में) जो २ गुण समान होते हैं उन्हीं २ गुणों द्वारा प्रायः उनका सन्निपात वा संसर्ग होता है। यतः दोष, प्रकोपक हेतुओं से उस गुण में समान होता है। अर्थात् प्रकोपक हेतु द्वारा वात आदि दोषों के समान २ गुणवाले अंश प्रकुपित होते हैं और उसी प्रकुपित गुणवाले अंश द्वारा उनका सन्निपात वा संसर्ग होता है। अथवा वात कुछ गुणों में पित्त से सादृश्य रखता है, पित्त कुछ गुणों में कफ से सादृश्य रखता है, कफ कुछ गुणों में वात से सादृश्य रखता है, परन्तु इनमें परस्पर विरुद्ध गुण भी होते हैं—उन विरुद्ध गुणों द्वारा या परस्पर उपघात क्यों नहीं करते इसका उत्तर—

'विरुद्धैरपि नत्वेते गुणैर्घ्नन्ति परस्परम्।
दोषाः सहजसात्म्यत्वाद् घोरं विषमहीनिव ॥'

यह है। अर्थात् परस्पर विरुद्धगुणयुक्त होते हुए भी जन्म से ही सात्म्य होने के कारण दोष परस्पर उपघातक नहीं होते, जैसे घोर विष जन्म से ही सात्म्य होने से सर्पों को मारता नहीं।

परन्तु जब इनमें विरुद्ध गुण भी हैं तो सर्व गुणों द्वारा सन्निपात वा संसर्ग होना असम्भव होगा—इसी आशंका को हटाने के लिये कहा है कि वात पित्त कफ तीनों मिलित दोष अपने प्रभाव से त्रिदोषकर पाटलधान्य आदि दूषक द्रव्यों से प्रकोप में सब गुणों द्वारा समान होते हैं तथा दो २ दोष (द्वन्द्व) अपने प्रभाव से दो २ दोषों को करनेवाले निष्पात आदि दूषक द्रव्यों से प्रकोप में सब गुणों द्वारा समान होते हैं। सुतरां सब गुणो द्वारा सन्निपात और संसर्ग हो सकता है ॥८॥

तत्रानबन्ध्यानुबन्धविशेषः,—स्वतन्त्रो व्यक्तलिङ्गो यथोक्तसमुत्थानप्रशमो भवत्यनुबन्ध्यः, तद्विपरीतलक्षण स्त्वनुबन्धः। अनुबन्ध्यानुबन्धलक्षणसमन्वितास्तत्र यदि दोषा भवन्ति, तत् त्रिकं सन्निपातमाचक्षते, द्वयं वा संसर्गम्। अनुबन्ध्यानुबन्धविशेषकृतस्तु बहुविधो दोषभेदः। एवमेष संज्ञाप्रकृतो भिषजां दोषेषु चैव व्याधिषु च नानाप्रकृतिविशेषव्यूहः[1] ॥९॥

सन्निपात और संसर्ग में अनुबन्ध्य और अनुबन्ध भेद से विशेषता होती है।

अनुबन्ध्य और अनुबन्ध का लक्षण—जो स्वतन्त्र हो, जिसके लक्षण स्पष्ट हों और (अपने) यथोक्त हेतुओं से जो उत्पन्न हुआ हो और जो यथोक्त अपनी चिकित्सा से शान्त हो, वह अनुबन्ध्य होता है। इससे विपरीत लक्षणोंवाला अनुबन्ध होता है। अर्थात् जो पराधीन हो, जिसके लक्षण अस्पष्ट हों और जो अपने हेतु से उत्पन्न न हुआ हो और न अपनी चिकित्सा से शान्त हो वह अनुबन्ध कहाता है। अर्थात् इसका निदान और चिकित्सा पृथक् नहीं होती। अनुबन्ध्य के निदान से कोप और उसी की चिकित्सा से इसकी निवृत्ति होती है। इनमें अनुबन्ध्य प्रधान होता है और अनुबन्ध अप्रधान। शरद् ऋतु में जल के अम्लविपाक आदि प्रधानतः पित्तकोपक होने के कारण से कफ भी उत्पन्न हो जाता है। और वहाँ तिक्तघृत आदि पित्त की चिकित्सा द्वारा ही कफ भी शान्त होता है। यहाँ पित्त अनुबन्ध्य था और कफ अनुबन्ध। यदि मेलन में अनुबन्ध्य और अनुबन्ध लक्षणों से युक्त दोष हों तो, तीनों दोषों के समुदाय को सन्निपात और दो दोषों के समुदाय को संसर्ग कहते हैं। अनुबन्ध्य और अनुबन्ध के भेद के कारण दोषभेद बहुत प्रकार का है। अर्थात् अनुबन्ध्य और अनुबन्ध की भिन्नता से सन्निपात और संसर्ग के बहुत से भेद होते हैं। सन्निपात के तेरह और संसर्ग के नौ; ये सूत्रस्थान के कियन्तः-शिरसीय नामक अध्याय में बताये जा चुके हैं।

इस प्रकार अनुबन्ध्य अनुबन्ध सन्निपात संसर्ग ज्वर अतिसार आदि संज्ञा द्वारा और नानाकारणों की भिन्नता से रोगों और दोषों के पृथक् २ समूह होते हैं ॥९॥

अग्निषु तु शारीरेषु चतुर्विधो विशेषो बलभेदेन भवति; तद्यथा—तीक्ष्णो मन्दः समो विषम इति। तत्र तीक्ष्णोऽग्निः सर्वापचारसहः, तद्विपरीतलक्षणो मन्दः, समस्तु खल्वपचारतो विकृतिमापद्यतेऽनपचारतस्तु प्रकृतावबतिष्ठते, समलक्षणविपरीतलक्षणस्तु विषमः, इत्येते चतुर्विधा भवन्त्यग्नयश्चतुर्विधानामेव पुरुषाणाम् ॥१०॥

शारीर अग्नियाँ बलभेद से चार प्रकार की होती हैं। जैसे—१ तीक्ष्ण २ मन्द ३ सम ४ विषम। इनमें से तीक्ष्ण अग्नि सब अपथ्य को सहनेवाली होती है। इससे विपरीत लक्षणवाली अग्नि मन्द कहाती है। अर्थात् सम्यक् प्रकार से उपयुक्त किये गये आहार को भी पचाने में जो असमर्थ होती है, वह मन्द। सम अग्नि अपचार (अपथ्य सेवन) से विकृत हो जाती है और अपचार न करने से समावस्था में ही रहती है। सम अग्नि वह होती है जो सम्यक् प्रकार से उपयुक्त किये गये आहार को ठीक समय पर पचा देती है। सम अग्नि के लक्षणों से विपरीत लक्षण होने पर विषम अग्नि जाननी चाहिये अर्थात् जो सम्यक् प्रकार से उपयुक्त आहार को कभी न पचावे और जो सम्यक् प्रकार से न प्रयुक्त किये हुए आहार को कभी पचा देवे उसे विषम अग्नि जानना चाहिये। विषम अग्नि कभी आहार को सम्यक् पचा देती है और कभी आध्मान आदि उत्पन्न करके पीछे पचाती है।

ये चार प्रकार की अग्नियाँ चारों प्रकार के पुरुषों में होती हैं ॥१०॥

तत्र, समवातपित्तश्लेष्मणां प्रकृतिस्थानां समा भवन्त्यग्नयः, वातलानां तु वाताभिभूतेऽग्न्यधिष्ठाने विषमा भवन्त्यग्नयः, पित्तलानां तु पित्ताभिभूतेऽग्न्यधि-

१—'०विशेषाद् व्यूहः' ग०।

स्थाने तीक्ष्णा भवन्त्यग्नयः, श्लेष्मलानां तु श्लेष्माभिभूते ह्यग्न्यधिष्ठाने मन्दा भवन्त्यग्नयः ॥११॥

जैसे—प्रकृतिस्थित वात पित्त कफ जिनमें सम हैं उन पुरुषों की अग्नियाँ सम होती हैं। अर्थात् गर्भ के आदि से ही जिनके वात पित्त कफ समान हैं उन सब स्वस्थ पुरुषों की अग्नि सम होती है। वातल (वातप्रधान) पुरुषों के अग्नि के आश्रय (ग्रहणी) के वात से आक्रान्त रहने के कारण अग्नियाँ विषम होती हैं। पित्ताधिक पुरुषों के अग्नि के आश्रय (ग्रहणी) के पित्त से आक्रान्त रहने के कारण अग्नियाँ तीक्ष्ण होती हैं। श्लेष्मल (कफप्रधान) पुरुषों के अग्न्याश्रय (ग्रहणी) के आक्रान्त रहने से अग्नियाँ मन्द होती हैं।

'प्रकृतिस्थानां' कहने से तीनों के प्रवृद्ध वा क्षीण होकर सम होने का निराकरण किया गया है ॥११॥

तत्र केचिदाहुः—न समवातपित्तश्लेष्माणो जन्तवः सन्ति, विषमाहारोपयोगित्वान्मनुष्याणां; तस्माच्च वातप्रकृतयः केचित् केचित्पित्तप्रकृतयः केचित्पुनः श्लेष्मप्रकृतयो भवन्तीति। तच्चानुपपन्नं; कस्मात्कारणात्? समवातपित्तश्लेष्माणं ह्यरोगमिच्छन्ति भिषजः, यतः प्रकृतिश्चारोग्यम्, आरोग्यार्था च भेषजप्रवृत्तिः, सा चेष्टारूपा, तस्मात्सन्ति [1]समवातपित्तश्लेष्माणः। न तु खलु सन्ति वातप्रकृतयः पित्तप्रकृतयः श्लेष्मप्रकृतयो वा; तस्य तस्य किल दोषस्याधिकभावात्सा सा दोषप्रकृतिरुच्यते मनुष्याणां, न च विकृतेषु दोषेषु प्रकृतिस्थत्वमुपपद्यते, तस्मान्नैताः प्रकृतयः सन्ति; सन्ति तु खलु वातलाः पित्तलाः श्लेष्मलाश्च; अप्रकृतिस्थास्तु ते ज्ञेयाः ॥१२॥

यहाँ पर कई कहते हैं कि कोई भी प्राणी सम वात-पित्त कफ नहीं होते, क्योंकि मनुष्य विषमरूप से आहार करते हैं। अर्थात् माता के आहार के ऊपर ही गर्भ की प्रकृति होती है और मनुष्य कभी भी तोल २ कर सब रसों का आहार नहीं करते और न कर सकते हैं, जिससे गर्भ समधातुप्रकृति हो। अतएव कुछ वातप्रकृति होते हैं, कुछ पित्तप्रकृति और कुछ कफप्रकृति। यह उनका कहना ठीक नहीं। क्योंकि चिकित्सक सम-वात पित्त-कफ पुरुष को ही नीरोग वा स्वस्थ मानते हैं। प्रकृति को ही आरोग्य (नीरोगिता) कहते हैं। आरोग्य के लिये ही भेषज (चतुष्पादरूप) की प्रकृति होती है। वही अर्थात् आरोग्य के लिये भेषजप्रवृत्ति हमें वाञ्छनीय है। सूत्रस्थान के नवम अध्याय में कह आये हैं—

'चतुर्णां भिषगादीनां शस्तानां धातुवैकृते।
प्रवृत्तिर्धातुसाम्यार्था चिकित्सेत्यभिधीयते ॥'

अतएव जिनमें वात पित्त कफ सम हैं—ऐसे पुरुष हैं। परन्तु वातप्रकृति पित्तप्रकृति वा कफप्रकृतिवाले पुरुष नहीं हैं। उस २ दोष के अधिक होने से ही मनुष्यों की वह २ दोषप्रकृति कही जाती है। विकृति हुए २ दोषों में 'प्रकृतिस्थिता' कहना युक्तिसङ्गत नहीं। क्योंकि उस समय दोष तो विषमावस्था में हैं उन्हें प्रकृतिस्थ (समावस्था में स्थित) कहना निरी मूर्खता है। सूत्रस्थान नवम अध्याय में कह आये हैं—

'विकारो धातुवैषम्यं साम्यं प्रकृतिरुच्यते।
सुखसंज्ञकमारोग्यं विकारो दुःखमेव च ॥'

अतएव ये (वातल आदि) प्रकृतियाँ नहीं हैं। वातल (वाताधिक) पित्तल (पित्ताधिक) श्लेष्मल (कफाधिक) मनुष्य तो होते हैं, पर वे अप्रकृतिस्थ ही (सदा रोगी ही) जानने चाहिये। इसी बात की सूत्रस्थान के ७ वें अध्याय में भी आचार्य कह आये हैं—

'समपित्तानिलकफाः केचिद्‌गर्भादिमानवाः।
दृश्यन्ते वातलाः केचित् पित्तलाः श्लेष्मलास्तथा ॥
तेषामनातुराः पूर्वे वातलाद्याः सदातुराः।
दोषानुशयिता ह्येषां देहप्रकृतिरुच्यते' ॥१२॥

तेषां तु खलु चतुर्विधानां पुरुषाणां [1]चत्वार्यनुप्रणिधानानि श्रेयस्कराणि; तत्र समसर्वधातूनां सर्वाकारसमम्, अधिकदोषाणां तु त्रयाणां यथास्वं दोषाधिक्यमभिसमीक्ष्य दोषप्रतिकूलयोगीनि त्रीण्यनुप्रणिधानानि श्रेयस्कराणि भवन्ति यावदग्नेः समीभावात्, समे तु सममेव तु कार्यम्, एवं चेष्टा भेषजप्रयोगाश्चापरे, तान् विस्तरेणानुव्याख्यास्यामः ॥ १३ ॥

उन चारों प्रकार के पुरुषों के लिये चार अनुप्रणिधान श्रेयस्कर होते हैं। अनुप्रणिधान अनुष्ठान को कहते हैं अथवा जिस सम्पूर्ण अन्नपान वा भेषजादि द्वारा विकृत वा अविकृत वात आदि को प्रकृतिरूप में स्थापित करते हैं उसे अनुप्रणिधान कहते हैं।

उनमें से जिनकी सब धातु (वात पित्त कफ) सम हैं, उन्हें सर्वाकार में सम अनुप्रणिधान हितकर है। अर्थात् जो सकल अन्नपान आदि रस गुण वीर्य विपाक प्रभाव मात्रा देश काल सत्व तथा सात्म्य में सम वात पित्त कफ के समान हो वही समधातु समाग्नि की रक्षा करनेवाला है। सूत्रस्थान ७ अध्याय में समधातु पुरुष के लिये कहा है—

'समसर्वरसं सात्म्यं समधातोः प्रशस्यते।'

परन्तु जिन तीन (वातल पित्तल श्लेष्मल) में दोष का आधिक्य है, उनमें उस २ दोष के आधिक्य को देखकर उस दोष के विपरीत गुणवाले तीन अनुप्रणिधान कल्याणकारक होते हैं जब तक कि अग्नि सम न हो जाय। अर्थात् वातल पुरुष की वात का अधिकता की, पित्तल की पित्त की अधिकता की, श्लेष्मल की कफ की अधिकता की, सर्वतोभावेन परीक्षा करके वातल को १—वातप्रतिकूलयोगी मधुर अम्ल लवण आदि, पित्तल को २—पित्तप्रतिकूलयोगी मधुर तिक्त कषाय आदि तथा श्लेष्मल ३—कफप्रतिकूलयोगी कटु तिक्त कषाय आदि अनुप्रणिधान की व्यवस्था करनी चाहिये। 'दोषप्रतिकूलयोगी' का अर्थ है दोष से विपरीत होने के कारण जिसका प्रयोग युक्त हो। दोषप्रतिकूलयोगी अन्नपान आदि से विषम तीक्ष्ण वा मन्द अग्नि सम हो जाती है अग्नि का सम होना समधातु वा स्वस्थ का लक्षण है।

'समदोषः समाग्निश्च समधातुमलक्रियः।
प्रसन्नात्मेन्द्रियमनाः स्वस्थ इत्यभिधीयते ॥'

१—'समवातपित्तश्लेष्मप्रकृतयः' ग०।

१—'अनु उत्तरकाल प्रकर्षेण प्रकृतिरूपेण निधीयन्ते वाताद्याधिक्यसामान्यानि यैस्तान्यनुप्रणिधानानि' गङ्गाधरः।

यहाँ 'दोष' शब्द धातुरूप वात पित्त कफ का वाची है। और श्लोकपठित 'धातु' शब्द रस-रक्त आदि सप्त धातुओं का।

जब अग्नि सम हो जाय तब सब सम ही कहना चाहिए। अर्थात् आहार-विहार आदि सब सम ही होना चाहिये—जो समसर्वधातु पुरुष के लिये अभी कहा जा चुका है। एवं समाग्नि के रक्षक जो दूसरे औषधप्रयोग (रसायन आदि) हैं, वे भी हितकर हैं। उनकी विस्तार से व्याख्या करेंगे ॥१३॥

त्रयस्तु पुरुषा भवन्त्यातुराः, ते त्वनातुरास्तन्त्रान्तरीयाणां भिषजां; तद्यथा—वातलः पित्तलः श्लेष्मलश्चेति। तेषां विशेषविज्ञानं-वातलस्य वातनिमित्ताः, पित्तलस्य पित्तनिमित्ताः, श्लेष्मलस्य श्लेष्मनिमित्ता व्याधयः[१] प्रायेण बलवन्तश्च भवन्ति ॥१४॥

तीन पुरुष रोगी होते हैं। तन्त्रान्तर को माननेवाले चिकित्सकों के मत में वे नीरोग होते हैं। जैसे १ वातल २ पित्तल ३ श्लेष्मल। सुश्रुत शारीर ४ अध्याय में कहा है—

'सप्त प्रकृतयो भवन्ति दोषैः पृथग् द्विशः समस्तैश्च।'

अर्थात् वह वातल पित्तल श्लेष्मल वातपित्तल वातश्लेष्मल पित्तश्लेष्मल; इन्हें भी प्रकृति ही स्वीकार करता है। उनका विशेष लक्षण यह है—वातल पुरुष को वातज, पित्तल पुरुष को पित्तज, तथा श्लेष्मल पुरुष को कफज रोग प्रायः होते हैं और वे रोग बलवान् होते हैं ॥१४॥

तत्र वातलस्य वातप्रकोपणोक्तान्यासेवमानस्य क्षिप्रं वातः प्रकोपमापद्यते, न तथेतरौ दोषौ; स तस्य प्रकोपमापन्नो यथोक्तैर्विकारैः शरीरमुपतपति बलवर्णसुखायुषामुपघाताय; तस्यावजयनं स्नेहस्वेदौ विधियुक्तौ, मृदूनि च संशोधनानि स्नेहोष्णमधुराम्ललवणयुक्तानि, तद्वदभ्यवहार्याण्युपनाहनोपवेष्टनोन्मर्दनपरिषेकावगाहनसंवाहनावपीडनवित्रासनविस्मापनविस्मारणानि, सुरासवविधानं, स्नेहाश्चानेकयोनयो दीपनीयपाचनीयवातहरविरेचनीयोपहिताः, तथा शतपाकाः सहस्रपाकाः सर्वशश्च प्रयोगार्था बस्तयो, बस्तिनियमः, सुखशीलता चेति ॥१५॥

वातल (वातप्रधान) पुरुष के, कहे गये (वातज्वरनिदानमें) वातप्रकोप हेतुओं का सेवन करते हुए वात शीघ्र ही प्रकुपित हो जाता है। शेष दोनों दोष उतने प्रकुपित नहीं होते। वह प्रकुपित हुआ तो बल, वर्ण, सुख (आरोग्य) आयु के नाश के लिये यथोक्त (वातरोग सू० २० अ०) विकारों से शरीर को सन्तप्त करता है। तात्पर्य यह है कि वातल पुरुषों में वातप्रकोपक हेतुओं से वात शीघ्र कुपित होकर वातरोगों को उत्पन्न करता है और परिणामतः बल वर्ण आदि की हानि होती है। उसके जीतने का साधन—विधिपूर्वक प्रयुक्त किये गये स्वेद, स्नेह, उष्ण (स्पर्श वा वीर्य से) मधुर अम्ल लवण—इनसे युक्त मृदु संशोधन, इसी प्रकार भोज्य पदार्थ अर्थात् स्नेह आदि से युक्त भोजन, उपनाह (Poultice आदि का बाँधना), उपवेष्टन (पट्टी आदि लपेटना Bandage), उन्मर्दन (हाथ आदि से मर्दन करना), परिषेक (वातहर क्वाथों से अङ्ग को सिंचन करना, अवगाहन (वातहर क्वाथ वा तैल आदि से पूर्ण द्रोणी या टब में बैठ कर स्नान करना), संवाहन (मुट्ठी चापी करना, अवपीड़न (भींचना दबाना), वित्रासन (डराना) विस्मापन (आश्चर्य उत्पन्न करना) विस्मारण (भुलाना), सुरा और आसव का विधिपूर्वक सेवन, दीपनीय पाचनीय वातहर एवं विरेचनीय गुणों के द्रव्यों से युक्त स्थावर जङ्गम स्नेह तथा शतपाक सहस्रपाक स्नेह (जिन्हें वातहर द्रव्यों से सौ या हजार बार पकाया गया हो), सर्वशः प्रयोग के योग्य बस्तियाँ, बस्तिविधि में कहे गये नियम का पालन और सुखशीलता (आराम का अभ्यासी होना, Full rest) ॥१५॥

पित्तलस्यापि पित्तप्रकोपणोक्तान्यासेवमानस्य क्षिप्रं पित्तं प्रकोपमापद्यते, तथा नेतरौ दोषौ; तदस्य प्रकोपमापन्नं तथोक्तैर्विकारैः शरीरमुपतपति बलवर्णसुखायुषामुपघाताय, तस्यावजयनं—सर्पिष्पानं, सर्पिषा च स्नेहं, अधश्च दोषहरणं, मधुरतिक्तकषायशीतानां चौषधाभ्यवहार्याणामुपयोगो, मृदुमधुरसुरभिशीतहृद्यानां गन्धानां चोपसेवा, मुक्तामणिहारावलीनां च परमशिशिरवारिसंस्थितानां धारणमुरसा, क्षणे क्षणे [१]स्रक्चन्दनप्रियङ्गुकालीयमृणालशीतवातवारिभिरुत्पलकुमुदकोकनदसौगन्धिकपद्मानुगतैश्च वारिभिरभिप्रोक्षणं, श्रुतिसुखमृदुमधुरमनोऽनुगानां च गीतवादित्राणां श्रवणं, श्रवणं चाभ्युदयानां, सुहृद्भिश्च संयोगः, संयोगश्चेष्टाभिः स्त्रीभिः शीतोपहितांशुकस्रग्दामहारधारिणीभिः, निशाकरांशुशीतलप्रवातहर्म्यवासः, शैलान्तरपुलिनशिशिरसदनवसनव्यजनपवनानां सेवा, रम्याणां चोपवनानां सुखशिशिरसुरभिमारुतोपवातानामुपसेवनं, च नलिनोत्पलपद्मकुमुदसौगन्धिकपुण्डरीकशतपत्रहस्तानां, सौम्यानां च सर्वभावानामिति ॥१६॥

पित्तल पुरुष के भी, कहे गये (पित्तज्वर निदान में) पित्त प्रकोपक हेतुओं का सेवन करते हुए शीघ्र ही पित्त प्रकुपित हो जाता है। शेष दोनों दोष वात कफ उतना प्रकुपित नहीं होते। उस पुरुष पर वह कुपित हुआ २ पित्त यथोक्त रोगों, (पित्तरोग सू० २० अ०) से शरीर को सन्तप्त करता है, जिससे बल, वर्ण, सुख और आयु का नाश होता है। उसके जीतने का प्रकार—घृतपान, घी से स्नेहन, अधोमार्ग से दोष का निकालना (विरेचन देना), मधुर तिक्त कषाय तथा शीत (स्पर्श एवं वीर्य से) औषध और भोज्य पदार्थों का उपयोग मृदु (भीनी) मधुर सुगन्धि शीतल तथा हृदय के लिये हितकर वा प्रिय लगनेवाली गन्धों (इत्र फुलेल आदि) का सेवन, परम शीतल जल में रक्खे हुए मोती वा मणियों के हारों का छाती पर धारण करना, क्षण-क्षण में पुष्पमाला चन्दन प्रियङ्गु कालीय (पीत अगुरु वा पीला चन्दन) मृणाल (खस) से शीतल वायु एवं जल से उत्पल (क्षुद्र नीलोत्पल) कुमुद कोकनद (लालकमल)

१—'स्युर्बलवन्तश्च' ग०।

१—'अग्र्यचन्दन' इति पाठान्तरे अग्र्यचन्दनं श्वेतचन्दनमित्यर्थः।

सौगन्धिक (नीलकमल) पद्म (क्षुद्र श्वेतकमल) से युक्त जलों से शरीर को प्रोक्षण करना—छींटे देना, कानों को प्रिय मृदु मीठे तथा मनोहारी गाने बजाने को सुनना, ऐहलौकिक उन्नति वा उत्सव आदि वा वेद आदि सच्छास्त्रों का सुनना, मित्रों का मेल मिलाप तथा शीत द्रव्यों से युक्त वस्त्र पुष्पमालाओं तथा हार को धारण की हुई प्रेयसियों का आलिङ्गन, चन्द्रमा की किरणों से शीतल तथा जहाँ पर वायु खुला बहता हो ऐसे घर में वास, शैलान्तर (पर्वतगुहा वा घाटी), पुलिन (नदी का किनारा वा जल में तत्काल निकला हुआ द्वीप), शीतल गृह शीतल वस्त्र तथा पंखों का सेवन, रमणीक तथा जिनमें सुखमय शीतल सुगन्धि वायु बहते हों—ऐसे बाग-बगीचों का सेवन, नलिन (क्षुद्र ईषद् रक्त कमल), पद्म (क्षुद्र श्वेत कमल) कुमुद सौगन्धिक (नील कमल) पुण्डरीक (श्वेत कमल) तथा शतपत्र (कोकनद, लाल कमल) के गुलदस्तों का और अन्य जितने भी सौम्य भाव हैं, उनका सेवन ॥१६॥

श्लेष्मलस्यापि श्लेष्मप्रकोपणोक्तान्यासेवमानस्य क्षिप्रं श्लेष्मा प्रकोपमापद्यते, न तथेतरौ दोषौ; स तस्य प्रकोपमापन्नो यथोक्तैर्विकारैः शरीरमुपतपति बलवर्णसुखायुषामुपघाताय; तस्यावजयनं—विधियुक्तानि तीक्ष्णोष्णानि संशोधनानि, रूक्षप्रायाणि चाभ्यवहार्याणि कटुतिक्तकषायोपहितानि, तथैव धावनलङ्घनप्लवनपरिसरणजागरणनियुद्धव्यवायव्यायामोन्मर्दनस्नानोत्सादनानि, विशेषतस्तीक्ष्णानां दीर्घकालस्थितानां मद्यानामुपयोगः, सधूमपानः सर्वशश्चोपवासः, तथोष्णवासः सुखप्रतिषेधश्च सुखार्थमेवेति ॥१७॥

कफप्रधान पुरुष के भी उक्त (कफज्वर निदान में) कफ प्रकोपक हेतुओं के सेवन से कफ शीघ्र ही कुपित हो जाता है। शेष दोनों दोष वात पित्त उतने कुपित नहीं होते। वह कुपित हुआ २ यथोक्त (सू० २० अ० में कफविकार) विकारों से शरीर को दुःखित करता है, जिससे पुरुष के बल वर्ण सुख आयु का नाश होता है। उसके जीतने के साधन—विधिपूर्वक प्रयुक्त किये हुए तीक्ष्ण तथा गरम संशोधन, कटु तिक्त कषाय द्रव्यों से युक्त रूक्षप्राय भोजन तथा धावन (दौड़ना), लङ्घन (लांघना), प्लवन (कूदना), परिसरण (कुण्डल रूप भ्रमण-चक्कर लगाना), जागरण (जागना-विशेषतः रात्रि को), नियुद्ध (कुश्ती) व्यवाय (मैथुन) व्यायाम, उन्मर्दन (Massage), स्नान, उत्सादन (उबटना), विशेषतः तीक्ष्ण और पुराने मद्यों का उपयोग, धूमपान, सर्वशः उपवास (भोजन न करना), उष्णवास (गर्म वस्त्र पहिरना वा गर्म गृह आदियों में रहना) और सुख (आरोग्य) के लिये ही सब सुखों (आरामों) का त्याग।१७।

भवति चात्र।

सर्वरोगविशेषज्ञः सर्वकार्यविशेषवित्।
सर्वभेषजतत्त्वज्ञो राज्ञः प्राणपतिर्भवेत ॥१८॥

सब रोगों के भेदों तथा कहाँ पर क्या कार्य करना है—इस बात को जाननेवाला और सब औषध के तत्त्वों को जानने-वाला, राजा का प्राणपति—प्राणरक्षक होता है। अर्थात् श्रेष्ठ वैद्य होता है ॥१८॥

तत्र श्लोकाः।

प्रकृत्यन्तरभेदेन रोगानीकविकल्पनम्।
परस्परविरोधश्च सामान्यं रोगदोषयोः ॥१९॥
दोषसंख्याविकाराणामेकदेशः [1]प्रकोपणम्।
जरणं प्रति चिन्ता च कायाग्ने रक्षणानि[2] च ॥२०॥
नराणां वातलादीनां प्रकृतिस्थापनानि च।
रोगानीके विमानेऽस्मिन् व्याहृतानि महर्षिणा ॥२१॥

इत्यग्निवेशकृते तन्त्रे चरकप्रतिसंस्कृते तृतीये विमानस्थाने रोगानीकविमानं नाम षष्ठोऽध्यायः ॥६॥

अध्यायोक्त विषय—कारणान्तर वा भेदकधर्म के भेद से रोग समूह के विकल्प, इनका परस्पर विरोध न होना, रोग और दोष में समानता, दोषों की संख्या (परिगणन), विकारों का एक भाग, दोषों के प्रकोपहेतु, अग्नि के विषय में विचार, कायाग्नि के रक्षक (चार अनुप्रणिधान), वातल आदि मनुष्यों को प्रकृति में रखनेवाली औषधें; यह सब इस रोगानीकविमान में महर्षि ने कहा है ॥१९—२१॥

इति षष्ठोऽध्यायः।

सप्तमोऽध्यायः।

अथातो व्याधितरूपीयं विमानं व्याख्यास्यामः।
इति ह स्माह भगवानात्रेयः ॥१॥

इसके पश्चात् अब व्याधितरूपीय नामक विमान की व्याख्या करेंगे—ऐसा भगवान् आत्रेय ने कहा था॥१॥

इह खलु द्वौ पुरुषौ व्याधितरूपौ भवतः, तद्यथा—गुरुव्याधित एकः सत्त्वबलशरीरसम्पदुपेतत्वाल्लघुव्याधित इव दृश्यते, लघुव्याधितोऽपरः सत्त्वादीनामधमत्वाद् गुरुव्याधित इव दृश्यते, तयोरकुशलाः केवलं चक्षुषैव रूपं दृष्ट्वा व्यवस्यन्तो व्याधिगुरुलाघवे विप्रतिपद्यन्ते ॥२॥

दो पुरुष व्याधितरूप होते हैं। अर्थात् जिन रोगियों के लक्षण परस्पर एक दूसरे की तरह दिखायी देते हैं, वे दो हैं। १—वह जिसे कोई भारी व्याधि हो, पर उत्साह निर्भीकता मनोगुण बल और शारीरिक गुणों से युक्त होने के कारण ऐसा ज्ञात हो जैसे कि इसे हलकी सी ही व्याधि है। २—दूसरा वह जिसे रोग तो हलका ही हो, पर सत्त्व (मन) आदि के अधम होने से भारी रोग से आक्रान्त की तरह दिखायी देता है। जो वैद्य चतुर नहीं वे आँखों से उन दोनों के रूप को देखकर ही रोग की गुरुता वा लघुता के निश्चय करने में धोखा खा जाते हैं॥२॥

न हि ज्ञानावयवेन कृत्स्ने ज्ञेये ज्ञानमुत्पद्यते; विप्रतिपन्नास्तु खलु रोगज्ञाने, उपक्रमयुक्तिज्ञाने चापि विप्रतिपद्यन्ते। ते यदा गुरुव्याधितं लघुव्याधितरूपमासादयन्ति, तदा तमल्पदोषं मत्वा संशोधनकालेऽस्मै मृदुसंशो-

१—'०मेकदोषप्रकोपणम्' च०। २—'कायाग्नेर्दुक्षणानि' पा०।

धनं प्रयच्छन्तो भूय एवास्य दोषानुदीरयन्ति; यदा तु लघुव्याधितं गुरुव्याधितरूपमासादयन्ति, तं महादोषं मत्वा संशोधनकालेऽस्मै तीक्ष्णं संशोधनं प्रयच्छन्तो दोषानतिनिर्हृत्यैव शरीरमस्य क्षिण्वन्ति; एवमवयवेन ज्ञानस्य कृत्स्ने ज्ञेयं ज्ञानमिति मन्यमानाः परिस्खलन्ति, विदितवेदितव्यास्तु भिषजः सर्वं सर्वथा यथासम्भवं परीक्ष्यं परीक्ष्याध्यवस्यन्तो न क्वचिदपि विप्रतिपद्यन्ते यथेष्टमर्थमभिनिर्वर्तयन्ति चेति ॥३॥

ज्ञान के एक अंश से सम्पूर्ण ज्ञेयविषय में ज्ञान नहीं होता। अर्थात् क्योंकि वे आयुर्वेद के तीन विज्ञानों (प्रत्यक्ष अनुमान आप्तोपदेश) को जानते नहीं और ना ही वे रोगपरीक्षा में आवश्यक ज्ञान को जानते हैं—अतएव मूढ़ होते हैं। केवल प्रत्यक्ष से संपूर्ण ज्ञान नहीं होता। अनुमान और आप्तोपदेश की भी आवश्यकता होती है। इस प्रकार तीनों विज्ञानों से परीक्षा करनी आवश्यक है तभी चिकित्सक धोखा न खायेगा। रोग के ज्ञान में जब वे धोखा खा जाते हैं तो चिकित्सा करने में भी अवश्य धोखा खाते हैं। वे जब गुरु-व्याधि-युक्त पुरुष को लघुव्याधि-युक्त समझते हैं तब उसमें थोड़ा ही दोष मानकर संशोधन के समय उसे मृदु संशोधन देकर उसके दोषों को और भी प्रवृद्ध ही करते हैं। क्योंकि वहाँ संशोधन का अयोग होता है। और जब लघु-व्याधि-युक्त पुरुष को गुरुव्याधि युक्त समझते हैं तब संशोधन के समय उसे तीक्ष्ण संशोधन देते हुए दोषों को अत्यधिक निकाल कर उसके शरीर को क्षीण कर देते हैं। अर्थात् संशोधन का अतियोग हो जाता है और वह रोगी मर सकता है। इस प्रकार ज्ञान के एक अवयव वा अंस द्वारा अखिल ज्ञेय के विषय में ज्ञान हो जायगा यह समझते हुए वे मूढ़ पद पद पर फिसलते हैं—सन्दिग्ध ज्ञानयुक्त हैं। जिन चिकित्सकों ने ज्ञेयविषय को सम्पूर्णतया जान लिया है व सब परीक्ष्य बातों की यथासंभव सर्वथा परीक्षा करके निश्चयज्ञान करते हुए कभी भी धोखा नहीं खाते और यथेष्ट सिद्धि (रोगनिवृत्तिरूप प्रयोजन) को पाते हैं ॥३॥

भवन्ति चात्र

सत्त्वादीनां विकल्पेन व्याधीनां [1]रूपमातुरे।
दृष्ट्वा विप्रतिपद्यन्ते वाला व्याधिवलाबले ॥४॥

मूढ़ वैद्य रोगी में सत्त्व (मन) आदि के विकल्प के कारण व्याधियों के रूप (गुरुव्याधित को लघुव्याधित और लघुव्याधित को गुरुव्याधित) को देखकर रोग के बल और अबलता में धोखा खा जाते हैं ॥४॥

ते भेषजमयोगेन कुर्वन्त्यज्ञानमोहिताः।
व्याधितानां विनाशाय क्लेशाय महतेऽपि वा ॥५॥

वे अज्ञान-मुग्ध वैद्य रोगियों के मरण वा महाक्लेश के लिए ही अतियुक्ति से चिकित्सा करते हैं। अर्थात् वे दोष दूष्य आदि के प्रमाण को तो उल्टा ही जानते हैं। अतएव चिकित्सा भी उल्टी करते हैं—फल यह होता है कि या तो रोगी मर जाता है या किसी बड़े कष्ट (रोगवृद्धि) से आक्रान्त हो जाता है ॥५॥

१—'व्याधिरूपमथातुरे' च०।

प्राज्ञास्तु सर्वमाज्ञाय परीक्ष्यमिह सर्वथा।
न स्खलन्ति प्रयोगेषु भेषजानां कदाचन ॥६॥

बुद्धिमान् तो सब परीक्ष्य विषय को सर्वथा सर्वतोभावेन जान कर औषधों के प्रयोगों में कभी नहीं फिसलते ॥६॥

इति व्याधितरूपाधिकारे श्रुत्वा व्याधितरूपसंख्या[1]प्रसम्भवं व्याधितरूपहेतुं विप्रतिपत्तौ च कारणं सापवादं सम्प्रतिपत्तिकारणं चानपवादं, भगवन्तमात्रेयमग्निवेशोऽतः परं सर्वक्रमीणां पुरुषसंश्रयाणां समुत्थानस्थानसंस्थानवर्णनामप्रभावचिकित्सितविशेषान् पप्रच्छोपसंगृह्य पादौ ॥७॥

व्याधितरूपाधिकार में व्याधितरूप को संख्या व्याधितरूप का हेतु (सत्त्व आदि का उत्कर्ष सत्त्व आदि का अपकर्ष) विप्रतिपत्ति (प्रमोद, सन्देह वा असम्यक् ज्ञान) का कारण (प्रमाण के एकदेश द्वारा परीक्षा) इसका दोष (रोगवृद्धि वा मृत्यु आदि की सम्भावना आदि) सम्यक् ज्ञान का कारण (समग्र त्रिविध विज्ञान द्वारा परीक्षा), इसकी निर्दोषता (अभिमत प्रयोजन की सिद्धि); इन्हें सुनने के पश्चात् अग्निवेश ने भगवान् आत्रेय को प्रणाम करके पुरुष में आश्रित सब कृमियों के निदान स्थान लक्षण वर्ण नाम प्रभाव तथा चिकित्साओं को उनसे पूछा ॥७॥

अथास्मै प्रोवाच भगवानात्रेयः—इह खल्वग्निवेश! विंशतिविधाः कृमयः पूर्वमुद्दिष्टा नानाविधेन प्रविभागेनान्यत्र सहजेभ्यः,[2] ते पुनः प्रकृतिभिर्भिद्यमानाश्चतुर्विधा भवन्ति तद् यथा—पुरीषजाः श्लेष्मजाः शोणितजा मलजाश्चेति ॥८॥

भगवान् आत्रेय ने उसे उपदेश किया—हे अग्निवेश! सहज कृमियों को छोड़कर शेष बीस प्रकार के कृमियों को नाना प्रकार के विभागों द्वारा पूर्व (अष्टोदरीय नामक सूत्रस्थान के १९ वें अध्याय में) कह चुका हूँ। वे उत्पत्तिकारण को दृष्टि में रखते हुए विभक्त करने पर चार श्रेणियों में बँटते हैं। १ पुरीषज २ कफज ३ रक्तज ४ मलज ॥८॥

तत्र मलो बाह्यश्चाभ्यन्तरश्च। तत्र बाह्ये मले जातान्मलजान्संचक्ष्महे; तेषां समुत्थानं मृजावर्जनं स्थानं, केशश्मश्रुलोमपक्ष्मवासांसि, संस्थानम्—अणवस्तिलाकृतयो बहुपादाः, वर्णः—कृष्णः शुक्लश्च, नामानि यूकाः पिपीलिकाश्च, प्रभावः—कण्डूजननं कोठपिडकाभिनिर्वर्तनं च चिकित्सितं त्वेषाम्—अपकर्षणं मलोपघातो मलकराणां च भावानामनुपसेवनमिति ॥९॥

मल दो प्रकार का है। १ बाह्यमल २ आभ्यन्तरमल। इनमें से जो बाह्यमल में उत्पन्न होते हैं। उन्हें ही हम 'मलज' कहते हैं। निदान—शरीर की शुद्धि का त्याग अर्थात् स्नान आदि न करना। आकृति वा स्वरूप—ये गुण (बहुत ही छोटे) तिल के आकार के, बहुत पैर वा टाँगोंवाले होते हैं। वर्ण-काला और

१—'संख्याप्रसंभवमिति संख्याप्रमाणसंभवमित्यर्थः' चक्रः।

२—'अन्यत्र सहजेभ्य इत्यनेन शरीरसहजास्त्ववैकारिकाः कृमयो विंशतेरप्यधिका भवन्तीति दर्शयति।' चक्रः।

श्वेत। नाम—१ यूका (जूएं) २–पिपीलिका (कई इसका अर्थ 'लीखें' करते हैं–हमने भी पूर्व यही अर्थ लिखा) इसके अतिरिक्त pediculus pubis वा crab louse (केंकड़े के आकृति की जूं) आदि का अन्तर्भाव इसी में होता है।

यह pediculus pubis (पैडिक्यूलस प्यूबिस) प्रायः गुह्य देश के बालों में रहते हैं। इनका वर्ण कुछ धूसर (grey) होता है। ये १.५ मिलिमीटर लम्बे तथा चौड़े होते हैं। इनकी छह टांगें होती हैं। ये बालों पर ही अण्डे देते हैं। ये भौंह, पलकों और कक्ष देश के बालों में भी संक्रमण करते हैं।

प्रभाव—कण्डू उत्पन्न करना और कोठ तथा पिड़काओं को पैदा करना। चिकित्सा—पकड़ कर निकालना, मल का नाश तथा मलोत्पादक भावों का सेवन न करना ॥९॥

शोणितजानां तु खलु कुष्ठैः समानं समुत्थानं, स्थानं-रक्तवाहिन्यो धमन्यः, संस्थानम्–अणवो वृत्ताश्चापादाश्च, सूक्ष्मत्वाच्चैके भवन्त्यदृश्याः, वर्णः-ताम्रः; नामानि केशादा लोमादा लोमद्वीपाः सौरसा औदुम्बरा जन्तुमातरश्चेति, प्रभावः-केशश्मश्रुनखलोमपक्ष्मापध्वंसो व्रणगतानां च हर्षकण्डूतोदसंसर्पणान्यतिवृद्धानां च त्वक्सिरास्नायुमांसतरुणास्थिभक्षणमिति, चिकित्सितमप्येषां कुष्ठैः समानं तदुत्तरकालमुपदेक्ष्यामः ॥१०॥

रक्तज कृमियों का निदान—कुष्ठों के समान है। स्थान–रक्तवाहिनी धमनियां (Blood vessels) आकृति, वा लक्षण–अणु गोल पैर व टांग रहित। कई इतने सूक्ष्म होते हैं कि आँखों से (विना यन्त्र की सहायता के) दिखाई नहीं देते। वर्ण–ताम्र (ताँबे का सा लाल)। नाम–केशाद लोमाद लोमद्वीप सौरस औदुम्बर जन्तुमाता। प्रभाव–केश दाढ़ी मूंछ नख लोम तथा पलकों का नाश। जब ये व्रणगत हों तो हर्ष कण्डू (खुजली) तोद (सूचीव्यधवत् पीड़ा) होती है तथा वहाँ कुछ चीज सरकती सी प्रतीत होती है। जब ये अत्यन्त बढ़ जाँय तब त्वचा शिरा स्नायु मांस तथा तरुणास्थि (Cartilage) को खाते हैं। चिकित्सा भी इनकी कुष्ठ के समान ही है। वह पीछे (कुष्ठ-चिकित्सित) में कही जायगी ॥१०॥

श्लेष्मजाः क्षीरगुडतिलमत्स्यानूपमांसपिष्टान्नपरमान्नकुसुम्भस्नेहाजीर्णपूतिक्लिन्नसंकीर्णविरुद्धसात्म्यभोजनसमुत्थानाः, तेषामामाशयः स्थानं, प्रभावस्तु—ते प्रवर्धमानास्तूर्ध्वमधो वा विसर्पन्त्युभयतो वा, संस्थानवर्णविशेषास्तु-श्वेताः पृथुब्रध्नसंस्थानाः केचित्, केचिद् वृत्तपरिणाहा गण्डूपदाकृतयश्च श्वेतास्ताम्रावभासाः, केचिदणवो दीर्घास्तन्त्वाकृतयः श्वेताः, तेषां त्रिविधानां श्लेष्मनिमित्तानां कृमीणां नामानि अन्त्रादाः, उदरादाः, हृदयादाः, चुरवो, दर्भपुष्पाः, सौगन्धिकाः, [1]महागुदाश्चेति; प्रभावो हृल्लासास्यसंस्रवणमरोचकाविपाकौ ज्वरो मूर्च्छा जृम्भा क्षवथुरानाहोऽङ्गमर्दश्छर्दिः कार्श्यं पारुष्यमिति ॥११॥

कफज कृमियों का निदान—दूध गुड़ तिल मछली आनूपदेश का मांस पिष्टान्न (चावल की पीठी से बने) भोज्य परमान्न (पायस, खीर) कुसुम्भ का तैल; इनका भोजन, अजीर्ण पर खाना, गले सड़े भोज्य पदार्थों का खाना, संकीर्ण भोजन (मिला जुला जिसमें कुछ हितकर हो कुछ अहितकर हो), विरुद्ध भोजन (प्रकृति संस्कार आदि आठ आहारविधिविशेषायतनों से विरुद्ध) तथा असात्म्य भोजन। उनका स्थान—आमाशय है। प्रभाव—वे बढ़ते हुए ऊपर नीचे अथवा दोनों ओर जाते हैं। आकृति वा वर्णभेद—कई श्वेत, विस्तृत वा मोटे तथा चर्मलता वा फीते के सदृश चपटे होते हैं। २ कई चौड़ाई में गोल केंचुए (गिंडोय) के सदृश आकृतिवाले ताम्रवर्ण की झलक लिये श्वेतवर्ण के होते हैं। ३ कई अणु (सूक्ष्म) लम्बे तन्तु की आकृतिवाले और श्वेत वर्ण के होते हैं। उन तीनों प्रकार के कफज कृमियों के नाम ये हैं–अन्त्राद उदराद हृदयाद वा हृदयदर चुरू दर्भपुष्प सौगन्धिक महागुद। प्रभाव—हृल्लास (जी मचलाना), मुख से लाला बहना, अरुचि, अपचन, ज्वर, मूर्च्छा, जम्भाई, क्षवथु, (छींक), आनाह, अङ्गमर्द, कै, कृशता (पतलापन), परुषता (शरीर का खुरदरापन) ॥११॥

पुरीषजास्तुल्यसमुत्थानाः श्लेष्मजैः, तेषां स्थानं पक्वाशयः, प्रवर्धमानास्त्वधो विसर्पन्ति, यस्य पुनरामाशयाभिमुखाः स्युस्तदनन्तरं तस्योद्गारनिश्वासाः पुरीषगन्धिनः स्युः, संस्थानवर्णविशेषास्तु सूक्ष्मवृत्तपरीणाहाः श्वेता दीर्घा ऊर्णांशुकसंकाशाः केचित्, केचित्पुनः स्थूलवृत्तपरीणाहाः श्यावनीलहरितपीताः; तेषां नामानि–ककेरुका मकेरुका लेलिहाः सशूलकाः सौसुरादाश्चेति; प्रभावः–पुरीषभेदः कार्श्यं पारुष्यं लोमहर्षाभिनिर्वर्तनं च, त एवास्य गुदमुखं परितुदन्तः कण्डूं चोपजनयन्तो गुदमुखं पर्यासते, त एव जातहर्षा गुदनिष्क्रमणमतिवेलं कुर्वन्ति; इत्येष श्लेष्मजानां पुरीषजानां च कृमीणां समुत्थानादिविशेषः ॥१२॥

पुरीषज कृमियों का निदान—कफज कृमियों के सदृश ही है। उनका स्थान—पक्वाशय है। ये बढ़ते हुए नीचे की ओर जाते हैं। जिसके आमाशय की ओर फैलने लगें तो फैलने पर उस पुरुष के डकार और निश्वास में पुरीष की गन्ध आती है। आकृति वा वर्णभेद–कई चौड़ाई में सूक्ष्म और गोल श्वेत लम्बे और भेड़ के ऊन के बाल के सदृश होते हैं। कई चौड़ाई में मोटे, गोल और श्याम, नीले, हरे वा पीले वर्ण के होते हैं। उनके नाम—ककेरुक, मकेरुक, लेलिह, सशूलक, सौसुराद। प्रभाव—पुरीषभेद (पाखाना लाना) कृशता परुषता और लोमहर्ष को उत्पन्न करना। वे ही गुदा के मुख में तोद तथा कण्डू उत्पन्न करते हुए गुदा के मुख में ही रहते हैं। वे जब चाहते हैं बारंबार गुदा से बाहिर निकलते हैं।

यह कफज और पुरीषज कृमियों के निदान आदि हैं।

चिकित्सितं तु खल्वेषां समासेनोपदिश्य पश्चाद्विस्तरेणोपदेक्ष्यामः। तत्र सर्वकृमीणामपकर्षणमेवादितः कार्यं; ततः प्रकृतिविघातः, अनन्तरं निदानोक्तानां भावानामनुपसेवनमिति ॥१३॥

१—'महाकुदराश्चेति' ग०।

इन कृमियों की चिकित्सा को संक्षेप से कहकर पश्चात् विस्तार से कहेंगे—सब से पूर्व कृमियों का अपकर्षण करना चाहिये। उसके पश्चात् उत्पत्तिकारण का नाश वा प्रतिकार। अनन्तर निदान में कहे गये भावों का सेवन न करना ॥१३॥

तत्रापकर्षणं—हस्तेनाभिगृह्य विमृश्योपकरणवताऽपनयनमनुपकरणेन वा, स्थानागतानां तु कृमीणां भेषजेनापकर्षणं न्यायतः,[1] तच्चतुर्विधं; तद् यथा–शिरोविरेचनं वमनं विरेचनमास्थापनमित्यपकर्षणविधिः ॥१४॥

अपकर्षण—किसी उपकरण (यन्त्र आदि) से युक्त वा उपकरणरहित वैद्य का कृमियों को हाथ से पकड़कर विचारपूर्वक खींचकर निकालना अपकर्षण कहाता है। यह क्रिया कफज पुरीषज कृमि जो आमाशय वा पक्वाशय से बाहर आ गये हों आंखों से दिखाई देवें तो उन्हीं में हो सकती है। जो अपने स्थान (आमाशय वा पक्वाशय) पर ही स्थित हों उनका औषध प्रयोग द्वारा यथाविधान अपकर्षण किया जाता है। यह अपकर्षण चार प्रकार का है–१ शिरोविरेचन २ वमन ३ विरेचन ४ आस्थापन। यह अपकर्षण की विधि है ॥१४॥

प्रकृतिविघातस्त्वेषां–कटुतिक्तकषायक्षारोष्णानां द्रव्याणामुपयोगो यच्चान्यदपि किंचिच्छ्लेष्मपुरीषप्रत्यनीकभूतं तत्स्यादिति प्रकृतिविघातः ॥१५॥

इन कृमियों का प्रकृतिविघात यह है—कटु तिक्त कषाय और क्षार तथा उष्ण द्रव्यों का प्रयोग। अन्य भी जो कुछ कफ पुरीष से विपरीत हो उसके उपयोग से प्रकृतिविघात होता है। 'प्रकृति' कारण को कहते हैं। यहाँ कफ और पुरीष कारण है। ये दोनों दूषित हुए २ ही कारण होते हैं। इनका नाश वा प्रतिकार करना विघात कहाता है।

अपकर्षण से हम उत्पन्न हुए २ कृमियों को निकाल सकते हैं; परन्तु जब तक हम कारण का नाश नहीं करते वे पुनः उत्पन्न हो सकते हैं। क्योंकि कारण के रहने पर कार्य अवश्यम्भावी है। अतएव अपकर्षण के पश्चात् प्रकृतिविघात करना चाहिये ॥१५॥

अनन्तरं निदानोक्तानां भावानामनुपसेवनमिति, यदुक्तं निदानविधौ तस्य वर्जनं तथाप्रायाणां चापरेषां द्रव्याणामिति, लक्षणतश्चिकित्सितमनुव्याख्यातम्; एतदेव पुनर्विस्तरेणोपदेक्ष्यते ॥१६॥

प्रकृतिविघात के अनन्तर निदान में कहे गये भावों का सेवन न करना अर्थात् उन भावों का त्याग करना होता है। जो २ कृमियों का निदान कहा गया है उसका, तथा उसी प्रकार के (कृम्युत्पादक) अन्य अनुक्त द्रव्यों का त्याग करना चाहिये।

प्रथम अपकर्षण से हमने उत्पन्न हुए २ कृमियों को निकाला पश्चात् जिनसे वे उत्पन्न होते हैं उन्हें सुधारा। परन्तु ये भी तभी आगे के लिये ठीक रह सकते हैं जब कि हम निदान का त्याग करें।

इस लक्षण द्वारा हमने संक्षेप में चिकित्सा कह दी है। यह ही पुनः विस्तार से कही जाती है ॥१६॥

अथैनं कृमिकोष्ठमातुरमग्रे षड्रात्रं सप्तरात्रं वा स्नेहस्वेदाभ्यामुपपाद्य श्वोभूते एनं संशोधनं पाययितास्मीति क्षीरदधिगुडतिलमत्स्यानूपमांसपिष्टान्नपरमान्नकुसुम्भस्नेहसंप्रयुक्तैर्भोज्यैः सायं प्रातश्चोपपादयेत्समुदीरणार्थं चैव कृमीणां कोष्ठाभिसरणार्थं च भिषक्, अथ व्युष्टायां रात्रौ सुखोशितं सुप्रजीर्णभुक्तं च विज्ञायास्थापनवमनविरेचनैस्तदहरेवोपपादयेदुपपादनीयश्चेत्स्यात्सर्वान् परीक्ष्यविशेषान् परीक्ष्य सम्यक् अथाहरेति ब्रूयात्-मूलकसर्षपलशुनकरञ्जशिग्रुमधुशिग्रुकमठखरपुष्पाभूस्तृणसुमुखसुरसकुठेरगण्डीरककालमालकपर्णासक्षवकफणिज्झकानि सर्वाण्यथवा यथालाभं, तान्याहृतान्यभिसमीक्ष्य खण्डशश्छेदयित्वा प्रक्षाल्य पानीयेन सुप्रक्षालितायां स्थाल्यां समावाप्य गोमूत्रेणार्धोदकेनाभ्यासिच्य साधयेत् सततमवघट्टयन् दर्व्या, तस्मिन् शीतीभूते तूपयुक्तभूयिष्ठेऽम्भसि गतरसेष्वौषधेषु स्थालीमवतार्य, सुपरिपूतं कषायं सुखोष्णं मदनफलपिप्पलीविडङ्गकल्कतैलोपहितं सर्जिकालवणितमभ्यासिच्य बस्तौ विधिवदास्थापयेदेनं; तथाऽर्कालर्ककुटजाढकीकुष्ठकैडर्यकषायेण वा, तथा शिग्रुपीलुकुस्तुम्बुरुकटुकासर्षपकषायेण, तथाऽऽमलकश्रृङ्गवेरदारुहरिद्रापिचुमर्दकषायेण मदनफलसंयोगसंयोजितेन त्रिरात्रं सप्तरात्रं वाऽऽस्थापयेत् ॥१७॥

विस्तृत चिकित्सा—जिस पुरुष के कोष्ठ में कृमि हों उसे सबसे पूर्व छह या सात दिन स्नेहन और स्वेदन कराकर अगले दिन 'इसे संशोधन पिलाना है' यह अवधारणा करके कृमियों को प्रेरित करने और यदि अन्यत्र कहीं गये हों तो कोष्ठ की ओर लाने के लिये दूध दही गुड़ तिल मछली आनूपमांस पिष्टान्न खीर कुसुम्भतैल (ये कफज कृमियों के निदान में कहे गये हैं) से युक्त भोज्य पदार्थ सायं और प्रातः वैद्य खिलावे। जब रात्रि व्यतीत हो जाय तब उस रात्रि रोगी सुख से सोया है और खाया हुआ आहार पच गया है यह देखकर उसी दिन आस्थापन वमन वा विरेचन करावे। परन्तु आस्थापन आदि करने से पूर्व सब परीक्ष्य विषयों की सम्यक् प्रकार से परीक्षा कर लेनी चाहिये। यदि रोगी आस्थापन आदि के योग्य हो तभी आस्थापन आदि करावे। जब यह बात निश्चित हो जाय कि आस्थापन आदि कराना ही है तो कृमिरोगी को वा उसके किसी आत्मीयजन को मूली सरसों लहसन करञ्ज सहिजन मधुशिग्रु (मीठा सहिजन), कमठ (तूणीवृक्ष), खरपुष्पा (अजमोदा वा अजवाइन), भूस्तृण (गन्धतृण), सुमुख (तुलसीविशेष), सुरस (श्वेत तुलसी), कुठेरक (बाबुई तुलसी), गण्डीरक (तुलसीभेद, गंगाधर के अनुसार दूर्वाभेद), कालमालक (कृष्ण तुलसी), पर्णास (कृष्णतुलसीभेद), क्षवक (तुलसीभेद वा हांचिया), फणिज्झक (गन्धतुलसी); इन सबको अथवा इनमें से जो प्राप्त हो सके–लाने के लिये कहे। उन लाये हुए द्रव्यों को देखकर (अर्थात् वह ठीक २ ले आया है या नहीं) टुकड़े २ करके जल से धोये। पश्चात् अच्छी प्रकार धोई हुई हांडी में उन्हें रखकर अर्धजल मिश्रित गोमूत्र डाल दे और नीचे आग जलाकर सिद्ध करे। इसे निरन्तर लकड़ी की कड़छी से हिलाते रहना चाहिये। जल

[1]—'०पकर्षणं; न्यायतस्तु' पा०।

के अधिक मात्रा में सूख जाने पर और जब औषधियों का रस निकल आए तब कुछ ठण्डा होने पर नीचे उतार लें और वस्त्र से अच्छी प्रकार छान लें। मैनफल के बीज तथा वायविडङ्ग का कल्क और तैल तथा सर्जिक्षार एवं नमक मिलाकर इस कोसे क्वाथ को बस्तियन्त्र में डाल रोगी को विधिवत् आस्थापन करावें। इसी प्रकार लाल मदार (आक), श्वेत मदार, कुटज, आढकी (अरहर), तथा कुष्ठ तथा कैडर्य (कटूफल अथवा महानिम्ब बकायनध्रेक) के क्वाथ से, तथा सहिजन की छाल पीलू कुस्तुम्बुरु (नेपाली धनियाँ कटुका (कटुकी), सरसों के क्वाथ से, तथा आँवला अदरक दारुहल्दी नीम; इनके क्वाथ से जिनमें मैनफल का कल्क डाला गया हो, तीन दिन वा सात दिन आस्थापन करावे।

यहाँ पर क्वाथ परिभाषा के अनुसार ही क्वाथ्य द्रव्य का मान लेना चाहिये।

आस्थापन के घटक कषाय आदि की मात्रायें सिद्धिस्थान में कही जायँगी। तीन बार बस्ति देने का जो विधान है वह कफदोष के निकालने के लिये ही है। सिद्धिस्थान के ३ अध्याय में आचार्य कहेंगे—

'एकोऽपकर्षत्यनिलं स्वमार्गात्पित्तं द्वितीयस्तु कफं तृतीयः' ॥१७॥

प्रत्यागते च पश्चिमे बस्तौ प्रत्याश्वस्तं तदहरेवोभयतोभागहरणं पाययेद्युक्त्या, तस्य विधिरुपदेक्ष्यते—मदनफलपिप्पलीकषायस्यार्धाञ्जलिमात्रेण त्रिवृत्कल्काक्षमात्रमालोड्य पातुमस्मै प्रयच्छेत्, तदस्य दोषमुभयतो निर्हरति साधु, एवमेव कल्पोक्तानि वमनविरेचनानि संसृज्य पाययेदेनं बुद्ध्या सर्वविशेषानवेक्षमाणो भिषक् ॥१८॥

अन्तिम बस्ति के गुदा से बाहर निकल जाने पर रोगी को आश्वासन देकर उसी दिन ही दोनों ओर से दोष को निकालनेवाला संशोधन युक्तिपूर्वक पिलावे। अर्थात् ऐसी संशोधन औषध दे जो वमन विरेचन दोनों करे। उसकी विधि यह है—[1]मदनफल के बीज के आधी अञ्जलि (२ पल) परिमित कषाय में त्रिवृत् (निसोत) का चूर्ण एक कर्ष आलोड़ित करके रोगी को पीने के लिये दे। इससे दोनों मार्गों (मुख और गुदा) से अच्छी प्रकार दोष निकल जाता है। इसी प्रकार कल्पस्थान में कही गयीं वमन विरेचन की औषधियों को मिलाकर सब ध्यानयोग्य बातों का ध्यान रखते हुए युक्तिपूर्वक रोगी को पिलावे ॥१८॥

अथैनं [2]सम्यग्विरिक्तं विज्ञायापराह्णे शैखरिककषायेण सुखोष्णेन परिषेचयेत्; तेनैव च कषायेण बाह्याभ्यन्तरान् सर्वोदकार्थान् कारयेच्छश्वत्; तदभावे वा कटुतिक्तकषायाणामौषधानां क्वाथैर्मूत्रक्षारैर्वा परिषेचयेत्। परिषिक्तं चैनं निवातमागारमनुप्रवेश्य पिप्पलीपिप्पलीमूलचव्यचित्रकशृङ्गवेरसिद्धेन यवाग्वादिना क्रमेणोपक्रामयेत्। विलेप्याः क्रमागतं चैनमनुवासयेद्विडङ्गतैलेनकान्तरं द्विस्त्रिर्वा ॥१९॥

जब जानें कि रोगी को सम्यक् प्रकार से वमन विरेचन हो गये हैं तब सायंकाल [1]शैखरिक (अपामार्ग) के कोसे कोसे काढ़े से परिषेचन करे। उसी ही क्वाथ से निरन्तर बाह्य वा आभ्यन्तर जितने भी जल के कार्य हैं—स्नान आचमन आदि—उन्हें करावें। इसके अभाव में कटु तिक्त कषाय रसवाली औषधियों के क्वाथों से अथवा मूत्रक्षारों (मूत्रयुक्त यवक्षार आदि) से परिषेचन करे। परिषेचन के पश्चात् निवातगृह में रोगी को लेजाकर पिप्पली पिप्पलीमूल चव्य चित्रक सोंठ; इनसे सिद्ध यवागू आदि के क्रम से चिकित्सा करे (पेयादिक्रम उपकल्पनीयाध्याय में कहा गया है)। जब वह क्रम के सेवन करते हुए विलेपी क्रम पर पहुँचे तब विडङ्गतैल से एक दिन छोड़कर दो या तीन बार अनुवासन करे ॥१६॥

यदि पुनरस्यातिप्रवृद्धाञ्शीर्षादान्क्रमीन्मन्यते शिरस्येवाभिसर्पतः काँश्चित्, ततः स्नेहस्वेदाभ्यामस्य शिर उपपाद्य विरेचयेदपामार्गतण्डुलादिना शिरोविरेचनेन ॥

यदि वैद्य यह समझे कि रोगी में शीर्षाद कृमि अत्यन्त बढ़े हुए हैं और शिर में ही किन्हीं कृमियों को इधर-उधर चलता-फिरता समझे तो उसके शिर का स्नेहन और स्वेदन करके सूत्रस्थान के अपामार्ग—तण्डुलीयाध्याय में कहे गये अपामार्गतण्डुल आदि शिरोविरेचन-द्रव्यों से शिरोविरेचन करावे ॥२०॥

यस्त्वभ्याहार्यविधिः प्रकृतिविघातायोक्तः क्रमीणां सोऽनुव्याख्यास्ये—[2]मूषिकपर्णीं समूलाग्रप्रतानामाहृत्यखण्डशश्छेदयित्वा उलूखले क्षोदयित्वा पाणिभ्यां पीडयित्वा रसं गृह्णीयात्, तेन रसेन लोहितशालितण्डुलपिष्टं समालोड्य पूपालिकाः कृत्वा विधूमेष्वङ्गारेषु विपाच्य[3] विडङ्गतैललवणोपहिताः क्रमिकोष्ठाय भक्षयितुं प्रयच्छेत्; अनन्तरं चाम्लकाञ्जिकमुदश्विद्वा पिप्पल्यादिपञ्चवर्गसंसृष्टं सलवणमनुपाययेत् ॥२१॥

क्रमियों के कारण के प्रतिकार के लिये जो औषध आदि लाकर प्रयोग कराने की वा भोजन की विधि है, उसकी व्याख्या की जायगी। जड़ और अगले प्रतानों सहित मूषिकपर्णी (चूहाकन्नी) को लाकर छोटे २ टुकड़े करके ऊखल में कूट हाथ से निचोड़कर रस निकाल ले। उस रस से लाल शालि चावलों के आटे को आलोड़न करके रोटी बनाकर निर्धूम अङ्गारों पर पकावे। उस पर विडङ्गतैल और नमक चुपड़कर क्रमिकोष्ठ पुरुष को खाने के लिये दे। अनन्तर खट्टी कांजी वा उदश्वित् (छाछ जिसमें आधा जल हो) जिसमें पिप्पली पिप्पलीमूल चव्य चित्रक सोंठ; इन्हें तथा नमक मिश्रित किया हो—पिलावें। सुश्रुत उत्तर तन्त्र ४५ अ० में भी कहा है—

१—मदनफल तथा त्रिवृत् की यह मात्रा आजकल के मनुष्य नहीं सह सकते। २—'उभयं वा शारीरमलरेचनाद् विरेचनशब्दं लभते' ॥ चरक कल्प १ अ० ॥

१—'विडङ्गकषायो हि वैद्यकव्यवहारात् शैखरिकषाय उच्यते' चक्रः। गङ्गाधरस्तु शैखरिकोऽपामार्ग इत्याह।

२—'मलकपर्णी' च०। ३—'उपकुड्य' च०। उपकुड्येति पाचयित्वा 'कुड दाहे' 'इति धातुः पठ्यते'। चक्रः।

'पत्रैर्मूषिकपर्ण्याश्च सुपिष्टैः पिष्टमिश्रितैः।
खादेत्पूपलिकाः पक्वा धान्याम्लं च पिबेदनु' ॥२१॥

अनेन कल्पेन मार्कवार्कसहचरनीपनिर्गुण्डीसुमुखसुरसकुठेरकगण्डीरकालमालकपर्णासक्षवकफणिज्झकबकुलकुटजसुवर्णक्षीरीस्वरसानामन्यतमस्मिन्कारयेत्पूपलिकाः, तथा किणिहीकिराततिक्तकसुवहामलकहरीतकीबिभीतकस्वरसेषु कारयेत्पूपलिकाः। स्वरसांश्चैतेषामेकैकशो द्वंद्वशः सर्वशो वा मधुविलुलितान् प्रातरनन्नाय पातुं प्रयच्छेत् ॥

इसी विधि से भृङ्गराज (भांगरा), अर्क (मदार-आक), सहचर (झिण्टी), नीप (कदम्ब), निर्गुण्डी (सम्भालू), सुमुख, सुरस, कुठेरक, गण्डीर, कालमालक, पर्णास, क्षवक, फणिज्झक (ये तुलसी के भेद हैं) बकुल (मौलसिरी) कुटज (कुड़ा) सुवर्णक्षीरी (चोक); इनमें से किसी एक के स्वरस में पूपलिकायें बनायें। तथा किणिही (अपामार्ग), किराततिक्त (चिरायता), सुवहा (सर्पाक्षी अथवा गोधापदी), आँवला हरड़ बहेड़ा; इन स्वरसों में पूपलिकायें बनायें और रोगी को प्रयोग करायें। इन सब औषधियों के स्वरसों को अकेला २ वा दो २ करके वा सब को मिलाकर मधु मिश्रित करके प्रातः खाली पेट पर पीने के लिये दें ॥

अथाश्वशकृदाहृत्य महति [1]किलिञ्जके प्रस्तीर्यातपे शोषयित्वोदूखले क्षोदयित्वा दृषदि पुनः सूक्ष्माणि[2] चूर्णानि कारयित्वा विडङ्गकषायेण त्रिफलाकषायेण वाऽष्टकृत्वो दशकृत्वो वाऽऽतपे सुपरिभावितानि भावयित्वा दृषदि पुनः सूक्ष्माणि चूर्णानि कारयित्वा नवे कलशे समावाप्यानुगुप्तं निधापयेत्; तेषां तु खलु चूर्णानां पाणितलं चूर्णं यावद्वा साधु मन्येत, तत् क्षौद्रेण संसृज्य क्रिमिकोष्ठाय[3] लेढुं यच्छेत् ॥२३॥

तदनन्तर घोड़े की लीद लाकर एक बड़ी चटाई पर फैलाकर धूप में रख दें। जब सूख जाय तब ऊखल में कूटकर शिला पर पुनः सूक्ष्म चूर्ण करा लें। तत्पश्चात् वायविडङ्ग के क्वाथ से अथवा त्रिफला के क्वाथ से आठ या दस बार धूप में भावना दें अर्थात् प्रत्येक भावना के बाद धूप में शुष्क कर लेना चाहिये भावनायें देने के पश्चात् सूखने पर पुनः शिला पर पीस कर बारीक चूर्ण करके नये मृत्पात्र में डाल मुख बन्द कर सँभालकर रख दें। इस चूर्ण को पाणितल (कर्ष) परिमाण में अथवा जितनी मात्रा में ठीक समझें मधु के साथ मिश्रित करके जिसके कोष्ठ में कृमि हों उसे चाटने को दें। सुश्रुत तन्त्र ५४ अध्याय में भी—

'लिह्यादश्वशकृच्चूर्णं वैडङ्गं वा समाक्षिकम्' ॥२३॥

तथा भल्लातकास्थीन्याहृत्य कलशप्रमाणेन संपोथ्य स्नेहभाविते दृढे कलशे सूक्ष्मानेकच्छिद्रबध्ने (शरीरमु[4]पवेष्ट्य) मृदावलिप्ते समावाप्योडुपेन[5] पिधाय भूमावाकण्ठं निखातस्य स्नेहभावितस्यैवान्यस्य दृढस्य कुम्भस्यो

1—सूक्ष्मकाष्ठफलके कटे वा। 2—'श्लक्ष्णानि' च०। 3—'क्रिमिकोष्ठिने' ग०। 4—अयं पाठो गङ्गाधरासम्मतः। 5—'उडुपेन शरावाद्याच्छादनेन' गङ्गाधरः।

परि समारोप्य समन्ताद् गोमयैरुपचित्य दाहयेत्; स यदा जानीयात् साधु दग्धानि गोमयानि गलितस्नेहानि भल्लातकास्थीनीति, ततस्तं कुम्भमुद्धारयेत्; अथ तस्माद् द्वितीयात्कुम्भात्तं स्नेहमादाय विडङ्गतण्डुलचूर्णैः स्नेहार्धमात्रैः प्रतिसंसृज्यातपे सर्वमहःस्थापयित्वा ततोऽस्मै मात्रां प्रयच्छेत्पानाय, तेन साधु विरिच्यते, विरिक्तस्य चानुपूर्वी यथोक्ता ॥२४॥

तथा भल्लातक (भिलावा) के बीज एक घड़े में जितने खुले आ सकें उतने लाकर कुचलकर स्नेह भावित दृढ़ घड़े में जिसके पेंदे में अनेक छोटे छिद्र हों (जिनसे केवल तेल ही बाहर निकल सके) और जिसे मिट्टी से लीपा हो—डालकर मिट्टी के ढकने वा शराब से बन्दकर दूसरे दृढ़ एवं स्नेह से भावित घड़े पर—जो कि कण्ठदेशपर्यन्त भूमि में गाड़ा हुआ हो—टिकाकर चारों ओर उपले चिनकर आग लगा दे। ऊपर के घड़े के पेंदे के उतने भाग में ही छिद्र होने चाहिये जितना भाग भूमि में गाड़े हुए घड़े के मुख पर आता हो। जब वैद्य यह जाने कि उपले भली प्रकार जल गये हैं और भल्लातक के बीजों का तेल निकल गया है तब उस निचले घड़े को बाहर निकाल लें। अब उस घड़े से उस तेल को लेकर तेल से आधे परिमाण में तुपरहित वायविडङ्ग के चूर्ण को मिला सारा दिन धूप में रखकर रोगी को मात्रा में पीने के लिये दें। उससे ठीक विरेचन हो जाता है। विरेचन होने पर विरिक्त पुरुष के लिये जो पेयादिक्रम कहा है, रोगी को उस पर रखें ॥२४॥

एवमेव भद्रदारुसरलकाष्ठस्नेहानुपकल्प्य पातुं प्रयच्छेत्, अनुवासयेच्चैनमनुवासनकाले ॥२५॥

इसी प्रकार ही देवदारु तथा चीड़ की लकड़ी से तेल को चुआकर पीने के लिये दे। अनुवासन के समय रोगी को अनुवासन करावे ॥२५॥

अथ 'आहर' इति ब्रूयात् शारदान्नवांस्तिलान्सम्पदुपेतान् तानाहृत्य [1]सुनिष्पूय शोधयित्वा विडङ्गकषाये सुखोष्णे निर्वापयेदादोषगमनात्, गतदोषानभिसमीक्ष्य [2]सुप्रलूनान्प्रलूच्य पुनरेव सुनिष्पूय शोधयित्वा विडङ्गकषायेण त्रिःसप्तकृत्वः सुपरिभावितान्भावयित्वाऽऽतपे शोषयित्वोदूखले संक्षुद्य दृषदि पुनः श्लक्ष्णपिष्टान् कारयित्वा द्रोण्यामभ्यवधाय विडङ्गकषायेण मुहुर्मुहुरवसिञ्चन् पाणिमर्दमेव मर्दयेत्; तस्मिन्खलु प्रपीड्यमाने यत्तैलमुदियात्तत्पाणिभ्यां पर्यादाय शुचौ दृढे कलशे समासिच्यानुगुप्तं निधापयेत्[3]। अथ 'आहर' इति ब्रूयात्—तिल्वकोद्दालकयोर्द्वौ बिल्वमात्रौ पिण्डौ श्लक्ष्णपिष्टौ विडङ्गकषायेण, ततोऽर्धमात्रौ श्यामात्रिवृतयोरर्धमात्रौ दन्तीद्रवन्त्योरतोऽर्धमात्रौ चव्यचित्रकयोरित्येतं सम्भारं विडङ्गकषायस्याढकमात्रेण प्रतिसंसृज्य ततस्तैलप्रस्थमावाप्य सर्वमालोड्य महति पर्योगे समासिच्याग्नावधिश्रित्य महत्यासने सुखोपविष्टः सर्वतः स्नेहमवलोकयन्नजस्रं मृद्वग्निना

1—'सुनिष्पूतान्निष्पूय सुशुद्धाञ्शोधयित्वा' च०। 'निष्पूयेति मृत्तिकाद्यवकारान्निचित्य, शोधयित्वा प्रक्षाल्य' चक्रः। 2—'सुप्रशूनान्' ग०। सुप्रशूनान् स्फीतान्, प्रलूच्य निस्तुषीकृत्य' गङ्गाधरः। 3—'समारोप्य' च०। 'न्यस्य' ग०।

साधयेद्दर्व्या सततमवघट्टयन्; स यदा जानीयाद्विरमति शब्दः, प्रशाम्यति च फेनः, प्रसादमापद्यते स्नेहो, यथास्वं गन्धवर्णरसोत्पत्तिः, संवर्तते च भेषजमङ्गुलिभ्यां मृद्यमानमतिमृद्वनतिदारुणमनङ्गुलिग्राहि चेति, स कालस्तस्यावतारणाय; ततस्तमवतीर्णं[1] शीतीभूतमहतेन वाससा परिपूय शुचौ दृढे कलशे समासिच्य पिधानेन पिधाय शुक्लेन वस्त्रपट्टेनावच्छाद्य सूत्रेण सुबद्धं सुनिगुप्तं निधापयेत्। ततोऽस्मै मात्रां प्रयच्छेत्पानाय, तेन साधु विरिच्यते, सम्यगपहृतदोषस्य चास्यानुपूर्वी यथोक्ता; ततश्चैनमनुवासयेदनुवासनकाले; एतेनैव च पाकविधिना सर्षपातसीकरञ्जकोषातकीस्नेहाननुप्रकल्प्य पाययेत्सर्वविशेषानवेक्ष्यमाणः; तेनागदो भवतीति ॥२६॥

तदनन्तर शरद् ऋतु में उत्पन्न हुए २ नये तिलों को—जो अपने गुणों से युक्त हों कीड़े आदि से खाये न हों—लाने के लिये कहे। उन्हें लाकर अच्छी प्रकार मिट्टी आदि को साफ करके (छाज से झाड़कर) शोधन करके धोकर कोसे २ वायविडङ्ग के क्वाथ में डाल दे। जब तक कि उनका दोष नष्ट न हो जाय अर्थात् जब तक उन पर लगा मैल सर्वथा नष्ट न हो जाय तब तक उसी में पड़ा रहने दे। जब दोष नष्ट हुआ समझें तब अच्छी प्रकार हाथ से मलकर निस्तुष कर ले। पुनः धो-साफ करके वायविडङ्ग के क्वाथ से २१ बार यथाविधि अच्छी प्रकार भावनायें देकर धूप में सुखा लें और ऊखल में कूटकर शिला पर पुनः बारीक कर लें। अब इन्हें द्रोणी (टब वा उपयुक्त अन्य पात्र—परात थाल आदि) में रखकर वायविडङ्ग के क्वाथ से बार २ सींचते हुए हाथ से खूब मलें। हाथ से मलते हुए जो तैल निकले उसे हाथों से लेकर स्वच्छ दृढ कलसे में रख मुँह बन्दकर सँभाल रखें।

तदनन्तर तिल्वक (लोध्रभेद) और उद्दालक (कोदों अथवा बहुवार लसूड़े की छाल अथवा कोविदार लालकचनार) के एक २ पल प्रमाण के दो पिण्ड, जिन्हें विडङ्ग के क्वाथ से अच्छी प्रकार बारीक पीसा गया हो और उससे आधे परिमाण में (अर्थात् दो २ कर्ष) श्याम वर्ण की त्रिवृत् और अरुण वर्ण की त्रिवृत् (निशोथ) के दो पिण्ड, और इससे भी आधे परिमाण में (एक २ कर्ष) दन्तीमूल द्रवन्ती (बड़ी दन्ती) मूल के दो पिण्ड, इससे भी आधे प्रमाण के (एक एक कोल) चव्य चित्रक के दो पिण्ड लेकर इन सब वस्तुओं को दो प्रस्थ (परिभाषा के अनुसार द्विगुण होकर ४ प्रस्थ) वायविडङ्ग के क्वाथ में मिश्रित करके पूर्वोक्त तिल तैल एक प्रस्थ (परिभाषा के अनुसार २ प्रस्थ) डालकर सब को अच्छी प्रकार आलोडन करके एक बड़े कड़ाहे में डाल आग पर चढ़ा दें। अब तैल-पाचक वैद्य आराम से कुर्सी पर बैठ कर चारों ओर तैल का ध्यान रखता हुआ और कड़छी से निरन्तर हिलाता हुआ मन्द २ आँच पर पकावे। जब वह जाने कि शब्द बन्द हो गया है, झाग शान्त हो गयी है, स्नेह स्वच्छ हो गया है, अपना गन्ध वर्ण एवं रस उत्पन्न हो गया है, औषध को अङ्गुलियों से बटने पर बत्ती बनती है तथा अङ्गुलियों से मर्दन करने पर औषध न अत्यन्त मृदु हो न अतिकठिन हो और न अङ्गुलियों में लगे वह काल उसके उतारने का है। उसको नीचे उतारकर ठण्डा होने पर स्वच्छ एवं न फटे हुए वस्त्र से छानकर स्वच्छ और दृढ पात्र में डालकर ढकने से बन्द कर श्वेत वस्त्र से मुख को ढाँप धागे से अच्छी प्रकार बाँध कर सुरक्षित रखे। तदनन्तर रोगी को पीने के लिये इसकी मात्रा दे। इससे ठीक प्रकार विरेचन होता है। दोष के सम्यक्तया हट जाने पर यथोक्त पेयादिकक्रम (सू० उपकल्पनीयाध्याय में कहे गये) पर रोगी को रखे। तदनन्तर अनुवासन के समय रोगी को अनुवासन करावे।

इसी स्नेहपाक विधि से सरसों अलसी करञ्ज कोषातकी के तेलों को बनाकर सब परीक्ष्य भावों की परीक्षा करते हुए रोगी को दिलावे। इससे रोगी नीरोग हो जाता है। वृद्धवाग्भट ने चि० २२ अ० में लिखा भी है—

तिल्वकोद्दालकपले त्रिवृच्छ्यामे तदर्धतः।
दन्तीद्रवन्त्यावर्धेन तदर्धौ चव्यचित्रकौ ॥
पिष्ट्वा विडङ्गयूषेण तेन भावितपीडितात्।
तैलप्रस्थं तिलात्साध्यं कृमिघ्नद्विगुणे रसे ॥
तच्छोधनं पिबेत्काले विदध्याच्चानुवासनम् ॥

स्नेहसिद्धि की परीक्षा के विषय में सुश्रुत चिकित्सा ३१ अध्याय में कहा है—

शब्दस्योपशमे प्राप्ते फेनस्योपरमे तथा।
गन्धवर्णरसादीनां निष्पत्तौ सिद्धिमादिशेत् ॥

परन्तु तैलपाक में सिद्धि के समय फेन उठता है और घी में सिद्धि के समय फेन शान्त होता है। कहा भी है—

'फेनोऽतिमात्रं तैलस्य शेषं घृतवदादिशेत्।'
तथा—'यदा फेनोद्गमस्तैले फेनशान्तिश्च सर्पिषि।
तदा सिद्धिं विजानीयात्............... ॥'

प्रकृत ग्रन्थ में आचार्य ने स्नेहसिद्धि के सामान्य लक्षणों को दृष्टि में रखते हुए ही तैलपाक के प्रकरण में भी 'प्रशाम्यति च फेनः' कह डाला है। 'प्रसादमापद्यते स्नेहः' से यह ज्ञान हो जाता है कि आचार्य यहाँ पर स्नेहसामान्य की ही पाकसिद्धि के लक्षण बता रहा है, अन्यथा 'स्नेहः' के स्थल पर प्रकरणागत 'तैलं' पढ़ता ॥

[1]इत्येतत् द्विविधानां श्लेष्मपुरीषसम्भवानां कृमीणां समुत्थानस्थानसंस्थानवर्णनामप्रभावचिकित्सितविशेषा व्याख्याताः सामान्यतः ॥२७॥

ये श्लेष्मज और पुरीषज दोनों प्रकार के कृमियों के निदान स्थान आकृति वर्ण नाम प्रभाव तथा चिकित्साओं की सामान्यतः व्याख्या कर दी है ॥२७॥

विशेषतस्त्वल्पमात्रमास्थापनानुवासनानुलोमहरणभूयिष्ठं तेष्वौषधेषु पुरीषजानां कृमीणां चिकित्सितं कार्यं, मात्राधिकं पुनः शिरोविरेचनवामनोपशमनभूयिष्ठं तेष्वौषधेषु श्लेष्मजानां कृमीणां चिकित्सितं कार्यमिति; एष कृमिघ्नो भेषजविधिरनुव्याख्यातो भवति ॥२८॥

विशेषतः उन औषधियों में से पुरीषज कृमियों की चिकित्सा में प्रायः आस्थापन अनुवासन तथा अनुलोमहरण (विरे-

१—'ततस्तमवहृत्य' ग०।

१—'एवं' ग०।

चन आदि) चिकित्सा की जाती है । परन्तु यह औषध भी मात्रा में अल्प ही दी जानी चाहिये । श्लेष्मज कृमियों की प्रायः शिरोविरेचन वमन तथा संशमन द्वारा चिकित्सा होती है और प्रभूतमात्रा में औषध दी जाती है। अष्टाङ्गसंग्रह चिकित्सा-स्थान २२ अ० में भी—

'पुरीषजेषु सुतरां दद्याद्वस्तिविरेचने।।
शिरोविरेकं वमनं शमनं कफजन्मसु ।।'

यह कृमिनाशक विधि की व्याख्या कर दी गयी है ।।२८।।

तमनुतिष्ठता यथास्वहेतुवर्जने प्रयतितव्यम् ।।२९।।

इस विधि का अनुष्ठान करते हुए अपने २ हेतुओं के त्याग में भी प्रयत्नवान् होना चाहिये ।।२९।।

यथोद्देशमेवमिदं कृमिकोष्ठचिकित्सितं यथावदनुव्याख्यातं भवतीति ।।३०।।

उद्देश के अनुसार यह कृमिकोष्ठ पुरुष की चिकित्सा की यथावत् व्याख्या कर दी है ।। ३०।।

भवति चात्र ।

अपकर्षणमेवादौ कृमीणां भेषजं स्मृतम् ।
ततो विघातः प्रकृतेर्निदानस्य च वर्जनम् ।।३१।।

सबसे पूर्व अपकर्षण ही कृमियों की औषध मानी गयी है । तदनन्तर प्रकृतिविघात और निदान का त्याग ।।३१।।

अयमेव विकाराणां सर्वेषामपि निग्रहे ।
विधिर्दृष्टस्त्रिधा योऽयं कृमीनुद्दिश्य कीर्तितः ।।३२।।

कृमियों के उद्देश से यह तीन प्रकार की विधि कही गयी है, वही सब रोगों के निवारण के लिये देखी गयी है ।।३२।।

संशोधनं संशमनं निदानस्य च वर्जनम् ।
एतावद्भिषजा कार्यं रोगे [1] रोगे यथाविधि ।।३३।।

चिकित्सक को चाहिये कि वह रोग-रोग में यथाविधि संशोधन, संशमन तथा निदानत्याग यह करावे ।।३३।।

तत्र श्लोकौ ।

व्याधितौ पुरुषौ ज्ञाज्ञौ भिषजौ सप्रयोजनौ ।
विंशतिः कृमयस्तेषां हेत्वादिः सप्तको गणः ।।३४।।
उक्तो व्याधितरूपीये विमाने परमर्षिणा ।
शिष्यसम्बोधनार्थं च व्याधिप्रशमनाय च ।।३५।।

इत्यग्निवेशकृते तन्त्रे चरकप्रतिसंस्कृते विमानस्थाने व्याधितरूपीयं विमानं नाम सप्तमोऽध्यायः ।।७।।

अध्यायोक्त विषय—दो व्याधित रूप पुरुष, विज्ञ और मूर्ख वैद्य और उनके कार्यफल, बीस प्रकार के कृमि एवं उनके हेतु आदि सात का गण (हेतु स्थान संस्थान वर्ण नाम प्रभाव चिकित्सा); ये सब परमर्षि ने शिष्यों को समझाने और रोगों को शान्त करने के लिये व्याधितरूपीय विमान में कह दिया ।।३४,३५।।

इति सप्तमोऽध्यायः ।

१—'रोगेऽरोगे' ग० ।

अष्टमोऽध्यायः ।

अथातो रोगाभिषग्जितीयं विमानं व्याख्यास्यामः ।।
इति ह स्माह भगवानात्रेयः ।।१।।

अब रोगाभिषग्जितीय नामक विमान की व्याख्या करेंगे—यह भगवान् आत्रेय ने कहा था ।।१।।

बुद्धिमानात्मनः कार्यगुरुलाघवे कर्मफलमनुबन्धं देशकालौ च विदित्वा युक्तिदर्शनाद्भिषग्बुभूषुः शास्त्रमेवादितः परीक्षेत । विविधानि हि शास्त्राणि भिषजां प्रचरन्ति लोके; तत्र यन्मन्येत सुमहद्यशस्विधीरपुरुषासेवितमर्थबहुलमाप्तजनपूजितं त्रिविधशिष्यबुद्धिहितमपगतपुनरुक्तदोषमार्षं सुप्रणीतसूत्रभाष्यसङ्ग्रहक्रमं [1]स्वाधारमनवपतितशब्दमकष्टशब्दं पुष्कलाभिधानं क्रमागतार्थमर्थतत्त्वनिश्चयप्रधानं सङ्गतार्थमसङ्कुलप्रकरणमाशुप्रबोधकं लक्षणवच्चोदाहरणवच्च, तदभिप्रपद्येत शास्त्रम् । शास्त्रं ह्येवंविधममल इवादित्यस्तमो विधूय प्रकाशयति सर्वम् ।।२।।

बुद्धिमान् पुरुष अपने कार्य की गुरुता (बहुत प्रयाससाध्य होने से) लघुता (अल्प परिश्रमसाध्य होने से) कर्मफल (अर्थात् जो मैं कर्म करने लगा हूँ इसका फल केवल धर्म है अर्थ है काम है या मोक्ष है इत्यादि) अनुबन्ध (कर्मजन्य धर्माधर्म वा शुभाशुभ भाव) एवं देश और काल की विवेचना करके अर्थात् किस समय और कहाँ कौन-सा कार्य वृत्तिकर है उपयुक्त है अनुपयुक्त है अच्छा है बुरा है इत्यादि युक्तिपूर्वक सोचकर यदि चिकित्सक बनने की इच्छा करे तो उसे प्रथमतः शास्त्र की ही परीक्षा करनी चाहिये । इस लोक में चिकित्सकों के विविध प्रकार के शास्त्र प्रचलित हैं । उनमें से जिसे वह विस्तृत जाने एवं यशस्वी और धीर पुरुष जिसे पढ़ते हों, जो अर्थबहुल हो—बहुत से विषयों का समावेश हो वा अल्पकाल में पढ़ने से ही सम्पूर्ण ज्ञान करानेवाला हो अथवा थोड़े पदों से भी जो बहुत बड़ी बात को बता देता हो, जिन्हें आप्तजन भी आदर की दृष्टि से देखते हों, तीनों प्रकार की शिष्यबुद्धियों के लिये हितकर हो अर्थात् जो मन्द मध्य वा तीक्ष्ण बुद्धि तीनों प्रकार के पुरुषों के लिये ज्ञान का साधन हो, जिसमें पुनरुक्ति दोष न हो, आर्ष हो (ऋषिप्रणीत हो), जिसमें सूत्र तथा भाष्य का संग्रहक्रम अच्छी प्रकार रचा हो अर्थात् जिसमें विषयों का सन्निवेश जहाँ और जितना होना चाहिये वहाँ और उतना ही किया गया हो, जिसका आधार पक्का हो अथवा जिसमें अधिकार वा परिच्छेद सुन्दर हों, जिसमें ग्राम्य वा असभ्यता पूर्ण शब्द न हों, जिसमें शब्द ऐसे रखे गये हों जो सुबोध हों—जिनका अर्थ सुगमता से जान सकें, जिसमें बहुत कुछ कहा गया हो, जिसमें प्रकरणानुसार क्रमशः विषयों का सन्निवेश हो, जो अर्थ तत्त्व को जताने में प्रधान हो अर्थात् जिसके पढ़ने से अर्थ के तत्त्व का सम्यग्ज्ञान हो जाय, जो सङ्गतार्थ हों, जिसमें विषय युक्तियुक्त हों, जिसके प्रकरण गड़बड़ न हो

१—'स्वाधारं शोभनाभिधेयम्, अनवपतितम् अग्राम्यशब्दं' च० ।

अर्थात् जो प्रकरण चलता हो उसी प्रकरण का व्याख्यान हो, दूसरा असम्बद्ध प्रकरण उसके बीच में ही न प्रारम्भ हो जाय, जो सुनने से ही शीघ्र अर्थ को जता दे, जिसमें लक्षण हों, उदाहरण हों, उसी शास्त्र को अध्ययन के लिये चुनना चाहिये। इस प्रकार का शास्त्र निर्मल सूर्य की तरह अन्धकार को नष्ट कर सब कुछ प्रकाशित कर देता है ॥२॥

ततोऽनन्तरमाचार्यं परीक्षेत। तद्यथा–पर्यवदातश्रुतं परिदृष्टकर्माणं दक्षं दक्षिणं शुचिं जितहस्तमुपकरणवन्तं सर्वेन्द्रियोपपन्नं प्रकृतिज्ञं प्रतिपत्तिज्ञमुपस्कृतविद्यमनहङ्कृतमनसूयकमकोपनं क्लेशक्षमं शिष्यवत्सलमध्यापकं ज्ञापनसमर्थं चेति; एवंगुणो ह्याचार्यः सुक्षेत्रमार्तवो मेघ इव सस्यगुणैः सुशिष्यमाशु वैद्यगुणैः सम्पादयति ॥३॥

शास्त्र की परीक्षा के पश्चात् आचार्य की परीक्षा करे–जिसे शास्त्रज्ञान निर्मल है, जो दृष्टकर्मा है–जिसने कर्मदर्शन किया है–जिसने देखा है कि चिकित्सा किस प्रकार की जाती है, स्वयं भी कर्म कुशल है जो अनुकूल है, पवित्र है–स्वच्छता से रहनेवाला है, जितहस्त है–चिकित्सा कर्म करते समय जो घबराता नहीं, उपकरणों से युक्त, सब इन्द्रियों से सम्पन्न, रोगी की प्रकृति को जाननेवाला अथवा स्वभाव को जाननेवाला, युक्ति को जाननेवाला, जिसका विद्या-ज्ञान परिष्कृत है–शास्त्रान्तरों के ज्ञान से जिसने आयुर्वेद के ज्ञान को परिष्कृत किया हुआ है, अहङ्कार रहित, दूसरे के गुणों पर जिसका दोषारोपण करने का स्वभाव नहीं, क्रोधरहित, क्लेश को सहनेवाला, शिष्यों से प्रीति रखनेवाला, अध्यापन कार्य में चतुर, विषय को समझाने में जो समर्थ हो; उसे ही अपना आचार्य चुनना चाहिये। इन गुणों से युक्त आचार्य अच्छे शिष्य को वैद्य के गुणों से शीघ्र ही युक्त कर देता है, जैसे उपयुक्त ऋतु में बरसनेवाला मेघ अच्छे खेत को सस्य (अनाज) के गुणों से युक्त कर देता है ॥३॥

तमुपसृत्यारिराधयिषुरुपचरेदग्निवच्च देववच्च राजवच्च पितृवच्च भर्तृवच्चाप्रमत्तः; ततस्तत्प्रसादात् कृत्स्नं शास्त्रमधिगम्य शास्त्रस्य दृढतायामभिधानसौष्ठवेऽर्थस्य विज्ञाने वचनशक्तौ च भूयो भूयः प्रयतेत सम्यक् ॥४॥

इन गुणों से युक्त आचार्य के पास जाकर उसकी आराधना करने का इच्छुक शिष्य प्रमादरहित होकर अग्नि की तरह राजा की तरह पिता के सदृश तथा स्वामी के सदृश सेवा करे। अर्थात् जिस २ बात के लिये इनकी सेवा की जाती है उन २ गुणों को आचार्य में स्वीकार करते हुए उनकी सेवा करे। अग्नि प्रकाश और उष्णता का देनेवाला उसकी नित्य ही आवश्यकता होती है उसी प्रकार आचार्य अज्ञानान्धकार को नष्ट कर प्रकाश का देनेवाला है। देवता अपने दिव्य गुणों के कारण पूजनीय होते हैं इसी प्रकार आचार्य में भी दिव्यगुण होते हैं। आचार्य के प्रसन्न होने पर अभीष्टसिद्धि होती है। राजा शासक होता है, यहाँ आचार्य शासक है। जन्मदाता और पालक होता है पिता यहाँ आचार्य पालक है तथा दूसरे जन्म का देनेवाला है।

'विद्यासमाप्तौ भिषजां द्वितीया जातिरुच्यते।'

जिस प्रकार स्वामी की सेवा की जाती है और उसकी आज्ञा में ही नौकर-चाकर रहते हैं उसी प्रकार शिष्य को भी आचार्य की सेवा करनी चाहिये और उसकी आज्ञा में रहना चाहिये।

तदनन्तर उसके प्रसाद से (प्रसन्नता से) सम्पूर्ण शास्त्र को जानकर शास्त्र की दृढ़ता में, अपने अन्दर धारण करने में, शास्त्र को ठीक प्रकार से कहने की श्रेष्ठता में अर्थात् जिससे शास्त्र के विषय को अच्छी प्रकार दूसरों को समझा सकें उसमें, अर्थज्ञान में तथा वचन शक्ति (व्याख्यान वा प्रवचन करना) में बारम्बार उचित रीति से प्रयत्न करना चाहिये। सुश्रुत सू० ३ अ० में भी कहा है—

वाक्सौष्ठवेऽर्थविज्ञाने प्रागल्भ्ये कर्मनैपुणे।
तदभ्यासे च सिद्धौ च यतेताध्ययनान्तगः ॥४॥

तत्रोपाया[1] व्याख्यास्यन्ते—अध्ययनमध्यापनं तद्विद्यसंभाषा चेत्युपायाः ॥५॥

इस प्रयत्न के लिये उपायों की व्याख्या की जाती है–१ अध्ययन (पढ़ना–स्वाध्याय) २ अध्यापन (पढ़ाना) तद्विद्यसम्भाषा (जिसमें शास्त्र चातुर्य प्राप्त करना हो उस शास्त्र को जाननेवालों से वार्तालाप); ये तीन उपाय हैं।

तत्रायमध्ययनविधिः-कल्यः[2] कृतक्षणः प्रातरुत्थायोपव्यूषं[3] वा कृत्वाऽऽवश्यकमुपस्पृश्योदकं देवगोब्राह्मणगुरुवृद्धसिद्धाचार्येभ्यो नमस्कृत्य समे शुचौ देशे सुखोपविष्टो मनःपुरःसराभिर्वाग्भिः सूत्रमनुपरिक्रामन्पुनःपुनरावर्तयेद् बुद्ध्या सम्यगनुप्रविश्यार्थतत्त्वं स्वदोषपरि[4]हारपरदोषप्रमाणार्थम्; एवं मध्यन्दिनेऽपराह्णे रात्रौ च शश्वदपरिहापयन्नध्ययनमभ्यस्येदित्यध्ययनविधिः ॥६॥

अध्ययनविधि–नीरोग तथा जिसने प्रातः उठने का नियम किया हुआ है वह पुरुष प्रातःकाल वा उषा के समीपकाल में अर्थात् कुछ रात्रि के शेष रहने पर उठकर नैत्यिक आवश्यक कर्म करके (शौचादि से निवृत्त होकर) स्नान करके देव ऋषि गौ ब्राह्मण गुरु वृद्ध सिद्ध तथा आचार्य; इनको नमस्कार करके समतल स्वच्छ स्थान पर आराम से बैठा हुआ अपने दोष वा त्रुटि के त्याग और दूसरे की त्रुटि को जानने के लिये बुद्धि से अर्थ के तत्त्व को अच्छी प्रकार समझकर चित्त को लगाकर सूत्र वा शास्त्र को आनुपूर्वी क्रम से बोलते हुए बार २ दोहराए। इसी प्रकार मध्याह्न सायं और रात्रि में समय को व्यर्थ न गँवाते हुए निरन्तर अध्ययन का अभ्यास करे। यह अध्ययन की विधि है ॥६॥

अथाध्यापनविधिः–अध्यापने कृतबुद्धिराचार्यः शिष्यमेवादितः परीक्षेत। तद्यथा–प्रशान्तमार्यप्रकृतिमक्षुद्रकर्माणमृजुचक्षुर्मुखनासावंशं तनुरक्तविशदजिह्वमविकृतदन्तौष्ठममिन्मिणं धृतिमन्तमनहङ्कृतं मेधाविनं वितर्कस्मृतिसम्पन्नमुदारसत्त्वं तद्विद्यकुलजमथवा तद्विद्यवृत्तं तत्त्वाभिनिवेशिनमव्यङ्गमव्यापन्नेन्द्रियं निभृतमनुद्धतवेशमव्यस-

---

१—'तत्रोपायाननुव्याख्यास्यामः' ग०। २—'कल्यकृतक्षणः' ग०। 'कल्यः प्रातःकालस्तत्र नियतरूपः क्षणो येन सः' गङ्गाधरः। ३—'उपव्यूषं किञ्चिच्छेषायां रात्रौ' चक्रः। ४—'परिहाराय' ग०। 'परदोषप्रमाणार्थं परकीयाध्ययनदोषज्ञानार्थम्' चक्रः।

निनमर्थतत्त्वभावकमकोपनं शीतलशौचाचारानुरागदाक्ष्यप्रादक्षिण्योपपन्नमध्ययनाभिकाममर्थविज्ञाने कर्मदर्शने चानन्यकार्यमलुब्धमनलसं सर्वभूतहितैषिणमाचार्यसर्वानुशिष्टिप्रति[1]पत्तिकरमनुरक्तमेवंगुणसमुदितमध्याप्यमेवाहुः ॥७॥

अध्यापनविधि—जब आचार्य पढ़ना चाहता हो तो प्रथम शिष्य को परीक्षा करे—शान्त, श्रेष्ठ स्वभाववाले, जो नीच कर्म न करता हो, जिसकी आँखें मुख और नासावंश सीधे हों, जिसकी जिह्वा पतली लाल हो और मल आदि के आवरण व पिच्छिलता से रहित हो (जिससे वह छहों रसों को पहिचान सके), जिसके दांत व होठों में किसी प्रकार का विकार न हो, जो मिन्मिन (नाक से—अनुनासिक बोलनेवाला) न हो, धैर्ययुक्त, अहङ्काररहित, मेधावी, तर्कशक्ति और स्मरण शक्ति से युक्त, उदारमना, जो उस शास्त्र के जाननेवाले के कुल में पैदा हुआ हो अर्थात् आयुर्वेदज्ञों के कुल में उत्पन्न, अथवा जिसका आचार स्वभाव आयुर्वेदज्ञों का सा हो, तत्त्वज्ञान में तत्पर, जिसके सब अङ्ग ठीक हों, सब इन्द्रियाँ स्वस्थ हों, विनयशील, जो उद्धत वेश न हो—जिसका वेश सभ्यतापूर्ण हो, जो वस्तुतत्त्वको समझने के लिये सोचने-विचारने का स्वभाव रखता है, क्रोधरहित, जूआ परस्त्रीगमन मद्यपान आदि व्यसनों से दूर हो, सच्चरित्र, बाह्य एवं आभ्यन्तर शुद्धि आचार अनुराग (अध्ययन में) चतुरता तथा सर्वत्र अनुकूलता; इन गुणों से युक्त हो, जो पढ़ने का इच्छुक हो, शास्त्र के अर्थ को जानने और कर्मदर्शन में जो एकाग्रचित्त हो, यह नहीं कि पढ़ने वा कर्मदर्शन के समय दूसरे कार्यों में लगा रहे वा बहाना करे, लोभी और आलसी न हो, सम्पूर्ण प्राणियों के हित को चाहनेवाले, आचार्य के सब उपदेशों वा आज्ञाओं का पालन करनेवाले तथा गुरुभक्त; शिष्य को पढ़ाना चाहिये। सुश्रुत सू० २ अध्याय में भी—

ब्राह्मणक्षत्रियवैश्यानामन्यतममन्वयवयःशीलशौर्यशौचाचारविनयशक्तिबलमेधाधृतिस्मृतिमतिप्रतिपत्तियुक्तं तनुजिह्वौष्ठदन्ताग्रमृजुवक्त्राक्षिनासं प्रसन्नचित्तवाक्चेष्टं क्लेशसहं च भिषक् शिष्यमुपनयत्। अतो विपरीतगुणं नोपनयेत्' ॥७॥

एवंविधमध्ययनार्थमुपस्थितमारिराधयिषुमाचार्यश्चानुभाषेत—अथोदगयने शुक्लपक्षे प्रशस्तेऽहनि तिष्यहस्तश्रवणाश्वयुजामन्यतमेन नक्षत्रेण योगमुपगते भगवति शशिनि कल्याणे कल्याणे च करणे मैत्रे मुहूर्ते मुण्डः स्नातः कृतोपवासो कषायवस्त्रसंवीतः समिधोऽग्निमाज्यमुपलेपनमुदकुम्भांश्च गन्धहस्तो माल्यदामप्रदीपहिरण्यहेम[2]रजतमणिमुक्ताविद्रुमक्षौम[3]परिधिकुशलाजसर्षपाक्षतांश्च शुक्लांश्च सुमनसो ग्रथिताग्रथितांश्च मेध्यांश्च भक्ष्यान् गन्धांश्च घृष्टानादायोपतिष्ठस्वेति; अथ सोऽपि तथा कुर्यात् ॥८॥

१—'०प्रतिकर०' च० । 'अनुशिष्टिप्रतिकरम् आज्ञाकरम्' चक्रः । २—'हिरण्यशब्देनाघटित हेम गृह्यते' हेमशब्देन च घटितम्' चक्रः । ३—'परिधयो होमकुण्डचतुःपार्श्वे स्थाप्याः पलाशादिदण्डा उच्यन्ते' चक्रः ।

आचार्य की सेवा वा पूजा के इच्छुक इन गुणों से सम्पन्न विद्यार्थी के आने पर आचार्य कहे—उत्तरायण काल के शुक्लपक्ष में प्रशस्त दिन तिष्य (पुष्यनक्षत्र) हस्त श्रवण अश्विनी—इन नक्षत्रों में से किसी एक के साथ कल्याणकारक भगवान् चन्द्रमा के योग होने पर, कल्याणकारक करण में, अनुकूल मुहूर्त में मुण्डित होकर पूर्व दिन उपवास करके स्नानकर कषाय वर्ण के वस्त्र पहनकर हाथ में गन्धद्रव्य लिये हुए, समिधायें अग्नि घी लीपने के द्रव्य—गोबर आदि, जल के घड़े, पुष्पमाला, दीपक, सुवर्ण चांदी मणि मुक्ता (मोती) विद्रुम (मूंगा) क्षौम (Linen वस्त्र) परिधि (होमकुण्ड के चारों ओर गड़े जानेवाले पलाश आदि के दण्ड), कुशा लाजा सरसों अक्षत मालारूप में गुथे हुए और खुले श्वेत फूल, पवित्र भक्ष्य पदार्थ तथा घिसे हुए चन्दन आदि गन्धों को लेकर हमारे पास आओ। वह विद्यार्थी वैसा ही करे ॥८॥

तमुपस्थितमाज्ञाय समे शुचौ देशे प्राक्प्रवणे उदक्प्रवणे वा चतुष्किष्कुमात्रं चतुरस्रं स्थण्डिलं गोमयोदकेनोपलिप्तं कुशास्तीर्णं '[1]सुपरिहितं परिधिभिश्चतुर्दिशं यथोक्तचन्दनोदककुम्भक्षौमहेमहिरण्यरजतमणिमुक्ताविद्रुमालङ्कृतं मेध्यभक्ष्यगन्धशुक्लपुष्पलाजसर्षपाक्षतोपशोभितं कृत्वा, तत्र पालाशीभिरैङ्गुदीभिरौदुम्बरीभिर्माधुकीभिर्वा समिद्भिरग्निमुपसमाधाय प्राङ्मुखः शुचिरध्ययनविधिमनुविधाय मधुसर्पिर्भ्यां त्रिस्त्रिर्जुहुयादग्निमाशीःसंप्रयुक्तैर्मन्त्रैर्ब्रह्माणमग्निं धन्वन्तरिं प्रजापतिमश्विनाविन्द्रमृषींश्च सूत्रकारानभिमन्त्रयमाणः पूर्वंस्वाहेति।

उसे इन सब द्रव्यों को लेकर उपस्थित हुआ जान समतल पवित्र तथा पूर्व वा उत्तर की ओर क्रमशः निम्न स्थल पर चार हाथ लम्बी चौड़ी चौकोन भूमि वा फर्श को गोबर और जल से लीपें। कुशा बिछाकर चारों दिशाओं में परिधियों (पलाश आदि दण्डों) से अच्छी प्रकार वेष्टित करके यथोक्त चन्दन जल का घड़ा क्षौम (वस्त्र) सुवर्ण के बने द्रव्य, सुवर्ण चांदी मणि मोती प्रवाल; इनसे अलंकृत, पवित्र भक्ष्य (लड्डू आदि) गन्ध श्वेतपुष्प लाजा सरसों अक्षत से सजाकर पलाश इङ्गुदी (हिंगोट) गूलर या महुए की समिधाओं से अग्न्याधान करके पवित्र होकर पूर्वाभिमुख बैठा हुआ अध्ययनविधि के अनुसार अर्थात् वेदारम्भविधि से आशीर्वादात्मक मन्त्रों द्वारा ब्रह्मा अग्नि धन्वन्तरि प्रजापति अश्विनीकुमारों इन्द्र ऋषियों तथा सूत्रकारों को अभिमन्त्रित करते हुए 'स्वाहा' पूर्वक तीन २ आहुति दे जैसे 'ब्रह्मणे स्वाहा' कह कर एक आहुति दे। इसी प्रकार दो बार और करें। पुनः 'अग्नये स्वाहा' द्वारा पूर्ववत् तीन आहुति दे। इसी प्रकार धन्वन्तरि आदि के नाम निर्देश से पृथक् २ तीन तीन आहुतियाँ दे ॥९॥

शिष्यश्चैनमन्वालभेत, हुत्वा च प्रदक्षिणमग्निमनुपरिक्रामेत् ततोऽनुपरिक्रम्य ब्राह्मणान्स्वस्ति वाचयेत्, भिषजश्चाभिपूजयेत् ॥१०॥

शिष्य भी इसी प्रकार पीछे २ होम करे। होम करके उस

१— सूपविहितं' ग० ।

अग्नि को दक्षिण की ओर करके तीन परिक्रमाएं करें। परिक्रमाओं के पश्चात् ब्राह्मणों से स्वस्तिवाचन करावे और वैद्यों की पूजा करे। सुश्रुत सू० २ अ० में भी—

'उपनयनीयो ब्राह्मणः प्रशस्तेषु तिथिकरणमुहुर्तनक्षत्रेषु प्रशस्तायां दिशि शुचौ समे देशे चतुर्हस्तं चतुरस्रं गोमयेन स्थण्डिलमुपलिप्य दर्भैः संस्तीर्य रत्नपुष्पैलजिभक्तैरत्नैश्च पूजयित्वा देवता विप्रान् भिषजश्च तत्रोल्लिख्याभ्युक्ष्य दक्षिणतो स्थापयित्वाग्निमुपसमाधाय खदिरपलाशदेवदारुबिल्वानां समिद्भिश्चतुर्णां वा क्षीरिवृक्षाणां न्यग्रोधोडुम्बराश्वत्थमधूकानां दधिमधुघृताक्ताभिर्दार्वीहौमिकेन विधिना सप्रणवाभिर्महाव्याहृतिभिः स्रुवेणाज्याहुतीर्जुहुयात्। प्रतिदैवतमृषींश्च स्वाहाकारं जुहुयात्। शिष्यमपि कारयेत् ॥१०॥

अथैनमग्निसकाशे ब्राह्मणसकाशे भिषक्सकाशे चानुशिष्यात्–ब्रह्मचारिणा श्मश्रुधारिणा सत्यवादिनाऽमांसादेन मेध्यसेविना निर्मत्सरेणाशस्त्रधारिणा च भवितव्यं, नच ते मद्वचनात्किंचिदकार्यं स्यादन्यत्र राजद्विष्टात्प्राणहराद्विपुलादधर्म्यादनर्थसम्प्रयुक्ताद्वाऽप्यर्थात्, मदर्पणेन मत्प्रधानेन मदधीनेन मत्प्रियहितानुवर्तिना च शश्वद्भवितव्यं पुत्रवद्दासवदर्थिवच्चोपचरताऽनुवस्तव्योऽहमनुत्सुकेनावहितेनानन्यमनसा विनीतेनावेक्ष्यकारिणाऽनसूयकेन, न चानभ्यनुज्ञातेन प्रविचरितव्यम्, अनुज्ञातेन प्रविचरता पूर्वं गुर्वर्थोपान्वाहरणे यथाशक्ति प्रयतितव्यं, कर्मसिद्धिमर्थसिद्धिं यशोलाभं प्रेत्य च स्वर्गमिच्छता त्वया गोब्राह्मणमादौ कृत्वा सर्वप्राणभृतां शर्माशासितव्यमहरहरुत्तिष्ठता चोपविशता च सर्वात्मना चातुराणामारोग्ये प्रयतितव्यं जीवितहेतोरपि चातुरेभ्यो नाभिद्रोग्धव्यं, मनसोऽपि च परस्त्रियो नाभिगमनीयास्तथा सर्वमेव परस्वं, निभृतवेशपरिच्छदेन भवितव्यमशौण्डेनापापेनापापसहायेन च श्लक्ष्णशुक्लधर्म्यधन्यसत्यशर्म्यहितमितवचसा देशकालविचारिणा स्मृतिमता ज्ञानोत्थानोपकरणसम्पत्सु नित्यं यत्नवता, न च कदाचिद्राजद्विष्टानां राजद्वेषिणां वा महाजनद्विष्टानां महाजनद्वेषिणां वाऽप्यौषधमनुविधातव्यं तथा सर्वेषामत्यर्थविकृतदुष्टदुःखशीलाचारोपचा[1]राणामनपवादप्रतीकाराणां मुमूर्षूणां च तथैवासन्निहितेश्वराणां स्त्रीणामनध्यक्षाणां वा, नच कदाचित्स्त्रीदत्तमामिषमादातव्यमननुज्ञातं भर्त्राऽथवाऽध्यक्षेण, आतुरकुलं चानुप्रविशता त्वया विदितेनानुमतप्रवेशिना सार्धं पुरुषेण सुसंवीतेनावाक्शिरसा स्मृतिमता स्तिमितेनावेक्ष्यावेक्ष्य मनसा सर्वमाचरता बुद्ध्या सम्यगनुप्रवेष्टव्यम्, अनुप्रविश्य च वाङ्मनोबुद्धीन्द्रियाणि न क्वचित्प्रणिधातव्यान्यन्यत्रातुरादातुरोपकारार्थाद्वाऽऽतुरगतेष्वन्येषु वा भावेषु, चातुरकुलप्रवृत्तयो बहिर्निश्चारयितव्याः, ह्रसितं चायुषः प्रमाणमातुरस्य न वर्णयितव्यं जानताऽपि तत्र यत्रोच्यमानमातुरस्यान्यस्य वाऽप्युपघाताय सम्पद्यते, ज्ञानवताऽपि च नात्यर्थमात्मनो ज्ञाने विकत्थितव्यम्, आप्तादपि हि विकत्थमानादत्यर्थमुद्विजन्त्यनेके ॥११॥

1—'०मनपवादप्रतिकाराणां' ग०।

अब शिष्य को अग्नि ब्राह्मण और वैद्य के पास अर्थात् उन्हें साक्षी करके यह उपदेश करे—तुझे ब्रह्मचारी श्मश्रुधारी (दाढ़ी मूँछ को रखनेवाला) सत्यवादी मांस-भोजन न करनेवाला पवित्र भोज्य पदार्थों का सेवक मात्सर्यरहित शस्त्र को न धारण करनेवाला होना चाहिये। मेरे कहने से तू राजविरुद्ध प्राणनाशक अत्यन्त अधर्म कार्य तथा अनर्थ के कारणभूत विषय से अन्य सब कार्य कर सकता है। अर्थात् राजविरोध आदि के अतिरिक्त तू सब कार्य कर सकता है। यदि मैं कदाचित् राजविरोध आदि के लिये कह भी दूँ तो भी तुझे वह नहीं करना चाहिये। तुझे निरन्तर ऐसा होना चाहिये जैसे तूने मुझे मन वचन शरीर सब कुछ अर्पण कर दिया है, मैं ही तेरा प्रधान हूँ, मेरे ही तू आधीन है और जो मुझे प्रिय तथा हित है उसी का अनुपालन करता है। तुझे पुत्र दास और याचक (भिखारी) की तरह ही सेवा करते हुए मेरे पास रहना चाहिये। अर्थात् जैसे पुत्र पिता की सेवा करता है जैसे दास अपने स्वामी को प्रसन्न करने की चेष्टा करता है और जैसे याचक दाता के मुख को देखता है वैसे ही तुझे होना चाहिये। उत्सुकता से रहित सावधान एकाग्रमन विनयसम्पन्न, सोच-विचार कर कर्म करनेवाला, दूसरे के गुणों पर दोषारोप न करनेवाला होना चाहिये। बिना आदेश के तुझे इधर-उधर न घूमना चाहिये–आवारागर्दी न करनी चाहिये। आज्ञा लेकर विचरते हुए सब से पूर्व गुरु (आचार्य) के लिए अभीष्ट वस्तु के लाने में यथाशक्ति प्रयत्न करना चाहिये। कर्म (चिकित्सा) की सिद्धि, धनसिद्धि, यशःप्राप्ति तथा मरकर स्वर्ग को चाहनेवाले तुझको गौ और ब्राह्मण का मुख्यतः तथा सब प्राणियों के लिये सुख वा आरोग्य की कामना करनी चाहिये। प्रतिदिन उठते-बैठते सब अवस्थाओं में रोगियों के आरोग्य में प्रयत्न करना चाहिये। अपने जीवन वा प्राण के हेतु भी कभी रोगियों से द्रोह न करना चाहिये। मन से भी परस्त्री-गमन न करना चाहिये। इसी प्रकार सब परधन वा दूसरे की सम्पत्ति के हरण का भी मन में विचार न होना चाहिये। वेश वस्त्र आदि ऐसे होने चाहिये जिनसे विनयभाव टपकता हो। मद्यपान न करना चाहिये। पाप से बचना चाहिये। पापी के संग न रहना चाहिये। चिकने शुभ्र धर्मयुक्त पुण्य सत्य सुखकर हितकारी तथा मित भाषण करनेवाले देश काल का विचार करनेवाले स्मृतिसम्पन्न तुझे ज्ञान आरोग्य के साधन के गुणों में नित्य प्रयत्नवान् होना चाहिये। जिनसे राजा द्वेष करते हैं वा जो राजा से द्वेष रखते हैं, जिनसे सत्पुरुष द्वेष करते हैं वा जो सत्पुरुषों से द्वेष करते हैं, उनकी कभी भी चिकित्सा न करनी चाहिये। तथा उन सब की भी जिनका आचार (रोगी के लिये पालनीय कर्तव्य) और उपचार (treatment) अत्यन्त विकृत दुष्ट एवं दुःखशील है जो अनपवादप्रतीकार हैं अर्थात् जो वैद्य के अपवाद (निन्दा) का प्रतिकार नहीं करते (इससे जनपदोद्ध्वंसनीयाधिकार में कहे गये निर्धन आदि का भी ग्रहण किया जाता है) जो मुमूर्षु हैं (जिनमें मृत्युसूचक लक्षण

उत्पन्न हो गए हैं) उनकी भी चिकित्सा न करनी चाहिये। तथैव जिन स्त्रियों का पति वा कोई संरक्षक साथ न हो उनकी भी चिकित्सा न करनी चाहिये। पति वा संरक्षक की आज्ञा के बिना स्त्री द्वारा दिया गया धन वा कोई भोग्यवस्तु कदापि न लेनी चाहिये। रोगी के घर में प्रवेश करते हुए तुझे ज्ञात एवं जिसे रोगी के बन्धु-बान्धवों ने अन्दर लाने के लिये अनुमति दी हुई है ऐसे पुरुष के सम्यक् प्रकार से वस्त्र पहिने हुए और शिर झुकाये हुए स्मृतियुक्त तथा स्थिर मन द्वारा बारंबार सोच-विचारकर ज्ञानपूर्वक सब कर्म करते हुए प्रवेश करना चाहिये। अन्दर जाकर वाणी मन बुद्धि तथा इन्द्रियों को रोगी और रोगी के प्रयोजन के अतिरिक्त रोगी के किसी अन्य भाव में न लगाना चाहिये। रोगी के घर की बातों को किसी के पास बाहर नहीं प्रकट करना चाहिये। रोगी के अनायुष्य को जानते हुए भी उस जगह नहीं वर्णन करना चाहिये। वहाँ कहने पर वह रोगी वा किसी अन्य के नाश वा मृत्यु का कारण हो जाय। ज्ञानवान् होते हुए भी अपने ज्ञान की अत्यधिक श्लाघा न करनी चाहिये, क्योंकि अत्यन्त आत्मश्लाघा करनेवाले आप्त पुरुष से भी अनेक पुरुष उद्विग्न हो जाते हैं अर्थात् उनकी श्रद्धा नष्ट हो जाती है ॥११॥

न चैव ह्यस्ति सुतरामायुर्वेदस्य पारं, तस्मादप्रमत्तः शश्वदभियोगमस्मिन् गच्छेत्, एतच्च कार्यम्, एवंभूयश्च [1]वृत्तसौष्ठवमनसूयता परेभ्योऽप्यागमयितव्यं, कृत्स्नो हि लोको बुद्धिमतामाचार्यः शत्रुश्चाबुद्धिमताम्, अतश्चाभिसमीक्ष्य बुद्धिमताऽमित्रस्यापि धन्यं यशस्यमायुष्यं पौष्टिकं [2]लौक्यमभ्युपदिशतो वचः श्रोतव्यमनुविधातव्यं चेति ॥१२॥

आयुर्वेद का पार नहीं है। अतएव प्रमादरहित होकर इसमें निरन्तर उद्यम करना चाहिये। यह सब कुछ (उपर्युक्त) करना चाहिये। इसी प्रकार और भी परगुणों में दोषारोपण न करते हुए आचार की उत्तमता वा सभ्यता को औरों से भी जान लेना चाहिये। सारा संसार बुद्धिमान् पुरुषों का आचार्य है और मूर्खों का शत्रु है। अतः बुद्धिमान् पुरुष को चाहिये कि वह अच्छी प्रकार करके शत्रु से भी उपदिष्ट धन्य (पुण्यकारक) यशोवर्धक आयुष्कर पौष्टिक तथा लोगों से अनुमत वचन को सुने और तदनुसार कार्य करे ॥१२॥

अतः परमिदं ब्रूयात्—देवताग्निद्विजातिगुरुवृद्धसिद्धाचार्येषु ते नित्यं सम्यग्वर्तितव्यं, तेषु ते सम्यग्वर्तमानस्यायमग्निः सर्वगन्धरसरत्नबीजानि यथेरिताश्च देवताः शिवाय स्युः, अतोऽन्यथा वर्तमानस्याशिवायेति; एवं ब्रुवति चाचार्ये शिष्यस्तथेति ब्रूयात्; यथोपदेशं च कुर्वन्नध्याप्यो ज्ञेयः, अतोऽन्यथा त्वनध्याप्यः; अध्याप्यमध्यापयन् ह्याचार्यो यथोक्तैश्चाध्यापनफलैर्योगमाप्नोत्यन्यैश्चानुक्तैः श्रेयस्करैर्गुणैः शिष्यमात्मानं च युनक्ति, इत्युक्तावध्ययनाध्यापनविधी यथावत् ॥१३॥

इसके पश्चात् यह कहे—कि तुझे देवता अग्नि द्विजाति (ब्राह्मण क्षत्रिय वैश्य) गुरु वृद्ध आचार्यों से नित्य ठीक प्रकार से बर्तना चाहिये—आज्ञा-पालन करना चाहिये। उनमें सम्यक् प्रकार से रहते हुए उनकी पूजा आदि करते हुए तेरे लिये यह अग्नि (साक्षिरूप में सामने स्थापित) सब गन्ध रस रत्न और बीज तथा यथोक्त देवता कल्याणकारक हों। इससे विपरीत आचरण करते हुए के लिये वे अशुभकारक हों।

आचार्य के ऐसा कहने पर शिष्य—जैसा आपने कहा है वैसा ही करूंगा—यह स्वीकृति सूचक वचन कहे। जो शिष्य गुरूपदेश के अनुसार चलता हो वही पढ़ाने के योग्य है। इससे विपरीत को नहीं पढ़ाना चाहिये। पढ़ाने योग्य विद्यार्थी को पढ़ाते हुए आचार्य अध्यापन के यथोक्त शास्त्रदृढ़ता आदि फलों से युक्त होता है। तथा जो यहाँ नहीं कहे गये ऐसे बहुत से अन्य श्रेयस्कर गुणों से भी अपने को और अपने शिष्य को युक्त करता है। यह अध्ययनाध्यापन विधि कह दी है ॥१३॥

[1]अध्ययनाध्यापनविधिवत्सम्भाषाविधिमत ऊर्ध्वं व्याख्यास्यामः—भिषक् भिषजा सह सम्भाषेत, तद्विद्यसम्भाषा हि ज्ञानाभियोगसंहर्षकारी भवति, वैशारद्यमपि चाभिनिर्वर्तयति, वचनशक्तिमपि चाधत्ते, यशश्चाभिदीपयति, पूर्वश्रुते च सन्देहवतः पुनः श्रवणात् [2]संशयमपकर्षति, श्रुते चासन्देहवतो भूयोऽध्यवसायमभिनिर्वर्तयति, अश्रुतमपि च कञ्चिदर्थं श्रोत्रविषयमापादयति, यच्चाचार्यः शिष्याय शुश्रूषवे प्रसन्नः क्रमेणोपदिशति गुह्याभिमतमर्थजातं तत्परस्परेण सह जल्पन् [3]पिण्डेन विजिगीषुराह संहर्षात्, तस्मात्तद्विद्यसम्भाषामभिप्रशंसन्ति कुशलाः ॥१४॥

अध्ययनाध्यापनविधि के समान ही अब सम्भाषाविधि की व्याख्या करेंगे—चिकित्सक को चिकित्सक से ही सम्भाषा (वार्तालाप) करनी चाहिये—तद्विद्यसम्भाषा से सर्वतः ज्ञान का योग और हर्ष होता है। तद्विद्यसम्भाषा पाण्डित्य वा चातुरी को उत्पन्न करती है। वाक्शक्ति को भी धारण कराती है। कीर्ति को उद्दीप्त करती है—चमकाती है। पूर्व पढ़े हुए वा सुने हुए में यदि सन्देह हो तो पुनः सुनने से संशय को नष्ट करती है। और जिसे पठित शास्त्र में सन्देह नहीं उसे दृढ़ निश्चय उत्पन्न कराती है। ऐसी भी कई बातें जो पूर्व नहीं सुनी होतीं सुनी जाती हैं—और आचार्य सेवा करनेवाले शिष्य को प्रसन्न होकर जिन गोप्य रहस्यों का क्रमशः उपदेश करता है वह परस्पर जल्प करते हुए विजय की इच्छावाला हर्ष से एकबार ही में कह देता है। अतः भी कुशल पुरुष तद्विद्यसम्भाषा की प्रशंसा करते हैं। एक ही विद्यावालों का उसी के विषय में परस्पर आलाप 'तद्विद्यसम्भाषा' कहाता है ॥१४॥

द्विविधा तु खलु तद्विद्यसम्भाषा भवन्ति—सन्धाय सम्भाषा, विगृह्य सम्भाषा चेति ॥१५॥

१—'एतच्चैव कार्यमेवं भूयः प्रवृत्तस्य सौष्ठवमनसूयता' ग० । २—'लौकिकं' ग० ।

१—'अध्ययनाध्यापनविधिवत्' इति पाठः गङ्गाधरमते न विद्यते। २—'श्रुतसंशयमपकर्षति' च० । ३—'पण्डेन' ग० । 'पण्डेन स्वपाण्डित्यप्रकाशनेन' गङ्गाधरः । 'पिण्डेन सारोद्धारेण' चक्रः ।

तद्विद्यसम्भाषा दो प्रकार की होती है। १ सन्धाय सम्भाषा २ विगृह्य सम्भाषा। इन्हें ही अनुलोमसम्भाषा और प्रतिलोम-सम्भाषा भी कहते हैं। जहाँ सन्धि व मैत्रीभाव से आलाप हो वह सन्धाय सम्भाषा व अनुलोमसम्भाषा कहाती है। जहाँ सम्भाषा में एक की दूसरे को जीतने की इच्छा हो वह विगृह्य-सम्भाषा वा प्रतिलोमसम्भाषा कहाती है ॥१५॥

तत्र ज्ञानविज्ञानवचनप्रतिवचनशक्तिसम्पन्नेनाकोपनेनानुपस्कृतविद्येनानसूयकेनानुनयकोविदेन क्लेशक्षमेण प्रियसम्भाषणेन च सह सन्धाय सम्भाषा विधीयते। तथाविधेन सह कथयन्विश्रब्धः कथयेत्, पृच्छेदपि च विश्रब्धः, पृच्छते चास्मै विश्रब्धाय [1]विशदमर्थं ब्रूयात्, न च निग्रहभयादुद्विजेत, निगृह्य चैनं न हृष्येन्न च परेषु विकत्थेत, न च मोहादेकमन्तग्राही स्यात्, न [2]चाविदितमर्थमनुवर्णयेत्; सम्यक्चानुनयेयाननुनयेच्च[3] अनुनये[3] तत्र चावहितः स्यादित्यनुलोमसम्भाषाविधिः ॥१६॥

ज्ञानविज्ञान वचन (पूर्वपक्ष) प्रतिवचन (उत्तर पक्ष) की शक्ति से सम्पन्न, क्रोधरहित; जिसकी विद्या विकृत नहीं, परगुणों में दोषारोपण न करनेवाले, अनुनय (विनय) में पण्डित, क्लेश को सहनेवाले तथा प्रिय वाणी बोलनेवाले के साथ सन्धाय सम्भाषा की जाती है। इस प्रकार के पुरुष के साथ निःशङ्क होकर विश्वस्त की तरह सम्भाषा (वाद प्रतिवाद) करे। निःशङ्क होकर ही पूछे। और विश्वस्त पुरुष के पूछने पर विशद वा स्पष्टतया प्रयोजन को कह दे। निग्रह के भय से उद्विग्न न होवे। अर्थात् पराजय के भय से व्याकुल न हो—जल्प वितण्डा में जो निग्रहस्थान कहे जायँगे—कहीं मैं उनमें पकड़ा जाऊँगा—यह विचार ही मन से उड़ा दे, वहाँ जैसा अपना ज्ञान हो स्पष्ट २ कह दे। और उस पुरुष को निग्रहस्थान में पकड़ कर वा पराजित करके प्रसन्न न होवे और न दूसरों में आत्मश्लाघा करे। मोहवश वा अज्ञानवश एकान्तग्राही न हो अर्थात् एक पक्ष को—जिस पर उसका कथञ्चित् विश्वास है और वह युक्तियुक्त न हो—मानना ठीक नहीं। अपितु दूसरे पक्ष को सुनकर सम्यक् विचार के बाद जो पक्ष ठीक हो चाहे वह प्रतिवादी का हो उसे स्वीकार करे, अज्ञानवश हठधर्मी न हो। जिस बात को जानता नहीं उसे कहे नहीं। विनय द्वारा सम्यक् प्रकार से अपने पीछे लावे—अपने पक्ष का करे। अनुनय (विनय) में सावधान रहे। यह अनुलोमसम्भाषाविधि है ॥१६॥

अत ऊर्ध्वमितरेण सह विगृह्य सम्भाषायां [4]जल्पेत् श्रेयसा योगमात्मनः पश्यन्; प्रागेव च जल्पाज्जल्पान्तरं [5]परावरान्तरं परिषद्विशेषांश्च सम्यक्परीक्षेत, सम्यक्परीक्षा हि बुद्धिमतां कार्यप्रवृत्तिनिवृत्तिकालौ शंसति, तस्मात्परीक्षामभिप्रशंसन्ति कुशलाः। परीक्षमाणस्तु खलु परावरान्तरमिमाञ्जल्पकगुणान् श्रेयस्करान् दोषवतश्च परीक्षेत सम्यक्। तद्यथा—श्रुतं विज्ञानं धारणं प्रतिभानं वचनशक्तिरित्येतान् गुणान् श्रेयस्करानाहुः। इमान्पुनर्दोषवतः—तद्यथा—कोपनत्वमवैशारद्यं भीरुत्वमधारणत्वमनवहितत्वमिति। एतान्द्वयानपि गुणान् गुरुलाघवतः परस्य चैवात्मनश्च[1] तोलयेत् ॥१७॥

इसके बाद पूर्वोक्त गुणान्वित व्यक्ति से विपरीतगुणसम्पन्न पुरुष के साथ अपने आपको उससे उत्कृष्ट जानता हुआ विगृह्य सम्भाषा करे। अर्थात् जो व्यक्ति ज्ञान (शास्त्रार्थ ज्ञान) विज्ञान आदि द्वारा पूर्वपक्षोक्ति एवं उत्तरपक्षोक्ति करने में असमर्थ है, क्रोधी है, जिसकी विद्या अविकृत नहीं, असूयक (परगुणों में दोषारोपण करनेवाला), अनुनय में मूर्ख, क्लेश को न सहनेवाला तथा अप्रियभाषी हो उसके साथ विगृह्यसम्भाषा करनी चाहिये। परन्तु विगृह्यसम्भाषा से पूर्व यह जान लेना आवश्यक है कि मुझमें उसकी अपेक्षा विद्या बुद्धि अधिक है। इसके जानने के लिये जल्प से ही पूर्व उसके जल्पान्तर की परीक्षा करनी चाहिये, जिससे जल्पक के गुण-दोष ज्ञात हो जायँ। परावर भेद की परीक्षा करनी चाहिये अर्थात् वह व्यक्ति दूसरे के साथ जो जल्प करता है उस जल्प को सुनकर अपने ज्ञान वा प्रतिभा की तुलना करे कि क्या मैं उससे विद्या में प्रतिभा में वा जल्पना में श्रेष्ठ हूँ वा कम हूँ। सभा की परीक्षा करे। अर्थात् परिषत् (सभा) मूर्खों की है वा पण्डितों की है इत्यादि ठीक-ठीक परीक्षा पूर्व ही कर लेनी चाहिये। क्योंकि सम्यक् प्रकार से की गयी परीक्षा बुद्धिमानों को कार्य प्रवृत्ति वा निवृत्ति के काल को जता देती है। अर्थात् बुद्धिमान् व्यक्ति परीक्षा द्वारा यह जान जाते हैं कि अमुक समय कार्य में प्रवृत्त होना चाहिये और अमुक समय उससे निवृत्त हो जाना चाहिये। अतएव कुशल पुरुष परीक्षा की प्रशंसा करते हैं। परावरभेद की परीक्षा करते हुए जल्पक के शुभ और दोषयुक्त गुणों की सम्यक् परीक्षा करे जैसे—श्रुत (शास्त्रज्ञान), विज्ञान (शास्त्रार्थज्ञान), धारणा, प्रतिभा तथा वचनशक्ति; इन गुणों को श्रेयस्कर कहते हैं। और इनको दोषयुक्त, जैसे—क्रुद्ध हो जाना, पाण्डित्य न होना, भीरुता (डरपोकपन), धारणाशक्ति का न होना (कण्ठस्थ न होना), ध्यान न होना। इन दोनों (श्रेयस्कर, दोषवान्) गुणों को दूसरे (सम्भाष्य पुरुष) और अपने में गुरुता और लघुता द्वारा तोल ले। अर्थात् किन गुणों में वह मुझ से बढ़-चढ़ कर है और किन गुणों में मैं बढ़-चढ़कर हूँ, किन में वह न्यून है और किन में मैं न्यून हूँ। सम्भाष्य पुरुष में श्रेयस्कर गुण अधिक हैं कि मुझ में। अथवा उसमें दोष अधिक हैं कि मुझ में। इस प्रकार अच्छी तरह तुलना कर ले ॥१७॥

तत्र त्रिविधः परः सम्पद्यते,—प्रवरः प्रत्यवरः समो वा गुणविनिक्षेपतः, नत्वेव कात्स्न्र्येन ॥१८॥

पर (सम्भाष्य) पुरुष कुछ एक गुणों की न्यूनाधिकता से तीन प्रकार के होते हैं—१ प्रवर (श्रेष्ठ) २ प्रत्यवर (कनिष्ठ वा हीन) ३ सम। साकल्येन—सब कुल-शील आदि भावों द्वारा विचारने से प्रवर प्रत्यवर और सम त्रिविध ही नहीं होते। अपितु इससे भी अधिक प्रकार के परपुरुष होते हैं ॥१८॥

१—'विशदमर्थंजातं' ग। २—'नचानुविहितमर्थमनुवर्णयेत्' ग०। ३—'अनुनयाच्च परं' ग०। ४ 'विगृह्य संभाषेत'। ५—'जल्पान्तरमिति सामयिकसर्वार्थादिविशेषितं जल्पविशेषं, परावरान्तरमिति प्रतिवादिन आत्मनश्च प्रतिभादिविशेषमित्यर्थः' चक्रः।

१—'तुलयेत्' ग०।

परिषत्तु खलु द्विविधा,—ज्ञानवती, मूढपरिषच्च सैव द्विविधा सती त्रिविधा पुनरनेन कारणविभागेन—सुहृत्परिषत्, उदासीनपरिषत्, [1]प्रतिनिविष्टपरिषच्चेति ॥१९॥

परिषत् दो प्रकार की होती है। १ ज्ञानवती २ मूढ़ परिषत्। यह दो प्रकार की परिषत् ही निम्न कारणविभाग से तीन प्रकार की है। १ सुहृत्परिषत् २ उदासीन परिषत् ३ प्रतिनिविष्ट परिषत्। जैसे—१ ज्ञानवती सुहृत्परिषत् २ ज्ञानवती उदासीन परिषत् ३ ज्ञानवती प्रतिनिविष्ट परिषत्। १ मूढ़ सुहृत्परिषत् २ मूढ़ उदासीन परिषत् ३ मूढ़ प्रतिनिविष्ट परिषत्। जिस सभा के सभ्य सुहृत् (मित्र) होंगे वह सुहृत्-परिषत् कहायगी। जिसके सभ्य न मित्र हों न शत्रु वह उदासीन-परिषत् होगी। जिसके सभ्य प्रतिकूल—मैत्री रहित वा शत्रु होंगे वह प्रतिनिविष्ट-परिषत् कहायगी। यदि सभ्य ज्ञानादि सम्पन्न हैं तो ये सभायें ज्ञानवती कहलायेंगी। यदि मूर्ख हैं तो सभायें मूढ़ कहायँगी ॥१६॥

तत्र प्रतिनिविष्टायां पर्षदि ज्ञानविज्ञानवचनप्रतिव[2]चनशक्तिसम्पन्नायामपि मूढायां तु न कथञ्चित्केनचित्सह जल्पो विधीयते, मूढायां तु सुहृत्परिषदि उदासीनायां वा ज्ञानविज्ञानवचनप्रतिवचनशक्तिमन्त[3]रेणाप्यदीप्तयशसा महाजनद्विष्टेन सह जल्पो विधीयते, तद्विधेन च सह कथयता आविद्धदीर्घसूत्रसंकुलैर्वाक्यदण्डकैः कथयितव्यम्, अतिहृष्टं मुहुर्मुहुरुपहसता परं [4]रूपयता च परिषदमाकारैर्ब्रुवता चास्य वाक्यावकाशो न देयः, कष्टशब्दं ब्रुवता वक्तव्यो 'नोच्यते' इति, अथवा पुनः 'हीना ते प्रतिज्ञा' इति पुनश्चाहूयमानः प्रतिवक्तव्यः—[5]'परिसंवत्सरो भवानपि शिक्षस्व तावत् पर्याप्तमेतावत्ते', सकृदपि हि परिक्षेपिकं निहतं निहतमाहुरिति [6]नास्य योगः कर्तव्यः कथञ्चिदप्येवं श्रेयसा सह विगृह्य वक्तव्यमित्याहुरेके; न त्वेवं ज्यायसा सह विग्रहं प्रशंसन्ति कुशलाः ॥२०॥

ज्ञान विज्ञान वचन प्रतिवचन शक्ति से भी सम्पन्न प्रतिनिविष्ट परिषत (ज्ञानवती प्रतिनिविष्ट-परिषत्) में तथा मूढ़ प्रतिनिविष्ट-परिषत् में किसी भी प्रकार किसी (प्रवर प्रत्यवर सम) से जल्प नहीं किया जाता। क्योंकि वहाँ तो सभ्य ही प्रतिकूल हैं। उन्होंने तो उसके भाषण को सदोष ही ठहराना है।

मूढ़ सुहृत्परिषत् वा मूढ़ उदासीन परिषत् में जिसका यश फैला हुआ नहीं और जिससे महाजन (महापुरुष वा सत्पुरुष) द्वेष करते हैं उसके साथ ज्ञान विज्ञान वचन प्रतिवचन शक्ति के बिना भी जल्प किया जाता है। ऐसे पुरुष के साथ जल्प करते हुए वक्र (टेढ़े) लम्बे सूत्रों (वाक्यांशों) से व्याप्त वा मिश्रित वाक्यदण्डकों (वाक्य के अत्यधिक लम्बा होने पर वाक्य को वाक्यदण्डक कहते हैं) से भाषण करना चाहिये—जल्प करना चाहिये। अत्यन्त प्रसन्न हुआ २ बारंबार पर-पुरुष (सम्भाष्य) का उपहास करते हुए और परिषत् को सम्बोधन करके आकारों (जैसे कि व्याख्याता किया करते हैं) द्वारा बोलते हुए इस पर-पुरुष (प्रतिवादी) को बोलने का अवकाश ही न देना चाहिये। दुर्बोध शब्द कहते हुए उसे कहे कि 'अब तुझ से नहीं बोला जाता ?' अथवा फिर 'तेरी प्रतिज्ञा हीन हो गयी है' अर्थात् 'जिस पक्ष को तूने माना था वह सिद्ध नहीं हो सका।' फिर भी यदि आह्वान (Challenge) करे तो उसे उत्तर में कहे—'एक वर्ष और पढ़ो--अभी तेरे लिये इतना ही पर्याप्त है'। एक बार भी पराभूत परिक्षेपिक (प्रतिवादी) को पण्डित लोग पराभूत ही मानते हैं अतएव उस पराभूत पक्ष को किसी भी प्रकार दुबारा सम्भाषा क्षेत्र में नहीं लाना चाहिये।

कई कहते हैं कि श्रेष्ठ पुरुष के साथ भी इसी प्रकार विगृह्यसम्भाषा करनी चाहिये। परन्तु कुशलपण्डित अपने से बड़े के साथ उक्त रूप में विग्रह (विगृह्यसम्भाषा) को अच्छा नहीं समझते ॥२०॥

प्रत्यवरेण तु सह समानाभिमतेन वा विगृह्य जल्पता सुहृत्परिषदि कथयितव्यम्, अथवाऽप्युदासीनपर्षदि अवधानश्रवणज्ञानविज्ञानोपधारणवचनशक्तिसम्पन्नायां कथयता चावहितेन परस्य [1]साद्गुण्यदोषबलमवेक्षितव्यं, समवेक्ष्य च यत्रैनं श्रेष्ठं मन्येत, नास्य तत्र जल्पं योजयेदनाविष्कृतमयोगं कुर्वन्; यत्र त्वेनमवरं मन्येत, तत्रैवैनमाशु, निगृह्णीयात्। तत्र खल्विमे प्रत्यवराणामाशु निग्रहे भवन्त्युपायाः; तद्यथा—श्रुतहीनं महता सूत्रपाठेनाभिभवेत्, विज्ञानहीनं पुनः कष्टशब्देन वाक्येन, वाक्यधारणाहीनमाविद्धदीर्घसूत्रसंकुलैर्वाक्यदण्डकैः, प्रतिभाहीनं पुनर्वचनेनैकविधेनानेकार्थवाचिना, वचनशक्तिहीनमर्धोक्तस्य वाक्यस्याक्षेपेण[2], [3]अविशारदमपह्नेपणेन, कोपनमायासनेन, भीरुं वित्रासनेन, अनवहितं नियमनेन, इत्येवमेतैरुपायैः परमवरमभिभवेत् ॥२१॥

ज्ञानवती वा मूढ़ सुहृत्परिषद में अपने से हीन वा सम पुरुष से विगृह्यसम्भाषा करनी चाहिये। अथवा अवधान श्रवण ज्ञान विज्ञान धारणाशक्ति तथा वचनशक्ति से युक्त उदासीन परिषद् (ज्ञानवती उदासीन परिषद्) में जल्प करते हुए सावधान होकर परपुरुषप्रतिवादी के श्रेष्ठगुणों एवं दोषों के बल को जाँचना चाहिये। जाँच कर जहाँ उसे अपने से श्रेष्ठ समझे उसे बीच में न लाते हुए वा टालते हुए उस विषय में जल्प ही न करे और जहाँ से हीन समझे वहाँ ही उसे शीघ्र पकड़ ले। हीन पुरुषों को शीघ्र निग्रह करने (पकड़ने) में ये उपाय काम में आते हैं--यदि वह शास्त्रहीन (शास्त्र न पढ़ा) हो तो बड़े २ सूत्र (शास्त्र) पाठों से उसे नीचा दिखाए। विज्ञान वा शास्त्र के

१—'प्रतिनिविष्टा स्वसौहार्दाभावेन निविष्टाः सभ्या यत्र सा' गङ्गाधरः। २—'सपन्नायां मूढायां वा' ग०। ३ 'मन्तरेणापि हीनयशसा०' ग०। ४—'निरूपयता' ग०। ५—'परिसंवत्सरो भवान् शिक्ष तावद्गुरुमुपासितो नूनम्, अथवा पर्याप्तमेतावत्ते' ग०। 'पर्याप्तमेतावत्ते' इति 'पक्षावसादाय इति शेषः' चक्रः। ६—'प्रचारसोराः कर्तव्यः कथंचित्; एवं श्रेयसा' ग०।

१—'परस्परासाद्गुणय०' ग०। २—'वाक्यस्य क्षेपणेन' ग०। ३—'अविशारदमित्यहृष्टसमं' चक्रः।

अर्थज्ञान से हीन हो तो दुर्बोध शब्दयुक्त वाक्यों द्वारा नीचा दिखाये। यदि प्रतिवादी वाक्य को धारण न कर सकता हो—याद ही न रख सकता हो तो वक्र एवं लम्बे लम्बे सूत्रों से मिश्रित बड़े बड़े वाक्य बोलकर उसे पराभूत करे। यदि प्रतिभा में कम हो तो अनेकार्थवाची एक ही प्रकार के वचन से नीचा दिखाये। यदि प्रतिवादी वचनशक्ति कम में हो तो व्यङ्ग्यार्थक वाक्य के प्रयोग से। यदि विशारद (निपुण) न हो कभी सभा में बोला न हो उसे लज्जित कराकर, क्रुद्ध हो जानेवाले को क्रोधोत्पादक शब्दों द्वारा, भीरु पुरुष को डरावा देकर, असावधान को नियमन द्वारा, अर्थात् उसका बार बार अपनी ओर ध्यान खींचकर नीचा दिखाये। इन उपायों से अपने से हीन परपुरुष को पराभूत करे ॥२१॥

तत्र श्लोकौ।

विगृह्य कथयेद्युक्त्या युक्तं च न निवारयेत्।
विगृह्यभाषा तीव्रं हि केषाञ्चिद् द्रोहमावहेत् ॥२२॥
नाकार्यमस्ति क्रुद्धस्य नावाच्यमपि विद्यते।
कुशला नाभिनन्दन्ति कलहं [1]समितौ सताम् ॥२३॥

युक्तिपूर्वक विगृह्यसम्भाषा करनी चाहिये। जो युक्तियों से सिद्ध हो उसका विरोध न करे। तीव्र विगृह्यसम्भाषा कइयों को द्रोह वा कोप उत्पन्न कर देती है। क्रुद्ध पुरुष के लिये अकार्य वा अवाच्य कुछ नहीं रहता। अतएव पण्डित लोग सत्पुरुषों की सभा में कलह को पसन्द नहीं करते ॥२२-२३॥

एवं [2]प्रवृत्ते वादे कुर्यात् ॥२४॥

वाद के प्रवृत्त होने पर इस प्रकार करे अर्थात् जो ऊपर सम्भाषा के विधान बताये गये हैं वा नीचे बताये जायँगे अपने अपने समय पर उसी प्रकार करे ॥२४॥

प्रागेव तावदिदं कर्तुं यतेत—सन्धाय परिषदाऽयनभूतमात्मनः प्रकरणमादेशयितव्यं, यद्वा परस्य भृशदुर्गं स्यात्, पक्षमथवा परस्य भृशं विमुखमानयेत्; परिषदि चोपसंहितायामशक्यमस्माभिर्वक्तुमेषैव ते परिषद्यथेष्टं यथायोग्यं यथाभिप्रायं वादं वादमर्यादां च स्थापयिष्यतीत्युक्त्वा तूष्णीमासीत ॥२५॥

सब से पूर्व ही यह करने का प्रयत्न करे—परिषत् के साथ सन्धि करके जो प्रकरण अपना अभ्यस्त हो अथवा जो दूसरे के लिये अत्यन्त कठिन हो—दुर्बोध हो वह विषय वादार्थ परिषद् द्वारा रखवाये। अथवा बाद को ऐसे प्रवृत्त करे जिससे सारी परिषद् प्रतिवादी के पक्ष से विमुख हो जाय। और सभा के जुटने पर 'हम कुछ नहीं कह सकते' यह परिषद् ही यथेष्ट यथा योग्य और प्रयोजन के अनुसार वाद और वाद की मर्यादा (सीमा वा नियम) का फैसला करेगी' यह कह कर चुप हो जाय ॥२५॥

तत्रेदं वादमर्यादालक्षणं भवति—इदं भवति वाच्यमिदमवाच्यमेवं सति पराजितो भवतीति ॥२६॥

वादमर्यादा (सीमा) का लक्षण यह है—यह कहा जा सकता है और यह नहीं और ऐसा होने पर पराजित समझा जायगा—इस नियम को बांधना वादमर्यादा वा बाद की सीमा समझी जाती है ॥२६॥

इमानि खलु पदानि वादमार्गज्ञानार्थमधिगम्यानि भवन्ति; तद्यथा—वादो, द्रव्यं, गुणाः, कर्म, सामान्यं, विशेषः, समवायः, प्रतिज्ञा, स्थापना, प्रतिष्ठापना, हेतुः, उपनयः, निगमनम्, उत्तरं, दृष्टान्तः, सिद्धान्तः, शब्दः, प्रत्यक्षम्, अनुमानम्, ऐतिह्यम्, औपम्यं, संशयः, प्रयोजनं, सव्यभिचारं, जिज्ञासा, व्यवसायः, अर्थप्राप्तिः, सम्भवः, अनुयोज्यम्, अननुयोज्यम्, अनुयोगः, प्रत्यनुयोगः, वाक्यदोषः, वाक्यप्रशंसा, छलम्, अहेतुः, अतीतकालम्, उपालम्भः, परिहारः, प्रतिज्ञाहानिः, अभ्यनुज्ञा, हेत्वन्तरम्, अर्थान्तरं, निग्रहस्थानमिति ॥२७॥

वाद के मार्ग को जानने के लिये इन पदों को जान लेना चाहिये। जैसे—वाद, द्रव्य, गुण, कर्म, सामान्य, विशेष, समवाय, प्रतिज्ञा, स्थापना, प्रतिष्ठापना, हेतु, उपनय, निगमन, उत्तर, दृष्टांत. सिद्धान्त, शब्द, प्रत्यक्ष, अनुमान, ऐतिह्य, उपमान, संशय, प्रयोजन. सव्यभिचार, जिज्ञासा, व्यवसाय, अर्थप्राप्ति, सम्भव, अनुयोज्य, अननुयोज्य, अनुयोग, प्रत्यनुयोग, वाक्यदोष, वाक्यप्रशंसा, छल, अहेतु, अतीत काल, उपालम्भ, परिहार, प्रतिज्ञाहानि. अभ्यनुज्ञा, हेत्वन्तर, अर्थान्तर, निग्रहस्थान ॥२७॥

तत्र वादो नाम—यत् परः परेण सह शास्त्रपूर्वकं विगृह्य कथयति। स वादो द्विविधः संग्रहेण—जल्पो वितण्डा च। तत्र पक्षाश्रितयोर्वचनं जल्पः, जल्पविपर्ययो वितण्डा। यथा एकस्य पक्षः—पुनर्भवोऽस्तीति, नास्तीत्यपरस्य; तौ च हेतुभिः [1]स्वस्वपक्षं स्थापयतः परपक्षमुद्भावयतः, एष जल्पः, जल्पविपर्ययो वितण्डा, वितण्डा नाम—परपक्षे दोषवचनमात्रमेव ॥२८॥

वाद—जो परस्पर शास्त्रपूर्वक विगृह्यसम्भाषा होती है उसे वाद कहते हैं: अक्षपाद गौतम ने न्याय दर्शन में वाद का लक्षण किया है—

'प्रमाणतर्कसाधनोपालम्भः सिद्धान्ताविरुद्धः पञ्चावयवोपपन्नः पक्षप्रतिपक्षपरिग्रहो वादः।'

अर्थात् प्रमाण और तर्क द्वारा स्वपक्ष की सिद्धि और परपक्ष का निराकरण करते हुए सिद्धान्त से जो विरुद्ध न हो और प्रतिज्ञा हेतु उदाहरण उपनय और निगमन इन पाँच अवयवों से युक्त पक्ष और प्रतिपक्ष का ग्रहण करना बाद कहाता है। जैसे एक ने कहा—अग्नि उष्ण है—यह प्रतिज्ञा है। क्यों? जलाने से—यह हेतु है। किस की तरह? आतप (घाम) की तरह यह उदाहरण है। किस प्रकार? जैसे आतप गरम होती है और वह जलाती है उसी प्रकार अग्नि जलाता है—यह उपनय है। अतएव अग्नि उष्ण है—यह निगमन है। यह पक्षग्रहण सिद्धान्तों के विरुद्ध नहीं और पाँच अवयवों से युक्त है। अब प्रतिवादी भी इसी प्रकार प्रतिपक्ष का ग्रहण करता है। प्रतिज्ञा—अग्नि उष्ण नहीं है। क्यों? रूपमात्र के लक्षण होने से—यह हेतु है। उदाहरण—जैसे वायु। उपनय जैसे वायु का स्पर्शमात्र लक्षण है और वह अनुष्ण होता है उसी प्रकार अग्नि का रूपमात्र

१—'सहिताः' पा०। २—'एवमिास तद्यथा श्रुतहीनमित्यादिश्रुत्वीक्तं' वादे—प्रवृत्तं सति कुर्यादित्यर्थः। 'इत्येवं प्रवृत्ते तु वादे प्रागेव कार्यमाह्रादास्तावदिदं' ग०।

१—'स्वस्वपक्षहेतुभिः स्वस्वपक्षं' ग०। 'दूमावयतः प्रतिषेधयतः गङ्गाधरः।

लक्षण है। निगमन—अतः अग्नि अनुष्ण है। यहाँ पर शब्द-प्रमाण और तर्क द्वारा सर्वसिद्धान्तसिद्ध अग्नि के रूपमात्र लक्षण को स्वीकार करते हुए अनुमान और तर्क से अग्नि की अनुष्णता की प्रतिवादी स्थापना करता है। यह भी सिद्धान्ताविरुद्ध तथा पञ्चावयव से युक्त है। इस प्रकार पक्ष और प्रतिपक्ष का ग्रहण 'वाद' कहाता है।

यह वाद संक्षेप में दो प्रकार का है–१ जल्प २ वितण्डा। जल्प—अपने २ (विरुद्ध) पक्ष को लेकर वादी प्रतिवादी का वचन जल्प कहाता है। वितण्डा–जल्प से विपरीत को वितण्डा कहते हैं। जैसे—एक का पक्ष—पुनर्जन्म होता है–यह है। नहीं होता–यह दूसरे पक्ष का है। वे दोनों हेतुओं से अपने २ पक्ष की स्थापना करते हैं और दूसरे के पक्ष का प्रतिषेध करते हैं। यह जल्प है। जल्प से विपरीत का नाम वितण्डा है। दूसरे के पक्ष में केवलमात्र दोष का ही कहना वितण्डा कहाता है। अर्थात् अपने पक्ष की स्थापना तो करना और दूसरे के पक्ष को दोष ही कहते जाना। अतएव न्यायदर्शन में भी कहा है—'स एव प्रतिपक्षस्थापनाहीनो वितण्डा' ॥२८॥

द्रव्यगुणकर्मसामान्यविशेषसमवायाः स्वलक्षणैः श्लोकस्थाने पूर्वमुक्ताः ॥२९॥

द्रव्य गुण कर्म सामान्य विशेष और समवाय; इन्हें अपने २ लक्षणों द्वारा सूत्रस्थान में कह चुके हैं ॥२९॥

अथ प्रतिज्ञा प्रतिज्ञा नाम साध्यवचनं, यथा नित्यः पुरुष इति ॥३०॥

प्रतिज्ञा—साध्य (जिसे सिद्ध करना है) वचन को प्रतिज्ञा कहते हैं। जैसे –'पुरुष नित्य है'। यह साध्य है–यह प्रतिज्ञा है। न्यायदर्शन में भी कहा है–'साध्यनिर्देशः प्रतिज्ञा' ॥३०॥

अथ स्थापना—स्थापना नाम तस्या एव प्रतिज्ञाया हेतुदृष्टान्तोपनयनिगमैः स्थापना; पूर्वं हि प्रतिज्ञा, पश्चात्स्थापना, किं ह्यप्रतिज्ञातं स्थापयिष्यति; यथा—नित्यः पुरुष इति प्रतिज्ञा, हेतुः–अकृतकत्वादिति, दृष्टान्तः—[1]अकृतकमाकाशं तच्च नित्यम्, उपनयो–यथा चाकृतकमाकाशं तथा पुरुषः, निगमनं–तस्मान्नित्य इति ॥३१॥

स्थापना—उसी ही प्रतिज्ञा को हेतु दृष्टान्त (उदाहरण) उपनय तथा निगमन से सिद्ध करना 'स्थापना' कहाती है। पूर्व प्रतिज्ञा होती है, पश्चात् स्थापना। यदि कोई प्रतिज्ञा ही न होगी साध्य ही न होगा, तो स्थापना क्या करेगा–सिद्ध क्या करेगा। जैसे–'पुरुष नित्य है' यह प्रतिज्ञा है। हेतु–उत्पत्तिधर्मा न होने से वा कोई बनानेवाला न होने से। दृष्टान्त—जैसे आकाश अकृतक है उसका कोई बनानेवाला नहीं और वह आकाश नित्य है। उपनय—जैसे आकाश का कोई बनानेवाला नहीं उसी प्रकार पुरुष का। निगमन—अतएव पुरुष नित्य है। यह स्थापना हुई ॥३१॥

अथ प्रतिष्ठापना—प्रतिष्ठापना नाम या परप्रतिज्ञाया विपरीतार्थस्थापना, यथा—अनित्यः पुरुष इति प्रतिज्ञा, हेतुः–ऐन्द्रियकत्वात्, [1]दृष्टान्तः–घट ऐन्द्रियकः सः चानित्यः, उपनयो–यथा घटस्तथा पुरुषः, निगमनं–तस्मादनित्य इति ॥३२॥

प्रतिष्ठापना—दूसरे की प्रतिज्ञा से विपरीत साध्य की स्थापना करना प्रतिष्ठापना कहाती है। जैसे—स्थापना थी 'पुरुष नित्य है' अब प्रतिष्ठापना होगी—पुरुष अनित्य है। प्रतिज्ञा—पुरुष अनित्य है। हेतु—ऐन्द्रियक होने से–इन्द्रियग्राह्य होने से। दृष्टान्त—जैसे घड़ा इन्द्रिय ग्राह्य है और वह अनित्य है उपनय–जैसे घड़ा वैसे पुरुष। निगमन—अतएव पुरुष अनित्य है। विरुद्ध प्रतिज्ञा को हेतु आदि चार अवयवों द्वारा स्थापना करना प्रतिष्ठापना कहाती है ॥३२॥

अथ हेतुः–हेतुर्नामोपलब्धिकारणं, तत्प्रत्यक्षमनुमानमैतिह्यमौपम्यमिति; एभिर्हेतुभिर्यदुपलभ्यते, तत्तत्त्वम् ॥

हेतु—ज्ञान के कारण वा साधन को हेतु कहते हैं। वह साधन प्रत्यक्ष अनुमान ऐतिह्य और उपमान हैं। पञ्चावयव में 'हेतु' प्रतिज्ञा के ज्ञान के साधन को कहते हैं। जैसे—'वह्निमान् पर्वतो धूमाद्' में धूम प्रत्यक्ष हेतु है। 'अयमातुरो मन्दाग्नित्वात् अर्थात् मन्दाग्नि होने से यह रोगी है' में हेतु–मंदाग्नि युक्त होना—पाचनशक्ति को देखकर अनुमान द्वारा जाना जाता है। इसी प्रकार ऐतिह्य हेतु और उपमान हेतु भी होते हैं। इन हेतुओं से जो जाना जाता है वह तत्त्व होता है। वह ही 'लिङ्ग' कहाता है। न्यायदर्शन में कहा गया है—'उदाहरणसाधर्म्यात् साध्यसाधनं हेतुस्तथा वैधर्म्यात् ॥'

उदाहरण की समानता व असमानता से साध्य का ज्ञापक 'हेतु' होता है। जैसे—'अनित्यः शब्द उत्पत्तिधर्मकत्वात्।' अर्थात् 'शब्द अनित्य है, उत्पन्न होनेवाला होने से, में 'उत्पत्तिधर्मा होना' हेतु है। जैसे 'घड़ा उत्पन्न होता है और वह अनित्य है अतः शब्द के भी उत्पत्तिधर्मा होने से शब्द अनित्य है। आत्मा आदि उत्पत्तिधर्मा नहीं हैं और वे नित्य हैं शब्द वैसा नहीं अतः अनित्य है'। शब्द की घट से उत्पत्तिविषय में सधर्मता तथा आत्मा से विधर्मता होने के कारण उसकी अनित्यता सिद्ध होती है ॥३३॥

उपनयो निगमनं चोक्तं स्थापनाप्रतिष्ठापनाऽव्याख्यायाम् ॥३४॥

उपनय और निगमन—स्थापना और प्रतिष्ठापना की व्याख्या में कह दिये गये हैं। स्थापना में कहा है—'उपनयो यथा चाकृतकमाकाशं तथा पुरुषः'। प्रतिष्ठापना में कहा है—'उपनयो—यथा घटस्तथा पुरुषः।' जिससे यह ज्ञान होता है कि साध्य के साधर्म्य से उदाहरण पर निर्भर 'यह भी वैसा ही है (तथा)' इस प्रकार उपसंहार करना 'साध्य' का उपनय होता है। जैसे इन दोनों उपनयों में पुरुष की नित्यता वा पुरुष की अनित्यता इन साध्यों की सधर्मता (अकृतकता तथा इन्द्रिय ग्राह्यता) से आकाश और घट पर निर्भर 'तथा पुरुषः' यह उपसंहार उपनय होगा। इसी प्रकार साध्य की विधर्मता से उदाहरण पर निर्भर 'यह

१–'यथाऽऽकाशमिति' ग०।

१–'दृष्टान्तो यथा घट इति, उपनयो यथा घट ऐन्द्रियकः, स चानित्यस्तथा चायमिति' ग०।

वैसा नहीं है (न तथा)' उपसंहार भी उपनय कहायगा। जैसे शब्द अनित्य है उत्पत्तिधर्मा होने से जो अनुत्पत्तिधर्मा होते हैं वे नित्य होते हैं, जैसे आत्मा। वह वैसा नहीं अतः अनित्य है। यहाँ पर 'वैसा नहीं' यह उपनय है। न्यायदर्शन में उपनय का लक्षण किया है—

'उदाहरणापेक्षस्तथेत्युपसंहारो न तथेति वा साध्यस्योपनयः'।

निगमन—स्थापना में कहा है, 'निगमनं—तस्मान्नित्य इति।' प्रतिष्ठापना में बताया है—'निगमनं—तस्मादनित्य इति।' न्यायदर्शन में निगमन का लक्षण किया है—

'हेत्वपदेशात् प्रतिज्ञायाः पुनर्वचनं निगमनम्'।

अर्थात् हेतु के अपदेश (निमित्त) से प्रतिज्ञा को पुनः कहना निगमन कहाता है। अतः उपर्युक्त वचन में—पुरुष के किसी द्वारा रचे न जाने के कारण वह नित्य है यह निगमन होगा। इसी प्रकार 'पुरुष के ऐन्द्रियक होने से वह अनित्य है' यह निगमन है ॥३४॥

अथोत्तरम्—उत्तरं नाम साधर्म्योपदिष्टे वा हेतौ वैधर्म्यवचनं, वैधर्म्योपदिष्टे वा साधर्म्यवचनं, यथा—हेतुसधर्माणो विकाराः, शीतकस्य हि व्याधेर्हेतुसाधर्म्यं वचनं—हिमशिशिरवातसंस्पर्शा इति ब्रुवतः परो ब्रूयात्—हेतुविधर्माणो विकाराः, यथा शरीरावयवानां दाहौष्ण्यकोथप्रपचने हेतुवैधर्म्यं हिमशिशिरवातसंस्पर्शा इति; एतत्सविपर्ययमुत्तरम् ॥३५॥

उत्तर—हेतु के साधर्म्य द्वारा उपदेश होने पर वैधर्म्य और वैधर्म्य द्वारा उपदिष्ट में साधर्म्य कहना 'उत्तर' कहाता है। जैसे—रोग हेतु के समानधर्मी होते हैं। शीतक (शीतजनित रोग) रोग हेतु हिम (बर्फ) शिशिर वात का स्पर्श आदि का समानधर्मी है अर्थात् हिम आदि के स्पर्श से शीतक रोग होता है वा बढ़ता है—इस प्रकार वादी के कहने पर प्रतिवादी कहे कि—विकार हेतु के विधर्मी होते हैं—विसदृश होते हैं, जैसे—शरीर के अवयवों के दाह उष्णता कोथ (सड़ना) वा पकने में हिम शिशिर वातस्पर्श आदि हेतु की विधर्मता वा असमानता है यह उत्तर है। यहाँ हेतु है, हिम आदि का स्पर्श। रोग है, दाह उष्णता आदि। ये दोनों विसदृश हैं।

वादी द्वारा हिमादि स्पर्श से उत्पन्न व्याधि में शीतता को दर्शाकर विकारों की हेतुसमानता जताने पर प्रतिवादी विकार में दाह उष्णता आदि हेतुविसदृशता दिखाकर वादी के पक्ष का प्रतिषेध करता है। यह 'उत्तर' होता है।

हेतु आदि द्वारा अपना २ पक्ष स्थापन करने के पश्चात् परपक्ष के खण्डन के लिये 'उत्तर' आवश्यक होता है॥

इसी प्रकार उपर्युक्त दृष्टान्त का विपरीत भी 'उत्तर' होगा। अर्थात् विकार हेतु के विसदृश होते हैं—ऐसा वादी के कहने पर प्रतिवादी 'विकार हेतु के समानधर्मी होते हैं' ऐसा कहे तो वह भी 'उत्तर' कहायगा। यहाँ वैधर्म्य द्वारा उपदिष्ट में साधर्म्य जताया गया है ॥३५॥

अथ दृष्टान्तः—दृष्टान्तो नाम यत्र मूर्खविदुषां बुद्धिसाम्यं, यो [1]वर्ण्यं वर्णयति, यथा—अग्निरुष्णो द्रवमुदकं स्थिरा पृथिवी आदित्यः प्रकाशक इति, यथा वाऽऽदित्यः प्रकाशकस्तथा [1]सांख्यवचनं प्रकाशकमिति ॥३६॥

दृष्टान्त—जहाँ पर मूर्ख और विद्वानों की बुद्धि एक समान हो वह दृष्टान्त कहाता है, जो वर्णनीय वस्तु को वर्णन करता है। न्यायदर्शन में भी कहा है—

'लौकिकपरीक्षकाणां यस्मिन्नर्थे बुद्धिसाम्यं स दृष्टान्तः।'

जिस वस्तु को जैसा बुद्धिमान् समझता है वैसा ही मूर्ख भी समझता हो वह दृष्टान्त होता है। अर्थात् जिसका वर्णन करना होता है उसे समझाने के लिये उसी प्रकार की वस्तु द्वारा जिसे मूर्ख और विद्वान् एक-सा जानते हों—वर्णन किया जाता है। जैसे—अग्नि उष्ण है। जल द्रव है। पृथिवी स्थिर व कठिन है। सूर्य प्रकाश करता है। अथवा जैसे सूर्य प्रकाशक है वैसे ही सांख्यवचन भी (तत्त्वज्ञानियों के वचन भी) ॥३६॥

अथ सिद्धांतः—सिद्धान्तो नाम यः परीक्षकैर्बहुविधं परीक्ष्य हेतुभिः साधयित्वा स्थाप्यते निर्णयः स सिद्धांतः, स चोक्तश्चतुर्विधः—सर्वतन्त्रसिद्धान्तः; प्रतितन्त्रसिद्धान्तः, अधिकरणसिद्धान्तः, अभ्युपगमसिद्धान्त इति ॥३७॥

सिद्धान्त—परीक्षकों द्वारा बहुत प्रकार से परीक्षा किया जाकर हेतुओं से सिद्ध करके जो निर्णय स्थिर किया जाता है उसे 'सिद्धान्त' कहते हैं। वह चार प्रकार का है—१ सर्वतन्त्रसिद्धान्त २ प्रतितन्त्रसिद्धान्त ३ अधिकरणसिद्धान्त ४ अभ्युपगमसिद्धान्त ॥३७॥

तत्र सर्वतन्त्रसिद्धान्तो नाम—सर्वतन्त्रेषु यत्प्रसिद्धं—सन्ति निदानानि, सन्ति व्याधयः, सन्ति सिद्ध्युपायाः साध्यानामिति ॥३८॥

सर्वतन्त्र सिद्धान्त—जो सिद्धान्त सब शास्त्रों में प्रसिद्ध है, वह सर्वतन्त्रसिद्धान्त कहाता है। जैसे निदान हैं। रोग है। साध्यरोगों की सिद्धि के उपाय हैं॥

प्रतितन्त्रसिद्धान्तो नाम तस्मिंस्तस्मिंस्तन्त्रे तत्तत् प्रसिद्धं, यथा—अन्यत्राष्टौ रसाः षडत्र, पञ्चेन्द्रियाणि यथाऽत्रान्यत्र षडिन्द्रियाणि, वातादिकृताः सर्वविकारा यथाऽत्रान्यत्र वातादिकृता भूतकृताश्च प्रसिद्धाः ॥३९॥

प्रतितन्त्रसिद्धान्त—उस २ तन्त्र में जो २ प्रसिद्ध हैं वह २ प्रतितन्त्रसिद्धान्त कहाता है। जैसे—अन्यत्र आठ रस हैं, यहाँ छह रस हैं। इस तन्त्र में पाँच इन्द्रियाँ हैं, अन्यत्र तन्त्र में छह इन्द्रियाँ हैं। जैसे—शास्त्र में सब विकार वातादिजन्य हैं, अन्यत्र वातादिजन्य तथा भूतज माने गये हैं ॥३९॥

अधिकरणसिद्धान्तो नाम यस्मिन् यस्मिन्नधिकरणे संस्तूयमाने सिद्धान्यन्यान्यप्यधिकरणानि भवन्ति, यथा न मुक्तः कर्मानुबन्धिकं कुरुते निःस्पृहत्वादिति प्रस्तुते सिद्धाः कर्मफलमोक्षपुरुषप्रेत्यभावा भवन्ति ॥४०॥

अधिकरणसिद्धान्त—जिस विषय के चलते प्रकरण में उससे सम्बद्ध अन्यान्य अधिकरण सिद्ध हो जाते हैं वह अधिकरणसिद्धान्त कहाता है। न्यायदर्शन में भी कहा गया है—'यत्सिद्धावन्यप्रकरणसिद्धिः सोऽधिकरणसिद्धान्तः'। जैसे—मुक्त पुरुष निष्काम होने के कारण आनुबन्धिक कर्म (शुभाऽशुभफलोत्पादक) नहीं करते। इस प्रस्ताव में—कर्मों का फल होता है,

१—'तेनैव यद्वर्ण्यं' ग।

१—'सांख्यं ज्ञानमिति' ग०।

मोक्ष होता है, पुरुष है और पुनर्जन्म होता है, ये स्वयं ही सिद्ध हैं। अर्थात् मुक्त कहने से 'मोक्ष की सत्ता' की सिद्धि हो जाती है। 'आनुबन्धिककर्म नहीं करता' यह कहने से ही यह ज्ञात हो गया कि कर्मों का फल होता है। यदि 'पुरुष' ही न हो तो बन्ध मोक्ष किस का हो? अतः पुरुष की सत्ता भी स्वयं सिद्ध है। यदि पुनर्जन्म वा जन्मान्तर न हो तो कर्म की आनुबन्धिकता ही नहीं रहती, अतः आनुबन्धिक कर्म कहने से पुनर्जन्म स्वीकार करना पड़ता है ॥४०॥

अभ्युपगमसिद्धान्तो नाम—यमर्थमसिद्धमपरीक्षितमनुपदिष्टमहेतुकं वा वादकालेऽभ्युपगच्छन्ति भिषजः, तद्यथा-द्रव्यं न प्रधानमिति कृत्वा वक्ष्यामः, गुणाः प्रधाना इति कृत्वा वक्ष्यामः; इत्येवमादिश्चतुर्विधः सिद्धान्तः ॥४१॥

अभ्युपगमसिद्धान्त—जिस असिद्ध अपरीक्षित (प्रत्यक्ष आदि द्वारा परीक्षा न किये गये) अनुपदिष्ट (आप्तोपदेश रहित) और अहेतुक (जो युक्ति से सिद्ध न किया गया हो) बात को चिकित्सक वाद के समय मान लेते हैं वह अभ्युपगमसिद्धान्त कहाता है। जैसे—द्रव्य को प्रधान मानकर कहेंगे, गुण को प्रधान मानकर कहेंगे, कर्म को प्रधान मानकर कहेंगे इत्यादि। यह चार प्रकार का सिद्धान्त है ॥४१॥

अथ शब्दः—शब्दो नाम वर्णसमाम्नायः; स चतुर्विधः—दृष्टार्थश्चादृष्टार्थश्च सत्यश्चानृतश्चेति; तत्र दृष्टार्थः—त्रिभिर्हेतुभिर्दोषाः प्रकुप्यन्ति, षड्भिरुपक्रमैश्च प्रशाम्यन्ति, श्रोत्रादिसद्भावे शब्दादिग्रहणमिति; अदृष्टार्थः पुनः—अस्तिप्रेत्यभावोऽस्ति मोक्ष इति; सत्यो नाम यथार्थभूतः—सन्त्यायुर्वेदोपदेशाः, सन्त्युपायाः साध्यानां, सन्त्यारम्भफलानीति; सत्यविपर्ययाच्च नृतः ॥४२॥

शब्द—वर्णसमाम्नाय (वर्णोपदेश) को कहते हैं। यहाँ पर वर्णात्मक शब्द का ग्रहण किया है, ध्वन्यात्मक का नहीं। वह चार प्रकार का है—२ दृष्टार्थ, २ अदृष्टार्थ, ३ सत्य, ४ अनृत (झूठ)।

दृष्टार्थ, जैसे—तीन हेतुओं (असात्म्येन्द्रियार्थसंयोग प्रज्ञापराध परिणाम) से दोष प्रकुपित होते हैं। छह उपक्रमों (बृंहण लङ्घन स्नेहन रूक्षण स्वेदन स्तम्भन) से वे शान्त होते हैं। श्रोत्र आदि इन्द्रियों के होने पर ही शब्द आदि विषयों का ग्रहण होता है। इन वाक्यों का अर्थ प्रत्यक्ष किया जाता है, अतः दृष्टार्थ कहाते हैं।

अदृष्टार्थ—पुनर्जन्म है। मोक्ष है। इन वाक्यों का अर्थ प्रत्यक्ष नहीं, अतः ये अदृष्टार्थ कहाते हैं।

सत्य—उसे कहते हैं जो यथार्थभूत हो। आयुर्वेद के उपदेश हैं, साध्यरोगों की सिद्धि के उपाय हैं। कर्मों के फल हैं। ये वाक्य यथार्थ होने से सत्य हैं।

अनृत—सत्य से विपरीत अनृत (झूठ) कहाता है ॥४२॥

अथ प्रत्यक्षं—प्रत्यक्षं नाम तद्यदात्मना पञ्चेन्द्रियैश्च स्वयमुपलभ्यते; तत्रात्मप्रत्यक्षाः सुखदुःखेच्छाद्वेषादयः, शब्दादयस्त्विन्द्रियप्रत्यक्षाः ॥४३॥

प्रत्यक्ष—प्रत्यक्ष उस कहते हैं जो आत्मा और इन्द्रियों से स्वयं जाना जाता है। आत्मा मनःसंयोग के द्वारा ज्ञान में प्रवृत्त होता है। शारीरस्थान के १ अध्याय में कहा जायगा—

'आत्मा ज्ञः करणैर्योगाज्ज्ञानं तस्य प्रवर्तते।'

इन्द्रिय प्रत्यक्ष में भी आत्मा और मन के संयोग की आवश्यकता होती है। पर विशिष्ट कारण दर्शाने के लिये इन्द्रियमात्र का ग्रहण किया है। आत्मप्रत्यक्ष—सुख-दुःख इच्छा द्वेष आदि। इन्द्रियप्रत्यक्ष—शब्द आदि विषय ॥४३॥

अथानुमानम्—अनुमानं नाम तर्को युक्त्यपेक्षः। यथोक्तम्—अग्निं जरणशक्त्या, बलं व्यायामशक्त्या, श्रोत्रादीनि शब्दादिग्रहणेनेत्येवमादि ॥४४॥

अनुमान—युक्ति की अपेक्षा रखनेवाले तर्क को अनुमान कहते हैं। युक्ति का लक्षण सूत्र० ११ अ० में हो चुका है—

बुद्धिः पश्यति या भावान् बहुकारणयोगजान्।
युक्तिस्त्रिकाला सा ज्ञेया त्रिवर्गः साध्यते यया॥

एक जगह कार्यकारणभाव को देखकर अन्यत्र अदृष्ट विषय में कार्यकारणभाव को लगाना युक्ति कहाती है। यह व्याप्तिरूप होती है। तर्क का लक्षण न्यायदर्शन में यह है—

'अविज्ञाततत्त्वेऽर्थेकारणोपपत्तितस्तत्त्वज्ञानार्थमूहस्तर्कः।'

अर्थात् तत्त्वज्ञान के लिये जिस वस्तु के तत्त्व का ज्ञान नहीं वहाँ कारण को लगाकर ऊह करना तर्क कहाता है। अर्थात् कार्यकारणभाव को लगाकर अविज्ञातविषय के ज्ञान को अनुमान कहते हैं। जैसे—महानस (रसोई घर) में अग्नि और धूम को देखकर किसी ने उनके कार्यकारणभाव को समझ लिया। तदनन्तर पर्वत पर धूम को देखकर पूर्वज्ञात कार्यकारणभाव को लगाकर अज्ञात वह्नि का वहाँ ज्ञान प्राप्त किया। यह अनुमान कहाता है। जैसे परिपाकशक्ति द्वारा अग्नि का। व्यायामशक्ति द्वारा बल का। शब्द आदि के ग्रहण से श्रोत्र आदि इन्द्रियों का अनुमान किया जाता है ॥४४॥

अथैतिह्यम्—ऐतिह्यं नामाप्तोपदेशो वेदादिः ॥४५॥

ऐतिह्य—वेद आदि आप्तोपदेश को ऐतिह्य कहते हैं ॥४५॥

अथौपम्यम्—औपम्यं नाम यदन्येनान्यस्य सादृश्यमधिकृत्य प्रकाशनं, यथा—दण्डेन दण्डकस्य, धनुषा धनुष्टम्भस्य, इष्वासिना आरोग्यदस्येति ॥४६॥

उपमान—परस्पर भिन्न पदार्थों में सादृश्य को लेकर एक (प्रसिद्ध) से दूसरे (अप्रसिद्ध) का ज्ञान कराना औपम्य कहाता है। न्यायदर्शन में कहा है—

'प्रसिद्धसाधर्म्यात् साध्यसाधनमुपमानम्।'

जैसे—दण्ड से दण्डक रोग का, धनुष से धनुस्तम्भन रोग का, धनुर्धारी से आरोग्य देनेवाले चिकित्सक का। जैसे—किसी आयुर्वेद के विद्यार्थी को दण्डक रोग का ज्ञान नहीं है। उसे उसके आचार्य ने बतलाया कि—

'दण्डवत्स्तब्धगात्रस्य दण्डकः' (चि० अ० २८)

दण्ड के सदृश जिसका शरीर स्तब्ध हो, उसे दण्डक रोग जानना। पश्चात् वह एक रोगी को देखता

है जिसका शरीर दण्डवत् स्तब्ध है। उसी समय वह जान जाता है कि उसे दण्डक रोग है। यह औपम्य है। धनुस्तम्भ रोग का भी औपम्य द्वारा ज्ञान होता है।

'धनुर्वन्नमयेद् गात्रं स धनुःस्तम्भसंज्ञितः।'

इष्वास (धानुष्क–धनुर्धारी–बाण फेंकनेवाला) के सादृश्य से वैद्य का ज्ञापन सूत्रस्थान के महाचतुष्पाद नामक अध्याय में किया जा चुका है।

'यथा हि योगज्ञोऽभ्यासनित्य इष्वासो धनुरादायेषुमपास्यन् नातिविप्रकृष्टे महति काये नापराद्धो भवति, सम्पादयति चेष्टकार्यं, तथा भिषक् स्वगुणसम्पन्नः उपकरणवान् वीक्ष्य कर्मारभमाणः साध्यरोगमनपराधः सम्पादयत्येवातुरमारोग्येण' ॥४२॥

अथ संशयः—संशयो नाम सन्देहलक्षणानुसन्दिग्धेष्वर्थेष्वनिश्चयः।[1] यथा—दृष्टा ह्यायुष्यलक्षणोपेताश्चानुपेताश्च तथा सक्रियाश्चाक्रियाश्च पुरुषाः शीघ्रभङ्गाश्चिरजीविनश्च, एतदुभयदृष्टत्वात्संशयः—किन्नु खल्वकालमृत्युरस्त्युत नास्तीति ॥४३॥

सन्देह के लक्षणों से युक्त होने के कारण सन्दिग्ध विषयों में अनिश्चय (निश्चय न होना) 'संशय' कहाता है। जैसे—क्या अकाल मृत्यु है या नहीं? क्योंकि आयुष्य लक्षणों से युक्त वा अयुक्त चिकित्सा किये जाते हुए वा न किये जाते हुए पुरुष शीघ्र मरते हुए और चिरकाल तक जीते हुए देखे गये हैं। अर्थात् आयुष्य लक्षणों से युक्त पुरुष बिना चिकित्सा के भी देर तक जीते हैं। जो आयुष्य लक्षणों से युक्त नहीं चिकित्सा होने पर भी काल का ग्रास होते देखे गये हैं। इसी प्रकार जिनकी चिकित्सा नहीं हो रही ऐसे पुरुष आयुष्य लक्षणों से युक्त होने पर मर भी जाते हैं तथा चिकित्सा होने पर आयुष्य लक्षणों से रहित पुरुष जीवित भी रहते हैं। अतएव दोनों प्रकार की बातें दिखाई देने के कारण संशय होता है कि अकाल मृत्यु होती भी है या नहीं ॥४३॥

अथ प्रयोजनं—प्रयोजनं नाम यदर्थमारभ्यन्त आरम्भाः। यथा—यद्यकालमृत्युरस्ति ततोऽहमात्मानमायुष्यैरुपचरिष्याम्यनायुष्याणि च परिहरिष्यामि, कथं मामकालमृत्युः प्रसहेतेति ॥४४॥

प्रयोजन—जिसके लिये कर्म किये जाते हैं वह प्रयोजन कहाता है। न्यायदर्शन में कहा भी है—'यमर्थमधिकृत्य प्रवर्तते तत्प्रयोजनम्।' जैसे यदि अकालमृत्यु है तो मैं अपने लिये आयुष्य आहार विहार का सेवन करूँगा। अनायुष्य भावों का त्याग करूंगा। मुझे अकाल मृत्यु कैसे दबा सकती है। इस उदाहरण में 'अकालमृत्यु से बचना' प्रयोजन है। क्योंकि इसी के लिये पुरुष आयुष्य भावों का सेवन और अनायुष्यों का त्याग करता है ॥४४॥

अथ सव्यभिचारं—सव्यभिचारं नाम यद्व्यभिचरणं; यथा भवेदिदमौषधं तस्मिन् व्याधौ यौगिकमथवा नेति ॥

सव्यभिचार—अनैकान्तिक होने को सव्यभिचार कहते हैं। अनैकान्तिक उसे कहते हैं जो एक ही ओर न लगे। न्याय के माननेवाले इसे हेत्वाभासों में गिनते हैं। न्यायदर्शन का सूत्र है—

'सव्यभिचारविरुद्धप्रकरणसमसाध्यसमातीतकाला हेत्वाभासाः।' अथवा अन्यत्र—

'सव्यभिचारविरुद्धसत्प्रतिपक्षासिद्धबाधिताः पञ्च हेत्वाभासाः'।

वे हेत्वाभासरूप में सव्यभिचार को तीन प्रकार का मानते हैं। १ साधारण २ असाधारण ३ अनुपसंहारी। इनका विशेष विवरण और पृथक् २ उदाहरण दार्शनिकों से जान लेने चाहिये। यहाँ अनावश्यक होने से नहीं लिखे जाते।

उदाहरण—यह औषध उस रोग में यौगिक होगी अथवा नहीं। अर्थात् यौगिकत्व वा अयौगिकत्व में एक ही ओर निश्चय नहीं। यदि यौगिक ही हो तो एकत्र व्यवस्था होने से ऐकान्तिक होगा। इसी प्रकार यदि अयौगिक ही हो तो भी ऐकान्तिक होगा। परन्तु यहाँ ऐसा नहीं, यहाँ एकत्र निश्चय ही नहीं। अतः सव्यभिचार है। यह संशयजनक है, स्वयं 'संशय' नहीं ॥४५॥

अथ जिज्ञासा—जिज्ञासा नाम परीक्षा; यथा भेषजपरीक्षोत्तरकालमुपदेक्ष्यते ॥४६॥

जिज्ञासा—परीक्षा को जिज्ञासा कहते हैं। प्रमाणों द्वारा वस्तु की परीक्षा जिज्ञासा कहाती है। जैसे—'भेषजपरीक्षा पश्चात् कही जायगी' इत्यादि स्थलों पर परीक्षा से अभिप्राय जिज्ञासा से है। 'अथातो धर्मजिज्ञासा' इत्यादि में भी धर्म की प्रमाणों द्वारा परीक्षा का ही प्रकरण प्रारम्भ होता है ॥४६॥

अथ व्यवसायः—व्यवसायो नाम निश्चयः; यथा वातिक एवायं व्याधिः; इदमेवास्य भेषजमिति ॥४७॥

व्यवसाय—निश्चय को कहते हैं। जैसे—यह रोग वातिक ही है। यह ही यहाँ औषध है। यहाँ पर रोग की वातिकता में निश्चय है। और रोग में औषध की यौगिकता का निश्चय है ।४७।

अथार्थप्राप्ति —अर्थप्राप्तिर्नाम यत्रैकेनार्थेनोक्तेनापरस्यार्थस्यानुक्तस्य सिद्धिः; यथा—नायं सन्तर्पणसाध्यो व्याधिरित्युक्ते भवत्यर्थप्राप्तिः – अपतर्पणसाध्योऽयमिति, नानेन दिवा भोक्तव्यमित्युक्ते भवत्यर्थप्राप्तिः—निशि भोक्तव्यमिति ॥४८॥

अर्थप्राप्ति—जहाँ एक कही गयी वस्तु से दूसरी अनुक्त वस्तु की सिद्धि हो वह अर्थप्राप्ति कहाती है। न्यायशास्त्र में इसे 'अर्थापत्ति' नाम से कहा गया है। जैसे यह रोग सन्तर्पण से सिद्ध होनेवाला नहीं–यह कहने से अर्थप्राप्ति होती है कि यह रोग अपतर्पण से साध्य है। इसे दिन में नहीं खाना चाहिये—यह कहने से अर्थप्राप्ति होती है कि रात को खाना चाहिये। प्रसिद्ध उदाहरण यह है—पीनो देवदत्तो दिवा न भुङ्क्ते—स्थूलकाय देवदत्त दिन में नहीं खाता यह कहने पर अर्थापत्ति द्वारा हम यह (अनुक्त) जान लेते हैं कि रात को खाता है।

अथ सम्भवः—सम्भवो नाम यो यतः सम्भवति स तस्य सम्भवः; यथा–षड् धातवो गर्भस्य, व्याधेरहितं हितमारोग्यस्येति ॥४९॥

सम्भव—जो जहाँ से उत्पन्न होता है, वह उसका 'सम्भव' कहाता है। जैसे छह धातु गर्भ के सम्भव हैं। अहित रोग का और हित आरोग्य का सम्भव है—उत्पत्ति कारण है।

[1]—'सन्दिग्धेष्वर्थेष्वनिश्चयः' ग०।

अथानुयोज्यम्—अनुयोज्यं नाम यद्वाक्यं वाक्यदोषयुक्तं तदनुयोज्यमुच्यते, सामान्योदाहृतेष्वर्थेषु वा विशेषग्रहणार्थं यद्वाक्यं तदनुयोज्यं; यथा—संशोधनसाध्योऽयं व्याधिरित्युक्ते किं वमनसाध्यः ? किं वा विरेचनसाध्यः ? इत्यनुयुज्यते ॥५०॥

अनुयोज्य—जो वाक्य वाक्यदोष से युक्त हो वह अनुयोज्य कहाता है। न्यूनाधिक आदि वाक्यदोष अभी बताये जायेंगे। अथवा सामान्यतः कहे गये अर्थों में विशेषज्ञान के लिये जो वाक्य कहा जाता है वह 'अनुयोज्य' (प्रष्टव्य) होता है। जैसे-रोग संशोधन साध्य है—यह कहने पर विशेष ज्ञान के लिये क्या वमन से साध्य है अथवा क्या विरेचन से साध्य है ?—यह अनुयोजन (प्रश्न) करना पड़ता है ॥५०॥

अथाननुयोज्यं—अननुयोज्यं नामातो विपर्ययेण; यथा—अयमसाध्यः ॥५१॥

अननुयोज्य—अनुयोज्य से विपरीत लक्षणवाले वाक्य को अननुयोज्य कहते हैं। अर्थात् जो वाक्य वाक्यदोष से रहित हो वह अननुयोज्य है, उसमें किसी प्रकार की आकाङ्क्षा नहीं रहती। या सामान्यतः कहे गये वाक्य में विशेष ज्ञान के लिये किसी वाक्य के कहने की आवश्यकता ही न रहे यह अननुयोज्य है। जैसे—यह असाध्य है ॥५१॥

अथानुयोगः—अनुयोगो नाम यत्तद्विद्यानां तद्विद्यैरेव सार्धं तन्त्रे तन्त्रैकदेशे वा प्रश्नः प्रश्नैकदेशो वा ज्ञान विज्ञानवचनप्रतिवचनपरीक्षार्थमादिश्यते; नित्यः पुरुष इति प्रतिज्ञाते, यत्परः को हेतुः ? इत्याह सोऽनुयोगः ॥५२॥

अनुयोग—तद्विद्य पुरुषों का तद्विद्य पुरुषों के साथ ज्ञान विज्ञान वचन प्रतिवचन की परीक्षा के लिये जो सम्पूर्ण तन्त्र वा तन्त्र के एक भाग में सम्पूर्ण प्रश्न वा प्रश्न का एक भाग पूछा जाता है वह 'अनुयोग' कहाता है। अर्थात् एक ही शास्त्रों के जानने वाले पुरुषों में वाद के समय शास्त्रज्ञान आदि की परीक्षा के लिये जो उस शास्त्र के सम्बन्ध में प्रश्न होते हैं वे अनुयोग कहाते हैं। जैसे-वादी के-पुरुष नित्य है-यह प्रतिज्ञा करने पर प्रतिवादी का-क्या हेतु है ?—यह कहना 'अनुयोग' कहा गया ॥५२॥

अथ प्रत्यनुयोगः—प्रत्यनुयोगो नामानुयोगस्यानुयोगः; यथा—अस्यानुयोगस्य पुनः को हेतुरिति ॥५३॥

प्रत्यनुयोग—अनुयोग पर अनुयोग करना प्रत्यनुयोग कहाता है जैसे—वादी ने कहा—पुरुष नित्य है। प्रतिवादी ने अनुयोग किया—क्या हेतु है ? वादी ने प्रत्यनुयोग किया—इसका क्या हेतु है ? अर्थात् पुरुष के नित्यत्व की प्रतिज्ञा में जो आप उसका हेतु पूछते हैं, मैं पूछता हूँ कि उस प्रश्न के लिये आप क्या हेतु देते हैं ? यह प्रत्यनुयोग कहाता है ॥५३॥

अथ वाक्यदोषः—वाक्यदोषो नाम यथा—खल्वस्मिन्नर्थे न्यूनमधिकमनर्थकमपार्थकं विरुद्धं चेति। नैतानि विना प्रकृतोऽर्थः प्रणश्येत् ॥५४॥

वाक्यदोष—यह वाक्य इस बात में न्यून है इस बात में अधिक है इस विषय में अनर्थक है इस विषय में अपार्थक है और इसमें विरुद्ध है। ये सब न्यूनता आदि वाक्य के दोष हैं। वाक्य का अर्थ जताने में न्यून अधिक अपार्थक अनर्थक वा विरुद्ध होना सदोषता को जताता है। छल आदि भी यद्यपि वाक्यदोष हैं पर उनको पृथक् पढ़ने से यहाँ नहीं पढ़ा। वाक्य प्रशंसा में 'अधिगतपदार्थ' के पढ़ जाने से उससे विपरीत 'अविज्ञातार्थ' को भी चकार से ग्रहण कर लेना चाहिये—अर्थात् यदि वाक्य का अर्थ ही ज्ञात न हो तो वह भी दोष होता है। इन न्यूनता आदि दोषों के बिना वाक्य का प्रकृत (प्रतिज्ञात) अर्थ नष्ट नहीं होता ॥५४॥

तत्र प्रतिज्ञाहेतूदाहरणोपनयनिगमनानामन्यतमेनापि न्यूनं न्यूनं भवति, यद्वा बहूपदिष्टहेतुकमेकेन साध्यते हेतुना तच्च न्यूनम्, एतानि ह्यन्तरेण प्रकृतोऽप्यर्थः प्रणश्येत् ॥५५॥

न्यून—प्रतिज्ञा हेतु उदाहरण उपनय और निगमन; इन पाँचों में से किसी एक से न्यून वाक्य 'न्यून' कहाता है। तथा च यदि किसी साध्य की बहुत से हेतुओं से सिद्धि हो, परन्तु उसे सिद्ध करने के लिये उनमें से कोई एक हेतु ही बताया जाय तो भी 'न्यून' कहा जायगा। जैसे—वैशेषिक दर्शन में समवाय का लक्षण पढ़ा है—'अयुतसिद्धानामाधार्याधारभूतानां य इहेति प्रत्ययहेतुः स समवाय।' समवायसम्बन्ध से सम्बद्ध द्रव्यों की अयुतसिद्धि, आधार्याधार भाव तथा 'इह' इस ज्ञान की हेतुता होने पर ही उनमें समवायसम्बन्ध माना जाता है। यदि इनमें से हम एक को भी निकाल दें तो वह वाक्य दोषयुक्त हो जाता है—न्यून हो जाता है, क्योंकि इन सब हेतुओं के होने पर ही समवाय की सिद्धि होती है। एक हेतु के भी न्यून हो जाने से सिद्धि नहीं होती और यही वाक्यदोष है। समवाय लक्षण का विशेष विवरण प्रथम अध्याय में कहा जा चुका है, पञ्चावयवों के बिना प्रकृत अर्थ भी नष्ट हो जाता है तथा सब हेतुओं के न देने से भी प्रतिज्ञात अर्थ की सिद्धि नहीं होती ॥५५॥

अथाधिकम्—अधिकं नाम यदायुर्वेदे भाष्यमाणे बार्हस्पत्यमौशनसमन्यद्वा यत्किञ्चिदप्रतिसम्बद्धार्थमुच्यते, यद्वा पुनः प्रतिसम्बद्धार्थमपि द्विरभिधीयते तत्पुनरुक्तत्वादधिकं, तच्च पुनरुक्तं द्विविधम्—अर्थपुनरुक्तं, शब्दपुनरुक्तं च, तत्रार्थपुनरुक्तं नाम यथा—भेषजमौषधं साधनमिति, शब्दपुनरुक्तं नाम पुनः भेषजं भेषजमिति ॥

अधिक - न्यून से विपरीत को अधिक कहते हैं—जैसे—आयुर्वेदविषय पर वार्तालाप होता हो और यहाँ असम्बद्ध बार्हस्पत्य औशनस वा अन्य कोई भी शास्त्र वा वचन कहा जायगा तो वह 'अधिक' कहायगा। न्यायदर्शन में—'हेतूदाहरणाधिकमधिकम्।' यह लक्षण किया है। अर्थात् किसी साध्य की सिद्धि में एक ही हेतु वा जितने हेतु पर्याप्त हों उससे अधिक अन्य हेतुओं का कहना 'अधिक' कहायगा। इसी प्रकार उदाहरण को भी जानना चाहिये।

अथवा प्रकृत अर्थ से सम्बद्ध भी हो तो यदि दुबारा कहा जायगा तो वह पुनः कहे जाने के कारण 'अधिक' कहायगा। यह

१—'सामान्यव्याहृतेष्वर्थेषु' ग०

पुनरुक्त दो प्रकार का माना है—१ अर्थपुनरुक्त २ शब्दपुनरुक्त। अर्थपुनरुक्त जैसे—भेषज औषध साधन, इन तीनों शब्दों का अर्थ एक ही है। अतः एक बार भेषज कहकर दुबारा औषध वा साधन कहना अर्थपुनरुक्त होगा। शब्दपुनरुक्त जैसे—भेषज भेषज। उसी एक शब्द को बार २ कहना। न्यायदर्शन में कहा गया है—

'शब्दार्थयोः पुनर्वचनं पुनरुक्तमन्यत्रानुवादात्।'

अनुवाद को छोड़कर शब्द वा अर्थ का पुनः २ कहना पुनरुक्त कहाता है।

अनर्थकम्—अनर्थकं नाम यद्वचनमक्षरग्राममात्रमेव स्यात्पञ्चवर्गवन्न चार्थतो गृह्यते ॥५७॥

अनर्थक—जो वचन कवर्ग चवर्ग टवर्ग तवर्ग और पवर्ग पाँच वर्गों की तरह अक्षरों का समूहमात्र ही हो और किसी अर्थ को न जनाता हो 'अनर्थक' कहाता है। न्यायदर्शन में भी—'वर्णक्रमनिर्देशवन्निरर्थकम्।' यह लक्षण किया है ॥५७॥

अथापार्थकम्—अपार्थकं नाम यदर्थवच्च परस्परेण चायुज्यमानार्थकं, यथा—चक्रतक्रवंशवज्रनिशाकरा इति ५८

अपार्थक—जो अनेक पद वा वाक्य पृथक् अर्थ युक्त होते हुए भी परस्पर जिनका अर्थ न जुड़ता हो वह अपार्थक कहाते हैं। जैसे—तक्र चक्र वंश वज्र निशाकर। इनमें से प्रत्येक पद का पृथक् २ अपना २ अर्थ है। परन्तु मिलकर किसी भी अर्थ को नहीं जताते। अतः यह वचन अपार्थक कहायगा। तक्र का अर्थ है छाछ। चक्र का अर्थ है पहिया। वंश = बांस वा कुल। वज्र = इन्द्र का आयुध वा बिजली। निशाकर = चांद। छाछ पहिया बांस वज्र चाँद मिलाकर कहने से कोई अर्थ ज्ञात नहीं होता। यह अपार्थक है। न्यायदर्शन में—

'पौर्वापर्ययोगादप्रतिसम्बद्धार्थमपार्थकम्' ॥५८॥

अथ विरुद्धं—विरुद्धं नाम यद्दृष्टान्तसिद्धान्तसमयैर्विरुद्धं, तत्र दृष्टान्तसिद्धान्तावुक्तौ, समयः पुनस्त्रिधा भवति, यथा—आयुर्वैदिकसमयो याज्ञियसमयो मोक्षशास्त्रिकसमय इति, तत्रायुर्वैदिकसमयश्चतुष्पादं भेषजमिति, आलभ्याः पशव इति याज्ञियसमयः, सर्वभूतेष्वहिंसेति मोक्षशास्त्रिकसमयः, तत्र स्वसमयविपरीतमुच्यमानं विरुद्धं भवतीति वाक्यदोषाः ॥५९॥

विरुद्ध—जो वाक्य दृष्टान्त सिद्धान्त और समय से विरुद्ध हो वह 'विरुद्ध' कहाता है। इसमें दृष्टान्त और सिद्धान्त कहे जा चुके हैं। समय तीन प्रकार का है—१ आयुर्वैदिक समय २ याज्ञिक समय ३ मोक्षशास्त्रिक समय। आयुर्वैदिक समयचतुष्पाद (भिषक्, परिचारक, द्रव्य, आतुर) भेषज है। याज्ञिक समय—पशुओं को स्पर्श करना या मारना चाहिये। मोक्षशास्त्रिक समय—सम्पूर्ण प्राणियों में अहिंसा। अपने समय से विपरीत कहा जाता हुआ 'विरुद्ध' होता है। किये हुए नियम को 'समय' कहते हैं। दृष्टान्त विरुद्ध, जैसे—अग्नि उष्ण है, जैसे जल। सिद्धान्त-विरुद्ध, जैसे—भेषज साध्यरोग को हरने में समर्थ नहीं। तीन प्रकार के 'समय' ऊपर बताये गये हैं। उनमें विरुद्ध वाक्य समयविरुद्ध कहाता है। यदि कोई यह कहे कि चतुष्पाद भेषज नहीं तो वह आयुर्वैदिक समय विरुद्ध होगा। यदि कोई यह कहे कि यज्ञ में पशुओं को स्पर्श करना वा मारना न चाहिये तो यह याज्ञिकसमय विरुद्ध होगा। इसी प्रकार यदि वक्ता कहे कि सब प्राणियों की हिंसा करनी चाहिये तो यह मोक्षशास्त्रिकसमय विरुद्ध होगा। ये वाक्य दोष हैं।

अक्षपाद गौतम ने हेतुदोषों में 'विरुद्ध' को गिना है और वह केवल 'अभ्युपगमसिद्धान्तविरुद्ध' है। 'सिद्धान्तमभ्युपेत्य तद्विरोधी विरुद्धः'। इस सिद्धान्त को मानकर उसका विरोधी हेतु, 'विरुद्ध' कहाता है। परन्तु यहाँ तो आचार्य ने साधारण विरुद्ध बताया है।

अथ वाक्यप्रशंसा—वाक्यप्रशंसा नाम यथा खल्वस्मिन्नर्थे त्वन्यूनमनधिकमर्थवदनपार्थकमविरुद्धमधिगतपदार्थं चेति यत्तद्वाक्यमननुयोज्यमिति प्रशस्यते ॥६०॥

वाक्यप्रशंसा—जो वाक्य न्यून न हो, अधिक न हो, अर्थ युक्त हो, अपार्थक न हो, विरुद्ध न हो, जिससे पदों का अर्थ ज्ञात हो जाता हो वह अननुयोज्य होता है, अतः प्रशस्त कहा गया है। न्यूनता आदि दोष रहित होने से वाक्य अनुयोगार्ह नहीं रहता। यह वाक्य की श्रेष्ठता है ॥६०॥

अथ छलं—छलं नाम परिशठमर्थाभासमनर्थकं वाग्वस्तुमात्रमेव। तद् द्विविधं वाक्छलं, सामान्यच्छलं च ।६१।

छल—वञ्चना के लिये प्रयुक्त अर्थाभास परन्तु वस्तुतः अनर्थक वाग्जालमात्र को छल कहते हैं। जो वचन प्रतिवादी को छलने के लिये कहा जाता है, जिसका वस्तुतः कुछ अर्थ नहीं होता पर प्रतीत ऐसा होता है कि इसका अर्थ है—वह छल कहाता है। यह दो प्रकार का है—१ वाक्छल और २ सामान्य छल। न्यायदर्शन में छल का लक्षण इस प्रकार है—

'वचनविघातोऽर्थविकल्पोपपत्त्या छलम्।'

कहे गये वचन का—अर्थ के विकल्पों से—व्याघात छल कहाता है। सामान्यतः यह तीन प्रकार का माना है। १ वाक्छल, २ सामान्यच्छल, ३ उपचारच्छल। सामान्यतः कहे गये अर्थ में वक्ता के अभिप्राय को छोड़ कर भिन्न अर्थ की कल्पना करना वाक्छल कहाता है। इस वाक्छल में ही उपचारच्छल का अन्तर्भाव होता है। कहा भी है—

'वाक्छलमेवोपचारच्छलं तदविशेषात्।'

वाक्छल और उपचारच्छल में कोई भिन्नता न होने से उपचारच्छल वाक्छल ही है। उपचारच्छल का लक्षण यह है—

'धर्मविकल्पनिर्देशेऽर्थसद्भावप्रतिषेध उपचारच्छलम्।'

अभिधान का धर्म है यथार्थ प्रयोग। इसके विकल्प के निर्देश होने पर अर्थात् अन्यत्र दृष्ट का अन्यत्र प्रयोग होने पर अर्थ की सत्ता का प्रतिषेध उपचारच्छल कहाता है। जैसे 'मञ्चाः क्रोशन्ति' मञ्च चिल्लाते हैं-यह कहने पर उपचार से हम जानते हैं कि मञ्चस्थ पुरुष चिल्लाते हैं, क्योंकि जड़ मञ्च नहीं बोल सकते। मञ्च शब्द मञ्च के लिये प्रयुक्त होता है। यहाँ पर मञ्चस्थ पुरुष के लिये प्रयुक्त किया गया है। अतः अन्यत्र

दृष्ट का अन्यत्र प्रयोग है। इस प्रकार के प्रयोग में वास्तविक अर्थ का निषेध करना उपचारच्छल कहाता है। वाक्छल में ही इसका अन्तर्भाव हो जाता है। उसके लक्षण के अनुसार 'मञ्चाः क्रोशन्ति' यह सामान्यतः कहा है; इसमें वक्ता का अभिप्राय है कि मञ्चस्थ पुरुष चिल्लाते हैं। इस अर्थ की अपेक्षा करके 'मञ्च पुकारते हैं' इस भिन्न अर्थ की कल्पना करना वाक्छल ही होता है। अतः आचार्य ने दो ही छल पढ़े हैं। वाक्छल और सामान्यच्छल ॥६१॥

तत्र वाक्छलं नाम यथा-कश्चिद् ब्रूयान्नवतन्त्रोऽयं भिषगिति, भिषग्ब्रूयात्-नाहं नवतन्त्र एकतन्त्रोऽहमिति, परो ब्रूयात्-नाहं ब्रवीमि नवतन्त्राणि तवेति, अपि तु नवाभ्यस्तं हि ते तन्त्रमिति, भिषग्ब्रूयात् न मया नवाभ्यस्तं तन्त्रमनेकधाऽभ्यस्तं मया तन्त्रमिति, एतद्वाक्छलम् ॥६२॥

वाक्छल—जैसे कोई कहे—यह वैद्य नवतन्त्र है—अर्थात् इस वैद्य ने अभी नया ही शास्त्राभ्यास किया है। किन्तु वैद्य छलपूर्वक 'नव' शब्द के 'नवाभ्यस्त' अर्थ को छिपाकर 'नव' शब्द को नौ संख्या का वाचक जतला कर कहता है-कि मैं नवतन्त्र नहीं एकतन्त्र हूँ। अर्थात् हमारा एक ही शास्त्र है नौ नहीं। फिर दूसरा कहता है—मैं यह नहीं कहता कि तुम्हारे नौ शास्त्र हैं—मैं तो कहता हूँ कि शास्त्र तुम्हें नवाभ्यस्त है (नया ही अधीत है)। तब वैद्य छलपूर्वक कहता है-कि मैंने शास्त्र को नौ बार अभ्यास नहीं किया, अनेक बार किया है। यहाँ 'नव' शब्द के नूतन (नया) अर्थ को गुप्त रख कर नौ संख्या का वाचक रूप अर्थान्तर की कल्पना करके छल किया गया है। यह वाक्छल है। गौतम ने लक्षण किया है—

'अविशेषाभिहितेऽर्थे वक्तुरभिप्रायादर्थान्तरकल्पना वाक्छलम्' ॥६२॥

सामान्यच्छलं नाम यथा—व्याधिप्रशमनायौषधमित्युक्ते परो ब्रूयात्-सत् सत्प्रशमनायेति (किन्तु) भवानाह, सन् हि रोगः, सदौषधं, यदि च सत् सत्प्रशमनाय भवति, तत्र हि सन् कासः, सन् क्षयः सत्सामान्यात्कासस्ते क्षयप्रशमनाय भविष्यतीति; एतत्सामान्यच्छलम् ॥६३॥

सामान्यच्छल—औषध द्वारा रोग शान्त होता है—यह कहने पर दूसरा कहे कि क्या आपने यह कहा है कि सत् सत् को शान्त किया करता है (जिसका अस्तित्व है वह सत् कहता है। सुतरां औषध भी सत् और रोग भी सत्—यह ही सामान्य सत्ता अर्थकल्पना करके यह छल किया है कि सत् द्वारा सत् शान्त होता है)। रोग सत् है, औषध सत् है। यदि सत् सत् को शान्त करता है तो कासरोग भी सत् है, क्षयरोग भी सत् है। सत् की सामान्यता से तुम्हारे मत में कास रोग से क्षय की शान्ति हो जायगी। यह सामान्यच्छल कहाता है। न्याय में इसका लक्षण यह दिया गया है—

'सम्भवतोऽर्थस्यातिसामान्ययोगादसम्भूतार्थकल्पना सामान्यच्छलम्।'

यथासम्भव सामान्य शब्द द्वारा कहे गये अर्थ में अर्थान्तर के सामान्य योग होने से असम्भूत अर्थान्तर की कल्पना करना सामान्यच्छल कहाता है। जैसे—अहो ! यह ब्राह्मण विद्यासम्पन्न है—यह कहने पर किसी ने कहा कि साधारण ब्राह्मण विद्यासम्पन्न हो सकता है। यहाँ पर अब सामान्यच्छल यह किया जाता है कि यदि ब्राह्मण विद्यासम्पन्न हो सकता है तो व्रात्य भी विद्यासम्पन्न हो सकता है। ब्राह्मण भी विद्यासम्पन्न है तो व्रात्य भी विद्यासम्पन्न है। अतः व्रात्य भी ब्राह्मण है। यह असम्भूत अर्थ की कल्पना है। अथवा जो पूर्व उदाहरण दिया गया है वहाँ पर भी सामान्य सत्ता अर्थकल्पना करके छल किया है। सामान्य उसे कहते हैं जो विवक्षित अर्थ को जताये और उससे अधिक को भी। ब्राह्मणत्व अतिसामान्य है, क्योंकि यह यहाँ विवक्षित विद्यासम्पन्नता को भी जताता है और उससे अधिक अर्थ को भी। अतः सामान्यनिमित्त छल को सामान्यच्छल कहते हैं।

अथाहेतुः—अहेतुर्नाम प्रकरणसमः संशयसमो वर्ण्यसम इति ॥६४॥

अहेतु—असाधक हेतु को अहेतु कहते हैं। अर्थात् जो वस्तुतः हेतु न हो परन्तु हेतु की तरह भासता हो। इसे हेत्वाभास भी कहते हैं। यह तीन प्रकार का है—१ प्रकरणसम २ संशयसम ३ वर्ण्यसम। गौतम ने पाँच प्रकार का हेत्वाभास माना है १ सव्यभिचार २ विरुद्ध ३ प्रकरणसम ४ साध्यसम ५ अतीतकाल। इनमें से सव्यभिचार और विरुद्ध पृथक् बताये जा चुके हैं। अतीतकाल इसके अनन्तर बताया जायगा। इन तीनों का क्षेत्र अहेतु से अलग भी है, अतः इन्हें आचार्य ने पृथक् पढ़ा है। साध्यसम और वर्ण्यसम एक ही हैं। गौतम ने हेत्वाभासज्ञापक सूत्र में संशयसम को नहीं पढ़ा। परन्तु अन्यत्र जातिसंज्ञक प्रतिषेधहेतुओं में संशयसम को पढ़ा है। वात्स्यायनमुनि ने संशयसम का अन्तर्भाव सव्यभिचार में ही कर दिया है ॥६४॥

तत्र प्रकरणसमो नामाहेतुर्यथा—अन्यः शरीरादात्मा नित्य इति पक्षे[1] ब्रूयात्-यस्मादन्यः शरीरादात्मा तस्मान्नित्यः, शरीरं ह्यनित्यमतो विधर्मिणा चात्मना[2] भवितव्यमित्येष चाहेतुः, न हि य एव पक्षः स एव हेतुः ॥

प्रकरणसम हेत्वाभास—जैसे—शरीर से अन्य (भिन्न) आत्मा नित्य है। यह पक्ष होने पर कहे—चूँकि आत्मा शरीर से भिन्न है अतः नित्य है। शरीर अनित्य है, अतः आत्मा को उससे विपरीत धर्म वा गुणवाला होना चाहिये। यह हेत्वाभास है। जो पक्ष होता है, वह ही हेतु नहीं हो सकता। यहाँ आत्मा की नित्यता पक्ष है वह ही—शरीर से भिन्नता—हेतु हो यह नहीं होता। अपनी ही स्थापना में अपनी ही कारणता नहीं होती। न्यायदर्शन में यह लक्षण किया है—

'यस्मात् प्रकरणचिन्ता स एव
निर्णयार्थमपदिष्टः प्रकरणसमः'।

अर्थात् जिससे प्रकरण का विचार हो रहा हो वह निर्णय के लिये निमित्त मान लिया जाय तो वह प्रकरणसम हेत्वाभास कहाता है। यहाँ पर शरीर से भिन्न आत्मा की नित्यता

१—'परो' ग०। २—'विधर्मिणाऽनेन' ग०।

का प्रकरण है। इसे ही (शरीर से भिन्नता ही) यदि आत्मा की नित्यता की सिद्धि में हेतु मान लें तो वह प्रकरणसम अहेतु होगा ॥६४॥

संशयसमो नामाहेतुर्य एव संशयहेतुः स एव संशयच्छेदहेतुः, यथा–अयमायुर्वेदैकदेशमाह किन्त्वयं चिकित्सकः स्यान्नवेति संशये परो ब्रूयात्–यस्मादयमायुर्वेदैकदेशमाह तस्माच्चिकित्सकोऽयमिति न च संशयहेतुं विशेषयत्येष चाहेतुः, न हि य एव संशयहेतुः स एव संशयच्छेदहेतुर्भवति ॥६ ॥

संशयसम—उस हेत्वाभास को कहते हैं जो संशय का कारण हो वह ही संशय के नाश का कारण हो। जैसे—इसने आयुर्वेद के एक भाग को कहा है, क्या यह चिकित्सक ही होगा या नहीं? इस संशय के उत्पन्न होने पर दूसरा कहे–यतः इसने आयुर्वेद के एक हिस्से को कहा है अतः यह चिकित्सक है। इसमें संशय के नाश का हेतु भिन्न नहीं बताया गया है। अतः यह अहेतु–हेत्वाभास है।

जो संशय का हेतु हो वह ही संशय के नाश का कारण नहीं हो सकता। न्यायमत में इसे सव्यभिचार में ही अवरुद्ध किया है। न्यायभाष्य में वात्स्यायन ने कहा है—

'यत्र समानो धर्मः संशयकारणं हेतुत्वेनोपादीयते स संशयसमः सव्यभिचार एव।'

जहाँ संशय का कारणभूत समानधर्म हेतुरूप में ग्रहण किया जाय वह संशयसम अहेतु होता है। आयुर्वेद के एक देश का कहना चिकित्सक और अचिकित्सक में समान और संशय का कारण है उसेही हम हेतुरूप में ग्रहण करते हैं, अतः वह हेत्वाभास संशयसम होता है। आयुर्वेद के एक देश का कहना–यह हेतु चिकित्सक होने और न होने–दोनों में लागू है–अतः अनैकान्तिक है। अनैकान्तिक होने से ही न्यायनय में इसे सव्यभिचार के अन्तर्गत ही समझा गया है ॥६५॥

वर्ण्यसमो नामाहेतुर्यो हेतुर्वर्ण्याविशिष्टः, यथा परो[1] ब्रूयात् अस्पर्शत्वाद् बुद्धिरनित्या शब्दवदिति, अत्र वर्ण्यः शब्दो बुद्धिरपि वर्ण्या, तदुभयवर्ण्याविशिष्टत्वाद्वर्ण्यसमोऽप्यहेतुः ॥६६॥

वर्ण्यसम—उस हेत्वाभास को कहते हैं जो हेतु वर्ण्य से भिन्न न हो। जैसा दूसरा कहे–बुद्धि अनित्य है, स्पर्श न किये जा सकने के कारण, शब्द की तरह। यहाँ पर शब्द वर्ण्य (जिसका वर्णन होना है) है बुद्धि भी वर्ण्य है। उदाहरण में बुद्धि अनित्य है–यह प्रतिज्ञा है। स्पर्श न होना–यह हेतु है। शब्दवत्–यह दृष्टान्त है। जैसे–शब्द स्पर्श रहित है और वह अनित्य है ऐसे बुद्धि भी। उदाहरण के साधर्म्य से साध्य का साधक हेतु कहाता है। और उदाहरण उसे कहते हैं जहाँ मूर्ख और विद्वानों की बुद्धि एक सी हो। ऐसी बात लोक और शास्त्र दोनों में प्रसिद्ध होती है। यहाँ बुद्धि और शब्द दोनों वर्ण्य हैं। जैसे अस्पर्शत्व होने से अनित्यस्वरूप में बुद्धि साध्य है, वैसे ही शब्द भी। साध्य कभी दृष्टान्त नहीं होता। उन बुद्धि और शब्द दोनों के वर्ण्य होने से तुल्य होने पर और दोनों ही जगह अस्पर्शत्व के साध्य होने से 'अस्पर्शत्वात्' यह हेतु वर्ण्यसम है। अर्थात् जो हेतु वर्ण्य–साध्य के तुल्य है–असिद्ध होने से साध्य के समान ही साधनीय है वह वर्ण्यसम कहाता है। गौतम ने हेत्वाभासों में कहा है—

'साध्याविशिष्टः साध्यत्वात् साध्यसमः।'

जातियों में कहा है—

'साध्यदृष्टान्तयोः साधर्म्याद् वर्ण्यसमः।'

जैसे–'अस्पर्शत्वाद् बुद्धिरनित्या शब्दवत्' में अनित्यत्व धर्म से वर्ण्य शब्द और अनित्यत्व धर्म से ही वर्ण्य बुद्धि है। दृष्टान्त और साध्य दोनों वर्ण्यों में साधर्म्य–सादृश्य होने से 'अस्पर्शत्वात्' यह हेतु वर्ण्यसम' हेत्वाभास है ॥६६॥

अथातीतकालम्–अतीतकालं नाम यत्पूर्वं वाच्यं तत्पश्चादुच्यते, तत्कालातीतत्वाद् ग्राह्यं भवति;[1] पूर्वं वा निग्रहप्राप्तमनिगृह्य[2] पक्षान्तरितं पश्चान्निगृहीते तत्तस्यातीतकालत्वान्निग्रहवचनमसमर्थं भवतीति ॥६७॥

अतीतकाल–अतीतकाल उसे कहते हैं जो पूर्व कहा जाना चाहिये उसे पीछे कहा जाय। वह काल के गुजर जाने से अग्राह्य होता है। इस प्रकार निग्रहस्थान में आये हुए को पूर्व निग्रह न करके पश्चात् जब उसने पक्षान्तर (दूसरे पक्ष) का आश्रय ले लिया हो तब निग्रह करे तो कालातीत हो जाने से उसका वह निग्रहवचन निग्रह में असमर्थ होता है। यह अतीतकाल साधारण विषय है। गौतम ने हेत्वाभासों में कहा है—

'कालात्ययापदिष्टः कालातीतः' ॥६७॥

अथोपालम्भः–उपालम्भो नाम हेतोर्दोषवचनं; यथा पूर्वमहेतवो हेत्वाभासा व्याख्याताः ॥६८॥

उपालम्भ—हेतु के दोषों का कहना 'उपालम्भ' कहाता है। जैसे—प्रथम अहेतु (असाधक हेतु) हेत्वाभास कहे गये हैं। इन हेत्वाभासों के दोष का कहना उपालम्भ होगा ॥६८॥

अथ परिहारः–परिहारो नाम तस्यैव दोषवचनस्य परिहरणं यथा–नित्यमात्मनि शरीरस्थे जीवलिङ्गान्युपलभ्यन्ते, तस्य चापगमान्नोपलभ्यन्ते, तस्मादन्यः शरीरादात्मा नित्यश्चेति ॥६९॥

परिहार—उसी ही दोषकथन का निराकरण करना 'परिहार' कहाता है। जैसे—आत्मा के शरीरस्थित रहने पर जीवलिङ्ग (सुख दुःख इच्छा द्वेष आदि अथवा प्राणापान निमेष उन्मेष आदि शारीरस्थान के कतिधापुरुषीयाध्याय में कहे गये लक्षण) नित्य दिखाई देते हैं। उस आत्मा के शरीर से निकल जाने पर (मृत्यु होने पर) वे लक्षण दिखाई नहीं देते। अतः आत्मा शरीर से भिन्न है और नित्य है। प्रकरणसम अहेतु में जो दोष बताया था उसी का ही यहाँ उद्धार (परिहार) किया गया है। वहाँ आत्मा शरीर से भिन्न है अतएव नित्य है–इसमें प्रकरणसम हेत्वाभास बताया था। इसके निराकरण करते हुए ही यहाँ शरीर और आत्मा की भिन्नता दिखायी है। सुतरां भिन्नता होने से विधर्मी होंगे। अतः शरीर के अनित्य होने और

१—'कश्चित्' ग०।

१—'पर' ग०। २—'मनिगृह्य परिगृह्य पक्षान्तरितं ग०।'

यावच्चेतनशरीर आत्मा के लिङ्गों की उपलब्धि होने के कारण शरीरविधर्मी होने से आत्मा की नित्यता स्वीकार करनी पड़ती है।

अथ प्रतिज्ञाहानिः—प्रतिज्ञाहानिर्नाम सा पूर्वप्रतिगृहीतां प्रतिज्ञां पर्यनुयुक्तः परित्यजति। यथा—प्राक् प्रतिज्ञां कृत्वा 'नित्यः पुरुषः' इति पर्यनुयुक्तस्त्वाह—अनित्य इति ॥७०॥

प्रतिज्ञाहानि—प्रथम की गयी प्रतिज्ञा को प्रत्यनुयोग होने पर त्याग देना 'प्रतिज्ञाहानि' कहाती है। अथवा यदि वादी पूर्व परिगृहीत अपनी प्रतिज्ञा (साध्यवचन) की स्थापना करने में असमर्थ होकर उस प्रतिज्ञा का परित्याग कर दे तब उस प्रतिज्ञा-परित्याग को 'प्रतिज्ञाहानि' कहा जायगा। जैसे वादी ने प्रथम प्रतिज्ञा की कि 'पुरुष नित्य है' इस पर जब प्रतिवादी ने अनुयोग व प्रत्यनुयोग किया तो झट बदल जाय और कहे 'पुरुष अनित्य है' यह प्रतिज्ञाहानि होगी। अथवा जैसे—'नित्यः पुरुषः अकृतकत्वात् आकाशवत्।' अर्थात् पुरुष नित्य है किसी द्वारा बनाया न जाने के कारण आकाश की तरह। इस पर प्रतिवादी कहे कि 'न नित्यः पुरुषः ऐन्द्रियकत्वात् घटवत्।' अर्थात् 'पुरुष नित्य नहीं ऐन्द्रियक (इन्द्रियग्राह्य) होने से घट की तरह, घड़ा ऐन्द्रियक है और अनित्य है। इसी प्रकार आत्मा भी'। इस प्रकार प्रतिवादी के कहने पर वादी अपनी प्रतिज्ञा को त्याग दे तो वह प्रतिज्ञाहानि होगी। यह प्रतिज्ञाहानि न्यायशास्त्र में निग्रहस्थानों में गिनी गयी है। लक्षण यह है—

'प्रतिदृष्टान्तधर्माभ्यनुज्ञा स्वदृष्टान्ते प्रतिज्ञाहानिः।'

अपने दृष्टान्त में विपरीत दृष्टान्त के धर्म को मान लेना और अपनी प्रतिज्ञा का त्याग करना प्रतिज्ञाहानि कहाती है। प्रतिज्ञाहानि के ही प्रतिज्ञान्तर प्रतिज्ञाविरोध और प्रतिज्ञासंन्यास भेद हैं। प्रतिज्ञाहानि में विपरीत दृष्टान्त के धर्म को स्वीकार करते हुए प्रतिज्ञा का त्याग होता है। प्रतिज्ञान्तर में प्रतिवादी के दृष्टान्त के धर्म को स्वीकार न करके अपनी प्रतिज्ञा को त्यागते हुए भिन्न ही प्रतिज्ञा की जाती है। प्रतिज्ञा और हेतु का विरोध होने पर जब वादी स्थापना नहीं कर सकता तब वह प्रतिज्ञा को त्याग देता है तब इसे प्रतिज्ञाविरोध कहते हैं। यदि वादी प्रतिज्ञात अर्थ को छिपाये तो प्रतिज्ञा के छिपाने से ही वह प्रतिज्ञात्याग प्रतिज्ञासंन्यास कहाता है। जैसे—वादी ने कहा शब्द अनित्य है ऐन्द्रियक होने से। इस पर प्रतिवादी कहे कि सामान्य ऐन्द्रियक होता है और वह अनित्य नहीं। इस प्रकार अनित्यत्व पक्ष के प्रतिषेध होने पर वादी यदि कहे—कि किसने कहा शब्द अनित्य है? तो यह प्रतिज्ञासंन्यास कहायेगा। ये सब प्रतिज्ञाहानि के अन्तर्गत ही हैं। आचार्य ने यहाँ सामान्यतः प्रतिज्ञाहानि का लक्षण किया है। प्रतिज्ञा का त्याग प्रतिज्ञाहानि कहाता है। इसी में ही न्यायोक्त प्रतिज्ञाहानि प्रतिज्ञान्तर प्रतिज्ञाविरोध और प्रतिज्ञासंन्यास का समावेश हो जाता है। न्यायोक्त प्रतिज्ञाहानि में भिन्नता है—वहाँ स्वप्रतिज्ञात्याग के साथ २ प्रतिवादी के विरोधी दृष्टान्त के धर्म को भी स्वीकार करना आवश्यक है। आचार्य का प्रतिज्ञाहानि विस्तृत है। न्यायोक्त प्रतिज्ञाहानि में प्रतिज्ञान्तर आदि का सर्वथा समावेश नहीं होता ॥७०॥

अथाभ्यनुज्ञा—अभ्यनुज्ञा नाम य इष्टानिष्टाभ्युपगमः ॥७१॥

अभ्यनुज्ञा—इष्ट एवं अनिष्ट को स्वीकार करना 'अभ्यनुज्ञा' कहाती है। परपक्ष का दोष 'इष्ट' है। अपने पक्ष में दोष 'अनिष्ट' (अवाञ्छनीय) है। इन दोनों को मान लेना अभ्यनुज्ञा कहाती है। प्रतिवादी द्वारा कहे हुए दोष को अपने पक्ष में स्वीकार करके उसका परिहार न करते हुए परपक्ष में उसी दोष को जताना कि आपके पक्ष में भी यह दोष है वह अभ्यनुज्ञा कहाती है। न्याय में इसे 'मतानुज्ञा' कहा है। जैसे—एक ने कहा कि आप चोर हैं तो दूसरा अपने में दोष का परिहार न करके कहे कि आप भी चोर हैं तो यह अभ्यनुज्ञा होगी। इसका लक्षण न्याय में यह दिया है—

'स्वपक्षदोषाभ्युपगमात् परपक्षदोषप्रसंगः।'

यह भी निग्रहस्थान है ॥७१॥

अथ हेत्वन्तरं—हेत्वन्तरं नाम प्रकृतिहेतौ वाच्ये यद्विकृतिहेतुमाह ॥७२॥

हेत्वन्तर—वक्तव्य हो प्रकृति का हेतु और कहे विकृति का हेतु तो वह हेत्वन्तर कहाता है। न्याय में तो—'अविशेषोक्ते हेतौ प्रतिषिद्धे विशेषमिच्छतो हेत्वन्तरम्' यह लक्षण किया है। सामान्यतः कहे गये हेतु के प्रतिषेध किये जाने पर उसकी विशेषता का कहना हेत्वन्तर निग्रहस्थान कहाता है।

जैसे—यह व्यक्त जगत् एक ही कारण से उत्पन्न हुआ है, एक प्रकृति (एक ही कारणवाले) विकारों का परिमाण होने से। मिट्टी से बने शराव घट आदि विकारों का परिमाण होता है। एक प्रकृति विकारों के परिमाण से हम जानते हैं कि यह व्यक्त एकप्रकृति (एक कारणवाला) है। इसका परिहार करते हैं—कि नाना प्रकृति और एक प्रकृति दोनों प्रकार के विकारों का परिमाण देखा जाता है। इस प्रकार परिहार करने पर कहते हैं—कि एक प्रकृति का समन्वय होने पर शराव घट आदि का परिमाण देखने से। सुख दुःख मोह से युक्त यह व्यक्त जगत् परिमित दिखाई देता है। वहाँ प्रकृत्यन्तर (भिन्न प्रकृति) के समन्वय के अभाव में ही एकप्रकृतिता है। इस प्रकार—एक प्रकृति विकारों का परिमाण होने से—इस सामान्यतः कहे गये हेतु के प्रतिषेध होने पर—एक प्रकृति (प्रकृत्यन्तर समन्वयाभाव) का समन्वय होने पर शराव घट आदि का परिमाण देखने से—यह विशेष कहना हेत्वन्तर है। अर्थात् यदि यह विशेष न कहता तो सामान्यतः कहा गया हेतु असाधक था। पीछे से उसमें विशेष कहना 'हेत्वन्तर' निग्रहस्थान है। यह न्यायमत से है ॥७२॥

अथार्थान्तरम्—अर्थान्तरं नाम एकस्मिन् वक्तव्ये परं यदाह, यथा—ज्वरलक्षणे वाच्ये प्रमेहलक्षणमाह ॥

अर्थान्तर—कहना हो एक विषय और कह दे दूसरा, वह 'अर्थान्तर' कहाता है। जैसे—बताने हों

ज्वर के लक्षण और कहे प्रमेह के लक्षण। वह 'अर्थान्तर' है। गौतम ने भी कहा है—

'प्रकृतादर्थादप्रतिसम्बद्धार्थमर्थान्तरम्' ॥६७॥

अथ निग्रहस्थानं—निग्रहस्थानं नाम (पराजयप्राप्तिः, तच्च) त्रिरभिहितस्य वाक्यस्याविज्ञानं परिषदि विज्ञानवत्यां; यद्वा [1]अननुयोज्यस्यानुयोगोऽनुयोज्यस्य चाननुयोगः; प्रतिज्ञाहानिरभ्यनुज्ञाकालातीतवचनमहेतुर्न्यूनमतिरिक्तं [2]व्यर्थमनर्थकं पुनरुक्तं विरुद्धं हेत्वन्तरमर्थान्तरं निग्रहस्थानम् ॥७४॥

निग्रहस्थान—पराजय प्राप्ति को 'निग्रहस्थान' कहते हैं। न्यायदर्शन में कहा है—'विप्रतिपत्तिरप्रतिपत्तिश्च निग्रहस्थानम्'। अर्थात् विपरीत ज्ञान वा अज्ञान को निग्रहस्थान कहते हैं। इन्हीं दोनों कारणों से पराजय होती है। तीन बार कहे गये वाक्य को विज्ञानवान् परिषत् में जानना निग्रहस्थान कहाता है। न्याय में कहा है—

'परिषत्प्रतिवादिभ्यां त्रिरभिहितमप्यविज्ञातमविज्ञातार्थम्'।

अथवा अननुयोज्य का अनुयोग और अनुयोज्य का अननुयोग। जहाँ निग्रहस्थान न हो वहाँ निग्रहस्थान समझना और जहाँ निग्रहस्थान हो वहाँ निग्रह न करना। ये दोनों निग्रहस्थान हैं। न्याय में—

'अनिग्रहस्थाने निग्रहस्थानाभियोगो निरनुयोज्यानुयोगः।' तथा च—'निग्रहस्थानप्राप्तस्यानिग्रहः पर्यनुयोज्योपेक्षणम्।'

इस प्रकार तीन निग्रहस्थान बताये हैं—१ अविज्ञान २ निरनुयोज्यानुयोग ३ पर्यनुयोज्योपेक्षा। शेष प्रतिज्ञाहानि आदि जो पूर्व बताये हैं, उनका नाम परिगणन किया जाता है—४ प्रतिज्ञाहानि ५ अभ्यनुज्ञा ६ कालातीतवचन ७ अहेतु ८ न्यून ९ अधिक १० व्यर्थ ११ अनर्थक १२ पुनरुक्त १३ विरुद्ध १४ हेत्वन्तर १५ अर्थान्तर—ये निग्रहस्थान हैं। न्यायदर्शन में—

'प्रतिज्ञाहानिः प्रतिज्ञान्तरं प्रतिज्ञाविरोधः प्रतिज्ञासंन्यासो हेत्वन्तरमर्थान्तरं निरर्थकमविज्ञातार्थमपार्थकमप्राप्तकालं न्यूनमधिकं पुनरुक्तमननुभाषणमज्ञानमप्रतिभा विक्षेपो मतानुज्ञा पर्यनुयोज्यानुनोगोऽपसिद्धान्तो हेत्वाभासाश्च निग्रहस्थानानि॥

इसमें अप्राप्तकाल अननुभाषण अप्रतिभा विक्षेप; ये अधिक कहे हैं। पञ्चावयव को यथा-कालक्रम से न कहना 'अप्राप्तकाल' कहाता है। विज्ञात अर्थ को परिषद् वा प्रतिवादी द्वारा तीन बार बतलाये जाने पर न कहना अननुभाषण कहाता है। उत्तर का न सूझना अप्रतिभा कहाती है। किसी कार्य के बहाने से कथा का भंग करना विक्षेप कहाता है ॥७४॥

इति वादमार्गपदानि यथोद्देशमभिनिर्दिष्टानि भवन्ति॥७५॥

उद्दिष्ट क्रम के अनुसार वादमार्ग के पद बता दिये गये हैं ॥७५॥

वादस्तु खलु भिषजां वर्तमानो वर्तेतायुर्वेद एव, नान्य॥७६॥

चिकित्सकों में वाद आयुर्वेद विषय में होना चाहिये अन्यत्र नहीं ॥७६॥

अत्र हि वाक्यप्रतिवाक्यविस्तराः केवलाश्चोपपत्तयश्च सर्वाधिकरणेषु; ताः सर्वाः सम्यगवेक्ष्यावेक्ष्य सर्वं वाक्यं ब्रूयात्, नाप्रकृतकमशास्त्रमपरीक्षितमसाधकमाकुलमज्ञापकं वा। सर्वं च हेतुमद् ब्रूयात्, हेतुमन्तो ह्यकलुषाः सर्व एव वादविग्रहाश्चिकित्सिते कारणभूताः, प्रशस्तबुद्धिवर्धकत्वात्, सर्वारम्भसिद्धिं ह्यावहत्यनुपहता बुद्धिः ॥७७॥

यहाँ सर्व अधिकरणों में वाक्य और प्रतिवाक्य के विस्तार तथा सम्पूर्ण युक्तियाँ कही गयी हैं। उन सब को अच्छी प्रकार सोच विचार कर सब वचन कहे। असम्बद्ध शास्त्ररहित अपरीक्षित असाधक (सिद्ध न करनेवाला जैसे हेत्वाभास) आकुल (बुद्धि को व्याकुल करनेवाला) अज्ञापक (अर्थ को न जतानेवाला) वाक्य न बोले। सब युक्तियुक्त बोले। युक्तियुक्त एवं विशद वादविग्रह (विगृह्यसम्भाषा जल्प वितण्डा) श्रेष्ठ बुद्धिवर्धक होने से चिकित्सा की सिद्धि में कारण होते हैं। प्रशस्त बुद्धि सब कर्मों में सिद्धि देती है ॥७७॥

इमानि खलु तावदिह कानिचित्प्रकरणानि ब्रूमो भिषजां ज्ञानार्थं ज्ञानपूर्वकं कर्मणां समारम्भं प्रशंसन्ति कुशलाः ॥७८॥

चिकित्सकों के ज्ञान के लिये कुछ एक प्रकरणों को यहाँ कहते हैं। पण्डित लोग ज्ञानपूर्वक कर्म के प्रारम्भ करने को अच्छा मानते हैं ॥७८॥

ज्ञात्वा हि कारणकरणकार्ययोनिकार्यकार्यफलानुबन्धदेशकालप्रवृत्त्युपायान्सम्यगभिनिर्वर्तमानः कार्याभिनिर्वृत्ताविष्टफलानुबन्धं कार्यमभिनिर्वर्तयत्यनतिमहता प्रयत्नेन कर्ता ॥७९॥

कारण, करण, कार्ययोनि, कार्य, कार्यफल, अनुबन्ध, देश, काल, प्रवृत्ति, उपाय; इन्हें सम्यक् प्रकार से जानकर कार्य में प्रवृत्त होकर कर्ता अल्प प्रयत्न से ही उसकी सिद्धि में परिणामस्वरूप मनोवांछित फल के उत्पादक कार्य का सम्पादन कर लेता है ॥७९॥

तत्र कारणं नाम तत्, यत्करोति, स एव हेतुः, स कर्ता ॥८०॥

करण—जो करता है, वह कारण कहाता है—उसे ही हेतु कहते हैं। वह ही कर्ता है। जो क्रिया का निष्पादन करता है—वह कर्ता है, वह ही हेतु है, उसे ही कारण कहते हैं ॥८०॥

करणं पुनस्तत्, यदुपकरणायोपकल्पते कर्तुः कार्याभिनिर्वृत्तौ प्रयतमानस्य ॥८१॥

करण—कार्योत्पादन में प्रयत्न करते हुए कर्ता के उपकरण रूप में जो समर्थ होता है वह करण कहाता है। कार्योत्पादन में साधकतम का नाम करण है ॥८१॥

कार्ययोनिस्तु सा, या विक्रियमाणा कार्यत्वमापद्यते ॥८२॥

कार्ययोनि—जो विकृत होता हुआ—अवस्थान्तर को प्राप्त होता हुआ कार्यरूप में आ जाता है वह कार्य 'योनि' कहाता है। जैसे घड़े की कार्ययोनि मिट्टी है ॥८२॥

कार्यं तु तत् यस्याभिनिर्वृत्तिमभिसन्धाय प्रवर्तते कर्ता॥८३॥

१—इनके लक्षण पहले कहे जा चुके हैं।

२—'व्यर्थमपार्थकं' च०।

कार्य—जिनकी निष्पत्ति के उद्देश्य से कर्ता प्रवृत्त होता है उसे 'कार्य' कहते हैं ॥८३॥

कार्यफलंपुनस्तत्, यत्प्रयोजना कार्याभिनिर्वृत्ति रिष्यते ॥८४॥

कार्यफल—जिसके लिये कार्योत्पादन अभीष्ट है। स्वर्ग के लिये यज्ञ किया जाता है, अतः यज्ञ-कार्य का फल स्वर्ग है ।८४।

अनुबन्धस्तु खलु सः, यः कर्तारमवश्यमनुबध्नाति कार्यादुत्तरकालं कार्यनिमित्तः शुभो वाऽप्यशुभो वा भावः ।८५।

अनुबन्ध—जो कार्य के पश्चात् काल में कार्य से उत्पन्न शुभ वा अशुभ भाव कर्ता को अवश्य बाँधे रखता है वा आश्रय करता है उसे अनुबन्ध कहते हैं ॥८५॥

देशस्त्वधिष्ठानम् ॥८६॥

देश—अधिष्ठान व आधार को कहते हैं ॥८६॥

कालः पुनः परिणामः ॥८७॥

काल—परिणाम को कहते हैं। तिस्रैषणीय अध्याय में इसकी व्याख्या हो चुकी है ॥८७॥

प्रवृत्तिस्तु खलु चेष्टा कार्यार्था, सैव क्रिया कर्म यत्नः कार्यसमारम्भश्च ॥८८॥

प्रवृत्ति—कार्य के लिये, चेष्टा (व्यापार) को 'प्रवृत्ति' कहते हैं। उसे ही क्रिया कर्म यत्न वा कार्यसमारम्भ कहते हैं। न्यायदर्शन में—'प्रवृत्तिर्वाग्बुद्धिशरीरारम्भः' ॥८८॥

उपायः पुनस्त्रयाणां कारणादीनां सौष्ठवमभिविधानं च सम्यक् कार्यकार्यफलानुबन्धवर्ज्यानां (तेषां तद्धि) कार्याणामभिनिर्वर्तक इत्यतस्तूपायः; कृते नोपायार्थोऽस्ति, न च विद्यते तदात्वे, कृताच्चोत्तरकालं फलं, फलाच्चानुबन्ध इति ॥८९॥

उपाय—कार्य, कार्यफल, अनुबन्ध; इनके अतिरिक्त कारण आदि तीनों अर्थात् कारण करण और कार्ययोनि की सुष्ठुता अर्थात् कार्य के अनुगुण होना तथा उनकी कार्य के अनुगुण रूप में अवस्थिति कार्योत्पादक होने से 'उपाय' कहाती है। गङ्गाधर 'अभिविधानं' के स्थल पर 'अभिसन्धानं' पाठ पढ़ता है। अर्थात् कारण आदि की सुष्ठुता--प्रशस्तगुणयुक्त होना तथा अभिसन्धान—तत्परता 'उपाय' कहाता है। कारण—वैद्य, करण—औषध, कार्ययोनि—धातुविषमता; इनकी सुष्ठुता और इनका सम्यग्योग उपाय कहाता है। वैद्य और औषध की प्रशस्तता सूत्रस्थान में कही जा चुकी है।

धातुविषमता का सौष्ठव दारुण न होना मृदु होना आदि है। कार्य के हो जाने पर उपाय का कोई प्रयोजन नहीं। अतः कार्य की उत्कृष्टता आदि 'उपाय' नहीं। अर्थात् जो कार्य किया जा चुका है वह कार्य उसी कार्य के सम्पादन में किस प्रकार उपाय हो सकता है? और जब कार्यनिष्पत्ति हो रही है तब 'कार्य' नहीं होता। कार्य हो चुकने पर फल होता है और फल के पश्चात् अनुबन्ध होता है। सुतरां कार्य कार्यफल और अनुबन्ध 'उपाय' नहीं हो सकते ॥८९॥

एतद्दशविधमग्रे परीक्ष्यं, ततोऽनन्तरं कार्यार्था प्रवृत्तिरिष्टा; तस्माद् भिषक कार्यं चिकीर्षुः प्राक्कार्यसमारम्भात्परीक्षया केवलं परीक्ष्य परीक्ष्यार्थं कर्म समारभेत कर्तुम् ॥९०॥

कार्य करने से पूर्व ये दस प्रकार के परीक्ष्य हैं। तदनन्तर कार्य में प्रवृत्त होना चाहिये। अतः कार्य करने की इच्छा वाला वैद्य कार्य प्रारम्भ करने से पूर्व सम्पूर्ण परीक्ष्य भावों की परीक्षा (प्रत्यक्ष अनुमान उपदेश) द्वारा परीक्षा करके कर्म करना प्रारम्भ करे अर्थात् चिकित्सा में प्रवृत्त हो ॥९०॥

तत्र चेद् भिषगभिषग्वा भिषजं कश्चिदेवं पृच्छेत्—वमनविरेचनास्थापनानुवासनशिरोविरेचनानि प्रयोक्तुकामेन भिषजा कतिविधया परीक्षया कतिविधमेव परीक्ष्यं, कश्चात्र परीक्ष्यविशेषः, कथं च परीक्षितव्यः, किंप्रयोजना च परीक्षा, क्व च वमनादीनां प्रवृत्तिः, क्व च निवृत्तिः, प्रवृत्तिनिवृत्तिलक्षणसंयोगे च किं नैष्ठिकं, कानि च वमनादीनां भेषजद्रव्याण्युपयोगं गच्छन्तीति ॥९१॥

यदि कोई चिकित्सक वा चिकित्सकातिरिक्त कोई व्यक्ति चिकित्सक से इस प्रकार पूछे कि वमन विरेचन आस्थापन अनुवासन शिरोविरेचन को प्रयोग करनेवाले वैद्य को कितने प्रकार की परीक्षा से कितने प्रकार के विषयों की परीक्षा करनी होती है? कौन २ से परीक्ष्य विषयों के भेद हैं? किस प्रकार परीक्षा करनी चाहिये? परीक्षा का क्या प्रयोजन है? कहाँ २ वमन आदि कर्म किये जाते हैं? कहाँ नहीं किये जाते? वमन आदि की प्रवृत्ति (कर्तव्य) और निवृत्ति (अकर्तव्य) के लक्षणों के एकत्र दिखाई देने पर क्या निश्चय करना चाहिये? कौन २ से भेषजद्रव्य वमन आदि के लिये उपयोग में आते हैं ॥९१॥

स एवं पृष्टो यदि मोहयितुमिच्छेत्, ब्रूयादेनं—बहुविधा हि परीक्षा तथा परीक्ष्यविधिभेदः, कतमेन विधिभेदप्रकृत्यन्तरेण भिन्नया परीक्षया केन वा विधिभेदप्रकृत्यन्तरेण परीक्ष्यस्य भिन्नस्य भेदाग्रं भवान्पृच्छत्याख्यायमानं, [1]नेदानीं भवतोऽन्येन विधिभेदप्रकृत्यन्तरेण भिन्नया परीक्षयाऽन्येन वा विधिभेदप्रकृत्यन्तरेण परीक्ष्यस्य भिन्नस्याभिलषितमर्थं श्रोतुमहमन्येन परीक्षाविधिभेदप्रकृत्यन्तरेणान्येन वा विधिभेदप्रकृत्यन्तरेण परीक्ष्यं भित्त्वाऽन्यथाचक्षाण[2] इच्छां प्रपूरयेयमिति ॥९२॥

इन प्रश्नों के पूछे जाने पर यदि वैद्य मुग्ध करना चाहे—उल्लू बनाना चाहे तो प्रश्नकर्ता को कहे—परीक्षा बहुत प्रकार की है, परीक्ष्य विषय भी बहुत प्रकार के हैं। आप किस विधिरूप भेद के कारणान्तर से भिन्न परीक्षा द्वारा अथवा किस विधिरूप भेद के कारणान्तर से भिन्न परीक्ष्य विषय के भेद को मुझसे पूछते हैं। अर्थात् तुम कौन सी परीक्षा द्वारा परीक्षा करके कौन से परीक्ष्य विषयकी भेद संख्या को जानना चाहते हो, क्योंकि परीक्षायें भी बहुत सी हैं और परीक्ष्य भी बहुत प्रकार के हैं। अथवा यों भी कह सकते हैं कि आप प्रकार भेदों के भेदक कारणों व धर्मान्तरों से परस्पर विभिन्न की गयी कौन सी परीक्षा

१—'वेदानीं' ग०। २—'भित्त्वाऽर्थमाचक्षाणः' ग०।

द्वारा अथवा प्रकारभेदों के भेदक धर्मान्तरों से भिन्न किस परीक्ष्य की भेदसंख्या को मुझसे पूछते हैं। अन्य प्रकारभेद के कारणान्तर व भेदक धर्मान्तर से भिन्न परीक्षा द्वारा अथवा अन्य किसी प्रकारभेद के भेदक धर्मान्तर से भिन्न परीक्ष्य विषय के अभिवाञ्छित अर्थ को सुनने के इच्छुक आपको मैं अब अन्य परीक्षा के प्रकार के भेद के कारणान्तर से अथवा अन्य ही प्रकारभेद के भेदक धर्मान्तर से परीक्ष्य को भेदों में बांटकर अन्यथा कहता हुआ आपकी इच्छा को पूर्ण न कर सकूं। अर्थात् मैंने जो आपसे यह पूछा है—कि कौन सी परीक्षा द्वारा अथवा कौन से परीक्ष्य विषय की भेदसंख्या को आप पूछते हैं? उसका प्रयोजन यही है कि परीक्षा के प्रकारभेद बहुत हैं और परीक्ष्य के भी प्रकारभेद बहुत हैं। मैं किसी एक प्रकार की परीक्षा के द्वारा परीक्षा करके बताऊँ और आप दूसरी प्रकार की परीक्षा द्वारा परीक्षा किया जाना चाहते हों तो आपकी इच्छा पूर्ण न होगी। इसी प्रकार एक प्रकार के परीक्ष्य भेद का मैं वर्णन करूँ और आप दूसरे प्रकार के परीक्ष्य भेद की संख्या को जानना चाहते हों तो आपकी इच्छा पूर्ण न होगी। मैं तो जितने भी परीक्षा के प्रकारभेद हैं वा जितने भी परीक्ष्य के प्रकारभेद हैं उनको जानता हूँ। आप उनमें से जिस प्रकारभेद के जानने के इच्छुक हों बता देता हूँ। इससे चिकित्सक प्रश्नकर्ता पर अपनी विद्वता की धाक जमाता है, जिससे वह आगे पूछे ही ना और चकरा जाय ॥९२॥

स यदुत्तरं ब्रूयात्तत्परीक्ष्योत्तरं वाक्यं स्याद्यथोक्तं प्रतिवचनविधिमवेक्ष्य[1]; सम्यग्यदि तु ब्रूयात्, न चैनं मोहयितुमिच्छेत्; प्राप्तं तु वचनकालं मन्यते काममस्मै ब्रूयादाप्तमेव निखिलेन ॥९३॥

वह (प्रश्नकर्ता) जो उत्तर दे उसकी परीक्षा करके और यथोक्त प्रतिवचन (प्रतिवादी) की विधि (विगृह्यसम्भाषा में कही गयी) की सम्यक् प्रकार से विवेचना करके जो उत्तर देना उचित हो वह कहे। यदि वह (प्रश्नकर्ता) ठीक२ कह दे—सन्धाय सम्भाषा करे और उसे चिकित्सक मुग्ध न करना चाहे तो कहने पर उत्तर देने का समय ठीक जानकर उसे जैसा यह चाहता है सम्पूर्ण यथार्थ बात ही कहे ॥९३॥

द्विविधा खलु परीक्षा ज्ञानवतां प्रत्यक्षमनुमानं च, एतद्धि द्वयमुपदेशश्च परीक्षा स्यात्; एवमेषा द्विविधा परीक्षा, त्रिविधा वा सहोपदेशेन ॥९४॥

परीक्षा कितने प्रकार की है—ज्ञानियों के लिये परीक्षा दो प्रकार की है। १ प्रत्यक्ष २ अनुमान। ये दोनों और उपदेश परीक्षा हैं। इस प्रकार यह दो प्रकार की परीक्षा है अथवा उपदेश के साथ तीन प्रकार की। उपमान आदि को प्रत्यक्ष और अनुमान के अन्तर्गत ही जानना चाहिये। यह विषय त्रिविधरोगविज्ञानीयाध्याय में आ चुका है ॥९४॥

दशविधं तु परीक्ष्यं कारणादि यदुक्तमग्रे, तदिह भिषगादिषु संसार्य संदर्शयिष्यामः—इह कार्यप्राप्तेः[2] कारणं भिषक्, करणं पुनर्भेषजं, कार्ययोनिर्धातुवैषम्यं, कार्यं धातुसाम्यं, कार्यफलं सुखावाप्तिः; अनुबन्धस्तु खल्वायुः, देशो भूमिरातुरश्च, कालः पुनः संवत्सरश्चातुरावस्था च, प्रवृत्तिः प्रतिकर्मसमारम्भः, उपायस्तु भिषगादीनां सौष्ठवमभिविधानं च सम्यक्; इहाप्यस्योपायस्य विषयः पूर्वेणैवोपायविशेषेण व्याख्यात इति कारणादीनि दश दशसु भिषगादिषु संसार्य संदर्शितानि, तयैवानुपूर्व्या एतद्दशविधं परीक्ष्यमुक्तम् ॥९५॥

परीक्ष्य कितने प्रकार का है—कारण करण आदि जो पहले कहे गये हैं वह दस प्रकार का परीक्ष्य है। उसे ही यहाँ चिकित्सक आदियों में फैलाकर दिखायेंगे–कार्यप्राप्ति–धातुसाम्य की निष्पत्ति में कारण चिकित्सक है। करण—औषध। कार्ययोनि—धातुओं की विषमता (वात पित्त कफ की विषमता)। कार्य—धातुसाम्य (वात पित्त कफ की समता)। कार्यफल—आरोग्यलाभ। अनुबन्ध–आयु। देश–भूमि और रोगी। काल–संवत्सर तथा रोगी की अवस्था। प्रवृत्ति—उस २ रोगी की चिकित्सा के लिये चेष्टा। उपाय—चिकित्सक आदियों का उत्कर्ष और सम्यक् अभिविधान (अनुकूल गुणावस्थान) अथवा अभिसन्धान (तत्परता वा सम्यग्योग)। यहाँ पर भी इस उपाय के विषय की पूर्व कहे गये उपायभेद (उपायः पुनस्त्रयाणां कारणादीनां इत्यादि द्वारा ८६ श्लोक) से ही व्याख्या की गयी है। ये कारण आदि दस परीक्ष्य चिकित्सक आदि दस में फैलाकर दिखा दिये हैं। उसी आनुपूर्वी (क्रम) से ही यह (चिकित्सक आदि) दस प्रकार का परीक्ष्य कहा है ॥९५॥

तस्य यो यो विशेषो यथा च परीक्षितव्यः, स तथा तथा व्याख्यास्यते ॥९६॥

उसके जिस जिस भेद की जिस२ प्रकार की परीक्षा करनी चाहिये, उसकी उस २ प्रकार व्याख्या की जायगी ॥९६॥

कारणं भिषगित्युक्तमग्रे, तस्य परीक्षा–भिषङ्नाम स यो भिषज्यति[1], यः सूत्रार्थप्रयोगकुशलः, यस्य चायुः सर्वथा विदितं यथावत्; सर्वधातुसाम्यं चिकीर्षन्नात्मानमेवादितः परीक्षेत गुणिषु गुणतः कार्याभिनिर्वृत्तिं पश्यन्—कच्चिदहमस्य कार्यस्याभिनिर्वर्तने समर्थो न वेति, तत्रेमे भिषग्गुणा यैरुपपन्नो भिषग्धातुसाम्याभिनिर्वर्तने समर्थो भवति; तद्यथा–पर्यवदातश्रुतता परिदृष्टकर्मता दाक्ष्यं शौचं जितहस्तता उपकरणवत्ता सर्वेन्द्रियोपपन्नता प्रकृतिज्ञता प्रतिपत्तिज्ञता चेति ॥९७॥

'कारण' चिकित्सक है यह पहले कहा है। उसकी परीक्षा—चिकित्सक वह है जो रोग निवारण करता है। जो आयुर्वेद शास्त्र के अर्थ और उसके प्रयोग में दक्ष है। जिसे आयु का सर्वथा यथावत् परिज्ञान है अर्थात् जो हिताहित सुखासुख आयु को, आयु के मान को और आयु के स्वरूप तथा आयु के लिये हिताहित को जानता है। सब धातुओं की समता करने की इच्छा करता हुआ चिकित्सक गुणियों (चिकित्सक

१–'मवेक्ष्य सम्यग्यदि तु न चैनं' ग०। २–'कायप्राप्तौ' ग०

१—'भेषति' ग०। भिष् रुग्जये सौत्रधातुरयं। ततः औणादिकः अजक्प्रत्ययः।

आदि चार पाद) में गुणों द्वारा कार्यनिष्पत्ति वा सिद्धि को देखते हुए प्रारम्भ में अपनी परीक्षा करे। जैसे—क्या मैं इस धातुसाम्यरूपी कार्य के सम्पादन में समर्थ हूँ या नहीं? ये निम्नोक्त वैद्य के गुण हैं जिनसे युक्त हुआ वैद्य धातुसाम्य के करने में समर्थ होता है—निर्मल शास्त्रज्ञान का होना, कर्म को देखा होना, कुशलता, पवित्रता, जितहस्तता, उपकरणों से युक्त होना, सब इन्द्रियों से युक्त होना, प्रकृति को जानना, युक्ति को जानना, अथवा जिस विकार को जैसे जानना चाहिये वैसे जानना वा प्रत्युत्पन्नमति होन. अथवा रोग किस प्रकार आ पहुँचा है—इस बात को जानना। सूत्रस्थान के २९ वें दशप्राणायतनिक अध्याय में इन गुणों की व्याख्या हो चुकी है ॥९७॥

करणं पुनर्भेषजं; भेषजं नाम तद्यदुपकरणायोपकल्प्यते भिषजो धातुसाम्याभिनिर्वृत्तौ प्रयतमानस्य विशेषतश्चोपायान्तेभ्यः। तद् द्विविधं व्यपाश्रयभेदात्–दैवव्यपाश्रयं, युक्तिव्यपाश्रयं चेति। तत्र दैवव्यपाश्रयं–मन्त्रौषधिमणिमङ्गलबल्युपहारहोमनियमप्रायश्चित्तोपवासस्वस्त्ययनप्रणिपातगमनादि, युक्तिव्यपाश्रयं–संशोधनोपशमने चेष्टाश्च दृष्टफलाः। एतच्चैव भेषजमङ्गभेदादपि द्विविधं द्रव्यभूतमद्रव्यभूतं च। तत्र यदद्रव्यभूतं तदुपायाभिप्लुतम्, उपायो नाम भयदर्शनविस्मापनविस्मारणक्षोभणहर्षणभर्त्सनवधबन्धस्वप्नसंवाहनादिरमूर्तो भावविशेषो यथोक्ताः सिद्ध्युपायाश्चोपायाभिप्लुता इति। यत्तु द्रव्यभूतं तद्वमनादिषु योगमुपैति; तस्यापीयं परीक्षा,—इदमेवं प्रकृत्या एवंगुणमेवंप्रभावमस्मिन्देशे जातमस्मिन्नृतावेवं गृहीतमेवं निहितमेवमुपस्कृतमनया मात्रया युक्तमस्मिन् रोगे एवंविधस्य पुरुषस्यैतावन्तं दोषमपकर्षयत्युपशमयति वा, यदन्यदपि चैवंविधं भेषजं [1]भवेत्तच्चानेन [2]चानेन [3]विशेषणेन युक्तमिति ॥९८॥

करण है औषध। औषध उसे कहते हैं जो धातुसाम्यरूपी कार्य की निष्पत्ति में प्रयत्न करते हुए वैद्य के उपायपर्यन्त कहे गये परीक्ष्यों की अपेक्षा विशेषतः साधनरूप में समर्थ हो। उपायान्तों की अपेक्षा कहने का अभिप्राय यह है—कि धातुसाम्य रूपी कार्य की निष्पत्ति में कार्ययोनि देश काल प्रवृत्ति उपाय आदि भी समर्थ हैं—इन्हें ही करण न समझ लिया जाय। अतः जो धातुसाम्य का साधकतम साधन है वह ही करण और वह है औषध।

यह औषध आश्रयभेद से दो प्रकार की है। १ दैवव्यपाश्रय; २ युक्तिव्यपाश्रय। मन्त्र औषधिधारण मणिधारण मङ्गलक्रिया बलिप्रदान उपहार होम नियम प्रायश्चित्त उपवास स्वस्त्ययन प्रणिपात गमन आदि दैवव्यपाश्रय भेषज हैं। संशोधन (वमन आदि) संशमन और प्रत्यक्षफल चेष्टायें युक्तिव्यपाश्रय औषध हैं।

यह ही औषध अङ्गभेद से भी दो प्रकार की है। १ द्रव्यभूत २ अद्रव्यभूत। इनमें से जो अद्रव्यस्वरूप हैं वे उपायव्याप्त है। 'उपाय' से ही उनका ग्रहण हो जाता है। भयदर्शन (डर दिखाना,) विस्मयोत्पादन, भुलाना, क्षोभण (मनको क्षुब्ध करना), हर्षण (हर्ष उत्पन्न करना), भर्त्सन (झिड़कना), वध (हिंसा) बन्ध (बांधना), स्वप्न (सोना), संवाहन (मुठ्ठी चापी करना) आदि अमूर्त (जो मूर्तिमान् नहीं) भाव उपाय कहाते हैं। और भी यथोक्त सिद्धि के उपाय (जैसे उपवास आदि) 'उपाय' से ग्रहण किये जाते हैं। जो द्रव्यरूप हैं उनका वमन आदि कर्मों में योग होता है। उनकी भी यह परीक्षा है—जैसे यह इसकी प्रकृति (उपादान) ऐसी है, यह गुण है, यह प्रभाव है, इस देश में और इस ऋतु में उत्पन्न हुई है, इस प्रकार ली गयी है, इस प्रकार रखी गयी है, इस प्रकार शोधी गयी है वा तय्यार की गयी है, इस मात्रा से प्रयुक्त इस रोग में इस प्रकार के पुरुष के इतने दोष को बाहर निकालती है वा शान्त करती है। अन्य भी जो इस प्रकार की औषध है वह भी इस २ विशेषण से युक्त हैं। जैसे यन्त्र शस्त्र आदि का सुधार वा दुर्धार आदि होना। यह भेषज की परीक्षा है ॥९८॥

कार्ययोनिर्धातुवैषम्यं, तस्य लक्षणं विकारागमः, परीक्षा त्वस्य विकारप्रकृतेश्चैवोनातिरिक्तलिङ्गविशेषावेक्षणं विकारस्य च साध्यासाध्यमृदुदारुणलिङ्गविशेषावेक्षणमिति ॥९९॥

धातु की विषमता कार्ययोनि है। उसका लक्षण है विकार का आना। इसकी परीक्षा-रोग की प्रकृति (वात आदि दोष) के कम वा अधिक लक्षणों का दिखाई देना। और विकार के साध्यासाध्य मृदुदारुण आदि निदर्शक लक्षणों का देखना। साध्य असाध्य आदि के लक्षण सूत्रस्थान के महाचतुष्पाद अध्याय में कहे जा चुके हैं ॥९९॥

कार्यं धातुसाम्यं, तस्य लक्षणं विकारोपशमः, परीक्षा त्वस्य रुगपगमनं स्वरवर्णयोगः शरीरोपचयः बलवृद्धिरभ्यवहार्याभिलाषो रुचिराहारकालेऽभ्यवहृतस्य चाहारस्य काले सम्यग्जरणं निद्रालाभो यथाकालं वैकारिकाणां च स्वप्नानामदर्शनं सुखेन च प्रतिबोधनं वातमूत्रपुरीषरेतसां मुक्तिश्च सर्वाकारैर्मनोबुद्धीन्द्रियाणां चाव्यापत्तिरिति ।१००।

कार्य है धातु की समता। उसका लक्षण है विकार की शान्ति। इसकी परीक्षा—वेदना की शान्ति, स्वर वर्ण का सम्यग्योग, शरीर की पुष्टि, बलवृद्धि, भोजन में अभिलाषा, आहार में रुचि होना, खाये हुए आहार का यथासमय अच्छी प्रकार पचना, यथासमय निद्रा, वैकारिक स्वप्नों (जो इन्द्रियस्थान में कहे जायँगे) का दिखाई न देना अर्थात् जो स्वप्न विकार के निदर्शक वा विकार होने से दिखाई देते हैं उनका न दिखाई देना, सुख से ही जागना, वात मूत्र पुरीष तथा वीर्य का सम्यक् प्रकार से प्रवृत्त होना, मन बुद्धि और इन्द्रियों का सब प्रकार से व्यापत्ति रहित होना-आरोग्य होना। यही धातुसाम्य-कार्य की परीक्षा है ॥१००॥

कार्यफलं सुखावाप्तिः, तस्य लक्षणं मनोबुद्धीन्द्रियशरीरतुष्टिः ॥१०१॥

१–'अभूत' यो०। २–'अनेनान्येन वा' ग०। ३–'विशेषण' ग०।

कार्यफल है—सुख वा आरोग्य की प्राप्ति। उसका लक्षण है–मन बुद्धि इन्द्रिय और शरीर की तुष्टि ॥१०१॥

अनुबन्धस्तु खल्वायुः, तस्य लक्षणं प्राणैः सह संयोगः ॥१०२॥

अनुबन्ध है—आयु। उसका लक्षण है—प्राणों के साथ संयोग। प्राण आदि का आत्मा के लिङ्ग होने से आत्मा का स्वयं ग्रहण हो जाता है। आत्मा मन के साथ शरीर में प्रविष्ट होता है। अतः आत्मा मन और शरीर के संयोग को आयु कहते हैं ॥१०२॥

देशस्तु भूमिरातुरश्च; तत्र भूमिपरीक्षा—आतुरपरिज्ञानहेतोर्वा स्यादौषधपरिज्ञानहेतोर्वा। तत्र तावदियमातुरपरिज्ञानहेतोः, तद्यथा—कस्मिन्नयं भूमिदेशे जातः संवृद्धो व्याधितो वेति; तस्मिंश्च भूमिदेशे मनुष्याणामिद माहारजातमिदं विहारजातमेतद्बलमेवंविधं सत्त्वमेवंविधं सात्म्यमेवंविधो दोषो भक्तिरियमिमे व्याधयो हितमिदमहितमिदमिति (प्रायोग्रहणेन); औषधपरिज्ञानहेतोस्तु कल्पेषु भूमिपरीक्षा वक्ष्यते ॥१०३॥

देश—भूमि और रोगी को 'देश' कहते हैं। भूमिपरीक्षा या तो रोगी के परिज्ञान के लिये की जाती है या औषध के परिज्ञान के लिये। इनमें से रोगी के परिज्ञान के लिये यह भूमिपरीक्षा होती है—किस भूभागपर यह (पुरुष) पैदा हुआ है, बढ़ा है वा रोगी हुआ है। उस भूमाग पर मनुष्यों का यह भोजन है, इस प्रकार वे रहते-सहते हैं, यह बल है, इस प्रकार का मन है, इस प्रकार का आहार-बिहार उन्हें सात्म्य है, इस प्रकार का दोष है, यह इच्छा है, ये रोग हैं, यह हितकर है, यह अहितकर है। इनकी विवेचना 'प्रायः' में ही समझें। अर्थात् प्रायः यह आहार खाते हैं इत्यादि। प्रायः यह रहन-सहन है इत्यादि। क्योंकि उस २ भूभाग पर उन २ से विपरीत भी दिखाई दिया करता है॥

औषधपरिज्ञान के लिये जो भूमिपरीक्षा है, उसका उपदेश कल्पस्थान में होगा ॥१०३॥

आतुरस्तु खलु कार्यदेशः, तस्य परीक्षा आयुषः प्रमाणज्ञानहेतोर्वा स्याद्बलदोषप्रमाणज्ञानहेतोर्वा; तत्र तावदियं बलदोषप्रमाणज्ञानहेतोः—दोषप्रमाणानुरूपो हि भेषजप्रमाणविकल्पो बलप्रमाणविशेषापेक्षो भवति; सहसा ह्यतिबलमौषधमपरीक्षकप्रयुक्तमल्पबलमातुरमभिघातयेत्, न ह्यतिबलान्याग्नेयसौम्यवायवीयान्यौषधान्यग्निक्षारशस्त्रकर्माणि वा शक्यन्तेऽल्पबलैः सोढुम्, अविषह्यातितीक्ष्णवेगत्वाद्धि सद्यः प्राणहराणि स्युः; एतच्चैव कारणमपेक्षमाणा हीनबलमातुरमविषादकरैर्मृदुसुकुमारप्रायैरुत्तरोत्तरगुरुभिरविभ्रमैरनात्ययिकैश्चोपचरन्त्यौषधैः विशेषतश्च नारीः, ता [1]ह्यनवस्थितमृदुवृत्तविक्लवहृदयाः प्रायः सुकुमार्योऽबलाः [2]परसंस्तभ्याश्च; तथा बलवति बलवद्व्याधिपरिगते स्वल्पबलमौषधमपरीक्षकप्रयुक्तमसाधकं भवति ॥१०४॥

आतुर की परीक्षा आयु के प्रमाण को जानने के लिये अथवा बल एवं दोष के प्रमाण को जानने के लिये की जाती है। बल एवं दोष के प्रमाण के ज्ञान के लिये यह परीक्षा है—दोष के प्रमाण के अनुसार ही भेषज (औषध) के प्रमाण का विकल्प रोगी के बल के प्रमाण की अपेक्षा रखता है। अर्थात् औषध का प्रमाण दोष और रोगी के बल के प्रमाण पर निर्भर होता है। अपरीक्षक-मूर्ख द्वारा प्रयुक्त करायी हुई अति बलवान् औषध अल्पबल रोगी की मृत्यु का कारण होती है। अति बलवान् आग्नेय सौम्य वा वायवीय औषधों एवं अग्नि कर्म क्षारकर्म वा शस्त्रकर्म को निर्बल पुरुष सह नहीं सकते। वे असह्य तथा अत्यन्त तीक्ष्णवेग युक्त होने से सद्यः प्राणनाशक होते हैं। इसी कारण अल्पबल रोगी की प्रायः विषाद (ग्लानि) को न करनेवाली मृदु तथा सुकुमार उत्तरोत्तर गुरु (क्रमशः गुरु क्योंकि क्रमशः गुरुतर के सेवन से औषध सह्य हो जाती है) विभ्रम रहित (संकर रहित), अनात्ययिक (व्यापत्ति को न करनेवाली) औषधों से चिकित्सा करते हैं; विशेषतः स्त्रियों की। क्योंकि उनका हृदय अस्थिर होता है, गम्भीर नहीं होता और अल्प भय से भी घबरा जाता है। वे प्रायः सुकुमार (नाजुक) होती हैं, अबला होती हैं और दूसरे के सहारे पर आश्रित रहती हैं—अपने आप दुःख को नहीं सहार सकती, दूसरे के दिलासा देने पर ही वे दुःख को सहारती हैं।

तथा अपरीक्षक द्वारा बलवान् व्याधि से पीड़ित बलवान् रोगी को प्रयुक्त करायी हुई अल्पबल औषध रोगनिवारण में समर्थ नहीं होती ॥१०४॥

तस्मादातुरं परीक्षेत—प्रकृतितश्च विकृतितश्च सारतश्च संहननतश्च प्रमाणतश्च सात्म्यतश्च सत्त्वतश्चाहारशक्तितश्च व्यायामशक्तितश्च वयस्तश्चेति बलप्रमाणविशेषग्रहणहेतोः ॥१०५॥

अतएव बल के प्रमाण को जानने के लिए प्रकृति विकृति सार संहनन (संगठन वा दृढ़ता) प्रमाण सात्म्य सत्त्व (मन) आहारशक्ति व्यायामशक्ति उम्र; इनके द्वारा रोगी की परीक्षा करे ॥१०५॥

तत्रामी प्रकृत्यादयो [1]भावाः। तद्यथा–शुक्रशोणितप्रकृतिं कालगर्भाशयप्रकृतिमातुराहारविहारप्रकृतिं महाभूतविकारप्रकृतिं च गर्भशरीरमपेक्षते। एता हि येन येन दोषेणाधिकतमेनैकेनानेकेन वा समनुबध्यन्ते तेन तेन दोषेण गर्भोऽनुबध्यते, ततः सा सा दोषप्रकृतिरुच्यते मनुष्याणां गर्भादिप्रवृत्ता। तस्माच्छ्लेष्मलाः प्रकृत्या केचित्, पित्तलाः केचित्, श्लेष्मलाः केचित्, संसृष्टाः केचित्, समधातवः प्रकृत्या केचिद् भवन्ति ॥१०६॥

ये प्रकृति आदि भाव हैं; जैसे—गर्भशरीर, शुक्र और शोणित की प्रकृति को, काल और गर्भाशय की प्रकृति को, माता के आहार और विहार की प्रकृति को पञ्चमहाभूतों के विकार (कार्य) की प्रकृति को अपेक्षा करता है—निर्भर है। 'काल' से अभिप्राय गर्भकाल से है। गंगाधर के अनुसार माता के कैशोर यौवन प्रौढ़ आदि आवस्थिक काल के अनुसार गर्भा-

१—'मृदुविवृतविक्लव०' ग०। विवृतं न संवृतं गोपनबुद्ध्या नावृतम्। २—'परमसंस्तभ्याश्च' ग०। 'परमस्तम्भनीया न तु संशोधनीयाः' गङ्गाधरः। 'परमम् अतिशयेन संस्तभ्याः। स्वल्पामपि वेदनां सोढुमशक्तत्वात्' योगीन्द्रः।

१—'तत्र प्रकृत्यादीन् भावान् व्याख्यास्यामः' च०।

शय की जो प्रकृति है उस पर—यह 'कालगर्भाशयप्रकृति' का अर्थ होता है। ये प्रकृतियाँ सबसे अधिक बढ़े हुए जिन २ एक वा अनेक दोषों से अनुबद्ध होती हैं उसी २ दोष से गर्भ भी हो जाता है तब गर्भ के आदि (शुक्रशोणित के संयोग के समय) में प्रवृत्त वह २ उस पुरुष की दोषप्रकृति कहाती है। सुश्रुत-संहिता शरीरस्थान के ४र्थ अध्याय में कहा भी है—

'शुक्रशोणितसंयोगे यो भवेद्दोष उत्कटः।'
प्रकृतिर्जायते तेन..............................'॥

अतएव कई प्रकृति से वाताधिक होते हैं, कई पित्ताधिक होते हैं, कई कफाधिक होते हैं, कई द्वन्द्वाधिक होते हैं और कई प्रकृति से समधातु (समवातपित्तकफ) होते हैं ॥१०६॥

तेषां हि लक्षणानि व्याख्यास्यामः—श्लेष्मा हि स्निग्धश्लक्ष्णमृदुमधुरसारसान्द्रमन्दस्तिमितगुरुशीतपिच्छिलाच्छः[1], तस्य स्नेहात् श्लेष्मलाः स्निग्धाङ्गाः, श्लक्ष्णत्वाच्छ्लक्ष्णाङ्गाः, मृदुत्वाद् दृष्टिसुखसुकुमारावदातगात्राः, माधुर्यात्प्रभूतशुक्रव्यवायापत्याः, सारत्वात् सारसंहतस्थिरशरीराः, सान्द्रत्वादुपचितपरिपूर्णसर्वाङ्गाः, मन्दत्वान्मन्दचेष्टाहारविहाराः,[2] स्तैमित्यादशीघ्रारम्भाल्पक्षोभविकाराः, गुरुत्वात्सारा[3]धिष्ठितावस्थितगतयः, शैत्यादल्पक्षुत्तृष्णासन्तापस्वेददोषाः, पिच्छि[4]लत्वात्सुश्लिष्टसारसन्धिबन्धनाः, तथाऽच्छत्वात्प्रसन्नदर्शनाननाः प्रसन्नवर्णस्वराश्च, त एवं गुणयोगाच्छ्लेष्मला बलवन्तो वसुमन्तो विद्यावन्त ओजस्विनः शान्ता आयुष्मन्तश्च भवन्ति॥

उनके लक्षणों की व्याख्या करेंगे—कफ, स्निग्ध, श्लक्ष्ण, मृदु, मधुर, सार (प्रसादरूप), सान्द्र (गाढ़ा), मन्द, स्तिमित, गुरु (भारी), शीतल, पिच्छिल (चिपचिपा) तथा स्वच्छ होता है। कफगत स्नेह से कफाधिक पुरुष स्निग्ध शरीरवाले, श्लक्ष्णता के कारण श्लक्ष्ण (चिकने) शरीरवाले तथा मृदु होने से उनके शरीर देखने में प्रिय सुकुमार तथा अवदात (निर्मल) वर्ण के होते हैं। मधुरता के कारण अत्यधिक वीर्यवाले अधिक मैथुन शक्तिसम्पन्न तथा अधिक सन्तान युक्त होते हैं। सारगुण युक्त होने से इनके शरीर सारमय सुसंगठित तथा स्थिर होते हैं। सान्द्र होने के कारण सारा शरीर पुष्ट और भरा हुआ होता है। कफ के मन्द होने से कफाधिक पुरुष चेष्टा (शरीर व्यायाम) आहार तथा विहार में मन्द होते हैं। स्तिमित गुण युक्त होने से आरम्भ (शरीर मन वचन की प्रवृत्ति) में शीघ्रता नहीं करते। क्षोभ तथा विकार कम होते हैं अर्थात् कफाधिक पुरुषों का मन कम ही क्षुब्ध होता है। मानसिक विकार भी कम होते हैं। अथवा शारीरिक विकार भी कम होते हैं। कफ के २० विकार हैं, जहाँ पित्त के ४० और वायु के ८० हैं—ये सूत्रस्थान में कहे जा चुके हैं। भारी होने से उनकी गति सारयुक्त दृढ़ स्थिर तथा अधिष्ठित होती है। सारयुक्त कहने से अभिप्राय यह है कि वे कभी स्खलित नहीं होते। जिस प्रकार हाथी की चाल होती है उस चाल को अधिष्ठितगति कहते हैं। अथवा चलते हुए जिनके पादतल सर्वांश में भूमि से स्पर्श करते हों वे अधिष्ठितगति कहाते हैं। शीतल होने से भूख प्यास सन्ताप पसीना आदि दोष कम होते हैं। चिपचिपा होने से उनके सन्धिबन्धन तथा मांस आदि सार अच्छी प्रकार जुड़े होते हैं। तथा कफ के स्वच्छ होने से उनके मुख प्रसन्न (निर्मल) दिखाई देते हैं। अथवा आंख और मुख प्रसन्न होते हैं। वर्ण तथा स्वर भी प्रसन्न—निर्मल होता है। वे कफाधिक पुरुष इन गुणों के योग से बलवान् धनवान् विद्यावान् ओजस्वी शान्त और दीर्घायु होते हैं ॥१०७॥

पित्तमुष्णं तीक्ष्णं द्रवं विस्रमम्लं कटुकं च, तस्यौष्ण्यात्पित्तला भवन्ति उष्णासहाः, [1]उष्णमुखाः, [2]सुकुमारावदातगात्राः, प्रभूतपिप्लुव्यङ्गतिलकपिडकाः, क्षुत्पिपासावन्तः, क्षिप्रवलीपलितखालित्यदोषाः, प्रायो मृद्वल्पकपिलश्मश्रुलोमकेशाः, तैक्ष्ण्यात्तीक्ष्णपराक्रमाः, तीक्ष्णाग्नयः, प्रभूताशनपानाः, क्लेशासहिष्णवो, दन्दशूकाः, द्रवत्वाच्छिथिलमृदुसन्धिबन्धमांसाः, प्रभूतसृष्टस्वेदमूत्रपुरीषाश्च; विस्रत्वात् प्रभूतपूतिकक्षास्यशिरःशरीरगन्धाः, कट्वम्लत्वादल्पशुक्रव्यवायापत्याः; त एवंगुणयोगात् पित्तला मध्यबला मध्यायुषो मध्यज्ञानविज्ञानवित्तोपकरणवन्तश्च भवन्ति ॥१०८॥

पित्त—गरम तीक्ष्ण द्रव आमगन्धि अम्ल और कटु होता है। पित्त की गरमी के कारण पित्ताधिक पुरुष गरमी को नहीं सह सकते। मुख उष्ण होता है। उनके शरीर सुकुमार तथा अवदात वर्ण के होते हैं। पिप्लु व्यङ्ग तिलक (तिल) और पिड़कायें बहुत निकलती हैं। भूख और प्यास अधिक लगती है। वली (झुर्रियां) पलित (बालों का श्वेत होना) खालित्य (गञ्जापन) ये दोष शीघ्र हो जाते हैं। प्रायः दाढ़ी मूंछ लोम और बाल नरम थोड़े तथा कपिल वर्ण के (भूरे से) होते हैं। तीक्ष्णता के कारण पराक्रम तीक्ष्ण होता है। अग्नि तीक्ष्ण होती है। खाते पीते बहुत हैं। क्लेश को नही सहते। बारंबार खाया करते हैं। द्रव होने से सन्धिबन्धन और मांस शिथिल और मृदु होते हैं। पसीना मूत्र और पुरीष बहुत प्रवृत्त होते हैं। आमगन्धी होने से कक्ष (बगल) मुख शिर तथा शरीर से बहुत दुर्गन्ध आती है। कटु तथा अम्ल होने से वीर्य मैथुनशक्ति तथा सन्तान कम होती है। वे पित्तल पुरुष इन गुणों के योग से मध्यम बलवाले मध्यायु तथा ज्ञान विज्ञान एवं उपकरण (साधनसामग्री) में भी मध्यम होते हैं ॥१०८॥

वातस्तु रूक्षलघुचलबहुशीघ्रशीतपरुषविशदः, तस्य रौक्ष्याद्वातला रूक्षापचिताल्पशरीराः, प्रततरूक्षक्षामभिन्नमन्दसक्तजर्जरस्वराः, जागरूकाश्च, लघुत्वाच्च लघुचपलगतिचेष्टाहाराः[2], चलत्वादनवस्थितसन्ध्यक्षिभ्रूहन्वोष्ठजिह्वाशिरःस्कन्धपाणिपादाः, बहुत्वाद्बहुप्रलापकण्डरासिराप्रतानाः; शीघ्रत्वाच्छीघ्रसमारम्भक्षोभविकाराः, शीघ्रोत्त्रासरागविरागाः, श्रुतग्राहिणोऽल्प-

१—'०विजलाच्छः' च०। २—'०व्याहाराः' च०।
३—'साराधिष्ठितगतयः' ग०। ४—'विजलत्वात्' च०।

१—अयं पाठो गंगाधरासम्मतः। २—'शुष्कसुकुमाराः' ग०। ३—'० व्याहाराः' च०

स्मृतयश्च; शैत्याच्छीतासहिष्णवः; प्रततशीतकोद्वेपकस्तम्भाः; पारुष्यात्परुषकेशश्मश्रुरोमनखदशनवदनपाणिपादाङ्गाः; वैशद्यात्स्फुटिताङ्गावयवाः, सततसन्धिशब्दगामिनश्च भवन्ति; त एवंगुणयोगाद्वातलाः प्रायेणाल्पबलाश्चाल्पापत्याश्चाल्पसाधनाश्चाधन्याश्च भवन्ति।

वात—रूक्ष लघु चल बहुत शीघ्र शीतल परुष विशद (पिच्छिल से विपरीत) होता है। वायु की रूक्षता के कारण वातल पुरुषों का शरीर रूखा कृश तथा छोटा होता है। स्वर अत्यन्त रूक्ष क्षीण भिन्न (टूटे हुए कांस्यपात्र की तरह) मन्द सक्त (अटक २ कर बोलना) जर्जर (असंहत) होता है। जागरूक होते हैं—निद्रा कम आती है। लघुता होने से गति चेष्टा और आहार लघु (हलका) तथा चपल होते हैं। वायु के चल होने से सन्धि अस्थि (हड्डियाँ) भौंह, हनु (जबड़ा), होठ, जिह्वा, शिर, कन्धे और हाथ पैर अस्थिर होते हैं। बहुता होने के कारण प्रलाप (बात-चीत) बहुत करते हैं। कण्डरा और शिराओं की शाखा प्रशाखायें वा विस्तार बहुत होता है। शीघ्रगुणयुक्त होने से कार्य में शीघ्र ही प्रवृत्त हो जाते हैं, मानसिक क्षुब्धता भी शीघ्र होती है, विकार (रोग) भी शीघ्र होते हैं। भय रोग और वैराग्य शीघ्र उत्पन्न होते हैं। वातल व्यक्ति सुनते ही ग्रहण कर लेता है, परन्तु स्मृति शक्ति थोड़ी होती है, अर्थात् थोड़ी सी देर के बाद उसे भूल जाता है। वायु में शीतता होने से वे शीत को नहीं सहते। निरन्तर शीतक (शीतता वा शीतजन्य रोग) कम्प तथा स्तम्भन होता है। परुष होने से केश, दाढ़ी, मूँछ, लोम, नख, दाँत, हाथ, पैर तथा शरीर खुरदरा होता है। विशद होने से शरीर के अवयव फटे रहते हैं। चलते हुए सन्धियों में निरन्तर शब्द होता है। वे वातल पुरुष इन गुणों के योग से प्रायः अल्पबल (कमजोर) अल्पायु, अल्प सन्तानवाले अल्प साधन (सामग्री, उपकरण)-वाले तथा निर्धन होते हैं।

संसर्गात्संसृष्टलक्षणाः; सर्वगुणसमुदितास्तु समधातवः, इत्येवं प्रकृतितः परीक्षेत ॥११०॥

दो दोषों के संसर्ग से मिश्रित लक्षण होते हैं। अर्थात् जो वातपित्तल होगा उसमें वातल और पित्तल के मिश्रित लक्षण होंगे। जो वातश्लेष्मल होगा उसमें वातल और श्लेष्मल के तथा जो पित्तश्लेष्मल होगा उसमें पित्तल और श्लेष्मल के मिश्रित लक्षण होते हैं। समधातु (सम वातपित्तकफ) पुरुष में सब गुण होते हैं। प्रकृतिस्थित वातपित्तकफ के सब श्रेष्ठ गुण होते हैं। इस प्रकार प्रकृति द्वारा परीक्षा करे। सुश्रुतसंहिता शारीरस्थान के चतुर्थ अध्याय में भी इन प्रकृतिवाले पुरुषों के लक्षण दिये गये हैं ॥११०॥

विकृतितश्चेति—विकृतिरुच्यते विकारः। तत्र विकारं हेतुदोषदूष्यप्रकृतिदेशकालबलविशेषैर्लिङ्गतश्च परीक्षेत, न ह्यन्तरेण हेत्वादीनां बलविशेषं व्याधिबलविशेषोपलब्धिः; यस्य हि व्याधेर्दोषदूष्यप्रकृतिदेशकालबलसाम्यं भवति महच्च हेतुलिङ्गबलं स व्याधिर्बलवान् भवति, तद्विपर्ययाच्चाल्पबलः, मध्यबलस्तु दोषादीनामन्यतमसामान्याद्धेतुलिङ्गमध्यबलत्वाच्चोपलभ्यते ॥१११॥

विकृति द्वारा परीक्षा करे—विकृति विकार को कहते हैं। धातु की विषमता से उत्पन्न ज्वर आदि रोगों को विकार कहते हैं। विकार के हेतु दूष्य प्रकृति देश काल; इनके बल के भेदों से तथा लिङ्ग (लक्षण) द्वारा परीक्षा करे। क्योंकि हेतु आदियों के बल को जाने बिना रोग के बल का अन्दाजा नहीं लगा सकते। जिस रोग के दोष दूष्य प्रकृति और देश काल समानगुण होते हैं और जिसके हेतु तथा लिङ्ग (लक्षण) का बल बहुत अधिक होता है वह रोग बलवान् होता है।

इसके विपरीत रोग अल्पबल होता है। अर्थात् जिस रोग के दोष दूष्य आदि समानगुण न हों और हेतु एवं लक्षण अल्पबल हों वह रोग अल्पबल होता है। मध्यबल रोग तो दोष दूष्य आदियों में से अन्यतम की समानता होने से अर्थात् किसी की किसी के साथ समानता होने पर और हेतु एवं लक्षणों का बल मध्यम होने से जाना जाता है ॥१११॥

सारतश्चेति—साराण्यष्टौ पुरुषाणां बलमानविशेषज्ञानार्थमुपदिश्यन्ते। तद्यथा—त्वग्रक्तमांसमेदोऽस्थिमज्जशुक्रसत्त्वानि ॥११२॥

सार द्वारा रोगी की परीक्षा—बल के प्रमाण को जानने के लिये पुरुषों में सार आठ बताये जाते हैं। जैसे—१ त्वचा, २ रक्त, ३ मांस, ४ मेद (चर्बी), ५ अस्थि (हड्डी), ६ मज्जा, ७ वीर्य, ८ मन ॥११२॥

तत्र स्निग्धश्लक्ष्णमृदुप्रसन्नसूक्ष्माल्पगम्भीरसुकुमारलोमा सप्रभेव च त्वक् त्वक्साराणां; सा सारता सुखसौभाग्यैश्वर्योपभोगबुद्धिविद्यारोग्यप्रहर्षणान्यायुश्चानित्वरमाचष्टे ॥११३॥

त्वक्सार पुरुष के लक्षण—त्वक्सार पुरुष की त्वचा स्निग्ध, श्लक्ष्ण, कोमल, निर्मल, सूक्ष्म (पतली) और थोड़े गहरे सुकुमार लोमवाली तथा प्रभायुक्त होती है। यह सारता सुख सौभाग्य ऐश्वर्य उपभोग बुद्धि विद्या आरोग्य प्रसन्नता तथा दीर्घायुता को जताती है ॥११३॥

कर्णाक्षिमुखजिह्वानासौष्ठपाणिपादतलनखललाटमेहनं स्निग्धरक्तं श्रीमत् भ्राजिष्णु रक्तसाराणां; सा सारता [1]सुखमुदग्रतां मेधां मनस्वित्वं सौकुमार्यमनतिबलमक्लेशसहिष्णुत्वमुष्णासहित्वं चाचष्टे ॥११४॥

रक्तसार पुरुष के लक्षण—रक्तसार पुरुष के कान आँख मुँह जिह्वा नाक होठ हाथ की तली पैर की तली नख मस्तक तथा मूत्रेन्द्रिय; ये स्निग्ध लाल शोभायुक्त तथा उज्ज्वल होते हैं। यह सारता सुख, उदग्रता (चण्डता वा क्रूरता), मेधा, मनस्विता, सुकुमारता, अधिक बल का न होना, क्लेश को सहना, गरमी को न सहना; इन्हें बताती है। सुश्रुत सूत्र अ० ३५ में—

'स्निग्धताम्रनखनयनतालुजिह्वौष्ठपाणिपादतलं रक्तेन'।

शङ्खललाटकृकाटिकाक्षिगण्डहनुग्रीवास्कन्धोदरकक्षवक्षःपाणिपादसन्धयः गुरुस्थिरमांसोपचिता मांससाराणां; सा सारता क्षमां धृतिमलौल्यं वित्तं विद्यां सुखमार्जवमारोग्यं बलमायुश्च दीर्घमाचष्टे ॥११५॥

१—'सुखमुद्धतां' ग०।

मांससार पुरुषों के लक्षण—मांससार पुरुषों के शङ्ख ललाट (मस्तक) कृकाटिका (घाटा, ग्रीवा का पश्चाद्भाग) आँख, गाल, हनु (बगलें), वक्ष (छाती), हाथ पैर सन्धियाँ भारी स्थिर तथा मांस से भरी हुई होती हैं। मांससार का होना, क्षमा, धैर्य, लोभ न होना, धन, विद्या, सुख, सरलता, आरोग्य, बल और आयु का निदर्शक है। सुश्रुत शारीर ४ अ० में—

'अच्छिद्रगात्रं गूढास्थिसन्धिमांसोपचितं च मांसेन ॥११५॥

वर्णस्वरनेत्रकेशलोमनखदन्तौष्ठमूत्रपुरीषेषु विशेषतः स्नेहो मेदःसाराणां; सा सारता वित्तैश्वर्यसुखोपभोगप्रदानान्यार्जवं सुकुमारोपचारतां चाचष्टे ॥११६॥

मेदःसार पुरुषों के लक्षण—मेदःसार पुरुषों के वर्ण, स्वर, नेत्र, केश, लोम, नख, दाँत होठ मूत्र तथा पुरीष में विशेषतः स्नेह होता है। मेदःसार होना–धन ऐश्वर्य सुख उपभोग दान सरलता तथा मृदु उपचार के योग्य होना; इनको जताता है। सुश्रुत शारीरस्थान में—

'स्निग्धमूत्रस्वेदस्वरं बृहच्छरीरमायासासहिष्णु मेदसा'।

पार्ष्णिगुल्फजान्वरत्निजत्रुचिबुकशिरःपर्वस्थूलाः स्थूलास्थिनखदन्ताश्चास्थिसाराः, ते महोत्साहाः क्रियावन्तः क्लेशसहाः सारस्थिरशरीरा भवन्त्यायुष्मन्तश्च ॥११७॥

अस्थिसार पुरुषों के लक्षण—अस्थिसार पुरुषों की एड़ी गुल्फ (गिट्टा), जानु (गोडे), अरत्नि (मुष्टि–जिसमें कनिष्ठिका अँगुली खुली रहे अथवा कोहनी) जत्रु (अक्षकास्थि, हसली) चिबुक (ठोडी) शिर और पर्व (पोरें) स्थूल होते हैं। और हड्डी नख दाँत भी स्थूल होते हैं। वे बड़े उत्साही क्रियाशील क्लेश को सहनेवाले सारमय (दृढ़) एवं स्थिर शरीर युक्त तथा दीर्घायु होते हैं। सुश्रुत सू० ३५ अ० में भी—

'महाशिरःस्कन्धं दृढदन्तहन्वस्थिनखमस्थिभिः ॥

[1]तन्वङ्गा बलवन्तः स्निग्धवर्णस्वराः स्थूलदीर्घवृत्तसन्धयश्च मज्जसाराः; ते दीर्घायुषो बलवन्तः श्रुतविज्ञानवित्तापत्यसम्मानभाजश्च भवन्ति ॥११८॥

मज्जसार पुरुषों के लक्षण—मज्जसार पुरुषों के अंग पतले होते हैं। वे बलवान् होते हैं। वर्ण और स्वर स्निग्ध होते हैं। सन्धियाँ मोटी लम्बी और गोल होती हैं। वे दीर्घायु बलवान् श्रुत (शास्त्रज्ञान) विज्ञान, धन, सन्तान और सम्मान युक्त होते हैं। सुश्रुत सू० ३५ अ० में—

'अकृशमुत्तमबलं स्निग्धगम्भीरस्वरं सौभाग्योपपन्नं महानेत्रं च मज्जा' ॥११८॥

सौम्याः सौम्यप्रेक्षिणश्च क्षीरपूर्णलोचना इव प्रहर्षबहुलाः स्निग्धवृत्तसारसमसंहत[2]शिखरिदशनाः प्रसन्नस्निग्धवर्णस्वरा भ्राजिष्णवो महास्फिचश्च शुक्रसाराः; ते स्त्रीप्रियाः प्रियोपभोगा बलवन्तः सुखैश्वर्यारोग्यवित्तसम्मानापत्यभाजश्च भवन्ति ॥११९॥

शुक्रसार पुरुषों के लक्षण—वीर्यसार पुरुष सौम्य (शांतमूर्ति) तथा सौम्यदृष्टि होते हैं। प्रतीत ऐसा होता है कि उनकी आँखें दूध से भरी हुई हैं अर्थात् जिन पर उनकी दृष्टि पड़ती है वे अपने को तृप्त समझते हैं अथवा आँखें शुभ्र होती हैं। उनका मन अति प्रसन्न रहता है वा ध्वजोच्छ्राय (erection) बहुत होता है। दाँत स्निग्ध गोल दृढ़ सम संहत (परस्पर जुड़े हुए वा संगठित) तथा अग्रभाग यथावत् उन्नत चोटीदार वा तीक्ष्ण होते हैं। वर्ण और स्वर निर्मल एवं स्निग्ध होते हैं। वे कान्तियुक्त होते हैं। उनके नितम्ब बड़े वा भारी होते हैं। वे शुक्रसार पुरुष स्त्रियों को प्रिय होते हैं वा वे स्त्रियों को चाहते हैं—कामी होते हैं। उन्हें उपभोग प्रिय होते हैं। वे बलवान् होते हैं। सुख ऐश्वर्य आरोग्य धन सम्मान तथा सन्तान से युक्त होते हैं। सुश्रुत सू० ३५ अ० में—

'स्निग्धसंहतश्वेतास्थिदन्तनखं बहुलकामप्रजं शुक्रेण'।

स्मृतिमन्तो भक्तिमन्तः कृतज्ञाः प्राज्ञाः शुचयो महोत्साहा दक्षा धीराः समरविक्रान्तयोधिनस्त्यक्तविषादाः स्ववस्थितगतिगम्भीरबुद्धिचेष्टाः कल्याणाभिनिवेशिनश्च सत्त्वसाराः; तेषां स्वलक्षणैरेव गुणा व्याख्याताः ॥१२०॥

सत्त्वसार पुरुषों के लक्षण—मनःसार पुरुष स्मृतिशक्तिसम्पन्न, भक्तियुक्त, कृतज्ञ, बुद्धिमान्, पवित्र, अत्यन्त उत्साही, कुशल तथा धीर होते हैं। रण में विक्रमपूर्वक लड़ते हैं। विषाद छू तक नहीं गया होता। उनकी गति स्थिर होती है। बुद्धि और चेष्टायें गम्भीर होती हैं। वे कल्याण में तत्पर होते हैं। अपने इन लक्षणों से ही उनके गुणों की व्याख्या हो गयी। सुश्रुत सू० ३५ अ० में—

'स्मृतिभक्तिप्राज्ञशौर्यशौचोपेतं कल्याणाभिनिवेशिनं सत्त्वसारं विद्यात्' ॥१२०॥

तत्र सर्वैः सारैरुपेताः पुरुषा भवन्त्यतिबलाः [1]परमगौरवयुक्ताः क्लेशसहाः सर्वारम्भेष्वात्मनि जातप्रत्ययाः कल्याणाभिनिवेशिनः स्थिरसमाहितशरीराः सुसमाहितगतयः सानुनादस्निग्धगम्भीरमहास्वराः सुखैश्वर्यवित्तोपभोगसम्मानभाजो मन्दजरसो मन्दविकाराः प्रायस्तुल्यगुणविस्तीर्णापत्याश्चिरजीविनश्च भवन्ति ॥१२१॥

इन में सब सारों से युक्त पुरुष अति बलवान् परम गौरवयुक्त, क्लेश को सहनेवाले, सब कार्यों में आत्मविश्वासी, कल्याण में तत्पर, स्थिर वा सुसंगठित शरीरवाले, सुव्यवस्थित गति वा ध्यानपूर्वक चलनेवाले होते हैं। उनका स्वर प्रतिध्वनियुक्त वा गूँजनेवाला स्निग्ध गम्भीर महान् होता है। वे सुख ऐश्वर्य धन उपभोग और सम्मान से युक्त होते हैं बुढ़ापा कम होता है। रोग कम होते हैं। सन्तान भी प्रायः तुल्य गुणवाली और बहुत होती है। वे दीर्घायु होते हैं ॥१२१॥

अतो विपरीतास्त्वसाराः ॥१२२॥

इन लक्षणों से विपरीत पुरुष असार-साररहित कहाते हैं ॥

मध्यानां मध्यैः सारविशेषैर्गुणविशेषा व्याख्याता भवन्ति। इति साराण्यष्टौ पुरुषाणां बलप्रमाणविशेषज्ञानार्थान्युपदिष्टानि भवन्ति ॥१२३॥

१—'मृद्वङ्गा' ग०। २—'शिखरदशनाः' च०।

१—'परमसुखयुक्ताः' ग०।

मध्यम सारों से मध्यसार पुरुषों के गुणों की भी व्याख्या हो गयी है। ये आठ सार पुरुषों के बल के प्रमाण भेद को जानने के लिये कहे गये हैं ॥१२३॥

कथं नु शरीरमात्रदर्शनादेव भिषङ्मुह्येदयमुपचितत्वाद्बलवान्, अयमल्पबलः कृशत्वात्, महाबलवानयं महाशरीरत्वात्, अयमल्पशरीरत्वादल्पबल इति; दृश्यन्ते ह्यल्पशरीराः कृशाश्चैके बलवन्तः, तत्र पिपीलिकाभारहरणवत्सिद्धिः। अतश्च सारतः परीक्षेतेत्युक्तम् ॥१२४॥

शरीरमात्र के देखने से वैद्य कैसे मुग्ध हो जाते हैं? इसका शरीर भरा हुआ है इसलिये यह बलवान् है। कृश शरीर होने से निर्बल है—कमजोर है। महान् शरीर होने से अति बलशाली है। छोटा शरीर होने से बल कम है। यह ज्ञान सर्वथा ठीक नहीं होता। क्योंकि छोटे शरीरवाले तथा कृश पुरुष भी बलवान् देखे जाते हैं—जैसे चिऊँटी ह्रस्व एवं कृश शरीर होती हुई भी अत्यधिक भार उठाने में समर्थ होती है। चिऊँटी अपने से कई गुना अधिक भार उठा लेती है। अतएव कहा है कि (बल प्रमाण को जानने के लिये) सार द्वारा परीक्षा करे।१२४।

संहननतश्चेति—संहननं [1]संघातः संयोजनमित्येकोऽर्थः। तत्र समसुविभक्तास्थिसुबद्धसन्धिसुनिविष्टमांसशोणितं सुसंहतं शरीरमित्युच्यते। तत्र सुसंहतशरीराः पुरुषा बलवन्तः, विपर्ययेणाल्पबलाः, प्रवरावरमध्यत्वात्संहननस्य मध्यबला भवन्ति ॥१२५॥

संहनन द्वारा परीक्षा करे—संहनन संघात (समूह) संयोजन (संगठन), इनका एक ही अर्थ है। जिस शरीर में अस्थियाँ सम हों और अच्छी प्रकार विभक्त हों, सन्धियाँ दृढ़ता से बँधी हों, मांस और रक्त अच्छी प्रकार अपने स्थान पर स्थित हों, वह सुसंहत—सुगठित कहाता है। सुगठित शरीरवाले पुरुष बलवान् होते हैं। यदि शरीर गठित न हो तो बल अल्प होता है। यदि शरीर मध्यम गठा हुआ हो अर्थात् न सुगठित हो न अगठित हो—दोनों के मध्य का हो तो वे पुरुष मध्यम बल होते हैं ॥१२५॥

प्रमाणतश्चेति—शरीरप्रमाणं पुनर्यथास्वेनाङ्गुलिप्रमाणेनोपदेक्ष्यते। उत्सेधविस्तारायामैर्यथाक्रमं तत्र पादौ चत्वारि षट् चतुर्दश चाङ्गुलानि, जङ्घे त्वष्टादशाङ्गुले षोडशाङ्गुलिपरिक्षेपे[2] जानुनी चतुरङ्गुले षोडशाङ्गुलिपरिक्षेपे, त्रिंशदङ्गुलपरिक्षेपावष्टादशाङ्गुलावूरू, षडङ्गुलदीर्घौ वृषणावष्टाङ्गुलपरिणाहौ, शेफः षडङ्गुलदीर्घं पञ्चाङ्गुलपरिणाहं, द्वादशाङ्गुलपरिमितो भगः, षोडशाङ्गुलविस्तारा कटी, दशाङ्गुलं बस्तिशिरः, दशाङ्गुलविस्तारं द्वादशाङ्गुलमुदरं, दशाङ्गुलविस्तीर्णे द्वादशाङ्गुलायामे पार्श्वे, द्वादशाङ्गुलविस्तारं स्तनान्तरं, द्व्यङ्गुलं स्तनपर्यन्तं, चतुर्विंशत्यङ्गुलविशालं द्वादशाङ्गुलोत्सेधमुरः त्र्यङ्गुलं[3] हृदयम्, अष्टाङ्गुलौ स्कन्धौ, षडङ्गुलावंसौ, षोडशाङ्गुलौ [4]प्रबाहू, पञ्चदशाङ्गुलौ प्रपाणी, हस्तौ [1]द्वादशाङ्गुलौ, कक्षावष्टाङ्गुलौ, त्रिकं द्वादशाङ्गुलोत्सेधम्, अष्टादशाङ्गुलोत्सेधं पृष्ठं, चतुरङ्गुलोत्सेधा द्वाविंशत्यङ्गुलपरिणाहा शिरोधरा, द्वादशाङ्गुलोत्सेधं चतुर्विंशत्यङ्गुलपरिणाहमाननं, पञ्चाङ्गुलमास्यं, चिबुकौष्ठकर्णाक्षिमध्यनासिकाललाटं चतुरङ्गुलं, षोडशाङ्गुलोत्सेधं द्वात्रिंशदङ्गुलपरिणाहं शिरः; इति पृथक्त्वेनाङ्गावयवानां मानमुक्तं; केवलं पुनः शरीरमङ्गुलिपर्वाणि चतुरशीतिस्तदायामविस्तारसमं सममुच्यते। तत्रायुर्बलमोजः सुखं वित्तमिष्टाश्चापरे भावा भवन्त्यायत्ताः प्रमाणवति शरीरे, विपर्ययस्त्वतो हीनेऽधिके वा।

प्रमाण द्वारा परीक्षा करे—अपनी अंगुली के प्रमाण द्वारा शरीर के प्रमाण का उपदेश किया जाता है—'ऊँचाई चौड़ाई और व लम्बाई में यथाक्रम पैर चार छह और १४ अंगुल होता है। जङ्घा लम्बाई में १८ अंगुल और गोलाई में १६ अंगुल। गोंड़े ४ अंगुल लम्बे और गोलाई में १६ अंगुल। ऊरु ३० अंगुल परिधि में और १८ अंगुल लम्बे। दोनों वृषण (अण्ड) ६ अंगुल लम्बे और ८ अंगुल परिधि में। शेफ (मूत्रेन्द्रिय) ६ अंगुल लम्बा और और ५ अंगुल गोलाई में। भग (स्त्रीलिङ्ग) १२ अंगुल। कमर १६ अंगुल चौड़ी। बस्तिशिर (मूत्राशय का ऊपर का भाग जहाँ रहता है वह देश) १० अंगुल चौड़ा। पेट १२ अंगुल लम्बा और १० अंगुल चौड़ा। पार्श्व १० अङ्गुल चौड़े और १२ अङ्गुल लम्बे। दोनों स्तनों के बीच का भाग १२ अङ्गुल। स्तनपर्यन्त दो अङ्गुल अर्थात् चूचुक से चारों और दो अङ्गुल तक स्तन होता है। छाती २४ अंगुल चौड़ी और १२ अंगुल ऊँची। हृदय ३ अंगुल। कन्धे आठ २ अंगुल। अंस छह २ अंगुल। दोनों प्रबाहू (अंस से लेकर कोहनी तक) सोलह २ अंगुल। दोनों प्रपाणि (कोहनी से कलाई तक का भाग) पन्द्रह २ अंगुल। दोनों हाथ १२ बारह अंगुल। दोनों कक्ष (बाहुमूल) आठ २ अंगुल। त्रिक (पृष्ठवंश का निचला भाग) १२ अंगुल ऊँचा। पीठ १८ अंगुल ऊँची। गर्दन ४ अंगुल ऊँची और २२ अंगुल गोलाई में। मुख मण्डल १२ अंगुल ऊँचा और २४ अंगुल परिधि में। आस्य (मुँह) ५ अंगुल। ठोडी, होठ, कान, दोनों आँखों के मध्य की जगह, नाक, माथा ४ अङ्गुल। शिर २६ [2]अङ्गुल ऊँचा ३२ अङ्गुल परिधि में। ये पृथक् २ शरीर के अङ्गों के अवयवों (प्रत्यङ्गों) के प्रमाण कह दिये हैं। सारा शरीर ८४ अङ्गुलिपर्व लम्बा होता है। सुश्रुत में कहीं २ भिन्नता है—जैसे जङ्घा और गोडे का परिणाह (गोलाई) १४ अङ्गुल। वृषण २ अङ्गुल। शेफ ४ अङ्गुल—परन्तु यह मान शशजाति के पुरुष का है जब कि वह हर्षावस्था में न हो, हर्षावस्था में यह ६ अङ्गुल का हो जाता है। कमर १८ अङ्गुल चौड़ी। छाती १८ अङ्गुल चौड़ी (यह स्त्री की है)। आस्य ४ अङ्गुल इत्यादि। तथा सम्पूर्ण पुरुष की लम्बाई १२० अङ्गुल। यह पादाग्र पर तथा बाहु ऊँचे करके खड़े हुए पुरुष का मान है—यह सुश्रुत टीकाकार डल्हण

१—'संहतिः' ग०। २—'परिक्षेपः परिणाहः' चक्रः। ३—'द्व्यङ्गुलं' च०। ४—'प्रबाहुरंसादर्वाक् कफोणिपर्यन्तः, प्रपाणिः कफोण्यधस्तात्' चक्रः।

१—'दशाङ्गुलौ' पा०। २—'षडङ्गुलम्' इति मूलपाठे गङ्गाधरः।

का मत है। अथवा चरक में ८४ अङ्गुलिपर्व कहे गये हैं और सुश्रुत में १२० अङ्गुलि कहा है। पर्व की लम्बाई अङ्गुलि की चौड़ाई से अधिक होती है। अतः चरक के ८४ अङ्गुलिपर्व सुश्रुत के १२० अङ्गुलि के लगभग बराबर हो सकते हैं। लम्बाई और हाथों को फैलाकर चौड़ाई दोनों समान हों तो वह शरीर सम कहाता है। इस समप्रमाण शरीर में आयु बल ओज सुख ऐश्वर्य धन तथा अन्य इच्छित वा प्रिय भाव आश्रित रहते हैं। अर्थात् वे दीर्घायु बलवान् ओजस्वी सुखी ऐश्वर्ययुक्त धनी तथा आरोग्ययुक्त रहते हैं। इस प्रमाण से हीन (कम) वा अधिक पुरुष इससे विपरीत गुण युक्त होते हैं। वे अल्पायु अल्पबल आदि होते हैं। सुश्रुत में शरीर का प्रमाण सूत्रस्थान ३५ अध्याय में कहा गया है ॥१२६॥

सात्म्यतश्चेति सात्म्यं नाम तद्यत्सातत्येनोपयुज्यमानमपशेते। तत्र ये घृतक्षीरतैलमांसरससात्म्याः सर्वरससात्म्याश्च, ते बलवन्तः क्लेशसहाश्चिरजीविनश्च भवन्ति; रूक्षसात्म्याः पुनरेकरससात्म्याश्च ये, ते प्रायेणाल्पबलाश्चाक्लेशसहा अल्पायुषोऽल्पसाधनाश्च; व्यामिश्रसात्म्यास्तु ये, ते मध्यबलाः सात्म्यनिमित्ततो भवन्ति ॥१२७॥

सात्म्य द्वारा परीक्षा करे—सात्म्य उसे कहते हैं जो निरन्तर उपयोग होने से अनुकूल हो गया हो वा सुखकर हो। वस्तुतः यह ओकसात्म्य का लक्षण है। इनमें से जिन्हें घी दूध तेल मांस रस सात्म्य हों, सब (छहों) रस सात्म्य हों वे बलवान् क्लेश को सहनेवाले तथा दीर्घायु होते हैं। यह प्रवर सात्म्य कहाता है। जिन्हें रूक्ष पदार्थ सात्म्य हों और कोई एक रस सात्म्य हो वे प्राय: बल में कम, क्लेश को न सहनेवाले, अल्पायु तथा अल्प साधन—सामग्रीवाले होते हैं। यह अवरसात्म्य कहाता है। जिन्हें प्रवर और अवर दोनों सात्म्य मिश्रित हुए २ सात्म्य हों—मध्य सात्म्य हों वे सात्म्य के कारण मध्यम बलवाले होते हैं। इसी से ही मध्यायु तथा क्लेश को मध्यम सहनेवाले होते हैं—यह जान लेना चाहिये ॥१२७॥

सत्त्वतश्चेति—सत्त्वमुच्यते मनः, तच्छरीरस्य तन्त्रकमात्मसंयोगात्—तत्त्रिविधं बलभेदेन-प्रवरं मध्यमवरं चेति। अतश्च प्रवरमध्यावरसत्त्वाश्च भवन्ति पुरुषाः। तत्र प्रवरसत्त्वाः स्वल्पाः[1], ते सारेषूपदिष्टाः, स्वल्पशरीरा ह्यपि ते निजागन्तुनिमित्तासु महतीष्वपि पीडास्वव्यग्रा दृश्यन्ते, सत्त्वगुणवैशेष्यात्; मध्यसत्त्वास्त्वपरानात्मन्युपनिधाय संस्तम्भयन्त्यात्मनाऽऽत्मानं परैर्वाऽपि संस्तभ्यन्ते; हीनसत्त्वास्तु नात्मना, न च परैः सत्त्वबलं प्रति शक्यन्ते उपस्तम्भयितुं, महाशरीरा ह्यपि ते स्वल्पानामपि वेदनानामसहा दृश्यन्ते, संनिहितभयशोकलोभमोहमाना रौद्रभैरवद्विष्टबीभत्सविकृतसंकथास्वपि च पशुपुरुषमांसशोणितानि चावेक्ष्य विषादवैवर्ण्यमूर्च्छोन्मादभ्रमप्रपतनानामन्यतममाप्नुवन्त्यथवा मरणमिति ॥१२८॥

सत्त्व द्वारा परीक्षा करे—'सत्त्व' मन को कहते हैं। वह आत्मा के संयोग से शरीर का नियामक है, अथवा शरीर का प्रेरक व धारक है। बलभेद से मन तीन प्रकार का है—१ प्रवर (उत्कृष्ट), २ मध्य, ३ अवर। अतः सत्त्व के तीन प्रकार का होने से पुरुष भी तीन प्रकार के होते हैं। १ प्रवरसत्त्व, २ मध्यसत्त्व, ३ अवरसत्त्व। प्रवरसत्त्व पुरुष थोड़े होते हैं उनका सारों में उपदेश कर दिया है। सत्त्वसार पुरुषों का वर्णन 'स्मृतिमन्तो भक्तिमन्तः' इत्यादि द्वारा किया जा चुका है। उन्हीं से प्रवरसत्त्व पुरुष को पहिचानना चाहिये। उनका शरीर छोटा भी हो तो भी वे सत्त्व के गुणों की विशेषता होने के कारण निज वा आगन्तु कारणों से उत्पन्न बड़े २ रोगों में भी नहीं घबराते। मध्यसत्त्व पुरुष तो दूसरों को अपने अपने में रखकर अपने से अपने को थामते हैं या तो दूसरों से थामे जाते हैं। भावार्थ यह है कि मध्यसत्त्व पुरुष कोई पीड़ा व आपत्ति उपस्थित होने पर 'अमुक ने पीड़ा को सहा था और उससे वह छुटकारा पा गया था' यह मन में सोचकर अपनी पीड़ा को सहार लेता है अथवा दूसरे के आश्वासन देने पर पीड़ा को सह लेता है। परन्तु हीनसत्त्व पुरुष न स्वयं न दूसरों द्वारा प्रयत्न करने पर भी अपने में मनोबल को धारण करते हैं। यह देखा जाता है कि वे बड़े देहवाले होते हुए भी छोटे २ कष्टों को भी नहीं सहते। भय, शोक, लोभ, मोह, अहङ्कार, ये सदा उनके पास ही रहते हैं। रौद्र (उत्कट) भैरव (भयानक) अप्रिय घृणित वा विकृत कथाओं को सुनकर और पशु वा पुरुष के मांस और रक्त को देखकर विषाद विवर्णता (मुख का रङ्ग पीला वा विकृत वर्ण का होना) मूर्छा उन्माद भ्रम (चक्कर आना) वा प्रपतन (गिरना) को प्राप्त होते हैं अथवा मर जाते हैं।

आहारशक्तितश्चेति—आहारशक्तिरभ्यवहरणशक्त्या जरणशक्त्या च परीक्ष्या, बलायुषी ह्याहारायत्ते ॥१२९॥

आहारशक्ति द्वारा परीक्षा करे—भोजनशक्ति वा परिपाकशक्ति द्वारा आहारशक्ति की परीक्षा होती है। बल और आयु आहार पर निर्भर हैं। जो अधिक परिमाण में खाता है और उसे पचा लेता है वह बलवान् होता है ॥१२९॥

व्यायामशक्तितश्चेति—व्यायामशक्तिरपि कर्मशक्त्या परीक्ष्या, कर्मशक्त्या ह्यनुमीयते बलत्रैविध्यम् ॥१३०॥

व्यायामशक्ति द्वारा परीक्षा करे—कर्मशक्ति से व्यायामशक्ति की परीक्षा होती है। कर्मशक्ति से तीन प्रकार के (प्रवर मध्य हीन) बल का अनुमान किया जाता है। जो जितना अधिक परिश्रम का काम कर सकता है वह उतना ही बलवान् होता है ॥१३०॥

वयस्तश्चेति, कालप्रमाणविशेषापेक्षिणी हि शरीरावस्था वयोऽभिधीयते। तद्वयो यथास्थूलभेदेन[1] त्रिविधं बालं मध्यं जीर्णमिति; तत्र बालमपरिपक्वधातुमजातव्यञ्जनं सुकुमारमक्लेशसहमसम्पूर्णबलं श्लेष्मधातुप्रायमाषोडशवर्षं विवर्धमानधातुगुणं पुनः प्रायेणानवस्थितसत्त्वमात्रिंशद्वर्षमुपदिष्टं, मध्यं पुनः समत्वागतबलवीर्यपौरुषपराक्रमग्रहणधारणस्मरणवचनविज्ञानसर्वधातुगुणं बलस्थितमवस्थितसत्त्वमविशीर्यमाणधातुगुणं पित्तधातु-

१—'सत्त्वसाराः' ग०।

१—'यथावस्थानभेदेन' ग०।

प्रायमाषष्टिवर्षमुपदिष्टम्, अतः परं परिहीयमानधात्विन्द्रियबलवीर्यपौरुषपराक्रमग्रहणधारणस्मरणवचनविज्ञानं भ्रश्यमानधातुगुणं वातधातुप्रायं क्रमेण जीर्णमुच्यते आवर्षशतं, वर्षशतं खल्वायुषः प्रमाणमस्मिन्काले; सन्ति पुनरधिकोनवर्षशतजीविनो मनुष्याः। तेषां विकृतिवर्ज्यैः प्रकृत्यादिबलविशेषैरायुषो लक्षणतश्च प्रमाणमुपलभ्य वयसस्त्रित्वं विभजेत ॥१३१॥

वय (उम्र) द्वारा परीक्षा करनी चाहिये–काल के विशेष प्रमाण पर निर्भर करनेवाली शरीर की अवस्था को 'वय' कहते हैं, जैसे इस मनुष्य की उम्र २५ वर्ष की है या बालावस्था है। यह वय मोटे तौर पर तीन प्रकार की है–१ बाल, २ मध्य, ३ जीर्ण (वृद्धावस्था)। इनमें से बालावस्था को दो भागों में बाँटा जाता है–एक सोलह वर्ष पर्यन्त और दूसरी ३० वर्ष पर्यन्त तो सोलह वर्ष पर्यन्त रस रक्त आदि धातुएँ पकी नहीं होतीं। श्मश्रु (दाढ़ी मूंछ) आदि चिह्न उत्पन्न नहीं होते। देह अत्यन्त सुकुमार होता है। क्लेश को नहीं सहता। पूर्ण बल नहीं होता। और शरीर कफधातुप्रधान होता है। यह अवस्था सोलह वर्ष तक होती है। इसके पश्चात् क्रमशः ३० वर्ष तक रस रक्त आदि धातुओं के गुण बढ़ते हैं। परन्तु मन अस्थिर होता है। शरीर की मध्यावस्था ६० वर्ष तक होती है। इस अवस्था में बल वीर्य पौरुष पराक्रम ग्रहण (समझना) धारण (कण्ठस्थ करना) स्मरण (याद करना) वचन (बोलना) विज्ञान (विशेष ज्ञान) तथा सब रस रक्त आदि धातुओं के गुण समता में आ जाते हैं। पूर्ण बल युक्त होता है। मन स्थिर होता है। धातुओं के गुण, क्षीण नहीं होते। शरीर पित्तधातु प्रधान होता है। इसके पश्चात् जब रस रक्त आदि धातुएँ इन्द्रियाँ बल वीर्य पौरुष पराक्रम ग्रहण धारण स्मरण वचन विज्ञान क्षीण हो रहे होते हैं, धातुओं के गुण जब नष्ट होते जाते हैं, शरीर वातधातु प्रधान होता है, तब क्रमशः क्षीण होता हुआ शरीर सौ वर्ष तक जीर्ण कहाता है। अर्थात् शरीर की ३० वर्ष तक बालावस्था ६० वर्ष तक मध्यावस्था और १०० वर्ष तक जीर्णावस्था होती है। इस समय आयु का प्रमाण १०० वर्ष है। ऐसे मनुष्य भी हैं जो, इससे कम वा अधिक वर्ष तक जीवित रहते हैं। उनके वय को, विकृति को छोड़कर शेष प्रकृति आदि (प्रकृति, सार संहनन प्रमाण सात्म्य सत्त्व आहारशक्ति व्यायामशक्ति) के बलभेदों से तथा लक्षण द्वारा आयु का प्रमाण जानकर तीन भागों में बाँटे। आयु के लक्षण इन्द्रियस्थान व शारीर के जातीसूत्रीयाधिकार में कहे जायँगे। जैसे–यदि प्रकृति आदि परीक्ष्य विषयों का उत्कृष्ट बल होवे तो वह १०० वर्ष से अधिक जीयेगा। यदि उसकी आयु का प्रमाण १२० वर्ष तक अवधारित किया जाय तो ३६ वर्ष तक बालावस्था ७२ वर्ष तक मध्यावस्था और शेष १२० वर्ष तक जीर्णावस्था होगी। यदि प्रकृति आदि मध्य बल होने से आयु का प्रमाण ८० वर्ष निश्चित किया जाय तो २५ वर्ष तक बालावस्था ५० वर्ष तक मध्यावस्था और शेष जीर्णावस्था होगी। यदि किसी की आयु २० या २४ ही वर्ष की निश्चित हो तो उसे हम तीन भागों में नहीं बाँट सकेंगे। क्योंकि वह मध्यावस्था पर पहुँचेगा ही नहीं और पहिले ही मर जायगा। इसी प्रकार जो जीर्णावस्था में पहुँचता ही नहीं और उससे पहिले ही उसकी आयु समाप्त हो जाती है, उसे भी हम तीन भागों में नही बाँट सकते ॥१३१॥

एवं प्रकृत्यादीनां विकृतिवर्ज्यानां भावानां प्रवरमध्यावरविभागेन बलविशेषं विभजेत। विकृतिबलत्रैविध्येन तु दोषबलं त्रिविधमनुमीयते। ततो भेषजस्य तीक्ष्णमृदुमध्यविभागेन त्रित्वं विभज्य यथादोषं भैषज्यमवचारयेदिति ॥१३२॥

इस प्रकार विकृति के अतिरिक्त शेष प्रकृति आदि भावों के बल विशेष को प्रवर मध्य अवर भागों में विभक्त करे। अथवा विकृति को छोड़ कर शेष प्रकृति आदि भावों के प्रवर मध्य अवर भेद से आतुर के बल को तीन भागों में बाँटे। विकृति के तीन प्रकार के बल से तो तीन प्रकार के दोष का बल अनुमित होता है। अर्थात् यदि रोग का अधिक बल हो तो वात आदि दोष का अधिक बल, मध्यबल हो तो मध्यबल, यदि रोग का अल्पबल देखा जाय तो वात आदि दोष का अल्पबल अनुमान किया जाता है। तदनन्तर भैषज्य (औषध) को तीक्ष्ण मृदु तथा मध्य विभाग से तीन प्रकार का विभक्त करके दोष के अनुसार औषध प्रयोग करे। यदि दोष प्रवरबल हो तो तीक्ष्ण औषध, यदि मध्यबल हो तो मध्य औषध, यदि हीनबल हो तो मृदु औषध की व्यवस्था करनी चाहिये ॥१३२॥

आयुषः प्रमाणज्ञानहेतोः पुनरिन्द्रियेषु जातिसूत्रीये च लक्षणान्युपदेक्ष्यन्ते ॥१३३॥

आयु के प्रमाण को जानने के लिए इन्द्रियस्थान में तथा शारीरस्थान के जातिसूत्रीयाधिकार में लक्षण कहे जायँगे ॥१३३॥

कालः पुनः संवत्सरश्चातुरावस्था च; तत्र संवत्सरो द्विधा त्रिधा षोढा द्वादशधा भूयश्चाप्यतः प्रविभज्यते तत्तत्कार्यमभिसमीक्ष्य; तं तु खलु तावत्षोढा प्रविभज्य कार्यमुपदेक्ष्यते–हेमन्तो ग्रीष्मो वर्षाश्चेति शीतोष्णवर्षलक्षणास्त्रय ऋतवो भवन्ति; तेषामन्तरेष्वितरे साधारणलक्षणास्त्रय ऋतवः प्रावट्शरद्वसन्ता इति, प्रावृडिति प्रथमः प्रवृष्टेः कालः, तस्यानुबन्धो हि वर्षा, एवमेते संशोधनमधिकृत्य षड् विभज्यन्ते ऋतवः ॥१३४॥

काल दो प्रकार का है–१ शीतोष्णवर्षालक्षणरूप संवत्सर और २ रोगी की अवस्था। इनमें संवत्सर को दो तीन छह या बारह भागों में बांटा जाता है। उस २ कार्य को देखते हुए संवत्सर को इससे भी अधिक भागों में बाँट सकते हैं। अयनभेद से दो भागों में जैसे–१ उत्तरायण २ दक्षिणायन। लक्षणभेद से तीन भागों में–१ शीत २ उष्ण ३ वर्षा। ऋतुभेद से ६ प्रकार का। मासभेद से १२ प्रकार का पक्षभेद से २४ प्रकार का। दिन प्रहर घण्टा मिनट आदि भेद से इसे अधिकाधिक

अनेक भागों में बाँटते हैं। उस संवत्सर को ६ भागों में बाँट कर कार्य का उपदेश किया जायगा। शीत उष्ण वर्षा लक्षण-वाली तीन ऋतुएँ हैं। १ हेमन्त २ ग्रीष्म ३ वर्षा। इनके बीच में साधारण लक्षणवाली तीन ऋतुएँ और हैं। १ प्रावृट् २ शरद् ३ वसन्त। अल्पवर्षा–लक्षणयुक्त प्रावृट् ऋतु, अल्पशीत-लक्षणयुक्त शरद् ऋतु, अल्पोष्णलक्षणान्वित वसन्त ऋतु है। अथवा इन तीन ऋतुओं में ही अतिशीत उति उष्ण अति वर्षा तीनों नहीं होतीं सामान्य शीत उष्ण वर्षा होते हैं। वर्षा से पूर्व के काल को प्रावृट् कहते हैं। प्रावृट् के बाद वर्षाकाल आता है। ये ६ ऋतुएँ क्रमशः इस प्रकार हैं–१ प्रावृट् २ वर्षा ३ शरद् ४ हेमन्त ५ वसन्त ६ ग्रीष्म। संशोधन कार्यों को लक्ष्य रखकर ये इस प्रकार ६ ऋतुएँ बाँटी जाती हैं। अन्य कार्यों के लिए ६ ऋतुएँ पूर्व बताई जा चुकी हैं। वे इस प्रकार हैं–१ वर्षा २ शरद् ३ हेमन्त ४ शिशिर ५ बसन्त ६ ग्रीष्म ॥१३४॥

तत्र साधारणलक्षणेष्वृतुषु वमनादीनां प्रवृत्तिर्विधीयते, निवृत्तिरितरेषु। साधारणलक्षणा हि मन्दशीतोष्णवर्षत्वा-त्सुखतमाश्च भवन्त्यविकल्पकाश्च शरीरौषधानाम्, इतरे पुनरत्यर्थशीतोष्णवर्षत्वाद् दुःखतमाश्च भवन्ति विकल्प-काश्च शरीरौषधानाम् ॥१३५॥

संशोधन लक्ष्य कर कही गयी ६ ऋतुओं में से साधारण लक्षणवाली तीन ऋतुओं में अर्थात् प्रावृट् शरद् और बसन्त में वमन आदि संशोधन कराये जाते हैं। शेष तीन ऋतुओं में अर्थात् वर्षा हेमन्त ग्रीष्म में संशोधन कर्म नहीं कराया जाता। साधारण लक्षणवाली ऋतुएँ, शीत उष्ण एवं वर्षा के अल्प होने से शरीर के लिए सुखकर और औषध के लिए अवि-कल्पक होती हैं। अर्थात् इन कालों में संशोधन औषध के प्रयोग से किसी व्यापत्ति की सम्भावना नहीं होती। वर्षा हेमन्त ग्रीष्म; ये ऋतुयें अत्यधिक वर्षा शीत और गरमी के कारण शरीर के लिए दुःखकर और औषधियों की विकल्पक (भावा-न्तरोत्पादक) होती हैं अर्थात् औषधों से व्यापत्तियाँ उत्पन्न हो जाती हैं ॥१३५॥

तत्र हेमन्ते ह्यतिमात्रशीतोपहतत्वाच्छरीरमसुखोप-पन्नं भवत्यतिशीतवाताध्मातमतिदारुणीभूतमाबद्धदोषंच, भेषजं पुनः संशोधनार्थमुष्णस्वभावं शीतोपहतत्वान्मन्द-वीर्यत्वमापद्यते तस्मात्तयोः संयोगे संशोधनमयोगायोप-पद्यते, शरीरमपि च वातोपद्रवाय; ग्रीष्मे पुनर्भृशोष्णोप-हतत्वाच्छरीरमसुखोपपन्नं भवत्युष्णवातातपाध्मात[१]-मतिशिथिलमत्यन्तप्रविलीनदोषं, भेषजं पुनः संशोधनार्थ-मुष्णस्वभावमुष्णानुगमनात्तीक्ष्णतरत्वमापद्यते, तस्मात्तयोः संयोगे संशोधनमतियोगायोपपद्यते, शरीरमपि पिपासोप-द्रवाय; वर्षासु तु मेघजालावतते गूढार्कचन्द्रतारे धारा-कुले वियति भूमौ पङ्कजपटलसंवृतायामत्यर्थोपक्लिन्नश-रीरेषु भूतेषु विहतस्वभावेषु च केवलेष्वौषधग्रामेषु तोय-तोयदानुगतमारुतसंसर्गाद्[१] गुरुप्रवृत्तीनि वमनादीनि भवन्ति, गुरुसमुत्थानानि च शरीराणि; तस्माद्वमनादीनां निवृत्तिर्विधीयते वर्षान्तेष्वृतुषु न चेदात्ययिकं कर्म आत्य-यिके पुनः कर्मणि काममृतुं विकल्प्य कृत्रिमगुणोपधानेन यथर्तुगुणविपरीतेन भैषज्यं संयोगसंस्कारप्रमाणविकल्पे-नोपपाद्य प्रमाणवीर्यसमं कृत्वा ततः प्रयोजयेदुत्तमेन यत्नेनावहितः ॥१३६॥

हेमन्त ऋतु मे अत्यधिक शीत से पीड़ित शरीर सुखी नहीं होता, अत्यन्त शीत वायु से पूर्ण वा विष्टब्ध होता है। अत्यन्त दारुण (कठोर) हो जाता है। दोष शरीर में ही रुके रहते हैं। संशोधन औषध उष्णस्वभाववाली होती है, वह शीत के आघात से मन्दवीर्य हो जाती है। अतः इस प्रकार के शरीर और मन्दवीर्य औषध के संयोग में संशोधन का अयोग होता है और शरीर भी वात के उपद्रवों का आश्रय बन जाता है।

ग्रीष्मकाल में अत्यन्त गरमी से पीड़ित होंने के कारण शरीर सुखी नहीं होता। गरम वायु और आतप (घाम) से शरीर परिपूर्ण होता है। शरीर अत्यन्त शिथिल होता है। शरीर में दोष अत्यधिक द्रवीभूत होते हैं। संशोधन के लिये औषध उष्णस्वभाव होती है। वह गरमी के सम्बन्ध से तीक्ष्णतर हो जाती है। अतः इस प्रकार के शरीर और इस प्रकार के औषध के संयोग होने पर संशोधन अतियोग का कारण होता है। शरीर भी प्यास के उपद्रव का कारण हो जाता है।

वर्षाकाल में तो आकाश के बादलों से घिरा होने से सूर्य चन्द्रमा और तारागणों के छिपे हुए होने पर तथा वायुमण्डल के जलधाराओं से व्याप्त होने पर, भूमि के कीचड़ और जल समूह से आच्छादित होने पर प्राणि शरीर अत्यन्त क्लिन्न (गीले) हो जाते हैं और जल तथा मेघ से संतुष्ट वायु के संसर्ग से सम्पूर्ण औषध समूहों का स्वभाव नष्ट हो जाता है और अत-एव वमन आदि गुरु प्रवृत्तिवाले होते हैं अर्थात् सुख से प्रवृत्त नहीं होते। शरीर रोगों के लिये भारी निदान हो जाते हैं।

अतएव वर्षान्त ऋतुओं अर्थात् हेमन्त ग्रीष्म और वर्षा ऋतु में यदि आत्ययिक कर्म न हो तो वमन आदि नहीं कराने चाहिये। अर्थात् यदि कोई ऐसा शीघ्रकारी रोग हो जाय जिसमें वमन आदि के सिवाय और कोई कर्म न हो सकता हो तब तो लाचार वमन आदि संशोधन कराना ही पड़ेगा। परन्तु वैसे इन तीन ऋतुओं में वमन आदि कराने का निषेध है। आत्य-यिक कर्म में तो ऋतु के गुणों से विपरीत कृत्रिम गुणों के आदान से ऋतु की यथेच्छ विकल्पना करके औषध को संयोग संस्कार प्रमाण विशेष द्वारा प्रमाण और वीर्य में सम करके वैद्य सावधान हुआ अतिप्रयत्न द्वारा प्रयोग करावे। अभिप्राय यह है, जैसे–यदि हमे हेमन्तकाल में संशोधन कराना

१–'०वाताध्मात०' च०।

१–'मारुतसंसर्गोपहतेषु संसर्गाद् गुरुप्रवृत्तानि' ग०।

पड़े तो शीत से विपरीत कृत्रिम उष्ण गुण का आधान करना होगा। जैसे रोगी को गर्भगृह में रखना, कम्बल ओढ़ाना वा अग्नि सन्ताप द्वारा कमरे को गरम रखना आदि क्रिया द्वारा उष्णगुण को उत्पन्न करना चाहिये। जब इस प्रकार अतिशीत और अत्युष्ण न हो तो संशोधन औषध देनी चाहिये। और औषध को भी संयोग संस्कार तथा मात्रा आदि भावों की विवेचना करके इस प्रकार दे, जिससे औषध की मात्रा तथा वीर्य समभाव में रहे। अर्थात् जिससे औषध ग्रीष्म में अतितीक्ष्ण न हो, हेमन्त में सर्वथा ही मृदु न हो जाय तथा वर्षा में गुरु न हो ॥१३६॥

आतुरावस्थास्वपि तु कार्याकार्यं प्रति कालाकालसंज्ञा। तद्यथा–अस्यामवस्थायामस्य भेषजस्य कालोऽकालः पुनरस्येति, एतदपि हि भवत्यवस्थाविशेषेण, तस्मादातुरावस्थास्वपि हि कालाकालसंज्ञा। तस्य परीक्षा–मुहुर्मुहुरातुरस्य सर्वावस्थाविशेषावेक्षणं यथावद्, भेषजप्रयोगार्थं न ह्यतिपतितकालमप्राप्तकालं वा भेषजमुपयुज्यमानं यौगिकं भवति; कालो हि भैषज्यप्रयोगपर्याप्तिमभिनिर्वर्तयति ॥१३७॥

कार्य और अकार्य को लक्ष्य में रखते हुए रोगी की अवस्थाओं में काल और अकाल ये संज्ञा होती हैं। जैसे–इस अवस्था में इस औषध का काल है और इसका काल नहीं है। जैसे ज्वर की समावस्था में मुख्य औषध (काढ़े आदि) अकार्य हैं। परन्तु इस समय षडङ्गपानीय आदि कार्य हैं। यह भी अवस्थाविशेष द्वारा होता है। अर्थात् कार्य अकार्य भी अवस्थाविशेष पर निर्भर हैं। अतः रोगी की अवस्थाओं में भी काल और अकाल संज्ञा होती है। उसकी परीक्षा—यथावत् औषध प्रयोग कराने के लिये रोगी की सब अवस्थाओं को बारंबार देखना चाहिये। अर्थात् जिससे किस समय क्या औषध प्रयोग करानी है–इसका ज्ञान हो जाय। काल के व्यतीत हो जाने पर वा काल से पूर्व ही औषध का प्रयोग यौगिक नहीं होता–लाभकर नहीं होता। काल ही औषध प्रयोग की सिद्धि अर्थात् रोगनिवारण का सम्पादन करता है ॥१३७॥

प्रवृत्तिस्तु प्रतिकर्मसमारम्भः; तस्य लक्षणं–भिषगातुरौषधपरिचारकाणां क्रियासमायोगः ॥१३८॥

प्रवृत्ति–चिकित्सा के समारम्भ को प्रवृत्ति कहते हैं। उसका लक्षण यह है—वैद्य औषध रोगी तथा परिचारक; इन चिकित्सा के चार पादों का क्रिया में लगना। सूत्रस्थान में कहा भी जा चुका है—

चतुर्णां भिषगादीनां शस्तानां धातुवैकृते।
प्रवृत्तिर्धातुसाम्यार्था चिकित्सेत्यभिधीयते ॥१३८॥

उपायः पुनर्भिषगादीनां सौष्ठवमभिविधानं च सम्यक्। तस्य लक्षणं–भिषगादीनां यथोक्तगुणसम्पद्देशकालप्रमाणसात्म्य क्रियादिभिश्च सिद्धिकारणैः सम्यगुपपादितस्यौषधस्यावचारणमिति ॥१३९॥

उपाय–वैद्य आदि चतुष्पाद की प्रशस्तता तथा देश काल आदि की अपेक्षा से तत्परता को उपाय कहते हैं। इसका लक्षण यह है—चिकित्सक औषध परिचारक और रोगी के कहे गये (सूत्र० खुड्डाकचतुष्पादाध्याय में) प्रशस्त गुणों द्वारा तथा देश काल प्रमाण सात्म्य तथा क्रिया आदि सिद्धि के हेतुओं से सम्यक्तया विवेचना की गयी औषध का प्रयोग–उपाय कहाता है ॥१३९॥

एवमेते दश परीक्ष्यविशेषाः पृथक्पृथक् परीक्षितव्या भवन्ति ॥१४०॥

इस प्रकार इन दश परीक्ष्यों की पृथक् पृथक् परीक्षा करनी होती है ॥१४०॥

परीक्षायास्तु खलु प्रयोजनं प्रतिपत्तिज्ञानं; प्रतिपत्तिर्नाम—यो विकारो यथा प्रतिपत्तव्यस्तस्य तथाऽनुष्ठानज्ञानम् ॥१४१॥

परीक्षा का प्रयोजन—प्रतिपत्तिज्ञान है। जिस विकार को जिस प्रकार जानना चाहिये उस विकार के उस प्रकार के अनुष्ठान अर्थात् तदुपयोगी उपक्रम आदि के प्रयोग को प्रतिपत्ति कहते हैं। इस अनुष्ठान के ज्ञान को प्रतिपत्तिज्ञान कहते हैं। अर्थात् जिस विकार को जिस प्रकार के अनुष्ठान से युक्त करना होता है उसके ज्ञान को प्रतिपत्तिज्ञान कहते हैं और यही परीक्षा का प्रयोजन है ॥१४१॥

यत्र तु खलु वमनादीनां प्रवृत्तिर्यत्र च निवृत्तिस्तद्व्यासतः सिद्धिपूत्तरकालमुपदेक्ष्यते सर्वम्। प्रवृत्तिनिवृत्तिलक्षणसंयोगे तु खलु गुरुलाघवं सम्यगध्यवस्येदन्यतरनिष्ठायाम्। सन्ति हि व्याधयः शास्त्रेपूत्सर्गापवादैरुपक्रमं प्रति निर्दिष्टाः। तस्माद् गुरुलाघवं सम्प्रधार्य सम्यगध्यवस्येदित्युक्तम् ॥१४२॥

वमन आदि संशोधनों की जहाँ प्रवृत्ति और जहाँ निवृत्ति होती है वह पीछे से सिद्धिस्थान (पञ्चकर्मीय सिद्धि) में विस्तार से कहा जायगा। अर्थात् जिन्हें वमन आदि संशोधन कराने चाहिये और जिन्हें न कराने चाहिये यह सब विस्तार से सिद्धिस्थान में कहेंगे॥

जहाँ पर प्रवृत्ति और निवृत्ति दोनों के लक्षण मिश्रित हों वहाँ गुरुता और लघुता का विचार करके एकता के निश्चय में सम्यग्ज्ञान करे। अर्थात् ऐसा कोई रोगी है जिसे एक रोग में वमन कराना अभीष्ट है और दूसरे में वमन अयोग्य है तो दोनों में गुरुता और लघुता की परीक्षा करे। देखे कि कौन-सा रोग गुरु है और कौन-सा लघु है, यदि वमनोपपाद्य रोग गुरु है तो वमन करावे यदि दूसरा गुरु है तो वमन न करावे। अथवा दूसरे शब्दों में हम इस प्रकार भी कह सकते हैं कि जब एक व्यक्ति को ऐसे दो रोग होते हैं जिसमें से एक वमनादि संशोधन से साध्य है और दूसरा वमन आदि के अयोग्य है, तब गुरु लाघव की विवेचना करके यदि प्रवृत्ति लक्षण की गुरुता और निवृत्ति लक्षण की लघुता का निश्चय हो तो लघु लक्षण-

वाली वमन आदि प्रवृत्ति वा निवृत्ति को त्यागते हुए गुरु लक्षणवाली वमनादि प्रवृत्ति व निवृत्ति में निश्चय ज्ञान करे। यदि वमन आदि प्रवृत्ति के लक्षण गुरु हों तो वमन आदि संशोधन करावे। यदि निवृत्ति के लक्षण गुरु हों तो वमन आदि न करावे। इस प्रकार दोनों में से एक का निश्चय ज्ञान करे। क्योंकि शास्त्रों में चिकित्सा को लक्ष्य रखते हुए उत्सर्ग और अपवाद (विधि और निषेध) द्वारा रोग निर्दिष्ट हैं। अतएव गुरुता और लघुता की विवेचना करके सम्यक् निश्चयज्ञान प्राप्त करे ॥१४२॥

यानि तु खलु वमनादिषु भेषजद्रव्याण्युपयोगं गच्छन्ति तान्यनुव्याख्यास्यन्ते; तद्यथा—फलजीमूतकेक्ष्वाकुधामार्गवकुटजकृतवेधनफलानि, फलजीमूतकेक्ष्वाकुधामार्गवपत्रपुष्पाणि; आरग्वधवृक्षकमदनस्वादुकण्टकपाठापाटलाशार्ङ्गेष्टामूर्वासप्तपर्णनक्तमालपिचुमर्दपटोल[1] सुषवीगुडूचीसोमवल्कचित्रकद्वीपिशिग्रुमूलकषायैश्च, मधुमधूककोविदारकर्बुदारनीपनिचुलबिम्बीशणपुष्पीसदापुष्पीप्रत्यक्पुष्पाकषायैश्च, एलाहरेणुप्रियङ्गुपृथ्वीकाकुस्तुम्बुरुतगरनलदह्रीबेरतालीशगोपीकषायैश्च[2], इक्षुकाण्डेक्ष्विक्षुवालिकादर्भपोटगलकालङ्कृतकषायैश्च, सुमनासौमनस्यायनीहरिद्रादारुहरिद्रावृश्चीरपुनर्नवामहासहाक्षुद्रसहाकषायैश्च, शाल्मलिशाल्मलकभद्रपर्ण्येलापर्ण्युपोतिकोद्दालकधन्वनराजादनोपचित्रागोपीशृङ्गाटिकाकषायैश्च, पिप्पलीपिप्पलीमूलचव्यचित्रकशृङ्गवेरसर्षपफाणितक्षीरक्षारलवणोदकैश्च, यथालाभं यथेष्टं वाऽप्युपसंस्कृत्य वर्तिक्रियाचूर्णावलेहस्नेहकषायमांसरसयवागूयूषकाम्बलिकक्षीरोपधेयान्मोदकानन्यांश्च [3]योगान् विविधाननुविधाय यथार्हं वमनार्हाय दद्याद्विधिवद्वमनमिति कल्पसंग्रहो वमनद्रव्याणां; कल्पस्त्वेषां विस्तरेणोत्तरकालमुपदेक्ष्यते ॥

वमन आदियों में जो औषधद्रव्य उपयोग में आते हैं, उनकी व्याख्या की जायगी, वमनद्रव्य जैसे-मदनफल (मैनफल), जीमूतक (देवदाली), इक्ष्वाकु (कड़वी तुंबी), धामार्गव (पीतघोष), कुटज (कुड़ा), कृतवेधन (कोशातकी भेद, कड़वी तुरई); इनके फल, मैनफल, देवदाली, कड़वी तुंबी, पीतघोषा; इनके पत्ते और फूल। अर्थात् मैनफल, देवदाली, कड़वी तुम्बी, पीली घोषा के फल पत्ते और फूल वमनार्थ प्रयुक्त होते हैं और कुटज कृतवेधन के केवल फल ही वमनार्थ काम आते हैं। आरग्वध (अमलतास), वृक्षक (कुटज वा इसके फल इन्द्रजौ), मैनफल, स्वादुकण्टक (विकङ्कतसुवावृक्ष-बंगला-में वइच), पाठा (पाद), पाटला (पादल), शार्ङ्गेष्टा (गुञ्जा, रत्ती), मूर्वा, सप्तपर्ण (सतिवन-सतौना), नक्तमाल (नाटकरञ्ज), पिचुमर्द (नीम), पटोल (परवल), सुषवी (करेला), गुडूची (गिलोय), सोमवल्क (श्वेत खदिर-खैर), चित्रक, द्वीपि (छोटी कटेरी), शिग्रुमूल सहिजन की जड़) के कषायों से; मधु (शहद वा मुलहठी), मधूक (महुआ), कोविदार (श्वेतकचनार), कर्बुदार (लाल कचनार), नीप (कदम्ब-कदम), निचुल (वेतस), बिम्बी, शणपुष्पी, सदापुष्पी (लाल मदार), प्रत्यक्पुष्पा (अपामार्ग); इनके कषायों से; छोटी इलायची, हरेणु (रेणुका), प्रियंगु, पृथ्वीका (बड़ी इलायची), कुस्तुम्बुरु (नेपाली धनियाँ), तगर, नलद (जटामांसी, वालछड़), ह्रीबेर (गन्धबाला), तालीश, गोपी (सारिवा), इनके कषायों से; इक्षु (ईख), काण्डेक्षु (ईख का भेद), इक्षुवालिका (खागड़तृण अथवा ईखभेद) दर्भ, पोटगल (होगल-नल-नड़ा), कालंकृत (कासमर्द कसौंदी), इनके कषायों से; सुमना (चमेली), सौमनस्यायनी (जावित्री), हल्दी, दारुहल्दी, वृश्चीर (श्वेत पुनर्नवा), महासहा (माषपर्णी), क्षुद्रसहा (मुद्गपर्णी), इनके कषायों से; शाल्मली (सेमल), शाल्मलक (रोहितक-रोहेड़ा), भद्रपर्णी (गम्भारी-अथवा प्रसारणी), एलापर्णी (रास्ना), उपोदिका (पोईशाक), उद्दालक (बनकोदो), धन्वन (धामन), राजादन (खिरनी), उपचित्रा (पृश्निपर्णी), गोपी (सारिवा), शृङ्गाटिका (जीवन्ती[1]), इनके कषायों से; पिप्पली, पिप्पलीमूल (पिप्पलामूल), चव्य, चित्रक, शृङ्गवेर (सोंठ), सर्षप (सरसों), फाणित (राब), क्षीर (दूध), क्षार, नमक; इनके जलों से यथालाभ व यथाभिलषित संस्कार करके वर्तिक्रिया (बत्ती), चूर्ण, अवलेह, स्नेह, कषाय (काढ़ा), मांसरस, यवागू, यूष, काम्बलिक तथा दूध रूप में प्रयोग किये जानेवाले योग अथवा मोदक वा अन्य विविध प्रकार के योगों को बनाकर वाम्य रोगी को यथायोग्य एवं विधिपूर्वक वमन दें। यह वमन द्रव्यों के कल्प का संग्रह है। इनके कल्प को विस्तार से पीछे कल्पस्थान में कहेंगे। अर्थात् पूर्वोक्त मदनफल आदि भेषजद्रव्यों को आरग्वधादि क्वाथों से भावना देकर वा पाक करके वर्ति आदि बनावे और रोगी को वमनार्थ प्रयोग करावे ॥ १४३ ॥

विरेचनद्रव्याणि तु—श्यामात्रिवृच्चतुरङ्गुलतिल्वकमहावृक्षसप्तलाशङ्खिनीदन्तीद्रवन्तीनां क्षीरमूलत्वक्पत्रपुष्पफलानि यथायोगं तैस्तैः क्षीरमूलत्वक्पत्रफलपुष्पफलैर्विकल्पिता[2] विकल्पैरजगन्धाश्वगन्धाजशृङ्गीक्षीरिणीनीलिनीक्लीतककषायैश्च, प्रकीर्योदकीर्यामसूरविदलाकम्पिल्लकविडङ्गगवाक्षीकषायैश्च, पीलुप्रियालमृद्वीकाकाश्मर्यपरूषकबदरदाडिमामलकहरीतकीबिभीतकवृश्चीरपुनर्नवाविदारिगन्धादिकषायैश्च, शीधुसुरासौवीरकतुषोदकमैरेयमेदकमदिरामधुमधूलकधान्याम्लकुवलबदरखर्जूरकर्कन्धुसीधुभिश्च, दधिदधिमण्डोदश्विद्भिश्च, गोमहिष्यजावीनां च क्षीरमूत्रैर्यथालाभं यथेष्टं वाऽप्युपसंस्कृत्य वर्तिक्रियाचूर्णासवलेहस्नेहक-

1—'०गुडूचीचित्रकसोमवल्कशतावरीद्वीपी०' ग०।
2—'तालीशोशीर०' ग०। 3—'भक्ष्यप्रकारान्' ग०।

1—'सिंघाड़ा' इ इत्यन्ये।
2—'संयुक्तासंयुक्तैरित्यर्थः' चक्र०

षायमांसरसयूषकाम्बलिकयवागूक्षीरो[1]पधेयान्मोदकानन्यांश्च भक्ष्यप्रकारान्विविधांश्च योगाननुविधाय यथार्हं विरेचनार्हाय दद्याद्विरेचनमिति कल्पसंग्रहो विरेचनद्रव्याणां; कल्पस्त्वेषां विस्तरेण यथावदुत्तरकालमुपदेक्ष्यते ॥१४४॥

विरेचनद्रव्य—श्यामा (श्याम जड़वाली निसोत), त्रिवृत् (रक्तमूल निसोत), चतुरङ्गुल (अमलतास), तिल्वक, महावृक्ष (सेहुंड), सप्तला (सातला), शङ्खिनी, दन्ती (जयपाल, जमालगोटा), द्रवन्ती (बड़ी दन्ती); इनके दूध, जड़, त्वचा, पत्र, फूल, फल । योग के अनुसार व्यस्त वा समस्त इन दूध जड़ त्वचा पत्र फूल वा फल आदि को निम्नलिखित कषाय आदि द्वारा निम्नलिखित विधान से तैयार करके विरेचनार्थ प्रयोग करावे । यथालाभ वा यथाभिलषित अजगन्धा (अजवाइन); अश्वगन्धा (असगन्ध), अजशृङ्गी (मेढासिंगी), क्षीरिणी (दुग्धिका), नीलिनी (नीलीमूल), क्लीतक (मुलहठी), इनके कषायों से; प्रकीर्या (नाटा करञ्ज), उदकीर्या-(करञ्ज), मसूरविदला (श्यामालता, कालीसर–कृष्णसारिवा), कम्पिल्लक (कमीला), वायविडङ्ग, गवाक्षी (इन्द्रायण), इनके कषायों से; पीलू, पियाल (चिरौंजी का फल), मृद्वीका (किशमिश वा मुनक्का), काश्मर्य (गाम्भारी), परूषक (फालसा), बदर (बेर), दाड़िम (अनार), आंवला, हरड़, बहेड़ा, श्वेत पुनर्नवा, लाल पुनर्नवा-विदारी गन्धादि (शालपर्णी आदि अर्थात् ह्रस्वपंचमूल शालपर्णी, बृहती, कण्टकारी, गोखरू अथवा दश-मूल-शालपर्णी, पृश्निपर्णी, बृहती, कण्टकारी, गोखरू, बिल्व, श्योनाक, पाटला, गाम्भारी, अग्निमन्थ) के कषायों से; सीधु, सुरा, सौवीर, तुषोदक, मैरेय, मेदक, मदिरा, मधु, मधूलक, धान्याम्ल तथा कुवल (बड़ा बेर), बदर (बेर), खर्जूर (खजूर), कर्कन्धु (झरबेरी का बेर), इनसे प्रस्तुत सीधुओं द्वारा; दही, दही का पानी, उदश्वित् (छाछ जिसमें आधा जल हो) इनसे; गौ, भैंस, बकरी, भेड़ इनके दूध और मूत्रों से संस्कार करके (भावना वा पाकक्रिया द्वारा) वर्तिक्रिया, चूर्ण, आसव, लेह, स्नेह, कषाय, मांसरस, यूष, [2]काम्बलिक, यवागू तथा दूध रूप में प्रयोग किये जानेवाले योग, मोदक तथा अन्य भक्ष्य पदार्थ और विविध प्रकार के योग बनाकर विरेचनीय पुरुष को यथायोग्य योग द्वारा विरेचन दे । यह विरेचन द्रव्यों का संक्षेप से कल्प बताया है। विस्तार से इनके कल्प का कल्पस्थान में उपदेश किया जायगा ॥१४४॥

आस्थापनेषु तु भूयिष्ठकल्पानि द्रव्याणि यानि योगमुपयान्ति तेषु तेष्ववस्थान्तरेष्वातुराणां तानि द्रव्याणि नामतो विस्तरेणोपदिश्यमानान्यपरिसंख्येयानि स्युरतिबहुत्वात्, इष्टश्चानतिसंक्षेपविस्तरोपदेशस्तन्त्रे, इष्टं च केवलं ज्ञानं, तस्माद्रसत एवं तान्यनुव्याख्यास्यन्ते ॥१४५॥

आस्थापन बस्तियों में जो अत्यधिक कल्पनावाले द्रव्य रोगियों की उन २ अवस्थाभेदों में यौगिक होते हैं वा प्रयुक्त होते हैं उन द्रव्यों को विस्तार से नाम लेकर यदि उपदेश किया जाय तो संख्या में बहुत होने से अपरिसंख्येय होते हैं—गिने नहीं जा सकते । और शास्त्र में न अतिसंक्षेप और न अति विस्तार से उपदेश अभीष्ट है, परन्तु सम्पूर्ण ज्ञान का होना अभिवांछित है । अतः उन्हें हम रस द्वारा कहेंगे । अर्थात् रस द्वारा उपदेश करने में न अतिसंक्षेप होगा और न अतिविस्तार और सम्पूर्ण ज्ञेय विषय का ज्ञान भी हो जायगा ॥१४५॥

रससंसर्गविकल्पविस्तरो ह्येषामपरिसंख्येयः, समवेतानां रसानामंशांशबलविकल्पातिबहुत्वात् । तस्माद् द्रव्याणां चैकदेशमुदाहरणार्थं रसेष्वनुविभज्य [1]रसैकैकश्येन रसकैवल्येन च नामलक्षणार्थं षडास्थापनस्कन्धाः समूहरसतोऽनुविभज्य व्याख्यास्यन्ते । यत्तु षड्विधमास्थापनमेकरसमित्याचक्षते भिषजस्तद् दुर्लभतरं, संसृष्टरसभूयिष्ठत्वाद् द्रव्याणाम् । तस्मान्मधुराणि च मधुरप्रायाणि च मधुरविपाकानि च मधुरप्रभावाणि च मधुरस्कन्धे मधुराण्येव कृत्वोपदेक्ष्यन्ते तथेतराणि द्रव्याण्यपि । तद्यथा—जीवकर्षभकौ जीवन्तीवीरातामलकीकाकोलीक्षीरकाकोल्यभीरु [2]मुद्गपर्णीमाषपर्णीपृश्निपर्ण्यसन [3]पर्णीमेदामहामेदाकर्कटशृङ्गीशृङ्गाटिकाछिन्नरुहाच्छत्रातिच्छत्राश्रावणीमहाश्रावण्यलम्बुषासहदेवाविश्वदेवाशुक्लाक्षीरशुक्लाबलाविदारीक्षीरविदारीक्षुद्रसहामहासहर्ष्यगन्धाश्वगन्धापयस्यावृश्चीरपुनर्नवाबृहतीकण्टकारिकैरण्डमोरटश्वदंष्ट्रासंहर्षाशतावरीशतपुष्पामधूकपुष्पीयष्टिमधुमधूलिकामृद्वीकाखर्जूरपरूषकात्मगुप्तापुष्करबीजकशेरुकराजकशेरुकराजादनकतककाश्मर्यशीतपाक्योदनपाकीतालखर्जूरमस्तकेक्षुवालिकादर्भकुशकाशशालिगुन्द्रेत्कटकशरमूलराजक्षवकर्ष्यप्रोक्ताद्वारदाभारद्वाजोवनत्रपुष्यभीरुपत्रीहंसपदीकाकनासाकुलिङ्गा [4]क्षीरवल्लीकपोतवल्लीगोपवल्लीमधुवल्ल्यः सोमवल्ली चेति; एषामेवंविधानामन्येषां च मधुरवर्गपरिसंख्यातानामौषधद्रव्याणां छेद्यानि खण्डशश्छेदयित्वा भेद्यानि चाणुशो भेदयित्वा प्रक्षाल्य पानीयेन सुप्रक्षालितायां स्थाल्यां समावाप्य पयसाऽर्धोदकेनाभ्यासिच्य साधयेद्दर्व्या सततमुपघट्टयन्, तदुपयुक्तभूयिष्ठेऽम्भसि गतरसेष्वौषधेषु पयसि चानुपदग्धे स्थालीमाहृत्य सुपरिपूतं पयः सुखोष्णं घृततैलवसामज्जलवणफाणितोपहितं बस्तिं वातविकारिणे विधिज्ञो विधिवद्दद्यात्, शीतं तु मधुसर्पिर्भ्यामुपसंसृज्य पित्तविकारिणे विधिवद्दद्यादिति मधुरस्कन्धः ॥१४६॥

इन आस्थापनोपयोगी द्रव्यों के रसों के संसर्ग (मिश्रण) के विकल्प का विस्तार भी—संयुक्त रसों के अंश, अंश के बल के

१—'०क्षीरोपधेया०' इति पाठान्तरम् ।
२—'पिशितेन रसस्तत्र यूषो धान्यैः खडः फलैः ।
मूलैश्च तिलकल्काम्लप्रायः काम्बलिकः स्मृतः ॥'

१—'रसैकैकत्वेन' ग० । २—'अभीरु' गङ्गाधरो न पठति ।
३—'शशपर्णी' ग० ।
४—'कुलिङ्गाक्षी क्षीर०' पा० । 'कुलिङ्गाक्षी पेटिका' चक्रः ।

विकल्प के बहुत अधिक प्रकार का होने के कारण—अपरिसंख्येय है। अर्थात् जब हम मिश्रित रसों के हीन हीनतर हीनतम, मध्य मध्यतर मध्यतम, अधिक अधिकतर अधिकतम आदि अंश, अंश के बल का विकल्प करते हैं तो बहुत ही अधिक होते हैं—जिनकी गिनती नहीं हो सकती। सूत्रस्थान में कह भी आये हैं—

'रसास्तरतमाभ्यस्ताः संख्यामतिपतन्ति हि।'

अतएव आस्थापनोपयोगी सम्पूर्ण द्रव्यों के एक देश को बताने के लिये प्रधान एक रस द्वारा वा सम्पूर्ण एक रस द्वारा रसों में बाँट कर नाम और लक्षण के प्रयोजन से रसविभाग द्वारा विभक्त करके छह आस्थापनस्कन्ध कहे जायँगे। अभिप्राय यह है कि आस्थापनोपयोगी द्रव्य बहुत ही अधिक हैं, प्रत्येक का नाम लेना असम्भव है। अतः उदाहरणार्थ कुछ द्रव्यों का नाम लेंगे। ये द्रव्य भी रसभेद से श्रेणियों में बाँट दिये हैं। इन्हें ही छह आस्थापनस्कन्ध नाम से कहा है—१ मधुरस्कन्ध २ लवणस्कन्ध ३ अम्लस्कन्ध ४ कटुस्कन्ध ५ तिक्तस्कन्ध ६ कषायस्कन्ध। इन स्कन्धों में केवल उन्हीं रसवाले द्रव्यों का कहना कठिन है, क्योंकि प्रायः द्रव्य मिलित रसोंवाले हैं। अतः इन स्कन्धों में उसी रस वाले वा उसी रस प्रधान वाले द्रव्य कहे जायँगे। तथा जिन द्रव्यों का नाम लिया जायगा उनका तो ज्ञान हो ही जायगा और उनको देखकर अन्यान्य आस्थापनोपयोगी द्रव्य भी जाने जायँगे। यही लक्षणार्थ कहने का अभिप्राय है।

चिकित्सक जो यह चाहते हैं कि छहों प्रकार के आस्थापन एक एक रस वाले ही हों वह कठिनतर है, क्योंकि प्रायः द्रव्यों में अनेक रस मिश्रित होते हैं। अतएव मधुर मधुरप्रधान विपाक में मधुर तथा मधुरप्रभाववाले द्रव्यों को मधुर ही मानते हुए उन्हें मधुरस्कन्ध में कहा जायगा। इसी प्रकार अन्य द्रव्यों को भी ले जाना चाहिये। जैसे—अम्ल अम्लरसप्रधान विपाक में अम्ल तथा अम्लप्रभाववाले द्रव्यों को अम्लस्कन्ध में कहा जायगा। इत्यादि।

मधुरस्कन्ध—जीवक; ऋषभक, जीवन्ती, वीरा (सहस्रवीर्या), तामलकी (भूम्यामलकी, भुंई आँवला), काकोली, क्षीरकाकोली, अभीरु (जालन्धरशाक), मुद्गपर्णी, माषपर्णी, शालपर्णी, पृश्निपर्णी, असनपर्णी (अपराजिता), मेदा, महामेदा, काकड़ासिंगी, शृङ्गाटिका (सिंघाड़ा), छिन्नरुहा (गिलोय), छत्रा (सौंफ अथवा श्वेत तालमखाना), अतिच्छत्रा (सौंफ का भेद अथवा लाल तालमखाना), श्रावणी (श्वेतमुण्डी), महाश्रावणी (लाल मुण्डी), अलम्बुषा (मुण्डी भेद), सहदेवा (पीले फूलोंवाली दण्डोत्पल), विश्वदेवा (लाल फूलवाली दण्डोत्पला), शुक्ला (खांड), क्षीरशुक्ला (त्रिवृत्, निसोत), बला, अतिबला, विदारी, क्षीरविदारी, क्षुद्रसहा (तरणी-पुष्पविशेष), महासहा (कुब्जक–पुष्प विशेष), गंगाधर क्षुद्रसहा तथा महासहा से रक्त कुरवक और श्वेत कुरवक का ग्रहण करता है), ऋष्यगन्धा (विधारा वा बलाभेद), असगन्ध, पयस्या, (अर्कपुष्पी वा विदारीभेद), श्वेत पुनर्नवा, लाल पुनर्नवा, बृहती (बड़ी कटेरी), कण्टकारी, छोटी कटेरी (भटकटैया), एरण्ड मोरट (मूर्वा), श्वदंष्ट्रा (गोखरू), संहर्षा (वन्दाक), शतावरी, उतपुष्पा (सोये), मधूकपुष्पी (महुए का भेद), यष्टिमधु (मुलहठी), मधूलिका (मर्कटहस्ततृण अथवा जलज मुलहठी), मृद्वीका (किशमिश-मुनक्का), खजूर, फालसा, कौंछ, पुष्करबीज (कमलबीज), कसेरू, राजकसेरू (बड़ा कसेरू), राजादन (खिरनी), कतक (निर्मली), काश्मर्य (गाम्भारी), शीतपाकी (गुञ्जा[1]), ओदनपाकी (नील झिण्टी), ताल (ताड़), मस्तक, खर्जूरमस्तक, इक्षु (ईख), इक्षुवालिका (खागड़तृण वा ईखभेद), दर्भमूल, कुशा की जड़, काश (कास) की जड़, शालि की जड़, गुन्द्रा (तृणभेद) को जड़, इत्कट (तृणभेद) की जड़, शरमूल (सरकण्डे की जड़), राजक्षवक (हांचिया), ऋष्यप्रोक्त (बलाभेद-पीतबला), द्वारदा (सागवान, गङ्गाधर के अनुसार पालक का शाक), भारद्वाजी (वनकपास), [2]वनत्रपुषी (चिर्भट-चिब्भड़), अभीरुपत्री (शतावरीभेद), हंसपदी (हंसराज), काकनासा (कौआ ठोडी), कुलिङ्गा (उच्चटा), क्षीरवल्ली (क्षीरलता व क्षीरविदारीभेद), कपोतवल्ली (छोटी इलायची), गोपवल्ली (अनन्तमूल), मधुवल्ली (द्राक्षाभेद अथवा मुलहठी भेद) और सोमवल्ली (सोमलता); इनका और अन्य इसी प्रकार के मधुरवर्ग में गिने गये औषध द्रव्यों में जो छेदन वा टुकड़े करने के योग्य हों उनके छोटे २ टुकड़े करके जो भेद्य (विदारण वा फाड़ने के योग्य) हों उनका बहुत सूक्ष्म भेदन करके स्वच्छ जल से धोवे। धोने के पश्चात् अच्छी प्रकार धोयी हुई हाँडी में डालकर आधे जल मिश्रित दूध (द्रव्य से आठ गुना) से सींचकर निरन्तर कड़छी से हिलाते हुए (मृदु अग्नि पर) सिद्ध करे। जब जल का बहुत-सा भाग सूख जाय (चतुर्थांश अवशिष्ट रह जाय) औषधों का रस निकल जाय और दूध जले नहीं तब हाँडी को उतार कर दूध को वस्त्र से छान ले। इसमें घी तेल वसा मज्जा लवण फाणित (राब) यथाविधि मिश्रित करके विधि को जाननेवाला वैद्य विधिपूर्वक सुखोष्ण (ईषदुष्ण-कोसी) बस्ति दे। पित्त के रोगी को प्रस्तुत शीतल दूध में मधु और घी मिश्रित करके विधिवत् बस्ति दे।

बस्ति वस्तुतः वात में प्रशस्ततम मानी है और पित्त में विरेचन। परन्तु यहाँ पित्त के लिये जो बस्तिविधान है वह पक्वाशयगत पित्त को बाहर निकालने के लिये है। चिकित्सा ३ अ० में कहा जायगा—

'पित्तं वा कफपित्तं वा पित्ताशयगतं हरेत्।
स्रंसनं, त्रीन्मलान् बस्तिर्हरेत्पक्वाशयस्थितान्' ॥१४६॥

१—'काकोलीभेदः' गङ्गाधरः। 'शीतला' इति चक्रः।
२—'वनत्रपुषी बृहत्फला गोडुम्बा' चक्रः। 'वन्यस्वल्पत्रपुषः' गंगाधरः।

आम्राम्रातकलकुचकरमर्दवृक्षाम्लाम्लवेतसकुवलबदरदाडिममातुलुङ्ग[1]गण्डीरामलकनन्दीतकशीतकतिन्तिडीकदन्तशठैरावतककोषाम्रधन्वनानां फलानि, पत्राणि चाम्रातकाश्मन्तकचाङ्गेरीणां चतुर्विधानां चाम्लिकानां द्वयोः कोलयोश्चामशुष्कयोर्द्वयोश्च शुष्काम्लिकयोर्ग्राम्यारण्ययोः, आसवद्रव्याणि च सुरासौवीरतुषोदकमैरेयमेदकमदिरामधुशीधुशुक्तदधिदधिमण्डोदश्विद्धान्याम्लादीनि च; एषामेवंविधानां चान्येषां चाम्लवर्गपरिसंख्यातानामौषधद्रव्याणां छेद्यानि खण्डशश्छेदयित्वा भेद्यानि चाणुशो भेदयित्वा [2]द्रवैः [3]स्थिराण्यवसिच्य साधयित्वोपसंस्कृत्य यथावत्तैलवसामधु[4]मज्जलवणफाणितोपहितं सुखोष्णं बस्तिं वातविकारिणे विधिज्ञो विधिवद्दद्यादित्यम्लस्कन्धः ॥१४७॥

अम्लस्कन्ध—आम, आम्रातक (अम्बाड़ा), लकुच (बड़हर), करमर्द (करौंदा), वृक्षाम्ल (विषांबिल), अम्लवेतस, कुवल (बड़ा बेर), बदर (बेर), दाड़िम (अनार), मातुलुङ्ग (बिजौरा), गण्डीर (शाकभेद वा स्नुहीभेद), आँवला, नन्दीतक (कर्पूरनन्दी), शीतक (चालित्रफल), तिन्तिडीक, दन्तशठ (जम्बीर वा गलगल), ऐरावतक (नारङ्गी) कोषाम्र (क्षुद्राम्र), धन्वन (धामन) के फल। आम्रातक (अम्बाड़ा), अश्मन्तक (अम्ललोटक), चाङ्गेरी इनके पत्ते, चारों प्रकार की इमली के पत्ते, कच्चे वा सूखे दोनों प्रकार के बेर के पत्ते, ग्राम्य तथा आरण्य दोनों प्रकार की सूखी अम्लिका की पत्ती। आसवद्रव्य तथा सुरा सौवीर तुषोदक मैरेय मेदक मदिरा मधु (मद्यभेद-द्राक्षा से तैयार की हुई) शीधु शुक्त (सिरका) दही, दही का पानी छाछ धान्याम्ल आदि। ये और इसी प्रकार के अन्य द्रव्य जिन्हें अम्लवर्ग में पढ़ा गया है उनमें से छेदनयोग्य का छेदन करके भेदनयोग्य का भेदन करके स्थिर द्रव्यों को सुरासौवीर आदि द्रव से सींचकर पूर्ववत् सिद्ध करे। पश्चात् छान कर यथावत् तेल वसा मधु मज्जा लवण और फाणित मिश्रित करके वातरोगी को विधिज्ञ वैद्य विधिवत् सुखोष्ण बस्ति दे। अम्लस्कन्ध समाप्त ॥१४७॥

सैन्धवसौवर्चलकालविडपाक्यानूपकूप्यबालकैलमौलकसामुद्ररोमकोद्भिदौषरपाटेयकपांशुजानीत्येवंप्रकाराणि चान्यानि लवणवर्गपरिसंख्यातानि, एतान्यम्लोपहितान्युष्णोदकोपहितानि वा स्नेहवन्ति सुखोष्णं बस्तिं वातविकारिणे विधिज्ञो विधिवद्दद्यादिति लवणस्कन्धः ॥१४८॥

लवणस्कन्ध–सैन्धव, सौवर्चल[5] (सौंचल), काल (काला-नमक निर्गन्ध), विंडममक, पाक्य आनूप, कूप्य, बालुक, ऐल, मोलक, सामुद्र, रोमक, उद्भिद, औषर, पाटेयक, पांशुज। पाक्य नमक उसे कहते हैं जो पकाकर तयार किया जाता है। अनूप देश में उत्पन्न नमक को आनूप कहते हैं। खारे कूप के जल से निकाले हुए लवण को कूप्य कहते हैं। बालुका से निकाले नमक को बालुक। इलाभूमि से निकाले नमक को ऐल। मूलाकार से उत्पन्न को मौलक। पाटेयक किस नमक को कहते हैं यह ज्ञात नहीं हो सका। शेष प्रसिद्ध ही हैं।

इन सब लवणों तथा इस प्रकार के लवणवर्ग में गिने गये अन्यान्य लवण द्रव्यों को काञ्जी आदि अम्ल द्रव अथवा गरम जल से मिश्रित करके उसमें तेल आदि स्नेह डालकर विधि को जाननेवाला वद्य वात के रोगी को विधिवत् सुहाती गरम बस्ति दे। लवणस्कन्ध समाप्त ॥१४८॥

पिप्पलीपिप्पलीमूलहस्तिपिप्पलीचव्यचित्रकशृङ्गवेरमरिचाजमोदार्द्रकविडङ्गकुस्तुम्बुरुपीलुतेजोवत्येलाकुष्ठभल्लातकास्थिहिङ्गुकिलिममूलकसर्षपलशुनकरञ्जशिग्रुकमधुशिग्रुकखरपुष्पा भूस्तृणसुमुखसुरसकुठेरकार्जकगण्डीरकालमालकपर्णासक्षवकफणिज्जकक्षारमूत्रपित्तानामेवंविधानां चान्येषां कटुकवर्गपरिसंख्यातानामौषधद्रव्याणां छेद्यानि खण्डशश्छेदयित्वा भेद्यानि चाणुशो भेदयित्वा गोमूत्रेण सह साधयित्वोपसंस्कृत्य यथावन्मधुतैललवणोपहितं सुखोष्णं बस्तिं श्लेष्मविकारिणे विधिज्ञो विधिवद्दद्यादिति कटुकस्कन्धः ॥१४९॥

कटुस्कन्ध—पिप्पली, पिप्पलीमूल, गजपिप्पली, चव्य, चित्रक, सोंठ, कालीमिर्च, अजमोदा, अदरक, वायविडङ्ग, नेपाली धनियाँ, पीलू, तेजोवती (ज्योतिष्मती—मालकंगनी अथवा तेजबल), छोटी इलायची, कुष्ठ, भिलावे की गुठली, हींग, किलिम (देवदारु), मूली, सरसों, लहसन, करञ्ज, शिग्रु (सहिजन), मधुशिग्रु (मीठा सहिजन), खरपुष्पा (खुरासानी अजवाइन), भूस्तृण (गन्धतृण), सुमुख, सुरस, कुठेरक, अर्जक, गण्डीर, कालमालक, पर्णास, क्षवक, फणिज्जक (सुमुख से लेकर फणिज्जक पर्यन्त तुलसी के भेद हैं), क्षार, मूत्र, पित्त तथा इस प्रकार के अन्य कटुवर्ग में परिगणित औषध द्रव्यों में से छेदनयोग्य द्रव्यों के खण्ड खण्ड करके भेद्य द्रव्यों को सूक्ष्मतया भेदन करके गोमूत्र के साथ सिद्ध करे और निर्मल वस्त्र से छानकर मधु तैल लवण यथावत् मिश्रित करके विधिज्ञाता वैद्य विधिपूर्वक कफ के रोगी को सुखोष्ण बस्ति दे। कटुस्कन्ध समाप्त।

चन्दननलदकृतमालनक्तमालनिम्बतुम्बुरुकुटजहरिद्रादारुहरिद्रामुस्तमूर्वाकिराततिक्तककटुरोहिणीत्रायमाणाकारवेल्लिकाकरवीरकेबुककठिल्लकवृषमण्डूकपर्णीकर्कोटकवार्ताकुकर्कशकाकमाचीकाकोदुम्बरिकासुषव्यतिविषापटोलकुलकपाठागुडूचीवेत्राग्रवेतसविकङ्कतबकुलसोमवल्कसप्तपर्णसुमनार्कावल्गुजवचातगरागुरुवालकोशीराणामेवंविधानां चान्येषां तिक्तवर्गपरिसंख्यातानामौषधद्रव्याणां छेद्यानि खण्डशश्छेदयित्वा भेद्यानि चाणुशो भेदयित्वा प्रक्षाल्य

१—'०करीर०' ग०। २—'द्रवैः स्थाल्यामभ्यासिच्य' यो०।
३—'स्थिरानि' ग०। ४—'०मस्तु०' च०।
५—सौवर्चल और विड नमक के तय्यार करने का प्रकार 'रसतरङ्गिणी' में देखें।

पानीयेनाभ्यासिच्य साधयित्वोपसंस्कृत्य यथावन्मधुतैललवणोपहितं सुखोष्णं बस्तिं श्लेष्मविकारिणे विधिज्ञो विधिवद्दद्यात्; शीतं तु मधुसर्पिर्भ्यामुपसंस्कृत्य पित्तविकारिणे विधिज्ञो विधिवद्दद्यादिति तिक्तस्कन्धः ॥१५०॥

तिक्तस्कन्ध—चन्दन, नलद (उशीरभेद), कृतमाल (कर्णिकार, अमलतास), नक्तमाल (नाटा करञ्ज), नीम, तुम्बुरु, कुटज (कुड़ा), हल्दी, दारुहल्दी मोथा, मूर्वा, चिरायता, कटुकी, त्रायमाण, कारवेल्लिका (करेली), करवीर (कनेर), केबुक (केऊँ), कठिल्लक (पुनर्नवा), वृष (अड़ूसा), मण्डूकपर्णी, कर्कोटक (ककोड़ा), वार्ताकु (बैंगन), कर्कश (कासमर्द–कसौंदी, काकमाची (मकोय), काकोदुम्बरिका (काठगुलरिया), सुषवी (करेला), अतिविषा (अतीस), पटोल (परवल), कुलक (पटोलभेद) पाठा (पाढ़), गुडूची (गिलोय), वेत्राग्र (बैंत का अग्रभाग), वेतस, विकंकत (स्रुवावृक्ष), बकुल (मौलसिरी), सोमवल्क (श्वेत खदिर), सप्तपर्ण (सतौना), सुमना (चमेली), अर्क (आक, मदार), अवल्गुज (बाकुची–बावची वा कालीजीरी), वच, तगर, अगर, बालक (नेत्रबाला), उशीर (खस); इन और इसी प्रकार के अन्य तिक्तवर्ग में पठित औषध द्रव्यों में से छेद्य द्रव्यों को टुकड़े करके तथा भेद्य द्रव्यों का सूक्ष्मतया भेदन करके धो डालें। पश्चात् पानी डालकर (मन्द मन्द आँच पर) सिद्ध करे। और छानकर यथावत् मधु तैल लवण मिश्रित करके विधिज्ञाता वैद्य कफ के रोगी को विधिपूर्वक सुखोष्ण (सुहाती गरम) बस्ति दे। यदि पित्त के रोगी को बस्ति देनी हो तो काढ़े को शीतल करके उसे मधु और घी से संस्कृत करके विधिज्ञ वैद्य (विधिपूर्वक आस्थापन बस्ति दे। तिक्तस्कन्ध समाप्त ॥१५०॥

प्रियङ्ग्वनन्ताम्रास्थ्यम्बष्ठकीकट्वङ्गलोध्रमोचरससमङ्गाधातकीपुष्पपद्मापद्मकेशरजम्ब्वाम्रप्लक्षवटकपीतनोदुम्बराश्वत्थभल्लातकाश्मन्तकशिरीषशिंशपासोमवल्कतिन्दुकपियालबदरखदिरसप्तपर्णाश्वकर्णस्यन्दनार्जुनासनारिमेदैलवालुकपरिपेलवकदम्बशल्लकीजिङ्गिनीकाशकशेरुकाराजकशेरुकाकट्फलवंशपद्मकाशोकशालधवसर्जभूर्जशणपुष्पीशमीमाचीकवरकतुङ्गाजकर्णाश्वकर्णस्फूर्जकबिभीतककुम्भीकपुष्करबीजबिसमृणालतालखर्जूरतरुणीनामेवंविधानां चान्येषां कषायवर्गपरिसंख्यातानामौषधद्रव्याणां छेद्यानि खण्डशश्छेदयित्वा भेद्यानि चाणुशो भेदयित्वा प्रक्षाल्य पानीयेन सह साधयित्वोपसंस्कृत्य यथावन्मधुतैललवणोपहितं सुखोष्णं बस्तिं श्लेष्मविकारिणे विधिवद्दद्यात्; शीतं तु मधुसर्पिर्भ्यामुपसंस्कृत्य पित्तविकारिणे दद्यादिति कषायस्कन्धः ॥१५१॥

कषायस्कन्ध—प्रियंगु, अनन्ता (अनन्तमूल), आम्रास्थि (आम की गुठली), अम्बष्ठकी (पाठा), कट्वङ्ग (श्योनाक-अरलु), लोध्र (लोध), मोचरस (सेमल की गोंद), समङ्गा (मञ्जिष्ठा), धातकीपुष्प (धाय के फूल), पद्मा (पद्मचारिणी), पद्मकेशर (कमलकेसर), जामुन, आम, प्लक्ष (पिलखन), वट (बड़ का वृक्ष), कपीतन (पारसपीपल), उदुम्बर (गूलर), अश्वत्थ (पीपल), भल्लातक (भिलावा), अश्मन्तक (अम्ललोटक वा पाषाणभेद), शिरीष (सिरस–सिरींह), शिंशपा (शीशम), सोमवल्क (श्वेतखदिर), तिन्दुक (तेन्दू), पियाल, बेर, खदिर (खैर), सप्तपर्ण, अश्वकर्ण (शालभेद), स्यन्दन (तिनिश), अर्जुन, असन, अरिमेद (विट्खदिर), एलवालुक, परिपेलव (केवटी मोथा), कदम्ब (कदम), शल्लकी, जिङ्गिनी (स्वनाम ख्यात), काश, कसेरू, राजकसेरु (बड़ा कसेरू), कट्फल, वंश (बास), पद्मक (पद्माख), अशोक, शाल, धव, सर्ज (राल का वृक्ष), भूर्ज (भोजपत्र), शणपुष्पी (सनपुष्पी), शमी (जण्डी), माचीक (अम्बिका अथवा मकोय), वरक (धान्यभेद), तुङ्ग (पुन्नाग), अजकर्ण (शालभेद वा असनभेद), अश्वकर्ण (शाल-पीतशाल), स्फूर्जक (तिन्दुकभेद), बिभीतक (बहेड़ा), कुम्भीक (पाटला अथवा कट्फल), पुष्करबीज (कमलबीज), बिस (कमल की जड़ वा भिस), मृणाल (कमलनाल वा उशीर), ताल (ताड़), खर्जूर, तरुणी (तरुणीपुष्प-गुलाब अथवा घीकार); इनके और इसी प्रकार के कषायवर्ग में कहे गये अन्यान्य औषध द्रव्यों में से छेद्य द्रव्यों के टुकड़े २ करके और भेद्यों का भेदन करके धोकर जल के साथ सिद्ध करें और छान लें। इसमें यथावत् मधु तैल और लवण मिश्रित करके विधिज्ञ वैद्य कफरोगी को विधिवत् सुखोष्ण बस्ति दे। परन्तु शीतल क्वाथ में मधु और घी मिश्रणरूप संस्कार करके पित्त के रोगी को आस्थापन बस्ति करावे। कषायस्कन्ध समाप्त ॥१५१॥

तत्र श्लोकाः।

षड्वर्गाः परिसंख्याता य एते रसभेदतः।
आस्थापनमभिप्रेत्य तान्विद्यात्सार्वयौगिकान् ॥१५२॥

आस्थापनबस्ति को लक्ष्य में रखते हुए जो ये रसभेद द्वारा षड्वर्ग (छह स्कन्ध) कहे गये हैं, उन्हें सार्वयौगिक जानें। सार्वयौगिक से अभिप्राय आस्थापनसाध्य सब रोगों में यथोक्त दोष का सम्बन्ध होने पर यौगिक—लाभकर होने से है ।१५२।

सर्वतो हि प्रणिहिताः सर्वरोगेषु जानता।
सर्वान् रोगान्नियच्छन्ति येभ्य आस्थापनं हितम् ॥१५३॥

ज्ञानी वैद्य द्वारा सम्पूर्ण रोगों में जिनमें आस्थापन हितकर है सर्वतः प्रयुक्त किये गये ६ स्कन्ध सब रोगों को शान्त करते हैं। अर्थात् दोष दूष्य देश काल आदि की अपेक्षा से आस्थापनसाध्य सम्पूर्ण रोगों में व्यस्त समस्त वा यथालाभ एवं यथाभिलषित रूप से प्रयुक्त कराये हुए ये छह स्कन्ध उन सब रोगों को शान्त करते हैं। अतएव ही इन स्कन्धों को सार्वयौगिक कहा है ॥१५३॥

येषां येषां प्रशान्त्यर्थं ये ये न परिकीर्तिताः।
द्रव्यवर्गा विकाराणां तेषां ते परिकोपनाः ॥१५४॥

जिन २ विकारों की शान्ति के लिये जो २ द्रव्यों के वर्ग नहीं कहे गये उन २ विकारों के लिये वे वर्ग कोपक होते हैं। जैसे जिस स्कन्ध में यह लिखा है कि इसे वातविकारवाले को दे, परन्तु यह नहीं लिखा कि कफ वा पित्तविकार से पीडित पुरुष को दें, वहाँ यह समझना चाहिये कि वह कफ और पित्त को बढ़ाता है। इसी प्रकार अन्यत्र भी ॥१५४॥

इत्येते षडास्थापनस्कन्धा रसतोऽनुविभज्य व्याख्याताः। तेभ्यो भिषग्बुद्धिमान्परिसंख्यातमपि यद्यद् द्रव्यमयौगिकं मन्येत तत्तदपकर्षयेत्, यद्यच्चानुक्तमपि यौगिकं वा मन्येत तत्तद्दद्यात्, वर्गमपि वर्गेणोपसंसृजेदेकमेकेनानेकेन वा युक्तिं प्रमाणीकृत्य। प्रचरणमिव भिक्षुकस्य बीजमिव कर्षकस्य सूत्रं बुद्धिमतामल्पमप्यनल्पज्ञानायतनं भवति; तस्माद् बुद्धिमतामूहापोहवितर्काः, मन्दबुद्धेस्तु यथोक्तानुगमनमेव श्रेयः; यथोक्तं हि मार्गमनुगच्छन् भिषक् संसाधयति[1] वा कार्यमनतिमहत्त्वाद्वा निपातयत्यनतिह्रस्वत्वादुदाहरणस्येति ॥१५५॥

ये छह आस्थापनस्कन्ध रस द्वारा विभक्त करके बता दिये हैं। उनमें से बुद्धिमान् चिकित्सक जिस २ द्रव्य को–चाहे उसका यहाँ परिगणन भी किया गया हो–अयौगिक (अनुपयोगी) समझे, उसे निकाल डाले और जिसे यौगिक जाने और वह स्कन्ध वा वर्ग में पठित न भी हो तो भी उसे डाल ले। युक्तिपूर्वक विवेचना करकेएक वर्ग को दूसरे एक वर्ग वा अनेक वर्गों से भी मिश्रित कर लेना चाहिये। सुश्रुत सूत्र० ३८ अ० में भी कहा है—

'गणोक्तमपि यद् द्रव्यं भवेद् व्याधावयौगिकम्।
तदुद्धरेत् प्रक्षिपेत्तु यन्मन्येद्यौगिकं तु तत् ॥
समीक्ष्य दोषभेदांश्च मिश्रान् भिन्नान प्रयोजयेत्।
पृथङ् मिश्रान् समस्तान् वा गुणं वा व्यस्तसंहतम् ॥'

भिक्षुक के प्रचार और किसान के बीज की तरह बुद्धिमान् पुरुषों के लिये अल्प भी शास्त्र महान् ज्ञान का कारण होता है। अतएव बुद्धिमान् पुरुष को ही ऊहापोह तथा वितर्क करने का अधिकार है। वे ऊहापोह वा वितर्क द्वारा उक्त द्रव्य को निकाल सकते हैं वा अनुक्त द्रव्य को डाल सकते हैं, गुणों को मिश्रित कर सकते हैं। परन्तु मन्दबुद्धि पुरुष को जैसा शास्त्र में कहा है उसीका अनुसरण करना श्रेयस्कर है। यथोक्त मार्ग का अनुसरण करते हुए वह वैद्य उदाहरण (योग) के अति-संक्षेप में न कहे जाने के कारण कार्य को सिद्ध कर लेता है अथवा अति विस्तार न होने से विकार को गिरा लेता है। अर्थात् यदि पूर्ण रोगशान्ति न भी हो तो किञ्चित् शान्ति तो कर ही सकता है यह साधारण नियम है। परन्तु यदि कोई औषधि केवल अपने उपादान द्रव्यों के संयोग की महिमा से ही उपयोगी हो तो वहाँ ऊहापोह नहीं चल सकता। उसे तो बुद्धिमान् वा मन्दबुद्धि दोनों को वैसा स्वीकार करना चाहिये। अतएव सुश्रुत में कहा है—

'एष चागमसिद्धत्वात् तथैव फलदर्शनात्।
मन्त्रवत् संप्रयोक्तव्यो न मीमांस्यः कथञ्चन ॥'१५५॥

अतः परमनुवासनद्रव्याण्यनुव्याख्यास्यन्ते—अनुवासनं तु स्नेह एव। स्नेहस्तु द्विविधः—स्थावरो जङ्गमात्मकश्च। तत्र स्थावरात्मकः स्नेहस्तैलमतैलं च। तद्द्वयं तैलमेव कृत्वोपदिश्यते, सर्वतस्तैलप्राधान्यात्। जङ्गमात्मकस्तु–वसा, मज्जा, सर्पिरिति ॥१५६॥

इसके पश्चात् अनुवासन द्रव्य कहे जायँगे—स्नेह ही अनुवासन है। स्नेह दो प्रकार का है–१ स्थावर २ जङ्गम। इनमें से स्थावर रूप स्नेह तैल और अतैल दो प्रकार का है। तैल–उसे कहते हैं जो स्नेह तिल से निकाला जाय। तिल के अतिरिक्त अन्य सरसों आदि से जो स्नेह निकलता है वह अतैल (तिल से जो न निकाला गया हो) कहाता है। वस्तुतस्तु उनका नाम सार्षप स्नेह आदि होता है, परन्तु तैल अतैल दोनों को ही तैल मानकर (रूढ़िसंज्ञा-गौण) उपदेश किया जाता है। क्योंकि इन सब स्थावर स्नेहों में तैल (तिल से निकाले स्नेह) की ही प्रधानता होती है। सुश्रुत सूत्र ४५ अ० में भी कहा है—

'सर्वेभ्यस्त्विह तैलेभ्यस्तिलतैलं विशिष्यते।
निष्पत्तेस्तद्गुणत्वाच्च तैलत्वमितरेष्वपि ॥'

जङ्गमरूप स्नेह तो वसा (चर्बी), मज्जा (अस्थि) के अन्दर का स्नेह (Marrow) तथा घी है ॥१५६॥

तेषां तु तैलवसामज्जसर्पिषां यथापूर्वं श्रेष्ठं वातश्लेष्मविकारेष्वनुवासनीयेषु, यथोत्तरं पित्तविकारेषु, सर्व एव सर्वविकारेष्वपि च योगमायान्ति संस्कारविशेषादिति ॥१५७॥

तैल, वसा, मज्जा और घी इन चारों स्नेहों में से अनुवासन योग्य वात और कफ के विकारों में यथापूर्व श्रेष्ठ होते हैं। अर्थात् घी से मज्जा, मज्जा से वसा और वसा से तैल श्रेष्ठ है। पित्त के विकारों में यथोत्तर श्रेष्ठ हैं अर्थात् तैल से वसा, वसा से मज्जा, मज्जा से घी। ऐसे स्थलों पर 'तैल' से तिलोद्भूत स्नेह तथा सरसों आदि से निकाले स्नेह (अतैल) दोनों का ग्रहण होता है। अथवा चारों ही स्नेह विशेष २ संस्कार (उस २ दोष के नाशक द्रव्यों के सहयोग से किये गये) के कारण सब रोगों में यौगिक वा उपयोगी हो जाते हैं ॥१५८॥

शिरोविरेचनद्रव्याणि पुनरपामार्गपिप्पलीमरिचविडङ्गशिग्रुशिरीषकुस्तुम्बुरुबिल्वाजाज्यजमोदावार्ताकीपृथ्वीकैलाहरेणुकाफलानि च; सुमुखसुरसकुठेरकगण्डीरककालमालकपर्णासक्षवकफणिज्झकहरिद्राशृङ्गवेरमूलकलशुनतर्कारीसर्षपपत्राणि च, अर्कालर्ककुष्ठनागदन्तीवचाभार्गीश्वेता-

[1] —'संसाधयति कार्यमनतिमहत्त्वादनतिह्रस्वत्वाच्चोदाहरणस्येति' ग०।

ज्योतिष्मतीगवाक्षीगण्डीरावाक्पुष्पीवृश्चिकालीवयस्थातिविषामूलानि च, हरिद्राशृङ्गवेरमूलकलशुनकन्दाश्च, लोध्रमदनसप्तपर्णनिम्बार्कपुष्पाणि च, देवदार्वगुरुसरलशल्लकीजिङ्गिन्यसनहिङ्गुनिर्यासाश्च, तेजोवतीवराङ्गेङ्गुदीशोभाञ्जनबृहतीकण्टकारिकात्वचः; इति शिरोविरेचनं सप्तविधं, फलपत्रमूलकन्दपुष्पनिर्यासत्वगाश्रयभेदात् । लवणकटुतिक्तकषायाणि चेन्द्रियोपशयानि तथाऽपराण्यनुक्तान्यपि द्रव्याणि यथायोगविहितानि शिरोविरेचनार्थमुपदिश्यन्त इति ॥ १५८ ॥

शिरोविरेचनद्रव्य—अपामार्ग (ओंगा, चिरचिटा, लटजीरा, पुठकण्डा), पिप्पली, कालीमिर्च, वायविडङ्ग, शिग्रु (सहिजन), बिल्व, अजाजी (कालाजीरा), अजमोदा, वार्ताकी (बृहती), पृथ्वीका (बड़ी इलायची), एला (छोटी इलायची), हरेणुका (रेणुका), इनके फल; सुमुख, सुरस, कुठेरक, गण्डीरक, कालमालक, पर्णास, क्षवक, फणिज्झक, (ये तुलसी के भेद हैं), हल्दी, सोंठ, मूली, लहसुन, तर्कारी (जयन्ती), सरसों, इनके पत्ते; अर्क (आक–मदार), अलर्क (श्वेत आक-मदार), नागदन्ती, वच, भारंगी, श्वेता (अपराजिता), ज्योतिष्मती (मालकंगनी), गवाक्षी (इन्द्रायण), गण्डीर (शमठशाक), अवाक्पुष्पी (अन्धाहुली), वृश्चिकाली (बिछाटी) वयःस्था (ब्राह्मी), अतिविषा (अतीस)–इनकी जड़ें; हल्दी, अदरक, मूली, लहसुन–इनके कन्द; लोध, मैनफल, सप्तपर्ण, नीम तथा आक के फूल, देवदारु, अगर, सरल (चीड़), शल्लकी, जिङ्गिनी, असन तथा हिंगुवृक्ष का निर्यास; तेजोवती (तेजबल), वराङ्ग (दालचीनी), इंगुदी (हिंगोट), सहिजन, बृहती तथा कण्टकारी की छाल; यह १ फल २ पत्र ३ मूल (जड़) ४ कन्द ५ पुष्प ६ निर्यास (गोंद) तथा ७ त्वचा; इन आश्रयों के भेद से सात प्रकार का शिरोविरेचन है। सुश्रुत में आठ प्रकार का शिरोविरेचन कहा गया है। वहाँ 'सार' अधिक पढ़ा गया है। शाल ताड़ और महुए के मध्यकाष्ठ को शिरोविरेचन में उपयोगी मानता है ॥

इनके अतिरिक्त योग के अनुसार प्रयुक्त इन्द्रिय के लिये सुखकर कटु तिक्त कषाय रसवाले द्रव्य एवं अन्यान्य अनुक्त द्रव्य शिरोविरेचन के लिये सम्मत हैं ॥१५८॥

१—लक्षणं शास्त्रम् ।

तत्र श्लोकाः ।

[१]लक्षणाचार्यशिष्याणां परीक्षाकारणं च यत् ।
अध्येयाध्यापनविधिः संभाषाविधिरेव च ॥ १५९ ॥
षड्भिर्न्यूनानि पञ्चाशद्वादमार्गपदानि च ।
पदानि दश चान्यानि कारणादीनि तत्त्वतः ॥ १६० ॥
संप्रश्नश्च परीक्षादेर्नवको वमनादिषु ।
भिषग्जितीये रोगाणां विमाने संप्रदर्शितः ॥ १६१ ॥

अध्यायार्थ संग्रह—शास्त्रपरीक्षाकारण, आचार्यपरीक्षाकारण, शिष्यपरीक्षाकारण, अध्ययनविधि, अध्यापनविधि, सम्भाषाविधि, ४४ वादमार्ग के पद, कारण आदि १० अन्य पद, वमन आदि में परीक्षा आदि ९ प्रश्न यह सब रोगभिषग्जितीय में बता दिया है ॥१५९–१६१॥

बहुविधमिदमुक्तमर्थजातं
बहुविधवाक्यविचित्रमर्थकान्तम् ।
बहुविधशुभशब्दसन्धियुक्तं
बहुविधवादनिषूदनं परेषाम् ॥ १६२ ॥

बहुत से वाक्यों से विचित्र, अर्थ से शोभायमान, बहुत प्रकार की शब्दसन्धियों से युक्त, प्रतिवादियों के बहुत प्रकार के वादों का निराकरण वा खण्डन करनेवाला इसमें बहुत प्रकार का विषय कहा है ॥१६२॥

इमां मतिं बहुविधहेतुसंश्रयां
विजज्ञिवान्परमतवादसूदनीम् ।
न सज्जते परवचनावमर्दने
न शक्यते परवचनैश्च मर्दितुम् ॥ १६३ ॥

प्रतिवादी के मन्तव्य वाद का खण्डन करनेवाली बहुत प्रकार के हेतुओं से युक्त इस मति (बुद्धि व ज्ञान) को जाननेवाला पुरुष प्रतिवादी के वचन का खण्डन करने में हिचकिचाता नहीं और दूसरों (प्रतिवादियों) के वचनों से हराया भी नहीं जा सकता ॥१६३॥

दोषादीनां तु भावानां सर्वेषामेव हेतुमत् ।
मानात्सम्यग्विमानानि निरुक्तानि विभागशः ॥ १६४ ॥

इत्यग्निवेशकृते तन्त्रे चरकप्रतिसंस्कृते विमानस्थाने
रोगभिषग्जितीयविमानं नामाष्टमोऽध्यायः ॥८॥

हेतुपूर्वक सब दोष आदि भावों के सम्यग् मान (ज्ञान) कराने से पृथक् २ विमान कहे गये हैं। इससे विमान की निरुक्ति बता दी है ॥१६४॥

इत्यष्टमोऽध्यायः ।

विमानस्थानं सम्पूर्णम् ।

शारीरस्थानम्

प्रथमोऽध्यायः

अथातः कतिधापुरुषीयं शारीरं व्याख्यास्यामः ।
इति ह स्माह भगवानात्रेयः ॥१॥

चिकित्सा में शास्त्र के अधिष्ठानभूत पुरुष का जानना आवश्यक है। जब तक हमको रोग वा आरोग्य के आश्रय पुरुष का ज्ञान नहीं, हम आयुर्वेद के प्रयोजन अर्थात् स्वस्थ के स्वास्थ्य की रक्षा और रोगी के रोग की निवृत्ति में समर्थ नहीं हो सकते। अतएव अधिष्ठान के ज्ञान के लिये शारीरस्थान का उपदेश किया जाता है। सबसे पूर्व पुरुष के सर्वथा ज्ञान के लिये कतिधापुरुषीय अध्याय की व्याख्या होगी।

अब हम कतिधापुरुषीय नामक शरीर की व्याख्या करेंगे—ऐसा भगवान् आत्रेय ने कहा था ॥१॥

अग्निवेश उवाच—
कतिधा पुरुषो धीमान् धातुभेदेन भिद्यते ।
पुरुषः कारणं कस्मात् प्रभवः पुरुषस्य कः ॥२॥

अग्निवेश ने भगवान् आत्रेय से पूछा—हे बुद्धिमन् !

१—धातुभेद से पुरुष कितने प्रकार का है ?

२—किस हेतु से पुरुष को कारण कहा जाता है ?

३—पुरुष का उत्पत्तिस्थान वा उत्पत्तिकारण कौन है ? ॥२॥

किमज्ञो ज्ञः स नित्यः किं किमनित्यो निदर्शितः ।
प्रकृतिः का विकाराः के किं लिङ्गं पुरुषस्य च ॥३॥

४—वह पुरुष क्या अज्ञ (ज्ञानरहित) है अथवा ज्ञानी है ?

५—वह क्या नित्य है अथवा अनित्य बताया गया है ?

६—प्रकृति क्या है ?

७—विकार कौन है ?

८—पुरुष के क्या लिङ्ग हैं ? जिससे वह अनुमान द्वारा जाना जाता है ?

निष्क्रियं च स्वतन्त्रं च वशिनं सर्वगं विभुम् ।
वदन्त्यात्मानमात्मज्ञाः क्षेत्रज्ञं साक्षिणं तथा ॥४॥

आत्मज्ञानी लोग आत्मा को क्रियारहित स्वतन्त्र, वशी (सब भूत भौतिक पदार्थों को वश में रखनेवाला), सर्वगत, विभु (सर्वव्यापक), क्षेत्रज्ञ तथा साक्षी बताते हैं। 'तथा' से यहाँ निर्विकार का भी ग्रहण करना चाहिये ॥४॥

निष्क्रियस्य क्रिया तस्य भगवन् विद्यते कथम् ।
स्वतन्त्रश्चेदनिष्टासु कथं योनिषु जायते ॥५॥

९—हे भगवन् ! उस निष्क्रय आत्मा की क्रिया किस प्रकार होती है ?

१०—यदि वह स्वतन्त्र है तो अनिष्ट-अप्रिय योनियों में वह किस प्रकार उत्पन्न होता है ? अर्थात् यदि वह स्वाधीन है तो वह क्यों कीड़े मकोड़े आदि बुरी योनियों में जाय। क्योंकि कोई भी अपनी इच्छा से अप्रिय स्थान पर जाना नहीं चाहता।

वशी यद्यसुखैः कस्माद् भावैराक्रम्यते बलात् ।
सर्वाः सर्वगतत्वाच्च वेदनाः किं न वेत्ति सः ॥६॥

११—यदि वशी है तो बलात् दुःखकर भावों से क्यों आक्रान्त होता है ? अर्थात् यदि वह सबको वश में रखनेवाला है (यस्य सर्वमिदं वशे) तो दुःखकर भावों से उसके आक्रान्त होने में क्या हेतु समझते हैं ?

१२—आत्मा सर्वगत है तो सर्वगत होने से सब वेदनाओं को क्यों नहीं चाहता ? ॥६॥

न पश्यति विभुः कस्माच्छैलकुड्यतिरस्कृतम् ।

१३—विभु आत्मा पर्वत वा दीवार आदि के पीछे छिपी वस्तु को क्यों नहीं देख पाता ? आत्मा यदि सर्वत्र व्यापक है उसमें व्यवधान नहीं हो सकता उसे सर्वत्र सब पदार्थों का ज्ञान होना चाहिये।

क्षेत्रज्ञः क्षेत्रमथवा किं पूर्वमिति संशयः ॥७॥
ज्ञेयं क्षेत्रं विना पूर्वं क्षेत्रज्ञो हि न युज्यते ।
क्षेत्रं च यदि पूर्वं स्यात्क्षेत्रज्ञः स्यादशाश्वतः ॥८॥

यदि आत्मा क्षेत्रज्ञ है तो यह संशय होता है कि—

१४—क्या क्षेत्रज्ञ पूर्व होगा वा क्षेत्र पूर्व है ?

यदि क्षेत्रज्ञ पूर्व मानें तो वह हमारी समझ में नहीं आता। क्योंकि ज्ञेय है क्षेत्र। जब ज्ञेय ही नहीं तो ज्ञाता कहाँ से। अतएव क्षेत्रज्ञ का पूर्व होना युक्तिसंगत नहीं। यदि हम क्षेत्र को पूर्व मानें तो आत्मा को अशाश्वत-अनित्य मानना होगा। क्योंकि क्षेत्र के बाद आत्मा उत्पन्न हुआ ॥७,८॥

साक्षिभूतश्च कस्यायं कर्ता ह्यन्यो न विद्यते ।
स्यात्कथं चाविकारस्य विशेषो वेदनाकृतः ॥९॥

१५—जब आत्मा के अतिरिक्त अन्य कर्ता ही नहीं है तो यह साक्षी किसका है ? एक व्यक्ति कर्म करता है और दूसरा उसको देखता है वह देखनेवाला व्यक्ति साक्षी कहाता है, परन्तु जब कोई अन्य कर्ता ही नहीं तो हम आत्मा को साक्षी कैसे स्वीकार करें ?

१६—आत्मा को निर्विकार व विकाररहित कहा जाता है। अर्थात् उसमें किसी प्रकार परिवर्तन नहीं होता। यदि वह निर्विकार है तो वेदनाजन्य भिन्नता उसमें कैसे होती है ? अर्थात् सुख दुःख आदि से उसमें भिन्नता क्योंकर होती है ।९।

अथ चार्तस्य भगवंस्तिसृणां कां चिकित्सति ।
अतीतां वेदनां वैद्यो वर्तमानां भविष्यतीम् ॥१०॥
भविष्यन्त्या असम्प्राप्तिरतीताया अनागमः ।
सांप्रतिक्या अपि स्थानं नास्त्यर्तेः संशयो ह्यतः ॥११॥

१७, १८, १९—हे भगवन् ! भूत वर्तमान वा भविष्यत् इन तीन प्रकार की वेदनाओं (रोगों) में से वैद्य रोगी के किस रोग की चिकित्सा करता है ?

भविष्यत् वेदना की चिकित्सा तो वह कर ही नहीं सकता, क्योंकि वह तो अभी तक पहुँची ही नहीं। जो भूत वेदना है वह वापिस नहीं आ सकती। जो वर्तमान पीड़ा है वह भी स्थिर नहीं, क्योंकि सब भावों का स्वभाव नित्य गमन करने का है। काल भी नित्यग है। जब संवत्सरात्मक काल और आतुरावस्था रूपी काल नित्यग हैं तो रोग की चिकित्सा नहीं हो सकती। क्योंकि ज्यों ही हम रोगी की वेदना का विचार करेंगे वैसे ही नयी अवस्था आ पहुँचेगी और इस प्रकार चिकित्सा असम्भव होगी। अतएव हमको यह संशय होता है कि वैद्य किस वेदना की चिकित्सा करता है ॥

कारणं वेदनानां किं किमधिष्ठानमुच्यते ।
क्व चैता वेदनाः सर्वा निवृत्तिं यान्त्यशेषतः ॥१२॥

२०-वेदनाओं का क्या कारण है ?

२१-उनका अधिष्ठान (आश्रय) क्या है ?

२२-और ये सब वेदनायें सम्पूर्णतया कहाँ निवृत्त होती हैं ?

सर्ववित्सर्वसंन्यासी सर्वसंयोगनिःसृतः ।
एकः प्रशान्तो भूतात्मा कैर्लिङ्गैरुपलभ्यते ॥१३॥

२३-सर्वज्ञ सर्वत्यागी सब संयोगों से हटा हुआ प्रशान्त भूतात्मा को किन लिङ्गों (लक्षणों) से जान सकते हैं ? ॥१३॥

इत्यग्निवेशस्य वचः श्रुत्वा मतिमतां वरः ।
सर्वं यथावत् प्रोवाच प्रशान्तात्मा पुनर्वसुः ॥१४॥

अग्निवेश के इस वचन को सुनकर बुद्धिमानों में श्रेष्ठ शान्तात्मा भगवान् पुनर्वसु ने सब यथावत् कहा ॥१४॥

खादयश्चेतनाषष्ठा धातवः पुरुषः स्मृतः ।
चेतनाधातुरप्येकः स्मृतः पुरुषसंज्ञकः ॥१५॥
पुनश्च धातुभेदेन चतुर्विंशतिकः स्मृतः ।
मनो दशेन्द्रियाण्यर्थाः प्रकृतिश्चाष्टधातुकी ॥१६॥

प्रथम प्रश्न—धातुभेद से पुरुष कितने प्रकार का है—का उत्तर-धातुभेद से पुरुष तीन प्रकार का है। धारण करने से धातु कहा जाता है। यहां 'धातु' से रस रक्त आदि का ग्रहण नहीं है। १ षड्धातुपुरुष २ एकधातुपुरुष ३ चौबीसधातुपुरुष।

षड्धातु पुरुष—आकाश, वायु, अग्नि, जल, पृथिवी; ये पाँच महाभूत तथा छठा चेतनाधातु (आत्मा); इन छह धातुओं के समुदाय को 'पुरुष' कहते हैं। यह 'कर्मपुरुष' आयुर्वेद का अधिकरण है। आकाश आदि भूतों से ही उसके विकार शरीर वा इन्द्रियों का ग्रहण हो जाता है। सुश्रुत शारीर स्थान में भी कहा है—'यतोऽभिहितं पञ्चमहाभूतशरीरिसमवायः पुरुष इति।'

एकधातु पुरुष—अकेली चेतनाधातु को भी 'पुरुष' कहा जाता है। जैसे—सुश्रुत शारीर के प्रथम अध्याय में कहा है—

'तत्र सर्व एवाचेतन एष वर्गः, पुरुषः पञ्चविंशतितमः कार्यकारणसंयुक्तश्चेतयिता भवति।'

यहाँ पर केवलमात्र चेतनाधातु को पुरुष संज्ञा से कहा है। इसी प्रकार सांख्यशास्त्र में भी—

'मूलप्रकृतिरविकृतिर्महदाद्याः प्रकृतिविकृतयः सप्त ।
षोडशकस्तु विकारो न प्रकृतिर्न विकृतिः पुरुषः ॥'

यहाँ पर भी चेतनाधातु मात्र को ही 'पुरुष' कहा है।

चिकित्सा में—केवल चेतनाधातुमात्र पुरुष अधिकरण नहीं। प्रसङ्गवश यहाँ कह दिया है।

चतुर्विंशतिधातु पुरुष—और धातुभेद से चौबीस तत्त्वों की राशि को भी पुरुष कहते हैं। वे चौबीस तत्त्व वा चौबीस धातु निम्न हैं—

चौबीस धातु—मन, दस इन्द्रियाँ, पाँच विषय और प्रकृति कही जानेवाली आठ धातुओं का समूह। अर्थात् १ मन २ चक्षु ३ श्रोत्र ४ घ्राण ५ जिह्वा ६ त्वचा ७ वाणी ८ हाथ ९ उपस्थ १० गुदा ११ पाँव १२ रूप १३ शब्द १४ गन्ध १५ रस १६ स्पर्श १७ अव्यक्त १८ महत्तत्त्व १९ अहङ्कार २० रूपतन्मात्र २१ शब्दतन्मात्र २२ गन्धतन्मात्र २३ रसतन्मात्र २४ स्पर्श तन्मात्र, ये धातु हैं। आगे कहा जायगा—

'खादीनि बुद्धिरव्यक्तमहङ्कारस्तथाष्टमः ।
भूतप्रकृतिरुद्दिष्टा विकाराश्चैव षोडश ॥
बुद्धीन्द्रियाणि पञ्चैव पञ्च कर्मेन्द्रियाणि च ।
समनस्काश्च पञ्चार्था विकार इति संज्ञिताः ॥'

यहाँ पर आठ प्रकृतियों में जो आकाश आदि पञ्चमहाभूत का परिगणन किया है उससे आचार्य का अभिप्राय सूक्ष्म भूत वा पाँच तन्मात्राओं से ही जानना चाहिये, क्योंकि वह ही प्रकृति है। महाभूतों का पाँच विषयों से ही ग्रहण हो जाता है। ये महाभूत विकार हैं। सुश्रुत शारीर प्रथम अध्याय में कहा है—

'अव्यक्तं महानहङ्कारः पञ्चतन्मात्राणि चेत्यष्टौ प्रकृतयः। शेषाः षोडश विकाराः।'

तथा सांख्यकारिका में भी—

'मूलप्रकृतिरविकृतिर्महदाद्याः प्रकृतिविकृतयः सप्त।'
षोडशकस्तु विकारः.....................

यहाँ पर महत्तत्त्व आदि सात तत्त्वों को प्रकृति और विकृति दोनों बताया है, पर चूँकि ये प्रकृति भी हैं, अतः आचार्य ने इन्हें प्रकृतियों में गिना है।

सुश्रुत शारीर की सञ्जीवनी नामक व्याख्या में हमने एकत्र संग्रह करके '२४' तत्त्व दिखाये हैं। वहाँ शब्द आदि विषयों की जगह पाँच महाभूत गिने हैं। पतञ्जलिमतानुयायी शब्द आदि से ही इन महाभूतों की उत्पत्ति मानते हैं। अतः महाभूत न गिनकर यदि शब्द आदि पाँच विषयों को गिना दिया जाय तो कोई हानि नहीं। सांख्यवादी पाँच तन्मात्राओं से पाँच महाभूतों की उत्पत्ति मानते हैं और शब्द आदि विषयों को तन्मात्राओं के भेदक रूप में जानते हैं। अतः वे २४ तत्त्वों में पञ्चमहाभूतों को गिनते हैं।

ये चौबीस के चौबीस तत्त्व जड़ हैं। यदि कोई चेतनाधातु न हो तो केवलमात्र इन जड़ पदार्थों के होने पर रोग वा आरोग्य दुःख वा सुख की प्रवृत्ति ही नहीं होगी। अतः आत्मा का भी परिगणन स्वयं हो जाता है। आत्मा के बिना विकार नहीं हो सकते अतएव सृष्टि भी न होगी। सांख्यशास्त्र में भी कहा है—

'पङ्ग्वन्धवदुभयोरपि संयोगस्तत्कृतः सर्गः।'

मूल प्रकृति और आत्मा के संयोग होने पर ही सर्ग प्रवृत्ति होती है। अतः जहाँ अव्यक्त से मूलप्रकृति का ग्रहण होता है वहाँ अव्यक्त से ही आत्मा का भी ग्रहण होता है। कहा भी जायगा—

'अव्यक्तमात्मा क्षेत्रज्ञः।'

अथवा मूलप्रकृति क्षेत्रज्ञों का अधिष्ठान है। आश्रय के ग्रहण से आश्रित का भी ग्रहण हो जाता है। सुश्रुत शारीर प्रथम अध्याय में कहा है—

'सर्वभूतानां कारणमकारणं सत्त्वरजस्तमोलक्षणमष्टरूपमखिलस्य जगतः सम्भवहेतुरव्यक्तं नाम। तदेकं बहूनां क्षेत्रज्ञानामधिष्ठानं समुद्र इवौदकानां भावानाम्' ॥१५, १६॥

लक्षणं मनसो ज्ञानस्याभावो भाव एव च।
सति ह्यात्मेन्द्रियार्थानां सन्निकर्षे न वर्तते ॥१७॥
[1]वैवृत्यान्मनसो ज्ञानं सान्निध्यात्तच्च वर्तते।

मन का लक्षण—युगपत् ज्ञान का अभाव (न होना) और भाव (होना) मन का लक्षण है। अर्थात् जब आत्मा द्वारा अपने अभिमत विषय के ग्रहण के लिये प्रवृत्त किया गया मन उस विषय के ग्रहण के लिये उस २ विषय की ग्राहक इन्द्रिय की ओर जाता है, तब वह मनोयुक्त इन्द्रिय उस विषय को ग्रहण करती है। दूसरी इन्द्रिय के विषय को ग्रहण करने में युगपत् मन प्रवृत्त नहीं होता। अतएव एक ही काल में एक ज्ञान का होना और दूसरे ज्ञान का न होना यही मन का अनुमान लिङ्ग है। न्यायदर्शन में कहा है—

'युगपज्ज्ञानानुत्पत्तिर्मनसो लिङ्गम्।'

अभिप्राय यह है—इन्द्रियों के विषय युगपत् इन्द्रियों से संयुक्त होते हैं, परन्तु एक क्षण में किसी एक इन्द्रिय के विषय का ज्ञान होता है, दूसरों का नहीं—यह देखा गया है। आत्मा विभु है और उसका एक काल में ही सब के साथ योग रहता है। यदि मन की सत्ता स्वीकार न की जाय तो सर्वदा सब इन्द्रियों के विषयों का ज्ञान होता रहे। अतएव जिसके द्वारा एक काल में एक ही विषय का ग्रहण होता है वह मन है।

आत्मा इन्द्रिय और विषयों का संयोग होने पर मन का सान्निध्य न होने से ज्ञान नहीं होता और आत्मा इन्द्रिय विषयों का संयोग होने पर यदि मन का सान्निध्य (इन्द्रिय से सम्बन्ध) भी हो तो ज्ञान उत्पन्न होता है। अतएव आत्मा इन्द्रिय और विषय का सन्निकर्ष होने पर मन के दूर रहने पर ज्ञान का अभाव और पास रहने पर ज्ञान का भाव यह मन का लक्षण है। अर्थात् इस लक्षण द्वारा मन का अनुमान किया जाता है। मन का सान्निध्य न होने से ज्ञान नहीं होता और सान्निध्य होने से ज्ञान होता है सुतरां मन को स्वीकार करना पड़ता है। वैशेषिक में कहा भी है—

'आत्मेन्द्रियार्थसन्निकर्षे ज्ञानस्य भावश्चाभावश्च मनसो लिङ्गम्'[2] १७

अणुत्वमथ चैकत्वं द्वौ गुणौ मनसः स्मृतौ ॥१८॥

मन के गुण—मन के दो गुण हैं—१ अणुता २ एकता। अर्थात् मन अणु है और एक है। प्रति शरीर में एक मन है और वह अणु है। यदि मन अनेक हों अथवा महत्परिमाणवाला हो तो युगपत् अनेक ज्ञान होने चाहिये। पर ऐसा नहीं होता, अतः उसे अणु और एक ही मानना होगा। आत्मा चाहे कि मैं युगपत् पाँचों इन्द्रियों के विषयों का ज्ञान प्राप्त करूँ पर वह कर नहीं सकता। गौतम ने न्यायदर्शन में कहा भी है—

'ज्ञानायौगपद्यादेकं मनः।'

तथा वैशेषिक में भी—

'प्रयत्नायौगपद्याज्ज्ञानायौगपद्याच्चैकम्।'

तथा च विश्वनाथकारिका—

'अयौगपद्याज्ज्ञानानां तस्याणुत्वमिहेष्यते।'

इन्द्रियोपक्रमणीयाध्याय में भी कहा जा चुका है—

'न चानेकत्वं, नाण्वेकं ह्येककालमनेकेषु प्रवर्त्तते, तस्मान्नैककाला सर्वेन्द्रियप्रवृत्तिः।' ॥१८॥

चिन्त्यं विचार्यमूह्यं च ध्येयं सङ्कल्प्यमेव च।
यत्किञ्चिन्मनसो ज्ञेयं तत्सर्वं ह्यर्थसंज्ञकम् ॥१९॥

मन के विषय—चिन्त्य, विचार्य, ऊह्य, ध्येय, संकल्प्य तथा अन्य जो भी मन से ज्ञेय हैं वे सब मन के विषय कहाते हैं। जो कुछ सोचता है वह चिन्त्य कहाता है। जो कुछ गुण या दोष द्वारा विचारता है वह विचार्य कहाता है। जो कुछ युक्ति द्वारा तर्कणा करता है वह ऊह्य कहाता है। जिसका ध्यान किया जाता है वह ध्येय है। जो कुछ कर्तव्याकर्तव्य की कल्पना वा निश्चय किया जाता है वह सङ्कल्प्य कहाता है ॥१९॥

इन्द्रियाभिग्रहः कर्म [1]मनसस्स्वस्य निग्रहः।
ऊहो विचारश्च, ततः परं बुद्धिः प्रवर्तते ॥२०॥

मन के कर्म—इन्द्रियों में अधिष्ठित होना, अहित विषय से मन को रोकना, ऊहा और विचार; ये मन के कर्म हैं। अनिष्टविषय में गया हुआ मन, मन द्वारा ही रोका जाता है। मन के कर्म के पश्चात् बुद्धि प्रवृत्त होती है।

अथवा इसका अर्थ यूं भी किया जा सकता है कि इन्द्रियाभिग्रह इन्द्रियनिग्रह ये दो मन के कर्म हैं। रूप रस आदि किसी अभिलषित इन्द्रियविषय के ग्रहण के लिये आत्मा द्वारा प्रेरित मन उस विषय की ग्राहक इन्द्रिय का जो ग्रहण करता है वह इन्द्रियाभिग्रह कहाता है। इन्द्रियनिग्रह से अभिप्राय इन्द्रियों को विषयों से रोकना है। गीता अध्याय ६ में कहा है—

'मनसैवेन्द्रियग्रामं विनियम्य समन्ततः।'

अथवा एक ही काल में एक इन्द्रिय से सम्बन्ध और दूसरी इन्द्रिय को अपने विषय के ग्रहण में असमर्थ रखना ये दो कर्म हैं। अथवा विषयग्रहण के समय इन्द्रिय का ग्रहण और विषय का ज्ञान हो चुकने पर उस विषय से निवृत्ति ये दोनों कर्म मन के हैं। कर्म के पश्चात् तर्क, तर्क के पश्चात् विचार, तदनन्तर बुद्धि प्रवृत्त होती है ॥२०॥

१—'वैवृत्यान्मनस इति इन्द्रियेणासंयोगात्, सान्निध्यादिति इन्द्रियेण मनसः सम्बन्धात्' चक्रः। २—सत्यप्यात्मेन्द्रियार्थसान्निध्ये ज्ञानसुखादीनामभूतोत्पत्तिदर्शनात् कारणान्तरमनुमीयते श्रोत्राद्यव्यापारे स्मृत्युत्पत्तिदर्शनात् बाह्येन्द्रियगृहीतसुखादिग्राहकान्तराभावाच्च। इति मनःसाधने प्रशस्तपादः।

१—'स्वयं निग्रहः' पा०।

इन्द्रियेणेन्द्रियार्थो हि समनस्केन गृह्यते ।
कल्प्यते मनसाऽप्यूर्ध्वं गुणतो दोषतो यथा ॥२१॥
जायते विषये तत्र या बुद्धिर्निश्चयात्मिका ।
व्यवस्यति तथा वक्तुं कर्तुं वा बुद्धिपूर्वकम् ॥२२॥

ज्ञान का क्रम—मनोयुक्त इन्द्रिय अपने विषय को ग्रहण करती है । इस समय का ज्ञान वस्तुमात्र होता है । इसे आलोचन नामक निर्विकल्पक ज्ञान कहते हैं । तदनन्तर मन द्वारा कल्पना की जाती है । अर्थात् यह वस्तु ऐसी है वैसी है हेय है उपादेय है यह मन कल्पना करता है । कहा भी है—

'संमुग्धं वस्तुमात्रं तु प्राग्गृह्णन्त्यविकल्पितम् ।
तत्सामान्यविशेषाभ्यां कल्पयन्ति मनीषिणः ॥'

तदनन्तर उस विषय में जो निश्चयात्मिका बुद्धि उत्पन्न होती है उस (निश्चयात्मिका बुद्धि) से पुरुष बुद्धिपूर्वक कहने वा करने का निश्चय करता है । तात्पर्य यह है कि सबसे पूर्व पुरुष को आलोचन ज्ञान होता है । यह ज्ञान वस्तुमात्र होता है । यही निर्विकल्पक ज्ञान है । इसके पश्चात् यह ऐसा है वह वैसा है इत्यादि गुणदोष का मन द्वारा विचार होता है । तत्पश्चात्—ये सब विषय मेरे लिये ही हैं, यहाँ मुझसे अतिरिक्त और किसी का अधिकार नहीं, मैं ही इस कार्य के करने में समर्थ हूँ इत्यादि अहङ्कार होता है । इसके बाद बुद्धि निश्चय करती है कि, 'मैं करूँगा' । कुमारिल ने कहा है—

'अस्ति ह्यालोचनं ज्ञानं प्रथमं निर्विकल्पकम् ।
बालमूढादिविज्ञानसदृशं शुद्धवस्तुजम् ॥
ततः परं पुनर्वस्तुधर्मैर्जात्यादिभिर्यया ।
बुद्ध्यावसीयते सापि प्रत्यक्षत्वेन सम्मता ॥

यद्यपि आचार्य ने 'अहङ्कार' का नाम नहीं लिया, तो भी जब बुद्धि यह निश्चय करती है कि 'छोड़ता हूँ' 'ग्रहण करता हूँ' तब वह अहङ्काराधीन ही होती है । अतः बुद्धिव्यापार (अध्यवसाय) से ही अहङ्कार का भी ग्रहण कर लेना चाहिये ।

इन चारों अर्थात् ज्ञानेन्द्रिय मन अहङ्कार और बुद्धि का व्यापार युगपत् भी होता है और क्रमशः भी होता है । ज्ञानेन्द्रियों का व्यापार आलोचन है । मन का व्यापार सङ्कल्प है । अहङ्कार का व्यापार अभिमान है और बुद्धि का व्यापार अध्यवसाय है । मन बुद्धि और अहंकार को दर्शन शास्त्रों में अन्तःकरणत्रय कहा जाता है । ये तीनों प्रधान हैं और इन्द्रियाँ गौण हैं । सांख्यतत्त्वकारिका में कहा भी है—

'सान्तःकरणा बुद्धिः सर्वं विषयमवगाहते यस्मात् ।
तस्मात् त्रिविधं करणं द्वारि शेषाणि द्वाराणि ॥

'द्वारि' से अभिप्राय प्रधान से है ॥२१,२२॥

एकैकाधिकयुक्तानि खादीनामिन्द्रियाणि तु ।
पञ्च कर्मानुमेयानि येभ्यो बुद्धिः प्रवर्तते ॥२३॥

पाँचों इन्द्रियों में क्रमशः आकाश आदि एक २ भूत अधिक होता है । अभिप्राय यह है वस्तुतः पाँचों इन्द्रियाँ ही पाञ्चभौतिक हैं अर्थात् पाँचों भूतों का विकार हैं । श्रोत्र भी पाँचों भूतों का विकार है, आँख भी पाँचों भूतों का विकार है, घ्राण भी पाँचों भूतों का विकार है इत्यादि । परन्तु इन पाँचों ज्ञानेन्द्रियों में एक २ भूत का आधिक्य रहता है । सूत्रस्थान के इन्द्रियोपक्रमणीय नामक आठवें अध्याय में कह भी आये हैं—

'पञ्चमहाभूतविकारसमुदायात्मकानामपि सतामिन्द्रियाणां तेजश्चक्षुषि खं श्रोत्रे घ्राणे क्षितिरापो रसने स्पर्शनेऽनिलो विशेषेणोपपद्यते । तत्र यद्यदात्मकमिन्द्रियं विशेषात्तत्तदात्मकमेवार्थमनुधावति तत्स्वभावाद्विभुत्वाच्च ॥'

इसकी व्याख्या अपने स्थल पर देखनी चाहिये । सांख्यशास्त्र में इन्द्रियों को आहङ्कारिक माना गया है ।

'अभिमानोऽहंकारस्तस्माद् द्विविधः प्रवर्तते सर्गः ।
एकादशकश्च गणः तन्मात्रपञ्चकश्चैव ॥'

तथा च'सात्त्विक एकादशकः प्रवर्तते वैकृतादहंकारात्' ॥

सुश्रुत- शारीरस्थान प्रथम अध्याय में भी इसी मत को दर्शाते हुए कहा है—

'तत्र वैकारिकादहंकारात् तैजससहायात्तल्लक्षणान्येवैकादशेन्द्रियाण्युत्पद्यन्ते ॥'

परन्तु आयुर्वेद में इन्द्रियों को भौतिक ही माना जाता है । सुश्रुत शारीरस्थान १ म अध्याय में कहा है—
'भौतिकानि चेन्द्रियाण्यायुर्वेदे वर्ण्यन्ते तथेन्द्रियार्थाः ।'

आयुर्वेद में भौतिकत्व से अभिप्राय इतना ही है कि उस उस इन्द्रिय से उस उस भौतिक विषय का ग्रहण होता है । अतएव इन्द्रियों की भौतिकता औपचारिक है । इस भौतिकता के बिना एक इन्द्रिय अपने उसी विषय का ग्रहण क्यों करती है इसका समाधान कठिन है । वहीं पर कहा भी है—

'इन्द्रियेणेन्द्रियार्थं तु स्वं स्वं गृह्णाति मानवः ।
नियतं तुल्ययोनित्वान्नान्येनान्यमिति स्थितिः ॥'

जिन इन्द्रियों द्वारा ज्ञानोपलब्धि होती है वे इन्द्रियाँ (ज्ञानेन्द्रियाँ) अपने अपने कर्मों से अनुमान द्वारा जानी जाती है । जैसे श्रोत्र का विषय है सुनना, चक्षु का कर्म है देखना, त्वचा का कर्म है स्पर्शन, घ्राण का कर्म है गन्ध लेना, रसना का कर्म है रस लेना । सुनना आदि कर्म किसी साधना द्वारा सिद्ध होने चाहिये, क्रिया होने से, जैसे लकड़ी का चीरना । अर्थात् लकड़ी का चीरना यह क्रिया आरा रूप साधन से निष्पन्न होती है । अतः श्रवण आदि क्रिया के भी कोई साधन होने चाहिये और वे ही इन्द्रियाँ हैं ॥२३॥

हस्तौ पादौ गुदोपस्थे जिह्वेन्द्रियमथापि च ।
कर्मेन्द्रियाणि पञ्चैव,

कर्मेन्द्रियाँ—१ दो हाथ, २ दो पैर, ३ गुदा, ४ उपस्थ (मूत्रेन्द्रिय और जननेन्द्रिय) तथा ५ जिह्वा; ये पाँच कर्मेन्द्रिय हैं ।

पादौ गमनकर्मणि ॥२४॥
पायूपस्थौ विसर्गार्थे हस्तौ ग्रहणधारणे ।
जिह्वा वागिन्द्रियं, वाक् च सत्या ज्योतिस्तमोऽनृता ॥

कर्मेन्द्रियों के कर्म—पैर—चलने फिरने में, गुदा और उपस्थ—मलमूत्र के त्याग में (आनन्द भी उपस्थ

का कर्म है), हाथ-पकड़ने और धारण में प्रयुक्त होते हैं। वचन की इन्द्रिय को जिह्वा कहते हैं अर्थात् जिह्वा वा वाणी का कर्म वचन है। सांख्यकारिका में भी कहा है—

'बुद्धीन्द्रियाणि चक्षुःश्रोत्रघ्राणरसनत्वगाख्यानि।
वाक्पाणिपादपायूपस्थाः कर्मेन्द्रियाण्याहुः॥'
'रूपादिषु पञ्चानामालोचनमात्रमिष्यते वृत्तिः।
वचनादानविहरणोत्सर्गानन्दाश्च पञ्चानाम्॥'

'बुद्धीन्द्रिय' ज्ञानेन्द्रियों को कहते हैं। सुश्रुत शारीर प्रथम अध्याय में—

'तत्र बुद्धीन्द्रियाणां शब्दादयो विषयाः; कर्मेन्द्रियाणां यथासंख्यं वचनादानानन्दविसर्गविहरणानि॥'

वाणी दो प्रकार की है। १ सत्य, २ अनृत। सत्यवचन यथार्थ का प्रकाशन होने से ज्योति कहाता है। और अनृतवचन तत्व को छिपाने से तम वा अन्धकार कहाता है॥२४,२५॥

महाभूतानि खं वायुरग्निरापः क्षितिस्तथा।
शब्दः स्पर्शश्च रूपं च रसो गन्धश्च तद्गुणाः॥२६॥

महाभूत—१ आकाश, २ वायु, ३ अग्नि, ४ जल तथा पृथिवी; ये महाभूत कहाते हैं।

महाभूतों के गुण—इनके क्रमशः १ शब्द, २ स्पर्श, ३ रूप, ४ रस और ५ गन्ध ये गुण हैं। तन्त्रान्तर में भी कहा है—

'शब्दो वैहायसः स्पर्शो वायवीयः प्रकीर्तितः।
रूपमाग्नेयमाप्योऽत्र रसो गन्धस्तु पार्थिवः'॥२६॥

तेषामेकगुणः पूर्वो गुणवृद्धिः परे परे।
पूर्वः पूर्वगुणश्चैव क्रमशो गुणिषु स्मृतः॥२७॥

आकाश आदि पाँच गुणियों में से प्रथम गुणी (आकाश) में एक गुण (शब्द) होता है। इसके पश्चात् के भूतों में एक गुण बढ़ता जाता है। गुणियों में पूर्व की धातुएँ वा भूत और पूर्ववर्ती धातुओं वा भूतों के गुण रहते हैं। जैसे—आकाश में शब्द। वायु में शब्द और स्पर्श। अग्नि में शब्द स्पर्श तथा रूप। जल में शब्द स्पर्श रूप और रस रहता है। पृथिवी में शब्द स्पर्श रूप रस तथा गन्ध रहता है। इस प्रकार उत्पत्तिक्रम के अनुसार एक भूत में एक २ गुण बढ़ता जाया करता है। उत्पत्तिक्रम इनका इस प्रकार है—

'आकाशाद्वायुः वायोरग्निरग्नेरापोऽद्भ्यः पृथिवी।'

आकाश से वायु, वायु से अग्नि, अग्नि से जल और जल से पृथिवी। वायु में अपने गुण स्पर्श के अतिरिक्त आकाश का गुण शब्द भी रहता है। यह शब्द गुण इसी लिये रहता है चूँकि वायु में आकाश भी अनुप्रविष्ट रहता है। इसी प्रकार अग्नि में जहाँ अपना गुण रूप रहता है वहाँ आकाश और वायु के अनुप्रविष्ट रहने से उनके गुण शब्द और स्पर्श भी विद्यमान रहते हैं। जल में जहाँ अपना गुण रस रहता है वहाँ आकाश वायु तथा अग्नि के अनुप्रविष्ट रहने से शब्द स्पर्श और रूप भी रहते हैं। पृथ्वी का गुण गन्ध है, परन्तु आकाश वायु अग्नि और जलके अनुप्रविष्ट रहने से शब्द स्पर्श रूप रस ये चार गुण भी विद्यमान रहते हैं। कहा भी है—

'विष्टं ह्यपरं परेण।'

मनु ने भी कहा है—

'मनः सृष्टिं प्रकुरुते चोद्यमानं सिसृक्षया।
आकाशं जायते तस्मात्तस्य शब्दगुणं विदुः॥
आकाशात्तु विकुर्वाणात् सर्वगन्धवहः शुचिः।
बलवान् जायते वायुः स वै स्पर्शगुणो मतः॥
वायोरपि विकुर्वाणाद् विरोचिष्णु तमोनुदम्।
ज्योतिरुत्पद्यते भास्वत् तद्रूपगुणमुच्यते॥
ज्योतिषश्च विकुर्वाणादापो रसगुणाः स्मृताः।
ताभ्यो गन्धगुणा भूमिरित्येषा सृष्टिरादितः॥'
'आद्याद्यस्य गुणांस्त्वेषामवाप्नोति परः परः।
यो यो यावतिथश्चैषां स स यावद्गुणः स्मृतः'॥२७॥

खरद्रवचलोष्णत्वं भूजलानिलतेजसाम्।
आकाशस्याप्रतीघातो दृष्टं लिङ्गं यथाक्रमम्॥२८॥

पृथिवी जल वायु और तेज (अग्नि) का क्रमशः खरता (कठिनता), द्रवता, चलता (अस्थिरता) तथा उष्णता (गरमी); ये लिङ्ग हैं। आकाश का अप्रतीघात—किसी प्रकार की रुकावट न होना वा स्पर्श ही न होना लिङ्ग है। इन लक्षणों से हम उस उस सूक्ष्म भूत (तन्मात्राओं) का अनुमान कर सकते हैं॥२८॥

लक्षणं सर्वमेवैतत्स्पर्शनेन्द्रियगोचरम्।
स्पर्शनेन्द्रियविज्ञेयः स्पर्शो हि सविपर्ययः॥२९॥

यह सब लक्षण स्पर्शनेन्द्रिय द्वारा ज्ञेय हैं। यहाँ पर यह जिज्ञासा हो सकती है कि खरता द्रवता चलता तथा उष्णता को तो हम स्पर्श करके जान सकते हैं, परन्तु क्या अप्रतीघात वा अस्पर्श को स्पर्शनेन्द्रिय द्वारा जाना जा सकता है—इसका उत्तर दिया है कि स्पर्श और इससे विपरीत (स्पर्शाभाव) ये दोनों स्पर्शनेन्द्रिय से ही जाने जाते हैं। जिस इन्द्रिय से हमें जिस वस्तु के भाव का ज्ञान होता है उस इन्द्रिय से उसी वस्तु के अभाव का ज्ञान भी होता है। यदि हम घर में चक्षु से घड़े को देख सकते हैं तो घटाभाव का ज्ञान भी हमें चक्षु से होता है। हम देख कर कहते हैं कि घड़ा नहीं है वा घट का अभाव है। अभाव का ज्ञान भी चक्षु ने कराया। अतः प्रतीघात स्पर्शनेन्द्रिय द्वारा जाना जाता है तो उसका अभाव अप्रतीघात भी स्पर्शनेन्द्रिय द्वारा ही ज्ञेय है॥२९॥

गुणाः शरीरे गुणिनां निर्दिष्टाश्चिह्नमेव च।
अर्थाः शब्दादयो ज्ञेया गोचरा विषया गुणाः॥३०॥

शरीर में गुणियों—पृथिवी आदियों के गुण—खरता आदि चिह्न वा लिङ्ग ही होते हैं। यद्यपि खरता (काठिन्य) आदि गुण हैं, परन्तु गुणी का अनुमान हो जाता है। अतः वे गुण होते हुए भी लिङ्गरूप में यहाँ कहे गये हैं। और जो हमने प्रथम आकाश आदि के शब्द आदि गुण कहे हैं वे अर्थ गोचर वा विषय कहाते हैं। अर्थात् वे इन्द्रियों के विषय हैं। न्याय में कहा भी है—

'गन्धरसरूपस्पर्शशब्दाः पृथिव्यादिगुणास्तदर्थाः।'

अथवा पांचभौतिक शरीर में शरीरारम्भक आकाश आदि गुणियों के गुरुत्व आदि सकल गुण ही चिह्न होते हैं। आत्रेयभद्रकाप्यीय नामक अध्याय में ये गुण पार्थिवादि क्रम से पृथक् २ कहे गये हैं।

अथवा शरीरस्थित सूक्ष्मभूत रूप क्षणियों के शब्द आदि क्षण लिङ्ग होते हैं। क्षण कहने से शब्द आदि व्यक्त ही जानने चाहिये। व्यक्त शब्द आदि भी सूक्ष्मभूतों के लिङ्ग वा लक्षण हैं। शब्द आदि क्षण जो इन्द्रियगोचर विषय हैं उन्हें 'अर्थ' जानना चाहिये। अथवा शब्द आदि अर्थ वा इन्द्रियगोचर विषय ही यहाँ क्षण जानने चाहिये। अर्थात् श्लोक की ऊपर की पंक्ति में जो 'क्षण' शब्द है वह शब्द आदि विषय का ही वाचक है तथा च 'अर्थ' कहने से शब्द आदि विशेष स्थूल आकाश आदि के रूप में जानने चाहिये। जिसका अभिप्राय यह होगा कि आकाश का परिणाम ही शब्द है, वात का परिणाम ही स्पर्श है इत्यादि यह 'अर्थाः' पर चक्रपाणि की व्याख्या है ॥३०॥

या यदिन्द्रियमाश्रित्य जन्तोर्बुद्धिः प्रवर्तते।
याति सा तेन निर्देशं मनसा च मनोभवा ॥३१॥

ज्ञानभेद—प्राणी की जो बुद्धि जिस इन्द्रिय में आश्रित होकर प्रवृत्त होती है वह बुद्धि वा ज्ञान उसी इन्द्रिय द्वारा निर्दिष्ट किया जाता है। और मन से उत्पन्न बुद्धि मन द्वारा निर्दिष्ट होती है। जैसे—चक्षुओं से प्रवृत्त ज्ञान चक्षुर्बुद्धि वा चाक्षुष ज्ञान कहाता है। श्रोत्रों द्वारा प्रवृत्त बुद्धि को श्रोत्रबुद्धि कहते हैं। इसी प्रकार अन्य ज्ञानेन्द्रियों की बुद्धियाँ भी जाननी चाहिये। चिन्त्य सङ्कल्प्य आदि विषयक बुद्धि को मनोबुद्धि कहते हैं—मानसिक ज्ञान कहते हैं। अभिप्राय यह है कि जिस इन्द्रिय का आश्रय करके जो बुद्धि प्रवृत्त होती है उसे उसी इन्द्रिय के साथ निर्देश करते हैं। जैसे—चाक्षुष बुद्धि, श्रावण-बुद्धि, स्पार्शन बुद्धि, रासन (रसना से) बुद्धि एवं मानस बुद्धि।

भेदात्कार्येन्द्रियार्थानां बह्वयो वै बुद्धयः स्मृताः।
आत्मेन्द्रियमनोऽर्थानामेकैकसन्निकर्षजाः ॥३२॥

आत्मा इन्द्रिय मन और विषय; इन प्रत्येक के सन्निकर्ष से उत्पन्न होनेवाली चाक्षुषबुद्धि आदि छह बुद्धियाँ घटपटादि कार्य तथा इन्द्रिय विषयों के भेद से बहुत हो जाती हैं। घड़े के शब्द के श्रवण का ज्ञान, ढोल के शब्द के श्रवण का ज्ञान। इन्हें घटीयशब्द—श्रवणबुद्धि, पटहीयशब्द—श्रवणबुद्धि कह सकते हैं। इस प्रकार श्रावण बुद्धि के कितने ही भेद हो जाते हैं। यही बात चाक्षुष बुद्धि आदि अन्य बुद्धियों के साथ भी है। प्रत्यक्ष ज्ञान में आत्मा मन के साथ मन इन्द्रियों के साथ और इन्द्रिय विषय के साथ संयुक्त होती हैं ॥३२॥

अङ्गुल्यङ्गुष्ठतलजस्तन्त्रीवीणानखोद्भवः।
दृष्टः शब्दो यथा बुद्धिर्दृष्टा संयोगजा तथा ॥३३॥

जैसे मध्यमांगुली अंगूठा और हाथ की तली के संयोग (चुटकी) से एक प्रकार का शब्द होता है। तन्त्री (तारें) वीणा (तारों का आधारकाष्ठ) तथा नख के संयोग से दूसरे प्रकार का शब्द होता है। इसी प्रकार आत्मा इन्द्रिय मन और विषय के संयोग से उत्पन्न होनेवाली बुद्धि नाना प्रकार की होती है। शब्द संयोग से उत्पन्न होता है, परन्तु यह शब्द संयुक्त पदार्थों की भिन्नता से नाना प्रकार का होता है। इसी प्रकार संयोगज बुद्धि भी कार्य वा विषय आदि की भिन्नता से नाना प्रकार की हो जाती है।

अथवा इसका अर्थ यूँ भी कर सकते हैं कि जैसे शब्द अंगुली अंगूठा तथा हाथ की तली के संयोग से होता है अथवा जैसे शब्द तन्त्री वीणा और नख के योग से होता है। वैसे ही बुद्धि वा ज्ञान भी संयोगज होता है। अर्थात् जब तक आत्मा मन इन्द्रिय और विषय का संयोग नहीं होगा तब तक बुद्धि वा ज्ञान नहीं हो सकता ॥३३॥

बुद्धीन्द्रियमनोऽर्थानां विद्याद्योगधरं परम्।
चतुर्विंशक इत्येष राशिः पुरुषसंज्ञकः ॥३४॥

अव्यक्त आत्मा को बुद्धि, इन्द्रिय मन और विषय के संयोग को धारण करनेवाला जानना चाहिये। अथवा ज्ञान के समय बुद्धीन्द्रिय (ज्ञानेन्द्रिय) मन और विषय के संयोग को धारण करनेवाला आत्मा है। आत्मा ही मन को प्रेरणा करता है। जिससे वह इन्द्रियों के साथ सम्बद्ध होता है और इन्द्रियाँ विषयों के साथ।

इन चौबीस धातुओं की राशि को पुरुष कहते हैं। अव्यक्त, बुद्धि, अहङ्कार, पंच तन्मात्रायें, पाँच ज्ञानेन्द्रिय, पाँच कर्मेन्द्रिय, मन और पाँच शब्द आदि विषय अथवा पाँच महाभूत ये चौबीस धातु हैं, इनके समूह को पुरुष कहते हैं। मूल प्रकृति तथा आत्मा का अव्यक्त से ग्रहण होता है। अथवा व्यक्त से मूलप्रकृति के ग्रहण की आवश्यकता ही नहीं, क्योंकि वह केवल कारणरूप है। वही कार्यरूप में आकर महत्तत्त्व वा बुद्धि का रूप धारण करती है। बुद्धि से अहङ्कार की उत्पत्ति तो होती है, पर इनका पुरुष में पार्थक्येन भान भी होता है, मूलप्रकृति का पार्थक्येन ज्ञान नहीं होता। आत्मा का परिगणन आवश्यक है, क्योंकि इस चेतनाधातु के बिना न इनका संयोग ही अवस्थित रह सकता है और न कोई ज्ञान वा कर्म हो सकता है। अतः मूलप्रकृति को न गिनते हुए भी २४ तत्त्व पूरे होते हैं ॥३४॥

रजस्तमोभ्यां युक्तस्य संयोगोऽयमनन्तवान्।
ताभ्यां निराकृताभ्यां तु [1]सत्त्ववृद्ध्या निवर्तते ॥३५॥

रज और तम से युक्त पुरुष का यह संयोग (२४ धातुओंका) अनन्तता युक्त होता है। अर्थात् रज और तम ही पुरुष के बन्ध के कारण हैं। जब ये रज और तम सत्त्व की प्रबलता से पराभूत हो जाते हैं तब तत्त्वज्ञान से मोक्ष होता है। सांख्य-कारिका में कहा भी है—

'ज्ञानेन चापवर्गो विपर्ययादिष्यते बन्धः' ॥३६॥

अत्र कर्मफलं चात्र ज्ञानं चात्र प्रतिष्ठितम्।
अत्र मोहः सुखं दुःखं जीवितं मरणं [2]स्वता ॥३६॥

१—'तेषां विशेषाः शब्दस्पर्शरूपरसगन्धाः'। सुश्रुत शारीर प्रथम अध्याय।

२—'अर्थशब्देन तु ये शब्दादयो विशेषास्ते स्थूलखादिरूपा एव ज्ञेयाः। तेन आकाशपरिणाम एव शब्दः, वातपरिणाम एव स्पर्श इत्यादि ज्ञेयम्। शब्दादिग्रहणे आकाशादिग्रहणं यत् यत् आकाशादिपरिणाम एव शब्दादय इत्युक्तमेव। एतेन यच्छ्रोत्रग्राह्यं तत्सर्वमाकाशं शब्दश्च। यत्स्पर्शेन गृह्यते तत्सर्वं वायुः

१—'सत्त्ववृद्धया' च०। २—'स्वता ममताज्ञानम्' चक्रः।

एवं यो वेद तत्त्वेन स वेद प्रलयोदयौ ।
पारम्पर्यं चिकित्सां च ज्ञातव्यं यच्च किंचन ॥३७॥

इस राशिपुरुष में कर्म, कर्मफल, ज्ञान, मोह, सुख, दुःख, जीवन, मरण, ममता; ये प्रतिष्ठित हैं। जो इस बात को यथार्थ रूप से जानता है वह ही प्रलय और सृष्टि को अथवा पुरुष के जीवन-मरण को जान सकता है। वह व्यक्ति ही शरीर के परम्पराभाव को अर्थात् एक शरीर के बाद दूसरे के धारण को, चिकित्सा को तथा जो कुछ भी ज्ञेय है उस सबको जान सकता है। चिकित्सा से अभिप्राय जहाँ साधारण रोगनिवृत्ति साधन से है वहाँ आत्यन्तिक दुःख की निवृत्ति के साधन से भी है, जिससे पुरुष बन्ध से मुक्ति पाता है ॥३६,३७॥

भास्तमः सत्यमनृतं वेदाः कर्म शुभाशुभम् ।
न स्यात्कर्ता वेदिता च पुरुषो न भवेद्यदि ॥३८॥
नाश्रयो न सुखं नार्तिर्न गतिर्नागतिर्न वाक् ।
न विज्ञानं न शास्त्राणि न जन्म मरणं न च ॥३९॥
न बन्धो न च मोक्षः स्यात्पुरुषो न भवेद्यदि ।
कारणं पुरुषस्तस्मात्कारणज्ञैरुदाहृतः ॥४०॥

दूसरे प्रश्न—पुरुष जिस हेतु कारण है—का उत्तर—यदि कर्ता और ज्ञाता पुरुष न हो तो दीप्ति अन्धकार सत्य झूठ वेद शुभ और अशुभ कर्म न हों। न शरीर न सुख न दुःख न गति (परलोक में जाना) न आगति (संसार में आना) न वाणी न विज्ञान न शास्त्र न जन्म न मरण न बन्ध न मोक्ष ही हो—यदि पुरुष न हो। अर्थात् पुरुष के होने पर ही इन सबकी सार्थकता है। यदि पुरुष न हो तो ये भी उपपन्न नहीं होते। अतएव कारण को जाननेवालों ने पुरुष को कारण बताया है। चक्रपाणि भी रज और तम से प्रतिभा और मोह का ग्रहण करता है। यहाँ पर पुरुष से आत्मा का ग्रहण है।

गङ्गाधर के अनुसार यह पुरुष चतुर्विंशतिक ही है। अर्थात् यदि चौबीस धातुवाला पुरुष न हो तो दिनादि रूप प्रकाश रात्रि आदि रूप अन्धकार सत्य झूठ आदि की सत्ता नहीं रहेगी, क्योंकि कोई ज्ञाता भोक्ता वा कर्ता ही न होगा ॥३८–४०॥

न चेत्कारणमात्मा [1]स्यात्खादयः स्युरहेतुकाः ।
न चैषु संभवेज्ज्ञानं न च तैः स्यात्प्रयोजनम् ॥४१॥

यदि आत्मा कारण न हो तो आकाश आदि व्यर्थ हो। अर्थात् ये जड़ हैं जब तक चेतन न हो कोई कार्य नहीं हो सकता। अदृष्ट वा धर्माधर्म की प्रेरणा से ही ये महाभूत शरीर को उत्पन्न करते हैं। और धर्माधर्म का आश्रय आत्मा है। अथवा 'खादि' से केवल महाभूतों का ग्रहण न करके आत्मातिरिक्त शेष बुद्धि आदि सम्पूर्ण धातुओं का ग्रहण करना चाहिये। क्योंकि २४ तत्त्व से ही राशिपुरुष होता है। अर्थात् आत्मा के अतिरिक्त सब जड़ हैं। केवलमात्र जड़ से चेतन शरीर की उत्पत्ति नहीं होती। इन जड़ पदार्थों में ज्ञान भी नहीं हो सकता और आत्मा के न होने से निष्प्रयोजन हो जाते हैं। पुरुष के भोग के लिये ही शरीर की सृष्टि होती है—यदि आत्मा ही न हो तो यह निष्प्रयोजन हों ॥४१॥

१—'स्याद् मादयः' च० ।

कृतं मृद्दण्डचक्रैश्च कुम्भकारादृते घटम् ।
कृतं मृत्तृणकाष्ठैश्च गृहकाराद्विना गृहम् ॥४२॥
यो वदेत्स वदेद्देहं संभूय करणैः कृतम् ।
विना कर्तारमज्ञायाद्युक्त्यागमबहिष्कृतः ॥४३॥

जो मूर्ख, कुम्हार के बिना मिट्टी दण्ड और चक्र इन करणों (साधनों) के समूह से ही घट बन जाता है यह कहता है अथवा जो मूर्ख गृहकार (राजगीर) के बिना मिट्टी तृण और लकड़ी के समूह से स्वयं घर बन जाता है यह कहता है वह ही युक्ति और शास्त्र से रहित अज्ञानी शरीर को कर्ता के बिना केवल जड़ धातुओं के समूह से उत्पन्न हुआ मान सकता है। अभिप्राय यह है—घड़ा वा घर केवलमात्र मिट्टी आदि से स्वयं नहीं बन सकते, वहाँ कुम्हार वा गृहकार की आवश्यकता होती है यह सबको प्रत्यक्ष ही है। इसी प्रकार जड़ महाभूतों से वा धातुओं से बिना आत्मा के देह की उत्पत्ति नहीं हो सकती। क्योंकि किसी कर्ता के बिना कारण वा साधन स्वयं प्रवृत्त नहीं होते। कुल्हाड़ी स्वयं लकड़ी को नहीं चीरती जब तक पुरुष की प्रेरणा न हो। इसी प्रकार यहाँ पर भी साधनभूत पञ्चमहाभूतों से वा अन्य जड़ धातुओं से स्वयं देह उत्पन्न नहीं होता जब तक अदृष्ट (धर्माधर्म) युक्त आत्मा की प्रेरणा न हो। आत्मा से प्रेरित तत्त्वों से ही भोगायतन शरीर उत्पन्न होता है। जो कर्ता के बिना कारण से स्वयं उत्पत्ति मानता है उसे मूर्ख जानना चाहिये ॥४२, ४३॥

कारणं पुरुषः सर्वैः प्रमाणैरुपलभ्यते ।
येभ्यः प्रमेयं सर्वेभ्यः [1]आगमेभ्यः प्रमीयते ॥४४॥

जिन सब आगमों (प्रत्यक्ष अनुमान आगम प्रमाणों) से प्रमेय (द्रव्य गुण कर्म समवाय आदि प्रमाणगम्य) पदार्थ जाने जाते हैं उन्हीं सब प्रमाणों से 'पुरुष कारण है' यह बात जानी जाती है ॥४४॥

न ते तत्सदृशास्त्वन्ये पारम्पर्यसमुत्थिताः ।
सारूप्यात्ते त एवेति निर्दिश्यन्ते नवा नवाः ॥४५॥
भावास्तेषां समुदयो निरीशः सत्त्वसंज्ञकः ।
कर्ता भोक्ता न स पुमानिति केचिद्व्यवस्थिताः ॥४६॥

कई यह मानते हैं कि द्रव्य प्रतिक्षण परिणत होता रहता है, क्योंकि उनका नित्यग स्वभाव है। वे क्षणस्थायी हैं, जब वह परिणत होता है तो द्रव्य भी भिन्न हो जाता है। पहिला रुक जाता है और दूसरा तत्सदृश उत्पन्न होता है। जैसे जो बालकपन में शरीर है वह यौवन में नहीं, परन्तु तत्सदृश ही भाव परम्परा से उत्पन्न वा परिणत होते हुए चले जाते हैं। अतः वस्तुतः वे भिन्न होते हैं, परन्तु सदृश रूप होने से 'वे ही' कहे जाते हैं। बाल्यावस्था में देखे हुए देवदत्त को युवावस्था में भी यही कहते हैं कि यह 'वही देवदत्त है'। यहाँ पर वस्तुतः देवदत्त भिन्न है, परन्तु बाल्यवस्था से परिणत होता हुआ तत्सदृश रूपवाला ही युवावस्था में देवदत्त है, अतः 'वही देवदत्त है' यह प्रतीति होती है।

१—'आगमयन्ति बोधयन्तीति आगमाः प्रमाणान्येव' चक्रः। 'आगमेभ्य इत्यत्रादिशब्दलोपः' इति गङ्गाधरः।

इसी प्रकार परम्परा से प्रकट होते हुए नये २ भाव 'वे ही' द्वारा निर्दिष्ट होते हैं। उन्हीं भावों का समुदाय आत्मारहित प्राणी संज्ञक है। बौद्ध शरीर को आत्मारहित और क्षणिक ज्ञान आदि का समुदाय मानते हैं। ज्ञान तत्सदृश ज्ञान को उत्पन्न करता है, इस प्रकार ज्ञान को भी क्षणिक मानते हैं। वह पुमान् (आत्मा) को कर्म का करनेवाला वा फल का भोक्ता नहीं मानते ॥४५,४६॥

तेषामन्यैः कृतस्यन्ये भावा भावैर्नवाः फलम् ।
भुञ्जते सदृशाः प्राप्तं यैरात्मा नोपदिश्यते ॥४७॥

परन्तु जो नित्य आत्मा को नहीं मानते और क्षणिक वादी हैं उनके मत में यह दोष आता है–कि दूसरे भावों से किये गये कर्म का तत्सदृश उत्पन्न हुए २ नवीन भाव फल को भोगते हैं। देवदत्त ने कर्म किया और फल भोगा यज्ञदत ने। क्योंकि जिसने कर्म किया वह तो फल को भोग ही नहीं सकता। उसका तो वहीं निरोध हो गया और नवीन भाव तत्सदृश उत्पन्न हो गया। अन्य भी दोष आते हैं—जो बालकपन में हमने अनुभव किया उसका यौवन वा वृद्धावस्था में स्मरण न होना चाहिये, क्योंकि देखा एक ने और स्मरण हो दूसरे को यह नहीं हो सकता। कुसुमाञ्जलि में उदयनाचार्य ने कहा भी है—

'नान्यदृष्टं स्मरत्यन्यो नैकं भूतमपक्रमात् ।
वासनासङ्क्रमो नास्ति न च गत्यन्तरं स्थिरे ॥,

इत्यादि। इनका विचार दार्शनिकों से करना चाहिये ॥४७॥

करणान्यान्यता दृष्टा कर्तुः कर्ता स एव तु ।
कर्ता हि करणैर्युक्तः कारणं सर्वकर्मणाम् ॥४८॥

कर्ता के कारण तो भिन्न २ वा विविध देखे जाते हैं, पर कर्ता वही रहता है। करणों (साधनों) से युक्त कर्ता ही सब कर्मों का कारण होता है। जैसे एक बढ़ई के पास आरी तेसा रन्दा आदि भिन्न २ नाना उपकरण रहते हैं। वह एक ही बढ़ई उन नाना प्रकार के अस्त्रों से चीरना काटना व छीलना आदि नाना कर्म करता है। ऐसे ही आत्मा कर्ता है और वह अपरिणामी–एकरस अकेला ही विविध करणरूप इन्द्रिय आदियों से युक्त हुआ २ दर्शन स्पर्शन आदि नाना कर्म करता है। शरीर क्षणिक है, पर आत्मा को अपरिणामी–एकरस मानना होगा। जिसे कर्ता स्वीकार करना होगा। शरीर से भिन्न एकरस आत्मा के मानने से पूर्वोक्त दोष नहीं आयेगा। तब जो कर्म एक ने किया है वह उसी को भोगना पड़ेगा अन्य को नहीं क्योंकि कर्ता एक है। इसी प्रकार बालकपन में अनुभूत विषय का स्मरण युवावस्था वा वार्द्धक्य में भी हो जायगा। क्योंकि करण के भिन्न होने पर भी कर्ता वही है ॥४८॥

निमेषकालाद् भावानां कालः शीघ्रतरोऽत्यये ।
भग्नानां न[२] पुनर्भावः कृतं नान्यमुपैति च ॥४९॥
मतं तत्त्वविदामेतद्यस्मात्तस्मात् स कारणम् ।
क्रियोपभोगे भूतानां नित्यः पुरुषसंज्ञकः ॥५०॥

भावों के विनाश में काल निमेषकाल से भी शीघ्रतर होता है। अर्थात् एक पलक मारने में जितना काल लगता है भावों (शरीर आदि) का विनाश उसकी अपेक्षया भी अतिशीघ्र होता है। नष्ट हुआ २ भाव पुनः नहीं आता। एक का किया हुआ दूसरे को प्राप्त नहीं होता। यह तत्त्वज्ञानियों का मत है। अतः आत्मा को कारण मानना पड़ेगा।

अर्थात् शरीर इन्द्रिय आदि भाव क्षणिक हैं। एक २ क्षण में बदलते जाते हैं। प्रथम भाव के नष्ट होने पर वह पुनः नहीं आता, नया ही उत्पन्न होता है। अतः एक भाव द्वारा किये गये कर्म का उसे ही फल नहीं मिल सकता। क्योंकि काल इतना शीघ्रतर है कि उसका फल उस समय मिलना ही असम्भव है। अतः हमें एक ऐसी नित्य वस्तु स्वीकार करनी पड़ेगी जिस अकेले का इन सब शरीरों के साथ सम्बन्ध हो। और उसे ही कर्ता वा भोक्ता स्वीकार करना पड़ेगा वह आत्मा है। अतः उपर्युक्त हेतुओं से भूतों (प्राणियों) की क्रिया तथा फलोपभोग में नित्य तथा पुरुषसंज्ञक आत्मा कारण माना जाता है ॥४९,५०॥

अहङ्कारः फलं कर्म देहान्तरगतिः स्मृतिः ।
विद्यते सति भूतानां करणे देहमन्तरा[१] ॥५१॥

प्राणियों के शरीर से भिन्न कारण के होने पर ही अहङ्कार फल कर्म देहान्तर में जाना स्मरण, ये होते हैं। अर्थात् देह से व्यतिरिक्त आत्मा के होने से ही 'मैं जानता हूँ', 'मैं देखता हूँ' इत्यादि अहङ्कार होता है। 'मैं गोरा हूँ', 'मैं मोटा हूँ' इत्यादि में 'मैं' यह उपचार से है। यदि आत्मा को न माने तो जड़ शरीर भोक्ता वा कर्ता हो ही नहीं सकता। यदि कथञ्चित् क्षणिक शरीर को चेतन मान लें तो फल की इच्छा से पुरुष कर्म करता है, परन्तु जो कर्म करनेवाला है उसे तो फल मिलना ही नहीं तो कर्म क्या करेगा। इसी प्रकार जो कथंचित् कर्म करता है उसे फलप्राप्ति नहीं होती। यदि नित्य आत्मा को कर्ता वा भोक्ता न माने तो मृत्यु के पश्चात् देहान्तरप्राप्ति नहीं हो सकती। आत्मा ही नवीन देह को धारण करता है इस विषय में गीता में भी कहा है—

'वासांसि जीर्णानि यथा विहाय
नवानि गृह्णाति नरोऽपराणि ।
तथा शरीराणि विहाय जीर्णा-
न्यन्यानि संयाति नवानि देही ॥'

नित्य आत्मा के स्वीकार करने पर ही 'स्मरण' हो सकता है, अन्यथा नहीं यह पहिले कह चुके हैं। 'नान्यदृष्टं स्मरत्यन्यः' ॥५१॥

प्रभवो न ह्यनादित्वाद्विद्यते परमात्मनः ।
पुरुषो राशिसंज्ञस्तु मोहेच्छाद्वेषकर्मजः ॥५२॥

तीसरे प्रश्न—पुरुष का उत्पत्तिस्थान वा उत्पत्तिकारण कौन है–का उत्तर—यदि 'पुरुष' से परमात्मा वा चेतना-

१—अपक्रमात् विनाशात् न एकं भूतं बाल्ययौवनयोरेकं शरीरं परिणामभेदेन द्रव्यभेदात । २–'च' ग०।

१—'देहमन्तरा देहमध्ये' इति गङ्गाधरः।

धातुमात्र का ग्रहण करते हो तो उसके अनादि होने से उसका उत्पत्तिकारण नहीं है।

राशिपुरुष का उत्पत्ति कारण है। मोह इच्छा वा द्वेष से किये गये शुभाशुभ कर्म से राशिपुरुष उत्पन्न होता है। मोह इच्छा और द्वेष इन तीनों से ही प्रवृत्ति होती है। काम क्रोध आदि का इन्हीं में अन्तर्भाव हो जाता है। न्यायदर्शन में कहा है—

'तत् त्रैराश्यं रागद्वेषमोहार्थान्तराभावात्।'

वात्स्यायन ने भाष्य करते हुए कहा है कि राग में काम मत्सर स्पृहा (इच्छा) तृष्णा और लोभ का समावेश होता है। द्वेष में क्रोध ईर्ष्या असूया (दूसरे के गुणों में दोषारोपण) द्रोह अमर्ष (असहिष्णुता) इनका अन्तर्भाव होता है। मोह में मिथ्याज्ञान संशय मान और प्रमाद का अन्तर्भाव होता है। अर्थात् पूर्वजन्म में राग द्वेष मोह से जो शुभाशुभ कर्म किये होते हैं उसी के फल स्वरूप धर्माधर्म से यह जन्म होता है ॥५२॥

आत्मा ज्ञः करणैर्योगाज्ज्ञानं त्वस्य प्रवर्तते।
करणानामवैमल्यादयोगाद्वा न वर्तते ॥५३॥

चौथे प्रश्न—क्या वह अज्ञ है वा ज्ञानी है—का उत्तर—आत्मा ज्ञानमय है। उस आत्मा के ज्ञान की प्रवृत्ति मन ज्ञानेन्द्रिय आदि करणों के योग से होती है। यदि करण (इन्द्रिय आदि) निर्मल न हों वा अयोग हो अर्थात् आत्मा का मन के साथ योग न हो मन का इन्द्रिय के साथ न हो, इन्द्रिय का विषय के साथ योग न हो तो भी ज्ञान नहीं होता ॥५३॥

पश्यतोऽपि यथाऽऽदर्शे संक्लिष्टे नास्ति दर्शनम्।
[1]तत्त्वं जले वा कलुषे चेतस्युपहते तथा ॥५४॥

चक्षु युक्त होते हुए भी पुरुष को मलिन दर्पण में देखने से अपना रूप ठीक दिखाई नहीं देता अथवा जैसे मलिन जल में पड़ी हुई वस्तु दिखाई नहीं देती, वैसे ही मन का किसी प्रकार का विघात होने से ठीक २ दिखाई नहीं देता। मन यहाँ उपलक्षण मात्र है इससे इन्द्रियों का भी ग्रहण होता है अर्थात् इन्द्रियविघात से भी ज्ञान नहीं होता। अन्धा बहिरा होना आदि इन्द्रियविघात से समझा जाता है ॥५४॥

करणानि मनो बुद्धिर्बुद्धिकर्मेन्द्रियाणि च।
कर्तुः संयोगजं कर्म वेदना बुद्धिरेव च ॥५५॥

करण—मन बुद्धि ज्ञानेन्द्रिय और कर्मेन्द्रिय के करण हैं। कर्ता-आत्मा का करणों के साथ संयोग होने से कर्म वेदना वा ज्ञान होता है। कर्म वेदना और ज्ञान ये आत्मा का करणों से संयोग होने पर होते हैं। सुख दुःख आदि के ज्ञान को वेदना कहते हैं। कर्मेन्द्रियों के कर्म ग्रहण धारण आदि कहे जा चुके हैं। ज्ञानेन्द्रियों के कर्म शब्द आदि विषय का ग्रहण है। मन का कर्म इन्द्रियों के प्रति जाना चिन्ता तर्क विचार आदि है। बुद्धि का कर्म त्याग ग्रहण उपेक्षा आदि का निश्चय करना है ॥५५॥

नैकः प्रवर्तते कर्तुं भूतात्मा नाश्नुते फलम्।
संयोगाद्वर्तते सर्वं तमृते नास्ति किंचन ॥५६॥

भूतात्मा अकेला किसी कर्म करने में प्रवृत्त नहीं होता। और नहीं अकेला फल को भोगता है। सब कुछ संसार संयोग से ही है। संयोग के बिना कुछ भी नहीं है। अर्थात् राशिपुरुष ही कर्म कर सकता है, वह ही फल को भोगता है। सांख्यकारिका में कहा है—

'पुरुषस्य दर्शनार्थं कैवल्यार्थं तथा प्रधानस्य।
पङ्ग्वन्धवदुभयोरपि [1]संयोगस्तत्कृतः सर्गः ॥'

पुरुष द्वारा सर्वकारणभूत प्रधान (प्रकृति) को देखने के लिये तथा पुरुष के मोक्ष के लिये लङ्गड़े और अन्धे की तरह संयोग होता है। इस प्रकार दोनों में उपकार्योपकारक भाव है। भोग और मोक्ष के लिए संयोग ही महत्तत्व आदि की सृष्टि करता है ॥५६॥

न ह्येको वर्तते भावो वर्तते नाप्यहेतुकः।
शीघ्रगत्वात्स्वभावात्तु [2] भावो न व्यतिवर्तते ॥५७॥

भाव (उपपत्तिधर्मा पदार्थ) अकेला नहीं होता अर्थात् संयोगज होता है। भाव हेतुरहित भी नहीं होता अर्थात् उसका कारण अवश्य होता है। भाव पदार्थ शीघ्र गमन करने के स्वभाव को लांघता नहीं—अपने नित्यगस्वभाव को त्यागता नहीं। प्रतिक्षण परिणत होता ही रहता है। तात्पर्य यह हुआ कि भावों की उत्पत्ति में तो कारण होता है, परिणाम में कारण नहीं होता, वह स्वभाव से ही होता है। सदृश उत्तरावस्था को उत्पन्न कर पूर्वावस्था का नाश होना ही परिणाम से अभिप्रेत है। यह परिणाम स्वभाव से ही होता है और कोई हेतु नहीं। अर्थात् अभाव का हेतु नहीं और भाव का हेतु है। सूत्रस्थान के चिकित्साप्राभृतीय नामक १६ वें अध्याय में कह भी आये हैं—

'प्रवृत्तिहेतुर्भावानां न निरोधेऽस्ति कारणम्' ॥५७॥

अनादिः पुरुषो नित्यो विपरीतस्तु हेतुजः।
सदकारणवन्नित्यं दृष्टं हेतुजमन्यथा ॥५८॥

पाँचवें प्रश्न—वह नित्य है वा अनित्य—का उत्तर—अनादि पुरुष (आत्मा वा परमात्मा) नित्य है। हेतु से उत्पन्न राशि पुरुष अनित्य है। अर्थात् मोह इच्छा द्वेष से उत्पन्न होनेवाला राशिपुरुष अनित्य है। जो द्रव्य सत् (सत्तायोगी) हो परन्तु उसका कोई कारण न हो तो वह नित्य होता है। जिसका कारण हो वह अनित्य होता है। अनादि पुरुष सत्तारूप तो है, पर कारण कोई नहीं। अतः वह नित्य है और राशिपुरुष की यद्यपि सत्ता है पर कारण भी है, सुतरां वह अनित्य होगा। वैशेषिक का सूत्र भी है—

'सदकारणवन्नित्यम्' ॥५८॥

तदेव भावादग्राह्यं, [3]नित्यत्वं न कुतश्चन।
भावाज्ज्ञेयं, तदव्यक्तमचिन्त्यं व्यक्तमन्यथा ॥५९॥

जो उत्पत्तिधर्म से रहित है वह ही नित्य होता है। जो उत्पत्तिधर्मा है उसकी किसी हेतु से भी नित्यता नहीं हो सकती।

१—'तद्वज्जले' ग०।

१—"ननु भवत्वनयोः संयोगो महदादिसर्गस्तु कुत इत्यत आह—'तत्कृतः सर्गः'—संयोगो हि न महदादिसर्गमन्तरेण भोगाय कैवल्याय च पर्याप्त इति संयोग एव भोगापवर्गार्थं सर्गं करोतीत्यर्थः।" इति कारिकाव्याख्याने वाचस्पतिमिश्राः। २—'०त्स्वभावात्स्वभावो' च०। ३—'नित्यत्वान्न' ग०।

जो नित्य पुरुष है वह अव्यक्त है अतएव अचिन्त्य है। जो राशिपुरुष अनित्य है वह व्यक्त है और चिन्त्य है ॥५९॥

अव्यक्तमात्मा क्षेत्रज्ञः शाश्वतो विभुरव्ययः।
तस्माद्यदन्यत्तद् व्यक्तं,

वह अव्यक्त आत्मा है। यह आत्मा क्षेत्रज्ञ है। 'क्षेत्र' शरीर को कहते हैं उसका ज्ञाता है। अनादि अनन्त है। व्यापक और अविनाशी है। इससे जो भिन्न वस्तु है (राशिपुरुष) वह व्यक्त है—कारण से उत्पन्न होता है–प्रकट होता है॥

जो उत्पत्तिधर्म से अग्राह्य है वह अव्यक्त होता है और जो उत्पत्ति धर्म से ज्ञेय है वह व्यक्त होता है यह ऊपर कहा गया है। अब इन्द्रियों द्वारा ग्राह्य तथा अग्राह्य होने से व्यक्ताव्यक्तता जताते हैं—

वक्ष्यते चापरं द्वयम् ॥६०॥
व्यक्तं चैन्द्रियकं चैव गृह्यते तद्यदिन्द्रियैः॥
अतोऽन्यत्पुनरव्यक्तं लिङ्गग्राह्यमतीन्द्रियम् ॥६१॥

अब अन्य प्रकार का व्यक्त अव्यक्त बताया जायेगा। जिसका इन्द्रियों से ग्रहण होता है–ज्ञान होता है वह ऐन्द्रियक कहाता है और वह व्यक्त होता है। इससे भिन्न जो इन्द्रियों से ग्राह्य नहीं–ज्ञेय नहीं वह अतीन्द्रिय कहाता है वह अव्यक्त होता है। परन्तु उसका ज्ञान [1]लिङ्गों से होता है। यहाँ पर यह समझ लेना चहिए कि जिसका ग्रहण अनुमान द्वारा ही होता है वह अव्यक्त है। वैसे तो जिसका प्रत्यक्ष होता है उसका भी अनुमान द्वारा ग्रहण हो सकता है पर वह अव्यक्त नहीं होगा।६१।

खादीनि बुद्धिरव्यक्तमहङ्कारस्तथाऽष्टमः।
भूतप्रकृतिरुद्दिष्टा,

छठे प्रश्न–प्रकृति क्या है और विकार कौन हैं–का उत्तर–आकाश आदि पांच सूक्ष्मभूत (पाँच तन्मात्रायें), बुद्धि (महत्तत्त्व), अव्यक्त (मूल प्रकृति आत्मसंयुक्त मूल प्रकृति) अहङ्कार, ये आठ भूतप्रकृति हैं। इनमें मूलप्रकृति तो प्रकृतिमात्र कारणमात्र) ही है और शेष सात प्रकृति और विकृति दोनों हैं। पर प्रकृति भी होने से यहाँ प्रकृतियों में ही गिन दिये हैं॥

विकाराश्चैव षोडश ॥६२॥
बुद्धीन्द्रियाणि पञ्चैव पञ्च कर्मेन्द्रियाणि च।
समनस्काश्च पञ्चार्था विकारा इति संज्ञिताः ॥६३॥

विकार सोलह हैं। पाँच ज्ञानेन्द्रिय, पाँच कर्मेन्द्रिय, मन और रूप रस आदि पाँच विषय। ये १६ विकार कहाते हैं।६३।

इति क्षेत्रं समुद्दिष्टं सर्वमव्यक्तवर्जितम्।
अव्यक्तमस्य क्षेत्रस्य क्षेत्रज्ञमृषयो विदुः ॥६४॥

अव्यक्त को छोड़कर शेष भूतप्रकृति और विकार का नाम क्षेत्र है। ऋषि लोग इस क्षेत्र के क्षेत्रज्ञ को अव्यक्त जानते हैं। अथवा अव्यक्त क्षेत्रज्ञ को ऋषि ही जानते हैं। सामान्य पुरुष नहीं जान सकते। भगवद्गीता में कहा है—

'इदं शरीरं कौन्तेय क्षेत्रमित्यभिधीयते।
एतद् यो वेत्ति तं प्राहुः क्षेत्रज्ञमिति तद्विदः॥
क्षेत्रज्ञञ्चापि मां विद्धि सर्वक्षेत्रेषु भारत।
क्षेत्रक्षेत्रज्ञयोर्ज्ञानं यत्तज्ज्ञानं मतं मम॥
महाभूतान्यहंकारो बुद्धिरव्यक्तमेव च।
इन्द्रियाणि दशैकञ्च पञ्च चेन्द्रियगोचराः॥
इच्छा द्वेषः सुखं दुःखं संघातश्चेतना धृतिः।
एतत्क्षेत्रं समासेन सविकारमुदाहृतम्॥

यहाँ पर जो 'अव्यक्त' शब्द है वह सत्त्व-रज-तम इन तीन गुणों के साम्यरूप मूलप्रकृति के लिये है। और जो भगवान् आत्रेय ने क्षेत्र को बताते हुए 'अव्यक्त को छोड़कर' ऐसा कहा है यहाँ 'अव्यक्त' शब्द आत्मसंयुक्त मूलप्रकृति के लिये है। अतः दोनों में विरोध नहीं है। मोक्षाधिकार में प्रकृति और आत्मा को पृथक्तया जानना होता है पर शरीरशास्त्र में प्रकृति और आत्मा के संयुक्त रूप को जानना आवश्यक है।६४।

जायते बुद्धिरव्यक्ताद् बुद्ध्याऽहमिति मन्यते।
परं खादीन्यहङ्कारादुत्पद्यन्ते यथाक्रमम् ॥६५॥

अव्यक्त (आत्मसंयुक्त मूलप्रकृति) से बुद्धि उत्पन्न होती है। बुद्धि से अहङ्कार पैदा होता है। अहंकार से आकाश आदि पाँच तन्मात्राएं और १६ विकार अपने क्रम से उत्पन्न होते हैं। याज्ञवल्क्यसंहिता में भी कहा है—

'बुद्धेरुत्पत्तिरव्यक्तात्ततोऽहंकारसम्भवः।
तन्मात्राणि ह्यहंकारादेकोत्तरगुणानि च॥
शब्दः स्पर्शश्च रूपं च रसो गन्धश्च तद्गुणाः

अहङ्कार तीन प्रकार का है। सात्त्विक राजस तामस। इन्हीं का नाम वैकारिक तैजस और भूतादि है। वैकारिक अहङ्कार से जिसमें तैजस का भी साथ होता है तथा किंचित् तम होता है ११ इन्द्रियाँ उत्पन्न होती हैं। पाँच ज्ञानेन्द्रिय पाँच कर्मेन्द्रिय तथा ज्ञानकर्मोभयात्मक मन ये मिलकर ११ होते हैं। भूतादि अहङ्कार से जिसमें तैजस का साथ हो तथा कुछ सत्त्व हो पाँच तन्मात्राएं उत्पन्न होती हैं। शब्दतन्मात्र स्पर्शतन्मात्र रूपतन्मात्र रसतन्मात्र और गन्धतन्मात्र। शब्द स्पर्श रूप रस और गन्ध ये आकाश आदि के गुण हैं ॥६५॥

ततः सम्पूर्णसर्वाङ्गो जातोऽभ्युदित उच्यते।
पुरुषः प्रलये चेष्टैः पुनर्भावैर्वियुज्यते ॥६६॥

तदनन्तर सब अङ्गों से पूर्ण होकर प्रकट हुआ पुरुष 'उत्पन्न हुआ' ऐसा कहाता है। अर्थात् जब अव्यक्तावस्था से व्यक्तावस्था में आता है तब 'उत्पन्न होना' यह शब्द व्यवहार में प्रयुक्त होता है। वह पुरुष प्रलय में बुद्धि आदि

१—लिङ्ग्यते ज्ञायतेऽप्रत्यक्षोऽर्थोऽनेनेति लिङ्गम्। 'यदनुमेयेन सम्बद्धं प्रसिद्धं च तदन्विते। तदभावे च नास्त्येव तल्लिङ्गमनुमापकम्॥' जो पक्ष में वर्तमान हो, सपक्ष में प्रसिद्ध हो–जिस की सत्ता हो, विपक्ष में न हो वह लिङ्ग अनुमान का साधन है। जैसे धूम (लिङ्ग) पर्वत (पक्ष) में वर्तमान है। रसोईघर (सपक्ष) में भी सत्तावान् है। तालाब (विपक्ष) आदि में नहीं है। अतः धूम पर्वत पर अग्नि का अनुमान करायेगा।

इष्टभावों से वियुक्त हो जाता है। अर्थात् पुनः व्यक्तावस्था से अव्यक्तावस्था में आ जाता है। कहा भी है—

'यो यस्मान्निःसृतश्चैषां स तस्मिन्नेव लीयते।'

अर्थात् जो जिससे निकला है वा प्रकट हुआ है वह उसी में लीन हो जाता है। इस प्रकार अव्यक्तावस्था ही अन्त में बचती है ॥६६॥

अव्यक्ताद् व्यक्ततां याति व्यक्तादव्यक्ततां पुनः।
रजस्तमोभ्यामाविष्टश्चक्रवत्परिवर्तते ॥६७॥

पुरुष सृष्टि के समय अव्यक्तावस्था से व्यक्तावस्था में आता है, पुनः प्रलय में व्यक्तावस्था से अव्यक्तावस्था में चला जाता है। इस प्रकार बन्ध के हेतु रज और तम से युक्त पुरुष संसार में चक्कर खाता रहता है। भगवद्गीता में भी कहा है—

'अव्यक्ताद् व्यक्तयः सर्वाः प्रभवन्त्यहरागमे।
राव्यागमे प्रलीयन्ते तत्रैवाव्यक्तसंज्ञके ॥
भूतग्रामः स एवायं भूत्वा भूत्वा प्रलीयते।
राव्यागमेऽवशः पार्थ प्रभवत्यहरागमे' ॥६७॥

येषां द्वन्द्वे पराऽऽसक्तिरहङ्कारपराश्च ये।
उदयप्रलयौ तेषां, न तेषां ये त्वतोऽन्यथा ॥६८॥

जिनको द्वन्द्वों में अत्यन्त राग है। अर्थात् जो काम क्रोध लोभ मोह इच्छा द्वेष से आक्रान्त हैं। अथवा संसार के कारण—रज और तम रूप द्वन्द्व से घिरे हुए हैं जो अहङ्कार में मस्त हैं अर्थात् 'यह मेरा है' इत्यादि जिन्हें मिथ्याज्ञान है, उन्हीं का ही उदय और प्रलय होता है—कल्प कल्प में जन्म और मरण होता रहता है। जो रज और तम से रहित हैं, जो अहङ्कार से परे हैं वे संसार के जन्म और मरण के बन्धन में नहीं आते ॥६८॥

प्राणापानौ निमेषाद्या जीवनं मनसो गतिः।
इन्द्रियान्तरसंचारः प्रेरणं धारणं च यत् ॥६९॥
देशान्तरगतिः स्वप्ने पञ्चत्वग्रहणं तथा।
दृष्टस्य दक्षिणेनाक्ष्णा सव्येनावगमस्तथा ॥७०॥
इच्छा द्वेषः सुखं दुःखं प्रयत्नश्चेतना धृतिः।
बुद्धिः स्मृतिरहङ्कारो लिङ्गानि परमात्मनः ॥७१॥

आठवें प्रश्न—पुरुष का क्या लिङ्ग है—का उत्तर—प्राण, अपान, निमेष, उन्मेष, जीवन, मन का जाना, मन का एक इन्द्रिय से दूसरी इन्द्रय में जाना, प्रेरणा करना, धारण करना, स्वप्न में दूसरे देश में जाना, मरना, दाहिनी आँख से देखी हुई वस्तु का बाँई आँख से 'वही है' यह ज्ञान हो जाना, इच्छा, द्वेष, सुख, दुःख, प्रयत्न, चेतना, धृति, बुद्धि (ज्ञान), स्मृति, अहङ्कार; ये सूक्ष्म आत्मा के लिङ्ग हैं। इन लिङ्गों से हम आत्मा का अनुमान करते हैं। वैशेषिक दर्शन में कणाद मुनि ने भी कहा है—

'प्राणापाननिमेषोन्मेषजीवनमनोगतीन्द्रियान्तरविकाराः सुखदुःखेच्छाद्वेषप्रयत्नाश्चात्मनो लिङ्गानि।'

प्राण अपान आदि शरीरान्तःसञ्चारी वायु बिना प्रयत्न के ऊपर नीचे नहीं की जा सकती। जैसे धौंकनी से स्वयं वायु बाहर नहीं आती है, उसके लिये धौंकनेवाले की आवश्यकता होती है, उसी प्रकार वायु को ऊपर नीचे ले जानेवाला कोई चेतन होना चाहिये, वह आत्मा है। आँखों के मींचने और खोलने से भी आत्मा को स्वीकार करना पड़ता है। जैसे दरवाजे को खोलने वा बन्द करने के लिये तीसरे की आवश्यकता है वैसे ही यहाँ पर निमेष उन्मेष कर्म के लिये कर्ता आत्मा की आवश्यकता है। जीवन से शरीर की वृद्धि वा घाव और भग्न के रोहण का ग्रहण करना चाहिये, क्योंकि मृत पुरुष में ये कार्य नहीं होते। जैसे गृह का स्वामी मकान को बनवाता, छोटे को बड़ा करवाता, टूटे हुए स्थान की मरम्मत करवाता है—उसी प्रकार देश को बनानेवाले, छोटे को बड़ा करनेवाले, टूटे हुए सैलों की पूर्ति करनेवाले किसी चेतन को होना चाहिए और वह आत्मा है। जैसे घर के कोने में बैठा हुआ बालक गेंद को फेंकता है—गति देता है उसी प्रकार अभिमत विषय की ग्राहक इन्द्रिय की ओर मन को भेजनेवाला कोई चेतन होना चाहिये, वह आत्मा है। आचार्य ने अगला लिङ्ग 'इन्द्रियान्तरसंचार' पढ़ा है, जहाँ वैशेषिक न्याय आदि में 'इन्द्रियान्तरविकार' पढ़ा गया है। वैशेषिक का सूत्र हम ऊपर दे चुके हैं। न्याय में भी—'इन्द्रियान्तरविकारात्।' यह पढ़ा गया है। अर्थात् अम्लरस युक्त द्रव्य को आँख में रखने पर आँख से भिन्न इन्द्रिय रसना (जिह्वा) में विकार देखा जाता है—लाला बहने लगता है। इससे हम यह जानते हैं कि कोई ऐसा व्यक्ति है जो अनेक खिड़कियों में बैठे हुए दर्शक की तरह दोनों का द्रष्टा है। अन्यथा देखने से ही जिह्वा में पानी न आता। क्योंकि वह चक्षु इन्द्रिय का विषय नहीं। अतः कोई भिन्न चेतन है जिसका दोनों से सम्बन्ध है और वह आत्मा है। इन्द्रियान्तर संचार से भी यही अभिप्राय लाना चाहिये। अथवा अभी एक इन्द्रिय चक्षु से देखता हूँ और अभी घ्राण से सूँघता हूँ। इससे भी आत्मा का अनुमान होता है। अर्थात् भिन्न२ विषय ग्रहणरूप कर्म का करनेवाला कोई एक चेतन होना चाहिये। मन को इन्द्रियों में प्रेरित करनेवाला भी आत्मा है। उसी मन को उसी इन्द्रिय में स्थिरता पूर्वक कुछ देर रोक रखनेवाला भी आत्मा है। इन्द्रिय और मन जड़ हैं, वे कर्म नहीं कर सकते। यदि इन्द्रियों को चेतन मान लें तो जिसे हमने दाहिनी आँख से देखा है उसे बाँई आँख से देखने पर—'यह वही है जिसे दाहिनी आँख से देखा था'—यह ज्ञान (प्रत्यभिज्ञा) न हो। क्योंकि चैत्र ने देखा और मैत्र ने स्मरण किया यह नहीं हो सकता। अर्थात् चूँकि—जिसे मैंने देखा था उसे ही देख रहा हूँ—यह प्रत्यभिज्ञा होती है। अतः देह इन्द्रिय से भिन्न आत्मा की सत्ता स्वीकार करनी पड़ती है। नहीं तो एक आँख से देखे हुए को दूसरी आँख से—मैं उसे ही देख रहा हूँ—यह प्रत्यभिज्ञा नहीं हो सकती। न्यायदर्शन में भी कहा है—

'सव्यदृष्टस्येतरेण प्रत्यभिज्ञानात्।'

इच्छा द्वेष आदि आत्मा के गुण हैं। इन गुणों से गुणी का अनुमान होता है। अनुमापक होने से गुण भी लिङ्ग कहाते

हैं। मृत शरीर में इच्छा द्वेष आदि नहीं देखे जाते, अतः जीवन के कारण आत्मा के ही ये गुण हैं। स्वप्न में देशान्तर में जाना यह भी आत्मा के विना नहीं हो सकता ॥६९-७१॥

यस्मात्समुपलभ्यन्ते लिङ्गान्येतानि जीवतः।
न मृतस्यात्मलिङ्गानि तस्मादाहुर्महर्षयः ॥७२॥

ये सब लिङ्ग जीवित प्राणी में पाये जाते हैं, मरे हुए में नहीं अतः महर्षियों ने ये आत्मा के लिङ्ग कहे हैं। शरीर के साथ आत्मा का सम्बन्ध होने पर ही प्राणी में ये लिङ्ग दिखते हैं। आत्मा का सम्बन्ध न रहने पर मरा हुआ न सांस लेता है न सांस निकालता है न आँखें बन्द करता है न खोलता है इत्यादि देखा जाता है। जिससे यहाँ समझना चाहिये कि ये आत्मा के ही लिङ्ग हैं ॥७२॥

शरीरं हि गते तस्मिञ्शून्यागारमचेतनम्।
पञ्चभूतावशेषत्वात्पञ्चत्वं गतमुच्यते ॥७३॥

उस आत्मा के चले जाने पर शरीर गृहपति से रहित गृह की तरह शून्य तथा जड़ हो जाता है। और छह धातुओं में से केवल पाँच भूतों के अवशिष्ट रह जाने से 'पञ्चत्व को प्राप्त हुआ (मर गया)' यह कहा जाता है। अतः 'पञ्चत्वग्रहण' भी आत्मा का अनुमापक लिङ्ग है। जिस चेतनाधातु का संबंध होने से षड्धातुक पुरुष चेतन रहता है और जिसके निकल जाने से पञ्चभूत मात्र शेष रह जाते हैं वह आत्मा है। याज्ञवल्क्यस्मृति में भी कहा है—

'अहङ्कारः स्मृतिर्मेधा द्वेषो बुद्धिः सुखं धृतिः।
इन्द्रियान्तरसंचार इच्छा धारणजीविते ॥
स्वर्गः स्वप्नश्च भावानां प्रेरणं मनसो गतिः।
निमेषश्चेतना यत्न आदानं पाञ्चभौतिकम् ॥
यत एतानि दृश्यन्ते लिङ्गानि परमात्मनः।
तस्मादस्ति परो देहादात्मा सर्वग ईश्वरः' ॥७३॥

अचेतनं क्रियावच्च मनश्चेतयिता परः।
युक्तस्य मनसा तस्य निर्दिश्यन्ते विभोः क्रियाः ॥७४॥
चेतनावान् यतश्चात्मा ततः कर्ता निरुच्यते।
अचेतनत्वाच्च मनः क्रियावदपि नोच्यते ॥७५॥

नौवें प्रश्न—निष्क्रिय आत्मा की क्रिया कैसे होती है—का उत्तर मन जड़ है, क्रियावाला है। आत्मा चेतन है-चेतना देनेवाला है। उस विभु आत्मा के मन से युक्त होने पर ही आत्मा की क्रिया कहलाती है। यतः आत्मा चेतनायुक्त है, अतएव कर्ता कहाता है। मन जड़ होने से क्रियायुक्त होने पर भी कर्ता नहीं कहाता। अर्थात् प्राण अपान आदि जो कर्म आत्मा के लिङ्ग बताये हैं वे आत्मा के लिङ्ग कैसे हो सकते हैं जब कि आत्मा निष्क्रिय है। इसका उत्तर दिया है कि परमार्थतः आत्मा निष्क्रिय ही है, पर उपचार से उसकी क्रिया कहाती है। मन क्रियायुक्त होता है, पर जड़ होने से क्रिया में प्रवृत्त नहीं हो सकता। चेतन आत्मा के संयोग से ही मन की क्रिया होती है। अतएव मन की क्रिया के आत्मा के अधीन होने से आत्मा को ही कर्ता कह दिया जाता है। जैसे लकड़ी को कुल्हाड़ी काटती है। क्रिया कुल्हाड़ी में है। पर वह कुल्हाड़ी स्वयं पुरुष की प्रेरणा के बिना नहीं काट सकती। कुल्हाड़ी की क्रिया मनुष्य के आधीन है। अतः वहाँ जैसे पुरुष कर्ता कहा जाता है वैसे ही आत्मा भी कर्ता कहाता है। लोक में कर्ता चेतन ही देखा जाता है। अतः चेतन होने से आत्मा को ही कर्ता कहा जाता है। आत्मा मन को चेतनता देता है। तभी मन क्रियावान् होता है। अतएव आत्मा कर्ता है क्रियावान् मन चेतन न होने से कर्ता नहीं कहाता। अथवा गेंद फेंकनेवाले बालक की तरह आत्मा कर्ता है। बालक गेंद को प्रेरणा देता है जिससे गेंद गतिमान् होता है। अतएव बालक को गेंद फेंकनेवाला कहा जाता है ॥७४,७५॥

यथास्वेनात्मनाऽऽत्मानं नयति सर्वयोनिषु।
प्राणैस्तन्त्रयते प्राणी न ह्यन्योऽस्त्यस्य तन्त्रकः ॥७६॥

दसवें प्रश्न—यदि आत्मा स्वतन्त्र है तो वह अनिष्टयोनियों में क्यों जाता है—का उत्तर—सब प्राणी अपनी २ (धर्माधर्मसहाय) आत्मा द्वारा सब योनियों में आत्मा को वा अपने आप को प्राणों से युक्त करते हैं। अन्य कोई उसका नियमन् करनेवाला नहीं। अर्थात् जिस प्राणी का धर्म अधर्म के विकल्प के कारण जैसा आत्मा होता है वैसी योनि में स्वयं उत्पन्न होता है। आत्मा कर्ता है वह जैसा कर्म करता है वैसा ही शरीर प्राप्त होता है। अर्थात् वह स्वयं ही उसमें जाता है। उस २ योनि को न चाहता हुआ भी वहाँ वहाँ पैदा होता है। इस प्रकार उसके स्वातन्त्र्य में कोई विधान नहीं होता। याज्ञवल्क्यसंहिता में भी—

'निःसरन्ति यथा लौहपिण्डात्तप्तात्स्फुलिङ्गकाः।
सकाशादात्मनस्तद्वदात्मानः प्रभवन्ति हि ॥
तत्रात्मा हि स्वयं किञ्चित् कर्म किञ्चित्स्वभावतः।
करोति किञ्चिदभ्यासाद् धर्माधर्मोभयात्मकम्।
निमित्तमक्षरः कर्ता द्रष्टा ब्रह्म गुणं वशी।
अजः शरीरग्रहणात् स जात इति कीर्त्यते ॥'

इत्यादि आत्मवर्णन करके प्रश्न किये गये हैं—
१—यद्येवमेव स कथं पापयोनिषु जायते।
तथा—
२—कथं भावैरनिष्टैः सम्प्रयुज्यते ॥
इनके उत्तर में कहा है—
'अन्त्यपक्षिस्थावरतां मनोवाक्कायकर्मजैः।
दोषैः प्रयाति जीवोऽयं भवं योनिशतेषु च ॥
अनन्ताश्च यथा भावाः शरीरेषु शरीरिणाम्।
रूपाण्यपि तथैवेह सर्वयोनिषु देहिनाम्' ॥७६॥

वशी तत्कुरुते कर्म यत्कृत्वा फलमश्नुते।
वशी चेतः समाधत्ते वशी सर्वं निरस्यति ॥७७॥

ग्यारहवें प्रश्न – यदि आत्मा वशी है तो दुःखकर भाव बलात् क्यों उसे दबा लेते हैं—का उत्तर—आत्मा वशी है, वह जो कुछ चाहता है करता है। जब वह अपनी इच्छा से शुभ वा अशुभ कर्म करता है तो वह फल भी भोगता है। वशी आत्मा चाहता है तो चित्त की वृत्तियों का निरोध भी कर लेता है। जब वशी चाहता है तब वह सब कुछ त्याग देता है। अर्थात् जब आत्मा फल की इच्छा से कर्म करता है तो फल

भी वह ही भोगता है। क्योंकि कर्ता को फल अवश्य मिलता है। यह नियम है।

'अवश्यमेव भोक्तव्यं कृतं कर्म शुभाशुभम्।'

आत्मा कर्म करने में अपनी इच्छा के आधीन है, अतएव वशी है। कर्म फल तो अवश्य मिलता ही है।

गङ्गाधर के अनुसार इसकी व्याख्या यह है—कि यहाँ वशी उसे नहीं कहा जो अपने वश में हो परन्तु वशी वह है जो वह कर्म करता है जिसको करके स्वयं फल भोगता है। आत्मा प्रज्ञा प्रज्ञापराध द्वारा शुभाशुभ कर्म करता है। उसमें से शुभ कर्म करनेवाला वशी सुखकर भावों से बलात् आक्रान्त होता है। और अशुभ कर्म करनेवाला वशी दुःखकर भावों से बलात् दबाया जाता है। जो चित्त की वृत्तियों का निरोध करता है वह वशी है। जो सब त्याग देता है वह सर्वसंन्यासी वशी है। वह २ दुःखकर भावों से बलात् आक्रान्त नहीं होते।

देही सर्वगतो ह्यात्मा स्वे स्वे संस्पर्शनेन्द्रिये।
सर्वाः सर्वाश्रयस्थास्तु नात्माऽतो वेत्ति वेदनाः ॥७८॥

बारहवें प्रश्न—सर्वगत आत्मा सब की सब बेदनाओं को क्यों नहीं जानता—का उत्तर—आत्मा सर्वगत होता हुआ भी देही वा शरीरी है। उसका अपने शरीर की स्पर्शनेन्द्रिय से ही सम्बन्ध रहता है। अतएव सब शरीरों की सब वेदनाओं–सुख-दुःख आदि को नहीं जानता। जब आत्मा के अदृष्ट की प्रेरणा से भूत शरीर को उत्पन्न करते हैं तब वह शरीर उसी आत्मा का होता है। वह आत्मा शरीर का स्वामी होता है। उस आत्मा का उस शरीर की स्पर्शनेन्द्रिय से सम्बन्ध होता है जिससे उसे उसी शरीर के सुख दुःख आदि का ज्ञान होता है। याज्ञवल्क्य स्मृति में भी कहा है—

'वेत्ति सर्वगतां कस्मात्सर्वगोऽपि न वेदनाम्।
सर्वाश्रयां निजे देहे देही विन्दति वेदनाम्' ॥७८॥

विभुत्वमत एवास्य यस्मात्सर्वगतो महान्।
मनसश्च समाधानात्पश्यत्यात्मा तिरस्कृतम् ॥७९॥

यतः आत्मा सर्वगत है परम महत्परिमाणवाला है अतएव विभु है। परन्तु देही होने से उस देह के अनुसार इसकी ज्ञान-साधन इन्द्रियाँ सीमित हैं। अतः वह पर्वत वा भित्ति आदि से छिपी वस्तु को नहीं देख सकता। परन्तु यदि मन की समाधि हो–चित्तवृत्तियों का निरोध हो तो तिरोहित वस्तु भी दीख जाती है। अतएव योगी तिरोहित वस्तु को देख लेते हैं ।७९।

नित्यानुबन्धं मनसा देहकर्मानुपातिना।
सर्वयोनिगतं विद्यादेकयोनावपि स्थितम् ॥८०॥

देह के कर्म का अनुसरण करनेवाले मन के साथ नित्य सम्बन्धयुक्त एक योनि में स्थित आत्मा को सर्वयोनिगत जानना चाहिये। मोक्ष पर्यन्त मन और आत्मा का सम्बन्ध नित्य है। शरीर के नष्ट होने पर मन और आत्मा का सम्बन्धविच्छेद नहीं होता। जब आत्मा जीवशरीर में प्रविष्ट होता है तब वह मन के साथ ही होता है। सुश्रुत शारीर ३ अ० में कहा है—

'तत्र स्त्रीपुंसोः संयोगे तेजः शरीराद्वायुरुदीरयति, ततस्तेजोऽनिलसन्निपाताच्छुक्रं च्युतं योनिमभिप्रतिपद्यते संसृज्यते चार्तवेन, ततोऽग्निषोमसंयोगात् संसृज्यमानो गर्भाशयमनुप्रतिपद्यते, क्षेत्रज्ञो वेदयिता स्प्रष्टा घ्राता द्रष्टा श्रोता रसयिता पुरुषः स्रष्टा गन्ता साक्षी धाता वक्ता यः कोऽसावित्येवमादिभिः पर्यायवाचकैर्नामभिरभिधीयते दैवसंयोगादक्षयोऽव्ययोऽचिन्त्यो भूतात्मना सहान्वक्षं सत्त्वरजस्तमोभिर्दैवासुरैरपरैश्च भावैर्वायुनाभिप्रेर्यमाणः गर्भाशयमनुप्रविश्यावतिष्ठते[१] ॥'

आत्मा का शरीर के साथ सम्बन्ध मन द्वारा होता है। जब हम मन की वृत्तियों को विषयों से हटा लेते हैं तो उसका शरीर के साथ सम्बन्ध नहीं रहता और उस समय उसका देहीपना नष्ट होता है। वह सर्वयोनिगत वा असीम हो जाता है और अतएव अप्रत्यक्ष या तिरोहित वस्तु को देख लेता है वा ज्ञान प्राप्त कर लेता है। अन्यथा उसके विभु वा परममहत्परिमाणवाला होने पर भी देही होने से छिपी हुई वस्तु का ज्ञान नहीं होता ॥८०॥

आदिर्नास्त्यात्मनः क्षेत्रपारम्पर्यमनादिकम्।
अतस्तयोरनादित्वात्किं पूर्वमिति नोच्यते ॥८१॥

चौदहवें प्रश्न—क्षेत्रज्ञ और क्षेत्र में कौन पूर्व है—का उत्तर—आत्मा आदि का नहीं और क्षेत्र की परम्परा भी अनादि है। अतः दोनों के अनादि होने से कौन पूर्व है यह नहीं कहा जाता। अर्थात् आत्मा अनादि है और सृष्टि प्रवाह से अनादि है। कब आत्मा का प्रथम शरीर के साथ सम्बन्ध हुआ यह नहीं कहा जा सकता। अतः क्षेत्र और क्षेत्रज्ञ में कौन पूर्व है इसका बताना सम्भव नहीं ॥८१॥

ज्ञः साक्षीत्युच्यते नाज्ञः साक्षी ह्यात्मा ह्यतः स्मृतः।
सर्वे भावा हि सर्वेषां भूतानामात्मसाक्षिकाः ॥८२॥

पन्द्रहवें प्रश्न—आत्मा किसका साक्षी है—का उत्तर—ज्ञानवान् वा चेतन साक्षी हुआ करता है, अज्ञ वा अचेतन साक्षी नहीं होता। अतः आत्मा साक्षी है, महत्तत्त्व आदि साक्षी नहीं। सब भूतों के सब भावों का आत्मा साक्षी है। भूत शब्द से आकाश आदि का ग्रहण है। महत्तत्त्व आदि का साक्षी भी आत्मा ही है, परन्तु—

'भूतेभ्यो हि परं यस्मान्नास्ति चिन्ता चिकित्सिते।'

अतएव 'भूत' शब्द ही पढ़ा है। जिसे विषय दिखाया जाता है, वह साक्षी होता है और वह चेतन ही हो सकता है। महत्तत्त्व आदि जड़ हैं। प्रकृति अपने भावों को आत्मा को दिखाती है। अतएव आत्मा साक्षी है ॥८२॥

नैकः कदाचिद् भूतात्मा लक्षणैरुपलभ्यते।
विशेषोऽनुपलभ्यस्य तस्य नैकस्य विद्यते ॥८३॥
संयोगपुरुषस्येष्टो विशेषो वेदनाकृतः।
वेदना यत्र नियता विशेषस्तत्र तत्कृतः ॥८४॥

सोलहवें प्रश्न—निर्विकार आत्मा में वेदनाजन्य विशेषता क्योंकर होती है—का उत्तर—अकेले भूतात्मा को हम लिङ्गों से कदाचिदपि नहीं जान सकते। उस अकेले अज्ञेय भूतात्मा में कोई भिन्नता नहीं होती। वेदनाजन्य विशेषता वा भिन्नता

१—इसका अर्थ सुश्रुत की सञ्जीवनी नामक हिन्दी व्याख्या में देखिये।

संयोगपुरुष (२४ तत्त्वमय राशिपुरुष) में होती है। प्राण अपान आदि जो लिंग पूर्व बताये गये हैं वे राशिपुरुष में दिखाई देने पर ही लिंग होते हैं। अकेले भूतात्मा का तो कोई लिङ्ग ही नहीं दिखाई देता जिससे अनुमान हो सके। जब २४ तत्त्वमय वा षड्धातुक होता है तभी ये लिङ्ग दिखाई देते हैं; जिनसे हम आत्मा का अनुमान करते हैं। वेदनाजन्य जो भिन्नता है वह भी राशिपुरुष में है। जिससे देवदत्त सुखी होता है उसी से यज्ञदत्त सुखी नहीं होता वा दुःखी होता है—इस प्रकार की भिन्नता अकेले आत्मा में नहीं होती। जब वह अन्य तत्त्वों के साथ संयुक्त होता है तो भिन्नता होती है। परन्तु अब प्रश्न यह हो सकता है कि जैसे उड़द की एक ढेरी का भार एक सेर है। यह भार उड़द के प्रत्येक दाने की गुरुता का समूहरूप है। अर्थात् जो समुदाय का धर्म है वह समुदायियों का ही होता है। जब राशिपुरुषरूप समुदाय में वेदनाजन्य भिन्नता होती है तो उसके समुदायियों—आत्मा महत्तत्त्व आदि में भी वर्त्तमान होनी चाहिये। सुतरां अकेली आत्मा में भी भिन्नता होनी चाहिये। इसका उत्तर देते हैं—कि नहीं। जहाँ पर वेदना नियत है—एकान्त भाव से रहती है वहीं पर वेदनाजन्य भिन्नता होगी। अकेली आत्मा में वेदना नहीं है, राशिपुरुष में एकान्तभाव से विद्यमान है तो वेदनाजन्य भिन्नता भी राशिपुरुष में स्वीकार की जाती है। जैसे घी और मधु में पृथक् २ मारक गुण न होने पर संयोग से मारकता दिखाई देती है वहाँ हम यदि कहें कि घी भी मारक है मधु भी मारक है तभी दोनों से मिश्रित पदार्थ भी मारक हुआ तो हमारी मूर्खता की सीमा न होगी। यह मारकता इन दोनों के समभाव में मिश्रित होने से उत्पन्न पदार्थ का ही गुण समझा जायगा। इसी प्रकार वेदनाजन्य विशेषता राशिपुरुष में ही दिखाई देती है। अकेला आत्मा न सुखी है न दुःखी। अपितु उदासीन है। जब सत्त्व रज तम इन तीनों गुणों का योग होता है तो 'मैं सुखी हूँ' 'मैं दुःखी हूँ' इत्यादि का ज्ञान होता है। आगे कहा जायगा—

'वेदनानामधिष्ठानं मनो देहश्च सेन्द्रियः ॥८३,८४॥
चिकित्सति भिषक्सर्वास्त्रिकाला वेदना इति।
यया युक्त्या वदन्त्येके सा युक्तिरुपधार्यताम् ॥८५॥

सत्रहवें अठारहवें और उन्नीसवें प्रश्न—अतीत अनागत वा वर्तमान किस रोग की चिकित्सक चिकित्सा करता है—का उत्तर—वैद्य तीनों कालों की वेदनाओं की चिकित्सा करता है, यह बात जिस युक्ति से कई एक आचार्य मानते हैं हे अग्निवेश! वह युक्ति सुनो ॥८५॥

पुनस्तच्छिरसः शूलं ज्वरः स पुनरागतः।
पुनः स कासो बलवांश्छर्दिः सा पुनरागता ॥८६॥
एभिः प्रसिद्धवचनैरतीतागमनं मतम्।

अतीत वेदना की चिकित्सा में युक्ति—फिर वही सिर का दर्द आ गया, फिर वही ज्वर आ गया, फिर वही बलवान् खांसी आ गयी, फिर वही कै आ गयी—इस प्रकार लोक में कहा जाता है। इन प्रसिद्ध वचनों से अतीत (भूत, गुजरी हुई) वेदनाओं का आना माना जाता है।

कालश्चायमतीतानामार्तीनां पुनरागतः ॥८७॥
तमर्तिकालमुद्दिश्य भेषजं यत्प्रयुज्यते।
अतीतानां प्रशमनं वेदनानां तदुच्यते ॥८८॥

अतीत पीड़ाओं का पुनः यह काल आ उपस्थित हुआ है। उसी पीड़ा-काल को लक्ष्य में रखकर जो औषध प्रयुक्त होती है वह अतीत वेदनाओं को शान्त करनेवाली कहती है ॥

आपस्ताः पुनरागुर्मा[1] याभिः शस्यं पुरा हृतम्।
यथा प्रक्रियते सेतुः प्रतिकर्म तथाऽऽश्रये ॥८९॥

दृष्टान्त—वह जल पुनः न आ जाय जिससे पहिले अनाज की खेती को हानि पहुँचती थी—इसके लिये जैसे बाँध बाँध दिया जाता है वैसे ही पीड़ाकाल को लक्ष्य में रखकर शरीर वा मन में चिकित्सा (Preventive treatment) की जाती है। यह चिकित्सा अतीतप्रशमन कहाती है ॥८९॥

पूर्वरूपं विकाराणां दृष्ट्वा प्रादुर्भविष्यताम्।
या क्रिया क्रियते सा च वेदनां हन्त्यनागताम् ॥९०॥

अनागत वेदना के प्रतिकार में युक्ति—उत्पन्न होनेवाली व्याधियों के पूर्वरूप को देखकर जो क्रिया (चिकित्सा) की जाती है वह भविष्यत् व्याधि को नष्ट करती है ॥९०॥

पारम्पर्यानुबन्धस्तु दुःखानां विनिवर्तते।
सुखहेतूपचारेण सुखं चापि प्रवर्तते ॥९१॥

वर्तमान रोग की चिकित्सा और चिकित्सा का सिद्धान्त—सुख वा आरोग्य के हेतु के सेवन से दुःखों वा रोगों का प्रवाह रूप से अनुबन्ध निवृत्त हो जाता है और सुख वा आरोग्य की प्रवृत्ति होती है। भावार्थ यह है कि विषम हेतुओं के सेवन से ही धातुएँ विषम हो जाती हैं। विषम हुई २ धातु अपने सदृश ही उत्तरावस्था को उत्पन्न करती है वह अपने सदृश और वह अपने सदृश इस प्रकार परम्परा चली जाती है। परन्तु यदि हम सुखहेतु का सेवन करें तो दुःख हेतु के अभाव से वह परम्परा स्वयमेव नष्ट हो जायगी क्योंकि सब भाव क्षणभङ्गुर हैं, जब हेतु ही नहीं तो वह रोग स्वयं शांत हो जायगा। जब हम आरोग्य हेतु का सेवन कर रहे हैं समधातुओं की परम्परा चल पड़ेगी और शरीर स्वस्थ रहेगा ॥९१॥

न समा यान्ति वैषम्यं विषमाः समतां न च।
हेतुभिः सदृशा नित्यं जायन्ते देहधातवः ॥९२॥
युक्तिमेतां पुरस्कृत्य त्रिकालां वेदनां भिषक्। हन्तीति,

सम धातुएँ विषम नहीं होतीं और विषम सम नहीं होतीं। देह की धातुएँ सदा हेतुओं के सदृश ही उत्पन्न होती हैं। यदि असात्म्येन्द्रियसंयोग आदि विषम हेतु होंगे तो विषम धातुएँ पैदा होंगी। यदि स्वस्थवृत्त आदि समहेतु होंगे तो सम धातुएँ उत्पन्न होंगी। विषम धातु वा समधातु का नाश स्वभावतः ही होता है। क्योंकि भावों स्वभाव नित्यग है। इसका विवरण सूत्रस्थान १६ वें अध्याय में हो चुका है। यह सिद्धान्त

[1]—'पुनरायाताः' च०।

न केवल वर्तमान वेदना की चिकित्सा को बताता है; अपि तु त्रिकालवेदना की चिकित्सा का ही निर्देशक है। विषमहेतु के परित्याग से जहाँ वर्तमान रोग की निवृत्ति होती है वहाँ अतीत विषमता का अनुबन्ध नहीं रहता। समहेतु—स्वस्थवृत्त के सेवन से अनागत विकार उत्पन्न नहीं होते, क्योंकि इनके सेवन से समता का ही अनुबन्ध रहेगा। अतः इस युक्ति के अनुसार चिकित्सक त्रिकालवेदना की ही चिकित्सा करता है॥

उक्ता चिकित्सा तु नैष्ठिकी या विनोपधाम्[1] ॥९३॥

जो उपधा के विना चिकित्सा होती है वह नैष्ठिकी कहाती है। ऐकान्तिक और आत्यन्तिक होती है, अर्थात् अवश्यम्भावी और अविनाशी होती है। 'उपधा' कहते हैं भावदोष को। प्रवृत्ति लक्षण को भावदोष कहते हैं। जिस दोष के कारण पुरुष संसार में बँधा रहता है। वैशेषिक दर्शन में कहा है—

'भावदोष उपधाऽदोषोऽनुपधा।'

ये दोष तीन हैं। राग द्वेष और मोह। आचार्य पहले कह चुके हैं—

'पुरुषो राशिसंज्ञस्तु मोहेच्छाद्वेषकर्मजः'

इनकी व्याख्या ३९२ पृष्ठ पर हो चुकी है अथवा १ धर्म, २ अधर्म, ३ ज्ञान, ४ अज्ञान, ५ वैराग्य, ६ अवैराग्य, ७ऐश्वर्य, ८ अनैश्वर्य; ये आठ भाव है। इनमें से ज्ञान को छोड़कर शेष सात भावों को उपधा कह सकते हैं। सांख्यकारिका में कहा है:—

'रूपैः सप्तभिरेव बध्नात्यात्मानमात्मना प्रकृतिः।
सैव च पुरुषार्थं प्रति विमोचयत्येकरूपेण॥'

अर्थात् जो चिकित्सा हम करते हैं वह ऐकान्तिक वा आत्यन्तिक नहीं। क्योंकि रोग असाध्य भी होते हैं, अतः चिकित्सा ऐकान्तिक वा अवश्यम्भावी नहीं। और विषमहेतु के सेवन से पुनः उत्पन्न हो जाते हैं, अतः चिकित्सा आत्यन्तिक वा अविनाशी भी नहीं। परन्तु राग इच्छा द्वेष आदि से रहित जो चिकित्सा है वह ऐकान्तिक और आत्यन्तिक है। मोक्ष होने पर फिर कोई वेदना नहीं होती। मुक्त पुरुष सर्वदा के लिये सब वेदनाओं से मुक्त हो जाता है। सांख्यकारिका में कहा है—

'दुःखत्रयाभिघाताज्जिज्ञासा तदपघातके हेतौ।
दृष्टे साऽपार्था चेन्नैकान्तात्यन्ततोऽभावात्॥'

दुःख तीन प्रकार के होते हैं–१ आध्यात्मिक, २ आधिभौतिक, ३ आधिदैविक। ये तीनों प्रकार के दुःख पुरुष को दुःखित करते हैं। अतएव उनके त्याग की इच्छा होती है। इच्छा होने पर उपाय को सोचता है। परन्तु यदि सुगम उपाय हो तो कठिन उपाय में कोई नहीं फंसना चाहता। राग द्वेष आदि का छोड़ना अति कठिन है। आध्यात्मिक दुःख दो प्रकार का है। शारीर दुःख की चिकित्सा आयुर्वेद में वर्णित है, वह सुगम है। मानस दुःख की भी सुन्दर स्त्री भोजन पेय-पदार्थ वस्त्र अलङ्कार आदि विषयों की प्राप्ति सुगम उपाय है। आधिभौतिक दुःख की भी नीतिशास्त्र में कुशलता, दुर्ग आदि में रहना आदि सुगम उपाय हैं। आधिभौतिक वे दुःख होते हैं जो मनुष्य को पशु वा कीड़े मकोड़े आदि से होते हैं। आधिदैविक दुःख का मणि मन्त्र औषधि आदि का धारण करना सुगम उपाय है। हम उपधा का त्याग क्यों करें! अतएव कारिका में कहा है—'एकान्तात्यन्ततोऽभावात्'। अर्थात् वे निवृत्ति अवश्यम्भावी नहीं और पुनः न उत्पन्न हो—ऐसी बात नहीं। अतः उपधात्याग रूप कठिन उपाय काम में लाना ही होगा। तभी दुःखनिवृत्ति अवश्यम्भावी और अविनाशी होगी॥९३॥

उपधा हि परो हेतुर्दुःखदुःखाश्रयप्रदः।
त्यागः सर्वोपधानां च सर्वदुःखव्यपोहकः॥९४॥

उपधा ही निश्चय से दुःख और दुःख के आश्रय—शरीर को देने में मूल कारण है। बारम्बार संसार के बन्धन में आना ही दुःख है। शरीर दुःख का आश्रय है। उपधाओं का त्याग सब दुःखों का नाशक है। राग द्वेष और मोह से रहित होने पर सब दुःख नष्ट हो जाते हैं; पुरुष बन्धन में नहीं आता। क्योंकि जब प्रवृत्ति का हेतु ही नहीं रहा तो कार्य कैसे हो॥९४॥

कोषकारो यथा ह्यंशूनुपादत्ते वधप्रदान्।
उपादत्ते तथाऽर्थेभ्यस्तृष्णामज्ञः सदातुरः॥९५॥

जैसे रेशम का कीड़ा अपने ही मृत्यु के कारणभूत अंशुओं (रेशों) को स्वयं उत्पन्न करता है वैसे ही ज्ञानरहित पुरुष विषयों की तृष्णा को उत्पन्न कर लेता है। अर्थात् विषयों को देखकर उसे उनके उपभोग की लालसा होती है। जितना ही उपभोग करता है उतना ही उसमें फंसा रहता है।

'न जातु कामः कामानामुपभोगेन शाम्यति।
हविषा कृष्णवर्त्मेव भूय एवाभिवर्द्धते॥'

अतएव संसार से छुटकारा नहीं होता। वह स्वयं अपने को संसार के बन्धन में फंसा लेता है॥९५॥

यस्त्वग्निकल्पानर्थान् ज्ञो ज्ञात्वा तेभ्यो निवर्तते।
अनारम्भादसंयोगात्तं दुःखं नोपतिष्ठते॥९६॥

जो ज्ञानी विषयों को अग्नि के सदृश दुःखकर जान उनसे निवृत्त हो जाता है; कर्मों के न करने से अतएव कर्मों के फल अर्थात् शरीर आदि से संयोग न होने के कारण उसके पास दुःख (पुनर्जन्म) नहीं फटकता। कर्म से धर्माधर्म होते हैं। और धर्माधर्म के कारण ही शरीर इन्द्रिय सत्त्व (मन) के साथ संयोग होता है अर्थात् जन्म होता है। जन्म होने पर दुःख होता है। न्याय में भी कहा है—

'दुःखजन्मप्रवृत्तिदोषमिथ्याज्ञानानामुत्तरोत्तरापाये तदनन्तरापायादपवर्गः।'

जब विषय की तृष्णा नहीं रहती तब कर्म के न होने से जन्म नहीं होता। तथा च न्याय का यह सूत्र भी है—

'वीतरागजन्मादर्शनात्।'

जब जन्म ही नहीं होता, सुतरां दुःख भी नहीं रहता। यह भी मोक्ष है॥९६॥

धीधृतिस्मृतिविभ्रंशः संप्राप्तिः कालकर्मणाम्।
असात्म्यार्थागमश्चेति ज्ञातव्या दुःखहेतवः॥९७॥

बीसवेंप्रश्न—वेदनाओं का क्या कारण है–का उत्तर –

---

[1] —'उपधा भोगतृष्णा' चक्रः।

धी (बुद्धि), धृति (नियमात्मिका), स्मृति ये तीनों प्रज्ञा के भेद हैं; इनका भ्रंश (विचलित होना) काल और कर्म की सम्प्राप्ति अर्थात् योग अतियोग वा मिथ्यायोग रूप असम्यग्योग। असात्म्य इन्द्रिय के विषयों का संयोग। काल से परिणाम का ग्रहण किया जाता है। रोगों के तीन आयतन सूत्रस्थान में कहे जा चुके हैं।

'कालबुद्धीन्द्रियार्थानां योगी मिथ्या न चाति च।
द्वयाश्रयाणां व्याधीनां त्रिविधो हेतुसंग्रहः' ॥

अर्थात् १ काल का अतियोग अयोग मिथ्यायोग, २ बुद्धि का अतियोग अयोग मिथ्यायोग, ३ इन्द्रियविषयों का अतियोग अयोग मिथ्यायोग। ये तीन प्रकार के रोगों के हेतु हैं। धी धृति स्मृति; ये बुद्धि के भेद हैं। इनके विभ्रंश का बुद्धिविभ्रंश से ग्रहण है। बुद्धि का अयोग अतियोग वा मिथ्यायोग बुद्धि का विभ्रंश है। काल की सम्प्राप्ति से काल के अयोग अतियोग वा मिथ्यायोग का ग्रहण है। और असात्म्यार्थागम से इन्द्रियविषयों के अयोग अतियोग वा मिथ्यायोग का ग्रहण होता है। परन्तु चौथा हेतु यहाँ कर्म की सम्प्राप्ति बतायी है। अर्थात् कर्म का अयोग अतियोग मिथ्यायोग। इसे चौथा हेतु न समझना चाहिये। वस्तुतः त्रिविध ही हेतु हैं। कर्म के अयोग अतियोग वा मिथ्यायोग का धीधृतिस्मृतिविभ्रंश वा प्रज्ञापराध में ही अन्तर्भाव होता है। अभी स्वयं ही कहेंगे—

'धीधृतिस्मृतिविभ्रष्टः कर्म यत्कुरुतेऽशुभम्।
प्रज्ञापराधं तं विद्यात् सर्वदोषप्रकोपणम् ॥'

तथा च निदानस्थान ७म अध्याय में भी कह आये हैं—

'प्रज्ञापराधात्सम्भूते व्याधौ कर्मज आत्मनः।'

अर्थात् प्रज्ञापराध से ही दुष्ट कर्म किये जाते हैं। सूत्रस्थान ११ वें अध्याय में भी—

'त्रीण्यायतनानि—अर्थानां कर्मणः कालस्य चातियोगायोगमिथ्यायोगाः।' इनका विस्तृत उपदेश करने के पश्चात्—

'इत्यसात्म्येन्द्रियार्थसंयोगः प्रज्ञापराधः परिणामश्चेति।'

यह उपसंहार किया है। कर्म के अतियोग अयोग वा मिथ्यायोग का ही नाम प्रज्ञापराध कहा है। क्योंकि वाणी मन वा शरीर की प्रवृत्ति रूप कर्म का अयोग अतियोग मिथ्यायोग बिना प्रज्ञापराध के नहीं हो सकता। प्रज्ञापराध होने पर कर्म का अयोग अतियोग मिथ्यायोग स्वयं ही हो जायगा। अब शङ्का यह ही रह जाती है कि यहाँ 'धीधृतिस्मृतिविभ्रंश' तथा 'कर्मसम्प्राप्ति' को पृथक् क्यों पढ़ा। इसका उत्तर यह है कर्मज रोग अत्यन्त बलवान् होते हैं। जब तक कर्म का क्षय नहीं होता तब तक औषधों से शान्ति नहीं होती। इसी विशेषता को जताने के लिये पृथक् पढ़ा है। अथवा चूंकि वहाँ ऐकान्तिक और आत्यन्तिक दुःखनिवृत्ति वा मोक्ष का प्रकरण चल रहा था वहाँ यदि कोई दुःख का सब से प्रधान कारण हो सकता था तो वह बुद्धिविभ्रंश वा मिथ्याज्ञान है। अतः बुद्धिविभ्रंश को पृथक् पढ़कर कर्मसम्प्राप्ति को भी कह दिया है ॥९७॥

विषमाभिनिवेशो यो नित्यानित्ये हिताहिते।
ज्ञेयः स बुद्धिविभ्रंशः, समं बुद्धिर्हि पश्यति ॥९८॥

बुद्धिविभ्रंश का लक्षण—जो नित्य अनित्य में हित अहित में विषम ज्ञान है उसे बुद्धिविभ्रंश कहते हैं। अर्थात् नित्य को अनित्य जानना अनित्य को नित्य जानना हित को अहित जानना और अहित को हित जानना; यह बुद्धिविभ्रंश कहाता है। क्योंकि बुद्धि निश्चय से सम (यथार्थ) देखती है अर्थात् नित्य को नित्य, अनित्य को अनित्य, हित को हित और अहित को अहित। परन्तु जब इससे विपरीत ज्ञान होगा तो वह बुद्धिविभ्रंश कहायगा ॥९८॥

विषयप्रवणं चित्तं[1] धृतिभ्रंशान्न शक्यते।
नियन्तुमहितादर्थाद् धृतिर्हि नियमात्मिका ॥९९॥

धृतिविभ्रंश—चूंकि धृति नियम रूप है—मन को नियन्त्रण में रखनेवाली है, अतः जब उसका भ्रंश होता है तब विषयों की ओर झुकाववाला चित्त अहित विषय की ओर से धृतिविभ्रंश के कारण रोका नहीं जा सकता ॥९९॥

तत्त्वज्ञाने स्मृतिर्यस्य रजोमोहावृतात्मनः।
भ्रश्यते स स्मृतिभ्रंशः, स्मर्तव्यं हि स्मृतौ स्थितम् ॥

स्मृतिविभ्रंश का लक्षण—जिस रज और मोह से अच्छादित आत्मावाले पुरुष की स्मृति तत्त्वज्ञान में गिर जाती है वह स्मृतिभ्रंश कहाता है। क्योंकि स्मर्तव्य (स्मरण करने योग्य—स्मृतिविषय) स्मृति में ही आश्रित है। अर्थात् जब स्मृति ठीक होती है तब सब स्मर्तव्य विषय स्मरण रहते हैं। मैंने यह दुष्कर्म किया था उसका यह अशुभ फल हुआ था ! मैंने यह औषध खायी थी, उससे यह लाभ हुआ था, इत्यादि ठीक २ ज्ञान स्मृति पर आश्रित है। यदि स्मृतिभ्रंश हो तो उसे ठीक २ स्मरण न होगा। जिससे वह पुनः दुःख में पड़ जायगा। यदि स्मृति ठीक होगी तो वह दुःख से बचा रहेगा। मैंने यह दुष्कर्म किया था, मुझे यह अशुभ फल हुआ था, इसलिए अब वह दुष्कर्म नहीं करूंगा। मैंने यह शुभ कर्म किया था, उसका शुभफल हुआ था, यह स्मरण कर वह शुभकर्म में प्रवृत्त होगा। इस प्रकार वह स्मृतिसम्पन्न पुरुष सदा सुखी रहेगा ॥१००॥

धीधृतिस्मृतिविभ्रष्टः कर्म यत्कुरुतेऽशुभम्।
प्रज्ञापराधं तं विद्यात्सर्वदोषप्रकोपणम् ॥१०१॥

प्रज्ञापराध—धी (बुद्धि) धृति (नियमात्मिका प्रज्ञा) तथा स्मृति से भ्रष्ट हुआ २ पुरुष जो अशुभ कर्म करता है उसे प्रज्ञापराध जानें। यह प्रज्ञापराध सब दोषों को प्रकुपित करता है। अर्थात् इस प्रज्ञापराध से शारीर वा मानस सम्पूर्ण दोष कुपित होते हैं ॥१०१॥

उदीरणं गतिमतामुदीर्णानां च निग्रहः।
सेवनं साहसानां च नारीणां चातिसेवनम् ॥१०२॥
कर्मकालातिपातश्च मिथ्यारम्भश्च कर्मणाम्।
विनयाचारलोपश्च पूज्यानां चाभिधर्षणम् ॥१०३॥
ज्ञातानां स्वयमर्थानामहितानां निषेवणम्।
परमौन्मादिकानां च प्रत्ययानां निषेवणम् ॥१०४॥

१—'सत्त्वं' च०।

अकालादेशसंचारौ मैत्री संक्लिष्टकर्मभिः ।
इन्द्रियोपक्रमोक्तस्य सद्वृत्तस्य च वर्जनम् ॥ १०५ ॥
ईर्ष्यामानभयक्रोधलोभमोहमदभ्रमाः ।
तज्जं वा कर्म यत्क्लिष्टं यद्वा तद्देहकर्म च ॥ १०६ ॥
यच्चान्यदीदृशं कर्म रजोमोहसमुत्थितम् ।
प्रज्ञापराधं तं शिष्टा ब्रुवते व्याधिकारणम् ॥ १०७ ॥

मूत्र पुरीष आदि गतिमान् भावों को (परन्तु जिनका वेग-प्रवृत नहीं) बलात् प्रवृत्त करना, वेग के उपस्थित होने पर उन्हें रोकना, साहस का सेवन अर्थात् अपने बल की अपेक्षा अधिक कार्य करना, अत्यन्त स्त्रीसंग वा मैथुन, जिस कर्म का जो काल हो उसे टाल देना अर्थात् जिस काल में जो चिकित्सा होनी चाहिए उस काल में उपेक्षा कर देना, वमन आदि कर्मों का यथाविधि न करना, विनय (नम्रता) और शिष्टाचार का लोप, शास्त्र में विहित कर्म को आचार कहते हैं उसका अनुष्ठान न करना, पूज्य पुरुषों का अपमान, स्वयं जानते हुए भी अहितकर विषयों का सेवन, उन्माद के हेतुओं वा निदान का सेवन, निषिद्ध समय पर और निषिद्ध देशों में घूमना, निन्दित कर्मवाले अर्थात् पापाचारियों के साथ मैत्री, इन्द्रियोपक्रमणीयाध्याय में कहे गये सद्वृत्त (सदाचार) का त्याग, ईर्ष्या अहंकार भय क्रोध लोभ मोह मद भ्रम; ये और इनसे उत्पन्न निन्दित कर्म, शारीरिक निन्दित कर्म तथा अन्य भी इसी प्रकार के रज और मोह के कारण उत्पन्न जो विविध कर्म हैं उन्हें शिष्ट पुरुष प्रज्ञापराध जानते हैं और रोगों का कारण कहते हैं ॥ १०७ ॥

बुद्ध्या विषमविज्ञानं विषमं च प्रवर्तनम् ।
प्रज्ञापराधं जानीयान्मनसो गोचरं हि तत् ॥ १०८ ॥

उपसंहार—बुद्धि से यथार्थ ज्ञान न होना, और विषमरूप से कर्मों में प्रवृत्त होना, संक्षेप में प्रज्ञापराध कहाता है। यह प्रज्ञापराध मन का विषय है। यदि मन के दोष से ठीक ज्ञान न होगा तभी पुरुष कायिक और वाचिक दुष्कर्म करेगा। क्योंकि—

'यन्मनसा ध्यायति तद्वाचा वदति यद्वाचा वदति तत्कर्मणा करोति ॥ १०८ ॥

निर्दिष्टः कालसंप्राप्तिर्व्याधीनां हेतुसंग्रहे[1] ।
चयप्रकोपप्रशमाः पित्तादीनां यथा पुरा ॥ १०९ ॥

कालसम्प्राप्ति—रोगों के हेतुसंग्रह में कालसम्प्राप्ति निर्दिष्ट है। सूत्रस्थान के दीर्घजीवितीय नामक प्रथम अध्याय में—

'कालबुद्धीन्द्रियार्थानां योगो मिथ्या न चाति च ।
द्वयाश्रयाणां व्याधीनां त्रिविधो हेतुसंग्रहः ॥'

इस प्रकार रोगों के निदानसंग्रह में काल का मिथ्यायोग, अयोग और अतियोग बताया है। यही कालसम्प्राप्ति का निर्देश है। जैसे सूत्रस्थान कियन्तः- शिरसीय अध्याय में पित्त आदि दोषों का संचय प्रकोप तथा शान्ति कही गयी है।

'चयप्रकोपप्रशमाः पित्तादीनां यथाक्रमम् ।
भवन्त्येकैकशः षट्सु कालेष्वभ्रागमादिषु ॥'

वर्षा शरद् तथा हेमन्त ऋतु में क्रमशः पित्त का चय प्रकोप तथा शान्ति होती है। शिशिर वसन्त तथा ग्रीष्म में कफ का चय प्रकोप तथा शान्ति होती है। ग्रीष्म वर्षा तथा शरद् में वात का चय प्रकोप तथा शान्ति होती है। यह कालकृत गति स्वाभाविक है। शरद् वसन्त तथा ग्रीष्म में पित्त आदि का कोप होता है वह काल के स्वभाव से ही होता है। इसमें पैत्तिक आदि रोग होते हैं। ये कालज कहाते हैं ॥ १०९ ॥

मिथ्यातिहीनलिङ्गाश्च वर्षान्ता रोगहेतवः ।
जीर्णभुक्तप्रजीर्णान्नकालाकालस्थितिश्च या ॥ ११० ॥
पूर्वमध्यापराह्णाश्च रात्र्या यामास्त्रयश्च ये ।
तेषु कालेषु नियता ये रोगास्ते च कालजाः ॥ १११ ॥

शरद् से लेकर वर्षापर्यन्त जो छह ऋतुएँ हैं उनका मिथ्यायोग अतियोग या हीनयोग (इनका वर्णन सूत्रस्थान के तिस्रैषणीय नामक ११ वें अध्याय में हो चुका है), भुक्त जीर्ण तथा प्रजीर्ण; ये तीन जो अन्न के काल हैं अर्थात् भोजन करते ही भुक्तान्नकाल, पच्यमानावस्था में जीर्णान्नकाल तथा पच जाने पर प्रजीर्णान्नकाल कहा जाता है, तथा अकालभोजन 'कालाः कालस्थितिश्च या' पाठान्तर होने पर जो कालनियम है बाल्य यौवन वार्द्धक्य आदि वह, पूर्वाह्ण (प्रातः) मध्याह्न (दोपहर) अपराह्ण (सायं); ये दिन के जो तीन विभाग हैं, रात्रि के जो तीन याम हैं—पूर्वरात्र मध्यरात्र अपररात्र वे, इन समयों में जो रोग नियत हैं, वे कालज कहाते हैं। जैसे अन्न के खाते ही, पूर्वाह्ण तथा पूर्वरात्र में कफ प्रकुपित होता है। अन्न की पच्यमानावस्था में मध्याह्न तथा मध्यरात्र में पित्त का कोप होता है। अन्न के पच जाने पर, अपराह्ण (सायं) तथा अपररात्र (रात्रिके पश्चाद्भाग) में वात का कोप होता है। ये सब कालज रोग कहायंगे। इसी प्रकार अवस्था के हेतु से बाल्य में कफज यौवन में पित्तज तथा वार्द्धक्य में जो वातिक रोग होते हैं वे कालज कहाते हैं ॥ ११०, १११ ॥

अन्येद्युष्को [1]द्व्यहग्राही तृतीयकचतुर्थकौ ।
स्वे स्वे काले प्रवर्तन्ते काले ह्येषां बलागमः ॥ ११२ ॥

अन्येद्युष्क, [1]द्व्यहग्राही (दिन में दो बार होनेवाला-सततक अथवा दो [2]दिन होने वाला—चातुर्थकविपर्यय), तृतीयक (तिजारी), चातुर्थक (चौथिया), ये ज्वर अपने २ समय में प्रवृत होते हैं। अपने २ काल पर ही ये बलवान् होते हैं, अतः ये भी कालज हैं ॥ ११२ ॥

एते चान्ये च ये केचित्कालजा विविधा गदाः ।
अनागते चिकित्स्यास्ते बलकालौ विजानता ॥ ११३ ॥

बल और काल को जाननेवाले वैद्य को चाहिये कि ये और अन्य भी जो कोई विविध कालज रोग हैं उन सब रोगों की आगमन से पूर्व ही चिकित्सा करे—रोग के बलवान् होने के समय से तथा रोग के वेगागम के काल से पूर्व ही चिकित्सा करे ॥ ११३ ॥

कालस्य परिणामेन जरामृत्युनिमित्तजाः ।
रोगाः स्वाभाविका दृष्टाः स्वभावो निष्प्रतिक्रियः ॥ ११४ ॥

१—'व्याधिसंग्रहे' च० ।

१—'द्व्यहग्राही चतुर्थकविपर्ययो विषमज्वरविशेषः ।'
२—'विषमज्वर एवान्यश्चतुर्थकविपर्ययः ।
मध्येऽहनी ज्वरयत्यादावन्ते च मुञ्चति ॥'

काल के परिणाम से जरा और मृत्यु के हेतु (कालपरिणाम रूप) से उत्पन्न होनेवाले रोग (जरा मृत्यु) आदि स्वाभाविक देखे जाते हैं। स्वभाव का प्रतिकार नहीं है। जब अकाल में जरा होती है तो उसकी तो चिकित्सा हो सकती है, परन्तु जब काल के स्वाभाविक परिणाम से जरा होती है तो उसका प्रतिकार नहीं हो सकता। इसी प्रकार अकाल मृत्यु का प्रतिकार हो सकता है, कालमृत्यु का नहीं। ये भी कालज रोग कहाते हैं और स्वाभाविक हैं। सुश्रुत सूत्रस्थान १म अध्याय में कहा भी है—

'स्वाभाविकास्तु क्षुत्पिपासाजरामृत्युनिद्राप्रभृतयः।'

जरामृत्यु का हेतु देहोत्पादक भूतों का स्वभाव तथा अदृष्ट भी है ॥११४॥

निर्दिष्टं दैवशब्देन कर्म यत्पौर्वदैहिकम्।
हेतुस्तदपि कालेन रोगाणामुपलभ्यते ॥११५॥

पूर्वदेह में किये गये कर्म को ही 'दैव' शब्द से कहा जाता है। वह 'दैव' भी काल से रोगों का हेतु होता है। अर्थात् जब दैव के पकने का समय आता है तब वह भी रोग का कारण हुआ करता है ॥११५॥

न हि कर्म महत्किंचित्फलं यस्य न भुज्यते।
क्रियाघ्नाः कर्मजा रोगाः, प्रशमं यान्ति तत्क्षयात्॥११६।

ऐसा कोई महान् कर्म नहीं जिसका फल न भोगा जाता हो। कर्मज रोग क्रिया (चिकित्सा) के नाशक होते हैं। अथवा 'किंचित्' का अर्थ स्वल्प करना चाहिये। अर्थात् स्वल्प वा महान् कर्म ऐसा नहीं जिसका फल न भोगा जाता हो। कर्म के क्षय होने पर ही उन रोगों का नाश होता है। अर्थात् जब तक कर्मज रोगी पुरुष कर्म के फल का उपभोग नहीं कर लेता तब तक लाख चिकित्सा करने पर भी वह शान्त नहीं होगा। फल का उपभोग कर चुकने पर ही वह कर्मज रोग शान्त हुआ करता है। भोगने के विना कर्म का क्षय नहीं होता—कहा भी है—'नाभुक्तं क्षीयते कर्म' ॥११६॥

अत्युग्रशब्दश्रवणाच्छ्रवणात्सर्वशो न च।
शब्दानां चातिहीनानां भवन्ति श्रवणाज्जडाः ॥११७॥

असात्म्येन्द्रियार्थागम का विवरण—असात्म्य इन्द्रियविषयों का संयोग रोग का हेतु है यह अभी कहा जा चुका है। इन्द्रिय के विषय हैं शब्द स्पर्श रूप रस गन्ध। 'असात्म्य' कहने से उनके अयोग अतियोग वा मिथ्यायोग का ग्रहण है।

शब्द का अतियोग और अयोग—अत्यन्त ऊँचे शब्द को सुनने से (शब्द का अतियोग), सर्वथा न सुनने से तथा अति धीमे शब्दों को सुनने से (शब्द का अयोग) श्रवणशक्ति लुप्त हो जाती है—पुरुष बहरे हो जाते हैं ॥११७॥

परुषोद्भीषणाशस्ताप्रियव्यसनसूचकैः।
शब्दैः श्रवणसंयोगो मिथ्यायोगः स उच्यते ॥११८॥

शब्द का मिथ्यायोग—कठोर डरावने अशुभ अप्रिय तथा विपत्तिसूचक शब्दों का श्रोत्र के साथ संयोग होना अर्थात् सुनना शब्द का मिथ्यायोग कहाता है ॥११८॥

असंस्पर्शोऽतिसंस्पर्शो हीनसंस्पर्श एव च।
स्पृश्यानां संग्रहेणोक्तः स्पर्शनेन्द्रियबाधकः ॥११९॥

स्पर्श का अतियोग और अयोग—स्पृश्यों (स्पर्श से ज्ञेय भाव) का सर्वथा स्पर्श न करना, अत्यधिक स्पर्श करना, बहुत कम स्पर्श करना; ये संक्षेप में स्पर्शनेन्द्रिय (त्वक्) को हानि पहुँचाते हैं ॥११९॥

यो [1]भूतविषवातानामकालेनागतश्च यः।
स्नेहशीतोष्णसंस्पर्शो मिथ्यायोगः स उच्यते ॥१२०॥

स्पर्श का मिथ्यायोग—भूत पिशाच आदि (वा कीटाणु आदि), विषवात का स्पर्श तथा अकाल में स्नेह शीत वा उष्ण का स्पर्श होना मिथ्यायोग कहाता है। अकाल में कहने से—जिस अवस्था में और जिस क्रम से होना चाहिये वैसा न होने से तात्पर्य है। जैसे गरमी से अत्यन्त सताया हुआ पुरुष सहसा शीतल जल से स्नान कर ले, इत्यादि ॥१२०॥

रूपाणां भास्वतां दृष्टिर्विनश्यति हि दर्शनात्।
दर्शनाच्चातिसूक्ष्माणां सर्वशश्चाप्यदर्शनात् ॥१२१॥

रूप का अतियोग और अयोग—अत्यन्त चमकदार वा चौंधिया देनेवाले अथवा अत्यन्त सूक्ष्म रूपों को देखने से अथवा सर्वथा ही रूप को न देखने से दृष्टि नष्ट हो जाती है ॥१२१॥

द्विष्टभैरवबीभत्सदूरातिश्लिष्टदर्शनात्।
तामसानां च रूपाणां मिथ्यासंयोग उच्यते ॥१२२॥

रूप का मिथ्यायोग—अप्रिय डरावने घृणित अतिदूर के अतिसमीप के वा अतिनिन्दित तामस रूपों का देखना मिथ्यायोग कहाता है ॥१२२॥

अत्यादानमनादानमोकसात्म्यादिभिश्च यत्।
रसानां विषमादानमल्पादानं च दूषणम् ॥१२३॥

रस का अयोग अतियोग मिथ्यायोग—रस का अत्यधिक लेना, सर्वथा न लेना, ओकसात्म्य आदि से विरुद्ध रसों का लेना (इससे राशि के अतिरिक्त प्रकृति करण आदि आहार-विधिविशेषायतनों से विरुद्ध रसों का लेना भी ग्रहण किया जाता है) तथा रसों का अत्यन्त थोड़ा लेना दूषक होता है।१२३।

अतिमृद्वतितीक्ष्णानां गन्धानामुपसेवनम्।
असेवनं सर्वशश्च घ्राणेन्द्रियविनाशनम् ॥१२४॥

गन्ध का अतियोग वा अयोग—अत्यन्त मृदु और अत्यन्त तीक्ष्ण गन्धों का सेवन अथवा सर्वथा गन्धों का न सूँघना ये घ्राणेन्द्रिय को नष्ट करते हैं ॥१२४॥

पूतिभूतविषद्विष्टा गन्धा ये चाप्यनार्तवाः।
तैर्गन्धैर्घ्राणसंयोगो मिथ्यायोगः स उच्यते ॥१२५॥

गन्ध का मिथ्यायोग—दुर्गन्ध, भूतगन्ध, विष की गन्ध, अप्रिय गन्ध तथा अकाल में जो गन्ध हो, उसका सूँघना मिथ्यायोग कहाता है। ये सब रोगहेतु सूत्रस्थान के ११ वें अध्याय में भी विस्तार से वर्णित हैं ॥१२५॥

इत्यसात्म्येन्द्रियसंयोगस्त्रिविधो दोषकोपनः।

यह तीन प्रकार का असात्म्य विषय का संयोग दोषों को कुपित करता है। अयोग अतियोग तथा मिथ्यायोग ये ही तीन प्रकार हैं। उपर्युक्त असात्म्येन्द्रियार्थसंयोग के विवरणों में हीनयोग को भी पढ़ा है। वह हीनयोग अयोग में ही अन्तर्भूत होता है।

१—'भूताः सविषक्रिमिपिशाचादयः' चक्रः।

अयोग का अर्थ जहाँ सर्वथा योग न होना है वहाँ ईषद्योग (स्वल्पयोग) भी है। अयोग में जो 'नञ्' का प्रयोग है उसका अर्थ ईषत् का स्वल्प भी होता है।

असात्म्यमिति तद्विद्याद्यन्न याति सहात्मताम् ॥१२६॥

असात्म्य का लक्षण—जो देह वा मन के साथ आत्मीयभाव को प्राप्त नहीं होता वह असात्म्य कहाता है। अर्थात् जो रूप रस आदि देह वा मन के अनुकूल नहीं—दुःख देनेवाले हैं; वे असात्म्य कहाते हैं। रसविमान में कह भी आये हैं—

'सात्म्यं नाम तद्यदात्मनि उपशेते।'

विषयों का अयोग अतियोग वा मिथ्यायोग सुखकर नहीं—अनुकूल नहीं, अतः वे असात्म्य कहाते हैं ॥१२६॥

मिथ्यातिहीनयोगेभ्यो यो व्याधिरुपजायते।
शब्दादीनां स विज्ञेयो व्याधिरैन्द्रियको बुधैः ॥१२७॥

शब्द आदि विषयों के मिथ्यायोग अतियोग वा हीनयोग (इसी से सर्वथा अयोग का भी ग्रहण होता है) से जो रोग उत्पन्न होता है वह रोग ऐन्द्रियक कहाता है। इन्द्रियों द्वारा विषय का अयोग अतियोग वा मिथ्यायोग होने से रोग को ऐन्द्रियक कहा जाता है ॥१२७॥

वेदनानामसात्म्यानामित्येते हेतवः स्मृताः।

ये सब अर्थात् असात्म्येन्द्रियार्थसंयोग, बुद्धिधृतिस्मृतिविभ्रंश तथा काल और कर्म की सम्प्राप्ति असात्म्य वेदनाओं (दुःखों) के हेतु हैं। इन्हें दूसरे शब्दों में असात्म्येन्द्रियार्थसंयोग प्रज्ञापराध और परिणाम भी कहते हैं॥

सुखहेतुर्मतस्त्वेकः समयोगः सुदुर्लभः ॥१२८॥

एक समयोग ही सुख वा आरोग्य का हेतु है। परन्तु यह समयोग अत्यन्त दुर्लभ होता है। अर्थात् अयोग अतियोग वा मिथ्यायोग; ये तीन रोगों के हेतु हैं और समयोग स्वास्थ्य का हेतु है। इनमें समयोग दुर्लभ होता है। काल कर्म आदि स्वभावतः भी दोषों के कोपक हैं; जिन पर हमारा कोई वश नहीं ॥१२८॥

नेन्द्रियाणि न चैवार्थाः सुखदुःखस्य हेतवः।
हेतुस्तु सुखदुःखस्य योगो दृष्टश्चतुर्विधः ॥१२९॥
सन्तीन्द्रियाणि सन्त्यर्था योगो न च न चास्ति रुक्।
न सुखं, कारणं तस्माद्योग एव चतुर्विधः ॥१३०॥

न इन्द्रियाँ न उनके विषय सुख वा दुःख के कारण हैं। सुख और दुःख का कारण तो चार प्रकार का योग है। इन्द्रियाँ भी हैं और विषय भी हैं, यदि इनका योग नहीं तो न सुख है न दुःख है। यदि योग हो तो सुख और दुःख होते हैं। यदि समयोग होगा तो सुख और यदि अयोग अतियोग वा मिथ्यायोग होगा तो दुःख होगा। इन्द्रिय और विषय कहने से काल कर्म वा बुद्धि का भी ग्रहण कर लेना चाहिये ॥१२९, १३०॥

नात्मेन्द्रियमनोबुद्धिगोचरं कर्म वा विना।
सुखदुःखं यथा यच्च बोद्धव्यं तत्तथोच्यते ॥१३१॥

आत्मा, इन्द्रिय, मन, बुद्धि, विषय वा कर्म के बिना सुख वा दुःख नहीं होता। आत्मा वेदयिता है—सुख दुःखका ज्ञान करनेवाला है। इन्द्रिय मन बुद्धि; ये कारण—साधन है। सुख दुःख भी किसी विषयक होते हैं, वे हैं इन्द्रियों के विषय रूप रस आदि। कर्म प्रेरक है। कर्म वा धर्माधर्म द्वारा प्रेरित आत्मा ही सुख दुःख का भोक्ता होता है। अतः इन सबके होने पर ही सुख दुःख का ज्ञान होता है। परन्तु आत्मा आदि के होने पर भी जो सुख दुःख जिस प्रकार से (समयोग आदि चार प्रकार के योग से) जाना जाता है वह वैसे ही कहा जाता है। अर्थात् आत्मा आदि को भी यद्यपि सुख दुःख में कारण कहना चाहिये, परन्तु कार्यवश से जिसे जिस प्रकार से जानना चाहिये उसे उसी प्रकार कहा जाता है। चिकित्सा में उपशय से सुख और अनुपशय से दुःख जाना जाता है। उपशयाकारण होने से समयोग सुख का हेतु कहाता है। अनुपशय होने से अतियोग आदि दुःख के हेतु कहाते हैं।

अथवा इसका अर्थ दूसरी प्रकार भी कर सकते हैं—अथवा आत्मा मन और बुद्धि से ज्ञेय सुख दुःख कर्म (अदृष्ट धर्माधर्म) के विना नहीं होता। अर्थात् सुख दुःख का कर्म भी कारण है। रूप रस आदि इन्द्रियविषयों का आत्मा आदि के साथ कर्म में संयोग होने पर भी जिस प्रकार सुख वा जिस प्रकार दुःख होता है वह उसी प्रकार जाना जाता है। अर्थात् जब समयोग होगा तब सुख जब अयोग आदि होते हैं तब दुःख होता है। अतः कर्म को कारण न कहकर चारों प्रकार के योग कारण कहा। अथवा यह भी अर्थ कर सकते हैं कि आत्मा आदि के विना सुख दुःख नहीं होता। यह सुख दुःख जिस प्रकार से अनुभव किया जाता है, अब वैसा ही (अनुभव का प्रकार) कहा जाता है ॥१३१॥

स्पर्शनेन्द्रियसंस्पर्शः स्पर्शो मानस एव च।
द्विविधः सुखदुःखानां वेदनानां प्रवर्तकः ॥१३२॥

वेदना के अनुभव का प्रकार—सुख दुःख रूप वेदनाओं का प्रवर्तक दो प्रकार का स्पर्श है। १—स्पर्शनेन्द्रिय (त्वचा) का स्पर्श।। २—मानस स्पर्श। बाह्य विषय के ग्रहण में स्पर्शनेन्द्रिय का स्पर्श एक प्रकार का प्रवर्तक है, मन के विषय (चिन्त्य आदि) के ग्रहण में मानसस्पर्श दूसरे प्रकार का प्रवर्तक है। स्पर्शनेन्द्रिय सम्पूर्ण इन्द्रियों में व्यापक है। सूत्रस्थान के ११ वें अध्याय में कह भी आये हैं—

'तत्रैकं स्पर्शनेन्द्रियमिन्द्रियाणामिन्द्रियव्यापकं चेतःसमवायि' इत्या०'

स्पर्शनेन्द्रिय का भी जब मन के साथ सम्बन्ध होता है तब ज्ञान होता है। विश्वनाथकारिका में कहा भी है—'त्वचो योगो मनसा ज्ञानकारणम्।' परन्तु स्पर्शनेन्द्रिय के सम्बन्ध से जो सुख दुःख की प्रवर्तना होती है वह बाह्येन्द्रियविषयक होती है और चिन्त्य आदि जो मन के अपने विषय हैं उनसे जब मन का सम्बन्ध होता है उससे प्रवृत्त सुख दुःख मानस होता है। इस प्रकार सुख और दुःख के दो प्रकार के प्रवर्तक कारण आचार्य ने बताये हैं ॥१३२॥

इच्छाद्वेषात्मिका तृष्णा सुखदुःखात्प्रवर्तते।
तृष्णा च सुखदुःखानां कारणं पुनरुच्यते ॥१३३॥

सुख और दुःख से इच्छा और द्वेष रूप तृष्णा की प्रवृत्ति

होती है और यह तृष्णा पुनः सुख दुःख का कारण होती है। जिस प्रकार बीज अङ्कुर का कारण है और अंकुर बीज का कारण है ॥१३३॥

सुख से इच्छा रूप तृष्णा उत्पन्न होती है और दुःख से द्वेषरूप तृष्णा उत्पन्न होती है। अर्थात् इससे सुख मिला था अतः उसमें राग हो जाता है। और जिससे दुःख मिले उससे द्वेष होता है, अतः यह तो ठीक है कि सुख से इच्छा और दुःख से द्वेष होता है, पर इच्छा और द्वेष से सुख और दुःख कैसे होते हैं—इसका उत्तर देते हैं—

उपादत्ते हि सा भावान् वेदनाश्रयसंज्ञकान्।
स्पृश्यते नानु[1]पादाने नास्पृष्टो वेत्ति वेदनाः ॥१३४॥

वह तृष्णा वेदना के आश्रय कहलानेवाले भावों (देह-इन्द्रिय मन) का अवलम्बन करती है। यदि तृष्णा उनका अवलम्बन न करे तो स्पर्शनेन्द्रिय और मन का स्पर्श नहीं होता और स्पर्श न होने से सुख दुःख आदि वेदना का ज्ञान नहीं होता। तृष्णा ही जन्म का कारण है। जन्म होने से ही सुख दुःख रूप वेदना होती है। जब विषयों की तृष्णा नहीं रहती तब उस देह में स्पर्शनेन्द्रिय का और मानसस्पर्श नहीं रहता। और तब सुख दुःख नहीं होते। यही मोक्ष की अवस्था है ॥

वेदनानामधिष्ठानं मनो देहश्च सेन्द्रियः।
केशलोमनखाग्रान्नमलद्रवगुणैर्विना ॥१३५॥

इक्कीसवें प्रश्न—वेदनाओं का अधिष्ठान क्या है—का उत्तर—वेदनाओं का मन आश्रय और इन्द्रिययुक्त देह है। 'सेन्द्रिय' (इन्द्रिययुक्त) कहने से जीवित शरीर जानना चाहिये—क्योंकि कह भी आये हैं —

'सेन्द्रियं चेतनं द्रव्यं निरिन्द्रियमचेतनम्।'

'सेन्द्रिय' कहने से ही केश लोम आदि का निरास हो जाता है। अतएव कहा है—केश लोम नख का अग्रभाग अन्न मल (पुरीष आदि) द्रव (मूत्र आदि वा शरीरान्तःस्थित रक्त आदि) तथा शब्द आदि गुण को छोड़कर मन और चेतन शरीर वेदनाओं का अधिष्ठान है। न्यायदर्शन में कहा भी है —

'चैतन्यस्य शरीरव्यापित्वात्।' 'तस्य केशनखादिष्वनुपलब्धेः।' 'त्वक्पर्यन्तत्वाच्छरीरस्य केशलोमादिष्वप्रसङ्गः' ॥१३५॥

योगे मोक्षे च सर्वासां वेदनानामवर्तनम्।
मोक्षे[2] निवृत्तिर्निःशेषा योगो मोक्षप्रवर्तकः ॥१३६॥

बाईसवें प्रश्न—ये सब वेदनायें सम्पूर्णतया कहाँ निवृत्त होती हैं—का उत्तर—योग और मोक्ष में सभी वेदनाओं की सत्ता नहीं रहती। मोक्ष में वेदनाओं की निःशेष निवृत्ति होती है—सर्वथा निवत्ति होती है। योग मोक्ष का प्रवर्तक है ॥१३६॥

आत्मेन्द्रियमनोऽर्थानां सन्निकर्षात्प्रवर्तते।
सुखदुःखमनारम्भादात्मस्थे मनसि स्थिरे ॥१३७॥
निवर्तते तदुभयं वशित्वं चोपजायते।
सशरीरस्य योगज्ञास्तं योगमृषयो विदुः ॥१३८॥

योग का लक्षण—आत्मा इन्द्रिय मन और विषय; इनके संयोग से सुख और दुःख प्रवृत्त होता है। जब आत्मा में मन स्थिर भाव से अवस्थिति करता है तो किसी कार्य के न होने से सुख और दुःख निवत्त हो जाते हैं तब शरीरयुक्त भी वह पुरुष वशी है। योग के जाननेवाले ऋषि उसे योग कहते हैं। अर्थात् चित्त की वृत्तियों के निरोध का नाम योग है। इन वृत्तियों के निरोध से द्रष्टा पुरुष अपने रूप में अवस्थिति करता है—मुक्त होता है। योगी जीवन्मुक्त होता है। उस समय के देह रहते भी सुख दुःख आदि वेदना नहीं होती इसे संदेहमुक्ति कहते हैं। जब शरीर का भी त्याग हो जाता है तब मुक्त होता है। इस मुक्ति को विदेहमुक्ति वा कैवल्य कहते हैं। चित्त की वृत्तियों का निरोध होते ही पुरुष जीवन्मुक्त हो जाता है और जब शरीर भी छूट जाता है तब कैवल्य वा विदेहमुक्ति होती है। वैशेषिक में भी योग का लक्षण बताया है —

'आत्मेन्द्रियमनोऽर्थसन्निकर्षात् सुखदुःखे।' 'तदनारम्भ आत्मस्थे मनसि शरीरस्य दुःखाभावः स योगः ॥'

तथा योगदर्शन में—

'योगश्चित्तवृत्तिनिरोधः।' 'तदा द्रष्टुः स्वरूपेऽवस्थानम्'।

आवेशश्चेतसो ज्ञानमर्थानां छन्दतः क्रिया।
दृष्टिः श्रोत्रं स्मृतिः कान्तिरिष्टतश्चाप्यदर्शनम् ॥१३९॥
इत्यष्टविधमाख्यातं योगिनां बलमैश्वरम्।
शुद्धसत्त्वसमाधानात्तत्सर्वमुपजायते ॥१४०॥

योगियों का आठ प्रकार का ऐश्वर्य—१ अपने चित्त को दूसरे के शरीर में प्रविष्ट कर देना। योगदर्शन में कहा है—'बन्धकारणशैथिल्यात्प्रचारसंवेदनाच्च चित्तस्य परशरीरावेशः।

२ सब ज्ञेय विषयों का ज्ञान, चाहे वे अत्यन्त सूक्ष्म हों, अत्यन्त दूर हों वा मध्य में किसी का व्यवधान हो अतीत हो अनागत हो इत्यादि। योगदर्शन में कहा है—

'प्रवृत्त्यालोकन्यासात् सूक्ष्मव्यवहितविप्रकृष्टज्ञानम्। भुवनज्ञानं सूर्ये संयमात्' 'चन्द्रे ताराव्यूहज्ञानम्।' 'ध्रुवे तद्गतिज्ञानं।' 'नाभिचक्रे कायव्यूहज्ञानम्।' 'हृदये चित्तसंवित्।' 'परिणामत्रयसंयमादतीतानागतज्ञानम्।'

३ अपनी इच्छा से जो चाहे वह कर्म करना। जैसे—इच्छा हो तो आकाश में भी उड़ सकता है।

योगदर्शन में कहा है—'कायाकाशयोः सम्बन्धसंयमात् लघुतूलसमापत्तेश्चाकाशगमनम्।'

४ दिव्यदृष्टि होता है। जो चाहता है वह देख सकता है। योगदर्शन में कहा है—

'मूर्द्धज्योतिषः सिद्धदर्शनम्।'

५ दिव्य श्रोता होता है। जो चाहता है सुन लेता है। योगदर्शनमें—

'श्रोत्राकाशयोः सम्बन्धसंयमाद् दिव्यं श्रोत्रम्।'

६ स्मृति भी दिव्य हो जाती है। वह अपने पूर्व जन्म का स्मरण भी कर सकता है। योगदर्शन में—

'संस्कारसाक्षात्करणात् पूर्वजातिविज्ञानम्।'

७ उसकी कान्ति दिव्य होती है। योगदर्शन में—

'ततोऽणिमादिप्रादुर्भावः कायसम्पत्तद्धर्मानभिघातश्च।' 'रूपलावण्यबलवज्रसंहननत्वानि कायसम्पद्।'

१—'नानुपादानो' ग०। २—'मोक्षो' ग०।

८ जब चाहे अदृश्य हो सकता है। योगदर्शन में—'कार्यरूपसंयमात् तद्ग्राह्यशक्तिस्तम्भे चक्षुःप्रकाशासम्प्रयोगेऽन्तर्द्धानम्।'

यह आठ प्रकार का योगियों का दिव्य बल बता दिया है। यह सब बल शुद्ध मन (रज तम रहित) के समाधान से—संयम से वा आत्मा में स्थिर भाव से अवस्थित करने पर उत्पन्न हो जाता है।

इनके विशेष ज्ञान के लिये योगदर्शन के विभूतिपाद का स्वाध्याय करना चाहिये ॥१३९–१४०॥

मोक्षो रजस्तमोऽभावाद्बलवत्कर्मसंक्षयात्।
वियोगः [1]कर्मसंयोगैरपुनर्भाव उच्यते ॥१४१॥

मोक्ष किसे कहते हैं?—रज और तम की निवृत्ति होने पर बलवान् कर्मों के क्षय से जो कर्मबन्धनों से वियोग (संयोगाभाव) है वह ही अपुनर्भाव वा मोक्ष कहाता है। वैशेषिक दर्शन में भी कहा है—

'तदभावे संयोगाभावोऽप्रादुर्भावश्च मोक्षः।'

बलवान् कर्म करने का अभिप्राय यह ही है—जिसका फल अवश्य भोगना होता है उस कर्म के उपभोग द्वारा क्षीण होने पर। कई कर्म ऐसे भी होते हैं जिनका फल अवश्य ही नहीं भोगना होता। यह पहिले कहा जा चुका है—कर्म दो प्रकार के हैं—जिनमें से एक को दैव कहते हैं और दूसरे को पौरुष कहते हैं। जब दैव बलवान् होता है तो उसका फल अवश्य भोगना होता है, परन्तु जब इन दोनों में पौरुष बलवान् होता है तो दैव मारा जाता है। विमानस्थान के तृतीय अध्याय में कहा है—

'दैवं पुरुषकारेण दुर्बलं ह्युपहन्यते।
दैवेन चेतरत्कर्म विशिष्टेनोपहन्यते॥'

इसी अध्याय में प्रथम भी कहा है—

'न हि कर्म महत्किञ्चित्फलं यस्य न भुज्यते।'

वहाँ पर 'महत्' शब्द का प्रयोग किया है। बलवान् कर्म का फल अवश्य भोगना होता है। वहाँ हमने दूसरे मतवालों का अर्थ भी दिया है वे वहाँ 'किञ्चित्' से स्वल्प कर्म को भी ग्रहण करते हैं। पर वह मत ठीक नहीं है, क्योंकि बलवान् पौरुष निर्बल दैव को पराभूत कर देता है। अन्यथा प्रायश्चित्त चिकित्सा आदि व्यर्थ हों॥

जब अदृष्ट (धर्माधर्म) ही नहीं रहता तो महाभूतों के परमाणु आदियों का संयोग भी नहीं होता। सुतरां पुनर्जन्म नहीं होता ॥१४१॥

सतामुपासनं सम्यगसतां परिवर्जनम्।
व्रतचर्योपवासश्च नियमाश्च पृथग्विधाः ॥१४२॥
धारणं धर्मशास्त्राणां विज्ञानं विजने रतिः।
विषयेष्वरतिर्मोक्षे व्यवसायः परा धृतिः ॥१४३॥
कर्मणामसमारम्भः कृतानां च परिक्षयः।
[2]नैष्क्रम्यमनहङ्कारः संयोगे भयदर्शनम् ॥१४४॥
मनोबुद्धिसमाधानमर्थतत्त्वपरीक्षणम्।
तत्त्वस्मृतेरुपस्थानात्सर्वमेतत्प्रवर्तते ॥१४५॥

मोक्ष के उपाय—सत्पुरुषों के साथ सम्यक् प्रकार से रहना, असत्पुरुषों (पापियों) का त्याग, ब्रह्मचर्य व्रत का पालन, [1]उपवास, (पाप से निवृत्त होकर अपने में गुणों का धारण), नाना प्रकार के [2]नियम (शौच सन्तोष तप स्वाध्याय ईश्वरप्रणिधान) धर्मशास्त्रों में अभ्यास और तदनुसार धर्माचरण करना, आत्मज्ञान, एकान्त में प्रीति अर्थात् निर्जन स्थान पर रहना, विषयों में प्रीति न होना, मोक्ष प्राप्ति में निश्चय अथवा मोक्ष के लिये चेष्टा, मन का सर्वथा नियन्त्रित रखना, बन्धन के हेतु कर्मों का उत्पन्न न होना, किये कर्मों का क्षय, संसारबन्धन से निकलने की इच्छा अथवा वैराग्य, अहङ्कार का त्याग (यह मेरा है इत्यादि बुद्धि का त्याग), संयोग (आत्ममनःशरीरसंयोग वा जन्म) में भय का देखना ([3]संसार में दुःख ही है), मन और बुद्धि का एकाग्र करना—वृत्तियों का निरोध, अर्थ अर्थात् वस्तुओं के तत्त्व का ज्ञान, ये सब यथार्थ स्मृति की उपस्थिति से प्रवृत्त होते हैं ॥१४२—१४५॥

स्मृतिः सत्सेवनाद्यैश्च धृत्यन्तैरुपलभ्यते।
स्मृत्या स्वभावं भावानां स्मरन् दुःखात्प्रमुच्यते ॥१४६॥

सत्पुरुषों के सेवन से लेकर धृति (मन को नियन्त्रण में रखना) पर्यन्त कहे गये लिङ्गों से स्मृति जानी जाती है। अर्थात् जो पुरुष दुराचारियों का संग इत्यादि रखता है उसमें स्मृति नहीं। क्योंकि इन अशुभ कर्मों से वह कितने ही जन्म और दुःख पा चुका है, परन्तु अब भी वह दुराचारियों के संग आदि को नहीं छोड़ता। कोई भी पुरुष चाहे वह मूर्ख ही क्यों न हो अपने को दुःख में नहीं डालना चाहता। यदि वह जानता है कि मुझे इससे दुःख होगा वह कदापि उसमें नहीं पड़ेगा। प्रथम वह जब अनुभव कर चुका है कि इस प्रकार दुःख होता है यदि उसे वह स्मरण होता तो वह उसमें न पड़ता। परन्तु यदि स्मरण न हो फिर उसमें फंस जाता है। इसीलिये जब हम देखते हैं कि वह उन्हीं कर्मों में फंसा है जिनसे दुःख होता है तो हम समझ जायँगे कि उसे तत्त्वस्मृति नहीं। स्मृति द्वारा भावों के स्वभाव को स्मरण करते हुए पुरुष दुःख से मुक्त हो जाता है। जितनी भी उत्पत्तिधर्मवाली वस्तुएं हैं वे सब दुःख का कारण हैं, अतः उनसे बचने का उपाय करने पर दुःख से मुक्ति हो जाती है—संसारचक्र में पुनः नहीं आता ॥१४६॥

वक्ष्यन्ते कारणान्यष्टौ स्मृतिर्यैरुपजायते।
निमित्तरूपग्रहणात्सादृश्यात्सविपर्ययात् ॥१४७॥
सत्त्वानुबन्धादभ्यासाज्ज्ञानयोगात्पुनःश्रुतात्।
दृष्टश्रुतानुभूतानां स्मरणात्स्मृतिरुच्यते ॥१४८॥

१—'सर्वसयोगरपुन०' च०। २—'नैष्क्रम्यं संसारनिःसरणेच्छा' चक्रः। 'न नैष्कर्म्यं०' पा०।

१—'उपावृत्तस्य पापेभ्यः सहवासो गुणै हि यः। उपवासः स विज्ञेयो न शरीरस्य शोषणम्॥' २—नियमों से ही यमों का अहिंसा सत्य अस्तेय ब्रह्मचर्य तथा अपरिग्रह का भी ग्रहण किया जाता है। क्योंकि मनु ने कहा है—
'यमान् पतत्यकुर्वाणो नियमान् केवलान् भजन्॥'
३—परिणामतापसंस्कारदुःखैर्गुणवृत्तिविरोधाच्च दुःखमेव सर्वं विवेकिनः।' योगदर्शने॥

स्मृति के कारण—आठ कारण हैं जिनसे स्मृति उत्पन्न होती है। १—निमित्त (कारण) के ग्रहण से। २—रूप (आकृति) वा लिङ्ग के देखने से। ३—सादृश्य (समानता) से ४—विभिन्नता से। ५—मन के अनुबन्ध से अर्थात् मन को स्मर्तव्य विषय की ओर लगाने से। ६—अभ्यास से। ७—ज्ञानयोग से—तत्त्वज्ञान से। ८—दुबारा सुनने से ॥

कारण से कार्य का स्मरण जैसे पिता को देखने से पुत्र का। लिङ्ग ग्रहण से जैसे धूम को देखकर अग्नि का स्मरण। अभ्यास का अर्थ है—मन को स्थिरभाव से आत्मा में स्थित करने का यत्न। योगदर्शन में चित्तवृत्तियों के निरोध का उपाय बताते हुए कहा है—

'अभ्यासवैराग्याभ्यां तन्निरोधः।' 'तत्र स्थितौ यत्नोऽभ्यासः'। इस अभ्यास से सब विषयों का स्मरण होता है। शेष सब स्पष्ट ही है।

देखे सुने वा अनुभव किये हुए विषय का उपयुक्त आठ कारणों से स्मरण करना स्मृति कहाती है ॥१४७, १४८॥

एतत्तदेकमयनं मुक्तैर्मोक्षस्य दर्शितम्।
तत्त्वस्मृतिबलं, येन गता न पुनरागताः ॥१४९॥

मुक्त पुरुषों ने मोक्ष का यह वह एक मार्ग दिखाया है जिसे तत्त्वस्मृतिबल कहते हैं। इस मार्ग से गये पुनः इस संसार में वापिस नहीं आये। अर्थात् स्मृति तो इस लोक में भी है। यह गौ है यह घोड़ा है यह वृक्ष है इत्यादि ठीक २ स्मरण तो इस लोक में भी देखा जाता है, परन्तु मुक्त तो नहीं होते। इसका उत्तर यह है कि तत्त्व दो प्रकार का है—१ लौकिक, २—पारमार्थिक। यह घोड़ा है यह गौ है इत्यादि तत्त्वस्मरण लौकिक है। परन्तु यह पुरुष क्यों पैदा हुआ ? कैसे पैदा हुआ ? इसका क्या होगा इत्यादि दृष्ट श्रुत वा अनुभूत विषय का स्मरण पारमार्थिक तत्त्वस्मरण कहाता है। यह पारमार्थिक तत्त्व का स्मरण मोक्ष पर पहुँचने का मार्ग है। लौकिक स्मरण का तो विरोध करना होता है। उसे पतञ्जलि ने चित्तवृत्तियों में गिना है उनका विरोध करना आवश्यक है।

'योगश्चित्तवृत्तिनिरोधः।' 'वृत्तयः पञ्चतय्यः क्लिष्टाऽक्लिष्टाः।' 'प्रमाणविपर्ययविकल्पनिद्राप्रभृतयः' अनुभूतविषयासम्प्रमोषः स्मृतिः' ॥१४९॥

अयनं पुनराख्यातमेतद्योगस्य योगिभिः।
संख्यातधर्मैः सांख्यैश्च मुक्तैर्मोक्षस्य चायनम् ॥१५०॥

योगियों ने तत्त्व की स्मृति के बल को योग का मार्ग कहा है और ज्ञातधर्मा (जिन्होंने आत्मा और प्रकृति के धर्मों को जान लिया है) ज्ञानियों एवं मुक्त पुरुषों ने इसे ही मोक्ष का मार्ग बताया है ॥ ५०॥

सर्वं कारणवद् दुःखमस्वं चानित्यमेव च।
न चात्मकृतकं तद्धि तत्र चोत्पद्यते स्वता ॥१५१॥
यावन्नोत्पद्यते सत्या बुद्धिर्नैतदहं यथा।
नैतन्मम च विज्ञाय ज्ञः सर्वमतिवर्तते ॥१५२॥

पारमार्थिक तत्त्व—जो कुछ भी कारणवाला है वह सब दुःख है। अर्थात् जो उत्पन्न होता है वह सब दुःख ही है। अपना नहीं—आत्मा का नहीं है और सब अनित्य है। वह दुःख आत्मा का बनाया नहीं परन्तु अज्ञान से उसमें अपनापन (ममता) उत्पन्न होता है। जब तक सत्या बुद्धि वा ऋतम्भरा प्रज्ञा उत्पन्न नहीं होती तब तक 'यह मेरा है' इत्यादि ममता विद्यमान रहती है। प्रकृति भृत्य है, आत्मा स्वामी है। आत्मा के पास प्रकृति स्व (अपने) की तरह रहती है, जिससे अपरीक्षकों को प्रकृति के धर्म भी आत्मा के धर्म प्रतीत होते हैं। जब द्रष्टा (आत्मा) दृश्य (प्रकृति) का पार्थक्येन ज्ञान हो जाता है तब स्वता (ममता) नाश हो जाती है। एक आख्यानक है—जैगीषव्य को दश महासर्गों के पश्चात् तत्त्वज्ञान हुआ था। आवट्य ने उससे पूछा कि इन महासर्गों में आप बारंबार उत्पन्न होते रहे हैं और अब आपको तत्त्वज्ञान भी हो गया है, आप ठीक बता सकते हैं कि आपने उन दस महासर्गों में क्या देखा (तत्त्वज्ञान होने से जैगीषव्य को तत्त्वस्मृतिबल था)। जैगीषव्य ने उत्तर दिया कि मैंने तो इन दस महासर्गों में दुःख देखा और कुछ भी नहीं। इस पर आवट्य ने पूछा—क्या आप प्रधान (प्रकृति) को वश में करना (ऐश्वर्य) तथा सर्वश्रेष्ठ सन्तोषसुख को भी दुःख ही गिनते हैं। जिस पर जैगीषव्य ने उत्तर दिया कि हाँ। विषयसुख की अपेक्षा से ही सन्तोषसुख को सर्वश्रेष्ठ कहा है। मोक्ष की अपेक्षा तो वह दुःख ही है। त्रिगुण (सत्त्व रज तम) धर्म प्रकृति का है। यह अन्त में हेय ही है।

सत्याबुद्धि (ऋतम्भरा प्रज्ञा) उत्पन्न होने पर ज्ञानी 'यह मैं नहीं हूँ' 'यह मेरा नहीं' इत्यादि ज्ञान होकर सब को लांघ जाता है—संसार के बन्धन से मुक्त हो जाता है, पुनः इस संसार में नहीं आता ॥१५१, १५२॥

तस्मिंश्चरमसंन्यासे समूलाः सर्ववेदनाः।
[1]असंज्ञानविज्ञाना निवृत्तिं यान्त्यशेषतः ॥१५३॥

जब अन्त में सब कर्मों का संन्यास (त्याग) हो जाता है तब कारण (बुद्धि आदि) सहित सब वेदनायें संज्ञा (आलोचनात्मक निर्विकल्पक ज्ञान), ज्ञान (सविकल्पक ज्ञान), विज्ञान (बुद्धि द्वारा निश्चयात्मक ज्ञान) से रहित होकर सर्वथा निवृत्त हो जाती हैं। उस समय आत्मरूप ही हो जाता है, ज्ञान विज्ञान सुख दुःख कुछ नहीं रहता ॥१५३॥

अतः परं ब्रह्मभूतो भूतात्मा नोपलभ्यते।
निःसृतः सर्व भावेभ्यश्चिह्नं यस्य न विद्यते ॥१५४॥
गतिर्ब्रह्मविदां ब्रह्म तच्चाक्षरमलक्षणम्।
[2]ज्ञानं ब्रह्मविदां चात्र नाज्ञस्तज्ज्ञातुमर्हति ॥१५५॥

तेईसवें प्रश्न—सर्वज्ञ सर्वत्यागी सब संयोगों से परे प्रशान्त आत्मा को किन लिङ्गों से जानते हैं—का उत्तर—जब सर्वकर्मत्याग से सब वेदनायें निवृत्त हो जाती हैं तब चिह्न (लिङ्ग) से रहित, महत्तत्त्व आदि सब भावों से मुक्त तथा ब्रह्मरूप हुआ २ भूतात्मा नहीं जाना जाता। अर्थात् जब तक उसका योग महत्तत्त्व आदि के साथ रहता है तब तक प्राणापान आदि लिङ्ग

१—'समज्ञाज्ञानविज्ञानात्' ग०। 'समग्रज्ञेयविज्ञानात्' यो०। २—'ज्ञेयं' च०।

होते हैं। जब इनके साथ संयोग नहीं तब प्राणापान आदि कोई लिङ्ग नहीं दिखाई देता ॥

ब्रह्मज्ञानी ही ब्रह्म होते हैं—उनका आत्मा स्वतन्त्र होता है। वह ब्रह्म अविनाशी अक्षय तथा लिङ्गरहित है। ब्रह्मज्ञानी ही उसे जानते हैं। मूर्ख उसे नहीं जान सकता ॥१५४, १५५॥

तत्र श्लोकः।

प्रश्ना; पुरुषमाश्रित्य त्रयोविंशतिरुत्तमाः।

कतिधापुरुषीयेऽस्मिन्निर्णीतास्तत्त्वदर्शिना ॥१५६॥

इत्यग्निवेशकृते तन्त्रे चरकप्रतिसंस्कृते शारीरस्थाने कतिधापुरुषीयं शारीरं नाम प्रथमोऽध्यायः ॥१॥

इस कतिधापुरुषीय नामक अध्याय में तत्त्वदर्शी आत्रेय मुनि ने पुरुष सम्बन्धी २३ उत्तम प्रश्नों का निर्णय किया है।१५६।

इति प्रथमोऽध्यायः ॥

द्वितीयोऽध्यायः

अथातोऽतुल्यगोत्रीयं शारीरं व्याख्यास्यामः।

इति ह स्माह भगवानात्रेयः ॥१॥

अब अतुल्यगोत्रीय शारीर की व्याख्या करेंगे-ऐसे भगवान् आत्रेय ने कहा था ॥१॥

अतुल्यगोत्रस्य रजःक्षयान्ते
रहोविसृष्टं मिथुनीकृतस्य।
किं स्याच्चतुष्पात्प्रभवं च षड्भ्यो
यत्स्त्रीषु गर्भत्वमुपैति पुंसः ॥२॥

प्रश्न—मासिक रजःस्राव के बन्द होने के बाद स्त्री से भिन्न-गोत्रवाले पुरुष के स्त्री के साथ मैथुन करने पर वह एकान्त में बाहर निकलनेवाली (पुरुष की) कौनसी वस्तु है जिसके चार पैर हैं, जो छह से उत्पन्न होता है और जो स्त्रियों में गर्भ रूप को प्राप्त होता है ॥

इससे यह बताया है कि सगोत्र विवाह नहीं होता। जिन दिनों में रजःस्राव हो रहा हो वे दिन मैथुन के लिये त्याज्य हैं। मैथुन एकान्त में होना चाहिये। यद्यपि समान गोत्रवाले स्त्री पुरुषों के मैथुन से भी गभ हो जाता है, परन्तु उसमें कुष्ठ अक्षिरोग आदि नाना प्रकार के रोग होते हुए देखे जाते हैं। धर्मशास्त्रों ने समान गोत्र स्त्री-पुरुषों का विवाह निषिद्ध ठहराया है। मनु ने कहा है—

'असपिण्डा च या मातुरसगोत्रा च या पितुः।
सा प्रशस्ता द्विजातीनां दारकर्मणि मैथुने ॥

रजःस्राव के दिनों में मैथुन का निषेध है। आठवें अध्याय में कहा जायगा—

'पुष्पात् प्रभृति त्रिरात्रमासीत ब्रह्मचारिणी।'

इसी प्रकार सुश्रुत शारीर २ अ० में—

'ऋतौ प्रथमदिवसात् प्रभृति ब्रह्मचारिणी·······॥'

'दर्भसंस्तरशायिनी करतलशरावपर्णान्यतमभोजिनी हविष्यं, त्र्यहं च भर्त्तुः संरक्षेत्। ततः शुद्धस्नातां चतुर्थेऽहनि·······भर्त्तारं दर्शयेत्।'

इसमें हेतु बताते हुए आगे चलकर कहा है—

'तत्र प्रथमे दिवसे ऋतुमत्यां मैथुनगमनमनायुष्यं पुंसां भवति, यश्च तत्राधीयते गर्भः स प्रसवमानो विमुच्यते। द्वितीयेऽप्येवं, सूतिकागृहे वा। तृतीयेऽप्येवमसम्पूर्णाङ्गोऽल्पायुर्वा भवति। चतुर्थे तु सम्पूर्णाङ्गो दीर्घायुश्च भवति। न च प्रवर्त्तमाने रक्ते बीजं प्रविष्टं गुणाकारं भवति, यथा नद्यां प्रतिस्रोतः प्लाविद्रव्यं प्रक्षिप्तं प्रति निवर्तते नोर्ध्वं गच्छति तद्वदेव द्रष्टव्यम्। तस्मान्नियमवतीं त्रिरात्रं परिहरेत् ॥'

अभिप्राय यह है कि उन दिनों के मैथुन से या तो गर्भ नहीं होता या गर्भस्राव होता है अथवा गर्भपात हो जाता है। अथवा सब अङ्गों से युक्त वा दीर्घायु नहीं होता। रजःस्राव के दिनों के बाद उचित काल में किये गये मैथुन से उत्तम दृढ बलिष्ठ सम्पूर्ण अङ्गवाली दीर्घायु सन्तान होती है ॥

एकान्त में मैथुन से भी पुरुष वा स्त्री कई प्रकार के रोगों से बचते हैं। यदि एकान्त में मैथुन न हो तो लज्जा के कारण वह कर्म यथाविधि पूर्ण नहीं होता। अपूर्ण मैथुन का फल नाना-प्रकार की शारीरिक वा मानसिक निर्बलताओं के रूप में स्त्री और पुरुष दोनों को उठाना पड़ता है ॥२॥

शुक्रं तदस्य प्रवदन्ति धीरा
यद्धीयते गर्भसमुद्भवाय।
वाय्वग्निभूम्यब्गुणपादवत् तत्,
षड्भ्यो रसेभ्यः प्रभवश्च तस्य ॥२॥

उत्तर—वह वस्तु जो गर्भोत्पत्ति के लिये पुरुष द्वारा स्त्री की योनि में आधान की जाती है उसे विद्वान् लोग शुक्र (वीर्य, semen) कहते हैं। वह शुक्र वायु अग्नि पृथिवी और जल इन प्रशस्तगुणयुक्त चार पादों से युक्त है और छह रसों से उत्पन्न होता है।

शुक्र पाञ्चभौतिक है। परन्तु आकाश निष्क्रिय होने से गमन नहीं करता और सर्वत्र व्यापक है, इसका सर्वदा ही सम्बन्ध है। शेष चार भूत क्रियावान् हैं और गति करते हैं, अतः ये चार ही पढ़े हैं। अन्यत्र भी कहा है—

'भूतैश्चतुर्भिः सहितः सुसूक्ष्मैर्मनोजवो देहमुपैति देहात्।'

पिता द्वारा खाये गये षड्रस भोजन का ही यह 'शुक्र' परिणाम है। उपनिषद् में कहा भी है—

"तस्माद्वा एतस्मादात्मन आकाशः सम्भूतः। आकाशाद्वायुः। वायोरग्निः। अग्नेरापः अद्भ्यः पृथिवी। पृथिव्या ओषधयः। ओषधिभ्योऽन्नम्। अन्नाद्रेतः। रेतसः पुरुषः। स वा एष पुरुषोऽन्नरसमयः" ॥३॥

संपूर्णदेहः समये सुखं च
गर्भः कथं केन च जायते, स्त्री।
गर्भं चिराद्विन्दति सप्रजाऽपि[1]
भूत्वाऽथवा नश्यति केन गर्भः ॥४॥

प्रश्न—गर्भ पूर्णदेहवाला होकर कैसे ठीक समय पर और कैसे सुखपूर्वक वा बिना कष्ट के उत्पन्न होता है? किस हेतु से स्त्री के वन्ध्या न होते हुए भी देर से गर्भप्राप्ति होती है। अथवा उत्पन्न होकर वह किस हेतु से लुप्त हो जाता है? ॥४॥

शुक्रासृगात्माशयकालसंप-
द्यस्योपचाराश्च हितैस्तथाऽर्थैः।

१—'सप्रजाऽपीति अवन्ध्याऽपीत्यर्थः' चक्रः।

गर्भश्च काले च सुखी सुखं च
संजायते संपरिपूर्णदेहः ॥५॥

उत्तर—शुक्र आर्त्तव आत्मा गर्भाशय काल; इन गर्भकर भावों के प्रशस्त गुणयुक्त होने से तथा हितकर विषयों के सेवन से गर्भ पूर्ण देहवाला नीरोग उचित काल (नवम वा दशम मास) में सुख से उत्पन्न होता है। अन्यथा असम्पूर्ण अंगोंवाला रोगी काल से पूर्व वा बाद अर्थात् अकाल में दुःख से उत्पन्न होता है ॥५॥

योनिप्रदोषान्मनसोऽभितापा-
च्छुक्रासृगाहारविहारदोषात्।
अकालयोगाद्बलसंक्षयाच्च
गर्भं चिराद्विन्दति सप्रजाऽपि ॥६॥

योनिदोष से, मन के सन्ताप से, शुक्र वा आर्त्तव के दोष से अथवा आहार-विहार के दोष से, मैथुन के लिये उचित काल (रजःस्राव के बाद के १२ दिन) से अतिरिक्त काल में मैथुन से तथा दुर्बलता से वन्ध्या न होते हुए भी स्त्री देर से गर्भ धारण करती है ॥६॥

असृङ्निरुद्धं पवनेन नार्या
गर्भं व्यवस्यन्त्यबुधाः कदाचित्।
गर्भस्य रूपं हि करोति तस्या-
स्तदस्रमस्रावि[1] विवर्धमानम् ॥७॥
यदग्निसूर्यश्रमशोकरोगै-
रुष्णान्नपानैरथवा प्रवृत्तम्।
दृष्ट्वाऽसृगेके न च गर्भमज्ञाः[2]
केचिन्नरा भूतहृतं वदन्ति ॥८॥

वायु द्वारा रुके हुए स्त्री के आर्तव को मूर्ख पुरुष कभी २—गर्भ हो गया है—ऐसा निश्चय कर लेते हैं। क्योंकि बाहर न निकलने के कारण आशय में ही जमा होता हुआ वा राशि में बढ़ता हुआ रक्त गर्भ के लक्षणों को पैदा कर देता है। इसे (False Pregnancy) कहते हैं। वह रक्त जब अग्नि सूर्य थकावट शोक रोग अथवा गरम अन्नपान के सेवन से प्रवृत्त होने लगता है तब उसे देखकर कई एक मूर्ख मनुष्य गर्भ को भूतों ने हर लिया है—ऐसा कहते हैं ॥७, ८॥

ओजोशनानां रजनीचराणामाहारहेतोर्न शरीरमिष्टम्।
गर्भं हरेयुर्यदि ते न मातुर्लब्धावकाशा न हरेयुरोजः॥

ओज को खानेवाले रजनीचरों (रक्षोगण) के आहार के लिये शरीर अभीष्ट नहीं। यदि वे अवकाश पाकर माता के ओज को नहीं हरते तो गर्भ को भी नहीं हरते। अर्थात् रक्षोगणों का आहार ओज है। वे ओज के अतिरिक्त अन्य शरीर आदि को नहीं खाते। जब शरीर को नहीं खाते तो केवल रक्त की प्रवृत्ति ही न होनी चाहिये। या तो गर्भस्राव हो या गर्भपात हो अथवा कुक्षि में ही मृतगर्भ की प्राप्ति हो। पर वह प्राप्ति नहीं होती। अतः उसे 'भूतहृत' नहीं कह सकते। निशाचर केवल ओज का आहार करते हैं। यदि कोई यह कहे कि प्रथम गर्भ के ओज को खाकर पश्चात् उस गर्भ-शरीर को भी खा जाते हैं तो उससे पूर्व उन्हें माता के ओज को खाना चाहिये था। क्योंकि शरीर को वे तभी खा सकते हैं जब कि उन्हें उनकी इष्ट चीज न मिल सकती हो। जब माता का ओज मिल सकता है तो गर्भशरीर को क्यों खायें॥

अभिप्राय यह है कि रोग और होता है, मूर्ख समझते हैं कि गर्भ हुआ था और उस गर्भ को भूत खा गये हैं ॥९॥

कन्यां सुतं वा सहितौ पृथग्वा
सुतौ सुते वा तनयान्बहून्वा।
कस्मात्प्रसूते सुचिरेण गर्भ-
मेकोऽभिवृद्धिं च यमेऽभ्युपैति ॥१०॥

प्रश्न—स्त्री किस हेतु से कन्या को उत्पन्न करती है? किस हेतु से पुत्र को उत्पन्न करती है? किस हेतु से कन्या और पुत्र की जोड़ी को उत्पन्न करती है? किस हेतु से दो पुत्रों वा कन्याओं (जोड़ी) को पैदा करती है? अथवा बहुत सी सन्तान को एक ही काल में उत्पन्न करती है? और कभी २ बहुत देर से गर्भ का क्यों प्रसव होता है? यमल (जोड़ी) में एक की अधिक वृद्धि क्यों होती है ॥१०॥

रक्तेन कन्यामधिकेन पुत्रं
शुक्रेण, तेन द्विविधीकृतेन।
बीजेन कन्यां च सुतं च सूते
यथास्वबीजान्यतराधिकेन ॥११॥

उत्तर—रक्त के आधिक्य वा प्राबल्य से कन्या और शुक्र के आधिक्य से पुत्र उत्पन्न होता है। जब शुक्र शोणित (मिलित) बीज के वायु द्वारा दो विभाग हो जाते हैं तो यदि एक विभाग में रक्त की और दूसरे में शुक्र की प्रबलता हो तो कन्या और पुत्र (युगल) इकट्ठे उत्पन्न होते हैं। सुश्रुत शारीर ३ अ० में कहा है—

'शुक्रबाहुल्यात्पुमान्। आर्तवबाहुल्यात् स्त्री।'
तथा—'बीजेऽन्तर्वायुना भिन्ने द्वौ जीवौ कुक्षिमागतौ।
यमावित्यभिधीयेते धर्मेतरपुरःसरौ' ॥११॥

शुक्राधिकं द्वैधमुपैति बीजं
यस्याः सुतौ सा सहितौ प्रसूते।
रक्ताधिकं वा यदि भेदमेति
द्विधा सुते सा सहिते प्रसूते ॥१२॥

जिस स्त्री के शुक्रशोणितरूप बीज में शुक्र की ही अधिकता वा प्रबलता हो और उसके दो विभाग हो जायँ तो दो पुत्र इकट्ठे पैदा होते हैं। अभिप्राय यह है कि विभक्त बीज के दोनों विभागों में शुक्र की प्रबलता होने से जो यमल उत्पन्न होगा वह पुत्रों का ही होगा। यदि रक्ताधिक बीज (शुक्रशोणित) के दो विभाग हों तो कन्याओं की जोड़ी उत्पन्न होगी ॥१२॥

भिनत्ति यावद्बहुधा प्रपन्नः
शुक्रार्तवं वायुरतिप्रवृद्धः।
तावन्त्यपत्यानि यथाविभागं
कर्मात्मकान्यस्ववशात्प्रसूते ॥१३॥

जब अत्यन्त प्रवृद्ध हुआ २ वायु शुक्रार्तव (बीज) को प्राप्त होकर उसे तीन चार पाँच आदि भागों में विभक्त कर देता है तब विभाग के अनुसार उतनी ही अपने २ कर्माधीन सन्तानों

१—'०स्तदाऽसृगास्रावि' ग०। २—'दृष्ट्वासृगेवं न च गर्भसंज्ञ' च०।

को प्रसव देती है। यह बात स्त्री के अपने वश में नहीं होती। प्राक्तन कर्म वा धर्माधर्म पर निर्भर होती है। धर्माधर्म के अनुसार प्रेरित वायु से उस बीज के टुकड़े होते हैं। जितने विभागों में शुक्र की अधिकता होगी उतने पुत्र और जितने में रक्त की अधिकता होगी। उतनी कन्यायें होगी ॥१३॥

आहारमाप्नोति यदा न गर्भः
शोषं समाप्नोति परिस्रुतिं वा।
तं स्त्री प्रसूते सुचिरेण गर्भं।
पुष्टो यदा वर्षगणैरपि स्यात् ॥१४॥

जब गर्भ को आहार नहीं मिलता अथवा योनि से कोई स्राव होता है तो वह सूख जाता है। तब स्त्री को बहुत देर से प्रसव होता है। जब गर्भ की बरसों में पुष्टि हो तो वह उतने काल के बाद भी उत्पन्न होता है। आठवें अध्याय में कहा जायगा—

'यस्याः पुनरुष्णतीक्ष्णोपयोगाद् गर्भिण्या महति गर्भे सञ्जातसारे पुष्पदर्शनं स्यादन्यो वा योनिप्रस्रावस्तस्याः गर्भो वृद्धिं न प्राप्नोति निःस्रुतत्वात्। स कालमवतिष्ठते ह्यतिमात्रम्। तमुपविष्टक इत्याचक्षते केचित्। उपवासव्रतकर्मपरायाः पुनः कदाहारायाः स्नेहद्वेषिण्या वातप्रकोपणान्यासेवमानायाः गर्भो वृद्धिं न प्राप्नोति परिशुष्कत्वात्। स चापि कालमवतिष्ठतेऽतिमात्रम्। अतिमात्रं स्पन्दमानश्च भवति। तं नागोदर इत्याचक्षते'

कर्मात्मकत्वाद्विषमांशभेदा-
[1]च्छुक्रासृजोर्वृद्धिमुपैति कुक्षौ।
एकोऽधिको न्यूनतरो द्वितीय
एवं यमेऽप्यभ्यधिको विशेषः ॥१५॥

शुक्रार्तव (बीज) के कर्माधीन होने से तथा विषम (न्यूनाधिक) अंशों में वायु द्वारा विभक्त होने से यम (जोड़ी) में से एक अधिक वृद्धि को प्राप्त होता है और दूसरा कम। इसी प्रकार यम की वृद्धि में न्यूनाधिकता रूप भिन्नता होती है।

कस्माद् द्विरेताः पवनेन्द्रिया वा
संस्कारवाही नरनारिषण्डौ।
वक्री तथेर्ष्याभिरतिः कथं वा
संजायते वातिकषण्डको वा ॥१६॥

प्रश्न—किस हेतु से १ द्विरेता २ पवनेन्द्रिय ३ संस्कारवाही ४ नरषण्ड ५ नारिषण्ड ६ वक्री ७ इर्ष्याभिरति ८ वातिकषण्डक गर्भ उत्पन्न होता है ॥१६॥

बीजात्समांशादुपतप्तबीजात्
[2]स्त्रीपुंसलिङ्गी भवति द्विरेताः।
शुक्राशयं गर्भगतस्य हत्वा
करोति वायुः [3]पवनेन्द्रियत्वम् ॥१७॥

उत्तर—द्विरेता-शुक्रशोणित रूप बीज में शुक्र और शोणित का अंश समान २ हो अथवा बीज (शुक्रशोणित) दोष दुष्ट हो तो स्त्री और पुरुष दोनों के लक्षणों से युक्त द्विरेता उत्पन्न होता है।

अष्टाङ्गसंग्रह में तो—

'यदा स्त्रीपुंसयोः सममेवार्थो निष्पद्यते। बीजं वा तयोः समांशं संमुखं च। यदा च बीजं भागे दुष्यति तदा द्विप्रकृतिद्विरेता नपुंसकं भवति ॥

पवनेन्द्रिय—वायु गर्भस्थित शिशु के शुक्राशय को नष्ट कर उसे पवनेन्द्रिय कर डालता है। अर्थात् जब वह बड़ा होकर मैथुन करता है तब केवलमात्र ध्वजहर्ष (वायु का कार्य) वा आनन्द का तो अनुभव करता है पर वीर्य का क्षरण नहीं होता (Congenital aspermia) अष्टाङ्गसंग्रह में—

'यदा स्त्री प्रथमं कृतार्था भवति ततः पुरुषेण पश्चाच्छुक्रमुत्सृष्टं हर्षानवस्थितचेतसः स्त्रिया वातो विगुणीकरोति, पुंस्त्ववाहीनि चास्य स्रोतांसि चोपहन्ति तदा वातेन्द्रियं भवति तन्मैथुने वातमेवोत्सृजति' ॥१७॥

शुक्राशयद्वारविघट्टनेन
संस्कारवाहं[1] हि करोति वायुः।
मन्दाल्पबीजावबलावहर्षौ
क्लीबौ च[2] हेतुर्विकृतिद्वयस्य ॥१८॥

संस्कारवाही—वायु शुक्राशय के द्वार को क्षुब्ध वा दूषित करके सन्तान को संस्कारवाह कर देता है। अर्थात् वाजीकरण आदि औषधों से ध्वजहर्ष होता है और शुक्र की प्रवृत्ति होती है। अष्टाङ्गसंग्रह में—

'यदा तु कार्त्स्न्येन नोपहन्ति, अनुपघ्नन्नेव वा स्रोतोमुखं पिधत्ते तदा संस्कारवाह्यं भवति। तत्र संस्कारो वाजीकराबस्तयोऽभ्यवहारश्चेतोहर्षणानि च। तानि हि शुक्रे बलमादधानानि स्रोतांस्याप्याययन्तीति'।

संस्कार द्वारा जो मैथुन में समर्थ होते हैं उन्हें संस्कारवाह कहते हैं। वे संस्कार से--वाजीकरणादि औषधों द्वारासंस्कार (गुणान्तराधान--ध्वजोत्थान आदि) होने से मैथुनसमर्थ होते हैं। अतः सुश्रुतोक्त आसेक्य कुम्भीक तथा सौगन्धिक नपुंसकों का इसी में अन्तर्भाव होता है, क्योंकि इनमें शुक्र के खाने से, गुदा में मैथुन कराने से तथा योनि आदि की गंध सूँघने रूप संस्कार से इनमें प्रहर्ष होता है। इनके लक्षण इस प्रकार हैं—

'पित्रोरत्यल्पबीजत्वादासेक्यः पुरुषो भवेत्।
स शुक्रं प्राश्य लभते ध्वजोच्छ्रायमसंशयम् ॥'
'यः पूतियोनौ जायेत स सौगन्धिकसंज्ञितः।
स योनिशेफसोर्गन्धमाघ्राय लभते बलम् ॥'
'स्वे गुदेऽब्रह्मचर्याद्यः स्त्रीषु पुंवत् प्रवर्तते।
कुम्भीकः स च विज्ञेय……………॥' सु० शा० २ अ०

१—'० सृजं वृद्धिं' ग०। २—'स्त्रीपुंसलिङ्गीति स्त्रीपुरुषसाधारणनासिकाचक्षुरादिलिङ्गयुक्तः, यानि तु स्त्रीपुंसोरसाधारणानि उपस्थध्वजस्तनश्मश्रुप्रभृतीनि तानि चास्य न भवन्तीति; किंवा स्त्रीपुंसोर्यल्लिङ्गमुपस्थध्वजरूपं तद्युक्त एव स्त्रीपुंसलिङ्गी, उत्तरकालभावीन्यस्य स्तनश्मश्रुप्रभृतीनि न भवन्ति' चक्रः। ३—'पवनेन्द्रियत्वं पवनशुक्रत्वं, शुक्रहीनपवनस्य चेदं शुक्रत्वं यद्व्यवायकाले शुक्रसदृशरूपतया प्रवर्तनं, तद्वायुरेव परं व्यवायकाले याति चक्रः।

१—'संस्कारेण वाजीकरणादिना परं यस्य शुक्रमदुष्टद्वारं सत्प्रवर्तते स संस्कारवाहः, अत्र च संस्कारवाहेन सुश्रुतोक्ता आसेक्यसौगन्धिककुम्भीका अन्तर्भावनीयाः, यत एतेऽपि संस्कारेणैव शुक्रं त्यजन्ति' चक्रः। २—'क्लीबाविति दुष्टबीजौ; हेतुर्विकृतिद्वयस्येति अत्र यथोक्तगुणा स्त्री स्त्रीषण्डस्य, यथोक्तगुणः पुरुषस्तु पुरुषषण्डस्येति ज्ञेयं' चक्रः।

नरषण्ड—नारीषण्ड—मन्द एवं अल्प बीजवाले निर्बल, ध्वजहर्षरहित, अल्पकामी वा संकल्परहित स्त्री और पुरुष दोनों विकृति अर्थात् नरषण्ड और नारीषण्ड के कारण होते हैं। सुश्रुत शारीर २ अ० में तो—

'षण्डकं शृणु पंचमम् ।
यो भार्यायामृतौ मोहादङ्गनेव प्रवर्तते ।
ततः स्त्रीचेष्टिताकारो जायते षण्डसंज्ञितः ॥
ऋतौ पुरुषवद्वापि प्रवर्तेताङ्गना यदि ।
तत्र कन्या यदि भवेत्सा भवेन्नरचेष्टिता ॥'

इनकी व्याख्या के लिये सुश्रुत की सञ्जीवनी नामक व्याख्या देखनी चाहिये ॥१८॥

[1]मातुर्व्यवायप्रतिघेन वक्री
स्याद्बीजदौर्बल्यतया पितुश्च ।
ईर्ष्याभिभूतावपि मन्दहर्षा-
[2]वीर्ष्यारतेरेव वदन्ति हेतुम् ॥१९॥

वक्री—माता और पिता के अनिच्छा होने पर मैथुन करने से बीज की दुर्बलता से वक्री उत्पन्न होता है। इसका शिश्न वक्र होता है। अथवा जब माता की मैथुन में इच्छा न हो और पिता का बीज दुर्बल हो तो दोनों के संयोग से जो गर्भ होगा वह वक्री होगा। अष्टाङ्गसंग्रह शारीर २ अध्याय में—

'यदा पुनरुभावपि भवतः स्त्रीपुंसौ तद्विधौ। तदा वक्रध्वजो भवति। तस्य नैव ध्वजः स्तभ्यते ॥'

अर्थात् जब स्त्री पुरुष दोनों निर्बल हों, दोनों में मैथुनेच्छा न हो, दोनों के बीज दुर्बल हों तो उनके संयोग से जो सन्तान उत्पन्न होगी वह वक्रध्वज होगी अर्थात् उसे कभी भी ध्वजहर्ष नहीं होगा।

यदि दोनों में से एक निर्बल आदि हो तो वृद्धवाग्भट के अनुसार आसेक्य-नपुंसक[3] उत्पन्न होगा। यदि दोनों ही निर्बल आदि हों तो वक्री पैदा होगा।

ईर्ष्यारति—ईर्षा से ग्रस्त परन्तु मन्दहर्षवाले स्त्री पुरुष ईर्षारति नपुंसक का कारण होते हैं। इसे सुश्रुत में ईर्ष्यक नाम से कहा है। अर्थात् दूसरों को मैथुन में प्रवृत्त देखकर इसकी मैथुन में प्रवृत्ति होती है। सुश्रुत शारीर २ अ० में—

'ईर्ष्यकं शृणु चापरम् ।
दृष्ट्वा व्यवायमन्येषां व्यवाये यः प्रवर्तते । ईर्ष्यकः स च विज्ञेयः ॥१६॥'

वाय्वग्निदोषाद् वृषणौ तु यस्य
नाशं गतौ वातिकषण्डकः सः ।
इत्येवमष्टौ विकृतिप्रकाराः
कर्मात्मकानामुपलक्षणीयाः ॥२०॥

वातिकषण्डक—वायु और अग्नि के दोष से जिसके वृषण नष्ट हों वह 'वातिकषण्डक' कहाता है। इसके वीर्य में शुक्राणु नहीं होते।

Azoospermia (वीर्य में शुक्राणु न होना) का कारण बताते हुए Arther Cooper ने The Sexual Disabilities of man नामक पुस्तक में कहा है —

Azoespermia, or absence of zoosperms from the sem inal fluid, is the natural condition before puberty and perhaps also in extreme old age. It may be congenital or acquired.

Congenital azoospermia is usually asso- L. C. iated with absence or atrophy of the testes, or their retention in the abdomen or inguinal canals, or other misplacement or anomaly of the sexual organs.

भावार्थ—यह है कि किशोरावस्था में तथा कथंचित् अत्यन्त वृद्धावस्था में शुक्रतरल में शुक्राणुओं का न होना स्वाभाविक है। यह सहज या दोषज होता है। सहज शुक्राणवभाव में प्रायः कारण वृषणों का न होना, वा वृषणों का क्षीण हो जाना अथवा उदर वा वङ्क्षणनाली में रुका रहना नीचे अण्डकोषों में न उतरना अथवा स्थानान्तरगमन अथवा प्रजनन सम्बन्धी अवयवों की विकृति होना है।

इस प्रकार ये कर्माधीन गर्भों के आठ विकृति के प्रकार जानने चाहिये ॥२०॥

गर्भस्य सद्योऽनुगतस्य कुक्षौ
स्त्रीपुंनपुंसामुदरस्थितानाम् ।
किं लक्षणं कारणमिष्यते किं
सरूपतां येन च यात्यपत्यम् ॥२१॥

प्रश्न—गर्भाशय में सद्यःप्राप्त गर्भ के क्या लक्षण हैं? उदर में स्थित स्त्री पुरुष वा नपुंसक गर्भ के क्या लक्षण हैं? और वह क्या कारण है जिससे सन्तान सदृश उत्पन्न होती है।

निष्ठीविका गौरवमङ्गसाद-
स्तन्द्राप्रहर्षौ हृदयव्यथा च ।
तृप्तिश्च बीजग्रहणं च योन्यां
गर्भस्य सद्योऽनुगतस्य लिङ्गम् ॥२२॥

उत्तर—लालास्राव, भारीपन, अङ्गों की शिथिलता, तन्द्रा, प्रहर्ष (लोमहर्ष), हृदयदेश में पीड़ा, तृप्ति (पेट का भरा मालूम होना), योनि द्वारा बीज का ग्रहण अर्थात गर्भाशय में शुक्राणु तथा डिम्ब (मिलित) का चिपकना बाहर न निकलना। ये सद्यःप्राप्त गर्भ के लक्षण हैं। सुश्रुत शारीर ३ अ० में—

'तत्र सद्योगृहीतगर्भाशयलिङ्गानि। प्रसेको ग्लानिः पिपासा, सक्थिसदनं शुक्रशोणितयोरवबन्धः स्फुरणं च योनेः।'

१—'व्यवायप्रतिघेन व्यवायकाले विषमाङ्गन्यासेन, प्रतिष्ठितं यस्य शुक्रं गर्भाशयं नियमान्नोपैति स वक्रीत्युच्यते' इति चक्रः। २—'परव्यवायं दृष्ट्वा प्राप्तध्वजोच्छ्रायो व्यवायासक्तो भवति स ईर्ष्यारतिः' इति चक्र०। ३—'यदाल्पबीजोऽल्पबलः पुमाननुद्वेगः स्त्रीद्वेषयुक्तोऽन्यकामो वा नार्या व्यवायप्रतिघातं करोति। तद्विधा वा नारी पुंसः। तदासेक्यं नाम भवति। तच्छुक्रास्वादाद् ध्वजोच्छ्रायं लभते ॥ अ० स० शारीर २ अ० ॥

वस्तुतः यह हेतु नरषण्ड वा नारीषण्ड का होना चाहिये ॥

सव्याङ्गचेष्टा पुरुषार्थिनी स्त्री
स्त्रीस्वप्नपानाशनशीलचेष्टा ।
[1]सव्यात्तगर्भा न च वृत्तगर्भा
सव्यप्रदुग्धा स्त्रियमेव सूते ॥२३॥
पुत्रं त्वतो लिङ्गविपर्ययेण,
व्यामिश्रलिङ्गा प्रकृतिं तृतीयाम् ।

जो प्रायः वाम अङ्गों से चेष्टायें करती है, पुरुष को चाहती है, स्त्रीलिङ्ग वस्तुओं के स्वप्न आते हैं, जिसकी स्त्रीलिङ्गवाची भोज्य वा पेय पदार्थों में रुचि हो, स्त्रियों के समान शील वा चेष्टा करनी, जिसके वामपार्श्व में गर्भ हो अतएव गर्भाशय का वह पार्श्व ऊँचा उठा हो, गर्भ गोल न हो, वामस्तन में दूध अधिक हो अथवा वामस्तन में दूध प्रथम उत्पन्न हुआ हो वह स्त्री स्त्री को ही उत्पन्न करती है। इससे विपरीत लक्षण हों तो पुत्र होता है। अर्थात् दक्षिण अङ्ग में चेष्टा हो, पुरुष को न चाहती हो, स्वप्न भोजन पान पुंवाचक हों, कुक्षि के दक्षिण पार्श्व में गर्भस्थित हो, गर्भ वृत्ताकार हो, दक्षिण स्तन में प्रथम वा अपेक्षया अधिक दुग्ध की उत्पत्ति हो तो जानना चाहिये—कि पुत्र उत्पन्न होगा।

जिसमें कन्या और पुत्र दोनों की गर्भस्थिति के लक्षण मिलते हों वह स्त्री तृतीया प्रकृति अर्थात् नपुंसक को जनती है॥

सुश्रुत शारीर ३ अ० में कहा है—

'तत्र यस्या दक्षिणस्तने प्राक् पयोदर्शनं भवति दक्षिणाक्षिमहत्त्वं पूर्वं च दक्षिणं सक्थि उत्कर्षति बाहुल्याच्चापुंनामधेयेषु द्रव्येषु दौहृदमभिध्यायति स्वप्नेषु चोपलभते पद्मोत्पलकुमुदाम्रातकादीनि पुंनामान्येव प्रसन्नमुखवर्णा च भवति, तां ब्रूयात्पुत्रमियं जनयिष्यतीति। तद्विपर्यये कन्याम्। यस्याः पार्श्वद्वयमुन्नतं पुरस्तान्निर्गतमुदरं प्रागभिहितलक्षणं च तस्या नपुंसकमिति विद्यात्' ॥२३॥

गर्भोपपत्तौ तु मनः स्त्रिया यं
जन्तुं व्रजेत्तत्सदृशं प्रसूते ॥२४॥

गर्भप्राप्ति के समय अर्थात् बीजग्रहण के समय स्त्री का मन जिस प्राणी की ओर जाता है वह उसके सदृश ही सन्तान को उत्पन्न करती है ॥२४॥

गर्भस्य चत्वारि चतुर्विधानि
मतानि मातापितृसम्भवानि।
आहारजान्यात्मकृतानि चैव
सर्वस्य सर्वाणि भवन्ति देहे ॥२५॥
तेषां विशेषाद्बलवन्ति यानि
भवन्ति मातापितृकर्मजानि।
तानि व्यवस्येत्सदृशत्वहेतुं[2]
सत्त्वं यथानूकमपि[3] व्यवस्येत् ॥२६॥

सब गर्भों के देह में सब मातृज पितृज आहारज तथा आत्मकर्मज चार२ प्रकार के चार भूत (पृथिवी जल अग्नि वायु) रहते हैं। इस प्रकार ये १६ भूत हो जाते हैं, आगे कहा भी जायगा—

१ मातृज पृथिवी, २ पितृज पृथिवी, ३ आहारज पृथिवी, ४ कर्मज पृथिवी, ५ मातृज जल, ६ पितृज जल, ७ आहारज जल, ८ कर्मजजल, ९ मातृज अग्नि, १० पितृज अग्नि, ११ आहारज अग्नि, १२ कर्मज अग्नि। १३ मातृज वायु, १४ पितृज वायु, १५ आहारज वायु, । १६ कर्मज वायु। अर्थात् चारों भूतों में से प्रत्येक के माता पिता आहार तथा आत्मकर्म से उत्पन्न होने के कारण १६ भेद हो जाते हैं। इन सब से ही गर्भशरीर बनता है। इन मातृज पितृज कर्मज भूतों में से जो विशेषतः बलवान् होता है उसे ही सादृश्य का कारण जानना चाहिये। कभी सन्तान माता के सदृश होती है वहाँ मातृज भूतों की प्रबलता को अनुरूपता का हेतु समझना चाहिये। जब पिता के सदृश हो तो गर्भारम्भक इन भूतों में से पितृज भूतों को प्रबल जनना चाहिये। यदि दोनों के सदृश न हो तो वहाँ कर्मज भूतों की प्रबलता समझनी चाहिये। सरूपता में आहारज भूत कारण नहीं होते। अथवा इन्हीं से ही आहारज का भी ग्रहण कर लेना चाहिये। आहारज भूतों से उस आहार के सदृश वर्ण हो जाता है यह कई एक का मत है। परन्तु रूप में सादृश्य नहीं होता। सुश्रुत शारीर ३ अ० में—

'यादृग्वर्णमाहारमुपसेवते गर्भिणी तादृग्वर्णप्रसवा भवत्येके भाषन्ते।'

मन को भी माता पिता वा कर्म के अनुरूप जानना चाहिये। बीजग्रहण के समय गर्भारम्भकाल में मातृसत्त्व (मन) प्रबल होगा तो सन्तान का मन माता के मन के सदृश होगा। यदि पिता का प्रबल होगा तो पिता के मन के सदृश होगा। यदि दोनों से भिन्न होगा तो उसके मन को उसके कर्म के अनुरूप जानना होगा॥

अथवा इसका अर्थ यह भी होता है कि जैसे इसकी अनूक (पूर्वदेहजाति) थी उसी के सदृश अब मन होगा। यदि इस जन्म से पूर्व देवजन्म था तो मन देवसत्त्व होगा। यदि पशु था तो पशुसत्त्व होगा। यदि मनुष्य था तो मनुष्यसत्त्व होगा। इत्यादि। अथवा अनूक का अर्थ स्वभाव वा रूप स्वर चरित आदि अनुरूप होना है। पूर्वजन्म के अभ्यास के संस्कार से गर्भ में मन का प्रवेश होता है। उस मन के प्रवेश से पुरुष उस २ रूप स्वर वा आचरण आदि का अनुकरण करता है। अतः जैसा हम रू.. स्वर चरित आदि देखें वैसे ही उसके मन को कहेंगे। जब देखेंगे कि पवित्रता आस्तिकता आदि है तब हम कहेंगे ब्राह्मसत्त्व है। जब ऐश्वर्य भीषणता शूरता आदि गुण देखेंगे तो कहेंगे यह आसुरसत्त्व है। जब देखेंगे निर्बुद्धि है मूर्ख है आदि तो उसे पशुसत्त्व कहेंगे। ये आठ प्रकार के होते हैं। इन आठों सत्त्व वा कायों के लक्षण सुश्रुत शारीरस्थान ४ अध्याय में कहे हैं ॥२५, २६॥

कस्मात्प्रजां स्त्री विकृतां प्रसूते
हीनाधिकाङ्गीं विकलेन्द्रियां च।

१—'सव्याङ्गगर्भा' ग०। २—'सदृशत्वलिङ्ग' च०। ३—'अनूकमिति प्राक्तना व्यवहिता देहजातिः, तेन यथानूकमिति यो देवशरीरादव्यवधानेनागत्य भवति स देवसत्त्वो भवति' चक्रः।

देहात्कथं देहमुपैति चान्य-
मात्मा सदा कैरनुबध्यते च ॥२७॥

प्रश्न—स्त्री किस हेतु से विकृत आकृति (Monstarities) हीन (कम) वा अधिक अङ्गवाली और विकलेन्द्रिय (दुष्ट इन्द्रिय) सन्तान को जनती है ? आत्मा कैसे एक देह से दूसरे देह में जाता है ? और आत्मा के साथ किनका सदा अनुबन्ध रहता है ? ॥२७॥

बीजात्मकर्माशयकालदोषै-
र्मातुस्तथाऽऽहारविहारदोषैः।
कुर्वन्ति दोषा विविधानि दुष्टाः
संस्थानवर्णेन्द्रियवैकृतानि ॥२८॥

उत्तर—शुक्रशोणित बीज, आत्मकर्म (अपने कर्म), गर्भाशय, काल; इनके दोषों से तथा माता के आहारविहार के दोष से दुष्ट हुए दोष आकृति वर्ण तथा इन्द्रियों की नाना प्रकार की विकृतियों को उत्पन्न कर देते हैं। सुश्रुत शारीर २ अ० में कहा है—

'सर्पवृश्चिककूष्माण्डविकृताकृतयश्च ये।
गर्भास्त्वेते स्त्रियाश्चैव ज्ञेयाः पापकृता भृशम् ॥
गर्भो वातप्रकोपेण दौहृदे वावमानिते।
भवेत् कुब्जः कुणिः पङ्गुर्मूको मिन्मिन एव वा ॥
मातापित्रोस्तु नास्तिक्यादशुभैश्च पुराकृतैः।
वातादीनां च कोपेन गर्भो विकृतिमाप्नुयात्' ॥२८॥

वर्षासु काष्ठाश्मघनाम्बुवेगा-
स्तरोः सरित्स्रोतसि संस्थितस्य।
यथैव कुर्युर्विकृतिं तथैव
गर्भस्य कुक्षौ नियतस्य दोषाः ॥२९॥

जैसे वर्षाकाल में नदी के स्रोत वा बहाव में स्थित वृक्ष को काष्ठ (बहकर आनेवाली शहतीर तथा अन्य लकड़ियाँ), पत्थर तथा वर्षाजल का वेग विकृत कर देते हैं वैसे गर्भाशय में कर्मवश से उपस्थित गर्भ को वात पित्त कफ तीनों दोष विकृत कर देते हैं ॥२९॥

भूतैश्चतुर्भिः सहितः [१] सुसूक्ष्मै-
र्मनोजवो देहमुपैति देहात्।
कर्मात्मकत्वान्न तु तस्य दृश्यं
दिव्यं विना दर्शनमस्ति रूपम् ॥३०॥

अत्यन्त सूक्ष्म चारों भूतों (गन्धतन्मात्र स्पर्शतन्मात्र रूपतन्मात्र रसतन्मात्र) के साथ और मन की क्रिया से वेगवान् वा क्रियावान् आत्मा कर्मवश एक देह से दूसरे देह को प्राप्त होता है। सूक्ष्मभूतों का साथ रहना लिङ्गशरीर का उपलक्षण है। यह सूक्ष्म लिङ्गशरीर महाप्रलय वा मुक्ति पर्यन्त प्रति पुरुष के साथ रहता है। मुक्त होने पर यह लिङ्गशरीर नहीं रहता तब आत्मा आत्मरूप होता है। सांख्यकारिका में कहा है—

'पूर्वोत्पन्नमसक्तं नियतं महदादिसूक्ष्मपर्यन्तम्।
संसरति निरुपभोगं भावैरधिवासितं लिङ्गम् ॥'

यह लिङ्गशरीर प्रधान द्वारा प्रतिपुरुष एक २ उत्पन्न किया गया है। इससे कहीं रुकावट नहीं—यह शिला में भी प्रविष्ट हो सकता है। यह आदिसर्ग से लेकर अन्त तक साथ रहता है। इसमें महत्तत्त्व ११ इन्द्रिय तथा पाँचतन्मात्राएँ होती हैं। धर्माधर्म आदि भावों से अधिवासित हुआ २ स्वयं भोगरहित लिङ्गशरीर स्थल शरीर को ग्रहण करके छोड़ता है और छोड़कर पुनः ग्रहण करता रहता है। उस आत्मा का वा लिङ्गशरीरयुक्त आत्मा का रूप दिव्यचक्षुओं के बिना दिखाई नहीं देता। योगी ही उसे देख पाते हैं—जैसे चन्दन के बन में खड़े हुए दूसरे वृक्षों की लकड़ी भी अधिवासित हो जाती है। इसी प्रकार स्थूल शरीर द्वारा किये गये धर्माधर्म आदि से लिङ्गशरीर भी अधिवासित हो जाता है। अधिवासित होने का ही यह फल होता है कि वह आत्मा एक देह से दूसरे देह को जाता है ॥३०॥

स सर्वगः सर्वशरीरभृच्च
स विश्वकर्मा स च विश्वरूपः।
स चेतनाधातुरतीन्द्रियश्च
स नित्ययुक् सानुशयः[१] स एव ॥३१॥

वह आत्मा चेतन जड़ सब में व्याप्त है। सब शरीरों का पालन वा धारण करनेवाला है। वह विश्वकर्मा है, सम्पूर्ण जगत् उसी का कार्य है। वह विश्वरूप है, सम्पूर्ण जगत् ही उसका रूप है। वह चेतना धातु है। अतीन्द्रिय है—इन्द्रियों से नहीं जाना जा सकता। मन और बुद्धि आदि के साथ उसका नित्य योग है, जब तक मुक्ति नहीं होती मनआदि का योग उसके साथ रहता है। और वह ही राग द्वेष आदि से युक्त होता है। जब आत्मा केवल आत्मरूप होता है तो रागद्वेष आदि नहीं होते। परन्तु जब उसका सम्बन्ध प्रकृति के साथ होता है। तब वह रागद्वेष से युक्त होता है ॥३१॥

रसात्ममातापितृसंभवानि
भूतानि विद्याद्दश षट् च देहे।
चत्वारि तत्रात्मनि संश्रितानि
स्थितस्तथाऽऽत्मा च चतुर्षु तेषु ॥३२॥

शरीर में रसज आत्मज मातृज एवं पितृज भेद से चार भूत सोलह प्रकार के हैं—इनका परिगणन हम पूर्व करा चुके हैं। ये चार भूत आत्मा में आश्रित हैं। तथा च आत्मा उन चारों भूतों में आश्रित होता है। अर्थात् स्थूल जीवित शरीर में वायु आदि चार भूत आत्मा पर आश्रित हैं और आत्मा उन चार भूतों पर आश्रित होता है ॥३२॥

भूतानि मातापितृसंभवानि
रजश्च शुक्रं च वदन्ति गर्भे।
आप्याय्यते शुक्रमसृक्च भूतै-
र्यैस्तानि भूतानि रसोद्भवानि ॥३३॥
भूतानि चत्वारि तु कर्मजानि
यान्यात्मलीनानि विशन्ति गर्भम्
स [२]बीजधर्मा ह्यपरापराणि
देहान्तराण्यात्मनि याति याति ॥३४॥

मातृज और पितृज भूतों को ही क्रमशः रज और शुक्र कहते हैं। मातृज चार भूतों के समुदाय का नाम रज और पितृज

१—'स सूक्ष्मै०' ग०।

१—'सह अनुशयेन रागादिना वर्तत इति सानुशयः।' चक्रः। २—'बीजधर्मो' च०।

चार भूतों का नाम शुक्र है। शुक्र और रज की जिन चार भूतों के द्वारा परिपुष्टि होती हैं वे भूत रसज होते हैं।

जो कर्मज (आत्मकर्मज, पूर्वजन्म कृत शुभाशुभ कर्म से उत्पन्न होनेवाले) चार भूत हैं वे आत्मा से नित्य युक्त ही गर्भ में प्रविष्ट होते हैं। वह बीजधर्मा–भूतात्मा युक्त लिङ्गशरीर आत्मा के देहान्तर में जाने पर उसके साथ ही साथ दूसरे दूसरे देहान्तरों में जाते हैं अर्थात् एक शरीर को छोड़कर दूसरे शरीर में जाते हैं। बीजधर्मा कहने से अभिप्राय उत्पत्ति धर्मवाले से है। अर्थात् जब तक आत्मा के साथ लिङ्गशरीर रहता है वह स्थूलदेह को धारण करता रहता है। जिस प्रकार सूक्ष्मबीज स्थूलवृक्ष को उत्पन्न करता है इसी प्रकार सूक्ष्मदेही भूतात्मा स्थूलशरीरों को उत्पन्न करता है। इस प्रकार १६ भूतों का विवरण कर दिया है ॥३३,३४॥

[1]रूपाद्धि रूपप्रभवः प्रसिद्धः
कर्मात्मकानां मनसो मनस्तः।
भवन्ति ये त्वाकृतिबुद्धिभेदा
रजस्तमस्तत्र च कर्म हेतुः ॥६५॥

कर्मात्मक अर्थात् कर्माधीन वा कर्मज भूतों के रूप से रूप की उत्पत्ति होती है। मन से मन की। जो आकृति वा बुद्धि आदि में विभिन्नता होती है वहाँ रज तम तथा कर्म ही हेतु हैं। अर्थात् कर्मानुसार लिङ्गशरीर से स्थूल वा भौतिक शरीर की उत्पत्ति होती है। रूपरहित पदार्थ से रूपवान् पदार्थ की उत्पत्ति नहीं होती। अतः आत्मा के साथ लिङ्गशरीर मानना पड़ता है। यद्यपि शुक्र और आर्तव उत्पत्ति में कारण होते हैं, परन्तु वे भी लिङ्गशरीर (वा कर्मज भूतों) के बिना उत्पत्ति के कारण नहीं होते। आत्मयुक्त लिङ्गशरीर के शुक्र शोणित रूप बीज में प्रविष्ट होने पर स्थूलदेह की उत्पत्ति होती है। इस प्रकार जब लिङ्गशरीर युक्त भूतात्मा बीज में प्रविष्ट होता है वह अपने सूक्ष्मभूतों से स्थूल भूतों की उत्पत्ति करता है, आहङ्कारिक इन्द्रियों से इन स्थूल इन्द्रियों की उत्पत्ति, करता है। इत्यादि। परन्तु एक रूप से इतने नाना योनियों में विभिन्न रूप जो बनते हैं इसमें प्राक्तन कर्म कारण होते हैं। अर्थात् अपने प्राक्तन कर्म के कारण वे उसी बीज में प्रविष्ट होते हैं जिससे वही रूप उत्पन्न होना होता है। इसी प्रकार पूर्वजन्म में जैसा मन होता है वैसा ही मन उत्पन्न हुआ करता है। इस मन के भी जो विभिन्न २ रूप हो जाते हैं उसमें रज और तम कारण होते हैं। रज और तम ही मानस दोष हैं। ये ही विषमता उत्पन्न करते हैं और उसी विषमता के कारण मन में विभिन्नता हो जाती है ॥३५॥

अतीन्द्रियैस्तैरतिसूक्ष्मरूपै-
रात्मा कदाचिन्न वियुक्तरूपः।
न कर्मणा नैव मनोमतिभ्यां
न चाप्यहङ्कारविकारदोषैः ॥३६॥

आत्मा उन अत्यन्त सूक्ष्म रूपवाले इन्द्रियगोचर भूतों से कभी (मोक्ष से पूर्व) पृथक् नहीं होता, न कर्म से, न मन और बुद्धि से और न अहङ्कार के विकार रूप दोषों से अर्थात् इन्द्रियों से वा इन्द्रियविषयों से। अर्थात् इनका आत्मा के साथ अनुबन्ध रहता है ॥३६॥

रजस्तमोभ्यां तु मनोऽनुबद्धं
[1]ज्ञानं विना तत्र हि सर्वदोषाः।
गतिप्रवृत्त्योस्तु निमित्तमुक्तं
मनः सदोषं बलवच्च कर्म ॥३७॥

सत्त्वसंज्ञक मन सदा रज और तम से अनुबद्ध रहता है। ज्ञान के बिना मन में सब दोष रहते हैं। जब सत्त्व के उद्रेक से रज और तम अभिभूत होते हैं, तभी तत्त्वज्ञान होता है, जब तक तत्त्व ज्ञान नहीं होता मन सब दोषों से पूर्ण होता है। दोषयुक्त मन तथा बलवान् कर्म गति और प्रवृत्ति का हेतु है। गति से अभिप्राय एक देह को छोड़कर दूसरे देह में जाने से है। और प्रवृत्ति से अभिप्राय धर्माधर्मजनक कर्म के करने से है। अथवा गति से एक देह से जाना और प्रवृत्ति से दूसरे देह में आना वा जन्म होने का ग्रहण है मन के रज और तम से अभिभूत होने के कारण तथा दैवसंज्ञक कर्म के बलवान् होने पर आवागमन बना रहता है ॥७॥

रोगाः कुतः संशमनं किमेषां
हर्षस्य शोकस्य च किंनिमित्तम्।
शरीरसत्त्वप्रभवा विकाराः
कथं न शान्ताः पुनरापतेयुः ॥३८॥

प्रश्न—रोग कहाँ से उत्पन्न होते हैं? इनके शामक हेतु कौन हैं? हर्ष और शोक का क्या कारण है? शरीर और मन से उत्पन्न होनेवाले रोग कैसे सर्वदा के लिये शान्त न होते हुए पुनः आ जाते हैं? ॥३८॥

प्रज्ञापराधो विषमास्तथाऽर्था
हेतुस्तृतीयः परिणामकालः।
सर्वामयानां त्रिविधा च शान्ति-
र्ज्ञानार्थकालाः समयोगयुक्ताः ॥३९॥
धर्म्याः क्रिया हर्षनिमित्तमुक्ता-
स्ततोऽन्यथा शोकवशं नयन्ति।
शरीरसत्त्वप्रभवास्तु दोषा-
स्तयोरवृत्त्या न भवन्ति भूयः ॥४०॥

उत्तर—पहला प्रज्ञापराध, विषम विषय अर्थात् असात्म्येन्द्रियार्थसंयोग दूसरा तथा परिणामसंज्ञक काल तीसरा हेतु है। इन तीन हेतुओं से रोग उत्पन्न होते हैं। और सब रोगों की शान्ति भी तीन प्रकार की है। १ ज्ञान २ अर्थ (इन्द्रियविषय) तथा ३ कालः; इन तीनों का समयोग। ज्ञान का समयोग, इन्द्रिय विषयों का समयोग ,तथा काल का समयोग रोगों की शान्ति में हेतु है।

धर्म की साधनभूत क्रियाएं वा कर्म हर्ष का कारण है और इनसे विपरीत कर्म पुरुष को शोकयुक्त कर देते हैं। अर्थात् अधर्मोत्पादक कर्म शोक के हेतु हैं॥

१—'रूप्यत इति रूपं भौतिकं शरीरं' चक्रः।

१—'ज्ञानात्' च०।

शरीर और मन में उत्पन्न होनेवाले रोग तब तक पुनः उत्पन्न होते रहते हैं, जब तक कि शरीर और मन विद्यमान हैं। शरीर और मन के न होने पर रोग भी पुनः नहीं होते। रोगों के आश्रय हैं शरीर और मन। आश्रय के अभाव से रोगों का भी असद्भाव (अविद्यमानता) हो जाता है ॥४०॥

रूपस्य सत्त्वस्य च संततिर्या
नोक्तस्तदादिर्न हि सोऽस्ति कश्चित्।
तयोरवृत्तिः क्रियते पराभ्यां
धृतिस्मृतिभ्यां परया धिया च ॥४१॥

रूप (शरीर) और सत्त्व (मन) की सन्तति अर्थात् अनवच्छिन्न धाराप्रवाह का आदि नहीं कहा गया, क्योंकि कोई वह आदि नहीं है। सृष्टि का प्रवाह अनादि है। शरीर और मन की अवृत्ति (न होना, असद्भाव), श्रेष्ठ धृति (नियमात्मिका बुद्धि), श्रेष्ठ स्मृति तथा श्रेष्ठ बुद्धि द्वारा की जाती है। उत्कृष्ट धारणा, स्मरण एवं प्रज्ञा द्वारा आत्मा को शरीर और मन से छुटकारा मिलता है। अर्थात् वह पुनः सृष्टि में नहीं आता। जब आश्रय ही नहीं रहे तो उनके रोग कहाँ से होंगे ॥४१॥

सत्याश्रये वा द्विविधे यथोक्ते
पूर्वं गदेभ्यः प्रतिकर्म नित्यम्।
जितेन्द्रियं नानुपतन्ति रोगा-
स्तत्कालयुक्तं यदि नास्ति दैवम् ॥४२॥

परन्तु जब रोगों के दोनों प्रकार के यथोक्त आश्रय अर्थात् शरीर और मन विद्यमान हैं, तब यदि तात्कालिक दैव न हो, तो रोगों से पूर्व ही सदा उनका प्रतिकार करनेवाले जितेन्द्रिय पुरुष को रोग नहीं होते। यदि पुरुष चाहता है कि मैं रोग से बचा रहूँ तो रोग के होने से पूर्व ही प्रतिकार करना चाहिए—स्वस्थवृत्त का पालन करना चाहिए। इन्द्रियों को वश में रखना चाहिए। परन्तु यदि पूर्वजन्मकृत कर्म प्रबल होंगे और जिनका फल उसी समय मिलना होगा तो रोग हो ही जायेगा। परन्तु यदि तात्कालिक दैव न होगा तो पुरुष रोगों से बचा रहेगा ॥

दैवं पुरा यत्कृतमुच्यते तत्,
तत्पौरुषं यत्त्विह कर्म दृष्टम्।
प्रवृत्तिहेतुर्विषमः स दृष्टो
निवृत्तिहेतुस्तु समः स एव ॥४३॥

जो कर्म हम पूर्व कर चुके हैं वह दैव कहाता है। जो कर्म हम यहाँ—इस जन्म में करते हैं वह पौरुष कहाता है। दैव और पौरुष की विषमता—अयोग अतियोग वा मिथ्यायोग युक्त होना रोगों की प्रवृत्ति का कारण है और दैव वा पुरुषका सम होना रोग की निवृत्ति का हेतु है। इसी प्रकार संसार का कारण भी दैव और पौरुष का विषम होना है और इनका सम होना मोक्ष का हेतु है ॥४३॥

हैमन्तिकं दोषचयं वसन्ते
प्रवाहयन् ग्रैष्मिकमभ्रकाले।
घनात्यये वार्षिकमाशु सम्यक्
प्राप्नोति रोगानृतुजान्न जातु ॥४४॥

रोगों से पूर्व प्रतिकार का उपाय—हेमन्त में संचित हुए दोष (कफ) को वसन्त में, ग्रीष्मऋतु में संचित दोष (वायु) को प्रावृट् वा वर्षा काल में और वर्षा में संचित (पित्त) को शरद् में बाहर निकाल देने से (संशोधन) ऋतुओं के कारण उत्पन्न होनेवाले रोग कदापि पैदा नहीं होते। दोषों के निर्हरण के ठीक समय का निर्णय सूत्रस्थान के ७वें अध्याय में हो चुका है ॥४५॥

नरो हिताहारविहारसेवी
समीक्ष्यकारी विषयेष्वसक्तः।
दाता समः सत्यपरः क्षमावा-
नाप्तोपसेवी च भवत्यरोगः ॥४५॥

हितकर आहार विहार का सेवन करनेवाला, सोचविचार कर तदनुसार कर्म करनेवाला, विषयों में जो फंसा न हो, दानी, सब प्राणियों में समदृष्टि रखनेवाला, मन वचन और कर्म में सत्य का सर्वदा पालन करनेवाला, क्षमाशील, आप्त पुरुषों का संग करनेवाला पुरुष नीरोग होता है ॥४५॥

मतिर्वचः कर्म सुखानुबन्धि
[1]सत्त्वं विधेयं विशदा च बुद्धिः।
ज्ञानं तपस्तत्परता च योगे
यस्यास्ति तं नानुपतन्ति रोगाः ॥४६॥

सुख की देनेवाली मति (मननात्मक बुद्धि) का देनेवाला वचन, सुख का देनेवाला कर्म, स्वाधीन मन (सत्त्वप्रधान मन, उदार मन), निर्मल बुद्धि, ज्ञान, तप योग में तत्परता-चित्त की वृत्तियों के निरोध में अभ्यास एवं वैराग्य द्वारा लगन, ये जिसे हैं उसे रोग नहीं सताते ॥४६॥

तत्र श्लोकाः।

इहाग्निवेशस्य महार्थयुक्तं
षड्विंशकं प्रश्नगणं महर्षिः।
अतुल्यगोत्रो भगवान् यथाव—
न्निर्णीतवाञ्ज्ञानविवर्धनार्थम् ॥४७॥

इत्यग्निवेशकृते तन्त्रे चरकप्रतिसंस्कृते शारीरस्थाने अतुल्यगोत्रीयशारीरं नाम द्वितीयोऽध्यायः ॥२॥

भगवान् महर्षि आत्रेय ने इस अतुल्यगोत्रीय नामक अध्याय में ज्ञान की वृद्धि के लिये अत्यन्त उपयोगी छब्बीस प्रश्नों का यथावत् निर्णय किया है। 'अतुल्यगोत्रस्य०' इत्यादि द्वारा १ प्रश्न, 'सम्पूर्णदेहः' इत्यादि द्वारा ३ प्रश्न, 'कन्यां०' इत्यादि द्वारा ५ प्रश्न, 'कस्माद् द्विरेताः०' इत्यादि द्वारा प्रश्न, 'गर्भस्य सद्योऽनुगतस्य' इत्यादि द्वारा ३ प्रश्न, 'कस्मात्प्रजां०' इत्यादि द्वारा ३ प्रश्न, 'रोगाः कुतः' इत्यादि द्वारा ३ प्रश्न।
ये सब मिलाकर २६ प्रश्न होते हैं।

गंगाधर ने 'षड्विंशक' की जगह 'षट्त्रिंशकं' पढ़ा है। उसका विवरण निम्न है—'अतुल्यगोत्रस्य' इत्यादि द्वारा १ प्रश्न, 'सम्पूर्णदेहः' इत्यादि द्वारा ५ प्रश्न, 'कन्या' इत्यादि द्वारा ६ प्रश्न, 'कस्माद् द्विरेता' इत्यादि द्वारा ८ प्रश्न, 'गर्भस्य सद्योऽनुगतस्य' इत्यादि द्वारा ५ प्रश्न, 'कस्मात्प्रजां' इत्यादि द्वारा २ प्रश्न, 'रोगाः कुतः इत्यादि द्वारा ५ प्रश्न, इस प्रकार मिलाकर ये ३६ होते हैं ॥४ ॥

इति द्वितीयोऽध्यायः।

१—'सत्त्वं विधेयं स्वायत्तं मनः' चक्रः।

तृतीयोऽध्यायः

अथातः खुड्डीकां गर्भावक्रान्तिं शारीरं व्याख्यास्यामः ।

इति ह स्माह भगवानात्रेयः ॥१॥

अब हम खुड्डीका गर्भावक्रान्ति नामक शारीर की व्याख्या करेंगे—ऐसा भगवान् आत्रेय ने कहा था ।

पूर्व अध्याय में 'शुक्रासृगात्माशयकालसम्पद्' इत्यादि श्लोक द्वारा गर्भ का पूर्ण देह युक्त होना, सुख से यथाकाल उत्पन्न होना बताया है । उसी का ही वर्णन इस अध्याय में होगा । खुड्डीका—अल्प को कहते हैं । महती गर्भावक्रान्ति नाम से अगला अध्याय होगा ।

गर्भाशय में गर्भ कैसे उत्पन्न होता है, इसका वर्णन इसमें होगा । अथवा गर्भ में जीव के अवक्रमण (प्रवेश आना) करने से तत्सम्बन्धी शारीर का नाम गर्भावक्रान्ति रखा है ॥१॥

पुरुषस्यानुपहतरेतसः स्त्रियाश्चाप्रदुष्टयोनिशोणितगर्भाशयाया यदा भवति संसर्गं ऋतुकाले, यदा चानयोस्तथैव युक्ते च संसर्गे शुक्रशोणितसंसर्गमन्तर्गर्भाशयगतं जीवोऽवक्रामति [1]सत्त्वसंप्रयोगात्तदा गर्भोऽभिनिर्वर्तते, स सात्म्यरसोपयोगादरोगोऽभिसंवर्धते सम्यगुपचारैश्चोपचर्यमाणः, ततः प्राप्तकालः सर्वेन्द्रियोपपन्नः परिपूर्णसर्वशरीरो बलवर्णसत्त्वसंहननसंपदुपेतः सुखेन जायते समुदायादेषां भावानाम् ॥२॥

विकृति रहित शुक्रयुक्त पुरुष का योनि रज तथा गर्भाशय जिसके विकृत नहीं ऐसी स्त्री के साथ ऋतुकाल में जब संसर्ग होता है और जब उसी प्रकार के स्त्री पुरुष के वैसे ही (ऋतुकाल) में संसर्ग होने पर गर्भाशय में हुए शुक्र और शोणित के संयोग (बीज) में मन के सम्पर्क से और उसी की क्रिया से क्रियावान् हुआ जीव आता है, तब गर्भ उत्पन्न होता है, वह सात्म्य रसों के उपयोग से तथा ठीक उपचारों से नीरोग रहता हुआ वृद्धि को प्राप्त होता है । तदनन्तर प्रसवकाल के उपस्थित होने पर सम्पूर्ण इन्द्रियों से युक्त पूर्ण शरीरवाला बल वर्ण मन और शरीर के गठन की श्रेष्ठता से युक्त हुआ २ इन (निम्नोक्त) सब भावों के समुदाय से सुखपूर्वक उत्पन्न होता है ।२।

मातृजश्चायं गर्भः पितृजश्चात्मजश्च सात्म्यजश्च रसजश्चास्ति च [2]सत्त्वमौपपादुकमिति होवाच भगवानात्रेयः ।३।

यह गर्भ मातृज है, पितृज है, आत्मज है, सात्म्यज है, रसज है । और मन भी कर्म का घटक है । मन के द्वारा ही आत्मा का शुक्रशोणित (बीज) के साथ सम्बन्ध होता है । यह भगवान् आत्रेय ने कहा है । माता, पिता, आत्मा, सात्म्य, रस, मन; इन छह भावों के समुदाय से ही गर्भोत्पत्ति होती है ।३।

नेति भरद्वाजः । किं कारणं, हि न माता न पिता नात्मा न सात्म्यं न पानाशनभक्ष्यलेह्योपयोगा गर्भं जनयन्ति, न च परलोकादेत्य गर्भं सत्त्वमवक्रामति ॥४॥

[1]—'सत्त्वसंप्रयोगादिति मनोगमनादित्यर्थः' चक्रः । [2]—'सत्त्वसंज्ञमुपपादुकमिति' ग । 'औपपादुकमिति आत्मनः शरीरान्तरसम्बन्धोत्पादकं' चक्रः ।

भरद्वाज ने कहा—नहीं । क्योंकि न माता न पिता न आत्मा न सात्म्य न पान अशन भक्ष्य लेह्य चारों प्रकार के आहार का उपयोग (रस) गर्भ को उत्पन्न करता है और नहीं मन परलोक से आकर गर्भ में प्रविष्ट होता है । अर्थात् गर्भ न मातृज है, न पितृज, न आत्मज है, न सात्म्यज है, न रसज है और न सत्त्वज है ॥४॥

यदि हि मातापितरौ गर्भं जनयेतां भूयस्यः स्त्रियः पुमांसश्च भूयांसः पुत्रकामाः, ते सर्वे पुत्रजन्माभिसंधाय मैथुनधर्ममापद्यमानाः पुत्रानेव जनयेयुर्दुहितॄर्वा दुहितृकामाः, न च काश्चित् स्त्रियः केचिद्वा पुरुषा निरपत्याः स्युः, अपत्यकामाश्च परिदेवेरन् ॥५॥

यदि माता पिता गर्भ को उत्पन्न करते हों तो बहुत सी स्त्रियाँ और बहुत से पुरुष पुत्र को चाहते हैं । वे सारे पुत्रजन्म की इच्छा से मैथुन धर्म का पालन करते हुए पुत्रों को ही उत्पन्न करें । जिन्हें कन्या की इच्छा हो वे कन्याओं को ही उत्पन्न करें । और नाहीं कोई स्त्रियाँ न पुरुष सन्तानरहित हों और नाहीं सन्तानोत्पत्ति के लिए रोते फिरें । आशय यह है कि यदि गर्भजन्म में माता पिता कारण हों तो जो वे चाहें वही सन्तान उत्पन्न हो और चूंकि स्त्री-पुरुष कारण हैं तो उनके संसर्ग से सन्तान अवश्य ही हो, क्योंकि कारण के रहते कार्य अवश्य होता है । स्त्री-पुरुष हैं, अतः उनके मैथुन से सन्तान अवश्य ही होनी चाहिए । परन्तु यह नहीं होता । अतः माता पिता गर्भोत्पत्ति में कारण नहीं ॥५॥

न चात्माऽऽत्मानं जनयति; यदि ह्यात्माऽऽत्मानं जनयेज्जातो वा जनयेदात्मानमजातो वा ? तच्चोभयथाऽप्ययुक्तं, न हि जातो जनयति, सत्त्वात् [1]; न चाजातो जनयति, असत्त्वात्; तस्मादुभयथाऽप्यनुपपत्तिः, तिष्ठतु तावदेतत्, यद्ययमात्मानं शक्तो जनयितुं स्यात्, नत्वेवमिष्टास्वेव कथं योनिषु जनयेद्वशिनमप्रतिहतगतिं कामरूपिणं तेजोबलजववर्णसत्त्वसंहननसमुदितमजरमरुजममरम्; एवंविधं ह्यात्माऽऽत्मानमिच्छत्यतो वा भूयः ॥६॥

आत्मा भी गर्भ को उत्पन्न करता है । आत्मा का अवयव नहीं होता । पहिले कहा भी जा चुका है—

'निरन्तरं नावयवः कश्चित्सूक्ष्मस्य चात्मनः ।'

अतः आत्मा के किसी अवयव से गर्भोत्पत्ति होता असम्भव ही है । दूसरा पक्ष यह हो सकता है कि आत्मा पूर्णतया ही गर्भरूप में उत्पन्न हों, परन्तु यह भी असम्भव है, क्योंकि आत्मा अपने को उत्पन्न नहीं करता, यदि आत्मा अपने को उत्पन्न करता है तो स्वयं उत्पन्न होकर उत्पन्न करता है ? अथवा बिना उत्पन्न हुए ही उत्पन्न करता है ? ये दोनों पक्ष ही युक्तिसंगत नहीं । क्योंकि जो जात (उत्पन्न हुआ २) है

[1]—'जनयेत्, सत्त्वात्' इति पाठमूरीकृत्य गङ्गाधरो व्याचष्टे—'हि यस्मादात्मा जात आत्मानं न जनयति । सत्त्वात् सद्भावादस्ति ह्येवात्मा नास्ति चात्मनो जन्म । तर्हि चाजातो जनयतीति चेत्, तदप्ययुक्तम् । कस्मात् ? न चैवाजातो जनयति सत्त्वात् । आत्मा सत्त्वादजातः कथं पुनः सन्तमेवात्मानं जनयेदिति सतो जन्मासम्भवात्' ।

वह अपने को उत्पन्न क्या करेगा, वह तो पूर्व ही विद्यमान है। और नाहीं अजात (न उत्पन्न हुआ २) अपने को उत्पन्न कर सकता है, अविद्यमान होने से। अर्थात् जब उसका कोई रूप ही नहीं तो उससे रूपवान् आत्मा (गर्भ) कैसे हो सकता है।

'रूपाद्धि रूपप्रभवः प्रसिद्धः।'

रूप विद्यमान ही नहीं तो उससे रूपवान् आत्मा की उत्पत्ति नहीं हो सकती ; अथवा कारणभूत आत्मा की सत्ता न होने से अपने आप उत्पन्न नहीं हो सकता, क्योंकि कारणता तभी होती है जब कि कर्ता करणों से युक्त हो। जब गर्भोत्पादन रूप कर्म में कर्ता यदि आत्मा को माना जाय तो वह स्वयं करण नहीं हो सकता। क्योंकि कर्ता कभी करण नहीं होता। जब करण ही न होगा तो कर्ता की कारणता नहीं रहती।

'कर्ता हि करणैर्युक्तः कारणं सर्वकर्मणाम्।'

जब आत्मा कारण ही नहीं तो कार्य कैसे हो ? अतः भी गर्भ आत्मज नहीं।

गंगाधर ने 'न हि जातो जनयति सत्त्वात्, न चैवाजातो जनयेत् सत्त्वात्।' यह पाठ पढ़ा है। इस पाठ के अनुसार यह अर्थ होगा—आत्मा आत्मा को उत्पन्न नहीं करता। कारण—यदि आत्मा आत्मा को (अपने को) उत्पन्न करे तब यह जिज्ञासा होती है कि जात आत्मा आत्मा को उत्पन्न करता है ? वा अजात आत्मा आत्मा को उत्पन्न करता है ? ये दोनों पक्ष ही अयुक्त हैं। जात आत्मा आत्मा को उत्पन्न नहीं करता, क्योंकि वह नित्यसत्तावान् पदार्थ है। जो अनन्त काल के लिये है उसकी नूतन उत्पत्ति किस प्रकार सम्भव हो सकती है।

अच्छा। यदि हम यह मान भी लें कि आत्मा अपने को उत्पन्न करने में समर्थ है तो वह अपने को इष्ट (प्रिय) योनियों में ही क्यों न जन्म दे ? क्योंकि आत्मा अपने वशी, अप्रतिहत-गति (जिसे किसी कार्य में कोई रुकावट न हो), कामरूपी (यथेच्छ रूप को धारण करनेवाला वा सुन्दर रूपवाला), तेज बल वेग वर्ण मन शरीर का गठन आदि शुभभावों से युक्त अजर (जरारहित), नीरोग, अमर; इन सब गुणों से युक्त वा इससे भी अधिक गुणों से युक्त चाहता है। परन्तु ये सब गुण सब में नहीं देखे जाते, अतः भी गर्भ आत्मज नहीं ॥६॥

असात्म्यजश्चायं गर्भः, यदि हि सात्म्यजः स्यात्, तर्हि सात्म्यसेविनामेवैकान्तेन वा स्यात्, असात्म्यसेविनश्च निखिलेनानपत्याः स्युः, तच्चोभयमुभयत्रैव दृश्यते ॥७॥

यह गर्भ सात्म्य से भी उत्पन्न नहीं होता। यदि सात्म्यज हों तो केवल उन्हीं की ही सन्तान हो जो सात्म्य आहार-विहार वा औषध का सेवन करते हैं। और सारे ही असात्म्य-सेवी सन्तानरहित हों, परन्तु दोनों बातें दोनों जगह दिखाई देती हैं। अर्थात् सात्म्य का सेवन करनेवाले प्रजावान् भी होते हैं और निःसन्तान भी होते हैं और असात्म्य का सेवन करनेवाले भी सन्तानयुक्त होते हैं और सन्तानरहित भी होते हैं। अतः गर्भोत्पत्ति में सात्म्य को भी कारण नहीं मान सकते ॥७॥

अरसजश्चायं गर्भः, यदि हि रसजः स्यात्, न केचित्स्त्रीपुरुषेष्वनपत्याः स्युः, न हि कश्चिदस्त्येषां यो रसान्नोपयुङ्क्ते, श्रेष्ठरसोपयोगिनां चेद् गर्भा जायन्ते [1]इत्यतोऽभिप्रेतम्, इत्येवं—सत्याजौरभ्रमागमायूररसगोक्षीरदधिघृतमधुतैलसैन्धवेक्षुरसमुद्गशालिभृतानामेवैकान्तेन प्रजा स्यात्, श्यामाकवरकोद्दालककोरदूषककन्दमूलभक्ष्याश्च निखिलेनानपत्याः स्युः, तच्चोभयमुभयत्रैव दृश्यते ॥८॥

गर्भ रसज भी नहीं। यदि गर्भ रसज हो तो स्त्री-पुरुषों में कई निःसन्तान न हों। क्योंकि उनमें से कोई भी ऐसा नहीं जो रसों का उपयोग न करता हो। यदि 'रसज' से यह अभिप्राय हो कि श्रेष्ठ रसों का सेवन करनेवाले पुरुषों के ही गर्भ उत्पन्न होते हैं, तो बकरे मेष मृग वा मोर इनका मांसरस, गौ का दूध, दही, घी, शहद, तैल, सैन्धव, इक्षुरस (गन्ने का रस), मूंग, शालिचावल; इनका सेवन करनेवालों की ही सन्तान हो और जो श्यामाक वरक उद्दालक (ये तीनों कुधान्य हैं), कोरदूष (कोदों), कन्द, मूल; इनको खाते हैं वे सारे ही निःसन्तान होने चाहिये। परन्तु दोनों ही बातें दोनों जगह दिखाई देती हैं। अर्थात् श्रेष्ठ रस का सेवन करनेवाले सन्तानयुक्त भी होते हैं, सन्तानरहित भी होते हैं। श्रेष्ठ रस का सेवन न करनेवाले सन्तानयुक्त भी होते हैं, सन्तानरहित भी होते हैं। अतः रस को गर्भोत्पत्ति में कारण नहीं मान सकते ॥८॥

न खल्वपि परलोकादेत्य सत्त्वं गर्भमवक्रामति; यदि ह्येनमवक्रामेत्, नास्य किंचिदेव पौर्वदेहिकं स्यादविदितमदृष्टं वा, न च किंचिदपि स्मरति ॥९॥

और नहीं परलोक से आकर मन गर्भ में आता है। यदि वह मन इसमें आवे तो उसे पूर्वदेह में अनुभव की हुई कोई बात अज्ञात न हो और न अदृष्ट (न देखी हुई) हो। अर्थात् यदि पूर्वजन्म का मन गर्भ में आता हो तो उस जन्म की अनुभव की हुई सुनी हुई वा देखी हुई सब बातें उसे ज्ञात हों। परन्तु गर्भ पूर्वजन्म में अनुभूत किसी का भी स्मरण नहीं करता। अतः हम सत्त्व (मन) को शरीरान्तर से सम्बन्ध करनेवाला नहीं स्वीकार कर सकते ॥९॥

तस्मादेतद् ब्रूमहे—अमातृजश्चायं गर्भोऽपितृजश्चानात्मजश्चासात्म्यजश्चारसजश्च, न चास्ति सत्त्वमौपपादुकमिति होवाच भरद्वाजः ॥१०॥

अतएव हम कहते हैं कि गर्भ मातृज नहीं, पितृज नहीं, आत्मज नहीं, सात्म्यज नहीं और रसज नहीं और ना ही मन उपपादुक है अर्थात् शरीरान्तर से सम्बन्ध करनेवाला है—यह भरद्वाज ने कहा ॥१०॥

नेति भगवानात्रेयः; सर्वेभ्य एभ्यो भावेभ्यः समुदितेभ्यो गर्भोऽभिनिर्वर्तते ॥११॥

भगवान् आत्रेय ने कहा है—नहीं। इन सब भावों के समुदाय से गर्भ की उत्पत्ति होती है। अकेला २ भाव गर्भ

1—'इत्यभिप्रेतं' ग०।

की उत्पत्ति नहीं करता। अर्थात् माता पिता आत्मा सात्म्य-रस तथा मन; ये छहों मिलकर गर्भ को उत्पन्न करते हैं ॥ ११ ॥

मातृजश्चायं गर्भः; न हि मातुर्विना गर्भोपपत्तिः, स्यान्न च जन्म जरायुजानां, यानि खल्वस्य गर्भस्य मातृजानि, यानि चास्य मातृतः सम्भवतः सम्भवन्ति, तान्यनुव्याख्यास्यामः। तद्यथा—त्वक् च लोहितं च मांसं च मेदश्च नाभिश्च हृदयं च क्लोम च यकृच्च प्लीहा च वृक्कौ च बस्तिश्च पुरीषाधानं चामाशयश्च पक्वाशयश्चोत्तरगुदं चाधरगुदं च क्षुद्रान्त्रं च स्थूलान्त्रं च वपा च वपावहनं चेति मातृजानि ॥१२॥

यह गर्भ मातृज भी है। माता के बिना गर्भ की उत्पत्ति नहीं हो सकती। तथा जरायुज पशुओं का जन्म ही नहीं हो सकता। मनुष्य गौ घोड़ा आदि जरायुज हैं। जो गर्भ के अवयव मातृज हैं—अर्थात् माता के बीज से उत्पन्न होते हैं, उनकी व्याख्या की जाती है जैसे—त्वचा, रक्त, मांस, मेद, नाभि, हृदय, क्लोम, यकृत् (जिगर), प्लीहा (तिल्ली), वृक्क (गुर्दे), बस्ति (मूत्राशय), पुरीषाधान (Sigmoid Floxure), आमाशय (Stomach), पक्वाशय (Duodenum), उत्तरगुदा (Rectum), अधरगुदा (Anus), क्षुद्रान्त्र (छोटी आंतें (Small Intestines), स्थूलान्त्र (Large Intestines), वपा (हृदयस्थ मेद–Fat globules), वपावहन (Adipose tissue)। शरीर में जो मृदु भाव हैं वे माता से उत्पन्न होते हैं। अर्थात् शुक्रशोणित बीज के शोणित भाग से होते है ॥ १२ ॥

पितृजश्चायं गर्भः; न हि पितुर्ऋते गर्भोत्पत्तिः, स्यान्न च जन्म जरायुजानां, यानि खल्वस्य गर्भस्य पितृजानि, यानि चास्य पितृतः सम्भवतः सम्भवन्ति, तान्यनुव्याख्यास्यामः। तद्यथा—केशश्मश्रुनखलोमदन्तास्थिसिरास्नायुधमन्यः शुक्रमिति पितृजानि ॥१३॥

गर्भ पितृज भी है। पिता के बिना गर्भोत्पत्ति नहीं हो सकती। जरायुजों का जन्म भी असम्भव है। जो इस गर्भ के पितृज भाव हैं, अर्थात् जो पिता के शुक्र से उत्पन्न होते हैं उनकी व्याख्या करेंगे। जैसे—केश, दाढ़ी, मूंछ, नख, लोम, दांत, हड्डी, सिरा, स्नायु (Ligament), धमनियाँ और वीर्य ॥१३॥

आत्मजश्चायं गर्भः; गर्भात्मा ह्यन्तरात्मा यः, तं जीव इत्याचक्षते, शाश्वतमरुजमजरममरमक्षयमभेद्यमच्छेद्यमलोड्यं विश्वरूपं विश्वकर्माणमव्यक्तमनादिमनिधनमक्षरमपि। स गर्भाशयमनुप्रविश्य शुक्रशोणिताभ्यां संयोगमेत्य गर्भत्वेन जनयत्यात्मानम्, आत्मसंज्ञा हि गर्भे; तस्य पुनरात्मनो [1]जन्मानादित्वान्नोपपद्यते, तस्मादजात एवायं गर्भं [2]जनयति, अजातो ह्ययमजातं गर्भं जनयति; स चैव गर्भः कालान्तरेण बालयुवस्थविरभावानवाप्नोति, स यस्यां यस्यामवस्थायां वर्तते तस्यां तस्यां जातो भवति, या त्वस्य पुरस्कृता तस्यां जनिष्यमाणश्च; तस्मात्स एव जातश्चाजातश्च युगपद्भवति, यस्मिंश्चैतदुभयं सम्भवति जातत्वं जनिष्यमाणत्वं च, स च जातो जन्यते, स चैवानागतेष्ववस्थान्तरेष्वजातो जनयत्यात्मनाऽऽत्मानं; सतो ह्यवस्थान्तरगमनमात्रमेव हि जन्म चोच्यते तत्र तत्र वयसि तस्यां तस्यामवस्थायाम्। यथा सतामेव शुक्रशोणितजीवानां प्राक्संयोगाद् गर्भत्वं न भवति, तच्च संयोगाद्भवति, यथा सतस्तस्यैव च पुरुषस्य प्रागपत्यात्पितृत्वं न भवति, तच्चापत्याद्भवति, तथा सतस्तस्यैव गर्भस्य तस्यां तस्यामवस्थायां जातत्वमजातत्वं चोच्यते ॥१४॥

यह गर्भ आत्मज भी है। जिसे अन्तरात्मा कहते हैं वह भी गर्भ की आत्मा है। इस शाश्वत (नित्य), वेदनारहित—सुखदुःख रहित, अक्षय (अविनाशी), अभेद्य (जिसे फाड़ा नहीं जा सकता), अच्छेद्य (जिसके टुकड़े नहीं किये जा सकते) अलोड्य (जिसका विलोड़न नहीं किया जा सकता, अचल) विश्वरूप, विश्वकर्मा, अव्यक्त, अनादि, अनिधन (जिसकी मृत्यु नहीं) अक्षर (नाशरहित) को 'जीव' कहते हैं।

'अच्छेद्योऽयमदाह्योऽयमक्लेद्योऽशोष्य एव च।
नित्यः सर्वगतः स्थाणुरचलोऽयं सनातनः'॥

वह जीव गर्भाशय में अनुप्रविष्ट होकर शुक्रशोणित (बीज) से मिलकर अपने से अपने को गर्भरूप में उत्पन्न करता है। अतएव गर्भ में आत्मसंज्ञा होती है। षड्धातुरूप पुरुष को भी आत्मा कहते हैं। श्रुति में भी है—

'अङ्गादङ्गात्सम्भवसि हृदयादधिजायसे।
आत्मा वै पुत्रनामासि त्वं जीव शरदः शतम्॥'

अतः 'अपने को उत्पन्न करता है' का अभिप्राय षड्धातुरूप पुरुष को उत्पन्न करता है यह हुआ। उस आत्मा के अनादि होने से जन्म नहीं है। अतः अजात (न उत्पन्न हुआ) ही अजात गर्भ को उत्पन्न करता है। वह ही गर्भ कालान्तर से बालक, युवा वा वृद्धभाव को प्राप्त होता है। अर्थात् उस गर्भ को कालान्तर से बालक जवान वा बूढ़ा कहा जाता है। वह जिस २ अवस्था में है उस २ अवस्था में 'जात' कहा जाता है। जैसे यह जवान हो गया है, यह बूढ़ा हो गया है इत्यादि। जो इसकी आगेवाली (भविष्यत्) अवस्था है उसमें जनिष्यमाण होता है। तू जवान होगा, तू बूढ़ा होगा इत्यादि। अतएव वह ही 'जात' और 'अजात' युगपत् ही होता है। वर्तमान अवस्था को लक्ष्य में रखकर 'जात' कहाता है और भविष्यत् अवस्था को दृष्टि में रखते हुए 'अजात' कहेंगे। जिस में 'जात' और 'जनिष्यमाण' ये दोनों भाव युगपत् होते हैं वह 'जात' भी उत्पन्न होता है। एक बालक बाल्यावस्था में 'जात' है और वह ही आगे आने वाली युवावस्था में 'जनिष्यमाण' है। वह 'जात' बालक क्रमशः युवा उत्पन्न होता है—(होता है)—आत्मा द्वारा उत्पन्न किया जाता है। वह ही अजात आनेवाली भविष्यत् अवस्थाओं में अपने से अपने को उत्पन्न करता है। सत् वस्तु

१—'जन्मानादित्वा०' ग०।
२—'जातं गर्भं जनयति, जातोऽप्यजातं च' ग०।

का उस २ भविष्यत् उम्र वा उस २ अवस्था में अवस्थान्तर को प्राप्त होनामात्र ही जन्म कहाता है। अर्थात् जिस २ अवस्था में वा जिस २ उम्र में वह विद्यमान है उस २ अवस्था में वा उस २ उम्र में वह 'उत्पन्न हुआ है' यह कहा जाता है। 'युवा जात' इत्यादि प्रयोग होता है। यहाँ बाल्यावस्था से युवावस्था में बदलने पर 'जात' शब्द का प्रयोग हुआ है। जैसे शुक्रशोणित जीव ये तीनों सत् हैं (विद्यमान हैं) इनके संयोग होने से पूर्व गर्भता नहीं और संयोग होने पर गर्भता हो जाती है। पृथक् २ होने पर गर्भसंज्ञा नहीं हुई, परन्तु तीनों का संयोग होने रूप अवस्थान्तर होने पर 'गर्भो जात.' 'गर्भ उत्पन्न हो गया है' यह प्रयोग होने लगता है। वस्तु तो पहले भी मौजूद थी, केवल अवस्था बदलने से ही 'उत्पन्न हो गया है' यह व्यवहार होने लगा। अथवा जैसे उसी पुरुष को सत् होते हुए भी सन्तान होने से पूर्व उसे पिता नहीं कहा जाता और सन्तान होने पर वह पिता कहाने लगता है, वैसे ही सत् गर्भ (गर्भात्मा) को उस २ अवस्था में जात वा अजात कहा जाता है। जिस अवस्था में है वहाँ 'जात' है और जो उसकी अनागत अवस्था है उसमें 'अजात' कहाता है ॥१४॥

न तु खलु गर्भस्य मातुर्न पितुर्नात्मनः सर्वभावेषु यथेष्टकारित्वमस्ति; ते किंचित्स्ववशात्कुर्वन्ति किंचित्कर्म वशात्, कचिच्चैषां करणशक्तिर्भवति कचिन्न भवति, यत्र सत्त्वादिकरणसम्पत्तत्र यथाबलमेव यथेष्टकारित्वमतोऽन्यथा विपर्ययः; न च करणदोषादकारणमात्मा सम्भवति गभजनने, दृष्टं च चेष्टा योनिरैश्वर्यं मोक्षश्चात्मविद्धिरात्मायत्तं, न ह्यन्यः सुखदुःखयोः कर्ता; न चान्यतो गर्भो जायते जायमानः, न चाङ्कुरोत्पत्तिरबीजात् ॥१५॥

गर्भ के माता पिता वा आत्मा की सब भावों में स्वेच्छाकारिता नहीं है। अर्थात् माता पिता वा आत्मा जो चाहें वह करें यह सर्वदा नहीं होता। वे कुछ तो अपनी इच्छा से करते है, कुछ कर्माधीन होकर करते हैं और कहीं २ मन बुद्धि इन्द्रिय आदि करणों (साधन) की शक्ति से इच्छानुसार कर्म करना होता है। और कहीं मन आदि करणों की शक्ति से भी नहीं होता। अभिप्राय यह है कि जहाँ मन आदि करण श्रेष्ठ गुण युक्त होते हैं मन सात्त्विक होता है वा शुद्ध होता है बुद्धि निर्मल होती है इत्यादि तब उस उस करण के बल के अनुसार उतनी यथेष्ठकारिता (अपनी इच्छानुसार कर्म करना) होती है। यदि मन आदि चञ्चल हों श्रेष्ठ गुणयुक्त न हों तो यथेष्टकारिता नहीं होती। जीवन्मुक्त योगियों का मन श्रेष्ठ गुणों से युक्त होता है, अतः वे यथेष्टकारी होते हैं। मन आदि करणों के दोष से गर्भ को न उत्पन्न करता हुआ भी आत्मा 'गर्भ का कारण नहीं' ऐसा नहीं कहा जा सकता। जैसे मिट्टी आदि के अभाव से वा मिट्टी चक्र आदि के खराब होने से घडे को न बनाता हुआ भी कुम्हार घड़े का कारण कहा जाता है, उसी प्रकार आत्मा भी मन आदि करणों के रज तम आदि से दुष्ट होने पर गर्भ को न करता हुआ भी गर्भ का कारण ही होता है। क्योंकि जैसे कुम्हार में घड़े बनाने की शक्ति विद्यमान है—उसे हमने बहुधा घड़े बनाते देखा है, इसी प्रकार आत्मा भी गर्भोत्पादन में शक्त है, क्योंकि इसे भी बहुत बार गर्भ उत्पन्न करते देखा गया है। चेष्टा, योनियों में जाना, ऐश्वर्य तथा मोक्ष को आत्मज्ञानी पुरुषों ने आत्माधीन ही देखा है–प्रत्यक्ष किया है। अर्थात् आत्मा ही चेष्टा का कारण है, पुरुष को योनियों में ले जाता है, ऐश्वर्य प्राप्ति कराता है और संसार से मोक्ष कराता है। 'आवेशश्चेतसो ज्ञानं' इत्यादि द्वारा आठ प्रकार का ऐश्वर्य इसी स्थान के प्रथम अध्याय में बताया जा चुका है। अर्थात् जब शुद्ध मन की स्थिति आत्मा में होती है तभी यह बललाभ होता है। आत्मा के अतिरिक्त अन्य कोई सुखदुःख का कर्ता नहीं। उत्पन्न होता हुआ गर्भ आत्मा से अतिरिक्त अन्य किसी हेतु से उत्पन्न नहीं होता। बीज से अतिरिक्त अन्य किसी हेतु से अंकुर की उत्पत्ति नहीं होती। चेतनावान् से जो जायमान (उत्पन्न होता हुआ) अन्य चेतन है वही कर्ता है। वह चेतन गर्भात्मा है अथवा चतुर्विंशतिक वा षड्धातुक पुरुष है। यह षड्धातुक पुरुष ही बीजरूप होता है। यह ही सुख-दुःख का कर्ता है। शुभाशुभ कर्म करना आत्मा के ही अधीन है। यद्यपि क्षेत्र और जल के बिना भी अंकुरोत्पत्ति में बीज ही मुख्य कारण होता है। इसी प्रकार माता पिता आदि भावों के बिना भी गर्भोत्पत्ति नहीं होती, पर आत्मा को ही मुख्य कारण माना जाता है ॥१५॥

यानि तु खल्वस्य गर्भस्यात्मजानि, यानि चास्यात्मतः सम्भवतः सम्भवन्ति, तान्यनुव्याख्यास्यामः; तद्यथा तासु तासु योनिषूत्पत्तिरायुरात्मज्ञानं मन इन्द्रियाणि प्राणापानौ प्रेरणं धारणमाकृतिस्वरवर्णविशेषाः सुखदुःखे इच्छाद्वेषौ चेतना धृतिर्बुद्धिः स्मृतिरहङ्कारः प्रयत्नश्चेत्यात्मजानि ॥१६॥

जो इस गर्भ के आत्मज भाव हैं अर्थात् जो आत्मा से उत्पन्न होते हैं उनकी व्याख्या की जाती है। जैसे—उन २ योनियों में उत्पन्न होना, आयु, आत्मज्ञान, मन, इन्द्रियाँ, प्राण, अपान, प्रेरणा, धारण (देह का धारण), आकृतिभेद, स्वरभेद, वर्णभेद, सुख, दुःख, इच्छा, द्वेष, चेतना, धृति (नियमात्मिका बुद्धि), बुद्धि, स्मृति, अहङ्कार, प्रयत्न; ये भाव आत्मज हैं। सुश्रुत में भी कहा है—

'इन्द्रियाणि ज्ञानविज्ञानमायुः सुखदुःखादिकं चात्मजानि।'

आत्मकृत कर्म के अनुसार ही ये सब उत्पन्न होते हैं। जैसा कर्म होगा वैसे ही ये होंगे। अन्य भी आत्मा के जो लिङ्ग कहे जा चुके हैं निमेष उन्मेष आदि उनका भी ग्रहण करना चाहिये ॥१६॥

सात्म्यजश्चायं गर्भः; न ह्यसात्म्यसेवित्वमन्तरेण स्त्रीपुरुषयोर्वन्ध्यत्वमस्ति गर्भेषु वाऽप्यनिष्टो भावः; यावत्खल्वसात्म्यसेविनां स्त्रीपुरुषाणां त्रयो दोषाः प्रकुपिताः

शरीरानुपसर्पन्तो न शुक्रशोणितगर्भाशयोपघातायोपपद्यन्ते तावत्समर्था गर्भजननाय भवन्ति, सात्म्यसेविनां पुनः स्त्रीपुरुषाणामनुपहतशुक्रशोणितगर्भाशयानामृतुकाले सन्निपतितानां जीवस्यानवक्रमणाद् गर्भा न प्रादुर्भवन्ति; न हि केवलं सात्म्यज एवायं गर्भः, समुदायोऽत्र कारणमुच्यते; यानि तु खल्वस्य गर्भस्य सात्म्यजानि, यानि चास्य सात्म्यतः सम्भवतः सम्भवन्ति, तान्यनुव्याख्यास्यामः; तद्यथा--आरोग्यमनालस्यमलोलुपत्वमिन्द्रियप्रसादः स्वरवर्णबीजसम्पत्प्रहर्षभूयस्त्वं चेति सात्म्यजानि ॥१७॥

यह गर्भ सात्म्यज भी है-- असात्म्य सेवन के बिना स्त्री और पुरुष का बन्ध्य (जननासमर्थ) होना नहीं होता। तथा गर्भ में कोई अनिष्ट भाव वा विकृति भी असात्म्य सेवन के बिना नहीं होती।

असात्म्य का सेवन करनेवाले स्त्री-पुरुषों के जब तब प्रकुपित हुए २ तीनों दोष वीर्य रक्त वा गर्भाशय को हानि नहीं पहुँचाते तब तक ही वे गर्भोत्पादन में समर्थ होते हैं। वीर्य आदि के दुष्ट होने पर वे गर्भोत्पत्ति में असमर्थ ही होते हैं।

जिन सात्म्य का सेवन करनेवाले स्त्री-पुरुषों के वीर्य रज तथा गर्भाशय में किसी प्रकार का विकार नहीं उनके ऋतुकाल में परस्पर संसर्ग होने पर भी यदि जीव का प्रवेश न हो तो गर्भ उत्पन्न नहीं होते। यही कारण है कि सात्म्य का सेवन करनेवाले भी कदाचित् सन्तानरहित होते हैं। यह गर्भ केवल सात्म्यज नहीं। छहों भावों का समुदाय ही कारण कहा जाता है।

जो गर्भ के सात्म्यज भाव हैं अर्थात् सात्म्य के सेवन से उत्पन्न होते हैं—उनकी व्याख्या की जायगी—जैसे—आरोग्य, आलस्य न होना, लोलुप वा लोभी न होना, इन्द्रियों की प्रसन्नता वा निर्मलता, श्रेष्ठ स्वर वर्ण और बीज (शुक्र शोणित) का होना, प्रहर्ष की अधिकता अर्थात् मैथुन में हर्ष की अधिकता अथवा मन का बहुत प्रसन्न रहना। सुश्रुत शारीर ३ अ० में—

'वीर्यमारोग्यं बलवर्णौ मेधा च सात्म्यजानि' ॥१७॥

रसजश्चायं गर्भः; न हि रसादृते मातुः प्राणयात्राऽपि स्यात्किं पुनर्गर्भजन्म, न चैवमसम्यगुपयुज्यमाना रसा गर्भमभिनिर्वर्तयन्ति, न च केवलं सम्यगुपयोगादेव रसानां गर्भाभिनिर्वृत्तिर्भवति, समुदायोऽप्यत्र कारणमुच्यते। यानि तु खल्वस्य गर्भस्य रसजानि, यानि चास्य रसतः सम्भवतः सम्भवन्ति, तान्यनुव्याख्यास्यामः, तद्यथा—शरीरस्याभिनिर्वृत्तिरभिवृद्धिः प्राणानुबन्धस्तृप्तिः पुष्टिरुत्साहश्चेति रसजानि ॥१८॥

यह गर्भ रसज भी है। रस के बिना तो माता की प्राणयात्रा भी नहीं हो सकती, गर्भजन्म का तो क्या कहना। और न ही यथाविधि उपयोग न किये गये रस गर्भ को उत्पन्न करते हैं। और न केवल रसों के विधिपूर्वक किये गये उपयोग से ही गर्भ उत्पन्न होता है। गर्भोत्पत्ति में समुदाय कारण है। अतः श्रेष्ठ रसों के सेवन से भी गर्भोत्पत्ति नहीं होती। यदि जीव ही अनुप्रविष्ट न हो तो गर्भजन्म कैसे हो? छहों भावों का समुदाय गर्भोत्पत्ति में कारण होता है।

जो इस गर्भ के रसज भाव हैं अर्थात् रस के सेवन से उत्पन्न होते हैं, उनकी व्याख्या करेंगे। जैसे—शरीर को उत्पन्न करना, बढ़ाना, प्राण का अनुबन्ध (जीवित रखना), तृप्ति (जहाँ २ जिस धातु की कमी है उसे पूर्ण करना) पुष्टि, उत्साह। सुश्रुत शारीर ३ अ० में—

'शरीरोपचयो बलं वर्णः स्थितिर्हानिश्च रसजानि' ॥१८॥

अस्ति खल्वपि सत्त्वमौपपादुकं यज्जीवस्पृक् शरीरेणाभिसम्बध्नाति; यस्मिन्नपगमनपुरस्कृते शीलमस्य व्यावर्तते, भक्तिर्विपर्यस्यते, सर्वेन्द्रियाण्युपतप्यन्ते, बलं हीयते, व्याधय आप्यायन्ते, यस्माद्धीनः प्राणाञ्जहाति। यदिन्द्रियाणामभिग्राहकं च मन इत्यभिधीयते; तत् त्रिविधमाख्यायत—शुद्धं राजसं तामसं चेति। येनास्य खलु [1]मनो भूयिष्ठं, तेन द्वितीयायामाजातौ सम्प्रयोगो भवति। यदा तु तेनैव शुद्धेन संयुज्यते तदा जातेरतिक्रान्ताया अपि स्मरति; स्मार्तं हि ज्ञानमात्मनस्तस्यैव मनसोऽनुबन्धादनुवर्तते, यस्यानुवृत्तिं पुरस्कृत्य पुरुषो जातिस्मर इत्युच्यते इति सत्त्वमुक्तम्। यानि खल्वस्य गर्भस्य सत्त्वजानि, यानि चास्य सत्त्वतःसम्भवतःसम्भवन्ति तान्यनुव्याख्यास्यामः; तद्यथा—भक्तिः शीलं शौचं द्वेषः स्मृतिर्मोहस्त्यागो मात्सर्यं शौर्यं भयं क्रोधस्तन्द्रोत्साहस्तैक्ष्ण्यं मार्दवं गाम्भीर्यमनवस्थितत्वमित्येवमादयश्चान्ये, ते सत्त्वजा विकाराः; तानुत्तरकालं सत्त्वभेदमधिकृत्य उपदेक्ष्याम इति सत्त्वजानि। नानाविधानि खलु सत्त्वानि, तानि सर्वाण्येकपुरुषे भवन्ति, न च भवन्त्येककालम्, एकं तु [2]प्रायोवृत्त्याऽऽह ॥

मन निश्चय से शरीरान्तर के साथ सम्बन्ध करनेवाला है। अर्थात् जीव के शरीरान्तर के ग्रहण में मन ही साधकतम है। जो जीवात्मा के साथ नित्य रहता हुआ शरीर के साथ सम्बन्ध कराता है। जिसके देहान्तर में जाने को तैयार होने पर मुमूर्षु का स्वभाव विपरीत हो जाता है—बदल जाता है। इच्छा उलट जाती है। सब इन्द्रियाँ उपतप्त होती हैं—दुःखी होती हैं। बल नष्ट हो जाता है। रोग भरपूर हो जाते हैं। जिससे न्यून होने पर पुरुष प्राणों को छोड़ देता है। अर्थात् मन के न रहने पर मृत्यु हो जाती है। और जो इन्द्रियों को विषयों की ओर प्रेरणा करनेवाला मन कहाता है वह मन ही शरीरान्तर से जीवात्मा का सम्बन्ध करता है। जीवात्मा स्वयं निष्क्रिय है। मन की क्रिया से क्रियावान् होकर उसका देहान्तर से सम्बन्ध होता है तभी गर्भोत्पत्ति होती है॥

'यज्जीवं स्पृक्शरीरेणाभिसम्बध्नाति' यह पाठान्तर होने पर जो जीव को स्पर्शयोग्य शरीर अर्थात् स्थूलशरीर के साथ सम्बन्धित कराता है—यह अर्थ होगा।

वह मन तीन प्रकार का है १–शुद्ध २–राजस ३–तामस। जब सत्त्वप्रधान होता है तब शुद्ध कहाता है, जब रजःप्रधान होता है तब राजस और जब तमःप्रधान होता है तब तामस कहाता है। जो सत्त्व रज वा तम गुण इस जन्म में मन में अधिक होता है, उसी गुण की अधिकतावाला मन ही द्वितीय जन्म में होता है। पूर्वजन्म में यदि मन शुद्ध (सत्त्वगुणाधिक) हो तो द्वितीय जन्म में भी मन शुद्ध होगा। यदि पुरुष का शुद्ध

१—'प्रवर्तो' पा०। २—'अनुवृत्त्या' ग०।

मन के साथ योग हुआ है तो वह व्यतीत जन्म का भी स्मरण कराता है। यदि राजस और तामस होगा तो पूर्वजन्म में अनुभूत सुना वा देखा हुआ उसे स्मरण नहीं होगा। सुश्रुत शारीर २ अ० में भी कहा है—

'भाविताः पूर्वदेहेषु सततं शास्त्रबुद्धयः।
भवन्ति सत्त्वभूयिष्ठाः पूर्वजातिस्मरा नराः॥'

आत्मा का स्मृति सम्बन्धी ज्ञान उसी (शुद्ध) मन के अनुबन्ध (सहयोग) से ही इस जन्म में अनुवर्तन करता है वा आता है। जिसके अनुवर्तन से पुरुष 'जातिस्मर' कहाता है—पूर्वजन्म का स्मरण करनेवाला होता है।

जो इस गर्भ के सत्त्वज भाव हैं और जो मन से सम्भवतः उत्पन्न होते हैं, उनकी व्याख्या की जायगी—भक्ति (इच्छा), शील (स्वभाव), पवित्रता, द्वेष, स्मृति, त्याग, मत्सरता, (प्रमाद), मोह, शूरता, भय, क्रोध, तन्द्रा, उत्साह, तीक्ष्णता, मृदुता, गम्भीरता, चञ्चलता; ये और इस प्रकार के अन्य भाव। ये सत्त्वज विकार हैं। उन्हें पश्चात् अर्थात् महती गर्भावक्रान्ति नामक आनवाले अध्याय में सत्त्वभेद (मन के भेद) के प्रकरण में उपदेश करेंगे। ये सत्त्वज भाव हैं।

सत्त्व (मन) नाना प्रकार के हैं। वे सब एक पुरुष में होते हैं। परन्तु एक ही समय में नहीं होते। पुरुष को सात्त्विक राजस वा तामस मनवाला जो हम कहते हैं वह प्रायोवृत्ति से कहा जाता है। अर्थात् रहता तो प्रतिपुरुष में तीनों प्रकार का मन है। पर प्रायशः वा बहुलता से जैसा मन रहता है उसे वैसा ही एक नाम से कह दिया जाता है। एक पुरुष है जिसका मन बहुधा सात्त्विक रहता है, राजस वा तामस बहुत कम कालों में होता है तो हम उस पुरुष को सात्त्विक कहते हैं। इसी प्रकार राजस और तामस भी जानना। यही बात पूर्व इन्द्रियोपक्रमणीयाध्याय (सू० ८ अ०) में कही जा चुकी है।

'यद्गुणं चाभीक्ष्णमनुवर्तते सत्त्वं तत्सत्त्वमेवोपदिशन्ति ऋषयो बाहुल्यानुशयात्।'

अथवा वस्तुतः मन एक ही है। इसे नाना प्रकार का वा तीन प्रकार का जो कहा जाता है वह उसमें उस २ गुण की अधिकता होने के कारण से कहा जाता है। अर्थात् मन एक ही है और वह तीनों गुणों से युक्त है। पर जिसमें सत्त्वगुण की अधिकता होती है उसे सात्त्विक, जिसमें रज की अधिकता है राजस और जिसमें तम का आधिक्य होता है वा अधिक कालों में अनुवर्तन करता है वह तामस कहाता है॥१९॥

एवमयं नानाविधानामेषां गर्भकराणां भावानां समुदायादभिनिर्वर्तते गर्भः, यथा कूटागारं नानाद्रव्यसमुदायात्, यथा वा रथो नानारथाङ्गसमुदायात्; तस्मादेतदवोचाम—मातृजश्चायं गर्भः पितृजश्चात्मजश्च सात्म्यजश्च रसजश्च, अस्ति च सत्त्वमौपपादुकमिति होवाच भगवानात्रेयः॥२०॥

इस प्रकार यह गर्भ नाना प्रकार के इन गर्भोत्पादक भावों के समुदाय से उत्पन्न होता है। जैसे कूटागार (गर्भगृह) नाना प्रकार के द्रव्यों के समुदाय से बनता है अथवा जैसे रथ रथ के नाना अङ्गों के समुदाय से बनता है। इसीलिये यह कहते हैं कि गर्भ मातृज है, पितृज है, आत्मज है, सात्म्यज है, रसज है और मन ही शरीरान्तर से सम्बन्ध करनेवाला है—भगवान् आत्रेय ने कहा॥२०॥

भरद्वाज उवाच—यद्ययमेषां नानाविधानां गर्भकराणां भावानां समुदायादभिनिर्वर्तते गर्भः, कथमयं सन्धीयते, यदि चापि सन्धीयते कस्मात्समुदायप्रभवः सन् गर्भो मनुष्यविग्रहेण जायते, मनुष्यश्च मनुष्यप्रभव उच्यते। तत्र चेदिष्टमेतद्यस्मान्मनुष्यो मनुष्यप्रभवस्तस्मादेव मनुष्यविग्रहेण जायते, यथा—गौर्गोप्रभवः, यथा चाश्वोऽश्वप्रभव इत्येवं सति यदुक्तमग्रे समुदायात्मक इति तदयुक्तं; यदि च मनुष्यो मनुष्यप्रभवः; कस्माज्जडान्धकुब्जमूकवामनमिन्मिनव्यङ्गोन्मत्तकुष्ठकिलासिभ्यो जाताः पितृसदृशरूपा न भवन्ति? अथात्रापि बुद्धिरेवं स्यात् स्वेनैवायमात्मा चक्षुषा रूपाणि वेत्ति, श्रोत्रेण शब्दान्, घ्राणेन गन्धान्, रसनेन रसान्, स्पर्शनेन स्पर्शान्, बुद्ध्या बोद्धव्यमित्यनेन [1]हेतुना न जडादिभ्यो जाताःपितृसदृशा भवन्ति; अत्रापिप्रतिज्ञाहानिदोषः स्यात्, एवमुक्ते ह्यात्मा सत्स्विन्द्रियेषु ज्ञः स्यादसत्स्वज्ञः, यत्र चैतदुभयं सम्भवति ज्ञत्वमज्ञत्वं च, स [2]विकारश्चात्मा। यदि च दर्शनादिभिरात्मा विषयान्वेत्ति, निरिन्द्रियो दर्शनादिविरहादज्ञः स्यात्, अज्ञत्वादकारणम्, अकारणत्वाच्च नात्मेति वाग्वस्तुमात्रमेतद्वचनमनर्थकं स्यादिति होवाच भरद्वाजः।

भरद्वाज ने कहा—यदि गर्भ माता पिता आदि नाना प्रकार के गर्भोत्पादक भावों के समुदाय से उत्पन्न होता है तो इसका सन्धान (जुड़ना) कैसे होता है यदि सन्धान होता भी है तो समुदाय से उत्पन्न होनेवाला गर्भ किस हेतु से मनुष्य शरीर में उत्पन्न होता है। मनुष्य मनुष्य से उत्पन्न होता है यह कहा जाता है। यदि आप को यही अभीष्ट हो वा यही युक्ति हो—चूंकि मनुष्य मनुष्य से उत्पन्न होता है, अतएव वह गर्भ मनुष्याकृति पैदा होता है जैसे—गौ से गौ और घोड़े से घोड़ा। तो पहले जो गर्भ को समुदायात्मक (माता पिता आदि ६ गर्भकर भावों से उत्पन्न होनेवाला) कहा है वह ठीक नहीं। और यदि मनुष्य मनुष्य से उत्पन्न होता है तो मूर्ख अन्धे कुबड़े गूँगे वामन (बौना) मिन्मिन (नाक से बोलनेवाला) व्यङ्ग (मुख पर कृष्ण मण्डल होना अथवा व्यङ्ग का अर्थ विकृत अङ्गवाला हो सकता है) उन्मत्त (पागल), कुष्ठ और किलास (श्वित्र) के रोगियों की सन्तान अपने पिता के सदृश रूपवाली क्यों नहीं होती? अर्थात् यदि पिता वा माता मूर्ख हों तो सन्तान भी मूर्ख हो, यदि पिता कुबड़ा हो तो उत्पन्न सन्तान भी कुबड़ी हो, यदि अन्धा हो तो अन्धी हो इत्यादि। क्योंकि जैसे कारण होगा वैसा ही कार्य होगा। परन्तु सर्वदा यह बात नहीं होती। पिता मूर्ख होता है, पुत्र बुद्धिमान् होता है, पिता अन्धा होता है, पुत्र आंखोंवाला होता है। अथवा

१—'हेतुना जडादिभ्यो' पा०। २—'प्रतिज्ञादोषः' च०।
३—'विकारप्रकृतिकश्चात्मा निर्विकारश्च' ग०। 'विकार इति विकारवानित्यर्थो मतुब्लोपाज्ज्ञेयः' चक्रः।

पिता बुद्धिमान् होता है और पुत्र गोबरगणेश होता है इत्यादि। यदि आप इसका इस प्रकार समाधान करते हों कि यह आत्मा अपनी ही चक्षु इन्द्रिय से रूपों को देखता है। अपनी ही श्रोत्रेन्द्रिय से शब्दों को सुनता है, अपनी ही घ्राणेन्द्रिय से गन्धों को सूँघता है, अपनी ही रसना से रसास्वाद लेता है, अपनी ही स्पर्शनेन्द्रिय से स्पर्शों को जानता है, अपनी ही बुद्धि से बोद्धव्य (ज्ञातव्य) विषयों को जानता है—इस हेतु से जड़ (मूर्ख) आदि से उत्पन्न सन्तान पितासदृश नहीं होती तो यहाँ पर भी प्रतिज्ञाहानि दोष होगा। अर्थात् गर्भ का आत्मा स्वकर्मोपार्जित इन्द्रियों से ही अपने विषयों का ग्रहण करता है। इन्द्रियाँ और मन आत्मज हैं—यह पहिले कहा जा चुका है। मातापितृज तो हैं नहीं–अतएव माता वा पिता के अन्धा वा मूर्ख होते हुए भी सन्तान वैसी नहीं होती। परन्तु ऐसा मानने में प्रतिज्ञाहानि दोष आता है। पूर्व यह प्रतिज्ञा की गयी है कि आत्मा ज्ञ है, निर्विकार है और कारण है। यह प्रतिज्ञा यहाँ नहीं रहती। क्योंकि यदि आत्मा इन्द्रियोंके सम्बन्ध में ज्ञ (ज्ञानी) होता है और इन्द्रियों के न रहने पर अज्ञ होता है तो वह आत्मा विकारवान् होता है। इस प्रकार उस आत्मा की प्रतिज्ञात ज्ञता और निर्विकारता नहीं रहती। यदि दर्शन (चक्षु) आदि द्वारा आत्मा विषयों को जानता है तो निरिन्द्रिय आत्मा चक्षु आदि के न होने पर अज्ञ होगा। अज्ञ होने से कारण नहीं होगा। और जब कारण ही नहीं होगा तो आत्मा को मानने की आवश्यकता ही नहीं रहेगी। आत्मा को कारण इसीलिये माना जाता है कि वह ज्ञान चेतनता का हेतु है। परन्तु जब इन्द्रियों के बिना वह अज्ञ है तो आत्मा को मानने की ही क्या आवश्यकता है? जब आत्मा ही नहीं तो 'आत्मा अपनी चक्षु द्वारा रूपों को देखता है' इत्यादि वचन अनर्थक बकवास ही होगी। और आत्मा के न मानने पर गर्भ को छह भावों से उत्पन्न होनेवाला भी मानना युक्तिसङ्गत न रहेगा। क्योंकि आत्मा तो है नहीं, गर्भ आत्मज कैसे होगा? यह भरद्वाज ने कहा ॥२१॥

आत्रेय उवाच—पुरस्तादेतत्प्रतिज्ञातं—सत्त्वं जीव स्पृक् शरीरेणाभिसम्बध्नातीति; यस्मात्तु समुदायप्रभव सन् गर्भो मनुष्यविग्रहेण जायते, मनुष्यो मनुष्यप्रभव इत्युच्यते तद्वक्ष्यामः ॥२२॥

आत्रेय ने कहा–हम ने पूर्व यह प्रतिज्ञा की है–मन आत्मा के साथ सम्बन्ध रखता हुआ शरीर के साथ उसका सम्बन्ध करता है। इससे गर्भकर शुक्रशोणित आत्मा आदि के मिलन की परिपाटी बतायी है। मन के द्वारा ही आत्मा और शरीर (शुक्रशोणित) का सम्बन्ध होता है। यही सन्धान की परिपाटी है। और जिस हेतु से, समुदाय से उत्पन्न होनेवाला गर्भ मनुष्यशरीराकृति से उत्पन्न होता है और जिस हेतु से 'मनुष्य से उत्पन्न होता है'—यह कहा जाता है, वह कहेंगे ॥२२॥

भूतानां चतुर्विधा योनिर्भवति—जराय्वण्डस्वेदोद्भिदः। तासां खलु चतसृणामपि योनीनामेकैका योनिरपरिसंख्येयभेदा भवति, भूतानामाकृतिविशेषापरिसंख्येयत्वात्। तत्र जरायुजानामण्डजानां च प्राणिनामेते गर्भकरा भावा यां यां योनिमापद्यन्ते तस्यां तस्यां योनौ तथातथारूपा भवन्ति; तद्यथा—कनकरजतताम्रत्रपुसीसकान्यासिच्यमानानि तेषु तेषु [1]मधूच्छिष्टविग्रहेषु, ते यदा मनुष्यबिम्बमापद्यन्ते तदा मनुष्यविग्रहेण जायन्ते, तस्मात्समुदायात्मकः[2] सन् गर्भो मनुष्यविग्रहेण जायते, मनुष्यो मनुष्यप्रभव इत्युच्यते, यद्योनित्वात् ॥२३॥

प्राणियों की चार प्रकार की योनि होती हैं—१ जरायु, २ अण्ड, ३ स्वेद, ४ उद्भिद्। 'योनि' उत्पत्तिस्थान वा उत्पत्तिकारण को कहते हैं। जरायु से उत्पन्न होनेवाले जरायुज कहाते हैं, जैसे मनुष्य, गौ, घोड़ा आदि। अण्डों से उत्पन्न होने वाले अण्डज होते हैं, जैसे चिड़िया आदि। स्वेद से उत्पन्न होनेवाले स्वेदज कहाते हैं जैसे चिऊँटी आदि। चौथे उद्भिज्ज हैं, जो पृथ्वी को फाड़कर बाहर निकलते हैं, जैसे केंचुए वीरबहूटी आदि। सुश्रुत सू० १ अ० में—

'जङ्गमाः खल्वपि चतुर्विधाः जरायुजाण्डजस्वेदजोद्भिज्जाः तत्र पशुमनुष्यव्यालादयो जरायुजाः। खगसर्पसरीसृपप्रभृतयोऽण्डजाः। कृमिकीटपिपीलिकाप्रभृतयः स्वेदजाः। इन्द्रगोपमण्डूकप्रभृतय उद्भिज्जाः।'

स्थावर वृक्षों को प्राणी स्वीकार करते हुए उन्हें उद्भिज्जों में ला सकते हैं। इन योनियों में से एक २ के प्राणियों की आकृति के भेदों के अपरिसंख्येय (अनगिनत) होने से अनगिनत भेद हैं। जरायुज और अण्डज प्राणियों के ये (शुक्रशोणित आत्मा आदि छह) गर्भोत्पादक भाव जिस २ योनि को प्राप्त होते हैं उस २ योनि में वैसा २ ही रूप हो जाते हैं। मोम द्वारा (मिट्टी में) बनाये गये साँचों में सुवर्ण चाँदी ताँबा वंग वा सीसे को पिघला कर डालने से उसी २ आकृति की मूर्तियाँ बन जाती हैं। वे स्वर्ण आदि जब मनुष्य के साँचे में ढाले जाते हैं तो मनुष्य का आकार बन जाता है। अतः समुदाय रूप होता हुआ गर्भ मनुष्यशरीर होकर उत्पन्न होता है। मनुष्य मनुष्य से उत्पन्न होता है क्योंकि उसकी वह योनि (उत्पत्ति कारण) है। अर्थात् मनुष्य योनि होने से मनुष्य मनुष्य से उत्पन्न होता है कारण के अनुरूप ही कार्य होता है। सुश्रुत शारीर २ अ० में तो—

'सन्निवेशः शरीराणां दन्तानां पतनोद्भवौ।
तलेष्वसम्भवो यश्च रोम्णामेतत्स्वभावतः' ॥

यदि 'ते यदा मनुष्यबिम्बमापतन्ते' यह पाठ होगा तो इसका अर्थ यह होगा कि वे गर्भकर भाव जब स्त्री के गर्भाशय में जाते हैं तब मनुष्याकृति उत्पन्न होते हैं। 'बिम्ब' सच्छिद्र त्रिकास्थि को कहते हैं। यह 'अस्थि' बस्तिगुहा की पिछली

१—'मधूच्छिष्टबिम्बेषु' ग०। 'मधूच्छिष्टविग्रहेष्विति सिक्थकेन मृत्तिकायां निर्मितसंचकरूपविग्रहेषु' चक्रः।
२—'समुदायप्रभवः' ग०।

दीवार बनाती है। अतः इससे अभिप्राय बस्तिगुहा से है। बस्तिगुहा में गर्भाशय स्थित है। अर्थात् स्त्री के गर्भाशय में जब छहों भावों का संयोग होता है तो मनुष्याकृति गर्भ उत्पन्न होता है ॥२३॥

यच्चोक्तं—यदि च मनुष्यो मनुष्यप्रभवः कस्मान्न जडादिभ्यो जाताः पितृसदृशरूपा भवन्तीति, तत्रोच्यते—यस्य यस्य ह्यङ्गावयवस्य बीजे बीजभाग उपतप्तो भवति तस्य तस्याङ्गावयवस्य विकृतिरुपजायते, नोपजायते वानुपतापात्, तस्मादुभयोपपत्तिरप्यत्र। सर्वस्य चात्मजानीन्द्रियाणि, तेषां भावाभावहेतुर्दैवं, तस्मान्नैकान्ततो जडादिभ्यो जाताः पितृसदृशरूपा भवन्ति ॥२४॥

और जो यह कहा है कि मनुष्य मनुष्य से उत्पन्न होता है तो जड़ आदि मनुष्यों से उत्पन्न मनुष्य माता पिता के सदृश उत्पन्न क्यों नहीं होते? अर्थात् जड़ से जड़ क्यों नहीं उत्पन्न होता? गूँगे से गूँगा क्यों नहीं होता? इत्यादि। इसका उत्तर यह है—कि शुक्रशोणित रूप बीज में शरीर के जिस २ अवयव का बीजयोग अर्थात् अवयव का उत्पादक भाग दुष्ट होता है उसी २ अवयव में विकृति हो जाती है। यदि बीज दुष्ट न हो वा बीज का वह २ भाग दुष्ट न हो तो विकृति नहीं होती अथवा वह २ दुष्ट नहीं होता। यही कारण है कि जड़ से जड़ उत्पन्न नहीं होता। गूँगे से गूँगा ही नहीं उत्पन्न होता, इत्यादि। अतएव दोनों बातों की सङ्गति होती है। जड़ से जड़ भी पैदा होते हैं और होनहार भी। अन्धे से अन्धा भी पैदा होता है और नेत्रयुक्त भी। गूंगे से गूँगा भी पैदा होता है और वाचाल भी, इत्यादि। इन्द्रियाँ सब की आत्मज हैं उनका होना या न होना दैवाधीन है। अतएव जड़ आदि उत्पन्न सन्तान एकान्त भाव से (अपवाद रहित) सर्वत्र पिता के सदृश नहीं होता।

भावार्थ यह है कि मनुष्यबीज सामान्यतः प्रत्येक अङ्ग के उत्पादक भाग से युक्त होता है और अपने सदृश ही रूपवाले मनुष्य को उत्पन्न करता है इन्द्रियाँ आत्मज हैं, भोग की साधन हैं, ये आत्मकृत प्राक्तन कर्म के आधीन होती हैं। यदि पिता कुष्ठी हो, परन्तु बीज कुष्ठजनक दोष से दुष्ट न हो तो जो सन्तान होगी वह पिता के रूप में तो सदृश होगी, परन्तु कुष्ठी नहीं होगी। यदि पिता का कुष्ठ इतना प्रवृद्ध हो कि उसका बीज भी कुष्ठजनक दोष से दुष्ट हो गया हो तो सन्तान कुष्ठी होगी। पिता कहने से माता पिता दोनों का ही ग्रहण है। अन्धेपन आदि में दुर्दैव ही कारण होता है। यह ही अन्धी सन्तान के उत्पन्न होने में कारण है। जब पिता अन्धा हो और सन्तान के भी प्राक्तन कर्म ऐसे हों कि उसकी चक्षु इन्द्रिय ही नष्ट होती हो तो काकतालीय-न्याय से अन्धे से अन्धा उत्पन्न हुआ दिखाई देता है ॥२४॥

न [1]चात्मा सत्स्विन्द्रियेषु ज्ञोऽसत्सु वा भवत्यज्ञः; न ह्यसत्त्वः कदाचिदात्मा; सत्त्वविशेषाच्चोपलभ्यते ज्ञानविशेष इति ॥२५॥

और नाहीं आत्मा इन्द्रियों के होने पर ज्ञ (ज्ञानवान्) होता है और इन्द्रियों के न होने पर अज्ञ होता है। आत्मा कदाचिदपि सत्त्व (मन) से रहित नहीं होता, मोक्षपर्यन्त

१—'सत्स्विन्द्रियेष्वसत्सु' च०।

मन का सम्बन्ध आत्मा के साथ बना ही रहता है। मनविशेष से ज्ञानविशेष पाया जाता है। अर्थात् यदि इन्द्रिय न हो तो इन्द्रियजन्य विशिष्ट ज्ञान नहीं होगा, परन्तु मन की सन्निधि से जो आत्मज्ञान होता है वह सर्वदा ही होगा। इस प्रकार आत्मा सर्वदा ही ज्ञानवान् है ॥२५॥

भवन्ति चात्र।

न कर्तुरिन्द्रियाभावात्कार्यज्ञानं प्रवर्तते।
यैः क्रिया वर्तते या तु[1] सा विना तैर्न वर्तते ॥२६॥
जानन्नपि मृदोऽभावात्कुम्भकृन्न प्रवर्तते।

कर्ता की इन्द्रिय न होने से कार्यज्ञान अर्थात् बाह्यविषयज्ञान प्रवृत्त नहीं होता। जो क्रिया जिनके द्वारा होती है वह क्रिया उनके बिना नहीं हो सकती। अर्थात् कर्ता करण के बिना कुछ नहीं कर सकता। जैसे कुम्हार घड़े को बनाना जानते हुए भी मिट्टी का अभाव होने पर घड़ा बनाने में प्रवृत्त नहीं होता। जब मिट्टी के अभाव में कुम्हार घड़ा न बनाता हो तब हम कहें कि कुम्हार को घट के निर्माण का ज्ञान नहीं तो वह हमारी मूर्खता ही होगी। इसी प्रकार बाह्यविषय के ज्ञान की साधन इन्द्रियाँ हैं। यदि इन्द्रियाँ नहीं तो किसी प्रकार बाह्यविषय का ज्ञान नहीं होगा। आत्मा को अज्ञ कहना निरी मूर्खता होगी ॥२६॥

श्रूयतां [2]चेदमध्यात्ममात्मज्ञानबलं महत् ॥२७॥
इन्द्रियाणि च संक्षिप्य मनः सं[3]गृह्य चञ्चलम्।
प्रविश्याध्यात्ममात्मज्ञः स्वे ज्ञाने पर्यवस्थितः ॥२८॥
सर्वत्र विहित[4]ज्ञानः सर्वभावात् परीक्षते।

इस आत्मसम्बन्धी विषय को सुनो! आत्मज्ञान का बल महान् है। इन्द्रियों को बाह्यविषयों से हटाकर और चञ्चल मन को काबू करके अध्यात्म तत्त्व में (आत्मसम्बन्धी तत्त्व में) प्रविष्ट होकर आत्मज्ञान में स्थित हुए २ आत्मज्ञानी को सर्वत्र अप्रतिहत ज्ञान होता है, जिसके द्वारा वह सब चराचर भावों को जान जाता है—प्रत्यक्ष कर लेता है। अतः भी आत्मा ज्ञानवान् है ॥२७,२८॥

गृह्णीष्व चेद[5]मपरं भरद्वाज विनिर्णयम् ॥२९॥
निवृत्तेन्द्रियवाक्चेष्टः सुप्तः स्वप्नगतश्च यदा।
विषयान् सुखदुःखे च वेत्ति नाज्ञोऽप्यतः स्मृतः ॥३०॥

हे भरद्वाज! इस और निर्णय को समझो। जब इन्द्रिय वाणी और चेष्टा से निवृत्त हुआ पुरुष सोया हुआ होता है तो वह स्वप्न में विषयों और सुख-दुःख को जनाता है, अतः भी आत्मा अज्ञ नहीं, अपि तु ज्ञानवान् है। अर्थात् इन्द्रियों के निवृत्त होने पर भी बाह्य विषय दिखाई देते हैं और उनसे आत्मा अपने को सुखी वा दुःखी समझता है ॥२९,३०॥

आत्मज्ञानादृते चैकं[6] ज्ञानं किंचिन्न वर्तते।
न ह्येको वर्तते भावो वर्तते नाप्यहेतुकः ॥३१॥

१—'या क्रिया वर्तते भावैः' च। २—'शृणुया वेदमध्यात्म०' ग०। ३—'संक्षिप्य' ग०। ४—'सर्वत्रावहितज्ञानः' च०। ५—'वेद' ग०। ६—'एकम् असहायं' चक्रः। 'नात्मज्ञानादृते चैको 'ज्ञाद्रं किञ्चित्प्रवर्तते' ग०।

आत्मज्ञान के बिना कोई भी ज्ञान (बाह्यविषयज ज्ञान) अकेला अर्थात् इन्द्रिय आदि साधन के बिना प्रवृत्त नहीं होता। भाव–उत्पत्तिधर्मा वस्तु अकेली नहीं होती, अर्थात् बिना साधन वा बिना कारण के नहीं होती अथवा बिना अन्य के संयोग के नहीं होती। और वह भाव हेतुरहित (कारणरहित–कर्त्तारहित) हो यह भी नहीं होता। अर्थात् उत्पत्तिधर्मा पदार्थ की उत्पत्ति में कर्त्ता और करण की विद्यमानता आवश्यक है। नित्य पदार्थ के कर्त्ता और करण नहीं होते। आत्मज्ञान नित्य है, इसके कर्त्ता और करण की आवश्यकता नहीं। परन्तु बाह्य-विषयक ज्ञान के लिये कर्त्ता और करण का होना आवश्यक है। ज्ञान का कर्त्ता वा कारण आत्मा है और करण इन्द्रिय आदि हैं ॥३१॥

तस्माज्ज्ञः प्रकृतिश्चात्मा द्रष्टा कारणमेव च।
सर्वमेतद्भरद्वाज निर्णीतं जहि संशयम् ॥३२॥ इति ॥

उपसंहार—अतः आत्मा ज्ञ (ज्ञानवान्) है, प्रकृति है—निर्विकार है, द्रष्टा है और कारण है। हे भरद्वाज ! यह सब निर्णय कर दिया अब संशय को छोड़ो ॥३२॥

तत्र श्लोकौ।

हेतुर्गर्भस्य निर्वृत्तौ वृद्धौ जन्मनि चैव यः।
पुनर्वसुमतिर्या च भरद्वाजमतिश्च या ॥३३॥
प्रतिज्ञाप्रतिषेधश्च विशदश्चात्मनिर्णयः।
गर्भावक्रान्तिमुद्दिश्य खुड्डीकां तत् प्रकाशितम् ॥३४॥

इत्यग्निवेशकृते तन्त्रे चरकप्रतिसंस्कृते शारीरस्थाने खुड्डीकागर्भावक्रान्तिशारीरं नाम तृतीयोऽध्यायः ॥ ३ ॥

गर्भ की उत्पत्ति वृद्धि और जन्म में कारण, पुनर्वसु (भगवान् आत्रेय) का मत, भरद्वाज का मत, प्रतिज्ञादोष तथा आत्मा का स्पष्ट निर्णय। यह सब स्वल्प गर्भावक्रान्ति के उद्देश्य से इस अध्याय में प्रकाशित कर दिया है ॥३३,३४॥

इति तृतीयोऽध्यायः।

—❀—

चतुर्थोऽध्यायः।

अथातो महतीं गर्भावक्रान्तिं शारीरं व्याख्यास्यामः ॥
इति ह स्माह भगवानात्रेयः ॥ १ ॥

अब महती गर्भावक्रान्ति नामक शारीर की व्याख्या करेंगे–ऐसा भगवान् आत्रेय ने कहा था। इसमें खुड्डीका गर्भावक्रान्ति अध्याय में कहे गये विषय का विस्तार से वर्णन होगा ॥१॥

यतश्च गर्भः सम्भवति, यस्मिंश्च गर्भसंज्ञा, यद्विकारश्च गर्भो, यथा चानुपूर्व्याभिनिर्वर्तते कुक्षौ, यश्चास्य वृद्धिहेतुः, यतश्चास्याजन्म भवति, यतश्च जायमानः कुक्षौ विनाशं प्राप्नोति, यतश्च कार्त्स्न्येनाविनश्यन्विकृतिमापद्यते, तदनुव्याख्यास्यामः ॥ २ ॥

गर्भ जिससे उत्पन्न होता है। जिसकी 'गर्भ' यह संज्ञा होती है। जिससे गर्भ बनता है। जिस क्रम से कोख (गर्भाशय) में प्रकट होता है। और जो इसकी वृद्धि का कारण है। जिस हेतु से गर्भ की उत्पत्ति नहीं होती। जिस हेतु से जायमान (उत्पन्न होता हुआ) गर्भ कोख में नष्ट हो जाता है। और जिस हेतु से सम्पूर्णतया नष्ट न होकर विकार को प्राप्त होता है। उस सबकी क्रमशः व्याख्या करेंगे। ये सब इस अध्याय के विषय हैं। इनका वर्णन विस्तार से होगा ॥२॥

मातृतः पितृत आत्मतः सात्म्यतो रसतः सत्त्वत इत्येतेभ्यो भावेभ्यः समुदितेभ्यो गर्भः सम्भवति। तस्य येऽवयवा यतो यतः सम्भवतः सम्भवन्ति तान्विभज्य मातृजादीनवयवान् पृथक्पृथगुक्तमग्रे ॥ ३ ॥

गर्भ जिससे उत्पन्न होता है—माता, पिता, सात्म्य, रस, मन; इन भावों के समुदाय से गर्भ उत्पन्न होता है। उस (गर्भ) के जो जो अवयव जिस २ से सम्भवतः उत्पन्न होते हैं उन मातृज आदि अवयवों को पृथक् २ विभाग के अनुसार पूर्वाध्याय में कह चुके हैं ॥३॥

शुक्रशोणितजीवसंयोगे तु खलु कुक्षिगते गर्भसंज्ञा भवति ॥ ४ ॥

'गर्भ' किसका नाम है—कोख (गर्भाशय) में हुए शुक्र (वीर्य) शोणित (रज) तथा जीव के संयोग को 'गर्भ' कहते हैं ॥४॥

गर्भस्तु खल्वन्तरिक्षवाय्वग्नितोयभूमिविकारश्चेतनाधिष्ठानभूतः; एवमनयैव युक्त्या पञ्चमहाभूतविकारसमुदायात्मको गर्भश्चेतनाधात्वधिष्ठानमतः, स ह्यस्य षष्ठो धातुरुक्तः ॥ ५ ॥

गर्भ जिनका विकार है वा गर्भ जिनसे बनता है वा गर्भ के घटक पदार्थ–गर्भ तो अन्तरिक्ष (आकाश), वायु, अग्नि, जल और भूमि; इन पाँच महाभूतों का विकार है और चेतना का आश्रय है। अर्थात् चेतना (आत्मा) के आश्रय पञ्चमहाभूतों के विकार को गर्भ कहते हैं। ये महाभूत मातृज और पितृज होते हैं। इन्हीं के ही वीर्य और रज ये दो रूप होते हैं। शारीरस्थान २ अध्याय में कह भी आये हैं—

'भूतानि मातापितृसम्भवानि रजश्च शुक्रं च वदन्ति गर्भे' ॥

इस युक्ति के अनुसार पाँच महाभूतों के विकार का समुदायस्वरूप गर्भ चेतना का आश्रयभूत है। यह चेतना (आत्मा) इस गर्भ की छठी धातु कहाती है। आकाश आदि पाँच भूत पाँच धातुएँ हैं और आत्मा छठी धातु है। ये ६ धातुएँ गर्भ की घटक हैं। पूर्व कह भी चुके हैं—

'खादयश्चेतनाषष्ठा धातवः पुरुषः स्मृतः' ॥ ५ ॥

यथा त्वानुपूर्व्याऽभिनिर्वर्तते कुक्षौ तदनुव्याख्यास्यामः—गते पुराणे रजसि नवे चावस्थिते, पुनः शुद्धस्नातां स्त्रियमव्यापन्नयोनिशोणितगर्भाशयामृतुमतामाचक्ष्महे, तया सह तथाभूतया यदा पुमानव्यापन्नबीजो मिश्रीभावं गच्छति तस्य हर्षोदीरितः परः शरीरधात्वात्मा शुक्रभूतोऽङ्गादङ्गात्सम्भवति स तथा हर्षभेदेनात्मनोदीरितश्चाधिष्ठितश्च बीजरूपो धातुः पुरुषशरीरादभिनिष्पत्योचितेन पथा गर्भाशयमनुप्रविश्यार्तवेनाभिसंसर्गमेति ॥६॥

जैसे क्रम से कोख में गर्भ प्रकट होता है, उसकी व्याख्या करेंगे—पुराने रज के निकल जाने पर और नये रज के

स्थित होने पर शुद्ध होकर स्नान की हुई तथा जिसकी योनि, रज और गर्भाशय दुष्ट नहीं उसे ऋतुमती कहते हैं। जो काल स्त्री में गर्भधारण के योग्य होता है उसे ऋतु कहते हैं। सामान्यतः यह काल आर्त्तवप्रवृत्ति से ज्ञात होता है। साधारणतया आर्त्तव की प्रवृत्ति २८ दिन के बाद होती है। इस समय डिम्बग्रन्थि से डिम्ब परिपक्व होकर आता है, जिसके साथ ही आर्त्तव की प्रवृत्ति होती है। परन्तु यदि ऋतुसमय में किसी कारण से शुक्रकीट वा शुक्राणु का संयोग न हो तो डिम्ब निर्बीज हो बाहर निकल जाता है और २८ दिनके पश्चात् नया डिम्ब डिम्बग्रन्थि से निकलकर गर्भाशय की ओर आता है। यही पुराने रज के निकल जाने और नये रज की अवस्थिति से अभिप्राय है। कम से कम मासिक धर्म ३ दिन रहा करता है। तीन दिन के शोणितस्राव के पश्चात् स्त्री शुद्ध होती है। यदि चार दिन स्राव होता हो तो चार दिन के पश्चात्, यदि पाँच दिन होता हो तो पाँच दिन के पश्चात्, इत्यादि। मासिकधर्म की प्रवृत्ति के दिनों में स्नान निषिद्ध है। जब मासिकधर्म की प्रवृत्ति बन्द हो उस समय स्नान किया जाता है।

'नवे तनौ च सञ्जाते विगते जीर्णशोणिते।
नारी भवति संशुद्धा पुंसा संसृज्यते तदा॥'

योनि शोणित तथा गर्भाशय जिसके दुष्ट नहीं ऐसी स्त्री के साथ जब अविकृत बीज (शुक्राणु–spermatozoa) वाला पुरुष मैथुन करता है तब उस पुरुष का हर्ष से प्रेरित किया हुआ उत्कृष्ट शरीर की धातुओं का सार शुक्र के रूप में अङ्ग-अङ्ग से उत्पन्न होता है। सुश्रुत शारीर ४ अ० में भी कहा है—

'सप्तमी शुक्रधरा नाम। या सर्वप्राणिनां सर्वशरीरव्यापिनी।
'यथा पयसि सर्पिस्तु गुडश्चेक्षुरसे यथा।
शरीरेषु तथा शुक्रं नृणां विद्याद्भिषग्वरः॥'
'कृत्स्नदेहाश्रितं शुक्रं प्रसन्नमनसस्तथा।
स्त्रीषु व्यायच्छतश्चापि हर्षात्तत्सम्प्रवर्तते॥

शुक्र सम्पूर्ण शरीर में रहता है। पर उसे मथकर इस रूप में लानेवाले अण्ड हैं। क्षरण के समय मार्ग में इसमें अन्य भी मिल जाते हैं।

यह आत्मा से अधिष्ठित बीज धातु (शुक्र वा शुक्रकीट) हर्षयुक्त आत्मा से प्रेरित हुआ २ पुरुष के शरीर से बाहर आकर उचित मार्ग अर्थात् योनिच्छिद्र द्वारा गर्भाशय में घुस कर आर्तव (डिम्ब) के साथ संयुक्त होता है।

स्त्री और पुरुष के परस्पर मिलने के समय जब शिश्न का योनि में संघर्ष होता है तो पुरुष में उत्तेजना अपनी उच्चतम अवस्था को प्राप्त होती है और पुरुष उपस्थ के विषय–आनन्द का अनुभव करता है। इस समय ही वातनाड़ियों की प्रत्यावर्तिनी क्रिया से वीर्य की च्युति होती है। इस वीर्य में बीजरूप बहुत से शुक्रकीट होते हैं। सामान्यतः एक बार के मैथुन में जितना वीर्य निकलता है उसमें १ करोड़ ८० लाख से लेकर २२ करोड़ ६० लाख तक शुक्रकीट रहते हैं। यह भिन्नता च्युत होनेवाली वीर्य की राशि और मैथुन की संख्या पर निर्भर है। एक ही पुरुष में भिन्न २ समय में इन शुक्रकीटों की संख्या भिन्न होती है। कई बार वीर्य में एक भी शुक्रकीट नहीं होता। यह प्रायः एक दिन में कई बार मैथुन करने से होता है। इनमें से जो बलवान् होता है वह अधिक गति करता है और वह गर्भाशय में प्रविष्ट हो पाता है। या तो गर्भाशय में डिम्ब से मिल जाता है या बहुधा डिम्बप्रणाली (Follopian tubes) में डिम्ब से मिलता है। और वहाँ मिलकर दोनों पुनः गर्भाशय में आ जाते हैं॥ ६॥

तत्र पूर्व चेतनाधातुः सत्त्वकरणो [1]गुणग्रहणाय प्रवर्तते। स हि हेतुः कारणं निमित्तमक्षरं कर्ता मन्ता वेदिता बोद्धा द्रष्टा धाता ब्रह्मा विश्वकर्मा विश्वरूपः पुरुषः प्रभवोऽव्ययो नित्यो गुणी ग्रहणं प्रधानमव्यक्तं जीवो ज्ञः पुद्गलश्चेतनावान्विभुर्भूतात्मा चेन्द्रियात्मा चान्तरात्मा चेति।७।

सबसे पूर्व मनरूपी करण के साथ युक्त हुआ २ चेतन धातु (आत्मा) गुण के ग्रहण के लिए प्रवृत्त होता है। अर्थात् अपने कर्म के अनुसार सत्त्व रज तथा तम इन गुणों के ग्रहण के लिये अथवा महाभूतों (गुण और गुणी में अभेदोपचार से 'गुण' से महाभूतों का ग्रहण है) के ग्रहण के लिये प्रवृत्त होता है। आत्मा का जैसा कर्म है और जैसा मन उसके साथ है वैसा ही गर्भ होता है। वैसे ही पृथिवी आदि भूत होते हैं जिससे वह शरीर बनता है। सुश्रुत शारीर ३ अ० में भी—

'क्षेत्रज्ञो वेदयिता स्प्रष्टा घ्राता द्रष्टा श्रोता रसयिता पुरुषः स्रष्टा गन्ता साक्षी धाता यक्ता यः कोऽसावित्येवमादिभिः पर्यायवाचकैर्नामभिरभिधीयते दैवसंयोगादक्षयोऽव्ययोऽचिन्त्यो भूतात्मना सहान्वक्षं सत्त्वरजस्तमोभिर्देवासुरैरपरैश्च भावैर्वायुनाभिप्रेर्यमाणः, गर्भाशयमनुप्रविश्यावतिष्ठते॥'

आत्मा अपने कर्म द्वारा प्रेरित किया हुआ मनरूपी साधन के साथ स्थूलशरीर को उत्पन्न करने के लिये उपादानभूत भूतों का ग्रहण करता है। वह आत्मा हेतु है, कारण है, निमित्त है, अविनाशी है, कर्त्ता है, मन्ता, बोधयिता (ज्ञान कराने वाला, चेतना देनेवाला), बोद्धा (बुद्धि द्वारा ज्ञान करानेवाला), द्रष्टा, धाता (धारण करनेवाला), ब्रह्मा (बड़ा होने से, बृहत् होने से), विश्वकर्मा, विश्वरूप, पुरुष (शरीर में बसनेवाला), प्रभव (उत्पत्तिकारण), अव्यय (जो नष्ट न हो–जिसका व्यय न हो), नित्य,गुणी (इच्छा द्वेष आदि गुणों से युक्त अथवा पृथिवी आदि भूतों से युक्त), ग्रहण (भूतों का ग्रहण करनेवाला), प्रधान, अव्यक्त, जीव, ज्ञ (ज्ञानवान्), पुद्गल, चेतनावान्, प्रभु, भूतात्मा, इन्द्रियात्मा, अन्तरात्मा कहाता है॥ ७॥

स गुणोपादानकालेऽन्तरिक्षं पूर्वतरमन्येभ्यो गुणेभ्य उपादत्ते; यथा प्रलयात्यये सिसृक्षुर्भूतान्यक्षरभूतः सत्त्वोपादानः पूर्वतरमाकाशं सृजति, ततः क्रमेण व्यक्ततरगुणान्धातून्वाय्वादींश्चतुरः; तथा देहग्रहणेऽपि प्रवर्तमानः

१— 'गुणग्रहणायेत्यत्र गुणशब्देन गुणगुणिनोरभेदोपचाराद् गुणवन्ति भूतान्युच्यन्ते' चक्रः।

पूर्वतरमाकाशमेवोपादत्ते, ततः क्रमेण व्यक्ततरगुणान्धातूवाय्वादींश्चतुरः; सर्वमपि तु खल्वेतद्गुणोपादानमणुना कालेन भवति ॥८॥

वह गुणों के ग्रहण के समय अन्य गुणों की अपेक्षा पूर्व अन्तरिक्ष (आकाश) का ग्रहण करता है। यदि आकाश ही न होगा तो शरीर कहाँ बनेगा। जैसे प्रलय के अन्त में भूतों की सृष्टि की उत्पत्ति करने की इच्छा से अविनाशी (महेश्वर) सत्त्व (मन) रूपी उपादान से युक्त हुआ सबसे पूर्व आकाश को रचता है। तदनन्तर क्रमशः अपेक्षया स्पष्ट गुणोंवाले वायु आदि चार धातुओं को। अर्थात् आकाश के बाद वायु, वायु के पश्चात् अग्नि, अग्नि के पश्चात् जल और जल के पश्चात् पृथिवी। उसी प्रकार शरीर को ग्रहण करने में भी प्रवृत्त हुआ २ आत्मा सबसे पूर्व आकाश को ग्रहण करता है। तदनन्तर अपेक्षया स्पष्ट गुणोंवाली वायु आदि चार धातुओं को क्रमशः ग्रहण करता है। आकाश के बाद वायु, वायु के अनन्तर अग्नि, अग्नि के पश्चात् जल और इसके पश्चात् पृथिवी का ग्रहण करता है। यह सब गुणों (शब्द आदि गुणवान् भूत) का ग्रहण अणुकाल में अर्थात् अत्यन्त ही अल्पकाल (अविज्ञेय) में हो जाता है ॥८॥

स सर्वगुणवान् गर्भत्वमापन्नः प्रथमे मासि सम्मूर्च्छितः सर्वधातुकलुनीकृतः खेटभूतो भवत्यव्यक्तविग्रहः सदसद्भूताङ्गावयवः ॥९॥

वह सब गुणों (भूत तथा उनके गुण शब्द आदि) से युक्त अच्छी प्रकार सम्मिश्रित हुआ २ आत्मा गर्भभाव को प्राप्त होकर प्रथम मास में सब धातुओं का उत्पादक होकर रूप में कफ के सदृश अस्पष्ट शरीरवाला होता है। इस समय उसके अङ्ग अवयव सत् भी होते हैं और असत् भी होते हैं।

अर्थात् जब आत्मा शुक्राणु डिम्ब इनका गर्भाशय में संयोग हुआ होता है तब वे बीजरूप होकर वहाँ श्लैष्मिककला से चिपक जाते हैं और अब रसज भाव से भी मिश्रित होकर बढ़ना प्रारम्भ होता है। यह बीज फटकर एक से दो, दो से चार, चार से आठ हो जाता है। यह फटने का सिलसिला जारी रहता है। अन्त में यह एक छोटा सा गोल बीजसमूह बन जाता है। इस बीज समूह में सब धातुओं को उत्पन्न करने की शक्ति होती है। इसमें दो प्रकार के बीजसमूह होते हैं। बाहर के बीजसमूह और अन्दर के बीज समूह। बाहर के बीजसमूह अन्तःबीजसमूहों की अपेक्षा बड़े होते हैं। कुछ काल के पश्चात् इन दोनों के बीच में खोखली जगह बन जाती है और शनैः २ लसलसा द्रव भरना शुरू हो जाता है। जिसके दबाव से बाहर और अन्दर के बीजसमूहों में पर्याप्त अन्तर हो जाता है। इस समय सब अङ्ग और अवयव बीज रूप में ही होते हैं। अतः सत् कहाते हैं। पर अव्यक्त होने से या स्थूलरूप में न होने से असत् (अविद्यमान रूप होते हैं)। सुश्रुत शारीर अध्याय ३ में—

'तत्र प्रथमे मासि कललं जायते' ॥९॥

द्वितीये मासि घनः सम्पद्यते—पिण्डः पेश्यर्बुदं वा, तत्र पिण्डः पुरुषः स्त्री पेशी, अर्बुदं नपुंसकम् ॥१०॥

दूसरे मास में घन (घना) हो जाता है। यह तीन प्रकार का हो सकता है। पिण्ड की आकृतिवाला, पेशी की आकृतिवाला वा अर्बुद (Tumour) की आकृतिवाला। यदि पिण्डाकृति हो तो पुरुष, यदि पेश्याकृति है तो स्त्री, यदि अर्बुदाकृति है तो नपुंसक गर्भ होता है।

गर्भ धारण के पश्चात् गर्भाशय की श्लैष्मिक कला मोटी होने लगती है। श्लैष्मिक कला भ्रूण को चारों ओर से घेर लेती है। भ्रूण के ऊपर दो आवरण बन जाते हैं। इनमें से जो आवरण बाहर का होता है वह मोटा हो जाता है। उस आवरण पर अंकुर निकल जाते हैं। धीरे २ गर्भाशय की दीवार की ओर के संसक्त भाग पर अधिक घन हो जाते हैं और शेष भाग पर छोटे और कम होते हैं। धीरे २ ये अंकुर हट जाते हैं और बाह्यावरण के संसक्त भाग पर मोटे और लम्बे हो जाते हैं। इन्हीं दिनों में भ्रूण और उसके ऊपर के अन्तरावरण में गर्भोदक (Liquor amnoe) भी इकट्ठा होने लगता है। परिणाम यह होता है कि अन्दर का आवरण और बाहर का आवरण परस्पर चिपट जाता है। इस समय इसे घन कहते हैं। सुश्रुत शारीर ३ अ० में भी—

द्वितीये शीतोष्मानिलैरभिप्रपच्यमानानां महाभूतानां संघातो घनः संजायते। यदि पिण्डः पुमान्, स्त्री चेत् पेशी, नपुंसकं चेदर्बुदमिति' ॥१०॥

तृतीये मासि सर्वेन्द्रियाणि सर्वाङ्गावयवाश्च यौगपद्येनाभिनिर्वर्तन्ते ॥११॥

तीसरे महीने में सब इन्द्रियाँ और सब अङ्ग अवयव एकदम प्रकट हो जाते हैं।

इस समय शिर बहुत बड़ा होता है। अङ्गुलियाँ अलग २ दिखाई देती हैं। स्त्री वा पुरुष के लिङ्ग प्रकट होते हैं। पलक और होठ जुड़े होते हैं। अन्य अङ्ग प्रत्यङ्ग भी सूक्ष्म रूप में प्रकट होते हैं। सुश्रुत शारीर ३ अ० में—

'तृतीये हस्तपादशिरसां पञ्च पिण्डका निर्वर्तन्तेऽङ्गप्रत्यङ्गविभागश्च सूक्ष्मो भवति' ॥११॥

तत्रास्य केचिदङ्गावयवा मातृजादीनवयवान्विभज्य पूर्वमुक्ता यथावत्, महाभूतविकारप्रविभागेन त्विदानीमस्य तांश्चैवाङ्गावयवान् कांश्चित्पर्यायान्तरेणापरांश्चानुव्याख्यास्यामः; मातृजादयोऽप्यस्य महाभूतविकारा एव, तत्रास्याकाशात्मकं—शब्दः श्रोत्रं लाघवं सौक्ष्म्यं विवेकश्च; वाय्वात्मकं—स्पर्शः स्पर्शनं रौक्ष्यं प्रेरणं धातुव्यूहनं चेष्टाश्च शारीर्यः; अग्न्यात्मकं—रूपं दर्शनं प्रकाशः पक्तिरौष्ण्यं च; अबात्मकं—रसो रसनं शैत्यं मार्दवः स्नेहः क्लेदश्च; पृथिव्यात्मकं—गन्धो घ्राणं गौरवं स्थैर्यं मूर्तिश्च ॥१२॥

इस गर्भ के मातृ आदि अवयवों का यथावत् विभागकर के कुछ एक अङ्ग वा अवयव पूर्व खुड्डीका गर्भावक्रान्ति अध्याय में कह दिये हैं। अब अकाश आदि पञ्चमहाभूतों के विकार के विभाग के अनुसार उन ही कुछ एक अङ्गावयवों को नामान्तर से एवं और भी अङ्गावयवों को कहेंगे। मातृज आदि भाव भी

महाभूतों के विकार ही हैं–महाभूतों से ही बने हुए हैं। इनमें से आकाश के विकार—शब्द, श्रोत्र, लघुता, सूक्ष्मता, विवेक अर्थात् सिरा स्नायु मांस आदि शारीर भावों का परस्पर पार्थक्य है। वायु के विकार—स्पर्श, स्पर्शनेन्द्रिय (त्वक्) रूक्षता, प्रेरणा धातुओं की रचना–जहाँ २ जिस धातु को पहुँचना वा इकट्ठा होना चाहिये वहाँ २ उसे पहुँचाना वा एकत्रित करना, ओर शरीर की चेष्टायें होती हैं। अग्नि से—रूप दर्शनेन्द्रिय (चक्षु), प्रकाश, पक्ति (पकाना वा जठराग्नि), उष्णता उत्पन्न होती है। जल के विकार—रस, रसना (जिह्वा), शीतलता, मृदुता (कोमलता), स्नेह, क्लेद (गीलापन) हैं। पृथिवी के विकार—गन्ध, घ्राण, भारीपन, स्थिरता, मूर्ति; ये हैं। सुश्रुत शारीरस्थान प्रथम अध्याय में भी—

'आन्तरिक्षास्तु शब्दः शब्देन्द्रियं सर्वच्छिद्रसमूहो विविक्तता च वायव्यास्तु स्पर्शः स्पर्शेन्द्रियं सर्वचेष्टासमूहः सर्वशरीरस्पन्दनं लघुता च। तैजसास्तु रूपं रूपेन्द्रियं वर्णः सन्तापो भ्राजिष्णुता पक्तिरमर्षस्तैक्ष्ण्यं शौर्यं च। आप्यास्तु रसो रसनेन्द्रियं सर्वद्रवसमूहो गुरुता शैत्यं स्नेहो रेतश्च। पार्थिवास्तु गन्धो गन्धेन्द्रियं सर्वमूर्तसमूहो गुरुता चेति' ॥

यहाँ पर लघुता को वायुविकारों में पढ़ा है। परन्तु वायु की अपेक्षा आकाश अत्यन्त ही लघु है। यहाँ तक कि उसका भार ही नहीं। अतः लघुता को यहाँ आकाशविकार में पढ़ा है॥

अभिप्राय यह है कि मातृज आदि जो भाव पढ़े गये हैं उन २ में ये २ गुण भूतों से उत्पन्न होते हैं। अर्थात् मातृज आदि भाव पाञ्चभौतिक हैं ॥१२॥

एवमयं लोकसम्मतः पुरुषः। यावन्तो हि लोके भावविशेषाः, तावन्तः पुरुषे; यावन्तः पुरुषे, तावन्तो लोके; इति बुधास्त्वेवं द्रष्टुमिच्छन्ति ॥१३॥

इस प्रकार यह पुरुष लोकसदृश है। जितने ही इस लोक में मूर्तिमान् भाव हैं उतने ही पुरुष में। जितने पुरुष में उतने ही जगत् में। बुद्धिमान् पुरुष ऐसा ही देखना चाहते हैं। अर्थात् वे लोक और पुरुष में समता देखते हैं।

इसकी विशेष व्याख्या अगले अध्याय में होगी ॥१३॥

एवमस्येन्द्रियाण्यङ्गावयवाश्च यौगपद्येनाभिनिर्वर्तन्ते, अन्यत्र तेभ्यो भावेभ्यो येऽस्य जातस्योत्तरकालं जायन्ते; तद्यथा– दन्ता व्यञ्जनानि व्यक्तीभावः, तथायुक्तानि चापराणि, एषा प्रकृतिः; विकृतिः पुनरतोऽन्यथा। सन्ति खल्वस्मिन् गर्भे केचिच्च नित्या भावाः, सन्ति चानित्याः केचित्।

इस प्रकार गर्भ की इन्द्रियाँ और अङ्ग अवयव–उन भावों को छोड़कर जो गर्भ के बाद उत्पन्न होते हैं—युगपत् प्रकट होते हैं। वे भाव जो जन्म के पश्चात् उत्पन्न होते हैं, ये हैं—दांत, व्यञ्जन अर्थात् स्तन दाढ़ी मूँछ गुह्यदेश तथा कक्षदेश के लोम आदि। व्यक्तीभाव अर्थात् शुक्र वा रज का प्रकट होना, मेधा का प्रकट होना आदि। इसी प्रकार के अन्य भाव जैसे कुछ एक शिराओं से स्नायु बनना, हृदय के ग्राहक कोष्ठों के मध्य के परदे के छिद्र का बन्द होना, तरुणास्थि वा झिल्ली से अस्थियों का बनना इत्यादि। यह प्रकृति है। इससे विपरीत विकृति कहाती है। अर्थात् जन्म के बाद छठे सातवें मास दांत का निकलना प्रकृति है। परन्तु यदि गर्भ में ही दांत निकल आयें जैसे कि कभी २ होता है वह विकृति होगी, इत्यादि। गर्भ में कई नित्य भाव होते हैं और कई अनित्य। अर्थात् कुछ ऐसे हैं जो आदि से अन्त तक रहते हैं। कुछ ऐसे हैं जो गर्भ-जन्म के बाद उत्पन्न होते हैं जैसे दांत आदि। ये बहुधा वृद्धावस्था में गिर भी जाते हैं। इसी प्रकार कुछ शिरायें स्नायुरूप में बदल जाती हैं इत्यादि, ये अनित्य भाव हैं ॥१४॥

तस्य य एवाङ्गावयवाः सन्तिष्ठन्ते, त एव स्त्रीलिङ्गं पुरुषलिङ्गं नपुंसकलिङ्गं वा बिभ्रति; ततः स्त्रीपुरुषयोर्ये वैशेषिका भावाः प्रधानसंश्रया गुणसंश्रयाश्च, तेषां यतो भूयस्त्वं ततोऽन्यतरभावः। तद्यथा-क्लैव्यं भीरुत्वमवैशारद्यमनवस्थानमधोगुरुत्वमसंहननं शैथिल्यं मार्दवं तथायुक्तानि चापराणि स्त्रीकराणि, अतो विपरीतानि पुरुषकराणि, उभयभागवयवा नपुंसककराणि ॥१५॥

जो अङ्ग अवयव स्थायी होते हैं वे ही स्त्रीलिङ्ग पुंलिङ्ग नपुंसकलिङ्ग को धारण करते हैं॥

आत्माश्रित और महाभूतों पर आश्रित स्त्री और पुरुष के जो विभेदक भाव हैं उनमें से जिस भाव की अधिकता हो उसी के अनुसार स्त्री वा पुरुष में से एक को जानना। अर्थात् यदि स्त्रीकर भावों की अधिकता होगी तो स्त्री, यदि पुरुषकर भावों की अधिकता होगी तो पुरुष को जानना।

स्त्रीकर भाव, जैसे—क्लीबता (दुर्बलता), डरपोकपना, चातुरी का न होना, मोह, चित्त की चञ्चलता, नीचे के भाग का भारी होना, शरीर में दृढ़ता का न होना, शिथिलता, कोमलता, गर्भाशय का बीजभाग अर्थात् बीज का वह भाग जिससे गर्भाशय उत्पन्न होता है, अथवा गर्भाशयबीजभाग से गर्भाशय के वामभाग तथा रक्ताधिक्य का ग्रहण होता है; ये सब तथा इस प्रकार के अन्य भाव स्त्रीकर होते हैं। अर्थात् जिस स्त्री में यह भाव हम देखेंगे हम कहेंगे कि कन्या उत्पन्न होगी। इनसे विपरीत भाव पुरुषकर होते हैं। अर्थात् सबल होना, निडरता, चातुर्य, मोह का न होना, चित्त की स्थिरता, देह की दृढ़ता, शिथिलता का न होना, कठोरता तथा गर्भाशय के दक्षिण भाग में गर्भ की अवस्थिति न होना तथा शुक्र की अधिकता। दोनों प्रकार के अवयव जब मिश्रित हों तो नपुंसककर जानने चाहिये ॥१५॥

तस्य यत्कालमेवेन्द्रियाणि सन्तिष्ठन्ते तत्कालमेवास्य चेतसि वेदना निबन्धं प्राप्नोति, तस्मात्तदा प्रभृति गर्भः स्पन्दते प्रार्थयते च, तद्द्वैहृदय्यमाचक्षते वृद्धाः। मातृजं चास्य हृदयं मातृहृदयेनाभिसंबद्धं भवति रसवाहिनीभिः संवाहिनीभिः; तस्मात्तयोस्ताभिर्भक्तिः सम्पद्यते। तच्चैव कारणमवेक्षमाणा न द्वैहृदय्यस्य विमानितं गर्भमिच्छन्ति कर्तुं, विमानने ह्यस्य दृश्यते विनाशो विकृतिर्वा, समानयोगक्षेमा हि माता तदा गर्भेण केषुचिदर्थेषु; तस्मात्प्रियहिताभ्यां गर्भिणीं विशेषेणोपचरन्ति कुशलाः ॥१६॥

उस गर्भ के जिस समय ही इन्द्रियाँ प्रकट होती हैं उसी समय से ही मन में सुखदुःख का ज्ञान होने लगता है। अतएव उस समय से लेकर गर्भ स्पन्दन करने लगता है। पूर्वजन्मों में अनुभव किये हुए इन्द्रिय के विषयों को चाहता है उस इच्छा को दो हृदयों से उत्पन्न अर्थात् दौहृद कहते हैं। इस काल में गर्भिणी को जो इस प्रकार की इच्छा होती है उसे दौहृद कहते हैं। क्योंकि गर्भस्थ शिशु की इच्छा के अनुकूल माता की इच्छा होती है। इससे तीसरे मास में हृदय का प्रकट होना तथा हृदय का कार्य करना भी जता दिया है। इस गर्भ का मातृज हृदय माता के हृदय से रसवाहिनी नाड़ियों द्वारा बँधा रहता है। अतएव गर्भ और माता को उन नाड़ियों द्वारा विशेष इच्छा उत्पन्न होती है अर्थात् इस समय जो गर्भ की इच्छा होती है उससे माता को भी यह इच्छा होती है। इसी कारण को देखते हुए गर्भ को—दोहद की प्राप्ति न होने देना नहीं चाहते। अर्थात् इस समय का जो दौहृद (दोहद) है उसे पूरा करना ही चाहिये। क्योंकि यदि दोहद पूरा न किया जाय तो या तो गर्भ की मृत्यु हो जाती है या विकार हो जाता है। इस समय माता कई विषयों में गर्भ के समान योगक्षेमवाली होती है। अर्थात् इस समय जिस से गर्भ को लाभ होता है उसी से माता को। जिससे माता को उससे गर्भ को। अतएव कुशल वैद्य गर्भिणी का प्रिय एवं हितकर आहार-विहार से उपचार करते हैं। सुश्रुतशारीर अ० ३ में कहा है—

'द्विहृदयां च नारीं दौहृदिनीमाचक्षते। दौहृदविमाननात् कुब्जं कुणिं खञ्जं जडं वामनं विकृताक्षमनक्षं वा नारी सुतं जनयति। तस्मात्सा यद्यदिच्छेत् तत्तस्यै दापयेत्। लब्धदौहृदा हि वीर्यवन्तं चिरायुषं च पुत्रं जनयति।'

इन्द्रियार्थांस्तु यान् यान् सा भोक्तुमिच्छति गर्भिणी।
गर्भाबाधभयात्तांस्तान् भिषगाहृत्य दापयेत्॥
सा प्राप्तदौहृदा पुत्रं जनयेत गुणान्वितम्।
अलब्धदौहृदा गर्भे लभेतात्मनि वा भयम्॥
येषु येष्विन्द्रियार्थेषु दौहृदे वै विमानना।
प्रजायते सुतस्यार्तिस्तस्मिंस्तस्मिंस्तथेन्द्रिये' ॥इत्यादि॥

गर्भ का स्पन्दन वस्तुतः तीसरे मास में प्रारम्भ होता है। परन्तु गर्भोदक की मात्रा अधिक होने से वे स्पन्दन माता की उदरभित्ति पर नहीं पहुँचते। अतएव प्रायः तृतीय मास में इसका ज्ञान गर्भिणी को कम ही होता है। परन्तु चौथे या पाँचवें मास गर्भिणी इनका अनुभव करती है, क्योंकि इस समय गर्भ की विशेष वृद्धि होती है, जैसा कि आगे कहा भी जायगा।

अतएव सुश्रुत ने इन्द्रिय के विषयों की इच्छा को चतुर्थ मास में कहा है, क्योंकि तब ये स्पन्दन स्पष्टतर होते हैं। तीसरे महीने से गर्भ के हृदय की भी वृद्धि होने लगती है। तीसरे मास में हृदय का क्षेपककोष्ठ बन जाता है। परन्तु गर्भिणी के उदर से हृदय का शब्द लगभग ४॥ महीने में सुनाई देने लगता है। तीन पक्ष से पाँचवें मास तक दोहद का काल माना जाता है। अष्टाङ्गसंग्रह में कहा है—

'अन्ये तु पक्षत्रयात् प्रभृत्यापञ्चमान्मासात् दौहृदकालमाहुः'

तस्या गर्भापत्तेर्द्विहृदयस्य च विज्ञानार्थं लिङ्गानि समासेनोपदेक्ष्यामः; उपचारसाधनं ह्यस्य ज्ञाने, ज्ञानं च लिङ्गतः, तस्मादिष्टो लिङ्गोपदेशः। आर्तवादर्शनमास्यसंस्रवणमनन्नाभिलाषश्छर्दिररोचकोऽम्लकामता च विशेषेण श्रद्धाप्रणयनं चोच्चावचेषु भावेषु गुरुगात्रत्वं चक्षुषोर्ग्लानिः स्तनयोः स्तन्यमोष्ठयोः स्तनमण्डलयोश्च कार्ष्ण्यमत्यर्थं श्वयथुः पादयोरीषल्लोमराज्युद्गमो योन्याश्चाटालत्वमिति गर्भे पर्यागते रूपाणि भवन्ति ॥१७॥

उस गर्भिणी के गर्भप्राप्ति और द्विहृदय के ज्ञान के लिये संक्षेप से लक्षणों का उपदेश करेंगे। द्विहृदय (Pregnancy) के ज्ञान से उसका उपचार उचित हो सकता है। और इसका ज्ञान लक्षणों से होता है। अतः लक्षणों का बताना अत्यन्त आवश्यक है।

वे लक्षण ये हैं—आर्तवादर्शन (Suppression of the menstruation), आस्यासंस्रवण (मुख से लार टपकना), अन्न के खाने की अभिलाषा न होनी, कै, अरुचि विशेषतः अम्ल (खट्टे) पदार्थों के खाने की इच्छा, नाना प्रकार के आहार-विहार आदि ऊँच-नीच भावों में इच्छा का होना, शरीर का भारी होना, आँखों में ग्लानि, स्तनों में दूध का प्रकट होना, होठ और स्तनमण्डल का अत्यन्त कृष्ण वर्ण का होना, पैरों में थोड़ा२ शोथ, लोमों का खड़ा होना (लोमाञ्च) तथा योनि का विस्तृत होना; ये गर्भप्राप्ति के लक्षण हैं। सुश्रुत शारीर अ० ३ में कहा है—

'तत्र सद्योगृहीतगर्भाया लक्षणानि। श्रमो ग्लानिः पिपासा सक्थिसदनं शुक्रशोणितयोरबन्धः स्फुरणं च योनेः।'

'स्तनयोः कृष्णमुखता लोमराज्युद्गमस्तथा।
अक्षिपक्ष्माणि चाप्यस्याः सम्मील्यन्ते विशेषतः॥
अकामतश्छर्दयति गन्धादुद्विजते शुभात्।
प्रसेकः सदनं चापि गर्भिण्या लिङ्गमुच्यते॥'

शारीरस्थान २ अध्याय श्लो० २२ में सद्योगृहीत गर्भ के लक्षण कह आये हैं—

'निष्ठीविका गौरवमङ्गसाद-
स्तन्द्रा प्रहर्षो हृदयव्यथा च।
तृप्तिश्च बीजग्रहणं च योन्यां
गर्भस्य सद्योऽनुगतस्य लिङ्गम्॥'

परन्तु इस अध्याय में साधारणतः गर्भप्राप्ति के लक्षण बताये गये हैं—अतएव आचार्य ने गर्भापत्ति और द्विहृदय दोनों नाम पढ़े हैं। जिससे गर्भप्राप्ति और गर्भ के क्रमशः बढ़ने पर जो लक्षण दिखाई देते हैं उनका संक्षेपतः परिगणन है। द्विहृदय्य के लक्षण प्रायः तीन या चार मास तक दीखने लगते हैं।

गर्भप्राप्ति में सब से मुख्य तथा प्रथम लक्षण आर्त्तवादर्शन है, जिससे हम बहुधा गर्भप्राप्ति की कल्पना किया करते हैं। जिनमें आर्त्तवप्रवृत्ति नियम पूर्वक होती रही हो उन स्त्रियों में आर्त्तव का रुकना विशेष निदर्शक है। परन्तु केवल मात्र इसी लक्षण को निश्चय का आधार न बना लेना चाहिये। क्योंकि

पाण्डु आदि रोगों वा अन्य रोगजन्य निर्बलताओं वा रक्तशून्यताओं में आर्तव की प्रवृत्ति नहीं होती। गर्भप्राप्ति के न होते हुए भी यदि—गर्भप्राप्ति हो गयी है—ऐसा मन में भय हो तो भी कभी २ आर्तवप्रवृत्ति नहीं होती। इसी प्रकार इस से विपरीत कभी २ गर्भप्राप्ति हो जाने पर भी स्राव प्रवृत्त रहता है। यद्यपि यह अवस्था बहुत ही कम देखी जाती है, पर पहिले तीन महीनों में इसका होना असम्भव नहीं।

भूख न लगना, रुचि न होना, सुस्ती, लार टपकना, कै, खट्टी वा मसालेदार वस्तुओं में रुचि आदि वातसम्बन्धी प्रत्यावर्तित लक्षण भी होते हैं। इनमें जो—कै होना—यह लक्षण बताया है यह विशेषतः गर्भिणी को प्रातः होता है। कइयों का केवल जी मचलाता है, कइयों को इसके साथ ही वमन भी होती है। क्योंकि गर्भ कफप्रधान होता है। अतएव प्रायः प्रातः (कफ का काल) ही वमन होती है। यह लक्षण प्रायः दूसरे से चौथे मास तक होता है।

गृहीतगर्भा स्त्री के तीसरे या चौथे सप्ताह में स्तनों में एक विशेष प्रकार की वेदना होती है और फिर दूसरे मास से स्पष्ट वृद्धि होने लगती है। चौथे महीने के अन्तिम दिनों में या पाँचवें महीने में स्तनों को दबाने से खीस (पीयूष) निकाला जा सकता है। तीसरे मास में स्तनमण्डल का वर्ण अधिक कृष्ण हो जाता है।

कई २ स्त्रियों के पैरों में थोड़ा २ शोथ हो जाता है। यह शोथ सब में होना आवश्यक नहीं।

योनि अन्दर से शिराओं के फूलने तथा सूक्ष्म पिण्डों के उभरने के कारण खुरदरी हो जाती है। उसकी श्लैष्मिक कला का रंग नीला सा हो जाता है। यह लक्षण भी द्वितीय मास के प्रारम्भ से प्रायः दीखने लगता है ॥१७॥

सा यद्यदिच्छेत्तत्तदस्यै दद्यादन्यत्र गर्भोपघातकरेभ्यो भावेभ्यः।

गर्भोपघातकरास्त्विमे भावाः। तद्यथा—सर्वमतिगुरूष्णतीक्ष्णं दारुणाश्च चेष्टाः, इमांश्चान्यानुपदिशन्ति वृद्धाः—देवतारक्षोऽनुचरपरिरक्षणार्थं न रक्तानि वासांसि बिभृयान्न मदकराणि चाद्यान्यभ्यवहरेन्न यानमभिरोहेन्न मांसमश्नीयात्सर्वेन्द्रियप्रतिकूलांश्च भावान् दूरतः परिवर्जयेद्यच्चान्यदपि किंचित्स्त्रियो विद्युः ॥१८॥

द्विहृदया—गर्भिणी को जो २ वह चाहे—गर्भनाशक भावों को छोड़कर—वह दे। गर्भनाशक भाव ये हैं—सब अतिगुरु अत्युष्ण अतितीक्ष्ण आहार, दारुण (Violent) चेष्टायें। वृद्ध लोग इन और गर्भोपघात भावों के विषय में उपदेश करते हैं। देवता एवं राक्षसों के अनुचरों से रक्षा करने के लिये रक्त वस्त्रों को न पहिने। न मदकारक अन्नपान का सेवन करे। घोड़े आदि की सवारियों पर न चढ़े। मांस न खाये। तथा सम्पूर्ण इन्द्रियों के लिये जो भाव प्रतिकूल हैं अर्थात् जो इन्द्रियों को हानि पहुँचानेवाले हैं—अयोग अतियोग वा मिथ्यायोग आदि—उनको दूर से ही छोड़ दे। इसके अतिरिक्त अन्य अनुभवी विदुषी बूढ़ी स्त्रियाँ जो कुछ गर्भ के लिये हानिकारक जानें उनका भी त्याग करे ॥१८॥

तीव्रायां तु खलु प्रार्थनायां काममहितमप्यस्यै हितेनोपहितं दद्यात्प्रार्थनाविनयनार्थं; प्रार्थनासन्धारणाद्धि वायुः कुपितोऽन्तःशरीरमनुचरन् गर्भस्यापद्यमानस्य विनाशं वैरूप्यं वा कुर्यात् ॥१९॥

यदि गर्भिणी को किसी वस्तु की तीव्र इच्छा हो तो अहित पदार्थ भी हितकर वस्तु से मिश्रित कर माँग को पूरा करने के लिये देना चाहिये। क्योंकि उसकी तीव्र इच्छा को रोकने से वायु प्रकुपित हो जाता है और वह कुपित हुआ वायु शरीर में संचार करता हुआ उत्पन्न होते हुए वा वृद्धि को प्राप्त होते हुए गर्भ का नाश वा विरूपता को उत्पन्न कर देता है ॥१९॥

चतुर्थे मासि स्थिरत्वमापद्यते गर्भः, तस्मात्तदा गर्भिणी गुरुगात्रत्वमधिकमापद्यते विशेषेण ॥२०॥

चौथे महीने में गर्भ स्थिर (ठोस तथा घना) हो जाता है। अतएव उस समय गर्भिणी को अपना देह विशेषतः भारी प्रतीत होता है सुश्रुत शारीर अ० ३ में—

'चतुर्थे सर्वाङ्गप्रत्यङ्गविभागः प्रव्यक्तो भवति। गर्भहृदयप्रव्यक्तिभावाच्चेतनाधातुरभिव्यक्तो भवति, कस्मात् तत्स्थानत्वात्। तस्माद् गर्भश्चतुर्थे मास्यभिप्रायमिन्द्रियार्थेषु करोति।'

अर्थात् इस मास में शरीर का ढाँचा लगभग बन ही जाता है। गर्भ के हलके २ स्पन्द इस मास में गर्भिणी कभी २ अनुभव करती है। हाथ और पाँव इस समय गति करने लगते हैं। तृतीय मास से गर्भ का हृदय व्यक्त होना प्रारम्भ होता है। चौथे मास में अधिक व्यक्त हो जाता है। शिर वा अन्य कई स्थलों पर बाल की जगह बारीक२ रोवाँ दीखने लगता है।२०।

पञ्चमे मासि गर्भस्य मांसशोणितोपचयो भवत्यधिकमन्येभ्यो मासेभ्यः, तस्मात्तदा गर्भिणी कार्श्यमापद्यते विशेषेण ॥२१॥

पाँचवें महीने में अन्य मासों की अपेक्षा गर्भ के मांस और रक्त में अधिक वृद्धि होती है। अतएव गर्भिणी उस समय अत्यन्त कृश हो जाती है। सुश्रुत में तो—

'पञ्चमे मनः प्रतिबुद्धतरं भवति।'

इस मास में मांस और रक्त की अधिक वृद्धि के कारण गर्भ का स्पन्द वा हाथ पैर का हिलाना गर्भिणी को अत्यन्त स्पष्टतया अनुभव होता है। यकृत् आदि मांसप्रधान अवयव बन जाते हैं। इसके आधे या अन्त में चिकित्सक फुफ्फुसेक्षकयन्त्र (Stethoscope) की सहायता से हृदय के शब्द को भी सुन सकता है। हृत्स्पन्दन एक मिनट में १२० से १४० तक होते हैं। बालक में प्रायः १३० से कम और कन्याओं में १३० से अधिक स्पन्द न होते हैं। कारण भेद से इसकी अपेक्षा कम वा अधिक भी हो सकते हैं। यदि गर्भस्थ शिशु हाथ पैर आदि अधिक हिलाता हो तो स्पन्दनों की संख्या अधिक हो जाती है। इसी

प्रकार यदि अपरा या नाल पर किसी प्रकार का दबाव हो वा गर्भाशय के आकुञ्चन से स्पन्दनों की संख्या न्यून हो जाती है। सब से पूर्व हृदय का शब्द विटपसन्धि के ऊपर मध्यरेखा में सुनाई देता है। पश्चात् गर्भ की स्थिति के अनुसार हृदय के शब्द के तीव्रतम सुनाई देने का स्थान बदलता रहता है। यह शब्द यतः बच्चे की स्कन्धास्थि और पशु कास्थियों को पार करके जाता है, अतः गर्भाशय में जहाँ बच्चे का कन्धा होगा वहाँ सुनाई देगा। यह शिशु की साधारणतम स्थिति में स्त्री की नाभि तथा वामवङ्क्षणास्थि के बीच में स्पष्ट सुनाई देता है। यदि हृत्स्पन्दन १०० से कम वा १६० से अधिक हों तो गर्भ का जीवन संकटमय जानना चाहिए ॥२१॥

षष्ठे मासि गर्भस्य मांसशोणितोपचयो भवत्यधिकमन्येभ्यो मासेभ्यः; तस्मात्तदा गर्भिणी बलवर्णहानिमापद्यते विशेषेण ॥२२॥

छठे महीने में गर्भ में अन्य मासों की अपेक्षा बल और वर्ण की अधिक वृद्धि होती है। अतएव उस समय गर्भिणी में विशेषतः निर्बलता होती है। और वर्ण भी कम हो जाता है—पीला पड़ जाता है।

इस मास से पूर्व गर्भ की त्वचा में झुर्रियाँ पड़ी होती हैं। परन्तु इस मास में त्वचा के नीचे कहीं २ वसा बन जाती है। यह वसा त्वचा को कान्ति देती है। अतएव बच्चे का वर्ण ठीक होने लगता है। भौंहें और पक्ष्म बनने लगते हैं। पलकें अभी जुड़ी होती हैं। अण्ड पेट में गुर्दों (वृक्क) के पास होते हैं। आंतों में मल जमा होने लगता है। सुश्रुत शारीर ३ अ० में तो—

'षष्ठे बुद्धिः' ॥२२॥

सप्तमे मासि गर्भः सर्वभावैराप्याय्यते, तस्मात्तदा गर्भिणी सर्वाकारैः क्लान्ततमा भवति ॥२३॥

सातवें मास में गर्भ सब भावों से बढ़ रहा होता है अतएव उस समय गर्भिणी सबसे अधिक क्लान्त होती है। जो अनायास बिना मांस फूले थकावट होती है उसे [१]क्लम कहते हैं। इस समय रोगी किसी भी विषय को नहीं चाहता है। सातवें मास में गर्भिणी की भी यही दशा होती है। सुश्रुत शारीर ३ अ० में—

'सप्तमे सर्वाङ्गप्रत्यङ्गविभागः प्रव्यक्ततरः।'

पलक एक दूसरे से अलग हो आते हैं। अण्ड वङ्क्षण के पास उतर जाते हैं। त्वचा के नीचे पहिले से अधिक वसा होती है। इस मास के अन्त में यदि गर्भ का जन्म हो जाय तो बड़ी सावधानी से पालन करने पर वह जीवित रह सकता है। इस मास में उत्पन्न बच्चे बहुधा मर जाते हैं ॥२३॥

अष्टमे मासि गर्भश्च मातृतो गर्भतश्च माता रसवाहिनीभिः संवाहिनीभिर्मुहुरोजः परस्परत आददाते [२]गर्भस्यासंपूर्णत्वात्, तस्मात्तदा गर्भिणी मुहुर्मुहुर्मुदायुक्ता भवति मुहुर्मुहुश्च ग्लाना तथा गर्भः। तस्मात्तदा गर्भस्य जन्म व्यापत्तिमद्भवत्योजसोऽनवस्थितत्वात्; तं चैवमभिसमीक्ष्याष्टमं [१] मासमगण्यमित्याचक्षते कुशलाः ॥२४॥

आठवें महीने में माता से गर्भ और गर्भ से माता रसवाहिनी शिखाओं द्वारा गर्भ के पूर्ण न होने के कारण परस्पर ओज का ग्रहण करते हैं। अतएव उस समय गर्भिणी बारम्बार प्रसन्न और बारम्बार ग्लानियुक्त होती है[२]। इसी प्रकार गर्भ भी। जब ओज गर्भिणी में जाता है तब वह प्रसन्न होती है और गर्भ ग्लानियुक्त, जब गर्भ में जाता है तब गर्भ प्रसन्न होता है और गर्भिणी ग्लानियुक्त। अतएव उस समय गर्भ का जन्म अधिक सङ्कटमय वा उपद्रव युक्त होता है, क्योंकि ओज अस्थिर होता है। जब ओज गर्भ से माता में जा चुका हो उस समय यदि गर्भ का जन्म हो जाय तो शिशु की मृत्यु हो जाती है क्योंकि बचा खुचा ओज भी प्रसवकालीन कष्ट से नष्ट हो जाता है[१]। इसी बात को देखते हुए कुशल वैद्यों ने इस मास को अगण्य माना है अर्थात् प्रसव के लिये उचित काल नहीं गिना।

इसी महीने में त्वचा के नीचे वसा इकट्ठी हो जाती है। झुर्रियाँ नहीं रहतीं। अण्ड और नीचे उतर कर वङ्क्षण में पहुँच जाते हैं। इस मास में यदि ओज गर्भ में आया हुआ हो तो जीता रहता है। अथवा यदि होशियारी से पालन किया जाय तो जीवित रह सकता है॥ सुश्रुत शारीर अ० ३ में—

'अष्टमेऽस्थिरीभवत्योजः, तत्र जातश्चेन्न जीवेन्निरोजस्त्वाच्च, ततो बलिं मांसौदनमस्मै दापयेत् ॥'२४॥

तस्मिन्नेकदिवसातिक्रान्तेऽपि नवमं मासमुपादाय प्रसवकालमित्याहुराद्वादशान्मासात्, एतावान्कालः, वैकारिकमतः परं कुक्षाववस्थानं गर्भस्य ॥२५॥

प्रसवकाल—आठवें महीने के पश्चात् एक दिवस व्यतीत होने से अर्थात् नवम मास के प्रारम्भ से बारहवें मास तक प्रसव काल कहा है। गर्भ का जन्म ९ वें मास के प्रारम्भ से लेकर १२ वें मास तक हुआ करता है। इतना प्रसवकाल है। इससे अधिक काल तक गर्भ का गर्भाशय में रहना विकृति का कारण है। इस प्रसवकाल का माध्यम १० मास है। अर्थात् गर्भजन्म साधारणतया १० मास होने पर होता है। २२० और २४० दिनों

१—'योऽनायासः श्रमो देहे प्रवृद्धः श्वासवर्जितः। क्लमः स इति विज्ञेय इन्द्रियार्थप्रबाधकः ॥' २—'गर्भस्य संपूर्णत्वात्' ग०।

१—'अगण्यमिति न गणनया गर्भिण्यां प्रतिपादनीयं, यदि हि गर्भिणी गण्यमानमष्टममासं गर्भजन्मव्यापत्तिकरं शृणुयात्, ततो भीता स्यात्, तद्भयाच्च गर्भस्य वातक्षोभात् व्यापत्स्यादिति भावः' चक्रः। २—'अष्टमे गर्भश्च मातृतो गर्भतश्च माता रसहारिणीभिर्वाहिनीभिर्मुहुर्मुहुरोजः परस्परमाददाते। तस्मात्तदा गर्भिणी मुहुर्मुदिता भवति मुहुर्ग्लाना तथा गर्भः। एवं गर्भस्य जन्म व्यापत्तिमत्तदा भवति। ओजसोऽनवस्थितत्वात्। तथा ह्यस्य निष्क्रमणोन्मुखस्य परिवर्तनादीन्यनुभवत एवौजसा वियोगः। यद्यपि च किञ्चित्कालमस्योच्छ्वसनं स्यात्तच्छिन्नस्येवाङ्गस्यौजस्संस्कारानुवृत्तिकृतम्। जनन्या तु स्थिरौजस्कतयैकदेशेन रसे संक्रान्ते ग्लानिरिवेति'। अष्टाङ्गसंग्रहः।

में भी पूर्ण विकसित बच्चे उत्पन्न होते हुए देखे जाते हैं। इसी प्रकार कई बार ३००, ३१३ वा ३२० दिन तक भी गर्भ गर्भाशय में रहता है और तब प्रसव होता है ॥

नवममास के गर्भ में अण्ड अण्डकोष में आ जाते हैं। ऊर्वस्थि के नीचे के सिरे में अस्थिविकास केन्द्र उत्पन्न हो जाता है।

दस मास का गर्भ लम्बाई में २० इञ्च और भार में साढ़े तीन सेर के लगभग होता है। हाथ के नख बढ़ जाते हैं। शिर-के बाल १ इञ्च के लगभग लम्बे होते हैं। देह पूर्ण होती है ॥

गर्भाशय में गर्भ के रहने का काल प्रायः २७३ दिन का होता है। यदि शुद्धिस्नान के दिन ही मैथुन किया गया हो और वह मैथुन सफल हो गया हो तो उसे अङ्कुरित होने को तीन दिन चाहिये। इस प्रकार ४ दिन ऋतुस्राव के और तीन दिन अङ्कुरित होने के मिला कर ७ दिन होते हैं। अतः २७३+७=२८० दिन हुए। अतः अन्तिम ऋतुकाल की प्रथम तिथि में २८० दिन जोड़कर हम प्रसव की तिथि जान सकते हैं। यह तिथि लगभग रूप में ही होती है। अथवा अन्तिम ऋतुस्राव की प्रथम दिन की तारीख में ७ दिन जोड़-कर जो तारीख निकले वही अगले नवममास में या पिछले तृतीयमास में प्रसव की तारीख होगी। यदि किसी स्त्री को अन्तिम मासिक स्राव १६ जुलाई को प्रारम्भ हुआ तो इसमें ७ दिन जोड़ने से २३ जुलाई तारीख हुई। अब इससे आगे नौ महीने या पीछे तीन महीने गिनो। प्रसव की सम्भावित तिथि २३ अप्रैल होगी॥ यह तारीख लगभग रूप में ही होती है। कइयों में कुछ दिन पहले और कइयों में तीन सप्ताह पश्चात् तक भी प्रसव हो सकता है ॥२५॥

एवमनयाऽऽनुपूर्व्याऽभिनिर्वर्तते कुक्षौ ॥२६॥

इस प्रकार यह गर्भ इस अनुक्रम से गर्भाशय में प्रकट होता है ॥२६॥

मात्रादीनां तु खलु गभकराणां भावानां सम्पदस्तथा वृत्तस्य सौष्ठवान्मातृतश्चैवोपस्नेहोपस्वेदाभ्यां कालपरिणा-मात्स्वभावसंसिद्धेश्च कुक्षौ वृद्धिं प्राप्नोति ॥२७॥

गर्भ की वृद्धि का हेतु—माता पिता आदि ६ गर्भकर भावों के श्रेष्ठगुण युक्त होने से, आहार बिहार आदि वृत्त (आचार) के उत्तम होने से, माता द्वारा, उपस्नेह तथा उपस्वेद (उष्मा गर्मी) से एवं काल द्वारा परिपाक होने से तथा स्वभावतः ही बढ़नेवाला होने से गर्भ गर्भाशय में वृद्धि को प्राप्त होता है।

उपस्नेह शब्द से वाहिनी में से बहते हुए रक्त वा रस के रिस २ कर आये हुए पोषक भाग द्वारा पोषण का ग्रहण होता है। उपस्वेद से माता की शरीरान्तःस्थित ऊष्मा का ग्रहण है। इससे भी गर्भ की वृद्धि होती है। पक्षी अपने अण्डों पर बैठकर उनको गर्मी पहुँचाया करते हैं। सुश्रुत शारीर अ० ३ में—

'मातुस्तु खलु रसवहायां नाड्यां गर्भनाभिनाडी प्रतिबद्धा। सास्य मातुराहाररसवीर्यमभिवहति, तेनोपस्नेहेनास्याभिवृद्धिर्भ-वति। असञ्जातांगप्रत्यंगविभागमानिषेकात्प्रभृति सर्वशरीरावयवा-नुसारिणीनां रसवहानां तिर्यग्गतानां धमनीनामुपस्नेहो जीवयति' ॥

मात्रादीनां तु खलु गर्भकराणां भावानां व्यापत्तिनि-मित्तमस्याजन्म भवति ॥२८॥

गर्भ की अनुत्पत्ति का हेतु—यदि माता आदि गर्भकर भाव विगुण हों तो गर्भोत्पत्ति नहीं होती ॥२८॥

ये त्वस्य कुक्षौ वृद्धिहेतुसमाख्याता भावास्तेषां विपर्य-यादुदरे विनाशमापद्यतेऽथवाऽप्यचिरजातः स्यात् ॥२९॥

जिन कारणों से उत्पन्न होता हुआ गर्भ कोख में नष्ट हो जाता है—जो गर्भाशय में गर्भ की वृद्धि के कारणरूप भाव कहे गये हैं, उनसे विपरीत भाव होने पर गर्भ पेट में ही नष्ट हो हो जाता है। अथवा शीघ्र ही—अपने काल से पूर्व ही बाहर आ जाता है और नष्ट हो जाता है ॥२९॥

यतस्तु कार्त्स्न्येनाविनश्यन्विकृतिमापद्यते तदनुव्या-ख्यास्यामः—यदा स्त्रिया दोषप्रकोपणोक्तान्यासेवमानाया दोषाः प्रकुपिताः शरीरमुपसर्पन्तः [1]शोणितगर्भाशयावुप-पद्यन्ते न तु कार्त्स्न्येन शोणितगर्भाशयौ दूषयन्ति तदेयं गर्भं लभते स्त्री, [2]तदा गर्भस्य तस्य मातृजानामवयवाना-मन्यतमोऽवयवो विकृतिमापद्यते [3]एकोऽथवानेकः, यस्य यस्य ह्यवयवस्य बीजे बीजभागे वा दोषाः प्रकोपमापद्यन्ते, तं तमवयवं विकृतिराविशति; तदा ह्यस्याः शोणिते गर्भा-शयबीजभागः प्रदोषमापद्यते, तदा वन्ध्यां जनयति; यदा पुनरस्याः शोणिते गर्भाशयबीजभागावयवः प्रदोषमापद्यते, तदा पूतिप्रजां जनयति; यदा त्वस्याः शोणिते गर्भाशय-बीजभागावयवः स्त्रीकराणां च शरीरबीजभागानामेकदेशः प्रदोषमापद्यते तदा स्त्र्याकृतिभूयिष्ठामस्त्रियं [4]वार्तां नाम जनयति; तां स्त्रीव्यापदमाचक्षते ॥३०॥

गर्भ के सम्पूर्णतया नष्ट न होकर विकृत होने में हेतु—जिस कारण गर्भ सम्पूर्णतया नष्ट न होता हुआ विकृति को प्राप्त होता है उसकी व्याख्या करेंगे—जब उक्त (ज्वरनिदान में) दोष प्रकोपक हेतुओं के सेवन से स्त्री के प्रकुपित हुए दोष शरीर में फैलते हुए शोणित (डिम्ब) और गर्भाशय में पहुँचते हैं, परन्तु सम्पूर्णतया शोणित और गर्भाशय को दूषित नहीं करते तब भी यह स्त्री गर्भ को धारण करती है। परन्तु तब गर्भ के मातृज अवयवों में से कोई एक अथवा अनेक अवयव विकृति को प्राप्त होते हैं। जिस जिस अवयव के बीज (सम्पूर्ण आर-म्भक भाग) वा बीज के एक भाग में दोष प्रकुपित होते हैं उस २ अवयव में विकार हो जाता है। जब इसी स्त्री के शोणित (डिम्ब) के सम्पूर्ण गर्भाशयोत्पादक भाग में दोष प्रकुपित होते हैं तब वह बीज वन्ध्या को उत्पन्न करता है। और जब स्त्री के शोणित (डिम्ब) में गर्भाशयोत्पादक भाग का एक अंश दुष्ट होता है तब बीज पूतिप्रजा को उत्पन्न करता है। जब स्त्री के शोणित गर्भाशयो-त्पादक भाग का एक अंश और स्त्रीकर शरीरोत्पादक भाग का एक स्थल दुष्ट हो जाता है तब जो वस्तुतः स्त्री नहीं होता

१—'शोणितगर्भाशयोपघातायोपपद्यन्ते' ग०। २—'यदा' पा०। ३—'एकोऽथवानेके' पा०। ४—'शान्तां'।

परन्तु स्त्री से बहुत मिलता जुलता है—वार्ता-को उत्पन्न करता है। उसे स्त्रीव्यापद कहते हैं। क्योंकि यह स्त्री के आर्तव की दुष्टि से होता है ॥३०॥

एवमेव यदा पुरुषस्य बीजे बीजभागः प्रकोपमापद्यते, तदा वन्ध्यं जनयति; यदा पुनरस्य बीजे बीजभागावयवः प्रदोषमापद्यते, तदा पूतिप्रजां जनयति; यदा त्वस्य बीजे बीजभागावयवः पुरुषकाराणां च शरीरबीजभागानामेकदेशः प्रदोषमापद्यते, तदा पुरुषाकृतिभूयिष्ठमपुरुषं तृणपूलिकं[1] नाम जनयति, तां पुरुषव्यापदमाचक्षते ॥३१॥

इसी तरह जब पुरुष के बीज में सम्पूर्ण उत्पादक भाग (प्रजननभाग) प्रकुपित हो जाता है तो वह बीज वन्ध्य (Sterile) को उत्पन्न करता है। जब पुरुष के बीज में प्रजननभाग का एक अंश दुष्ट होता है तो पूतिप्रजा को उत्पन्न करता है। जब पुरुष के बीज में प्रजननभाग का एक अंश और पुरुषकर शरीर के उत्पादक भाग का एक देश दुष्ट होता है तब तृणपूलिक को उत्पन्न करता है। इसकी आकृति पुरुष से बहुत मिलती-जुलती है, पर वह पुरुष नहीं होता। उसे पुरुषव्यापद कहते हैं ॥३१॥

एतेन मातृजानां पितृजानां चावयवानां विकृतिव्याख्यानेन सात्म्यजानां रसजानां सत्त्वजानां चावयवानां विकृतिर्व्याख्याता ॥३२॥

मातृज और पितृज अवयवों के विकारों के कहने से सात्म्यज रसज सत्त्वज अवयवों की विकृति की भी व्याख्या हो गयी। सात्म्यज आदि भावों की विकृति सात्म्य आदि की दुष्टि से होती हैं ॥३२॥

निर्विकारः परस्त्वात्मा सर्वभूतानां निर्विशेषः, सत्त्वशरीरयोस्तु विशेषाद्विशेषोपलब्धिः ॥३३॥

उत्कृष्ट आत्मा तो विकाररहित है। वह सब प्राणियों में एक सा है। मन और शरीर की भिन्नता से वह भिन्न प्रतीत होता है। अर्थात् अव्यक्त आत्मा में किसी प्रकार का भी विकार नहीं होता, अतः वस्तुतः आत्मज विकार कोई नहीं। परन्तु मन और शरीर का सम्बन्ध होने पर वहाँ सुख दुःख आदि की प्रतीति होती है और मन और शरीरों की भिन्नता होने से आत्मा भी भिन्न प्रतीत होता है। अर्थात् जो आत्मज विकार कहते हैं वे मन और देह के विकारों के कारण ही हैं। अथवा चूंकि देह और मन की भिन्नता के कारण प्रति पुरुष में आत्मा भिन्न प्रतीत होता है। अतः वह विशेष्य है विकार नहीं है ॥३३॥

तत्र त्रयस्तु शारीरदोषाः—वातपित्तश्लेष्माणः, ते शरीरं दूषयन्ति; द्वौ पुनः सत्त्वदोषौ—रजस्तमश्च, तौ सत्त्वं दूषयतः; ताभ्यां च सत्त्वशरीराभ्यां दुष्टाभ्यां विकृतिरुपजायते, नोपजायते चाप्रदुष्टाभ्याम् ॥३४॥

शारीर दोष तीन हैं—१ वात २ पित्त ३ कफ। वे शरीर को दूषित करते हैं। मन के दो दोष हैं—१ रज और २ तम। वे दोनों मन को दूषित करते हैं। मन और शरीर के दुष्ट होने से विकृति उत्पन्न होती है। यदि मन और शरीर दुष्ट न हों तो विकृति नहीं होती। अर्थात् आत्मा में मन और शरीर की दुष्टि से ही विकृति प्रतीत होती है ॥३४॥

तत्र शरीरं योनिविशेषाच्चतुर्विधमुक्तमग्रे ॥३५॥

योनिभेद से चार प्रकार के शरीर पहिले कहे जा चुके हैं—१ स्वेदज २ अण्डज ३ उद्भिज्ज ४ जरायुज ॥

त्रिविधं खलु सत्त्वं—शुद्धं, राजसं, तामसमिति। तत्र शुद्धमदोषमाख्यातं कल्याणांशत्वात्, राजसं सदोषमाख्यातं रोषांशत्वात्, तथा तामसमपि सदोषमाख्यातं मोहांशत्वात् ॥३६॥

मन तीन प्रकार का है—१ शुद्ध २ राजस ३ तामस। इनमें से शुद्ध मन दोषरहित होता है। यह दोषकर नहीं। क्योंकि इसमें कल्याणभाग होता है। राजस मन दोषयुक्त होता है, क्योंकि उसमें रोष (क्रोध वा अप्रीति–द्वेष) भाग होता है। तामस मन भी दोषयुक्त होता है, मोहभाग युक्त होने से। अर्थात् मन के तीन भाग हैं—कल्याणभाग, दोषभाग, मोहभाग। रोषभाग और मोहभाग अधम रूप होने से मन को दूषित करते हैं। जब रज और तम नहीं रहते तब मन शुद्ध होता है ॥३६॥

तेषां तु त्रयाणामपि सत्त्वानामेकैकस्य भेदाग्रमपरिसंख्येयं तरतमयोगाच्छरीरयोनिविशेषेभ्यश्चान्योन्यानुविधानत्वाच्च। शरीरमपि सत्त्वमनुविधीयते, सत्त्वं च शरीरं; तस्मात्कतिचिच्च सत्त्वभेदाननूकाभि[1]निर्देशेन निदर्शनार्थमनुव्याख्यास्यामः ॥३७॥

उन तीनों प्रकार के मनों में से एक एक मन के भी असंख्य भेद हैं, तर-तम योग होने से। जैसे शुद्ध शुद्धतर शुद्धतम आदि। अर्थात् अपेक्षया न्यूनाधिकता होने से असंख्य भेद हो जाते हैं और शरीर की योनियों के भेद के कारण उनमें मन के शरीर के अनुरूप होने से मन के अनगिनत भेद हैं। जैसे मनुष्य पशु पक्षी आदि योनियाँ हैं। इन एक २ योनियों के भी असंख्य भेद हैं। जैसे पशुओं में गौ घोड़ा गदहा आदि असंख्य पशु हैं। पक्षियों में चिड़िया कबूतर तोता आदि असंख्य पक्षी हैं। संसार में इतनी जीव जन्तुओं की योनियाँ हैं कि गिनना असम्भव है। अतएव योनिभेद से शरीरभेद होने पर उनमें स्थित मन भी असंख्य हो जाते हैं। शरीर मन के अनुरूप होता है और मन शरीर के अनुरूप। असंख्य होने के कारण सबका कहना असम्भव है उदाहरण के लिये ही कुछ एक मन के भेदों की सदृशता दिखाकर व्याख्या करेंगे ॥३७॥

तद्यथा—शुचिं सत्याभिसंधं जितात्मानं संविभागिनं ज्ञानविज्ञानवचनप्रतिवचनशक्तिसंपन्नं स्मृतिमन्तं कामक्रोधलोभमानमोहेर्ष्याहर्षामर्षापेतं समं सर्वभूतेषु ब्राह्मं विद्यात् ॥३८॥

जैसे—१ ब्राह्मसत्त्व–पवित्र, सत्यप्रतिज्ञ, जितात्मा, कार्याकार्य का विभाग करनेवाला, ज्ञान विज्ञान वचन तथा प्रतिवचन की शक्ति से युक्त, स्मृतिमान्, काम क्रोध लोभ अहङ्कार मोह ईर्ष्या अप्रसन्नता तथा अमर्ष (असहिष्णुता) से रहित, सब प्राणियों में सम दृष्टि रखनेवाला ब्राह्मसत्त्व होता है। सुश्रुत शारीर अ० ४ में—

१—'तृणपात्रक' च०।

१—'अनूकाभिनिर्देशेन' साम्याभिनिर्देशेन' चक्रः।

'शौचमास्तिक्यमभ्यासो वेदेषु गुरुपूजनम्।
प्रियातिथित्वमिज्या च ब्रह्मकायस्य लक्षणम्' ॥३८॥

इज्याध्ययनव्रतहोमब्रह्मचर्यपरमतिथिव्रतमुपशान्तमदमानरागद्वेषमोहलोभरोषं प्रतिभावचनविज्ञानोपधारणशक्तिसंपन्नमार्षं विद्यात् ॥३९॥

२ आर्षसत्त्व—इज्या (यज्ञ करना), अध्ययन (स्वाध्याय), व्रत होम ब्रह्मचर्य का पालन करनेवाला, अतिथिपूजक, जिसके मद अहङ्कार राग द्वेष मोह लोभ तथा क्रोध शान्त हैं, प्रतिभा वचन विज्ञान तथा धारणाशक्ति (मेधा) से सम्पन्न पुरुष को आर्षसत्त्व जानना चाहिये। सुश्रुत शारीर अ० ४ में—

'जपव्रतब्रह्मचर्यहोमाध्ययनसेविनम्।
ज्ञानविज्ञानसम्पन्नमृषिसत्त्वं नरं विदुः' ॥३९॥

ऐश्वर्यवन्तमादेयवाक्यं यज्वानं शूरमोजस्विनं तेजसोपेतमक्लिष्टकर्माणं दीर्घदर्शिनं धर्मार्थकामाभिरतमैन्द्रं विद्यात् ॥४०॥

३ ऐन्द्रसत्त्व—ऐश्वर्ययुक्त, जिसका कहा मानने के योग्य हो, यज्ञ-याग करनेवाला, शूर, ओजस्वी, तेजस्वी, निन्दित कर्म न करनेवाला, दीर्घदर्शी (दूर की बात सोचनेवाला), धर्म अर्थ काम में रत पुरुष को ऐन्द्रसत्त्व जानना चाहिये। सुश्रुत शारीर ४ अ० में—

'माहात्म्यं शौर्यमाज्ञा च सततं शास्त्रबुद्धिता।
भृत्यानां भरणं चापि माहेन्द्रं कायलक्षणम्' ॥४०॥

[1]लेखास्थवृत्तं [2]प्राप्तकारिणमसंप्रहार्यमुत्थानवन्तं स्मृतिमन्तमैश्वर्यालम्बिनं व्यपगतरागद्वेषमोहं याम्यं विद्यात् ॥

४ याम्य सत्त्व—जिसका आचार कर्तव्याकर्तव्य में मर्यादित हैं, प्राप्तकारी (युक्त कर्म करनेवाला), जिस पर प्रहार न कर सकते हों, उद्यमी वा समर्थ, स्मृतिसम्पन्न, ऐश्वर्ययुक्त तथा राग द्वेष मोह से रहित पुरुष को याम्यसत्त्व जाने। सुश्रुत शारीर ४ अ० में—

'प्राप्तकारी दृढोत्थानो निर्भयः स्मृतिमान् शुचिः।
रागमोहमदद्वेषैर्वर्जितो याम्यसत्त्ववान्' ॥४१॥

शूरं धीरं शुचिमशुचिद्वेषिणं यज्वानमम्भोविहाररतिमक्लिष्टकर्माणं स्थानकोपप्रसादं वारुणं विद्यात् ॥४२॥

५ वारुणसत्त्व—शूर, धीर, पवित्र, अपवित्रता से द्वेष करनेवाला, यज्ञ करनेवाला, जिसे जलविहार में प्रीति हो, जो निन्दित कर्म न करता हो, यथास्थान कुपित और प्रसन्न होनेवाला अर्थात् जब क्रोध करने का समय हो उस समय कोध तथा जब प्रसन्न होने का समय हो उस समय प्रसन्न होनेवाला पुरुष वारुणसत्त्व होता है। उसका मन वरुण के सदृश होता है। सुश्रुत शारीर ४ अ० में—

'शीतसेवा सहिष्णुत्वं पैङ्गल्यं हरिकेशता।
प्रियवादित्वमित्येतद्वारुणं कायलक्षणम्॥'

अर्थात् जिसे शीत आहार विहार प्यारा हो, सहिष्णु, जिसके शरीर वा आँख का वर्ण पिङ्गल वा भूरा सा हो, बाल कपिल वर्ण के हों, मीठा बोलता हो, उसे वारुणसत्त्व जानना चाहिये ॥४२॥

स्थानमानोपभोगपरिवारसंपन्नं सुखविहारं धर्मार्थकामनित्यं शुचिं व्यक्तकोपप्रसादं कौबेरं विद्यात् ॥४३॥

६ कौबेरसत्त्व—स्थान (भूमि, मकान आदि) मान उपभोग (Luxury) तथा परिवार (पुत्र पौत्र आदि) से सम्पन्न, जो सुख पूर्वक विहार करता हो, नित्य धर्म अर्थ काम में तत्पर, पवित्र, जिसका कोप और प्रसन्नता स्पष्ट हो—छिपी न हो, उसे कौबेरसत्त्व जानना चाहिये। सुश्रुत शारीर ४ अ० में—

'मध्यस्थता सहिष्णुत्वमर्थस्यागमसंचयौ।
महाप्रसवशक्तित्वं कौबेरं कायलक्षणम्' ॥४३॥

प्रियनृत्यगीतवादित्रोल्लापकं[1] श्लोकाख्यायिकेतिहासपुराणेषु कुशलं गन्धमाल्यानुलेपनवसनस्त्रीविहारनित्यमनसूयकं गान्धर्वं विद्यात् ॥४४॥

७ गान्धर्वतत्त्व—नाच गाना बजाना तथा उल्लापक (स्तोत्र आदि) जिसे प्यारे हों, श्लोक, आख्यायिका (कहानी) इतिहास और पुराण में कुशल, गन्ध (इत्र फुलेल) आदि का माला का धारण चन्दन आदि का अनुलेपन फैशन के वस्त्र धारण करना, स्त्री भोग; इन्हें नित्य सेवन करनेवाला, दूसरे के गुणों पर दोषारोपण न करनेवाला पुरुष गान्धर्व सत्त्व होता है। सुश्रुत शारीर ४ अ० में—

'गन्धमाल्यप्रियत्वं च नृत्यवादित्रकामिता।
विहारशीलता चैव गान्धर्वं कायलक्षणम्' ॥४४॥

इत्येवं शुद्धस्य सत्त्वस्य सप्तविधं भेदांशं विद्यात्, कल्याणांशत्वात्, संयोगात्तु ब्राह्ममत्यन्तशुद्धं व्यवस्येत् ॥

इस प्रकार कल्याणभाग से युक्त होने के कारण ये सात भेद शुद्ध सत्त्व के जानें। उस कल्याणभाग (श्रेय अंश) के सम्यग्योग होने से ब्राह्मसत्त्व अत्यन्त शुद्ध जानना चाहिये। अर्थात् इन सातों सात्त्विक सत्त्वों में ब्राह्मसत्त्व शुद्धतम है।४५।

शूरं चण्डमसूयकमैश्वर्यवन्तमौपधिकं[2] रौद्रमननुक्रोशमात्मपूजकमासुरं विद्यात् ॥४६॥

राजससत्त्व के भेद—१ आसुरसत्त्व—शूर, तीव्र क्रोधवाले, दूसरे के गुणों में दोषारोपण करनेवाले, ऐश्वर्ययुक्त, उपधा—राग द्वेष से युक्त अथवा कपटयुक्त (अथवा यहाँ 'औदरिकं' पढ़ना चाहिये—इसका अर्थ बहुभक्षी वा पेटू है), रौद्र (भीषण वा उग्रस्वभाव), निर्दय, आत्मपूजक (अपनी आहार आदि से पूजा करनेवाला—दूसरे को न पूछनेवाला वा आत्मश्लाघी अथवा स्वार्थी) को आसुरसत्त्व (असुर सदृश सत्त्व) जानना चाहिये। सुश्रुत शारीर अ० ४ में—

'ऐश्वर्यवन्तं रौद्रं च शूरं चण्डमसूयकम्।
एकाशिनं चौदरिकमासुरं सत्त्वमीदृशम्' ॥४६॥

अमर्षिणमनुबन्धकोपं छिद्रप्रहारिणं क्रूरमाहारातिमात्ररुचिमामिषप्रियतमं स्वप्नायासबहुलमीर्षुं राक्षसं विद्यात् ॥

२—राक्षससत्त्व—असहिष्णु (वा क्षमा न करनेवाले) दीर्घकाल तक क्रोधयुक्त रहनेवाले, छिद्रप्रहारी (अवकाश पाकर प्रहार करनेवाले), क्रूर, आहार में अत्यधिक

१—'लेखा कर्तव्याकर्तव्यमर्यादा, तत्र स्थितं वृत्तं यस्य स लेखास्थवृत्तः' चक्रः। २—'असंहार्यं०' ग०।

१—'वादित्रोल्लापकश्लोका०' पा०।
२—'औपधिकमिति छद्मानुचारिणं' चक्रः।

रुचिवाला, जिसे सब से अधिक मांस प्रिय है, बहुत सोनेवाला, बहुत परिश्रम करनेवाला, ईर्ष्यायुक्त पुरुष राक्षससत्त्व होता है। सुश्रुत शारीर अध्याय ४ में—

'एकान्तग्राहिता रौद्रमसूया धर्मबाह्यता।
भृशमात्रं तमश्चापि राक्षसं कायलक्षणम्' ॥ ४७ ॥

महालसं स्त्रैणं स्त्रीरहस्काममशुचिं शुचिद्वेषिणं भीरुं भीषयितारं [1]विकृतविहाराहारशीलं पैशाचं विद्यात् ।४८।

३ पैशाचसत्त्व—महा आलसी, स्त्री के वश में रहनेवाले, स्त्रियों के साथ एकान्त में रहने की इच्छावाले अर्थात् स्त्रीलोलुप (कामी), अपवित्र, पवित्रता के द्वेषी, भीरु (डरपोक), दूसरों को डरानेवाले, विकृत आहार विहार के अभ्यासी—परहेज न रखनेवाले को पैशाचसत्त्व जानें । सुश्रुत शारीर ४ अ० में—

'उच्छिष्टाहारता तैक्ष्ण्यं साहसप्रियता तथा।
स्त्रीलोलुपत्वं नैर्लज्ज्यं पैशाचं कायलक्षणम्' ॥ ४८ ॥

क्रुद्धं शूरमक्रुद्धं भीरुं तीक्ष्णमायासबहुलं संत्रस्तगोचरमाहारविहारपरं सार्पं विद्यात् ॥४९॥

४ सार्पसत्त्व—जब क्रोधी हो तब शूर, जब क्रोधी न हो तब भीरु (डरपोक), तीक्ष्ण, बहुत परिश्रमी, डरते हुए विषयों का सेवन करनेवाला, आहार विहारों में रत पुरुष को सार्पसत्त्व अर्थात् साँप के सदृश सत्त्ववाला जानना चाहिये। सुश्रुत शारीर ४ अ० में—

'तीक्ष्णमायासिनं भीरुं चण्डं मायान्वितं तथा।
बिहाराचारचपलं सर्पसत्त्वं विदुर्नरम् ॥ ४९ ॥

आहारकाममतिदुःखशीलाचारोपचारमसूयकमसंविभागिनमतिलोलुपमकर्मशीलं प्रैतं विद्यात् ॥५०॥

५ प्रैतसत्त्व—आहार को चाहनेवाले, जिसका शील आचार और उपचार अत्यन्त दुःख के देनेवाले हैं, दूसरे के गुणों में दोषारोपण करनेवाले, असंविभागी (बांट कर न खानेवाले अथवा कार्याकार्य के विभाग के ज्ञान से शून्य), अत्यन्त लोभी तथा आलसी को प्रेतसत्त्व जाने । सुश्रुत शारीर ४ अ० में—

'असंविभागमलसं दुःखशीलमसूयकम्।
लोलुपं चाप्यदातारं प्रेतसत्त्वं विदुर्नरम् ॥५०॥'

अनुषक्तकाममजस्रमाहारविहारपरमनवस्थितममर्षिणमसंचयं शाकुनं विद्यात् ॥५१॥

६ शाकुनसत्त्व— निरन्तर कामी, सर्वदा आहार-विहार में रत, अस्थिरमति, असहिष्णु, धन आदि का संचय न करनेवाला पुरुष शाकुनसत्त्व होता है। उसका मन पक्षिसदृश होता है। सुश्रुत शारीर ४ अ० में—

'प्रवृद्धकामसेवी चाप्यजस्राहार एव च।
अमर्षणोऽनवस्थायी शाकुनं कायलक्षणम् ॥ ५१ ॥

इत्येवं खलु राजसस्य सत्त्वस्य षड्विधं भेदांशं विद्याद्रोषांशत्वात् ॥५२॥

ये छहो प्रकार के सत्त्व के भेद रोष के अंश से युक्त होने के कारण राजस जानने चाहिये ॥५२॥

[1]निराकरिष्णुमधमवेशं जुगुप्सिताचाराहारं मैथुनपरं स्वप्नशीलं पाशवं विद्यात् ॥५३॥

तामससत्त्व के भेद—१ पाशवसत्त्व—निराकरण के स्वभाववाला, नीच वेश युक्त, आहार और आचार जिसका निन्दित है, मैथुनरत (भोगी), अत्यधिक सोनेवाला पुरुष पाशवसत्त्व होता है। उसका मन पशुसदृश होता है। सुश्रुत शारीर ४ अ० में—

'दुर्मेधस्त्वं मन्दता च स्वप्ने मैथुननित्यता।
निराकरिष्णुता चैव विज्ञेयाः पाशवा गुणाः ॥५३॥

भीरुमबुधमाहारलुब्धमनवस्थितमनुषक्तकामक्रोधं सरणशीलं तोयकामं मात्स्यं विद्यात् ॥५४॥

२ मात्स्यसत्त्व—भीरु, बेसमझ, आहार का लोभी, अस्थिरचित्त, निरन्तर कामी और क्रोधी, चलते फिरते रहनेवाला, जल का इच्छुक वा प्रेमी पुरुष मात्स्यसत्त्व होता है। उसका मन मछली के सदृश होता है। सुश्रुत शारीर ४ अ० में—

'अनवस्थितता मौर्ख्यं भीरुत्वं सलिलार्थिता।
परस्पराभिमर्दश्च मत्स्यसत्त्वस्य लक्षणम् ॥'५४॥

अलसं केवलमभिनिविष्टमाहारे [2]सर्वबुद्ध्या हीनं वानस्पत्यं विद्यात् ॥५५॥

३ वानस्पत्यसत्त्व—आलसी, केवल आहार में रत, सब ज्ञान से शून्य पुरुष को वानस्पत्यसत्त्व जानें। इसका मन वृक्ष के सदृश होता है। सुश्रुत शारीर ४ में—

'एकस्थानरतिर्नित्यमाहारे केवले रतः।
वानस्पत्यो नरः सत्त्वधर्मकामार्थवर्जितः ॥५५॥

इत्येवं खलु तामसस्य सत्त्वस्य त्रिविधं भेदांशं विद्यान्मोहांशत्वात् ॥५६॥

इस प्रकार तामस सत्त्व के तीन भेद हैं। क्योंकि इनमें मोहभाग रहता है ॥५६॥

इत्यपरिसंख्येयभेदानां खलु त्रयाणामपि सत्त्वानां भेदैकदेशो व्याख्यातः; शुद्धस्य सत्त्वस्य सप्तविधो ब्रह्मर्षिशक्रवरुणयमकुबेरगन्धर्वसत्त्वानुकारेण, राजसस्य षड्विधो दैत्यराक्षसपिशाचसर्पप्रेतशकुनिसत्त्वानुकारेण, तामसस्य त्रिविधः पशुमत्स्यवनस्पतिसत्त्वानुकारेण; कथं च यथासत्त्वमुपचारः स्यादिति केवलश्चायमुद्देशो यथोद्देशमभिनिर्दिष्टो भवति गर्भावक्रान्तिसम्प्रयुक्तः; तस्यार्थस्य विज्ञाने सामर्थ्यं—गर्भकराणां च भावानामनुसमाधिर्विघातश्च विघातकराणां भावानामिति ॥५७॥

ये तीनों सत्त्वों के असंख्य भेदों के भेद के एकदेश की व्याख्या कर दी गयी। शुद्ध सत्त्व-ब्रह्म ऋषि इन्द्र यम वरुण कुबेर गन्धर्व; इनके मन के अनुकरण से सात प्रकार का। राजस सत्त्व-दैत्य (असुर) राक्षस पिशाच सर्प प्रेत शकुनि; इनके मन के अनुकरण से ६ प्रकार का। तामस सत्त्व-पशु

१—'विहारशीलं' ग०।
२—'मन्त्रसुगोचर०' ग०। 'यत्किंचित् कोऽपि मन्त्रयते तन्मन्त्रं सुष्ठु गोचरं ज्ञानविषयीभवतीति' गङ्गाधरः। 'मन्त्रः सगोचरो यस्य तं मन्त्रसगोचरं मन्त्रत्रयमित्यर्थः' । योगीन्द्रः।

१—'निरलङ्करिष्णुममेधसं' च०। 'निराकरिष्णुममेधसं' ग०।

मत्स्य वनस्पति; इनके मन के अनुकरण से ३ प्रकार का। सत्त्व के अनुसार उपचार कैसे हो—इसीलिये यह सम्पूर्ण गर्भावक्रान्ति में उपयोगी विषय यथोद्देश कह दिया है। इस विषय के जानने से गर्भकर भावों का संग्रह और गर्भ के नाशक भावों का त्याग जाना जाता है ॥५७॥

तत्र श्लोकाः।

निमित्तमात्मा प्रकृतिर्वृद्धिः कुक्षौ क्रमेण च।
वृद्धिहेतुश्च गर्भस्य पञ्चार्थाः शुभसंज्ञिताः ॥५८॥

गर्भ का निमित्त, आत्मा, गर्भ की प्रकृति, कोख में क्रमशः वृद्धि, गर्भ की वृद्धि का हेतु, पाँच भाव शुभ कहाते हैं ॥५८॥

अजन्मनि च यो हेतुर्विनाशे विकृतावपि।
इमांस्त्रीनशुभान् भावानाहुर्गर्भविघातकान् ॥५९॥

गर्भ की अनुत्पत्ति में हेतु, गर्भ के विनाश में हेतु और विकृति में हेतु, इन तीन अशुभ भावों को गर्भविघातक जानना चाहिये ॥५९॥

शुभाशुभसमाख्यातानष्टौ भावानिमान् भिषक्।
सर्वथा वेद यः सर्वान् स राज्ञः कर्तुमर्हति ॥६०॥
अवाप्त्युपायान् गर्भस्य स एव ज्ञातुमर्हति।
ये च गर्भविघातोक्ता भावास्तांश्चाप्युदारधीः ॥६१॥

इत्यग्निवेशकृते तन्त्रे चरकप्रतिसंस्कृते शारीरस्थाने महतीगर्भावक्रान्तिशारीरं नाम चतुर्थोऽध्यायः ॥४॥

जो चिकित्सक इन शुभाशुभ भावों को सर्वथा जानता है वह राजा की चिकित्सा कर सकता है। अर्थात् वह श्रेष्ठ चिकित्सक होता है। यह उत्तमबुद्धि पुरुष गर्भप्राप्ति के उपायों तथा गर्भ के विघातक भावों को जानने के योग्य होता है ॥६०,६१॥

इति चतुर्थोऽध्यायः।

पञ्चमोऽध्यायः

अथातः पुरुषविचयं शारीरं व्याख्यास्यामः।
इति ह स्माह भगवानात्रेयः ॥१॥

अब हम पुरुषविचय नामक शारीर की व्याख्या करेंगे—ऐसा भगवान् आत्रेय ने कहा था। जिसके द्वारा पुरुष का विशेष ज्ञान होता है उसे पुरुषविचय कहा जाता है। अर्थात् इस अध्याय में पुरुष के विशेष ज्ञान सम्बन्धी बातें होंगी ॥१॥

पुरुषोऽयं लोकसम्मित इत्युवाच भगवान्पुनर्वसुरात्रेयः; यावन्तो हि लोके मूर्तिमन्तो भावविशेषास्तावन्तः पुरुषे, यावन्तः पुरुषे तावन्तो लोके ॥२॥

पुरुष, लोक (जगत्) के तुल्य है। यह भगवान् पुनर्वसु आत्रेय ने कहा। अर्थात् पुरुष इस महान् लोक का एक छोटा प्रतिरूप है। जितने भी इस लोक में मूर्तिमान् भाव हैं उतने ही पुरुष में। जितने पुरुष में उतने ही इस लोक में ॥२॥

इत्येवंवादिनं भगवन्तमात्रेयमग्निवेश उवाच—नैतावता वाक्येनोक्तंवाक्यार्थमवगाहामहे भगवता बुद्ध्या [1]भूयस्तरमनुव्याख्यायमानं शुश्रूषामह इति ॥३॥

इस प्रकार कहते हुए भगवान् आत्रेय को अग्निवेश ने कहा—कि हे भगवन्! इतने (उपर्युक्त) मात्र वाक्य द्वारा आपके कहने के अभिप्राय को हम अच्छी प्रकार नहीं समझ सके। हम आपके द्वारा इस विषय की विस्तृत व्याख्या सुनना चाहते हैं ॥३॥

तमुवाच भगवानात्रेयः—अपरिसंख्येया लोकावयवविशेषाः पुरुषावयवविशेषा अप्यपरिसंख्येयाः; तेषां यथास्थूलं भावान् सामान्यमभिप्रेत्योदाहरिष्यामः तानेकमना निबोध सम्यगुपवर्ण्यमानानग्निवेश! षड्धातवः समुदिता [1]'लोक' इति शब्दं लभन्ते; तद्यथा—पृथिव्यापस्तेजो वायुराकाशं ब्रह्म चाव्यक्तमित्येत एव च षड्धातवः समुदिता 'पुरुष' इति शब्दं लभन्ते ॥४॥

भगवान् आत्रेय ने उसे कहा—लोक के अवयव भेद असंख्य हैं। पुरुष के अवयव भेद असंख्य हैं। उन सब का परिगणन असम्भव है। उनमें से कुछ मोटे २ अवयव भेदों को समानता दिखाने के लिये यहाँ कहा जायगा। उनके वर्णन को एकाग्रचित्त होकर श्रवण करे।

छह धातुएं मिलकर 'लोक' कहाता है। वे छह धातुएं ये हैं—१ पृथिवी २ जल ३ तेज ४ वायु ५ आकाश ६ अव्यक्त ब्रह्म। ये ही छह धातुएं मिलकर 'पुरुष' कहाता है ॥४॥

तस्य पुरुषस्य पृथिवी मूर्तिः, आपः क्लेदः, तेजोऽभिसंतापो, वायुः प्राणो, वियच्छुषिराणि, ब्रह्मान्तरात्मा, यथा खलु ब्राह्मो विभूतिर्लोके तथा पुरुषेऽप्यान्तरात्मिकी विभूतिः, ब्रह्मणो विभूतिर्लोके प्रजापतिरन्तरात्मनो विभूतिः पुरुषे सत्त्वं, यस्त्विन्द्रो लोके स पुरुषेऽहङ्कारः, आदित्यास्तु आदानं, रुद्रो रोषः, सोमः प्रसादो, वसवः सुखम्, अश्विनौ कान्तिः, मरुदुत्साहो, विश्वेदेवाः सर्वेन्द्रियाणि सर्वेन्द्रियार्थाश्च, तमो मोहो, ज्योतिर्ज्ञानं, यथा लोकस्य सर्गादिस्तथा पुरुषस्य गर्भाधानं, यथा कृतयुगमेवं बाल्यं, यथा त्रेता तथा यौवनं, यथा द्वापरस्तथा स्थाविर्यं, यथा कलिरेवमातुर्यं, यथा युगान्तस्तथा मरणमिति; एवमनुमानेनानुक्तानामपि लोकपुरुषयोरवयवविशेषाणामग्निवेश! सामान्यं विद्यात् ॥५॥

पृथिवी–पुरुष की मूर्ति है। क्लेद (गीलापन)–जल है। शारीरिक उष्णता–तेज वा अग्नि है। प्राण–वायु हैं। छिद्रसमूह आकाश है। अन्तरात्मा–ब्रह्म है। इस प्रकार पुरुष छह धातुओं का समूह है। जैसे लोक में ब्रह्म की विभूति दिखाई देती है—ऐसे ही पुरुष में अन्तरात्मा की विभूति है। नाना प्रकार की सृष्टि की उत्पत्ति की समर्थता को विभूति वा ऐश्वर्य कहते हैं। जैसे लोक में ब्रह्म की विभूति प्रजापति है उसी प्रकार पुरुष में अन्तरात्मा की विभूति मन है। जो लोक में इन्द्र है वह पुरुष में अहङ्कार है। जैसे लोक में आदित्य (सूर्य हैं) वैसे ही पुरुष में आदान। अर्थात् जैसे लोक में सूर्य रस को ले लेता है वैसे ही शरीर में रस को ग्रहण करने की शक्ति है। जो लोक में रुद्र है वह पुरुष में रोष है। जो लोक में सोम (चन्द्र) है वह ही पुरुष में प्रसाद (प्रसन्नता) है। जो लोक में वसु है वह ही पुरुष में सुख है। जो लोक में अश्विनीकुमार हैं वह शरीर में कान्ति है। जो लोक

1—'भूयस्तरमतोऽनु' ग०।

1–'पुरुष' च०।

में मरुद्गण हैं वह पुरुष में उत्साह है। जो लोक में विश्वेदेव हैं वे ही पुरुष में सब इन्द्रियाँ और सब इन्द्रियविषय हैं। जो लोक में अन्धकार है वह ही पुरुष में मोह है। जो लोक में ज्योति है वह पुरुष में ज्ञान है। जैसे लोक को सृष्टि का प्रारम्भ है–वैसे ही पुरुष का गर्भाधान। जैसे सतयुग—वैसे बचपन। जैसे त्रेता–वैसे यौवन। जैसे द्वापर–वैसे वृद्धावस्था। जैसे कलियुग–वैसे रोगी होना। जैसे युग का अन्त–वैसे मृत्यु। इसी प्रकार हे अग्निवेश! लोक और पुरुष के अन्य अवयव भेदों में जो यहाँ पर नहीं भी कहे गये अनुमान द्वारा समानता का बोध करे। उपनिषदों में भी लोक और पुरुष की समानता बतायी गयी है ॥५॥

इत्येवंवादिनं भगवन्तमात्रेयमग्निवेश उवाच—एवमेतत्सर्वमनपवादं यथोक्तं भगवता लोकपुरुषयोः सामान्यं, किन्त्वस्य सामान्योपदेशस्य प्रयोजनमिति ॥६॥

ऐसा कहते हुए भगवान् आत्रेय को अग्निवेश ने कहा—जो आप ने लोक और पुरुष में समानता कही है वह यथार्थ है। उसका अपवाद कोई नहीं। परन्तु इस समानता जताने का प्रयोजन क्या है? ॥६॥

भगवानुवाच—[1]कथमग्निवेश! सर्वलोकमात्मन्यात्मानं च सर्वलोके [2]समनुपश्यता [3]सत्या बुद्धिरुत्पद्यत इति, सर्वलोकं ह्यात्मनि पश्यतो भवत्यात्मैव सुखदुःखयोः कर्ता नान्य इति, कर्मात्मकत्वाच्च [4]हेत्वादिभिर्युक्तः सर्वलोकोऽहमिति विदित्वा ज्ञानं पूर्वमुत्थाप्यतेऽपवर्गायेति; तत्र संयोगापेक्षी लोकशब्दः षड्धातुसमुदायो हि सामान्यतः सर्वलोकः ॥७॥

भगवान् आत्रेय ने कहा—हे अग्निवेश! सब लोक को अपने में और अपने को सब लोक में देखते हुए सत्याबुद्धि कैसे उत्पन्न होती है, सुनो—सम्पूर्ण लोक को अपने में देखते हुए पुरुष का आत्मा ही सुख दुःख का कर्ता होता है, अन्य नहीं। अर्थात् ऐसे योगी पुरुष को जो अपने में ही सम्पूर्ण लोक को देखता है (लोक और पुरुष में समानता देखता है) उसे यह ज्ञान हो जाता है कि सुख दुःख का कर्ता आत्मा (षड्धातुक पुरुष) ही है और कर्माधीन होने से, हेतु आदि (जो अभी कहे जायँगे) से युक्त सम्पूर्ण लोक मैं हूँ—यह जानकर मोक्ष के लिए ज्ञान को पहिले उभारा जाता है। अर्थात् लोक छह धातुओं का समुदाय है। इन छह धातुओं का संयोग कर्मवश होता है। लोक और पुरुष में समता के ज्ञान से सत्याबुद्धि उत्पन्न होती है। इस सत्याबुद्धि से मोक्ष की प्राप्ति होती है। अर्थात् मोक्षप्राप्ति के लिए सब से पूर्व लोक और पुरुष में समबुद्धि का उत्पन्न करना आवश्यक है। जैसे जगत् की सृष्टि सर्वात्मगत व्यापार द्वारा प्राप्त अदृष्ट की अपेक्षा से संयोग होकर होता है उसी प्रकार पुरुष की उत्पत्ति भी अपने प्राक्तन कर्म (अदृष्ट) की अपेक्षा से छह धातुओं के समुदाय से होती है। लोक की उत्पत्ति भी कर्माधीन है, पुरुष की उत्पत्ति भी कर्माधीन है। इसी प्रकार वृद्धि क्षय आदि भी कर्म के आधीन होते हैं। ज्यों ही सर्वात्मगत अदृष्ट का व्यापार शान्त होता है, प्रलय होती है, इसी प्रकार पुरुष भी जब कर्मफलों को भोग चुकता है, अदृष्ट का व्यापार रुक जाता है मृत्यु हो जाती है।

लोकशब्द संयोग की अपेक्षा रखता है। समान्यतः सम्पूर्ण लोक छह धातुओं का समुदाय ही है ॥७॥

तस्य हेतुरुत्पत्तिर्वृद्धिरुपप्लवो वियोगश्च। तत्र हेतुरुत्पत्तिकारणम्, उत्पत्तिर्जन्म, वृद्धिराप्यायनम्, उपप्लवो दुःखागमः, षड्धातुविभागो वियोगः, स जीवापगमः, स प्राणनिरोधः, स भङ्गः, स लोकस्वभावः; तस्य मूलं सर्वोपप्लवानां च प्रवृत्तिः, निवृत्तिरुपरमः; प्रवृत्तिर्दुःखं, निवृत्तिः सुखमिति यज्ज्ञानमुत्पद्यते तत्सत्यं, तस्य हेतुः सर्वलोकसामान्यज्ञानं, तत्प्रयोजनं सामान्योपदेशस्येति ॥८॥

उस लोक का हेतु उत्पत्ति वृद्धि उपप्लव और वियोग होता है। हेतु–उत्पत्ति के कारण को कहते हैं। उत्पत्ति–जन्म को कहते हैं। वृद्धि–का अभिप्राय आप्यायन वा बढ़ने से है। दुःख का आना–उपप्लव कहाता है। वियोग–से अभिप्राय छहों धातुओं का विभाग है। उसे ही जीवापगम (जीव का निकल जाना) कहते हैं। वह ही प्राणनिरोध (मृत्यु) भङ्ग वा लोकस्वभाव नाम से कहा जाता है। सब दुःखों की प्रवृत्ति उस लोक का कारण है। दुःखों की निवृत्ति शान्ति है वा षड्धातुसंयोगात्मक लोक का विनाश है अर्थात् पुनः उत्पत्ति नहीं होती। प्रवृत्ति (संसार) ही दुःख है और निवृत्ति सुख है—यह जो ज्ञान उत्पन्न होता है वह सत्य ज्ञान है। सम्पूर्ण लोक में समता का ज्ञान उस सत्यज्ञान का कारण है। लोक पुरुष समता के उपदेश का यही प्रयोजन है (सत्य ज्ञान की उत्पत्ति)।

अथवा 'तस्य मूलं सर्वोपप्लवानां च प्रवृत्तिः, निवृत्तिरुपरमः' में 'तस्य' से षड्धातुविभाग वा जीवापगम का निर्देश है।

अर्थात् जीवापगम और सब दुःखों की 'प्रवृत्ति' कारण है और जीवापगम तथा सब दुःखों की 'निवृत्ति' उपरम (शान्ति) है।

अथवा 'तस्य' से लोक वा पुरुष का निर्देश होने पर यह अर्थ भी हो सकता है लोक वा पुरुष का तथा सब दुःखप्राप्ति का कारण 'प्रवृत्ति' है–वाणी और शरीर से किया हुआ कर्म है। लोक और पुरुष की (षड्धातुसंयोगरूप जन्म की) तथा सब दुःख प्राप्तियों की निवृत्ति (मन आदि की अप्रवृत्ति) उपरम है। अतएव प्रवृत्ति अर्थात् मन वचन वा शरीर से किया कर्म दुःख है और निवृत्ति अर्थात् मन वचन वा शरीर की अप्रवृत्ति सुख है ॥८॥

अथाग्निवेश उवाच—किंमूला भगवन्! प्रवृत्तिर्निवृत्तौ वा उपाय इति ॥९॥

अग्निवेश ने पूछा—हे भगवन्! प्रवृत्ति का क्या कारण है? और निवृत्ति में क्या उपाय है? ॥९॥

भगवानुवाच—मोहेच्छाद्वेषकर्ममूला प्रवृत्तिः, तज्जा ह्यहङ्कारसङ्गसंशयाभिसंप्लवाभ्यवपातविप्रत्ययाविशेषानुपायास्तरुणमिव द्रुममतिविपुलशाखास्तरवोऽभिभूय पुरुषमवतत्यैवोत्तिष्ठन्ते यैरभिभूतो न सत्तामतिवर्तते ॥१०॥

१—'भगवन्निवेश'! ग० २—'सममनुपश्यत:' ग०।
३—'आत्मबुद्धिः' ग०। ४— हेत्वादिभिरयुक्तः' ग०।

भगवान् आत्रेय ने कहा—प्रवृत्ति का कारण मोह इच्छा (राग) द्वेष से किया गया कर्म है। अन्य काम क्रोध आदि का इन्हीं में अन्तर्भाव होता है। न्यायदर्शन में कहा है—

तत् त्रैराश्यं रागद्वेषमोहार्थान्तराभावात्।'

उस प्रवृत्ति से अहङ्कार सङ्ग संशय अभिसंप्लव अभ्यवपात विप्रत्यय अविशेष तथा अनुपाय उत्पन्न होते हैं। ये अहङ्कार आदि पुरुष को व्याप्त करके उभरते हैं—बढ़ते हैं, जैसे छोटे पौधे को अत्यधिक शाखाओंवाले वृक्ष नष्ट करके बढ़ते हैं। जिनसे पराभूत हुआ २ वा दबा हुआ पुरुष सत्ता (प्रवृत्ति वा प्रवृत्ति के हेतु) को नहीं लाँघता। अर्थात् अमर नहीं होता और संसार के जन्ममरण के बन्धन में पड़ा रहता है ॥१०॥

तत्रैवंजातिरूपवित्तवृत्तबुद्धिशीलविद्याभिजनवयोवीर्यप्रभावसम्पन्नोऽहमित्यहङ्कारः ॥११॥

अहङ्कार का स्वरूप—इस जाति रूप धन आचार बुद्धि शील (स्वभाव) विद्या अभिजन (कुल) उम्र वीर्य वा प्रभाव से मैं युक्त हूँ—यह अहङ्कार कहाता है ॥११॥

यद्यन्मनोवाक्कायकर्म नापवर्गाय स सङ्गः ॥१२॥

सङ्ग का लक्षण—जो मन वचन वा शरीर का कर्म मोक्ष का हेतु नहीं, वह सङ्ग कहाता है ॥१२॥

कर्मफलमोक्षपुरुषप्रेत्यभावादयः सन्ति वा नेति संशयः।

संशय का स्वरूप—कर्म फल मोक्ष पुरुष पुनर्जन्म आदि हैं या नहीं, यह संशय कहाता है॥ ३॥

सर्वास्ववस्थास्वनन्योऽहमहं स्रष्टा स्वभावसंसिद्धोऽहमहं शरीरेन्द्रियबुद्धिस्मृतिविशेषराशिरिति ग्रहणमभिसंप्लवः ॥१४॥

अभिसम्प्लव—सब अवस्थाओं में मैं एकरूप हूँ, मैं स्रष्टा (सृष्टिकर्ता) हूँ, मैं स्वभावसिद्ध हूँ (मेरा कोई उत्पन्न करनेवाला नहीं), मैं विशेष शरीर इन्द्रिय बुद्धि तथा स्मृति का समुदाय हूँ—ऐसा समझना अभिसम्प्लव कहाता है—गडबड़ ज्ञान (परस्पर विरुद्ध) कहाता है। मैं एकरूप हूँ से स्वभावसिद्ध हूँ तक तो यथार्थ ज्ञान है, शरीर आदि का समुदाय मैं हूँ यह मिथ्याज्ञान है। एकरूप आदि होने पर अपने को शरीर आदि का समुदाय समझना नहीं हो सकता। परन्तु दोनों ज्ञान एकत्र हों तो वह गड़बड़ होगा। इसे अभिसम्प्लव कहते हैं ॥१४॥

मम मातृपितृभ्रातृदारापत्यबन्धुमित्रभृत्यगणो गणस्य चाहमित्यभ्यवपातः ॥१५॥

अभ्यवपात— माता, पिता, भाई, स्त्री, सन्तान, बन्धु, मित्र, नौकर चाकर मेरे हैं। और मैं उनका हूँ—इत्यादि ज्ञान अभ्यवपात कहाता है। यह भी मिथ्याज्ञान है ॥१५॥

कार्याकार्यहिताहितशुभाशुभेषु विपरीताभिनिवेशो विप्रत्ययः ॥१६॥

विप्रत्यय—कार्य अकार्य, हित अहित, शुभ अशुभ में विपरीत ज्ञान का नाम विप्रत्यय है। इसे ही अविद्या भी कह सकते हैं। योगदर्शन में—'अनित्याशुचिदुःखानात्मसु नित्यशुचिसुखात्मख्यातिरविद्या ॥'१६॥

ज्ञाज्ञयोः प्रकृतिविकारयोः प्रवृत्तिनिवृत्त्योश्च सामान्यदर्शनमविशेषः ॥१७॥

अविशेष—ज्ञ तथा अज्ञ में, प्रकृति और विकार में, प्रवृत्ति और निवृत्ति में समानता देखना अविशेष कहाता है। इसे अस्मिता कह सकते हैं। योगदर्शन में—

'दृग्दर्शनशक्त्योरेकात्मतेवास्मिता' ॥१७॥

प्रोक्षणानशनाग्निहोत्रत्रिषवणाभ्युक्षणावाहनयजनयाजनायाचनसलिलहुताशनप्रवेशादयः समारम्भाः प्रोच्यन्ते ह्यनुपायः ॥१८॥

अनुपाय—प्रोक्षण, अनशन (उपवास, भोजन न करना), अग्निहोत्र, त्रिषवण (त्रिकालस्नान), अभ्युक्षण (सेचन) आवाहन (बुलाना—देवता आदि का आवाहन किया जाता है), यजन (यज्ञ करना), याजन (यज्ञ करवाना), आयाचन (प्रार्थना), जल में प्रवेश, अग्नि में प्रवेश आदि विधान जो यज्ञ आदि में कहे हैं वे अनुपाय हैं अर्थात् स्वर्ग के साधन होते हुए भी मोक्षप्राप्ति में उपाय नहीं। इन अनुपायों के अनुष्ठान से धर्म द्वारा जन्म तो होता ही रहेगा। अमर पद इनके अनुष्ठान से नहीं प्राप्त हो सकता। दुःख की आत्यन्तिक निवृत्ति के उपाय तो अन्य ही हैं ॥१८॥

एवमयमधीधृतिस्मृतिरहङ्काराभिनिविष्टः सक्तः ससंशयोऽभिसंप्लुतबुद्धिरभ्यवपतितोऽन्यथादृष्टिरविशेषग्राही विमार्गगतिर्निवासवृक्षः सत्त्वशरीरदोषमूलानां मूलं सर्वदुःखानां भवति; इत्येवमहङ्कारादिभिर्दोषैर्भ्राम्यमाणो नातिवर्तते प्रवृत्तिं, सा च मूलमघस्य ॥१९॥

इस प्रकार यह धी (बुद्धि) धृति (नियमात्मिका बुद्धि) तथा स्मृति से रहित अहङ्कार में पड़ा हुआ संग और संशय से युक्त, गड़बड़ बुद्धिवाला, अभ्यवपात युक्त (ममता युक्त—माता आदि में), विपरीत बुद्धि (विप्रत्यय), ज्ञ अज्ञ आदि में समबुद्धि रखनेवाला, उलटे मार्ग पर चलनेवाला (अनुपाय) पुरुष मन और शारीरिक दोषों के हेतुओं (रज तम तथा वात आदि) का निवासवृक्ष (आश्रय) हुआ २ सब दुःखों का कारण होता है॥

इस प्रकार अहंकार आदि दोषों से घुमाया जाता हुआ प्रवृत्ति को नहीं लांघता। अपितु पुनः पुनः संसार में आता है। यह प्रवृत्ति (संसार) सब पाप की जड़ है ॥१६॥

निवृत्तिरपवर्गस्तत्परं तत् प्रशान्तं तदक्षरं तद् ब्रह्म स मोक्षः ॥२०॥

निवृत्ति अपवर्ग है। वह सर्वोत्कृष्ट है। वह अत्यन्त शान्त है। वह अक्षर (अविनाशी) है। वह ब्रह्म है। उसे ही मोक्ष कहते हैं ॥२०॥

तत्र मुमुक्षूणामुदयनानि व्याख्यास्यामः—तत्र लोकदोषदर्शिनो मुमुक्षोरादित एवाचार्याभिगमनं, तस्योपदेशानुष्ठानम्, अग्नेरेवोपचर्या, धर्मशास्त्रानुगमनं, तदर्थावबोधः, तेनावष्टम्भः, तत्र यथोक्ताः क्रियाः, सतामु-

---

१—'परिणामतापसंस्कारदुःखैर्गुणवृत्तिविरोधाच्च दुःखमेव सर्वं विवेकिनः।' योगदर्शन।

पामनमसतां परिवर्जनम्, असङ्गतिर्दुर्जनेन, सत्यं सर्वभूतहितमपरुषमनतिकाले परीक्ष्य वचनं, सर्वप्राणिष्वात्मनीवावेक्षा, सर्वासामस्मरणमसंकल्पनमप्रार्थनानभिभाषणं च स्त्रीणां, सर्वपरिग्रहत्यागः, कौपीनं प्रच्छादनार्थं धातुरागनिवसनं, कन्थासीवनहेतोः सूचीपिप्पलकं, शौचाधानहेतोर्जलकुण्डिका, दण्डधारणं, भैक्ष्यचर्यार्थं पात्रं, प्राणधारणार्थमेककालमग्राम्यो यथोपपन्न एवाभ्यवहारः श्रमापनयनार्थं शीर्णशुष्कपर्णतृणास्तरणोपधानं, ध्यानहेतोः कायनिबन्धनं, वनेष्वनिकेतवासः, तन्द्रानिद्रालस्यादिकर्मवर्जनम्, इन्द्रियार्थेष्वनुरागोपतापनिग्रहः, सुप्तस्थितगतप्रेक्षिताहारप्रत्यङ्गचेष्टादिकेष्वारम्भेषु स्मृतिपूर्विका प्रवृत्तिः, सत्कारस्तुतिग्रहविमानक्षमत्वं, क्षुत्पिपासायासश्रमशीतोष्णवातवर्षासुखदुःखसंस्पर्शसहत्वं, शोकदैन्योद्वेगमदमानलोभरागेर्ष्याभयक्रोधादिसंचलनम्, अहङ्कारादिषूपसर्गसंज्ञा, लोकपुरुषयोः सर्गादिसामान्यावेक्षणं, कार्यकालात्ययभयं, योगारम्भे सततमनिर्वेदः, सत्त्वोत्साहः, अपवर्गाय धीधृतिस्मृतिबलाधानं, नियमनमिन्द्रियाणां चेतसि चेतस आत्मनि आत्मनश्च धातुभेदेन शरीरावयवसंख्यानम्, अभीक्ष्णं सर्वं कारणवद्दुःखमस्वमनित्यमित्यभ्युपगमः, सर्वप्रवृत्तिषु [२]दुःखसंज्ञा, सर्वसंन्यासे सुखमित्यभिनिवेश एष मार्गोऽपवर्गाय; अतोऽन्यथा बध्यत इत्युदयनानि व्याख्यातानि ॥२१॥

मोक्ष के चाहनेवाले पुरुषों के लिये सब ऊँचे उठानेवाले मार्गों (साधनों वा उपायों) की व्याख्या की जायगी—सब से पूर्व ही मुमुक्षु पुरुष को आचार्य के पास जाना चाहिये। वह जैसा उपदेश करे वैसा ही अनुष्ठान करे। अग्नि की ही सेवा करे। धर्मशास्त्रों का अध्ययन करे और उसके अर्थ को जाने। अर्थ जानने से दृढ़ता उत्पन्न होगी—कि मैं अवश्य मोक्ष को पाऊँ—अथवा शास्त्रार्थ ज्ञान से सहारा मिलेगा और इस सहारे से वह तत्त्वज्ञान तक पहुँचेगा। वहाँ जो २ क्रियायें (तप, स्वाध्याय, ईश्वरप्रणिधान) कहीं हों वे २ करनी चाहिये। सत्पुरुषों के पास बैठना, असत्पुरुषों का त्याग, दुर्जनों की सङ्गति न करना, सच बोलना; सब प्राणियों के लिये हितकर वचन करना, कठोर न बोलना—प्रिय वचन कहना।

'सत्यं ब्रूयात् प्रियं ब्रूयात् न ब्रूयात्सत्यमप्रियम्।
प्रियं च नानृतं ब्रूयात् एष धर्मः सनातनः॥'

अर्थात् सत्य और प्रिय बोलना चाहिये। असत्य और अप्रिय न बोलना चाहिये। सत्य हो और अप्रिय हो ऐसी बात न कहे। और प्रिय हो किन्तु असत्य हो ऐसी बात भी न कहे।

थोड़ा, काल में और सोच विचार कर बोलना। सब प्रणियों को अपने सदृश ही जानना। सब की स्त्रियों के स्मरण संकल्प वा प्रार्थना का त्याग तथा उनसे न बोलना। 'सब' कहने का अभिप्राय यह है कि अपनी स्त्री का भी स्मरण आदि न करे अर्थात् अष्टविध मैथुन त्याग करे सब परिग्रहों का त्याग। विषयों के भोग को अच्छा समझकर स्वीकार करना परिग्रह कहाता है। कौपीन धारण (ब्रह्मचर्य) अपने को ढाँपने के लिये गेरुए वस्त्र का पहिरना। वस्त्र को सीने के लिये सूई रखने का पात्र वा सूई और धागे का पत्ता। नहाने धोने आदि के लिये जलपात्र लोटा वा कमण्डलु। दण्डधारण। भिक्षा के लिये पात्र। प्राणों के लिये यथाप्राप्त वन्य कन्द मूल फल आदि का एक समय भोजन। थकावट के हटाने के लिये गिरे हुए सूखे पत्तों और तिनकों का बिछौना और तकिया। ध्यान के लिये योगासन। वनों में बिना गृह के वास। तन्द्रा निद्रा आलस्य आदि कर्म का त्याग। प्रिय इन्द्रिय के विषयों में अनुराग और अप्रिय इन्द्रियविषयों में दुःख-दोनों का निग्रह (वश में करना), सोने बैठने चलने देखने खाने तथा प्रत्येक अङ्ग की चेष्टा आदि कर्मों में हिताहित का स्मरण करके प्रवृत्त होना। सत्कार स्तुति निन्दा अपमान को सहने में समर्थ होना। अर्थात् सत्कार वा स्तुति से प्रसन्न न होना और निन्दा अपमान से दुःखी न होना। भूख प्यास आयास (परिश्रम) थकावट शीत उष्ण वात (आँधी आदि) वर्षा सुख दुःख स्पर्श; इनको सहना, शोक, दीनता, उद्वेग (ग्लानि) मद मान लोभ राग ईर्ष्या, भय क्रोध आदि द्वारा विचलित न होना अहङ्कार सङ्ग आदि को उपद्रव समझना-अनर्थ का हेतु जानना, लोक और पुरुष में सर्ग आदि की समानता जानना (ये अध्याय के प्रारम्भ में बताये जा चुके हैं), कार्य के काल के गुजरने में भय देखना—जो कार्य जिस समय करना हो उसी समय करना, योग के आरम्भ में निरन्तर मन को खिन्न न करना, मन में उत्साह, मोक्ष के लिये धी (बुद्धि) धृति (नियमात्मिका बुद्धि) स्मृति के बल को अपने में पैदा करना, इन्द्रियों को मन में और मन को आत्मा में नियन्त्रित करना, रस रक्त आदि धातु भेद से अथवा पृथिवी आदि ६ धातुओं के भेद से अपने शरीर के अवयवों का परिज्ञान, कारणवान् (उत्पत्तिधर्मा) सब पदार्थ दुःख हैं, अपने नहीं और अनित्य हैं—इस बात को स्वीकार करना, सब प्रवृत्तियों को दुःख जानना, सब के त्याग में सुख का निश्चय। यह मोक्ष पर पहुँचने का मार्ग है। अन्यथा पुरुष यहीं बँधा रहता है। ये उदयन (उन्नत होने के) मार्ग बता दिये हैं ॥२१॥

भवन्ति चात्र।

एतैरविमलं सत्त्वं शुद्ध्युपायैर्विशुध्यति।
मृज्यमान इवादर्शस्तैलचेलकचादिभिः॥२२॥

जैसे तैल चेल (वस्त्रखण्ड) तथा बाल आदि द्वारा माजने से दर्पण शुद्ध होता है वैसे इस शुद्धि के उपायों से मैलापन शुद्ध हो जाता है ॥२२॥

ग्रहाम्बुदरजोधूमनीहारैरसमावृतम्।
यथाऽर्कमण्डलं भाति भाति सत्त्वं यथाऽमलम्॥२३॥

ग्रह (राहु केतु-ग्रहण), मेघ, धूलि, धूँआ, नीहार (कुहरा) इनसे आच्छन्न न हुआ सूर्यमण्डल जैसे दीप्त होता है वैसे ही निर्मल मन दीप्त होता है—चमकता है ॥२३॥

ज्वलत्यात्मनि संरुद्धं तत्सत्त्वं संवृतायने।
शुद्धः स्थिरः प्रसन्नार्चिर्दीपो दीपाशये यथा

१—'अलंकारादिषूपसर्गसंज्ञा' च०। २—'अवसंज्ञा' च०।

आत्मा में रोका हुआ मन मार्ग के रुके होने से प्रकाशवान् होता है। जैसे दीपक (लैम्प की ज्वाला) दीपाशय (चिमनी) आदि में रुके होने से शुद्ध स्थिर एवं स्वच्छ प्रभावाला होकर प्रकाशवान् होता है। अर्थात् जैसे लैम्प अधिक स्थिर एवं उज्ज्वल प्रकाश दे और बाहर के वायु के झोंके आदि से बुझ न जाय चिमनी चढ़ा देते हैं उसी प्रकार मन को शुद्ध एवं प्रकाशमान वा शुभ्र ज्ञानवान् करने के लिये आत्मा में रोक देना चाहिये। इस प्रकार मन पर बाह्य विषयों का अभाव नहीं पड़ता और अतएव वह डांवाडोल भी नहीं होता ॥२४॥

शुद्धसत्त्वस्य या शुद्धा सत्या बुद्धिः प्रवर्तते।
यया भिनत्त्यतिबलं महामोहमयं तमः ॥२५॥
सर्वभावस्वभावज्ञो यया भवति निःस्पृहः।
योगं यया साधयते सांख्यः सम्पद्यते यया ॥२६॥
यया नोपैत्यहङ्कारं नोपास्ते कारणं यया।
यया नालम्बते किंचित्सर्वं संन्यस्यते यया ॥२७॥
याति ब्रह्म यया नित्यमजरः [1]शान्तमक्षरम्।
विद्या सिद्धिर्मतिर्मेधा प्रज्ञा ज्ञानं च सा मता ॥२८॥

शुद्ध मनवाले पुरुष की जो शुद्ध सत्याबुद्धि (ऋतम्भरा प्रज्ञा) प्रवृत्त होती है, जिसके द्वारा योगी अत्यन्त बलवान् महामोहमय अन्धकार को छिन्न भिन्न कर देता है, जिसके द्वारा सब भावों के स्वभाव को जाननेवाला तथा निःस्पृह (निष्काम) हो जाता है। जिसके द्वारा योग की सिद्धि होती है। जिससे तत्त्वज्ञानी हो जाता है, जिसके द्वारा अहङ्कार को प्राप्त नहीं होता, जिसके द्वारा कारण के पास नहीं जाता (उत्पत्तिरहित हो जाता है), जिसके द्वारा कुछ भी आलम्बन नहीं करता (प्रकृति से पृथक् रहता है), जिसके द्वारा सब कुछ त्याग दिया जाता है, जिसकेद्वारा नित्य अजर शान्त अक्षर ब्रह्म प्राप्त करता है उसे ही विद्या सिद्धि मति मेधा प्रज्ञा वा ज्ञान कहा जाता है ॥२५-२८॥

लोके विततमात्मानं लोकं चात्मनि पश्यतः।
परावरदृशः शान्तिर्ज्ञानमूला न नश्यति ॥२९॥

अपने को लोक में और लोक को अपने में व्याप्त देखते हुए परमात्मा और प्रकृति को देखनेवाले तत्त्वज्ञानी पुरुष की ज्ञानमूलक शान्ति नष्ट नहीं होती ॥२९॥

पश्यतः [2]सर्वभावान् हि सर्वावस्थासु सर्वदा।
ब्रह्मभूतस्य संयोगो न शुद्धस्योपपद्यते ॥३०॥

सर्वदा सब अवस्थाओं में सब भावों को देखते हुए ब्रह्मभूत (मुक्त) अतएव शुद्ध (सत्त्व), पुरुष का शरीर इन्द्रिय आदि के साथ संयोग नहीं होता अर्थात् पुनर्जन्म नहीं होता। रज और तम ये बन्धन के कारण हैं। जब ये दोष नहीं रहते तो वह मुक्तपुरुष बन्धन में नहीं पड़ता।

अथवा सर्वदा सब अवस्थाओं में सब भावों को समभाव से दर्शन करते हुए शुद्धसत्त्व ब्रह्मभूत (जीवन्मुक्त) पुरुष संसार में गमनागमन कारक धर्माधर्म कर्म के साथ संयोग नहीं होता। अर्थात् शुद्धसत्त्व पुरुष धर्माधर्मजनक किसी कर्म से बद्ध नहीं होता और उससे वह जीवन्मुक्त हो जाता है ॥३०॥

[1]—'शान्तमव्ययम्' च०। [2]—'सर्वभूतानि' ग०।

नात्मनः [1]करणाभावाल्लिङ्गमप्युपलभ्यते।
स [2]सर्वकारणत्यागान्मुक्त इत्यभिधीयते ॥३१॥

करण (शरीर इन्द्रिय मन आदि) के अभाव होने से आत्मा का लिङ्ग (प्राणापान निमेषोन्मेष सुख दुःख आदि) भी नहीं पाया जाता। अतः सब कारणों के त्याग होने से पुरुष 'मुक्त' कहाता है ॥३१॥

विपापं विरजः शान्तं परमक्षरमव्ययम्।
अमृतं ब्रह्म निर्वाणं पर्यायैः शान्तिरुच्यते ॥३२॥

शान्ति वा मोक्ष के पर्याय—विपाप (पाप जिसके नष्ट हो गया है) विरज (राग शून्य) शान्त पर (परमपद) अक्षर (जिसका क्षरण नहीं होता) अव्यय (जो खर्च नहीं होता) अमृत ब्रह्म निर्वाण (सदा-के लिये संसार से बूझना); ये शान्ति (मोक्ष) के पर्यायवाचक हैं ॥३२॥

एतत्तत्सौम्य ! विज्ञानं यज्ज्ञात्वा मुक्तसंशयाः।
मुनयः प्रशमं जग्मुर्वीतमोहरजः स्पृहाः ॥३३॥

हे सौम्य ! यह वह विज्ञान है जिसे जानकर संशयरहित एवं जिनका मोह राग और काम नष्ट हो गया है ऐसे मुनि शान्ति को प्राप्त हुए हैं— मुक्त हो गये हैं ॥३३॥

तत्र श्लोकौ।

सप्रयोजनमुद्दिष्टं लोकस्य पुरुषस्य च।
सामान्यं मूलमुत्पत्तौ निवृत्तौ मार्ग एष च ॥३४॥
शुद्धसत्त्वसमाधानं सत्या बुद्धिश्च नैष्ठिकी।
विचये पुरुषस्योक्ता निष्ठा च परमर्षिणा ॥३५॥

इत्यग्निवेशकृते तन्त्रे चरकप्रतिसंस्कृते शारीरस्थाने पुरुषविचयशारीरं नाम पञ्चमोऽध्यायः ॥५॥

पुरुषविचय नामक अध्याय में परमऋषि आत्रेय ने लोक और पुरुष की समानता और उसके जताने का प्रयोजन, उत्पत्ति (प्रवृत्ति) का कारण, निवृत्ति का मार्ग, शुद्ध सत्त्व का समाधान, मोक्षसाधक सत्याबुद्धि तथा मोक्ष बताया है ॥३४,३५॥

॥ इति पञ्चमोऽध्यायः ॥

—:०::०:—

षष्ठोऽध्यायः

अथातः [1]शरीरविचयं शारीरं व्याख्यास्यामः। इति ह स्माह भगवानात्रेयः ॥१॥

अब शरीरविचय नामक शारीर की व्याख्या करेंगे—ऐसा भगवान् आत्रेय ने कहा था ॥१॥

शरीरविचयः शरीरोपकारार्थमिष्यते भिषग्विद्यायां, ज्ञात्वा हि शरीरतत्त्वं शरीरोपकारकरेषु भावेषु ज्ञानमुत्पद्यते; तस्माच्छरीरविचयं प्रशंसन्ति कुशलाः ॥२॥

चिकित्साशास्त्र में शरीर के उपकार के लिये शरीर का विशेष ज्ञान होना आवश्यक है। शरीर के लिये उपकार करने-

[1]—'कारणाभावा०' ग०। [2]—'सर्वकरणाभावात्' च०।
[3]—'शरीरस्य विचयनं विचयः, शरीरस्य प्रविभागेन ज्ञानमित्यर्थः' चक्रः।

वाले (हितकर और सुखकर) भावों में ज्ञान होता है। अतएव कुशल चिकित्सक शरीर के विशेष ज्ञान की प्रशंसा करते हैं ॥

तत्र शरीरं नाम चेतनाधिष्ठानभूतं पञ्चभूतविकारसमुदायात्मकं [1]समयोगवाहि; यदा ह्यस्मिन् शरीरे धातवो वैषम्यमापद्यन्ते तदा क्लेशं विनाशं वा प्राप्नोति; वैषम्यगमनं हि पुनर्धातूनां वृद्धिह्रासगमनमकार्त्स्न्येन[2] प्रकृत्या च ॥३॥

पाँच महाभूतों के विकार का समुदायरूप और चेतना का अधिष्ठान (आश्रय) भूत समयोगवाही शरीर कहाता है। अर्थात् इन्द्रियविषय कर्म और काल के समयोग से शरीर यावदायु स्वस्थ रहता है—यही सम योगवाही का अर्थ है। अथवा धातुओं के समभाव में युक्त होकर रहने से शरीर यावदायु स्वस्थ रहता है। जब इस शरीर में धातुएँ विषम हो जाती हैं तब रोग आदि क्लेश वा मृत्यु को प्राप्त होता है। धातुओं के विषम होने से अभिप्राय धातुओं के बढ़ने से वा घटने से से है। यह धातुओं का घटना बढ़ना एक देश में वा सकलभाव से हो सकता है। अर्थात् धातु का एक भाग भी बढ़ वा घट सकता है। और सम्पूर्ण धातु भी घट वा बढ़ सकती है। अथवा दो प्रकार की विषमता होती है—एक कुछ भाग की और दूसरी प्रकृति द्वारा जब एक भाग विषम होता है तब क्लेश होता है जब प्रकृति द्वारा विषमता होती है तब मृत्यु होती है। प्रकृति द्वारा एक पुरुष वातल है। यदि इसका कोप हो वा क्षय हो वा यह बदलकर पित्तल हो जाय तो मृत्यु हो जायगी। सुश्रुत शारीर ४ अ० में कहा भी है—

'प्रकोपो वान्यथाभावो क्षयो वा नोपजायते।
प्रकृतीनां स्वभावेन जायते तु गतायुषः' ॥३॥

यौगपद्येन तु विरोधिनां धातूनां वृद्धिह्रासौ भवतः, यद्धि यस्य धातोर्वृद्धिकरं तत्ततो विपरीतगुणस्य धातोः प्रत्यवायकरं तु सम्पद्यते ॥४॥

परस्पर विरोधी धातुओं की युगपत् वृद्धि और ह्रास होते हैं। यदि एक धातु की वृद्धि होगी तो साथ ही विरोधी धातु का ह्रास होगा। यदि एक धातु का ह्रास होगा तो विरोधी धातु की साथ ही वृद्धि होगी। जो जिस धातु को बढ़ानेवाला है वह उससे विपरीत गुणवाली धातु को क्षीण किया करता है। अर्थात् यदि गुरु द्रव्य धातु को बढ़ाता है तो वह साथ ही साथ लघु धातु को क्षीण करता है ॥४॥

तदेव तस्माद्भेषजं [3]सम्यगवचार्यमाणं युगपन्न्यूनातिरिक्तानां धातूनां साम्यकरं भवति; अधिकमपकर्षति, न्यूनमाप्याययति ॥५॥

अतएव वह ही औषध दोष दूष्य आदि का विचार करके यथाविधि प्रयोग करायी हुई कम वा प्रवृद्ध धातुओं को युगपत् (एक ही साथ) समता में ले आती है। अधिक को घटाती है। (विपरीत गुण होने से) और कम को बढ़ाती है (समान गुण होने से) ॥५॥

एतावदेव हि भैषज्यप्रयोगे फलमिष्टं स्वस्थवृत्तानुष्ठाने च यावद्धातूनां साम्यं स्यात्; स्वस्था [1]ह्यपि धातूनां साम्यानुग्रहार्थमेव कुशला रसगुणानाहारविकारांश्च [2]पर्यायेणेच्छन्त्युपयोक्तुं सात्म्यसमा[3]ज्ञातानेकप्रकारभूयिष्ठांश्चोपयुञ्जानास्तद्विपरीत[4]करसमाज्ञातया चेष्टया सममिच्छन्ति कर्तुम् ॥६॥

औषध के प्रयोग में तथा स्वस्थवृत्त के पालन में हमें यही फल वाञ्छनीय है कि धातुओं की समता हो। अर्थात् अपने प्रमाण से बढ़ी वा घटी धातुओं को युगपत् समता में ले आयें तथा सम धातुओं को विषम न होने दें। बुद्धिमान् स्वस्थ पुरुष भी धातुओं को समता में रखने के लिये ही सात्म्यरस (मधुर आदि) गुणों (गुरु आदि) को और आहार द्रव्यों से निर्मित यवागू आदि भोज्य पदार्थों को पर्याय क्रम (Alternately) वा उचित क्रम से प्रयोग करना चाहते हैं। यदि प्रथम गुरु आहार खाया है तो शरीर की गुरु धातुएँ न बढ़ जायँ और लघु क्षीण न हो जायँ—इसके लिये तदनन्तर लघु आहार खायँगे। इसी प्रकार मधुररस के प्रयोग से कफवृद्धि न हो जाय—तदनन्तर कटुरस का प्रयोग करेंगे इत्यादि। एक प्रकार के रस गुण वा भोज्य द्रव्य आदि का बहुतायत से उपयोग करते हुए उससे विपरीत प्रभाववाली चेष्टा (व्यायाम आदि) से सम करना चाहते हैं। अर्थात् यदि किसी हेतु से मधुररस (कफवर्धक) का ही उपयोग हो रहा हो तो उससे विपरीत कर व्यायाम (कफनाशक) आदि से धातु को समावस्था में रखा जाता है ॥६॥

देशकालात्मगुणविपरीतानां हि कर्मणामाहारविकाराणां च [5]क्रमेणोपयोगः सम्यक्[6]सर्वातियोगसन्धारणमसन्धारणमुदीर्णानां च गतिमतां, साहसानां च वर्जनं स्वस्थवृत्तमेतावद्धातूनां साम्यानुग्रहार्थमुपदिश्यते ॥७॥

देश के गुण से विपरीत (देशसात्म्य), काल के गुण से विपरीत (कालसात्म्य वा ऋतुसात्म्य), तथा अपने गुण से विपरीत (ओकसात्म्य) कर्मों और आहार विकारों (भोज्य-पदार्थ) का क्रम से सम्यक् उपयोग सब अतियोगों (अयोग मिथ्यायोग अतियोग) को रोकना (सेवन न करना) गतिमान् (स्वस्थान से चलित) उदीर्ण हुए वेगों को न रोकना, साहसों (शक्ति से अधिक कर्म करना) का त्याग—यह संक्षेप में धातुओं को समता में रखने के लिये स्वस्थवृत्त का उपदेश है ॥७॥

धातवः पुनः शारीराः समानगुणैः समानगुणभूयिष्ठैर्वाऽप्याहारविहारैरभ्यस्यमानैर्वृद्धिं प्राप्नुवन्ति, ह्रासं तु विपरीतगुणैर्विपरीतगुणभूयिष्ठैर्वाऽप्यभ्यस्यमानैः ॥८॥

शरीर धातुएँ समानगुण वा समानगुणबहुल आहार-

१—'०समुदायात्मकम्। समसंयोगवाहिनो यदा' ग०।
२—'अकार्त्स्न्येनेति एकदेशेन, प्रकृत्येति सकलेन स्वभावेन' चक्रः। '०कार्त्स्न्येन। प्रकृत्या च यौगपद्येन विरोधिनां' ग०।
३—'सम्यगुपचर्यमाणं' पा०

१—'स्वस्थस्यापि समधातूनां'। ग० २—'पर्यायेणोऽत्युचितेन क्रमेण' चक्रः। ३—'समाज्ञाताननेक०' पा०। ४—'०स्तद्विपरीतकरणलक्षणया ०समाज्ञात०' ग०। ५—'क्रियोपयोगः' ग०।
६—'सर्वाभियोगोऽनुदीर्णानां सन्धारणं' ग०।

विहार के अभ्यास से बढ़ती हैं और विरुद्ध गुण वा विरुद्धगुण-बहुल आहार-विहार के अभ्यास से क्षीण होती हैं ॥ ८ ॥

तत्रेमे शरीरधातुगुणाः संख्यासामर्थ्यकराः, तद्यथा-गुरुलघुशीतोष्णस्निग्धरूक्षमन्दतीक्ष्णस्थिरसरमृदुकठिन-विशदपिच्छिलश्लक्ष्णखरसूक्ष्मस्थूलसान्द्रद्रवाः; तेषु ये गुरवस्ते गुरुभिराहारगुणैरभ्यस्यमानैराप्याय्यन्ते लघवश्च ह्रसन्ति; लघवस्तु लघुभिराप्याय्यन्ते गुरवश्च ह्रसन्ति; एवमेव सर्वधातुगुणानां सामान्ययोगाद् वृद्धिर्विपर्ययाद्ध्रासः; एतस्मान्मांसमाप्याय्यते मांसेन भूयस्तरमन्येभ्यः शरीरधातुभ्यः, तथा लोहितं लोहितेन, मेदो मेदसा, वसा वसया, अस्थि तरुणास्थ्ना, मज्जा मज्जया; शुक्रं शुक्रेण, गर्भस्त्वामगर्भेण ॥९॥

ये शरीर की धातुओं के गुण ज्ञान में सामर्थ्य देनेवाले हैं—ज्ञान को बढ़ानेवाले हैं, जैसे गुरु लघु, शीत, उष्ण, स्निग्ध, रूक्ष, मन्द, तीक्ष्ण, स्थिर, सर, मृदु, कठिन, विशद, पिच्छिल (चिपचिपा), श्लक्ष्ण (चिकना), खर, (खुरदरा), सूक्ष्म, स्थूल, सान्द्र (घन), द्रव। ये २० गुण हैं। इनमें जो गुरु हैं वे गुरु आहार के गुणों के अभ्यास से बढ़ते हैं लघु ह्रास को प्राप्त होते हैं। लघु लघुओं से बढ़ते हैं और गुरु ह्रास को प्राप्त होते हैं। इसी प्रकार सब धातुओं के गुणों को आहार-विहार आदि से समानता होने पर वृद्धि होती है अन्यथा ह्रास होता है। सूत्रस्थान प्रथम अध्याय में कह भी आये हैं—

'सर्वदा सर्वभावानां सामान्यं वृद्धिकारणम्।
ह्रासहेतुर्विशेषश्च प्रवृत्तिरुभयस्य तु ॥'

इसी कारण मांस के सेवन से अन्य धातुओं की अपेक्षा मांस अधिक बढ़ता है। रुधिर से रुधिर। मेद से मेद। वसा से वसा। तरुणास्थि से अस्थि। मज्जा से मज्जा। वीर्य से वीर्य। आम गर्भ (कच्चे गर्भ—अण्डे आदि) से गर्भ ॥९॥

यत्र त्वेवंलक्षणेन सामान्येन सामान्यवतामाहारविकाराणामसांनिध्यं स्यात् संनिहितानां वाऽप्ययुक्तत्वान्नोपयोगो घृणित्वादन्यस्माद्वा कारणात्, स च धातुरभिवर्धयितव्यः स्यात्। तस्य ये समानगुणाः स्युराहारविकारा असेव्याश्च, तत्र समानगुणभूयिष्ठानामन्यप्रकृतीनामप्याहारविकाराणामुपयोगः स्यात्; तद्यथा—शुक्रक्षये क्षीरसर्पिषोरुपयोगो मधुरस्निग्धसमाख्यातानां चापरेषामेव द्रव्याणां, मूत्रक्षये पुनरिक्षुरसवारुणीमण्डद्रवमधुराम्ललवणोपक्लेदिनां, पुरीषक्षये कुल्माषमाषकु[1]ष्कुण्डाजमध्ययवशाकधान्याम्लानां, वातक्षये कटुतिक्तकषायरूक्षलघुशीतानां, पित्तक्षयेऽम्ललवणकटुकक्षारोष्णतीक्ष्णानां, श्लेष्मक्षये स्निग्धगुरुमधुरसान्द्रपिच्छिलानां द्रव्याणां; कर्मापि च यद्यद्यस्य धातोर्वृद्धिकरं तत्तदासेव्यम्; एवमन्येषामपि शरीरधातूनां सामान्यविपर्ययाभ्यां वृद्धिह्रासौ यथाकालं कार्यौ; इति सर्वधातूनामेकैकशोऽतिदेशतश्च वृद्धिकराणि व्याख्यातानि भवन्ति ॥१०॥

जहाँ पर इस प्रकार के सामान्य द्वारा (अर्थात् मांस द्वारा मांस की रक्त द्वारा रक्त की वृद्धि होती है इत्यादि नियम द्वारा) जिस धातु पर तत्समान मांस आदि भोज्यपदार्थ न मिले अथवा मिलता भी हो परन्तु अयुक्त होने से घृणायुक्त होने से अथवा अन्य किसी कारण से उपयोग न हो सकता हो परन्तु वह धातु बढ़ानी हो तो उस धातु के सर्वदा समानगुण मांस आदि का सेवन योग्य न होने पर समानगुणबहुल (जिस में अधिक गुण उस धातु के समान हों) अन्य प्रकृति (भिन्न कारणवाले, विजातीय) आहारविकार (भोज्य पदार्थ) का प्रयोग करना चाहिये। अभिप्राय यह है कि यदि रोगी को उसके किसी मांस रक्त आदि धातु के क्षीण होने पर मांस रक्त आदि का किसी भी कारण सेवन न कराया जा सकता हो तो उसके स्थान पर दूसरे द्रव्यों का उपयोग कराना चाहिये। परन्तु वे द्रव्य वे ही होने चाहिए जिसके बहुसंख्यक गुण उस धातु से मिलते हों। जैसे शुक्र के क्षीण होने पर शुक्र का उपयोग कराना सब से श्रेष्ठ है, क्योंकि भक्ष्य शुक्र और वर्धनीय शुक्र के सब गुण तुल्य हैं। अतएव आचार्यों ने नक्ररेत बस्ताण्ड आदि का उपयोग बाजीकरणों में लिखा है। परन्तु घृणा के स्वभावतः उत्पन्न होने से बहुत से रोगी सेवन नहीं करते। अतः ऐसे स्थलों पर दूसरे द्रव्यों का जो कि गुणों में शुक्र से बहुत अधिक मिलते हैं, प्रयोग कराया जाता है। जैसे—शुक्रक्षय में दूध और घी का उपयोग कराना चाहिये। इसी प्रकार अन्य मधुर स्निग्ध एवं शीतल द्रव्यों का, जैसे—शतावरी मूसली आदि मधुर पिच्छिल अविदाही स्निग्ध शीतल आदि बहुतसे गुणों में समान है—प्रयोग कराया जाता है। दूध आदि द्रव्य विजातीय हैं, परन्तु वीर्य के गुणों से बहुत बहुत अधिक मिलते हैं, अतएव वीर्य को बढ़ाते हैं। मूत्रक्षय में—ईख का रस, वारुणीमण्ड द्रव (Liquid) मधुर अम्ल (खट्टा) लवण तथा उपक्लेदी (शरीर को गीला करनेवाले) द्रव्य हितकर हैं। मूत्रक्षय में मूत्र का प्रयोग न हो सके तो इन द्रव्यों की व्यवस्था मूत्रवृद्धि के लिये की जाती है—गुणों में बहुत अधिक समानता होने से। पुरीषक्षय में—कुल्माष (कुलत्थ वा अर्धस्विन्न चने आदि), माष (उड़द), कुष्कुण्ड (?), बकरे का मध्यदेह, जौ, शाक, धान्याम्ल (काँजी भेद) आदि का प्रयोग करना चाहिये। क्योंकि पुरीष का प्रयोग नहीं हो सकता। वातक्षय में—कटु तिक्त कषाय रूक्ष लघु और शीतल द्रव्यों का प्रयोग करना चाहिये। पित्तक्षय में—खट्टा नमकीन कटु क्षार गरम और तीक्ष्ण द्रव्यों का उपयोग होता है। कफक्षय में—स्निग्ध भारी मधुर सान्द्र (घन) और पिच्छिल (चिपचिपे) द्रव्यों का उपयोग करना चाहिये। कर्म भी जिस जिस धातु को बढ़ानेवाला हो उस २ का (उस २ धातु की क्षीणता में) सेवन करना चाहिये। इसी प्रकार अन्य भी शरीर की धातुओं की समानता और असमानता द्वारा यथासमय वृद्धि और ह्रास करना चाहिये। इस प्रकार सब धातुओं का एक एक करके (मांसमाप्याय्यते मांसेन इत्यादि द्वारा) तथा अतिदेश द्वारा (एवमन्येषामपि इत्यादि द्वारा) वृद्धिकर भावों (द्रव्य गुण कर्मों) की व्याख्या हो गयी है ॥१०॥

कार्त्स्न्येन शरीरपुष्टिकरास्त्विमे भावाः—कालयोगः स्वभावसंसिद्धिराहारसौष्ठवमविघातश्चेति ॥११॥

१—'कुष्कुण्डं पलालादिच्छत्रिका' चक्रः।

सम्पूर्णतया शरीर को बढ़ानेवाले ये भाव हैं—जैसे काल (सांवत्सरिक अथवा आवस्थिक) का योग (समयोग), स्वभाव (अथवा अदृष्ट) तथा आहार की श्रेष्ठता, विघातकर भावों का न होना (अयोग अतियोग वा मिथ्यायोग का न होना) ॥११॥

बलवृद्धिकरास्त्विमे भावा भवन्ति; तद्यथा—बलवत्पुरुषे देशे जन्म बलवत्पुरुषे काले च सुखश्च कालयोगो बीजक्षेत्रगुणसम्पच्चाहारसम्पच्च शरीरसम्पच्च सात्म्यसम्पच्च सत्त्वसम्पच्च स्वभावसंसिद्धिश्च यौवनं च कर्म च संहर्षश्चेति ॥१२॥

बल को बढ़ानेवाले ये भाव हैं—जिस देश में बलवान् पुरुष होते हों उस देश में जन्म होना, जिस काल में (विसर्ग काल तथा यौवन आदि) पुरुष बलवान् होता है उस काल में जन्म होना, सुखजनक काल योग (काल का सम्यग्योग), बीज और क्षेत्र (गर्भाशय) का प्रशस्त गुणों से युक्त होना, आहार की उत्कृष्टता, शरीर की उत्कृष्टता, सात्म्य का प्रशस्तगुण युक्त होना, मन का उत्कृष्ट गुणों से युक्त होना, स्वभावसंसिद्धि (स्वाभाविकी सिद्धि-स्वभावतः कृतकार्यता), यौवन, कर्म (व्यायाम आदि) और संहर्ष (चित्त की प्रसन्नता-शोक आदि से रहित होना) ॥१२॥

आहारपरिणामकरास्त्विमे भावा भवन्ति तद्यथा—ऊष्मा वायुः क्लेदः स्नेहः कालः [1]समयोगश्चेति ॥१३॥

आहार को परिणत करनेवाले अर्थात् आहार को पचाकर रस आदि रूप में परिणत करनेवाले ये भाव हैं। जैसे—ऊष्मा (गर्मी), वायु, क्लेद (गीलापन), स्नेह (घी आदि), काल और इनका समयोग ॥१३।

तत्र तु खल्वेषामूष्मादीनामाहारपरिणामकराणां भावानामिमे कर्मविशेषा भवन्ति। तद्यथा—ऊष्मा पचति, वायुरपकर्षति, क्लेदः शैथिल्यमापादयति, स्नेहो मार्दवं जनयति, कालः पर्याप्तिमभिनिर्वर्तयति; [2]समयोगस्त्वेषां परिणामधातुसाम्यकरः सम्पद्यते ॥१४॥

इन आहार को परिणत करनेवाले ऊष्मा आदि भावों के ये भिन्न २ कर्म होते हैं। जैसे—ऊष्मा पचाती है। वायु नीचे की ओर खींच कर ले जाती है। क्लेद अन्न को शिथिल करता है। स्नेह—नरमी को उत्पन्न करता है। काल—उसे सुपक्वरूप में परिणत करता है। इनका समयोग—परिणत होकर उत्पन्न होनेवाली धातु की समता को करता है। अर्थात् जो धातुएँ क्षीण हुई २ हैं उनकी कमी को पूरा करता है। ग्रहणी-चिकित्सा में कहा जायगा—

अन्नमादानकर्मा तु प्राणः कोष्ठं प्रकर्षति।
तद्द्रवैर्भिन्नसङ्घातं स्नेहेन मृदुतां गतम् ॥
समानेनावधूतोऽग्निरुदर्यः पवनेन तु।
काले भुक्तं समं सम्यक्पचत्यायुर्विवृद्धये ॥१४॥

परिणामतस्त्वाहारस्य गुणाः शरीरगुणभावमापद्यन्ते यथास्वमविरुद्धाः विरुद्धाश्च विहन्युर्विहताश्च विरोधिभिः शरीरम् ॥१५॥

परिणाम द्वारा आहार के समान गुण अपने २ अनुसार शरीर के गुणों को प्राप्त होते हैं। अर्थात् जो आहार के गुण हैं वे शरीर के उसी २ समानगुण को बढ़ाते हैं। जो पार्थिव अंश है वह पार्थिव अंश को, जो जलीय है वह जलीय को इत्यादि। जो गुरुता स्निग्धता आदि है वह शरीर की गुरुता स्निग्धता आदि को। और विरुद्ध गुण शरीर के असमान गुणों को नष्ट करते हैं। विरोधियों द्वारा पराहत हुए २ धातु शरीर को नष्ट करते हैं। अर्थात् धातु क्षीण होते जाते हैं, परिणामतः शरीर क्षीण हो जाता है ॥१५॥

शरीरधातवः पुनर्द्विविधाः संग्रहेण—मलभूताः, प्रसादभूताश्च। तत्र मलभूतास्ते ये शरीरस्य बाधकराः स्युः; तद्यथा—शरीरच्छिद्रेषूपदेहाः पृथग् जन्मानो बहिर्मुखाः परिपक्वाश्च धातवः प्रकुपिताश्च वातपित्तश्लेष्माणो ये चान्येऽपि केचिच्छरीरे तिष्ठन्तो भावाः शरीरस्योपघातायोपपद्यन्ते [1]सर्वांस्तान्मले संप्रचक्ष्महे, इतरांस्तु [2]प्रसादे, गुर्वादींश्च द्रवान्तान् गुणभेदेन, रसादींश्च शुक्रान्तान् द्रव्यभेदेन ॥१६॥

संक्षेप में शरीर की धातुएँ दो प्रकार की हैं—१ मलभूत २ प्रसादभूत। उनमें से मलरूप वे धातुएँ हैं जो शरीर को हानि पहुँचाती है। जैसे—शरीर के छिद्रों में पृथक् २ उत्पन्न होनेवाले बहिर्मुख मूत्र पुरीष आँख नाक वा कान की मैल आदि। और पकी हुई रसरक्त आदि धातुएँ, कुपित हुए २ वात पित्त कफ और जो भी कोई भाव शरीर में स्थित होकर शरीर को हानि पहुँचाते हैं उन सबको 'मलों' में गिनते हैं। और दूसरों को 'प्रसाद' नामकों में। अर्थात् जो शरीर में स्थित शरीर के लिये उपकारक हैं वे 'प्रसाद' कहायँगे। गुणभेद से गुरु लघु आदि द्रव पर्यन्त २० गुणों को तथा द्रव्यभेद से रस से लेकर वीर्य पर्यन्त सात धातुओं को प्रसाद कहेंगे ॥१६॥

तेषां सर्वेषामेव वातपित्तश्लेष्माणो दुष्टा दूषयितारो भवन्ति दोषत्वात्, वातादीनां पुनर्धात्वन्तरे कालान्तरे प्रदुष्टानां विविधाशितपीतीयेऽध्याये विज्ञानान्युक्तानि, एतावत्येव दुष्टदोषगतिर्यावत्संस्पर्शनाच्छरीरधातूनां; प्रकृतिभूतानां खलु वातादीनां फलमारोग्यं, तस्मादेषां प्रकृतिभावे प्रयतितव्यं बुद्धिमद्भिः ॥१७॥

उन सब को ही दुष्ट हुए २ वात पित्त कफ दूषित करते हैं, क्योंकि उनका स्वभाव दूषित करने का है। अर्थात् प्रसादसंज्ञक और मलनामक जो धातुएँ हैं उन्हें दुष्ट हुए २ वात पित्त कफ ही दूषित करते हैं। मूत्र पुरीष आदि शरीर के धारक होते हैं, अतः 'धातु' शब्द से कहे जाते हैं। परन्तु जब ये अन्दर रहकर शरीर को हानि पहुँचानेवाले होते हैं और बाहर निकलने को तय्यार हो जाते हैं तब 'मल' कहाने लगते हैं। कालविशेष वा भिन्न २ धातुओं में कुपित हुए २ वात आदि दोषों के लक्षण विविधाशितपीतीय नामक अध्याय में कह आये हैं। शरीर-धातुओं (रसरक्त आदि) के स्पर्श से—उनके साथ योग में आने से दुष्ट हुए २ दोषों की गति इतनी ही है। अर्थात् दुष्ट हुए २ दोष शरीर की धातुओं को ही दूषित कर सकते हैं मन वा आत्मा को नहीं प्रकृति स्थित (समावस्था में स्थित) वात

१—'संयोगश्चेति' ग०। २—'संयोगस्त्वेषां' ग०।

१—'मलान्' ग०। २—'प्रसादाख्यान्' ग०।

आदि का फल आरोग्य है। अतएव बुद्धिमान् पुरुष को इनको प्रकृति में लाने वा रखने का प्रयत्न करना चाहिये ॥१७॥

भवति चात्र।

सर्वदा सर्वथा सर्वं शरीरं वेद यो भिषक्।
आयुर्वेदं स कार्त्स्न्येन वेद लोकसुखप्रदम् ॥१८॥

जो चिकित्सक सबका सब प्रकार से संपूर्ण शरीर को जानता है, वह ही संसार में सुख को देनेवाले आयुर्वेद को सम्पूर्णतया जानता है ॥१८॥

[1]तमेवमुक्तवन्तं भगवन्तमात्रेयमग्निवेश उवाच—श्रुतमेतद्यदुक्तं भगवता शरीराधिकारे वचः, किंनु खलु गर्भस्याङ्गं पूर्वमभिनिर्वर्तते कुक्षौ, कुतोमुखः कथं वा चान्तर्गतस्तिष्ठति, किमाहारश्च वर्तयति, कथंभूतश्च निष्क्रामति, [2]कैश्चायमाहारोपचारैर्जातस्त्वव्याधिरभिवर्धते, सद्यो हन्यते कैः, [3]किंचास्य देवादिप्रकोपनिमित्ता विकाराः [4]सम्भवन्ति आहोस्विन्न, किंचास्य कालाकालमृत्य्वोर्भावाभावयोर्भगवानध्यवस्यति, किंचास्य परमायुः, कानि चास्य परमायुषो निमित्तानीति ॥१६॥

इस प्रकार जब भगवान् आत्रेय कह चुके तब अग्निवेश ने कहा—आपने जो शरीराधिकार में उपदेश किया है वह हमने सुना। अब हमारे ये प्रश्न हैं—

गर्भाशय में गर्भ का सबसे पूर्व कौन सा अंग उत्पन्न होता है? गर्भ का मुख किधर होता है और वह किस अवस्था में अन्दर रहता है? किस आहार पर उसका जीवन है? किस प्रकार होकर वह बाहर निकलता है? उत्पन्न हुआ किन आहार वा उपचारों से नीरोग रहता हुआ वृद्धि को प्राप्त होता है? किन से शीघ्र मृत्यु को प्राप्त होता है? क्या देव आदियों के प्रकोप से रोग उत्पन्न होते हैं या नहीं? इसका काल मृत्यु और अकालमृत्यु के होने वा न होने में आप का क्या निश्चय है? इसकी परम आयु कितनी है? और वह परम आयु किन हेतुओं से होती है।

ये अग्निवेश ने दस प्रश्न किये; जिनका उत्तर क्रमशः आचार्य देंगे ॥१६॥

तमेवमुक्तवन्तमग्निवेशं भगवान् पुनर्वसुरात्रेय उवाच—पूर्वमुक्तमेतद् गर्भावक्रान्तौ यथाऽयमभिनिर्वर्तते कुक्षौ, यच्चास्य यदा संतिष्ठतेऽङ्गजातं; विप्रतिपत्तिवादास्त्वत्र बहुविधाः सूत्रकारिणामृषीणां सन्ति सर्वेषां, तानपि निबोधोच्यमानान्—शिरः पूर्वमभिनिर्वर्तते कुक्षाविति कुमारशिरा भरद्वाजः पश्यति, सर्वेन्द्रियाणां तदधिष्ठानमिति कृत्वा; हृदयमिति काङ्कायनो बाह्लीकभिषक्, चेतनाधिष्ठानत्वात्; नाभिरिति भद्रकाप्यः, आहारागम इति कृत्वा; पक्वाशयगुदमिति भद्रशौनकः, मारुताधिष्ठानत्वात्; हस्तपादमिति बडिशः, तत्करणत्वात्पुरुषस्य; इन्द्रियाणीति जनको वैदेहः, तान्यस्य बुद्ध्यधिष्ठानानीति कृत्वा; परोक्षत्वादचिन्त्यमिति मारीचिः काश्यपः, सर्वाङ्गनिर्वृत्तिर्युगपदिति धन्वन्तरिः। तदुपपन्नं [1]सिद्धत्वात् सर्वाङ्गाणां तस्य हृदयं मूलमधिष्ठानं च केषांचिद्भावानां, न च तस्मात्पूर्वाभिनिर्वृत्तिरेषां तस्माद् हृदयपूर्वाणां सर्वाङ्गानां तुल्यकालाभिनिर्वृत्तिसर्वभावा ह्यन्योन्यप्रतिबद्धा; तस्माद्यथाभूतदर्शनं साधु ॥२०॥

१ गर्भाशय में गर्भ का कौन सा अङ्ग सब से पूर्व उत्पन्न होता है—अग्निवेश के प्रश्न कर चुकने पर भगवान् पुनर्वसु आत्रेय ने कहा कि पूर्व गर्भावक्रान्ति नामक अध्याय में जिस प्रकार गर्भ गर्भाशय में उत्पन्न होता है कहा जा चुका है और उसका जो अङ्ग जब होता है यह भी कहा जा चुका है। अर्थात् हम पूर्व कह चुके हैं—सब इन्द्रियाँ और सब अङ्ग अवयव युगपत् उत्पन्न होते हैं। परन्तु शास्त्रकर्ता ऋषियों के बहुत से एक दूसरे से विरुद्ध वाद हैं—भिन्न २ मत हैं, उन्हें मैं कहता हूँ और उन्हें ध्यान से समझो—

१ कुमारशिरा भरद्वाज समझता है—कि कोख में गर्भ का सब से पूर्व शिर उत्पन्न होता है। क्योंकि वह ही सब इन्द्रियों का आश्रय है।

२ बाह्लीकदेश का चिकित्सक काङ्कायन मानता है कि—हृदय सबसे पूर्व उत्पन्न होता है, क्योंकि वह चेतना का अधिष्ठान है।

३ भद्रकाप्य का मत है—कि नाभि सबसे पूर्व उत्पन्न होती है, क्योंकि उसी मार्ग से आहार आता है, जिससे गर्भ की पुष्टि वा वृद्धि होती है।

४ भद्रशौनक का विचार है कि पक्वाशय और गुदा सब से पूर्व उत्पन्न होते हैं, क्योंकि वह वायु का अधिष्ठान है। वायु के बिना पित्त कफ कुछ नहीं कर सकते।

५ बडिश का मत है—कि हाथ पैर सब से पूर्व उत्पन्न होते हैं। क्योंकि वह उसका कारण है—जिसके द्वारा वह चेष्टा करता है।

६ वैदेह जनक का यह निश्चय है—कि इन्द्रियाँ सब से पूर्व उत्पन्न होती हैं, क्योंकि वे ही बुद्धि वा ज्ञानका अधिष्ठान हैं।

७ मारीच काश्यप कहता है कि यह बात परोक्ष होने से नहीं कहा जा सकता कि कौन अङ्ग पहले उत्पन्न होता है।

८ धन्वन्तरि का मत है कि सब अङ्ग युगपत् ही उत्पन्न होते हैं। यही मत युक्ति से सिद्ध होने के कारण ठीक है। सुश्रुत शारीरस्थान ३ अध्याय में भी ऋषियों के विप्रतिवाद दिये हैं। और वहाँ पर धन्वन्तरि के मत का समाधान भी है। वहाँ—

'गर्भस्य पूर्वं शिरः सम्भवतीत्याह शौनकः' इत्यादि विभिन्न मतों को दर्शाते हुए अन्त में धन्वन्तरि का मत कहा है'—

'सर्वाण्यङ्गप्रत्यङ्गानि युगपत् सम्भवन्तीत्याह धन्वन्तरिर्गर्भस्य सूक्ष्मत्वान्नोपलभ्यन्ते वंशाङ्कुरवच्चूतफलवच्च। तद्यथा—चूतफले परिपक्वे केशरमांसास्थिमज्जानः पृथक् पृथक् दृश्यन्ते कालप्रकर्षात्; तान्येव तरुणे नोपलभ्यन्ते सूक्ष्मत्वात्। तेषां सूक्ष्माणां केशरादीनां कालः प्रव्यक्ततां करोति। एतेनैव वंशाङ्कुरोऽपि व्याख्यातः। एवं गर्भस्य तारुण्ये सर्वेष्वङ्गप्रत्यङ्गेषु सत्स्वपि

१—'एवंवादिनं' च। २—'कैश्चायमाहारोपचारैर्जातः सद्यो हन्यते जावस्तु कैश्च्याधिरभिवर्धते' पा०। ३—'कथं चास्य' ग०। ४—'उपलभ्यन्ते' ग०।

१—'सर्वाङ्गानां तुल्यकालाभिनिर्वृत्तत्वाद् हृदयप्रभृतीनां ग०।

सौक्ष्म्यादनुपलब्धिः; तान्येव कालप्रकर्षात् प्रव्यक्तानि भवन्ति ।'

इसकी व्याख्या हमारी रची सञ्जीवनी व्याख्या में देखनी चाहिये ।

गर्भ के सब अङ्गों का हृदय मूल (प्रधान वा मुख्य) है और कई भावों (जैसे–ओज आत्मा आदि) का आश्रय है । अतएव इन अङ्गों की हृदय से पूर्व उत्पत्ति नहीं हो सकती । अतः हृदयपूर्वक तत्काल ही सब अङ्गों की युगपत् उत्पत्ति होती है । अर्थात् ज्यों ही आत्मा बीज में अवस्थिति करता है त्यों ही हृदय और सब अङ्ग तत्काल उत्पन्न होने लगते हैं हृदय चेतना का अधिष्ठान है । इस चेतना के विना गर्भ की उत्पत्ति वा वृद्धि नहीं होती । अतः ज्यों ही चेतना अवस्थिति करता है त्यों ही हृदय के साथ २ सब अङ्गों की उत्पत्ति प्रारम्भ हो जाती है । गर्भाशयगत शुक्रशोणित में अवक्रान्त होकर जहाँ आत्मा अवस्थिति करता है वह हृदय हो जाता है और उसी समय ही सब अङ्ग बनने प्रारम्भ हो जाते हैं । सारे शरीर भाव एक दूसरे के साथ बँधे हुए हैं । परस्पर एक दूसरे के बिना किसी अङ्ग की उत्पत्ति वा वृद्धि नहीं हो सकती । अस्थि सिरा स्नायु मांस धमनी आदि शरीर भाव एक दूसरे के बिना नहीं रह सकते । अतएव जैसा कहा है वह ठीक है । अर्थात् सब अङ्ग-प्रत्यङ्गों की युगपत् उत्पत्ति को मानना ही ठीक है ॥२०॥

गर्भस्तु खलु मातुः पृष्ठाभिमुख ऊर्ध्वशिराः संकुच्याङ्गान्यास्ते [1]जरायुवृतः कुक्षौ ॥२१॥

गर्भाशय में गर्भ का मुँह किधर होता है और किस अवस्था में अन्दर रहता है—गर्भ माता के पृष्ठाभिमुख ऊर्ध्वशिरा अङ्गों को संकुचित करके जरायु से ढँका हुआ कोख में रहता है । अर्थात् गर्भ का मुख अन्दर से माता के पीठ के सामने होता है, सिर ऊपर होता है, अङ्ग संकुचित होते हैं । हाथ पैर फैले नहीं होते । उसकी स्थिति ऐसी होती है जिससे वह कम से कम जगह घेर सके । शिर ऊपर की ओर होता है और छाती की ओर झुका रहता है । रीढ़ की हड्डी मुड़ी होती है । दोनों ऊरु छाती पर और जंघायें ऊरु पर मुड़ी होती हैं । मुट्ठियाँ बन्द रहती हैं, दोनों बाहू छाती पर और एक दूसरे पर संकुचित रहते हैं । इस प्रकार सम्पूर्ण अङ्गों को संकुचित कर गर्भ गर्भशय्या पर लेटा रहता है । संकुचित अङ्गवाला गर्भ गर्भोदक और जेर से आवृत होने के कारण अण्डाकार दिखाई देता है ।

गर्भ के पहले तीन महीनों में गर्भ का शिर ऊपर को रहता है और धड़ नीचे को, क्रमशः पिछले महीनों में शिर नीचे की ओर आ जाता है और नितम्ब ऊपर को चला जाता है । सुश्रुत शारीर अध्याय ५ में—

'आभुग्नोऽभिमुखः शेते गर्भो गर्भाशये स्त्रियाः ।
स योनिं शिरसा याति स्वभावात् प्रसवं प्रति ॥२१॥

व्यपगतपिपासाबुभुक्षस्तु[2] खलु गर्भः परतन्त्रवृत्तिः, मातरमाश्रित्य वर्तयत्युपस्नेहोपस्वेदाभ्यां गर्भस्तु सदसद्भूताङ्गावयवः, तदनन्तरं ह्यस्य लोमकूपायनैरुपस्नेहः कश्चिन्नाभिनाड्ययनैः; नाभ्यां ह्यस्य नाडी प्रसक्ता, नाड्यां चापरा, अपरा चास्य मातुः प्रसवता हृदये, मातृहृदयं ह्यस्य तामपरामभिसंप्लवते सिराभिः स्यन्दमानाभिः, स तस्य रसो सर्वबलवर्णकरः सम्पद्यते, स च सर्वरसवानाहारः स्त्रिया ह्यापन्नगर्भायास्त्रिधा रसः प्रतिपद्यते स्वशरीरपुष्टये स्तन्याय गर्भवृद्धये च, स तेनाहारेणोपस्तब्धः परतन्त्रवृत्तिर्मातरमाश्रित्य वर्तयत्यन्तर्गतः ॥२२॥

क्या खाता हुआ जीवित रहता है–गर्भ को प्यास और भूख नहीं होती । उसका जीवन पराधीन होता है–माता के आधीन होता है । वह सत् और असत् (सूक्ष्म) अङ्गावयव-वाला गर्भ माता पर आश्रित हुआ २ उपस्नेह (रिस कर आये रस) और उपस्वेद (ऊष्मा) से जीवित रहता है । जब अङ्गावयव व्यक्त हो जाते हैं–स्थूलरूप में आ जाते हैं तब कुछ तो लोमकूप के मार्ग से उपस्नेह होता है और कुछ नाभिनाड़ी के मार्गों से । गर्भ की नाभि पर नाड़ी लगी होती है नाड़ी के साथ अपरा (Placenta) जुड़ी रहती है । और अपरा का सम्बन्ध माता के हृदय के साथ रहता है । गर्भ की माता का हृदय स्यन्दमान (बहती हुई–वहन करती हुई) सिराओं द्वारा उस अपरा को रक्त वा रस से भरपूर किये रहता है । वह रस गर्भ के बल एवं वर्ण को करनेवाला होता है । सब रसों से युक्त आहार रस गर्भिणी स्त्री में तीन भागों में बँट जाता है । एक भाग उसके अपने शरीर की पुष्टि के लिये होता है । दूसरा भाग दुग्धोत्पत्ति के लिये और तीसरा भाग गर्भ की वृद्धि के लिये होता है । वह गर्भ उस आहार से परिपालित होता हुआ पराधीन जीवनवाला माता पर आश्रित होकर गर्भ में जीवित रहता है । गर्भ गर्भाशय की भित्ति से नाभिनाड़ी द्वारा लटका रहता है । यह नाभिनाड़ी कई नालियों से मिलकर बनती है, जिनमें से तीन मुख्य हैं । दो अशुद्ध रक्तवाहिनियाँ और एक शुद्ध रक्तवाहिनी । ये सब एक लसदार पदार्थ से जुड़ी रहती है और इन पर एक आवरण चढ़ा रहता है । ये रक्तवाहिनियाँ अपरा में जाकर अनेक सूक्ष्म शाखाओं में विभक्त हो जाती हैं । गर्भ के बाह्य आवरण के प्रत्येक अंकुर में छोटी शाखाएं रहती हैं । जिस स्थानपर गर्भ नाड़ी द्वारा गर्भाशय में लटक रहा होता है–अपरा होती है । यह अपरा माता के रक्त से भर-पूर रहती है । इसमें रक्त से भरे हुए बहुत से छोटे २ स्थान होते हैं । गर्भ के बाह्यावरण के अङ्कुर इन्हीं में डूबे रहते हैं । यह अपरा गर्भाशय की श्लैष्मिक कला से बनती है । सामान्यतः अपरा गर्भाशय के ऊर्ध्वांश में या उसकी अगली वा पिछली भित्ति में बनती है ॥

चौथे सप्ताह तक अर्थात् जब तक गर्भ के अङ्गावयव सत् (विद्यमान होने से) असत् (सूक्ष्म होने से) होते हैं, उस समय तक गर्भ अपने आहार को गर्भाशय की श्लैष्मिक कला से ग्रहण करता है । श्लैष्मिक कला में रक्त और रस होता है । वह रिस करके उसका पालन करता है । चौथे सप्ताह के पश्चात् अपरा स्पष्ट बननी प्रारम्भ होती है और उसमें के छोटे २ अव-काश स्थान रक्त से पूर्ण होते हैं । बाह्यावरण में जो अंकुर होते हैं उनमें बनी रक्तवाहिनियाँ उस रक्त में स्थिर आवश्यक

1—'अन्तःकुक्षौ' च० । 2—'बुभुक्षुः'—च० ।

पदार्थों को खींच कर गर्भ में पहुँचाती हैं। तीसरे महीने में अच्छी तरह अपरा बन जाती है। अब केवल नाभिनाड़ी की रक्तवाहिनियाँ अपरा से पोषक पदार्थों को ग्रहण करती हैं। गर्भ अपरा द्वारा माता से सम्बद्ध रहता है। यह अपरा रक्त के शोधन का कार्य भी करती है। गर्भ का रक्त दो अशुद्ध रक्तवाहिनियों से अपरा में जाता और शुद्ध रक्त अपरा से शुद्ध रक्तवाहिनी द्वारा गर्भ में पहुँचता है ॥२२॥

स चोपस्थितकाले जन्मनि प्रसूतिमारुतयोगात्परिवृ[1]त्याऽवाक्शिरा निष्क्रामत्यपत्यपथेन; एषा प्रकृतिः, विकृतिःपुनरतोऽन्यथा; परं त्वतः स्वतन्त्रवृत्तिर्भवति ॥२३॥

वह गर्भ जन्म (प्रसव) का समय उपस्थित होने पर प्रसूतिमारुत द्वारा स्थिति को बदल लेता है और नीचे होता है। शिर द्वारा ही वह सन्तानमार्ग वा योनि से बाहर निकलता है। जिस वायुद्वारा प्रसव होता है उसे प्रसूतिमारुत कहते हैं। यह प्रकृति है। इससे विपरीत विकृति कहाती है। अर्थात् शिरद्वारा प्रसव न होना अर्थात् प्रसव समय शिर का अन्य अङ्गों की अपेक्षा सब से पूर्व आना स्वाभाविक अवस्था है। यदि गर्भ के नितम्ब स्कन्ध हाथ पैर आदि प्रसव के समय पूर्व बाहर निकलें तो वह विकृति कहायेगी। जब प्रसव हो जाता है तो स्वतन्त्रवृत्ति होता है। उसका जीवन स्वाधीन होता है। सांस आदि लेने लगता है। हृदय अपना कार्य करता है। फुप्फुस द्वारा रक्तशोधन का कार्य होने लगता है। आहार—मातृदुग्ध को पीता और स्वयं पचाता है इत्यादि ॥२३॥

तस्याहारोपचारौ जातिसूत्रीयोपदिष्टावविकारकरौ चाभिवृद्धिकरौ भवतः। ताभ्यामेव च (सेविताभ्यां) विषमाभ्यां जातः सद्यो हन्यते तरुरिवाचिरव्यपरोपितो वातातपाभ्यामप्रतिष्ठितमूलः ॥२४॥

किन आहार और उपचारों से वृद्धि को प्राप्त होता है— जातिसूत्रीय नामक अष्टम अध्याय में कहे गये आहार और उपचार विकारों को नहीं करते और गर्भ के वर्द्धक होते हैं।

विषम आहार उपचार के सेवन से जात (गर्भाशय में उत्पन्न) गर्भ ही शीघ्र ही नष्ट हो जाता है। जैसे ताजा ही रोपण किया हुआ वृक्ष वा पौधा जिसकी जड़ अभी स्थिर नहीं हुई वायु और धूप से नष्ट हो जाता है। अर्थात् अहितकर आहार और उपचार का गर्भिणी सेवन करेगी तो गर्भ नष्ट हो जायगा वा मर जायगा ॥२४॥

आप्तोपदेशादद्भुतरूपदर्शनात्समुत्थानलिङ्गचिकित्सितविशेषाच्चादोषप्रकोपानुरूपा देवादिप्रकोपनिमित्ता विकाराः समुपलभ्यन्ते ॥२५॥

क्या देव आदियों के प्रकोप से विकार उत्पन्न होते हैं— आप्तपुरुषों के उपदेश से, अद्भुत रूपों के दीखने से अर्थात् बल हावभाव आदि के अमानुष रूप में देखे जाने से तथा निदान लक्षण और चिकित्सा के भिन्न होने से दोषप्रकोपजन्य रोगों से भिन्न, देव आदियों के कोप के कारण उत्पन्न होनेवाले विकार पाये जाते हैं ॥२५॥

१—'परिवर्त्य' ग० ।

कालाकालमृत्य्वोस्तु खलु भावाभावयोरिदमध्यवसितं नः—यः कश्चिन्म्रियते स काल एव म्रियते न हि कालच्छिद्रमस्तीत्येके; तच्चासम्यक्, न ह्यच्छिद्रता सच्छिद्रता वा कालस्योपपद्यते, [1]कालस्वलक्षणस्वभावात्; तथाऽऽहुरपरे—यो यदा म्रियते स तस्य नियतो मृत्युकालः; स सर्वभूतानां सत्यः, समक्रियत्वादिति; एतदपि चान्यथाऽर्थग्रहणं, न हि कश्चिन्न म्रियत इति समक्रियः कालः पुनरायुषः प्रमाणमधिकृत्योच्यते; यस्य चेष्टं यो यदा म्रियते तस्य स नियतो मृत्युकाल इति, तस्य सर्वभावा यथास्व नियतकाला भविष्यन्ति; तच्च नोपपद्यते, प्रत्यक्षं ह्यकालाहारवचनकर्मणां फलमनिष्टं, विपर्यये चेष्टं, प्रत्यक्षतश्चोपलभ्यते खलु कालाकालयुक्तिस्तासु तास्ववस्थासु तं तमर्थमतिसमीक्ष्य; तद्यथा—कालोऽयमस्य तु व्याधेराहारस्यौषधस्य प्रतिकर्मणो विसर्गस्य चाकालो वेति; लोकेऽप्येतद्भवति काले देवो वर्षत्यकाले देवो वर्षति, काले शीतमकाले शीतं, काले तपत्यकाले तपति, काले पुष्पफलमकाले च पुष्पफलमिति; तस्मादुभयमस्ति काले मृत्युरकाले च, नैकान्तिकं; यदि ह्यकाले मृत्युर्न स्यान्नियतकालप्रमाणमायुः सर्वं स्यात्; एवं गते हिताहितज्ञानमकारणं स्यात्प्रत्यक्षानुमानोपदेशाश्चाप्रमाणानि स्युर्ये प्रमाणभूताः सर्वतन्त्रेषु, यैरायुष्याण्यनायुष्याणि चोपलभ्यन्ते; वाग्वस्तुमात्रमेतद्वादमृषयो मन्यन्ते यदुच्यते—नाकालमृत्युरस्तीति ।२६।

कालमृत्यु वा अकालमृत्यु होती है या नहीं होती—इस विषय में हमारा यह निश्चय है—जो कोई भी प्राणी मरता है वह काल में ही मरता है, क्योंकि काल में कोई अवकाश नहीं ऐसा कई कहते हैं। वह ठीक नहीं, क्योंकि काल का छिद्रयुक्त होना वा न होना युक्तिसंगत ही नहीं, काल के अपने लक्षणवाला स्वभाव होने से। अर्थात् काल के बीच में कोई (छिद्र अवकाश) ही नहीं आता—जिसे हम अकाल कह सकें। इसलिये जो भी कोई मरेगा वह काल में मरेगा। परन्तु यह मत ठीक नहीं। क्योंकि हम उसे सच्छिद्र वा अच्छिद्र कह ही नहीं सकते, अवयववान् द्रव्य ही सच्छिद्र हो सकता है। काल अवयववान् नहीं अतः सच्छिद्र नहीं। और जो अवयववान् द्रव्य अवकाशरहित होता है उसे अच्छिद्र कहते हैं अतः निरवयव काल सच्छिद्र वा अच्छिद्र नहीं हो सकता। अथवा काल के निरन्तर चक्रवत् भ्रमण करने का स्वभाव होने से उसकी अच्छिद्रता वा सच्छिद्रता नहीं हो सकती। निरन्तर चक्रवत् भ्रमण करने से वह अच्छिद्र (सावकाश) तो है ही नहीं। एवं छह ऋतु—मास—पक्ष—दिन—प्रहर आदि अपने लक्षण के कारण इसे अच्छिद्र भी नहीं कह सकते। अतः काल में छिद्र नहीं—इस हेतु द्वारा कालमृत्यु माननेवालों का मत अग्राह्य है।

दूसरे कहते हैं कि जो जिस समय मरता है वही उसका निश्चित मृत्यु का काल है। सब प्राणियों का यह काल सत्य है—नियत है। क्योंकि काल द्वारा की गयी मरणरूप क्रिया सब के लिये एक समान है। अतः मृत्यु का काल नियत है। अर्थात् ऐसा कोई प्राणी नहीं—

१—'कालस्वलक्षणेऽभावात्' इति पाठान्तरम् ।

जो न मरता हो। अतः मृत्यु सब के लिये नियत है। चाहे वह सौ बरस बाद मरे चाहे उससे पहिले मरे। जिस काल में भी वह मरता है वह मृत्युकाल नियत है। काल, राग और द्वेष से किसी को मारता हो, किसी को नहीं यह बात नहीं। वह रागद्वेषशून्य प्राक्तन-कर्मानुसार सब को मारता है, अतः सत्य है, अतएव नियत है। अतः अकाल मृत्यु नहीं होती।

इस पक्षवाले भी अभिप्राय को ठीक नहीं समझते। क्योंकि सब प्राणी मरते हैं। काल किसी को अनुग्रह से जीवित नहीं रखता और न द्वेष से मारता है, अतएव काल को समक्रिय कहते हैं। समक्रिय होने से मृत्युकाल नियत नहीं माना जा सकता। आयु के प्रमाण को दृष्टि में रखकर काल कहा जाता है। जैसे इस युग के प्रारम्भ में आयु १०० बरस नियत है। सौ बरस का होकर मरना कालमृत्यु कहानी है और इससे कम अकाल मृत्यु। कहा भी है—

'एकोत्तरं मृत्युशतमस्मिन् देहे प्रतिष्ठितम्।
तत्रैकः कालसंयुक्तः शेषास्त्वागन्तवः स्मृताः॥'

अर्थात् इस देह में १०१ मृत्यु प्रतिष्ठित हैं। जिनमें से एक कालमृत्यु है, शेष अकाल मृत्युएं हैं।

जो यह ही मानता है कि जो जब मरता है वही उसका मृत्यु का निश्चित काल है। उसके मत से तो सब भाव अपने २ अनुसार नियत काल होंगें। जैसे सब ही खाते हैं, अतः भोजन के नियत होने से जो जब भी खाये उसका वही भोजन-काल नियत होगा। अतः काल से पूर्व का वा काल के पश्चात् का भोजन भी काल भोजन होगा। परन्तु यह युक्तिसङ्गत नहीं क्योंकि जब वह कालभोजन है तो अकालभोजनजन्य अहित भी न होगा। क्योंकि भोजन के लिये अकाल तो है ही नहीं, जब खायगा तभी भोजनकाल होगा। परन्तु होता है। अकाल में किये गये आहार वचन वा कर्म से अनिष्ट फल प्रत्यक्ष होता है। और काल में किये गये आहार, काल में बोले गये वचन तथा काल में किये गये कर्म से इच्छित फल की प्राप्ति होती है।

उन २ अवस्थाओं में उस २ विषय को दृष्टि में रखते हुए काल और अकाल की योजना प्रत्यक्ष ही पायी जाती है। जैसे—यह इस रोग का काल है, यह अकाल है। यह इस आहार का काल है, यह अकाल है। यह इस औषधि का काल है, यह अकाल है। यह इस चिकित्सा का काल है, यह अकाल है। यह इस रोग से मुक्त होने का काल है, यह अकाल है। लोक में भी इसी प्रकार देखा जाता है—काल में वर्षा होती है, अकाल में वर्षा होती है। काल में शीत है, अकाल में शीत है। काल में ताप वा गर्मी है, अकाल में ताप है। काल में (मौसम) फूल और फल हैं अकाल में फूल और फल हैं। अतएव काल में भी मृत्यु होती है अकाल में भी। यदि अकाल में मृत्यु न हो तो सब की आयु के काल का प्रमाण नियत होना चाहिये। आयु के काल का प्रमाण नियत होने से हित और अहित का ज्ञान निष्प्रयोजन होगा। क्योंकि हित सेवन से कोई लाभ नहीं और अहित सेवन से कोई हानि नहीं। हित वा अहित के सेवन से आयु न बढ़ेगी न घटेगी ही। और अतएव सब शास्त्रों में प्रमाण रूप से स्वीकार किये हुए प्रत्यक्ष अनुमान और उपदेश अप्रमाण होंगे, क्योंकि इन्हीं के द्वारा आयुष्य और अनायुष्य भावों का ज्ञान होता है। आयु के काल का प्रमाण नियत होगा तो न कोई भाव आयुष्कर होगा न अनायुष्कर। अतएव इनके ज्ञापक प्रमाण भी अप्रमाण होंगे। अतः 'अकालमृत्यु नहीं है' यह केवल असार कथामात्र ही है—ऐसा ऋषि मानते हैं॥२६॥

वर्षशतं खल्वायुषः प्रमाणमस्मिन् काले॥२७॥

इसकी परम आयु क्या है—इस काल में (कलियुग के प्रारम्भ में) आयु का प्रमाण १०० वर्ष है॥२७॥

तस्य निमित्तं प्रकृतिगुणात्मसम्पत्सात्म्योपसेवनं चेति॥२८॥

इस परम आयु के हेतु क्या हैं—प्रकृति की उत्कृष्टता अर्थात् सम वात पित्त कफ का होना, गुणसम्पत् (शरीर का सार संहनन आदि आदि प्रशस्त गुणों से युक्त होना), आत्म-सम्पत् (पूर्ण आयु के कारणभूत प्रशस्त धर्म का होना) तथा सात्म्य का सेवन; ये परम आयु के हेतु हैं। इससे पूर्ण आयु को भोगता है। अथवा 'प्रकृतिगुणसम्पत्' इकट्ठा ग्रहण कर सकते हैं। अर्थात् गर्भोत्पादक शुक्रशोणित की उत्कृष्टता से आयु पूर्ण होती है॥२८॥

तत्र श्लोकाः

शरीरं यद्यथा तच्च वर्तते क्लिष्टमामयैः।
यथा क्लेशं विनाशं च याति ये चास्य भावतः॥२९॥
वृद्धिह्रासौ यथा तेषां क्षीणानामौषधं च यत्।
देहवृद्धिकरा भावा बलवृद्धिकराश्च ये॥३०॥
परिणामकरा भावा या च तेषां पृथक्क्रिया।
मलाख्याः सम्प्रसादाख्या धातवः प्रश्न एव च॥३१॥
नवको निर्णयश्चास्य विधिवत्सम्प्रकाशितः।
तथ्यः शरीरविचये शारीरे परमर्षिणा॥३२॥

इत्यग्निवेशकृते तन्त्रे चरकप्रतिसंस्कृते शारीरस्थाने शरीर-विचयशारीरं नाम षष्ठोऽध्यायः॥६॥

शरीर जिसे कहते हैं। और वह शरीर जिस प्रकार रोगों से पीड़ित होता है। जिस प्रकार रुग्ण वा दुःखी रहता है और जैसे विनष्ट होता है। जो इसकी धातुएँ हैं। जिस प्रकार उनमें वृद्धि वा न्यूनता होती है। क्षीण हुए धातुओं को औषध। देह के बर्धक तथा बलवर्धक भाव। आहार को परिणत करनेवाले भाव और उन भावों के पृथक् २ कर्म। मलनामक और प्रसाद नामक धातु। नौ प्रश्न और उनका सत्य निर्णय। इन सब विषयों को परमर्षि ने शरीरविचय नामक शारीर में विधिवत् प्रकाशित कर दिया है॥२९-३२॥

इति षष्ठोऽध्यायः

—:०:—

सप्तमोऽध्यायः

अथातः शरीरसंख्या[1]शारीरं व्याख्यास्यामः ।
इति ह स्माह भगवानात्रेयः ॥१॥

अब शरीर संख्या नामक शारीर की व्याख्या होगी—ऐसा भगवान् आत्रेय ने कहा था ॥१॥

शरीरसंख्यामवयवशः ([2]कृत्स्नं) शरीरं प्रविभज्य सर्वशरीरसंख्यानप्रमाणज्ञानहेतोर्भगवन्तमात्रेयमग्निवेशः पप्रच्छ ॥२॥

सम्पूर्ण शरीर को अवयवों में विभक्त करके सम्पूर्ण शरीर के ज्ञान और उसके प्रमाण को जानने के लिये अग्निवेश ने भगवान् आत्रेय से शरीर की संख्या (अथवा विज्ञान) को पूछा ॥२॥

तमुवाच भगवानात्रेयः—शृणु मत्तोऽग्निवेश ! [3]सर्वशरीरमभिचक्षाणाद्यथा प्रश्नमेकमना यथावत् ॥३॥

भगवान् आत्रेय ने उससे कहा—अग्निवेश ! प्रश्न के अनुसार सम्पूर्ण शरीर की व्याख्या को मुझ से एकाग्रमन होकर सुन ॥३॥

शरीरे षट् त्वचः; तद्यथा—उदकधरा त्वग्बाह्या, द्वितीया त्वगसृग्धरा, तृतीया सिध्मकिलाससम्भवाधिष्ठाना, चतुर्थी दद्रुकुष्ठसम्भवाधिष्ठाना, पञ्चम्यलजीविद्रधिसम्भवाधिष्ठाना, षष्ठी तु यस्यां छिन्नायां ताम्यत्यन्ध इव च तमः प्रविशति, यां चाप्यधिष्ठायारूंषि जायन्ते पर्वसु कृष्णरक्तानि स्थूलमूलानि दुश्चिकित्स्यतमानि चेति षट् त्वचः; एताः षडङ्ग शरीरमवतत्य तिष्ठन्ति ॥४॥

त्वचायें—शरीर में छह त्वचायें हैं। पहली बाहर की त्वचा उदक धरा (जल को धारण करनेवाली), दूसरी असृग्धरा (रक्त को धारण करनेवाली), तीसरी सिध्म किलास की उत्पत्ति का आश्रय है, चौथी दाद कुष्ठ की उत्पत्ति की आश्रय है, पाँचवीं अलजी विद्रधि की उत्पत्ति की आश्रय है, छठी वह जिसके कटने पर अन्धकार से युक्त होता है—जैसे अन्धे को अन्धकार ही अन्धकार प्रतीत होता है वैसे ही उसे चारों ओर अन्धकार दिखाई देता है और जिसका आश्रय करके पर्वों पर काली लाल अत्यन्त स्थूल मूलवाली कष्टसाध्य फोड़े फुन्सियां होती हैं। ये छह त्वचायें हैं। ये त्वचायें छह अङ्गोंवाले अर्थात् सम्पूर्ण शरीर को व्याप्त किये रहती हैं।

आजकल के शरीर शास्त्र के अनुसार बाहर की त्वचा की पाँच स्तरें होती हैं। त्वचा को स्तरों में विभक्त करना बनावट और प्रयोजन के अनुसार होता है। महर्षि आत्रेय के अनुसार जो त्वचा ऊपर २ दिखाई देती है उसका नाम उदकधरा है। यह अन्दर के जल को बाहर नहीं फूटने देती और बाहर की क्लिन्नता(Moisture) को अन्दर नहीं जाने देती। अतएव उदकधरा कहाती है।

Furneaux ने Human physiology में लिखा है—

The epidermis being impermeable to moisture, serves to protect the living tissues beneath it against the absorption of poisons When it is perfect, poisonous substances may be freely absorbed into the blood when the cuticle is cut, or when a small portion of it has been torn off In a stmilar way it also serves to prevent the moisture of the tissues from oozing outwards and so being lost by evaporation.

अर्थात् बाह्यत्वक् में से नमी पार नहीं कर सकती, अतः ये अपने नीचे के अवयवों को विषों से बचाये रखती है। जब यह त्वचा पूर्ण हो हम विषों को निडर होकर स्पर्श कर सकते हैं। परन्तु यदि यह कहीं से कटी वा छिली हो तो विष अत्यन्त शीघ्र अन्दर रक्त में प्रविष्ट हो जाते हैं। इसी प्रकार यह बाह्य त्वचा अन्तः स्थित धातुओं की नमी को भी बाहर नहीं निकलने देती। अन्यथा वाष्पीकरण द्वारा वह नमी उड़ती रहे। जिससे धातु क्षीण हो जायँगे। अतएव विमानस्थान में आचार्य कह आये हैं 'जलंस्तम्भनीयानाम् ।' स्तम्भनीय पदार्थों में जल श्रेष्ठ है' अर्थात् धातुस्थित जलका अवश्य स्तम्भन करना चाहिये।

तथा च इसमें रक्तकेशिकायें नहीं होतीं और नीचे के चर्म में स्थित लसीका (रस) से इसका पोषण होता है, अतः यह भी उदकधरा कहाती है।

इसमें नीचे की जो मोटी स्तरें होती हैं उनमें एक प्रकार का रंग निक्षिप्त रहता है, जिसके कारण मनुष्य का वर्ण गेहुआं काला आदि कहा जाता है। यदि हम बाह्यत्वक् में से सुई डालें तो कोई रक्त नहीं निकलता।

मोटे तौर पर आजकल के शारीरविज्ञानियों ने त्वचा को दो भागों में विभक्त किया है। एक उपचर्म (epidermis) और दूसरा चर्म (Dermis)। उपचर्म में पाँच स्तरें होती हैं और चर्म में दो। चर्म में रक्तवाहिनियाँ वातनाड़ियाँ तथा वसा आदि रहती हैं। सब से नीचे की स्तर में वसा बहुत अधिक होती है और इसी के दुष्ट होने पर कष्टसाध्य फोड़े फुंसियां निकलती हैं। चर्म में ही सांवेदनिक उभार होते हैं, जिनसे स्पर्श पीड़ा ताप शीत आदि जाना जाता है। सामूहिक त्वचा (Skin) को भिन्न २ स्तरों में बांटना अपने २ प्रयोजन के अनुसार होता है। सुश्रुत ७ त्वचायें मानता है। जिनके नाम उसने १ अवभासिनी २ लोहिता, ३ श्वेता, ४ ताम्रा, ५ वेदिनी, ६ रोहिणी और ७ मांसधरा दिये हैं। इनका विशेष विवरण सुश्रुत शारीरस्थान चतुर्थ अध्याय में ही देखें ॥ ४ ॥

१—'संख्यानाम शारीरं' ग० ।

२—'एतच्चक्रासम्मतम्' । ३—'सर्वशरीरमाचक्षाणस्य' च० ।' 'आचक्षाणस्येत्यत्र 'मतम्' इति शेषः' चक्रः ।

तत्रायं शरीरस्याङ्गविभागः। तद्यथा—द्वौ बाहू, द्वे सक्थिनी, शिरोग्रीवम्, अन्तराधिरिति षडङ्गमङ्गम्॥५॥

शरीर के अङ्गों के विभाग—दो बाहू + दो टांगें + शिर और ग्रीवा + मध्य देह ये मिलाकर ६ अङ्ग होते हैं। यहाँ शिर और ग्रीवा मिलाकर एक लिया जाता है। शरीर के ये छह अङ्ग हैं। सुश्रुत शारीर ५ अ० में भी कहा है—

'तच्च षडङ्गम्। शाखाश्चतस्रो मध्यं पञ्चमं षष्ठं शिर इति।'

त्रीणि षष्ट्यधिकानि [1]शतान्यस्थ्नां सह [2]दन्तोलूखलनखैः; तद्यथा—द्वात्रिंशद्दन्ताः, द्वात्रिंशद्दन्तोलूखलानि, विंशतिर्नखाः, विंशतिः पाणिपादशलाकाः, चत्वार्यधिष्ठानान्यासां, चत्वारि पाणिपादपृष्ठानि, षष्टिरङ्गुल्यस्थीनि, द्वे पार्ष्ण्योः, द्वे कूर्चाधः, चत्वारः पाण्योर्मणिकाः, चत्वारः पादयोर्गुल्फाः, चत्वार्यरत्न्योरस्थीनि, चत्वारि जङ्घयोः, द्वे जानुनोः, द्वे कूर्परयोः, द्वे ऊर्वोः, बाह्वोः सांसयोर्द्वे, द्वावक्षकौ, द्वे तालुनी, द्वे श्रोणिफलके, एकं भगास्थि, पुंसां मेढ्रास्थि, एकं त्रिकसंश्रितमेकं गुदास्थि, पृष्ठगतानि पंचत्रिंशत्, पञ्चदशास्थीनि ग्रीवायां, द्वे जत्रुणी, एकं हन्वस्थि, द्वे हनुमूलबन्धने, द्वे ललाटे, द्वे अक्ष्णोः, गण्डयोर्द्वे नासिकायां त्रीणि घोणाख्यानि, द्वयोः पार्श्वयोश्चतुर्विंशतिः पञ्जरास्थीनि च पार्श्वकानि, यावन्ति चैषां स्थालिकान्यर्बुदाकाराणि तानि द्विसप्ततिः, द्वौ शङ्खकौ, चत्वारि शिरःकपालानि, वक्षसि सप्तदश, इति त्रीणि षष्ट्यधिकानि शतान्यस्थ्नामिति॥ ६॥

हड्डियों का परिगणन—दाँत, दाँत के उलूखल और नखों को मिलाकर ३६० अस्थियाँ होती हैं।

दाँत	३२
दाँत के उलूखल	३२
नख	२०
हाथ और पैर की [3]शलाकास्थियाँ Metacarpus and Metatarsus bones	२०
अँगुली की हड्डियाँ	६०
पार्ष्णिदेश की अस्थियाँ	२
कूर्च के नीचे	२
हाथ के मणिबन्ध देश की (मणिकास्थि)	४
पैरों की गुल्फास्थियाँ	४
अरत्नि (प्रबाहु) की अस्थियाँ	४
जङ्घाओं की अस्थियाँ	४
जानुदेश (गोडों) की अस्थियाँ	२
कोहनी की अस्थियाँ	२
ऊरुदेश की अस्थियाँ	२
अंसयुक्त बाहुओं की अस्थियाँ	२
अक्षकास्थियाँ (हँसली की हड्डियाँ)	२
तालु में	२
श्रोणिफलक (os innominatum)	२
भगास्थि वा मेढ्रास्थि	१
त्रिक देश में आश्रित	१
गुदास्थि	१
पीठ की हड्डियाँ	३५
गर्दन में	१५
जत्रुदेश में	२
हन्वस्थि	१
हनुमूल को बाँधनेवाली	२
मस्तक में	२
आँखों में	२
गण्ड (गाल) देश में	२
नाक में घोणास्थियाँ	३
दोनों पार्श्वों में पृथक् पृथक् चौबीस अस्थियाँ (पञ्जरास्थियाँ और पार्शवकास्थियाँ)	४८ }
और इतने ही (२४ ही) अर्बुदाकृति स्थालक (ये मिलाकर ७२ होती हैं)	२४ }
शङ्खकास्थियाँ	२
शिरःकपालास्थियाँ	४
छाती में उरोऽस्थि	१७
इस प्रकार मिलाकर कुल होती हैं—	३६०

चक्रपाणि के पाठ के अनुसार—

दाँत	३२
दन्तोलूखल	३२
नख	२०
पाणिपादशलाका	२०
हाथ पैर की अङ्गुल्यस्थियाँ	६०
इनके अधिष्ठान	४
पार्ष्णि की अस्थियाँ	२
पैर की गुल्फास्थियाँ	४।
हाथ की मणिकास्थियाँ	२
अरत्नि की अस्थियाँ	४
जङ्घास्थियाँ	४
जानुकपालिकायें	२
ऊरुनलक (ऊर्वस्थियाँ)	२
बाहुनलक (बाहु की अस्थियाँ)	२
अंसास्थि	२

१—'षष्ठानि' च०। २—'द्वात्रिंशद्दन्ताः, द्वात्रिंशद्दन्तोलूखलानि, विंशतिर्नखाः, षष्टिः पाणिपादांगुल्यस्थीनि, विंशतिः पाणिपादशलाकाः, चत्वारि पाणिपादशलाकाधिष्ठानानि, द्वे पार्ष्ण्योरस्थिनी, चत्वारः पादयोर्गुल्फाः, द्वौ मणिकौ हस्तयोः, चत्वार्यरत्न्योरस्थीनि, चत्वारि जंघयोः, द्वे जानुकपालिके, द्वावूरुनलकौ, द्वावंसौ, द्वे अंसफलके, द्वावक्षकौ, एकं जत्रु, द्वे तालुषके, द्वे श्रोणिफलके, एकं भगास्थि, पञ्चचत्वारिंशत्पृष्ठगतान्यस्थीनि, पञ्चदश ग्रीवायां, चतुर्दशोरसि, द्वयोः पार्श्वयोश्चतुर्विंशतिः, पार्श्वयोस्तावन्ति चव स्थालकानि, तावन्ति चैव स्थालकार्बुदानि, एकं हन्वस्थि, द्वे हनुमूलबन्धने, एकास्थि नासिकागण्डकूटललाटं, द्वौ शंखौ, चत्वारि शिरःकपालानीति, एवं त्रीणि षष्ठानि शतान्यस्थ्नां सह दन्तनखेनेति' च०। ३—हाथ और पैर की शलाकास्थियों के पश्चात् शलाकाओं के अधिष्ठान की अस्थियां ४ और हाथ पैर की पृष्ठास्थियां ४ पढ़ी हैं। पर यह प्रमादपाठ ही है, क्योंकि इनसे अस्थि संख्या बढ़ जाती है। और न ही ये कोई अस्थियां सिद्ध की जा सकती है।

अंसफलकास्थियाँ	२
अक्षकास्थियाँ	२
जत्रु की अस्थि	१
तालुषक (तालु की अस्थि)	२
श्रोणिफलक (नितम्बास्थि)	२
भगास्थि	१
पीठ की अस्थियाँ	४५
ग्रीवा की अस्थियाँ	१५
छाती की अस्थियाँ (उरोऽस्थियाँ)	१४
दोनों पार्श्वों में	२४
पार्श्वों में स्थालक	२४
स्थालकार्बुद	२४
हन्वस्थि	१
हनुमूलबन्धनास्थियाँ	२
नासिकास्थि	१
गण्डकूटास्थि	१
ललाटास्थि	१
शङ्खास्थियाँ	२
शिरःकपालास्थियाँ	४
इस प्रकार मिलाकर कुल होती हैं—	३६०

योगीन्द्रनाथ ने यह पाठान्तर पढ़ा है—

'द्वात्रिंशद्दन्ताः। द्वात्रिंशद्दन्तोलूखलानि। विंशतिर्नखाः। षष्टिः पाणिपादांगुल्यस्थीनि। विंशतिः पाणिपादशलाकाः। चत्वार्यधिष्ठानान्यासाम्। पाणिपादपृष्ठान्यष्टौ। द्वे पार्ष्ण्योरस्थिनी। द्वे कूर्चयोः। चत्वारः पाण्योर्मणिकाः। चत्वारः पादयोर्गुल्फाः। चत्वार्यरत्न्योः। चत्वारि जंघयोः। द्वे जानुनीः कपालिके। द्वे कूर्परयोः। द्वावूरुनलकौ। द्वौ बाहुनलकौ। द्वावक्षकौ। द्वे अंसास्थिनी। द्वे अंसफलके। एकं जत्र्वस्थि। द्वे श्रोणिफलके। एकं भगास्थि स्त्रियाः, पुंसस्तु मेढ्रास्थि। एकं त्रिकसंश्रितम्। त्रिंशत् पृष्ठगतान्यस्थीनि। अष्टावुरसि ग्रीवायां त्रयोदश। कण्ठनाड्यां चत्वारि। एकं तालुनि। द्वयोः पार्श्वयोश्चतुर्विंशतिः। तावन्ति स्थालकानि। तावन्ति च स्थालकार्बुदानि। द्वे हनुमूलबन्धने। गण्डयोर्द्वे। कर्णयोर्द्वे। त्रीणि नासिकायाम्। द्वौ शङ्खौ। षट् शिरःकपालानि। इति त्रीणि सषष्टीनि शतान्यस्थ्नामिति॥

इसके अनुसार—

दाँत	३२
दन्तोलूखल	३२
नख	२०
हाथ पैर की अँगुलियों की अस्थियाँ	६०
हाथ पैर की शलाकास्थियाँ	२०
इनके अधिष्ठान	४
हाथ पैर की पृष्ठास्थियाँ	८
पार्ष्णि की अस्थियाँ	२
कूर्चास्थियाँ	२
हाथ की मणिकायें	४
पैर के गुल्फ	४
अरत्नि की अस्थियाँ	४
जंघ की अस्थियाँ	४
जानुकपालिकायें (Patella)	२
कोहनी की अस्थियाँ	२
ऊरुनलक	२
बाहुनलक	२
अक्षकास्थियाँ	२
अंसास्थियाँ	२
अंसफलकास्थियाँ	२
जत्र्वस्थि	१
श्रोणिफलक	२
स्त्री की भगास्थि वा पुरुष की मेढ्रास्थि	१
त्रिक की अस्थि	१
पीठ की हड्डियाँ	३०
छाती में	८
गर्दन में	१३
कण्ठनाड़ी में	४
तालु में	१
दोनों पार्श्वों में	२४
स्थालक	२४
स्थालकार्बुद	२४
हनुमूलबन्धन	२
गण्डास्थियाँ	२
	३४७
कान की अस्थियाँ	२
नाक की अस्थियाँ	३
शङ्खास्थियाँ	२
शिरःकपालास्थियाँ[1]	६
	३६०

सुश्रुत ३०० अस्थियाँ स्वीकार करता है। वह दांत के उलूखल तथा नखों को अस्थियों में नहीं गिनता। और आजकल के शारीरशास्त्र के अनुसार भी ये अस्थियां नहीं हैं। प्राचीन आचार्य अस्थि का क्या लक्षण करते थे, यह ज्ञात नहीं। शायद अस्थि से शरीरगत कठिन पदार्थ का ग्रहण करते हों। सुश्रुतोक्त ३०० अस्थियां भी आजकल के शारीरशास्त्र के अनुसार ठीक नहीं बैठतीं। सुश्रुत शारीर० ५ अ० में—

'त्रीणि सषष्टीन्यस्थिशतानि वेदवादिनो भाषन्ते। शल्यतन्त्रे तु त्रीण्येव शतानि। तेषां सविंशमस्थिशतं

१—अष्टाङ्गसंग्रह में—'त्रीणि षष्ट्यधिकान्यस्थिशतानि। तेषां च चत्वारिंशच्छतं शाखासु। सविंशच्छतमन्तराधौ। शतमूर्ध्वभिति। तत्रैकस्मिन् सक्थ्नि पञ्चपादनखाः प्रत्येकमंगुल्यां त्रीण्यस्थीनि तानि पञ्चदश। पञ्च पादशलाकाः। तत्प्रतिबन्धकमेकम्। द्वे द्वे कूर्चगुल्फजंघास्वेकैकं पार्ष्णिजानूरुषु। सर्वाणि च नखास्थ्यादीनि सक्थिवद् बाह्वोश्च। चतुर्विंशतिः परशुकाः। तावन्त्येव स्थालकान्यर्बुदानि च। त्रिंशत् पृष्ठे। अष्टावुरसि। एकैकं भागे त्रिके। नितम्बयोश्च द्वे। तद्वदक्षकांसांसफलकेषु। तथा गण्डकर्णशंखेषु जत्रुतालुनोश्च। त्रयोदश ग्रीवायाम्। चत्वारि कण्ठनाड्याम्। द्वे हनुबन्धने। द्वात्रिंशद्दन्ताः तद्वदुदूखलानि च। त्रीणि नासायां षट् शिरसि॥

शखासु। सप्तदशोत्तरं शतं श्रोणिपार्श्वपृष्ठोरःसु। ग्रीवां प्रत्यूर्ध्वं त्रिषष्टिः। एवमस्थ्नां त्रीणि शतानि पूर्यन्ते॥'

एकैकस्यां पादाङ्गुल्यां त्रीणि त्रीणि तानि पंचदश, तलकूर्च-गुल्फसंश्रितानि दश, पाष्ण्यामेकं, जङ्घायां द्वे, जानुन्येकम्, एकमूराविति त्रिंशदेवमेकस्मिन् सक्थ्नि भवन्ति। एतेनेतरसक्थिबाहू च व्याख्यातौ।

'श्रोण्यां पञ्च, तेषां गुदभगनितम्बेषु चत्वारि, त्रिकसंश्रितमेकं पार्श्वे षट्त्रिंशदेकस्मिन्, द्वितीयेऽप्येवं, पृष्ठे त्रिंशत्, अष्टावुरसि, द्वे अंसफलके॥'

'ग्रीवाया नव, कण्ठनाड्यां चत्वारि द्वे हन्वोः, दन्ता द्वात्रिंशत्, नासायां त्रीणि, एकं तालुनि, गण्डकर्णशंखेष्वेकैकं, षट् शिरसीति॥'

इनकी व्याख्या हमारी सुश्रुतसंजीवनी व्याख्या में देखनी चाहिए। सुश्रुत में भी दन्तों को अस्थियों में गिना है। आजकल के शारीरशास्त्र के अनुसार ये अस्थियाँ सिद्ध नहीं होतीं।

प्राचीन आचार्यों का अस्थि-परिगणन हमारी समझ में नहीं आता। प्रतीत होता है कि प्रतिसंस्कर्ताओं ने—जिन्होंने शायद शारीरशास्त्र का प्रत्यक्ष नहीं किया था—गड़बड़ मचा दी है। उदाहरणार्थ—उनकी मोटी भूल जो एक साधारण विद्यार्थी भी जान सकता है वह यह है कि अंगूठे में दो हड्डियां होती हैं और आचार्य तीन बताते हैं, पर सन्धियों में जाकर अंगूठे में दो संधियाँ बताते हैं। जो कि विरुद्ध भाषण है। अथवा अन्य अंगुलियों की तरह भी इसमें तीन संधियाँ बताते॥

बहुत सी हड्डियाँ बाल्यावस्था में पृथक् २ होती हैं और जो पीछे से जुड़कर एक हो जाती हैं।

आजकल के शारीरशास्त्रवाले स्थालकों अर्बुदों अथवा उदूखल वा अन्य उभार आदि को पृथक् नहीं गिन देते। तरुणास्थि दाँत नख आदियों को भी वे अस्थियों में समाविष्ट नहीं करते। यद्यपि बाल्यावस्था की कई तरुणास्थियाँ (Cartilages) अस्थियों (bones) में परिवर्तित हो जाती हैं।

इन सब कारणों से अस्थियों के परिगणन में परस्पर बहुत भेद दिखाई देता है। अतः आजकल जो प्रत्यक्ष द्वारा अस्थियों का परिगणन है उसका जानना अत्यन्त आवश्यक है। पूर्ण युवा पुरुष में २०६ अस्थियाँ होती हैं। जो षडङ्ग के अनुसार निम्न प्रकार से विभक्त की जा सकती है—

एक बाहु में ३० दोनों बाहुओं में मिलाकर	६०
एक सक्थि में ३० दोनों सक्थियों में मिलाकर	६०
शिर और ग्रीवा में मिलाकर	३६
अन्तराधि वा मध्यदेह में	५०

दोनों बाहुओं की ६० अस्थियाँ

- २ प्रगण्डास्थि (Humerus)
- ४ प्रकोष्ठास्थियाँ
  - २ कोदण्डास्थि वा बहिः प्रकोष्ठास्थि (Radius)
  - २ प्रकोष्ठास्थि वा अन्तःप्रकोष्ठास्थि (ulna)
- १६ मणिबन्ध देशों में (Carpal bones)
  - प्रथम पंक्ति
    - २ नौकाकृति (Navicular)
    - २ चतुर्थी चन्द्राकृति (Lunate)
    - २ त्रिकोणाकृति (Triquetrum)
    - २ कलायाकृति (Pisiform)
  - द्वितीय पंक्ति
    - २ स्थूलबहुकोणाकृति (Greater Multangular)
    - २ कृश बहुकोणाकृति (Lesser Multangular)
    - २ शिरोधारी (Os Capitatum)
    - २ वक्र वा फणर (Unciform)
- १० हस्ततल की शलाकास्थियाँ (Metacarpal bones)
- २८ अंगुलियों में (Phalanges)

६०

शिर और ग्रीवा की ३६ अस्थियाँ

मुखमंडल की १४ अस्थि, ८ करोटि की अस्थियाँ, ८ अस्थि ग्रीवा में, कान में ६ अस्थि:

- १ सम्मुखकपालास्थि वा ललाटास्थि (Frontal)
- २ पार्श्विककपालास्थि वा पार्श्वकास्थि (Parietal)
- १ पश्चात्कपालास्थि वा पश्चात् अस्थि (Occipital)
- २ शङ्खास्थि (Temporal)
- १ झर्झरास्थि वा शौषिरास्थि (Ethmoid)
- १ जतूकास्थि वा कीलकास्थि (Sphenoid)
- २ नासास्थि वा घ्राणास्थि (Nasal)
- २ ऊर्ध्वहन्वस्थि (Superior maxillary)
- २ गण्डास्थि (Malar)
- २ अश्र्वस्थि (Lachrymal)
- २ नासाफलकास्थि वा अधःशुक्तिकास्थि (Inferior turbinated)
- १ अधो हन्वस्थि (Inferior maxillary or Mandible)
- २ ताल्वस्थि (Palatal)
- १ [1]हलास्थि (Vomer)
- ७ कशेरुकाएँ (Cervical bertebrae)
- १ जिह्वामूलास्थि वा कण्ठिकास्थि (Hyoid bone)
- २ मुद्गरास्थि (Malleus or Hammer)
- २ शूर्मिकास्थि (Incus or Anvil)
- २ रकाबाकृति अस्थि (Stapes or stirrup)

६३

मध्य देह की ५० अस्थियाँ — पीठकी २३ अस्थियाँ छाती की २७ अस्थियाँ

- २४ पर्शुकाएँ (Ribs)
- २ अक्षकास्थियाँ (Clavical)
- १ उरोऽस्थि (Sternum)
- १२ कशेरुकाएँ (Dorsal Vertebrae) पीठ में
- ५ कशेरुकाएँ (Lumber Vertebrae) कमर में
- १ त्रिकास्थि (Sacrum) त्रिक देश में
- १ गुदास्थि वा पुच्छास्थि (Coccyx) गुदादेश में
- २ श्रोणिफलकास्थि (Osinnominatum or Hip bone)
- २ अंसफलकास्थि (Scapula or shoulder-blade)

५०

दोनों सक्थियों की ६० अस्थियाँ

- २ ऊर्वस्थि (Femur)
- २ जानुकपालास्थि (Patella)
- २ जङ्घास्थि (Tibia) अंगुष्ठ के ओर की
- २ अनुजङ्घास्थि (Fibula) कनिष्ठिका के ओर की
- १४ गुल्फदेश में (Tarsal bones)
  - २ गुल्फास्थि (Talus)
  - २ पार्ष्णि (Calcaneus)
  - २ नौकाकृति (Scaphoid or Navicular)
  - ६ त्रिपार्श्विक अस्थियाँ (Cuneiform)
    - २ अन्तः या प्रथम
    - २ मध्य या द्वितीय
    - २ बाह्य या तृतीय
  - २ घनाकार अस्थि (Cuboid)
- १० पादतल में शलाकास्थियाँ (Metatarsal bones)
- २८ अंगुलियों में (Phalanges)

६० अस्थियाँ

२०६ कुल अस्थियाँ

त्रिकास्थि ५ कशेरुकाओं और गुदास्थि ४ कशेरुकाओं के संयुक्त होने से बनती है।

आधुनिक मत के अनुसार प्रौढ़ पुरुष में २०६ अस्थियाँ मानी जाती हैं ॥६॥

पञ्चेन्द्रियाधिष्ठानानि; तद्यथा—त्वग्, जिह्वा, नासिका, अक्षिणी, कर्णौ च ॥७॥

इन्द्रियों के अधिष्ठान—पाँच हैं। १ त्वचा २ जिह्वा ३ नासिका ४ आँखें ५ कान ॥७॥

१—डा० त्रिलोकीनाथ ने इसका नाम नासाफलकास्थि रखा है।

पञ्च बुद्धीन्द्रियाणि; तद्यथा—स्पर्शनं, रसनं, घ्राणं, दर्शनं श्रोत्रमिति ॥८॥

पाँच ज्ञानेन्द्रिय—१ स्पर्शन २ रसन ३ घ्राण ४ दर्शन ५ श्रोत्र ये इन्द्रियाँ क्रमशः इन पाँच-ज्ञानों (Sensations) का साधन हैं—१ स्पर्श (Touch and pain) २ रस (Taste) ३ गन्ध (Smell) ४ रूप (Sight) ५ शब्द (Hearing) ॥८॥

पञ्च कर्मेन्द्रियाणि; तद्यथा—हस्तौ, पादौ, पायुः, उपस्थो जिह्वा चेति ॥९॥

कर्मेन्द्रियाँ—पाँच हैं। १ दो हाथ २ दो पैर ३ गुदा ४ उपस्थ (मूत्रेन्द्रिय और जननेन्द्रिय) ५ जिह्वा (वाणी)। ९।

हृदयं चेतनाधिष्ठानमेकम् ॥१०॥

चेतना का आश्रय हृदय एक है ॥१०॥

दश प्राणायतनानि; तद्यथा—मूर्धा, कण्ठो, हृदयं, नाभिः, गुदं, बस्तिः, ओजः, शुक्रं, शोणितं, मांसमिति। तेषु षट् पूर्वाणि मर्मसंख्यातानि ॥११॥

दस प्राणों के स्थान हैं—१ मूर्धा (शिर वा मस्तिष्क) २ कण्ठ ३ हृदय ४ नाभि ५ गुदा ६ बस्ति ७ ओज ८ शुक्र (वीर्य) ९ रक्त १० मांस। इनमें से पहिले छह अर्थात् मूर्धा कण्ठ हृदय नाभि गुदा और बस्ति; ये मर्म कहे जाते हैं। सूत्र-स्थान के २९ वें अ० में नाभि और मांस की जगह दोनों शङ्ख-देश पढ़े गये हैं। यथा—

‘दशैवायतनान्याहुः प्राणा येषु प्रतिष्ठिताः।
शङ्खौ मर्मत्रयं कण्ठो रक्तं शुक्रौजसो गुदम् ॥’

अष्टाङ्गसंग्रहकार ‘मांस’ की जगह जिह्वाबन्धन पढ़ता है।

‘दश प्राणायतनानि। मूर्धा जिह्वाबन्धनं कण्ठो हृदयं नाभिर्बस्तिर्गुदः शुक्रमोजो रक्तं च। तेषामाद्यानि सप्त पुनर्महा-मर्मसंज्ञानि।’ शारीर ५ अ०।

जिह्वाबन्धन में कई वातनाड़ियों का सम्बन्ध है। वहाँ पर चोट से मृत्यु हो सकती है, वही श्वास का मार्ग है। लाला-टिकी नाड़ी (Cranial nerves) में बारह नाड़ियाँ होती हैं। जिनमें से सबसे बड़ी पाँचवी नाड़ी है इसमें क्रियावाही (motor) और ज्ञानवाही (Sensory) दोनों प्रकार के तन्तु वा तार होते हैं। इसका नाम Trigeminal nerves है। सातवीं नाड़ी जिसे मौखिकी (Facial nerves) कहते हैं। नौवीं नाड़ी जिसे जैह्वास्यिकी (Glassopharyngeal nerves) कहते हैं। इसमें भी ज्ञानवाही और क्रियावाही दोनों तन्तु होते हैं। ये सब जिह्वा में जाती हैं। अतः जिह्वा-बन्धन पर चोट से मृत्यु हो जाती है। यही श्वासमार्ग है। दसवीं नाड़ी (Pneumogastric) भी जिह्वाबन्धन के देश से होकर कण्ठ फुप्फुस आदि में जाती हैं।

इस प्रकार सब ही प्राणायतन हैं ॥११॥

पञ्चदश कोष्ठाङ्गानि; तद्यथा—नाभिश्च, हृदयं च, क्लोम च, यकृच्च, प्लीहा च, वृक्कौ च, बस्तिश्च, पुरीषाधारश्च, आमाशयश्च, पक्वाशयश्च, उत्तरगुदं च, अधरगुदं च, क्षुद्रान्त्रं च, स्थूलान्त्रं च, वपावहनं चेति ॥१२॥

कोष्ठ के अङ्ग—पन्द्रह हैं। १ नाभि २ हृदय ३ क्लोम ४ यकृत् (जिगर) ५ प्लीहा (तिल्ली) ६ दोनों वृक्क (गुर्दे, Kidneys), ७ बस्ति (मूत्राशय Bladder) ८ पुरीषाधार (Sigmoid Flexure अथवा उण्डुक (Coecum), ९ आमाशय (Stomach) १० पक्वाशय (Duodenum), ११ उत्तरगुद (Rectum), १२ अधरगुद (Anus), १३ क्षुद्रान्त्र (Small intestine) १४ स्थूलान्त्र (Lerge intestine) १५ वपावहन (हृदय के चारों ओर स्थित मेद को वपा कहते हैं उसका वहन करनेवाला अथवा Pancreas नामक ग्रन्थि) ॥१२॥

षट्पञ्चाशत्प्रत्यङ्गानि षट्स्वङ्गेषूपनिबद्धानि यानि यान्यपरिसंख्यातानि पूर्वमङ्गेषु परिसंख्यायमानेषु तानि तान्यन्यैः पर्यायैरिह[1] प्रकाश्य व्याख्यातानि भवन्ति; तद्यथा—द्वे जङ्घापिण्डिके, द्वे ऊरुपिण्डिके, द्वौ स्फिचौ, द्वौ वृषणौ, एकं शेफः, द्वे उखे, द्वौ वंक्षणौ, द्वौ कुकुन्दरौ, एकं बस्तिशीर्षम्, एकमुदरं, द्वौ स्तनौ, द्वौ श्लेष्मभुवौ[2], द्वे बाहुपिण्डिके, चिबुकमेकं, द्वावोष्ठौ, द्वे सृक्कण्यौ, द्वौ दन्तवेष्टकौ, एकं तालु, एका गलशुण्डिका, द्वे उपजिह्विके, एका गोजिह्विका, द्वौ गण्डौ, द्वे कर्णशष्कुलिके, द्वौ कर्णपुत्रकौ, द्वे अक्षिकूटे, चत्वारि अक्षिवर्त्मानि, द्वे अक्षिकनीनिके, द्वे भ्रुवौ, एकोऽवटुः, चत्वारि पाणिपादहृदयानि ॥१३॥

प्रत्यङ्ग—बाहु आदि ६ अङ्गों में सम्बद्ध ५६ प्रत्यङ्ग हैं। जिनका अङ्गों को बताते हुए हमने परिगणन नहीं किया। अब उन (प्रत्यङ्गों) की पर्यायों से यहाँ व्याख्या की जाती है। २ जङ्घाओं की पिण्डलियाँ + २ ऊरुदेश की पिण्डिकायें (बहुत मांसवाली जगह) + २ स्फिक (नितम्ब—चूतड़) + २ वृषण (अण्ड-Testes) + १ शेफ (मूत्रेन्द्रिय) + २ उखायें (बगलें) + २ वंक्षण (रान) + २ कुकुन्दर (पृष्ठवंश के दोनों ओर जघनास्थियों के बाहर की ओर का निम्न भाग) + १ बस्तिशीर्ष (नाभि के नीचे का देश) + १ उदर (पेट) + २ स्तन + २ श्लेष्मभू (छाती के उन्नत भाग) + २ बाहु की पिण्डिकायें + १ चिबुक (ठोडी) + २ होंठ + २ सृक्किणी (होंठों के प्रान्त वा किनारे) + २ दन्तवेष्टक (मसूड़े) + १ तालु + १ गिलशुण्डी (Uvula) + २ उपजिह्विकायें (Tonsils) + १ गोजिह्विका (जिह्वा के नीचे की छोटी जीभ) + २ गण्ड (गालें) + २ कर्णशष्कुलियाँ (बाहर से दीखने-वाला कान, Pinna & Lobule of ear) + २ कर्णपुत्रक (कर्णशष्कुली के सामने दीखनेवाला उभार) + २ अक्षिकूट (जहाँपर अक्षिगोलक रहते हैं) + ४ अक्षिवर्त्म (एक आँख में दो वर्त्म होते हैं, ऊपर का और नीचे का) + २ अक्षिकनी-निकायें (पुतलियाँ) + २ भौंहें + १ घाटा (ग्रीवा का पिछला भाग) + ४ हस्ततल और पादतल (२ हस्ततल २ पादतल) = ५६ प्रत्यङ्ग[3] हैं ॥१३॥

१—‘पर्यायैः प्रकाश्यानि’ च०। २—‘श्लेष्मभुवौ कण्ठपार्श्वयोरूर्ध्वव्यवस्थितौ कठिनौ मार्गौ’ चक्रः। ‘भुजौ’ गङ्गाधरः पठति, तन्नातिसमीचीनं तयोः पूर्वं परिसंख्यातत्वात्। ३ सुश्रुत में आशयभेद से ये प्रत्यङ्ग कहे हैं—मस्तकोदरपृष्ठनाभिललाटनासाचिबुकबस्तिग्रीवा इत्येता एकैकाः। कर्णनेत्रभ्रूशङ्खांसगण्डकक्षस्तनवृषणपार्श्वस्फिग्जानुबाहूरुप्रभृतयो द्वे द्वे, विंशतिरङ्गुलयः, स्रोतांसि वक्ष्यमाणानि एष प्रत्यङ्गविभाग उक्तः।’

नव महान्ति छिद्राणि सप्त शिरसि, द्वे चाधः ॥१४॥

नौ बड़े छिद्र—७ सिर में + २ नीचे। २ आँख के छिद्र +२ नाक के छिद्र + २ कान के छिद्र + १ मुखविवर; ये ७ शिरःस्थित छिद्र हैं। मूत्रेन्द्रिय वा जननेन्द्रिय का छिद्र और गुदा का छिद्र; ये नीचे के छिद्र हैं ॥१४॥

एतावद्दृश्यं शक्यमभिनिर्देष्टुम्, अनिर्देश्यमतः परं तर्क्यमेव। तद्यथा—नव स्नायुशतानि, सप्त सिराशतानि, द्वे धमनीशते, [1]चत्वारि पेशीशतानि, सप्तोत्तरं मर्मशतं, द्वे पुनः सन्धिशते, त्रिंशत्सहस्राणि नव च शतानि षट्पञ्चाशत्कानि सिराधमनीनामणुशः प्रविभज्यमानानां मुखाग्रपरिमाणं, तावन्ति चैव केशश्मश्रुलोमानीत्येतद्यथावत्संख्यातं त्वक्प्रभृति दृश्यम्, अतः परं तर्क्यम्; [2]एतदुभयमपि न विकल्प्यते प्रकृतिभावाच्छरीरस्य ॥१५॥

त्वचा आदि जो निर्दिष्ट किये गये हैं वे दृश्य हैं—प्रत्यक्ष हैं। अतएव इनका निर्देश किया जा सकता है—प्रत्यक्ष दिखाया जा सकता है। इससे आगे कहे जानेवाले भावों का निर्देश नहीं किया जा सकता, अतः अनुमान से जाने जाते हैं। यद्यपि स्नायु (Ligaments) आदि भी प्रत्यक्ष हैं, परन्तु ९०० आदि संख्या में स्नायु का होना अनुमान से ही ज्ञेय है। क्योंकि सब का प्रत्यक्ष नहीं होता।

९०० स्नायु हैं। यहाँ पर इनका विस्तृत वर्णन नहीं है। केवलमात्र संख्या ही बतायी गयी है। इनका विशेष सम्बन्ध शल्यतन्त्र से है, अतः सुश्रुत शारीर ५ अ० में इनका विस्तृत वर्णन है—

'नव स्नायुशतानि। तासां शाखासु षट् शतानि (६००) द्वे शते त्रिंशच्च (२३०) कोष्ठे। ग्रीवां प्रत्यूर्ध्वं सप्ततिः (७०)।'

'एकैकस्यां तु पादाङ्गुल्यां षट् षट्। तावत्य एव जङ्घायाम्। दश जानुनी। चत्वारिंशदूरौ, दश वङ्क्षणे, शतमध्यर्धमेवमेकस्मिन् सक्थ्नि भवन्ति। एतेनेतरसक्थिबाहू च व्याख्यातौ।'

'षष्टिः कट्याम्। पृष्ठेऽशीतिः। पार्श्वयोः षष्टिः। उरसि त्रिंशत्।'

'षट्त्रिंशद् ग्रीवायाम् मूर्ध्नि चतुस्त्रिंशत्। एवं नव स्नायुशतानि व्याख्यातानि।'

'नौर्यथा फलकास्तीर्णा बन्धनैर्बहुभिर्युता।
भारक्षमा भवेदप्सु नृयुक्ता सुसमाहिता॥
एवमेव शरीरेऽस्मिन् यावन्तः सन्धयः स्मृताः।
स्नायुभिर्बहुभिर्बद्धास्तेन भारसहा नराः॥'
'न ह्यस्थीनि न वा पेश्यो न सिरा न च सन्धयः।
व्यापादितास्तथा हन्युर्यथा स्नायुः शरीरिणम्॥
यः स्नायूः प्रविजानाति बाह्याश्चाभ्यन्तरास्तथा।
स गूढं शल्यमाहर्तुं देहाच्छक्नोति देहिनाम्॥'

इनका अभिप्राय सञ्जीवनी व्याख्या में देखें।

७७० शिरायें हैं। इनका विस्तृत वर्णन सुश्रुत शारीर ७ अध्याय में किया गया है।

'सप्त शिराशतानि भवन्ति। याभिरिदं शरीरमाराम इव जलहारिणीभिः केदार इव च कुल्याभिरुपस्निह्यतेऽनुगृह्यते चाकुञ्चनप्रसारणादिभिर्विशेषैः। द्रुमपत्रसेवनीनामिव च तासां प्रतानाः। तासां नाभिमूलं ततश्च प्रसरन्त्यूर्ध्वमधस्तिर्यक् च॥'

तासां मूलसिराश्चत्वारिंशत् तासां वातवाहिन्यो दश, पित्तवाहिन्यो दश, कफवाहिन्यो दश, दश रक्तवाहिन्यः। तासां तु वातवाहिनीनां वातस्थानगतानां पञ्चसप्ततिशतं भवति (१७५)। तावत्य एव पित्तवाहिन्यः पित्तस्थाने (१७५)। कफवाहिन्यश्च कफस्थाने (१७५)। रक्तवाहिन्यश्च यकृत्प्लीह्नोः (१७५)। एवमेतानि सप्त शिराशतानि।'

'तत्र वातवाहिन्यः शिरा एकस्मिन् सक्थ्नि पञ्चविंशतिः। एतेनेतरसक्थि बाहू च व्याख्यातौ।'

'विशेषतस्तु कोष्ठे चतुस्त्रिंशत् - तासां गुदमेढ्राश्रिताः श्रोण्यामष्टौ, द्वे द्वे पार्श्वयोः, षट् पृष्ठे, तावत्य एव चोदरे, दश वक्षसि।'

'एकचत्वारिंशज्जत्रुण ऊर्ध्वं, तासां चतुर्दश ग्रीवायां, कर्णयोश्चतस्रः, नवं जिह्वायां, षट् नासिकायां, अष्टौ नेत्रयोः, एवं पञ्चसप्ततिशतं वातवहानां सिराणां व्याख्यातं भवति।'

'एष एव विभागः शेषाणामपि। विशेषतस्तु पित्तवाहिन्यो नेत्रयोर्दश, कर्णयोर्द्वे, एवं रक्तवहाः कफवहाश्च। एवमेतानि सप्त सिराशतानि सविभागानि व्याख्यातानि।'

इनका अर्थ भी सुश्रुतसञ्जीवनी व्याख्या में देखें।

२०० धमनियाँ हैं। सुश्रुत शारीर स्थान ९ अ० में मूल धमनियाँ २३ बतायी हैं। इन्हीं से शाखाओं में फूटनेवाली स्थूल २०० धमनियाँ जाननी चाहिये। सुश्रुत के अनुसार ऊर्ध्वग धमनियाँ १० अधोगामी धमनियाँ १० + तिर्यग्गामी ४। ये मिलाकर २४ होती हैं। सुश्रुत ने भी इनका विभाग किया है। जिसके अनुसार ऊर्ध्वग धमनियाँ ३० हो जाती हैं। अधोगामी भी ३० हो जाती हैं और तिर्यग्गामी एक २ में सैकड़ों शाखायें उत्तरोत्तर फूटती जाती हैं। अतः ये असंख्य होती हैं। इनका विस्तृत वर्णन सुश्रुत ९ अध्याय में देखिये। प्रतीत होता है कि आत्रेय ने तिर्यग्गत स्थूल धमनियाँ १४० गिनी हैं। आत्रेय भी क्रमशः शाखाओं में फूटते हुए इनकी संख्या बहुत अधिक मानता है। यह बात इनके मुखाग्रों की संख्या बताने से ज्ञात होती है।

४०० मांसपेशियाँ (Muscles) हैं। सुश्रुत ५०० मानता है। गङ्गाधर के अनुसार 'चत्वारि' के स्थल पर 'पञ्च' होना चाहिये।

'पञ्च पेशीशतानि भवन्ति। तासां चत्वारि शतानि (४००) शाखासु। कोष्ठे षट्षष्टिः (६६)। ग्रीवां प्रत्यूर्ध्वं चतुस्त्रिंशत् (३४)'।

'एकैकस्यां तु पादागुल्यां तिस्रस्तिस्रस्ताः पञ्चदश। दश प्रपद। पादोपरि कूर्चसन्निविष्टास्तावत्य एव। दश गुल्फातलयोः। गुल्फजान्वन्तरे विंशतिः। पञ्च जानुनि। विंशतिरूरौ। दश

1—'पञ्च' ग०। 2—'एके तदुभयमपि न विकल्पयन्ते' च०।

वङ्क्षणे। शतमेवमेकस्मिन सक्थ्नि भवन्ति। एतेनेतरसक्थि बाहू च व्याख्यातौ।'

'तिस्रः पायौ। एका मेढ्रे। सेवन्यां चापरा। द्वे वृषणयोः। स्फिचोः पञ्च। द्वे बस्तिशिरसि। पञ्चोदरे। नाभ्यामेका। पृष्ठोर्ध्वसन्निविष्टाः पञ्च पञ्च दीर्घाः। षट् पार्श्वयोः। दश वक्षसि। अक्षकांसौ प्रति समन्तात् सप्त। द्वे हृदयामाशययोः। षट् यकृत्प्लीहोण्डुकेषु'।

'ग्रीवायां चतस्रः। अष्टौ हन्वोः। एकैका काकलकगलयोः। द्वे तालुनि। एका जिह्वायाम्। ओष्ठयोर्द्वे। नासायां द्वे। द्वे नेत्रयोः। गण्डयोश्चतस्रः। कर्णयोर्द्वे। चतस्रो ललाटे। एका शिरसीति। एवमेतानि पञ्च पञ्चपेशीशतानि।'

स्त्रियों में २० पेशियां अधिक होती हैं। यथा—

'स्त्रीणां तु विंशतिरधिका; दश तासां स्तनयोरेकैकस्मिन् पञ्च पञ्चेति। यौवने तासां परिवृद्धिः। अपत्यपथे चतस्रः। तासां प्रसृतेऽभ्यन्तरतो। द्वे मुखाश्रिते बाह्ये च वृत्ते द्वे। गर्भच्छिद्रसंश्रितास्तिस्रः। शुक्रार्तवप्रवेशिन्यस्तिस्र एव॥'

आजकल के शरीरशास्त्र के अनुसार मांशपेशियों की संख्या ५१६ है[1]। जो कि निम्न प्रकार से है—

ऊर्ध्वशाखा (बाहुओं) में	११
अधःशाखा (सक्थियों) में	११८
धड़	१३४
शिरा और ग्रीवा में	८०
छाती और पेट के मध्य की पेशी	१
तालु में	१०
जिह्वा में	८
गले में	१०
काकलक वा स्वरयन्त्र में	१०
दोनों बाह्यकर्ण में	१२
दोनों मध्यकर्ण में	४
दोनों अक्षिगोलक और ऊर्ध्ववर्त्म में	१४
	५१६

१०७ मर्म हैं। सुश्रुत के अनुसार ये पाँच प्रकार के होते हैं। १ मांसमर्म २ सिरामर्म ३ स्नायुमर्म ४ अस्थिमर्म ५ सन्धिमर्म।

मांसमर्म	११
सिरामर्म	४१
स्नायुमर्म	२७
अस्थिमर्म	८
सन्धिमर्म	२०
इस प्रकार	१०७ मर्म हैं।

१–इनका विशेष विवरण डा० त्रिलोकीनाथ कृत 'हमारे शरीर की रचना' में देखिये।

देश भेद से—

चारों शाखाओं में	४४
पेट और छाती में	१२
पीठ में	१४
ग्रीवा और उससे ऊपर	३७
	१०७ मर्म हैं।

इनका विस्तृत वर्णन सुश्रुत शारीर ६ अध्याय में हैं।

२१० सन्धियाँ हैं। मुख्यतः सन्धियाँ दो प्रकार की होती हैं। १ चेष्टावान् (Movable or Diarthroses)। २ स्थिर (Immovable or Synarthroses) तीसरी प्रकार की वे सन्धियां भी हैं जिनमें अल्प सी चेष्टा होती है। आजकल उन्हें पृथक् श्रेणी में गिना जाता है। वे अल्पचेष्टावान् (Amphiarthroses) कहाती हैं। जैसे—कशेरुकाओं में। सुश्रुत शारीर ५ अध्याय में इनका विभाग इस प्रकार किया है—

शाखाओं में	६८
कोष्ठ में	५९
ग्रीवा और उससे ऊपर	८३
	२१०

वस्तुतः सन्धियाँ बहुत अधिक हैं। यहाँ पर बहुत ही मोटी हड्डियों की सन्धियाँ गिनायी हैं।

ये सन्धियां आठ प्रकार की सामान्यतः कही गयी हैं। १ कोर (Gliding joints or Arthrodia & Hinge joints or Ginglymus) २ उदूखल (Enarthrodia or Ball and socket joints)। ३ सामुद्ग (संपुटाकार)—जिन सन्धियों पर थैली चढ़ी रहती है। ४ प्रतर–जैसे पृष्ठवंश की कशेरुकाओं में। ५ तुन्न सेवनी (Sutures)। ६ वायसतुण्ड (कौवे की चोंच सदृश)। ७ मण्डल (Rings)। ८ शंखावर्त। एक प्रकार की और सन्धि भी है, जिसे आंग्लभाषा में Pivot joint कहते हैं। यह सन्धि ऐसी होती है जैसे गाड़ी में धुरी की सन्धि होती है। यह प्रथम और द्वितीय ग्रीवाकशेरुका में होती है। इनके विशेष ज्ञान के लिये सुश्रुत शारीर ५ अ० देखिये।

अत्यन्त सूक्ष्म विभाग होते हुए सिराओं और धमनियों के मुखाग्रों की संख्या ३०९५६ होती है। इतने ही केश (सिर के बाल) दाढ़ी मूँछ के बाल और लोम होते हैं। 'एकोनत्रिंशत्सहस्राणि' भी पाठान्तर है उसके अनुसार २९९५६ संख्या होती है। गंगाधर 'त्रिंशच्छतसहस्राणि नव च शतानि षट् पञ्चाशत्सहस्राणि' यह पाठान्तर पढ़ता है। उसके अनुसार ३२ लाख ५० हजार ९ सौ संख्या होती है। अथवा उसकी अपनी व्याख्या के अनुसार ९०० सिरा और धमनी (७००शिरा + २०० धमनी) ५६ हजार शाखाओं में बँटकर पुनः सूक्ष्म होती हुई ३० लाख हो जाती है। तन्त्रान्तर में कहा है—

'त्रिंशच्छतसहस्राणि शतानि च नवैव तु ।
षट्पञ्चाशत् सहस्राणि रसदेहौ वहन्ति ताः ।
द्वासप्ततिस्तथा कोट्यो लोमानीह महामुने' ॥

अष्टाङ्गसंग्रह में—

'सिराधमनीमुखानां त्वणुशो विभज्यमानानामेकोनत्रिंशच्छतसहस्राणि नव च शतानि षट्पञ्चाशानि भवन्ति'

इसके अनुसार इनकी संख्या २९ लाख ९ सौ ५६ होती है।

यह त्वचा आदि दृश्य (प्रत्यक्ष) का और उससे पश्चात् तर्क से ज्ञेय स्नायु आदि का यथावत् परिगणन कर दिया है। दृश्य (त्वचा आदि) और तर्क्य (अनुमान से ज्ञेय स्नायु आदि) में शरीर के आरोग्य रहने तक इस मान में भेद नहीं होता। विकृत होने पर भेद आ सकता है ॥१५॥

यत्त्वञ्जलिसंख्येयं तदुपदेक्ष्यामः तत्परं प्रमाणमभिज्ञेयं, तच्च वृद्धिह्रासयोगि, तर्क्यमेव; तद्यथा—दशोदकस्याञ्जलयः शरीरे स्वेनाञ्जलिप्रमाणेन यत्तत् प्रच्यवमानं पुरीषमनुबध्नात्यतियोगेन तथा मूत्रं रुधिरमन्यांश्च शरीरधातून्, यत्तत् सर्वशरीरचरं बाह्या त्वग्बिभर्ति, यस्तु त्वगन्तरे व्रणगतं लसीकाशब्दं लभते, यच्चोष्मणाऽनुबद्धं लोमकूपेभ्यो निष्पतत्स्वेदशब्दमवाप्नोति, तदुदकं दशाञ्जलिप्रमाणं; नवाञ्जलयः पूर्वस्याहारपरिणामधातोर्यं तं रस इत्याचक्षते, अष्टौ शोणितस्य, सप्त पुरीषस्य, षट् श्लेष्मणः; पञ्च पित्तस्य, चत्वारो मूत्रस्य, त्रयो वसायाः; द्वौ मेदसः, एको मज्ज्ञः, मस्तिष्कस्यार्धाञ्जलिः, शुक्रस्य तावदेव प्रमाणं, तावदेव श्लेष्मणश्चौजस इत्येतच्छरीरतत्त्वमुक्तम् ॥१६॥

अब जो अञ्जलि के नाम से जाने जाते हैं—उनका उपदेश किया जायगा—

यहाँ जो प्रमाण कहा जायगा वह उत्कृष्ट (Maximum) प्रमाण है। यह कम अधिक होता रहता है। इसे अनुमान से ही जाना जाता है। अपनी अञ्जलि के प्रमाण से जल का प्रमाण दश अञ्जलि है, जो जल अतियोग द्वारा बाहर निकलता हुआ पुरीष के साथ निकलता है। तथा जो जल अतियोग द्वारा मूत्र के साथ बाहर आता है। अतियोग से जो रुधिर तथा शरीर की अन्य धातुओं को भी अनुबन्ध करता है। जो सम्पूर्ण शरीर में सञ्चार करता हुआ बाहर की त्वचा उदकधरा का पालन करता है। जो त्वचा में व्रण होने पर 'लसीका' शब्द से कहा जाता है। जो गर्मी से अनुबद्ध हुआ लोमकूपों से निकलता हुआ 'स्वेद' शब्द से अभिहित है। उस जल का प्रमाण दस अञ्जलि है। आहार के परिणत होने पर (पचने पर) जो सब से पूर्व धातु बनती है–जिसे रस कहते हैं–उसका प्रमाण ९ अञ्जलि है। रक्त की आठ अञ्जलि। आजकल के अनुसार भी यदि एक जवान मनुष्य का भार १॥ मन हो तो उसके शरीर में भार का $\frac{1}{20}$ अर्थात् लगभग ३ सेर रक्त होगा। अञ्जलि का परिमाण परिभाषा में आधे शराव के बराबर माना है, जो कि लगभग ३२ तोले के बराबर होता है। रक्त की मात्रा शरीर में ३२ × ८ = २५६ अर्थात् ३ सेर १६ तोले होती है। पुरीष की ७ अञ्जलि। कफ की ६ अञ्जलि। पित्त की ५ अञ्जलि = ३२ × ४ = १२८ तोले = १ सेर ४८ तोले। वसा की तीन अञ्जलि। अर्थात् १॥ मनवाले मनुष्य में वसा का प्रमाण आजकल १ सेर १२ छटांक के लगभग माना जाता है। परन्तु इसमें मेद भी अन्तर्गत है। केवल वसा का प्रमाण यहाँ ३ अञ्जलि बताया है। ३ अञ्जलि = २३ × ३ = ९६ तोले के अर्थात् केवल वसा १ सेर १६ तोले हैं। मेद का प्रमाण २ अञ्जलि है अर्थात् लगभग ६४ तोले। अर्थात् वसा और मेद मिलाकर १ सेर १६ तोले + ६४ तोले = २ सेर है। अर्थात् आजकल के प्रमाण और प्राचीन प्रमाण में केवल ४ छटांक का अन्तर है। जो कि मेद में मिश्रित अन्य घटक अवयवों का हो सकता है। यह अन्तर न के बराबर ही है, क्योंकि दोनों प्रमाण लगभग रूप में ही है। और आयुर्वेदोक्त प्रमाण परम प्रमाण है। मज्जा का प्रमाण शरीर में एक अञ्जलि है। मस्तिष्क का प्रमाण आधी अञ्जलि। सम्पूर्ण मस्तिष्क का भार २२ छटांक के लगभग आजकल कूता गया है। प्रतीत होता है कि प्राचीन प्रमाण जो कि आधी अञ्जलि वा लगभग १६ तोले के है, लघुमस्तिष्क का दिया गया है। वह ही २॥ छटांक के लगभग आजकल माना जाता है और प्राचीन आचार्यों के अनुसार उसका परम प्रमाण लगभग ३ छटांक के होता है। वीर्य का प्रमाण भी इतना ही है अर्थात् आधी अञ्जलि। उतना ही ओजधातुनामक कफ का। अर्थात् ओज का प्रमाण भी आधी अञ्जलि है। ओज के प्रमाण की विवेचना हम सूत्रस्थान के १७ वें अध्याय में कर चुके हैं। यह शरीर के तत्त्व बता दिये हैं ॥१६॥

तत्र यद्विशेषतः स्थूलं स्थिरं मूर्तिमद्गुरुखरकठिनमङ्गं नखास्थिदन्तमांसचर्मवर्चःकेशश्मश्रुनखलोमकण्डरादि तत्पार्थिवं गन्धो घ्राणं च, यद्द्रवसरमन्दस्निग्धमृदुपिच्छिलं रसरुधिरवसाकफपित्तमूत्रस्वेदादि तदाप्यं रसो रसनं च, यत्पित्तमूष्मा यो या च भाः शरीरे तत्सर्वमाग्नेयं रूपं दर्शनं च, यदुच्छ्वासप्रश्वासोन्मेषनिमेषाकुञ्चनप्रसारणगमनप्रेरणधारणादि तद्वायवीयं स्पर्शः स्पर्शनं च, यद्विविक्तमुच्यते महान्ति चाणूनि स्रोतांसि तदान्तरिक्षं शब्दः श्रोत्रं च यत्प्रयोक्तृ तत्प्रधानं, बुद्धिर्मनश्चेति। शरीरावयवसंख्या यथास्थूलभेदेनावयवानां निर्दिष्टा ॥१७॥

पार्थिव शरीर भाव—शरीर में जो विशेषतः स्थूल स्थिर मूर्तिमान गुरु (भारी) खर तथा कठिन अंग हैं, जैसे नख अस्थि (हड्डी) दन्त (दांत) मांस चर्म (त्वचा) वर्च्च (पुरीष) केश श्मश्रु (दाढ़ी मूंछ) लोम [1]कण्डरा (महास्नायु) आदि वह सब तथा गन्ध और घ्राण; ये पार्थिव हैं ॥१॥

नख और दन्त के अस्थियों से पृथक् गिनने से यह भी ज्ञान होता है कि प्राचीन आचार्य इन्हें अस्थि नहीं समझते थे।

१—प्रत्यङ्गों में कण्डराओं का संख्या का निर्देश नहीं किया गया–इनका विवरण सुश्रुत शारीरस्थान ५ अध्याय में देखें। कण्डरायें १६ होती हैं।

अस्थियों के परिगणन में भी 'सह दन्तोलूखलनखैः' कह के पृथक् ही पढ़ा है ॥

जलीय शारीर भाव—जो द्रव सर मन्द स्निग्ध मृदु तथा पिच्छिल गुणयुक्त अङ्ग हैं, जैसे—रस रुधिर बसा कफ पित्त मूत्र स्वेद आदि–वे सब तथा रस और रसनेन्द्रिय; आप्य (जलीय) हैं। पित्त में जो द्रवता और ईषत्स्निग्धता है उसे ही जलीय जानना ॥

आग्नेय शारीर भाव—जो पित्त है, जो गर्मी है और जो शरीर में कान्ति है, वे सब आग्नेय हैं। रूप और दर्शनेन्द्रिय भी आग्नेय हैं।

वायवीय शारीर भाव—उछ्वास (श्वास को बाहर निकालना) प्रश्वास (श्वास को अन्दर लेजाना), उन्मेष (आँखको खोलना), निमेष आँखों को मीचना) आकुञ्चन (सिकोड़ना), प्रसारण (फैलाना), गमन (एक स्थान सेदूसरे स्थान पर जाना), प्रेरणा, धारण करना आदि स्पर्श और स्पर्शनेन्द्रिय वायवीय हैं।

आन्तरिक्ष शारीर भाव—जो विविक्त (विरल) कहाता है अर्थात् धातुओं में जो अवकाशस्थान है, बड़े और छोटे स्रोत; वे सब आन्तरिक्ष (आकाशीय) हैं। शब्द और श्रोत्र भी आकाशीय हैं।

सुश्रुत शारीर प्रथम अध्याय में भी—

'आन्तरिक्षास्तु–शब्दः शब्देन्द्रियं सर्वच्छिद्रसमूहो विविक्तता च। वायव्यास्तु–स्पर्शः स्पर्शेन्द्रियं सर्वचेष्टा-समूहः सर्वशरीरस्पन्दनं लघुता च। तैजसास्तु–रूपं रूपेन्द्रियं वर्णः सन्तापो भ्राजिष्णुता पक्तिरमर्षस्तैक्ष्ण्यं शौर्यं च। आप्यास्तु–रसो रसेन्द्रियं सर्वद्रवसमूहो गुरुता शैत्यं स्नेहो रेतश्च। पार्थिवास्तु–गन्धो गन्धेन्द्रियं सर्वमूर्तसमूहो गुरुता चेति ॥'

जो प्रयोक्ता है (आत्मा) वह प्रधान है। बुद्धि और मन भी प्रधान है। आत्मा बुद्धि और मन; ये ही संयोग में कारण हैं। इन्द्रियों को भी ये ही अपने २ विषय में प्रेरित करते हैं। सत्त्व संयुक्त आत्मा ही सृष्टि में कारण होता है। अवयवों के मोटे २ भेद द्वारा शरीर के अवयवों की संख्या बता दी गयी है ॥१७॥

शरीरावयवास्तु परमाणुभेदेनापरिसंख्येया भवन्त्यतिबहुत्वादतिसौक्ष्म्यादतीन्द्रियत्वाच्च; तेषां संयोगविभागे परमाणूनां कारणं वायुः कर्म स्वभावश्च ॥ १८ ॥

परमाणु के भेद से शरीर के अवयव असंख्य होते हैं। क्योंकि परमाणु बहुत ही अधिक हैं, अत्यन्त सूक्ष्म हैं, जिनका इन्द्रियों से ग्रहण नहीं हो सकता। उन परमाणुओं के संयोग और विभाग में वायु कर्म (धर्माधर्म) और स्वभाव कारण है। अथवा वायु और कर्म (अदृष्टधर्माधर्म) का स्वभाव कारण है। कर्म के प्रेरणात्मक स्वभाव द्वारा प्रेरित वायु संयोग (शरीर जन्म) तथा विभाग (शरीर विनाश) में कारण है। अदृष्ट द्वारा सब से पूर्व वायु में कर्म उत्पन्न होता है तदनन्तर अग्नि आदि में ॥ १८ ॥

तदेतच्छरीरं संख्यातमनेकावयवं दृष्टमेकत्वेन सङ्गः, पृथक्त्वेनापवर्गः; तत्र प्रधानमसक्तं सर्वसन्ताननिवृत्तौ निवर्तते इति ॥ १९॥

वह यह शरीर अनेक अवयवों से युक्त कहा गया है। इसे एकरूप में देखना ही सङ्ग कहाता है। अर्थात् जीवितशरीर, चेतना पुरुष, मन इन्द्रियाँ तथा अन्य अवयवों से जिनका पूर्व वर्णन किया जा चुका है। अथवा आत्मा और परमाणु रूप असंख्यात अवयवों से बना हुआ है। इन्हें एकरूप में अर्थात् 'मैं' करके जानना सङ्ग है वा बन्ध है। अर्थात् विपरीत ज्ञान ही बन्ध का कारण है।

चेतन शरीर के अनेक अवयवों का जब हमें पृथक्तया ज्ञान होता है वही अपवर्ग वा मोक्ष है। अर्थात् जब हम चेतना पुरुष मन इन्द्रियों तथा अन्य अवयवोंको पृथक्तया जानते हैं वह ही मोक्ष है। पुरुष को प्रधान (प्रकृति) से पृथक् जानना ही अपवर्ग है वा अपवर्ग (मोक्ष) का हेतु है। यही तत्त्वज्ञान है। प्रधान और पुरुष का पार्थक्येन ज्ञान ही तत्त्वज्ञान है। सांख्यकारिका में कहा है—

'ज्ञानेन चापवर्गो विपर्ययादिष्यते बन्धः।'

सांख्य में बन्ध को तीन प्रकार का माना है–१ प्राकृतिक २ वैकृतिक ३ दाक्षिणक। जो प्रकृति को ही आत्मा समझते हुए प्रकृति की उपासना में लगे रहते हैं उन्हें प्राकृतिक बन्ध होता है। जैसा कि आजकल का पाश्चात्य जगत्। उनके लिये ही पुराण में कहा है—

'पूर्णं शतसहस्रं तु तिष्ठन्त्यव्यक्तचिन्तकाः।'

वैकृतिक बन्ध उन्हें होता है जो विकृति अर्थात् अहङ्कार महाभूत बुद्धि इन्द्रिय आदियों को ही पुरुष वा आत्मा समझे हैं। उन्हीं के प्रति कहा गया है—

'दश मन्वन्तराणीह तिष्ठन्तीन्द्रियचिन्तकाः।
भौतिकास्तु शतं पूर्णं सहस्रं त्वाभिमानिकाः ॥
बौद्धा दशसहस्राणि तिष्ठन्ति विगतज्वराः।'
'ते खल्वमी विदेहा येषां वैकृतिको बन्धः॥'

जो इष्टापूर्त में लगे रहते हैं उन्हें दाक्षिणकबन्ध होता है। ये लोग स्वर्ग आदि की कामना से कर्म करते हैं इसी का फल यह है कि वे बन्ध में पड़े रहते हैं। इस बन्ध को दाक्षिणकबन्ध कहते हैं। छान्दोग्योपनिषद् में इनका दक्षिणमार्ग कहा गया है। अतएव इस बन्ध का नाम आचार्यों ने दाक्षिणकबन्ध रखा है। अथवा दक्षिणा से सम्बन्ध होने से दाक्षिणकबन्ध कहाता है

'अथ य इमे ग्राम इष्टापूर्त्ते दत्तमित्युपासते ते धूममभिसम्भवन्ति।' इत्यादि। छान्दोग्य उ० ५।१०।३।

प्रधान-प्रकृति जब असक्त होती है अर्थात् जब चेतन पुरुष (आत्मा) के साथ सम्बन्ध नहीं रहता तब सन्तान (प्रवाह) की निवृत्ति होने पर स्वयं निवृत्त हो जाती है। अभिप्राय यह है कि प्रकृति पुरुष (आत्मा) के मोक्ष के लिये प्रवृत्त होती है। जब तत्त्वज्ञान हो जाता है तब विपरीतज्ञान का अनादि प्रवाह नष्ट हो जाता है और प्रकृति आत्मा को अपना नग्न रूप दिखा देती है। यह ही मोक्ष है। सांख्य में कहा है–

'औत्सुक्यनिवृत्त्यर्थं यथा क्रियासु प्रवर्त्तते लोकः।
पुरुषस्य विमोक्षार्थं प्रवर्तते तद्वदव्यक्तम् ॥
रङ्गस्य दर्शयित्वा निवर्तते नर्तकी यथा नृत्यात्।
पुरुषस्य तथात्मानं प्रकाश्य विनिवर्त्तते प्रकृतिः ॥'

१—'०मशक्तं सर्वसन्ताननिवृत्तौ' ग०

'नानाविधैरुपायैरुपकारिण्यनुपकारिणः पुंसः ।
गुणवत्यगुणस्य सतस्तस्यार्थमपार्थकं चरति ॥
प्रकृतेः सुकुमारतरं न किञ्चिदस्तीति मे मतिर्भवति ।
या दृष्टास्मीति न पुनर्दर्शनमुपैति पुरुषस्य ॥
तस्मान्न बाध्यतेऽसौ न मुच्यते नापि संसरति कश्चित् ।
संसरति बध्यते मुच्यते च नानाश्रया प्रकृतिः ॥
रूपैः [1]सप्तभिरेव तु बध्नात्यात्मानमात्मना प्रकृतिः ।
सैव च पुरुषार्थं प्रति विमोचयत्येकरूपेण[2] ॥
एवं तत्त्वाभ्यासान्नास्मि न मे नाहमित्यपरिशेषम् ।
अविपर्ययाद्विशुद्धं केवलमुत्पद्यते ज्ञानम् ॥
तेन निवृत्तप्रसवामर्थवशात्सप्तरूपविनिवृत्ताम् ।
प्रकृतिं पश्यति पुरुषः प्रेक्षकवदवस्थितः सुस्थः ॥
दृष्टा मयेत्युपेक्षक एको दृष्टाहमित्युपरमत्यन्या ।
सति संयोगेऽपि तयोः प्रयोजनं नास्ति सर्गस्य ॥'

अथवा 'प्रधान' पद से यदि आत्मा का ग्रहण करें तो इस प्रकार अर्थ होगा कि सब भावों के निवृत्त हो जाने पर राग द्वेष से रहित आत्मा स्वयं निवृत्त हो जाता है । इसी निवृत्ति को अपवर्ग वा मोक्ष कहते हैं । इसी स्थान के ५ वें अध्याय में कह भी आये हैं—

'निवृत्तिरपवर्गस्तत्परं प्रशान्तं तदक्षरं तद्‌ब्रह्म स मोक्षः ॥१६॥

तत्र श्लोकौ

शरीरसंख्यां यो वेद सर्वावयवशो भिषक् ।
तदज्ञाननिमित्तेन स मोहेन न युज्यते ॥ २० ॥
अमूढो मोहमूलैश्च न दोषैरभिभूयते ।
निर्दोषो निःस्पृहः शान्तः प्रशाम्यत्यपुनर्भवः ॥ २१ ॥

इत्यग्निवेशकृते तन्त्रे चरकप्रतिसंस्कृते शारीरस्थाने
शरीरसंख्याशारीरं नाम सप्तमोऽध्यायः ॥ ७ ॥

जो चिकित्सक सब अवयवों द्वारा शरीरसंख्या को जानता है वह अज्ञान से उत्पन्न होनेवाले मोह से युक्त नहीं होता । मोह से युक्त न होने से अथवा (तत्त्वज्ञानी होने से) मोहजन्य दोषों से पराभूत नहीं होता । अपितु निर्दोष निष्काम शान्त तथा पुनजन्म-रहित होकर शान्त हो जाता है—मोक्ष को प्राप्त होता है ॥ २०,२१ ॥

इति सप्तमोऽध्यायः

—o—

अष्टमोऽध्यायः

अथातो जातिसूत्रीयं शारीरं व्याख्यास्यामः ॥
इति ह स्माह भगवानात्रेयः ॥ १ ॥

अब हम जातिसूत्रीय नामक शारीर की व्याख्या करेंगे—ऐसा भगवान् आत्रेय ने कहा था । अर्थात् इस अध्याय में जन्मशास्त्र वा उत्पत्तिशास्त्र की व्याख्या होगी ।

स्त्रीपुरुषयोरव्यापन्नशुक्रशोणितगर्भाशययोः श्रेयसीं प्रजामिच्छतोस्तदर्थाभिनिर्वृत्तिकरं कर्मोपदेक्ष्यामः ॥ २ ॥

जिस स्त्री और पुरुष का वीर्य शोणित तथा गर्भाशय विकृति से रहित हैं और वे यह चाहते हैं कि उनकी श्रेष्ठ सन्तान उत्पन्न हो, उनके लिये श्रेष्ठ सन्तान का निष्पादक कर्म बताया जायगा अर्थात् अविकृत वीर्य युक्त पुरुष और अविकृत रज और गर्भाशयवाली स्त्री के संयोग से किस प्रकार श्रेष्ठ सन्तान हो सकती है, पूर्व उसका वर्णन होगा ॥ २ ॥

अथाप्येतौ स्त्रीपुरुषौ स्नेहस्वेदाभ्यामुपपाद्य वमनविरेचनाभ्यां संशोध्य क्रमेण प्रकृतिमापादयेत्, संशुद्धौ चास्थापनानुवासनाभ्यामुपाचरेत्, उपाचरेच्च मधुरौषधसंस्कृताभ्यां पुरुषं, स्त्रियं तु [1]तैलमाषाभ्याम् ॥ ३ ॥

अविकृत वीर्ययुक्त पुरुष तथा अविकृत रज और गर्भाशय युक्त स्त्री दोनों को स्नेहन और स्वेदन कराके विधिपूर्वक वमन और विरेचन द्वारा शुद्धि करावे । वमन और विरेचन के बाद पेया आदि के क्रम से पुनः स्वाभाविक भोजन पर ले आवे । जब वमन विरेचन से सम्यक् प्रकार शुद्धि हो जाय तब उन्हें तथाविधि आस्थापन और अनुवासन करावे । साथ ही पुरुष को मधुर औषधों से संस्कृत घी और दूध का परन्तु स्त्री को तैल और माष (उड़द) का सेवन करावें । 'माष' की जगह 'मास' यह भी पाठान्तर है । अष्टाङ्गसंग्रह शारीरस्थान प्रथम अध्याय में भी—

'विशेषतस्तु घृतक्षीरवद्भिर्मधुरौषधसंस्कारैः पुरुषम्, तैलेन नारीं पित्तलैश्च माषैः ।

यह पढ़ा है । इस प्रकार करने से पुरुष के शुक्र में तथा स्त्री के रज में पूर्णता आ जाती है ॥ ३ ॥

ततः पुष्पात्प्रभृति त्रिरात्रमासीत ब्रह्मचारिण्यधःशायिनी पाणिभ्यामन्नमजर्जरपात्रे[3] भुञ्जाना न च कांचिन्मृजामापद्येत ॥ ४ ॥

तदनन्तर रजोदर्शन के प्रथम दिन से लेकर तीन दिन तक ब्रह्मचारिणी रहना चाहिये । भूमि पर सोये । नवीन और जो टूटा-फूटा न हो ऐसे पात्र में हाथों से भोजन करे । इन तीन दिनों में उबटन स्नान आदि किसी प्रकार की शुद्धि वा अंगसंस्कार न करे । इससे सुश्रुत शारीर द्वितीयाध्यायोक्त अञ्जन आदि का ग्रहण हो जाता है—

'ऋतौ प्रथमदिवसात् प्रभृति ब्रह्मचारिणी दिवास्वप्नाञ्जनाश्रुपातस्नानानुलेपनाभ्यञ्जनखच्छेदनप्रधावनहसनकथनातिशब्दश्रवणावलेखनानिलायासान् परिहरेत् । किं कारणं ? दिवा स्वपन्त्याः स्वापशीलः, अञ्जनादन्धः, रोदनाद्विकृतदृष्टिः, स्नानानुलेपनाद् दुःखशीलः, तैलाभ्यङ्गात् कुष्ठी, नखापकर्तनात् कुनखी, प्रधावनाच्चञ्चलः, हसनाच्छ्यावदन्तौष्ठतालुजिह्वः, प्रलापी चातिकथनात्, अतिशब्दश्रवणाद्बधिरः, अवलेखनात् खलतिः, मारुतायाससेवनादुन्मत्तो गर्भो भवतीत्येवमेतान् परिहरेत् ।'

'दर्भसंस्तरशायिनीं करतलशरावपर्णान्यतमभोजिनीं हविष्यं त्र्यहं च भर्तुः संरक्षेत् ।'

१—'धर्माधर्मज्ञानवैराग्यावैराग्यैश्वर्यानैश्वर्याख्यैः सप्त रूपाणि' ।
२—एकरूपेणेति—तत्त्वज्ञानेन विवेकख्यात्या ।

१—'तैलमांसाभ्यां' च । २—सुश्रुत शारीर २ अ० में—'०पुमान् मासं ब्रह्मचारी सर्पिःस्निग्धः सर्पिःक्षीराभ्यां शाल्योदनं भुक्त्वा मासं ब्रह्मचारिणीं तैलस्निग्धां तैलमाषोत्तराहारां नारीं०' ।
३—'अजर्जरात् पात्रात्' च ।

पञ्जाब में प्रायशः स्त्रियाँ प्रथम दिन से ही स्नान कर लेती हैं और इससे अपने को शुद्ध समझती हैं और रसोई तथा अन्य गृहकार्य करती हैं। परन्तु इस स्नान से शुद्धि तो क्या होनी है, वे घोर प्रदर आदि रोगों से आक्रान्त हो जाती हैं। तथा च इन दिनों में स्त्रियों को किसी प्रकार का अत्यधिक शारीरिक वा मानसिक श्रम न करना चाहिये। ना ही अपने मस्तिष्क को थकाना चाहिये ॥ ४ ॥

ततश्चतुर्थेऽहन्येनामुत्साद्य सशिरस्कं स्नापयित्वा शुक्लानि[1] वासांस्याच्छादयेत्पुरुषं च, ततः शुक्लवाससौ स्रग्विणौ सुमनसावन्योन्यमभिकामौ संवसेतामिति ब्रूयात् ॥ ५ ॥

तदन्तर चौथे दिन में स्त्री को उबटन मलकरके शिर सहित सम्पूर्ण शरीर का स्नान कराके श्वेतवस्त्र पहिना दें वा ओढ़ा दें। पुरुष को भी उस दिन उबटन मलकर स्नान करना चाहिये। पुरुष भी उस दिन श्वेतवस्त्र पहिरे। तदनन्तर श्वेतवस्त्र पहिरे हुए माला धारण किए हुए प्रसन्नमन तथा एक दूसरे को चाहनेवाले स्त्री और पुरुष दोनों को वैद्य सहवास की अनुमति दे। सुश्रुत शारीर २ अ० में—

'ततः शुद्धस्नातां चतुर्थेऽहन्यहतवासां कृतमङ्गलस्वस्तिवाचनां भर्तारं दर्शयेत्' ॥ ५ ॥

स्नानात्प्रभृति युग्मेष्वहःसु संवसेतां पुत्रकामौ, अयुग्मेषु दुहितृकामौ ॥ ६ ॥

यदि स्त्री-पुरुष पुत्र को चाहते हों तो स्नान के दिन से लेकर युग्म दिनों में (अर्थात् रजोदर्शन से चौथे छठे आठवें बारहवें) सहवास करें वा मैथुन करें। यदि दुहिता (पुत्री) की इच्छा हो तो अयुग्म दिनों में मैथुन करें अर्थात् पाँचवें सातवें नौवें और ग्यारहवें दिन। सुश्रुत शारीर २ अ० में भी—

'०नारीमुपेयाद्रात्रौ सामादिभिरभिविश्वास्य। विकल्प्यैवं चतुर्थ्यां षष्ठ्यामष्टम्यां दशम्यां द्वादश्यां चोपेयादिति पुत्रकामः।

एषूत्तरोत्तरं विद्यादायुरारोग्य मेव च।
प्रजासौभाग्यमैश्वर्यं बलं च दिवसेषु वै ॥
अतः परं पञ्चम्यां सप्तम्यां नवम्यामेकादश्यां च स्त्रीकामः। त्रयोदशीप्रभृतयो निन्द्याः' ॥ ६ ॥

न च न्युब्जां पार्श्वगतां वा संसेवेत; न्युब्जाया वातो बलवान् स योनिं पीडयति, पार्श्वगताया दक्षिणे पार्श्वे श्लेष्मा संच्युतोऽपिदधाति[2] गर्भाशयं वामे पित्तं पार्श्वे; तस्या पीडितं विदहति रक्तशुक्रं, तस्मादुत्ताना सती बीजं गृह्णीयात्, तस्या हि यथास्थानमवतिष्ठन्ते दोषाः। पर्याप्ते चैनां शीतोदकेह परिषिञ्चेत्[3] ॥ ७ ॥

कामशास्त्र में सहवास के लिये तरह २ के बन्ध बताये हैं। परन्तु उस शास्त्र का उद्देश्य केवल उस विषय का आनन्द ही है। सन्तानोत्पत्ति से उसका उतना सम्बन्ध नहीं। सन्तानोत्पत्ति के लिये मैथुन के समय वही आसन वा बन्ध श्रेष्ठ कहा जा सकता है जहाँ आनन्द के साथ २ शुक्रशोणित का गर्भाशय में यथासमय उचित रूप से सम्मिश्रण और वृद्धि हो सके। अतः पुरुष को चाहिये कि वह अधोमुखी वा पार्श्व में लेटी हुई स्त्री से मैथुन न करे। अर्थात् पुरुष नीचे ऊपर की ओर मुख करके और स्त्री ऊपर नीचे की ओर मुख करके परस्पर मैथुन न करें। ना ही पार्श्व पर लेट कर। मैथुन के समय पुरुष को ऊपर रहते हुए नीचे की ओर मुख करना चाहिये और स्त्री को नीचे रहते हुए ऊपर को मुख करना चाहिये। सन्तानशास्त्र में सहवास के लिये यही शुभ बन्ध है। अधोमुखी स्त्री का वायु बलवान् होता है और वह योनि को पीडित करता है। इस प्रकार योनि और गर्भाशय की दीवारें आपस में मिली रहती हैं। इस कारण और साथ ही द्रव पदार्थ का नीचे की ओर बहने का स्वभाववाला होने से मैथुन के समय क्षरित हुआ २ वीर्य वा शुक्राणु अव्याहत रूप से गर्भाशय वा डिम्बप्रणाली तक नहीं पहुँच सकता। यदि स्त्री मैथुन के सयय दक्षिणपार्श्व पर लेटी हुई हो तो कफ च्युत होकर गर्भाशय को बन्द कर देता है। वामपार्श्व में पित्त की स्थिति है। यदि वामपार्श्व पर लेटी हुई स्त्री से मैथुन होगा तो पीड़ित हुआ २ पित्त बीज रक्त और वीर्य दोनों को विदग्ध कर देगा। अतः स्त्री को चाहिये कि वह उत्तान होकर अर्थात् ऊपर को मुँह करके पीठ के बल लेटी हुई बीज (वीर्य) का ग्रहण करे। इस अवस्था में वात पित्त कफ अपने २ स्थान पर रहते हैं। मैथुन के समाप्त होने पर स्त्री को शीतल जल से परिषेचन करे। उस समय शीतल जल के परिषेचन से मांसपेशियां सिकुड़ती हैं, जिससे योनि के मुख सिकुड़ने पर भीतर क्षरित हुए वीर्य के अन्दर स्थिर रहने से गर्भोत्पत्ति की सम्भावना बहुत अधिक होगी। शीतल जल के परिषेचन से मैथुनजनित श्रम और ऊष्मा भी शान्त होगी ॥ ७ ॥

तत्रात्यशिता क्षुधिता पिपासिता भीता विमनाः शोकार्ता क्रुद्धाऽन्यं च पुमांसमिच्छन्ती मैथुने चातिकामा वा नारी गर्भं न धत्ते, विगुणं वा प्रजां जनयति। 'अतिबालामतिवृद्धां दीर्घरोगिणीमन्येन वा विकारेणोपसृष्टां वर्जयेत्; पुरुषेऽप्येत एव दोषाः। अतः सर्वदोषवर्जितौ स्त्रीपुरुषौ संसृज्येयाताम् ॥ ८ ॥

किन्हें मैथुन न करना चाहिये—जिसने बहुत अधिक खाया हो, भूखी, प्यासी, डरी हुई, उद्विग्न मनवाली, शोकग्रस्त, क्रुद्ध तथा अन्य पुरुष को चाहती हुई, मैथुन की अत्यन्त इच्छावाली (अर्थात् पुरुष की इच्छा समाप्त हो जाय पर फिर भी अधिक मैथुन की इच्छा रखनेवाली अथवा योनि में पुरुष के वीर्य का क्षरण हो जाने के बाद भी मैथुन की कामनावाली) स्त्री गर्भ को धारण नहीं करती। यदि गर्भ हो भी जाय तो सन्तान विगुण उत्पन्न होगी। अत्यन्त छोटी उम्रवाली, अत्यन्त बूढ़ी, दीर्घकाल से रोगी अथवा अन्य रोगों से पीड़ित स्त्री का त्याग करना चाहिये—उनसे मैथुन न करना चाहिये। १२ वर्ष की उम्र से छोटी उम्रवाली कन्या अतिबाला कहाती है।

१—'शुक्लान्यक्षुण्णानि' ग०। २—'संच्युतः पिदधाति' ग०।
३—'एनां कृतरमणां स्त्रियं मैथुनश्रमोष्मप्रशमनार्थं शीतोदकेन मुखनयनादिषु योनिषु च परिषिञ्चेत्।' गङ्गाधरः ॥

१—'अतिबाला अप्राप्तरजस्का।

यद्यपि इस उम्र में भी गर्भस्थिति हो जाती है, परन्तु प्रायः सन्तान अत्यन्त निर्बल होती है। कम से कम ४ वर्ष स्त्रीबीज को पूर्ण होने के लिये चाहिये। अर्थात् १६ वर्ष की कन्या से उत्तम सन्तान के उत्पन्न होने की आशा होती है। प्रायः १६ से २० वर्ष तक की कन्या में सबसे अधिक सन्तानोत्पत्ति की समर्थता होती है। पश्चात् क्रमशः कम होती जाती है। सुश्रुत-संहिता शारीरस्थान १० अध्याय में—

'अथास्मै पञ्चविंशतिवर्षाय द्वादशवर्षां पत्नीमावहेत्। पित्र्यधर्मार्थकामप्रजाः प्राप्स्यतीति।

ऊनषोडशवर्षायामप्राप्तः पञ्चविंशतिम्।
यद्याधत्ते पुमान् गर्भं कुक्षिस्थः स विपद्यते ॥
जातो वा न चिरं जीवेज्जीवेद्वा दुर्बलेन्द्रियः।
तस्मादत्यन्तबालायां गर्भाधानं न कारयेत् ॥

अतिवृद्धायां दीर्घरोगिण्यामन्येन वा विकारेणोपसृष्टायां गर्भाधानं नैव कुर्वीत।' अन्यत्र भी कहा गया है—

'बालेति गीयते नारी यावच्छोडशवत्सरम्।
ततः परन्तु तरुणी यावत्पञ्चाशतं व्रजेत् ॥
तत ऊर्ध्वं भवेत्प्रौढा यावत्पञ्चाशतं व्रजेत्।
ततः परं भवेद् वृद्धा सुरतोत्सववर्जिता ॥
बाला तु प्राणदा प्रोक्ता तरुणी प्राणधारिणी।
प्रौढा करोति वृद्धत्वं वृद्धा मरणमादिशेत् ॥
निदाघशरदोर्बाला प्रौढा वर्षावसन्तयोः।
हेमन्ते शिशिरे योग्या वृद्धा क्वापि न शस्यते ॥
सद्योमांसं नवान्नं च बाला स्त्री क्षीरभोजनम्।
घृतमुष्णोदकं चैव सद्यःप्राणकराणि षट् ॥
पूतिमांसं स्त्रियो वृद्धा बालार्कस्तरुणं दधि।
प्रभाते मैथुनं निद्रा सद्यःप्राणहराणि षट् ॥'

बाला से १६ वर्ष की कन्या ही अभिप्रेत है। सन्तानोत्पत्ति के लिए आयुर्वेदानुसार १६ वर्ष की कन्या को ही बाला जानना चाहिये। उससे कम उम्रवाली कन्या अतिबाला कहायगी। यह सुश्रुतोक्त वचन से स्पष्ट ही है। और यह ही ठीक है। पुरुष में भी ये ही दोष हैं। अर्थात् पुरुष को भी मैथुन के समय अत्यधिक भोजन किये हुए न होना चाहिये और न यह भूखा प्यासा हो न उद्विग्न मनवाला न शोकग्रस्त न क्रुद्ध हो। न अन्य स्त्री पर आसक्त हो न अतिकामी हो। न अत्यन्त बाल हो न वृद्ध हो न दीर्घरोगी हो न किसी अन्य रोग से ग्रस्त हो। अन्यथा या तो गर्भ ही न होगा और यदि हो भी गया तो वह स्वल्पायु रोगी आदि विगुण होगा। पुरुष १४ या १५ वर्ष तक अत्यन्त बाल होता है। इस समय शुक्राणु बनने आरम्भ होते हैं। २० वर्ष की अवस्था में प्रायः वीर्य में प्रबल शुक्राणु बनने प्रारम्भ होते हैं। और ४ या ५ वर्ष उनको श्रेष्ट सन्तानोपयोगी वा परिपक्व होने में लगते हैं। अतः २१ वर्ष की आयुवाला पुरुष श्रेष्ठ सन्तान के उत्पादन में समर्थ होता है। २५ से ३० या ३२ वर्ष की उम्र तक पुरुष में सन्तानोत्पत्ति की प्रायः सर्वाधिक शक्ति होती है। तदनन्तर यह क्षीण होती जाती है। और अत्यन्त वृद्ध होने पर वीर्य में से पुनः शुक्राणु नष्ट हो जाते हैं। यह प्रायः ७०–७५ वर्ष की उम्र में होता है। सुश्रुत शारीर १० अध्याय में भी कहा है—

'पुरुषस्याप्येवंविधस्य त एव दोषाः सम्भवन्ति।'

चिकित्सास्थान २ अ० के चतुर्थपाद में कहा भी जायगा—

'नर्ते वै षोडशाद्वर्षात्सप्तत्याः परतो न च।
आयुष्कामी नरः स्त्रीभिः संयोगं कर्तुमर्हति ॥
अतिबालो ह्यसम्पूर्णसर्वधातुः स्त्रियो व्रजन्।
उपतप्येत सहसा तडागमिव काजलम् ॥
शुष्करूक्षं यथा काष्ठं जन्तुजग्धं विजर्जरम्।
स्पृष्टमाशु विशीर्येत तथा वृद्धः स्त्रियो व्रजन् ॥'

तथा च अन्यत्र—

'पंचपंचाशतो नारी सप्तसप्ततितः पुमान्।
द्वावेतौ न प्रसूयेते प्रसूयेते व्यतिक्रमात् ॥

अर्थात् स्त्री की उत्पादनशक्ति ५५ वर्ष तक और पुरुष की ७७ वर्ष की उम्र तक अधिक से अधिक मानी गयी है। Arthur Cooper ने लिखा है—

Zoosperms are not found before puberty but in healthy men they may continue to be produced until a late period of life. Curling found them several times in the testes of men upwards of seventy years of age, and once in a man of eighty-seven, Duplay also discovered zoosperms in the testes of nine octogenarians, while Cooper states that Abel observed them in a man of nintysix'

अभिप्राय यह है कि प्रायः १५–१६ वर्ष की आयु से पूर्व शुक्र में शुक्राणु नहीं होते। यद्यपि स्वस्थ वा वाजीकरण औषधों का सेवन करनेवाले पुरुषों में ये बहुत बड़ी उम्र तक भी रह सकते हैं। ये शुक्राणु ७० वर्ष की उम्र से ऊपर के पुरुषों में भी पाये जाते हैं, यहाँ तक कि ऐबल नामक डाक्टर ने ९६ वर्ष की उम्र के एक पुरुष में भी उन्हें पाया। परन्तु प्रायः ७० वर्ष तक ये बहुधा पाये जाते हैं। इससे ऊपर की आयु के पुरुषों में पाया जाना अपवाद समझना चाहिये। यदि इन्हें अपवाद न भी माना जाय तो बड़े २ चिकित्सकों ने गवेषणा से यह सिद्धान्त निर्णय किया है कि यद्यपि किन्हीं २ अतिवृद्ध पुरुषों के वीर्य में भी शुक्राणु मिल सकते हैं पर उनमें प्रजोत्पादन शक्ति नहीं होती। वे शुक्राणु लम्बाई में आधे तथा अपेक्षया पतले होते हैं। क्षुद्रवीक्षण में देखने से यद्यपि उनमें कुछ गति दिखाई दे सकती है, पर वे उस क्षेत्र में एक किनारे से दूसरे किनारे तक पार नहीं कर सकते। पूर्ण युवा पुरुषों के वीर्य के शुक्राणु लम्बे मोटे और अधिक गतिशील होते हैं। स्त्री में प्रायः उत्पादन शक्ति ५०–५५ तक होती है। इस अवस्था में स्त्रियों में रजोलोप (Menopause) होता है।

अतः सम्पूर्ण दोषों से रहित स्त्री पुरुषों को सन्तानोत्पत्त्यर्थ गृहस्थ धर्म का पालन करना चाहिये ॥ ८ ॥

संजातहर्षौ मैथुने चानुकूलाविष्टगन्धं स्वास्तीर्णं सुखं शयनमुपकल्प्य मनोज्ञं हितमशनमशित्वा नात्यशितौ दक्षिणपादेन पुमान् वामपादेन स्त्री चारोहेत् ॥९॥

जब दोनों को हर्ष हो, (मैथुन के लिये अनुकूल हो दोनों की इच्छा हो) तब प्रिय गन्धों से युक्त तथा सुखदायक बिछौना को पलङ्ग पर अच्छी प्रकार बिछाकर स्वादु और हितकर भोजन करके—परन्तु मात्रा से अधिक न खायें—पुरुष तो दक्षिण पैर से पलङ्ग पर आवे और स्त्री बायें पैर से ॥९॥

तत्र मन्त्रं प्रयुञ्जीत—"[1]अहिरसि आयुरसि सर्वतः प्रतिष्ठाऽसि धाता [2]त्वा दधातु विधाता त्वा दधातु ब्रह्मवर्चसा भवेदिति ।'

'ब्रह्मा बृहस्पतिर्विष्णुः सोमः सूर्यस्तथाश्विनौ ।
भगोऽथ मित्रावरुणौ पुत्रं वीरं दधातु मे ॥'

इत्युक्त्वा संवसेताम् ॥१०॥

पलङ्ग पर चढ़कर 'अहिरसि०' इत्यादि तथा 'ब्रह्मा बृहस्पतिः' इत्यादि मन्त्र बोलकर सहवास करें ॥१०॥

सा चेदेवमाशासीत बृहन्तमवदात हर्यक्षमोजस्विनं शुचिं सत्त्वसम्पन्नं पुत्रमिच्छेयमिति शुद्धस्नानात्प्रभृत्यस्यै मन्थमवदातयवानां मधुसर्पिर्भ्यां संसृज्य श्वेताया गोः सरूपवत्सायाः पयसाऽऽलोड्य राजते कांस्ये वा पात्रे काले काले सप्ताह सततं प्रयच्छेत्पानाय, प्रातश्च शालियवान्नविकारान् दधिमधुसर्पिभिः पयोभिर्वा संसृज्य भुञ्जीत, तथा सायमवदातशरणशयनासनयानवसनभूषणा च स्यात्, सायं प्रातश्च शश्वच्छ्वेतं महान्तमृषभमाजानेयं हरिचन्दनाङ्गदं पश्येत्, सौम्याभिश्चैनां कथाभिर्मनोऽनुकूलाभिरुपासीत, सौम्याकृतिवचनोपचारचेष्टांश्च स्त्रीपुरुषानितरानपि चेन्द्रियार्थानवदातान् पश्येत्, सहचर्यश्चैनां प्रियहिताभ्यां सततमुपचरेयुः, तथा भर्ता, न च मिश्रीभावमापद्येयाताम् ॥११॥

यदि वह स्त्री चाहे कि मेरा पुत्र अच्छे बड़े शरीरवाला अवदात (गौर) वर्ण का, सिंह के समान पराक्रमी, ओजस्वी, पवित्र उत्तम मनवाला हो तो शुद्ध स्नान (चतुर्थदिन) से लेकर उस स्त्री को शुभ्र जौ के मन्थ (जलालोड़ित सत्तू) को शहद और घृत से मिश्रित करके स्वेत गौ—जिसका बछड़ा आकृति और वर्ण में उसी के सदृश हो—के दूध में आलोड़ित कर चाँदी वा काँसी के पात्र में समय२ पर सात दिन तक प्रति दिन पीने के लिये दे। और प्रातःकाल वह स्त्री शालि वा जौ के भोज्य पदार्थों को दही शहद और घी से अथवा दूध के साथ मिलाकर खावे। तथा सायंकाल भी। उस स्त्री को अवदात (शुभ्र) वर्ण के गृह में रहना चाहिये। बिछौना आसन सवारी वस्त्र भूषण सब शुभ्र वर्ण के होने चाहिये। सायंकाल और प्रातःकाल प्रति दिन श्वेतवर्ण के महान् शरीर के बैल वा श्वेत उत्तम घोड़े को, श्वेत चन्दन अथवा चांदनी को, तथा श्वेतवर्ण के अङ्गद (बाहु का भूषण, अनन्त, बाजूबन्द) को देखे। जो उसके पास जायें वे सौम्य और उसके मन के अनुकूल बातचीत करें। जिन स्त्री पुरुषों की आकृति वचन व्यवहार वा चेष्टायें सौम्य हों, उन्हें ही वह स्त्री देखे। तथा अन्य जो भी इन्द्रिय के विषय हैं वे भी अवदात वर्ण के ही देखे। उसकी सहेलियाँ प्रिय और हितकर ही निरन्तर व्यवहार करें। इसी प्रकार पति भी प्रिय और हित व्यवहार करे। दोनों मैथुन न करें ॥११॥

इत्येनेन विधिना सप्तरात्रं स्थित्वाऽष्टमेऽहन्याप्लुत्याद्भिः सशिरस्कं भर्त्रा सह चाहतानि वस्त्राण्याच्छादयेदवदातान्यवदाताश्च स्रजो भूषणानि बिभृयात् ॥१२॥

इस प्रकार सात दिन करके आठवें दिन पत्नी और पति शिर सहित सम्पूर्ण स्नान करके नवीन जो फटे पुराने वा मलिन न हों ऐसे अवदात (शुभ्र) वस्त्र पहिरें और श्वेत ही मालायें और श्वेत ही भूषण धारण करें ॥१२॥

तत ऋत्विक्प्रागुत्तरस्यां दिश्यागारस्य [1]प्राक्प्रवणमुदक्प्रवणं वा प्रदेशमभिसमीक्ष्य गोमयोदकाभ्यां स्थण्डिलमुपसंलिप्य, प्रोक्ष्य चोदकेन, वेदिमस्मिन् स्थापयेत्; तां पश्चिमेनानाहतवस्त्रसञ्चये श्वेतार्षभे वाऽप्यजिन उपविशेद् ब्राह्मणप्रयुक्तः, राजन्यप्रयुक्तस्तु वैयाघ्रे चर्मण्यानडुहे वा, वैश्यप्रयुक्तस्तु रौरवे बास्ते वा; तत्रोपविष्टः पालाशीभिरैङ्गुदीभिरौदुम्बरीभिर्माधूकीभिर्वा समिद्भिरग्निमुपसमाधाय, कुशैः परिस्तीर्य, [2]परिधिभिश्च परिधाय, लाजैः शुक्लाभिश्च गन्धवतीभिः सुमनोभिरुपाकिरेत् ; तत्र प्रणीयोदपात्रं पवित्रं पूतमुपसंस्कृत्य[3] सर्पिराज्यार्थं यथोक्तवर्णानाजानेयादीन् समन्ततः स्थापयेत् ॥१३॥

तदनन्तर ऋत्विक् पूर्वोत्तर दिशा में गृह के पूर्व वा उत्तर दिशा में जो क्रमशः निम्न हो ऐसे भूभाग को देखकर गोबर और जल से फर्श वा पूजास्थान को लीपकर जल के छींटे देकर उसमें वेदी की स्थापना करे। उस वेदी के पश्चिम की ओर यदि यजमान ब्राह्मण हो तो स्वच्छ नवीन श्वेत वस्त्रों के समूह से बनाये आसन पर अथवा श्वेत बैल के चर्म पर ऋत्विक् बैठे। यदि यजमान क्षत्रिय हो तो व्याघ्र वा सांड के चर्म पर, यदि यजमान वैश्य हो तो मृग अथवा बकरे के चर्म पर ऋत्विक् बैठे। उस २ आसन पर बैठा हुआ ऋत्विक् पलाश (ढाक) इङ्गुदी (हिंगोट) उदुम्बर (गूलर) अथवा मधूक (महुआ) की समिधाओं से अग्न्याधान करके कुशा को बिछाकर परिधि बनाकर अर्थात् वेदी के चारों ओर पलाश के चार दण्ड खड़े करके लाजा और सुगन्धि पुष्पों को चारों ओर बिखेर दे वा वेदी को सजा दे। वहाँ पवित्र जलपात्र को मांज धोकर तथा मन्त्र से अभिमन्त्रित करके रखे और होम में घी के प्रयोग के लिये भी गव्य घृत का उचित संस्कार करके वहाँ रखे तथा चारों ओर उक्तवर्ण के श्रेष्ठ घोड़े आदियों को स्थापित करे।

१—'अहिः सूर्यः। सूर्य इव दीप्तिमान्' इत्यर्थः। २—'वाग्' च०

१—'प्राक्प्लवनमुदक्प्लवनं' ग०। २—'परिधिभिरिति चतुर्भिः पलाशबृहद्दण्डैः, परिधायेति वेष्टयित्वा' चक्रः। ३—'सर्पिर्घृतम्, आज्यार्थमिति मन्त्रपूतघृतकरणार्थम्' चक्रः।

चूंकि यहाँ गौर वर्ण के पुत्र को स्त्री चाहती है, अतः श्वेत वर्ण के घोड़े वा बैल आदियों की स्थापना की जायगी ॥१३॥

ततः पुत्रकामा पश्चिमतोऽग्निं दक्षिणतो ब्राह्मणमुपवेश्यानुलभेत सह भर्त्रा यथेष्टं पुत्रमाशासाना ॥१४॥

तदनन्तर पुत्र को चाहनेवाली स्त्री यथेष्ट पुत्र का मन में ध्यान करती हुई पति के साथ ब्राह्मण (ब्रह्मा) को दक्षिण की ओर बैठा कर अग्नि से पश्चिम की ओर बैठ जाय और जैसा ऋत्विक् कहे वैसा ही पीछे करते जायँ ॥१४॥

ततस्तस्या आशासानीया ऋत्विक् प्रजापतिमभिनिर्दिश्य योनौ तस्याः कामपरिपूरणार्थं [1]काम्यामिष्टिं निर्वपेत् 'विष्णुर्योनिं कल्पयतु' इत्यनया ऋचा ॥१५॥

तदनन्तर ऋत्विक् यथेष्ट पुत्र का ध्यान करती हुई स्त्री की योनि में (इच्छित पुत्रोत्पत्ति की) प्रजापति का निर्देश करके कामना की पूर्ति के लिये 'विष्णुर्योनिं कल्पयतु' इत्यादि ऋचा द्वारा अग्नि में काम्य इष्टि (पुत्रेष्टि) करे ॥१५॥

ततश्चैवाज्येन [2]स्थालीपाकमभिघार्य त्रिर्जुहुयात्, यथाम्नायं चोपयन्त्रितमुदकपात्रं तस्यै दद्यात्सर्वोदकार्थान् कुरुष्वेति ॥१६॥

तदनन्तर संस्कृत घी द्वारा स्थालीपाक को मिश्रित करके तीन आहुति दे। यथाशास्त्र मन्त्र से अभिमन्त्रित किया हुआ जलपात्र (जो पूर्व से ही वहाँ रखा हुआ था) स्त्री को दे और कह दे कि जितने भी जलकार्य होंगे वे इसी जल द्वारा करने होंगे ॥१६॥

ततः समाप्ते कर्मणि पूर्वं दक्षिणपादमभिहरन्ती प्रदक्षिणमग्निमनुपरिक्रामेत् ॥१७॥

तदनन्तर कर्म के समाप्त होने पर प्रथम दक्षिण पैर को उठाकर कदम रखती हुई अग्नि की प्रदक्षिणा करे। प्रदक्षिणा करते समय वेदी में आहित अग्नि दक्षिण हाथ की ओर रहनी चाहिये ॥१७॥

ततो ब्राह्मणान् स्वस्ति वाचयित्वा सह भर्त्राऽऽज्यशेषं प्राश्नीयात्, पूर्वं पुमान् पश्चात्स्त्री; न चोच्छिष्टमवशेषयेत्; ततस्तौ सह संवसेतामष्टरात्रं तथाविधपरिच्छदावेव च स्यातां, तथेष्टपुत्रं जनयेताम् ॥१८॥

तदनन्तर ब्राह्मणों द्वारा स्वस्तिवाचन होने पर यज्ञशिष्ट घृत को पति और पत्नी खावें। प्रथम पति खावे पश्चात् स्त्री। जूठा न छोड़ें। तदनन्तर वे दोनों स्त्री पुरुष आठ दिन तक सहवास करें। और वैसे ही (अवदात वर्ण के) वस्त्र आदि को धारण करते रहें। इस प्रकार वे इष्ट पुत्र को उत्पन्न करते हैं ॥१८॥

या तु स्त्री श्यामं लोहिताक्षं व्यूढोरस्कं महाबाहुं च पुत्रमाशासीत, या वा कृष्णं कृष्णमृदुदीर्घकेशं शुक्लाक्षं शुक्लदन्तं तेजस्विनमात्मवन्तम, एष एवानयोरपि होमविधिः, किन्तु परिबर्हवर्ज्यं स्यात्, पुत्रवर्णानुरूपस्तु यथाशीः [3]परिबर्होऽन्यकार्यः स्यात् ॥१९॥

जो स्त्री श्यामवर्ण के, लाल आँखोंवाले, विस्तृत एवं उन्नत छातीवाले महाबाहु (लम्बी बाहुवाले) पुत्र को चाहती है अथवा जो कृष्णवर्ण के, काले मृदु और लम्बे बालोंवाले, श्वेत आँखवाले, श्वेत दाँतवाले, तेजस्वी आत्मवान् पुत्र को चाहती हैं, इन दोनों के लिये भी परिबर्ह को छोड़कर शेष होम की विधि पूर्वोक्त ही है। अर्थात् होम तो पूर्ववत् ही होगा, परन्तु स्त्री के अभिलषित पुत्र के वर्ण के अनुसार परिबर्ह (आसन, बिछौना, फूल, भोजन वस्त्र, गृह आदि) बनाना होगा। यदि श्याम पुत्र की इच्छा है तो परिबर्ह (आसन आदि) श्याम वर्ण के होंगे, यदि कृष्ण पुत्र की इच्छा है तो परिबर्ह कृष्ण वर्ण का होना चाहिये।

अर्थात् जैसे गौर पुत्रोत्पत्ति के लिये श्वेत वर्ण के आहार वस्त्र और अलङ्कार आदि का विधान है वैसे ही श्याम वा कृष्ण वर्ण के पुत्र की उत्पत्ति के लिये उसी २ वर्णवाले आहार आदि का विधान करना होगा ॥१९॥

शूद्रा तु नमस्कारमेव कुर्याद्देवाग्निद्विजगुरुतपस्विसिद्धेभ्यः ॥२०॥

शूद्र स्त्री तो केवल मात्र देवता अग्नि द्विज (ब्राह्मण), गुरु तपस्वी तथा सिद्धों को नमस्कार मात्र ही करे। नमस्कार मात्र से ही उसे अभीष्ट वर्णवाले पुत्र की प्राप्ति होगी ॥२०॥

या या यथाविधं पुत्रमाशासीत तस्यास्तस्यास्तां पुत्राशिषमनुनिशम्य तांस्तान् जनपदान् मनसाऽनुपरिक्रामयेत्;ताननुपरिक्रम्य या या येषां जनपदानां मनुष्याणामनुरूपं पुत्रमाशासीत सा सा तेषां तेषां जनपदानामाहारविहारोपचारपरिच्छदाननुविधत्स्वेति वाच्या स्यात्; इत्येतत्सर्वं पुत्राशिषां समृद्धिकरं कर्म व्याख्यातं भवति ॥२१॥

और जो २ स्त्री जैसे २ पुत्र को चाहती हो उस २ स्त्री की उस पुत्रेच्छा को सुनकर उन २ देशों को मन में सोचने के लिये कहे (वहाँ के जैसे पुरुष होते हैं) जो २ स्त्री जिन २ देशों के मनुष्यों के अनुरूप पुत्र को चाहती हो उसे उनका मन में चिन्तन करते हुए उन २ देशों के आहार विहार व्यवहार तथा वस्त्रपरिधान के अनुसार ही कार्य करना चाहिये–ऐसा उस स्त्री को उपदेश करे। अभिप्राय यह है कि जैसे पुत्र को स्त्री चाहे वैसा ही मन में चिन्तन करे और उन २ देशों के आहार विहार आदि का सेवन करे। पुत्र की उत्पत्ति में मन का बहुत अधिक प्रभाव पड़ता है। यह पुत्र की कामनाओं की सिद्धि करनेवाले कर्म की व्यवस्था हो गयी है ॥२१॥

न तु खलु केवलमेतदेव कर्म वर्णवैशेष्यकरं भवति, अपि खलु तेजोधातुरप्युदकान्तरिक्षधातुप्रायोऽवदातवर्णकरो भवति, पृथिवीवायुधातुप्रायः कृष्णवर्णकरः, समसर्वधातुप्रायः श्यामवर्णकरः ॥२२॥

परन्तु यह स्मरण रखना चाहिये कि केवल ये ही कर्म विशेष वर्ण के होने में कारण नहीं। जल तथा आकाश धातु प्रधान तेजो (अग्नि) धातु अवदात (गौर) वर्ण को करता है। जब तेजोधातु में पृथिवी और वायु

[1] 'यत्किञ्चित्फलमुद्दिश्य यज्ञदानजपादिकम्। क्रियते कायिकं यच्च तत्काम्यं परिकीर्तितम्'॥ [2] 'अभिघार्य मिश्रीकृत्य' चक्रः। '०मभिसंसार्य' ग०। [3] 'परिबर्हः शयनासनपुष्पादिपरिच्छदः। तेन यथाविधा पुत्रेच्छा तथावर्णपरिबर्हः कर्तव्य इति वाक्यार्थः' चक्रः।

धातु अधिक मात्रा में संयुक्त हों तो काला वर्ण होता है। जब तेज में सब धातुएं अर्थात् शेष चारों भूत सम हों वहाँ श्यामवर्ण की उत्पत्ति होती है। सुश्रुत शारीर २ अ० में तो—

"तत्र तेजोधातुः सर्ववर्णानां प्रभवः। स यदा गर्भोत्पत्ता-वब्धातुप्रायो भवति तदा गर्भं गौरं करोति। पृथिवीधातुप्रायः कृष्णं, पृथिव्याकाशधातुप्रायः कृष्णश्यामं तोयाकाशधातुप्रायो गौरश्यामम्। यादृग्वर्णमाहारमुसेवते गर्भिणी तादृग्वर्णप्रसवा भवतीत्येके भाषन्ते।'

यहाँ पर तेज के साथ आकाश धातु की प्रधानता होने से गौर श्याम वर्ण की उत्पत्ति कही है।

वीर्य पर भी सन्तान के वर्ण का होना निर्भर करता है। परन्तु वीर्य में यह विशेषता आहार से होती है। परिणामतः महाभूतों की न्यूनाधिकता हो जाती है और वह विशेषवर्ण की सन्तान की उत्पत्ति के योग्य हो जाता है। तथा च अष्टाङ्ग-संग्रह में—

'तत्र शुक्रे शुक्ले घृतमण्डाभे वा गर्भस्य गौरत्वं, तैलाभे कृष्णत्वं मध्वाभे श्यामत्वम्।' इत्यादि।

यदि वीर्य श्वेतवर्ण का हो तो गर्भ गौरवर्ण का होता है। यदि तैल के समान हो तो कृष्ण वर्ण का और यदि मधु के सदृश वर्णवाला हो तो श्यामवर्ण का होता है। परन्तु वीर्य में यह वर्ण की भिन्नता महाभूतों की न्यूनाधिकता से होती है। इसी प्रकार गर्भिणी के आहार-विहार का भी गर्भ के वर्ण पर बहुत प्रभाव पड़ता है। यह पूर्वोक्त वचनों से स्पष्ट ही है ॥२२॥

सत्त्ववैशेष्यकराणि पुनस्तेषां तेषां प्राणिनां मातापितृ-सत्त्वान्यन्तर्वत्न्याः श्रुतयश्चाभीक्ष्णं स्वोचितं च कर्म सत्त्व-विशेषाभ्यासश्चेति ॥२३॥

मन की भिन्नता में कारण—उन २ प्राणियों के मन की विशेषता में—माता पिता का मन, गर्भिणी स्त्री का निरन्तर बार बार विशेष भावों की निदर्शक कथा बातचीत आदि का सुनना तथा जिस कर्म का उसने स्वयं पूर्वजन्म में अभ्यास किया है और सत्त्वविशेष का अभ्यास—कारण होते हैं। अर्थात् गर्भ का मन माता पिता के मन के अनुसार, गर्भिणी के तत्कालीन मानसिक भावों के अनुसार और अपने पूर्व कर्म के अनुसार बनता है। परन्तु पीछे से जैसा अभ्यास किया जाय वैसा ही मन को परिवर्तित कर सकते हैं। यदि तामस सत्त्व का अभ्यास होगा तो मन तामस हो जायगा। यदि राजस मानसिक भावों का निरन्तर चिन्तन होगा तो मन राजस हो जायगा। यदि सात्त्विक मानस भावों का निरन्तर चिन्तन होगा तो मन शुद्ध सात्त्विक हो जायगा। योगी लोग अभ्यास द्वारा ही अपने मन को सात्त्विक कर लेते हैं। अभिप्राय यह है कि हम अपने विशेष अभ्यास द्वारा मन को बदल भी सकते हैं। चाहें तो बुरा बना सकते हैं और चाहें तो अच्छा। योगदर्शन में कहा है—

'अभ्यासवैराग्याभ्यां तन्निरोधः।' 'तत्र स्थितौ यत्नोऽभ्यासः।' 'स तु दीर्घकालनैरन्तर्यसत्कारासेवितो दृढभूमिः' ॥२३॥

यथोक्तेन विधिनोपसंस्कृतशरीरयोः स्त्रीपुरुषयोर्मि-श्रीभावमापन्नयोः शुक्रं शोणितेन सह समेत्याव्यापन्नमव्या-पन्नेन योनावनुपहतायामप्रदुष्टे गर्भाशये गर्भमभिनिर्वर्त-यत्येकान्तेन, यथा निर्मले वाससि सुपरिकल्पिते रञ्जनं समुदितगुणमुपनिपातादेव रागमभिनिर्वर्तयति, तद्वत्; यथा क्षीरं च दध्नाऽभिषुतमभिषवणाद्विहाय स्वभावमा-पद्यते दधिभावं शुक्रं तद्वत् ॥२४॥

इस प्रकार युक्त विधि से संस्कृत शरीरवाले स्त्री और पुरुष के परस्पर मैथुन होने पर विकृति रहित वीर्य विकृतिरहित शोणित (रज वा डिम्ब) के साथ मिलकर दोषरहित योनि में तथा दोषरहित गर्भाशय में अवश्य ही गर्भ को उत्पन्न करता है। अभिप्राय यह है कि गर्भ के अनपवाद रूप से उत्पन्न होने में वीर्य शोणित योनि गर्भाशय का शुद्ध वा दोषरहित होना अत्यन्त आवश्यक है। वीर्य और शोणित तो गर्भ के बीज ही हैं, यदि इनमें विकृति हो तो गर्भ न उत्पन्न होने की आशंका होगी ही। इसी प्रकार गर्भाशय क्षेत्र है, यदि क्षेत्र शुद्ध न हो तो बीज के अच्छा होने पर भी उत्पत्ति नहीं हो सकती। अपितु क्षेत्र के दुष्ट होने से बीज भी नष्ट हो जाता है। योनि उत्पादक संस्थान में वह भाग है जहाँ से पुरुष के वीर्य का शुक्राणु चलता हुआ अन्दर जाता है। यदि यह अशुद्ध हो तो शुक्राणु अन्दर पहुँचने से पूर्व ही नष्ट हो जायगा। अतः इन चारों का शुद्ध वा विकृति रहित होना निश्चित गर्भोत्पत्ति के लिये अत्यावश्यक है। अर्थात् इन चारों के अदुष्ट होने पर निश्चय से गर्भ होगा। जैसे अच्छी प्रकार तैयार किये हुए (बुनकर वा धोकर) निर्मल वस्त्र पर सम्पूर्ण गुणों से युक्त रङ्ग वस्त्र के साथ लगते ही अपने रङ्ग को प्रकट कर देता है वैसे ही। तात्पर्य यह है कि जैसे वस्त्र पर अच्छा रंग चढ़ाने के लिये वस्त्र का अच्छी प्रकार से बुना होना उसका निर्मल होना तथा रङ्ग का अपने गुणों से युक्त होना आवश्यक है वैसे ही निश्चित गर्भ के लिये गर्भाशय योनि आदि की बनावट का ठीक होना शुद्ध होना तथा शुक्र शोणित बीज का अपने सब गुणों से युक्त होना आवश्यक है। जैसे हम उस वस्त्र वा रङ्ग को देखकर निश्चय से कह देते हैं कि रङ्ग अच्छा चढ़ेगा वैसे ही इन चारों के शुद्ध हो जाने पर गर्भ अवश्य होगा यह कहा जा सकता है। अथवा जैसे दही की लाग लगाया हुआ (मिश्रित) दूध उस लाग से अपने स्वभाव (दूधपना) को छोड़कर दही बन जाता है, वीर्य भी उसी शोणित की लाग से (संयोग से) अपने वीर्यभाव को छोड़कर गर्भभाव को धारण कर लेता है ॥२४॥

एवमभिनिर्वर्तमानस्य गर्भस्य स्त्रीपुरुषत्वे हेतुः पूर्वमुक्तः ॥२५॥

इस प्रकार उत्पन्न होते हुए गर्भ के स्त्री और पुंस्त्व में हेतु पूर्व—अतुल्यगोत्रीयाध्याय में कहा जा चुका है—

'रक्तेन कन्यामधिकेन पुत्रं शुक्रेण, तेन द्विविधीकृतेन।
बीजेन कन्या च सुतं च सूते यथास्वबीजान्यतराधिकेन ॥'

इत्यादि। सुश्रुत शारीर ३ अध्याय में भी—

'शुक्रबाहुल्यात्पुमान्। आर्तवबाहुल्यात् स्त्री' ॥२५॥

यथा हि बीजमनुपतप्तमुप्तं स्वां स्वां प्रकृतिमनुविधी-यते व्रीहिर्वा व्रीहित्वं यवो वा यवत्वं तथा स्त्रीपुरुषावपि यथोक्तं हेतुविभागमनुविधीयेते ॥२६॥

जैसे दोषरहित बीज को बोने से वह २ बीज अपने २ कारण के अनुसार ही उत्पन्न होता है अर्थात् यदि व्रीहि बोया जायगा तो व्रीहि का ही अङ्कुर निकलेगा अथवा यदि जौ बोया जायगा तो जौ ही पैदा होगा उसी प्रकार स्त्री पुरुष भी उक्त हेतु के अनुसार ही उत्पन्न होते हैं। यदि रक्त प्रबल होगा तो कन्या यदि शुक्र प्रबल होगा तो पुत्रोत्पत्ति होगी। अर्थात् रक्त की प्रबलता होने से पुत्राङ्कुर नहीं होगा और यदि शुक्र की प्रबलता होगी तो कन्याङ्कुर नहीं होगा ॥२६॥

तयोः कर्मणा वेदोक्तेन विवर्तनमुपदिश्यते प्राग्व्यक्तीभावात् प्रयुक्तेन सम्यक् ; कर्मणां हि देशकालसम्पदुपेतानां नियतमिष्टफलत्वं, तथेतरेषामितरत्वम्। तस्मादापन्नगर्भां स्त्रियमभिसमीक्ष्य प्राग्व्यक्तीभावाद् गर्भस्य पुंसवनमस्यै दद्यात् ॥२७॥

परन्तु इन दोनों अंकुरों को हम उनके स्त्रीत्व वा पुंस्त्व के व्यक्त होने से पूर्व—वेदोक्त (शास्त्रोक्त) कर्म का सम्यक् प्रकार से प्रयोग करके बदल भी सकते हैं। पुत्रांकुर को कन्यांकुर में, और कन्यांकुर को पुत्रांकुर में बदला जा सकता है। कर्म, शुभ देश शुभ काल आदि के अनुसार प्रयुक्त होने पर इष्ट फल का देनेवाला होता है। जो कर्म अदेश और अकाल आदि में किया जाता है उससे अनिष्ट फल होता है हानि होती है। अतएव स्त्री को गर्भ प्राप्ति हो गयी है-यह जानकर गर्भ के व्यक्त होने से पूर्व पुंसवन औषध देवे। अर्थात् जब तक गर्भ का स्त्रीत्व वा पुंस्त्व व्यक्त नहीं होता तब तक पुंसवन औषध देना व्यर्थ है। वह औषध विवर्तन का कार्य नहीं कर सकती। यह औषध दो मास तक सेवन करायी जा सकती है। इसके पश्चात् गर्भ के अङ्ग प्रत्यङ्ग प्रकट होने लगते हैं। R. Scott Stenenson ने लिखा है—

'It should be understood that the development of the reproductive organs is practically the same in the two sexes upto the 5th or 6th week of intra uterine life, and only then does the differentiation of the sexes begin to become evident' ॥२७॥

गोष्ठे जातस्य न्यग्रोधस्य प्रागुत्तराभ्यां शाखाभ्यां शुङ्गेऽनुपहते आदाय द्वाभ्यां धान्यमाषाभ्यां सम्पदुपेताभ्यां गौरसर्षपाभ्यां वा सह दध्नि प्रक्षिप्य पुष्ये पिबेत्, तथैवापराञ्जीवकर्षभकापामार्गसहचरकल्कांश्च युगपदेकैकशो यथेष्टं वाऽप्युपसंस्कृत्य पयसा, कुड्यकीटकं [1]मत्स्यकोद्रं चोदकाञ्जलौ प्रक्षिप्य पुष्ये पिबेत्, तथा कनकमयान् राजतानायसांश्च पुरुषकानग्निवर्णानणुप्रमाणान् दध्नि पयस्युदकाञ्जलौ वा प्रक्षिप्य पिबेदनवशेषतः पुष्येण; पुष्येणैव च पिष्टस्य पच्यमानस्योष्माणमुपाघ्राय तस्यैव च पिष्टस्योदकसंसृष्टस्य रसं देहल्या[2]मुपनिधाय दक्षिणे नासापुटे स्वयमासिञ्चेत्पिचुना, इति पुंसवनानि; यच्चान्यदपि ब्राह्मणा ब्रूयुराप्ता वा पुंसवनमिष्टं तच्चानुष्ठेयम् ॥२८॥

गौशाला में उत्पन्न हुए वटवृक्ष की पूर्व और उत्तर दिशा की दो शाखाओं से गन्ध वर्ण रस आदि से पूर्ण तथा जो टूटे हुए न हों ऐसे दो शुङ्ग (अंकुर) लेकर गन्ध रस वीर्य आदि शुभगुणों से युक्त उदड़ के दो दानों के साथ अथवा श्वेत-सरसों के दो दानों के साथ दही में डालकर पुष्य नक्षत्र में पीवे। इसी प्रकार जीवक ऋषभक अपामार्ग सहचर (झिण्टी); इनके कल्कों को युगपत् (एक साथ ही) अथवा एक २ करके सब से अथवा यथेष्ट (दो से वा तीन से युगपत् वा एक एक करके) दूध को संस्कृत कर के पीवे। अर्थात् इनके कल्क से क्षीरपाक विधि से दूध को सिद्ध करके वह दूध पुष्य नक्षत्र में पीवे। अथवा इनके कल्क को दूध में डालकर पुष्य नक्षत्र में वह दूध पीवे। एक अञ्जलि जल में कुड्यकीटक (पंजाबी में—घरेणा ?) और [1]मत्स्यकोद्र (मत्स्यहा) को डालकर पुष्य-नक्षत्र में पीवे। तथा सुवर्ण चांदी वा लोहे की बनायी हुई बहुत ही छोटी २ पुरुषाकृति मूर्तियों को अग्नि में लाल करके दही दूध अथवा जल में डालकर पुष्य नक्षत्र में उस दही दूध अथवा जल को सारा ही पी जाय, उच्छिष्ट न छोड़े। उन सुवर्ण आदि से बने छोटे पुरुषों को न पीवे, क्योंकि वे पीने और खाने के योग्य नहीं। परन्तु गङ्गाधर उन्हें भी निगल जाने को लिखता है। 'अणुप्रमाण' से वह भक्षणयोग्य सूक्ष्म परिमाण का ग्रहण करता है। इनसे भक्षण योग्य सूक्ष्म-परिमाण में पुरुषाकृति मूर्ति बनाना ही असम्भव है। और पुष्य ही नक्षत्र में पकते हुए चावलों के आटे के पिण्ड की ऊष्मा को सूंघ कर जल से मिश्रित चावलों के उसी आटे के रस को पिचु से लेकर स्वयं दक्षिण नासापुट (नथुने) में डाले। यह पुत्रोत्पत्ति के लिए बताया है। यदि लड़की की इच्छा हो तो बायें नथुने में डाले। और जो सुवर्ण आदि से पुरुष प्रतिमा बनाने का विधान है वहाँ स्त्रीप्रतिमा बनावे। स्त्रीप्रतिमा बनाकर गरम करके दही आदि में बुझावे और उसे गर्भिणी पीवे यदि लड़की की इच्छा हो तो। ये पुंसवन हैं। सुश्रुत शारीर २ अध्याय में—

'लब्धगर्भायाश्चैतेष्वहःसु लक्ष्मणावटशुङ्गासहदेवाविश्वदेवानामन्यतमं क्षीरेणाभिषुत्य त्रींश्चतुरो वा बिन्दून् दद्याद्दक्षिणे नासापुटे पुत्रकामायै न च तान्निष्ठिवेत्।'

अष्टाङ्गसंग्रह शारीरस्थान अध्याय १ में—

'लब्धगर्भां चैनां विदित्वा प्राग्व्यक्तीभावाद् गर्भाय पुष्ये पुंसवनानि प्रयुञ्जीत। द्वादशरात्रमित्यन्ये। तत्रापि युग्मदिनेष्विति केचित्। प्रत्यहमित्यपरे। तद्यथा—लक्ष्मणावटशृंगसहदेवाविश्वदेवानामन्यतमं क्षीरेऽभिषुत्य त्रींश्चतुरो वा बिन्दून् दक्षिणे

१—अत्र मत्स्यकमिति पठित्वा गङ्गाधरः क्षुद्रमत्स्यकमेकमिति व्याचष्टे। २—'देहल्यामुपरि विधाय' च०।

१—शायद इस से शफरी मत्स्य का ग्रहण है। क्योंकि गर्भस्थित्यर्थ तो इस मत्स्य का प्रयोग देखा जाता है।

पुटे स्वयमासिंचेत् पिचुना वामे तु दुहितृकामा। न चैतां निष्ठीवेत्। तथा पुष्योद्धृतायाः श्वेतबृहत्या मूलकल्काद्रसं नावयेत्। तद्वच्चोत्पलपत्रं कुमुदपत्रं लक्ष्मणामूलं वटशुङ्गानि चाष्टौ च नावयेत्। शुक्लमाल्याम्बरधरा च नारी पुष्योद्धृताया लक्ष्मणाया मूलकल्कमुदुम्बरमात्रं पयसा पिबेत् पुत्रस्योत्पादनाय स्थितये च। तद्वद्गौरदण्डमपामार्गं जीवकर्षभकौ शङ्खपुष्पीमव्यण्डां सहचरन्नग्नजितमग्निजिह्वामष्टौ वा वटशुङ्गानि। शालिपिष्टस्य च पच्यमानस्योष्माणमाघ्राय तद्रसं देहल्यां स्थिता पूर्ववत् नावयेत्।'

और भी जो कुछ ब्राह्मण वा अन्य आप्त पुरुष पुंसवन के लिये कहें वह २ करना चाहिये ॥२८॥

अत ऊर्ध्वं गर्भस्थापनानि व्याख्यास्यामः—ऐन्द्री ब्राह्मी शतवीर्या सहस्रवीर्याऽमोघाऽव्यथा शिवा बलाऽरिष्टा वाट्यपुष्पी विष्वक्सेनकान्ता च; आसामोषधीनां शिरसा दक्षिणेन पाणिना धारणम्, एताभिश्चैव सिद्धस्य पयसः सर्पिषो वा पानम्, एताभिश्चैव पुष्ये पुष्ये स्नानं, सदा समालभेत च ताः, तथा सर्वासां जीवनीयोक्तानामोषधीनां सदोपयोगस्तैस्तैरुपयोगविधिभिः; इति गर्भस्थापनानि व्याख्यातानि भवन्ति ॥२९॥

अब आगे गर्भस्थापन औषधों की व्याख्या की जायगी—ऐन्द्री, ब्राह्मी, शतवीर्या (दूर्वा), सहस्रवीर्या (दूर्वाभेद), अमोघा (पाटला अथवा लक्ष्मणा), अव्यथा (हरड़), शिवा (हरिद्रा, हल्दी), अरिष्टा (नागबला), वाट्यपुष्पी (महाबला) विष्वक्सेनकान्ता (वाराहीकन्द); इन दश गर्भस्थापन ओषधियों को शिर पर वा दाहिने हाथ में धारण करना। इन्हीं औषधियों से सिद्ध दूध वा घी का पीना। इन्हीं से सिद्ध किये गये जल से जब २ पुष्य नक्षत्र हो उस समय स्नान करना। और इन्हीं औषधियों को सदा स्पर्श करें। तथा सब जीवनीयगणोक्त औषधियों का उन २ उपयोग की विधियों से सदा उपयोग। यह गर्भस्थापन ओषधों की व्याख्या हो गयी है। ऐन्द्री इत्यादि गर्भस्थापन औषधियों की व्याख्या सूत्रस्थान के चतुर्थ अध्याय में भी हो चुकी है। वहाँ इन्हें प्रजा-स्थापन नाम से कहा गया है। जीवनीयगण की दश औषधियाँ भी उसी अध्याय में कही जा चुकी हैं। वे ये हैं—जीवक, ऋषभक, मेदा, महामेदा, काकोली, क्षीरकाकोली, मुद्गपर्णी, माषपर्णी, जीवन्ती, मुलहठी। ऐन्द्री से चक्रपाणि आदि टीकाकार इन्द्रायण का ग्रहण करते हैं। पर इन्द्रायण के गर्भस्थापन करने में हमें सन्देह है। वह तो गर्भ को गिरा सकती है। आस्थापन तो क्या करना है। वस्तुतः ऐन्द्री को दिव्य औषधियों में से जानना चाहिये ॥२९॥

गर्भोपघातकरास्त्विमे भावा भवन्ति; तद्यथा उत्कटुकविषमकठिनासनसेविन्या वातमूत्रपुरीषवेगानुपरुन्धत्या दारुणानुचितव्यायामसेविन्यास्तीक्ष्णोष्णातिमात्रसेविन्याश्च गर्भो म्रियतेऽन्तःकुक्षेरकाले वा स्रंसते शोषी वा भवति, तथाऽभिघातप्रपीडनैःश्वभ्रकूपप्रपातोद्देशावलोकनैर्वाऽभीक्ष्णं मातुः प्रपतत्यकाले, तथाऽतिमात्रसंक्षोभिभिर्यानैरप्रियातिमात्रश्रवणैर्वा; प्रततोत्तानशायिन्याः पुनर्गर्भस्य नाभ्याश्रया नाडी कण्ठमनुवेष्टयति, विवृतशायिनी नक्तञ्चारिणी चोन्मत्तं जनयति, अपस्मारिणं पुनः कलिकलहशीला, व्यवायशीला दुर्वपुषमह्रीकं स्त्रैणं वा, शोकनित्या भीतमपचितमल्पायुषं वा, अभिध्यात्री परोपतापिनमीर्ष्युं स्त्रैणं वा, स्तेना त्वायासबहुलमतिद्रोहिणमकर्मशीलं वा, अमर्षिणी चण्डमौपधिकमसूयकं वा, स्वप्ननित्या तन्द्रालुमबुधमल्पाग्निं वा, मद्यनित्या पिपासालुमल्पस्मृतिमनवस्थितचित्तं वा गोधामांसप्रिया[१] शार्करिणमश्मरिणं शनैर्मेहिनं वा, वराहमांसप्रिया[२] रक्ताक्षं क्रथनमनतिपरुषरोमाणं वा, मत्स्यमांसनित्या चिरनिमिषं स्तब्धाक्षं वा, मधुरनित्या प्रमेहिणं मूकमतिस्थूलं वा, अम्लनित्या रक्तपित्तिनं त्वगक्षिरोगिणं वा, लवणनित्या शीघ्रवलीपलितं खालित्यरोगिणं वा, कटुकनित्या दुर्बलमल्पशुक्रमनपत्यं वा, तिक्तनित्या शोषिणमबलमपचितं वा, कषायनित्या श्यावमानाहिनमुदावर्तिनं वा, यद्यच्च यस्य यस्य व्याधेर्निदानमुक्तं तत्तदासेवमानाऽन्तर्वत्नी तद्विकारबहुलमपत्यं जनयति, पितृजास्तु शुक्रदोषा मातृजैरपचारैर्व्याख्याताः इति गर्भोपघातकरा भावा व्याख्याताः ॥३०॥

गर्भ के नाशक वा हानि पहुँचानेवाले ये भाव हैं—उकड़ूँ वा अन्य विषम और कठिन आसनों से बैठनेवाली, वायु मूत्र वा मल के वेगों को रोकनेवाली, अत्यन्त दारुण (Violent) अनुचित व्यायाम करनेवाली, अतितीक्ष्णवीर्य अति उष्ण (गरम—वीर्य वा स्पर्श में) पदार्थों का सेवन करनेवाली स्त्री के कोख में ही गर्भ मर जाता है, वा अकाल में गिर जाता है (उचित गर्भकाल से पूर्व ही गर्भपात हो जाता है) अथवा वह गर्भ अन्दर ही सूख जाता है। तथा आघात वा किसी प्रकार का गर्भाशय पर दबाव पड़ने से, गड्ढे कूएँ में निरन्तर झांकने से वा प्रपात (waterfall) को जहाँ बहुत ऊँचे से गिरता है उस देश को और इसी प्रकार के अन्य ऊँचे स्थलों को नीचे से लगातार देखने पर अकाल में ही माता का गर्भ गिर सकता है। अत्यधिक ऊँचे नीचे चलने से क्षोभ वा झटके देनेवाले यानों पर सवारी करने से, अप्रिय शब्दों के सुनने से वा अत्यधिक शब्द के सुनने से (जैसे बम आदि के फटने की आवाज से अकाल ही में गर्भ गिर सकता है।

निरन्तर पीठ के बल सीधा लेटने वा सोनेवाली स्त्री के गर्भ की नाभिनाड़ी उस गर्भ के कण्ठ के चारों ओर लपेटा खा सकती है, जिससे कि गर्भ की मृत्यु होनी बहुत सम्भव है॥

विवृत देश (अनाच्छादित देश) में अर्थात् खुली जगह पर (जहाँ चारों ओर कहीं भी पर्दा न हो) सोनेवाली तथा रात्रि समय इधर-उधर घूमने फिरनेवाली—कार्य करनेवाली गर्भिणी उन्मत्त सन्तान को उत्पन्न करती है। अथवा 'विवृतशायिनी' का अर्थ गङ्गाधर के अनुसार यह भी हो सकता है कि जो स्त्री हाथ पैर और सब अङ्गों को खूब फैलाकर सोती है। उसकी सन्तान उन्मत्त (पागल) पैदा होती है। लड़ाकी

१—२ 'मांसप्राया' पा०।

तथा झगड़ालू गर्भिणी स्त्री की सन्तान अपस्मार (मृगी) युक्त होती है।

जो नित्य मैथुन करती है यहाँ तक कि गर्भप्राप्ति होने पर भी निरन्तर मैथुन किये ही जाती है ऐसी स्त्री की सन्तान का शरीर हृष्ट पुष्ट नहीं होता अथवा उसके शरीर में अन्य विकृति हो सकती है। अथवा सन्तान निर्लज्ज और स्त्रैण (स्त्री के वश में अथवा स्त्रीस्वभाव) होती है।

जो गर्भवती नित्य शोकातुर रहती है उसकी सन्तान डरपोक कृश शरीरवाली तथा अल्पायु होती है।

मन २ में ही द्रोह करनेवाली अथवा दूसरों की धन आदि वस्तुओं को चाहनेवाली गर्भिणी स्त्री दूसरों को दुःख देनेवाली ईर्ष्या रखनेवाली तथा स्त्रीस्वभाव सन्तान को जनमती है।

चोर गर्भवती स्त्री बहुत श्रम करनेवाले, अत्यन्त द्रोही तथा दुष्कर्म करनेवाले वा अकर्मण्य पुत्र को उत्पन्न करती है।

क्रोध करनेवाली गर्भिणी चण्ड (क्रोधी वा क्रूर), औपधिक (कपटी) और असूयक (दूसरे के गुणों में भी दोष का आरोपण करनेवाली परनिन्दक) सन्तान को जनमती है।

हर समय नींद करनेवाली गर्भिणी की सन्तान तन्द्रालु (निद्राशील) मूर्ख तथा अल्पाग्नि (मन्द जाठराग्नि युक्त) होती है।

नित्य मद्य (शराब) पीनेवाली गर्भिणी की सन्तान पिपासालु (जिसे बहुत ही प्यास लगती हो), कम स्मरण शक्तिवाली, अस्थिरचित्त उत्पन्न होती है।

जो स्त्री गर्भावस्था के दिनों में भी प्रायः गोह का मांस खाती रहती है उसकी सन्तान शर्करा (रेत—urates का आना) अश्मरी (पथरी) वा शनैर्मेह रोग से आक्रान्त होती है।

जो सूअर के मांस का प्रायः गर्भ के दिनों में सेवन करती रहती है वह लाल आँखवाली क्रथन (जिसका अकस्मात् श्वास रुक जाता हो अथवा हिंसाशील), अत्यधिक मोटे खुरदरे बालोंवाली सन्तान को उत्पन्न करती है।

जो गर्भवती नित्य मछली का मांस खाती है वह देर से पलक गिरानेवाली तथा निश्चल आँखोंवाली सन्तान को उत्पन्न करती है। अर्थात् उसकी सन्तान बिना पलक मारे बहुत देर तक एक टक देखनेवाली होती है।

जो गर्भिणी नित्य मधुररस का आहार करती है वह प्रमेही गूँगी अतिस्थूल सन्तान को उत्पन्न करती है।

जो नित्य अम्लरस का आहार करती है उसकी सन्तान रक्तपित्त वा त्वचा या आँख के रोग से आक्रान्त होती है।

जो नित्य लवणरस का प्रयोग करती है उसकी सन्तान शीघ्र ही जरा के चिह्नों—बलीपलित (त्वचा पर झुर्रियाँ पड़ना और बालों का श्वेत होना) से आक्रान्त होती है अथवा गंजी होती है।

नित्य कटुरस का सेवन करनेवाली दुर्बल अल्पवीर्यवाली सन्तान को उत्पन्न करती है। अथवा वह सन्तान प्रजोत्पादन में समर्थ नहीं होती—उसके सन्तान नहीं होती।

जो नित्य तिक्तरस का आहार करती है उसकी सन्तान शोषरोग युक्त बलरहित अथवा कृश होती है।

नित्य कषायरस का सेवन करनेवाली गर्भिणी श्यामवर्ण की वा आनाह या उदावर्त रोग से पीड़ित होनेवाली सन्तान को जनमती है।

जो जो जिस जिस रोग का निदान कहा गया है उस २ का सेवन करती हुई गर्भिणी उस २ विकार से प्रायः आक्रान्त सन्तान को उत्पन्न किया करती है।

ये माता के अपचार से होनेवाली हानियाँ बतायी हैं। इन्हीं से ही पिता के अपचार से उत्पन्न वीर्य के दोषों की भी व्याख्या हो गयी है। अर्थात् जैसे माता के अपचार से सन्तान को बहुत हानि होती है इसी प्रकार यदि पिता भी अपचार करें तो दुष्ट वीर्य से शुभगुण युक्त सन्तान उत्पन्न नहीं हो सकती। दुष्ट वीर्य से उत्पन्न गर्भ भी अकाल में गिर सकते हैं, गर्भ में ही कालकवलित हो सकते हैं या सूख सकते हैं। अथवा अपने २ निदान के अनुसार उस २ वीर्य से उस २ रोगाक्रान्त सन्तान उत्पन्न हो सकती है। अतः गर्भाधानार्थ सहवास से कम से कम एक मास पूर्व से ही पुरुष को भी पूर्ण पथ्य से रहना चाहिए। अन्यथा सन्तान शुभ गुण युक्त न होगी ॥३०॥

तस्मादहितानाहारविहारान् प्रजासम्पदमिच्छन्ती स्त्री विशेषेण वर्जयेत्; साध्वाचारा चात्मानमुपचरेद्धिताभ्यामाहारविहाराभ्याम् ॥३१॥

अतः शुभगुण युक्त सन्तान को चाहनेवाली स्त्री को विशेषतः चाहिये कि वह अहितकर आहार का त्याग करे। और सदाचारिणी रहती हुई हितकर आहार-विहार से अपना परिपालन करे॥

पुरुष को भी इसी प्रकार हित आहार-विहार में रत रहना चाहिए। और क्रोध आदि मानसिक दुर्भावों का त्याग करना चाहिये। सुश्रुत शारीर १० अ० में भी गर्भिणी के लिये हितकर आहार-विहार बताया गया है ॥३१॥

व्याधींश्चास्या मृदुमधुरशिशिरसुखसुकुमारप्रायैरौषधाहारोपचारैरुपचरेत्, न चास्यावमनविरेचनशिरोविरेचनानि प्रयोजयेत्, न रक्तमवसेचयेत्, सर्वकालं च नास्थापनमनुवासनं वा कुर्यादन्यत्रात्ययिकाद्व्याधेः, अष्टमं मासमुपादाय वमनादिसाध्येषु पुनर्विकारेष्वात्ययिकेषु मृदुभिर्वमनादिभिस्तदर्थकारिभिर्वोपचारः स्यात्, पूर्णमिव तैलपात्रमसंक्षोभयताऽन्तर्वत्नी भवत्युपचर्या ॥३२॥

गर्भिणी के उपचार के लिये निर्देश—गर्भिणी स्त्री के रोगों में प्रायः मृदुवीर्य मधुर शीतल तथा सुकुमार औषध आहार के उपचारों से चिकित्सा करनी चाहिये। गर्भिणी स्त्री को वमन विरेचन वा शिरोविरेचन का प्रयोग न करना चाहिये। न रक्तमोक्षण करावें। और आत्ययिकरोग से अतिरिक्त काल में सर्वदा आस्थापन और अनुवासन भी न करे। परन्तु यदि कोई मारक रोग हो तो वहाँ कर्म करना ही होगा। गर्भ प्राप्ति के आठवें महीने से लेकर वमन विरेचन आदि

से साध्य आत्ययिक रोगों में मृदु वमन विरेचन आदि द्वारा अथवा तदर्थकारी प्रयोगों द्वारा चिकित्सा करे। जैसे विरेचन औषध न पिलाकर गुदा में फलवर्ति आदि का रखना तदर्थकारी कहाता है। इसी प्रकार वमन औषध न देकर कवल वा निष्ठीवन आदि औषध देना तदर्थकारी कहायगा। जो वमन विरेचन शिरोविरेचन आदि के कार्य को सिद्ध करे वह ही यहाँ तदर्थकारी कहा गया है। यदि रोग वमन आदि साध्य न हों तो वमन आदि कराने ही न चाहिएँ। परन्तु यदि रोग वमन आदि साध्य हों तो अष्टम मास से पूर्व तो कराये ही नहीं। अष्टम मास के बाद वमन आदि मृदु दे। यदि यह भी सह्य न हों तो निष्ठीवन कवल आदि धारण कराने चाहिएं। जैसे तल से ऊपर किनारे तक भरे हुए पात्र को—कहीं तैल गिर न जाए इस भय से—पुरुष अत्यन्त ध्यान से बिना हिलाए डुलाए निष्कम्प भाव से हाथ में पकड़कर ले जाता है वैसे ही गर्भिणी की चिकित्सा में भी गर्भ का ध्यान रखते हुए अत्यन्त सावधानी की आवश्यकता होती है। सुश्रुत शारीर अध्याय ३ में—

'तदाप्रभृति व्यवायं व्यायाममपतर्पणमतिकर्शनं दिवास्वप्नं रात्रिजागरणं शोकं यानारोहणं भयमुत्कटुकासनं चैकान्ततः स्नेहादिक्रियां शोणितमोक्षणं चाकाले वेगविधारणं च न सेवेत।'

तथा सुश्रुत शारीर १० अध्याय में—

'अथ गर्भिणी व्याध्युत्पत्तावत्यये छर्दयेन्मधुराम्लेनान्नोपहितेनानुलोमयेच्च, संशमनीयं च मृदु विदध्यादन्नपानयोः अश्नीयाच्च मृदुवीर्यं मधुरप्रायं गर्भाविरुद्धं च गर्भाविरुद्धाश्च क्रिया यथायोगं विदधीत मृदुप्रायाः' ॥३२॥

स चेदपचाराद् द्वयोस्त्रिषु वा मासेषु पुष्पं पश्येन्नास्या गर्भः स्थास्यतीति विद्यात्; अजातसारा हि तस्मिन् काले भवन्ति गर्भाः ॥३३॥

यदि अपचार (अपथ्य) से गर्भिणी स्त्री को दो वा तीन महीनों में रजःस्राव हो जाय तो—गर्भ नहीं ठहरेगा—यह जाने। क्योंकि उस समय तक गर्भ साररहित होता है। मांस आदि धातुओं में कठिनता स्थिरता वा प्रशस्तगुणयुक्तता नहीं उत्पन्न होती ॥३३॥

सा चेच्चतुष्प्रभृतिषु मासेषु क्रोधशोकासूयेर्ष्या-भयत्रासव्यवायव्यायामसंक्षोभसंधारणविषमाशनशयनस्थानक्षुत्पिपासातियोगात्कदाहाराद्वा पुष्पं पश्येत्तस्या गर्भस्थापनविधिमुपदेक्ष्यामः; पुष्पदर्शनादेवैनां ब्रूयात्, शयनं तावन्मृदुसुखशिशिरास्तरणसंस्तीर्णमीषदवनतशिरस्कं प्रतिपद्यस्वेति, ततो यष्टिमधुकसर्पिर्भ्यां परमशिशिरवारिणि संस्थिताभ्यां पिचुमाप्लाव्योपस्थासमीपे स्थापयेत्तस्याः, तथा शतधौतसहस्रधौताभ्यां सर्पिर्भ्यामधो नाभेः सर्वतः प्रदिह्यात्, गव्येन चैनां पयसा सुशीतेन मधुकाम्बुना वा न्यग्रोधादिकषायेण वा परिषेचयेदधो नाभेः उदकं वा सुशीतमवगाहयेत्, क्षीरिणां कषायद्रुमाणां च स्वरसपरिपीतानि चेलानि ग्राहयेत्, न्यग्रोधादिसिद्धयोर्वा [1]क्षीरसर्पिषोः पिचुं ग्राहयेत्, अतश्चैवाक्षमात्रं प्राशयेत्प्राशयेद्वा केवलं च क्षीरसर्पिः, पद्मोत्पलकुमुदकिञ्जल्कांश्चास्यै समधुशर्करान् लेहार्थं दद्यात्, शृङ्गाटकपुष्करबीजकशेरुकान् भक्षणार्थं, गन्धप्रियङ्ग्वसितोत्पलशालूकोदुम्बरशलाटुन्यग्रोधशुङ्गानि वा पाययेदेनामाजेन पयसा, पयसा चैनां बलातिबलाशालिषष्टिकेक्षुमूलककाकोलीशृतेन समधुशर्करं रक्तशालीनामोदनं [1]मृदुसुरभिशीतं भोजयेत् लावकपिञ्जलकुरङ्गशम्बरशशहरिणैणकालपुच्छकरसेन वा घृतसुसंस्कृतेन[2] सुखशिशिरोपवातदेशस्थां भोजयेत्, तथा क्रोधशोकायासव्यवायव्यायामतश्चाभिरक्षेत्, सौम्याभिश्चैनां कथाभिर्मनोऽनुकूलाभिरुपासीत, तथाऽस्या गर्भस्तिष्ठति ॥३४॥

1—'सिद्धस्य वा क्षीरसर्पिषः' पा०।

यदि चौथे महीने से लेकर अगले महीनों में क्रोध शोक असूया (परनिन्दा) ईर्ष्या भय डर मैथुन व्यायाम संक्षोभ वेगों का रोकना विषमभोजन विषमतया सोना वा लेटना विषमरूप से बैठना भूख प्यास; इनके अतियोग से वा अतितीक्ष्ण अत्युष्ण आदि निन्दित आहार के कारण गर्भिणी को रजःस्राव होने लगे उसके गर्भस्थापन के विधान का उपदेश करेंगे—पुष्पदर्शन (रजःस्राव) होने पर ही उसको कह दे कि तू नरम सुखदायक एवं शीतल बिछौना जिस पर बिछाया हो और जिसकी पायत की ओर का पासा ऊँचा और शिर का पासा नीचा हो ऐसे पलङ्ग पर लेट जा। चारपाई वा पलङ्ग पर नरम बिछौना बिछा होना चाहिये। पांयत का पार्श्व ऊँचा होना चाहिये। चारपाई के पांयत के दोनों पैरों के नीचे ईंटें रख देने से वह पासा ऊँचा किया जा सकता है। सिरहानेवाला पार्श्व नीचा होना चाहिये। इससे रक्तस्राव के रोकने में बहुत सहायता मिलती है।

मुलहठी के चूर्ण और घी को अच्छी प्रकार मिश्रित करके परमशीतल जल में पूर्व से ही डाल छोड़ें। गर्भिणी स्त्री को लेटाने के बाद इस मलहम में पिचु को तर करके उस स्त्री के योनिद्वार में रख दें। तथा शतधौत (सौ बार धोये हुए) वा सहस्रधौत (हजार बार धोये हुए) घी से नाभि के नीचे पेडू पर अच्छी प्रकार सब ओर चुपड़ दें। गौ के अत्यन्त शीतल दूध से अथवा मुलहठी के क्वाथ से अथवा[3] न्यग्रोधादिगण के क्वाथ से नाभि के नीचे पेडू पर परिषेचन करें। अथवा द्रोणी या टब में अच्छा शीतल जल डालकर उसमें बैठ जाय। क्षीरी (वट पीपल गूलर पिलखन वेतस) वृक्षों और कषाय रसवाले वृक्षों के स्वरसे को पीये हुए वस्त्रखण्डों को योनि में रखे। ये वस्त्रखण्ड पूर्व से ही तय्यार रखने चाहिये। वस्त्रखण्डों को स्वरसों में कई बार भिगोकर सुखा रखना चाहिये। स्वरसे में वस्त्र को भिगोकर शुष्क कर लें पुनः भिगोयें और सुखा दें। इस प्रकार छह या सात बार कर छोड़ें। ये ही वस्त्रखण्ड ऐसे समय पर काम देंगे। अथवा न्यग्रोधादिगण से यथाविधि सिद्ध

1—'मृदुमधुरशीतलं' पा०। 2—'घृतसलिलसिद्धेन' पा०।

3—न्यग्रोधोदुम्बराश्वत्थप्लक्षमधूककपीतनककुभाम्रकोशाम्रचोरकपत्रजम्बूद्वयपियालमधुकरोहिणीवञ्जुलकदम्बबदरीतिन्दुकीसल्लकीरोध्रसावररोध्रभल्लातकपलाशा नन्दीवृक्षश्च। इति न्यग्रोधादिर्गणः। अस्य गुणाः—

न्यग्रोधादिर्गणो व्रण्यः संग्राही भग्नसाधकः।
रक्तपित्तहरो दाहमेदोघ्नो योनिदोषहृत्॥

दूध वा घी में पिचु को भिगोकर योनि में दे दें। और इसी में से ही कर्ष परिमाण (२ तोला) घी खिला दें। अथवा केवल क्षीरसर्पि (दूध से निकला घी) खिलादें। दही से निकाला घी लाभ नहीं करता। रोगी को चाटने के लिये पद्म (श्वेत कमल) उत्पल (नीलोत्पल) कुमुद के केशरों को मधुशर्करा में मिलाकर दें। खाने के लिये सिंघाड़ा पुष्करबीज (कमलगट्टा) तथा कसेरू दें। अथवा गन्धप्रियङ्गु, नीलककल, शालूक (कमल आदि की जड़), उदुम्बरशलाटु (गूलर का कच्चा फल), वट के शुङ्ग (अंकुर); इनके चूर्ण को बकरी के दूध के साथ पिलावें। बलामूल (खरैटी की जड़) अतिबलामूल (ककड़ी की जड़) शालिमूल षष्टिकमूल (सांठी की जड़) इक्षुमूल (ईख की जड़) काकोली; इनके क्वाथ से सिद्ध किये गये दूध के साथ लाल शालि चावलों के भात को मधुशर्करा मिलाकर खाने को दें। यह भात अच्छी प्रकार गला हुआ नरम सुगन्धयुक्त तथा शीतल ही खाने को देना चाहिये। गरम भात खाने को न दें। अथवा सुखदायक शीतल तथा जहाँ वायु का सञ्चार हो ऐसी जगह पर बैठी हुई गर्भिणी को घी से साधित लावा कपिञ्जल (गौरैया) कुरङ्ग (हरिणविशेष) शम्बर (बारहसिंगा), शशक (खरगोश), हरिण, एण (काला हरिण), कालपुच्छक (जिस हरिण की पूँछ काली होती है); इनके मांसरस के साथ लाल शालि का भात खाने के लिये दे। तथा उसे क्रोध शोक आयास (श्रम वा थकावट) मैथुन से बचाये रखे। मन को प्रिय एवं सौम्य कथाओं से उसके मन को बहलाता रहे। इस प्रकार करने से गर्भ ठहर जाता है ॥३४॥

यस्याः पुनरामान्वयात्पुष्पदर्शनं स्यात्, प्रायस्तत्तस्या गर्भबाधकं भवति, विरुद्धोपक्रमत्वात्तयोः ॥३५॥

परन्तु चतुर्थमास से लेकर भी आमजनक हेतु से यदि पुष्पदर्शन (रजःस्राव) हो तो प्रायः वह रजःस्राव भी उसके गर्भ का बाधक—नाशक होता है। क्योंकि आमचिकित्सा और गर्भस्थापन ये दोनों परस्पर विरुद्ध हैं। आम के लिये उष्ण तीक्ष्ण आदि चिकित्सा करनी होती है, परन्तु इस चिकित्सा से रक्तस्राव और भी बढ़ जायगा और गर्भपात हो जायगा। यदि गर्भस्थापन के लिये शीत मृदु आदि चिकित्सा करें तो आम की वृद्धि होगी और हेतु की वृद्धि से उत्पन्न रक्तस्राव और भी बढ़ेगा। अतः गर्भ का स्तम्भन हो ही नहीं सकता। यही कारण है कि आमजनक हेतु से उत्पन्न पुष्पदर्शन गर्भ का मारक ही होता है ॥३५॥

यस्याः पुनरुष्णतीक्ष्णोपयोगाद् गर्भिण्या महति संजातसारे गर्भे पुष्पदर्शनं स्यादन्यो वा योनिप्रस्रावः तस्या गर्भो वृद्धिं न प्राप्नोति निःस्रुतत्वात् स [1]कालमवतिष्ठतेऽतिमात्रं, तमुपविष्टकमित्याचक्षते केचित् ॥३६॥

जिस गर्भिणी का गर्भ बड़ा हो गया हो और उसमें सार उत्पन्न हो चुका हो—मांस आदि धातु कठिन हो चुके हों—उस समय उष्ण और तीक्ष्ण द्रव्यों के उपयोग से यदि पुष्पदर्शन (रजःस्राव) अथवा अन्य कोई योनि से स्राव होने लगे तो उसका गर्भ रक्त वा अन्य स्राव के निकलते रहने के कारण वृद्धि को प्राप्त नहीं होता। अर्थात् जब उसके पोषक द्रव बाहर ही निकलते जायँगे तो गर्भ की वृद्धि कैसे हो सकती है? वह बहुत काल तक गर्भाशय में ठहरा रहता है। उचित समय अर्थात् दसवें मास में उसका प्रसव नहीं होता वह गर्भाशय में ही रहता है। कालान्तर में गर्भ के पुष्ट होने पर प्रसव होता है—इसे कई आचार्य उपविष्टक कहते हैं। अतुल्यगोत्रीयाध्याय में भी पूर्व कहा जा चुका है—

'आहारमाप्नोति यदा न गर्भः
शोषं समाप्नोति परिस्रुतिं वा।
तं स्त्री प्रसूते सुचिरेण गर्भं
पुष्टो यदा वर्षगणैरपि स्यात् ॥'३६॥

उपवासव्रतकर्मपरायाः पुनः कदाहारायाः स्नेहद्वेषिण्यावातप्रकोपणोक्तान्यासेवमानाया गर्भो न वृद्धिंप्राप्नोति परिशुष्कत्वात्, स चापि कालमवतिष्ठतेऽतिमात्रम्, अतिमात्रस्पन्दनश्च [1] भवति, तं नागोदरमित्याचक्षते ॥३७॥

उपवास व्रत आदि कर्म करनेवाली स्वल्प भोजन करनेवाली या रूक्ष आदि कुत्सित आहार करनेवाली जो स्नेह अर्थात् घृत तैल आदि का प्रयोग नहीं करती तथा वातप्रकोपक आहार का सेवन करनेवाली गर्भिणी का गर्भ भी वृद्धि को प्राप्त नहीं होता। क्योंकि गर्भिणी के आहार आदि के न खाने से अन्दर की धातुएँ सूख जाती हैं—क्षीण हो जाती हैं। उसकी अपनी धातुएँ क्षीण हो जाने से गर्भ की वृद्धि कैसे हो सकती है। जो थोड़ा सा आहार गर्भ को पहुँचता है, उससे उसकी स्थिति वा जीवनमात्र ही बना रहता है, परन्तु वह पुष्ट नहीं होता। यह गर्भ भी दस मास से अधिक काल तक गर्भाशय में ही ठहरा रहता है। और अत्यधिक स्पन्दन (Quickening) करता है—उसे नागोदर कहते हैं। गंगाधर के पाठ के अनुसार यह गर्भ स्पन्दन नहीं करता वा अल्प ही स्पन्दन करता है। और वह ही शुद्ध पाठ प्रतीत होता है। सुश्रुत शारीर १० अ० में भी—

'वाताभिपन्न एव शुष्यति गर्भः, स मातुः कुक्षिं न पूरयति। मन्दं स्पन्दते च।'

'शुक्रशोणितं वायुनाभिप्रपन्नमवक्रान्तजीवमाध्मापयत्युदरं, तं कदाचिद्यदृच्छयोपशान्तं नैगमेयापहृतमिति भाषन्ते। तमेव कदाचित्प्रलीयमानं नागोदरमित्याहुः। तत्रापि लीनवत्प्रतीकारः।'

तथा च लीनगर्भ का लक्षण करते हुए अष्टाङ्गसंग्रह में—

'यस्याः पुनर्वातोपसृष्टस्रोतसि लीनो गर्भः प्रसुप्तो न स्पन्दते तं लीनमित्याहुः।'

अतः उपशुष्कक वा नागोदर में स्पन्दनों का अल्प होना वा स्पन्दनों का सर्वथा न होना ही लक्षण होता है। आचार्य भी उपविष्टक और नागोदर की आगे चिकित्सा लिखते हुए—'यस्याः

१—'कालान्तर' ग०।

१—'कालान्तरमवतिष्ठतेऽतिमात्रमस्पन्दनश्च' ग०।

पुनर्गर्भः प्रसुप्तो न स्पन्दते' ऐसा उपक्रम बांधकर स्पन्दन उत्पन्न करने का उपचार भी बताते हैं ॥३७॥

नार्योस्तयोरुभयोरपि चिकित्सितविशेषमुपदेक्ष्यामः- भौतिकजीवनीयबृंहणीयमधुरवातहरसिद्धानां सर्पिषामुपयोगः, नागोदरे तु योनिव्यापन्निर्दिष्टपयसामामगर्भाणां गर्भवृद्धिकराणां च सम्भोजनमेतैरेव सिद्धैश्च घृतादिभिः सुबुभुक्षायाम्[1]अभीक्ष्णं यानवाहनावमार्जनावजृम्भणैरुपपादनमिति ॥३८॥

उन दोनों स्त्रियों की चिकित्सा का उपदेश करेंगे—अर्थात् उपविष्टक तथा नागोदर गर्भाक्रान्त गर्भिणियों की चिकित्सा का उपदेश—भूतों में हितकर अर्थात् भूतोन्माद आदि में कहे गये महापैशाचिक घृत आदि के द्रव्यों से वा वचा गुग्गुलु आदि द्रव्यों तथा जीवनीय[2]बृंहणीय गणों मधुर तथा वातहर (रास्ना[3]- आदि) द्रव्यों से सिद्ध किये हुए घृतों का उपयोग कराना चाहिये। नागोदर में तो योनिव्यापत् में निर्दिष्ट गर्भ की वृद्धि करनेवाले दूधों का और आमगर्भ (बकरी आदि के कच्चे-गर्भ वा पक्षियों के अण्डे के) तथा अन्यगर्भ वृद्धिकर योगों का उपयोग करना चाहिये। भूख लगने पर इन्हीं द्रव्यों से सिद्ध और घी आदि से संस्कृत आहार का भोजन और निरन्तर यान (गाड़ी आदि की सवारी), वाहन (घोड़े ऊंट आदि की-सवारी) अवमार्जन (शुद्धि वा स्नान अभ्यङ्ग आदि) तथा अवजृम्भण (प्रिय तथा आश्वासन देनेवाले वचन अथवा शरीर के प्रसारण) से चिकित्सा करनी चाहिये ॥३८॥

यस्याः पुनर्गर्भः प्रसुप्तो न स्पन्दते तां श्येनमत्स्यगवयतित्तिरिताम्रचूडशिखिनामन्यतमस्य सर्पिष्मता रसेन माषयूषेण वा प्रभूतसर्पिषा मूलकयूषेण वा रक्तशालीनामोदनं मृदुमधुरशीतं भोजयेत्, तैलाभ्यङ्गेन चास्या अभीक्ष्णमुदरवंक्षणोरुकटीपार्श्वपृष्ठप्रदेशानीषदुष्णेनोपाचरेत् ॥

जिस गर्भिणी का गर्भ सोया रहता है—स्पन्दन नहीं करता, उसे श्येन (बाज) मछली गवय (नीलगाय) तीतर मुर्गा मोर; इनमें से किसी एक के प्रभूत घृत युक्त मांसरस अथवा उड़द के यूप अथवा प्रभूत घृतयुक्त मूली के यूप के साथ जो अच्छी प्रकार गल जाने से नरम हो मधुर तथा शीतल लालशालि का भात खिलावे। और अल्प उष्ण तैल की पेट वंक्षण ऊरु कमर पार्श्व तथा पीठ पर निरन्तर मालिश करे ॥३९॥

यस्याः पुनरुदावर्तविबन्धः स्यादष्टमे मासे न चानुवासनसाध्यं मन्येत, ततोऽस्यास्तद्विकारप्रशमनमुपकल्पयेन्निरूहम्; उदावर्तो ह्युपेक्षितः सहसा सगर्भां गर्भिणीं गर्भमथवाऽतिपातयेत् ॥४०॥

जिस गर्भिणी को आठवें महीने में उदावर्त होकर मलबन्ध हो गया हो और वह यदि अनुवासन से ठीक न हो सकता हो तो उसके उस विकार को शान्त करनेवाले निरूह (आस्थापन बस्ति) की कल्पना करे। क्योंकि उस समय यदि उदावर्त की चिकित्सा न की गयी तो वह उदावर्त गर्भ और गर्भिणी दोनों को ही अथवा केवल गर्भ को नष्ट कर देता है ॥४०॥

तत्र वीरणशालिषष्टिककुशकाशेक्षुबालिकावेतसपरिव्याधमूलानां भूतीकानन्ताकाश्मर्यपरूषकमधुकमृद्वीकानां च पयसार्धोदकेनोद्गमय्य[1] रसं पियालबिभीतकमज्जतिलकल्कसंप्रयुक्तमीषल्लवणमनत्युष्णं निरूहं दद्यात्; व्यपगतविबन्धां चैनां सुखसलिलपरिषिक्ताङ्गीं स्थैर्यकरमविदाहिनमाहारं भुक्तवतीं सायं मधुकसिद्धेन[2] तैलेनानुवासयेत्; न्युब्जां त्वेनामास्थापनानुवासनाभ्यामुपचरेत्।

उदावर्तनाशक निरूह—वीरण (खस) शालि साठी कुश काश इक्षुवालिका (इक्षुभेद) वेतस तथा परिव्याध (जलवेतस), इन सब की जड़ें और भूतीक (तृणविशेष, रोहिषतृण), अनन्ता (दुरालभा अथवा अनन्तमूल), काश्मर्य (गाम्भारी), परूषक (फालसा), मधुक (मुलहठी), मृद्वीका (मुनक्का), इन्हें एकत्र लेकर दूध जिसमें आधा जल मिश्रित हो—के साथ क्वाथ करके रस निकाल लें। इस क्वाथ में पियाल मज्जा (चिरौंजी), बहेड़े की गुठली की मींगी, तिल, इनका कल्क मिलाकर थोड़ा-सा नमक डाल दें। यह निरूहबस्ति दें। बस्ति बहुत उष्ण न होनी चाहिये। जब इस प्रकार बस्ति के देने से विबन्ध नष्ट हो जाय तो सुहाते जल से शरीर का परिषेचन करके स्थिरता करनेवाले वा गर्भस्थापक अविदाही आहार को खाये और उस दिन सायंकाल मुलहठी से सिद्ध किये गये तैल से अनुवासन (स्निग्ध बस्ति) करे। नीचे मुख करके घुटना के बल लेटी हुई गर्भिणी को आस्थापन और अनुवासन कराना चाहिये। अष्टाङ्गसंग्रह शारीर ३ अ० में—

'गर्भिणीं तु न्युब्जामास्थापयेदनुवासयेद्वा[3] तथास्या विवृतमार्गतया सम्यगौषधमनुप्रविशति' ॥४१॥

यस्याः पुनरतिमात्रदोषोपचयाद्वा तीक्ष्णोष्णातिमात्रसेवनाद्वा वातमूत्रपुरीषवेगधारणैर्वा विषमाशनशयनस्थानसंपीडनाभिघातैर्वा क्रोधशोकेर्ष्यासूयाभयत्रासादिभिर्वा साहसैर्वाऽपरैः कर्मभिरन्तःकुक्षेर्गर्भो म्रियते, तस्याः स्तिमितं स्तब्धमुदरमाततं शीतमश्मान्तर्गतमिव भवत्यस्पन्दनो गर्भः शूलमधिकमुपजायते न चाव्याः प्रादुर्भवन्ति योनिर्न प्रस्रवत्यक्षिणी चास्याः स्रस्ते भवतस्ताम्यति व्यथते भ्रमते, श्वसित्यरतिबहुला च भवति, न चास्या वेगप्रादुर्भावो यथावदुपलभ्यत इत्येवंलक्षणां स्त्रियं मृतगर्भेयमिति विद्यात् ॥४२॥

मृतगर्भा स्त्री के लक्षण—अत्यधिक दोषों के संचय से अथवा अतिउष्ण अतितीक्ष्ण द्रव्यों के अत्यधिक सेवन से अथवा वायु

1—'सुभिक्षायाः' च०। २—जीवनीय और बृंहणीयगण सूत्रस्थान के चतुर्थ अध्याय में कहे जा चुके हैं। ३—रास्नात्रिकण्टकगुडूचीगुहाश्वगन्धागन्धर्वहस्तकपिकच्छुपुनर्नवाभिः। छिन्नाबलाद्विपबलातिबलावरीभिर्स्योषधीभिरनिलामयभिद्गणोऽयम्॥' चिकित्साकलिकायाम्॥

१—'उद्गमय्य रसमिति क्वाथं निष्क्वाथ्य' चक्रः। २—'मधुकसिद्धेन' ग०। ३—सर्वस्य वामपार्श्वस्थस्यास्थापनानुवासनविधाने गर्भिण्या न्युब्जत्वमपवादः। न्युब्जा जानुभ्यामधोमुखी भूमौ स्थिता। तथा हि जठरस्य लम्बत्वाद् बस्तेर्मार्गो विवृतो भवति।

मूत्र पुरीष के वेगों के धारण से अथवा विषम भोजन से, विषम-रूप से लेटने और बैठने से दबाव पड़ने से वा चोट से अथवा शोक क्रोध ईर्ष्या असूया (परनिन्दा) भय त्रास आदि मानसिक भावों से अथवा साहसों (अपनी सामर्थ्य से अधिक कार्य करना) से अथवा अन्य कर्मों के कारण जब गर्भ की मृत्यु गर्भाशय में ही हो जाती है तब उस स्त्री का पेट स्तिमित (गीले वस्त्र से आच्छादित की तरह) स्तब्ध तथा तना हुआ और शीतल होता है। जैसे अन्दर कोई पत्थर पड़ा हो ऐसा स्त्री अनुभव करती है। गर्भ स्पन्दरहित होता है—किसी प्रकार की गति नहीं करता। परीक्षा करने पर गर्भ के हृदय के स्पन्दन का शब्द भी सुनाई नहीं देता। अत्यधिक शूल होता है। आवी (प्रसवकालीन वेदनाएँ उत्पन्न नहीं होती। योनि से कोई स्राव नहीं होता। उसकी आँखें शिथिल हो जाती हैं। आँखों के आगे अन्धकार आता है, दुःखी होती है, चक्कर आते हैं, श्वास अधिक चलते हैं, और बड़ी बेचैन होती है। यथावत् मूत्र पुरीष आदि के वेग की उत्पत्ति भी नहीं होती। इन लक्षणों से युक्त स्त्री को मृतगर्भा जाने। अर्थात् स्त्री के गर्भाशय में ही गर्भ मर गया है—ऐसा जाने। सुश्रुत मूढगर्भनिदान में कहा गया है—

'गर्भास्पन्दनमावीनां प्रणाशः श्यावपाण्डुता।
भवत्युच्छ्वासपूतित्वं शूलं चान्तर्मृते शिशौ॥
मानसागन्तुभिर्मातुरुपतापैः प्रपीडिताः।
गर्भो व्यापद्यते कुक्षौ व्याधिभिश्च प्रपीडितः॥'

तथा अन्यत्र—

'यदा सोऽन्तर्मृतो गर्भो शूनो बस्तिरिवाततः।
तेनावृताया नार्यास्तु कुक्षिरानह्यते भृशम्।
उत्क्षिप्यन्त इवाङ्गानि मूत्रबस्तिश्च भिद्यते॥
क्लोम प्लीहा यकृच्चैव फुफ्फुसं हृदयं तथा।
गर्भेण पीडितं ह्येतदूर्ध्वं प्रक्रामति स्त्रियाः॥
सा शूयते मुह्यति च कृच्छ्रोच्छ्वासा च जायते।
पूतिगन्धस्तथा स्वेदो जिह्वा तालु च शुष्यति॥
वेपते भ्राम्यति तथा जीवितं चोपरुध्यते।
एतैर्लिङ्गैर्विजानीयान्मृतं गर्भं चिकित्सकः' ॥४२॥

तस्य गर्भशल्यस्य जरायुप्रपातनं कर्म संशमनमित्याहुरेके, मन्त्रादिकमथर्ववेदविहितमित्येके, परिदृष्टकर्मणा शल्यहर्त्राऽऽहरणमित्येके ॥४३॥

मृतगर्भा की चिकित्सा—उस मृतगर्भ-रूपी शल्य की शान्ति के लिये जरायु को गिराना चाहिये—यह कई आचार्य मानते हैं। अर्थात् गर्भपातन औषधों द्वारा गर्भ को जरायु (वह झिल्ली जो गर्भ पर चढ़ी होती है) सहित बाहर निकाल दे। कई आचार्य कहते हैं कि अथर्ववेद में कहे गये मन्त्र आदि द्वारा उसे गिराना चाहिये। कई आचार्यों (सुश्रुत आदि) का मत है कि दृष्टकर्मा शल्यचिकित्सक द्वारा यन्त्रशस्त्रों की सहायता से मृतगर्भ को बाहर खींच लेना चाहिये। अभिप्राय यह है कि गर्भ को मृत हुआ जान उसे बाहर निकालने में देरी न करनी चाहिये। यदि मन्त्र आदि विधान से गिर सकता है तो उससे, यदि औषध प्रयोग से बाहर गिराया जा सकता है तो उससे और नहीं तो शल्यकर्म द्वारा ही उसे बाहर निकालना चाहिये। इसका वर्णन सुश्रुत के चिकित्सास्थान के पन्द्रहवें अध्याय में वर्णित है। वहाँ पर च्यावनमन्त्र भी दिये हैं, यथा—

'इहामृतं च सोमश्च चित्रभानुश्च भामिनि।
उच्चैःश्रवाश्च तुरगो मन्दिरे निवसन्तु ते॥
इदममृतमपां समुद्धृतं वै तव लघु गर्भमिमं विमुञ्चतु स्त्री।
तदनलपवनार्कवासवास्ते सह लवणाम्बुधरैर्दिशन्तु शान्तिम्॥
मुक्ताः पाशा विपाशाश्च मुक्ताः सूर्येन्दुरश्मयः।
मुक्तः सर्वभयाद् गर्भ एह्येहि मा चिरं स्वाहा॥'

'औषधानि च विदध्याद्यथोक्तानि। मृते चोत्तानाया आभुग्नसक्थ्या वस्त्राधारकोन्नमितकट्या धन्वननगवृत्तिकाशाल्मलीमृत्स्नाघृताभ्यां म्रक्षयित्वा हस्तं योनौ प्रवेश्य गर्भमुपहरेत्' इत्यादि।

विस्तृत वर्णन वहीं देखें॥४३॥

व्यपगतगर्भशल्यां तु स्त्रियमामगर्भां सुराशीध्वरिष्टमधुमदिरासवानामन्यतममग्रे सामर्थ्यतः पाययेद् गर्भकोष्ठविशुद्ध्यर्थमर्तिविस्मरणार्थं प्रहर्षणार्थं च, अतः परं[1] बृंहणबलानुरक्षिभिरस्नेहसंप्रयुक्तैर्यवाग्वादिभिर्वा तत्कालयोगिभिराहारैरुपचरेद्दोषधातुक्लेदविशोषणमात्रं [2]कालम्, अतः परं स्नेहपानैर्बस्तिभिराहारविधिभिश्च दीपनीयजीवनीयबृंहणीयमधुरवातहरसमाख्यातैरुपचरेत्॥४४॥

जिस कच्चे गर्भवाली स्त्री का गर्भरूपी शल्य (जब गर्भ मर जाय तो वह उस समय शल्य कहाता है, क्योंकि अन्दर रहता हुआ वह उस गर्भिणी को अत्यन्त हानि पहुँचाता है—यहाँ तक कि कुछ देर तक अन्दर रहने पर वह मृत्यु का कारण भी हो[3] जाता है) निकल जाय तब सबसे पूर्व गर्भाशय की विशुद्धि के लिये, पीड़ा को भुलाने के लिये तथा च प्रसन्नता को उत्पन्न करने के लिये उसके सामर्थ्य के अनुसार[4] सुरा शीधु (ईख के रससे तय्यार की हुई मद्य) अरिष्ट मधु (मद्यविशेष) मदिरा वा आसव; इनमें से किसी एक को पिलावे।

इसके बाद बृंहण बल की रक्षा करनेवाली परन्तु स्नेह (घृत तैल आदि) से रहित यवागू विलेपी आदि वा तत्कालोपयोगी आहारों से चिकित्सा करें जब तक कि दोष वा धातु का क्लेद सूख नहीं जाता। अर्थात् इन आहारों के प्रयोग का काल तब तक ही जानना चाहिये जब तक दोष और धातु का क्लेद शुष्क नहीं होता। शुष्क होते ही इस अस्निग्ध चिकित्सा को छोड़कर स्निग्ध चिकित्सा करनी होती है। उस समय कहे गये दीपनीय जीवनीय बृंहणीय मधुर तथा वातहर स्नेहों के पिलाने से उन्हीं गुणयुक्त स्निग्ध बस्तियों से तथा उन्हीं गुणयुक्त आहार के विधानों से चिकित्सा करें॥४४॥

परिपक्वगर्भशल्यायाः पुनर्विमुक्तगर्भशल्यायास्तदहरेव स्नेहोपचारः स्यात्॥४५॥

जिस स्त्री के गर्भाशय में परिपक्व गर्भ की मृत्यु हुई हो उस गर्भरूपी शल्य के औषध मन्त्र वा शल्यकर्म

१—'रक्षिभिः स्नेह०' पा०। २—'वा तत्कालं' ग०। ३—'नोपेक्षेत मृतं गर्भं मुहूर्तमपि पण्डितः। स ह्याशु जननीं हन्ति निरुच्छ्वासं पशुं यथा' ॥ सुश्रुत०॥ ४—इनके लक्षण और गुण सूत्रस्थान में कहे जा चुके हैं।

द्वारा बाहर निकल जाने पर उसी दिन से स्निग्ध चिकित्सा करनी होती है।

आमगर्भ-शल्य के निर्हरण के पश्चात् पूर्व अस्निग्ध चिकित्सा होती है, पश्चात् दोष वा धातु के क्लेद के शोषण होने पर स्निग्ध चिकित्सा का विधान है, परन्तु परिपक्वगर्भ-शल्य के निर्हरण के पश्चात् स्निग्ध ही चिकित्सा होती है। सुश्रुत चिकित्सास्थान १५ अध्याय में भी—

'एवं निर्हृतशल्यां तु सिञ्चेदुष्णेन वारिणा।
ततोऽभ्यक्तशरीराया योनौ स्नेहं निधापयेत्॥
एवं मृद्वी भवेद्योनिस्तच्छूलं चोपशाम्यति॥'

से लेकर

'व्युपद्रवां विशुद्धां च ज्ञात्वा च बलवर्णिनीम्।
ऊर्ध्वं चतुर्भ्यो मासेभ्यो विसृजेत् परिहारतः॥'

पर्यन्त पश्चात्कर्म बताया गया है। चार मास तक परिहार (परहेज) से रहना चाहिये॥४५॥

परमतो निर्विकारमाप्यायमानस्य गर्भस्य मासे मासे कर्मोपदेक्ष्यामः—प्रथमे मासे [1]शङ्किता चेद् गर्भमापन्ना क्षीरमनुपस्कृतं मात्रावच्छीतं काले काले पिबेदन्तर्वत्नी, सात्म्यमेव च भोजनं सायं प्रातश्च भुञ्जीत॥४६॥

इसके पश्चात् गर्भ के विकार रहित बढ़ते रहने पर प्रति-मास जो जो कर्म होता है, उसका उपदेश करेंगे—यदि प्रथम मास में ही गर्भिणी को यह ज्ञात हो जाय कि गर्भ की प्राप्ति हो गयी है तो वह समय २ पर शीतल दूध—जो औषधियों से संस्कृत न किया गया हो—पीवे। सायं और प्रातः सात्म्य ही भोजन करे॥४६॥

द्वितीये मासे क्षीरमेव च मधुरौषधसिद्धम्॥४७॥

दूसरे महीने में मधुर औषधों से सिद्ध किया हुआ दूध पीवे। सायं प्रातः सात्म्य-भोजन तो प्रतिमास करना ही होगा॥

तृतीये मासे क्षीरं मधुसर्पिर्भ्यामुपसंसृज्य॥४८॥

तृतीय मास में दूध में मधु और घृत मिश्रित करके पिलावें। सुश्रुत शारीर १० अध्याय में—

'विशेषतस्तु गर्भिणी प्रथमद्वितीयतृतीयमासेषु मधुरशीतद्रव-प्रायमाहारमुपसेवेत। विशेषतस्तु तृतीये षष्टिकौदनं पयसा, भोज-येच्चतुर्थे दध्ना, पंचमे पयसा, षष्ठे सर्पिषा चेत्येके'॥४८॥

चतुर्थे मासे तु क्षीरनवनीतमक्षमात्रमश्नीयात्॥४९॥

चौथे महीने में दूध से निकाला मक्खन (दही से नहीं) १ कर्ष परिमाण में खावे। अथवा कई टीकाकारों के मत से दूध और मक्खन मिश्रित करके प्रयोग करावे। सुश्रुत शारीर १० अ० में—

'चतुर्थे पयोनवनीतसंसृष्टमाहारयेज्जाङ्गलमांससहितं हृद्यमन्नं भोजयेत्'॥४९॥

पञ्चमे मासे क्षीरसर्पिः॥५०॥

पांचवें महीने में दूध और घी मिलाकर पीवे अथवा दूध से निकाला घी पीवे। सुश्रुत शारीर १० अ० में—

'पञ्चमे क्षीरं सर्पिःसंसृष्टम्'॥५०॥

षष्ठे मासे क्षीरसर्पिर्मधुरौषधसिद्धम्॥५१॥

छठे मास में मधुर औषध से सिद्ध किये गये क्षीरसर्पि (दूध से निकाले घी) का प्रयोग करे। सुश्रुत शारीर १० अ० में—

'षष्ठे श्वदंष्ट्रासिद्धस्य सर्पिषो मात्रां पाययेद् यवागूं वा॥५१।

तदेव सप्तमे मासे॥५२॥

सातवें महीने में भी मधुर औषधों से सिद्ध किये हुए क्षीर-सर्पि का ही प्रयोग करना चाहिये। सुश्रुत शारीर १० अ० में—

'सप्तमे सर्पिः पृथक्पर्ण्यादिसिद्धम्।'

इस प्रकार इन प्रातिमासिक भोजनों से गर्भ की वृद्धि होती है॥५२॥

तत्र गर्भस्य केशा जायमाना मातुर्विदाहं जनयन्तीति स्त्रियो भाषन्ते। तन्नेति भगवानात्रेयः, किन्तु गर्भोत्पीड-नाद्धि वातपित्तश्लेष्माण उरः प्राप्य विदहन्ति, ततः कण्डूरुपजायते, कण्डूमूला च किक्किसावाप्तिर्भवति॥५३॥

स्त्रियां कहती हैं कि सातवें महीने में गर्भ के केश उत्पन्न होते हुए माता में विदाह को करते हैं। परन्तु भगवान् आत्रेय कहते हैं स्त्रियों का कहना ठीक नहीं। क्योंकि तृतीय मास में से ही युगपत् अङ्ग-प्रत्यङ्ग प्रकट होने लगते हैं। टटरी पर उस समय से ही रोंआं उत्पन्न होने लगता है। चतुर्थमास में स्पष्ट दिखाई देता है। सातवें मास में तो पैदा होने आरम्भ नहीं होते तो सातवें मास से पूर्व क्यों विदाह उत्पन्न नहीं होता? यदि यह मान भी लें कि वह उससे पूर्व इतने छोटे होते हैं कि विदाह नहीं कर सकते तो वे इतने नरम होते हैं कि उनसे विदाह होना कठिन ही है। इसके अतिरिक्त भ्रूण वा गर्भ पर जरायु चढ़ा रहता है। जरायु में गर्भोदक होता है और बीच में शिशु होता है। शिशु के बालों का कोई सम्बन्ध गर्भाशय की दीवारों से नहीं होता, अतः कथञ्चिदपि गर्भ के केश विदाह को उत्पन्न नहीं करते। सातवें मास में गर्भ के केश लगभग चौथाई इंच लम्बे होते हैं। वास्तव में विदाह का कारण तो उत्पीड़ित हुआ २ वात पित्त कफ है। गर्भ के बढ़ जाने के कारण उत्पीड़ित हुए २ वात पित्त कफ हृदयदेश वा छाती पर पहुँच कर विदाह को उत्पन्न करते हैं। विदाह से कण्डू (खुजली) उत्पन्न होती है। और इस कण्डू के कारण किक्किस प्रादुर्भूत होते हैं। प्रथम के दो मासों में गर्भिणी के उदर का निचला भाग फैलता है। पाँचवें महीने में यह वृद्धि स्पष्टतया दीखन लगती है। इस प्रकार शनैः २ प्रतिमास दो २ अंगुल ऊपर की ओर की अगली दीवार ऊंची उठती जाती है। अन्त में उरोदेश तक यह ऊंचाई दिखाई देती है। दसवें महीने में पुनः दो अंगुल नीचे आ जाती है। यह उदर की वृद्धि गर्भ वा गर्भाशय की वृद्धि के कारण होती है। गर्भ के कारण गर्भा-शय के फैलने से तथा गर्भाशय की वृद्धि के कारण उदरभित्ति के खिंच जाने से त्वचा की निचली स्तर फट जाती है, जिससे उदर पर दरारें सी दिखाई देती हैं। ये दरारें उरःस्थल के नीचे भी पड़ जाती हैं। इन दरारों वा रेखारूप त्वक्सङ्कोच वा त्वग्विदरण को किक्किस (stria gravidarum) कहते हैं। यदि किसी अन्य कारण से भी उदरभित्ति तन जाय तो ये किक्किस दीख सकते हैं। अतः भी गर्भ के केशों को कारण मानना असङ्गत और सर्वथा अज्ञान है॥५३॥

---

[1]—'शङ्केत' च०

तत्र कोलोदकेन नवनीतस्य मधुरौषधसिद्धस्य पाणितलमात्रं काले कालेऽस्यै दद्यात्, चन्दनमृणालकल्कैश्चास्याः स्तनोदरं विमृद्नीयात् शिरीषधातकीसर्षपमधुकचूर्णैः कुटजार्जकबीजमुस्तहरिद्राकल्कैर्वा निम्बकोलसुरसमञ्जिष्ठाकल्कैर्वा पृषतहरिणशशरुधिरयुतया त्रिफलया वा, करवीरपत्रसिद्धेन वा तैलेनाभ्यङ्गः, परिषेकः पुनर्मालतीमधुकसिद्धेनाम्भसा, जातकण्डूश्च कण्डूयनं वर्जयेत्त्वग्भेदवैरूप्यपरिहारार्थम्, अशक्यायां तु कण्डूवामुन्मर्दनोद्धर्षणाभ्यां परिहारः स्यात्, मधुरमाहारजातं वातहरमल्पमल्पस्नेहलवणमल्पोदकानुपानं च भुञ्जीत ॥५४॥

किक्किस—चिकित्सा—कण्डू वा किक्किस होने पर मधुर औषधों से सिद्ध किये गए मक्खन को १ कर्ष मात्रा में लेकर बेरों के क्वाथ के अनुपान से पीने के लिए गर्भिणी को दें। आजकल की शहरों में रहनेवाली स्त्रियों के लिये मधुर औषध से संस्कृत मक्खन का प्रमाण आधा तोला ही पर्याप्त है। स्तन और उदर पर चन्दन तथा मृणाल (कमलदण्ड) के कल्क वा चूर्ण का मर्दन करें। अथवा शिरीष (सिरीह-सिरस), धातकी (धाय के फूल) तथा मुलहठी के चूर्ण से अथवा कुटज कुड़ा) अर्जकबीज (तुलसीबीज) मोथा हल्दी; इनके कल्क से अथवा नीम तुलसी और मंजिष्ठा के कल्क से अथवा पृषत (चित्तल हरिण) हरिण शशक; इनके रक्त से युक्त त्रिफला से स्तन और उदर पर मर्दन करें। कनेर के पत्तों से सिद्ध किये गये तैल से अभ्यङ्ग (मालिश) करना चाहिये। मालती के फूल तथा मुलहठी के क्वाथ से परिषेचन करना हितकर होता है। यदि खुजली चलती हो तो त्वग्भेद (किक्किस) से उत्पन्न होनेवाली विरूपता से बचने के लिये रोगी को खुजलाना न चाहिये। यदि कण्डू (खुजली), असह्य ही हो तो उन्मर्दन (हाथ की तली आदि से मलना) वा उद्धर्षण (वस्त्र आदि का शरीर पर धीरे २ रगड़ना) से ही उस कण्डू को हटाये। नख आदि से खुजलाये नहीं। रोगिणी को वातहर मधुर आहार अल्प परिमाण में खाना चाहिये। आहार में घी आदि स्नेह और नमक अल्प मात्रा में होने चाहिये। और जल भी कम ही पीवे ॥५४॥

अष्टमे तु मासे क्षीरयवागूं सर्पिष्मतीं काले काले पिबेत्, तन्नेति भद्रकाप्यः, पैङ्गल्याबाधो ह्यस्या गर्भमागच्छेदिति, अस्त्वत्र पैङ्गल्याबाध इत्याह भगवान् पुनर्वसुरात्रेयः, न ह्येतदकार्यम्, एवं कुर्वती ह्यरोगाऽऽरोग्यबलवर्णस्वरसंहननसम्पदुपेत ज्ञातीनां श्रेष्ठमपत्यं जनयति ।५५।

आठवें महीने में घृतयुक्त क्षीरयवागू पीवे। दूध से सिद्ध की हुई यवागू को क्षीरयवागू कहा गया है। दूध १४ गुना लेकर चावल की कणियों से यवागू सिद्ध करना चाहिये।

भद्रकाप्य कहता है—नहीं। क्योंकि क्षीरयवागू के सेवन से गर्भिणी के गर्भ का वर्ण पिङ्गल (पीतश्वेत) हो जाता है। अथवा नेत्र का वर्ण पिङ्गल हो जाता है।

'पित्तेऽत्यर्थं प्रदुष्टे नेत्रयोः पिङ्गता स्मृता।'

भगवान् पुनर्वसु आत्रेय ने कहा—वर्ण वा नेत्र की पिङ्गलता चाहे हो जाय पर यह नहीं कि क्षीरयवागू का प्रयोग ही न कराया जाय। इस प्रकार क्षीरयवागू का प्रयोग करने से अपनी ज्ञातियों में आरोग्य बल वर्ण स्वर शरीरसङ्गठन के शुभगुणों से युक्त श्रेष्ठ संतान को उत्पन्न करती है। अर्थात् यद्यपि पिङ्गलनेत्रता दोष है, पर उसकी अपेक्षा आरोग्य आदि का श्रेष्ठ न होना और भी अधिक हानिकर है। क्षीरयवागू के प्रयोग से सन्तान नीरोग और बलवान् होती है चाहे उसका वर्ण वा उसके नेत्र पिङ्गल हों। और इस स्वल्पदोष की पीछे से चिकित्सा भी हो सकती है। महादोष से बचने के लिये यदि स्वल्पदोष को स्वीकार करना पड़े तो उसे करना चाहिये। सुश्रुत शारीर १० अध्याय में—

'अष्टमे बदरोदकेन बलातिबलाशतपुष्पापललपयोदधिमस्तुतैललवणमदनफलमधुघृतमिश्रेणास्थापयेत् पुराणपुरीषशुद्ध्यर्थमनुलोमनार्थं च वायोः, ततः पयोमधुरकषायसिद्धेन तैलेनानुवासयेत्, अनुलोमे हि वायौ सुखं प्रसूयते निरुपद्रवा च भवति, अत ऊर्ध्वं स्निग्धाभिर्यवागूभिर्जाङ्गलरसैश्चोपक्रमेदाप्रसवकालात्, एवमुपक्रान्ता स्निग्धा बलवती सुखमनुपद्रवा प्रसूयते ॥५५॥

नवमे तु खल्वेनां मासे मधुरौषधसिद्धेन तैलेनानुवासयेत् अतश्चैवास्यास्तैलपिचुं योनौ प्रणयेद् गर्भस्थानमार्गस्नेहनार्थम् ॥५६॥

नौवें महीने में गर्भिणी को मधुर औषधों से सिद्ध तैल से अनुवासन कराना चाहिये। और इसी तैल से भीगे पिचु (फाहे) को गर्भाशय और गर्भ के निर्गममार्ग के स्नेहन के लिये योनि में रखे ॥५६॥

यदिदं कर्म प्रथमं मासमुपादायोपदिष्टमानवमान्मासात्, तेन गर्भिण्या गर्भसमये गर्भधारणे कुक्षिकटीपार्श्वपृष्ठं मृदु भवति, वातश्चानुलोमः सम्पद्यते, मूत्रपुरीषे च प्रकृतिभूते सुखेन मार्गावापद्येते, चर्मनखानि च मार्दवमुपयान्ति, बलवर्णौ चोपचीयेते, पुत्रं चेष्टं सम्पदुपेतं सुखिनं सुखेनैषा काले प्रजायत इति ॥५७॥

जो प्रथम मास से लेकर नौवें मास तक का कर्म कहा गया है, उससे गर्भिणी के गर्भ के निर्गमन के समय और गर्भ धारण में कुक्षि कमर पार्श्वपृष्ठ (पीठ) मृदु हो जाती है। वात अनुलोम हो जाता है। मूत्र पुरीष प्रकृत्यवस्था में रहते हुए स्वाभाविकतया ही सुखपूर्वक अपने मार्ग में जाते हैं अर्थात् उचितरूप से मूत्र पुरीष की प्रवृत्ति होती है। मलबन्ध वा अतीसार आदि नहीं होते। त्वचा और नख कोमल हो जाते हैं। बल और वर्ण का सञ्चय होता है। शुभगुणों से युक्त नीरोग यथेष्ट पुत्र को बिना कष्ट के और ठीक काल में जनती है ।५७।

प्राक्चैवास्या नवमान्मासात्सूतिकागारं कारयेदपहृतास्थिशर्कराकपाले देशे प्रशस्तरूपरसगन्धायां भूमौ प्राग्द्वारमुदग्द्वारं वा बैल्वानां काष्ठानां तैन्दुकैङ्गुदकानां भल्लातकानां वारुणानां खादिराणां वा, यानि चान्यान्यपि ब्राह्मणाः शंसेयुरथर्ववेदविदः, तद्वसनालेप-

नाच्छादनापिधानसम्पदुपेतं[1] वास्तुविद्याहृदययोगादग्नि-[2]सलिलोलूखलवर्चःस्थानस्नानभूमिमहानसमृतुसुखं च ॥

सूतिकागार—नौवें मास से पूर्व ही गर्भिणी के लिये सूतिकागार तय्यार होना चाहिये। जहाँ से अस्थि (हड्डी) शर्करा (रेत वा कंकड़) तथा टूटे फूटे मट्टी के पात्रों के ठीकरे हटा दिये गये हों, ऐसे स्वच्छ स्थान पर श्रेष्ठ रूप रस एवं गन्धयुक्त भूमि पर पूर्व वा उत्तर की ओर द्वार रखते हुए सूतिकागार बनाना चाहिये। बिल्व (बेल), तिन्दुक (तेंदू), इंगुदी (हिंगोट), भल्लातक (भिलावा), वरुण वा खदिर (खैर) की लकड़ी से आगार का निर्माण हो इन काष्ठों के अतिरिक्त अथर्ववेद के ज्ञाता ब्राह्मण जिस २ काष्ठ को अच्छा कहें उस २ से सूतिकागार बनवा सकते हैं। यह सूतिकागार शुभ वस्त्र शुभ आलेपन (गोबर या कली आदि अथवा रंग रोगन आदि) शुभ आच्छादन (छत) और श्रेष्ठ गुणयुक्त किवाड़ वा गवाक्ष (खिड़की रोशनदान अथवा धुआँ आदि के बाहर निकलने की जगह आदि) से युक्त होना चाहिये। वास्तुविद्या के सिद्धान्तों के अनुसार अग्निस्थान सलिलस्थान (जलस्थान-प्याऊ जहाँ पीने का पानी रखा जा सके) उलूखलस्थान (जहाँपर किसी द्रव्य को कूटा जा सके) वर्चःस्थान (Latrine पायखाना–पुरीषस्थान) स्नानभूमि (स्नानागार–गुसलखाना) महानस (रसोई) आदि यथास्थान बनाने चाहियें। यह सूतिकागृह ऋतु के अनुसार सुखकारी हो। ग्रीष्म ऋतु में अन्दर गर्मी न हो और सर्दियों में अन्दर शीत न लगे। सुश्रुत शारीर १० अ० में—

'नवमे मासि सूतिकागारमेनां प्रवेशयेत् प्रशस्ततिथ्यादौ। तत्रारिष्टं ब्राह्मणक्षत्रियवैश्यशूद्राणां श्वेतरक्तपीतकृष्णेषु भूमिप्रदेशेषु बिल्वन्यग्रोधतिन्दुकभल्लातकनिर्मितसर्वागारं यथासंख्यं तन्मयपर्यङ्कमुपलिप्तभित्तिं सुविभक्तपरिच्छदं प्राग्द्वारं दक्षिणाद्वारं वाऽष्टहस्तायतं चतुर्हस्तविस्तृतं रक्षामङ्गलसम्पन्नं विधेयम्' ॥५८॥

तत्र सर्पिस्तैलमधुसैन्धवसौवर्चलकाललवणविडङ्गकुष्ठकिलिमनागरपिप्पलीपिप्पलीमूलहस्तिपिप्पलीमण्डूकपर्ण्येलालाङ्गलीवचाचव्यचित्रकचिरबिल्वहिंगुसर्षपलशुनकतककणकणिकानीपातसी [3]वल्लीजभूर्जकुलत्थमैरेयसुरासवाः सन्निहिताः स्यु, तथाऽश्मानौ द्वौ, द्वे चाण्डमुसले, द्वे उदूखले, खरो वृषभश्च, द्वौ च तीक्ष्णौ सूचीपिप्पलकौ सौवर्णराजतौ, शस्त्राणि च तीक्ष्णायसानि, द्वौ च बिल्वमयौ पर्यङ्कौ, तैन्दुकैङ्गुदानि च काष्ठान्यग्निसन्धुक्षणानि, स्त्रियश्च बह्व्यो बहुशः प्रजाताः [4]सौहार्दयुक्ताः सततमनुरक्ताः प्रदक्षिणाचाराः प्रतिपत्तिकुशलाः प्रकृतिवत्सलास्त्यक्तविषादाः क्लेशसहिन्योऽभिमताः, ब्राह्मणाश्चाथर्ववेदविदो, यच्चान्यदपि तत्र समर्थं मन्यते, यच्चान्यच्च ब्राह्मणा ब्रूयुः स्त्रियश्च वृद्धास्तत्कार्यम् ॥ ५९ ॥

सूतिकागार में आहरणीय द्रव्य—उस सूतिकागार में घी, तेल, मधु (शहद), सैन्धव (सेन्धानमक) सौंचलनमक, कालानमक, वायविडङ्ग, गुड़, कुष्ठ (कूठ), किलिम (देवदारु), सोंठ, पिप्पली, पिप्पलीमूल, हस्तिपिप्पली (गजपिप्पली), मण्डूकपर्णी, एला (इलायची), लाङ्गलिकी (लाङ्गली, कलिहारी), वचा, चव्य, चित्रक, चिरबिल्व (करञ्ज), हींग, सरसों, लहसन, कण (जीरा), कणिका (अरणी), नीप (कदम्ब), अतसी (अलसी), वल्लीज (कालीमिर्च), भूर्ज (भोजपत्र), कुलत्थ, मैरेय[1], सुरा, आसव (अथवा सुरासव) रखे होने चाहियें। अन्य टीकाकार 'वल्लीज' से कूष्माण्ड का ग्रहण करते हैं।

दो पत्थर, दो भारी मूसल ('द्वे कुण्डमुसले, यह पाठ होने पर दो कूण्डी सोटे), दो ऊखल, गदहा, बैल, सुवर्ण और चाँदी के बने हुए दो तीक्ष्ण सूचीपिप्पलक (सूई और सूई रखने का पात्र), तीक्ष्ण लौह (फौलाद) के बने प्रसवकालोपयोगी शस्त्र तथा बेल की लकड़ी के बने दो पलङ्ग होने चाहिये। तिन्दुक (तेन्दू) और हिंगोट का ईन्धन होना चाहिए। जिन्हें बहुत बार प्रसव हो चुका हो वा प्रसव कराया हो, मैत्रीभाव रखनेवाली, निरन्तर अनुराग-प्रेम रखनेवाली, प्रसूता के अनुकूल आचरण करनेवाली वा कर्मदक्ष, प्रतिपत्तिकुशल (युक्तिकुशल अथवा इशारे से समझ जानेवाली अथवा कर्म के यथावत् अनुष्ठान में कुशल), स्वभावतः प्रिय, विवाद रहित, तथा क्लेश को सहनेवाली बहुत सी स्त्रियाँ वहाँ रहनी अभीष्ट हैं। अथर्ववेद के ज्ञाता ब्राह्मण भी वहाँ होने चाहिएँ। अन्य भी जो पदार्थ आवश्यक हों वे पास रहने चाहिएं और जो कुछ ब्राह्मण वा वृद्ध स्त्रियाँ कहें वह २ करना चाहिये ॥ ५९ ॥

ततः प्रवृत्ते नवमे मासे पुण्येऽहनि प्रशस्तनक्षत्रयोगमुपगते प्रशस्ते भगवति शशिनि कल्याणे करणे मैत्रे मुहूर्ते शान्तिं कृत्वा गोब्राह्मणमग्निमुदकं चादौ प्रवेश्य गोभ्यस्तृणोदकं मधुलाजांश्च प्रदाय ब्राह्मणेभ्योऽक्षतान्सुमनसो नान्दीमुखानि च फलानीष्टानि दत्त्वा, उदकपूर्वमासनस्थेभ्योऽभिवाद्य पुनराचम्य स्वस्ति वाचयेत्, ततः पुण्याहशब्देन गोब्राह्मणमनुवर्तमाना प्रदक्षिणं प्रविशेत्सूतिकागारं, तत्रस्था च प्रसवकालं प्रतीक्षेत ॥ ६० ॥

नौवें मास के लगने पर शुभदिन जब चन्द्र का योग प्रशस्त नक्षत्र के साथ हो शुभकरण में मैत्रमुहूर्त्त शान्तिहोम (शान्तिपाठ आदि द्वारा) करके प्रथम गौ ब्राह्मण अग्नि और जल (जलपूर्ण कलश) को प्रविष्ट कराकर गौओं को चारा भूसा एवं जल तथा मधुयुक्त लाजा दे। और आसनों पर बैठे ब्राह्मणों को हाथ मुख आदि धुलाकर तथा आचमन करवा के अक्षत पुष्प तथा नान्दीमुख श्राद्धोपयोगी (वृद्धि श्राद्धोपयोगी) अथवा मृदङ्गाकृति खजूर आदि इच्छित एवं मंगल फल दे और उन्हें अभिवादन करके पुनः आचमन के पश्चात् स्वस्ति-

१—'०पिधानसम्पदुपेतं वास्तु विद्यात्। हृदययोगेनाग्नि' ग.।
२—'वास्तुविद्याहृदयं वास्तुविद्यातत्त्व, तद्योगादग्न्यादीनां स्थानं यत्र' चक्रः। ३—'बल्वज' पा०। ४—'हार्दयुक्ताः' च.।

१—'मैरेयं धातकीपुष्पगुडधान्याम्लसन्धितम् ॥
अथवा—आसवस्य सुरायाश्च द्वयोरेकत्र भाजने।
सन्धानं तद्विजानीयान्मैरेयमुभयाश्रयम् ॥
परिपक्वान्नसन्धानसमुत्पन्नां सुरां जगुः ॥'

वाचन करावे। तदनन्तर 'पुण्याहं पुण्याहं' शब्द से अथवा मङ्गलसूचक शब्दों से गौ और ब्राह्मण के पीछे २ प्रदक्षिणा करती हुई सूतिकागार में प्रविष्ट होवे और वहीं सूतिकागार में रहती हुई प्रसवकाल की प्रतीक्षा करे ॥ ६० ॥

तस्यास्तु खल्विमानि लिङ्गानि प्रजननकालमभितो भवन्ति; तद्यथा—क्लमो गात्राणां, ग्लानिराननस्य, अक्ष्णोः शैथिल्यं, विमुक्तबन्धनत्वमिव वक्षसः, कुक्षेरवस्रंसनम्, अधो गुरुत्वं, वङ्क्षणबस्तिकटीकुक्षिपार्श्वपृष्ठनिस्तोदो, योनेः प्रस्रवणम्, अनन्नाभिलाषश्चेति; ततोऽनन्तरमावीनां प्रादुर्भावः प्रसेकश्च गर्भोदकस्य ॥ ६१ ॥

प्रसवकाल के समय लक्षण—अङ्गों की क्लान्ति वा शिथिलता, मुख पर ग्लानि वा मुख का मुरझा जाना, चक्षुओं की शिथिलता, छाती का ऐसा प्रतीत होना जैसे बन्धन छूट गया है—क्योंकि इस समय गर्भ दो अंगुल नीचे की ओर झुक जाता है—जिससे फुफ्फुसों पर दबाव के कम हो जाने के कारण छाती हलकी प्रतीत होती है। कुक्षि की शिथिलता अथवा गर्भाशय का नीचे खिसकना अर्थात् उरोदेश तक जो बढ़ गया था वहाँ अब उरोदेश से नीचे आ जाता है। नीचे के भाग का भारी होना। वंक्षण बस्तिदेश कमर कुक्षि (कोख) पार्श्व पीठ इनमें दर्द होना। योनि से स्राव का बहना। अन्न के खाने में इच्छा न होना।

तदनन्तर आवी (प्रसवकालीन वेदनाओं का दौरा) उत्पन्न होती हैं। और गर्भोदक फूटकर बाहर निकल आता है। सुश्रुत शारीर १० अ० में—

'जाते हि शिथिले कुक्षौ मुक्ते हृदयबन्धने।
सशूले जघने नारी ज्ञेया सा तु प्रजायिनी ॥'

'तत्रोपस्थितप्रसवायाः कटीपृष्ठं प्रति समन्ताद्वेदना भवत्यभीक्ष्णं पुरीषप्रवृत्तिर्मूत्रं प्रसिच्यते योनिमुखाच्छ्लेष्मा च।'

प्रसव वह प्रक्रिया है जिसके द्वारा भ्रूण गर्भोदक अपरा तथा आवरणकलायें गर्भाशय से जुदा होकर बाहर फेंक दी जाती हैं। यह दो प्रकार का हो सकता है—१ स्वस्थ प्रसव (Eutocia, Normal or physiological labour) २ विकृत प्रसव (Dystocia, Abnormal or pothological labour)

स्वस्थप्रसव किसे कहते हैं? इस प्रश्न का उत्तर सुगम नहीं। तो भी हम यह कह सकते हैं कि जिस प्रसव में पूर्व शिर बाहर आवे, प्रसव उपद्रव रहित हो और माता के किसी विशेष प्रयत्न के बिना २४ घंटे में समाप्त हो जाय वह प्रसव स्वस्थ-प्रसव कहाता है।

प्रसव होने-से-दो तीन-सप्ताह पूर्व स्त्री को लाघव की अनुभूति होती है। गर्भाशय के उदर में नीचे उतरने के कारण वक्षःस्थल नीचे की ओर खिसक जाता है। जिससे वक्षोदरमध्यपेशी पर दबाव कम हो जाने से श्वास में सुगमता हो जाती है। अतएव लाघव का अनुभव होता है। इसके साथ २ चलने में कठिनता अधिक अनुभव होने लगती है तथा गर्भप्राप्ति के प्रारम्भिक सप्ताहों के समान मूत्र बार २ आने लगता है। प्रजायिनी के प्रसव से पूर्व के एक दो सप्ताहों में उत्पादक अंगों के स्राव बढ़ जाते हैं। भग नीला तथा पिलपिला हो जाता है। भगोष्ठों के बीच की दरार का अन्तर बढ़ जाता है।

गर्भाशय के आकुञ्चन से उत्पन्न होनेवाली वेदनाओं से प्रसवकाल के प्रारंभ का ज्ञान होता है। ये वेदनायें प्रारम्भ में तो हलकी होती हैं, पर काल के साथ २ तीव्रतर होती जाती हैं। कटि और पीठ से प्रारम्भ होकर सामने उदर की ओर तथा जंघाओं तक जाती प्रतीत होती हैं। इस समय गर्भाशयग्रीवा का मुख खुलने लगता है तथा च जरायु और श्लेष्मकला के टुकड़ों के पृथक् होने से योनिद्वार से कफमिश्रित रक्त आता है। इस अवस्था को प्रथमावस्था वा प्रसारणावस्था (Stage of dilatation) कहा जाता है। यह अवस्था १२ से १८ घण्टे तक रह सकती है। इस अवस्था के अन्त में जरायु के फटने से अचानक गर्भोदक बहने लगता है। यदि जरायु न फटे तो उसे सावधानी से विदीर्ण कर देना चाहिये।

जरायु के फटने से वेदना में कुछ शान्ति होती है, परन्तु कुछ ही काल के पश्चात् पुनः तीव्रतर वेदनाओं का दौरा प्रारम्भ होता है। ये वेदनायें गर्भ को जनाने में सहायक होती हैं। इस समय गर्भाशय के साथ ही उदर की अन्य मांसपेशियाँ भी आकुञ्चन करती हैं। ज्यों २ वेदना बढ़ती है उपस्थितप्रसवा स्त्री किसी कठिन पदार्थ को मुट्ठी में पकड़कर दबाने का प्रयत्न करती है और पैरों को पांयत की ओर दबाती है साथ ही दीर्घ निःश्वास लेती है और उसे अन्दर रोके रखने का प्रयत्न करती है। इसे जृम्भण कहना चाहिये। जृम्भण से वक्षोदरमध्यभित्ति स्थिर हो जाती और उदर की मांसपेशियाँ गर्भ के निर्हरण का कार्य करती हैं। इस समय उपस्थितप्रसवा का मुख रक्तवर्ण हो जाता है। पसीना आता है। जब दौरे में कुछ काल के लिये आवी (वेदनायें) शान्त होती हैं तब तो वह कई लम्बे लम्बे सांस लेती है। इन वेदनाओं से गर्भ का शिर बस्तिगुहा में आ जाता है और यदि आँतें शुद्ध न हों तो बार २ मलत्याग की इच्छा होती है। प्रत्येक आकुञ्चन के साथ मल पिचक २ कर बाहर आता है। वेदना के प्रत्येक दौरे में शिर अपेक्षया नीचे उतरता आता है। भगदेश पर जब शिर पहुँचता है तो वह स्थान उभर कर अण्डाकृति वा गोल हो जाता है। इसके बाद गुदद्वार भी फैलता है। अन्त में शिर का सबसे चौड़ा भाग भग में आ जाता है। इस समय असह्य पीड़ा होती है और थोड़ी सी देर में सिर बाहर आ जाता है। सिर के बाहर आते ही कुछ काल के लिये शान्ति होती है। शिशु का मुख लाल हुआ होता है। अब पुनः वेदनायें प्रारम्भ होती हैं। शिशु का सिर घूम जाता है। यदि माता बांयी करवट पर पड़ी हो तो बच्चे का मुख ऊपर की ओर हो जायगा। सिर के बाद कन्ध और इसके बाद शेष शरीर बाहर आ जाता है। जो गर्भोदक बचा रह गया था वह बह निकलता है। यह अवस्था प्रायः दो या तीन

घण्टे तक रहती है। बहुशःप्रजाता स्त्रियों में यह अवस्था इससे स्वल्पकाल तक भी रह सकती है। यह द्वितीयावस्था है। इसे निर्हरणावस्था–गर्भनिर्गमावस्था (Stage of expulsion) भी कहते हैं। इस अवस्था के पश्चात् गर्भाशय सिकुड़ जाता है और नाभि से नीचे तक पहुँच जाता है।

द्वितीयावस्था के बाद कुछ काल के लिये पुनः वेदनायें शान्त होती हैं। गर्भाशय पुनः आकुंचित होने लगता है। और वह स्पर्श में ठोस तथा कठिन अनुभव होता है। बीच २ में मृदु हो जाया करता है। जब बीच २ में वेदना शान्त होती है, योनि से अल्प २ रक्त बहने लगता है। इससे यह ज्ञात होता है कि अपरा गर्भाशय से पृथक् हो रही है। अन्त में एक तीव्र वेदना होकर अपरा गिर जाती है। सामान्यतः यह अवस्था २० मिनट लेती है। कभी २ कुछ क्षणों में ही और कभी एक घण्टे में यह अवस्था पूर्ण हो सकती है। इस अवस्था में जननी को शीत लगता है और कँपकँपी होती है। इस तीसरी अवस्था को (Stage of delivery) विशल्यावस्था कहते हैं ॥६१॥

आवीप्रादुर्भावे तु भूमौ शयनं विदध्यान्मृद्वास्तरणोपपन्नं, तदध्यासीत सा, तां [1]ताः समन्ततः परिवार्य यथोक्तगुणाः स्त्रियः पर्युपासीरन्नाश्वासयन्त्यो वाग्भिर्ग्राहिणीयाभिः [2]सान्त्वनीयाभिः ॥६२॥

जब आवी उत्पन्न हो तब गदेला आदि नरम बिछौना भूमि पर बिछा दें। वह प्रजायिनी उस पर बैठ जाय वा लेट जाय। इस समय उक्तगुण-युक्त स्त्रियाँ चारों ओर से घेर कर हृदय को प्रिय लगनेवाले और सान्त्वना देनेवाले वचनों से आश्वासन देती हुई पास ही बैठी रहें वा परिचर्या करें। सुश्रुत शारीर अ० १० में—

'प्रजनयिष्यमाणां कृतमङ्गलस्वस्तिवाचनां कुमारपरिवृतां पुन्नामफलहस्तां स्वभ्यक्तामुष्णोदकपरिषिक्तामथैनां सम्भृतां यवागूमाकण्ठात् पाययेत्। ततः कृतोपधाने मृदुनि विस्तीर्णे शयने स्थितामाभुग्नसक्थीमुत्तानामाशङ्कनीयाश्चतस्रः स्त्रियः परिणतवयसः प्रजननकुशलाः कर्तितनखाः परिचरेयुः' ॥६२॥

सा चेदाविभिः संक्लिश्यमाना न प्रजायेताथैनां ब्रूयात्—उत्तिष्ठ मुसलमन्यतरत् गृह्णीष्वानेनैतदुदूखलं धान्यपूर्णं मुहुर्मुहुरभिजहि, मुहुर्मुहुरवजृम्भस्व चङ्क्रमस्व चान्तरान्तरा, इत्येवमुपदिशन्त्यके ॥६३॥

चिरप्रसव की चिकित्सा में कुछ एक आचार्यों का मत—प्रसवकालीन वेदनाओं के पौनःपुन्य से क्लेश पाती हुई प्रजायिनी स्त्री को यदि तब भी प्रसव न हो तो उसे कहें–कि खड़ी हो, एक मूसल पकड़ और इससे धान्यों से भरे हुए ऊखल में चोट लगा अर्थात् धान्य को कूट। बारम्बार जँभाई की तरह शरीर को प्रसारित करे। बीच २ में इधर उधर चल फिर–ऐसा कोई आचार्य उपदेश करते हैं ॥६३॥

तन्नेत्याह भगवानात्रेयः—दारुणव्यायामवर्जनं हि गर्भिण्याः सततमुपदिश्यते, विशेषतश्च प्रजननकाले प्रचलितसर्वधातुदोषायाः सुकुमार्या नार्या मुसलव्यायामसमीरितो वायुरन्तरं लब्ध्वा प्राणान् हिंस्यात्, दुष्प्रतीकारा हि तस्मिन् काले विशेषेण भवति गर्भिणी, तस्मान्मुसलग्रहणं परिहार्यमृषयो मन्यन्ते, जृम्भणं चंक्रमणं च पुनरनुष्ठेयमिति ॥६४॥

भगवान् आत्रेय का मत—भगवान् आत्रेय कहते हैं, कि नहीं। गर्भिणी स्त्री को कदाचिदपि दारुण (Voilent) व्यायाम न करना चाहिए, विशेषतः प्रसव के समय। क्योंकि उस समय सुकुमारी स्त्री के सब धातु और दोष अपने स्थान से हिले होते हैं। ऐसे समय मूसल के अभिघातरूप व्यायाम से प्रेरित वा प्रवृद्ध हुआ वायु अवकाश पाकर प्राणों का घातक हो जाता है। विशेषतः प्रसव के समय गर्भिणी स्त्री की चिकित्सा बड़ी ही कठिन होती है। अतएव ऋषि उस समय मूसल से कूटने को त्याज्य कहते हैं। परन्तु जृम्भण (जँभाई लेना वा जम्भाई के सदृश गात्र को प्रसारित करना) और चङ्क्रमण (चलना फिरना) तो करना ही चाहिए।

अभिप्राय यह है कि यदि वेदनाओं के दौरे तो लगातार हो रहे हों परन्तु प्रसव में देर हो रही हो तो जृम्भण और चंक्रमण द्वारा प्रसव को शीघ्र होने में सहायता देनी चाहिये। किन्तु इस कार्य के लिए प्रजायिनी को किसी दारुण व्यायाम की आज्ञा न होनी चाहिए ' जृम्भण का कार्य स्वाभाविक भी होता है। द्वितीयावस्था में–जिसे निर्हरणावस्था वा (stage of expulsion) कहते हैं—स्त्री हाथ में किसी कठिन पदार्थ को पकड़कर जकड़ना चाहती है और पैर को पांयत की ओर दबाती है ॥६४॥

अथास्यै दद्यात्कुष्ठैलालाङ्गलिकीवचाचित्रकचिरबिल्वचूर्णमुपाघ्रातुं, सा तन्मुहुर्मुहुरुपजिघ्रेत्, तथा भूर्जपत्रधूमं शिंशपाधूमं वा, तस्याश्चान्तरान्तरा कटीपार्श्वपृष्ठसक्थिदेशानीषदुष्णेन तैलेनाभ्यज्यानुसुखमवमृद्नीयात्, इत्येनेन तु कर्मणा [1]गर्भोऽवाक् प्रतिपद्यते ॥६५॥

तदनन्तर प्रजायिनी को कुष्ठ (कुठ), एला (छोटी इलायची), लाङ्गलिकी (कलिहारी), वचा, चित्रक, चिरबिल्व (करंज); इनका चूर्ण सूँघने के लिए दे। वह इस चूर्ण को बार २ सूँघे तथा भोजपत्र के धुएँ को अथवा शीशम के धुएँ को सूँघे। बीच २ में कमर पार्श्व पीठ तथा ऊरु पर कोसा तैल चुपड़कर धीमे २ जैसे वह आराम अनुभव करे, मर्दन करे। इस कर्म से गर्भ नीचे की ओर जाता है—उसकी गति अधोमुख हो जाती है ॥६५॥

स यदा जानीयाद्विमुच्य हृदयमुदरमस्यास्त्वाविशति, बस्तिशिरोऽवगृह्णाति, त्वरयन्त्येनामाव्यः, परिवर्तते अधो गर्भ इति; अस्यामवस्थायां पर्यङ्कमेनामारोप्य प्रवाहितुमुपक्रामयेत् [2] ॥६६॥

कर्णे चास्या मन्त्रमिममनुकूला स्त्री जपेत्—

'क्षितिर्जलं वियत्तेजो वायुर्विष्णुः प्रजापतिः।
सगर्भां त्वां सदा पान्तु वैशल्यं च दिशन्तु ते ॥६७॥

१—'तदध्यासानां तां ततः' ग०।
२—'उपदिष्टवदर्थाभिधायिनीभिः' ग०।

१—'अस्या अवाग्गर्भः' ग०। २—'प्रवाहयितुमुपक्रमेत्' ग०।

'प्रसुव त्वमविक्लिष्टमविक्लिष्टा शुभानने।
कार्तिकेयद्युतिं पुत्रं कार्तिकेयाभिरक्षितम्' इति ॥६८॥

वह वैद्य जब यह जाने कि गर्भ, हृदय को छोड़कर नीचे की ओर आ रहा है, बस्तिशिर को पकड़ता है, आवी शीघ्रता करवाती हैं (वेदनायें गर्भिणी को व्याकुल कर देती हैं), गर्भ नीचे की ओर परिवृत्त हो गया है, ऐसी अवस्था में उपस्थित प्रसवा गर्भिणी को पलङ्ग पर लेटाकर प्रवाहण (कुन्थन) करना प्रारम्भ करवाये और उसकी कोई सहेली उसके कान में ये मन्त्र जपे—

'क्षितिर्जलं वियत्तेजो वायुर्विष्णुः प्रजापतिः।
सगर्भां त्वां सदा पान्तु वैशल्यं च दिशन्तु ते ॥
प्रसुव त्वमविक्लिष्टमविक्लिष्टा शुभानने।
कार्तिकेयद्युतिं पुत्रं कार्तिकेयाभिरक्षितम् ॥'

पृथिवी जल आकाश अग्नि वायु विष्णु प्रजापति ये सब तुझ गर्भिणी की रक्षा करें और गर्भ के बाहर आ जाने की आज्ञा करें। हे शुभानने! तू क्लेशरहित होती हुई दुःख वा क्लेश से रहित—नीरोग कार्तिकेय के सदृश शोभायुक्त तथा कार्तिकेय से रक्षा किये गये पुत्र को जन।

अभिप्राय यह है कि जब प्रसव होने का काल बहुत ही समीप होता है तो गर्भ वा गर्भाशय उदर में नीचे की ओर उतर आते हैं और इसका भार बस्तिशिर (मूत्राशय के ऊपर का भाग) पर पड़ता है। इस समय मूत्र भी बार २ आता है। इसके साथ ही वेदनायें भी स्त्री को व्याकुल कर देती हैं। ये वेदनायें गर्भाशय के आकुंचन से होती हैं। इन प्रसवकालीन वेदनाओं का विशेष नाम आवी है। प्रसव में दो प्रकार की शक्तियाँ (Powers) काम करती हैं। एक मुख्य और एक गौण। गर्भाशय की मांसपेशियों की कार्य की शक्ति को मुख्य शक्ति कहते हैं। तथा उदर की मांसपेशी की शक्तियों को यहाँ गौण शक्ति कहा गया है। प्रथमावस्था में केवल मुख्य शक्ति ही कार्य करती है। अर्थात् केवल गर्भाशय का आकुंचन और प्रसारण होता है। गर्भस्थित काल के अधिक भाग में समय २ पर गर्भाशय में सान्तर आकुंचनों की तरङ्गें चलती रहती हैं। इन्हीं तरङ्गों की अतिशय वृद्धि प्रसूति के आकुंचनों के रूप में परिणत हो जाती है। ये इतनी बढ़ जाती हैं कि जिससे वेदना प्रतीत होने लगती है। इस समय आकुंचनों (Contractions) के साथ गर्भाशय संकुचित (Retract) भी होता है वा पुनः वक्र होकर झुकता भी है। इससे गर्भाशय का आयतन वा समाव लगातार अधिकाधिक घटता जाता है, जिससे गर्भ का निर्गम होता है। गर्भाशय का आकुंच और वेदना ये पर्याय से ही हो गये हैं। क्योंकि गर्भाशय के आकुंचन के समय वेदना ही सबसे अधिक प्रत्यक्ष लक्षण होता है। आकुंचित होते हुए मांसतन्तुओं के वातनाड़ी-तन्तुओं पर दबाव डालने से यह वेदना होती है।

द्वितीयावस्था में जब सिर निकलने लगता है तब गर्भ निर्गममार्ग के अत्यन्त खिंचाव के कारण वेदना बहुत बढ़ जाती है। जिस समय गर्भ का शिर भाग गुदान्तर स्थान पर खिसकता है तब तो मर्मान्त वेदना होती है। वेदना की अधिकता वा स्वल्पता प्रतिव्यक्ति बदलती रहती है। कभी २ किसी को तो वेदना सर्वथा ही प्रतीत नहीं होती।

गर्भाशय का आदर्श (Typical) आकुंचन बहुत ही निश्चित प्रकार का होता है। यह शनैः शनैः प्रारम्भ होता तथा धीरे २ बढ़कर पराकाष्ठा को पहुँच जाता है। यह पराकाष्ठा एक या दो क्षण रहती है, उसके पश्चात् ह्रास होते हुए दूसरे आकुंचन से पूर्व विश्राम वा शान्ति का अन्तर आता है। इस प्रकार एक चक्र बन जाता है। इन सान्तर आकुंचनों की उपयोगिता बहुत अधिक है। क्योंकि ये जननी को विश्राम देते हैं। गर्भ तथा उदर के अङ्गों पर के दबाव को दूर करते हैं। वेदना की पराकाष्ठा पर होनेवाले अपरा के रक्तपरिवाह को पुनः प्रवाहित होने देते हैं। अर्थात् यदि बीच २ में विश्राम न हो तो गर्भ और गर्भिणी दोनों को ही अत्यन्त हानि पहुँच सकती है; यहाँ तक कि मृत्यु भी शायद हो जाय।

ज्यों २ प्रसवकाल समीप आता जाता है त्यों २ वेदनायें भी अधिक देर तक अतिप्रबल तथा बहुत जल्दी २ होने लगती हैं। प्रारम्भ २ में गर्भाशय के आकुंचन ३० सेकेण्ड तक रह सकते हैं तथा १० या २० मिनट के अन्तर से होते हैं। परन्तु प्रसव के अतिसमीप काल में ये ६० से ९० सेकण्ड तक रहते हैं और प्रत्येक दूसरे या तीसरे मिनट पर होने लगते हैं। इस प्रकार वेदनायें शीघ्र २ उत्पन्न होकर देर तक रहती हुई उपस्थितप्रसवा नारी को अतीव व्याकुल कर देती हैं।

द्वितीयावस्था (गर्भनिर्गमावस्था) में गर्भाशय को गौण शक्तियों (उदर की मांसपेसियों के आकुंचनजनित शक्ति) से भी सहायता मिलती है। प्रथम ये शक्तियाँ इच्छाधीन होती हैं। परन्तु इस अवस्था के अन्त में ये गर्भिणी के वश से बाहर हो जाती हैं और मुख्य शक्ति के साथ २ प्रत्यावर्तित रूप से कार्य करती हैं॥

गर्भ के पहिले महीनों में जब तक वह होता है शिर ऊपर को रहता है और धड़ नीचे को। पिछले महीनों में शिर नीचे हो जाता है और चूतड़ ऊपर को। ९५.५% प्रसवों में शिर ही पूर्व बाहर आता है। सुश्रुत शारीर में भी कहा है—

'स योनिं शिरसा योनिस्वभावात् प्रसवं प्रति ॥'

गर्भाशय के निम्न (मुख) भाग में गर्भ-शिर के परिवृत्त होकर आने को समझाने के लिए कल्पनायें की गयी हैं, जिनमें से मुख्य ये हैं—

१—गुरुत्वकल्पना (Theory of gravitation)—यह इस बात पर निर्भर है कि जब मृत भ्रूण को उसके सम आपेक्षिक गुरुत्ववाले द्रव में डालते हैं उसका शिर और दक्षिणभाग नीचे की ओर रहता है। यह निःसन्देह शिर के तथा दाहिनी ओर यकृत् के अधिक भारी होने के कारण ही होता है। परन्तु यह देखा गया है कि जब द्रवका आपेक्षिक

१—'प्रसुष्व' च०।

गुरुत्व (Specific gravity) घटाकर गर्भोदक के समान कर दिया जाय तो भ्रूण पलट जाता है। नितम्ब नीचे बैठ जाते हैं, और सिर ऊपर आ जाता है, अतः इस कल्पना को कई स्वीकार नहीं करते।

परीक्षणों से ज्ञात हुआ है कि भ्रूण वा गर्भ का बहिः-केन्द्र (Meta-centre) गुरुत्वकेन्द्र (centre of gravity) की अपेक्षा नितम्ब के अधिक पास है। गुरुत्व का प्रभाव यह है कि वह शिरोभाग को नीचे खींचता है तथा नितम्ब भाग को ऊपर की ओर।

२ अनुकल्पनकल्पना (Accommodation theory)—इसे बहुत से ठीक मानते हैं। यह चार बातों पर आश्रित है।

(क) गर्भाशय की आकृति (ऊपर चौड़ा नीचे तङ्ग)

(ख) भ्रूण की आकृति (सिर की अपेक्षा नितम्ब का चौड़ा होना)।

(ग) गर्भाशय की दीवारों की उत्तेजनाजन्य गतिशक्ति (Tonicity) खचना वा सङ्कोच।

(घ) भ्रूण वा गर्भ का जीवन तथा उसकी गतिशक्ति।

गर्भ गर्भाशय में बहुत आसानी से ठीक बैठ जाता है जब कि उसका चौड़ा नितम्ब गर्भाशय के विस्तृत ऊर्ध्वांश में और शिर गर्भाशय के नीचे के तङ्ग स्थल में जगह बना ले।

यदि किसी कारणवश पूर्ववर्णित स्थिति बदल भी जाय तो गर्भ पर गर्भाशय की दीवारों का दबाव अधिक हो जाता है जो कि प्रत्यावर्तन क्रिया द्वारा भ्रूणगतियों को उत्तेजित करता है, जिनके कारण भ्रूण अपनी वास्तविक स्थिति में पुनः आ जाता है।

यदि ऊपर लिखी चार बातों में से किसी में भी अन्तर आ जाय तो भ्रूण का प्रसव विकृत (मूढगर्भ) हो जाता है। जिन अवस्थाओं में गर्भोदक अधिक परिमाण में हो जाता है (Hydraminos) उनमें भी प्रसव विकृत (मूढगर्भ) होता है, क्योंकि भ्रूण गर्भाशय की भित्तियों के पूरे सम्पर्क में नहीं आ सकता।

गर्भ में ही यदि भ्रूण के शिर में जल एकत्रित हो जाय (Congenital hydrocephallus) और वह इतना अधिक फूल जाय कि नितम्ब से भी बड़ा हो ऐसी अवस्थाओं में प्रायः देखा गया है कि शिर गर्भाशय के विस्तृत ऊर्ध्वांश में तथा नितम्ब गर्भाशय के निचले तङ्गस्थान में टिका होता है।६६-६८।

ताश्चैनां यथोक्तगुणाः स्त्रियोऽनुशिष्युः—अनागतावीर्मा प्रवाहिष्ठाः, या ह्यनागतावीः प्रवाहयते व्यर्थमेवास्यास्तत्कर्म भवति, प्रजा चास्या विकृतिमापन्ना श्वासकासशोषप्लीहप्रसक्ता वा भवति, यथा हि क्षवथूद्गारवातमूत्रपुरीषवेगान् प्रयतमानोऽप्यप्राप्तकालान्न लभते, कृच्छ्रेण वाप्यवप्नोति तथाऽनागतकालं गर्भमपि प्रवाहमाणा, यथा चैषामेव क्षवथ्वादीनां संधारणमुपघातायोपद्यते तथा प्राप्तकालस्य गर्भस्याप्रवाहणं, सा यथानिर्देशं कुरुष्वेति वक्तव्या; तथा च कुर्वती शनैः शनैः पूर्वं प्रवाहेत ततोऽनन्तरं बलवत्तरं, तस्यां च प्रवाहमाणायां स्त्रियः शब्दं कुर्युः 'प्रजाता प्रजाता धन्यं धन्यं पुत्रम्' इति, तथाऽस्या हर्षेणाप्यायन्ते प्राणाः।६९।

वे स्त्रियाँ जो पूर्वोक्त गुणों से युक्त हैं और बिछौने के चारों ओर बैठी हुई आश्वासन (दिलासा) दे रही हैं—उसे शिक्षा दें—जब आवी (गर्भाशय से आकुञ्चन से उत्पन्न होनेवाली वेदनायें) न हों उस समय प्रवाहण न कर। जब आवी शान्त हो उस समय प्रवाहण करना उचित नहीं। जो आवी से पूर्व से ही प्रवाहण करती है उसका वह कर्म व्यर्थ ही होता है। अर्थात् उसे प्रसव की शीघ्रता में कोई सहायता नहीं मिलती, अपितु उसकी सन्तान विकृत हो जाती है अथवा श्वास कास शोष प्लीहारोग से युक्त होती है। जैसे छींक डकार वात मूत्र वा पुरीष के वेगों के न होने पर उन्हें प्रवृत्त करने के लिए प्रयत्न करनेवाले पुरुष को छींक आदि नहीं आती अथवा बड़े कष्ट से आती है उस प्रकार काल से पूर्व गर्भ का प्रवाहण करने से प्रसव नहीं हो सकता वा बड़े कष्ट से होगा। और जैसे क्षवथु आदि के ही उपस्थित वेगों को रोकना हानिकर होता है वैसे ही उपस्थित काल में गर्भ का प्रवाहण न करना भी दोषकर होता है। अतः उसे कहें कि जैसा हम निर्देश करते हैं वैसा ही करें।

वैसा ही करती हुई प्रथम शनैः शनैः प्रवाहण करे, उसके पश्चात् अधिक बल से प्रवाहण करे। जब वह प्रवाहण कर रही हो पास खड़ी हुई स्त्रियाँ—'प्रसव हो गया, प्रसव हो गया-धन्य हो धन्य हो—पुत्र हुआ है'—यह कहें। इस प्रकार प्रसन्नता से उसके प्राण तृप्त हो जाते हैं—वह तीव्रतम मर्मान्त कष्ट को भी सहार लेती है। सुश्रुत शारीर स्थान १० अध्याय में—

'अथास्या विशिखान्तरमनुलोममनुसुखमभ्यज्यानुब्रूयाचैनामेका सुभगे प्रवाहस्वेति, न चाप्राप्तावी प्रवाहस्व ततो विमुक्ते गर्भनाडीप्रबन्धे सशूलेषु श्रोणिवङ्क्षणबस्तिशिरःसु च प्रवाहेथाः शनैः शनैः, ततो गर्भनिर्गमे प्रगाढं, ततो गर्भे योनिमुखं प्रपन्ने गाढतरमाविशल्यभावात्, अकालप्रवाहणाद् बधिरं मूकं कुब्जं व्यस्तहनुं मूर्धाभिघातिनं कासश्वासशोषोपद्रुतं विकटं वा जनयति' ॥६९॥

यदा च प्रजाता स्यात्तदैनामवेक्षेत काचिदस्या अपरा प्रपन्ना अप्रपन्ना वेति। तस्याश्चेदपरा न प्रपन्ना स्यादथैनामन्यतमा स्त्री दक्षिणेन पाणिना नाभेरुपरिष्टाद्बलवन्निष्पीड्य सव्येन पृष्ठत उपसंगृह्य सुनिर्धूतं निर्धुनुयात्, अथास्याः पादपार्ष्ण्या श्रोणीमाकोटयेत्, तस्याः स्फिचावुपसंगृह्य सुपीडितं पीडयेत्, अथास्या बालवेण्या कण्ठतालु [1]परिमृशेत्, भूर्जपत्रकाचमणिसर्पनिर्मोकैश्चास्या योनिं धूपयेत्, कुष्ठतालीशकल्कं बल्वजयूषे मैरेयसुरामण्डे तीक्ष्णकौलत्थे वा मण्डूकपिप्पलीसंपाके वा संप्लाव्य पाययेदेनां, तथा सूक्ष्मैलाकिलिमकुष्ठनागरविडङ्गकालागुरुचव्यपिप्पलीचित्रकोपकुञ्चिकाकल्कं खरस्य वृषभस्य वा जीवतो दक्षिणं कर्णमुत्कृत्य दृषदि जर्जरीकृत्य बल्वजयूषादीनामासावनानामन्यतमस्मिन् प्रक्षिप्याप्लाव्य मुहूर्तस्थितमुद्धृत्य तदाप्लावनं पाययेदेनां, शतपुष्पीकुष्ठमदनहिङ्गुसिद्धस्य चैनां तैलस्य

१—'परिस्पृशेत्' च०।

पिचुं ग्राहयेत्, अतश्चैवानुवासयेत्, एतैरेव चाप्लावनैः फलजीमूतकेक्ष्वाकुधामार्गवकुटजकृतवेधनहस्तिपिप्पल्युपहितैरास्थापयेत्[1], तदास्थापनमस्या हि सह वातमूत्रपुरीषैर्निर्हरत्यपरामासक्तां[2] वायोरनुलोमगमनात्। अन्यान्यपि हि वातमूत्रपुरीषाणि बहिर्गमनशीलानि [3]सज्जन्ति।'७०॥

जब गर्भ का प्रसव हो जाय तब उन परिचारिका स्त्रियों में से एक ध्यान से देखे कि अपरा (Placenta) बाहर आ गयी है या नहीं। यदि अपरा बाहर न आयी हो तो उनमें से कोई स्त्री अपने दाहिने हाथ से प्रसूता को नाभि के ऊपर के देश पर बल से दबाकर और बायें हाथ से पीठ पर पकड़ कर अच्छी प्रकार कंपा देवे। आजकल की अपरापातन की विधि निम्न है—

यदि गर्भजन्म के लगभग ४० मिनट बाद तक भी अपरा गर्भाशय से जुदा होकर बाहर न निकले तो उदरभित्ति में से गर्भाशय को इस प्रकार पकड़ो कि अंगुलियाँ गर्भाशय के पीछे रहें और अंगूठा सामने की ओर। जब गर्भाशय में आकुञ्चन हों तो इसे सामने से पीछे की ओर खींचो और साथ ही नीचे और पीछे की ओर गर्भाशयान्तर्द्वार में धकेलो। यह कर्म दो बार से अधिक न करना चाहिये। जब गर्भाशय आकुञ्चन न करे उस समय यह कर्म न करे। इसे Dublin Method वा Crede's Method कहते हैं। इस तरीके में भूलकर भी गर्भाशय को पार्श्वों की ओर से न पकड़ना चाहिये। अन्यथा डिम्बग्रन्थि के भींचे जाने से प्रसूता को दुःसह आघात पहुँचता है।

उस प्रसूता की कमर पर एक स्त्री अपने पैर की एँड़ी से दबावे या हल्की चोट लगावे। उसके नितम्बों को हाथों से बलपूर्वक भींचे। बालों के गुच्छे से (बालों के ब्रुश वा कूची से), कण्ठ और तालु को स्पर्श करे। अंगुली पर बाल लपेट कर भी यह कार्य किया जा सकता है। इन कार्यों से गर्भाशय के आकुञ्चनों के होने में उत्तेजना मिलती है।

भोजपत्र काचमणि (कांच) और सांप की कैंचुली से उसकी योनि का धूपन करे। बल्वज (उलुयाघास) के यूष में मैरेय वा सुरा के मण्ड में अथवा कुलत्थ के तीक्ष्ण क्वाथ में अथवा मण्डूकपर्णी और पिप्पली के संपाक में दोनों को मिलाकर उनके किये गये क्वाथ में) मकुष्ठ और तालीसपत्र के मिश्रित कल्क को घोलकर प्रसूता को पिलावे। तथा छोटी इलायची देवदारु कुठ सोंठ वायविडङ्ग कालागुरु (अगर) चव्य पिप्पली चित्रक उपकुञ्चिका (कालाजीरा); इनके कल्क को अथवा जीवित गदहे वा बैल के दक्षिण कान को काटकर सिला पर पीसकर उसे बल्वजयूष आदि उक्त किसी एक द्रव में डाल दें। और अच्छी प्रकार घोल दें। इसे मुहूर्त भर पड़ा रहने दें। अब द्रव को ऊपर से नितारकर वा छानकर उस स्त्री को पिला दें। शतपुष्पा (सोये) कुठ मैनफल हींग; इनसे यथाविधि साधित तैल में पिचु को भिंगो कर योनि में रक्खें। इसी तैल से अनुवासन करावे। पहिले कहे गये बल्वजयूष आदि द्रवों में मैनफल जीमूत (देवदाली) इक्ष्वाकु (कड़वी तुम्बी) धामार्गव (पीतघोषा) कृतवेधन (कोशातकी, कड़वी तुरई) हस्तिपिप्पली (गजपिप्पली), इन्हें मिश्रित कर आस्थापन बस्ति दे। यह आस्थापन वायु को अनुलोम कर देता है और अतएव वात मूत्र और पुरीष के साथ ही अन्दर रुकी हुई अपरा को भी बाहर निकाल देता है। अपरा के रुकने के साथ २ बाहर निकलनेवाले वायु मूत्र और मल भी अन्दर ही रुक जाया करते हैं। अर्थात् यदि अपरा न गिरे तो उसके साथ २ वायुरोध मूत्ररोध वा मलरोध भी हो जाते हैं ॥७०॥

1—'०हस्तिपुण्यं पहितैः' ग०' अष्टाङ्गसंग्रहेऽपि हस्तिपर्णी पठ्यते। हस्तिपर्णी मोरटः। 2—वायोरेवाप्रतिलोमगत्वात् च०। 3—अपरां हि वातमूत्रपुरीषाण्यन्यानि चान्तर्बहिर्मुखानि सज्जन्ति।' ग०।

तस्यास्तु खल्वपरायाः प्रपतनार्थे कर्मणि क्रियमाण जातमात्रेऽस्यैव कुमारस्य कार्याण्येतानि कर्माणि भवन्ति। तद्यथा—कर्णयोर्मूले, शीतोदकेनोष्णोदकेन वा [1]मुखे अश्मनो संघटनम् परिषेकः; तथा संक्लेशाविहितान् प्राणान् पुनर्लभेत; कृष्णकपालिकाशूर्पेण चैनमभिनिष्पुनीयुर्यद्यचेष्टः[2] स्याद्यावत्प्राणानां [3]प्रत्यागमनम् ॥७१॥

अपरा के गिराने के लिये किये जाते हुए कर्म के साथ २ ही दूसरी ओर शिशु के उत्पन्न होते ही ये कर्म करने होते हैं— शिशु के कानों की जड़ में अथवा कान के पास दो पत्थरों को आपस में टकराना। शीतल वा गरम जल से मुख पर छींटे देना। इस प्रकार करने से शिशु प्रसव के क्लेश से पराहत हुए प्राणों को पुनः पाता है। अर्थात् अपत्य मार्ग से आते हुए शिशु को बहुत क्लेश झेलने पड़ते हैं, जिससे वह मोह वा मूर्च्छायुक्त होता है। उस मोह की निवृत्ति के लिये कान के समीप दो पत्थर बजाये जाते हैं, तथा मुख पर शीतल वा उष्ण जल के छींटे दिये जाते हैं जिससे होश में आने से श्वास प्रश्वास आदि की गति ठीक हो जाती है। जन्म होते ही प्रायः चिल्लाता है। इस चिल्लाने का लाभ यह होता है कि वायु प्रथम बार फुफ्फुसों में प्रविष्ट होती है। यदि चिल्लाये नहीं तो उसके मर जाने का डर होता है। कान के समीप पत्थरों को आपस में टकराने तथा जल के छींटे देने से होश में आकर वह चिल्लाता है और श्वास प्रश्वास की गति प्रारम्भ हो जाती है।

यदि शिशु अचेष्ट हो (हिलता जुलता न हो—कोई चेष्टा न करता हो) तो कृष्णकपालिका के बने शूर्प (छाज) से बच्चे को तब तक पंखा करे जब तक प्राणों को पुनः नहीं पाता। कृष्णकपालिका का अर्थ कई टीकाकार मूँज कहते हैं। अथवा काले वर्ण के कपालरूपी शूर्प से पंखा करे। अथवा शूर्पाकृति कपाल (घटखर्पर) को काजल आदि से पोतकर काला कर लें। इसके द्वारा वायु करने में जहाँ बच्चे को वायु मिलेगी वहाँ वह काले वर्ण के पदार्थ को हिलाता देखकर कुछ भीत होने से खुल कर चिल्लायेगा हिले-जुलेगा। अन्य भी जो २ कर्म प्राणों के

1—'सुखेनं' पा०। 2—'यद्यचेष्ट' ग.। 3—०गमनं तत्सर्वमेव कुर्युः' ग.।

प्रत्यानयन के लिए अभीष्ट हों वह २ प्राणागमन तक सब करने चाहिएँ। यदि मुख में श्लेष्मा हो तो कोमल स्वच्छ वस्त्र से निकाल दो। या उलटा लटकाकर पीठ पर थपकियाँ दो। यदि आवश्यकता हो तो शिशु की श्वासप्रणाली में रबर आदि की नाली डालकर श्लेष्मा को चूसा जा सकता है। अथवा छाती को मल देने से भी श्लेष्मा बाहर आ सकती है ॥७१॥

ततः प्रत्यागतप्राणं प्रकृतिभूतमभिसमीक्ष्य स्नानोदकग्रहणाभ्यामुपपादयेत्, अथास्य ताल्वोष्ठकण्ठजिह्वाप्रमार्जनमारभताङ्गुल्या सुपरिलिखितनखया [1]सुप्रक्षालितोपधानकार्पासपिचुमत्या, प्रथमं प्रमार्जितस्य चास्य शिरस्तालु कार्पासपिचुना स्नेहगर्भेण प्रतिच्छादयेत्, ततोऽस्यानन्तरं कार्यं सैन्धवोपहितेन सर्पिषा प्रच्छर्दनम् ॥७२॥

जब बच्चे को होश आ जाय श्वास प्रश्वास ठीक चलने लगें, स्वस्थ हो जाय, तब स्नान करावें और मलमार्गों की निर्मल जल से शुद्धि करें। स्नानार्थ जल का तापांश १००° फार्नहाइट होना चाहिए। स्नान द्वारा शरीर पर का चिकना श्वेत पदार्थ उतार देना चाहिए। यदि स्नान से पूर्व तेल चुपड़ दिया जाय तो यह मल नरम हो जायगा और वह स्नान से शीघ्र उतर जायगा। शिशु के तालु ओष्ठ कण्ठ जिह्वा को साफ करें। तालु आदि को साफ करने से पूर्व अंगुली के प्रवृद्ध नखों को अच्छी प्रकार कटवा डालना चाहिए। अङ्गुली पर जो रबर आदि का आवरण पहना जाय वह भी भली प्रकार धुला होना चाहिए। अर्थात् दस्ताना अच्छी प्रकार धुला वा स्वच्छ होना चाहिए। अङ्गुली के आवरण के ऊपर स्वच्छ रुई लपेट देनी चाहिए और मुख में अङ्गुली फेरकर श्लेष्मा को साफ कर देना चाहिये।

जब बच्चे का मुख साफ हो जाय तब उसके शिर के तालुदेश को अर्थात् ब्रह्मरन्ध्र को स्नेह से अच्छी प्रकार भींगे हुए रुई के पिचु से ढाँप देना चाहिए। तदनन्तर सैन्धवमिश्रित घी की मात्रा देकर कै करवानी चाहिये। वमन द्वारा आमाशय फुफ्फुस आदि में स्थित श्लेष्मा निकल जायगी।

अष्टाङ्गसंग्रह में 'सुप्रक्षालितोपधारया' के स्थल पर 'सुप्रक्षालितोपवानया' पढ़ा गया है। उसके अनुसार 'अच्छी प्रकार धोकर सुखाई हुई अङ्गुली से मुख आदि की शुद्धि करे'—यह अर्थ होगा।

'ततोऽस्य सुपरिलिखितनखया सुप्रक्षालितोपवानया कार्पासपिच्वगुण्ठितया दक्षिणप्रदेशिन्या जिह्वौष्ठकण्ठमनुसुखं प्रमृज्यात्। तालु चोन्नाम्य स्नेहपिचुनोपरिष्टादवगुण्ठयेत्।'

'ततः सैन्धवोपहितेन सर्पिषा गर्भोदकानि वामयेत्। तथाऽस्योरःकण्ठविशुद्धया लाघवमभिलाषश्च जायते।' अ० सं० उत्तर अ० १॥ सुश्रुत शारीर अ० १० में—

'अथ जातस्योल्वं मुखं च सैन्धवसर्पिषा विशोध्य घृताक्तं मूर्ध्नि पिचुं दद्यात् ॥७२॥

अथ नाड्यास्तस्य कल्पनविधिमुपदेक्ष्यामः—नाभिबन्धनात्प्रभृत्यष्टाङ्गुलमभिज्ञानं कृत्वा छेदनावकाशस्य द्वयोरन्तरयोः शनैःगृहीत्वा तीक्ष्णेन रौक्मराजतायसानां छेदनानामन्यतमेनार्धधारेण [1]छेदयेत्ताम्, अग्रे सूत्रेणोपनिबध्य कण्ठेऽस्य शिथिलमवसृजेत्; तस्य चेन्नाभिः पच्यते लोध्रमधुकप्रियङ्गुदेवदारुहरिद्राकल्पसिद्धेन तैलेनाभ्यज्यात्, एषामेव तैलौषधानां चूर्णेनावचूर्णयेत्, एष नाडीकल्पनविधिरुक्तः सम्यक् ॥७३॥

तदनन्तर नाड़ी (नाल) काटी जाती है। अतः नाड़ी के काटने का विधान कहा जाता है—नाल के नाभिबन्धन से आठ अङ्गुल छोड़कर चिह्न लगा दें। इस छेदनस्थान के दोनों ओर धीमे से पकड़कर सुवर्ण वा फौलाद के बने छेदन शस्त्रों में से किसी एक तीक्ष्ण अर्धधार से काटें। अर्थात् तीक्ष्ण छेदन शस्त्र से छेदन करें। इसके अग्रभाग को सूत वा धागे से बाँधकर शिशु के कण्ठ में ढीला लटका दें। वस्तुतस्तु काटने से पूर्व ही नाड़ी पर धागा कसकर बाँध देना चाहिये। सुश्रुत शारीर १० अ० में कहा भी है—

'ततो नाभिनाडीमष्टाङ्गुलमायम्य सूत्रेण बद्ध्वा च्छेदयेत्। तत्सूत्रैकदेशं च कुमारस्य ग्रीवायां सम्यग् बध्नीयात्।'

कई आठ अङ्गुली की जगह चार अङ्गुल भाग को छोड़कर धागा कसकर बाँधने को कहते हैं। जैसे—अष्टाङ्गसंग्रह उत्तरतन्त्र १ अ० में—

'प्रत्यागतप्राणस्य च प्रकृतिभूतस्य नाभिनालं नालाभिबन्धचतुरङ्गुलस्योर्ध्वे क्षौमसूत्रेण बद्ध्वा तीक्ष्णेन शस्त्रेण वर्धयेत्। ग्रीवायां चैनमासज्जेत्। नाभिं च कुष्ठतैलेन सेचयेत् ॥'

आजकल भी शिशु के नाभिबन्धन से २" की दूरी पर गाँठ लगाते हैं। ज्यों ही शिशु का श्वासोच्छ्वास अच्छी प्रकार चलने लगे त्यों ही उसे नरम बिछौने पर सीधा लेटा दें। जब तक नाभिनाड़ी में स्पन्दन रहें तब तक प्रतीक्षा करें। कुछ मिनटों के बाद ये स्पन्दन बन्द हो जाते हैं। अब शिशु के नाभिमूल से २" की दूरी पर नाभिनाड़ी को पकड़कर भींचते हुए चिपचिपे रस को निकाल दें और वहाँ कसकर सूत वा डोरा बाँध दें। यदि कदाचित् गर्भाशय में दूसरा शिशु हो तो स्त्री के भगदेश से ३ इञ्च की दूरी पर इसमें दूसरी गाँठ लगा देनी चाहिये। यदि यमल हो और उनका रक्तवहन परस्पर सम्बद्ध होगा तो ऐसा करने से दूसरे शिशु के भी प्राण बच जायँगे। साधारण तौर पर यह दूसरी गाँठ भी सब लगा ही देनी चाहिये, जिससे कभी गलती न हो। अब शिशु की नाभि के पास की गाँठ से लगभग आध इञ्च की दूरी पर निर्मल स्वच्छ तीक्ष्ण चाकू वा कैंची से काट दें। अब इसे परिचारिका के सिपुर्द कर दो। वह इसे ऋत्वनुसार वस्त्र ओढ़ाकर लेटा देगी। पर उसे देने से पूर्व एक बार फिर नाड़ी को देख लें कि कहीं रक्त तो नहीं बहता। यदि बहता हो तो पहली गाँठ के साथ ही एक और गाँठ कस कर लगा दें। इस नाड़ी पर विशेष ध्यान देना चाहिए। इसे पूर्णतया शुष्क कर देना चाहिए और इससे रक्तस्राव

१—'सुप्रक्षालितोपधाःनया कार्पास०' पा।

१—'ऊर्ध्वधारेण' ग०।

न होने देना चाहिए। इस पर अवचूर्णन औषध डालकर Gauze पिचु रख उदर पर चपटा रख के बाँध दें। पट्टी बहुत न कसें। और पट्टी के सिरे को स्थिर करने के लिये सेफ्टीपिन (बक्सूआ) गाँठ न लगाकर सी देना सर्वोत्तम है। प्राचीन समय में यह पट्टी नहीं बाँधी जाती थी; अपितु सूत्र को गर्दन में लटका दिया जाता था। जिससे यही कार्य सिद्ध होता है॥

यदि उस शिशु की नाभि पक जाए तो लोध, मुलहठी, प्रियङ्गु, देवदारु, हल्दी; इनके कल्प से यथाविधि सिद्ध किया गया तैल चुपड़ें। और इन्हीं तैल की औषधों के चूर्ण का अवचूर्णन करें। यह नाड़ी के काटने की विधि यथावत् कह दी है।७३।

असम्यक्कल्पने हि नाड्या [1]आयामव्यायामोत्तुण्डितपिण्डलिकाविनामिकाविजृम्भिकाबाधेभ्यो भयं; तत्राविदाहिभिर्वातपित्तप्रशमनैरभ्यङ्गोत्सादनपरिषेकैः सर्पिर्भिश्चोपक्रमेत गुरुलाघवमभिसमीक्ष्य ॥७४॥

यदि नाल को ठीक प्रकार न काटा जाय तो आयाम (लम्बाई) और व्यायाम (चौड़ाई) से उत्तुण्डित (दीर्घ मोटी और उन्नत होना) पिण्डलिका (पिण्डाकृति गोल और कठिन होना) विनामिका (किनारों से ऊँची और मध्य में निम्न दबी हुई होना), विजृम्भिका (बढ़नेवाली होना) इन विकारों का भय होता है। अर्थात् यदि ठीक प्रकार से नाभि न काटी जाय तो नाभि में इन विकृतियों के होने का डर होता है। यदि इसमें से कोई विकार हो जाय तो उनकी गुरुता और लघुता का विचार करके अविदाही वातपित्त को शान्त करनेवाले अभ्यङ्ग उत्सादन परिषेचन और घृतों से चिकित्सा करे। इन विकृतियों में जिस दोष को प्रधान समझे उसकी पूर्व चिकित्सा करनी चाहिये। यदि पित्त प्रधान हो तो पित्त की और यदि वात प्रधान हो तो वात की चिकित्सा पूर्व होनी चाहिये। अष्टाङ्गसंग्रह उत्तरतन्त्र अ० २ में—

'वातेनाध्मापितां नाभिं सरुजां तुण्डिसंज्ञिताम्।
मारुतघ्नैः प्रशमयेत् स्नेहस्वेदोपपादनैः॥
असम्यक्कल्पनान्नाभेः स्याद्विनामो विजृम्भिका।
वातपित्तहरं कर्म तत्रान्तर्बहिराचरेत्' ॥७४॥

[2]ततोऽनन्तरं जातकर्म कुमारस्य कार्यं [3]तद्यथा—मधुसर्पिषी मन्त्रोपमन्त्रिते यथाम्नायं प्रथमं प्राशितुमस्मै दद्यात्, स्तनमत ऊर्ध्वमेतेनैव विधिना दक्षिणं पातुं पुरस्तात्प्रयच्छेत्। अथातः शीर्षतः स्थापयेदुदकुम्भं मन्त्रोपमन्त्रितम् ॥७५॥

तदनन्तर बालक का जातकर्म करना चाहिये—जैसे शास्त्र के कहे अनुसार मधु और घी को मिश्रित कर मन्त्रों से उपमन्त्रित करके बालक को प्रथम खाने के लिये देवे। मधु और घी समपरिमाण में न मिलने चाहिये। समपरिमाण में मिलाने से विषप्रभाव होता है। सुश्रुत शारीर १० अ० में—

'अथ कुमारं शीताभिरद्भिराश्वास्य जातकर्मणि कृते [1]मधुसर्पिरनन्ताब्राह्मीरसेन सुवर्णचूर्णमङ्गुल्यानामिकया लेहयेत्।'

प्रथम दिनों में जननी के स्तनों में दूध नहीं होता। तीसरे या चौथे दिन दूध बनता है। उससे पूर्व पीयूष (खीस, Collustrum) होता है। यह गुरु है और शिशु को शीघ्र पचता नहीं, जिससे विरेचन हो जाता है। अतः तीन दिन तक मधु और घृत का प्रयोग करना चाहिये ऐसा कइयों का मत है। वस्तुतस्तु दुग्धसात्म्य होने से बकरी या गौ के दूध के साथ २ मधुसर्पि आदि का प्रयोग होना चाहिये। सुश्रुत शारीर १० अ० में इन तीन या चार दिनों के लिये विशेष भोजन बताया है। यथा—

'धमनीनां हृदिस्थानां विवृतत्वादनन्तरम्।
चतूरात्रात्त्रिरात्राद्वा स्त्रीणां स्तन्यं प्रवर्तते॥

तस्मात्प्रथमेऽह्नि मधुसर्पिरनन्तामिश्रं मन्त्रपूतं त्रिकालं पाययेत्। द्वितीये लक्ष्मणासिद्धं सर्पिः, तृतीये च। ततः प्राङ्निवारितस्तन्यं मधुसर्पिः स्वपाणितलसंमितं द्विकालं पाययेत्॥'

इसके पश्चात् इसी विधान के अनुसार अर्थात् शास्त्रोक्त मन्त्रों से स्तन को अभिमन्त्रित करके दूध पीने के लिये प्रथम दक्षिण स्तन शिशु के मुख में दे। अभिमन्त्रित करने के मन्त्र सुश्रुत शारीर १० अ० में दिये गये हैं—

'चत्वारः सागरास्तुभ्यं स्तनयोः क्षीरवाहिणः।
भवन्तु शुभगे नित्यं बालस्य बलवृद्धये॥
पयोऽमृतरसं पीत्वा कुमारस्ते शुभानने।
दीर्घमायुरवाप्नोतु देवाः प्राश्यामृतं यथा॥

एवं मन्त्र से उपमन्त्रित जल के भरे कलश को शिशु के शिर की ओर रखे। अष्टाङ्गसंग्रह के अनुसार बच्चे का शिर पूर्व की ओर होना चाहिये। यथा—

'प्राक्शिरसं चैनं क्षामनिचये [2]संवेशयेदुच्छीर्षके चास्याभिमन्त्रितमुपकुम्भं स्थापयेत् द्वारपक्षयोश्च ॥७५॥

अथास्य रक्षां विदध्यात्—आदनीखदिरकर्कन्धुपीलुपरूषकशाखाभिरस्य गृहं भिषक्समन्ततः परिवारयेत्, सर्वतश्च सूतिकागारस्य सर्षपातसीतण्डुलकणकणिकाः प्रकिरेत्, तथा तण्डुलबलिहोमः सततमुभयतः कालं क्रियेतानामकर्मणः, द्वारे च मुसलं देहलीमनुतिरश्चीनं न्यस्तं कुर्यात्, वचाकुष्ठक्षौमकहिङ्गुसर्षपातसीलशुनकणकणिकानां रक्षोघ्नसमाख्यातानां चौषधीनां पोट्टलिकां बद्ध्वा सूतिकागारस्योत्तरदेहल्यामवसृजेत्तथा सूतिकायाः कण्ठे सपुत्रायाः, स्थाल्युदककुम्भपर्यङ्केष्वपि [3]तथैव च द्वयोर्द्वारपक्षयोः कणकाम्लेन्धनवानग्निस्तिन्दुककाष्ठेन्धनश्चाग्निः सूतिकागारस्याभ्यन्तरतो नित्यं स्यात्, स्त्रियश्चैनां यथोक्तगुणाः सुहृदश्चानुजागृयुः दशाहं द्वादशाहं वाऽनुपरत-

---

१—'आयामव्यायामतुण्डिका०' च०। २—'प्रागतो' ग०। ३—'ततो' ग०।

१—'मधुसर्पिरनन्तचूर्णमङ्गुल्या' इति पाठान्तरम्। अत्र अनन्तचूर्णं सुवर्णचूर्णमिति। तच्च मधुसर्पिर्मिश्रं लेहयेदित्यर्थः॥ २—'उच्छीर्षकं शय्यायाः शिरोभागः। ३—'०ष्वपि। तथैव द्वयोर्द्वारपक्षयोः। कणकयटकतिन्दुककाष्ठेन्धनश्चाग्निः' यो०।

प्रदानमंगलाशीः स्तुतिगीतवादित्रमन्नपानविशदमनुरक्तप्रहृष्टजनसम्पूर्णं च तद्वेश्म कार्यं, ब्राह्मणश्चाथर्ववेदवित्सततमुभयतः कालं शान्तिं जुहुयात्स्वस्त्ययनार्थं कुमारस्य तथा सूतिकायाः, इत्येतद्रक्षाविधानमुक्तम् ॥७६॥

तदनन्तर रक्षाविधि का अनुष्ठान करें–वैद्य आदनी (घोषा), खदिर (खैर), कर्कन्धु (बेर), पीलु, परूषक (फालसा); इनकी शाखायें गृह के चारों ओर लटका दे। सूतिकागार के चारों ओर सब जगह सरसों अलसी तथा चावलों के कणों को बिखेर दे। नामकरण से पूर्व अर्थात् दस दिन तक निरन्तर दोनों समय सायं और प्रातः तण्डुलबलि नामक मङ्गलहोम किया जाय। द्वार में देहली के समीप एक मूसल तिर्यग्भाव में (टेढ़ा करके) रखे। वच कुठ क्षौमक (ग्रन्थिपर्ण–अथवा क्षुपक पाठ होना चाहिये यह भी भूतनाशक होता है) हींग, सरसों अलसी लहसन; इनके कणों और कणिकाक्षों की तथा अन्य रक्षोघ्न औषधियों की पोटली बाँधकर सूतिकागार की देहली में ऊपर की ओर लटका दे। और उक्त द्रव्यों की ही पोटली प्रसूता (जच्चा) और पुत्र के गले में भी लटका दे। एवं स्थाली (हाँडी पतीली आदि) जल के कलश और पलङ्ग पर भी वे पोटलियाँ लटका देनी चाहियें। सूतिकागार के अन्दर द्वार के दोनों पार्श्वों में कणकाम्ल (?) के ईंधन की अग्नि तथा तिन्दुक की लकड़ी के ईंधन की अग्नि नित्य प्रज्वलित रहनी चाहिये। सुश्रुत शारीर १७ अ० में—

‘अथ बालं क्षौमपरिवृतं क्षौमवस्त्रास्तृतायां शय्यायां शाययेत्। पीलुबदरीनिम्बपरूषकशाखाभिश्चैनं वीजयेत्। मूर्ध्नि चास्याहरहस्तैलपिचुमवचारयेत्। धूपयेच्चैनं रक्षोघ्नैर्धूपैः रक्षोघ्नानि चास्य पाणिपादशिरोग्रीवास्ववसृजेत्। तिलातसीसर्षपकणांश्च प्रकिरेत्। अधिष्ठाने चाग्निं प्रज्वालयेत्। वर्णितोपासनीयं चावेक्षेत।

अष्टाङ्गसंग्रह उत्तरतन्त्र बालोपदरणीयाध्याय में कणकाम्ल की जगह कणकण्डक पढ़ा है—

‘कणकण्डकतिन्दुकेन्धनाग्निं नक्तं दिवं च जागृयात्।’

इसमें इन्दु की व्याख्या के अनुसार ‘कण’ से खण्डित तण्डुल (टूटे हुए चावल) और कण्डक से चूर्णित तण्डुलों का ग्रहण है। अर्थात् जिस अग्नि का ईंधन तिन्दुक की लकड़ी का हो और खण्डित एवं चूर्णित तण्डुल जिसमें डाले गये हों उसे दिन रात प्रज्वलित रखे, बुझने न दे। पूर्वोक्त गुणवाली स्त्रियाँ जो सूतिकागार में हों और मित्र दस वा बारह दिन तक जागरण करें। एक न एक व्यक्ति को चाहिये कि कम से कम दस वा बारह दिन तक प्रसूता व बच्चे की रक्षा के लिये जागता रहे। प्रसव के दस बारह दिन पश्चात् तक प्रसूता को चलना फिरना वा परिश्रम करना मना है। इन दिनों में गर्भाशय और योनि से स्राव (Lochia) बहा करता है। जिसमें गर्भाशयकला की सैलें श्लेष्मा और रक्त होता है। आरंभ के तीन चार दिनों में स्राव में रक्त का भाग अधिक होता है और पीछे से क्रमशः रक्त कम हो जाता है। छः या सात दिन पीछे स्राव का रङ्ग भूरा पीला सा हो जाता है। इन दिनों में गर्भाशय का परिमाण भी बढ़ा हुआ होता है। वह अभी तक कम होते२ बस्तिगह्वर में वापिस नहीं आचुका होता है। प्रसव के बाद बस्तिगह्वर में पूर्णरूपेण वापिस आते हुए १४ या १५ दिन लग जाते हैं। अतएव भी इन दिन में प्रसूता को किसी प्रकार का परिश्रम न करने देना चाहिये। इन दिनों में परिचारिकाओं और परिचारकों को सर्वदा तय्यार रहना चाहिये। गर्भधारण करने से पूर्व जो गर्भाशय का परिमाण होता है उतने परिमाण पर पुनः वापिस आने में लगभग ६ या ७ सप्ताह लगते हैं। सुश्रुत शारीर १० अध्याय में भी कहा है—

‘अनेन विधिनाऽध्यर्धमासमुपसंस्कृता विमुक्ताहाराचारा विगतसूतिकाभिधाना स्यात्।’

अभिप्राय यह है कि प्रसव होने के १॥ मास वा ४५ दिन तक स्त्री का नाम प्रसूता रहता है। प्रसव के ४० से ५० दिन के बाद गर्भाशय अपने असली परिमाण में आ जाता है। इतने दिन उस स्त्री का नाम प्रसूता वा सूतिका रहता है। जब गर्भाशय अपने परिमाण में आ जाता है तब उसका सूतिका नाम नहीं रहता।

इन दस या बारह दिनों में उस घर में निरन्तर दान मङ्गलकार्य आशीर्वाद स्तुति गाना-बजाना आदि हो। वह घर पवित्र एवं खाने पीने के पदार्थों से युक्त होना चाहिये। प्रेमी तथा प्रसन्न स्त्री पुरुषों के आवागमन से वह घर भरा रहना चाहिये। कुमार और सूतिका के कल्याण के लिये अथर्ववेद का ज्ञाता ब्राह्मण निरन्तर दोनों काल शान्तिहोम करे॥

यह रक्षाविधान कह दिया गया है॥७६॥

सूतिकां तु खलु बुभुक्षितां विदित्वा स्नेहं पाययेत् प्रथमं परमया शक्त्या सर्पिस्तैलं वसां मज्जानं वा सात्म्यीभावमभिसमीक्ष्य पिप्पलीपिप्पलीमूलचव्यचित्रकशृंगवेरचूर्णसहितं; स्नेहं पीतवत्याश्च सर्पिस्तैलाभ्यामभ्यज्य वेष्टयेदुदरं महता वाससा, तथा तस्या न वायुरुदरे विकृतिमुत्पादयत्यनवकाशत्वात्; जीर्णे तु स्नेहे पिप्पल्यादिभिरेव सिद्धां यवागूं सुस्निग्धां द्रवां मात्रशः पाययेत् उभयतः कालमच्छेन चोष्णोदकेन परिषेचयेत्प्राक्स्नेहयवागूपानाभ्याम्; एवं पञ्चरात्रं सप्तरात्रं वानुपाल्य ततः क्रमेणाप्याययेत्; स्वस्थवृत्तमेतावत्सूतिकायाः ॥७७॥

सूतिका का स्वस्थवृत्त—सूतिका को भूख लगने पर सात्म्य का विचार करके घी तैल वसा वा मज्जा में से कोई एक स्नेह–जिसमें पिप्पलीमूल चव्य चित्रक और सोंठ, इनका चूर्ण डाला हो–पूर्णमात्रा में जितना वह पी सकती हो प्रथम पिलावे। अथवा ‘परमया शक्त्या उपलक्षिता चेत् सूतिका’ इस प्रकार अन्वय करने से यह अर्थ होगा कि यदि सूतिका बलवती हो तो पिप्पल्यादि के चूर्ण से युक्त स्नेह पिलावे। अन्यथा स्वल्पपञ्चमूल

‘०ष्वपि, तथैव द्वयोर्द्वारपक्षयोः। सकणकुम्भकेन्धनाग्निस्तिन्दुककाष्ठेन्धनश्चाग्निः’ गङ्गाधरः पठति व्याख्याति च–द्वारपक्षयोर्द्वारपार्श्वयोर्द्वयोश्च पोट्टलीद्वयं रक्षेत्। सूतिकागारस्याभ्यन्तरतो नित्यं कणस्तण्डुलकणाः, कुम्भ उदकुम्भः इन्धनं काष्ठमग्निस्तैः सहितः स्याद्ग्निश्च तिन्दुककाष्ठेन्धनः स्यात्

वात वातहर औषधियों का क्वाथ वा यवागू पिलाया जा सकता है। अष्टाङ्गसंग्रह शारीरस्थान अध्याय ३ में कहा गया है—

'अथ सूतिकां बलातैलेनाभ्यज्यात्। बुभुक्षितां च पंचकोलचूर्णेन यवान्युपकुंचिकाचव्यचित्रकव्योषसैन्धवचूर्णेन वा युक्तामहःपरिणामिनीं यथासात्म्यं स्नेहमात्रां पाययेत्। स्नेहायोग्यां वातहरौषधक्वाथं ह्रस्वपंचमूलक्वाथं वा।'

जिस सूतिका ने स्नेहपान किया है उसके पेट पर घी और तैल चुपड़कर एक चौड़ा और बड़ा कपड़ा लपेट दें। इस प्रकार बन्धन के बाँधने से अवकाश के न रहने के कारण वायु विकार को उत्पन्न नहीं करता।

यद्यपि इस बन्धन का बाँधना अत्यावश्यक नहीं, परन्तु तो भी इससे प्रसूता को बहुत आराम मिलता है। परिश्रान्त बस्तिगह्वरसन्धियों तथा मांसपेशियों को इससे बहुत सहारा मिलता है। पट्टी का निचला सिरा ऊर्वस्थि के बृहदबुर्द से २ इंच नीचे तक अवश्य पहुँचना चाहिये। उदर के ऊपर का बन्धन का भाग इतना ढीला होना चाहिये कि उसमें से मुष्टि आसानी से गुजर जाय।

जब स्नेह जीर्ण हो जाय-पच जाय तब इन्हीं पिप्पली आदि से सिद्ध की गयी यवागू जिसमें प्रभूतमात्रा में घृत तैल आदि स्नेह डाला गया हो और द्रव (Liquid) हो, पतली हो-मात्रा में पिलावें। दोनों समय स्नेह तथा यवागू के पीने से पूर्व स्वच्छ उष्ण जल से सूतिका का परिषेचन करना चाहिए। इस नियम के अनुसार पाँच वा सात दिन तक चलकर क्रमशः पुष्टिकारक आदि द्वारा प्रसूता के शरीर और बल को पूर्ण करें। यह ही सूतिका का स्वस्थवृत्त है। सुश्रुत शारीर १० अध्याय में—

'अथ सूतिकां बलातैलाभ्यक्तां वातहरौषधनिष्क्वाथेनोपचरेत्। सशेषदोषां तु तदहः पिप्पलीपिप्पलीमूलहस्तिपिप्पलीचित्रकशृङ्गवेरचूर्णं स्नेहविमिश्रं गुडोदकेनोष्णेन पाययेत्। एवं द्विरात्रं त्रिरात्रं वा कुर्यादादुष्टशोणितात्। विशुद्धे ततो विदारीगन्धादिसिद्धां स्नेहयवागूं क्षीरयवागूं वा पाययेत्त्रिरात्रम्। ततो यवकोलकुलत्थसिद्धेन जाङ्गलरसेन शाल्योदनं भोजयेद् बलमग्निबलं चावेक्ष्य॥

धन्वभूमिजातां तु सूतिकां घृततैलयोरन्यतरस्य मात्रां पाययेत् पिप्पल्यादिकषायानुपानां, स्नेहनित्या च स्यात्त्रिरात्रं पञ्चरात्रं वा (बलवती), अबलां यवागूं पाययेत्त्रिरात्रं पञ्चरात्रं वा। अत ऊर्ध्वं स्निग्धेनान्नसंसर्गेणोपचरेत्। प्रायशश्चैनां प्रभूतेनोष्णोदकेन परिषिंचेत्। क्रोधायासमैथुनादीन् परिहरेत्।'

अष्टाङ्गसंग्रह शारीर ३ अध्याय में—

'जीर्णे तु स्नेहे पूर्वौषधैरेव सिद्धां विदार्यादिगणक्वाथेन क्षीरेण वा यवागूं सुस्विन्नां द्रवां मात्रया पाययेत्। प्राक्स्नेहयवागूपानाभ्यां चोभयकालमुष्णोदकेन परिषेचयेत्। एवं त्रिरात्रं पञ्चरात्रं सप्तरात्रं वाऽनुपाल्य ततो यवकोलकुलत्थयूषेण लघुना चान्नपानेन। द्वादशरात्रात् परं जाङ्गलरसादिभिश्च क्रमादाप्याययेदग्निबलादीनवेक्ष्य। क्वथितशीतं च तोयं पाययेत्। तथा जीवनीयबृंहणीयमधुरवातहरसिद्धैरभ्यङ्गोद्वर्तनपरिषेकावगाहैरन्नपानैश्च हृद्यैरुपाचरेत्। एवं हि गर्भवृद्धिक्षपितशिथिलसर्वशरीरधातुप्रवाहणवेदनाक्लेदरक्तनिःस्रुतिविशेषशून्यशरीराच्च पुनर्नवीभवति'॥७७॥

तस्यास्तु खलु यो व्याधिरुत्पद्यते स कृच्छ्रसाध्यो भवत्यसाध्यो वा गर्भवृद्धिक्षयितशिथिलसर्वशरीरधातुत्वात्प्रवाहणवेदनाक्लेदनरक्तनिःस्रुतिविशेषशून्यशरीरत्वाच्च, तस्मात्तां यथोक्तेन विधिनोपचरेत्; भौतिकजीवनीयबृंहणीयमधुरवातहरसिद्धैरभ्यङ्गोत्सादनपरिषेकावगाहनान्नपानविधिभिर्विशेषतश्चोपचरेत्; विशेषतो हि शून्यशरीराः स्त्रियः प्रजाता भवन्ति॥७८॥

गर्भ के गर्भाशय में बढ़ने के कारण शरीर की धातुओं के क्षीण और शिथिल हो जाने से तथा कुन्थन प्रसववेदना क्लेद और रक्तस्राव के कारण शरीर के शून्य हो जाने से सूतिका को जो भी रोग होता है, वह कष्टसाध्य वा असाध्य हो जाता है। अतएव उसकी पूर्वोक्त विधान के अनुसार चित्त लगाकर शुश्रूषा करनी चाहिये। विशेषतः भौतिक जीवनीय बृंहणीय मधुर तथा वातहर औषधियों से सिद्ध किये गये अभ्यंग उत्सादन (उबटन) परिषेचन अवगाहन (Baths) तथा अन्नपान का सेवन करना चाहिये। भौतिक (भूतहर, Antiseptic) जीवनीय आदि गणों के द्रव्यों से यथाविधि साधित तैल का अभ्यंग (मालिश), इनके कल्क से उबटन तथा क्वाथ से परिषेचन और अवगाहन करना चाहिये, क्योंकि प्रसव होने पर स्त्रियों की देह विशेषतः शून्य हो जाती है। सुश्रुत शारीर १० अध्याय में भी—

'मिथ्याचारात् सूतिकाया यो व्याधिरुपजायते।
स कृच्छ्रसाध्योऽसाध्यो वा भवेदत्यपतर्पणात्॥
तस्मात्तां देशकालौ च व्याधिसात्म्येन कर्मणा।
परीक्ष्योपचरेन्नित्यमेवं नात्ययमाप्नुयात्॥'

उपर्युक्त विधान के अनुसार सूतिका का उपचार होने पर वह रोगों से बची रह सकती है अन्यथा यदि कोई रोग हो गया तो वह दुःसाध्य वा असाध्य ही हो जाता है॥७८॥

[1]दशम्यां निश्यतीतायां सपुत्रा स्त्री सर्वगन्धौषधैर्गौरसर्षपैश्च स्नाता लघ्वहतशुचिवस्त्रं परिधाय पवित्रेष्टलघुविचित्रभूषणवती च संस्पृश्य मङ्गलान्युचितामर्चयित्वा च देवतां शिखिनः शुक्लवाससोऽव्यङ्गांश्च ब्राह्मणान् स्वस्ति वाचयित्वा, कुमारमहतेन शुचिवाससाऽऽच्छादयेत् प्राक्शिरसमुदक्शिरसं वा संवेश्य, देवतापूर्वं द्विजातिभ्यः प्रणमतीत्युक्त्वा कुमारस्य पिता द्वे नामनी कारयेन्नाक्षत्रिकं नामाभिप्रायिकं च; तत्राभिप्रायिकं नाम घोषवदाद्यन्तस्थान्तमूष्मान्तं वाऽवृद्धं त्रिपुरुषानूकमन-[2]वप्रतिष्ठितम्। नाक्षत्रिकं तु नक्षत्रदेवतासमानाख्यं द्व्यक्षरं चतुरक्षरं वा॥७९॥

१—'दशमे त्वहनि' च०। २—'त्रिपुरुषानूकमनरिप्रतिष्ठितम्' इति महाभाष्ये पाठः।

दसवीं रात्रि के व्यतीत होने पर ग्यारहवें दिन प्रसूता और पुत्र दोनों ही को सर्वगन्ध की औषधों से तथा श्वेतसरसों से स्नान करावे। सर्वगन्ध औषधियाँ ये हैं—

'चातुर्जातककर्पूरकक्कोलागुरुकुङ्कुमम्।
लवङ्गसहितञ्चैव सर्वगन्धं प्रकीर्तितम्॥'

अथवा सर्वगन्ध से एलादिगण का ग्रहण करना चाहिये—

'एलातगरकुष्ठमांसीध्यामकत्वक्पत्रनागपुष्पप्रियङ्गुहरेणुकाव्याघ्रनखशुक्तिचण्डास्थौनेयकश्रीवेष्टकचोचचोरकवालुकगुग्गुलुकसर्जरसतुरुष्ककुन्दुरुकागुरुस्पृक्कोशीरभद्रदारुकुङ्कुमानि पुन्नागकेशरं चेति।'

इन औषधों द्वारा यथाविधि साधित जल से स्नान कराना चाहिये। गङ्गाधर ने 'सर्वगन्धौषधैर्गौरसर्षपलोध्रैश्च' ऐसा पाठ पढ़ा है। इसके अनुसार श्वेतसरसों और लोध से संस्कृत जल से स्नान कराना चाहिये। स्नान के पश्चात् पुत्र सहित स्त्री, हलके, जो फटे न हों, नवीन और स्वच्छ वस्त्र पहिरकर पवित्र मनचाहे, हल्के, विचित्र भूषणों को धारण किये हुए मङ्गल द्रव्यों को छूकर उचित देवता की (जिस नक्षत्र में शिशु का जन्म हुआ हो–उस नक्षत्र के देवता को) पूजा करके शिखाधारी, जिन्होंने श्वेत वस्त्र पहिरे हुए हैं तथा अव्यङ्ग (जिनके सम्पूर्ण अङ्ग हों और उनमें से कोई अंग विकृत न हो) ब्राह्मणों को स्वस्तिवाचन कराके पूर्व वा उत्तर की ओर बच्चे का शिर करके लेटा दें और एक नूतन पवित्र वस्त्र उसे ओढ़ा दें। प्रथम देवता को पश्चात् ब्राह्मणों को 'यह कुमार प्रणाम करता है' यह कहकर बच्चे का पिता उसके दो नाम रखे। एक नाम तो उस नक्षत्र से सम्बन्ध रखता हो जिसमें उसका जन्म हुआ है और दूसरा वह जो पिता माता आदि को अभीष्ट हो। सुश्रुत शारीर ५० अ० में भी—

'ततो दशमेऽहनि मातापितरौ कृतमंगलकौतुकौ स्वस्तिवाचनं कृत्वा नाम कुर्यातां यदभिप्रेतं नक्षत्रनाम वा।'

आभिप्रायिक (अभीष्ट) नाम ऐसा होना चाहिये, जिसके आदि में घोषवान् वर्ण हो। कवर्ग आदि वर्गों के तीसरे और चौथे वर्ण घोषवान् कहाते हैं, ये ये हैं ग घ, ज झ, ड ढ, द ध, ब भ। इन वर्णों में से कोई वर्ण नाम के आदि में होना चाहिये। और अन्त में अन्तःस्थ वा ऊष्म वर्ण होना चाहिये। य र ल व ये अन्तःस्थ कहाते हैं और श ष स ह ये चार ऊष्म होते हैं। नाम वृद्धि रहित होना चाहिये। 'आ ऐ औ' इनकी वृद्धि संज्ञा होती है। अथवा 'वृद्धत्रिपुरुषानूकं' यह पाठान्तर है। अपने वृद्ध तीन पुरुष अर्थात् पिता पितामह (दादा) और प्रपितामह (परदादा); इनमें से किसी नाम से मिलता जुलता नाम हो' 'त्रिपुरुषानूकं' पाठ होने पर भी यही अर्थ है। नया ही–अप्रसिद्ध नाम न हो, प्रसिद्ध नाम हो। अन्यत्र 'अनरिप्रतिष्ठितम्, यह पाठान्तर है जो शत्रु का नाम हो वही नाम पुत्र का न रखें।

और नाक्षत्रिक नाम (राशिनाम) नक्षत्र के देवता की सदृश संज्ञावाला दो या चार अक्षर का होना चहिये। नक्षत्रों के देवता होते हैं। जैसे अश्विनी का अश्विनौ। भरणी का यम। कृत्तिका का अग्नि। रोहिणी का प्रजापति। मृगशिरा का चन्द्रमा। आर्द्रा का रुद्र। पुनर्वसु का अदिति। पुष्य का बृहस्पति। आश्लेषा का सर्प। मघा के पितर। पूर्वाफल्गुनी का भग। उत्तराफल्गुनी का अर्यमा। हस्त का सूर्य। चित्रा का त्वष्टा। स्वाति का वायु। विशाखा का इन्द्राग्नी। अनुराधा का मित्र। ज्येष्ठा का इन्द्र। मूल का निर्ऋति। पूर्वाषाढ़ा का आपः। उत्तराषाढ़ा का विश्वेदेवाः। श्रवण का विष्णु। धनिष्ठा का वसु। शतभिषा का वरुण। पूर्वाभाद्रपदा का अजैकपात्। उत्तराभाद्रपदा का अहिर्बुध्न्य। रेवती का पूषा। अष्टाङ्गसंग्रह उत्तर १ अ० में कहा है—

'पूज्यं त्रिपुरुषानूकमादौ घोषवदक्षरम्।
अवृद्धं कृतमूष्मान्तमनरातिप्रतिष्ठितम्॥
नक्षत्रदेवतायुक्तं तदेव तु न केवलम्।
मङ्गल्यमन्तरन्तःस्थं न दुष्टं न च तद्धितम्॥
पुंसो विसर्जनीयान्तं समवर्णं स्त्रियाः पुनः।
विषमाक्षरमक्रूरं विस्पष्टार्थं मनोरमम्॥
सुखोच्चं दीर्घवर्णान्तमाशीर्वादाभिधानवत्॥'७६॥

[1]कृते च नामकर्मणि कुमारं परीक्षितुमुपक्रामेदायुषः प्रमाणज्ञानहेतोः; तत्रेमान्यायुष्मतां कुमाराणां लक्षणानि भवन्ति; तद्यथा एकैकजा मृदवोऽल्पाः स्निग्धाः सुबद्धमूलाः कृष्णाः केशाः प्रशस्यन्ते, [2]स्थिरा बहला त्वक्, प्रकृत्याकृतिसुसंपन्नमीषत्प्रमाणातिवृत्तमनुरूपमातपत्रोपमं शिरः व्यूढं दृढं समं सुश्लिष्टशंखसन्ध्यूर्ध्वं[3]व्यञ्जनमुपचितं वलिनमर्धचन्द्राकृति ललाटं, बहलौ विपुलसमपीठौ समौ नीचैर्वृद्धौ पृष्ठतोऽवनतौ सुश्लिष्टकर्णपुटकौ महाच्छिद्रौ कर्णौ, ईषत्प्रलम्बिन्यावसङ्गते समे संहते[4] महत्यौ भ्रुवौ, समे समाहितदर्शने व्यक्तभागविभागे बलवती तेजसोपपन्ने स्वङ्गापाङ्गे चक्षुषी, ऋज्वी महोच्छ्वासा वंशसंपन्नेषदवनताग्रा नासिका, महदृजुसुनिविष्टदन्तमास्यम्, आयामविस्तारोपपन्ना श्लक्ष्णा तन्वी प्रकृतिवर्णयुक्ता जिह्वा, श्लक्ष्णं युक्तोपचयमूष्मोपपन्नं रक्तं तालु, महानदीनः स्निग्धोऽनुनादी गम्भीरसमुत्थो धीरः स्वरः, नातिस्थूलौ नातिकृशावास्यप्रच्छादनौ रक्तावोष्ठौ, महत्यौ हनू, वृत्ता नातिमहती ग्रीवा, व्यूढमुपचितमुरः, गूढं जत्रु पृष्ठवंशश्च, विप्रकृष्टान्तरौ स्तनौ, अंसपातिनी स्थिरे पार्श्वे, वृत्तपरिपूर्णायतौ बाहू, सक्थिनी अंगुल्यश्च, महदुपचित्तं पाणिपादं, स्थिरा वृत्ताः स्निग्धास्ताम्रास्तुंगाः कूर्माकाराः करजाः, प्रदक्षिणावर्त्ता सोत्सङ्गा च नाभिः, उरस्त्रिभागहीना समा समुपचितमांसा कटी, वृत्तौ स्थिरोपचितमांसौ नात्युन्नतौ

१—'वृत्ते' च०। २—'स्थिरा बहला त्वक् प्रकृत्या, प्रकृतिसुसंपन्न०' पाठः। ३—'शङ्खसन्ध्यर्धव्यञ्जनसम्पन्नम्' इति पठित्वा गङ्गाधरो व्याचष्टे शंखसन्धिर्मिरर्द्धव्यञ्जनमर्द्धाकारस्तेन सम्पन्नम्। ४—'संहते इति घनलोमवत्यौ' गङ्गाधरः।

नात्यवनतौ स्फिचौ, अनुपूर्ववृत्तादुपचययुक्तावूरू, नात्युपाचिते नात्यपचिते एणीपदे, प्रगूढ़सिरास्थिसन्धी जंघे, नात्युपचितौ नात्यपचितौ गुल्फौ, पूर्वोपदिष्टगुणौ पादौ कूर्माकारौ, प्रकृतियुक्तानि वातमूत्रपुरीषाणि तथा स्वप्नजागरणायासस्मितरुदितस्तनग्रहणानि; यच्च किंचिदन्यदप्यनुक्तमस्ति तदपि सर्वं प्रकृतियुक्तमिष्टं, विपरीतं पुनरनिष्टम् ; इति दीर्घायुर्लक्षणानि ॥८०॥

नामकरण के पश्चात् आयु के प्रमाण को जानने के लिये शिशु की परीक्षा करे। आयुष्मान् (दीर्घायु) कुमारों के ये लक्षण होते हैं, जैसे—केश—वे श्रेष्ठ माने गये हैं जो एक एक पृथक् पृथक् निकले हों, कोमल हों, अल्प हों, स्निग्ध हों, जिनकी जड़ें दृढ़ हों, काले हों। त्वचा—स्थिर और स्थूल प्रशस्त मानी गयी है। शिर स्वाभाविक वा विकाररहित आकृति युक्त, देहके अनुरूप परन्तु प्रमाण में थोड़ा बड़ा और छत्र के समान आकृतिवाला उत्तम होता है। ललाट अथवा मस्तक—चौड़ा, दृढ़, सम, जिसमें शंखसन्धि का जोड़ सुदृढ़ और सुन्दर है, ऊर्ध्व व्यंजन (जिसमें खड़ी हुई रेखायें हों), परिपुष्ट, वली, (त्वक्सङ्कोच) युक्त तथा अर्धचन्द्र के समान आकृतिवाला श्रेष्ठ होता है। दोनों कान स्थूल परन्तु समतल कर्णपीठ (जहाँ पर कान का संयोग है) वाले, सम परिमाणवाले, नीचे को बढ़े हुए, पीछे से आगे को झुके हुए, जिनमें कर्णपुत्रक (कर्णबहिर्द्वार से बाहर छोटा सा प्रवृद्ध भाग) अच्छी प्रकार जुड़े हों और बड़े छिद्रवाले प्रशस्त माने गये हैं। भौंहें—थोड़ी सी नीचे को लटकी हुई, जो परस्पर न मिली हुई हों (बहुत अधिक अन्तर भी न हो) सम और सुगठित उत्तम होती हैं। नेत्र जो सम हों—बड़ी छोटी न हों, जिनका दृष्टिभाग चक्षुमण्डल से समभाव से निहित हो, शुक्ल कृष्ण आदि भागों के विभाग सुस्पष्ट हों, बलवान् हों—अच्छा दीखता हो, तेजोयुक्त हों, वर्त्म आदि अंग तथा अपांग (नेत्रों के सिरे) सुन्दर हों वे प्रशस्त होते हैं। नाक—सरल, लम्बा साँस लेनेवाली, नासावंश (नाक का उन्नत पृष्ठ) से युक्त, अग्रभाग पर थोड़ी सी झुकी हुई श्रेष्ठ मानी गयी है। मुख—बड़ा (अन्दर की गुहा का बड़ा होना), सीधा और दन्तपंक्ति जिसमें सुन्दर रूप से जड़ी हो (नामकरण—जो ११ वें दिन होता है—तक यद्यपि दाँत नहीं निकले होते हैं, पर यदि मसूड़े ठीक हों तो दाँतों के ठीक पैदा होने की सम्भावना होती है। दाँत कहीं छठे महीने निकलने प्रारम्भ होते हैं, उस समय से दन्तपरीक्षा भी की जा सकती है) वह प्रशस्त होता है। जिह्वा—उचित लम्बी, चौड़ी, चिकनी, पतली और प्रकृतिवर्ण से युक्त अच्छी होती है। जिह्वा की प्रकृति (कारण) कफ शोणित और मांस है। सुश्रुत में कहा है—

'कफशोणितमांसानां सारो जिह्वा प्रजायते।'

अतः हल्की श्वेतता लिये लालरंग का होना जिह्वा की उत्तमता का लक्षण है। तालु—चिकना, उपचित (पुष्ट जो न बहुत उठा हो न गहरा हो), ऊष्मा (गरमी) युक्त तथा लाल वर्ण का प्रशस्त होता है। स्वर—महान् दीनतारहित, स्निग्ध (मीठा, प्रेमभरा) अनुनादी (प्रतिध्वनित होनेवाला, गूंजनेवाला), गहरी जगह से उठनेवाला (ऐसा प्रतीत हो कि जैसे बहुत गहरी जगह से शब्द आ रहा है) अथवा गंभीर और धीर (जिसमें शीघ्रता न हो) उत्तम होता है। होठ—न बहुत मोटे, न बहुत ही पतले, मुखगुहा को पूर्णतया ढकनेवाले और रक्त वर्ण के श्रेष्ठ माने गये हैं। दोनों हनु—महान् अच्छे होते हैं। ग्रीवा (गर्दन)—जो गोल हो पर बहुत लम्बी न हो वह श्रेष्ठ होती है। छाती—विस्तृत और भरी हुई प्रशस्त होती है। जत्रु (छाती और कण्ठ की सन्धि) और पृष्ठवंश (मेरुदंड) गूढ़—जो ऊंचे उठे न हों, बाहर से दिखाई न दें वे—अच्छे माने गये हैं। स्तन—वे प्रशस्त हैं जिनके बीच का अन्तर पर्याप्त दूरी का हो। दोनों पार्श्व—वे प्रशस्त हैं जो अंसदेश पर सबसे अधिक चौड़े होकर क्रमशः नीचे की ओर चौड़ाई में कम हो गये हों, तथा स्थिर हों। बाहु टाँगें और अँगुलियाँ—वे प्रशस्त हैं जो गोल, भरी हुई और लम्बी हों। हाथ और पैर बड़े और भरे हुए अच्छे होते हैं। नख—स्थिर, गोल, स्निग्ध (चिकने) लाल, तुंग (ऊँचे उठे हुए) कछुए के आकार के प्रशस्त होते हैं। नाभी वह अच्छी है जिसमें दक्षिण की ओर से आवर्त (चक्कर) हो तथा जिनके किनारे ऊंचे उठे हों। अभिप्राय यह है कि किनारे से उठी हुई बीच में से गम्भीर परन्तु दक्षिणावर्त्तयुक्त नाभि प्रशस्त होती है। कमर—वह अच्छी होगी जो छाती की अपेक्षा तृतीयांश कम चौड़ी हो। यही बात युवा पुरुष की छाती और कमर के प्रमाण में भी विमानस्थान के रोगभिषग्जितीयाध्याय में कही जा चुकी है—

षोडशांगुलविस्तारा कटी। चतुर्विंशत्यंगुलविशालमुरः।

युवा पुरुष की छाती २४ अंगुल होनी चाहिये। २४ × $\frac{१}{३}$ = ८ अंगुल। २४—८ = १६ अंगुल कमर हो। बच्चे में भी छाती और कमर का यही अनुपात होना चाहिये। दोनों स्फिक् (नितम्ब, चूतड़)—गोल, स्थिर, मांस से भरे हुए श्रेष्ठ होते हैं। ऊरु—जो क्रम से गोल और मांसल हों, वे उत्तम हैं। जंघायें—न बहुत मांसल न कृश हरिणी की टाँग के सदृश और जिन पर सिरायें अस्थि सन्धि दिखाई न दें वे अच्छी होती हैं। गुल्फ (टखने)—न भरे, न कृश श्रेष्ठ होते हैं। पैर—जैसे पहिले कहे गये हैं वैसे और कछुए के आकार के प्रशस्त होते हैं। वात मूत्र पुरीष सोना जागना परिश्रम मुस्कराना वा हँसना रोना स्तन से दूध पीना; ये सब स्वाभाविक अवस्था में होने अच्छे हैं—विकृत न हों और भी जो कुछ यहाँ नहीं कहा गया उन सबका भी स्वाभाविक अवस्था में होना ही अभीष्ट है। और उससे विपरीत अभीष्ट नहीं। ये दीर्घायु कुमार के लक्षण हैं।

यद्यपि एक शिशु के लिये कितने घण्टे सोना आवश्यक है, यह निर्णय करना कठिन है, परन्तु कई विद्वानों ने इस ओर प्रयत्न किया है। जिनमें से डाक्टर क्लेमैण्ट ड्यूक्स का निम्न निर्णय है—

आयु	घण्टे	आयु	घण्टे
जन्म से १ वर्ष पर्यन्त	२३	८–९	१२
१–२	२०	९–१०	११½
२–३	१८	१०–१३	११
३–४	१६	१३–१५	११
४–५	१५	१५–१७	१०½
५–६	१४	१७–१९	१०½
६–७	१३	१९	९½
७–८	१२½	१९ से ऊपर	९ ॥ ८० ॥

अतो धात्रीपरीक्षामुपदेक्ष्यामः—अथ ब्रूयात् धात्रीमानयतेति, समानवर्णां यौवनस्थां निभृतामनातुरामव्यङ्गामव्यसनामविरूपामजुगुप्सितां देशजातीयामक्षुद्रामक्षुद्रकर्मिणीं कुले जातां वत्सलां जीवद्वत्सां पुंवत्सां दोग्ध्रीमप्रमत्ता[1]मशायिनोमनच्चारशायिनीमनन्त्यावशायिनीं कुशलोपचारां शुचिमशुचिद्वेषिणीं स्तनस्तन्यसम्पदुपेतामिति ॥ ८१ ॥

अब धाय की परीक्षा बतायी जायगी—अपने अनुरूप पुत्र को बनाने के लिये माता का दूध ही श्रेष्ठ होता है। जैसा कहा भी है—

'मातुरेव पिबेत्स्तन्यं तत्परं देहवृद्धये।

स्तन्यधात्र्यावुभे कार्ये तदसम्पदि वत्सले ॥'

परन्तु यदि माता के स्तनों में दूध न बनता हो या कम बनता हो किसी रोग से आक्रान्त होने के कारण पिलाना अभीष्ट न हो तो गाय के दूध पर बच्चे का पालन होना चाहिये। जननी के शरीर के सौन्दर्य को स्थिर रखने के लिये भी बहुत से लोग गाय का प्रबन्ध कर लेते हैं।

चिकित्सक धात्री को लाने के लिये जननी के सम्बन्धियों को कहे। वह धात्री इन गुणों से युक्त होनी चाहिये। शिशु के समान वर्णवाली होनी चाहिये। यदि कुमार का वर्ण गौर हो तो गौर वर्ण की धाय होनी चाहिये, यदि श्याम है तो श्यामवर्ण की। अथवा यदि कुमार ब्राह्मण है तो धाय भी ब्राह्मणी होनी चाहिये। यदि क्षत्रिय है तो क्षत्रिया इत्यादि। युवती हो। विनय सम्पन्न, नीरोग, सब तथा अविकृत अङ्गों से युक्त और दुर्व्यसनों से रहित होनी चाहिये। वह घृणित न हो अर्थात् मैली कुचैली तथा स्वच्छता का ध्यान न रखनेवाली न हो। जिस देश का कुमार है उसी देश की हो। नीच स्वभाव की न हो, न कोई नीच कर्म करती हो, श्रेष्ठकुल में उत्पन्न हुई हो, प्रेम रखनेवाली हो। जिसका बच्चा जीता हो। जिसका पुत्र पुमान् हो—कन्या न हो। जो प्रभत दूधवाली हो, प्रसाद रहित हो, जो सोती ही न रहती हो—जागरूक हो, जो बच्चे के मूत्र वा पुरीष पर ही न सोती रहे (ज्यों ही बच्चा मूत्र वा पुरीष कर दे उसी समय वस्त्रों को बदल डाले, कभी मैले वा गीले बिछौने पर न सोये)। धर्म वा आचार से पतित न हो। उपचार में कुशल हो, वह समझती हो कि बच्चे की सेवा सुश्रूषा कैसे की जाती है? पवित्र-हो स्तन और स्तन्य (दूध) दोनों के शुभगुणों से युक्त हो। सुश्रुत शारीर १० अ० में—

'ततो यथावर्णं धात्रीमुपेयान्मध्यमप्रमाणां मध्यमवयस्कामरोगां शीलवतीमचपलामलोलुपामकृशामस्थूलां प्रसन्नक्षीरामलम्बौष्ठीमलम्बोर्ध्वस्तनीमव्यङ्गामव्यसनिनीं जीवद्वत्सां दोग्ध्रीं वत्सलामक्षुद्रकर्मिणीं कुले जातामतो भूयिष्ठैश्च गुणैरन्वितां श्यामामारोग्यबलवृद्धये बालस्य, ॥ ८१ ॥

तत्रेयं स्तनसम्पत्—नात्यूर्ध्वौ नातिलम्बावनतिकृशावनतिपीनौ युक्तपिप्पलकौ सुखप्रपानौ चेति स्तनसम्पत् ॥

स्तनसम्पत् (स्तन के शुभ गुण)—स्तन न अत्यधिक ऊँचे न अत्यधिक लम्बे वा लटके हुए न अतिकृश न अतिमोटे होने चाहियें। उन्नत चूचुकों से युक्त होने चाहियें और ऐसे होने चाहिये जिनसे बच्चा आराम से दूध पी सके, उसे दूध के खींचने में बहुत बल न लगाना पड़े। सुश्रुत में भी 'अलम्बोर्ध्वस्तनी' कहा गया है। वहाँ इन दोनों स्तनदोषों से हानि भी बता दी है—

'तत्रोर्ध्वस्तनी करालं कुर्यात्, लम्बस्तनी नासिकामुखं छादयित्वा मरणमापादयेत् ॥'

शिशु को दूध पिलाने से पूर्व तथा पश्चात् स्तनों को गरम जल से धो लेना अच्छा होता है ॥ ८२ ॥

स्तन्यसम्पत्तु प्रकृतवर्णगन्धरसस्पर्शमुदपात्रे दुह्यमानमुदकं व्येति; प्रकृतिभूतत्वात् तत्पुष्टिकरमारोग्यकरं चेति स्तन्यसम्पत् ॥ ८३ ॥

स्तन्यसम्पत् (दूध के शुभगुण)—जिसका वर्ण गन्ध रस तथा स्पर्श स्वाभाविक हों और जो जलयुक्त पात्र में दुहा जाने पर जल से मिल जाय वह दूध स्वाभाविक होने से पुष्ट और आरोग्य का करनेवाला होता है। ये दूध के प्रशस्त गुण हैं। सुश्रुत शारीर १० अ० में—

'अथास्याः स्तन्यमप्सु परीक्षेत, तच्चेच्छीतलममलं तनु शङ्खावभासमप्सु न्यस्तमेकीभावं गच्छत्यफेनिलमतन्तुमन्नोत्प्लवते न सीदति वा तच्छुद्धमिति विद्यात्। तेन कुमारस्यारोग्यं शरीरोपचयो बलवृद्धिश्च भवति।'

आजकल के विश्लेषण के अनुसार हिन्दुस्तानी स्त्री के स्वाभाविक दूध में ये घटक होते हैं। प्रोटीन १.२% वसा २.८% शर्करा ५.९% लवण .२४% जल ८९.८६% ॥ ८३ ॥

अतोऽन्यथा व्यापन्नं ज्ञेयं; तस्य विशेषाः—श्यावारुणवर्णं कषायानुरसं विशदमनतिलक्ष्यगन्धं रूक्षं द्रवं फेनिलं लघ्वतृप्तिकरं कर्षणं वातविकाराणां कर्तृ वातोपसृष्टं क्षीरमभिज्ञेयं; कृष्णनीलपीतताम्रावभासं तिक्ताम्लकटुकानुरसं कुणपरुधिरगन्धि भृशोष्णं पित्तविकाराणां कर्तृ पित्तोपसृष्टं क्षीरमभिज्ञेयम्; अत्यर्थशुक्लमतिमाधुर्योपपन्नं लवणानुरसं घृततैलवसामज्जगन्धि पिच्छिलं तन्तुमदुदपात्रेऽवसीदति श्लेष्मविकाराणां कर्तृ श्लेष्मोपसृष्टं क्षीरमभिज्ञेयम् ॥ ८४ ॥

इससे विपरीत को विकृत जानना चाहिये। उस विकृत दूध के भेद ये हैं—

[1]—'०मनन्त्यावशायिनी' च०।

वातदुष्ट दूध—जो श्याम वा अरुण (ईंट सा लाल) वर्ण का हो, जिसका अनुरस कषाय (कसैला) हो, जो विशद हो—पिच्छल न हो, जिसमें दूध की अपनी गन्ध बहुत अधिक न आती हो, रूक्ष हो, द्रव हो, फेनिल (झागवाला) हो, लघु हो, जिसके पीने से तृप्ति ही न हो, शरीर को कृश करता हो, वातरोगों का कारण हो—उस दूध को वातदुष्ट जानना चाहिये।

पित्तदुष्ट दूध—जिसमें काली नीली पीली ताम्र वर्ण (तांबे-का रङ्ग) की आभा हो, जिसका अनुरस तिक्त खट्टा वा कटु हो, जिसमें से मुर्दे की सी वा रुधिर (लोहू) की सी गन्ध आती हो, जो अति उष्ण पित्तज विकारों का उत्पादक हो—उस दूध को पित्तदुष्ट जानें।

कफदुष्ट दूध—जो अत्यधिक श्वेत वर्ण का हो, अतिमधुर हो, जिसमें अनुरस लवण हो, जिसमें से घी तैल वसा वा मज्जा की गन्ध आती हो, अतिपिच्छिल (चिपचिपा) हो, तन्तु युक्त हो, जलपात्र में नीचे बैठ जाय और कफज विकारों का कारण हो उस दूध को कफदुष्ट जानना चाहिये ॥ ८४ ॥

तेषां त्रयाणामपि क्षीरदोषाणां प्रतिप्रत्तिविशेषमभिसमीक्ष्य यथास्वं यथादोषं च वमनविरेचनास्थापनानुवासनानि विभज्य कृतानि प्रशमनाय भवन्ति ॥ ८५ ॥

दूध के दोषों की चिकित्सा—उन तीनों प्रकार के दूध के दोषों के प्रत्येक भेद की विवेचना करके धात्री की प्रकृति तथा दूध के दोष के अनुसार वमन विरेचन आस्थापन अनुवासन में से जो उचित हो उसके करने से उस २ दोष की शान्ति होती है ॥ ८५ ॥

पानाशनविधिस्तु दुष्टक्षीराया यवगोधूमशालिषष्टिकमुद्गहरेणुककुलत्थसुरासौवीरकतुषोदकमैरेयमेदकलशुनकरञ्जप्रायः स्यात्, क्षीरदोषविशेषांश्चावेक्ष्यावेक्ष्य तत्तद्विधानं कार्यं स्यात् ॥ ८६ ॥

दुष्ट दूधवाली धात्री का आहार—जिस धात्री का दूध दूषित हो उसे अन्नपान में जौ, गेहूँ, शालि, षष्टिक (सांठी के-चावल), मूंग, हरेणुक (सतीन वा मटर), कुलत्थ, [1]सुरा, सौवीर, तुषोदक, मैरेय, मेदक, लहसन तथा करञ्ज; इनका अधिकतर प्रयोग करना चाहिये। दूध के दोषों की परीक्षा करके उस २ दोष के अनुसार ही अन्नपान के उस २ विधान का पालन करना चाहिये ॥ ८६ ॥

पाठामहौषधसुरदारुमुस्तमूर्वागुडूचीवत्सकफलकिराततिक्तककटुकरोहिणीसारिवाकषायाणां च पानं प्रशस्यते; तथाऽन्येषां तिक्तकषायकटुकमधुराणां द्रव्याणां प्रयोगः क्षीरविकारविशेषानभिसमीक्ष्य मात्रां कालं चेति क्षीरविशोधनानि ॥ ८७ ॥

स्तन्यशोधक द्रव्य—पाठा (पाढ़), महौषध (सोंठ), देवदारु, मोथा, मूर्वा, गिलोय, इन्द्रजौ, चिरायता, कटुकी, सारिवा (अनन्तमूल); इन द्रव्यों के कषायों (स्वरस, कल्क, श्रुत शीत वा फाण्ट) का पीना हितकर है। तथा दूध के विकारों की विवेचना करके मात्रा और काल के अनुसार अन्य भी जो तिक्त कषाय (कसैला) कटु वा मधुररस युक्त द्रव्य है उनका प्रयोग होना चाहिये। ये दूध के शोधन करनेवाले द्रव्य कह दिये हैं। सूत्रस्थान चतुर्थ अध्याय में भी यही स्तन्यशोधन गण कहा जा चुका है—

'पाठामहौषधसुरदारुमुस्तमूर्वागुडूचीवत्सकफलकिराततिक्तकटुरोहिणीसारिवा इति दशेमानि स्तन्यशोधनानि भवन्ति' ॥

क्षीरजननानि तु मद्यानि सीधुवर्ज्यानि ग्राम्यानूपौदकानि च शाकधान्यमांसानि द्रवमधुराम्लभूयिष्ठाश्चाहाराः क्षीरिण्यश्चौषधयः क्षीरपानं चानायासश्चेति, वीरणशालिषष्टिकेक्षुवालिकादर्भकुशकाशगुन्द्रेत्कटमूलकषायाणां च पानमिति क्षीरजननान्युक्तानि ॥ ८८ ॥

दुग्धोत्पादक द्रव्य आदि—सीधु को छोड़कर सब मद्य, ग्राम्य आनूप तथा औदक (जल में उत्पन्न होनेवाले) शाक धान्य और मांस, द्रव (Liquid) प्रधान तथा मधुर एवं अम्लरसप्रधान आहार, क्षीरिणी ओषधियाँ (वे ओषधियाँ जिनमें दूध होता है), दूध पीना, श्रम न करना' ये दूध को उत्पन्न करते हैं। वीरण (खस) शालिषष्टिक इक्षु (ईख इक्षुवालिका (ईखभेद) दर्भ (दाभ) कुश काश गुन्द्रा (जलजदर्भ) इत्कट (तृणभेद अथवा शर); इनकी जड़ों के कषायों को पीना दूध को उत्पन्न करता है। इन ओषधियों को व्यस्त वा समस्त रूप में प्रयोग कर सकते हैं। कषाय कहने से स्वरस कल्क श्रृत शीत फाण्ट पाँचों का ग्रहण होता है। दोषों के परिमाण आदि के अनुसार इनमें से किसी भी कल्पना का प्रयोग किया जा सकता है। यह स्तन्यजनक गण सूत्रस्थान चतुर्थ अध्याय में कहा जा चुका है—

वीरणशालिषष्टिकेक्षुवालिकादर्भकुशकाशगुन्द्रेत्कटमूलानीति दशेमानि स्तन्यजननानि भवन्ति ॥'

सुश्रुत शारीर १० अध्याय में भी स्तन्योत्पादक अन्नपान बताया गया है—

'क्रोधशोकावात्सल्यादिभिश्च स्त्रियाः स्तन्यनाशो भवति। अथास्याः क्षीरजननार्थं सौमनस्यमुत्पाद्य यवगोधूमशालिषष्टिकमांसरससुरासौवीरकपिण्याकलशुनमत्स्यकशेरुकशृङ्गाटकबिसविदारिकन्दमधुकशतावरीनलिकालाबूकालशाकप्रभृतीनि विदध्यात् ॥

धात्री तु यदा स्वादुबहुलशुद्धदुग्धा स्यात्तदा स्नातानुलिप्ता शुक्लवस्त्रं परिधायैन्द्रीं ब्राह्मीं शतवीर्यां सहस्रवीर्याममोघामव्यथां शिवामरिष्टां वाट्यपुष्पीं विष्वक्सेनकान्तां वा बिभ्रत्योषधिं कुमारं प्राङ्मुखं प्रथमं दक्षिणं स्तनं पाययेदिति धात्रीकर्म ॥ ८९ ॥

जब धाय का दूध मधुर प्रभृत परिमाण में शुद्ध हो तब (पिलाने से पूर्व) स्नान और चन्दन आदि का अनुलेपन करके श्वेत वस्त्र पहिरकर ऐन्द्री ब्राह्मी शतवीर्या (दूर्वा) सहस्रवीर्या (दूर्वाभेद) अमोघा (पाटला अथवा लक्ष्मणा) अथवा (हरड़) शिवा (हलदी) अरिष्टा (नागबला) वाट्यपुष्पी (महाबला) विष्वक्सेनकान्ता (वाराहीकन्द), इन दस औषधियों को (यथा-लाभ) धारण किये हुए धात्री बच्चे को पूर्व की ओर मस्त करके बैठाकर प्रथम दक्षिण स्तन का दूध पिलावे।

1—सुरा आदि के लक्षण सूत्रस्थान २५ अध्याय में कहे जा चुके हैं।

ये धाय का कर्म है। 'ऐन्द्री' से प्राचीन टीकाकार इन्द्रायण का ग्रहण करते हैं। पर यह चिन्त्य है। 'शतवीर्या' तथा 'सहस्रवीर्या' से शतावरी के दो भेदों का कई ग्रहण करते हैं। कोई २ टीकाकार 'अमोघा' से आंवला 'अव्यथा' से केला वा गिलोय, 'अरिष्टा' से कटुकी और 'विष्वक्सेनकान्ता' से प्रियंगु लेते हैं। योगीन्द्रनाथ 'अव्यथा' से आमलकी और 'शिवा' से हरड़ को स्वीकार करते हैं। सुश्रुत शारीर १० अ० में—

'ततः प्रशस्तायां तिथौ शिरःस्नातमहतवाससमुदङ्मुखं शिशुमुपवेश्य धात्रीं प्राङ्मुखीमुपवेश्य दक्षिणं स्तनं धौतमीषत्परिस्रुतमभिमन्त्र्य मन्त्रेणानेन पाययेत्' ॥८६॥

अतोऽनन्तरं कुमारागारविधिमनुव्याख्यास्यामः—वास्तुविद्याकुशलः प्रशस्तं रम्यमतमस्कं निवातं प्रवातैकदेशं दृढमपगतश्वापदपशुदंष्ट्रमूषिकपतङ्गं सुसंविभक्तसलिलोदूखलमूत्रवर्चःस्थानस्नानभूमिमहानसमृतुसुखं यथर्तु शयनासनास्तरणसपन्नं कुर्यात्तथा सुविहितरक्षाविधान बलिमङ्गलहोमप्रायश्चित्तं शुचिवृद्धवैद्यानुरक्तजनसंपूर्णमिति कुमारागारविधिः ॥९०॥

कुमारागार—इसके पश्चात् शिशुगृह के विधान की व्याख्या करेंगे—

वास्तुविद्या—गृहनिर्माण की विद्या में कुशल पुरुष प्रशस्त सुन्दर अन्धकार रहित (जिसमें सूर्य की किरणें जाती हो), निवात (जिसमें बच्चे पर सीधी हवा न आवे), जिसका एक भाग प्रवातयुक्त हो (वायु आता जाता हो)। अर्थात् जहाँ बच्चे का बिछौना हो वहाँ सीधी हवा न जाय, परन्तु उस कमरे में एक ओर ऐसा प्रबन्ध हो कि ताजी हवा अन्दर जाय और गन्दी हवा बाहर निकल जाय। गृह मे द्वार के ठीक सामने द्वार वा खिड़की होने से यह कार्य सिद्ध होता है। एक द्वार से वायु आता है और दूसरे से निकल जाता है इस प्रकार गृह के अन्दर का वायु शुद्ध रहता है। दृढ़, हिंसक पशु दंष्ट्रा (कुत्ते आदि), चूहा पतिङ्गे (जो दीपक पर आते हैं) आदि जिसमें न जा सकें। जहाँ जलस्थान उदूखलस्थान (जहाँ द्रव्योंको कूटा जा सके) मूत्रस्थान वर्चः स्थान (Latrines) स्नानभूमि (स्नानगृह) महानस (रसोई घर) आदि विभाग के अनुसार यथास्थान बनाये गये हों। ऋतु के अनुसार सुखकर हो (जिससे बच्चा शीतोष्ण से बचा रहे) और जिसमें ऋतु के अनुसार बिछौना आसन (बैठने की जगह) ओढ़ने वा बिछाने के वस्त्र रखे हुए हों—ऐसा कुमारागार बनावे। तथा रक्षाविधान (सूतिकागारोक्त) बलि मङ्गल होम प्रायश्चित्त आदि कर्मो का जहाँ पर अच्छी प्रकार अनुष्ठान किया गया हो—ऐसा शिशुगृह होना चाहिये। यह कुमारागार पवित्र वृद्ध वैद्य तथा प्रेमी जनों से पूर्ण होना चाहिये अथवा उस आगार में उन्हें ही अन्दर जाने का आदेश होना चाहिये।

यह कुमारगार का विधान है। सूतिकागार में रहने के पश्चात् शिशु को ऐसे गृह में रखना चाहिये ॥९०॥

शयनासनास्तरणप्रावरणानि कुमारस्य मृदुलघुशुचिसुगन्धीनि स्युः स्वेदमलजन्तुमन्ति मूत्रपुरीषोपसृष्टानि च वर्ज्यानि स्युः ॥९१॥

कुमार की शय्या आसन आस्तरण (बिछाने के वस्त्र) प्रावरण (ओढ़ने वा पहिरने के वस्त्र) नरम हल्के स्वच्छ और सुगन्धयुक्त होने चाहियें। पसीना मल तथा जूं पिपीलिका खटमल आदि जन्तुओं से और मूत्र वा पुरीष से युक्त न होने चाहिये। ऐसे वस्त्रों को एक बार खराब होने पर फैंक देना चाहिये, पुनः उनका प्रयोग न किया जाय ॥९१॥

असति संभवेऽन्येषां तान्येव च [1]सुप्रक्षालितोपधूपितानि सुशुद्धशुष्काण्युपयोगं गच्छेयुः ॥९२॥

परन्तु यदि दारिद्र्य हो, पुरुष धनव्यय न कर सकता हो वा ऐसे काल में जब कि नवीन स्वच्छ वस्त्र न मिल सकता हो तो उन्हीं वस्त्रों को अच्छी प्रकार धोकर शुद्ध स्थान पर सुखा लें। अर्थात् वस्त्रों को ऐसे जलों से धोना चाहिये तथा ऐसे स्थान पर सुखाना चाहिये जिससे लगी हुई मल वा रोगोत्पादक कीटाणु नष्ट हो जायँ और नये मल वा रोगोत्पादक कीटाणुओं का संसर्ग न हो। कपड़े सुखाने के बाद रक्षोघ्न (Antiseptic) द्रव्यों से धूपन करना चाहिये। इस प्रकार धोये सुखाये और धूपित वस्त्र उपयोग में लाने चाहिये ॥९२॥

धूपनानि पुनर्वाससां चयनास्तरणप्रावरणानां च यव सर्षपातसीहिङ्गुगुग्गुलवचाचोरकवयःस्थागोलोमीजटिला पलङ्कषाशोकरोहिणीसर्पनिर्मोकाणि घृतसक्तानि स्युः ॥९३॥

धूपन द्रव्य—वस्त्रों शय्या बिछौना तथा ओढ़ने के कपड़ों को जौ, सरसों, अलसी, हींग, भैंसागूगल, वच, चोरक, वयःस्था (ब्राह्मी), गोलोमी (श्वेतदूर्वा), जटिला (जटामांसी), पलङ्कषा (साधारण गूगल), अशोक, रोहिणी (कटुकी), सर्पनिर्मोक (सांप की कैचुली); इनमें घी मिलाकर उससे धूपन करें। धूपन से रोगजनक जीवाणु मर जाते हैं। वस्त्रों को धूपन करके ही दोबारा प्रयोग में लाना चाहिये ॥९३॥

मणयश्च धारणीयाः कुमारस्य। खड्गरुरुगवयवृषभाणां जीवतामेव दक्षिणेभ्यो विषाणेभ्योऽग्राणि गृहीतानि स्युः; [2]ऐन्द्र्याद्याश्चौषधयो जीवकर्षभकौ च यानि चान्यान्यपि ब्राह्मणाः प्रशंसेयुरथर्ववेदविदः ॥९४॥

कुमार को मणियां धारण करवानी चाहियें। जीवित गैंडा हरिण नीलगाय वा सांड के दाहिने सींग के अग्रभागों को लेकर शिशु को धारण कराना चाहिये। तथा ऐन्द्री ब्राह्मी आदि प्रजास्थापनवर्गोक्त दस औषधियाँ जीवक और ऋषभक; इन्हें धारण करना चाहिये। इनके अतिरिक्त अथर्ववेद के ज्ञाता ब्राह्मण जिस २ के धारण करने को कहें २ धारण करायें।

जीवक[3] ऋषभक भी प्रजास्थापन तथा पुंसवन का कार्य करते हैं। पुंसवन औषधियों के प्रकरण में जीवक और ऋषभक के प्रयोग का वर्णन आ चुका है। ऋषभक के लिये वेद में भी आता है—

'यन वेहद् बभूविथ नाशयामसि तत्त्वत्।
इदं तदन्यत्र त्वदपदूरे निदध्मसि ॥

१—'सुप्रक्षालितोपधानानि' ग०। २—'मन्त्राद्या०' पा०।

३—'यहाँ प्रसङ्गवश बताया है। वस्तुतः यह वर्णन पुंसवन प्रकरण में आना चाहिये था।

आ ते योनिं गर्भ एतु पुमान् बाण इव इषुधिम् ।
आ वीरो अत्र जायतां पुत्रस्ते दशमास्यः ॥
पुमांसं पुत्रं जनय तं पुमाननु जायताम् ।
भवासि पुत्राणां माता जातानां जनयाश्च यान् ॥
यानि भद्राणि बीजानि ऋषभा जनयन्ति च ।
तैस्त्वं पुत्रं विन्दस्व सा प्रसूर्धेनुका भव ॥
कृणोमि वे प्राजापत्यम् आ योनिं गर्भ एतु ते ।
विन्दस्व त्वं पुत्रं नारी यस्तुभ्यं शमसच्छम् । तस्मै त्वं भव ।
यासां द्यौः पिता पृथिवी माता समुद्रो मूलं वीरुधां बभूव ।
तास्त्वा पुत्रविद्याय दवीः प्रावन्त्वोपधयः' ॥९४॥

क्रीडनकानि खल्वस्य विचित्राणि घोषवन्त्यभिरामाण्यगुरूण्यतीक्ष्णाग्राण्यनास्यप्रवेशीन्यप्राणहराण्यवित्रासनानि च स्युः ॥९५॥

बच्चों के लिये खिलौने—विचित्र, शब्द करनेवाले सुन्दर, हलके जिनका अग्रभाग वा कोई सिरा तीक्ष्ण न हो, जो इतने बड़े हों कि मुंह के अन्दर न जा सकें, जो मृत्यु का कारण न हों (विष आदि वा विषयुक्त रङ्ग रोगन अदि से लिप्त न हों) और जिनसे बच्चा डरे नहीं—ऐसे होने चाहिये ॥९५॥

न ह्यस्य वित्रासनं साधु, तस्मात्तस्मिन् रुदत्यभुञ्जाने वाऽन्यत्र विधेयतामगच्छति राक्षसपिशाचपूतनाद्यानां नामानि चाह्वयता कुमारस्य वित्रासनार्थं नामग्रहणं न कार्यं स्यात् ॥९६॥

बच्चे को डराना उचित नहीं । अतः उनके रोने पर अथवा भोजन न करने पर अथवा कहीं किसी बात को न मानने पर राक्षस पिशाच पूतना हौवा आदि भयोत्पादक नाम ले लेकर डराना । चाहिये ।

सुश्रुत शारीर १० अ० में अनुपालन के अन्य साधारण नियम भी बताये हैं ।

'बालं पुनर्गात्रसुखं गृह्णीयात् , न चैनं तर्जयेत्, सहसा न प्रतिबोधयेद्वित्रासभयात् । सहसा नापहरेदुत्क्षिपेद्वा वातादिविघातभयात्, नोपवेशयेत् कौब्ज्यभयात् , नित्यं चैनमनुवर्तेत प्रियशतैरजिघांसुः, एवमनभिहतमनास्त्वभिवर्धते नित्यमुदग्रसत्त्वसम्पन्नो नीरोगः सुप्रसन्नमनाश्च भवति । वातातपविद्युत्प्रभावादपलताशून्यागारनिम्नस्थानग्रहच्छायादिभ्यो दुर्ग्रहोपसर्गतश्च बालं रक्षेत् ॥

यदि त्वातुर्यं किंचित्कुमारमागच्छेत्तत्प्रकृतिनिमित्तपूर्वरूपलिङ्गोपशयविशेषैस्तत्त्वतोऽनुबध्य सर्वविशेषानातुरौषधदेशकालाश्रयानवेक्षमाणश्चिकित्सितुमारभेतैनं मधुरमृदुलघुसुरभिशीतशङ्करं कर्म प्रवर्तयन्, एवं सात्म्या हि कुमारा भवन्ति, तथा ते शर्म लभन्तेऽचिराय; अरोगेष्वरोगवृत्तमातिष्ठेद्देशकालात्मगुणविपर्ययेण वर्तमानः ॥९७॥

बालरोगों का चिकित्सासूत्र—यदि कोई रोग बालक को हो जाय तो उसके प्रकृति (वात आदि दोष तथा दूष्य) निमित्त (रोगोत्पादक हेतु) पूर्वरूप लिङ्ग (लक्षण, रूप) उपशय से उस रोग को ठीक २ समझ कर आतुर (रोगी) औषध देश काल सम्बन्धी सब भेदों की विवेचना करके मधुर मृदु (कोमल वा मृदुवीर्य) लघु सुगन्धि शीतल तथा संशमन कर्म करते हुए चिकित्सा प्रारम्भ करें । क्योंकि बालकों के ये ही सात्म्य होते हैं । इस प्रकार वे चिरकाल तक सुखी वा नीरोग रहते हैं । जब बच्चा नीरोग हो—स्वस्थ हो तो देश काल तथा अपने (शरीर के) गुणों से विपरीत गुणवाले आहार-विहार द्वारा स्वस्थवृत्त में रहे । देशसात्म्य, कालसात्म्य और आत्मसात्म्य में रहते हुए स्वस्थ वृत्त का पालन होना चाहिये ॥९७॥

क्रमेणासात्म्यानि परिवर्त्योपयुञ्जानः सर्वाण्यहितानि वर्जयेत्तथा बलवर्णशरीरायुषां संपदमवाप्नोतीति ॥९८॥

असात्म्य की जगह सात्म्य का सेवन करते हुए सब अहितकर आहार-विहार का त्याग करना चाहिये । क्रमशः त्याग का नियम सूत्रस्थान छठे अध्याय में बताया जा चुका है—

'प्रक्षेपापचये ताभ्यां क्रमः पादांशिको भवेत् ।
एकान्तरं ततश्चोर्ध्वं द्व्यन्तरं त्र्यन्तरं तथा ॥'

अर्थात् देश और काल के अनुसार एक आहार-विहार सात्म्य होता है, परन्तु देशान्तर वा कालान्तर में वह सात्म्य नहीं रहता । अतः देशान्तर वा कालान्तर में पूर्वाभ्यस्त आहार विहार का हमें त्याग करना होता है और नये देश वा नये काल के अनुसार देशसात्म्य वा कालसात्म्य नये आहार-विहार का सेवन आवश्यक होता है । इस परिवर्तन को क्रमशः ही करना चाहिये । सहसा परिवर्तन से बहुत सी हानियाँ होती हैं । अतएव पूर्व सू० ६ अ० में कह आये हैं

'उचितादहिताद्धीमान् क्रमशो विरमेन्नरः ।
हितं क्रमेण सेवेत ॥
क्रमेणापचिता दोषाः क्रमेणोपचिता गुणाः ।
सन्तो यान्त्यपुनर्भावमप्रकम्प्या भवन्ति च ॥'

तन्त्रान्तर में—

'ऋत्वोरन्त्यादिसप्ताहावृतुसन्धिरिति स्मृतः ।
तत्र पूर्वो विधिस्त्याज्यः सेवनीयोऽपरः क्रमात् ॥
असात्म्यजा हि रोगाः स्युः सहसा त्यागशीलनात् ॥

इस प्रकार क्रमपूर्वक हितकर पदार्थ के सेवन और अहित के त्याग से बालक, बल वर्ण शरीर आयु; इनकी श्रेष्ठता को प्राप्त होता है । बालक बलवान् शुभवर्ण युक्त सुडौल और सुगठित शरीरवाला तथा दीर्घायु होता है ॥९८॥

एवमेनं कुमारमायौवनप्राप्तेर्धर्मार्थकौशलागमनाच्चानुपालयेत् । इति पुत्राशिषां समृद्धिकरं कर्म व्याख्यातम् । तदाचरन् यथोक्तैर्विधिभिः पूजां यथेष्टं लभतेऽनसूयक इति ॥९९॥

इस प्रकार उस कुमार का युवावस्था में पदार्पण करने तक परिपालन करे । क्योंकि किशोरावस्था में ही वह धर्म वा अर्थप्राप्ति के साधनों में कुशलता प्राप्त कर सकता है । अभिप्राय यह है कि बचपन में मनुष्य धर्म अर्थ को स्वयं नहीं सोच सकता । परन्तु इस समय की शिक्षा पर ही उसका अगला जीवन निर्भर होता है । अतः माता पिता वा अन्य संरक्षकों का यह कर्तव्य होता है कि वे अपने नियन्त्रण में रखते हुए धर्म और अर्थ की प्राप्ति में उसे कुशल बना दें, जिससे वह अगले जीवन को सुखमय बना सके ।

यह पुत्र की शुभकामना के लिये सत्फल को देनेवाले कर्म की व्याख्या कर दी है। दूसरे के गुणों पर दोषारोपण न करनेवाला पुरुष उक्त विधियों के अनुसार उस कर्म का आचरण करता हुआ यथेष्ट पूजा वा मानमर्यादा आदि को पाता है।९९।

तत्र श्लोकौ

पुत्राशिषां कर्म समृद्धिकारकं
यदुक्तमेतन्महदर्थसंहितम्।
तदाचरन् ज्ञो विधिभिर्यथातथं
पूजां यथेष्टं लभतेऽनसूयकः ॥१००॥

पुत्र की शुभकामना की समृद्धि करनेवाला महान् प्रयोजन से युक्त जो यह कर्म कहा गया है उसका वैसे ही विधिपूर्वक आचरण करते हुए असूया (परनिन्दा) रहित ज्ञानी पुरुष यथेष्ट पूजा को पाता है ॥१००॥

शरीरं चिन्त्यते सर्वं दैवमानुषसंपदा।
सर्वभावैर्यतस्तस्माच्छारीरं स्थानमुच्यते ॥१०१॥

इत्यग्निवेशकृते तन्त्रे चरकप्रतिसंस्कृते शारीरस्थाने जातिसूत्रीयशारीरं नामाष्टमोऽध्यायः ॥८॥

शारीरस्थान का निर्वचन—यतः इस स्थान में दैव और मनुष्य सम्बन्धी सब उत्तम गुणों से तथा सब भावों से अर्थात् हर पहलू से समस्त शरीर का विचार किया गया है, अतः शारीरस्थान कहाता है। दैवसम्पत् से आत्मा परमात्मा आदि का विचार अभिप्रेत है। मानुषसम्पत् से मनुष्य शरीर सम्बन्धी विचारों का ग्रहण है ॥१०१॥

इत्यष्टमोऽध्यायः।

शारीरस्थानं समाप्तम्।

इन्द्रियस्थानम्।

प्रथमोऽध्यायः।

अथातो वर्णस्वरीयमिन्द्रियं व्याख्यास्यामः।
इति ह स्माह भगवानात्रेयः ॥१॥

शारीरस्थान के पश्चात् इन्द्रियस्थान कहा जाता है। चिकित्सा से पूर्व जहाँ चिकित्सा के सिद्धान्तों रोगनिदान वा शरीर की वनावट का जानना अत्यावश्यक है वहाँ चिकित्सा करने से पूर्व रोग की साध्यासाध्यता को जानना भी उतना ही आवश्यक है। साध्य रोग की तो चिकित्सा हो सकती है, असाध्य की नहीं। असाध्य की चिकित्सा से—

'अर्थविद्यायशोहानिमुपक्रोशमसंशयम्।
प्राप्नुयान्नियतं वैद्यो योऽसाध्यं समुपाचरेत् ॥'

बदनामी चिकित्सक की ही होती है। लोग यही कहते हैं कि इसे चिकित्सा करनी ही नहीं आती। इसने अमुक रोगी की चिकित्सा की, उससे कुछ भी लाभ न हुआ और रोग बढ़ता ही गया और अन्त में रोगी की मृत्यु हो गयी—इत्यादि। रोग की असाध्यता का ज्ञान रिष्ट लक्षणों से होता है। मृत्यु के निदर्शक चिह्नों को रिष्ट कहते हैं। ये ही लक्षण इस स्थान में बताये जायँगे। 'इन्द्र' जीवात्मा को कहते हैं। जीवात्मा के लिंग (ज्ञापक) को 'इन्द्रिय' कहते हैं। जहाँ जीवात्मा के ज्ञापक अन्य भी प्रमाण हैं। पर 'मृत्यु होना' एक बलवत् प्रमाण है। इस अनिवार्य घटना से जीवात्मा की सत्ता माननी पड़ती है। जब तक जीवात्मा है तब तक संसार की चहल-पहल है। जीवात्मा के अपक्रान्त होने पर सब शून्य हो जाता है। अतएव इस स्थान का नाम इन्द्रिय रखा गया है।

अब वर्णस्वरीय नामक इन्द्रियाध्याय की व्याख्या की जायगी—ऐसा भगवान् आत्रेय ने कहा था। अर्थात् इस अध्याय में वर्ण और स्वर से सम्बन्ध रखनेवाले रिष्ट लक्षण कहे जायँगे।१।

इह खलु वर्णश्च स्वरश्च गन्धश्च रसश्च स्पर्शश्च चक्षुश्च श्रोत्रं च घ्राणं च रसनं च स्पर्शनं च सत्त्वं च भक्तिश्च शौचं च शीलं चाचारश्च स्मृतिश्चाकृतिश्च[1] बलं च ग्लानिश्च[2] तन्द्रा चारम्भश्च गौरवं च लाघवं च गुणाश्चाहारश्चाहारपरिणामश्चोपायश्चापायश्च[3] व्याधिश्च व्याधिपूर्वरूपं च वेदनाश्चोपद्रवाश्च छाया च प्रतिच्छाया च स्वप्नदर्शनं दूताधिकारश्च पथि चौत्पातिकं चातुरकुले भावावस्थान्तराणि च भेषजसंवृत्तिश्च[4] भेषजविकारयुक्तिश्चेति[5] परीक्ष्याणि प्रत्यक्षानुमानोपदेशैरायुषः प्रमाणविशेषं जिज्ञासमानेन भिषजा ॥२॥

इन्द्रियस्थान का विषय—इस स्थान में वर्ण स्वर गन्ध रस स्पर्श चक्षु श्रोत्र घ्राण रसन स्पर्शन भक्ति (इच्छा) शौच

१—'स्मृतिश्च प्रकृतिश्च विकृतिश्चाकृतिश्च मेधा च' ग०। २—'ग्लानिश्च हर्षश्च रौक्ष्यं च स्नेहश्च तन्द्रा च' ग०। ३—'उपायो व्याधिप्रतिकाराय उपायः।' गङ्गाधरः। 'उपाय उपगमनं व्याधिमेलक इत्यर्थः' चक्रः॥ ४—'भेषजप्रवृत्तिश्च ग०। ५—'भेषजाभिकारयुक्तिश्च' ग०।

(पवित्रता) शील (सहज स्वभाव) आचार (शास्त्र विहित कर्म का पालन) स्मृति आकृति बल ग्लानि तन्द्रा आरम्भ (रोग का आरम्भ) गौरव लाघव गुण आहार आहार का परिणाम उपाय (रोगों का होना) अपाय (रोग का नाश) रोग पूर्वरूप वेदना उपद्रव छाया (देह की छवि) प्रतिच्छाया (छाया) स्वप्नों का देखना दूताधिकार तथा मार्ग में उत्पात सम्बन्धी भाव रोगिकुल में शुभाशुभसूचक भावों की विविध अवस्थायें, भेषजसंवृत्ति (वैद्य द्वारा प्रयुक्त औषध का रोगी के शरीर पर प्रभाव) भेषजविकारयुक्ति (क्या औषधविशेष किसी रोगविशेष में प्रयोग कराया जा सकता है) । इन परीक्ष्य भावों की आयु के प्रमाण को जानने की इच्छा रखनेवाले चिकित्सक को प्रत्यक्ष अनुमान उपदेश प्रमाणों द्वारा परीक्षा करनी चहिये। इन सब भावों से सम्बन्ध रखनेवाले रिष्ट लक्षण इस स्थान में कहे जायँगे ॥२॥

तत्र खल्वेषां परीक्ष्याणां कानिचित्पुरुषमनाश्रितानि कानिचिच्च पुरुषसंश्रयाणि; तत्र यानि पुरुषमनाश्रितानि तान्युपदेशतो युक्तितश्च परीक्षेत, पुरुषसंश्रयाणि पुनः प्रकृतितश्च विकृतितश्च ॥३॥

इन परीक्ष्य विषयों में से कुछ एक तो पुरुष में (जिसकी आयु का प्रमाण जानना है) आश्रित नहीं होते और कुछ एक आश्रित होते हैं । जैसे दूताधिकार वा मार्ग के उत्पातकर भाव आदि जिस आतुर की आयु का प्रमाण जानना है उस पुरुष में आश्रित नहीं । और वर्ण स्वर आदि आश्रित होते हैं । जो भाव उस पुरुष में आश्रित नहीं उनकी उपदेश और युक्ति वा अनुमान द्वारा परीक्षा करनी चाहिये । और जो पुरुष में आश्रित होते हैं उन्हें प्रकृति और विकृति द्वारा परीक्षा करे ॥३॥

तत्र प्रकृतिर्जातिप्रसक्ता च कुलप्रसक्ता च देशानुपातिनी[1] च कालानुपातिनी च वयोऽनुपातिनी च प्रत्यात्मनियता च; जातिकुलदेशकालवयःप्रत्यात्मनियता हि तेषां तेषां पुरुषाणां ते ते भावविशेषा भवन्ति ॥४॥

प्रकृति—जाति कुल देश काल उम्र तथा प्रति व्यक्ति पर आश्रित होती है । यदि मानवजाति में प्राणी का जन्म है तो उसकी मानवप्रकृति होगी। यदि जाति से ब्राह्मण आदि जातियों का ग्रहण हो तो वहाँ जन्म होने से उसकी प्रकृति ब्राह्मण आदि के सदृश होगी । इसे जातिप्रसक्ता (जाति से सम्बन्ध रखनेवाली) प्रकृति कहेंगे । जो वंशपरम्परा से मनुष्य को प्रकृति प्राप्त होती है उसे कुलप्रसक्ता वा कुलगत प्रकृति कहते हैं। किसी देशविशेष में जन्म होने से जो विशेष प्रकृति होती है, उसे देशानुपातिनी प्रकृति कहते हैं । काल से सांवत्सरिक और आवस्थिक दोनों काल लिये जाते हैं । वसन्त आदि ऋतु वा सत्ययुग आदि काल में जो विशेष प्रकृति होती है उसे कालानुपातिनी कहा जाता है । इसी प्रकार रोगिता और नीरोगिता आदि अवस्थाओं में जो विशेष प्रकृति होती है उसे भी कालानुपातिनी कहते हैं । बचपन जवानी वृद्धावस्था आदि में जो विशेष २ प्रकृतियाँ होती हैं उन्हें वयोऽनुपातिनी कहते हैं। एवं प्रत्येकव्यक्ति की जो अपनी नियत प्रकृति है वह प्रत्यात्मनियत कहाती है। इस प्रकार प्रकृतियाँ छह बातों पर निर्भर होती हैं । वृद्धवाग्भट ने इन छह के साथ साथ बल को भी पढ़ा है । इस प्रकार वह प्रकृति को सात प्रकार की मानता है । अष्टाङ्गसंग्रह शारीर ८ अ० में—

'तथा पुनः सप्त प्रकृतयो जातिकुलदेशकालवयोबलप्रत्यात्मसंश्रयाः ।'

परन्तु बल के आश्रित प्रकृति को मानना कहाँ तक ठीक है यह विद्वानों को स्वयं तर्कणा करनी चाहिये । बल स्वयं ही जाति आदि भावों पर आश्रित है, उसको पृथक् गिनना हम तो उचित नहीं समझते ।

उन २ पुरुषों के वे वे वर्ण पवित्रता शील आचार आदि जाति कुल देश काल वयस् तथा अपने २ (प्रति व्यक्ति) पर आश्रित देखे जाते हैं ॥४॥

विकृतिः पुनर्लक्षणनिमित्ता च लक्ष्यनिमित्ता च निमित्तानुरूपा च ॥५॥

विकृति—तीन प्रकार की है । १–लक्षणनिमित्त २–लक्ष्यनिमित्त और ३–निमित्तानुरूप ॥५॥

तत्र लक्षणनिमित्ता नाम सा, यस्याः शरीरे लक्षणान्येव हेतुभूतानि भवन्ति दैवात् , लक्षणानि हि कानिचिच्छरीरोपनिबद्धानि भवन्ति, यानि हि तस्मिंस्तस्मिन् काले तत्राधिष्ठानमासाद्य तां तां विकृतिमुत्पादयन्ति ॥६॥

लक्षणनिमित्त विकृति—उसे कहते हैं जिसके दैव के कारण उत्पन्न शरीर में लक्षण ही हेतु हों । अभिप्राय यह है कि पूर्वजन्म के कर्मों के कारण शरीर में कई प्रकार के लक्षण उत्पन्न होते हैं । ये सामुद्रिक शास्त्रोक्त लक्षण हो सकते हैं । अथवा छाती शिर आदि अंगों की ठीक बनावट का न होना, नाखूनों पर रेखाओं का वा पुष्पों का दिखाई देना आदि लक्षणों का भी यहाँ ग्रहण है । वस्तुतः ये लक्षण केवल भावी व्याधि के निदर्शक होते हैं कारण नहीं होते । परन्तु दैव के कारण इन लक्षणों की उत्पत्ति होती है और ये भावी व्याधि के निदर्शक होते हैं। कुछ लक्षण शरीर से सम्बद्ध होते हैं, जो उस २ समय वहाँ आश्रय पाकर उस २ विकार को उत्पन्न करते हैं। जैसे छाती की बनावट का ठीक न होना कालान्तर में राजयक्ष्मा का हेतु हो जाता है । यह लक्षणनिमित्त विकृति कहाती है ॥६॥

लक्ष्यनिमित्ता तु सा, यस्या उपलभ्यते निमित्तं, यथोक्तं निदानेषु ॥७॥

लक्ष्यनिमित्त विकृति—वह होती है जिसका उक्त निदानों (निदानस्थान) में निमित्त (कारण) पाया जाता है । अर्थात् जैसे एक पुरुष ने रूक्ष लघु आदि गुणयुक्त द्रव्य का उपयोग किया तो वातज विकृति हो गयी । यह लक्ष्यनिमित्त विकृति कहाती है । गङ्गाधर ने इसका अर्थ यूं किया है—जिस विकृति का व्याधि आदि निमित्त पाया जाता है वह लक्ष्यनिमित्ता विकृति कहाती है । ये निमित्त रोगों के निदान आदियों में कहे गये हैं और आगे कहे जायँगे ।

[1] —'दशानुपातिनी' ग० ।

गंगाधर ने 'विकृतिः पुनर्लक्षणनिमित्ता च लक्ष्यनिमित्ता च निमित्तानुरूपा च ।' के पश्चात् 'लक्ष्यं तावन्निमित्तानुमानम्' यह पाठ अधिक पढ़ा है और इसका अर्थ इस प्रकार किया है कि–निमित्त (कारण) से जिसका अनुमान किया जाय वह रोग आदि लक्ष्य कहाता है । इसी अर्थ को मानकर 'लक्ष्य निमित्ता' की व्याख्या की है ॥७॥

निमित्तानुरूपा तु निमित्तार्थकारणी या, तामनिमित्तां निमित्तमायुषः प्रमाणज्ञानस्येच्छन्ति भिषजो भूयश्चायुषः क्षयनिमित्तां प्रेतलिङ्गानुरूपां, यामायुषोऽन्तर्गतस्य ज्ञानार्थमुपदिशन्ति धीराः, यामधिकृत्य पुरुषसंश्रयाणि मुमूर्षतां लक्षणान्युपदेक्ष्याम इत्युद्देशः। तद्विस्तरेणानुव्याख्यास्यामः॥

निमित्तानुरूपा विकृति–जो निमित्त के प्रयोजन का अनुकरण करती हो वह निमित्तानुरूपा विकृति कहाती है । अर्थात् स्वयं निमित्त (कारण) की तरह कार्य को करती है । जिस निमित्तरहित विकृति को चिकित्सक आयु के प्रमाण ज्ञान का निमित्त मानते हैं और आयु के क्षय से उत्पन्न, मुमूर्षु पुरुष के मृत्यु की ज्ञापक जिस विकृति को अन्तर्गत आयु के लिये विद्वान् लोग कहते हैं और जिस विकृति का अवलम्बन करके हम मुमूर्षु पुरुष के पुरुषाश्रित लक्षणों (दूत आदि सम्बन्धी नहीं) का उपदेश करेंगे, वह निमित्तानुरूपा विकृति कहाती है । 'अन्तर्गत' आयु से अभिप्राय उस आयु से है जो लक्षणनिमित्त वा लक्ष्यनिमित्त विकृति से नहीं जानी जाती । अथवा अन्तर्गतस्य' के स्थल पर 'अन्तगतस्य' यह पाठ होने पर उसका अर्थ 'मुमूर्षु व्यक्ति ही' यह होगा । अर्थात् उस विकृति का निमित्त (कारण) नहीं कहा जा सकता अव्यक्त होने से) वह यदृच्छा से ही (अचानक) उत्पन्न हो जाती है और उस विकृति से हम आयु का प्रमाण बता देते हैं–कि इसे ६ घण्टे, एक दिन वा तीन मास पर्यन्त जीवित रहना है इत्यादि । और उस विकृति को ही मृत्यु का कारण बताया जाता है । यह संक्षेप से कहा है । विस्तार से उपदेश करते हुए आगे इसकी व्याख्या हो जायगी ॥८॥

तत्रादित एव वर्णाधिकारः, तद्यथा—कृष्णः कृष्णश्यामः श्यामावदातोऽवदातश्चेति प्रकृतिवर्णाः शरीरस्य भवन्ति, यांश्चापरानुपेक्षमाणो[1] विद्यादनूकतोऽन्यथा वापि निर्दिश्यमानांस्तज्ज्ञैः; नीलश्यामताम्रहरितशुक्लाश्च वर्णाः शरीरस्य वैकारिका भवन्ति, यांश्चापरानुपेक्ष[1]माणो विद्यात् प्राग्विकृतानभूत्वोत्पन्नान्; इति प्रकृतिविकृतिवर्णा भवन्त्युक्ताः शरीरस्य ॥९॥

सबसे पूर्व वर्ण का आश्रय करके जो मुमूर्षु के लक्षण होते हैं वे कहे जायँगे–कृष्ण (काला) कृष्णश्याम (कालेपन की ओर सांवला) श्यामावदात (श्यामगौर अर्थात् न सांवला न गोरा अथवा गोरेपन की ओर सांवला) अवदात गोरा); ये शरीर के स्वभाविक वर्ण होते हैं । गङ्गाधर ने कृष्णश्याम के स्थल पर 'श्याम' ही पढ़ा है । और जिन अन्य वर्णों को वर्णज्ञ पुरुष सादृश्य द्वारा अथवा नामान्तर से निर्देश करते हैं, उन्हें भी प्रकृतिवर्ण जाने । अर्थात् पुरुषों की स्वस्थावस्था में जो इस प्रकार प्रयोग होता हो कि वह दूध के समान गोरा है वा कमल के समान गोरा है वा कोयल सा काला है इत्यादि; वह सब प्रकृतिवर्ण जानना चाहिये ।

नील (नीला), श्याम (जो प्रकृतिवर्ण में 'श्याम' पढ़ते हैं वे 'नीलश्याम' से एक वर्ण का ग्रहण करते हैं अर्थात् नीला और श्याम वर्ण मिला हुआ अथवा नीलवत् श्याम), ताम्रवर्ण, हरित (हरा) वर्ण, हारिद्रवर्ण (हल्दी का सा रंग), तथा शुक्लवर्ण (श्वेत–जैसा श्वित्रियों का होता है) ये शरीर के वैकारिक वर्ण हैं–विकृति से उत्पन्न होते हैं । इनके अतिरिक्त और भी वे सब वर्ण जो विकृति से पूर्व न हों और पीछे से उत्पन्न हों अर्थात् अनिमित्त ही उत्पन्न हो जायँ उन्हें भी वैकारिक जानें ।

ये शरीर प्राकृतिक और वैकारिक (विकृति सम्बन्धी) वर्ण कह दिये हैं ॥९॥

तत्र प्रकृतिवर्णमर्धशरीरे विकृतिवर्णमर्धशरीरे द्वावपि वर्णौ मर्यादाविभक्तौ दृष्ट्वा यदेव सव्यदक्षिणविभागेन यदेव पूर्वपश्चिमविभागेन यदुत्तराधरविभागेन यदन्तर्बहिर्विभागेनातुरस्य रिष्टमिति विद्यात् ॥१०॥

यदि आधे शरीर का स्वाभाविक वर्ण हो और आधे शरीर का विकृत वर्ण हो और ये दोनों वर्ण सीमा में विभक्त दिखाई दें, चाहे वे वाम दक्षिण विभाग से विभक्त हों, चाहे पूर्व (सम्मुख) पश्चिम (पृष्ठ) विभाग से विभक्त हों, चाहे ऊपर नीचे के विभाग से विभक्त हों, चाहे अन्दर बाहर विभाग से विभक्त हों, उसे रोगी के लिये अरिष्ट (मरणानुमापक लक्षण) जानना चाहिये ॥१०॥

एवमेव वर्णभेदो मुखेऽप्यन्यतो[1] वर्तमानो मरणाय भवति ॥११॥

इसी प्रकार यदि रोगी के मुख के प्रकृतिवर्ण और विकृतिवर्ण सीमा में विभक्त हों तो वह भी अरिष्ट हैं । अर्थात यदि मुँह के अन्दर एक आधे में प्रकृति वर्ण हो और दूसरे आधे में विकृतिवर्ण हो तो वह रोगी मुमूर्षु होगा । यह सीमा किसी भी दिशा में हो सकती है चाहे ऊपर नीचे हो, चाहे सामने पीछे हो, चाहे वामदक्षिण हो, चाहे अन्दर बाहर हो ॥११॥

वर्णभेदेन ग्लानिहर्षरौक्ष्यस्नेहा व्याख्याताः ॥१२॥

वर्णभेद द्वारा ही ग्लानि हर्ष रूक्षता स्निग्धता की भी व्याख्या हो गयी है । अर्थात् यदि शरीर वा मुख के एक ओर के आधे भाग में ग्लानि और दूसरे में हर्ष हो वा एक ओर के आधे भाग में रूक्षता और दूसरे में स्निग्धता हो और दोनों मर्यादा में विभक्त दिखाई दें तो उन्हें भी अरिष्ट लक्षण जानना ॥

तथा पिप्लुव्यङ्गतिलकालकपिडकानामानने जन्मातुरस्यैवमेवाप्रशस्तं विद्यात् ॥१३॥

यदि रोगी के मुख पर पिप्लु व्यङ्ग तिलकालक (तिल) अथवा पिडकाओं में से कोई एक हठात् उत्पन्न हो जायँ तो उसे भी अच्छा लक्षण न जानना चाहिये । वह भी रिष्ट लक्षण है ॥

१—'उपेत्य ईक्षमाण इत्युपेक्षमाणः' चक्रः ।' अवेक्ष्यमाणानपि' ग० ।

१—'मुखस्यान्तर्गतो' च० ।

नखनयनवदनमूत्रपुरीषहस्तपादौष्ठादिष्वपि च वैकारिकोक्तानां वर्णानामन्यतमस्य प्रादुर्भावो हीनबलवर्णेन्द्रियेषु लक्षणमायुषः क्षयस्य भवति ॥१४॥

जिन रोगियों का बल वर्ण तथा इन्द्रियशक्ति हीन हो गयी है उनके नख नेत्र मुख मूत्र पुरीष हाथ पैर होठ आदियों में भी यदि कहे हुए वैकारिक वर्णों में से किसी वर्ण का प्रादुर्भाव हो तो वह भी आयुःक्षय का लक्षण होता है ॥१४॥

यच्चान्यदपि किंचिद्वर्णवैकृतमभूतपूर्वं सहसोत्पद्येतानिमित्तमेव हीयमानस्यातुरस्य शश्वत्, तच्चारिष्टम्; इति वर्णाधिकारः ॥१५॥

इसके अतिरिक्त जिस रोगी के बल मांस आदि क्षीण हो रहे हैं उस पुरुष के शरीर में कोई अभूतपूर्व (जो वैकृतावस्था से पूर्व नहीं था) वर्ण सहसा अनिमित्त (निमित्त के विना ही) उत्पन्न हो जाय उसे भी अरिष्ट जानें। यह वर्णाधिकार समाप्त होता है ॥१५॥

स्वराधिकारस्तु—हंसक्रौञ्चनेमिदुन्दुभिकलविङ्ककाककपोतझर्झरानुकाराः प्रकृतिस्वरा भवन्ति, यांश्चापरानुपेक्षमाणोऽपि विद्यादनूकतोऽन्यथा वाऽपि निर्दिश्यमानांस्तज्ज्ञैः॥

स्वराधिकार—हंस क्रौञ्च (कुंज पक्षी) नेमि (चक्र—पहिये की नाभि) दुन्दुभि कलविङ्क (पक्षिविशेष) काक (कौआ) कपोत (कबूतर) झर्झर (वाद्यविशेष) इनके स्वरों के सदृश स्वर प्राकृतिक होते हैं। तथा च अन्य भी स्वर जो विवेचना से प्राकतावस्था में देखे जाते हैं और जिनका स्वरज्ञ पुरुष सादृश्य द्वारा अथवा अन्यथा निर्देश करते हैं उन्हें भी प्रकतिस्वर जानना चाहिये ॥१६॥

[1]एडककलग्रस्ताव्यक्तगद्गदक्षामदीनानुकीर्णास्त्वातुराणां स्वरा वैकारिका भवन्ति, यांश्चापरानुपेक्षमाणोऽपि विद्यात्प्राग्विकृतानभूत्वोत्पन्नान्; इति प्रकृतिविकृतिस्वरा व्याख्याताः ॥१७॥

एडक (मेढ़ा) सदृश; कल (सूक्ष्म), ग्रस्त (जो स्वर निकले ही नहीं), अव्यक्त (अस्पष्ट), गद्गद (रुके कण्ठ से बोलने के सदृश), क्षाम (रूक्ष वा क्षीण), दीन (दुःखी पुरुष जैसा बोलता है अथवा गिड़गिड़ाने की तरह), अनुकीर्ण (ऊपर २ बोलते जाना—कहीं रुकना नहीं और बोलते जाना); ये रोगियों के स्वर वैकारिक जानने चाहिये। इनके अतिरिक्त वे अन्य स्वर-जिनकी विवेचना करने पर पूर्वस्वर से भिन्न तथा जो पूर्व कभी भी न रहा हो परन्तु सहसा उत्पन्न हो गया हो—जाना जाय उसे विकृति स्वर जाने। यह प्रकृति स्वर और विकृति-स्वर की व्याख्या हो गयी। 'अनुकीर्णाः' के स्थल पर 'अनुकाराः' यह भी पाठान्तर है ॥१७॥

तत्र प्रकृतिवैकारिकाणां स्वराणामाश्वभिनिर्वृत्तिः [2]स्वरानेकत्वमेकस्य चानेकत्वमप्रशस्तम्; इति स्वराधिकारः ॥१८॥

प्रकृति से अन्यथाभूत अर्थात् वैकारिक स्वरों का शीघ्र ही उत्पन्न होना अथवा प्रकृति स्वर और विकृतिस्वरों का युगपत् शीघ्र ही प्रादुर्भाव होना, स्वर की अनेकता—कभी मेषवत् स्वर होना कभी गद्गद वा कभी दीन अथवा कभी ग्रस्त इत्यादि। अथवा यदि प्रकृतिस्वरों की भी अनेकता हो कभी हंसवत् कभी दुन्दुभिवत् इत्यादि। अथवा स्वर तो एक हो पर अनेक प्रतीत हों तो अशस्त लक्षण है—रिष्ट-लक्षण है। गंगाधर का पाठ यह है—'स्वराणामेकत्वमेकस्य चानेकत्वं' उसके अनुसार बहुत से स्वरों का मिश्रित होकर एक होना अथवा एक का अनेक होना अच्छा लक्षण नहीं ॥१८॥

इति वर्णस्वराधिकारौ, यथावदुक्तौ मुमूर्षतां [1]ज्ञानार्थमिति ॥१९॥

मुमूर्षु पुरुषों के ज्ञान के लिये वर्णाधिकार और स्वराधिकार यथावत् कह दिये हैं ॥१९॥

भवन्ति चात्र

यस्य वैकारिको वर्णः शरीर उपजायते।
अर्धे वा यदि वा कृत्स्ने निमित्तं न च नास्ति सः ॥२०॥

जिसके शरीर के आधे में (और आधे में प्रकृति वर्ण हो) अथवा सम्पूर्ण शरीर में ही विकृत वर्ण बिना निमित्त ही उत्पन्न हो गया हो तो वह शीघ्र ही मर जायगा। यदि निमित्त से हो तो सर्वदा ही मृत्युशङ्का न करनी चाहिये ॥२०॥

नीलं वा यदि वा श्यामं ताम्रं वा यदि वाऽरुणम्।
मुखार्धमन्यथा वर्णो मुखार्धेऽरिष्टमुच्यते ॥२१॥

यदि मुख का आधा भाग नीला श्याम ताम्रवर्ण अथवा अरुण वर्ण का हो आधे मुख में उससे भिन्न वर्ण अथवा प्रकृतिवर्ण हो तो उसे अरिष्ट लक्षण कहा जाता है ॥२१॥

स्नेहो मुखार्धे सुव्यक्तो रौक्ष्यमर्धमुखे भृशम्।
ग्लानिरर्धे तथा हर्षो मुखार्धे प्रेतलक्षणम् ॥२२॥

यदि मुख के आधे में सुस्पष्ट स्निग्धता हो और आधे में अत्यन्त रूक्षता हो अथवा मुख के आधे में ग्लानि हो (मुरझाया हो) और आधे में हर्ष हो तो उसे मुमूर्षु का लक्षण जानें ॥२२॥

तिलकाः पिप्लवो व्यङ्गा राजयश्च पृथग्विधाः।
आतुरस्याशु जायन्ते मुखे प्राणान्मुमुक्षतः ॥२३॥

मुमूर्षु पुरुष के मुख पर तिल पिप्लु व्यङ्ग और नाना प्रकार की राजियाँ (रेखायें) शीघ्र ही उत्पन्न हो जाती हैं। अभिप्राय यह है कि जिस रोगी के मुख पर सहसा तिल आदि उत्पन्न हो जायँ उसे यमसदन का यात्री जानना ॥२३॥

पुष्पाणि नखदन्ते वा पङ्को वा दन्तसंश्रितः।
चूर्णको वाऽपि दन्तेषु लक्षणं मरणस्य तत् ॥२४॥

यदि रोगी के नख और दाँत पर पुष्प (श्वेत चिह्न) हो जायँ अथवा दाँतों पर यदि कीचड़ के सदृश क्लेद वा चूर्णक (चूने के सदृश श्वेत पदार्थ) प्रादुर्भूत हो जाय तो उसे मृत्यु का लक्षण जानना चाहिये ॥२४॥

१—'शुककलग्रहग्रस्ता०' ग०। २—'स्वराणामेकत्व०' ग०।

१—'लक्षणज्ञानार्थं' ग०।

ओष्ठयोः पादयोः पाण्योरक्ष्णोर्मूत्रपुरीषयोः ।
नखेष्वपि च वैवर्ण्यमेतत्क्षीणबलेऽन्तकृत् ॥२५॥

निर्बल रोगी के दोनों होठों पैरों हाथों नेत्रों मूत्र पुरीष वा नखों से विवर्णता हो जाय तो उसे मृत्युजनक जानना चाहिये ।

यस्य नीलावुभावोष्ठौ पक्वजाम्बवसन्निभौ ।
मुमूर्षुरिति तं विद्यान्नरो धीरो गतायुषम् ॥२६॥

जिसके दोनों होंठ पके हुए जामुन के सदृश नीले हों उस गतायु पुरुष को विद्वान् चिकित्सक मुमूर्षु जाने । सुश्रुत सू० ३१ अ० में भी—

'यस्याधरौष्ठः पतितः क्षिप्तश्चोर्ध्वं तथोत्तरः ।
उभौ वा जाम्बवाभासौ दुर्लभं तस्य जीवितम्' ॥२६॥

एको वा यदि वाऽनेको यस्य वैकारिकः स्वरः ।
सहसोत्पद्यते जन्तोर्हीयमानस्य नास्ति सः ॥२७॥

क्षीण होते हुए पुरुष के यदि सहसा एक वा अनेक विकृति-स्वर उत्पन्न हो जायँ तो उसे मरा हुआ ही जानना चाहिये । अर्थात् उसकी शीघ्र ही मृत्यु होनेवाली है, यह समझें ॥२७॥

यच्चान्यदपि किंचित्स्याद्वैकृतं स्वरवर्णयोः ।
बलमांसविहीनस्य तत्सर्वं मरणोदयम्[1] ॥२८॥

बल तथा मांस से हीन पुरुष के स्वर और वर्ण में जो भी अन्य सहसा अकारण कोई विकृति हो तो उसे मृत्यु का उदय जानना चाहिये—वह मृत्यु का लक्षण है ॥२८॥

तत्र श्लोकः

इति वर्णस्वरावुक्तौ लक्षणार्थं मुमूर्षताम् ।
यस्तु सम्यग्विजानाति नायुर्ज्ञाने स मुह्यति ॥२९॥

इत्यग्निवेशकृते तन्त्रे चरकप्रतिसंस्कृते इन्द्रियस्थाने वर्णस्वरीयमिन्द्रियं नाम प्रथमोऽध्यायः ॥ १ ॥

मुमूर्षु अर्थात् आसन्नमृत्यु पुरुष की पहिचान के लिये हमने आयु के क्षयसूचक वर्ण और स्वर कह दिये हैं अथवा वर्ण-स्वरीयाधिकार कहा है । जो इन्हें सम्यक् प्रकार से जानता है, वह आयु के ज्ञान में मोह को प्राप्त नहीं होता ॥२९॥

इति प्रथमोऽध्यायः ।

—:०:—

द्वितीयोऽध्यायः ।

अथातः पुष्पितकमिन्द्रियं व्याख्यास्यामः ।
इति ह स्माह भगवानात्रेयः ॥ १ ॥

अब हम पुष्पित इन्द्रिय की व्याख्या करेंगे— ऐसा भगवान् आत्रेय ने कहा था । इस अ० का नाम पुष्पितक क्यों रखा है—इसका उत्तर अगले पद्य में दिया गया है ॥१॥

पुष्पं यथा पूर्वरूपं फलस्येह भविष्यतः ।
तथा लिङ्गमरिष्टाख्यं पूर्वरूपं मरिष्यतः ॥ २ ॥

जैसे भविष्यत् फल का ज्ञापक पूर्वरूप अरिष्ट होता है । सुश्रुत सूत्र २८ अ० में भी—

'फलाग्निजलवृष्टानां पुष्पधूमाम्बुदा यथा ।
ख्यापयन्ति भविष्यत्त्वं तथा रिष्टानि पञ्चताम्' ॥ २ ॥

अप्येवं तु भवेत्पुष्पं फलेनाननुबन्धि यत् ।
फलं चापि भवेत्किंचिद्यस्य पुष्पं न पूर्वजम् ॥ ३ ॥
न त्वरिष्टस्य जातस्य नाशोऽस्ति मरणादृते ।
मरणं चापि तन्नास्ति यन्नारिष्टपुरःसरम् ॥ ४ ॥

ऐसे फूल भी होते हैं जिनके पश्चात् फल नहीं लगता, जैसे वेतस का फूल । ऐसे भी कई फल हैं जिनसे पूर्व पुष्प नहीं होते, जैसे गूलर । परन्तु एक बार उत्पन्न हुए अरिष्ट का मृत्यु के विना नाश नहीं होता और मृत्यु भी ऐसी कोई नहीं जिससे पूर्व अरिष्टलक्षण न होते हों, अर्थात् अरिष्ट लक्षण होंगे तो मृत्यु अवश्य होगी । और मृत्यु से पूर्व सर्वदा अनपवादरूप से अरिष्ट लक्षण प्रादुर्भूत हुआ करते हैं । यह हो सकता है कि योगी वा रसायनसेवी लोग रिष्ट लक्षण उत्पन्न होने पर भी मृत्यु पर विजय पा लें । सुश्रुत सू० २८ अ० में कहा है—

'ध्रुवं तु मरणं रिष्टे ब्राह्मणैस्तत्किलामलैः ।
रसायनतपोजप्यतत्परैर्वा निवार्यते' ॥ ३,४ ॥

मिथ्यादृष्टमरिष्टाभमनरिष्टमजानता ।
अरिष्टं वाऽप्यसंबुद्धमेतत्प्रज्ञापराधजम् ॥ ५ ॥
ज्ञानसंबोधनार्थं तु लिंगैर्मरणपूर्वजैः ।
पुष्पितानुपदेक्ष्यामो नरान् बहुविधैर्बहून् ॥ ६ ॥

अज्ञ वैद्य जो वस्तुतः अरिष्ट नहीं है उसे अरिष्ट के सदृश यदि जानता है तो वह मिथ्याज्ञान है । अर्थात् जो चिकित्सक अरिष्टलक्षणों को सम्यक प्रकार से नहीं जानता वह कई बार जो अरिष्टलक्षण नहीं होते उन्हें भी भ्रम से अरिष्ट समझ लिया करता है ' अथवा वह अज्ञ चिकित्सक अरिष्ट लक्षणों को ही न समझे तो उसमें भी उसकी प्रज्ञा का अपराध जानना चाहिये । कभी २ अरिष्ट लक्षण तो उत्पन्न होते हैं पर अज्ञ वैद्य उसे पहि-चान ही नहीं पाता । अभिप्राय यह है कि वैद्य की बुद्धि के दोष से कभी २ जो अरिष्ट लक्षण नहीं उन्हें अरिष्ट लक्षण; और अरिष्ट लक्षणों को अनरिष्ट लक्षण समझ लिया जाता है । इस मिथ्या ज्ञान में वैद्य का ही दोष है । अतः उनके ज्ञान को जगाने के लिये मृत्यु से पूर्व उत्पन्न होनेवाले बहुत प्रकार के लक्षणों द्वारा बहुत से पुष्पित पुरुषों का उपदेश करेंगे । मृत्यु से पूर्व उसके ज्ञापक लक्षण अनेक प्रकार के होते हैं । कोई लक्षण किसी मे प्रादुर्भूत होते हैं और कोई लक्षण किसी में । इस प्रकार नाना पुरुषों में नाना लक्षण हुआ करते हैं । हम उन अरिष्टलक्षणाक्रान्त पुरुषों का वर्णन इस अध्याय में करेंगे । इससे वैद्यों की बुद्धि का विकास होगा और वे रोगी की मृत्यु वा जीवन का पूर्वकथन कर सकेंगे ॥५,६॥

नानापुष्पोपमो गन्धो यस्य [1]वाति दिवानिशम् ।
पुष्पितस्य वनस्येव नानाद्रुमलतावतः ॥ ७ ॥
तमाहुः पुष्पितं धीरा नरं मरणलक्षणैः ।
स ना संवत्सरादेहं जहातीति विनिश्चयः ॥ ८ ॥

१—'मरणाय हि' पा० ।

१—'भाति' च० ।

जिनमें फूल खिले हुए हैं ऐसे नाना प्रकार के वृक्ष और लताओं से सुशोभित वन के सदृश जिस पुरुष के देह से दिन रात गन्ध निकलती रहती है उसे पण्डित लोग मृत्यु के लक्षणों से पुष्पित कहते हैं। देह से नाना प्रकार के पुष्पों की गन्धों का अनिमित्त ही आना मृत्यु क पूर्वरूप है। वह पुष्पित पुरुष एक वर्ष तक देह का अवश्य त्याग कर देगा। अर्थात् इस लक्षण से आक्रान्त रोगी की आयु एक वर्ष शेष है, वह एक वर्ष से अधिक जीवित नहीं रह सकता ॥७,८॥

एवमेकैकशः पुष्पैर्यस्य गन्धः समो भवेत्।
इष्टैर्वा यदि वाऽनिष्टः स च पुष्पित उच्यते ॥ ९ ॥

इसी प्रकार जिसके शरीर से एक २ फूल के सदृश सुगन्ध वा दुर्गन्ध आती हो तो वह भी पुष्पित (जातारिष्ट) कहाता है। इस की अवशिष्ट परमायु भी एक वर्ष होती है ॥९॥

समासेनाशुभान् गन्धानेकत्वेनाथ वा [1]पुनः।
आजिघ्रेद्यस्य गात्रेषु तं विद्यात्पुष्पितं भिषक् ॥१०॥

जिसके अङ्गों से अशुभ गन्धों (दुर्गन्धों) की मिश्रित वा पृथक् २ गन्ध आती हो, चिकित्सक उसे पुष्पित जानें। यह पुरुष भी वर्ष के अन्दर २ मृत्यु को प्राप्त होता है ॥१०॥

[2]आप्लुतानाप्लुते काये यस्य गन्धाः शुभाशुभाः।
व्यत्यासेनामित्ताः स्युः स च पुष्पित उच्यते ॥११॥

जिस पुरुष के देह पर गन्ध द्रव्यों के लेप करने वा न करने पर सुगन्ध और दुर्गन्ध विपरीत भाव से निमित्त के विना ही आवे तो उसे भी पुष्पित जानें। अर्थात् यदि किसी ने चन्दन आदि सुगन्धित द्रव्य का लेप किया है, परन्तु वह सुगन्ध न आकर उसके देह से बुरी गन्ध आती है तो उसे पुष्पित जाने। इसी प्रकार किसी दुर्गन्धि द्रव्य के लेप होने पर सुगन्ध आवे तो भी उसे पुष्पित जानना। इसकी आयु की परम अवधि एक वर्ष जाननी चाहिये ॥११॥

तद्यथा चन्दनं कुष्ठं तगरागुरुणी मधु।
माल्यं मूत्रपुरीषे च मृतानि कुणपानि च। १२॥
ये चान्ये विविधात्मानो गन्धा विविधयोनयः।
तेऽप्यनेनानुमानेन विज्ञेया विकृतिं गताः ॥१३॥

सुगन्धि और दुर्गन्धि द्रव्यों के कुछ एक उदाहरण-चन्दन कुष्ठ (कुठ), तगर, अगर, मधु (शहद), चमेली आदि की मालायें ये सुगन्धि द्रव्य हैं वा इन गन्धों को शुभगन्ध कहते हैं। मुत्र पुरीष पशुओं के मृत शरीर और शव (मृत नरदेह) ये अशुभ गन्ध हैं। इनके अतिरिक्त जो भी विविध कारणों से उत्पन्न होनेवाले विविध प्रकार के गन्ध हैं उन्हें भी इसी अनुमान से विकृति को प्राप्त जानना चाहिये। अर्थात् पुष्पित शरीर में ही उन गन्धों से विपरीत गन्ध विना निमित्त, आया करती है। तात्पर्य यह है कि जिसके शरीर पर चन्दन आदि शुभ गन्ध लगाये गये हैं उसके शरीर पर उस गन्ध का विकास न होकर यदि अकारण ही मूत्र पुरीष आदि की गन्ध आवे एवं चन्दन आदि गन्ध के न लगाने पर चन्दन आदि की गन्ध आवे अथवा मूत्रपुरीष आदि अशुभ गन्ध से लिप्त होने पर उस शरीर से वह २ गन्ध न आकर अकारण ही चन्दन आदि की शुभ गन्ध आवे एवं मूत्रपुरीष आदि अशुभ गन्ध से आप्लुत न होने भी शरीर से वह २ अशुभ गन्ध आवे तो उस व्यक्ति को पुष्पित जानना चाहिये। उसकी आयु का काल भी एक वर्ष है ॥१२,१३॥

इदं चाप्यतिदेशार्थं लक्षणं गन्धसंश्रयम्।
वक्ष्यामो यदभिज्ञाय भिषङ्मरणमादिशेत् ॥१४॥
[1]वियोनिर्विदुरो यस्य गन्धो गात्रेषु दृश्यते।
इष्टो वा यदि वाऽनिष्टो न स जीवति तां समान् ॥
एतावद् गन्धविज्ञानं,

यह भी एक अतिदेश के तौर पर गन्ध सम्बन्धी लक्षण कहेंगे, जिसे समझ कर वैद्य मृत्यु की सूचना दे सकता है। जो अभी तक कहा नहीं गया उसके संग्रह के लिये साधारण नियम का जानना अतिदेश कहाता है ॥

जिसके अङ्गों में अकारण ही स्थायी इष्ट वा अनिष्ट गन्ध (सुगन्ध वा दुर्गन्ध) उत्पन्न हो जाती है वह उस वर्ष जीवित नहीं रहता। अर्थात् वह गन्धोत्पत्ति से लेकर वर्ष के अन्दर २ ही काल का ग्रास हो जाता है। गन्ध से इस प्रकार रिष्ट लक्षण जाने जाने हैं ॥१४,१५॥

रसज्ञानमतः परम्।
आतुराणां शरीरेषु वक्ष्यामो विधिपूर्वकम् ॥१६॥

रसविज्ञान—गन्धविज्ञान के पश्चात् रोगियों के शरीर में विधिपूर्वक रस विज्ञान कहा जायगा ॥१६॥

यो रसः प्रकृतिस्थानां नराणां देहसंभवः।
स एषां चरमे काले विकारं भजते द्वयम् ॥१७॥
कश्चिदेवास्य वैरस्यमत्यर्थमुपपद्यते।
स्वादुत्वमपरश्चापि विपुलं भजते रसः ॥१८॥

प्रकृतिस्थित पुरुषों का जो देह का रस होता है वह इनके अन्तसमय में दो प्रकार के विकारों को प्राप्त होता है। एक तो वह है जिसमें पुरुष के देह में अत्यन्त विरसता (अनिष्टरस का होना वा रसरहित होना) हो जाती है और दूसरा वह जिसमें प्राकृत रस अत्यन्त मधुर हो जाता है ॥१७,१८॥

तमनेनानुमानेन विद्याद्विकृतितां गतम्।
मनुष्यो हि मनुष्यस्य कथं रसमवाप्नुयात् ॥१९॥

उस विकृत रस को हम इस (निम्न पद्योक्त) अनुमान से जान सकते हैं। मनुष्य के रस को कैसे जाने ? यह कहने का अभिप्राय यह है कि रस यद्यपि जिह्वा का विषय है, परन्तु रोगी के शरीर के रस को जानने के लिये वैद्य अपनी रसना का प्रयोग नहीं कर सकता। क्योंकि उसका प्रयोग स्वास्थ्य की दृष्टि से उसके लिये अत्यन्त हानिकर है। अतएव वैद्य को आतुर के शरीर के रस का अनुमान ही करना होता है। यह बात विमानस्थान के चतुर्थ अ में कही जा चुकी है—

रसं तु खल्वातुरशरीरगतमिन्द्रियवैषयिकमप्यनुमानादवगच्छेत्। न ह्यस्य प्रत्यक्षेण ग्रहणमुपपद्यते। तस्मादातुरपरिप्रश्ने नैवातुरमुखरसं विद्यात्। यूकापसर्पणेन त्वस्य शरीरवैरस्यम्। मक्षिकोपसर्पणेन शरीरमाधुर्यम्। लोहितपित्तसन्देहे तु किं धारिलोहितं लोहितपित्तं वेति

[1] –'पुमान्' पा०। [2]—'आप्लुतानाप्लुताः' च०।

[1]—'वियोनिर्विदुरो' च०।

श्वकाकभक्षणाद्वारिलोहितभभक्षणाल्लोहितपित्तमित्यनुमातव्यम् । एवमन्यानप्यातुरशरीरगतान् रसाननुमिमीता ॥

मक्षिकाश्चैव यूकाश्च दंशाश्च मशकैः सह ।
विरसादपसर्पन्ति, जन्तोः कायान्मुमूर्षतः ॥२०॥

इसका अनुमान—मक्खियें जूँएं दंश (काटनेवाली मक्खी अथवा खटमल आदि) मच्छर; ये सब मुमूर्षु प्राणी के विरस (अनिष्ट रसयुक्त वा रसरहित) शरीर से परे हट जाते हैं। अर्थात् उसके शरीर पर मक्खी आदि विचरण नहीं करतीं।२०।

अत्यर्थरसिकं कायं कालपक्वस्य मक्षिकाः ।
अपि स्नातानुलिप्तस्य भृशमायान्ति सर्वशः ॥२१॥

काल से पके हुए अर्थात् आसन्नमृत्यु पुरुष का देह यदि अत्यन्त रसयुक्त हो—मधुर हो—तो चाहे उसे स्नान करा दें वा अन्य चन्दन आदि का अनुलेपन भी करा दें तो भी मक्खियाँ चारों ओर से उड़ २ कर उस पर आती हैं। इस अनुमान से हम शरीर के माधुर्य को जानते हैं। शरीर का विरस होना वा अत्यन्त मधुर होना आयुःक्षय का लक्षण है ॥२१॥

तत्र श्लोकः

ग्राम्येतानि मयोक्तानि लिङ्गानि रसगन्धयोः ।
पुष्पितस्य नरस्यैतत्फलं मरणमादिशेत् ॥२२॥

इत्यग्निविशकृते तन्त्रे चरकप्रविसंस्कृते इन्द्रियस्थाने पुष्पितकेन्द्रियं नाम द्वितीयोऽध्यायः ॥२॥

उपसंहार—जो मैंने पुष्पित पुरुष के रस और गन्ध सम्बन्धी लक्षण कहे हैं, वैद्य इनका फल मृत्यु बताये ॥२२॥

इति द्वितीयोऽध्यायः ।

—:०:—

तृतीयोऽध्यायः ।

अथातः परिमर्शनीयमिन्द्रियं व्याख्यास्यामः ।
इति ह स्माह भगवानात्रेयः ॥१॥

अब परिमर्शनीय इन्द्रिय की व्याख्या की जायगी—ऐसा भगवान् आत्रेय ने कहा था। इस अध्याय में मुमूर्षु पुरुष के स्पर्श द्वारा ज्ञेय भाव बताये जायँगे ॥१॥

वर्णे स्वरे च गन्धे च रसे चोक्तं पृथक् पृथक् ।
लिङ्गं मुमूर्षतां सम्यक् स्वर्शेऽप्यपि निबोधत ॥२॥

मुमूर्षु पुरुषों के वर्ण स्वर गन्ध और रस में पृथक् पृथक् लक्षण बता दिये गये हैं। अब स्पर्श में भी लक्षणों को ध्यान से समझो ॥२॥

[1]स्पर्शप्राधान्येनैवातुरस्यायुषः [2]प्रमाणविशेषं जिज्ञासुः प्रकृतिस्थेन पाणिना केवलमस्य शरीरं स्पृशेत् [3]विमर्शयेद्वाऽन्येन ॥३॥

स्पर्श की प्रधानता से (गौणरूप से यहाँ वर्ण आदि भी बताये हैं) ही रोगी की आयु के प्रमाण को जानने की अभिलाषावाला वैद्य प्रकृतिस्थित हाथ से उसके सारे शरीर को छूए अथवा दूसरे को छूने के लिये कहे। अर्थात् यदि अपना हाथ प्रकृतिस्थित न हो अत्यन्त उष्ण हो वा अत्यन्त शीत हो वा स्पर्शशक्ति न्यून हो वा प्रमाण से अधिक हो इत्यादि अवस्थाओं में स्पर्श से ज्ञेय भावों का ठीक पता नहीं चलता। तब दूसरे को स्पर्श के लिये कहे और पूँछता जाय। इसी प्रकार स्त्रियों के सब अंगों का स्पर्श करना आपत्तिजनक होता है, ऐसे समय में किसी विज्ञ स्त्री से स्पर्श कराकर प्रश्न द्वारा वैद्य ज्ञान प्राप्त कर सकता है ॥३॥

परिमृषता तु खल्वातुरशरीरमिमे भावास्तत्र तत्रावबोद्धव्या भवन्ति; तद्यथा—सततं स्पन्दमानानां शरीरदेशानां स्तम्भः, नित्योष्मणां शीतीभावः; मृदूनां दारुणत्वं, श्लक्ष्णानां खरत्वं, स्थूलानां वृषणादीनां सतामसद्भावः, सन्धीनां [1]स्रंसभ्रंशच्यवनानि मांसशोणितयोर्वीतीभावो दारुणत्वं, स्वेदानुबन्धः स्तम्भो वा, यच्चान्यदपि किंचिदीदृशं स्पर्शानां [2]लक्षणमनिमित्तं स्यात्; इति लक्षणानां संग्रहः स्पर्शानाम् ॥४॥

रोगी के शरीर का स्पर्श करते हुए वहाँ २ (भिन्न भिन्न शरीरदेशों में) ये भाव जानने होते हैं। जैसे—निरन्तर स्पन्दन करनेवाले देशों का स्तम्भ अर्थात् वहाँ स्पन्दन का न होना, जैसे हृदय वा जीवसाक्षिणी धमनी मन्या आदि का स्पन्दन न करना। नित्य उष्ण रहनेवाले स्थानों जैसे मुख के अन्दर का भाग का ठण्डा हो जाना। चिकने देशों का खरदरा हो जाना। कोई स्थूल अवयव पहिले तो हों और फिर न रहें। जैसे अण्ड पहिले हों और पीछे लोप हो जायें। सन्धियों की शिथिलता भ्रंश (अपने स्थान से हिल जाना) वा च्युति (नीचे गिरना)। मांस और रक्त का क्षय। मांस आदि की कठोरता। अत्यन्त पसीना आजाना स्तम्भ अर्थात् अङ्गों का जड़वत् हो जाना अथवा सर्वथा पसीना न आना। और भी जो इसी प्रकार के अकारण मृत्यु के लक्षण हो जायँ ये सब भाव रोगी के शरीर में स्पर्श द्वारा जानने होते हैं। स्पर्श-ज्ञेय भावों का यह संक्षेप से लक्षण कह दिया है ॥ ४ ॥

तद् व्यासतोऽनुव्याख्यास्यामः—तस्य चेत्परिमृश्यमानं पृथक्त्वेन पादजङ्घोरुस्फिगुदरपार्श्वपृष्ठपिण्डिकापाणिग्रीवाताल्वोष्ठललाटं स्विन्नं शीतं स्तब्धं दारुणं वीतमांसशोणितं वा स्यात्, परासुरयं पुरुषो न चिरात्कालं मरिष्यतीति विद्यात् ॥५॥

इसकी विस्तार से व्याख्या करेंगे—रोगी के पैर जङ्घा ऊरु स्फिक् (नितम्ब-चूतड़) उदर (पेट) पीठ रीढ़ की हड्डी हाथ गरदन तालु होठ मस्तक; इन्हें पृथक् २ छूने से यदि यह पता लगे कि पसीना आया हुआ है, शीतल है, स्तब्ध हैं, जड़वत् हैं वा कोई स्पन्दन नहीं, कठोर हैं वा मांसरक्त अत्यन्त क्षीण हो गये हैं, तो वह गतायु है—ऐसा जाने। वह शीघ्र ही मर जायगा—यह समझना चाहिये। अर्थात् इन देशों में से किसी एक देश में भी स्वेद शीतता आदि लक्षण विद्यमान हों तो वह प्राणी मुमूर्षु है यह जानें ॥५॥

तस्य चेत्परिमृश्यमानानि पृथक्त्वेन गुल्फजानुवङ्क्षणगुदवृषणमेढ्रनाभ्यंसस्तनमणिकहनुपर्शुकानासिकाकर्णाक्षिभ्रूशङ्खादीनि स्रस्तानि व्यस्तानि च्युतानि वा स्थानेभ्यः स्कन्नानि स्युः परासुरयं पुरुषो न चिरात्कालं मरिष्यतीति विद्यात् ॥६॥

1—'स्पर्शप्रामाण्येनैवा०' पा०। 2—'प्रमाणावशेषं' ग०। 3—'परिमर्शयेद्वाऽन्येन' यो०।

1—'स्रंसभ्रंशच्यवनानि' च 2—'विकृतमनिमित्तं' ग०।

यदि एक २ करके रोगी के गुल्फ (पाद जङ्घा सन्धि) घुटने वंक्षण (रान) गुदा वृषण (अण्डकोष) मेढ्र (मूत्रेन्द्रिय) नाभि अंस (बाहु और अक्षक की सन्धि) हनु (जबड़ा) पर्शुका (पसलियां) नाक कान नेत्र भौंह शङ्ख आदि को छूने से वे शिथिल, जोड़ से पृथक् वा अपने स्थान से गिरे हुए अनुभव हों तो वह गतायु पुरुष शीघ्र मृत्यु का ग्रास होगा—यह जाने ॥

तथाऽस्योच्छ्वासमन्यादन्तपक्ष्मचक्षुःकेशलोमोदरनखाङ्गुलिगणं च लक्षयेत् ॥७॥

तथा रोगी के उच्छ्वास (बाहर निकलनेवाला श्वास) मन्या (गर्दन की दो शिरायें जिनसे स्वच्छ रक्त जाता है—जिन्हें आजकल की परिभाषा के अनुसार मन्या धमनी कहा जाने लगा है), दांत पक्ष्म (पलकें), नेत्र, केश (शिर आदि के बाल), लोम पेट नख और अंगुलियाँ—इन्हें भी देखें ॥७॥

तस्य चेदुच्छ्वासोऽतिदीर्घोऽतिह्रस्वो वा स्यात्, परासुरिति विद्यात् ॥८॥

उच्छ्वास परीक्षा—रोगी का उच्छ्वास यदि बहुत लम्बा वा बहुत छोटा हो तो उसे मुमूर्षु जानें ॥ ८ ॥

तस्य चेन्मन्ये परिमृश्यमाने न स्पन्देयातां, परासुरिति विद्यात् ॥९॥

मन्यापरीक्षा—यदि मन्याओं को स्पर्श करने से स्पन्दन न प्रतीत हों तो गतायु जानें ॥९॥

तस्य चेद्दन्ताः परिकीर्णाः श्वेता जातशर्कराः स्युः, परासुरिति विद्यात् ॥१०॥

दन्तपरीक्षा—यदि दांत बहुत मैल से लिप्त हों, अतिश्वेत हों तथा दांतों पर [1]शर्करा उत्पन्न हो गयी हों तो उसे भी मुमूर्षु जानें ॥१०॥

तस्य चेत्पक्ष्माणि जटाबद्धानि स्युः, परासुरिति विद्यात् ॥११॥

पक्ष्मपरीक्षा—यदि रोगी की पलकें जटाओं की तरह बंधी हुई हों तो उसे आसन्नमृत्यु समझें। अर्थात् पलकों के पाँच सात बाल मिल २ कर जटाओं की तरह हो जायँ तो उस रोगी को मुमूर्षु जानना चाहिये ॥११॥

तस्य चेच्चक्षुषी प्रकृतियुक्तेऽत्युत्पिण्डितेऽतिप्रविष्टेऽतिजिह्मेऽतिविषमेऽतिप्रस्रुतेऽतिविमुक्तबन्धने सततोन्मेषिते सततनिमेषिते निमेषोन्मेषातिप्रवृत्ते विभ्रान्तदृष्टिके विपरीतदृष्टीके हीनदृष्टिके व्यस्तदृष्टिके नकुलान्धे कपोतान्धेऽलातवर्णे कृष्णनीलपीतश्यावताम्रहरितहारिद्रशुक्लवैकारिकाणां वर्णानामन्यतमेनातिसंप्लुते वा स्यातां, परासुरिति विद्यात् ॥१२॥

नेत्रपरीक्षा—रोगी की आंखें यदि प्रकृति-हीन हों—स्वाभाविक न हों, विकृति-युक्त हों, पिण्डाकार होकर अत्यधिक बाहर निकली हुई हों, बहुत अन्दर घुसी हुई हों, अत्यन्त वक्र हों—कुटिल हों, अत्यधिक विषम हों—एक आंख बन्द हो और एक आंख खुली हुई हो अथवा एक आंख थोड़ी खुली होने से छोटी प्रतीत हो और दूसरी विस्फारित होने से बड़ी प्रतीत हो, अत्यधिक आँसू वा स्राव निकालता हो, बन्धन अत्यधिक खुले हुए हों अर्थात् नेत्र अत्यधिक विस्फारित हों, निरन्तर खुले रहते हों, निरन्तर बन्द रहते हों, निमेष उन्मेष बहुत अधिक हो रहे हों, दृष्टि विभ्रान्त हो—कभी इधर देखे कभी उधर देखे अथवा आँखें पलट गयी हों, विपरीत दृष्टि युक्त हों—एक वस्तु को देखने से यदि रोगी को वह न ज्ञात होकर दूसरी ही कोई दीखती हो, दृष्टि क्षीण हो गयी हो, दृष्टि विक्षिप्त हो—देखना किसी और ओर चाहे और देखता किसी और ओर हो, [1]नकुलान्ध हो गयी हों—नकुलान्ध रोगी दिन में सब रूपों को श्वेत ही देखता है, कपोतान्ध हो—यह रोगी दिन में सब रूपों को काला ही देखता है, अलातवर्ण (अङ्गारे के समान वर्णवाली) हो अथवा काला, नीला, पीला, श्याम, ताँबे के सदृश वर्ण, हरा, हल्दी के सदृश पीला तथा श्वेत; इन विकृतिवर्णों में से यदि कोई वर्ण अत्यधिक छा गया हो तो उसे गतायु जानें ॥१२॥

अथास्य केशलोमान्यायच्छेत्—तस्य चेत्केशलोमान्यायम्यमानानि प्रलुच्येरन्न च वेदयेयुः परासुरिति विद्यात्।

केशलोम परीक्षा—अब रोगी के केश और लोमों को पकड़ कर खींचे। यदि केश और लोमों को खींचने से वे उखड़ आयें और दर्द न हो तो उसे गतायु जानें ॥१३॥

तस्य चेदुदरे सिराः प्रदृश्येरन् श्यावताम्रनीलहारिद्रशुक्ला वा स्युः, परासुरिति विद्यात् ॥१४॥

उदरपरीक्षा—यदि रोगी के पेट पर सिरायें दीखें अथवा वे सिरायें श्याम ताम्रवर्ण नीली हल्दी के सदृश वर्णवाली वा श्वेत हों तो उसे मुमूर्षु जानें ॥१४॥

तस्य चेन्नखा वीतमांसशोणिताः पक्वजाम्बववर्णाः स्युः परासुरिति विद्यात् ॥१५॥

नखपरीक्षा—यदि रोगी के नख मांस और रक्त रहित हों, पके जामुन के सदृश वर्ण हों तो उसे गतायु जानें ॥१५॥

अथास्याङ्गुलीरायच्छेत्तस्य चेदङ्गुल्य आयम्यमाना न चेत्स्फुटेयुः, परासुरिति विद्यात् ॥१६॥

अंगुलीपरीक्षा—रोगी की अंगुलियों को खींचे। यदि खींचने से अंगुलियों में स्फोटन शब्द अर्थात् सन्धि के खुलने का शब्द न हो तो उसे गतायु जानना चाहिये ॥१६॥

भवति चात्र

एतान् स्पृश्यान् बहून् भावान् यः स्पृशन्नवबुध्यते।
आतुरे न स संमोहमायुर्ज्ञानस्य गच्छति ॥१७॥

इत्यग्निवेशकृते तन्त्रे चरकप्रतिसंस्कृते इन्द्रियस्थाने
परिमर्शनेन्द्रियं नाम तृतीयोऽध्यायः ॥३॥

जो स्पर्श से ज्ञेय (प्रधानतः) इन बहुत से भावों को छूकर जान जाता है वह रोगी की आयु के ज्ञान में कभी मोह को प्राप्त नहीं होता ॥ ७॥

इति तृतीयोऽध्यायः।

१—'मलो दन्तगतो यस्तु पित्तमारुतशोषितः।
शर्करेव खरस्पर्शा सा ज्ञेया दन्तशर्करा' ॥

१—'नकुलान्धस्तु रूपाणि दिवा शुक्लानि पश्यति। कपोतान्धस्तु रूपाणि दिवा कृष्णानि पश्यति' ॥ तथाऽन्यत्र नकुलान्ध्यलक्षणम्—'विद्योतते यस्य नरस्य दृष्टिर्दोषाभिपन्ना नकुलस्य यद्वत्। चित्राणि रूपाणि दिवा स पश्येत्स वै विकारो नकुलान्ध्यसंज्ञः' ॥ अत्र चित्राणि रूपाणीत्युक्तम्। नक्तान्ध्यभेदः खल्वयम्।

चतुर्थोऽध्यायः

अथात इन्द्रियानीकमिन्द्रियं व्याख्यास्यामः ।
इति ह स्माह भगवानात्रेयः ॥१॥

अब हम इन्द्रियानीक नामक इन्द्रिय की व्याख्या करेंगे—यह भगवान् आत्रेय ने कहा था। इस अध्याय में इन्द्रियसमूह की परीक्षा से मुमूर्षु के लक्षण कहे जायँगे ॥१॥

इन्द्रियाणि यथा जन्तोः परीक्षेत विशेषवित् ।
[1]ज्ञातुमिच्छन् भिषङ्मानमायुषस्तन्निबोध मे ॥२॥

आयु के प्रमाण को जानने की इच्छा रखते हुए विशेषज्ञ वैद्य को जैसे प्राणी के इन्द्रियों की परीक्षा करनी चाहिये वह मुझ से सुनो। इन्द्रियों की परीक्षा से हम कैसे रिष्ट लक्षण जानते हैं—यह इस अध्याय में बताया जायगा ॥२॥

[2]अनुमानात्परीक्षेत दर्शनादीनि तत्त्वतः ।
अद्धा हि विदितं ज्ञानमिन्द्रियाणामतीन्द्रियम् ॥३॥

चक्षु आदि इन्द्रियों की अनुमान द्वारा तत्त्वपरीक्षा करे। क्योंकि इन्द्रियों का सत्य वा मिथ्याज्ञान अतीन्द्रिय होता है—इन्द्रियों से जाना नहीं जा सकता। इन्द्रियों के स्वयं अतीन्द्रिय होने से उनका प्रकृतिज्ञान वा विकृतिज्ञान इन्द्रियों से नहीं जाना जा सकता। अतः प्रत्यक्ष द्वारा उपलब्धि न होने से अनुमान द्वारा ही परीक्षा करनी होती है। एक इन्द्रिय के विषय ज्ञान की सत्यता वा मिथ्यात्व को बताने में दूसरी इन्द्रियाँ समर्थ नहीं होतीं। रूप की सत्यता वा मिथ्यात्व को न कान बता सकते हैं, न रसना बता सकती है, न त्वचा बता सकती है, न घ्राणेन्द्रिय ही बता सकती है। इसी प्रकार अन्य विषयों के सम्बन्ध में भी यही बात है। अतएव हमें अनुमान का आश्रय लेना होता है ॥२॥

स्वस्थेभ्यो विकृतं यस्य ज्ञानमिन्द्रियसंभवम् ।
आलक्षयेतानिमित्तेन लक्षणं मरणस्य तत् ॥४॥
इत्युक्तं लक्षणं सम्यगिन्द्रियेष्वशुभोदयम् ।
तदेव तु पुनर्भूयो विस्तरेण निबोधत ॥५॥

इन्द्रियज्ञान द्वारा मुमूर्षुता का बोध—जिस रोगी का इन्द्रिय से उत्पन्न ज्ञान अकारण ही स्वस्थेन्द्रिय पुरुष के ज्ञान से विकृत (विपरीतभावापन्न) दिखाई दे, वह मृत्यु का लक्षण जानना चाहिये। अथवा स्वस्थ इन्द्रियों से अकारण विकृत ज्ञान उत्पन्न होना रिष्ट लक्षण है। यह अनुमान सब इन्द्रियों में सामान्यतः लागू होगा।

यह इन्द्रियों में अशुभ (मरण) सूचक लक्षण यथार्थ रूप से कह दिया है। उसे ही आगे विस्तार से ध्यान लगाकर सुनो ॥४,५॥

घनीभूतमिवाकाशमाकाशमिव मेदिनीम् ।
विगीतं ह्युभयं ह्येतत्पश्यन्मरणमृच्छति ॥६॥

चक्षुःपरीक्षा—जो पुरुष शून्यमय आकाश को घनीभूत (पिण्डाकृति वा कठोर) एवं घनीभूत पृथिवी को आकाश की तरह (शून्य वा अदृश्य) देखे वह मृत्यु को प्राप्त होता है। क्योंकि ये दोनों ज्ञान विपरीत-ज्ञान वा विकृति-ज्ञान हैं ॥६॥

1–'आयुःप्रमाणं जिज्ञासुर्भिषक् तन्नो निबोधत' ग०। २–'अनुमानैः' पा०।

यस्य दर्शनमायाति मारुतोऽम्बरगोचरः ।
अग्निर्नायाति वा दीप्तस्तस्यायुःक्षयमादिशेत् ॥७॥

जिसे आकाश में सञ्चार करनेवाला स्पर्शनेन्द्रिय से ज्ञेय अमूर्त वायु दृष्टिगोचर होता है, अथवा दीप्त अग्नि दिखाई नहीं देता, उसकी आयु क्षीण हो गयी है—यह जानना चाहिये। सुश्रुत सू० ३० अ० में कहा है—

'यश्चानिलं मूर्तिमन्तमन्तरिक्षञ्च पश्यति ।
धूमनीहारवासोभिरावृतामिव मेदिनीम् ॥
प्रदीप्तामिव लोकञ्च यो वा प्लुतमिवाम्भसा ।
भूमिमष्टापदाकारां लेखाभिर्यश्च पश्यति ॥
न पश्यति सनक्षत्रां यश्च देवीमरुन्धतीम् ।
ध्रुवमाकाशगङ्गां वा तं वदन्ति गतायुषम् ॥'

ये सब विकृतज्ञान हैं। अतएव अनिमित्त ही ऐसा ज्ञान होने पर आयुःक्षय के सूचक होते हैं ॥७॥

जले सुविमले जालमजालावतते तथा ।
स्थिते गच्छति वा दृष्ट्वा जीवितात्परिमुच्यते ॥८॥

जिसमें जाल नहीं फैलाया गया है ऐसे स्थिर अथवा बहते हुए अत्यन्त निर्मल जल में जो जाल को देखता है वह पुरुष मर जाता है ॥८॥

जाग्रत्पश्यति यः प्रेतान् रक्षांसि विविधानि च ।
अन्यद्वाऽप्यद्भुतं किंचिन्न च जीवितुमर्हति ॥९॥

जो जागते हुए, प्रेतों वा विविध प्रकार के राक्षसों को अथवा अन्य अद्भुत पदार्थ को देखता है वह जीवन से छूट जाता है—मर जाता है। अर्थात् जाग्रत् अवस्था में जो प्रेत राक्षस आदि को देखता है उसे मुमूर्षु जानना चाहिये ॥९॥

योऽग्निं प्रकृतिवर्णस्थं नीलं पश्यति निष्प्रभम् ।
कृष्णं वा यदि वा शुक्लं [2]निशां व्रजति सप्तमीम् ॥१०॥

जो स्वाभाविक वर्णवाले अग्नि को नीला प्रभारहित काला वा श्वेत देखता है वह सातवीं रात को चल बसता है—शीघ्र मर जाता है ॥१०॥

मरीचीनसतो मेघान्मेघान्वाऽप्यसतोऽम्बरे ।
विद्युतो वा विना मेघात् पश्यन्मरणमृच्छति[3] ।११॥

जो बादलों के बिना भी बादलों की द्युति को देखता है अथवा बादलों के न होते हुए आकाश में बादलों को देखता है अथवा मेघों के विना ही मेघों की रगड़ से उत्पन्न होनेवाली बिजली की छटा को देखता है, वह नष्ट हो जाता है। अथवा साधारण तौर पर मरीचि का अर्थ सूर्यकिरण होता है। मेघों से सूर्यकिरणें नहीं प्रादुर्भूत होतीं। यदि मेघ से सूर्यकिरणें प्रादुर्भूत होती दिखाई दें तो वह रिष्ट लक्षण है।

१–'अग्निना याति वा दीप्त०' इति पठन् गङ्गाधरो व्याचष्टे—अथवाऽग्निना वा दीप्तः सन् दर्शनमायाति तस्यायुःक्षयमादिशेदिति। २–'सोऽग्नौ व्रजति सप्तमीम्' ग०। ३–'य आतुरोऽमेघान् मेघहीनान् असतश्च मरीचीन् मेघज्योतिषः अम्बरे आकाशे पश्यति, स नश्यति, यो वातुरोऽम्बरे विना मेघान् असतः असत्यान् मेघान् पश्यति, स नश्यति। यो वाप्यातुरोऽम्बरे विना मेघान् विद्युतः पश्यति, स नश्यतीति ॥' गङ्गाधरः।

गङ्गाधर ने 'असतः अमेघान्' ऐसा सन्धिविच्छेद करके अर्थ इस प्रकार किया है—जो रोगी आकाश में मेघ न होते हुए भी मेघ ज्योति को देखता है वह नष्ट होता है। अथवा जो रोगी मेघों के न होते हुए भी झूठे मेघों को देखता है, वह नष्ट होता है, अथवा जो रोगी मेघों के न होने पर भी बिजलियों को देखता है, वह भी नष्ट होता है ॥११॥

मृण्मयीमिव यः पात्रीं कृष्णाम्बरसमावृताम्।
आदित्यमीक्षते शुद्धं चन्द्रं वा न स जीवति ॥१२॥

जो पुरुष शुद्ध सूर्य वा चन्द्रमा को काले वस्त्र से आच्छादित मिट्टी की थाली की तरह देखता है वह जीवित नहीं रहता। शुद्ध कहने से अभिप्राय ग्रहणग्रस्त न होने से है। जब ग्रहण लगा होता है तब भासुर रूप आदि नहीं रहता और वे श्याम वा कृष्णवर्ण के दिखाई देते हैं। अथवा इसका अर्थ यह भी हो सकता है कि जो सूर्य को तो काले वस्त्र से आच्छादित मिट्टी की थाली की तरह देखता है अथवा चन्द्रमा को शुद्ध अर्थात् निष्कलङ्क देखता है, वह भी जीवित नहीं रहता ॥१२॥

अपर्वणि यदा पश्येत्सूर्याचन्द्रमसोर्ग्रहम्।
अव्याधितो व्याधितो वा तदन्तं तस्य जीवितम् ॥१३॥

अमावस्या वा पूर्णिमा से अतिरिक्त काल में जो भी नीरोग वा रोगी सूर्य और चन्द्रमा का ग्रहण देखता है, उस पुरुष का ग्रहण के छूटने के काल तक जीवन शेष है। अर्थात् ज्यों ही पुरुष सूर्य वा चन्द्रमा को ग्रहण से मुक्त हुआ देखता है उसकी मृत्यु हो जाती है ॥१३॥

नक्तं सूर्यमहश्चन्द्रमनग्नौ धूममुत्थितम्।
अग्निं वा निष्प्रभं रात्रौ दृष्ट्वा मरणमृच्छति ॥१४॥

रात्रि को सूर्य और दिन में प्रभायुक्त चन्द्रमा को देखकर पुरुष मृत्यु को प्राप्त होता है। इसी प्रकार अग्नि के बिना धूँआ और रात्रि में अग्नि को प्रभारहित देखता हुआ पुरुष काल का ग्रास होता है। अर्थात् यदि रात्रि में सूर्य दिखाई दे वा दिन में अपनी ज्योत्स्ना को फैलाता हुआ चन्द्रमा दीखे तो वह अरिष्ट है। रात्रि के समय अग्नि में प्रभा होती है। परन्तु यदि कोई पुरुष उस समय अग्नि में प्रभा को नहीं देखता तो उसे मुमूर्षु ही जानना चाहिये। धूँआँ अग्नि के बिना नहीं होता। यदि कोई अग्निरहित स्थल से धूँआँ निकलता देखे तो वह मरणसूचक चिह्न है।

गङ्गाधर 'अहश्चन्द्रं' के स्थल पर 'असचन्द्रं' पढ़ता है। जिसके अनुसार अर्थ यह होगा कि जिस रात्रि में चन्द्रमा न हो—यथा अमावस्या, उन दिन चन्द्रमा को देखे तो जानना चाहिये कि वह शीघ्र मृत्यु को प्राप्त होगा ॥१४॥

प्रभावतः प्रभाहीनान्निष्प्रभान वा प्रभावतः।
नरा विलिङ्गान् पश्यन्ति भावान् प्राणाञ्जिहासवः ॥१५॥

प्राणों को त्यागने की इच्छावाले मुमूर्षु वा मरणासन्न पुरुष प्रभा (चमक) युक्त भावों को प्रभा से रहित, और प्रभा से रहित पदार्थों को प्रभायुक्त देखा करते हैं। मुमूर्षु इसी प्रकार अन्य भावों को भी विपरीत लिङ्गवाला देखा करता है। अर्थात् काले को श्वेत, श्वेत को काला इत्यादि विपरीत लक्षणों से देखता है ॥१५॥

व्याकृतानि विवर्णानि विसंख्योपगतानि च।
[1]विनिमित्तानि पश्यन्ति रूपाण्यायुःक्षये नराः ॥१६॥

आयु के क्षीण होने पर पुरुष विपरीत आकृतिबाले विपरीत वर्णवाले, विपरीत संख्यावाले रूपों को अकारण ही देखा करता है। किसी की सुन्दर आकृति हो उसको भद्दा देखना, किसी की भद्दी आकृति हो उसे सुन्दर देखना, किसी के सम्पूर्ण अंग हों उसमें किसी अंग का न देखना, किसी के अंग न हों पर उसमें सब अंगों का देखना इत्यादि विपरीत आकृति गतायु पुरुष देखता है। विपरीत वर्ण से अभिप्राय श्वेत को काला लाल हरा देखना, लाल को काला पीला हरा श्वेत देखना; काले को श्वेत पीला आदि देखना है। विपरीत संख्या से अभिप्राय एक को अनेक आर अनेक को एक देखना है। एक को दो तीन चार आदि देखना दो को एक तीन चार आदि देखना विरुद्ध होता है। परन्तु उसे ऐसा ज्ञान अकारण ही होना चाहिये तभी मुमूर्षु जाना जायगा। क्योंकि कई रोगों में भी ये लक्षण हुआ करते हैं वहाँ पर इसका कारण उपस्थित होता है, पर मुमूर्षु पुरुष में ये लक्षण अचानक और अकारण ही हो जाते हैं ॥१६॥

यश्च पश्यत्यदृश्यान् वै दृश्यान् यश्च न पश्यति।
तावुभौ पश्यतः क्षिप्रं यमालयमसंशयम् ॥१७॥

जो अदृश्य (वायु आकाश आदि) वस्तुओं को देखता है और दृश्य वस्तुओं को नहीं देखता वे दोनों ही शीघ्र यमपुरी को जाते हैं। सुश्रुत सू० ३० अ० में—

'दिवा ज्योतींषि यश्चापि ज्वलितानीव पश्यति।
रात्रौ सूर्यं ज्वलन्तं वा दिवा वा चन्द्रवर्चसम् ॥
अमेघोपप्लवे यश्च शक्रचापतडिद्गुणान्।
तडित्वतोऽसितान् यो वा निर्मले गगने घनान् ॥
विमानयानप्रासादैर्यश्च संकुलमम्बरम्।
यश्चानिलं मूर्तिमन्तमन्तरिक्षञ्च पश्यति ॥
धूमनीहारवासोभिरावृतामिव मेदिनीम्।
प्रदीप्तमिव लोकं च यो वा प्लुतमिवाम्भसा ॥
भूमिमष्टापदाकारां लेखाभिर्यश्च पश्यति।
न पश्यति सनक्षत्रां यश्च देवीमरुन्धतीम् ॥
ध्रुवमाकाशगङ्गां वा तं वदन्ति गतायुषम्।
ज्योत्स्नादर्शोष्णतोयेषु छायां यश्च न पश्यति ॥
पश्यत्येकाङ्गहीनां वा विकृतां वान्यसत्त्वजाम्।
श्वकाककङ्कगृध्राणां प्रेतानां यक्षरक्षसाम् ॥
पिशाचोरगनागानां भूतानां विकृतामपि।
यो वा मयूरकण्ठाभं विधूमं वह्निमीक्षते ॥
आतुरस्य भवेन्मृत्युः स्वस्थो व्याधिमवाप्नुयात्' ॥१७॥

अशब्दस्य च यः श्रोता शब्दान् यश्च न बुध्यते।
द्वावप्येतौ यथा प्रेतौ तथा ज्ञेयौ विजानता ॥१८॥

श्रोत्रपरीक्षा—जो पुरुष शब्द के न होने पर भी उसे सुनाता है और जो शब्दों के होने पर भी उन्हें समझता नहीं—सुनता नहीं, विज्ञ उन दोनों को ही मुर्दे की तरह ही समझे। अर्थात् वे दोनों शीघ्र ही मर जायंगे। ये सब लक्षण अनिमित्त होने पर ही मृत्यु के सूचक होते हैं ॥१८॥

१—'विनिर्मितानि' ग०।

संवृत्त्याङ्गुलिभिः कर्णौ ज्वालाशब्दं य आतुरः ।
न शृणोति गतासुं तं बुद्धिमान् परिवर्जयेत् ॥१९॥

जो रोगी कानों को अङ्गुलियों से बन्दकर ज्वाला के शब्द के सदृश शब्द को नहीं सुनता, उसे गतायु जानकर चिकित्सा न करनी चाहिये। कानों को बन्द करने से एक प्रकार का शब्द सुनाई देता है, जो अग्नि ज्वाला के शब्द के सदृश होता है। यदि वह शब्द न सुने तो वह पुरुष मुमूर्षु होगा। अष्टाङ्गसंग्रह शारीर १० अ० में कहा है—

'निष्पीड्य कर्णौ शृणुयान्न यो धुकधुकास्वनान्।' सुश्रुत सू० ३० अ० में—

'शृणोति विविधान् शब्दान् यो दिव्यानामभावतः।
समुद्रपुरमेघानामसम्पत्तौ च निःस्वनान् ॥
तान् स्वनान्नावगृह्णाति मन्यते चान्यशब्दवत्।
ग्राम्यारण्यान् स्वनांश्चापि विपरीताञ्छृणोति च ॥
द्विषच्छब्देषु रमते सुहृच्छब्देषु कुप्यति।
न शृणोति च योऽकस्मात्तं ब्रुवन्ति गतायुषम्' ॥१९॥

विपर्ययेण यो विद्याद् गन्धानां साध्वसाधुताम्।
न वा तान् सर्वशो विद्यात्तं विद्याद्विगतायुषम् ॥२०॥

घ्राणपरीक्षा—जो पुरुष गन्धों की साधुता वा असाधुता को विपरीत भाव से जानता है अथवा गन्ध को सर्वथा नहीं सूँघता उसे गतायु जानें। अभिप्राय यह है कि जो अकारण ही सुगन्ध को दुर्गन्ध और दुर्गन्ध को सुगन्ध समझता है अथवा चमेली की गन्ध को चन्दन की और चन्दन की गन्ध को गुलाब की इत्यादि समझता है, अथवा जिसे गन्धमय पदार्थ से कोई गन्ध ही नहीं आता, उसे मुमूर्षु जानना चाहिये। सुश्रुत सू० ३० अ० में भी—

'सुगन्धं वेत्ति दुर्गन्धं दुर्गन्धस्य सुगन्धिताम्।
गृह्णीते वान्यथागन्धं शान्ते दीपे च नीरुजः ॥
यो वा गन्धान् न जानाति गतासुं तं विनिर्दिशेत् ॥'

अष्टाङ्गसंग्रह शारीर १० अ० में—

'तद्वद्गन्धरसस्पर्शान् मन्यते यो विपर्ययात्।
सर्वशो वा न यो यश्च दीपगन्धं न जिघ्रति' ॥२०॥

यो रसान्न विजानाति न वा जानाति तत्त्वतः।
मुखपाकादृते पक्वं तमाहुः कुशला नरम् ॥२१॥

रसनापरीक्षा—जो पुरुष मुखपाक के विना मधुरादि रसों को नहीं पहिचानता अथवा तत्त्वतः नहीं जानता उसे कुशल पुरुष पका हुआ जानते हैं। अर्थात् उसकी मृत्यु समीप है। अभिप्राय यह है कि जिस पुरुष को किसी भी रस का ज्ञान नहीं होता अथवा मधुर आदि रसों को मधुर आदि न जानता हुआ अम्ल आदि विपरीत रस समझता है वह मुमूर्षु है। परन्तु यदि मुखपाक वा मुखपाक से उपलक्षित अन्य रोगों के लक्षणरूप रसज्ञान न हो वा विपरीत रसज्ञान हो तो वह मुमूर्षु का लक्षण नहीं। सुश्रुत सू० ३० अ० में भी—

'विपरीतेन गृह्णाति रसान् यश्चोपयोजितान्।
उपयुक्ताः क्रमाद्यस्य रसा दोषाभिवृद्धये ॥
यस्य दोषाग्निसाम्यं च कुर्युर्मिथ्योपयोजिताः।
यो वा रसान् न संवेत्ति गतासुं तं प्रचक्षते' ॥२१॥

उष्णाञ्छीतान् खरान् श्लक्ष्णान्मृदूनपि च दारुणान्।
स्पृश्यान्[1] स्पृष्ट्वा ततोऽन्यत्वं मुमूर्षुस्तेषु मन्यते ॥२२॥

स्पर्शनपरीक्षा—मुमूर्षु पुरुष उष्ण शीत खरदरा चिकना मृदु (कोमल) दारुण (कठोर) स्पृश्य (स्पर्शज्ञेय) पदार्थों को छूकर उनमें उनसे विपरीत स्पर्श को माना करता है। जो उष्ण को शीतल, शीतल को उष्ण, खुरदरे को चिकना, चिकने को खुरदरा, कोमल को कठोर और कठोर को कोमल समझता है, वह गतायु है। सुश्रुत सू० ३० अ० में—

'यस्तूष्णमिव गृह्णाति शीतमुष्णं च शीतवत्।
सञ्जातशीतपिडको यश्च दाहेन पीड्यते ॥
उष्णगात्रोऽतिमात्रं च यः शीतेन प्रवेपते।
प्रहाराञ्नाभिजानाति योऽङ्गच्छेदमथापि वा ॥
पांशुनेवावकीर्णानि यश्च गात्राणि मन्यते।
वर्णान्यतो वा राज्यो वा यस्य गात्रे भवन्ति हि ॥
स्नातानुलिप्तं यञ्चापि भजन्ते नीलमक्षिकाः।
सुगन्धिर्वाति योऽकस्मात्तं ब्रुवन्ति गतायुषम्' ॥२२॥

अन्तरेण तपस्तीव्रं योगं वा विधिपूर्वकम्।
इन्द्रियैरधिकं पश्यन् पञ्चत्वमधिगच्छति ॥२३॥

सब इन्द्रियों सम्बन्धी रिष्टलक्षण—तीव्र तप वा विधिपूर्वक किये गये योग के विना जो पुरुष इन्द्रियों से अधिक देखता है वह पञ्चता को प्राप्त होता है। अर्थात् जो विषय इन्द्रिय-ग्राह्य हैं उनका तो सर्वसामान्य ग्रहण करते ही हैं, परन्तु जो इन्द्रिय से ग्राह्य नहीं—अतीन्द्रिय हैं उनका तपस्वी योगी वा कोई २ मुमूर्षु पुरुष ही ज्ञान प्राप्त करता है। यदि तपस्वी वा योगी को अतीन्द्रिय ज्ञान होता है तो वह शुभ है और उसकी सिद्धि का सूचक है, परन्तु उनके अतिरिक्त सामान्य पुरुष को यदि अतीन्द्रिय ज्ञान हो तो वह अशुभ है—उसकी मृत्यु का सूचक है।२३।

[2]इन्द्रियाणामृते दृष्टेरिन्द्रियार्थान्न पश्यति।
विपर्ययेण यो विद्यात्तं विद्याद्विगतायुषम् ॥२४॥

इन्द्रियों में से दृष्टि (चक्षु इन्द्रिय) के विना अन्य त्वचा आदि चार इन्द्रियों से जो स्पर्श आदि विषयों को नहीं जानता और जो इन्द्रियों के विषयों को विपरीतभाव से जानता है उसे गतायु जानना चाहिये। अथवा जो चक्षु को छोड़कर शेष इन्द्रियों से स्पर्श आदि इन्द्रिय-विषय का ग्रहण नहीं कर सकता, परन्तु चक्षु द्वारा ही सब विषयों को विपरीतभाव से अनुभव करता है, उसे गतायु जानना चाहिये। रूपभाव से अतिरिक्त शब्द स्पर्श आदि भाव से चक्षु द्वारा विषयग्रहण करना गतायु का लक्षण है।

चक्रपाणि के पाठानुसार इस श्लोकका अर्थ यह होता है—इन्द्रियों की ज्ञानशक्ति के विना दोष से न उत्पन्न हुए २ इन्द्रिय के विषयों को जो पुरुष इन्द्रियों से देखता है, वह जीवित नहीं रहता। दोष से न उत्पन्न हुए कहने से यह अभिप्राय है

१—'स्पृष्ट्वा विद्यात्ततो०' ग०। २—'इन्द्रियाणामृते दृष्टे-रिन्द्रियार्थानदोषजान्। नरः पश्यति यः कश्चिदिन्द्रियैर्न स जीवति ॥' च०॥

जैसे—यदि हम आँख पर अंगुली का दबाव डालकर किसी वस्तु को देखें तो वे दीखती हैं। यहाँ पर अंगुली के दबाव से वात दुष्टि होने के कारण हमें वैसा भान होता है, परन्तु यह अदोषज इन्द्रिय का विषय नहीं समझा जायगा। इसी प्रकार अन्य इन्द्रिय के विषय में भी समझना चाहिये ॥२४॥

स्वस्थाः प्रज्ञाविपर्यासैरिन्द्रियार्थेषु वैकृतम्।
पश्यन्ति ये[1] सुबहुशस्तेषां[2] मरणमादिशेत् ॥२५॥

जो स्वस्थपुरुष भी प्रज्ञापराध के कारण इन्द्रिय के विषयों में बहुशः विकारों को देखते हैं, उनकी शीघ्र मृत्यु होती है। अर्थात् जो स्वस्थपुरुष भी बुद्धि की विपरीतता के कारण शब्द आदि इन्द्रियविषयों में विकृति न होते हुए भी विकृति अनुभव करे वह गतायु है ऐसा जनना चाहिये ॥२५॥

तत्र श्लोकः

एतदिन्द्रियविज्ञानं यः पश्यति यथातथम्।
मरणं जीवितं चैव स भिषग्ज्ञातुमर्हति ॥२६॥

इत्यग्निवेशकृते तन्त्रे चरकप्रतिसंस्कृते इन्द्रियस्थाने इन्द्रियानीकमिन्द्रियं नाम चतुर्थोऽध्यायः ॥४॥

जो चिकित्सक सम्यक् रूप से इन्द्रियविज्ञान को जानता है वह मृत्यु और जीवन को जान सकता है। इस अध्याय में इन्द्रिय से सम्बन्ध रखनेवाले रिष्ट लक्षण बताये गये हैं उनके होने से मृत्यु और न होने से जीवन है—यह जाना जाता है ॥२६॥

इति चतुर्थोऽध्यायः।

—:०:—

पञ्चमोऽध्यायः।

अथातः पूर्वरूपीयमिन्द्रियं व्याख्यास्यामः।
इति ह स्माह भगवानात्रेयः ॥१॥

अब हम पूर्वरूपसम्बन्धी इन्द्रिय की व्याख्या करेंगे—ऐसा भगवान् आत्रेय ने कहा था। इस अध्याय में विशेष विशेष पूर्वरूपों के देखने से गतायु की पहिचान बतायी जायगी ॥१॥

पूर्वरूपाण्यसाध्यानां विकाराणां पृथक् पृथक्।
भिन्नाभिन्नानि वक्ष्यामो भिषजां ज्ञानवृद्धये ॥२॥

वैद्यों के ज्ञान को बढ़ाने के लिये असाध्य रोगों के पृथक् २ साधारण वा असाधारण पूर्वरूप कहेंगे। अर्थात् इस अध्याय में उन पूर्वरूपों का वर्णन होगा जिनसे हम उत्पन्न होनेवाले विकार की असाध्यता को जान सकेंगे। ये पूर्वरूप सामान्य भी हो सकते हैं विशेष भी हो सकते हैं। तथा जो हमने अन्यत्र कहे हैं वा नहीं कहे वे सब पूर्वरूप जिनसे मृत्यु का निश्चय होता है इसमें कहे जायंगे। कहीं तो सब पूर्वरूप मिलकर मारक होते हैं कहीं पृथक् पृथक् ॥२॥

पूर्वरूपाणि सर्वाणि ज्वरोक्तान्यतिमात्रया।
यं विशन्ति विशत्येनं मृत्युर्ज्वरपुरःसरः ॥३॥

ज्वर के मिलित मारक पूर्वरूप—जिस पुरुष में कहे गये सारे पूर्वरूप अत्यन्त प्रबलता से आश्रित होते हैं, उस पुरुष की ज्वर होकर मृत्यु होती है ॥३॥

1—'येऽसद्बहुशः' च०। 2—'ऽस्तान् गतायुष आदिशेत्' ग०।

अन्यस्यापि च रोगस्य पूर्वरूपाणि यं नरम्।
[1]विशन्त्येतेन कल्पेन तस्यापि मरणं ध्रुवम् ॥४॥

रोगों के मारक पूर्वरूपों का सामान्य नियम—इसी प्रकार जिस पुरुष में किसी अन्य रोग के पूर्वरूप उत्पन्न होते हैं तो उसको भी वह रोग होकर अवश्य मृत्यु होती है। जैसे यदि प्रमेह के समस्त पूर्वरूप अतिप्रबलता से हों तो प्रमेह होकर उसकी निश्चित मृत्यु होगी ॥४॥

पूर्वरूपैकदेशांस्तु वक्ष्यामोऽन्यान् सुदारुणान्।
ये रोगाननुबध्नन्ति[2] मृत्युर्यैरनुबध्यते ॥५॥

अब हम उन अन्य दारुण पूर्वरूपों का एक भाग कहेंगे जिनसे अनुबन्ध रूप में रोग उत्पन्न होते हैं और उन रोगों से पश्चात् मृत्यु हो जाती है। पूर्व तो मिलित पूर्वरूपों से किस प्रकार वह वह रोग होकर निश्चत मृत्यु होती है यह बताया है। अब कौन कौन पूर्वरूप पृथक् २ वा कुछ एक मिलाकर असाध्य रोग को उत्पन्न करते हैं और मृत्यु का कारण होते हैं—यह बताया जायगा ॥५॥

बलं च हीयते यस्य प्रतिश्यायश्च वर्धते।
तस्य नारीप्रसक्तस्य शोषोऽन्तायोपजायते ॥६॥

शोष वा यक्ष्मा के मारक पूर्वरूप—जिसका बल क्षीण हो रहा है, प्रतिश्याय (जुकाम) बढ़ रहा है—वह पुरुष साथ ही यदि मैथुन में भी आसक्त है तो उसकी यक्ष्मा होकर मृत्यु हो जायगी ॥६॥

श्वभिरुष्ट्रैः खरैर्वाऽपि याति यो दक्षिणां दिशम्।
स्वप्ने यक्ष्माणमासाद्य जीवितं स विमुञ्चति ॥७॥

जो स्वप्न में कुत्ते ऊँटों वा गदहों पर सवारी करके दक्षिण दिशा की ओर जाता है वह यक्ष्मा रोग से आक्रान्त होकर मर जाता है ॥७॥

प्रेतैः सह पिबेन्मद्यं स्वप्ने यः कृष्यते शुना।
सुघोरं ज्वरमासाद्य स[3] जीवमवसृज्यते ॥८॥

ज्वर के मारक पूर्वरूप—जो स्वप्न में प्रेतों के साथ शराब पीता है वा कुत्तों से खींचा वा घसीटा जाता है वह अतिघोर ज्वर से आक्रान्त होकर मृत्यु को प्राप्त होता है ॥८॥

लाक्षारक्ताम्बराभं यः पश्यत्यम्बरमन्तिकात्।
स रक्तपित्तमासाद्य तेनैवान्ताय नीयते ॥९॥

रक्तपित्त के मारक पूर्वरूप—जो समीप से आकाश को लाख के रंग से रंगे वस्त्र के सदृश देखता है वह रक्तपित्त का रोगी होकर उसी से मारा जाता है ॥९॥

रक्तस्रक्रक्तसर्वाङ्गो रक्तवासा मुहुर्हसन्।
यः स्वप्ने [4]ह्रियते नार्या स रक्तं प्राप्य सीदति ॥१०॥

जो व्यक्ति स्वप्न में लाल माला को धारण किये हुए, लाल ही सब अंगोंवाला, लाल वस्त्र पहिरे हुए, बार २ हंसता हुआ स्त्री से ले जाया जाता है, वह रक्तपित्त से आक्रान्त होकर कष्ट को पाता है—प्राणत्याग करता है।

1—'विशत्यनेन' ग०। 2—'मृत्युर्यैरेव बुध्यते' ग०। 3—'न जीवेन्न च सृज्यते' च० ग०। 'जीवितं च विमुञ्चति' पा०। 4—'नीयते' ग०।

शूलाटोपान्त्रकूजाश्च दौर्बल्यं चातिमात्रया ।
नखादिषु च वैवर्ण्यं गुल्मेनान्तकरो [1]ग्रहः ॥११॥

गुल्म के मारक पूर्वरूप—शूल आटोप (पेट का वायु से तन जाना), अन्त्रकूज (आंतों में शब्द होना) और अत्यधिक दुर्बलता, नख आदियों में विवर्णता होनी (विकृत वर्ण का होना); ये पूर्वरूप गुल्म होकर मृत्यु होने के ज्ञापक हैं ॥११॥

लता कण्टकिनी यस्य दारुणा हृदि जायते ।
स्वप्ने गुल्मस्तमन्ताय क्रूरो विशति मानवम् ॥१२॥

सपने में जिस पुरुष के हृदयदेश पर कांटोंवाली लता उत्पन्न होती है, उसकी मृत्यु के लिये दारुण गुल्म उस पुरुष का आश्रय लेता है। अर्थात् घोर गुल्म होकर उस पुरुष की मृत्यु होती है ॥१२॥

कायेऽल्पमपि संस्पृष्टं सुभृशं यस्य दीयते ।
क्षतानि च न रोहन्ति कुष्ठैर्मृत्युर्हिनस्ति तम् ॥१३॥

कुष्ठ के मारक पूर्वरूप—जिस पुरुष के शरीर पर तृण आदि के थोड़ा सा छूने पर ही त्वचा आदि विदीर्ण हो जाय और उससे उत्पन्न वा अन्य घाव रोहण न करें—भरें नहीं तो मृत्यु इन पूर्वरूपों से युक्त कुष्ठों द्वारा उसे नष्ट कर देता है। तात्पर्य यह है कि यदि ये पूर्वरूप हों तो कुष्ठ होकर उस पुरुष की मृत्यु हो जाती है ॥१३॥

नग्नस्याज्यावसिक्तस्य जुह्वतोऽग्निमनर्चिषम् ।
पद्मान्युरसि जायन्ते स्वप्ने कुष्ठैर्मरिष्यतः ॥१४॥

स्वप्न में जो पुरुष नग्न होकर और अङ्गों पर घी को चुपड़े हुए ज्वालारहित व अप्रज्वलित अग्नि में आहुतियाँ देता है और स्वप्न में ही जिसकी छाती पर पद्म (कमल) उत्पन्न हो जाते हैं वह कुष्ठ से मृत्यु को प्राप्त होता है ॥१४॥

स्नातानुलिप्तगात्रेऽपि यस्मिन् गृध्नन्ति मक्षिकाः ।
स प्रमेहेण संस्पर्शं प्राप्य तेनैव हन्यते ॥१५॥

प्रमेह के मारक पूर्वरूप—स्नान और शरीर पर चन्दन का अनुलेपन करने पर भी जिस पर मक्खियाँ लोभ से उड़ २ कर आती हैं वह प्रमेह से आक्रान्त होकर उसी से ही मर जाता है।

स्नेहं बहुविधं स्वप्ने चण्डालैः सह यः पिबेत् ।
बध्यते स प्रमेहेण स्पृश्यतेऽन्ताय मानवः ॥१६॥

सपने में जो पुरुष चण्डालों के साथ बहुत प्रकार के स्नेहों (घृत तैल वसा मज्जा) को पीता है, उसे पश्चात् प्रमेह हो जाता है और उससे ही उस पुरुष की मृत्यु हो जाती है ॥१६॥

ध्यानायासौ तथोद्वेगो मोहश्चास्थानसंभवः ।
अरतिर्बलहानिश्च मृत्युरुन्मादपूर्वकः ॥१७॥

उन्माद के रिष्ट पूर्वरूप—ध्यान (चिन्ता में लगा रहना), आयास (श्रम वा थकावट), उद्वेग (ग्लानि) तथा अस्थान में उत्पन्न होनेवाला मोह—जहाँ मोह का कोई कारण न हो वहाँ मोह होना, अरति (कहीं पर मन का न लगना), निर्बलता; इन पूर्वरूपों के होने पर उन्माद होकर पश्चात् मृत्यु होती है ॥१७॥

[1]–'गृह्णातेऽनेनेति ग्रहो लिङ्गमित्यर्थः' चक्रः ।

आहारद्वेषिणं पश्यँल्लुप्तचित्तमुदर्दितम्[1] ।
विद्याद्धीरो मुमूर्षुं तमुन्मादेनातिपातिना ॥१८॥

आहार की इच्छा न रखनेवाले, लुप्तचित्त—जिसकी विज्ञानशक्ति लुप्त हो गयी हो उदर्द से युक्त अथवा व्यथायुक्त पुरुष को धीर पुरुष भावी उन्माद रोग से मुमूर्षु जाने। अर्थात् उन्माद रोग से उसकी मृत्यु होगी ॥१८॥

क्रोधनं त्रासबहुलं सकृत्प्रहसिताननम् ।
मूर्च्छापिपासाबहुलं हन्त्युन्मादः शरीरिणम् ॥१९॥

शीघ्र क्रुद्ध होनेवाला अतित्रासयुक्त (बहुत डरनेवाला), एक बार जिसके मुख पर हंसी आती हो, मूर्च्छा और प्यास जिसे बहुत लगती हो उस पुरुष को उन्माद मार देता है—उन्माद रोग होकर उसकी मृत्यु होती है ॥१९॥

नृत्यन् रक्षोगणैः सार्धं यः स्वप्नेऽम्भसि सीदति ।
स प्राप्य भृशमुन्मादं याति लोकमतः परम् ॥२०॥

स्वप्न में जो रक्षोगणों (राक्षसों) के साथ नृत्य करता हुआ जल में डूब जाता है वह हठात् उन्माद को प्राप्त होकर परलोक में जाता है ॥२०॥

असत्तमः पश्यति यः शृणोत्यप्यसतः स्वरान् ।
बहून् बहुविधाञ्जाग्रत्सोऽपस्मारेण बध्यते ॥२१॥

अपस्मार के मारक पूर्वरूप—जो जाग्रत् अवस्था में अन्धकार न होने पर भी अन्धकार को देखे और स्वरों वा शब्दों के न होने पर भी बहुत प्रकार के बहुत से स्वरों को सुने तो वह अपस्मार से मारा जाता है ॥२१॥

मत्तं नृत्यन्तमाविध्य प्रेतो हरति यं नरम् ।
स्वप्ने हरति तं मृत्युरपस्मारपुरःसरः ॥२२॥

सपने में मत्त होकर नाचते हुए जिस मनुष्य का सिर नीचे की ओर करके प्रेत ले जाता है उस मनुष्य की अपस्मार होकर मृत्यु होती है ॥२२॥

स्तभ्येते प्रतिबुद्धस्य हनू मन्ये तथाऽक्षिणी ।
यस्य तं बहिरायामो गृहीत्वा हन्त्यसंशयम् ॥२३॥

बहिरायाम के मारक पूर्वरूप—जिस पुरुष के जागते हुए वा निद्राभङ्ग होने पर दोनों हनु दोनों मन्या तथा दोनों नेत्र स्तब्ध हो जाते हैं—जड़वत् हो जाते हैं, उसे बहिरायाम[2] रोग पकड़ लेता है और मृत्यु का कारण होता है ॥२३॥

शष्कुलीरप्यपूपान् वा स्वप्ने खादति यो नरः ।
स चेत्तादृक्छर्दयति प्रतिबुद्धो न जीवति ॥२४॥

जो पुरुष स्वप्न में शष्कुली (तिल तण्डुल वा माष के पिष्टक से बनाया हुआ खाद्यविशेष) या अपूपों (पूड़ों) को

[1]—'लुप्तचित्तमुदर्दितमिति' लुप्तचित्तत्वेन मुदा हर्षभावेन प्रवर्तमानेन अर्दित व्यथितम्' इति गङ्गाधरः ॥

[2]—'अङ्गुलीगुल्फजठरहृद्वक्षोगलसंश्रितः । स्नायुप्रतानमनिलो यदाक्षिपति वेगवान् । विष्टब्धाक्षः स्तब्धहनुर्भग्नपार्श्वः कफं वमन् । अभ्यन्तरं धनुरिव यदा नमति मानवम् । तदास्याभ्यन्तरायामं कुरुते मारुतो बली । बाह्यस्नायुप्रतानस्थो बाह्यायामं करोति च ॥ तमसाध्यं बुधाः प्राहुर्वक्षःकट्यूरुभञ्जनम् ॥ तथा च—महाहेतुर्बली वायुः सिराः सस्न युकवशाः । मन्यापृष्ठाश्रिता बाह्याः संशोष्यायाममेद्बहिः ।'

खाता है वह जागने पर यदि वैसी ही कै करता है तो वह व्यक्ति जीवित नहीं रहता। उसकी बहिरायाग अथवा सुश्रुत के अनुसार छर्दि (कै) से मृत्यु होती है ॥२४॥

एतानि पूर्वरूपाणि यः सम्यगवबुध्यते।
स एषामनुबन्धं च बलं च ज्ञातुमर्हति ॥२५॥

रिष्ट पूर्वरूपों का उपसंहार—जो इन पूर्वरूपों को अच्छी प्रकार समझ लेता है वह उनके अनुबन्ध और फल के जानने योग्य होता है। अर्थात् वह वैद्य यह पूर्व ही जान लेगा कि इसको वह रोग होगा और उससे उसकी मृत्यु अवश्य होगी ॥

[1]इमांश्चाप्यपरान् स्वप्नान् दारुणानुपलक्षयेत्।
व्याधितानां विनाशाय क्लेशाय महतेऽपि वा ॥२६॥

रोगियों के विनाश के लिये अथवा महान् कष्ट के लिये इन (कहे जानेवाले) दारुण स्वप्नों का भी ज्ञान प्राप्त कर ले। भावार्थ यह है कि जो आगे स्वप्न बताये जायँगे उनका जानना परमावश्यक है। उनके जानने से भी हम रोगी के नाश वा महाकष्ट का प्राक्कथन कर सकेंगे। अथवा आगे कहे जानेवाले स्वप्न यदि रोगी देखे तो तो उसकी मृत्यु निश्चित है। यदि नीरोग देखे तो उसे महाकष्ट होगा। अर्थात् उसे घोर व्याधि तो अवश्य होगी, पर कदाचित् मृत्यु न हो ॥२६॥

यस्योत्तमाङ्गे जायन्ते वंशगुल्मलतादयः।
वयांसि च निलीयन्ते स्वप्ने मौण्ड्यमियाच्च यः ॥२७॥
गृध्रोलूकश्वकाकाद्यैः स्वप्ने यः परिवार्यते।
रक्षःप्रेतपिशाचस्त्रीचण्डालद्रविताऽन्धकैः[2] ॥२८॥
वंशवेत्रलतापाशतृणकण्टकसंकटे।
प्रमुह्यति हि यः स्वप्ने यो गच्छन् प्रपतत्यपि ॥२९॥
भूमौ पांशूपधानायां वल्मीके वाऽथ भस्मनि।
श्मशानायतने श्वभ्रे स्वप्ने यः प्रविशत्यपि[3] ॥३०॥
कलुषेऽम्भसि पङ्के च कूपे वा तमसाऽऽवृते।
स्वप्ने मज्जति शीघ्रेण स्रोतसा ह्रियते[4] च यः ॥३१॥
स्नेहपानं पयोऽभ्यङ्गः स्वप्ने बन्धपराजयौ।
हिरण्यलाभः कलहः प्रच्छर्दनविरेचने ॥३२॥
उपानद्युगनाशश्च प्रपातः पांशुचर्मणोः[5]।
हर्षः स्वप्ने प्रकुपितैः पितृभिश्चावभर्त्सनम् ॥३३॥
[6]दन्तचन्द्रार्कनक्षत्रदेवतादीपचक्षुषाम्।
पतनं वा विनाशो वा स्वप्ने भेदो नगस्य वा ॥३४॥
रक्तपुष्पं वनं भूमिं पापकर्मालयं चिताम्।
गुहान्धकारसंबाधं स्वप्ने यः प्रविशत्यपि ॥३५॥
रक्तमाली हसन्नुच्चैर्दिग्वासा दक्षिणां दिशम्।
दारुणामटवीं स्वप्ने कपियुक्तः[7] प्रयाति वा ॥३६॥

अन्यान्य स्वप्न—स्वप्न में जिसके शिर पर बांस गुल्म (झाड़ियों के समूह) तथा लता आदि उत्पन्न हो जाते हैं और पक्षी उनमें अपने घोंसले बनाकर रहने लगते हैं, जिसका स्वप्न में सिर मुण्डित हो जाता है। जो स्वप्न में गिद्ध उल्लू कुत्ता कौए आदि से घिर जाता है एवं राक्षस प्रेत पिशाच स्त्री चण्डाल द्रवित (दौड़ते हुए) वा अन्धे पुरुषों से घेरा जाता है। जो बाँस बेंत लता जाल अथवा तृण और कण्टकों के समूह में चलता हुआ मोह को प्राप्त होता है—फँस जाता है—निकलने की युक्ति नहीं सूझती और गिर भी जाता है अथवा जो स्वप्न में चलता हुआ बार बार गिर पड़ता है। जो धूल में युक्त भूमि (जहाँ दीमकों ने मिट्टी से अपना बमीठा बनाया होता है), भस्मराशि (राख) में गिर पड़ता है अथवा प्रविष्ट होता है। स्वप्न में जो मलिन जल में कीचड़ में अथवा अन्धेरे कूँए में डूब जाता है और जो वेग से बहनेवाले स्रोत से बहाया जाकर दूसरी जगह ले जाया जाता है। तथा स्वप्न में स्नेह का पीना, स्नेह की मालिश, बन्दी होना, युद्ध में पराजित होना, सुवर्ण वा धन की प्राप्ति, विवाद, कै होना, विरेचन होना। स्वप्न में जूती के जोड़े का नष्ट होना, गुम होना वा चुराया जाना, धूल और चमड़े का गिरना। तथा स्वप्न में हर्ष होना, क्रोधित पितरों से धमकाया जाना। अथवा स्वप्न में दाँत चाँद सूर्य नक्षत्र देवता दीपक वा आँखों का गिरना वा नष्ट होना, वृक्ष वा पर्वत का फट जाना। जो स्वप्न में लाल फूलोंवाले वन में, भूमि में, पापकर्म के स्थान—वेश्यागृह आदि में, चिता में, गुहा के अन्धकार के सदृश बाधा-जनक दुर्गम स्थानों में प्रविष्ट होता है। अथवा जो स्वप्न में लाल माला को धारण किये हुए, अट्टहास करता हुआ, नग्न ही दक्षिण दिशा को अथवा जो वानर को साथ ले जाता हुआ दारुण घने वन की ओर जाता है। 'कपियुक्तेन याति वा' यह पाठ होने पर जो वानर को जाते हुए रथ में बैठकर दारुण वा शून्य वन की ओर जाता है—यह अर्थ होगा। ये सब अशुभ स्वप्न होते हैं। इन स्वप्नों के देखने से मृत्यु वा महाकष्ट भोगना पड़ता है ॥२७–३६॥

काषायिणामसौम्यानां नग्नानां दण्डधारिणाम्।
कृष्णानां रक्तनेत्राणां स्वप्ने नेच्छन्ति दर्शनम् ॥३७॥

स्वप्न में कषाय (गेरुए) वस्त्र धारण किए पुरुषों का, जो सौम्यमूर्ति न हों उनका, नग्न, दण्डधारी, कृष्णवर्ण के तथा लाल आँखोंवाले पुरुषों का दर्शन अभीष्ट नहीं। इनका दर्शन अशुभ का कारण है ॥३७॥

कृष्णा पापा निराचारा दीर्घकेशनखस्तनी।
विरागमाल्यवसना स्वप्ने कालनिशा मता ॥३८॥

स्वप्न में काली पापिन दुराचारी लम्बे केश नख और स्तनों वाली, लालवर्ण की माला और लालरङ्ग के ही वस्त्रों को पहिरे हुई स्त्री कालरात्रि ही है। अर्थात् ऐसी स्त्री का स्वप्न में दर्शन मृत्यु का कारण है ॥३८॥

इत्येते दारुणाः स्वप्ना रोगी यैर्याति पञ्चताम्।
अरोगः संशयं गत्वा कश्चिदेव विमुच्यते ॥३९॥

ये दारुण स्वप्न कह दिये हैं, जिन्हें देखकर रोगी मृत्यु को प्राप्त होता है और नीरोग पुरुष का जीवन संशय में पड़ जाता है, जिससे कोई ही बच पाता है। अभिप्राय यह है कि

१—'य इमांश्चापरान्०' च० ग०।
२—'द्रविडान्धकैः' ग० 'द्रविडान्ध्रकैः' यो०।
३—'प्रपतत्यपि' ग०। ४—'नीयते' ग०। ५—'पादचर्मणोः' ग०। ६—'चन्द्रतारार्कनक्षत्र०' ग०। ७—'कापेयुक्तेन याति वा' च० 'कपियुक्तेन यानेन' इति शेषः, चक्रः।

यदि रोगी को ये स्वप्न दीखें तो मृत्यु निश्चित ही है और यदि स्वस्थ पुरुष ये स्वप्न देखे तो उनमें भी अधिकतर मर ही जाते हैं, कोई २ ही प्रबल भाग्यवान् पुरुष बच पाता है ॥३९॥

मनोवहानां पूर्णत्वाद्दोषैरतिबलैस्त्रिभिः।
स्रोतसां दारुणान् स्वप्नान् काले पश्यति दारुणे ॥४०॥

दारुण (मारक) समय में अतिबलवान् वात पित्त कफ तीनों दोषों से मनोवह स्रोतों के पूर्ण होने के कारण मनुष्य दारुण स्वप्नों को देखता है अर्थात् जब मृत्यु का काल समीप होता है उस समय मनोवह स्रोत त्रिदोष से परिपूर्ण हो जाते हैं। परिमाणतः उसे बहुत बुरे २ स्वप्न आया करते हैं ॥४०॥

नातिप्रसुप्तः पुरुषः सफलानफलानपि।
इन्द्रियेशेन मनसा स्वप्नान् पश्यत्यनेकधा ॥४१॥

जो पूर्ण निद्रा में न हो ऐसा पुरुष इन्द्रियों के अधिष्ठाता वा प्रेरक मन द्वारा फलयुक्त और फलरहित अनेक प्रकार के स्वप्न देखा करता है। जाग्रत् और सुषुप्ति अवस्था में स्वप्न नहीं आया करते। परन्तु इन दोनों के मध्य की अवस्था में स्वप्न आया करते हैं। अतएव इस अवस्था का नाम भी स्वप्नावस्था रखा गया है। न तो इस अवस्था में पुरुष जगा ही होता है और नाहीं पूरी नींद में होता है। परिणाम भेद से स्वप्न दो प्रकार के होते हैं। एक तो वे जो भावी फल के सूचक होते हैं और दूसरे वे जिनका कोई फल नहीं होता ॥४१॥

[1]दृष्टं श्रुतानुभूतं च प्रार्थितं कल्पितं तथा।
भाविकं दोषजं चैव स्वप्नं सप्तविधं विदुः ॥४२॥

स्वप्न के भेद—स्वप्न सात प्रकार का होता है। १ दृष्ट, २ श्रुत, ३ अनुभूत, ४ प्रार्थित, ५ कल्पित, ६ भाविक, ७ दोषज। दृष्टि-स्वप्न वह होता है जिसे हम जाग्रत् अवस्था में देख चुके हों—प्रत्यक्ष कर चुके हों। श्रुत वह है जिसे हम सुन चुके हों। अनुभूत वह है जिसे हम अनुमान युक्ति आदि द्वारा समझ चुके हों। अथवा 'दृष्ट' से केवल चाक्षुष ज्ञान का ग्रहण करें और 'अनुभूत' से शेष इन्द्रियों से हुए ज्ञान का ग्रहण कर सकते हैं अथवा अनुभूत से स्मरण और अनुभव में आये हुए का ग्रहण है। प्रार्थित वह है जिसकी आकांक्षा होती है। कल्पित वह है जिसकी पूर्व मन में कल्पना की जा चुकी होती है। भाविक वे हैं जो भावी शुभ वा अशुभ फल के सूचक होते हैं। दोषज वे हैं जो वात आदि दोष से उत्पन्न होते हैं ॥४२॥

तत्र पञ्चविधं पूर्वमफलं भिषगादिशेत्।
दिवास्वप्नमतिह्रस्वमतिदीर्घं तथैव च ॥४३॥

चिकित्सक इनमें से पहले पाँच को निष्फल जाने दृष्ट श्रुत अनुभूत प्रार्थित और कल्पित इन पाचों स्वप्नों का कोई फल नहीं होता। शेष दो अर्थात् भाविक और दोषज फलद होते हैं। दिन में देखे हुए सब स्वप्न और रात्रि में देखे वे स्वप्न जो बहुत छोटे हों वा बहुत लम्बे हों; उनका कोई फल नहीं होता ॥४३॥

दृष्टः प्रथमरात्रे यः स्वप्नः सोऽल्पफलो भवेत्।
न स्वपेद्यः पुनर्दृष्ट्वा स सद्यः स्यान्महाफलः ॥४४॥

जो स्वप्न रात्रि के प्रथमभाग में देखा जाता है उसका फल अल्प ही होता है। अर्थात् इसका फल देर से वा थोड़ा होता है। परन्तु एक बार स्वप्न देखने पर यदि नींद न आये तो उसका शीघ्र ही महान् फल होता है ॥४४॥

अकल्याणमपि स्वप्नं दृष्ट्वा तत्रैव यः पुनः।
पश्येत्सौम्यं शुभाकारं तस्य विद्याच्छुभं फलम् ॥४५॥

बुरे स्वप्न को भी देखकर जो पुनः उसी रात सौम्य और शुभ स्वप्न को देखता है उसका फल शुभ ही होता है ॥४५॥

पूर्वरूपाण्यथ स्वप्नान् य इमान्वेत्ति दारुणान्।
न स मोहादसाध्येषु कर्माण्यारभते भिषक् ॥४६॥

इत्यग्निवेशकृते तन्त्रे चरकप्रतिसंस्कृते इन्द्रियस्थाने पूर्वरूपीयमिन्द्रियं नाम पञ्चमोऽध्यायः ॥५॥

उपसंहार—जो इन दारुण पूर्वरूपों और स्वप्नों को जानता है वह कदाचिदपि मोह से असाध्य रोगों में चिकित्सा नहीं करता। सुश्रुत सू० २९ अ० में भी शुभाशुभ स्वप्न बताये हैं॥४६॥

इति पञ्चमोऽध्यायः ॥

षष्ठोऽध्यायः।

अथातः कतमानिशरीरीयमिन्द्रियं व्याख्यास्यामः।
इति ह स्माह भगवानात्रेयः ॥१॥

अब हम कतमानिशरीरीय नामक इन्द्रिय की व्याख्या करेंगे—ऐसा भगवान् आत्रेय ने कहा था। चूंकि यह अध्याय 'कतमानि शरीराणि' इस प्रकार प्रारम्भ होता है। अतएव इस अध्याय का नाम अधिकारार्थ में छ प्रत्यय करके कतमानिशरीरीय रखा है। इस अध्याय का विषय अगले श्लोक में कहा है ॥१॥

कतमानि शरीराणि व्याधिमन्ति महामुने!।
यानि वैद्यः परिहरेद्येषु कर्म न सिध्यति ॥२॥

अध्याय का विषय—अग्निवेश पूछता है—हे महामुने! ऐसे कौन से रोगयुक्त शरीर हैं जिनमें कर्म सिद्ध नहीं होता और जिन्हें वैद्य छोड़ दे। अर्थात् जिनमें चिकित्सा व्यर्थ होती है, अतएव वैद्यों को त्याज्य हैं ऐसे कौन से रोग हैं। अर्थात् इस अध्याय में रोगों के असाध्य लक्षण बताये जायँगे ॥२॥

[1]इत्यात्रेयोऽग्निवेशेन प्रश्नं पृष्टः सुदुर्वचम्।
आचचक्षे यथा तस्मै भगवांस्तन्निबोधत ॥३॥

इस प्रकार बतलाने में अत्यन्त कठिन प्रश्न के अग्निवेश द्वारा पूछे जाने पर भगवान् आत्रेय ने उसे जैसा उपदेश किया वह ध्यान से सुनिये ॥३॥

यस्य वै भाषमाणस्य रुजत्यूर्ध्वमुरो भृशम्।
अन्नं च च्यवते [2]भुक्तं स्थितं चापि न जीर्यति ॥४॥

१—'दृष्टमिति चक्षुषा, अनुभूतं तु शेषेन्द्रियैर्ज्ञातं, कल्पितमिति मनसा भावितं, प्रार्थितं याच्ञाविषयकृतं भाविकमिति भाविशुभाशुभफलसूचकं, दोषजमिति उल्बणवातादिदोषजन्यम' च०।

१—'इत्यग्निवेशेन गुरुः प्रश्नं पृष्टः पुनर्वसुः' ग.।
२—'अन्नं वा च्यवतेऽपक्वं' ग.।

बलं च हीयते यस्य[1] तृष्णाचाभिप्रवर्धते ।
जायते हृदि शूलं च तं भिषक् परिवर्जयेत् ॥५॥

भाषण करते हुए जिस पुरुष की छाती के ऊर्ध्वभाग में अत्यन्त व्यथा होती है और खाया हुआ अन्न तत्क्षण वमन होकर निकल जाता है और यदि आमाशय में ठहर भी जाय तो पचता नहीं, जिसका बल क्षीण होता जाता है, तृष्णा (प्यास) बढ़ती है और हृदय में शूल होता है, वह वैद्यों से त्याज्य होता है। वैदय को उसकी चिकित्सा न करनी चाहिये, क्योंकि ऐसे समय में चिकित्सा निष्फल होती है, उससे मुमूर्षु रोगी को कोई लाभ नहीं होता ॥४,५॥

हिक्का गम्भीरजा यस्य शोणितं चातिसार्यते ।
न तस्मै भेषजं दद्यात्स्मरन्नात्रेयशासनम् ॥६॥

जिसे गम्भीर देश से उठनेवाली हिक्का (हिचकी) हो और रक्तातिसार हो वा गुदा से मल के साथ अत्यधिक रक्त निकलता हो, उसे आत्रेय के उपदेश का स्मरण करते हुए औषध न देनी चाहिये। आत्रेय ने उपदेश किया है—

'साधनं न त्वसाध्यानां व्याधीनामुपदिश्यते ।'

तथा—'अर्थविद्यायशोहानिमुपक्रोशमसंशयम् ।
प्राप्नुयान्नियतं वैद्यो योऽसाध्यं समुपाचरेत् ॥'

अर्थात् असाध्य रोग की चिकित्सा नहीं हो सकती और यदि लोभ आदि के कारण कोई चिकित्सा करता है तो उससे उसकी अपनी ही निन्दा होती है। इस उपदेश का स्मरण करते हुए असाध्य रोगों की चिकित्सा न करनी चाहिये। अर्थात् उपर्युक्त हिक्का के साथ २ यदि रक्त का अतिसरण हो तो वह असाध्य है। गम्भीरा हिक्का का लक्षण चिकित्सास्थान १७ अ० में दिया गया है—

'हिक्कते यः प्रवृद्धस्तु कृशो दीनमना नरः ।
जर्जरेणोरसा कृच्छ्रं गम्भीरमनुनादयन् ॥
संजृम्भन् संक्षिपंश्चैव तथाङ्गानि प्रसारयन् ।
पार्श्वे चोभे समायम्य कूजन् स्तम्भरुगर्दितः ॥
नाभेः पक्वाशयाद्वापि हिक्का चास्योपजायते ।
क्षोभयन्ती भृशं देहं नामयन्तीव ताम्यतः ॥
रुणद्धयुच्छ्वासमार्गं तु प्रणष्टबलचेतसः ।
गम्भीरा नाम सा तस्य हिक्का प्राणान्तकी मता ॥

अथवा—

नाभिप्रवृत्ता या हिक्का घोरा गम्भीरनादिनी ।
अनेकोपद्रववती गम्भीरा नाम सा स्मृता' ॥६॥

आनाहश्चातिसारश्च यमेतौ दुर्बलं नरम् ।
व्याधितं विशतो रोगौ दुर्बलं तस्य जीवितम् ॥७॥

किसी अन्य रोग से आक्रान्त परन्तु साथ ही दुर्बल हुए २ जिस मनुष्य को आनाह और अतिसार हो जाय उसका जीवन दुर्लभ है, वह मर जाता है ॥७॥

१–'शीघ्रं' ग. ।

'आनाहश्चैव तृष्णा च यमेतौ[2] दुर्बलं [3]नरम् ।
विशतो विजहत्येनं प्राणा नातिचिरान्नरम्[4] ॥८॥

जो दुर्लभ पुरुष आनाह और तृष्णा दोनों से आक्रान्त हो जाता है, उसे प्राण शीघ्र ही छोड़ जाते हैं अर्थात् उसकी शीघ्र मृत्यु हो जाती है ॥८॥

ज्वरः पौर्वाह्णिको यस्य शुष्ककासश्च दारुणः ।
बलमांसविहीनस्य यथा प्रेतस्तथैव सः ॥९॥

बल एवं मांस से हीन जिस पुरुष को पूर्वाह्ण वा प्रातः ज्वर होता हो और साथ ही दारुण सूखी खांसी हो उसे मुर्दा ही जानना चाहिये। अर्थात् वह शीघ्र ही कालकवलित होगा ॥९॥

ज्वरो यस्यापराह्णे तु श्लेष्मकासश्च दारुणः ।
बलमांसविहीनस्य यथा प्रेतस्तथैव सः ॥१०॥

इसी प्रकार यदि बल एवं मांस से हीन पुरुष को अपराह्ण वा सायं समय ज्वर होता हो और कफज कास (खांसी) हो तो वह भी मुमूर्षु है ॥१०॥

यस्य मूत्रं पुरीषं च ग्रथितं संप्रवर्तते ।
निरूष्मणो जठरिणः श्वसनो न स जीवति ॥११॥

जिस पुरुष में ऊष्मा नहीं अर्थात् शरीर का तापांश बहुत कम है अथवा जिसकी जाठराग्नि मन्द है, उदररोग से आक्रान्त है और मूत्र बहुत घना आता है—आपेक्षिक गुरुत्व बहुत अधिक है, पुरीष गांठों की आकृति में बँधा हुआ आता है, यदि वह साथ ही श्वास रोग का रोगी है तो वह जीवित नहीं रहता ॥११॥

श्वयथुर्यस्य कुक्षिस्थो हस्तपादं विसर्पति ।
ज्ञातिसङ्घं स संक्लेश्य तेन रोगेण हन्यते ॥१२॥

जिसके कोख वा उदर पर उत्पन्न हुआ २ शोथ क्रमशः हाथ पैर की ओर संचार करता है वह अपने बन्धु-बान्धवों को पीड़ा देकर उसी रोग से मारा जाता है। अर्थात् यह रोग दीर्घकाल के पश्चात् मारक होता है। जब तक रोगी की मृत्यु नहीं होती उस दीर्घकाल तक बन्धु बान्धवों को उसके प्रतिकार तथा परिचर्या आदि के दुःख सहने पड़ते हैं ॥१२॥

'श्वयथुर्यस्य पादस्थस्तथा स्रस्ते च पिण्डिके ।
सीदतश्चाप्युभे जङ्घे[5] तं भिषक्परिवर्जयेत् ॥१३॥

जिसके पैर में सूजन हो गयी हो तथा पिण्डलियां शिथिल हों, दोनों जङ्घायें अवसादयुक्त हों—अच्छी प्रकार चल फिर वा बैठ न सकता हो, चिकित्सक उसकी चिकित्सा न करे। वह रोगी असाध्य है ॥१३॥

शूनहस्तं शूनपादं शूनगुह्योदरं नरम् ।
हीनवर्णबलाहारमौषधैर्नोपपादयेत् ॥१४॥

१–'आनाहश्चातितृष्णा' यो. । २–'कर्शितं' यो. । ३–'भृशम्' यो० । ४–गङ्गाधरस्तु–'आनाहश्चातिसारश्च कर्षितं यमुभौ भृशम् । विशतो विजहत्येनं प्राणा नातिचिरान्नरम्' ॥ इति पठित्वा 'कर्षितं' इति पदव्याख्याने आह कर्षितं व्याधिभिर्वा धनबान्धवक्षयोपवासादिभो वा इति पूर्वस्माद्भेदः । ५–'शंखे' च. ।

जिसके हाथ पैर गुह्यदेश पेट सूजा हुआ हो ऐसे पुरुष का यदि वर्ण और बल अतिक्षीण हो, आहार कम मात्रा में करता हो तो उसकी औषध न करनी चाहिये। वह असाध्य है ॥ १४॥

[1]उरोयुक्तो बहुश्लेष्मा नीलः पीतः सलोहितः।
सततं च्यवते यस्य दूरात्तं परिवर्जयेत् ॥ १५ ॥

जिस पुरुष में छाती वा फेफड़ों में आश्रित नीला पीला वा रक्त युक्त कफ बहुत मात्रा में निरन्तर बाहर निकलता है, उसे वैद्य दूर से ही त्याग दे। अथवा 'उरोयुक्तः' के स्थल पर 'उरोभुक्तः' ऐसा पाठ होना चाहिये ॥ १५ ॥

हृष्टरोमा सान्द्रमूत्रः [2]शूनः कासज्वरार्दितः।
क्षीणमांसो नरो दूराद्वर्ज्यो वैद्येन जानता ॥ १६ ॥

जिस पुरुष का मांस क्षीण हो गया है, लोमहर्ष है, घना मूत्र आता है, शोथ से आक्रान्त है; खांसी और ज्वर से पीड़ित है; उसे ज्ञानी वैद्य दूर से ही त्याग दे ॥ १६ ॥

त्रयः प्रकुपिता यस्य दोषाः [3]कोष्ठेऽभिलक्षिताः।
कृशस्य बलहीनस्य नास्ति तस्य चिकित्सितम् ॥ १७॥

जिस कृश और निर्बल पुरुष के कोष्ठ में प्रकुपित हुए २ तीनों दोष दिखाई दें उसकी चिकित्सा नहीं है। कोष्ठ से आमाशय आदि आशयों का तथा हृदय फुफ्फुस आदि का ग्रहण होता है—

'स्थानान्यामाग्निपक्वानां मलस्य रुधिरस्य च।
हृदुण्डुकः फुफ्फुसश्च कोष्ठ इत्यभिधीयते' ॥ १७ ॥

ज्वरातिसारौ शोफान्ते श्वयथुर्वा तयोः क्षते।
दुर्बलस्य विशेषेण नरस्यान्ताय जायते ॥ १८ ॥

जिसे प्रथम शोथ होकर शोथ तो हट जाय पर ज्वर और अतिसार हो जाय अथवा प्रथम ज्वर और अतिसार होकर उनकी निवृत्ति होने पर शोथ हो जाय तो ये दोनों ही अवस्थायें विशेषतः दुर्बल पुरुष के जीवन का अन्त करनेवाली होती हैं ॥

पाण्डुरश्च कृशोऽत्यर्थं तृष्णयाऽभिपरिप्लुतः।
[4]डम्बरी कुपितोच्छ्वासः प्रत्याख्येयो विजानता ॥

जो पीला पड़ गया हो वा पाण्डुरोग से पीड़ित हो, अत्यन्त कृश, जिसे बहुत प्यास लगती हो, डम्बरी (जो स्तब्ध नेत्रों से देखता हो, एकाग्रदृष्टि), जिसका उच्छ्वास (वापिस निकलनेवाला श्वास) कुपित हो, उसका विज्ञ वैद्य को त्याग करना चाहिये ॥ १६ ॥

हनुमन्याग्रहस्तृष्णा बलह्रासोऽतिमात्रया।
प्राणाश्चोरसि [5]वर्तन्ते यस्य तं परिवर्जयेत् ॥ २० ॥

जिस पुरुष को हनुग्रह और मन्याग्रह हो, अतितृष्णा हो, अत्यन्त निर्बलता हो और जिसके प्राण छाती में हों उसे त्याग दे। अर्थात् जब अन्य अङ्गों में जीवन के चिह्न स्पन्दन आदि न दिखाई दें और केवल मात्र छाती में हृत्स्पन्दन और श्वास की क्रिया दीखती हो तो वह त्याज्य होता है—रोगी मरणोन्मुख होता है ॥ २० ॥

[1]ताम्यत्यायच्छते शर्म न किंचिदपि विन्दति।
क्षीणमांसबलाहारो मुमूर्षुरचिरान्नरः ॥ २१ ॥

जो क्लान्त होता है अथवा जिसके आगे अन्धकार ही अन्धकार दिखाई देता है—बेहोशी सी हो जाती है, अङ्गों को फैलाता है वा फेंकता है (जैसे आक्षेपक रोग में) और कुछ भी आराम को नहीं पाता, मांस बल एवं आहार जिसका क्षीण हो गया है—ऐसा पुरुष शीघ्र ही मुमूर्षु होता है ॥ २१ ॥

विरुद्धयोनयो यस्य विरुद्धोपक्रमा भृशम्।
वर्धन्ते दारुणा रोगाः शीघ्रं शीघ्रं स हन्यते ॥ २२ ॥

जिस पुरुष में विरुद्धयोनि और विरुद्धोपक्रम दारुण रोग शीघ्र बढ़ते हों वह शीघ्र मारा जाता है। 'योनि' उत्पत्तिकारण को कहते हैं। रोगों के उत्पत्तिकारण दुष्ट हुए २ वात पित्त और कफ हैं। जिससे अभिप्राय यह हुआ कि जब पुरुष को एक ही समय में वातज और पित्तज वा पित्तज और कफज वा कफज और वातज इत्यादि रोग हों और साथ ही वे विरुद्धोपक्रम भी हों अर्थात् यदि हम वातज की चिकित्सा करें तो पित्तज बढ़ जाय इत्यादि, अथवा दोष की चिकित्सा से दूष्य बढ़े और दूष्य की चिकित्सा से दोष बढ़े तो वह भी विरुद्धोपक्रम कहायगा। जैसे—वातज प्रमेह, तो ऐसे दारुण रोग अत्यन्त शीघ्र मृत्यु के कारण होते हैं। नौवें और दसवें श्लोक में भी विरुद्धयोनि रोगों का उदाहरण दिया जा चुका है। पूर्वाह्ण काल कफ का होता है। उस समय का कफज्वर होगा, परन्तु साथ ही शुष्क कास वातज है, अतएव असाध्य है। इसी प्रकार दसवें श्लोक को भी समझ लेना चाहिए ॥ २२ ॥

बलं विज्ञानमारोग्यं ग्रहणी मांसशोणितम्[2]।
एतानि यस्य क्षीयन्ते क्षिप्रं क्षिप्रं स हन्यते ॥ २३ ॥

बल, विज्ञान, आरोग्य, ग्रहणी, मांस, रक्त; ये जिस पुरुष के शीघ्र क्षीण हो जाते हैं, वह शीघ्र ही मारा जाता है ॥ २३ ॥

विकारा[3] यस्य वर्धन्ते प्रकृतिः परिहीयते।
सहसा सहसा यस्य मृत्युर्हरति जीवितम् ॥ २४ ॥

जिस पुरुष के रोग तो बढ़ते हैं और प्रकृति वा नीरोगिता सहसा नष्ट हो जाती है, मृत्यु उसके जीवन को सहसा हर लेती है ॥ २४ ॥

तत्र श्लोकः,

इत्येतानि शरीराणि व्याधिमन्ति विवर्जयेत्।
न ह्येषु धीराः पश्यन्ति सिद्धिं काञ्चिदुपक्रमात् ॥२५॥

इत्यग्निवेशकृते तन्त्रे चरकप्रतिसंस्कृते इन्द्रियस्थाने
कतमानिशरीरीयमिन्द्रियं नाम षष्ठोऽध्यायः ॥ ६ ॥

उपसंहार—इन रोगाक्रान्त शरीरों को वैद्य त्याग दे। क्योंकि इनमें धीर पुरुष चिकित्सा से कुछ भी सफलता नहीं देखते ॥ २५ ॥

इति षष्ठोऽध्यायः ॥

१—'उरोयुक्त इति उरोभवत्वेन रोगोऽनुमीयमानः' चक्रः। २—'शुष्ककासज्वरार्दितः'। ३—'कष्टामिलक्षिताः' च०। ४—'डम्बरी स्तब्धाक्षावलोकी, किंवा डम्बरी संरम्भवान्' चक्रः। ५—प्राणाश्चोरसि वर्तन्त इति वायव उरसि प्रकुपिता वहन्ति, चक्रः।

१—'व्यायच्छते ताम्यति च' ग०। २—'मांससारिणां' ग०। ३—'आरोग्यं हीयते यस्य' इति पाठान्तरम्।

सप्तमोऽध्यायः ।

अथातः पन्नरूपीयमिन्द्रियं व्याख्यास्यामः ।
इति ह स्माह भगवानात्रेयः ॥ १ ॥

अब हम पन्नरूपीय इन्द्रिय की व्याख्या करेंगे—ऐसा भगवान् आत्रेय ने कहा था। यहाँ पन्नरूप शब्द को अधिकार करके पन्नरूपीय अध्याय आरम्भ किया गया है। इस अध्याय में छाया प्रतिच्छाया सम्बन्धी अरिष्ट बताये जायँगे ॥ १ ॥

[1]दृष्ट्वा यस्य विजानीयात्पन्नरूपां कुमारिकाम् ।
प्रतिच्छायामयीमक्ष्णोर्नैनमिच्छेच्चिकित्सितुम् ॥ २ ॥

चिकित्सक जिसके नेत्रों में देखकर उसकी प्रतिच्छाया (प्रतिबिम्ब) रूप कुमारिका को नष्ट जाने, उसकी चिकित्सा की अभिलाषा न रखे। कुमारिका पुतली को कहते हैं। यदि आँख में पुतली न दिखाई दे तो उसे मुमूर्षु जानें ॥ २ ॥

ज्योत्स्नायामातपे दीपे सलिलादर्शयोरपि ।
अङ्गेषु विकृता यस्य छाया प्रेतस्तथैव सः ॥ ३ ॥

जिस पुरुष की छाया चाँदनी धूप दीपक के प्रकाश जल अथवा दर्पण में विकृत अङ्गवाली दिखाई दे तो उसे मरे हुए के सदृश ही जानना चाहिये ॥ ३ ॥

छिन्ना [2]भिन्नाऽऽकुला छाया हीना वाऽप्यधिकाऽपि वा।
नष्टा तन्वी द्विधा छिन्ना विशिरा विकृता च या ॥ ४ ॥
एताश्चान्याश्च याः काश्चित्प्रतिच्छाया विगर्हिताः ।
सर्वा मुमूर्षतां ज्ञेया न चेल्लक्ष्यनिमित्तजाः ॥ ५ ॥

ऊपर कहे गये चांदनी आदि में यदि शरीर को छाया वा प्रतिबिम्ब छिन्न (दो टुकड़ों में विभक्त) भिन्न (विदीर्ण) आकुल (जिसमें अन्य प्रतिबिम्ब मिले दिखाई दें) हीन (किसी अङ्ग से हीन) अधिक (किसी अङ्ग का अधिक होना) दिखाई दे। अथवा छाया वा प्रतिबिम्ब ही न दिखाई दे। अथवा अत्यन्त सूक्ष्म हो, दो स्थानों से विभक्त हो, शिर ही न हो और जो विकृत हो—आकृति वा रूप के अनुसार न हो; ये और इसी प्रकार के जो कोई भी अन्य प्रतिबिम्ब हों वे सब निन्दित वा अशुभ हैं। ये सब मुमूर्षु पुरुषों के प्रतिबिम्ब जानने चाहियें यदि ये लक्ष्य के निमित्त से उत्पन्न न हों। अर्थात् अकारण उत्पन्न होनेवाले विकृति प्रतिबिम्ब पुरुष की मुमूर्षुता के ज्ञापक हैं। यदि दर्पण आदि में कोई दोष हो और उससे प्रतिबिम्ब विकृत दिखाई दे तो वह मुमूर्षु का लक्षण नहीं ॥४,५॥

संस्थानेन प्रमाणेन वर्णेन प्रभया तथा ।
छाया विवर्तते यस्य स्वस्थोऽपि प्रेत एव सः ॥ ६ ॥

यदि आकृति शरीर का परिमाण वर्ण प्रभा आदि में जिस पुरुष की छाया में परिवर्तन वा विपरीतता हो, उस स्वस्थ पुरुष को भी मरा हुआ ही जानना चाहिये। अर्थात् वह शीघ्र ही मर जायगा ॥ ६ ॥

संस्थानमाकृतिर्ज्ञेया सुषमा विषमा च या ।
मध्यमल्पं महच्चोक्तं प्रमाणं त्रिविधं नृणाम् ॥ ७ ॥

संस्थान शब्द का अर्थ आकृति है। यह आकृति दो प्रकार की हो सकती है। १ सुषमा (सुन्दर) २ विषमा (अशोभन, जो सुन्दर न हो) ॥

देह का प्रमाण तीन प्रकार का है—१ मध्य २ अल्प ३ महान् ॥

प्रतिप्रमाणसंस्थाना जलादर्शातपादिषु ।
छाया या सा प्रतिच्छाया [3]छाया वर्णप्रभाश्रया ॥८॥

देह के प्रमाण और आकृति के अनुसार जल दर्पण धूप आदि में जो छाया पड़ती है वह प्रतिच्छाया वा प्रतिबिम्ब कहाता है। छाया वर्ण और प्रभा पर आश्रित है ॥ ८ ॥

खादीनां पञ्च पञ्चानां छाया विविधलक्षणाः ।
नाभसी निर्मला नीला सस्नेहा सप्रभेव च ॥ ९ ॥

पाँचों आकाश आदि महाभूतों की विविध प्रकार के लक्षणोंवाली पाँच छाया हैं—१ अकाश-सम्बन्धी २ वायु-सम्बन्धी ३ अग्नि-सम्बन्धी ४ जल-सम्बन्धी ५ पृथ्वी-सम्बन्धी।

नाभसी छाया—निर्मल, नीलवर्ण की, स्निग्ध, प्रभायुक्त होती है। नाभसी छाया का अर्थ आकाशीय छाया है ॥ ९ ॥

रूक्षा श्यावाऽरुणा या तु वायवी सा हृतप्रभा ।
विशुद्धरक्ता त्वाग्नेयी दीप्ताभा दर्शनप्रिया ॥ १० ॥

वायवी छाया—रूक्ष, श्याम वा अरुणवर्ण की, प्रभारहित होती है।

आग्नेयी छाया – विशुद्ध रक्तवर्ण की, चमकदार आभावाली और देखने में प्रिय होता है ॥ १० ॥

शुद्धवैदूर्यविमला सुस्निग्धा चाम्भसी [2]मता ।
स्थिरा स्निग्धा [3]घना श्लक्ष्णा श्यामा श्वेता च पार्थिवी॥

जलीय छाया—शुद्ध वैदूर्य मणि के समान विमल तथा अत्यन्त स्निग्ध होती है।

पार्थिवी छाया—स्थिर, स्निग्ध, घनी, श्लक्ष्ण (चिकनी), श्यामवर्ण और श्वेत होती है ॥ ११ ॥

वायवी गर्हिता त्वासां चतस्रः स्युः शुभोदयाः ।
वायवी तु विनाशाय क्लेशाय महतेऽपि वा ॥ १२ ॥

इसमें से वायवी (वायु-सम्बन्धी) छाया निन्दित है। शेष चार छायायें शुभ फल देनेवाली होती हैं। वायवी छाया मृत्यु अथवा महाक्लेश का कारण होती है ॥१२॥

स्यात्तैजसी प्रभा सर्वा सा तु सप्तविधा स्मृता ।
रक्ता पीता सिता श्यावा हरिता पाण्डुराऽसिता ।१३।

प्रभा की उत्पत्ति कारण और भेद—सब प्रभा तैजसी होती हैं—तेज से उत्पन्न होती हैं। प्रभा सात प्रकार की मानी गयी है—१ लाल २ पीली ३ श्वेत ४ श्याम ५ हरित (हरी) ६ पाण्डुर (ईषत् पीत) ७ असित (काली)। तेज के बिना कोई प्रभा नहीं हो सकती, अतः तैजसी कहा गया है ॥ १३ ॥

तासां याः स्युर्विकासिन्यः स्निग्धाश्च विपुलाश्च याः ।
ताः शुभा रूक्षमलिनाः [4]संक्षिप्ताश्चाशुभोदयाः ॥ १४ ॥

उन सात प्रकार की प्रभाओं में से जो खिली हुई स्निग्ध और विपुल (बहुत वा विस्तृत) हों, वे शुभ होती हैं। 'विपुलाश्च' के स्थल पर यदि 'विमलाश्च' यह पाठान्तर हो तो उसका अर्थ निर्मल है। जो रूखी हो, मलिन हो, संक्षिप्त (शुभ छोटी वा थोड़ी) हों, वे अशुभ फल के देनेवाली होती है ॥

१—'दृष्ट्वां' ग० । २—'छिद्राकुला' ग० ।

१—'या च' ग० । २—'शुभा' ग । ३—'स्निग्धायता' ग । ४—'संक्लिष्टाश्चाशुभोदयाः ग० ।

वर्णमाक्रामति च्छाया भास्तु वर्णप्रकाशिनी ।
आसन्ना लक्ष्यते छाया [1]भाः प्रकृष्टा प्रकाशते ॥१५॥

छाया और प्रभा में अन्तर—छाया वर्ण पर छा जाती है और प्रभा वर्ण को प्रकाशित करती है। छाया पास से दिखाई देती है वा जानी जाती है और प्रभा दूर से भी प्रकाशित होती है। यही दोनों में भेद है। इसके अतिरिक्त छाया का पञ्चभूतात्मिका होना और प्रभा का तैजसी होना भी एक भेद है।

नाच्छायी नप्रभः कश्चिद्विशेषाश्चिह्नयन्ति तु ।
नृणां शुभाशुभोत्पत्तिं काले छायाः प्रभाश्रयाः ॥१६॥

कोई भी पुरुष छाया और प्रभा से रहित नहीं है। किन्तु समय पर छाया और प्रभा के आश्रित भेद ही शुभ एवं अशुभ की उत्पत्ति के ज्ञापक होते हैं ॥१६॥

कामलाऽक्ष्णोर्मुखं पूर्णं शङ्खयोर्मुक्तमांसता[2] ।
संत्रासश्चोष्णगात्रं च यस्य तं परिवर्जयेत् ॥१७॥

जिसके दोनों नेत्र कामलायुक्त हों, मुख भरा हुआ हो, दोनों शङ्ख देशों में मांस क्षीण हो गया हो, अत्यधिक भयभीत हो, देह में उष्णता हो; उसे त्याग देना चाहिये—उसके असाध्य होने से चिकित्सा न करनी चाहिये ॥१७॥

उत्थाप्यमानः शयनात्प्रमोहं याति यो नरः ।
मुहुर्मुहुर्न सप्ताहं स जीवति [3]कथञ्चन ॥१८॥

जिस मनुष्य को नींद से जगाया जाने पर वा शय्या से उठाया जाने पर बार २ मूर्छा हो जाय तो वह एक सप्ताह तक कदापि जीवित नहीं रहता ॥१८॥

संसृष्टा व्याधयो यस्य प्रतिलोमानुलोमगाः ।
व्यापन्ना ग्रहणी प्रायः सोऽर्धमासं न जीवति ॥१९॥

जिस पुरुष में प्रतिलोम और अनुलोम मार्ग में गये हुए अनेक रोग परस्पर मिलित हों और प्रायः ग्रहणी भी दोष युक्त हो तो वह १५ दिन तक जीवित नहीं रहता। अर्थात् उसकी आयु की परमावधि १५ दिन है। अनेक रोग कहने से जहाँ रोगी की अनेकता असाध्यता में अभीष्ट है वहाँ एक ही रोग के भिन्न २ दोषों को प्रतिलोम और अनुलोम मार्ग में जाना भी असाध्यता में अभीष्ट होता है। जैसे जो रक्तपित्त युगपत् ऊर्ध्व मार्ग वा अधोमार्ग से प्रवृत्त होता है वह असाध्य होता है।

'धर्मव्यायामशोकाध्वव्यवायैरतिसेवितैः ।
तीक्ष्णोष्णक्षारलवणैरम्लैः कटुभिरेव च ॥
पित्तं विदग्धं स्वगुणैर्विदहत्याशु शोणितम् ।
ततः प्रवर्त्तते रक्तमूर्ध्वं चाधो द्विधापि वा ॥
ऊर्ध्वं नासाक्षिकर्णास्यैर्मेढ्रयोनिगुदैरधः ।
कुपितं रोमकूपैश्च समस्तस्तत्प्रवर्तते ॥
ऊर्ध्वगं कफसंसृष्टमधोगं पवनानुगम् ।
द्विमार्गं कफवाताभ्यामुभाभ्यामनुवर्तते ॥
ऊर्ध्वं साध्यमधो याप्यमसाध्यं युगपद् गतम् ॥१९॥

उपरुद्धस्य रोगेण[1] कर्षितस्याल्पमश्नतः ।
बहुमूत्रपुरीषं स्याद्यस्य तं परिवर्जयेत् ॥२०॥

कृश हुए २, रोग से रुके हुए अर्थात् रोगी, मात्रा से अल्प आहार करनेवाले जिस पुरुष को मूत्र और पुरीष अत्यधिक मात्रा में आता है उसका त्याग करना चाहिये—वह मृत्यु से बचता नहीं। अभिप्राय यह है कि यदि किसी क्षीण—काय व्यक्ति को ऐसा रोग हो गया है जिसमें आहार की अभिलाषा नहीं रही और वह अतएव भोजन स्वल्पमात्रा में ही करता है परन्तु फिर भी मल मूत्र बहुत अधिक परिमाण में आता है तो उस का बचना असम्भव है ॥२०॥

दुर्बलो बहु भुंक्ते यः [2]प्राग्भुक्तादन्नमातुरः ।
अल्पमूत्रपुरीषश्च यथा प्रेतस्तथैव स ॥२१॥

जो दुर्बल रोगी पुरुष रोग से पूर्व अर्थात् स्वस्थावस्था में जितना खाता था उससे बहुत अधिक खाता है, परन्तु मूत्र और पुरीष कम आता है तो उसे मृत ही समझना चाहिये ॥

[3]वर्धिष्णुगुणसंपन्नमन्नमश्नाति यो नरः ।
शश्वच्च बलवर्णाभ्यां हीयते न स जीवति ॥२२॥

बृंहण वा वृद्धि करने के गुण से युक्त अन्न को जो पुरुष खाता है परन्तु फिर भी निरन्तर बल और वर्ण क्षीण होता जाता है वह जीवित नहीं रहता ॥२२॥

प्रकूजति प्रश्वसिति शिथिलं चातिसार्यते ।
बलहीनः पिपासार्तः शुष्कास्यो न स जीवति ॥२३॥

जो गले से अव्यक्त शब्द करता है, अत्यधिक श्वास लेता है, मल शिथिल आता है—मल पतला आता है वा दस्त होता है वह यदि निर्बल हो तृष्णा से पीड़ित हो (अत्यधिक प्यास लगती हो) मुख अन्दर से सूखा हो तो वह जीवित नहीं रहता।

ह्रस्वं च यः प्रश्वसिति व्याविद्धं स्पन्दते च यः ।
मृतमेव तमात्रेयो व्याचचक्षे पुनर्वसुः ॥२४॥

जिस पुरुष का अन्दर जानेवाला श्वास छोटा होता है और जो कष्ट के कारण टेढ़ा मेढ़ा होकर हिलता-जुलता है उसे आत्रेय पुनर्वसु मृत ही कहते हैं ॥२४॥

ऊर्ध्वं च यः प्रश्वसिति श्लेष्मणा चाभिभूयते ।
हीनवर्णबलाहारो यो नरो न स जीवति ॥२५॥

जिसका ऊर्ध्व श्वास हो गया हो और जिसका कण्ठ कफ से रुकता हो ऐसा बल वर्ण तथा आहार से हीन पुरुष जीवित नहीं रहता ॥२५॥

ऊर्ध्वाग्रे नयने यस्य मन्ये [4]चारतकम्पने ।
बलहीनः पिपासार्तः शुष्कास्यो न स जीवति ॥२६॥

जिसके नेत्र ऊर्ध्वमुख हो गये हों—ऊपर को चढ़ गए हों और दोनों मन्यायें निरन्तर बहुत अधिक कांपती हों बहुत अधिक स्पन्दन करती हों ऐसा निर्बल तृष्णा से पीड़ित तथा सूखे मुखवाला वह पुरुष जीवित नहीं रहता ॥२६॥

यस्य गण्डावुपचितौ ज्वरकासौ च दारुणौ ।
शूली प्रद्वेष्टि चाप्यन्नं तस्मिन् कर्म न सिध्यति ॥२७॥

१—'विकृष्टा भाः' यो०। २—'गण्डयोर्मुक्तमांसता' ग०।
३—'विकत्थनः' च०, ग०। 'विकत्थनः निन्दापरः' चक्रः। 'विकत्थनः विशेषेण श्लाघया वैद्यो वदेत् इति भावः' गङ्गाधरः।

१—'योगेन' ग०। २—'प्राग्भुक्त्वाऽन्नमाश्रितः' च०।
३—'इष्टं च गुणसम्पन्न०' च०। ४—'यस्यानारतकम्पने' ग०।

जिसकी गालें मास से भरी हों परन्तु ज्वर और कास अत्यन्त दारुण हों शूल हो अन्न न खाता हो तो चिकित्सा से कोई सफल नहीं होती, वह असाध्य है ॥२७॥

[1]व्यावृत्तमूर्धजिह्वास्यो भ्रुवौ यस्य च विच्युते ।
कण्टकैश्चाचिता जिह्वा यथा प्रेतस्तथैव सः ॥२८॥

जिसका शिर और जिह्वा चक्कर खा गयी हो, दोनों भौंहें नीचे आ गयी हों और जिह्वा कण्टकों से व्याप्त हो तो उसे मृत ही जानना चाहिये ॥२८॥

शेफश्चात्यर्थमुत्सिक्तं निःसृतौ वृषणौ भृशम् ।
अतश्चैव विपर्यासो विकृत्या प्रेतलक्षणम् ॥२९॥

जिसकी मूत्रेन्द्रिय अत्यधिक अन्दर घुस गयी हो—छोटी हो गयी हो और दोनों अण्ड बहुत अधिक बाहर निकले हुए हों अथवा मूत्रेन्द्रिय बहुत अधिक बाहर निकली हुई हो और अण्ड अन्दर को घुस जायँ तो वह मृत पुरुष का चिह्न है। अर्थात् वह रोगी बचता नहीं। परन्तु यह लक्षण विकृति से होना चाहिये। यदि किसी के स्वभावतः ही ऐसा हो तो उसे मृत्यु सूचक लक्षण न समझें ॥२९॥

निचितं[2] यस्य मांसं [3]स्यात्त्वगस्थि चैव दृश्यते ।
क्षीणस्यानश्नतस्तस्य[4] मासमायुः परं भवेत्[5]॥३०॥

जिस पुरुष का मांस क्षीण हो गया हो, त्वचा और कङ्कालमात्र दिखाई दे, ऐसे क्षीण और उस पर भी आहार न खाते हुए पुरुष की परम आयु एक मास होती है। अर्थात् वह एक महीने के अन्दर ही मर जाता है। 'निश्चितं' में 'निस्' निषेधार्थक है। सुश्रुत सूत्र ३१ अ० में भी ऐसे अरिष्ट लक्षण दिये गये हैं ॥३०॥

तत्र श्लोकः

इदं लिङ्गमरिष्टाख्यमनेकमभिजज्ञिवान् ।
आयुर्वेदविदित्याख्यां लभते कुशलो जनः ॥३१॥

इत्यग्निवेशकृते तन्त्रे चरकप्रतिसंस्कृते इन्द्रियस्थाने पन्नरूपीयमिन्द्रियं नाम सप्तमोऽध्यायः ॥७॥

जो इन अनेक अरिष्ट लक्षणों को जानता है वह कुशल पुरुष आयुर्वेदज्ञ कहाता है ॥३१॥

इति सप्तमोऽध्यायः ।

अष्टमोऽध्यायः ।

अथातोऽवाक्शिरसीयमिन्द्रियं व्याख्यास्यामः ।
इति ह स्माह भगवानात्रेयः ॥ १ ॥

अब अवाक्शिरसीय इन्द्रिय की व्याख्या करेंगे—ऐसा भगवान् आत्रेय ने कहा था। 'अवाक्शिर' यह पद अध्याय के पूर्व है। अतः इस अध्याय का नाम अवाक्शिरसीय रखा गया है।

अवाक्शिरा वा जिह्मा वा यस्य वा विशिरा भवेत् ।
जन्तो रूपप्रतिच्छाया नैनमिच्छेच्चिकित्सितुम् ॥२॥

जिस प्राणी वा मनुष्य के रूप (शरीर) के प्रतिबिम्ब में शिर नीचे की ओर हो अथवा प्रतिबिम्ब टेढ़ा मेढ़ा हो अथवा प्रतिबिम्ब में शिर ही न हो तो उसकी चिकित्सा की अभिलाषा न करे। विकृत प्रतिबिम्ब यदि अनिमित्त ही हो तभी मुमूर्षुता को बताता है ॥२॥

जटीभूतानि पक्ष्माणि दृष्टिश्चापि [1]निगृह्यते ।
यस्य जन्तोर्न तं धीरो भेषजेनोपपादयेत् ॥ ३ ॥

जिस मनुष्य की पलकें जटाओं के सदृश हो गयी हों और ऊपर नीचे की पलकों के भी परस्पर मिल जाने से दृष्टि बन्द हो गयी हो, धीर वैद्य उसे औषधों का प्रयोग न करावे—चिकित्सा न करे। सुश्रुत में भी कहा है—

'मिलन्ति चाक्षिपक्ष्माणि सोऽचिराद् याति मृत्यवे ॥३॥

यस्य शूनानि वर्त्मानि न समायान्ति शुष्यतः ।
चक्षुषी चोपदह्येते यथा प्रेतस्तथैव सः ॥ ४ ॥

जिस शोथयुक्त पुरुष के वर्त्म सूजे हुए हों और अतएव परस्पर न मिलते हों; नेत्रों में दाह होता हो तो उसे मृत पुरुष के सदृश ही जानना चाहिये—वह मुमूर्षु है ॥४॥

भ्रुवोर्वा यदि वा मूर्ध्नि सीमन्तावर्तकान् बहून् ।
[2]अपूर्वानकृतान् व्यक्तान् दृष्ट्वा मरणमादिशेत् ॥ ५ ॥
त्र्यहमेते न जीवन्ति लक्षणेनातुरा नराः ।
अरोगाणां पुनस्त्वेतत्, षड्रात्रं परमुच्यते ॥ ६ ॥

भौंहों पर अथवा शिर पर बहुत से सीमन्त (मांस) और आवर्तकों (चक्कर खाये हुए बाल) को उत्पन्न हुआ देख वैद्य उसकी मृत्यु की सूचना दे दे। परन्तु किसी व्यक्ति द्वारा संवार कर ये सीमन्त और आवर्त बनाये हुए न होने चाहिये और ना ही पूर्व उत्पन्न हुए २ हों। बहुत से पुरुषों के जन्म से ही आवर्त बने होते हैं वह मृत्यु का चिह्न नहीं। रोगी इस अरिष्ट लक्षण से तीन दिन तक जीवित रह सकता है और नीरोग पुरुष में यदि ये रिष्ट प्रादुर्भूत हों तो अधिक से अधिक वह छह दिन तक जी सकता है ॥५,६॥

[3]आयस्योत्पाटितान् केशान् यो नरो नावबुध्यते ।
अनातुरो वा रोगी वा षड्रात्रं[4] नातिवर्तते ॥ ७ ॥

जिस मनुष्य को चाहे वह रोगी या नीरोग, बलपूर्वक खींचने से उखाड़े गये केशों का ज्ञान नहीं होता तो वह छह दिन से अधिक काल तक जीवित नहीं रह सकता। अर्थात् यदि पुरुष बालों को उखाड़ने से कोई वेदना अनुभव नहीं करता तो उसकी आयु की शेष परम अवधि छह दिन है ॥७॥

यस्य केशा निरभ्यङ्गा दृश्यन्तेऽभ्यक्तसंनिभाः ।
उपरुद्धायुषं ज्ञात्वा तं धीरः परिवर्जयेत् ॥ ८ ॥

१—'०मुख०' पा०। २—अत्र 'नि' इति प्रतिषेधार्थे। ३—'तु त्वगस्थ्येव' च०। ४—'क्षीणस्यान्यूनतस्तस्य' ग०। ५—गङ्गाधरस्तु 'निचितं यस्य मांसं तु त्वगस्थि चैव दृश्यते। क्षीणस्यान्यूनतस्तस्य मासमायुःपरं भवेदिति' पठित्वा व्याख्याति-'यस्य मांसं' शरीरे निचितं सम्पूर्णम्। त्वगस्थि च दृश्यते, यस्य क्षीणस्यान्यूनतः सम्पूर्णतः। मांसहीनस्य त्वगस्थि च निचितं दृश्यते, तस्य मासं व्याप्य परमायुर्भवेदित्यर्थः'।

१—नि गृह्यते'। २—'असज्ज्ञानकृतान्' च०। तत्र प्रयत्नेनाकृतान् इत्यर्थः। ३—'आयस्योत्पाटितान्' ग०। ४—"यद्यपि 'मृतस्य केशलोमानि' इत्यादिनैव तदरिष्टमित्युक्तं, तथापीहातुरस्वस्थविषयप्रतिपादनार्थमभिधानम्। किंच 'प्रव्यथेरन्' इति पदेन केशानामनुत्पाटनमुक्तं, नेह तत्रेति विशेषः।" चक्रः।

जिस पुरुष के केशों पर तैल आदि स्नेह के न लगाने पर भी ऐसे दिखाई दे जैसे तेल चुपड़ा हुआ हो तो उसे गतायु जानकर धीर वैद्य उसका त्याग करे ॥८॥

[1]ग्लायतो नासिकावंशः पृथुत्वं यस्य गच्छति ।
अशूनः शूनसंकाशः प्रत्याख्येयः स जानता ॥९॥

जिस पुरुष का हर्ष से अन्यत्र काल में नासिकावंश (नासादण्ड) स्थूलता को प्राप्त होता हो और सूजा हुआ न होने पर भी सूजे हुए के सदृश हो वह ज्ञानी वैद्य द्वारा प्रत्याख्येय होता है—उसकी चिकित्सा नहीं हो सकती ॥९॥

अत्यर्थविवृता यस्य यस्य चात्यर्थसंवृता ।
जिह्वा वा परिशुष्का वा नासिका न स [2]जीवति ।१०।

जिस पुरुष के नाक के छिद्र बहुत खुले हुए हों वा बहुत अधिक बन्द वा सुकड़कर छोटे हो गये हों नाक टेढ़ी तथा सूखी हुई हो (मांसल न हो) वह जीवित नहीं रहता ॥१०॥

मुखं शब्दश्रवावोष्ठौ शुक्लश्यावातिलोहितौ ।
[3]विकृतौ यस्य वा नीलौ न स रोगाद्विमुच्यते ॥११॥

जिस पुरुष के मुख कान और होंठ श्वेत श्याम अत्यन्त लाल वा नीले हों वा अन्य प्रकार से विकृत हों वह रोग से विमुक्त नहीं होता अपितु मर जाता है । 'विकृत्या' यह पाठ होने पर विकृति के कारण जिनके मुख कान आदि का वर्ण श्वेत आदि हो गया हो यह अर्थ होगा । यदि ये वर्ण स्वाभाविक हों तो उन्हें मृत्यु का कारण न जानना चाहिये ॥११॥

अस्थिश्वेता द्विजा यस्य पुष्पिताः पङ्कसंवृताः ।
विकृत्या न स रोगं तं विहायारोग्यमश्नुते ॥१२॥

विकृति के कारण जिस पुरुष के दाँत अस्थि (हड्डी) के समान श्वेत हों उनपर पुष्प (श्वेत २ चिह्न) उत्पन्न हुए हों और यदि उनपर मैल पङ्क (कीचड़) के सदृश चढ़ी हुई हो वह उस रोग से मुक्त होकर कभी आरोग्य को प्राप्त नहीं होता ॥१२॥

स्तब्धा निश्चेतना गुर्वी कण्टकोपचिता भृशम् ।
श्यावा शुष्काऽथवा शूना प्रेतजिह्वा विसर्पिणी ॥१३॥

जड़वत् स्तब्ध, चेतना से शून्य (ज्ञानशक्तिहीन), भारी, कण्टकों से व्याप्त, श्यामवर्ण की, शुष्क अथवा सूखी हुई और विसर्पिणी (अर्थात् होठों को चाटने के लिये जो निरन्तर चलती रहे) जिह्वा प्रेतजिह्वा कहाती है—ऐसी जिह्वा आसन्न मृत्यु की सूचक है । गङ्गाधर 'विसर्पिणी' का अर्थ 'बहिर्निर्गत' करता है ।

दीर्घमुच्छ्वस्य यो ह्रस्वं नरो निश्वस्य ताम्यति ।
उपरुद्धायुषं ज्ञात्वा तं धीरः परिवर्जयेत् ॥१४॥

जो मनुष्य दीर्घ सांस लेता है और छोटा सांस निकालकर मूर्छित हो जाता है अथवा जिसकी आँखों के आगे अन्धेरा आ जाता है उसको गतायु जानकर धीर वैद्य त्याग करे ॥१४॥

हस्तौ पादौ च मन्ये च तालु चैवातिशीतलम् ।
भवत्यायुःक्षये क्रूरमथवातिभवेन्मृदु ॥१५॥

आयुःक्षय के समय हाथ पैर मन्या तालु ये अत्यन्त शीतल अत्यन्त कठोर वा अत्यन्त मृदु हो जाते हैं । अर्थात् यदि हाथ आदि में उष्णता न रहे और वे स्पर्श में अतिकठोर वा अतिमृदु हों तो वे मृत्यु के पूर्वरूप हैं ॥१५॥

घट्टयञ्जानुना जानु पादावुद्यम्य पातयन् ।
योऽपास्यति मुहुर्वक्त्रमातुरो न स जीवति ॥१६॥

जो रोगी घुटने को टकराता है पैरों को ऊँचा उठाकर नीचे गिराता है और जो बारम्बार मुख को विक्षिप्त करता है अथवा दूसरी ओर फेर लेता है वह जीवित नहीं रहता ॥१६॥

दन्तैश्छिन्दन्नखाग्राणि नखैश्छिन्दंश्छिरोरुहान् ।
काष्ठेन भूमिं विलिखन्न रोगात्परिमुच्यते ॥१७॥

जो रोगी दाँतों से नख के अग्रभाग को काटता है, नखों से बालों को तोड़ता है और लकड़ी आदि से भूमि पर लेखन करता है—भूमि को कुरेदता है, वह रोग से मुक्त नहीं होता ।

दन्तान् खादति यो जाग्रदसाम्ना विरुदन् हसन् ।
विजानाति न चेद् दुःखं न स रोगाद्विमुच्यते ॥१८॥

जो जागते हुए कभी ऊँचा रोता है कभी ऊँचा हँसता है और दाँतों को कटकटाता है, परन्तु यदि दुःखों वा कष्टों को अनुभव नहीं करता तो वह रोग से विमुक्त नहीं होता ॥१८॥

मुहुर्हसन्मुहुः क्ष्वेडञ्छय्यां पादेन हन्ति यः ।
उच्चैश्छिद्राणि विमृशन्नातुरो न स जीवति ॥१९॥

जो रोगी बार २ ऊँचा हँसते हुए और बार बार कष्ट का ऊँचा रोना रोते हुए नाक कान आदि के छिद्रों को छूता हुआ शय्या पर पादाघात करता है–पैर पटकता है, वह जावित नहीं रहता ॥१९॥

यैर्विन्दति पुरा भावैः समेतैः परमां रतिम् ।
[1]तैरेवारममाणस्य ग्लास्नोर्मरणमादिशेत् ॥२०॥

जिन भावों के उपस्थित होने पर पूर्व परमप्रीति होती थी यदि उन्हीं के ही उपस्थित होने पर कोई आनन्द अनुभव न करे अपितु ग्लानि हो तों उस रोगी की मृत्यु निश्चित है–ऐसा जानना चाहिये ॥२०॥

न बिभर्ति शिरो [2]ग्रीवा न पृष्ठं भारमात्मनः ।
न हनू पिण्डमास्यस्थमातुरस्य मुमूर्षतः ॥२१॥

मुमूर्षु रोगी की ग्रीवा शिर को धारण नहीं करती, पीठ अपने भार को नहीं उठा सकती, जबड़े मुख में डाले गये ग्रास आदि के पिण्ड को नहीं धारण करते । अर्थात् यदि शिर को एक पार्श्व पर लटकाना आदि लक्षण उपस्थित हों तो रोगी को मुमूर्षु जानना चाहिये ॥२१॥

सहसा ज्वरसन्तापस्तृष्णा मूर्च्छा बलक्षयः ।
विश्लेषणं च सन्धीनां मुमूर्षोरुपजायते ॥२२॥

१—'ग्लायते' च० । २—सुश्रुतेऽपि—'कुटिला स्फुटिता वापि शुष्का वा यस्य नासिका । अवस्फूर्जति मग्ना वा न स जीवति मानवः' ॥ सू० ३१ अ० । ३–'विकृत्या' च० ।

१—'तैरेव रममाणस्य ग्लास्नो०' ग० । 'तैरेव सक्तैर्भावै रममाणस्य क्रीडतस्तस्य ग्लास्नोरक्रीडतोऽहृष्यतो मरणमादिशेत् । गङ्गाधरः । २—'शिरोग्रीवं' च० ।

मुमूर्षु पुरुषों में सहसा ज्वर-सन्ताप तृष्णा मूर्च्छा निर्बलता और सन्धियों का विश्लेषण (खुलना वा शिथिलता) हो जाता है। अर्थात् ज्वर आदि लक्षणों के सहसा होने पर पुरुष को गतायु जानना चाहिये ॥२२॥

गोसर्गे वदनाद्यस्य स्वेदः प्रच्यवते भृशम् ।
लेपज्वरोपतप्तस्य दुर्लभं तस्य जीवितम् ॥२३॥

जिस लेप (स्वेद आदि से निकलनेवाले मल आदि के लेप) तथा ज्वर से सन्तप्त पुरुष के प्रातःकाल वदन से अत्यन्त पसीना चूता है उसका जीना दुर्लभ है। अथवा गङ्गाधर के अनुसार 'लेपज्वरोपतप्त' का अर्थ प्रलेपक ज्वर से आक्रान्त पुरुष होगा। अर्थात् यदि प्रलेपक ज्वर के रोगी को प्रातःकाल अत्यन्त पसीना आय तो वह मर जायगा ॥२३॥

नोपैति कण्ठमाहारो जिह्वा कण्ठमुपैति च ।
आयुष्यन्तं गते जन्तोर्बलं च परिहीयते ॥२४॥

क्षीणायु पुरुष का खाया गया आहार गले से नीचे नहीं उतरता वा निगला नहीं जाता, जिह्वा कण्ठ में जाती है (जिससे सांस रुकता है) और बल नष्ट होता है। तात्पर्य यह है कि इन लक्षणों के होने पर पुरुष को मरणोन्मुख जानना चाहिये ॥२४॥

शिरो विक्षिपते कृच्छ्रान्मुञ्चयित्वा प्रपाणिकौ ।
ललाटप्रस्रुतस्वेदो [1]मुमूर्षुश्च्युतबन्धनः ॥२५॥

जो पुरुष दोनों हाथों के अग्रभाग को खोलकर अर्थात् यदि मुट्ठी बंधी हो तो उसे खोलकर शिर को एक ओर फैंक देता है—लटका देता है, मस्तक से पसीना चूने लगता है; वह मुमूर्षु है और उसका बन्धन टूट गया है। पक जाने पर फल का बन्धन टूट जाने से वह पृथ्वी पर आ गिरता है, इसी प्रकार मृत्यु के लिये भी काल से पके पुरुष का भी संसार के साथ जोड़े रखनेवाला बन्धन टूट जाने का व्यवहार होता है। अथवा 'च्युतबन्धनः' इसलिये कहा है कि शिर को एक दम वह ऐसे एक ओर गिराता है जैसे उसका बन्धन ही न रहा हो ॥२५॥

तत्र श्लोकः

इमानि लिङ्गानि नरेषु बुद्धिमान्
[2]विभावयेतावहितो मुहुर्मुहुः ।
क्षणेन भूत्वा ह्युपयान्ति कानिचिन्—
न चाफलं लिङ्गमिहास्ति किञ्चन ॥२६॥

इत्यग्निवेशकृते तन्त्रे चरकप्रतिसंस्कृते इन्द्रियस्थाने अवाक्शिरसीयमिन्द्रियं नामाष्टमोऽध्यायः ॥८॥

बुद्धिमान् चिकित्सक को चाहिये कि वह मनुष्यों में ध्यान से इन लक्षणों को बारम्बार देखा करे, क्योंकि कई लक्षण क्षणमात्र रहकर नष्ट हो जाते हैं। यहाँ जो रिष्ट लक्षण कहे गये हैं उनमें से कोई भी निष्फल नहीं। इनका फल मृत्युरूप अवश्य होता है ॥२६॥

इत्यष्टमोऽध्यायः।

—:०:—

१—'मुमूर्षुः' ग० । २—'निशामयेतावहितो' च० ।

नवमोऽध्यायः ।

अथातो [1]यस्य श्यावनिमित्तीयमिन्द्रियं व्याख्यास्यामः ।
इति ह स्माह भगवानात्रेयः ॥१॥

अब हम यस्यश्यावनिमित्तीय इन्द्रिय की व्याख्या करेंगे ऐसा भगवान् आत्रेय ने कहा था ॥१॥

यस्य श्यावे परिध्वस्ते हरिते चापि दर्शने ।
आपन्नो व्याधिरन्ताय ज्ञेयस्तस्य विजानता ॥२॥

जिस पुरुष के नेत्र श्यामवर्ण वा हरित (हरे) वर्ण के हों और नष्ट हो गये हों उसे जो रोग हुआ हो ज्ञानी वैद्य उसे मृत्यु का कारण ही समझे ॥२॥

निःसंज्ञः परिशुष्कास्यः [2]संविद्धो व्याधिभिश्च यः ।
उपरुद्धायुषं ज्ञात्वा तं धीरः परिवर्जयेत् ॥३॥

जो संज्ञाशून्य हो, जिसका मुख सूखा हो और जो विविध रोगों से बींधा गया हो अर्थात् अनेक रोगाक्रान्त हो उसे धीर वैद्य गतायु जानकर त्याग करे ॥३॥

हरिताश्च सिरा यस्य लोमकूपाश्च संवृताः ।
सोऽम्लाभिलाषी पुरुषः पित्तान्मरणमश्नुते ॥४॥

जिस पुरुष की शिरायें हरित वर्ण की हों, लोमकूप बन्द हो गये हों, वह अम्लरस (खटाई) की इच्छावाला पुरुष पित्तरोग से मृत्यु को प्राप्त होता है ॥४॥

शरीरान्ताश्च शोभन्ते शरीरं चोपशुष्यति ।
बलं च हीयते यस्य राजयक्ष्मा हिनस्ति तम् ॥५॥

जिस पुरुष के शरीर के सिरे अर्थात् हाथ पैर और मुख तो पूर्ववत् शोभा युक्त हों परन्तु शरीर सूखता जाता हो और बल की न्यूनता होती जाती हो उसे राजयक्ष्मा मार देता है। अर्थात् जब राजयक्ष्मा से पीड़ित पुरुष में ये लक्षण हों तो रोगी बचता नहीं ॥५॥

अंसाभितापो हिक्का च छर्दनं शोणितस्य च ।
आनाहः पार्श्वशूलं च भवन्त्यन्ताय शोषिणः ॥६॥

शोष वा राजयक्ष्मा के रोगी में अंसदेश में अभिताप हिचकी रक्त वा वमन आनाह और पार्श्वशूल (पार्श्व में वेदना, पसलियों में दर्द वा Pleurisy वा Pleurodynis) हों तो उसकी मृत्यु हो जाती है ॥६॥

वातव्याधिरपस्मारी कुष्ठी [3]शोफी तथोदरी ।
गुल्मी च मधुमेही च राजयक्ष्मी च यो नरः ॥७॥
अचिकित्स्या भवन्त्येते बलमांसक्षये सति ।
[4]अल्पेष्वपि विकारेषु तान्भिषक्परिवर्जयेत् ॥८॥

वातव्याधि, अपस्मार (मृगी), कुष्ठ, शोफ, उदररोग, गुल्म, मधुमेह, राजयक्ष्मा; इन रोगों से आक्रान्त पुरुष बल तथा मांस के क्षीण हो जाने पर असाध्य हो जाते हैं। अतएव इन रोगों के अल्प भी होने पर यदि बल और मांस क्षीण हों तो भी वैद्य इन रोगियों की चिकित्सा न करे। अष्टाङ्गसंग्रह शारीर ११ अ० में—

१—'यस्य श्यावीय०' यो० । "'यस्य श्याव' शब्देन लक्षणेन 'यस्य श्याव' इत्यादि ग्रन्थोक्तं रिष्टं ग्राह्यम्। तेन यस्य श्यावनिमित्तं रिष्टमधिकृत्य कृतोऽध्यायः यस्य श्यावनिमित्तीयः"। च० । २—'संरुद्धो' च० । ३—'रक्तो' ग० । ४—'मन्देष्वपि' ग० । 'अन्येष्वपि' पा० ।

वातव्याधिरपस्मारी कुष्ठी रक्त्युदरी क्षयी ।
गुल्मी मेही च तान् क्षीणान् विकारेऽल्पेऽपि वर्जयेत् ॥'
सुश्रुत सू० ३३ अ० में तो—
'वातव्याधिः प्रमेहश्च कुष्ठमर्शो भगन्दरम् ।
अश्मरी मूढगर्भश्च तथैवोदरमष्टमम् ॥
अष्टावेते प्रकृत्यैव दुश्चिकित्स्या महागदाः ।
प्राणमांसक्षयश्वासतृष्णाशोषवमिज्वरैः ॥
मूर्च्छातिसारहिक्काभिः पुनश्चैतैरुपद्रुताः ।
वर्जनीया विशेषेण भिषजा सिद्धिमिच्छता' ॥७,८॥

[1]विरेचनहृतानाहो यस्तृष्णानुगतो नरः ।
विरिक्तः पुनराध्माति यथा प्रेतस्तथैव सः ॥९॥

विरेचन से आनाह के नष्ट होने पर तृष्णायुक्त होकर जिसे विरेचन के बाद पुनः आध्मान हो जाता है उसे मृत के सदृश ही जानना चाहिये ॥९॥

पेयं पातुं न शक्नोति कण्ठस्य च मुखस्य [2]च ।
उरसश्च विशुष्कत्वाद्यो नरो न स जीवति ॥१०॥

जो मनुष्य कण्ठ मुख और छाती के शुष्क होने के कारण किसी पेय (जल दूध आदि) पदार्थ को पी नहीं सकता, वह जीवित नहीं रहता ॥१०॥

स्वरस्य दुर्बलीभावं हानिं च बलवर्णयोः ।
रोगवृद्धिमयुक्त्या च दृष्ट्वा मरणमादिशेत् ॥११॥

स्वर का दुर्बल होना, बल वर्ण की क्षीणता, अनुचित रूप से सहसा रोग का बढ़ना; इन लक्षणों को देखकर रोगी की मृत्यु का निश्चय करे ॥११॥

ऊर्ध्वश्वासं गतोष्माणं शूलोपहतवङ्क्षणम् ।
शर्म चानधिगच्छन्तं बुद्धिमान् परिवर्जयेत् ॥१२॥

जिस रोगी को ऊर्ध्वश्वास हो गया हो, शरीर में ऊष्मा न रही हो, वंक्षण देश में शूल हो, एवं जिस रोगी को बैठने लेटने आदि किसी भी अवस्था में सुख न अनुभव हो, बुद्धिमान् वैद्य उसका परित्याग करे ॥१२॥

[4]अपस्वरं भाषमाणं प्राप्तं मरणमात्मनः ।
श्रोतारं चाप्यशब्दस्य दूरतः परिवर्जयेत् ॥१३॥

'मैं मरने वाला हूँ—या मेरी मृत्यु निकट है' इत्यादि अपनी मृत्यु को जो विकृत स्वर से कह रहा हो और शब्द के न होने पर भी शब्द को सुन रहा हो उसे दूर से ही त्याग दे ॥१३॥

यं नरं सहसा रोगो दुर्बलं परिमुञ्चति ।
संशयप्राप्तमात्रेयो जीवितं तस्य मन्यते ॥१४॥

जिस दुर्बल मनुष्य को रोग सहसा त्याग देता है, उसके जीवन में संशय हो जाता है—महर्षि आत्रेय ऐसा मानता है । अर्थात् उसकी प्रायशः मृत्यु ही होती है ॥१४॥

अथ चेज्ज्ञातयस्तस्य याचेरन् प्रणिपाततः ।
रसेनाद्यादिति ब्रूयान्नास्मै [5]दद्याद्विशोधनम् ॥१५॥
मासेन चेन्न दृश्येत विशेषस्तस्य शोभनः ।
रसैश्चान्यैर्बहुविधैर्दुर्लभं तस्य जीवितम् ॥१६॥

यदि उस समय रोगी के बन्धुबान्धव पैरों पर पड़कर चिकित्सा के लिये बाधित करें तो उन्हें कहे कि मांसरस के साथ आहार खिलाओ । रोगी को वमन विरेचन आदि शोधन न दें । यदि इस प्रकार मांसरस तथा अन्य विविध प्रकार के पुष्टिकर रसों के देने से कोई लाभ न दिखाई दे तो रोगी का जीवन दुर्लभ है ॥१५,१६॥

निष्ठ्यूतं च पुरीषं च रेतश्चाम्भसि मज्जति ।
यस्य तस्यायुषः प्राप्तमन्तमाहुर्मनीषिणः ॥१७॥

जिस पुरुष का थूक वा कफ (बलगम) और पुरीष (टट्टी) जल में डूब जाते हैं, बुद्धिमान् चिकित्सक उसे आसन्नमृत्यु कहते हैं ॥१७॥

निष्ठ्यूते यस्य दृश्यन्ते वर्णा बहुविधाः पृथक् ।
तच्च [1]सीदत्यपः प्राप्य न स जीवितुमर्हति ॥१८॥

जिसके थूक में नाना प्रकार के पृथक् पृथक् वर्ण दिखाई दें और यदि वह जल में डालने पर डूब जाय तो उसका जीवन दुर्लभ है ॥१८॥

पित्तमूष्मानुगं यस्य शङ्खौ प्राप्य विमूर्च्छति ।
स रोगः शङ्खको नाम्ना त्रिरात्राद्धन्ति जीवितम् ॥१९॥

ऊष्मा के अनुबन्ध रूप पित्त अथवा ऊष्मायुक्त पित्त जब शङ्ख देशों में पहुँच कर सूख जाता है वह शङ्खक रोग कहाता है। यह रोग मनुष्य को तीन दिन के अन्दर अन्दर मार देता है।

सफेनं रुधिरं यस्य मुहुरास्यात्प्रमुच्यते[2] ।
शूलैश्च तुद्यते कुक्षिः प्रत्याख्येयः स तादृशः ॥२०॥

जिस मनुष्य के मुख से झाग युक्त रुधिर निकलता है और कुक्षि वा उदर में शूल होता है, उसे असाध्य जानना चाहिये।

बलमांसक्षयस्तीव्रो रोगवृद्धिररोचकः ।
यस्यातुरस्य लक्ष्यन्ते त्रीन् पक्षान्न स जीवति ॥२१॥

जिस रोगी में बल और मांस की क्षीणता, तीव्रता से रोगवृद्धि, अरुचि; ये लक्षण दिखाई दें वह तीन पक्ष तक अर्थात् १॥ मास के अन्दर अन्दर मर जायगा ॥२१॥

तत्र श्लोकौ ।

विज्ञानानि मनुष्याणां मरणे प्रत्युपस्थिते ।
भवन्त्येतानि संपश्येदन्यान्येवंविधानि च ॥२२॥
तानि सर्वाणि लक्ष्यन्ते न तु सर्वाणि मानवम् ।
विशन्ति विनशिष्यन्तं तस्माद्बोध्यानि [3]सर्वशः ॥२३॥

इत्यग्निवेशकृते तन्त्रे चरकप्रतिसंस्कृते इन्द्रियस्थाने यस्यश्यावनिमित्तीयमिन्द्रियं नाम नवमोऽध्यायः ॥९॥

मृत्यु के उपस्थित होने पर ये सब उसके विज्ञान होते हैं। अर्थात् इनसे हम निश्चय से जान जाते हैं कि अमुक रोगी वा पुरुष की मृत्यु समीप है। इसी प्रकार इनसे अतिरिक्त अन्य विज्ञानों को भी समझें। ये रिष्ट लक्षण सब के सब देखे जाते हैं। परन्तु नष्ट होनेवाले वा मरनेवाले एक ही मनुष्य में ये सब के सब नहीं होते। कोई लक्षण किसी में होते हैं, कोई किसी में। परन्तु कहे गये रिष्ट लक्षण सब के सब देखे जाते हैं। अतः चिकित्सक को चाहिये कि इन्हें सम्पूर्ण रूप से जाने ॥२२,२३॥

इति नवमोऽध्यायः ।

1—'विरेचनहृतानाहो' ग० । 2—'शुष्कत्वादास्यकण्ठयोः। उरसश्च विबन्धत्वात्' ग० । 3—'रोगवृद्धिमयुक्तेन' च० । 4—'अपस्वरमाषमाणं' प० । 5—'ब्रूयान्नास्य कुर्याद्विशोधनम्' च० ।

1—'सीदेत् पयः' ग०। 2—'प्रसिच्यते' ग०। 3—'सर्वतः' च०

दशमोऽध्यायः ।

अथातः सद्योमरणीयमिन्द्रियं व्याख्यास्यामः ।
इति ह स्माह भगवानात्रेयः ॥१॥

अब हम सद्योमरणीय नामक इन्द्रिय की व्याख्या करेंगे—ऐसा भगवान् आत्रेय ने कहा था। इस अध्याय में वे रिष्ट लक्षण कहे जायँगे जिनसे सद्योमृत्यु का ज्ञान होता है ॥१॥

[1]सद्यस्तितिक्षतः प्राणांल्लक्षणानि पृथक् पृथक् ।
अग्निवेश ! प्रवक्ष्यामि संस्पृष्टो यैर्न जीवति ॥२॥

हे अग्निवेश ! अब मैं सद्योमुमूर्षु पुरुषों के लक्षण पृथक् पृथक् कहूँगा, जिनसे युक्त हुआ वह जीवित नहीं रहता। 'सद्यः' से कई तीन दिन और कई सात दिन तक का ग्रहण करते हैं ॥२॥

वाताष्ठीला [2]सुसंवृत्ता तिष्ठन्ती दारुणा हृदि ।
तृष्णयाऽभिपरीतस्य सद्यो मुष्णाति जीवितम् ॥३॥

हृदय में हुई २ दारुण अत्यन्त बड़ी वाताष्ठीला तृष्णा से पीड़ित पुरुष के जीवन को सद्यः चुरा लेती है। जिस पुरुष को हृदय में अत्यन्त प्रवृद्ध वातज अष्ठीला हो और रोगी को बहुत प्यास लगती हो तो वह तीन दिन के अन्दर अन्दर मर जाता है ॥३॥

पिण्डिके शिथिलीकृत्य जिह्मीकृत्य च नासिकाम् ।
वायुः शरीरे विचरन् सद्यो मुष्णाति जीवितम् ॥४॥

वायु शरीर में विचरता हुआ पिण्डलियों को शिथिल करके और नाक को वक्र करके जीवन को सद्यः चुरा लेता है। अर्थात् जब वायु के कारण पिण्डलियाँ शिथिल हो गयी हों और नाक टेढ़ी हो गयी हो तो तीन दिन या सात दिन के अन्दर रोगी मर जायगा। ऐसा ही आगे भी समझ लेना ॥४॥

भ्रुवौ यस्य च्युते स्थानादन्तर्दाहश्च दारुणः ।
तस्य हिक्काकरो रोगः सद्यो मुष्णाति जीवितम् ॥५॥

जिसकी भौंहें अपने स्थान से च्युत हो गयी हों और दारुण अन्तर्दाह (शरीर के अन्दर जलन) हो तो हिक्का को उत्पन्न करनेवाला रोग उसके जीवन को सद्यः चुरा लेता है। तात्पर्य यह है कि जिस रोग में भौंहें स्थान-च्युत हों, दारुण अन्तर्दाह हो, हिक्का उत्पन्न हो गयी हो तो सद्यः मृत्यु होती है ॥५॥

क्षीणशोणितमांसस्य वायुरूर्ध्वगतिश्चरन् ।
उभे मन्ये [3]समायम्य सद्यो मुष्णाति जीवितम् ॥६॥

जिसका रक्त और मांस क्षीण हो गया है उसके शरीर में ऊर्ध्वगति (ऊपर की ओर जानेवाला) वायु संचार करता हुआ दोनों मन्याओं को एक साथ ही खींचकर सद्यः मृत्यु का कारण होता है। अष्टाङ्गसंग्रह ११ अ० में—

'शैथिल्यं पिण्डिके वायुर्नीत्वा नासां च जिह्मताम् ।
क्षीणस्यायम्य मन्ये वा सद्यो मुष्णाति जीवितम्' ॥६॥

१—'सद्यस्तित्यक्षतः' यो०। प्राणान् सद्यस्तितिक्षत इति 'वर्तमानशरीरेण भोग्यभोगात् सद्यः क्षान्तीकुर्वतः' गङ्गाधरः। 'तितिक्षित इति तितिक्षत इव प्राणानां प्रियत्वेन स्वयं हननायो ग्यत्वात्' चक्रः। २—'सुसंवृद्धा' यो०। ३—'समे यस्य' च०।

अन्तरेण गुदं गच्छेन्नाभिं [1]च सहसाऽनिलः ।
कृशस्य वंक्षणौ गृह्णन् सद्यो मुष्णाति जीवितम् ॥७॥

गुदा और नाभि के बीच में वायु सहसा जाता हुआ दोनों वङ्क्षण देशों को पकड़कर अर्थात् वहाँ तोदादि वेदना उत्पन्न कर कृश पुरुष के जीवन को सद्यः चुरा लेता है ॥७॥

वितत्य पर्शुकाग्राणि गृहीत्वोरश्च मारुतः ।
स्तिमितस्यायताक्षस्य सद्यो मुष्णाति जीवितम् ॥८॥

गीले वस्त्र से आच्छादित होने की तरह अपने को अनुभव करनेवाले वा स्तब्ध तथा आयताक्ष (स्फारितनेत्र—जो नेत्र फाड़ फाड़ कर देखता है) पुरुष के पर्शुकास्थियों को विस्तृत करके और छाती में वा फुप्फुसों में व्यथा उत्पन्न कर वायु सद्यः जीवन को चुरा लेता है—मार डालता है। भावार्थ यह है कि जब वायु के कारण ऐसा प्रतीत होता हो कि कोई पर्शुकास्थियों के सिरों को खींचकर पृथक् २ कर रहा है और छाती जकड़ी गई हो, रोगी स्तब्ध हो, आँखें फाड़-फाड़कर देखता हो तो उसकी सद्यः मृत्यु होनेवाली है—यह जानना चाहिये ॥८॥

हृदयं च [2]गुदं चोभे गृहीत्वा मारुतो बली ।
दुर्बलस्य विशेषेण सद्यो मुष्णाति जीवितम् ॥९॥

बलवान् वायु हृदय और गुदा दोनों को पकड़कर अर्थात् दोनों में व्यथा उत्पन्न करके विशेषतः दुर्बल मनुष्य की सद्यो-मृत्यु का कारण होता है ॥९॥

[3]वङ्क्षणं च [4]गुदं चोभे गृहीत्वा मारुतो बली ।
श्वासं संजनयञ्जन्तोः सद्यो मुष्णाति जीवितम् ॥१०॥

बली वायु वङ्क्षण और गुदा दोनों में व्यथा उत्पन्नकर श्वास को पैदा करता हुआ सद्यः घातक होता है ॥१०॥

[5]नाभिं मूत्रं बस्तिशीर्षं पुरीषं चापि मारुतः ।
[6]विबध्य जनयञ्छूलं सद्यो मुष्णाति जीवितम् ॥११॥

नाभि मूत्र बस्तिशीर्ष (बस्ति का ऊर्ध्वभाग) तथा पुरीष का विबन्ध करता हुआ वायु शूल को उत्पन्नकर सद्योमारक होता है। 'नाभि' से अभिप्राय अन्तःस्थित आँतों से है ॥११॥

भिद्येते वङ्क्षणौ यस्य वातशूलैः समन्ततः ।
भिन्नं पुरीषं तृष्णा च सद्यः प्राणाञ्जहाति सः ॥१२॥

जिस पुरुष में वातशूलों से सब ओर से वङ्क्षणों में विदारणवत् पीड़ा होती है और पुरीष पतला होकर आता है, तृष्णा होती है; वह सद्यः प्राणों का त्याग करता है ॥१२॥

आप्लुतं मारुतेनेह शरीरं यस्य केवलम् ।
भिन्नं पुरीषं तृष्णा च सद्यो जह्यात्स जीवितम् ॥१३॥

जिस पुरुष का सम्पूर्ण देह वायु से व्याप्त होता है, साथ ही पुरीषभेद (मल का पतला आना) और तृष्णा होती है, वह सद्यः प्राणों को त्याग देता है ॥१३॥

शरीरं शोफितं यस्य वातशोफेन देहिनः ।
भिन्नं पुरीषं तृष्णा च सद्यो जह्यात्स जीवितम् ॥१४॥

जिस मनुष्य का शरीर वातशोफ के कारण सूजा वा फूला होता है और पुरीषभेद एवं तृष्णा होती है वह सद्यः प्राणत्याग करता है ॥१४॥

१—'गुदं नाभिं चान्तरेण गृह्णाति' च०। २—'गुदे' ग०। ३—'वंक्षणौ' ग०। ४—'गुदे' ग०। ५—'नाभिं बस्तिशिरो मूत्रं' ग०। ६—'प्रच्छिन्नं' च०।

[1]आमाशयसमुत्थाना यस्य स्यात्परिकर्तिका ।
तृष्णा गुदग्रहश्चोग्रः सद्यो जह्यात्स जीवितम् ॥१५॥

जिसे आमाशय में परिकर्तिका (कर्तनवत् पीड़ा–colic) हो साथ ही तृष्णा और उग्र गुदग्रह (गुदा में वातज व्यथा) हो तो वह सद्यः मर जाता है। गङ्गाधर 'आमाशय' की जगह 'पक्वाशय' पढ़ता है। 'योगीन्द्रनाथ ने तो श्लोक ही दो कर दिये हैं। वह एक में आमाशय और दूसरे में पक्वाशय पढ़ता है। शेष श्लोकभाग एक से ही हैं! अष्टाङ्गसंग्रह शारीरस्थान ११ अ० में भी पक्वाशय और आमाशय दोनों ही पढ़े हैं। 'यस्यामाशयोत्था परिकर्तिकातितृष्णा शकृद्भेदश्च। यस्य पक्वाशयोत्था परिकर्तिकातितृष्णातिमात्रश्च गुदग्रहः' ॥१५॥

पक्वाशयमधिष्ठाय हत्वा संज्ञां च मारुतः ।
कण्ठे घुर्घुरकं कृत्वा सद्यो हरति जीवितम् ॥१६॥

वायु पक्वाशय का आश्रय करके संज्ञानाश कर कण्ठ में घुर्घुरक उत्पन्न कर सद्यः जीवन को हर लेता है। कण्ठ से होनेवाले घुर-घुर शब्द को घुर्घुरक कहा है। यहाँ पर भी अष्टाङ्गसंग्रह को प्रामाणिक रूप से स्वीकार करते हुए योगीन्द्रनाथ ने दो श्लोक पढ़े हैं–एक तो यही जैसा मूल में पढ़ा गया है। आर दूसरे में पक्वाशय की जगह आमाशय पढ़ा है। शेष भाग वैसे का वैसा ही रखा गया है। अष्टाङ्गसंग्रह शारीर ११ अ०में–

'यस्यामपक्वाशयान्यतरमाश्रित्य संज्ञां च हत्वा वायुः कण्ठे घुर्घुरकं करोति' ॥१६॥

दन्ताः [2]कर्दमदिग्धाभा मुखं [3]चूर्णकसंयुतम् ।
[4]शिप्रायन्ते च गात्राणि लिङ्गं सद्यो मरिष्यतः ॥१७॥

सद्यः मरनेवाले पुरुष के दांत ऐसे प्रतीत होते हैं जैसे कीचड़ लिपा हुआ हो, मुख पर चूने की तरह श्वेत चूर्ण सा लगा होता है वा झड़ता है और अङ्गों से अत्यन्त शीतल पसीना टपकता है। ये सब लक्षण भावी सद्यः मृत्यु के चिह्न हैं ॥१७॥

तृष्णाश्वासशिरोरोगमोहदौर्बल्यकूजनैः ।
स्पृष्टः प्राणाञ्जहात्याशु शकृद्भेदेन चातुरः ॥१८॥

तृष्णा श्वास शिरोरोग मोह (मूर्च्छा) दुर्बलता कूजन (गले से अव्यक्त शब्द करना) तथा शकृद्भेद (पुरीषभेद-मल का पतला होकर आना); इनसे युक्त हुआ हुआ रोगी शीघ्र प्राणों को त्याग देता है ॥१८॥

तत्र श्लोकः ।

एतानि खलु लिङ्गानि यः सम्यगवबुध्यते ।
स जीवितं च मर्त्यानां मरणं चावबुध्यते ॥१९॥

इत्यग्निवेशकृते तन्त्रे चरकप्रतिसंस्कृते इन्द्रियस्थाने सद्योमरणीयमिन्द्रियं नाम दशमोऽध्यायः ॥१०॥

जो इन लक्षणों को सम्यक् प्रकार से समझता है वह मनुष्यों के जीवन और मरण को जान जाता है ॥१९॥

इति दशमोऽध्यायः ।

—०—

१—'पक्वाशयसमुत्थाना' ग० । २—'कर्दमचूर्णाभा' च० । ३—'चूर्णकसंनिभम्' च० । ४—'सिप्रायन्त इति सिप्रानदीवत् स्वेदप्रादुर्भावादाचरन्तीति सिप्रायन्त । किंवा सिप्रायन्त इति शिथिला भवन्ति, अनेकार्थत्वाद्धातूनाम्' । चक्रः ।

एकादशोऽध्यायः ।

अथातोऽणुज्योतीयमिन्द्रियं व्याख्यास्यामः ।
इति ह स्माह भगवानात्रेयः ॥१॥

अब अणुज्योतीय नामक इन्द्रिय की व्याख्या करेंगे—ऐसा भगवान् आत्रेय ने कहा था। 'अणुज्योति' शब्द के पूर्व आने से इस अध्याय का नाम अणुज्योतीय रखा है ॥

अणुज्योतिरनेकाग्रो दुश्छायो दुर्मनाः सदा ।
रतिं न लभते [1]याति परलोकं समान्तरम् ॥२॥

जिस पुरुष के शरीर की अग्नि वा जाठराग्नि सदा अणु परिमाण में रहती है अर्थात् कायाग्नि वा जाठराग्नि अत्यन्त ही स्वल्प है, जिसका मन एकाग्र नहीं रहता—सदा विक्षिप्त रहता है, जिसकी छाया विकृत है, मन दुःखित है, किसी भी अवस्था में सुख अनुभव नहीं करता वह एक वर्ष के अन्दर-अन्दर परलोक का यात्री होगा ॥२॥

बलिं बलिभुजो यस्य प्रणीतं नोपभुञ्जते ।
लोकान्तरगतः पिण्डं भुङ्क्ते संवत्सरेण सः ॥३॥

बलि को खानेवाले कौए आदि जिस पुरुष से दी गयी बलि (भोज्य पदार्थ) को नहीं खाते वह वर्ष के अन्दर २ लोकान्तर (परलोक) में जाकर पिण्ड (श्राद्ध में दिये गये) को खाता है अर्थात् मर जाता है ॥३॥

सप्तर्षीणां समीपस्थां यो न पश्यत्यरुन्धतीम् ।
संवत्सरान्ते जन्तुः स संपश्यति महत्तमः ॥४॥

जो पुरुष सप्तर्षियों के पास ही स्थित अरुन्धती नामक नक्षत्र को नहीं देखता वह वर्ष के अन्त में महान्धकार को देखता है—मर जाता है ॥४॥

विकृत्या विनिमित्तं यः शोभामुपचयं धनम् ।
प्राप्नोत्यतो वा विभ्रंशं समान्तं न[2] स जीवति ॥५॥

अकारण ही जो विकृति से शोभा पुष्टि वा धन को प्राप्त करता है अथवा जिसकी अकारण ही विकृति से शोभा पुष्टि वा धन नष्ट हो जाता है, वह वर्षपर्यन्त तक जीवित नहीं रहता ॥५॥

भक्तिः शीलं स्मृतिस्त्यागो बुद्धिर्बलमहेतुकम् ।
षडेतानि निवर्तन्ते षड्भिर्मासैर्मरिष्यतः ॥६॥

छह मास में मरनेवाले पुरुष के भक्ति, शील (सहज स्वभाव), स्मृति, त्याग, बुद्धि, बल, ये छह अकारण ही निवृत्त हो जाते हैं। अर्थात् भक्ति आदि के अकारण ही निवृत्त होने पर उस पुरुष की आयु अधिक से अधिक छह मास ही समझें।

धमनीनामपूर्वाणां जालमत्यर्थशोभनम् ।
ललाटे दृश्यते यस्य षण्मासान्न स जीवति ॥७॥

जिस पुरुष के मस्तक पर अभूतपूर्व (जो पहिले न हो ऐसा) धमनियों का अतिसुन्दर जाल दिखाई दे वह छह मास तक जीवित नहीं रहता ॥७॥

लेखाभिश्चन्द्रवक्राभिर्ललाटमुपचीयते ।
यस्य तस्यायुषः षड्भिर्मासैरन्तं समादिशेत् ॥८॥

जिस पुरुष का मस्तक चन्द्रमा के सदृश वक्र रेखाओं से भर जाय उस पुरुष की आयु छह महीने तक शेष है ॥८॥

१—'गन्ता परलोकं समान्तरे' ग० । २—'तस्य जीवित' ग० ।

शरीरकम्पः संमोहो गतिर्वचनमेव च ।
मत्तस्येवोपलक्ष्यन्ते यस्य मासं न जीवति ॥९॥

जिस पुरुष में शरीरकम्प (देह का काँपना) संमोह (मूर्छा) गति (चलना) और बोलना मत्त पुरुष की तरह दिखाई दे वह मासपर्यन्त जीवित नहीं रहता ॥९॥

रेतोमूत्रपुरीषाणि यस्य मज्जन्ति चाम्भसि ।
स मासात्स्वजनद्वेष्टा मृत्युवारिणि मज्जति ॥१०॥

जिस पुरुष के वीर्य मूत्र और पुरीष (पाखाना) जल में डूब जाते हैं वह स्वजनों (बन्धु बान्धव स्त्री भृत्य आदि) से द्वेष करनेवाला महीने तक मृत्युजल में डूब जाता है । स्वजन-द्वेष्टा कहने से स्वजनद्वेष को मृत्यु का लक्षण न समझना चाहिये । यह तो केवल काव्य है । चूँकि वह पुरुष सब आत्मीय जनों को छोड़कर परलोक की तय्यारी करता है, अतः स्वजन-द्वेष्टा कहाता है । अन्य टीकाकारों ने स्वजनद्वेष्टा से भी आत्मीयजनों से द्वेष को रिष्ट रूप में ग्रहण किया है । और वह भी इस भय से कि अन्यथा वहाँ पुनरुक्त दोष आता[1] है । पर यहाँ पुनरुक्त नहीं है । क्योंकि नवमाध्याय में 'मूत्र' नहीं पढ़ा गया, वहाँ 'निष्ठ्यूत' (थूक) पढ़ा गया है ॥१०॥

हस्तपादं मुखं चोभौ विशेषाद्यस्य शुष्यतः ।
[2]शूयेते वा विना देहात्स च [3]मासं न जीवति ॥११॥

जिसके देह (मध्यशरीर) के बिना हाथ पैर और मुख विशेषतः सूख गये हों अथवा सूज गये हों (फूल गये हों) तो वह मास पर्यन्त जीवित नहीं रहता ॥११॥

ललाटे [4]मूर्ध्नि बस्तौ च नीला यस्य प्रकाशते ।
राजी बालेन्दुकुटिला न स जीवितुमर्हति ॥१२॥

जिस पुरुष के ललाट पर अथवा बस्तिदेश में मूर्धदेश पर अर्थात् बस्तिशीर्ष (बस्तिका ऊपर का भाग जहाँ रहता है) पर बालचन्द्रमा के सदृश वक्र नीलवर्ण की रेखा दिखाई दे तो वह जीवित नहीं रहता ॥१२॥

प्रवालगुटिकाभासा यस्य गात्रे मसूरिकाः ।
उत्पद्याशु [5]विनश्यन्ति न चिरात्स विनश्यति ॥१३॥

जिसके शरीर पर प्रवाल (मूँगे) की गुटिका (गोली) के सदृश आभा युक्त मसूरिकायें (चेचक के सदृश विस्फोट) उत्पन्न होकर शीघ्रही नष्ट हो जाती हैं वह शीघ्रही मरनेवाला है ।

ग्रीवावमर्दो बलवाञ्जिह्वाश्वयथुरेव च ।
ब्रध्नास्यगलपाकश्च यस्य पक्वं तमादिशेत् ॥१४॥

जिस व्यक्ति में बलवान् ग्रीवावमर्द (गर्दन में मर्दनवत् पीड़ा) हो, जिह्वा शोथयुक्त हो, ब्रध्न (गुदा) आस्य (मुख) और गला पका हुआ हो उसे पका हुआ जाने—वह गतायु है ॥१४॥

संभ्रमोऽतिप्रलापोऽतिभेदोऽस्थ्नामतिदारुणः[1] ।
कालपाशपरीतस्य त्रयमेतत्प्रवर्तते ॥१५॥

काल के पाश (फन्दे) में फँसे हुए पुरुष में अत्यन्त संभ्रम (भ्रान्ति अथवा Giddiness) अत्यधिक प्रलाप तथा अतिदारुण अस्थिभेद (हड्डियों में भेदनवत् पीड़ा); ये तीनों प्रवृत्त होते हैं। जिस पुरुष में अतिसम्भ्रम आदि तीनों लक्षण हों उसे यम के पाश में बँधा हुआ जानना चाहिये–वह शीघ्र ही मर जायगा ॥ १५ ॥

प्रमुह्य लुञ्चयेत्केशान् [2]परिगृह्णात्यतीव च ।
नरः [3]स्वस्थवदाहारमबलः कालचोदितः ॥१६॥

काल अर्थात् मृत्यु द्वारा प्रेरित (आसन्नमृत्यु) निर्बल मनुष्य मोह को प्राप्त होकर केशों को उखाड़ता है और स्वस्थ पुरुष की तरह अत्यधिक आहार खाता है । अभिप्राय यह है कि यदि मनुष्य निर्बल है, परन्तु स्वस्थ पुरुष की तरह ही आहार खाता है और बेहोश होकर केशों को उखाड़ता है तो उसे गतायु जानें।

समीपे चक्षुषोः कृत्वा मृगयेताङ्गुलीकरम् ।
स्मयतेऽपि च कालान्ध [4]ऊर्ध्वगानिमिषेक्षणः ॥१७॥

जो पुरुष खुले हुए नेत्रों से ऊपर की ओर देखता हुआ नेत्रों के पास (अंगुली और हाथ को) लाकर अंगुली वा हाथ को ढूंढता है और मुस्कराता है वह कालान्ध होता है–उसे काल ने—मृत्यु ने अन्धा किया होता है । वह शीघ्र मर जाने वाला होता है ॥ १७ ॥

शयनादासनादङ्गात्काष्ठात्कुड्यादथापि वा ।
असन्मृगयते किञ्चित्स मुह्यन्कालचोदितः ॥१८॥

जो मोह को प्राप्त हुआ हुआ, शय्या वा बिछौना आसन, अपने अङ्ग, काष्ठ (लकड़ी वा लकड़ी से बने कुर्सी चौकी आदि) वा दीवार पर से वस्तु के न होते हुए भी ऐसी चेष्टायें करे जैसे किसी वस्तु को ढूंढ़ता हो (वा चुनता हो) वह काल-प्रेरित है—शीघ्र मृत्यु का ग्रास होनेवाला है ॥१ ॥

अहास्यहासी संमुह्यन् प्रलेढि दशनच्छदौ ।
शीतपादकरोच्छ्वासो यो नरो न स जीवति ॥१९॥

जो मोह को प्राप्त होता हुआ पुरुष हँसी के किसी विषय के न होने पर भी हँसता है, होठों को चाटता है और जिसके पैर हाथ तथा उच्छ्वास ठण्डे हैं: वह नहीं जीता ॥१९॥

आह्वयन्तं समीपस्थं स्वजनं जनमेव वा ।
महामोहावृतमनाः पश्यन्नपि न पश्यति ॥२०॥

महामोह से आच्छादित मनवाला पुरुष समीपस्थित आत्मीय वा किसी अन्य जन के आह्वान (बुलाने) करने पर देखते हुए भी नहीं देखता अर्थात् जो किसी आत्मीय जन के बुलाने पर उस ओर देखते हुए भी उसे पहिचान न सके तो वह मरनेवाला है । उस समय

१—"रेत इत्याद्यरिष्टम्, 'निष्ठ्यूतं च पुरीषम्' इत्यादिना यद्यप्युक्तं, तथापीह समासवचनात् समुदितानामेव रेतःप्रभृतीनां मज्जनं स्वजनद्वेषे सति मारकं भवतीति ज्ञेयम्" चक्रः । यद्यपि नवमाध्याये निष्ठ्यूतञ्च पुरीषं चेत्यादिना रिष्टमिदमुक्तं, तथाप्यत्र स्वजनद्वेष्टृत्वलक्षणमधिकमिति लक्षणान्तरमिदं न पुनरुक्तम्' गङ्गाधरः । 'शुक्रादीनामम्भसि मज्जनात् स्वजनद्वेषाच्च मासात् मरणं' योगीन्द्रः ॥ २–'शुष्यते वा विना ह्याहात्' च० । ३–'मासाद्विनश्यति' ग० । ४–'बस्तिशीर्षे वा' ग० । ५–'विलीयन्ते' ग० ।

१—'पर्वभेदश्च दारुणः' ग० । २–'परान् गृह्णात्यतीव च' ग० । तत्र–अतीव च परान् गृह्णाति तथा यथा प्रायेण कष्टात मुच्यन्ते । इत्यर्थः । ३– स्वस्थवदाहारवचनः' ग० । ४–'ऊर्ध्वाक्षोऽनिमिषेक्षणः' ग० । ५—'आह्वयंस्तं' ग० ।

वह न शब्द को और न रूप को पहिचानता है। 'आह्वयंस्तं' यह पाठ होने पर निम्न अर्थ होगा। आसन्नमृत्यु पुरुष अपने समीप स्थित आत्मीय जन वा किसी अन्य मनुष्य को ऊँची आवाज से बुलाता है (जैसे वह वहाँ न हो) और देखते हुए भी उसे देखता नहीं ॥२०॥

अयोगमतियोगं वा शरीरे मतिमान् भिषक्।
खादीनां युगपद् दृष्ट्वा भेषजं नावचारयेत् ॥२१॥

बुद्धिमान् चिकित्सक को चाहिये कि वह शरीर में आकाश आदि पञ्च महाभूतों के अयोग और अतियोग को युगपत् (एक साथ) देखकर चिकित्सा न करे। अर्थात् यदि पञ्च महाभूतों में से किसी का क्षय और वृद्धि युगपत् दिखाई दे तो वह मृत्यु-सूचक है। इनकी क्षय और वृद्धि इन महाभूतों के शरीरस्थित गुणों वा लिङ्गों की न्यूनाधिकता से अथवा उस भूतसम्बन्धी इन्द्रिय के विषय के ग्रहण के परिणाम से जानी जा सकती है। महाभूतों के ये गुण वा लिङ्ग शारीरस्थान के प्रथम अध्याय में कहे जा चुके हैं—

'महाभूतानि खं वायुरग्निरापः क्षितिस्तथा।
शब्दः स्पर्शश्च रूपं च रसो गन्धश्च तद्गुणाः॥
खरद्रवचलोष्णत्वं भूजलानिलतेजसाम्।
आकाशस्याप्रतीघातो दृष्टं लिङ्गं यथाक्रमम्'॥

सुश्रुत शारीरस्थान प्रथम अध्याय में भी भूत सम्बन्धी गुण दर्शाये हैं—

'आन्तरिक्षास्तु शब्दः शब्देन्द्रियं सर्वच्छिद्रसमूहो विविक्तता च। वायव्यास्तु स्पर्शः स्पर्शेन्द्रियं सर्वचेष्टासमूहः सर्वशरीरस्पन्दनं लघुता च तैजसास्तु रूपं रूपेन्द्रियं वर्णः सन्तापो भ्राजिष्णुता पक्तिरमर्षस्तैक्ष्ण्यं शौर्यं च। आप्यास्तु रसो रसनेन्द्रियं सर्वद्रवसमूहो गुरुता शैत्यं स्नेहो रेतश्च। पार्थिवास्तु गन्धो गन्धेन्द्रियं सर्वमूर्तसमूहो गुरुता चेति॥'

इनकी व्याख्या अपने २ स्थलों पर देख लेनी चाहिये। इनमें न्यूनता वा अधिकता के युगपत् प्रगट होने पर मृत्यु निश्चित है।२१।

अतिप्रवृद्धया रोगाणां मनसश्च बलक्षयात्।
वासमुत्सृजति क्षिप्रं शरीरो देहसंज्ञकम् ॥२२॥

रोगों के अत्यन्त बढ़ जाने और मनोबल के क्षीण हो जाने से प्राणी शीघ्र ही देहनामक भवन का त्याग कर देता है—मर जाता है ॥२२॥

वर्णस्वरावग्निबलं वागिन्द्रियमनोबलम्।
हीयतेऽसुक्षये निद्रा नित्या भवति वा न वा ॥२३॥

प्राणों के क्षीण होने पर अर्थात् मृत्युकाल के उपस्थित होने पर वर्ण, स्वर, अग्निबल, वाणी, इन्द्रिय और मन का बल अति-न्यून हो जाता है। उस समय या तो वह पुरुष सदा सोया ही रहता है अथवा उसे सर्वथा निद्रा आती ही नहीं ॥२३॥

भिषग्भेषजपानान्नगुरुमित्रद्विषश्च ये।
वशगाः सर्व एवैते बोद्धव्याः समवर्तिनः ॥२४॥

चिकित्सक औषध पेयपदार्थ भोज्यपदार्थ गुरु तथा मित्र के द्वेषी; ये सब के सब समवर्ती (सब के साथ समान बर्ताव करने-वाला) अर्थात् यम के वशगामी ही जानने चाहिये। अर्थात् जो चिकित्सक से द्वेष करता है अर्थात् उसे चिकित्सक की व्यवस्था के लिये बुलाता नहीं, जो सुव्यवस्थित औषध ही नहीं खाता, जिसने अन्नपान त्याग दिया है, जो अपने पूज्य गुरु वा सन्मित्रों से रुग्णावस्था में परामर्श नहीं करता; वह अवश्य ही मृत्यु का ग्रास होगा ॥२४॥

एतेषु रोगः क्रमते भेषजं प्रतिहन्यते।
नैषामन्नानि भुञ्जीत न चोदकमपि स्पृशेत् ॥२५॥

इन चिकित्सक-द्वेषी आदि उपर्युक्त पुरुषों में रोग बढ़ता है, औषध गुण से हीन हो जाती है वह अपना रोगनिवारण का कार्य नहीं करती। ऐसे पुरुषों के अन्न को न खाये और उनके जल को छूए तक भी नहीं ॥२५॥

पादाः समेताश्चत्वारः सम्पन्नाः साधकैर्गुणैः।
व्यर्था गतायुषो [1]द्रव्यं विना नास्ति गुणोदयः ॥२६॥

गतायु पुरुष में तो साधक गुणों से युक्त चिकित्सा के चारों पादों के समुपस्थित होने पर भी ये निष्फल होते हैं। द्रव्य के विना गुणों का उदय नहीं हो सकता। अर्थात् आयु के होने पर ही चतुष्पाद से सिद्धि होती है, जब आयु ही न हो तो चिकित्सक आदि चारों पाद क्या कर सकते हैं? ज्योति-स्तत्त्व में भी कहा है—

'आयुष्ये कर्मणि क्षीणे लोकोऽयं दूयते यदा।
नौषधानि न मन्त्राश्च न होमा न पुनर्जपाः॥
त्रायन्ते मृत्युनोपेतं जरया चापि मानवम्' ॥२६॥

परीक्ष्यमायुर्भिषजा नीरुजस्यातुरस्य च।
आयुर्वेदफलं [2]कृत्स्नमायुर्देह्यनुवर्तते ॥२७॥

वैद्य को चाहिये कि वह स्वस्थ तथा रोगी दोनों की आयु की परीक्षा करे। क्योंकि आयुर्वेद का पूर्ण फल आयु ही है। और देही (प्राणी) उसी आयु का अनुवर्तन करता है। अर्थात् जब तक आयु है तब तक ही प्राणी जीवित है वह देही वा प्राणी कहाता है। आत्मा का सम्बन्ध शरीर आदि के साथ तभी तक है जब तक आयु है ॥२७॥

तत्र श्लोकः।

क्रियापथमतिक्रान्ताः केवलं देहमाप्लुताः।
चिह्नं कुर्वन्ति [3]यद्दोषास्तदरिष्टं निरुच्यते ॥२८॥

इत्यग्निवेशकृते तन्त्रे चरकप्रतिसंस्कृते इन्द्रियस्थानेऽणुज्योतीयमिन्द्रियं नामैकादशोऽध्यायः ॥११॥

अरिष्ट का लक्षण—चिकित्सा-पथ को लांघकर और सम्पूर्ण शरीर में फैले हुए वात आदि दोष जिस जिस चिह्न को कहते हैं वह अरिष्ट कहाता है, यह लक्षण शरीर-गत रिष्ट का है। दूत आदि द्वारा जो अरिष्ट का निश्चय होता है उसका यह लक्षण नहीं ॥२८॥

इत्येकादशोऽध्यायः।

—:०:—

१—'द्रव्यादिना' ग०। २—'आयुर्ज्ञे ह्यनु०' यो०। ३—'दोषा यत् कुर्वते चिह्नं' ग०।

द्वादशोऽध्यायः ।

अथातो गोमयचूर्णीयमिन्द्रियं व्याख्यास्यामः
इति ह स्माह भगवानात्रेयः ॥१॥

अब हम गोमयचूर्णीय नामक इन्द्रिय की व्याख्या करेंगे—ऐसा भगवान् आत्रेय ने कहा था ॥१॥

यस्य गोमयचूर्णाभं चूर्णं मूर्धनि जायते ।
[1]सस्नेहं भ्रश्यते चैव मासान्तं तस्य जीवितम् ॥२॥

जिस मनुष्य के शिर पर गोबर के चूर्ण के सदृश परन्तु स्निग्ध चूर्ण उत्पन्न होता है और विलीन हो जाता है; उसका जीवन एक मास पर्यन्त अवशिष्ट है। सुश्रुत में भी कहा है—

'गोमयचूर्णप्रकाशस्य वा रजसो दर्शनमुत्तमाङ्गे विलयनञ्च॥'

गंगाधर ने 'सस्नेहं' के स्थल पर 'सस्नेहे' पढ़ा है। इस पाठ के अनुसार अर्थ यह होगा कि जिस मनुष्य के सिर पर गोमयचूर्ण के सदृश चूर्ण उत्पन्न हो गया हो और तैल आदि स्नेह लगाने से जो चूर्ण विलीन हो जाय उस मनुष्य का एक मास पर्यन्त जीवन शेष है ॥२॥

[2]निकषन्निव यः पादौ च्युतांसः परिधावति ।
विकृत्या न स लोकेऽस्मिंश्चिरं वसति मानवः ॥३॥

जो मनुष्य विकृति के कारण अपने पैरों को भूमि पर घर्षण करते हुए की तरह तथा अंसदेश को च्युत किए हुए दौड़ता है वह इस लोक में देर तक नहीं बसता। अभिप्राय यह है कि जो मनुष्य ऐसे दौड़ता है जैसे उसकी स्कन्ध और बाहु की सन्धि शिथिल हो और पैरों को आपस में वा भूमि पर रगड़ता जाय उसे गतायु जानना चाहिये। परन्तु यह चेष्टा स्वाभाविक न होनी चाहिये; अपितु विकृति से हो और यह विकृति भी अकारण होनी चाहिये ॥३॥

यस्य स्नातानुलिप्तस्य पूर्वं शुष्यत्युरो भृशम् ।
आर्द्रेषु सर्वगात्रेषु सोऽर्धमासं न जीवति ॥४॥

जिस पुरुष के स्नान और अनुलेपन के पश्चात् अन्य अङ्गों के गीला रहते हुए सब से पूर्व छाती सूख जाती है, वह १५ दिन भी नहीं जीता है ॥४॥

यमुद्दिश्यातुरं वैद्यः [3]संवर्तयितुमौषधम् ।
यतमानो न शक्नोति दुर्लभं तस्य जीवितम् ॥५॥

जिस रोगी को औषध का प्रयोग कराने का प्रयत्न करते हुए भी वैद्य प्रयोग न करा सके उसका जीवन दुर्लभ है ॥५॥

विज्ञातं बहुशः सिद्धं विधिवच्चावचारितम् ।
न सिध्यत्यौषधं यस्य नास्ति तस्य चिकित्सितम् ॥६॥

जिस औषध को वैद्य अच्छी प्रकार नाम रूप गुण योग आदि से पहिचानता हो और प्रयोग कराने से बहुशः सिद्धि देनेवाली सिद्ध हुई हो अर्थात् अनुभूत वा अक्सीर हो परन्तु अब विधिवत् प्रयोग कराने पर भी उससे किञ्चिन्मात्र लाभ न हो तो उस रोगी की चिकित्सा ही नहीं, यह जानना चाहिये—वह मर जायगा ॥६॥

आहारमुपयुञ्जानो भिषजा सूपकल्पितम् ।
यः फलं तस्य नाप्नोति दुर्लभं तस्य जीवितम् ॥७॥

वैद्य द्वारा अच्छी प्रकार प्रस्तुत किये गये आहार का उपयोग करने पर भी यदि कोई मनुष्य उस आहार के फल (पुष्टि बल आदि) को प्राप्त नहीं होता तो उस मनुष्य का जीवन दुर्लभ है।

दूताधिकारे वक्ष्यामो लक्षणानि मुमूर्षताम् ।
यानि दृष्ट्वा भिषक् प्राज्ञः प्रत्याख्यायादसंशयम् ॥८॥

अब हम दूताधिकार में मुमूर्षु पुरुषों के लक्षण कहेंगे-जिन्हें बुद्धिमान् चिकित्सक देखकर निःसन्देह असाध्यता को कह सकता है ॥८॥

मुक्तकेशेऽथवा नग्ने रुदत्यप्रयतेऽथवा ।
भिषगभ्यागतं दृष्ट्वा दूतं मरणमादिशेत् ॥९॥

जब केश खोले हुए हों वा नग्न हो वा रोता हो अथवा मल आदि के स्पर्श से अपवित्र हो ऐसे समय जब वैद्य को बुलाने के लिये दूत आये तो वैद्य उसे देखकर रोगी की मृत्यु बताये। अर्थात् जिस समय वैद्य ने अपने केश खोले हुए हों इत्यादि उस समय यदि रोगी द्वारा भेजा हुआ दूत वहाँ बुलाने के लिये पहुँचता है तो रोगी की मृत्यु का निश्चय होता है ॥९॥

सुप्ते भिषजि ये दूताश्छिन्दत्यपि च भिन्दति ।
आगच्छन्ति भिषक् तेषां न भर्तारमनुव्रजेत् ॥१०॥

जो दूत वैद्य के सोये हुए अथवा किसी वस्तु को काटते तोड़ते फाड़ते वा चीरते समय आते हैं, वैद्य को चाहिये कि वह उनके पालक वा स्वामी रोगी की चिकित्सा के लिये न जाय ॥१०॥

जुह्वत्यग्निं तथा पिण्डं पितृभ्यो निर्वपत्यपि ।
वैद्ये दूता य आयान्ति ते घ्नन्ति प्रजिघांसवः ॥११॥

जो दूत वैद्य को होम करते समय अथवा पितरों को पिण्ड देते समय आते हैं, वे दूत घातक होते हैं और रोगी को मार देते हैं। अर्थात् दूतों के मन में रोगी के घात की इच्छा तो नहीं होती, पर दैव से प्रेरित हुए वे ऐसे समय पर वैद्य के आह्वान को पहुँचते हैं जिससे रोगी की मृत्यु का पता लगता है। अतएव उन्हें यहाँ 'जिघांसु' (हनन की इच्छावाला) कहा है। सुश्रुत सू० २९ अ० में—

'दक्षिणाभिमुखं देशे त्वशुचौ वा हुताशनम् ।
ज्वलयन्तं पचन्तं वा क्रूरकर्मणि चोद्यतम् ॥
नग्नं भूमौ शयानं वा वेगोत्सर्गेषु वाऽशुचिम् ।
प्रकीर्णकेशमभ्यक्तं स्विन्नं विक्लवमेव वा ॥
वैद्यं य उपसर्पन्ति दूतास्ते चापि गर्हिताः ।
वैद्यस्य पैत्र्ये दैवे वा कार्ये चोत्पातदर्शने' ॥११॥

कथयत्यप्रशस्तानि चिन्तयत्यथवा पुनः ।
वैद्ये दूता मनुष्याणामागच्छन्ति मुमूर्षताम् ॥१२॥

जब वैद्य किसी अप्रशस्त वा अशुभ बात को कहता हो वा सोच रहा हो उस समय मुमूर्षु पुरुषों के दूत आया करते हैं। अभिप्राय यह है कि ऐसे समय दूत का आना रोगी की मृत्यु का सूचक है ॥१२॥

मृतदग्धविनष्टानि भजति व्याहरत्यपि ।
अप्रशस्तानि चान्यानि वैद्ये दूता मुमूर्षताम् ॥१३॥

१—'सस्नेहं' ग०। २—'निर्घर्षन्निव' ग०। ३—'संपादयितुमौषधं' ग०।

जब वैद्य मृत दग्ध वा विनष्ट हुए पुरुष वा अन्य वस्तु के विषय में कोई कार्य कर रहा हो (जैसे शव के साथ जाना आदि) अथवा अन्य कोई अशुभ कह रहा हो, तब जो दूत आये हैं वे मुमूर्षु पुरुष के लक्षणरूप हैं ॥१३॥

विकारसामान्यगुणे देशे कालेऽथवा भिषक् ।
दूतमभ्यागतं दृष्ट्वा नातुरं तमुपाचरेत् ॥१४॥

वैद्य विकार के समान गुणवाले देश अथवा काल में दूत को आया देखकर उस रोगी की चिकित्सा न करे । उदाहरणार्थ यदि कफज रोग हो और दूत आये तब वह वैद्य जल आदि के समीप हो वा पूर्वाह्न (प्रातः) काल हो तो वह रोगी—जिसने उस दूत को भेजा है—असाध्य है । सुश्रुत सू० अ० २९ में भी—

'स्विन्नाभितप्ता मध्याह्ने ज्वलनस्य समीपतः ।
गर्हिताः पित्तरोगेषु दूता वैद्यमुपागताः ॥
त एव कफरोगेषु कर्मसिद्धिकराः स्मृताः ।
एतेन शेषं व्याख्यातं बुद्ध्वा संविभजेत्तु तत्' ॥१४॥

दीनभीतद्रुतत्रस्तमलिनोमसतीं स्त्रियम् ।
त्रीन् व्याकृतांश्च षण्ढांश्च दूतान्विद्यान्मुमूर्षताम् ॥

दीन, भयभीत, दौड़कर आते हुए त्रस्त वा मलिन वेश में दूतों को देखकर रोगी को मुमूर्षु जाने । यदि कोई असती (असाध्वी) स्त्री वैद्य को बुलाने आवे तो रोगी को मुमूर्षु जाने । यदि तीन दूत मिलकर आवें तथा यदि दूत विकृत आकृतिवाले (लङ्गड़े लूले अन्धे आदि) हों वा नपुंसक हों तो रोगी को मुमूर्षु जानें । सुश्रुत सू० अ० २९ में—

'पाखण्डाश्रमवर्णानां सपक्षाः कर्मसिद्धये ।
त एव विपरीताः स्युर्दूताः कर्मविपत्तये ॥
नपुंसकं स्त्री बहवो नैककार्या असूयकाः ।
गर्दभोष्ट्ररथप्राप्ताः प्राप्ता वा स्युः परम्पराः ॥
वैद्यं य उपसर्पन्ति दूतास्ते चापि गर्हिताः ।
पाशदण्डायुधधराः पाण्डुरेतरवाससः ॥
आर्द्रजीर्णापसव्यैकमलिनोद्ध्वस्तवाससः॥
न्यूनाधिकाङ्गा उद्विग्ना विकृता रौद्ररूपिणः' ॥१५॥

अङ्गव्यसनिनं दूतं लिङ्गिनं व्याधितं तथा ।
सम्प्रेक्ष्य चोग्रकर्माणं न वैद्यो गन्तुमर्हति ॥१६॥

जिसका कोई अङ्ग कटा हुआ हो, लिङ्गी (धर्मध्वजी अथवा जिसके बाह्यचिह्न ही हों वस्तुतः संन्यासी न हो—नकली साधु) रोगी तथा उग्रकर्म (कसाई आदि का) करनेवाले दूत को देखकर वैद्य रोगी को देखने के लिये न जाय ॥१६॥

आतुरार्थमनुप्राप्तं खरोष्ट्ररथवाहनम् ।
दूतं दृष्ट्वा भिषग्विद्यादातुरस्य पराभवम् ॥१७॥

रोगी के लिये गदहे या ऊँट की सवारी पर बैठकर आये हुए दूत को देखकर वैद्य रोगी की मृत्यु का निश्चय करे ॥१७॥

पलालबुसमांसास्थिकेशलोमनखद्विजान् ।
[1]मार्जनीं मुसलं सूर्पमुपानच्चर्म विच्युतम् ॥१८॥
तृणकाष्ठतुषाङ्गारं स्पृशन्तो लोष्टमश्म च ।
तत्पूर्वदर्शने दूता व्याहरन्ति मुमूर्षताम् ॥१९॥

वैद्य के प्रथम दर्शन में ही पलाल (पराली, पुआल, जब, गेहूँ वा चावल आदि धान्य पृथक् कर दिया जाय तब वह फलशून्य काण्डसमूह पलाल कहाता है) बुस (धान्य का छिलका, तुष) मांस, हड्डी, केश, लोम, नख, दाँत, मार्जनी (झाड़ू, बुहारी,) मूसल, सूर्प (छाज), गिरा हुआ जूते का चमड़ा, तृण, काष्ठ (लकड़ी), तुष, अङ्गारा, लोष्ट (मिट्टी का ढेला), पत्थर वा कंकर को छूते हुए दूत रोगी की मृत्यु को कहते हैं । अर्थात् जब वैद्य ने पूर्व उस दूत को न देखा हो और पहिली ही बार यदि पुआल आदि को स्पर्श करता हुआ दूत दिखाई दे तो वह रोगी जिसके लिये वह आया है उसकी मृत्यु हो जायगी—यह जाने । सुश्रुत सू० २९ अ० मे—

'पाशदण्डायुधधराः पाण्डुरेतरवाससः ।
आर्द्रजीर्णापसव्यैकमलिनध्वस्तवाससः ॥
न्यूनाधिकाङ्गा उद्विग्ना विकृता रौद्ररूपिणः ।
रूक्षनिष्ठुरवादाश्चाप्यमाङ्गल्याभिधायिनः ॥
छिन्दन्तस्तृणकाष्ठानि स्पृशन्तो नासिकां स्तनम् ।
वस्त्रान्तानामिकाकेशनखरोमदशास्पृशः ॥
स्रोतोऽवरोधहृद्गण्डमूर्धोरःकुक्षिपाणयः ।
कपालोपलभस्मास्थितुषाङ्गारकराश्च ये ॥
विलिखन्तो महीं किञ्चिन्मुञ्चन्तो लोष्टभेदिनः ।
तैलकर्दमदिग्धाङ्गा रक्तस्रगनुलेपनाः ॥
फलं पक्वमसारं वा गृहीत्वाऽन्यत्र तद्विधम् ।
नखैर्नखान्तरं वापि करेण चरणं तथा ।
उपानच्चर्महस्ता वा विकृतव्याधिपीडिताः ।
वामाचारा रुदन्तश्च श्वासिनो विकृतेक्षणाः ॥
याम्यां दिशं प्राञ्जलयो विषमैकपदे स्थिताः ।
वैद्यं य उपसर्पन्ति दूतास्ते चापि गर्हिताः' ॥१८–१९॥

यस्मिंश्च दूते ब्रुवति वाक्यमातुरसंश्रयम् ।
पश्येन्निमित्तमशुभं तं च नानुव्रजेद्भिषक् ॥२०॥

रोगी के संदेश को कहते हुए वैद्य यदि अशुभ निमित्त (अपशकुन) को देखे तो उसे चाहिए कि वह उसके साथ रोगी को देखने न जाय—अर्थात् रोगी मर जायगा ॥२०॥

तथा व्यसनिनं प्रेतं प्रेतालङ्कारमेव वा ।
भिन्नं दग्धं विनष्टं वा तद्वादीनि वचांसि वा ॥२१॥
रसो वा कटुकस्तीव्रो गन्धो वा कौणपो महान् ।
स्पर्शो वा विपुलः क्रूरो यद्वाऽन्यदशुभं भवेत् ॥२२॥
तत्पूर्वमभितो वाक्यं वाक्यकालेऽथवा पुनः
दूतानां व्याहृतं श्रुत्वा[1] धीरो मरणमादिशेत् ॥२३॥

दूत के रोगी की अवस्था को कहने से ठीक पूर्व कहने में वा कहते समय व्यसनयुक्त (जैसे नाक कान आदि का काटा हुआ होना), प्रेत (मृत), मृत का अलङ्कार, भिन्न (टूटी हुई कोई पात्र आदि वस्तु) दग्ध (जली हुई) वा विनष्ट (खोई हुई) वस्तु देखे अथवा इनके बतानेवाले वचनों को सुने अथवा शव की गन्ध के सदृश अत्यधिक दुर्गन्ध को सूँघे अथवा यदि अत्यधिक क्रूर स्पर्श करे अथवा अन्य भी जो कुछ अशुभ

१—'मार्जनीसूर्पमुसलान्युपानच्चर्मविच्युते' ग० ।

१—'कृत्वा' पा० ।

होता है उसका अनुभव करे तो धीर वैद्य उसके वचन को सुनकर रोगी की मृत्यु का निश्चय करे ॥२१-२३॥

इति दूताधिकारोऽयमुक्तः कृत्स्नो मुमूर्षताम् ।
पथ्यातुरकुलानां च वक्ष्याम्यौत्पातिकं पुनः ॥२४॥

यह मुमूर्षु पुरुषों का ज्ञान करानेवाला दूताधिकार सम्पूर्णतया कह दिया है। अब मार्ग में होनेवाले और रोगी के कुल में होनेवाले औत्पातिक (उत्पात सम्बन्धी-मरण का निर्देश करनेवाले) भाव कहे जायँगे ॥२४॥

अवक्षुतमथोत्क्रुष्टं स्खलनं पतनं तथा ।
आक्रोशः संप्रहारो वा प्रतिषेधो विगर्हणम् ॥२५॥
वस्त्रोष्णीषोत्तरासङ्गच्छत्रोपानद्युगाश्रयम् ।
व्यसनं[1] दर्शनं चापि मृतव्यसनिनां तथा ॥२६॥
चैत्यध्वजपताकानां पूर्णानां पतनानि च ।
हतानिष्टप्रवादाश्च दूषणं[2] भस्मपांसुभिः ॥२७॥
पथच्छेदो बिडालेन शुना सर्पेण वा पुनः ।
मृगद्विजानां क्रूराणां गिरो दीप्तां दिशं प्रति ॥२८॥
[3]शयनासनयानानामुत्तानानां प्रदर्शनम् ।
इत्येतान्यप्रशस्तानि सर्वाण्याहुर्मनीषिणः ॥२९॥
एतानि पथि वैद्येन [4]पश्यताऽऽतुरवेश्मनि ।
शृण्वता च न गन्तव्यं तदागारं विपश्चिता ॥३०॥

रोगी को देखने के लिये चलते समय मार्ग में छींक, उत्क्रुष्ट (डर के मारे ऊँचा रोने का शब्द वा चीत्कार सुनना), फिसलना, गिरना, आक्रोश (दीनता से भरा रोना), सम्प्रहार (आघात वा लड़ाई), प्रतिषेध (निषेध, न जाओ ऐसा कहना) विगर्हण (निन्दा), वस्त्र पगड़ी वा दुपट्टे का अटकना (काँटे आदि में फँसकर रुकना), छत्र (छतरी) का फटना वा गिरना, जूतों के जोड़ों का फटना वा पैरों से निकल जाना, मृत तथा छिन्ननासा वा छिन्नकर्ण आदि अङ्गहीन पुरुष का दर्शन, पूर्ण चैत्य ध्वज (झण्डा) तथा पताका (झण्डी) का गिरना (अथवा 'पूर्णानां' को चैत्य आदि का विशेषण न मानने पर जलपूर्ण घड़े आदि का गिरना यह अर्थ होगा), हतप्रवाद (किसी के मर जाने वा मारे जाने का समाचार) वा किन्हीं अनिष्ट समाचारों का सुनना, राख वा धूल का व्याप्त होना अथवा राख वा धूल के पड़ने से देह वस्त्र आदि का मैला होना, बिल्ली कुत्ता अथवा साँप का मार्ग काटकर जाना, क्रूर (हिंसक) पशु पक्षियों के शब्द का सुनना, किसी ओर आग आदि लगी हुई हो तो उस दिशा की ओर अथवा दक्षिण दिशा की ओर जाना अथवा दीप्त दिशा की ओर पशुपक्षियों का शोर होना, शयन (चारपाई पलङ्ग आदि) आसन (चौकी वा कुर्सी आदि) अथवा यान (सवारी—टाँगा मोटर बैलगाड़ी आदि) इनका उलटा हुआ दिखाई देना (अर्थात् टाँगे वा पहियों आदि का ऊपर की ओर होना) बुद्धिमानों ने ये सब अशुभ कहे हैं। विद्वान् वैद्य इन्हें मार्ग में देखते हुए वा रोगी के गृह पर सुनते हुए उस रोगी के गृह वा कमरे में न जाये ॥२५-३०॥

इत्यौत्पातिकमाख्यातं पथि वैद्यविगर्हितम् ।
इमामपि च बुध्येत गृहावस्थां मुमूर्षताम् ॥३१॥

ये मार्ग में वैद्यों द्वारा निन्दित भाव कह दिये हैं। और वैद्य मुमूर्षु पुरुषों की इस गृह की अवस्था को भी समझ ले। कही जानेवाली रोगी की गृह की अवस्थायें भी औत्पातिक हैं। ये भी उत्पात अर्थात् मृत्यु आदि को जताती हैं ॥३१॥

प्रवेशे पूर्णकुम्भाग्निमृद्बीजफलसर्पिषाम् ।
वृषब्राह्मणरत्नान्नदेवतानां[1] विनिर्गतिम् ॥३२॥
अग्निपूर्णानि पात्राणि भिन्नानि विशिखानि[2] च ।
भिषङ्मुमूर्षतां वेश्म प्रविशन्नेव पश्यति ॥३३॥

चिकित्सक मुमूर्षु पुरुषों के घर में घुसते ही प्रवेश के समय जल आदि से पूर्ण घड़ा अग्नि मिट्टी बीज फल घी बैल वा साँड़ ब्राह्मण रत्न अन्न वा देवता का निकलना देखता है तथा अग्नि से पूर्ण पात्र अर्थात् यज्ञकुण्ड आदि को टूटा हुआ और ज्वालारहित देखता है ॥३२,३३॥

छिन्नभिन्नविदग्धानि भग्नानि मृदितानि च ।
दुर्बलानि च सेवन्ते मुमूर्षोर्वैश्मिका जनाः ॥३४॥

मुमूर्षु पुरुष के घर में रहनेवाले छिन्न-भिन्न जले हुए भग्न (टूटे हुए) मर्दित (मले गये वा कुचले गये) वा दुर्बल पात्र आदि वस्तुओं से कार्य करते हैं। अर्थात् छिन्न आदि वस्तुओं का रोगी के गृहमें उपयोग होते देख रोगीकी मृत्युका निश्चय करना चाहिये।

शयनं वसनं यानं गमनं भोजनं रुतम् ।
श्रूयतेऽमङ्गलं यस्य नास्ति तस्य चिकित्सितम् ॥३५॥

जिसकी शय्या वस्त्र सवारी जाना आहार और ध्वनि अमङ्गल सुनाई दे उसकी चिकित्सा नहीं है ॥३५॥

शयनं वसनं यानमन्यद्वापि परिच्छदम् ।
प्रेतवद्यस्य कुर्वन्ति सुहृदः प्रेत एव सः ॥३६॥

जिसके मित्र मृत पुरुष की तरह शय्या वस्त्र सवारी वा अन्य कोई सामान करते हों तो उसे मृत ही जाने ॥३६॥

अन्नं व्यापद्यतेऽत्यर्थं ज्योतिश्चैवोपशाम्यति ।
निवाते सेन्धनं यस्य तस्य नास्ति चिकित्सितम् ॥

जिस रोगी का अन्न विकृत वा अप्रशस्त गुण युक्त हो जाता है (दग्ध आदि होना) और वातरहित स्थान में इंधन युक्त ज्योति (अग्नि) भी शान्त हो जाती है—उसकी चिकित्सा नहीं ३७

आतुरस्य गृहे यस्य भिद्यन्ते वा पतन्ति वा ।
अतिमात्रममत्राणि दुर्लभं तस्य जीवितम् ॥३८॥

जिस रोगी के गृह में बर्तन अत्यधिक टूटते वा गिरते हैं उसका जीवन दुर्लभ है ॥

सुश्रुत सूत्रस्थान अध्याय २९ को भी इस विषय के लिये देख लेना चाहिये ॥३८॥

भवन्ति चात्र

यद् द्वादशभिरध्यायैर्व्यासतः परिकीर्तितम् ।
मुमूर्षतां मनुष्याणां लक्षणं जीवितान्तकृत् ॥३९॥
तत्समासेन वक्ष्यामः पर्यायान्तरमाश्रितम् ।

उपसंहार—जो हमने १२ अध्यायों में मुमुर्षु पुरुषों के जीवन के नाश के लक्षण विस्तार से कहे हैं, उन्हें ही दूसरे पर्यायों (एक ही अर्थ को जतानेवाले शब्दान्तरों) का आश्रय लेकर पुनः संक्षेप से कहते हैं ॥३९॥

१—'पतनं दर्शनं वापि मृतं व्यसनिनं तथा' ग०। २—'भूषणं' च० 'दर्शनं' पा०। ३—'व्रजतां दर्शनं चैव' । ४—'पश्यताऽऽतुरवरमनि' ग०।

१— ०रत्नानां देवतानां' ग०। २—'विशिकानि पा०। तत्र गूण्यानि इत्यर्थः।

पर्यायवचनं [1]ह्यर्थविज्ञानायोपपद्यते ॥४०॥
[2]इत्यर्थं पुनरेवैयं विवक्षा नो [3]विधीयते ।
[4]तस्मिन्नेवाधिकरणे यत्पूर्वमभिदर्शितम् ॥४१॥

अर्थ को अच्छी प्रकार समझने के लिये ही एक बात को पर्याय द्वारा पुनः कहना उपयोगी होता है। अतएव उस २ अधिकरण (अधिकार) में जो जो हम पूर्व दिखला चुके हैं उसे पुनः बताने की हमारी इच्छा है ॥४१॥

वसतां चरमे[5] काले शरीरेषु शरीरिणाम् ।
अभ्युग्राणां[6] विनाशाय देहेभ्यः प्रविवत्सताम् ॥४२॥
इष्टांस्तितिक्षतां प्राणान् कान्तं वासं जिहासताम् ।
तन्त्रयन्त्रेषु भिन्नेषु तमोन्त्यं प्रविविक्षताम् ॥४३॥
विनाशायेह रूपाणि यान्यवस्थान्तराणि च ।
भवन्ति तानि वक्ष्यामि यथोद्देशं यथागमम् ॥४४॥

विनाश के लिये उद्यत, देहों से देहान्तरों में वास की इच्छा-रखनेवाले, सुन्दर रमणीक भवन (देह) को छोड़ने की इच्छा वाले, शरीर के यन्त्रों के टूट जाने पर मृत्युरूप महान्धकार में प्रविष्ट होने की इच्छावाले, अन्तिम समय शरीरों में रहते हुए शरीरियों (सूक्ष्मशरीरयुक्त जीवात्माओं) के विनाश के जो लक्षण वा भिन्न २ अवस्थायें होती हैं उन्हें उद्देश के क्रम से शास्त्रानुसार कहूँगा ॥४२-४४॥

प्राणाः समुपतप्यन्ते[7] विज्ञानमुपरुध्यते ।
धमन्ति बलमङ्गानि चेष्टा व्युपरमन्ति च ॥४५॥

प्राण उपतप्त होते हैं, विज्ञान (पहिचान) नहीं रहता, अङ्ग बल का वमन कर देते हैं-निर्बल हो जाते हैं, चेष्टायें (हाथ पैर आदि अङ्गों के व्यापार) शान्त हो जाती हैं (मुमूर्षु चेष्टा नहीं कर सकता) ॥४५॥

इन्द्रियाणि विनश्यन्ति खिलीभवति चेतना[8] ।
औत्सुक्यं भजते सत्त्वं चेतो भीराविशत्यपि ॥४६॥

इन्द्रियाँ नष्ट हो जाती हैं, चेतना अल्प रह जाती है, सत्त्व-संज्ञक मन उत्सुकता (Curiosity) पूर्ण हो जाता है चित्त में भय हो जाता है ॥४६॥

स्मृतिस्त्यजति मेधा च ह्रीश्रियौ चापसर्पतः ।
उपप्लवन्ते पाप्मान ओजस्तेजश्च नश्यति ॥४७॥

स्मृति और मेधा उसे त्याग देती हैं, लज्जा और लक्ष्मी वा कान्ति उससे दूर हो जाती है, पाप वा रोग उसे आ घेरते हैं—दुःखित करते हैं, ओज और तेज नष्ट हो जाता है ॥४७॥

शीलं व्यावर्ततेऽत्यर्थं [9]भक्तिश्च परिवर्तते ।
विक्रियन्ते प्रतिच्छायाश्छायाश्च विकृतिं [10]प्रति ।४८।

शील अत्यधिक परिवर्तित हो जाता है, भक्ति (इच्छा भी अत्य धिक बदल जाती है, प्रतिच्छाया (प्रतिबिम्ब) विकृत हो जाती है और छाया भी विकृति की ओर विकार को प्राप्त होती है ।४८

शुक्रं प्रच्यवते स्थानादुन्मार्गं भजतेऽनिलः ।
क्षयं मांसानि गच्छन्ति गच्छत्यसृगुपक्षयम्[11] ॥४९॥

वीर्य अपने स्थान से च्युत होता है, वायु विपरीत मार्ग में चला जाता है, मांस रक्तक्षीण हो जाते हैं ॥४९॥

ऊष्माणः प्रलयं यान्ति विश्लेषं यान्ति सन्धयः ।
गन्धा विकृततां यान्ति भेदं वर्णस्वरौ तथा ॥५०॥

शरीर में ऊष्मायें नहीं रहतीं, सन्धियाँ शिथिल हो जाती हैं, गन्ध विकृत हो जाते हैं, वर्ण और स्वर में भेद आ जाता है अर्थात् वर्ण और स्वर विकृत हो जाते हैं ॥५०॥

वैवर्ण्यं भजते कायः कायच्छिद्रं विशुष्यति ।
धूम्रः[1] सञ्जायते मूर्ध्नि दारुणाख्यश्च चूर्णकः ॥५१॥

देह का वर्ण विकृत हो जाता है, शरीर के स्रोत सूख जाते हैं, शिर पर धूम्रवर्ण का दारुणक (dandruff) नामक चूर्ण उत्पन्न हो जाता है ॥५१॥

सततस्पन्दना देशाः शरीरे येऽभिलक्षिताः ।
ते स्तम्भानुगताः सर्वे न चलन्ति कथञ्चन ।५२॥

शरीर में जो निरन्तर स्पन्दन करनेवाले देश (स्थान) हैं, वे सब स्तब्ध हुए हुए किसी प्रकार नहीं चलते—वहाँ कोई गति नहीं दिखाई देती ॥५२॥

गणाः शरीरदेशानां शीतोष्णमृदुदारुणाः ।
विपर्यासेन वर्तन्ते स्थानेष्वन्येषु तद्विधाः ॥५३॥

मुमूर्षु पुरुष के शरीर के भिन्न भिन्न स्थानों के शीत उष्ण मृदु दारुण आदि गुण विपरीत हो जाते हैं। जो शरीर के स्थान शीत होते हैं, वे उष्ण और जो उष्ण होते हैं वे शीत, जो मृदु होते हैं वे कठोर, जो कठोर होते हैं वे मृदु इत्यादि । शरीर के अतिरिक्त अन्य स्थानों पर भी वे गुण विपरीतभाव से अनुभूत होते हैं मुमूर्षु शीत स्थान को उष्ण और उष्ण वस्तुओं का शीतल जानता है इत्यादि । अथवा शरीर में अन्य स्थानों पर भी उसी प्रकार के गुण विपरीत भाव से हो जाते हैं—यह अर्थ करना चाहिये । अभिप्राय यह है कि मुमूर्षु पुरुष के शुक्लस्थान कृष्ण और कृष्णस्थान शुक्ल, स्थूलस्थान सूक्ष्म और सूक्ष्मस्थान स्थूल हो जाते हैं ॥५३॥

नखेषु जायते पुष्पं पङ्को दन्तेषु जायते ।
जटाः पक्ष्मसु जायन्ते सीमन्तश्चापि मूर्धनि ॥५४॥

नखों में पुष्प (श्वेतचिह्न) उत्पन्न हो जाते हैं, दाँतों मे पङ्क (मैल का कीचड़) हो जाता है, पलकें जटा सदृश हो जाती हैं, शिर पर सीमन्त (मांग) हो जाते हैं ॥५४॥

भेषजानि न संवृत्तिं प्राप्नुवन्ति [2]यथारुचिम् ।
यानि चाप्युपपद्यन्ते तेषां [3]वीर्यं न सिध्यति ॥५५॥

वैद्य द्वारा यथेष्ट औषधों का प्रयोग नहीं होता। और यदि यथेष्ट प्रयोग हो भी जाय तो भी उन (प्रयोगों) का वीर्य (कार्यकर-शक्ति) सफल नहीं होता ॥५५॥

नानाप्रकृतयः क्रूरा विकारा विविधौषधाः ।
क्षिप्रं समभिवर्तन्ते प्रतिहत्य बलौजसी ॥५६॥

विविधप्रकार की औषधों से सिद्ध होनेवाले नाना प्रकार के प्रकृति (वात आदि हेतु) वाले क्रूर विकार (रोग) की और ओज को पराभूत करते हुए शीघ्र प्रकट हो जाते हैं। अभि प्राय यह है कि ऐसे २ परस्पर विरुद्ध स्वभाववाले रोग उत्प होते हैं, कि एक की चिकित्सा करो तो दूसरा बढ़ जाता है।५६

१—'श्रुत्वा विज्ञानायोपकल्पते' ग० । २—'अत्यर्थं' ग० । ३—'नोपपद्यते' ग० । ४—'तस्मिन्नेवाधिकारे यत्पूर्वमेवाभिशब्दितम्' च० । ५—'चरमं काल' च० । ६—'अभ्यग्राणां' ग० । ७—'समुपरुध्यन्ते' ग० । ८—'वेदना' ग० । ९—'शक्तिश्च' ग० । १०—'गताः' ग० । ११—'गच्छत्यसृगपि क्षयम' ग० ।

१—'धूमः' पा० ।'धूमः सञ्जायते मूर्ध्नि—इति प्रकृतं बाष्पनिर्गमं विना बहलो धूम' इति चक्रः । २—'तथा रुचिम्' ग० । ३—'कर्म' ग०।

शब्दः स्पर्शो रसा रूपं गन्धश्चेष्टा [1]विचिन्तितम् ।
उत्पद्यन्तेऽशुभान्येव प्रतिकर्मप्रवृत्तिषु ॥५७॥

चिकित्सा करते समय शब्द स्पर्श रस रूप गन्ध शारीरिक क्रिया और मानस चिन्ता ये सब अशुभ ही उत्पन्न होते हैं ॥५७॥

दृश्यन्ते दारुणाः स्वप्ना दौरात्म्यमुपजायते ।
प्रेष्याः प्रतीपतां यान्ति प्रेताकृतिरुदीर्यते ॥५८॥

दारुण स्वप्न दिखाई देते हैं, दुरात्मापन (शील, आचार आदि से भ्रष्ट होना) हो जाता है। भृत्य वा परिचारक वर्ग प्रतिकूल हो जाते हैं। आकृति प्रेत (मुर्दे) की तरह हो जाती है अथवा मृत पुरुष के लक्षण प्रकट होते हैं ॥५८॥

प्रकृतिर्हीयतेऽत्यर्थं विकृतिश्चाभिवर्धते ।
कृत्स्नमौत्पातिकं [2]घोरमरिष्टमुपलक्ष्यते ॥५९॥

प्रकृति अत्यधिक नष्ट होती है विकृति (विकार) बढ़ती है, और सम्पूर्ण घोर औत्पातिक (उत्पात सम्बन्धी वा अचानक होनेवाले) अरिष्ट लक्षण पाये जाते हैं ॥५९॥

इत्येतानि मनुष्याणां भवन्ति विनशिष्यताम् ।
लक्षणानि यथोद्देशं यान्युक्तानि यथागमम् ॥६०॥

उद्देश के क्रम से शास्त्र के अनुसार जो ये लक्षण कहे गये हैं वे मुमूर्षु पुरुष के लक्षण हैं ॥६०॥

मरणायेह रूपाणि पश्यताऽपि भिषग्विदा ।
अपृष्टेन न वक्तव्यं मरणं प्रत्युपस्थितम् ॥६१॥
पृष्टेनापि न वक्तव्यं तत्र [3]यत्रोपघातकम् ।
आतुरस्य भवेद्दुःखमथवाऽन्यस्य कस्यचित् ॥६२॥

चिकित्साभिज्ञ को चाहिये कि मृत्यु के निदर्शक चिह्नों को देखते हुए भी बिना पूछे—रोगी मर जायगा—यह न कहे। और पूछे जाने पर भी वहाँ न कहे जहाँ रोगी की शीघ्र मृत्यु का कारण हो जाय वा रोगी के लिये हानिकर हो अथवा जहाँ यह समाचार सुनने से रोगी वा उसके किसी मित्र वा बन्धु-बान्धव को अत्यन्त कष्ट होता हो ॥६१,६२॥

[4]अब्रुवन् मरणं तस्य नैनमिच्छेच्चिकित्सितुम् ।
यस्य पश्येद्विनाशाय लिङ्गानि कुशलो [5]भिषक् ॥६३॥

कुशल वैद्य जिस पुरुष की मृत्यु हो जाने के लक्षण देखे उसकी मृत्यु को न जताते हुए—मुझे चिकित्सा करने की इच्छा नहीं या मैं चिकित्सा करने में समर्थ नहीं—यह कहे ॥६३॥

लिङ्गेभ्यो मरणाख्येभ्यो विपरीतानि पश्यता ।
लिङ्गान्यारोग्यमागन्तुं वक्तव्यं भिषजा ध्रुवम् ॥६४॥

अरिष्ट लक्षणों से विपरीत लक्षण देखते हुए वैद्य को इसे निश्चय आरोग्य हो जायगा—ऐसा अवश्य कहना चाहिये ॥६४॥

दूतैरौत्पातिकैर्भावैः पथ्यातुरकुलाश्रयैः ।
आतुराचारशीलेष्ट[1]द्रव्यसंपत्तिलक्षणैः ॥६५॥

दूत, मार्ग तथा रोगिकुल में दिखाई देनेवाले औत्पातिक (अचानक होनेवाले शुभाशुभसूचक) भाव रोगी का शील आचार तथा इष्ट द्रव्य की प्राप्ति के लक्षणों से परीक्षा करके आरोग्य वा मृत्यु का पूर्वकथन-करना चाहिये। अर्थात् यदि दूत औत्पातिक भाव रोगी का शील आचार वा औषध शुभ हों तो रोगी अवश्य नीरोग होगा यह जानना चाहिये ॥६५॥

स्वाचारं हृष्टमव्यङ्गं यशस्यं शुक्लवाससम् ।
अमुण्डमजटं दूतं जातिवेशक्रियासमम् ॥६६॥
अनुष्ट्रखरयानस्थमसन्ध्यास्वग्रहेषु च ।
अदारुणेषु नक्षत्रेष्वनुग्रेषु ध्रुवेषु च ॥६७॥
विना चतुर्थीं नवमीं विना रिक्तां चतुर्दशीम् ।
मध्याह्नं चार्धरात्रं च भूकम्पं राहुदर्शनम् ॥६८॥
विना देशमशस्तं च शस्तौत्पातिकलक्षणम् ।
दूतं प्रशस्तमव्यग्रं निर्दिशेदागतं भिषक् ॥६९॥

शुभ दूत के लक्षण—जिसका आचार सज्जनोचित हो, प्रसन्न, विकृत अंग से रहित, यशस्वी, जिसने श्वेतवस्त्र पहिरा हो, न मुण्डित हो, न जटा बढ़ाये हो, जाति वेश और क्रिया में जो रोगी के समान हो, ऊँट वा गदहे की सवारी पर जो न बैठा हो, जो सन्ध्या समय से भिन्न समय में आया हो, जो अशुभ-स्थान में स्थित ग्रह के समय न आया हो अथवा जो सूर्यग्रहण वा चन्द्रग्रहण के समय न आया हो, जो दारुण वा तीक्ष्ण नक्षत्रों के समय भिन्न काल में आया हो, जो उग्र नक्षत्रों में आया हो, जो ध्रुव नक्षत्रों में आया हो, रिक्ता चतुर्थी नवमी वा चतुर्दशी तिथि को छोड़कर अन्य तिथि में आया हो, मध्याह्न अर्धरात्र (आधीरात) भूकम्प वा राहुदर्शन (ग्रहण) से भिन्नकाल में जो आया हो, जो अशुभ देश में न आया हो, शुभ औत्पातिक लक्षणों में आया हो, जो व्यग्र (व्याकुल) न हो; वह दूत शुभ माना गया है।

मूल, आर्द्रा, ज्येष्ठा, आश्लेषा; ये तीक्ष्ण नक्षत्र हैं। पूर्वफाल्गुनी, पूर्वाषाढा, पूर्वभाद्रपद, भरणी, मघा; ये उग्र नक्षत्र हैं। उत्तरफाल्गुनी, उत्तराषाढा, उत्तरभाद्रपद, रोहिणी; ये ध्रुव[3] नक्षत्र हैं। चतुर्थी नवमी वा चतुर्दशी तिथियाँ रिक्त इसलिये कहाती हैं कि इनमें आरम्भ किया गया कर्म निष्फल होता है। सुश्रुत सू० २९ अध्याय में कहा है—

'वैद्यस्य पैत्र्ये दैवे वा कार्ये चोत्पातदर्शने ।
मध्याह्ने चार्धरात्रे वा सन्ध्ययोः कृत्तिकासु च ॥
आर्द्राश्लेषमघामूले पूर्वासु भरणीषु च ।
चतुर्थ्यां वा नवम्यां वा षष्ठ्यां सन्धिदिनेषु च ॥
वैद्यं य उपसर्पन्ति दूतास्ते चापि गर्हिताः' ॥ ६६-६९॥

१—'विचेष्टितम्' ग० तत्र कर्म इत्यर्थः। २—'घोरमनिष्टमुपलभ्यते ग०। ३—'यस्योपघातुकम्' ग०। ४—'अध्रुवं' ग०। ५—पद्यार्धमिदं गङ्गाधरेण न पठ्यते।

१—'शीलैस्तु द्रव्य०' ग०। अथवा 'शीलेष्टद्रव्यसंपत्ति०' इति 'शीलैश्च द्रव्यैः' इतिवा पाठः स्यात्। २—'०ध्वध्रुवेषु' ग०।

३—वराहसंहितायाम्—'मूलाशिवाशक्रभुजङ्गमाधिपानि तीक्ष्णानि। उग्राणि पूर्वभरणीपित्र्याणि। ध्रुवाणि यथा—त्रीण्युत्तराणि तेभ्यो रोहिण्यश्च ध्रुवाणि ॥

दध्यक्षतद्विजातीनां वृषभाणां नृपस्य च ।
रत्नानां पूर्णकुम्भानां सितस्य तुरगस्य च ॥७०॥
सुरध्वजपताकानां [1]फलानां यावकस्य[2] च ।
[3]कन्यापुंवर्धमानानां बद्धस्यैकपशोस्तथा ॥७१॥
पृथिव्या उद्धृतायाश्च वह्नेः प्रज्वलितस्य च ।
मोदकानां सुमनसां शुक्लानां चन्दनस्य च ॥७२॥
मनोज्ञस्यान्नपानस्य पूर्णस्य शकटस्य च ।
नृभिर्धेन्वाः सवत्साया बडवायाः स्त्रियास्तथा ॥७३॥
जीवञ्जीवकसिद्धार्थसारसप्रियवादिनाम् ।
हंसानां शतपत्राणां चाषाणां शिखिनां तथा ॥७४॥
[4]मत्स्याजद्विजशङ्खानां [5]प्रियङ्गूनां घृतस्य च ।
[6]रोचिष्कादर्शसिद्धानां रोचनायाश्च दर्शनम् ॥७५॥
गन्धः सुगन्धो वर्णश्च सुशुक्लो मधुरो रसः ।
मृगपक्षिमनुष्याणां [7]प्रशस्ताश्च गिरः शुभाः ॥७६॥

प्रशस्त द्रव्य—दही, अक्षत, द्विज, बैल, राजा, रत्न, जल आदि से पूर्ण घड़े, श्वेत घोड़े, देवताओं के झण्डे (अथवा इन्द्र-धनुष) और झण्डियाँ, फल, यावक (अलक्तक), गोद में उठाये बालक और कन्याएं, बंधा हुआ एक वा श्रेष्ठ पशु, हल चलाई हुई पृथिवी, प्रज्वलित अग्नि, मोदक (लड्डू), श्वेत फूल, चन्दन, मन को प्रिय अन्नपान, पुरुषों से भरी हुई गाड़ी, जीवित बछड़े युक्त गौ, जीवित बच्चे युक्त घोड़ी तथा जीवित शिशुयुक्त स्त्री, जीवञ्जीवक (चकोर), सिद्धार्थ (खञ्जन), सारस, प्रियवादी (चातक), हंस, शतपत्र (कठफोड़ा), चाष (पक्षि विशेष नील-कण्ठ), शिखी (मोर), मछली, अज (बकरा), द्विज (हाथीदांत) शङ्ख, प्रियङ्गु, घी, रोचिष्क (चमकदार वस्तु), आदर्श (दर्पण), सिद्धपुरुष, गोलोचन, इनके दर्शन, मनोहर सुगन्ध का सूंघना, अतिश्वेत वर्ण, मधुर रस, मृग पक्षी और मनुष्यों की प्रशस्त वाणियाँ शुभ होती हैं ॥७०–७६॥

छत्रध्वजपताकानामुत्क्षेपणमभिष्टुतिः[8] ।
भेरीमृदंगशङ्खानां शब्दाः पुण्याहनिस्वनाः ॥७७॥
वेदाध्ययनशब्दाश्च सुखा वायुः प्रदक्षिणः ।
पथि वेश्मप्रवेशे तु विद्यादारोग्यलक्षणम् ॥७८॥

छत्र, ध्वजा तथा पताकाओं का ऊँचा करना खड़ा करना वा फहराना, स्तोत्र पाठ भेरी मृदंग और शङ्ख आदि वाद्यों की ध्वनि, पुण्याह शब्द (अथवा पुण्य को बतानेवाले शुभ शब्द), वेद मन्त्रों के पठन के शब्द, सुखकर अनुकूल वायु; इनका मार्ग में अथवा गृह में प्रविष्ट होते समय होना आरोग्य का लक्षण जाने ॥७७,७८॥

मङ्गलाचारसम्पन्नः सातुरो वैश्मिको जनः ।
श्रद्दधानोऽकूलश्च प्रभूतद्रव्यसंग्रहः ॥७९॥
धनैश्वर्यसुखावाप्तिरिष्टलाभः सुखेन च ।
द्रव्याणां तत्र योग्यानां योजना सिद्धिरेव च ॥८०॥

रोगी और उस घर में रहनेवाले लोगों का मङ्गलाचार से युक्त होना, श्रद्धायुक्त और अनुकूल होना, प्रभूत द्रव्यों का संग्रह, धन ऐश्वर्य और सुख की प्राप्ति, सुगमता से इष्ट (प्रिय) की प्राप्ति, उस समय के लिये योग्य द्रव्यों की योजना (उपस्थिति और ठीक ठीक प्रयोग) और सिद्धि (सफलता); ये आरोग्य के लक्षण हैं ॥७९,८०॥

गृहप्रासादशैलानां नागानां वृषभस्य च ।
हयानां पुरुषाणां च स्वप्ने समधिरोहणम् ॥८१॥
अर्णवानां प्रतरणं वृद्धिः संबाधनिःसृतिः ।
स्वप्ने देवैः सपितृभिः प्रसन्नैश्चाभिभाषणम् ॥८२॥
सोमार्काग्निद्विजातीनां गवां नृणां यशस्विनाम् ।
दर्शनं शुक्लवस्त्राणां ह्रदस्य विमलस्य च ॥८३॥
मांसमत्स्यविषामेध्यच्छत्रादर्शपरिग्रहः ।
स्वप्ने सुमनसां चैव शुक्लानां दर्शनं शुभम् ॥८४॥
अश्वगोरथयानं च यानं पूर्वोत्तरेण च ।
रोदनं पतितोत्थानं द्विषतां चावमर्दनम् ॥८५॥

स्वप्न में गृह (मकान) राजमहल पर्वत पर हाथी बैल घोड़े और पुरुषों का चढ़ना अथवा गृह आदि तथा हाथी आदि पर स्वप्न में चढ़ना और सवारी करना; स्वप्न में समुद्रों को तैर जाना, वृद्धि (बढ़ती), सङ्कट निकल जाना, प्रसन्न हुए २ देवता और पितरों से वार्तालाप करना, स्वप्न में चन्द्रमा सूर्य अग्नि ब्राह्मण गौ यशस्वी मनुष्य श्वेतवस्त्र तथा निर्मल तालाब का देखना; मांस मछली, विष, अपवित्र (पुरीष आदि) छत्र दर्पण; इनकी स्वप्न में प्राप्ति, श्वेतफूलों का दर्शन, स्वप्न में घोड़ागाड़ी या बैलगाड़ी पर सवारी करना पूर्व वा उत्तर दिशा की ओर जाना, रोना (अश्रुरहित और स्निग्ध अर्थात् प्रेम का रोना) गिरे हुए को उठाना, अथवा गिरकर स्वयं उठ खड़ा होना, शत्रुओं को कुचल डालना—पराजित करना; ये शुभलक्षण हैं ॥८१–८५॥

सत्त्वलक्षणसंयोगो भक्तिर्वैद्यद्विजातिषु ।
साध्यत्वं न च निर्वेदस्तदारोग्यस्य लक्षणम् ॥८६॥

प्रशस्त आतुर के लक्षण—सात्त्विक लक्षणों का होना, वैद्य और ब्राह्मणों में भक्ति, रोगों का साध्य होना, निर्वेद (वैराग्य अर्थात् संसार से विरक्त होने के कारण देह की परवाह न करना) का न होना, ये आरोग्य के लक्षण हैं ॥८६॥

१–'फलानामिष्यामानाम् पक्वानामशस्तत्वेनोक्तत्वात्' गङ्गाधरः । २–'पावास्य' इति पठित्वा गङ्गाधरो व्याचष्टे 'पवित्रकरवस्तुन' इति । प्रणीतस्याग्नेरिति योगीन्द्रः । ३–'कन्यानां' ग. । 'कन्यानां वर्द्धमानानां कन्यानामनूढानामङ्कुरितयौवनानाम्' गङ्गाधरः । अन्ये तु 'वर्धमानाः शरावाः ते च आलेपनादिना युक्ताः वोद्धव्याः' इत्याहुः ॥ ४–'मत्स्याब्जद्विप०' यो० । ५–'मांसस्य च' ग. । ६–'रुचकादर्शसिद्धार्थरोचनानां' । ७–'प्रशस्तानां' ग । ८–'०समभिप्लुतिः' ग. ।

आरोग्याद्बलमायुश्च सुखं च लभते महत् ।
इष्टांश्चाप्यपरान् भगवान् पुरुषः शुभलक्षणः ॥ ८७ ॥

आरोग्य का फल—शुभ लक्षणों से युक्त पुरुष आरोग्य से महाबल, दीर्घ आयु, महान् सुख तथा अन्य अभीष्ट विषयों को पाता है ॥ ८७ ॥

तत्र श्लोकः

उक्तं गोमयचूर्णीये मरणारोग्यलक्षणम् ।
दूतस्वप्नातुरोत्पातयुक्तिसिद्धिव्यपाश्रयम् ॥ ८८ ॥

उपसंहार—इस गोमयचूर्णीय नामक अध्याय में दूत स्वप्न रोगी उत्पात (शुभाशुभसूचक आकस्मिकभाव) युक्ति तथा सिद्धि में आश्रित मृत्यु और आरोग्य के लक्षण बता दिये हैं ॥

भवति चात्र

इतीदमुक्तं [1]प्रकृतं यथा तथा
तदन्ववेद्यं सततं भिषग्विदा ।
तथा हि सिद्धिं च यशश्च शाश्वतं
स सिद्धकर्मा लभते धनानि च ॥ ८९ ।

इत्यग्निवेशकृते तन्त्रे चरकप्रतिसंस्कृते इन्द्रियस्थाने गोमयचूर्णीयमिन्द्रियं नाम द्वादशोऽध्यायः ॥ १२ ॥

यह प्रकरणागत विषय (इन्द्रियस्थान) जैसे कहा है चिकित्सकों को वैसा ही उसे समझना चाहिये । इसके ज्ञान से सिद्धकर्मा (जिसकी चिकित्सा कभी निष्फल नहीं होती) वैद्य सिद्धि (सफलता) अविनाशी यश और धनों को प्राप्त करता है ॥ ८९ ॥

इति द्वादशोऽध्यायः ।

१–'निखिलं यथातथं' ग. ।

इन्द्रियस्थानं सम्पूर्णम् ।